INCLUS : Profitez dès maintenant des versions numériques de votre Mémento

Sur tablette ou smartphone :
Téléchargez l'application «iMemento» sur l'Apple Store (iPhone & iPad) ou sur Google Play (Androïd)

Sur votre ordinateur :
RDV sur abonnes.efl.fr

W0346527

Les avantages des versions numériques :

> Un contenu actualisé en permanence à chaque connexion.
> Des fonctionnalités pratiques : moteur de recherche, copier-coller, marque-page, notes, favoris...

?

COMMENT ÇA MARCHE

Vous disposez déjà de votre login et mot de passe ?

Votre login et votre mot de passe restent identiques.

Si vous avez perdu vos codes d'accès, vous pouvez contacter notre Service Relation Clients au **01 83 10 10 10** (du lundi au vendredi, de 9h à 18h).

Vous n'avez pas d'identifiant ?

Rendez-vous sur :
www.efl.fr/activation

Et utilisez le code personnel d'activation ci-dessous :

1566218NCZM

MPR

Cet ouvrage a été réalisé
par la **Rédaction des Éditions Lefebvre**
en collaboration avec :

Géraldine ALLARD-KOHN
Avocat au barreau de Paris
pour la procédure en matière de sociétés et les modes alternatifs de résolution des litiges

Jean-Jacques BARBIERI
Agrégé des facultés de droit, ancien Conseiller à la Cour de cassation
pour les principes généraux de l'action en justice, la compétence, l'action initiale, les demandes incidentes, l'intervention, la défense, les délais, la notification et la signification, le tribunal judiciaire

Guillaume BAUFUMÉ
Ancien avoué à la cour, Avocat à la cour
pour les règles générales de l'appel et la procédure d'appel avec représentation obligatoire

Cécile BIGUENET-MAUREL
Docteur en droit, Avocat à la cour
pour la preuve

Jean BILLEMONT
Docteur en droit, Avocat au barreau de Lille
pour le tribunal judiciaire, le tribunal de commerce, les injonctions de faire et de payer, la procédure de recouvrement par huissier et la procédure européenne de règlement des petits litiges

François MÉLIN
Magistrat, Président de chambre à la cour d'appel de Reims
pour les aspects internationaux (compétence, notifications, reconnaissance des jugements)

Laurent POSOCCO
Maître de conférences en droit privé à l'université de Toulouse Capitole
pour l'intérêt et la qualité à agir, la QPC, les frais et dépens, la procédure gracieuse d'appel et l'appel sans représentation obligatoire, la tierce opposition et le recours en révision

Frédéric ROCHETEAU
Docteur en droit, Avocat au Conseil d'État et à la Cour de cassation
pour les incidents d'instance, le pourvoi en cassation et la juridiction de renvoi

Gilles SOREL
Ancien avoué à la cour, Avocat à la cour
pour le jugement, les pouvoirs du premier président de la cour d'appel et l'opposition

Roland VANDERMEEREN
Conseiller d'État (h.)
pour la répartition des compétences entre juge administratif et juge judiciaire

La Rédaction des Éditions Francis Lefebvre et M. J.-J. Barbieri ont assuré la coordination de l'ouvrage.

SOCIÉTÉ DES ÉDITIONS FRANCIS LEFEBVRE
TOUR LEFEBVRE DALLOZ - 10 PLACE DES VOSGES - CS 80357 - 92072 PARIS LA DÉFENSE CEDEX

ISBN 978-2-36893-662-7 © Éditions Francis Lefebvre 2023

MÉMENTO PRATIQUE

PROCÉDURE CIVILE

24-25

À jour au 15 octobre 2023

EDITIONS
FRANCIS LEFEBVRE

LA RÉDACTION DES ÉDITIONS FRANCIS LEFEBVRE

Responsabilité éditoriale

Erwan Machefaux

Rédacteurs

Alice Castel

Caroline Cros

Valérie Darbon

Pauline Fleury

Florence Gall

Julie Labasse

Marie-Anne Massiot

Chrystel Quiney

Claire Ribreau

Vanessa Vélin

Présentation et mode d'emploi du Mémento

La procédure civile est une matière foisonnante, délicate à pratiquer et en perpétuel mouvement. En témoignent notamment le décret du 29 juillet 2023 qui introduit, au sein du code de procédure civile, l'audience de règlement amiable et la césure du procès civil ou encore la loi d'orientation et de programmation du ministère de la justice 2023-2027 en passe d'être promulguée à l'heure où nous publions ces pages et qui introduit l'expérimentation du tribunal des affaires économiques.

Ce Mémento a pour ambition d'énoncer aussi clairement que possible les principes qui régissent notre **système procédural** et de fournir au lecteur les **réponses** à ses questions **concrètes**.

Il **s'adresse** aux avocats, aux magistrats, aux greffiers et aux juristes d'entreprises, auxquels il fournira la règle de droit, de nombreux exemples tirés de la **jurisprudence**, des conseils en **stratégie procédurale** et la liste des juridictions de premier degré et d'appel avec leur ressort. Des **modèles d'actes**, qui doivent être adaptés à chaque situation particulière, sont proposés au fil des développements. Leur liste figure n° 70000.

La consultation du Mémento est facilitée par :

– des **sommaires** placés en tête de chaque chapitre, ainsi qu'un **plan général** très détaillé et une **table alphabétique** figurant respectivement en début et en fin d'ouvrage ;

– l'emploi de **paragraphes numérotés** auxquels renvoient la table alphabétique et le plan général (la numérotation est discontinue, de manière à faciliter l'intégration de mesures nouvelles ou la création de nouveaux développements) ;

– un système de **mots-repères** en caractères gras.

Plus qu'un ouvrage, un service ! À jour au 15 octobre 2023, ce Mémento est assorti d'une version numérique (pour web, tablette, mobile) mise à jour en continu. Muni de votre code d'accès (directement transmis par e-mail ou après activation de ce code sur le site www.efl.fr), il vous suffit de télécharger l'application « iMémento » sur votre tablette/smartphone ou de vous rendre sur memento.efl.fr.

Plan général

Les chiffres renvoient aux paragraphes

DOSSIER 4

Répartition des compétences entre juge administratif et juge judiciaire

Principales abréviations

AJDI Actualité juridique du droit immobilier
AMF Autorité des marchés financiers
AN Journal officiel, Débats parlementaires, Assemblée nationale
Ann. Annexe
BAF Bulletin des associations et fondations Francis Lefebvre
BOCCRF Bulletin officiel de la concurrence, de la consommation et de la répression des fraudes
BOMJL Bulletin officiel du ministère de la justice
BPAT Bulletin du patrimoine Francis Lefebvre
BRDA Bulletin rapide de droit des affaires Francis Lefebvre
Bull. avoués Bulletin des avoués
Bull. civ. Bulletin des arrêts de la Cour de cassation (chambres civiles)
Bull. cour d'Aix Bulletin des arrêts de la cour d'appel d'Aix-en-Provence
Bull. crim. Bulletin des arrêts de la Cour de cassation (chambre criminelle)
Bull. d'Aix Bulletin d'Aix (à compter de 1993, suite du Bulletin des arrêts de la cour d'appel d'Aix-en-Provence)
Bull. inf. C. cass. Bulletin d'information de la Cour de cassation
Bull. Joly Bulletin Joly
CA Cour d'appel
Cada Commission d'accès aux documents administratifs
CASF Code de l'action sociale et des familles
Cass. ass. plén. Cour de cassation, assemblée plénière
Cass. ch. mixte Cour de cassation, chambre mixte
Cass. civ. Cour de cassation, chambre civile
Cass. com. Cour de cassation, chambre commerciale
Cass. crim. Cour de cassation, chambre criminelle
Cass. req. Cour de cassation, chambre des requêtes
Cass. soc. Cour de cassation, chambre sociale
C. ass. Code des assurances
C. civ. Code civil
C. com. Code de commerce
C. consom. Code de la consommation
CCH Code de la construction et de l'habitation
C. envir. Code de l'environnement
C. étrangers Code de l'entrée et du séjour des étrangers et du droit d'asile
C. exécution Code des procédures civiles d'exécution
C. expropriation Code de l'expropriation pour cause d'utilité publique
C. for. Code forestier (nouveau)
CG3P Code général de la propriété des personnes publiques
CGCT Code général des collectivités territoriales
C. just. adm. Code de justice administrative
C. mon. fin. Code monétaire et financier
C. org. jud. Code de l'organisation judiciaire
C. patr. Code du patrimoine
C. pén. Code pénal
C. rur. Code rural et de la pêche maritime
C. trav. Code du travail
CE Conseil d'État
CEDH Cour européenne des droits de l'Homme
CESDH Convention européenne de sauvegarde des droits de l'Homme
CGI Code général des impôts
Circ. Circulaire
CJUE (ou CJCE) Cour de justice de l'Union européenne (ou des Communautés européennes)
CME Conseiller de la mise en état
Cnil Commission nationale de l'informatique et des libertés
Cons. conc. Conseil de la concurrence
Cons. const. Conseil constitutionnel
Contrats, conc., consom. Revue Contrats, concurrence, consommation
CPC Code de procédure civile
CPCE Code des postes et communications électroniques
CPI Code de la propriété intellectuelle
CPP Code de procédure pénale

CSP	Code de la santé publique
CSS	Code de la sécurité sociale
D. (DC, DH ou DP)	Recueil Dalloz (critique, hebdomadaire ou périodique)
DACS	Direction des affaires civiles et du sceau
DACG	Direction des affaires criminelles et des grâces
EIRL	Entrepreneur individuel à responsabilité limitée
Gaz. Pal.	Gazette du Palais
Inpi	Institut national de la propriété industrielle
JAF	Juge aux affaires familiales
JCP (E, G ou N)	Jurisclasseur périodique ou Semaine juridique (édition entreprise, générale ou notariale)
JDI	Journal du droit international
JEX	Juge de l'exécution
JME	Juge de la mise en état
JO	Journal officiel
JOUE (ou JOCE)	Journal officiel de l'Union européenne (ou des Communautés européennes)
Lebon	Recueil des décisions du Conseil d'État, des cours administratives d'appel et des tribunaux administratifs
Loyers et copr.	Revue Loyers et copropriété
LPF	Livre des procédures fiscales
Ord.	Ordonnance
Ord. prem. prés.	Ordonnance du premier président
QPC	Question prioritaire de constitutionnalité
RD rur.	Revue de droit rural
Rec.	Recueil de jurisprudence de la Cour de justice de l'Union européenne (ou des Communautés européennes) ou du Conseil constitutionnel
Réf.	Référé
Règl.	Règlement
RIN	Règlement intérieur national de la profession d'avocat
Rép.	Réponse ministérielle
Rev. avoués	Revue des avoués
Rev. crit.	Revue critique de droit international privé
RD bancaire et financier	Revue de droit bancaire et financier
RDI	Revue de droit immobilier
Rev. huissiers	Droit et procédure – Revue des huissiers
Rev. jur. com. devenue RJ com.	Revue de jurisprudence commerciale
Rev. loyers	Revue des loyers
Rev. proc. coll.	Revue des procédures collectives
Rev. sociétés	Revue des sociétés
RJDA	Revue de jurisprudence de droit des affaires Francis Lefebvre
RJF	Revue de jurisprudence fiscale Francis Lefebvre
RJS	Revue de jurisprudence sociale Francis Lefebvre
RPSH	Réseau privé sécurisé des huissiers
RPVA	Réseau privé virtuel des avocats
RPVJ	Réseau privé virtuel de la justice
RTD civ.	Revue trimestrielle de droit civil
RTD com.	Revue trimestrielle de droit commercial
S.	Recueil Sirey
SA	Société anonyme
SARL	Société à responsabilité limitée
SAS	Société par actions simplifiée
SCI	Société civile immobilière
Sén.	Journal officiel, Débats parlementaires, Sénat
Som.	Sommaire
T. com.	Tribunal de commerce
T. confl.	Tribunal des conflits
TCS	Tribunal de commerce spécialisé
TJ	Tribunal judiciaire
UE	Union européenne

PARTIE 1

Règles communes à toutes les juridictions

CHAPITRE 1

PRINCIPES GÉNÉRAUX DE L'ACTION EN JUSTICE

SOMMAIRE

DÉFINITION DE L'ACTION ET DES PRÉTENTIONS

L'**action** est le droit, pour l'auteur d'une prétention, d'être entendu sur le fond de celle-ci afin que le juge la dise bien ou mal fondée ; pour l'adversaire, l'action est le droit de discuter le bien-fondé de cette prétention (CPC art. 30). 20

Les **prétentions** sont les questions de fait et de droit que les plaideurs soumettent au juge et qui sont fixées, pour le demandeur, par l'acte introductif d'instance, pour le défendeur, par les conclusions en défense (exceptions, fins de non-recevoir, défenses au fond).

SECTION 1 INTÉRÊT À AGIR

30 L'intérêt à agir est une **condition** de l'action en justice. Il se définit comme l'avantage que l'action est susceptible de procurer au plaideur (S. Guinchard et Th. Debard : Lexique des termes juridiques éd. Dalloz 2019/2020, v° Intérêt à agir).

> **Précisions** Contrairement à une idée répandue, l'intérêt à agir n'est donc pas lié à l'existence d'un litige. Ainsi, a été jugée recevable l'action engagée **en dehors de tout litige** par le titulaire d'un prêt pour faire constater la prescription de la créance de la banque (Cass. 1e civ. 9-6-2011 n° 10-10.348 : RJDA 8-9/01 n° 751).

A. Notion d'intérêt à agir

35 L'action est ouverte à tous ceux qui ont un intérêt au **succès ou** au **rejet d'une prétention**, sous réserve des cas dans lesquels la loi attribue le droit d'agir aux seules personnes qu'elle qualifie pour élever ou combattre une prétention, ou pour défendre un intérêt déterminé (CPC art. 31).
L'intérêt est exigé de toute **personne** agissant dans une instance, qu'elle soit demandeur, défendeur (Cass. civ. 17-7-1918 : DP 1923 I p. 76) ou tiers intervenant (Cass. 1e civ. 19-1-1983 n° 81-16.159 : Bull. civ. I n° 27).
L'intérêt conditionne la **recevabilité**, notamment pour initier l'action en demande ou en défense (TGI Seine 24-5-1967 : JCP G 1967 II n° 15230), pour former tierce opposition contre une décision (CPC art. 583 ; Cass. 3e civ. 26-6-2002 n° 00-15.718 : Bull. civ. III n° 153), pour relever appel (Cass. com. 21-6-2011 n° 09-16.652 : Bull. civ. IV n° 100) ou encore pour former un pourvoi en cassation (CPC art. 609) ou un recours en révision.
L'existence de l'intérêt à agir relève du **pouvoir souverain d'appréciation** des juges du fond (Cass. 2e civ. 11-5-2006 n° 05-16.678 : Bull. civ. II n° 127).
Le **défaut** d'intérêt à agir du requérant constitue une **fin de non-recevoir** (CPC art. 122).
Si le **juge relève d'office** le défaut d'intérêt à agir, il doit mettre les parties en mesure de s'expliquer, ceci afin de respecter le principe du contradictoire.

INTÉRÊT EN CAS DE VOIE DE RECOURS

40 L'intérêt ne peut exister que si la décision de première instance n'a pas totalement donné satisfaction à celui qui sollicite sa réformation (CPC art. 546 ; Cass. 2e civ. 23-9-2004 n° 03-13.449). Le **jugement** dont la réformation est demandée **doit faire grief au requérant**. L'espoir de voir la nouvelle décision aller dans un sens plus favorable que la précédente conditionne le recours (CA Paris 19-9-2001 n° 2001/07051 : Juris-Data n° 2001-185819). Ceci est le cas notamment lorsque les prétentions d'une partie n'ont pas été complètement accueillies (Cass. com. 3-10-1989 n° 88-12.325 : Bull. civ. IV n° 237) ou encore lorsque cette dernière a été condamnée aux seuls dépens en première instance (Cass. 2e civ. 4-11-1992 n° 91-15.182 : Bull. civ. II n° 255). En revanche, un justiciable qui a obtenu intégralement satisfaction en première instance ne peut ni relever appel (Cass. 1e civ. 27-6-2018 n° 17-19.769 F-PB : Bull. inf. C. cass. 1-11-2018 n° 1096), ni intenter un recours en révision (Cass. 2e civ. 17-5-2018 n° 16-28.742 F-D). La cour d'appel n'est pas tenue de relever d'office le défaut d'intérêt à interjeter appel (Cass. 2e civ. 6-6-2019 n° 18-15.301 F-PBI).
L'intérêt est requis **quel que soit le recours**. Par exemple, le **pourvoi** en cassation n'est recevable que si la partie demanderesse a intérêt à agir ; l'intérêt à se pourvoir en cassation suppose l'existence d'un dispositif portant préjudice (CPC art. 609 ; Cass. 2e civ. 17-9-2020 n° 19-15.255 F-PBI).
En cas d'**appel**, l'existence de l'intérêt à agir s'apprécie au jour de sa formation (Cass. 2e civ. 31-1-2019 n° 17-28.450 F-D). Quant à la **tierce opposition**, elle peut être formée par toute personne qui y a intérêt à peine d'irrecevabilité. L'appréciation de l'existence d'un préjudice en matière de tierce opposition et de l'intérêt du demandeur à exercer cette voie de recours relève du pouvoir souverain des juges du fond (Cass. 2e civ. 2-7-2020 n° 19-13.616 F-PBI).

> **ATTENTION**
> La **succombance** est une condition de recevabilité de la formation d'un recours mais pas une condition de recevabilité de l'action. Elle ne se confond nullement avec l'intérêt à agir ; elle n'est qu'un préalable nécessaire à la mise en œuvre de la voie de recours. Par exemple, si un jugement de première instance prononçant l'irrecevabilité de l'action fait l'objet d'un appel, l'action ne devient pas recevable devant la juridiction d'appel du seul fait de l'échec de la procédure devant la juridiction de premier degré ; la succombance est donc bien davantage une condition de recevabilité de l'appel qu'une condition de recevabilité de l'action en appel elle-même.

DISTINCTION ENTRE INTÉRÊT À AGIR ET BIEN-FONDÉ

L'existence de l'intérêt à agir n'est pas subordonnée à la démonstration préalable du bien-fondé de l'action (Cass. 1e civ. 17-5-1993 n° 91-15.761 : Bull. civ. I n° 169 ; Cass. com. 2-6-2015 n° 13-24.714 FS-PBRI : Bull. civ. IV n° 94 ; Cass. 3e civ. 11-7-2019 n° 18-18.184 F-PBI : RJDA 10/19 n° 611 ; Cass. 1e civ. 27-11-2019 n° 18-21.532 F-PBI). La **réalité du droit** invoqué par le demandeur n'est pas une condition de recevabilité de l'action mais seulement de son succès (Cass. 3e civ. 2-10-2012 n° 11-19.703). 45

ILLUSTRATIONS

Dans un cas où le titulaire d'un bail à ferme avait demandé au bailleur de lui laisser libre l'accès au silo et d'enlever tous les objets entreposés sur les lieux loués, une cour d'appel ne pouvait pas valablement juger cette action irrecevable pour manque d'intérêt à agir en raison d'une interdiction administrative d'user des lieux selon les modalités envisagées par le bail (Cass. 3e civ. 16-4-2008 n° 07-13.846 : Bull. civ. III n° 71).
Une cour d'appel ne pouvait pas juger irrecevable l'intervention volontaire d'une société en raison de l'absence de lien de droit avec le bailleur (Cass. 3e civ. 1-10-2008 n° 07-16.273 : Bull. civ. III n° 145).

1. INTÉRÊT NÉ ET ACTUEL

a. Principes

L'intérêt pour agir doit être né et actuel au jour où l'action est exercée, indépendamment des événements postérieurs (Cass. 3e civ. 8-12-2010 n° 09-70.636 : Bull. civ. III n° 437). 80
L'exigence d'un intérêt actuel s'oppose donc à la recevabilité d'une action relative à la suppression d'un **trouble qui aurait cessé**. Tel est le cas lorsque le préjudice susceptible de donner intérêt à agir a été réparé (pour des exemples, Cass. 2e civ. 26-1-1994 n° 93-06.009 : Bull. civ. II n° 41 ; Cass. 1e civ. 28-3-2018 n° 17-11.628 F-PB). Il peut arriver toutefois que l'action en suppression d'un trouble qui a cessé évolue et prenne la forme d'une demande de dommages et intérêts.

En revanche, l'intérêt peut être actuel tout en résultant d'**événements passés**. 90
Ainsi, l'intérêt qu'a l'occupant d'un local d'habitation à une action en annulation du commandement de quitter les lieux subsiste après son expulsion (Cass. 2e civ. 13-2-2003 n° 01-03.272 : Bull. civ. II n° 34).
Un actionnaire qui acquiert nouvellement cette qualité – au plus tard au jour de la demande en justice – peut démontrer son intérêt à agir lorsqu'il subit un préjudice engendré par un acte lésionnaire antérieur à son achat de titres sociaux. Il a ainsi été jugé qu'aucune disposition n'impose que le demandeur à l'action soit actionnaire de la société à la date de l'acte ou de la délibération dont il poursuit l'annulation (Cass. com. 4-7-1995 n° 93-17.969 : Bull. civ. IV n° 206 ; Bull. Joly 1995 p. 968 note J.-J. Barbieri).

IRRECEVABILITÉ D'UNE ACTION PRÉVENTIVE

Une action peut être qualifiée de préventive si elle est exercée en considération d'un intérêt futur ou éventuel. Le principe de l'intérêt actuel devrait exclure la recevabilité de **prétentions prématurées ou hypothétiques**. 95

ILLUSTRATIONS

En matière de bail d'habitation, n'a pas d'intérêt à agir le propriétaire souhaitant faire constater l'acquisition de la clause résolutoire avant l'expiration du délai de deux mois imparti au locataire à compter du commandement de payer (Cass. 3e civ. 29-9-2004 n° 00-16.524 : RJDA 12/04 n° 1305 ; Cass. 3e civ. 2-2-2010 n° 08-21.457 : RJDA 4/10 n° 344) ou le bailleur voulant faire valider un congé pour vendre ou à fin de reprise avant sa date d'effet (Cass. 3e civ. 8-2-2006 n° 04-17.512 : RJDA 5/06 n° 515).
Également, est irrecevable en l'absence de litige né et actuel la demande de syndicats de journalistes tendant à faire juger de façon générale que les conditions d'application d'une clause de conscience étaient remplies au bénéfice de tous les journalistes du groupe de presse alors qu'aucun journaliste ne l'avait jusqu'alors invoqué (Cass. soc. 19-6-1985 n° 84-10.182 : Bull. civ. V n° 351).
De même, est exclue pour défaut d'intérêt à agir l'action tendant à contester les effets d'un contrat de prêt de titres non entré en vigueur (T. com. Paris 19-6-2015 n° 2014/071688, 16e ch., Adam c/ APE).
En revanche, il a été jugé que l'épouse coemprunteuse avait intérêt à faire constater la simple prescription de la créance de la banque pour connaître la consistance exacte du patrimoine dont elle héritait, ceci en l'absence de litige (Cass. 1e civ. 9-6-2011 n° 10-10.348 F-PBI : RJDA 8-9/11 n° 751).

IRRECEVABILITÉ D'UNE ACTION PROVOCATOIRE OU INTERROGATOIRE

100 L'exigence d'un intérêt aboutit, sauf exceptions (n°s 110 s.), à exclure la recevabilité des actions provocatoire et interrogatoire.

L'**action provocatoire**, dite aussi « de jactance » ou « de perpétuel silence » (Cass. req. 29-5-1866 : S. 1866 I p. 338), est celle par laquelle une personne, troublée par les prétentions publiques d'une autre, met celle-ci en demeure de justifier ses affirmations ou de faire juger qu'il lui sera à jamais interdit de les faire valoir. Cette action, fréquemment utilisée dans l'ancien droit, est en principe exclue.

L'**action interrogatoire** est celle qui a pour objet de mettre en demeure le titulaire d'une option ou d'un droit d'action d'une certaine durée de prendre parti sur l'exercice de cette option ou de ce droit. En principe, l'action interrogatoire n'est pas admise car cela reviendrait à anéantir la période de liberté de choix que l'intéressé tient de la loi. Par exemple, l'héritier ayant quatre mois pour prendre parti relativement à l'acceptation de la succession et l'incapable cinq ans pour demander la nullité d'un engagement, le créancier de l'un ou l'autre ne saurait contraindre l'héritier ou l'incapable à se prononcer avant l'échéance de quatre mois pour le premier et de cinq ans pour le second.

PERSISTANCE DE L'INTÉRÊT À AGIR

105 Dans certaines situations, l'intérêt ne disparaît pas alors même que les circonstances auraient pu suggérer qu'il s'effaçait. Par exemple, l'existence d'un acte notarié, constituant un titre exécutoire, ne rend pas pour autant irrecevable l'action en justice tendant au remboursement du prêt dès lors qu'aucune disposition légale ne fait obstacle à ce qu'un créancier dispose de deux titres exécutoires pour la même créance (Cass. 2e civ. 18-2-2016 n° 15-13.945 FS-PB, n° 15-13.991 FS-PB et n° 15-15.778 FS-PB). De même, l'absence de déclaration au passif n'éteint pas la créance mais la rend seulement inopposable à la procédure collective, de sorte que cette absence n'a pas d'incidence sur l'intérêt à agir du créancier contre un tiers saisi fautif (Cass. com. 8-9-2015 n° 14-15.831 F-PB : Bull. civ. IV n° 126).

b. Exceptions à l'exigence d'un intérêt né et actuel

RECEVABILITÉ D'UNE ACTION PROVOCATOIRE OU INTERROGATOIRE

110 Par exception, des actions provocatoire ou interrogatoire sont considérées comme recevables au nom d'un intérêt de prévention, qui est à rapprocher de l'intérêt actuel.

115 **Action provocatoire** Par **exemple**, toute personne qui justifie d'une exploitation industrielle sur le territoire d'un État membre de l'Union européenne ou de préparatifs effectifs et sérieux à cet effet peut inviter le titulaire d'un **brevet** à prendre parti sur l'opposabilité de son titre à l'égard de cette exploitation dont la description lui est communiquée (CPI art. L 615-9, al. 1).

Si un **écrit** sous signature privée est **argué faux** à titre principal, l'assignation indique les moyens de faux et elle fait sommation au défendeur de déclarer s'il entend ou non faire usage de l'acte prétendu faux ou falsifié (CPC art. 300).

120 **Action interrogatoire** L'action interrogatoire est parfois admise. Par **exemple**, en cas de nullité d'une société ou d'actes et délibérations postérieurs à sa constitution, fondée sur un vice du consentement ou l'incapacité d'un associé, et lorsque la régularisation peut intervenir, toute personne y ayant intérêt peut mettre en demeure celui qui est susceptible de l'opérer soit de régulariser, soit d'agir en nullité dans un délai de six mois à peine de forclusion ; cette mise en demeure est dénoncée à la société (C. com. art. L 235-6, al. 1 ; C. civ. art. 1844-12, al. 1).

> **Précisions** La réforme du droit des obligations par l'ordonnance 2016-131 du 10 février 2016 a créé un certain nombre de procédures extrajudiciaires poursuivant la même finalité. Par exemple, une partie peut demander par écrit à celle qui pourrait se prévaloir de la nullité d'un contrat soit de confirmer celui-ci, soit d'agir en nullité dans un délai de six mois à peine de forclusion. La cause de la nullité doit avoir cessé ; l'écrit mentionne expressément que, à défaut d'action en nullité exercée avant l'expiration du délai de six mois, le contrat sera réputé confirmé (C. civ. art. 1183). De même, le tiers à un pacte de préférence peut demander par écrit au bénéficiaire de la convention de confirmer dans un délai qu'il fixe et qui doit être raisonnable, l'existence d'un pacte de préférence et s'il entend s'en prévaloir ; l'écrit doit mentionner qu'à défaut de réponse dans ce délai le bénéficiaire du pacte ne pourra plus solliciter sa substitution au contrat conclu avec le tiers ou la nullité du contrat (C. civ. art. 1123).

RECEVABILITÉ D'UNE ACTION PRÉVENTIVE

L'exercice d'une action préventive est admis si la menace qui pèse sur un droit est telle que son titulaire a d'ores et déjà un **intérêt né et actuel** à obtenir du juge qu'il se prononce sur la réalité et l'étendue de ce droit. 125

ILLUSTRATIONS

Les associations de consommateurs agréées peuvent notamment demander à la juridiction civile d'ordonner la suppression d'une clause illicite ou abusive dans tout type de contrat proposé aux consommateurs ou dans tout contrat en cours d'exécution. Elles peuvent également demander que cette clause soit déclarée réputée non écrite dans tous les contrats identiques conclus par le même professionnel avec des consommateurs (C. consom. art. L 621-2).
Sont également admises les actions permettant d'obtenir du juge des référés qu'il prescrive des mesures conservatoires pour prévenir un dommage imminent (CPC art. 835, al. 1).
Les ascendants et collatéraux peuvent, du vivant des époux, agir en nullité du mariage pour défaut de consentement à la condition de justifier d'un intérêt né et actuel (C. civ. art. 187) ; tel était le cas lorsqu'ils avaient vocation à recueillir, en l'absence de conjoint survivant, la partie de la succession de leur frère non incluse dans un testament (Cass. 1e civ. 4-5-2011 n° 09-68.983 : Bull. civ. I n° 82).
Même en dehors de tout litige, est recevable l'action engagée par un débiteur pour faire constater la prescription d'une créance dès lors que cette action lui permet de connaître la consistance exacte de son patrimoine (Cass. 1e civ. 9-6-2011 n° 10-10.348 : RJDA 8-9/11 n° 751).

Action conservatoire ou d'instruction S'il existe un motif légitime de préserver ou d'établir avant tout procès la **preuve** de faits dont pourrait dépendre la solution d'un litige, des mesures d'instruction légalement admissibles peuvent être ordonnées à la demande de tout intéressé, sur requête ou en référé (CPC art. 145). 135
Ce référé dit « préventif » est destiné non seulement à obtenir une mesure d'instruction évitant le dépérissement d'une preuve, mais aussi à éviter les **risques de litiges futurs**. Il est souvent appliqué en droit de la construction, en droit des sociétés commerciales, de la responsabilité civile ou de la personnalité. Il permet aux parties d'éclairer leur situation en fait et, par là même, d'évaluer les chances de succès d'un éventuel recours ultérieur aux juges du fond. Soit il prépare un possible contentieux, soit il permet de démontrer au demandeur qu'un éventuel recours au fond ne pourrait prospérer. Le litige entre les parties doit être potentiel, suffisamment déterminable pour justifier l'intérêt à agir en référé. Cette procédure commande que l'action n'ait pas encore été engagée au fond au jour de la demande en référé (Cass. soc. 30-1-2008 n° 06-45.904).

Action déclaratoire L'action déclaratoire tend à faire reconnaître judiciairement, en dehors de tout intérêt né et actuel, la régularité ou l'irrégularité d'une **situation juridique**. 145
Le droit français n'admet pas la **pure action déclaratoire**, c'est-à-dire celle qui aurait pour finalité de demander une simple consultation aux juges et qui serait totalement détachée de la notion d'intérêt. Mais cette action, en principe irrecevable, est parfois admise lorsque la loi le prévoit. Ainsi, toute personne a le droit d'agir pour faire décider qu'elle a ou qu'elle n'a pas la qualité de Français (C. civ. art. 29-3 ; Cass. 1e civ. 17-5-2023, n° 21-50.068 FS-B).

L'action déclaratoire est parfois accueillie avec une certaine bienveillance par la jurisprudence. 150

ILLUSTRATIONS

L'intérêt à agir peut être valablement constitué par la nécessité sérieuse de lever un doute sur une **situation patrimoniale ou extrapatrimoniale** déterminante pour le demandeur. Un époux peut saisir le tribunal par voie d'assignation pour faire juger la question relative à la loi applicable à la liquidation du régime matrimonial (CA Douai 24-9-2012 n° 12/00199).
Un légataire universel auquel a été imposée, comme condition de son legs, l'obligation de ne pas se marier ou de ne pas épouser une personne d'une certaine condition ou religion peut demander au juge de se prononcer sur la nullité ou la validité de la clause même s'il n'a pas encore l'intention de ne pas la respecter (Cass. req. 25-3-1946 : Gaz. Pal. 1946 p. 226).
Est recevable l'action d'un époux en déclaration de fictivité d'une société créée par son conjoint, bien que ses intérêts pécuniaires n'aient pas été immédiatement menacés (CA Paris 9-6-1971 : D. 1972 p. 232 concl. Cabannes).
La possibilité d'une action déclaratoire sur la **compétence internationale des juridictions françaises** a également été admise dans un cas où les parties avaient été contraintes de porter leur litige devant une juridiction qu'ils n'avaient pas choisie : les demandeurs avaient, sur le fondement de la convention de Montréal du 28 mai 1999 relative au transport aérien international, un intérêt actuel et légitime à agir, à titre déclaratoire, en constatation de l'existence et de la portée du droit d'option de compétence que celle-ci leur reconnaissait (Cass. 1e civ. 7-12-2011 n° 10-30.919 : RJDA 4/12 n° 400).

Un promoteur qui vend en copropriété des **maisons en état futur d'achèvement** peut agir contre des voisins ayant installé des canalisations dans la copropriété pour obtenir la suppression de celles-ci ; il ne peut pas se voir opposer l'absence d'intérêt à se prémunir d'une action purement éventuelle qui serait exercée par le syndicat des copropriétaires car le vendeur est débiteur d'une obligation de garantie d'éviction à l'égard de ses acheteurs (Cass. 3e civ. 21-9-2011 n° 10-17.036).
En matière de **garantie à première demande**, le donneur d'ordre a un intérêt certain à agir à titre préventif pour faire obstacle à tout paiement indû de la part de la banque, laquelle ne manquera pas d'exercer ultérieurement son recours contre lui (Cass. com. 5-2-1985 n° 82-15.297 : Bull. civ. IV n° 45 ; Cass. com. 11-12-1985 n° 83-14.457 : Bull. civ. IV n° 292).
En matière de **baux**, il a été admis que l'une des parties pouvait demander au juge de préciser sa qualité de bailleur ou de locataire (T. civ. Vouziers 26-3-1947 : D. 1947. 417 ; T. civ. Paris 15-7-1952 : Gaz. Pal. 1953.1.37 ; T. civ. Rouen 19-3-1954 : RTD civ. 1954 p. 534 obs. P. Hébraud).

2. INTÉRÊT LÉGITIME À AGIR EN JUSTICE

165 L'intérêt à agir en justice doit être légitime (CPC art. 31). L'absence de légitimité peut notamment résulter de **considérations morales** ou de l'**absence de droit**. Toute prétention émise par ou contre une personne dépourvue du droit d'agir est irrecevable (CPC art. 32).

ILLUSTRATIONS

En présence des **turpitudes réciproques** des parties (vendeur d'un débit de boissons poursuivi pour proxénétisme et acquéreur connaissant la situation), l'action en garantie exercée contre le vendeur par l'acquéreur qui a subi une fermeture administrative doit être déclarée irrecevable pour défaut d'intérêt légitime (Cass. com. 27-4-1981 n° 80-11.200 : Bull. civ. IV n° 187).
Le déposant de marques contraires à l'**ordre public** ne justifie pas d'un intérêt légitime juridiquement protégé lui permettant de se prévaloir, sur le fondement de l'article 1382 du Code civil (devenu art. 1240), de l'imitation de ces marques (Cass. com. 28-6-1976 n° 75-10.193 : Bull. civ. IV n° 217).
Un opérateur ne justifie d'un intérêt légitime à une action en annulation de marque que dans deux cas : soit il est poursuivi en **contrefaçon** des marques faisant l'objet de la demande en nullité ; soit il est **entravé** dans l'exercice de son activité économique par une atteinte à des droits antérieurs (pour un rejet en l'absence d'intérêt légitime à agir, Cass. com. 7-12-2022, n° 20-21.102 F-D).

L'abus du droit d'agir en justice peut en outre être sanctionné (n° 802).

170 En revanche, une **société** est **recevable** à agir pour demander la condamnation de deux autres sociétés à respecter les règles du repos hebdomadaire des salariés qu'elles emploient car son intérêt légitime résulte du préjudice que cette **rupture d'égalité** peut lui causer (Cass. soc. 30-5-2012 n° 10-25.349 : RJS 8-9/12 n° 716).

3. INTÉRÊT PERSONNEL À AGIR EN JUSTICE

190 Une personne ne peut agir en justice que dans la mesure où la violation du droit l'atteint dans ses intérêts propres et où le résultat de l'action lui profitera personnellement. Nul ne plaide par procureur ; nul n'est donc admis, en **principe**, à défendre l'**intérêt d'autrui** (pour un exemple, Cass. 1e civ. 22-2-2005 n° 02-10.481 : Bull. civ. I n° 88). Ainsi, la défense des intérêts de la collectivité incombe au ministère public et, pour certains intérêts collectifs, à des groupements habilités (nos 205 s.).

Le caractère personnel de l'intérêt est toutefois assez rarement remis en cause par les plaideurs.

ILLUSTRATIONS

La personne qui, dans un forum de discussion sur internet, n'est pas visée par des propos n'a pas d'intérêt à agir en réparation d'un préjudice personnel du fait de ces propos (Cass. 1e civ. 9-7-2009 n° 08-12.720 : Bull. civ. I n° 170).
Le syndic de copropriété ne saurait agir pour la défense de parties privatives de l'immeuble puisqu'il ne se prévaudrait pas d'un intérêt personnel (Cass. 3e civ. 12-5-1993 n° 91-11.878). Sa situation serait différente s'il existait un trouble présentant un caractère collectif en raison de son importance ou de son étendue (Cass. 3e civ. 12-10-1994 n° 92-17.284) ou encore si l'intérêt de l'immeuble était en jeu (Cass. 3e civ. 20-6-1978 n° 77-10.054 : Bull. civ. III n° 252 ; Cass. 3e civ. 29-5-1970 n° 69-10.058 : Bull. civ. III n° 372).
Un copropriétaire peut agir à titre personnel pour la défense de parties communes mais il doit appeler le syndicat des copropriétaires dans la cause (Cass. 3e civ. 8-7-2015 n° 14-16.975 : Bull. civ. III n° 71).
N'est pas recevable la tierce opposition formée par les associés d'une société civile contre le jugement condamnant celle-ci à payer une dette en vertu d'un contrat de vente, dès lors que les associés, qui faisaient valoir que le contrat de vente avait été conclu avant la formation de la société et n'avait pas été repris par celle-ci, n'invoquaient pas un moyen qui leur était propre (Cass. 3e civ. 23-9-2020 n° 19-16.643 FS-D : RJDA 2/21 n° 104).

Par **exception**, l'action ut singuli permet aux associés de remplacer le dirigeant qui a causé un dommage au groupement afin d'agir au nom et pour le compte de la société en réparation du préjudice subi par cette dernière. L'action ut universi est quant à elle intentée par les dirigeants au nom et pour le compte de la société qu'ils dirigent.

L'intérêt s'apprécie en la seule personne du titulaire de l'action. Même lorsque l'action en justice est exercée par un **représentant** régulièrement habilité, c'est l'intérêt de la personne du représenté qui doit être pris en considération. **195**

L'exigence d'un intérêt direct et personnel ne s'applique pas en présence d'une **disposition** qui, en **ouvrant l'action à « tout intéressé »**, énonce une qualité à agir. **197**
Toute personne disposant d'un intérêt à agir est recevable à demander, notamment en référé, la condamnation d'une société au respect de cette obligation. Ainsi, l'action tendant à assurer l'accomplissement des formalités de publicité incombant aux sociétés commerciales (C. com. art. L 232-23) est, sauf abus, ouverte à toute personne, sans condition tenant à l'existence d'un intérêt particulier (Cass. com. 3-4-2012 n° 11-17.130 : RJDA 7/12 n° 683).

4. INTÉRÊTS COLLECTIFS OU CONVERGENTS POUR AGIR EN JUSTICE

Si nul n'est recevable à intenter une action pour préserver l'intérêt d'autrui, il arrive que certains groupements, dotés de la personnalité morale, puissent agir pour préserver des intérêts collectifs ou convergents. Cette question est souvent, à tort, envisagée sous le seul angle de la qualité à agir. Or un intérêt motivant l'action est également requis. **205**

a. Défense d'intérêts collectifs

Le groupement peut faire valoir des règles de droit dont il n'est pas le destinataire immédiat. Il n'agit pas pour lui-même, par exemple pour préserver son patrimoine propre, mais au nom d'une catégorie, d'un groupe social. La recevabilité de l'action suppose alors un regard cumulatif porté non seulement sur la détention du titre qui est conféré par la loi (qualité à agir) mais aussi sur la justification de l'intérêt dont la défense est poursuivie (intérêt à agir). **210**

INTÉRÊT À AGIR DES SYNDICATS PROFESSIONNELS

Les syndicats professionnels peuvent, devant toutes les juridictions, exercer tous les droits réservés à la partie civile relativement aux faits portant un préjudice direct ou indirect à l'**intérêt collectif de la profession** qu'ils représentent (C. trav. art. L 2132-3, al. 2). **220**

ILLUSTRATIONS

La violation des dispositions relatives à l'interdiction de toute discrimination syndicale est de nature à porter un préjudice à l'intérêt collectif de la profession. Est donc recevable l'action du syndicat qui poursuit le paiement de dommages-intérêts en réparation du préjudice résultant d'un licenciement dont il est soutenu qu'il a été prononcé de façon discriminatoire en considération de l'appartenance ou de l'activité syndicale du salarié (Cass. soc. 13-1-2021 n° 19-17.182 F-PB : RJS 3/21 n° 157).

L'intérêt collectif est celui qui existe à l'égard de tous les membres de la profession. L'action syndicale demeure recevable nonobstant le nombre réduit de salariés concernés par l'inexécution d'un accord collectif (Cass. soc. 15-2-2023, n° 21-22.030 F-D). **225**
En revanche, lorsque le préjudice invoqué est d'ordre professionnel, une action d'un syndicat, chargé de la défense d'intérêts collectifs, fondée sur l'atteinte à la vie privée est irrecevable (Cass. 1e civ. 19-12-1995 n° 93-18.939 : Bull. civ. n° I n° 479).
Le préjudice doit intéresser la profession exercée par les membres du syndicat. Ainsi, des organisations syndicales d'employeurs ne sont recevables à agir à l'encontre de sociétés n'ayant pas respecté un arrêté préfectoral de fermeture dominicale de magasins que si ces organisations représentent la profession exercée par les sociétés (Cass. soc. 2-2-1994 n° 90-14.771 : RJS 3/94 n° 259). De même, un syndicat qui demande l'application d'un accord à tous les salariés d'une entreprise agit dans l'intérêt de la profession (Cass. soc. 13-12-2017 n° 16-12.397 FS-PB). Ainsi, est recevable l'action d'un syndicat fondée sur l'égalité de traitement afin de faire bénéficier l'ensemble du personnel d'un usage d'entreprise réservé à une catégorie particulière (Cass. soc. 12-2-2013 n° 11-27.689 FS-PB : RJS 4/13 n° 255).
Le préjudice doit causer un préjudice à l'intérêt collectif de la profession, mais l'action d'un syndicat est recevable même s'il n'atteint effectivement qu'une partie de ses membres (par exemple, Cass. soc. 5-10-1994 n° 92-16.632 : RJS 11/94 n° 1282).

230 L'intérêt collectif ne se superpose pas à l'**intérêt individuel** de chaque membre du groupement. Pourtant, les syndicats professionnels se sont vu reconnaître la faculté, dans certains cas, d'agir en justice à la place d'un salarié inactif aux fins de condamnation de son employeur ayant brimé ses droits individuels. Cette action est dénommée « action en substitution ». Il ne s'agit pas d'une action par représentation du salarié dans l'instance, mais d'une action « **personnelle** » au syndicat (Cass. soc. 1-2-2000 n° 98-46.201 : RJS 4/00 n° 381). Le droit individuel invoqué doit être très précisément de ceux que le syndicat est habilité à défendre (Cass. soc. 12-3-1969 n° 68-40.403 : Bull. civ. V n° 178).

> **Précisions** Le **syndicat peut notamment agir** en matière de licenciement pour motif économique (C. trav. art. L 1235-8), de respect du principe de non-discrimination (C. trav. art. L 1134-2), de respect de l'égalité de rémunération entre les femmes et les hommes (C. trav. art. L 1144-2), de protection contre le harcèlement moral ou sexuel (C. trav. art. L 1152-1 s. et L 1153-1 s.), de prêt illicite de main-d'œuvre (C. trav. art. L 8242-1), d'encadrement des contrats de travail à durée déterminée (C. trav. art. L 1247-1), d'encadrement des contrats de travail temporaire (C. trav. art. L 1251-59), de contrats de travail conclus avec un groupement d'employeurs (C. trav. art. L 1253-16), d'exécution des engagements contractés dans un accord collectif (C. trav. art. L 2262-9 s.), de lutte contre le travail illégal (C. trav. art. L 8233-1 et L 8255-1).

INTÉRÊT À AGIR DES ORDRES PROFESSIONNELS

240 Les ordres professionnels sont habilités à défendre un intérêt collectif devant toutes les juridictions (par exemple, pour l'Ordre national des pharmaciens, CSP art. L 4231-1 s. ; pour le Conseil national des barreaux, art. 21-1 de la loi 71-1130 du 31-12-1971).

INTÉRÊT À AGIR DES ASSOCIATIONS HABILITÉES

245 À la différence des syndicats professionnels, les associations ne bénéficient pas d'une disposition générale admettant leur action en cas de préjudice, direct ou indirect, porté à l'intérêt collectif. La jurisprudence traditionnelle rejette la recevabilité de l'action tendant à préserver un intérêt collectif lorsque le groupement qui en est à l'initiative n'est pas habilité à le faire. Le législateur est toutefois intervenu au cas par cas pour habiliter certaines associations à agir pour la défense d'un intérêt collectif (n°s 665 s.).
Ce droit d'agir n'est pas attribué sans précautions préalables. Il est donc souvent assorti d'une ou plusieurs conditions, telles que la représentativité, une déclaration d'utilité publique, un agrément ou une expérience de plusieurs années. En outre, l'action doit être en rapport significatif avec l'objet poursuivi par l'association.

> **Précisions** Certaines associations remplissant les conditions requises peuvent agir pour défendre des **intérêts** non pas collectifs mais **individuels**. Les exemples sont nombreux. À l'image des syndicats, et avec les mêmes pouvoirs que ceux-ci, une action de substitution est ainsi admise pour les associations régulièrement constituées depuis cinq ans au moins pour la lutte contre les discriminations ou œuvrant dans le domaine du handicap et tendant à faire judiciairement reconnaître et sanctionner de telles discriminations (C. trav. art. L 1134-3 ; voir aussi, en matière de discrimination, CPC art. 1263-1).

b. Défense collective d'intérêts individuels convergents

RECOURS COLLECTIF DE L'ASSOCIATION HABILITÉE

255 **Action en représentation conjointe** Une association peut être habilitée à défendre des intérêts individuels convergents. Il en est ainsi en cas d'action en représentation conjointe. Cette action permet à deux personnes ayant subi des **préjudices** individuels **causés par le même professionnel** et ayant une **origine commune** de donner mandat à l'association pour agir en réparation de leur préjudice. L'action en représentation conjointe ne doit pas être confondue avec l'action civile, laquelle permet aux associations de demander réparation du préjudice porté à l'intérêt collectif des consommateurs. Elle vise uniquement à défendre des intérêts individuels de plusieurs consommateurs.

260 Lorsque plusieurs consommateurs, personnes physiques identifiées, ont subi des préjudices individuels causés par le fait d'un même professionnel et ayant une origine commune, toute **association de consommateurs** agréée et reconnue représentative sur le plan national peut, si elle a été mandatée par au moins deux des consommateurs concernés, agir en leur nom, en réparation du préjudice, devant toute juridiction (C. consom. art. L 622-1 et R 622-1). Nul besoin que le fait du professionnel constitue une infraction pénale.

ATTENTION

Les **conditions d'organisation** de l'action en représentation conjointe menée par les associations de consommateurs agréées sont très **strictes**. Ainsi, l'association ne peut informer les consommateurs de son intention d'engager une action en justice que **par voie de presse écrite** ; il lui est interdit de solliciter un mandat par voie d'appel public télévisé ou radiophonique, par voie d'affichage, de tract ou de lettre personnalisée (C. consom. art. L 622-2 ; pour une application, Cass. 1e civ. 26-5-2011 n° 10-15.676 : Bull. civ. I n° 98). C'est la raison pour laquelle cette procédure est très rarement utilisée.

Cette action est une action en responsabilité : elle a pour seul objet d'obtenir réparation des préjudices individuels. Si l'association obtient gain de cause, les dommages-intérêts sont alloués non à l'association, mais aux consommateurs qui lui ont donné mandat. Si, en revanche, l'association perd le procès, ces consommateurs ne perçoivent rien ; au surplus, ils ont perdu le droit d'exercer des actions individuelles.

Le principe de l'action en représentation conjointe a été admis également en matière de **protection de l'environnement** (C. envir. art. L 142-3) et de **préservation des intérêts des investisseurs** en valeurs mobilières et produits financiers (C. mon. fin. art. L 452-2).

Action de groupe À côté de l'action conjointe, l'action de groupe a été introduite dans 265
le Code de la consommation (C. consom. art. L 623-1 s.). Cette action permet aux associations de consommateurs agréées d'agir en justice au nom d'un groupe de consommateurs en réparation de leurs préjudices matériels résultant du manquement d'un professionnel au droit de la consommation ou au droit de la concurrence.

L'action de groupe a depuis été étendue à plusieurs autres domaines que la consommation : santé, environnement, lutte contre les discriminations, protection des données personnelles (nos 53700 s.).

RECOURS COLLECTIF DE L'ASSOCIATION NON HABILITÉE

Il arrive aussi qu'une association, même non habilitée, se donne pour objet la défense des inté- 270
rêts individuels de ses membres. Dans ce cas, au lieu d'agir en justice individuellement, plusieurs **personnes partageant des intérêts individuels** communs ou convergents se regroupent en association afin de les défendre à plusieurs (par exemple, associations de défense d'usagers ou comités de quartier). Une telle organisation peut permettre aux justiciables de contenir le coût du procès, par exemple en le répartissant entre les membres de l'association.

Une association peut agir pour défendre les intérêts collectifs de ses membres dès lors que cette 275
défense entre dans son **objet social** (Cass. 1e civ. 27-5-1975 n° 74-11.480 : Bull. civ. I n° 174 ; Cass. 2e civ. 21-7-1986 n° 84-15.397 : Bull. civ. II n° 119 ; Cass. 2e civ. 5-10-2006 n° 05-17.602 : Bull. civ. II n° 255 ; Cass. 1e civ. 18-9-2008 n° 06-22.038 : RJDA 2/09 n° 120) ; peu importe que l'exercice d'actions en justice figure ou non parmi les buts ou moyens d'action prévus par les statuts (Cass. 1e civ. 18-9-2008 n° 06-22.038 précité ; Cass. soc. 3-4-2019 n° 17-23.304 F-D).

Toutefois, pour la troisième chambre civile de la Cour de cassation, cette action n'est recevable que si l'association apporte la preuve d'un préjudice direct et personnel, distinct des dommages propres à chaque membre (Cass. 3e civ. 17-7-1997 n° 95-18.100 : Bull. civ. III n° 165 ; Cass. 3e civ. 4-11-2004 n° 03-11.377 : Bull. civ. III n° 193 ; voir, cependant, Cass. 3e civ. 4-5-2011 n° 10-11.863 : RJDA 7/11 n° 618).

Le préjudice invoqué peut être antérieur à la date de constitution de l'association (Cass. 1e civ. 27-5-1975 n° 74-11.480 : Bull. civ. I n° 174). Toutefois, un changement d'objet ne saurait valider rétroactivement la recevabilité d'une action (CA Paris 21-5-1996 n° 95-12567 : BAF 7/96 inf. 223).

L'adhésion à l'association n'emporte pas de la part de ses membres l'abdication de leurs droits ; chacun d'eux conserve le libre exercice de son action individuelle. S'il décide d'agir concomitamment à l'association, cette dernière n'agit plus pour son compte, mais seulement dans l'intérêt des autres.

ILLUSTRATIONS

Ont été **jugées recevables** les actions d'associations :
– de commerçants pour obtenir la réparation du préjudice subi du fait de l'exploitation par un distributeur d'une surface de vente sous les auvents de son magasin dépassant les limites autorisées (Cass. 1e civ. 15-5-1990 n° 88-19.780 : Bull. civ. I n° 102) ;
– de riverains d'une carrière pour trouble de voisinage (Cass. 2e civ. 5-10-2006 n° 05-17.602 : Bull. civ. II n° 255) ;
– de riverains d'une usine de torréfaction de café en raison de la pollution atmosphérique causée par cette usine (Cass. 3e civ. 10-10-1978 n° 77-11.978 : D. 1979 p. 581) ;
– de locataires pour faire juger que certaines dépenses ne relèvent pas des charges locatives récupérables (Cass. 3e civ. 4-5-2011 n° 10-11.863 : RJDA 7/11 n° 618) ;

– de pêcheurs à la ligne pour pollution de la rivière où ils pêchent (Cass. 2e civ. 18-12-1978 n° 77-13.482 : Bull. civ. II n° 282) ;
– de professionnels, s'agissant de pratiques susceptibles de porter un préjudice, même indirect, à l'intérêt collectif de la profession concernée (CA Versailles 6-5-2009 n° 08/1488) ;
– des maires de France, pour faire interdire à un candidat aux élections à la présidence de la République de se présenter comme « le candidat des maires de France » (CA Paris 6-4-2007 n° 07/05275).
Ont, en revanche, été **jugées irrecevables** les actions d'associations :
– de vignerons d'un terroir donné, pour fraude à un vin d'un autre terroir (Cass. crim. 7-6-1956 : Gaz. Pal. 1956 p. 367) ;
– regroupant des commerçants, des industriels et des artisans, s'agissant de l'ouverture d'un magasin de meubles le dimanche (Cass. 2e civ. 21-7-1986 n° 84-15.397 : Bull. civ. II n° 119).

5. INTÉRÊT SUFFISANT POUR AGIR EN JUSTICE

300 Une bonne administration de la justice commande que soient éliminés des prétoires certains débats. Cette considération, discutée, a pour but de désencombrer les juridictions en coupant court aux contestations les plus vénielles. L'évaluation de l'intérêt est soumise à l'appréciation souveraine des juges du fond qui se montrent plus ou moins exigeants. On relève toutefois que les décisions d'irrecevabilité en raison de la faiblesse de l'intérêt sont très rares. Sur l'abus du droit d'agir en justice, voir nos 802 s.

ILLUSTRATIONS

A été jugée **irrecevable** la demande de substitution des diminutifs « Ed Cath » aux prénoms Edith Catherine, et ce malgré leur usage habituel dans la vie courante au motif que cette demande ne reposait pas sur un intérêt de nature à la justifier (Cass. 1e civ. 20-2-1996 n° 94-12.313 : Bull. civ. I n° 98).
Ont été jugées **recevables** :
– la demande de versement d'un euro symbolique en réparation du dommage subi (CA Paris 9-9-2008 n° 06/13052) ;
– la demande en démolition de la partie d'une construction reposant sur un fonds voisin alors même que l'empiétement était minime (Cass. 3e civ. 26-6-1979 n° 78-10.567 : Bull. civ. III n° 142).

6. INTÉRÊT DIRECT POUR AGIR EN JUSTICE

320 L'intérêt à agir doit être direct. Ainsi, une société mère ne peut pas se substituer à sa filiale pour intenter à ses lieu et place une action en réparation d'un préjudice subi par celle-ci ; elle ne justifie pas d'un intérêt à agir du seul fait qu'elle contrôle cette société (Cass. com. 18-5-1999 n° 96-19.235 : RJDA 11/99 n° 1215). Elle ne peut pas non plus réclamer le paiement des sommes dues à celle-ci (Cass. com. 12-5-1981 n° 79-16.219 : Bull. civ. IV n° 221).
En matière de garantie décennale, si l'action se transmet à l'acquéreur du bien, le vendeur réputé constructeur ne perd pas la faculté de l'exercer quand elle présente pour lui un intérêt direct et certain (Cass. 3e civ. 12-11-2020 n° 19-22.376 FS-PBI) ; tel est le cas lorsqu'il a été condamné à réparer les vices de cet immeuble (Cass. 3e civ. 20-4-1982 n° 81-10.026 : Bull. civ. III n° 95 ; Cass. 3e civ. 9-2-2010 n° 08-18.970 D).

> **Précisions** À la différence de l'intérêt à agir, l'**intérêt à intervenir à titre accessoire** peut être un intérêt indirect (CA Paris 7-6-1969 : JCP 1969 II 15954 concl. Fortier, note D. Ruzié). Cet intérêt doit en revanche être personnel (Cass. 2e civ. 19-6-1959 : D. 1959 p. 511 note J. V.) ; il ne doit donc pas se confondre avec celui de l'une des parties en cause.

B. Moment d'appréciation de l'intérêt à agir en justice

340 L'intérêt à agir s'apprécie au jour de l'**introduction de la demande** (Cass. 2e civ. 13-2-2003 n° 01-03.272 : Bull. civ. II n° 34 ; Cass. 3e civ. 12-1-2005 n° 03-18.256 : Bull. civ. III n° 1).

ATTENTION

Les juges doivent se placer au jour de l'introduction de la demande en justice pour apprécier l'existence de l'intérêt à agir, même en cas de **demande en intervention forcée** ayant pour objet de rendre un tiers partie au procès engagé entre les parties d'origine (Cass. com. 12-7-2011 n° 10-19.895 : Bull. Joly 2011 p. 965 § 511 note J.-J. Barbieri).

En principe, l'intérêt à agir ne saurait donc dépendre de **circonstances postérieures** qui l'auraient rendu sans objet (Cass. 2e civ. 9-11-2006 n° 05-13.484 : Bull. civ. II n° 307). En certaines circonstances pourtant, un plaideur qui avait initialement intérêt et qualité pour agir perd le droit d'agir. Il a par exemple été jugé qu'en vendant son fonds, le demandeur n'avait plus qualité et intérêt à agir pour faire reconnaître une servitude de passage bénéficiant à une parcelle dont il n'était plus propriétaire (Cass. 3e civ. 9-11-2017 n° 16-22.342 F-D). 345
Les circonstances postérieures doivent également être prises en considération si elles emportent régularisation. Dans les cas où la situation donnant lieu à une fin de non-recevoir est susceptible d'être régularisée, l'irrecevabilité est écartée si sa cause a disparu au moment où le juge statue (CPC art. 126 ; Cass. com. 11-7-2006 n° 05-13.659 FS-PB). La régularisation peut n'avoir lieu qu'au stade de l'appel (Cass. 1e civ. 19-3-1991 n° 88-18.488 : Bull. civ. I n° 91).

SECTION 2 QUALITÉ À AGIR EN JUSTICE

PRINCIPES

La qualité à agir est une **condition** d'existence de l'action. Elle est exigée tant en demande qu'en défense (Cass. com. 20-6-2006 n° 03-15.957 : RJDA 10/06 n° 1023). 400
Le **défaut** de qualité donne lieu à une **fin de non-recevoir** (CPC art. 122). Il peut être opposé à n'importe quel moment du procès (CPC art. 118) mais il est parfois susceptible d'être régularisé. Par exemple, le défaut de qualité du requérant à une procédure d'expulsion peut être couvert par l'intervention du véritable propriétaire (Cass. 3e civ. 9-7-2014 n° 13-16.655 : RJDA 12/14 n° 888). Le vice peut être assaini jusqu'au jour où le juge statue, sous réserve que les délais ne soient pas expirés (Cass. soc. 18-6-1986 n° 83-41.144). Ainsi, l'irrégularité tirée du défaut de qualité ne peut plus être corrigée si le délai de prescription est expiré entre temps.
Le juge peut **relever d'office** cette fin de non-recevoir (CPC art. 125). Lorsque le défaut de qualité résulte d'un texte d'ordre public, il a même obligation de faire.

A. Qualité à agir pour la défense d'intérêts personnels

RÈGLE GÉNÉRALE

Lorsqu'une personne engage une action en justice qui est ouverte à tout intéressé, on parle d'action en justice ordinaire ou encore d'« **action banale** ». Dans ce cas, qualité et intérêt se confondent : l'examen de la qualité de celui qui agit à titre personnel s'efface au profit de celui de l'intérêt. En revanche, pour les « **actions attitrées** », qui ne sont attribuées qu'à certains intéressés spécialement désignés parmi d'autres, la qualité pour agir est une condition de recevabilité de l'action. Elle résulte alors de l'habilitation à agir. Seul le législateur a, en principe, le pouvoir de conférer un tel titre réservé. 410
Sur la qualité à agir en matière de procédures collectives, voir nos 50000 s.

1. ACTIONS EN MATIÈRE FAMILIALE

Dans l'examen de la recevabilité de certaines actions, le titre légal se suffit à lui-même. La juridiction doit alors vérifier que la personne concernée se trouve dans la situation déterminée par la loi. Les illustrations les plus significatives sont fournies par le droit de la famille. 420

QUALITÉ À AGIR EN MATIÈRE DE DIVORCE

Action en divorce L'action en divorce est une action attitrée qui n'est ouverte qu'aux **époux** (cf. CPC art. 31). Ils peuvent agir seuls ou conjointement, à l'exclusion de tout autre membre de la famille ou de tiers. Cette action est irrecevable lorsque le mariage est dissous par la mort (Cass. 2e civ. 23-1-1988 n° 87-11.707 : Bull. civ. II n° 226 ; Cass. 2e civ. 14-10-2010 n° 09-70.332 F-D) ou annulé. La qualité pour agir s'apprécie aussi en la personne du défendeur (CPC art. 31 et 32). 440

445 Dans l'instance en divorce, le majeur en **tutelle**, est représenté par son tuteur et le majeur en **curatelle** exerce l'action lui-même, avec l'assistance de son curateur (C. civ. art. 249).
Un tuteur ou un curateur ad hoc est nommé lorsque la tutelle ou la curatelle avait été confiée au conjoint de la personne protégée (C. civ. art. 249-2).
Lorsque l'un des époux est un majeur protégé, aucune demande en divorce par consentement mutuel ne peut être présentée (C. civ. art. 249-4).

450 L'audition du mineur dans une procédure de divorce ne confère pas à l'**enfant** la qualité de partie à l'instance (C. civ. art. 388-1, al. 3). Il ne peut jamais être entendu sur les griefs comme témoin (C. civ. art. 259), même s'il est majeur, et même s'il n'est pas un enfant commun aux deux époux. Il ne peut ni exercer de voies de recours, ni présenter des demandes par voie d'intervention, ni fournir d'attestation. Ces interdictions s'appliquent également au conjoint de l'enfant et à ses propres enfants.

455 L'**époux** qui est **en liquidation judiciaire** a qualité pour intenter seul une action en divorce ou y défendre, son dessaisissement ne concernant que l'administration et la disposition de ses biens (Cass. com. 22-2-2017 n° 15-17.939 F-D ; Cass. com. 16-1-2019 n° 17-16.334 FS-PB : RJDA 4/19 n° 282). L'intervention au divorce du mandataire liquidateur est irrecevable (Cass. 1e civ. 4-6-2007 n° 06-18.515 : Bull. civ. I n° 216) ; en revanche il peut former tierce opposition (Cass. com. 16-1-2019 n° 17-16.334 précité).

465 **Actions attachées aux conséquences du divorce** Lorsqu'un époux décède après le prononcé du divorce et qu'un appel a été formé quant aux **conséquences patrimoniales**, les **héritiers** peuvent continuer l'instance (Cass. 1e civ. 25-5-1993 n° 91-21.950 : Bull. civ. II n° 184). Les créanciers peuvent également intervenir sur les conséquences patrimoniales du divorce dans les rapports entre époux (Cass. 1e civ. 7-3-2002 n° 97-21.852 : Bull. civ. II n° 33).
L'**enfant** ne peut pas former tierce opposition contre une ordonnance fixant les **droits de visite** (Cass. ch. mixte 9-2-2001 n° 98-18.661 : Bull. civ. n° 1).
Dans le cadre de la procédure de divorce, seul l'**époux en liquidation judiciaire** a qualité pour se défendre lors de la fixation de la **prestation compensatoire** mise à sa charge, même si celle-ci consiste en l'abandon à son ex-conjoint d'un bien lui appartenant ; le **liquidateur judiciaire** peut néanmoins, là encore, former tierce opposition contre les dispositions du jugement de divorce relatives à cette prestation (Cass. com. 16-1-2019 n° 17-16.334 FS-PB : RJDA 4/19 n° 282).

QUALITÉ À AGIR EN NULLITÉ DU MARIAGE

470 Le mariage qui a été contracté **sans** le **consentement libre** des deux époux, ou de l'un d'eux, ne peut être attaqué que par les époux, ou par celui des deux dont le consentement n'a pas été libre, ou par le ministère public ; l'exercice d'une contrainte sur les époux ou l'un d'eux constitue un cas de nullité du mariage (C. civ. art. 180, al. 1). S'il y a eu **erreur** sur la personne, ou sur des qualités essentielles de la personne, l'autre époux peut demander la nullité du mariage (C. civ. art. 180, al. 2).
L'action en nullité du mariage pour défaut de **consentement des ascendants**, dans le cas où ce consentement était nécessaire, ne peut être exercée que par un ascendant dont le consentement fait défaut ou par celui des époux qui avait besoin de ce consentement (C. civ. art. 182).
L'action en nullité du mariage pour **polygamie** est réservée aux époux (C. civ. art. 184), à l'époux en premières noces (art. 188), à tous ceux qui y ont un intérêt, notamment aux ascendants et autres membres de la famille des époux (art. 184) et, du vivant des époux, au ministère public (art. 190).
En revanche, un époux divorcé a qualité pour demander l'annulation du mariage.

> **Précisions** Les **parents collatéraux et les enfants nés d'un autre mariage** peuvent agir en nullité du vivant des deux époux s'ils justifient d'un intérêt né et actuel (C. civ. art. 187). L'intérêt moral de contester le mariage ne leur étant pas reconnu, ils doivent justifier d'un intérêt pécuniaire (Cass. civ. 9-11-1887 : DP 1888 I p. 161 note T. Poncet).

QUALITÉ À AGIR POUR D'AUTRES ACTIONS FAMILIALES

480 L'action en nullité des actes de disposition des droits par lesquels est assuré le **logement de la famille** est réservée au conjoint qui n'a pas donné son consentement à l'acte (C. civ. art. 215, al. 3). L'action en nullité du conjoint est recevable même en cas de régime de séparation de biens (pour un exemple, Cass. 1e civ. 3-3-2010 n° 08-18.947 : Bull. civ. I n° 54).
Un **légataire universel** a qualité pour agir en nullité d'un acte à titre onéreux (Cass. 1e civ. 8-7-2015 n° 14-17.768 F-PB : Bull. civ. I n° 173).

La **séparation de biens** demandée à titre principal est réservée aux époux (C. civ. art. 1443). Les créanciers ne peuvent pas prendre l'initiative de la procédure (art. 1446) mais, si la séparation a été prononcée en fraude de leurs droits, ils peuvent se pourvoir contre elle par voie de tierce opposition (art. 1447). 485

Le parent qui assume la charge financière de l'enfant peut agir en fixation de la **pension** car l'obligation d'entretien d'un enfant est une obligation entre époux (Cass. 2e civ. 12-6-1975 n° 74-13.342 : Bull. civ. II n° 177). 490
La demande de contribution aux **charges du mariage** est réservée à un époux (C. civ. art. 214, al. 2).

L'action en recherche de **maternité** (C. civ. art. 325) ou en recherche de **paternité** (C. civ. art. 327) appartient seulement à l'enfant. 495
L'action en contestation de **reconnaissance d'un enfant** dont la possession d'état est conforme à son acte de naissance ne peut être contestée que par l'enfant, les parents légaux et celui qui prétend être le parent véritable (C. civ. art. 333). Le légataire universel n'étant pas héritier du titulaire de l'action (C. civ. art. 322), il n'a pas qualité à agir (Cass. 1e civ. 21-9-2022 n° 20-21.035 F-B) ou à contester une reconnaissance de paternité (Cass. 1e civ. 2-4-2014 n° 13-12.480 : Bull. civ. I n° 62).
La demande de **contribution à l'entretien et à l'éducation** de l'enfant peut être valablement présentée par la mère, même si l'enfant est majeur lors de l'introduction de l'action en recherche de paternité. En effet, la recevabilité de l'action en contribution à l'entretien n'est pas subordonnée à celle de l'action en recherche de paternité et les effets d'une paternité légalement établie remontent à la naissance (Cass. 1e civ. 9-11-2016 n° 15-27.246 F-PB).

L'action en **réduction des dispositions entre vifs** ne peut être demandée que par les héritiers réservataires ou leurs ayants cause à l'exclusion des donataires, des légataires ou des créanciers du défunt (C. civ. art. 921, al. 1). 500
L'action en **révocation de donation pour cause d'ingratitude** ne peut être intentée que par le donateur contre le donataire et ne peut être continuée que par ou contre les héritiers (C. civ. art. 957, al. 2).

L'action en révocation d'**adoption** simple pour motifs graves est réservée à l'adoptant, à l'adopté et, lorsque ce dernier est mineur, au ministère public (C. civ. art. 368). Si l'action est engagée par l'adoptant ou l'adopté, elle peut être poursuivie par leurs héritiers en cas de décès (Cass. 1e civ. 21-6-1989 n° 87-19.742 : Bull. civ. I n° 249). 505

2. ACTIONS EN MATIÈRE CONTRACTUELLE

QUALITÉ À AGIR EN NULLITÉ RELATIVE

La nullité relative sanctionne les règles établies dans un but de protection individuelle. L'action en nullité relative d'un contrat est donc une action « attitrée » car elle n'appartient a priori qu'à la personne protégée. 520

L'action en nullité pour **vice du consentement** n'appartient qu'à la partie dont le consentement a été vicié (C. civ. art. 1131 issu de ord. 2016-131 du 10-2-2016 ; auparavant Cass. 1e civ. 1-3-1988 n° 86-17.492 : Bull. civ. I n° 56) ; il en résulte que son cocontractant ne peut pas l'invoquer (Cass. 3e civ. 9-11-1976 n° 75-13.504 : D. 1977 IR 122). De même, la caution, qui n'est pas partie au contrat principal, ne peut pas invoquer la nullité relative de ce contrat en raison du vice du consentement du débiteur principal (Cass. ch. mixte 8-6-2007 n° 03-15.602 : RJDA 3/08 n° 327). 525
En cas d'**incapacité**, seul le mineur ou le majeur protégé peut exercer l'action en nullité d'un acte irrégulièrement conclu (C. civ. art. 1147).

L'action en **nullité de la vente de la chose d'autrui** (C. civ. art. 1599) est réservée à l'acheteur (Cass. 3e civ. 16-4-1973 n° 72-11.276 : Bull. civ. III n° 303 ; Cass. 3e civ. 9-3-2005 n° 03-14.916 : RJDA 8-9/05 n° 950). 530

L'action en rescision pour **lésion** d'une vente immobilière n'appartient qu'au vendeur (C. civ. art. 1674) et à ses héritiers, à l'exclusion de l'acquéreur. Le tuteur peut agir sans l'accord des organes tutélaires (C. civ. art. 504). Le créancier du vendeur peut agir par voie oblique (Cass. 1e civ. 28-2-2006 n° 03-18.869). L'usufruitier est irrecevable (Cass. 1e civ. 26-11.1962 n° 60-10.362 : Bull. civ. I n° 503). 535

QUALITÉ À AGIR EN MATIÈRE DE CESSION DE CRÉANCE

Sauf clause contraire, la cession de créance transfère au cessionnaire les droits et actions appartenant au cédant et attachés à la créance cédée (Cass. 1e civ. 10-1-2006 n° 03-17.839 : Bull. civ. I n° 6 ; Cass. Com. 2-7-2013 n° 12-18.413 FS-PB : RJDA 10/13 n° 788). La qualité pour agir s'apprécie dans la personne du cessionnaire. Seules les actions extrapatrimoniales, incessibles ou strictement personnelles au cédant ne sont pas transférées (Cass. 1e civ. 24-10-2006 n° 04-10.231 : Bull. civ. I n° 433). 538

ILLUSTRATIONS

La cession de créance emporte transfert de l'**action en responsabilité** contractuelle qui en est l'accessoire ; le cédant perd la qualité pour agir au profit du seul cessionnaire (Cass. 1e civ. 19-6-2007 n° 05-21.678 F-PB : RJDA 11/07 n° 1083).
En revanche, la cession n'emporte pas le transfert au cessionnaire de la qualité en laquelle le cédant a acquis la créance cédée, notamment pas celle de **victime** de **l'infraction pénale** qui a justifié que cette créance lui soit allouée (Cass. 1e civ. 10-1-2018 n° 16-20.416 F-PB : RJDA 6/18 n° 548).
De même, la cession de créance ne transfère pas au cessionnaire le **droit de défendre** à l'action en résolution du contrat principal (Cass. com. 15-5-2019 n° 17-27.686 FS-PB : RJDA 10/19 n° 615).

QUALITÉ À AGIR EN VERTU D'UNE SUBROGATION LÉGALE OU CONVENTIONNELLE

540 L'action exercée en vertu d'une subrogation légale ou conventionnelle est ouverte au créancier subrogé (C. civ. art. 1346-1 et 1346-4).

ATTENTION

Les assurés indemnisés de leurs préjudices par l'assureur subrogé dans leurs droits n'ont plus ni intérêt ni qualité pour solliciter une mesure d'instruction en référé à l'encontre de coresponsables de l'accident dommageable (Cass. 1e civ. 28-3-2018 n° 17-11.628 F-PB).

QUALITÉ À AGIR PAR LA VOIE OBLIQUE

545 L'action oblique qui permet d'exercer les droits du débiteur est réservée au créancier : lorsque la carence du débiteur dans l'exercice de ses droits et actions à caractère patrimonial compromet les droits de son créancier, celui-ci peut les exercer pour le compte de son débiteur, à l'exception de ceux qui sont exclusivement rattachés à sa personne (C. civ. art. 1341-1). Notamment, l'épouse a qualité pour agir par la voie oblique contre le bailleur rural en répétition de l'indu payé par son époux (Cass. 3e civ. 11-2-2015 n° 14-10.266 : Bull. civ. III n° 16). De même, un membre du syndicat des copropriétaires est recevable à exercer une action oblique pour obtenir la résiliation du bail consenti par un autre copropriétaire sur son lot (Cass. 3e civ. 8-4-2021 n° 20-18.327 FS-P : RJDA 6/21 n° 456).

QUALITÉ À AGIR EN MATIÈRE DE DROITS RÉELS

550 Par exemple :
– l'action du titulaire d'un droit d'habitation ou d'usage (C. civ. art. 632) ne peut être exercée par un tiers, le droit étant strictement personnel ;
– l'action en matière de servitudes étant réservée aux propriétaires, l'action du locataire est irrecevable (CA Poitiers 29-1-2002 n° 98/00889 : Juris-Data n° 2002-175024) ;
– l'action en cession de mitoyenneté est réservée au propriétaire mitoyen qui veut acquérir la mitoyenneté (C. civ. art. 661).

QUALITÉ À AGIR CONCERNANT DES ACTIONS DIVERSES

551 **Ont qualité pour agir** :
– un copropriétaire qui jouit privativement d'une partie commune pour intervenir dans une procédure concernant des travaux sur celle-ci (Cass. 3e civ. 16-10-2013 n° 12-23.793) ;
– le bénéficiaire d'une promesse synallagmatique de vente pour demander la restitution du dépôt de garantie même si ce dernier a été versé par un tiers (Cass. 3e civ. 29-5-2013 n° 12-10.070) ;
– un salarié, candidat aux élections professionnelles, pour demander l'annulation du scrutin en raison de l'absence d'invitation à négocier le protocole d'accord préélectoral (Cass. soc. 27-02-2013 n° 11-60.195) ;
– le gérant d'une société, caution de celle-ci, pour actionner la banque en responsabilité en raison de ses manquements envers la société (Cass. com. 28-1-2014 n° 12-27.703) ;
– le salarié d'une société pour représenter celle-ci devant une juridiction de sécurité sociale (Cass. 2e civ. 19-6-2014 n° 13-19.356) ;
– l'expert-comptable désigné par le comité d'entreprise (devenu comité social et économique) pour demander au juge des référés la communication des documents qui lui sont nécessaires (Cass. soc. 26-3-2014 n° 12-26.964) ;
– l'acquéreur de l'immeuble pour demander le paiement des indemnités d'assurance contre l'assureur garantissant les dommages à l'ouvrage, même si la déclaration de sinistre a été effectuée avant la vente (Cass. 3e civ. 15-9-2016 n° 15-21.630 FS-PB) ;
– le liquidateur de l'associé défaillant dont les droits sociaux n'ont pas été remboursés (Cass. com. 5-5-2015 n° 14-10.913 F-D : RJDA 8-9/15 n° 582) ;

– le créancier, lorsque le plan de continuation est arrivé à son terme sans avoir fait l'objet d'une décision de résolution, qui recouvre son droit de poursuite individuelle contre le débiteur (Cass. com. 8-4-2015 n° 13-28.061 : RJDA 6/15 n° 445) ;
– la SARL, dont l'intégralité des parts détenues dans son capital a été cédée à la société mère, pour demander au cédant la mise en œuvre d'une garantie de passif, dans la mesure où elle apparaît bénéficiaire éventuelle de la garantie litigieuse (CA Versailles 4-4-2017 n° 15/08441 : Juris-Data n° 2017-006577) ;
– les acquéreurs successifs d'un immeuble, même pour les dommages nés antérieurement à la vente (Cass. 3e civ. 17-1-2019, n° 16-15.556 F-D : RJDA 4/19 n° 251) ;
– l'associé, pour exercer l'action ut singuli même si la société fait l'objet d'une procédure de sauvegarde (Cass. com. 12-11-2020 n° 19-11.972 FS-PB : RJDA 2/21 n° 94).

N'ont pas qualité pour agir : 552
– le créancier d'une entreprise en procédure collective pour recouvrer les dividendes, cette action étant réservée au liquidateur (Cass. com. 08-04-2015 n° 13-28.061 : RJDA 6/15 n° 445) ;
– une société pour demander le relèvement de son commissaire aux comptes (Cass. com. 10-2-2015 n° 13-24.312 : RJDA 6/15 n° 438), cette action étant réservée à un certain nombre de personnes limitativement énumérées par le Code de commerce, dont les organes de direction de la société ;
– un comité d'entreprise (devenu comité social et économique) pour demander l'exécution d'une convention collective, cette action étant réservée aux syndicats (Cass. soc. 19-11-2014 n° 13-23.899 : Bull. civ. V n° 271) ;
– dans le cadre d'une procédure collective, le repreneur évincé de la vente des biens du débiteur pour agir en appel (CA Douai 2-7-2015 n° 15/02337 : JurisData n° 2015-016931) ;
– dans le même cadre, le liquidateur pour poursuivre en justice la vente d'un immeuble agricole affecté partiellement à l'habitation et ayant fait l'objet d'une déclaration d'insaisissabilité du débiteur avant sa liquidation judiciaire (Cass. com. 24-3-2015 n° 14-10.175 : Bull. civ. IV n° 56) ;
– l'acquéreur d'actions d'une SAS évincé par le droit de préemption de l'associé, pour agir en nullité de la décision de préemption et demander la cession des actions à son profit (Cass. com. 2-2-2016 n° 14-20.747 FS-PB : RJDA 6/16 n° 446) ;
– le débiteur pour agir en nullité de saisies pratiquées en période suspecte (Cass. com. 2-12-2014 n° 13-24.308 F-PB : RJDA 3/15 n° 205) ;
– le simple occupant pour se prévaloir d'une servitude de passage (Cass. 3e civ. 14-11-2019 n° 18-21.136 FS-PBI) ;
– le liquidateur judiciaire pour la licitation d'un immeuble indivis et insaisissable (Cass. com. 10-7-2019 n° 18-16.867 F-PB : RJDA 11/19 n° 703) ;
– un membre d'une association syndicale libre (ASL) pour obtenir la rétrocession à l'ASL d'une parcelle litigieuse (Cass. 3e civ. 23-1-2020 n° 19-11.863 FS-PBI).

B. Qualité à agir pour la défense des intérêts des tiers

L'action peut être attribuée à certaines personnes afin qu'elles défendent non pas leur intérêt personnel mais celui d'autrui, qu'il s'agisse de l'intérêt individuel d'un tiers ou un intérêt collectif. 570
Sur la qualité à agir en matière de droit des sociétés ou de procédures collectives, voir respectivement nos 47000 s. et 50000 s.

> **Précisions a.** Une **personne morale** agit nécessairement par l'intermédiaire d'une ou plusieurs personnes physiques la représentant.
> **b.** S'agissant des **associations**, la qualité résulte des statuts qui précisent les pouvoirs du représentant. Ils indiquent notamment s'il lui est nécessaire d'obtenir l'accord d'un organe délibérant.
> **c.** La **personne publique**, sauf s'il s'agit de l'État, est représentée par son chef mais celui-ci doit, en principe, obtenir l'accord de l'organe délibérant pour engager une procédure ou y défendre (par exemple, pour le président de l'établissement public de coopération intercommunale, CGCT art. L 5211-9, al. 6).
> **d.** Un **mandataire ad hoc** a qualité pour agir en vertu d'un droit propre pour soumettre au juge une prétention pour laquelle le plaideur qu'il représente serait sans qualité (Cass. com. 15-5-2019 n° 18-14.284 F-D).

1. ACTION POUR LA DÉFENSE DE L'INTÉRÊT INDIVIDUEL D'UN TIERS

QUALITÉ À AGIR AU NOM DE MINEURS OU DE MAJEURS PROTÉGÉS

590 Les actions des **mineurs** sont exercées par leur représentant légal (C. civ. art. 388-1-1).
En cas de **tutelle**, c'est le tuteur qui a qualité et qui doit se munir de l'accord des organes tutélaires lorsqu'il s'agit de faire valoir des droits extrapatrimoniaux de la personne protégée (C. civ. art. 475).
Si la personne protégée est sous **curatelle**, le curateur ne peut pas se substituer à la personne en curatelle pour agir en son nom (C. civ. art. 469, al. 1). Toutefois, l'assistance du curateur est requise pour introduire une action en justice ou y défendre (C. civ. art. 468, al. 3).
Une personne sous **sauvegarde de justice** conserve l'exercice de ses droits. Toutefois, elle peut être représentée par un mandataire spécial désigné par le juge lorsque l'action a pour objet la question de son patrimoine (C. civ. art. 435 et 437).

> **Précisions** **L'ouverture d'un régime de protection** en faveur d'un **majeur** peut être demandée au juge par la personne qu'il y a lieu de protéger, par son conjoint, le partenaire avec qui elle a conclu un Pacs ou son concubin, à moins que la vie commune ait cessé entre eux, par un parent ou un allié, une personne entretenant avec le majeur des liens étroits et stables ou encore la personne exerçant à son égard une mesure de protection juridique ; elle peut être également demandée par le procureur de la République soit d'office, soit à la demande d'un tiers (C. civ. art. 430).

QUALITÉ À AGIR EN SUBSTITUTION DES SYNDICATS

600 Les organisations syndicales représentatives dans l'entreprise peuvent exercer en justice des actions **en faveur d'un salarié**, sans avoir à justifier d'un mandat de l'intéressé pourvu que celui-ci en ait été averti et n'ait pas déclaré s'y opposer. Le salarié peut toujours intervenir à l'instance engagée par le syndicat.
Une telle action permet d'assurer la protection des victimes de violations du droit du travail en leur évitant les difficultés qu'engendre un procès. Pour des exemples, voir n° 230.

QUALITÉ À AGIR DES ASSOCIATIONS

610 **Action en représentation conjointe et action de groupe** Certaines associations sont habilitées par la loi à agir au nom de deux victimes au moins en **réparation** des **préjudices individuels** causés par une même personne et ayant une origine commune (nos 255 s.).

615 **Autres actions** Une association, même non habilitée, peut agir pour la défense des **intérêts individuels** de ses membres (voir nos 270 s.).

QUALITÉ À AGIR DU CONTRIBUABLE D'UNE COMMUNE

620 Tout contribuable inscrit au rôle de la commune a le droit d'exercer, tant en demande qu'en défense, à ses frais et risques, avec l'autorisation du tribunal administratif, les **actions qu'il croit appartenir à la commune**, et que celle-ci, préalablement appelée à en délibérer, a refusé ou négligé d'exercer (CGCT art. L 2132-5 s.). L'action exercée par le contribuable à la place de la collectivité locale existe aussi pour les départements (CGCT art. L 3133-1) et pour les régions (CGCT art. L 4143-1).

2. ACTION POUR LA DÉFENSE D'INTÉRÊTS COLLECTIFS

a. Action du syndicat pour la défense de l'intérêt professionnel

640 L'action d'un syndicat professionnel de salariés ou d'employeurs pour défendre non pas un intérêt individuel mais l'**intérêt de la profession** est admise (C. trav. art. L 2132-3).
Elle peut être exercée devant les juridictions civiles (Cass. soc. 12-7-2006 n° 05-60.353 : RJS 11/06 n° 1208), pénales ou administratives (CE 2-7-1965 : D. 1966 som. p. 20). Elle peut également être exercée devant le juge des référés en cas de trouble manifestement illicite (Cass. soc. 26-6-2008 n° 07-11.411 : RJS 10/08 n° 1008).

645 Il suffit qu'un groupement de personnes exerçant une profession se soit constitué en syndicat conformément aux dispositions légales pour qu'il ait ce droit d'action (pour un exemple d'action non recevable car le syndicat n'était pas régulièrement constitué, Cass. crim. 20-1-1938 : Gaz. Pal. 1938 p. 430). L'action doit alors tendre à la préservation de l'intérêt de la profession et non de l'intérêt particulier d'un ou plusieurs membres (Cass. soc. 3-5-2007 n° 05-12.340 : RJS 7/07 n° 875 ;

Cass. soc. 7-9-2017 n° 16-11.495 FS-PB). Le préjudice invoqué doit intéresser la profession exercée par les membres du syndicat. Enfin, le syndicat doit faire état d'un trouble susceptible d'être ressenti par la profession tout entière ou par une collectivité de salariés. Il importe peu qu'il n'atteigne que quelques membres (Cass. soc. 5-10-1994 n° 92-16.632 : RJS 11/94 n° 1282) ou que la date de création du syndicat soit antérieure ou postérieure aux faits dont il demande réparation (Cass. crim. 16-10-2002 n° 01-86.571).

b. Action des ordres professionnels

On considère généralement que les ordres professionnels sont habilités à agir pour la défense des **intérêts généraux de la profession** qu'ils représentent et à laquelle, dans un certain sens, ils s'identifient. Il arrive toutefois que cette habilitation pour la défense de l'intérêt collectif de la profession soit prévue par la loi (par exemple : CSP art. L 4231-1 s. pour les pharmaciens). 655

> **Précisions** En cas de **concurrence entre l'action de l'ordre professionnel et celle du syndicat**, l'action en justice des deux groupements est recevable dès lors que tous deux ont qualité pour agir (Cass. ch. réunies 3-7-1957 : D. 1957 p. 613 note L. Mazeaud).

c. Action des associations

Il n'existe aucun texte général permettant à une association de défendre un intérêt collectif dépassant la seule addition des intérêts particuliers de ses membres. L'association doit, en principe, être habilitée pour agir, mais l'habilitation n'est pas toujours une condition de la recevabilité de l'action. 665

QUALITÉ À AGIR DES ASSOCIATIONS SUR HABILITATION

La défense d'intérêts collectifs, distincts des intérêts personnels et directs du groupement ou des membres qui le composent, nécessite un examen attentif de la qualité. 670

Les **conditions** dans lesquelles l'habilitation des associations est possible sont **variables** : présence d'un agrément lui-même accordé en fonction de critères tels que l'ancienneté ou la représentativité, date de déclaration de l'association, reconnaissance d'utilité publique.

Habilitation par la loi Certaines associations sont expressément habilitées par la loi, sous certaines conditions, à agir devant une juridiction civile pour la défense d'intérêts collectifs. 675
Ces actions peuvent consister en l'exercice des droits reconnus à la partie civile en cas d'infraction portant un préjudice à un intérêt collectif, mais leur action peut également être indépendante de toute infraction.

Tel est le cas notamment des associations de consommateurs et des associations pour la défense des investisseurs.

ILLUSTRATIONS

L'**Union nationale** et les unions départementales **des associations familiales** sont habilitées à exercer devant toutes les juridictions, sans avoir à justifier d'un agrément ou d'une autorisation préalable de l'autorité publique, l'action civile relativement aux faits de nature à nuire aux intérêts moraux et matériels des familles, y compris pour les infractions prévues par l'article 227-24 du Code pénal (CASF art. L 211-3).

Associations de consommateurs. Les associations de consommateurs régulièrement déclarées ayant pour objet statutaire explicite la défense des intérêts des consommateurs peuvent, si elles ont été agréées à cette fin, exercer devant la juridiction civile les **droits reconnus à la partie civile** relativement aux **faits portant un préjudice direct ou indirect à l'intérêt collectif des consommateurs** (C. consom. art. L 621-1). 680

Une association de consommateurs peut également agir devant une juridiction civile pour **faire cesser ou interdire tout agissement illicite**. Elle peut à ce titre demander la **suppression d'une clause illicite** ou abusive dans le contrat ou le type de contrat proposé aux consommateurs ou dans tout contrat en cours d'exécution (C. consom. art. L 621-2, al. 1). L'association peut également demander au juge de **déclarer** que cette **clause** est réputée **non écrite** dans tous les contrats identiques en cours d'exécution conclus par le même professionnel avec des consommateurs et de lui ordonner d'en informer à ses frais les consommateurs concernés par tous moyens appropriés (C. consom. art. L 621-2, al. 2).

Une association de consommateurs peut encore agir pour interdire ou faire cesser des agissements illicites, faire supprimer des clauses illicites ou abusives ou les faire déclarer non écrites, au regard de **dispositions nationales qui transposent des directives** relatives au droit de la consommation (C. consom. art. L 621-7 et L 621-8).

Enfin, l'**association** dispose du pouvoir d'**agir conjointement** ou d'**intervenir** pour faire cesser des agissements illicites, faire supprimer des clauses ou les faire déclarer non écrites ainsi que de demander réparation du préjudice direct ou indirect porté à l'intérêt collectif des consommateurs dans le cadre d'une action portée par un consommateur devant les juridictions civiles et ayant pour objet la réparation d'un préjudice subi par un ou plusieurs d'entre eux pour des **faits non constitutifs d'une infraction pénale** (C. consom. art. L 621-9).

690 **Associations de défense des investisseurs**. Les associations régulièrement déclarées ayant pour objet statutaire explicite la défense des investisseurs en titres financiers ou en produits financiers peuvent agir en justice devant toutes les juridictions relativement aux **faits portant un préjudice direct ou indirect à l'intérêt collectif des investisseurs** ou de certaines catégories d'entre eux (C. mon. fin. art. L 452-1, al. 1).

710 **Habilitation par les tribunaux** Les **associations habilitées par la loi à exercer les droits reconnus à la partie civile** devant une juridiction pénale sont admises à exercer l'action civile devant une juridiction civile (pour des exemples : Cass. 2e civ. 25-6-1998 n° 96-10.397 : Bull. civ. II n° 228 ; Cass. 2e civ. 14-6-2007 n° 06-15.352 : Bull. civ. II n° 157). Il s'agit là de l'application des règles du droit commun de la procédure pénale (cf. CPP art. 4).

ILLUSTRATIONS

Les associations dont l'objet statutaire comporte la **lutte contre l'alcoolisme**, régulièrement déclarées depuis au moins cinq ans à la date des faits, peuvent exercer les droits reconnus à la partie civile pour certaines infractions telles que les infractions à la publicité en faveur des boissons alcooliques (CSP art. L 3355-1). Une association de lutte contre l'alcoolisme a pu valablement agir devant une juridiction civile pour demander réparation du préjudice occasionné par un affichage publicitaire contrevenant au Code de la santé publique et contraire à son objet statutaire (Cass. 2e civ. 25-6-1998 n° 96-10.397 : Bull. civ. II n° 228).
Les **fédérations départementales de chasseurs** habilitées par la loi pour exercer les droits reconnus à la partie civile en ce qui concerne les faits portant un préjudice direct ou indirect aux intérêts collectifs qu'elles ont pour objet de défendre peuvent valablement agir pour la protection de ces intérêts devant la juridiction civile (Cass. 2e civ. 14-6-2007 n° 06-15.352 : Bull. civ. II n° 157).

QUALITÉ À AGIR DES ASSOCIATIONS EN L'ABSENCE D'HABILITATION

720 Une association peut agir en justice au nom d'intérêts collectifs dès lors que ceux-ci entrent dans son **objet social** (Cass. 1e civ. 2-5-2001 n° 99-10.709 : Bull. civ. I n° 114 ; Cass. 2e civ. 5-10-2006 n° 05-17.602 : Bull. civ. II n° 255 ; Cass. 1e civ. 18-9-2008 n° 06-22.038 : RJDA 2/09 n° 120). Peu importe que l'association n'y soit pas habilitée par la loi (Cass. 1e civ. 2-5-2001 n° 99-10.709 précité ; Cass. 1e civ. 18-9-2008 n° 06-22.038 précité) ; peu importe également que l'exercice d'actions en justice pour la défense d'intérêts collectifs figure ou non parmi les buts ou moyens d'action de l'association prévus par les statuts (Cass. 1e civ. 18-9-2008 n° 06-22.038 précité).

ILLUSTRATIONS

Ont été **jugées recevables** les actions :
– de l'Association française contre les myopathies, en responsabilité contre l'ancien président et le liquidateur d'un établissement recevant des malades atteints de myopathie, en raison de graves dysfonctionnements ayant porté préjudice à certains résidents (Cass. 1e civ. 18-9-2008 n° 06-22.038 : RJDA 2/09 n° 120) ;
– de la Société nationale de protection de la nature, en réparation du préjudice collectif subi du fait du défrichement illégal d'une centaine d'hectares sur la plaine des Maures, zone naturelle d'intérêt écologique, faunistique et floristique de type I, dès lors que l'association avait pour but de concourir à la protection de la nature (Cass. 3e civ. 1-7-2009 n° 07-21.954 : Bull. civ. III n° 166) ;
– de deux associations ayant respectivement pour objet le soutien moral, matériel et financier aux défenseurs des droits de l'Homme en République populaire de Chine et l'organisation, le financement ou le soutien de toutes actions, initiatives, démarches, idées, discours qui promeuvent la citoyenneté et les progrès de la démocratie, des libertés et de la justice dans le monde, s'agissant d'un litige portant sur l'exposition de cadavres, tous d'origine chinoise ; en effet, cette exposition met en cause un intérêt collectif (est-elle licite ?) qui relève des champs de la citoyenneté et de la défense des droits de l'Homme, notamment en Chine, tous deux compris dans les objets sociaux de ces deux associations (CA Paris 30-4-2009 n° 09/9315 et, sur pourvoi, rejet par Cass. 1e civ. 16-9-2010 n° 09-67.456 : Bull. civ. I n° 174).
Ont, en revanche, été **jugées irrecevables** :
– faute d'entrer dans son objet social, la demande d'une association de sauvegarde d'une église et d'un château, s'agissant de la démolition d'une maison éloignée de ce site et visible ni de l'église ni du château (Cass. 2e civ. 27-5-2004 n° 02-15.700 : Bull. civ. II n° 239) ;
– l'intervention en appel dans une procédure d'adoption d'une association ayant pour objet la défense des intérêts des enfants et qui ne faisait que s'opposer à la demande d'adoption (Cass. 1e civ. 16-3-2016 n° 15-10.577 F-PB).

LOI APPLICABLE

La qualité à agir d'une association pour la défense d'un intérêt collectif en vue d'obtenir une mesure d'instruction sur le fondement de l'article 145 du Code de procédure civile s'apprécie selon la **loi du for** en ce qui concerne les conditions d'exercice de l'action et selon la **loi du groupement** en ce qui concerne les limites de l'objet social dans lesquelles celle-ci est exercée (Cass. 1e civ. 9-3-2022 n° 20-22.444 FS-B). 725

CHAMP D'ACTION GÉOGRAPHIQUE DES ASSOCIATIONS

Une association, habilitée ou non, peut agir devant **toute juridiction territorialement compétente** pour défendre les intérêts entrant dans son objet social, en l'absence de stipulation contraire de ses statuts (Cass. 1e civ. 30-03-2022 n° 21-13.970 FS-B). 730

SECTION 3

RÔLES RESPECTIFS DES PARTIES ET DU JUGE

RÈGLES GÉNÉRALES

Seules les parties peuvent **introduire** l'instance, hors les cas où la loi en dispose autrement. Elles ont la liberté d'y **mettre fin** avant qu'elle ne s'éteigne par l'effet du jugement ou en vertu de la loi (CPC art. 1). 800

Les parties disposent de la matière du procès. Cette affirmation, dite **principe dispositif**, se traduit dans le Code de procédure civile par plusieurs règles fondamentales :

– l'objet du litige est déterminé par les prétentions respectives des parties (CPC art. 4, al. 1) ;

– le juge doit se prononcer sur tout ce qui est demandé et seulement sur ce qui est demandé (CPC art. 5) ;

– il ne peut fonder sa décision sur des faits qui ne sont pas dans le débat (CPC art. 7, al. 1).

Ce sont donc les parties qui ont la maîtrise de l'**objet** et de la **cause de la demande** en justice et non le juge mais nous verrons que celui-ci joue cependant un rôle actif tout au long du procès.

Le cadre du litige est déterminé par les parties à partir de la **distinction entre le fait et le droit** : les parties allèguent les faits à l'appui de leurs prétentions ; le juge dit le droit qui consiste à trancher le litige conformément aux règles juridiques qui lui sont applicables, en donnant ou restituant, le cas échéant, leur exacte qualification aux faits et actes litigieux, sans s'arrêter à la dénomination que les parties en auraient proposée, ou bien en invitant les parties à fournir les explications de droit qu'il estime nécessaires à la solution du litige. 801

Cette frontière n'est pas toujours d'une parfaite étanchéité et il existe en fait une **collaboration entre le juge et les parties**, ces dernières présentant les éléments du dossier et proposant au juge un raisonnement juridique de nature à fonder les prétentions qu'elles exposent.

CONSÉQUENCES D'UNE PROCÉDURE ABUSIVE OU DILATOIRE

Celui qui agit en justice de manière dilatoire ou abusive peut être condamné à une **amende civile** d'un maximum de 10 000 €, sans préjudice des **dommages-intérêts** qui seraient réclamés (CPC art. 32-1). 802

ATTENTION

Le juge ne peut pas à la fois **rejeter** le **caractère abusif** d'une action en justice et accorder des **dommages-intérêts** au défendeur au titre de son préjudice moral au motif que l'action, visant à contester sa qualité de légitime propriétaire, a inévitablement porté atteinte à sa réputation (Cass. 2e civ. 11-1-2018 n° 16-26.168 F-PB : Bull. civ. II n° 2).

La notion d'abus de droit repose sur les principes de la **responsabilité civile extracontractuelle** (C. civ. art. 1240 ; ex-art. 1382). Toute faute dans l'exercice des voies de droit est susceptible d'engager la responsabilité des plaideurs (Cass. com. 9-5-1995 n° 956 : RJDA 11/95 n° 1308). L'**absence d'intérêt** à agir peut constituer un abus de droit. 803

Avant de condamner une partie à des dommages-intérêts pour procédure abusive, **le juge doit** toutefois rechercher si cette partie pouvait légitimement penser qu'elle obtiendrait gain de cause (Cass. 3e civ. 19-2-2003 n° 282 : RJDA 5/03 n° 558 ; Cass. com. 3-11-2004 n° 1555 F-D : RJDA 4/05 n° 401). Le juge a aussi l'obligation de caractériser les circonstances ayant fait dégénérer en abus le droit d'agir (Cass. com. 3-11-2004 n° 1555 F-D précité ; Cass. 1e civ. 19-2-2013 n° 11-26.881 : RJDA 6/13 n° 506). Bien souvent, les juridictions vérifient le comportement du plaideur et envisagent de sanctionner l'abus qui lui est imputable lorsqu'il s'est placé, de façon déterminée, hors l'exercice normal des droits de la défense : caractère dolosif des prétentions ; intention de nuire ; volonté de surprendre la « religion » du tribunal ; production de documents tronqués ou incomplets ; profusion de procédures incidentes dans une perspective dilatoire (Cass. com. 11-3-2014 n° 13-11.777 : RJDA 6/14 n° 520 ; Cass. 2e civ. 25-9-2014 n° 13-15.597 : Bull. civ. II n° 192).

ILLUSTRATIONS

A commis un **abus de droit** le bénéficiaire d'une clause de non-concurrence qui n'avait pas d'intérêt à agir en exécution de la clause dès lors qu'il avait refusé de provisionner les frais d'une expertise destinée à évaluer son préjudice (Cass. 1e civ. 19-11-1996, n° 94-20.207 : RJDA 2/97 n° 169).

Il en va de même de l'actionnaire minoritaire qui a exercé une action en nullité d'une assemblée générale extraordinaire n'ayant pour but que de nuire à la société (CA Paris 2-7-1999 n° 1996/85347 : RJDA 10/99 n° 1082).

En revanche, ne commet **pas** un **abus du droit** d'agir en justice l'entreprise qui poursuit un concurrent pour parasitisme sans le mettre préalablement en demeure de cesser ses agissements ni recueillir son avis (Cass. com. 10-9-2013 n° 12-24.380 : RJDA 2/14 n° 190).

Le sous-locataire d'un bureau avait demandé son remplacement par un bureau plus grand. Il avait ensuite refusé la révision annuelle du loyer prévue par le seul contrat initial. Une sentence arbitrale lui avait donné tort : la modification de l'objet du contrat ne constituait pas une nouvelle convention, de sorte que la clause de révision annuelle continuait à s'appliquer. Le sous-locataire qui a relevé appel de cette sentence doit être condamné à 2 000 € de dommages-intérêts pour procédure abusive. La cour d'appel a en effet constaté, outre l'intention dilatoire de l'intéressé, son but de ne pas payer ce qu'il devait légitimement au locataire et le préjudice que celui-ci en éprouvait ; la reprise, en des termes strictement identiques, de raisonnements menés de mauvaise foi, en dépit d'une sentence arbitrale claire et précise, a montré leur inanité. Ayant ainsi caractérisé la conscience du sous-locataire d'exercer un recours infondé, la cour d'appel l'a valablement condamné, la malice étant toujours condamnable (Cass. 1e civ. 24-4-2013 n° 11-26.597 : JCP G 2013 p. 916 obs. G. Deharo).

Doivent être déboutés deux médecins qui ont formé une demande de dommages-intérêts pour procédure abusive contre le Conseil départemental de l'Ordre dès lors que la décision de cet organisme avait été approuvée par le Conseil national de l'Ordre, avant qu'un arrêt d'annulation du Conseil d'État ne fasse prévaloir la thèse inverse (Cass. 1e civ. 30-10-2007 n° 06-13.366 : RJDA 2/08 n° 210).

Une action en justice ne peut, sauf circonstances particulières qu'il appartient alors au juge de spécifier, constituer un abus de droit, lorsque sa légitimité a été reconnue par la juridiction du premier degré, malgré l'infirmation dont sa décision a été l'objet en appel (Cass. 1e civ. 14-11-2018 n° 17-23.593 F-D).

804 Le juge doit **caractériser** l'abus **dans l'exercice d'une voie de recours**.

Ainsi une cour d'appel qui condamne l'appelant à une amende civile pour procédure abusive après avoir considéré une demande de sursis à statuer sans objet et rejette la demande de dommages-intérêts pour procédure abusive formée par l'intimé, en retenant que l'appelant avait pu légitimement croire au bien-fondé de son action, statue par des motifs contradictoires et impropres à caractériser l'abus dans l'exercice du droit d'agir en justice (Cass. 2e civ. 28-1-2016 n° 14-20.726 F-PB : Bull. civ. II n° 30).

De même, une cour d'appel qui condamne le demandeur initial au paiement de dommages-intérêts, en retenant que celui-ci a interjeté appel bien que les motifs du tribunal aient fait clairement apparaître le caractère non seulement infondé mais abusif de la procédure qu'il a engagée, ne caractérise pas une faute faisant dégénérer en abus l'exercice de la voie de recours qui lui était ouverte (Cass. 1e civ. 16-11-2016 n° 15-24.248 F-PB : Bull. civ. I n° 221).

RESPECT DES RÈGLES DE PROCÉDURE PAR LE JUGE ET LES PARTIES

805 Les parties comme le juge doivent suivre les règles énoncées par le **Code de procédure civile** et le **Code de l'organisation judiciaire**. Toutefois, le défaut d'accomplissement d'une charge de la procédure par la partie à laquelle elle incombe ne constitue pas, en l'absence d'abus, une faute de nature à engager la responsabilité de son auteur ; il n'encourt d'autres sanctions que celles prévues par les règles procédurales applicables à l'instance en cause (Cass. 2e civ. 27-5-2021 n° 19-23.898 FS-PR, à propos du défaut de remise au greffe d'un mémoire en cas de pourvoi en cassation).

En outre, au cours des dernières années, se sont développés, en marge des textes légaux ou réglementaires, des **accords locaux** écrits, conclus entre juridictions et professionnels du droit – principalement les barreaux représentés par leurs bâtonniers respectifs – appelés **« protocoles ou conventions de procédure »**. Ces protocoles précisent, à l'attention des magistrats et des avocats, un certain nombre de bonnes pratiques au sein de la juridiction concernée (notamment, recours à des tentatives de conciliation en début de procès, calendriers de procédure, communication électronique, etc.). **806**

Les protocoles concernent les procédures écrites comme les procédures orales. Ces dernières s'y prêtent plus particulièrement dans la mesure où, depuis le décret 2010-1165 du 1er octobre 2010, renforcé par les dispositions du décret 2017-892 du 6 mai 2017, les articles 446-1 et suivants du CPC permettent au juge d'aménager l'instance pour rendre la procédure plus efficace et encadrer les comportements (communication des pièces et des conclusions, structuration des conclusions, organisation des audiences, etc.).

La **publicité des protocoles** n'est à l'heure actuelle pas assurée de manière uniforme et il est impossible d'en établir une liste exhaustive. Certains se trouvent en ligne, sur le site du greffe du tribunal ou de l'ordre des avocats concerné, avec un accès plus ou moins simple à partir de la page d'accueil. À titre d'exemple, pour le tribunal de commerce de Paris, il est possible à toute personne intéressée d'accéder au document commun élaboré par le barreau de Paris, le tribunal de commerce et le greffe à l'adresse suivante : www.greffe-tc-paris.fr/procedure/protocole_barreau_paris.

Les **protocoles** ne peuvent pas imposer des règles qui seraient **contraires** à celles du **Code** de procédure civile. Ainsi, jugé en matière d'expropriation pour cause d'utilité publique, qu'une déclaration d'appel adressée au greffe de la cour d'appel par la voie du réseau privé virtuel des avocats (RPVA) ne peut pas être déclarée irrecevable pour non-conformité aux dispositions du protocole mis en place par le bureau local, alors que la déclaration respecte les règles posées par le Code de procédure civile (Cass. 2e civ. 19-10-2017 n° 16-24.234 F-PB : Bull. civ. II n° 198). **807**

De même, la communication par la voie du RPVA d'un commandement valant saisie immobilière, qui est admise par le Code de procédure civile et l'arrêté du 7 avril 2009, ne peut pas être déclarée irrégulière au motif que les saisies immobilières ne sont pas incluses dans le périmètre de la convention sur la communication électronique conclue entre le barreau et le tribunal saisi (Cass. 2e civ. 1-3-2018 n° 16-25.462 F-PB : RJDA 6/18 n° 531).

CONSEIL

a. L'**avocat** saisi d'un dossier relevant d'une juridiction située hors de sa domiciliation professionnelle a intérêt à **s'informer en amont** sur l'existence d'un accord-cadre, soit auprès du greffe ou de l'ordre, soit auprès d'un correspondant sur place, lui-même destinataire des informations sur les usages reconnus localement. En effet, même si ces protocoles n'ont pas force obligatoire, leur non-respect peut avoir de fâcheuses **conséquences pratiques**, ne serait-ce que s'exposer au risque d'assigner pour une date où ne se tient pas d'audience utile ou à une contestation adverse sur la loyauté des productions de moyens et documents.

b. Depuis le 1er juillet 2021, la généralisation de la **prise d'une date d'audience** auprès du greffe par voie informatique, avant même la délivrance d'une assignation, impose d'autant plus à chaque praticien de recueillir les informations nécessaires sur les mécanismes mis en place dans chaque juridiction, notamment pour une bonne compréhension des nomenclatures d'identification du contentieux tel qu'il est réparti entre les chambres.

Les protocoles ne devraient pas, en principe, s'appliquer aux **justiciables qui ne sont pas représentés par un avocat**. Toutefois, lorsqu'ils s'inscrivent dans le prolongement des dispositions codifiées qui permettent à la juridiction d'organiser les échanges entre parties, comme les articles 861-1 et 861-2 du CPC concernant le tribunal de commerce devant lequel la représentation n'est pas toujours obligatoire, ils paraissent devoir être consultés par les parties qui entendent agir, ou se défendre, elles-mêmes, afin de se conformer aux standards qui ont été retenus dans la mise en état des dossiers, et ce, pour prévenir toute contestation formelle. **808**

A. Objet de la demande en justice

RÔLE DES PARTIES DANS LA DEMANDE EN JUSTICE

L'objet de la demande est le **résultat** concret que les parties recherchent en saisissant le juge : annulation ou résolution d'un contrat, attribution de dommages-intérêts, exécution d'une obligation, etc. **810**

Cet objet est déterminé par les **prétentions** respectives des parties qui sont fixées par l'acte introductif d'instance et par les conclusions en défense (CPC art. 4, al. 1 et 2). Sur ces actes, voir nos 841 s.

812 En cours d'instance, les parties peuvent **modifier l'objet du litige** au moyen de demandes incidentes (demande additionnelle, demande reconventionnelle), à condition que celles-ci se rattachent aux prétentions originaires par un lien suffisant (CPC art. 4, al. 2). Sur la condition de lien suffisant, voir n°s 10158 s.
La demande peut aussi être modifiée en raison de l'intervention volontaire ou forcée d'une nouvelle partie.

POUVOIRS DU JUGE À L'ÉGARD DE LA DEMANDE EN JUSTICE

814 Le juge est lié par les **prétentions des parties**. Il ne peut pas modifier les termes du litige tel qu'il a été fixé par les parties. Il doit se prononcer sur tout ce qui est demandé et seulement sur ce qui est demandé (CPC art. 5). Il ne peut pas accorder plus qu'il n'a été demandé (ultra petita), ne peut pas se prononcer sur des choses qui n'ont pas été demandées (extra petita) ni statuer sur une partie seulement de ce qui a été demandé (infra petita).

ILLUSTRATIONS

Ultra petita Le juge ne peut pas fixer le montant d'une indemnité d'occupation à un montant supérieur à celui qui est réclamé (Cass. com. 9-5-1966 n° 63-13.263 : Bull. IV n° 236), ni accorder réparation intégrale à qui sollicite un partage de responsabilité (Cass. 2e civ. 4-4-1972 n° 70-14.292 : Bull. civ. II n° 100) ; il ne peut pas non plus accorder la réparation d'un chef de préjudice qui n'est pas visé dans la demande (Cass. 3e civ. 14-11-1976 n° 45-14.045 : Bull. civ. III, n° 378). Il ne peut pas, de même, condamner une partie, au titre de l'article 700 du CPC, au paiement d'une somme supérieure à celle demandée (Cass. 2e civ. 23-3-2017 n° 16-60.095 F-PB).
Une cour d'appel, saisie d'une demande d'annulation d'une décision mandatant le syndic en vue de saisir un juge pour faire établir les droits du syndicat des copropriétaires sur les parties communes d'un immeuble, ne peut pas se prononcer sur l'étendue des droits du syndicat. En statuant sur le fond du litige alors qu'elle n'est saisie que d'une demande concernant la validité du mandat du syndic, elle prive le syndicat de l'accès au premier degré de juridiction pour faire valoir ses arguments (Cass. 3e civ. 13-11-2013 n° 12-24.916 : Bull. civ. III n° 145).
Extra petita Modifie l'objet du litige la cour d'appel qui, saisie par le vendeur d'une demande en résolution d'une vente pour non-paiement du prix, condamne l'acquéreur à payer le solde du prix de vente (Cass. 3e civ. 29-10-2003 n° 02-15.668 : RJDA 3/04 n° 271), ou qui rejette une demande en paiement en se fondant sur la nullité d'une clause contractuelle qu'aucune partie n'avait invoquée (Cass. com. 10-2-2015 n° 13-24.501 : RJDA 6/15 n° 413), ou encore qui retient que la procédure engagée est une contestation d'honoraires alors que la demande avait pour objet la réparation d'un préjudice constitué par le versement inutile d'honoraires, en raison d'une faute de l'avocat, et non la vérification des honoraires de celui-ci (Cass. 2e civ. 30-6-2016 n° 15-22.152 F-PB) ou qui prononce l'annulation d'un jugement du tribunal de commerce alors qu'elle était uniquement saisie d'une demande de constatation du caractère non avenu de ce jugement (Cass. 2e civ. 28-9-2017 n° 15-26.640 F-PB).
Méconnaît aussi l'objet du litige l'arrêt qui condamne des époux à payer des dommages-intérêts pour procédure abusive et une somme au titre de l'article 700 du CPC en retenant que leur appel formé à l'encontre d'une société maître d'œuvre était sans motif, ce qui suffisait à démontrer le caractère excessif de leur voie de recours, alors qu'ils sollicitaient la garantie de cette société et sa condamnation à des dommages-intérêts (Cass. 3e civ. 20-4-2017 n° 16-12.092 FS-PB). Modifie encore l'objet du litige la cour d'appel qui, en matière de marque, tient pour établie l'originalité d'une création du demandeur alors que, dans ses conclusions, son adversaire soutenait qu'au vu des antériorités produites, cette création n'était pas originale (Cass. com. 23-6-2021 n° 19-18.111 FS-B).
Modifie l'objet du litige et viole ainsi l'article 4 du Code de procédure civile le tribunal qui prononce, d'office, la nullité d'un contrat de prestation de services sur le fondement des articles L 221-3, L 221-5 et L 242-1 du Code de la consommation, alors que le débiteur proposait à l'audience un paiement échelonné de sa dette et ne contestait pas celle-ci dans son principe (Cass. 1e civ. 7-9-2022 n° 21-16.254 F-B).
Modifie l'objet du litige, l'arrêt qui condamne une locataire à payer au bailleur une certaine somme au titre du loyer dû pour le quatrième trimestre de l'année 2014, au motif que le montant des loyers de retard fixé dans la décision déférée n'était pas contesté, alors que la locataire soutenait être à jour de l'ensemble des loyers au début de l'année 2020 (Cass. 3e civ. 15-6-2023 n° 21-10.119 FS-B).
Infra petita Méconnaît les termes du litige et viole les articles 4 et 5 du CPC, le juge du fond qui retient que la valeur d'un bien commun dont l'un des ex-époux demande l'intégration dans l'indivision post-communautaire s'élève à 10 839,13 € alors que les deux parties ont conclu à une valeur de 35 734,04 € (Cass. 1e civ. 2-4-2008 n° 07-15.820 : Bull. civ. I n° 100).
Le créancier d'une société, bénéficiaire d'un nantissement, reprochait au bailleur de celle-ci de ne pas lui avoir notifié sa demande judiciaire en résiliation du bail pour non-paiement des loyers, ce qui lui avait causé un préjudice constitué par la perte de chance de réaliser sa garantie, notamment par la vente du fonds de commerce. La cour d'appel qui avait constaté que le

créancier avait perdu une chance de réaliser sa garantie a violé l'article 1382 du Code civil (devenu C. civ. art. 1240) en refusant d'évaluer le dommage (Cass. 3e civ. 3-5-2011 n° 10-14.775).
Modifie l'objet du litige, la cour d'appel qui rejette une demande de réintégration dans la succession des lingots et pièces d'or séquestrés entre les mains d'un notaire, et en autorise la restitution à une personne au motif qu'il n'est pas contesté que celle-ci était en possession des lingots et pièces d'or revendiqués et qu'elle les a volontairement remis au notaire de sorte que, possesseur de ces biens, elle en était présumée propriétaire en application des dispositions de l'article 2276 du Code civil, alors que, dans ses conclusions d'appel, la demanderesse soutenait que l'intéressée ayant elle-même admis n'être que la dépositaire des lingots et pièces d'or, elle ne pouvait s'en déclarer ni possesseur ni propriétaire (Cass. 1e civ. 5-4-2023 n° 21-18.365 F-D).
Modifie l'objet du litige, la cour d'appel qui rejette les demandes formées par l'acquéreur d'un véhicule contre la société fabricante au motif qu'aucun manquement de cette société n'était allégué dans l'exécution du contrat de garantie et de son extension, alors que ce client invoquait une mauvaise exécution par la société de ses obligations au titre du contrat de garantie, en soutenant que les réparations effectuées dans le cadre de cette garantie avaient été incomplètes (Cass. 1e civ. 19-4-2023 n° 22-11.519 F-D).
En revanche ne méconnaît pas l'objet du litige le juge qui, saisi d'une demande d'indemnisation en capital, décide d'octroyer une rente (Cass. ch. mixte 6-11-1974 n° 73-10.591 : Bull. ch. mixte n° 6).

Le juge doit aussi tenir compte, sans en modifier le sens ni la portée, des points sur lesquels il n'y a pas de contestation : ainsi il ne peut pas dénier un fait affirmé par une partie et que l'autre ne remet pas en cause, par exemple l'application d'une franchise applicable par cause de sinistre en matière d'assurance (Cass. 3e civ. 19-5-2009 n° 08-11.651 F-D). Il en est de même lorsque les deux parties s'accordent sur la date d'une démarche servant de point de départ à l'écoulement d'un délai (Cass. com. 20-1-2015 n° 13-16.949 : Bull. civ. IV n° 7). **815**

Le juge ne peut pas évaluer le **préjudice définitif** subi par une partie qui n'a formulé qu'une **demande d'indemnité provisionnelle** sans inviter les parties à présenter des observations complémentaires (Cass. 2e civ. 21-10-2004 n° 02-30.903 : Bull. civ. II n° 470). **816**

Le juge doit respecter la **logique de l'argumentation** qui lui est proposée et la **hiérarchie des demandes** qui sont présentées. Les parties sont libres de donner un ordre de préférence à leurs prétentions soit dès le début du procès, soit en cours d'instance. Cet agencement s'impose lorsque les divers arguments sont incompatibles entre eux parce qu'ils entraînent des effets différents s'ils sont retenus. Par exemple, viole l'article 4 du CPC la cour d'appel qui, saisie d'une action engagée par les maîtres de l'ouvrage ayant conclu un contrat de construction de maison individuelle, fait simultanément droit à la demande d'annulation d'une clause abusive relative à la réception de l'ouvrage et à la demande subsidiaire d'exercice de la faculté de rétractation tendant à l'anéantissement du contrat (Cass. 3e civ. 6-5-2015 n° 13-24.947 F-PB : RJDA 11/15 n° 788). Modifie également l'objet du litige la cour d'appel qui, saisie d'une demande principale en caducité d'une promesse de vente sous conditions suspensives et d'une demande subsidiaire en nullité de la vente pour erreur sur la substance, examine en priorité la demande en nullité de la vente au motif que la nullité entraînant l'anéantissement rétroactif du contrat, il n'est pas possible d'examiner si les conditions suspensives contenues dans l'acte se sont réalisées (Cass. 3e civ. 11-5-2001 n° 10-14.651 et n° 10-15.000 : Bull. civ. III n° 75). Le principe selon lequel le juge doit examiner les demandes **dans l'ordre fixé par les parties** a été énoncé en diverses matières (Cass. 2e civ. 20-1-2000 n° 98-14.333 ; Cass. com. 10-7-2012 n° 11-22.898 : Bull. civ. IV n° 158 ; Cass. soc. 26-9-2012 n° 11-14.742 : Bull. civ. V n° 236 ; Cass. 1e civ. 19-12-2012 n° 11-27.410). La question de l'ordre d'examen par le juge peut aussi se poser lorsqu'il faut répondre aux demandes respectives du demandeur et du défendeur et qu'elles sont, par hypothèse, concurrentes. Ainsi, à propos d'une demande initiale en séparation de corps et d'une demande reconventionnelle en divorce, l'article 297-1 du Code civil donne la primauté à la demande en divorce (Cass. 1e civ. 28-5-2015 n° 14-10.868 F-PB : Bull. civ. I n° 119). **818**

B. Justification de la demande en justice

1. RÔLE DES PARTIES

ALLÉGATION DES FAITS PAR LES PARTIES

Les parties ont la charge d'alléguer les faits propres à fonder leurs prétentions (CPC art. 6). Pour **justifier** leur **demande**, les parties doivent en effet avancer des arguments de fait qui constituent la cause de celle-ci. **825**

827 Les faits allégués doivent permettre l'application d'une **règle de droit**. À défaut, le juge devra rejeter la prétention. Par **exemple**, une partie qui demandait la récusation du juge a été déboutée car elle n'invoquait aucune des causes visées à l'article 341 du CPC ni aucune autre cause de nature à faire naître un doute légitime sur l'impartialité du juge et justifiant l'application de l'article 6, 1 de la CESDH visée dans sa demande (Cass. 2e civ. 8-2-2007 n° 05-22.113 : Bull. civ. II n° 21).

829 La **charge de la preuve** pèse sur chaque partie qui invoque les faits nécessaires au succès de sa prétention (CPC art. 9).

831 Les **éléments de fait** doivent être présentés **en tout état de cause**, c'est-à-dire aussi bien en première instance qu'en appel, et ce tant en demande qu'en défense. En revanche, à hauteur de la Cour de cassation, les parties ne peuvent pas invoquer de nouveaux faits.

OBLIGATION DE CONCENTRATION DES MOYENS PAR LES PARTIES

836 Les parties et leurs conseils doivent faire le tour des questions factuelles et juridiques qui peuvent permettre d'aboutir au résultat recherché et en faire état dès l'**instance initiale** : il n'y aura pas de seconde chance car, selon un principe d'origine prétorienne, le plaideur a la charge procédurale de présenter, dès l'instance relative à la première demande, l'ensemble des moyens de nature à fonder celle-ci (Cass. ass. plén. 7-7-2006 n° 04-10.672 : Bull. ass. plén. n° 8 ; Cass. 2e civ. 11-4-2019 n° 17-31.785 PBI). Et cela vaut aussi pour le défendeur (Cass. 1e civ. 1-7-2010 n° 09-10.364 : Bull. civ. I n° 150 ; Cass. 2e civ. 20-3-2014 n° 13-14.738 : Bull. civ. II n° 73). La cour de Strasbourg a considéré que ce principe tendait à assurer une bonne administration de la justice en ce qu'il visait à réduire le risque de manœuvres dilatoires et à favoriser un jugement dans un délai raisonnable et que la limitation du droit d'accès à un tribunal qu'il opérait s'inscrivait dans un objectif légitime (CEDH 17-3-2015 n° 12686). La **sanction** de la défaillance du plaideur qui omet de soulever, lors du procès d'origine, tous les moyens pertinents à l'appui de ses prétentions est l'irrecevabilité d'une seconde demande présentée sur un autre fondement en raison de l'autorité de la chose jugée au sens de l'article 1355 du Code civil (Cass. 2e civ. 11-4-2019 précité).

Par **exemple**, la victime d'un accident fonde sa demande sur la loi 85-677 du 5 juillet 1985. Si un doute existe sur l'application de cette loi au litige, la prudence commande de formuler également, et à titre subsidiaire, une demande de réparation sous l'angle de l'article 1242 du Code civil, voire à titre encore plus subsidiaire, sur le fondement de l'article 1240 du Code civil.

Il convient aussi d'être particulièrement attentif au détail des sommes pouvant faire l'objet d'une condamnation, que l'on soit en demande ou en défense. Il ne sera pas possible d'envisager par la suite un nouveau procès pour corriger ou infléchir les erreurs d'appréciation initiales alors que l'on disposait des éléments d'information utiles. Ainsi la Cour de cassation a tenu pour irrecevable la demande de restitution de TVA formée a posteriori par un propriétaire qui avait été condamné à payer à son locataire une certaine somme pour accomplir des travaux alors que le créancier pouvait récupérer la taxe. Il appartenait au propriétaire, dès l'instance relative à la première demande de condamnation, de soulever le moyen tiré de ce que le locataire n'aurait à supporter que le coût hors taxe des travaux, circonstance qui ne constituait pas un **fait juridique nouveau** de nature à écarter l'**autorité de la chose jugée** attachée au jugement irrévocable de condamnation au montant des travaux (Cass. 2e civ. 20-3-2014 n° 13-14.738 : Bull. civ. II n° 73).

La négligence d'une partie qui n'a pas accompli une diligence en temps utile ne constitue pas non plus un fait nouveau permettant d'écarter la fin de non-recevoir tirée de l'autorité de la chose jugée (Cass. 1e civ. 19-9-2018 n° 17-22.678 F-PB).

Par ailleurs, l'autorité de chose jugée attachée à une ordonnance d'injonction de payer fait obstacle à la demande de résolution de la convention conclue entre les parties pour inexécution par l'une d'elle de ses obligations et à la restitution des sommes versées en exécution de l'ordonnance : le débiteur aurait dû former une opposition régulière à cette ordonnance afin de présenter à cette occasion l'ensemble de ses moyens de défense (Cass. 2e civ. 1-2-2018 n° 17-10.849 F-PB).

De même, remet en cause l'autorité de la chose jugée attachée à la décision refusant d'annuler un cautionnement, l'action en répétition de l'indu formée par la caution pour non-versement par le créancier des fonds à l'emprunteur, car le remboursement des sommes prétendument indues était sollicité à titre de contrepartie de l'obligation de cautionnement précédemment tranchée (Cass. 2e civ. 27-2-2020 n° 18-23.370 FS-PBI).

Méconnaît le principe de concentration des moyens, l'arrêt d'appel qui déclare recevable l'action d'un créancier à l'encontre d'un débiteur dont il avait déjà obtenu la condamnation conjointe avec un autre débiteur, lors d'une instance précédente, et dit ce dernier solidairement tenu de la dette fixée par le premier jugement, alors qu'il appartenait au créancier de solliciter, dès l'instance relative à la première demande, la condamnation solidaire des débiteurs, et que sa seconde demande, portant sur le caractère solidaire de la condamnation irrévocablement prononcée, ne tendait qu'à remettre en cause, en dehors de l'exercice des voies de recours, une décision revêtue de l'autorité de chose jugée (Cass. 2e civ. 19-5-2022 n° 21-13.062 F-B).

Il est admis par certains arrêts que des **actions successives** puissent être, malgré tout, envisagées lorsque l'objet de la réclamation diffère dans la mesure où, s'il incombe au demandeur de présenter dès l'instance relative à la première demande l'ensemble des moyens qu'il estime de nature à fonder celle-ci, il n'est pas tenu de présenter dans la même instance toutes les demandes fondées sur les mêmes faits (voir par exemple Cass. 3e civ. 17-6-2015 n° 14-14.372 FS-PB : **837**
Bull. civ. III n° 59). Dans cette affaire a été admise la possibilité pour un constructeur d'introduire à l'encontre de ses clients, qui avaient conservé la maison litigieuse, une nouvelle demande en remboursement des prestations qu'il avait fournies, alors qu'un premier arrêt avait déjà prononcé la nullité du contrat de construction et ordonné la restitution par ce professionnel des sommes versées par les maîtres de l'ouvrage.
Plus généralement, sur cette **conception plus souple** des demandes successives : Cass. com. 10-3-2015 n° 13-21.057 F-D ; Cass. 2e civ. 26-5-2011 n° 10-16.735 : Bull. civ. II n° 117 ; Cass. 2e civ. 22-5-2014 n° 13-18.208 F-D ; Cass. 3e civ. 8-7-2014 n° 13-18.534 F-D ; Cass. 1e civ. 12-5-2016 n° 15-16.743 FS-PBI, admettant la recevabilité de la demande en nullité de la clause de conciliation préalable obligatoire insérée dans un contrat et présentée pour la première fois en appel ; Cass. 1e civ. 9-6-2017 n° 16-17.298 FS-PB, reconnaissant la possibilité d'invoquer un moyen déjà soulevé dans une instance précédente dès lors que la demande était fondée sur des faits différents et postérieurs ; Cass. 2e civ. 7-9-2017 n° 16-16.847 FS-PB, admettant, dans un cas où un premier appel d'un jugement d'orientation avait été déclaré irrecevable à défaut de respect du formalisme et du délai imposé par les textes, la recevabilité d'un nouvel appel dans le délai et les formes requis ; Cass. 3e civ. 25-3-2021 n° 19-20.603 FS-P, admettant la recevabilité d'une demande de reconnaissance d'une servitude légale de passage pour cause d'enclave malgré une première demande de reconnaissance d'une servitude conventionnelle ; Cass. 1e civ. 19-4-2023 n° 22-12.324 F-D.

ATTENTION

Le principe de concentration des moyens ne s'étend pas à la simple faculté que la partie civile tire de l'article 470-1 du Code de procédure pénale de présenter au **juge pénal** une demande visant à obtenir, selon les règles du droit civil, réparation de tous les dommages résultant des faits ayant fondé la poursuite ; dès lors, la circonstance que la partie civile n'ait pas usé de cette faculté ne rend pas irrecevables, comme méconnaissant l'autorité de la chose jugée, les demandes de réparation des mêmes dommages présentées par elle devant le juge civil (Cass. 2e civ. 15-11-2018 n° 17-18.656 F-PB).
Lorsque la partie civile sollicite du juge pénal qu'il se prononce selon les règles du droit civil, elle doit présenter l'ensemble des moyens qu'elle estime de nature à fonder ses demandes, de sorte qu'elle ne peut saisir le juge civil des mêmes demandes, fussent-elles fondées sur d'autres moyens. En revanche, lorsque la partie civile n'a pas usé de la faculté qui lui est ouverte par l'article 470-1 du Code de procédure pénale, elle ne peut être privée de la possibilité de présenter ses demandes de réparation devant le juge civil. L'interprétation contraire aboutirait à priver d'effet l'option de compétence qui lui est ouverte par la loi 83-608 du 8 juillet 1983 dans le but de garantir le droit effectif de toute victime d'infraction d'obtenir l'indemnisation de son préjudice (Cass. ass. plén. 14-4-2023 n° 21-13.516 BR).

MATÉRIALISATION DES PRÉTENTIONS

Les prétentions des parties sont développées dans l'**acte introductif d'instance** (assignation, le plus souvent) et dans les **conclusions en défense**. **841**
Les prétentions sont constituées par les **écrits** des parties mais aussi, dans les procédures à dominante **orale** (notamment, en matière commerciale et en matière sociale), par les explications données oralement à l'audience.
Dans les procédures assorties d'une **représentation obligatoire**, l'assignation et les conclusions expriment les prétentions et lient le juge alors que dans les autres procédures, c'est le temps de l'audience qui est essentiel. Cette distinction a néanmoins tendance à s'estomper au profit d'une certaine prise en considération de l'écrit dans les procédures orales.
Il reste que dans les procédures avec représentation obligatoire, seules les conclusions lient le juge. Méconnaît donc l'objet du litige le juge qui, dans une procédure avec représentation obligatoire, se fonde sur des éléments développés seulement à l'oral et non dans les dernières écritures (Cass. 2e civ. 25-1-1989 n° 87-13022 : Bull. civ. II n° 20).

Il nécessaire de prévoir, dans les **conclusions**, un **dispositif** exhaustif, même s'il peut paraître lourd et répétitif, afin de reprendre l'ensemble des demandes ainsi que les moyens de droit, **843** pour conduire le juge à statuer sur toutes les demandes ; c'est ce dispositif qui saisit le juge et auquel il doit répondre. Les dernières conclusions doivent en outre reprendre toutes les demandes (CPC art. 768, al. 2 et 3).

2. POUVOIRS DU JUGE DANS LA JUSTIFICATION DE LA DEMANDE EN JUSTICE

PRISE EN COMPTE PAR LE JUGE DES FAITS ALLÉGUÉS

853 Le juge ne peut pas fonder sa décision sur des faits qui ne sont pas dans le débat (CPC art. 7, al. 1), c'est-à-dire sur des **faits** que les parties n'ont **pas retenus** au soutien de leurs prétentions. Il est lié par les **faits** tels que les parties les ont **exposés** et doit sur ce point s'en tenir à leurs conclusions (Cf. CPC art. 4).

ILLUSTRATIONS

Un employé, agressé sur son lieu de travail par des individus ayant réussi à s'introduire dans la salle des coffres, a formé une action contre son employeur, pour défaut de sécurisation du site. Modifie les **termes du litige** en violation de l'article 4 du CPC la cour d'appel qui, pour rejeter la demande, retient que l'employeur avait pris les mesures de prévention nécessaires alors que celui-ci avait reconnu dans ses **dernières conclusions** que la porte d'entrée du sas de sécurité donnant accès à la salle des coffres n'était pas installée à la date de l'accident (Cass. 2e civ. 16-10-2008 n° 07-17.850).
Un interprète a conclu avec une société un contrat de coproduction d'un album de chansons. Reprochant à la société d'avoir manqué à ses obligations et contestant le coût de mise à disposition du studio, l'interprète assigne celle-ci en résiliation du contrat. Pour rejeter la demande, la cour d'appel énonce que les parties ont défini un budget selon un devis qu'elles ont elles-mêmes établi, lequel devait préciser les coûts d'enregistrement, notamment ceux de studio, de sorte qu'il apparaît particulièrement malvenu pour le demandeur de contester ultérieurement le coût de sa mise à disposition. La décision est censurée car aucun devis détaillant les coûts d'enregistrement n'a été produit aux débats (Cass. 1e civ. 8-2-2017 n° 15-26.133 F-PB : Bull. civ. I n° 39).

PRISE EN COMPTE PAR LE JUGE DE FAITS AUTRES QUE CEUX ALLÉGUÉS

858 Parmi les éléments du débat, le juge peut prendre en considération même les faits que les parties n'auraient pas spécialement invoqués au soutien de leurs prétentions (CPC art. 7, al. 2).
Ces **faits** dits « **adventices** » sont ceux que les parties ont introduits dans le litige mais sans en tirer nécessairement de conséquences juridiques. Il s'agit des faits qui apparaissent dans les éléments ou les pièces du dossier, sans être expressément utilisés dans le détail des prétentions. Toutefois, le **juge** n'est **pas obligé** de tenir compte de ces faits : les parties ont donc tout intérêt à les invoquer dans leurs conclusions si elles veulent qu'ils pèsent dans le débat.
L'absence de contestation de l'existence d'un fait ne dispense pas pour autant celui qui l'allègue de le prouver. Les décisions anciennes qui se fondaient sur le **caractère « constant » de certains faits** ne sont plus d'actualité. L'article 9 du CPC fait obligation à chaque partie de prouver les faits nécessaires au succès de sa prétention, et ce sans exception. Le juge a donc toute latitude pour en vérifier l'existence, d'autant que l'absence de contestation de l'adversaire peut s'expliquer par la négligence ou l'erreur d'appréciation. Cette attitude passive n'est pas décisive. Le juge n'est pas tenu de considérer que les faits allégués sont constants au seul motif qu'ils n'ont pas été expressément contestés (Cass. 2e civ. 10-5-1991 n° 89-10.460 : Bull. civ. II n° 142).
Lorsque le juge énonce que les parties y ont fait référence à leurs écritures mais s'est fondé sur un fait qui ne résulte ni de ces écritures ni des débats ni des pièces produites pour trancher le litige, il viole l'article 7 du CPC lui interdisant de fonder sa décision sur des faits n'étant pas dans le débat (Cass. 2e civ. 6-10-2022 nos 20-19.723 F-B et 21-15.272 F-B).

DEMANDE D'EXPLICATIONS PAR LE JUGE

863 Le juge peut inviter les parties à fournir les explications de fait et de droit qu'il estime **nécessaires** à la solution du litige (CPC art. 8 et 13).

APPLICATION DE LA RÈGLE DE DROIT PAR LE JUGE

868 Le juge tranche le litige conformément aux règles de droit qui lui sont applicables (CPC art. 12, al. 1). Il lui est fait obligation d'appliquer la règle adéquate, en vérifiant si ses **conditions d'application** sont réunies. Ainsi le juge s'expose à la censure s'il statue sur le fondement de documents dépourvus de toute portée normative, telles une circulaire et une lettre ministérielle (Cass. 2e civ. 30-3-2017 n° 15-25.453 F-PB). Cette solution est cependant à nuancer au regard de la distinction que fait le Conseil d'État entre les circulaires à caractère impératif et les circulaires qui en sont dépourvues (CE 18-12-2002 n° 233618 : Lebon p. 463).

Le juge qui refuserait de juger, sous prétexte du silence, de l'obscurité ou de l'insuffisance de la loi, peut être poursuivi comme coupable de **déni de justice** (C. civ. art. 4).
Il faut entendre par déni de justice non seulement le refus de répondre aux requêtes ou le fait de négliger de juger les affaires en état de l'être, mais aussi, plus largement, tout manquement de l'État à son devoir de protection juridictionnelle de l'individu (TGI Paris 6-7-1994 : Gaz. Pal. 1994. 2 p. 589 note Petit).
La violation de cette disposition fait l'objet d'une abondante jurisprudence. Par exemple, viole l'article 4 du Code civil, la cour d'appel qui, au motif que les acheteurs d'une maison atteinte de fissures ne justifient pas du montant des travaux de reprise, refuse d'évaluer le montant d'un dommage dont elle constate l'existence en son principe (Cass. 3e civ. 4-10-2018 n° 17-23.190 FS-PBI ; dans le même sens : Cass. 2e civ. 2-7-2020 n° 19-16.100 F-PBI).

Requalification des faits par le juge Le juge doit donner ou restituer leur exacte 870
qualification aux faits et actes litigieux sans s'arrêter à la dénomination que les parties en auraient proposée (CPC art. 12, al. 2).
Ainsi, il ne peut pas rejeter la **demande en résolution d'une vente** qu'une partie a fondée sur l'existence d'un dol en retenant que celui-ci est un vice du consentement dont la sanction n'est pas la résolution mais l'**annulation de la vente**, alors qu'il lui appartient de **restituer à la sanction** du dol **son exacte qualification** (Cass. 1e civ. 22-4-1997 n° 95-12.152 : RJDA 10/97 n° 1183). Le juge doit requalifier une astreinte, convenue entre les parties dans un acte pour assurer l'exécution d'une obligation de faire, en une clause pénale (Cass. 2e civ. 3-9-2015 n° 14-20.431 F-PB : RJDA 11/15 n° 733).

Sauf règles particulières, le **juge** n'est **pas tenu**, de changer la dénomination ou le fondement 872
juridique de la demande (Cass. ass. plén. 21-12-2007 n° 06-11.343 : Bull. ass. plén. n° 10 ; Cass. 3e civ. 16-12-2009 n° 08-21.803 : RJDA 7/10 n° 730).

ILLUSTRATIONS

Saisi d'une demande fondée sur l'existence d'un **vice caché** dont la preuve n'est pas rapportée, le juge n'est pas tenu de rechercher si cette action pourrait être fondée sur un manquement du vendeur à son **obligation de délivrance** d'un bien conforme aux stipulations contractuelles (Cass. ass. plén. 21-12-2007 n° 06-11.343 précité).
De même le juge ne doit pas substituer d'office à la voie de l'appel, tendant à la **réformation d'une sentence arbitrale**, celle du recours en annulation ; le refus de requalification ne constitue pas une atteinte disproportionnée au droit d'accès au juge, au regard de l'objectif poursuivi, en matière d'arbitrage interne, d'assurer l'effectivité de la sentence en imposant aux parties de n'exercer que la voie de recours qu'elles avaient prévue (Cass. 2e civ. 11-5-2016 n° 14-29.767 F-PB : RJDA 7/16 n° 578).

S'il n'est pas tenu de le faire, le juge a toutefois la **possibilité de changer** la dénomination ou le 874
fondement juridique de la demande. Il peut, par exemple, changer le fondement juridique de la responsabilité figurant dans l'assignation (notamment, substituer à une demande en responsabilité contractuelle une demande en responsabilité extracontractuelle, ou l'inverse). Dans tous les cas, le juge doit respecter le principe de la **contradiction** ainsi que l'**objet du litige**.

ATTENTION

La **possibilité** de changer le fondement juridique ne lui est toutefois **pas offerte** lorsque les parties, en vertu d'un accord exprès et pour les droits dont elles ont la libre disposition, l'ont lié par les qualifications et points de droit auxquels elles entendent limiter le débat (CPC art. 12, al. 3).

Par exception, en application de règles particulières, le **relevé d'office** est **obligatoire** pour le 876
juge (notamment, Cass. ass. plén. 21-12-2007 n° 06-11.343 : Bull. ass. plén. n° 10). Tel est ainsi le cas dans un litige mettant en jeu les règles d'ordre public issues du droit européen en matière de responsabilité des produits défectueux (Cass. ch. mixte 7-7-2017 n° 15-25.651 : RJDA 11/17 n° 769) ou les règles d'ordre public de la loi du 5 juillet 1985 sur les accidents de la circulation (Cass. 2e civ. 5-7-2018 n° 17-19.738 F-PB).
En droit de la consommation, le juge peut relever d'office toutes les dispositions du Code de la consommation dans les litiges nés de son application ; mais il doit écarter d'office l'application d'une clause dont le caractère abusif ressort des éléments du débat, à condition cependant d'avoir recueilli les observations des parties (C. consom. art. R 632-1).

JUGE STATUANT EN AMIABLE COMPOSITION

881 Statuer en amiable composition signifie juger en **équité** et non en suivant les règles de droit. Le juge peut être autorisé par les parties à statuer comme amiable compositeur sous les **conditions** suivantes (CPC art. 12, al. 4) :
– les parties en sont convenues une fois le litige né et par un accord exprès ;
– les contestations portent sur des droits dont les parties ont la libre disposition ;
– la décision est susceptible d'appel, sauf renonciation formelle des intéressés.

883 Lorsque les parties ont conféré au juge du premier degré la mission de statuer comme amiable compositeur, la **cour d'appel** est, en l'absence de convention contraire, investie de la même mission (Cass. 1e civ. 24-3-1993 n° 90-22.136 : Bull. civ. I n° 120).

CONTRÔLE PAR LE JUGE DU BON DÉROULEMENT DE L'INSTANCE

888 Le juge doit veiller au bon déroulement de l'instance ; il a le pouvoir d'impartir les **délais** et d'ordonner les **mesures nécessaires** (CPC art. 3) ainsi que toutes les mesures d'**instruction** légalement admissibles (CPC art. 10).
En dehors des cas dérogatoires prévus par la loi, **l'obligation de confidentialité** de la médiation impose que les pièces produites sans l'accord de la partie adverse soient, au besoin d'office, écartées des débats par le juge (Cass. 2e civ. 9-6-2022 n° 19-21.798 FS-B).

890 **Preuve** En matière de preuve, le juge dispose de larges pouvoirs :
– dans la limite des faits débattus, il peut ordonner d'office toutes les mesures d'instruction légalement admissibles ;
– à la requête d'une partie, il peut exiger de l'autre ou d'un tiers au procès, la production d'un élément de preuve que cette partie détiendrait ou d'un document que le tiers aurait en main ;
– il peut aussi procéder à des vérifications personnelles ;
– il doit s'assurer de la loyauté des parties dans l'administration de la preuve.

893

Office du juge judiciaire français et loi étrangère

Lorsqu'un juge français est compétent pour connaître d'un litige présentant un caractère international, deux questions spécifiques se posent : le juge doit-il appliquer d'office la règle de conflit de lois afin de déterminer quelle est la loi applicable au litige ? Si la loi applicable s'avère ne pas être la loi française, de quelle façon la loi étrangère est-elle mise en œuvre ?

Régime procédural de la règle de conflit de lois

Pour déterminer l'étendue de l'office du juge à l'égard de la règle de conflit de lois, la Cour de cassation opère traditionnellement une **distinction** fondée sur le caractère disponible ou indisponible des droits litigieux. Cette distinction doit être présentée dans un premier temps, avant d'examiner la solution retenue par un arrêt du 26 mai 2021 dont la portée est incertaine mais pourrait bouleverser la matière.

Distinction traditionnelle

Si le contentieux porte sur des droits indisponibles, le juge doit, d'office, appliquer la règle de conflit de lois (Cass. 1e civ. 26-5-1999 n° 97-16.684 : Bull. civ. I n° 174 ; Cass. 1e civ. 28-3-2018 n° 17-14.596 F-D ; Cass. 1e civ. 30-9-2020 n° 19-16.383 F-D ; Cass. 1e civ. 15-9-2021 n° 19-22.588 F-D ; Cass. 1e civ. 17-11-2021 n° 20-19.420 F-B ; Cass. 1e civ. 25-5-2022 n° 20-50.035 FS-B), dans le respect du principe de la contradiction.

Si le contentieux porte sur des **droits disponibles**, quatre principes sont applicables (Cass. 1e civ. 28-6-2005 n° 00-15.734 : RJDA 11/05 n° 1193, 2e esp.) : le juge n'a pas l'obligation d'appliquer d'office la règle de conflit de lois (Cass. 3e civ. 25-6-2020 n° 17-22.472 F-D) ; néanmoins, il en a la faculté (Cass. civ. 2-3-1960 : Bull. civ. I n° 143), en respectant le principe du contradictoire ; s'il ne prend pas l'initiative de mettre dans le débat la question du conflit de lois, l'une des parties peut le faire, que ce soit en invoquant la règle de conflit de lois ou en se référant directement à la loi étrangère qui serait, selon elle, applicable. Dans ce cas, le juge a l'obligation de rechercher quelle est la loi compétente selon la règle de conflit (Cass. 1e civ. 11-2-2009 n° 07-13.088 FS-PBI : RJDA 10/09 n° 812 ; Cass. com. 30-1-2019 n° 17-16.604 F-D ; Cass. 2e civ. 6-2-2020 n° 18-11.278 F-D ; Cass. 1e civ. 25-5-2022 n° 19-22.799 FD). Enfin, il faut préciser que pour les droits dont elles ont la libre disposition, les parties peuvent, par un accord procédural qui peut résulter de conclusions concordantes sur ce point, choisir, pour régir une situation juridique déterminée, la loi française du for et évincer celle désignée par la règle de conflit applicable (Cass. 1e civ. 10-2-2021 n° 19-17.028 FS-P).

893 (suite)

La nature disponible ou indisponible des droits litigieux s'apprécie au regard des conceptions du droit français et non au regard de la loi étrangère visée par la règle de conflit de lois (dans le même sens, P. de Vareilles-Sommières et S. Laval : Droit international privé, Dalloz 2023 n° 811). Pour définir ce qu'est un droit disponible ou indisponible, la Cour de cassation statue au cas par cas, ce qui limite la prévisibilité des solutions. Il est toutefois certain que les droits sont indisponibles, par exemple, en matière d'état des personnes, de filiation ou de divorce, sous réserve, pour ce dernier domaine, de la question du montant de la prestation compensatoire qui relève de la catégorie des droits disponibles (Cass. 1e civ. 11-3-2009 n° 08-13.431 : Bull. civ. I n° 50).

En pratique, l'intervention du juge est conditionnée, dans tous les cas, par la **présentation, dans le dossier, de l'élément d'extranéité**, c'est-à-dire de l'élément du dossier qui rattache le litige à un État étranger (nationalité étrangère d'une partie, domicile à l'étranger, lieu d'exécution du contrat, lieu de l'accident de la circulation, lieu du domicile des époux, lieu de situation des biens, etc.). Trois cas sont alors envisageables :
– si l'élément d'extranéité n'apparaît pas dans le dossier, le juge n'a pas l'obligation d'appliquer la règle de conflit puisqu'il n'a pas connaissance du caractère international du litige et qu'en vertu de l'article 7, al. 1 du CPC, le juge ne peut pas fonder sa décision sur des faits qui ne sont pas dans le débat ;
– si l'élément d'extranéité est mentionné dans le dossier et est spécialement invoqué par l'une des parties, le juge doit appliquer la règle de conflit ;
– lorsqu'un élément d'extranéité apparaît à la lecture du dossier mais qu'aucune des parties ne s'y réfère et n'en tire donc de conséquences quant au droit applicable, le juge a l'obligation de relever l'existence de cet élément d'extranéité et donc du conflit de lois, du moins lorsque les droits litigieux sont indisponibles (Cass. 1e civ. 26-5-1999 n° 97-16.684 : Bull. civ. I n° 174). Lorsque la règle de conflit de lois désigne une loi étrangère qui retient la même solution que le droit français, la Cour de cassation admet le recours à la **théorie de l'équivalence** : les juges du fond peuvent appliquer la loi française et écarter la loi étrangère théoriquement compétente dès lors qu'ils établissent l'existence d'une équivalence entre la loi étrangère désignée et la loi française (Cass. 1e civ. 13-4-1999 n° 96-22.487 : RJDA 7/99 n° 763). La Cour de cassation se borne à exercer un contrôle des motifs sur ces points, sans contrôler elle-même l'existence d'une équivalence entre les lois en cause. La théorie de l'équivalence s'applique à propos de droits litigieux disponibles ou indisponibles (Cass. 1e civ. 11-1-2005 n° 01-02.473 : Bull. civ. I n° 21).

Solution nouvelle

Un arrêt de la première chambre civile de la Cour de cassation a récemment énoncé un principe entièrement nouveau qui ne s'accorde pas avec les solutions traditionnellement mises en œuvre par la Cour (Cass. 1e civ. 26-5-2021 n° 19-15.102 FS-P : RJDA 8-9/21 n° 627). Saisie d'un litige opposant des sociétés françaises et égyptiennes, relatif à des actes de parasitisme et de concurrence déloyale commis en Égypte, la Cour de cassation devait apprécier les conditions de mise en œuvre de la règle de conflit énoncée par l'article 6 du règlement 864/2007 du 11 juillet 2007 (dit « Rome II ») sur la loi applicable aux obligations non contractuelles. Elle a retenu que le juge « est tenu, lorsque les faits dont il est saisi le justifient, de faire application des règles d'ordre public issues du droit de l'Union européenne, telle une règle de conflit de lois lorsqu'il est interdit d'y déroger, même si les parties ne les ont pas invoquées ». La Cour recourt ainsi à un nouveau critère d'impérativité de la règle de conflit, qui ne se fonde pas sur la distinction des droits disponibles et indisponibles mais sur le **critère de l'ordre public**. Ce critère n'a été retenu, pour l'heure, que dans cette affaire relative au droit de la concurrence. On peut toutefois se demander s'il a vocation à étendre sa portée dans d'autres domaines.

Régime procédural de la loi étrangère

L'application de la loi étrangère compétente implique la recherche de son contenu : il incombe au juge français qui reconnaît applicable un droit étranger d'en rechercher, soit d'office soit à la demande d'une partie qui l'invoque, la teneur, avec le concours des parties et personnellement s'il y a lieu, et de donner à la question litigieuse une solution conforme au droit positif étranger (Cass. 1e civ. 28-6-2005 n° 00-15.734 FS-PBRI : RJDA 11/05 n° 1193 ; Cass. 1e civ. 4-5-2017 n° 15-22.712 F-D). Une telle recherche est à l'évidence problématique, et ce, d'autant plus que la teneur du droit étranger doit être établie quelle qu'en soit la source, légale ou jurisprudentielle (Cass. soc. 13-12-2017 n° 15-13.098 FS-PB : Bull. civ. V n° 218). Il s'agit de la question dite de la **preuve de la loi étrangère**, selon l'expression impropre mais courante utilisée en droit international privé.

893 (suite) La Cour de cassation distingue plusieurs hypothèses pour délimiter l'office du juge et le rôle des parties :
– lorsque les droits litigieux sont indisponibles, le juge doit rechercher d'office le contenu de la loi étrangère, après avoir appliqué d'office la règle de conflit (Cass. 1e civ. 26-5-1999 n° 97-16.684 précité ; Cass. 1e civ. 24-5-2018 n° 16-21.163 F-PB : Bull. inf. C. cass. 1-11-2018 n° 1079 ; Cass. 1e civ. 30-9-2020 précité ; Cass. 1e civ. 17-11-2021 n° 20-19.420 F-B ; Cass. 1e civ. 25-5-2022 n° 20-50.035 FS-B) ;
– lorsque les **droits** litigieux sont **disponibles**, le juge doit rechercher le contenu de la loi étrangère lorsqu'il a utilisé la faculté qui lui est reconnue d'appliquer, de sa propre initiative, la règle de conflit ou lorsque l'une des parties a invoqué la règle de conflit ou la loi étrangère (Cass. com. 30-1-2019 n° 17-16.604 F-D ; Cass. com. 18-5-2022 n° 18-23.222 F-B ; Cass. 1e civ. 25-5-2022 n° 19-22.799 F-D). L'application de la règle de conflit se prolonge alors par la recherche du contenu de la loi étrangère (Cass. 1e civ. 27-6-2018 n° 17-17.711 F-D). En revanche, le juge tranche le litige en application du droit français s'il n'a pas pris l'initiative d'appliquer la règle de conflit ou si aucune des parties n'a invoqué cette dernière ou la loi étrangère.
Dans tous les cas où il doit rechercher le contenu de la loi étrangère, le juge doit donner à la question litigieuse une solution conforme au droit positif étranger (Cass. com. 24-6-2014 n° 10-27.648 : Bull. civ. IV n° 112 ; Cass. 2e civ. 2-6-2016 n° 14-11.576 FS-PB : Bull. civ. II n° 147 ; Cass. 1e civ. 7-2-2018 n° 16-15.157 F-D ; Cass. com. 18-5-2022 n° 18-23.222 F-B). Pour ce faire, il peut faire appel au concours ou à la collaboration des parties (Cass. 1e civ. 28-6-2005 n° 00-15.734 et Cass. com. 28-5-2005 n° 02-14.686 : RJDA 11/05 n° 1193).
Le juge doit **respecter** le principe de la **contradiction** lorsqu'il relève d'office un moyen tiré du droit étranger applicable, en invitant les parties à présenter leurs observations sur celui-ci (Cass. 2e civ. 16-1-2020 n° 18-22.091 F-D ; Cass. com. 17-6-2020 n° 18-22.216 F-D).
Les moyens utilisés pour prendre **connaissance du contenu** d'une **loi étrangère** sont diversifiés.
Le juge et les parties peuvent consulter les **textes de loi étrangers**, la jurisprudence étrangère ou les études doctrinales étrangères, même si, le plus souvent, ils se heurteront à des problèmes de traduction et à des difficultés de compréhension puisque la maîtrise d'une loi étrangère suppose le plus souvent la connaissance des principes généraux du système juridique dans lequel elle s'insère.
Les parties peuvent faire établir des consultations juridiques, traditionnellement appelées **certificats de coutume**, par des autorités publiques (services juridiques d'ambassade ou de consulat), par des institutions de recherche juridique (institut de droit comparé) ou par des juristes étrangers, voire français (notaire, avocat, professeur, etc.). Il est toutefois souvent difficile d'obtenir des consultations établies par des autorités publiques ou des institutions de recherche. Les consultations rédigées par des juristes sont quant à elles fréquemment contestables puisque l'auteur est rémunéré par une partie et que sa position n'est donc pas nécessairement objective.
Le juge peut s'adresser au point de contact français du Réseau judiciaire européen, qui demande ensuite des informations juridiques au point de contact de l'État membre dont le droit est applicable, ou aux magistrats français de liaison en poste à l'étranger. Il peut aussi **désigner**, dans les conditions du droit commun, un **technicien** chargé d'une mesure d'instruction (Cass. 1e civ. 19-10-1971 n° 70-14.042 : Bull. civ. I n° 261 ; CA Paris 1-6-1978 : JDI 1979 p. 103 note C. Labrusse ; contra CA Versailles 23-4-1992 : Gaz. Pal. 1992 p. 502), même si les mesures d'instruction doivent en principe porter sur des questions de fait (CPC art. 232). Encore faut-il toutefois trouver un expert compétent et que le coût de son intervention ne soit pas un obstacle au regard de l'intérêt du litige. Enfin, le juge peut faire appel aux mécanismes **d'échanges d'information** prévus par différentes **conventions internationales**, en particulier par la convention européenne dans le domaine de l'information sur le droit étranger, signée à Londres le 7 juin 1968 sous l'égide du Conseil de l'Europe et qui lie 47 États (et qui a été complétée par un Protocole additionnel du 15 mars 1978). Il existe également des textes bilatéraux qui prévoient des dispositions à ce sujet, comme par exemple les accords de coopération judiciaire signés par la France le 24 avril 1961 avec la Côte d'Ivoire et le 27 février 1975 avec le Bénin). Il faut toutefois reconnaître que ces textes sont peu connus et manifestement pas ou peu utilisés.
S'il est **impossible d'établir** le **contenu** de la **loi étrangère** désignée par la règle de conflit, le juge peut trancher le fond du litige en appliquant le droit français pris en sa vocation subsidiaire (notamment, Cass. 1e civ. 21-11-2006 n° 05-22.002 : Bull. civ. I n° 500) ; peu importe que les droits litigieux soient disponibles ou indisponibles.
Compte tenu des difficultés qui existent pour connaître le sens exact et précis d'une disposition étrangère, la **Cour de cassation** considère que les juges du fond ont un pouvoir souverain d'appréciation de la teneur et de la portée du droit positif étranger qu'ils appliquent

(Cass. com. 12-11-2020 n° 19-10.579 F-PB ; Cass. 1e civ. 16-12-2020 n° 19-20.948 F-PI), quelle qu'en soit la source, légale ou jurisprudentielle (Cass. soc. 20-1-2021 n° 19-16.591 F-D). Elle limite l'**étendue** de son **contrôle** à deux aspects. D'une part, la Cour exerce un contrôle des motifs, en vérifiant notamment que les juges du fond s'expliquent suffisamment sur le sens qu'ils attribuent à la loi étrangère appliquée ou qu'ils indiquent sur quelle disposition particulière de la loi étrangère ils se fondent (Cass. 1e civ. 6-2-2007 n° 05-19.333 : RJDA 7/07 n° 696 ; Cass. 1e civ. 9-6-2022 n° 20-12.383 F-D). D'autre part, la Cour de cassation exerce un contrôle de la dénaturation de la loi étrangère, qui conduit à la cassation des décisions qui ont méconnu le sens clair et précis d'un texte étranger (Cass. 1e civ. 1-7-1997 n° 95-15.262 : Bull. civ. I n° 221 ; Cass. 1e civ. 24-9-2014 n° 13-20.049 ; Cass. 1e civ. 4-1-2017 n° 16-10.754 FS-PB : Bull. civ. I n° 1 ; Cass. 1e civ. 5-12-2018 n° 17-27.151 F-D) ou d'une jurisprudence étrangère (Cass. 1e civ. 3-6-2003 n° 01-00.859 : RJDA 12/03 n° 1165).

SECTION 4 PROCÈS ÉQUITABLE

COMPOSANTES DU PRINCIPE DU PROCÈS ÉQUITABLE

L'**article 6, 1** de la convention de sauvegarde des droits de l'Homme et des libertés fondamentales (**CESDH**) prévoit que toute personne a droit à ce que sa cause soit entendue équitablement, publiquement et dans un délai raisonnable, par un tribunal indépendant et impartial, établi par la loi, qui décidera, soit des contestations sur ses droits et obligations de caractère civil, soit du bien-fondé de toute accusation en matière pénale dirigée contre elle. 900

Les principales composantes d'un procès équitable sont le respect du **contradictoire** (nos 901 s.), l'**égalité des armes** (nos 1046 s.), l'**impartialité** (nos 1060 s.) et la **célérité** (nos 1080 s.).

> **Précisions a.** La **sécurité juridique**, invoquée sur le fondement du droit à un procès équitable pour contester l'**application immédiate d'une solution nouvelle** résultant d'une évolution de la jurisprudence, ne saurait consacrer un droit acquis à une jurisprudence figée, dès lors que la partie qui s'en prévaut n'est pas privée du droit à l'accès au juge (Cass. 1e civ. 11-6-2009 n° 07-14.932 : RJDA 8-9/09 n° 800, 2e espèce). Un revirement de jurisprudence, dès lors qu'il donne lieu à une motivation renforcée, satisfait à l'impératif de prévisibilité de la norme ; la prise en considération de la norme nouvelle ou modifiée participe de l'effectivité de l'accès au juge et assure une égalité de traitement entre des justiciables placés dans une situation équivalente en permettant à une partie à un litige qui n'a pas été tranché par une décision irrévocable de bénéficier de ce changement. Par suite, est recevable le moyen critiquant la décision par laquelle une juridiction de renvoi s'est conformée à la doctrine de l'arrêt de cassation qui l'avait saisie, lorsqu'est invoqué un changement de norme intervenu postérieurement à cet arrêt, et aussi longtemps qu'un recours est ouvert contre la décision sur renvoi (Cass. ass. plén. 2-4-2021 n° 19-18.814 PR : RJDA 6/21 n° 442).

b. En application du principe selon lequel toute personne a le droit d'exercer un recours effectif devant une juridiction, une **association étrangère** dotée de la personnalité morale en vertu de la législation dont elle relève a qualité pour agir devant les juridictions françaises même si elle ne dispose d'aucun établissement en France (Cons. const. 7-11-2014 n° 2014-424 QPC : RJDA 1/15 n° 32).

c. Le fait qu'une salle d'audience soit installée dans la **zone d'attente d'un aéroport** n'est pas contraire aux principes d'indépendance et d'impartialité de la justice (Cass. 1e civ. 11-7-2018 n° 18-10.062 F-PBI).

d. Depuis le 1er août 2018, la Cour de cassation peut adresser à la Cour européenne des droits de l'Homme (**CEDH**) des demandes d'**avis consultatifs** sur des questions de principe relatives à l'interprétation ou à l'application des droits et libertés définis par la CESDH ou ses protocoles. L'avis ne peut être sollicité par la Cour de cassation que dans le cadre d'une affaire pendante devant elle. Les avis, qui doivent être motivés, sont publiés (Protocole n° 16 CESDH).

e. L'article 6 de la CESDH suppose **l'existence d'une contestation** sur un droit ou une obligation de caractère civil. Il n'est donc pas applicable à la procédure de récusation d'un magistrat (Cass. 2e civ. 20-4-2017 n° 16-15.015 F-PB : Bull. civ. II n° 79) ou à la procédure en rectification d'erreur matérielle (Cass. 2e civ. 16-3-2017 n° 15-26.744 F-PB : Bull. civ. II n° 57).

En faisant prévaloir le principe de l'obligation de communiquer par voie électronique pour saisir la cour d'appel sans prendre en compte les **obstacles pratiques** auxquels s'était heurté le requérant pour la respecter, la Cour de cassation a fait preuve d'un formalisme que la garantie de la **sécurité juridique** et de la **bonne administration de la justice** n'imposait pas et qui doit, dès lors, être regardé comme excessif (CEDH 9-6-2022 n° 15567/20).

A. Respect du contradictoire

RÈGLES GÉNÉRALES

901 Parmi les principes directeurs du procès civil figure le respect du contradictoire, destiné à garantir un procès équitable. Il a pour **sources** les articles 14 à 17 du CPC et l'article 6, 1 de la CESDH. Le Conseil constitutionnel qualifie en outre les droits de la défense, dont le principe de la contradiction est un corollaire, de droit fondamental à caractère constitutionnel (Cons. const. 13-8-1993 n° 93-325 DC).

La contradiction remplit une **double fonction** : protéger les parties et permettre au juge de forger son opinion grâce à la confrontation des arguments.

902 Nulle **partie** ne peut être jugée sans être **entendue ou appelée** (CPC art. 14). L'inobservation de cette règle d'ordre public doit être relevée d'office par le juge (Cass. 2e civ. 10-5-1989 n° 88-11.941 : Bull. civ. II n° 105). De l'article 14 résultent les autres principes du CPC destinés à garantir le respect de la contradiction.

Celle-ci implique que toute partie puisse contredire, de manière effective, l'ensemble des arguments et documents soumis au juge par une autre partie. Corrélativement, elle se traduit par le **devoir de chaque partie** d'informer l'autre, sous le contrôle du juge, ainsi que par l'**obligation du juge** d'agir lui-même dans le respect des droits de la défense.

Par **exception**, certaines circonstances peuvent justifier qu'une décision de justice soit prise sans respecter le principe du contradictoire (notamment, ordonnance sur requête, décision rendue en matière gracieuse, récusation d'un juge depuis le décret 2017-892 du 6-5-2017). Cependant, toutes les fois que la loi permet ou que la nécessité commande qu'une mesure soit ordonnée à l'insu d'une partie celle-ci dispose d'un recours approprié contre la décision qui lui fait grief (CPC art. 17). Le respect du principe de la contradiction est ainsi assuré de manière différée.

Le respect du contradictoire doit donc être étudié dans les rapports entre les parties (nos 905 s.) et dans les rapports entre le juge et les parties (nos 950 s.).

EXEMPLES DE RESPECT OU DE VIOLATION DE L'ARTICLE 14 DU CPC

903 **Violation de l'article 14** Une cour d'appel désigne un mandataire chargé de provoquer la délibération des associés d'une société à la demande d'un associé qui n'a assigné que le gérant, alors que la société aurait dû être partie à l'instance (Cass. com. 3-11-2004 n° 01-01-855 : RJDA 7/05 n° 811).

Un tribunal condamne la société holding d'un groupe à indemniser un client d'une filiale alors que les deux sociétés ont une personnalité morale distincte, des objets différents, et que l'une ne se trouve pas aux droits et obligations de l'autre, de telle sorte que la société filiale, qui n'était pas partie à l'instance, n'a été ni entendue ni appelée (Cass. com. 4-11-1987 n° 86-14.462 : Bull. civ. IV n° 225).

Une cour d'appel prononce la mise en redressement judiciaire d'une SARL alors que le gérant comparant qui avait régulièrement démissionné auparavant et en avait informé le tribunal à l'audience n'avait plus qualité pour représenter la société débitrice, eût-il été régulièrement convoqué en l'absence de publication de sa démission (Cass. com. 23-5-1995 n° 93-12.910 : RJDA 11/95 n° 1277).

Une cour d'appel condamne le liquidateur amiable d'une société, assigné ès qualités, à réparer les fautes commises dans le cadre de ses fonctions, alors qu'il n'est pas personnellement partie à l'instance et ne peut donc pas être personnellement condamné (Cass. com. 14-9-2010 n° 09-69.659).

Une cour d'appel condamne un employeur à payer diverses sommes à son salarié après avoir constaté qu'il n'a pas comparu et n'a sollicité aucune dispense de comparaître bien qu'ayant reçu à domicile une citation à comparaître et, dans le même acte, signification des conclusions et des pièces afférentes : la cour aurait dû vérifier que la citation délivrée à domicile comportait les mentions exigées par les articles 655 à 659 du CPC (Cass. 2e civ. 1-10-2020 n° 18-23.210 FS-PBI).

Pour statuer contradictoirement sur le fond, un tribunal retient que le défendeur non comparant a été régulièrement cité alors que celui-ci avait reçu sa convocation postérieurement à la date de l'audience et du jugement (Cass. 2e civ. 6-1-2011 n° 09-67.326).

Le contradictoire n'a pas été respecté lorsque la société mandataire d'un groupement d'entreprises ayant répondu à un appel d'offres de marché public n'a pas été appelée dans la cause introduite par une société concurrente (Cass. com. 16-9-2014 n° 13-16.178 : Bull. civ. IV n° 127) ou lorsqu'un tribunal d'instance, saisi d'un recours contre la décision d'une commission de surendettement ayant déclaré la demande de traitement de la situation d'un couple irrecevable, statue sans convoquer ni entendre leurs créanciers (Cass. 2e civ. 21-1-2016 n° 15-15.761 F-PB).
Au visa des articles 14 et 463 du Code de procédure civile et de l'article 6 § 1 de la convention européenne de sauvegarde des droits de l'Homme et des libertés fondamentales, est censuré un arrêt d'appel retenant que les parties, dûment appelées, n'avaient pas comparu à une audience pendant la période d'épidémie de Covid-19. La cour d'appel ne pouvait pas statuer comme elle l'a fait alors que la fermeture des juridictions, à l'exception des services assurant le traitement de contentieux essentiels, annoncée dans **un communiqué de presse en termes généraux et affirmatifs, était de nature à induire en erreur** l'intimé, en lui donnant l'assurance que l'affaire, fixée le lendemain à 9 heures, serait nécessairement renvoyée (Cass. 2e civ. 13-1-2022 n° 20-16.774 F-B).
L'intimé à un appel incident dispose d'un délai de trois mois à compter de la notification pour remettre ses conclusions au greffe (CPC art. 910). La perte de ce droit de conclure pour une partie, du fait d'une **clôture prématurée**, ne peut être réparée par la possibilité de remettre une note en délibéré, laquelle ne suffit pas à assurer le respect du principe de la contradiction (Cass. 2e civ. 20-10-2022 n° 21-17.375 F-B).

Respect de l'article 14 du CPC En cas de requête en rectification d'une erreur matérielle d'une décision liquidant une astreinte, le juge respecte le principe de la contradiction dès lors qu'il avise les avocats des parties de la date d'audience par le réseau privé virtuel avocat (Cass. 2e civ. 7-12-2017 n° 16-18.216 FS-PBI). **904**

1. RESPECT DU CONTRADICTOIRE DANS LES RAPPORTS ENTRE LES PARTIES

RESPECT DU CONTRADICTOIRE LORS DE L'INTRODUCTION DE L'INSTANCE

Information de la partie adverse Nulle partie ne pouvant être jugée sans être entendue ou appelée (CPC art. 14), toute personne doit être régulièrement informée du procès qui lui est fait. **905**
L'**acte** qui introduit l'action en justice est communiqué à la partie adverse et contient un certain nombre d'informations indispensables pour la conduite contradictoire de l'instance comme l'identité du demandeur, la juridiction devant laquelle la demande est portée, les raisons de la demande, etc. De la même façon, le **défendeur** est tenu de communiquer un certain nombre de renseignements sur lui pour que sa défense soit recevable.

Délais de comparution Une affaire ne peut pas être jugée immédiatement après que le défendeur a eu connaissance de l'acte introductif d'instance : il dispose d'un délai pour **organiser sa défense**. **910**
Par **exemple**, l'assignation devant le tribunal de commerce doit être délivrée au moins quinze jours avant l'audience (CPC art. 856) ; devant le tribunal judiciaire, le défendeur dispose d'un délai de quinze jours à compter de l'assignation pour constituer avocat, lorsque cette constitution est obligatoire (CPC art. 763) ; en référé, le juge doit s'assurer qu'il s'est écoulé un temps suffisant entre l'assignation et l'audience pour que la partie assignée ait pu préparer sa défense (CPC art. 837).

RESPECT DU CONTRADICTOIRE LORS DU DÉROULEMENT DE L'INSTANCE

Les parties doivent se faire connaître mutuellement en temps utile les **moyens de fait** sur lesquels elles fondent leurs prétentions, les **éléments de preuve** qu'elles produisent et les **moyens de droit** qu'elles invoquent, afin que chacune soit à même d'organiser sa défense (CPC art. 15). **915**

> **Précisions** Dans les **procédures orales** (procédures sans représentation obligatoire), les parties peuvent formuler des prétentions et des moyens nouveaux jusqu'au jour de l'audience, sauf à avoir opté pour une présentation écrite (CPC art. 446-1). Les parties doivent être particulièrement attentives aux instructions et autorisations du président ; elles ne peuvent pas éviter de se présenter à l'audience si elles n'y ont pas été expressément autorisées. Ainsi, faute d'avoir été dispensé de soutenir oralement, lors des débats, ses conclusions écrites (CPC art. 946, al. 2 pour la cour d'appel), un liquidateur judiciaire n'a pas régulièrement saisi la cour d'appel de ses moyens et critiques à l'encontre du jugement dans une procédure concernant la sécurité sociale (Cass. 2e civ. 15-5-2014 n° 12-27.035 : Bull. civ. II n° 111).

Dans un litige où une partie a été autorisée par le premier président d'une cour d'appel à interjeter **appel immédiat** d'un jugement de sursis à statuer rendu par un juge de l'exécution, un **calendrier de procédure** a été fixé mais l'intimé a conclu le dernier jour du délai qui lui était imparti, sans communiquer ses pièces malgré une sommation. L'appelant a répliqué par conclusions envoyées 15 jours plus tard, tandis que l'intimé attend encore 14 jours pour notifier de **nouvelles conclusions**, soit **le jour de l'audience de plaidoirie** fixée plus d'un an auparavant, les **pièces** étant adressées en plusieurs envois le même jour, dont les cinq dernières, non produites en première instance, **moins de 3 heures avant l'audience**.
La Cour de cassation valide la décision de la cour d'appel ayant déclaré les conclusions et les pièces litigieuses irrecevables après avoir retenu qu'aucun motif ne justifiait un tel **comportement contraire à la loyauté des débats et au principe du contradictoire** qui, du fait du dépôt tardif de nouvelles écritures et de nouvelles pièces, avait mis l'appelant dans l'impossibilité d'en prendre connaissance en temps utile.
L'arrêt précise que **la cour d'appel**, qui **n'avait pas à rechercher si l'intimé avait été en mesure de s'expliquer** sur la demande de rejet des conclusions tardives et des pièces, avait pu souverainement apprécier si son adversaire avait eu un temps utile pour prendre connaissance des dernières conclusions et pièces (Cass. 2e civ. 13-1-2022 n° 20-19.978 F-B).

917 **Temps utile** Il ne suffit pas que les parties aient accès aux arguments et éléments soumis au juge : elles doivent aussi être en mesure de les **discuter**.
Aucun jeu de conclusions ne peut ainsi en principe être déposé, ni aucune pièce produite après la **clôture des débats** (CPC art. 445).
La pratique avait, à une époque, développé l'usage des **notes en délibéré** pour transmettre des pièces ou des conclusions au tribunal après la clôture. Celles-ci sont en principe irrecevables sur le fondement de l'article 445 du CPC, quel qu'en soit le support (lettre, mémoire, pièce, etc.) et le contenu. Par exception il est permis aux parties de recourir aux notes en délibéré pour répondre au ministère public ou à la demande du président (nos 19690 s.).

919 Dans les procédures où il existe une **ordonnance de clôture** (devant le tribunal judiciaire s'agissant des procédures écrites et devant la cour d'appel pour les procédures avec représentation obligatoire), les **conclusions** ou les productions de pièces **postérieures** à cette ordonnance doivent être déclarées d'office irrecevables comme tardives (CPC art. 802, al. 1).
Toutes les conclusions ou pièces communiquées avant l'ordonnance de clôture ne sont pas recevables pour autant : le juge doit vérifier que les conclusions déposées **peu de temps avant l'ordonnance de clôture**, ou le jour même de la clôture, l'ont été en temps utile. Sur cette appréciation, voir nos 32097 s. Le fait de déposer des conclusions trop tard pour que l'adversaire puisse y répondre constitue en effet une atteinte au principe du contradictoire.
Si les **juges** du fond disposent d'un pouvoir souverain pour apprécier si des conclusions et/ou des pièces ont été déposées en temps utile, ils se doivent de **répondre à des conclusions** qui en sollicitent le rejet, que ces dernières soient déposées avant ou après le prononcé de l'ordonnance de clôture (Cass. 1e civ. 16-5-2013 n° 12-19.078 : D. 2013 act. p. 1285 ; Cass. 2e civ. 17-10-2013 n° 12-23.437 : Bull. civ. II n° 203).

> **Précisions a.** Un certain nombre de demandes peuvent néanmoins être formulées **après** l'ordonnance de clôture et notamment les demandes tendant à la révocation de cette ordonnance (notamment, Cass. 2e civ. 25-3-2021 n° 20-10.689 F-B).
b. C'est la **date de signification des conclusions**, et non la communication des pièces versées aux débats, qui fait courir le délai ouvert à l'intimé pour conclure devant la cour d'appel (CA Versailles 1-12-2011 n° 11/03940). Lorsque la communication des pièces a été faite après la signification des écritures dans un délai qui ne permet pas à l'intimé de conclure utilement celui-ci doit impérativement déposer quand même dans le délai de deux mois des premières conclusions dénonçant la violation du contradictoire : il pourra ensuite conclure à nouveau après l'expiration du délai.
c. Les conclusions comportant un **appel incident** peuvent être déposées (à l'époque) jusqu'à la date de la clôture : il appartient à la partie adverse, si elle entend répondre, de demander soit le report de cette date, soit la révocation de l'ordonnance de clôture (Cass. ch. mixte 3-2-2006 n° 03-16.203 : Bull. ch. mixte n° 1 ; CPC art. 550).

922 **Pièces** Dans les **procédures** orales, les pièces versées au débat à **l'audience** par une partie comparante sont réputées, sauf preuve contraire, avoir été débattues contradictoirement (Cass. 2e civ. 11-1-2006 n° 04-04.170 : Bull. civ. II n° 9).

Dans les **procédures écrites**, les pièces sont communiquées avec un **bordereau** récapitulatif. À la lecture de celui-ci, la partie adverse est en mesure de provoquer un **incident de communication** si elle n'a pas eu connaissance de la pièce visée dans cette énumération. Les pièces dont la production n'a pas donné lieu à un incident sont réputées, sauf preuve contraire, avoir été régulièrement versées au débat (Cass. 3e civ. 29-4-2009 n° 08-11.332 : RJDA 7/09 n° 608). Comme les conclusions, les pièces doivent être communiquées en temps utile (n° 919). 924

Les avocats ne doivent glisser dans le **dossier de plaidoirie** que des pièces et documents communiqués à l'adversaire ; il ne peut y être fait état d'aucun moyen nouveau. Les décisions de jurisprudence citées par les parties au soutien de leurs prétentions doivent être produites lorsqu'elles ne sont pas publiées (Règl. intérieur national de la profession d'avocat art. 5.5).

La **communication** des pièces doit être **spontanée** (CPC art. 132, al. 2). Lorsqu'une partie détient une pièce qu'elle ne verse pas aux débats, elle peut être contrainte de la produire ; il en est de même lorsque les documents sont détenus par des tiers (nos 12380 s.). 926

La Cour de cassation a récemment précisé les **obligations du juge** découlant de la combinaison des articles 16, 132 et 133 du CPC, lorsque **l'une des parties ne communique pas spontanément** les pièces sur lesquelles elle fonde ses prétentions. Aux termes du premier de ces textes, le juge doit, en toutes circonstances, faire observer le principe de la contradiction et ne peut retenir dans sa décision les documents invoqués ou produits par les parties que si celles-ci ont été à même d'en débattre contradictoirement. Aux termes du deuxième, la communication des pièces doit être spontanée. Aux termes du troisième, si tel n'est pas le cas, il peut être demandé sans forme au juge d'enjoindre cette communication. 928

Dans un procès concernant la liquidation et le partage d'une succession ayant donné lieu à une instance sur renvoi après cassation, l'une des parties avait fait valoir que les quatre-vingt-cinq premières pièces visées au bordereau récapitulatif de pièces communiquées, annexé aux dernières conclusions de son contradicteur, ne lui avaient jamais été communiquées. La cour d'appel avait rejeté la demande de réouverture des débats en vue de la communication desdites pièces, retenant que la partie qui sollicitait cette transmission avait reçu le bordereau de communication des quatre-vingt-cinq pièces en octobre 2010, que cette communication avait été réitérée avec de nouvelles pièces dans des conclusions du 31 août 2011 et que ces pièces communiquées par bordereau entre avoués étaient à la disposition des parties, de sorte qu'il appartenait à la partie intéressée de les obtenir matériellement, si une telle remise n'avait pas été faite spontanément. La Cour de cassation a censuré cette décision pour violation des articles 16, 132 et 133 précités. Dès lors que la partie intéressée soutenait, sans être contredite, avoir demandé en vain par voie de sommation la communication des pièces litigieuses, il incombait au juge du fond d'ordonner cette communication (Cass. 1e civ. 6-3-2013 n° 12-14.488 : Bull. civ. I n° 38). On voit se dessiner un véritable devoir du juge d'ordonner la communication de pièces, la simple allusion à une « mise à disposition » à partir d'un bordereau n'étant pas suffisante pour assurer le parfait respect du principe de la contradiction.

RESPECT DU CONTRADICTOIRE EN CAS DE PARTIE DÉFAILLANTE

Le respect du contradictoire suppose que les parties accomplissent les actes de procédure et comparaissent aux audiences, le cas échéant, par un mandataire. Il se peut toutefois qu'une partie soit défaillante. Le plus souvent, il s'agira du **défendeur**, soit parce qu'il ne souhaitera pas assurer sa défense soit parce que l'huissier ou commissaire de justice n'aura pas réussi à lui délivrer l'assignation. 938

Le CPC a prévu un certain nombre de règles destinées à garantir le **respect du contradictoire** tout en évitant que le **défendeur** ne puisse **bloquer l'action** du demandeur par sa défaillance. Ces règles sont étudiées nos 19170 s.

Une partie ne peut invoquer le non-respect du contradictoire si celui-ci n'est imputable qu'à sa **propre carence** ; tel est le cas d'un appelant qui a demandé le renvoi de l'affaire mais, régulièrement convoqué à l'audience de renvoi, n'a présenté aucune justification ni précision (Cass. 2e civ. 9-10-1985 n° 84-13.730 : Bull. civ. II n° 148) ; de même, en l'absence d'empêchement justifié par une circonstance exceptionnelle, une partie ne peut pas prétendre que le refus du juge de renvoyer à une audience ultérieure constitue une atteinte au droit à un procès équitable (Cass. 2e civ. 16-3-2017 n° 15-26.744 F-PB : Bull. civ. II n° 57). 940

2. RESPECT DU CONTRADICTOIRE DANS LES RAPPORTS ENTRE LE JUGE ET LES PARTIES

RÈGLES GÉNÉRALES

950 Le **juge** doit, en toutes circonstances, **faire observer et observer lui-même** le principe de la contradiction. Il ne peut retenir, dans sa décision, les moyens, les explications et les documents invoqués ou produits par les parties que si celles-ci ont été à même d'en débattre contradictoirement (CPC art. 16, al. 1 et 2).

952 Le juge ne peut pas **écarter** de sa propre initiative **une pièce utile à la solution du litige**, dès lors qu'il n'y a aucune contestation sur sa production et que son existence a été dûment mentionnée sur le bordereau énonciatif des pièces ou dans les conclusions (Cass. com. 1-3-2005 n° 03-17.709 ; Cass. 3e civ. 24-11-2009 n° 08-21.081 ; Cass. 3e civ. 5-4-2011 n° 10-14.870 ; Cass. com. 31-1-2012 n° 11-10.902).

Lorsque le juge constate qu'une **pièce** visée dans le bordereau et dont la communication n'a pas été contestée est **absente du dossier** qui lui a été transmis, il doit inviter les parties à s'expliquer sur cette difficulté : il ne peut pas se contenter de relever l'absence de production de la pièce et rejeter la demande faute de preuve (Cass. 2e civ. 11-1-2006 n° 03-18.577 : Bull. civ. II n° 11 ; Cass. 3e civ. 15-1-2008 n° 06-20.031 ; Cass. com. 9-6-2009 n° 08-12.236 ; Cass. 1e civ. 3-2-2011 n° 10-10.251 ; Cass. 2e civ. 3-12-2015 n° 14-25.413 F-PB : Bull. civ. II n° 269). Mais, **en appel**, le défaut de communication de pièces ne prive pas à lui seul les juges du fond de la connaissance des moyens et des prétentions de l'appelant (Cass. 2e civ. 3-12-2015 n° 14-25.413 F-PB précité).

Le juge doit, en toutes circonstances, faire observer et observer lui-même le principe de la contradiction (CPC art. 16). Dans une procédure orale, il doit donc inviter les parties à s'expliquer sur l'absence au dossier des pièces invoquées, dont la communication est mentionnée dans l'en-tête des observations écrites, et soutenues oralement à l'audience (Cass. 2e civ. 9-6-2022 n° 20-12.190 FB).

954 Le juge doit faire apparaître les circonstances qui caractérisent un **manquement au principe du contradictoire par une partie** et, éventuellement, son comportement déloyal.

Saisi par des écritures prises en violation du principe de la contradiction le juge dispose de deux **options** :

– écarter des débats les conclusions ou pièces tardives ou déposées dans des conditions excluant le débat contradictoire ;

– accorder au destinataire des conclusions ou pièces communiquées un délai pour y répondre, éventuellement en révoquant ou en reportant l'ordonnance de clôture s'il en existe une et en ordonnant la réouverture des débats.

> **Précisions a.** Le juge ne peut pas se borner à révoquer l'ordonnance de clôture pour déclarer recevables des **conclusions tardives** et statuer au fond sans rouvrir les débats (Cass. 2e civ. 10-7-2008 n° 06-18.591 ; Cass. 1e civ. 11-2-2015 n° 13-28.054 : Bull. civ. I n° 38).
> **b.** Une partie n'est pas recevable à se prévaloir de la violation du principe de la contradiction commise **au préjudice de son adversaire** (Cass. 2e civ. 17-4-2008 n° 06-21.859 : RJS 7/08 n° 822).

RESPECT DU CONTRADICTOIRE EN CAS DE MOYENS RELEVÉS D'OFFICE

960 **Obligation de provoquer le débat** Le juge ne peut pas fonder sa décision sur les **moyens de droit** qu'il a relevés d'office sans avoir au préalable invité les parties à présenter leurs observations (CPC art. 16, al. 3). La jurisprudence est constante, quelles que soient les matières en cause (Cass. 3e civ. 2-7-2014 n° 13-17.331 F-D ; Cass. 3e civ. 23-9-2014 n° 11-30.068 F-D).

Cette règle s'applique même s'agissant de **moyens de pur droit** (Cass. 2e civ. 30-11-1983 n° 81-12.529 : Bull. civ. II n° 190) ou d'**ordre public** (Cass. ch. mixte 10-7-1981 n° 77-10.745 : Bull. ch. mixte n° 6).

L'obligation s'applique également à toutes les **fins de non-recevoir** que le juge peut ou doit dans certains cas soulever d'office (Cass. ch. mixte 10-7-1981 n° 77-10.745 précité). Ainsi, une cour d'appel ne peut pas relever d'office une fin de non-recevoir sans avoir invité les parties à présenter leurs observations au motif inopérant qu'elle avait déjà été débattue devant le conseiller de la mise en état (Cass. 2e civ. 13-10-2016 n° 15-25.995 F-PB : Bull. civ. II n° 228).

961 **Articulation des exceptions de procédure et des explications sur le fond** Le juge qui rejette une exception de procédure qui tendait à son dessaisissement ne peut pas statuer au fond sans avoir, au préalable, invité les parties à s'expliquer soit par voie de conclusions dans les procédures écrites, soit en se présentant à l'audience dont il fixe la date à cette fin dans les procédures orales. Un jugement a été censuré, au visa de l'article 16 du CPC, car il ne résultait ni de la procédure ni de la décision elle-même que les défendeurs, qui s'étaient bornés à soulever

une exception de connexité en demandant le renvoi de l'affaire devant un autre tribunal, avaient été invités à conclure sur le fond (Cass. 2e civ. 4-9-2014 n° 13-20.676 : Bull civ. II n° 178).

Quant aux **moyens de fait**, le juge peut prendre en considération même les faits que les parties n'auraient pas spécialement invoqués au soutien de leurs prétentions (CPC art. 7, al. 2). Toutefois, les parties doivent être sollicitées afin de présenter leurs éventuelles **observations** soit parce que le juge a soulevé des moyens de fait qui ressortent du dossier, soit parce qu'il a remarqué des moyens de fait qui sont visés dans les écritures sans qu'aucune conséquence juridique n'en soit expressément tirée par l'une ou l'autre des parties (Cass. 1e civ. 23-1-2008 n° 06-22.017). La solution est la même en **matière gracieuse**, lorsque le juge se fonde sur des faits qui n'ont pas été allégués par le requérant (Cass. 1e civ. 13-1-1993 n° 91-04.135 : RJDA 3/93 n° 267). 962

Mise en œuvre de l'obligation Pour provoquer un débat contradictoire sur un moyen relevé d'office, plusieurs solutions peuvent être envisagées : 964
– le président peut ordonner la **réouverture des débats** et il doit le faire chaque fois que les parties n'ont pas été à même de s'expliquer contradictoirement sur les éclaircissements de droit ou de fait qui leur avaient été demandés (CPC art. 444) ;
– après la clôture des débats, les **parties** peuvent être invitées par le président à **déposer une note** à l'appui de leurs observations, spécialement lorsqu'elles ont été invitées à fournir les explications de droit ou de fait que le président et les juges estimaient nécessaires, ou lorsque les parties n'ont pas été à même de s'expliquer contradictoirement sur les éclaircissements sollicités (CPC art. 445) ;
– le président peut ordonner le **renvoi** de l'affaire **à la mise en état**, ce qui entraîne révocation de l'ordonnance de clôture et possibilité pour les parties d'invoquer de nouveaux moyens (Cass. 2e civ. 19-2-2009 n° 07-19.504 : Bull. civ. II n° 56).
La **cour d'appel** a aussi l'obligation de provoquer le débat sur les points qu'elle entend juger dans le cadre de son pouvoir d'**évocation** (n° 25236).

Exceptions à l'obligation Le juge n'est pas tenu de provoquer au préalable l'explication des parties lorsqu'il exerce d'office **certains pouvoirs**, tels que celui d'ordonner une astreinte (Cass. 2e civ. 21-2-1979 n° 77-15.052 : Bull. civ. II n° 89), ou l'exécution provisoire quand elle est facultative (CPC art. 515), ou de déterminer le point de départ des intérêts légaux (Cass. 2e civ. 10-6-1990 n° 89-10.347 : Bull. civ. II n° 141). 969

Le juge qui se borne à retenir la **règle de droit applicable au litige** lorsque les parties n'ont elles-mêmes pas donné de fondement juridique à leurs prétentions n'est pas tenu de provoquer le débat des parties (Cass. 2e civ. 23-10-1991 n° 90-14583 : Bull. civ. II n° 280 ; Cass. 3e civ. 27-6-2006 n° 05-15.394). Cette jurisprudence a cependant un champ d'application de plus en plus restreint, puisque dans toutes les procédures introduites par une assignation les parties doivent indiquer les moyens en fait et en droit qui fondent leurs prétentions à peine de nullité de l'assignation (CPC art. 56, 2°). 970
Le juge a l'obligation de trancher le litige conformément aux règles de droit qui lui sont applicables et de donner ou restituer leur exacte qualification aux faits et actes litigieux sans s'arrêter à la dénomination que les parties en auraient proposée (CPC art. 12). Il n'est pas toujours facile, dans la pratique judiciaire, de distinguer cette démarche de choix des catégories juridiques les plus appropriées, du relevé d'office d'un moyen par le juge impliquant l'invitation des parties à s'expliquer sur un fondement juridique auquel elles n'avaient pas pensé. Lorsqu'il procède à un examen de pertinence de l'argumentation qui est présentée et qu'il n'introduit aucun élément nouveau dans le débat, le juge n'est pas tenu de solliciter que les parties ou leurs représentants produisent des observations complémentaires (Cass. 1e civ. 16-4-2015 n° 14-13.694 : Bull. civ. I n° 99).

Le juge qui vérifie si les **conditions d'application de la règle de droit** invoquée par les parties sont réunies n'a pas à recueillir les observations de celle-ci lorsqu'il constate que l'une d'entre elles fait défaut (Cass. 3e civ. 25-3-1998 n° 96-12.410 : Bull. civ. III n° 75 ; Cass. com. 6-5-2002 n° 98-21.738 ; Cass. 1e civ. 3-1-2006 n° 04-13-734 : Bull. civ. I n° 1). 972
L'exception est cependant limitée à cette hypothèse : la notion de **moyen nécessairement dans la cause** a en effet très vraisemblablement été abandonnée par la jurisprudence (en ce sens, voir Cass. 2e civ. 2-12-1992 n° 91-12.500 : Bull. civ. II n° 288 ; Cass. soc. 11-5-2005 n° 03-40.916 : RJS 7/05 n° 769). Elle a en toute hypothèse été condamnée par la Cour européenne des droits de l'Homme (CEDH 13-10-2005 n° 65399/01).

Les **conclusions signifiées trop tard** pour que l'adversaire soit en mesure de répliquer peuvent être écartées d'office par le juge sans débat contradictoire (Cass. 2e civ. 6-11-1991 n° 90-12.873 : Bull. civ. II n° 295 ; Cass. 2e civ. 7-5-1991 n° 93-15.372). Mais le conseiller de la mise en état ne peut 974 prononcer d'office la caducité de la déclaration d'appel ou l'irrecevabilité des conclusions pour violation des délais prévus aux articles 902, 908, 909 et 910 du CPC sans solliciter les observations écrites des parties (CPC art. 911-1, al. 2).

979 **Violation de l'obligation** La Cour de cassation sanctionne fermement les violations par le juge du principe de la contradiction : par hypothèse, le moyen ou le fait relevé d'office par le juge avait été laissé de côté par les parties, que celles-ci l'aient ignoré ou délibérément écarté. Il est donc essentiel pour la qualité des débats que les parties soient mises en mesure de s'exprimer sur ce nouvel argument, pour éventuellement le préciser ou le corriger.

ILLUSTRATIONS

L'inscription d'un appel tardif peut être couverte par l'irrégularité de la signification du jugement ayant en fait empêché le délai d'appel de courir. Le juge qui relève d'office une fin de non-recevoir tirée de l'expiration du délai d'appel, sans inviter les parties à s'exprimer à ce sujet, prend le risque de passer à côté de cet élément essentiel.

981 Le droit des parties de présenter leurs observations n'est respecté que si ces **observations** sont **effectivement « entendues »**. Précisant la portée d'une telle exigence, la CEDH a jugé que la décision par laquelle la Cour de cassation avait déclaré irrecevable, en raison de sa nouveauté, l'unique moyen de la requérante était le résultat d'une erreur manifeste d'appréciation, dès lors que les conclusions présentées devant les juges du fond et le dispositif de l'arrêt d'appel attaqué faisaient référence à ce moyen (CEDH 21-3-2000, aff. n° 34553/93) La CEDH en a déduit que la requérante n'avait pas été effectivement entendue par les juges.

983 Dans les **procédures orales**, les **moyens** retenus par le juge au soutien de sa décision sont **présumés** avoir fait l'objet d'un débat contradictoire (Cass. 1e civ. 25-11-1992 n° 89-16.438 : Bull. civ. I n° 291 ; Cass. 2e civ. 19-2-2009 n° 07-21.993 F-D). Il est donc en pratique très difficile, voire impossible de prouver une violation par le juge du principe du contradictoire.

984 En réalité, le respect du contradictoire inspire tout l'office du juge. Lorsque celui-ci, en application de l'article L 441-1 du Code de l'organisation judiciaire, envisage de solliciter **l'avis de la Cour de cassation**, il doit en informer les parties et le ministère public et recueillir leurs observations écrites éventuelles (CPC art. 1031-1), sous peine d'irrecevabilité de la demande d'avis (Avis C. cass. 27-2-2017 nos 17003 et 17004 : Bull. civ. Avis n° 2 et 3). Il en est ainsi même si les plaidoiries, lors de l'audience, ont traité la question de droit, objet de la demande d'avis, dont tous les arguments se trouvent dans les conclusions écrites des avocats (Avis n° 17004).

986 Lorsque le principe du contradictoire a été méconnu par le juge, la sanction est le plus souvent mise en œuvre par les **voies de recours-nullité** : appel nullité et pourvoi en cassation selon la décision faisant l'objet de la contestation. Ainsi, par **exemple**, la juridiction statuant sur recours contre les ordonnances rendues par le juge-commissaire en matière de réalisation d'actif a l'obligation de relever d'office la nullité lorsque le juge s'est prononcé sans que le débiteur ait été entendu ou dûment appelé. À défaut de relever cette nullité, la juridiction saisie du recours commettrait un excès de pouvoir. Il en résulterait que la décision rendue sur recours serait à son tour annulée, quand bien même un débat contradictoire aurait eu lieu devant la juridiction du recours sur le fond du problème (Cass. com. 8-1-2013 n° 11-26.059 : RJDA 8-9/13 n° 743). Après cassation, la Cour a considéré que le jugement rendu sur recours et l'ordonnance contestée étaient nuls et n'a pas procédé à renvoi devant une cour d'appel pour qu'elle statue à son tour.

EXEMPLES DE VIOLATION DE L'ARTICLE 16 DU CPC

988 Viole l'article 16 l'arrêt qui modère d'office la clause pénale convenue, sans avoir au préalable invité les parties à présenter leurs observations sur ce point (Cass. com. 23-3-1993 n° 91-12.364 : RJDA 7/93 n° 603).

Il en est de même de la décision qui relève d'office le moyen tiré de la recevabilité de l'appel tardif faute de signification régulière du jugement, sans que les parties aient été mises à même de s'en expliquer (Cass. 2e civ. 18-1-2007 n° 05-11.947 : Bull. civ. II n° 11) ; ou encore de l'arrêt qui relève d'office le moyen tiré de l'existence d'un aveu judiciaire (Cass. 1e civ. 28-6-2006 n° 04-16.742 : Bull. civ. I n° 332).

Méconnaît également le principe de la contradiction la cour qui retient un partage de responsabilité alors que les parties avaient conclu soit à l'absence de faute du défendeur, soit à l'absence de lien de causalité entre son éventuelle faute et le dommage subi, soit à l'indemnisation intégrale du préjudice de la victime, sans solliciter, même à titre subsidiaire, de partage de responsabilité et d'autre part n'avaient soulevé aucun moyen de droit quant à une faute de la victime (Cass. 2e civ. 16-9-2010 n° 09-69.374).

Viole les articles 7 et 16 du CPC l'arrêt qui retient d'office l'élément tiré de l'absence de preuve de la provenance des fonds, sans que les parties aient été à même d'en débattre contradictoirement (Cass. 1e civ. 14-4-2010 n° 09-11.855).
De même, en retenant d'office que le caractère né, certain et actuel du préjudice allégué n'était pas établi, alors que dans ses conclusions le défendeur, reconnaissant que des intérêts de retard avaient été payés, se bornait à contester le fait générateur de sa responsabilité, la cour d'appel qui n'a pas mis les parties à même d'en débattre contradictoirement a violé les articles 7 et 16 du CPC (Cass. 1e civ. 28-1-2009 n° 08-12.450).
Viole les articles 16 et 495, alinéa 3 du CPC la cour d'appel qui, pour rejeter une demande de nullité d'un constat d'huissier ou commissaire de justice effectué en exécution d'une ordonnance rendue sur requête, se détermine au regard de l'absence de grief alors que les exigences de l'article 495 du CPC (copie de la requête à la partie qui subit la mesure d'instruction), destinées à faire respecter le principe de la contradiction, n'avaient pas été satisfaites (Cass. 2e civ. 1-9-2016 n° 15-23.326 F-PB : Bull. civ. II n° 200).
La jurisprudence est attentive à l'effectivité du débat contradictoire, et elle le demeure aussi dans les procédures spéciales où des documents (rapport d'expertise ou compte-rendu de mission) sont déposés au greffe pour y être consultés. Ainsi, ne respecte pas le principe du contradictoire le jugement qui maintient un majeur sous le régime de la curatelle renforcée pour une période de cinq ans alors que ni cette décision ni les pièces de la procédure ne prouvent que l'intéressé, qui n'était pas assisté lors de l'audience, avait été **informé** qu'il pouvait consulter son dossier au greffe, de sorte qu'il n'était pas établi qu'il ait été mis en mesure de prendre connaissance, **avant l'audience**, des pièces présentées à la juridiction, et donc de pouvoir les discuter utilement (Cass. 1e civ. 12-2-2014 n° 13-13.581 : Bull civ. I n° 24) ; de même, dans une instance devant le juge des tutelles (le juge des contentieux de la protection depuis le 1-1-2020), le principe du contradictoire est méconnu s'il ne résulte ni des énonciations de l'arrêt ni des pièces de la procédure que le **majeur**, qui n'était pas assisté lors de l'audience, a été avisé de la faculté qui lui était ouverte de consulter le dossier au greffe, afin d'en discuter utilement le contenu (Cass. 2e civ. 18-11-2015 n° 14-28.223 F-PB : Bull. civ. I n° 285).
En matière de surendettement, le juge ne peut pas, sous couvert d'une carence dans l'administration de la preuve, introduire dans le débat le moyen tiré de la forclusion au motif qu'une banque créancière n'a produit aucun historique de compte, sans avoir invité les parties à présenter leurs observations (Cass. 2e civ. 19-10-2017 n° 16-23.752 F-PB : Bull. civ. II n° 202).
Viole l'article 16 du CPC, l'arrêt qui, pour accueillir l'appel en garantie de la société C formé par la société H, retient que la société C n'apporte aucun élément sur les conditions dans lesquelles elle avait pu ouvrir un compte à son client à l'origine de malversations, sans avoir au préalable invité les parties à présenter leurs observations sur le moyen qu'elle relevait d'office (Cass. com. 9-11-2022 n° 20-20.031 F-B).
Viole l'article 16 du CPC, l'arrêt qui déclare irrecevable la demande d'une SCI tendant à voir constater la résiliation du bail, au motif qu'elle est nouvelle à hauteur d'appel et qu'il y a lieu de relever d'office son irrecevabilité, sans avoir au préalable invité les parties à présenter leurs observations sur ce moyen qu'elle relevait d'office (Cass. com. 19-4-2023 n° 21-20.655 F-B).

RESPECT DU CONTRADICTOIRE DANS LE CONTENU DU JUGEMENT

Tout **jugement** doit, à peine de nullité, **exposer** succinctement **les prétentions** respectives des parties et leurs moyens (CPC art. 455). D'une façon générale, le juge doit accomplir un travail de qualité sans procéder de façon expéditive ni en rendant des décisions elliptiques ou en se contentant de poser des affirmations (Cass. 3e civ. 2-12-2008 n° 07-19.723 ; Cass. 1e civ. 6-10-2011 n° 10-23.654). Les juges du fond doivent analyser, même de façon succincte mais sans s'y dérober, les éléments de preuve versés aux débats (Cass. com. 1-10-2013 n° 12-21.173 ; Cass. 1e civ. 23-10-2013 n° 12-24.391 ; Cass. 3e civ. 6-5-2014 n° 13-14.673). Ainsi, une cour d'appel qui ne vise ni n'expose les conclusions d'une partie viole l'article 455 du CPC, y compris à l'occasion d'une requête en **rectification d'une erreur matérielle** (Cass. 2e civ. 21-2-2013 n° 11-24.421 : Bull. civ. II n° 34). La Cour de cassation entend que cela s'applique à toute procédure, même lorsque le juge est dispensé d'entendre les parties, ce qui est le cas lorsqu'il est saisi par requête aux fins de rectification d'une erreur ou d'une omission matérielle (CPC art. 462). Sous le couvert de la rectification d'erreur matérielle, une cour d'appel ne peut pas modifier les droits et obligations des parties (Cass. 2e civ. 21-2-2013 n° 12-13.636 : Bull. civ. II n° 35) et le juge doit s'assurer que la requête a été portée à la connaissance des autres parties, même lorsqu'il statue sans audience (Cass. 2e civ. 21-2-2013 n° 12-15.105 : Bull. civ. II n° 36). 993
Une cour d'appel qui se borne à reproduire sur tous les points en litige les conclusions d'appel de la partie à laquelle elle donne satisfaction statue par une apparence de motivation pouvant

faire peser un **doute légitime sur l'impartialité** de la juridiction et viole l'article 6, 1 de la CESDH et les articles 455 et 458 du CPC (Cass. 3e civ. 18-11-2009 n° 08-18.029 : RJDA 4/10 n° 460 ; Cass. com. 23-3-2010 n° 09-11.508 : RJDA 7/10 n° 812). Crée également un doute légitime la décision qui expose les moyens et les prétentions des parties selon des modalités différentes, se bornant à viser les dernières écritures déposées par le demandeur au motif qu'elles étaient longues et particulièrement confuses, mais reprenant sur onze pages les prétentions développées dans les conclusions des défendeurs (Cass. 1e civ. 19-12-2018 n° 17-22.056 FS-PB).

996 En matière d'**arbitrage**, le recours en annulation est ouvert contre la sentence si le principe de la contradiction n'a pas été respecté (CPC art. 1492 en arbitrage interne, CPC art. 1520 en arbitrage international pour les sentences rendues en France). Une sentence arbitrale a été annulée au motif que le non-respect de la **langue d'arbitrage** constituait en l'espèce une violation du principe du contradictoire, dans la mesure où la partie potentiellement lésée n'avait ni acquiescé à l'utilisation d'une autre langue ni renoncé à se prévaloir de cette irrégularité. À cette occasion, la cour a rappelé que la langue d'arbitrage était un élément fondamental de la bonne administration de la justice et de la procédure d'arbitrage (CA Paris 2-4-2013 n° 11/18244 : Gaz. Pal. 5-7 mai 2013 nos 125 à 127 note C. Duclerck ; voir n° 56490).

ACCÈS DES PARTIES AU DOSSIER DU TRIBUNAL

1006 La Cour européenne des droits de l'Homme (CEDH) a précisé que les parties ou leurs représentants devaient pouvoir consulter le dossier de l'affaire.

A par **exemple** été jugée contraire à la CESDH la procédure de placement d'un enfant conduite sans que la mère n'ait accès à certains des rapports sociaux (CEDH 24-2-1995 n° 16424/90). Sur le fondement de l' article 6, 1 de la CESDH, la Cour de cassation a de son côté censuré la décision rendue par la Cour nationale de l'incapacité et de la tarification de l'assurance des accidents du travail au vu du rapport d'un médecin qualifié dont l'avis n'avait pas été communiqué aux parties (Cass. ass. plén. 22-12-2000 n° 98-15.567 : RJS 3/01 n° 366).

3. RESPECT DU CONTRADICTOIRE DANS LES RAPPORTS ENTRE LES PARTIES ET L'EXPERT

RESPECT DU CONTRADICTOIRE DANS UNE EXPERTISE AMIABLE

1016 Les parties peuvent produire en justice un rapport amiable. Il s'agit du rapport issu d'une expertise mise en mouvement par l'une des parties dans un **cadre non judiciaire**, généralement **préparatoire** à l'introduction d'une procédure. La qualification d'amiable n'est pas nécessairement judicieuse : il est plus pertinent de parler d'expertise unilatérale ou d'expertise officieuse, ou encore privée. L'expert, agissant dans ce cadre, n'a pas l'obligation de respecter le principe du contradictoire qui consisterait à convoquer l'ensemble des personnes concernées par ses investigations.

Se pose essentiellement le problème de la **portée** de son **rapport**, document qui sera ensuite produit en justice. Une jurisprudence constante reconnaît que le rapport d'expertise ainsi élaboré peut être tenu comme un élément d'argumentation soumis à l'examen du juge. Ainsi, tout rapport amiable peut valoir, à titre de preuve, dès lors qu'il est soumis à la libre discussion des parties (notamment, Cass. 1e civ. 24-9-2002 n° 01-10.739 : Bull. civ. I n° 220 ; Cass. 3e civ. 29-2-2012 n° 10-26.653). Bien entendu, il appartient aux parties d'assurer, dans la procédure, une communication régulière du document qu'elles invoquent. Un rapport d'expertise judiciaire, établi en exécution d'une ordonnance ensuite rétractée, ne peut produire aucun effet et ne peut donc pas valoir à titre de rapport amiable dans les instances futures (Cass. 2e civ. 4-6-2015 n° 14-17.699 F-PB : Bull. civ. II n° 144).

La portée probatoire de l'expertise unilatérale est par ailleurs limitée. Si le juge ne peut pas refuser d'examiner une pièce régulièrement versée aux débats et soumise à la discussion contradictoire, il ne peut pas **se fonder exclusivement** sur une expertise réalisée à la demande de l'une des parties (Cass. ch. mixte 28-9-2012 n° 11-18.710 : RJDA 6/13 n° 576 ; Cass. 2e civ. 3-3-2020 n° 19-13.509 F-PBI ; Cass. 2e civ. 9-9-2020 n° 19-13.755 F-PB), même si elle l'a été en présence des deux parties (Cass. 2e civ. 13-9-2018 n° 17-20.099 F-PB).

> **Précisions** Dans l'exercice de son pouvoir souverain d'appréciation de la valeur et de la portée des éléments de preuve, un juge peut se fonder sur une **expertise amiable**, non contradictoire à l'égard de l'une des parties, et sur une **expertise**, certes **ordonnée judiciairement**, mais également non contradictoire à l'égard de cette même partie, dès lors que ces expertises ont été soumises à la libre discussion des parties (Cass. 3e civ. 15-11-2018 n° 16-26.172 FP-PBI : RJDA 2/19 n° 75).

RESPECT DU CONTRADICTOIRE DANS UNE EXPERTISE JUDICIAIRE

Il n'est pas contestable que l'expertise judiciaire est soumise au respect du caractère contradictoire de la procédure. Ainsi, la méconnaissance de cette règle est-elle sanctionnée lorsque les **parties** n'ont pas été **informées** d'**opérations menées** par l'expert (Cass. 2e civ. 15-4-2010 n° 09-10.239 : Bull. civ. II n° 83), même lorsque le rapport d'expertise a été par la suite communiqué aux parties avant tout débat au fond (Cass. 1e civ. 7-3-2000 n° 97-20.017 : Bull. civ. I n° 79). 1024
À l'audience, le juge doit rechercher si le rapport d'expertise a été régulièrement versé aux débats et soumis à la **discussion contradictoire** des parties (Cass. 2e civ. 7-9-2017 n° 16-15.531 FS-PB : Bull. civ. II n° 168). L'assureur de responsabilité qui, en connaissance des résultats de l'expertise judiciaire ayant pour objet d'évaluer le préjudice causé aux victimes d'une infraction commise par son assuré, a eu la possibilité d'en discuter les conclusions ne peut pas, sauf s'il y a eu fraude à son encontre, soutenir qu'elle lui est inopposable (Cass. 2e civ. 8-6-2017 n° 16-19.832 F-PB : Bull. civ. II n° 130).
Le rapport d'expertise judiciaire doit, pour être **opposable à un tiers** à l'instance, non seulement être régulièrement versé aux débats et soumis à la discussion contradictoire des parties mais aussi être corroboré par d'autres éléments de preuve (Cass. 2e civ. 7-9-2017 précité, adoptant ainsi la solution qui avait été rendue en matière d'expertise amiable citée au n° 1016).
Une autre question est celle de la **sanction** applicable au rapport d'expertise judiciaire en cas de méconnaissance du contradictoire. Il a été jugé que les irrégularités qui affectent le déroulement des opérations d'expertise sont sanctionnées par les règles régissant la nullité des actes de procédure et que les parties à une instance ne peuvent invoquer l'inopposabilité d'un rapport d'expertise en raison d'une violation du principe du contradictoire ; dès lors que la nullité n'a pas été ainsi invoquée, le juge peut tenir compte des appréciations de l'expert (Cass. ch. mixte 28-9-2012 n° 11-11.381 : Bull. ch. mixte n° 1).

> **Précisions** En l'espèce, il s'agissait d'un litige entre une compagnie d'assurances et l'un de ses assurés. Ce dernier avait souscrit un contrat garantissant le risque d'invalidité. Il avait saisi les juges du fond pour solliciter le bénéfice de cette garantie. Par arrêt avant dire droit, une cour d'appel avait ordonné une expertise, dans le but de déterminer le taux d'incapacité et d'invalidité dont souffrait l'assuré. Condamné par les juges du fond, l'assureur s'était pourvu en cassation. Il soutenait n'avoir été ni appelé ni représenté au cours de l'expertise judiciaire. La **Cour de cassation** a rejeté cette argumentation, en relevant notamment que les opérations d'expertise auraient dû être contestées sur la base des articles 175 à 178 du CPC régissant la nullité des actes de procédure. Ainsi, l'arrêt prend **position** pour la possibilité d'exploiter les conclusions de l'expertise, alors qu'elle a été réalisée en méconnaissance du principe du contradictoire. Il appartient aux parties d'être vigilantes et de soulever les moyens de nullité du rapport dès qu'elles reviennent devant la juridiction, en « lecture » de celui-ci. Attention, devant le tribunal judiciaire, cette demande en nullité échappe à la compétence du juge de la mise en état (Cass. 2e civ. 31-1-2013 n° 10-16.910 : Bull. civ. II n° 20, rendu à propos du TGI mais transposable).

4. RESPECT DU CONTRADICTOIRE LORS DE L'INTERVENTION DU MINISTÈRE PUBLIC

Dans les cas où il est **partie principale**, le ministère public est tenu d'assister à l'audience. Il est également tenu d'y assister lorsqu'il **représente autrui** ou lorsque sa présence est rendue obligatoire par la **loi** (CPC art. 431). 1034

MINISTÈRE PUBLIC PARTIE JOINTE

Dans les cas où le ministère public est seulement partie jointe et où il intervient pour faire connaître son avis sur l'application de la loi dans une affaire dont il a communication (CPC art. 424, al. 1), le greffe doit en informer les parties (CPC art. 424, al. 2). 1036
Le ministère public doit faire connaître son **avis** à la juridiction soit en lui adressant des conclusions écrites qui sont mises **à la disposition des parties**, soit en se présentant à l'audience et en développant alors ses réquisitions : il a été admis que le dépôt des conclusions écrites n'était pas indispensable avant l'audience et qu'il suffisait que les écritures soient mises à la disposition des parties le jour même de cette audience (Cass. 1e civ. 21-12-2006 n° 04-20.020 : Bull. civ. I n° 370). Mais il doit ressortir de la décision que ces conclusions et les pièces qui les accompagnent ont été mises à la disposition des parties et que celles-ci ont été mises **en mesure d'y répondre** (Cass. 1e civ. 23-1-2008 n° 07-11.297 : Bull. civ. I n° 6). Les parties ont la possibilité de répondre aux arguments développés par le ministère public même après la clôture des débats par note en délibéré (CPC art. 445).

L'avis écrit par lequel le ministère public déclare s'en rapporter ne peut, étant sans influence sur la solution du litige, être assimilé à des **conclusions** écrites au sens de l'article 431 et n'a pas à être communiqué aux parties (Cass. com. 1-4-2014 n° 13-13.574 : Bull. civ. IV n° 66). Il est probable que cette nuance concerne la seule position du ministère public dans une instance car la jurisprudence majoritaire considère que le fait pour une partie de **« s'en rapporter à justice »** constitue une **contestation**. Ainsi, une partie qui s'en est rapportée à justice ne peut plus ensuite soulever une exception de procédure (Cass. 2e civ. 12-4-2012 n° 11-14.741 : Bull. civ. II n° 75) et le fait de s'en rapporter à justice en première instance ne constitue pas une renonciation au droit d'appel (Cass. 2e civ. 26-2-1970 n° 68-14.487 : Bull. civ. II n° 67 ; Cass. 2e civ. 3-5-2001 n° 98-23.347 : Bull. civ. II n° 84, même dans le cadre d'une requête).

B. Égalité des armes devant le juge

1046 Le principe de l'égalité des armes consiste à vérifier que les parties en présence disposent de moyens symétriques. Il est considéré comme une **composante autonome** du procès équitable. Il ne se confond pas avec le principe de la contradiction, même si les deux exigences sont souvent évaluées de façon simultanée dans une même affaire. L'égalité des armes se traduit par l'obligation d'offrir à chaque partie la faculté de présenter sa cause, dans des conditions qui ne la placent pas dans une situation de désavantage par rapport à son **adversaire**, mais également par rapport à **certains tiers** spécifiques comme le parquet (CEDH 27-10-1993 Dombo Beheer c/ Pays-Bas : série A, n° 274). Autrement dit, aucun intervenant dans le procès ne doit bénéficier d'un statut hors norme lui permettant d'accéder à des informations ou à des preuves qui ne seraient pas mises à la disposition des autres parties.

Il n'est donc pas surprenant que la difficulté se présente dans les relations avec le ministère public ou avec le rapporteur public, dans les procédures d'expropriation ou les procédures administratives. Ainsi, la CEDH a exigé que le sens des **conclusions de l'avocat général** dans une procédure suivie devant la Cour de cassation soit communiqué aux parties avant l'audience ; l'impossibilité d'accéder aux conclusions de l'avocat général et d'y répondre méconnaîtrait le droit à un procès équitable, compte tenu de la nature et de l'enjeu de ces conclusions (CEDH 26-7-2002 n° 32911/96).

La pratique suivie depuis lors est conforme à cette doctrine jurisprudentielle. Ainsi, les parties représentées ou non peuvent répondre aux observations de l'avocat général. Soit elles ont communication avant l'audience du sens de ces conclusions, soit elles peuvent répondre aux observations orales de l'avocat général représentant du parquet à l'audience par une note en délibéré, note qui est examinée par la Cour de cassation en son délibéré et visée dans l'arrêt qui suit.

1048 Tout est question de **proportion** et d'équilibre. Ainsi, il a été jugé que méconnaissait les dispositions des articles 6, 1 et 8 de la CESDH la cour d'appel qui avait retenu que la **production** en justice des **pièces relatives à la santé** du dirigeant d'une société constituait une **atteinte à la vie privée** de celui-ci sans rechercher si cette atteinte pouvait être **justifiée** par l'exigence de la protection des droits de la défense, de la société et de ses actionnaires, et pouvait rester **proportionnée** au regard des intérêts antinomiques en présence (Cass. com. 15-5-2007 n° 06-10.606 : RJDA 10/07 n° 968 ; voir aussi Cass. 1e civ. 25-2-2016 n° 15-12.403 FS-PBI : D. 2016 p. 884 avis J.-C. Saint-Pau ; Cass. 1e civ. 20-9-2017 n° 16-13.082 F-D). De même le droit à la preuve peut justifier la production d'éléments portant **atteinte au secret des affaires** à la condition que l'atteinte soit proportionnée au but poursuivi (Cass. 1e civ. 22-6-2017 n° 15-27.845 FS-PB : RJDA 12/17 n° 854). Il y aurait atteinte au principe de l'égalité des armes si l'on interdisait à une partie de faire la preuve d'un élément de fait essentiel pour le succès de ses prétentions.

1050 En cas de **recours contre une décision d'expropriation**, en prévoyant que l'appelant doit déposer son mémoire dans un délai de deux mois et que l'intimé doit déposer son mémoire en réponse dans un délai d'un mois, le Code de l'expropriation ne méconnaît ni le principe d'égalité des armes ni celui d'équité du procès, dès lors que l'intimé comme le commissaire du gouvernement sont avisés de l'appel dès sa formalisation et que les dispositions critiquées s'appliquent indifféremment à l'expropriant, à l'exproprié et au rapporteur public, selon qu'ils ont la qualité d'appelant ou d'intimé (Cass. 3e civ. 12-3-2008 n° 07-10.229 : Bull. civ. III n° 45).

C. Impartialité de la justice

GÉNÉRALITÉS

L'article 6, 1 de la CESDH qui prévoit que toute personne a droit à ce que sa cause soit entendue par un tribunal indépendant et impartial est le **texte** le plus souvent invoqué au soutien de l'exigence d'impartialité. Celle-ci figure également à l'article 10 de la Déclaration universelle des droits de l'Homme du 10 décembre 1948, à l'article 14, 1 du Pacte international relatif aux droits civils et politiques du 19 décembre 1966, et à l'article 47 de la Charte des droits fondamentaux de l'Union européenne. Elle est reprise aux articles L 111-5 à L 111-11 du Code de l'organisation judiciaire. **1060**

1. APPRÉCIATION DE L'IMPARTIALITÉ

L'article L 111-6 du Code de l'organisation judiciaire contient un certain nombre de causes de récusation en raison du risque de partialité du juge (nº 1071), dont la **liste** n'est **pas limitative** (Cass. 2e civ. 27-5-2004 nº 02-15.726 : Bull. civ. II nº 245). **1062**

L'impartialité doit s'**apprécier objectivement** au regard des fonctions exercées et des actes accomplis par les personnes composant la formation de jugement (Cass. 2e civ. 23-9-2010 nº 0917.114 : Bull. civ. II nº 158 ; Cass. 2e civ. 4-6-2020 nº 19-10.443 F-PBI). Il y a soupçon de partialité lorsqu'un doute raisonnable peut naître dans l'esprit du justiciable.

Ainsi, l'exigence d'impartialité sera-t-elle méconnue lorsqu'un juge est appelé à statuer au fond, alors qu'il a déjà connu du même dossier dans le cadre d'un **référé aux fins de provision** (Cass. ass. plén. 6-11-1998 nº 94-17.709 : Bull. ass. plén. nº 5). En effet, le juge des référés apprécie, en ce cas, le caractère évident de l'obligation. Il aborde ainsi la substance des droits invoqués, ce qui ne serait pas le cas si son office s'est borné à gérer le dossier ou à ordonner des mesures conservatoires. De même, le **conseiller de la mise en état** qui est appelé à statuer sur des mesures sollicitées au cours de l'instance d'appel, ne peut ensuite connaître en formation collégiale du recours à l'encontre de l'une de ses ordonnances (Cass. 2e civ. 6-5-1999 nº 96-10.407 : Bull. civ. II nº 77 ; Cass. 2e civ. 10-9-2009 nº 08-14.004 : Bull. civ. II nº 209). Plus évident encore, un magistrat ne peut siéger en **appel** dès lors qu'il a participé à une décision en **première instance** portant sur le même litige (Cass. 1e civ. 11-3-1997 nº 92-16.866 : Bull. civ. I nº 87 ; Cass. 2e civ. 1-10-2020 nº 19-17.922 F-PBI).

La Cour de cassation a néanmoins admis que le défaut d'impartialité d'une juridiction appelée à connaître de la contestation de la mesure d'exécution forcée d'une décision de justice ne pouvait pas résulter du seul fait qu'elle avait précédemment connu de l'appel formé contre cette décision. Le demandeur n'ayant produit aucun élément de nature à faire peser sur les magistrats visés un soupçon légitime de partialité, sa demande a été rejetée (Cass. 2e civ. 3-4-2014 nº 14-01.414 : Bull. civ. II nº 95). Le fait qu'un juge se soit déjà prononcé dans un litige procédant d'un **contentieux sériel** n'est pas en soi de nature à porter atteinte à son impartialité pour connaître des autres litiges de ce même contentieux (Cass. 2e civ. 7-4-2016 nº 15-16.091 F-PB). De même le défaut d'impartialité d'un juge ne peut résulter du seul fait qu'il ait rendu une ou plusieurs décisions défavorables à la partie qui demande la récusation ou favorables à son adversaire (Cass. 2e civ. 21-1-2016 nº 15-01.541 F-PB).

Des erreurs de procédure ou des applications erronées des règles de droit, qui ne pourraient donner lieu qu'à l'exercice de voies de recours, ne sauraient établir la partialité ni des magistrats qui ont rendu les décisions critiquées, ni des magistrats de la cour d'appel, pris dans leur ensemble, ni faire peser un doute légitime sur leur impartialité (Cass. 2e civ. 24-11-2016 nº 16-01.646 F-PB).

L'examen de l'existence de présomptions de **pratiques anticoncurrentielles** autorisant les visite et saisie par la même formation de jugement que celle appelée à statuer sur le bien-fondé des griefs retenus et de la sanction prononcée au titre de ces pratiques est de nature à faire naître un doute raisonnable sur l'impartialité de la juridiction (Cass. com. 21-6-2011 nº 09-67.793 : RJDA 11/11 nº 961 ; Cass. com. 14-2-2012 nº 11-11.750 : RJDA 6/12 nº 622).

Méconnaît également l'article 6, 1 de la CESDH le conseil de prud'hommes qui statue en des termes incompatibles avec l'exigence d'impartialité – employeur « rouleau compresseur », « estocade finale » (Cass. soc. 12-6-2014 nº 13-16.236 : Bull. civ. V nº 141). Le fait qu'une partie exerce habituellement les fonctions de défenseur syndical de salariés devant le conseil de prud'hommes où l'affaire est portée est de nature à créer un doute sur l'impartialité de cette juridiction (Cass. soc. 24-6-2014 nº 13-13.609 : Bull. civ. V nº 154).

En revanche, l'appartenance à un **syndicat professionnel** n'est pas suffisante en soi à faire naître un doute raisonnable sur l'impartialité du juge (Cass. 2e civ. 24-6-2004 nº 02-14.509 : Bull. civ. II nº 325, pour un magistrat de carrière ; Cass. soc. 19-12-2003 nº 02-41.429 : RJS 3/04 nº 338, pour un conseiller prud'homal pourtant adhérent à la même organisation syndicale que l'une des parties).

Par ailleurs, le simple fait qu'un magistrat soit « **ami** » sur un **réseau social** avec un autre magistrat ou avec un avocat ne permet pas de mettre en doute son impartialité. Il a en effet été jugé que ce terme « ami » ne renvoie pas à des relations d'amitié au sens traditionnel et que l'existence de contacts entre différentes personnes par l'intermédiaire des réseaux sociaux ne suffit pas à caractériser une partialité particulière, le réseau social étant simplement un moyen de communication spécifique entre des personnes qui partagent les mêmes centres d'intérêt et, en l'espèce, la même profession (Cass. 2e civ. 5-1-2017 n° 16-12.394 F-PI : RJDA 3/17 n° 218 ; Cass. 2e civ. 28-9-2017 n° 16-17.583 F-D).
De même, la seule circonstance qu'une **requête** à fin d'**autorisation** de **prise à partie** a été déposée contre les juges n'est pas de nature à constituer une cause permettant de douter de leur impartialité (Cass. 2e civ. 6-12-2018 n° 17-27.634 F-PB).

1064 Pour qu'il y ait atteinte au principe d'impartialité, il faut que la **liberté d'appréciation** du magistrat ait pu être **altérée** par son intervention précédente dans le même dossier. Cette précédente intervention n'entraîne pas une sanction systématique ; tout dépend du point de savoir quelle a été la profondeur d'analyse dans la précédente intervention de l'intéressé.
Ainsi, lorsqu'un **magistrat**, en qualité de juge des libertés et de la détention (JLD), a autorisé l'administration fiscale à procéder à une visite domiciliaire et à des saisies puis est intervenu dans la même affaire en qualité de président de la formation de jugement, il y a lieu de rechercher si ses **fonctions successives** l'ont amené à connaître des mêmes faits, ce qui serait de nature à constituer une cause permettant de douter de son impartialité (Cass. 2e civ. 4-6-2020 n° 19-10.443 F-PBI).
Par ailleurs, dans une **procédure collective**, il est de principe que le **juge-commissaire** est exclu de la formation chargée de statuer sur recours contre ses propres ordonnances (C. com. art. R 621-22, R 631-16 et R 641-11). Il en découle que la seule présence de ce magistrat parmi les membres du tribunal appelés à statuer sur un plan d'apurement du passif n'est pas de nature à faire naître un doute raisonnable sur l'impartialité de la juridiction et partant, n'est pas contraire aux dispositions de l'article 6, 1 de la CESDH (Cass. com. 19-2-2013 n° 11-28.256 : Gaz. Pal. 4 mai 2013 jur. p. 16 note N. Fricero). Il appartient au justiciable de démontrer en quoi la présence du juge-commissaire justifierait objectivement ses allégations sur le risque de partialité. Cette objection a été retenue lorsqu'a été relevée la présence du juge-commissaire lors de l'audience sur la faillite personnelle du débiteur ou du dirigeant (Cass. com. 16-10-2001 n° 98-12.568 : RJDA 3/02 n° 288). Plus généralement, et s'agissant de la **saisine d'office de la juridiction** en matière de procédure collective, le Conseil constitutionnel a décidé que cette disposition était inconstitutionnelle puisque, bien qu'elle fût inspirée par des motifs d'intérêt général, la loi n'instituait pas des garanties propres à assurer le respect du principe d'impartialité (Cons. const. 7-12-2012 n° 2012-286).
L'exigence d'impartialité doit s'apprécier objectivement. L'arrêt frappé de pourvoi mentionne que l'affaire a été délibérée par la cour d'appel, composée de Mme X qui avait présidé la composition du tribunal ayant rendu le jugement déféré. En statuant ainsi, dans une composition comportant un magistrat qui avait déjà tranché le même litige en première instance, la cour d'appel a violé l'article 6, § 1, de la Convention de sauvegarde des droits de l'homme et des libertés fondamentales (Cass. 3e civ. 21-9-2022 n° 21-20.629 F-D).

2. SANCTION DE L'ABSENCE D'IMPARTIALITÉ

1070 La sanction de l'absence d'impartialité peut se présenter soit par la mise en œuvre de la récusation ou une demande de renvoi pour cause de suspicion légitime, soit par l'exercice des voies de recours contre la décision du ou des magistrats dont l'impartialité est mise en cause.

RÉCUSATION DU JUGE OU RENVOI POUR CAUSE DE SUSPICION LÉGITIME

1071 L'absence d'impartialité peut être sanctionnée par la récusation ou le renvoi pour cause de suspicion légitime (CPC art. 341 à 350 et art. 1027 pour la récusation d'un magistrat de la Cour de cassation).
La récusation est dirigée à l'encontre d'un juge. Le renvoi pour cause de suspicion légitime a pour objet de dessaisir une juridiction ou une formation de jugement pour cause de partialité de chacun de ses membres.

1072 Sous réserve de dispositions particulières à certaines juridictions, la récusation d'un juge peut être demandée pour les **causes** suivantes (C. org. jud. art. L 111-6 sur renvoi de CPC art. 341) :
– si ce juge lui-même ou son conjoint a un intérêt personnel à la contestation, est créancier, débiteur, héritier présomptif ou donataire de l'une des parties, est parent ou allié de l'une des parties ou de son conjoint jusqu'au quatrième degré inclusivement ou est chargé d'administrer les biens de l'une des parties ;

– s'il y a eu ou s'il y a procès entre ce juge ou son conjoint et l'une des parties ou son conjoint ; si ce juge a précédemment connu de l'affaire comme juge ou comme arbitre ou s'il a conseillé l'une des parties ;
– s'il existe un lien de subordination entre ce juge ou son conjoint et l'une des parties ou son conjoint ;
– s'il existe un conflit d'intérêts (Cf. Ord. 58-1270 du 22-12-1958) ;
– s'il y a amitié ou inimitié notoire entre ce juge et l'une des parties.

Les **magistrats du ministère public**, partie jointe, peuvent être récusés dans les mêmes cas (C. org. jud. art. L 111-6, dernier al.). Mais seul le juge qui exerce une fonction juridictionnelle peut être récusé de sorte que ne peut pas l'être le premier président de la cour d'appel statuant sur le recours formé contre une décision de rejet d'une demande d'aide judiciaire rendue par le bureau d'aide juridictionnelle (Cass. 2e civ. 17-9-2015 n° 15-01.497 F-PB : Bull. civ. II n° 201).

La partie qui entend se prévaloir d'un motif de partialité doit **présenter** une **demande dès** qu'elle a connaissance de la cause la justifiant, et ce à peine d'irrecevabilité. La demande ne peut pas être présentée après la clôture des débats (CPC art. 342). **1073**

À l'exception des actions portées devant la Cour de cassation, la récusation ou la **demande** de renvoi peut être **présentée par** la partie elle-même ou par son mandataire muni d'un pouvoir spécial. Dans les procédures où les parties sont obligatoirement représentées, l'**avocat** a seul qualité pour présenter la requête (CPC art. 343).

La **demande** doit être **portée devant** le premier président de la cour d'appel (CPC art. 344, al. 1). Par exception, lorsqu'il s'agit d'une demande de récusation d'un magistrat de la Cour de cassation, la demande est formée devant son premier président par un avocat aux conseils dans les procédures où la représentation est obligatoire (CPC art. 1027) ; lorsque la demande vise le premier président de la cour d'appel, la demande doit faire l'objet d'une requête adressée au premier président de la Cour de cassation qui, après avis du procureur général, statue sans débat par une ordonnance (CPC art. 350).

La demande doit être **formée par acte** remis au greffe de la cour d'appel (CPC art. 344, al. 1). En l'état actuel, la requête en récusation ne peut pas être adressée par le RPVA, les modalités techniques permettant le recours à la transmission électronique n'ayant pas été définies par un arrêté du garde des Sceaux pour une telle procédure (Cass. 2e civ. 6-7-2017 n° 17-01.695 F-PB).

Lorsque la cause justifiant la demande est découverte à l'audience, la demande doit être formée par déclaration consignée par le greffier dans un procès-verbal, qui est adressé sans délai au premier président et dont la copie est conservée au dossier (CPC art. 344, al. 2). Est donc irrecevable la demande formée par requête un mois après l'audience au cours de laquelle les faits qui auraient établi la partialité de la juridiction se sont produits (Cass. 2e civ. 27-2-2020 n° 18-26.083 F-PBI).

Si la demande de récusation concerne plusieurs juges, elle doit être formée par un même acte sauf révélation postérieure (CPC art. 349).

La demande doit **indiquer** les **motifs** et être accompagnée des pièces justificatives à peine d'irrecevabilité (CPC art. 344, al. 3).

Il résulte de cette disposition qu'une demande de récusation qui n'indique pas les motifs de la demande est irrecevable sans qu'il soit possible d'indiquer ces motifs dans des conclusions ultérieures (Cass. 2e civ. 26-9-2019 n° 17-13.035 F-PBI) ; cette solution, rendue sous l'empire du droit antérieur au décret 2017-892 du 6 mai 2017, est à notre avis transposable, l'ancienne version de l'article 344 du CPC comme la version actuellement en vigueur prévoyant l'irrecevabilité de la demande en l'absence de motivation.

Le président de la juridiction faisant l'objet d'une demande de renvoi pour cause de suspicion légitime ou à laquelle appartient le magistrat dont la récusation est demandée ainsi que le **magistrat concerné** sont **avisés** par tout moyen par le premier président de la requête dont il est saisi. Selon le cas, le président de la juridiction ou le magistrat concerné est invité à présenter ses observations. Lorsque le magistrat concerné s'abstient, le président de la juridiction en informe sans délai le premier président (CPC art. 345, al. 1 et 2).

La requête ne dessaisit pas le magistrat ou la juridiction mais le premier président peut ordonner qu'il soit sursis à statuer jusqu'à sa décision (CPC art. 345).

Le premier président **statue sans débat** dans le délai d'un mois à compter de sa saisine après avis du procureur général. Le greffier avise les intéressés de la décision rendue par tout moyen et sans délai. L'ordonnance rejetant la demande peut faire l'objet d'un **pourvoi** dans les quinze jours de sa notification par le greffe (CPC art. 346). En revanche, la décision qui admet la demande n'est pas susceptible de recours, fût-ce pour excès de pouvoir (Cass. 2e civ. 1-2-2018 n° 17-14.730 F-PB). **1074**

ATTENTION

En cas de cassation, il convient d'être attentif au **processus de saisine de la juridiction de renvoi** : il résulte de l'article 1032 du CPC que la juridiction de renvoi est saisie par déclaration au greffe de cette juridiction. En l'absence de dispositions dérogeant à cette règle en matière de demande de récusation ou de renvoi pour cause de suspicion légitime, la juridiction de renvoi après cassation est saisie par déclaration effectuée au secrétariat de cette juridiction par la partie la plus diligente. Une saisine de cette juridiction par requête et non par déclaration déposée au greffe ne serait donc pas valable (Cass. 2e civ. 1-7-2021 n° 20-14.849 F-B).

1075 Si la **demande** de récusation est **admise**, il est procédé au remplacement du juge. Si la demande de renvoi pour cause de suspicion légitime est admise, l'affaire est renvoyée devant une autre formation de la juridiction initialement saisie ou devant une autre juridiction de même nature. Cette décision s'impose aux parties et au juge de renvoi. Les actes accomplis avant que la décision accueillant la demande de récusation ou de renvoi soit portée à la connaissance du juge ou de la juridiction ne peuvent être remis en cause. Mais se trouve non avenue la décision qui tranche tout ou partie du principal ou qui, sans trancher le principal, est exécutoire à titre provisoire (CPC art. 347).

Si la **demande** est **rejetée**, son auteur s'expose à une amende civile d'un maximum de 10 000 € et à des dommages-intérêts (CPC art. 348).

Un **renvoi pour cause de sûreté publique** peut être prononcé par la Cour de cassation sur réquisition du procureur général dans les conditions prévues par les articles 351 à 354 du CPC (CPC art. 351).

> **Précisions a.** Une **requête en récusation** ne peut pas être déclarée irrecevable aux motifs qu'elle est identique à une première requête concernant les mêmes magistrats, qui a été rejetée et qui a autorité de chose jugée, dès lors qu'elle est présentée à l'occasion d'une procédure distincte opposant le demandeur à une autre partie (Cass. 2e civ. 27-6-2019 n° 18-18.112 F-PB).
b. Les procédures de récusation ou de renvoi pour cause de suspicion légitime instituées par les articles 341 et suivants du CPC ne s'appliquent pas à l'**Autorité de la concurrence**. En effet, le recours en annulation ou en réformation des décisions de cette Autorité devant la cour d'appel de Paris (C. com. art. L 464-8) confère à cette dernière juridiction le pouvoir de statuer sur tout grief tiré d'une atteinte à l'impartialité de l'Autorité, qu'il concerne la phase d'instruction ou la phase décisionnelle de la procédure (Cass. 2e civ. 30-9-2021 n° 20-18.672 FS-BR).

VOIES DE RECOURS CONTRE LA DÉCISION D'UN JUGE SOUPÇONNÉ DE PARTIALITÉ

1076 L'absence d'impartialité peut être sanctionnée par l'exercice des voies de recours contre la décision du ou des juges soupçonnés. Toutefois, la Cour de cassation a considéré que la partie qui ne faisait pas usage de la possibilité de récuser un magistrat, alors qu'elle était en mesure de le faire, n'est plus recevable à invoquer devant elle une violation de l'article 6, 1 de la CESDH (Cass. ass. plén. 24-11-2000 n° 99-12.412 : Bull. ass. plén. n° 10). Cela impose à la partie concernée de faire valoir la cause de récusation avant la clôture des débats, à supposer qu'elle ait connaissance de la difficulté et qu'elle puisse vérifier la composition de la juridiction.

Le grief de partialité est parfois associé à des moyens de droit tirés de principes classiques de procédure civile comme l'obligation de motivation des jugements (CPC art. 455). Ainsi, est prononcée la nullité d'un jugement aux motifs qu'il reprend en tous points les conclusions d'une partie et qu'en statuant ainsi, par une apparence de motivation de nature à faire peser un doute sur l'impartialité de la juridiction, il a violé l'article 6 de la CESDH ainsi que les articles 455 et 458 du CPC (CA Paris 13-5-2015 n° 13/00700, ch. 5-4).

PRISE À PARTIE DES JUGES N'APPARTENANT PAS AU CORPS JUDICIAIRE

1077 **Cas de prise à partie** Les juges qui n'appartiennent pas au corps judiciaire peuvent être pris à partie dans les cas suivants (C. org. jud. art L 141-2 et L 141-3) :

– s'il y a dol, fraude, concussion ou faute lourde, commis soit dans le cours de l'instruction, soit lors des jugements ;

– s'il y a déni de justice.

Il y a déni de justice lorsque les juges refusent de répondre aux requêtes ou négligent de juger les affaires en état et en tour d'être jugées.

1078 **Procédure de prise à partie** La **requête** aux fins d'autorisation de la procédure de prise à partie doit être **portée devant** le premier président de la cour d'appel dans le ressort de laquelle siège le juge intéressé (CPC art. 366-1). Elle doit être **présentée par** un avocat. À peine

d'irrecevabilité, elle **doit contenir** l'énoncé des faits reprochés au juge et être accompagnée des pièces justificatives (CPC art. 366-2). Lorsque le requérant invoque un déni de justice, il doit, à peine d'irrecevabilité, **produire** deux sommations de juger délivrées par huissier ou commissaire de justice au greffe de la juridiction. Le greffier vise l'original et le transmet au juge. La sommation doit être réitérée passé un délai de huit jours (CPC art. 366-9).
Le premier président, après avoir recueilli l'avis du procureur général près la cour d'appel, vérifie que la demande est fondée sur un des cas de prise à partie prévus par la loi (CPC art. 366-3).
En cas de **refus** d'ouverture de la procédure, la décision est susceptible d'un recours devant la Cour de cassation dans les quinze jours de son prononcé. Le recours est formé, instruit et jugé selon la procédure sans représentation obligatoire (CPC art. 366-5).
La **décision** du premier président **autorisant** la procédure de prise à partie fixe le jour où l'affaire sera examinée par deux chambres réunies de la cour. Le greffe porte par tout moyen la décision à la connaissance du juge et du président de la juridiction à laquelle il appartient (CPC art. 366-4).
Le juge, dès qu'il a connaissance de la décision autorisant la procédure de prise à partie, doit s'abstenir jusqu'à ce qu'il ait été statué sur la prise à partie (CPC art. 366-6).
Le requérant doit assigner le juge pour le jour fixé. À peine d'irrecevabilité de la demande, une copie de la requête, de la décision du premier président et des pièces justificatives doivent être jointes à l'assignation. Une copie de l'assignation est adressée au ministère public par lettre recommandée AR à la diligence de l'huissier ou commissaire de justice (CPC art. 366-7).
À l'audience, la représentation et l'assistance des parties s'exercent dans les conditions prévues par l'article 931 (procédure sans représentation obligatoire). La cour statue après avis du ministère public (CPC art. 366-8).

> **Précisions** L'**État** est civilement **responsable** des condamnations en dommages et intérêts qui sont prononcées à raison de ces faits contre les juges, sauf son recours contre ces derniers (C. org. jud. art. L 141-3).

D. Célérité de la justice

PRINCIPE

Le principe de célérité résulte de la règle de l'article 6, 1 de la CESDH qui énonce que toute personne a droit à ce que sa cause soit entendue dans un **délai raisonnable** par un tribunal. Il a été repris par le Code de l'organisation judiciaire (C. org. jud. art. L 111-3). Dans la jurisprudence européenne, le respect du délai raisonnable est présenté comme une garantie de l'**efficacité** et de la **crédibilité** de la justice (CEDH 24-10-1989 n° 10073/82, A162-A). La cour de Strasbourg a précisé que le recours ouvert en droit interne pour faire état de la durée excessive d'une procédure devait aboutir à une indemnisation couvrant le **dommage matériel** et le **dommage moral** découlant des désagréments et incertitudes résultant de ce dépassement (CEDH 29-3-2006 n° 64890/01). 1080

APPRÉCIATION DE LA CÉLÉRITÉ

Le caractère raisonnable du temps consacré à la procédure s'apprécie en fonction des **circonstances** de la cause et au regard de trois **critères** (CEDH 28-6-1978 n° 6232/73, A27) : 1082
– complexité de l'affaire comprenant les faits eux-mêmes et les questions juridiques soulevées ;
– comportement du requérant dont on attend une certaine diligence ;
– attitude des autorités nationales.

ILLUSTRATIONS

Ont été jugés **raisonnables** :
– un délai de presque cinq mois après la constatation du partage des voix du conseil de prud'hommes dans le cadre d'un litige opposant une société à l'un de ses salariés, dès lors que l'article R 516-40 du Code du travail (devenu R 1454-29), selon lequel, en cas de partage des voix, l'audience de départage doit être tenue dans le mois du renvoi, ne prévoit aucune sanction de l'inobservation de ce délai, que le dossier en cause s'était révélé particulièrement complexe, ce qui avait nécessité des conclusions importantes de la part des parties, notamment de la société qui avait formulé des demandes nouvelles avant l'audience de départage (Cass. 1e civ. 3-11-2004 n° 03-14.760 : RJDA 4/05 n° 486) ;
– un délai de vingt-six mois au total accordé aux parties pour déposer leurs conclusions par un juge de la mise en état, l'affaire présentant un caractère certain de complexité, s'agissant de désordres affectant la construction d'un supermarché mettant en jeu la responsabilité de divers intervenants et la garantie de leurs assureurs et six groupes de parties étant concernés (Cass. 1e civ. 4-6-2009 n° 08-16.480 : RJDA 5/10 n° 583) ;

– un délai de deux ans et trois mois pour l'instruction d'une plainte avec constitution de partie civile, dès lors que ce délai était justifié au regard de la complexité de l'affaire, du comportement des plaintifs et des mesures prises par les autorités compétentes (Cass. 1e civ. 5-7-2018 n° 17-23.147 F-PB).

Ont été jugés **excessifs** :

– un délai de dix ans, un mois et dix-neuf jours, après six instances pour faire aboutir un procès pour troubles de voisinage (CEDH 12-6-2001 n° 32911/96 : D. 2002 som. 688 obs. N. Ficero) ;

– un délai de quatorze ans alors qu'il ne peut être reproché au plaignant d'avoir exercé les voies de recours et qu'un tel délai pour obtenir une décision définitive dans un litige relatif à un accident du travail dénué de complexité caractérise une série de faits traduisant l'inaptitude du service public de la justice à remplir sa mission (Cass. 1e civ. 20-2-2008 n° 06-20.384 : RJDA 7/08 n° 875).

CÉLÉRITÉ DES ACTEURS DU PROCÈS

1090 La durée du procès dépend des diligences de tous les acteurs concernés : les parties elles-mêmes, le juge ou les autres professionnels qui interviennent pour assister le juge ou pour représenter les parties.

1091 **Parties** Elles doivent accomplir les actes de procédure dans les formes et les délais requis (CPC art. 2). Dans une **procédure écrite**, si les parties sont particulièrement diligentes, le président du tribunal ou le président de la chambre à laquelle l'affaire a été attribuée pourra renvoyer l'affaire directement à l'audience, sans passer par le circuit de la mise en état. Si un nouvel échange de pièces ou de conclusions est envisageable à brefs délais, une nouvelle audience d'appel des causes peut être envisagée, sans qu'il y ait saisine du juge de la mise en état (CPC art. 778 et 779).

Dans le cadre de la mise en état, la fixation des délais résulte d'un échange entre le juge et les avocats lors des audiences de procédure, le plus souvent dématérialisées aujourd'hui, et donnant lieu à des échanges par mail.

En **appel**, les parties à une procédure avec représentation obligatoire sont soumises au respect de délais dont le non-respect est rigoureusement sanctionné. À peine de caducité de la déclaration d'appel relevée d'office, l'appelant dispose d'un délai de trois mois à compter de la déclaration d'appel pour conclure (CPC art. 908). L'intimé dispose, à peine d'irrecevabilité relevée d'office, d'un délai de trois mois à compter de la notification des conclusions de l'appelant pour conclure et former, le cas échéant, un appel incident (CPC art. 909).

L'intimé à un appel incident ou à un appel provoqué dispose, à peine d'irrecevabilité relevée d'office, d'un délai de trois mois à compter de la notification qui lui en est faite pour conclure (CPC art. 910). Ces sanctions sont conformes à l'article 6, 1 de la CESDH (CEDH 30-10-2012 aff. n° 40150/09).

1093 Dans les **procédures sans représentation obligatoire**, c'est le président de la juridiction saisie qui fixe, en quelque sorte, le rythme de l'affaire. L'**usage** dominant est de tolérer un ou deux **renvois** et de procéder ensuite, lorsque les parties ne sont pas diligentes, à une radiation administrative du dossier. La production spontanée des moyens de preuve et la sollicitation de mesures d'instruction à bon escient peuvent également contribuer à ce respect d'un rythme normal de l'instance.

1098 **Juge** Il est le véritable ordonnateur de la procédure et il n'est plus tout à fait exact d'affirmer que le procès est la chose des parties. C'est le juge qui **impartit des délais** aux parties pour la production de leurs conclusions et pièces (notamment, CPC art. 3 et art. 781 ; C. trav. art. R 1454-1). La célérité de la procédure dépend, en conséquence, de la durée de ces délais appréciés par un juge dont la vigilance est essentielle. Les sanctions mises à sa disposition en cas de **violation** des délais **par les parties** consistent dans la radiation du rôle (CPC art. 381) ou encore dans la caducité de la citation lorsque le demandeur ne comparaît pas (CPC art. 468).

Le juge apprécie aussi la complexité de l'affaire en vue de l'orientation vers un circuit court (CPC art. 778 et 779 au tribunal judiciaire, art. 910 à la cour d'appel). Le plus souvent, un juge spécialisé dans la phase d'**instruction** joue un rôle essentiel à cet égard, même dans les procédures orales : le juge chargé d'instruire l'affaire au tribunal de commerce (CPC art. 862), le conseiller rapporteur au conseil de prud'hommes (C. trav. art. R 1454-1).

1100 Sur le juge pèse l'obligation de se prononcer dans un délai raisonnable. La sanction de la **violation par le juge** de cette obligation n'est pas l'annulation de la procédure ou sa réformation mais la réparation du préjudice résultant éventuellement du délai subi ; il en résulte qu'une mesure d'interdiction de gérer prononcée contre le dirigeant d'une société en liquidation judiciaire ne peut pas être annulée en raison de la durée excessive de la procédure (Cass. com. 22-6-2010 n° 09-16.269 : RJDA 10/10 n° 990).

L'absence de jugement dans un délai raisonnable caractérise un déni de justice permettant de rechercher la responsabilité de l'État (cf. C. org. jud. art. L 141-1).

> **Précisions** En **matière pénale**, la Cour de cassation a aussi considéré que si la méconnaissance du délai raisonnable pouvait ouvrir droit à réparation, elle était sans incidence sur la validité des procédures. En l'espèce, diverses périodes « d'inactivité » pouvaient être imputées à l'autorité judiciaire et la procédure n'avait manifestement pas suivi un cours normal. Mais pour autant, son existence proprement dite ne pouvait pas être remise en cause (Cass. crim. 24-4-2013 n° 12-82.863).

Auxiliaire du juge Les **techniciens** intervenant sur désignation du juge pour accomplir une mesure d'instruction doivent respecter les **délais** qui leur sont impartis par les décisions qui les nomment. 1105

Ainsi, le juge qui prescrit des **constatations** fixe le délai dans lequel le constat sera déposé ou la date de l'audience à laquelle les constatations seront présentées oralement (CPC art. 251).

Le juge qui sollicite une **consultation** fixe soit la date de l'audience à laquelle elle sera présentée oralement, soit le délai dans lequel elle sera déposée (CPC art. 258).

Lorsqu'il y a lieu à **expertise**, la décision qui l'ordonne impartit le **délai** dans lequel l'expert devra donner son avis (CPC art. 265). 1107

L'expert doit **informer le juge** de l'avancement de ses opérations et des diligences par lui accomplies (CPC art. 273).

Le président de la juridiction peut, dans l'intérêt d'une bonne administration de la justice, désigner un juge spécialement chargé de **contrôler l'exécution** des mesures d'instruction confiées à un technicien par le juge (CPC art. 155-1).

Auxiliaire des parties Les auxiliaires des parties (notamment, avocat, huissier ou commissaire de justice) agissent en tant que **représentants** de celles-ci. Les **obligations de diligence** pèsent donc, à titre principal, sur les **parties** elles-mêmes qui s'exposent soit à une radiation de l'affaire du rôle, soit à la caducité de la citation, soit au renvoi de l'affaire à l'audience en l'état où elle se trouve. 1109

CHAPITRE 2

JURIDICTION COMPÉTENTE

SOMMAIRE

SECTION 1 COMPÉTENCE MATÉRIELLE

RÈGLES GÉNÉRALES

Les règles de compétence d'attribution (ou compétence matérielle) des juridictions civiles sont définies aux articles 33 à 41 du CPC. **2000**

Il en résulte que deux critères essentiels déterminent leur compétence matérielle : la valeur du litige (nos 2002 s.) et son objet (nos 2100 s.).

Les règles de répartition des compétences entre juge judiciaire et juge administratif sont exposées nos 66000 s.

A. Valeur du litige déterminant la compétence

1. TAUX DE COMPÉTENCE ET TAUX DE RESSORT

L'évaluation du litige permet de déterminer la compétence de certaines juridictions (**taux de compétence**) ; cette règle ne joue que dans les cas où deux juridictions ont compétence pour statuer sur des demandes similaires, ce qui était le cas entre le TGI et le tribunal d'instance avant le 1er janvier 2020. Le tribunal d'instance était compétent jusqu'à 10 000 € ; au-delà, l'affaire relevait du TGI. **2002**

Désormais, la valeur d'un litige relevant du **tribunal judiciaire** et du **tribunal de commerce** permet de distinguer entre les procédures où la **représentation par avocat** est obligatoire et celles où les parties peuvent se défendre elles-mêmes ou être assistées ou représentées, outre par un avocat, par l'une des personnes énumérées par la loi (n° 10010).

En effet, devant le tribunal judiciaire comme devant le tribunal de commerce, les parties sont dispensées de constituer avocat, notamment lorsque la demande porte sur un **montant inférieur ou égal à 10 000 €** (Loi 2007-1787 art. 2 ; CPC art. 761 pour le tribunal judiciaire ; CPC art. 853, al. 3, pour le tribunal de commerce).

Au tribunal judiciaire, les actions personnelles ou mobilières jusqu'à la valeur de 10 000 € relèvent des **chambres de proximité** (C. org. jud. art. D 212-19-1 et ann. tableaux IV-II et IV-III ; nos 3500 s.).

Attention, cependant, lorsqu'un tribunal a une compétence exclusive attachée à la nature de l'affaire (nos 2096 s.), il est compétent, quel que soit le montant de la demande.

La valeur du litige permet aussi de distinguer les affaires qui relèvent de la voie de l'appel de celles qui y échappent (**taux de ressort**). Le taux est de 5 000 € pour l'ensemble des juridictions civiles et commerciales de première instance (C. org. jud. art. R 211-3-24 et C. com. art. R 721-6). Il a été porté pour le conseil de prud'hommes de 4 000 € à 5 000 € pour les **instances introduites à compter du** 1er septembre 2020 (C. trav. art. D 1462-3). **2004**

Les jugements rendus pour des litiges jusqu'à la valeur de 5 000 € sont dits « jugements en **dernier ressort** ». Au-delà de ce montant, l'affaire est susceptible d'appel.

Mais il arrive qu'un texte particulier précise que l'appel est possible, quelle que soit la valeur du litige. Ainsi, les articles R 211-3-1 à R 211-3-11 du Code de l'organisation judiciaire énumèrent les matières dont connaît le tribunal judiciaire à charge d'appel, quel que soit le montant du litige : notamment expulsion des personnes occupant aux fins d'habitation des immeubles bâtis, contestations sur les conditions des funérailles, actions en bornage, dommages aux cultures, haies et fossés, contrats d'engagement entre armateurs et marins, litiges relatifs aux indemnités pour perte, avarie, détournement des colis et bagages, y compris les colis postaux, ou pour retard dans la livraison.

Les règles de compétence d'attribution en fonction du montant de la demande ne sont pas d'ordre public. Les **parties** ne peuvent toutefois pas y **renoncer** par avance, il faut que le litige soit né. Ainsi, le litige né, les parties peuvent convenir que leur différend sera jugé par une juridiction bien que celle-ci soit incompétente en raison du montant de la demande (CPC art. 41, al. 1). **2006**

Elles peuvent également, sous la même réserve et pour les droits dont elles ont la libre disposition, convenir en vertu d'un accord exprès que leur différend sera jugé sans appel même si le montant de la demande est supérieur au taux du dernier ressort (CPC art. 41, al. 2).

2. RÈGLES D'ÉVALUATION DE L'OBJET DU LITIGE

La compétence en raison du montant de la demande ainsi que le taux de ressort sont déterminés par les règles propres à chaque juridiction et par les articles 35 à 41 du CPC (CPC art. 34). **2020**

Pour le calcul du montant de la demande, il faut distinguer selon qu'il y a une ou plusieurs demandes.
Sur l'évaluation de la demande en matière de droit social, voir aussi n° 2500.

a. Évaluation en présence d'une demande unique

2021 L'évaluation de l'objet du litige est effectuée à partir du **montant de la demande** exprimée en principal dans les dernières conclusions du demandeur (Cass. 2e civ. 5-5-1967 n° 65-12.094 : Bull. civ. II n° 169 ; Cass. com. 10-2-1975 n° 74-10.861 : Bull. civ. IV n° 36), sans qu'il soit tenu compte du montant de la condamnation qui sera prononcée in fine (Cass. 2e civ. 5-1-1967 n° 74-11.737 : Bull. civ. II n° 1). Quand la procédure est orale, le montant de la demande doit être noté au plumitif d'audience par le greffier.

2022 L'**évaluation comprend** le capital augmenté des frais, des dommages-intérêts dus au jour de l'introduction de l'instance et des intérêts ayant couru jusqu'au jour de l'assignation (Cass. com. 19-12-1977 n° 76-13.177 : Bull. civ. IV n° 300).
En revanche, sont **exclus** les intérêts du capital dus à compter de la demande en justice (Cass. 2e civ. 17-11-1993 n° 92-12.333 : Bull. civ. II n° 332) ainsi que les frais de justice (Cass. 2e civ. 17-11-1993 n° 92-12.684 : Bull. civ. II n° 331, en l'espèce frais d'expertise) et la demande fondée sur l'article 700 du CPC (Cass. 3e civ. 6-1-1981 n° 79-10.651 : Bull. civ. III n° 4). De même, l'astreinte, mesure de contrainte destinée à vaincre la résistance opposée à l'exécution d'une injonction, en est l'accessoire ; aussi le jugement rendu sur une demande en paiement d'une somme dont le montant est inférieur au taux du dernier ressort n'est-il pas susceptible d'appel lorsque celle-ci est assortie d'une demande d'astreinte (Cass. soc. 22-10-2014 n° 12-19.587 : Bull. civ. IV n° 245).

2024 Lorsque la demande porte sur le **solde d'une créance,** seul le montant de celui-ci doit être pris en compte (Cass. 2e civ. 26-1-1972 n° 70-12.361 : Bull. civ. II n° 27 ; Cass. 2e civ. 31-1-1973 n° 71-14.056 : Bull. civ. II n° 35).

2026 Dans le cas où le **demandeur, augmentant ses prétentions** en cours d'instance, demande le paiement d'une somme dépassant le taux de compétence en dernier ressort du tribunal, l'appel est recevable (Cass. 3e civ. 2-2-1999 n° 97-18.196).

2028 Lorsque la **demande** n'est **pas chiffrée,** elle reste recevable mais il appartient au juge d'inviter les parties à chiffrer leurs demandes (Cass. soc. 24-11-1998 n° 97-43.670 : Bull. civ. V n° 518 ; Cass. 2e civ. 8-3-2006 n° 04-20.033 : procédures 2006 comm. n° 95 obs. R. Perrot).

2030 Lorsque les **demandes** sont **indéterminées** dans leur montant, ce qui est le cas quand le litige n'est pas d'ordre patrimonial, le jugement qui statue sur une demande de cette nature est, sauf dispositions contraires, susceptible d'appel (CPC art. 40). Une demande qui porte sur la reconnaissance d'un droit présente un caractère indéterminé et le jugement qui statue sur son mérite est rendu en premier ressort, ce qui le rend insusceptible de pourvoi (Cass. soc. 28-2-2012 n° 10-28.098).
Mais seul l'objet, et non les moyens invoqués à son appui ou proposés à son encontre, peut conférer à la demande un caractère indéterminé. Ainsi, n'est pas indéterminée une demande qui tend à l'allocation d'une somme dont le montant est précisé, quel que soit le fondement de cette demande (Cass. soc. 12-11-1987 n° 85-42.064 ; Cass. soc. 23-5-2006 n° 04-42.779 : RJS 8-9/06 n° 985).

ILLUSTRATIONS

En **matière sociale,** ont un **caractère indéterminé** les demandes suivantes : annulation d'une clause de non-concurrence (Cass. soc. 15-3-1978 n° 77-40.334 : Bull. civ. V n° 186) ou d'une mise à pied (Cass. soc. 8-7-1985 n° 83-43.225 ; 27-5-1997 n° 95-42.660) ; publication de la décision rendue (Cass. soc. 23-3-2011 n° 09-70.827 : RJS 6/11 n° 546) ; demande portant sur le principe d'un droit acquis à jour férié et chômé (Cass. soc. 23-6-1982 n° 80-41.115) ; visant à faire reconnaître des avantages individuels acquis suite à la dénonciation d'une disposition conventionnelle (Cass. soc. 13-3-2001 n° 00-40.944 : RJS 5/01 n° 639) ; à voir statuer sur l'imputabilité de la rupture du contrat de travail intervenue à l'initiative du salarié (Cass. soc. 22-10-2014 n° 13-21.188 : RJS 1/15 n° 54) ; à la reconnaissance d'un droit sans porter sur le paiement d'une somme d'argent dont le montant est déterminé ou déterminable (Cass. soc. 12-11-2008 n° 07-42.297).
Si la demande comporte plusieurs éléments dont certains ne peuvent être chiffrés, elle présente un caractère indéterminé et l'appel est possible pour l'ensemble de la réclamation : par exemple, lorsque la demande porte sur l'annulation de sanctions disciplinaires et le versement d'indemnités (Cass. soc. 7-5-1981 n° 79-40.571 ; Cass. soc. 1-10-1996 n° 93-43.959 : RJS 1/97 n° 83) ou sur la reconnaissance du caractère illicite d'un lock-out et le paiement de salaires à ce titre (Cass. soc. 4-7-1989 n° 86-44.993 : RJS 8-9/99 n° 712). Mais l'appel n'est pas ouvert si le défendeur, en réponse à une demande déterminée, oppose un moyen de défense au fond présentant un caractère indéterminé (Cass. soc. 5-7-1984 n° 81-41.323 ; Cass. soc. 13-7-2004 n° 02-46.230 : RJS 10/04 n° 1077).

b. Évaluation en présence de plusieurs demandes

CONCOURS DE DEMANDES INITIALES ET DEMANDEUR UNIQUE

Lorsque plusieurs demandes initiales sont formées, fondées sur des **faits différents et non connexes** et présentées par un demandeur unique contre un seul adversaire, chaque prétention est considérée isolément dans sa nature et son montant afin de déterminer pour chacune d'elles la compétence et le taux du ressort (CPC art. 35, al. 1). 2042

Si les différentes prétentions sont réunies dans une seule et même instance et qu'elles sont fondées sur des **faits identiques ou connexes,** la compétence et le taux du ressort sont déterminés par la valeur totale de ces prétentions (CPC art. 35, al. 2). Il résulte que le litige connaîtra une solution globale. Jugé ainsi que lorsqu'il est statué par un chef de dispositif unique sur deux demandes portant sur un indu d'un montant différent et formées dans des instances qui ont été jointes, le taux du ressort de la décision est calculé en considération de la **valeur totale** des prétentions en raison de leur connexité (Cass. 2e civ. 15-10-2015 n° 14-18.682 F-PB : Bull. civ. II n° 230). 2044

La **connexité** est le lien entre deux prétentions qui se complètent ou qui ont entre elles une relation de cause à effet (nos 10155 s.).

Ont été jugées fondées sur les mêmes faits et connexes la demande de paiement de travaux et la demande de dommages-intérêts pour retard de paiement (Cass. 3e civ. 8-5-1978 n° 76-12.547 : Bull. civ. III n° 193).

En revanche, lorsqu'un demandeur émet une prétention principale et une autre à titre **subsidiaire,** le jugement est susceptible d'appel dès lors que l'une d'elles relève des demandes examinées en premier ressort (Cass. 2e civ. 19-4-2015 n° 14-10.122 : Bull. civ. II n° 64).

L'article 35 du CPC vise les prétentions émises par un demandeur contre le **même adversaire** dans la **même instance.** Par suite, les demandes principale et incidente, qui ne sont pas dirigées contre le même adversaire, ne peuvent pas se cumuler (Cass. 2e civ. 24-5-2007 n° 06-12.741 : Bull. civ. II n° 137). 2046

CONCOURS DE DEMANDES INITIALES ET PLURALITÉ DE DEMANDEURS OU DE DÉFENDEURS

Lorsque les demandes sont formées par plusieurs demandeurs **dépourvus de titre commun** contre plusieurs défendeurs, chaque prétention est considérée séparément, et le taux du ressort est déterminé au regard de chaque partie par la valeur de ses propres prétentions (Cass. 2e civ. 7-10-1982 n° 81-13.630 : Bull. civ. II n° 120 ; Cass. 2e civ. 5-6-1991 n° 90-14.346 : Bull. civ. II n° 172 ; Cass. 2e civ. 19-3-2015 n° 13-27.414 : Bull. civ. I n° 67). 2058

Par ailleurs, les prétentions d'un même demandeur contre plusieurs défendeurs dépourvus de titre commun s'ajoutent si elles sont connexes (Cass. 2e civ. 4-3-2004 n° 03-12.510 : Bull. civ. II n° 83).

Ont été jugées connexes, bien qu'émises contre deux défendeurs dépourvus de titre commun, les demandes du vendeur d'un bien immobilier formées contre un syndic pour avoir engagé sa responsabilité en fournissant des informations mensongères au futur acquéreur du bien et contre ce dernier pour avoir, de ce fait, refusé de signer l'acte de vente (Cass. 2e civ. 4-3-2004 n° 03-12.510 précité).

Lorsque des prétentions sont émises dans une même instance par plusieurs demandeurs ou contre plusieurs défendeurs **en vertu d'un titre commun,** il y a une interdépendance des différentes demandes. Il en résulte que la compétence et le taux du ressort sont déterminés pour l'ensemble des prétentions par la plus élevée d'entre elles, dans la perspective d'une solution unique du litige (CPC art. 36). 2060

Un demandeur dont la prétention est inférieure au taux de ressort peut donc néanmoins faire appel dès lors qu'un autre demandeur à la même instance a émis une prétention dépassant ce taux (pour un exemple, voir Cass. 3e civ. 4-2-1971 n° 69-11.046 : Bull. civ. III n° 76).

La **notion de titre commun** est assez floue ; ainsi, constitue un titre commun une créance contre plusieurs copropriétaires à la suite de travaux (Cass. 2e civ. 14-11-1970), une hypothèque garantissant, en vertu d'un acte authentique unique, le paiement de plusieurs prêts (Cass. 3e civ. 4-2-1971 n° 69-11.046 : Bull. civ. III n° 76). 2062

En revanche, ne reposent pas sur un titre commun les demandes dirigées contre l'auteur d'un dommage et son assureur (CA Pau 16-5-1962 : Gaz. Pal. 1962 II p. 140) ou les demandes de plusieurs victimes d'un délit ou d'un quasi-délit agissant ensemble en réparation de leurs préjudices respectifs (Cass. 2e civ. 29-4-1997 n° 95-11.551 : Bull. civ. II n° 125).

CONCOURS DE DEMANDES INCIDENTES

2072 Lorsque la pluralité de prétentions résulte de la formation de demandes incidentes qui s'ajoutent à la demande initiale, notamment en cas d'intervention volontaire d'un tiers ou de demande reconventionnelle formée par le défendeur, deux séries de règles s'appliquent.

2073 **Incidence sur le taux du ressort** Lorsque la demande initiale est inférieure au taux du ressort de la juridiction saisie, il y a lieu de distinguer selon que les demandes incidentes sont inférieures ou non au taux du ressort.

Sauf cas de connexité au sens de l'article 35 du CPC (n° 2044), si **aucune des demandes incidentes n'est supérieure au taux du ressort,** le jugement est rendu en premier et dernier ressort et se trouve insusceptible d'appel dans son entier (CPC art. 39, al. 1). On n'additionne pas les demandes.

2075 Si **l'une des demandes incidentes est supérieure au taux du ressort,** le juge statue en premier ressort et à charge d'appel sur toutes les demandes (CPC art. 39, al. 2). C'est la demande incidente qui gouverne la solution (Cass. 2e civ. 24-3-2016 n° 15-16.363 F-PB). Il en va différemment si la seule demande qui excède le taux du dernier ressort est une demande reconventionnelle en dommages-intérêts fondée sur la demande initiale. En ce cas, la demande incidente subit le sort de la demande initiale dont le montant est inférieur au taux du ressort et elle est insusceptible d'appel (CPC art. 39, al. 2). Cette règle est reprise en matière prud'homale (C. trav. art. R 1462-2).

2080 **Incidence sur le taux de compétence** Le tribunal saisi d'une demande principale qui entre dans sa compétence statue sur toutes les interventions et demandes reconventionnelles et en compensation inférieures au taux de sa compétence même si, en les ajoutant à la demande principale, elles excèdent ce taux (CPC art. 37).

2081 Si **l'une des demandes** incidentes **est supérieure au taux** de compétence **de la chambre de proximité** du tribunal judiciaire (la question ne devrait se poser en pratique que devant cette chambre et si une partie invoque alors l'incompétence, le juge peut soit statuer sur la seule demande initiale qui, par hypothèse, est inférieure au taux de compétence, soit renvoyer les parties à se pourvoir pour le tout devant la formation (au sein du tribunal judiciaire) normalement compétente pour connaître de la demande incidente (CPC art. 38).

La question de compétence au sein du tribunal judiciaire peut même être réglée **avant la première audience** par mention au dossier, à la demande des parties ou d'office par le juge, si ce dernier estime pouvoir trancher la question de sa compétence sans statuer au fond (CPC art. 82-1 ; nos 2955 s.).

Si ni le juge ni aucune partie ne soulève l'incompétence, la chambre de proximité pourra statuer sur l'entier litige en présence d'une demande incidente excédant le taux de sa compétence. En effet, le tribunal peut mais n'est pas obligé de se déclarer d'office incompétent puisque la compétence en raison du montant de la demande n'est pas d'ordre public (CPC art. 41, al. 1 ; n° 2006).

2083 Lorsque la demande incidente qui excède le taux de compétence est une **demande reconventionnelle en dommages-intérêts découlant exclusivement de la demande initiale** (par exemple, pour abus du droit d'agir), le juge (en pratique la chambre de proximité) est compétent pour en connaître quel que soit le montant de la demande (CPC art. 38).

B. Nature du litige déterminant la compétence

2090 Les règles de compétence sont développées par le Code de l'organisation judiciaire, le Code des procédures civiles d'exécution et les Codes spécialisés de droit substantiel, Code de commerce, Code du travail, Code de la sécurité sociale, ou encore par des textes spécifiques (cf. CPC art. 33).
Les **juridictions de droit commun** (tribunal judiciaire au premier degré et cour d'appel au second) sont normalement compétentes, sauf si des dispositions particulières désignent spécialement une **juridiction d'exception,** encore appelée « juridiction d'attribution ». Cela signifie, d'une part, que tout litige pour lequel aucune compétence n'est définie relève, en première instance, de la compétence du tribunal judiciaire et, d'autre part, que les règles de compétence des juridictions d'exception sont d'interprétation stricte.

1. COMPÉTENCE DES JURIDICTIONS DE DROIT COMMUN

a. Compétence du tribunal judiciaire

COMPÉTENCE COMMUNE À TOUS LES TRIBUNAUX JUDICIAIRES

En première instance, le tribunal judiciaire a une compétence générale et a vocation à connaître de tous litiges tant qu'un texte particulier n'en confie pas la connaissance à une autre juridiction. Le tribunal connaît de toutes les affaires civiles et commerciales qui ne sont pas attribuées expressément à une autre juridiction (C. org. jud. art. L 211-3) et il le fait à charge d'appel, sauf disposition particulière tenant à la valeur du litige (C. org. jud. art. R 211-3). **2092**

Compétence en dernier ressort Lorsqu'il est appelé à connaître d'une **action personnelle ou mobilière** portant sur une demande dont le montant est inférieur ou égal à la somme de 5 000 €, le tribunal judiciaire statue en dernier ressort (C. org. jud. art. R 211-3-24). **2094**

Au sein du tribunal judiciaire, ces litiges relèvent des chambres de proximité (nos 2245 s.).

Le tribunal judiciaire statue aussi en dernier ressort, sauf disposition contraire, dans les matières pour lesquelles il a **compétence exclusive** (nos 2096 s.), lorsque le montant de la demande est inférieur ou égal à la somme de 5 000 € (C. org. jud. art. R 211-3-25).

Quel que soit le montant de la demande, le tribunal judiciaire connaît encore en dernier ressort des nombreux **contentieux électoraux** (C. org. jud. art. R 211-3-12 à R 211-3-23), qui étaient auparavant dévolus au tribunal d'instance. Parmi ces contentieux, citons ceux relatifs aux élections des représentants du personnel dans les entreprises, des juges des tribunaux de commerce et des représentants de salariés au conseil d'administration ou au conseil de surveillance des sociétés anonymes.

Compétence exclusive Le tribunal judiciaire a compétence exclusive dans les matières déterminées par les lois et règlements (art. L 211-4 et R 211-3-26). Il a ainsi compétence exclusive dans les **matières suivantes** (C. org. jud. art. R 211-3-26) : **2096**

- état des personnes : mariage, filiation, adoption, déclaration d'absence (nos 2115 s.) ;
- annulation des actes d'état civil, les actes irrégulièrement dressés pouvant également être annulés par le procureur de la République ;
- successions (n° 2133) ;
- amendes civiles encourues par les officiers de l'état civil ;
- actions immobilières pétitoires ;
- récompenses industrielles ;
- dissolution des associations ;
- sauvegarde, redressement judiciaire et liquidation judiciaire lorsque le débiteur n'exerce ni une activité commerciale ni une activité artisanale ;
- assurance contre les accidents et les maladies professionnelles des personnes non salariées en agriculture ;
- droits d'enregistrement, taxe de publicité foncière, droits de timbre et contributions indirectes et taxes assimilées à ces droits, taxes ou contributions ;
- baux commerciaux à l'exception des contestations relatives à la fixation du prix du bail révisé ou renouvelé, baux professionnels et conventions d'occupation précaire en matière commerciale ;
- inscription de faux contre les actes authentiques ;
- actions civiles pour diffamation ou pour injures publiques ou non publiques, verbales ou écrites ;
- contestations concernant le paiement, la garantie ou le remboursement des créances de toute nature recouvrées par l'administration des douanes et les autres affaires de douanes, dans les cas et conditions prévus au Code des douanes.

Il connaît aussi des oppositions à contrainte dans les conditions prévues par les articles R 1235-4 à R 1235-9 du Code du travail (C. org. jud. art. R 211-3-27).

Le tribunal judiciaire connaît également : **2098**

- des actions en réparation d'un **dommage corporel** (C. org. jud. art. L 211-4-1) ;
- des demandes formées en application du règlement (CE) n° 861/2007 instituant une **procédure européenne de règlement des petits litiges** (C. org. jud. art. L 211-4-2), ces demandes devant être portées devant la chambre de proximité (C. org. jud. art. D 212-19-1 et ann. tableau IV-II) ;
- sans préjudice des dispositions particulières en matière d'honoraires d'avocats énoncées à l'article L 311-7 du Code de l'organisation judiciaire (compétence du premier président de la

cour d'appel pour les recours contre la décision du bâtonnier prise sur contestation des honoraires d'avocat) et à l'article 179 du décret 91-1197 du 27 novembre 1991 organisant la profession d'avocat (contestation relative aux honoraires du bâtonnier portée devant le président du tribunal), des demandes relatives aux **frais, émoluments et débours des auxiliaires de justice et des officiers publics ou ministériels** dans les cas prévus par l'article 52 du CPC (C. org. jud. art. L 211-6), ces demandes devant être portées devant la chambre de proximité (C. org. jud. art. D 212-19-1 et ann. tableau IV-II) ;
– des **actions de groupe** définies par le Code de la consommation et par la loi 2016-1547 du 18 novembre 2016 (C. org. jud. art. L 211-9-2).
En outre, dans les cas prévus par l'article 16 de la loi 71-1130 du 31 décembre 1971 (très petits barreaux), le tribunal judiciaire remplit les fonctions du **Conseil de l'ordre des avocats** (C. org. jud. art. L 211-7).
Le tribunal judiciaire est aussi la **juridiction disciplinaire** des commissaires-priseurs judiciaires ou commissaires de justice et des notaires dans les cas et conditions prévus par l'ordonnance 45-1418 du 28 juin 1945 relative à la discipline des notaires et de certains officiers ministériels.
Il connaît encore des :
– actions en indemnisation des dommages résultant d'une recherche impliquant la personne humaine (CSP art. L 1125-25) ;
– **commissions rogatoires internationales** (CPC art. 735) ;
– contestations auxquelles peuvent donner lieu l'exercice de la servitude de débroussaillement en bordure des voies ferrées et le règlement des indemnités (C. for. nouveau art. L 131-16, al. 3) ;
– demandes de fixation d'indemnités résultant du classement d'office des objets mobiliers au titre des monuments historiques (C. patr. art. L 622-4, al. 3).

COMPÉTENCE PARTICULIÈRE À CERTAINS TRIBUNAUX JUDICIAIRES

2100 **Spécialisation au sein d'un département** Lorsqu'il existe plusieurs tribunaux judiciaires dans un **même département,** ils peuvent être spécialement désignés par décret pour connaître seuls, dans l'ensemble de ce département de certaines des matières civiles dont la liste est également déterminée par décret, en tenant compte du volume des affaires concernées et de la technicité de ces matières. Cette disposition peut même s'appliquer, à titre exceptionnel, à des tribunaux judiciaires situés dans **deux départements** différents lorsque leur proximité géographique et les spécificités territoriales le justifient (C. org. jud. art. L 211-9-3).
Le décret 2021-1103 du 20 août 2021 a déterminé le siège, le ressort et les compétences matérielles de ces tribunaux. Leur liste figure n° 3508.
La spécialisation concerne les **actions relatives** (C. org. jud. art. R 211-4) :
– aux droits d'enregistrement et assimilés ;
– aux baux commerciaux ;
– à la cession ou au nantissement de créance professionnelle ;
– au billet à ordre ;
– aux entreprises en difficulté ;
– à l'exécution d'un contrat de transport de marchandises ;
– à la responsabilité médicale ;
– à la réparation des dommages causés par un véhicule aérien, maritime ou fluvial ;
– à l'arbitrage, sauf stipulation contraire des parties et sous réserve de la compétence du tribunal judiciaire de Paris ou de son président en matière d'arbitrage international ainsi que de la compétence de la cour d'appel ou de son premier président en matière de voies de recours ;
– à une opération de construction immobilière (actions en paiement, en garantie et en responsabilité) ;
– à la copropriété (contestation des décisions des assemblées générales et actions concernant une copropriété en difficulté).

2106 **Autres spécialisations** Dans le cadre d'une spécialisation par **disciplines,** des matières ont été réservées à certains tribunaux judiciaires (C. org. jud. art. L 211-10 s.) dont le siège et le ressort sont précisés aux articles D 211-5 et suivants du Code de l'organisation judiciaire. Les tableaux des ressorts figurent en annexe dudit Code (tableaux V à IX). Parmi les actions concernées, citons **notamment** celles **en matière** :
– d'adoption (n° 2138) ;
– de propriété intellectuelle (n°s 2172 s.) ;
– de responsabilité de l'État pour les fautes commises par les services de publicité foncière (C. org. jud. art. R 211-7-1 ; tribunal judiciaire de Paris) ;
– de déplacement international d'enfants (C. org. jud. art. D 211-9 ; ann. tableau VII) ;

– d'obligations de publicité et de mise en concurrence auxquelles est soumise la passation des contrats de droit privé relevant de la commande publique (C. org. jud. art. D 211-10-2 ; ann. tableau VII-II) ;
– de contentieux de la sécurité sociale (C. org. jud. art. L 211-16, D 211-10-3 et ann. tableau VIII-III).

› **Précisions** Tout litige concernant la conformité ou l'homologation d'une **charte** conclue entre une **plateforme de services** par internet et des **chauffeurs** ou des **livreurs** en deux roues non salariés relève de la compétence du tribunal judiciaire de Paris (C. trav. art. L 7342-10, al. 1 et C. org. jud. art. D 211-7-3), qui statue suivant la procédure accélérée au fond (C. trav. art. R 7342-13).

Les actions relatives au **devoir de vigilance** des entreprises de grande taille (C. com. art. L 225-102-4 et L 225-102-5) relèvent de la compétence du tribunal judiciaire de Paris (C. org. jud. art. L 211-21).

COMPÉTENCE DU JUGE UNIQUE DU TRIBUNAL JUDICIAIRE

Dans certains cas, le tribunal judiciaire statue à juge unique par dérogation au principe de collégialité. **2108**
C'est notamment le cas du juge aux affaires familiales (JAF).
C'est également le cas pour les matières qui relèvent des **chambres de proximité,** ou des mesures de traitement des situations de surendettement des particuliers et de la procédure de rétablissement personnel, jugées par le **juge des contentieux de la protection** (C. org. jud. art. R 212-8).
Dans les litiges auxquels peuvent donner lieu les **accidents de la circulation** terrestre, lorsque le tribunal judiciaire est compétent, l'affaire est également jugée à juge unique (C. org. jud. art. R 212-8, 1°).
Le Code de l'organisation judiciaire énumère un certain nombre d'**autres cas,** parmi lesquels on peut citer (C. org. jud. art. R 212-8) :
– les demandes en reconnaissance et en exequatur des décisions judiciaires et actes publics étrangers ainsi que des sentences arbitrales françaises ou étrangères ;
– les ventes de biens de mineurs ;
– les contestations électorales ;
– les demandes d'injonction de payer européennes ;
– les actions patrimoniales, en matière civile et commerciale, jusqu'à la valeur de 10 000 € et les demandes indéterminées qui ont pour origine l'exécution d'une obligation dont le montant n'excède pas cette somme.
Il s'agit d'hypothèses différentes de celles dans lesquelles le président du tribunal judiciaire statue seul (nos 2260 s.).

COMPÉTENCE DU TRIBUNAL JUDICIAIRE EN MATIÈRE DE DROIT DES PERSONNES ET DE LA FAMILLE

Règles générales Le tribunal judiciaire a une **compétence exclusive** en matière d'état des personnes (C. org. jud. art. R 211-3-26). Les rapports de famille extrapatrimoniaux ou patrimoniaux lui sont réservés : nationalité, mariage, divorce, filiation, autorité parentale, assistance éducative. **2115**
Toutefois, une **formation spécialisée** au sein du tribunal se voit souvent réserver son intervention, ce qui est le cas du **juge des enfants,** notamment dans l'assistance éducative (C. civ. art. 375 à 375-9 ; CPC art. 1181 à 1200-1) et du **juge aux affaires familiales** dans le contentieux des affaires de famille (C. org. jud. art. L 213-3).
Une **coordination** est par ailleurs prévue entre le juge aux affaires familiales, le juge des enfants et le juge des tutelles pour faciliter la communication des documents entre les différentes juridictions. Ainsi un juge chargé de la coordination de l'activité judiciaire a-t-il été créé au sein du tribunal judiciaire (C. org. jud. art. R 213-9-1) et au sein de la cour d'appel (C. org. jud. art. R 312-13-2).

Juge des enfants Le juge des enfants est **compétent** en matière : **2117**
– d'assistance éducative (C. org. jud. art. L 252-2) ;
– d'organisation ou de prolongement d'une action de protection judiciaire à l'égard des mineurs émancipés ou des majeurs âgés de vingt et un ans ou moins (C. org. jud. art. L 252-3) ;
– de mesures judiciaires d'aide à la gestion du budget familial (C. org. jud. art. L 252-4).
La **compétence** du juge des enfants est **limitée par les pouvoirs du JAF,** lorsqu'une requête en divorce a été présentée ou un jugement de divorce rendu entre les père et mère ou lorsque le JAF a été saisi d'une requête en vue de statuer sur la résidence et les droits de visite ou a rendu une décision à ce sujet (C. civ. art. 375-3, al. 7). Sur la coordination des pouvoirs entre le JAF et le juge des enfants, voir n° 40283.

2122 **Prénom** Le juge aux affaires familiales est compétent :
– sur saisine du procureur de la République, pour ordonner la suppression sur les registres de l'état civil d'un prénom **non conforme** à l'intérêt de l'enfant ou méconnaissant le droit des tiers à voir protéger leur nom de famille (C. civ. art. 57, al. 4) ;
– pour statuer sur une demande de **changement de prénom** faite à l'officier d'état civil, lorsque ce dernier estime que la demande ne revêt pas un intérêt légitime, sur saisine du procureur de la République (C. civ. art. 60) ;
– plus généralement, des actions relatives au changement de prénom (C. org. jud. art. L 213-3).

2125 **Nationalité** Le tribunal judiciaire est seul compétent pour connaître en premier ressort des contestations sur la nationalité française ou étrangère des **personnes physiques** (CPC art. 1038 et C. civ. art. 29).
La compétence en la matière est toutefois réservée à certains tribunaux judiciaires (C. org. jud. art. D 211-10 et ann. tableau VIII).

2130 **Présomption et déclaration d'absence** La déclaration d'absence relève du tribunal judiciaire (C. civ. art. 122). En revanche, c'est, au tribunal judiciaire, le juge des contentieux de la protection, chargé de la tutelle des majeurs, qui connaît de la constatation de la présomption d'absence (C. org. jud. art. L 213-4-2, 4° ; C. civ. art. 112).

2133 **Décès et succession** Relèvent de la compétence du tribunal judiciaire la procédure de déclaration judiciaire de décès (C. civ. art. 89) et toutes les actions liées aux successions (C. org. jud. art. R 211-3-26, 3°).
Il résulte de la combinaison des articles 1364 et 1371, alinéa 2, du CPC que, si les copartageants peuvent choisir d'un commun accord le **remplaçant du notaire** initialement désigné, celui-ci ne peut poursuivre les opérations de partage sans être **désigné** par le tribunal ou le juge commis (Cass. 1e civ. 22-6-2022 n° 20-22.712 F-B).

2136 **Filiation et adoption** Le tribunal judiciaire est compétent pour connaître des actions relatives à la filiation (C. civ. art. 318-1).
Lorsqu'une action est exercée aux fins d'établissement de la filiation, le tribunal statue, s'il y a lieu, sur l'exercice de l'autorité parentale, la contribution à l'entretien et à l'éducation de l'enfant et l'attribution du nom (C. civ. art. 331).
Dans certains cas prévus à l'article 313 du Code civil, la présomption de paternité est écartée automatiquement sans qu'il soit besoin d'un jugement. Le JAF est alors compétent pour statuer sur la résidence de l'enfant ou dispenser le mari de payer une pension alimentaire (Cass. 1e civ. 13-4-1988 n° 86-16.882 : Bull. civ. I n° 94 ; Cass. 1e civ. 7-6-1989 n° 87-13.330 : Bull. civ. I n° 228).
Le tribunal judiciaire connaît de la demande de **changement de nom** d'un enfant formée dans le cadre d'une action aux fins d'établissement judiciaire d'un second lien de filiation en cas de désaccord des parents (Cass. avis 13-9-2010 n° 10-00.004 : Bull. civ. avis n° 4).

2138 Le tribunal judiciaire est compétent pour connaître des actions relatives à l'**adoption** (C. civ. art. 353-1 ; CPC art. 1166).
Toutefois, seuls certains tribunaux judiciaires sont compétents pour connaître des actions aux fins d'adoption ainsi que des actions aux fins de **reconnaissance des jugements d'adoption rendus à l'étranger,** lorsque l'enfant résidant habituellement à l'étranger a été, est ou doit être déplacé vers la France (C. org. jud. art. L 211-13, D 211-10-1 et ann. tableau VIII-I).

2141 **Autorité parentale** Sont portées devant le **tribunal judiciaire** les demandes en **retrait** total ou partiel de l'autorité parentale (CPC art. 1202, al. 1), les demandes en déclaration judiciaire de délaissement parental (CPC art. 1202, al. 3) ainsi que les demandes relatives à l'exercice de l'autorité parentale formée dans le cadre d'une action aux fins d'établissement judiciaire de la filiation (C. civ. art. 331).
Sont portées devant le **JAF** les demandes en **délégation** de l'autorité parentale (CPC art. 1202, al. 2) et les actions liées à l'exercice de l'autorité parentale (C. org. jud. art. L 213-3, 3°-b).
Le JAF est également compétent pour fixer les modalités des **relations** entre l'**enfant et un tiers,** parent ou non (C. civ. art. 371-4).

2147 **Déplacement illicite international d'enfants** Une compétence spéciale a été attribuée à un tribunal judiciaire par ressort de cour d'appel pour les actions engagées sur le fondement des dispositions des instruments internationaux et européens relatives aux déplacements illicites internationaux d'enfants (C. org. jud. art. L 211-12, D 211-9 et ann. tableau VII).

Tutelle des mineurs Le juge aux affaires familiales exerce les fonctions de juge des tutelles des mineurs et il connaît, à ce titre, de l'émancipation, de l'administration légale et de la tutelle des mineurs, de la tutelle des pupilles de la nation (C. org. jud. art. L 213-3-1). 2150

Mariage, Pacs et régimes matrimoniaux Le tribunal judiciaire est compétent en matière de mariage (C. org. jud. art. R 211-3-26), notamment pour les actions en nullité. 2153
Le président du tribunal judiciaire est compétent pour statuer sur les contestations de la décision du procureur de la République de **sursis à la célébration** du mariage (ou son renouvellement) (C. civ. art. 175-2, dernier al.).
Le JAF connaît des actions liées à la protection de la personne majeure menacée de **mariage forcé** (C. org. jud. art. L 213-3, 3° –f).
Il connaît de l'homologation judiciaire du **changement de régime matrimonial,** des demandes relatives au fonctionnement des régimes matrimoniaux et des indivisions entre personnes liées par un pacte civil de solidarité ou entre concubins, de la séparation de biens judiciaire, sous réserve des compétences du président du tribunal judiciaire et du juge des tutelles des majeurs (C. org. jud. art. L 213-3, 1°). Par exemple, l'article 815-6 du Code civil attribue compétence au président du tribunal judiciaire pour prendre toutes mesures urgentes que requiert l'intérêt commun.
La compétence spéciale du JAF pour connaître de la liquidation et du partage des intérêts patrimoniaux des époux (n° 2162) n'est pas subordonnée à la séparation des époux ; par suite, il est compétent pour connaître de l'action exercée par le créancier personnel d'un époux indivisaire aux fins de **partage de l'indivision** (Cass. 1e civ. 1-6-2017 n° 15-28.344 F-PB) ; de même, il est seul compétent pour statuer sur une demande de **paiement d'une créance entre époux,** car celle-ci relève du fonctionnement du régime matrimonial (Cass. 1e civ. 12-7-2017 n° 16-20.482 F-PB).

Obligations alimentaires Le **JAF** connaît des actions liées à la fixation de l'obligation alimentaire, de la contribution aux charges du mariage ou du Pacs et de la contribution à l'entretien et à l'éducation des enfants (C. org. jud. art. L 213-3, 3° –a). 2156
Mais il n'entre pas dans la compétence du JAF de décider au bénéfice de quel parent doit être attribué le droit aux prestations familiales (Cass. 1e civ. 30-9-2009 n° 08-19.884).
Le **tribunal judiciaire** est compétent pour se prononcer sur la contribution à l'entretien et à l'éducation de l'enfant dans le cadre d'une action aux fins d'établissement judiciaire de la filiation (C. civ. art. 331).
En cas de présomption d'absence, sans préjudice de la compétence particulière attribuée à d'autres juridictions, aux mêmes fins, le **juge des tutelles des majeurs** (juge des contentieux de la protection) fixe les sommes qu'il convient d'affecter annuellement à l'entretien de la famille ou aux charges du mariage (C. civ. art. 114, al. 1).

Mesures de crise dans le couple Si l'un des époux manque gravement à ses devoirs et met ainsi en péril les intérêts de la famille, le **JAF** peut prescrire toutes les mesures urgentes que requièrent ces intérêts (C. civ. art. 220-1). 2159
Il connaît des actions liées à la protection à l'encontre du conjoint, du partenaire lié par un Pacs ou du concubin violent ou d'un ancien conjoint, partenaire lié par Pacs ou concubin violent (C. org. jud. art. L 213-3, 2° –e).
Le **juge des tutelles** (juge des contentieux de la protection) est compétent pour accorder la représentation et l'autorisation judiciaires lorsque l'un des époux est hors d'état de manifester sa volonté (CPC art. 1286, al. 2 et 1289 à 1289-2 ; C. org. jud. art. L 213-4-2).

Séparation des couples Le **JAF** est compétent pour connaître du divorce, de la séparation de corps et de leurs conséquences, de la liquidation et du partage des intérêts patrimoniaux des époux, des personnes liées par un Pacs et des concubins, sauf en cas de décès ou de déclaration d'absence (C. org. jud. art. L 213-3, 2°). 2162
Il connaît de la séparation de biens judiciaire, sous réserve des compétences du président du tribunal judiciaire et du juge des tutelles des majeurs (C. org. jud. art. L 213-3, 1°).
Il est également compétent pour toute action liée à la révision de la prestation compensatoire et ses modalités de paiement (C. org. jud. art. L 213-3, 3° –c).
Le divorce et la séparation de corps par **consentement mutuel** se déroulent en dehors de toute intervention ou contrôle judiciaire (C. civ. art. 229-1 et 296).
Par exception, le JAF peut être saisi d'une demande de divorce ou de séparation de corps par consentement mutuel qu'en présence d'un enfant mineur qui demande à être entendu (C. civ. art. 229-2 et 296).

Le divorce par consentement mutuel est toujours exclu lorsque l'un des **époux** fait l'objet d'une **mesure de protection.**
Les **passerelles** entre divorces contentieux et divorce par consentement mutuel en cours de procédure ont été aménagées (C. civ. art. 247 ; CPC art. 1148-2). Sur la procédure de divorce par consentement mutuel sans juge, voir n°s 39842 s.

> **Précisions** La compétence attribuée au JAF pour connaître de la liquidation et du partage des intérêts patrimoniaux des époux ainsi que des demandes relatives au fonctionnement des régimes matrimoniaux n'exclut pas la compétence d'une autre juridiction pour se prononcer, **à titre incident,** sur la **composition de la communauté.** Par suite, le TGI (aujourd'hui, le **tribunal judiciaire**), saisi par un époux commun en biens en instance de divorce afin que lui soit déclaré inopposable la vente consentie par son conjoint, sans son accord, d'un bien dépendant selon lui de la communauté, est compétent pour se prononcer sur le caractère propre ou commun des biens cédés (Cass. 1e civ. 19-12-2018 n° 17-27.145 FS-PB).

COMPÉTENCE DU TRIBUNAL JUDICIAIRE EN MATIÈRE DE PROPRIÉTÉ INTELLECTUELLE

2172 Sont exclusivement portées devant certains **tribunaux judiciaires spécialement désignés,** y compris lorsqu'elles portent également sur une question connexe de concurrence déloyale, les actions civiles et les demandes relatives :
– à la propriété littéraire et artistique (CPI art. L 331-1) ;
– aux dessins et modèles (CPI art. L 521-3-1), brevets d'invention (CPI art. L 615-17), certificats d'utilité et certificats complémentaires de protection (CPI art. L 615-17 sur renvoi de l'art. L 611-2, dernier al.), topographie de produits semi-conducteurs (CPI art. L 615-17 sur renvoi de l'art. L 622-7), obtentions végétales (CPI art. L 623-31), marques (CPI art. L 716-3) et indications géographiques (CPI art. L 722-8).
L'action en contestation d'une appellation d'origine relève de la compétence du tribunal judiciaire (C. consom. art. R 431-2, al. 1).

> **Précisions a.** Seuls certains tribunaux judiciaires spécialement désignés connaissent des actions en matière de propriété littéraire et artistique et de propriété industrielle (C. org. jud. art. L 211-10, D 211-5 à D 211-7 et ann. tableaux V et VI). La **liste de ces tribunaux** figure n° 3502.
> **b.** Le **tribunal judiciaire de Paris** connaît des actions et demandes en matière de marques, dessins et modèles européens, dans les cas et conditions prévus par le Code de la propriété intellectuelle (C. org. jud. art. L 211-11, L 211-11-1 et R 211-7). Il est également compétent pour les questions connexes de concurrence déloyale (CPI art. L 522-2 et R 522-1 pour les dessins et modèles européens, L 521-3-1, al. 1 pour les dessins et modèles hors UE, L 615-17, al. 1 pour les brevets d'invention, L 716-3 pour les marques). Mais il est incompétent pour les demandes connexes fondées sur la rupture brutale d'une relation commerciale établie et sur l'abus de dépendance économique (Cass. com. 6-9-2016 n° 15-16.108 FS-PBI : RJDA 11/16 n° 828).
> **c.** En matière d'obtentions végétales, les recours formés contre les **actes administratifs ministériels** relèvent de la juridiction administrative (CPI art. L 623-31, al. 1) et la cour d'appel de Paris connaît directement des recours formés contre les décisions de l'instance nationale des obtentions végétales (CPI art. L 623-31, al. 2). Pour les brevets d'invention, les recours formés contre les actes administratifs du ministre chargé de la propriété industrielle relèvent de la juridiction administrative (CPI art. L 615-17, al. 1).
> **d.** C'est le président du tribunal judiciaire, statuant par ordonnance rendue sur requête, et non le tribunal, qui est compétent en matière de **saisie-contrefaçon** (CPI art. L 332-1 pour les droits d'auteur, L 521-4 pour les dessins et modèles, L 615-5 pour les brevets, L 622-7 pour la topographie de produits semi-conducteurs, L 716-6 pour les marques).

2175 **Limite de compétence** Le tribunal judiciaire n'est toutefois compétent qu'autant que les prétentions du demandeur portent sur l'application de dispositions spécifiques à la propriété intellectuelle. Tel n'est pas le cas d'un litige dans lequel le juge est appelé à rechercher si un contrat de licence de droits d'auteur conclu entre deux sociétés commerciales a été bien exécuté et valablement résilié (Cass. com. 23-11-2010 n° 09-70.859 : RJDA 6/11 n° 586), d'une action qui ne met en cause que les règles de la responsabilité contractuelle (CA Paris 9-1-1991 n° 90/12828, 1e ch. : D. 1991 IR p. 61), ou de celle relative à l'irrégularité d'un apport d'actif comprenant notamment la cession de marques et le transfert de propriété en résultant dès lors que le litige ne porte pas sur la validité des marques concernées (Cass. com. 13-12-1994 n° 93-12.978 : RJDA 3/95 n° 371) ou d'une action indemnitaire fondée sur la violation d'une clause de non-divulgation d'un savoir-faire, alors même que ce savoir-faire permettrait la mise en œuvre d'un procédé breveté, dès lors qu'aucune contrefaçon du brevet n'est incriminée (Cass. com. 7-6-2011 n° 10-19.030 : Bull civ. IV n° 95).

La Cour de cassation a une interprétation de plus en plus restrictive des litiges relevant du contentieux spécifique du droit des brevets, exigeant désormais que dans la **demande principale au fond,** le droit des brevets soit **invoqué.** Ainsi, elle a retenu la compétence du président du tribunal de commerce pour ordonner une mesure d'instruction sur le fondement de l'article 145 du CPC dans un cas où, dans leurs requêtes, des entreprises faisaient état de l'existence d'un brevet portant sur leur produit mais n'invoquaient que des actes de concurrence déloyale auxquels elles auraient été exposées, sans prétendre à la contrefaçon de ce brevet, de sorte que l'action au fond envisagée n'était pas relative à des droits de brevet (Cass. com. 16-2-2016 n° 14-25.340 FS-PB : RJDA 12/16 n° 922) ; de même, elle a considéré que le TGI (aujourd'hui, le tribunal judiciaire) n'était pas compétent dès lors que le demandeur ne fondait sa demande que sur des actes de concurrence déloyale et de détournement de savoir-faire, ce qui n'impliquait aucun examen de l'existence ou de la méconnaissance d'un droit attaché à un brevet (Cass. com. 16-2-2016 n° 14-24.295 FS-PB : Bull. civ. IV n° 30).

COMPÉTENCE DU TRIBUNAL JUDICIAIRE EN MATIÈRE IMMOBILIÈRE

Le **tribunal judiciaire** est compétent pour : 2187

– les **actions réelles** immobilières pétitoires (C. org. jud. art. R 211-3-26, 5°), c'est-à-dire celles mettant en cause la titularité d'un droit réel, comme l'action en revendication d'un immeuble ;

ATTENTION

Il a été jugé que seul le tribunal de la procédure collective est compétent pour connaître de l'action en nullité d'une vente immobilière conclue pendant la période suspecte (Cass. com. 18-5-2017 n° 15-23.973 F-PBI : RJDA 8-9/17 n° 562). Voir nos 50365 s.

– les **actions personnelles** immobilières mettant en cause un droit personnel immobilier ; sont donc exclues de cette compétence les actions purement personnelles et mobilières comme l'action en restitution d'une indemnité d'immobilisation versée par le bénéficiaire d'une promesse de vente d'immeuble subordonnée à une condition suspensive non réalisée (Cass. 2e civ. 13-10-2016 n° 15-24.482 F-PB : Bull. civ. II n° 226) ;

– les **concessions** immobilières (Loi 67-1253 du 30-12-1967 art. 56) ;

– le **bail à construction,** qui confère au preneur un droit réel immobilier (CCH art. L 251-3), sous réserve de certaines contestations relatives au prix du bail qui sont portées devant le président du tribunal judiciaire (CCH art. L 251-5) ;

– les **baux commerciaux** à l'exception des contestations relatives à la fixation du prix du bail révisé ou renouvelé (C. org. jud. art. R 211-3-26, 11° ; sur la procédure en matière de baux commerciaux, voir nos 45000 s.) ;

– le contentieux de la **copropriété** (Loi 65-557 du 10-7-1965 art. 11, 30, 34 et 42), étant précisé que certaines demandes relèvent de la compétence du président du tribunal. Il a été jugé que la demande d'annulation d'une décision d'assemblée générale ne relève pas de la compétence exclusive du TGI, devenu tribunal judiciaire (Cass. 3e civ. 10-6-2015 n° 14-19.218 : Bull. civ. III n° 57).

> Précisions La loi 2015-177 du 16 février 2015 relative à la modernisation et à la simplification du droit et des procédures a abrogé l'article 2279 du Code civil, selon lequel les **actions possessoires** étaient ouvertes dans les conditions prévues par le Code de procédure civile. Les actions possessoires ne portent que sur la possession ou la détention protégée en tant que telles contre le trouble qui les affecte ou les menace sans avoir égard au fond du droit, au sens de l'article 2278 du Code civil (lequel est maintenu dans ce Code), à la différence des **actions pétitoires** relatives à la contestation du droit de propriété. Elles ne pouvaient être cumulées avec une action relative au fond du droit, en application du principe de non-cumul du possessoire et du pétitoire que l'on mettait en œuvre jusqu'à la loi du 16 février 2015. Les actions tant pétitoires que possessoires relèvent de la compétence du tribunal judiciaire. Depuis un arrêt rendu en assemblée plénière (Cass. ass. plén. 28-6-1996 : Bull. ass. plén. n° 6), la Cour de cassation admet que la protection de la possession immobilière peut relever d'une **action en référé.** L'intervention du juge des référés est donc possible, dès lors que la mesure demandée est justifiée par l'urgence et en l'absence de contestation sérieuse ou d'existence d'un différend (CPC art. 834 ; ex-808) ou si, même en présence d'une contestation sérieuse, des mesures conservatoires ou de remise en état s'imposent soit pour faire cesser un trouble manifestement illicite, soit pour prévenir un dommage imminent (CPC art. 835 ; ex-art. 809). 2188

COMPÉTENCE DU TRIBUNAL JUDICIAIRE EN MATIÈRE DE RÉGULARITÉ DES ACTES

2210 Le tribunal judiciaire est compétent pour connaître de l'**annulation** des **actes de l'état civil,** de leurs énonciations ou des pièces en tenant lieu, et de la rectification des jugements déclaratifs ou supplétifs d'actes de l'état civil (C. civ. art. 99, al. 2 ; C. org. jud. art. R 211-3-26, 2°). Le président du tribunal judiciaire a compétence pour connaître de la **rectification** des actes de l'état civil ou des pièces en tenant lieu (C. civ. art. 99, al. 1 ; C. org. jud. art. R 213-1-1).
Le tribunal judiciaire est également compétent en matière d'**amendes civiles** encourues par les officiers de l'état civil (C. org. jud. art. R 211-3-26, 4°).

2212 Le tribunal judiciaire est compétent en matière :
– d'inscriptions de faux contre les **actes authentiques** (C. org. jud. art. R 211-3-26, 12° ; CPC art. 286) ;
– de vérification des **écritures sous seing privé** lorsque cette vérification est demandée à titre principal (CPC art. 285, al. 2) ;
– de demande en **reconstitution de l'original d'un acte** authentique ou sous seing privé **détruit,** en tous lieux, par suite de faits de guerre ou de sinistres (CPC art. 1430).

COMPÉTENCE DU TRIBUNAL JUDICIAIRE EN MATIÈRE DE SOCIÉTÉS ET AUTRES GROUPEMENTS

2220 Sous réserve de la mise en place d'un tribunal des affaires économiques, le tribunal judiciaire a compétence exclusive dans les matières suivantes :
– **sauvegarde, redressement et liquidation judiciaires,** lorsque le débiteur n'est ni commerçant ni immatriculé au registre national des entreprises (C. org. jud. art. R 211-4, 8° ; n°s 50290 s.). Cependant, des tribunaux de commerce spécialisés ont une compétence exclusive pour traiter des procédures importantes (n° 2447) ;
– dissolution des **associations** (C. org. jud. art. R 211-4, 7°).
Le tribunal judiciaire est compétent pour les litiges impliquant une **société** civile, une société d'exercice libéral ou un groupement d'intérêt économique (n° 47300).

COMPÉTENCE DU TRIBUNAL JUDICIAIRE EN MATIÈRE DOUANIÈRE

2225 Le tribunal judiciaire connaît des contestations concernant le **paiement,** la **garantie** ou le **remboursement des créances** de toute nature recouvrées par l'administration des douanes et des autres affaires de douane n'entrant pas dans la compétence des juridictions répressives (C. douanes art. 357 bis).

COMPÉTENCE DU TRIBUNAL JUDICIAIRE EN MATIÈRE DE PRATIQUES ANTICONCURRENTIELLES

2241 Des tribunaux judiciaires spécialement désignés connaissent des litiges relatifs aux **pratiques anticoncurrentielles** prévues notamment aux articles L 420-1 à L 420-5 du Code de commerce (C. com. art. L 420-7, R 420-4 et ann. 4-1) et des litiges relatifs aux **pratiques restrictives de concurrence** de l'article L 442-6 du Code de commerce (C. com. art. L 442-4 et ann. 4-2-2), pour les procédures applicables aux personnes qui ne sont ni commerçants ni artisans.

> **Précisions** Le ministère de la justice a **diffusé** une circulaire précisant que les règles de spécialisation issues de l'article L 420-7 du Code de commerce s'appliquent dès lors que les articles L 420-1 à L 420-5 du Code de commerce (et 101 et 102 du TFUE) sont invoqués dans le cadre de la **démonstration du fait générateur de responsabilité** (Circ. du 23-3-2017, NOR : JUSC1708788C p. 7 ; voir aussi Cass. com. 10-7-2018 n° 17-16.365 F-PB).

b. Compétence des chambres de proximité du tribunal judiciaire

COMPÉTENCE MATÉRIELLE GÉNÉRALE DES CHAMBRES DE PROXIMITÉ

2245 Le tribunal judiciaire peut comprendre, en dehors de son siège, des chambres de proximité dénommées « **tribunaux de proximité** », dont le siège et le ressort ainsi que les compétences matérielles sont fixés par décret (C. org. jud. art. L 212-8, al. 1).
Les chambres de proximité connaissent seules, dans leur ressort, des compétences qui leur sont attribuées (C. org. jud. art. R 212-19-3).
Le **siège et le ressort** des chambres de proximité sont fixés conformément au **tableau IV** annexé au Code de l'organisation judiciaire (C. org. jud. art. D 212-19, al. 1). Ce tableau figure n° 3500.

Les compétences matérielles des chambres de proximité sont fixées conformément aux **tableaux IV-II et IV-III annexés au Code de l'organisation judiciaire** (C. org. jud. art. D 212-19-1). Ces tableaux figurent nos 3502 s. Pour la plupart, ces compétences sont celles qui étaient auparavant dévolues au tribunal d'instance.

Citons notamment :

– les actions personnelles ou mobilières jusqu'à la valeur de 10 000 € et les demandes indéterminées qui ont pour origine l'exécution d'une obligation dont le montant n'excède pas 10 000 € ;

– les demandes formées dans le cadre de la procédure européenne de règlement des petits litiges et celles relevant de la procédure européenne d'injonction de payer ;

– les contestations sur les conditions des funérailles ;

– les demandes relatives aux frais, émoluments et débours des auxiliaires de justice et des officiers publics ou ministériels ;

– les actions en bornage ;

– diverses actions en matière agricole (actions pour dommages causés aux champs et cultures, actions en rescision, réduction de prix ou dommages-intérêts pour lésion dans les ventes d'engrais, contestations relatives aux warrants agricoles, etc.) ;

– les litiges relatifs à la vente des objets abandonnés dans les garde-meubles ou chez tout dépositaire, des objets confiés à des ouvriers, industriels ou artisans pour être travaillés, réparés ou mis en garde et des objets confiés à des entrepreneurs de transport et non réclamés, ainsi qu'au paiement des sommes dues à ces différents détenteurs ;

– les actions entre les transporteurs et les expéditeurs ou les destinataires relatives aux indemnités pour perte, avarie, détournement des colis et bagages, y compris les colis postaux, ou pour retard dans la livraison ; ces indemnités ne pourront excéder les tarifs prévus aux conventions intervenues entre les transporteurs concessionnaires et l'État ;

– les actions relatives à la distance prescrite par la loi, les règlements particuliers et l'usage des lieux pour les plantations ou l'élagage d'arbres ou de haies.

> **Précisions a.** Lorsque les **actions en bornage** étaient de la compétence du tribunal d'instance, il avait été jugé que le juge du bornage avait également le pouvoir de statuer sur toute exception ou moyen de défense impliquant l'examen d'une question de nature immobilière pétitoire (Cass. 3e civ. 8-12-2010 n° 09-17.005 : Bull. civ. III n° 217). Le tribunal d'instance était donc compétent pour examiner le statut juridique du chemin litigieux auquel était subordonnée la solution du litige (Cass. 3e civ. 8-12-2010 n° 09-17.005 précité), trancher une contestation sur la propriété d'un chemin séparant deux fonds soulevée par le défendeur (Cass. 3e civ. 16-5-1974 n° 73-10.851 : Bull. civ. III n° 208), statuer sur la revendication de la propriété d'une parcelle opposée comme moyen de défense à l'action en bornage (Cass. 3e civ. 7-1-2009 n° 07-19.917 : Bull. civ. III n° 6). Saisi d'une action en bornage, il avait également compétence pour trancher les problèmes de prescription invoqués par le défendeur à l'action (Cass. 3e civ. 18-12-2002 n° 01-12.210 : Bull. civ. III n° 265). Ces décisions nous semblent transposables à la compétence des chambres de proximité.
> **b.** Le siège et le ressort des chambres de proximité qui sont appelées à recevoir et à enregistrer les **déclarations de la nationalité française** et à délivrer les certificats de nationalité française sont fixés conformément au tableau IX annexé au Code de l'organisation judiciaire (C. org. jud. art. D 212-19, al. 2).
> **c.** En fonction des nécessités locales, une chambre de proximité du tribunal judiciaire peut tenir des **audiences foraines** dans des communes de son ressort autres que celle où est situé son siège. Le premier président de la cour d'appel, après avis du procureur général près cette cour, fixe par ordonnance, le lieu, le jour et la nature de ces audiences (C. org. jud. art. R 212-21).

COMPÉTENCES SUPPLÉMENTAIRES DES CHAMBRES DE PROXIMITÉ

Les chambres de proximité peuvent se voir attribuer, dans les limites de leur ressort, des compé- **2247**
tences matérielles supplémentaires, par une décision conjointe du premier président de la cour d'appel et du procureur général près cette cour, après avis des chefs de juridiction et consultation du conseil de juridiction concernés (C. org. jud. art. L 212-8, al. 2).

Les **décisions** attribuant des compétences matérielles supplémentaires aux chambres de proximité **entrent en vigueur** à la date qu'elles fixent. Elles ne sont applicables qu'aux instances introduites après cette date. Elles sont **publiées** au *Bulletin officiel du ministère de la justice* et sur le site internet www.justice.fr (C. org. jud. art. D 212-19-2).

> **Précisions** Des compétences supplémentaires ont été ainsi attribuées à certaines chambres de proximité de la région Alsace-Lorraine. Ces décisions, rendues conjointement par le premier président de la cour d'appel concernée et le procureur général près de la même cour (C. org. jud. art. L 212-8, al. 2), applicables aux instances introduites depuis le 24 janvier 2019, figurent au *Bulletin officiel complémentaire du ministère de la justice* du 24 janvier 2020. Décisions des 15-1-2020 et 16-1-2020.

c. Compétence du juge des contentieux de la protection

2250 Au sein du tribunal judiciaire, **un ou plusieurs juges** exercent les fonctions de juge des contentieux de la protection (C. org. jud. art. L 213-4-1).

TUTELLE DES MAJEURS

2251 Au sein du tribunal judiciaire, **un ou plusieurs juges** exercent les fonctions de juge des contentieux de la protection (C. org. jud. art. L 213-4-1).
Le juge des contentieux de la protection exerce les fonctions de juge des tutelles des majeurs et connaît à ce titre (C. org. jud. art. L 213-4-2) :
– de la sauvegarde de justice, de la curatelle, de la tutelle des majeurs et de la mesure d'accompagnement judiciaire ;
– des actions relatives à l'exercice du mandat de protection future ;
– des demandes formées par un époux, lorsque son conjoint est hors d'état de manifester sa volonté, aux fins d'être autorisé à passer seul un acte pour lequel le concours ou le consentement de ce dernier serait nécessaire, ou aux fins d'être habilité à le représenter ;
– de la constatation de la présomption d'absence ;
– des demandes de désignation d'une personne habilitée et des actions relatives à l'habilitation familiale.
La compétence du juge des tutelles (aujourd'hui, le juge des contentieux de la protection) ne s'arrête pas forcément au décès du majeur protégé. Ainsi, il est seul compétent pour **allouer au mandataire judiciaire à la protection des majeurs une indemnité exceptionnelle** au titre des actes requis par la mesure de protection et impliquant des diligences particulièrement longues ou complexes (prévue par l'article 419, al. 4 du Code civil). Cette compétence lui permet de statuer sur la créance de l'intéressé à l'égard de la succession (Cass. 2e civ. 15-1-2020 n° 18-22.503 F-PBI).

AUTRES COMPÉTENCES DU JUGE DES CONTENTIEUX DE LA PROTECTION

2252 Le juge des contentieux de la protection connaît aussi, à charge d'appel, des actions tendant à l'**expulsion** des personnes qui occupent aux fins d'habitation des immeubles bâtis sans droit ni titre (C. org. jud. art. L 213-4-3 et R 213-9-3).
Il est également compétent, en dernier ressort jusqu'à la valeur de 5 000 € et à charge d'appel au-delà ou lorsque la demande est indéterminée, pour les actions dont un contrat de **louage d'immeuble à usage d'habitation** ou un contrat portant sur l'occupation d'un logement est l'objet, la cause ou l'occasion (C. org. jud. art. L 213-4-4 et R 213-9-4). Il a été donné **compétence** au juge des contentieux de la protection pour constater la résiliation du bail d'habitation et ordonner la reprise des lieux lorsque le bien a été abandonné par ses occupants (Décret 2011-945 du 10-8-2011 art. 3 et 7).
En dernier ressort jusqu'à la valeur de 5 000 € et à charge d'appel au-delà, le juge des contentieux de la protection connaît encore des actions relatives au **crédit à la consommation** et des actions relatives au **fichier national des incidents de paiement** (C. org. jud. art. L 213-4-5 et L 213-4-6 et R 213-9-4).
Le juge des contentieux de la protection connaît des mesures de traitement des situations de **surendettement des particuliers** et de la procédure de rétablissement personnel (C. org. jud. art. L 213-4-7).
Le siège et le ressort des tribunaux judiciaires et des chambres de proximité dont les juges des contentieux de la protection sont seuls compétents, dans le ressort de certains tribunaux judiciaires, pour connaître des mesures de traitement des situations de surendettement des particuliers et des procédures de rétablissement personnel sont fixés par décret conformément au tableau IX-I annexé au Code de l'organisation judiciaire (C. org. jud. art. R 213-9-6).
Les injonctions de payer et les injonctions de faire relèvent aussi du juge des contentieux de la protection pour les matières relevant de leur compétence d'attribution (CPC art. 1406 et 1425-1).

d. Compétence du président du tribunal judiciaire

Le président du tribunal judiciaire a compétence dans les matières déterminées par la loi et le règlement (C. org. jud. art. L 213-1). **2258**
En toutes matières, il statue en référé ou sur requête. Dans les cas prévus par la loi ou le règlement, il statue selon la procédure accélérée au fond (C. org. jud. art. L 213-2).

COMPÉTENCE DU PRÉSIDENT DU TJ EN MATIÈRE DE REQUÊTE

Le président du tribunal judiciaire est saisi par requête dans les **cas spécifiés par la loi.** Il peut **2260** également ordonner sur requête toutes **mesures urgentes** lorsque les circonstances exigent qu'elles ne soient **pas prises contradictoirement.** Les requêtes afférentes à une instance en cours sont présentées au président de la chambre à laquelle l'affaire a été distribuée ou au juge déjà saisi (CPC art. 845).

Les **cas spécifiés par la loi** sont nombreux et disparates. Ainsi, les mesures conservatoires rela- **2262** tives à l'ouverture d'une **succession** sont prises par le président du tribunal judiciaire, qui statue par ordonnance sur requête (CPC art. 1306).
Les parties ou l'huissier ou commissaire de justice peuvent saisir le président du tribunal judiciaire par simple requête des difficultés relatives aux mesures conservatoires et à l'enlèvement des meubles du défunt qui occupait des locaux dans le cadre d'une location (CPC art. 1325).
L'idée conductrice est que la compétence d'attribution sur requête se calque sur celle du **fond.**

Par ailleurs, le président intervient non seulement dans le **domaine de compétence du tribunal** **2264** **judiciaire** mais également chaque fois qu'il n'existe **pas de juridiction spécifique.** Par exemple, le président du conseil de prud'hommes n'ayant pas compétence pour statuer par ordonnance sur requête, le président du tribunal judiciaire est compétent pour ordonner, conformément aux articles 142 et 845 du CPC, la production de pièces litigieuses en vue de permettre à un salarié de faire valoir ses droits dans le litige l'opposant à son employeur (Cass. soc. 12-4-1995 n° 93-10.982 : RJS 5/95 n° 552).

COMPÉTENCE DU PRÉSIDENT DU TJ EN MATIÈRE DE RÉFÉRÉ

En matière de référé (CPC art. 834 et 835), les pouvoirs du président du tribunal judiciaire s'éten- **2274** dent à tous les domaines où il n'existe pas de procédure particulière (CPC art. 836). Il est donc le juge des référés de **droit commun.** Néanmoins, cette compétence cesse lorsqu'une autre formation est spécialement investie de fonctions identiques, ce qui est le cas du juge aux affaires familiales (CPC art. 1073, al. 2), dans son domaine de compétence, du juge de la mise en état dans le cadre de la procédure écrite devant le tribunal judiciaire (CPC art. 789), ou encore du juge des contentieux de la protection, dans son domaine de compétence (CPC art. 834).

COMPÉTENCE DU PRÉSIDENT DU TJ EN MATIÈRE DE PROCÉDURE ACCÉLÉRÉE AU FOND

Cette procédure a remplacé la procédure « en la forme des référés » (Ord. 2019-738 du **2280** 17-7-2019 : JO 18 texte n° 3). Elle intervient lorsqu'un **texte particulier** prévoit que le président du tribunal judiciaire statue en cette forme, dans des cas où il est nécessaire d'obtenir rapidement un jugement sur le fond (CPC art. 839).
Tel est le cas, par exemple, en vue de :
– la condamnation du copropriétaire défaillant au versement de provision prévue par l'assemblée générale de copropriété au titre du budget prévisionnel (Loi 65-557 du 10-7-1965 art. 19-2) ;
– la détermination de la valeur des droits sociaux en cas de contestation (C. civ. art. 1843-4) ;
– le règlement des litiges liés à l'arbitrage (CPC art. 1460).
Contrairement à la procédure à jour fixe (n°s 32160 s.), la procédure accélérée au fond ne peut être utilisée que dans les cas où un texte particulier l'a prévue. Pour une étude complète de la procédure accélérée au fond, voir n°s 33350 s.

JUGE DE L'EXÉCUTION

Le président du tribunal judiciaire exerce les fonctions de juge de l'exécution (JEX) ; il peut tou- **2290** tefois déléguer ses fonctions à un ou plusieurs magistrats, en précisant la durée et l'étendue territoriale de cette délégation (C. org. jud. art. L 213-5). Il exerce ces fonctions dans le ressort du tribunal et, s'il y a lieu, dans celui de chacune des chambres de proximité (C. org. jud. art. R 213-10).

Le JEX a compétence pour connaître, de manière exclusive, des difficultés relatives aux **titres** **2292** **exécutoires** et des contestations qui s'élèvent à l'occasion de l'**exécution forcée,** même si elles portent sur le fond du droit, à moins qu'elles n'échappent à la compétence des juridictions de l'ordre judiciaire (C. org. jud. art. L 213-6, al. 1). Les juges doivent constater que la difficulté relative à l'exécution du jugement s'élevait à l'occasion de contestations portant sur des mesures d'exécution forcée opérées sur le fondement d'un jugement (Cass. 2e civ. 25-3-2021 n° 19-25.156 F-P).

Le JEX autorise les **mesures conservatoires** et connaît des contestations relatives à leur mise en œuvre (C. org. jud. art. L 213-6, al. 2).

Il connaît également de la procédure de **saisie immobilière,** des contestations qui s'élèvent à l'occasion de celle-ci et des demandes nées de cette procédure ou s'y rapportant directement, même si elles portent sur le fond du droit, ainsi que de la procédure de distribution qui en découle, de même que des demandes en réparation fondées sur l'exécution ou l'inexécution dommageable des mesures d'exécution forcée ou des mesures conservatoires (C. org. jud. art. L 213-6, al. 3 et 4). Il n'entre pas dans ses attributions de se prononcer sur une demande de condamnation à des dommages-intérêts contre le créancier saisissant, qui n'est pas fondée sur l'exécution ou l'inexécution dommageable de la mesure d'exécution forcée (Cass. 2e civ. 15-4-2021 n° 19-20.281 P-B).

Il connaît de la **saisie des rémunérations,** à l'exception des demandes ou moyens de défense échappant à la compétence des juridictions de l'ordre judiciaire (C. org. jud. art. L 213-6, al. 5).

Le JEX exerce également les compétences particulières qui lui sont dévolues par le Code des procédures civiles d'exécution (C. org. jud. art. L 213-6, al. 6).

ATTENTION

Avant la réforme résultant de la loi du 23 mars 2019, la saisie des rémunérations relevait de la compétence du tribunal d'instance.

Le JEX, saisi à l'occasion d'une demande en mainlevée d'une **saisie-attribution**, statue sur le retrait litigieux et son incidence sur la créance (Cass. 2e civ. 9-6-2022 n° 21-12.941 F-B).

2294 Le JEX n'est pas compétent pour connaître d'une demande en paiement même si elle est formée à l'audience d'orientation par le saisi contre le saisissant (Cass 2e civ. 3-12-2015 n° 13-28.177 : Bull. civ. II n° 265). De même, une cour d'appel, saisie d'**un recours contre une décision du juge de l'exécution**, doit se prononcer dans les limites des pouvoirs de ce dernier. Par suite, elle doit statuer sur les contestations de la mesure d'exécution soulevées devant elle, mais ne peut pas prononcer de condamnation au paiement de la créance fondant les poursuites (Cass. 2e civ. 19-11-2020 n° 19-20.700 F-PBI).

Le JEX n'est pas compétent lorsque le litige porte sur un commandement de payer, celui-ci n'étant pas un commandement à fin de saisie-vente (Cass. 2e civ. 22-6-2017 n° 16-17.277 F-PB). Il n'a pas non plus le pouvoir de prononcer l'annulation d'une décision de justice (Cass. 2e civ. 28-9-2017 n° 15-26.640 F-PB).

Il est compétent pour connaître de la demande d'indemnisation formée à l'encontre d'un huissier ou commissaire de justice par un débiteur lui reprochant d'avoir commis des **fautes** délictuelles à l'occasion d'une **saisie-attribution,** peu important que cette mesure ne soit plus en cours (Cass. 2e civ. 27-2-2014 n° 13-11.788 : Bull. civ. II n° 54).

En revanche, l'appréciation de la responsabilité du **notaire** recherchée du fait de l'inaccomplissement de formalités dans la rédaction d'un acte de vente, étrangère aux conditions d'exécution d'une saisie ultérieure, n'entre pas dans le champ des attributions du juge de l'exécution (Cass. 2e civ. 8-1-2015 n° 13-21.044 : Bull. civ. II n° 3). Il en est de même pour une action en responsabilité d'une **banque** qui n'est pas fondée sur l'exécution ou l'inexécution dommageable d'une mesure d'exécution, cette action serait-elle présentée au soutien d'une exception de compensation (Cass. com. 22-3-2017 n° 15-15.742 F-PB).

2296 Dès lors qu'un **créancier** a déclaré par conclusions écrites **se désister de la procédure de saisie immobilière** qu'il avait engagée, le juge de l'exécution n'est plus compétent pour trancher les contestations qui avaient été élevées à l'occasion de celle-ci ni pour statuer sur les **demandes reconventionnelles** nées de cette procédure ou s'y rapportant (Cass. 2e civ. 11-1-2018 n° 16-22.829 F-PB).

En revanche, ayant à se prononcer sur la demande de cantonnement d'une saisie-attribution au seul capital restant dû, le juge de l'exécution doit **trancher la contestation** portant sur la déchéance du droit aux intérêts conventionnels qui lui est soumise, **dont dépend l'étendue de la saisie,** peu important qu'un TGI (aujourd'hui, un tribunal judiciaire) ait été saisi d'une demande de déchéance du droit aux intérêts conventionnels avant l'engagement de la mesure d'exécution et la saisine du juge de l'exécution (Cass. 2e civ. 17-5-2018 n° 16-25.917 F-PB).

> **Précisions** Avant la réforme par la loi du 23 mars 2019, la saisie des rémunérations relevait de la compétence du tribunal d'instance.

AUTRES COMPÉTENCES DU PRÉSIDENT DU TJ

Le président du tribunal judiciaire est notamment compétent pour connaître de la rectification des actes de l'état civil (C. org. jud. art. R 213-1), des actions relatives à la fixation du prix du **bail** commercial et à celle du prix du bail à construction (C. org. jud. art. R 213-2), du règlement amiable, du redressement et de la liquidation judiciaires des exploitations agricoles (C. org. jud. art. R 213-3), ou pour prendre des mesures urgentes en matière d'**indivision** (C. civ. art. 815-6). 2300
Il est également saisi des contestations relatives aux **honoraires du bâtonnier** de l'Ordre des avocats (C. org. jud. art. R 213-4 ; Décret 91-1197 du 27-11-1991 art. 179) et des contestations portant sur les frais, émoluments et débours des greffes des tribunaux de commerce (CPC art. 725-1).
Il connaît encore des demandes d'**injonction de payer** portant sur une créance civile d'un montant supérieur à 10 000 € (CPC art. 1406, al. 1).
Dans certains tribunaux judiciaires spécialement désignés (liste figurant dans le tableau de l'annexe 4-1 du livre IV du Code de commerce), le président connaît des contestations relatives aux obligations de publicité et de mise en concurrence auxquelles est soumise la passation des **contrats de droit privé relevant de la commande publique** (C. org. jud. art. L 211-14, D 211-10-2 et R 213-5-1).

e. Compétence de la cour d'appel

La cour d'appel est le juge de droit commun au second degré (C. org. jud. art. L 311-1). Toutes les **décisions rendues par les juridictions de première instance** peuvent lui être déférées, à l'exception de celles qui ont été rendues en premier et dernier ressort en raison de la valeur du litige (actuellement 5 000 €) ou de la loi (n° 2094). 2310
Sur l'obligation faite à la cour d'appel statuant en matière de **compétence** de **statuer** également **sur le fond,** dans certaines circonstances (CPC art. 90), voir n°s 24970 s. ; sur son droit d'**évocation** (CPC art. 88), voir n°s 25230 s.

La cour d'appel connaît des contestations relatives à l'élection du président du tribunal de commerce (C. org. jud. art. L 311-2) et relatives à certaines **décisions ou élections** au sein des **instances professionnelles** des avocats, huissiers ou commissaires de justice, notaires et commissaires-priseurs ou commissaires de justice (C. org. jud. art. L 311-3 à L 311-6). 2312

La cour d'appel est compétente en matière d'appel et de **recours** en annulation **contre une sentence arbitrale** (CPC art. 1494). 2314

Des **cours d'appel spécialement désignées** connaissent des recours formés contre les décisions du directeur de l'Institut national de la propriété industrielle en matière de délivrance, rejet ou maintien des dessins et modèles et des marques (C. org. jud. art. L 311-10 et D 311-8). La liste des cours d'appel compétentes figure n° 3502. 2316

2318

Compétence particulière de la cour d'appel de Paris

Outre la compétence de toute cour d'appel, la cour d'appel de Paris possède des attributions particulières.
Elle est la seule habilitée à connaître des recours formés contre les décisions rendues par **diverses autorités** :
– Autorité de la concurrence, Comité de la protection des obtentions végétales, Autorité de régulation des communications électroniques et des postes, Autorité de régulation de la distribution de la presse, Conseil supérieur des messageries de presse et Autorité des marchés financiers, s'agissant des décisions de portée individuelle (C. org. jud. art. L 311-11 et L 311-13 ; art. D 311-9) ;
– Commission de régulation de l'énergie (C. envir. art. L 229-51, al. 4) ;
– directeur de l'Institut national de la propriété industrielle en matière de délivrance, rejet ou maintien de brevets d'invention, de certificats d'utilité, de certificats complémentaires de protection et de topographies de produits semi-conducteurs (CPI art. R 411-19-1, al. 3).
La cour d'appel de Paris est également compétente en matière de recours contre les décisions :
– des juridictions spécialement désignées pour connaître des litiges relatifs aux **pratiques anticoncurrentielles** (C. com. art. L 420-7, L 420-5 et R 420-4) et des litiges relatifs à l'application de l'article L 442-6 du Code de commerce sur les **pratiques restrictives de concurrence** (C. com. art. L 442-6, III-al. 5, art. D 442-3 et D 442-4). Voir aussi la jurisprudence citée au n° 2445 ;
– du procureur de la République s'opposant au transfert de siège social d'une **société européenne** immatriculée en France et dont résulterait un changement du droit applicable ou à la constitution d'une société européenne par voie de fusion impliquant une société relevant du droit français (C. com. art. L 229-4).

Elle est également compétente pour connaître des actions engagées par les victimes d'une **contamination par le VIH** contre l'Office national d'indemnisation des accidents médicaux, des affections iatrogènes et des infections nosocomiales (C. org. jud. art. L 311-12 et D 311-10).

Enfin, la cour d'appel de Paris connaît (C. org. jud. art. L 311-14 et D 311-11) :
– des contestations relatives à l'**élection** des membres du Conseil national des **barreaux** et des membres du bureau de ce conseil ;
– des recours contre les **décisions individuelles** prises par le Conseil national des barreaux ;
– des recours contre les décisions prises par les commissions nationales en matière d'inscription, de retrait ou de discipline des **administrateurs judiciaires,** des **mandataires judiciaires** au redressement et à la liquidation des entreprises et des **experts en diagnostic d'entreprise.**

f. Compétence du premier président de la cour d'appel

2328 Le premier président de la cour d'appel a un **pouvoir juridictionnel propre.** Il n'est toutefois compétent que dans la **limite** de la compétence de la cour.
Essentiellement, il peut :
– arrêter l'**exécution** provisoire d'une décision lorsqu'il existe un moyen sérieux d'annulation ou de réformation et que l'exécution risque d'entraîner des conséquences manifestement excessives (CPC art. 514-3) ;
– autoriser un **appel immédiat** en matière d'expertise (CPC art. 272) et de sursis à statuer (CPC art. 380) ;
– relever un défendeur de la **forclusion** résultant de l'expiration du délai de recours dans le cas d'un jugement rendu par défaut ou réputé contradictoire (CPC art. 540).

2330 En tant que **juge d'appel,** le premier président de la cour d'appel peut notamment connaître des recours formés contre :
– la décision du tribunal judiciaire rendue en matière de funérailles (CPC art. 1061-1) ;
– l'ordonnance du juge des libertés et de la détention en cas de prolongation du maintien en zone d'attente et de la rétention des étrangers en France (C. org. jud. art. L 311-7, 4° ; C. étrangers art. L 342-12).
Il juge également les recours formés contre les décisions des présidents de juridiction de première instance concernant les dépens, frais, émoluments et débours non compris dans les dépens (CPC art. 714) ou la rémunération des techniciens (CPC art. 724).
Il en va de même des recours contre les décisions du bâtonnier de l'ordre des avocats en matière de contestation d'honoraires (Décret 91-1197 du 27-11-1991 art. 176 ; C. org. jud. art. L 311-7, 2°).

2. COMPÉTENCE DES JURIDICTIONS D'EXCEPTION

a. Compétence du tribunal de commerce

COMPÉTENCE DE LA FORMATION COLLÉGIALE DU TC

2435 Les tribunaux de commerce connaissent des contestations relatives aux engagements entre commerçants, entre établissements de crédit, entre sociétés de financement ou entre eux (C. com. art. L 721-3, 1°).
À partir du 1er janvier 2022, ils connaîtront également des contestations relatives aux engagements entre artisans (Loi 2016-1547 du 18-11-2016 art. 95).

2437 Ils connaissent aussi des contestations relatives aux **actes de commerce entre toutes personnes** (C. com. art. L 721-3, 3°). Les actes de commerce sont énumérés par le Code de commerce (C. com. art. L 110-1 et L 110-2).
Le tribunal de commerce est ainsi compétent pour connaître des obligations commerciales auxquelles est tenu un **non-commerçant.** Par **exemple,** tel est le cas pour un loueur, non commerçant, d'un fonds de commerce, tenu par un engagement commercial en raison de son obligation solidaire au paiement des dettes du locataire-gérant (Cass. com. 22-1-1991 n° 88-16.009 : RJDA 5/91 n° 396) ou pour une association, pour les actes de commerce qu'elle conclut (Cass. com. 14-2-2006 n° 05-13.453 : RJDA 7/06 n° 848).
La **nature commerciale d'un acte** s'apprécie à la **date** à laquelle il a été passé, peu important que son auteur ait perdu depuis lors sa qualité de commerçant (Cass. com. 12-3-2013 n° 12-11.765).
Entrent aussi dans la compétence des tribunaux de commerce les contestations relatives aux **sociétés commerciales** (C. com. art. L 721-3, 2° ; voir nos 47300 s.).

Sur la compétence des juridictions commerciales en matière de prévention, sauvegarde, redressement et liquidation judiciaire, voir sous nos 50010 et 50135 s.
Le **demandeur non commerçant** dispose du choix de saisir le tribunal civil ou le tribunal de commerce. Aussi peut-il saisir valablement le juge civil d'une action en concurrence déloyale dirigée contre une société et ses salariés (Cass. com. 18-11-2020 n° 19-19.463 F-PB).
Les actions relatives au devoir de vigilance des **entreprises de grande taille** (C. com. art. L 225-102-4 et L 225-102-5) relèvent de la compétence du tribunal judiciaire de Paris (C. org. jud. art. L 211-21 créé par loi 2021-1729 du 22-12-2021).

Le tribunal de commerce connaît, dans les limites de sa compétence d'attribution, des demandes formées en application du règlement CE 861/2007 du Parlement européen et du Conseil du 11 juillet 2007 instituant une **procédure européenne de règlement des petits litiges** (C. com. art. L 721-3-1). **2439**

Le tribunal de commerce connaît **en dernier ressort** des demandes **jusqu'à** la valeur de 5 000 € (C. com. art. R 721-6). **2443**

Droit de la concurrence **Des tribunaux de commerce spécialement désignés** connaissent des litiges relatifs aux pratiques anticoncurrentielles prévues, notamment, aux articles L 420-1 à L 420-5 du Code de commerce et des litiges relatifs aux pratiques restrictives de concurrence de l'article L 442-1 du Code de commerce. **2445**

ILLUSTRATIONS

N'est pas compétent le président du tribunal de commerce de Grenoble saisi d'une demande de mesure d'instruction de l'article 145 du CPC formée par un ancien franchisé qui se prévaut de pratiques commerciales abusives du franchiseur produisant également des effets anticoncurrentiels. En effet, le tribunal de commerce de Grenoble, dans le ressort duquel la mesure d'investigation doit être exécutée, n'a pas le pouvoir juridictionnel de statuer sur un litige relatif à l'article L 442-6 du Code de commerce, et ce, même si la requête présentée a en outre un fondement de droit commun (Cass. com. 17-1-2018 n° 17-10.360 FS-PBI : RJDA 4/18 n° 365).

En **appel,** la cour d'appel de Paris est exclusivement compétente pour connaître des décisions rendues par ces juridictions spécialement désignées. **2447**
Ainsi, a été censurée une décision de la cour d'appel de Fort-de-France, qui n'avait pas relevé d'office son incompétence, au profit de la cour d'appel de Paris, pour connaître du recours formé par l'exploitant d'un cinéma contre un jugement du tribunal de Fort-de-France (juridiction spécialisée) statuant sur sa demande en réparation d'un préjudice né d'un abus de position dominante (C. com. art. L 420-2) commis par des sociétés de distribution de films (Cass. com. 10-7-2018 n° 17-16.365 F-PB : RJDA 10/18 n° 775).
Après avoir jugé que la cour d'appel de Paris était la seule investie du pouvoir de statuer sur les recours formés contre les décisions rendues dans les litiges relatifs à l'application de l'article L 442-6 du Code de commerce (Cass. com. 4-11-2014 n° 13-16.755 : RJDA 2/15 n° 148), la chambre commerciale de la Cour de cassation a opéré un revirement de sa jurisprudence : elle retient désormais que seuls les recours formés contre les décisions rendues par les juridictions du premier degré spécialement désignées doivent être portés devant la cour d'appel de Paris et que ceux formés contre les décisions rendues par des juridictions non spécialement désignées, quand bien même elles auraient statué sur des litiges relatifs à l'application de l'article L 442-6 du même Code, sont portés devant la cour d'appel dans le ressort de laquelle elles sont situées (Cass. com. 29-3-2017 n° 15-17.659 FS-PBRI : RJDA 6/17 n° 437 ; Cass. com. 26-4-2017 n° 15-26.780 F-PBI : RJDA 10/17 n° 667). La solution vaut même si l'article L 442-6 est invoqué à titre subsidiaire (Cass. com. 31-3-2021 n° 19-14.094 FS-P).
Il appartient donc aux autres cours d'appel, conformément au droit commun (C. org. jud. art. R 311-3), de connaître de **tous les recours** formés contre les décisions rendues par les juridictions situées dans leur ressort qui ne sont pas désignées par l'article D 442-3 du Code de commerce.
Lorsqu'une **partie de la demande** est fondée sur le **droit commun** (tel l'art. 1103 du Code civil), une cour d'appel, autre que celle de Paris, peut statuer sur cette fraction du litige, sauf à déclarer irrecevables les demandes fondées sur l'article L 442-6 du Code de commerce (Cass. com. 7-10-2014 n° 13-21.086 : Bull. civ. IV n° 143). En revanche, si la demande en paiement de dommages-intérêts est **fondée indistinctement** sur les articles 1103 et 1224 du Code civil et sur l'article L 442-6 du Code de commerce, la cour d'appel autre que celle de Paris est incompétente (Cass. com. 6-9-2016 n° 14-27.085 F-PB).
Ces règles sont d'**ordre public**. Elles ne peuvent pas être mises en échec par une **clause attributive de juridiction** (Cass. com. 1-3-2017 n° 15-22.675 F-PBI : RJDA 5/17 n° 372), mais peuvent l'être par une **clause attributive de compétence internationale** (Cass. 1e civ. 18-1-2017 n° 15-26.105).

Il était jugé que leur inobservation était sanctionnée par une **fin de non-recevoir** et non par une exception d'incompétence (Cass. com. 24-9-2013 n° 12-21.089 F-PB : RJDA 11/13 n° 951 ; Cass. com. 7-10-2014 n° 13-21.086 : Bull. civ. IV n° 143 : RJDA 4/17 n° 289).

Par arrêt du 18 octobre 2023 n° 21-15.378 FS-B+R, la chambre commerciale de la Cour de cassation a modifié sa position sur la nature de cette sanction. Elle a retenu que la construction jurisprudentielle justifiant, jusque-là, l'irrecevabilité des actions mal orientées ne correspondait pas à la terminologie des articles D 442-3 et D 442-4 du Code de commerce, devenus depuis, respectivement, les articles D 442-2 et D 442-3 de ce Code, lesquels se réfèrent à la **compétence des juridictions spécialisées** et non à leur pouvoir juridictionnel. Ceci aboutissait à des solutions génératrices, pour les parties, d'une insécurité juridique quant à la détermination de la juridiction ou de la cour d'appel pouvant connaître de leurs actions, de leurs prétentions ou de leur recours. Les réponses procédurales étaient rigoureuses pour les plaideurs qui, à la suite d'une erreur dans le choix de la juridiction saisie, se heurtaient à ce que certaines de leurs demandes ne puissent plus être examinées, en raison soit de l'intervention de la prescription, soit de l'expiration du délai de recours.

Il résulte aussi de l'article 33 du Code de procédure civile que relève de la compétence d'attribution la désignation, par les règles relatives à l'organisation judiciaire et par des dispositions particulières, d'une juridiction, en raison de la matière.

Il sera jugé désormais que la règle découlant de l'application combinée des articles L 442-6, III, devenu L 442-4, III, et D 442-3, devenu D 442-2, du Code de commerce, désignant les seules juridictions indiquées par ce dernier texte pour connaître de l'application des dispositions du I et du II de l'article L 442-6 précité, devenues l'article L 442-1, institue une **règle de compétence d'attribution exclusive** et non une fin de non-recevoir.

Ainsi, lorsqu'un défendeur à une action fondée sur le droit commun présente une demande reconventionnelle en invoquant les dispositions de l'article L 442-6 du Code de commerce, la juridiction saisie, si elle n'est pas une juridiction désignée par l'article D 442-3 précité, doit, si son incompétence est soulevée, selon les circonstances et l'interdépendance des demandes, soit se déclarer incompétente au profit de la juridiction désignée par ce texte et surseoir à statuer dans l'attente que cette juridiction spécialisée ait statué sur la demande, soit renvoyer l'affaire pour le tout devant cette juridiction spécialisée.

ATTENTION

Dans la gestion de l'instance, pour le défendeur à l'action, que celle-ci soit engagée par la voie d'une demande initiale ou qu'elle soit mise en œuvre sur la formation d'une demande reconventionnelle, il conviendra d'être particulièrement attentif à la **chronologie dans la présentation des moyens de procédure**. Contrairement à une fin de non-recevoir pouvant être proposée en tout état de cause, les exceptions de procédure doivent être soulevées simultanément et avant toute défense au fond ou fin de non-recevoir.

> Précisions Le ministère de la justice a diffusé une **circulaire** précisant que les règles de spécialisation issues de l'article L 420-7 du Code de commerce s'appliquent dès lors que les articles L 420-1 à L 420-5 du Code de commerce (et 101 et 102 du TFUE) sont invoqués dans le cadre de la **démonstration du fait générateur de responsabilité** (Circ. du 23-3-2017, NOR : JUSC1708788C p. 7 ; voir aussi Cass. com. 10-7-2018 n° 17-16.365 F-PB).

2448 **Entreprises en difficulté** Des **tribunaux de commerce spécialement désignés** connaissent (C. com. art. L 721-8) :

– lorsque le débiteur exerce une activité commerciale ou artisanale, des procédures de **sauvegarde, de redressement judiciaire et de liquidation judiciaire,** si le débiteur est soit une entreprise dont le nombre de salariés est égal ou supérieur à 250 et dont le montant net du chiffre d'affaires est d'au moins 20 millions d'euros, soit une entreprise dont le montant net du chiffre d'affaires est d'au moins 40 millions d'euros, soit une société qui détient ou contrôle une autre société, au sens des articles L 233-1 et L 233-3 du Code de commerce, dès lors que le nombre de salariés de l'ensemble des sociétés concernées est égal ou supérieur à 250 et que le montant net du chiffre d'affaires de l'ensemble de ces sociétés est d'au moins 20 millions d'euros, soit une société qui détient ou contrôle une autre société, au sens des articles L 233-1 et L 233-3, dès lors que le montant net du chiffre d'affaires de l'ensemble de ces sociétés est d'au moins 40 millions d'euros ;

– de la procédure de **conciliation** prévue au titre Ier du livre VI, sur saisine directe par le débiteur, à la demande du procureur de la République ou par décision du président du tribunal de commerce, lorsque le débiteur est une entreprise ou un ensemble de sociétés remplissant les conditions prévues pour l'ouverture d'une procédure de sauvegarde, de redressement ou de liquidation judiciaire ;

– des procédures pour l'ouverture desquelles la compétence internationale du tribunal est déterminée en application des actes pris par l'Union européenne relatifs aux **procédures d'insolvabilité** ;
– des procédures pour l'ouverture desquelles la **compétence internationale** du tribunal résulte de la présence dans son ressort du centre principal des intérêts du débiteur.
Dix-huit tribunaux de commerce spécialisés ont été retenus : Bobigny, Bordeaux, Dijon, Évry, Grenoble, Lyon, Marseille, Montpellier, Nanterre, Nantes, Nice, Orléans, Paris, Poitiers, Rennes, Rouen, Toulouse, Tourcoing. Pour les départements du Bas-Rhin, du Haut-Rhin et de la Moselle, est désignée la chambre commerciale spécialisée du tribunal judiciaire de Strasbourg (C. com. annexe 7-1-1 et 7-1-2).

Tribunal des activités économiques 2449

Le texte du projet de loi d'orientation et de programmation du ministère de la justice 2023-2027 a été adopté **le 11 octobre 2023**.
Les articles 26 et 27 prévoient diverses dispositions portant expérimentation d'un tribunal des activités économiques. Dans ce cadre, les compétences du tribunal de commerce, renommé « tribunal des activités économiques », sont étendues.
Ce dispositif sera applicable à au moins neuf, et au plus douze, tribunaux de commerce désignés par arrêté du ministre de la justice, pendant une durée de quatre ans à compter de la date fixée par cet arrêté, et au plus tard douze mois après la publication du décret pris pour l'application de la loi, pour le jugement des procédures ouvertes à compter de la date fixée par l'arrêté.
Six mois au moins avant le terme de l'expérimentation, le Gouvernement remettra au Parlement un rapport procédant à son évaluation. L'ensemble des acteurs judiciaires et économiques, ainsi que deux députés et deux sénateurs, seront associés à cette évaluation. L'évaluation portera notamment sur la durée des procédures de liquidation judiciaire, le taux de réformation des décisions, la qualité du service rendu au justiciable et l'appréciation des auxiliaires de justice, au vu des statistiques fournies par le ministère de la justice, d'une part, et de questionnaires de satisfaction, d'autre part.
Un décret en Conseil d'État précisera les modalités d'application, notamment le pilotage et l'évaluation de l'expérimentation ainsi que les règles d'information des usagers.
En l'état, le principal apport de cette réforme consiste à faire entrer dans la compétence de cette juridiction spécialisée les mesures et procédures applicables aux **entreprises agricoles en difficulté** qui, jusqu'à la mise en œuvre de ce texte, relèvent de la compétence du tribunal judiciaire en raison du caractère civil de l'activité rurale.
Composition
Le tribunal des activités économiques sera composé des juges élus du tribunal de commerce et d'un greffier. Le greffe du tribunal des activités économiques sera assuré par le greffier du tribunal de commerce.
La formation de jugement pourra également comprendre, en qualité d'assesseur, un juge exerçant la profession d'exploitant agricole. Choisi sur une liste présentée par le premier président de la cour d'appel, celui-ci sera nommé par le ministre de la justice. Les fonctions de ce juge cesseront à l'issue de l'expérimentation.
Les assesseurs exploitants agricoles doivent être de nationalité française, ne pas avoir été condamnés pénalement pour des actes contraires à la probité et aux bonnes mœurs et justifier d'une immatriculation pendant cinq années au moins au registre des entreprises, conformément à l'article L 311-2 du Code rural et de la pêche maritime. Les assesseurs ne respectant plus ces conditions sont déchus de plein droit. En dehors de toute action disciplinaire, les premiers présidents de cour d'appel ont le pouvoir de donner un avertissement aux assesseurs du tribunal des activités économiques situé dans le ressort de leur cour, après avoir recueilli l'avis du président du tribunal précité.
Tout manquement d'un assesseur exploitant agricole aux devoirs de son état, à l'honneur, à la probité ou à la dignité constitue une faute disciplinaire. Le pouvoir disciplinaire est exercé par le ministre de la justice. Après audition de l'assesseur par le premier président de la cour d'appel, assisté du président du tribunal des activités économiques, le ministre peut être saisi par le premier président. Les sanctions applicables sont le blâme, la suspension des fonctions, la déchéance assortie de l'interdiction d'être désigné assesseur pendant une certaine durée, la déchéance assortie de l'interdiction définitive d'être désigné assesseur. Sur proposition du premier président, le ministre de la justice peut également suspendre de ses fonctions un assesseur, pour une durée maximale de six mois, lorsqu'il existe contre l'intéressé, qui devra être entendu au préalable par le premier président, des faits de nature à

2449 (suite) entraîner une sanction disciplinaire. L'assesseur qui, après sa désignation, est condamné pour une infraction pénale prévue au livre VII du Code rural et de la pêche maritime est déchu de plein droit.

Compétence

Le tribunal des activités économiques sera soumis au livre Ier du Code de l'organisation judiciaire. Ses décisions seront susceptibles de recours dans les conditions prévues au chapitre Ier du titre VI du livre VI du Code de commerce.

– **Alerte et mesures amiables**

Par dérogation au premier alinéa du I de l'article L 611-2 et au premier alinéa de l'article L 611-2-1 du Code de commerce, relatifs au pouvoir de convocation du président du tribunal, au deuxième alinéa de l'article L 611-3 du même Code, relatif au mandat ad hoc, et à l'article L 611-4 dudit Code, ainsi qu'au premier alinéa de l'article L 611-5 du même Code, relatifs à la conciliation, et nonobstant les dispositions du Code de l'organisation judiciaire, le président du tribunal des activités économiques connaîtra de la procédure d'alerte et des procédures amiables, quels que soient le statut et l'activité de la personne physique ou morale qui éprouve des difficultés, à l'exception des professions mentionnées au second alinéa de l'article L 722-6-1 du Code de commerce (avocat, notaire, commissaire de justice, greffier de tribunal de commerce, administrateur judiciaire et mandataire judiciaire).

Par dérogation à l'article L 351-2 du Code rural et de la pêche maritime, la demande de désignation d'un conciliateur sera présentée au président du tribunal des activités économiques.

– **Sauvegarde, redressement et liquidation judiciaires**

Par dérogation à l'article L 621-2 du Code de commerce, relatif à l'ouverture de la procédure de sauvegarde, applicable en redressement judiciaire sur renvoi de l'article L 631-7 du même Code et en liquidation judiciaire sur renvoi de l'article L 641-1 dudit Code, et nonobstant les dispositions du Code de l'organisation judiciaire, le tribunal des activités économiques connaîtra des procédures collectives, quels que soient le statut et l'activité du débiteur, à l'exception des professions mentionnées au second alinéa de l'article L 722-6-1 du Code de commerce (avocat, notaire, commissaire de justice, greffier de tribunal de commerce, administrateur judiciaire et mandataire judiciaire).

En matière de redressement judiciaire, par dérogation au dernier alinéa de l'article L 631-5 du Code de commerce, la procédure ne peut être ouverte à l'égard d'un débiteur exerçant une activité agricole, qui n'est pas constitué sous la forme d'une société commerciale, que si le président du tribunal des activités économiques a été saisi, préalablement à l'assignation, d'une demande tendant à la désignation d'un conciliateur présentée en application de l'article L 351-2 du Code rural et de la pêche maritime.

En matière de liquidation judiciaire, par dérogation au dernier alinéa de l'article L 640-5 du Code de commerce, lorsqu'est applicable le dispositif de règlement amiable agricole, le président du tribunal des activités économiques doit être saisi, préalablement à l'assignation, d'une demande tendant à la désignation d'un conciliateur, présentée en application de l'article L 351-2 du Code rural et de la pêche maritime, sauf si la procédure de rétablissement professionnel prévue au chapitre V du titre IV du livre VI du Code de commerce est en cours.

Nonobstant les dispositions du Code de l'organisation judiciaire et sans préjudice des pouvoirs attribués en premier ressort au juge-commissaire, le tribunal des activités économiques, saisi de la procédure de sauvegarde, de redressement ou de liquidation judiciaire du débiteur, connaîtra de toutes les actions et les contestations relatives aux **baux commerciaux** qui sont nées de la procédure et qui présentent avec celle-ci des liens de connexité suffisants.

Lorsque le tribunal des activités économiques sera par ailleurs un tribunal de commerce spécialisé en application de l'article L 721-8 du Code de commerce, il connaîtra des procédures mentionnées aux 1° à 4° du même article L 721-8, sous les mêmes conditions, quels que soient le statut et l'activité du débiteur, à l'exception des professions mentionnées au second alinéa de l'article L 722-6-1 du même Code (avocat, notaire, commissaire de justice, greffier de tribunal de commerce, administrateur judiciaire et mandataire judiciaire).

Modalités de représentation des parties

Par dérogation au premier alinéa de l'article 4 de la loi 71-1130 du 31 décembre 1971 portant réforme de certaines professions judiciaires et juridiques, devant le tribunal des affaires économiques, les parties seront dispensées de l'obligation de constituer avocat dans les cas prévus par la loi ou le règlement, lorsque la demande porte sur un montant inférieur ou égal à 10 000 euros ou qu'elle a pour origine l'exécution d'une obligation dont le montant n'excède pas 10 000 euros, dans le cadre des procédures prévues au livre VI du Code

de commerce, pour les litiges relatifs à la tenue du registre du commerce et des sociétés ou pour la procédure de règlement amiable agricole prévue aux articles L 351-1 à L 351-7 du Code rural et de la pêche maritime.
Dans ces cas, elles auront la faculté de se faire assister ou représenter par toute personne de leur choix.

Conditions de recevabilité

À titre expérimental, par dérogation aux articles 1089 A et 1089 B du CGI, pour chaque instance introduite devant le tribunal des activités économiques, une contribution pour la justice économique sera versée par la partie demanderesse, à peine d'irrecevabilité que le juge peut prononcer d'office.
Le montant de la contribution pour la justice économique sera fixé par un barème défini par décret en Conseil d'État, dans la limite de 5 % du montant des demandes cumulées au stade de l'acte introductif d'instance et pour un montant maximal de 100 000 euros. Ce barème tient compte du montant des demandes initiales, de la nature du litige, de la capacité contributive de la partie demanderesse, appréciée en fonction de son chiffre d'affaires annuel moyen sur les trois dernières années, de ses bénéfices ou de son revenu fiscal de référence, et de sa qualité de personne physique ou morale.
Toutefois, la contribution ne sera pas due :
– par le demandeur à l'ouverture d'une procédure amiable ou collective prévue au livre VI du Code de commerce et aux articles L 351-1 à L 351-7-1 du Code rural et de la pêche maritime ;
– par l'État, les collectivités territoriales et leurs groupements ;
– par les personnes physiques et les personnes morales de droit privé employant moins de 250 salariés.
Les dispositions du Code de procédure civile relatives aux dépens seront applicables à cette contribution.
Le recouvrement de celle-ci sera assuré gratuitement, le cas échéant par voie électronique, par les greffiers des tribunaux de commerce. Le président de la juridiction ou le magistrat délégué statueront par ordonnance en cas de contestation.
En cas de recours à un mode amiable de règlement du différend emportant extinction de l'instance et de l'action ou en cas de désistement, la contribution sera remboursée.
En cas de comportement dilatoire ou abusif d'une partie au litige, le tribunal des activités économiques pourra condamner celle-ci à une amende civile d'un maximum de 10 000 euros, sans préjudice des dommages et intérêts qui seraient réclamés.

COMPÉTENCE DU PRÉSIDENT DU TC

Dans les limites de la compétence du tribunal, le président du tribunal de commerce est juge des **référés** et juge des **requêtes** (CPC art. 872 s.). **2450**
Le président du tribunal de commerce intervient selon la **procédure accélérée au fond** qui s'est substituée à la procédure « comme en matière de référé » ou « **en la forme des référés** », dans certains cas prévus par les textes. Ainsi, notamment, en droit des sociétés (C. civ. art. 1843-4) et en droit de l'arbitrage (CPC art. 1460).
Pour l'étude de la procédure accélérée au fond, voir nos 33350 s.

Le président du TC peut connaître, concurremment avec le juge de l'exécution, des **mesures conservatoires** portant sur les meubles et immeubles, les aéronefs, les navires et les bateaux de navigation intérieure, lorsqu'elles tendent à la conservation d'une créance relevant de la compétence de la juridiction commerciale et qu'elles sont demandées avant tout procès (C. com. art. L 721-7, al. 1). **2452**

Le président du TC a également compétence en matière d'**injonctions de payer** (CPC art. 1405 à 1425). **2454**
Il connaît, dans les limites de la compétence d'attribution du tribunal de commerce, des demandes formées en application du règlement CE 1896/2006 du Parlement européen et du Conseil du 12 décembre 2006 instituant une **procédure européenne d'injonction de payer** (C. com. art. L 722-3-1).

b. Compétence du conseil de prud'hommes

Le conseil de prud'hommes a en principe une **compétence exclusive,** quel que soit le montant de la demande, pour connaître des litiges individuels du travail ; toute convention contraire est réputée non écrite (C. trav. art. L 1411-4, al. 1). **2464**

Le caractère exclusif et d'ordre public de la compétence d'attribution du conseil de prud'hommes interdit d'y faire échec pour cause de **connexité,** sauf en cas d'indivisibilité, laquelle ne peut résulter que d'une **impossibilité juridique d'exécution simultanée de deux décisions qui seraient contraires** (Cass. soc. 17-12-2013 n° 12-26.938 : Bull. civ. V n° 306).

2466 **Exceptionnellement,** les litiges du travail peuvent être soumis à d'autres juridictions (C. trav. art. L 1411-4, al. 2). C'est le cas notamment des règles de compétence établies par le Code de la sécurité sociale, par le Code rural (mutualité sociale agricole et accidents du travail) ou par le Code du travail maritime. C'est le cas également (liste non exhaustive) des :
– saisies des rémunérations (n° 2292) ;
– contestations en matière d'élection des membres du comité d'entreprise, des délégués du personnel et de désignation des délégués syndicaux (compétence du tribunal judiciaire n° 2108) ;
– litiges relatifs aux inventions des salariés (CPI art. L 611-7 : compétence du tribunal judiciaire) ;
– litiges concernant les avocats salariés (Loi 71-1130 du 31-12-1971 art. 7, al. 6 : arbitrage du bâtonnier).

LITIGES ENTRE SALARIÉS ET EMPLOYEURS

2468 Sauf exceptions (n° 2466) et sous réserve que soient réunies les quatre conditions énumérées ci-dessous, les conseils de prud'hommes règlent par voie de conciliation et, à défaut, par voie de jugement, les différends qui peuvent s'élever à l'occasion de tout contrat de travail soumis aux dispositions du Code du travail entre les employeurs, ou leurs représentants, et les salariés qu'ils emploient (C. trav. art. L 1411-1).

> **Précisions a.** Le conseil de prud'hommes est compétent pour statuer tant sur l'**existence d'un contrat de travail** que sur la détermination de la **qualité d'employeur** (Cass. soc. 7-12-2005 n° 04-46.625 : RJS 2/06 n° 259). Une telle action peut même être engagée par l'**héritier** du travailleur décédé (Cass. soc. 13-5-2009 n° 07-40.934 : RJS 7/09 n° 597).
b. La juridiction prud'homale peut se déclarer compétente pour connaître d'un litige pour lequel le salarié réclame non pas des dommages-intérêts en réparation d'un préjudice résultant de son **accident du travail** ou du manquement de son employeur à son obligation de sécurité mais des dommages-intérêts pour licenciement sans cause réelle et sérieuse au motif que, par son manquement à son obligation de sécurité, l'employeur est à l'origine de son licenciement pour inaptitude (Cass. soc. 3-5-2018 n° 17-10.306 FS-PBI : RJS 7/18 n° 475).

2470 **Contrat de travail** Pour que le conseil de prud'hommes soit compétent, il doit y avoir contrat de travail, écrit ou oral, au sens de la législation du travail, c'est-à-dire un lien de **subordination juridique,** et non pas seulement un lien de dépendance économique.

ILLUSTRATIONS

L'**affiliation** à une caisse d'assurance maladie des travailleurs salariés ne suffit pas pour établir que cette première condition est bien remplie (Cass. soc. 10-1-1973 n° 72-40.315 : Bull. civ. V n° 12).
Le litige concernant les conditions d'emploi du **gérant d'un fonds de commerce** ou d'une station-service, astreint à une série d'obligations qui le placent dans une dépendance étroite à l'égard de la société, peut être porté devant le conseil de prud'hommes (notamment : Cass. soc. 23-5-2000 n° 97-42.063 : RJS 7-8/00 n° 881 ; Cass. soc. 22-3-2006 n° 05-42.233 : RJS 6/06 n° 777). En revanche, le litige portant sur les modalités commerciales d'exploitation du fonds ne relève pas de la juridiction prud'homale (Cass. soc. 8-3-2006 n° 04-17.059 : RJS 6/06 n° 766).
Un litige entre un **travailleur à domicile** et le donneur d'ouvrage relève de la compétence prud'homale bien que le Code du travail définissant le statut de ce travailleur n'exige pas un lien de subordination entre les parties (Cass. soc. 19-7-1988 n° 85-42.847 ; Cass. soc. 20-6-1990 n° 87-16.607). De même, malgré l'absence de contrat de travail entre les professeurs de l'**enseignement privé** (général ou agricole) sous contrat d'association et leur établissement (C. éduc. art. L 442-5), relève de la compétence prud'homale le litige relatif au paiement des heures de délégation d'un enseignant représentant du personnel (Cass. soc. 18-11-2008 n° 07-42.921 : RJS 2/09 n° 219 ; CE 28-11-2008 n° 319620).

2475 **Droit privé** Seuls relèvent en principe du conseil de prud'hommes les salariés exerçant leur activité pour le compte d'un employeur de droit privé. Les litiges concernant les personnels des **services publics** sont exclus de la compétence prud'homale, à l'exception de ceux qui sont employés dans les conditions du droit privé (C. trav. art. L 1411-2).
Sont également exclus de cette compétence les litiges expressément conférés par la loi à la juridiction administrative ; ainsi jugé pour le personnel de la **Banque de France** (Cass. soc. 10-5-1995 n° 92-40.352 : RJS 6/95 n° 686 ; Cass. soc. 30-5-1996 n° 92-42.122).

› Précisions a. Relèvent du conseil de prud'hommes les litiges nés de contrats de travail conclus avec une **association** loi 1901, celle-ci étant un organisme privé même lorsqu'elle est investie d'une mission de service public (T. confl. 4-5-1987 n° 2246 ; Cass. soc. 30-9-2004 n° 02-43.655 : RJS 12/04 n° 1311), lorsqu'elle est créée à l'initiative d'une chambre de commerce et d'industrie (CE 1-2-1995 n° 142693 : RJS 3/95 n° 308), ou si les contrats de travail ont été conclus avec des personnes ayant par ailleurs la qualité d'agents d'une administration territoriale (Cass. soc. 4-5-1993 n° 89-42.572 : RJS 7/93 n° 776) ou si ces agents ont été mis à la disposition de l'association (Cass. soc. 15-6-2010 n° 09-69.453 : RJS 8-9/10 n° 706).

b. Les **salariés non statutaires** travaillant pour le compte d'un **service public administratif** géré par une personne publique sont des agents contractuels de droit public, quel que soit leur emploi. Les litiges susceptibles de les opposer à leur employeur relèvent en conséquence de la juridiction administrative (T. confl. 25-3-1996 n° 3000 : RJS 7/96 n° 851 ; T. confl. 2-3-2009 n° 3674 : RJS 5/09 n° 483 ; Cass. soc. 18-6-1996 n° 95-40.491 : RJS 8-9/96 n° 966 ; Cass. soc. 9-7-1996 n° 93-44.699 : RJS 8-9/96 n° 966).

c. Les agents affectés à un **service public à caractère industriel et commercial,** gérés dans les conditions du droit privé (SNCF, EDF-GDF, RATP, etc.), relèvent exclusivement des conseils de prud'hommes, sauf s'ils exercent les fonctions de directeur ou de chef de la comptabilité ayant la qualité de comptable public (T. confl. 22-2-1960 n° 1709 ; T. confl. 15-11-2004 n° 3425 : RJS 3/05 n° 316 ; Cass. soc. 18-12-2007 n° 06-45.132 : RJS 3/08 n° 319).

Litiges à l'occasion du contrat de travail Le contrat de travail peut ne pas avoir reçu un début d'exécution. Une **promesse d'embauche,** même non suivie d'effet, suffit pour que la juridiction prud'homale puisse être compétente. 2480

Les conseils de prud'hommes connaissent par ailleurs des différends nés :

– **au cours de l'exécution** du contrat de travail : litiges relatifs à la validité, l'interprétation, la suspension, l'exécution du contrat de travail ou d'apprentissage. Il en est de même des litiges se rapportant aux obligations résultant de la loi, de la convention collective applicable à l'établissement, du règlement intérieur, action en dommages-intérêts d'un salarié pour réparation du préjudice moral résultant d'une sanction disciplinaire, actions en justice en matière de grève, etc. ;

– **postérieurement à la cessation** du contrat s'ils se rattachent à celui-ci, notamment : demande de remise de certificat de travail, action en résolution ou en nullité d'une transaction conclue à l'occasion d'un licenciement, contestation du bien-fondé d'un licenciement ou de la régularité de la procédure, y compris en cas de licenciement économique ; il a été jugé que la compétence du conseil de prud'hommes englobait les litiges opposant des salariés à leur ancien employeur relativement aux engagements qu'il aurait pris antérieurement à leur égard (Cass. soc. 23-2-1994 n° 92-43.927 : RJS 4/94 n° 392) ;

– **accessoirement au contrat** : exécution d'une convention annexe.

Litiges d'ordre individuel Les conseils de prud'hommes sont incompétents en matière de conflits collectifs. Toutefois, les litiges restent d'ordre individuel même si **plusieurs salariés** font individuellement une demande identique, du moment qu'ils n'entendent pas la faire trancher définitivement sur un plan collectif. C'est le cas, par exemple, lorsque chaque salarié entend obtenir pour lui seul une classification et une rémunération découlant d'une convention collective dont l'interprétation donne lieu à un litige. Il en va de même lorsque le litige porte sur un rappel de salaire dû en application de décisions générales prises à l'issue d'une grève ; peu importe qu'à l'origine le conflit ait porté sur des intérêts communs à l'ensemble du personnel. 2485

LITIGES ENTRE SALARIÉS OU ENTRE EMPLOYEURS

La mission des conseils de prud'hommes comme conciliateurs et comme juges s'applique également aux différends nés **entre salariés** à l'occasion du travail (C. trav. art. L 1411-3). 2495

Le conseil de prud'hommes n'a pas, en principe, à connaître des différends survenus **entre employeurs.** Jugé toutefois qu'en cas de cession d'entreprise relèvent de la compétence du juge prud'homal le litige né entre le représentant de l'ancienne société et le nouvel exploitant à la suite du refus de ce dernier de poursuivre l'exécution des contrats de travail en cours lors de la cession (Cass. soc. 16-2-1977 n° 74-40.597 : Bull. civ. V n° 123) et celui ayant pour objet de faire déterminer lequel des deux est l'employeur des salariés (Cass. soc. 23-9-2008 n° 07-44.270 : RJS 12/08 n° 1166).

TAUX DE COMPÉTENCE ET DE RESSORT DES CONSEILS DE PRUD'HOMMES

2500 Dans ce cadre strict d'ordre public – toute convention contraire est réputée non écrite (C. trav. art. L 1411-4) –, les conseils de prud'hommes sont compétents quelle que soit la **valeur du litige.**
Les jugements sont rendus en premier et dernier **ressort** lorsque :
– la valeur totale des prétentions d'aucune des parties ne dépasse 5 000 € (C. trav. art. R 1462-1, 1° et D 1462-3). Au-delà, ils sont rendus à charge d'appel ;
– la demande tend à la remise, même sous astreinte – non prise en compte dans le montant de la demande – de certificats de travail, de bulletins de paie ou de toute autre pièce que l'employeur est tenu de délivrer, à moins que le jugement ne soit en premier ressort en raison du montant des autres demandes.

> **Précisions a.** Pour l'appréciation du taux de ressort, constituent un **seul chef de demande** toutes les prétentions du salarié ayant soit un caractère salarial – paiement de salaires, primes, heures supplémentaires, indemnités de congés payés (Cass. soc. 17-7-1996 n° 93-42.820 : RJS 8-9/96 n° 969), repos compensateur (Cass. soc. 12-3-1997 n° 94-42.771 : RJS 4/97 n° 449) –, soit un caractère indemnitaire. Entrent dans cette dernière catégorie les demandes en paiement d'indemnité légale ou conventionnelle de licenciement, d'indemnité compensatrice de congés payés et de préavis (Cass. soc. 17-7-1996 n° 93-41.530 : RJS 8-9/96 n° 969 ; Cass. soc. 20-11-1996 n° 94-41.511 : RJS 1/97 n° 81), d'indemnité pour licenciement sans cause réelle et sérieuse et pour licenciement irrégulier (Cass. soc. 13-5-1997 n° 94-42.436 : RJS 6/97 n° 726).
b. Les demandes de **liquidation des astreintes** prononcées au titre des demandes de remise de pièces par l'employeur sont susceptibles d'appel si leur montant est supérieur au taux du dernier ressort (Cass. soc. 25-6-1992 n° 89-43.200 : RJS 10/92 n° 1147). Il en est de même d'une demande d'un salarié tendant à faire admettre au passif de l'employeur une créance dont le montant est précisé, dans le cadre d'une procédure collective (Cass. soc. 29-9-2010 n° 09-42.086 : RJS 12/10 n° 975).
Toutefois, la demande d'astreinte assortissant à titre accessoire une demande en paiement d'une somme ne modifie pas l'appréciation du taux de ressort au regard du seul montant de la somme en principal (Cass. soc. 22-10-2014 n° 12-19.587 : Bull. civ. V n° 245).
c. La demande de **délivrance d'un document rectifié** (bulletins de paie, certificat de travail), lorsqu'elle est la conséquence nécessaire d'une demande en paiement chiffré, ne modifie pas le taux du ressort (Cass. soc. 23-3-2011 n° 09-70.827 : RJS 6/11 n° 546).

c. Questions préjudicielles posées par les juridictions administratives

2501 Lorsque la juridiction judiciaire est saisie d'une question préjudicielle soulevée par une juridiction administrative, le **greffe** convoque à l'audience les parties à l'instance engagée devant la juridiction administrative, par lettre recommandée avec demande d'avis de réception, un mois au moins à l'avance. Il les invite à constituer avocat si la représentation est obligatoire. Il les prévient qu'à défaut de comparution elles s'exposent à ce qu'un jugement soit rendu en leur absence (CPC art. 126-14). La juridiction **statue** à bref délai et rend un jugement en premier et dernier ressort. Le délai de pourvoi en cassation est de quinze jours à compter de la notification du jugement (CPC art. 126-15).

SECTION 2 COMPÉTENCE TERRITORIALE

2520 Le **principe** est que la juridiction territorialement compétente est celle du lieu où demeure le défendeur (CPC art. 42, al. 1 ; n°s 2521 s.). Toutefois, cet article réserve l'hypothèse de dispositions contraires. Elles se présentent, pour certains litiges, sous forme d'**options** entre la juridiction du lieu où demeure le défendeur et un autre tribunal (n°s 2545 s.) ou de **règles spéciales,** pour d'autres types de litiges (n°s 2587 s.), auxquelles il faut ajouter le cas de l'intervention forcée à un litige (n°s 2800 s.).
Des tableaux récapitulent le lieu de **situation des différentes juridictions** civiles et leur **ressort** (n°s 3500 s.).

Par ailleurs, par dérogation aux règles de compétence de droit commun, les conventions conclues entre commerçants peuvent sous certaines conditions contenir des **clauses de compétence** territoriale (nos 2820 s.).

A. Domicile du défendeur déterminant la compétence territoriale

La juridiction territorialement compétente est celle dans le ressort de laquelle le défendeur a sa demeure au jour où l'assignation est délivrée (Cass. 1e civ. 17-6-2003 n° 02-19.733 : Bull. civ. I n° 143). Les changements de domicile ultérieurs sont sans effet (Cass. 2e civ. 18-6-1975 n° 74-10.656 : Bull. civ. II n° 187). **2521**

PERSONNES PHYSIQUES

Le lieu où demeure le défendeur s'entend, s'il s'agit d'une personne physique, du lieu où celle-ci a son domicile ou, à défaut, sa résidence (CPC art. 43). **2522**
Le **domicile** est déterminé par les règles du Code civil (C. civ. art. 102 s.). Il s'agit du lieu où la personne a son principal établissement et où elle habite effectivement en permanence, ou encore du lieu où se trouve le centre de ses activités, si elle exerce une profession à titre individuel.
À défaut de domicile connu, le défendeur peut être assigné au lieu de sa **résidence.** Il s'agit ici d'un établissement temporaire occupé, par exemple, dans le cadre des loisirs.

PERSONNES MORALES

Le lieu où demeure le défendeur s'entend, pour une personne morale, de celui où elle est établie (CPC art. 43). Pour une **société,** il s'agit en principe du lieu du siège social mais il est aussi possible, sous certaines conditions, de l'assigner en d'autres lieux (nos 47350 s.). **2525**

DIFFICULTÉS D'APPLICATION

Pluralité de défendeurs En cas de pluralité de défendeurs, le demandeur saisit à son choix la juridiction du lieu où demeure l'un d'eux (CPC art. 42, al. 2). **2528**
Il suffit que le demandeur exerce une **action directe et personnelle** contre chacune des parties assignées et que la **question à juger** soit la même pour tous (Cass. 2e civ. 10-3-2004 n° 01-15.725 : RJDA 7/04 n° 925). Ainsi un salarié peut-il assigner au même lieu ses deux anciens employeurs dont il demande la condamnation in solidum (Cass. soc. 16-2-2011 nos 10-16.423 et 10-16.534 : RJS 5/11 n° 449).

> **Précisions** Il se déduit de l'article 42, al. 2 du Code de procédure civile, applicable dans l'ordre international, la possibilité de poursuivre devant une juridiction française un défendeur demeurant à l'étranger lorsque la demande formée contre lui et un codéfendeur domicilié en France présente, à l'égard de ce dernier, un caractère sérieux et que les diverses demandes, dirigées contre les défendeurs différents, présentent un lien étroit de connexité (Cass. 1e civ. 24-2-1998 n° 95-19.442 et n° 95-20.627 : RJDA 6/98 n° 819 ; voir aussi Cass. 1e civ. 5-12-2012 n° 11-18.169 FS-PBI : RJDA 4/13 n° 373 ; CA Paris 14-1-2020 n° 19/17906).

Défendeur n'ayant ni domicile ni résidence connus Si le défendeur n'a ni domicile ni résidence connus, le demandeur peut saisir la juridiction du lieu où il demeure (CPC art. 42, al. 3). La solution est subsidiaire. Si le litige peut être rattaché à une juridiction en vertu des critères définis par l'article 46 du CPC en matières contractuelle, délictuelle, mixte, immobilière ou d'aliments (nos 2546 s.), c'est cette juridiction qui doit être saisie. **2532**

Lorsque le demandeur demeure à l'étranger, il peut saisir la juridiction de son choix (CPC art. 42, al. 3). Il y a lieu néanmoins de respecter les critères définis par les règlements européens et les conventions internationales, notamment le règlement UE 1215/2012 du 12 décembre 2012 dit « règlement Bruxelles I » et la convention de Lugano du 30 octobre 2007 (nos 62600 s.). **2535**

B. Option de compétence territoriale

2545 Lorsque le litige concerne certaines **matières particulières** précisées ici, l'article 46 du CPC permet au demandeur d'exercer une option entre le tribunal dans le ressort duquel le défendeur demeure (nos 2521 s.) et une autre juridiction auquel le litige peut être rattaché soit en fonction d'un critère objectif, soit en fonction d'un critère personnel.
L'article 47 du même Code prévoit en outre une option de compétence lorsqu'un **magistrat** ou un **auxiliaire de justice** est partie à un litige (nos 2575 s.).

MATIÈRE CONTRACTUELLE

2546 En matière contractuelle, outre la juridiction du lieu où demeure le défendeur, le demandeur peut saisir à son choix la juridiction du lieu de la **livraison effective** de la chose ou du lieu de l'**exécution de la prestation de services** (CPC art. 46, al. 1 et 2).
L'option est ouverte quelle que soit la **qualité des contractants,** professionnelle ou non. Elle est applicable devant toutes les **juridictions,** qu'elles soient civiles ou commerciales.
Le lieu de **conclusion du contrat** n'est pas un chef de compétence car il n'est pas prévu par l'option du Code de procédure civile (Cass. com. 8-6-1999 n° 97-13.625 : RJDA 10/99 n° 1161).

ATTENTION

L'option de compétence ne concerne que les contrats impliquant la livraison d'une chose ou l'exécution d'une prestation de services. En **matière immobilière,** il ne faut pas confondre le contrat préparatoire lorsqu'il engendre des obligations de faire avec la vente définitive ou « réitérée » prévoyant le transfert de propriété. Ainsi jugé que l'option de compétence territoriale ne s'appliquait pas à l'action en paiement d'une somme d'argent prévue par un **compromis de vente** en cas de non-réitération de l'acte ; ce compromis ne prévoyant ni la livraison d'une chose ni l'exécution d'une prestation de services, les vendeurs d'un immeuble reprochant à une SCI acheteuse la non-réitération fautive de la vente auraient dû assigner cette société devant le tribunal dans le ressort de laquelle était établi son siège social et non pas devant la juridiction du lieu de situation du bien (Cass. 2e civ. 27-6-2019 n° 18-19.466 F-PBI ; précédemment, Cass. 2e civ. 23-10-1991 : Bull. civ. II n° 270 ; Cass. 3e civ. 8-7-1992 n° 90-17.319 : Bull. civ. III n° 239).

2548 Le **lieu de la livraison effective** s'entend de celui où la livraison a été ou doit être effectuée (Cass. 2e civ. 18-1-2001 n° 96-20.912 : Bull. civ. II n° 10) ou encore de celui mentionné sur le bon de commande d'une vente internationale (Cass. 1e civ. 23-1-2007 n° 04-12.760 : RJDA 11/07 n° 1084). Il ne résulte pas d'une simple mise à disposition de la livraison (Cass. com. 14-6-1994 n° 92-22.017 : RJDA 12/94 n° 1395).

2550 Il a notamment été jugé que constitue le **lieu de la prestation de service** celui où :
– est conclu le contrat relatif à un voyage avec une agence de voyages (CA Aix-en-Provence 4-2-1986 : Bull. Cour d'Aix 1986/1 p. 65 ; CA Poitiers 3-4-2001, 1e ch. : Gaz. Pal. 2002 somm. p. 1561) ;
– un concessionnaire exerce son activité (Cass. com. 19-7-1988 n° 87-11.353 : Bull. civ. IV n° 257) ;
– est tenu un compte sur lequel est autorisé un découvert, ou sur lequel sont prévues des remises réciproques pour l'exécution d'une autorisation de crédit, ces actes constituant une prestation de services (Cass. com. 9-3-1999 n° 96-14.259 : RJDA 5/99 n° 625) ;
– un agent commercial accomplit son mandat (Cass. 2e civ. 18-6-2009 n° 08-18.753 : RJDA 10/09 n° 916).

> **Précisions** La prestation de services s'analyse comme la fourniture d'un travail convenu, qu'il soit manuel ou intellectuel, faisant l'objet d'un contrat (Cass. 2e civ. 13-1-1982 n° 80-14.663 : Bull. civ. II n° 7). Seules des prestations qui ne sont pas exécutées sous l'empire d'un contrat de travail peuvent entrer dans le cadre d'un contrat de prestation de services.

MATIÈRE EXTRACONTRACTUELLE

2555 En matière extracontractuelle, le demandeur peut saisir à son choix, outre la juridiction du lieu où demeure le défendeur, celle du lieu du fait dommageable ou celle dans le ressort de laquelle le dommage a été subi (CPC art. 46, al. 1 et 3).

2557 Le fait dommageable s'entend de la **faute** ayant entraîné le dommage (Cass. 2e civ. 24-2-1982 n° 80-15.927 : RTD com. 1982 p. 541, obs. A. Bénabent et J.-C. Dubarry). Lorsqu'une chose est impliquée, c'est le lieu de l'accident qui constitue le lieu du fait dommageable.

Le lieu où le dommage a été subi est celui où est né le **préjudice** (Cass. 2e civ. 28-2-1990 n° 88-11.320 : Bull. civ. II n° 46). En cas d'action en responsabilité dirigée contre un **commissaire aux comptes,** si le lieu où a été commis le manquement est celui de son domicile professionnel ou du siège de son groupement d'exercice, le lieu où le dommage a été subi est celui du **siège de la société contrôlée,** ce dont il résulte que le tribunal dans le ressort duquel est établi le siège social de cette société est territorialement compétent pour connaître de l'action en responsabilité (Cass. com. 10-1-2021 n° 18-26.704 F-P).

Le fait dommageable est caractérisé dès lors qu'existe un lien suffisant, essentiel ou significatif, entre les faits délictuels et le dommage allégué sur le **territoire français.** Ainsi, il est nécessaire d'établir, en matière de marques comme de droit d'auteur, que le fait dommageable concerne le public français (produits disponibles en France) pour justifier la compétence des juridictions françaises (Cass. com. 11-1-2005 n° 02-18.381 : RJDA 5/05 n° 631). **2559**

Lorsque le dommage (contrefaçon de marque) a été causé par une diffusion sur le réseau **internet,** le fait dommageable peut être invoqué devant la juridiction dans le ressort de laquelle la diffusion a été reçue, peu important que le fait dommageable se soit également produit dans le ressort d'autres tribunaux, fût-ce sur l'ensemble du territoire national (Cass. com. 7-7-2009 n° 08-17.135 : RJDA 11/09 n° 1014).

Les juridictions françaises sont compétentes pour statuer sur un litige opposant une société suisse et sa filiale française à une entreprise allemande pour concurrence déloyale en raison de l'activité des sites internet exploités par cette dernière, les sites incriminés étant accessibles pour les internautes français et les produits litigieux disponibles en France (Cass. com. 9-3-2010 n° 08-16.752 : RJDA 6/10 n° 691).

En revanche, pour la chambre commerciale de la Cour de cassation, la seule accessibilité d'un site internet sur le territoire français n'est pas suffisante pour retenir la compétence des juridictions françaises, prise comme étant celle du lieu du dommage allégué (Cass. com. 29-3-2011 n° 10-12.272 : D. 2011 p. 2373 obs. P. Tréfigny-Goy ; Cass. com. 20-9-2011 n° 10-16.569 : RJDA 12/11 n° 1082). De son côté, la première chambre civile a jugé que l'accessibilité, dans le ressort de la juridiction saisie, d'un site internet diffusant un spot publicitaire litigieux suffisait à retenir la compétence de cette juridiction, prise comme celle du lieu de la matérialisation du dommage allégué, pour connaître de l'atteinte prétendument portée aux droits d'auteur revendiqués par le demandeur (Cass. 1e civ. 18-10-2017 n° 16-10.428 F-PB : RJDA 4/18 n° 379).

MATIÈRE MIXTE IMMOBILIÈRE

En matière mixte (contestation portant sur un **droit personnel** et sur un **droit réel**), le demandeur peut saisir à son choix, outre la juridiction du lieu où demeure le défendeur, celle du lieu où l'**immeuble** est **situé** (CPC art. 46, al. 1 et 4). **2565**

L'action doit être personnelle en ce qu'elle doit porter sur un acte juridique ayant pour objet un immeuble, ce qui est le cas d'une vente ou d'une promesse de vente. Elle doit également mettre en cause un droit réel immobilier : essentiellement le droit de propriété sur un immeuble, mais aussi les droits démembrés tels qu'usufruit, droit d'usage et d'habitation ou servitudes.

ILLUSTRATIONS

Est une **action mixte** l'action :
- en résolution d'une vente d'immeuble (Cass. 2e civ. 24-4-1981 n° 79-16.880 : Bull. civ. II n° 104) ;
- en rescision pour cause de lésion (Cass. 3e civ. 8-12-1993 n° 90-22.070 : Bull. civ. III n° 165) ;
- en partage d'immeuble dépendant d'une indivision (Cass. 1e civ. 18-5-1976 n° 74-13.892 : Bull. civ. I n° 171).

N'est **pas une action mixte** l'action :
- en paiement du prix (Cass. 2e civ. 22-5-1974 n° 73-12.776 : Bull. civ. II n° 181) ;
- en restitution d'une indemnité d'immobilisation (Cass. 2e civ. 23-10-1991 n° 90-15.019 : RJDA 12/91 n° 1093) ;
- en annulation d'un jugement d'adjudication d'un bien immobilier sur saisie (Cass. 2e civ. 19-11-2008 n° 08-10.250 : RJDA 3/09 n° 285).

ALIMENTS OU CONTRIBUTION AUX CHARGES DU MARIAGE

En matière d'aliments ou de contribution aux charges du mariage, le demandeur peut saisir à son choix, outre la juridiction du lieu où demeure le défendeur, celle du lieu où demeure le créancier (CPC art. 46, al. 1 et 5). Cela permet au **créancier d'aliments** de saisir le tribunal dans le ressort duquel il demeure. **2570**

Bien que le texte ne vise que la créance d'aliments et la contribution aux charges du mariage, l'**action à fin de subsides** pour un enfant dont la filiation paternelle n'est pas légalement établie (C. civ. art. 342-2) entre dans les prévisions de l'article 46 du CPC car elle a un caractère alimentaire (Cass. 1e civ. 27-10-1981 n° 80-14.610 : Bull. civ. I n° 310).

MAGISTRAT OU AUXILIAIRE DE JUSTICE PARTIE À UN PROCÈS

2575 Lorsqu'un magistrat ou un auxiliaire de justice est partie à un litige qui relève de la compétence d'une juridiction dans le ressort de laquelle celui-ci exerce ses fonctions, son contradicteur peut saisir une juridiction située dans un ressort limitrophe (CPC art. 47, al. 1). Ce texte ouvre seulement une **faculté.** L'option est ouverte, soit que l'adversaire du magistrat ou de l'auxiliaire de justice, soit en demande, soit que cet adversaire soit en défense.

Celui qui sollicite le renvoi à une juridiction d'un ressort limitrophe ne soulève pas une exception d'incompétence mais doit présenter cette demande en **temps utile.** À peine d'irrecevabilité, la demande est présentée dès que son auteur a connaissance de la cause de renvoi (CPC art. 47, al. 2). Est irrecevable à demander le renvoi de la procédure en cause d'appel un avocat poursuivi en saisie-attribution devant le tribunal du lieu du barreau auprès duquel il est inscrit depuis de nombreuses années, dès lors qu'il a eu nécessairement connaissance de la situation à la date à laquelle il a saisi le juge de l'exécution de sa contestation (Cass. 2e civ. 7-4-2016 n° 15-15.372 F-PB). Un avocat inscrit au barreau de Paris qui a choisi, en première instance, de délocaliser une procédure de Nanterre à Pontoise doit être déclaré irrecevable, en appel, dans sa demande de délocalisation à la cour d'appel de Reims, car il aurait dû, dès la première instance, saisir une juridiction se trouvant dans le ressort d'une cour d'appel autre que celle de Paris ou de Versailles (Cass. 2e civ. 12-4-2018 n° 17-17.241 F-PB).

Si les conditions sont réunies, le renvoi est de droit, mais le juge reste libre de désigner la juridiction limitrophe appelée à connaître du litige.

En cas de renvoi, il est procédé comme il est dit à l'article 82 du CPC (voir n° 2935).

2577 On entend par « **magistrats** » non seulement les magistrats de carrière, qu'ils soient du siège ou du parquet, mais encore les juges élus composant le tribunal de commerce (Cass. 2e civ. 6-1-1988 n° 86-16.261 : Bull. civ. II n° 2) ou les conseillers prud'homaux (Cass. soc. 1-12-1988 n° 86-41.120 : Bull. civ. V n° 633). Le ressort dans lequel un **conseiller de prud'hommes** exerce ses fonctions est celui de la cour d'appel dont dépend sa juridiction. Il en résulte que dès lors qu'un conseiller de prud'hommes exerce ses fonctions au sein d'une juridiction du ressort de la cour d'appel saisie, cette dernière est tenue de faire droit à la demande de renvoi devant une juridiction limitrophe. Ainsi, le litige avec un salarié qui exerçait des fonctions de conseiller au sein du conseil de prud'hommes d'Annecy ne pouvait pas être jugé en appel devant la cour d'appel de Chambéry mais devant une cour d'appel limitrophe, peu important qu'il n'exerçât pas de fonctions juridictionnelles au sein de la cour d'appel de Chambéry (Cass. soc. 26-11-2013 n° 12-11.740 : Bull. civ. V n° 282).

2579 On entend par « **auxiliaire de justice** » celui qui apporte son concours de manière habituelle au fonctionnement de la justice, soit en qualité de représentant d'une partie, soit dans le cadre des missions qui lui sont confiées par une juridiction : avocat, huissier ou commissaire de justice, greffier des juridictions, administrateur judiciaire, mandataire-liquidateur. Toutefois, cette qualité a été déniée aux notaires (Cass. soc. 3-6-1982 n° 80-40.897), aux experts judiciaires (Cass. 2e civ. 7-5-1980 n° 78.15.382 : Bull. civ. II n° 98) et même aux avocats à la Cour de cassation et au Conseil d'État (CA Paris 19-5-1983 : D. 1983 IR p. 294 obs. P. Julien).

Le privilège de juridiction reconnu par l'article 47 du CPC n'est pas applicable aux litiges opposant les **avocats** entre eux à l'occasion de leur exercice professionnel, lesquels relèvent de procédures particulières régies par la loi 71-1120 du 31 décembre 1971 et le décret 91-1197 du 27 novembre 1991 (CA Paris 28-6-2011 n° 10/01255 ; Cass. 1e civ. 27-2-2013 n° 12-15.828).

> **Précisions** Un avocat avait été assigné devant le tribunal de commerce de Paris pour des fautes antérieurement commises dans l'exercice d'un mandat de gérant de société. Sur sa demande, l'affaire avait été renvoyée devant le tribunal de commerce de Nanterre puis de Pontoise, en application de l'article 47 du CPC. Devant cette juridiction, il avait soulevé l'**incompétence matérielle du tribunal,** au profit du conseil de prud'hommes.
> La Cour de cassation a considéré qu'en application de l'article 74 du CPC il n'était plus recevable à se prévaloir de cette exception d'incompétence. Il aurait dû soulever l'incompétence de la juridiction commerciale **au moment où il avait sollicité le renvoi** de l'affaire sur le fondement de l'article 47 du CPC (Cass. 1e civ. 26-6-2014 n° 13-20.396 : Bull. civ. II n° 155).

C. Compétence territoriale spéciale

Sans prétendre à l'exhaustivité, sont exposées ici un grand nombre de règles de compétence territoriale spéciale, liées à la **matière du litige,** qui sont prévues par le Code de procédure civile, le Code de l'organisation judiciaire ou d'autres textes spécifiques. L'**intervention forcée** dans un procès obéit par ailleurs à une règle de compétence particulière (n°s 2800 s.). 2587

1. COMPÉTENCE TERRITORIALE LIÉE À LA MATIÈRE DU LITIGE

a. Compétence territoriale en matière de droit patrimonial ou financier

COMPÉTENCE TERRITORIALE EN MATIÈRE RÉELLE IMMOBILIÈRE

En matière réelle immobilière, la juridiction du lieu où est situé l'immeuble est seule compétente (CPC art. 44). 2588
On entend par action réelle immobilière celle qui porte sur un droit réel – essentiellement le droit de propriété mais aussi les droits démembrés tels qu'usufruit, droit d'usage et d'habitation ou servitudes – et qui tend à la reconnaissance, à l'établissement, au rétablissement, à la contestation ou à l'extinction de ce droit.
Est par **exemple** de nature réelle immobilière l'action :
– en revendication de la propriété d'un immeuble (CA Paris 28-3-2006 n° 05/09055 : JCP G 2006 IV n° 2086) ;
– d'un propriétaire de lots dans un immeuble en copropriété tendant à la démolition d'un équipement empiétant sur ses parties privatives (Cass. 3e civ. 20-11-2002 n° 00-17.539 : Bull. civ. III n° 232) ;
– en annulation d'un jugement d'adjudication d'un bien immobilier sur saisie (Cass. 2e civ. 19-11-2008 n° 08-10.250 : RJDA 3/09 n° 285).

Les actions relatives au **droit de la construction** et opposant le maître d'ouvrage à l'architecte et aux constructeurs constituent un contentieux de nature contractuelle auquel doit être appliquée la règle de la compétence du tribunal du lieu où demeure le défendeur (CA Paris 26-6-1987 n° 86/3808 : Gaz. Pal. 1987 p. 719, note M. Renard). Au cas particulier, il s'agissait d'une action engagée par le maître d'ouvrage contre le constructeur et contre son assureur pour la réparation de malfaçons sur une piscine. 2590

COMPÉTENCE TERRITORIALE EN MATIÈRE DE SUCCESSION

Sont portées devant la juridiction dans le ressort de laquelle est ouverte la succession, jusqu'au partage inclusivement, les **demandes** (CPC art. 45) : 2595
– entre héritiers ;
– formées par les créanciers du défunt ;
– relatives à l'exécution des dispositions à cause de mort.
Le tribunal du lieu d'ouverture de la succession est également exclusivement compétent pour connaître de l'action en partage et des contestations qui s'élèvent soit à l'occasion du maintien de l'indivision, soit au cours des opérations de partage (C. civ. art. 841).
Une demande de **décharge d'une dette successorale** (C. civ. art. 786, al. 2), qui procède d'une action en paiement engagée par un créancier du défunt et est présentée avant le partage définitif, relève de la juridiction dans le ressort de laquelle a été ouverte la succession (Cass. 1e civ. 4-7-2018 n° 17-20.570 F-PBI).

> **Précisions a.** Le **lieu d'ouverture de la succession** est celui du dernier domicile du défunt, c'est-à-dire le lieu où le défunt avait son principal établissement selon les critères posés par l'article 102 du Code civil, à l'exclusion de toute installation passagère ou accidentelle.
b. Entrent notamment dans les « demandes relatives à l'**exécution des dispositions à cause de mort** » les litiges entre héritiers et légataires et les demandes en interprétation ou en nullité d'un testament.
c. Il faut faire attention aux effets d'une **donation-partage** qui vaut partage anticipé : l'**indivision** née de la donation-partage consentie par des parents à leurs enfants est **indépendante** de celle pouvant porter sur tout ou partie des biens dépendant de leur succession. Dès lors, l'action engagée par l'un des donataires, ayant pour objet de contraindre ses co-indivisaires à contribuer aux dépenses nécessaires à la conservation des immeubles indivis, est une action mobilière, au sens de l'article 42 du CPC, qui doit être portée devant la juridiction dans le ressort de laquelle l'un au moins des défendeurs demeure (Cass. 1e civ. 26-5-2021 n° 19-23.705 F-D).

COMPÉTENCE TERRITORIALE EN MATIÈRE DE RENTE VIAGÈRE

2600 Les contestations relatives à l'application de la loi 49-420 du 25 mars 1949 révisant certaines **rentes viagères constituées entre particuliers** sont portées devant le tribunal dans le ressort duquel est situé (C. org. jud. art. R 211-12, al. 1) :
– le bien lorsqu'il s'agit d'un immeuble ou d'un fonds de commerce ;
– le domicile du crédirentier lorsqu'il s'agit d'un meuble.

2602 Les contestations relatives à l'application de la loi 49-1098 du 2 août 1949 portant révision de certaines **rentes** viagères **constituées par les compagnies d'assurances,** par la Caisse nationale des retraites pour la vieillesse **ou par des particuliers moyennant l'aliénation de capitaux en espèces,** à l'exception du titre II de cette loi, et de la loi 51-695 du 24 mai 1951 portant majoration de certaines rentes viagères et pensions sont portées devant le tribunal dans le ressort duquel est situé le domicile du crédirentier (C. org. jud. art. R 211-12, al. 2).

COMPÉTENCE TERRITORIALE EN MATIÈRES DE BAIL À LOYER ET DE COPROPRIÉTÉ

2607 Pour connaître de tous les litiges relatifs au **bail d'habitation** est compétent le juge des contentieux de la protection du lieu de situation de l'immeuble (C. org. jud. art. R 213-9-7).

En matière de **baux commerciaux,** est compétent le tribunal judiciaire ou le président du tribunal judiciaire dans le ressort duquel se trouve l'immeuble (C. com. art. R 145-23). Pour plus de précisions, voir nos 45000 s.

En matière de **copropriété,** les litiges sont soumis à la juridiction dans le ressort de laquelle est situé l'immeuble (Décret 67-223 du 17-3-1967 art. 61-1).

Les actions en matière de bail ne sont ni des actions réelles ni des actions mixtes, pour lesquelles existent d'autres règles particulières de compétence.

COMPÉTENCE TERRITORIALE EN MATIÈRE DE PROPRIÉTÉ INTELLECTUELLE

2612 Seuls certains tribunaux judiciaires sont compétents en matière de **propriété littéraire et artistique,** de **dessins et modèles,** de **marques,** d'**indications géographiques,** de brevets d'invention, d'**obtentions végétales,** y compris lorsque la demande porte également sur une question connexe de concurrence déloyale (CPI art. L 331-1, L 521-3-1, al. 1, L 716-3, L 722-8, L 615-17 et L 623-31).

La **liste** de ces **tribunaux,** fixée par le Code de l'organisation judiciaire, figure n° 3502.

Pour les actions en matière de **brevets d'invention,** de certificats d'utilité et de certificats complémentaires de protection et de topographie de produits semi-conducteurs, seul le tribunal judiciaire de Paris est compétent (C. org. jud. art. D 211-6).

ATTENTION

Avant de saisir la juridiction, il importe de **vérifier** si la question litigieuse relève véritablement du droit spécial ou si elle ne se rattache pas simplement au droit commun des obligations. Ainsi jugé qu'il résulte des articles L 331-1, alinéa 1, du Code de la propriété intellectuelle et L 211-10 du Code de l'organisation judiciaire que les actions engagées sur le fondement de la responsabilité contractuelle de droit commun ne relèvent de la compétence des tribunaux judiciaires, déterminés par voie réglementaire, que lorsque la détermination des obligations de chacune des parties contractantes et de leurs éventuels manquements impose à la juridiction saisie de statuer sur des questions mettant en cause les règles spécifiques du droit de la propriété littéraire et artistique. Aussi ne donne pas de base légale à sa décision la cour d'appel qui désigne le tribunal judiciaire de Paris comme étant la juridiction compétente pour statuer sur une action fondée sur un contrat ayant pour objet et pour cause des **droits d'auteur** figurant au répertoire de diverses sociétés de gestion, au motif que l'établissement des comptes suppose nécessairement que soient identifiés et reconnus les droits d'auteur exclusifs qui forment l'assiette des redevances dues par les utilisateurs et les diffuseurs, sans constater que l'existence de ces droits et leur inclusion dans le répertoire des organismes de gestion concernés étaient contestées par les usagers débiteurs des redevances d'exploitation (Cass. 1e civ. 30-6-2021 n° 20-11.866 F-B).

COMPÉTENCE TERRITORIALE EN MATIÈRE D'INJONCTION DE PAYER

2620 En **principe,** le juge territorialement compétent en matière d'injonction de payer est celui du lieu où demeure le ou l'un des débiteurs poursuivis (CPC art. 1406, al. 2). Cette règle est d'ordre public et le juge doit relever d'office son incompétence (CPC art. 1406, al. 3).

Toutefois, en matière de **copropriété,** la procédure d'injonction doit être engagée contre les copropriétaires au lieu de situation de l'immeuble (Décret 67-223 du 17-3-1967 art. 60).

COMPÉTENCE TERRITORIALE EN MATIÈRE DE SURENDETTEMENT DES PARTICULIERS

Le juge du contentieux de la protection compétent pour connaître des mesures de traitement des situations de surendettement des particuliers et de la procédure de rétablissement personnel est celui du lieu où **demeure le débiteur** (C. org. jud. art. L 213-4-7 ; C. consom. art. R 713-1, al. 1). **2625**
Si un **débiteur** de nationalité française en situation de surendettement est **domicilié hors de France,** il peut saisir la commission de surendettement du lieu d'établissement de l'un de ses créanciers et le juge compétent est alors celui dans le ressort duquel siège la commission saisie (C. consom. art. R 713-1, al. 2).
Le **siège et le ressort des tribunaux** judiciaires et des chambres de proximité dont les juges des contentieux de la protection sont **seuls compétents,** dans le ressort de certains tribunaux judiciaires, pour connaître des mesures de traitement des situations de surendettement des particuliers et des procédures de rétablissement personnel, sont fixés par décret conformément au tableau IX-I annexé au Code de l'organisation judiciaire (C. org. jud. art. R 213-9-6).

COMPÉTENCE TERRITORIALE EN MATIÈRE DE PROCÉDURE COLLECTIVE

Les règles relatives au tribunal territorialement compétent pour connaître des procédures de sauvegarde, de redressement et de liquidation judiciaire sont exposées n°s 50295 s. **2630**

b. Compétence territoriale en matière de droit des personnes ou de la famille

RECTIFICATION OU ANNULATION D'ACTE DE L'ÉTAT CIVIL

Une **option,** en ce qui concerne les demandes en rectification ou en annulation des actes de l'état civil, est ouverte entre (CPC art. 1048, al. 1) : **2635**
– la juridiction du lieu où demeure la personne dont l'état est en cause ou, si elle demeure hors de France, le tribunal judiciaire de Paris ou son président ;
– et la juridiction (ou son président) du lieu où l'acte d'état civil a été dressé ou transcrit.
Sont **toutefois** seuls compétents (CPC art. 1048, al. 2) :
– le tribunal judiciaire de Nantes pour les actes détenus par le service central de l'état civil du ministère des affaires étrangères (actes d'état civil dressés à l'étranger) ;
– le tribunal judiciaire de Paris ou son président pour les certificats tenant lieu d'acte de l'état civil à un réfugié, à un apatride ou à un bénéficiaire de la protection subsidiaire.

COMPÉTENCE TERRITORIALE POUR LA CONTESTATION OU RÉINTÉGRATION DE NATIONALITÉ

En **principe,** les **contestations** portant sur la nationalité française ou étrangère des personnes physiques sont portées devant le tribunal judiciaire du lieu où demeure la personne ou, si cette personne ne demeure pas en France, celui de Paris (CPC art. 1039). **Toutefois,** seuls certains tribunaux désignés par décret peuvent connaître des contestations en cette matière (C. org. jud. art. D 211-10 et ann. tableau VIII). **2640**

Par ailleurs, les demandes de **réintégration** de la nationalité française **par déclaration** se font auprès du directeur des services de greffe judiciaires habilités à délivrer **des certificats** de nationalité (C. org. jud. art. D 211-10-3-1 et D 212-19 ; C. civ. art. 31 et 31-1). **2642**
Est territorialement compétent pour délivrer un certificat de nationalité le tribunal dans le ressort duquel est situé (C. org. jud. art. R 211-18) :
– le domicile du demandeur, si celui-ci réside en France ;
– le lieu de naissance du demandeur, si celui-ci est né en France et réside à l'étranger.
Le tribunal judiciaire de Paris est compétent, si le demandeur est né et réside à l'étranger.
Le siège et le ressort des tribunaux judiciaires appelés à recevoir et à enregistrer les **déclarations de la nationalité française** et à délivrer les **certificats de nationalité française** sont fixés conformément au tableau IX du Code de l'organisation judiciaire (C. org. jud. art. D 211-10-3-1).

COMPÉTENCE TERRITORIALE POUR LES PROCÉDURES RELATIVES AU PRÉNOM

Le **procureur de la République** territorialement compétent pour **contester** devant le juge aux affaires familiales **le ou les prénoms choisis** par les parents, en application du troisième alinéa de l'article 57 du Code civil, est celui dans le ressort duquel est détenu l'acte de naissance de l'enfant (CPC art. 1055-1, al. 1). **2645**
Lorsque le **procureur de la République s'oppose au changement de prénom** en application des dispositions du dernier alinéa de l'article 60 du Code civil, la demande est portée contre lui devant le juge aux affaires familiales du tribunal judiciaire auprès duquel le procureur de la République exerce ses fonctions (CPC art. 1055-2, al. 1).

Lorsque l'acte de naissance a été dressé ou transcrit par les autorités diplomatiques ou consulaires (acte dressé à l'**étranger**), le procureur de la République territorialement compétent est celui de Nantes (CPC art. 1055-1, al. 2).

COMPÉTENCE TERRITORIALE POUR LA DEMANDE D'ADOPTION

2650 La demande d'adoption est en **principe** portée devant le tribunal judiciaire du lieu (CPC art. 1166) :
– où demeure le requérant lorsqu'il demeure en France ;
– où demeure la personne dont l'adoption est demandée lorsque le requérant demeure à l'étranger ;
– choisi en France par le requérant lorsque le requérant et la personne dont l'adoption est demandée demeurent tous deux à l'étranger.
Toutefois, seuls certains tribunaux judiciaires (un seul tribunal par cour d'appel) sont compétents pour connaître des actions en adoption et des actions en reconnaissance des jugements d'adoption rendus à l'étranger, lorsque l'enfant résidant habituellement à l'étranger a été, est ou doit être déplacé vers la France (C. org. jud. art. D 211-10-1 ; ann. tableau VIII-I).

COMPÉTENCE TERRITORIALE EN MATIÈRE DE MESURES D'ASSISTANCE ÉDUCATIVE

2655 Les mesures d'assistance éducative sont prises par le juge des enfants du lieu où demeure, selon le cas, le père, la mère, le tuteur du mineur ou la personne, ou le service à qui l'enfant a été confié. À défaut, c'est celui du lieu où demeure le mineur. En cas de changement de domicile de la personne dont la demeure a déterminé la compétence, le juge se dessaisit au profit du juge du lieu de la nouvelle résidence, sauf ordonnance motivée (CPC art. 1181).
Est compétent pour ordonner une mesure judiciaire d'aide à la gestion du budget familial (C. civ. art. 375-9-1) le juge des enfants du lieu où demeure l'allocataire ou l'attributaire des prestations familiales auxquelles le mineur ouvre droit (CPC art. 1200-2).

COMPÉTENCE TERRITORIALE EN MATIÈRE DE RELATIONS ENFANTS/GRANDS-PARENTS OU TIERS

2657 Pour aménager le droit des grands-parents – ou, éventuellement, d'un tiers – à entretenir des relations avec un enfant mineur (C. civ. art. 371-4), est compétent le juge aux affaires familiales du lieu où demeure l'enfant (CPC art. 1180).

COMPÉTENCE TERRITORIALE EN MATIÈRE DE DÉLÉGATION ET RETRAIT DE L'AUTORITÉ PARENTALE

2660 Les demandes en **retrait total ou partiel** de l'autorité parentale sont portées devant le tribunal judiciaire du lieu où demeure l'ascendant contre lequel l'action est exercée (CPC art. 1202, al. 1).
Les demandes en **délégation** de l'autorité parentale sont portées devant le juge aux affaires familiales du lieu où demeure le mineur (CPC art. 1202, al. 2).
Les demandes en **déclaration judiciaire de délaissement parental** relèvent du tribunal judiciaire du lieu où demeure le mineur (CPC art. 1202, al. 3).

COMPÉTENCE TERRITORIALE EN MATIÈRE DE TUTELLE DES MINEURS ET DES MAJEURS

2662 Le juge des tutelles territorialement compétent (JAF pour les mineurs et juge des contentieux de la protection pour les majeurs) est celui de la résidence habituelle de la personne à protéger ou protégée ou celui du domicile du tuteur (CPC art. 1211).

JUGE TERRITORIALEMENT COMPÉTENT EN MATIÈRE DE DÉPLACEMENT ILLICITE INTERNATIONAL D'ENFANTS

2665 Les actions engagées sur le fondement des dispositifs européens ou internationaux relatifs au déplacement illicite d'enfants sont engagées devant certains tribunaux judiciaires seulement (n° 2147).

JUGE TERRITORIALEMENT COMPÉTENT EN MATIÈRE DE DIVORCE ET SÉPARATION DE CORPS

2670 Les règles relatives au tribunal territorialement compétent pour connaître des procédures judiciaires de **divorce,** de **séparation de corps** et de **conversion** de la séparation de corps en divorce sont les suivantes, étant précisé que la compétence est déterminée par la résidence au jour de la demande (au jour de la requête initiale pour les divorces introduits avant le 1er janvier 2021 : CPC art. 1070, al. 7).
La règle principale désigne le juge aux affaires familiales du lieu où se trouve la **résidence de la famille** (CPC art. 1070, al. 2).

Des règles subsidiaires sont mises en œuvre en cas de **résidences distinctes** (CPC art. 1070, al. 3 à 6) :
– si la demande n'est pas conjointe, est compétent le juge du lieu de résidence du parent avec lequel résident habituellement les enfants mineurs en cas d'exercice en commun de l'autorité parentale, ou du lieu de résidence du parent qui exerce seul cette autorité ;
– dans les autres cas, le juge du lieu où réside celui qui n'a pas pris l'initiative de la procédure ;
– en cas de demande conjointe, le juge compétent est, selon le choix des parties, celui du lieu où réside l'une ou l'autre.

Par application des règles énoncées ci-dessus, les **litiges après divorce ou séparation de corps** sont réglés par : **2672**
– le juge aux affaires familiales du lieu où réside l'époux qui a l'autorité parentale ;
– celui du lieu de la résidence habituelle des enfants mineurs si l'autorité parentale a été exercée conjointement par les époux. À défaut, on applique la règle de compétence du tribunal du lieu où demeure le défendeur.

Toutefois, si le litige porte seulement sur la pension alimentaire, la contribution à l'entretien et à l'éducation des enfants, la contribution aux charges du mariage ou la prestation compensatoire, il peut être porté devant le juge du lieu où demeure l'époux créancier ou le parent qui assume à titre principal la charge des enfants, même majeurs (CPC art. 1070, al. 6).

Sur l'appréciation de la résidence habituelle, voir n° 39010.

JUGE TERRITORIALEMENT COMPÉTENT EN MATIÈRE DE PRÉSOMPTION ET DÉCLARATION D'ABSENCE

Les demandes en **présomption** d'absence (C. civ. art. 112) doivent être présentées au juge des tutelles (juge des contentieux de la protection) dans le ressort duquel la personne concernée demeure ou a eu sa dernière résidence. À défaut, la demande peut être présentée au juge des tutelles du lieu où demeure le demandeur (CPC art. 1062). **2682**

En cas de **déclaration** d'absence faite au tribunal judiciaire (C. civ. art. 122), les mêmes règles s'appliquent (CPC art. 1066).

c. Compétence territoriale en matière d'assurance

Dans toutes les instances relatives à la fixation et au règlement des **indemnités** d'assurance **dues,** le défendeur est assigné devant le tribunal du domicile de l'assuré, de quelque espèce d'assurance qu'il s'agisse, sauf en matière d'immeubles ou de meubles par nature, auquel cas le défendeur est assigné devant le tribunal de la situation des objets assurés (C. ass. art. R 114-1, al. 1). **2692**

Toutefois, s'il s'agit d'assurance contre les **accidents** de toute nature, l'assuré peut assigner l'assureur devant le tribunal du lieu où s'est produit le fait dommageable (C. ass. art. R 114-1, al. 2).

> **Précisions** En matière d'accident de la circulation, une victime exerçant une **action directe** contre l'assureur de l'auteur de l'accident (C. ass. art. L 124-3) peut se prévaloir soit des règles de compétence issues des articles 42 et suivants du CPC (compétence du tribunal du **domicile du défendeur**), soit de celles de l'article R 114-1 du Code des assurances (compétence du tribunal du **domicile de l'assuré**). En **matière délictuelle,** le demandeur peut saisir à son choix le lieu où demeure le défendeur, la juridiction du **fait dommageable** ou celle dans le ressort de laquelle le dommage a été subi (CPC art. 46). Il en résulte qu'aucun texte ne permet de retenir la compétence territoriale de la juridiction dans le ressort de laquelle demeure la victime (Cass. 2e civ. 16-7-2020 n° 19-18.795 F-PBI).

d. Compétence territoriale en matière de consommation

Le **consommateur qui agit contre un professionnel** dans le cadre d'un manquement au droit de la consommation peut saisir à son choix, outre les juridictions territorialement compétentes désignées par le Code de procédure civile, la juridiction du lieu où il demeurait au moment de la conclusion du contrat, ou de la survenance du fait dommageable (C. consom. art. R 631-3). Cette option de compétence ne concerne cependant que le consommateur demandeur. Si l'on s'en tient à la lettre du texte, le **non-professionnel,** c'est-à-dire, selon la définition du Code de la consommation, toute personne morale qui n'agit pas à des fins professionnelles, ne peut pas s'en prévaloir. **2700**

L'option de compétence cède en présence de **règles spéciales,** comme en matière d'assurance, par exemple (C. ass. art. R 114-1), ou lorsque des règles d'ordre public prévoient la compétence exclusive d'une autre juridiction, telles celles relatives à l'injonction de payer (CPC art. 1406).
Par ailleurs, seule la qualité de consommateur permet l'application de ce dispositif. Dès lors qu'un prêt était destiné à financer une **activité professionnelle** consistant à donner, à titre habituel, des immeubles en location, le fait que les parties aient **soumis volontairement** l'opération aux dispositions du Code de la consommation régissant le crédit immobilier à un consommateur est sans incidence sur la compétence territoriale (Cass. 1e civ. 14-1-2016 n° 14-28.034 F-D : RJDA 4/16 n° 336).

e. Compétence territoriale en matière de mesures d'exécution

RÈGLE GÉNÉRALE

2712 À moins qu'il n'en soit disposé autrement, le juge de l'exécution (JEX) territorialement compétent, au **choix du demandeur,** est celui du lieu où demeure le débiteur ou celui du lieu d'exécution de la mesure. Lorsqu'une demande a été portée devant l'un de ces juges, elle ne peut plus l'être devant l'autre (C. exécution art. R 121-2, al. 1).
Si le débiteur **demeure à l'étranger ou** si le **lieu** où il demeure est **inconnu,** le juge compétent est celui du lieu d'exécution de la mesure (C. exécution art. R 121-2, al. 2).

RÈGLES DE COMPÉTENCE TERRITORIALE PARTICULIÈRES À CERTAINES SAISIES

2714 Un certain nombre de saisies obéissent à des règles spécifiques :
– pour une **saisie-attribution,** le juge compétent est celui du lieu où demeure le débiteur (C. exécution art. R 211-10) ;
– en matière de **saisie-appréhension,** le juge est celui du lieu où demeure la personne tenue à la remise (C. exécution art. R 222-2 et R 222-3). Néanmoins, la requête à fin d'injonction doit être présentée au juge du lieu où demeure le débiteur (C. exécution art. R 222-11), ce juge étant compétent pour connaître de l'éventuelle opposition à cette injonction (C. exécution art. R 222-13) ;
– pour autoriser une **saisie-revendication,** le juge compétent est celui du lieu où demeure le débiteur. Il est aussi compétent pour en ordonner la mainlevée. Si la saisie a été pratiquée sans autorisation préalable, le juge pouvant en ordonner la mainlevée est celui du lieu où demeure la personne tenue de l'obligation de restituer ou de délivrer le bien saisi (C. exécution art. R 222-18). Les autres contestations, notamment celles relatives à l'exécution de la saisie, seront portées devant le JEX du lieu où sont situés les biens saisis (C. exécution art. R 222-19). Si le détenteur du bien dispose d'un droit propre, la contestation ne peut être portée par le créancier saisissant que devant le JEX du lieu où demeure ce détenteur (C. exécution art. R 222-24) ;
– en cas de **saisie d'un véhicule** terrestre à moteur faite **par déclaration à la préfecture,** les contestations doivent être portées devant le JEX du lieu où demeure le débiteur (C. exécution art. R 223-3) ;
– si la **saisie** du **véhicule** est pratiquée **par immobilisation** de celui-ci, le juge pour connaître des contestations est celui du lieu où demeure le débiteur, ou celui du lieu de l'immobilisation (C. exécution art. R 223-10) ;
– les **saisies de droits d'associés et de valeurs mobilières** qui font l'objet d'éventuelles contestations sont de la compétence du juge du lieu où demeure le débiteur (C. exécution art. R 232-6).

2716 Des règles particulières s'appliquent en matière de **mesures conservatoires et de sûretés judiciaires.** Le juge de l'exécution du lieu où demeure le débiteur est compétent pour l'autorisation ou pour l'éventuelle mainlevée (C. exécution art. R 511-2 et R 512-1). Les autres contestations sont de la compétence du JEX du lieu où sont situés les biens saisis (C. exécution art. R 512-3).

2718 Les **mesures d'expulsion** sont de la compétence du juge des contentieux de la protection du lieu de situation de l'immeuble (C. org. jud. art. L 213-4-3 et R 213-9-7).

f. Autres litiges portés devant le tribunal judiciaire

LITIGES CONCERNANT CERTAINS CONTRATS

2730 Pour les contestations relatives au contrat d'engagement entre armateurs et marins dans les conditions prévues par le Code du transport (C. org. jud. art. R 221-3-5 devenu C. civ. art. 467, al. 3) des options sont ouvertes entre le domicile du marin ou son port d'embarquement ou de débarquement ; le marin peut également saisir le tribunal judiciaire dans le ressort duquel est situé le port où l'employeur a son principal établissement ou une agence ou, à défaut, le port d'immatriculation du navire (C. org. jud. art. R 221-16, al. 1 à 4).

Pour les litiges suivants, les règles de compétence territoriale de droit commun sont applicables, mais le demandeur peut également saisir le tribunal judiciaire du lieu où la convention a été passée ou exécutée, lorsqu'une des parties est domiciliée dans ce ressort (C. org. jud. art. R 211-16, al. 5) :
– demandes relatives aux vices rédhibitoires et aux maladies contagieuses des animaux domestiques, fondées sur les dispositions du Code rural et de la pêche maritime ou sur la convention des parties, quel qu'ait été le mode d'acquisition des animaux (C. org. jud. art. R 211-3-6, 3°) ;
– actions en rescision, réduction de prix ou dommages-intérêts pour lésion dans les ventes d'engrais, amendements, semences et plants destinés à l'agriculture, et de substances destinées à l'alimentation du bétail (C. org. jud. art. R 211-3-6, 4°).

COMPÉTENCE TERRITORIALE POUR LES LITIGES CONCERNANT CERTAINS BIENS

Sont de la compétence du tribunal judiciaire du lieu de **situation des biens** (C. org. jud. art. R 211-15) : **2740**
– les actions tendant à l'expulsion des personnes qui occupent sans droit ni titre des immeubles pour y habiter (C. org. jud. art. R 213-9-7) ;
– les actions en bornage (C. org. jud. art. R 211-3-4) ;
– les actions pour dommages causés aux champs et cultures, aux fruits et récoltes, aux arbres, aux clôtures et aux bâtiments agricoles (C. org. jud. art. R 211-3-6, 1°) ;
– les actions pour dommages causés aux cultures et récoltes par le gibier (C. org. jud. art. R 211-3-6, 2°) ;
– les contestations relatives aux travaux nécessaires à l'entretien et à la mise en état de viabilité des chemins d'exploitation (C. org. jud. art. R 211-3-6, 6°) ;
– les actions relatives à la distance prescrite par la loi, les règlements particuliers et l'usage des lieux pour les plantations ou l'élagage d'arbres ou de haies (C. org. jud. art. R 211-3-8, 1°) ;
– les contestations relatives à l'établissement et à l'exercice des servitudes instituées par les articles L 152-14 à L 152-23 du Code rural et de la pêche maritime, 640 et 641 du Code civil ainsi qu'aux indemnités dues à raison de ces servitudes (C. org. jud. art. R 211-3-8, 4°) ;
– les contestations relatives aux indemnités auxquelles peuvent donner lieu, conformément à l'article L 215-5 du Code de l'environnement, l'élargissement ou l'ouverture du nouveau lit des cours d'eau non domaniaux (C. org. jud. art. R 211-3-9, 1°) ;
– les contestations relatives aux indemnités dues à raison des servitudes prévues par l'article L 171-10 du Code de la voirie routière (C. org. jud. art. R 211-3-9, 3°) ;
– les contestations relatives à l'application des textes concernant l'installation d'antennes réceptrices de radiodiffusion (C. org. jud. art. R 211-3-11) ;
– les actions dont un contrat de louage d'immeubles à usage d'habitation ou un contrat portant sur l'occupation d'un logement est l'objet, la cause ou l'occasion, ainsi que les actions relatives à l'application de la loi 48-1360 du 1er septembre 1948 (C. org. jud. art. R 213-9-7).

Les contestations relatives aux **warrants agricoles** (C. org. jud. art. R 211-3-6, 5°) sont de la compétence du tribunal d'instance dans le ressort duquel sont situés les objets warrantés (C. org. jud. art. R 211-17). **2742**

COMPÉTENCE TERRITORIALE POUR LES LITIGES RELATIFS AUX EXPÉDITIONS

Sont de la compétence du tribunal judiciaire du **domicile** de l'**expéditeur ou** de celui du **destinataire** (C. org. jud. art. R 211-13) : **2752**
– les actions entre les transporteurs et les expéditeurs ou les destinataires relatives aux indemnités pour perte, avarie, détournement des colis et bagages, y compris les colis postaux, ou pour retard dans la livraison ;
– les actions relatives aux correspondances et objets recommandés et aux envois de valeur déclarée, grevés ou non de remboursement.

COMPÉTENCE TERRITORIALE POUR LES CONTESTATIONS SUR LES FUNÉRAILLES

Le tribunal judiciaire compétent pour les contestations portant sur les conditions des funérailles est celui du lieu du décès ou, si le décès est survenu à l'étranger, du lieu du dernier domicile du défunt en France (C. org. jud. art. R 211-14). **2760**

g. Compétence territoriale des conseils de prud'hommes

2770 Le conseil de prud'hommes territorialement compétent pour connaître des litiges entre employeur et salarié est (C. trav. art. R 1412-1) :
- celui dans le ressort duquel est situé l'**établissement** où est accompli le travail ;
- ou, lorsque le **travail** est accompli à domicile ou **en dehors** de toute entreprise ou établissement, celui dans le ressort duquel est situé le domicile du salarié.

Le salarié peut toutefois **toujours** saisir le conseil de prud'hommes du lieu où l'engagement a été contracté ou celui du lieu où l'employeur est établi.

Toute **clause** d'un contrat **qui déroge** directement ou indirectement à ces dispositions est réputée non écrite (C. trav. art. R 1412-4).

Lorsque le **lieu de formation du contrat** n'a **pas** pu être **déterminé,** le conseil de prud'hommes compétent est celui du siège social de l'employeur (Cass. soc. 2-3-1972 n° 71-40.443 : Bull. civ. V n° 178).

> **Précisions** **a.** Outre les travailleurs à domicile, la règle du domicile du salarié vise notamment les **VRP.**
> **b.** S'agissant d'une demande dirigée contre la société utilisatrice tendant à la requalification de contrats de **travail temporaire** en contrats de travail à durée indéterminée, est compétent le conseil de prud'hommes dans le ressort duquel se trouve cette société (Cass. soc. 14-12-2004 n° 03-40.401 : RJS 2/05 n° 192).

h. Compétence territoriale en matière de contentieux de la sécurité sociale

2780 Seuls certains tribunaux judiciaires spécialement désignés connaissent des affaires de sécurité sociale (C. org. jud. art. L 211-16 et ann. tableau VIII-III).

En **principe,** le tribunal compétent est celui dans le ressort duquel se trouve le domicile du bénéficiaire ou de l'employeur intéressé, ou le siège de l'organisme défendeur en cas de conflit entre organismes ayant leur siège dans le ressort de juridictions différentes (CSS art. R 142-10, al. 1).

Plusieurs **exceptions** sont prévues, notamment (CSS art. R 142-10, al. 2 et s.) :
- accident du travail : lieu de l'accident ou résidence de l'accidenté, au choix de celui-ci (accident non mortel) ; dernier domicile de l'accidenté (accident mortel) ;
- différend entre le bénéficiaire de prestations et l'employeur : résidence du bénéficiaire ;
- différend portant sur l'affiliation ou les cotisations relatives à l'emploi de travailleurs salariés : établissement de l'employeur.

> **Précisions** Le contentieux de la **tarification des accidents du travail** est confié à la cour d'appel d'Amiens (C. org. jud. art. D 311-12).

2. COMPÉTENCE TERRITORIALE EN CAS DE DEMANDE EN INTERVENTION FORCÉE

2800 Dans un procès, un tiers peut être mis en cause à fin de condamnation, à la demande de toute partie (CPC art. 331, al. 1).

Le tiers mis en cause est tenu de procéder devant la juridiction saisie de la **demande originaire,** sans qu'il puisse décliner la compétence territoriale de cette juridiction, même en invoquant une clause attributive de compétence (CPC art. 333).

Ce rattachement à l'instance d'origine est subordonné à trois **conditions** :
- l'intervention du tiers doit se rattacher aux prétentions des parties par un lien suffisant (CPC art. 325) ;
- le demandeur à l'intervention doit être en droit d'agir contre le tiers à titre principal, sauf mise en cause en vue d'obtenir un jugement commun (CPC art. 331, al. 1 et 2) ;
- le tiers doit être appelé en temps utile pour faire valoir sa défense (CPC art. 331, al. 3).

> **Précisions** Cette exception aux règles de compétence ne concerne que la compétence territoriale et non la compétence d'attribution. Ainsi, le tribunal saisi du litige d'origine doit être compétent matériellement, tant à l'égard des demandes d'origine qu'à l'égard de la demande en garantie.

D. Clause attributive de compétence territoriale

Toute **clause** qui, directement ou indirectement, déroge aux règles de la compétence territoriale est réputée **non écrite,** à moins qu'elle n'ait été convenue entre des personnes ayant toutes contracté en qualité de **commerçant** et qu'elle n'ait été spécifiée de façon très **apparente** dans l'engagement de la partie à qui elle est opposée (CPC art. 48). Les parties à un contrat ne peuvent donc y insérer une clause attributive de compétence que dans le strict respect des conditions de cet article. **2820**

CLAUSES DE COMPÉTENCE TERRITORIALE INTERDITES

L'interdiction des clauses de compétence qui n'entrent pas dans les conditions de l'article 48 du CPC est d'**ordre public.** **2822**

Toutefois, en matière contentieuse, le **juge** ne peut relever d'office son incompétence territoriale que dans les litiges relatifs à l'état des personnes, ou dans les cas où la loi attribue compétence exclusive à une autre juridiction, ou encore si le défendeur ne comparaît pas (CPC art. 77).

CLAUSES DE COMPÉTENCE TERRITORIALE AUTORISÉES

Personnes concernées Les clauses attributives de compétence sont admises entre commerçants, qu'ils soient personnes physiques ou personnes morales, à condition qu'ils aient **contracté en tant que tels.** Les règles particulières aux clauses de compétence impliquant une société sont exposées nos 47365 s. **2825**

La clause ne peut être invoquée contre une personne qui fait un **acte de commerce** à titre **isolé** (Cass. com. 10-2-1981 n° 79-15.687 : Bull. civ. IV n° 75 ; Cass. com. 8-11-1994 n° 93-14.509 : Bull. civ. IV n° 324).

ILLUSTRATIONS

Il a été jugé qu'une clause attributive de compétence ne pouvait pas être valablement invoquée à l'encontre d'un **artisan** qui avait accepté des **lettres de change,** cette acceptation ne pouvant à elle seule lui conférer la qualité de commerçant (Cass. com. 11-5-1993 n° 91-14.734 : RJDA 11/93 n° 986).

De même, le président-directeur général d'une société franchisée ayant consenti au franchiseur un droit de préemption au cas de cession de ses actions, la clause de compétence territoriale incluse dans cet engagement doit être réputée non écrite dès lors que l'intéressé y énonce que sa profession est celle d'**administrateur** de société et qu'il agit **à titre personnel** (CA Paris 8-10-1991 n° 91/14227 : RJDA 12/91 n° 1094).

Acceptation de la clause La clause doit être spécifiée de façon très apparente dans l'engagement de la partie à qui elle est opposée (CPC art. 48). Chaque partie au contrat doit donc l'avoir acceptée de façon certaine et non équivoque. **2830**

Doit être réputée non écrite la clause figurant au **verso non paraphé** d'un bon de commande (Cass. 2e civ. 20-2-1980 n° 78-14.437 : Bull. civ. II n° 37).

L'acceptation peut être donnée par un **mandataire** (CA Versailles 3-11-1994 n° 94/4569 : RJDA 4/95 n° 522), même si le mandat est général (CA Paris 22-3-2000 n° 99/25128 : RJDA 9-10/00 n° 860).

Elle doit être donnée au **moment** de la conclusion du contrat, ce qui n'est pas le cas d'une clause figurant sur une lettre de confirmation ou des factures postérieures au contrat (Cass. com. 14-4-1992 n° 90-13.246 : RJDA 7/92 n° 780 ; CA Paris 27-11-1991 n° 91/8742 : RJDA 4/92 n° 410). Tel est le cas, en revanche, de la clause figurant sur la facture qui a accompagné la conclusion du contrat (Cass. com. 16-3-1999 n° 97-12.687 : RJDA 6/99 n° 745).

Quoique ne figurant pas sur la convention, la clause est valable dès lors que cette convention se rattache directement aux conditions générales de vente applicables depuis le début des **relations commerciales, devenues habituelles** entre les parties et tacitement acceptées pour les litiges pouvant les opposer (Cass. com. 14-12-1993 n° 92-11.313 : RJDA 3/94 n° 366). Ainsi, une société de transport, en relations d'affaires habituelles avec un garagiste, est censée avoir accepté la clause, si, sur une période de sept mois consécutifs, elle a donné au garagiste dix ordres de réparation signés, dont l'ordre concerné, comportant la même clause attributive de compétence (Cass. com. 17-11-2015 n° 14-19.244 F-D).

La clause peut aussi être opposable si elle figure sur un **bordereau de livraison** ou sur la **facture** du fournisseur, pourvu qu'il soit établi qu'elle y est très apparente (Cass. com. 18-9-2007 n° 05-21.395 F-D).

Dans un contrat de **transport maritime,** a été considérée comme acceptée la clause de compétence qui figurait au verso d'un connaissement portant, outre des mentions inscrites par le chargeur lui-même, le cachet de ce dernier et la signature de son représentant (Cass. com. 7-7-1992 : RJDA 12/92 n° 1183).

2832 La clause de compétence doit remplir des conditions de **lisibilité** (dimension, place, etc.).
La présentation de la clause est souverainement appréciée par les juges (Cass. 2e civ. 20-2-1980 n° 78-14.437 : Bull. civ. II n° 37).

ILLUSTRATIONS

La **clause** a été jugée **très apparente** dans les cas suivants :
– elle constituait l'un des paragraphes du texte du contrat conclu (Cass. com. 20-7-1981 n° 80-10.268 : Bull. civ. IV p. 324) ;
– elle figurait au verso de l'accusé de réception d'une commande de façon parfaitement lisible (CA Versailles 3-11-1994 : RJDA 4/95 n° 522) ;
– elle figurait sous le titre « Contestations et litiges », imprimée en caractères gras et majuscules, au dernier article de l'acte précédant immédiatement la signature de toutes les parties (CA Paris 27-10-1999 n° 99/10443 : RJDA 2/00 n° 229) ;
– elle figurait en caractères apparents parmi les conditions stipulées au bordereau de règlement accompagnant le chèque adressé par une banque à une société pour financer une acquisition de matériel (Cass. com. 20-11-2001 n° 99-14.172 : RJDA 4/02 n° 429).
La **clause** a été considérée comme **insuffisamment apparente** dans les cas suivants :
– elle figurait au verso de bons de commande, imprimée en caractères grisâtres et peu lisibles (Cass. com. 30-11-1981 n° 80-12.353 : Bull. civ. IV n° 415) ;
– elle figurait au verso du contrat, noyée au milieu des conditions générales comportant dix-neuf clauses et était imprimée en petits caractères rigoureusement identiques à ceux des autres clauses (CA Paris 1-3-1995 n° 94/24636 : RJDA 8-9/95 n° 1059) ;
– elle était imprimée dans des contrats en caractères minuscules, comme l'ensemble des autres clauses, même si son titre était en caractères gras et si elle figurait juste au-dessus de la signature des parties (CA Paris 3-7-1996 n° 96/80451 : RJDA 1/97 n° 149) ;
– elle était insérée au verso des conditions générales d'un contrat de fourniture de gaz à un commerçant, sans que ne figure au recto un renvoi attirant l'attention du commerçant et sans qu'aucun élément distinctif, notamment de police, ne distingue particulièrement ce paragraphe (CA Versailles 25-2-2010 n° 09-8008 : RJDA 6/10 n° 695).

2837 **Litiges visés par la clause** Le tribunal désigné dans la clause attributive de compétence ne peut connaître que des litiges que celle-ci lui soumet.

ILLUSTRATIONS

La clause qui vise les litiges relatifs à l'**interprétation** et à l'**exécution de la convention** ne concerne pas la demande de nullité du contrat ni la demande de dommages et intérêts qui n'en est que le complément, car ces demandes ne se rattachent pas à un problème d'exécution de la convention (Cass. 1e civ. 25-1-1983 n° 81-16.415 : Bull. civ. I n° 31) ; mais cette clause est applicable à la demande en **résolution du contrat** (Cass. 2e civ. 18-9-2003 n° 1292 : RJDA 5/04 n° 654).
Un litige étant né entre un concédant et un concessionnaire portant sur les conséquences de la **résiliation du contrat de concession,** la clause attributive de compétence insérée dans les conditions générales de **vente** inscrites au verso des bons de commande et des factures du concédant ne s'applique pas au litige en cause (Cass. 2e civ. 1-2-2006 n° 04-14.822 : RJDA 6/06 n° 733).
Toutefois, une clause attributive de compétence a été étendue à **plusieurs demandes** en vue d'une meilleure administration de la justice (Cass. com. 9-11-1987).

2842 **Tribunal compétent** Le tribunal désigné par les parties est compétent dès lors qu'il a été **régulièrement et clairement choisi.**
La clause de compétence ne doit pas porter atteinte à une règle d'**ordre public** (par exemple, règles impératives de compétence en matière de procédure collective ou d'assurance). Jugé ainsi qu'elle ne doit pas porter atteinte aux règles déterminant les juridictions spécialisées pour statuer sur les pratiques anticoncurentielles (Cass. com. 1-3-2017 n° 15-22.675 F-PBI : RJDA 5/17 n° 372).
Constitue une **condition potestative** qui la rend nulle la clause d'un contrat permettant à une seule partie de déterminer la juridiction territorialement compétente (CA Rouen 17-1-1991 n° 90/3536 : RJDA 3/91 n° 256).
Une clause attributive de compétence territoriale est inopposable à la partie qui saisit le juge des **référés** (Cass. com. 25-6-2002 n° 99-14.761 : RJDA 12/02 n° 1337 ; Cass. com. 16-2-2016 n° 14-25.340 FS-PB : RJDA 12/16 n° 922 ; Cass. com. 13-9-2017 n° 16-12.196 F-PBI).

Est en revanche valable la clause visant le « tribunal de Grenoble », dès lors que **la nature et le siège de la juridiction** choisie par les parties sont **déterminables** par la seule qualité des parties et par la lecture du contrat qui conduit au tribunal de commerce de Grenoble (Cass. 1e civ. 30-10-2006 n° 04-15.512 : RJDA 2/07 n° 213).

La clause attributive de juridiction ne devient pas caduque du fait de la **suppression de la juridiction** désignée ; il faut alors se référer à l'intention des parties pour déterminer la juridiction qu'il convient de lui substituer (Cass. com. 15-9-2015 n° 14-18.389 : RJDA 11/15 n° 799).

Lorsque coexistent dans les documents contractuels des **clauses** attributives de juridiction **qui se contredisent ou sont inconciliables,** elles ont pour effet de s'annuler et il y a lieu de faire application des règles de compétence de droit commun (Cass. com. 20-11-1984 n° 83-15.956 : Bull. civ. IV n° 313 ; Cass. 1e civ. 28-3-1995 n° 93-13.237 : RJDA 11/95 n° 1309). Lorsque les conditions particulières d'un contrat prévoient une clause attributive de compétence différente de celle insérée dans les conditions générales, la clause insérée dans les conditions particulières l'emporte (Cass. com. 21-6-2017 n° 15-11.154 F-D : RJDA 10/17 n° 686).

Lorsque le liquidateur agit contre un tiers au nom et dans l'intérêt collectif des créanciers du débiteur mis en liquidation judiciaire, dans l'exercice du monopole que lui confèrent les articles L 622-20 et L 641-4 du Code de commerce, la **clause attributive de compétence stipulée** dans un contrat conclu, avant l'ouverture de la procédure collective, entre le débiteur et un tiers cocontractant ne lui est pas opposable (Cass. com. 9-6-2022 n° 20-23.509 F-D).

Si la **clause** n'a été stipulée que **dans l'intérêt d'une partie,** la compétence du tribunal désigné ne peut être invoquée que par elle (CA Paris 10-12-1997 n° 97/22530 : RJDA 4/98 n° 542). **2844**

Les juges du fond apprécient souverainement si la clause attributive de compétence a été stipulée dans l'intérêt exclusif de l'une des parties (Cass. 2e civ. 15-6-1966 n° 64-12.651 : Bull. civ. II n° 680 ; Cass. 2e civ. 1-4-1981 n° 79-15.762 : Bull. civ. II n° 78 ; Cass. 2e civ. 1-6-2017 n° 16-18.739 F-PB, retenant que la clause a été stipulée dans l'intérêt commun des parties).

La partie dans l'intérêt de laquelle la clause a été stipulée ne doit pas y avoir **renoncé.** Le fait de ne pas invoquer une clause attributive de compétence à l'occasion d'une action en **référé** ne manifeste pas la volonté non équivoque de renoncer à s'en prévaloir lors d'une assignation au fond (Cass. com. 28-5-1991 n° 89-19.683 : RJDA 10/91 n° 859).

Dans certaines situations, la **clause** d'attribution de compétence peut se trouver **mise en échec.** **2846**
S'il y a **plusieurs défendeurs,** le demandeur peut les assigner tous devant la juridiction du lieu où demeure l'un d'eux (CPC art. 42), malgré la clause attribuant, au profit de certains d'entre eux, compétence à une autre juridiction, à la condition qu'il y ait **indivisibilité** entre les demandes formées contre les divers défendeurs (Cass. 1e civ. 23-10-1990 n° 88-18.600 : Bull. civ. I n° 219).

La clause de compétence peut aussi être neutralisée en cas d'**intervention forcée** (n° 2800) ; voir cependant Cass. com. 24-3-2015 n° 13-28.345 FD : RJDA 1/16 n° 71 pour une solution contraire en cas d'intervention volontaire à titre accessoire.

Tiers à la clause En principe, la clause de compétence ne peut pas être **opposée** à ceux qui n'ont pas été parties au contrat dans lequel cette clause a été insérée. Réciproquement, les tiers ne peuvent pas **se prévaloir** de la clause. Ainsi, les appelés en garantie ne peuvent pas l'invoquer contre ceux qui les assignent en intervention. **2848**

La clause peut toutefois s'imposer à la **personne subrogée** dans les droits du signataire (Cass. 1e civ. 25-11-1986 n° 84-17.745 : Bull. civ. I n° 277). Par ailleurs, dans les **chaînes de contrats,** les juges du fond doivent rechercher si la clause de compétence invoquée n'était pas connue et acceptée par une partie dans ses relations avec son contradicteur, même si le contrat qui comporte la stipulation n'a pas été directement signé par la partie au litige (Cass. com. 4-3-2014 n° 13-15.846 : Bull. civ. IV n° 41) ; par cette décision la Cour de cassation énonce, de manière générale, une solution retenue jusque-là uniquement en matière de transport, à savoir que le tiers à un contrat peut invoquer la clause attributive de compétence à l'égard d'une partie liée par le contrat contenant cette clause, à la condition que celle-ci ait été connue et acceptée par cette partie et le tiers dans leurs relations réciproques (Cass. com. 3-5-2011 n° 10-18.901 ; Cass. com. 25-10-2011 n° 10-18.808 ; Cass. com. 27-9-2017 n° 15-25.927 F-PB).

Il serait plus judicieux d'en parler à « expertise in furum ».

Autonomie de la clause de compétence Une clause de compétence n'est pas affectée par l'**inefficacité** éventuelle **de l'acte principal** qui la contient, en raison de son autonomie par rapport à cet acte (en cas de nullité ou de caducité : Cass. 1e civ. 8-7-2010 n° 07-17.788 : RJDA 11/10 n° 1120 ; Cass. 1e civ. 15-4-2015 n° 14-11.572 : RJDA 8-9/15 n° 619 ; Cass. com. 5-7-2017 n° 15-21.894 F-D ; en cas de résolution : C. civ. art. 1230). **2850**

Une clause d'élection de domicile a été appliquée à l'action en nullité de l'acte la contenant compte tenu de l'intention des parties et des circonstances de fait du litige, souverainement appréciées par les juges du fond (Cass. 2e civ. 23-1-1974 n° 72-11.578 : Bull. civ. II n° 34).

2852 **Élection de domicile** L'élection consiste à faire choix d'un domicile chez un avocat, un notaire, ou encore un huissier ou commissaire de justice, pour l'**exécution d'une convention ou d'un autre acte**, tel qu'un exploit d'huissier ou commissaire de justice.
Les significations, demandes et poursuites relatives à cet acte peuvent être faites à ce domicile convenu, sous réserve des dispositions de l'article 48 du CPC (C. civ. art. 111). Il résulte de la **combinaison des règles** de l'élection de domicile avec les conditions posées par l'article 48 (nos 2820 s.) que le domicile convenu est valable entre commerçants, en respectant les règles de forme. Les litiges sont alors portés devant le tribunal dans le ressort duquel se trouver le domicile élu.

SECTION 3 EXCEPTION D'INCOMPÉTENCE

2860 Les moyens tirés de la prétendue incompétence d'une juridiction doivent être examinés aussi rapidement que possible. Les parties doivent donc les soulever au tout début du procès. Dans le même souci d'un examen prioritaire pour ne pas retarder l'issue au fond du litige, les voies de recours contre la décision du juge statuant sur sa compétence obéissent à des règles spécifiques.
L'exception d'incompétence fait partie des exceptions de procédure qui obéissent en outre à des règles générales exposées nos 10055 s.
L'incident de compétence ne concerne pas seulement la demande initiale. Il peut également être soulevé à l'égard des moyens de défense. Afin d'éviter une dispersion du contentieux qui pourrait être artificielle et retarderait l'issue du litige, l'article 49, alinéa 1 du CPC dispose que toute juridiction saisie d'une demande de sa compétence connaît de tous les moyens de défense même s'ils exigent l'interprétation d'un contrat, à l'exception de ceux qui soulèvent une question relevant de la compétence exclusive d'une autre juridiction.
Par exception à la procédure exposée ci-dessous, les **conflits de compétence au sein d'un tribunal judiciaire** peuvent être résolus de manière simplifiée avant la première audience, à la demande des parties ou d'office par le juge (nos 2955 s.).

A. Exception d'incompétence soulevée par les parties

MOMENT POUR SOULEVER L'EXCEPTION D'INCOMPÉTENCE

2861 L'exception d'incompétence doit être soulevée au seuil de l'instance, à peine d'irrecevabilité (CPC art. 74, al. 1).
Dans la chronologie, cette exception doit être formulée avant toute fin de non-recevoir ou défense au fond.
Dans une procédure écrite, même si les arguments peuvent être énoncés dans un même jeu de conclusions, le plan doit être strictement organisé :
1/ Exception d'incompétence ;
2/ Fin de non-recevoir (si les conditions du droit d'agir ne sont pas réunies) ;
3/ Subsidiairement au fond, et dans l'hypothèse où, par extraordinaire, la juridiction saisie se déclarerait compétente et tiendrait l'action pour recevable.

2863 Lorsque le **défendeur** a été **défaillant en première instance,** il peut soulever l'exception d'incompétence dans le cadre d'une opposition, si le jugement a été rendu par défaut (CPC art. 572, al. 1) ou d'un appel, si le jugement était réputé contradictoire, à condition qu'il présente cette exception avant toute défense au fond ou fin de non-recevoir.
Pour rejeter l'exception d'incompétence, un arrêt a retenu que la protestation d'une société à l'égard de sa mise en cause, du fait d'une éventuelle inopposabilité de l'expertise, constituait

bien un moyen qui tendait à faire rejeter comme non justifiée la prétention de la société adverse tendant à sa garantie, de sorte que l'exception qu'elle soulevait était irrecevable. En statuant ainsi, alors que la société auteur de l'exception ne demandait pas que l'expertise lui fût déclarée inopposable et qu'elle s'était bornée à défendre à la demande de jonction de l'instance en garantie la concernant à celle sur le fondement des vices cachés intentée contre la société adverse, sans faire valoir de défense sur le fond du droit, la cour d'appel a violé les articles 71 et 74 du CPC (Cass. 2e civ. 2-2-2023 n° 21-15.924 F-B).

Une partie ne peut pas soulever l'incompétence pour la première fois devant la **Cour de cassation,** même si l'incompétence est d'ordre public (n° 28255). En revanche, elle peut prétendre que la juridiction saisie **en appel** est incompétente (CPC art. 75). **2865**

Dans les procédures où existe un préliminaire de **conciliation,** l'exception d'incompétence peut être soulevée après l'échec de la tentative de conciliation (en matière prud'homale, notamment : Cass. soc. 22-1-1975 n° 74-40.133 : Bull. civ. V n° 28). **2867**

Dans les **procédures orales,** l'exception peut être soulevée lors des débats à l'audience, peu important que des conclusions écrites eussent été préalablement déposées sur la recevabilité de l'action ou sur des questions de fond, dans la mesure où, dans ces procédures, les conclusions ne sont qu'indicatives (Cass. 2e civ. 16-10-2003 n° 01-13.036 : Bull. civ. II n° 311).

Lorsque le juge a fixé un calendrier de procédure précisant les dates d'échanges des pièces et conclusions, il paraît désormais nécessaire de soulever l'exception dès le premier jeu d'écritures, à charge de la confirmer le jour de l'audience « in limine ».

L'instance de **référé** étant distincte de l'instance au fond, l'incompétence du juge saisi au principal peut être soulevée par une partie quand bien même celle-ci se serait préalablement abstenue de contester la compétence de la juridiction des référés (Cass. com. 3-4-1990 n° 88-16.427 : Bull. civ. IV n° 107). **2869**

PRÉSENTATION DE L'EXCEPTION D'INCOMPÉTENCE

Le moyen d'incompétence doit être **motivé,** en fait et en droit, et l'auteur de l'exception, que ce soit en première instance ou en appel, doit indiquer la **juridiction** devant laquelle, à son sens, l'affaire doit être portée. Ces exigences sont posées à peine d'irrecevabilité de l'exception (CPC art. 75). **2879**

En cas d'**option légale de compétence,** l'auteur de l'exception peut citer soit une seule des juridictions compétentes, soit toutes celles qui pourraient l'être (Cass. soc. 12-2-1964 n° 63-40.088 : Bull. civ. IV n° 117 ; Cass. 1e civ. 9-1-2007 n° 04-11.779 : RJDA 11/07 n° 1177). **2881**

En l'**absence d'option,** l'auteur de l'exception doit désigner une seule juridiction. Il ne peut pas se dispenser de faire un choix en opérant une désignation principale accompagnée d'une désignation subsidiaire, même si les juridictions respectivement revendiquées ne relèvent pas du même ordre de juridiction (Cass. 1e civ. 9-1-2007 n° 04-11.779 : RJDA 11/07 n° 1177).

Lorsque la compétence relève d'une **juridiction étrangère,** l'auteur de l'exception peut se contenter de désigner l'ordre juridictionnel étranger dans son ensemble, sans détailler la désignation de telle ou telle juridiction (Cass. soc. 17-3-1998 n° 93-40.442 : RJS 12/98 n° 1530). **2883**

Ainsi, satisfait aux exigences de l'article 75 du Code de procédure civile, la partie qui fait connaître, dans son déclinatoire, que l'affaire doit, conformément aux règles de conflit applicables, être portée devant les juridictions d'un **autre État,** la recevabilité de l'exception n'étant **pas subordonnée** à l'indication de la juridiction dudit État devant être précisément saisie ni aux règles de sa loi interne permettant cette désignation. Il en est de même lorsque ces règles de conflit offrent au demandeur le choix entre plusieurs fors internes d'un même État (Cass. 1e civ. 27-1-2021 n° 19-23.461 F-PBI).

Au **tribunal judiciaire,** dans les procédures écrites, les conclusions soulevant une exception d'incompétence doivent être présentées devant le juge de la **mise en état,** seul compétent jusqu'à son dessaisissement, à l'exclusion de toute autre formation du tribunal pour statuer sur les exceptions de procédure (CPC art. 789). **2885**

MODÈLE **2887**

Conclusions soulevant une exception d'incompétence devant le tribunal judiciaire

Le contentieux né de l'application de l'article L 442-1 du Code de commerce, notamment celui concernant la rupture sans préavis d'une relation commerciale établie, a été regroupé devant quelques juridictions du premier degré et devant la cour de Paris en appel. Sont ici proposées des conclusions soulevant l'exception d'incompétence en vue du renvoi du dossier devant la juridiction spécialisée.

CONCLUSIONS AUX FINS D'EXCEPTION D'INCOMPÉTENCE DEVANT LE JUGE DE LA MISE EN ÉTAT
POUR : Société civile B
Dont le siège social est à Toulouse
Représentée par son gérant
Maître X
Avocat au barreau de Toulouse
CONTRE : SARL S
Maître Z
Avocat au barreau de Toulouse
La SARL S a saisi le tribunal judiciaire de Toulouse d'une action fondée sur les dispositions de l'article L 442-1, II, du Code de commerce, au motif qu'elle aurait subi une rupture brutale des relations contractuelles.
Or, il résulte de l'article D 442-3 du Code de commerce, modifié par le décret n° 2021-211 du 24 février 2021, pris pour l'application de L 442-4, III, du Code de commerce, que le siège et le ressort des tribunaux judiciaires compétents en métropole ont été fixés conformément à un tableau et que la cour d'appel compétente est celle de Paris (C. com. art. D 442-3 et ann. tableau 4-2-2).
Dans le tableau figurant dans l'annexe réglementaire, le siège des tribunaux judiciaires pour les affaires qui sont nées dans le ressort des cours d'appel d'Agen, Bordeaux, Limoges, Pau et Toulouse a été fixé à Bordeaux.
Il en résulte que la présente instance doit être suivie devant le tribunal judiciaire de Bordeaux dès lors que le tribunal judiciaire de Toulouse est incompétent en raison de cette attribution impérative à une juridiction réglementairement désignée.
L'article 789 du CPC prévoit que le juge de la mise en état est compétent pour statuer sur les exceptions de procédure et sur les incidents mettant fin à l'instance.
La concluante sollicite qu'il soit fait droit à l'exception qu'elle soulève *in limine litis.*
PAR CES MOTIFS
PLAISE AU JUGE DE LA MISE EN ÉTAT :
Vu les dispositions de l'article 789 du CPC,
Vu les dispositions des articles L 442-4, III, et D 442-3 du Code de commerce,
Faire droit à l'exception d'incompétence soulevée par la société civile B.
Dire que le tribunal judiciaire de Bordeaux est exclusivement compétent pour connaître de l'action engagée par la SARL S.
Renvoyer en conséquence le dossier devant cette juridiction et inviter les parties à y constituer avocat.
Condamner la SARL S au paiement de la somme de... € en application de l'article 700 du CPC et aux entiers dépens de l'incident, lesquels seront recouvrés par maître X, avocat au barreau de Toulouse, conformément aux dispositions de l'article 699 du même Code.
SOUS TOUTES RÉSERVES
DONT ACTE

B. Incompétence relevée d'office

2900 En principe, le juge n'a pas l'obligation de soulever son incompétence. Il s'agit d'une simple faculté (CPC art. 76).
En matière d'injonction de payer, le juge doit toutefois relever d'office son incompétence tant territoriale que matérielle (CPC art. 1406, al. 3).
De même, pour les matières qui relèvent du juge de l'exécution, tout autre juge doit relever d'office son incompétence (C. exécution art. R 121-1).
Sur l'obligation pour le juge français de relever d'office son incompétence dans les cas de compétence exclusive prévus par la réglementation européenne, voir n° 64150.
Lorsqu'il relève son incompétence d'office, le juge doit respecter le principe de la contradiction (CPC art. 16, al. 1). Il doit donc inviter les parties à présenter leurs observations sur cette difficulté.
Quand le conflit de compétence est interne au tribunal judiciaire, la question peut être résolue par le juge de manière simplifiée, avant la première audience (nos 2955 s.).

INCOMPÉTENCE TERRITORIALE RELEVÉE D'OFFICE

2902 En **matière gracieuse,** le juge peut relever d'office son incompétence territoriale. Il ne le peut, en **matière contentieuse,** que dans les litiges relatifs à l'état des personnes, dans les cas où la loi attribue compétence exclusive à une autre juridiction ou si le défendeur ne comparaît pas (CPC art. 77).

INCOMPÉTENCE MATÉRIELLE RELEVÉE D'OFFICE

En matière de compétence d'attribution, la faculté pour le juge de relever d'office son incompétence conduit à distinguer selon le **degré de juridiction.** **2907**

En première instance, l'incompétence peut être prononcée d'office lorsque la règle est d'ordre public ou lorsque le défendeur ne comparaît pas (CPC art. 76, al. 1).

Devant la cour d'appel et devant la Cour de cassation, l'incompétence ne peut être relevée d'office que si l'affaire relève de la compétence d'une juridiction répressive ou administrative, ou échappe à la connaissance de la juridiction française (CPC art. 76, al. 2). Excède ainsi sa compétence le tribunal d'instance (devenu tribunal judiciaire) qui s'est prononcé sur une demande en restitution de sommes saisies indûment au titre d'une condamnation pénale, alors qu'une telle demande relève de la compétence de la juridiction qui a prononcé sa condamnation en application de l'article 710 alinéa 1er du Code de procédure pénale (Cass. 2e civ. 19-11-2020 n° 19-14.242 F-PBI).

> **Précisions** Toute règle à laquelle il est interdit de déroger par convention est une règle d'**ordre public** (C. civ. art. 6). Ainsi la compétence du conseil de prud'hommes est-elle d'ordre public, toute clause contraire étant non écrite (C. trav. art. L 1411-4, al. 1). Quand les textes ne précisent pas que toute clause contraire est nulle ou non écrite, il appartient au juge de décider si un texte est d'ordre public. Sont notamment d'ordre public la compétence du juge administratif (Cass. 1e civ. 1-7-1969 n° 66-12.910 ; Cass. 2e civ. 29-3-2017 n° 16-11.277 F-PB pour un litige relatif aux prérogatives de puissance publique conférées à l'ordre des experts-comptables pour l'exécution de la mission de service public) et celle du juge pénal (Cass. 2e civ. 20-1-1971 n° 69-11.539 : Bull. civ. II n° 20).

C. Décision du juge sur une exception d'incompétence

L'exception d'incompétence soulevée par les parties ou relevée d'office par la juridiction elle-même donne lieu à une décision spécifique. **2920**

1. DÉCLARATION D'INCOMPÉTENCE

INCIDENCE SUR LE FOND DU LITIGE

La décision d'incompétence entraîne extinction de l'instance, le juge n'ayant plus à statuer sur le fond. **2922**

Cela ne l'empêche pas d'examiner la question de fond à laquelle la compétence est **subordonnée.** Le plus souvent, cette question relève d'une opération de qualification pour déterminer quelle est la juridiction apte à connaître du litige. Le contrat est-il un contrat de distribution, auquel cas les juridictions commerciales sont compétentes ? Est-il un contrat de travail, auquel cas le litige relève de la compétence exclusive du conseil de prud'hommes ? La décision du juge tranchant une question de fond aura **autorité de la chose jugée** sur cet aspect (CPC art. 79, al. 2).

La question de fond et la question de compétence doivent faire l'objet de dispositions distinctes dans le **dispositif** du jugement (CPC art. 79, al. 1).

C'est seulement lorsque le juge a, en se prononçant sur la compétence, tranché **dans le dispositif du jugement** la question de fond dont dépend cette compétence que sa décision a autorité de la chose jugée sur la question de fond (Cass. soc. 23-9-2008 n° 07-41.954 : Bull. civ. V n° 167).

ILLUSTRATIONS

Une personne chargée de promouvoir auprès de la clientèle d'une société ses produits l'assigne devant un tribunal de commerce pour se voir reconnaître le **statut d'agent commercial** ; ce tribunal accueille l'exception d'incompétence soulevée par la société, qui se prévaut d'une clause attributive de compétence au profit d'un autre tribunal de commerce ; le demandeur forme alors un contredit (aujourd'hui, appel) contre ce jugement. Pour faire droit à la demande et renvoyer les parties devant le tribunal de commerce initialement saisi, la cour d'appel retient que la compétence de la juridiction doit être analysée au regard du statut que revendique l'intéressé, qui a précisément saisi la juridiction parce qu'il contestait la qualification de son contrat et sa qualité de commerçant qu'il déniait, de sorte qu'on ne peut pas, en l'état, lui opposer la clause attributive de compétence, alors que la **preuve de sa qualité de commerçant** n'est pas encore rapportée, et qu'appliquer cette clause serait préjuger de la nature du contrat le liant à la société. Cette décision est censurée par la Cour de cassation car la cour d'appel a statué sans trancher la question de fond dont dépendait la compétence (Cass. 2e civ. 5-2-2017 n° 15-27.953 F-PB, rendu avant la suppression du contredit mais transposable).

2924 Il peut arriver qu'en présence de **demandes multiples,** le juge se déclare incompétent à l'égard de certaines parties et compétent à l'égard des autres. Pour ces dernières, il conservera la faculté de statuer au fond dès lors que les demandes ne sont pas indivisibles et qu'il n'est pas nécessaire de statuer par une décision unique en raison d'un lien de connexité entre elles.

DÉSIGNATION DE LA JURIDICTION COMPÉTENTE APRÈS DÉCLINATOIRE DE COMPÉTENCE

2930 La déclinaison de compétence fait obligation au juge de renvoyer les parties à procéder devant la juridiction compétente. Il est tenu de désigner la juridiction qu'il estime compétente, cette désignation s'imposant aux parties et au juge de renvoi (CPC art. 81, al. 2).
Toutefois, lorsque l'affaire relève d'une juridiction répressive, administrative, arbitrale ou étrangère, le juge doit seulement inviter les parties à mieux se pourvoir, sans autre précision (CPC art. 81, al. 1). Si le juge indique néanmoins la juridiction qu'il estime compétente, cette désignation ne saurait, en ce cas, s'imposer à la juridiction de renvoi.

POURSUITE DE L'INSTANCE APRÈS DÉCLINATOIRE DE COMPÉTENCE

2935 À défaut d'appel dans les délais (nos 2985 s.), le dossier de l'affaire est immédiatement transmis par le greffe de la juridiction initialement saisie à la **juridiction désignée** avec une copie de la décision de renvoi (CPC art. 82, al. 1).
Dès réception du dossier par le greffe de la juridiction de renvoi, les parties sont invitées, **par tout moyen,** et non plus par lettre recommandée AR, par le greffe de la juridiction désignée, à poursuivre l'instance et, s'il y a lieu, à régulariser la procédure notamment en constituant **avocat,** dans le délai d'un mois à compter de cet avis, **si la représentation est obligatoire.** Une radiation du dossier interviendra si cette régularisation n'est pas effectuée dans le mois de l'invitation qui a été faite aux parties (CPC art. 82, al. 2 et 3).
L'instance se poursuit devant la juridiction de renvoi **dans l'état** où elle se trouvait précédemment, sans qu'il y ait lieu de reprendre les actes de procédure initiaux.

2. DÉCLARATION DE COMPÉTENCE APRÈS PRÉSENTATION D'UNE EXCEPTION D'INCOMPÉTENCE

RÔLE DU JUGE

2950 Lorsque la juridiction se déclare compétente, elle peut procéder selon deux méthodes.
Elle peut rendre un **jugement** se prononçant **exclusivement sur la compétence** sans statuer sur le fond. Ceci permet d'attendre que le jugement sur la compétence devienne définitif. La solution au fond sera examinée ultérieurement et fera l'objet d'un jugement distinct. En effet, si le juge se déclare compétent, l'instance est suspendue jusqu'à l'expiration du délai pour former appel et, en cas d'appel, jusqu'à ce que la cour d'appel ait rendu sa décision (CPC art. 80).
La juridiction a également le pouvoir de se prononcer immédiatement sur la compétence et de **statuer au fond** dans un seul et même jugement. Il convient néanmoins que les parties aient été préalablement mises en demeure de conclure sur le fond et que le juge statue sur les deux questions qui lui sont posées par des dispositions distinctes du jugement (CPC art. 78).

> **Précisions** Une banque avait assigné en paiement un débiteur devant le tribunal de commerce de la Roche-sur-Yon qui s'était déclaré matériellement incompétent au profit du TGI (aujourd'hui, le tribunal judiciaire) de la Roche-sur-Yon. Le débiteur, qui n'avait pas constitué avocat devant cette juridiction, avait interjeté appel du jugement qui l'avait condamné à payer à la banque une certaine somme et avait soulevé devant la cour d'appel la nullité de l'assignation introductive d'instance et **l'incompétence territoriale du TGI** de la Roche-sur-Yon au profit de celui de Bayonne. La cour d'appel avait déclaré irrecevables ces deux exceptions et confirmé le jugement qui avait condamné le débiteur à payer. La Cour de cassation censure, sur le fondement de l'ancien article 76 (devenu CPC art. 78), la cour d'appel, qui, après avoir rejeté comme tardive l'exception d'incompétence soulevée par le débiteur, a, statuant au fond, confirmé en toutes ses dispositions le jugement qui l'avait condamné à payer, **sans avoir mis le débiteur en demeure de conclure au fond** (Cass. 2e civ. 4-9-2014 no 12-24.530 : Bull. civ. II no 174).

D. Règlement des questions de compétence au sein du tribunal judiciaire

RÈGLEMENT DES QUESTIONS DE COMPÉTENCE AVANT LA PREMIÈRE AUDIENCE

Mention au dossier Par dérogation aux dispositions qui régissent le jugement statuant sur la compétence (CPC art. 75 à 82-1), les questions de compétence au sein d'un tribunal judiciaire peuvent être réglées avant la première audience par mention au dossier, à la demande des **parties ou d'office par le juge,** si ce dernier estime pouvoir trancher la question de sa compétence sans statuer au fond. Les **parties ou leurs avocats** sont **avisés** de la décision du juge sans délai par tout moyen conférant date certaine. Le dossier de l'affaire est aussitôt transmis par le greffe au juge désigné (CPC art. 82-1, al. 1 à 3). 2955

> **Précisions** Compte tenu des termes généraux de l'article, les questions de compétence peuvent, à notre avis, toucher la **compétence matérielle** comme la compétence **territoriale** au sein d'un même tribunal judiciaire (par exemple, hésitation entre le tribunal judiciaire ou l'une de ses chambres de proximité, ou entre un juge du contentieux de la protection ou un JEX, ou entre deux chambres de proximité).

Contestation La compétence du juge à qui l'affaire a été ainsi renvoyée peut être remise en cause par ce **juge ou une partie** dans un **délai** de trois mois. Dans ce cas, le juge, d'office ou à la demande d'une partie, renvoie l'affaire, par simple mention au dossier, au **président du tribunal judiciaire.** Le président renvoie l'affaire, selon les mêmes modalités, au juge qu'il désigne. Sa décision n'est pas susceptible de recours (CPC art. 82-1, al. 5). 2957

CONTESTATION DEVANT LE JUGE DE LA COMPÉTENCE AU SEIN DU TJ

La compétence du juge peut être contestée devant lui par les **parties.** La décision se prononçant sur la compétence peut faire l'objet d'un appel dans les conditions prévues par les dispositions spéciales en matière de compétence (CPC art. 82-1, al. 6). Il s'agira d'une procédure d'appel à jour fixe (n°s 2970 s.). 2959

E. Appel de la décision rendue sur une exception d'incompétence

RÈGLES GÉNÉRALES

La décision rendue sur l'exception d'incompétence peut faire l'objet d'un recours qui prendra la forme d'un appel sur la compétence ou d'un appel plus général sur la compétence et sur le fond. Sur l'exercice d'un pourvoi contre l'arrêt rendu par la cour d'appel, voir n°s 27585 s. 2970

ATTENTION

L'appel sur la compétence est enfermé dans un court délai : quinze jours à compter de la notification du jugement. Cette notification sera effectuée par le greffe par lettre recommandée AR aux parties et par envoi à leurs avocats dans le cas d'une procédure avec représentation obligatoire. Attention donc à la **motivation de la déclaration d'appel** et aux initiatives à prendre dans le délai d'appel, à peine de caducité de la déclaration, en vue de la fixation de l'affaire devant la cour !

1. APPEL D'UN JUGEMENT STATUANT EXCLUSIVEMENT SUR LA COMPÉTENCE

CHAMP D'APPLICATION

Lorsque le juge se prononce sur la compétence sans statuer sur le fond du litige, sa décision peut faire l'objet d'un appel, quand bien même le juge aurait tranché la question de fond dont dépend la compétence (CPC art. 83). Cette voie de recours se rencontre donc lorsque le juge a pris une décision d'incompétence ou lorsqu'il s'est déclaré compétent, sans jugement immédiat sur le fond. 2972
Sur l'examen de la question de fond à laquelle la compétence est subordonnée, voir n° 2922.

2973 Sous réserve des règles particulières de l'expertise (n° 2975), une décision peut être attaquée du chef de la compétence par la voie de l'appel spécifique, lorsque le juge se prononce sur la compétence et ordonne une **mesure d'instruction** ou une **mesure provisoire** (CPC art. 83, al. 2).

2975 Si elle justifie d'un motif grave et légitime, la partie qui conteste une décision d'**expertise** peut demander au premier président de la cour d'appel une autorisation pour relever appel de cette décision sans attendre le jugement sur le fond (CPC art. 272, al. 1). Si le jugement ordonnant l'expertise s'est également prononcé sur la compétence, l'appel est formé, instruit et jugé selon les modalités des articles 83 à 89 du CPC.

DÉLAI ET MODALITÉS DE L'APPEL D'UN JUGEMENT STATUANT EXCLUSIVEMENT SUR LA COMPÉTENCE

2985 Le greffe procède à la notification du jugement adressée aux parties par lettre recommandée avec demande d'avis de réception. Il notifie également le jugement à leur avocat, dans le cas d'une procédure avec représentation obligatoire. À peine d'irrecevabilité, l'appel doit être formé **dans les quinze jours** à compter de cette notification (CPC art. 84, al. 1).

2987 **Déclaration d'appel** L'appelant doit déposer au greffe de la cour une déclaration d'appel précisant qu'elle est dirigée contre un jugement statuant sur la compétence. Cette déclaration doit comporter les mentions prescrites par les articles 901 (procédure avec représentation obligatoire) et 933 du CPC (procédure avec représentation facultative). Elle doit être **motivée** à peine d'irrecevabilité soit dans le corps même du document, soit dans des conclusions jointes (CPC art. 85, al. 1).

Les conclusions au fond annexées à la requête à fin d'assigner à jour fixe (n° 2989), qui sont adressées au premier président et non à la cour d'appel, ne peuvent constituer la motivation requise pour la déclaration d'appel. Mais **le défaut de motivation** du recours, susceptible de donner lieu à la fin de non-recevoir tirée de l'irrecevabilité de l'appel du jugement statuant sur la compétence, peut être **régularisé,** en matière de procédure avec représentation obligatoire, par le dépôt au greffe, avant l'expiration du délai d'appel, d'une nouvelle déclaration d'appel motivée ou de conclusions comportant la motivation du recours, adressées à la cour d'appel (Cass. 2e civ. 22-10-2020 n° 19-17.630 F-PBI ; Cass. 2e civ. 9-9-2021 n° 20-22.080 F-B).

> **Précisions** Les dispositions régissant les formes de l'appel relatif à la compétence poursuivent un but légitime au sens de la CESDH, en l'occurrence **la célérité et l'efficacité de la procédure,** la compétence du juge appelé à connaître d'une affaire pouvant être définitivement déterminée dans les meilleurs délais. Elles ne constituent pas une atteinte **au droit à l'accès au juge** d'appel dans sa substance même et ne portent pas une atteinte disproportionnée à l'accès au juge d'appel, la faculté de régularisation de la déclaration d'appel restant ouverte à l'appelant.
> Ainsi, est irrecevable l'appel de la partie qui s'est bornée à déposer au greffe, dans le délai de l'appel, une requête à fin d'être autorisée à assigner à jour fixe les intimés, qui, bien que contenant ses conclusions sur le litige, était adressée au premier président, alors que cette partie n'a pas, dans le même délai, régularisé sa déclaration d'appel en **déposant ses conclusions** devant la cour d'appel (Cass. 2e civ. 10-12-2020 n° 19-12.257 F-PBI).

2989 **Saisine du premier président** À peine de caducité de la déclaration d'appel, l'appelant doit, dans le délai d'appel, saisir **le premier président** en vue soit d'être autorisé à assigner à jour fixe si la constitution d'avocat est obligatoire devant la cour, soit de bénéficier d'une fixation prioritaire de l'affaire dans les autres cas (CPC art. 84, al. 2).

Lorsque les parties sont tenues de constituer un avocat, l'appel dirigé contre la décision de toute juridiction du premier degré se prononçant sur la compétence sans statuer sur le fond du litige relève de la procédure à jour fixe. En ce cas, l'appelant doit saisir, dans le délai d'appel et à peine de caducité de la déclaration d'appel, le premier président de la cour d'appel en vue d'être autorisé à assigner l'intimé à jour fixe. Selon l'article 918 CPC, la **requête** à fin d'autorisation à jour fixe doit **contenir** les conclusions au fond et viser les pièces justificatives. Dans un litige concernant un salarié qui avait interjeté appel du jugement d'un conseil de prud'hommes (appel soumis à la représentation obligatoire) a été censuré un arrêt qui avait refusé de prononcer la caducité de la déclaration d'appel d'une partie ayant saisi le premier président d'une requête en fixation prioritaire (non soumise aux exigences de communication des conclusions et de visa des pièces justificatives) au lieu d'une requête à fin d'assigner à jour fixe (Cass. 2e civ. 22-10-2020 n° 18-19.768 F-PBI).

PROCÉDURE DEVANT LA COUR EN CAS D'APPEL D'UN JUGEMENT STATUANT EXCLUSIVEMENT SUR LA COMPÉTENCE

L'appel est instruit et jugé : **2997**
– comme en matière de procédure à jour fixe (sur assignation à la date déterminée par le premier président) si la constitution d'avocat est obligatoire devant la cour ;
– comme en matière de fixation prioritaire (CPC art. 948) dans les autres cas.
Ces modalités sont impératives (CPC art. 85).
Cette procédure particulière s'applique **quelle que soit la juridiction de premier degré.** Jugé ainsi que l'application de ces textes spécifiques à l'appel d'une ordonnance d'un juge de la mise en état statuant sur la compétence du TGI (devenu tribunal judiciaire) se fonde sur la lettre et la finalité de l'ensemble du dispositif, dont l'objectif, lié à la suppression du contredit, était de disposer d'une procédure unique et rapide pour l'appel de tous les jugements statuant sur la compétence (Cass. 2e civ. 2-7-2020 n° 19-11.624 F-PBI).
Il existe une procédure spécifique de **représentation obligatoire** devant la cour d'appel statuant en matière **prud'homale**. Il en résulte que l'appel d'un jugement statuant sur la compétence, rendu par une juridiction prud'homale, est instruit et jugé comme en matière de procédure à jour fixe.

ILLUSTRATIONS

Après avoir retenu que l'appelant d'un jugement statuant sur la compétence n'avait pas assigné les parties intimées pour l'audience prévue à une certaine date et n'avait pas remis au greffe la copie des assignations, une cour d'appel, en application des articles 920 et 922 du CPC, a déclaré, à bon droit, caduque la déclaration d'appel (Cass. 2e civ. 16-12-2021 n° 20-12.000 F-B).

Il résulte de l'article 911-1, alinéa 3 du CPC, que la partie dont la déclaration d'appel a été frappée de caducité en application des articles 902, 905-1, 905-2 ou 908 ou dont l'appel a été déclaré irrecevable n'est plus recevable à former un appel principal contre le même jugement et à l'égard de la même partie. Lorsque la caducité a été prononcée sur le fondement d'**articles non visés par l'article 911-1, alinéa 3**, la partie est recevable à former un nouvel appel (Cass. 2e civ. 19-5-2022 n° 21-10.422 F-B).
Or, en l'espèce, l'action était fondée sur les articles 85 (appel sur la compétence) et 922 (procédure à jour fixe) du CPC et R 1461-2 du Code du travail (appel en matière sociale).

La **cour renvoie** l'affaire à la juridiction qu'elle estime compétente. Cette **décision** s'impose aux parties et au juge de renvoi. Lorsque le renvoi est fait à la juridiction initialement saisie, l'instance se poursuit à la diligence du juge (CPC art. 86). **2999**
Le greffier de la cour notifie aussitôt l'arrêt aux parties par lettre recommandée AR. Cet arrêt n'est pas susceptible d'opposition. Le délai de **pourvoi en cassation** court à compter de sa notification (CPC art. 87).

Si la cour est juridiction d'appel relativement à la juridiction qu'elle estime compétente, elle a la possibilité de **statuer elle-même** sur le fond du litige en vertu de son pouvoir d'évocation (CPC art. 88). **3001**

Quand **elle décide d'évoquer,** la cour invite les parties, le cas échéant par lettre recommandée AR, à constituer **avocat** dans le délai qu'elle fixe, si les règles applicables à l'appel des décisions rendues par la juridiction dont émane le jugement frappé d'appel imposent cette constitution. Si aucune des parties ne constitue avocat, la cour peut prononcer d'office la radiation de l'affaire par décision motivée non susceptible de recours. Copie de cette décision est portée à la connaissance des parties par lettre simple adressée à leur domicile ou à leur résidence (CPC art. 89). **3003**

2. APPEL D'UN JUGEMENT STATUANT SUR LA COMPÉTENCE ET SUR LE FOND

DÉCISION RENDUE EN PREMIER RESSORT

Lorsque le juge se déclare **compétent** et statue sur **le fond du litige** dans un même jugement rendu en premier ressort, celui-ci peut être attaqué par la voie d'appel dans l'ensemble de ses dispositions. **3020**
Lorsque la cour infirme du chef de la compétence, elle statue néanmoins sur le fond du litige si la cour est juridiction d'appel relativement à la juridiction qu'elle estime compétente. Si elle n'est pas juridiction d'appel, la cour, en infirmant du chef de la compétence la décision attaquée, renvoie l'affaire devant la cour qui est juridiction d'appel relativement à la juridiction qui eût été compétente en première instance. Cette décision s'impose aux parties et à la cour de renvoi (CPC art. 90).

DÉCISION RENDUE EN DERNIER RESSORT

3036 Lorsque le juge s'est déclaré compétent et a statué sur le fond du litige dans un même jugement rendu en premier ressort, celui-ci peut être frappé d'**appel exclusivement sur la compétence.** Un pourvoi formé à l'encontre des dispositions sur le fond rend l'appel irrecevable.
Si la cour d'appel infirme le jugement sur la compétence, elle désigne le juge compétent et renvoie l'affaire devant lui pour qu'il statue au fond. Le dossier est transmis à cette juridiction à l'expiration du délai de pourvoi ou, le cas échéant, lorsqu'il a été statué sur celui-ci. La décision de renvoi s'impose aux parties et à la juridiction de renvoi (CPC art. 91).

ANNEXES

TABLEAUX RÉCAPITULATIFS

3500 SIÈGE ET RESSORT DES TRIBUNAUX JUDICIAIRES ET DES CHAMBRES DE PROXIMITÉ DES TRIBUNAUX JUDICIAIRES

Siège du tribunal judiciaire	Siège de la chambre de proximité	Ressort (par cantons)
		01 Ain
Bourg-en-Bresse *32, av. Alsace-Lorraine* *CS 30306* *01011 Bourg-en-Bresse Cedex*		Bâgé-le-Châtel, Bourg-en-Bresse-Est, Bourg-en-Bresse-Nord-Centre, Bourg-en-Bresse-Sud, Ceyzériat, Coligny, Montrevel-en-Bresse, Péronnas, Pont-d'Ain, Pont-de-Vaux, Pont-de-Veyle, Saint-Trivier-de-Courtes, Treffort-Cuisiat, Viriat
	Belley	Ambérieu-en-Bugey, Belley, Champagne-en-Valromey, Hauteville-Lompnes, Lagnieu, Lhuis, Saint-Rambert-en-Bugey, Seyssel, Virieu-le-Grand et commune de Haut Valromey
	Nantua	Bellegarde-sur-Valserine, Brénod (à l'exception de la fraction de commune de Haut Valromey), Collonges, Ferney-Voltaire, Gex, Izernore, Nantua, Oyonnax-Nord, Oyonnax-Sud, Poncin
	Trévoux	Chalamont, Châtillon-sur-Chalaronne, Meximieux, Miribel, Montluel, Reyrieux, Saint-Trivier-sur-Moignans, Thoissey, Trévoux, Villars-les-Dombes
		02 Aisne
Laon *Pl. Aubry* *02001 Laon Cedex*		Anizy-le-Château, Aubenton, Chauny, Coucy-le-Château-Auffrique, Craonne, Crécy-sur-Serre, Hirson, La Capelle, La Fère, Laon, Le Nouvion-en-Thiérache, Marle, Neufchâtel-sur-Aisne (à l'exception de la fraction de la commune de Cormicy), Rozoy-sur-Serre, Sains-Richaumont, Sissonne, Tergnier, Vervins
Saint-Quentin *Pl. Gracchus-Babeuf* *BP 645/1* *02322 Saint-Quentin Cedex*		Bohain-en-Vermandois, Guise, Le Catelet, Moÿ-de-l'Aisne, Ribemont, Saint-Quentin-Centre, Saint-Quentin-Nord, Saint-Quentin-Sud, Saint-Simon, Vermand, Wassigny
Soissons *76, rue Saint-Martin* *02200 Soissons*		Braine, Charly-sur-Marne, Château-Thierry, Condé-en-Brie, Fère-en-Tardenois, Neuilly-Saint-Front, Oulchy-le-Château, Soissons-Nord, Soissons-Sud, Vailly-sur-Aisne, Vic-sur-Aisne, Villers-Cotterêts

3500 (suite)

Siège du tribunal judiciaire	Siège de la chambre de proximité	Ressort (par cantons)
		03 Allier
Cusset *Rue du Drapeau* *03306 Cusset Cedex*	Vichy	Chantelle, Cusset-Nord, Cusset-Sud, Ébreuil, Escurolles, Gannat, Jaligny-sur-Besbre, Lapalisse, Le Donjon, Le Mayet-de-Montagne, Saint-Pourçain-sur-Sioule, Varennes-sur-Allier, Vichy-Nord, Vichy-Sud
Montluçon *114, bd de Courtais* *CS 53146* *03109 Montluçon Cedex*		Cérilly, Commentry, Domérat-Montluçon-Nord-Ouest, Hérisson, Huriel, Marcillat-en-Combraille, Montluçon-Est, 4e Canton, Montluçon-Nord-Est 1er Canton, Montluçon-Ouest 2e Canton, Montluçon-Sud 3e Canton, Montmarault
Moulins *20, rue de Paris CS 81627* *03016 Moulins Cedex*		Bourbon-l'Archambault, Chevagnes, Dompierre-sur-Besbre, Le Montet, Lurcy-Lévis, Moulins-Ouest, Moulins-Sud, Neuilly-le-Réal, Souvigny, Yzeure
		04 Alpes-de-Haute-Provence
Digne-les-Bains *6, pl. des Récollets* *BP 112* *04000 Digne-les-Bains*		Allos-Colmars, Annot, Barcelonnette, Barrême, Castellane, Digne-les-Bains-Est, Digne-les-Bains-Ouest, Entrevaux, La Javie, La Motte-du-Caire, Le Lauzet-Ubaye, Les Mées, Mézel, Moustiers-Sainte-Marie, Noyers-sur-Jabron, Riez, Saint-André-les-Alpes, Seyne, Sisteron, Turriers, Volonne
	Manosque	Banon, Forcalquier, Manosque-Nord, Manosque-Sud-Est, Manosque-Sud-Ouest, Peyruis, Reillanne, Saint-Étienne-les-Orgues, Valensole
		05 Hautes-Alpes
Gap *Pl. Saint-Arnoux* *BP 77* *05007 Gap Cedex*		Aiguilles, Aspres-sur-Buëch, Barcillonnette, Briançon-Nord, Briançon-Sud, Chorges, Embrun, Gap-Campagne, Gap-Centre, Gap-Nord-Est, Gap-Nord-Ouest, Gap-Sud-Est, Gap-Sud-Ouest, Guillestre, La Bâtie-Neuve, La Grave, L'Argentière-la-Bessée, Laragne-Montéglin, Le Monêtier-les-Bains, Orcières, Orpierre, Ribiers, Rosans, Saint-Bonnet-en-Champsaur, Saint-Étienne-en-Dévoluy, Saint-Firmin, Savines-le-Lac, Serres, Tallard, Veynes
		06 Alpes-Maritimes
Grasse *37, av. Pierre-Sémard* *BP 71029* *06133 Grasse Cedex*		Grasse-Nord, Grasse-Sud, Le Bar-sur-Loup, Saint-Auban, Saint-Vallier-de-Thiey
	Antibes	Antibes-Biot, Antibes-Centre, Vallauris-Antibes-Ouest
	Cagnes-sur-Mer	Cagnes-sur-Mer-Centre, Cagnes-sur-Mer-Ouest, Carros, Coursegoules, Saint-Laurent-du-Var, Cagnes-sur-Mer-Est, Vence
	Cannes	Cannes-Centre, Cannes-Est, Le Cannet, Mandelieu-Cannes-Ouest, Mougins
Nice *Pl. du Palais* *06357 Nice Cedex 4*		Contes, Guillaumes, Lantosque, L'Escarène, Levens, Nice 1er au 14e Canton, Puget-Théniers, Roquebillière, Roquesteron, Saint-Étienne-de-Tinée, Saint-Martin-Vésubie, Saint-Sauveur-sur-Tinée, Villars-sur-Var
	Menton	Beausoleil, Breil-sur-Roya, Menton-Est, Menton-Ouest, Sospel, Tende, Villefranche-sur-Mer

3500 (suite)

Siège du tribunal judiciaire	Siège de la chambre de proximité	Ressort (par cantons)
		07 Ardèche
Privas *10 cours du Palais* *07000 Privas*		Antraigues-sur-Volane, Bourg-Saint-Andéol, Chomérac, La Voulte-sur-Rhône, Privas, Rochemaure, Saint-Pierreville, Vals-les-Bains, Villeneuve-de-Berg, Viviers
	Annonay	Annonay-Nord, Annonay-Sud, Lamastre, Le Cheylard, Saint-Agrève, Saint-Félicien, Saint-Martin-de-Valamas, Saint-Péray, Satillieu, Serrières, Tournon-sur-Rhône, Vernoux-en-Vivarais
	Aubenas	Aubenas, Burzet, Coucouron, Joyeuse, Largentière, Les Vans, Montpezat-sous-Bauzon, Saint-Étienne-de-Lugdarès, Thueyts, Valgorge, Vallon-Pont-d'Arc
		08 Ardennes
Charleville-Mézières *9, espl. du Palais-de-Justice* *BP 11* *08011 Charleville-Mézières Cedex*		Asfeld, Charleville-Centre, Charleville-La Houillère, Château-Porcien, Chaumont-Porcien, Flize, Fumay, Givet, Juniville, Mézières-Centre-Ouest, Mézières-Est, Monthermé, Nouzonville, Novion-Porcien, Omont, Renwez, Rethel, Revin, Rocroi, Rumigny, Signy-le-Petit, Signy-l'Abbaye, Villers-Semeuse
	Sedan	Attigny, Buzancy, Carignan, Grandpré, Le Chesne, Machault, Monthois, Mouzon, Raucourt-et-Flaba, Sedan-Est, Sedan-Nord, Sedan-Ouest, Tourteron, Vouziers
		09 Ariège
Foix *14, bd du Sud* *BP 50078* *09008 Foix Cedex*		Ax-les-Thermes, Foix-Rural, Foix-Ville, La Bastide-de-Sérou, Lavelanet, Le Fossat, Le Mas-d'Azil, Les Cabannes, Mirepoix, Pamiers-Est, Pamiers-Ouest, Quérigut, Saverdun, Tarascon-sur-Ariège, Varilhes, Vicdessos
	Saint-Girons	Castillon-en-Couserans, Massat, Oust, Sainte-Croix-Volvestre, Saint-Girons, Saint-Lizier
		10 Aube
Troyes *83, rue du Général-de-Gaulle* *CS 60384* *10026 Troyes Cedex*		Aix-en-Othe, Arcis-sur-Aube, Bar-sur-Aube, Bar-sur-Seine, Bouilly, Brienne-le-Château, Chaource, Chavanges, Ervy-le-Châtel, Essoyes, Estissac, La Chapelle-Saint-Luc, Les Riceys, Lusigny-sur-Barse, Marcilly-le-Hayer, Méry-sur-Seine, Mussy-sur-Seine, Nogent-sur-Seine, Piney, Ramerupt, Romilly-sur-Seine 1er et 2e Canton, Sainte-Savine, Soulaines-Dhuys, Troyes 1er au 7e Canton, Vendeuvre-sur-Barse, Villenauxe-la-Grande
		11 Aude
Carcassonne *28, bd Jean-Jaurès* *BP 818* *11012 Carcassonne Cedex*		Alaigne, Alzonne, Axat, Belcaire, Belpech, Capendu, Carcassonne 1er Canton, Carcassonne 2e Canton-Nord, Carcassonne 2e Canton-Sud, Carcassonne 3e Canton, Castelnaudary-Nord, Castelnaudary-Sud, Chalabre, Conques-sur-Orbiel, Couiza, Fanjeaux, Lagrasse, Limoux, Mas-Cabardès, Montréal, Mouthoumet, Peyriac-Minervois, Quillan, Saint-Hilaire, Saissac, Salles-sur-l'Hers

3500 (suite)

Siège du tribunal judiciaire	Siège de la chambre de proximité	Ressort (par cantons)
Narbonne *19, bd du Général-de-Gaulle* *11100 Narbonne*		Coursan, Durban-Corbières, Ginestas, Lézignan-Corbières, Narbonne-Est, Narbonne-Ouest, Narbonne-Sud, Sigean, Tuchan
12 Aveyron		
Rodez *Bd de Guizard* *BP 3123* *12031 Rodez Cedex 9*		Aubin, Baraqueville-Sauveterre, Bozouls, Capdenac-Gare, Cassagnes-Bégonhès, Conques, Decazeville, Entraygues-sur-Truyère, Espalion, Estaing, Laguiole, Laissac, La Salvetat-Peyralès, Marcillac-Vallon, Montbazens, Mur-de-Barrez, Najac, Naucelle, Pont-de-Salars, Réquista, Rieupeyroux, Rignac, Rodez-Est, Rodez-Nord, Rodez-Ouest, Saint-Amans-des-Cots, Saint-Chély-d'Aubrac, Sainte-Geneviève-sur-Argence, Saint-Geniez-d'Olt, Villefranche-de-Rouergue, Villeneuve
	Millau	Belmont-sur-Rance, Camarès, Campagnac, Cornus, Millau-Est, Millau-Ouest, Nant, Peyreleau, Saint-Affrique, Saint-Beauzély, Saint-Rome-de-Tarn, Saint-Sernin-sur-Rance, Salles-Curan, Sévérac-le-Château, Vézins-de-Lévézou
13 Bouches-du-Rhône		
Aix-en-Provence *40, bd Carnot* *13616 Aix-en-Provence Cedex 1*		Aix-en-Provence-Centre, Aix-en-Provence-Nord-Est, Aix-en-Provence-Sud-Ouest, Gardanne, Les Pennes-Mirabeau, Peyrolles-en-Provence, Trets
	Martigues	Berre-l'Étang, Châteauneuf-Côte-Bleue, Istres-Nord, Istres-Sud, Marignane, Martigues-Est, Martigues-Ouest, Vitrolles
	Salon-de-Provence	Lambesc, Pélissanne, Salon-de-Provence
Marseille *6, rue Joseph-Autran* *13281 Marseille Cedex 06*		Allauch, Marseille - Notre-Dame-du-Mont, Marseille - Notre-Dame-Limite, Marseille - Saint-Barthélemy, Marseille - Sainte-Marguerite, Marseille - Saint-Giniez, Marseille - Saint-Just, Marseille - Saint-Lambert, Marseille - Saint-Marcel, Marseille - Saint-Mauront, Marseille-Belsunce, Marseille-La Belle-de-Mai, Marseille-La Blancarde, Marseille-La Capelette, Marseille-La Pointe-Rouge, Marseille-La Pomme, Marseille-La Rose, Marseille-Le Camas, Marseille-Les Cinq-Avenues, Marseille-Les Grands-Carmes, Marseille-Les Olives, Marseille-Les Trois Lucs, Marseille-Mazargues, Marseille-Montolivet, Marseille-Vauban et Marseille-Verduron
	Aubagne	Aubagne-Est, Aubagne-Ouest, La Ciotat, Roquevaire
Tarascon *28, allée du Général-Jennings-Kilmaine* *13150 Tarascon*		Arles-Est, Arles-Ouest, Châteaurenard, Eyguières, Orgon, Port-Saint-Louis-du-Rhône, Saintes-Maries-de-la-Mer, Saint-Rémy-de-Provence, Tarascon

3500 (suite)

Siège du tribunal judiciaire	Siège de la chambre de proximité	Ressort (par cantons)
	14 Calvados	
Caen *11, rue Dumont-d'Urville* *CS 45257* *14052 Caen Cedex 4*		Balleroy, Bayeux, Bourguébus, Bretteville-sur-Laize (à l'exception de la fraction de commune de Mézidon Vallée d'Auge), Cabourg, Caen 1er Canton, Caen 2e Canton, Caen 3e Canton, Caen 4e Canton, Caen 7e Canton, Caen 8e Canton, Caen 9e Canton, Caen 10e Canton, Caen-Hérouville Caen 6e Canton, Caumont-l'Éventé, Creully, Douvres-la-Délivrande, Évrecy, Falaise-Nord, Falaise-Sud, Hérouville-Saint-Clair Caen 5e Canton, Isigny-sur-Mer, Morteaux-Coulibœuf, Ouistreham, Ryes, Tilly-sur-Seulles, Trévières, Troarn, Thury-Harcourt et Villers-Bocage et communes des Monts d'Aunay et Val de Drôme
	Vire	Aunay-sur-Odon (à l'exception des fractions de communes des Monts d'Aunay et de Val de Drôme), Condé-sur-Noireau, Le Bény-Bocage, Saint-Sever-Calvados (à l'exception de la fraction de commune de Tessy-Bocage), Vassy, Vire
Lisieux *11, rue d'Orival* *CS 69002* *14107 Lisieux Cedex*		Blangy-le-Château, Cambremer, Dozulé, Honfleur, Lisieux 1er à 3e Canton, Livarot, Mézidon-Canon, Orbec, Pont-l'Évêque, Saint-Pierre-sur-Dives et Trouville-sur-Mer, commune de Mézidon Vallée d'Auge
	15 Cantal	
Aurillac *21, pl. du Square* *15012 Aurillac Cedex*		Arpajon-sur-Cère, Aurillac 1er à 4e Canton, Champs-sur-Tarentaine-Marchal, Jussac, Laroquebrou, Mauriac, Maurs, Montsalvy, Pleaux, Riom-ès-Montagnes, Saignes, Saint-Cernin, Saint-Mamet-la-Salvetat, Salers, Vic-sur-Cère
	Saint-Flour	Allanche, Chaudes-Aigues, Condat, Massiac, Murat, Pierrefort, Ruynes-en-Margeride, Saint-Flour-Nord, Saint-Flour-Sud
	16 Charente	
Angoulême *Pl. Francis-Louvel* *CS 30214* *16007 Angoulême Cedex*		Aigre, Angoulême-Est, Angoulême-Nord, Angoulême-Ouest, Blanzac-Porcheresse, Chabanais, Champagne-Mouton, Confolens-Nord, Confolens-Sud, Gond-Pontouvre, Hiersac, La Couronne, La Rochefoucauld, Mansle, Montbron, Montembœuf, Rouillac, Ruelle-sur-Touvre, Ruffec, Saint-Amant-de-Boixe, Saint-Claud, Soyaux, Villebois-Lavalette, Villefagnan
	Cognac	Aubeterre-sur-Dronne, Baignes-Sainte-Radegonde, Barbezieux-Saint-Hilaire, Brossac, Chalais, Châteauneuf-sur-Charente, Cognac-Nord, Cognac-Sud, Jarnac, Montmoreau-Saint-Cybard, Segonzac
	17 Charente-Maritime	
La Rochelle *10, rue du Palais* *17028 La Rochelle Cedex 1*		Ars-en-Ré, Aytré, Courçon, La Jarrie, La Rochelle 1er à 9e Canton, Marans, Saint-Martin-de-Ré
	Rochefort	Aigrefeuille-d'Aunis, La Tremblade, Le Château-d'Oléron, Marennes, Rochefort-Centre, Rochefort-Nord, Rochefort-Sud, Saint-Agnant, Saint-Pierre-d'Oléron, Surgères, Tonnay-Charente et commune de La Devise

3500 (suite)

Siège du tribunal judiciaire	Siège de la chambre de proximité	Ressort (par cantons)
Saintes *Square Maréchal-Foch* *CS 80324* *17108 Saintes Cedex*		Aulnay, Burie, Cozes, Loulay, Matha, Royan-Est, Royan-Ouest, Saint-Hilaire-de-Villefranche, Saint-Jean-d'Angély, Saint-Savinien, Saintes-Est, Saintes-Nord, Saintes-Ouest, Saint-Porchaire, Saujon, Tonnay-Boutonne (à l'exception de la fraction de commune de La Devise)
	Jonzac	Archiac, Gémozac, Jonzac, Mirambeau, Montendre, Montguyon, Montlieu-la-Garde, Pons, Saint-Genis-de-Saintonge
	18 Cher	
Bourges *8, rue des Arènes* *18023 Bourges Cedex*		Argent-sur-Sauldre, Aubigny-sur-Nère, Baugy, Bourges 1er à 5e Canton, Chârost, Graçay, Henrichemont, La Chapelle-d'Angillon, Les Aix-d'Angillon, Léré, Levet, Lury-sur-Arnon, Mehun-sur-Yèvre, Saint-Doulchard, Saint-Martin-d'Auxigny, Sancergues, Sancerre, Vailly-sur-Sauldre, Vierzon 1er et 2e Canton et commune de Corquoy
	Saint-Amand-Montrond	Charenton-du-Cher, Châteaumeillant, Châteauneuf-sur-Cher (à l'exception de la fraction de commune de Corquoy), Dun-sur-Auron, La Guerche-sur-l'Aubois, Le Châtelet, Lignières, Nérondes, Saint-Amand-Montrond, Sancoins, Saulzais-le-Potier
	19 Corrèze	
Brive-la-Gaillarde *Bd du Maréchal-Lyautey* *19312 Brive-la-Gaillarde Cedex*		Ayen, Beaulieu-sur-Dordogne, Beynat, Brive-la-Gaillarde-Centre, Brive-la-Gaillarde-Nord-Est, Brive-la-Gaillarde-Nord-Ouest, Brive-la-Gaillarde-Sud-Est, Brive-la-Gaillarde-Sud-Ouest, Donzenac, Juillac, Larche, Lubersac, Malemort-sur-Corrèze, Meyssac, Vigeois
Tulle *9, quai Gabriel-Péri* *19000 Tulle*		Argentat, Bort-les-Orgues, Bugeat, Corrèze, Égletons, Eygurande, La Roche-Canillac, Lapleau, Mercœur, Meymac, Neuvic, Saint-Privat, Seilhac, Sornac, Treignac, Tulle-Campagne-Nord, Tulle-Campagne-Sud, Tulle-Urbain-Nord, Tulle-Urbain-Sud, Ussel-Est, Ussel-Ouest, Uzerche
	Collectivité territoriale de Corse	
Ajaccio *4, bd Masseria* *BP 47* *20181 Ajaccio Cedex 1*		Ajaccio 1er à 7e Canton, Bastelica, Bonifacio, Celavo-Mezzana, Cruzini-Cinarca, Figari, Les Deux-Sevi, Les Deux-Sorru, Levie, Olmeto, Petreto-Bicchisano, Porto-Vecchio, Santa-Maria-Siché, Sartène, Tallano-Scopamène, Zicavo
Bastia *Rond-point de Moro-Giafferi* *20407 Bastia Cedex*		Alto-di-Casaconi, Bastia 1er à 6e Canton, Belgodère, Borgo, Bustanico, Calenzana, Calvi, Campoloro-di-Moriani, Capobianco, Castifao-Morosaglia, Corte, Fiumalto-d'Ampugnani, Ghisoni, La Conca-d'Oro, Le Haut-Nebbio, L'Île-Rousse, Moïta-Verde, Niolu-Omessa, Orezza-Alesani, Prunelli-di-Fiumorbo, Sagro-di-Santa-Giulia, San-Martino-di-Lota, Venaco, Vescovato, Vezzani

3500 (suite)

Siège du tribunal judiciaire	Siège de la chambre de proximité	Ressort (par cantons)
21 Côte-d'Or		
Dijon *13, bd Clemenceau* *BP 13313* *21033 Dijon Cedex*		Auxonne, Chenôve, Dijon 1er à 8e Canton, Fontaine-Française, Fontaine-lès-Dijon, Genlis, Gevrey-Chambertin, Grancey-le-Château-Neuvelle, Is-sur-Tille, Mirebeau-sur-Bèze, Pontailler-sur-Saône, Saint-Seine-l'Abbaye, Selongey, Sombernon
	Beaune	Arnay-le-Duc, Beaune-Nord, Beaune-Sud, Bligny-sur-Ouche, Liernais, Nolay, Nuits-Saint-Georges, Pouilly-en-Auxois, Saint-Jean-de-Losne, Seurre
	Montbard	Aignay-le-Duc, Baigneux-les-Juifs, Châtillon-sur-Seine, Laignes, Montbard, Montigny-sur-Aube, Précy-sous-Thil, Recey-sur-Ource, Saulieu, Semur-en-Auxois, Venarey-les-Laumes, Vitteaux
22 Côtes-d'Armor *(certains cantons étant rattachés à l'Ille-et-Vilaine, voir aussi ce département)*		
Saint-Brieuc *Parc des Promenades* *BP 2357* *22023 Saint-Brieuc Cedex 1*		Châtelaudren, Collinée, Corlay, Étables-sur-Mer, Gouarec, La Chèze, Lamballe, Langueux, Lanvollon, Loudéac, Merdrignac, Moncontour, Mûr-de-Bretagne, Paimpol, Pléneuf-Val-André, Plérin, Plœuc-sur-Lié, Ploufragan, Plouguenast, Plouha, Quintin, Saint-Brieuc-Nord, Saint-Brieuc-Ouest, Saint-Brieuc-Sud, Uzel
	Guingamp	Bégard, Belle-Isle-en-Terre, Bourbriac, Callac, Guingamp, Lannion, La Roche-Derrien, Lézardrieux, Maël-Carhaix, Perros-Guirec, Plestin-les-Grèves, Plouagat, Plouaret, Pontrieux, Rostrenen, Saint-Nicolas-du-Pélem, Tréguier
23 Creuse		
Guéret *23, pl. Bonnyaud* *23011 Guéret Cedex*		Ahun, Aubusson, Auzances, Bellegarde-en-Marche, Bénévent-l'Abbaye, Bonnat, Bourganeuf, Boussac, Chambon-sur-Voueize, Châtelus-Malvaleix, Chénérailles, Crocq, Dun-le-Palestel, Évaux-les-Bains, Felletin, Gentioux-Pigerolles, Guéret-Nord, Guéret-Sud-Est, Guéret-Sud-Ouest, Jarnages, La Courtine, La Souterraine, Le Grand-Bourg, Pontarion, Royère-de-Vassivière, Saint-Sulpice-les-Champs, Saint-Vaury
24 Dordogne		
Bergerac *Pl. de la République* *24100 Bergerac*		Beaumont-du-Périgord, Bergerac 1er et 2e Canton, Eymet, Issigeac, La Force, Lalinde, Le Buisson-de-Cadouin, Monpazier, Sainte-Alvère, Sigoulès, Vélines, Villamblard, Villefranche-de-Lonchat et commune de Val de Louyre et Caudeau
	Sarlat-la-Canéda	Belvès, Carlux, Domme, Le Bugue, Saint-Cyprien, Salignac-Eyvigues, Sarlat-la-Canéda, Villefranche-du-Périgord
Périgueux *19 bis, bd Montaigne* *BP 246* *24019 Périgueux Cedex*		Brantôme, Bussière-Badil, Champagnac-de-Belair, Excideuil, Hautefort, Jumilhac-le-Grand, Lanouaille, Mareuil, Montagrier, Montignac, Montpon-Ménestérol, Mussidan, Neuvic, Nontron, Périgueux-Centre, Périgueux-Nord-Est, Périgueux-Ouest, Ribérac, Saint-Pardoux-la-Rivière, Saint-Astier, Saint-Aulaye, Saint-Pierre-de-Chignac, Savignac-les-Églises, Terrasson-Lavilledieu, Thenon, Thiviers, Vergt (à l'exception de la fraction de commune de Val de Louyre et Caudeau), Verteillac

3500 (suite)

Siège du tribunal judiciaire	Siège de la chambre de proximité	Ressort (par cantons)
25 Doubs		
Besançon *1, rue Mégevand* *BP 459* *25019 Besançon Cedex*		Amancey (à l'exception de la fraction de commune de Levier), Audeux, Baume-les-Dames, Besançon-Est, Besançon-Nord-Est, Besançon-Nord-Ouest, Besançon-Ouest, Besançon-Planoise, Besançon-Sud, Boussières, Marchaux, Ornans (à l'exception de la fraction de commune d'Étalans), Quingey, Rougemont, Roulans
	Pontarlier	Le Russey, Levier, Montbenoît, Morteau, Mouthe, Pontarlier, Pierrefontaine-les-Varans, Vercel-Villedieu-le-Camp et communes d'Étalans et Levier
Montbéliard *Rue Wolfgang-Amadeus-Mozart* *25200 Montbéliard*		Audincourt, Clerval, Étupes, Hérimoncourt, L'Isle-sur-le-Doubs, Maîche, Montbéliard-Est, Montbéliard-Ouest, Pont-de-Roide, Saint-Hippolyte, Sochaux-Grand-Charmont, Valentigney
26 Drôme		
Valence *2, pl. Simone-Veil* *BP 2113* *26000 Valence*		Bourdeaux, Bourg-lès-Valence, Chabeuil, Châtillon-en-Diois, Crest-Nord, Crest-Sud, Die, La Motte-Chalancon, Loriol-sur-Drôme, Luc-en-Diois, Portes-lès-Valence, Saillans, Saint-Vallier, Tain-l'Hermitage, Valence 1er à 4e Canton
	Montélimar	Buis-les-Baronnies, Dieulefit, Grignan, Marsanne, Montélimar 1er et 2e Canton, Nyons, Pierrelatte, Rémuzat, Saint-Paul-Trois-Châteaux, Séderon
	Romans-sur-Isère	Bourg-de-Péage, La Chapelle-en-Vercors, Le Grand-Serre, Romans-sur-Isère 1er et 2e Canton, Saint-Donat-sur-l'Herbasse, Saint-Jean-en-Royans
27 Eure		
Évreux *30, rue Joséphine* *27022 Évreux Cedex*		Breteuil, Conches-en-Ouche, Damville, Évreux-Est, Évreux-Nord, Évreux-Ouest, Évreux-Sud, Nonancourt, Pacy-sur-Eure, Rugles, Saint-André-de-l'Eure, Verneuil-sur-Avre, Vernon-Nord, Vernon-Sud
	Bernay	Beaumesnil, Beaumont-le-Roger, Bernay-Est, Bernay-Ouest, Beuzeville, Bourgtheroulde-Infreville, Brionne, Broglie, Cormeilles, Montfort-sur-Risle, Pont-Audemer, Quillebeuf-sur-Seine, Routot, Saint-Georges-du-Vièvre, Thiberville et commune des Monts du Roumois
	Louviers	Amfreville-la-Campagne (à l'exception de la fraction de commune des Monts du Roumois), Écos, Étrépagny, Fleury-sur-Andelle, Gaillon, Gaillon-Campagne, Gisors, Le Neubourg, Les Andelys, Louviers, Lyons-la-Forêt, Pont-de-l'Arche, Val-de-Reuil
28 Eure-et-Loir		
Chartres *3, rue Saint-Jacques* *CS 80402* *28019 Chartres Cedex*		Auneau, Authon-du-Perche, Bonneval, Brou, Chartres-Nord-Est, Chartres-Sud-Est, Chartres-Sud-Ouest, Châteaudun, Cloyes-sur-le-Loir, Courville-sur-Eure, Illiers-Combray, Janville, La Loupe, Lucé, Maintenon, Mainvilliers, Nogent-le-Rotrou, Orgères-en-Beauce, Thiron-Gardais, Voves
	Dreux	Anet, Brezolles, Châteauneuf-en-Thymerais, Dreux-Est, Dreux-Ouest, Dreux-Sud, La Ferté-Vidame, Nogent-le-Roi, Senonches

3500 (suite)

Siège du tribunal judiciaire	Siège de la chambre de proximité	Ressort (par cantons)
		29 Finistère
Brest *32, rue de Denver CS 91948 29219 Brest Cedex 2*		Brest-Bellevue, Brest-Cavale-Blanche-Bohars-Guilers, Brest-Centre, Brest-Kerichen, Brest-Lambezellec, Brest-L'Hermitage-Gouesnou, Brest-Plouzané, Brest-Recouvrance, Brest-Saint-Marc, Brest-Saint-Pierre, Daoulas, Guipavas, Landerneau, Lannilis, Lesneven, Ouessant, Plabennec, Ploudalmézeau, Ploudiry, Saint-Renan
	Morlaix	Carhaix-Plouguer, Huelgoat, Landivisiau, Lanmeur, Morlaix, Plouescat, Plouigneau, Plouzévédé, Saint-Pol-de-Léon, Saint-Thégonnec, Sizun, Taulé
Quimper *48 A, quai de l'Odet CS 66031 29327 Quimper Cedex*		Arzano, Bannalec, Briec, Châteaulin, Châteauneuf-du-Faou, Concarneau, Crozon, Douarnenez, Fouesnant, Guilvinec, Le Faou, Pleyben, Plogastel-Saint-Germain, Pont-Aven, Pont-Croix, Pont-l'Abbé, Quimper 1er à 3e Canton, Quimperlé, Rosporden, Scaër
		30 Gard
Alès *3, pl. Henri-Barbusse 30107 Alès Cedex*		Alès-Nord-Est, Alès-Ouest, Alès-Sud-Est, Alzon, Anduze, Barjac, Bessèges, Génolhac, La Grand-Combe, Lasalle, Lédignan, Le Vigan, Quissac, Saint-Ambroix, Saint-André-de-Valborgne, Saint-Hippolyte-du-Fort, Saint-Jean-du-Gard, Sauve, Sumène, Trèves, Valleraugue, Vézénobres
Nîmes *Bd des Arènes 30031 Nîmes Cedex 1*		Aigues-Mortes, Aramon, Beaucaire, La Vistrenque, Marguerittes, Nîmes 1er à 6e Canton, Rhôny-Vidourle, Saint-Gilles, Saint-Mamert-du-Gard, Sommières, Vauvert
	Uzès	Bagnols-sur-Cèze, Lussan, Pont-Saint-Esprit, Remoulins, Roquemaure, Saint-Chaptes, Uzès, Villeneuve-lès-Avignon
		31 Haute-Garonne
Saint-Gaudens *Pl. du Palais BP 189 31806 Saint-Gaudens Cedex*		Aspet, Aurignac, Bagnères-de-Luchon, Barbazan, Boulogne-sur-Gesse, Cazères, Le Fousseret, L'Isle-en-Dodon, Montréjeau, Saint-Béat, Saint-Gaudens, Saint-Martory, Salies-du-Salat
Toulouse *2, allée Jules-Guesde BP 7015 31068 Toulouse Cedex 7*		Blagnac, Cadours, Caraman, Castanet-Tolosan, Fronton, Grenade, Lanta, Léguevin, Montastruc-la-Conseillère, Montgiscard, Nailloux, Revel, Toulouse 1er à 15e Canton, Tournefeuille, Verfeil, Villefranche-de-Lauragais, Villemur-sur-Tarn
	Muret	Auterive, Carbonne, Cintegabelle, Montesquieu-Volvestre, Muret, Portet-sur-Garonne, Rieumes, Rieux-Volvestre, Saint-Lys

3500 (suite)

Siège du tribunal judiciaire	Siège de la chambre de proximité	Ressort (par cantons)
		32 Gers
Auch *Allée d'Étigny* *32008 Auch Cedex*		À l'exception de l'emprise de l'aérodrome d'Aire-sur-l'Adour, Aignan, Auch-Nord-Est, Auch-Nord-Ouest, Auch-Sud-Est-Seissan, Auch-Sud-Ouest, Cologne, Gimont, Jegun, L'Isle-Jourdain, Lombez, Marciac, Masseube, Miélan, Mirande, Montesquiou, Plaisance, Riscle, Samatan, Saramon, Vic-Fezensac
	Condom	Cazaubon, Condom, Eauze, Fleurance, Lectoure, Mauvezin, Miradoux, Montréal, Nogaro, Saint-Clar, Valence-sur-Baïse
		33 Gironde
Bordeaux *30, rue des Frères-Bonie* *CS 11403* *33077 Bordeaux Cedex*		Auros, Bazas, Bègles, Blanquefort, Bordeaux 1er à 8e Canton, Cadillac-sur-Garonne, Captieux, Carbon-Blanc, Castelnau-de-Médoc, Cenon, Créon, Floirac, Gradignan, Grignols, La Brède, La Réole, Langon, Le Bouscat, Lesparre-Médoc, Lormont, Mérignac 1er et 2e Canton, Monségur, Pauillac, Pellegrue, Pessac 1er et 2e Canton, Podensac, Saint-André-de-Cubzac, Saint-Laurent-Médoc, Saint-Macaire, Saint-Médard-en-Jalles, Saint-Symphorien, Saint-Vivien-de-Médoc, Sauveterre-de-Guyenne, Talence, Targon, Villandraut, Villenave-d'Ornon
	Arcachon	Arcachon, Audenge, Belin-Béliet, La Teste-de-Buch
Libourne *22, rue Thiers* *CS 60202* *33509 Libourne Cedex*		Blaye, Bourg, Branne, Castillon-la-Bataille, Coutras, Fronsac, Guîtres, Libourne, Lussac, Pujols, Saint-André-de-Cubzac, Saint-Ciers-sur-Gironde, Saint-Savin, Sainte-Foy-la-Grande
		34 Hérault
Béziers *93, av. du Président Wilson* *34500 Béziers*		Agde, Bédarieux, Béziers 1er à 4e Canton, Capestang, Florensac, La Salvetat-sur-Agout, Montagnac, Murviel-lès-Béziers, Olargues, Olonzac, Pézenas, Roujan, Saint-Chinian, Saint-Gervais-sur-Mare, Saint-Pons-de-Thomières et Servian et communes d'Avène, Brénas, Ceilhes-et-Rocozels, Dio-et-Valquières, Joncels, Le Bousquet-d'Orb et Lunas
Montpellier *Pl. Pierre-Flotte* *34040 Montpellier Cedex 1*		Aniane, Castelnau-le-Lez, Castries, Claret, Clermont-l'Hérault, Ganges, Gignac, Lattes, Le Caylar, Les Matelles, Lodève, Lunas (à l'exception des communes d'Avène, Brénas, Ceilhes-et-Rocozels, Dio-et-Valquières, Joncels, Le Bousquet-d'Orb et Lunas), Lunel, Mauguio, Montpellier 1er à 10e Canton, Pignan, Saint-Martin de-Londres
	Sète	Frontignan, Mèze, Sète 1er et 2e Canton

3500 (suite)

Siège du tribunal judiciaire	Siège de la chambre de proximité	Ressort (par cantons)
35 Ille-et-Vilaine		
Rennes *7, rue Pierre-Abélard* *CS 73127* *35031 Rennes Cedex*		Bécherel, Betton, Bruz, Cesson-Sévigné, Châteaugiron, Hédé, Janzé, Liffré, Montauban-de-Bretagne, Montfort-sur-Meu, Mordelles, Plélan-le-Grand, Rennes-Bréquigny, Rennes-Centre, Rennes-Centre-Ouest, Rennes-Centre-Sud, Rennes-Est, Rennes-le-Blosne, Rennes-Nord, Rennes-Nord-Est, Rennes-Nord-Ouest, Rennes-Sud-Est, Rennes-Sud-Ouest, Saint-Aubin-d'Aubigné, Saint-Méen-le-Grand et commune de Châteaugiron
	Fougères	Antrain, Argentré-du-Plessis, Châteaubourg (à l'exception de la fraction de commune de Châteaugiron), Fougères-Nord, Fougères-Sud, La Guerche-de-Bretagne, Louvigné-du-Désert, Retiers, Saint-Aubin-du-Cormier, Saint-Brice-en-Coglès, Vitré-Est, Vitré-Ouest
	Redon	Bain-de-Bretagne, Grand-Fougeray, Guichen, Le Sel-de-Bretagne, Maure-de-Bretagne, Pipriac, Redon
Saint-Malo *49, avenue Aristide Briand* *CS 51731* *35417 Saint-Malo Cedex*		Cancale, Châteauneuf-d'Ille-et-Vilaine, Combourg, Dinard, Dol-de-Bretagne, Pleine-Fougères, Saint-Malo-Nord, Saint-Malo-Sud, Tinténiac
	Dinan	Broons, Caulnes, Dinan-Est, Dinan-Ouest, Évran, Jugon-les-Lacs, Matignon, Plancoët, Plélan-le-Petit, Ploubalay (Côtes-d'Armor)
36 Indre		
Châteauroux *Pl. Lucien-Germereau* *BP 577* *36019 Châteauroux Cedex*		Aigurande, Ardentes, Argenton-sur-Creuse, Bélâbre, Buzançais, Châteauroux-Centre, Châteauroux-Est, Châteauroux-Ouest, Châteauroux-Sud, Châtillon-sur-Indre, Écueillé, Éguzon-Chantôme, Issoudun-Nord, Issoudun-Sud, La Châtre, Le Blanc, Levroux, Mézières-en-Brenne, Neuvy-Saint-Sépulchre, Saint-Benoît-du-Sault, Saint-Christophe-en-Bazelle, Saint-Gaultier, Tournon-Saint-Martin, Sainte-Sévère-sur-Indre, Valençay, Vatan
37 Indre et Loire		
Tours *2, pl. Jean-Jaurès* *37928 Tours Cedex 9*		Amboise, Azay-le-Rideau, Ballan-Miré, Bléré, Bourgueil, Chambray-lès-Tours, Château-la-Vallière, Château-Renault, Chinon, Descartes, Joué-lès-Tours-Nord, Joué-lès-Tours-Sud, Langeais, Le Grand-Pressigny, Ligueil, L'Île-Bouchard, Loches, Luynes, Montbazon, Montlouis-sur-Loire, Montrésor, Neuillé-Pont-Pierre, Neuvy-le-Roi, Preuilly-sur-Claise, Richelieu, Saint-Avertin, Saint-Cyr-sur-Loire, Saint-Pierre-des-Corps, Sainte-Maure-de-Touraine, Tours-Centre, Tours-Est, Tours-Nord-Est, Tours-Nord-Ouest, Tours-Ouest, Tours-Sud, Tours-Val-du-Cher, Vouvray
38 Isère		
Bourgoin-Jallieu *2 avenue Henri Barbusse* *38307 Bourgoin-Jallieu Cedex*		Bourgoin-Jallieu-Nord, Bourgoin-Jallieu-Sud, Crémieu, La Tour-du-Pin, Le Grand-Lemps, Le Pont-de-Beauvoisin, Morestel, Saint-Geoire-en-Valdaine, Virieu et commune d'Éclose-Badinières

3500 (suite)

Siège du tribunal judiciaire	Siège de la chambre de proximité	Ressort (par cantons)
Grenoble *Place Firmin-Gautier* *BP 100* *38019 Grenoble Cedex 1*		Allevard, Clelles, Corps, Domène, Échirolles-Est, Échirolles-Ouest, Eybens, Fontaine-Sassenage, Fontaine-Seyssinet, Goncelin, Grenoble 1er à 6e Canton, La Mure, Le Bourg-d'Oisans, Le Touvet, Mens, Meylan, Monestier-de-Clermont, Pont-en-Royans, Rives, Roybon, Saint-Égrève, Saint-Étienne-de-Saint-Geoirs, Saint-Ismier, Saint-Laurent-du-Pont, Saint-Marcellin, Saint-Martin-d'Hères-Nord, Saint-Martin-d'Hères-Sud, Tullins, Valbonnais, Vif, Villard-de-Lans, Vinay, Vizille, Voiron
Vienne *16, pl. Charles-de-Gaulle* *38209 Vienne Cedex*		Beaurepaire, Heyrieux, La Côte-Saint-André, La Verpillière, L'Isle-d'Abeau, Pont-de-Chéruy, Roussillon, Saint-Jean-de-Bournay (à l'exception de la fraction de la commune d'Éclose-Badinières), Vienne-Nord, Vienne-Sud
		39 Jura
Lons-le-Saunier *11, rue Pasteur* *BP 20344* *39015 Lons-le-Saunier Cedex*		Arinthod, Beaufort, Bletterans, Clairvaux-les-Lacs, Conliège, Lons-le-Saunier-Nord, Lons-le-Saunier-Sud, Orgelet, Saint-Amour, Saint-Julien, Sellières, Voiteur
	Dole	Arbois, Champagnole, Chaumergy, Chaussin, Chemin, Dampierre, Dole-Nord-Est, Dole-Sud-Ouest, Gendrey, Les Planches-en-Montagne, Montbarrey, Montmirey-le-Château, Nozeroy, Poligny, Rochefort-sur-Nenon, Salins-les-Bains, Villers-Farlay
	Saint-Claude	Les Bouchoux, Moirans-en-Montagne, Morez, Saint-Claude, Saint-Laurent-en-Grandvaux
		40 Landes
Dax *Rue des Fusillés* *BP 355* *40107 Dax Cedex*		Amou, Castets, Dax-Nord, Dax-Sud, Montfort-en-Chalosse, Mugron, Peyrehorade, Pouillon, Saint-Martin-de-Seignanx, Saint-Vincent-de-Tyrosse, Soustons, Tartas-Est, Tartas-Ouest
Mont-de-Marsan *249 av. du Colonel Rozanoff* *40000 Mont-de-Marsan*		Emprise de l'aérodrome d'Aire-sur-l'Adour, Aire-sur-l'Adour, Gabarret, Geaune, Grenade-sur-l'Adour, Hagetmau, Labrit, Mimizan, Mont-de-Marsan-Nord, Mont-de-Marsan-Sud, Morcenx, Parentis-en-Born, Pissos, Roquefort, Sabres, Saint-Sever, Sore, Villeneuve-de-Marsan
		41 Loir-et-Cher
Blois *1, pl. de la République* *CS 21815* *41018 Blois Cedex*		Blois 1er à 5 Canton, Bracieux, Contres, Droué, Herbault, Lamotte-Beuvron, Marchenoir, Mennetou-sur-Cher, Mer, Mondoubleau, Montoire-sur-le-Loir, Morée, Montrichard, Neung-sur-Beuvron, Ouzouer-le-Marché, Romorantin-Lanthenay-Nord, Romorantin-Lanthenay-Sud, Saint-Aignan, Saint-Amand-Longpré, Salbris, Savigny-sur-Braye, Selles-sur-Cher, Selommes, Vendôme 1er et 2e Canton, Vineuil
		42 Loire
Roanne *5 bis, pl. Georges-Clemenceau* *BP 515* *42328 Roanne Cedex*		Belmont-de-la-Loire, Charlieu, La Pacaudière, Néronde, Perreux, Roanne-Nord, Roanne-Sud, Saint-Germain-Laval, Saint-Haon-le-Châtel, Saint-Just-en-Chevalet, Saint-Symphorien-de-Lay

3500 (suite)

Siège du tribunal judiciaire	Siège de la chambre de proximité	Ressort (par cantons)
Saint-Étienne *Place du Palais-de-Justice 42022 Saint-Étienne Cedex 1*		Bourg-Argental, Firminy, La Grand-Croix, Le Chambon-Feugerolles, Pélussin, Rive-de-Gier, Saint-Chamond-Nord, Saint-Chamond-Sud, Saint-Étienne-Nord-Est-1, Saint-Étienne-Nord-Est-2, Saint-Étienne-Nord-Ouest-1, Saint-Étienne-Nord-Ouest-2, Saint-Étienne-Sud-Est-1, Saint-Étienne-Sud-Est-2, Saint-Étienne-Sud-Est-3, Saint-Étienne-Sud-Ouest-1, Saint-Étienne-Sud-Ouest-2, Saint-Étienne, Saint-Genest-Malifaux, Saint-Héand
	Montbrison	Boën, Chazelles-sur-Lyon, Feurs, Montbrison, Noirétable, Saint-Bonnet-le-Château, Saint-Galmier, Saint-Georges-en-Couzan, Saint-Jean-Soleymieux, Saint-Just-Saint-Rambert
	43 Haute-Loire	
Le Puy-en-Velay *Place du Breuil CS 90335 43011 Le Puy-en-Velay Cedex*		Allègre, Aurec-sur-Loire, Auzon, Bas-en-Basset, Blesle, Brioude-Nord, Brioude-Sud, Cayres, Craponne-sur-Arzon, Fay-sur-Lignon, La Chaise-Dieu, Langeac, Lavoûte-Chilhac, Le Monastier-sur-Gazeille, Le Puy-en-Velay-Est, Le Puy-en-Velay-Nord, Le Puy-en-Velay-Ouest, Le Puy-en-Velay-Sud-Est, Le Puy-en-Velay-Sud-Ouest, Loudes, Monistrol-sur-Loire, Montfaucon-en-Velay, Paulhaguet, Pinols, Pradelles, Retournac, Saint-Didier-en-Velay, Saint-Julien-Chapteuil, Saint-Paulien, Sainte-Sigolène, Saugues, Solignac-sur-Loire, Tence, Vorey, Yssingeaux
	44 Loire-Atlantique	
Nantes *19, quai François-Mitterrand 44921 Nantes Cedex 9*		Aigrefeuille-sur-Maine, Ancenis, Bouaye, Carquefou, Châteaubriant, Clisson, Derval, La Chapelle-sur-Erdre, Le Loroux-Bottereau, Le Pellerin, Legé, Ligné, Machecoul, Moisdon-la-Rivière, Nantes 1er à 11e Canton, Nort-sur-Erdre, Nozay, Orvault, Rezé, Riaillé, Rougé, Saint-Étienne-de-Montluc, Saint-Herblain-Est, Saint-Herblain-Ouest-Indre, Saint-Julien-de-Vouvantes, Saint-Mars-la-Jaille, Saint-Philbert-de-Grand-Lieu, Vallet, Varades (à l'exception de la fraction de commune d'Ingrandes-Le Fresne-sur-Loire), Vertou, Vertou-Vignoble et commune de Vallons-de-l'Erdre
Saint-Nazaire *77, rue Albert-de-Mun CS 40263 44606 Saint-Nazaire Cedex*		Blain, Bourgneuf-en-Retz, Guémené-Penfao, Guérande, Herbignac, La Baule-Escoublac, Le Croisic, Montoir-de-Bretagne, Paimbœuf, Pontchâteau, Pornic, Saint-Gildas-des-Bois, Saint-Nazaire-Centre, Saint-Nazaire-Est, Saint-Nazaire-Ouest, Saint-Nicolas-de-Redon, Saint-Père-en-Retz, Savenay
	45 Loiret	
Montargis *84, rue du Général-Leclerc 45207 Montargis Cedex*		Amilly, Bellegarde, Briare, Châlette-sur-Loing, Château-Renard, Châtillon-Coligny, Châtillon-sur-Loire, Courtenay, Ferrières-en-Gâtinais, Gien, Lorris, Montargis, Ouzouer-sur-Loire et Sully-sur-Loire et commune de Bray-Saint-Aignan

3500 (suite)

Siège du tribunal judiciaire	Siège de la chambre de proximité	Ressort (par cantons)
Orléans *44, rue de la Bretonnerie* *45044 Orléans Cedex 1*		Artenay, Beaugency, Beaune-la-Rolande, Châteauneuf-sur-Loire (à l'exception de la fraction de commune de Bray-Saint-Aignan), Chécy, Cléry-Saint-André, Fleury-les-Aubrais, Ingré, Jargeau, La Ferté-Saint-Aubin, Malesherbes, Meung-sur-Loire, Neuville-aux-Bois, Olivet, Orléans-Bannier, Orléans-Bourgogne, Orléans-Carmes, Orléans-La Source, Orléans-Saint-Marc-Argonne, Orléans-Saint-Marceau, Outarville, Patay, Pithiviers, Puiseaux, Saint-Jean-de-Braye, Saint-Jean-de-la-Ruelle, Saint-Jean-le-Blanc
	46 Lot	
Cahors *Bd Léon-Gambetta* *CS 70289* *46005 Cahors Cedex 9*		Cahors-Nord-Est, Cahors-Nord-Ouest, Cahors-Sud, Castelnau-Montratier, Catus, Cazals, Gourdon, Gramat, Labastide-Murat, Lalbenque, Lauzès, Limogne-en-Quercy, Luzech, Martel, Montcuq, Payrac, Puy-l'Évêque, Saint-Germain-du-Bel-Air, Saint-Géry, Salviac, Souillac, Vayrac
	Figeac	Bretenoux, Cajarc, Figeac-Est, Figeac-Ouest, Lacapelle-Marival, Latronquière, Livernon, Saint-Céré, Sousceyrac
	47 Lot-et-Garonne	
Agen *Av. de Lattre-de-Tassigny* *47916 Agen Cedex 9*		Agen-Centre, Agen-Nord, Agen-Nord-Est, Agen-Ouest, Agen-Sud-Est, Astaffort, Beauville, Francescas, Laplume, Laroque-Timbaut, Lavardac, Mézin, Nérac, Port-Sainte-Marie, Prayssas, Puymirol
	Marmande	Bouglon, Casteljaloux, Castelmoron-sur-Lot, Damazan, Duras, Houeillès, Lauzun, Le Mas-d'Agenais, Marmande-Est, Marmande-Ouest, Meilhan-sur-Garonne, Seyches, Tonneins
	Villeneuve-sur-Lot	Cancon, Castillonnès, Fumel, Monclar, Monflanquin, Penne-d'Agenais, Sainte-Livrade-sur-Lot, Tournon-d'Agenais, Villeneuve-sur-Lot-Nord, Villeneuve-sur-Lot-Sud, Villeréal
	48 Lozère	
Mende *Bd Henri-Bourrillon* *48000 Mende*		Aumont-Aubrac, Barre-des-Cévennes, Chanac, Châteauneuf-de-Randon, Florac, Fournels, Grandrieu, La Canourgue, Langogne, Le Bleymard, Le Malzieu-Ville, Le Massegros, Le Pont-de-Montvert, Marvejols, Mende-Nord, Mende-Sud, Meyrueis, Nasbinals, Saint-Alban-sur-Limagnole, Saint-Amans, Saint-Chély-d'Apcher, Saint-Germain-de-Calberte, Saint-Germain-du-Teil, Sainte-Énimie, Villefort

3500 (suite)

Siège du tribunal judiciaire	Siège de la chambre de proximité	Ressort (par cantons)
49 Maine-et-Loire		
Angers *Rue Waldeck-Rousseau* *49043 Angers Cedex 01*		Angers-Centre, Angers-Est, Angers-Nord, Angers-Nord-Est, Angers-Nord-Ouest, Angers-Ouest, Angers-Sud, Angers-Trélazé, Candé (à l'exception de la fraction de commune de Vallons-de-l'Erdre), Chalonnes-sur-Loire, Châteauneuf-sur-Sarthe, Durtal, Le Lion-d'Angers, Le Louroux-Béconnais, Les Ponts-de-Cé, Pouancé, Saint-Georges-sur-Loire, Segré, Seiches-sur-le-Loir (à l'exception de la fraction de commune de Mazé-Milon), Thouarcé (à l'exception de la fraction de commune de Chemillé-en-Anjou), Tiercé et communes de Brissac-Loire-Aubance, Ingrandes-Le-Fresne-sur-Loire, Loire-Authion, Terranjou
	Cholet	Beaupréau, Champtoceaux, Chemillé, Cholet 1er à 3e Canton, Montfaucon-Montigné, Montrevault, Saint-Florent-le-Vieil et commune de Chemillé-en-Anjou
Saumur *Pl. Saint-Michel* *49412 Saumur Cedex*		Allonnes, Baugé, Beaufort-en-Vallée (à l'exception de la fraction de commune de Loire-Authion), Doué-la-Fontaine (à l'exception de la fraction de commune de Terranjou), Gennes (à l'exception de la fraction de commune de Brissac-Loire-Aubance), Longué-Jumelles, Montreuil-Bellay, Noyant, Saumur-Nord, Saumur-Sud, Vihiers (à l'exception de la fraction de commune de Chemillé-en-Anjou) et commune de Mazé-Milon
50 Manche		
Cherbourg-en-Cotentin *15, rue des Tribunaux* *CS 60740* *50107* *Cherbourg-Octeville Cedex*		Barneville-Carteret, Beaumont-Hague, Bricquebec, Cherbourg-Octeville-Nord-Ouest, Cherbourg-Octeville-Sud-Est, Cherbourg-Octeville-Sud-Ouest, Équeurdreville-Hainneville, Les Pieux, Montebourg, Quettehou, Sainte-Mère-Église (à l'exception de la fraction de commune de Carentan-les-Marais), Saint-Pierre-Église, Saint-Sauveur-le-Vicomte, Tourlaville, Valognes et communes de Picauville et de Port-Bail-sur-Mer
Coutances *10A, rue du Palais-de-Justice* *CS 40719* *50207 Coutances Cedex*		Bréhal, Canisy, Carentan, Cerisy-la-Salle, Coutances, Gavray, La Haye-du-Puits (à l'exception des fractions de communes de Picauville et de Port-Bail-sur-Mer), Lessay, Marigny, Montmartin-sur-Mer, Percy, Périers, Saint-Clair-sur-l'Elle, Saint-Jean-de-Daye, Saint-Lô-Est, Saint-Lô-Ouest, Saint-Malo-de-la-Lande, Saint-Sauveur-Lendelin, Tessy-sur-Vire, Torigni-sur-Vire et communes de Carentan les Marais et de Tessy-Bocage
	Avranches	Avranches, Barenton, Brécey, Ducey, Granville, Isigny-le-Buat, Juvigny-le-Tertre, La Haye-Pesnel, Le Teilleul, Mortain, Pontorson, Saint-Hilaire-du-Harcouët, Saint-James, Saint-Pois, Sartilly, Sourdeval, Villedieu-les-Poêles

3500 (suite)

Siège du tribunal judiciaire	Siège de la chambre de proximité	Ressort (par cantons)
		51 Marne
Châlons-en-Champagne *2, quai Eugène-Perrier 51036 Châlons-en-Champagne Cedex*		Anglure, Avize, Châlons-en-Champagne 1er à 4e Canton, Dormans, Écury-sur-Coole, Épernay 1er et 2e Canton, Esternay, Fère-Champenoise, Givry-en-Argonne, Heiltz-le-Maurupt, Marson, Montmirail, Montmort-Lucy, Saint-Remy-en-Bouzemont-Saint-Genest-et-Isson, Sainte-Menehould, Sézanne, Sompuis, Suippes, Thiéblemont-Farémont, Vertus, Ville-sur-Tourbe, Vitry-le-François-Est, Vitry-le-François-Ouest
Reims *Pl. Myron-Herrick 51095 Reims Cedex*		Ay, Beine-Nauroy, Bourgogne, Châtillon-sur-Marne, Fismes, Reims 1er à 10e Canton, Verzy, Ville-en-Tardenois et commune de Cormicy
		52 Haute-Marne
Chaumont *Rue du Palais BP 2061 52903 Chaumont Cedex 9*		Andelot-Blancheville, Arc-en-Barrois, Auberive, Bourbonne-les-Bains, Bourmont, Châteauvillain, Chaumont-Nord, Chaumont-Sud, Clefmont, Doulaincourt-Saucourt, Fayl-Billot, Juzennecourt, Laferté-sur-Amance, Langres, Longeau-Percey, Neuilly-l'Évêque, Nogent, Prauthoy, Saint-Blin, Terre-Natale, Val-de-Meuse, Vignory
	Saint-Dizier	Chevillon, Doulevant-le-Château, Joinville, Montier-en-Der, Poissons, Saint-Dizier-Centre, Saint-Dizier-Nord-Est, Saint-Dizier-Ouest, Saint-Dizier-Sud-Est, Wassy
		53 Mayenne
Laval *13, place Saint-Tugal BP 81515 53015 Laval Cedex*		Ambrières-les-Vallées, Argentré, Bais, Bierné, Chailland, Château-Gontier-Est, Château-Gontier-Ouest, Chailland, Cossé-le-Vivien, Couptrain, Craon, Ernée, Évron, Gorron, Grez-en-Bouère, Landivy, Lassay-les-Châteaux, Laval-Est, Laval-Nord-Est, Laval-Nord-Ouest, Laval-Saint-Nicolas, Laval-Sud-Ouest, Le Horps, Loiron, Mayenne-Est, Mayenne-Ouest, Meslay-du-Maine, Montsûrs, Pré-en-Pail, Saint-Aignan-sur-Roë, Saint-Berthevin, Sainte-Suzanne, Villaines-la-Juhel
		54 Meurthe-et-Moselle
Val de Briey *4, rue du Maréchal-Foch CS 20139 54150 Val de Briey*		Audun-le-Roman, Briey, Chambley-Bussières, Conflans-en-Jarnisy, Herserange, Homécourt, Longuyon, Longwy, Mont-Saint-Martin, Villerupt
Nancy *Rue du Général-Fabvier 54035 Nancy Cedex*		Colombey-les-Belles, Dieulouard, Domèvre-en-Haye, Haroué, Jarville-la-Malgrange, Laxou, Malzéville, Nancy-Est, Nancy-Nord, Nancy-Ouest, Nancy-Sud, Neuves-Maisons, Nomeny, Pompey, Pont-à-Mousson, Saint-Max, Saint-Nicolas-de-Port, Seichamps, Thiaucourt-Regniéville, Tomblaine, Toul-Nord, Toul-Sud, Vandœuvre-lès-Nancy-Est, Vandœuvre-lès-Nancy-Ouest, Vézelise
	Lunéville	Arracourt, Baccarat, Badonviller, Bayon, Blâmont, Cirey-sur-Vezouze, Gerbéviller, Lunéville-Nord, Lunéville-Sud

3500 (suite)

Siège du tribunal judiciaire	Siège de la chambre de proximité	Ressort (par cantons)
		55 Meuse
Bar-le-Duc *21-25, pl. Saint-Pierre* *55014 Bar-le-Duc Cedex*		Ancerville, Bar-le-Duc-Nord, Bar-le-Duc-Sud, Commercy, Gondrecourt-le-Château, Ligny-en-Barrois, Montiers-sur-Saulx, Pierrefitte-sur-Aire, Revigny-sur-Ornain, Saint-Mihiel, Seuil-d'Argonne, Vaubecourt, Vaucouleurs, Vavincourt, Vigneulles-lès-Hattonchâtel, Void-Vacon
Verdun *Pl. Saint-Paul* *CO 724* *55107 Verdun Cedex*		Charny-sur-Meuse, Clermont-en-Argonne, Damvillers, Dun-sur-Meuse, Étain, Fresnes-en-Woëvre, Montfaucon-d'Argonne, Montmédy, Souilly, Spincourt, Stenay, Varennes-en-Argonne, Verdun-Centre, Verdun-Est, Verdun-Ouest
		56 Morbihan
Lorient *1, rue Maître-Esvelin* *CS 90240* *56325 Lorient Cedex*		Auray, Baud, Belle-Île, Belz, Cléguérec, Gourin, Groix, Guémené-sur-Scorff, Hennebont, Lanester, Le Faouët, Locminé, Lorient-Centre, Lorient-Nord, Lorient-Sud, Ploemeur, Plouay, Pluvigner, Pontivy, Pont-Scorff, Port-Louis, Quiberon
Vannes *22, pl. de la République* *BP 503* *56019 Vannes Cedex*		Allaire, Elven, Grand-Champ, Guer, Josselin, La Gacilly, La Roche-Bernard, La Trinité-Porhoët, Malestroit, Mauron, Muzillac, Ploërmel, Questembert, Rochefort-en-Terre, Rohan, Saint-Jean-Brévelay, Sarzeau, Vannes-Centre, Vannes-Est, Vannes-Ouest
		57 Moselle
Metz *3, rue Haute-Pierre* *BP 81022* *57036 Metz Cedex 01*		Albestroff, Ars-sur-Moselle, Boulay-Moselle, Bouzonville, Château-Salins, Delme, Dieuze, Faulquemont, Maizières-lès-Metz, Marange-Silvange, Metz-Ville 1er à 4e Canton, Montigny-lès-Metz, Pange, Rombas, Verny, Vic-sur-Seille, Vigy, Woippy
	Sarrebourg	Fénétrange, Lorquin, Phalsbourg, Réchicourt-le-Château, Sarrebourg
Sarreguemines *Pl. du Général-Sibille* *BP 71129* *57216 Sarreguemines Cedex*		Bitche, Rohrbach-lès-Bitche, Sarralbe, Sarreguemines-Campagne, Volmunster
	Saint-Avold	Behren-lès-Forbach, Forbach, Freyming-Merlebach, Grostenquin, Saint-Avold 1er et 2e Canton, Stiring-Wendel
Thionville *12 allée Raymond Poincaré* *57100 Thionville*		Algrange, Cattenom, Fameck, Florange, Fontoy, Hayange, Metzervisse, Moyeuvre-Grande, Sierck-les-Bains, Thionville-Est, Thionville-Ouest, Yutz
		58 Nièvre
Nevers *Pl. du Palais* *58019 Nevers Cedex*		Château-Chinon (ville), Châtillon-en-Bazois, Cosne-Cours-sur-Loire-Nord, Cosne-Cours-sur-Loire-Sud, Decize, Dornes, Fours, Guérigny, Imphy, La Charité-sur-Loire, La Machine, Luzy, Moulins-Engilbert, Nevers-Centre, Nevers-Est, Nevers-Nord, Nevers-Sud, Pougues-les-Eaux, Pouilly-sur-Loire, Prémery, Saint-Benin-d'Azy, Saint-Pierre-le-Moûtier, Saint-Saulge
	Clamecy	Brinon-sur-Beuvron, Clamecy, Corbigny, Donzy, Lormes, Montsauche-les-Settons, Saint-Amand-en-Puisaye, Tannay, Varzy

3500 (suite)

Siège du tribunal judiciaire	Siège de la chambre de proximité	Ressort (par cantons)
	59 Nord	
Avesnes-sur-Helpe *11, rue du Maréchal-Joffre BP 60205 59440 Avesnes-sur-Helpe*		Avesnes-sur-Helpe-Nord, Avesnes-sur-Helpe-Sud, Berlaimont, Landrecies, Le Quesnoy-Est, Le Quesnoy-Ouest, Solre-le-Château, Trélon
	Maubeuge	Bavay, Hautmont, Maubeuge-Nord, Maubeuge-Sud
Cambrai *Rue Froissart BP 379 59407 Cambrai Cedex*		Cambrai-Est, Cambrai-Ouest, Carnières, Clary, Le Cateau-Cambrésis, Marcoing, Solesmes
Douai *5, rue Merlin-de-Douai 59500 Douai*		Arleux, Douai-Nord, Douai-Nord-Est, Douai-Sud, Douai-Sud-Ouest, Marchiennes, Orchies
Dunkerque *Pl. du Palais-de-Justice BP 6365 59385 Dunkerque Cedex 1*		Bergues, Bourbourg, Coudekerque-Branche, Dunkerque-Est, Dunkerque-Ouest, Grande-Synthe, Gravelines, Hondschoote, Wormhout
	Hazebrouck	Bailleul-Nord-Est, Bailleul-Sud-Ouest, Cassel, Hazebrouck-Nord, Hazebrouck-Sud, Merville, Steenvoorde
Lille *13, av. du Peuple-Belge BP 729 59034 Lille Cedex*		Armentières, Cysoing, Haubourdin, La Bassée, Lannoy, Lille-Centre, Lille-Est, Lille-Nord, Lille-Nord-Est, Lille-Ouest, Lille-Sud, Lille-Sud-Est, Lille-Sud-Ouest, Lomme, Pont-à-Marcq, Quesnoy-sur-Deûle, Seclin-Nord, Seclin-Sud, Villeneuve-d'Ascq-Nord et Villeneuve-d'Ascq-Sud
	Roubaix	Roubaix-Centre, Roubaix-Est, Roubaix-Nord et Roubaix-Ouest
	Tourcoing	Marcq-en-Barœul, Tourcoing-Nord, Tourcoing-Nord-Est et Tourcoing-Sud
Valenciennes *6, av. des Dentellières BP 10349 59304 Valenciennes Cedex*		Anzin, Bouchain, Condé-sur-l'Escaut, Denain, Saint-Amand-les-Eaux-Rive droite, Saint-Amand-les-Eaux-Rive gauche, Valenciennes-Est, Valenciennes-Nord et Valenciennes-Sud
	60 Oise	
Beauvais *20, bd Saint-Jean BP 10325 60021 Beauvais Cedex*		Auneuil, Beauvais-Nord-Est, Beauvais-Nord-Ouest, Beauvais-Sud-Ouest, Breteuil, Chaumont-en-Vexin, Clermont, Crèvecœur-le-Grand, Formerie, Froissy, Grandvilliers, Le Coudray-Saint-Germer, Liancourt, Maignelay-Montigny, Marseille-en-Beauvaisis, Méru, Mouy, Nivillers, Noailles, Saint-Just-en-Chaussée, Songeons
Compiègne *11, rue Henri-de-Séroux BP 80059 60321 Compiègne Cedex*		Attichy, Compiègne-Nord, Compiègne-Sud-Est, Compiègne-Sud-Ouest, Estrées-Saint-Denis, Guiscard, Lassigny, Noyon, Ressons-sur-Matz, Ribécourt-Dreslincourt
Senlis *26, allée des Soupirs 60300 Senlis*		Betz, Chantilly, Creil-Nogent-sur-Oise, Creil-Sud, Crépy-en-Valois, Montataire, Nanteuil-le-Haudouin, Neuilly-en-Thelle, Pont-Sainte-Maxence, Senlis

3500 (suite)

Siège du tribunal judiciaire	Siège de la chambre de proximité	Ressort (par cantons)
		61 Orne
Alençon *Pl. du Maréchal-Foch* *CS 70355* *61014 Alençon Cedex*		Alençon 1er à 3e Canton, Bazoches-sur-Hoëne, Bellême, Carrouges, Courtomer, L'Aigle-Est, L'Aigle-Ouest, Le Theil, Le Mêle-sur-Sarthe, Longny-au-Perche, Mortagne-au-Perche, Moulins-la-Marche, Nocé, Pervenchères, Rémalard, Sées (à l'exception de la fraction de commune de Mortrée), Tourouvre et commune de Chailloué
Argentan *Rue des Anciens-Combattants* *CS 70211* *61203 Argentan Cedex*		Argentan-Est, Argentan-Ouest, Briouze, Écouché, Exmes, Gacé, La Ferté-Frênel, Le Merlerault, Mortrée (à l'exception de la fraction de commune de Chailloué), Putanges-Pont-Écrepin, Trun, Vimoutiers et commune de Mortrée
	Flers	Athis-de-l'Orne, Domfront, Flers-Nord, Flers-Sud, Juvigny-sous-Andaine, La Ferté-Macé, Messei, Passais, Tinchebray
		62 Pas-de-Calais
Arras *Pl. des États-d'Artois* *BP 924* *62022 Arras Cedex*		Arras-Nord, Arras-Ouest, Arras-Sud, Aubigny-en-Artois, Auxi-le-Château, Avesnes-le-Comte, Avion, Bapaume, Beaumetz-lès-Loges, Bertincourt, Croisilles, Dainville, Heuchin, Le Parcq, Marquion, Pas-en-Artois, Rouvroy, Saint-Pol-sur-Ternoise, Vimy, Vitry-en-Artois
Béthune *Pl. Lamartine* *BP 716* *62407 Béthune Cedex*		Auchel, Barlin, Béthune-Est, Béthune-Nord Béthune-Sud, Bruay-la-Buissière, Cambrin, Divion, Douvrin, Houdain, Laventie, Lillers, Nœux-les-Mines, Norrent-Fontes
	Lens	Bully-les-Mines, Carvin, Courrières, Harnes, Hénin-Beaumont, Leforest, Lens-Est, Lens-Nord-Est, Lens-Nord-Ouest, Liévin-Nord, Liévin-Sud, Montigny-en-Gohelle, Noyelles-sous-Lens, Sains-en-Gohelle, Wingles
Boulogne-sur-Mer *Pl. de la Résistance* *62322 Boulogne-sur-Mer Cedex*		Boulogne-sur-Mer-Nord-Est, Boulogne-sur-Mer-Nord-Ouest, Boulogne-sur-Mer-Sud, Desvres, Le Portel, Marquise, Outreau, Samer
	Montreuil-sur-Mer	Berck, Campagne-lès-Hesdin, Étaples, Fruges, Hesdin, Hucqueliers, Montreuil-sur-Mer
	Calais	Calais-Centre, Calais-Est, Calais-Nord-Ouest, Calais-Sud-Est, Guînes
Saint-Omer *3, rue des Tribunaux* *62503 Saint-Omer Cedex*		Aire-sur-la-Lys, Ardres, Arques, Audruicq, Fauquembergues, Lumbres, Saint-Omer-Nord, Saint-Omer-Sud

3500 (suite)

Siège du tribunal judiciaire	Siège de la chambre de proximité	Ressort (par cantons)
	63 Puy-de-Dôme	
Clermont-Ferrand *16, pl. de l'Étoile CS 20005 63033 Clermont-Ferrand Cedex 1*		Ardes, Aubière, Beaumont, Besse-et-Saint-Anastaise, Billom, Bourg-Lastic, Chamalières, Champeix, Clermont-Ferrand-Centre, Clermont-Ferrand-Est, Clermont-Ferrand-Nord, Clermont-Ferrand-Nord-Ouest, Clermont-Ferrand-Ouest, Clermont-Ferrand-Sud, Clermont-Ferrand-Sud-Est, Clermont-Ferrand-Sud-Ouest, Cournon-d'Auvergne, Gerzat, Herment, Issoire, Jumeaux, La Tour-d'Auvergne, Montferrand, Pont-du-Château, Rochefort-Montagne, Royat, Saint-Amant-Tallende, Saint-Dier-d'Auvergne, Saint-Germain-Lembron, Sauxillanges, Tauves, Vertaizon, Veyre-Monton, Vic-le-Comte
	Riom	Aigueperse, Combronde, Ennezat, Manzat, Menat, Montaigut, Pionsat, Pontaumur, Pontgibaud, Randan, Riom-Est, Riom-Ouest, Saint-Gervais-d'Auvergne
	Thiers	Ambert, Arlanc, Châteldon, Courpière, Cunlhat, Lezoux, Maringues, Olliergues, Saint-Amant-Roche-Savine, Saint-Anthème, Saint-Germain-l'Herm, Saint-Rémy-sur-Durolle, Thiers, Viverols
	64 Pyrénées-Atlantiques	
Bayonne *Avenue de la Légion-Tchèque 64109 Bayonne Cedex*		Anglet-Nord, Anglet-Sud, Bayonne-Est, Bayonne-Nord, Bayonne-Ouest, Biarritz-Est, Biarritz-Ouest, Bayonne, Biarritz, Bidache, Espelette, Hasparren, Hendaye, Iholdy, La Bastide-Clairence, Saint-Étienne-de-Baïgorry, Saint-Jean-de-Luz, Saint-Jean-Pied-de-Port, Saint-Palais, Saint-Pierre-d'Irube, Ustaritz
Pau *Pl. de la Libération 64034 Pau Cedex*		Arthez-de-Béarn, Arzacq-Arraziguet, Billère, Garlin, Jurançon, Lagor, Lembeye, Lescar, Montaner, Morlaàs, Navarrenx, Nay-Est, Nay-Ouest, Orthez, Pau-Centre, Pau-Est, Pau-Nord, Pau-Ouest, Pau-Sud, Pontacq, Salies-de-Béarn, Sauveterre-de-Béarn, Thèze
	Oloron-Sainte-Marie	Accous, Aramits, Arudy, Laruns, Lasseube, Mauléon-Licharre, Monein, Oloron-Sainte-Marie-Est, Oloron-Sainte-Marie-Ouest, Tardets-Sorholus
	65 Hautes-Pyrénées	
Tarbes *6 bis, rue du Maréchal-Foch BP 1326 65013 Tarbes Cedex 9*		Argelès-Gazost, Arreau, Aucun, Aureilhan, Bagnères-de-Bigorre, Bordères-Louron, Bordères-sur-l'Échez, Campan, Castelnau-Magnoac, Castelnau-Rivière-Basse, Galan, La Barthe-de-Neste, Laloubère, Lannemezan, Lourdes-Est, Lourdes-Ouest, Luz-Saint-Sauveur, Maubourguet, Mauléon-Barousse, Ossun, Pouyastruc, Rabastens-de-Bigorre, Saint-Laurent-de-Neste, Saint-Pé-de-Bigorre, Séméac, Tarbes 1er à 5e Canton, Tournay, Trie-sur-Baïse, Vic-en-Bigorre, Vielle-Aure
	66 Pyrénées-Orientales	
Perpignan *Pl. Arago CS 90921 66020 Perpignan Cedex*		Argelès-sur-Mer, Arles-sur-Tech, Canet-en-Roussillon, Céret, Côte-Vermeille, Elne, La Côte-Radieuse, Latour-de-France, Millas, Mont-Louis, Olette, Perpignan 1er à 9e Canton, Prades, Prats-de-Mollo-la-Preste, Rivesaltes, Saillagouse, Saint-Estève, Saint-Laurent-de-la-Salanque, Saint-Paul-de-Fenouillet, Sournia, Thuir, Toulouges, Vinça

3500 (suite)

Siège du tribunal judiciaire	Siège de la chambre de proximité	Ressort (par cantons)
67 Bas-Rhin		
Strasbourg *1, quai Finkmatt* *CS 61030* *67070 Strasbourg Cedex*		Strasbourg 1er à 10e Canton
	Haguenau	Bischwiller, Brumath, Haguenau, Hochfelden, Lauterbourg, Niederbronn-les-Bains, Seltz, Soultz-sous-Forêts, Truchtersheim, Wissembourg, Woerth et commune de Val de Moder
	Illkirch-Graffenstaden	Benfeld, Erstein, Geispolsheim, Illkirch-Graffenstaden
	Schiltigheim	Bischheim, Mundolsheim, Schiltigheim
Saverne *7, rue du Tribunal* *CS 50135* *67703 Saverne Cedex*		Bouxwiller (à l'exception de la fraction de commune de Val de Moder), Drulingen, La Petite-Pierre, Marmoutier, Sarre-Union, Saverne
	Molsheim	Molsheim, Obernai, Rosheim, Saales, Schirmeck, Wasselonne
68 Haut-Rhin		
Colmar *Pl. du Marché-aux-Fruits* *68027 Colmar Cedex*		Andolsheim, Colmar-Nord, Colmar-Sud, Kaysersberg, Lapoutroie, Munster, Neuf-Brisach, Wintzenheim
	Guebwiller	Ensisheim, Guebwiller, Rouffach, Soultz-Haut-Rhin
Mulhouse *21, av. Robert-Schuman* *CS 63009* *68061 Mulhouse Cedex 3*		Altkirch, Dannemarie, Ferrette, Habsheim, Hirsingue, Huningue, Illzach, Mulhouse-Est, Mulhouse-Nord, Mulhouse-Ouest, Mulhouse-Sud, Sierentz, Wittenheim et commune de Bernwiller
	Thann	Cernay (à l'exception de la fraction de commune de Bernwiller), Masevaux, Saint-Amarin, Thann
Bas-Rhin et Haut-Rhin Colmar *Pl. du Marché-aux-Fruits* *68027 Colmar Cedex*	Sélestat	Barr, Marckolsheim, Ribeauvillé, Sainte-Marie-aux-Mines, Sélestat, Villé
69 Rhône		
Lyon *67, rue Servient* *69433 Lyon Cedex 3*		Caluire-et-Cuire, Condrieu, Écully, Givors, Irigny, L'Arbresle, Limonest, Lyon-I, Lyon-II, Lyon-III, Lyon-IV, Lyon-IX, Lyon-V, Lyon-VI, Lyon-VII, Lyon-VIII, Lyon-X, Lyon-XI, Lyon-XII, Lyon-XIII, Lyon-XIV, Mornant, Neuville-sur-Saône, Oullins, Rillieux-la-Pape, Sainte-Foy-lès-Lyon, Saint-Genis-Laval, Saint-Laurent-de-Chamousset, Saint-Symphorien-sur-Coise, Tassin-la-Demi-Lune, Vaugneray
	Villeurbanne	Bron, Décines-Charpieu, Meyzieu, Saint-Fons, Saint-Priest, Saint-Symphorien-d'Ozon, Vaulx-en-Velin, Vénissieux-Nord, Vénissieux-Sud, Villeurbanne-Centre, Villeurbanne-Nord et Villeurbanne-Sud
Villefranche-sur-Saône *350, bd Gambetta* *BP 474* *69665* *Villefranche-sur-Saône Cedex*		Amplepuis, Anse, Beaujeu, Belleville, Gleizé, Lamure-sur-Azergues, Le Bois-d'Oingt, Monsols, Tarare, Thizy, Villefranche-sur-Saône

3500 (suite)

Siège du tribunal judiciaire	Siège de la chambre de proximité	Ressort (par cantons)
		70 Haute-Saône
Vesoul *4, pl. du Palais* *70000 Vesoul*		Amance, Autrey-lès-Gray, Champlitte, Combeaufontaine, Dampierre-sur-Salon, Fresne-Saint-Mamès, Gray, Gy, Jussey, Marnay, Montbozon, Noroy-le-Bourg, Pesmes, Port-sur-Saône, Rioz, Scey-sur-Saône-et-Saint-Albin, Vesoul-Est, Vezoul-Ouest, Vitrey-sur-Mance
	Lure	Champagney, Faucogney-et-la-Mer, Héricourt-Est, Héricourt-Ouest, Lure-Nord, Lure-Sud, Luxeuil-les-Bains, Mélisey, Saint-Loup-sur-Semouse, Saint-Sauveur, Saulx, Vauvillers, Villersexel
		71 Saône-et-Loire
Chalon-sur-Saône *Rue Émiland-Menand* *71100 Chalon-sur-Saône*		Beaurepaire-en-Bresse, Buxy, Chagny, Chalon-sur-Saône-Centre, Chalon-sur-Saône-Nord, Chalon-sur-Saône-Ouest, Chalon-sur-Saône-Sud, Cuiseaux, Cuisery, Givry, Louhans, Montpont-en-Bresse, Montret, Pierre-de-Bresse, Saint-Germain-du-Bois, Saint-Germain-du-Plain, Saint-Martin-en-Bresse, Sennecey-le-Grand, Verdun-sur-le-Doubs
	Le Creusot	Autun-Nord, Autun-Sud, Couches, Épinac, Issy-l'Évêque, Le Creusot-Est, Le Creusot-Ouest, Lucenay-l'Évêque, Mesvres, Montceau-les-Mines-Nord, Montceau-les-Mines-Sud, Montcenis, Montchanin, Mont-Saint-Vincent, Saint-Léger-sous-Beuvray
Mâcon *8, rue de la Préfecture* *CS 90317* *71017 Mâcon Cedex*		Bourbon-Lancy, Charolles, Chauffailles, Cluny, Digoin, Gueugnon, La Chapelle-de-Guinchay, La Clayette, La Guiche, Lugny, Mâcon-Centre, Mâcon-Nord, Mâcon-Sud, Marcigny, Matour, Palinges, Paray-le-Monial, Saint-Bonnet-de-Joux, Saint-Gengoux-le National, Semur-en-Brionnais, Toulon-sur-Arroux, Tournus, Tramayes
		72 Sarthe
Le Mans *1, av. Pierre-Mendès-France* *72014 Le Mans Cedex 2*		Allonnes, Ballon, Beaumont-sur-Sarthe, Bonnétable, Bouloire, Conlie, Écommoy, Fresnay-sur-Sarthe, La Ferté-Bernard, La Fresnaye-sur-Chédouet, La Suze-sur-Sarthe, Le Mans-Centre, Le Mans-Est-Campagne, Le Mans-Nord-Campagne, Le Mans-Nord-Ouest, Le Mans-Nord-Ville, Le Mans-Ouest, Le Mans-Sud-Est, Le Mans-Sud-Ouest, Le Mans-Ville-Est, Loué, Mamers, Marolles-les-Braults, Montfort-le-Gesnois, Montmirail, Saint-Calais, Saint-Paterne, Sillé-le-Guillaume, Tuffé, Vibraye
	La Flèche	Brûlon, Château-du-Loir, La Chartre-sur-le-Loir, La Flèche, Le Grand-Lucé, Le Lude, Malicorne-sur-Sarthe, Mayet, Pontvallain, Sablé-sur-Sarthe
		73 Savoie
Chambéry *Pl. du Palais-de-Justice* *73000 Chambéry*		Aix-les-Bains-Centre, Aix-les-Bains-Nord-Grésy, Aix-les-Bains-Sud, Albens, Chambéry-Est, Chambéry-Nord, Chambéry-Sud, Chambéry-Sud-Ouest, Chamoux-sur-Gelon, Cognin, La Motte-Servolex, La Ravoire, La Rochette, Le Châtelard, Le Pont-de-Beauvoisin, Les Échelles, Montmélian, Ruffieux, Saint-Alban-Leysse, Saint-Genix-sur-Guiers, Saint-Pierre-d'Albigny, Yenne

3500
(suite)

Siège du tribunal judiciaire	Siège de la chambre de proximité	Ressort (par cantons)
Albertville *Av. des Chasseurs-Alpins* *CS 10125* *73208 Albertville Cedex*		Aiguebelle, Aime, Albertville-Nord, Alberville-Sud, Beaufort, Bourg-Saint-Maurice, Bozel, Grésy-sur-Isère, La Chambre, Lanslebourg-Mont-Cenis, Modane, Moûtiers, Saint-Jean-de-Maurienne, Saint-Michel-de-Maurienne, Ugine
	74 Haute-Savoie	
Annecy *51, rue Sommeiller* *BP 2321* *74011 Annecy Cedex*		Alby-sur-Chéran, Annecy-Centre, Annecy-le-Vieux, Annecy-Nord-Est, Annecy-Nord-Ouest, Faverges, Rumilly, Seynod, Thônes, Thorens-Glières
Bonneville *Quai du Parquet* *BP 136* *74136 Bonneville Cedex*		Bonneville, Chamonix-Mont-Blanc, Cluses, La Roche-sur-Foron, Saint-Gervais-les-Bains, Saint-Jeoire, Sallanches, Samoëns, Scionzier, Taninges
Thonon-les-Bains *10, rue de l'Hôtel-Dieu* *BP 50529* *74200 Thonon-les-Bains*		Abondance, Boëge, Douvaine, Évian-les-Bains, Le Biot, Thonon-les-Bains-Est, Thonon-les-Bains-Ouest
	Annemasse	Annemasse-Nord, Annemasse-Sud, Cruseilles, Frangy, Reignier, Saint-Julien-en-Genevois, Seyssel
	75 Paris	
Paris *Parvis du Tribunal de Paris* *29-45 Av. de la porte de Clichy* *75859 Paris Cedex 17*		Ville de Paris
	76 Seine-Maritime	
Dieppe *Square Carnot* *BP 229* *76204 Dieppe Cedex*		Argueil, Aumale, Bacqueville-en-Caux, Bellencombre, Blangy-sur-Bresle, Dieppe-Est, Dieppe-Ouest, Envermeu, Eu, Forges-les-Eaux, Gournay-en-Bray, Londinières, Longueville-sur-Scie, Neufchâtel-en-Bray, Offranville, Saint-Saëns, Tôtes
Le Havre *133, bd de Strasbourg* *BP 6* *76083 Le Havre Cedex*		Bolbec, Criquetot-l'Esneval, Fauville-en-Caux, Fécamp, Goderville, Gonfreville-l'Orcher, Le Havre 1er à 9e Canton, Lillebonne, Montivilliers, Saint-Romain-de-Colbosc, Valmont et commune de Port-Jérôme-sur-Seine
Rouen *34, rue aux Juifs* *76037 Rouen Cedex*		Bois-Guillaume, Boos, Buchy, Cany-Barville, Caudebec-en-Caux (à l'exception de la fraction de commune de Port-Jérôme-sur-Seine), Caudebec-lès-Elbeuf, Clères, Darnétal, Doudeville, Duclair, Elbeuf, Fontaine-le-Dun, Grand-Couronne, Le Grand-Quevilly, Le Petit-Quevilly, Maromme, Mont-Saint-Aignan, Notre-Dame-de-Bondeville, Ourville-en-Caux, Pavilly, Rouen 1er à 7e Canton, Saint-Étienne-du-Rouvray, Saint-Valery-en-Caux, Sotteville-lès-Rouen-Est, Sotteville-lès-Rouen-Ouest, Yerville, Yvetot
	77 Seine-et-Marne	
Fontainebleau *159, rue Grande* *77305 Fontainebleau Cedex*		Château-Landon, Fontainebleau, La Chapelle-la-Reine, Lorrez-le-Bocage-Préaux, Montereau-Fault-Yonne, Moret-sur-Loing, Nemours

3500 (suite)

Siège du tribunal judiciaire	Siège de la chambre de proximité	Ressort (par cantons)
Meaux *44, avenue Salvador-Allende BP 230 77109 Meaux Cedex*		À l'exception de l'emprise de l'aérodrome de Roissy-Charles-de-Gaulle, Coulommiers, Crécy-la-Chapelle, Dammartin-en-Goële, La Ferté-Gaucher, La Ferté-sous-Jouarre, Lizy-sur-Ourcq, Meaux-Nord, Meaux-Sud, Rebais, Rozay-en-Brie
	Lagny-sur-Marne	À l'exception de l'emprise de l'aérodrome de Roissy-Charles-de-Gaulle, Champs-sur-Marne, Chelles, Claye-Souilly, Lagny-sur-Marne, Mitry-Mory, Noisiel, Thorigny-sur-Marne, Torcy, Vaires-sur-Marne
Melun *2, av. du Général-Leclerc 77010 Melun Cedex*		Bray-sur-Seine, Brie-Comte-Robert, Combs-la-Ville, Donnemarie-Dontilly, Le Châtelet-en-Brie, Le Mée-sur-Seine, Melun-Nord, Melun-Sud, Mormant, Nangis, Perthes, Pontault-Combault, Provins, Roissy-en-Brie, Savigny-le-Temple, Tournan-en-Brie, Villiers-Saint-Georges
78 Yvelines		
Versailles *5, pl. André-Mignot 78011 Versailles Cedex*		Chesnay, Montfort-l'Amaury (uniquement les communes d'Auteuil, Autouillet, Bazoches-sur-Guyonne, Béhoust, Beynes, Boissy-sans-Avoir, Flexanville, Galluis, Garancières, Goupillières, Grosrouvre, Marcq, Mareil-le-Guyon, Méré, Les Mesnuls, Millemont, Montfort-l'Amaury, Neauphle-le-Château, Neauphle-le-Vieux, La Queue-les-Yvelines, Saint-Germain-de-la-Grange, Saulx-Marchais, Thoiry, Le Tremblay-sur Mauldre, Vicq, Villiers-le-Mahieu, Villiers-Saint-Frédéric), Montigny-le-Bretonneux, Plaisir, Saint-Cyr-l'École, Trappes, Vélizy-Villacoublay, Versailles-Nord, Versailles-Nord-Ouest, Versailles-Sud, Viroflay
	Mantes-la-Jolie	Bonnières-sur-Seine, Guerville, Houdan, Limay, Mantes-la-Jolie, Mantes-la-Ville
	Poissy	Andrésy, Aubergenville, Conflans-Sainte-Honorine, Meulan, Poissy-Nord, Poissy-Sud, Triel-sur-Seine
	Rambouillet	Chevreuse, Maurepas, Montfort-l'Amaury (uniquement les communes de Jouars-Ponchartrain et Saint-Rémy-l'Honoré), Rambouillet, Saint-Arnoult-en-Yvelines
	Saint-Germain-en-Laye	Chatou, Houilles, La Celle-Saint-Cloud, Le Pecq, Le Vésinet, Maisons-Laffitte, Marly-le-Roi, Saint-Germain-en-Laye-Nord, Saint-Germain-en-Laye-Sud, Saint-Nom-la-Bretèche, Sartrouville
79 Deux-Sèvres		
Niort *2, rue du Palais BP 8819 79028 Niort Cedex*		Beauvoir-sur-Niort, Brioux-sur-Boutonne, Celles-sur-Belle, Champdeniers-Saint-Denis, Chef-Boutonne, Coulonges-sur-l'Autize, Frontenay-Rohan-Rohan, La Mothe-Saint-Héray, Lezay, Mauzé-sur-le-Mignon, Melle, Niort-Est, Niort-Nord, Niort-Ouest, Prahecq, Saint-Maixent-l'École 1er et 2e Canton, Sauzé-Vaussais
	Bressuire	Airvault, Argenton-les-Vallées, Bressuire, Cerizay, Mauléon, Mazières-en-Gâtine, Ménigoute, Moncoutant, Parthenay, Saint-Loup-Lamairé, Saint-Varent, Secondigny, Thénezay, Thouars 1er et 2e Canton

3500 (suite)

Siège du tribunal judiciaire	Siège de la chambre de proximité	Ressort (par cantons)
80 Somme		
Amiens *14, rue Robert-de-Luzarches* *80027 Amiens Cedex 1*		Acheux-en-Amiénois, Ailly-sur-Noye, Amiens 1er Ouest, Amiens 2e Nord-Ouest, Amiens 3e Nord-Est, Amiens 4e Est, Amiens 5e Sud-Est, Amiens 6e Sud, Amiens 7e Sud-Ouest, Amiens 8e Nord, Bernaville, Boves, Conty, Corbie, Domart-en-Ponthieu, Doullens, Hornoy-le-Bourg, Molliens-Dreuil, Montdidier, Moreuil, Oisemont, Picquigny, Poix-de-Picardie, Rosières-en-Santerre, Roye, Villers-Bocage
	Abbeville	Abbeville-Nord, Abbeville-Sud, Ailly-le-Haut-Clocher, Ault, Crécy-en-Ponthieu, Friville-Escarbotin, Gamaches, Hallencourt, Moyenneville, Nouvion, Rue, Saint-Valery-sur-Somme
	Péronne	Albert, Bray-sur-Somme, Chaulnes, Combles, Ham, Nesle, Péronne, Roisel
81 Tarn		
Albi *Pl. Lapérouse* *BP 156* *81005 Albi Cedex*		Alban, Albi-Centre, Albi-Est, Albi-Nord-Est, Albi-Nord-Ouest, Albi-Ouest, Albi-Sud, Cadalen, Carmaux-Nord, Carmaux-Sud, Castelnau-de-Montmiral, Cordes-sur-Ciel, Gaillac, Lisle-sur-Tarn, Monestiés, Pampelonne, Rabastens, Réalmont, Salvagnac, Valderiès, Valence-d'Albigeois, Vaour, Villefranche-d'Albigeois
Castres *BP 409* *81108 Castres Cedex*		Anglès, Brassac, Castres-Est, Castres-Nord, Castres-Ouest, Castres-Sud, Cuq-Toulza, Dourgne, Graulhet, Labruguière, Lacaune, Lautrec, Lavaur, Mazamet-Nord-Est, Mazamet-Sud-Ouest, Montredon-Labessonnié, Murat-sur-Vèbre, Puylaurens, Roquecourbe, Saint-Amans-Soult, Saint-Paul-Cap-de-Joux, Vabre, Vielmur-sur-Agout
82 Tarn-et-Garonne		
Montauban *Pl. du Coq* *82013 Montauban Cedex*		Caussade, Caylus, Lafrançaise, Molières, Monclar-de-Quercy, Montauban 1er à 6e Canton, Montpezat-de-Quercy, Nègrepelisse, Saint-Antonin-Noble-Val, Villebrumier
	Castelsarrasin	Auvillar, Beaumont-de-Lomagne, Bourg-de-Visa, Castelsarrasin 1er et 2e Canton, Grisolles, Lauzerte, Lavit, Moissac 1er et 2e Canton, Montaigu-de-Quercy, Montech, Saint-Nicolas-de-la-Grave, Valence, Verdun-sur-Garonne
83 Var		
Draguignan *11, rue Pierre-Clément* *BP 273* *83007 Draguignan Cedex*		Aups, Callas, Comps-sur-Artuby, Draguignan, Fayence, Le Luc, Lorgues, Salernes
	Brignoles	Barjols, Besse-sur-Issole, Brignoles, Cotignac, La Roquebrussanne, Rians, Saint-Maximin-la-Sainte-Baume, Tavernes
	Fréjus	Fréjus, Grimaud, Le Muy, Saint-Raphaël, Saint-Tropez
Toulon *Pl. Gabriel-Péri* *CS 90506* *83041 Toulon Cedex 9*		Cuers, Collobrières, Hyères-Est, Hyères-Ouest, La Crau, La Garde, La Seyne-sur-Mer, La Valette-du-Var, Le Beausset, Ollioules, Saint-Mandrier-sur-Mer, Six-Fours-les-Plages, Solliès-Pont, Toulon 1er à 9e Canton

3500 (suite)

Siège du tribunal judiciaire	Siège de la chambre de proximité	Ressort (par cantons)
84 Vaucluse		
Avignon *2, bd Limbert* *84078 Avignon Cedex 9*		Avignon-Est, Avignon-Nord, Avignon-Ouest, Avignon-Sud, Bédarrides, Cavaillon, L'Isle-sur-la-Sorgue
	Pertuis	Apt, Bonnieux, Cadenet, Gordes, Pertuis
Carpentras *52, pl. Charles-de-Gaulle* *CS 80265* *84208 Carpentras Cedex*		Carpentras-Nord, Carpentras-Sud, Mormoiron, Pernes-les-Fontaines, Sault
	Orange	Beaumes-de-Venise, Bollène, Malaucène, Orange-Est, Orange-Ouest, Vaison-la-Romaine, Valréas
85 Vendée		
La Roche-sur-Yon *55, bd Aristide-Briand* *BP 833* *85021 La Roche-sur-Yon Cedex*		Chantonnay, La Roche-sur-Yon-Nord, La Roche-sur-Yon-Sud, Le Poiré-sur-Vie, Les Essarts, Les Herbiers, Mareuil-sur-Lay-Dissais, Montaigu, Mortagne-sur-Sèvre, Rocheservière, Saint-Fulgent
	Fontenay-le-Comte	Chaillé-les-Marais, Fontenay-le-Comte, La Châtaigneraie, L'Hermenault, Luçon (à l'exception de la fraction de commune de L'Aiguillon-la-Presqu'île), Maillezais, Pouzauges, Sainte-Hermine, Saint-Hilaire-des-Loges
Les Sables-d'Olonne *Impasse André Lemoine* *85109 Les Sables-d'Olonne Cedex*		Beauvoir-sur-Mer, Challans, La Mothe-Achard, Les Sables-d'Olonne, L'Île-d'Yeu, Moutiers-les-Mauxfaits, Noirmoutier-en-l'Île, Palluau, Saint-Gilles-Croix-de-Vie, Saint-Jean-de-Monts, Talmont-Saint-Hilaire, commune de l'Aiguillon-la-Presqu'île
86 Vienne		
Poitiers *4, bd Maréchal-de-Lattre-de-Tassigny* *CS 30527* *86020 Poitiers Cedex*		Availles-Limouzine, Charroux, Chauvigny, Civray, Couhé, Gençay, La Trimouille, La Villedieu-du-Clain, Les Trois-Moutiers, L'Isle-Jourdain, Loudun, Lusignan, Lussac-les-Châteaux, Mirebeau, Moncontour, Montmorillon, Monts-sur-Guesnes, Neuville-de-Poitou, Poitiers 1er à 7e Canton, Saint-Georges-lès-Baillargeaux (à l'exception de la fraction de commune de Beaumont Saint-Cyr), Saint-Julien-l'Ars, Saint-Savin, Vivonne, Vouillé
	Châtellerault	Châtellerault-Nord, Châtellerault-Ouest, Châtellerault-Sud, Dangé-Saint-Romain, Lencloître, Pleumartin, Saint-Gervais-les-Trois-Clochers, Vouneuil-sur-Vienne et commune de Beaumont Saint-Cyr
87 Haute-Vienne		
Limoges *23, pl. Winston Churchill* *87000 Limoges*		Aixe-sur-Vienne, Ambazac, Bellac, Bessines-sur-Gartempe, Châlus, Châteauneuf-la-Forêt, Châteauponsac, Eymoutiers, Laurière, Le Dorat, Limoges-Beaupuy, Limoges-Carnot, Limoges-Centre, Limoges-Cité, Limoges-Condat, Limoges-Corgnac, Limoges-Couzeix, Limoges-Émailleurs, Limoges-Grand-Treuil, Limoges-Isle, Limoges-La Bastide, Limoges-Landouge, Limoges-Le Palais, Limoges-Panazol, Limoges-Puy-las-Rodas, Limoges-Vigenal, Magnac-Laval, Mézières-sur-Issoire, Nantiat, Nexon, Nieul, Oradour-sur-Vayres, Pierre-Buffière, Rochechouart, Saint-Germain-les-Belles, Saint-Léonard-de-Noblat, Saint-Junien-Est, Saint-Junien-Ouest, Saint-Laurent-sur-Gorre, Saint-Mathieu, Saint-Sulpice-les-Feuilles, Saint-Yrieix-la-Perche

3500 (suite)

Siège du tribunal judiciaire	Siège de la chambre de proximité	Ressort (par cantons)
88 Vosges		
Épinal *Pl. Edmond-Henry* *88026 Épinal Cedex*		Bains-les-Bains, Bruyères, Bulgnéville, Charmes, Châtel-sur-Moselle, Châtenois, Coussey, Darney, Dompaire, Épinal-Est, Épinal-Ouest, Lamarche, Le Thillot, Mirecourt, Monthureux-sur-Saône, Neufchâteau, Plombières-les-Bains, Rambervillers, Remiremont, Saulxures-sur-Moselotte, Vittel, Xertigny
	Saint-Dié-des-Vosges	Brouvelieures, Corcieux, Fraize, Gérardmer, Provenchères-sur-Fave, Raon-l'Étape, Saint-Dié-des-Vosges-Est, Saint-Dié-des-Vosges-Ouest, Senones
89 Yonne		
Auxerre *Pl. du Palais-de-Justice* *BP 39* *89010 Auxerre Cedex*		Ancy-le-Franc, Avallon, Auxerre-Est, Auxerre-Nord, Auxerre-Nord-Ouest, Auxerre-Sud, Auxerre-Sud-Ouest, Bléneau, Chablis, Coulanges-la-Vineuse, Coulanges-sur-Yonne, Courson-les-Carrières, Cruzy-le-Châtel, Flogny-la-Chapelle, Guillon, Ligny-le-Châtel, L'Isle-sur-Serein, Noyers, Quarré-les-Tombes, Saint-Fargeau, Saint-Florentin, Saint-Sauveur-en-Puisaye, Seignelay, Tonnerre, Toucy, Vermenton, Vézelay
Sens *1, rue du Palais-de-justice* *BP 810* *89108 Sens Cedex*		Aillant-sur-Tholon, Brienon-sur-Armançon, Cerisiers, Charny, Chéroy, Joigny, Migennes, Pont-sur-Yonne, Saint-Julien-du-Sault, Sens-Nord-Est, Sens-Ouest, Sens-Sud-Est, Sergines, Villeneuve-l'Archevêque, Villeneuve-sur-Yonne
90 Territoire de Belfort		
Belfort *9, pl. de la République* *90020 Belfort Cedex*		Beaucourt, Belfort-Centre, Belfort-Est, Belfort-Nord, Belfort-Ouest, Belfort-Sud, Châtenois-les-Forges, Danjoutin, Delle, Fontaine, Giromagny, Grandvillars, Offemont, Rougemont-le-Château, Valdoie
91 Essonne		
Évry-Courcouronnes *9, rue des Mazières* *91012 Évry Cedex*		Corbeil-Essonnes-Est, Corbeil-Essonnes-Ouest, Évry-Nord, Évry-Sud, Mennecy, Milly-la-Forêt, Ris-Orangis, Saint-Germain-lès-Corbeil
	Étampes	Dourdan, Étampes, Étréchy, La Ferté-Alais, Méréville, Saint-Chéron
	Juvisy-sur-Orge	Brunoy, Draveil, Épinay-sous-Sénart, Grigny, Juvisy-sur-Orge (uniquement la commune de Juvisy-sur-Orge), Montgeron, Morsang-sur-Orge, Vigneux-sur-Seine, Viry-Châtillon, Yerres
	Longjumeau	À l'exception de l'emprise de l'aérodrome de Paris-Orly, Arpajon, Athis-Mons, Brétigny-sur-Orge, Chilly-Mazarin, Juvisy-sur-Orge (uniquement la fraction de la commune de Savigny-sur-Orge), Longjumeau, Massy-Est, Massy-Ouest, Montlhéry, Sainte-Geneviève-des-Bois, Saint-Michel-sur-Orge, Savigny-sur-Orge, Villebon-sur-Yvette (uniquement les communes de Ballainvilliers, de Champlan et de Saulx-les-Chartreux)
	Palaiseau	Bièvres, Gif-sur-Yvette, Les Ulis, Limours, Orsay, Palaiseau, Villebon-sur-Yvette (uniquement les communes de Villebon-sur-Yvette et Villejust)

3500 (suite)

Siège du tribunal judiciaire	Siège de la chambre de proximité	Ressort (par cantons)
92 Hauts-de-Seine		
Nanterre *179-191, av. Joliot-Curie 92020 Nanterre Cedex*	Antony	Antony, Bagneux, Bourg-la-Reine, Châtenay-Malabry, Fontenay-aux-Roses, Le Plessis-Robinson (uniquement la commune du Plessis-Robinson), Montrouge, Sceaux
	Asnières-sur-Seine	Asnières-sur-Seine-Nord, Asnières-sur-Seine-Sud, Clichy, Gennevilliers-Nord, Gennevilliers-Sud, Levallois-Perret-Nord (uniquement la fraction de la commune de Clichy), Villeneuve-la-Garenne
	Boulogne-Billancourt	Boulogne-Billancourt-Nord-Est, Boulogne-Billancourt-Nord-Ouest, Boulogne-Billancourt-Sud, Chaville, Garches (uniquement la commune de Garches), Saint-Cloud, Sèvres
	Colombes	Bois-Colombes, Colombes-Nord-Est, Colombes-Nord-Ouest, Colombes-Sud, La Garenne-Colombes
	Courbevoie	Courbevoie-Nord, Courbevoie-Sud, Levallois-Perret-Nord (uniquement la fraction de la commune de Levallois-Perret), Levallois-Perret-Sud, Neuilly-sur-Seine-Nord, Neuilly-sur-Seine-Sud
	Puteaux	Garches (uniquement la fraction de la commune de Rueil-Malmaison), Nanterre-Nord, Nanterre-Sud-Est, Nanterre-Sud-Ouest, Puteaux, Rueil-Malmaison, Suresnes
	Vanves	Châtillon, Clamart, Issy-les-Moulineaux-Est, Issy-les-Moulineaux-Ouest, Le Plessis-Robinson (uniquement la fraction de la commune de Clamart), Malakoff, Meudon, Vanves
93 Seine-Saint-Denis		
Bobigny *173, av. Paul-Vaillant-Couturier 93008 Bobigny Cedex*		Bobigny, Bondy-Nord-Ouest, Bondy-Sud-Est, Drancy, Le Bourget (uniquement la fraction de la commune de Drancy), Les Pavillons-sous-Bois, Noisy-le-Sec, Romainville, Rosny-sous-Bois, Villemomble
	Aubervilliers	Emprise de l'aérodrome de Paris-Le Bourget, Aubervilliers-Est, Aubervilliers-Ouest, La Courneuve, Le Bourget (uniquement les communes du Bourget et de Dugny), Stains
	Aulnay-sous-Bois	Emprise de l'aérodrome de Roissy-Charles-de-Gaulle, Aulnay-sous-Bois-Nord, Aulnay-sous-Bois-Sud, Le Blanc-Mesnil, Sevran, Tremblay-en-France, Villepinte
	Le Raincy	Gagny, Le Raincy, Livry-Gargan, Montfermeil, Neuilly-Plaisance, Neuilly-sur-Marne, Noisy-le-Grand
	Montreuil	Montreuil-Est, Montreuil-Nord et Montreuil-Ouest
	Pantin	Bagnolet, Les Lilas, Pantin-Est, Pantin-Ouest
	Saint-Denis	Pierrefitte-sur-Seine, Saint-Denis-Nord-Est, Saint-Denis-Nord-Ouest et Saint-Denis-Sud (uniquement la fraction de la commune de Saint-Denis)
	Saint-Ouen-sur-Seine	Épinay-sur-Seine, Saint-Denis-Sud (uniquement la fraction de la commune de Saint-Ouen-sur-Seine et la commune de l'Île-Saint-Denis), Saint-Ouen

3500 (suite)

Siège du tribunal judiciaire	Siège de la chambre de proximité	Ressort (par cantons)
	94 Val-de-Marne	
Créteil *Pl. du Palais 94011 Créteil Cedex*	Sucy-en-Brie	À l'exception de l'emprise de l'aérodrome de Paris-Orly, Boissy-Saint-Léger, Chennevières-sur-Marne, Ormesson-sur-Marne, Sucy-en-Brie, Valenton, Villecresnes, Villeneuve-le-Roi, Villeneuve-Saint-Georges, Villiers-sur-Marne
	Charenton-le-Pont	Alfortville-Nord, Alfortville-Sud, Charenton-le-Pont, Maisons-Alfort-Nord, Maisons-Alfort-Sud
	Ivry-sur-Seine	Emprise de l'aérodrome de Paris-Orly, Choisy-le-Roi, Ivry-sur-Seine-Est, Ivry-sur-Seine-Ouest, Orly, Thiais, Vitry-sur-Seine-Est, Vitry-sur-Seine-Nord, Vitry-sur-Seine-Ouest
	Nogent-sur-Marne	Bry-sur-Marne, Champigny-sur-Marne-Centre, Champigny-sur-Marne-Est, Champigny-sur-Marne-Ouest, Fontenay-sous-Bois-Est, Fontenay-sous-Bois-Ouest, Le Perreux-sur-Marne, Nogent-sur-Marne, Saint-Mandé, Vincennes-Est, Vincennes-Ouest
	Saint-Maur-des-Fossés	Bonneuil-sur-Marne, Créteil-Nord, Créteil-Ouest, Créteil-Sud, Joinville-le-Pont, Saint-Maur-des-Fossés-Centre, Saint-Maur-des-Fossés-Ouest, Saint-Maur-La-Varenne
	Villejuif	À l'exception de l'emprise de l'aérodrome de Paris-Orly, Arcueil, Cachan, Chevilly-Larue, Fresnes, Le Kremlin-Bicêtre, L'Haÿ-les-Roses, Villejuif-Est, Villejuif-Ouest
	95 Val-d'Oise	
Pontoise *3, rue Victor-Hugo BP 50220 95302 Cergy-Pontoise Cedex*		Beauchamp (uniquement la commune de Pierrelaye), Beaumont-sur-Oise, Cergy-Nord, Cergy-Sud, La Vallée-du-Sausseron, L'Hautil, L'Isle-Adam, Magny-en-Vexin, Marines, Pontoise, Saint-Ouen-l'Aumône, Vigny
	Gonesse	À l'exception de l'emprise des aérodromes de Paris-Le Bourget et de Roissy-Charles-de-Gaulle, Domont, Écouen, Garges-lès-Gonesse-Est, Garges-lès-Gonesse-Ouest, Gonesse, Goussainville, Luzarches, Sarcelles-Nord-Est, Sarcelles-Sud-Ouest, Viarmes, Villiers-le-Bel
	Montmorency	Beauchamp (uniquement les communes de Plessis-Bouchard et de Beauchamp), Eaubonne, Enghien-les-Bains, Ermont, Franconville, Montmorency, Saint-Gratien, Saint-Leu-la-Forêt, Soisy-sous-Montmorency, Taverny
	Sannois	Argenteuil-Est, Argenteuil-Nord, Argenteuil-Ouest, Bezons, Cormeilles-en-Parisis, Herblay, Sannois
	971 Guadeloupe	
Basse-Terre *4, bd Félix-Éboué 97100 Basse-Terre*		Basse-Terre 1er et 2e Canton, Bouillante, Capesterre-Belle-Eau 1er et 2e Canton, Gourbeyre, Goyave (uniquement la commune de Goyave), Les Saintes, Pointe-Noire, Saint-Claude, Sainte-Rose 2e Canton (uniquement la commune de Deshaies), Trois-Rivières, Vieux-Habitants
	Saint-Martin	Saint-Barthélemy, Saint-Martin 1er et 2e Canton

3500 (suite)

Siège du tribunal judiciaire	Siège de la chambre de proximité	Ressort (par cantons)
Pointe-à-Pitre *16, rue Dugommier* *97110 Pointe-à-Pitre*		Anse-Bertrand, Baie-Mahault, Capesterre-de-Marie-Galante, Grand-Bourg, Goyave (uniquement la fraction de la commune de Petit-Bourg), La Désirade, Lamentin, Le Gosier 1er et 2e Canton, Le Moule 1er et 2e Canton, Les Abymes 1er à 5e Canton, Morne-à-l'Eau 1er et 2e Canton, Petit-Bourg, Petit-Canal, Pointe-à-Pitre 1er à 3e Canton, Sainte-Anne 1er et 2e Canton, Sainte-Rose 1er canton, Sainte-Rose 2e canton (uniquement la fraction de la commune de Sainte-Rose), Saint-François, Saint-Louis
972 Martinique		
Fort-de-France *35, bd du Général-de-Gaulle* *BP 633* *97200 Fort-de-France*		Basse-Pointe, Case-Pilote-Bellefontaine, Ducos, Fort-de-France 1er à 10e Canton, Gros-Morne, L'Ajoupa-Bouillon, La Trinité, Le Carbet, Le Diamant, Le François 1er Canton Nord, Le François 2e Canton Sud, Le Lamentin 1er Canton Sud-Bourg, Le Lamentin 2e Canton Nord, Le Lamentin 3e Canton Est, Le Lorrain, Le Marigot, Le Marin, Le Morne-Rouge, Le Prêcheur, Le Robert 1er Canton Sud, Le Robert 2e Canton Nord, Le Vauclin, Les Anses-d'Arlet, Les Trois-Îlets, Macouba, Rivière-Pilote, Rivière-Salée, Sainte-Anne, Sainte-Luce, Sainte-Marie 1er Canton Nord, Sainte-Marie 2e Canton Sud, Saint-Esprit, Saint-Joseph, Saint-Pierre, Schœlcher 1er et 2e Canton
973 Guyane		
Cayenne *15, av. du Général-de-Gaulle* *97300 Cayenne*		Approuague-Kaw, Cayenne 1er Canton Nord-Ouest, Cayenne 2e Canton Nord-Est, Cayenne 3e Canton Sud-Ouest, Cayenne 4e Canton Centre, Cayenne 5e Canton Sud, Cayenne 6e Canton Sud-Est, Iracoubo, Kourou, Macouria, Mana, Maripasoula, Matoury, Montsinéry-Tonnegrande, Remire-Montjoly, Roura, Saint-Georges-Oyapoc, Saint-Laurent-du-Maroni, Sinnamary
	Saint-Laurent-du-Maroni	Mana, Maripasoula, Saint-Laurent-du-Maroni
974 La Réunion		
Saint-Denis-de-La Réunion *5, av. André-Malraux* *CS 81027* *97495 Sainte-Clotilde Cedex*		Saint-Denis 1er à 9e Canton, Sainte-Marie et Sainte-Suzanne, Îles Éparses (îles-Bassas-da-India, Europa, Glorieuses, Juan-de-Nova, Tromelin), territoire des Terres australes et antarctiques françaises (îles Amsterdam et Saint-Paul, archipels Crozet et Kerguelen, Terre-Adélie)
	Saint-Benoît	Bras-Panon, La Plaine-des-Palmistes, Saint-André 1er à 3e Canton, Saint-Benoît 1er et 2e Canton, Sainte-Rose, Salazie
	Saint-Paul	La Possession, Le Port 1er Canton Nord, Le Port 2e Canton Sud, Saint-Paul 1er à 5e Canton
Saint-Pierre *28, rue Augustin-Archambaud* *CS 70040* *97851 Saint-Pierre Cedex*		Entre-Deux, Le Tampon 1er à 4e Canton, Les Avirons, Les Trois-Bassins, L'Étang-Salé, Petite-Île, Saint-Joseph 1er et 2e Canton, Saint-Leu 1er et 2e Canton, Saint-Louis 1er à 3e Canton, Saint-Philippe, Saint-Pierre 1er à 4e Canton

Siège du tribunal judiciaire	Siège de la chambre de proximité	Ressort (par cantons)
	975 Saint-Pierre-et-Miquelon	
Saint-Pierre *14, rue Émile-Sasco* *BP 4215* *97500* *Saint-Pierre-et-Miquelon*		Collectivité territoriale de Saint-Pierre-et-Miquelon
	976 Mayotte	
Mamoudzou *Route-Nationale 1* *Kawéni* *BP 106* *97600 Mamoudzou*		Acoua, Bandraboua, Bandrele, Bouéni, Chiconi, Chirongui, Dembeni, Dzaoudzi, Kani-Kéli, Koungou, Mamoudzou-I, Mamoudzou-II, Mamoudzou-III, Mtsamboro, M'Tsangamouji, Ouangani, Pamandzi, Sada, Tsingoni
	986 Wallis-et-Futuna	
Mata-Utu *BP 12* *Mata-Utu-Wallis-et-Futuna* *98600 Uvéa*		Territoire des îles Wallis-et-Futuna
	987 Polynésie française	
Papeete *Tahiti Polynésie Française* *BP 101* *98713 Papeete Cedex*		Collectivité d'outre-mer de la Polynésie française
	Uturoa	Îles Sous-le-Vent
	Nuku-Hiva	Îles Marquises
	Papeete	Îles Tuamotu, Îles Gambier et Îles Australes
	988 Nouvelle-Calédonie	
Nouméa *2, bd Extérieur* *BP F4* *98848 Nouméa Cedex*		Nouvelle-Calédonie
	Koné	Province Nord
	Lifou	Province des îles Loyauté

3502 COMPÉTENCES MATÉRIELLES DES CHAMBRES DE PROXIMITÉ NON MENTIONNÉES AU TABLEAU IV-III

(C. org. jud. art. D 212-19-1, ann. IV-II)

Cour d'appel	Tribunal judiciaire	Chambres de proximité	Compétence matérielle
Agen	Agen	Villeneuve-sur-Lot	1° Actions personnelles ou mobilières jusqu'à la valeur de 10 000 € et demandes indéterminées qui ont pour origine l'exécution d'une obligation dont le montant n'excède pas 10 000 €, en matière civile ; 2° Demandes formées en application du règlement (CE) n° 861/2007 du Parlement européen et du Conseil du 11 juillet 2007 instituant une procédure européenne de règlement des petits litiges ; 3° Demandes de mainlevée de l'opposition frappant les titres perdus ou volés dans les conditions prévues par les articles 19 et 20 du décret n° 56-27 du 11 janvier 1956 relatif à la procédure à suivre en cas de dépossession de titres au porteur ou de coupons ;
	Auch	Condom	
	Cahors	Figeac	

3502 (suite)

<table>
<tr><th>Cour d'appel</th><th>Tribunal judiciaire</th><th>Chambres de proximité</th><th>Compétence matérielle</th></tr>
<tr><td rowspan="6">Aix-en-Provence</td><td>Aix-en-Provence</td><td>Martigues, Salon-de-Provence</td><td rowspan="12">4° Contestations sur les conditions des funérailles ;
5° Demandes relatives aux frais, émoluments et débours des auxiliaires de justice et des officiers publics ou ministériels suivant les modalités définies au premier alinéa de l'article 52 du CPP ;
6° Actions en bornage ;
7° Actions pour dommages causés aux champs et cultures, aux fruits et récoltes, aux arbres, aux clôtures et aux bâtiments agricoles, que ces dommages résultent du fait de l'homme, des animaux domestiques ou des instruments et machines de culture ;
8° Actions pour dommages causés aux cultures et récoltes par le gibier ;
9° Demandes relatives aux vices rédhibitoires et aux maladies contagieuses des animaux domestiques, fondées sur les dispositions du Code rural et de la pêche maritime ou sur la convention des parties, quel qu'ait été le mode d'acquisition des animaux ;
10° Actions en rescision, réduction de prix ou dommages-intérêts pour lésion dans les ventes d'engrais, amendements, semences et plants destinés à l'agriculture, et de substances destinées à l'alimentation du bétail ;
11° Contestations relatives aux warrants agricoles ;
12° Contestations relatives aux travaux nécessaires à l'entretien et à la mise en état de viabilité des chemins d'exploitation ;
13° Litiges relatifs à la vente des objets abandonnés dans les garde-meubles ou chez tout dépositaire, des objets confiés à des ouvriers, industriels ou artisans pour être travaillés, réparés ou mis en garde et des objets confiés à des entrepreneurs de transport et non réclamés, ainsi qu'au paiement des sommes dues à ces différents détenteurs ;
14° Actions entre les transporteurs et les expéditeurs ou les destinataires relatives aux indemnités pour perte, avarie, détournement des colis et bagages, y compris les colis postaux, ou pour retard dans la livraison ; ces indemnités ne pourront excéder les tarifs prévus aux conventions intervenues entre les transporteurs concessionnaires et l'État ;
15° Actions relatives à la distance prescrite par la loi, les règlements particuliers et l'usage des lieux pour les plantations ou l'élagage d'arbres ou de haies ;</td></tr>
<tr><td>Digne-les-Bains</td><td>Manosque</td></tr>
<tr><td>Draguignan</td><td>Brignoles, Fréjus</td></tr>
<tr><td>Grasse</td><td>Antibes, Cagnes-sur-Mer, Cannes</td></tr>
<tr><td>Marseille</td><td>Aubagne</td></tr>
<tr><td>Nice</td><td>Menton</td></tr>
<tr><td>Amiens</td><td>Amiens</td><td>Abbeville, Péronne</td></tr>
<tr><td rowspan="2">Angers</td><td>Angers</td><td>Cholet</td></tr>
<tr><td>Le Mans</td><td>La Flèche</td></tr>
<tr><td rowspan="3">Besançon</td><td>Besançon</td><td>Pontarlier</td></tr>
<tr><td>Lons-le-Saunier</td><td>Saint-Claude</td></tr>
<tr><td>Vesoul</td><td>Lure</td></tr>
</table>

3502 (suite)

Cour d'appel	Tribunal judiciaire	Chambres de proximité	Compétence matérielle
Bordeaux	Angoulême	Cognac	16° Actions relatives aux constructions et travaux mentionnés à l'article 674 du Code civil ;
	Bergerac	Sarlat-la-Canéda	17° Actions relatives au curage des fossés et canaux servant à l'irrigation des propriétés ou au mouvement des usines et moulins ;
	Bordeaux	Arcachon	18° Contestations relatives à l'établissement et à l'exercice des servitudes instituées par les articles L 152-14 à L 152-23 du Code rural et de la pêche maritime, 640 et 641 du Code civil ainsi qu'aux indemnités dues à raison de ces servitudes ;
Bourges	Bourges	Saint-Amand-Montrond	19° Contestations relatives aux servitudes établies au profit des associations syndicales prévues par l'ordonnance n° 2004-632 du 1er juillet 2004 relative aux associations syndicales de propriétaires ;
	Nevers	Clamecy	20° Contestations relatives aux indemnités auxquelles peuvent donner lieu, conformément à l'article L 215-5 du Code de l'environnement, l'élargissement ou l'ouverture du nouveau lit des cours d'eau non domaniaux ;
Caen	Argentan	Flers	21° Contestations relatives aux indemnités dues à raison des servitudes aéronautiques de balisage prévues aux articles D 243-1 et suivants du Code de l'aviation civile ;
	Caen	Vire	22° Contestations relatives aux indemnités dues à raison des servitudes prévues par l'article L 171-10 du Code de la voirie routière ;
	Coutances	Avranches	23° Actions mentionnées aux articles L 211-1 et L 211-20 du Code rural et de la pêche maritime ;
Chambéry	Thonon-les-Bains	Annemasse	24° Demandes présentées par les organisations professionnelles agricoles en application de l'article L 632-7 du Code rural et de la pêche maritime en matière de contrat de fourniture de produits ;
Dijon	Chalon-sur-Saône	Le Creusot	25° Contestations relatives à l'application des I et II de l'article 1er de la loi n° 66-457 du 2 juillet 1966 relative à l'installation d'antennes réceptrices de radiodiffusion et des décrets n° 67-1171 du 28 décembre 1967 et n° 2009-53 du 15 janvier 2009 pris en application de cette loi ;
	Chaumont	Saint-Dizier	26° Contestations des décisions du maire et de la commission de contrôle relatives à l'établissement et à la révision des listes électorales dans les conditions prévues par le I de l'article L 20 du Code électoral ainsi que des réclamations présentées devant lui en application du II de l'article L 20 du même Code ;
	Dijon	Beaune, Montbard	27° Côte et paraphe des livres, registres et répertoires des notaires, des huissiers de justice, des commissaires-priseurs judiciaires ou commissaires de justice et des courtiers établis ou exerçant leurs fonctions dans le ressort de la chambre de proximité ;

3502 (suite)

Cour d'appel	Tribunal judiciaire	Chambres de proximité	Compétence matérielle
Douai	Avesnes-sur-Helpe	Maubeuge	28° Contestations prévues aux articles R*421-7, R 422-2-1 et R*423-89 du Code de la construction et de l'habitation ;
	Béthune	Lens	29° Des contestations relatives à la formation, à l'exécution ou à la rupture du contrat d'engagement maritime entre l'employeur et le marin, dans les conditions prévues par aux articles L 5542-48 et L 5621-18 du Code des transports ;
	Boulogne-sur-Mer	Montreuil-sur-Mer, Calais	30° Oppositions à contrainte dans les conditions prévues par les articles R 1235-4 à R 1235-9 du Code du travail ;
	Dunkerque	Hazebrouck	31° Demandes formées en application du règlement (CE) n° 1896/2006 du Parlement européen et du Conseil du 12 décembre 2006 instituant une procédure européenne d'injonction de payer ;
	Lille	Roubaix, Tourcoing	32° Des demandes formées en application de l'article R 2234-91 du Code de la défense lorsque le montant de la demande n'excède pas les taux de compétence prévus à 1° du présent tableau ;
Grenoble	Valence	Montélimar, Romans-sur-Isère	33° Des demandes formées en application de l'article R 2234-103 du Code de la défense ;
Lyon	Bourg-en-Bresse	Belley, Nantua, Trévoux	34° Des contestations formées contre les saisies pour contrefaçon d'un brevet, dessin ou modèle prévues aux articles R 123-8 et suivants du Code de l'aviation civile ;
	Lyon	Villeurbanne	35° De la suspension d'un permis de chasser prévue aux articles L 428-16 et suivants du Code de l'environnement ;
	Saint-Étienne	Montbrison	36° Des demandes de désignation d'expert prévues à l'article L 429-32 du Code de l'environnement ;
Montpellier	Montpellier	Sète	37° Des actions mentionnées aux articles R 113-7 à R 113-10 du Code de la construction et de l'habitation ;
Nancy	Épinal	Saint-Dié-des-Vosges	38° Des actions mentionnées à l'article L 271-5 du Code de l'action sociale et des familles ;
	Nancy	Lunéville	39° Des actions en responsabilités prévues à l'article L 2333-35 du Code général des collectivités territoriales ;
Nîmes	Avignon	Pertuis	40° Des désignations d'experts prévues à l'article 5 de la loi du 17 juillet 1856 relative au drainage ;
	Carpentras	Orange	41° Des actions prévues à l'article 2 de la loi n° 73-1230 du 31 décembre 1973 réglementant la location du droit de pêche dans certains étangs salés privés du littoral ;
	Nîmes	Uzès	42° Des actions prévues aux articles L 313-63 et L 314-20 du Code de la consommation ;
	Privas	Annonay, Aubenas	43° Des actes de notoriété prévus à l'article R 39 du Code des pensions civiles et militaires de retraite ;

3502 (suite)

Cour d'appel	Tribunal judiciaire	Chambres de proximité	Compétence matérielle
Paris	Bobigny	Aubervilliers, Aulnay-sous-Bois, Le Raincy, Montreuil, Pantin, Saint-Denis, Saint-Ouen-sur-Seine	44° Des demandes formées en application de l'article L 106 du Livre des procédures fiscales ;
	Créteil	Charenton-le-Pont, Ivry-sur-Seine, Nogent-sur-Marne, Saint-Maur-des-Fossés, Sucy-en-Brie, Villejuif	45° Cotes et paraphes des registres des sociétés civiles de placement immobilier, sociétés d'épargne forestière et groupements forestiers d'investissement prévu à l'article R 214-148 du Code monétaire et financier ;
	Évry-Courcouronnes	Étampes, Juvisy-sur-Orge, Longjumeau, Palaiseau	46° Cotes et paraphes des registres des professions libérales R 4113-2 et R 4131-14 du Code de la santé publique ;
	Meaux	Lagny-sur-Marne	47° De la réception des testaments faits en application des articles 985 et 986 du Code civil ;
Pau	Pau	Oloron-Sainte-Marie	48° Des demandes de mainlevée de saisie d'aéronef prévues aux articles R 123-8 et suivants du Code de l'aviation civile ; 49° Des demandes d'indemnités dues à raison des servitudes aéronautiques de balisage prévues de l'article D 243-5 du Code de l'aviation civile ; 50° Des demandes d'indemnisations des témoins et des jurés prévus aux articles R 134 et R 146 du Code de procédure pénale ;
Poitiers	La Roche-sur-Yon	Fontenay-le-Comte	
	La Rochelle	Rochefort	
	Poitiers	Châtellerault	51° Des demandes de mainlevée provisoire de la mise sous séquestre des animaux et des objets périssables prévues à l'article R 149 du Code de procédure pénale ;
	Niort	Bressuire	52° Des actions prévues à l'article R 421-14 du Code des assurances dont le montant n'excède pas 10 000 euros ;
	Saintes	Jonzac	53° Cote et paraphe du registre spécial tenu au siège de la société civile de l'article 1845 du Code civil et prévu à l'article 45 du décret n° 78-704 du 3 juillet 1978 relatif à l'application de la loi n° 78-9 du 4 janvier 1978 modifiant le titre IX du livre III du Code civil ;
Reims	Charleville-Mézières	Sedan	54° Cote et paraphe du registre spécial des délibérations du conseil d'administration de la Compagnie française d'assurance pour le commerce extérieur (Coface) prévu à l'article 18 du décret du 20 janvier 1948 portant approbation des statuts de la Compagnie française d'assurance pour le commerce extérieur ;

3502 (suite)

Cour d'appel	Tribunal judiciaire	Chambres de proximité	Compétence matérielle
Rennes	Brest	Morlaix	55° Demandes présentées en application des articles L 471-3 à L 471-7 du Code rural et de la pêche maritime ; 56° Demandes présentées en application de l'article R 124-13 du Code rural et de la pêche maritime ; 57° Demandes présentées en application de l'article R 125-10 du Code rural et de la pêche maritime ; 58° Demandes présentées en application de l'article R 135-5 du Code rural et de la pêche maritime ; 59° Contestations mentionnées aux articles R 152-26, R 152-27 et R 152-28 du Code rural et de la pêche maritime ; 60° Demandes présentées en application de l'article R 213-3 du Code rural et de la pêche maritime ; 61° Demandes présentées en application de l'article D 554-12 du Code rural et de la pêche maritime ; 62° Demandes tendant au paiement du capital mentionnées à l'article R 361-4 du Code de la sécurité sociale ; 63° Contestations relatives au contrat mentionné à l'article L 442-1 du Code de l'action sociale et des familles ; 64° Contestations relatives à la décision du directeur régional des entreprises, de la concurrence, de la consommation, du travail et de l'emploi relative à la détermination du nombre et du périmètre des établissements distincts mentionnée aux articles R 2313-2 et R 2313-5 du Code du travail ; 65° Actions en fixation du montant de la subvention de fonctionnement mentionnées à l'article R 2315-32 du Code du travail ; 66° Actions en dommages et intérêts envers le régime d'assurance chômage mentionnées à l'article D 3141-2 du Code du travail.
	Rennes	Fougères, Redon	
	Saint-Malo	Dinan	
Riom	Aurillac	Saint-Flour	
	Clermont-Ferrand	Riom, Thiers	
	Cusset	Vichy	
Rouen	Évreux	Bernay, Louviers	
Saint-Denis	Saint-Denis	Saint-Benoît, Saint-Paul	
Toulouse	Foix	Saint-Girons	
	Montauban	Castelsarrasin	
	Toulouse	Muret	
Versailles	Chartres	Dreux	
	Nanterre	Antony, Asnières-sur-Seine, Boulogne-Billancourt, Colombes, Courbevoie, Puteaux, Vanves	
	Pontoise	Gonesse, Montmorency, Sannois	
	Versailles	Mantes-la-Jolie, Poissy, Rambouillet, Saint-Germain-en-Laye	

3504 COMPÉTENCES MATÉRIELLES DES CHAMBRES DE PROXIMITÉ DE DOLE, GUEBWILLER, GUINGAMP, HAGUENAU, ILLKIRCH-GRAFFENSTADEN, MARMANDE, MILLAU, MOLSHEIM, SAINT-MARTIN, SAINT-LAURENT-DU-MARONI, SAINT-AVOLD, SARREBOURG, SCHILTIGHEIM, SÉLESTAT ET THANN

(C. org. jud. art. D 212-19-1, ann. IV-III)

Cour d'appel	Tribunal judiciaire	Chambres de proximité	Compétence matérielle
Agen	Agen	Marmande	1° Matières énumérées au tableau IV-II annexé au Code de l'organisation judiciaire ; 2° Matières relevant de l'article L 213-3 du Code de l'organisation judiciaire, à l'exception de celles relevant du 1° et du d du 3° de cet article, et de celles relevant des articles 233, 237, 242 et 296 du Code civil ; 3° Matières relevant de l'article L 213-3-1 du Code de l'organisation judiciaire ; 4° Délits dont la liste est fixée aux 2° et 3° de l'article 398-1 du Code de procédure pénale ; 5° Procédures de comparution sur reconnaissance préalable de culpabilité dont l'audience d'homologation est régie par les articles 495-9 et 495-11 à 495-16 du Code de procédure pénale.
Basse-Terre	Basse-Terre	Saint-Martin	1° Sous réserve des 2° et 3°, affaires civiles et pénales de la compétence du tribunal judiciaire à l'exception de celles relevant des fonctions visées au premier alinéa de l'article 28-3 de l'ordonnance n° 58-1270 du 22 décembre 1958 portant loi organique relative au statut de la magistrature ; 2° Fonctions relevant de la compétence du juge des enfants et présidence du tribunal pour enfants lorsque cette juridiction tient ses audiences au siège de la chambre de proximité ; 3° Fonctions relevant de la compétence du juge des libertés et de la détention.
Besançon	Lons-le-Saunier	Dole	1° Matières énumérées au tableau IV-II annexé au Code de l'organisation judiciaire ; 2° Matières relevant de l'article L 213-3 du Code de l'organisation judiciaire, à l'exception de celles relevant du 1° et du d du 3° de cet article, et de celles relevant des articles 376 à 377-3 du Code civil ; 3° Délits dont la liste est fixée à l'article 398-1 du Code de procédure pénale ; 4° Contraventions.
Cayenne	Cayenne	Saint-Laurent-du-Maroni	1° Sous réserve du 2°, affaires civiles et pénales de la compétence du tribunal judiciaire à l'exception de celles relevant des fonctions visées au premier alinéa de l'article 28-3 de l'ordonnance n° 58-1270 du 22 décembre 1958 portant loi organique relative au statut de la magistrature ; 2° Fonctions relevant de la compétence du juge des enfants et présidence du tribunal pour enfants lorsque cette juridiction tient ses audiences au siège de la chambre de proximité.

3504 (suite)

Cour d'appel	Tribunal judiciaire	Chambres de proximité	Compétence matérielle
Colmar	Colmar	Guebwiller	1° Matières énumérées au tableau IV-II annexé au Code de l'organisation judiciaire ; 2° En matière civile et commerciale, actions patrimoniales jusqu'à la valeur de 10 000 euros et demandes indéterminées qui ont pour origine l'exécution d'une obligation dont le montant n'excède pas 10 000 euros ; 3° Fonctions de tribunal de l'exécution ; 4° Tutelle, administrations légales et curatelles de droit local ; 5° Partage judiciaire et vente judiciaire d'immeubles, certificats d'héritier et scellés ; 6° Registre des associations de droit local ; 7° Saisie conservatoire prévue à l'article L 511-51 du Code de commerce quel que soit le montant des causes de la saisie.
		Sélestat	
	Mulhouse	Thann	
	Saverne	Molsheim	
	Strasbourg	Haguenau	
		Illkirch-Graffenstaden	
		Schiltigheim	
Metz	Metz	Sarrebourg	
	Sarreguemines	Saint-Avold	
Montpellier	Rodez	Millau	1° Matières énumérées au tableau IV-II annexé au Code de l'organisation judiciaire ; 2° Matières relevant de l'article L 213-3 du Code de l'organisation judiciaire, à l'exception de celles relevant des articles 377 à 377-3 du Code civil ; 3° Matières relevant de l'article L 213-3-1 du Code de l'organisation judiciaire ; 4° Délits dont la liste est fixée à l'article 398-1 du Code de procédure pénale ; 5° Procédures de comparution sur reconnaissance préalable de culpabilité dont l'audience d'homologation est régie par les articles 495-9 et 495-11 à 495-16 du Code de procédure pénale ; 6° Contraventions.
Rennes	Saint-Brieuc	Guingamp	1° Matières énumérées au tableau IV-II annexé au Code de l'organisation judiciaire ; 2° Matières relevant de l'article L 213-3 du Code de l'organisation judiciaire, à l'exception de celles relevant des articles 205, 206 et 376 à 377-3 du Code civil, et de celles relevant des articles 233, 237, 242, 296, 371-4, 515-7, 515-8, 840, 1400, 1536 et 1569 du Code civil pour lesquelles l'assignation a été enrôlée au tribunal de grande instance de Saint-Brieuc avant le 1er septembre 2014 ; 3° Matières relevant de l'article L 213-3-1 du Code de l'organisation judiciaire ; 4° Délits dont la liste est fixée à l'article 398-1 du Code de procédure pénale ; 5° Contraventions.

Compétences matérielles supplémentaires pour les chambres de proximité d'Alsace-Lorraine

Des compétences supplémentaires par rapport à la liste des compétences des chambres de proximité figurant au tableau IV-III annexé à la partie réglementaire du Code de l'organisation judiciaire ont été attribuées à certaines chambres de proximité de la région Alsace-Lorraine. Ces décisions, rendues conjointement par le premier président de la cour d'appel concernée et le procureur général près de la même cour (C. org. jud. art. L 212-8, al. 2), sont applicables aux instances introduites depuis le 24 janvier 2019. Elles figurent au *Bulletin officiel complémentaire du ministère de la justice* du 24 janvier 2020.

Décisions des 15-1-2020 et 16-1-2020 NOR : JUSB2001725S ; NOR : JUSB2001719S ; NOR : JUSB2001726S ; NOR : JUSB2001729S ; NOR : JUSB2001730S ; NOR : JUSB2001732S.

3506

PROPRIÉTÉ INTELLECTUELLE

TJ compétents

	Siège	Ressort[1]
Brevets (C. org. jud. D 211-6)	Paris	France entière
Propriété littéraire et artistique de dessins et modèles, de marques et d'indications géographiques (C. org. jud. D 211-6-1, ann. VI)	Bordeaux	Cours d'appel d'Agen, Bordeaux, Limoges, Pau, Toulouse
	Lille	Cours d'appel d'Amiens, Douai, Reims, Rouen
	Lyon	Cours d'appel de Chambéry, Grenoble, Lyon, Riom
	Marseille	Cours d'appel d'Aix-en-Provence, Bastia, Montpellier, Nîmes
	Nanterre	Cour d'appel de Versailles
	Nancy	Cours d'appel de Besançon, Dijon, Metz, Nancy
	Paris	Cours d'appel de Bourges, Paris, Orléans, Nouméa, Papeete, Saint-Denis, tribunal supérieur d'appel de Saint-Pierre
	Rennes	Cours d'appel d'Angers, Caen, Poitiers, Rennes
	Strasbourg	Cour d'appel de Colmar
	Fort-de-France	Cours d'appel de Basse-Terre, Cayenne, Fort-de-France
Obtentions végétales (C. org. jud. D 211-5, annexe V)	Marseille	Cours d'appel d'Aix-en-Provence, Bastia, Nîmes
	Bordeaux	Cours d'appel d'Agen, Bordeaux, Poitiers
	Strasbourg	Cours d'appel de Colmar, Metz
	Lille	Cours d'appel d'Amiens, Douai
	Limoges	Cours d'appel de Bourges, Limoges, Riom
	Lyon	Cours d'appel de Chambéry, Grenoble, Lyon
	Nancy	Cours d'appel de Besançon, Dijon, Nancy
	Paris	Cours d'appel de Basse-Terre, Cayenne, Fort-de-France, Nouméa, Orléans, Papeete, Paris, Reims, Rouen, Saint-Denis, Versailles, tribunal supérieur d'appel de Saint-Pierre
	Rennes	Cours d'appel d'Angers, Caen, Rennes
	Toulouse	Cours d'appel de Montpellier, Pau, Toulouse

1. Le ressort des cours d'appel par département figure n° 23900.

PROPRIÉTÉ INTELLECTUELLE

Siège et ressort des cours d'appel compétentes pour les recours formés contre les décisions du directeur de l'Inpi en matière de délivrance, rejet ou maintien des dessins et modèles et des marques (CPI art. R 411-19), en matière d'homologation, de rejet et de retrait d'homologation du cahier des charges des indications géographiques (CPI art. L 721-2), ainsi qu'en matière d'homologation et de rejet des modifications de ce cahier des charges (C. org. jud. art. D 311-8, ann. XVI)

Siège	Ressort[2]
Aix-en-Provence	Cours d'appel d'Aix-en-Provence, Bastia, Montpellier, Nîmes
Bordeaux	Cours d'appel d'Agen, Bordeaux, Limoges, Pau, Toulouse
Colmar	Cour d'appel de Colmar
Douai	Cours d'appel d'Amiens, Douai, Reims, Rouen
Fort-de-France	Cours d'appel de Basse-Terre, Cayenne, Fort-de-France
Lyon	Cours d'appel de Chambéry, Grenoble, Lyon, Riom
Nancy	Cours d'appel de Besançon, Dijon, Metz, Nancy
Paris	Cours d'appel de Bourges, Paris, Orléans, Nouméa, Papeete, Saint-Denis, tribunal supérieur d'appel de Saint-Pierre
Rennes	Cours d'appel d'Angers, Caen, Poitiers, Rennes
Versailles	Cour d'appel de Versailles

2. Le ressort des cours d'appel par département figure n° 23900.

Siège, ressort et compétences matérielles des tribunaux judiciaires spécialement désignés sur le fondement de l'article L 211-9-3 (C. org. jud. art. D 211-4-1, ann. IV-IV) 3508

Siège	Compétences civiles (conformément à l'article R 211-4, I)	Ressort
	Cour d'appel de Grenoble	
	Isère	
Grenoble	– Des actions relatives aux droits d'enregistrement et assimilés ; – Des actions relatives à la cession ou au nantissement de créance professionnelle fondées sur les articles L 313-23 à L 313-29-2 du Code monétaire et financier ; – Des actions relatives au billet à ordre fondées sur les articles L 512-1 à L 512-8 du Code de commerce ; – Des litiges relevant de l'exécution d'un contrat de transport de marchandises ; – Des demandes en réparation des dommages causés par un véhicule aérien, maritime ou fluvial ; – Sauf stipulation contraire des parties et sous réserve de la compétence du tribunal judiciaire de Paris ou de son président en matière d'arbitrage international ainsi que de la compétence de la cour d'appel ou de son premier président en matière de voies de recours, des demandes fondées sur le livre IV du Code de procédure civile ; – Les actions en contestation des décisions des assemblées générales et celles relatives aux copropriétés en difficulté relevant de la loi 65-557 du 10 juillet 1965 fixant le statut de la copropriété des immeubles bâtis.	Tribunaux judiciaires du département de l'Isère
	Cour d'appel de Metz	
	Moselle	
Metz	– Des actions relatives aux droits d'enregistrement et assimilés ; – Des litiges relevant de l'exécution d'un contrat de transport de marchandises ; – Des demandes en réparation des dommages causés par un véhicule aérien, maritime ou fluvial ; – Sauf stipulation contraire des parties et sous réserve de la compétence du tribunal judiciaire de Paris ou de son président en matière d'arbitrage international ainsi que de la compétence de la cour d'appel ou de son premier président en matière de voies de recours, des demandes fondées sur le livre IV du Code de procédure civile.	Tribunaux judiciaires du département de la Moselle
	Cour d'appel de Montpellier	
	Hérault	
Montpellier	– Des actions relatives aux droits d'enregistrement et assimilés ; – Des demandes en réparation des dommages causés par un véhicule aérien, maritime ou fluvial.	Tribunaux judiciaires du département de l'Hérault
Béziers	– Des litiges relevant de l'exécution d'un contrat de transport de marchandises ; – Des actions relatives à la cession ou au nantissement de créance professionnelle fondées sur les articles L 313-23 à L 313-29-2 du Code monétaire et financier.	Tribunaux judiciaires du département de l'Hérault

Siège	Compétences civiles (conformément à l'article R 211-4, I)	Ressort
	Aude	
Narbonne	– Des litiges relevant de l'exécution d'un contrat de transport de marchandises ; – Des demandes en réparation des dommages causés par un véhicule aérien, maritime ou fluvial ; – Sauf stipulation contraire des parties et sous réserve de la compétence du tribunal judiciaire de Paris ou de son président en matière d'arbitrage international ainsi que de la compétence de la cour d'appel ou de son premier président en matière de voies de recours, des demandes fondées sur le livre IV du Code de procédure civile.	Tribunaux judiciaires du département de l'Aude
Carcassonne	– Des actions relatives aux droits d'enregistrement et assimilés ; – Des actions relatives à la cession ou au nantissement de créance professionnelle fondées sur les articles L 313-23 à L 313-29-2 du Code monétaire et financier ; – Des actions relatives au billet à ordre fondées sur les articles L 512-1 à L 512-8 du Code de commerce.	Tribunaux judiciaires du département de l'Aude
	Cour d'appel d'Orléans	
	Loiret	
Orléans	– Des actions en responsabilité médicale ; – Des actions relatives aux droits d'enregistrement et assimilés.	Tribunaux judiciaires du département du Loiret
	Cour d'appel de Pau	
	Landes	
Mont-de-Marsan	– Des actions relatives aux droits d'enregistrement et assimilés ; – Des actions en responsabilité médicale ; – Des demandes en réparation des dommages causés par un véhicule aérien, maritime ou fluvial.	Tribunaux judiciaires du département des Landes
Dax	– Des actions relatives à la cession ou au nantissement de créance professionnelle fondées sur les articles L 313-23 à L 313-29-2 du Code monétaire et financier ; – Des actions relatives aux baux commerciaux fondées sur les articles L 145-1 à L 145-60 du Code de commerce ; – Des actions relatives au billet à ordre fondées sur les articles L 512-1 à L 512-8 du Code de commerce ; – Des litiges relevant de l'exécution d'un contrat de transport de marchandises ; – Sauf stipulation contraire des parties et sous réserve de la compétence du tribunal judiciaire de Paris ou de son président en matière d'arbitrage international ainsi que de la compétence de la cour d'appel ou de son premier président en matière de voies de recours, des demandes fondées sur le Livre IV du Code de procédure civile ; – Les actions en contestation des décisions des assemblées générales et celles relatives aux copropriétés en difficulté relevant de la loi n° 65-557 du 10 juillet 1965 fixant le statut de la copropriété des immeubles bâtis.	Tribunaux judiciaires du département des Landes

CHAPITRE 3 ACTION INITIALE

SOMMAIRE

SERVICE D'ACCUEIL UNIQUE DU JUSTICIABLE

3980 Un service d'accueil unique du justiciable (SAUJ) dont la compétence s'étend au-delà de celle de la juridiction où il est implanté a été institué. Ce service a pour mission d'**informer** les personnes sur les procédures qui les concernent et de **recevoir** de leur part **des actes** concernant ces procédures (C. org. jud. art. L 123-3). Il a aussi vocation à recevoir et à transmettre des actes pour des procédures qui relèvent d'autres juridictions que celles où il est implanté.
Un SAUJ est implanté au siège de chaque tribunal judiciaire et de chaque chambre de proximité (C. org. jud. art. R 123-26). La liste des conseils de prud'hommes et des maisons de justice et du droit dans lesquels est implanté un service d'accueil figure n° 4375.

3982 Les agents de greffe du SAUJ peuvent assurer la **réception** et la **transmission** (C. org. jud. art. R 123-28, 1°, 2° et 4°) :
– de tous les actes en matière civile, lorsque la représentation n'est pas obligatoire ;
– en matière prud'homale, des requêtes et des demandes de délivrance de copie certifiée conforme, d'un extrait et d'une copie certifiée conforme revêtue de la formule exécutoire ;
– des demandes d'aide juridictionnelle.

PORTAIL DU JUSTICIABLE

3985 Le « portail du justiciable » est un système de communication électronique **permettant**, pour les affaires civiles portées devant un tribunal judiciaire, un tribunal paritaire des baux ruraux, un conseil de prud'hommes ou une cour d'appel (CPC art. 748-8 ; arrêtés du 21-10-2021) :
– la communication par voie électronique au justiciable des avis, convocations et récépissés émis par le greffe ;
– la transmission électronique par le justiciable d'une requête à la juridiction ;
– la consultation à distance par le justiciable de l'état d'avancement de son affaire.

3986 **Pour accéder** à ce service, le justiciable doit notamment (CPC art. 748-8 ; arrêté du 21-10-2021) :
– se connecter sur le site sécurisé www.monespace.justice.fr, l'accès à son espace personnel se faisant au moyen de FranceConnect (dispositif sécurisé permettant d'être reconnu en utilisant l'un de ses comptes existants tels que impots.gouv.fr, ameli.fr...) ;
– consentir à la communication électronique auprès de la juridiction ou depuis son espace personnel s'il a adressé sa requête via le « Portail du justiciable » ; dans ce dernier cas, il doit en accepter les conditions générales d'utilisation ;
– communiquer à la juridiction une adresse courriel ainsi qu'un numéro de téléphone portable, à charge pour lui de signaler tout changement ;
– lors de sa première connexion, ajouter son affaire sur son espace personnel grâce au numéro d'identification reçu par courriel et au code envoyé par téléphone (SMS).

ATTENTION

En consentant à la communication électronique, le justiciable renonce à ce que les informations propres à la procédure suivie lui soient adressées par lettre simple, par lettre recommandée sans avis de réception ou par tous autres moyens par le greffe de la juridiction.

SECTION 1

ACTION EN MATIÈRE CONTENTIEUSE

CONTRIBUTION AUX FRAIS DE JUSTICE

La **partie qui perd** le procès ou qui est condamnée aux dépens doit participer aux frais d'avocat de son **adversaire**, si ce dernier **bénéficie de l'aide juridictionnelle**. En effet, le juge doit condamner la partie concernée à payer à l'avocat du bénéficiaire de l'aide une somme pour les honoraires et frais non compris dans les dépens que ce bénéficiaire aurait exposés s'il n'avait pas eu l'aide. Cette somme ne peut pas être inférieure à la part contributive de l'État. L'équité ou la situation économique de la partie en cause permettent toutefois au juge de s'abstenir de cette condamnation (CPC art. 700). **3990**

Par ailleurs, un **droit fixe** affecté au fonds d'indemnisation de la profession d'avoué d'un montant de **225 €** est dû par les parties à l'**instance d'appel** lorsque le ministère d'avocat est obligatoire, sauf lorsque le justiciable bénéficie de l'aide juridictionnelle (CPC art. 963 ; CGI art. 1635 bis P) et en matière prud'homale (nos 26430 s.).

Sur le droit de plaidoirie de 13 €, voir nos 30650 s.

DEMANDE INITIALE ET OUVERTURE DE L'INSTANCE

La demande initiale est celle par laquelle un plaideur prend l'**initiative** d'un procès en soumettant au juge ses prétentions. Elle introduit l'instance (CPC art. 53). **4000**

La demande initiale est **formée** par assignation ou par requête, qui peut être formée conjointement par les parties, remise ou adressée au greffe de la juridiction (CPC art. 54, al. 1).

L'instance s'ouvre par la **saisine** de la juridiction appelée à trancher le point litigieux qui lui est soumis et prend fin par le **dessaisissement** de cette juridiction (Cass. 3e civ. 25-1-1989 n° 86-11.806 : Bull. civ. III n° 20).

Sont exposées ici les **règles générales** relatives à l'introduction d'instance en matière contentieuse (nos 4001 s.) et les règles particulières à l'introduction d'instance devant le **juge de l'exécution** (nos 4070 s.). Les règles spécifiques à l'introduction d'instance devant le tribunal judiciaire, le tribunal de commerce et les prud'hommes figurent dans les développements consacrés à ces différents tribunaux.

I. RÈGLES GÉNÉRALES RELATIVES À L'ACTION CONTENTIEUSE

A. Assignation

DÉFINITION ET CONTENU D'UNE ASSIGNATION

L'assignation est l'acte d'huissier ou commissaire de justice par lequel le demandeur cite son adversaire à comparaître devant le juge (CPC art. 55). **4001**

Outre les **mentions** prescrites pour tout acte d'huissier ou commissaire de justice (CPC art. 648 : n° 21180), l'assignation doit contenir, **à peine de nullité** (CPC art. 54 et 56) :

– l'indication de la juridiction devant laquelle la demande est portée ;
– l'objet de la demande ;
– pour les personnes physiques, les nom, prénoms, profession, domicile, nationalité, date et lieu de naissance de chacun des demandeurs ;
– pour les personnes morales, leur forme, leur dénomination, leur siège social et l'organe qui les représente légalement ;

– le cas échéant, les mentions relatives à la désignation des immeubles exigées pour la publication au fichier immobilier ;
– lorsque la demande doit être précédée d'une tentative de conciliation, de médiation ou de procédure participative, les diligences entreprises en vue d'une résolution amiable du litige ou la justification de la dispense d'une telle tentative ;
– l'indication des modalités de comparution devant la juridiction et la précision que, faute pour le défendeur de comparaître, il s'expose à ce qu'un jugement soit rendu contre lui sur les seuls éléments fournis par son adversaire ;
– les lieu, jour et heure de l'audience à laquelle l'affaire sera appelée ;
– un exposé des moyens en fait et en droit ;
– la liste des pièces sur lesquelles la demande est fondée dans un bordereau qui lui est annexé.
Sans que le défaut de cette mention soit sanctionné par la **nullité**, l'assignation doit préciser, le cas échéant, la chambre saisie (CPC art. 56 avant-dernier al.).

4003 L'assignation vaut **conclusions** (CPC art. 56, dern. al.). Elle doit en conséquence exposer de manière détaillée les prétentions du demandeur pour que le défendeur soit pleinement informé des raisons de l'action. Si ce dernier ne comparaît pas, le tribunal doit pouvoir se fonder sur les motifs de l'assignation pour rendre sa décision.

4005 La saisine de la juridiction résulte de la remise au greffe, par l'une ou l'autre des parties, d'une copie de l'assignation (CPC art. 754, al. 1 pour le TJ et art. 857, al. 1 pour le TC) que l'on appelle **enrôlement** ou placement (Cass. 3e civ. 10-12-1985 n° 84-16.799 : Bull. civ. III n° 167). À défaut de cette formalité, la juridiction n'est pas saisie et l'instance n'est pas liée (Cass. 2e civ. 29-2-1984 n° 82-12259 : Bull. civ. II n° 43 ; Cass. 3e civ. 10-12-1985 n° 84-16.799, précité). Le délai pour placer l'assignation, sous peine de caducité de cette dernière, varie selon les juridictions.

4007 Lorsque l'assignation est déclarée nulle en raison d'un grief résultant d'un **vice de forme**, elle est privée des effets de la **mise en demeure** qui sont attachés à une citation en justice. La délivrance d'une assignation à comparaître à une date où la juridiction ne tient pas d'audience constitue un vice de forme (Cass. com. 13-3-2012 n° 10-25.534 : Procédures 2012 comm. 142 obs. R. Perrot).
L'**effet interruptif de prescription** et de forclusion attaché aux demandes en justice (C. civ. art. 2241) est néanmoins conservé en cas de simple vice de procédure, qu'il soit de forme ou de fond (Cass. 3e civ. 11-3-2015 n° 14-15.198 : Bull. civ. III n° 31). Dès lors qu'une nouvelle prescription a commencé à courir, rien ne s'oppose à ce qu'une seconde assignation soit délivrée (Cass. 1e civ. 25-11-2010 n° 09-69.124 : Procédures 2011 comm. 50 obs. R. Perrot). Il en est de même au regard de la saisine des juridictions de second degré. Dès lors que la déclaration d'appel est l'acte de saisine de la juridiction d'appel et que le délai d'appel est un délai de forclusion, une cour d'appel, après avoir prononcé la nullité de la première déclaration d'appel pour vice de procédure sur le fondement des articles 117, al. 3, et 120 du CPC, doit donner à sa décision un effet interruptif du nouveau délai d'appel qui a recommencé à courir et déclarer recevable la seconde déclaration (Cass. 2e civ. 16-10-2014 n° 13-22.088 : Bull. civ. II n° 215).

4008 MODÈLE

Structure d'une assignation

Sauf à respecter les mentions obligatoires énumérées par les articles 54 et 56 du CPC tels que modifiés en dernier lieu par le décret 2020-1452 du 27 novembre 2020, il n'existe pas de présentation formelle imposée.

ASSIGNATION DEVANT LE TRIBUNAL (*juridiction* et *ville*)
L'AN DEUX MILLE VINGT QUATRE ET LE
À la demande de : (*Si le requérant est une personne physique : ses nom, prénoms, profession, domicile, nationalité, date et lieu de naissance ; Si le requérant est une personne morale : sa forme, sa dénomination, son siège social et l'organe qui la représente légalement*).
J'AI,
COMMISSAIRE DE JUSTICE SOUSSIGNÉ,
SIGNIFIÉ A : (*identifier le défendeur*)
Qu'un procès lui est intenté devant le tribunal de (*juridiction* et *ville*) et qu'il doit comparaître à l'audience qui se tiendra (*adresse de la juridiction*) le (*date*) à (*heure*)
Très important
(Ce paragraphe doit mentionner les modalités de représentation et d'assistance devant la juridiction saisie, en attirant l'attention du destinataire sur le fait que toute défaillance de sa part l'exposerait à ce qu'une décision soit rendue contre lui sur les seuls éléments fournis par le demandeur).
OBJET DE LA DEMANDE
(Ce paragraphe a pour objet d'exposer en fait et en droit les données du litige. Il s'agit des motifs de l'argumentation du demandeur).

PAR CES MOTIFS
Vu les articles (*préciser le(s) fondement(s)*)
Il est demandé à (*juridiction*) de : (*puis énoncer les demandes de façon exhaustive*)
(Il s'agit du dispositif, c'est-à-dire ce qui est formellement demandé au tribunal : la condamnation à payer telle somme, par exemple).
PIÈCES COMMUNIQUÉES
Numéroter et énumérer les pièces visées à l'appui de la demande.
À la fin de l'acte, se trouve en général la mention rituelle « Sous toutes réserves. Dont acte ».
L'huissier annexera à cet acte une formule relatant les conditions de signification.

Formalités préalables à une assignation dans certaines matières 400

Les formalités préalables ou concomitantes à la notification de l'assignation ne doivent pas être oubliées. En voici **quelques exemples**.

Propriété immobilière
Doivent être publiées les demandes en justice tendant à obtenir la résolution, la révocation, l'annulation ou la rescision d'une convention ou d'une disposition à cause de mort, lorsqu'elles portent sur des droits eux-mêmes soumis à publicité. Cette publicité doit être effectuée au fichier immobilier du lieu de situation de l'immeuble, à peine d'irrecevabilité de la demande (Décret 55-22 du 4-1-1955, art. 28, 4°-c et art. 30, dern. al.), étant précisé que cette formalité peut être régularisée à tout moment jusqu'à ce que le juge statue (Cass. 3e civ. 22-6-2017 n° 16-13.651 FS-PBI).

Bail d'habitation
À peine d'irrecevabilité de la demande, l'assignation aux fins de constat de la résiliation d'un bail d'habitation doit être notifiée à la demande de l'huissier de justice au préfet du département par lettre recommandée avec demande d'avis de réception, au moins deux mois avant l'audience, afin que le représentant de l'État saisisse les organismes qui délivrent des aides au logement (Loi 89-462 du 6-7-1989, art. 24, III).

Bail commercial
Le propriétaire qui poursuit la résiliation du bail de l'immeuble dans lequel est exploité un fonds de commerce grevé d'inscriptions doit notifier sa demande aux créanciers antérieurement inscrits, au domicile élu par eux dans leurs inscriptions. Le jugement ne peut intervenir qu'après un mois écoulé depuis la notification (C. com. art. L 143-2).

Copropriété
L'huissier de justice doit adresser au syndic, par lettre recommandée avec demande d'avis de réception, copie de toute assignation délivrée par un copropriétaire qui entend exercer seul les actions concernant la propriété ou la jouissance de son lot (Décret 67-223 du 17-3-1967, art. 51).

Accident de la circulation
S'il existe un doute sur la couverture de la responsabilité civile du défendeur par une assurance, les victimes ou ayants droit doivent adresser sans délai au fonds de garantie, par lettre recommandée avec demande d'avis de réception, une copie de tout acte introductif d'instance (C. ass. art. R 421-15, al. 2). Cette notification permettra de rendre opposable au fonds de garantie toute décision rendue sur la demande d'indemnité.

Propriété industrielle
Les assignations en revendication de propriété doivent être publiées, selon les cas, au registre national des brevets, au registre national des dessins et modèles ou au registre national des marques (CPI art. R 611-18, R 613-53, R 512-13 et R 714-2).

B. Requête en justice

Lorsqu'elle est **formée par le seul demandeur,** la requête saisit la juridiction sans que son adversaire en ait été préalablement informé. Lorsqu'elle est remise ou adressée **conjointement par les parties**, elle soumet au juge leurs prétentions respectives, les points sur lesquels elles sont en désaccord ainsi que leurs moyens respectifs (CPC art. 57). 402(

La requête doit **contenir, à peine de nullité** (CPC art. 54 et 57) : 402
- l'indication de la juridiction devant laquelle la demande est portée ;
- l'objet de la demande ;

– pour les personnes physiques, les nom, prénoms, profession, domicile, nationalité, date et lieu de naissance de chacun des demandeurs ;
– pour les personnes morales, leur forme, leur dénomination, leur siège social et l'organe qui les représente légalement ;
– le cas échéant, les mentions relatives à la désignation des immeubles exigées pour la publication au fichier immobilier ;
– lorsqu'elle doit être précédée d'une tentative de conciliation, de médiation ou de procédure participative, les diligences entreprises en vue d'une résolution amiable du litige ou la justification de la dispense d'une telle tentative ;
– lorsqu'elle est formée par une seule partie, l'indication des nom, prénoms et domicile de la personne contre laquelle la demande est formée ou s'il s'agit d'une personne morale, de sa dénomination et de son siège social ;
– l'indication des pièces sur lesquelles la demande est fondée.

4022 La requête doit être **datée** et **signée** (CPC art. 57, dernier al.). L'irrégularité ou l'absence d'une signature figurant sur la requête relève du régime de la nullité des actes pour vice de forme prévu à l'article 114 du Code de procédure civile, qui ne peut être prononcée qu'à charge pour l'adversaire de prouver un grief et qui, selon l'article 115 du même Code, peut être couverte par la régularisation ultérieure de l'acte (Cass. 1e civ. 23-9-2020 n° 19-12.894 : RJDA 12/20 n° 666).

4024 Lorsque cette faculté leur est ouverte par l'article 12 du CPC (n° 881), les parties peuvent, si elles ne l'ont déjà fait depuis la naissance du litige, conférer au juge dans la requête conjointe mission de statuer comme **amiable compositeur** ou le lier par les qualifications et points de droit auxquels elles entendent **limiter le débat** (CPC art. 58).

II. JUGE DE L'EXÉCUTION

A. Procédure ordinaire devant le juge de l'exécution

4070 L'ordonnance 2011-1895 du 19 décembre 2011, ratifiée par l'article 11, I de la loi 2015-177 du 16 février 2015, et le décret 2012-789 du 30 mai 2012 ont codifié, à droit constant, les textes relatifs aux procédures civiles d'exécution.

1. SAISINE DU JUGE DE L'EXÉCUTION PAR LES PARTIES

a. Assignation devant le juge de l'exécution

RÈGLES GÉNÉRALES

4072 L'assignation est le mode normal de saisine du juge de l'exécution, **possible** pour l'introduction de toutes les demandes, quelles qu'elles soient, et **obligatoire** pour toutes celles qui ne sont pas relatives à l'exécution d'une décision de justice ordonnant l'expulsion.
Elle est régie par les articles R 121-11 et suivants du Code des procédures civiles d'exécution.
L'assignation peut être ordinaire ou d'heure à heure.

4074 L'assignation doit **comporter, à peine de nullité**, la reproduction des articles R 121-8 à R 121-10 du Code des procédures civiles d'exécution (C. exécution art. R 121-11, al. 2) concernant, notamment, l'indication du caractère oral de la procédure, les modalités de dispense de comparution et les possibilités d'exposer ses moyens par écrit.
L'assignation doit mentionner, sous la même sanction, les conditions dans lesquelles le défendeur peut ou doit se faire assister ou représenter, ainsi que, s'il y a lieu, le nom du représentant du demandeur (même art.).
Sur la représentation obligatoire des parties par avocat, voir n° 10005.
La **nullité encourue** est une nullité pour vice de forme qui suppose la justification d'un grief.
La **saisine** s'opère par la remise d'une copie de l'assignation au greffe.

ASSIGNATION ORDINAIRE DEVANT LE JUGE DE L'EXÉCUTION

4076 Il s'agit de l'assignation délivrée pour « la **première audience utile** du juge de l'exécution » (C. exécution art. R 121-11, al. 1). L'assignation ordinaire est toujours délivrée pour une **audience habituelle** du juge de l'exécution, que le demandeur peut en principe choisir librement. Le juge

s'assure qu'il s'est écoulé un temps suffisant entre l'assignation et l'audience pour que la partie défenderesse ait pu préparer sa défense (C. exécution art. R 121-13).
En **pratique**, l'interrogation préalable du greffe est nécessaire pour connaître la date des audiences utiles.

ASSIGNATION D'HEURE À HEURE DEVANT LE JUGE DE L'EXÉCUTION

En cas d'**urgence**, le juge de l'exécution peut permettre d'assigner à l'heure qu'il indique, même 408
d'heure à heure et les jours fériés ou chômés (C. exécution art. R 121-12).
Cet article reprend pour l'essentiel la disposition du CPC autorisant le demandeur à saisir le juge des référés pour être autorisé à assigner d'heure à heure (CPC art. 485, al. 2).
Comme pour le référé d'heure à heure, le juge de l'exécution est saisi sur **requête** qui doit justifier de l'urgence requise. S'il y fait droit, son ordonnance fixe les date, lieu et heure de l'audience pour laquelle l'assignation sera alors délivrée, en même temps qu'une copie de l'ordonnance ainsi rendue (transposition du dispositif des articles 840 et 841 du CPC).

b. Saisine simplifiée du juge de l'exécution

La saisine simplifiée est possible pour toutes les demandes présentées au juge de l'exécution 410
relatives à l'exécution d'une décision de justice ordonnant l'**expulsion**. Elle est formée au **greffe du juge de l'exécution** par **lettre recommandée AR** ou par requête remise ou adressée au greffe de la juridiction (C. exécution art. R 442-2, al. 1).

CONTENU DE LA DEMANDE SIMPLIFIÉE DEVANT LE JUGE DE L'EXÉCUTION

À peine de nullité, la demande doit préciser, outre les mentions prévues aux articles 54 et 57 du 410
CPC (n° 4021 s.), un exposé sommaire des motifs et mentionner le nom et l'adresse du défendeur ou, s'il s'agit d'une personne morale, sa dénomination et son siège social (C. exécution art. R 442-3).

CONVOCATION DES PARTIES DEVANT LE JUGE DE L'EXÉCUTION

Demandeur Le greffe informe le demandeur des lieu, jour et heure de l'audience par tous 411
moyens (C. exécution art. R 442-4, al. 1).

Défendeur Le défendeur est convoqué par **lettre recommandée** AR. La lettre contient une 411
copie de la demande et informe l'intéressé qu'il s'expose, faute de se présenter ou de faire connaître ses moyens de défense, à être jugé sur les seuls éléments fournis par le demandeur. Elle reproduit en outre les dispositions des articles R 121-6 à R 121-10 du Code des procédures civiles d'exécution (C. exécution art. R 442-4, al. 2).
La convocation peut aussi être faite verbalement contre émargement (C. exécution art. R 442-4, al. 2). Ceci suppose que le défendeur ait des démarches à effectuer au greffe sans doute en vue d'exposer des prétentions propres à l'audience qui sera tenue par le juge.
En cas de **retour de la convocation** du défendeur au greffe, le greffier en informe le demandeur et l'invite à procéder par voie de signification (C. exécution art. R 442-4, al. 3).

2. SAISINE DU JUGE DE L'EXÉCUTION PAR UN HUISSIER OU COMMISSAIRE DE JUSTICE

Lorsque l'huissier ou commissaire de justice chargé de l'exécution d'un titre exécutoire se heurte 414
à une **difficulté qui entrave le cours de ses opérations,** il en dresse **procès-verbal** et peut, à son initiative, saisir le juge de l'exécution (C. exécution art. R 151-1, 1).

MODALITÉS DE LA SAISINE DU JUGE DE L'EXÉCUTION

Le juge est saisi **par requête** de l'huissier de justice **au greffe**, accompagnée de la présentation 414
du titre exécutoire, d'un exposé de la difficulté qui a entravé l'opération d'exécution et, le cas échéant, des pièces qui lui ont été communiquées (C. exécution art. R 151-2).
Ces obligations ne sont pas prescrites à peine de nullité ou d'irrecevabilité.

CONVOCATION DES PARTIES DEVANT LE JUGE DE L'EXÉCUTION

L'**huissier ou commissaire de justice** procède lui-même aux convocations. Pour ce faire, il doit 415
immédiatement mettre en cause les parties intéressées, en les informant de la difficulté rencontrée et des lieu, jour et heure de l'audience (C. exécution art. R 151-3, al. 1).
Ces informations sont transmises, soit par **déclaration verbale** consignée au procès-verbal de difficultés (n° 4140), soit par **lettre recommandée AR**, chacune de ces deux formes de convocation valant assignation à comparaître (C. exécution art. R 151-3, al. 2).

Il doit être **donné connaissance aux parties** des dispositions des articles R 121-6 à R 121-10 du Code des procédures d'exécution et du fait qu'une décision pourra être rendue en leur absence (C. exécution art. R 151-3, al. 3). Parmi ces informations, figurent notamment l'indication du caractère oral de la procédure, les modalités de dispense de comparution et les possibilités d'exposer ses moyens par écrit.
Les **observations** de l'huissier ou commissaire de justice sont entendues par le juge (C. exécution art. R 151-3, al. 4).

B. Ordonnance sur requête rendue par le juge de l'exécution

CHAMP D'APPLICATION DE L'ORDONNANCE SUR REQUÊTE

175 Le juge de l'exécution statue par ordonnance sur requête dans les cas spécifiés par la **loi** ou lorsque les circonstances exigent qu'une **mesure urgente** ne soit pas prise contradictoirement (C. exécution art. R 121-23, al. 1).

177 Dans tous les cas où, pour exécuter l'opération dont il est chargé, l'huissier ou commissaire de justice doit obtenir l'autorisation du juge, il est habilité à le saisir par voie de **requête** (C. exécution art. R 121-24).

RÉGIME DE L'ORDONNANCE SUR REQUÊTE

182 Outre par quelques **dispositions spécifiques** du Code des procédures civiles d'exécution, les ordonnances sur requête du juge de l'exécution sont régies par les **dispositions communes** des articles 493 à 498 du CPC (n°s 19135 s.).

184 La requête doit être remise ou adressée au greffe par le requérant ou par tout mandataire désigné conformément aux articles L 121-4 et L 122-2 (C. exécution art. R 121-23, al. 2).

186 La décision de **rétractation** d'une ordonnance sur requête n'a pas autorité de chose jugée au principal (C. exécution art. R 121-23, al. 3).

SECTION 2

ACTION EN MATIÈRE GRACIEUSE

PRINCIPES GÉNÉRAUX DE L'ACTION GRACIEUSE

200 Le **juge** statue en matière gracieuse lorsqu'en l'**absence de litige**, il est saisi d'une demande dont la loi exige, en raison de la nature de l'affaire ou de la qualité du requérant, qu'elle soit soumise à son **contrôle** (CPC art. 25).
Sur les principales demandes qui relèvent de la procédure gracieuse, voir n°s 26778 s.
La demande doit être formée par **requête** (CPC art. 60).
Le juge est saisi par la remise de la requête au **greffe** de la juridiction (CPC art. 61).
Le Code de procédure civile n'édicte aucune règle générale quant à la **forme** ou au **contenu** de la requête gracieuse. Le requérant devra veiller à s'identifier clairement et à préciser l'objet de sa demande.
Des **règles particulières** à la juridiction saisie peuvent en outre s'appliquer. Ainsi, devant le tribunal judiciaire, elle doit être présentée par un avocat (sauf dans les matières où la représentation par un avocat n'est pas obligatoire). Des règles particulières à l'objet de la requête gracieuse peuvent aussi trouver application, notamment en droit de la famille (adoption, changement de régime matrimonial, divorce par consentement mutuel, etc.).

SECTION 3

PRÉALABLE AMIABLE À UNE ACTION EN JUSTICE

CONTEXTE DU PRÉALABLE AMIABLE

Le législateur et la jurisprudence contemporains sont favorables au **développement des modes amiables** de règlement des différends et à l'évitement du juge chaque fois qu'il paraît raisonnablement possible de rapprocher les points de vue et de maintenir certaines relations entre les protagonistes. 4230
La Cour européenne des droits de l'Homme a considéré que le droit d'accès au juge n'était pas atteint de manière substantielle par une législation nationale qui imposait un règlement amiable préalable à une demande de réparation dès lors que le processus amiable interrompait le cours de la prescription et qu'en cas d'échec de la transaction le requérant pouvait former une action en justice devant le tribunal compétent (CEDH 26-3-2015 n° 11239/11).

ILLUSTRATIONS

À défaut d'accord entre les parties sur une **diminution de loyer** proportionnée à l'écart constaté entre la surface habitable réelle et la surface indiquée au bail ou à défaut de réponse du bailleur dans un délai de **deux mois** à compter de la demande en diminution de loyer, le juge peut être saisi, dans le délai de quatre mois à compter de cette même demande, afin de déterminer, le cas échéant, la diminution de loyer à appliquer (Loi 89-462 du 6-7-1989 art. 3-1). Le délai de quatre mois est un délai de **forclusion** courant à compter de la demande faite au bailleur (Cass. 3e civ. 9-11-2022 n° 21-19.212 FS-B). Il en résulte qu'est irrecevable l'action en diminution de loyer, formée à titre additionnel au cours d'une instance en contestation de congé, sans qu'une demande préalable ait été présentée par le locataire au bailleur (Cass. 3e civ. 20-4-2023 n° 22-15.529 FS-B).

Envisagées **hors instance en justice**, la médiation et la conciliation conventionnelles sont définies par l'article 1530 du CPC comme un processus structuré par lequel deux ou plusieurs parties tentent de parvenir à un accord, en dehors de toute procédure judiciaire, en vue de la résolution de leurs différends, avec l'aide d'un tiers choisi par elles qui accomplit sa mission avec impartialité, compétence et diligence. 4235

MENTION DU PRÉALABLE AMIABLE DANS L'ACTE INTRODUCTIF

Depuis le **1er janvier 2020**, le praticien doit tenir compte des cas dans lesquels la demande en justice doit être précédée d'une tentative de conciliation, de médiation ou de procédure participative : ce n'est que dans cette hypothèse que l'acte introductif doit **préciser, sous peine de nullité**, les diligences entreprises en vue de parvenir à une résolution amiable du litige ou la justification de la dispense d'une telle tentative (CPC art. 54, 5° auquel renvoient les articles 56 et 57). 4240
Hors les cas prévus à l'article 750-1 du Code de procédure civile, où les parties ont l'obligation de tenter une résolution amiable du litige avant de saisir le tribunal judiciaire (nos 31015 s.), le **juge** peut toujours **proposer** aux parties une mesure de conciliation ou de médiation s'il n'est pas justifié, dans l'assignation, des diligences entreprises en vue de parvenir à une résolution amiable de leur litige (CPC art. 127).
En outre, indépendamment des mentions de l'acte introductif, en tout état de la procédure, y compris en référé, lorsqu'il estime qu'une résolution amiable du litige est possible, le **juge** peut, s'il n'a pas recueilli l'accord des parties, leur **enjoindre** de rencontrer un médiateur qu'il désigne (Loi 95-125 du 8-2-1995 art. 22-1).

ATTENTION

Une simple convocation à une réunion d'information sur la médiation n'a aucun effet interruptif des délais d'appel, seule la décision du juge d'ordonner une médiation étant assortie d'un tel effet (Cass. 2e civ. 20-5-2021 n° 20-13.912 F-P).

Deux séries de **vérifications** s'imposent donc au conseil des parties lorsqu'il est saisi d'un dossier à potentialité contentieuse :
– existe-t-il un texte légal ou réglementaire régissant la matière ou la juridiction saisie et fixant une obligation générale et préalable de conciliation ?
Par exemple, le préalable de conciliation est obligatoire pour toute demande en paiement d'un montant n'excédant pas 5 000 € devant le tribunal judiciaire (CPC art. 750-1), pour tout litige entre architectes concernant l'exercice de la profession (C. déont. architectes art. 25) et ce peu important qu'aucune stipulation contractuelle ne le rappelle expressément (Cass. 3e civ. 29-3-2017

n° 16-16.585 F-PB), pour tout conflit résultant d'une décision prise par une fédération sportive dans l'exercice de prérogatives de puissance publique ou en application de ses statuts (C. sport art. R 141-5) par la saisine du Comité national olympique et sportif français, sauf en cas de trouble manifestement illicite ou de dommage imminent (Cass. 3e civ. 13-7-2022 n° 21-18.796 FS-B) ;
– si un contrat ou des statuts sont au centre de la difficulté, contiennent-ils des stipulations relatives à une démarche amiable ?

CONSEIL

En toute hypothèse, il est judicieux de produire systématiquement, dans l'acte introductif d'instance, la justification des démarches préalables en vue d'une résolution amiable du litige, de façon qu'il n'y ait pas de contestation sur la recevabilité de la saisine du juge.

Sur les clauses de médiation et de conciliation, voir nos 55050 s.
La clause de saisine de l'ordre des architectes préalable à toute action judiciaire, en cas de litige sur le respect des clauses du contrat, ne peut porter que sur les obligations des parties au regard des dispositions de l'article 1134 du Code civil et n'a donc pas vocation à s'appliquer dès lors que la responsabilité de l'architecte est recherchée sur le fondement de l'article 1792 du même Code (Cass. 3e civ. 11-5-2022 n° 21-16.023 FS-B).

TENTATIVE OBLIGATOIRE DU PRÉALABLE AMIABLE

4250 L'article 750-1 du Code de procédure civile, rétabli par le décret 2023-357 du 11 mai 2023 dispose qu'en application de l'article 4 de la loi 2013-1547 du 18 novembre 2016, à peine d'**irrecevabilité** que le juge peut prononcer d'office, la demande en justice doit être précédée, au choix des parties, d'une tentative de conciliation menée par un conciliateur de justice, d'une tentative de médiation ou d'une tentative de procédure participative, lorsqu'elle tend au paiement d'une **somme n'excédant pas 5 000 €** ou lorsqu'elle est relative à l'une des actions concernant des **conflits de voisinage**, mentionnées aux articles R 211-3-4 et R 211-3-8 du Code de l'organisation judiciaire, **ou à un trouble anormal de voisinage** : n° 2740 (CPC art. 750-1, al. 1).
Les parties sont toutefois dispensées de l'obligation de procéder à une tentative de conciliation amiable dans les cas suivants (CPC art. 750-1, al. 2 s.) :
– si l'une des parties au moins sollicite l'**homologation d'un accord** ;
– lorsque l'exercice d'un **recours** préalable est imposé **auprès de l'auteur de la décision** ;
– si l'absence de recours à l'un des modes de résolution amiable mentionnés au premier alinéa de l'article précité est justifiée par un **motif légitime** tenant soit à l'urgence manifeste, soit aux circonstances de l'espèce rendant impossible une telle tentative ou nécessitant qu'une décision soit rendue non contradictoirement, soit à l'indisponibilité de conciliateurs de justice entraînant l'organisation de la première réunion de conciliation dans un délai supérieur à trois mois à compter de la saisine d'un conciliateur, le demandeur devant justifier par tout moyen de la saisine et de ses suites ;
– si le **juge** ou l'autorité administrative **doit**, en application d'une disposition particulière, **procéder à une tentative** préalable de conciliation ;
– si le créancier a vainement engagé une procédure simplifiée de recouvrement des petites créances, conformément à l'article L 125-1 du Code des procédures civiles d'exécution.

> **Précisions** L'article 750-1 du CPC avait été annulé, sans rétroactivité ; ses effets produits antérieurement à son annulation étant définitivement acquis. Son 3° permettait de déroger à l'obligation de tentative préalable de règlement amiable lorsque la date à laquelle la première réunion de conciliation ne pouvait être organisée dans « un délai manifestement excessif au regard de la nature et des enjeux du litige ». S'agissant d'une condition de recevabilité d'un recours juridictionnel, l'indétermination de certains des critères permettant de regarder cette condition comme remplie était de nature à porter atteinte au droit d'exercer un recours effectif devant une juridiction, garanti par l'article 16 de la Déclaration des droits de l'Homme et du citoyen (CE 22-9-2022 nos 436939 et 437002).

4280 **MODÈLE**

Exemple de mentions à incorporer dans une assignation

En présence d'une clause de conciliation obligatoire

Le contrat du... contient une stipulation intitulée « règlement des différends » et ainsi libellée : *(reproduire la clause).*
Le demandeur justifie avoir saisi le centre de conciliation de (*désigner l'entité et son siège*), à la date du... Le conciliateur désigné (*mentionner ses nom et qualité*) a réuni les parties à plusieurs reprises en présence de leurs conseils. À l'issue de la période qui lui avait été impartie pour mener à bien sa

mission, il a constaté l'impossibilité de rapprocher les points de vue respectifs et a dressé un procès-verbal de non-conciliation dont un exemplaire a été remis à chaque personne concernée.
Seront ajoutées les mentions suivantes à la liste composant le bordereau de pièces joint à la demande :
– lettre de saisine du centre de conciliation de...
– règlement du centre de conciliation de...
– convocations du conciliateur aux réunions du...
– procès-verbal de non-conciliation en date du...

SECTION 4 AIDE JURIDICTIONNELLE

RÈGLES GÉNÉRALES RELATIVES À L'AIDE JURIDICTIONNELLE

L'aide juridictionnelle consiste, pour les personnes ayant de faibles revenus, à bénéficier d'une 435
prise en charge par l'État des **honoraires et frais de justice** : honoraires d'avocat, frais d'huissier ou commissaire de justice, d'expertise, etc. (Loi 91-647 du 10-7-1991 art. 2 et 40). Les bénéficiaires de cette aide ne sont toutefois pas dispensés du droit de plaidoirie de 13 € (Loi 91-647 art. 40 ; n°s 30650 s.).

L'aide juridictionnelle peut être **partielle ou totale** (Loi 91-647 du 10-7-1991, art. 2).

Lorsqu'une action en justice doit être intentée avant l'expiration d'un délai devant les juridictions de première instance, l'**action** est **réputée avoir été intentée dans le délai** si la demande d'aide juridictionnelle s'y rapportant est adressée au bureau d'aide juridictionnelle avant l'expiration dudit délai et si la demande en justice est introduite dans un nouveau délai de même durée à compter (Décret 2020-1717 du 28-12-2020 art. 43) :
– de la notification de la décision d'admission provisoire ;
– de la notification de la décision constatant la caducité de la demande ;
– de la date à laquelle le demandeur à l'aide juridictionnelle ne peut plus contester la décision d'admission ou de rejet de sa demande (Décret 2020-1717 art. 69, al. 1 et 70) ou, en cas de recours de ce demandeur, de la date à laquelle la décision relative à ce recours lui a été notifiée ;
– ou, en cas d'admission, de la date, si elle est plus tardive, à laquelle un auxiliaire de justice a été désigné.

Par dérogation, les délais mentionnés ci-dessus ne sont pas interrompus lorsque, à la suite du rejet de sa demande d'aide juridictionnelle, le demandeur présente une nouvelle demande ayant le même objet que la précédente.

Le délai de prescription est **interrompu** en cas de demande d'aide juridictionnelle (Décret 91-1266 du 19-12-1991 art. 38). Toutefois, cette interruption ne vaut que pour la première décision d'admission qui devient **caduque** faute de saisine de la juridiction dans l'année de sa notification (Décret 19-1266 du 19-12-1991 art. 54). La seconde demande n'emporte pas d'effet interruptif.

Ainsi, la demande d'aide juridictionnelle, présentée en vue de saisir la juridiction prud'homale de la contestation d'un **licenciement**, après qu'une précédente décision d'admission est devenue caduque, n'interrompt pas une nouvelle fois le délai de saisine de la juridiction qui a recommencé à courir à compter de la notification de la décision d'admission de la première demande (Cass. soc. 12-7-2022 n° 21-15.091 F-B).

CONDITIONS D'ATTRIBUTION DE L'AIDE JURIDICTIONNELLE

Pour bénéficier de l'aide juridictionnelle, le demandeur doit justifier, par la production de son 4352
avis d'imposition le plus récent, que son **revenu fiscal de référence** est inférieur ou égal à un certain montant pour l'aide juridictionnelle totale ou partielle (Décret 2020-1717 du 28-12-2020 art. 3).

En outre, la **valeur du patrimoine** du demandeur ne doit pas dépasser, au jour de sa demande, certains plafonds pour son patrimoine mobilier ou financier et pour son patrimoine immobilier, sa résidence principale n'étant pas prise en compte dans cette estimation (Décret 2020-1717 art. 5).

Enfin, l'aide juridictionnelle ne peut être accordée que si les frais qu'elle couvre ne sont pas pris en charge par un **contrat d'assurance** de protection juridique ou un autre système de protection (Loi 91-647 du 10-7-1991 art. 2). En cas de contrat de protection juridique ne couvrant pas les frais de procès, le demandeur doit joindre une attestation de non-prise en charge par l'assureur (Cerfa n° 15173*01).

> **Précisions a.** En l'absence de **revenu fiscal de référence ou** lorsqu'à la date de la demande les revenus du foyer fiscal diffèrent, en raison d'un **changement de situation**, de ceux qui avaient été pris en compte pour établir l'avis d'imposition le plus récent, le montant pris en compte pour apprécier le droit à l'aide juridictionnelle correspond au double du montant des revenus imposables perçus par le foyer au cours des six derniers mois après abattement de 10 % (Décret 2020-1717 art. 4 et 8).
> **b.** Lorsque le foyer fiscal est composé de plus d'une personne, les **plafonds** de ressources et de patrimoine sont **majorés** d'une somme équivalente (Décret 2020-1717 art. 6) :
> – à 0,18 fois le montant du plafond pris en compte pour le bénéfice de l'aide juridictionnelle totale pour chacune des deux premières personnes supplémentaires ;
> – à 0,1137 fois ce même montant pour chaque personne au-delà de la troisième.
> **c.** Une circulaire datée du 17 janvier 2023 (NOR : JUST2301654C) fixe les **plafonds d'admission** à l'aide juridictionnelle (AJ). Il existe trois types de plafonds :
> – **plafond relatif aux ressources** : le revenu fiscal de référence doit être inférieur ou égal à 12 271 € pour l'AJ totale ou à 18 404 € pour l'AJ partielle ;
> – plafond relatif au **patrimoine mobilier et financier** : le patrimoine mobilier et financier, qui comprend notamment l'épargne, doit être inférieur ou égal à 12 271 €.
> Ce plafond est majoré en fonction de la composition du foyer fiscal : 2 209 € par personne supplémentaire jusqu'à trois personnes et 1 395 € à partir de quatre personnes ;
> – **plafond relatif au patrimoine immobilier** : le patrimoine immobilier doit être inférieur à 36 808 €. Ne sont pas pris en compte les biens qui ne pourraient être vendus ou donnés en gage sans entraîner un trouble grave. Il s'agit, par exemple, de la résidence principale et des biens destinés à l'usage professionnel. Là aussi, le plafond est majoré en fonction de la composition du foyer fiscal : 6 625 € par personne supplémentaire jusqu'à trois personnes et 4 185 € à partir de quatre personnes.

FORME ET DÉPÔT DE LA DEMANDE D'AIDE JURIDICTIONNELLE

4360 La demande, formée avant ou pendant la procédure, doit être effectuée au moyen du **formulaire** Cerfa n° 16146*03 disponible en ligne, dont le contenu et la liste des pièces à joindre sont fixés par arrêté du 5 janvier 2022 (NOR : JUST2135432A).
La demande d'aide est déposée ou adressée par l'intéressé ou son mandataire au bureau d'aide juridictionnelle établi au siège du tribunal dans le ressort duquel est fixé le domicile de ce demandeur, ou déposée auprès d'un service d'accueil unique du justiciable situé dans le ressort de la juridiction compétente ou dans le ressort duquel est fixé son domicile.
Il est possible de déposer une demande en ligne en se rendant à l'adresse suivante : www.aidejuridictionnelle.justice.fr

4375 **Conseils de prud'hommes et maisons de justice et du droit dans lesquels est implanté un service d'accueil unique du justiciable** (C. org. jud. art. R 123-26, ann. IV-I modifié par arrêtés des 8 et 23-4-2021)

Siège	Juridiction d'implantation
Cour d'appel d'Agen	Conseil de prud'hommes d'Auch
	Conseil de prud'hommes d'Agen
Cour d'appel d'Aix-en-Provence	Conseil de prud'hommes d'Arles
Cour d'appel d'Amiens	Maison de justice et du droit de Creil
Cour d'appel d'Angers	Conseil de prud'hommes de Laval
Cour d'appel de Basse-Terre	Conseil de prud'hommes de Basse-Terre
Cour d'appel de Bastia	Maison de justice et du droit de Porto-Vecchio
Cour d'appel de Bourges	Maison de justice et du droit de Vierzon
Cour d'appel de Caen	Conseil de prud'hommes de Caen
	Maison de justice et du droit de Saint-Lô
	Conseil de prud'hommes de Cherbourg-en-Cotentin
Cour d'appel de Chambéry	Conseil de prud'hommes d'Aix-les-Bains
Cour d'appel de Douai	Conseil de prud'hommes de Lannoy
Cour d'appel de Lyon	Conseil de prud'hommes d'Oyonnax
	Conseil de prud'hommes de Lyon
Cour d'appel de Metz	Conseil de prud'hommes de Forbach

437
(suite)

Siège	Juridiction d'implantation
Cour d'appel de Montpellier	Conseil de prud'hommes de Montpellier
Cour d'appel de Nancy	Conseil de prud'hommes d'Épinal
	Conseil de prud'hommes de Longwy
Cour d'appel de Paris	Conseil de prud'hommes de Bobigny
	Conseil de prud'hommes de Créteil
	Conseil de prud'hommes de Villeneuve-Saint-Georges
Cour d'appel de Poitiers	Conseil de prud'hommes de Saintes
	Conseil de prud'hommes de Thouars
	Conseil de prud'hommes de La Roche-sur-Yon
Cour d'appel de Reims	Conseil de prud'hommes d'Épernay
Cour d'appel de Rennes	Conseil de prud'hommes de Brest
	Conseil de prud'hommes de Nantes
	Conseil de prud'hommes de Lorient
	Maison de justice et du droit de Pontivy
Cour d'appel de Versailles	Conseil de prud'hommes de Boulogne-Billancourt
	Conseil de prud'hommes de Châteaudun
	Conseil de prud'hommes d'Argenteuil
	Conseil de prud'hommes de Saint-Germain-en-Laye

CHAPITRE 4

DEMANDE ADDITIONNELLE OU RECONVENTIONNELLE

SOMMAIRE

DEMANDES INCIDENTES

Malgré le principe d'immutabilité du litige, il est possible d'y introduire des prétentions nouvelles, autres que celles figurant dans l'acte introductif d'instance, par le biais de demandes incidentes (CPC art. 4, al. 2). Ces demandes sont la **demande reconventionnelle**, la demande **additionnelle** et l'**intervention** (CPC art. 63). Ne sont exposées ci-dessous que les deux premières, l'intervention étant traitée n°s 8000 s. **6000**

A. Définitions des demandes additionnelles et reconventionnelles

1. DÉFINITION DE LA DEMANDE ADDITIONNELLE

Constitue une demande additionnelle, la demande par laquelle une **partie modifie ses prétentions antérieures** (CPC art. 65). **6010**

Toute partie à l'instance qui a antérieurement formé une demande peut ainsi compléter cette dernière, qu'il s'agisse de la demande initiale, d'une demande reconventionnelle ou même d'une demande formée par un tiers intervenant à l'instance, soit parce qu'il a pris l'initiative de s'agréger au procès, soit parce qu'il a été appelé en cause dans une instance déjà engagée.

La demande additionnelle ne consiste pas à invoquer des **moyens nouveaux** de fait ou de droit de nature à compléter l'argumentation déjà développée dans la demande d'origine. Elle implique une **modification de l'objet** dont elle poursuit la réalisation. **6015**

Il peut s'agir d'un objet nouveau ajouté au précédent, comme le fait de solliciter l'octroi de dommages-intérêts en sus du paiement de sommes qui étaient initialement demandées. La demande peut aussi être une augmentation ou une diminution arithmétique de l'objet initial, ce qui peut survenir lorsque le demandeur a obtenu, en cours d'instance, un règlement partiel ou des éléments d'appréciation supplémentaires lui permettant d'améliorer ou d'ajuster le chiffrage initial.

2. DÉFINITION DE LA DEMANDE RECONVENTIONNELLE

Constitue une demande reconventionnelle celle par laquelle le défendeur originaire prétend obtenir un avantage autre que le simple rejet de la prétention de son adversaire (CPC art. 64 ; Cass. ass. plén. 22-4-2011 n° 09-16.008 : RJDA 8-9/11 n° 676). **6030**

AUTEUR DE LA DEMANDE RECONVENTIONNELLE

6032 Au sens étroit, la demande reconventionnelle est formée par le **défendeur**, en réponse au demandeur initial et en vue d'obtenir une condamnation spécifique de ce dernier, en sus du rejet de ses prétentions.

Mais la jurisprudence va plus loin : les demandes reconventionnelles, en première instance comme en appel, peuvent être formées tant par le défendeur sur la demande initiale que par le **demandeur initial**, en défense aux prétentions reconventionnelles de son adversaire (Cass. 2e civ. 10-1-2013 n° 10-28.735 : D. 2013 p. 877 obs. P. Paile ; dans le même sens Cass. 2e civ. 19-3-1969 n° 67-14.364 : Bull. civ. II n° 83 ; Cass. soc. 4-11-1969 n° 68-40.526 : Bull. civ. V n° 571).

ILLUSTRATIONS

Dans l'espèce de 2013 précitée, une personne, caution d'un prêt consenti par une banque, avait assigné celle-ci en **nullité** du **cautionnement**. La banque défenderesse avait sollicité le rejet de la demande en nullité et, reconventionnellement, la condamnation de la caution à payer. La banque avait obtenu gain de cause sur le rejet de la demande en nullité et sur la **demande reconventionnelle en paiement**. La caution avait fait appel et avait alors demandé **reconventionnellement** que la banque soit condamnée à des **dommages-intérêts**, dès lors que l'article 567 du CPC autorise les demandes reconventionnelles en cause d'appel. Ainsi, on voit que la caution qui était demanderesse initiale forme, à un certain stade du procès, une demande reconventionnelle en défense à la reconvention de la banque aux fins de paiement. La cour d'appel avait déclaré cette demande reconventionnelle irrecevable, en reprenant l'adage « reconvention sur reconvention ne vaut ». La Cour de cassation a cassé cet arrêt au visa des articles 64 et 567 du CPC, en reconnaissant au demandeur initial la faculté de former, à son tour, une demande reconventionnelle dès lors que celle-ci apparaît comme une défense à la demande reconventionnelle du défendeur d'origine.

DEMANDE RECONVENTIONNELLE PURE ET DEMANDE HYBRIDE

6040 Les demandes reconventionnelles « pures » ou « pures et simples » sont **détachées de la demande initiale** et poursuivent leur fin propre. Tel est par exemple le cas d'un client d'un laboratoire d'analyses médicales qui, poursuivi par ce dernier en paiement d'un examen, demande la communication du résultat de l'examen qui n'a été transmis qu'à son médecin (Cass. 1e civ. 4-10-1989 n° 88-14.236 : Bull. civ. I n° 306). La demande doit toutefois avoir un lien suffisant avec l'instance (n° 6130).

Les demandes reconventionnelles sont dites mixtes ou « hybrides » lorsqu'elles tendent à **neutraliser la demande initiale et** à **procurer** à leur auteur un **avantage particulier**. L'hypothèse classique est celle dans laquelle, poursuivi en paiement d'une créance, le défendeur présente une demande en dommages-intérêts en invoquant la responsabilité du demandeur afin d'obtenir la compensation judiciaire à hauteur respective des deux créances alléguées. La demande reconventionnelle est également hybride lorsque le demandeur initial agit en exécution forcée d'un contrat et que le défendeur sollicite reconventionnellement l'annulation ou la résolution du contrat en demandant les restitutions consécutives à la nullité ou à la résolution.

DEMANDE RECONVENTIONNELLE ET DÉFENSE AU FOND

6050 Demande reconventionnelle et défense au fond doivent être distinguées. La défense au fond consiste à faire **échec aux prétentions** de l'adversaire en développant une argumentation en fait et en droit, afin qu'il soit débouté alors que la demande reconventionnelle tend à obtenir un **avantage autre** que ce rejet (n° 6030). Ainsi, lorsque celui qui allègue en défense la nullité d'un acte demande aussi au tribunal d'en tirer les conséquences en ordonnant les restitutions, il est nécessaire de présenter une demande reconventionnelle (Cass. ass. plén. 22-4-2011 n° 09-16.008 : RJDA 8-9/11 n° 676).

La demande est caractérisée uniquement par son objet et non par les moyens invoqués (Cass. soc. 15-6-1995 n° 92-40.078 ; voir aussi n° 6060).

L'**intérêt de la distinction** réside notamment dans le fait que la défense au fond peut être opposée en tout état de cause (CPC art. 72), contrairement à la demande reconventionnelle formée à l'encontre d'une partie défaillante ou d'un tiers (n° 6190). Par ailleurs, la défense au fond est imprescriptible tandis que la demande reconventionnelle doit être formée dans le délai de prescription (n° 6120).

Les frontières entre défenses au fond et demandes incidentes sont parfois obscurcies par la jurisprudence. Il en est ainsi lorsque l'on assimile défense au fond et demande en intervention forcée (Cass. 2e civ. 6-5-1999 n° 96-22.143 : Bull. civ. II n° 82 ; Cass. 2e civ. 12-4-2012 n° 11-14.741 : Bull. civ. II n° 75) ou lorsque la demande de décharge d'une caution en raison de la faute du créancier peut être indifféremment présentée par voie d'une demande reconventionnelle ou par l'expression d'une défense au fond (Cass. ch. mixte 21-2-2003 n° 99-18.759 : RJDA 6/03 n° 643).

ILLUSTRATIONS

Constitue une **défense au fond** :
– le fait pour un salarié d'une association, poursuivi après la mise en liquidation judiciaire de l'association en restitution des salaires perçus en raison de la fictivité de son contrat de travail, d'opposer l'existence d'un mandat qui l'aurait lié à l'association et qui aurait été la cause du versement des sommes litigieuses (Cass. com. 2-11-2005 n° 04-15.928) ;
– la demande d'un employeur, poursuivi par un syndicat et des salariés en paiement d'une indemnité complémentaire de congés payés conventionnelle, tendant à l'application de règles de calcul différentes de celles invoquées par les demandeurs (Cass. soc. 4-12-1996 n° 93-40.339) ;
– le moyen selon lequel l'engagement de caution d'une personne physique, manifestement disproportionné à ses biens et revenus, se trouve privé d'effet à l'égard du créancier professionnel (Cass. 1e civ. 31-1-2018 n° 16-24.092 FS-PB : RJDA 7/18 n° 603) ;
– le moyen tiré de la déchéance du droit aux intérêts opposé par le souscripteur d'un crédit à la consommation. L'invocation d'une telle déchéance s'analyse toutefois en une **demande reconventionnelle** si elle tend à la restitution d'intérêts trop perçus (Cass. avis 18-9-2021 n° 19-70.013).
Constitue également une demande reconventionnelle :
– le fait pour le propriétaire d'une maison dans un lotissement, poursuivi en paiement de charges par l'association syndicale libre qui gérait les équipements communs, d'invoquer la nullité de l'association, cette demande touchant au fond du droit et n'étant pas une contestation de la qualité pour agir de l'association (Cass. 3e civ. 18-12-1991 n° 90-11.048 : Bull. civ. III n° 320) ;
– la prétention de l'expéditeur de marchandises tendant à obtenir la compensation entre sa dette du prix du transport et les sommes qu'il estime lui être dues pour les marchandises manquantes à la livraison (Cass. com. 26-5-1998 n° 96-15.750 : RJDA 8-9/98 n° 1219).

Qualification en cas de mise en cause de la responsabilité de l'autre partie Il est fréquent que le défendeur, poursuivi en **paiement ou** en **exécution d'un contrat** par exemple, oppose la responsabilité civile délictuelle ou contractuelle du demandeur à raison d'une faute imputable à ce dernier. Cette prétention peut être présentée comme une défense au fond ou comme une demande reconventionnelle. Par **exemple**, poursuivie en paiement par le créancier, la **caution** qui demande à être déchargée de son obligation en raison de la faute commise par celui-ci à l'égard du débiteur principal, sans prétendre obtenir un autre avantage que le simple rejet de la prétention de son adversaire, peut procéder par voie de défense au fond. Elle peut aussi, par voie de demande reconventionnelle, demander à être déchargée indirectement en sollicitant des dommages-intérêts puis la compensation entre le montant de sa dette et celui de ces dommages-intérêts (Cass. com. 26-10-1999 n° 96-16.837 : RJDA 1/00 n° 97 ; Cass. ch. mixte 21-2-2003 n° 99-18.759 : RJDA 6/03 n° 643 avis M. de Gouttes p. 495 ; Cass. com. 13-12-2017 n° 13-24.057 F-PB : RJDA 3/18 n° 278). 6060
La qualification de la prétention dépend donc de son **objet** :
– Si le défendeur ne demande qu'à **être déchargé de son obligation**, sa prétention constitue une défense au fond. Par exemple, dans un cas où des travaux avaient mal été exécutés et où le maître d'ouvrage s'opposait à l'action en paiement de ceux-ci (Cass. 3e civ. 3-5-2001 n° 00-10.053 : Bull. civ. III n° 57).
– Si le défendeur tend à se faire **reconnaître un droit à indemnisation**, il y a demande reconventionnelle (notamment Cass. com. 16-3-1999 n° 97-13.836 ; Cass. 2e civ. 8-3-2007 n° 05-21.685 : Bull. civ. II n° 60).

Qualification de l'« exception » de nullité En principe, le moyen tiré de la nullité **de l'acte sur lequel est fondée la demande initiale** est une défense au fond (Cass. 1e civ. 6-1-1976 n° 74-13.448 : Bull. civ. I n° 5 ; Cass. 2e civ. 11-3-1998 n° 96-11.443 : Bull. civ. II n° 77 ; Cass. 3e civ. 16-3-2010 n° 09-13.187 : Bull. civ. III n° 63). La Cour de cassation a toutefois admis que ce moyen peut constituer une demande reconventionnelle dès lors que l'intéressé ne se borne pas à invoquer la nullité mais entend voir tirer les conséquences de la nullité (Cass. ass. plén. 22-4-2011 n° 09-16.008 : RJDA 8-9/11 n° 676). Dans cette affaire, un acheteur, poursuivi en paiement du solde du prix, avait invoqué la nullité de la vente et réclamé la restitution de la fraction du prix qu'il avait déjà versée au vendeur. 6070

Qualification de la demande de compensation Le croisement des prétentions entre le demandeur et le défendeur peut conduire à l'examen d'une compensation entre les créances respectivement alléguées. 6080
Si les conditions de la **compensation légale** sont réunies (créances réciproques, fongibles, liquides, certaines et exigibles), cette dernière s'opère de plein droit et éteint les deux créances jusqu'à concurrence de la plus faible (C. civ. art. 1347 s.). En ce cas, l'exception de compensation est une défense au fond.

Lorsque la compensation légale n'est pas possible, il peut être demandé au juge de prononcer la compensation entre des créances réciproques (**compensation** dite **judiciaire** ; C. civ. art. 1348 et 1348-1 ; notamment, Cass. 2e civ. 14-6-1989 n° 88-13.365 : Bull. civ. II n° 127). Tel peut être par exemple le cas lorsque le maître d'ouvrage assigné par l'entrepreneur en paiement d'une facture prétend que les travaux ont été mal exécutés et qu'il en résulte une série de préjudices dont il demande réparation. Pour obtenir la compensation entre les créances réciproques, le défendeur doit alors présenter une demande reconventionnelle. Ceci est indispensable puisque, par hypothèse, la créance sollicitée par reconvention n'est pas liquide et suppose une appréciation de son montant par le juge.

> **Précisions** Un **moyen de défense qui ne comporte pas de demande**, formalisée comme telle, notamment aux fins d'indemnisation, ne peut être regardé comme induisant une demande reconventionnelle de compensation judiciaire. Tel est le cas, dans un contentieux relatif au recouvrement de créances commerciales, de la simple invocation par le défendeur, pour contester la demande en paiement dirigée à son encontre, du caractère débiteur d'un compte client du demandeur ; faute d'avoir demandé expressément la compensation, le défendeur n'a pas formé de demande reconventionnelle (Cass. 2e civ. 1-2-2018 n° 17-14.664 FS-PB). Également jugé, dans un cas où un bailleur réclamait à son ancien locataire certaines sommes au titre de la réfection des lieux loués, que modifie l'objet du litige le juge qui, pour réduire l'indemnisation demandée par le bailleur, a retenu que la défense au fond induit une demande reconventionnelle de compensation judiciaire alors que le locataire s'était borné à opposer au bailleur l'absence de preuve des dégradations invoquées (Cass. 3e civ. 22-2-2005 n° 03-19.960).

B. Conditions de recevabilité de la demande additionnelle ou reconventionnelle

6120 Même si elle se greffe sur une instance en cours, la demande additionnelle ou reconventionnelle est une véritable **demande en justice**. Celui qui forme une telle demande doit donc justifier de sa **qualité** et de son **intérêt à agir**. Il doit aussi former ses prétentions dans le délai de **prescription** (Cass. com. 26-5-1998 n° 96-15.750 : RJDA 8-9/98 n° 1219).

LIEN SUFFISANT DE LA DEMANDE AVEC LA PRÉTENTION INITIALE

6130 Les demandes reconventionnelles ou additionnelles ne sont recevables que si elles se rattachent aux prétentions originaires par un lien suffisant (CPC art. 70, al. 1). L'exigence d'un tel lien tend à encadrer les demandes qui auraient pour effet de modifier complètement l'objet du litige par rapport à sa présentation d'origine.

Le juge ne peut pas soulever **d'office** le moyen tiré de l'absence de lien suffisant entre la demande initiale et la demande incidente en l'absence de contestation des parties sur ce point (Cass. 3e civ. 15-6-1976 n° 75-10.196 : Bull. civ. III n° 267).

L'irrecevabilité d'une demande reconventionnelle ne peut pas être invoquée pour la première fois devant la **Cour de cassation** (Cass 3e civ. 15-4-1980 n° 78-15.836 : Bull. civ. III n° 73).

Le **juge du fond apprécie souverainement** l'existence de ce lien (Cass. 1e civ. 6-6-1978 n° 77-10.835 : Bull. civ. I n° 214 ; Cass. 2e civ. 14-1-1987 n° 85-15.691 : Bull. civ. II n° 12 ; Cass. 3e civ. 4-4-2002 n° 96-12.284 : Bull. civ. III n° 79). Il n'est pas dérogé à cette règle par les dispositions régissant la procédure à jour fixe (Cass. 1e civ. 20-8-2017 n° 16-18.442 FS-PBI : Bull. civ. I n° 194).

ILLUSTRATIONS

Il existe un **lien suffisant** :

– entre la demande originaire tendant à la condamnation d'un entrepreneur à réparer les désordres constatés sur l'ouvrage qu'il a édifié et la demande additionnelle tendant à la résolution du marché dès lors que les défauts de l'ouvrage sont tels que de simples réparations seraient inefficaces, de sorte que la modification des prétentions doit être prise en considération (Cass. 2e civ. 25-6-1981 n° 80-11.015 : Bull. civ. II n° 142) ;

– entre une action en recherche de paternité et l'action à fin de subsides, en raison de la nature même de cette action (Cass. 1e civ. 14-3-1978 n° 76-13.113 : Bull. civ. I n° 105 ; voir toutefois en sens contraire, retenant l'absence de lien suffisant entre la demande de subside et celle en recherche de paternité pour rejeter cette dernière faite par voie d'intervention de l'enfant dans l'instance engagée par sa mère, Cass. 1e civ. 9-12-2009 n° 08-15.224 : BPAT 1/10 n° 15) ;

– entre la demande initiale tendant à l'exercice d'une servitude du tour d'échelle sur une parcelle et la demande additionnelle tendant à faire constater que l'occupant de cette parcelle était sans droit ni titre sur celle-ci, dès lors que la réponse à cette seconde demande conditionne celle à faire à la première demande (Cass. 3e civ. 15-6-1976 n° 75-10.196 : Bull. civ. III n° 267) ;

– entre la demande initiale de l'acquéreur des actions d'une société tendant à l'annulation de la cession et la demande reconventionnelle du cédant réclamant des dommages-intérêts à l'acquéreur à raison de la perte de l'actif social résultant des fautes de gestion commises par ce dernier, dès lors qu'au titre de l'annulation de la cession d'actions, l'acquéreur aurait dû pouvoir remettre des actions d'une valeur équivalente à celle constatée lors de la cession, ce qui n'était plus possible, l'acquéreur ayant conduit la société à la ruine (Cass. 2e civ. 29-5-1979 n° 76-12.543 : Bull. civ. II n° 162) ;
– entre la demande reconventionnelle du défendeur tendant à voir constater un droit de propriété sur une parcelle de terrain et la demande initiale du demandeur tendant à interdire au défendeur l'usage de cette parcelle (Cass. 2e civ. 23-2-2017 n° 16-12.859 F-PB).
En revanche, la demande initiale présentée par un locataire tendant à la résiliation du bail et au paiement d'indemnités dues en fin de contrat et la demande additionnelle tendant, à l'inverse, à la mise à sa disposition de parcelles et au paiement de dommages-intérêts, afin d'obtenir réparation d'un préjudice économique subi en cours de bail, constituent des demandes ayant des objets contraires de sorte que la demande additionnelle est irrecevable comme ne se rattachant pas aux prétentions originaires par un lien suffisant (Cass. 3e civ. 12-11-2020 n° 19-16.776 F-D).

Demande en compensation La demande en **compensation judiciaire** (n° 6080) est recevable même en l'**absence de lien** avec les prétentions originaires, sauf au juge à la disjoindre si elle risque de retarder à l'excès le jugement sur le tout (CPC art. 70, al. 2). 6140
S'agissant des demandes nouvelles en **appel**, les parties ne peuvent les soumettre à la cour sauf, notamment, pour opposer compensation (CPC art. 564) ; dans un cas où un vendeur demandait à titre principal la restitution d'une somme qu'il avait versée en exécution d'une ordonnance de référé infirmée en appel et où l'acheteur se prévalait de la garantie des vices cachés et sollicitait reconventionnellement une indemnité à ce titre, la Cour de cassation a jugé recevable cette demande reconventionnelle par application conjointe des articles 70 et 564 du CPC (Cass. 2e civ. 4-12-2014 n° 13-25.931 : Bull. civ. II n° 242).

PRÉSENTATION DE LA DEMANDE ADDITIONNELLE OU RECONVENTIONNELLE

À l'encontre d'une partie présente ou représentée Les demandes additionnelles et reconventionnelles constituent des demandes incidentes et sont, à ce titre, formées **à l'encontre des parties à l'instance** de la même manière que sont présentés les moyens de défense (CPC art. 68, al. 1). 6150
Toute demande incidente doit exposer les prétentions et les moyens de la partie qui la forme et indiquer les pièces justificatives (CPC art. 67).

Dans les **procédures écrites**, c'est-à-dire devant le tribunal judiciaire, lorsque la représentation par avocat est obligatoire et devant la cour d'appel en matière civile, commerciale et sociale, les demandes additionnelles et reconventionnelles sont présentées par conclusions écrites, signifiées entre avocats et déposées au greffe, via le RPVA. Sur la communication des actes de procédure en cas d'appel en matière prud'homale, lorsqu'une partie est représentée par un défenseur syndical, voir n° 25497. 6160

Dans les **procédures à dominante orale** (tribunal de commerce, conseil de prud'hommes, procédures sans représentation obligatoire devant le tribunal judiciaire ou la cour d'appel), les demandes additionnelles et reconventionnelles peuvent être présentées à l'audience par la partie elle-même ou par son représentant, jusqu'à la clôture des débats. Devant le tribunal de commerce, les parties sont toutefois tenues de constituer avocat lorsque la demande porte sur un montant supérieur à 10 000 € et sauf disposition contraire (CPC art. 853, al. 3) ; il appartiendra donc à leur avocat de soutenir la demande à l'audience, dans certains cas. 6170
Il faut néanmoins tenir compte des dispositions propres à la procédure orale, telles qu'elles résultent des articles 446-1 à 446-4 du CPC (nos 33072 s.). Il faut aussi veiller à agir en temps utile, notamment, s'il existe un risque de désistement du demandeur initial (n° 6350).
Devant le conseil des prud'hommes, la procédure est également orale (C. trav. art. R 1453-3). Lorsque toutes les parties comparantes formulent leurs prétentions par écrit et sont assistées ou représentées par un avocat, elles sont tenues de les récapituler sous forme de dispositif et elles doivent reprendre dans leurs dernières conclusions les prétentions et moyens présentés ou invoqués dans leurs conclusions antérieures. Les demandes reconventionnelles ou additionnelles sont recevables si elles se rattachent aux prétentions originaires par un lien suffisant (C. trav. art. R 1453-5).
Le requérant est donc recevable à formuler contradictoirement des demandes additionnelles qui se rattachent aux prétentions originaires, devant le juge lors des débats ou dans ses dernières conclusions écrites réitérées verbalement à l'audience, lorsqu'il est assisté ou représenté par un avocat (Cass. soc. 19-10-2022 n° 21-13.060 FS-B).

6180 MODÈLE

Conclusions présentant une demande reconventionnelle devant le tribunal judiciaire

Tribunal judiciaire de (*ville*)
RG n° ...
Audience du...
Notification par RPVA en date du...
CONCLUSIONS EN RÉPONSE
POUR : Monsieur Lesou
Ayant pour avocat constitué,
Maître X. du barreau de...
CONTRE : SA Lemoyen
Ayant pour avocat constitué,
Maître Y. du barreau de...

I. SUR LA DEMANDE PRINCIPALE

La société Lemoyen a saisi la juridiction de céans aux fins d'obtenir la condamnation de M. Lesou au motif que par acte sous seing privé du (*date*) elle lui a prêté la somme de 15 000 € qui ne lui a pas été remboursée dans les délais impartis.

Le compte n'est pas exact car il ne prend pas en considération les versements intervenus depuis la souscription du prêt. Il doit être établi de la façon suivante.

[*Suit la discussion sur le montant de la demande initiale*].

II. SUR LA DEMANDE RECONVENTIONNELLE

Il résulte d'une jurisprudence constante que le prêteur professionnel doit mettre en garde le débiteur sur les risques d'un endettement excessif. Or, il résulte des éléments de l'espèce, que M. Lesou a contracté plusieurs emprunts et qu'il a porté leur existence à la connaissance de la demanderesse au moment de la souscription de ce nouveau prêt.

La société Lemoyen aurait dû l'informer des risques pris et des difficultés d'assumer les remboursements en temps et heure.

La société Lemoyen doit donc être déclarée responsable sur le fondement de l'article 1231-1 du Code civil. Elle doit être condamnée à payer la somme de (*montant*) en réparation des préjudices subis par M. Lesou qui se caractérisent de la façon suivante.

[*Suit la discussion sur les éléments du préjudice*].

PAR CES MOTIFS :

Déclarer Monsieur Lesou recevable et bien fondé en ses demandes et l'y recevant :
1. Sur la demande initiale :
– Débouter la demanderesse de ses moyens, fins et prétentions.
À titre subsidiaire :
– Réduire le montant de sa créance à la somme de (*montant*)
2. Sur la demande reconventionnelle :
Vu l'article 1231-1 du Code civil
– Condamner la société Lemoyen à payer à M. Lesou la somme de (*montant*)
– Dire et juger qu'il y aura compensation à due concurrence entre les sommes respectivement allouées.
– Statuer ce que de droit sur l'application de l'article 700 du CPC et sur les dépens.
Sous toutes réserves
Bordereau de pièces communiquées

6190 **À l'encontre d'une partie défaillante ou d'un tiers** Les demandes incidentes sont faites à l'encontre des parties défaillantes ou des tiers dans les **formes prévues pour l'introduction de l'instance**. En appel, elles le sont par voie d'assignation (CPC art. 68, al. 2).

En **première instance**, l'hypothèse est que le demandeur initial souhaite augmenter ou modifier l'objet de sa demande. Il devra alors reprendre les mêmes formes que celles de l'acte introductif d'instance. Dans les procédures écrites, il devra signifier des conclusions par exploit d'huissier ou commissaire de justice. Dans les procédures orales, il devra signifier des conclusions en précisant qu'elles seront soutenues à une audience dont il précisera la date.

En **appel**, en supposant que la défaillance soit imputable à l'intimé, il conviendra de procéder toujours par voie d'assignation devant la cour. Dans les procédures écrites, le destinataire de l'assignation devra être invité, à nouveau, à constituer avocat. Dans les procédures orales, l'assignation devra être délivrée en vue d'une date d'audience précise.

ILLUSTRATIONS

Est irrecevable la demande reconventionnelle présentée par un défendeur qui, poursuivi en exécution d'un contrat, réclame l'annulation du contrat et que soient tirées les conséquences de cette annulation, dès lors que la demande n'a pas été faite à l'encontre des autres parties au contrat, tiers à l'instance, dans les formes requises par l'article 68 du CPC (Cass. ass. plén. 22-4-2011 n° 09-16.008 : RJDA 8-9/11 n° 876).

Devant la cour d'appel La **demande reconventionnelle** peut être présentée **pour la première fois** devant la cour d'appel (CPC art. 567). La recevabilité de cette demande doit s'apprécier au regard du lien la rattachant à la prétention originaire du demandeur (Cass. 2e civ. 23-2-2017 n° 16-12.859 F-PB : Bull. civ. II n° 39). 6200

Faute de précision textuelle similaire pour la **demande additionnelle**, on pourrait en déduire qu'elle ne peut pas être formée pour la première fois en appel, compte tenu du principe de l'interdiction des demandes nouvelles à ce stade de la procédure, à moins qu'elle n'entre dans le champ des exceptions à ce principe (nos 25410 s.). Toutefois, certaines décisions ont admis qu'une demande additionnelle était recevable dès lors qu'elle présentait un lien suffisant avec la demande initiale (Cass. 2e civ. 16-1-1980 n° 78-15.364 : Bull. civ. II n° 10).

Devant la Cour de cassation La Cour de cassation n'étant pas appelée à trancher le fond mais à contrôler l'application du droit, une demande additionnelle ou reconventionnelle ne peut pas être présentée pour la première fois devant la Cour de cassation. Mais le défendeur au pourvoi principal peut former un pourvoi incident dans les formes et délais prévus par l'article 1010 du CPC (nos 28440 s.). 6210

COMPÉTENCE DU TRIBUNAL INITIALEMENT SAISI

Modification du taux de compétence ou de ressort La demande additionnelle ou reconventionnelle peut modifier le montant du litige, ce qui peut avoir des conséquences sur la compétence du juge initialement saisi ainsi que sur les voies de recours (nos 2072 s.). 6230

Matière relevant d'un autre juge La demande incidente peut aussi relever d'une matière qui n'est pas de la compétence du tribunal initialement saisi. 6240

Si la **demande initiale** a été présentée **devant le tribunal judiciaire**, celui-ci est compétent pour connaître de toutes les demandes incidentes qui ne relèvent pas de la compétence exclusive d'une autre juridiction (CPC art. 51, al. 1). L'incompétence ne peut donc être soulevée qu'en cas de compétence exclusive d'un autre juge, par exemple celle du conseil de prud'hommes ou du tribunal des baux ruraux.

Si la demande initiale a été présentée **devant une autre juridiction** que le tribunal judiciaire, cette juridiction ne connaît que des demandes incidentes qui entrent dans sa compétence d'attribution, sauf disposition particulière (CPC art. 51, al. 2). Toutefois, le juge demeure compétent pour connaître d'une demande en garantie indivisible de la demande principale (Cass. 3e civ. 3-5-1978 n° 76-14.823 : Bull. civ. III n° 187). 6250

Litiges internationaux Les règles de compétence applicables aux demandes incidentes présentées dans le cadre d'un litige opposant des parties ne relevant pas du même État sont exposées n° 63520. 6260

C. Effets de la demande additionnelle ou reconventionnelle

Les demandes additionnelles et reconventionnelles constituent de **véritables demandes en justice** qui présentent la particularité de s'insérer dans une instance déjà en cours. D'où les **spécificités** suivantes. 6300

EXTENSION DE L'INSTANCE

Le lien d'instance découle de l'introduction de la demande initiale. Le fait que le demandeur initial présente une demande additionnelle ou le fait que le défendeur présente une demande reconventionnelle ont pour conséquence d'élargir le champ des prétentions sur lesquelles la juridiction saisie doit se prononcer. C'est la raison pour laquelle toute demande incidente doit être **dénoncée** à l'ensemble des **autres parties** lorsque le procès ne se borne pas à opposer un demandeur à un défendeur. 6310

Le **juge** doit **statuer sur l'ensemble** des demandes. Logiquement, il doit traiter la demande initiale qui a été, le cas échéant, amplifiée par des demandes additionnelles, puis il statue sur la demande reconventionnelle.
L'extension de l'instance a aussi un effet sur la compétence du juge (n°s 6230 s.).

INCIDENTS AFFECTANT LA DEMANDE INITIALE

6330 La question est de savoir si la demande incidente peut survivre dans le cas où la demande initiale est irrecevable, rejetée ou éteinte.
La **demande additionnelle** est assujettie à l'avenir de la demande initiale lorsqu'elle se borne à en modifier le montant.

6340 En **principe**, la recevabilité de la **demande reconventionnelle** ne dépend pas de celle de la demande principale (Cass. 3e civ. 31-1-1990 n° 88-15.738 : Bull. civ. III n° 35 ; Cass. soc. 23-5-1996 n° 92-11.025 : RJS 7/96 n° 848), sauf en matière de **divorce**. En effet, les demandes principale et reconventionnelle en divorce sont indivisibles, de sorte que la seconde ne peut être examinée que si la première est recevable (Cass. 2e civ. 7-7-1983 n° 82-10.352 : Bull. civ. II n° 148 ; Cass. 1e civ. 19-4-2005 n° 02-19.881 : Bull. civ. I n° 188).
En dehors de cette hypothèse, la demande reconventionnelle ne peut survivre à la demande principale que dans la mesure où elle présente une **réelle autonomie**. C'est le cas en présence d'une demande reconventionnelle ayant un objet propre (n° 6040) ; le juge reste saisi dans la mesure où le défendeur à la demande reconventionnelle a accepté la juridiction du juge sur cette demande (Cass. 2e civ. 7-7-1983 n° 82-10.352 : Bull. civ. II n° 148) et doit répondre aux prétentions découlant de cette demande.
Si la demande reconventionnelle tend à la fois à la défense au fond et à obtenir un avantage particulier, le rejet ou l'extinction de la demande principale peut entraîner celui de la demande reconventionnelle. Par exemple, le désistement de l'instance en partage d'une indivision rend sans objet la demande reconventionnelle de maintien dans l'indivision, la première demande étant la condition même de la seconde (Cass. 1e civ. 16-12-1986 n° 83-10.501 : Bull. civ. I n° 303). De même, l'irrecevabilité d'une action principale en paiement rend sans objet la demande reconventionnelle en compensation judiciaire présentée par le débiteur (CA Aix-en-Provence 7-5-1974 : D. 1974 som. p. 85).
En revanche, le rejet d'une demande principale tendant à l'exécution d'un contrat n'affecte pas, à notre avis, la demande reconventionnelle présentée par le défendeur et tendant à obtenir l'annulation du contrat et les restitutions réciproques qui s'imposent en cas d'annulation. Le juge doit statuer sur la demande reconventionnelle.

6350

Désistement du demandeur initial et demande reconventionnelle

Le demandeur peut se désister de sa demande, en vue de mettre fin à l'instance. Toutefois, le désistement n'est parfait que par l'acceptation du défendeur à moins que ce dernier n'ait présenté aucune défense au fond ou fin de non-recevoir au moment du désistement (CPC art. 395). A fortiori, lorsqu'une demande reconventionnelle a été présentée, le défendeur qui entend la maintenir n'est nullement contraint d'accepter le désistement du demandeur initial et le juge devra se prononcer sur les prétentions découlant de la demande reconventionnelle. L'auteur de la demande reconventionnelle doit toutefois veiller à présenter cette demande le plus rapidement possible. Dans un cas où, devant un tribunal de commerce, le demandeur initial avait pris des conclusions de désistement d'instance et d'action avant que le défendeur ne présente sa demande reconventionnelle à une audience ultérieure, il a été jugé que le désistement d'action avait immédiatement produit son effet extinctif de sorte que la demande reconventionnelle était irrecevable (Cass. 2e civ. 11-5-2017 n° 16-18.055 F-PB : Bull. civ. II n° 97). Sur l'effet extinctif immédiat du désistement écrit du demandeur devant le juge d'instance (désormais, procédures orales du tribunal judiciaire), voir Cass. 2e civ. 12-10-2006 n° 05-19.096 FS-PBI : Bull. civ. II n° 266. Sur la nécessité de présenter une demande incidente en temps utile, avant le désistement de l'autre partie, voir aussi Cass. ch. mixte 13-3-2009 n° 07-17.670 : Bull. ch. mixte n° 1.

INTÉRÊTS MORATOIRES EN CAS DE DEMANDE ADDITIONNELLE OU RECONVENTIONNELLE

6380 La demande reconventionnelle ou additionnelle opère **mise en demeure** et fait courir les intérêts moratoires dès lors qu'elle porte sur le recouvrement d'une somme d'argent ou l'apurement d'un compte, sauf mise en demeure antérieure (cf. C. civ. art. 1344-1 ; Cass. 1e civ. 30-11-1977 n° 76-12.946 : Bull. civ. I n° 453 rendu à propos d'une demande reconventionnelle en paiement).

La **date** de la mise en demeure est :

– dans les procédures écrites, la date de notification des conclusions à l'avocat ou aux avocats adverses ;

– dans les procédures orales et si les demandes incidentes sont confirmées verbalement à l'audience, la date du procès-verbal dressé par le greffier.

INTERRUPTION DE LA PRESCRIPTION PAR UNE DEMANDE ADDITIONNELLE OU RECONVENTIONNELLE

La demande reconventionnelle ou additionnelle interrompt les délais de prescription et de forclusion (C. civ. art. 2241) à la date déterminée dans les conditions exposées n° 6380. **6390**

ATTENTION

Pour le défendeur à une action, seule constitue une demande en justice interrompant la prescription celle par laquelle il prétend obtenir un avantage autre que le simple rejet de la prétention de son adversaire (Cass. 2e civ. 1-2-2018 n° 17-14.664 FS-PB). Une simple défense au fond n'a pas d'effet interruptif.

Toutefois, cette **interruption** est tenue comme **non avenue** si le demandeur se désiste, s'il laisse périmer l'instance ou si sa demande est définitivement rejetée, ce rejet pouvant résulter d'un moyen de fond ou d'une fin de non-recevoir (C. civ. art. 2243). Avant d'écarter l'effet interruptif de prescription, il appartient à la juridiction de vérifier si est préalablement intervenu un jugement constatant le désistement, la péremption ou rejetant définitivement la demande (Cass. 2e civ. 2-6-2016 nos 15-19.618 et 15-19.619 F-PB : Bull. civ. II n° 149).

La demande reconventionnelle ne profite pas de l'**interruption** de la prescription **résultant de la demande initiale** (Cass. soc. 18-11-1965 n° 64-11.184 : Bull. civ. IV n° 805 ; Cass. 2e civ. 17-4-1969 n° 67-12.032 : Bull. civ. II n° 102).

CHAPITRE 5

INTERVENTION

SOMMAIRE

DÉFINITION DE L'INTERVENTION

8000 Constitue une intervention la demande dont l'objet est de **rendre un tiers partie au procès** engagé entre les parties originaires (CPC art. 66, al. 1). Il s'agit d'une demande incidente (CPC art. 63). Mais, à la différence des autres formes de demandes incidentes (demande additionnelle ou reconventionnelle), celle-ci étend le lien d'instance à une ou plusieurs autres personnes et, le cas échéant, à de nouvelles prétentions soutenues par elles ou contre elles.

L'initiative de l'intervention peut provenir de l'une des parties à l'instance ou d'un tiers qui prend la décision de participer à un procès en cours. Lorsque la demande émane du tiers, l'**intervention** est dite **volontaire** ; l'intervention est **forcée** lorsque le tiers est mis en cause par une partie (CPC art. 66, al. 2).

ATTENTION

Toute intervention n'est pas nécessairement... une intervention. Un tiers peut intervenir dans un procès sans qu'il y ait intervention **au sens procédural**. Tel est le cas par exemple :
– de l'audition d'un mineur dans une procédure qui le concerne, cette audition ne lui conférant pas la qualité de partie à cette procédure (C. civ. art. 388-1, al. 3) ;
– du dépôt de conclusions par le ministre de l'économie dans une instance en cours relative au non-respect de la réglementation en matière de concurrence et de liberté des prix (C. com. art. L 490-8), car cela ne lui donne pas la qualité de partie à l'instance (Cass. com. 26-11-1996 n° 94-20.651 : RJDA 3/97 n° 378), sauf s'il formule une demande distincte de celles des parties (Cass. com. 7-7-2004 n° 03-11.369 : Bull. civ. IV n° 148).

A. Règles communes à l'intervention volontaire et à l'intervention forcée

QUALITÉ DE TIERS DE L'INTERVENANT

8010 L'intervenant doit avoir la qualité de tiers, ce qui suppose qu'il ne soit **pas** déjà **partie ou représenté** à l'instance.

Le terme de représentation doit être compris au sens technique. Ainsi, par exemple, une compagnie d'assurance étrangère est-elle un tiers par rapport à son correspondant national, déjà partie à l'instance, dès lors qu'elle caractérise son intérêt pour intervenir en vue de défendre un droit propre, distinct de celui de son correspondant, qui a demandé sa mise hors de cause devant les premiers juges (Cass. 1e civ. 2-4-1996 n° 94-15.565 : Bull. civ. I n° 164). Ainsi encore, le dirigeant d'une société peut-il intervenir ou être appelé en son nom propre, dans la mesure où il était jusque-là présent à l'instance en qualité de représentant légal de la société (cf. Cass. 2e civ. 10-5-1984 n° 82-15.548 : Bull. civ. II n° 82 ; dans le même sens à propos d'un liquidateur amiable partie en première instance en cette qualité et intervenant en appel en son nom propre, Cass. 3e civ. 21-11-1969 n° 67-13.960 : Bull. civ. III n° 743).

Intervention en justice prévue par un texte spécial 8020

La loi organise parfois l'intervention de personnes précises dans certains litiges, notamment dans les domaines suivants.
Une **association de consommateurs** agréée peut intervenir, devant une juridiction civile, lorsque la demande initiale a pour objet la réparation d'un préjudice subi par un ou plusieurs consommateurs à raison de faits non constitutifs d'une infraction pénale (C. consom. art. L 621-9).
Lorsqu'une action née de la convention ou de l'**accord collectif de travail** est intentée soit par une personne, soit par une organisation ou groupement, toute organisation ou groupement ayant la capacité d'agir en justice, dont les membres sont liés par la convention ou l'accord, peut toujours intervenir à l'instance engagée, à raison de l'intérêt collectif que la solution du litige peut présenter pour ses membres (C. trav. art. L 2262-10).
La victime d'un **accident** (ou ses ayants droit) qui poursuit l'auteur de celui-ci doit appeler sa caisse d'assurance sociale en déclaration de jugement commun ou réciproquement sous peine de nullité du jugement rendu (CSS art. L 376-1, al. 8).
Les instances en cours lors du jugement ouvrant une **procédure collective** à l'encontre d'une des parties ne peuvent être poursuivies qu'après mise en cause de certains organes de la procédure collective (n° 51405).

PROCÉDURES CONCERNÉES PAR LES INTERVENTIONS

Les dispositions du CPC concernant l'intervention (CPC art. 325 s.) sont insérées dans les dispositions communes à **toutes** les **juridictions.** 8030
Conçue de façon très ouverte pour éviter des procès successifs, l'intervention peut se manifester au cours d'une **procédure gracieuse** ou **contentieuse.**
L'intervention sera néanmoins tenue comme irrecevable si l'**action** est **réservée à des personnes déterminées**. Tel est le cas, par exemple, dans une instance en divorce où seuls les époux ont qualité pour intenter l'action ou y défendre (notamment, Cass. 1e civ. 4-6-2007 n° 06-18.515 : Bull. civ. I n° 216).
L'intervention est également admissible en **référé**.
Mais, en matière d'**arbitrage**, dans la mesure où la mission des arbitres est d'origine conventionnelle, l'intervention n'est pas envisageable, sauf convention particulière acceptée par les parties.

> **Précisions** En matière gracieuse, un tiers peut être autorisé par le juge à consulter le dossier de l'affaire et à s'en faire délivrer copie, s'il justifie d'un intérêt légitime (CPC art. 29). Ce tiers peut ensuite participer à l'instance si cela est nécessaire. Le juge peut ordonner de mettre en cause des personnes dont les droits ou les charges risquent d'être affectés par la décision qu'il prendra (CPC art. 332, al. 2).

MOMENT DE L'INTERVENTION

L'intervention ne peut être formée qu'à l'occasion d'une **instance en cours**, mais elle peut survivre à la demande principale, dans certains cas (n° 8160 : intervention volontaire à titre principal ; n° 8210 : intervention volontaire à titre accessoire). 8040
En appel, la situation est particulière puisque, par hypothèse, le tiers n'était pas présent (ou représenté) dans l'instance de premier degré. Peuvent intervenir en cause d'appel dès lors qu'elles y ont intérêt les personnes qui n'ont été ni parties ni représentées en première instance ou qui y ont figuré en une autre qualité (CPC art. 554). Ces mêmes personnes peuvent être appelées devant la cour, même aux fins de condamnation, quand l'évolution du litige implique leur mise en cause (CPC art. 555). Pour plus de détails concernant l'intervention devant la cour d'appel, voir n°s 24530 s.
Dans une procédure pendante devant la **Cour de cassation**, seule est admise l'intervention volontaire formée à titre accessoire (CPC art. 327, al. 2 ; n°s 8200 s.).

L'intervention peut en principe être présentée **à tout moment** de la procédure. En procédure écrite ordinaire devant le tribunal judiciaire, l'intervention volontaire est admise même après l'ordonnance de clôture (CPC art. 802, al. 2). 8050
Toutefois, l'intervention forcée doit être faite **en temps utile** pour permettre au tiers appelé de faire valoir sa défense (CPC art. 331, al. 3), ce qui n'est manifestement pas le cas s'il est appelé après le prononcé du jugement tranchant le principal (Cass. 2e civ. 17-11-1982 n° 80-41.248 : Bull. civ. II n° 147). Si l'intervention est volontaire, le juge ne peut pas la refuser au motif qu'elle intervient dans un délai insuffisant pour permettre aux parties de répliquer utilement car il peut statuer sur le principal avant de statuer sur l'intervention (CPC art. 326 ; Cass. 2e civ. 27-5-1988 n° 87-13.560 : Bull. civ. II n° 127).

Le juge peut accorder un **délai** au défendeur pour appeler un garant (CPC art. 109).
Sur l'effet à l'égard de l'intervenant des mesures d'instruction ordonnées avant ou après l'intervention, voir n°s 14000 s.

INTÉRÊT À PROCÉDER PAR VOIE D'INTERVENTION

8060 Que l'intervention soit volontaire ou forcée, la demande doit réunir les conditions de **recevabilité** de l'action en justice, spécialement le demandeur doit justifier d'un intérêt dont l'existence est appréciée souverainement par les juges du fond (Cass. 2e civ. 9-1-2020 n° 18-23.975 F-PB).
Cette appréciation dépend bien évidemment des circonstances de l'espèce mais aussi de l'originalité des prétentions fondant l'intervention par rapport aux prétentions originaires et donc de la nature de l'intervention (par exemple, principale ou accessoire).

ILLUSTRATIONS

Interventions jugées recevables
Les porteurs de parts d'une société civile immobilière, tenus en application de l'ancien article 1863 du Code civil, des dettes sociales par parts viriles sur leurs biens personnels justifient d'un intérêt personnel à intervenir accessoirement dans l'instance engagée par la SCI et tendant à obtenir la révocation, sur le fondement de l'article 1167 du Code civil (désormais art. 1341-2), de cessions frauduleuses de parts sociales consenties par l'ancien gérant (Cass. 3e civ. 3-5-1973 n° 72-10.933 : Bull. civ. III n° 306).
Dans le cadre d'une action en validité d'un congé donné au locataire d'un local d'habitation par un seul des copropriétaires, est recevable l'intervention des autres copropriétaires demandant qu'il leur soit donné acte de leur accord sur ce congé et sur l'action en validité, dès lors qu'ils ont un intérêt évident à voir statuer sur une action concernant un immeuble leur appartenant (Cass. soc. 29-6-1960 n° 59-20.141 : Bull. civ. n° 699).
Une banque, créancière d'une société pour des sommes importantes (environ 60 000 €), a un intérêt à intervenir dans l'instance tendant à l'annulation pour fraude d'une hypothèque consentie par cette société sur ses biens à un autre créancier (Cass. 3e civ. 22-5-1975 n° 73-14.483 : Bull. civ. III n° 174).
Un employeur a un intérêt matériel, direct et personnel à intervenir en cause d'appel devant la commission nationale d'invalidité pour contester le taux d'incapacité permanente admis par la sécurité sociale au profit d'un de ses salariés, victime d'un accident du travail, dès lors que la cotisation due par l'employeur au titre des accidents du travail est déterminée en tenant compte du coût réel du risque afférent à l'entreprise (Cass. soc. 5-5-1961 n° 59-050.74 : Bull. civ. IV n° 486).
Dans un litige opposant une société qui avait fait construire des maisons et réclamait aux constructeurs des réparations pour les désordres affectant les bâtiments, jugé que les locataires-attributaires avaient intérêt à intervenir à l'instance au moins pour réclamer l'indemnisation du trouble de jouissance personnellement subi du fait des désordres invoqués dans la demande originaire (Cass. 3e civ. 9-10-1991 n° 89-13.299 : Bull. civ. III n° 236).
Sur l'intérêt à agir en intervention d'une compagnie d'assurance étrangère dont le correspondant national était partie en première instance, voir n° 8010.
Sur l'intérêt des associés d'une société en cours de liquidation à réclamer, par voie d'intervention principale, le paiement d'une créance due à cette société, voir n° 8180.
Interventions jugées irrecevables
Est irrecevable, faute de justification d'un intérêt légitime, l'intervention en cause d'appel d'une association de défense des intérêts des enfants se bornant à s'opposer à une demande d'adoption sans élever aucune prétention à son profit et n'invoquer aucun autre intérêt que la défense des intérêts collectifs dont elle se prévaut (Cass. 1e civ. 16-3-2016 n° 15-10.577 F-PB : Bull. inf. C. cass. 15-7-2016 n° 1049).
Seul le titulaire du bail du local dans lequel est exploité un fonds de commerce ayant qualité pour revendiquer l'application du statut des baux commerciaux, l'intervention volontaire de son conjoint, même si le fonds de commerce est un bien commun et même s'il a le statut de conjoint collaborateur est irrecevable (Cass. 3e civ. 17-9-2020 n° 19-18.435 F-PBI : RJDA 11/20 n° 556).

LIEN SUFFISANT DE L'INTERVENTION AVEC LES PRÉTENTIONS DES PARTIES

8070 L'intervention n'est recevable que si elle se rattache aux prétentions des parties par un lien suffisant (CPC art. 325). Ce lien est **apprécié** souverainement par les juges du fond (Cass. ch. mixte 9-11-2007 n° 06-19.508 : Bull. civ. ch. mixte n° 10 ; Cass. 2e civ. 9-1-2020 n° 18-23.975 FPB).
Ce lien est facilement caractérisé en cas d'intervention volontaire accessoire, celle-ci s'appuyant sur les prétentions existantes, ou en cas d'appel en garantie. Il peut être plus délicat à établir en cas d'intervention volontaire à titre principal. Par exemple, il n'y a pas de lien suffisant entre une instance relative à un refus de vente et l'intervention du ministre de l'économie tendant à faire déclarer illicite un article du règlement intérieur du GIE poursuivi (Cass. com. 26-11-1996 n° 94-20.651 : RJDA 3/97 n° 378).

CONSEIL

La partie intervenante doit mesurer le risque de péremption de l'instance (deux ans d'inactivité procédurale) et ne pas compter sur les diligences des parties originaires. L'intervention volontaire dans une instance étant une demande en justice, son auteur devient, par cette seule initiative, partie à l'instance et peut, en cette qualité, accomplir les diligences de nature à interrompre, à l'égard de tous, le délai de péremption de l'instance (Cass. 2e civ. 28-6-2012 n° 11-17.873 : Bull. civ. II n° 124 ; Cass. 2e civ. 20-4-2017 n° 16-16.891 F-PB : Bull. civ. II n° 76, à propos d'une caution intervenue dans le procès en nullité de prêts engagé par le débiteur principal).

COMPÉTENCE DU TRIBUNAL SAISI POUR CONNAÎTRE DES INTERVENTIONS

L'intervention, même si son objet est limité par la loi, emporte une extension du litige. Il peut **8080** donc y avoir remise en cause de la compétence du tribunal initialement saisi, lorsque l'intervention emporte une **modification du taux de compétence ou de ressort** (nos 2002 s.) ou lorsqu'elle relève d'une **matière** qui n'est pas de la compétence de ce tribunal (n° 6240).
Sur la possibilité pour le tiers appelé en intervention forcée de contester la compétence du tribunal, voir n° 8360 (cas général) et n° 8410 (appel en garantie).

POUVOIRS DU JUGE SAISI D'UNE INTERVENTION

Si l'**intervention risque de retarder** à l'excès le **jugement** pour le tout, le juge statue d'abord sur **8090** le principal puis sur l'intervention (CPC art. 326). Il peut aussi disjoindre la demande principale de l'intervention (CPC art. 367, al. 2).

B. Intervention volontaire

1. FORME

En prenant l'initiative d'une intervention volontaire, un tiers entend participer à une instance à **8120** laquelle il était étranger jusque-là. Il suffit de se manifester dans la forme exigée pour toute demande incidente (CPC art. 68, al. 1).
Si la **procédure** est **écrite,** ce qui est le cas devant le tribunal judiciaire lorsque la représentation par avocat est obligatoire et devant la cour d'appel en matière civile, commerciale et sociale, il s'agira de conclusions signifiées entre avocats. Dans le cadre d'une **procédure orale,** cela se traduira par une déclaration à l'audience, sauf si le juge fixe un calendrier de procédure dans les formes prévues à l'article 446-2 du CPC. En ce dernier cas, l'intervention pourrait être formée par voie de conclusions, ensuite confirmées à l'audience.
Si l'**une des parties** est **défaillante,** la demande incidente devra être présentée dans les formes prévues pour l'introduction de l'instance (CPC art. 68, al. 2). Concrètement, il s'agira d'une assignation (procédures écrites) ou d'une demande de convocation par le greffe (procédures orales).
Comme pour toute demande incidente, l'intervenant volontaire doit exposer ses prétentions et ses moyens et indiquer les pièces justificatives (CPC art. 67).

2. INTERVENTION PRINCIPALE

L'intervention est principale lorsqu'elle élève une prétention au profit de celui qui la forme (CPC **8130** art. 329, al. 1). L'intervenant ne se borne pas alors à appuyer les prétentions de l'une des parties déjà dans l'instance. Il présente des **prétentions distinctes** pour obtenir un résultat particulier. L'intervenant devient demandeur.
L'intervention volontaire à titre principal n'est pas recevable devant la Cour de cassation (n° 8040).

DROIT ET INTÉRÊT À AGIR EN INTERVENTION

L'intervention volontaire n'est pas subordonnée à l'évolution du litige (Cass. 2e civ. 29-3-1979 **8140** n° 77-12.062 : Bull. civ. II n° 105), mais elle n'est recevable que si son auteur a le droit d'agir relativement à cette prétention (CPC art. 329, al. 2).
L'intérêt à agir par voie d'intervention volontaire principale est identique à celui qui aurait fondé une demande initiale, dont l'intervenant aurait pu prendre l'initiative en introduisant un procès distinct (pour des illustrations, voir n° 8060), mais il doit exister un lien suffisant entre le litige d'origine et l'intervention.

> **Précisions** **a.** En cas de **procédure collective,** le commissaire à l'exécution du plan, qui ne représente pas le débiteur, ne tire d'aucune disposition légale le pouvoir d'intervenir dans une instance engagée par ce dernier, redevenu maître de ses biens depuis l'adoption du plan de continuation, en vue de contester la validité d'une contrainte délivrée par un organisme social au cours de l'exécution du plan pour obtenir le paiement de cotisations sociales afférentes à une période postérieure au jugement d'ouverture du redressement judiciaire (Cass. com. 11-12-2007 n° 06-16.093).
b. Le jugement ouvrant la liquidation judiciaire d'une société n'est pas susceptible d'un appel et d'un pourvoi en cassation de la part d'un associé de cette société (C. com. art. L 661-1, I-2°). Le pourvoi d'un associé qui n'invoquait aucun excès de pouvoir commis ou consacré par la cour d'appel n'est pas recevable, peu important qu'il soit intervenu volontairement en première instance pour contester l'état de cessation des paiements déclaré par la société. Cette intervention, fût-elle principale, n'a pas eu pour effet de lui ouvrir une voie de recours que la loi lui a fermée (Cass. com. 14-9-2022 n° 21-12.755 F-D).
c. Pour l'intervention d'un tiers en matière de prononcé d'un **divorce**, voir n° 8030.

8150 Si l'intervention volontaire est possible **en appel**, elle ne permet pas de soumettre un **litige nouveau** et de demander des **condamnations personnelles** n'ayant pas subi l'épreuve du premier degré de juridiction (Cass. 2e civ. 11-6-1975 n° 73-14.233 : Bull. civ. II n° 172 ; Cass. 3e civ. 2-6-1981 n° 79-13.696 : JCP 1981 IV n° 293 ; Cass. 1e civ. 11-7-2018 n° 17-18.177 FS-PB). Le litige n'est pas nouveau si la demande procède directement de la demande originaire et tend aux mêmes fins.

ILLUSTRATIONS

Dans un cas où un époux réclamait à l'entrepreneur qui avait construit sa maison le coût de la réparation des malfaçons et une indemnisation pour trouble de jouissance, jugé que l'épouse ne pouvait pas intervenir en appel pour demander la condamnation de l'entrepreneur à l'indemniser, elle et ses enfants mineurs, du préjudice corporel résultant de l'insalubrité de la maison dès lors qu'il s'agissait d'une prétention personnelle présentée pour la première fois devant la cour d'appel et qu'elle ne tendait pas aux mêmes fins que les demandes originaires dont elle n'était ni l'accessoire ni le complément (Cass. 2e civ. 11-6-1975 précité).
Lorsqu'à la suite d'une collision entre deux véhicules, le propriétaire de l'un poursuit le propriétaire de l'autre devant le juge civil pour obtenir réparation de son préjudice matériel, ni le passager blessé lors de l'accident ni sa caisse primaire d'assurance maladie ne peuvent intervenir en appel pour demander, pour le premier, la réparation de son préjudice corporel, pour la seconde, le remboursement des prestations versées (Cass. 2e civ. 11-3-1981 n° 79-16.775 : Bull. civ. II n° 52).
En revanche, dans le cadre d'une instance engagée par un piéton renversé par un véhicule pour obtenir la condamnation du conducteur à réparer son préjudice, la caisse primaire d'assurance maladie de l'accidenté peut intervenir en vue d'obtenir le remboursement des prestations qu'elle lui a versées (Cass. 2e civ. 4-3-1999 n° 97-10.888 : Bull. civ. II n° 36).

AUTONOMIE DE L'INTERVENTION PAR RAPPORT À LA DEMANDE PRINCIPALE

8160 Le sort de l'intervention n'est pas lié à celui de l'action principale lorsque l'**intervenant** principal se prévaut d'un **droit propre**, distinct de celui invoqué par le demandeur principal (Cass. 3e civ. 21-2-1990 n° 88-13.188 : Bull. civ. III n° 61). L'intervention volontaire à titre principal n'est donc pas affectée par l'irrecevabilité de la demande principale (Cass. com. 10-12-2002 n° 99-18.502 : RJDA 5/03 n° 526) ou par le désistement d'instance du demandeur (Cass. com. 21-10-1975 n° 74-11.667 : Bull. civ. IV n° 237 ; Cass. com. 14-5-1991 n° 89-16.696 : Bull. civ. IV n° 160).

EFFETS DE LA DÉCISION À L'ÉGARD DE L'INTERVENANT

8170 La décision qui est rendue produit les mêmes effets que si l'intervenant avait été demandeur initial. Elle a **autorité** de la chose jugée, y compris à son égard. L'intervenant peut exercer les voies de **recours** ouvertes aux parties mais il ne peut pas faire tierce opposition à la décision car il n'a plus la qualité de tiers à l'instance.

L'INTERVENTION COMME OUTIL DE RÉGULARISATION

8180 Une **intervention volontaire à titre principal** peut permettre de régulariser une **irrégularité de fond** ou une **fin de non-recevoir**.

ILLUSTRATIONS

L'irrecevabilité de la demande initiale pour **défaut de qualité à agir** doit être écartée lorsque, avant toute forclusion, la personne ayant qualité pour agir devient partie à l'instance (Cass. com. 5-5-1987 n° 85-15.602 : Bull. civ. IV n° 105). Ainsi, dans un cas où un époux avait poursuivi seul un entrepreneur à raison de la mauvaise exécution de travaux sur un immeuble

commun aux époux, jugé que l'entrepreneur ne pouvait pas utilement invoquer l'irrecevabilité de la demande pour défaut de qualité dès lors que l'autre époux était intervenu en cause d'appel, avant toute forclusion (Cass. 2e civ. 4-7-1984 n° 82-15.432 : Bull. civ. II n° 124).
De même, dans un cas où une société avait assigné en paiement l'un de ses débiteurs alors qu'elle était en cours de liquidation, jugé que les associés de la société avaient valablement pu intervenir en appel pour réclamer le paiement de la créance sociale dès lors que la liquidation de la société n'était pas terminée, la créance restant à l'actif et que les associés avaient intérêt et qualité à recouvrer cette créance dont ils allaient bénéficier à proportion de leurs droits (Cass. com. 14-11-1972 n° 76-10.939 : Bull. civ. IV n° 254).
Toutefois, dans un cas où une personne, agissant en qualité de liquidateur d'une société, avait engagé une action en paiement, puis était intervenue à cette instance en qualité de liquidateur d'une autre société qui avait entre-temps absorbé la première, jugé que l'assignation initiale avait été faite au nom d'une **personne morale qui n'avait plus d'existence** et que cette irrégularité ne pouvait pas être couverte par une intervention en cours d'instance (Cass. 2e civ. 12-2-2004 n° 02-13.672 : RJDA 6/04 n° 707).
Pour d'autres exemples en cas d'action engagée par une personne dessaisie de ses droits à la suite de sa mise en liquidation judiciaire, voir les arrêts cités n° 51290.

En revanche, une intervention volontaire ne permet pas le **rétablissement d'une instance radiée**, seules les parties à l'instance pouvant réclamer ce rétablissement après accomplissement des diligences dont le défaut a été sanctionné (Cass. 2e civ. 21-6-2007 n° 06-12.233 : Bull. civ. II n° 169).

3. INTERVENTION ACCESSOIRE

Par l'intervention accessoire, l'intervenant ne se prévaut pas de prérogatives spécifiques ; il **s'appuie sur les prétentions d'une des parties** (CPC art. 330, al. 1). Elle est recevable si son auteur a intérêt, pour la conservation de ses droits, à soutenir cette partie (art. 330, al. 2). **8200**
L'intervenant entend ici **surveiller l'évolution** du procès à toutes fins utiles. Il se joint à la partie avec laquelle il a des intérêts liés. Ainsi, l'objet de l'instance est constant, même si cette instance accueille une nouvelle partie.
L'existence d'un lien suffisant entre l'intervention et l'instance principale ne pose guère de problème, en l'absence de prétention nouvelle. De même l'intérêt à agir se fond, en quelque sorte, dans celui qui est exigé de la partie déjà en cause. Pour les illustrations, voir n° 8060.

INTERDÉPENDANCE DE L'INTERVENTION AVEC LA DEMANDE PRINCIPALE

Le sort de l'intervention accessoire est lié à celui de l'instance principale. Tout événement compromettant la survie de l'instance principale rejaillit sur l'intervention. Ainsi, lorsque la demande initiale est irrecevable, cette **irrecevabilité** frappe aussi l'intervention. Il en est de même en cas d'irrecevabilité de la voie de recours à l'occasion de laquelle a été présentée l'intervention accessoire (Cass. com. 26-1-1966 n° 63-13.811 : Bull. civ. III n° 53). L'**extinction** de l'instance principale entraîne la disparition de l'intervention (Cass. soc. 9-10-1986 n° 83-45.747 : Bull. civ. V n° 488). Elle disparaît donc en cas de désistement (arrêt précité) ou en cas d'acquiescement sur la demande adverse. **8210**
L'intervenant peut aussi se désister unilatéralement de son intervention (CPC art. 330, al. 3).

VOIES DE RECOURS DE L'INTERVENANT

L'intervention accessoire ne permet pas à son auteur d'exercer les voies de recours au lieu et place de la partie dont il a soutenu les prétentions si cette partie s'abstient de le faire (Cass. 2e civ. 9-10-1991 n° 89-19.316 : Bull. civ. II n° 240 ; Cass. 2e civ. 24-2-1993 n° 91-15.532 : Bull. civ. II n° 71). Il peut toutefois former un recours contre la décision qui rejette son intervention. **8220**

C. Intervention forcée

1. RÈGLES GÉNÉRALES

L'intervention est dite forcée lorsqu'une personne extérieure à l'instance en cours est appelée en cause par l'une des parties (CPC art. 331 et, en appel, art. 555) : **8300**
– soit en vue d'une **déclaration de jugement commun,** c'est-à-dire afin que la décision à intervenir soit opposable au tiers et qu'il ne puisse plus former par la suite une tierce opposition ;
– soit en vue de faire **condamner le tiers**.
Sur les conditions de l'intervention forcée en appel, voir nos 24610 s.

> **Précisions** **a.** Est irrecevable la mise en cause par une partie d'un **tiers** qui n'a été **appelé** dans l'instance que **pour fournir des renseignements** sur des faits susceptibles d'être en relation avec le litige opposant les parties, ce qui relève du domaine de l'enquête (Cass. 3e civ. 12-7-1977 n° 75-14.701 : Bull. civ. III n° 311).
b. L'intervention forcée n'est pas admise devant la **Cour de cassation** (cf. CPC art. 327, al. 2).

CONDITIONS DE L'INTERVENTION FORCÉE

8310 Celui qui prend l'**initiative** de l'intervention est déjà **partie au sein de l'instance**. Il peut s'agir aussi bien du demandeur initial que du défendeur.
Il doit justifier d'un **intérêt** à agir contre le destinataire de l'appel en cause, ne serait-ce que pour lui étendre l'autorité de la chose qui sera jugée à l'issue du procès. Par exemple, dans le cadre d'un litige opposant l'acquéreur de parts sociales et le cédant qui lui a consenti une garantie contractuelle, ce dernier a un intérêt à demander que l'expertise des comptes de la société émettrice des parts soit déclarée commune à cette société car, si la garantie contractuelle est mise en jeu après expertise, le cédant serait lui-même en droit d'appeler en cause la société du bon comportement de laquelle il s'est porté garant à l'égard de l'acquéreur (Cass. com. 10-3-1987 n° 85-11.607 : Bull. civ. IV n° 68).
Sur la nécessité de présenter l'intervention **en temps utile**, voir n° 8050.

INTERVENTION À LA DEMANDE DU JUGE

8340 Le juge peut inviter les parties à mettre en cause tous les **intéressés dont la présence** lui paraît **nécessaire à la solution du litige** (CPC art. 332). Dans la procédure écrite ordinaire devant le tribunal judiciaire, le juge de la mise en état peut également inciter les parties à étendre le lien d'instance en mettant en cause tous les intéressés dont la présence lui paraît nécessaire à la solution du litige (CPC art. 786). Il ne s'agit pas d'une injonction mais d'une simple invitation, le juge ne pouvant se substituer aux parties pour procéder à cette mise en cause. Il a d'ailleurs été jugé qu'une intervention peut être irrecevable même si elle découle d'une invitation du conseiller de la mise en état (Cass. com. 11-12-2007 n° 06-16.093 : RTD civ. 2008 154 obs. Perrot).
En **cas de solidarité ou d'indivisibilité** à l'égard de plusieurs parties, la cour d'appel peut ordonner d'office la mise en cause de tous les coïntéressés (CPC art. 552, al. 3 ; n° 24750).

FORME DE L'INTERVENTION FORCÉE

8350 La mise en cause d'un tiers suppose la délivrance d'un **acte introductif d'instance** (CPC art. 68, al. 2), c'est-à-dire d'une assignation ou plus rarement d'une requête. De simples conclusions sont insuffisantes (Cass. com. 22-3-1994 n° 91-15.348 : Bull. civ. IV n° 123). En appel, l'intervention est faite par voie d'assignation (CPC art. 68, al. 2).
Comme toute demande incidente, la demande en intervention forcée doit exposer les prétentions et les moyens de celui qui la forme et indiquer les pièces justificatives (CPC art. 67).

ATTENTION

Il est indispensable de **dénoncer aux parties d'origine** les appels en intervention forcée auxquels il est procédé en cours d'instance à l'égard de tiers (CPC art. 69).

EFFETS DE L'INTERVENTION FORCÉE

8360 Le **tiers** appelé devient une **partie** supplémentaire **au procès**. Il est considéré comme un défendeur à l'égard du demandeur à l'intervention. Il ne peut pas décliner la **compétence** territoriale de la juridiction saisie, même en invoquant une clause attributive de compétence (CPC art. 333) sauf si le litige est international ou intracommunautaire (Cass. 1e civ. 6-1-2004 n° 01-12.171 : RJDA 7/04 n° 933). Mais il peut invoquer une clause d'arbitrage (Cass. com. 8-11-1982 n° 80-13.175 : Bull. civ. IV n° 337). De son côté, l'auteur de l'appel en garantie ne peut plus soulever d'exception d'incompétence (Cass. 2e civ. 12-4-2012 n° 11-14.741 : Bull. civ. II n° 75).
Il peut arriver que l'appel en garantie intervienne alors que des **actes reliés à la procédure** ont **déjà** été **accomplis**. Il convient alors de les notifier à la partie appelée afin qu'ils lui deviennent opposables et qu'elle puisse les contester le cas échéant. Les tribunaux sont attentifs à ce qu'une discussion contradictoire puisse être instaurée en tout état de cause. Ainsi, à propos d'un rapport d'expertise établi à un moment où le tiers n'était pas présent dans l'instance et contestait l'opposabilité du rapport à son égard, la Cour de cassation a-t-elle vérifié que le tiers avait pu discuter de ce rapport lors des débats (Cass. com. 10-12-2013 n° 12-20.252).

CONSEIL

Pour éviter ce type de contestation, spécialement lorsque des mesures d'instruction sont envisagées dans les matières techniques (comptabilité, construction, responsabilité et réparation des préjudices), il est souhaitable que les conseils des parties fassent rapidement le point sur les tiers qu'il convient de faire intervenir dans le procès : professionnels ayant concouru à l'opération, autres contractants ou sociétés dans les montages complexes, cotraitants ou sous-traitants, compagnies d'assurances, etc.

L'intervenant forcé doit organiser sa **défense.** Dans les procédures avec représentation obligatoire devant la cour d'appel, l'intervenant forcé doit conclure, à peine d'irrecevabilité de ses écritures relevée d'office, dans un délai de trois mois à compter de la date à laquelle la demande d'intervention formée à son encontre lui a été notifiée (CPC art. 910, al. 2). **8365**

L'intervenant peut exercer toutes voies de **recours** contre le jugement ou l'arrêt à intervenir, à l'exception de la tierce opposition. **8370**
Si l'appel en cause se bornait à une déclaration de jugement commun, la décision ne constitue pas un titre exécutoire contre le tiers (Cass. 3e civ. 23-6-1981 n° 79-17.108 : Bull. civ. III n° 132).

2. PARTICULARITÉS DE L'APPEL EN GARANTIE

L'appel en garantie est une variété d'intervention forcée. Il a pour finalité d'obtenir la condamnation d'une personne qui n'était pas présente initialement dans l'instance opposant le demandeur au défendeur. Le défendeur exposé au risque d'une condamnation appelle en cause ce tiers qui est son garant. **8400**
La formation de cet appel répond aux **conditions** communes aux interventions forcées (nos 8300 s.). Ses particularités résident essentiellement dans les **effets** qui y sont attachés, les textes distinguant l'appel en garantie simple de l'appel en garantie formelle (CPC art. 334 s.).

CONFLIT DE COMPÉTENCE EN CAS D'INTERVENTION FORCÉE

Comme pour toute intervention forcée, le tiers appelé en garantie ne peut décliner la **compétence territoriale** du tribunal initialement saisi (n° 8360). **8410**
Mais l'appel en garantie formé devant une juridiction qui n'est pas **matériellement compétente** à l'égard du tiers appelé peut se heurter à une exception d'incompétence et il est alors nécessaire d'ouvrir une **instance distincte** devant le juge compétent. Ce serait le cas, par exemple, lorsque la juridiction commerciale a été initialement saisie alors que le tiers n'est pas impliqué dans la relation commerciale ou n'est pas commerçant et relève donc des juridictions civiles. Il semble néanmoins que la Cour de cassation soit attentive à la **cohérence du procès,** une dispersion des instances étant contraire à celle-ci.

APPEL EN GARANTIE SIMPLE

La garantie est dite simple lorsque le **demandeur** en garantie est lui-même poursuivi comme **personnellement obligé** (CPC art. 334). Par exemple, l'entrepreneur principal, poursuivi pour malfaçons affectant des travaux, appelle en garantie le sous-traitant ; la caution, poursuivie en paiement par le créancier, appelle en garantie le débiteur principal ; le bailleur poursuivi pour troubles de voisinage à raison du bruit causé par un de ses locataires appelle celui-ci en garantie. **8420**

Effets de l'appel en garantie Le demandeur en garantie simple demeure partie principale (CPC art. 335). L'appel en garantie crée un lien juridique entre l'appelant en garantie et l'appelé mais pas entre ce dernier et le demandeur à l'action principale (Cass. 1e civ. 25-2-1992 n° 89-12.423 : Bull. civ. I n° 62 ; Cass. com. 8-2-2000 n° 97-10.794 : Bull. civ. IV n° 26 ; Cass. 2e civ. 15-5-2015 n° 14-13.660 : Bull. civ. II n° 110). **8430**
Il y a donc **juxtaposition de deux liens d'instance** : celui entre le demandeur initial et le défendeur (action principale) ; celui entre le défendeur et le garant (appel en garantie). Pour qu'un lien se crée entre le demandeur initial et le garant, il faudrait que le demandeur initial forme une demande spécifique contre le garant, c'est-à-dire qu'il signifie des conclusions à l'avocat de celui-ci dans le cadre d'une procédure écrite.
Il en résulte notamment que :
– le garant ne peut pas contester la recevabilité de l'action initiale à laquelle il n'est pas partie (Cass. 3e civ. 9-2-1982 n° 80-10.968 : Gaz. Pal. 1982 2 613 note Plancqueel) ;
– le juge ne peut pas condamner directement le garant au profit du demandeur initial si ce dernier n'a pas conclu contre le garant (Cass. 2e civ. 18-2-1987 n° 85-17.520 : Bull. civ. II n° 47 ; Cass. 1e civ. 15-5-2015 n° 14-11.685 : Bull. civ. I n° 113) ;
– en matière de voie de recours, il est nécessaire qu'il y ait des contestations réciproques entre demandeur initial et garant pour que l'on en déduise qu'une seule et même décision a été prononcée en première instance et qu'elle est susceptible d'être ensuite contestée en appel par le garant (Cass. 2e civ. 1-4-2004 n° 02-12.337 : Bull. civ. II n° 146 ; plus largement, voir Cass. 1e civ. 21-6-2005 n° 02-18.631 : Bull. civ. I n° 268).

Mais en tout état de cause, l'appel en garantie ne peut être jugé qu'après examen de la demande principale (Cass. 1e civ. 19-11-1985 n° 84-14.052 : D. 1986 IR p. 246).

CONSEIL

Les dispositions des articles 334 à 338 du CPC étant relativement elliptiques, il est prudent, dans tout procès « multiparties », de conclure contre toutes les autres personnes présentes ou représentées. Par exemple, le sous-acquéreur qui a agi en indemnisation contre son vendeur immédiat, lequel a appelé en cause le fabricant, doit solliciter condamnation in solidum des deux maillons de la chaîne à son profit.

APPEL EN GARANTIE FORMELLE

8450 La garantie est dite formelle lorsque **celui qui forme l'appel** en garantie n'est **tenu** qu'en **tant que détenteur d'un bien** (CPC art. 334). Le procès initial met en scène les deux parties d'origine opposées à propos d'un droit réel. Le garant est appelé en cause pour garantir ce droit. Le cas de figure est celui du vendeur, tenu au titre de la garantie d'éviction à l'égard de l'acquéreur menacé par le titulaire d'une servitude par exemple.

Celui qui forme l'appel en garantie dispose d'une option : rester dans la cause ou demander que le garant lui soit substitué.

8460 **Demande de substitution** Le demandeur à la garantie formelle peut demander à être mis hors de cause et que le garant lui soit substitué comme **partie principale** (CPC art. 336, al. 1). Cette mise hors de cause provoque ses effets dans l'instance principale qui opposera désormais le garant au demandeur d'origine. Mais l'instance en garantie entre le demandeur à la garantie et le garant survit.

Si le **garanti** est **mis hors de cause**, le demandeur d'origine peut former une **demande additionnelle** contre le garant, à condition qu'elle soit reliée aux prétentions d'origine par un lien suffisant (Cass. com. 13-1-1987 n° 84-16.912 : Bull. civ. IV n° 16).

La **mise hors de cause** du demandeur à la garantie n'est **pas absolue** :

– il peut demeurer en la cause pour la conservation de ses droits tandis que le demandeur originaire peut demander qu'il y reste pour la conservation des siens (CPC art. 336, al. 2). Les actes de procédure doivent donc lui être encore signifiés ;

– le garanti est toujours exposé à une condamnation sur le fond (art. 337) ; le jugement pourra être mis à exécution contre lui à la condition qu'il lui ait été notifié.

8470 MODÈLE

Assignation en intervention forcée devant le tribunal judiciaire

Assignation en intervention forcée devant le Tribunal Judiciaire de (*ville*)

L'an deux mille vingt-quatre et le (*date*)

À la demande de la société A, *forme sociale*, ayant son siège social à (*adresse*) immatriculée au RCS (*ville*) sous le n° ... agissant poursuites et diligences de son représentant légal en exercice domicilié en cette qualité audit siège.

Ayant pour avocat constitué Maître Z du barreau de (*ville*) dont le cabinet est (*adresse*)

À : La société B, *forme sociale*, immatriculée au RCS (*ville*) sous le n° ..., dont le siège social est (*adresse*), prise en la personne de son représentant légal domicilié en cette qualité audit siège.

Nous vous signifions copie d'un exploit introductif d'instance délivré à la requête de Monsieur X, à ce que vous n'en ignoriez, et vous faisons connaître qu'un procès vous est intenté devant le tribunal judiciaire de (*ville*).

Très important

Cette affaire sera évoquée à l'audience du : (*mentionner la date, le lieu, le site*)

Dans les QUINZE JOURS de la date indiquée en tête du présent acte, vous êtes tenu de charger un Avocat de vous représenter devant le Tribunal.

Si vous ne le faites pas, vous vous exposez à ce qu'un jugement soit rendu contre vous sur les seuls éléments fournis par votre adversaire.

Les pièces sur lesquelles la demande est fondée sont listées en fin d'acte.

OBJET DE LA DEMANDE

Monsieur X, maître d'ouvrage, a confié à la société A divers travaux de construction. Il a accepté que certains travaux soient sous-traités et confiés à la société B. C'est dans ces conditions que cette dernière a édifié un mur. Divers désordres ayant affecté celui-ci, Monsieur X a obtenu en référé la désignation d'un expert judiciaire. Celui-ci a considéré, aux termes d'un rapport déposé le (*date*) que diverses erreurs avaient été commises dans la réalisation du soubassement de l'ouvrage.

Monsieur X a assigné la société A pour obtenir la somme de (*montant*) nécessaire à la réalisation des travaux de réfection pour conforter le mur. Ce dernier ayant été réalisé dans le cadre des prestations confiées à la société B, la demanderesse est bien fondée à demander à être relevée et garantie de toutes condamnations qui, par extraordinaire, pourraient être prononcées contre elle. **8470** (suite)

PAR CES MOTIFS

Vu les articles 331 et suivants du CPC,

La société A demande au tribunal judiciaire de (*ville*) de :

Condamner la société B à la relever et garantir de toutes condamnations qui pourraient être prononcées contre elle à la demande de Monsieur X ;

Condamner la société B à payer la somme de (*montant*) en application de l'article 700 du CPC ;

Condamner la société B au paiement des entiers dépens qui seront recouvrés par Maître Z, Avocat au barreau de (*ville*), conformément aux dispositions de l'article 699 du CPC.

Sous toutes réserves

BORDEREAU DE PIÈCES COMMUNIQUÉES :

1. Contrat principal d'entreprise
2. Contrat de sous-traitance
3. Rapport d'expertise judiciaire du...

MODÈLE

Dénonciation de procédure (CPC art. 69)

Maître...
Avocat au barreau de...
Coordonnées
Vestiaire n° ...
Avocat de la société A

DÉNONCE À :

Maître...
Avocat au barreau de...
Coordonnées
Vestiaire n° ...
Avocat de Monsieur X

Copie de l'assignation en intervention forcée signifiée par exploit en date du... à la société B

Date et signature de l'avocat auteur de la dénonciation

CHAPITRE 6 DÉFENSE

SOMMAIRE

SECTION 1 REPRÉSENTATION ET ASSISTANCE

RÈGLES GÉNÉRALES

10000 Les **parties** peuvent se **défendre elles-mêmes,** sous réserve des cas dans lesquels la représentation est obligatoire (CPC art. 18). Elles **choisissent** librement leur **défenseur** soit pour se faire représenter, soit pour se faire assister suivant ce que la loi permet ou ordonne (CPC art. 19).
La défense constitue pour toute personne un **droit fondamental** à caractère constitutionnel. Son exercice effectif exige que soit assuré l'accès de chacun, avec l'assistance d'un défenseur, au juge chargé de statuer sur sa prétention (Cass. ass. plén. 30-6-1995 n° 94-20.302 : Bull. civ. ass. plén. n° 4). En revanche, dans l'ordre interne d'un groupement, tel qu'une société, le droit à l'assistance d'un défenseur n'est pas applicable (Cass. com. 10-5-2006 n° 05-16.909 : RJDA 10/06 n° 1028). Ainsi, un associé ne peut pas imposer la présence d'un avocat à ses côtés lors de la réunion de l'assemblée générale de la société prononçant son exclusion, cette assemblée n'étant pas un organisme juridictionnel (même décision).

REPRÉSENTATION OBLIGATOIRE

10005 Devant le **tribunal judiciaire,** les parties sont tenues de constituer avocat (CPC art. 760 ; n°s 31100 s.), sauf dans certaines matières en raison de leur nature ou en considération de la valeur du litige (CPC art. 761 ; n° 31105).

ATTENTION

La constitution devant le tribunal judiciaire peut donc s'imposer même dans des procédures orales. Par ailleurs, dans les matières relevant de la compétence exclusive du tribunal judiciaire qui ne sont pas dispensées du ministère d'avocat, la constitution est obligatoire, quel que soit le montant de la demande (CPC art. 761 modifié par décret 2020-1452 du 27-11-2020).

Devant le **juge de l'exécution,** le ministère d'avocat est obligatoire sauf (C. exécution art. L 121-4) :
– en matière d'expulsion ;
– en matière de saisie des rémunérations ;
– si la demande a pour origine une créance ou tend au paiement d'une somme n'excédant pas 10 000 € (sauf dans certaines matières particulières comme la saisie d'immeuble, où la représentation par avocat est obligatoire quel que soit le montant en jeu).

ATTENTION

Dans un avis, la Cour de cassation a estimé que l'État, les départements, les régions, les communes et les établissements publics pouvaient se faire représenter ou assister par un fonctionnaire ou un agent de leur administration, même lorsque la demande n'est pas relative à l'expulsion ou a pour origine une créance ou tend au paiement d'une somme excédant 10 000 € (Cass. 2e civ. avis 18-2-2021 n° 20-70.006 P).

Devant le **tribunal de commerce,** la représentation par avocat s'impose également, sauf exceptions (CPC art. 853 modifié par décrets 2020-1452 du 27-11-2020 et 2021-1322 du 11-10-2021 ; nos 35001 s.).
La représentation est également obligatoire devant la **cour d'appel** en matières civile et commerciale.
En **matière prud'homale,** les parties doivent se faire représenter devant la cour d'appel par un défenseur syndical ou par un avocat (C. trav. art. R 1461-1).
En outre, la représentation par avocat est obligatoire **dans les procédures** :
– relatives aux baux commerciaux portées devant le tribunal judiciaire et relatives à la fixation du loyer révisé ou renouvelé portées devant le président du tribunal judiciaire (C. com. art. R 145-23 et R 145-29) ;
– de révision de prestation compensatoire (CPC art. 1139, al. 2) ;
– de retrait total ou partiel de l'autorité parentale et de délaissement parental (CPC art. 1203, al. 1) ;
– d'expropriation pour cause d'utilité publique (C. expropriation art. R 311-9, al. 2) ;
– fiscales, portées devant le tribunal judiciaire et la cour d'appel (LPF art. R 202-2, al. 2).

ABSENCE DE REPRÉSENTATION OBLIGATOIRE

Dans les procédures où la représentation par avocat n'est pas obligatoire, les parties peuvent se défendre **elles-mêmes ou** bien être **représentées** par un **avocat** si elles le souhaitent. **10010**
Selon les hypothèses et avec plus ou moins de libéralisme, le législateur autorise aussi les parties à être assistées ou représentées par un **membre de leur entourage** professionnel ou familial.
Ainsi, devant le **tribunal de commerce,** quand les parties sont dispensées de constituer avocat, elles ont la faculté de se faire assister ou représenter par toute personne de leur choix, sauf à devoir justifier d'un pouvoir spécial lorsque le mandataire n'est pas avocat (CPC art. 853).
En revanche, devant le **tribunal judiciaire** comme devant le **juge de l'exécution,** dans les cas où la représentation n'est pas obligatoire (n° 10005), la liste des personnes pouvant assister ou représenter les parties est limitative. Elle concerne les avocats, le conjoint, le partenaire pacsé ou le concubin, les parents ou alliés en ligne directe, les parents ou alliés en ligne collatérale jusqu'au troisième degré inclus, les personnes exclusivement attachées au service personnel ou à l'entreprise des parties (CPC art. 762 pour le tribunal judiciaire ; C. exécution art. L 121-4 pour le juge de l'exécution). Pour la saisie des rémunérations devant le juge de l'exécution, les parties peuvent toutefois se faire représenter par un officier ministériel ou par un mandataire de leur choix (C. trav. art. L 3252-11 sur renvoi de C. exécution art. L 121-4).
Pour les litiges relevant du contentieux de la sécurité sociale, la représentation devant le tribunal judiciaire n'est pas obligatoire, une liste limitative de personnes étant fixée en cas de représentation (CSS art. L 142-9 ; n° 38200).
Le représentant, s'il n'est pas avocat, doit justifier d'un pouvoir spécial (CPC art. 762, dernier al. et C. exécution art. L 121-4).

ATTENTION

L'État, les départements, les régions, les communes et les établissements publics peuvent se faire représenter ou assister par un fonctionnaire ou un agent de leur administration (CPC art. 761, dernier al. pour le tribunal judiciaire ; C. exécution art. L 121-4 pour le juge de l'exécution ; CPC art. 853 dernier al. créé par décret 2021-1322 du 11-10-2021 pour le tribunal de commerce). Sur l'application de cette faculté même lorsque la représentation par avocat est en principe obligatoire devant le juge de l'exécution, voir n° 10005.

Lorsqu'un texte prévoit que diverses personnes sont habilitées à assister ou représenter les parties devant la juridiction, cette **énumération est limitative.** Il en résulte que toute autre personne n'a pas qualité pour assister ou représenter le demandeur ou le défendeur. **10012**

ILLUSTRATIONS

Le gérant d'une société disposant d'un mandat de gestion d'immeubles pour le compte des bailleurs n'a pas qualité à agir au nom de ceux-ci ni à les représenter à l'audience dirigée contre le locataire, dans la mesure où il n'entre dans aucune des catégories autorisées (Cass. 3e civ. 5-9-2012 n° 11-20.369 : RJDA 12/12 n° 1120).

10013 Le **juge** peut toujours **entendre les parties** elles-mêmes (CPC art. 20), sur le champ ou bien aux lieu, jour et heure qu'il fixe (CPC art. 187). Ce principe s'applique même si une partie est représentée.

MISSIONS DU MANDATAIRE AD LITEM ET DU PLAIDANT

10020 Selon les cas, la partie peut être représentée sur le fondement d'un mandat (mandat ad litem) ou simplement assistée.

La **mission d'assistance** en justice emporte pouvoir et devoir de conseiller la partie et de présenter sa défense sans l'obliger (CPC art. 412). L'assistance consiste à conseiller la partie sur la stratégie à adopter, mais elle n'englobe pas les actes de procédure effectués au nom et pour le compte du justiciable. Elle comprend la plaidoirie devant la juridiction lors des débats oraux. Les propos et prises de position du « plaidant » n'engagent pas la partie.

Conflit de périmètres entre avocat et prestataires de services

Nul ne peut, s'il n'est avocat, assister ou représenter les parties, postuler et plaider devant les juridictions et les organismes juridictionnels ou disciplinaires (Loi 71-1130 du 31-12-1971 art. 4).

La cour d'appel de Paris a déjà défini la **consultation juridique relevant du monopole de l'avocat comme** une prestation personnalisée qui ne se borne pas à la diffusion d'une simple information de type documentaire mais tend à analyser une situation juridique, à en résoudre les difficultés, quel qu'en soit le niveau de complexité, et à concourir directement à la prise de décision par le client (CA Paris 18-9-2013 n° 10/25413 : RJDA 1/14 n° 5). Ont ainsi été sanctionnées une personne qui, dans le cadre d'une activité de recouvrement de créances pour le compte d'autrui, exerçait à titre habituel des **missions d'assistance et de représentation des parties** devant le tribunal de commerce, alors que l'article 853 du Code de procédure civile, qui autorise les parties à se faire représenter par toute personne de leur choix devant le tribunal de commerce, ne déroge pas au monopole des avocats (Cass. 1e civ. 21-1-2003 n° 01-14.383 F-PB : RJDA 6/03 n° 671), et une société qui s'était spécialisée dans l'assistance aux victimes d'accidents de la circulation pendant la phase non contentieuse de la procédure d'offre obligatoire, qui comportait des **prestations de conseil en matière juridique** (Cass. 1e civ. 25-1-2017 n° 15-26.353 F-PB : RJDA 12/17 n° 785). En revanche, ne porte pas atteinte au monopole des avocats le site internet www.demanderjustice.com, la société exploitant ce site n'exerçant pas une activité d'assistance juridique, de représentation et de conseil juridiques (CA Paris 6-11-2018 n° 17/04957 : RJDA 2/19 n° 69 confirmé par Cass. 1e civ. 23-9-2020 n° 19-12.894 FS-PB : RJDA 12/20 n° 666, sous l'angle de l'absence de pratique commerciale trompeuse).

10021 Le **mandat de représentation** en justice emporte pouvoir et devoir d'accomplir au nom du mandant les actes de la procédure (CPC art. 411). Il emporte mission d'assistance, sauf disposition ou convention contraire (CPC art. 413).

Une partie n'est admise à se faire représenter que par une seule des personnes, physiques ou morales, habilitées par la loi (CPC art. 414).

L'avocat remplit les obligations de son mandat sans nouveau pouvoir jusqu'à l'exécution du jugement pourvu que celle-ci soit entreprise moins d'un an après que ce jugement est passé en force de chose jugée. Ces dispositions ne font pas obstacle au paiement direct à la partie de ce qui lui est dû (CPC art. 420).

RELATIONS DU MANDATAIRE AVEC LES TIERS

10030 Le nom du représentant et sa qualité doivent être portés **à la connaissance du juge** par déclaration au greffier de la juridiction (CPC art. 415).

Quiconque entend représenter ou assister une partie doit **justifier** qu'il en a reçu le mandat ou la mission. L'avocat est toutefois dispensé d'en justifier, de même que l'huissier ou commissaire de justice dans les cas où il est habilité à représenter ou assister les parties (CPC art. 416). La justification du mandat s'impose à celui qui entend représenter ou assister une partie, et non au

tiers qu'une personne a mandaté aux fins de donner un tel mandat à un avocat (Cass. 1e civ. 12-12-2018 n° 17-19.387 FS-PB). Cette décision a censuré un arrêt ayant déclaré nulle une assignation délivrée au nom de plusieurs demandeurs au motif que leur avocat n'avait pas été mandaté directement par eux mais par une association et des cabinets de courtage qui n'avaient pas justifié d'un mandat spécial.
La personne investie d'un mandat de représentation en justice est réputée, à l'égard du juge et de la partie adverse, avoir reçu pouvoir spécial de faire ou accepter un désistement, d'acquiescer, de faire, accepter ou donner des offres, un aveu ou un consentement (CPC art. 417).
Même lorsqu'il s'agit de négocier une transaction, l'avocat n'a pas à produire de mandat écrit ni de pouvoir spécial (Cass. avis 8-9-2014 n° 14-70.005 : Bull. 2014 avis n° 5).

RÉVOCATION DU MANDAT

La **partie qui révoque son mandataire** doit immédiatement soit pourvoir à son remplacement, **10035**
soit informer le juge et la partie adverse de son intention de se défendre elle-même si la loi le permet, faute de quoi son adversaire est fondé à poursuivre la procédure et à obtenir jugement en continuant à ne connaître que le représentant révoqué (CPC art. 418).
Le **représentant** qui **met fin à son mandat** n'en est déchargé qu'après avoir informé de son intention son mandant, le juge et la partie adverse (CPC art. 419, al. 1).
Lorsque la représentation est obligatoire, l'avocat ne peut se décharger de son mandat de représentation que du jour où il est remplacé par un nouveau représentant constitué par la partie ou, à défaut, commis par le bâtonnier ou par le président de la chambre de discipline (CPC art. 419, al. 2).

SECTION 2 MOYENS DE DÉFENSE

DÉFINITION

Le Code de procédure civile envisage, sous le titre V du livre Ier, trois moyens de défense : **10050**
– les **exceptions de procédure** qui permettent de contester la **régularité de la demande** (CPC art. 73 s. ; nos 10055 s.) ;
– les **fins de non-recevoir** qui permettent de contester la **recevabilité de l'action** du demandeur (CPC art. 122 ; nos 10770 s.) ;
– les **défenses au fond** qui permettent de contester le **bien-fondé** de la prétention du demandeur (CPC art. 71 ; nos 10900 s.).

I. EXCEPTIONS DE PROCÉDURE

Constitue une exception de procédure tout moyen qui tend soit à faire déclarer la procédure **10055**
irrégulière ou éteinte, soit à en suspendre le cours (CPC art. 73).
Le Code de procédure civile en dresse une liste :
– les exceptions d'incompétence (nos 2860 s.) ;
– les exceptions de litispendance et de connexité (nos 10150 s.) ;
– les exceptions dilatoires (nos 10330 s.) ;
– les exceptions de nullité (nos 10480 s.).
Ces exceptions obéissent à un certain nombre de règles communes (nos 10060 s.).

A. Règles communes

1. MOMENT DE LA PRÉSENTATION D'UNE EXCEPTION DE PROCÉDURE

PRÉSENTATION D'UNE EXCEPTION IN LIMINE LITIS

Sauf cas particuliers (nos 10105 s.), les exceptions de procédure doivent, à peine d'irrecevabilité, être **10060**
soulevées **simultanément** et avant toute défense au fond ou fin de non-recevoir (CPC art. 74, al. 1), c'est-à-dire, selon l'expression encore usuelle, **in limine litis.**

L'**irrecevabilité** est d'ordre public et doit donc être relevée d'office par le juge même si la partie à laquelle est opposée l'exception n'invoque pas sa tardiveté (Cass. 2e civ. 19-3-2009 n° 05-18.484).
Il en est ainsi alors même que les règles invoquées au soutien de l'exception seraient d'ordre public (CPC art. 74, al. 1).
Le juge doit donc examiner la régularité de la demande (exceptions de procédure), puis éventuellement sa recevabilité (fin de non-recevoir) et enfin son bien-fondé (défense au fond).

ATTENTION

Les parties à une **convention de procédure participative** aux fins **de mise en état** ont, à tout moment, la possibilité de renoncer expressément à se prévaloir de toute exception de procédure, à l'exception de celles qui surviennent ou sont révélées postérieurement à la signature de cette convention (CPC art. 1546-1, al. 2 modifié par décret 2021-1322 du 11-10-2021).

10067 La nullité pour **vice de forme** affectant l'**acte introductif d'instance** doit être soulevée avant toute défense au fond ou fin de non-recevoir. Si la nullité pour vice de forme affecte des **actes intervenus au cours de l'instance,** elle peut être invoquée au fur et à mesure de leur accomplissement ; mais elle est couverte si celui qui l'invoque a, postérieurement à l'acte critiqué, fait valoir des défenses au fond ou opposé une fin de non-recevoir sans soulever la nullité (CPC art. 112). Ainsi, l'exception de nullité de la signification des conclusions de l'appelant doit être rejetée dès lors que l'intimé a préalablement fait valoir sa défense au fond (Cass. 2e civ. 1-2-2018 n° 16-27.322 F-PB).

ATTENTION

Une partie qui conclut en **s'en rapportant à justice** émet une contestation de sorte qu'elle est irrecevable à soulever ensuite une exception de procédure (Cass. 2e civ. 7-6-2007 n° 06-15.920 : Bull. civ. II n° 145, à propos d'une exception d'incompétence). De même, en **appelant un tiers en garantie** dans une procédure orale, une partie présente une défense au fond et ne peut plus soulever ultérieurement une exception d'incompétence (Cass. 2e civ. 12-4-2012 n° 11-14.741 : Bull. civ. II n° 75).
En revanche, la demande de **communication de pièces** ne constitue pas une cause d'irrecevabilité des exceptions (CPC art. 74, al. 2).

10069 Dans les procédures où existe un préliminaire de **conciliation,** l'exception peut être soulevée après l'échec de la tentative de conciliation (en matière prud'homale, notamment : Cass. soc. 22-1-1975 n° 74-40.133 : Bull. civ. V n° 28, à propos d'une exception d'incompétence).

10075 **Procédure écrite** Dans les procédures écrites, il est indispensable de faire apparaître en premier lieu dans les **conclusions** les exceptions de procédure puis les fins de non-recevoir ou les défenses au fond, peu important que ces moyens de défense aient été présentés dans les **mêmes conclusions** (Cass. 2e civ. 8-7-2004 n° 02-19.694 : Bull. civ. II n° 377). Ainsi, le simple fait d'invoquer une fin de recevoir en page 2 puis une exception de procédure en page 4 des mêmes conclusions rend irrecevable l'exception de procédure.
Les conclusions doivent donc impérativement être **ordonnées** de la façon suivante :
1. Exceptions de procédure ;
2. Fins de non-recevoir ;
3. Moyens de défense au fond.

> **Précisions** S'agissant d'actes tels que les **congés donnés à un locataire,** pourtant d'origine contractuelle, le régime de nullité des actes de procédure s'applique (n° 10485). Aussi, en cas de contestation de sa forme par le destinataire, l'exception de nullité doit-elle être soulevée in limine litis. Cela a été jugé à propos du congé pour reprise délivré au preneur à bail rural ayant invoqué, en cause d'appel, les insuffisances de motivation de ce congé alors qu'il avait préalablement fait valoir des défenses au fond, ce qui engendrait une couverture de la nullité que la juridiction aurait dû constater elle-même (Cass. 2e civ. 16-3-2017 n° 15-18.805 F-PB : Bull. civ. II n° 58).

10080 **Procédure orale** Dans une procédure orale, les moyens de défense doivent être présentés devant la juridiction au moment des **plaidoiries,** dans l'ordre indiqué pour les procédures écrites (n° 10075).

ATTENTION

Bien que l'article 74 CPC ne le dise pas expressément, le défendeur doit présenter les exceptions de procédure, puis les fins de non-recevoir **avant même que le demandeur ne plaide.** Il peut en outre être judicieux de faire **acter l'ordre des moyens** présentés par le greffier d'audience.

L'exception peut être soulevée lors des débats à l'audience, avant toute référence aux prétentions au fond, peu important que des **conclusions écrites** aient été **préalablement déposées** sur la recevabilité de l'action ou sur des questions de fond, dans la mesure où, dans ces procédures, les conclusions ne sont qu'indicatives (Cass. 2e civ. 16-10-2003 n° 01-13.036 : Bull. civ. II n° 311 ; Cass. 2e civ. 1-10-2009 n° 08-14.135 : Bull. civ. II n° 233).
Cette dernière solution ne devrait pas s'appliquer dans le cas où les parties sont autorisées par le juge à présenter leurs **prétentions et moyens par écrit, sans se présenter à l'audience** (CPC art. 446-1, al. 2) ou lorsqu'une **procédure de mise en état** est instaurée dans les conditions de l'article 446-2 du CPC (nos 33086 s.) ; dans ce cas, les écritures devraient être ordonnées de la même façon que dans une procédure écrite et, si les parties comparaissent, l'exception de procédure soulevée lors des débats, mais ne figurant pas in limine litis dans les écritures, doit être déclarée irrecevable.

> **Précisions** En **référé,** il faut éviter de confondre **exception de procédure** et invocation en défense d'une **contestation sérieuse** faisant obstacle aux mesures que peut prendre le président (CPC art. 834 modifié par décret 2020-1452 du 27-11-2020 pour le président du tribunal judiciaire). Ainsi, un locataire peut invoquer l'existence d'une contestation sérieuse tenant à la validité de commandements de payer notifiés par le bailleur, inintelligibles selon lui. Ceci ne constitue pas une exception de procédure mais un moyen de nature à faire obstacle aux pouvoirs du juge des référés (Cass. 3e civ. 30-3-2017 n° 16-10.366 F-PB : Bull. civ. III n° 47).

Exercice d'une voie de recours En **appel,** une exception de procédure ne peut pas être soulevée pour la première fois par une partie qui a conclu sur le fond en première instance (Cass. 1e civ. 23-5-2012 n° 10-26.188 : Bull. civ. I n° 110). En revanche, si une exception de procédure a été soulevée avant toute défense au fond ou fin de non-recevoir en première instance, ladite exception peut être reprise et demeure recevable en appel (Cass. 2e civ. 8-2-2001 n° 98-20.840 : Bull. civ. II n° 25). **10085**

Lorsque le **défendeur** a été **défaillant en première instance,** c'est-à-dire ni citée à personne ni comparant (Cass. 2e civ. 4-9-2014 n° 13-16.703 : Bull. civ. II n° 177), il peut soulever une exception dans le cadre d'une opposition si le jugement a été rendu par défaut, ou d'un appel si le jugement était réputé contradictoire, à condition qu'il présente cette exception avant toute défense au fond ou fin de non-recevoir (Cass. com. 20-10-1992 n° 90-20.548 : Bull. civ. IV n° 312, décision rendue à propos d'une exception d'incompétence). **10087**

Une partie ne peut pas soulever une exception de procédure pour la première fois devant la **Cour de cassation,** même si les règles invoquées au soutien de l'exception sont d'ordre public (Cass. ass. plén. 26-5-1967 n° 63-12.709 : Bull. civ. ass. plén. n° 4). **10089**

PRÉSENTATION SIMULTANÉE DE PLUSIEURS EXCEPTIONS

Dans l'hypothèse où le défendeur souhaiterait se prévaloir de **plusieurs exceptions** de procédure, celles-ci doivent être soulevées simultanément, à peine d'irrecevabilité (CPC art. 74, al. 1). **10095**

ILLUSTRATIONS

Ont été jugées irrecevables :
– l'exception d'incompétence soulevée dans des conclusions postérieures à celles qui avaient invoqué la litispendance (Cass. 2e civ. 22-3-1982 n° 80-16.134 : Bull. civ. II n° 50) ;
– l'exception de nullité d'une assignation qui n'avait pas été soulevée simultanément avec l'exception d'incompétence (Cass. 2e civ. 13-5-2004 n° 02-10534 : RJDA 10/04 n° 1122 ; Cass. 2e civ. 4-9-2014 n° 12-24.350 : Bull. civ. II n° 174).

L'article 113 du CPC reprend cette règle pour les exceptions de nullité pour **vice de forme** : tous les moyens de nullité contre des actes de procédure déjà faits doivent être invoqués simultanément à peine d'irrecevabilité de ceux qui ne l'auraient pas été. **10097**

Par **dérogation** au principe de présentation simultanée, le bénéficiaire d'un délai pour faire inventaire et délibérer (CPC art. 108 ; C. civ. art. 771) peut ne proposer ses autres exceptions qu'après l'expiration de ce délai (CPC art. 111). **10099**

MOMENT DE PRÉSENTATION DE L'EXCEPTION DE CONNEXITÉ

Par dérogation aux règles de présentation des exceptions fixées à l'article 74, alinéa 1 du CPC, l'exception de connexité peut être proposée **en tout état de cause** (CPC art. 103 ; nos 10150 s.), c'est-à-dire à tout moment de la procédure. L'évolution du litige peut en effet faire surgir une connexité qui n'existait pas lorsque le litige a été introduit. **10105**
L'exception peut toutefois être écartée si elle a été **soulevée tardivement** dans une intention dilatoire (CPC art. 103 ; pour un exemple, voir CA Versailles 27-10-2011 n° 11/04255). Ne donne pas de

base légale à sa décision infirmant un jugement ordonnant le renvoi de la cause devant un autre tribunal, la cour qui, après avoir exposé le peu d'empressement mis par le défendeur à faire juger le procès, retient que celui-ci n'avait fait état d'une connexité évidente que dans une intention dilatoire mais omet de constater que l'exception de connexité aurait été soulevée tardivement (Cass. 2e civ. 22-10-1975 n° 74-12.142 : Bull. civ. II n° 269).

MOMENT DE PRÉSENTATION DES EXCEPTIONS DE NULLITÉ

10106 Les exceptions de nullité pour **vices de fond** relatives aux actes de procédure peuvent être proposées en tout état de cause, à moins qu'il en soit disposé autrement (CPC art. 118). Elles peuvent donc être soulevées à tout moment, alors même que des conclusions au fond ont été notifiées.

Le juge peut toutefois condamner à des dommages-intérêts ceux qui se seraient abstenus, dans une **intention dilatoire,** de les soulever plus tôt (CPC art. 118). Il ressort de son pouvoir souverain d'apprécier si les conditions d'octroi des dommages-intérêts sont réunies (Cass. 2e civ. 23-10-2003 n° 01-17.806 : Bull. civ. II n° 325).

ATTENTION

Bien que les exceptions de nullité pour irrégularité de fond puissent être invoquées à tout moment de la procédure, les règles spécifiques aux **procédures écrites engagées devant le tribunal judiciaire lorsque la représentation par avocat est obligatoire** doivent être soulignées. L'article 789 du CPC prévoit que le juge de la mise en état est seul compétent pour statuer sur les exceptions de procédure jusqu'à son dessaisissement. Il en résulte qu'à compter de ce dessaisissement les parties ne sont plus recevables à soulever ces exceptions à moins que celles-ci ne surviennent ou soient révélées après ce dessaisissement (Cass. 2e civ. 10-11-2010 n° 08-18.809 : Bull. civ. II n° 184, à propos d'une demande en nullité de l'assignation pour défaut de constitution d'avocat).

2. JUGE COMPÉTENT EN MATIÈRE D'EXCEPTIONS

10130 En application du **principe** selon lequel le juge de l'action est le juge de l'exception, c'est devant la juridiction du fond saisie du litige que l'exception de procédure doit être invoquée, sauf si elle soulève une question qui relève de la compétence exclusive d'une autre juridiction (CPC art. 49, al. 1).

10132 Toutefois, devant le **tribunal judiciaire,** dans la mesure où un juge de la mise en état est désigné, et où la demande est présentée postérieurement à sa désignation, ce dernier est, jusqu'à son dessaisissement, seul compétent à l'exclusion de toute autre formation du tribunal pour statuer sur les exceptions de procédure ; les parties ne sont plus recevables à soulever ces exceptions ultérieurement à moins que les moyens ne surviennent ou ne soient révélés postérieurement au dessaisissement du juge (CPC art. 789).

Devant la **cour d'appel,** la même compétence est attribuée au conseiller de la mise en état (CPC art. 907), sauf si la procédure est instruite conformément aux dispositions de l'article 905 du CPC (nos 26360 s.).

Le conseiller de la mise en état, dont les attributions ne concernent que les exceptions de procédure relatives à l'instance d'appel, n'est pas compétent pour statuer sur une exception de procédure relative à la première instance (Cass. 2e civ. 7-5-2008 n° 07-14.784 : Bull. civ. II n° 107).

B. Exceptions de connexité et de litispendance

EN BREF

10150 Par l'effet de la connexité et de la litispendance, une **juridiction** qui était normalement compétente **se dessaisit du litige** pour une meilleure administration de la justice ou pour éviter une éventuelle contrariété de décisions.

1. EXCEPTION DE CONNEXITÉ

DÉFINITION

10155 S'il existe entre des affaires portées devant deux juridictions distinctes un lien tel qu'il est de l'**intérêt d'une bonne justice** de les faire instruire et juger ensemble, il peut être demandé à l'une de ces juridictions de se dessaisir et de renvoyer en l'état la connaissance de l'affaire à l'autre juridiction (CPC art. 101). Cette demande prend la forme d'une exception de connexité.

Sur la connexité en droit international, voir n° 61530 (DIP français) et nos 64850 s. (droit européen).

> **Précisions** La **connexité** implique l'existence d'un lien entre les demandes formées devant des juridictions distinctes tandis que la **litispendance** suppose un litige identique devant deux juridictions de même degré (n° 10230).

LIEN ENTRE LES LITIGES PERMETTANT L'EXCEPTION DE CONNEXITÉ

La connexité suppose un lien entre deux affaires et l'utilité de les instruire et juger ensemble (CPC art. 101). Les instances portées devant deux juridictions distinctes doivent présenter une corrélation telle que la solution de l'une influe nécessairement sur la solution de l'autre et qu'il existe donc un **risque de contrariété** de décisions si elles sont entendues séparément (CA Paris 29-11-2012 n° 12/06307 ; CA Douai 10-1-2013 n° 12/01074). 10158

Le lien entre les affaires peut tenir à l'**identité** des **parties** et partiellement à l'identité de **cause ou** d'**objet** : même contrat, même fait dommageable, même bien. Mais le lien de connexité n'est pas établi par la seule circonstance que l'action en paiement et l'action en responsabilité sont fondées sur des obligations dérivant de la même convention ; son existence peut seulement être appréciée par une **analyse concrète** de l'objet des litiges, des moyens et des prétentions des parties (CA Paris 29-11-2012 précité). La connexité est laissée à l'**appréciation souveraine** des juges du fond (Cass. 1e civ. 19-4-1983 n° 82-12.343 : Bull. civ. I n° 123).

ILLUSTRATIONS

Apparaissent étroitement liées l'**action** par laquelle **des emprunteurs immobiliers** demandent **devant le TGI** (désormais tribunal judiciaire) **de Marseille** l'annulation de la notification de la déchéance du terme intervenue, la suspension des remboursements du prêt et la condamnation de la banque à des dommages-intérêts pour manquement à son obligation de conseil et de mise en garde et l'**action de la banque devant le TGI** (désormais tribunal judiciaire) **de Bar-le-Duc** afin de voir condamner les emprunteurs au remboursement des sommes restant dues sur le prêt immobilier.

En effet, si la juridiction marseillaise fait droit aux demandes des emprunteurs, la demande en paiement formée devant la juridiction barisienne devient sans fondement. Mais surtout, si les agissements de la banque dénoncés par les emprunteurs sont reconnus fautifs par le TGI (désormais tribunal judiciaire) de Marseille, celui-ci condamnera la banque à payer des dommages et intérêts qui auront pour effet de réduire, voire d'annuler sa créance. En outre, pour s'opposer à la demande en paiement formée contre eux devant les juges de Bar-le-Duc, les emprunteurs vont être amenés à réclamer reconventionnellement des dommages et intérêts pour les fautes déjà alléguées contre la banque devant les juges marseillais.

Il apparaît dès lors manifestement conforme à une bonne administration de la justice de juger la demande en paiement de la banque devant la juridiction qui est déjà saisie des demandes des emprunteurs (CA Nancy 13-12-2012 n° 12/00899).

En raison du défaut de paiement des échéances d'un prêt immobilier, une banque avait prononcé la déchéance du terme du prêt qui était garanti par un cautionnement.

L'appréciation par le tribunal saisi de l'**action récursoire de la caution,** subrogée dans les droits de la banque du fait du paiement effectué, **contre l'emprunteur,** est indépendante de l'appréciation du bien-fondé de l'**action en responsabilité de l'emprunteur** pour faute **à l'encontre de la banque.**

En effet, si les deux instances procèdent des mêmes contrats de prêts, elles ne sont pas de même nature et n'ont pas le même objet, s'agissant pour l'une d'une action fondée sur le recours personnel et subrogatoire de la caution et pour l'autre d'une action fondée sur la responsabilité, en paiement de dommages-intérêts. L'action de l'emprunteur strictement indemnitaire dirigée contre la banque tend ainsi uniquement à obtenir l'allocation de dommages-intérêts ; l'emprunteur ne sollicite pas l'annulation ou la résolution des actes de vente ni, consécutivement, celle de l'acte de prêt qui en est l'accessoire et dont il conteste pourtant les conditions de souscription ; il ne justifie pas avoir attrait la caution dans la procédure en responsabilité qu'il a engagée. La validité des actes n'étant pas en cause, il n'existe pas de risque de contrariété entre les décisions à intervenir (CA Douai 10-1-2013 n° 12/01074).

JURIDICTIONS DISTINCTES ET EXCEPTION DE CONNEXITÉ

Le renvoi pour connexité suppose que deux juridictions distinctes aient été saisies, ce qui n'est pas le cas lorsque les instances sont pendantes devant des **chambres du même tribunal,** qui ne constituent pas des juridictions autonomes et distinctes de celui-ci (Cass. 1e civ. 4-3-1986 n° 84-15.769 : Bull. civ. I n° 53). 10165

Dans le cas de connexité entre diverses formations d'une même juridiction, la question est réglée sans formalité par le président de la juridiction, sa décision étant une mesure d'administration judiciaire (CPC art. 107 ; Cass. com. 20-12-1988 n° 86-19.605 : Bull. civ. IV n° 353). Dans le cas où l'une des formations de la juridiction a une compétence exclusive, c'est devant celle-ci que l'affaire doit être renvoyée.

En outre, les deux **juridictions** saisies doivent être **compétentes,** ce qui n'est pas le cas d'un tribunal de commerce, pour statuer sur une demande dirigée contre une personne n'ayant pas la qualité de commerçant et n'ayant pas accompli un acte de commerce, et ce, même en l'absence de contestations de sa part (Cass. 2e civ. 1-3-2018 n° 16-22.987 FS-PB).

10167 L'exception ne peut être accueillie que si deux **juridictions** sont **effectivement saisies,** ce qui suppose qu'une copie de l'assignation ait été remise au greffe (placement ou mise au rôle) du tribunal judiciaire (CPC art. 754, al. 1), ou du tribunal de commerce (CPC art. 857, al. 1).

10169 L'exception de connexité peut être soulevée devant l'une ou l'autre des juridictions de **même degré** saisies des litiges connexes (CPC art. 101). Elle n'a pas à être soulevée nécessairement devant la juridiction saisie en second.
Toutefois, lorsque les juridictions saisies sont de **degré différent,** la connexité ne peut être soulevée que devant la juridiction inférieure (CPC art. 102).

10171

Compétence exclusive et renvoi pour connexité

Il ne peut pas être fait échec, pour cause de connexité, à la compétence exclusive d'une **juridiction** (Cass. 2e civ. 12-10-1978 n° 77-12.779 : Bull. civ. II n° 208, à propos de la compétence exclusive du conseil de prud'hommes ; CA Grenoble 8-1-2013 n° 12/02893, à propos de la compétence exclusive du juge de l'exécution en matière de saisie immobilière) ou d'une **formation d'une juridiction** (par exemple, au sein du tribunal judiciaire, compétence du juge des baux commerciaux). Ainsi, si l'une des juridictions bénéficie d'une compétence exclusive et l'autre non, c'est devant la première que le renvoi doit s'opérer.
Si un litige est porté à la fois devant le TGI (désormais tribunal judiciaire) et le conseil de prud'hommes, celui-ci ne saurait se dessaisir au profit du TGI car il est doté d'une compétence d'attribution exclusive et d'ordre public qui lui interdit d'accueillir une exception de connexité, sauf en cas d'indivisibilité du litige qui se traduit uniquement par une impossibilité juridique d'exécution simultanée de deux décisions contraires ; ce n'est pas le cas lorsque la compétence du TGI ne s'applique qu'aux faits commis postérieurement à la rupture du contrat de travail (Cass. soc. 17-12-2013 n° 12-26.938 : Bull. V n° 306).
Si les **deux juridictions** ont chacune **compétence exclusive** pour connaître respectivement de la demande dont elles sont saisies, il n'y a pas lieu à renvoi (CA Lyon 25-5-1978 : JCP 1979 II 19026 obs. J. A.).

INITIATIVE DE L'EXCEPTION DE CONNEXITÉ

10175 L'exception de connexité doit être soulevée par les **parties.** Le **juge** ne peut pas d'office renvoyer une affaire devant une autre juridiction pour connexité (CA Paris 5-4-1995 n° 94/28592).

MOMENT DE PRÉSENTATION DE L'EXCEPTION DE CONNEXITÉ

10180 Par dérogation à l'article 74 du CPC selon lequel les exceptions de procédure doivent, à peine d'irrecevabilité, être soulevées in limine litis, l'exception de connexité peut être proposée en **tout état de cause** (n° 10105).

DÉCISION SUR LA CONNEXITÉ

10185 La juridiction à laquelle est présentée une demande de renvoi pour connexité **doit rechercher** si l'instance portée devant elle présente, avec une instance portée devant une autre juridiction, un lien tel qu'il est de l'intérêt d'une bonne administration de la justice de les faire instruire et juger ensemble (Cass. soc. 21-2-1996 n° 92-43.104 : Bull. civ. V n° 61).
Mais l'**admission** de l'exception de connexité n'est jamais qu'une **simple faculté** pour les tribunaux (Cass. 1e civ. 20-10-1987 n° 85-18.877 : Bull. civ. I n° 275 ; Cass. 1e civ. 9-10-1991 n° 90-14.415 : Bull. civ. I n° 257).
En cas de rejet de l'exception de connexité, le juge doit, avant de statuer sur le fond du litige, inviter les parties à s'expliquer ou à conclure sur le fond conformément à l'article 16 du CPC (Cass. soc. 15-4-2015 n° 13-28.715 : Bull. civ. V n° 81).

10187 Si le juge se dessaisit de l'affaire et ordonne le renvoi devant l'autre juridiction, l'**instance** est **poursuivie** comme en matière d'exceptions d'incompétence (n° 2935).

10189 La **décision rendue** sur l'exception soit par la juridiction qui en a été saisie, soit par celle qui a été saisie d'un recours **s'impose** tant à la juridiction de renvoi qu'à celle dont le dessaisissement est ordonné (CPC art. 105). Il en va ainsi même si la décision prise est erronée dès lors qu'elle n'a pas été frappée de pourvoi (Cass. com. 3-1-1991 n° 89-14.501 : Bull. civ. IV n° 3).

Dans le cas où les **deux juridictions** se seraient **dessaisies,** la décision intervenue la dernière en date est considérée comme non avenue (CPC art. 106). 10191

VOIES DE RECOURS CONTRE UNE DÉCISION SUR LA CONNEXITÉ

Les recours contre les décisions sur la connexité rendues par les juridictions du premier degré, qu'elles ordonnent le renvoi ou le refusent, sont formés et jugés comme en matière d'exception d'incompétence (CPC art. 104, al. 1 ; n°s 2970 s.). 10195

Il résulte des dispositions combinées des articles 78 et 104 du CPC que, lorsque, dans un même jugement, le juge statue à la fois sur la connexité et sur le fond en premier et dernier ressort, un appel n'est possible que du chef de la connexité (Cass. 1e civ. 9-3-2004 n° 00-14.312 : Bull. civ. I n° 76).

En cas de **recours multiples,** la décision appartient à la cour d'appel la première saisie qui, si elle fait droit à l'exception, attribue l'affaire à celle des juridictions qui, selon les circonstances, paraît la mieux placée pour en connaître (CPC art. 104, al. 2). 10197

Peuvent être frappés de **pourvoi** en cassation les jugements en dernier ressort qui, statuant sur une exception de procédure, mettent fin à l'instance (CPC art. 607). 10199

2. LITISPENDANCE

a. Conditions

Il y a litispendance lorsque deux **juridictions distinctes,** de même degré et également compétentes, sont saisies successivement d'un **même litige** (CPC art. 100). 10230

IDENTITÉ DE LITIGE ET LITISPENDANCE

L'identité de litige suppose une **identité des parties.** Il faut aussi que les deux demandes aient le même **objet** et soient fondées sur la même **cause** (Cass. soc. 8-3-1961 n° 60-20.084 : Bull. civ. IV n° 314). 10232

ILLUSTRATIONS

Ont été jugées **identiques** la demande de l'employeur et celle d'un salarié dérivant du même contrat de travail (Cass. soc. 3-3-1988 n° 84-41.229 : Bull. civ. V n° 163).
En revanche, n'ont pas le même objet :
– la demande concernant le paiement de factures et la demande relative au caractère abusif de la rupture des relations contractuelles entre deux sociétés (Cass. com. 4-10-2011 n° 10-31.051) ;
– le recours relatif aux élections des délégués du personnel organisées dans l'ensemble des établissements d'une société et le litige relatif à la validité de la désignation d'une personne comme délégué et représentant syndical au comité de l'un de ses établissements (Cass. soc. 17-12-1984 n° 84-60.350 : Bull. civ. V n° 497).
Il n'y a pas non plus litispendance entre une instance en divorce et une instance aux fins de conversion de séparation de corps en divorce (Cass. 2e civ. 23-6-1982 n° 81-11.700 : Bull. civ. II n° 93) ou entre une instance au fond et une demande de provision portée devant le juge des référés (Cass. 2e civ. 17-5-1982 n° 81-10.993 : Bull. civ. II n° 75).

LITISPENDANCE ET PLURALITÉ DE JURIDICTIONS

Juridictions distinctes La litispendance suppose que deux juridictions distinctes aient été saisies de demandes ayant le même objet et étant fondées sur la même cause. Ce n'est pas le cas lorsqu'une instance a été introduite par un demandeur, qu'elle est restée en suspens et que, plusieurs années après, alors que le demandeur initial était décédé, son fils a repris cette instance. Il s'agissait de la **même instance** dès lors que le fils venait aux droits de sa mère, même si la nouvelle citation n'avait pas été délivrée sous la forme d'une reprise de l'instance engagée antérieurement par sa mère décédée (Cass. soc. 8-3-1961 n° 60-20.084 : Bull. civ. IV n° 314). 10240

Il ne peut y avoir de litispendance entre deux **formations d'une même juridiction,** cette difficulté se réglant de la même manière qu'en matière de connexité (n° 10165). En cas de compétence exclusive de l'une des formations de la juridiction, voir n° 10245.

Juridictions compétentes La litispendance suppose que deux juridictions saisies du même litige sont compétentes pour en connaître (Cass. com. 20-6-1967 n° 65-13.794 : Bull. civ. III n° 255). Si l'une des juridictions (ou l'une des chambres d'une juridiction) a une **compétence exclusive,** l'autre juridiction (ou chambre) n'a pas compétence ; il n'y a pas litispendance. 10245

ILLUSTRATIONS

Il n'y a pas **litispendance** entre :
– l'action en concurrence déloyale introduite par une société devant le TGI (désormais tribunal judiciaire) contre ses anciens salariés et leur nouvel employeur et le litige formé par les salariés contre leur ancien employeur, qui relève de la compétence de la juridiction prud'homale (Cass. soc. 13-10-1988 n° 85-45.486 : Bull. civ. V n° 514) ;

– l'instance portée devant le tribunal de commerce par une société contre son agent exclusif aux fins de résiliation de son contrat ainsi qu'en application de la clause de non-concurrence et l'instance portée par cet agent exclusif devant le conseil de prud'hommes en paiement de la rémunération prévue à son contrat (Cass. soc. 8-7-1977 n° 76-40.687 : Bull. civ. V n° 480).
De même, dans un cas où un salarié avait saisi la juridiction prud'homale d'une demande en dommages-intérêts contre son employeur et contre une autre personne, et où il a été jugé définitivement que l'action dirigée contre celle-ci était, en l'absence de lien de salariat, de la compétence exclusive de la juridiction de droit commun, l'employeur ne peut valablement opposer l'exception de litispendance à l'action reprise par le salarié devant la juridiction prud'homale, dès lors que les demandes de ce dernier, qui n'avait d'ailleurs pas encore saisi la juridiction de droit commun, relèvent de la compétence de deux juridictions différentes et sont dirigées contre deux personnes distinctes (Cass. soc. 9-1-1974 n° 72-40.592 : Bull. civ. V n° 28).
Une exception de litispendance présentée devant la juridiction prud'homale au profit du TGI (désormais tribunal judiciaire) saisi en premier ne pouvait être accueillie dès lors que ce tribunal n'était pas compétent pour statuer sur une demande d'indemnisation du préjudice subi par l'employeur du fait des agissements commis par un salarié pendant l'exécution de son contrat de travail, ces questions relevant de la compétence exclusive de la juridiction prud'homale (Cass. soc. 17-12-2013 n° 12-26.938 : Bull. V n° 306).

10250 **Affaires pendantes** Il n'y a litispendance que s'il existe, au moment où il est statué sur l'instance à laquelle on oppose cette exception, un même litige pendant devant une autre juridiction (cf. CPC art. 100). Tel n'est pas le cas lorsque, à la date où un juge se prononce sur l'exception de litispendance, l'instance préalablement engagée devant une autre juridiction se trouve terminée (Cass. 2e civ. 12-5-1965 n° 62-13.410 : Bull. civ. II n° 416) ou lorsque le juge constate que l'instance introduite en premier est éteinte par désistement (Cass. 2e civ. 20-12-1965 n° 64-11.066 : Bull. civ. II n° 1057), ou par la caducité de la citation (Cass. 2e civ. 23-2-2017 n° 15-24.059 F-PB : Bull. civ. II n° 40).

10252 Le tribunal judiciaire (CPC art. 754, al. 1) et le tribunal de commerce (CPC art. 857, al. 1) ne sont valablement saisis que par la **remise au greffe d'une copie de l'assignation.** L'exception de litispendance doit donc être rejetée dès lors qu'à la date à laquelle elle est soumise au juge celui-ci constate que la formalité de remise au greffe d'une copie de l'assignation n'a pas été observée (Cass. 3e civ. 10-12-1985 n° 84-16.799 : Bull. civ. III n° 167).

b. Mise en œuvre de l'exception de litispendance

INITIATIVE

10265 L'exception de litispendance peut être demandée par l'une des **parties** ou soulevée d'office par le **juge** (CPC art. 100), ce qui suppose qu'il soit informé par les parties de la litispendance. Le juge doit alors préalablement inviter les parties à présenter leurs observations avant de relever d'office le moyen (CPC art. 16).

MOMENT DE PRÉSENTATION DE L'EXCEPTION DE LITISPENDANCE

10270 L'exception de litispendance doit être soulevée avant toute fin de non-recevoir ou défense au fond (nos 10060 s.).

JURIDICTION DEVANT LAQUELLE SOULEVER L'EXCEPTION DE LITISPENDANCE

10275 Lorsque les juridictions saisies ne sont **pas du même degré,** l'exception de litispendance ne peut être soulevée que devant la juridiction de degré inférieur (CPC art. 102), et ce même si la saisine de la juridiction du degré inférieur est antérieure en date (CA Metz 16-5-2002 n° 01/01825). Le défaut du défendeur en première instance ne constitue pas un motif de nature à déroger à cette règle (Cass. 2e civ. 22-4-1977 n° 75-14.272 : Bull. civ. II n° 106).

c. Décision sur la litispendance et voies de recours

10290 Dans le cas où les deux juridictions saisies simultanément du même litige sont de **même degré,** la juridiction saisie en second doit se dessaisir au profit de l'autre si l'une des parties le demande et, à défaut, d'office (CPC art. 100).
Lorsque la **saisine** de la juridiction est réalisée **par** la **remise au greffe d'une copie de l'assignation,** c'est par rapport à cette dernière date qu'il faut apprécier l'antériorité de la saisine, et non par rapport à celle de la signification de l'assignation (n° 10252).

10292 La **décision de renvoi** s'impose à l'autre juridiction selon les modalités applicables à l'exception de connexité (n° 10189).

10294 Sur les **recours** contre les décisions admettant ou rejetant la litispendance, voir les développements concernant l'exception de connexité, qui sont transposables (nos 10195 s.).

C. Exceptions dilatoires

1. RÈGLES COMMUNES

DÉFINITION

Les exceptions dilatoires tendent à faire suspendre l'instance (CPC art. 108 s.) et peuvent émaner du demandeur ou du défendeur (cf. Cass. 2e civ. 27-9-2012 n° 11-16.361 : Bull. civ. II n° 156, à propos d'une demande de sursis à statuer dans l'attente de l'issue d'une procédure pénale). 10330

MOMENT DE PRÉSENTATION D'UNE EXCEPTION DILATOIRE

L'exception dilatoire doit, à peine d'irrecevabilité, être soulevée **simultanément** et **avant** toute défense au fond ou fin de non-recevoir (CPC art. 74, al. 1 ; nos 10060 s.). Voir toutefois pour le bénéficiaire d'un délai d'**inventaire,** n° 10099. 10335

Les dispositions de l'article 74 du CPC s'imposent quelle que soit la **partie** qui soulève l'exception (Cass. 2e civ. 27-9-2012 n° 11-16.361 : Bull. civ. II n° 156).

JUGE COMPÉTENT POUR CONNAÎTRE D'UNE EXCEPTION DILATOIRE

Les règles de compétence, communes à toutes les exceptions de procédure, sont développées nos 10130 s. 10337

POUVOIRS DU JUGE EN MATIÈRE D'EXCEPTION DILATOIRE

Selon les cas, l'exception dilatoire s'impose au juge (CPC art. 108) ou elle ne lui ouvre qu'une faculté (CPC art. 109 et 110). 10339

Le juge n'a pas le pouvoir de **relever d'office** une exception dilatoire en l'absence de demande en ce sens (Cass. soc. 16-11-1977 n° 76-40.477 : Bull. civ. V n° 617 ; Cass. 1e civ. 28-4-1982 n° 80-16.546 : Bull. civ. I n° 152). Mais une fois saisi d'une **exception** dilatoire **obligatoire,** il est tenu de suspendre l'instance.

DÉCISION DU JUGE EN MATIÈRE D'EXCEPTION DILATOIRE

Le juge qui accueille l'exception dilatoire rend une décision de **sursis à statuer.** Sa décision est susceptible d'appel avec la décision sur le fond, mais un appel immédiat est toutefois possible, sur autorisation du premier président de la cour d'appel, s'il est justifié d'un motif grave et légitime (CPC art. 380 et 795, al. 3). 10345

2. EXCEPTIONS DILATOIRES OBLIGATOIRES

Le juge doit suspendre l'instance lorsque la partie qui le demande jouit soit d'un délai pour faire inventaire et délibérer, soit d'un bénéfice de discussion ou de division, soit de quelque autre délai d'attente en vertu de la loi (CPC art. 108). 10355

DÉLAI POUR FAIRE INVENTAIRE ET DÉLIBÉRER

Le juge doit suspendre l'instance lorsque la partie qui le demande jouit d'un délai pour faire inventaire et délibérer (CPC art. 108). Il en est ainsi en matière de **succession** où l'héritier dispose d'une option : accepter purement et simplement la succession, l'accepter à concurrence de l'actif net ou y renoncer (C. civ. art. 768). L'héritier dispose d'un **délai** de quatre mois à compter de l'ouverture de la succession pour se prononcer (C. civ. art. 771). Si à l'expiration de ce délai, il est sommé de prendre parti par un créancier de la succession, un cohéritier, un héritier de rang subséquent ou l'État, il peut, dans les deux mois qui suivent la sommation, se prononcer ou solliciter un délai supplémentaire auprès du juge (C. civ. art. 772). 10357

Tant que le **délai** de quatre mois **et sa prorogation** judiciaire éventuelle ne sont **pas expirés** (Cass. 1e civ. 6-7-2005 n° 03-17.240 : Bull. civ. I n° 317), l'héritier peut exiger une suspension des actions exercées contre lui afin de prendre position vis-à-vis de la succession. Par conséquent, il suffit qu'il oppose l'exception dilatoire pour que la poursuite des créanciers soit suspendue jusqu'à l'expiration des délais légaux ou judiciaires, ou jusqu'à sa décision, si elle intervient avant. 10359

BÉNÉFICE DE DISCUSSION OU DE DIVISION

Le juge doit suspendre l'instance lorsque la partie qui le demande jouit d'un bénéfice de discussion ou de division (CPC art. 108). Tel est le cas lorsqu'il y a lieu de faire supporter par autrui l'obligation à une dette. Ainsi, en matière de **cautionnement,** la caution peut exiger du créancier qu'il discute au préalable les biens du débiteur (C. civ. art. 2298) et qu'il suspende les poursuites entreprises à son encontre. Lorsque plusieurs personnes se sont portées caution d'un même débiteur 10365 pour une même dette, chacune est obligée de payer la totalité de la dette (C. civ. art. 2302) ; néanmoins, chacune d'elles peut, à moins qu'elle n'y ait renoncé, exiger que le créancier divise préalablement son action et la réduise à la part et portion de chaque caution (C. civ. art. 2303, al. 1).

> **Précisions** L'article L 622-28, al. 2 du Code de commerce prévoit que le jugement d'ouverture de **redressement ou** de **liquidation judiciaire** suspend jusqu'au jugement arrêtant le plan ou prononçant la liquidation toute action contre les personnes physiques coobligées ou ayant consenti une sûreté personnelle ou ayant affecté ou cédé un bien en garantie.
> Le fait pour une caution d'invoquer cette disposition ne constitue pas une exception de procédure, l'article L 622-28 du Code de commerce édictant une fin de non-recevoir (Cass. mixte 16-11-2007 n° 03-14.409 : Bull. civ. ch. mixte n° 11).

AUTRES DÉLAIS D'ATTENTE EN VERTU DE LA LOI

10370 Les autres délais d'attente en vertu de la loi tiennent essentiellement à l'application de la règle « le criminel tient le civil en l'état ».

10375 **Règle « le criminel tient le civil en l'état »** L'action civile en **réparation du dommage** causé par une infraction peut être exercée devant une juridiction civile, séparément de l'action publique devant les juridictions répressives. Toutefois, il est sursis au jugement de cette action tant qu'il n'a pas été statué définitivement sur l'**action publique** lorsque celle-ci a été mise en mouvement (CPP art. 4). Les actions civiles autres qu'en réparation du dommage causé par une infraction ne sont en revanche pas différées (n° 10420).

10377 Une demande fondée sur l'article 4 du Code de procédure pénale dans l'attente de l'issue d'une procédure pénale, tendant à faire suspendre le cours de l'instance, constitue une exception de procédure (Cass. com. 28-6-2005 n° 03-13.112 : Bull. civ. IV n° 146) qui, comme telle, doit être soulevée avant toute défense au fond (Cass. 2e civ. 27-9-2012 n° 11-16.361 : Bull. civ. II n° 156). La solution est favorable au demandeur à l'instance civile car le juge a en principe l'obligation de suspendre l'instance si la décision pénale est susceptible d'influer le règlement du litige (voir en ce sens Cass. soc. 22-11-1978 n° 77-40.291 : Bull. civ. V n° 787).

10385 **Questions préjudicielles administratives** Lorsque la solution d'un litige dépend d'une question soulevant une difficulté sérieuse et relevant de la compétence de la juridiction administrative, la juridiction judiciaire initialement saisie la transmet à la juridiction administrative compétente en application du titre Ier du livre III du Code de justice administrative et sursoit à statuer jusqu'à la décision sur la question préjudicielle (CPC art. 49, al. 2 ; Circ. du min. de la justice du 31-3-2015 : BOMJ n° 2015-04 du 30-4-2015).

Le **renvoi** au juge administratif **s'impose** lorsque l'examen des points contestés devant le juge judiciaire est subordonné à l'appréciation de la légalité d'un acte administratif. **En revanche,** le juge civil peut statuer lorsqu'il apparaît clairement, au vu notamment d'une jurisprudence établie, que la contestation peut être accueillie par lui en sa qualité de juge saisi au principal (T. confl. 17-10-2011 nos 3828 et 3829 : RJDA 10/12 n° 913, et T. confl. 12-12-2011 n° 3841 : Bull. civ. T. confl. n° 38).

10390 **Questions préjudicielles du droit de l'Union européenne** Seule la Cour de justice de l'Union européenne peut procéder à une interprétation uniforme du droit de l'Union. Un mécanisme de renvoi préjudiciel est prévu à l'article 267 du traité sur le fonctionnement de l'Union européenne.

La question ne peut émaner que d'une juridiction et non pas des parties, à condition qu'un litige soit pendant devant une juridiction nationale et que celle-ci soit appelée à statuer dans le cadre d'une procédure donnant lieu à une décision de caractère juridictionnel.

Le **renvoi** est **facultatif** si la décision de la juridiction nationale est susceptible de recours. Il est **obligatoire** dans les autres cas, sous réserve de trois exceptions : lorsqu'il apparaît que la réponse à la question n'aurait aucune influence sur la solution du litige ; lorsque la question soulevée est matériellement identique à une question déjà résolue ; lorsque l'application du droit européen ne laisse place à aucun doute raisonnable sur la manière de résoudre la question.

Dans l'attente de la réponse de la Cour de Justice de l'Union européenne, la juridiction nationale prononce un sursis.

3. EXCEPTIONS DILATOIRES FACULTATIVES

PRINCIPE

Dans les hypothèses visées ci-dessous, le juge peut suspendre ou non l'instance (CPC art. 110), ce pouvoir étant discrétionnaire (Cass. 2e civ. 4-10-2001 n° 99-15.576). 10405

Exception de garantie Le juge peut accorder un délai au défendeur pour **appeler un garant** (CPC art. 109). Il s'agit de l'hypothèse où le garanti, à l'occasion d'un procès que lui fait un tiers, met immédiatement en cause son garant (CPC art. 327 et 331 s. ; nos 8300 s.). 10410

Exercice de voies de recours extraordinaires Le juge peut suspendre l'instance en vue d'attendre la solution d'une voie de recours exercée parallèlement, lorsque l'une des parties invoque une décision elle-même frappée de **tierce opposition,** de **recours en révision** ou de **pourvoi en cassation** (CPC art. 110). 10415
Cette disposition se justifie par le fait que les voies de recours extraordinaires n'ont pas en principe d'effet suspensif (CPC art. 579).

Action devant une juridiction civile en cas d'action pénale En application de la règle selon laquelle le criminel tient le civil en l'état, l'action civile engagée en vue d'obtenir réparation du **dommage causé par une infraction pénale** constitue une exception dilatoire obligatoire pour le juge (n° 10375). Toutefois, la mise en mouvement de l'action publique n'impose pas la suspension des **autres actions exercées devant la juridiction civile,** de quelque nature qu'elles soient, même si la décision à intervenir au pénal est susceptible d'exercer, directement ou indirectement, une influence sur la solution du procès civil (CPP art. 4, al. 3). Tel est par **exemple** le cas d'une action sur le fondement de la responsabilité délictuelle du fait des choses (C. civ. art. 1242). Une telle action constitue une exception dilatoire facultative relevant du pouvoir discrétionnaire des juges du fond (Cass. 2e civ. 17-6-2010 n° 09-13.583 : Bull. civ. II n° 116). 10420

D. Exceptions de nullité

Le Code de procédure civile distingue la nullité des actes de procédure pour **vice de forme** qui exige la preuve d'un grief (art. 112 à 116) et celle pour **vice de fond** (art. 117 à 121). 10480

ATTENTION

Cette **distinction** ne **concerne** que la demande en nullité des actes de procédure, celle des actes juridiques relevant des défenses au fond (n° 10902).

En matière de **vices de forme,** on se place du côté du **destinataire de l'acte** de procédure pour apprécier si l'irrégularité lui a causé un grief alors que pour les **vices de fond,** on examine l'**auteur de l'acte** ou son représentant et l'on vérifie s'il avait la capacité et le pouvoir d'accomplir l'acte de procédure. 10481

CHAMP D'APPLICATION DES EXCEPTIONS DE NULLITÉ

Le champ d'application des nullités des actes de procédure concerne les **actes introductifs d'instance** (assignation, requête) et les **conclusions**. 10485
Sont **également** régis par les dispositions qui gouvernent la nullité des actes de procédure les moyens de nullité des :
– actes d'huissier ou commissaire de justice (CPC art. 649), par exemple, congés donnés en matière de baux ;
– décisions et actes d'exécution relatifs aux mesures d'instruction (CPC art. 175) ;
– notifications et significations (CPC art. 693 et 694) ;
– actes judiciaires relatifs à l'exercice des voies de recours, comme la déclaration d'appel (cf. CPC art. 901) ;
– actes d'exécution forcée (cf. C. exécution art. R 121-5).

1. NULLITÉ POUR VICE DE FORME

a. Conditions

PRINCIPES

Un acte de procédure ne peut être annulé pour vice de forme que si les **conditions** suivantes sont réunies : 10495
– existence d'un texte, en application de l'adage « pas de nullité sans texte » ;

– existence d'un grief, en application de l'adage « pas de nullité sans grief » ;
– absence de régularisation.
Ce régime strict est destiné à éviter que la procédure soit remise en cause trop facilement pour des irrégularités purement formelles.

EXIGENCE D'UN TEXTE POUR FORMER UNE EXCEPTION DE NULLITÉ

10500 Sauf inobservation d'une formalité substantielle ou d'ordre public (n°s 10505 s.), aucun acte de procédure ne peut être déclaré nul pour vice de forme, si la nullité n'en est pas expressément prévue par la loi (CPC art. 114, al. 1).

10502 La nullité de l'**assignation** introductive d'instance est expressément prévue en cas d'omission d'une **mention** obligatoire prévue par l'article 56 du CPC (modifié par décret 2020-1452 du 27-11-2020), applicable à **toutes les procédures.** Tel est par **exemple** le cas d'une assignation non motivée en droit (CPC art. 56, al. 3 ; Cass. 2e civ. 6-4-2006 n° 04-11.737 : Bull. civ. II n° 103).

ATTENTION

Depuis le décret 2019-1333 du 11 décembre 2019, la nullité de l'assignation est encourue en cas d'absence d'énumération des pièces sur lesquelles la demande est fondée ou, lorsque la demande doit être précédée d'une tentative de conciliation, de médiation ou de procédure participative, en cas d'absence des mentions relatives aux diligences entreprises en vue d'une résolution amiable (CPC art. 54 et 56 modifiés).

Le défaut d'**autres mentions** prévues par des **dispositions particulières** à chaque juridiction auxquelles il convient de se référer peut également donner lieu à la nullité de l'assignation.
L'acte d'**appel** est soumis aux mêmes règles. Par **exemple,** s'il n'y est pas fait mention du liquidateur judiciaire de la société intimée, il est entaché d'un vice de forme (Cass. com. 10-2-2015 n° 13-24.686).

10505 **Formalité substantielle ou d'ordre public** Même en l'absence de texte la prévoyant expressément, la nullité pour vice de forme peut être prononcée en cas d'inobservation d'une formalité substantielle ou d'ordre public (CPC art. 114, al. 1). Le caractère substantiel est attaché, dans un acte de procédure, à ce qui tient à sa **raison d'être** et lui est **indispensable** pour remplir son objet (Cass. 2e civ. 3-3-1955 : JCP G 1955 II n° 8654 note G. M.).

10507 Constituent par **exemple** des formalités substantielles ou d'ordre public :
– dans le cas d'un recours contre une décision de la commission administrative chargée de la révision de la liste électorale d'une commune, l'avertissement qui doit être donné à toutes les parties intéressées trois jours avant que le tribunal d'instance ne statue (Cass. 2e civ. 1-7-1987 n° 87-60.031 : Bull. civ. II n° 146) ;
– la prestation de serment de l'expert (Cass. 1e civ. 16-7-1998 n° 96-14.306 : Bull. civ. I n° 255) ;
– le fait pour un technicien désigné judiciairement d'accomplir personnellement sa mission (Cass. 2e civ. 11-1-1995 n° 93-14.697 : Bull. civ. II n° 11).
Mais ne caractérise pas la méconnaissance d'une formalité substantielle ou d'ordre public, constituant une irrégularité susceptible d'affecter le déroulement des opérations d'expertise, le fait d'accueillir la prestation de serment par écrit d'un expert alors qu'il n'est pas inscrit sur la liste nationale des experts ni sur celle d'une cour d'appel et qu'une telle faculté est réservée aux experts inscrits (Cass 2e civ 26-9-2019 n° 18-18.054 F-PBI).
En présence d'une irrégularité non prévue à peine de nullité par un texte, les **juges** doivent **rechercher** en quoi l'irrégularité invoquée constitue l'inobservation d'une formalité substantielle ou d'ordre public (Cass. 2e civ. 30-4-2002 n° 99-17.111 : Bull. civ. II n° 86).

EXISTENCE D'UN GRIEF POUR FORMER UNE EXCEPTION DE NULLITÉ

10515 La nullité pour vice de forme ne peut être prononcée qu'à charge pour celui qui l'invoque de **prouver** le grief que lui cause l'irrégularité, même lorsqu'il s'agit d'une formalité substantielle ou d'ordre public (CPC art. 114, al. 2 ; Cass. 3e civ. 30-9-2009 n° 08-13.756 : RJDA 12/09 n° 1048, Bull. civ. III n° 205 ; Cass. 2e civ. 22-3-2018 n° 17-10.576 F-PB). S'agissant d'un fait juridique, le grief peut être établi par tous moyens.

ILLUSTRATIONS

La nullité d'une déclaration d'appel qui est entachée d'inobservations substantielles (défaut de mentions de la qualité de l'appelant et absence de précisions sur l'intimé ainsi que sur la décision attaquée) ne peut être prononcée qu'à charge pour la partie qui l'invoque de prouver l'existence d'un grief (Cass. 2e civ. 15-11-2012 n° 11-24.030 F-D). Il appartient au juge du fond de rechercher, s'il y est invité, si le vice de forme affectant l'acte (en l'espèce une déclaration de saisine de la juridiction de renvoi après cassation) a causé un grief à la partie qui invoque la nullité (Cass. 2e civ. 15-4-2021 n° 19-20.416 F-P).

Le grief s'entend du **préjudice causé** à la partie qui invoque le vice. Pour être sanctionnée, l'irrégularité doit avoir empêché ou entravé les possibilités de défense. En dehors de tout procès, l'irrégularité de l'acte extrajudiciaire doit porter atteinte à un droit de la personne concernée par l'acte. 10517

Le demandeur à la nullité doit établir le **lien de causalité** entre l'irrégularité alléguée et le grief (Cass. 2e civ. 10-7-1991 n° 90-13.671 : Bull. civ. II n° 220). Le préjudice doit provenir de l'irrégularité elle-même, en ce sens que la désorganisation de la défense doit trouver sa source dans le vice de forme allégué. 10519

L'existence du grief est laissée à l'**appréciation souveraine** des juges du fond qui vérifient si celui qui invoque la nullité d'un acte n'a pas eu connaissance des éléments omis, n'a pas comparu ou n'a pas pu exercer un recours dans les délais. Dans le cas contraire, l'acte irrégulier ne lui fait pas grief. 10521

ILLUSTRATIONS

L'absence ou l'inexactitude de la mention du domicile de l'appelant dans l'acte d'appel entraîne la nullité de celui-ci lorsque cette irrégularité a empêché l'intimé de faire exécuter le jugement (Cass. 2e civ. 14-6-2001 n° 99-16.582 : Bull. civ. II n° 117 ; Cass. 2e civ. 28-5-2003 n° 01-12.568 : Bull. civ. II n° 159).

L'exécution d'une décision de justice étant le prolongement nécessaire de celle-ci, l'identification d'une partie dans le cadre de l'instance aboutissant au prononcé de cette décision est également destinée à permettre son exécution. L'absence ou l'inexactitude de la mention du domicile dans l'acte d'appel sur lequel s'aligne l'acte de saisine après renvoi de cassation est une cause de nullité de forme de nature à faire grief s'il est justifié qu'il nuit à l'exécution de la décision à intervenir. Caractérise l'existence d'un grief, la cour d'appel qui retient que l'irrégularité affectant l'adresse de ses contradicteurs avait privé une banque de la possibilité effective de faire procéder à des mesures conservatoires sur des biens susceptibles d'être détenus par les parties condamnées à son profit en première instance et que la dissimulation par ces dernières de leur véritable adresse à l'occasion de l'exécution d'une précédente décision de justice et la révélation de leur véritable adresse dans l'instance en cours, après l'introduction de l'incident de nullité, étaient de nature à exclure que l'inexactitude de leur adresse sur l'acte de saisine fût fortuite mais révélaient la difficulté qu'elles avaient entretenue (Cass. 2e civ. 4-3-2021 n° 19-13.344 FS-P).

S'il résulte du procès-verbal dressé par l'huissier ou commissaire de justice (conformément aux dispositions de l'article 659 CPC) que l'adresse indiquée comme étant le domicile de l'auteur du pourvoi est inexacte et que la banque justifie que cette irrégularité, qui nuit à l'exécution des condamnations prononcées à son profit, lui cause un grief, il y a lieu d'annuler la déclaration de pourvoi. Le litige étant indivisible, le pourvoi est irrecevable à l'égard de l'ensemble des défendeurs (Cass. 2e civ. 13-1-2022 n° 20-18.635 F-B ; voir aussi Cass. com. 15-6-2011 n° 09-14.953 : Bull. civ. IV n° 97 ; Cass. 1e civ. 20-9-2019 n° 18-20.222 FS-PBI).

En revanche, dès lors que l'intimé a constitué avocat et a pu se défendre, l'acte d'appel qui indique non pas l'adresse du domicile personnel de l'intimé mais celle de la société l'employant n'est pas susceptible d'annulation (Cass. 2e civ. 25-11-2004 n° 02-12.829 : Bull. civ. II n° 505). De même, la signification d'un jugement qui n'a pas été préalablement notifié à avocat n'est pas nulle dès lors que l'appelant, qui a pu former un premier appel du jugement non notifié en temps utile, ne justifie pas d'un grief consécutif (Cass. 2e civ. 22-9-2016 n° 15-22.386 F-PB ; voir aussi Cass. 2e civ. 12-4-2012 n° 11-12.017 : Bull. civ. II n° 74).

RÉGULARISATION COUVRANT L'EXCEPTION DE NULLITÉ

La nullité est couverte par la régularisation ultérieure de l'acte si **aucune forclusion** n'est intervenue et s'il ne subsiste **aucun grief** (CPC art. 115). 10535

Par exemple, un nouvel acte d'appel régulier peut être déposé si le délai d'appel n'est pas expiré.

b. Présentation de l'exception de nullité

TITULAIRE DE L'EXCEPTION DE NULLITÉ

Seule la **partie** à laquelle l'acte irrégulier était destiné et qui a subi un grief causé par l'irrégularité de cet acte peut soulever l'exception de nullité (Cass. 2e civ. 21-7-1986 n° 84-16.110 : Bull. civ. II n° 132), peu important qu'elle intervienne comme demandeur ou comme défendeur. 10545

En cas de **pluralité de parties,** seule la partie destinataire de l'acte vicié peut invoquer la nullité, sauf cas d'indivisibilité entre les parties dès lors que l'acte les concerne et qu'il est susceptible de leur porter préjudice.

10547 La nullité de l'acte ne peut pas être soulevée par son **auteur** et l'irrégularité de l'acte ne peut pas être relevée d'office par le juge (Cass. soc. 25-5-1977 n° 77-60.015 : Bull. civ. V n° 348 ; Cass. 3e civ. 9-3-1994 n° 91-16.941 : RJDA 10/94 n° 1010, Bull. civ. III n° 49 ; Cass. 3e civ. 22-3-1995 n° 93-18.111 : Bull. civ. III n° 82). Toutefois, en l'absence du défendeur, le juge ne doit faire droit à la demande que dans la mesure où il l'estime régulière, recevable et bien fondée (CPC art. 472) de sorte qu'il peut être amené à relever d'office une irrégularité.

MOMENT DE LA PRÉSENTATION D'UNE EXCEPTION DE NULLITÉ ET JURIDICTION COMPÉTENTE

10555 Le moment auquel l'exception de nullité pour vice de forme doit être soulevée et la juridiction compétente pour statuer sont régis par les règles communes à l'ensemble des exceptions de procédure (nos 10060 s. et 10130 s.).

2. NULLITÉ POUR VICE DE FOND

a. Causes de nullité

PRINCIPES

10570 Constituent des irrégularités de fond affectant la validité des actes de procédure le **défaut** de (CPC art. 117) :
– capacité d'ester en justice ;
– pouvoir d'une partie ou d'une personne figurant au procès comme représentant soit d'une personne morale, soit d'une personne atteinte d'une incapacité d'exercice ;
– capacité ou pouvoir d'une personne assurant la représentation d'une partie en justice.
Cette **liste** est **limitative** (n° 10660).
La nullité d'un acte de procédure doit être **appréciée** à la date de ce dernier. Cette appréciation peut se fonder sur des éléments de preuve extérieurs à cet acte (Cass. 2e civ. 9-6-2022 n° 21-12.738 FB).

DÉFAUT DE CAPACITÉ D'ESTER EN JUSTICE

10575 **Personne physique** Le défaut de capacité peut concerner un **mineur non émancipé** ou un **majeur en curatelle ou tutelle** qui agirait seul en justice, sans être assisté ou représenté.
Il a toutefois été jugé qu'en matière d'**assistance éducative** il résulte des articles 375 du Code civil et 1186 et 1191 du CPC que le mineur peut lui-même saisir le juge des enfants pour lui demander d'ordonner des mesures et qu'il peut également lui-même interjeter appel des décisions de ce juge et faire choix d'un avocat. Il incombe alors seulement aux juges du fond de vérifier qu'il possède un discernement suffisant pour exercer ces prérogatives (Cass. 1e civ. 21-11-1995 n° 94-05.102 : Bull. civ. I n° 418).

10577 Est frappé d'une irrégularité de fond, insusceptible d'être couverte (Cass. 3e civ. 5-10-2017 n° 16-21.499 FS-PBI), la demande ou l'appel fait au nom d'une **personne décédée** (Cass. 2e civ. 12-6-1991 n° 90-12.594 : Bull. civ. II n° 178 ; Cass. 2e civ. 13-1-1993 n° 91-17.175 : Bull. civ. II n° 15). Mais l'irrégularité d'une assignation ou d'une déclaration d'appel en ce qu'elle est faite au nom d'une partie décédée n'affecte pas cet acte en ce qu'il est établi au nom d'une autre partie (Cass. 1e civ. 16-12-2015 n° 15-14.273 : Bull. inf. C. cass. 1-5-2015 n° 666 ; Cass. 3e civ. 5-10-2017 n° 16-21.499 FS-PBI : Bull. civ. III n° 111).
La signification d'un jugement au nom d'une personne décédée est également affectée d'une irrégularité de fond, peu important que le destinataire ait eu connaissance de ce décès (Cass. 2e civ. 18-10-2018 n° 17-19.249 FS-PB).

10580 **Groupement n'ayant pas ou plus de personnalité** Un groupement n'a la capacité à agir en justice que s'il a la personnalité juridique.
Par suite, est nul le congé délivré au nom de la « **famille** X » (Cass. 3e civ. 10-6-1998 n° 96-17.975 : RJDA 8-9/98 n° 952), l'acte délivré par une **indivision** (Cass. 3e civ. 25-4-2001 n° 99-14.368 : RJDA 7/01 n° 757, Bull. civ. III n° 50 pour un congé ; Cass. 2e civ. 9-6-2011 n° 10-19.241 : Bull. civ. II n° 129 pour un commandement de quitter les lieux) ou la procédure engagée par une **association syndicale libre** avant la publication de son acte constitutif (Cass. 3e civ. 15-12-2004 n° 03-16.434 : Bull. civ. III n° 238).
De même, en l'absence de personnalité juridique, le **service de l'aide sociale à l'enfance,** service non personnalisé du département, ne peut agir en justice, le président du conseil général (aujourd'hui, conseil départemental) intentant les actions en justice au nom du département (Cass. 1e civ. 14-11-2006 n° 04-05.097 : Bull. civ. I n° 486).
Sur la capacité à agir en justice des **sociétés,** voir nos 47010 s.

ATTENTION

Dans un acte de procédure, l'erreur relative à la **dénomination d'une partie** n'affecte pas la capacité à ester en justice qui est attachée à la personne, quelle que soit sa désignation, et ne constitue qu'un vice de forme, lequel ne peut entraîner la nullité de l'acte que sur justification d'un grief (Cass. 2e civ. 4-2-2021 n° 20-10.685 F-PBI).

DÉFAUT DE POUVOIR D'UNE PARTIE

Le défaut de pouvoir d'une partie constitue une irrégularité de fond (CPC art. 117, al. 3). Une personne faisant l'objet d'une **procédure collective** peut être privée du pouvoir d'agir en justice (nos 51250 s.). 10590
Un congé délivré à la requête d'une personne qui n'est pas le **bailleur** est nul, peu important que le locataire eût connu l'identité des propriétaires et que l'irrégularité ne lui ait causé aucun grief (Cass. 3e civ. 29-9-1999 n° 98-11.746 : Bull. civ. III n° 190).

DÉFAUT DE POUVOIR DU REPRÉSENTANT D'UNE PERSONNE MORALE

Constitue une irrégularité de fond, affectant la validité de l'acte, le défaut de pouvoir d'une personne figurant au procès comme représentant d'une partie personne morale (CPC art. 117, al. 3). Tel est le cas d'un commandement délivré au nom d'un gérant décédé (Cass. 3e civ. 25-3-1992 n° 90-15.691 : RJDA 8-9/92 n° 808). Il a été jugé que le commandement de payer délivré à la requête d'une SCI bailleresse dont le représentant était décédé à la date de délivrance de l'acte était affecté d'une irrégularité de fond qui entraînait la nullité de tous les actes subséquents, c'est-à-dire l'assignation en référé aux fins de voir constater la résiliation de plein droit du bail, et même l'ordonnance accueillant cette demande (Cass. 2e civ. 21-3-2013 n° 12-17.107 : RJDA 6/13 n° 509). 10595

Si la personne figurant au procès comme représentant d'une personne morale prétend être l'organe représentatif de celle-ci, la **vérification de l'étendue de ses pouvoirs,** dont le défaut constitue une irrégularité de fond au sens de l'article 117 du CPC, doit se faire selon les règles du droit dont relève cette personne morale (société, association, etc.) et non pas selon les règles du mandat d'agir en justice de l'article 416 dudit Code (voir Cass. 2e civ. 1-12-1993 n° 92-11.752 : Bull. civ. II n° 346). 10597

Une **société** est valablement représentée en justice par son représentant légal ou par le détenteur d'une délégation de pouvoir spéciale. 10599

Pour une **association,** il convient de se reporter à ses **statuts** afin de déterminer l'organe compétent pour agir en justice. 10602

ILLUSTRATIONS

Dès lors que les statuts de l'association donnent pouvoir à son président de la représenter dans tous les actes de la vie civile et devant les tribunaux, ce dernier a le pouvoir d'intenter, sans autorisation spéciale préalable, une action en justice au nom de celle-ci, faute de disposition statutaire contraire ou d'une délibération de l'assemblée générale de ses membres retirant un tel pouvoir au président (Cass. 1e civ. 2-3-1999 n° 97-15.007 : Bull. civ. I n° 69).
En revanche, dans le silence des statuts d'une association conférant expressément à un autre organe la capacité de décider d'exercer une action en justice ou à une personne le pouvoir de la représenter en justice, l'action ne peut être valablement décidée que par l'assemblée générale (Cass. soc. 16-1-2008 n° 07-60.126 : RJDA 7/08 n° 824).
De même, le président d'une association, auquel les statuts ne donnent aucun pouvoir particulier autre que celui de la faire fonctionner en convoquant le conseil d'administration ou l'assemblée générale, doit recevoir un mandat spécial pour la représenter en justice (Cass. 1e civ. 19-11-2002 n° 00-18.946 : RJDA 5/03 n° 507).

Le **syndic de copropriété** ne peut agir en justice au nom du syndicat sans y avoir été autorisé par une décision de l'assemblée générale, sauf pour les actions en recouvrement de créances, la mise en œuvre des voies d'exécution forcée à l'exception de la saisie en vue de la vente d'un lot, les mesures conservatoires, l'opposition aux travaux permettant la recharge normale des véhicules électriques ou hybrides rechargeables avec un système de mesure permettant une facturation individuelle des consommations et les demandes qui relèvent des pouvoirs du juge des référés, ainsi que pour défendre le syndicat dans les actions intentées contre lui (Décret 67-223 du 17-3-1967 art. 55). 10610

ILLUSTRATIONS

Le syndic n'a **pas besoin d'être autorisé** par l'assemblée lorsque le syndicat est défendeur. Il en va de même pour former une demande reconventionnelle, faire une tierce opposition ou appel incident, relever appel ou former un pourvoi en cassation (Cass. 3e civ. 15-12-1993 n° 91-19.802 : Bull. civ. III n° 172 ; CE 9-7-2008 n° 297370 : BPIM 5/08 n° 384 ; Cass. 3e civ. 8-9-2010

n° 07-15.852 : BPIM 6/10 n° 493), peu important que le syndicat ait été demandeur ou défendeur en première instance (Cass. 3e civ. 22-3-2000 n° 98-15.743 : Bull. civ. III n° 65). Ne nécessite pas non plus d'autorisation la déclaration de créances du syndicat au passif du redressement judiciaire d'un ancien syndic (Cass. 3e civ. 29-1-2003 n° 00-21.945 : Bull. civ. III n° 21) ou d'un copropriétaire (Cass. com. 19-5-2004 n° 02-14.805 : RJDA 11/04 n° 1243).
En revanche, l'**autorisation** est **nécessaire** pour l'action en liquidation d'astreinte (Cass. 3e civ. 20-12-2000 n° 99-15.236 : Bull. civ. III n° 197 ; Cass. 3e civ. 20-10-2016 n° 15-23.233 : Voir la mise à jour) sauf lorsque celle-ci relève des pouvoirs du juge des référés (Cass. 2e civ. 10-2-2011 n° 10-30.576 : Bull. civ. II n° 32). Elle est également requise pour la demande d'ouverture d'une procédure collective à l'encontre d'un copropriétaire (Cass. com. 7-3-2006 n° 04-16.633 : RJDA 8-9/06 n° 924) ou lorsque la demande reconventionnelle n'est pas exclusivement fondée sur la demande principale et tend à obtenir un avantage distinct (Cass. 3e civ. 17-1-1996 n° 93-19.407 : RJDA 6/96 n° 826 ; Cass. 1e civ. 13-11-1996 n° 93-17.919 : Bull. civ. I n° 397 ; Cass. 3e civ. 4-12-2002 n° 01-00.425 : Bull. civ. III n° 249).

10612 L'**autorisation** donnée au syndic de copropriété, qui vaut habilitation pour tous les **syndicats successifs** (Cass. 3e civ. 6-12-2006 n° 05-16.949 : Bull. civ. III n° 242 ; Cass. 3e civ. 8-9-2010 n° 07-21.446 : Voir la mise à jour), doit être **précise** quant à l'objet de l'action car le pouvoir du syndic est limité à ce qui figure dans la résolution de l'assemblée (Cass. 3e civ. 11-10-1990 n° 89-13.854 : Bull. civ. III n° 182 ; Cass. 3e civ. 11-1-1995 n° 92-21.668 : RJDA 3/95 n° 345 ; sur l'appréciation de l'existence de l'autorisation, voir, par exemple, Cass. 3e civ. 12-12-2001 n° 98-22.950 : Bull. civ. III n° 148).
L'habilitation ne peut pas être donnée **par anticipation** contre un copropriétaire non désigné (par exemple, autorisation donnée contre tout copropriétaire qui troublerait la tranquillité de l'immeuble) (Cass. 3e civ. 26-9-2007 n° 06-11.191 : Bull. civ. III n° 152).
L'habilitation doit être donnée au syndic et un mandat conféré **à un avocat** d'agir en justice ne suffit pas pour ce faire (Cass. 3e civ. 5-4-1995 n° 93-12.511 : BPIM 1/97 inf. 41 ; Cass. 3e civ. 15-11-2018 n° 17-18.386 F-D : BPIM 1/19 inf. 63).

10614 Le **défaut d'habilitation du syndic** à agir en justice constitue un défaut de pouvoir sanctionné par une nullité de fond (Cass. 3e civ. 9-4-2008 n° 07-13.236 : Bull. civ. III n° 67 ; Cass. 3e civ. 6-5-2003 n° 00-20.819 : Bull. civ. III n° 97). Seuls les copropriétaires peuvent se prévaloir de l'absence d'autorisation du syndic à agir en justice (Décret 67-223 du 17-3-1967 art. 55, al. 2).
L'assemblée peut donner **a posteriori** son **autorisation** (Cass. 3e civ. 1-2-1983 : Administrer mai 1983 p. 39). Celle-ci doit être donnée avant que le juge statue conformément à l'article 121 du Code de procédure civile (Cass. 3e civ. 27-1-1988 : RDI 1988 p. 389) et avant l'expiration du délai de prescription de l'action (Cass. 3e civ. 9-12-1998 : Bull. civ. III n° 237 ; Cass. 3e civ. 12-3-2008 n° 06-20.189 : BPIM 3/08 inf. 242 ; Cass. 3e civ. 13-1-2010 n° 09-10.398 : BPIM 2/10 inf. 146).

> **Précisions** L'alinéa 2 de l'article 55 du décret 67-223, aux termes duquel seuls les copropriétaires peuvent se prévaloir de l'absence d'autorisation du syndic à agir en justice, instauré par le décret 2019-650 du 27 juin 2019, ne régit que les exceptions de nullité tirées du défaut d'autorisation présentées à compter du 29 juin 2019. Avant cette date, le défaut d'autorisation du syndic pouvait être invoqué par tout défendeur à l'action (notamment, Cass. ass. plén. 15-5-1992 n° 89-18.021 : Bull. civ. III n° 5).

DÉFAUT DE POUVOIR DU REPRÉSENTANT D'UNE PERSONNE PROTÉGÉE

10625 Le défaut de pouvoir d'une personne figurant au procès comme représentant d'une partie atteinte d'une incapacité d'exercice constitue une irrégularité de fond (CPC art. 117, al. 3).
Est ainsi nulle l'assignation mentionnant que le demandeur, incapable majeur, est assisté de son curateur, alors qu'ayant été placé sous tutelle avant la délivrance de l'assignation, le demandeur devait être représenté par son gérant de tutelle, peu important que les fonctions de curateur puis de gérant de tutelle aient été confiées successivement à la même personne physique (CA Paris 1-6-2007 n° 06/1168).

DÉFAUT DE CAPACITÉ OU DE POUVOIR DU REPRÉSENTANT D'UNE PARTIE

10640 Le défaut de capacité ou de pouvoir de celui qui prétend agir en justice au nom et pour le compte d'autrui (en vertu d'un mandat légal, judiciaire ou conventionnel) constitue une irrégularité de fond sanctionnée par la nullité de l'acte (CPC art. 117, al. 4). Quiconque entend représenter ou assister une partie en justice doit en effet justifier qu'il en a reçu le **mandat** ou la mission et ce, par écrit, à défaut de dispense légale (Cass. com. 15-10-1991 n° 90-11.657 : Bull. civ. IV n° 297). Sur le régime de la représentation et de l'assistance en justice, voir nos 10020 s.
Ainsi, l'acte d'appel régularisé par un mandataire judiciaire suspendu provisoirement de l'exercice de ses fonctions constitue bien une irrégularité de fond tirée du défaut de pouvoir visée à l'article 117 du CPC (Cass. com. 10-3-2015 n° 13-21.711 : Bull. civ. IV n° 45).

Lorsque la **représentation** est **obligatoire,** la constitution d'un avocat non habilité à représenter une partie en justice est une cause de nullité affectant au fond la validité de l'assignation (Cass. 2e civ. 20-6-1979 n° 77-10.567 : Bull. civ. II n° 183 ; Cass. 2e civ. 9-1-1991 n° 89-12.457 : Bull. civ. II n° 13, avocat n'appartenant pas au barreau dont dépend le TGI, désormais tribunal judiciaire, saisi). **10642**
Jugé que l'absence de **signature d'une requête** présentée au président du TGI (désormais tribunal judiciaire) par un avocat postulant constitue une irrégularité de fond (Cass. 2e civ. 24-2-2005 n° 03-11.718 : Bull. civ. II n° 49).
Mais le fait de ne pas indiquer dans une assignation le nom de l'avocat personne physique par le ministère duquel postule la **société d'avocats** ne constitue qu'une irrégularité de forme (Cass. 2e civ. 1-2-2006 n° 05-17.742 : Bull. civ. II n° 35 ; Cass. 2e civ. 5-4-2007 n° 06-14.818 : RJDA 8-9/07 n° 863).

Dans les **procédures sans représentation obligatoire,** il convient de s'assurer que les personnes habilitées à représenter les parties devant la juridiction en cause disposent bien d'un **mandat spécial** pour ce faire. **10644**
Les parties n'étant pas tenues de constituer **avocat** dans les matières où la représentation n'est pas obligatoire, la mention erronée dans l'assignation de la constitution d'un avocat n'exerçant pas dans le ressort de la juridiction saisie n'est pas constitutive d'une irrégularité de fond (Cass. 3e civ. 29-11-2006 n° 05-19.736 : Bull. civ. III n° 238).

AUTRES CAUSES PERMETTANT DE SOULEVER UNE EXCEPTION DE NULLITÉ

Quelle que soit la gravité de l'irrégularité alléguée, seules affectent la validité d'un acte de procédure soit les vices de forme faisant grief, soit les irrégularités de fond **limitativement énumérées** à l'article 117 du CPC (Cass. ch. mixte 7-7-2006 n° 03-20.026 : Bull. civ. ch. mixte n° 6). La limite s'impose indépendamment du grief que l'irrégularité de fond alléguée a pu causer (Cass. 2e civ. 19-11-2009 n° 06-20.476 : Procédures 2010 comm. 29 obs. R. Perrot). **10660**
La solution a été plusieurs fois réaffirmée (Cass. 3e civ. 30-10-2009 n° 08-13.756 : RJDA 12/09 n° 1048 ; Cass. 3e civ. 27-1-2010 n° 08-12.465 : Bull. civ. III n° 24 ; Cass. 2e civ. 27-9-2012 n° 11-23.159 : Gaz. Pal. 2013 jur. p. 914 note L. Mayer).

ILLUSTRATIONS

Ne relèvent pas des irrégularités de fond :
– l'irrégularité consistant en la délivrance d'une assignation introductive d'instance par un huissier ou commissaire de justice territorialement incompétent, laquelle constitue une irrégularité de forme devant être soulevée avant toute défense au fond (Cass. 2e civ. 27-9-2012 n° 11-23.159 ; Cass. 2e civ. 5-6-2014 n° 13-13.765 : Bull. civ. II n° 129) ;
– l'exception de nullité formée pour impartialité d'un expert (Cass. 1e civ. 14-11-2018 n° 17-27.980 FS-PB).

Malgré les affirmations répétées du caractère limitatif de la liste de l'article 117 du CPC, une irrégularité de fond peut être retenue dans des **situations non envisagées** par cet article. Par **exemple**, le fait pour un huissier ou commissaire de justice d'instrumenter pour le compte d'un parent ou allié constitue une irrégularité de fond (Cass. 1e civ. 31-5-2007 n° 06-12.173 : Bull. civ. I n° 214). S'agissant, dans le cadre de la procédure spécifique aux baux commerciaux, des irrégularités de fond affectant le mémoire devant le juge des loyers commerciaux, voir nos 45340 s. **10662**

b. Régime des nullités

L'exception de nullité pour vice de fond n'exige ni l'existence d'un **texte,** ni la justification d'un **grief** (CPC art. 119). **10690**
Sur le **moment de présentation** de l'exception et **le juge compétent,** voir respectivement n° 10106 et nos 10130 s.

NULLITÉ RELEVÉE D'OFFICE

Obligation pour le juge Les exceptions de nullité fondées sur l'inobservation des règles de fond relatives aux actes de procédure doivent être relevées d'office lorsqu'elles ont un **caractère d'ordre public** (CPC art. 120, al. 1). **10692**
Revêtent un caractère d'ordre public les dispositions de l'article 55 du décret 67-223 du 17 mars 1967 qui dénient au syndic le pouvoir d'intenter une action en justice au nom du syndicat sans y avoir été habilité par une délibération de l'assemblée générale des copropriétaires (Cass. 3e civ. 14-5-1974 n° 73-10.204 : Bull. civ. III n° 190). De même, dans le cadre des **baux commerciaux,** la procédure relative au dépôt des mémoires et à leur notification s'impose aux justiciables comme ayant été édictée dans le cadre de l'organisation judiciaire et dans l'intérêt d'une bonne administration de la justice et non dans l'intérêt de l'une ou l'autre des parties (nos 45340 s.).

10694 Le juge ne peut pas relever d'office les **irrégularités ne présentant pas un caractère d'ordre public.** Ne sont pas d'ordre public les irrégularités de fond :
– tenant au **défaut de pouvoir de l'avocat** d'agir en justice lorsqu'il forme appel pour son client alors que celui-ci ne souhaitait pas faire appel (Cass. 1e civ. 19-9-2007 n° 06-17.408 : Bull. civ. I n° 274) ;
– tenant au **défaut de pouvoir** d'une personne figurant au procès comme **représentant d'une personne morale,** qui ne peut profiter qu'à la partie qui l'invoque (Cass. com. 14-12-2010 n° 09-71.712 : RJDA 2/11 n° 162).
Même investi du pouvoir de relever d'office un moyen, le juge doit inviter les parties à s'expliquer et instaurer un **débat contradictoire.**

10700 **Faculté pour le juge** Le juge a la faculté de relever d'office la nullité pour défaut de capacité d'ester en justice (CPC art. 120, al. 2).

RÉGULARISATION DES EXCEPTIONS DE NULLITÉ

10710 Dans les cas où elle est susceptible d'être couverte, la nullité ne sera pas prononcée si sa cause a disparu au moment où le juge statue (CPC art. 121).

ILLUSTRATIONS

Sont susceptibles d'être couvertes :
– l'irrégularité d'une assignation délivrée au nom d'une **personne protégée** sans celui qui la représente ou l'assiste (Cass. 3e civ. 5-10-2017 n° 16-21.499 FS-PBI) ;
– la nullité de fond affectant une procédure de première instance ayant donné lieu à la condamnation d'un majeur sous tutelle non représenté par son tuteur lorsque l'intéressé recouvre l'exercice de ses droits avant la clôture de la procédure (Cass. 1e civ. 20-1-2004 n° 00-19.577 : Bull. civ. I n° 22) ;
– l'irrégularité concernant la constitution d'un **avocat** n'appartenant pas au barreau du TGI (désormais tribunal judiciaire) compétent, lorsqu'un nouvel avocat appartenant à ce barreau se constitue avant que le juge ne statue (Cass. 2e civ. 20-5-2010 n° 06-22.024 : Bull. civ. II n° 98) ;
– l'irrégularité affectant un commandement portant constitution d'un avocat honoraire, par la délivrance au débiteur, avant que le juge de l'exécution ne statue, d'une assignation à comparaître à l'audience d'orientation mentionnant la constitution d'un avocat ayant le pouvoir de représenter la partie dans la procédure de saisie immobilière (Cass. 2e civ. 10-1-2019 n° 17-28.805 F-PB).
Sur la possibilité de couvrir l'irrégularité tenant au défaut d'habilitation du **syndic** à agir en justice, voir n° 10614.
À l'inverse, ne peut être couverte l'irrégularité d'une procédure lancée au nom d'une **personne décédée** (n° 10577) ou d'une **personne morale inexistante** (n° 47016).

10715 **Délai de régularisation** La régularisation doit intervenir avant que le juge statue, c'est-à-dire, selon le cas, avant la **clôture des débats** ou, dans les procédures avec représentation obligatoire, avant l'**ordonnance de clôture** (Cass. 2e civ. 3-6-1998 n° 96-21.173 : Bull. civ. II n° 173).
Aucune forclusion (Cass. com. 8-6-1999 n° 94-20.999 : RJDA 8-9/99 n° 972 ; Cass. soc. 20-11-1985 n° 84-14.698 : Bull. civ. V n° 543) ou prescription (Cass. 3e civ. 13-1-2010 n° 09-10.398 : Bull. civ. III n° 11) ne doit avoir joué dans l'intervalle. Il en résulte que la régularisation des pouvoirs du syndic qui a interjeté appel au nom du syndicat alors qu'il n'avait plus de mandat de syndic ne peut pas intervenir après l'expiration du délai d'appel (Cass. 3e civ. 16-10-2015 n° 14-16.106 : Bull. civ. III n° 83).
Par ailleurs, dès lors qu'une assignation est régularisée avant que le juge statue, le délai de prescription de l'action est interrompu (Cass. 2e civ. 8-9-2011 n° 10-18.342 : Gaz. Pal. 2011 jur. p. 2841 note G. Deharo).

10720 **Régularisation en cause d'appel** La question de savoir si la régularisation peut intervenir en cause d'appel pour des irrégularités de la procédure de première instance est controversée.
Certaines décisions refusent la régularisation en appel, au motif qu'un jugement étant intervenu, la cause de nullité n'avait pas disparu au moment où ce premier juge a statué (cf. CPC art. 121). D'autres au contraire admettent la régularisation.

ILLUSTRATIONS

Nullité non couverte en appel
Si, selon l'article 562 alinéa 2 du CPC, la dévolution s'opère pour le tout lorsque l'appel tend à l'annulation du jugement, il en va différemment lorsque le premier juge n'a pas été valablement saisi. D'après l'article 510-2 du Code civil (devenu C. civ. art. 467, al. 3), toute signification faite au majeur en curatelle doit l'être aussi à son curateur à peine de nullité. Dans le cadre

d'une procédure de première instance poursuivie contre un **majeur en curatelle sans son curateur** en méconnaissance de l'article 510-2 du Code civil (devenu C. civ. art. 467, al. 3), l'intervention forcée du curateur en cause d'appel ne couvre pas, au regard de l'article 121 du CPC, la nullité résultant de l'absence de mise en cause du curateur en première instance car la juridiction de première instance n'a pas été valablement saisie et la cause de la nullité n'a pas disparu lorsqu'elle a statué (Cass. 2e civ. 7-3-1984 n° 82-12.804 : Bull. civ. II n° 45).
Lorsqu'un **avocat** a été constitué en première instance par une partie qu'il n'avait **pas la capacité de représenter,** la constitution d'un avoué en appel (aujourd'hui, un avocat), par cette même partie n'a pu avoir pour effet de régulariser la procédure de première instance (Cass. 2e civ. 23-10-2003 n° 01-17.806 : Bull. civ. II n° 325).
La constitution d'un avocat en appel ne peut avoir pour effet de régulariser la **procédure** de première instance **introduite sans représentation par un avocat** et ainsi affectée d'une irrégularité fondée sur l'inobservation d'une règle de fond (Cass. com. 19-6-2007 n° 06-12.150 : RJDA 10/07 n° 989).
Nullité couverte en appel
La nullité pour irrégularité de fond qui affecte une procédure de première instance ayant donné lieu à la condamnation d'un **majeur sous tutelle non représenté** par son tuteur est couverte lorsque, en appel, l'époux et tuteur du majeur protégé est intervenu volontairement à l'instance, que l'intéressé a recouvré l'exercice de ses droits avant la clôture de la procédure et conclu au fond en son nom personnel (Cass. 1e civ. 20-1-2004 n° 00-19.577 : Bull. civ. I n° 22).
Si le **défaut de pouvoir spécial** d'une personne chargée de représenter une partie dans une procédure sans représentation obligatoire constitue une irrégularité de fond affectant la validité des actes de procédure, l'article 121 du CPC, sans faire de distinction entre la procédure de première instance et celle d'appel, dispose que cette nullité ne sera pas prononcée si sa cause a disparu au moment où le juge statue (Cass. 2e civ. 21-4-2005 n° 02-20.183 : Bull. civ. II n° 114 ; Cass. soc. 26-1-2016 n° 14-11.992 : RJS 4/16 n° 287).
Quand l'irrégularité de fond affectant un acte de procédure résulte d'un **évènement postérieur à la saisine** du conseil de prud'hommes par la demande adressée à son secrétariat (disparition d'une société par fusion absorption), elle peut être régularisée y compris en cause d'appel (Cass. soc. 13-9-2005 n° 03-42.736 : Bull. civ. V n° 254).
L'irrégularité de fond tirée du **défaut de pouvoir du représentant** d'une partie en justice peut être couverte jusqu'au moment où le juge statue. Est donc couverte la nullité résultant de la non-comparution personnelle du demandeur et de sa représentation irrégulière par son ex-épouse devant le tribunal des affaires de sécurité sociale dès lors qu'en appel, il était représenté par un avocat (Cass. 2e civ. 25-3-2010 n° 09-13.672 : RJS 6/10 n° 563).

II. FINS DE NON-RECEVOIR

DÉFINITION

Constitue une fin de non-recevoir tout moyen qui tend à faire déclarer l'adversaire irrecevable en sa demande, sans examen au fond, pour défaut de **droit d'agir,** tel le défaut de qualité, le défaut d'intérêt, la prescription, le délai préfix, la chose jugée (CPC art. 122). Le mot « demande » ne doit pas être pris dans un sens étroit. L'argument de fin de non-recevoir bénéficie aussi au demandeur confronté à une demande incidente. **10770**
Une fin de non-recevoir permet donc de contester la **recevabilité de l'action** du demandeur et a pour effet de le priver de l'accès au juge puisque sa demande, déclarée irrecevable, ne sera pas examinée.
La liste de l'article 122 du CPC n'est pas limitative (Cass. ch. mixte 14-2-2003 n° 00-19.423 : RJDA 5/03 n° 556).

COMPARAISON DES FINS DE NON-RECEVOIR AVEC D'AUTRES MOYENS DE DÉFENSE

Ne constitue pas une fin de non-recevoir mais une **demande reconventionnelle** celle formulée de manière expresse par un défendeur, en nullité de l'association syndicale libre demanderesse, demande qui touche au fond du droit et n'est pas une contestation de la qualité pour agir de l'adversaire (Cass. 3e civ. 18-12-1991 n° 90-11.048 : Bull. civ. III n° 320). **10775**

Les fins de non-recevoir doivent également être distinguées des **exceptions de procédure** et principalement des nullités des actes de procédure pour vice de forme ou de fond qui ne touchent pas au droit d'action mais portent sur la **validité d'un acte.** Il reste que certains textes prévoient que l'**omission de mentions** dans un acte, qui s'apparente à un vice de forme, est une cause d'**irrecevabilité** de l'acte (n° 10795). **10777**

ILLUSTRATIONS

Constitue une fin de non-recevoir et non une exception d'incompétence, le moyen tiré de l'**immunité de juridiction,** car, dans ce cas, l'interdiction faite au juge de connaître du litige n'est pas une question de compétence de ce juge mais une question de pouvoir juridictionnel (Cass. 1e civ. 15-4-1986 n° 84-13.422 : Bull. civ. I n° 87).
Constitue également une fin de non-recevoir et non une exception d'incompétence le **défaut de pouvoir du juge de l'exécution** pour statuer sur la responsabilité d'un notaire (Cass. 2e civ. 8-1-2015 n° 13-21.004 : Bull. civ. II n° 3) ou sur une demande de condamnation à des dommages-intérêts contre le créancier saisissant, qui n'est pas fondée sur l'exécution ou l'inexécution dommageable de la mesure, le juge ne disposant pas du pouvoir juridictionnel de statuer sur celle-ci (Cass. 2e civ. 15-4-2021 n° 19-20.281 F-P).
Le **défaut de saisine régulière** d'un tribunal ne constitue pas un vice de forme, mais une fin de non-recevoir (Cass. 2e civ. 6-1-2011 n° 09-72.506 : Bull. civ. II n° 5 ; Cass. 2e civ. 1-6-2017 n° 16-15.568 F-PB).
En revanche, affectant le contenu de l'acte de saisine de la juridiction et non le mode de saisine de celle-ci, l'irrégularité des mentions de la déclaration de saisine de la juridiction de renvoi après cassation ne constitue pas une cause d'irrecevabilité de celle-ci, mais relève des nullités pour vice de forme (Cass. 2e civ. 19-10-2017 n° 16-11.266 F-PB).

FIN DE NON-RECEVOIR ET PRESCRIPTION

10778 Une demande en justice, même en référé, interrompt le délai de prescription et l'effet interruptif perdure même en cas d'annulation de l'acte de saisine par l'effet d'un vice de procédure (C. civ. art. 2241).
En revanche, l'**interruption de la prescription** est non avenue si la demande est définitivement rejetée (C. civ. art. 2243).
La Cour de cassation a précisé que :
– l'article 2241 du Code civil s'applique aux vices de procédures et non aux fins de non-recevoir ;
– l'article 2243 dudit Code ne distinguant pas selon que la demande est définitivement rejetée par un moyen de fond ou par une fin de non-recevoir, l'effet interruptif de prescription de la **demande** en justice est non avenu si celle-ci est **déclarée irrecevable.**
Il en résulte que, lorsque l'assignation tendant à une condamnation au titre de l'insuffisance d'actif et à une mesure de faillite personnelle ou d'interdiction de gérer est déclarée irrecevable, elle n'interrompt pas la prescription (Cass. 2e civ. 26-1-2016 n° 14-17.952 FS-PB : RJDA 5/16 n° 388).

A. Causes d'irrecevabilité des fins de non-recevoir

10790 Outre les cas cités à l'article 122 du CPC (n° 10770), les fins de non-recevoir peuvent résulter de **textes particuliers** ou de **clauses contractuelles** prévoyant un préalable de conciliation ou de médiation avant toute introduction d'une action en justice (sur ces clauses, voir nos 55115 s.).
Quelques **exemples** de fins de non-recevoir sont donnés ci-dessous.

DÉFAUTS D'ACTES, FORMALITÉS OU MENTIONS

10795 Constitue une irrégularité sanctionnée par une fin de non-recevoir l'absence de certains actes, formalités ou mentions tels que :
– défaut de **saisine régulière** d'un tribunal (Cass. 3e civ. 2-10-1996 n° 94-18.535 : Bull. civ. III n° 202 ; Cass. 2e civ. 6-1-2011 n° 09-72.506 : Bull. civ. II n° 5 ; Cass. 2e civ. 1-6-2017 n° 16-15.568 F-PB) ;
– défaut de publication d'une demande judiciaire en **matière immobilière** (Décret 55-22 du 4-1-1955 art. 30, dernier al. ; Cass. 1e civ. 20-10-1981 n° 80-14.741 : Bull. civ. I n° 301 ; Cass. com. 12-4-2005 n° 03-18.606 : RJDA 8-9/05 n° 1055) ;
– absence de saisine préalable du conseil régional de l'ordre des architectes pour tenter une **conciliation** sur un différend entre architectes, conformément aux dispositions du Code des devoirs professionnels de l'architecture (Cass. 2e civ. 29-3-2017 n° 16-16.585 F-PB : Bull. civ. II n° 112).

CONTRADICTION AU DÉTRIMENT D'AUTRUI (ESTOPPEL)

10805 Le principe de l'estoppel, issu de la Common Law, pose un principe de **cohérence** interdisant à un plaideur de se contredire au détriment de son adversaire, sous peine d'irrecevabilité de sa prétention. L'estoppel sanctionne un **défaut de loyauté** d'une partie ; il n'est pas destiné à sanctionner une simple erreur (Cass. com. 21-2-2012 n° 11-10.564 : RJDA 5/12 n° 517).

Le principe de l'estoppel a été admis en matière d'**arbitrage** par la jurisprudence puis par l'article 1466 du CPC prévoyant que la partie qui, en connaissance de cause et sans motif légitime, s'abstient d'invoquer en temps utile une irrégularité devant le tribunal arbitral, est réputée avoir renoncé à s'en prévaloir. 10807

En dehors du domaine de l'arbitrage, la Cour de cassation a d'abord appliqué ce principe, sans le nommer, en jugeant irrecevable le moyen d'un plaideur contraire à l'argumentation qu'il soutenait auparavant (Cass. com. 20-3-2001 n° 97-10.760 ; Cass. 2e civ. 20-10-2005 n° 03-13.932 : Bull. civ. II n° 257).

La Cour de cassation a ensuite admis de façon indirecte que l'absence de cohérence pouvait constituer une fin de non-recevoir. En effet, dans une espèce où les différentes actions engagées par la partie à laquelle il était reproché de se contredire n'étaient ni de même nature, ni fondées sur les mêmes conventions et n'opposaient pas les mêmes parties, elle a jugé que la seule circonstance qu'une partie se contredise au détriment d'autrui n'emporte pas nécessairement fin de non-recevoir (Cass. ass. plén. 27-2-2009 n° 07-19.841 : Bull. civ. ass. plén. n° 1). Enfin, elle a reconnu comme un **principe général** l'impossibilité de se contredire au détriment d'autrui (Cass. com. 20-9-2011 n° 10-22.888 : Bull. civ. IV n° 132).

Pour être sanctionné par une fin de non-recevoir, le comportement procédural du plaideur doit être constitutif d'un **changement de position,** en droit, de nature à induire l'autre partie en erreur sur ses intentions (Cass. 1e civ. 3-2-2010 n° 08-21.288 : Bull. civ. I n° 25), à condition que la contradiction affecte des actions de même nature (en ce sens : Cass. ass. plén. 27-2-2009 n° 07-19.841 : Bull. civ. ass. plén. n° 1 ; Cass. soc. 22-9-2015 n° 14-16.947 FS-PB : RJS 12/15 n° 803) et au cours d'une **même instance** (Cass. 2e civ. 15-3-2018 n° 17-21.991 F-PBI). 10809

ILLUSTRATIONS

Admissions de fins de non-recevoir tirées de l'estoppel

Est irrecevable, comme incompatible avec la position adoptée devant les juges du fond, le moyen par lequel une partie fait grief à l'arrêt d'appel d'avoir révoqué l'ordonnance de clôture dès lors qu'à l'audience, elle a sollicité le rabat de cette ordonnance (Cass. 2e civ. 20-10-2005 n° 03-13.932 : Bull. civ. II n° 257).

Un assureur qui s'est prévalu de la nature décennale des désordres pour exiger de son assuré le versement de primes majorées ne peut ensuite contester devant les juges du fond la garantie correspondante pour lui voir substituer la garantie « défaut de performance » moins onéreuse pour lui (Cass. 3e civ. 28-1-2009 n° 07-20.891 : RJDA 8-9/09 n° 796).

Le plaideur qui a instrumenté un pourvoi ayant abouti à la cassation partielle de l'arrêt attaqué ne peut se prévaloir devant la cour de renvoi de la circonstance qu'il aurait été dépourvu de personnalité juridique lors des instances ayant conduit à l'instance soumise à cette cour (Cass. com. 20-9-2011 n° 10-22.888 : Bull. civ. IV n° 132).

Le comportement procédural consistant, pour un plaideur parfaitement informé de la situation, à soutenir en même temps deux positions incompatibles doit être sanctionné par l'irrecevabilité de ses demandes, en vertu du principe suivant lequel une partie ne peut se contredire au détriment d'autrui (CA Orléans 10-7-2007 n° 06/02347 : RJDA 6/08 n° 746).

Dans le cadre d'une liquidation partage de communauté entre époux, l'un d'eux avait, devant le premier juge, demandé expressément que soit retenue l'évaluation de l'expert relative aux loyers perçus par son ex-conjoint et aux charges payées par lui, puis, en cause d'appel, invoqué des prétentions différentes à ce titre, sans pour autant se prévaloir de nouvelles pièces de nature à expliquer leur contradiction avec sa première demande ; sa demande a été déclarée irrecevable (Cass. 1e civ. 22-10-2014 n° 12-29.265 : Bull. civ. I n° 176).

Rejets de fins de non-recevoir tirées de l'estoppel

Une fin de non-recevoir tirée du défaut de qualité de locataire, dès lors qu'elle peut être opposée en tout état de cause, peut l'être tardivement par une partie qui n'avait réagi ni à réception du congé ni devant le juge des loyers commerciaux (Cass. 2e civ. 14-11-2013 n° 12-25.835 : Bull. civ. II n° 221).

Un demandeur ne se contredit pas non plus au détriment d'autrui lorsqu'il livre, dans une première procédure engagée aux États-Unis, une certaine présentation de l'opération envisagée puis, dans une procédure engagée en France, une autre présentation ; ses prétentions n'ayant pas pu induire les défendeurs en erreur sur ses intentions, son action a été jugée recevable (Cass. 1e civ. 24-9-2014 n° 13-14.534 : Bull. civ. I n° 154).

Malgré une véritable contradiction entre deux positions adoptées successivement par une partie, les défenses au fond pouvant être invoquées en tout état de cause, les parties peuvent, en cause d'appel, invoquer des moyens nouveaux pour justifier les prétentions qu'elles ont soumises au premier juge (Cass. com. 10-2-2015 n° 13-28.262 : Bull. civ. IV n° 17).

L'action engagée devant la juridiction prud'homale étant distincte de celle qui s'était terminée par un jugement définitif rendu par le tribunal d'instance, la cour d'appel ne saurait

retenir que le salarié ne pouvait pas, sans se contredire, à la fois soutenir dans le cadre du litige soumis au juge d'instance qu'il n'avait pas la qualité de salarié de la société partie au litige, puis revendiquer cette même qualité devant la juridiction prud'homale (Cass. soc. 22-9-2015 n° 14-16.947 FS-PB : RJS 12/15 n° 803).
Les allégations d'une partie à une instance au fond ne peuvent pas être prises en compte lors d'une procédure postérieure de référé-expertise pour considérer que cette partie s'est contredite au détriment de son adversaire (Cass. 2e civ. 22-2-2017 n° 15-29.202 F-PB).
Est recevable la demande de radiation d'une caisse d'assurance maladie française présentée par un assuré, salarié en Suisse, qui, à sa demande, a été affilié au régime français avant de demander le bénéfice de l'assurance maladie suisse, dès lors que les positions contraires alléguées n'ont pas été adoptées au cours de la même instance (Cass. 2e civ. 15-3-2018 n° 17-21.991 F-PBI).
Un copropriétaire est recevable à assigner le syndicat des copropriétaires en annulation de la décision d'assemblée générale ayant décidé la suppression du poste de concierge, même s'il a voté en faveur de résolutions connexes à la résolution sur la suppression de ce poste dès lors que ce vote n'a pas eu pour effet de modifier la nature du vote sur la résolution contestée et qu'il n'est pas invoqué une contradiction au détriment d'autrui lors du débat judiciaire (Cass. 3e civ. 28-6-2018 n° 1716.693 FS-PBI).

B. Mise en œuvre des fins de non-recevoir

MOMENT DE LA PRÉSENTATION

10820 Les fins de non-recevoir peuvent être proposées **en tout état de cause, à moins qu'il n'en soit disposé autrement** et sauf la possibilité pour le juge de condamner à des dommages-intérêts ceux qui se seraient abstenus, dans une **intention dilatoire,** de les soulever plus tôt (CPC art. 123). L'appréciation de l'intention dilatoire relève de l'appréciation souveraine des juges du fond (Cass. 2e civ. 1-7-1981 n° 80-12.356 : Bull. civ. II n° 144 ; Cass. 2e civ. 27-2-2003 n° 01-11.975 : Bull. civ. II n° 44).

ATTENTION

Les parties à une **convention de procédure participative** aux fins de mise en état ont, à tout moment, la possibilité de renoncer expressément à se prévaloir d'une fin de non-recevoir, à l'exception de celles qui surviennent ou sont révélées postérieurement à la signature de la convention de procédure participative (CPC art. 1546-1, al. 2 modifié par décret 2021-1322 du 11-10-2021).

10822 Les fins de non-recevoir peuvent être proposées **après qu'il a été conclu au fond** (Cass. 2e civ. 10-10-1990 n° 88-16.685 : Bull. civ. II n° 191). Elles peuvent être proposées **pour la première fois en appel,** tel le moyen tiré par une partie de son défaut de qualité (Cass. 3e civ. 16-6-1982 n° 81-10.121 : Gaz. Pal. 1982 pan. p. 329) ou de la prescription (Cass. 2e civ. 1-12-2016 n° 15-27.143 F-PB). Dans cette dernière affaire, une cour d'appel a été censurée pour avoir déclaré irrecevable comme nouvelle une demande tendant à voir déclarer prescrite une créance, alors que celle-ci constitue une fin de non-recevoir. Ce moyen peut également être opposé au stade de la procédure d'exécution d'une décision de justice, quand bien même il ne l'aurait pas été lors de la procédure initiale ayant conduit à cette décision (Cass. 2e civ. 17-10-2013 n° 12-26.624 : Bull. civ. II n° 196).

10824 Bien que les fins de non-recevoir puissent être invoquées à tout moment de la procédure, les règles spécifiques aux **procédures écrites engagées devant le tribunal judiciaire,** lorsque la représentation par avocat est obligatoire, imposent de soulever les fins de non-recevoir avant le dessaisissement du juge de la mise en état (CPC art. 789 ; n° 10831).
Lorsque la **procédure** est **orale,** les fins de non-recevoir peuvent être formulées au moment de l'audience sauf à ce que, s'il est nécessaire de faire respecter le principe de contradiction, le tribunal renvoie l'affaire à une prochaine audience (Cass. com. 10-10-1989 n° 87-20.141 : Bull. civ. IV n° 249). Le fait pour une partie de déposer des conclusions avant d'invoquer, à un moment quelconque de la cause, la prescription n'établit pas sa volonté non équivoque de renoncer à cette fin de non-recevoir (Cass. 2e civ. 12-4-2018 n° 17-15.434 F-PB).

COMPÉTENCE EN MATIÈRE DE FINS DE NON-RECEVOIR

10830 En application du **principe** selon lequel le juge de l'action est le juge de l'exception, c'est devant la juridiction du fond saisie du litige que la fin de non-recevoir doit être invoquée, sauf si elle soulève une question qui relève de la compétence exclusive d'une autre juridiction (CPC art. 49, al. 1).

Toutefois, devant le **tribunal judiciaire,** dans la mesure où un **juge de la mise en état** est désigné, et où la demande est présentée postérieurement à sa désignation, ce dernier est, jusqu'à son dessaisissement, seul compétent à l'exclusion de toute autre formation du tribunal pour statuer sur les fins de non-recevoir ; les parties ne sont plus recevables à soulever ces fins de non-recevoir ultérieurement à moins que les moyens ne surviennent ou ne soient révélés postérieurement au dessaisissement du juge (CPC art. 789). 10831
Devant la **cour d'appel,** la même compétence est attribuée au conseiller de la mise en état (CPC art. 907), sauf si la procédure est instruite conformément aux dispositions de l'article 905 du CPC (n°s 26360 s.).

NÉCESSITÉ D'UN GRIEF ET FINS DE NON-RECEVOIR

Les fins de non-recevoir doivent être accueillies sans que celui qui les invoque ait à justifier d'un grief et alors même que l'irrecevabilité ne résulterait d'aucune disposition expresse (CPC art. 124). 10835
C'est ce qui a été retenu par **exemple** pour l'irrecevabilité pour défaut d'intérêt et de qualité (Cass. 3e civ. 12-5-1976 n° 75-70.142 : Bull. civ. III n° 203) ou pour défaut de saisine régulière d'un tribunal (Cass. 2e civ. 6-1-2011 n° 09-72.506 : Bull. civ. II n° 5).

ORDRE PUBLIC ET RÔLE DU JUGE EN MATIÈRE DE FINS DE NON-RECEVOIR

Fins de non-recevoir relevées d'office obligatoirement Les fins de non-recevoir doivent être relevées d'office lorsqu'elles ont un **caractère d'ordre public,** notamment lorsqu'elles résultent (CPC art. 125, al. 1) : 10840
– de l'**autorité de la chose jugée** attachée à une décision précédemment rendue dans la **même instance** (Cass. 2e civ. 14-1-2021 n° 19-17.758 F-PBI ; rapprocher de Cass. 2e civ. 17-9-2020 n° 19-17.673 F-PBI) ;
– de l'inobservation de **délais** dans lesquels doivent être exercées les **voies de recours** (pour l'irrecevabilité d'un appel tardif, voir notamment Cass. 2e civ. 21-7-1986 n° 85-11.733 : Bull. civ. II n° 133 ; Cass. com. 12-7-2004 n° 03-12.672 : Bull. civ. IV n° 161 ; Cass. com. 17-5-2011 n° 10-16.526 : RJDA 11/11 n° 952 et pour l'irrecevabilité d'un appel incident, Cass. 2e civ. 28-9-2017 n° 16-23.497 F-PB) ;
– de l'absence d'**ouverture** d'une **voie de recours** (Cass. ch. mixte 25-10-2004 n° 03-14.219 : Bull. civ. ch. mixte n° 3 ; Cass. 2e civ. 29-9-2011 n° 10-27.658 : Bull. civ. II n° 179 ; sur le défaut d'autorisation du premier président, dans le cas où elle est rendue nécessaire pour relever appel, voir notamment Cass. 3e civ. 15-1-1985 n° 83-16.164 : Bull. civ. III n° 10 ; Cass. soc. 2-5-1989 n° 86-42.048 : Bull. civ. V n° 316 ; Cass. soc. 17-2-1993 n° 89-45.744 : Bull. civ. V n° 60).

Doit être relevé d'office l'irrecevabilité d'un **appel** interjeté **selon une forme** autre que celle prévue, ce qui équivaut à une absence d'acte (Cass. soc. 9-3-1989 n° 87-16.095 : Bull. civ. V n° 205) ou la fin de non-recevoir tirée de l'expiration du délai biennal de **forclusion** en matière de **crédit à la consommation** (Cass. 1e civ. 9-6-1993 n° 91-16.084 : Bull. civ. I n° 211). 10842

En matière d'**état des personnes,** les fins de non-recevoir ont également un caractère d'ordre public (Cass. 1e civ. 28-3-1995 n° 92-20.205 : Bull. civ. I n° 144, défaut de qualité pour agir au nom d'un enfant mineur ayant fait l'objet d'une adoption plénière ; Cass. 1e civ. 6-5-2009 n° 07-21.826 : Bull. civ. I n° 89, absence de mise en cause des deux époux dans le cadre d'une action en nullité ou en inopposabilité d'un mariage ; Cass. 1e civ. 24-5-2018 n° 17-18.859 FS-PBI, défaut de qualité de parents, qui n'étaient requérants ni à la procédure initiale aux fins d'ouverture d'une mesure de protection ni à l'instance en mainlevée de la mesure, pour interjeter appel du jugement de mainlevée). 10844

Le juge qui relève d'office une fin de non-recevoir doit respecter le principe du **contradictoire** et inviter les parties à présenter leurs observations (Cass. ch. mixte 10-7-1981 n° 77-10.745 : Bull. ch. mixte n° 6 ; Cass. 2e civ. 16-12-2010 n° 09-16.846). Toutefois, cette invitation n'est pas indispensable lorsque les parties se sont expliquées contradictoirement sur la fin de non-recevoir tirée de la tardiveté de l'appel, soulevée par l'une d'entre elles mais déclarée irrecevable faute d'avoir été soumise au magistrat exclusivement compétent (conseiller de la mise en état) puis finalement relevée d'office par la cour d'appel (Cass. 2e civ. 5-6-2014 n° 13-19.920 : Bull. civ. n° 130). 10846

Fins de non-recevoir relevées d'office éventuellement Le juge a la faculté de relever d'office la fin de non-recevoir tirée du défaut d'**intérêt,** du défaut de **qualité** ou de la **chose jugée** (CPC art. 125, al. 2), après qu'il a invité les parties à présenter leurs observations (Cass. 3e civ. 3-4-2001 n° 99-17.476). 10850

Autres fins de non-recevoir Les autres fins de non-recevoir ne peuvent pas être relevées d'office. Ainsi en est-il en matière de **prescription** : les juges ne peuvent pas suppléer d'office le moyen résultant de la prescription (C. civ. art. 2247). 10855

RÉGULARISATION DES FINS DE NON-RECEVOIR

10870 Dans le cas où la situation donnant lieu à fin de non-recevoir est susceptible d'être régularisée, l'irrecevabilité sera écartée si sa **cause** a **disparu** au moment où le juge statue ou si, avant toute forclusion, la personne ayant **qualité pour agir** devient partie à l'instance (CPC art. 126).
La régularisation peut résulter de l'intervention d'une personne ayant qualité ou de l'obtention de la qualité.
Sur la régularisation d'une action irrégulièrement engagée par un **débiteur en procédure collective,** voir n° 51290.

ILLUSTRATIONS

La régularisation peut résulter de :
– l'action de l'**assureur** engagée avant expiration du délai de forclusion bien que, au moment de l'assignation en référé, il n'ait pas eu la qualité de **subrogé** de l'assuré (Cass. 1e civ. 9-10-2001 n° 98-18.378 : Bull. civ. I n° 245) ;
– l'intervention du **représentant de la personne morale** devant la cour avant que le juge ne statue (Cass. 1e civ. 20-5-2003 n° 00-19.751 : Bull. civ. I n° 120) ;
– la **publication** au service de la publicité foncière, avant que le juge ne statue, d'une demande tendant à l'annulation d'une vente immobilière même si la publication est intervenue trois mois après la délivrance de l'assignation (Décret 55-22 du 4-1-1955 art. 33, C), aucune déchéance n'étant édictée pour l'accomplissement de cette formalité à laquelle il peut être procédé jusqu'à la clôture des débats (Cass. 3e civ. 26-11-2003 n° 02-13.438 : RJDA 3/04 n° 378).
L'intervention volontaire d'un **vendeur indivis** permet d'écarter la fin de non-recevoir opposée à l'action en résolution intentée par ses coïndivisaires et tirée de son abstention (Cass. 3e civ. 20-2-1979 n° 77-12.863 : Bull. civ. III n° 45).
Une demande introductive d'instance en **divorce** qui ne comporte pas de proposition de règlement des intérêts pécuniaires et patrimoniaux des époux peut être régularisée par la présentation de conclusions postérieures à l'acte introductif d'instance contenant une telle proposition avant que le premier juge ne statue (Cass. 2e civ. 6-1-2012 n° 10-17.824 : Bull. civ. II n° 6).
Dans le cadre d'une **succession,** le défaut d'apposition de tout ou partie des mentions de l'article 1360 du CPC sur une assignation en partage, sanctionné par une fin de non-recevoir, peut être régularisé jusqu'à ce que le juge statue de sorte que l'appréciation de la situation ne dépend pas du seul examen de l'assignation (Cass. 1e civ. 28-1-2015 n° 13-50.049 : Bull. civ. I n° 23).

10872 Il ne faut pas qu'une **forclusion** soit survenue **avant** la régularisation. La régularisation doit avoir lieu avant expiration du délai de prescription (Cass. 3e civ. 14-11-2001 n° 99-12.304).

10874 L'article 126 du CPC ne fait aucune distinction entre la procédure de **première instance** et celle d'**appel** et la régularisation peut intervenir à ce dernier stade, même si la fin de non-recevoir avait été relevée par le tribunal (Cass. 3e civ. 15-11-1989 n° 88-10.441 : Bull. civ. III n° 215 ; Cass. 2e civ. 12-6-2008 n° 07-12.510 : Procédures 2008 comm. 260 note R. Perrot). En revanche, après expiration du délai d'appel, la situation n'est plus régularisable.

ILLUSTRATIONS

La saisine d'une cour d'appel territorialement incompétente, qui donne lieu à une fin de non-recevoir, est susceptible d'être régularisée avant que le juge statue, à condition que le délai d'appel n'ait pas expiré, sans que la circonstance que le désistement de l'appel porté devant la juridiction territorialement incompétente ne soit pas intervenu au jour où l'appel est formé devant la cour d'appel territorialement compétente y fasse obstacle (Cass. 2e civ. 2-7-2020 n° 19-14.086 F-PBI).

III. DÉFENSE AU FOND

10900 Constitue une défense au fond tout moyen qui tend à faire **rejeter comme non justifiée,** après examen au fond du droit, la **prétention de l'adversaire** (CPC art. 71). Ceci est déjà évoqué par l'article 30 du CPC qui définit l'action du côté du défendeur, comme le droit de discuter le bien-fondé de la prétention adverse.
Une défense au fond est **imprescriptible** (Cass. 1e civ. 31-1-2018 n° 16-24.092 F-PB : RJDA 7/18 n° 603 ; Cass. com. 6-6-2018 n° 17-10.103 FS-PBI : RJDA 10/18 n° 770).

10902 L'argumentation du défendeur consiste à **contester** l'existence, l'étendue ou le bien-fondé du **droit allégué.** Ainsi, constituent des défenses au fond, et non des **exceptions de procédure,** le moyen pris par le défendeur de la nullité de l'acte juridique sur lequel se fonde le demandeur

(Cass. 3e civ. 16-3-2010 n° 09-13.187 : Bull. civ. III n° 63) ou l'incident de faux qui consiste à contester une preuve écrite invoquée par le demandeur (Cass. 1e civ. 24-10-2006 n° 05-21.282 : Bull. civ. I n° 434). De même, dans un cas où un bailleur avait obtenu en référé l'expulsion de son locataire et où celui-ci contestait la validité du commandement de payer visant la clause résolutoire de son bail, il a été jugé que ce moyen tiré de l'existence d'une contestation sérieuse ne constituait pas une exception de procédure, mais un moyen de nature à faire obstacle aux pouvoirs du juge des référés (Cass. 3e civ. 30-3-2017 n° 16-10.366 F-PB).
Mais une **demande de renvoi** d'une affaire à une audience ultérieure ne constitue pas une défense au fond (Cass. 2e civ. 27-1-1993 n° 91-14.395 : Bull. civ. II n° 29).

Il convient de **distinguer** défenses au fond et **demandes reconventionnelles** qui tendent à un avantage autre que le simple rejet des prétentions du demandeur (n° 6050). **10904**

Les défenses au fond pouvant être exposées à tout **moment de la procédure** (CPC art. 72), les parties peuvent, en cause d'appel, invoquer des moyens nouveaux pour justifier les prétentions qu'elles ont soumises au premier juge, sans que puisse être reproché à l'une d'elles une véritable contradiction entre deux positions adoptées successivement (Cass. com. 10-2-2015 n° 13-28.262 : Bull. civ. IV n° 17). **10906**
En revanche, devant la Cour de cassation, les moyens nouveaux ne sont pas recevables, à l'exception des moyens de pur droit et de ceux nés de la décision attaquée, sauf disposition contraire (CPC art. 619).

CHAPITRE 7 PREUVE

SOMMAIRE

FONDEMENTS DU DROIT DE LA PREUVE

Les dispositions relatives à la preuve sont essentiellement regroupées dans le Code de procédure civile et dans le Code civil. Ce dernier renvoie d'ailleurs expressément aux dispositions du Code de procédure civile pour ce qui concerne l'administration judiciaire de la preuve et les contestations qui s'y rapportent (C. civ. art. 1357). 12000

Le **Code de procédure civile** expose la manière dont la preuve doit être judiciairement administrée et les obligations qui s'imposent aux parties en la matière : principes directeurs du procès (CPC art. 9 à 11), communication et production des pièces (CPC art. 132 à 142), mesures d'instruction (CPC art. 143 à 284-1), contestations des preuves écrites, dites « littérales » (CPC art. 285 à 316) et serment judiciaire (CPC art. 317 à 322). Le principe du contradictoire sous-tend pour une grande part les règles relatives à l'administration de la preuve (CPC art. 14 à 17).

Le **Code civil** fixe les dispositions générales et les conditions d'admissibilité de la preuve des obligations (C. civ. art. 1353 à 1362), puis expose les différents modes de preuve : preuves par écrit (C. civ. art. 1363 à 1380), essentiellement par acte authentique ou par acte sous signature privée, que ce soit sur support physique ou électronique ; preuves par témoins (C. civ. art. 1381) ; preuve par présomption judiciaire (C. civ. art. 1382) ; aveu (C. civ. art. 1383 à 1383-2) et serment (C. civ. art. 1384 à 1386-1).

Depuis le 1er octobre 2016, date d'entrée en vigueur de l'ordonnance 2016-131 du 10 février 2016 portant réforme du droit des contrats, du régime général et de la preuve des obligations, le **principe de liberté de la preuve** est clairement posé (C. civ. art. 1358). Il ne s'applique cependant que sauf disposition légale contraire (même art.), telle que celle exposée à l'article 1359 du Code civil en matière de preuve par écrit.

Outre ces dispositions communes, il existe des **dispositions particulières** à certaines juridictions (par exemple, CPC art. 906 pour la communication des pièces dans la procédure d'appel) ou à certaines matières. Ainsi en est-il, par exemple, de la preuve de l'existence et de l'exécution du devoir d'information (C. civ. art. 1112-1), de la filiation (C. civ. art. 310-3 à 311-2), de la nationalité (C. civ. art. 30 à 30-4), en matière de divorce (C. civ. art. 259 à 259-3 et CPC art. 1081 à 1082-1), à l'égard des commerçants (C. com. art. L 110-3) ou en matière de comptabilité (C. com. art. L 123-23). Il convient alors de se reporter aux dispositions applicables à chaque cas.

Le principe d'**égalité dans l'administration de la preuve** ne s'oppose ni à ce que le législateur règle de façon différente des situations différentes ni à ce qu'il déroge à l'égalité de traitement pour des raisons d'intérêt général, pourvu que la différence de traitement qui en résulte soit en rapport direct avec l'objet de la loi qui l'établit (Cass. soc. 10-10-2014 n° 14-40.037 : RJS 1/15 n° 18). Le législateur peut donc modifier le régime de la preuve applicable à certaines situations dès lors que ces conditions sont remplies.

La Cour de cassation et les représentants de la profession d'avocat ont signé le 30-1-2023 une **Charte de présentation des écritures**, qui constitue un guide de bonnes pratiques non contraignantes. Cette Charte souligne l'importance et la place de la preuve dans les écritures produites par les parties : la preuve doit être rapportée au titre des **moyens** : « Les moyens sont les considérations de droit ou de fait invoquées par une partie qui concourent au succès de sa prétention (CPC art. 6). Ils consistent en **l'invocation d'un fait ou d'un acte** (**assorti d'une offre de preuve**) d'où, par un raisonnement juridique, la partie prétend déduire le succès de sa prétention. Chaque moyen de droit doit énoncer le fondement légal sur lequel il s'appuie ». Cette Charte rappelle également qu'une affirmation dépourvue d'offre de preuve est une simple **allégation** à laquelle le magistrat n'est pas tenu de répondre dans la motivation de la décision et que, **dès l'exposé des faits**, les conclusions doivent être documentées par des **pièces**.

ATTENTION

Les chances de voir une action en justice prospérer dépendent de la **pertinence des moyens de preuve** apportés. La connaissance des règles relatives à la preuve est essentielle pour le plaideur car la **preuve** n'est réputée **légalement faite** que si elle est administrée suivant les formes prescrites (Cass. 2e civ. 25-2-1976 n° 75-10.538 : Bull. civ. II n° 67). Le résultat de tout litige en dépend. Tout manquement peut avoir de graves conséquences pouvant aller jusqu'à l'irrecevabilité de la preuve (par exemple, CPC art. 802), l'irrecevabilité d'un acte de procédure (par exemple, CPC art. 344 ou 1560) ou le rejet des prétentions faute de preuve ; ainsi, un maître de l'ouvrage a été débouté de sa demande indemnitaire, malgré l'existence avérée de désordres décennaux, au motif qu'il n'avait pas apporté la preuve du coût des travaux de reprise des désordres qu'il avait fait réaliser (Cass. 3e civ. 2-6-2016 n° 15-18.836 FS-PB : Bull. civ. III n° 72).

SECTION 1 CHARGE DE LA PREUVE

A. Partie tenue d'apporter la preuve

12005 En **principe,** la charge de la preuve pèse sur celui qui présente une **demande en justice.**
Cette règle constitue un des principes directeurs du procès (CPC art. 1 à 24). Il en résulte qu'elle est applicable à toute juridiction civile, y compris par exemple à l'instance arbitrale, même si l'arbitre statue comme amiable compositeur (Cass. 2e civ. 28-2-1990 n° 88-19.638 : Bull. civ. II n° 43).
Il incombe à chaque partie de prouver conformément à la loi les **faits nécessaires au succès de sa prétention** (CPC art. 9). Celui qui réclame l'exécution d'une obligation doit la prouver ; réciproquement, celui qui se prétend libéré doit justifier le paiement ou le fait qui a produit l'extinction de son obligation (C. civ. art. 1353).

12006 Le défendeur doit également prouver la pertinence des **exceptions** et **fins de non-recevoir** qu'il invoque. Ainsi, celui qui avance la fin de non-recevoir tirée de la prescription de l'action engagée par le demandeur doit apporter la preuve que l'action a été engagée hors délai (Cass. 3e civ. 26-1-2005 n° 03-17.173 : Bull. civ. III n° 13).

12007 Le demandeur doit établir la preuve des **faits** qui sous-tendent sa demande, mais, en principe, il n'est pas tenu d'apporter la preuve de la **règle de droit** qu'il invoque, à moins qu'il ne s'agisse d'un usage local (Cass. 3e civ. 11-2-1987 n° 85-14.840 ; voir Rapport annuel de la Cour de cassation 2012 p. 107 s.).
Et le régime des **présomptions** légales et judiciaires permet au demandeur, dans certains cas et selon certaines conditions, de se dispenser d'apporter la preuve (nos 13290 s.).

ILLUSTRATIONS

Il incombe :
– au demandeur à la restitution de rapporter la preuve d'un paiement indu (Cass. com. 10-2-2015 n° 13-16.726 : RJDA 6/15 n° 409) ;
– au ministre de l'économie qui engage une action tendant à la cessation d'une pratique constitutive d'un déséquilibre significatif entre les droits et obligations des parties, en raison de clauses déséquilibrées dans des conventions uniques, de prouver l'absence de négociation effective de ces clauses (Cass. com. 20-11-2019 n° 18-12.823 F-PB : RJDA 2/20 n° 111) ;
– à la Commission européenne de rapporter la preuve de l'envoi du questionnaire aux fins de la réalisation d'une enquête dans le cadre du contrôle des concentrations (Arrêt enercity c. Commission, aff. T-321/20) ;
– à la banque de justifier de l'accomplissement des formalités d'information annuelle de la caution prévues par l'article L 313-22 du Code monétaire et financier (Cass. 1e civ. 25-5-2022 n° 21-11.045 F-PB) ou d'établir l'existence et le montant de la créance dont elle réclame le paiement à la caution et en conséquence de produire tous les documents nécessaires à l'administration d'une telle preuve, lesquels concernent notamment le débiteur principal (Cass. com. 18-1-2000 n° 96-16.833 : RJDA 4/00 n° 478 ; Cass. com. 15-2-2011 n° 10-30.564 : RJDA 6/11 n° 575) ;
– à la banque qui met un coffre-fort à la disposition d'un client d'établir qu'elle a accompli toutes les diligences utiles pour en contrôler l'accès par un tiers, fût-il muni d'une clé (Cass. com. 9-2-2016 n° 14-23.006 FS-PB : RJDA 10/16 n° 726) ;
– à la banque de prouver que l'utilisateur, qui nie avoir autorisé une opération de paiement, a agi frauduleusement ou n'a pas satisfait, intentionnellement ou par négligence grave, à ses obligations ; cette preuve ne peut se déduire du seul fait que l'instrument de paiement ou les données personnelles qui lui sont liées ont été effectivement utilisés (Cass. com. 28-3-2018 n° 16-20.018 FS-PB : RJDA 8-9/18 n° 676) ;
– à l'emprunteur qui invoque un manquement de la banque à son obligation de mise en garde d'apporter la preuve de la disproportion de son engagement au regard de ses capacités financières (Cass. com. 13-5-2014 n° 13-13.843 : RJDA 1/15 n° 39) ;
– à l'assureur d'établir la mauvaise foi de l'assuré pour prétendre à l'application d'une clause de déchéance de garantie en cas de fausse déclaration (Cass. 2e civ. 5-7-2018 n° 17-20.491 FS-PBRI : RJDA 1/19 n° 13) ;
– à l'assureur dommages-ouvrage de prouver l'absence de lien de causalité entre son intervention et le dommage (Cass. 3e civ. 13-2-2020 n° 19-10.713 F-D) ;
– au créancier de prouver que la perte du droit préférentiel dont se plaint la caution n'a causé aucun préjudice à celle-ci (Cass. com. 8-4-2015 n° 13-22.969 : RJDA 6/15 n° 458) ;
– au locataire de prouver qu'il n'est débiteur d'aucune dette de loyers (Cass. 3e civ. 13-11-2013 n° 12-25.768 : RJDA 4/14 n° 305) ou que les dégradations de l'entrepôt loué ne proviennent pas d'un défaut d'entretien de sa part (Cass. 3e civ. 2-12-2014 n° 13-24.491 : RJDA 4/15 n° 237) ;

– au bailleur qui réclame au locataire, conformément au bail commercial, le remboursement d'un ensemble de dépenses et de taxes, de démontrer leur existence et leur montant (Cass. 3e civ. 17-9-2020 n° 19-14.168 FS-PBI : RJDA 11/20 n° 558) ou à celui qui demande l'acquisition de la clause résolutoire d'établir l'existence et la persistance de l'infraction du locataire aux clauses du bail après la délivrance du commandement (Cass. 3e civ. 20-5-2021 n° 20-12.533 F-D : RJDA 8-9/21 n° 553) ; **12007** (suite)
– à la partie qui invoque une violation par l'arbitre du principe de la contradiction d'en apporter la preuve (Cass. 1e civ. 5-11-2014 n° 13-11.745 : RJDA 5/15 n° 400) ;
– aux héritiers demandant le rapport d'une donation à une succession de démontrer que les énonciations d'un acte de vente sont inexactes (Cass. 1e civ. 4-7-2012 n° 11-17.439 F-D) ;
– à l'acquéreur, qui prétend au paiement d'une indemnité au titre de la clause pénale figurant dans une promesse de vente, de prouver que la signature de l'acte authentique n'a pas été possible du fait du vendeur (Cass. 3e civ. 12-9-2012 n° 11-18.732 : AJDI 2012 p. 782 note S. Porcheron) ;
– au bénéficiaire d'un pacte de préférence qui demande l'annulation de la vente d'apporter la preuve que le tiers acheteur connaissait à la fois l'existence du pacte et l'intention du bénéficiaire de s'en prévaloir (Cass. 3e civ. 4-3-2021 n° 19-22.971 FS-P : RJDA 7/21 n° 459) ;
– au propriétaire qui revendique une servitude de passage pour cause d'enclave du fait d'un panneau d'interdiction de circuler d'établir, en cas de contestation, l'existence d'une décision administrative prescrivant cette interdiction (Cass. 3e civ. 17-12-2020 n° 19-11.376 FP-PBI) ;
– au revendiquant de biens mobiliers vendus avec réserve de propriété d'apporter la preuve de ce que les biens revendiqués se retrouvent en nature entre les mains du débiteur au jour de l'ouverture de la procédure collective (Cass. com. 14-9-2022 n° 21-10.759 F-D) ;
– au souscripteur d'une reconnaissance de dette qui prétend ne pas avoir emprunté d'établir l'absence de cause de la reconnaissance et donc l'absence de remise de fonds (Cass. 1e civ. 3-7-2013 n° 12-16.853 : RJDA 11/13 n° 930) ;
– à l'époux demandeur de prouver que des fonds communs ont été détournés par son conjoint, quand bien même ce dernier aurait reconnu avoir financé une acquisition après divorce avec des économies (Cass. 1e civ. 21-9-2016 n° 15-20.744 F-D) ;
– au maître de l'ouvrage ou l'acquéreur, qui agit contre un constructeur sur le fondement de l'article 1792 du Code civil, de prouver que les conditions d'application de ce texte sont réunies et donc que le dommage invoqué n'était pas apparent à la réception (Cass. 3e civ. 2-3-2022 n° 21-10.753 FS-B : solution critiquable car contraire au principe selon lequel tout vice est présumé caché : BPIM 2/22 n° 129) ;
– au maître de l'ouvrage qui demande l'indemnisation de dégâts matériels causés par un entrepreneur de rapporter les éléments suffisants pour l'appréciation du préjudice subi (Cass. 3e civ. 2-6-2016 n° 15-18.836 FS-PB : Bull. inf. C. cass. 1-12-2016 n° 1443) ;
– à un architecte de prouver que des sommes lui restent dues à titre d'honoraires, une simple proposition de contrat non signée ne pouvant constituer une preuve suffisante (Cass. 3e civ. 6-9-2018, n° 17-21.329 FS-PBI : RJDA 1/19 n° 10) ;
– au constructeur, en cas d'anéantissement d'un contrat de construction de maison individuelle, de prouver le caractère disproportionné de la démolition de l'ouvrage par rapport à la gravité des désordres et des non-conformités qui l'affectent (Cass. 3e civ. 27-5-2021 n° 20-13.204 FS-P) ;
– à celui qui se prévaut d'une signification de produire l'acte dressé par l'huissier ou commissaire de justice, sauf le cas de force majeure (Cass. 1e civ. 7-12-2016 n° 16-12.297 FS-PB : Bull. inf. C. cass. 1-5-2017 n° 560) ;
– à l'autorité administrative de prouver qu'elle a exécuté son obligation de répondre à un recours par ses observations dans le délai de quatre mois (Cass. 2e civ. 19-1-2017 n° 16-11.312 F-PB : Bull. inf. C. cass. 1-6-2017 n° 723) ;
– à l'Urssaf de prouver par tout moyen approprié que l'inspecteur du recouvrement qui a reporté la première visite en a informé l'employeur ou le travailleur indépendant en temps utile et que ce dernier a réceptionné l'information (Cass. 2e civ. 15-3-2018 n° 17-13.409 FS-PB : RJS 5/18 n° 364) ;
– à la Carsat de prouver que la victime a été exposée au risque de sa maladie chez son dernier employeur (Cass. 2e civ. 1-12-2022 n° 21-12.523 FS-D, 21-14.779 FS-D, 21-11.252 FS-B et 20-22.760 FS-B : revirement de jurisprudence) ;
– à l'organisme social qui engage une action en répétition de l'indu d'établir l'existence du paiement, d'une part, et son caractère indu, d'autre part (Cass. 2e civ. 27-1-2022 n° 20-11.702 ; Cass. 2e civ. 27-1-2022 n° 20-18.132 ; Cass. 2e civ. 7-4-2022 n° 20-20.930) ;
– à l'employeur de rapporter la preuve du paiement des cotisations et contributions sociales assises sur la rémunération du salarié (Cass. 2e civ. 8-10-2020 n° 19-16.898 F-PBI) ;
– à l'employeur de rapporter la preuve du respect du repos quotidien du salarié en télétravail (Cass. soc. 14-12-2022 n° 21-18.139 F-B), du paiement d'une prime (Cass. soc. 21-4-2022 n° 20-22.826 F-D) de l'indemnité compensatrice de congés payés (Cass. soc. 1-3-2023 n° 21-19.497 F-D), de l'accomplissement de ses obligations vis-à-vis du salarié à temps partiel ayant demandé à bénéficier de la priorité d'accès à un emploi d'une durée de travail plus longue (Cass. soc. 13-4-2023

n° 21-19.742 FS-B) ou encore de la durée du temps de travail du salarié en l'absence de contrat écrit (Cass. soc. 21-9-2022 n° 20-17.627) ;
– au syndicat de rapporter la preuve de la violation, par l'employeur, de son obligation de neutralité dans le cadre des élections professionnelles (Cass. soc. 18-5-2022 n° 20-21.529 F-B) ;
– à celui qui invoque l'existence d'une convention de forfait d'en rapporter la preuve (Cass. soc. 12-1-2016 n° 13-26.318 FS-PB : Bull. inf. C. cass. 15-5-2016 n° 745) ;
– au crédit-bailleur, lorsqu'il est tenu d'une obligation de mise en garde, de démontrer qu'il l'a exécutée (Cass. com. 22-3-2016 n° 14-20.216 FS-PB : RJDA 6/16 n° 472) ;
– au tireur d'un chèque qui se prétend libéré de prouver que le chèque a été encaissé, la remise d'un chèque ne valant paiement que sous condition de son encaissement (Cass. 2e civ. 12-11-2020 n° 19-11.149 F-PBI : RJS 1/21 n° 53) ;
– au transporteur aérien qui, à la suite d'un vol retardé, veut échapper à son obligation d'indemnisation de démontrer que le voyageur n'a pas voyagé sur ce vol (Cass. 1e civ. 1-10-2020 n° 19-13.016 FS-PBRI : RJDA 1/21 n° 19, opérant un revirement en se conformant sur CJUE 24-10-2019 aff. 756/18) ;
– au débiteur condamné sous astreinte à une obligation de faire d'apporter la preuve de l'exécution conforme, dans le délai imparti, de cette obligation (Cass. 2e civ. 17-3-2016 n° 15-13.122 F-PB : Bull. civ. II n° 75).

12010 La charge de la preuve ne pèse pas sur le seul demandeur à l'instance, mais incombe également à celui qui présente une prétention dans le cadre d'un procès. Ainsi, le défendeur à l'instance qui forme une **demande reconventionnelle** n'échappe pas à l'obligation de rapporter la preuve des faits qu'il allègue (Cass. 3e civ. 13-7-2016 n° 15-16.956 F-D). Par exemple, si une action en paiement est engagée par un vendeur de matériel, la demande reconventionnelle en dommages-intérêts formée par l'acheteur peut être accueillie. Mais alors, c'est sur lui que pèsera la charge de la preuve de la non-conformité à la commande du matériel livré (Cass. com. 3-12-1980 n° 78-13.305 : Bull. civ. IV n° 409). De même, il appartient à l'appelant d'établir que son recours est recevable au regard des dispositions de l'article 528-1 du CPC (Cass. 2e civ. 30-1-2014 n° 12-29.512 : Bull. civ. II n° 27).

Même en l'absence de demande reconventionnelle, **lorsque le demandeur est parvenu à rapporter la preuve de l'existence de l'obligation dont il demande l'exécution,** il appartient alors au défendeur de rapporter la preuve contraire. C'est alors sur le défendeur que pèse la charge de prouver qu'il peut valablement invoquer une exception de procédure ou un incident mettant fin à l'instance ou que la demande formée par la partie adverse se heurte à un moyen qu'il développe au fond.

En **pratique,** la charge de la preuve pèse donc alternativement sur le demandeur (n° 12012), puis sur le défendeur (n° 12016).

12012 **Dans un premier temps,** le **demandeur** à l'instance doit apporter la preuve des faits qu'il allègue. S'il ne le fait pas, il est débouté. En aucun cas les juges ne sauraient condamner le défendeur « au cas où » les affirmations du demandeur seraient avérées.

ILLUSTRATIONS

Le demandeur qui revendique une parcelle sans apporter la preuve de son **droit de propriété** doit être débouté et les juges du fond peuvent considérer que le défendeur qui est en possession doit être considéré comme le propriétaire (Cass. 3e civ. 25-3-1992 n° 90-18.894 : Bull. civ. III n° 105).

L'entrepreneur qui réclame le **paiement** d'un mur qu'il a construit doit rapporter la preuve que la construction lui a été commandée (Cass. 1e civ. 16-7-1996 n° 95-12.321).

En matière d'**obligation,** le débiteur qui se prétend libéré doit justifier de son paiement, mais il appartient à celui qui réclame l'exécution d'une obligation d'en prouver l'existence (Cass. soc. 12-6-1981 n° 79-16.076 : Bull. civ. V n° 548 ; Cass. 1e civ. 15-11-1989 n° 87-17.266 : Bull. civ. I n° 349).

En matière **contractuelle,** apporter la preuve de l'existence du contrat ne suffit pas nécessairement. Il convient également de rapporter la preuve de la nature du contrat afin de prouver l'existence et la teneur de l'obligation. Ainsi, la preuve de la remise de fonds à une personne ne suffit pas à justifier l'obligation de celle-ci à restituer la somme reçue. Encore faut-il prouver l'existence d'un contrat emportant obligation de rembourser, tel un contrat de prêt (Cass. 1e civ. 8-4-2010 n° 09-10.977 : RJDA 7/10 n° 777).

Viole l'article 9 du CPC la cour d'appel qui, à la demande de l'usufruitier d'une parcelle, condamne le défendeur **au cas où** il l'utiliserait pour y stationner sans droit des véhicules, et au cas où son immeuble comporterait des ouvertures ouvrant directement sur le terrain grevé d'usufruit (Cass. 3e civ. 7-4-2004 n° 02-13.703 : Bull. civ. III n° 85).

12014 Si la charge de la preuve pèse en premier lieu sur le demandeur, cela n'empêche pas les juges du fond d'ordonner la **production de pièces,** à **l'une ou à l'autre des parties,** y compris au défendeur. Ainsi, c'est sans inverser la charge de la preuve que les juges ordonnent la production d'attestations écrites par chacune des parties afin de leur permettre de prouver leurs prétentions réciproques quant à un fait (Cass. soc. 20-3-1985 n° 84-60.855).

Dans un second temps, si le demandeur apporte des éléments de preuve suffisants à l'appui de ses prétentions, c'est alors au **défendeur** de rapporter la preuve contraire ou de soulever une exception recevable. 12016

ILLUSTRATIONS

En matière **contractuelle,** lorsque la preuve de l'existence de l'obligation est rapportée, le demandeur n'a pas en principe à prouver le défaut d'exécution. C'est au défendeur de rapporter la preuve de l'exécution de son obligation. Si l'acquéreur rapporte la preuve de l'existence d'un contrat et de l'obligation de délivrance qui en découle, c'est alors au vendeur d'établir qu'il a rempli son obligation et de rapporter la preuve de la délivrance des accessoires de la chose vendue (Cass. com. 11-12-2001 n° 99-10.595). Si le demandeur prouve l'existence d'une créance à son profit mais que le débiteur prétend avoir réglé en espèces, le créancier ne peut pas être débouté au motif qu'il n'a pas établi le défaut de règlement, alors qu'il appartient à celui qui prétend s'être libéré d'une dette d'en justifier (Cass. com. 16-6-1981 n° 80-12.740 : Bull. civ. IV n° 278). De même, un acte de reconnaissance de dette régulier en la forme fait présumer la remise des fonds et suffit à justifier la demande en paiement du créancier. C'est donc au débiteur, qui l'invoque à titre de moyen de défense, d'établir l'absence de remise des fonds et le défaut ou l'illicéité de la cause du contrat résultant, selon lui, d'une contre-lettre dissimulant une partie du prix de vente du fonds de commerce (Cass. com. 8-7-2020 n° 18-18.772 F-D). S'il incombe à l'émetteur d'un chèque d'établir que celui-ci a été falsifié, c'est à la banque tirée, dont la responsabilité est recherchée pour avoir manqué à son obligation de vigilance et qui ne peut pas représenter l'original de ce chèque, de prouver que celui-ci n'était pas affecté d'une anomalie apparente, à moins que le chèque n'ait été restitué au tireur (Cass. com. 9-11-2022 n° 20-20.031 FS-B).

En matière **prud'homale,** la délivrance du bulletin de paie ne fait pas présumer le paiement du salaire : il résulte de la combinaison des articles 1315 du Code civil (désormais art. 1353) et L 3243-3 du Code du travail que, malgré la délivrance de la fiche de paie, l'employeur doit prouver le paiement du salaire (Cass. soc. 2-2-1999 n° 96-44.798 : RJS 3/99 n° 370 ; Cass. soc. 11-1-2006 n° 04-41.231 : RJS 3/06 n° 346).

En matière de **pension alimentaire,** c'est au débiteur de la pension qu'il incombe d'établir la preuve du paiement pour faire échec à la procédure de paiement direct mise en place par le créancier (Cass. 2e civ. 24-2-2005 n° 02-18.173 : Bull. civ. II n° 42).

En matière **successorale,** s'il appartient à l'héritier qui demande le rapport d'une dette par l'un de ses copartageants de prouver son existence, une fois cette preuve rapportée, le copartageant qui prétend s'en être libéré doit justifier le paiement ou le fait qui a produit l'extinction de son obligation (Cass. 1e civ. 12-2-2020 n° 18-23.573 FS-PBI).

En matière de **droit de propriété,** un demandeur frappé de cécité, qui a engagé une action en revendication d'un véhicule automobile immatriculé au nom de sa dame de compagnie, doit rapporter la preuve de la propriété du bien revendiqué. Ayant prouvé qu'il avait acquis le véhicule avec ses deniers personnels et pour ses déplacements personnels, c'est alors à la dame de compagnie de rapporter la preuve d'une cause l'autorisant à conserver le véhicule, telle l'existence d'un don manuel, ou une rémunération de services par la remise du véhicule en cause. À défaut, il lui appartient d'établir sa propriété sur le bien revendiqué (Cass. 1e civ. 4-12-1990 n° 89-13.357).

Ce principe ne doit toutefois pas faire oublier qu'il appartient d'abord à celui qui réclame l'exécution d'une obligation de la prouver (n° 12012).

Il existe cependant des cas où la **charge de la preuve** est **renversée.** 12018

En effet, la présomption que la **loi** attache à certains actes ou à certains faits en les tenant pour certains dispense celui au profit duquel elle existe d'en apporter la preuve (C. civ. art. 1354, al. 1) ; tel est le cas de la présomption de paternité visée à l'article 312 du Code civil ou des présomptions de propriété énoncées au contrat de mariage (C. civ. art. 1358).

Des renversements de la charge de la preuve peuvent résulter par ailleurs de la **jurisprudence.** Ainsi, celui qui est légalement ou contractuellement tenu d'une **obligation** particulière **d'information** ou de conseil doit prouver l'exécution de cette obligation, même lorsqu'il est en défense (Cass. 1e civ. 25-2-1997 n° 94-19.685 : Bull. civ. I n° 75). Cette jurisprudence d'abord rendue en matière médicale a été étendue à tout professionnel : notaire, avocat, banquier, assureur, architecte, vendeur professionnel, etc. Par exemple, il incombe au vendeur professionnel de prouver qu'il s'est acquitté de l'obligation de conseil lui imposant de se renseigner sur les besoins de l'acheteur afin d'être en mesure de l'informer quant à l'adéquation de la chose proposée à l'utilisation qui en est prévue (Cass. 1e civ. 28-10-2010 n° 09-16.913 : RJDA 2/11 n° 124) ou à l'architecte, chargé de la maîtrise d'œuvre d'un projet, de prouver qu'il a respecté son devoir de conseil envers le maître de l'ouvrage (Cass. 3e civ. 21-1-2021 n° 19-16.434 F-D). Ce principe prétorien a depuis été consacré par le législateur, la preuve de l'exécution d'un devoir d'information reposant, d'une manière très générale, en matière contractuelle, sur celui qui en est tenu (C. civ. art. 1112-1, al. 4). La jurisprudence susvisée continue bien sûr à s'appliquer pour les professionnels qui engagent leur responsabilité extracontractuelle, et non contractuelle, comme les notaires (Cass. 1e civ. 8-1-2020 n° 18-23.948 F-D : RJDA 4/21 n° 235). Le créancier d'une obligation de conseil doit donc juste rapporter la preuve de l'existence de l'obligation mais pas celle de son exécution.

De même, il appartient au garagiste, auquel est imputée la détérioration d'un véhicule confié aux fins de réparation ou d'entretien, de prouver qu'il y est étranger, en établissant soit que cette détérioration préexistait à la remise du véhicule ou n'existait pas lors de sa restitution, soit, à défaut, qu'il a apporté au véhicule les mêmes soins que ceux qu'il aurait apportés à un véhicule lui appartenant (Cass. 1e civ. 5-2-2014 n° 12-23.467 : RJDA 5/14 n° 427).

De même encore, s'agissant du contrat de **mandat,** il revient au mandataire, auquel le mandant lui reproche d'avoir détourné des fonds qu'il était chargé de gérer, de rapporter la preuve de sa bonne gestion, car le mandataire est tenu de rendre compte à son mandant de tout ce qu'il a reçu en sa qualité et dans l'accomplissement de sa mission de représentation (Cass. 1e civ. 12-11-2015 n° 14-28.016 F-PB : RJDA 3/16 n° 188).

Pour les présomptions voir nos 13290 et s.

ATTENTION

Les parties à un **contrat conclu entre un professionnel et un non-professionnel ou un consommateur** ne peuvent pas convenir de renverser la charge de la preuve. En effet, sont abusives les clauses qui ont pour objet ou pour effet d'imposer au non-professionnel ou au consommateur la charge de la preuve incombant normalement au professionnel (C. consom. art. L 212-1 et R 212-1, 12°).

La Cour de cassation considère dans certains cas qu'il ne peut être demandé à une partie de rapporter la **preuve négative**, impossible à rapporter. Ainsi, lorsqu'un débiteur soutient ne pas avoir été convoqué pour participer à la vérification des créances, il appartient au mandataire ou au liquidateur judiciaire de prouver qu'il a été convoqué, car le débiteur ne peut rapporter la preuve négative de son défaut de convocation par le liquidateur (Cass. com. 28-3-2018 n° 17-10.600 FS-PB : RJDA 6/18 n° 519). S'agissant de l'exigence de clarté des clauses d'un contrat imposée par la réglementation des clauses abusives, la CJUE précise également que le respect du principe d'effectivité des droits du consommateur ne pourrait pas être assuré si celui-ci était tenu de prouver un fait négatif, à savoir que le professionnel ne lui a pas fourni toutes les informations nécessaires afin de satisfaire à l'exigence de transparence ; elle en déduit que la charge de la preuve appartient donc au professionnel (CJUE 10-6-2021 aff. 776/19, 782/19, 609/19).

12022 Toute **incertitude persistant en dépit** de la production **d'une preuve** doit être retenue au détriment de celui qui a la charge de la preuve (Cass. soc. 31-1-1962 n° 61-20.094 : Bull. civ. V n° 105 ; Cass. soc. 19-12-2007 n° 06-44.754 : Bull. civ. V n° 219). Ce principe s'applique en tout domaine. Ainsi, même en matière sociale le doute ne profite pas au salarié, sur qui pèse la charge de la preuve des faits qu'il allègue à l'encontre de son employeur (Cass. soc. 19-12-2007 n° 06-44.754 F-P : RJS 3/08 n° 259).

EFFET DU DÉFAUT DE PRODUCTION DE PREUVE PAR UNE PARTIE

12030 Les juges peuvent considérer qu'une partie, en poursuivant une action sur des allégations qui ne sont assorties d'aucune preuve, fait **dégénérer en abus le droit d'ester en justice** (Cass. 3e civ. 18-10-2006 n° 05-15.179, au cas particulier un appel). Cette faute expose le plaideur à devoir payer une amende civile (CPC art. 32-1).

Si les deux parties présentent des demandes distinctes, mais qu'aucune d'entre elles n'apporte la preuve dont elle a la charge, le juge peut les **débouter** toutes les deux, sans commettre pour autant un **déni de justice** (Cass. com. 10-5-1977 n° 76-10.074 : Bull. civ. IV n° 134).

Il en va ainsi même pour un litige portant sur la revendication d'un bien immobilier. Si aucune des parties n'apporte la preuve suffisante permettant d'établir la propriété du bien, les deux seront déboutées, car le bien peut appartenir à un tiers (Cass. 3e civ. 3-12-1980 n° 79-11.984 : Bull. civ. III n° 190).

SILENCE OU ABSENCE DE CONTESTATION PAR L'UNE DES PARTIES

12032 En principe, la preuve d'un fait ne saurait se déduire du seul silence opposé à la demande par la partie adverse (Cass. 1e civ. 18-4-2000 n° 97-22.421 : Bull. civ. I n° 111). Pour autant, le juge n'a pas à caractériser l'exactitude d'un fait allégué s'il n'est pas contesté par la partie adverse. C'est ce qu'on appelle la **théorie du fait constant,** selon laquelle le fait affirmé par l'une des parties et non contesté par l'autre doit être considéré comme établi. Il n'a donc pas à être prouvé.

En pratique, la jurisprudence n'est pas aussi tranchée. Tout est question de faits, laissés à la libre appréciation du juge. Celui-ci est donc libre de décider, en fonction de sa conviction intime, si, « de la conjonction de la parole de l'un et du silence de l'autre, il peut déduire la véracité de l'allégation non contestée » (Th. Le Bars, La théorie du fait constant : JCP 1999 I p. 178). Le fait non contesté ne doit donc pas nécessairement conduire le juge à le considérer comme avéré. Mais il est cependant libre de déduire de la non-contestation par la partie adverse la véracité du fait allégué. Il est donc dangereux de ne pas contester un fait car le juge, s'il ne doit pas nécessairement en déduire que le fait est avéré, peut néanmoins en décider ainsi.

ILLUSTRATIONS

Le tireur d'un chèque, payé par la banque, qui ne prouve pas l'erreur qu'il aurait commise en libellant le chèque, peut être valablement débouté de son action en répétition de l'indu, les juges du fond n'étant pas tenus de considérer que les faits allégués étaient constants, au seul motif qu'ils n'étaient pas expressément contestés par la banque (Cass. 1e civ. 4-7-1995 n° 93-20.174 : Bull. civ. I n° 294). En revanche, dès lors que l'intégrité d'un acte d'acceptation de cession ou de nantissement d'une créance professionnelle n'est pas contestée, une cour d'appel peut en déduire que la preuve écrite de l'acceptation de la cession de créance est établie (Cass. com. 2-12-1997 n° 95-14.251 : Bull. civ. IV n° 315).

REFUS DE CONCOURIR À L'ADMINISTRATION DE LA PREUVE

Les parties sont tenues d'apporter leur concours aux **mesures d'instruction** sauf au juge à tirer 12035
toute conséquence d'une abstention ou d'un refus (CPC art. 11, al. 1). Lorsque l'une des parties refuse de se soumettre à une mesure d'instruction ordonnée par le juge, celui-ci peut tirer de ce refus l'existence d'une présomption grave.

ILLUSTRATIONS

En matière de **recherche de paternité,** lorsqu'une personne refuse sans motif légitime de se soumettre à une expertise biologique, le juge peut prononcer judiciairement la paternité naturelle (Cass. 1e civ. 1-7-2003 n° 01-11.419 D).

Celui qui demande la **rectification** de la mention du sexe figurant dans son **acte de naissance** doit rapporter la preuve du caractère irréversible de la transformation de son apparence. Dès lors, si le demandeur refuse, par principe, de se prêter à des opérations d'expertise en vue de faire cette démonstration, les juges peuvent rejeter sa demande (Cass. 1e civ. 7-6-2012 n° 11-22.490 : Bull. civ. I n° 124).

Une **banque** qui refuse de s'expliquer sur les **anomalies** qui entachent les **documents** qu'elle verse à l'appui de sa demande peut être déboutée (Cass. com. 31-1-2012 n° 10-24.715 : Bull. civ. IV n° 12).

Lorsqu'un **employeur** oppose un refus systématique aux demandes de l'expert chargé de rechercher les **sommes dues à un salarié licencié,** les juges peuvent adopter la proposition dudit expert de calculer le montant des rappels de salaires d'après les salaires non contestés et le coefficient attribué à ses fonctions par analogie avec des emplois semblables (Cass. soc. 5-11-1964 n° 63-40.616 : Bull. civ. V n° 722).

CONTRÔLE DE LA VALEUR PROBANTE DES FAITS PAR LA COUR DE CASSATION

Le pourvoi en cassation tend à faire censurer par la Cour de cassation la non-conformité du 12040
jugement qu'il attaque aux règles de **droit** (CPC art. 604). Les juges du fond apprécient donc souverainement la valeur probante des **éléments de fait** (Cass. 2e civ. 30-6-1965 n° 63-13.853 : Bull. civ. II n° 585). Mais ce principe doit être nuancé.

Tout d'abord, dans certains cas, la Cour de cassation exerce un contrôle sur la **qualification des faits** (raisonnement qui conduit à faire entrer les faits dans une catégorie juridique). Il en résulte notamment qu'elle peut casser la décision d'une cour d'appel qui ne qualifie pas de motif réel et sérieux le fait, pour un salarié, de traiter de « négro » des membres du personnel et de porter des mentions à connotation sexuelle sur les fiches du personnel (Cass. soc. 2-6-2004 n° 02-44.904 : Bull. civ. V n° 150). Dans cet arrêt, la Cour de cassation a exercé un contrôle sur la qualification des faits, considérant que le comportement relevé par la cour d'appel devait entrer dans la catégorie des motifs de licenciement pour cause réelle et sérieuse.

Ensuite, la Cour de cassation contrôle l'application des règles impératives en matière **d'administration de la preuve.** Par exemple, une décision peut être cassée pour violation de l'article 1433 du Code civil si la demande de récompense d'une épouse fondée sur le règlement d'impositions communes et l'apurement du découvert d'un compte joint des époux au moyen de ses fonds propres portés au crédit de ce compte est rejetée au motif qu'elle ne démontrait pas que

ces paiements avaient laissé subsister un profit pour la communauté dont les dépenses excédaient notoirement ses facultés, alors que la Cour de cassation considère qu'à défaut de preuve contraire, le droit à récompense doit se déduire de l'encaissement des deniers propres par la communauté (Cass. 1e civ. 8-2-2005 n° 03-13.456 : Bull. civ. I n° 65).
Enfin, et surtout, la Cour de cassation contrôle qu'il n'y a pas eu **dénaturation** des éléments de preuve écrits. Elle retient le grief de dénaturation si le juge du fond, pour se prononcer, fait d'un écrit une lecture contraire aux termes clairs et précis qu'il contient (Rapport de la Cour de cassation 2012 p. 137). Ce contrôle porte sur tous les actes écrits : contrats, actes unilatéraux, rapports d'expertise, factures, courriers, témoignages, écritures des parties (voir notamment, Cass. 2e civ. 30-4-2009 n° 07-15.582 : Bull. civ. II n° 108) et d'une façon générale sur tous « les documents de la cause » (Cass. soc. 29-9-2011 n° 10-12.722 : RJS 12/11 n° 934 ; Cass. com. 15-1-2013 n° 11-28.244 : Bull. civ. IV n° 12). Ainsi, les juges ne peuvent refuser toute force probante à une attestation produite par une société, au motif que son auteur était un préposé de cette société, alors que celui-ci déclarait dans l'attestation qu'il était salarié d'une autre société (Cass. com. 29-5-2019 n° 17-23.338 F-D).
Pour la dénaturation des termes d'un rapport d'expertise, voir n° 14882.

B. Interdiction de la preuve à soi-même

12050 Nul ne peut se constituer un titre à soi-même (C. civ. art. 1363). Il en résulte que, pour être recevable devant un juge, la preuve ne doit émaner ni de celui qui entend l'utiliser ni d'un mandataire de ce dernier (Cass. 3e civ. 30-1-2001 n° 99-14.604), quels que soient son mode, son support ou son origine. Le principe s'applique aussi en matière commerciale (cf. Cass. com. 6-12-1994 n° 93-12.309, affirmant que la seule production de factures pour justifier de l'obligation de la partie à laquelle elles sont opposées est insuffisante). Ce **principe** est néanmoins bien **amoindri** par la jurisprudence (en ce sens, C. Mouly-Guillemaud : La sentence « nul ne peut se constituer de preuve à soi-même » ou le droit de la preuve à l'épreuve de l'unilatéralisme : RTD civ. 2007 p. 253). En effet, il a été jugé que les relevés de communications téléphoniques enregistrés par un opérateur constituent la preuve de sa créance (Cass. 1e civ. 28-1-2003 n° 00-17.553 : RJDA 6/03 n° 673) ou que rien ne s'oppose à ce que le juge prud'homal retienne une attestation établie par le conseiller du salarié qui a assisté celui-ci pendant l'entretien préalable (Cass. soc. 27-3-2001 n° 98-44.666 : RJS 6/01 n° 732) ou par un salarié ayant représenté l'employeur lors d'un tel entretien (Cass. soc. 23-10-2013 n° 12-22.342 : RJS 1/14 n° 21). En outre, s'il est établi que le défendeur à l'action empêche le demandeur, qui est dans l'impossibilité d'obtenir les éléments de preuve, d'accéder aux documents établissant le montant des sommes dont il est créancier, les juges peuvent condamner le défendeur à rembourser les sommes dues en se fondant exclusivement sur un document émanant du demandeur recensant les sommes qui lui sont dues (Cass. 1e civ. 14-11-2018 n° 17-20.551 F-D).
L'**interdiction** de se constituer une preuve à soi-même ne doit **pas** être **confondue** avec la possibilité de se préconstituer une preuve. En effet, la preuve d'un acte juridique peut être préconstituée par un écrit en la forme authentique ou sous signature privée (C. civ. art. 1364).

12052 La Cour de cassation considère que le principe selon lequel nul ne peut se constituer de preuve à soi-même ne s'applique qu'aux actes juridiques (Cass. 3e civ. 3-3-2010 nos 08-21.056 et 08-21.057 : RJDA 7/10 n° 808 ; Cass. 2e civ. 30-6-2016 n° 15-21.822 F-D ; Cass. 3e civ. 7-3-2019 n° 17-28.711 F-D). Il est donc inapplicable à la preuve des **faits juridiques,** telle l'intention dolosive (Cass. 3e civ. 21-6-2018 n° 17-18.075 F-D) ou l'absence de défaut d'une machine (Cass. 1e civ. 7-3-2018 n° 17-10.489 F-D). Il en résulte que les juges ne sauraient écarter, sans l'examiner, un élément de preuve produit par une société pour établir le fait juridique que constitue l'effectif de son établissement pour la fixation du taux de ses cotisations d'accidents du travail (Cass. 2e civ. 31-5-2018 n° 17-18.870 F-D).
Il est donc nécessaire d'opérer une distinction entre actes et faits juridiques (J. Mestre, Du principe « nul ne peut se constituer un titre de preuve à soi-même » : RTD civ. 1999 p. 402). Par exemple, les juges du fond peuvent, pour établir un fait, retenir l'attestation de l'un des responsables d'une société partie à un litige contre une autre société (Cass. com. 3-5-2012 n° 11-14.959 : RJDA 11/12 n° 1027 ; Cass. 2e civ. 30-6-2016 n° 15-21.822 précité) ou des relevés et bordereaux émanant de la personne qui s'en prévaut (Cass. 1e civ. 4-5-2012 n° 11-15.466). De même, un inspecteur du travail peut prouver la présence de salariés en situation de travail illicite par la production de documents établis par lui-même (Cass. soc. 19-3-2014 n° 12-28.411 : RJS 6/14 n° 485) et une cour d'appel ne peut pas rejeter une demande en réparation du préjudice résultant d'insultes et de provocation, au seul motif que les documents produits à l'appui de celle-ci sont des courriers adressés par les demandeurs, des attestations délivrées par l'un des demandeurs et des récépissés de dépôts de plainte (Cass. 2e civ. 6-3-2014 n° 13-14.295 : Bull. civ. II n° 65).

ILLUSTRATIONS

Viole le principe en vertu duquel nul ne peut se constituer une preuve à soi-même le juge qui, pour :
– condamner le client d'un garagiste au paiement du prix de réparations dont le bien-fondé est contesté, s'appuie sur les seules factures émises par celui-ci (Cass. 1e civ. 14-1-2003 n° 00-22.894 : RJDA 6/03 n° 675 ; Cass. 2e civ. 23-9-2004 n° 02-20.497 : Bull. civ. II n° 414) ;
– prononcer l'annulation de la vente d'un véhicule sur le fondement des vices cachés, retient que, par deux lettres adressées au vendeur, l'acquéreur apporte la preuve que le véhicule vendu comportait un vice caché, préexistant à la vente et connu du vendeur, qui le rend impropre à l'usage attendu de l'acquéreur (Cass. 1e civ. 5-9-2018 n° 17-22.707 F-D) ;
– déclarer un maître d'ouvrage débiteur d'une association, retient exclusivement une facture émise par elle (Cass. 1e civ. 24-9-2002 n° 00-19.144 : Bull. civ. I n° 219) ;
– apprécier le montant des commissions versées par un agent général d'assurances à un courtier, retient une copie de la déclaration faite, à l'époque, par l'agent général aux services fiscaux et dans laquelle il indique que cette somme correspond aux commissions versées (Cass. 1e civ. 23-6-1998 n° 96-11.486 : Bull. civ. I n° 220) ;
– rapporter la preuve de la notification par l'employeur de la rupture avant la fin de la période d'essai, retient l'attestation du directeur général, représentant légal de l'employeur (Cass. soc. 11-5-1999 n° 97-41.245 : RJDA 6/99 n° 845) ;
– rapporter la preuve du paiement fait par un débiteur, se fonde sur une inscription figurant sur le livre de dépenses présenté par ce dernier (Cass. 3e civ. 18-11-1997 n° 96-11.775) ;
– rejeter la demande d'un salarié en paiement de dommages-intérêts pour ne l'avoir pas fait adhérer à un régime de prévoyance, retient que l'intéressé avait reçu les éléments précisant les avantages de l'adhésion dans une note qui lui avait été adressée par son employeur (Cass. soc. 15-2-1995 n° 90-45.690 : RJS 5/95 n° 575).

En revanche, ne constitue **pas** une **violation** de ce principe le fait pour :
– un héritier réservataire, qui cherche à rapporter la preuve de la simulation d'une libéralité portant atteinte à sa réserve, de se prévaloir des termes d'une lettre de son auteur quant au caractère gratuit d'un acte ayant l'apparence d'une vente (Cass. 1e civ. 25-3-1981 n° 79-16.230 : Bull. civ. I n° 105) ;
– un employeur de rapporter la preuve de la remise en main propre de la lettre de licenciement au salarié par le témoignage de la responsable administrative de la société (Cass. soc. 29-9-2014 n° 12-26.932 : RJS 12/14 n° 841) ;
– une compagnie aérienne de rapporter la preuve de l'heure à laquelle les clients se sont présentés à l'enregistrement par la présentation du listing informatique des opérations d'enregistrement car celui-ci est établi après présentation de divers documents par le client et après remise à lui d'autres documents par la compagnie d'aviation ; ce document ne constitue donc pas un document unilatéral insusceptible de constituer une preuve, mais vaut comme présomption simple (Cass. 1e civ. 13-7-2004 n° 01-11.729 : RJDA 2/05 n° 221) ;
– une société de rapporter la preuve de l'existence des relations commerciales qu'elle entretenait avec une société cliente, de la livraison effective des marchandises à ladite société et du montant de la créance réclamée, par la production des factures correspondant à ses demandes et des bons de livraison signés dont les mentions renseignées par la société cliente permettent d'établir un lien avec cette dernière (Cass. com. 6-2-2019 n° 17-16.671 F-D).

SECTION 2

LICÉITÉ ET AMÉNAGEMENT DE LA PREUVE

A. Licéité de la preuve

Chaque partie doit prouver les faits qu'elle invoque conformément à la loi (CPC art. 9). **12100**

En application du principe de **loyauté** de la preuve, toute preuve obtenue par un procédé déloyal est irrecevable en justice. Ce principe a été affirmé par l'assemblée plénière de la Cour de cassation, qui précise que, sauf disposition expresse contraire, cette règle s'applique à **tout contentieux** soumis aux dispositions du CPC, y compris par exemple celui des pratiques anticoncurrentielles relevant de l'Autorité de la concurrence (Cass. ass. plén. 7-1-2011 nos 09-14.316 et 09-14.667 : RJDA 7/11 n° 653).

L'obtention de la preuve ne doit donc pas résulter d'une infraction pénale, de la violation du secret professionnel, d'une atteinte à la vie privée, etc. Le droit à la preuve découlant de l'article 6, 1 de la CESDH ne peut d'ailleurs pas faire échec à l'intangibilité du secret professionnel du notaire (Cass. 1e civ. 4-6-2014 n° 12-21.244 : RJDA 10/14 n° 814).

> **Précisions** Des **dispositions spéciales** peuvent également interdire expressément l'utilisation de certaines pièces. Par exemple, la comptabilité irrégulièrement tenue ne peut pas être invoquée par son auteur à son profit (C. com. art. L 123-23, al. 2).

APPRÉCIATION DE LA LICÉITÉ DE LA PREUVE

12102 Il est souvent délicat de fixer les limites de la loyauté de la preuve, notamment lorsque le principe dont la violation est invoquée touche à l'**intimité de la vie privée**. Dans ce cas, la recevabilité de la preuve est soumise à deux conditions, l'une tenant à la **proportionnalité des intérêts en présence** et l'autre à l'absence de **violence** et de **fraude**.

La Cour européenne des droits de l'Homme considère qu'une partie à un procès doit bénéficier d'une possibilité raisonnable de présenter sa cause, y compris ses preuves (CEDH 27-10-1997, Bombo Beheer B. B. c/ Pays-Bas, série A, n° 274, § 33). Le juge doit donc rechercher si la production de la pièce est indispensable à l'exercice du droit à la preuve et proportionnée au but poursuivi (Cass. 1e civ. 25-2-2016 n° 15-12.403 FS-PBI : Bull. civ. I n° 48 ; Cass. 1e civ. 22-6-2017 n° 15-27.845 FS-PB : RJDA 12/17 n° 854) ou aux intérêts antinomiques en présence (Cass. com. 15-5-2007 n° 06-10.606 : RJDA 10/07 n° 968 ; Cass. 1e civ. 5-4-2012 n° 11-14.177 : Bull. civ. I n° 85 ; Cass. com. 20-9-2017 n° 16-13.082 F-D). Dans l'affirmative, une pièce peut être retenue, même si elle porte atteinte à l'intimité de celui contre lequel elle est utilisée. Ainsi, il a été jugé que la production de documents relatifs au décompte de la durée du travail ne porte pas une atteinte disproportionnée au droit au respect de la vie personnelle des salariés au regard du but poursuivi, dès lors que la copie de ces documents a été obtenue légalement par le délégué du personnel dans l'exercice de ses fonctions de représentation (Cass. soc. 9-11-2016 n° 15-10.203 FS-PBRI : RJS 1/17 n° 27).

Le contrôle de proportionnalité du droit à la preuve doit être opéré par le juge des référés dans le cadre des mesures d'instruction **in futurum** (Cass. 2e civ. 10-6-2021 n° 20-11.987 F-P ; Cass. com. 5-6-2019 n° 17-22.192 F-PB) mais également par le juge du fond, qui ne doit pas se borner à apprécier la licéité de la communication (Cass. com. 17-5-2023 n° 19-25.007 F-B).

La Cour de cassation rappelle également régulièrement que, lorsque la **preuve** est **libre**, le juge ne peut écarter des débats un élément de preuve que s'il a été obtenu par violence ou fraude. Un courrier dont une partie entre en possession à la suite d'un artifice coupable, d'une fraude ou d'un abus, constitue un moyen de preuve illicite et il appartient alors à celui qui entend utiliser la pièce d'apporter la preuve de sa provenance licite (Cass. 2e civ. 5-5-1973 n° 72-10.426 : Bull. civ. II n° 155).

12103 Les **juges apprécient** au cas par cas selon les circonstances de l'espèce si les moyens de preuve produits sont licites ou illicites.

Le rapport établi par le médecin-conseil d'un assureur qui procède d'une violation du **secret médical** a été jugé illicite dès lors qu'il contenait des renseignements reçus du médecin traitant de l'assuré, qui était tenu au secret médical (Cass. 1e civ. 6-1-1998 nos 95-19.902 et 96-16.721 : Bull. civ. I n° 3).

Est illicite l'enregistrement d'une **conversation téléphonique privée,** effectué et conservé à l'insu de l'auteur des propos invoqués (Cass. 2e civ. 7-10-2004 n° 03-12.653 : RJDA 2/05 n° 222) ou la retranscription d'une conversation téléphonique faite par un tiers et à l'insu de l'un des interlocuteurs (Cass. com. 13-10-2009 n° 08-19.525). Si cela lui est demandé, le juge a l'obligation de rechercher si des enregistrements de conversations privées ont été réalisés à l'insu de ceux qui ont été enregistrés (Cass. com. 29-3-2011 n° 10-16.100 : RJDA 8-9/11 n° 706). Et si le contenu de l'enregistrement clandestin est contesté, il ne peut pas valoir preuve licite (Cass. soc. 7-7-2021 n° 19-21.765 F-D). En revanche, l'utilisation de **messages téléphoniques vocaux** enregistrés est licite, l'auteur desdits enregistrements ne pouvant pas ignorer qu'ils sont enregistrés par l'appareil récepteur (Cass. soc. 6-2-2013 n° 11-23.738 : RJS 4/13 n° 316).

En matière d'informations collectées par un **système de traitement automatisé de données personnelles,** la Cour de cassation considérait auparavant que le caractère irrégulier du traitement rendait le moyen de preuve illicite et devait conduire à son rejet des débats (Cass. soc. 8-10-2014 n° 13-14.991 FS-PB : RJS 12/14 n° 826 : informations collectées avant déclaration à la Cnil ; Cass. soc. 27-3-2019 n° 17-31.715 F-PB : RJS 6/19 n° 355). Opérant un revirement de jurisprudence, elle érige à présent en principe que l'illicéité d'un moyen de preuve au regard des dispositions de la loi « Informatique et libertés » du 6 janvier 1978 n'entraîne pas nécessairement son rejet des débats : le juge doit apprécier si l'utilisation de cette preuve a porté atteinte au caractère équitable de la procédure dans son ensemble, en mettant en balance le droit au respect de la vie personnelle du salarié et le droit à la preuve. La production d'éléments portant atteinte à la vie personnelle d'un

salarié peut ainsi être justifiée lorsqu'elle est indispensable à l'exercice de ce droit et que l'atteinte est strictement proportionnée au but poursuivi (Cass. soc. 25-11-2020 n° 17-19.523 FP-PBRI : RJDA 6/21 n° 448). Ce faisant, la Cour de cassation applique à la preuve obtenue en violation des règles de collecte des données personnelles une solution dégagée à l'origine en matière de preuve portant atteinte à la vie privée (Cass. 1e civ. 25-2-2016 n° 15-12.403 FS-PBI : Bull. civ. I n° 48 ; Cass. soc. 9-11-2016 n° 15-10.203 FS-PB : RJS 1/17 n° 27 ; CEDH 5-9-2017 n° 61496/08 : RJS 12/17 n° 846 ; CEDH 17-10-2019 n° 1874/13 et 8567/13 : RJS 3/20 n° 164). La Cour de cassation autorise donc les juges à examiner une preuve illicite. Toutefois, elle pose plusieurs conditions à son utilisation. En effet, cette preuve ne doit pas porter atteinte au caractère équitable de la procédure dans son ensemble et ne doit pas pouvoir être rapportée par d'autres moyens (Cass. soc. 8-3-2023 n° 20-21.848) et celui qui s'en prévaut doit expressément soutenir le moyen tiré de ce que le rejet de la preuve illicite porterait atteinte au caractère équitable de la procédure dans son ensemble (Cass. soc. 8-3-2023 n° 21-20.798 ; Cass. soc. 8-3-2023 n° 20-17.802).
Rappelons toutefois qu'aucune décision de justice impliquant une appréciation sur le comportement d'une personne ne peut avoir pour fondement un **traitement automatisé de données à caractère personnel** destiné à évaluer certains aspects de sa personnalité (Loi 78-17 du 6-1-1978 art. 47, al. 1).

Le PV dressé par un **huissier ou commissaire de justice** qui manque à ses obligations profession- **12104**
nelles est illicite.

ILLUSTRATIONS

Est illicite le PV établi par un huissier ou commissaire de justice qui prend une fausse qualité pour obtenir des renseignements d'un interlocuteur (Cass. soc. 5-7-1995 n° 92-40.050 : RJS 11/95 n° 1110), qui pénètre dans les locaux loués pour établir d'éventuels manquements commis par le locataire (Cass. 3e civ. 10-3-2010 n° 09-13.082 : Bull. civ. III n° 62), qui se cache pour recueillir la teneur d'une conversation entre celui qui l'a mandaté et un tiers (Cass. 2e civ. 13-3-1975 n° 74-11.230 : Bull. civ. II n° 90) ou qui a recours à un stratagème pour recueillir une preuve (Cass. soc. 18-3-2008 n° 06-40.852 : RJS 6/08 n° 649). De même est illicite le procès-verbal établi par l'assistant d'un huissier ou commissaire de justice qui n'est pas indépendant de la partie requérante ; ainsi n'est pas loyal le procès-verbal d'achat établi par un huissier ou commissaire de justice avec l'assistance de l'avocat stagiaire du cabinet qui a demandé le constat afin d'établir des actes de contrefaçon ou de concurrence déloyale commis au détriment de sa cliente par une société concurrente (Cass. 1e civ. 25-1-2017 n° 15-25.210 F-PB : Bull. civ. I n° 20).
En revanche, est admissible la preuve tirée des constatations opérées par un huissier ou commissaire de justice ayant filmé une partie sur la voie publique ou en des lieux ouverts au public, sans provocation aucune à s'y rendre, dès lors qu'a été retenue l'absence de disproportion entre l'atteinte à la vie privée et les droits et intérêts en cause (il s'agissait en l'espèce de rejeter les demandes indemnitaires d'une personne qui produisait un rapport concluant à la nécessité d'une assistance permanente en raison de sa perte d'autonomie, alors que le PV de l'huissier ou commissaire de justice établissait qu'elle vivait sans aucune assistance (Cass. 1e civ. 31-10-2012 n° 11-17.476 FS-PBI : Bull. civ. I n° 224).

Les preuves réunies contre les **salariés** qui résultent d'un dispositif de **contrôle** qui n'a **pas** **12105**
été porté à leur **connaissance préalablement** sont illicites (CPC art. 9 ; C. trav. art. L 1222-3 ; art. L 2312-38, al. 3). Les juges doivent rechercher si le salarié a été informé du dispositif de contrôle (Cass. soc. 23-11-2005 n° 03-41.401 : RJS 2/06 n° 177).

ILLUSTRATIONS

Les preuves réunies par l'employeur sont illicites lorsqu'il a :
– fait suivre un salarié à son insu par un enquêteur privé (Cass. soc. 4-2-1998 n° 95-43.421 : RJS 4/98 n° 415 ; Cass. 2e civ. 17-3-2016 n° 15-11.412 F-PB : RJDA 6/16 n° 498), ou par un supérieur hiérarchique (Cass. soc. 26-11-2002 n° 00-42.401 : RJS 2/03 n° 149) ;
– utilisé un système de géolocalisation pour localiser le salarié en dehors de son temps de travail (Cass. soc. 22-3-2023 n° 21-22.852 F-D) ;
– procédé à l'enregistrement, quels qu'en soient les motifs, d'images ou de paroles à l'insu des salariés, tels que des enregistrements par une caméra dissimulée dans une caisse (Cass. soc. 20-11-1991 n° 88-43.120 : RJS 1/92 n° 1) ;
– introduit des lettres piégées (lettres ayant la particularité de diffuser une encre bleue si elles sont ouvertes) dans la tournée d'un postier suspecté de violation des correspondances (Cass. soc. 4-7-2012 n° 11-30.266 : RJS 10/12 n° 848) ;
– mis en œuvre un stratagème en faisant intervenir de faux témoins dans un magasin afin de contrôler à son insu les pratiques d'une vendeuse (Cass. soc. 19-11-2014 n° 13-18.749 : RJS 2/15 n° 77).

En revanche, la mise en place du dispositif dit du « client mystère » est licite si le salarié a été préalablement informé de sa mise en œuvre (Cass. soc. 6-9-2023 n° 22-13.783). En outre,

l'employeur, informé de possibles faits de **harcèlement sexuel ou moral** dénoncés par des salariés est tenu envers eux d'une obligation de sécurité lui imposant de prendre toutes dispositions nécessaires en vue d'y mettre fin et de sanctionner leur auteur. Il appartient alors aux juges du fond, dès lors qu'il n'a pas été mené par l'employeur d'investigations illicites, d'apprécier la valeur probante de l'enquête réalisée par l'employeur, au regard le cas échéant des autres éléments de preuve produits par les parties (Cass. soc. 29-6-2022 n° 21-11.437 FS-B). Ainsi, ne constitue pas une preuve déloyale, une enquête effectuée à la suite de la dénonciation de faits de harcèlement moral contre un salarié, même si ce dernier n'a pas été préalablement informé de la mise en œuvre de cette enquête (Cass. soc. 17-3-2021 n° 18-25.597 FS-PI : RJS 5/21 n° 250) ou une enquête interne menée par la direction des ressources humaines, même si les représentants du personnel n'y ont pas été associés (Cass. soc. 1-6-2022 n° 20-22.058).
De même, la simple **surveillance d'un salarié** faite sur les lieux du travail par son supérieur hiérarchique est licite, même en l'absence d'information préalable du salarié (Cass. soc. 26-4-2006 n° 04-43.582 : RJS 7/06 n° 800). En effet, le contrôle de l'activité d'un salarié par un service interne à l'entreprise chargé de cette mission, même en l'absence d'information préalable du salarié, ne constitue pas, en soi, un mode de preuve illicite (Cass. soc. 5-11-2014 n° 13-18.427 : RJS 1/15 n° 2).
Sont licites les enregistrements vidéo effectués par des **caméras** qui n'avaient pas pour but de contrôler le travail des salariés mais uniquement de surveiller la porte d'accès d'un local dans lequel ils ne devaient avoir aucune activité (Cass. soc. 19-4-2005 n° 02-46.295 : RJS 6/05 n° 595) ou effectués par des caméras placées dans les parties communes d'un immeuble, si les tiers sont avertis de leur présence par des panneaux placés dans les lieux concernés, tant à l'intérieur qu'à l'extérieur de l'immeuble (Cass. 1e civ. 24-9-2009 n° 08-19.482 : RJDA 1/10 n° 108). Mais sont au contraire illicites les enregistrements effectués avec une caméra mise en place pour surveiller les clients dès lors qu'elle est également utilisée par l'employeur pour contrôler ses salariés sans information et consultation préalables du comité d'entreprise (Cass. soc. 7-6-2006 n° 04-43.866 : RJS 11/06 n° 1143). Pour fonder un licenciement, l'employeur ne peut pas se prévaloir de l'aveu fait par un salarié lors de son audition par les services de gendarmerie à la suite d'une plainte consécutive à l'exploitation d'images d'une vidéosurveillance dont les salariés n'étaient pas informés (Cass. soc. 20-9-2018 n° 16-26.482 FS-D : RJS 12/18 n° 712).
Les **correspondances à caractère professionnel** (Cass. soc. 15-12-2009 n° 07-44.264 : RJS 3/10 n° 233) ou les dossiers et fichiers créés par un salarié grâce à l'**outil informatique mis à sa disposition par son employeur** pour l'exécution de son travail sont présumés, sauf si le salarié les identifie comme étant personnels, avoir un caractère professionnel, de sorte que l'employeur peut y avoir accès hors sa présence et les présenter à l'appui de ses moyens (Cass. soc. 18-10-2006 n° 04-47.400 : RJS 1/07 n° 7 ; Cass. soc. 15-12-2009 n° 07-44.264 précité). L'absence de déclaration simplifiée d'un système de messagerie électronique professionnelle ne rend pas illicite la production en justice des courriels adressés par l'employeur ou par le salarié dont l'auteur ne peut ignorer qu'ils sont enregistrés et conservés par le système informatique (Cass. soc. 1-6-2017 n° 15-23.522 FS-PB : RJS 8-9/17 n° 543). De même, dès lors qu'ils n'ont pas été identifiés comme étant personnels par le salarié, les **SMS** envoyés ou reçus par le salarié au moyen du **téléphone mis à sa disposition par l'employeur** pour les besoins de son travail peuvent être produits en justice et leur consultation par l'employeur en dehors de la présence de l'employé ne constitue pas un procédé déloyal (Cass. com. 10-2-2015 n° 13-14.779 : RJDA 4/15 n° 321). En revanche, lorsque le règlement intérieur de l'entreprise prévoit que les **messageries électroniques des salariés** ne peuvent être **consultées par la direction qu'en leur présence,** le moyen de preuve obtenu par la consultation en l'absence du salarié des messages contenus dans sa boîte e-mails est irrecevable (Cass. soc. 26-6-2012 n° 11-15.310 : RJS 10/12 n° 761). De même, ont nécessairement un caractère personnel et ne peuvent donc pas être produits en justice les **courriels** adressés ou reçus par le salarié sur sa **messagerie personnelle,** distincte de la messagerie professionnelle (Cass. soc. 26-1-2016 n° 14-15.360 FS-PB : RJS 4/16 n° 227 ; Cass. soc. 23-10-2019 n° 17-28.448 F-D : RJS 1/20 n° 3), même si le contenu desdits courriels est en rapport avec l'activité professionnelle de ce salarié (Cass. com. 16-4-2013 n° 12-15.657 : RJS 7/13 n° 538). De son côté, le salarié peut produire en justice les documents dont il a eu connaissance à l'occasion de ses fonctions, lorsque cela est strictement nécessaire à l'exercice de ses droits en justice (Cass. soc. 30-6-2004 nos 02-41.720 et 02-41.771 : RJS 10/04 n° 1009).

12106 La production de courts messages par le biais de téléphone portable (**SMS**) par leur destinataire pour faire la preuve d'un **harcèlement sexuel** est licite, l'expéditeur ne pouvant ignorer qu'ils sont enregistrés par l'appareil récepteur (Cass. soc. 23-5-2007 n° 06-43.209 : RJDA 10/07 n° 1043). La production par un **époux de SMS reçus par son conjoint sur son téléphone professionnel** pour faire la preuve d'un adultère ne peut pas être écartée au motif que les SMS relèvent de la confidentialité et du secret des correspondances et que la lecture de ces courriers à l'insu de leur destinataire constitue une atteinte grave à l'intimité de la personne, sans qu'il ait été constaté qu'ils ont été obtenus par violence ou fraude (Cass. 1e civ. 17-6-2009 n° 07-21.796 : Bull. civ. I n° 132). Est licite la production par un époux, au cours de la procédure de divorce, du **journal intime** et des lettres de son conjoint, dès lors que ces documents ont été obtenus sans fraude ni violence (Cass. 2e civ. 29-1-1997 n° 95-15.255 : Bull. civ. II n° 28) ou de lettres échangées avec son amant homosexuel (CEDH 13-5-2008, aff. 65097/01 N.N. et T.A. c/ Belgique : RTD civ. 2008 p. 650 obs. J.-P. Marguénaud). Est également légale la production d'un journal intime subtilisé à son propriétaire qui ne rapporte pas la preuve de la fraude ou de la violence (Cass. 2e civ. 6-5-1999 n° 97-12.437 : Bull. civ. II n° 28).

Rappelons qu'en droit **pénal**, la preuve est libre (CPP art. 427). Les victimes d'infractions pénales peuvent donc produire des pièces obtenues par des procédés déloyaux, comme par exemple des enregistrements faits à l'insu d'une partie (Cass. crim. 31-1-2007, n° 06-82.383). Il en résulte que lorsqu'une instance pénale est achevée, non seulement aucun texte n'interdit à la partie civile de produire **dans un procès civil** les procès-verbaux qui lui ont été délivrés et qui sont présumés avoir été obtenus régulièrement (Cass. 2e civ. 22-10-2009 n° 08-15.245 : Bull. civ. II n° 253), mais de surcroît l'autorité absolue de la chose jugée au pénal s'oppose à ce que celui qui a été condamné au pénal soit admis à soutenir devant le juge civil l'illicéité du mode de preuve jugé probant par le juge pénal (Cass. soc. 21-9-2022 n° 20-16.841 FS-B). 12108

Un juge peut faire état d'une **déclaration anonyme** lorsqu'elle lui est soumise au moyen d'un document établi par des enquêteurs et signé par eux permettant ainsi d'en apprécier la teneur et lorsque ce document est corroboré par d'autres éléments d'information décrits et analysés par le juge. Ne se conforme pas à cette obligation le juge qui fonde sa décision sur une telle déclaration, sans mentionner si elle était consignée dans un document établi et signé par les enquêteurs (Cass. com. 26-10-1993 nos 92-13.658, 92-13.665 et 92-13.667 : Bull. civ. IV n° 367, au cas particulier des enquêteurs de la DGCCRF). 12109

En revanche, au regard des exigences d'un procès équitable, le juge ne peut pas se fonder **uniquement ou de manière déterminante** sur des déclarations anonymes pour établir l'existence d'une pratique restrictive de concurrence (Cass. com. 11-5-2022 n° 19-22.242 FS-B).

CHARGE DE LA PREUVE DE LA LICÉITÉ

La charge de la preuve de la licéité des documents versés aux débats par une partie pèse sur cette dernière. Ainsi, il appartient au salarié d'établir que la copie du disque dur professionnel qu'il prétend avoir réalisée pour un usage en justice était strictement nécessaire à l'exercice des droits de sa défense dans le litige qui l'opposait à son employeur (Cass. soc. 31-3-2015 n° 13-24.410 : RJS 6/15 n° 433). 12110

EFFETS DE L'ILLICÉITÉ DE LA PREUVE

L'illicéité d'un moyen de preuve doit entraîner son **rejet des débats,** les juges du fond ne pouvant fonder leur décision sur celui-ci. Elle peut également exposer à une amende civile si les juges estiment qu'il y a **abus du droit d'ester en justice** (n° 12030). 12114

Dans un cas où une cour d'appel avait déclaré illicites certaines parties du **rapport établi par un enquêteur privé** chargé de suivre un salarié à son insu et en avait retenu d'autres en tant qu'attestation émanant d'un « sachant », la Cour de cassation a jugé que le fait de fonder sa décision exclusivement sur les **parties du rapport jugées licites,** alors que l'illicéité d'un moyen de preuve doit entraîner son rejet des débats, constituait une violation de l'article 9 du CPC (Cass. soc. 4-2-1998 n° 95-43.421 : RJS 4/98 n° 415).

La Cour de cassation semble cependant réserver la possibilité pour les juges du fond de se référer à un moyen de **preuve partiellement illicite,** s'il est **corroboré par d'autres éléments** (Cass. 3e civ. 10-2-1976 n° 74-14.320 : Bull. civ. III n° 56).

ILLÉGALITÉ DE LA PREUVE

La preuve obtenue par une **altération de la vérité** expose à des **sanctions pénales** telles que le faux ayant pour objet ou pour effet d'établir la preuve d'un droit ou d'un fait ayant des conséquences juridiques (C. pén. art. 441-1), la construction de preuves matérielles (C. pén. art. 434-4), le témoignage mensonger (C. pén. art. 434-13), le faux serment (C. pén. art. 434-13) ou l'escroquerie au jugement (C. pén. art. 313-1). 12120

B. Aménagement de la preuve

Les contrats sur la preuve sont valables lorsqu'ils portent sur des droits dont les parties ont la libre disposition (C. civ. art. 1356, al. 1 ; auparavant, Cass. 1e civ. 8-11-1989 n° 86-16.196 P : Bull. civ. I 12130

n° 342). Néanmoins, ils ne peuvent ni contredire les présomptions irréfragables établies par la loi ni modifier la foi attachée à l'aveu ou au serment. Ils ne peuvent davantage établir au profit de l'une des parties une présomption irréfragable (C. civ. art. 1356, al. 2 ; auparavant, Cass. com. 6-12-2017 n° 16-19.615 FS-PBI : RJDA 2/18 n° 202).
Sur la possibilité d'aménager contractuellement la charge de la preuve dans un contrat conclu entre un professionnel et un non-professionnel, voir n° 12018.
S'agissant de l'aménagement ou de la renonciation à l'obligation d'apporter la preuve par écrit, voir n° 12600.

ATTENTION

Dans un **contrat conclu entre un professionnel et un non-professionnel ou un consommateur,** toute clause qui a pour objet ou pour effet de limiter indûment les moyens de preuve à la disposition du non-professionnel ou du consommateur est présumée abusive (C. consom. art. R 212-2, 9°).

SECTION 3

PIÈCES

A. Communication des pièces entre les parties

1. RÈGLES COMMUNES À TOUTES LES JURIDICTIONS

12140 Les parties doivent se faire connaître **mutuellement en temps utile** les éléments de preuve qu'elles produisent, afin que chacune soit à même d'organiser sa défense (CPC art. 15).
La partie qui fait état d'une pièce s'oblige à la communiquer à toute autre partie à l'instance ; la communication des pièces doit être **spontanée** (CPC art. 132). C'est le **principe du contradictoire.**

> **Précisions** Il peut exister des **exceptions légales,** lorsque les circonstances exigent une dérogation à la règle de la contradiction (par exemple, ordonnances sur requête : CPC art. 493 s.). Mais, même lorsque la loi permet ou la nécessité commande qu'une mesure soit ordonnée à l'insu d'une partie, celle-ci doit disposer d'un **recours** approprié contre la décision qui lui fait grief (CPC art. 17).

ÉTENDUE DE L'OBLIGATION DE COMMUNIQUER LES PIÈCES

12142 Une partie ne saurait refuser la communication d'une correspondance à l'**adversaire,** au motif qu'il **en était le rédacteur** et en avait donc forcément eu connaissance (Cass. 2e civ. 10-10-1990 n° 89-15.723 : Bull. civ. II n° 192) ou que le courrier avait été **antérieurement communiqué** dans une procédure en référé (CA Paris 14-2-1986 : Gaz. Pal. 1987. 1. som. 32). Ces solutions sont logiques dans la mesure où le signataire d'un courrier peut toujours en contester la véracité et exiger d'en vérifier le contenu.
Toutefois, la **communication** peut être considérée comme **inutile** si le document figure parmi les pièces produites par celui qui la réclame (Cass. 2e civ. 8-7-1971 n° 70-13.860 : Bull. civ. II n° 251). Une partie ne saurait contester le contenu d'une pièce qu'elle verse elle-même. Le juge en pareil cas peut vérifier que la pièce sur laquelle se fonde le défendeur est bien la même que celle produite par le demandeur. En outre, la partie qui n'a pas comparu conformément à l'article 14 du Code de procédure civile, alors qu'elle avait été appelée à l'instance, ne peut pas invoquer utilement un défaut de communication des observations et des pièces de son adversaire ni soulever pour la première fois que la procédure était irrégulière (Cass. 2e civ. 11-4-2013 n° 12-12.369).

12144 La communication d'une pièce doit être **intégrale,** la simple reproduction de son contenu dans les conclusions étant insuffisante pour assurer le respect du contradictoire (Cass. soc. 18-4-1980 n° 74-40.272 : Bull. civ. V n° 330).
En revanche, il ne semble pas impératif de produire les **annexes** d'un document communiqué comme pièce, dès lors que ce document a été soumis à la discussion contradictoire des parties, qui pouvaient réclamer la production des annexes qui y étaient visées (Cass. 2e civ. 7-11-2002 n° 01-11.672 : Bull. civ. II n° 246).

L'article 2 de la Constitution du 4 octobre 1958 dispose que la langue de la République est le français. Il en résulte que le **français** est la seule **langue de la procédure** admise. Dès lors, ne viole pas l'article 6, 1 de la CESDH le juge qui, dans l'exercice de son pouvoir souverain, a écarté comme élément de preuve un document écrit en langue étrangère, faute de production d'une traduction en langue française (Cass. com. 27-11-2012 n° 11-17.185 : Bull. civ. IV n° 213). Pour autant, des personnes morales de droit privé françaises peuvent, d'un commun accord, rédiger un contrat exclusivement en langue étrangère (Avis CEPC n° 16-10 du 12-5-2016) et les juges du fond exercent leur pouvoir souverain d'appréciation en admettant une attestation en langue anglaise (Cass. 1e civ. 14-2-2006 n° 05-13.262). **12147**

SUPPORT DE LA COMMUNICATION DES PIÈCES

La communication se fait en principe par la transmission d'une **copie papier.** **12150**

La transmission peut également se faire par **voie électronique** (CPC art. 748-1 s.), par l'intermédiaire du RPVA. Dans ce cas, le destinataire doit consentir expressément à l'utilisation de la voie électronique, à moins que des dispositions spéciales n'imposent l'usage de ce mode de communication (CPC art. 748-2 al. 1). L'adhésion à un réseau de communication électronique vaut consentement (CPC art. 748-2, al. 2).

Devant le **tribunal judiciaire,** en matière de procédure écrite ordinaire et de procédure à jour fixe, la communication électronique est obligatoire (CPC art. 850), de même que devant la cour d'appel dans le cadre de la procédure avec représentation obligatoire (CPC art. 930-1).

Dans les **procédures orales,** les avocats se communiquent souvent les pièces par télécopie ou par e-mail.

Le juge peut toujours exiger la production d'une pièce en **original** sur support papier lorsque la communication a été faite par voie électronique (CPC art. 748-4).

Une partie peut également exiger la communication de l'original dès lors qu'elle conteste la réalité de la pièce produite par la partie adverse (Cass. com. 20-12-1976 n° 75-12.190 : Bull. civ. V n° 330). À notre avis, cette jurisprudence, rendue au regard d'une pièce produite sur support papier, devrait être étendue aux pièces communiquées par voie électronique.

Dans les cas où la communication électronique est obligatoire (n° 12150), lorsqu'un acte ne peut pas être transmis par voie électronique pour une **cause étrangère** à celui qui l'accomplit, il est établi sur support papier et remis au greffe ou lui est adressé par lettre recommandée AR (CPC art. 850, II-al. 1 pour le tribunal judiciaire ; art. 930-1, al. 2 pour la cour d'appel). La remise est constatée par la mention de sa date et le visa du greffier sur chaque exemplaire, dont l'un est immédiatement restitué (CPC art. 769 pour le tribunal judiciaire ; art. 930-1, al. 2 pour la cour d'appel). **12155**

Si l'acte est une requête ou une déclaration d'appel, il est remis ou adressé au greffe en autant d'exemplaires qu'il y a de destinataires, plus deux (CPC art. 850, II-al. 1 pour le tribunal judiciaire ; art. 930-1, al. 2 pour la cour d'appel). Lorsque l'acte est adressé par voie postale, le greffe l'enregistre à la date figurant sur le cachet du bureau d'émission et adresse à l'expéditeur un récépissé par tout moyen (CPC art. 850, II-al. 2 pour le tribunal judiciaire ; art. 930-1, al. 2 pour la cour d'appel).

L'acte peut être adressé, sans attendre l'expiration du délai qui lui est, le cas échéant, accordé pour accomplir la diligence considérée ; il appartient toutefois à la partie qui n'a pas pu transmettre l'acte par la voie électronique au greffe de démontrer que cet empêchement a une cause étrangère, la seule mention par le greffe d'un problème technique étant inopérante (Cass. 2e civ. 6-9-2018 n° 16-14.056 F-PB : D. 2018 p. 1761).

ILLUSTRATIONS

Constituent une cause étrangère justifiant une remise au greffe sur support papier le non-renouvellement par l'opérateur de la clé informatique de l'avocat lui donnant accès à la communication électronique, dès lors que le professionnel justifie avoir effectué les diligences appropriées pour obtenir, en temps utile, le renouvellement de sa clé (Cass. soc. 7-7-2021 n° 18-22.053 F-D : renouvellement réclamé trois jours après réception de l'avis d'expiration) ou encore la panne informatique survenue au cabinet de l'avocat qui en justifie par l'intervention d'une société de réparation, peu important que la clé RPVA n'ait pas été concernée par la panne et qu'une notification soit possible depuis un autre poste informatique disposant d'un accès internet (Cass. 2e civ. 10-6-2021 n° 20-10.522 F-P ; voir également Cass. com. 18-5-2016 n° 14-17.909 F-D).

En revanche, s'agissant de l'appel à jour fixe d'un jugement d'orientation ordonnant la poursuite d'une saisie immobilière, **ne se prévaut pas d'une cause étrangère** justifiant un défaut de transmission par voie électronique l'appelant qui invoque l'absence de restitution de la requête à fin d'autorisation d'assigner à jour fixe par l'huissier ou commissaire de justice instrumentaire pour soutenir qu'il a utilement pu remettre au greffe, sur support papier, l'assignation à jour fixe sans la copie de cette requête (Cass. 2e civ. 27-9-2018 n° 17-20.930 F-PB : D. 2018 p. 1919).

DÉLAIS DE LA COMMUNICATION DES PIÈCES

12160 Les délais de communication des pièces diffèrent d'une procédure à l'autre. Il convient donc de se référer aux développements propres à **chaque juridiction.**

En **principe**, les pièces n'ont pas à être communiquées de façon simultanée avec les prétentions, qu'elles soient formées par voie d'assignation ou par voie incidente dans des conclusions en défense. Seul un **bordereau** listant les pièces doit être annexé aux demandes. En effet, toute assignation et toute demande incidente doivent contenir l'indication des pièces sur lesquelles la demande est fondée (CPC art. 56, 3° et 67). La communication matérielle des pièces peut donc intervenir ultérieurement.

Et même lorsque les textes exigent une production simultanée des conclusions et des pièces, comme c'est le cas en appel dans les procédures avec représentation obligatoire, la jurisprudence ne sanctionne pas le défaut de simultanéité et ne retient que le critère de la production en **temps utile** (n° 12272).

12162 En effet, en toute matière, la communication des pièces entre les parties doit intervenir **en temps utile** (CPC art. 15), ce que le juge apprécie souverainement (Cass. ch. mixte 3-2-2006 n° 04-30.592 : Bull. ch. mixte II n° 2). À défaut, il peut écarter les pièces des débats (CPC art. 135 ; Cass. 2e civ. 27-2-1985 n° 83-16.725 : Bull. civ. II n° 51). Il peut écarter une pièce d'office, sans avoir à provoquer un débat contradictoire au sujet de ce rejet (Cass. 3e civ. 7-5-1997 n° 95-15.504 : Bull. civ. III n° 99). Saisie par l'une des parties de conclusions aux fins de rejet de conclusions tardives et de pièces produites, une cour d'appel, statuant en appel selon la procédure à jour fixe, n'a pas à rechercher si l'autre partie était en mesure de s'expliquer sur cette demande de rejet des conclusions tardives et des pièces mais uniquement à vérifier si la partie avait eu le temps utile de prendre connaissance des nouvelles conclusions et pièces contradictoires (Cass. 2e civ. 13-1-2022 n° 20-17.978). Toutefois, s'il rejette les moyens en raison de leur communication tardive, le juge doit expliquer, même sommairement, en quoi ils n'ont pas été déposés en temps utile avant l'ordonnance de clôture (Cass. com. 17-11-2015 n° 14-15.270 F-D) et vérifier que le caractère tardif a entraîné une violation du principe du contradictoire (Cass. 2e civ. 31-5-2000 n° 98-17.896 : Bull. civ. II n° 93). Il s'agit de caractériser les **circonstances particulières** qui empêchent la partie adverse de répondre utilement avant la **clôture** (Cass. 1e civ. 6-6-2000 n° 98-13.806 : Bull. civ. I n° 174 ; Cass. 1e civ. 17-2-2004 n° 01-16.659 : Bull. civ. I n° 53). Inversement, s'il admet la communication, le juge doit constater que la partie a disposé d'un temps utile pour examiner les conclusions et pièces nouvelles, notamment si elles ont été produites la veille de l'ordonnance de clôture (Cass. 3e civ. 6-6-2019 n° 18-14.402 F-D, n° 18-14.070 F-D et n° 18-14.283 F-D).

Des pièces peuvent être écartées des débats faute d'avoir été communiquées en temps utile, quand bien même les dernières **conclusions** déposées ont été déclarées **recevables** (Cass. 2e civ. 6-12-2018 n° 17-17.557 FS-PBRI).

ILLUSTRATIONS

Ont été jugées comme communiquées **tardivement** :
– des conclusions accompagnées d'une production de quatorze pièces et d'une sommation de communiquer déposées **sept jours avant l'ordonnance de clôture** (Cass. 2e civ. 6-5-1999 n° 97-12.437 P : Bull. civ. II n° 85) ;
– une **pièce** détenue depuis plusieurs mois, communiquée **quelques instants avant la clôture**, ce qui constitue un comportement contraire à la loyauté des débats tendant à surprendre délibérément l'adversaire (Cass. 2e civ. 2-12-2004 n° 02-20.194 FS-PB : Bull. civ. II n° 51) ;
– des **pièces communiquées trois jours avant l'ordonnance de clôture** (Cass. soc. 29-11-2006 n° 05-43.470 : RJS 2/07 n° 265) ;
En revanche, ont été considérées comme communiquées **en temps utiles** :
– des pièces communiquées **trois jours avant l'ordonnance de clôture** dès lors qu'elles avaient été communiquées dans le délai fixé par le conseiller de la mise en état (Cass. 2e civ. 22-3-2006 n° 05-16.083 : Bull. civ. II n° 84) ;
– des pièces communiquées après l'expiration du délai des intimés pour conclure mais **bien avant la date de clôture**, permettant ainsi aux intimés de conclure utilement au fond (Cass. 2e civ. 19-5-2022 n° 21-14.616 F-B).

12164 Le respect des règles en matière de communication s'impose même en cas d'**urgence** et même dans le cadre d'une **procédure orale** (CA Dijon 29-1-2004 : Procédures 2005 comm. 149 obs. R. Perrot) ou dans le cadre d'une **procédure à jour fixe** (Cass. 2e civ. 21-10-1992 n° 91-11.958 : Bull. civ. II n° 247).

12168 Lorsqu'un acte doit être accompli avant l'expiration d'un délai et ne peut pas être transmis par **voie électronique** (RPVA) le dernier jour du délai pour une **cause étrangère** à celui qui l'accomplit, le délai est prorogé jusqu'au premier jour ouvrable suivant (CPC art. 748-7).

ATTENTION

Le domaine d'application des dispositions de l'article 748-7 du CPC n'est pas circonscrit aux procédures avec représentation obligatoire (Cass. 2e civ. 17-5-2018 n° 17-20.001 F-PB : RJS 8-9/18 n° 564) ; ces dispositions s'appliquent également dans les procédures sans représentation.

Il appartient à celui qui invoque comme cause étrangère un dysfonctionnement du RPVA de le prouver (Cass. 2e civ. 26-6-2014 n° 13-20.868 F-PB : Bull. civ. II n° 159).
Pour des exemples de faits caractérisant la cause étrangère transposables au cas de prorogation des délais prévu par l'article 748-7 du CPC, voir n° 12155.

RÔLE DU JUGE DANS LA COMMUNICATION DES PIÈCES

Le juge doit, en toutes circonstances, faire observer et observer lui-même le **principe de la contradiction** ; il ne peut retenir, dans sa décision, les documents invoqués ou produits par les parties que si celles-ci ont été à même d'en débattre contradictoirement (CPC art. 16 ; nos 901 s.). **12170**
Par exemple, le juge ne peut pas substituer une curatelle simple à une curatelle renforcée, sans que la personne protégée ait été avisée de la faculté qui lui était ouverte de consulter le dossier au greffe (Cass. 1e civ. 18-11-2015 n° 14-28.223 F-PB : Bull. inf. C. cass. 15-4-2016 n° 528).
Pour faire respecter le principe de la contradiction, le juge peut faire injonction de produire une pièce (n° 12185) ou écarter une pièce non communiquée (n° 12200).

PREUVE DE LA COMMUNICATION DES PIÈCES

Les **pièces** visées dans les écritures d'une partie qui n'ont donné lieu à **aucune contestation** devant les juges du fond sont réputées, sauf preuve contraire, avoir été **régulièrement produites aux débats** et soumises à la libre discussion des parties (Cass. 2e civ. 20-12-2001 n° 98-21.329 : Bull. civ. II n° 204 ; Cass. 3e civ. 29-4-2009 n° 08-11.332 : RJDA 7/09 n° 608). **12175**
Dans les **procédures écrites**, la communication des pièces produites est valablement attestée par la signature de l'avocat destinataire apposée sur le bordereau établi par l'avocat qui procède à la communication (CPC art. 766, al. 2 pour le tribunal judiciaire ; art. 961, al. 2 pour la cour d'appel) et la remise au greffe de la copie d'une pièce est constatée par la mention de la date de remise et le visa du greffier sur la copie ainsi que sur l'original, qui est immédiatement restitué (CPC art. 769 pour le tribunal judiciaire ; art. 966 pour la cour d'appel). Lorsque la communication des pièces est effectuée par voie électronique (RPVA), elle fait l'objet d'un avis électronique de réception adressé par le destinataire, qui doit indiquer la date et, le cas échéant, l'heure de celle-ci (CPC art. 748-3, al. 1). Lorsque les personnes morales de droit privé et de droit public visées à l'article 692-1 du CPC ont préalablement consenti à la communication électronique, les envois, remises et notifications du greffe se font par l'intermédiaire d'une plateforme d'échanges dématérialisés et font l'objet d'un avis électronique de mise à disposition adressé au destinataire à l'adresse choisie par lui, lequel indique la date et, le cas échéant, l'heure de la mise à disposition (CPC art. 748-3, al. 2). Ce sont ces avis électroniques de réception ou de mise à disposition qui tiennent lieu de visa, cachet et signature ou autre mention de réception qui sont apposés sur l'acte ou sa copie (CPC art. 748-3, al. 3).
Dans les **procédures orales**, les pièces versées au débat **à l'audience** par une partie comparante sont réputées, sauf preuve contraire, avoir été débattues contradictoirement (Cass. 2e civ. 11-1-2006 n° 04-04.170 : Bull. civ. II n° 9). Il en est de même des moyens et documents retenus par le juge (Cass. soc. 2-7-1987 n° 84-42.541 : Bull. civ. V n° 449 ; Cass. com. 9-12-2014 n° 13-21.984). Le juge ne peut donc pas fonder sa décision sur l'absence au dossier d'une pièce invoquée par une partie sans inviter les parties à s'en expliquer, dès lors la pièce était mentionnée dans les conclusions écrites soutenues oralement à l'audience et que la communication n'avait pas été contestée (Cass. 2e civ. 9-6-2022 n° 20-12.190).
Mais la **présomption de régularité** de la communication doit être **écartée** lorsque cette régularité est contestée (Cass. soc. 24-11-1976 n° 75-41.001 : Bull. civ. V n° 621) ou lorsque la preuve contraire s'infère des pièces de la procédure ou des termes du jugement (Cass. 2e civ. 13-10-1977 n° 75-14.419 : Bull. civ. II n° 198).
La **preuve de l'absence de communication** peut résulter de l'absence de bordereau (Cass. 2e civ. 26-2-1997 n° 95-12.554 : Bull. civ. II n° 62).

INJONCTION DE COMMUNIQUER LES PIÈCES

Si la communication des pièces n'est pas faite, il peut être demandé, sans forme, au juge d'enjoindre cette communication (CPC art. 133). Il s'agit de l'hypothèse où une partie fonde ses prétentions sur une pièce mais ne la communique pas à la partie adverse. Dès lors qu'une partie soutient, sans être contredite, avoir demandé en vain par voie de sommation la communication de pièces visées au « bordereau récapitulatif de pièces communiquées », annexé aux dernières **12185**

conclusions de son adversaire dont il se prévaut, il incombe à la cour d'appel d'ordonner cette communication (Cass. 1e civ. 6-3-2013 n° 12-14.488 : Bull. civ. I n° 38).
Devant le **tribunal judiciaire,** le juge de la mise en état exerce tous les pouvoirs nécessaires à la communication, à l'obtention et à la production des pièces (CPC art. 788 ; n° 12237).
Devant le **tribunal de commerce,** c'est le juge chargé d'instruire l'affaire qui peut ordonner, même d'office, toute mesure d'instruction et trancher les difficultés relatives à la communication des pièces (CPC art. 865, al. 2).
En dehors de toute demande formulée par l'une des parties, le juge de la mise en état peut également enjoindre aux avocats de communiquer les pièces (pour le tribunal judiciaire, voir CPC art. 780).
La demande de communication de pièces ne constitue pas une cause d'irrecevabilité des **exceptions de procédure** (CPC art. 74, al. 2). Contrairement à une défense au fond, la demande de communication de pièces peut donc être présentée avant les exceptions de procédure, sans que celles-ci ne soient frappées d'irrecevabilité (CPC art. 74, al. 1). En revanche, une partie qui n'est plus recevable à conclure, faute d'avoir respecté les délais qui s'imposaient à elle, ne l'est plus non plus à soulever un incident de communication de pièces (Cass. 2e civ. 5-12-2019 n° 18-14.112 F-PBI).

12187 Aucune forme n'étant nécessaire, une **simple lettre** suffit à saisir le juge de la mise en état d'une demande de communication sous astreinte (CA Paris 24-10-1979 : Bull. ch. avoués 1979. 4. 17). Il faut cependant une vraie **demande** de communication **distincte des conclusions** au fond. Inclure une simple remarque ou de simples allégations dans les conclusions au fond, en l'absence d'**incident de communication** de pièces au sens de l'article 133 du CPC ne suffit pas (Cass. 1e civ. 26-9-2007 n° 06-15.954 : Bull. civ. I n° 306). Ainsi, ne constitue pas une demande de communication le moyen inclus dans des conclusions au fond selon lequel, lors d'une procédure de révision d'une prestation compensatoire, une partie a fourni au juge une déclaration certifiant sur l'honneur l'exactitude de ses ressources, revenus, patrimoines et conditions de vie alors que l'autre partie ne l'a pas fournie, le juge n'étant dès lors pas tenu d'enjoindre la communication de cette déclaration sur l'honneur (Cass. 1e civ. 2-3-2004 n° 02-17.777 : Bull. civ. I n° 72).
Le pouvoir d'injonction du **juge** ne constitue qu'une simple faculté dont l'exercice est laissé à son **pouvoir discrétionnaire.** Dès lors, une partie qui voit une de ses pièces écartée faute d'avoir été communiquée ne peut pas reprocher au juge de ne pas lui avoir adressé d'injonction (Cass. 2e civ. 22-1-1976 n° 74-14.935 : Bull. civ. II n° 24).

12189 **CONSEIL**

Même si une partie a la certitude que la partie adverse ne communiquera pas une des pièces dont elle se prévaut, il est dans son intérêt d'en **exiger la communication,** car non seulement elle pourra en demander le rejet (n° 12200), mais de surcroît elle ne se heurtera pas à la présomption de communication attachée aux pièces visées et n'ayant donné lieu à aucune contestation (n° 12175).
Il convient de maintenir la demande de communication dans ses **écritures au fond** car il a été jugé que la partie qui ne reprend pas sa demande de communication de pièces dans ses conclusions au fond renonce à son incident de communication de pièces. Les juges du fond n'en étant plus saisis, ils peuvent dès lors fonder leur décision sur les documents qui faisaient l'objet de l'incident de communication (Cass. 2e civ. 15-3-1976 n° 75-10.600 : Bull. civ. II n° 103). Il faut donc former la demande de communication et, à défaut de communication, inclure dans les conclusions au fond la demande de rejet de la pièce.

12190 Si le juge fait droit à la demande de communication, il fixe, au besoin à peine d'**astreinte,** le délai, et, s'il y a lieu, les **modalités de la communication** (CPC art. 134). La communication peut se faire par remise au greffe si les pièces sont volumineuses (CA Paris 5-12-1978 : Bull. ch. avoués 1979. 2. 27).
La **partie qui ne restitue pas les pièces communiquées** peut y être contrainte, éventuellement sous astreinte (CPC art. 136). L'astreinte peut être liquidée par le juge qui l'a prononcée (CPC art. 137).

SANCTIONS DU DÉFAUT DE COMMUNICATION DES PIÈCES

12200 Le juge a le pouvoir souverain d'écarter les pièces non communiquées des débats (CPC art. 135).
Une **décision fondée sur** des **documents** qui n'ont **pas** été **communiqués** et n'ont donc pas été soumis à débat contradictoire encourt la cassation sur le fondement des articles 15, 16 et 132 du CPC, peu important que le document ait été vérifié par une autorité de contrôle quelconque. Mais le défaut de communication de pièces ne prive pas à lui seul les juges du fond de la connaissance des moyens et des prétentions du demandeur. Même si les juges rejettent ces pièces, ils doivent donc examiner les moyens et prétentions des parties (Cass. 2e civ. 3-12-2015 n° 14-25.413 F-PB : Bull. civ. II n° 269).

ILLUSTRATIONS

Un premier président qui calcule le montant des dépens en se référant au bulletin d'évaluation des dépens établi unilatéralement par l'avoué (aujourd'hui, l'avocat) viole les articles 16 et 132 du CPC si ce document n'a pas été communiqué à la partie qui exerçait un recours, même s'il a été vérifié par le greffier (Cass. 2e civ. 8-3-2006 no 04-13.011 : Bull. civ. II no 68 ; Cass. 2e civ. 15-1-2015 no 13-28.786 F-D).
Viole l'article 132 du CPC l'arrêt fondé sur une pièce, dès lors qu'il ne résulte ni des mentions de l'arrêt ni du dossier de procédure que la pièce a été communiquée à la partie adverse et que celle-ci a eu connaissance de sa production (Cass. 2e civ. 25-11-1981 no 78-13.880 : Bull. civ. II no 207).

2. RÈGLES PARTICULIÈRES À CHAQUE JURIDICTION EN MATIÈRE DE COMMUNICATION DE PIÈCES

Des dispositions spéciales précisent les modalités de communication des pièces entre les parties 12230
pour une **juridiction donnée,** mais n'exonèrent évidemment pas les parties du respect des **dispositions générales** applicables à toute juridiction (nos 12140 s.). Elles s'y ajoutent donc, sans s'y substituer.
Il convient en outre de toujours vérifier si une **action** ne présente pas des **particularités** au regard des modalités de communication, de la nature des pièces à communiquer et des délais de la communication. Ainsi, les demandes incidentes tendant à l'octroi d'un délai de paiement (CPC art. 832) ou les requêtes à jour fixe (CPC art. 840) doivent contenir les pièces. Il en va de même, notamment, de :
- la demande de récusation d'un juge (CPC art. 344) ;
- la requête aux fins d'autorisation de la procédure de prise à partie d'un juge (CPC art. 366-2) ;
- l'assignation en prise à partie (CPC art. 366-7) ;
- la requête et l'assignation aux fins de mesures de protection des victimes de violences (CPC art. 1136-3).

COMMUNICATION DES PIÈCES DEVANT LE TRIBUNAL JUDICIAIRE

L'**assignation** devant le tribunal judiciaire ne comporte que la liste des pièces sur lesquelles la 12232
demande est fondée dans un bordereau qui lui est annexé (CPC art. 56, 3°). Les pièces du demandeur ne sont donc communiquées qu'ultérieurement, une fois que les parties adverses ont constitué avocat. En **pratique,** la constitution du défendeur comporte souvent injonction au demandeur de communiquer ses pièces.
De même, les **conclusions** doivent indiquer, pour chaque prétention, les pièces invoquées et leur numérotation et comporter en annexe un bordereau énumérant les pièces justifiant les prétentions (CPC art. 768, al. 1), mais il n'y a aucune obligation de simultanéité entre la notification des conclusions et la communication des pièces, contrairement à la procédure d'appel (no 12272).
En principe, les **pièces** de chacune des parties sont échangées entre les avocats constitués, mais ne sont **remises au tribunal** judiciaire que le **jour** de l'audience (seul le bordereau de pièces est remis au greffe). Cependant, s'il l'estime nécessaire pour l'établissement de son rapport à l'audience, le **juge de la mise en état** peut demander aux avocats de déposer au greffe leur dossier, comprenant notamment les pièces produites, à la date qu'il détermine (CPC art. 779, al. 2).

12235

Contenu de la notification des pièces aux parties adverses

Règles générales

La notification papier des pièces aux parties adverses doit contenir :
– deux **bordereaux sans pièce annexée** (l'un destiné au greffe ; l'autre qui sera retourné par le greffe au notifiant avec la mention de la date de remise et le visa du greffier) ;
– des **bordereaux accompagnés des pièces** à notifier, en autant d'exemplaires qu'il y a d'avocats constitués pour les parties adverses (ces bordereaux et pièces en copie sont destinés à chacun des avocats adverses constitués dans l'affaire).

Règles spécifiques à la notification électronique

La notification des pièces par l'intermédiaire du RPVA se fait par l'envoi d'un message à la chambre désignée et à chacun des avocats constitués, auquel sont annexées les pièces au format PDF, OTD (open office) ou RTF. Il est donc expressément prévu qu'en cas de transmission par voie électronique, il n'est pas fait application des dispositions prévoyant la transmission en plusieurs exemplaires et la restitution matérielle des actes et pièces remis ou notifiés (CPC art. 748-3, al. 4).

12237 **Rôle du juge de la mise en état** L'affaire est instruite sous le contrôle d'un magistrat de la chambre saisie ou à laquelle elle a été distribuée ; celui-ci a pour **mission** de veiller au **déroulement loyal** de la procédure, notamment à la ponctualité de la communication des pièces (CPC art. 780, al. 1 et 2).

Le juge de la mise en état exerce tous les **pouvoirs** nécessaires à la communication, à l'obtention et à la production des pièces (CPC art. 788).

Il peut se faire communiquer l'**original** des pièces versées aux débats ou en demander la remise en **copie** (CPC art. 782, al. 2). La demande de communication ou de production de pièces doit donc être présentée devant le juge de la mise en état.

Le juge de la mise en état peut **entendre les avocats** et leur faire toutes communications utiles. Il peut également, si besoin est, leur adresser des **injonctions** (CPC art. 780, al. 3). Il peut s'agir d'injonctions de communiquer en dehors de toute demande formulée par l'une des parties (pour la production forcée, voir n° 12300).

L'**ordonnance du juge** de la mise en état qui enjoint ou non de communiquer n'est pas susceptible d'appel immédiat car elle ne fait pas partie de la liste des ordonnances qui peuvent, en application de l'article 776 (devenu art. 795) du CPC, être frappées d'appel (Cass. 2e civ. 7-10-1992 n° 91-11.120 P : Bull. civ. II n° 227 ; CA Versailles 30-10-1979 : Gaz. Pal. 1980 II som. p. 482).

En revanche, l'article 770 (devenu art. 788) du CPC ne confère pas au juge de la mise en état le pouvoir d'**écarter du débat une pièce produite** par une partie. Seul le tribunal judiciaire dispose de ce pouvoir. Dès lors, le juge de la mise en état qui écarte des pièces du débat commet un excès de pouvoir et l'appel immédiat contre sa décision est recevable (Cass. 2e civ. 25-3-2021 n° 19-16.216 F-P).

12242 **Délais de communication des pièces** Le juge de la mise en état veille à la ponctualité de la communication des pièces (CPC art. 780, al. 2). Il fixe les délais nécessaires à l'instruction de l'affaire ; il peut, après avoir recueilli l'avis des avocats, fixer un **calendrier** de procédure de la mise en état (CPC art. 781, al. 1 et 3).

Après l'ordonnance de clôture, aucune pièce (ni aucune conclusion) ne peut être produite aux débats, à peine d'irrecevabilité prononcée d'office (CPC art. 802, al. 1). Ainsi, les juges du fond ne peuvent pas condamner un époux à verser une prestation compensatoire en se fondant sur un certificat médical attestant de l'inaptitude au travail de l'époux bénéficiaire, s'il résulte des productions que ce certificat médical a été établi, produit et communiqué postérieurement à l'ordonnance de clôture (Cass. 2e civ. 11-7-1994 n° 92-21.388 : Bull. civ. II n° 185). Il résulte de la combinaison des articles 802 du CPC (clôture de l'instruction), 748-1 et 748-3 du même Code (modalités des notifications électroniques) et 930-1 du même Code (obligation de notification électronique) que si l'ordonnance de clôture a été rendue et portée à la connaissance des parties par le RPVA à 8h49, les conclusions et pièces remises le même jour à 9h59, sont considérées comme ayant été déposées **après** (Cass. 2e civ. 8-12-2022 n° 21-10.744 FS-B).

Il existe cependant des **exceptions** et atténuations.

Sont recevables, après l'ordonnance de clôture, les demandes en **intervention volontaire** et les conclusions relatives aux **loyers, arrérages, intérêts et autres accessoires** échus et aux débours faits jusqu'à l'ouverture des débats, si leur décompte ne peut faire l'objet d'aucune contestation sérieuse (CPC art. 802, al. 2). Une créance de cette nature peut toujours être actualisée si le décompte ne se heurte à aucune contestation sérieuse et si les sommes réclamées sont échues après l'ordonnance de clôture (Cass. 3e civ. 13-6-2001 n° 99-17.985 : RJDA 12/01 n° 1190).

Il est également possible de demander la **révocation de l'ordonnance de clôture** (CPC art. 802, al. 2). Cette demande doit être formée impérativement par voie de conclusions (Cass. 2e civ. 1-4-2004 n° 02-13.996 : Bull. civ. II n° 150). S'il est saisi d'une telle demande, le juge est tenu d'y répondre ; dès lors, il ne peut pas statuer au regard des prétentions et moyens respectifs des parties, après avoir seulement visé la date de l'ordonnance de clôture, sans se prononcer sur la demande de révocation de l'ordonnance de clôture, fût-ce pour la rejeter (Cass. 2e civ. 25-3-2021 n° 20-10.689 F-PB).

L'ordonnance de clôture ne peut être révoquée que s'il se révèle une cause grave depuis qu'elle a été rendue (CPC art. 803, al. 1). Une pièce nouvelle dont la partie n'aurait eu connaissance qu'après l'ordonnance de clôture pourrait donc motiver une demande de révocation de cette ordonnance.

Il résulte de l'article 802 du CPC, interprété à la lumière de l'article 6, § 1, de la Convention de sauvegarde des droits de l'homme et des libertés fondamentales, que des conclusions déposées après l'ordonnance de clôture ne peuvent être déclarées irrecevables lorsque leur auteur n'a pas été préalablement informé de la date à laquelle celle-ci devait être rendue. Toutefois, le juge n'est pas tenu de vérifier d'office que les parties ont été avisées de la date de l'ordonnance de clôture. Il appartient à la partie qui, ayant remis ses conclusions après l'ordonnance de clôture, soutient ne pas avoir été préalablement avisée de la date de son prononcé, d'en solliciter la révocation (Cass. 2e civ. 8-12-2022 n° 21-10.744 FS-B).

> **Précisions a.** Lorsque les pièces sont communiquées à l'avocat adverse à une date donnée, puis remises au greffe à une date ultérieure, la **date** à retenir pour vérifier la **recevabilité de la communication des pièces** au regard de la date de clôture est celle à laquelle elles ont été contradictoirement notifiées et communiquées à l'avocat adverse constitué et non pas la date à laquelle elles ont été remises au greffe (Cass. com. 19-2-2002 n° 98-20.589). Par exemple, si des pièces sont notifiées à l'avocat adverse le 19 mars, puis déposées au greffe en même temps que les conclusions, le 30 mars, tandis que l'ordonnance de clôture a été rendue le 23 mars, seules les écritures seront déclarées irrecevables. Les pièces doivent quant à elles être considérées comme ayant été produites avant la clôture.
>
> **b.** Il peut y avoir **révocation implicite de la clôture** : la décision par laquelle une cour d'appel enjoint, après l'ordonnance de clôture, à une partie de communiquer des pièces à l'autre partie emporte révocation d'office de l'ordonnance (Cass. 2e civ. 4-6-1975 n° 74-10.438 : Bull. civ. II n° 165).
>
> **c.** Toute production postérieure à l'ordonnance de clôture est interdite, réserve faite du cas où il y a lieu de répondre au ministère public ou lorsque le juge provoque la **production complémentaire** (Cass. 2e civ. 22-3-2006 n° 04-13.555 : Bull. civ. II n° 86).
>
> **d.** Pour les instances introduites à compter du 1er novembre 2023, en cas de **césure** du procès, la clôture de l'instruction peut n'être que partielle (CPC art. 807-1 et s. issus du décret n° 2023-686 du 29-7-2023).

Assignation à jour fixe La procédure à jour fixe échappe aux règles processuelles applicables aux affaires pendantes devant le tribunal judiciaire. La **requête** afin d'assigner à jour fixe ne doit pas seulement viser les pièces justificatives. Une **copie des pièces** doit être remise au **président** en même temps que la requête pour être versée au dossier du tribunal (CPC art. 840, al. 3) par le greffier (art. 772, al. 1). 12247

L'**assignation** à jour fixe doit en outre **informer le défendeur** qu'il peut prendre connaissance au greffe de la copie des pièces visées dans la requête et lui faire sommation de communiquer avant la date de l'audience celles dont il entend faire état (CPC art. 841, al. 2).

COMMUNICATION DES PIÈCES DANS LE CADRE DE PROCÉDURES ORALES

Règles communes Lorsque les débats sont renvoyés à une audience ultérieure, le **juge** peut **organiser les échanges entre les parties** comparantes ; après avoir recueilli l'avis des parties, le juge peut ainsi fixer les délais et, si elles en sont d'accord, les conditions de communication de leurs prétentions, moyens et pièces (CPC art. 446-2, al. 1). Le juge peut écarter des débats les pièces communiquées sans motif légitime après la date fixée pour les échanges et dont la tardiveté porte atteinte aux droits de la défense (CPC art. 446-2, al. 5). Aucun formalisme n'est requis pour ces échanges (Circ. du 24-1-2011 Nor : JUSC1033666C § 2.2.1 s.). 12252

Pour les instances introduites depuis le 11 mai 2017, lorsque toutes les parties comparantes formulent leurs prétentions et moyens **par écrit** et **sont assistées ou représentées par un avocat,** les conclusions doivent formuler expressément les prétentions ainsi que les moyens en fait et en droit sur lesquels chacune de ces prétentions est fondée avec indication pour chaque prétention des **pièces** invoquées et de leur **numérotation.** Un **bordereau** énumérant les pièces justifiant ces prétentions est annexé aux conclusions (CPC art. 446-2, al. 2).

Dans toute procédure orale, le juge détient un **pouvoir d'injonction** puisqu'il peut, à tout moment, mettre en demeure les parties de produire dans le délai qu'il détermine tous les documents ou justifications propres à l'éclairer, faute de quoi il peut passer outre et statuer en tirant toute conséquence de l'abstention de la partie ou de son refus (CPC art. 446-3, al. 1).

Tribunal judiciaire Lorsque le **demandeur** introduit son action par voie de **requête**, les pièces qu'il souhaite invoquer à l'appui de ses prétentions doivent être jointes à sa déclaration en autant de copies que de personnes dont la convocation est demandée (CPC art. 757, al. 1). 12257

Cette communication préalable des pièces n'est pas exigée à peine de **nullité**. Néanmoins, cette formalité visant au respect du principe de la contradiction, son inaccomplissement peut conduire la juridiction à ordonner que les pièces soient effectivement communiquées, à peine de **radiation.** Mais l'exigence d'annexion des pièces n'interdit évidemment pas au demandeur de produire d'autres pièces au cours de la procédure (Circ. du 24-1-2011 Nor : JUSC1033666C § 2.2.1 s.). Certaines requêtes doivent être accompagnées de pièces spécifiques, à peine **d'irrecevabilité**. Tel est le cas

par exemple de la requête en renforcement d'une curatelle, qui doit être accompagnée d'un certificat médical circonstancié « établi à cette fin » et non pas à une autre fin, telle que la mise en place d'un mandat de protection future (Cass. 1e civ. 2-3-2022 n° 20-19.767 F-B).
Quant au **défendeur,** il communique en principe ses pièces selon le calendrier mis en place.
Une disposition spécifique s'applique au défendeur qui présente une demande incidente tendant à l'**octroi d'un délai de paiement** en application de l'article 1343-5 du Code civil : les pièces qu'il souhaite invoquer à l'appui de sa demande doivent être jointes à son courrier ; la demande est communiquée aux autres parties, à l'audience, par le juge, sauf la faculté pour ce dernier de la leur faire notifier par le greffier, accompagnée des pièces jointes, par lettre recommandée AR (CPC art. 832, al. 1).

12262 **Conseil de prud'hommes** Les dispositions particulières aux juridictions statuant en matière prud'homale sont visées aux articles R 1451-1 à R 1471-2 du Code du travail (CPC art. 879). En outre, le Code du travail renvoie expressément aux dispositions générales du CPC (C. trav. art. R 1451-1). Dès lors, la procédure ne saurait échapper au principe de la **contradiction** et aux règles générales de communication des pièces. Ainsi, le juge peut écarter des débats les pièces qui n'ont pas été communiquées en **temps utile,** au visa de l'article 135 du CPC (Cass. soc. 7-6-1995 n° 90-44.079 : Bull. civ. V n° 186).
La **requête présentée par le demandeur** doit être accompagnée des pièces qu'il invoque à l'appui de ses prétentions. Ces pièces sont énumérées sur un bordereau qui lui est annexé (C. trav. art. R 1452-2, al. 2). Le **greffe** invite le demandeur à adresser ses pièces au défendeur avant l'audience et indique qu'en cas de non-comparution sans motif légitime il pourra être statué en l'état des pièces et moyens contradictoirement communiqués par l'autre partie (C. trav. art. R 1452-3, al. 2). S'agissant du défendeur, il est convoqué par le greffe qui lui adresse un exemplaire de la requête et du bordereau énumérant les pièces adressées par le demandeur et qui l'invite à déposer ou adresser au greffe les pièces qu'il entend produire et à les communiquer au demandeur (C. trav. art. R 1452-4).
En cas d'**échec de la conciliation,** le bureau de conciliation fixe les délais et les conditions de communication des prétentions, moyens et pièces, après avis des parties (C. trav. art. R 1454-1, al. 2).
À défaut pour les parties **de respecter les modalités de communication** fixées, le bureau de jugement peut rappeler l'affaire à l'audience, en vue de la juger ou de la radier.
Sont **écartés des débats** les prétentions, moyens et pièces communiqués sans motif légitime après la date fixée pour les échanges et dont la tardiveté porte atteinte aux droits de la défense (C. trav. art. R 1454-19, al. 2et 3).
Après l'ordonnance de clôture, qui ne peut être révoquée par le bureau de jugement que pour cause grave, aucune conclusion ne peut être déposée ni aucune pièce produite aux débats, à peine d'irrecevabilité prononcée d'office (C. trav. art. R 1454-19-3, al. 1).
Le conseiller rapporteur peut **mettre en demeure les parties de produire** dans le délai qu'il détermine tous documents ou justifications propres à éclairer le conseil de prud'hommes (C. trav. art. R 1454-1, al. 4). Lorsque toutes les parties comparantes formulent leurs prétentions par **écrit** et sont assistées ou représentées par un **avocat,** elles sont tenues, dans leurs conclusions, de formuler expressément les prétentions ainsi que les moyens en fait et en droit sur lesquels chacune de ces prétentions est fondée avec indication pour chaque prétention des pièces invoquées. Un **bordereau** énumérant les pièces justifiant ces prétentions est annexé aux conclusions (C. trav. art. R 1453-5).

> **Précisions** Même si le défendeur ne comparaît pas, le bureau de conciliation et d'orientation peut ordonner la délivrance, le cas échéant, sous peine d'astreinte, de certificats de travail, de bulletins de paie et de toute **pièce que l'employeur est tenu** légalement **de délivrer** (C. trav. art. R 1454-14).
> Les jugements qui ordonnent la remise d'un certificat de travail, de bulletins de paie ou de toute pièce que l'employeur est tenu de délivrer sont de droit exécutoires à titre provisoire (C. trav. art. R 1454-28, 2°).

COMMUNICATION DES PIÈCES DEVANT LA COUR D'APPEL

12272 Dans les procédures avec représentation obligatoire, les avocats doivent communiquer les **pièces** et la communication doit intervenir **simultanément avec** la notification des **conclusions** (CPC art. 906 ; nos 26154 s.). Toutefois, l'article 906 du CPC n'édicte pas de **sanction** en cas de défaut de communication des pièces simultanément à la notification des conclusions, même lorsque l'affaire est fixée à **bref délai** en application de l'article 905-1 du même Code. Le juge doit donc seulement rechercher si les pièces ont été communiquées en **temps utile** (Cass. 2e civ. 19-5-2022 n° 21-14.616 F-B). À défaut de communication en temps utile, les pièces peuvent être écartées des débats, quand bien même les dernières conclusions déposées ont été déclarées recevables (Cass. 2e civ. 6-12-2018 n° 17-17.557 FS-PBRI ; pour des exemples de communications en temps utiles, voir n° 12162).

ATTENTION

Même si les **pièces** ne lui ont **pas** été **communiquées par l'appelant,** l'intimé doit respecter le délai qui lui est imparti pour conclure car, à défaut, il n'est plus recevable à soulever un incident fondé sur l'absence de communication des pièces par l'appelant (Cass. 2e civ. 5-12-2019 n° 18-14.112 F-PBI).

Conformément à l'effet dévolutif de l'appel, les parties peuvent produire de **nouvelles pièces** ou proposer de **nouvelles preuves** pour justifier en appel les prétentions qu'elles avaient soumises au premier juge (CPC art. 563). Il est donc possible de verser des pièces nouvelles qui tendent à la justification des prétentions soutenues en première instance, dès lors qu'elles sont communiquées en temps utile et qu'elles correspondent aux chefs de jugement déférés à la cour d'appel (CPC art. 562 ; nos 25000 s.). 12273

Toutefois, le décret 2017-891 du 6 mai 2017 a posé un principe de **concentration des prétentions, moyens et pièces** dès le premier jeu de conclusions à peine d'irrecevabilité relevée d'office ou soulevée par la partie adverse (CPC art. 910-4, al. 1). Il existe néanmoins des aménagements permettant la prise en compte d'une évolution avérée du litige. Ainsi, demeurent recevables, dans les limites des chefs du jugement critiqués, les prétentions destinées à **répliquer** aux conclusions et **pièces adverses** ou à faire juger les **questions nées, postérieurement** aux premières conclusions, de l'intervention d'un tiers ou de la survenance ou de la révélation d'un fait (CPC art. 910-4, al. 2).

Les **conclusions d'appel** doivent contenir les mentions visées à l'article 954 du CPC avec indication pour chaque prétention des pièces invoquées et de leur numérotation, dans le corps même des écritures, et comporter un bordereau récapitulatif de pièces (CPC art. 954, al. 1).

Dans tous les cas, les **dossiers comprenant les copies des pièces** visées dans les conclusions et numérotées dans l'ordre du bordereau récapitulatif doivent être **déposés à la cour** quinze jours avant la date fixée pour l'audience de plaidoiries (CPC art. 912, al. 3). La méconnaissance de cette obligation n'est pas sanctionnée par une irrecevabilité ou une exclusion des pièces non remises (Cass. 2e civ. 7-1-2016 n° 14-29.019 F-PB : Bull. civ. II n° 3). 12276

Une copie de la **requête à fin d'assigner à jour fixe** et des pièces doit être remise au premier président de la cour d'appel pour être versée au dossier de cette cour (CPC art. 918, al. 2). 12280

L'assignation doit contenir copies de la requête, de l'ordonnance du premier président et un exemplaire de la déclaration d'appel. Elle doit également indiquer à l'intimé qu'il peut prendre connaissance au greffe de la copie des pièces visées dans la requête et lui faire sommation de communiquer avant la date de l'audience les nouvelles pièces dont il entend faire état (CPC art. 920, dernier al.). Si la copie de la requête n'est pas jointe à l'assignation, l'appel est irrecevable (Cass. 2e civ. 27-9-2018 n° 17-21.833 FS-PB : D. 2018 p. 1920).

B. Production forcée de pièces

OBJET DE LA PRODUCTION FORCÉE

La **production** forcée a pour but de demander à un **tiers ou** à **une partie** de produire une pièce dont elle n'a pas fait état et qui n'a donc pas été versée aux débats. 12300

1. DISPOSITIONS COMMUNES À LA PRODUCTION FORCÉE DE PIÈCES

Le juge peut, à la requête d'une partie, enjoindre la production de pièces, qu'elles soient détenues par un tiers (CPC art. 11 et 138 à 141) ou par la partie adverse (CPC art. 11 et 142). 12302

> **Précisions** Les dispositions relatives à l'obtention des pièces détenues par un tiers ou à la production des pièces détenues par une partie constituent la mise en œuvre pure et simple du principe rappelé à l'article 10 du Code civil faisant obligation à chacun d'apporter son concours à la justice et ne comportent aucune atteinte illégale au **droit de propriété** (CE 3-1-1975 n° 88512, 6e et 2e esp.).

DEMANDE DE PRODUCTION DE PIÈCES

12304 La demande de production de pièces est faite sans **forme** (CPC art. 139, al. 1), mais elle doit être présentée par la partie au procès de façon expresse. De simples mentions portées dans les conclusions sur l'intérêt d'une production, sans une demande expresse au juge d'enjoindre à la partie ou au tiers, ne suffisent pas à constituer une demande de production (Cass. com. 19-12-1977 n° 76-12.293 : Bull. civ. IV n° 307). Il faut donc un véritable **incident de communication** de pièce au sens de l'article 133 du CPC (voir aussi n° 12175).

La demande doit porter sur des **documents** suffisamment **déterminés.** Il est nécessaire de fixer exactement et limitativement la désignation des pièces (Cass. 2e civ. 15-3-1979 nos 77-15.381 et 78-10.294 : Bull. civ. II n° 88). L'**existence** des documents dont la production est demandée doit être, sinon établie avec certitude, du moins **vraisemblable** (Cass. 2e civ. 17-11-1993 n° 92-12.922 : Bull. civ. II n° 330). Pour autant, la mise en œuvre de l'article 138 du CPC n'est pas subordonnée à l'existence d'un commencement de preuve par écrit (Cass. 2e civ. 3-5-1990 n° 89-14.320 : Bull. civ. II n° 89).

La demande doit avoir pour **but** la sauvegarde d'un droit légalement reconnu ou judiciairement constaté et doit être de nature à éclairer le litige. Tel n'est pas le cas de la demande de communication d'une fiche de paie ou de l'adresse d'un fonctionnaire, présentée par un créancier pour effectuer une saisie-arrêt sur salaire, la divulgation par l'administration du domicile d'un agent sans son accord n'ayant pas pour but la sauvegarde d'un droit légalement reconnu ou judiciairement constaté et constituant une atteinte à la vie privée (Cass. 1e civ. 6-11-1990 n° 89-15.246 : Bull. civ. I n° 238).

La **pièce** sur laquelle porte la demande ne doit pas pouvoir être **obtenue par un autre moyen.** Ainsi, les parties à un acte notarié pouvant avoir connaissance de la minute de cet acte en l'étude du notaire ne sauraient en demander la production (Cass. 1e civ. 20-12-1977 n° 75-13.352 : Bull. civ. I n° 486).

> **Précisions** Toute personne a le droit d'obtenir communication des **documents détenus par une administration,** quels que soient leur forme ou leur support, et de recourir à la commission d'accès aux documents administratifs (Cada) en cas de refus opposé par l'administration (Code des relations entre le public et l'administration art. L 300-1 s.). Il existe aussi des dispositions spécifiques applicables à l'accès aux **dossiers médicaux** (CSP art. R 1111-1 s.).

DOCUMENTS EXCLUS DE LA PRODUCTION FORCÉE DE PIÈCES

12314 Le juge ne peut ordonner que des **mesures** d'instruction **légalement admissibles** (CPC art. 10). Certains documents ne peuvent donc pas faire l'objet d'une injonction de produire (n° 12100).

Ainsi, une liste issue d'un **traitement automatisé de données** à caractère personnel destiné à évaluer certains aspects de la personnalité d'un individu ne peut pas servir de fondement à une décision de justice (Loi 78-17 du 6-1-1978 art. 47, al. 1).

De même, en matière de **secret médical,** les juges du fond peuvent considérer qu'une pièce, telle que le contenu d'une IRM mentionnée au tableau des maladies professionnelles, constitue un élément de diagnostic qui ne peut être examiné que dans le cadre d'une expertise, de sorte qu'elle n'a pas à figurer dans les pièces du dossier dont un employeur peut demander la communication (Cass. 2e civ. 29-5-2019 n° 18-14.811 F-PBI : RJS 8-9/19 n° 524).

La communication des **documents comptables** ne peut être ordonnée en justice que dans les affaires de succession, communauté, partage de société et en cas de procédures de sauvegarde, de redressement ou de liquidation judiciaires (C. com. art. L 123-23, al. 3) ou sur le fondement de l'article 145 du CPC (Cass. 2e civ. 6-5-1999 n° 96-10.631 : Bull. civ. II n° 81). Le vendeur d'un fonds de commerce doit communiquer les livres comptables à l'acheteur (C. com. art. L 141-2).

La transmission de certains documents peut être très contrôlée et limitée ; il en va ainsi de l'accès aux **documents d'une procédure pénale** (Cada avis 20073037 du 13-9-2007).

Les **éléments de délibération** doivent demeurer secrets. Une cour d'appel ne peut pas ordonner la communication d'un rapport établi par un membre du conseil régional de l'Ordre des médecins pour les besoins d'une action disciplinaire (Cass. 1e civ. 21-6-1988 n° 86-19.658 : Bull. civ. I n° 201).

Il peut être opposé un **motif légitime** à l'injonction de produire (n° 12400).

MOMENT DE LA REQUÊTE EN PRODUCTION FORCÉE DE PIÈCES

12324 La demande de production forcée d'une pièce peut intervenir en cours d'instance (CPC art. 138) ou avant tout procès s'il existe un motif légitime (CPC art. 145 ; n° 13415). Dans les **procédures comportant une mise en état,** la demande de production de pièces peut être présentée devant la juridiction de jugement par une partie qui n'en a pas saisi le juge ou le conseiller de la mise en état (Cass. 3e civ. 15-10-2014 n° 13-10.332 : Bull. civ. III n° 132). La demande de production de pièces ne figure pas dans la liste limitative de l'article 789 du CPC des mesures pour lesquelles le juge de la mise en état est seul compétent lorsque la demande est présentée postérieurement à sa désignation.

POUVOIR DU JUGE D'ORDONNER LA PRODUCTION DE PIÈCES

Le pouvoir d'enjoindre aux parties ou aux tiers de produire des éléments de preuve qu'ils détiennent est conféré à toute **juridiction** de l'ordre judiciaire. Il en est ainsi par exemple de la Cour de cassation (Cass. 1e civ. 4-2-1986 n° 84-14.790 : Bull. civ. I n° 4) ou du juge des référés (CA Aix-en-Provence 18-10-1976 : Gaz. Pal. 1977. 1. somm. 134). **12334**
S'il estime la demande fondée, le juge ordonne la délivrance ou la production de l'acte ou de la pièce, en original, en copie ou en extrait selon le cas, dans les **conditions et** sous les **garanties** qu'il fixe, au besoin à peine d'astreinte (CPC art. 139, al. 2).
L'exercice de cette faculté est laissé au **pouvoir discrétionnaire** des juges du fond (Cass. 2e civ. 16-10-2003 n° 01-13.770 : Bull. civ. II n° 307), qui disposent en principe d'un pouvoir souverain pour apprécier la pertinence d'une offre de preuve et l'opportunité d'une mesure d'instruction (Cass. 2e civ. 23-9-2004 n° 02-15.782 : Bull. civ. II n° 428). Cependant, les juges du fond semblent perdre leur pouvoir souverain d'appréciation et devoir ordonner la production lorsque celle-ci porte sur un document que le demandeur est en droit d'obtenir (Cass. com. 7-10-2014 n° 13-22.081, pièces nécessaires au calcul des commissions dues à des agents commerciaux) ou pourrait permettre de prouver inéluctablement la prétention de la partie qui la demande (Cass. 3e civ. 15-6-1976 n° 75-10.759 : Bull. civ. III n° 262, impossibilité de refuser une enquête qui aurait permis d'établir qu'une partie était devenue propriétaire de parcelles par prescription acquisitive trentenaire).

Ordonnance d'office Le **juge** peut, **à la requête de l'une des parties,** enjoindre à l'autre partie ou à un tiers de produire une pièce, au besoin à peine d'astreinte, s'il n'existe pas d'empêchement légitime (CPC art. 11, al. 2). **12340**
Mais **en dehors de toute demande** formée par l'une des parties, le juge détient un pouvoir très général d'ordonner, même d'office et en tout état de cause, toute mesure d'instruction légalement admissible (CPC art. 10 et 143 s.). Or, la décision par laquelle est ordonnée la production d'une pièce constitue une mesure d'expertise (Cass. 1e civ. 31-5-1988 n° 86-11.596 : Bull. civ. I n° 168, demande de production présentée par une partie à un tiers en application de l'article 145 du CPC). Le juge peut donc ordonner d'office la production d'une pièce sur le fondement de l'article 143 du CPC.
En outre, les juridictions de l'ordre judiciaire ou de l'ordre administratif devant lesquelles a été engagée une **action tendant à obtenir une condamnation pécuniaire** peuvent ordonner à l'administration des impôts et aux personnes parties à l'instance de leur communiquer, en vue de les verser aux débats, tous les documents d'ordre **fiscal** dont la production est utile à la solution du litige (LPF art. L 143). Les dérogations à la règle du secret professionnel étant d'interprétation stricte, le caractère d'utilité à la solution du litige des éléments d'information réclamés à l'administration doit être interprété strictement. Seuls les documents d'ordre fiscal de nature à permettre au juge d'apprécier en toute connaissance de cause l'existence et l'étendue du préjudice subi par les personnes concernées sont susceptibles d'être fournis. Tel n'est pas le cas, par exemple, des renseignements qui ne concernent que l'exécution d'une décision de justice et ne sont manifestement pas utiles à la solution du litige principal déjà intervenue par le prononcé d'une condamnation pécuniaire devenue définitive ou des demandes qui n'émanent pas des magistrats, mais des experts commis par ces juridictions (BOI-DJC-SECR-10-20-50-20120912 DJC Secret Professionnel, Dérogations prévues au profit des autorités judiciaires et des juridictions, nos 180 s.).

Certaines dispositions rappellent expressément le **pouvoir d'injonction aux parties** dont le juge peut user lorsqu'il estime nécessaire de disposer d'une pièce propre à l'éclairer. Le juge peut enjoindre aux parties de produire tous documents en vue de procéder à une vérification d'écriture (CPC art. 288) ou de produire une pièce en original lorsque la communication a été faite par voie électronique (CPC art. 748-4). **12342**
Dans toute **procédure orale,** le juge peut, à tout moment, mettre en demeure les parties de produire dans le délai qu'il détermine tous les documents ou justifications propres à l'éclairer, faute de quoi il peut passer outre et statuer en tirant toute conséquence de l'abstention de la partie ou de son refus (CPC art. 446-3). Disposent de ce même pouvoir les magistrats de la cour d'appel chargés d'instruire l'affaire (CPC art. 943) et les conseillers rapporteurs prud'homaux (C. trav. art. R 1454-1).
En **matière prud'homale,** le bureau de conciliation peut, même si le défendeur ne se présente pas, ordonner la délivrance, le cas échéant, sous peine d'astreinte, de certificats de travail, de bulletins de paie et de toute pièce que l'employeur est tenu légalement de délivrer (C. trav.

art. R 1454-14, 1°). Toutefois, le président du conseil de prud'hommes n'ayant pas compétence pour statuer par ordonnance sur requête et le conseiller rapporteur n'ayant pas reçu le pouvoir de se faire remettre des pièces contre le gré de leur détenteur, c'est le président du tribunal judiciaire qui est compétent pour ordonner à l'employeur la production de pièces litigieuses, sur le fondement des articles 812 (désormais art. 845) et 142 du CPC (Cass. soc. 12-4-1995 n° 93-10.982 : RJS 5/95 n° 552). L'appel immédiat à l'encontre de la décision du bureau de conciliation qui ordonne la production d'une pièce n'est ouvert qu'en cas d'excès de pouvoir (Cass. soc. 25-10-2011 n° 10-24.397).

Dans le cadre d'une procédure de **divorce,** lorsqu'une prestation compensatoire est demandée ou prévue, chaque époux doit produire la déclaration sur l'honneur prévue à l'article 272 du Code civil (CPC art. 1075-1) et les époux doivent, à la demande du juge, justifier de leurs charges et ressources, notamment par la production de déclarations de revenus, d'avis d'imposition et de bordereaux de situation fiscale. Ils doivent également, à la demande du juge, produire les pièces justificatives relatives à leur patrimoine et leurs conditions de vie, en complément de la déclaration sur l'honneur permettant la fixation de la prestation compensatoire (CPC art. 1075-2).

EXÉCUTION DE LA DÉCISION ORDONNANT LA PRODUCTION DE PIÈCES

12352 La décision du juge ordonnant la délivrance ou la production de l'acte ou de la pièce est exécutoire à titre provisoire, sur minute s'il y a lieu (CPC art. 140).

RECOURS CONTRE LA DÉCISION ORDONNANT LA PRODUCTION DE PIÈCES

12362 La décision qui ordonne la production de pièces constitue une mesure d'administration judiciaire et n'est, de ce fait, sujette à **aucun recours** de la part des parties (CPC art. 537 ; Cass. 3e civ. 2-10-1984 n° 83-11.802 : Bull. civ. III n° 157).

L'appel des jugements qui se bornent à ordonner une mesure d'instruction est cependant immédiatement recevable en cas d'**excès de pouvoir** (Cass. 1e civ. 28-4-1998 n° 95-22.241 : Bull. civ. I n° 151, arrêt rendu au visa de l'article 545 du CPC). Sur la possibilité de demander au juge de rétracter ou de modifier sa décision en cas d'**empêchement légitime** du tiers ou de la partie concernée par l'injonction, voir nos 12400 et 12450.

2. PRODUCTION FORCÉE DE PIÈCES PAR UN TIERS

12380 À la requête de l'une des parties, le juge peut demander ou ordonner, au besoin sous peine d'**astreinte,** la production de tous documents détenus par des tiers s'il n'existe pas d'empêchement légitime (CPC art. 11, al. 2).

Si, dans le cours d'une instance, une partie entend faire état d'un acte authentique ou sous signature privée auquel elle n'a pas été partie ou d'une pièce détenue par un tiers, elle peut, à tout moment (n° 12324), demander au juge saisi de l'affaire d'ordonner la délivrance d'une expédition ou la production de l'acte ou de la pièce (CPC art. 138). Mais commet un **excès de pouvoir** le juge qui enjoint à l'Autorité de la concurrence, tiers à une procédure d'indemnisation, de produire des pièces de son dossier d'instruction et à les verser aux débats, dès lors que la demande est faite par une partie qui les détient déjà, ce que ne permet pas l'article 138 du CPC qui prévoit qu'une injonction de communication des pièces peut être prononcée par le juge mais uniquement dans l'hypothèse où les parties ne détiennent pas elles-mêmes ces pièces. Cet excès de pouvoir justifie l'appel-nullité intenté contre le jugement avant dire droit qui enjoignait cette production de pièces (CA Paris 24-9-2014 n° 12/06864 : RJDA 12/14 n° 941).

TIERS CONCERNÉ PAR LA PRODUCTION FORCÉE DE PIÈCES

12390 L'obligation d'apporter son concours à la justice en vue de la manifestation de la vérité (C. civ. art. 10, al. 1) s'impose à toute personne, aussi bien aux **personnes publiques** qu'aux **personnes privées** (Cass. 1e civ. 21-7-1987 n° 85-16.436 : Bull. civ. I n° 248 ; Cass. 1e civ. 20-12-1993 n° 92-12.819 : Bull. civ. I n° 380).

ILLUSTRATIONS

Une injonction de communiquer peut être ordonnée au **ministre des postes** et télécommunications (Cass. 1e civ. 21-7-1987 n° 85-16.436 : Bull. civ. I n° 248) ou au conseil régional de l'**Ordre des médecins** (Cass. 1e civ. 21-6-1988 n° 86-19.658 : Bull. civ. I n° 201).

Les principes de l'organisation judiciaire s'opposent à ce que les juridictions donnent des injonctions aux représentants du **ministère public** (CA Bourges 9-11-1981 : Gaz. Pal. 1982.1.214).

Les juridictions de l'ordre judiciaire devant lesquelles a été engagée une action tendant à obtenir une condamnation pécuniaire peuvent ordonner à l'**administration des impôts** de leur communiquer, en vue de leur versement aux débats, tous les documents d'ordre fiscal dont la production est utile à la solution du litige (LPF art. L 143 ; n° 12340).

EMPÊCHEMENT LÉGITIME DU TIERS DE PRODUIRE UNE PIÈCE

En cas de difficulté, ou s'il est invoqué quelque empêchement légitime, le **juge** qui a ordonné la délivrance ou la production peut, sur la **demande sans forme** qui lui en serait faite, **rétracter ou modifier sa décision** ; le tiers peut interjeter **appel** de la nouvelle décision dans les quinze jours de son prononcé (CPC art. 141). **12400**
Le tiers concerné par l'injonction doit d'abord faire une demande de rétractation au visa de l'article 141 du CPC et ensuite, seulement, interjeter appel, si la nouvelle décision ne le satisfait pas (CA Paris 2-12-1985 : Bull. ch. avoués 1986 p. 98).
L'article 141 du CPC ne déroge qu'au délai dans lequel l'appel peut être interjeté et laisse subsister les règles prescrivant les formes selon lesquelles ce recours doit être exercé (Cass. 3e civ. 21-3-1984 n° 82-11.084 : Bull. civ. III n° 76).
La demande de rétractation doit s'appuyer sur l'existence d'un motif légitime tenant soit au respect de la vie privée, sauf si la mesure s'avère nécessaire à la protection des droits et libertés d'autrui, soit au secret professionnel (Cass. 1e civ. 21-7-1987 n° 85-16.436 : Bull. civ. I n° 248).

> **Précisions** La demande de rétractation du tiers semble exclue lorsque la production a été ordonnée pour les **besoins d'une expertise** (voir CPC art. 170 ; Cass. 2e civ. 11-7-1979 n° 78-12.298 : Bull. civ. II n° 210, Gaz. Pal. 1980. 1 p. 5 note Vialatte ; F. Ferrand : Rép. proc. civ. Preuve 2013, actualisation juillet 2021 n° 370).

Respect de la vie privée Le tiers peut refuser de communiquer des pièces se rapportant à des **faits** qui concernent la vie privée d'une personne et qui ne sont **parvenus à sa connaissance** qu'**en raison de la confiance** qui lui a été accordée. **12405**
Un archevêque est légitime à refuser la communication des pièces d'une procédure en annulation de mariage dont il a eu connaissance en raison de la confiance qui lui a été accordée par l'un des époux (Cass. 2e civ. 29-3-1989 n° 88-10.336 : Bull. civ. II n° 88).

Secret professionnel Certaines personnes doivent opposer le secret professionnel à la demande de production ou d'audition. En effet, le droit à la preuve découlant de l'article 6, 1 de la CESDH ne peut pas faire échec à l'intangibilité du secret professionnel (Cass. 1e civ. 4-6-2014 n° 12-21.244 : RJDA 10/14 n° 814). Le secret professionnel s'applique à tous ceux auxquels leur état ou leur profession impose l'obligation du secret en ce qui concerne les faits dont la **connaissance** leur est **parvenue en raison de l'exercice de leur profession** (Cass. crim. 17-7-1936 : DH 1936. p. 494), mais ne s'étend pas en principe aux informations qui ont été reçues hors du cadre professionnel (Cass. 2e civ. 6-12-1978 n° 77-12.573 : Bull. civ. II n° 267, arrêt rendu en matière de secret médical). **12410**
Sont par exemple tenus au secret professionnel :
– les **notaires**, qui ne peuvent, sans ordonnance du président du tribunal judiciaire, délivrer expédition, ni donner connaissance des actes à d'autres qu'aux personnes intéressées en nom direct, héritiers et ayants droit (Loi du 25 ventôse an XI art. 23). Ainsi, le notaire est bien fondé à refuser de révéler à un huissier ou commissaire de justice chargé de l'exécution d'une décision de justice la nouvelle **adresse de l'acquéreur** d'un bien (Cass. 1e civ. 11-1-2023 n° 20-23.679 FS-B). Mais la **levée** du secret professionnel auquel il est tenu peut être ordonnée par une ordonnance du président du tribunal judiciaire (Cass. 1e civ. 11-1-2023 n° 20-23.679 FS-B) ;
– les **avocats**, que ce soit dans le domaine du conseil ou de la défense. Sont ainsi couvertes par le secret professionnel absolu : les consultations de l'avocat adressées ou destinées à son client, les correspondances échangées entre le client et son avocat, même si la lettre concerne de simples activités de gestion et non de défense (Cass. com. 3-5-2012 n° 11-14.008 : RJDA 11/12 n° 1025), les correspondances échangées entre l'avocat et ses confrères, les notes d'entretien et, plus généralement, toutes les pièces du dossier (Loi 71-1130 du 31-12-1971 art. 66-5), quand bien même seraient-elles échangées par courriel entre la secrétaire d'un avocat et un autre avocat (Cass. com. 16-11-2022 n° 21-17.388). Ainsi, les décomptes joints aux courriels échangés entre deux avocats et dépourvus de la mention « officielle » sont couverts par le secret professionnel (Cass. 1e civ. 13-12-2012 n° 11-12.158 : Bull. civ. I n° 257). Un avocat ne peut produire des pièces couvertes par le secret professionnel que sous réserve des strictes exigences de sa propre défense. Il en résulte qu'un juge ne peut pas retenir qu'un avocat a été réceptionnaire du jugement de première instance par un courrier de son confrère, sans vérifier si cette correspondance entre avocats est couverte par le secret professionnel et si sa production répond aux strictes exigences de la défense de l'avocat en cause dans le litige en cours (Cass. 2e civ. 29-9-2022 n° 21-13.625 F-B). Le secret professionnel des avocats ne s'étend pas aux documents **détenus par l'adversaire de leur client,** susceptibles de relever du secret des affaires, dont le refus de communication constitue l'objet même du litige (Cass. 1e civ. 25-2-2016 n° 14-25.729 FS-PBI : Bull. civ. I n° 45). En outre, si

une partie au litige exerce la profession d'avocat et décide d'assurer sa propre défense, les correspondances **qu'elle adresse directement** à l'avocat de son adversaire ou qu'elle échange avec son autorité ordinale ne sont pas couvertes par le secret professionnel (Cass. 3e civ. 13-10-2016 n° 15-12.860 F-PB : Bull. civ. III n° 132). Le juge peut écarter d'office les correspondances protégées par le secret professionnel (Cass. com. 18-9-2012 n° 11-21.898 : RJDA 2/13 n° 184, voir Rapport de la Cour de cassation 2012 p. 333) ;
– les **agents diplomatiques** et les membres des postes diplomatiques, qui ne sont pas tenus de donner leur témoignage (Convention de Vienne sur les relations diplomatiques du 18-4-1961 art. 31 pour les agents diplomatiques et, sur renvoi de l'art. 37, pour les membres des postes diplomatiques) ;
– les **médecins** (CSP art. R 4127-4), les établissements de santé (Cass. com. 13-6-1995 n° 93-16.317 : Bull. civ. IV n° 172 ; Cass. 1e civ. 7-12-2004 n° 02-12.539 : Bull. civ. I n° 306). Le juge civil ne peut pas ordonner une expertise judiciaire en confiant à l'expert une mission qui porte atteinte au secret médical, sans subordonner l'exécution de cette mission à l'autorisation préalable du patient concerné, sauf à tirer toutes conséquences d'un refus illégitime (Cass. 1e civ. 11-6-2009 n° 08-12.742 : Bull. civ. I n° 128) ;
– les **ministres du culte** (Cass. crim. 4-12-1891 : DP 1892 I p. 139) ;
– les **liquidateurs ou mandataires judiciaires** (C. com. ann. 8-2 à l'art. A 814-1, § 2.3.1) ;
– les **experts-comptables** (Ord. du 19-9-1945 art. 21 ; Cass. com. 8-2-2005 n° 02-11.044 : RJDA 5/05 n° 580) et les **commissaires aux comptes** (C. com. art. L 822-15) ; les commissaires aux comptes qui exercent en qualité d'associés, d'actionnaires ou de dirigeants d'une **société de commissaires aux comptes** ne sont pas astreints à un secret professionnel indépendant de celui auquel la société de commissaires aux comptes est elle-même soumise. Dès lors, les commissaires aux comptes personnes physiques ne peuvent se prévaloir du secret professionnel lorsque la société au nom de laquelle ils ont exercé leurs fonctions ne peut elle-même l'opposer (Cass. com. 2-7-2002 n° 99-10.289) ;
– les **établissements bancaires** (C. mon. fin. art. L 511-33 s. et L 571-4, al. 3) ; un établissement bancaire peut valablement opposer le secret bancaire à une demande de production (Cass. soc. 27-1-1999 n° 96-44.460), même s'il est partie à l'instance, dès lors que la demande concerne un tiers (Cass. com. 13-6-1995 n° 93-16.317 : RJDA 12/95 n° 1393). En revanche, si la demande de communication est dirigée contre une banque, non pas en sa qualité de tiers confident mais en celle de partie au procès intenté contre elle par les bénéficiaires du secret bancaire invoqué, l'établissement bancaire ne saurait opposer valablement le secret professionnel (Cass. com. 19-6-1990 n° 88-19.618 : Bull. civ. IV n° 179 ; Cass. com. 29-11-2017 n° 16-22.060 F-PBI : RJDA 3/18 n° 269 ; Cass. com. 24-5-2018 n° 17-27.969 F-D : RJDA 10/18 n° 757), à moins qu'il n'affecte le droit d'un tiers. Même dans ce dernier cas, il peut être exigé de la banque partie à l'instance qu'elle produise un document qui concilie le droit des parties à obtenir les pièces et le principe du secret professionnel auquel la banque est tenue. Ce document peut, par exemple, prendre la forme d'un extrait authentique d'un acte de cession dont le notaire certifie la provenance, le caractère intégralement probant et l'absence d'autre disposition de l'acte susceptible de concerner les parties au litige ; ce document permet à la banque de respecter le secret professionnel auquel elle est tenue à l'égard des autres débiteurs cédés figurant dans l'acte de cession (Cass. com. 31-1-2012 n° 10-24.715 : RJDA 6/12 n° 582, 2e esp. ; voir Rapport de la Cour de cassation 2012 p. 334).

12412 Le secret professionnel, s'il n'est pas absolu, peut être levé par un magistrat (voir par exemple pour un notaire : Cass. 1e civ. 11-1-2023 n° 20-23.679 FS-B). Il fait de surcroît l'objet de nombreuses **exceptions** :
– signalement des privations et des sévices ou du caractère dangereux de certaines personnes (C. pén. art. 226-14) ;
– lutte contre le blanchiment des capitaux et le financement du terrorisme (C. mon. fin. art. L 561-1 s.) ;
– droit pour celui qui est tenu au secret de se défendre en justice (Cass. crim. 29-5-1989 n° 87-82.073 ; voir également l'article 4 du décret 2005-790 du 12-7-2005 relatif aux règles de déontologie de la profession d'avocat) ;
– autorisations de levée du secret professionnel (par exemple, celui auquel est soumis le notaire par ordonnance du président du tribunal judiciaire ; Loi du 25 ventôse an XI art. 23) ;
– pouvoirs exorbitants de certaines administrations : l'administration fiscale, les services des douanes, la Banque de France, l'Autorité de contrôle prudentiel et l'Autorité des marchés financiers (AMF) ;
– obligation de signalement au procureur de la République des faits susceptibles de constituer des infractions pénales relevant des procédures de lutte contre l'habitat indigne et les marchands de sommeil (Loi 70-9 du 2-1-1970 art. 8-2-1).

SANCTION DU REFUS DU TIERS DE PRODUIRE UNE PIÈCE

Dans le cas où le tiers, sans motif légitime, se soustrait à l'obligation de produire, il peut être contraint d'y satisfaire au besoin à peine d'**astreinte** ou d'**amende civile** et sans préjudice de **dommages et intérêts** (C. civ. art. 10, al. 2). 12422

Dans le cadre d'une demande de production formée avant tout procès sur le fondement de l'article 145 du CPC, le président du tribunal statuant en référé peut imposer à une partie la production de pièces sous astreinte en vue de permettre la solution d'un litige, si les demandeurs justifient d'un motif légitime. Dans ce cas, le juge saisi ne peut pas rejeter une telle demande, au seul motif qu'elle excède, par sa généralité, les prévisions de l'article 145 ; il lui appartient de vérifier quelles mesures sont indispensables à la protection de leur droit à la preuve et proportionnées au but poursuivi, au besoin, en cantonnant le périmètre de la production de pièces sollicitée (Cass. soc. 16-12-2020 n°s 19-17.637 à 19-17.667 F-PB : RJS 3/21 n° 135). Il ne saurait toutefois ordonner, de façon générale et en dehors des cas prévus par la loi, l'appréhension de ces documents par voie de **confiscation ou** de **saisie** (Cass. com. 16-6-1998 n° 96-20.182 : Bull. civ. IV n° 192). À notre avis, la solution est transposable à la demande formée sur le fondement des articles 11 et 138 du CPC.

3. PRODUCTION FORCÉE DE PIÈCES PAR UNE PARTIE

RÈGLES GÉNÉRALES

Les parties sont tenues d'apporter leur concours aux mesures d'instruction sauf au juge à tirer toute conséquence d'une abstention ou d'un refus ; si une partie détient un élément de preuve, le juge peut, à la **requête de l'autre partie,** lui enjoindre de le produire, au besoin à peine d'**astreinte** (CPC art. 11). 12440

Les demandes de production des éléments de preuve détenus par les parties peuvent être faites à tout moment (n° 12324), et leur production a lieu, conformément aux dispositions applicables à la production forcée par un tiers (CPC art. 142, sur renvoi aux articles 138 et 139). Ces règles sont exposées nos 12380 s. Nous présentons ici uniquement les règles particulières à la production forcée par une partie.

EMPÊCHEMENT LÉGITIME D'UNE PARTIE DE PRODUIRE UNE PIÈCE

L'article 142 du CPC ne renvoie pas aux dispositions de l'article 141 du même Code qui prévoit notamment la possibilité pour le juge de rétracter sa décision si un tiers à qui une production de pièce est demandée invoque un empêchement légitime. Cela signifie-t-il que les parties à l'instance ne peuvent pas invoquer l'existence d'un empêchement légitime ? 12450

La chambre sociale de la Cour de cassation a répondu par la négative, estimant que le pouvoir du juge civil d'ordonner la production des éléments de preuve détenus par les parties est limité par l'existence d'un empêchement légitime (Cass. soc. 27-1-1999 n° 96-44.460 : Procédures 1999 comm. 10 note J.-M. S.).

De même, la chambre commerciale de la Cour de cassation a jugé que le secret bancaire constituait un empêchement légitime qu'une banque, partie au litige, était en droit d'opposer à la demande adverse visant à obtenir la copie d'un chèque (Cass. com. 13-6-1995 n° 93-16.317 : RJDA 12/95 n° 1393). En revanche, la banque ne saurait valablement opposer le secret bancaire si le document qu'elle prétend protéger concerne la partie adverse, qui en demande la production (Cass. com. 19-6-1990 n° 88-19.618 : Bull. civ. IV n° 179 ; n° 12410). Le juge ne peut rejeter la demande de mesures d'instruction formée par une société, sans rechercher, de façon concrète, si les mesures d'instruction demandées ne permettaient pas de concilier le droit à la preuve de la société demanderesse à la production et le droit au secret des affaires du défendeur (Cass. com. 5-6-2019 n° 17-22.192 F-PB).

ILLUSTRATIONS

Le juge ne peut rejeter la demande de communication des informations figurant au verso de chèques émis par les demandeurs au motif qu'en produisant les pièces demandées la banque divulguerait les informations figurant au verso des chèques et porterait ainsi atteinte au secret dont sont titulaires les bénéficiaires desdits chèques, sans rechercher si la communication n'était pas indispensable à l'exercice de leur droit à la preuve, pour rechercher l'éventuelle responsabilité de la banque lors de l'encaissement desdits chèques, et proportionnée aux intérêts antinomiques en présence, incluant la protection du secret dû aux bénéficiaires de ces chèques (Cass. com. 15-5-2019 n° 18-10.491 FS-PB : RJDA 8-9/19 n° 585). Le secret bancaire institué par l'article L 511-33 du Code monétaire et financier ne constitue pas nécessairement un empêchement légitime au sens de l'article 11 du CPC lorsque la demande de communication de documents est dirigée contre l'établissement de crédit non en sa qualité de tiers confident, mais en celle de partie au procès intenté contre lui en vue de rechercher son éventuelle responsabilité dans la réalisation de l'opération contestée (Cass. com. 19-6-1990 n° 88-19.618 : Bull. civ. IV n° 179 ; Cass. com. 29-11-2017 n° 16-22.060 F-PBI : RJDA 3/18 n° 269 ; Cass. com. 24-5-2018 n° 17-27.969 F-D : RJDA 10/18 n° 757).

SANCTION DU REFUS DE PRODUCTION DE PIÈCES

12460 Un juge est en droit de demander la production d'une pièce au défendeur ou d'ordonner une mesure d'instruction, sans que l'on puisse valablement lui opposer le moyen tiré de l'**inversion de la charge de la preuve** (Cass. 1e civ. 30-3-2005 n° 02-20.429 : Procédures 2005 comm. 123 note R. Perrot).

Dans toute **procédure orale,** le juge peut statuer en tirant toute conséquence de l'abstention de la partie ou de son refus de produire une pièce (CPC art. 446-3). La même sanction existe devant les magistrats de la cour d'appel (CPC art. 940) et les conseillers rapporteurs prud'homaux (C. trav. art. R 1454-2, al. 2).

Lorsqu'une partie refuse de lever le secret professionnel et empêche ainsi la production d'une pièce, il appartient au juge de vérifier si ce refus tend à faire respecter un intérêt légitime ou bien à écarter un élément de preuve. Dans ce dernier cas, le juge peut en tirer toute conséquence (Cass. 1e civ. 7-12-2004 n° 02-12.539 : Bull. civ. I n° 306).

ILLUSTRATIONS

Justifie légalement sa décision de **rejet d'une demande de paiement formée par une banque** se prétendant cessionnaire d'une créance comprise dans une cession en bloc la cour d'appel qui retient que l'existence de l'obligation n'est pas démontrée, après avoir relevé que la banque a persévéré à ne communiquer à ses contradicteurs qu'un document comportant des anomalies évidentes et s'est **abstenue de produire,** malgré une réouverture des débats, **un extrait authentique** de l'acte de cession (Cass. com. 31-1-2012 n° 10-24.715 : RJDA 6/12 n° 582).

SECTION 4 PREUVE PAR ÉCRIT

NOTION DE PREUVE PAR ÉCRIT

12500 Le droit français connaît un principe général de **liberté de la preuve.** Ainsi, hors les cas où la loi en dispose autrement, la preuve peut être apportée par tout moyen (C. civ. art. 1358). Mais, contrairement à la matière commerciale où la preuve est libre quel que soit le montant de l'acte juridique, la matière civile énonce un principe de portée générale selon lequel un écrit est nécessaire pour prouver les actes juridiques au-delà d'un certain montant d'engagement (n° 12510).

L'écrit consiste en une suite de lettres, de caractères, de chiffres ou de tous autres signes ou symboles dotés d'une signification intelligible, quel que soit leur support (C. civ. art. 1365, al. 1). La **signature** nécessaire à la perfection d'un acte juridique identifie son auteur. Elle manifeste le consentement de celui-ci aux obligations nées de cet acte. Lorsque le signataire intervient à un acte juridique, d'une part, à titre personnel et, d'autre part, en qualité de représentant d'un tiers, une double signature ne constitue pas une condition nécessaire à la validité de cet acte (Cass. com. 9-5-2018 n° 16-28.157 F-PB : RJDA 8-9/18 n° 642).

Lorsqu'elle est apposée par un officier public, la signature confère l'**authenticité** à l'acte (C. civ. art. 1367, al. 1).

Les **tiers à un contrat** doivent respecter la situation juridique qu'il crée, mais ils peuvent s'en prévaloir notamment pour apporter la preuve d'un fait (C. civ. art. 1200).

PREUVE PAR VOIE ÉLECTRONIQUE

12507 L'écrit électronique a la même **force probante** que l'écrit sur support papier, sous réserve que puisse être dûment identifiée la personne dont il émane et qu'il soit établi et conservé dans des conditions de nature à en garantir l'intégrité (C. civ. art. 1366). Les juges du fond doivent rechercher si le document produit répond à ces exigences (Cass. 2e civ. 4-12-2008 n° 07-17.622 : RJS 2/09 n° 216 ; Cass. 2e civ. 23-9-2010 n° 09-68.367). Ainsi, un justiciable ne saurait être débouté au motif que la seule impression d'écran versée aux débats ne suffit pas à apporter la preuve de l'existence de l'indu, nul ne pouvant se constituer de preuve à soi-même (Cass. 2e civ. 25-6-2009 n° 08-12.248). Le juge ne peut donc pas rejeter les prétentions d'une partie au seul motif qu'elle ne verse qu'une preuve sous forme électronique. En revanche, il peut écarter la force probante du document électronique si celui-ci ne remplit pas les conditions d'identification, d'établissement et de conservation posées par l'article 1366 du Code civil.

La **signature électronique** consiste en l'usage d'un procédé fiable d'identification garantissant son lien avec l'acte auquel elle s'attache (C. civ. art. 1367, al. 2). La fiabilité d'un procédé de signature électronique est présumée, jusqu'à preuve du contraire, lorsque ce procédé met en œuvre une signature électronique qualifiée. Est une telle signature une signature électronique avancée (conforme à l'article 26 du règlement UE 910/2014 du 23-7-2014 sur l'identification électronique et les services de confiance pour les transactions électroniques au sein du marché) et créée à l'aide d'un dispositif de création de signature électronique qualifié répondant aux exigences de l'article 29 du règlement susvisé, qui repose sur un certificat qualifié de signature électronique répondant aux exigences de l'article 28 de ce règlement (Décret 2017-1416 du 28-9-2017 art. 1er).
Les conditions imposées par les articles 1316-1 et 1316-4 (désormais art. 1366 et 1367) du Code civil ne sont pas applicables aux supports électroniques produits pour faire la **preuve d'un fait,** dont l'existence peut être établie par tout moyen de preuve, lesquels sont appréciés souverainement par les juges du fond (Cass. soc. 25-9-2013 n° 11-25.884 : RJS 12/13 n° 846). Ce n'est donc que si la preuve par écrit est exigée au sens de l'article 1359 du Code civil que l'écrit versé doit se conformer à ces dispositions. Un simple courrier électronique, dont l'expéditeur ne serait pas dûment identifié ou qui ne serait pas établi et conservé dans des conditions de nature à en garantir l'intégrité, peut donc servir à rapporter la preuve d'un fait lorsque celui-ci peut être établi par tout moyen (nos 12590 s.).
Pour la valeur probante des **copies** conservées sur un support électronique, voir n° 12695.

> **Précisions** Concernant les **factures électroniques,** au regard des dispositions fiscales, il est expressément prévu que celles-ci peuvent être émises et reçues sous une forme électronique quelle qu'elle soit. Elles tiennent lieu de factures d'origine pour l'application de l'article 286 du Code général des impôts. Mais leur transmission et leur mise à disposition sont soumises à l'acceptation du destinataire (CGI art. 289, VI). Les conditions dans lesquelles l'assujetti peut émettre ou recevoir des factures électroniques sont rappelées à l'article 289, VII du CGI.

I. CAS OÙ L'ÉCRIT EST EXIGÉ À TITRE DE PREUVE

RÈGLES GÉNÉRALES

L'article 1359 du Code civil **exclut** la preuve par **témoignage** et exige la production d'un titre **12510**
écrit en matière de preuve des **actes juridiques** pour :
– rapporter la preuve d'un acte juridique d'un montant supérieur à 1 500 € (Décret 80-533 du 15-7-1980 art. 1) ;
– prouver outre ou contre un autre écrit, quel qu'en soit le montant (n° 12564).
Dans ce cas, la preuve ne peut pas non plus être rapportée par **présomption judiciaire** (n° 13324).
En revanche, l'**aveu judiciaire** fait pleine foi contre celui qui l'a fait même lorsque la preuve doit être administrée par écrit (nos 15502 s.). De même, la **reconnaissance judiciaire** de l'existence d'une convention verbale suffit à apporter la preuve d'une convention d'honoraires (n° 15592).
Quant à l'**aveu extrajudiciaire,** il peut seulement constituer un commencement de preuve par écrit.
Le **défaut d'écrit** ne peut pas être invoqué pour la première fois **devant la Cour de cassation** (Cass. 1e civ. 26-2-1980 n° 78-16.363 : Bull. civ. I n° 65).

> **Précisions** Certaines **dispositions spéciales imposent un titre** pour prouver un fait spécifique. Par exemple, les **servitudes** continues non apparentes et les servitudes discontinues apparentes ou non apparentes ne peuvent s'établir que par titres (C. civ. art. 691). En conséquence, une cour d'appel ne peut pas retenir qu'un fonds est grevé d'une servitude discontinue en se fondant, non pas sur l'existence d'un titre récognitif, mais sur des aveux extrajudiciaires de la constitution de la servitude (Cass. 3e civ. 7-4-2004 n° 03-10.047 : Bull. civ. III n° 83).

PARTIES CONCERNÉES PAR L'EXIGENCE DE PREUVE PAR ÉCRIT

Seules les **parties à l'obligation juridique** contestée ou invoquée sont tenues de produire un écrit **12525**
en vue d'en prouver l'existence entre elles. Y sont également tenus leurs ayants cause universels (C. civ. art. 1372, al. 1) et leurs créanciers agissant par voie de l'action oblique (C. civ. art. 1341-1).
Par exemple, la société résultant d'une fusion, qui devient l'ayant cause à titre universel de la société absorbée (Cass. com. 13-2-1963 n° 61-11.768 : Bull. civ. IV n° 104), ne peut pas prouver par tous moyens un contrat qui a été conclu par la société absorbée (Cass. 1e civ. 4-3-1981 n° 80-14.123 : Bull. civ. I n° 79). En revanche, le banquier dépositaire, qui se borne à exécuter les

ordres de paiement que lui transmet le mandataire du déposant, peut rapporter la preuve par tous moyens du contrat de mandat auquel il n'est **pas partie** (Cass. 1e civ. 3-6-2015 nos 14-19.825 et 14-20.518 : D. 2015 p. 1588 concl. A. Tehrani).

12527 La preuve écrite est requise à l'égard d'une **partie non commerçante** ou d'une partie commerçante pour un acte civil (C. com. art. L 110-3 ; C. civ. art. 1359). Il importe peu que la partie qui a la charge de la preuve soit ou non un commerçant (Cass. 1e civ. 2-5-2001 n° 98-23.080 : Bull. civ. I n° 108).

La preuve par écrit s'impose même s'il s'agit de l'engagement de **l'État, des collectivités et établissements publics** (Décret 59-946 du 3-8-1959 art. 1).

ENGAGEMENTS À PROUVER PAR ÉCRIT

12537 **Valeur de l'engagement** Doivent être prouvés par écrit les actes juridiques d'une **somme ou** d'une **valeur** supérieure à **1 500 €** (C. civ. art. 1359, al. 1 ; Décret 80-533 du 15-7-1980 art. 1). Pour prouver toute obligation supérieure à ce montant, il doit donc être présenté un titre par écrit, passé devant notaire ou sous signature privée.

Toutefois, même lorsque l'**engagement est inférieur à cette valeur,** la preuve doit être écrite lorsqu'une partie veut prouver outre ou contre un écrit (acte comportant des inexactitudes ou des omissions ou acte ultérieurement modifié) (C. civ. art. 1359, al. 2 ; voir n° 12564).

12542 Celui dont la créance excède 1 500 € ne peut pas être dispensé de la preuve par écrit en **restreignant** sa **demande** (C. civ. art. 1359, al. 3) **ou** en la **fractionnant** (C. civ. art. 1359, al. 4).

12544 C'est au moment de la **formation de l'acte** qu'il convient de se placer pour déterminer si son objet excède la limite de 1 500 €. Si l'obligation ne consiste pas en une somme d'argent, l'**évaluation** en est faite par les parties sous le contrôle du juge.

12547 **Acte juridique** Seuls les actes juridiques doivent être prouvés par écrit (C. civ. art. 1359).

12550

Distinction entre faits et actes juridiques

Doit être rapportée **par** un titre **écrit** la preuve :
– d'un **mandat,** même tacite (Cass. 3e civ. 29-10-1970 n° 69-12.293 : Bull. civ. III n° 562) ou donné à un agent immobilier (Cass. 3e civ. 12-4-2012 n° 10-28.637 : RJDA 8-9/12 n° 766) ;
– de l'existence et de l'**étendue d'une obligation** contractuelle, dans le cas où le contrat n'a pas été constaté par écrit mais où son existence est toutefois reconnue par les parties, dès lors que leur désaccord porte, non sur une simple modalité d'exécution, mais sur un élément essentiel à sa validité tel que le prix de vente (Cass. 1e civ. 27-4-1977 n° 74-13.897 précité) ;
– d'un **contrat de louage** (Cass. 3e civ. 17-3-1975 n° 73-14.843 : Bull. civ. III n° 102) ;
– d'un **contrat de prêt** (Cass. 1e civ. 19-6-2008 n° 07-13.912 : RJDA 11/08 n° 1170). Celui qui réclame le remboursement de sommes prêtées doit établir l'existence du prêt. La seule preuve de la remise des fonds est insuffisante à l'établir, cette remise pouvant traduire une intention libérale (Cass. 1e civ. 8-4-2010 n° 09-10.977 : RJDA 7/10 n° 777). En outre, même si la preuve de l'existence du contrat de prêt est établie, il convient également de prouver la remise des fonds. Or, concernant les prêts consentis par un non-professionnel, le contrat ne se formant que par la remise effective de la somme prêtée (Cass. 1e civ. 25-6-2009 n° 08-11.931 : RJDA 12/09 n° 1112), la signature de la reconnaissance de dette ne suffit pas à établir la remise des fonds par le prêteur si cette remise n'intervient que postérieurement à la signature (Cass. 1e civ. 9-2-2012 n° 10-27.785 : RJDA 5/12 n° 525) ;
– du **dépôt d'un meuble** dont la valeur excède 1 500 € (voir C. civ. art. 1924), contrairement à la preuve de la propriété d'un meuble, qui peut se faire par tous moyens, même lorsque sa valeur dépasse 1 500 € (Cass. 1e civ. 20-2-1996 n° 94-12.351 : Bull. civ. I n° 92). Rappelons que l'article 1924 prévoit qu'à défaut d'écrit portant sur le dépôt d'un meuble, la déclaration du dépositaire fait foi pour le fait même du dépôt, pour la chose qui en faisait l'objet et pour le fait de sa restitution. Il en résulte que les attestations de tiers contraires produites par le déposant ne peuvent faire échec aux déclarations du dépositaire (Cass. 1e civ. 14-11-2012 n° 11-24.320 et 11-24.576 : RJDA 3/13 n° 226) ;
– du **défaut, de l'illicéité ou** de la **fausseté de la cause** exprimée à l'acte (Cass. 1e civ. 23-2-2012 n° 11-11.230 : RJDA 6/12 n° 558), à moins que la cause dont la fausseté est invoquée ne soit pas mentionnée dans l'acte ou qu'elle soit illicite, auquel cas la preuve peut être apportée par tous moyens (Cass. 1e civ. 4-7-1995 n° 93-16.236 ; Cass. 1e civ. 9-2-2012 n° 11-13.778).

En revanche, constituent des faits dont la preuve peut être rapportée **par tous moyens** (nos 12590 s.) :
– le **paiement** (Cass. 1e civ. 6-7-2004 no 01-14.618 : Bull. civ. I no 202 ; Cass. 3e civ. 23-11-2017 no 16-17.764 F-PB : Bull. civ. III no 129) ;
– l'**intention libérale** par exemple, celle expliquant la modicité d'un prix de vente (Cass. 3e civ. 21-11-1973 no 72-12.665 : Bull. civ. III no 597), mais non l'acte servant de support à une donation indirecte (Cass. 1e civ. 9-11-1976 no 75-11.863 : Bull. civ. I no 341) ;
– l'existence d'une **société de fait** (C. civ. art. 1871, al. 1) ;
– la **renonciation à un droit** (Cass. 3e civ. 16-5-1972 no 71-10.036 : Bull. civ. III no 311) ;
– la teneur d'une **loi étrangère** (Cass. 1e civ. 21-7-1987 no 84-14.354 : Bull. civ. I no 240) ;
– la **révocation** par consentement mutuel d'un contrat (Cass. 1e civ. 18-5-1994 no 92-15.184 : RJDA 10/94 no 1000).

PREUVE CONTRE UN ÉCRIT

Il ne peut être prouvé outre ou contre un écrit établissant un acte juridique, même si la somme ou la valeur n'excède pas 1 500 €, que par un **autre écrit** sous signature privée ou authentique (C. civ. art. 1359, al. 2). La teneur d'un écrit ne peut donc être combattue autrement que par un autre écrit, et ce même lorsque l'acte contesté n'est pas soumis à l'exigence d'un écrit. Sur les exceptions à ce principe, voir nos 12590 s. **12564**

ILLUSTRATIONS

Ainsi, la preuve de la modification ultérieure d'un contrat d'assurance ne peut être rapportée que par la production d'un avenant signé par l'assuré ou d'un contrat émanant de lui ou de tout élément constitutif d'un commencement de preuve par écrit (Cass. 2e civ. 21-1-2021 no 19-20.699 FS-PI). De même, il incombe à celui qui conteste la véracité de bordereaux délivrés en contrepartie de sommes versées d'établir par écrit leur inexactitude, à moins qu'il n'y ait eu fraude, laquelle peut être prouvée par tous moyens (Cass. 1e civ. 19-3-2009 no 08-15.251 : RJDA 6/09 no 590).

En présence de **plusieurs écrits,** à défaut de dispositions ou de conventions contraires, le juge règle les conflits de preuve par écrit en déterminant par tout moyen le titre le plus vraisemblable (C. civ. art. 1368).
Si l'**acte** est **clair et précis,** il ne peut être reçu aucune preuve contre cet acte par témoignage, même du notaire rédacteur. Ainsi, une cour d'appel ne peut pas décider qu'une vente porte sur des terres qui n'ont pas été mentionnées dans l'acte authentique la constatant, au motif qu'il y avait lieu de préciser la portée dudit acte en fonction de l'intention des parties et en se fondant sur une attestation du notaire rédacteur, alors que l'acte de vente était clair et précis et ne nécessitait aucune interprétation (Cass. 1e civ. 5-2-1974 no 72-11.320 : Bull. civ. I no 44).
Toutefois, la preuve par témoins peut être invoquée pour interpréter un **acte obscur ou ambigu** (Cass. 1e civ. 26-1-2012 no 10-28.356 : RJDA 6/12 no 616). Ainsi, une cour d'appel saisie de la question de savoir si la vente d'une propriété agricole porte aussi sur des droits de replantation de vignes peut rechercher, en l'absence de mention sur ce point dans l'acte authentique de vente, l'intention commune des parties en se référant à des preuves complémentaires, notamment à la correspondance échangée entre elles et leurs notaires (Cass. 3e civ. 10-4-1973 no 71-13.405 : Bull. civ. III no 270).

II. CAS OÙ L'ÉCRIT N'EST PAS EXIGÉ À TITRE DE PREUVE

MULTIPLES CAS OÙ L'ÉCRIT N'EST PAS EXIGÉ

Il existe de nombreuses exceptions à l'exigence de produire un écrit visée à l'article 1359, al. 2 du Code civil. Dans ce cas, l'écrit n'est pas nécessaire et la preuve peut être rapportée par tous moyens. Ainsi, il peut être suppléé à l'écrit par l'aveu judiciaire (nos 15502 s.), le serment décisoire (nos 15700 s.) ou surtout, un commencement de preuve par écrit corroboré par un autre moyen de preuve (nos 12610 s.). Il en est de même en cas d'impossibilité matérielle ou morale de se procurer un écrit ou lorsque l'écrit a été perdu par force majeure (no 12685). La production de l'écrit ne sera pas exigée non plus s'il est d'usage de ne pas l'établir (no 12715), s'il est présenté une copie fiable (no 12695) ou encore en cas de renonciation à l'obligation de présenter un tel écrit (no 12600), de fait pur et simple (no 12734), de quasi-contrat, de délit ou de quasi-délit (no 12736). En outre, certaines **lois** prévoient que des **actes ou** des **faits juridiques** pourront être **prouvés par tous moyens.** Il en est ainsi en matière commerciale (no 12720). **12590**

ILLUSTRATIONS

La preuve de la propriété entre époux séparés de biens est régie, non pas par les articles 1359 et suivants du Code civil, mais par l'article 1538 du même Code. Il en résulte que, tant à l'égard de son conjoint que des tiers, un époux peut prouver par tous les moyens qu'il a la propriété exclusive d'un bien (Cass. 1e civ. 26-10-1982 n° 81-13.570 : Bull. civ. I n° 303).

RENONCIATION À LA PREUVE PAR ÉCRIT OU AMÉNAGEMENT DE CETTE PREUVE

12600 L'**obligation de prouver par écrit** n'étant **pas d'ordre public,** les **parties** peuvent l'aménager conventionnellement ou y renoncer. En effet, les contrats sur la preuve sont valables lorsqu'ils portent sur des droits dont les parties ont la libre disposition et qu'ils ne contredisent ni les présomptions irréfragables établies par la loi, ni l'aveu ou le serment (C. civ. art. 1356). Ainsi, la preuve peut être rapportée par tous moyens si les parties, même implicitement, ont renoncé à l'exigence d'un écrit, par exemple en participant sans protestations ni réserves à une expertise (Cass. soc. 9-4-1970 n° 69-40.144 : Bull. civ. V n° 234) ou à une enquête (Cass. 1e civ. 29-6-1960 n° 59-10.079 : Bull. civ. I n° 355). De même, les juges qui retiennent qu'une partie n'a pas invoqué la règle prévue à l'article 1341 (désormais art. 1359) du Code civil ont, par ce seul motif, légalement justifié leur décision déclarant recevable la preuve par présomption de la créance (Cass. 1e civ. 28-3-1995 n° 93-11.529).

COMMENCEMENT DE PREUVE PAR ÉCRIT

12610 Lorsqu'il existe un commencement de preuve par écrit, la **partie qui a la charge de la preuve** et qui produit un tel acte peut alors prouver par témoignages ou présomptions l'engagement qu'elle invoque à l'encontre du défendeur, même si cet engagement a une valeur supérieure à 1 500 €.

12615 **Acte valant écrit** Le commencement de preuve par écrit est un écrit qui, émanant de celui qui conteste un acte ou de celui qu'il représente, rend vraisemblable ce qui est allégué (C. civ. art. 1362). Cette notion est interprétée de façon extensive par les **tribunaux,** sous le contrôle de la Cour de cassation (Cass. 1e civ. 22-12-1981 n° 80-16.183 P : Bull. civ. I n° 396), comme le montrent les applications qu'ils ont faites des différents éléments de la définition donnée par l'ex-article 1347 du Code civil et qui sont transposables sous l'empire de l'article 1362.

ILLUSTRATIONS

Constituent un écrit pouvant servir de commencement de preuve par écrit :
– un **acte affecté d'une irrégularité** (Cass. 1e civ. 13-11-1996 n° 94-16.091 : RJDA 2/97 n° 247 ; Cass. 1e civ. 1-2-2005 n° 02-13.329 : Bull. civ. I n° 58, acte ne respectant pas les formalités de l'article 1326 du Code civil ; Cass. 1e civ. 9-4-2015 n° 14-10.975, acte de cautionnement dont les mentions manuscrites ne sont pas de la main de la caution) ;
– des **chèques** dont les signatures ne sont pas contestées, même s'ils ne comportent pas la date et le lieu (Cass. 1e civ. 10-3-1992 n° 90-21.074 : RJDA 6/92 n° 620 ; Cass. com. 16-12-2014 n° 13-20.895 : RJDA 3/15 n° 215) ;
– la souche d'un carnet de chèques (CA Lyon 14-10-1981 : JCP G 1982 IV p. 363) ;
– les libellés affectés à des **virements bancaires** (Cass. 1e civ. 25-6-2008 n° 07-12.545) ;
– la **lettre** dans laquelle une banque reconnaît avoir retrouvé le double du bordereau de remise d'espèces déposées par son client, ce dernier étant dès lors autorisé à faire la preuve du dépôt par tout autre moyen (Cass. com. 24-1-2018 n° 16-19.866 F-PB : RJDA 4/18 n° 351) ;
– un **aveu** extrajudiciaire (Cass. 1e civ. 29-10-2002 n° 00-15.834 : RJDA 3/03 n° 317) ;
– un **relevé manuscrit** de débours (Cass. 1e civ. 2-4-1963 n° 61-11.189 : Bull. civ. I n° 202) ;
– un **jugement** opposable à ceux contre lequel il est invoqué (Cass. 3e civ. 29-2-1972 n° 70-13.069 : Bull. civ. III n° 142) ;
– une photocopie d'une **reconnaissance de dettes** signée par l'emprunteur, lequel ne contestait ni l'existence de l'acte ni la conformité de la photocopie à l'original, selon lui détruit (Cass. 1e civ. 14-2-1995 n° 92-17.061 : JCP G 1995 II n° 22402 note Chartier ; dans le même sens, CA Paris 15-2-1990 : D. 1990 IR p. 72).

12617 Peuvent également être considérés par le juge comme équivalant à un commencement de preuve par écrit les déclarations faites par une partie lors de sa **comparution personnelle**, son **refus de répondre ou** son **absence à la comparution** (C. civ. art. 1362, al. 2).
En effet, le juge peut tirer toute conséquence de droit des déclarations des parties, de l'absence ou du refus de répondre de l'une d'elles et en faire état comme équivalant à un commencement de preuve par écrit (CPC art. 198). Une comparution personnelle peut donc être ordonnée par le juge alors même que la preuve testimoniale serait interdite (Cass. req. 19-11-1925 : DP 1926 I

p. 89, note Savatier). Et cette comparution personnelle peut constituer un commencement de preuve par écrit (Cass. 1e civ. 21-5-1968 n° 66-14.244 : Bull. civ. I n° 151).
Vaut également commencement de preuve par écrit la **mention d'un écrit** authentique ou sous signature privée **sur un registre public** (C. civ. art. 1362, al. 3).

En revanche, les seules **réponses mentionnées par un huissier ou commissaire de justice** dans des sommations interpellatives ne peuvent valoir à elles seules commencement de preuve par écrit (Cass. 1e civ. 8-6-1999 n° 97-11.927 : Bull. civ. I n° 194 ; Cass. 3e civ. 4-2-2004 n° 02-18.208 : RJDA 6/04 n° 773 ; Cass. 3e civ. 29-9-2016 n° 15-20.177 F-PB : Bull. inf. C. cass. 1-3-2017 n° 192). Il en va de même du **versement** d'une somme d'argent dans les mains d'un **notaire** (Cass. 3e civ. 23-4-1997 n° 95-15.520 : RJDA 8-9/97 n° 1152). De même, l'avocat qui n'a pas recueilli la signature de son client sur la convention d'honoraires prévue à l'article 10 de la loi n° 71-1130 du 31-12-1971, peut certes rapporter la preuve de cette convention conformément aux règles fixées aux articles 1361 et 1362 du Code civil. Toutefois, le seul règlement partiel des honoraires est insuffisant à suppléer à cet écrit (Cass. 2e civ. 9-2-2023 n° 21-10.622). **12620**

Auteur de l'écrit L'écrit doit émaner de la **personne à laquelle il est opposé** et non de celle qui s'en prévaut (Cass. 1e civ. 11-4-1995 n° 93-16.147 : Bull. civ. I n° 172). Ainsi, le relevé informatique produit par une société de téléphonie ne saurait constituer un commencement de preuve par écrit de la créance litigieuse à l'égard de celui qui conteste avoir souscrit un abonnement (Cass. 1e civ. 12-7-2005 n° 04-15.314 : RJDA 3/06 n° 362). En revanche, vaut commencement de preuve par écrit l'annexe d'une promesse de vente d'un navire, signée par le seul vendeur, dans la mesure où elle émane de l'acquéreur, auquel elle est opposée (Cass. com. 17-6-2020 n° 18-23.620 F-PB : RJDA 12/20 n° 636). **12665**

ILLUSTRATIONS

L'écrit émane de la personne à laquelle il est opposé :
– lorsque le **document** a été **écrit par l'intéressé** (Cass. civ. 20-11-1911 : DP 1914 I p. 317) ou lorsqu'il porte sa signature (Cass. civ. 15-5-1934 : DP 1934 I p. 113 note E.P.), même si le texte a été rédigé par un tiers (CA Lyon 14-10-1981 : JCP G 1982 IV p. 363) ; mais la signature n'est pas une condition nécessaire pour établir que l'écrit émane de la partie à laquelle on l'oppose (Cass. 1e civ. 27-1-1971 n° 69-13.273 : Bull. civ. I n° 34) ;
– lorsque l'**écrit** a fait l'objet d'une **approbation** expresse ou tacite **de la part de celui à qui on l'oppose** (Cass. 3e civ. 29-2-1972 n° 70-12.610 : Bull. civ. III n° 143) ; par exemple, des lettres écrites par une femme peuvent être opposées à son mari dès lors que celui-ci avait fait état de l'une d'elles comme émanant de lui (Cass. 1e civ. 7-7-1955 : D. 1955 p. 737) ; cette appropriation peut résulter de ce que l'écrit est l'œuvre intellectuelle de celui auquel il est opposé ; il en est ainsi lorsqu'il a dicté l'écrit, même s'il ne l'a ni rédigé ni signé (Cass. req. 6-12-1933 : DP 1935 I p. 61 note Désiry) ;
– lorsque l'écrit est l'œuvre du **mandataire** de celui auquel on l'oppose (Cass. 1e civ. 28-6-1989 n° 86-19.012 : Bull. civ. I n° 263) ; ainsi, par exemple, la déclaration contenue dans un mémoire rédigé par un **avocat** car celui-ci est présumé représenter la partie pour laquelle il effectue les actes de la procédure (Cass. 1e civ. 5-10-1976 n° 75-12.451 : Bull. civ. I n° 283), mais non la lettre écrite par un **notaire** qui avait seulement pour mission de rédiger un acte (Cass. 3e civ. 10-10-1978 n° 77-11.253 : Gaz. Pal. 1978 II pan p. 430 ; Cass. 3e civ. 24-1-2012 n° 10-27.965 : RJDA 5/12 n° 487). Ce n'est pas le cas du chèque émis par le tireur et opposé à ses bénéficiaires auxquels il prétend avoir consenti un prêt (Cass. 1e civ. 11-4-1995 n° 93-13.246 : Bull. civ. I n° 175).

Vraisemblance de l'écrit L'écrit doit rendre vraisemblable le fait allégué, c'est-à-dire le rendre probable et pas seulement possible (CA Colmar 12-11-1948 : D. 1949 p. 72). **12670**

ILLUSTRATIONS

Une lettre par laquelle un fils demande à son père de l'aider dans son installation ne rend pas plus vraisemblable le prêt allégué par le père que la donation dont se prévaut le fils (CA Chambéry 20-1-1975 : JCP G 1975 IV n° 6526 obs. J. A.).
Mais un contrat de bail permet de prouver que le locataire est titulaire d'une licence de débit de boissons dès lors que celle-ci lui est nécessaire pour exploiter son fonds de commerce et que le transfert de la licence à son profit a été déclaré à l'administration fiscale (Cass. com. 30-1-1996 n° 93-17.423 : RJDA 6/96 n° 762).

Preuve complémentaire Il appartient au demandeur qui produit un commencement de preuve par écrit de le parfaire par d'autres éléments, tels que témoignages ou indices. Les juges du fond apprécient souverainement si ce complément de preuve a été fourni (Cass. 1e civ. 12-7-1972 n° 71-12.249 : Bull. civ. I n° 185). **12675**

ILLUSTRATIONS

Le complément peut être :
– un témoignage, par exemple des déclarations faites par un tiers lors d'une comparution personnelle (Cass. 1e civ. 9-12-1981 n° 80-15.210 : Bull. civ. I n° 376) ou l'attestation dans l'acte même de son existence par des témoins (Cass. 1e civ. 1-2-2005 n° 02-13.329 : Bull. civ. I n° 58) ;
– des présomptions comme des actes d'exécution (Cass. 1e civ. 22-7-1975 n° 74-12.425 : Bull. civ. I n° 246) ;
– l'enregistrement et la publication d'une expédition d'un acte (Cass. 1e civ. 18-12-1990 n° 89-10.519 : RJDA 3/91 n° 261), à condition de les déduire de circonstances indépendantes de celles résultant de l'écrit (Cass. req. 19-12-1904 : DP 1906 I p. 349).

IMPOSSIBILITÉ DE SE PROCURER UN ÉCRIT

12685 La preuve par écrit est écartée lorsqu'une partie n'a pas eu la possibilité **matérielle ou morale** de se procurer une preuve littérale de l'acte juridique ou a perdu le titre qui lui servait de preuve littérale, par suite d'un cas de **force majeure** (C. civ. art. 1360). Ainsi, la preuve d'une signification ne peut être faite que par la production de l'acte dressé par l'huissier ou commissaire de justice, sauf le cas de force majeure (Cass. 1e civ. 7-12-2016 n° 16-12.297 FS-PB : Bull. inf. C. cass. 1-5-2017 n° 560).
Si l'impossibilité morale dispense le demandeur de la présentation d'un écrit et même d'un commencement de preuve par écrit (Cass. 1e civ. 29-1-2014 n° 12-27.186), elle ne dispense évidemment pas le demandeur de **prouver par tous moyens** l'obligation dont il réclame l'exécution (Cass. 1e civ. 19-10-2016 n° 15-27.387 F-PB : Bull. civ. I n° 199 ; dans le même sens, Cass. 1e civ. 11-2-2010 n° 09-12.372 : RTD civ. 2010 p. 307 obs. J. Hauser).
Les **circonstances** peuvent **justifier l'impossibilité** (CA Paris 24-9-2004 n° 03-2406 : RJDA 5/05 n° 566). Cette appréciation relève du pouvoir souverain des juges du fond (Cass. 1e civ. 19-7-1978 n° 77-10.872 : Bull. civ. I n° 278), qui doivent cependant préciser en quoi la situation relevée a placé la partie dans l'impossibilité de se procurer une preuve écrite. Ainsi, ils doivent expliciter en quoi les relations familiales entre un père et son fils n'auraient pas constitué une impossibilité morale d'exiger un écrit (Cass. 3e civ. 14-1-2014 n° 12-28.777 : D. 2014 p. 709 note E. Garaud ; Cass. 1e civ. 7-10-2020 n° 18-22.474 F-D : RJDA 11/20 n° 675). En outre, dès lors que le moyen tiré de l'existence d'une impossibilité morale de se procurer un écrit est soulevé, les juges du fond ont l'obligation de rechercher si l'on ne se trouve pas dans cette hypothèse (Cass. 1e civ. 20-10-2011 n° 10-24.323).
Les **liens familiaux** ou la **vie commune** ne suffisent pas toujours à établir une impossibilité morale de se procurer un écrit (Cass. 1e civ. 28-5-1975 n° 74-10.072 : Bull. civ. I n° 181, concubinage) ; il faut qu'existent en outre d'autres circonstances. Par exemple, pour des concubins, la présence d'enfants au foyer et des rapports de confiance (Cass. 1e civ. 10-10-1984 n° 83-11.233 : Gaz. Pal. 1985 p. 186 note J. M. ; CA Chambéry 8-11-2005 : JCP G 2006 IV n° 2730) ; pour une mère, le souci de préserver le ménage de sa fille (CA Paris 17-2-1988 : D. 1988 IR p. 79) ; pour établir la filiation paternelle d'un enfant, le fait que l'acte de reconnaissance ait été perdu pendant la seconde guerre mondiale (Cass. 1e civ. 10-10-1984 n° 83-14.696 : Bull. civ. I n° 256) ; pour un débiteur, des liens particuliers et quasi familiaux d'estime et d'affection l'ayant placé dans l'impossibilité morale de se procurer une preuve littérale du paiement de la rente viagère qu'il versait (Cass. 3e civ. 7-1-1981 n° 79-14.831 : Bull. civ. III n° 7).
Mais le seul fait que les parties aient été **associées** dans une même **société** créée de fait n'établit pas que l'une d'elles était dans l'impossibilité de se procurer un écrit (CA Rouen 13-1-1986 : Gaz. Pal. 1987 som. p. 11).

ILLUSTRATIONS

L'impossibilité matérielle ou morale de se procurer un écrit a été admise, notamment :
– au profit d'une personne qui avait remis une somme d'argent à un mandataire en vue d'un transfert clandestin, à cause des sanctions susceptibles de frapper un tel transfert (Cass. crim. 21-1-1976 : JCP G 1976 II n° 18473 obs. Assouline) ou qui avait remis le document fixant la valeur de parts sociales cédées à un conseil juridique depuis lors introuvable (CA Versailles 19-9-1996 n° 95-3918 : RJDA 3/97 n° 366) ;
– au profit du débiteur d'une soulte, dès lors que les reçus prouvant que le notaire avait versé celle-ci aux créanciers sont la propriété de ce notaire et que leur perte constitue pour le débiteur un cas fortuit (Cass. 1e civ. 17-12-1991 n° 89-19.749 : Bull. civ. I n° 358) ;
– en cas de perte de l'original d'un testament remis à un expert judiciaire par la suite décédé dès lors qu'il est démontré que de nombreuses recherches ont été entreprises pour retrouver l'original du testament (Cass. 1e civ. 31-3-2016 n° 15-12.773 F-PB : Bull. inf. C. cass. 1-10-2016 n° 1163).
En revanche, la perte d'un testament par l'avocat du testeur qui en était le dépositaire ne constitue pas un cas de force majeure, les circonstances laissant penser que la perte était liée au départ de l'avocat du cabinet et à son manque de volonté de procéder aux recherches nécessaires (Cass. 1e civ. 12-11-2009 n° 08-17.791 et 08-18.898 PB-I : Bull. civ. I n° 227).

EXCEPTION À L'ÉCRIT EN CAS DE COPIE FIABLE

La copie fiable a la même **force probante** que l'original. L'obligation de produire un écrit original est donc écartée lorsqu'une partie ou le dépositaire n'a pas conservé celui-ci mais présente une copie fiable (C. civ. art. 1379, al. 1). 12695

La **fiabilité** est laissée à l'**appréciation** du juge (pour un exemple de copie résultant d'une transcription hypothécaire valant preuve dans le cadre d'une tradition orale : Cass. 3e civ. 19-11-2020 n° 19-18.845 FS-PBI).

Néanmoins est réputée fiable la copie exécutoire ou authentique d'un écrit authentique (C. civ. art. 1379, al. 1). Est également **présumée fiable,** jusqu'à preuve du contraire, toute **copie** résultant d'une reproduction à l'identique de la forme et du contenu de l'acte, et dont l'intégrité est garantie dans le temps par un procédé conforme aux conditions fixées par le décret 2016-1673 du 5 décembre 2016.

Ainsi, la présomption de fiabilité vaut en premier lieu pour la copie résultant d'un procédé de reproduction qui entraîne une modification irréversible du support de la copie (Décret 2016-1673 art. 1).

Elle vaut aussi pour la **reproduction par voie électronique** dans la mesure où le procédé utilisé répond à certaines exigences, notamment (Décret 2016-1673 art. 2 s.) :

– il produit des informations liées à la copie et permettant son identification et sa datation ;

– il garantit par une empreinte électronique que toute modification ultérieure de la copie est détectable, cette condition étant présumée remplie par l'usage d'un horodatage qualifié, d'un cachet électronique qualifié ou d'une signature électronique qualifiée, au sens du règlement UE 910/2014 du 23 juillet 2014 ;

– il permet la conservation de la copie électronique dans des conditions propres à éviter toute altération de sa forme ou de son contenu ;

– l'accès aux dispositifs de reproduction et de conservation fait l'objet de mesures de sécurité appropriées.

Afin de permettre à une copie électronique de survivre aux évolutions technologiques, le décret précise que les opérations requises pour qu'elle demeure lisible dans le temps ne constituent pas une altération de son contenu ou de sa forme si elles sont tracées et donnent lieu à la génération d'une nouvelle empreinte électronique de la copie (Décret 2016-1673 art. 4, al. 2).

La présomption de fiabilité de la copie résultant d'un procédé de reproduction qui entraîne une modification irréversible du support de la copie ou de la reproduction par voie électronique peut être combattue. Il est donc possible d'apporter la **preuve contraire** même si les exigences du décret ont été respectées. Ainsi, concernant la copie électronique, il avait déjà été jugé sous l'empire des textes antérieurs, que le tribunal se devait de rechercher si la copie des notifications faites aux parties par une caisse d'allocations familiales dans une base de données propre (en l'espèce « Cristal intégré ») répondait aux exigences du Code civil en matière de fiabilité (Cass. 2e civ. 23-9-2010 n° 09-68.367 F-D : Com. com. électr. 2010 n° 131 obs. E. A. Caprioli).

Sous l'empire du droit antérieur à l'ordonnance 2016-131 de 2016, il avait été jugé qu'une **copie** de l'original, même **certifiée conforme par** des **notaires,** n'avait aucune valeur juridique et ne pouvait suppléer au défaut de production de l'original (Cass. 1e civ. 24-10-2006 n° 05-18.698 : Bull. civ. I n° 436), à moins que l'**existence de l'original et** la **conformité de la copie** ne soient **pas déniées** (Cass. 1e civ. 24-3-1998 n° 95-21.972 : Bull. civ. I n° 126). Cette dernière précision devrait continuer à s'appliquer.

En outre, l'obligation de présenter un original ne s'impose en principe ni à la preuve de la déclaration de créance ni à celle de la délégation de pouvoir consentie par la société créancière à un préposé pour y procéder (Cass. com. 4-10-2005 n° 04-16.791 : RJDA 3/06 n° 306).

> **Précisions** La **norme française NF Z 42-013** (transposée en norme internationale : norme ISO 14641-1) énonce les mesures techniques et organisationnelles à mettre en œuvre pour l'enregistrement, l'archivage, la consultation et la communication de documents numériques afin d'assurer la conservation et l'intégrité de ceux-ci. Ces spécifications visent à garantir que des documents numériques sont capturés, archivés, restitués et communiqués de façon à ce qu'il soit possible de s'assurer que le document archivé garde la même valeur que le document d'origine pendant toute la durée de conservation. Ainsi, il est probable que la copie archivée sur un disque optique numérique non réinscriptible, renforcé par un algorithme, remplirait les conditions posées par l'article 1379 du Code civil.

Subsistance de l'original Que l'acte ait été rédigé en la forme authentique ou sous signature privée, la copie fiable a la même **force probante** que le titre original, que celui-ci subsiste ou non (C. civ. art. 1379). 12710

Le fait que l'original subsiste ne retire pas force probante à la copie, dès lors que celle-ci remplit les conditions de fiabilité visées par le décret 2016-1673 du 5 décembre 2016. Mais si l'original subsiste, sa présentation peut toujours être exigée (C. civ. art. 1379, al. 3).

EXCEPTION À L'ÉCRIT EN CAS D'USAGE

12715 L'obligation de produire un écrit est écartée s'il est d'usage de ne pas l'établir (C. civ. art. 1360). Avant l'introduction de ce texte dans le Code civil, il avait déjà été jugé que la preuve par écrit pouvait être écartée pour certaines ventes, telles que les ventes de chevaux (Cass. 1e civ. 15-4-1980 : Gaz. Pal. 1980 pan. p. 452), d'aliments pour le bétail (Cass. com. 22-3-2011 n° 09-72.426 F-PB : RJDA 6/11 n° 599) ou d'eau de vie (CA Poitiers 25-11-1992 n° 91-2405 : D. 1993 IR p. 117). Mais la Cour de cassation précisait que les juges ne pouvaient se contenter de retenir l'existence d'un usage professionnel pour écarter l'obligation de présenter un écrit. Encore fallait-il qu'ils relèvent que cet usage avait mis celui qui s'en prévalait dans l'impossibilité de se procurer un écrit (Cass. 1e civ. 17-3-1982 n° 80-11.937 : Bull. civ. I n° 114).

EXCEPTION À L'ÉCRIT EN CAS DE PREUVE À L'ÉGARD D'UN COMMERÇANT

12720 À moins qu'une disposition expresse ne l'ait exigé ou qu'il s'agisse de la preuve d'un acte relatif à un immeuble, l'écrit n'est pas requis lorsqu'une partie à un acte veut prouver l'engagement pris à son égard par un commerçant dans un acte de commerce (C. com. art. L 110-3 ; Cass. com. 26-5-2004 n° 02-16.480 : RJDA 11/04 n° 1290). C'est la règle de la liberté des preuves en matière commerciale. En application de cette disposition, les juges du fond ne peuvent rejeter une demande en paiement présentée par un fournisseur sur la base d'un nouveau tarif, sans rechercher si le fait, pour la société cliente, d'avoir passé commande après avoir reçu les nouveaux tarifs, et d'avoir accepté les livraisons afférentes sans réserve, n'établissait pas la preuve de l'acceptation de ces tarifs (Cass. com. 14-3-2018 n° 16-25.850 F-D).

Il faut que celui contre lequel la preuve est rapportée ait la qualité de **commerçant,** personne physique ou morale, le jour de la conclusion de l'acte, même s'il l'a perdue par la suite (Cass. com. 16-12-1980 n° 79-13.166 : Bull. civ. IV n° 425).

En revanche, un commerçant ne peut pas prouver librement l'engagement d'un **non-commerçant,** même si cet engagement est un acte de commerce (CA Paris 17-5-1985 : BRDA 15-16/85 p. 20 ; rappr. Cass. 1e civ. 2-5-2001 n° 98-23.080 : Bull. civ. I n° 108).

12722 Il faut en outre que l'engagement souscrit par le commerçant soit un **acte de commerce** (Cass. com. 21-6-1994 n° 92-18.630 : RJDA 12/94 n° 1400).

N'est pas un acte de commerce et ne peut pas être prouvé par tous moyens :
- un prêt consenti à un commerçant pour ses besoins personnels (Cass. com. 19-1-1993 n° 90-16.380 : RJDA 5/93 n° 467) ;
- une vente immobilière (Cass. 3e civ. 14-6-1989 n° 87-14.088 : Bull. civ. III n° 141) ;
- un contrat d'agent commercial (Cass. com. 24-10-1995 n° 93-21.866 : RJDA 1/96 n° 39).

12724 Pour les **actes mixtes,** la preuve n'est libre qu'à l'égard du commerçant et uniquement lorsque celui-ci a agi dans l'exercice ou pour l'intérêt de son propre commerce (Cass. com. 19-1-1993 n° 90-16.380 : RJDA 5/93 n° 467).

12728

Étendue de la liberté des preuves à l'égard des commerçants

La liberté des preuves à l'égard des commerçants exclut l'application des règles de preuve du **Code civil.** Ne sont donc **pas applicables pour prouver un acte de commerce** :
- l'article 1341 du Code civil (désormais art. 1359) imposant la preuve par écrit lorsque l'engagement est d'un montant supérieur à 1 500 € ou pour prouver contre le contenu d'un acte (Cass. 1e civ. 21-2-1984 n° 82-15.707 : Bull. civ. I n° 66) ;
- l'article 1376 relatif aux mentions qui doivent figurer sur les engagements unilatéraux ;
- l'article 1328 du Code civil (désormais art. 1377) concernant la preuve de la date des actes sous signature privée à l'égard des tiers (Cass. com. 25-4-1983 : D. 1984 p. 1 note P. Jourdain) ;
- l'article 1325 du Code civil (désormais art. 1375) imposant, lorsque le contrat est synallagmatique, autant d'exemplaires que de parties (Cass. com. 24-11-2009 n° 08-20.549 : RJDA 5/10 n° 584).

PREUVE D'UN FAIT PUR ET SIMPLE

12734 L'obligation de prouver par écrit est écartée dès lors qu'il ne s'agit **pas** de prouver **un engagement** mais un fait pur et simple. En effet, le principe général posé par le législateur est la liberté de la preuve, sauf disposition légale contraire : « Hors les cas où la loi en dispose autrement, la preuve peut être apportée par tout moyen » (C. civ. art. 1358). Dès lors qu'il s'agit d'établir un simple fait, l'obligation de présenter un écrit pour prouver une obligation dont le montant dépasse 1 500 € ne s'applique donc pas (nos 12547 s.). Les faits peuvent donc être établis par les divers modes de preuve admis par la loi et notamment les témoignages (Cass. 1e civ. 7-4-1992 n° 90-17.341).

Ainsi, la preuve peut se faire par tout moyen pour prouver : **12736**
– une obligation née d'un **quasi-contrat,** d'un **délit** ou d'un **quasi-délit.** Ces obligations, qui ne sont généralement pas prévisibles, ne donnent pas lieu à la rédaction d'un acte préalable ;
– une circonstance constitutive de **fraude** ou de **dol** (Cass. 1e civ. 13-11-1968 n° 67-12.091 : Bull. civ. I n° 275). Un vice du consentement, tel que l'erreur ou le dol, constitue un simple fait extérieur à l'acte notarié, de telle sorte qu'en principe sa preuve est libre, à moins que cette preuve n'aille à l'encontre du contenu de l'acte (Cass. 1e civ. 23-2-1994 n° 91-20.189) ;
– un **paiement** (C. civ. art. 1342-8) ; en revanche, celui qui a donné quittance doit, pour établir qu'elle n'avait pas valeur libératoire, respecter les règles de preuve par écrit (Cass. 1e civ. 4-11-2011 n° 10-27.035 : Bull. civ. I n° 194). Ainsi, la quittance d'une somme payée en dehors de la comptabilité du notaire ne fait foi que jusqu'à preuve contraire, mais celle-ci ne peut être apportée que par un écrit ; même si le débiteur, répondant à des sommations interpellatives, reconnaît expressément n'avoir pas payé les sommes dues, cet aveu extrajudiciaire ne suffit pas à annuler le caractère libératoire de la mention du quittancement apportée par le notaire hors sa comptabilité (Cass. 1e civ. 9-5-2019 n° 18-10.885 F-PB) ;
– la **restitution** à leur propriétaire **de biens gagés** auprès du Crédit municipal, même s'ils sont d'une valeur supérieure à 1 500 € (Cass. 1e civ. 1-12-2011 n° 10-18.793) ;
– l'**interprétation d'un acte** obscur ou ambigu (Cass. 1e civ. 26-1-2012 n° 10-28.356 ; n° 12564) ;
– une **intention libérale** expliquant la modicité d'un prix de vente (Cass. 3e civ. 21-11-1973 n° 72-12.665 : Bull. civ. III n° 597) ;
– le **paiement de l'indu** (Cass. 1e civ. 29-1-1991 n° 87-18.126 : RJDA 3/91 n° 262).

EXCEPTION À L'ÉCRIT EN CAS D'ILLICÉITÉ DU BUT DE L'ACTE

La preuve de l'absence de **contrepartie** (anciennement absence de cause) ou de l'illicéité du **but** (anciennement cause illicite) peut être apportée par tout moyen dès lors qu'elle n'est **pas exprimée dans l'acte** (Cass. 1e civ. 9-11-1964 : Bull. civ. I n° 490 ; Cass. 1e civ. 4-7-1995 n° 93-16.236). A contrario, si le but est indiqué dans l'acte, la preuve de sa fausseté doit être administrée par écrit, dans les conditions prévues par l'article 1341 (désormais art. 1359) du Code civil (Cass. 1e civ. 4-7-1995 n° 93-16.236 précité ; n° 12734). **12746**

EXCEPTION À L'ÉCRIT EN CAS DE PREUVE PAR UN TIERS À UN CONTRAT

Les tiers qui n'ont pas participé à l'engagement peuvent prouver par tout moyen l'existence du contrat auquel ils sont étrangers, même si ce contrat a été établi par écrit. **12756**

ILLUSTRATIONS

Les juges du fond ne peuvent pas débouter celui qui agit en **usucapion** contre le propriétaire d'une parcelle au motif qu'il n'offre que des témoignages, alors que n'étant pas partie aux actes établissant le titre de propriété, le demandeur n'est pas soumis aux dispositions de l'ex-article 1341 du Code civil, devenu art. 1359 (Cass. 3e civ. 17-4-1991 n° 89-15.898 : RJDA 6/91 n° 529).

Les **héritiers réservataires** sont admis à faire la preuve d'une donation déguisée de nature à porter atteinte à leur réserve par tous moyens et même à l'aide de présomptions (Cass. 1e civ. 5-1-1983 n° 81-16.655 : Bull. civ. I n° 10).

Lorsqu'une personne, se fondant sur sa qualité de locataire d'un bien sur lequel des voies de fait ont été commises, réclame la réparation de son dommage, elle peut faire la preuve par tout moyen de sa qualité de locataire contre l'**auteur du dommage,** dès lors que ce dernier n'est **pas partie** au **contrat de bail** (Cass. 3e civ. 28-6-1978 n° 77-10.654 : Bull. civ. III n° 271).

Un organisme de recouvrement de cotisations de sécurité sociale peut établir par témoins le montant des salaires perçus par le salarié puisqu'il n'est pas partie au **contrat de travail** (Cass. 2e civ. 16-7-1964 n° 62-10.522 : Bull. civ. II n° 565).

Le bailleur peut prouver par tout moyen une **sous-location** consentie par le locataire (Cass. 3e civ. 8-12-1976 n° 75-13.863 : Bull. civ. III n° 453).

Le banquier dépositaire, qui se borne à exécuter les ordres de paiement que lui transmet le mandataire du déposant, peut prouver par tout moyen le contrat de **mandat** auquel il n'est pas partie (Cass. 1e civ. 3-6-2015 nos 14-19.825 et 14-20.518 : D. 2015 p. 1588 concl. A. Tehrani).

III. CONTESTATIONS RELATIVES À LA PREUVE PAR ÉCRIT

A. Acte authentique

1. DÉFINITION DE L'ACTE AUTHENTIQUE

12780 L'acte authentique est celui qui a été reçu, avec les solennités requises, par un officier public ayant compétence et qualité pour instrumenter (C. civ. art. 1369, al. 1). C'est la signature apposée par un officier public qui confère l'authenticité à l'acte (C. civ. art. 1367, al. 1).

ILLUSTRATIONS

Constituent des actes authentiques :
– la minute (l'original) d'un notaire ou l'acte d'état civil rédigé par un officier d'état civil ;
– la minute, régulièrement signée, d'une décision judiciaire (Cass. 2e civ. 10-7-1963 n° 62-12.584 : Bull. civ. I n° 509), ainsi que les constatations faites par les juges dans leur décision concernant les déclarations faites devant eux par les parties (Cass. com. 31-3-1981 n° 79-10.952 : Bull. civ. IV n° 167) ;
– les mentions concernées par la force probante d'un jugement (Cass. soc. 24-3-2021 n° 19-15.920 FS-PI) ;
– une procuration reçue par acte authentique (Cass. 1e civ. 24-4-2013 n° 11-27.082 : Bull. civ. I n° 84) ;
– un acte d'un huissier ou commissaire de justice, lorsque ce dernier agit en vertu d'une délégation de la loi, telle la mention de la date de signification d'un acte (Cass. 3e civ. 22-2-2006 n° 05-12.521 : Bull. civ. III n° 44). En revanche, les constatations matérielles relatées par les huissiers ou commissaires de justice hors délégation de la loi n'ont valeur que de simples renseignements, que l'huissier ou commissaire de justice ait été commis par justice ou qu'il ait procédé à la requête de particuliers (Cass. soc. 5-2-1992 nos 88-44.644 et 88-44.645 : Bull. civ. V n° 65). Ainsi, un état des lieux établi par un huissier ou commissaire de justice à l'entrée ou à la sortie du locataire est un acte sous signature privée (Cass. 3e civ. 23-5-2002 n° 00-13.144 : RJDA 8-9/02 n° 860).

Ne constituent pas des actes authentiques :
– le projet d'état liquidatif rédigé par un notaire n'ayant pas encore été signé et reçu en la forme notariée (Cass. 1e civ. 12-7-2006 n° 04-20.071 : Bull. civ. I n° 394) ;
– un prêt, même mentionné dans deux actes authentiques, dès lors que ces actes ne faisaient, s'agissant du prêt, que relater les déclarations des parties (CE 7-2-2020 n° 419459 et concl. L. Cytermann : RJF 5/20 nos 469 et C 469) ;
– le procès-verbal dressé par un commissaire-priseur judiciaire ou commissaire de justice qui dirige une vente organisée par une société de ventes volontaires de meubles aux enchères publiques (Cass. com. 19-12-2006 n° 05-15.872 : RJDA 3/07 n° 248) ;
– un rapport d'expertise judiciaire ; l'incident de faux formé contre un tel rapport ne donne donc pas lieu à communication au ministère public (Cass. 1e civ. 19-1-1999 n° 97-14.194 : Bull. civ. I n° 22) ;
– un acte dressé à l'étranger qui ne revêt pas les solennités requises en France, la forme suivie n'étant pas équivalente à celle du droit français (Cass. 1e civ. 14-4-2016 n° 15-18.157 F-PB : Bull. civ. I n° 92).

12785 L'**annexion d'un acte sous signature privée** à un acte authentique ne lui confère pas la force probante de celui-ci ; un tel acte ne vaut donc pas acte authentique et peut être contesté comme un acte sous signature privée (Cass. 1e civ. 19-6-2001 n° 99-14.714 : Bull. civ. I n° 180).

12787 Pour que l'acte soit authentique, il faut qu'il soit dressé :
– par un officier public agissant dans le cadre de sa **compétence** matérielle et territoriale (sur la compétence des notaires, loi du 25 ventôse an XI et décrets 71-941 et 71-942 du 26-11-1971) ;
– dans les **conditions de forme** prescrites. Les solennités requises pour les actes établis par les notaires sont énoncées par le décret 71-941 précité.
L'acte authentique peut être dressé sur **support électronique** s'il est établi et conservé dans certaines conditions (C. civ. art. 1369, al. 2 ; n° 12507).
Tout acte ou droit doit, pour donner lieu aux **formalités de publicité foncière,** résulter d'un acte reçu en la forme authentique par un notaire exerçant en France, d'une décision juridictionnelle ou d'un acte authentique émanant d'une autorité administrative (C. civ. art. 710-1, al. 1). Le dépôt au rang des minutes d'un notaire d'un acte sous signature privée, contresigné ou non, même avec reconnaissance d'écriture et de signature, ne peut donc pas donner lieu aux formalités de publicité foncière.

L'acte reçu en la forme authentique par un notaire est **dispensé** de toute **mention manuscrite** exigée par la loi (C. civ. art. 1369, al. 3). Par exemple, n'est pas exigée dans un tel acte la mention apposée par le consommateur qui renonce à la condition suspensive d'obtention d'un prêt (Cass. 3e civ. 18-3-2021 n° 20-16.354 FS-P : RJDA 8-9/21 n° 598).

Possibilité de se prévaloir d'une contre-lettre 12790

Les actes sont parfois assortis d'une contre-lettre. Le Code civil prévoit que ces actes particuliers conservent un effet entre les **parties** contractantes, mais qu'ils ne sont pas opposables aux **tiers,** qui peuvent néanmoins s'en prévaloir (C. civ. art. 1201). La notion de contre-lettre suppose l'existence de **deux conventions,** l'une **ostensible,** l'autre **occulte,** intervenues entre les mêmes parties, dont la seconde est destinée à modifier ou à annuler les stipulations de la première (Cass. 1e civ. 13-1-1953 : Bull. civ. I n° 15).

Mais en **certaines matières,** pour faire échec à la pratique des dissimulations de prix, ou « dessous de table », le législateur a prévu qu'est **nulle et de nul effet,** même entre les parties, toute contre-lettre ayant pour objet une augmentation du prix stipulé dans le traité de cession d'un office ministériel et toute convention ayant pour but de dissimuler partie du prix d'une vente d'immeubles ou d'une cession de fonds de commerce ou de clientèle ou d'une cession d'un droit à un bail ou du bénéfice d'une promesse de bail portant sur tout ou partie d'un immeuble et tout ou partie de la soulte d'un échange ou d'un partage comprenant des biens immeubles, un fonds de commerce ou une clientèle (C. civ. art. 1202).

Cette nullité ne s'applique qu'à la convention secrète et ne **porte pas atteinte à la validité de l'acte ostensible** (Cass. ch. mixte 12-6-1981 n° 78-14.971 : Bull. ch. mixte n° 5).

Il s'agit d'une **nullité d'ordre public** qui interdit au juge de lui faire produire effet et de condamner au paiement de cette lettre l'acheteur qui est en droit de se prévaloir de la nullité (Cass. 3e civ. 25-6-1985 n° 84-13.160 : Bull. civ. III n° 103). Le vendeur est donc tenu de restituer la fraction dissimulée du prix (Cass. 3e civ. 5-3-1997 n° 95-14.838 : RJDA 6/97 n° 824).

2. FORCE PROBANTE DE L'ACTE AUTHENTIQUE

L'acte authentique **fait foi** jusqu'à inscription de faux de ce que l'officier public dit avoir personnellement accompli ou constaté (C. civ. art. 1371, al. 1). 12792

À défaut d'action en contestation selon les formes prescrites, l'acte authentique constitue donc une preuve parfaite qui s'impose au juge pour les seules mentions constatées ou portées par l'officier public.

En revanche, les énonciations des parties non vérifiées personnellement par l'officier public, telles que la consistance des biens vendus ou l'état mental d'une partie, ne font foi que jusqu'à preuve contraire et peuvent être contestées sans qu'il y ait lieu de recourir à la procédure d'inscription de faux (Cass. 1e civ. 25-5-1959 n° 57-10.118 : Bull. civ. I n° 265 ; Cass. 1e civ. 2-11-2005 n° 03-19.622 : RJDA 5/06 n° 607).

Sur ce même fondement, les conventions ou déclarations que les actes contiennent qui n'ont pas été vérifiées personnellement peuvent être arguées de **simulation** soit par des tiers, soit même par l'une des parties. Ainsi, une partie peut être admise à prouver à l'égard de sa cocontractante, selon le droit commun et sans recourir à l'inscription de faux, que les prêts qui lui ont été consentis étaient simulés et que leur véritable bénéficiaire était un tiers (Cass. 1e civ. 4-3-1981 n° 80-14.123 : Bull. civ. I n° 79).

En cas d'inscription de faux, le juge peut suspendre l'exécution de l'acte (C. civ. art. 1371, al. 2).

ILLUSTRATIONS

Doivent donner lieu à une procédure d'**inscription de faux** :

– l'action d'un légataire universel en contestation de la mention d'un testament authentique selon laquelle le défunt avait dicté au notaire ses dernières volontés (Cass. 1e civ. 18-12-2013 n° 12-12.210) ;

– l'invocation par les emprunteurs de l'existence de fausses déclarations de la part du notaire ainsi que de fausses affirmations au nom de l'emprunteur figurant dans un acte authentique de prêt (Cass. 1e civ. 23-1-2019 n° 17-23.918 F-D).

Ne font foi que jusqu'à preuve contraire qui peut être rapportée **sans qu'il y ait lieu à inscription de faux** :

– les énonciations ne portant pas sur des faits personnellement constatés par un officier public (Cass. 1e civ. 15-3-2023 n° 22-18.147 : date de naissance indiquée par le réfugié et mentionnée sur les pièces tenant lieu d'actes d'état civil par l'agent de l'OFPRA) ;

– les paiements effectués hors la vue du notaire (Cass. 1e civ. 5-12-1995 n° 93-19.603 : Bull. civ. I n° 449) ou à la vue du notaire mais hors sa comptabilité (Cass. 1e civ. 12-11-1986 : JCP N 1988 II p. 1 note H. T.) ;
– l'énonciation d'un acte de mariage, dressé par un officier d'état civil, suivant laquelle il n'a pas été fait de contrat de mariage (Cass. 1e civ. 6-5-1985 n° 84-10.362 : Bull. civ. I n° 138).

12794 L'**acte** qui n'est **pas authentique** du fait de l'incompétence ou l'incapacité de l'officier, ou du fait d'un défaut de forme, **vaut comme acte sous signature privée**, s'il a été signé des parties (C. civ. art. 1370). Ainsi, une promesse de vente recueillie par un huissier ou commissaire de justice sous la forme d'un procès-verbal de constat ne constitue pas un acte authentique et ne peut valoir qu'à titre de simples renseignements, par application de l'article 1er de l'ordonnance 45-2592 du 2 novembre 1945 relative au statut des huissiers ou commissaires de justice (Cass. 1e civ. 19-2-1991 n° 89-16.486 : Bull. civ. I n° 65).

Lorsqu'un **acte authentique** est **frappé de nullité,** même absolue faute d'avoir été signé par une partie, il perd son caractère authentique mais conserve une valeur comme moyen de preuve. En effet, la nullité de l'acte instrumentaire ne s'étend pas à l'acte juridique dont il constitue le support (Cass. 1e civ. 28-10-2003 n° 01-02.654 : Bull. civ. I n° 216). Une juridiction peut donc considérer que l'acte nul constitue un commencement de preuve par écrit, susceptible d'être complété par des éléments extrinsèques.

Encore faut-il cependant que la nullité de l'acte ait été prononcée **pour** un **défaut de forme** qui lui fasse seulement perdre son caractère authentique. À défaut, l'acte ne vaut pas même écriture sous signature privée. Par exemple, si l'acte litigieux a été déclaré faux par jugement, au motif que la mention aux termes de laquelle le consentement de l'épouse avait été donné le jour de la signature était fausse, ce vice ne constitue pas un simple défaut de forme privant seulement l'acte notarié de son caractère authentique ; un tel vice affecte l'acte à tel point qu'il ne peut pas valoir comme écriture privée pour la preuve d'un cautionnement (Cass. 1e civ. 21-2-2006 n° 04-17.318 : RJDA 7/06 n° 830).

ILLUSTRATIONS

Un acte authentique de prêt frappé de nullité absolue faute d'avoir été signé par toutes les parties constitue un **commencement de preuve** de l'existence et des conditions du prêt, qui peut être valablement complété par des correspondances aux termes desquelles l'emprunteur donne son accord sur les conditions du prêt (Cass. 1e civ. 28-10-2003 n° 01-02.654 précité ; pour une cession de parts, voir Cass. 1e civ. 28-9-2011 n° 10-13.733 : RJDA 2/12 n° 168).

De même, lorsque l'acte authentique a été rédigé par un notaire en infraction avec les règles de discipline que lui imposent les articles 13 et 14 du décret 45-0117 du 19 décembre 1945, l'acte authentique conserve la **valeur probante** attachée à tout acte authentique (Cass. 1e civ. 14-10-1980 n° 79-13.148 : Bull. civ. I n° 254).

En revanche, l'acte nul en tant qu'acte authentique ne peut pas subsister en tant qu'**acte sous signature privée** lorsque la fausse mention du lieu de passation de l'acte dans l'office a pour effet de dissimuler les conditions de préparation de l'acte en réalité rédigé dans sa propre étude par le représentant légal de la société acheteuse (Cass. 1e civ. 17-6-2015 n° 14-13.206 FS-PB : Bull. civ. I n° 146).

L'acte instrumenté en méconnaissance de l'interdiction faite aux notaires de recevoir des actes dans lesquels leurs parents ou alliés sont parties ou contenant des dispositions en leur faveur ne vaut pas **titre exécutoire** (Cass. 1e civ. 31-10-2012 n° 11-25.789 F-PBI : Bull. civ. I n° 223).

Le testament authentique nul, faute d'avoir été rédigé par le notaire sous la dictée du testateur, peut valoir comme **testament international** si les formalités prescrites par la convention de Washington du 26 octobre 1973 ont été accomplies (Cass. 1e civ. 29-5-2019 n° 18-10.298 F-D).

12796 Ne font pas perdre à l'acte son caractère authentique et, partant, son **caractère exécutoire** :
– l'inobservation de l'obligation pour le notaire de faire figurer les **procurations en annexe de l'acte authentique** ou de les déposer au rang de ses minutes (Cass. ch. mixte 21-12-2012 nos 12-15.063 et 11-28.688 : RJDA 8-9/13 n° 749, Rapport de la Cour de cassation 2012 p. 228 ; Cass. 1e civ. 13-5-2014 n° 13-15.670) ;
– l'omission du **sceau** sur la copie exécutoire (Cass. 2e civ. 1-2-2018 n° 16-25.097 F-PB : RJDA 5/18 n° 455).

Les **défauts de forme** sanctionnés par la perte d'authenticité s'entendent de ceux indiqués par l'article 41 du décret 71-941 du 26 novembre 1971 relatif aux actes établis par les notaires (Cass. 2e civ. 1-2-2018 n° 16-25.097 précité), à savoir :
– la réception par un seul notaire d'un acte devant être reçu par deux notaires ou un notaire et deux témoins ;
– la réception d'un acte en faveur des membres de la famille, au degré prohibé, du notaire ou de ses associés ;

– la réception d'un acte par deux notaires parents ou alliés entre eux, ou associés ;
– l'intervention de témoins ne remplissant pas les conditions posées par l'article 3 du décret du 26 novembre 1971 ;
– le défaut de signature de l'acte par les parties, les témoins ou le notaire ;
– l'omission de la déclaration selon laquelle les parties ne savent ou ne peuvent signer ;
– l'établissement en brevet d'un acte devant être dressé en minute.

3. CONTESTATION DE L'ACTE AUTHENTIQUE PAR INSCRIPTION DE FAUX

La contestation des actes authentiques est soumise à un **formalisme très strict** car elle suppose la contestation de la véracité d'un acte rédigé par un officier public. Cette procédure dite d'**inscription de faux** ne doit pas être engagée à la légère, car elle expose le demandeur à une amende civile d'un maximum de 10 000 € (CPC art. 305). 12820
Celui qui conteste la véracité d'un acte authentique peut le faire en défense à une demande formée par la partie adverse et fondée sur l'acte litigieux. Il s'agit alors de l'**inscription de faux incidente** (nos 12970 s.). Mais il peut également agir en **inscription de faux** par voie **principale,** à titre préventif, avant même qu'un litige n'ait été porté devant une juridiction pour prévenir toute utilisation par un tiers de cet acte qu'il considère comme faux (nos 13020 s.). La **compétence** du tribunal et la **procédure** applicable diffèrent selon que l'inscription de faux est formée par voie incidente ou par voie principale.

a. Dispositions communes à l'inscription de faux principale et incidente

CHARGE DE LA PREUVE EN MATIÈRE D'INSCRIPTION DE FAUX

Il appartient à celui qui s'est inscrit en faux contre un acte authentique d'**établir l'inexactitude** des énonciations litigieuses qu'il comporte (Cass. 1e civ. 19-12-2006 n° 05-12.756 : Bull. civ. I n° 555). 12822

POUVOIR DU JUGE STATUANT SUR UNE INSCRIPTION DE FAUX

C'est dans l'exercice de son **pouvoir souverain** d'appréciation qu'une cour d'appel, statuant sur une demande d'inscription de faux, estime que la preuve de la falsification alléguée n'est pas rapportée (Cass. 2e civ. 17-11-1977 n° 76-13.284 : Bull. civ. II n° 220). 12850

COMMUNICATION AU MINISTÈRE PUBLIC DE L'INSCRIPTION DE FAUX

L'inscription de faux contre un acte authentique donne lieu à communication au ministère public (CPC art. 303), que l'action soit formée par voie principale ou par voie incidente (sur les pouvoirs du ministère public, voir n° 12984). Cette formalité ne s'impose pas en revanche lorsque l'acte incriminé de faux est un acte sous signature privée (Cass. 1e civ. 12-7-2006 n° 04-20.071 : Bull. civ. I n° 394). 12920

La **preuve de la communication au ministère public** résulte de la présence aux débats d'un magistrat de ce ministère ; en conséquence, l'action ne saurait être déclarée irrecevable faute d'avoir été transmise au ministère public si celui-ci était présent à l'audience (Cass. 2e civ. 13-5-1987 n° 84-17.129 : Bull. civ. II n° 111). 12930

AUDITION DU RÉDACTEUR DE L'ACTE ARGUÉ DE FAUX

Le juge peut ordonner l'audition du rédacteur de l'acte litigieux (CPC art. 304). 12940
Cette **audition** peut **concerner** l'officier public lui-même, son clerc ou l'employé de l'étude qui a effectivement rédigé l'acte (Droit et pratique de la procédure civile, sous la direction de S. Guinchard : Dalloz action 2021-2022 n° 451.163).
En tout état de cause, le juge peut, au titre des vérifications personnelles, entendre toute personne dont l'audition paraît utile à la manifestation de la vérité (CPC art. 181).

SUSPENSION DE L'ACTE ARGUÉ DE FAUX

En cas d'inscription de faux, le juge peut suspendre l'exécution de l'acte (C. civ. art. 1371, al. 2). 12945

SANCTION EN CAS DE REJET DE LA DEMANDE EN FAUX

Le demandeur en faux qui succombe est condamné à une **amende** civile d'un maximum de 10 000 €, sans préjudice des **dommages-intérêts** qui seraient réclamés (CPC art. 305). 12950

b. Inscription de faux incidente

INSCRIPTION DE FAUX DEVANT LE TRIBUNAL JUDICIAIRE ET LA COUR D'APPEL

12970 **Compétence** Lorsque l'une des parties invoque un acte authentique à l'appui de ses prétentions dans une **procédure en cours** et que la partie adverse en conteste la véracité, c'est le **juge saisi du litige principal** qui est compétent, à condition que l'action ait été portée devant un tribunal judiciaire ou devant une cour d'appel (CPC art. 286, al. 1).

12975 **Forme** L'inscription de faux est formée par **acte remis au greffe** par la **partie ou** son **mandataire** muni d'un **pouvoir** spécial (CPC art. 306, al. 1). Le pouvoir doit accompagner la déclaration d'inscription de faux à peine d'irrecevabilité, qui ne peut être couverte par une production ultérieure en cours d'instance (Cass. 2e civ. 13-7-1999 n° 97-12.116 : Bull. civ. II n° 135). En cas d'indivision, l'inscription de faux, qui ne s'apparente pas à l'exploitation normale des biens indivis, requiert le consentement de tous les indivisaires (conformément aux dispositions de l'article 815-3, al. 3 du Code civil) ; l'inscription de faux formée par un seul des indivisaires est donc irrecevable et cette irrégularité n'est pas régularisable par l'intervention ultérieure de ses coïndivisaires (Cass. 1e civ. 12-6-2013 n° 11-18.522 : RJDA 11/13 n° 955).

L'acte doit être établi en **double exemplaire,** dont l'un est immédiatement versé au dossier de l'affaire et l'autre, daté et visé par le greffier, est restitué à la partie en vue de la dénonciation de l'inscription au défendeur (CPC art. 306, al. 2 et 3).

L'acte doit, à peine d'irrecevabilité, articuler avec précision les **moyens** que la partie invoque pour établir le faux (CPC art. 306, al. 2) et doit être dénoncé par **notification** entre avocats **ou signification** à la partie adverse dans le mois de l'inscription au greffe (CPC art. 306, al. 4). À défaut, le tribunal peut passer outre à l'incident et statuer au vu de la pièce arguée de faux (Cass. 2e civ. 25-5-2000 n° 98-20.320).

12980 **Pouvoir du juge** Le juge se prononce sur le faux à moins qu'il ne puisse statuer immédiatement sur le **litige principal** s'il estime pouvoir le faire sans tenir compte de la pièce arguée de faux (CPC art. 307, al. 1).

Le juge n'a pas à **surseoir à statuer** lorsqu'une partie allègue s'être inscrite en faux, après que l'ordonnance de clôture a été rendue (Cass. 3e civ. 9-2-1977 : D. 1977 IR p. 264 obs. P. Julien).

12982 Si l'acte argué de faux n'est relatif qu'à l'**un des chefs de la demande,** le juge peut statuer sur les autres (CPC art. 307, al. 2).

12984 Même si les **parties décident de renoncer ou de transiger** sur l'inscription de faux, le **ministère public** n'est pas tenu par leur décision. Il peut donc toujours requérir toutes les mesures propres à réserver l'exercice de poursuites pénales (CPC art. 311).

Si des **poursuites pénales** sont **engagées** contre les auteurs ou complices du faux, il est **sursis au jugement civil** jusqu'à ce qu'il ait été statué au pénal, à moins que le principal puisse être jugé sans tenir compte de la pièce arguée de faux ou qu'il y ait eu, sur le faux, renonciation ou transaction (CPC art. 312). Cette disposition n'est pas applicable devant le **juge de l'exécution** (Cass. 2e civ. 18-2-1999 n° 96-21.045 : Bull. civ. II n° 35).

12986 Il appartient au juge d'admettre ou de rejeter l'acte litigieux au vu des éléments dont il dispose. S'il y a lieu, le juge ordonne, sur le faux, toutes **mesures d'instruction** nécessaires et il est procédé comme en matière de vérification d'écriture d'actes sous signature privée (CPC art. 308 ; nos 13110 s.).

En **matière civile,** la Cour de cassation a jugé que **l'exactitude des mentions des actes authentiques** doit s'**apprécier** en considération de leur réalité et non de leur incidence sur la validité de la procédure. Le caractère faux d'un acte authentique doit dès lors être constaté, même si, l'objet de l'acte et sa destination n'ayant pas été altérés, le rédacteur de l'acte n'avait pas conscience du caractère inexact des constatations arguées de faux ou si aucun préjudice du caractère inexact ne résultait des constatations arguées de faux (Cass. 1e civ. 25-2-2016 n° 14-23.363 F-PB : Bull. civ. I n° 46).

Le juge statue au vu des **moyens articulés par les parties** ou de ceux qu'il relèverait d'office (CPC art. 309).

12991 Le **jugement** qui déclare qu'un acte authentique est faux est mentionné en **marge de l'acte** reconnu faux ; il précise si les minutes des actes authentiques seront rétablies dans le dépôt d'où elles avaient été extraites ou seront conservées au greffe (CPC art. 310, al. 1 et 2).

Il est sursis à l'exécution de ces formalités tant que le jugement n'est pas passé en **force de chose jugée,** ou jusqu'à l'acquiescement de la partie condamnée (CPC art. 310, al. 3).

INCIDENT DE FAUX DEVANT LES AUTRES JURIDICTIONS

Juridictions d'exception Si le litige est porté devant une autre juridiction que le tribunal judiciaire ou la cour d'appel (notamment, conseil de prud'hommes, tribunal de commerce), l'inscription de faux relève du tribunal judiciaire (CPC art. 286). 13000

Dans ce cas, même s'il s'agit d'une action incidente au regard de la juridiction d'exception saisie du litige principal, le tribunal judiciaire sera saisi comme s'il s'agissait d'une inscription de faux principale (CPC art. 313, al. 2). La juridiction d'exception saisie du principal devra alors en principe **surseoir à statuer** jusqu'au jugement sur le faux (CPC art. 313, al. 1).

Toutefois, il peut être statué au principal sans surseoir à statuer s'il est possible de juger l'affaire sans tenir compte de la pièce litigieuse (CPC art. 313, al. 1). Les juges sont souverains pour apprécier s'il y a lieu de surseoir à statuer (Cass. crim. 15-6-1976 : D. 1976 IR p. 218).

Lorsque la juridiction d'exception saisie décide de surseoir à statuer, l'acte d'inscription de faux doit être remis au greffe du tribunal judiciaire dans le mois de la décision de sursis à statuer, faute de quoi il est passé outre à l'incident et l'acte litigieux est réputé reconnu entre les parties (CPC art. 313, al. 2).

En tout état de cause, l'**acte d'inscription de faux** doit être **dénoncé à la partie adverse** dans le mois de l'inscription au greffe (n° 12975).

Cour de cassation Si le litige est porté devant la Cour de cassation, la demande en faux obéit à des dispositions spéciales (CPC art. 1028 à 1031). 13005

L'inscription de faux ne peut être invoquée, même pour la première fois, qu'à titre incident à un pourvoi principal (L'inscription de faux incidente devant la Cour de cassation : Bull. inf. C. cass. n° 713 du 15-12-2009, communication p. 6).

La demande de faux doit être adressée au **premier président** de la Cour de cassation (CPC art. 1028) qui statue par une **ordonnance** de rejet ou une ordonnance portant autorisation d'agir en faux, après avis du procureur général (CPC art. 1029). 13007

Si l'**autorisation** est **donnée,** l'ordonnance portant autorisation est signifiée au défendeur dans le délai de quinze jours, avec **sommation** de déclarer s'il entend se servir de la pièce arguée de faux. À cette sommation doit être jointe une copie de la requête et de l'ordonnance du premier président (CPC art. 1030).

Le défendeur doit alors signifier au demandeur, dans un délai de quinze jours, s'il entend ou non se servir de la pièce arguée de faux. S'il répond par l'affirmative, ou s'il ne répond pas dans le délai de quinze jours, le premier président renvoie les parties à se pourvoir devant la juridiction qu'il désigne pour qu'il soit statué sur la demande de faux (CPC art. 1031).

> **Précisions** La **procédure déroge** à celle de l'article 306 du CPC prévue pour les incidents de faux devant le tribunal judiciaire ou la cour d'appel (Cass. 2e civ. 22-5-2008 n° 77-16.920 : Bull. civ. II n° 124).
>
> Elle déroge aussi à celle de l'article 313 du CPC prévue devant les autres juridictions ; le demandeur n'a donc pas à effectuer la formalité de remise de l'acte d'inscription de faux au secrétariat-greffe de la cour d'appel (Cass. 2e civ. 20-7-1988 n° 87-14.037 : Bull. civ. II n° 182).

c. Inscription de faux principale

Lorsqu'une personne a connaissance d'un acte authentique qui n'a pas encore été utilisé en justice, elle peut agir à titre principal en inscription de faux pour **prévenir** toute **utilisation.** Seul le tribunal judiciaire est alors compétent pour connaître de cette demande (CPC art. 286, al. 2). 13020

> **Précisions** Une **expertise** ayant pour effet de mettre en cause la force probante d'un acte authentique, ne peut pas être ordonnée, même préalablement à une procédure d'inscription de faux car les dispositions spéciales et d'ordre public des articles 306 et 314 du CPC relatives à la contestation des actes authentiques excluent l'application de l'article 145 du même Code (Cass. 1e civ. 11-6-2003 n° 00-11.931 : RJDA 6/04 n° 771). Seul le juge du fond est donc compétent pour ordonner une expertise dans le cadre d'une action en inscription de faux.

MISE EN ŒUVRE DE L'INSCRIPTION DE FAUX PRINCIPALE

La demande principale en faux est précédée d'une **inscription de faux** formée dans les conditions prévues à l'article 306 pour l'incident de faux (CPC art. 314 ; n° 12975). 13030

Le juge peut alors suspendre l'exécution de l'acte (n° 12945).

Dans le mois de l'inscription de faux, à peine de caducité de celle-ci, le demandeur doit ensuite **assigner** le défendeur (CPC art. 314, al. 3). Une **copie** de l'acte d'inscription doit être jointe à l'assignation, qui doit contenir sommation, pour le défendeur, de déclarer s'il entend ou non faire usage de l'acte prétendu faux ou falsifié (CPC art. 314, al. 2).
Si le **défendeur déclare ne pas vouloir se servir de la pièce** arguée de faux, le juge en donne acte au demandeur (CPC art. 315).
En revanche, **si le défendeur ne comparaît pas ou déclare vouloir se servir de la pièce** litigieuse, il est procédé comme il est dit aux articles 287 à 294 pour la vérification d'écriture des actes sous seing privé (nos 13110 s.) et 309 à 312 pour les incidents de faux contre les actes authentiques devant le tribunal judiciaire ou la cour d'appel (CPC art. 316 ; nos 12970 s.).

B. Acte sous signature privée

1. DÉFINITION DE L'ACTE SOUS SIGNATURE PRIVÉE

13050 L'acte sous signature privée est un **acte établi par les parties** elles-mêmes **ou** par **un tiers** et qui a été **signé** par elles ou par leur mandataire en vue de produire des **effets juridiques.**
Par exemple, il peut s'agir d'un testament qui n'est pas rédigé en la forme authentique, d'une promesse de vente immobilière rédigée par les parties ou reçue par un agent immobilier ou d'une cession de fonds de commerce rédigée par un avocat. Même rédigée par un notaire, une promesse de vente portant sur un bien immobilier ou une cession de parts, par exemple, ne constitue pas un acte authentique, dès lors qu'elle n'est pas reçue en la forme authentique.

2. CONDITIONS DE FORME DE L'ACTE SOUS SIGNATURE PRIVÉE

13051 En dehors des exceptions prévues par la loi, l'acte sous signature privée n'est soumis à aucune autre condition de forme que la signature manuscrite de ceux qui s'obligent (Cass. 1e civ. 27-1-1993 n° 91-12.115 : Bull. civ. I n° 39).
Au titre des **exceptions,** il convient de citer l'acte sous signature privée par lequel une seule partie s'engage envers une autre à lui payer une somme d'argent ou à lui livrer un bien fongible qui ne fait **preuve** que s'il comporte la signature de celui qui souscrit cet engagement ainsi que la **mention,** écrite par lui-même, de la **somme ou** de la **quantité en toutes lettres** et en chiffres ; en cas de différence, l'acte sous signature privée vaut preuve pour la somme écrite en toutes lettres (C. civ. art. 1376). Les mentions obligatoires ne sont donc pas requises à peine de nullité. Et un acte irrégulier faute de contenir les mentions requises peut constituer un commencement de preuve par écrit (Cass. 1e civ. 16-1-1985 : Bull. civ. I n° 24).
Citons également les actes sous signature privée qui contiennent des **conventions synallagmatiques.** Ceux-ci ne font **preuve** qu'autant qu'ils ont été faits en autant d'originaux qu'il y a de parties ayant un intérêt distinct, à moins que les parties ne soient convenues de remettre à un tiers l'unique exemplaire dressé (C. civ. art. 1375, al. 1 ; Cass. 3e civ. 13-2-1991 n° 89-14.861 P : Bull. civ. III n° 58 ; Cass. 3e civ. 15-4-1992 n° 91-14.297 P : Bull. civ. III n° 131). Chaque original doit contenir la mention du nombre des originaux qui en ont été faits. Néanmoins, celui qui a exécuté le contrat, même partiellement, ne peut opposer le défaut de la pluralité d'originaux ou de la mention de leur nombre (C. civ. art. 1375, al. 2). L'exigence d'une pluralité d'originaux est réputée satisfaite pour les contrats sous forme électronique lorsque l'acte est établi et conservé conformément aux articles 1366 et 1367 du Code civil et que le procédé permet à chaque partie de disposer d'un exemplaire ou d'y avoir accès (C. civ. art. 1375, al. 3).

3. FORCE PROBANTE DE L'ACTE SOUS SIGNATURE PRIVÉE

FORCE PROBANTE DE L'ACTE RECONNU

13052 L'acte sous signature privée, reconnu par la partie à laquelle on l'oppose ou légalement tenu pour reconnu à son égard, fait foi entre ceux qui l'ont souscrit et à l'égard de leurs héritiers et ayants cause (C. civ. art. 1372).
Un tel acte ne fait foi que jusqu'à **preuve contraire** de la sincérité des faits juridiques qu'ils constatent et des énonciations qu'ils contiennent. Ainsi, même s'il n'est pas contesté qu'un état des lieux a été dressé contradictoirement par les parties, les juges peuvent relever souverainement qu'il résultait d'éléments extérieurs (rapport de la direction de l'environnement et de la santé publique notamment) que cet état des lieux ne correspondait manifestement pas à la réalité (Cass. 3e civ. 23-5-2002 n° 00-13.144 : RJDA 8-9/02 n° 860).

Bien entendu, un acte sous signature privée n'a de force probante qu'à l'égard des **parties à l'acte.** Ainsi, par exemple, un acte qui prévoit le cautionnement d'une personne qui, dans cet acte, n'est ni représentée ni signataire n'a aucune valeur probante à son égard (Cass. 1e civ. 13-11-2002 n° 99-15.299 : RJDA 8-9/04 n° 1074).

FORCE PROBANTE DE L'ACTE CONTRESIGNÉ PAR UN AVOCAT

Si l'acte sous signature privée a été contresigné par les avocats de chacune des parties ou par l'avocat de toutes les parties, il fait **foi de l'écriture et de la signature des parties** tant à leur égard qu'à l'égard de leurs héritiers ou ayants cause (C. civ. art. 1374, al. 1). Les parties, leurs héritiers ou ayants cause ne peuvent donc plus dénier ou ne pas reconnaître les signatures figurant sur l'acte. 13062

Cet acte est dispensé de toute **mention manuscrite** exigée par la loi (C. civ. art. 1374, al. 3). Pour une comparaison avec les actes authentiques, voir n° 12787.

En contresignant un acte sous signature privée, **l'avocat atteste** avoir éclairé pleinement la ou les parties qu'il conseille sur les conséquences juridiques de cet acte (Loi 71-1130 du 31-12-1971 art. 66-3-1).

Seul l'acte électronique, contresigné par les avocats de chacune des parties grâce à leur clé e-barreau, bénéficie d'une date certifiée. Les autres actes doivent, pour avoir **date certaine,** être enregistrés auprès de l'administration fiscale. La **procédure de faux** applicable à l'acte contresigné par un avocat est celle prévue aux articles 299 à 302 du Code de procédure civile pour les actes sous signature privée (C. civ. art. 1374, al. 2 ; sur cette procédure, voir n° 13220). Les parties, leurs héritiers ou ayants cause ne peuvent donc pas recourir à la procédure de vérification d'écriture.

> **Précisions** Le **Conseil national des barreaux** (CNB) a demandé à ce que tout acte contresigné par un avocat, qu'il soit électronique ou non, se voit conférer **date certaine et force exécutoire** (10 propositions du CNB au Président de la République, mai 2017).

DATE DE L'ACTE SOUS SIGNATURE PRIVÉE

L'acte sous signature privée n'acquiert date certaine à l'égard des tiers que du jour où il a été **enregistré,** du jour de la **mort** d'un signataire, ou du jour où sa substance est constatée dans un **acte authentique** (C. civ. art. 1377). Sur la date des actes contresignés par un avocat, voir n° 13062. 13092

4. CONTESTATION DE L'ACTE SOUS SIGNATURE PRIVÉE

Un acte sous signature privée n'a de force probante qu'autant que la **signature** en est expressément ou tacitement **reconnue,** ou a été préalablement vérifiée en justice (Cass. soc. 14-11-1973 n° 72-40.807 : Bull. civ. V n° 567). À défaut, il n'a évidemment pas la même foi qu'un acte authentique. 13100

Cependant, celui qui conteste un acte sous signature privée doit formellement **désavouer son écriture ou sa signature.**

a. Vérification d'écriture à titre incident

Une vérification d'écriture peut être demandée au juge lorsque l'**une des parties dénie l'écriture** qui lui est attribuée ou déclare ne pas reconnaître celle attribuée à son auteur, c'est-à-dire à la personne à qui elle succède (CPC art. 287). 13110

JUGE COMPÉTENT POUR STATUER SUR L'INCIDENT DE VÉRIFICATION

Lorsqu'elle est demandée incidemment, la vérification des écritures sous signature privée relève de la compétence du juge saisi du **principal** (CPC art. 285, al. 1). 13114

Le **juge des référés** peut lui-même procéder à titre incident à une vérification des écritures sous signature privée à condition que la contestation ne soit pas sérieuse.

ILLUSTRATIONS

> L'obligation invoquée n'est pas sérieusement contestable lorsque le juge relève que les signatures apposées sur des bons de commande, dont l'authenticité est déniée, sont identiques à celle figurant sur une lettre adressée par l'acheteur à son fournisseur et constate que les factures produites aux débats attestent tant de la réalité que de la date de la livraison des marchandises (Cass. 2e civ. 21-1-1999 n° 96-19.816 : Bull. civ. II n° 18).

CHARGE DE LA PREUVE DE LA SINCÉRITÉ DE L'ÉCRITURE

Lorsque la signature en est déniée ou méconnue, il résulte de l'article 1373 du Code civil qu'il appartient à **celui qui se prévaut de l'acte** de prouver sa sincérité. Ainsi, lorsqu'un employeur oppose un reçu à un salarié demandant paiement d'un salaire, il appartient à l'employeur qui se 13124

prévaut du reçu de prouver que la signature apposée sur celui-ci émane bien du salarié (Cass. soc. 14-11-1973 n° 72-40.807 : Bull. civ. V n° 567). De même, la charge de la preuve de l'authenticité des dispositions testamentaires incombe à celui qui s'en prévaut (Cass. 1e civ. 2-3-2004 n° 01-16.001 : Bull. civ. I n° 71).
S'il subsiste un **doute** ou des incertitudes sur la sincérité de l'acte, la partie qui fonde sa prétention sur cet acte doit être déboutée (Cass. 1e civ. 2-3-1999 n° 97-13.765 : Bull. civ. I n° 77).

DÉSAVEU FORMEL DE L'ÉCRITURE

13134 Celui auquel on oppose un acte sous signature privée et qui le conteste doit désavouer formellement son écriture ou sa signature. Ses **héritiers ou ayants cause** peuvent se contenter de déclarer qu'ils ne connaissent pas l'écriture ou la signature de leur auteur (C. civ. art. 1373). Mais il ne suffit pas, pour que le juge procède à la vérification d'écriture, de se borner à déclarer que l'on se réserve le droit de discuter la validité de l'acte (Cass. 1e civ. 8-3-1965 n° 63-10.601 : Bull. civ. I n° 173) ou de soutenir qu'on ne se souvient pas avoir signé l'écrit, ces réserves ou remarques ne constituant pas une dénégation formelle (Cass. 3e civ. 27-11-1973 n° 01-16.001 : Bull. civ. I n° 71). Il faut donc un désaveu **manifeste** et formel.

VÉRIFICATION OBLIGATOIRE DE L'ÉCRITURE

13140 Dans le cas où la partie désavoue son écriture ou sa signature ou celle de celui auquel elle succède, la vérification en est ordonnée en justice (C. civ. art. 1373). Elle s'impose au **juge,** qui **ne peut pas statuer au fond** ni déclarer qu'une partie est bien signataire sans avoir préalablement vérifié la signature (Cass. 1e civ. 12-6-2012 n° 11-18.438 : Bull. civ. I n° 134). Ainsi, le juge ne saurait accueillir une demande sans vérifier l'écrit litigieux au motif que la dénégation de signature d'un accusé de réception est sans incidence, alors que la vérification d'écriture était nécessaire pour apprécier la connaissance que cette partie avait d'une mise en demeure (Cass. 1e civ. 2-7-2014 n° 13-11.636) ou que la partie adverse ne démontre pas que le contrat serait un faux ou un montage grossier (Cass. 1e civ. 7-4-1999 n° 97-13.476 : RJDA 6/99 n° 751), ou au motif que les différences entre les écritures contestées et les écritures de comparaison sont mineures (Cass. 1e civ. 24-3-1998 n° 95-16.833 : Bull. civ. I n° 125).
Il appartient au juge, saisi d'un incident de vérification d'un écrit nécessaire à la solution du litige, lorsqu'il estime que les documents versés aux débats ne lui permettent pas d'affirmer que l'acte dont une partie dénie l'écriture émane bien de cette partie, de lui enjoindre de **produire** tout **document de comparaison** lui paraissant nécessaire, et, s'il y a lieu, de lui faire composer, sous sa dictée, des échantillons d'écriture, ainsi que d'ordonner toutes autres mesures prévues en cas d'incident de vérification (Cass. 1e civ. 24-3-1998 n° 95-16.833 précité).
La **vérification** s'impose au juge **même si celui qui conteste sa signature s'est abstenu** de le faire **dans ses premières écritures,** car cette abstention n'équivaut pas à un aveu judiciaire de son authenticité ; en pareil cas, le juge doit procéder ou faire procéder à la vérification de la signature déniée, à moins qu'il ne puisse statuer sans tenir compte de l'acte contesté (Cass. 1e civ. 6-3-2001 nos 98-22.384 et 98-22.715 : RJDA 7/01 n° 808). Les juges du fond ne peuvent rejeter la demande en vérification d'écritures au motif que le demandeur ne conteste pas formellement l'authenticité de la mention et de la signature figurant sur le document, dès lors que l'intéressé demandait la vérification de cet écrit, qu'il contestait, ainsi que son annulation (Cass. 1e civ. 5-9-2018 n° 17-22.085 F-D). Le juge ne peut pas condamner en paiement la caution qui conteste être l'auteur de la **mention manuscrite** sans procéder à la vérification de son écriture, même si elle reconnaît avoir **signé** l'acte (Cass. 3e civ. 9-3-2022 n° 21-10.619 FS-B).

13142 Le **juge peut ne pas recourir à** la procédure de **vérification** d'écriture s'il peut statuer sans tenir compte de l'écrit contesté (CPC art. 287, al. 1), c'est-à-dire s'il peut fonder sa décision sur d'autres pièces ou s'il trouve dans la cause des éléments de conviction suffisants (Cass. 2e civ. 24-2-1993 n° 91-10.028 : Bull. civ. I n° 78).
En outre, si l'écrit litigieux n'est relatif qu'à **certains chefs de la demande,** le juge peut statuer sur les autres chefs de demande sans attendre (CPC art. 287, al. 1).
La procédure de vérification visée à l'article 1324 du Code civil (désormais art. 1373) ne s'applique qu'au cas où le défendeur est celui dont la signature figure à l'acte comme étant la sienne, et non à celui où le demandeur invoque la fausseté prétendue de la **signature d'un tiers** apposée sur l'acte qu'il produit (Cass. 1e civ. 5-10-1994 n° 91-20.234 : RJDA 3/95 n° 383). En conséquence, le juge n'a pas à procéder à la vérification d'écriture prévue par les articles 287 à 298 du CPC lorsqu'une partie invoque la fausseté de l'écriture d'un tiers sur un acte produit aux débats (Cass. 3e civ. 9-3-2005 n° 03-12.596 : RJDA 7/05 n° 918).

INSTRUCTION DE LA VÉRIFICATION À TITRE INCIDENT

S'il ne statue pas sur-le-champ, le juge retient l'écrit à vérifier et les **pièces de comparaison** ou ordonne leur dépôt au greffe de la juridiction (CPC art. 289). 13150
Lorsqu'il est utile de comparer l'écrit contesté à des documents détenus par des tiers, le juge peut ordonner, même d'office et à peine d'astreinte, que ces **documents** soient **déposés** au greffe de la juridiction en **original ou** en **reproduction** ; le juge peut prescrire toutes les mesures nécessaires, notamment celles qui sont relatives à la conservation, la consultation, la reproduction, la restitution ou le rétablissement des documents (CPC art. 290).
Dans la détermination des pièces de comparaison, le juge peut retenir tous documents utiles provenant de l'une des parties, qu'ils aient été émis ou non à l'occasion de l'acte litigieux (CPC art. 288, al. 2).
Au cours de la vérification, le **juge règle** lui-même les **difficultés d'exécution** de la vérification d'écriture. Si une partie estime que certains des documents de comparaison ne sont pas fiables, elle doit demander expressément l'exclusion de ces documents de la liste des pièces de comparaison. Si elle se borne à déclarer devant le juge de la mise en état ne pas reconnaître l'écriture ou la signature de certains documents déposés par son adversaire, sans en demander expressément l'exclusion, le juge n'a pas à se considérer saisi d'une difficulté d'exécution au sens de l'article 294 du CPC (Cass. 1e civ. 25-3-1980 n° 79-10.232 : Bull. civ. I n° 102).

En cas de nécessité, le juge peut également ordonner la **comparution** personnelle des parties, le cas échéant en présence d'un consultant, ou toute **autre mesure d'instruction** et peut entendre l'auteur prétendu de l'écrit contesté (CPC art. 291). Dans un cas où un juge avait ordonné la comparution personnelle d'une partie afin de vérifier, à sa demande, la signature figurant sur une offre préalable de prêt, le juge, qui constate son absence à l'audience, est confronté à l'impossibilité de procéder à la vérification prévue et peut, sans inverser la charge de la preuve, en déduire que sa contestation n'était en réalité pas sérieuse et qu'elle avait bien contracté le prêt dont la banque demandait le remboursement (Cass. 1e civ. 19-5-2021 n° 20-12.211 F-D). 13152
Ceux qui ont vu écrire ou signer l'écrit contesté ou ceux dont l'audition paraît utile à la manifestation de la vérité peuvent également être entendus comme témoins (CPC art. 293).
Le juge bénéficie d'un **pouvoir souverain** pour apprécier tant les éléments de preuve qui lui sont soumis que l'opportunité d'une mesure d'instruction (Cass. 2e civ. 9-4-1973 n° 72-11.888 : Bull. civ. II n° 143), telle une expertise (Cass. 1e civ. 29-2-2012 n° 10-27.332 : Bull. civ. I n° 45).
Le **juge** n'est pas tenu d'ordonner une mesure d'instruction et peut **procéder lui-même à la vérification** de la signature contestée. Par exemple, une cour d'appel, saisie par une partie d'une dénégation de l'écriture qui lui était attribuée, n'est pas tenue d'ordonner l'expertise graphologique sollicitée et peut procéder à la vérification de la signature contestée (Cass. com. 30-1-1979 n° 77-13.639 : Bull. civ. IV n° 42).

S'il est fait appel à un **technicien,** généralement un expert graphologue, celui-ci peut être autorisé par le juge à retirer contre émargement l'écrit contesté et les pièces de comparaison ou à se les faire adresser par le greffier de la juridiction (CPC art. 292). En principe, la vérification d'écriture doit être faite au vu de l'original. Mais, les articles 287 à 290 du CPC n'imposant pas que les éléments de comparaison soient fournis en originaux, une cour d'appel peut, dans l'exercice de son pouvoir souverain, retenir à titre de comparaison deux chèques en photocopies signés de la main de celui qui conteste l'écriture d'un chèque (Cass. 1e civ. 6-10-1998 n° 96-20.164 : Bull. civ. I n° 278). 13154
L'expertise graphologique n'échappe pas aux règles applicables à toute mesure d'instruction et notamment au **respect du contradictoire.** Ainsi, la demande de nullité d'une expertise graphologique ne peut pas être rejetée au seul motif que le caractère spécifique d'une telle mesure exclurait que les parties puissent exiger d'assister aux opérations d'exécution (Cass. com. 9-3-1981 n° 79-15.510 : Bull. civ. IV n° 126). En revanche, la nullité d'une expertise graphologique n'est pas encourue dès lors que la vérification d'écriture a été effectuée sur les pièces remises établies contradictoirement suivant les dispositions précises de l'arrêt qui l'avait ordonnée, que cette expertise avait un caractère éminemment technique et que le prérapport a été transmis aux parties par l'expert qui leur a proposé de se rendre sur place pour une confrontation (Cass. 3e civ. 4-10-1983 n° 82-13.936 : Bull. civ. III n° 178).

VÉRIFICATION DE L'ÉCRIT OU DE LA SIGNATURE ÉLECTRONIQUE

Si une **partie dénie un écrit ou une signature électronique,** le juge vérifie si les conditions de validité de l'écrit ou de la signature imposées par les articles 1366 et 1367 du Code civil sont satisfaites (CPC art. 287, al. 2). 13160

ILLUSTRATIONS

Lorsqu'un **bailleur** dénie être l'auteur d'un **courrier électronique produit par son locataire,** le juge ne peut pas retenir ce courrier à titre de preuve en estimant que le bailleur ne communique aucun document de nature à combattre la **présomption de fiabilité** dudit courrier édictée par l'article 1316-4 (désormais art. 1367), alors qu'il est tenu, en application de l'article 287 du CPC, de vérifier si les conditions mises par les articles 1316-1 (désormais art. 1366) et 1316-4 (désormais art. 1367) du Code civil à la validité de l'écrit ou de la signature électronique sont satisfaites (Cass. 1e civ. 30-9-2010 n° 09-68.555 : Bull. civ. I n° 178). Dans cette espèce, le bailleur arguant le courrier de faux, la cour aurait dû en vérifier la validité. Elle aurait dû constater l'existence d'une signature électronique et d'un système de conservation sécurisés qui soient conformes aux dispositions du décret 2017-1416 du 28 septembre 2017 pris en application de l'article 1367 du Code civil.

Le **défaut de signature électronique,** condition de validité de l'écrit électronique (C. civ. art. 1367), peut être couvert par l'exécution volontaire du contrat. Ainsi, l'absence de signature électronique d'un mandat d'agent sportif établi par courriel, alors que ne sont contestées ni l'identité de l'auteur du courriel ni l'intégrité de son contenu, peut être couverte par une exécution volontaire du contrat en connaissance de la cause de nullité, valant confirmation au sens de l'article 1338 du Code civil (devenu art. 1182) (Cass. 1e civ. 7-10-2020 n° 19-18.135 FS-PB : RJDA 12/20 n° 626).

13162 Lorsque la signature électronique bénéficie d'une **présomption de fiabilité**, il appartient au juge de dire si les éléments dont il dispose justifient le **renversement** de cette présomption (CPC art. 288-1).

La fiabilité de la signature électronique est présumée, jusqu'à preuve contraire, lorsque la signature électronique est créée, l'**identité du signataire** assurée et l'intégrité de l'acte garantie et que le procédé met en œuvre une signature électronique qualifiée, établie grâce à un dispositif sécurisé de création de signature électronique et que la vérification de cette signature repose sur l'utilisation d'un **certificat électronique** qualifié (C. civ. art. 1367, al. 2 ; Décret 2017-1416 du 28-9-2017 art. 2).

Une signature qui ne bénéficie pas de la présomption de fiabilité faute de remplir les conditions visées à l'article 1367 al. 2 (absence de certificat électronique qualifié par exemple) ou même qui ne peut être assimilée à une signature électronique (cas d'une signature manuscrite numérisée), n'est pas nécessairement dépourvue d'effets juridiques. Ainsi, l'apposition de la **signature manuscrite numérisée** du gérant d'une société ne vaut pas absence de signature, dès lors que les juges ont constaté qu'il n'était **pas contesté** que la signature en cause était celle du gérant de la société et permettait parfaitement d'identifier son auteur (Cass. soc. 14-12-2022, n° 21-19.841 B).

En cas de **conflit entre** un **écrit** sur **papier et** un écrit **sous forme électronique,** le juge peut établir par tous moyens le titre le plus vraisemblable (C. civ. art. 1368).

DÉCISION STATUANT SUR L'INCIDENT DE VÉRIFICATION

13172 La décision du juge ayant statué sur l'incident de vérification revêt la **forme** soit d'une simple mention au dossier ou au registre d'audience, soit, en cas de nécessité, d'une ordonnance ou d'un jugement (CPC art. 294, al. 2).

SANCTION EN CAS DE REJET DE L'INCIDENT DE VÉRIFICATION

13182 La **partie** qui conteste son écriture ou sa signature ou qui argue de ce qu'un écrit est un faux, qu'elle **agisse par voie incidente ou principale,** s'expose à une amende civile et à des dommages et intérêts. En effet, s'il est finalement jugé que la pièce a été écrite ou signée de sa main, la personne qui a dénié un acte est condamnée à une amende civile d'un maximum de 10 000 € sans préjudice des dommages-intérêts qui seraient réclamés (CPC art. 295).

b. Vérification d'écriture à titre principal

13200 La vérification d'écriture est demandée à titre principal non pour contester l'écriture ou la signature mais pour faire **constater** que le document émane bien de celui qui est présumé l'avoir écrit ou signé. Elle est demandée **à titre préventif,** parce que le demandeur craint une contestation ultérieure de cette écriture ou signature.

Aucun litige n'étant **en cours,** le demandeur devra citer à comparaître celui dont il craint qu'il ne conteste ultérieurement.

La vérification d'écriture sous signature privée à titre principal relève de la **compétence** exclusive du **tribunal** judiciaire (CPC art. 285, al. 2).

Si le **défendeur** (en général l'auteur ou le signataire de l'écrit) cité à personne **ne comparaît pas,** le juge tient l'écrit pour reconnu (CPC art. 296). 13202
Si le **défendeur comparaît et reconnaît l'écriture,** le juge en donne acte au demandeur (CPC art. 297).
Si le **défendeur dénie ou méconnaît l'écriture,** ou s'il n'a pas été cité à personne et s'il ne comparaît pas, il est procédé conformément à la procédure de vérification incidente des articles 287 à 295 du CPC (CPC art. 298 ; nos 13110 s.).

c. Incident de faux

Si un écrit sous signature privée produit **en cours d'instance** est argué faux, il est procédé à l'examen de l'écrit litigieux comme il est dit aux articles 287 à 295 du CPC (CPC art. 299). 13220
La **procédure** de vérification d'écriture par voie incidente est donc **identique,** qu'une partie nie son écriture ou sa signature ou qu'elle invoque la fausseté d'un acte sous signature privée, dès lors qu'elle le fait en cours de procès. Toutes les règles exposées nos 13110 s. s'appliquent donc à l'incident de faux d'un acte sous signature privée.

ILLUSTRATIONS

Le **juge a l'obligation de vérifier l'écrit** lorsqu'il est argué de faux par l'une des parties et ne saurait se contenter d'écarter ce document sans le vérifier au seul motif qu'il se peut que la photocopie produite résulte d'un montage photographique (Cass. 1e civ. 9-7-1985 n° 84-11.189 : Bull. civ. I n° 217) ou, au contraire, se borner à considérer que l'écrit produit doit être tenu pour sincère faute pour la partie qui invoque le faux d'avoir agi en faux par la voie pénale ou civile (Cass. 3e civ. 25-5-1982 n° 81-11.025 : Bull. civ. III n° 130).

La procédure de faux applicable à l'**acte** sous signature privée **contresigné par les avocats** de chacune des parties ou par l'avocat de toutes les parties est celle prévue pour les actes sous signature privée (C. civ. art. 1374, al. 2 ; nos 13110 s.). 13222

JUGE COMPÉTENT POUR STATUER SUR L'INCIDENT DE FAUX

La **doctrine** n'est pas unanime sur la question de la compétence en cas d'incident de faux d'un acte sous signature privée. 13232
La majorité des auteurs semble considérer que lorsqu'un litige est en cours, la **juridiction saisie du principal,** quelle qu'elle soit, reste compétente pour statuer sur l'incident de faux, exactement comme en matière de vérification d'écriture (notamment P. Collin, J.-Cl. Justice administrative fasc. 66 n° 4 ; C. Tirvaudey-Bourdin J.-Cl. Procédure civile, fasc. 600-85 n° 84).
Certains auteurs considèrent que l'incident de faux d'un acte sous signature privée suit le régime, non pas de la vérification d'écriture, visée à l'article 285 du CPC, mais de l'**inscription de faux d'un acte authentique,** visée à l'article 286 du même Code. Auquel cas le juge saisi du principal n'est compétent pour statuer sur l'incident que s'il s'agit du tribunal judiciaire ou de la cour d'appel (Droit et pratique de la procédure civile, sous la direction de S. Guinchard : Dalloz action 2021-2022 n° 451.171).
À **notre avis,** l'incident de faux d'un acte sous signature privée demeure de la compétence de la juridiction saisie du principal, même s'il ne s'agit ni du tribunal judiciaire ni de la cour d'appel pour les **raisons suivantes** :
– certes, l'article 285 du CPC ne vise que la vérification d'écriture mais l'article 286 ne vise quant à lui que les actes authentiques. L'article 299 du CPC relatif à l'incident de faux des actes sous signature privée renvoie à la procédure applicable à la vérification d'écriture et non à celle applicable à l'inscription de faux contre les actes authentiques. Même si l'article 299 du CPC ne renvoie pas expressément aux dispositions relatives à la compétence, il semble logique que l'incident de faux en écriture privée relève des règles de compétence applicables à la procédure à laquelle il est soumis, à savoir l'article 285 du CPC ;
– l'article 1470 du CPC confirme expressément ce raisonnement pour le tribunal arbitral. Sauf stipulation contraire, ce tribunal a le pouvoir de trancher l'incident de vérification d'écriture ou de faux conformément aux dispositions des articles 287 à 294 et de l'article 299. Cet article distingue donc bien la procédure de vérification de faux d'un acte sous signature privée, que le tribunal arbitral peut trancher incidemment, de la procédure en inscription de faux d'un acte authentique, qui l'oblige à surseoir à statuer (CPC art. 1470).

d. Faux demandé à titre principal

Lorsqu'un écrit est argué de faux à titre principal, il convient de procéder par voie d'**assignation,** afin que le défendeur soit en mesure de comparaître. 13252
L'assignation doit indiquer les moyens de faux et faire sommation au défendeur de déclarer s'il entend ou non faire usage de l'acte prétendu faux ou falsifié (CPC art. 300). Pour le reste, il est procédé comme en matière de vérification d'écriture (nos 13110 s.).

13254 Un faux peut être demandé à titre principal même s'il vise un **écrit déjà produit en justice** et contre lequel un incident de faux n'a, alors, pas été élevé (Cass. 2e civ. 10-7-1996 n° 94-15.851 : Bull. civ. II n° 203).

13256 Si le **défendeur déclare ne pas vouloir se servir de l'écrit argué de faux,** le juge en donne acte au demandeur (CPC art. 301).
Si le **défendeur ne comparaît pas ou déclare vouloir se servir de l'écrit litigieux,** il est procédé comme il est dit en matière de vérification d'écriture aux articles 287 à 295 du CPC (CPC art. 302 ; nos 13110 s.).

C. Autres écrits ayant force probante

FORCE PROBANTE DES PAPIERS DOMESTIQUES

13270 Les registres et papiers domestiques ne font pas preuve au profit de celui qui les a écrits, mais ils font preuve contre lui dans tous les cas où ils énoncent formellement un **paiement reçu** ou lorsqu'ils contiennent la mention expresse que l'écrit a été fait pour **suppléer le défaut du titre** en faveur de qui ils énoncent une obligation (C. civ. art. 1378-1). Ce texte rappelle le principe général selon lequel nul ne peut se constituer de preuve à lui-même (C. civ. art. 1363) et précise les cas où un écrit permet de faire preuve **contre son propre auteur.**

FORCE PROBANTE DES DOCUMENTS PROFESSIONNELS

13272 Les registres et documents qu'un professionnel doit tenir ou établir ont, contre lui, la même force probante que les écrits sous signature privée. Mais celui qui s'en prévaut ne peut en diviser les mentions pour n'en retenir que celles qui lui sont favorables (C. civ. art. 1378).

FORCE PROBANTE DE LA MENTION D'UN PAIEMENT

13275 La mention d'un paiement ou d'une autre cause de libération portée par le créancier sur un titre original qui est toujours resté en sa possession vaut présomption simple de libération du débiteur. Il en est de même de la mention portée sur le double d'un titre ou d'une quittance, pourvu que ce double soit entre les mains du débiteur (C. civ. art. 1378-2).

FORCE PROBANTE D'UN ACTE TRANSCRIT SUR LES REGISTRES PUBLICS

13280 La mention d'un écrit authentique ou sous signature privée sur un registre public vaut **commencement de preuve par écrit,** sans autre condition (C. civ. art. 1362).

FORCE PROBANTE DES ACTES RECOGNITIFS ET CONFIRMATIFS

13285 L'acte récognitif, qui est un nouvel acte destiné à reconnaître l'existence d'un acte antérieur, ne dispense pas de la présentation du titre original sauf si sa teneur y est spécialement relatée. Ce qu'il contient de plus ou de différent par rapport au titre original n'a pas d'effet (C. civ. art. 1380).

SECTION 5 PRÉSOMPTIONS

RÈGLES GÉNÉRALES

13290 Lorsqu'un **écrit** n'est **pas exigé,** la preuve peut être faite par présomptions. Le régime des présomptions est envisagé aux articles 1354, 1355 et 1382 du Code civil.
En principe, il appartient aux parties de rapporter la preuve que leur demande est fondée (CPC art. 9 ; C. civ. art. 1353). Par exception, la **preuve de** certains **faits** n'a pas à être rapportée, car ils sont considérés comme résultant nécessairement de l'existence d'autres faits. La preuve de ces derniers suffit donc. Une présomption constitue donc une dispense de la charge de la preuve (nos 12000 s.) au profit du bénéficiaire (C. civ. art. 1354).
Par exemple, le demandeur en **reconnaissance de paternité** doit prouver la filiation. Toutefois, si l'enfant est né pendant le mariage, l'article 312 du Code civil pose une présomption de paternité. Il suffit donc, pour le demandeur, d'apporter la preuve de la naissance pendant le mariage, tandis que la preuve de la filiation n'a pas à être rapportée. De même, les présomptions de **propriétés** énoncées au contrat de mariage s'imposent aux **époux** (C. civ. art. 1538) et c'est donc à l'époux qui les conteste d'apporter la preuve contraire (Cass. 1e civ. 30-1-2019 n° 18-14.150 F-PB). La

décision relève alors du **pouvoir souverain** des juges du fond. Ainsi, ils peuvent considérer qu'en vertu de la présomption de propriété instituée en sa faveur par le contrat de mariage sur le mobilier garnissant l'habitation, une épouse séparée de biens peut revendiquer la propriété d'une collection d'étains constituée par son mari, faute de factures et actes d'achat au nom de ce dernier (Cass. 1e civ. 23-6-2021 n° 19-21.784 F-D).
Les conditions d'admissibilité de la présomption en cas de demande de **divorce** ou de séparation de corps figurent aux articles 313 et suivants du Code civil.
Les présomptions peuvent être **légales** (C. civ. art. 1354 ; nos 13292 s.). Elles peuvent également être **judiciaires** (ou du fait de l'homme) ; elles relèvent alors de l'intime conviction du juge (C. civ. art. 1382 ; nos 13324 s.).

A. Présomptions légales

DÉFINITION ET CARACTÉRISATION DE LA PRÉSOMPTION LÉGALE

La présomption **légale** est celle que la loi attache à certains actes ou à certains faits en les tenant pour certains. Elle dispense celui au profit duquel elle existe d'en rapporter la preuve (C. civ. art. 1354, al. 1). La loi en distingue trois catégories (C. civ. art. 1354, al. 2) : 13292
– la présomption dite **simple** ;
– la présomption dite **mixte** ;
– la présomption dite **irréfragable.**

L'existence d'une présomption opère un **renversement de la charge de la preuve** au profit du bénéficiaire, faisant échec au principe visé à l'article 1353 du Code civil selon lequel celui qui réclame l'exécution d'une obligation doit la prouver. Ainsi par exemple, le Code de la consommation prévoit une présomption au profit du consommateur, qui n'a pas à prouver que le professionnel s'est acquitté de son obligation d'information précontractuelle (C. consom. art. L 111-5, voir égal. C. consom. art. L 221-7). Même s'il est défendeur, c'est donc au professionnel de prouver que les obligations légales d'information mises à sa charge à l'occasion de la conclusion du contrat ont bien été respectées (Cass. 1e civ. 1-2-2023 n° 20-22.176 F-B). De même, en cas de décès d'un associé de société civile, celle-ci est présumée continuer avec les héritiers de ce dernier. Il incombe donc à celui qui prétend le contraire de le justifier par une clause des statuts (Cass. 3e civ. 9-3-2023 n° 21-21.698 FS-B).
Celui qui invoque une présomption légale doit seulement établir **l'existence du fait** d'où la loi tire cette présomption (Cass. 3e civ. 5-5-1975 n° 74-11.580 : Bull. civ. III n° 153). Ainsi, la simple concomitance entre le vol et l'apparition de lésions subies par un passager ne suffit pas à caractériser l'imputabilité du dommage à un accident qui serait survenu lors des opérations de vol, seule de nature à faire jouer la présomption de responsabilité édictée par l'article 17 de la convention de Montréal (Cass. 1e civ. 15-1-2014 n° 11-21.394 : Bull. civ. I n° 6).
En outre, la présomption ne nuit qu'à la **personne** expressément **visée par le texte invoqué.** Ainsi, la présomption de responsabilité des parents (responsabilité de plein droit) prévue par l'article 1384, al. 4 du Code civil (désormais art. 1242, al. 4) incombe au seul parent chez lequel la résidence habituelle de l'enfant a été fixée, quand bien même l'autre parent, bénéficiaire d'un droit de visite et d'hébergement, exercerait conjointement l'autorité parentale et aurait commis une faute civile personnelle dont l'appréciation ne relève pas du juge pénal (Cass. crim. 2-4-2014 n° 13-84.207 : Bull. crim. n° 116).

PRÉSOMPTION SIMPLE

La présomption est dite **simple,** lorsque la loi réserve la preuve contraire, et peut alors être renversée par tout moyen de preuve (C. civ. art. 1354, al. 2). Toute présomption est simple, sauf disposition légale contraire. Une présomption légale simple peut être **combattue** par la preuve contraire établie selon les termes du droit commun, y compris par simples présomptions du fait de l'homme (Cass. com. 27-1-1998 n° 96-11.941 : RJF 5/98 n° 622). Dans ce cas, il y a donc renversement de la charge de la preuve au profit du bénéficiaire de la présomption et c'est à la partie adverse de la combattre en apportant la preuve contraire (par exemple, Cass. soc. 25-11-2020 n° 19-10.506 F-D). 13294
Ainsi s'il revient à celui qui se prévaut d'une donation d'en rapporter la preuve et notamment de caractériser l'intention libérale (Cass. 3e civ. 31-5-1989 n° 88-11.524), la présomption simple de propriété mobilière visée à l'article 2276 du Code civil renverse ce principe, en matière de **don manuel.** C'est alors à celui qui conteste l'existence de la libéralité ou qui prétend avoir remis la chose à titre de prêt d'apporter la preuve de l'absence d'intention libérale ou encore du caractère vicié de la possession (Cass. 1e civ. 30-3-1999 n° 97-11.948). Pour autant, les juges du fond, s'ils

y sont invités, doivent rechercher si la possession ou le consentement du prétendu donateur était vicié compte tenu des circonstances au moment du transfert d'argent, telles que des dons consentis par le père lors de l'enterrement de son épouse, le contexte de dépression et d'alcoolisme et les relations conflictuelles avec son fils donataire (Cass. 1e civ. 4-11-2020 n° 19-13.202 F-D).

ILLUSTRATIONS

Constituent des présomptions légales simples, susceptibles de preuve contraire, la présomption de propriété mobilière (C. civ. art. 2276, al. 1), la présomption de **bonne foi** au profit du possesseur d'un bien immobilier (C. civ. art. 2274), la **remise volontaire** par le créancier au débiteur de l'original sous signature privée ou de la copie exécutoire du titre de sa créance (C. civ. art. 1342-9) ou la présomption de violation du principe de l'égalité de traitement au profit de la victime d'une discrimination fondée sur le sexe (Dir. européenne 97/80 du 15-12-1997 relative à la charge de la preuve dans les cas de discrimination fondée sur le sexe).

Constitue également une présomption légale simple le principe en vertu duquel le débiteur d'une **obligation** particulière **d'information** est tenu d'apporter la preuve de l'exécution de cette obligation (C. civ. art. 1112-1 ; Cass. 1e civ. 25-2-1997 n° 94-19.685 : Bull. civ. I n° 75).

La **filiation** par reconnaissance repose sur une présomption de réalité biologique qui peut être contestée par la preuve contraire (Cass. 1e civ. avis 5-4-2023 n° 22-70.018 FS-D).

Le juge peut tirer une présomption du refus d'une partie d'apporter son concours aux mesures d'instruction qu'il a ordonnées (CPC art. 11, al. 1 ; n° 12035), sans avoir égard aux règles gouvernant la charge de la preuve (Cass. 1e civ. 30-3-2005 n° 02-20.429 F-D).

PRÉSOMPTION MIXTE

13296 La présomption est dite mixte lorsque la loi limite les moyens par lesquels elle peut être renversée ou l'objet sur lequel elle peut être renversée (C. civ. art. 1354, al. 2). C'est le cas par exemple des présomptions visées à l'article 1402 du Code civil « Tout bien, meuble ou immeuble est réputé acquêt de communauté si l'on ne prouve qu'il est propre à l'un des époux par application d'une disposition de la loi » ou à l'article 1342-5 du Code civil « Le débiteur d'une obligation de remettre un corps certain est libéré par sa remise au créancier en l'état, sauf à prouver, en cas de détérioration, que celle-ci n'est pas due à son fait ou à celui de personnes dont il doit répondre ».

PRÉSOMPTION IRRÉFRAGABLE

13304 La présomption est dite **irréfragable** lorsqu'elle ne peut être renversée (C. civ. art. 1354, al. 2).
Par **exemple,** constituent des présomptions légales irréfragables, insusceptibles de preuve contraire, la présomption de vérité attachée à l'autorité de la chose jugée (C. civ. art. 1355) ou la présomption du caractère abusif pesant sur les clauses listées à l'article R 212-1 du Code de la consommation (C. consom. art. L 212-1).
La partie contre laquelle une telle présomption légale est invoquée peut alors seulement tenter d'**établir** que le **fait connu n'existe pas** en réalité.

> **Précisions** L'ordonnance 2016-131 du 10 février 2016 portant réforme du droit des contrats, du régime général et de la preuve des obligations a mis fin à la jurisprudence retenant que la **remise volontaire** par le créancier au débiteur **de l'original sous signature privée** ou de la copie exécutoire du titre de sa créance par le créancier au débiteur vaut présomption **irréfragable** de libération du débiteur (Cass. 1e civ. 6-1-2004 n° 01-11.384 : RJDA 5/04 n° 615). En effet, l'article 1342-9 du Code civil dispose désormais qu'une telle remise vaut présomption **simple** de libération.

B. Présomptions judiciaires

NOTIONS DE PRÉSOMPTION JUDICIAIRE

13324 Les présomptions qui ne sont pas établies par la loi sont laissées à l'appréciation du juge, qui ne doit les admettre que si elles sont **graves, précises et concordantes,** et dans les cas seulement où la loi admet la preuve par tout moyen (C. civ. art. 1382).
Dès lors que la preuve par témoignage est admise, le juge peut retenir toute présomption, c'est-à-dire qu'il peut tirer de tout fait établi par l'une des parties la preuve d'un autre fait non établi.
Les présomptions judiciaires sont encore communément appelées **présomptions du fait de l'homme.**

> **Précisions** L'article L 16 B du Livre des procédures fiscales, relatif à la recherche d'infractions en matière d'impôts directs et de taxe sur le chiffre d'affaires, exige de simples présomptions et non des présomptions graves, précises et concordantes (Cass. com. 9-6-2015 n° 14-15.436 : RJF 10/15 n° 806).

CONDITIONS D'ADMISSIBILITÉ DES PRÉSOMPTIONS JUDICIAIRES

La preuve par présomptions n'est **pas admise** pour rapporter la preuve de l'existence d'un **acte dont le montant excède 1 500 € ni contre le contenu des actes,** quel qu'en soit le montant. En effet, la preuve d'un tel acte doit être rapportée par écrit (C. civ. art. 1359, voir n° 12510 s.) ; or les présomptions qui ne sont pas légales ne peuvent être admises par le juge que dans les cas où la loi admet les preuves par tout moyen (C. civ. art. 1382). **13326**

La défense de prouver par présomption contre et outre le contenu d'un acte ne concerne que les parties contractantes et non les **tiers.** Ainsi, les héritiers réservataires sont admis à faire la preuve d'une donation déguisée de nature à porter atteinte à leur réserve par tout moyen et même à l'aide de présomptions (Cass. 1e civ. 5-1-1983 n° 81-16.655 : Bull. civ. I n° 10).

ILLUSTRATIONS

Peut être rapportée à l'aide de présomptions la preuve :
– de la nature exacte des actes soumis à imposition par l'administration fiscale (Cass. 1e civ. 11-7-1984 n° 83-12.312 : Bull. civ. I n° 231) ;
– du caractère nosocomial d'une infection (Cass. 1e civ. 30-10-2008 n° 07-13.791 : Bull. civ. I n° 245) ;
– de la propriété des biens entre époux séparés de biens (C. civ. art. 1538 ; Cass. 1e civ. 26-10-1982 n° 81-13.570 : Bull. civ. I n° 303).

FORME DES PRÉSOMPTIONS JUDICIAIRES

Tout fait, tout témoignage, tout document, tout certificat ou toute mesure d'instruction, toute expertise, judiciaire ou non, peut servir de fondement à la formation d'une présomption. Il a même été admis que des preuves présentant un vice, telles qu'une expertise annulée par exemple, peuvent fonder des indices et présomptions, mais à la condition que les données de ce document soient corroborées par d'autres éléments dont la nature et la valeur ont été précisées (Cass. 3e civ. 10-2-1976 n° 74-14.320 : Bull. civ. III n° 56). **13336**

NOMBRE DES PRÉSOMPTIONS JUDICIAIRES

En principe, le législateur impose l'existence de **présomptions concordantes** (C. civ. art. 1382). L'usage du pluriel et l'exigence d'une concordance pourraient laisser croire à une obligation de pluralité de présomptions. Il a toutefois été admis que les juges pouvaient former leur conviction sur un **fait unique,** si celui-ci leur paraissait de nature à établir la preuve nécessaire (Cass. 2e civ. 28-10-1970 n° 69-12.142 : Bull. civ. II n° 290 ; Cass. 3e civ. 28-11-1972 n° 71-12.044 : Bull. civ. III n° 636). **13346**

CONDITIONS DE FOND DES PRÉSOMPTIONS JUDICIAIRES

Les **présomptions** retenues doivent être **graves, précises et concordantes** (C. civ. art. 1382). **13356**

Par **exemple,** constituent des présomptions suffisamment graves, précises et concordantes pour imputer la contamination par le VIH d'un employé à une piqûre d'une aiguille de seringue déposée par un médecin dans un sac-poubelle le fait que les experts médicaux n'excluent pas que la contamination soit due à la piqûre subie ce que confirment les circonstances de l'accident et l'évolution de la contamination (Cass. 2e civ. 2-6-2005 n° 03-20.011 : RJDA 1/06 n° 7).

Les **indices** servant aux présomptions doivent en outre respecter les conditions relatives à l'administration judiciaire et à la **licéité de la preuve** (nos 12100 s.). Ainsi, le juge ne saurait retenir, même à titre de présomption, une pièce qui n'aurait pas été soumise à la **contradiction** des parties (nos 12140 s.) ou qui aurait été obtenue de façon illicite, ou encore tirer des présomptions de ses connaissances ou investigations personnelles sans débat contradictoire ou de documents établis par l'une des parties, pour elle-même.

ILLUSTRATIONS

Au titre des indices susceptibles de former une présomption, il est possible de citer :
– l'absence de toute protestation ou réserve de la part du titulaire d'un compte bancaire après la réception du relevé de compte, qui emporte présomption d'accord du titulaire sur les écritures (Cass. com. 13-5-1997 n° 94-20.237 : RJDA 10/97 n° 1228), sauf preuve contraire apportée dans les délais (Cass. com. 22-11-2005 n° 04-14.142 : RJDA 3/06 n° 318) ;
– la délivrance de la déclaration unique d'embauche (C. trav. art. R 1221-1) créant l'apparence d'un contrat de travail (Cass. soc. 5-12-2012 n° 11-22.769 : RJS 2/13 n° 91) ;
– le fait que les premières manifestations d'une sclérose en plaques aient eu lieu moins de deux mois après la dernière injection d'un vaccin, que les études scientifiques versées aux débats n'aient pas exclu un lien possible entre cette vaccination et la survenance de la maladie et que ni la victime ni aucun membre de sa famille n'aient souffert d'antécédents neurologiques, et qu'ainsi aucune autre cause n'ait pu expliquer cette maladie (Cass. 1e civ. 9-7-2009 n° 08-11.073 : Bull. civ. I n° 176) ;
– des documents médicaux et des témoignages, qui viennent corroborer les déclarations de l'une des parties (Cass. soc. 9-12-1985 n° 84-12.734 : Bull. civ. V n° 587).

APPRÉCIATION DES PRÉSOMPTIONS JUDICIAIRES PAR LE JUGE

13366 Les présomptions qui ne sont pas légales sont laissées à l'appréciation du **juge** (C. civ. art. 1382). Une grande **liberté** d'appréciation est donc laissée au juge, qui peut former des présomptions sur d'innombrables faits et indices.

Les présomptions graves, précises et concordantes relèvent de l'**appréciation souveraine** des juges du fond (Cass. 1e civ. 25-11-2010 n° 09-16.556 : Bull. civ. I n° 245 ; Cass. 1e civ. 10-9-2014 n° 13-23.638). Ainsi justifie légalement sa décision la cour d'appel qui déduit l'existence d'une concertation entre entreprises d'un faisceau d'indices graves, précis et concordants dont elle apprécie souverainement la valeur probante (Cass. com. 29-6-2007 nos 07-10.303, 07-10.354 et 07-10.397 : RJDA 11/07 n° 1153). De même, les juges du fond, sans renverser la charge de la preuve, peuvent souverainement estimer qu'il existe des présomptions graves, précises et concordantes établissant qu'un acte de vente dissimule une libéralité et dès lors décider que l'opération dont ils rétablissent le véritable caractère est passible des droits de mutation à titre gratuit (Cass. com. 30-6-1987 n° 85-15.735 : Bull. civ. IV n° 168) ou au contraire que l'existence d'un lien direct et certain entre la présence de plaques pleurales et l'exposition à l'amiante de la victime ne permet pas de présumer l'existence d'un lien de causalité entre cette exposition et le cancer broncho-pulmonaire dont cette victime souffre par ailleurs (Cass. 2e civ. 14-12-2017 n° 16-25.666 F-PB : D. 2019 p. 41 note C. Quézel-Ambrunaz).

En revanche, le juge ne peut pas se contenter d'affirmer qu'il existe un faisceau d'indices sans caractériser les faits qui fondent sa décision. Ainsi, il ne saurait affirmer qu'il existe un faisceau d'indices graves, précis et concordants attestant de l'existence d'une activité salariée, sans caractériser l'existence d'un lien de subordination autrement que par une simple affirmation, ni constater le versement d'une rémunération (Cass. 2e civ. 9-10-2014 n° 13-22.324 : Bull. civ. II n° 208).

Les présomptions étant laissées à l'appréciation souveraine des juges du fond, une discussion de fait relative à l'**interprétation d'indices matériels** ne saurait être admise devant la **Cour de cassation** (Cass. 2e civ. 1-2-1978 n° 77-10.276 : Bull. civ. II n° 31).

13368 Les juges du fond citent les présomptions qui fondent leur décision mais n'ont pas à **rappeler l'exigence légale** de présomptions graves, précises et concordantes (Cass. 3e civ. 18-4-1972 n° 71-10.237 : Bull. civ. III n° 242). Et il ne saurait leur être fait grief de ne pas avoir expressément affirmé que c'est de l'ensemble de ces faits, appréciés globalement, qu'ils tirent leur conviction (Cass. 1e civ. 16-5-1979 n° 78-10.585 : Bull. civ. I n° 144).

SECTION 6 MESURES D'INSTRUCTION

DIVERSITÉ DES MESURES D'INSTRUCTION

13400 Pour permettre l'administration de la preuve, le Code de procédure civile prévoit les mesures d'instruction suivantes, obéissant chacune à des **règles particulières** :
– vérifications personnelles du juge ;
– comparution personnelle des parties ;
– déclarations de tiers ;
– mesures d'instruction exécutées par un technicien.
Ces mesures sont soumises à un socle de **dispositions communes.**

CHOIX DE LA PROCÉDURE POUR SOLLICITER UNE MESURE D'INSTRUCTION

13401 Se pose la question du choix procédural à opérer pour obtenir du juge qu'il décide une mesure d'instruction. Celui qui envisage d'agir en justice mais qui a besoin d'établir la preuve des faits dont il entend se prévaloir a le choix entre :
– agir directement au **fond** en demandant la mesure d'instruction au juge du fond (par exemple, juge de la mise en état devant le tribunal judiciaire) ;
– agir avant tout procès, en **référé** ou sur **requête,** afin que la mesure d'expertise soit ordonnée, puis agir au fond si la mesure a confirmé sa position.
Plusieurs critères doivent être pris en considération pour opérer ce choix.

13402 **Choix de l'ordonnance sur requête** La demande sur requête doit être réservée aux mesures exigeant que la **décision** ne soit **pas prise contradictoirement** (CPC art. 845). Il en va ainsi par exemple lorsqu'il convient de procéder à des constatations sans que la partie adverse ne soit prévenue, afin d'éviter qu'elle ne dissimule les faits à constater (n° 13510).

CONSEIL

Une requête tendant à obtenir, avant tout procès, des mesures d'instruction ne constitue pas une demande en justice interrompant la prescription (n° 13542). Si l'**action** risque de se heurter à la **prescription ou la forclusion dans un délai très proche,** il convient donc de privilégier une action par voie d'assignation et non de requête.

Choix entre référé et fond Il convient d'**agir en référé** lorsque la décision d'agir en justice dépend de l'issue de la mesure d'instruction. Par **exemple,** l'héritier qui a des raisons de soupçonner une personne d'avoir rédigé un faux testament a intérêt à voir ordonnée d'abord une expertise graphologique. S'il présente sa demande en référé sur le fondement de l'article 145 du CPC, il ne risque pas de se voir opposer l'article 146 du CPC (carence dans l'administration de la preuve) et surtout il reste **libre de ne pas agir au fond** si l'expertise n'est pas concluante. Chaque partie conserve ses frais, sauf au défendeur à agir au fond en indemnisation pour le préjudice subi du fait de la procédure. Mais cela se produit rarement. 13405

A contrario, lorsque **celui qui demande l'expertise agit au fond,** sa demande risque d'être rejetée si elle ne s'appuie sur aucun élément précis. En outre, si la mesure est ordonnée mais qu'elle lui est défavorable, le défendeur qui a conclu au fond ne manquera pas de lui demander une indemnité au titre des frais irrépétibles et du préjudice subi du fait de la procédure. Il est donc préférable d'agir en référé.

En revanche, il semble plus **intéressant** d'agir directement au fond lorsque le demandeur est certain qu'il engagera une procédure et que la mesure est demandée seulement pour établir l'ampleur d'un fait. Par **exemple,** l'héritier qui agit en partage peut avoir intérêt à ce qu'un expert soit désigné afin de déterminer la consistance et la valeur de la masse à partager. Agir en référé dans ce cas n'a guère d'intérêt, car, quelle que soit l'issue de l'expertise, il devra agir en partage. En pareil cas, la saisine du juge du fond est plus adaptée et l'expertise peut être demandée par voie d'incident devant le juge de la mise en état, qui est compétent pour l'ordonner (CPC art. 789, 5°). En outre, certaines mesures ne peuvent être décidées qu'à l'occasion d'une instance au fond et ne peuvent donc être ordonnées en référé sur le fondement de l'article 145 du CPC, telles que les mesures d'identification d'une personne en matière de filiation par ses empreintes génétiques (Cass. 1e civ. 8-6-2016 n° 15-16.696 FS-PB : Bull. civ. I n° 131) ou biologiques (Cass. 1e civ. 12-6-2018 n° 17-16.793 FS-PBRI : Bull. inf. C. cass. 15-11-2018 n° 1151).

CONSEIL

Pour opérer le choix de l'action, il faut également tenir compte de l'incidence de la prescription ou de la forclusion. Si l'action envisagée risque d'être atteinte par un délai de prescription ou plus encore par un délai de forclusion court, il est plus prudent d'agir au fond. En effet, si une demande en référé interrompt les délais de prescription comme de forclusion, même lorsqu'elle est portée devant une juridiction incompétente ou lorsque l'acte de saisine de la juridiction est annulé par l'effet d'un vice de procédure (C. civ. art. 2241, al. 1 ; n° 13540), son effet interruptif est non avenu si elle est frappée de péremption ou rejetée (C. civ. art. 2243) ; il importe peu que le rejet soit fondé sur une irrecevabilité (Cass. 2e civ. 26-1-2016 n° 14-17.952 FS-PB : RJDA 5/16 n° 388). Rappelons en revanche que la caducité d'une désignation d'expert n'atteint que la mesure d'expertise ordonnée. Elle ne prive pas l'assignation introductive d'instance de son effet interruptif du délai de prescription résultant de l'article 2241 du Code civil (Cass. 2e civ. 26-9-2013 n° 12-25.433 : Bull. civ. II n° 181).

A. Règles communes à toutes les mesures d'instruction

1. MESURES D'INSTRUCTION AVANT TOUT PROCÈS

a. Principes applicables aux mesures avant tout procès

Avant même qu'un procès soit engagé, s'il existe un **motif légitime** de conserver ou d'établir la preuve de faits dont pourrait dépendre la solution d'un litige, des mesures d'instruction peuvent être ordonnées à la demande de tout intéressé, sur **requête ou en référé** (CPC art. 145). La pratique désigne de telles mesures par le vocable « **expertise in futurum** ». 13415

AUTONOMIE DE LA PROCÉDURE D'EXPERTISE IN FUTURUM

13417 La mesure d'instruction sollicitée avant tout procès relève des seules dispositions de l'article 145 du CPC (Cass. com. 18-10-2011 n° 10-18.989 : RJDA 1/12 n° 64). Ainsi, lorsque le juge statue sur le fondement de cet article, n'est-il pas soumis :

– à l'interdiction de pallier une **carence dans l'administration de la preuve** (CPC art. 146, al. 2 ; Cass. ch. mixte 7-5-1982 nos 79-11.974 et 79-12.006 : Bull. ch. mixte n° 2 ; Cass. com. 18-10-2011 n° 10-18.989 précité ; Cass. 2e civ. 10-3-2011 n° 10-11.732 : RJDA 7/11 n° 669). En effet, l'arrêt qui ordonne une mesure d'instruction avant tout procès a pour objet d'éviter la carence d'une partie dans l'administration de la preuve. Et la procédure n'est pas limitée à la seule conservation des preuves, mais peut aussi tendre à leur établissement (Cass. 2e civ. 6-11-2008 n° 07-17.398 : RJDA 3/09 n° 290) ;

– à la condition de l'**absence de contestation sérieuse** des mesures ordonnées (CPC art. 808 ; Cass. 1e civ. 9-2-1983 n° 81-16.184 : Bull. civ. I n° 56) ;

– aux **conditions d'urgence** imposées par l'article 872 du CPC pour les ordonnances de référé (Cass. ch. mixte 7-5-1982 n° 79-11.814 : Bull. ch. mixte n° 2 ; Cass. com. 25-10-1983 nos 82-13.595 et 82-13.596 : Bull. civ. II n° 575) et par l'article 812, al. 2 (devenu art. 845, al. 2) du même Code pour les ordonnances sur requête (Cass. 2e civ. 15-1-2009 n° 08-10.771 : Bull. civ. II n° 15).

> **Précisions a.** La **qualité à agir** d'une association pour la défense d'un intérêt collectif en vue d'obtenir une mesure d'instruction sur le fondement de l'article 145 du Code de procédure civile s'apprécie, non au regard de la loi étrangère applicable à l'action au fond, mais selon la **loi du for** en ce qui concerne les conditions d'exercice de l'action et selon la **loi du groupement** en ce qui concerne les limites de l'objet social dans lesquelles celle-ci est exercée (Cass. 1e civ. 9-3-2022 n° 20-22.444 FS-B).
> **b.** S'agissant du **défendeur**, un agent judiciaire de l'État n'a pas à être mis en cause par la victime qui demande une expertise sur le fondement de l'article 145 CPC, car cette demande n'a pas pour objet de faire déclarer l'État créancier ou débiteur (Cass. 2e civ. 8-9-2022 n° 21-14.242 F-B).

POUVOIRS DU JUGE SAISI D'UNE DEMANDE D'EXPERTISE IN FUTURUM

13430 Le juge apprécie souverainement si la mesure relève d'un motif légitime (utilité de la mesure ; nos 13480 s.) ou si le **choix** de la mesure est adapté à ce qui est suffisant pour la solution du litige (n° 13597).

Le juge est libre de choisir la ou les mesures nécessaires (production de documents, constat d'un huissier ou commissaire de justice, expertise, enquête, audition) et peut toujours **modifier** les mesures qu'il a ordonnées (n° 13842).

Lorsqu'une expertise a été ordonnée sur le fondement de l'article 145 du CPC, le juge chargé du contrôle des mesures d'instruction tient de l'article 236 du même Code le pouvoir d'accroître ou de restreindre la mission confiée au technicien (Cass. 2e civ. 18-9-2008 n° 07-17.640 : Bull. civ. II n° 199).

En revanche, la demande de désignation d'un **nouvel expert,** motivée par l'insuffisance des diligences accomplies par l'expert précédemment commis en référé, relève de la seule appréciation du **juge du fond** (Cass. 2e civ. 2-7-2020 n° 19-16.501 F-PBI).

NOTIFICATION DE LA MESURE D'EXPERTISE IN FUTURUM

13440 Une fois ordonnée, une mesure d'expertise in futurum n'a pas à être notifiée pour être exécutée. Une cour d'appel peut dès lors statuer au vu d'une expertise ordonnée en référé avant tout procès en application de l'article 145 du CPC, sans qu'il y ait lieu d'exiger la notification de l'ordonnance (Cass. 3e civ. 22-7-1992 n° 90-17.792 : Bull. civ. III n° 261). Une mesure d'instruction ordonnée peut d'ailleurs être exécutée sur-le-champ (CPC art. 159). Sur les délais d'appel, voir n° 13552. Pour la notification des ordonnances sur requête, voir n° 13510.

b. Conditions applicables aux mesures d'instruction avant tout procès

CONDITION TENANT À L'ABSENCE DE SAISINE DES JUGES DU FOND

13470 En principe, dès qu'une juridiction est saisie de l'affaire au fond, le juge des référés ne peut plus ordonner une mesure sur le fondement de l'article 145 du CPC ; seul le juge saisi au fond est compétent pour le faire.

Le **juge** saisi d'une demande formée sur le fondement de l'article 145 **doit** donc **vérifier** si une juridiction n'a pas été saisie au fond. L'absence d'instance au fond s'apprécie à la date de saisine du juge (Cass. 2e civ. 28-6-2006 n° 05-19.283 : Bull. civ. II n° 173 ; Cass. 2e civ. 5-6-2014 n° 13-19.967 : RJDA 11/14 n° 879). Le juge doit comparer les dates de remise de l'assignation au secrétariat-greffe de chacune des juridictions (Cass. 3e civ. 13-2-2002 n° 00-11.101). Par exemple, si une assignation au fond est signifiée le 4 juillet, la demande d'expertise présentée le 19 juin et ordonnée le 25 juin suivant se situe bien avant tout procès, quand bien même la demande en

rétractation présentée par l'adversaire n'est rejetée que par ordonnance du 20 juillet (Cass. 2e civ. 5-6-2014 n° 13-19.967 précité).
L'**interdiction** faite au juge d'ordonner les mesures d'instruction ne **s'applique** que si l'instance au fond est ouverte sur le même litige à la date de la requête (Cass. 2e civ. 30-9-2021 n° 19-26.108 F-B). Il faut ainsi que le demandeur soit partie au procès (Cass. 2e civ. 1-7-1992 n° 91-10.128 : Bull. civ. II n° 189) et que les faits que l'on cherche à établir ne soient pas distincts du procès initial (Cass. com. 3-4-2013 n° 12-14.202 : RJDA 8-9/13 n° 763). Ainsi sont distinctes l'action qui porte sur le droit particulier à occuper une parcelle et l'expertise sollicitée en vue d'une éventuelle indemnisation des aménagements effectués sur celle-ci (Cass. 2e civ. 19-2-2015 n° 14-12.280 : Bull. civ. II n° 39).

> **Précisions a.** Lorsqu'une **contre-expertise** a été ordonnée par la juridiction saisie de l'instance au fond, il n'appartient pas au juge des référés d'étendre cette décision d'expertise au regard de la mission et des intervenants (Cass. 2e civ. 23-9-2004 n° 02-16.459 : Bull. civ. II n° 421).
> **b.** Une **instance en liquidation d'une astreinte** pendante devant un juge de l'exécution fait obstacle à ce qu'une partie saisisse un juge des référés, sur le fondement de l'article 145 du CPC, pour solliciter une mesure d'instruction destinée à établir la preuve de faits dont pourrait dépendre l'issue du litige pendant devant le juge de l'exécution (Cass. 2e civ. 21-3-2019 n° 18-10.019 F-PB).

CONDITION TENANT À L'EXISTENCE D'UN MOTIF LÉGITIME ET D'UN LITIGE

Le juge doit constater l'existence d'un **motif légitime** (Cass. 2e civ. 17-3-1982 n° 80-16.955 : **13480**
Bull. civ. II n° 47) ; cette appréciation relève de son pouvoir souverain (Cass. 2e civ. 29-9-2011 n° 10-24.015 : RJDA 3/12 n° 364 ; Cass. 2e civ. 12-7-2012 n° 11-18.399 : Bull. civ. II n° 132). Ainsi, le demandeur ne saurait obtenir une **mesure** si celle-ci est manifestement **vouée à l'échec** (Cass. com. 18-1-2023 n° 22-19.539 F-B ; Cass. 1e civ. 29-4-1985 n° 84-10.401 : Bull. civ. I n° 131) ou **inutile**, c'est-à-dire s'il peut aisément réunir lui-même les éléments de preuve demandés par exemple (Cass. com. 18-2-1986 n° 84-10.620 : Bull. civ. IV n° 26) ou si, au contraire, les mesures ne permettront pas de parvenir au but recherché (Cass. 2e civ. 20-3-2014 n° 13-14.985 : Bull. civ. II n° 78, expertise demandée en vue de déterminer les causes et les désordres liés à un incendie survenu depuis plus de 4 ans et sur un immeuble déjà frappé d'arrêtés d'insalubrité avant la survenance de l'incendie). Toutefois, le juge n'a pas à caractériser le motif légitime au regard du ou des différents fondements juridiques de l'action que le demandeur se propose d'engager (Cass. 2e civ. 19-1-2023 n° 21-21.265 ; Cass. 2e civ. 8-6-2000 n° 97-13.962 : Bull. civ. II n° 97) ou à trancher les **conditions de mise en œuvre de l'action** que cette partie pourrait ultérieurement engager (Cass. 2e civ. 19-1-2023 n° 21-21.265 FS-B). Il n'a pas non plus à caractériser le motif légitime au regard de la loi applicable au fond, même si celle-ci est une loi étrangère (Cass. 1e civ. 4-7-2007 n° 04-15.367 : Bull. civ. I n° 255 ; Cass. 1e civ. 3-11-2016 n° 15-20.495 F-PB : RJDA 2/17 n° 144).

ILLUSTRATIONS

Il appartient à un associé, avant de saisir le juge des requêtes, de se rendre au siège social pour prendre lui-même connaissance, assisté ou non, des documents qui l'intéressent puis, en cas de refus d'accès à ces documents ou d'absence de certains d'entre eux, d'en solliciter officiellement la communication au gérant, le cas échéant en le mettant en demeure. À défaut de mettre en œuvre ce mécanisme de consultation, l'associé n'a pas de motif légitime à solliciter la saisie des documents sur le fondement de l'article 145 du CPC (CA Paris 9-10-2018 n° 17/19171 : RJDA 1/19 n° 30).
Le juge peut rejeter la demande en désignation d'un expert visant à vérifier la gestion et la comptabilité d'une société, au motif que les documents produits par le demandeur n'apportent pas la moindre consistance à ses soupçons de faute de gestion et que celui-ci ne procède que par déductions et affirmations ne reposant sur aucun fait précis, objectif et vérifiable et ne démontre donc pas l'existence d'un litige plausible et crédible (Cass. 2e civ. 10-12-2020 n° 19-22.619 F-PBI : RJDA 3/21 n° 209).

Pour que la mesure d'instruction soit ordonnée, il convient de constater qu'un **procès est pos- 13482**
sible, qu'il a un objet et un **fondement suffisamment déterminés,** que sa **solution peut dépendre de la mesure** d'instruction sollicitée et que celle-ci ne porte pas une atteinte illégitime aux droits et libertés fondamentaux d'autrui (CA Paris 14e ch. 19-4-2000 : D. 2000 p. 193). En matière de concurrence déloyale, le juge ne peut toutefois pas exiger la preuve du caractère certain de l'existence de manœuvres déloyales (Cass. com. 10-2-2015 n° 14-11.909 : RJDA 6/15 n° 475), la preuve du caractère probable desdites manœuvres étant suffisante (Cass. 2e civ. 12-7-2012 n° 11-18.399).

L'article 145 du CPC ne présuppose pas l'**existence d'un litige** déjà né, mais le demandeur doit avoir un motif légitime de demander la mesure d'instruction pour un **litige éventuel** avec une partie adverse déterminée. Ainsi, pour ordonner une mesure d'instruction sur le fondement de l'article 145, le juge des référés doit caractériser l'existence d'un **litige potentiel** (Cass. 2e civ. 16-11-2017 n° 16-24.368 F-D). L'existence d'un tel litige n'étant pas une condition de recevabilité de la demande mais de son succès, une cour d'appel peut ordonner une mesure, alors même qu'à la date de sa saisine les conditions de fond du litige ne sont pas remplies, dès lors qu'il est établi que ces conditions sont remplies à la date à laquelle le juge statue (Cass. 3e civ. 8-4-2010 n° 09-10.226 : RJDA 7/10 n° 720, Rapport de la Cour de cassation 2012 p. 268). L'existence d'un litige potentiel **s'apprécie** donc à la **date** à laquelle le juge statue (Cass. com. 16-10-2019 n° 18-11.635 F-D : RJDA 2/20 n° 120).

ILLUSTRATIONS

Le juge peut ordonner une expertise pour l'établissement d'un état des lieux contradictoire après avoir constaté qu'un conflit opposait les parties et relevé qu'aucun état des lieux n'avait été établi lors de l'entrée en jouissance des locataires (Cass. 3e civ. 24-2-1999 n° 97-15.931 : Bull. civ. III n° 48).

En revanche, le juge ne peut pas ordonner une expertise qui aurait pour effet de mettre en cause la force probante d'un acte authentique, même préalablement à une procédure d'inscription de faux, car les dispositions spéciales et d'ordre public relatives à la contestation des actes authentiques (CPC art. 306 et 314) excluent l'application de l'article 145 du CPC (Cass. 1e civ. 11-6-2003 n° 00-11.931 : RJDA 6/04 n° 771).

Le juge ne peut pas rejeter une demande d'expertise médicale au motif que le demandeur ne rapporte pas d'éléments de nature à remettre en cause l'expertise amiable effectuée auparavant (Cass. 2e civ. 18-9-2008 n° 07-15.621).

NÉCESSITÉ D'ORDONNER UNE MESURE D'INSTRUCTION LÉGALEMENT ADMISSIBLE

13490 Les faits dont dépend la solution du litige peuvent être l'objet de toute mesure d'instruction légalement admissible (CPC art. 143). Ces mesures sont limitativement organisées par le Code de procédure civile (vérifications personnelles du juge, comparution personnelle des parties, attestation ou audition de témoins et mesures d'instruction exécutées par un technicien).

Il résulte de l'article 145 du CPC que sont légalement admissibles des mesures d'instruction **circonscrites** dans le temps, dans leur objet, **proportionnées** à **l'objectif** poursuivi et aux **intérêts antinomiques** en présence (Cass. 2e civ. 25-3-2021 n° 20-14.309 F-P). Ainsi, ne porte pas une atteinte disproportionnée au secret des affaires, une mesure d'instruction in futurum circonscrite dans le temps et qui ne vise que des documents en lien avec des actes de concurrence déloyale allégués par celui qui a demandé la mesure (Cass. 2e civ. 24-3-2022 n° 20-21.925 F-B). Le principe d'égalité de rémunération entre les femmes et les hommes justifie la communication de bulletins de paie d'autres salariés, sur le fondement de l'article 145 du Code de procédure civile, quand bien même cette mesure porterait atteinte à leur vie personnelle, dès lors qu'elle est indispensable à l'exercice du droit à la preuve (Cass. soc. 8-3-2023 n° 21-12.492 FS-B).

La mesure doit être suffisamment précise et ne doit pas s'analyser en une **mesure générale d'investigation**, telle la demande portant sur l'ensemble de l'activité d'une société afin d'apprécier et de comparer cette activité avec celle de sociétés ayant le même objet (Cass. 2e civ. 7-1-1999 n° 97-10.831 : Bull. civ. II n° 3). Les **mesures d'investigations générales** qui pourraient s'apparenter à des perquisitions civiles sont ainsi prohibées (notamment, Cass. 2e civ. 7-1-2016 n° 14-25.781 ; Cass. 2e civ. 5-1-2017 n° 15-27.526 ; Cass. 2e civ. 16-11-2017 n° 16-21.029 F-D). Le **consentement** du requis à la remise des documents est alors nécessaire (Cass. 2e civ. 16-5-2012 n° 11-17.229 F-PB : Bull. civ. II n° 89). A contrario, lorsqu'une mesure d'instruction est circonscrite aux faits litigieux, le consentement préalable du requis à la remise des documents n'a pas à être recherché (Cass. 2e civ. 31-1-2019 n° 17-31.535 F-PB : RJDA 5/19 n° 394).

ILLUSTRATIONS

N'est **pas légalement admissible** la mission donnée à un huissier ou commissaire de justice, en cas de refus de communication de pièces, d'appréhender tous documents et pièces qu'il estimera utiles dans les locaux d'une société par voie de confiscation ou de saisie (Cass. com. 16-6-1998 n° 96-20.182 : RJDA 11/98 n° 1317).

En revanche, est légalement **admissible** la désignation d'un huissier ou commissaire de justice par ordonnance sur requête aux fins de faire procéder à un constat d'adultère (Cass. 1e civ. 6-2-1979 n° 77-13.463 : Bull. civ. I n° 47), quand bien même il serait fait au domicile d'un tiers à la procédure de divorce (Cass. 1e civ. 18-11-1992 n° 90-19.368 : Bull. civ. I n° 285), ou de faire remettre des documents et d'entendre des personnes dénommées, dès lors que ne lui est attribué aucun pouvoir de contrainte ou de perquisition (CA Versailles 11-3-2008 n° 07-1791 : Gaz. Pal. 11-9-2008. p. 11 obs. H. Vray).

Les mesures sollicitées ne doivent pas porter atteinte à une **liberté fondamentale** (Cass. 2e civ. 8-2-2006 n° 05-14.198 P : Bull. civ. II n° 44).
Le respect de la **vie personnelle et le secret des affaires** ne constituent pas en eux-mêmes un obstacle, dès lors que le juge constate que les mesures demandées procèdent d'un **motif légitime** et sont **nécessaires à la protection des droits** de la partie qui les sollicite (Cass. 2e civ. 8-2-2006 n° 05-14.198 ; Cass. soc. 19-12-2012 n° 10-20.526 : RJS 3/13 n° 191 ; Cass. 1e civ. 10-9-2014 n° 13-22.612 F-PB : Bull. civ. I n° 143 ; Cass. 1e civ. 25-2-2016 n° 15-12.403 FS-PBI : Bull. civ. I n° 48 ; Cass. 1e civ. 20-9-2017 n° 16-13.082 F-D). Si, par exemple, le secret des affaires ne fait pas obstacle à une mesure d'instruction préventive, c'est donc à la condition que la mesure soit indispensable à l'exercice du droit à la preuve et que l'atteinte au secret soit proportionnée au but poursuivi (Cass. 2e civ. 10-6-2021 n° 20-11.987 F-P : RJDA 10/21 n° 699). La Cour suprême a ainsi validé la demande de communication faite par un salarié s'estimant victime de discrimination de documents détenus par son employeur, établissant la rémunération et la classification d'autres salariés de l'entreprise (Cass. soc. 19-12-2012 n° 10-20.526 précité), étant précisé que les **statistiques** faites par le salarié suffisent à démontrer une discrimination à l'embauche commise au détriment de celui dont le nom est à consonance extra-européenne, dès lors que l'employeur ne justifie pas d'éléments objectifs étrangers à toute discrimination (Cass. soc. 14-12-2022 n° 21-19.628). Le **secret professionnel** ne constitue pas non plus en lui-même un obstacle (Cass. 1e civ. 3-11-2016 n° 15-20.495 F-PB : RJDA 2/17 n° 144), à la condition que l'atteinte soit proportionnée au but poursuivi (Cass. 1e civ. 22-6-2017 n° 15-27.845 FS-PB : RJDA 12/17 n° 854). En outre, si la demande de communication est dirigée contre une banque, non pas en sa qualité de tiers confident, mais en tant que partie au procès intenté contre elle par les bénéficiaires du secret bancaire invoqué, la banque ne peut pas valablement opposer ce secret (Cass. com. 29-11-2017 n° 16-22.060 F-PBI : RJDA 3/18 n° 269). Toutefois, le secret des correspondances entre avocats ou entre un avocat et son client, édicté par l'article 66-5 de la loi 71-1130 du 31 décembre 1971, ne peut pas être relevé (Cass. 1e civ. 3-11-2016 n° 15-20.495 précité).
Le juge ne peut pas rejeter une demande de mesures d'instruction sans rechercher, de façon concrète, si les mesures d'instruction ne permettaient pas de concilier le droit à la preuve de la société demanderesse à la production et le droit au secret des affaires de la société défenderesse (Cass. com. 5-6-2019 n° 17-22.192 F-PB).
Rappelons que lorsqu'il est saisi sur requête sur le fondement de l'article 145 du Code de procédure civile ou au cours d'une mesure d'instruction ordonnée sur ce fondement, le juge peut ordonner d'office le placement sous séquestre provisoire des pièces demandées afin d'assurer la protection du secret des affaires (C. com. art. R 153-1). Ainsi, le président qui autorise une mesure de saisie-contrefaçon peut ordonner d'office le placement sous séquestre provisoire des pièces saisies (Cass. com. 1-2-2023 n° 21-22.225).

S'agissant de la **demande de production** d'une pièce **faite à un tiers,** il faut qu'aucun **empêchement légitime** ne s'oppose à cette production par le tiers détenteur (Cass. 2e civ. 26-5-2011 n° 10-20.048 : RJDA 10/11 n° 874) (CPC art. 141 ; n° 12400). **13492**
Le recours à l'article 145 du CPC est exclu s'il a pour effet de contrevenir à une **disposition d'ordre public.** Ainsi, une expertise qui aurait pour effet de mettre en cause la force probante d'un acte authentique ne peut pas être ordonnée, même préalablement à une procédure d'inscription de faux, car les dispositions spéciales et d'ordre public relatives à la contestation des actes authentiques (CPC art. 306 et 314) excluent l'application de l'article 145 du CPC (Cass. 1e civ. 11-6-2003 n° 00-11.931 : RJDA 6/04 n° 771).

CONDITION TENANT À L'ÉTABLISSEMENT OU LA CONSERVATION DES PREUVES

La mesure d'instruction demandée est destinée à **rechercher** des preuves manquantes ou à **conserver** des preuves qui risquent de disparaître. **13500**
Le **juge apprécie souverainement** si la mesure permet de conserver la preuve de faits dont pourrait dépendre la solution d'un litige ultérieur (Cass. 3e civ. 24-2-1999 n° 97-15.931 : Bull. civ. III n° 48 ; Cass. soc. 19-12-2012 n° 10-20.526 : RJS 3/13 n° 191).

CONDITION SPÉCIFIQUE À LA SAISINE SUR REQUÊTE

L'ordonnance sur requête est une décision provisoire rendue non contradictoirement dans les cas où le requérant est fondé à ne pas appeler de partie adverse (CPC art. 493). Les mesures d'instruction ne peuvent donc être ordonnées sur requête que lorsque les **circonstances exigent** qu'elles ne le soient pas contradictoirement (CPC art. 845, al. 2). **13510**
L'**ordonnance sur requête** doit être **motivée** (CPC art. 495, al. 1). Le **juge** ne peut pas faire droit à la requête sans avoir **recherché** si la mesure sollicitée exigeait une dérogation à la règle du

contradictoire (Cass. 2e civ. 13-5-1987 n° 86-11.098 : Bull. civ. II n° 112 ; Cass. 2e civ. 23-11-1994 n° 92-17.774 : Bull. civ. II n° 241). Il s'agit de vérifier l'existence de **circonstances** autorisant une dérogation au principe du contradictoire (Cass. 2e civ. 7-5-2008 n° 07-14.858 : RJDA 8-9/08 n° 974). Étant précisé que ces circonstances doivent être antérieures à la requête (Cass. 2e civ. 3-3-2022 n° 20-22.349 F-B).

Le juge ne peut pas se déterminer par des motifs impropres à justifier l'existence dans la requête ou dans l'ordonnance de circonstances susceptibles de justifier une dérogation au principe de la contradiction (Cass. 2e civ. 5-6-2014 n° 13-20.333) ou se borner à viser les textes applicables sans caractériser ces circonstances (Cass. 2e civ. 26-6-2014 n° 13-18.895 : Bull. civ. II n° 157). Il ne peut pas non plus exiger du requérant qu'il l'informe de l'existence d'un contentieux au fond sur un litige en rapport étroit avec celui faisant l'objet de la requête et de lui communiquer l'assignation pour qu'il apprécie le lien entre les deux et l'opportunité de la mesure sollicitée dérogeant au principe de la contradiction. Il doit donc s'en tenir à apprécier les mérites de la requête au regard des seules conditions de l'article 145 du Code de procédure civile, sans avoir à rechercher si le requérant aurait manqué à un devoir de loyauté dans l'exposé des faits (Cass. 2e civ. 20-3-2014 n° 12-29.568 : RJDA 6/14 n° 587 ; Cass. 2e civ. 20-3-2014 n° 13-11.135 : Bull. civ. II n° 76). Le juge ne peut pas motiver son ordonnance par simple renvoi à la requête, dès lors que celle-ci ne fait état d'aucune circonstance susceptible de justifier qu'il soit procédé non contradictoirement (Cass. 2e civ. 23-6-2016 n° 15-19.671 F-PB : Bull. civ. II n° 170).

ILLUSTRATIONS

Caractérise les circonstances justifiant une dérogation au principe de la contradiction une cour d'appel qui relève que la mission confiée à un huissier ou commissaire de justice a plus de chances de succès si elle est exécutée sans que la partie adverse n'en soit avertie, s'agissant de la remise de documents et de l'audition de plusieurs personnes pouvant se concerter (Cass. 2e civ. 15-1-2009 n° 08-10.771 : Bull. civ. II n° 15).

Une cour d'appel ne peut pas confirmer une ordonnance de référé ayant refusé de rétracter une mesure d'expertise ordonnée sur requête au seul motif que le demandeur justifiait d'un motif légitime à la voir ordonner, alors qu'elle est tenue de rechercher d'office si la mesure sollicitée exige une dérogation à la règle de la contradiction (Cass. 2e civ. 30-4-2009 n° 08-15.421 : Bull. civ. II n° 105).

Doit être censuré l'arrêt d'appel qui, pour rejeter la demande d'un créancier tendant à voir désigner un huissier ou commissaire de justice ayant pour mission d'exécuter une mesure d'investigation, a retenu qu'aucune circonstance précise n'imposait au créancier de solliciter une mesure d'expertise in futurum sans appeler le débiteur, alors que le créancier avait exposé de façon détaillée dans sa requête un contexte laissant craindre une intention frauduleuse de la part du débiteur afin d'organiser son insolvabilité qui ne pouvait ressortir des seuls éléments déjà recueillis auprès de sources légales et que le risque de dissimulation des preuves recherchées et la nécessité de ménager un effet de surprise étaient motivés par référence à ce contexte (Cass. 2e civ. 10-6-2021 n° 20-13.803 F-P).

L'**ordonnance** sur requête est **exécutoire** au seul vu de la minute (CPC art. 495, al. 2). Copie de la requête et de l'ordonnance doit être laissée à la personne à laquelle elle est opposée (CPC art. 495, al. 3). Il n'est pas nécessaire de notifier les copies à toutes les personnes à l'encontre desquelles un procès risque d'être engagé. La **notification** ne s'impose qu'aux seules personnes à qui l'ordonnance est opposée aux fins d'exécution des mesures d'instruction (Cass. 2e civ. 13-11-2015 n° 13-27.563). La notification ne s'impose toutefois pas si l'huissier ou commissaire de justice n'a pas pu y procéder, par exemple en raison du refus d'obtempérer de la personne à qui l'ordonnance devait être remise (Cass. 2e civ. 30-11-2016 n° 15-15.035 FS-PB : RJDA 2/17 n° 143). La signification à l'étude de l'huissier ou commissaire de justice de l'ordonnance ayant autorisé sur requête une mesure d'instruction avant tout procès ne peut tenir lieu de remise de l'ordonnance et de la requête à celui à qui la mesure est opposée (Cass. 2e civ. 23-6-2016 n° 15-19.671 F-PB précité).

Seules la requête et l'ordonnance devant être notifiées à la personne à laquelle elle est opposée, les **pièces** n'ont pas à être communiquées (Cass. 2e civ. 14-1-2021 n° 20-15.673 F-PBI).

Un recours (rétractation ou appel) peut être formé contre l'ordonnance voir n° 13556.

Pour l'effet interruptif de la requête, voir n° 13542.

13512 Le **juge compétent** pour statuer par ordonnance sur requête est le président du tribunal pour le tribunal judiciaire (CPC art. 845), le tribunal de commerce (CPC art. 874, al. 1) ou le tribunal paritaire des baux ruraux (CPC art. 897), le juge des contentieux de la protection (CPC art. 845) ou le premier président de la cour d'appel au cours de l'instance d'appel (CPC art. 958). Parfois, le juge compétent est un juge spécialisé (par exemple juge aux affaires familiales pour les ordonnances de l'article 220-1 du Code civil). En outre, le président a parfois la possibilité de déléguer ses pouvoirs à un magistrat de la juridiction (CPC art. 852 pour le tribunal judiciaire ; art. 878 pour le tribunal de commerce).

c. Compétence pour ordonner une mesure avant tout procès

COMPÉTENCE D'ATTRIBUTION EN MATIÈRE D'EXPERTISE IN FUTURUM

En principe, il faut saisir le **juge des référés** de la juridiction qui serait saisie si le litige était porté devant la juridiction au fond. Le juge des référés est compétent dès lors que le fond du litige est de nature à relever, ne serait-ce qu'en partie, de la compétence des juridictions de l'ordre auquel il appartient (Cass. 1e civ. 19-2-1991 n° 89-20.148 : Bull. civ. I n° 70 ; Cass. 2e civ. 5-5-2011 n° 10-20.435 : RJDA 10/11 n° 873). 13520

Lorsqu'une juridiction a une **compétence exclusive** pour connaître d'un litige au fond, le juge des référés de cette juridiction peut ordonner une mesure d'instruction sur le fondement de l'article 145 du CPC. Ainsi, il ne peut pas être soutenu qu'une demande d'**expertise génétique** ne peut pas être portée devant le juge des référés, avant l'introduction de l'instance sur le fond devant le tribunal judiciaire, en raison de la compétence exclusive de cette juridiction en matière de filiation (Cass. 1e civ. 4-5-1994 n° 92-17.911 : Bull. civ. I n° 159). En revanche, dès lors qu'une mesure est ordonnée au visa d'un texte qui édicte une compétence exclusive, celle-ci doit être respectée. Sur la compétence exclusive du président du tribunal, statuant selon la procédure accélérée au fond, pour désigner l'expert chargé d'évaluer des parts ou actions dans les conditions de l'article 1843-4 du Code civil, voir n° 48115. 13522

La partie qui saisit le juge des référés, sur le fondement de l'article 145 du CPC, ne peut pas se voir opposer une **clause attributive de compétence** (Cass. 2e civ. 17-6-1998 n° 95-10.563 P : Bull. civ. II n° 200 ; Cass. com. 16-2-2016 n° 14-25.340 FS-PB : RJDA 12/16 n° 922 ; Cass. com. 13-9-2017 n° 16-12.196 F-PBI : RJDA 11/17 n° 777 ; Cass. 2e civ. 22-10-2020 n° 19-14.849 F-PBI). 13524
De même, l'existence d'une **clause d'arbitrage ou** d'une **clause de conciliation** obligatoire et **préalable** à la saisine du juge ne fait pas obstacle au droit de demander une mesure d'instruction sur le fondement de l'article 145 du CPC (Cass. 2e civ. 11-10-1995 n° 92-20.496 : RJDA 4/96 n° 568, pour une clause d'arbitrage ; Cass. 3e civ. 28-3-2007 n° 06-13.209 : Bull. civ. III n° 43, pour une clause de conciliation préalable ; n° 13530, pour la compétence territoriale en pareil cas), à moins que les dispositions obligeant à mettre en œuvre une procédure amiable ne soient d'ordre public et n'aient pour objet une expertise. Ainsi, les dispositions d'ordre public de l'article L 242-1 du Code des assurances interdisent à l'assuré de saisir une juridiction aux fins de désignation d'un expert avant l'expiration du délai de 60 jours dont dispose l'assureur pour notifier à l'assuré sa décision quant au principe de la mise en jeu des garanties (Cass. 3e civ. 10-5-2007 n° 06-12.467 : Bull. civ. III n° 71).

Le fait qu'il existe une **autre voie de droit** permettant que soit ordonnée une mesure d'instruction n'empêche pas le demandeur de saisir le juge des référés sur le fondement de l'article 145 du CPC. Ainsi, même si les actionnaires de sociétés par actions peuvent demander en référé une expertise de gestion sur le fondement de l'article L 225-231 du Code de commerce, cela ne leur interdit pas de demander, **sur requête ou en référé,** que soient ordonnées des mesures d'instruction pour conserver ou établir la preuve de faits dont pourrait dépendre la solution du litige (Cass. com. 18-10-2011 n° 10-18.989 : RJDA 1/12 n° 64). Et même si la lésion ne peut être admise qu'après un rapport de trois experts (C. civ. art. 1677 et 1678), l'article 145 du CPC n'interdit pas d'ordonner une expertise préalable pour rapporter la preuve du caractère vraisemblable de la lésion (Cass. 3e civ. 12-6-2014 n° 13-12.322 : RJDA 3/15 n° 176). 13526

COMPÉTENCE TERRITORIALE EN MATIÈRE D'EXPERTISE IN FUTURUM

La **deuxième chambre civile** de la Cour de cassation considère que le juge territorialement compétent pour statuer sur une demande de mesure d'instruction fondée sur l'article 145 du CPC (sur requête ou en référé) est le président du tribunal susceptible de connaître de l'instance au fond ou celui du tribunal dans le ressort duquel les mesures d'instruction in futurum sollicitées doivent, même partiellement, être exécutées (Cass. 2e civ. 18-11-1992 n° 91-16.447 P : Bull. civ. III n° 266 ; Cass. 2e civ. 17-6-1998 n° 95-10.563 : Bull. civ. II n° 200). Ainsi, dès lors que le tribunal de commerce de Paris est la juridiction territorialement compétente pour connaître du procès potentiel au fond, il est également compétent pour connaître de la mesure d'instruction (Cass. 2e civ. 15-10-2015 n° 14-17.564 FS-PB : Bull. civ. II n° 233). En outre, si le demandeur peut choisir le lieu **d'exécution partielle** de la mesure, encore faut-il que celui-ci soit réel et suffisant. Par exemple, le président du tribunal de commerce de Lyon est incompétent dès lors que le siège social de la société défenderesse est situé à Paris, que seul l'un des huit points de la mission d'expertise sollicitée est susceptible d'être exécuté dans le ressort du tribunal de Lyon, les autres points pouvant l'être par l'expert au lieu qu'il choisirait, et que l'audition par ce dernier des dirigeants de la société demanderesse établie à Lyon n'a pas à être effectuée nécessairement au siège social de celle-ci (Cass. 2e civ. 2-7-2020 n° 19-21.012 F-PBI : RJDA 11/20 n° 615). 13530

Selon la **première chambre civile** de la Cour de cassation, cette règle s'applique, en présence d'une clause compromissoire, lorsque les parties décident de ne pas s'en prévaloir et de saisir le tribunal étatique d'une demande en fixation d'une mesure d'instruction (n° 13524). Dans ce cas, le tribunal étatique compétent susceptible de connaître de l'instance au fond est celui auquel le différend serait soumis si les parties ne se prévalaient pas de la convention d'arbitrage et non celui dans le ressort duquel le tribunal arbitral est appelé à siéger (Cass. 1e civ. 23-6-2021 n° 19-13.350 FS-B).

La **chambre commerciale** de la Cour de cassation jugeait auparavant que les critères compétence au fond et lieu d'exécution des mesures étaient cumulatifs (Cass. com. 14-2-2012 n° 10-25.665 F-D : RJDA 6/12 n° 630). Toutefois à présent, elle s'est ralliée à la position adoptée par la deuxième chambre civile et considère que la partie qui demande une mesure d'instruction dispose du choix de saisir soit le président du tribunal appelé à connaître du litige au fond, soit celui du tribunal du lieu de l'exécution, même partielle, de la mesure, sans qu'une clause attributive de compétence territoriale puisse être opposée à la partie requérante (Cass. com. 13-9-2017 n° 16-12.196 F-PBI : RJDA 11/17 n° 777). Toutefois, le président saisi ne peut ordonner cette mesure d'instruction que dans les limites du pouvoir juridictionnel du tribunal auquel il appartient (Cass. com. 17-1-2018 n° 17-10.360 FS-PBI : RJDA 4/18 n° 365).

13534 Si le litige présente un élément d'**extranéité,** dès lors que l'objet des vérifications réclamées se trouve en France et que la compétence du juge des référés situé en France ne préjudicie pas aux droits des parties, la mesure peut être ordonnée par le juge des référés de la juridiction française (Cass. com. 1-7-1980 n° 79-12.106 : Bull. civ. IV n° 284). De même, si la loi applicable à un litige est une loi étrangère, une mesure d'instruction peut être ordonnée en France, sa mise en œuvre est alors soumise à la loi française (Cass. 1e civ. 4-7-2007 n° 04-15.367 : Bull. civ. I n° 255 ; Cass. 1e civ. 3-11-2016 n° 15-20.495 F-PB : RJDA 2/17 n° 144).

Sur la possibilité pour le juge de faire procéder dans un État étranger à des mesures d'instruction, voir n° 14064.

d. Effets suspensif et interruptif de prescription et de forclusion de la demande de mesure d'instruction avant tout procès

13540 Une demande en justice, même en référé, **interrompt** les délais de prescription comme de forclusion. Il en est de même lorsqu'elle est portée devant une juridiction incompétente ou qu'elle est annulée par l'effet d'un vice de procédure (C. civ. art. 2241). Une **assignation en référé** fondée sur l'article 145 du CPC interrompt donc les délais. Mais cet **effet interruptif** est **non avenu** si le demandeur se désiste de sa demande ou laisse périmer l'instance, ou si sa demande est définitivement rejetée (C. civ. art. 2243). Ce dernier article ne distinguant pas selon que la demande est définitivement rejetée par un moyen de fond ou par une fin de non-recevoir, l'effet interruptif est non avenu, même si la demande n'a fait l'objet d'aucune analyse au fond et a été déclarée irrecevable (Cass. 2e civ. 26-1-2016 n° 14-17.952 FS-PB : RJDA 5/16 n° 388).

Si la demande en référé présentée sur le fondement de l'article 145 du CPC est rejetée par le juge sur le fondement d'un vice de procédure (qui ne touche pas au droit d'agir mais porte sur la validité d'un acte), elle produit donc un effet interruptif. Si elle est rejetée ou même déclarée irrecevable sans examen au fond sur le fondement d'une fin de non-recevoir (tel que le défaut de droit à agir ou de qualité à agir par exemple), elle ne produit au contraire aucun effet interruptif.

Par ailleurs, la prescription est **suspendue** lorsque le juge fait droit à une demande de mesure d'instruction présentée avant tout procès. Ainsi, la demande d'expertise préventive suspend la prescription d'une action pour défaut de délivrance (Cass. 2e civ. 2-3-2023 n° 21-18.771 F-B). Le **point de départ** de la suspension se situe à la date de l'ordonnance rendue par le juge (Rapp. AN n° 847 de M. Émile Blessig, fait au nom de la commission des lois, 30-4-2008). Le délai de prescription recommence à courir, pour une durée qui ne peut être inférieure à six mois, à compter du jour où la mesure a été exécutée (C. civ. art. 2239, al. 2). L'effet suspensif s'arrête donc à la fin des opérations de réalisation de la mesure d'instruction (dépôt du rapport en général).

Dans la mesure où l'assignation en référé (ou la signification de l'ordonnance si la mesure a été demandée par voie de requête non contradictoire) a produit un effet interruptif, c'est un **nouveau délai de prescription**, de même durée que l'ancien, qui recommence à courir **à la fin de la mesure d'instruction** (C. civ. art. 2231). Ce texte s'applique à **toute mesure d'instruction** décidée par le juge avant un procès et pas seulement à la désignation d'un expert (Rapport Sénat n° 83 de M. Laurent Béteille, fait au nom de la commission des lois, 14-11-2007).

L'effet suspensif ne joue cependant qu'à l'égard des délais de **prescription** et non de **forclusion**.

ATTENTION

L'article 2220 du Code civil prévoit que les délais de **forclusion** ne sont pas régis par les dispositions relatives à la prescription. Lorsque l'action envisagée est soumise à un délai de forclusion, il convient donc d'être très prudent car, si l'assignation en référé-expertise produit un effet interruptif, les mesures d'expertise n'ont en revanche aucun effet suspensif, la suspension de la prescription prévue par l'article 2239 du Code civil n'étant pas applicable au délai de forclusion (Cass. 3e civ. 3-6-2015 n° 14-15.796 : Bull. civ. III n° 55). Or, les mesures d'expertise peuvent être très longues, notamment pour les actions mettant en jeu la responsabilité d'un constructeur (C. civ. art. 1792 s.), actions qui sont dans la grande majorité des cas soumises à des délais de forclusion et non de prescription.

En outre, la loi 2008-561 du 17 juin 2008 portant réforme de la prescription, entrée en vigueur le 19 juin 2008, ne pouvant rétroagir, une ordonnance de désignation d'un expert prononcée avant la date d'entrée en vigueur de ce texte ne produit aucun effet suspensif de prescription, même si la mesure d'instruction était en cours d'exécution à cette date (Cass. 3e civ. 5-9-2012 n° 11-19.200 FS-PB : RJDA 12/12 n° 1053 ; Cass. 3e civ. 6-7-2017 n° 16- 17.151 F-PB : RJDA 11/17 n° 703 ; Cass. com. 28-3-2018 n° 16-27.268 FS-PB : RJDA 6/18 n° 546). Pour suspendre la prescription dans les termes de l'article 2239 du Code civil, l'expertise doit donc avoir été ordonnée postérieurement au 19 juin 2008.

Lorsque la mesure d'instruction est demandée par **requête non contradictoire,** ni celle-ci ni l'ordonnance n'interrompent la prescription (Cass. 2e civ. 8-6-1988 n° 86-14.736 : Bull. civ. II n° 137 ; Cass. 2e civ. 14-1-2021 n° 19-20.316 FS-PRI : RJDA 5/21 n° 352). Seule la **signification** de la requête et de l'ordonnance rendue à sa suite, parce qu'elle a pour effet de porter la procédure à la connaissance du débiteur, emporte interruption de la prescription (Cass. 1e civ. 10-7-1990 n° 89-13.345 : Bull. civ. I n° 194). **13542**

Quant à l'effet **suspensif,** il est attaché à l'ordonnance sur requête rendue par le juge (C. civ. art. 2239). L'effet suspensif joue donc avant même l'effet interruptif.

e. Recours contre la décision statuant sur la mesure d'instruction avant tout procès

En principe, une décision qui ordonne ou modifie une mesure d'instruction n'est pas susceptible de recours immédiat (CPC art. 150). Mais, lorsque le juge a ordonné une mesure **avant tout procès au fond** sur le fondement de l'article 145 du CPC, l'**appel** est **immédiatement** recevable. En effet, l'article 150 du CPC n'est applicable que si le juge reste saisi d'une demande distincte de la mesure d'instruction ordonnée. Il ne s'applique pas lorsque **le juge** des référés **a épuisé sa saisine** en prescrivant, avant tout procès et en vertu de l'article 145 du CPC, les mesures destinées à établir la preuve de faits dont pourrait dépendre la solution d'un litige (Cass. ch. mixte 7-5-1982 nos 79-11.814, 79-12.006 et 79-11.974 : Bull. ch. mixte n° 2). **13552**

La même solution s'applique à la décision du juge statuant sur une demande relative à l'**exécution de la mesure d'instruction** ordonnée sur le fondement de l'article 145 du CPC (Cass. 2e civ. 9-9-2010 n° 09-69.613 : Procédures 2010 comm. 370).

Si l'appel est possible contre une mesure d'instruction ordonnée sur le fondement de l'article 145 du CPC, il reste néanmoins soumis à l'article 528-1 du même Code, aux termes duquel une partie n'est plus recevable à exercer un recours à titre principal si le jugement n'a pas été notifié dans le délai de deux ans de son prononcé. Passé le délai de deux ans après le prononcé de l'ordonnance, l'appel n'est donc plus recevable (Cass. 2e civ. 6-6-2013 n° 12-21.683).

L'**acquiescement** emporte renonciation aux voies de recours (CPC art. 409). La **participation** à des opérations d'**expertise** peut valoir acquiescement sans qu'il y ait lieu de rechercher si la partie qui a exécuté le jugement avait ou non l'intention d'y acquiescer (Cass. 2e civ. 5-10-1988 n° 87-14.100 : Bull. civ. II n° 186). Mais l'acquiescement n'est possible que pour les mesures ordonnées contradictoirement car, pour la Cour de cassation, une **ordonnance sur requête** ne constitue pas un jugement au sens de l'article 409 du CPC. Une personne ayant accepté de participer à des mesures d'expertise sur le fondement d'une ordonnance sur requête est donc recevable à former une demande de rétractation de l'ordonnance (Cass. 2e civ. 30-11-2016 n° 15-15.035 FS-PB : RJDA 2/17 n° 143). **13554**

Lorsque la mesure a été ordonnée sur **requête non contradictoire,** il convient de distinguer selon que le juge a fait droit, ou non, à la requête. **13556**

S'il a été **fait droit à la requête,** le juge des référés qui a rendu l'ordonnance peut être saisi d'une demande de **rétractation** de celle-ci (CPC art. 496 et 497). Celui qui se voit signifier une ordonnance obtenue sur requête, ou tout intéressé, peut en effet saisir le juge d'une telle demande. Tout intéressé a le **droit d'agir** au sens des articles 329 et 496 du CPC. Est nécessairement une personne

intéressée un défendeur potentiel à l'action au fond envisagée, même si cette ordonnance ne lui est pas opposée au sens de l'article 495 du CPC (Cass. 2e civ. 15-9-2016 n° 15-19.799 P).
Il résulte de l'article 496, al. 2 du CPC que seul le juge des requêtes qui a rendu l'ordonnance peut être saisi d'une demande de rétractation de celle-ci. Par suite, une **demande en rétractation formée devant un autre juge** que celui qui l'a rendue est irrecevable, qu'elle soit formée par voie reconventionnelle (Cass. 2e civ. 19-3-2020 n° 19-11.323 F-PBI) ou tierce opposition (Cass. 2e civ. 9-11-2006 n° 05-16.691 FS-PB : Bull. civ. II n° 316).
Selon les articles 145 et 493 du Code de procédure civile, le juge saisi d'une demande de rétractation doit vérifier, même d'office, si la requête et l'ordonnance caractérisent les circonstances qui justifient que la mesure a été prise contradictoirement (Cass. 2e civ. 11-2-2010 n° 09-11.342 : Bull. civ. II n° 32 ; Cass. com. 23-9-2014 n° 13-20.469). Il en résulte que le juge saisi d'une demande en rétractation ne peut se fonder sur des circonstances **postérieures** à la requête ou à l'ordonnance pour justifier qu'il est dérogé au principe de la contradiction (Cass. 2e civ. 3-3-2022 n° 20-22.349 F-B).
Une cour d'appel, saisie de l'appel d'une décision statuant sur la demande de rétractation d'une ordonnance sur requête, apprécie souverainement si l'ordonnance doit être rétractée, en l'absence de preuve du motif légitime justifiant le recours à une mesure d'instruction avant tout procès, au jour où le juge y a fait droit (Cass. 2e civ. 12-7-2012 n° 11-18.399 : Bull. civ. II n° 132). La demande de rétractation d'une ordonnance ne tend qu'au rétablissement du principe de la contradiction ; par suite, le juge de la rétractation qui connaît d'une telle demande doit apprécier l'existence du motif légitime **au jour du dépôt de la requête initiale,** à la lumière des éléments de preuve produits à l'appui de la requête et de **ceux produits ultérieurement** devant lui (Cass. 2e civ. 7-7-2016 n° 15-21.579 FS-PB : Bull. civ. II n° 188).
Seule la voie de la rétractation est valable. Ainsi, celui qui n'a pas sollicité la rétractation d'une expertise et qui n'invoque ni l'urgence ni un trouble manifestement illicite ou un dommage imminent ne peut pas valablement saisir le président du tribunal de commerce pour lui demander la nullité de la procédure résultant de l'exécution de l'ordonnance rendue sur requête (Cass. 2e civ. 19-2-2015 n° 14-13.111). De même, l'instance en rétractation a pour seul objet de soumettre à un débat contradictoire les mesures initialement ordonnées à l'initiative d'une partie en l'absence de son adversaire. Par suite, la saisine du juge de la rétractation se trouve limitée à cet objet, de sorte qu'est irrecevable la demande tendant à voir ordonner, en cas de rejet de la demande de rétractation, la mainlevée de la mesure de séquestre (Cass. 2e civ. 27-9-2018 n° 17-20.127 FS-PB : JCP G 2018 n° 1207 note Y. Strickler).
S'il n'est **pas fait droit** à la requête, **appel** peut être interjeté à moins que l'ordonnance n'émane du premier président de la cour d'appel. Le **délai** d'appel est de quinze jours. L'appel est formé, instruit et jugé comme en matière gracieuse (CPC art. 496).
Le juge a la faculté de modifier ou de rétracter son ordonnance, même si le juge du fond est saisi de l'affaire (CPC art. 497).

> **Précisions** La voie de l'**appel immédiat** et non de la rétractation est ouverte contre une ordonnance du juge du contrôle des expertises étendant la mission d'un expert désigné sur requête en application de l'article 145 du CPC dès lors que le demandeur à l'extension de l'expertise a sollicité le respect du contradictoire, le fait que les parties n'aient pas été appelées à l'instance ou entendues ne permettant pas d'en déduire que la décision d'extension était une ordonnance sur requête et que l'appel immédiat était irrecevable (Cass. 2e civ. 27-6-2019 n° 18-12.194 FS-PBI).

2. MESURES D'INSTRUCTION EN COURS DE PROCÈS

PRINCIPES

13576 Dans une procédure en cours, les faits dont dépend la solution du litige peuvent, **à la demande des parties ou d'office,** être l'objet de toute mesure d'instruction (CPC art. 143). Dans toute procédure, le juge saisi a le pouvoir d'ordonner d'office toutes les mesures d'instruction légalement admissibles (CPC art. 10 et 143).

a. Conditions applicables aux mesures d'instruction en cours de procès

CONDITION TENANT À LA SAISINE DES JUGES DU FOND

13577 Pour pouvoir présenter une demande tendant à ce que soit ordonnée une mesure d'instruction en cours de procès, une juridiction doit avoir été saisie du litige au **fond.** À défaut, on se trouve dans le cas de la demande avant tout procès, qui relève de l'article 145 du CPC (nos 13415 s.).

Au fond, une mesure peut être ordonnée en tout état de cause (CPC art. 144), donc même en **appel ou** en **cassation.** À tout moment et devant toute juridiction, le juge saisi peut ordonner une mesure d'instruction.

NÉCESSITÉ D'ORDONNER UNE MESURE D'INSTRUCTION LÉGALEMENT ADMISSIBLE

La mesure doit être légalement admissible et de nature à éclairer les faits dont la connaissance est nécessaire à la solution du litige (CPC art. 143). Sur ce principe, applicable que la mesure d'instruction soit ordonnée avant tout procès ou au cours d'un procès, voir n° 13490. **13587**

CONDITION TENANT À L'UTILITÉ DE LA MESURE D'INSTRUCTION

Le juge ne peut ordonner une mesure d'instruction en cours de procès que s'il ne dispose pas d'éléments suffisants pour statuer (CPC art. 144). Quant au demandeur, il ne doit pas disposer d'éléments suffisants pour prouver le fait qu'il allègue (CPC art. 146, al. 1). **13597**

Le juge doit examiner la demande au regard de son utilité. Ainsi doit-il limiter le **choix de la mesure** à ce qui est suffisant pour la solution du litige, en s'attachant à retenir ce qui est le plus simple et le moins onéreux (CPC art. 147). Il dispose d'un pouvoir discrétionnaire d'apprécier **l'utilité** de la mesure d'instruction ou de consultation qui peut être ordonnée en application des articles 143, 144 et 256 du Code de procédure civile (Cass. 2e civ. 14-4-2022 n° 20-22.578 F-B).

ILLUSTRATIONS

Lorsqu'une partie demande l'audition d'une personne par voie d'enquête (CPC art. 203), les juges peuvent refuser d'ordonner cette enquête et prescrire la seule production d'une attestation délivrée par cette personne (CPC art. 200), s'ils considèrent que cette mesure est suffisante pour la solution du litige (Cass. 3e civ. 11-1-1978 nos 76-12.771 et 76-12.772 : Bull. civ. III n° 30).

La cour d'appel qui estime qu'une expertise comptable n'est pas nécessaire ne fait qu'user de son pouvoir souverain d'appréciation, sans encourir le grief selon lequel le coût d'une mesure d'instruction ne serait pas un motif permettant au juge de l'écarter (Cass. 1e civ. 22-1-1980 n° 78-12.931).

Pour juger qu'une personne était atteinte d'un taux d'incapacité permanente de 100 % avant son décès, un juge, procédant de son pouvoir souverain d'appréciation des éléments de fait et de preuve qui lui étaient soumis, peut statuer au vu de ce que la personne était atteinte d'une pathologie pulmonaire de longue durée et placée en soins palliatifs depuis plusieurs semaines et n'est pas tenu d'ordonner l'expertise médicale sur pièce demandée par l'une des parties (Cass. 2e civ. 19-6-2014 n° 13-18.021).

POSSIBILITÉ DE SUPPLÉER LA CARENCE DANS L'ADMINISTRATION DE LA PREUVE

En aucun cas une mesure d'instruction ne peut être ordonnée en cours de procès en vue de suppléer la carence dans l'administration de la preuve de la partie qui la demande (CPC art. 146, al. 2). **13607**

Une partie ne peut pas présenter une demande si elle n'a pas la moindre **preuve des faits allégués justifiant la mesure.** Ainsi sera rejetée la demande d'une partie dont les allégations ne s'appuient sur aucun élément précis permettant de lui faire crédit (Cass. 1e civ. 4-2-1981 n° 79-12.908 : Bull. civ. I n° 43).

ILLUSTRATIONS

Ne supplée pas la carence de la partie dans l'administration de la preuve et **peut** donc **être ordonnée l'expertise** en vue de :

– déterminer l'étendue du préjudice qui ne pouvait être établie que par des recherches de pièces auxquelles les demandeurs ne pouvaient procéder eux-mêmes et alors que la preuve de la contrefaçon alléguée était rapportée (Cass. ch. mixte 6-7-1984 n° 80-12.965 : Bull. ch. mixte n° 1) ;

– comparer le taux d'intérêt appliqué par une banque au taux d'intérêt légal en vigueur au moment de chaque opération, alors que l'établissement bancaire avait produit plusieurs documents pour justifier de sa créance, qui n'était d'ailleurs pas contestée en son principe par le débiteur (Cass. 1e civ. 24-2-1998 n° 96-12.354) ;

– fixer l'étendue du préjudice subi et le rapport de causalité entre les fautes du liquidateur judiciaire et ce préjudice, dès lors que ceux-ci ne pouvaient être établis que par une expertise portant sur les pièces comptables et documents relatifs aux opérations de redressement et de liquidation, ce qui excluait toute carence (Cass. com. 9-12-1997 n° 95-16.777).

En revanche peut se voir opposer sa carence :

– l'épouse qui demande une mesure pour établir l'origine professionnelle d'une maladie, mais qui n'établit pas que les matériaux avec lesquels son mari a été en contact dégageaient nécessairement des poussières d'amiante lors de leur utilisation, ni qu'il travaillait dans des conditions l'exposant habituellement à l'inhalation de telles poussières (Cass. soc. 8-7-1993 n° 91-15.860) ;

– le salarié qui demande une expertise pour déterminer le montant des commissions dues au titre des clients prospectés, alors qu'il n'apportait aucun élément de nature à révéler que les termes de son contrat de travail n'avaient pas été respectés en ce qui concerne l'octroi de ses commissions (Cass. soc. 23-4-1992 n° 91-41.083).

b. Compétence pour ordonner une mesure d'instruction en cours de procès

COMPÉTENCE D'ATTRIBUTION ET MESURE D'INSTRUCTION EN COURS DE PROCÈS

13800 Dès qu'une **juridiction** est **saisie au fond** des faits, cette juridiction est en principe la seule compétente pour ordonner une mesure d'instruction. Le juge des référés est incompétent et doit même, si le moyen est soulevé, vérifier si, à la date à laquelle il statue, une juridiction n'a pas été saisie au fond (n° 13470).

La décision qui ordonne une mesure d'instruction ne dessaisit pas le juge de l'affaire au fond (CPC art. 153, al. 1). Il est donc le seul à connaître du litige après dépôt du rapport d'expertise qu'il a ordonné (Cass. 2e civ. 22-2-2007 n° 06-15.337 : Bull. civ. II n° 42).

S'agissant des **ordonnances sur requête,** si cette dernière est présentée à l'occasion d'une instance en cours, elle doit indiquer la juridiction saisie (CPC art. 494). Il est en outre précisé que les requêtes afférentes à une instance en cours devant le tribunal judiciaire sont présentées au président de la chambre à laquelle l'affaire a été distribuée ou au juge déjà saisi (CPC art. 845, al. 3).

Le juge chargé d'une **audience de règlement amiable** du différend entre les parties peut procéder aux constatations, évaluations, appréciations ou reconstitutions qu'il estime nécessaires, en se transportant si besoin sur les lieux et peut décider d'entendre les parties séparément (CPC art. 774-2).

COMPÉTENCE TERRITORIALE ET MESURE D'INSTRUCTION EN COURS DE PROCÈS

13810 Le juge compétent au fond est également compétent pour ordonner des **mesures hors de son ressort** (n° 14054).

Le juge français, dans le cadre de son pouvoir d'instruction, peut ordonner des mesures à l'étranger (CPC art. 734 ; n° 14064). Cependant, si le litige au fond relève d'une juridiction étrangère et que les mesures doivent être exécutées à l'étranger, la juridiction française n'est pas compétente pour ordonner une expertise (Cass. 1e civ. 7-4-1998 n° 96-11.820).

c. Pouvoirs du juge statuant sur une mesure d'instruction en cours de procès

LIBERTÉ D'APPRÉCIATION DE L'OPPORTUNITÉ D'UNE MESURE D'INSTRUCTION

13830 Les articles 10 et 143 du CPC ne reconnaissent aux juges du fond qu'une **faculté** pour ordonner une mesure d'instruction et s'en remettent à la prudence des magistrats pour apprécier l'opportunité de faire usage de cette faculté selon les circonstances de la cause (Cass. 2e civ. 30-6-1976 n° 75-10.033 : Bull. civ. II n° 216).

La possibilité donnée au juge par les articles 8, 10 et 11 du CPC de demander à une partie des explications complémentaires, de lui enjoindre de produire un élément de preuve ou d'ordonner d'office une mesure d'instruction est une simple faculté dont l'exercice est laissé à son pouvoir discrétionnaire (Cass. 1e civ. 24-6-1981 n° 80-13.792).

Relève ainsi de l'**appréciation souveraine des juges** la faculté d'ordonner ou de refuser une mesure d'instruction (Cass. 1e civ. 6-1-1998 nos 95-19.902 et 96-16.721 : Bull. civ. I n° 3 ; Cass. soc. 7-5-2014 n° 13-13.307) ou la constatation de la carence du demandeur dans l'administration de la preuve qui lui incombe (Cass. 2e civ. 17-12-1979 n° 78-13.102 : Bull. civ. II n° 296).

Toutefois, le juge ne peut pas statuer par une motivation fondée sur la seule absence de preuve des faits que la mesure d'instruction sollicitée avait précisément pour objet de conserver ou d'établir, sans dire en quoi la demande en expertise visait à pallier une insuffisance reprochable dans l'administration de la preuve (Cass. 1e civ. 22-1-2014 n° 13-12.630). Le pouvoir souverain d'appréciation trouve donc sa limite dans l'obligation de motivation.

En outre, l'**expertise** biologique est **de droit** en matière de filiation ou d'action à fins de subsides, sauf s'il existe un motif légitime de ne pas y procéder (Cass. 1e civ. 28-3-2000 n° 98-12.806 : Bull. civ. I n° 103 ; Cass. 1e civ. 14-6-2005 n° 03-12.641 : Bull. civ. I n° 253 ; Cass. 1e civ. 14-1-2015 n° 13-28.256). L'impossibilité de localiser le père prétendu peut par exemple constituer un motif légitime de ne pas procéder à l'expertise (Cass. 1e civ. 2-12-2020 n° 19-21.850 F-P).

Cette solution est cependant inapplicable à l'action en possession d'état, la preuve s'établissant alors par tous moyens et la prescription d'une expertise biologique étant même exclue (Cass. 1e civ. 16-6-2011 n° 08-20.475 : Bull. civ. I n° 116).

La Cour de cassation exerce un **contrôle** sur le **motif** invoqué à l'appui **du refus** d'ordonner une mesure d'instruction. Une cour d'appel ne saurait par exemple refuser une mesure en se fondant sur un motif de droit erroné (Cass. 1e civ. 21-5-1968 n° 66-14.244 : Bull. civ. I n° 151). **13832**

La Cour de cassation considère parfois que les juges du fond doivent ordonner la mesure d'instruction nécessaire et ne peuvent refuser de statuer en se fondant sur l'insuffisance des preuves fournies par les parties.

ILLUSTRATIONS

Un juge ne peut pas à la fois reconnaître le droit d'une partie à recouvrer des intérêts et la débouter au motif que le décompte des intérêts établi par l'expert ne peut être admis dans la mesure où il capitalise les intérêts dus après chaque échéance de pension alimentaire. Dans ce cas, il lui appartient d'ordonner toute mesure d'instruction nécessaire pour en déterminer le montant (Cass. 2e civ. 28-6-2006 n° 04-17.224 : Bull. civ. II n° 174).

Si les juges du fond disposent en principe d'un pouvoir souverain pour apprécier l'opportunité et la pertinence d'une offre de preuve, il en est autrement lorsque le fait présenté à l'appui d'une demande de divorce, tel l'adultère, aurait, si son existence était établie, pour conséquence inéluctable de justifier ladite demande. Doit être cassé l'arrêt qui, déniant la possibilité de rapporter la preuve d'un adultère par voie d'enquête, déboute un époux de sa demande de divorce au motif qu'il lui appartenait de faire constater et établir ce fait « en s'adressant aux autorités judiciaires » (Cass. 2e civ. 28-6-1972 n° 71-12.223 : Bull. civ. II n° 202).

CHOIX ET MODIFICATION DES MESURES D'INSTRUCTION

Le juge est, en cours de procès, libre de choisir la mesure ou les mesures d'instruction nécessaires. Le juge peut conjuguer **plusieurs mesures** d'instruction ; il peut, à tout moment et même en cours d'exécution, décider de joindre toute autre mesure nécessaire à celles qui ont déjà été ordonnées (CPC art. 148) ; ou accroître ou restreindre l'étendue des mesures prescrites (CPC art. 149). **13842**

Le juge n'est pas obligé de **maintenir la mesure** qu'il a ordonnée. Ainsi, lorsque la comparution personnelle de l'une des parties retenue par son service s'avère impossible, la juridiction qui l'a ordonnée n'est tenue ni de la maintenir si elle s'estime suffisamment informée, ni de répondre au moyen développé à cet effet (Cass. 3e civ. 9-11-1977 n° 76-13.456 : Bull. civ. III n° 383).

Lorsqu'une expertise a précédemment été ordonnée en référé, la demande de désignation d'un nouvel expert, motivée par l'insuffisance des diligences accomplies par l'expert précédent, relève de la seule appréciation du juge du fond (Cass. 2e civ. 2-7-2020 n° 19-16.501 F-PBI ; n° 13430). En pareil cas, il ne faut donc pas saisir le juge des référés d'une demande de désignation d'un nouvel expert, mais présenter cette demande devant le juge du fond.

FORME DE LA DÉCISION ORDONNANT UNE MESURE D'INSTRUCTION

Lorsqu'elle ne peut pas être l'objet de recours indépendamment du jugement sur le fond (n° 13552), la décision qui, en cours d'instance, ordonne une mesure d'instruction, peut revêtir la **forme** d'une simple mention au dossier ou au registre d'audience (CPC art. 151). **13852**

NOTIFICATION DE LA DÉCISION ORDONNANT UNE MESURE D'INSTRUCTION

La décision qui, en cours d'instance, ordonne une mesure d'instruction n'a pas à être **notifiée** ; il en est de même de la décision qui modifie la mesure ou qui refuse de l'ordonner ou de la modifier ; le greffier adresse copie de la décision par lettre simple aux parties défaillantes ou absentes lors du prononcé de la décision (CPC art. 152). **13855**

EFFET DE LA DÉCISION ORDONNANT UNE MESURE D'INSTRUCTION

La **décision** qui ordonne une mesure d'instruction en cours de procès **ne dessaisit pas le juge** ; elle doit indiquer la date à laquelle l'affaire sera rappelée pour un nouvel examen (CPC art. 153). **13860**

d. Recours contre la décision statuant sur une mesure d'instruction en cours de procès

RECOURS OUVERTS CONTRE LA DÉCISION

La décision qui ordonne ou modifie une mesure d'instruction n'est pas susceptible d'**opposition** (CPC art. 150, al. 1). **13870**

En principe, le **recours immédiat** en appel ou en cassation contre une décision ordonnant ou modifiant une mesure d'instruction en cours de procès est impossible.

La **décision qui ordonne ou modifie une mesure** d'instruction ne peut être frappée d'**appel ou** de **pourvoi en cassation** indépendamment du jugement sur le fond que dans les cas spécifiés par la loi (n° 13890) (CPC art. 150, al. 1). Ainsi, la décision qui se borne dans son dispositif à préciser l'étendue d'une expertise en complétant de ce chef la mission confiée à l'expert par les premiers juges est insusceptible de recours immédiat (Cass. com. 3-2-1982 n° 80-11.969 : Bull. civ. IV n° 43).
De même, la **décision qui refuse d'ordonner ou de modifier une mesure** ne peut être frappée d'appel ou de pourvoi en cassation indépendamment du jugement sur le fond que dans les cas spécifiés par la loi (CPC art. 150, al. 2).

> **Précisions a.** En ce qui concerne les **mesures d'instruction ordonnées par le juge de la mise en état,** un texte complémentaire confirme que les ordonnances de ce magistrat ne sont pas susceptibles d'opposition et ne peuvent être frappées d'appel ou de pourvoi en cassation qu'avec le jugement statuant sur le fond. Toutefois, elles sont susceptibles d'appel dans les cas et conditions prévus en matière d'expertise ou de sursis à statuer (CPC art. 795).
> **b.** Lorsque les **mesures** ont été ordonnées **sur requête non contradictoire,** le juge des référés peut être saisi d'une **demande de rétractation** et doit alors vérifier, même d'office, si la requête et l'ordonnance caractérisent les circonstances qui justifient que les mesures ne soient pas prises contradictoirement (Cass. 2e civ. 11-2-2010 n° 09-11.342 : Bull. civ. II n° 32).

CAS D'ADMISSION DE L'APPEL IMMÉDIAT CONTRE LA DÉCISION

13890 La **décision ordonnant** une **expertise** en cours de procès peut être frappée d'appel indépendamment du jugement sur le fond sur autorisation du premier président de la cour d'appel s'il est justifié d'un **motif grave et légitime** (CPC art. 272, al. 1 ; nos 15145 s.).
Sont également susceptibles d'un appel immédiat (ou d'un pourvoi pour les jugements en dernier ressort) les **décisions mixtes,** c'est-à-dire celles qui tranchent dans leur dispositif une partie du principal et ordonnent une mesure d'instruction (CPC art. 544).

ILLUSTRATIONS

> **Tranche une partie du principal** une décision qui ordonne une expertise pour l'évaluation des biens soumis à un partage et dispose que les biens seront estimés d'après leur état et leur valeur au jour de celui-ci (Cass. 1e civ. 23-6-1982 n° 81-11.447 : Bull. civ. I n° 236).
> En revanche, **ne tranchent pas une partie du principal** et sont insusceptibles d'appel immédiat les décisions qui se bornent à :
> – ordonner une expertise et le versement d'une provision (Cass. ch. mixte 25-10-2004 n° 03-14.219 : Bull. ch. mixte n° 3) ;
> – commettre avant dire droit un expert et à dire que le bornage est ordonné aux frais d'une des parties qui doit verser une provision (Cass. 3e civ. 31-10-2006 n° 05-16.819 : Bull. civ. III n° 211) ;
> – ordonner une expertise et à fixer un loyer provisionnel (Cass. 2e civ. 5-6-1996 n° 94-15.791 : Bull. civ. II n° 120).

13892 Même si la décision tranche une partie du principal, le moyen dirigé contre le seul chef du dispositif de la décision ordonnant une mesure d'instruction est irrecevable car insusceptible d'un pourvoi immédiat (Cass. 2e civ. 20-1-2011 n° 10-10.132 : Bull. civ. II n° 16).

3. EXÉCUTION DES MESURES D'INSTRUCTION

13920 Les mesures d'instruction sont mises à exécution, à l'**initiative** du juge ou de l'une des parties selon les règles propres à chaque matière, au vu d'un extrait ou d'une copie certifiée conforme de la décision (CPC art. 154).
La mesure d'instruction ordonnée peut être exécutée sur-le-champ (CPC art. 159).
En revanche, dès lors que l'ordonnance ayant ordonné une mesure d'instruction sur requête est **rétractée,** le rapport du technicien établi en exécution de ces décisions ne produit aucun effet et ne peut être produit en justice, même à titre de rapport amiable (Cass. 2e civ. 4-6-2015 n° 14-17.699 : Bull. civ. II n° 144).
Si **plusieurs mesures** d'instruction ont été ordonnées, il est procédé simultanément à leur exécution chaque fois qu'il est possible (CPC art. 158).
S'agissant d'une mesure judiciaire, l'instruction doit respecter les principes directeurs qui gouvernent tout procès, au premier rang desquels le principe de la **contradiction** (CPC art. 14 à 17).
Les **parties** qui doivent **apporter leur concours** aux mesures d'instruction (CPC art. 160, al. 1) doivent être **informées** de l'exécution de ces mesures, doivent pouvoir y **assister,** s'y faire assister et présenter leurs **observations** (nos 13972 s.). Elles doivent aussi recevoir communication de toutes les pièces et rapports (nos 14015 s.). Le non-respect du contradictoire est une cause de nullité de l'expertise (n° 14110).

CONTRÔLE DE L'EXÉCUTION DES MESURES D'INSTRUCTION

La mesure d'instruction est exécutée sous le contrôle du **juge qui l'a ordonnée** lorsqu'il n'y procède pas lui-même (CPC art. 155, al. 1). 13930
Lorsque la mesure est ordonnée par une **formation collégiale,** le contrôle est exercé par le juge qui était chargé de l'instruction (c'est-à-dire le juge de la mise en état) ; à défaut, il l'est par le président de la formation collégiale s'il n'a pas été confié à un membre de celle-ci (CPC art. 155, al. 2).
Le contrôle de l'exécution peut également être assuré par le juge désigné dans les conditions de l'article 155-1 (CPC art. 155, al. 3). En effet, le président de la juridiction peut dans l'intérêt d'une bonne administration de la justice désigner un **juge** spécialement **chargé de contrôler l'exécution des mesures** d'instruction confiées à un technicien en application de l'article 232 du même Code (CPC art. 155-1). Ce juge est également compétent pour assurer le contrôle des mesures d'instruction ordonnées en référé, sauf s'il en est décidé autrement lors de la répartition des juges entre les différentes chambres du tribunal (CPC art. 851).

Un juge chargé du contrôle d'une mesure d'instruction qu'il a ordonnée est compétent, tant pour relever une partie de la caducité que pour proroger le **délai de consignation,** peu important que la mesure ait été ordonnée par une formation collégiale (Cass. com. 10-5-2006 n° 05-15.338 : Bull. civ. IV n° 114). 13932
Le **juge** du contrôle **ne peut pas se dessaisir** de ses pouvoirs de contrôle entre les mains de l'**expert** qu'il a désigné (n° 15202).
Conformément au principe général posé par l'article 482 du CPC, les décisions prises par le juge commis ou par le juge chargé du contrôle n'ont pas au principal l'**autorité de la chose jugée** (CPC art. 171). S'agissant des ordonnances du juge de la mise en état, elles n'ont pas non plus, au principal, l'autorité de la chose jugée, à l'exception de celles statuant sur les exceptions de procédure, sur les fins de non-recevoir, sur les incidents mettant fin à l'instance et sur la question de fond tranchée en application des dispositions du 6° de l'article 789 du même Code (CPC art. 794).

MODIFICATION OU EXTENSION DES MESURES D'INSTRUCTION

Tout comme le juge qui a ordonné la mesure d'instruction (CPC art. 148 et 149), le juge chargé de procéder à une mesure d'instruction ou d'en contrôler l'exécution peut **ordonner** une **autre mesure d'instruction** que rendrait opportune l'exécution de celle qui a déjà été prescrite (CPC art. 166). Dans ce cas, il doit respecter le principe de la contradiction et statuer, les parties entendues ou appelées (Cass. 2e civ. 10-12-2020 n° 18-18.504 FS-PBRI). 13942
Lorsqu'une **mesure** d'instruction est **entachée d'un vice,** les opérations peuvent être régularisées ou recommencées, même sur-le-champ, si le vice qui les entache peut être écarté (CPC art. 177 ; n° 14135).

RECOURS CONTRE LA DÉCISION D'EXÉCUTER LA MESURE D'INSTRUCTION

Les **décisions relatives à l'exécution** d'une mesure d'instruction ne sont pas susceptibles d'opposition ; elles ne peuvent être frappées d'**appel ou** de pourvoi en **cassation** qu'en même temps que le jugement sur le fond (CPC art. 170, al. 1). 13952
Il en est ainsi de décisions rendues par le **juge chargé du contrôle** de l'exécution d'une mesure d'instruction (Cass. 2e civ. 11-7-1979 n° 78-12.298 : Bull. civ. II n° 210) ou rendues par le **juge de la mise en état** ordonnant une enquête (Cass. 2e civ. 16-10-1974 n° 72-13.546 : Bull. civ. II n° 268). Il n'est dérogé à cette règle qu'en cas d'**excès de pouvoir**, que la violation du **principe de la contradiction** ne constitue pas (Cass. 1e civ. 3-3-2022 n° 20-16.809 F-B).
Les dispositions de l'article 170 du CPC concernent l'exécution d'une mesure d'instruction et ne sont donc pas applicables aux décisions qui se prononcent sur une demande de **changement d'expert** (Cass. 2e civ. 18-10-2001 n° 98-17.475 : Bull. civ. II n° 158 ; Cass. 2e civ. 23-6-2005 n° 03-16.627 : Bull. civ. II n° 170).

CONCILIATION EN COURS D'EXÉCUTION DE LA MESURE D'INSTRUCTION

Le juge chargé de procéder à une mesure d'instruction ou d'en contrôler l'exécution peut constater la conciliation, même partielle, des parties (CPC art. 171-1). 13962

CONVOCATION DES PARTIES ET DES TIERS À LA MESURE D'INSTRUCTION

Les parties et les tiers sont convoqués aux opérations d'exécution de la mesure d'instruction, selon le cas, par le **greffier** du juge qui y procède ou par le **technicien** commis (CPC art. 160, al. 1). 13972
La convocation des parties s'impose à l'expert (Cass. 2e civ. 20-12-2001 n° 00-10.633 : Bull. civ. II n° 202) et s'applique à toutes les réunions d'expertise (Cass. 2e civ. 13-3-2008 n° 07-13.412 F-D).

Les parties sont convoquées par **lettre recommandée** AR ou par remise à leur défenseur d'un simple **bulletin** (CPC art. 160, al. 1). Le défenseur a alors la charge d'informer son client. Il en résulte notamment que l'envoi d'une lettre simple au conseil et à la partie convoquée est suffisant (Cass. 1e civ. 23-3-2011 n° 10-10.547 : Bull. civ. I n° 59). La remise d'un bulletin fait probablement référence à la remise, en fin d'expertise, d'une convocation à l'expertise suivante quand la date est déjà connue.
Les parties et les tiers peuvent aussi être convoqués **verbalement** s'ils sont présents lors de la fixation de la date d'exécution de la mesure (CPC art. 160, al. 2).
Les défenseurs des parties sont avisés par **lettre simple** s'ils ne l'ont pas été verbalement ou par bulletin (CPC art. 160, al. 3).
Les **parties défaillantes** sont avisées par lettre simple (CPC art. 160, al. 4).
Les dispositions de l'article 160 du CPC qui sont relatives aux modalités de convocation des parties à toutes les mesures d'instruction s'appliquent aux mesures de constatation (Cass. 2e civ. 5-3-2009 n° 08-11.650 : Bull. civ. II n° 66) (pour les expertises graphologiques, n° 13154).

13974 La **convocation régulière** des parties constitue une formalité obligatoire (Cass. soc. 24-11-1988 n° 86-43.383). À défaut, le rapport d'expertise est **inopposable** aux parties qui n'ont pas été appelées (Cass. 1e civ. 21-7-1976 n° 75-12.877 : Bull. civ. I n° 278 ; Cass. 3e civ. 5-12-2019 n° 18-23.852 F-D), voire **nul.** Tel est le cas lorsque la **partie absente** et non représentée lors d'une précédente réunion d'expertise n'a pas été régulièrement convoquée à la suivante (Cass. 3e civ. 7-2-2007 n° 05-20.410 : Bull. civ. III n° 20).
Les **chambres civiles** de la Cour de cassation considèrent que la solution s'applique même si le **rapport** de l'expert a été **communiqué** aux parties et aurait pu être utilement discuté à l'audience (Cass. 3e civ. 14-11-1990 n° 89-13.368 : Bull. civ. III n° 232 ; Cass. 2e civ. 20-12-2001 n° 00-10.633 : Bull. civ. II n° 202). Dès lors qu'aucun autre élément de preuve n'est invoqué, la condamnation de la partie qui n'a pas été convoquée ne peut donc pas être fondée sur le seul rapport d'expertise judiciaire (Cass. 3e civ. 5-12-2019 n° 18-23.852 précité). En revanche, dans un cas où un expert-comptable n'avait été ni appelé ni représenté en qualité de partie, la **chambre commerciale** a jugé que le rapport de l'expert lui était opposable, dès lors que ce rapport avait été versé aux débats et soumis à la discussion contradictoire des parties (Cass. com. 10-12-2013 n° 12-20.252 : Rev. sociétés 2014 p. 434 note T. Garnier, en l'espèce l'expert-comptable avait toutefois participé aux opérations en tant qu'expert-comptable de la société partie à l'instance ; n° 14100).
Si l'**avocat** de l'une des parties n'a été **ni avisé des opérations** d'expertise **ni destinataire du rapport** de l'expert, le principe de la contradiction n'a pas été respecté et il a été porté une grave atteinte aux droits de la défense, peu important que le représentant légal de la société partie à l'instance ait été régulièrement convoqué (Cass. 2e civ. 24-11-1999 n° 97-10.572 : Bull. civ. II n° 174).
En revanche, dans la mesure où les parties peuvent être convoquées par remise à leur défenseur d'un simple bulletin, l'envoi d'une **lettre simple aux parties avec copie à leur conseil** suffit à remplir l'obligation au regard de la convocation (Cass. 1e civ. 23-3-2011 n° 10-10.547 : Bull. civ. I n° 59). Et dès lors qu'elles ont été régulièrement convoquées, les parties ne sauraient contester le caractère contradictoire de l'expertise (Cass. com. 26-2-1980 n° 78-12.248 : Bull. civ. IV n° 97) (voir également n° 14110).

> **Précisions a.** En matière d'expertise touchant à l'**intimité des personnes,** même si l'expert n'est pas tenu d'admettre des tiers à assister à l'examen clinique, l'obligation de convoquer toutes les parties est maintenue (CA Bastia 12-11-2002 n° 02/00734 : Bull. inf. C. cass. 1-7-2004 n° 1079).
> **b.** La convocation peut intervenir sans **notification préalable** puisqu'une mesure d'expertise n'a pas à être notifiée pour être exécutée (CPC art. 152 ; Cass. 3e civ. 22-7-1992 n° 90-17.792 : Bull. civ. III n° 261).

REPRÉSENTATION ET ASSISTANCE DES PARTIES À LA MESURE D'INSTRUCTION

13984 Les parties peuvent se faire assister lors de l'exécution des mesures d'instruction (CPC art. 161). Mais seul celui qui les représente ou les assiste devant la juridiction qui a ordonné la mesure peut en suivre l'exécution, quel qu'en soit le lieu, formuler des **observations** (appelées « dires », voir n° 15212) et présenter toutes les **demandes** relatives à cette exécution même en l'absence de la partie (CPC art. 162).
Il résulte de la combinaison de ces textes que toute personne compétente peut **assister les parties** lors des **réunions d'expertise**, sans avoir à justifier d'un pouvoir spécial. Il peut donc s'agir d'un avocat d'un autre barreau (Cass. 1e civ. 18-5-1989 n° 87-13.353 : Bull. civ. I n° 204) ou de toute autre personne compétente (**expert** technique, expert de compagnie d'assurances, huissier ou commissaire de justice, **médecin-conseil**).

En revanche, la faculté de **formuler des observations** et de présenter des demandes à l'expert est strictement limitée à la personne qui représente ou assiste la partie devant la juridiction qui a ordonné la mesure d'instruction (généralement l'avocat).
Ainsi, un huissier ou commissaire de justice peut assister une partie lors d'une réunion d'expertise, mais les observations écrites qu'il formulera seront irrecevables, à moins qu'elles ne soient signées ou contresignées par la partie assistée ou son mandataire légal (Cass. 2e civ. 23-10-1991 n° 90-14.880 : Bull. civ. II n° 275). En **pratique,** c'est donc l'avocat, lorsque la postulation est obligatoire, qui doit formuler les observations, même s'il ne fait que commenter et communiquer un rapport établi par le conseiller technique de son client.

Présence aux mesures d'instruction Les parties peuvent se dispenser de se rendre aux mesures d'instruction si celles-ci n'impliquent pas leur **audition personnelle** (CPC art. 161, al. 2). 13991
L'obligation de convoquer les parties et de respecter le principe du contradictoire n'empêche pas celui qui exerce la mesure d'instruction d'effectuer des **investigations** d'ordre purement matériel, **hors la présence des parties.** L'essentiel est d'avoir convoqué les parties préalablement à l'ouverture de la mesure et de les avoir averties et par la suite informées du résultat des investigations opérées en leur absence (Cass. 2e civ. 18-6-1986 n° 85-10.247 : Bull. civ. II n° 94).
Lorsqu'une mesure d'instruction touche à l'**intimité** d'une personne, l'expert désigné peut toujours refuser la **présence de tiers.** Ainsi en est-il par exemple de l'entretien avec une personne soumise à un examen mental, qui revêt par sa nature même un caractère intime et qui peut donc conduire l'expert à refuser la présence des conseillers médicaux de l'une des parties (Cass. 1e civ. 25-4-1989 n° 87-19.253 : Bull. civ. I n° 169). Il doit néanmoins convoquer toutes les parties.

Lorsque la mesure d'instruction est exécutée devant la juridiction, elle l'est en **audience publique ou** en **chambre du conseil** selon les règles applicables aux débats sur le fond (CPC art. 164). 13993
Le juge qui procède ou assiste à une mesure d'instruction peut se déplacer sans être assisté par le greffier de la juridiction (CPC art. 165).

Le **ministère public** peut toujours être présent lors de l'exécution des mesures d'instruction, même s'il n'est pas partie principale (CPC art. 163). 13995

Intervention d'un tiers en cours d'instruction En cas d'intervention volontaire ou forcée d'un tiers à l'instance alors que les mesures d'instruction sont en cours, il est prévu que le **greffier de la juridiction** en **avise** aussitôt le **juge ou** le **technicien** chargé d'exécuter la mesure d'instruction. L'**intervenant** doit être mis en mesure de **présenter ses observations** sur les opérations auxquelles il a déjà été procédé (CPC art. 169). Il a ainsi été jugé que l'assureur, appelé à la procédure en un temps où il peut encore discuter les conclusions de l'expert, ne peut pas, sauf en cas de fraude de l'assuré, soutenir que l'expertise ne lui est pas opposable (Cass. 1e civ. 15-10-1991 n° 90-11.779 : Bull. civ. I n° 273). 14000

Intervention d'une partie après une mesure d'instruction Lorsqu'une partie intervient au procès après la mesure d'expertise, la jurisprudence dominante et récente considère que l'**expertise** ne lui est **pas opposable.** Tel est le cas lorsque la partie n'a pas été appelée ou représentée aux opérations d'expertise, et ce, quand bien même elle avait été alertée par l'expert judiciaire, avait eu des échanges circonstanciés avec celui-ci au cours de son instruction, avait eu connaissance de son rapport et avait été mise en mesure d'en discuter les termes au besoin en faisant diligenter une nouvelle expertise (Cass. 1e civ. 7-3-2000 n° 97-20.017 : Bull. civ. I n° 79). 14005
De même, les juges ne peuvent pas déclarer une expertise opposable à une partie aux motifs que celle-ci a été convoquée par l'expert désigné en référé, a assisté aux opérations d'expertise et y a été entendue et que le rapport a été régulièrement versé aux débats et soumis à une discussion contradictoire, alors que cette **personne** n'a **pas** été **assignée dans la procédure** en désignation d'expert et n'a pas été présente aux opérations d'expertise en qualité de partie à l'instance (Cass. 3e civ. 14-11-1990 n° 89-13.368 : Bull. civ. III n° 232 ; Cass. 3e civ. 23-4-1992 n° 90-14.071 : Bull. civ. III n° 140 ; Cass. 3e civ. 9-6-1993 n° 91-16.479 : Bull. civ. III n° 84).

Communication des pièces et rapports Les procès-verbaux, avis ou rapports établis à l'occasion ou à la suite de l'exécution d'une mesure d'instruction sont adressés ou remis en copie à **chacune des parties** par le greffier de la juridiction qui les a établis ou par le technicien qui les a rédigés, selon le cas ; mention en est faite sur l'original (CPC art. 173). 14015

14017 Le juge qui effectue personnellement une mesure d'instruction peut faire établir un **enregistrement** sonore, visuel ou **audiovisuel** de tout ou partie des opérations d'instruction auxquelles il procède ; l'enregistrement est alors conservé au greffe de la juridiction et chaque partie peut demander qu'il lui en soit remis, à ses frais, un exemplaire, une copie ou une transcription (CPC art. 174).
Seul le juge qui effectue personnellement une mesure d'instruction peut utiliser tous les moyens audiovisuels utiles en sa possession (CA Douai 23-11-2000 : Gaz. Pal. 2001 p. 653 note Olivier).
Le juge des référés peut désigner un technicien pour lui fournir tout élément d'information lui permettant d'envisager l'organisation de réunions d'expertise via le réseau internet ou l'intervention d'un opérateur de télécommunication (TGI Paris réf. 25-5-2001 : Gaz. Pal. 2001 p. 1809 note Olivier).

14025 Une partie est toujours en **droit d'obtenir communication des pièces** dont elle n'a pas eu connaissance et sur lesquelles l'expert a fondé son avis, et ce, même lorsque la compétence de cet expert n'est pas contestée (Cass. soc. 10-12-1980 n° 79-14.274 : Bull. civ. V n° 880).
Dès lors qu'une partie conteste avoir eu connaissance du rapport d'expertise, les juges ne peuvent statuer sans relever expressément que ce rapport lui a été adressé par le technicien ou a été porté à sa connaissance (Cass. 3e civ. 9-12-1992 n° 91-11.443 : Bull. civ. III n° 320).
Une expertise ne respecte pas le principe du contradictoire lorsqu'il ne résulte ni de l'arrêt ni des productions que l'avis du spécialiste consulté par l'expert commis ait été porté, avant le dépôt du rapport, à la connaissance des parties afin de leur permettre d'en discuter devant l'expert (Cass. 2e civ. 16-12-1985 n° 84-16.917 : Bull. civ. II n° 199).
En revanche, lorsque celui qui se plaint du défaut de communication était partie à l'instance de référé qui a abouti à la nomination de l'expert, a fait mention du rapport dans divers actes de procédure et était en mesure d'en discuter le contenu, une cour d'appel peut statuer au vu du rapport d'expertise et n'est tenue ni d'en ordonner la communication ni d'inviter les parties à fournir des explications en application de l'article 442 du CPC (Cass. 2e civ. 22-5-1979 n° 77-15.541 : Bull. civ. II n° 153).

DIFFICULTÉS D'EXÉCUTION DE LA MESURE D'INSTRUCTION

14027 Les difficultés auxquelles se heurterait l'exécution d'une mesure d'instruction sont réglées, à la demande des parties, à l'initiative du technicien commis, ou d'office, soit par le **juge** qui y procède, soit par le juge chargé du contrôle de son exécution (CPC art. 167). Le juge chargé du contrôle doit respecter le principe de la **contradiction** et statuer, les parties entendues ou appelées (Cass. 2e civ. 10-12-2020 n° 18-18.504 FS-PBRI).
La **saisine** n'est soumise à aucune règle de forme. La difficulté peut donc être soumise au juge par un simple courrier.
Le fait qu'au cours d'une expertise ordonnée par le tribunal de commerce le **président** de ce **tribunal** ait rendu une ordonnance sur requête qui, prescrivant une production de documents, mentionne qu'en cas de difficulté il lui en serait référé ne peut pas faire échec aux règles relatives aux mesures d'instruction ; malgré cette mention, le juge des référés ne peut donc pas se déclarer compétent pour connaître de la demande en rétractation de l'ordonnance (Cass. 2e civ. 22-6-1978 n° 77-12.479 : Bull. civ. II n° 167).
Les décisions du juge chargé du contrôle qui tranchent les difficultés auxquelles se heurte l'exécution des mesures d'instruction ne peuvent être frappées d'appel qu'en même temps que le jugement sur le fond (Cass. 2e civ. 11-7-1979 n° 78-12.298 : Bull. civ. II n° 210 ; n° 13952).

14029 Le **juge se prononce sur-le-champ** si la difficulté survient au cours d'une opération à laquelle il procède ou assiste ; dans les **autres cas,** le juge chargé du contrôle **fixe la date** pour laquelle les parties et, s'il y a lieu, le technicien commis seront **convoqués** par le greffier de la juridiction (CPC art. 168).
Le juge doit en effet respecter le principe de la **contradiction** et statuer, les parties entendues ou appelées (Cass. 2e civ. 10-12-2020 n° 18-18.504 FS-PBRI).

FIN DE LA MESURE D'INSTRUCTION

14039 **Mesure ordonnée avant tout procès** Lorsque la mesure a été ordonnée avant tout procès (n° 13415) et que le juge des référés n'était saisi qu'à cette fin, les parties, une fois les mesures achevées, ont le choix de saisir ou non la juridiction compétente pour trancher le **fond du litige.**

14044 **Mesure ordonnée en cours de procès** Lorsque la mesure a été ordonnée en cours de procès (n° 13576), la **décision** qui ordonne la mesure d'instruction ne **dessaisit pas le juge** (CPC art. 153, al. 1). Le juge n'est pas tenu, avant de statuer au fond, de maintenir la mesure qu'il

a ordonnée s'il s'estime suffisamment éclairé (Cass. 3e civ. 9-11-1977 n° 76-13.456 : Bull. civ. III n° 383).
Dès que la mesure d'instruction est exécutée, l'instance se poursuit à la diligence du juge (CPC art. 172, al. 1). Le juge est le seul compétent pour statuer sur des demandes d'indemnisation dont il a été saisi après dépôt du rapport d'expertise qu'il a ordonné (Cass. 2e civ. 22-2-2007 n° 06-15.337 : Bull. civ. II n° 42).
Le juge peut, dans les limites de sa compétence, **entendre immédiatement les parties** en leurs observations ou plaidoiries, même sur les lieux, et statuer aussitôt sur leurs prétentions (CPC art. 172, al. 2). L'obligation d'entendre les parties en leurs observations après exécution d'une mesure d'instruction s'impose au juge (Cass. soc. 24-11-1988 n° 86-43.383 : Bull. civ. V n° 626).
En pratique, la décision qui ordonne la mesure indique la date à laquelle l'affaire est rappelée pour un nouvel examen (CPC art. 153, al. 2). Et la procédure reprend son cours. Dans les procédures au fond devant le tribunal judiciaire, il est prévu que, dès l'exécution de la mesure d'instruction ordonnée, l'instance poursuit son cours à la diligence du juge de la mise en état (CPC art. 797). L'affaire est donc renvoyée au stade de la mise en état, avec un moyen de preuve complémentaire mis à la disposition du juge, qui peut donc l'utiliser pour fonder sa décision, à moins qu'il ne soit frappé de nullité.

EXÉCUTION DE LA MESURE D'INSTRUCTION ÉLOIGNÉE OU À L'ÉTRANGER

Mesures exécutées en France Des mesures d'instruction **loin de la juridiction** saisie peuvent être nécessaires. Le **juge** peut **se déplacer** hors de son ressort pour procéder à une mesure d'instruction ou pour en contrôler l'exécution (CPC art. 156). **14054**
Mais en **pratique,** le juge a le plus souvent recours à une **commission rogatoire.** Lorsque l'éloignement des parties ou des personnes qui doivent apporter leur concours à la mesure, ou l'éloignement des lieux, rend le déplacement trop difficile ou trop onéreux, le juge peut charger une **autre juridiction** de degré égal ou inférieur de procéder à tout ou partie des opérations ordonnées (CPC art. 157, al. 1).
La décision est transmise avec tous les documents utiles par le greffe de la juridiction commettante à la juridiction commise. Dès réception, il est procédé aux opérations prescrites à l'initiative de la juridiction commise ou du juge que le président de cette juridiction désigne à cet effet (CPC art. 157, al. 2).
Les **parties** ou les personnes qui doivent apporter leur concours à l'exécution de la mesure d'instruction sont directement **convoquées ou avisées** par la juridiction commise. Les parties ne sont pas tenues de constituer avocat devant cette juridiction (CPC art. 157, al. 3).
Sitôt les opérations accomplies, le greffe de la juridiction qui y a procédé transmet à la juridiction commettante les **procès-verbaux** accompagnés des pièces et objets annexés ou déposés (CPC art. 157, al. 4).

Dans un **litige international,** lorsque l'objet des vérifications réclamées se trouve en France et que la compétence invoquée du **juge des référés français** présente une **opportunité** qui ne préjudicie pas aux droits des parties, la mesure peut être ordonnée par ce juge des référés (Cass. com. 1-7-1980 n° 79-12.106 : Bull. civ. IV n° 284). **14056**

> **Précisions** Les **mesures ordonnées par une juridiction étrangère** sont régies par les articles 735 s. du CPC. Le tribunal judiciaire a seul compétence pour connaître des commissions rogatoires. Le tribunal judiciaire territorialement compétent est celui dans le ressort duquel la commission rogatoire doit être exécutée (CPC art. 735). La commission rogatoire est exécutée conformément à la loi française à moins que la juridiction étrangère n'ait demandé qu'il y soit procédé selon une forme particulière (CPC art. 739).

Mesures exécutées à l'étranger Le juge peut, à la demande des parties, ou d'office, faire procéder dans un État étranger aux mesures d'instruction ainsi qu'aux autres actes judiciaires qu'il estime nécessaires en donnant **commission rogatoire** soit à toute autorité judiciaire compétente de cet État, soit aux autorités diplomatiques ou consulaires françaises (CPC art. 734). **14064**
Lorsqu'un juge français donne commission rogatoire internationale, l'autorité judiciaire compétente pour l'exécuter est désignée par la **loi du pays requis** et procède selon les formes de cette loi (Cass. 1e civ. 22-5-2007 n° 02-12.857 : Bull. civ. I n° 197). Ainsi sont valables les **témoignages** recueillis dans un pays étranger par l'autorité compétente en vertu de la loi de ce pays, procédant selon les formes définies par cette loi, et saisie soit par commission rogatoire du juge français, soit par requête de l'une des parties. En outre, si la **conception française de l'ordre public international** empêche de reconnaître une décision étrangère qui n'aurait pas respecté les droits de la défense, il n'est pas porté atteinte à ceux-ci dès lors que les témoignages reçus à l'étranger

ont été soumis à un débat contradictoire devant le juge français (Cass. 1e civ. 22-2-1978 n° 77-10.109 : Bull. civ. I n° 73). En tout état de cause, avant de faire application le cas échéant de l'exception d'ordre public, les juges du fond doivent rechercher si et à quelles conditions, selon la loi du pays requis, la personne qui a instrumenté avait la qualité d'autorité judiciaire compétente pour accomplir la mesure d'instruction sollicitée. C'est seulement après avoir procédé à cette vérification que les juges du fond peuvent éventuellement annuler une commission rogatoire au motif que la façon dont la mesure a été exécutée contrarierait la conception française de l'ordre public (Cass. 1e civ. 22-5-2007 n° 02-12.857 précité).

Lorsqu'une commission rogatoire internationale est ordonnée, le greffe de la juridiction commettante adresse au **ministère public** une expédition de la décision donnant commission rogatoire à moins que la transmission doive se faire directement à la juridiction ou à l'autorité étrangère compétente. La décision donnant commission rogatoire est accompagnée d'une traduction établie à la diligence des parties, à moins que ne soit autorisée sa transmission en langue française (CPC art. 734-1). Le ministère public près la juridiction commettante fait aussitôt parvenir la commission rogatoire au ministre de la justice aux fins de transmission, à moins qu'en vertu d'un traité la transmission doive être faite directement à l'autorité étrangère (CPC art. 734-2).

Si demande en est faite dans la commission rogatoire, et pour autant que la mesure d'instruction prescrive qu'il soit exclusivement procédé à une audition, le ministère de la justice peut en autoriser l'exécution directe par la juridiction étrangère, notamment par vidéoconférence, sans contrainte ni sanction possible (CPC art. 747-1). S'il est déféré à la demande de la juridiction étrangère, le ministère de la justice indique dans quelles conditions il doit être procédé à la mesure d'instruction et, s'il y a lieu, désigne le tribunal judiciaire compétent chargé d'assister la juridiction étrangère dans l'exécution de la mesure d'instruction (CPC art. 747-2).

14066 Les dispositions des articles 734 à 748 du CPC constituent le droit commun des commissions rogatoires internationales, aux côtés desquelles coexistent de **nombreuses conventions** destinées à faciliter la réalisation des mesures d'instruction qui doivent être exécutées à l'étranger.

La **convention de La Haye** du 18 mars 1970 **sur l'obtention des preuves à l'étranger** en matière civile ou commerciale vise à faciliter la transmission et l'exécution des commissions rogatoires entre les États contractants (62 États en 2020). L'autorité judiciaire d'un État contractant peut, conformément aux dispositions de sa législation, demander par commission rogatoire à l'autorité compétente d'un autre État contractant de faire tout acte d'instruction, ainsi que d'autres actes judiciaires (art. 1). Le texte prévoit les conditions dans lesquelles la commission rogatoire doit être remplie (indications à fournir, langue à utiliser), exécutée et peut être refusée (atteinte à la souveraineté du pays par exemple).

Un acte d'instruction ne peut pas être demandé pour permettre aux parties d'obtenir des moyens de preuves qui ne soient pas destinés à être utilisés dans une procédure engagée ou future. Chaque État contractant désigne une **autorité centrale** qui assume la charge de recevoir les commissions rogatoires émanant d'une autorité judiciaire d'un autre État contractant et de les transmettre à l'autorité compétente aux fins d'exécution (art. 2).

La Convention autorise et réglemente également les actes d'instruction exécutés par un **agent diplomatique ou consulaire** d'un État contractant sur le territoire d'un autre État contractant. Ces actes, auxquels il est procédé sans contrainte, ne peuvent viser que les ressortissants d'un État que l'agent représente et ne peuvent concerner qu'une procédure engagée devant un tribunal dudit État (art. 15). L'acte d'instruction exécuté par un agent diplomatique peut néanmoins viser les ressortissants de l'État de résidence ou d'un État tiers, dès lors qu'il concerne une procédure engagée devant un tribunal d'un État qu'il représente et qu'une autorisation lui a été donnée à cet effet par l'État de résidence (art. 16).

Le contentieux relatif à l'exécution d'une commission rogatoire de l'étranger à l'occasion d'une demande d'obtention de preuve par application de la convention de La Haye du 18 mars 1970 relève de la compétence du TGI (devenu le tribunal judiciaire), alors même que le litige oppose deux sociétés commerciales (Avis Cass. 18-3-2013 n° 12-70.020).

14070 Le règlement UE 2020/1783 du 25 novembre 2020 relatif à la **coopération entre les juridictions des États membres** dans le domaine de l'obtention des preuves en matière civile ou commerciale (obtention des preuves) vise à améliorer, simplifier et accélérer la coopération entre les juridictions des États membres en ce qui concerne l'obtention des preuves. Il réglemente les conditions dans lesquelles une juridiction d'un État membre peut procéder directement à un acte d'instruction dans un autre État membre ou peut demander à la juridiction compétente d'un autre État membre d'y procéder (règlement UE 2020/1783 art. 1). La demande doit viser à obtenir des moyens de preuve destinés à être utilisés dans une procédure judiciaire qui est engagée ou envisagée (art. précités).

Chaque État membre désigne un **organisme central** qui est chargé d'informer les juridictions et de faciliter la transmission des commissions rogatoires (règlement UE 2020/1783 art. 4). Les deux textes réglementent la forme et le contenu des demandes (langue, formulaire type, indications), les conditions d'exécution de la demande (droit applicable, délai, représentation) et les conditions dans lesquelles elle peut être refusée. À compter du 1er juillet 2022, sauf exception, toutes les communications et tous les échanges de documents et actes dans le cadre du règlement UE 2020/1783 devront être effectués au moyen d'un **système informatique décentralisé** sécurisé et fiable, composé de systèmes informatiques nationaux qui seront interconnectés et techniquement interopérables, par exemple, et sans préjudice de progrès technologiques ultérieurs, sur la base de l'e-Codex (règlement UE 2020/1783 art. 7). Dans le cas où des preuves devront être obtenues par l'**audition** d'une personne, telle qu'un témoin, une partie à la procédure ou un expert, présente sur le territoire d'un autre État membre, la juridiction requérante devra pouvoir obtenir ces preuves directement en utilisant la **vidéoconférence ou d'autres technologies de communication** à distance, lorsque la juridiction disposera de ces technologies et qu'elle les considérera appropriées au regard des circonstances de l'affaire et du déroulement équitable de la procédure (art. 20).
L'exécution de l'acte d'instruction en présence et avec la participation des parties (principe du contradictoire) est possible si le droit de l'État membre dont relève la juridiction requérante le prévoit (règlement UE 2020/1783 art. 13).

> **Précisions a.** Le règlement s'applique dans tous les **États membres** de l'Union européenne à l'exception du Danemark. Entre le Danemark (ou le Royaume-Uni depuis le Brexit) et les autres États membres, c'est la convention de La Haye qui s'applique (n° 14066).
b. Les articles 178-1 et 178-2 du CPC précisent les conditions de **provision des frais de traduction et d'interprétariat.**

4. NULLITÉ ET INOPPOSABILITÉ DES MESURES D'INSTRUCTION

RÉGIME DES ACTES DE PROCÉDURE

La **nullité** des décisions et des actes d'exécution relatifs aux mesures d'instruction est soumise **14100**
aux dispositions qui régissent la nullité des actes de procédure (CPC art. 175). Il convient donc de se reporter à leur régime général (nos 10480 s.). Les parties à une instance au cours de laquelle une expertise judiciaire a été ordonnée ne peuvent pas invoquer l'**inopposabilité du rapport d'expertise** en raison d'irrégularités affectant le déroulement des opérations, lesquelles sont sanctionnées selon l'article 175 du CPC. Dès lors, la **nullité** du rapport d'expertise dont le contenu clair et précis avait été débattu contradictoirement n'étant **pas soulevée,** le juge du fond a pu tenir compte des appréciations de l'expert pour fixer l'indemnisation (Cass. ch. mixte 28-9-2012 n° 11-11.381 : Bull. ch. mixte n° 1).
Il faut donc être attentif au **fondement** de la demande en nullité (CPC art. 175 et 112), la partie à une expertise ne pouvant invoquer qu'un vice de forme ou une irrégularité de fond, ces derniers étant limitativement énumérés à l'article 117 du CPC (Cass. ch. mixte 7-7-2006 n° 03-20.026 : Bull. ch. mixte n° 6). Ainsi, la prestation de serment par écrit d'un expert qui n'est pas inscrit sur la liste nationale des experts ou sur celle d'une cour d'appel ne constituant ni une irrégularité sanctionnée par une nullité pour vice de forme ni une formalité substantielle ou d'ordre public, la demande en nullité du rapport fondée sur ce motif peut être rejetée (Cass. 2e civ. 26-9-2019 n° 18-18.054 F-PBI).
Il faut également être vigilant à **la demande** car la partie au contradictoire de laquelle l'expertise a été réalisée ne peut demander que la **nullité** du rapport d'expertise et non son inopposabilité. Même si les éléments soulevés ne suffisent pas à obtenir la nullité du rapport, il peut être utile de présenter au juge une défense en ce sens, ce dernier n'étant pas lié par les constatations ou les conclusions du technicien (CPC art. 246 ; nos 14788 et 14882).
L'**inopposabilité** d'une expertise peut parfois être valablement invoquée par les **tiers** à qui le rapport d'expertise est opposé, mais qui n'étaient pas parties à la mesure d'instruction, faute d'avoir été attraits en la cause avant le dépôt du rapport. Dans ce cas, l'article 175 du CPC ne saurait être allégué. C'est donc l'inopposabilité de l'expertise qu'il convient d'invoquer. Dans une telle situation, les juges considèrent généralement que le rapport peut être utilisé contre la personne qui n'était pas partie à l'expertise, s'il a été contradictoirement débattu (Cass. 2e civ. 8-9-2011 n° 10-19.919 : Bull. civ. II n° 166 ; Cass. com. 24-5-2005 n° 04-10.324).
Mais ce n'est pas toujours le cas. Ainsi, aucune condamnation ne peut intervenir à l'encontre des appelés en garantie sur la base du seul rapport, alors qu'aucun autre élément de preuve

n'était invoqué (Cass. 3e civ. 12-1-2011 n° 10-10.520 : Bull. civ. III n° 4). Lorsqu'une société a été appelée à l'expertise comme **sachant** et non comme partie, le rapport d'expertise doit lui être déclaré inopposable (Cass. 3e civ. 7-12-1994 n° 93-12.041). Mais c'est la solution contraire qui est retenue pour celui qui est assigné en son nom personnel alors qu'il a assisté à l'expertise en qualité de **gérant d'une société** (Cass. 3e civ. 8-9-2010 n° 09-67.434 : RJDA 1/11 n° 36 ; dans le même sens, Cass. com. 10-12-2013 n° 12-20.252).

14102 **Moment de la demande** La nullité des actes de procédure peut être invoquée au **fur et à mesure** de leur accomplissement, mais elle est couverte si celui qui l'invoque a, postérieurement à l'acte critiqué, fait valoir des défenses au fond ou opposé une fin de non-recevoir sans soulever la nullité (CPC art. 112 et 175). L'exception de nullité doit donc être soulevée **in limine litis.** Cette disposition ne méconnaît pas le droit à un **procès équitable** et la demande en nullité d'une expertise pour méconnaissance par l'expert du principe de l'impartialité ou de celui de la contradiction ne relève pas des articles 118 et 119 du CPC qui ne régissent que les irrégularités du fond limitativement énumérées à l'article 117 du même Code (Cass. 1e civ. 14-11-2018 n° 17-27.980 FS-PB : Bull. inf. C. cass. 15-3-2019 n° 281).

Ainsi, si une partie présente des défenses au fond avant de soulever la nullité du rapport d'expertise, celle-ci sera rejetée comme tardive (Cass. 1e civ. 30-4-2014 n° 12-21.484 : Bull. civ. I n° 75). Mais une partie qui soulève une exception de nullité postérieurement à l'acte critiqué peut être considérée comme recevable en sa demande, dès lors qu'il est établi qu'elle n'a eu connaissance que tardivement de la cause de nullité. Il incombe d'ailleurs aux juges du fond de le rechercher (Cass. 1e civ. 15-01-1991 n° 89-05.003 : Bull. civ. I n° 18).

La nullité du rapport d'expertise doit être soulevée dans l'instance au fond dans la perspective de laquelle la mesure d'instruction a été ordonnée ; une action **en nullité exercée à titre principal** n'est donc pas recevable (Cass. 2e civ. 2-12-2004 n° 02-20.205 : Bull. civ. II n° 513). Il en va différemment lorsque la mesure d'instruction est destinée à établir si la faute reprochée à un salarié protégé est fondée dès lors que l'appréciation de cette faute relève de l'autorité administrative et non de la juridiction (Cass. soc. 2-12-2014 n° 13-24.029 : RJS 2/15 n° 118).

ILLUSTRATIONS

Une partie est irrecevable à se prévaloir de la nullité résultant du défaut de prestation de serment par l'expert, faute d'avoir invoqué cette nullité en **première instance et avant toute défense au fond** (Cass. 1e civ. 16-7-1998 n° 96-14.306 : Bull. civ. I n° 255).

L'exception de nullité d'un complément d'expertise est irrecevable lorsqu'elle est soulevée après que **les parties ont conclu au fond** (Cass. 3e civ. 6-3-1991 n° 89-16.592 : Bull. civ. III n° 83).

Une partie est irrecevable à invoquer **en cause d'appel** l'irrégularité d'une expertise, dès lors que, loin d'invoquer en première instance et avant toute défense au fond la nullité des déclarations recueillies par l'expert, elle en avait discuté la portée (Cass. soc. 17-12-1976 n° 75-15.546 : Bull. civ. V n° 700).

Un employeur ne peut pas, pour la première fois **devant la Cour de cassation,** reprocher à une cour d'appel d'avoir homologué les conclusions d'un expert, alors que dans ses conclusions d'appel il s'est borné à réclamer un complément d'expertise sans soutenir que l'expertise était nulle (Cass. soc. 17-3-1977 n° 76-40.002 : Bull. civ. V n° 204).

En revanche, lorsqu'un **expert ne remplit pas personnellement la mission** qui lui est confiée, les actes accomplis en méconnaissance de cette obligation ne peuvent valoir opérations d'expertise. La nullité de ces actes peut donc être demandée en tout état de cause (Cass. 3e civ. 26-11-2008 n° 07-20.071 : Bull. civ. III n° 189).

14110 **Preuve d'un grief** L'article 175 du CPC renvoyant aux règles régissant les nullités des actes de procédure (n° 14100) et la nullité pour vice de forme exigeant la preuve d'un grief (CPC art. 114), la nullité des décisions et des actes d'exécution relatifs aux mesures d'instruction ne peut être prononcée qu'à charge pour celui qui l'invoque de prouver le grief que lui cause l'irrégularité (Cass. com. 2-7-2002 n° 99-10.289). Ainsi, l'absence de communication à une partie d'informations complémentaires adressées par une autre partie à l'expert qui en a tenu compte dans son rapport constitue bien l'inobservation d'une formalité substantielle, sanctionnée par une nullité pour vice de forme, mais celle-ci ne peut être prononcée qu'à charge pour celui qui l'invoque de prouver le grief que lui cause l'irrégularité (Cass. 1e civ. 30-4-2014 nos 13-13.579 et 13-14.234 : Bull. civ. I n° 74 ; Cass. 2e civ. 23-1-2020 n° 19-10.584 F-PBI).

Il appartient donc au juge du fond d'apprécier souverainement si ce vice a empêché la partie de faire valoir ses arguments devant l'expert (Rapport de la Cour de cassation 2012 p. 311).

ILLUSTRATIONS

N'encourt pas la nullité l'expertise dont le **rapport** n'est **signé** que **par un seul des deux experts** commis, dès lors que la preuve de la collaboration et de la conformité de l'avis des deux experts est rapportée et que cette omission matérielle n'a entraîné aucun préjudice pour les parties (Cass. 1e civ. 24-7-1973 n° 71-11.624 : Bull. civ. III n° 254).

Lorsque toutes les **décisions relatives à des travaux** de remise en état ont été faites et **prises contradictoirement** en présence de toutes les parties et sous le contrôle de l'expert et que seul le constat de bonne fin des travaux a été effectué sans convocation des parties, les juges du fond peuvent décider que le **défaut de convocation** pour cette opération n'a causé de préjudice à aucune des parties (Cass. com. 9-5-2001 n° 98-12.546).

Lorsqu'un expert n'a pas pris en considération un dire ni précisé quelle suite il lui donnait, le juge ne peut pas prononcer la nullité de l'expertise sans relever l'existence d'un grief que cette irrégularité aurait causé (Cass. 3e civ. 3-10-1991 n° 89-12.943 : Bull. civ. III n° 227).

L'**absence d'établissement d'un prérapport,** en méconnaissance des termes de la mission d'expertise, constitue l'inobservation d'une formalité substantielle, sanctionnée par une nullité pour vice de forme qui ne peut être prononcée qu'à charge pour celui qui l'invoque de prouver le grief que lui cause l'irrégularité. Ne rapporte pas cette preuve la partie qui, pour obtenir l'annulation du rapport final, soutient que l'absence de dépôt du prérapport constitue une violation du principe de la contradiction, alors que le **rapport final** de l'expert a été soumis à la discussion des parties (Cass. 2e civ. 29-11-2012 n° 11-10.805 : Bull. civ. II n° 192).

Le juge n'a pas à relever l'existence d'un grief pour prononcer la nullité de la mesure d'instruction dès lors que l'irrégularité porte atteinte aux **droits de la défense.** **14112**

Ainsi, le **rapport d'expertise** peut être déclaré **nul** sans qu'il y ait lieu de constater l'existence d'un grief lorsqu'une partie n'a pas été informée de la possibilité qui lui était ouverte de présenter des dires ou observations sur le **prérapport** de l'expert (Cass. com. 4-11-2008 n° 07-18.147 : Bull. civ. IV n° 189) ou n'a pas été convoquée (Cass. 3e civ. 21-7-1999 n° 98-10.058 : RJDA 11/99 n° 1222 ; Cass. 2e civ. 20-12-2001 n° 00-10.633 : Bull. civ. II n° 202). Il en est de même lorsque l'avocat d'une partie n'a pas été avisé des opérations d'expertise et n'a pas été destinataire du rapport de l'expert (Cass. 2e civ. 24-11-1999 n° 97-10.572 : Bull. civ. II n° 174).

ÉTENDUE DE LA NULLITÉ FRAPPANT LA MESURE D'INSTRUCTION

Nullité partielle La nullité ne frappe que celles des opérations qu'affecte l'irrégularité **14120**
(CPC art. 176). En conséquence, lorsqu'une partie seulement des opérations d'expertise n'a pas été menée contradictoirement, les juges du fond peuvent circonscrire l'annulation aux seules opérations réalisées en méconnaissance du principe de la contradiction.

Par **exemple,** lorsqu'un expert s'est adjoint un sapiteur, les opérations de ce dernier doivent être communiquées aux parties pour qu'elles puissent en débattre contradictoirement ; à défaut, une cour d'appel peut toutefois décider qu'il n'y a pas lieu d'annuler dans leur intégralité les rapports d'expertise, mais de limiter la nullité aux seules conclusions du sapiteur (Cass. 2e civ. 12-6-2003 n° 01-13.502 : Bull. civ. II n° 189). De même, lorsqu'un expert a dépassé sa mission, la partie du rapport qui a été faite dans le respect des principes de sa mission peut être prise en compte par le juge (Cass. 3e civ. 17-7-1996 n° 95-20.378 : Bull. civ. III n° 186).

Opposabilité à toutes les parties Si le principe du contradictoire a été méconnu par **14125**
un expert qui a fondé ses conclusions sur l'analyse d'un technicien qu'il avait consulté sans en donner connaissance aux parties, la nullité du rapport est opposable à toutes les parties, peu importe que l'une d'entre elles n'ait pas elle-même soulevé la nullité de ce rapport (Cass. 2e civ. 15-4-2010 n° 09-10.239 : Bull. civ. II n° 83).

RÉGULARISATION DE LA MESURE D'INSTRUCTION VICIÉE

Les opérations peuvent être régularisées ou recommencées, même sur-le-champ, si le **vice** qui **14135**
les entache **peut être écarté** (CPC art. 177).

Le juge peut donc ordonner la **réouverture des débats** et inviter l'expert à reprendre les opérations qui n'ont pas été effectuées contradictoirement. Cette décision ne viole ni le principe de la contradiction ni l'article 6, 1 de la CESDH (Cass. 2e civ. 24-6-2004 n° 02-14.959 : Bull. civ. II n° 317).

De même, lorsque l'**expert,** après avoir omis de convoquer l'une des parties à ses premières opérations, a ensuite régularisé par une nouvelle réunion à laquelle **toutes les parties** étaient **convoquées,** la nullité n'est pas encourue (Cass. 3e civ. 7-11-1972 n° 71-12.294 : Bull. civ. III n° 581).

PREUVE DE LA RÉGULARITÉ DE LA MESURE D'INSTRUCTION

14145 L'omission ou l'inexactitude d'une mention destinée à établir la régularité d'une opération d'instruction ne peut pas entraîner la nullité de celle-ci s'il est établi, par **tous moyens,** que les **prescriptions légales** ont, **en fait,** été **observées** (CPC art. 178).
La preuve de la régularité se fait donc par tous moyens.

EFFETS DE LA NULLITÉ DE LA MESURE D'INSTRUCTION

14155 Un rapport d'expertise déclaré nul est en principe **dépourvu de valeur probante.** Les juges ne peuvent donc pas fonder leur décision sur la base unique d'une expertise sans valeur légale (Cass. 1e civ. 5-12-1973 n° 72-12.577 : Bull. civ. I n° 341).
Mais il résulte des articles 1315 du Code civil (désormais art. 1353), 175 et 233 du CPC que les **éléments** d'un **rapport d'expertise annulé** peuvent être retenus à titre de **renseignement,** à la condition qu'ils soient **corroborés** par d'autres éléments du dossier (Cass. 2e civ. 23-10-2003 n° 01-15.416). Lorsque l'expertise est nulle, le **juge** peut également **statuer au fond sans ordonner** une **autre mesure d'instruction,** dès lors qu'il s'estime suffisamment éclairé (Cass. com. 19-6-1962 n° 61-10.161 : Bull. civ. III n° 324).
Rappelons également que s'il est loisible au juge, pour asseoir sa conviction, de se référer à une expertise à laquelle une partie n'a été ni appelée ni représentée, c'est à la condition que les données de cette expertise aient été versées au débat et soient corroborées par d'autres éléments de preuve (Cass. 3e civ. 10-2-1976 n° 74-14.320 : Bull. civ. III n° 56 ; Cass. 3e civ. 7-9-2022 n° 21-20.490 F-D).

B. Vérifications personnelles du juge

PRINCIPES

14200 Le juge peut, afin de les vérifier lui-même, prendre en **toute matière** une connaissance personnelle des faits litigieux (CPC art. 179, al. 1).
Il procède aux **constatations, évaluations, appréciations** ou **reconstitutions** qu'il estime nécessaires, en se transportant sur les lieux si besoin est (CPC art. 179, al. 2).

14203 Le juge peut, au cours des opérations de vérification, à l'audience ou en tout autre lieu, se faire assister d'un **technicien** ou **entendre les parties** elles-mêmes et **toute personne** dont l'audition paraît utile à la manifestation de la vérité (CPC art. 181).

JUGE COMPÉTENT POUR ORDONNER LES VÉRIFICATIONS PERSONNELLES

14210 C'est le juge chargé d'instruire l'affaire et de la mettre en état d'être plaidée qui est compétent pour ordonner les vérifications personnelles (CPC art. 789 pour le juge de la mise en état ; art. 865 pour le juge rapporteur près le tribunal de commerce ; art. 943 pour le conseiller de la mise en état ; C. trav. art. R 1454-4 pour le conseiller rapporteur ; art. R 1454-14 pour le bureau de conciliation et d'orientation devant le conseil de prud'hommes).
En principe, le juge compétent est le juge du fond (Droit et pratique de la procédure civile, sous la direction de S. Guinchard : Dalloz action 2021-2022 n° 452.141). Cependant, la Cour de cassation considère que dans la mesure où il incombe au juge des référés de vérifier que l'existence de l'obligation n'est pas sérieusement contestable, ce juge a le pouvoir d'ordonner toute mesure d'instruction qu'il estime utile (Cass. 1e civ. 30-6-1993 n° 91-18.465 : Bull. civ. I n° 237). Quant au juge des référés saisi sur le fondement de l'article 145 du CPC, il est libre de choisir la mesure ou les mesures nécessaires et peut toujours modifier les mesures qu'il a ordonnées (CPC art. 148 et 149). Rien ne s'oppose donc à ce qu'il ordonne une vérification personnelle, dès lors que cette mesure est de nature à conserver ou établir avant tout procès la preuve de faits dont pourrait dépendre la solution du litige (CPC art. 145).
En **formation collégiale,** c'est l'un des membres de la formation de jugement qui doit être désigné pour procéder aux vérifications personnelles (CPC art. 180). Mais le juge qui exécute une autre mesure d'instruction peut, même s'il n'appartient pas à la formation de jugement, procéder aux vérifications personnelles que rendrait opportunes l'exécution de cette mesure (CPC art. 183).

RESPECT DU CONTRADICTOIRE LORS DES VÉRIFICATIONS PERSONNELLES

14220 Le juge chargé des vérifications personnelles doit respecter et faire respecter le principe de la contradiction (CPC art. 16). Ainsi, au cours des vérifications, les parties doivent être présentes ou appelées (CPC art. 179, al. 1). Si elles sont absentes, le juge ne peut pas procéder immédiatement aux vérifications personnelles et doit fixer les lieu, jour et heure de la vérification (CPC art. 180).

ILLUSTRATIONS

Ne respectent pas le principe de la contradiction et les droits de la défense :
– le conseil de prud'hommes qui fonde l'essentiel de ses appréciations sur des constatations faites au cours d'un **transport sur les lieux** prescrit, à propos d'un autre litige concernant des collègues de travail du demandeur, par le conseil de prud'hommes autrement composé, cette mesure d'instruction n'ayant donné lieu à l'établissement d'aucun procès-verbal et ses éléments n'ayant pas pu être soumis à la discussion des parties (Cass. soc. 17-5-1978 n° 77-40.598 ; Cass. soc. 10-7-1980 n° 79-40.138 : Bull. civ. V n° 653) ;
– le juge qui statue sans avoir permis aux **parties** de **s'expliquer** sur les conséquences de la mesure d'instruction qu'il a effectuée ni sur les avis qu'il a demandés et les déclarations qu'il a sollicitées de diverses autorités administratives (Cass. soc. 28-6-1978 n° 78-60.368 : Bull. civ. V n° 521).

Les **parties** doivent être entendues en leurs **observations** (Cass. soc. 24-11-1988 n° 86-43.383 : Bull. civ. V n° 626). Il peut résulter des **énonciations du jugement** que les éléments recueillis à l'occasion de la mesure d'instruction ont été soumis à un débat contradictoire (Cass. soc. 14-5-1987 n° 84-42.311 : Bull. civ. V n° 336). **14222**

La preuve ne peut résulter ni des **connaissances** personnelles **du juge** ni de ses **investigations** personnelles poursuivies **en dehors de l'audience ou en l'absence des parties** qui n'ont pas été convoquées, ni de documents qui ne leur ont pas été communiqués. Ainsi, pour décider que l'effondrement d'un bâtiment était dû à un défaut d'entretien, le tribunal ne peut pas énoncer qu'à sa connaissance personnelle, les chutes de neige qui se sont produites dans la région n'ont pas eu un caractère excessif et que l'accident dont il s'agit est le seul qui s'y soit produit (Cass. 2e civ. 25-2-1976 n° 75-10.538 : Bull. civ. II n° 537). **14224**

PROCÈS-VERBAL DE VÉRIFICATION

Après l'exécution de la vérification, il doit être dressé un procès-verbal des constatations, évaluations, appréciations, reconstitutions ou déclarations (CPC art. 182, al. 1). **14234**
La rédaction du procès-verbal peut être suppléée par une mention dans le jugement si l'affaire est immédiatement jugée en dernier ressort (CPC art. 182, al. 2).

ILLUSTRATIONS

Une cour d'appel n'a pas l'obligation de dresser un procès-verbal de constatations lorsqu'elle procède à des **constatations le jour de l'audience** au cours de laquelle le fonctionnement d'une maquette lui est présenté, dès lors qu'elle relate de façon détaillée le résultat de cette présentation et qu'elle ne se fonde pas exclusivement sur ces constatations, mais s'appuie également sur les indications du procès-verbal de saisie-contrefaçon et des schémas (Cass. com. 17-10-1995 n° 94-10.373 : Bull. civ. IV n° 233).

C. Comparution personnelle des parties

OBJET DE LA COMPARUTION PERSONNELLE DES PARTIES

La comparution personnelle vise à ce que l'une ou plusieurs des parties à l'instance soient entendues par la juridiction. Cette mesure peut être ordonnée à la **demande** de l'une **des parties** (CPC art. 143) **ou** d'office par le **juge** (CPC art. 184). **14260**
La comparution personnelle permet au juge de poser aux parties les questions qu'il estime nécessaires, voire éventuellement de provoquer leur aveu (N. Fricero, P. Julien, Procédure civile : LGDJ 4e éd. n° 592). Ainsi, une comparution personnelle peut révéler l'existence d'un accord occulte sur le prix de vente d'un bien immobilier (Cass. 3e civ. 4-10-2018 n° 17-23.235 F-D).
Lorsqu'elles comparaissent, les parties ne sont pas tenues de prêter serment.

COMPÉTENCE POUR ORDONNER LA COMPARUTION PERSONNELLE DES PARTIES

La comparution personnelle ne peut être ordonnée que par la **formation de jugement** ou par celui des membres de cette formation qui est chargé de l'**instruction** de l'affaire (CPC art. 185). **14262**
Lorsque la comparution personnelle est ordonnée par une **formation collégiale,** celle-ci peut décider qu'elle aura lieu devant l'un de ses membres ; lorsqu'elle est ordonnée par le juge chargé de l'instruction, celui-ci peut y procéder lui-même ou décider que la comparution aura lieu devant la formation de jugement (CPC art. 186).
Le **juge des référés,** saisi sur le fondement de l'article 809, al. 2 (devenu art. 835, al. 2) du CPC (référé-provision), auquel il incombe de vérifier que l'existence de l'obligation n'est pas sérieusement contestable, a le pouvoir d'ordonner toute mesure d'instruction qu'il estime utile, et,

notamment, la comparution personnelle des parties (Cass. 1e civ. 30-6-1993 no 91-18.465 : Bull. civ. I no 237).
La possibilité offerte au juge de faire comparaître personnellement les parties s'étend à **toute matière** (CPC art. 184), même celles où la preuve testimoniale est interdite (Cass. req. 19-10-1925 : DP 1926 I p. 89 note R. Savatier), une comparution personnelle pouvant constituer un **commencement de preuve** par écrit (Cass. 1e civ. 21-5-1968 no 66-14.244 : Bull. civ. I no 151 ; voir no 12617).

POUVOIR DU JUGE EN MATIÈRE DE COMPARUTION PERSONNELLE DES PARTIES

14272 Les juges ont le pouvoir **discrétionnaire** d'ordonner une mesure de comparution personnelle ou au contraire de la refuser. Il en résulte qu'ils n'ont pas à **motiver** spécialement leur décision sur ce point (Cass. 1e civ. 28-10-1975 no 74-11.047 : Bull. civ. I no 296).

ILLUSTRATIONS

Les juges qui s'estiment suffisamment éclairés sur les circonstances du litige pour former leur conviction peuvent statuer sur le fond et ne font qu'user de leur pouvoir discrétionnaire en refusant d'ordonner la comparution sollicitée (Cass. 3e civ. 6-4-1976 no 74-14.190 : Bull. civ. III no 136).
Même lorsqu'ils ont ordonné une mesure de comparution personnelle, les juges ne sont pas tenus de la maintenir ni de répondre par un motif spécial à la demande qui leur est soumise à cet effet, dès lors qu'ils s'estiment suffisamment éclairés (Cass. 3e civ. 9-11-1977 no 76-13.456 : Bull. civ. III no 383).
Les juges du fond décident souverainement qu'une comparution personnelle est inutile au motif qu'elle repose sur des allégations déjà démenties par les documents de la cause (Cass. 1e civ. 17-3-1964 no 59-12.983 : Bull. civ. I no 165).
En revanche, les juges ne sauraient refuser d'ordonner la mesure de comparution au motif que le demandeur n'est pas admis à rapporter la preuve de son droit sans un écrit, car une comparution personnelle peut constituer un commencement de preuve par écrit (Cass. 1e civ. 21-5-1968 no 66-14.244 : Bull. civ. I no 151).

14274 Le pouvoir des juges s'étend également à l'appréciation du choix des **questions** qui doivent être posées aux parties au cours de la comparution personnelle (Cass. 2e civ. 16-10-1974 no 73-12.771 : Bull. civ. II no 267) et à l'appréciation de la **portée des déclarations** recueillies (Cass. com. 9-10-1973 no 71-13.618 : Bull. civ. IV no 273).

PERSONNES CONCERNÉES PAR LA COMPARUTION PERSONNELLE DES PARTIES

14284 Les dispositions relatives à la comparution personnelle ne s'appliquent qu'aux **parties à l'instance.** Toute mesure qui viserait à l'audition d'un **tiers** au litige relèverait donc des mesures relatives aux déclarations de tiers (no 14350). Ainsi, l'audition d'un tiers qui n'a été appelé dans l'instance que pour fournir des renseignements sur des faits susceptibles d'être en relation avec le litige opposant les parties relève du domaine de l'enquête et non de la comparution (Cass. 3e civ. 12-7-1977 no 75-14.701 : Bull. civ. III no 311).
La procédure applicable à la comparution impose que les parties répondent **en personne** aux questions du juge. Une partie ne saurait donc être représentée par un membre de sa famille lors d'une mesure de comparution personnelle (Cass. 2e civ. 12-5-1971 no 70-11.308 : Bull. civ. II no 174).
Le juge peut faire comparaître les **mineurs et les majeurs protégés** sous réserve des règles relatives à la capacité des personnes et à l'administration de la preuve, ainsi que leurs représentants légaux ou ceux qui les assistent ; il peut faire comparaître les **personnes morales,** y compris les collectivités publiques et les établissements publics, en la personne de leurs représentants qualifiés ; il peut en outre faire comparaître tout membre ou agent d'une personne morale pour être interrogé tant sur les faits qui lui sont personnels que sur ceux qu'il a connus en raison de sa qualité (CPC art. 197).

AUDIENCE DE COMPARUTION PERSONNELLE DES PARTIES

14294 Le juge, en l'ordonnant, fixe les lieu, jour et heure de la comparution personnelle, à moins qu'il n'y soit procédé sur-le-champ (CPC art. 187). Cette dernière hypothèse suppose que les **parties** et leurs défenseurs soient **présents ou** aient été **appelés** car la comparution personnelle doit avoir lieu en présence des défenseurs de toutes les parties ou ceux-ci appelés (CPC art. 192). Lorsqu'une partie est entendue le jour de l'audience et admet la véracité d'un fait, il résulte implicitement mais nécessairement de ces énonciations que sa comparution personnelle a été ordonnée et a eu lieu sur-le-champ (Cass. 2e civ. 25-5-1976 no 75-10.903 : Bull. civ. II no 177).
Le **juge** qui a ordonné la comparution ou le juge commis par la formation de jugement à laquelle il appartient **peut se transporter auprès** d'une **partie** qui est dans l'impossibilité de se

présenter après avoir, le cas échéant, convoqué la partie adverse (CPC art. 196). En pareil cas, le juge peut également décider de ne pas maintenir la mesure s'il s'estime suffisamment éclairé (Cass. 3e civ. 9-11-1977 n° 76-13.456 : Bull. civ. III n° 383).

La comparution personnelle a lieu en principe en **audience publique** mais peut toujours avoir lieu en chambre du conseil (CPC art. 188). Les parties sont interrogées en présence l'une de l'autre à moins que les circonstances n'exigent qu'elles le soient séparément. Les **parties** peuvent également être **confrontées,** le juge ne pouvant d'ailleurs le refuser si l'une des parties le demande (CPC art. 189, al. 1). 14296
Lorsque la comparution d'une seule des parties a été ordonnée, cette partie est interrogée en présence de l'autre à moins que les circonstances n'exigent qu'elle le soit immédiatement ou hors sa présence. Dans cette hypothèse, la partie absente doit avoir immédiatement connaissance des déclarations de la partie entendue (CPC art. 189, al. 2).
L'**absence d'une partie** n'empêche pas d'entendre l'autre (CPC art. 189, al. 3).
Les parties peuvent être interrogées en présence d'un **technicien** et confrontées avec les **témoins** (CPC art. 190).
Elles doivent répondre en personne aux **questions** du juge, sans pouvoir lire aucun projet (CPC art. 191). Les réponses ne peuvent donc pas être préparées par écrit.
Le juge pose, s'il l'estime nécessaire, les questions que les parties lui soumettent après l'interrogatoire (CPC art. 193).
Dès lors qu'il respecte les **règles de comparution** et les **droits de la défense,** le juge est donc maître du déroulement de la comparution et des questions.
Le procès-verbal d'audition des parties ne peut être admis en preuve et doit être écarté des débats, dès lors que les parties ont été entendues par le président seul et non par le tribunal, que rien n'établit que l'une des parties qui n'avait pas comparu avait été sommée de le faire et qu'ainsi les règles relatives à la comparution personnelle n'avaient pas été respectées (Cass. 2e civ. 17-1-1973 n° 71-13.423 : Bull. civ. II n° 23).

PROCÈS-VERBAL DE COMPARUTION PERSONNELLE DES PARTIES

Il est dressé procès-verbal des **déclarations** des parties, de leur **absence** ou de leur **refus** de répondre (CPC art. 194, al. 1). 14306
Si l'affaire est immédiatement jugée en **dernier ressort,** la rédaction du procès-verbal de comparution peut être suppléée par une **mention dans le jugement** (CPC art. 194, al. 2). Il s'agit essentiellement de l'hypothèse où une partie est entendue sur-le-champ à l'audience (CPC art. 187 ; Cass. 2e civ. 25-5-1976 n° 75-10.903 : Bull. civ. II n° 177). Il n'y a alors pas lieu que le jugement soit rendu, après débats, à la même audience, mais il doit comporter la mention des déclarations des parties, du nom et des auditions des témoins recueillies au cours des débats (Cass. ch. mixte 22-2-1991 n° 86-41.309 : Bull. ch. mixte n° 1).

Les **parties** interrogées **signent** le procès-verbal, après lecture, ou le **certifient conforme** à leurs déclarations, auquel cas mention en est faite au procès-verbal ; le cas échéant, il y est indiqué que les parties refusent de le signer ou de le certifier conforme ; le procès-verbal est daté et signé par le juge et, s'il y a lieu, par le greffier (CPC art. 195). 14308
Les constatations faites par les juges dans leur décision concernant les déclarations des parties font foi jusqu'à inscription de faux (Cass. com. 31-3-1981 n° 79-10.952 : Bull. civ. IV n° 167).

CONSÉQUENCES DE LA COMPARUTION PERSONNELLE DES PARTIES

Le juge peut tirer toute conséquence de droit des déclarations des parties, de l'absence ou du refus de répondre de l'une d'elles et en faire état comme équivalant à un **commencement de preuve par écrit** (CPC art. 198) ou à un simple complément de preuve (Cass. 1e civ. 9-12-1981 n° 80-15.210 : Bull. civ. I n° 376). 14318

Même dans les matières où la **preuve écrite** est exigée, le juge peut considérer l'absence de comparution comme équivalant à un commencement de preuve par écrit et donc accepter **tout mode de preuve** (n° 12617). 14320
Il en résulte que les juges ne peuvent pas rejeter une demande tendant à la comparution personnelle des parties au motif que le demandeur n'est pas admis à rapporter la preuve de son droit sans un écrit. En effet, dans la mesure où les juges peuvent, le cas échéant, tirer des résultats d'une comparution personnelle un commencement de preuve par écrit, ils ne sauraient fonder le refus de la demande de comparution sur ce fondement (Cass. 1e civ. 21-5-1968 n° 66-14.244 : Bull. civ. I n° 151).
Les **juges** du fond **apprécient souverainement** si **l'absence** d'une partie à la comparution personnelle qu'ils ont ordonnée équivaut à un commencement de preuve par écrit (Cass. soc. 16-10-1991 n° 88-43.456 : Bull. civ. V n° 411). Si une partie ne comparaît pas à l'audience fixée à sa

demande, le juge, confronté à l'impossibilité de procéder à la vérification prévue, peut, sans inverser la charge de la preuve, en déduire que sa contestation n'est en réalité pas sérieuse et que l'acte litigieux existe bien (Cass. 1e civ. 19-5-2021 n° 20-12.211 F-D).
Les juges apprécient souverainement la portée des déclarations recueillies au cours d'une comparution personnelle des parties (Cass. com. 9-10-1973 n° 71-13.618 : Bull. civ. IV n° 273). Ainsi, l'absence d'une partie le jour de la comparution peut conduire les juges à considérer que la preuve des faits allégués par la partie adverse est rapportée (Cass. soc. 14-5-1987 n° 83-42.386 : Bull. civ. V n° 328). En revanche, la défaillance d'une partie à la comparution ne fait pas nécessairement présumer qu'elle a renoncé à ses demandes : ainsi, lorsqu'un salarié a été autorisé à rapporter la preuve d'un fait par voie d'enquête et qu'il ne fait finalement citer aucun tiers, le défaut de comparution de l'employeur ne permet pas au juge de présumer que celui-ci a renoncé à sa demande reconventionnelle et qu'il convient de faire droit aux prétentions de l'employé (Cass. soc. 8-1-1975 n° 74-40.010 : Bull. civ. V n° 2).

D. Déclarations de tiers

PRINCIPES

14350 Lorsque la **preuve testimoniale** est admissible (nos 12510 s.), le juge peut recevoir des tiers les déclarations de nature à l'éclairer sur les faits litigieux dont ils ont personnellement connaissance ; ces déclarations sont faites par attestations ou recueillies par voie d'enquête selon qu'elles sont écrites ou orales (CPC art. 199).

1. ATTESTATION

DÉFINITION DE L'ATTESTATION

14370 Une attestation est une **déclaration écrite** émanant d'un **tiers** à l'instance (CPC art. 199), dans laquelle l'auteur relate des faits auxquels il a **assisté** ou qu'il a personnellement **constatés** (CPC art. 202, al. 1).

AUTEUR DE L'ATTESTATION

14372 Les attestations doivent être établies par des personnes qui remplissent les conditions requises pour être entendues comme témoins (CPC art. 201). Un **mineur** ne peut donc pas valablement attester (Cass. 2e civ. 1-10-2009 n° 08-13.167 : Bull. civ. II n° 232). Cependant, dans toute procédure le concernant, le mineur capable de discernement peut, sans préjudice des dispositions prévoyant son intervention ou son consentement, être entendu par le juge ou, lorsque son intérêt le commande, par la personne désignée par le juge à cet effet (C. civ. art. 388-1).
Les **descendants** ne peuvent jamais être entendus sur les griefs invoqués par les époux à l'appui d'une demande de **divorce** ou de séparation de corps (CPC art. 205, al. 2). Cette interdiction s'applique aux auditions comme aux attestations.
Les attestations établies par les **personnes morales** doivent émaner du représentant légal. Une attestation ne peut établir l'existence d'une délégation de pouvoirs permettant à une personne donnée d'accomplir un acte que si elle émane du représentant légal de la personne morale ou du titulaire d'une délégation régulière (Cass. com. 10-5-2005 n° 04-12.214 : RJDA 8-9/05 n° 1012).

14374 L'attestation ne doit pas émaner de l'une des **parties au litige,** sauf pour le juge à user de la mesure de comparution personnelle (nos 14260 s.). En effet, nul ne pouvant se constituer une preuve à lui-même, toute attestation émanant de l'une des parties constitue une violation de l'article 1363 du Code civil. La preuve de la notification au salarié de la rupture de son contrat à durée déterminée avant l'expiration de la période d'essai ne peut valablement résulter d'une attestation de la directrice générale de la société, représentante légale de celle-ci (Cass. soc. 11-5-1999 n° 97-41.245 : RJS 6/99 n° 845). En revanche, un salarié de l'entreprise, même s'il a procédé au licenciement d'un autre salarié en qualité de représentant de l'employeur, peut témoigner en justice en faveur de la personne dont le contrat de travail a été rompu (Cass. soc. 4-4-2006 n° 04-44.549 : RJS 6/06 n° 682).
L'**appréciation de la qualité** de partie à l'instance se fait à la **date** d'établissement de l'attestation. S'il résulte des productions que, lors de l'établissement de l'attestation, celui dont elle émane n'avait pas encore été mis en cause et était donc un tiers à l'égard des parties, le juge ne peut pas écarter son attestation (Cass. 2e civ. 11-1-1995 n° 93-13.431 : Bull. civ. II n° 13).
Lorsque celui qui atteste est une **personne liée à l'une des parties,** l'attestation est valable, mais sa valeur probante est laissée à la libre appréciation des juges du fond.

ILLUSTRATIONS

En **matière prud'homale,** la preuve étant libre, le juge peut retenir une attestation établie par le **conseiller du salarié** (Cass. soc. 27-3-2001 n° 98-44.666 : RJS 6/01 n° 732) **ou de l'employeur** (Cass. soc. 23-10-2013 n° 12-22.342 : RJS 1/14 n° 21) qui a assisté l'une des parties pendant l'entretien préalable. Il ne peut donc pas écarter ces attestations au seul motif que nul ne peut témoigner pour soi-même. Il doit juste en apprécier souverainement la valeur et la portée (mêmes arrêts).

Une personne tenue au **secret professionnel** ne peut pas fournir une attestation (n° 12410). À défaut, l'attestation sera écartée par le juge. **14375**
Par exemple, le notaire, fût-il choisi en commun par ceux qui ont sollicité son intervention, est soumis à un secret professionnel absolu. Par suite, les juges du fond ne peuvent pas statuer dans un litige successoral en se fondant sur une attestation délivrée par le notaire chargé du règlement de la succession en énonçant qu'il ne peut y avoir violation du secret professionnel, cette faute supposant une divulgation au profit des tiers (Cass. 1e civ. 13-11-1996 n° 94-17.088 : Bull. civ. I n° 398). De même, les juges ne peuvent pas fonder leur jugement sur l'attestation qui émane d'une personne qui a connu les époux dans le cadre de ses activités d'assistante sociale au service des étrangers d'une direction départementale de l'action sanitaire et sociale, cette attestation étant soumise au secret professionnel (Cass. 2e civ. 24-6-1992 n° 90-18.021 : Bull. civ. II n° 173).

Le fait de témoigner constitue une **liberté fondamentale** protégée par les articles 6 et 10 de la CESDH. Dès lors, un salarié ne peut pas être licencié au motif qu'il a attesté au bénéfice d'un autre salarié, sauf en cas de mauvaise foi de son auteur (Cass. soc. 29-10-2013 n° 12-22.447). **14380**
En revanche, le **faux témoignage** constitue une infraction pénale. Ainsi est puni d'un an d'emprisonnement et de 15 000 € d'amende le fait (C. pén. art. 441-7) :
1° D'établir une attestation ou un certificat faisant état de faits matériellement inexacts ;
2° De falsifier une attestation ou un certificat originairement sincère ;
3° De faire usage d'une attestation ou d'un certificat inexact ou falsifié.
Les peines sont portées à trois ans d'emprisonnement et à 45 000 € d'amende lorsque l'infraction est commise soit en vue de porter préjudice au Trésor public ou au patrimoine d'autrui, soit en vue d'obtenir un titre de séjour ou le bénéfice d'une protection contre l'éloignement.

CONDITION DE FOND DE L'ATTESTATION

L'attestation ne peut être retenue par les juges que dans les cas où la **preuve testimoniale** est admissible (nos 12510 s.). Ainsi, lorsqu'un dépôt excède 1 500 €, le dépositaire, à défaut d'écrit, doit être cru sur le contenu et la restitution de la chose qui en faisait l'objet (C. civ. art. 1924), de sorte que les attestations contraires produites par le déposant ne peuvent pas faire échec aux déclarations du dépositaire (Cass. 1e civ. 14-11-2012 nos 11-24.320 et 11-24.576 : Bull. civ. I n° 239). **14385**
En outre, l'attestation doit contenir la relation des faits auxquels son auteur a **assisté** ou qu'il a **personnellement constatés** (CPC art. 202, al. 1).
À **défaut** de faits constatés de façon **directe,** les juges du fond peuvent considérer que l'attestation est dépourvue de force probante. Pour autant, il n'y a pas lieu d'écarter le témoignage d'une personne pour la seule raison que celle-ci n'a connu qu'indirectement les faits qu'elle relate (Cass. 2e civ. 18-1-1957 : Bull. civ. II n° 65).

ILLUSTRATIONS

Les juges du fond peuvent considérer que l'un des témoignages produits par une partie au soutien de ses prétentions n'est pas crédible en raison de son caractère indirect (Cass. 1e civ. 18-10-1977 n° 75-14.417 : Bull. civ. I n° 374).
Une attestation qui précise qu'une personne « serait hébergée chez ses parents », mais qui n'émane pas des principaux intéressés, à savoir des parents, n'a aucune valeur au regard de la preuve du domicile dans le cadre d'une demande d'inscription sur une liste électorale (Cass. 2e civ. 2-3-2001 n° 01-60.222).

CONTENU DE L'ATTESTATION

Mentions obligatoires L'attestation doit contenir (CPC art. 202, al. 1 à 3) : **14395**
– la relation des faits ;
– les nom, prénoms, date et lieu de naissance, demeure et profession de son auteur ;
– s'il y a lieu, son lien de parenté ou d'alliance avec les parties, de subordination à leur égard, de collaboration ou de communauté d'intérêts avec elles ;
– l'indication qu'elle est établie en vue de sa production en justice et que son auteur a connaissance qu'une fausse attestation de sa part l'expose à des sanctions pénales.

L'attestation est écrite, datée et signée de la main de son auteur. Celui-ci doit lui annexer, en original ou en photocopie, tout document officiel justifiant de son identité et comportant sa signature (CPC art. 202, al. 4). Un modèle d'attestation (Cerfa n° 11527*03) est téléchargeable sur le site du service public (https://www.service-public.fr/particuliers/vosdroits/R11307).

14398 MODÈLE

Attestation (articles 200 à 203 du CPC, article 441-7 du Code pénal)

Je soussigné(e),
NOM : Mme M.
PRÉNOMS :
Date de naissance : jour mois année
Lieu de naissance :
(*ville, département*)
Profession :
Demeurant à :
Code postal : Commune :
Lien de parenté, d'alliance, de subordination, de collaboration ou de communauté d'intérêts avec les parties : ☐ OUI ☐ NON *(Cocher la case utile)*
Si oui, précisez lequel :
Sachant que l'attestation sera utilisée en justice, et connaissance prise des dispositions de l'article 441-7 du Code pénal, réprimant l'établissement d'attestation faisant état de faits matériellement inexacts, ci-après rappelées :
« Est puni d'un an d'emprisonnement et de 15 000 euros d'amende le fait d'établir une attestation ou un certificat faisant état de faits matériellement inexacts ».
(cette phrase doit être écrite, ci-dessous, entièrement de votre main)
Indiquez ci-dessous les faits auxquels vous avez assisté ou que vous avez constatés personnellement :
...
PIÈCE À JOINDRE :
– un original ou une photocopie d'un document officiel justifiant de votre identité et comportant votre signature.
ATTESTATION SUR L'HONNEUR : Je soussigné(e) ____________________ (nom, prénom) certifie sur l'honneur que les renseignements portés sur ce formulaire sont exacts.
Fait à :

Le :

Votre signature :
La loi 78-17 du 6 janvier 1978 relative aux fichiers nominatifs garantit un droit d'accès et de rectification des données auprès des organismes destinataires de ce formulaire.

14400 **Défaut de mentions** Les règles édictées par l'article 202 du CPC relatives à la forme des attestations en justice ne sont pas prescrites à peine de **nullité** (Cass. 1e civ. 30-11-2004 n° 03-19.190 : Bull. civ. I n° 292). Dès lors, si une attestation ne remplit pas les conditions de forme, il appartient aux juges du fond d'apprécier souverainement si elle présente ou non des garanties suffisantes pour emporter leur conviction (Cass. soc. 3-10-2001 n° 99-43.472).
En outre, les règles de forme posées par l'article 202 du CPC ne s'appliquant qu'aux attestations, un juge ne peut rejeter des lettres missives au motif qu'elles ne les remplissent pas (Cass. 2e civ. 9-1-1991 n° 89-17.338 : Bull. civ. II n° 12).

POUVOIRS DU JUGE RELATIFS AUX ATTESTATIONS

14410 Les attestations sont produites par les **parties** ou à la **demande du juge** (CPC art. 200, al. 1). Pour respecter le principe de la contradiction (CPC art. 16), le **juge communique aux parties les attestations** qui lui sont directement adressées (CPC art. 200, al. 2).

14412 Lorsqu'il retient une attestation, le juge n'est pas tenu d'en mentionner le **contenu** (Cass. 2e civ. 25-5-1994 n° 92-18.783). En revanche, la Cour de cassation sanctionne les juges du fond s'ils se bornent à affirmer que les attestations produites établissent un fait sans apporter la moindre **précision sur les faits rapportés dans les attestations** sur lesquelles ils se sont fondés (Cass. 2e civ. 5-10-1994 n° 93-11.215 : Bull. civ. II n° 189).
La valeur probante des déclarations faites par un tiers dans les conditions du CPC est laissée à l'appréciation du juge (C. civ. art. 1381).

ILLUSTRATIONS

Dès lors que les juges du fond énoncent que les auteurs sont parfaitement identifiables et que les témoignages sont circonstanciés et présentent des garanties suffisantes pour emporter la conviction, ils **apprécient souverainement la valeur et la portée** de ces éléments de preuve (Cass. 1e civ 14-12-2004 n° 02-20.652 : Bull. civ. I n° 321). Ainsi, le juge peut refuser un témoignage dont le contenu est **insuffisamment circonstancié** pour lui permettre de vérifier et de caractériser les faits invoqués. Tel est le cas d'un témoignage qui se contente de rapporter la rumeur publique (Cass. 1e civ. 3-3-2010 n° 09-11.606). Les juges du fond sont souverains pour apprécier si une attestation délivrée par l'agent général d'une compagnie d'assurances au profit d'un assuré, avec lequel il est uni par des **liens d'amitié,** fait foi des énonciations qu'elle contient (Cass. 1e civ. 26-3-1996 n° 93-11.470 : Bull. civ. I n° 148) ou pour rejeter une attestation dès lors que le défaut de respect des prescriptions de l'article 202 du CPC, associé aux liens de parenté directe unissant les parties, n'en démontrait pas la fiabilité et l'impartialité (Cass. 3e civ. 13-9-2018 n° 17-20.962 F-D).
Le juge peut souverainement écarter les **déclarations du frère et de la sœur d'une partie** avec lesquels celle-ci serait brouillée (Cass. 1e civ. 21-10-1975 n° 74-12.739 : Bull. civ. I n° 281).
Dès l'instant que la partie à qui sont opposées des attestations a pu en contester la force probante, notamment en faisant valoir que les **auteurs des attestations** étaient **en procès** avec elle, il appartient aux juges du fond saisis de cette contestation d'apprécier la valeur et la portée desdites attestations (Cass. soc. 17-3-1998 nos 96-41.884 et 96-41.938 : RJS 5/98 n° 629).
En revanche, pour refuser d'admettre une attestation à titre de témoignage, les juges du fond ne sauraient se contenter d'énoncer que ce document n'est pas valable en la forme, sans **préciser en quoi l'irrégularité** constatée constitue l'inobservation d'une formalité substantielle ou d'ordre public faisant grief à la partie qui l'invoque (Cass. soc. 7-5-1997 n° 95-42.498 : RJS 7/97 n° 875).

S'il souhaite entendre l'**auteur d'une attestation,** le juge peut toujours procéder par voie **14414**
d'enquête à son **audition** (CPC art. 203). Il apprécie souverainement s'il entend user de cette faculté, et peut décider de procéder à l'audition de l'auteur des attestations en raison de leur importance sur l'issue du litige (Cass. com. 3-11-1983 n° 82-10.294 : Bull. civ. IV n° 290).
Le juge est libre de retenir la déclaration d'un témoin et non son audition (Cass. 2e civ. 15-4-1991 n° 89-21.841 : Bull. civ. II n° 130).

2. ENQUÊTE

DÉFINITION DE L'ENQUÊTE

Les enquêtes permettent au juge de recueillir les **déclarations orales d'un tiers** à la procédure sur **14430**
des faits litigieux dont il a personnellement connaissance (CPC art. 199). Cette procédure permet de contraindre un **témoin** à déposer (CPC art. 206) sous serment (CPC art. 211), au besoin par voie de citation et sous peine d'une amende civile d'un maximum de 10 000 € (CPC art. 207).

> **Précisions a.** La mission d'information confiée à un **conseiller prud'homal** rapporteur n'est pas une enquête au sens du CPC. Il peut donc recueillir des renseignements utiles à la manifestation de la vérité sans observer les prescriptions prévues en pareille matière (Cass. soc. 31-3-1978 n° 77-40.159 : Bull. civ. V n° 267).
b. L'**audition de l'enfant,** dans toutes les procédures le concernant, est soumise à des dispositions dérogatoires du droit commun (CPC art. 338-1 s.). Avant toute décision fixant les modalités de l'exercice de l'autorité parentale et du droit de visite ou confiant les enfants à un tiers, le juge peut donner mission à toute personne qualifiée d'effectuer une **enquête sociale.** Celle-ci a pour but de recueillir des renseignements sur la situation de la famille et les conditions dans lesquelles vivent et sont élevés les enfants. Mais l'enquête sociale ne peut être utilisée dans le débat sur la cause du divorce (C. civ. art. 373-2-12). Dès lors, le contenu de l'enquête sociale, qui relate notamment les déclarations des parties, ne peut servir de preuve à l'appui de la demande en divorce (Cass. 1e civ. 13-12-2017 n° 16-25.256 FS-PB : Bull. civ. I n° 249). Le juge peut toutefois faire état d'un renseignement relatif au salaire du père, qui figurait dans l'enquête sociale, pour fixer sa contribution à l'entretien de l'enfant (Cass. 1e civ. 6-1-2004 n° 01-14.471).

a. Enquête ordinaire

DEMANDE D'ENQUÊTE ORDINAIRE

Détermination des faits à prouver La partie qui demande l'enquête doit préciser **14450**
les faits dont elle entend rapporter la preuve ; il appartient au juge de déterminer les faits pertinents à prouver (CPC art. 222). Rappelons qu'au titre des dispositions générales applicables à

toute mesure d'instruction, le juge peut, d'office, ordonner toute mesure d'instruction légalement admissible (CPC art. 143).

14455 **Désignation des témoins** La partie qui demande une enquête doit indiquer les nom, prénoms et demeure des personnes dont elle sollicite l'audition (CPC art. 223).
Si la **partie** concernée est dans l'impossibilité d'indiquer d'emblée les personnes à entendre, le juge peut néanmoins l'autoriser soit à **se présenter** sans autres formalités **à l'enquête avec les témoins** qu'elle désire faire entendre, soit à **faire connaître au greffe de la juridiction,** dans le délai qu'il fixe, les nom, prénoms et demeure des **personnes** dont elle sollicite l'audition (CPC art. 224, al. 1).

DÉCISION ORDONNANT L'ENQUÊTE ORDINAIRE

14460 Le juge statue sur la demande d'enquête dont il est saisi par une **décision motivée** (Cass. 1e civ. 28-10-1975 n° 74-11.047 : Bull. civ. I n° 296). Il doit toujours faire respecter le **principe de la contradiction** (CPC art. 16). S'il fonde sa décision sur une enquête effectuée en cours de délibéré, il doit ordonner la réouverture des débats afin de permettre aux parties de débattre contradictoirement des éléments fournis par cette mesure (Cass. soc. 7-1-1987 n° 83-42.669 : Bull. civ. V n° 5).
Le juge apprécie souverainement si l'offre de preuve par voie d'enquête faite par une partie est suffisamment pertinente (Cass. 2e civ. 18-6-1975 n° 74-11.316 : Bull. civ. II n° 185).

ILLUSTRATIONS

Les allégations d'une femme concernant le comportement prétendument injurieux de son mari qui demeurent vagues et imprécises quant au temps, au lieu et au caractère excessif ou injurieux des faits reprochés ne peuvent pas justifier le déclenchement d'une enquête qui placerait ce dernier dans l'impossibilité de préparer utilement sa défense (Cass. 2e civ. 30-1-1974 n° 73-10.462 : Bull. civ. II n° 45).
Une cour d'appel peut décider souverainement de rejeter la demande d'établir par voie d'enquête la vérité des faits allégués au motif que les intéressés se bornent à solliciter l'audition de témoins sans articuler de manière suffisante les faits dont ils prétendent rapporter la preuve, mettant ainsi leurs adversaires dans l'impossibilité de faire la preuve contraire (Cass. 2e civ. 18-1-1984 n° 82-14.534 : Bull. civ. II n° 8) ou au motif que l'enquête sollicitée ne porte pas sur des faits précis (Cass. 1e civ. 3-1-1979 n° 76-13.428 : Bull. civ. I n° 1).
Les faits sur lesquels est fondée une demande de divorce peuvent être prouvés par tous moyens, la recevabilité d'une offre de preuve testimoniale n'est pas subordonnée à l'existence d'un commencement de preuve ou d'un indice. En conséquence, les juges ne sauraient rejeter la demande d'enquête formée par le mari, au motif que le comportement de la femme n'est nullement établi par le carnet intime qu'il produit (Cass. 1e civ. 6-2-1975 n° 74-11.434 : Bull. civ. II n° 40).

14462 La **décision** qui prescrit l'enquête doit **mentionner** :
– les **nom, prénoms et demeure** des personnes à entendre (CPC art. 223, al. 3). Lorsque l'enquête est ordonnée d'office, le juge, s'il ne peut pas indiquer dans sa décision le nom des **témoins** à entendre, enjoint aux parties de se présenter sans autres formalités à l'enquête avec les témoins qu'elles désirent faire entendre, ou de faire connaître au greffe de la juridiction, dans le délai qu'il fixe, les nom, prénoms et demeure des personnes dont elles sollicitent l'audition (CPC art. 224, al. 2) ;
– la **formation** devant laquelle elle aura lieu (CPC art. 225) ;
– les **jour, heure et lieu** où il y sera procédé (CPC art. 226), à moins que l'enquête ne soit confiée à une autre juridiction ou à un juge n'appartenant pas à la formation de jugement, auquel cas il suffit que la décision indique le délai dans lequel il devra y être procédé. Dans ce cas, c'est le juge commis qui fixe les jour, heure et lieu de l'enquête (CPC art. 227).

CONTRE-ENQUÊTE ORDINAIRE

14472 Lorsque l'enquête est ordonnée, la preuve contraire peut être rapportée par témoins sans **nouvelle décision** (CPC art. 204). Lorsqu'une partie est autorisée à rapporter la preuve d'un fait par voie d'audition de témoins, la partie adverse est automatiquement admise à faire entendre ses propres témoins sur les mêmes faits.
En revanche, si la demande présentée par la partie adverse porte sur des **faits distincts,** le juge statuera sur cette nouvelle demande d'enquête. Si elle est autorisée, l'autre partie aura alors à nouveau la possibilité de faire entendre ses propres témoins sur ces faits distincts.
À l'instar de l'autre partie, le défendeur doit **désigner** par leurs nom, prénoms et demeure **les témoins** dont il sollicite l'audition (CPC art. 223, al. 2).

14474 Le principe en vertu duquel la preuve contraire peut être rapportée dans tous les cas où une enquête est ordonnée n'a cependant pas pour conséquence d'obliger les juges à prescrire une enquête lorsque leur conviction est déjà établie sur d'**autres éléments de preuve,** telles des attestations.

ILLUSTRATIONS

Les juges du fond disposent d'un pouvoir souverain pour apprécier l'opportunité d'une mesure d'instruction et leur décision échappe au contrôle de la Cour de cassation. Même s'il est permis à la partie adverse de faire la preuve contraire dans tous les cas où une enquête est ordonnée, les juges qui estiment, d'une part, que les attestations versées aux débats par la femme leur apportent des éléments suffisants pour accueillir sa demande et, d'autre part, que celles fournies par le mari n'apportent pas la preuve de ses prétentions, constatent implicitement l'inutilité de l'enquête sollicitée par le mari, défendeur au divorce (Cass. 2e civ. 21-7-1969 : Bull. civ. II n° 265).

OBLIGATION DE TÉMOIGNER LORS DE L'ENQUÊTE ORDINAIRE

Quiconque en est légalement requis est tenu de déposer (CPC art. 206). 14484

Les **témoins défaillants** peuvent être cités à leurs frais si leur audition est jugée nécessaire ; ceux qui, sans motif légitime, refusent de déposer ou de prêter serment peuvent être condamnés à une amende civile d'un maximum de 10 000 € (CPC art. 207).

Exceptions Chacun peut être entendu comme témoin, à l'exception des personnes qui sont frappées d'une **incapacité** de témoigner en justice (CPC art. 205, al. 1). 14489

Les **personnes** qui ne peuvent pas témoigner peuvent cependant être **entendues** dans les mêmes conditions, mais sans prestation de serment. Toutefois, les descendants ne peuvent jamais être entendus sur les griefs invoqués par les époux à l'appui d'une demande de **divorce** ou en séparation de corps (CPC art. 205, al. 2). Cette prohibition est entendue très largement par les tribunaux. Mais elle ne s'applique pas devant la juridiction pénale en raison du principe de la liberté de la preuve (Cass. crim. 2-6-2015 n° 14-85.130 P : Bull. crim. n° 136).

Par **exemple,** ne peuvent pas être retenues à titre de preuve à l'appui d'une **demande de divorce ou de séparation de corps** : 14490

– les déclarations des enfants recueillies lors d'une enquête de police (Cass. 1e civ. 1-2-2012 n° 10-27.460 : Bull. civ. I n° 16), même en dehors de l'instance en divorce (Cass. 1e civ. 4-5-2011 n° 10-30.706 : Bull. civ. I n° 79) ;

– les déclarations des conjoints divorcés (Cass. 1e civ. 14-2-2006 n° 05-14.686 : Bull. civ. I n° 71) ou des concubins (Cass. 2e civ. 10-5-2001 n° 99-13.833 : Bull. civ. II n° 94) des descendants ;

– une attestation émanant de la mère de l'épouse et relatant des propos tenus par ses petits-enfants sur le comportement de leur père (Cass. 1e civ. 3-11-2004 n° 03-19.079 : Bull. civ. I n° 239) ;

– une lettre adressée par un parent à un descendant (Cass. 2e civ. 23-1-2003 n° 01-12.117 : Bull. civ. II n° 11).

En revanche, sont autorisées :

– la production de documents dont les descendants ont été destinataires (Cass. 2e civ. 19-1-1983 n° 81-15.909 : Bull. civ. II n° 12), à moins que le courrier n'émane de l'un des parents et ne soit relatif aux torts du divorce (Cass. 2e civ. 23-1-2003 n° 01-12.117 précité) ;

– les attestations des ascendants (CA Paris 2-4-2003 n° 2002/02306 : AJ fam. 2003 p. 271, obs. S. D.).

Peuvent être dispensées de déposer les personnes qui justifient d'un motif légitime (CPC art. 206). Toute personne requise pour témoigner peut donc invoquer un **empêchement légitime,** comme en matière de production de pièce, les critères étant les mêmes (nos 12400 s.). 14491

Peuvent également refuser de déposer les **parents ou alliés** en ligne directe de l'une des parties ou son conjoint, même divorcé (CPC art. 206). Il s'agit là d'une **faculté,** laissée à la libre appréciation de celui à qui il est demandé de comparaître, contrairement à l'interdiction touchant les descendants dans le cadre d'une procédure en divorce ou les dépositaires d'un secret professionnel.

L'article 206 du CPC ne prévoit pas les **collatéraux.** En conséquence, les juges du fond ne sauraient écarter un témoignage sur ce fondement au motif qu'il émane du frère de l'une des parties (Cass. 2e civ. 6-11-1974 n° 73-11.733 : Bull. civ. II n° 279).

Celui qui **justifie** n'avoir **pas pu se présenter** au jour fixé pourra être déchargé de l'amende et des frais de citation (CPC art. 207, al. 3). 14493

De même, si un témoin justifie qu'il est dans l'**impossibilité de se déplacer** au jour indiqué, le juge peut lui accorder un délai ou se transporter pour recevoir sa déposition (CPC art. 217).

Le juge peut rejeter une demande de prorogation d'enquête lorsque le demandeur n'allègue même pas que ses témoins défaillants se sont trouvés dans l'impossibilité de répondre à la citation délivrée (Cass. 2e civ. 8-11-1961 n° 60-12.589 : Bull. civ. II n° 727).

DÉROULEMENT DE L'ENQUÊTE ORDINAIRE

14503 **Convocation des témoins** Les témoins sont convoqués par le greffier de la juridiction **huit jours** au moins **avant** la date de l'**enquête** (CPC art. 228). Les convocations doivent **mentionner** les nom et prénoms des parties et reproduire les dispositions des deux premiers alinéas de l'article 207 du CPC sur les sanctions encourues en cas de défaillance (CPC art. 229).

14508 **Convocation des parties** Les parties sont avisées de la date de l'enquête verbalement ou par lettre simple (CPC art. 230).

Les **témoins** sont **entendus en présence des parties** ou celles-ci appelées ; mais s'il y a **risque de dépérissement de la preuve,** le juge peut procéder sans délai à l'audition d'un témoin après avoir, si possible, appelé les parties (CPC art. 208, al. 2 et 4).

L'enquête a lieu en présence des **défenseurs** de toutes les parties ou ceux-ci appelés (CPC art. 209).

14513 **Déclarations et serment préalables** Les témoins **déclarent** leurs nom, prénoms, date et lieu de naissance, demeure et profession ainsi que, s'il y a lieu, leur lien de parenté ou d'alliance avec les parties, de subordination à leur égard, de collaboration ou de communauté d'intérêts avec elles (CPC art. 210).

Les personnes qui sont entendues en qualité de témoins prêtent **serment** de dire la vérité et le juge leur rappelle qu'elles encourent des peines d'amende et d'emprisonnement en cas de faux témoignage (CPC art. 211, al. 1).

La prestation de serment et la constatation expresse de cette prestation sont des formalités édictées à peine de **nullité** de l'enquête (Cass. 2e civ. 23-4-1959 n° 53.929 : Bull. civ. II n° 333). Mais la nullité de l'enquête pour défaut de constatation de la prestation de serment ne peut pas entraîner celle du jugement lorsqu'il trouve son fondement légal en dehors des résultats de cette enquête (Cass. 2e civ. 24-5-1957 n° 2.332 : Bull. civ. II n° 389).

Les personnes qui sont entendues sans prestation de serment faute de pouvoir témoigner (n° 14489) sont informées de leur obligation de dire la vérité (CPC art. 211, al. 2).

14518 **Sanctions** Celui qui, sans motif légitime, **refuse de prêter serment** peut être condamné à une amende civile d'un montant maximum de 10 000 € (CPC art. 207, al. 2).

Le **témoignage mensonger** peut entraîner des sanctions pénales. Ainsi, le témoignage mensonger fait sous serment devant toute juridiction est puni de cinq ans d'emprisonnement et de 75 000 € d'amende. Toutefois, le faux témoin est exempt de peine s'il a rétracté spontanément son témoignage avant la décision mettant fin à la procédure rendue par la juridiction d'instruction ou par la juridiction de jugement (C. pén. art. 434-13). En cas de témoignage mensonger motivé par une promesse de don ou de récompense (subornation de témoin), les sanctions sont portées à sept ans d'emprisonnement et 100 000 € d'amende (C. pén. art. 434-14).

14523 **Indemnisation des témoins** Le juge peut autoriser le témoin, sur sa demande, à percevoir les indemnités auxquelles il peut prétendre (CPC art. 221). Il s'agit des indemnités que peuvent percevoir les témoins en matière criminelle, à savoir l'indemnité de comparution, les frais de voyage et l'indemnité journalière de séjour (CPP art. R 123). Pour le montant et le calcul des indemnités, voir M. Redon, Rép. proc. civile Dalloz, Enquête, témoins, attestations 2021 nos 321 s.

14527 **Déroulement de l'audition** Le juge entend les témoins en leur déposition séparément et dans l'**ordre** qu'il détermine (CPC art. 208, al. 1). Il peut, d'office ou à la demande des parties, convoquer ou entendre toute personne dont l'audition lui paraît utile à la manifestation de la vérité (CPC art. 218).

Le juge peut entendre ou interroger les témoins sur tous les faits dont la preuve est admise par la loi, alors même que ces faits ne seraient pas indiqués dans la décision prescrivant l'enquête (CPC art. 213). Il n'est donc pas tenu de **limiter l'enquête** aux faits articulés par les parties et peut, même d'office, admettre tous les éléments de preuve susceptibles de l'éclairer (Cass. 1e civ. 19-2-1957 n° 1.926 : Bull. civ. I n° 86).

Il peut entendre à nouveau les **témoins,** les **confronter** entre eux ou avec les parties et procéder à leur audition en présence d'un technicien (CPC art. 215).

Les témoins ne peuvent lire aucun projet (CPC art. 212). Les réponses ne peuvent donc pas être préparées par écrit.

À moins qu'il ne leur ait été permis ou enjoint de se retirer après avoir déposé, les **témoins** restent **à la disposition du juge** jusqu'à la clôture de l'enquête ou des débats ; ils peuvent, jusqu'à cette clôture, apporter des additions ou des **changements** à leur **déposition** (CPC art. 216).

Les **parties** sont présentes ou appelées pour l'audition des témoins. Par exception, le juge peut, si les circonstances l'exigent, **inviter une partie à se retirer.** Dans cette hypothèse, celle-ci devra avoir immédiatement connaissance des déclarations des témoins entendus hors sa présence (CPC art. 208, al. 3). 14529

Les parties ne doivent ni interrompre ni interpeller, ni chercher à influencer les témoins qui déposent, ni s'adresser directement à eux, à peine d'exclusion (CPC art. 214, al. 1).

Les parties, si elles souhaitent que les témoins répondent à une **question** particulière, doivent donc soumettre cette question à l'appréciation du juge, à la fin de l'interrogatoire. Et le juge est libre de la poser s'il l'estime nécessaire (CPC art. 214, al. 2).

Procès-verbal Les dépositions sont consignées dans un procès-verbal (CPC art. 219, al. 1). 14534
Toutefois, lorsque l'affaire doit être immédiatement jugée en **dernier ressort,** il est seulement fait **mention dans le jugement** du nom des personnes entendues et du résultat de leurs dépositions recueillies au cours des débats (CPC art. 219, al. 2). Cette disposition s'applique même si la décision n'est pas rendue immédiatement après les débats mais mise en délibéré (Cass. ch. mixte 22-2-1991 n° 86-41.309 : Bull. ch. mixte n° 1).

Cependant, en l'absence de procès-verbal, le **juge** est tenu de **préciser,** dans sa **décision,** la **teneur des déclarations** qu'il a **reçues le jour de l'audience.** Ainsi, il ne saurait se borner à relever que lors de leur comparution personnelle l'une des parties n'a apporté aucun élément contradictoire aux affirmations de l'autre (Cass. ch. mixte 22-2-1991 n° 86-41.309 précité).

Si le juge fonde sa décision sur une **enquête effectuée,** non pas en cours d'audience, mais **en cours de délibéré,** il doit ordonner la réouverture des débats afin de permettre aux parties de débattre contradictoirement des éléments fournis par cette mesure (Cass. soc. 7-1-1987 n° 83-42.669 : Bull. civ. V n° 5).

Le procès-verbal doit **mentionner** (CPC art. 220, al. 1) : 14536
– la présence ou l'absence des parties ;
– les nom, prénoms, date et lieu de naissance, demeure et profession des personnes entendues ;
– le serment prêté par elles et leurs déclarations relatives à leur lien de parenté ou d'alliance avec les parties, de subordination à leur égard, de collaboration ou de communauté d'intérêts avec elles.

Chaque personne entendue **signe** le procès-verbal de sa déposition, après lecture, ou le **certifie conforme** à ses déclarations, auquel cas mention en est faite au procès-verbal. Le cas échéant, il y est indiqué qu'elle refuse de le signer ou de le certifier conforme (CPC art. 220, al. 2).

Le **juge** peut **consigner** dans ce procès-verbal ses constatations relatives au **comportement du témoin** lors de son audition (CPC art. 220, al. 3). Les **observations des parties** sont consignées dans le procès-verbal, ou lui sont annexées lorsqu'elles sont écrites. Les documents versés à l'enquête sont également annexés (CPC art. 220, al. 4 et 5).

Le procès-verbal est daté et signé par le juge et, s'il y a lieu, par le greffier (CPC art. 220, dernier al.).

b. Enquête sur-le-champ

Le juge peut, à l'audience ou en son cabinet, ainsi qu'en tout lieu à l'occasion de l'**exécution** d'une **autre mesure d'instruction,** entendre sur-le-champ les personnes dont l'audition lui paraît utile à la manifestation de la vérité (CPC art. 231). 14550

L'enquête sur-le-champ est soumise à une **procédure** moins contraignante que l'enquête ordinaire, mais les articles 204 à 221 du CPC qui concernent les dispositions générales en matière d'enquête doivent être respectés (n°s 14450 s.).

ILLUSTRATIONS

Après avoir constaté que l'une des parties, qui ne comparaissait pas et n'était pas représentée, avait été régulièrement convoquée devant le bureau de jugement, un conseil de prud'hommes peut procéder, à la demande de l'autre partie, à l'audition de témoins présents à l'audience sans violer le principe de contradiction et les droits de la défense (Cass. 2e civ. 8-5-1980 n° 78-41.737 : Bull. civ. II n° 101).

E. Mesures exécutées par un technicien

RÈGLES GÉNÉRALES

14580 Afin de faire face à des litiges de plus en plus techniques, les juges ont souvent recours à des **spécialistes.** Le Code de procédure civile organise trois sortes de mesures d'instruction qui peuvent être réalisées par un technicien :
– des constatations ;
– une consultation ;
– une expertise.
Des règles sont communes à ces trois types de mesures, d'autres sont spécifiques à chacune d'elles.
Hors du champ de ces mesures, doit aussi être envisagée la **consultation** pour avis **d'une personnalité** aux compétences reconnues : l'**amicus curiae** (nos 15380 s.).
Le recours à un technicien peut aussi être prévu par des dispositions spéciales, telles que celles visées par le Code de commerce en cas de **procédure collective** (n° 53055) ou par le Code civil en matière d'évaluation des parts sociales (nos 48100 s.).

1. RÈGLES COMMUNES À TOUTE MESURE EXÉCUTÉE PAR UN TECHNICIEN

PRINCIPES

14581 Le juge peut commettre **toute personne de son choix** pour l'éclairer par des constatations, par une consultation ou par une expertise sur une **question de fait** qui requiert les lumières d'un **technicien** (CPC art. 232). Les règles exposées ci-dessous concernent tant les constatations que la consultation et l'**expertise** mais c'est cette dernière, de loin la plus ordonnée, qui donne lieu à la plupart des **solutions jurisprudentielles.**

> **› Précisions** Lorsque la **demande** est **présentée en référé** et porte sur une mesure d'instruction exécutée par un technicien ou sur une mesure d'expertise, le **défendeur** qui a indiqué, avant l'audience, **acquiescer à la demande,** est dispensé de comparaître. Néanmoins, le juge a toujours la faculté d'ordonner qu'il soit présent devant lui. La décision rendue dans ces conditions est contradictoire (CPC art. 486-1).

JUGE COMPÉTENT POUR DÉSIGNER UN TECHNICIEN

14582 Aucune disposition du CPC ne limite l'utilisation des mesures d'instruction ordonnées par un juge à une juridiction particulière. En conséquence, **toute juridiction** peut désigner un technicien pour exécuter une mesure d'instruction, qu'il s'agisse du tribunal judiciaire ou des tribunaux d'exception et qu'elle statue en référé, sur requête ou au fond. Toutefois, les conditions auxquelles est soumise la demande de fixation d'une mesure d'instruction diffèrent selon qu'elle est présentée en cours de procédure (nos 13800 s.) ou avant tout procès, en référé ou sur requête (nos 13520 s.).
En outre, certaines matières relèvent de la compétence exclusive d'une juridiction particulière. Sur la compétence exclusive du président du tribunal, statuant selon la procédure accélérée au fond, pour désigner l'expert chargé d'évaluer des parts ou actions dans les conditions de l'article 1843-4 du Code civil, voir n° 48115.

CHOIX DU TECHNICIEN

14592 À l'exception de certaines matières pour lesquelles la loi impose que les techniciens soient choisis dans une catégorie déterminée d'hommes de l'art, toute **liberté** est laissée au **juge** (CPC art. 232), qui peut nommer à ces fonctions toutes les personnes qui, par leurs connaissances spéciales, lui paraissent capables de l'éclairer (Cass. 2e civ. 20-2-1964 n° 61-12.791 : Bull. civ. II n° 168).
Les juges peuvent désigner une personne figurant sur l'une des **listes d'experts** établies par la Cour de cassation et par les cours d'appel (n° 15094).
Si le **technicien** désigné est une **personne morale,** son représentant légal soumet à l'**agrément** du juge le nom de la ou des **personnes physiques** qui assureront, au sein de celle-ci et en son nom, l'exécution de la mesure (CPC art. 233, al. 2).

a. Mission du technicien

ÉTENDUE DE LA MISSION DU TECHNICIEN

14610 Le **juge** du fond fixe **souverainement** l'étendue de la mission confiée au technicien qu'il désigne (Cass. 1e civ. 26-11-1980 n° 79-13.870 : Bull. civ. I n° 308). Cependant, le juge doit **limiter** le choix de

la mesure à ce qui est suffisant pour la solution du litige, en s'attachant à retenir ce qui est le plus simple et le moins onéreux (CPC art. 147).
En outre, les juges du fond ne doivent pas confier au technicien une **mission trop générale,** sans lui soumettre aucune question technique (Cass. com. 2-5-1960 n° 57-11.411 : Bull. civ. IV n° 153).

La mission du technicien est circonscrite aux **questions de fait** (CPC art. 232), ce qui exclut les **questions de droit** que le juge est sensé connaître et seul apte à appliquer. L'expertise ordonnée ne peut donc porter que sur des questions purement techniques (Cass. 3e civ. 13-11-1974 n° 73-11.654 : Bull. civ. III n° 415). **14612**
Une cour d'appel décide souverainement si les investigations d'ordre technique confiées à l'expert par le juge de première instance n'ont trait qu'à des questions de fait dont elle se réserve de tirer les conséquences juridiques (Cass. com. 4-7-1978 n° 77-11.104 : Bull. civ. IV n° 189).
Échappe à l'expert, comme n'étant pas purement technique, la recherche de la **commune intention** des parties (CA Versailles 2-6-1988 : D. 1989. som. p. 275 obs. P. Julien) ou l'appréciation de la **portée d'une convention** (Cass. 3e civ. 13-11-1974 n° 73-11.654 : Bull. civ. III n° 415).
L'expert peut néanmoins se voir confier la mission de rechercher les **lois, règlements ou usages particuliers** à certaines professions, dès lors qu'il est chargé non pas d'en faire lui-même application pour formuler son avis, mais seulement de **rechercher leur existence** et de les indiquer, les juges du fond conservant entièrement le pouvoir d'apprécier leur portée quant au litige dont ils sont saisis (Cass. 2e civ. 15-10-1969 n° 68-11.540 : Bull. civ. II n° 278).

ILLUSTRATIONS

Il entre dans la mission de l'expert :
– psychiatre commis par le juge des tutelles de donner son avis sur l'opportunité d'une mesure de protection (Cass. 1e civ. 24-1-1990 n° 87-13.902 : Bull. civ. I n° 23) ;
– chargé de rechercher les fonctions réellement exercées par un salarié de préciser la convention collective applicable, même si cette précision ne lie pas le juge (Cass. soc. 5-11-1987 n° 84-45.615 : Bull. civ. V n° 615) ;
– spécialiste des questions juridiques de construction et d'urbanisme de se renseigner sur la réglementation applicable à un lotissement (Cass. 3e civ. 27-6-1972 n° 70-14.447 : Bull. civ. III n° 427).

La mission ne doit pas conduire le **juge** à **déléguer ses pouvoirs** au technicien désigné. Ainsi délègue ses pouvoirs le juge qui désigne un expert avec pour mission de rechercher les désordres affectant l'ouvrage, tout en autorisant l'une des parties, sous le seul contrôle de cet expert, à faire procéder à la réalisation des travaux de réfection de ces désordres (Cass. 3e civ. 27-4-2011 n° 09-17.236). En effet, la recherche des désordres et la détermination des travaux nécessaires pour y remédier relèvent de la mission de l'expert, mais c'est au juge qu'il appartient de tirer les conséquences juridiques des conclusions présentées par l'expert et donc de condamner s'il y a lieu l'une des parties à la réalisation de travaux à ses frais. De même, délègue ses pouvoirs le juge qui invite une partie à produire la justification des sommes payées au titre de la taxe foncière du bien indivis entre les mains d'un notaire alors que cette partie soutenait, pièces à l'appui, avoir réglé une somme pour le compte de l'indivision et qu'il appartenait donc au juge de fixer lui-même le montant de la créance due par l'indivision (Cass. 1e civ. 24-9-2014 n° 13-21.005 : Bull. civ. I n° 152). **14614**

ILLUSTRATIONS

Le juge ne peut pas confier à l'expert la mission :
– de dire si le défendeur est redevable, envers le demandeur, de la somme qui lui est réclamée (Cass. 1e civ. 8-1-1980 nos 78-14.956 et 78-14.957 : Bull. civ. I n° 16) ;
– de rechercher et de vérifier si une laiterie gère les quotas laitiers en conformité avec la réglementation en vigueur (Cass. 2e civ 9-12-1997 n° 95-10.798) ;
– de définir, surveiller et évaluer des travaux et en régler le coût au fur et à mesure de leur exécution sur mémoires qu'il a visés des entreprises qu'il a choisies (Cass. 3e civ. 19-12-1983 n° 80-16.892 : Bull. civ. III n° 268) ;
– de rechercher les responsabilités encourues (Cass. 2e civ. 19-12-1973 n° 72-13.103 : Bull. civ. II n° 341).
En revanche, le juge peut confier à l'expert la mission de rechercher l'existence de malfaçons et de donner son avis sur les responsabilités encourues (Cass. 3e civ. 14-5-1970 n° 69-12.047 : Bull. civ. III n° 331).
N'a pas délégué ses pouvoirs le juge qui s'est fondé sur des rapports d'experts pour accorder à un parent un droit de visite dont il a déterminé la périodicité et précisé qu'il devait s'exercer de façon médiatisée, et qui a, en outre, dit qu'il en serait référé au juge des enfants en cas de difficulté (Cass. 1e civ. 9-7-2014 n° 13-23.750).
Dès lors que les juges du fond tranchent le litige et déterminent les travaux à réaliser, ils n'abandonnent pas à l'expert leur pouvoir de contrôle et ne lui confèrent qu'une mission

purement technique, en décidant que des travaux prescrits seront exécutés selon les directives et sous la surveillance de l'expert désigné (Cass. 1e civ. 5-12-1973 n° 72-11.931 : Bull. civ. I n° 339).
Il entre dans la mission de l'expert de rechercher les éléments d'un préjudice commercial et moral (notamment les pertes de recettes et l'atteinte portée à une image de marque), dès lors que la cour d'appel n'oblige pas ce technicien à opérer une qualification juridique des différentes activités de cet établissement, mais lui demande seulement de rechercher les faits matériels constituant les éléments de préjudice, dont la juridiction s'est par là même implicitement et nécessairement réservé la qualification (Cass. 1e civ. 13-1-1982 n° 80-16.461 : Bull. civ. I n° 23).

MODIFICATION DE LA MISSION DU TECHNICIEN

14626 Le juge qui a commis le technicien ou le juge chargé du contrôle peut **accroître ou restreindre** la mission confiée (CPC art. 236, 148 et 149). Ce pouvoir de modification de la mission de l'expert existe, que l'expertise ait été ordonnée avant tout procès sur le fondement de l'article 145 du CPC ou en cours de procédure (Cass. 2e civ. 18-9-2008 n° 07-17.640 : Bull. civ. II n° 199).
Le juge ne peut, sans avoir **préalablement** recueilli les **observations du technicien** commis, étendre la mission de celui-ci ou confier une mission complémentaire à un autre technicien (CPC art. 245, al. 3). En effet, l'expertise confiée à un autre technicien peut constituer une contre-expertise. Si le juge étend la mission de l'expert sans avoir préalablement recueilli ses observations, la nullité ne sera encourue que si la partie qui l'invoque prouve le grief que lui cause l'irrégularité, conformément aux dispositions de l'article 175 du CPC (Cass. 2e civ. 23-3-1994 n° 92-13.533 : Bull. civ. II n° 106).
Le juge peut toujours inviter le technicien à **compléter, préciser ou expliquer,** soit par écrit, soit à l'audience, ses constatations ou ses conclusions (CPC art. 245, al. 1). Il a même l'obligation de le faire lorsque l'**expertise** conclut à l'existence de faits ayant pour conséquence de faire droit à la demande de l'une des parties mais **présente des insuffisances** pour statuer définitivement. Tel est le cas lorsque l'expert confirme l'existence de désordres mais ne précise pas suffisamment clairement la nature des faits pour permettre une évaluation du préjudice. Il appartient au juge, insuffisamment éclairé, d'interroger l'expert ou le cas échéant d'ordonner un complément d'expertise, mais il ne peut pas débouter le demandeur de son action en garantie des vices cachés au motif que les conclusions de l'expert sont insuffisantes à fonder les demandes de l'intéressé (Cass. 1e civ. 30-1-2007 n° 06-11.028).
Le **technicien,** de son côté, peut à tout moment **demander au juge** de l'entendre (CPC art. 245, al. 2).

b. Récusation et remplacement du technicien

CHAMP D'APPLICATION DE LA DEMANDE DE RÉCUSATION DU TECHNICIEN

14662 Les causes de récusation et le régime applicable à la demande de récusation ou de remplacement sont communs à toute désignation de technicien, qu'il s'agisse d'une constatation, d'une consultation ou d'une expertise. Cependant, en **pratique,** les demandes de récusation visent presque exclusivement les expertises.

TECHNICIEN VISÉ PAR LA RÉCUSATION

14664 La personne visée par la demande de récusation est le technicien désigné. Mais, s'il s'agit d'une **personne morale,** la récusation peut viser tant la personne morale elle-même que la ou les personnes physiques agréées par le juge (n° 14592) (CPC art. 234, al. 1).
Dans le cadre de la procédure de récusation, le **technicien** n'a ni la qualité de tiers à la procédure (Cass. 2e civ. 24-6-2004 n° 02-10.200 : Bull. civ. II n° 314) ni la qualité de partie à l'instance (Cass. 2e civ. 24-6-2004 n° 02-10.817 : Bull. civ. II n° 313). De ce fait, il n'a pas à **constituer avocat** et ne peut faire valoir ses observations par l'intermédiaire de son conseil en qualité d'intervenant (Cass. 2e civ. 7-1-2010 nos 08-19.129 et 08-70.065 : Bull. civ. II n° 2).

AUTEUR DE LA RÉCUSATION DU TECHNICIEN

14674 La récusation du technicien peut intervenir à la demande de l'une des **parties** (CPC art. 234, al. 2) ou à la demande du **technicien** lui-même (CPC art. 234, al. 3). En effet, si le technicien s'estime récusable, il doit immédiatement le déclarer au juge qui l'a commis ou au juge chargé du contrôle (art. précité).
Les juges du fond peuvent condamner l'auteur d'une récusation dont ils rejettent la requête à une amende civile (Cass. 2e civ. 19-2-2015 n° 13-28.532).

POUVOIRS DU JUGE EN MATIÈRE DE RÉCUSATION DU TECHNICIEN

14684 La partie qui entend récuser le technicien doit le faire devant le juge qui l'a commis ou devant le juge chargé du contrôle (CPC art. 234, al. 2). Ce sont ces mêmes **juges** qui sont également

compétents pour pourvoir au **remplacement du technicien** si la récusation est admise (CPC art. 235, al. 1). Cette compétence est exclusive et il n'appartient donc pas à une cour d'appel de procéder au changement d'un technicien, dès lors que c'est un autre juge qui a commis l'expert ou qui est chargé du contrôle (CA Paris 23-10-2007 : Gaz. Pal. 5-3-2008 p. 18).
La Cour de cassation a précisé que seul le requérant à la récusation est **partie à la procédure de récusation.** Une cour d'appel ne peut donc pas, après avoir rejeté la demande de récusation, statuer en présence de toutes les parties à l'instance principale et condamner le requérant à verser à l'une d'entre elles une indemnité en application de l'article 700 du CPC (Cass. 2e civ. 27-2-2020 n° 18-24.066 F-PBI).

Les juges du fond **apprécient souverainement** si les faits allégués par une partie au soutien de sa demande de récusation d'un expert caractérisent l'une des causes de récusation (Cass. com. 19-3-1991 n° 89-21.452 : Bull. civ. IV n° 111 ; Cass. 2e civ. 22-9-2016 n° 15-21.881 F-D), si les manquements reprochés au technicien justifient son remplacement (Cass. 2e civ. 15-11-2007 n° 07-10.921 : Bull. civ. II n° 254) ou si les rapports d'expert sont suffisamment objectifs (Cass. 3e civ. 20-6-1979 n° 77-15.348 : Bull. civ. III n° 139). Ainsi, c'est souverainement qu'une cour d'appel retient qu'aucun élément n'est de nature à faire peser sur l'expert un doute légitime sur son impartialité, dès lors qu'elle relève que les doléances du demandeur à la récusation s'analysent en critiques relatives tant à la méthode choisie par l'expert qu'à la teneur de ses premières conclusions (Cass. 2e civ. 9-4-2015 n° 14-14.434). 14686
Mais si une partie soulève **plusieurs causes** de récusation, les juges ne peuvent pas la débouter sans étudier chacun des moyens soulevés (Cass. soc. 3-6-2009 n° 07-44.212 : RJS 8-9/09 n° 742).

CAUSES DE RÉCUSATION DU TECHNICIEN

Les techniciens peuvent être récusés pour les mêmes causes que les **juges** (CPC art. 234, al. 1). 14694
Ces causes s'appliquent sous réserve de dispositions particulières à certaines juridictions (C. org. jud. art. L 111-6, al. 1).
L'expert peut être récusé si **lui-même ou son conjoint** (C. org. jud. art. L 111-6, 1° à 4° et 6° à 7° , sur renvoi de CPC art. 341) :
– a un intérêt personnel à la contestation ;
– est créancier, débiteur, héritier présomptif ou donataire de l'une des parties ;
– est parent ou allié de l'une des parties ou de son conjoint jusqu'au quatrième degré inclusivement ;
– est chargé d'administrer les biens de l'une des parties ;
– a été ou est en procès avec l'une des parties ;
– a un lien de subordination avec l'une des parties.
L'expert peut aussi être récusé (C. org. jud. art. L 111-6, 5° et 8° à 9° , sur renvoi de CPC art. 341) :
– s'il a précédemment connu de l'affaire comme juge ou comme arbitre ou s'il a conseillé l'une des parties (C. org. jud. art. L 111-6, 5°) ;
– s'il y a amitié ou inimitié notoire avec l'une des parties (C. org. jud. art. L 111-6, 8°) ;
– s'il existe un conflit d'intérêts (C. org. jud. art. L 111-6, 9°).

> **Précisions** En principe, seules les **causes de récusation** sont communes à la procédure en récusation des juges. Dès lors, la **procédure spécifique** à la récusation des juges prévue aux articles 341 à 350 du CPC ne s'applique pas à la récusation des techniciens (CA Grenoble 15-10-1991 : Gaz. Pal. 1992. 2. 308, note F. Thorin). La Cour de cassation ne semble pas avoir confirmé ce raisonnement par un attendu aussi général. Elle a toutefois jugé que la demande de récusation d'un technicien n'est pas soumise aux dispositions de l'article 343 du CPC portant sur l'obligation pour le mandataire d'une partie qui demande la révocation d'un juge de détenir un pouvoir spécial (Cass. 2e civ. 5-5-1993 n° 91-19.476 : Bull. civ. II n° 165). Il est donc probable qu'aucune des dispositions spécifiques à la procédure de récusation des juges ne s'applique à la récusation des techniciens, à l'exception des causes de récusation (CPC art. 234, al. 1) et des règles qui sont expressément identiques, notamment, l'obligation d'agir dès la révélation de la cause de la récusation (CPC art. 234, al. 2 pour les techniciens ; art. 343 pour les juges).

Procès avec une partie L'existence d'un procès entre l'expert judiciaire ou son conjoint et l'une des parties (C. org. jud. art. L 111-6, 4°) constitue une cause péremptoire de récusation, sans qu'il y ait lieu de distinguer suivant que le procès a été engagé **avant ou après le début des opérations d'expertise,** ou selon qu'il puise sa raison d'être dans des **faits étrangers ou non au déroulement des opérations.** Ainsi, les juges du fond ne peuvent pas rejeter la demande de récusation formée par l'une des parties, condamnée pour des faits de violence commis sur 14700

l'expert au cours des opérations d'expertise, au motif que cette partie n'établit pas que le différend et l'inimitié notoire sont antérieurs et extérieurs aux opérations d'expertise (Cass. 2e civ. 13-10-2005 n° 04-10.834 : Bull. civ. II n° 249).
L'**expert** peut être valablement récusé, même si le procès est très ancien et même s'il a opposé l'une des parties, non pas à l'expert lui-même, mais à une **société dont il était le dirigeant**, car les intérêts du dirigeant et de la société sont nécessairement identiques (CA Pau 2-9-2002 : Cah. jurispr. Aquitaine 2003 p. 572, obs. E. Garçon).

14702 Ne peut **pas** être considéré comme un **procès avec l'expert** :
– le litige introduit devant le juge chargé du contrôle des expertises visant à la récusation et, subsidiairement, au dessaisissement de l'expert, car ce dernier n'est pas partie au litige à l'occasion duquel il est désigné en qualité de technicien (Cass. 2e civ. 15-11-2007 n° 07-10.921 : Bull. civ. II n° 254) ;
– la contestation à laquelle peut donner lieu la taxe des experts dans l'instance au cours de laquelle ils ont été commis (Cass. 2e civ. 15-12-1986 n° 85-17.122 : Bull. civ. II n° 189) ;
– le procès créé artificiellement par l'une des parties qui révèle une intention malicieuse de la part de celle-ci (Cass. 2e civ. 6-5-2010 n° 08-21.845), telle une citation de l'expert devant le tribunal de police pour avoir utilisé aux fins de l'expertise une unité de mesure illicite (Cass. 3e civ. 9-10-1984 n° 83-11.341 : Bull. civ. III n° 163) ou un procès qui a été mis en œuvre à la seule fin de constituer une cause péremptoire de récusation pour contourner les décisions ayant rejeté les demandes de remplacement à de multiples reprises (Cass. 2e civ. 15-10-2015 n° 14-22.932 F-D).

14707 **Connaissance antérieure de l'affaire** L'expert peut encore être récusé s'il a précédemment connu de l'affaire comme juge ou comme arbitre ou s'il a conseillé l'une des parties (C. org. jud. art. L 111-6, 5° , sur renvoi de CPC art. 341).
Cette situation n'est pas caractérisée lorsque l'**expert** qui a été **désigné en référé** à la demande des victimes d'un incendie avait été **précédemment requis par un procureur de la République** pour déterminer les causes du sinistre, en application de l'article 77-1 du Code de procédure pénale ; la demande de récusation doit donc être rejetée (Cass. 2e civ. 8-2-2006 n° 04-12.864 : Bull. civ. II n° 45).

14710 **Conflit d'intérêts** Constitue également une cause de récusation, l'existence d'un conflit d'intérêts, au sens de l'article 7-1 de l'ordonnance 58-1270 du 22-12-1958 (C. org. jud. art. L 111-6, 9°). Pour les magistrats, constitue un conflit d'intérêts toute situation d'interférence entre un intérêt public et des intérêts publics ou privés qui est de nature à influencer ou à paraître influencer l'exercice indépendant, impartial et objectif d'une fonction (Ord. 58-1270 du 22-12-1958 art. 7-1).
S'il suppose en sa personne un conflit d'intérêts ou estime en conscience devoir s'abstenir, l'expert, comme le juge, se fait remplacer (C. org. jud. art. L 111-7).
Avant même l'entrée en vigueur de l'article L 111-6, 9° , l'existence de **liens commerciaux et financiers** entre l'une des parties et l'expert désigné, non révélée par l'**expert** demeuré **silencieux** sur ce fait, pouvait être considérée comme étant de nature à créer, même en apparence, un doute légitime sur l'indépendance et l'impartialité de l'expert (CA Paris 23-10-2007 : Gaz. Pal. 5-3-2008 p. 18). Il avait été jugé que le fait pour un expert de réaliser des **missions d'expertise pour des sociétés d'assurances** ne constituait pas en soi l'exercice d'une activité incompatible avec l'indépendance nécessaire à l'expert judiciaire, dès lors que la société dans laquelle exerçait l'expert n'avait pas pour seule activité l'expertise pour le compte d'assureurs, celle-ci réalisant également des diagnostics immobiliers et des expertises pour le compte de tiers et que le chiffre d'affaires invoqué par la requérante n'était pas le seul résultat d'expertises menées pour le compte d'assureurs (Cass. 2e civ. 15-10-2015 n° 14-22.932 F-D). Désormais, au visa de l'article L 111-6, 9° , il se peut que la jurisprudence devienne plus stricte quant à l'appréciation de l'indépendance nécessaire à la fonction, puisque la nouvelle disposition sanctionne « toute situation d'interférence » de nature à « paraître influencer » l'exercice indépendant, impartial et objectif d'une fonction.

14712 **Impartialité** Les **causes** de récusation de l'article L 111-6 du Code de l'organisation judiciaire sont **limitatives** (Cass. com. 19-3-1991 n° 89-21.452 : Bull. civ. IV n° 111). Cependant, toute personne a droit à ce que sa cause soit entendue par un tribunal impartial (CESDH art. 6, 1).
L'exigence d'impartialité doit s'**apprécier objectivement** et les dispositions du Code de l'organisation judiciaire qui prévoient les cas de récusation n'épuisent pas nécessairement l'exigence d'impartialité requise de tout expert judiciaire (Cass. 2e civ. 5-12-2002 n° 01-00.224 : Bull. civ. II n° 275).
La seule circonstance qu'un plaideur et son juge aient été élèves de la **même école** (école polytechnique) ou soient issus du **même secteur d'activité** (secteur bancaire) n'est pas de nature à créer, même en apparence, un doute légitime sur l'impartialité du magistrat (Cass. 2e civ. 13-7-2005 n° 04-19.962 : Bull. civ. II n° 206, décision rendue à propos d'un juge mais transposable au technicien).

CONSEIL

En cas de demande de révocation pour risque de partialité de l'expert, il est prudent de fonder la demande non seulement sur l'article 234 du CPC (sur renvoi aux articles 341 du même Code et L 111-6 du Code de l'organisation judiciaire), mais également sur l'article 6, 1 de la CESDH. La cour d'appel de Paris a en effet rejeté une demande de récusation fondée sur l'impartialité de l'expert au motif que le reproche, adressé par l'une des parties à un expert, d'avoir manqué à son devoir d'impartialité ne constitue pas l'une des causes de récusation prévues par l'article 341 du CPC (CA Paris 28-6-2002 n° 2000/31610 : Bull. inf. C. cass. 2003 n° 514).

MOMENT DE LA DEMANDE DE RÉCUSATION DU TECHNICIEN

La partie qui entend récuser le technicien doit le faire avant le **début des opérations** ou dès la **révélation de la cause** de la récusation (CPC art. 234, al. 2). 14722
Cette disposition s'applique que la demande de récusation soit fondée sur l'une des causes visées à l'article L 111-6 du Code de l'organisation judiciaire ou sur l'article 6, 1 de la CESDH. Ainsi, une partie n'est pas recevable à invoquer devant la Cour de cassation la violation de l'article 6, 1 précité résultant d'un défaut d'impartialité de l'expert en raison de précédentes relations contractuelles entre elle et lui, dès lors qu'elle n'a pas fait usage de la possibilité d'en obtenir le respect en récusant ce technicien avant le début des opérations d'expertise ; elle a ainsi renoncé sans équivoque à s'en prévaloir (Cass. 2e civ. 4-6-2009 n° 08-11.163 : Bull. civ. II n° 140).
Les juges du fond apprécient souverainement le moment où le demandeur a eu **connaissance de la cause de récusation** (Cass. 2e civ. 22-2-2012 n° 10-27.110). Mais ils doivent rechercher, lorsqu'ils y sont invités, si la demande de récusation a été formée dès la révélation de la cause alléguée (Cass. 2e civ. 15-1-2009 n° 08-11.212).

Une demande de récusation d'expert doit être invoquée dans les formes et dans les délais de l'article 234 du CPC ; elle ne peut donc pas être formée **après le dépôt du rapport d'expertise** (Cass. 3e civ. 20-6-1979 n° 77-15.348 : Bull. civ. III n° 139 ; Cass. 2e civ. 23-2-1994 n° 92-17.150 : Bull. civ. II n° 71 ; Cass. 2e civ. 18-11-2010 n° 09-13.265 : Bull. civ. II n° 188). 14724
Après le dépôt du rapport, une partie peut encore soulever la **nullité** dudit rapport, dès lors que ce moyen est soulevé avant toute défense au fond ou fin de non-recevoir (CPC art. 112 ; nos 14100 s.). La nullité du rapport peut même être demandée en tout état de cause lorsque l'expert n'a pas rempli personnellement la mission qui lui a été confiée (n° 14766).
La **sanction** attachée à la **tardiveté** de la demande de récusation est son irrecevabilité (Cass. 2e civ. 5-12-2002 n° 01-00.791 : Bull. civ. II n° 279). Ainsi, en agissant trois ans après la révélation des causes de récusation, une partie doit être considérée comme n'ayant pas respecté l'obligation de présenter la demande de récusation dès la révélation de sa cause (Cass. 2e civ. 8-11-2001 n° 98-21.557).

CONSEIL

Il faut être vigilant quant au **choix du fondement et du moment auquel il convient d'agir** :
– la demande en récusation fondée sur les articles 234 et 235 du CPC doit être présentée avant le début de l'expertise ou dès la révélation de la cause de la récusation (CPC art. 234, al. 2) ;
– l'exception de nullité du rapport d'expertise doit être soulevée in limine litis, avant toute défense au fond ou fin de non-recevoir (CPC art. 112), à moins que la nullité ne soit fondée sur le moyen tiré de l'absence d'accomplissement personnel de la mission par l'expert ou que la partie qui l'invoque n'ait eu connaissance que tardivement de la cause de nullité (n° 14102).
Il résulte de l'articulation de ces textes que le juge, s'il est saisi sur le seul fondement des articles 234 ou 235 du CPC (récusation ou dessaisissement), n'a pas à se prononcer sur la régularité d'opérations d'expertise qui sont encore en cours, mais seulement sur le remplacement de l'expert (Cass. 2e civ. 23-10-1991 n° 90-14.182 : Bull. civ. II n° 273).
Mais le plaideur doit conserver à l'esprit que s'il est trop tard pour présenter une demande en récusation au motif que l'expert a rendu son rapport, il peut néanmoins, s'il n'a pas encore conclu au fond, soulever l'exception de nullité tirée de l'irrespect des conditions garantissant un procès équitable par exemple (Cass. crim. 25-9-2012 n° 12-82.770 : Bull. crim. n° 197).

REMPLACEMENT DU TECHNICIEN

Le remplacement de l'expert intervient dans les cas suivants (CPC art. 235, al. 1) : 14734
– la **récusation** est admise ;
– le **technicien refuse** la mission ;
– il existe un **empêchement légitime.**
Le juge peut également, à la demande des parties ou d'office, remplacer le **technicien** qui **manquerait à ses devoirs,** après avoir provoqué ses explications (CPC art. 235, al. 2).

Il suffit que l'expert ait été invité à présenter ses **observations,** les dispositions de l'article 235, al. 2 du CPC n'exigeant pas que le technicien dont le remplacement est demandé soit convoqué à l'audience des débats (Cass. 2e civ. 15-12-2005 n° 04-11.573 : Bull. civ. II n° 329).
Le remplacement peut être demandé en raison du **comportement de l'expert** non pas seulement à l'égard d'une partie, mais également de son conseil (Cass. 2e civ. 9-9-2010 n° 09-15.998, pour une lettre adressée par l'expert et dont les termes, jugés inacceptables, mettaient en cause l'un des avocats des parties).
Aucune disposition ne prévoit la **suspension** de la **mesure d'expertise** durant l'examen de la demande de remplacement de l'expert ; en conséquence, si l'expert dépose son rapport avant qu'il ait été statué sur la demande de remplacement, celle-ci devient sans objet (Cass. 2e civ. 6-4-2006 n° 04-16.500 : Bull. civ. II n° 101).

RECOURS CONTRE LA DÉCISION DE RÉCUSATION DU TECHNICIEN

14744 La décision par laquelle un **tribunal rejette** une demande de remplacement ou de récusation d'un technicien met fin à une **instance incidente,** indépendante de la procédure principale qui l'a fait naître, de sorte qu'elle est susceptible d'**appel** devant la cour d'appel dont la décision est elle-même susceptible de **pourvoi en cassation** (Cass. 2e civ. 23-6-2005 n° 03-16.627 : Bull. civ. II n° 170). Cette solution s'impose que la demande soit fondée sur l'article 234 ou sur l'article 235 du CPC. Ainsi, l'ordonnance qui refuse le remplacement d'un technicien en application de l'article 235, al. 2 est susceptible d'appel, cette décision n'étant pas un acte d'administration judiciaire mais une ordonnance de référé (Cass. 2e civ. 14-6-1978 n° 77-12.084 : Bull. civ. II n° 158).

14746 Le **technicien récusé** ne peut pas former tierce opposition, car il est un auxiliaire de justice et, de ce fait, n'est pas un tiers à la procédure ; il ne peut pas non plus former un recours, car il n'est pas partie à l'instance (n° 14664).

c. Obligations du technicien

EXÉCUTION PERSONNELLE DE SA MISSION PAR LE TECHNICIEN

14766 Le technicien, investi de ses pouvoirs par le juge en raison de sa qualification, doit remplir personnellement la mission qui lui est confiée (CPC art. 233, al. 1).
L'obligation d'exécuter personnellement sa mission n'interdit pas à l'expert de s'appuyer sur une **expertise antérieure** (Cass. 2e civ. 26-10-1977 n° 76-11.329 : Bull. civ. II n° 207) ou de se faire assister dans sa tâche par un autre technicien, dès lors que celui-ci procède sous sa responsabilité et sous son contrôle (Cass. 2e civ. 5-3-1975 n° 73-14.496 : Bull. civ. II n° 70).
La **sanction** attachée à la **délégation de sa mission** par l'expert est la nullité des actes accomplis en méconnaissance de cette obligation. Mais cette irrégularité de forme n'entraîne la nullité du rapport d'expertise qu'à charge pour la partie qui l'invoque de prouver un grief. Il n'y a pas de grief dès lors que la partie a pu répondre à un rapport d'expertise officieux non contradictoire, dans la mesure où il a été examiné par l'expert avec les parties (Cass. 2e civ. 8-9-2022 n° 21-12.030 F-B).
Contrairement aux autres causes de nullité, qui doivent être invoquées avant toute défense au fond à peine d'irrecevabilité (CPC art. 112), la nullité résultant du manquement de l'expert à l'obligation d'accomplir personnellement sa mission peut être présentée en tout état de cause (Cass. 3e civ. 26-11-2008 n° 07-20.071 : Bull. civ. III n° 189).
Lorsque cela lui est demandé, la cour d'appel doit rechercher si l'expert n'a pas délégué l'accomplissement de sa mission à un tiers.

ILLUSTRATIONS

L'expert peut confier à un tiers l'exécution d'investigations à caractère technique qui nécessitent des instruments appropriés ou un matériel spécifique (Cass. 2e civ. 16-5-2002 n° 00-20.050 : Bull. civ. II n° 101 ; Cass. 2e civ. 15-10-2009 n° 08-16.582).
Un médecin expert peut recueillir par prudence l'avis d'un médecin spécialiste dès lors que cet avis est joint au rapport d'expertise et par conséquent est soumis aux critiques des parties (Cass. 2e civ. 5-3-1975 n° 73-14.496 : Bull. civ. II n° 70).
A personnellement rempli sa mission, l'expert qui n'a pas pu procéder à l'examen d'un véhicule automobile en raison de la vente de celui-ci et qui s'est référé au rapport très précis d'un autre expert (Cass. 2e civ. 26-10-1977 n° 76-11.329 : Bull. civ. II n° 207) ou qui n'a pas pu monter sur le toit en raison de la météorologie mais qui a examiné, avec les parties, les documents photographiques annexés au rapport d'expertise amiable (Cass. 2e civ. 8-9-2022 n° 21-12.030 F-B).
Le technicien peut se servir de constats de l'huissier ou commissaire de justice et doit être considéré comme ayant procédé lui-même à l'exécution de sa mission, dès lors qu'il a effectué des visites techniques ainsi que des analyses et essais nombreux et approfondis, a procédé à des constatations sur site et a fondé ses conclusions sur ces éléments et non sur les constats

d'huissier ou commissaire de justice, annexés à son rapport de façon superfétatoire (Cass. 3e civ. 17-1-2019 n° 17-11.759 F-D).
En revanche, les opérations de mesurage des propriétés constituant des actes d'exécution à caractère technique inhérents à la mission de l'expert et non des tâches purement matérielles, elles sont insusceptibles d'être déléguées. Faute de toute direction, contrôle ou surveillance par l'expert, elles sont effectuées en méconnaissance de son obligation d'accomplir personnellement sa mission et ne peuvent valoir opérations d'expertise (Cass. 2e civ. 10-6-2004 n° 02-15.129 : Bull. civ. II n° 286).
Lorsque l'une des parties soutient que l'expert s'est adjoint un autre technicien et qu'il ne s'agissait pas de la consultation ponctuelle d'un spécialiste sur une question déterminée, mais de la sous-traitance de la totalité de l'expertise, une cour d'appel ne peut pas juger que le rapport a été soumis au contradictoire des parties sans rechercher si l'expert n'a pas délégué l'accomplissement de sa mission (Cass. 3e civ. 8-4-1999 n° 96-21.897 : Bull. civ. III n° 89).

RESPECT DU CONTRADICTOIRE PAR LE TECHNICIEN

Le technicien qui est investi de ses pouvoirs par le juge est soumis au principe du contradictoire (CPC art. 16). Il est notamment tenu de respecter les règles de convocation des parties (nos 13972 s.). Le non-respect des droits de la défense entraîne la nullité de la mesure d'instruction sans qu'il soit nécessaire d'invoquer un grief (n° 14110). **14776**
Le technicien doit également respecter le principe du contradictoire lorsqu'il s'adjoint le **concours d'un tiers** (n° 14843).

Sanction du non-respect du contradictoire Doit être annulé le **rapport d'un expert** qui : **14778**
– ne convoque pas les parties aux opérations d'expertise, même s'il leur adresse un prérapport afin qu'elles puissent prendre connaissance de ses travaux et conclusions (Cass. 2e civ. 20-12-2001 n° 00-10.633 : Bull. civ. II n° 202) ;
– fonde ses conclusions sur l'analyse d'un technicien qu'il a consulté sans en donner connaissance aux parties (Cass. 2e civ. 15-4-2010 n° 09-10.239 : Bull. civ. II n° 83) ;
– entend à deux reprises la mère d'un enfant, mais indique n'avoir pas pu rencontrer le père compte tenu de son éloignement alors qu'il ne résulte ni du rapport d'expertise ni des pièces de la procédure qu'il a convoqué ce dernier (Cass. 1e civ. 9-12-2003 n° 01-01.083) ;
– n'effectue qu'une visite sommaire des lieux et délègue à d'autres techniciens des points essentiels de la mission qui lui a été personnellement confiée sans exercer ni contrôle ni vérification au contradictoire des parties (Cass. 3e civ. 5-7-2000 n° 98-13.215 ; Cass. 3e civ. 26-11-2008 n° 07-20.071 : Bull. civ. III n° 189) ;
– ne porte pas certaines pièces à la connaissance des parties avant le dépôt de son rapport afin de leur permettre d'en discuter (Cass. 3e civ. 12-5-1999 n° 97-19.844).
En revanche, ne doit **pas être annulé** le rapport d'un expert dès lors que :
– l'expert a, préalablement au dépôt de son rapport définitif, adressé aux parties un prérapport d'expertise en invitant ces dernières à présenter leurs observations et que le dépôt de son rapport a été précédé de sept réunions au cours desquelles les parties avaient pu s'exprimer (Cass. 3e civ. 9-3-2017 n° 15-18.105 FS-PB : Bull. civ. III n° 34) ;
– même si certaines parties sont intervenues tardivement dans la procédure et n'ont pas eu la possibilité matérielle de participer au déroulement des opérations d'expertise, l'expert a informé les parties intervenant tardivement du résultat de ses opérations et de la possibilité qui leur était laissée de présenter leurs observations écrites avant le dépôt du rapport et que toutes les parties ont été convoquées à une réunion au cours de laquelle elles ont été informées du déroulement des opérations d'expertise et invitées à présenter des observations complémentaires ou demander des compléments d'investigations (Cass. 3e civ. 8-12-2016 n° 15-22.793 F-D).

CONSCIENCE, OBJECTIVITÉ ET IMPARTIALITÉ DU TECHNICIEN

Le technicien commis doit accomplir sa mission avec conscience et objectivité et impartialité (CPC art. 237). **14786**
Les juges du fond apprécient souverainement l'objectivité des rapports d'expertise (Cass. 3e civ. 20-6-1979 n° 77-15.348 : Bull. civ. III n° 139) et les griefs de subjectivité ou de partialité allégués à l'encontre des experts (Cass. 2e civ. 18-1-2006 n° 05-14.115).

ILLUSTRATIONS

La tension verbale entre l'expert et l'une des parties n'est pas nécessairement de nature à caractériser un doute sur l'impartialité de l'expert judiciaire. Ainsi, une cour d'appel peut relever qu'un échange verbal traduisant seulement une tension perceptible et n'apparaissant pas

uniquement imputable à l'expert n'est pas de nature à caractériser un doute sur son **impartialité** et à affecter les constatations techniques sous-tendant les conclusions de l'expert (Cass. 2e civ. 9-7-2009 n° 08-16.825).
De même, les juges du fond peuvent considérer qu'il n'existe aucun manquement de l'expert au principe d'impartialité alors même qu'il préside une fondation dont le trésorier a été l'avocat de l'une des parties, dès lors qu'au moment de la désignation de l'expert, l'avocat s'était retiré du dossier depuis près d'un an (Cass. 3e civ. 30-11-2017 n° 16-17.686 FP-PB : RJDA 2/18 n° 109) ou alors même que le sapiteur auquel il a fait appel intervenait régulièrement pour l'une des compagnies d'assurances partie au dossier, dès lors que le sapiteur intervenait sur l'ensemble du territoire national pour la totalité des compagnies d'assurances, qu'il ne dépendait économiquement d'aucune compagnie ni d'aucun client, que la compagnie partie à l'instance ne représentait que 6,2 % de son chiffre d'affaires, que la personne qui avait personnellement accompli la mission sollicitée par l'expert était elle-même collaborateur occasionnel du service public de la justice et que le caractère objectif de l'expertise était, en outre, accrédité par le fait que l'expert, dont la neutralité n'était pas mise en cause, s'était lui-même approprié les constatations du sapiteur (Cass. 1e civ. 9-6-2017 n° 16-13.810 F-D).
Le fait que le second expert désigné pour réaliser l'analyse de contrôle de l'imprégnation alcoolique exerce au sein du même laboratoire que celui ayant réalisé la première analyse n'est pas, en soi, de nature à faire douter de sa neutralité (Cass. crim. 20-3-2018 n° 17-81.238 F-PB : Bull. inf. C. cass. 15-7-2018 n° 841).
Le manque d'**objectivité** ne peut pas s'induire d'une rédaction maladroite, dans le rapport, de la mission de l'expert adjoint mais doit résulter de l'examen de l'expertise (Cass. 3e civ. 16-5-2001 n° 99-17.354).

14788 Aucune disposition ne **sanctionne** par la nullité l'inobservation des obligations imposées par l'article 237 du CPC au technicien commis (Cass. com. 4-1-2005 n° 03-17.119). Mais il demeure intéressant de soulever le moyen tiré de l'inobservation de ses obligations par le technicien car, le juge n'étant pas lié par les constatations ou les conclusions du technicien (CPC art. 246), il est libre d'en apprécier la valeur probante (n° 14882). En outre, si les conditions sont remplies et selon l'état d'avancement de la procédure, il est éventuellement possible de demander la récusation de l'expert pour manque d'impartialité (n° 14712) ou de soulever l'exception de nullité pour atteinte aux droits de la défense (n° 14112). La désignation d'un **expert dépendant de l'une des parties** ne permet pas de garantir les conditions d'un **procès équitable.** Doivent être annulés la désignation d'un expert, les actes accomplis par lui et ceux accomplis en sa présence sur commission rogatoire dès lors qu'il est salarié de la partie civile (Cass. crim. 25-9-2012 n° 12-82.770 : Bull. crim. n° 197).

EXÉCUTION CONFORME À LA MISSION DU TECHNICIEN

14793 Le technicien doit donner son **avis sur tous les points** pour l'examen desquels il a été commis (CPC art. 238, al. 1). **À défaut,** l'une des parties est en droit de soutenir que l'**expertise** doit être **complétée,** mais n'est pas pour autant fondée à prétendre que le rapport d'expertise est nul dans sa totalité (Cass. 1e civ. 13-4-1992 n° 90-20.407).
Le technicien ne peut pas répondre à d'**autres questions** que celles pour lesquelles il a été commis, sauf accord écrit des parties, et ne doit jamais porter d'appréciations d'ordre juridique (CPC art. 238, al. 2 et 3, voir n° 14612).
Les dispositions de l'article 238 du CPC n'étant pas prescrites à peine de **nullité** (Cass. 2e civ. 16-12-1985 n° 81-16.593 : Bull. civ. II n° 197), le fait que l'expert ait excédé les termes de sa mission n'est pas de nature à justifier que le rapport d'expertise soit écarté des débats (Cass. com. 25-4-2001 n° 97-20.244). À cet égard, les juges du fond sont en droit de s'approprier l'avis de l'expert, même si celui-ci a exprimé une opinion excédant les limites de sa mission (Cass. 3e civ. 5-3-2003 n° 00-21.931 : Bull. civ. III n° 55, cas où l'expert avait étendu sa mission à des parcelles non comprises dans l'objet de l'expertise). Mais il en irait autrement si l'irrégularité constatée était de nature à nuire aux **droits de la défense** (n° 14112). En outre, les **juges** du fond peuvent toujours **écarter d'office un rapport** pour cause d'irrégularité. Tel est le cas lorsqu'un huissier ou commissaire de justice, commis dans une instance de divorce pour faire des constatations matérielles, n'en a fait aucune et a procédé par le biais de sommations interpellatives à une véritable enquête (Cass. 2e civ. 6-2-1980 n° 78-16.312 : Bull. civ. II n° 24).

RESPECT DES DÉLAIS PAR LE TECHNICIEN

14798 Le technicien doit respecter les délais qui lui sont impartis (CPC art. 239). L'expert qui manque à son obligation de célérité peut voir sa **rémunération réduite** ; tel est le cas de l'expert qui a mis deux ans pour rendre son rapport alors qu'un délai de neuf mois lui avait été imparti (Cass. 2e civ. 27-4-1979 n° 77-15.312 : Bull. civ. II n° 124). Sa **responsabilité** peut aussi être **engagée.**

DIVULGATION D'INFORMATIONS PAR LE TECHNICIEN

Le technicien doit faire connaître dans son avis toutes les informations qui apportent un éclaircissement sur les questions à examiner, mais il lui est interdit de **révéler** les **autres informations** dont il pourrait avoir connaissance à l'occasion de l'exécution de sa mission et il ne peut faire état que des informations légitimement recueillies (CPC art. 244). 14803
Lorsque la divulgation de l'avis du technicien risque de porter **atteinte** à l'intimité de la **vie privée** ou à tout autre **intérêt légitime,** cet avis ne peut être utilisé en dehors de l'instance que sur autorisation du juge ou avec le consentement de la partie intéressée (CPC art. 247).

RÉMUNÉRATION DU TECHNICIEN

Le technicien ne peut pas recevoir **directement d'une partie,** sous quelque forme que ce soit, une rémunération même à titre de remboursement de débours, si ce n'est sur décision du juge (CPC art. 248). 14813

> **Précisions** Lorsque les frais sont mis à la charge d'une personne bénéficiaire de l'**aide juridictionnelle,** les frais occasionnés par les mesures d'instruction sont avancés par l'État (Loi 91-647 du 10-7-1991 art. 40, al. 3 ; Décret 2020-1717 du 28-12-2020 art. 116). En conséquence, un tribunal ne peut pas retenir qu'une partie n'a pas consigné la provision mise à sa charge par la décision de désignation de l'expert tout en constatant qu'elle est bénéficiaire de l'aide juridictionnelle, car en pareil cas, elle est dispensée de paiement (Cass. 2e civ. 8-7-2004 n° 02-19.801 : Bull. civ. II n° 369).

RESPONSABILITÉ DU TECHNICIEN

Pour les fautes commises dans l'accomplissement de sa mission, le technicien judiciairement désigné engage sa responsabilité extracontractuelle, conformément aux règles de **droit commun** (C. civ. art. 1240), et cela, même si **le juge a homologué le rapport**, ignorant l'erreur dont il était entaché (Cass. 2e civ. 8-10-1986 n° 85-14.201 : Bull. civ. II n° 146). 14823
Ainsi, il résulte des articles 1240 et 1241 du Code civil que l'expert qui se fait communiquer par les parties les pièces nécessaires à l'accomplissement de sa mission sur le fondement de l'article 243 du Code de procédure civile doit, sauf dispense des parties, leur restituer les pièces non dématérialisées. À défaut, il commet une faute et engage sa responsabilité civile extracontractuelle (Cass. 1e civ. 5-10-2022 n° 21-12.542 FS-B).

d. Pouvoirs du technicien

POUVOIR DU TECHNICIEN DE SE FAIRE ASSISTER PAR UN TIERS

Le technicien peut recueillir des informations orales ou écrites de toutes personnes, mais doit dans ce cas **mentionner** leurs nom, prénoms, demeure et profession ainsi que, s'il y a lieu, leur lien de parenté ou d'alliance avec les parties, de subordination à leur égard, de collaboration ou de communauté d'intérêts avec elles (CPC art. 242, al. 1). Ainsi, dans le cas où les informations recueillies ont servi à la détermination des estimations faites par l'expert, celui-ci doit indiquer dans son rapport l'**identité** de leurs auteurs afin que les parties puissent procéder à toutes les vérifications utiles (Cass. 2e civ. 4-6-1993 n° 91-14.928 : Bull. civ. II n° 191). Le technicien doit en outre respecter le **principe du contradictoire.** 14843
Lorsque le technicien commis ou les parties demandent que ces personnes soient **entendues par le juge,** celui-ci procède à leur audition s'il l'estime utile (CPC art. 242, al. 2).

VALIDITÉ DE LA PARTICIPATION D'UN TIERS À L'ÉTABLISSEMENT DU RAPPORT DU TECHNICIEN

Est nul **le rapport** d'un technicien qui **se borne à mentionner** que la recherche des causes est expliquée et développée dans un document annexé réalisé par un tiers dont l'avis technique a été sollicité (Cass. 2e civ. 11-1-1995 n° 93-14.697 : Bull. civ. II n° 11). 14845
Les informations recueillies auprès des organismes sollicités (superficies et valeurs de vente et de location) ayant servi à la détermination des conclusions proposées par l'expert dans le cadre de sa mission, elles auraient dû, au moins, être **annexées à son rapport** pour assurer la **contradiction** (Cass. 2e civ. 30-11-1988 n° 87-15.508 : Bull. civ. II n° 236).
En revanche, un rapport d'expertise qui se fonde sur l'**avis d'un sapiteur** est valable, si les constatations et les investigations effectuées par ce spécialiste l'ont été à l'occasion de réunions auxquelles toutes les parties ont été conviées, dans le **respect du principe de la contradiction,** si l'expert judiciaire a supervisé l'ensemble des opérations à l'occasion de réunions contradictoires et s'il n'est pas justifié que les dires écrits ou verbaux n'ont pas reçu de réponse (Cass. 3e civ. 4-11-1999 n° 98-10.694 : Bull. civ. III n° 210).

POUVOIR DU TECHNICIEN DE DEMANDER LA COMMUNICATION DE PIÈCES

14848 Pour accomplir sa mission, le technicien peut demander communication de tous documents aux parties et aux tiers ; le juge peut en ordonner la communication en cas de difficulté (CPC art. 243). Pour l'obligation à restitution dont est tenu le technicien, voir n° 14823.

POUVOIR DU TECHNICIEN EN MATIÈRE DE CONCILIATION DES PARTIES

14858 Le juge chargé de procéder à une mesure d'instruction ou d'en contrôler l'exécution peut constater la conciliation, même partielle, des parties (CPC art. 171-1). Mais il ne peut pas donner au technicien la mission de concilier les parties (CPC art. 240), car cette mission relève de son domaine réservé (CPC art. 21).

En matière d'expertise, il est prévu que si les parties viennent à se concilier, l'**expert constate** que sa **mission** est **devenue sans objet** et il en fait rapport au juge. Les parties peuvent alors demander au juge de donner force exécutoire à l'acte exprimant leur accord par une homologation judiciaire (CPC art. 281).

L'interdiction de donner à l'expert la mission de concilier les parties n'a pas pour effet de frapper de **nullité** l'accord transactionnel intervenu entre les parties (Cass. 2e civ. 21-3-1979 n° 77-14.660 : Bull. civ. II n° 91).

Le **technicien** régulièrement désigné peut **constater l'accord** intervenu entre les parties, même sur son avis. Ainsi, un géomètre expert désigné par un juge peut proposer un tracé de la ligne séparative de deux propriétés et, lorsque les parties ont exprimé leur entier accord, il peut le matérialiser par la pause de piquets sur le terrain (Cass. 2e civ. 21-7-1986 n° 85-11.107 : Bull. civ. II n° 131). La Cour de cassation admet donc que l'accord intervenu entre les parties soit issu d'une solution proposée par l'expert, dès lors que les juges n'ont pas confié à l'expert une mission de conciliation des parties.

Le technicien peut constater **l'accord** des parties, le relater **dans son rapport et l'y annexer,** mais cette constatation est, par elle-même, insuffisante à établir la **preuve** de l'existence d'un tel accord. Les juges doivent donc expressément le constater, conformément au droit commun de la preuve (C. civ. art. 1359 ; Cass. 1e civ. 11-3-2003 n° 00-17.532 : RJDA 11/03 n° 1151).

Si le juge ne peut pas donner mission à l'expert de concilier les parties, il peut en revanche lui donner mission de déposer son rapport dans l'hypothèse où les parties ne parviendraient pas à se concilier (Cass. 2e civ. 21-3-1979 n° 77-14.660 précité).

ILLUSTRATIONS

Une cour d'appel qui charge un expert de rechercher une solution permettant de conserver l'immeuble existant et, en l'absence d'accord, de décrire les modalités de démolition et de reconstruction ne charge pas cet expert de concilier les parties et n'excède pas ses pouvoirs (Cass. 2e civ. 9-6-2015 n° 03-12.770).

e. Pouvoirs du juge relatifs à la mission du technicien

14878 Le juge chargé du contrôle de la mesure d'instruction (nos 13930 s.) peut **assister aux opérations** du technicien, provoquer ses **explications** et lui impartir des **délais** (CPC art. 241).

Il appartient à ce juge de déterminer les documents qui doivent être communiqués en cas de **difficulté** entre une partie et le technicien commis (CPC art. 243).

14880 Le juge peut procéder à l'**audition** des personnes dont les informations orales ou écrites ont été recueillies par l'expert (n° 14843), si le technicien ou les parties le lui demandent (CPC art. 242, al. 2).

14882 Une fois la mission terminée, le **juge** n'est **pas lié par** les **constatations ou** les **conclusions** du technicien (CPC art. 246). Il reste libre d'en apprécier la valeur probante, ainsi que le sens, la portée et l'objectivité (Cass. 1e civ. 12-11-1985 n° 83-17.061 : Bull. civ. I n° 265).

Les juges statuent sans s'estimer liés par les experts judiciaires, mais dans l'exercice de leur pouvoir souverain ils peuvent adopter leurs conclusions (Cass. 2e civ. 11-7-2002 n° 01-03.327). Ils peuvent aussi rechercher dans les rapports d'expertise tous les éléments de preuve de nature à établir leur conviction, sans pour autant être tenus de suivre les experts dans leurs conclusions (Cass. 2e civ. 14-12-1983 n° 82-15.887 : Bull. civ. II n° 202).

Le juge, qui doit apprécier les éléments de preuve qui lui sont soumis, ne peut pas refuser de prendre en considération des **documents** produits par l'une des parties au seul motif qu'ils n'ont **pas** été **communiqués à l'expert** (Cass. com. 15-1-1991 n° 89-13.142 : Bull. civ. IV n° 29).

Le juge est en droit de s'approprier l'avis de l'expert, même si celui-ci a exprimé une opinion excédant les limites de sa mission (Cass. 3e civ. 5-3-2003 n° 00-21.931 : Bull. civ. III n° 55).

Toutefois, la **dénaturation** d'un rapport d'expertise entraîne la cassation de l'arrêt d'appel (Cass. 3e civ. 3-2-1976 n° 74-13.996 : Bull. civ. III n° 41 ; Cass. com. 15-3-1982 n° 79-14.512 : Bull. civ. IV

n° 99). Ainsi, une cour d'appel ne saurait estimer qu'un chirurgien n'a commis aucune faute dans l'indication opératoire d'un patient, alors que l'expert avait clairement conclu que l'intervention chirurgicale n'était pas indiquée en raison de lésions imputables à une intervention antérieurement subie par le patient et n'avait fait qu'aggraver les lésions et la symptomatologie de ce dernier (Cass. 1e civ. 9-7-2015 n° 14-18.970).
En revanche, l'appréciation de la valeur probatoire du rapport d'expertise, sans altération des termes de celui-ci, ne peut pas être critiquée par un grief de dénaturation (Cass. com. 3-4-2002 n° 99-20.229). Rappelons que la dénaturation est un moyen de cassation tiré du fait que le juge modifie le sens clair et précis d'une clause ou d'une disposition, sous prétexte de l'interpréter.

2. CONSTATATIONS

PRINCIPES

Le juge peut prendre en toute matière une connaissance personnelle de l'affaire et procéder aux constatations qu'il estime nécessaires en se transportant si besoin sur les lieux (CPC art. 179). **14910**
Mais, plutôt que de se déplacer lui-même, le juge use le plus souvent de son pouvoir général d'ordonner une mesure d'instruction (CPC art. 143) et charge une personne de procéder aux constatations qu'il estime nécessaires (CPC art. 249, al. 1).

CHOIX DU CONSTATANT

Les personnes désignées par les juges sont très souvent des **huissiers ou commissaires de justice** qui tirent des dispositions réglementaires une compétence pour procéder aux constatations. Ils peuvent être commis par justice ou à la requête de particuliers, pour effectuer des constatations purement matérielles, exclusives de tout avis sur les conséquences de fait ou de droit qui peuvent en résulter, ces constatations faisant foi, sauf en matière pénale, jusqu'à preuve contraire (Ord. 45-2592 du 2-11-1945 art. 1, al. 2). **14920**
Les règles limitant la **compétence territoriale** des huissiers ou commissaires de justice (Décret 56-222 du 29-2-1956 art. 5 s.) sont inapplicables si celui-ci a été désigné, non pas en qualité d'officier ministériel, mais en qualité de constatant au sens de l'article 249 du CPC (Cass. 2e civ. 23-6-2011 n° 10-18.540).

MOMENT DE LA DEMANDE DE CONSTATATION

Les constatations peuvent être prescrites à **tout moment,** y compris en **conciliation** ou au cours du **délibéré.** Dans ce dernier cas, afin de respecter le principe de la contradiction, non seulement les parties doivent en être avisées (CPC art. 250, al. 1), mais le juge, à la suite de l'exécution de la mesure, doit ordonner la réouverture des débats si l'une des parties le demande ou s'il l'estime nécessaire (CPC art. 254). **14930**
Les constatations peuvent être ordonnées **en urgence sur requête** dès lors que les circonstances exigent que la décision ne soit pas prise contradictoirement (CPC art. 845, al. 2 ; Cass. 1e civ. 6-2-1979 n° 77-13.463 : Bull. civ. I n° 47, pour un constat d'adultère).

CONTENU DE LA MISSION DU CONSTATANT

Le juge est libre de choisir les constatations auxquelles la personne commise devra procéder. La mission doit cependant être limitée à des **constatations matérielles,** le constatant ne pouvant porter aucun avis sur les **conséquences de fait ou de droit** qui peuvent résulter de ses constatations (CPC art. 249, al. 2). Le juge a en effet l'obligation de statuer lui-même au vu des éléments recueillis et ne peut pas déléguer au constatant ce pouvoir. **14940**
Les **huissiers ou commissaires de justice** ne peuvent pas être commis pour procéder à des **auditions** de témoins qui relèvent de la **procédure d'enquête** prévue par les articles 204 à 231 du CPC et ne peuvent, dès lors, recueillir des témoignages qu'aux seules fins d'éclairer leurs constatations matérielles (Cass. soc. 29-10-2002 n° 00-42.918 : Bull. civ. V n° 326 ; Cass. soc. 28-4-2006 n° 04-13.932 : Bull. civ. V n° 153).

ILLUSTRATIONS

Le juge peut commettre un huissier ou commissaire de justice pour recueillir auprès de l'inspecteur du travail la liste nominative des salariés en vue des élections des délégués du personnel d'une entreprise, mais ne peut pas lui déléguer la mission de fixer et d'afficher cette liste (Cass. soc. 17-12-1974 n° 74-60.130 : Bull. civ. V n° 618).
Doit être écarté des débats le procès-verbal établi par un huissier ou commissaire de justice commis par le juge à la demande de l'employeur pour interroger les salariés d'une entreprise concurrente sur des actes de concurrence déloyale imputés à un salarié (Cass. soc. 29-10-2002 n° 00-42.918 : Bull. civ. V n° 326).

DÉLAI POUR RÉALISER LES CONSTATATIONS

14950 Le juge qui prescrit des constatations consignées par écrit fixe le délai dans lequel le **constat** sera **déposé.** Si les constatations sont présentées oralement, le juge fixe la **date de l'audience** à laquelle elles seront exposées par le constatant (CPC art. 251).

EXÉCUTION DE LA MISSION PAR LE CONSTATANT

14960 Le constatant est **avisé** de sa mission **par le greffier** de la juridiction (CPC art. 252).
Les constatations sont consignées par **écrit** à moins que le juge n'en décide la présentation **orale** (CPC art. 250, al. 2).
Une fois les constatations faites, le constat est remis au **greffe de la juridiction** (CPC art. 253, al. 1).
Si les constatations sont présentées **oralement,** il est dressé procès-verbal de la présentation. La rédaction du procès-verbal peut toutefois être suppléée par une mention dans le jugement si l'affaire est immédiatement jugée en dernier ressort (CPC art. 253, al. 2), et cela même si l'affaire est mise en délibéré (Cass. ch. mixte 22-2-1991 n° 86-41.309 : Bull. ch. mixte n° 1).
Toute mesure d'instruction doit respecter le **principe de la contradiction** (CPC art. 14 à 17). Ainsi, lorsque les constatations ont été prescrites au cours du délibéré, le juge peut ordonner la **réouverture des débats** après leur exécution, si une partie la demande ou s'il l'estime nécessaire (CPC art. 254).
Que les constatations soient présentées par écrit ou oralement, les **documents à l'appui des constatations** doivent être joints au dossier de l'affaire (CPC art. 253, al. 3).

RÉMUNÉRATION DU CONSTATANT

14980 Le juge désigne la ou les parties qui seront tenues de verser par **provision** au constatant une avance sur sa rémunération, dont il fixe le montant (CPC art. 251).
Une fois la **mission achevée,** le juge fixe, sur justification de l'accomplissement de la mission, la rémunération du constatant ; il peut lui délivrer un titre exécutoire (CPC art. 255).

3. CONSULTATION

DÉFINITION DE LA CONSULTATION

15000 La consultation est une mesure d'instruction plus simple que l'expertise. Lorsqu'une **question purement technique** ne requiert **pas d'investigations complexes,** le juge peut charger la personne qu'il commet de lui fournir une simple consultation (CPC art. 256).
Par **exemple,** une cour d'appel qui ne s'estime pas suffisamment éclairée peut décider en cours de délibéré de consulter par écrit le commissariat de police sur les règles de circulation aux jour et lieu d'un accident (Cass. 2e civ. 30-11-1978 n° 76-15.304 : Bull. civ. II n° 261).

MOMENT DE LA PRESCRIPTION DE LA CONSULTATION

15002 La consultation peut être prescrite à tout moment, y compris en conciliation ou au cours du **délibéré.** Dans ce dernier cas, les **parties** en sont **avisées** (CPC art. 257, al. 1).

DÉLAI POUR RÉALISER LA CONSULTATION

15012 Le juge qui prescrit une consultation fixe soit la date de l'audience à laquelle elle sera présentée oralement, soit le délai dans lequel elle sera déposée (CPC art. 258, al. 1).

EXÉCUTION DE LA MISSION PAR LE CONSULTANT

15022 Le consultant est avisé de sa mission par le **greffier** de la juridiction qui le **convoque** s'il y a lieu (CPC art. 259).
La consultation est présentée **oralement** à moins que le juge ne prescrive qu'elle soit consignée par **écrit** (CPC art. 257, al. 2).
Si la **consultation** est **donnée oralement,** il en est dressé procès-verbal. La rédaction du procès-verbal peut toutefois être suppléée par une mention dans le jugement si l'affaire est immédiatement jugée en dernier ressort (CPC art. 260, al. 1).
Si la **consultation** est **écrite,** elle est remise au greffe de la juridiction (CPC art. 260, al. 2).
Que les **constatations** soient présentées par **écrit ou oralement,** les documents à l'appui des constatations doivent être joints au dossier de l'affaire (CPC art. 260, al. 3).
Toute mesure d'instruction doit respecter le **principe de la contradiction** (CPC art. 14 à 17). Ainsi, lorsque la consultation a été prescrite au cours du délibéré, le juge peut ordonner la réouverture des débats après son exécution, si une partie la demande ou s'il l'estime nécessaire (CPC art. 261).

RÉMUNÉRATION DU CONSULTANT

Le juge désigne la ou les parties qui seront tenues de verser par **provision** au consultant une avance sur sa rémunération, dont il fixe le montant (CPC art. 258, al. 1). 15032

Une fois la **mission achevée,** le juge fixe, sur justification de l'accomplissement de la mission, la rémunération du constatant ; il peut lui délivrer un titre exécutoire (CPC art. 262).

4. EXPERTISE

RÉGIME DE L'EXPERTISE

L'expertise est une mesure d'instruction ordonnée par un juge et exécutée par un technicien, qui est soumise : 15060

– à des règles communes à **toutes les mesures d'instruction** admises par le CPC : respect du contradictoire (n° 14843), vérifications du juge, comparution des parties, déclaration de tiers, instruction par un technicien (n°s 13400 s.) ;

– à des règles communes aux trois types de **mesures d'instruction par un technicien** organisées par le CPC : constatations, consultation, expertise (n°s 14580 s.) ;

– à des **dispositions** du CPC **spécifiques** aux expertises.

Les développements qui suivent sont consacrés à ces dispositions spécifiques et à la jurisprudence qui leur est associée.

L'**étude complète** de l'expertise nécessite de se reporter aussi aux règles communes à toutes les mesures d'instruction et à celles exécutées par un technicien ainsi qu'à la jurisprudence les concernant, celle-ci ayant d'ailleurs le plus souvent été rendue au sujet d'expertises.

> **Précisions** Dans le cadre de la procédure participative, lorsque les parties décident d'un commun accord de recourir à un technicien (n°s 55855 s.), le rapport établi par ce dernier à l'issue des opérations a valeur de rapport d'expertise judiciaire (C. civ. art. 1554, al. 2 issu du décret 2021-1322 du 11-10-2021).

EXPERTISE AMIABLE

L'**expertise** qui n'a pas été ordonnée par un juge mais qui a été **établie unilatéralement par l'une des parties** n'entre pas dans la catégorie des mesures d'instruction. Elle constitue cependant un élément de preuve dont il doit être tenu compte lorsqu'elle a été versée aux débats et soumise à la discussion contradictoire des parties (Cass. ch. mixte 28-9-2012 n° 11-18.710 : RJDA 6/13 n° 576). Mais, en se fondant exclusivement sur une expertise non contradictoire établie à la demande d'une des parties, la cour d'appel méconnaît le principe de l'égalité des armes et viole l'article 6, 1 de la CESDH (Cass. 3e civ. 3-2-2010 n° 09-10.631 : RJDA 4/10 n° 340 ; Cass. 2e civ. 2-3-2017 n° 16-13.337). 15061

Les juges du fond ne peuvent donc pas se fonder exclusivement sur une expertise non judiciaire réalisée à la demande de l'une des parties, quand bien même les opérations d'expertises auraient été menées en présence des parties (Cass. 2e civ. 13-9-2018 n° 17-20.099 F-PB : Bull. inf. C. cass. 15-1-2019 n° 52 ; Cass. 3e civ. 14-5-2020 n° 19-16.278 FS-PBI).

En revanche, dès lors que le rapport d'expertise unilatéral contradictoirement débattu n'est pas le seul élément de preuve versé aux débats, les juges du fond ne peuvent pas le rejeter au seul motif que ce rapport représente un coût équivalent à la consignation complémentaire qui leur était demandée, car cette condition, relative au coût d'obtention de la preuve, n'est pas posée par la loi (Cass. 2e civ. 18-4-2019 n° 18-14.174 F-D). La Cour de cassation considère même que le juge ne peut pas refuser d'examiner un tel rapport établi unilatéralement, dès lors qu'il est régulièrement versé aux débats, soumis à la discussion contradictoire et corroboré par d'autres éléments de preuve (Cass. 3e civ. 5-3-2020 n° 19-13.509 F-PBI : RJDA 8-9/20 n° 416).

Deux conditions cumulatives sont donc posées par la jurisprudence pour qu'une expertise non judiciaire (ou une expertise judiciaire ordonnée dans une autre instance : Cass. 2e civ. 7-9-2017 n° 16-15.531 FS-PB : Bull. civ. II n° 168) puisse servir de fondement à une décision :

– la soumission à la libre discussion des parties d'une part (Cass. 3e civ. 15-11-2018 n° 16-26.172 FP-PBI : RJDA 2/19 n° 75) ;

– la prise en compte d'éléments de preuve complémentaires d'autre part (Cass. 2e civ. 14-12-2017 n° 16-24.305 F-D ; Cass. 1e civ. 11-7-2018 n° 17-17.441 F-PB : RJDA 10/18 n° 747 ; Cass. 3e civ. 20-12-2018 n° 17-27.671 F-D). Les éléments de preuve complémentaires peuvent consister en un autre rapport d'expertise amiable, dès lors que les rapports se corroborent mutuellement et qu'ils ont été régulièrement versés aux débats et soumis à la libre discussion des parties (Cass. 1e civ. 9-9-2020 n° 19-13.755 F-PB).

a. Décision ordonnant l'expertise

INSUFFISANCE DES CONSTATATIONS OU DE LA CONSULTATION

15062 L'expertise n'a lieu d'être ordonnée que dans le cas où des constatations ou une consultation ne pourraient pas suffire à **éclairer le juge** (CPC art. 263).

Cette disposition s'inscrit dans le cadre du principe général qui impose au juge de limiter le choix de la mesure à ce qui est suffisant pour la solution du litige, en s'attachant à retenir ce qui est **le plus simple et le moins onéreux** (CPC art. 147).

15064 En **pratique,** l'expertise est toutefois de loin la mesure d'instruction la plus ordonnée par le juge. Les **juges** du fond demeurent **souverains** pour apprécier l'opportunité d'une mesure d'expertise (Cass. com. 11-12-1979 n° 78-12.929 : Bull. civ. IV n° 334). Cependant, leur décision doit exposer les **circonstances qui rendent nécessaire** cette mesure (CPC art. 265, al. 1 et 2).

> **Précisions** Un groupe de travail, initié par le ministère de la justice, a mené en 2011 une réflexion sur l'expertise judiciaire afin de mieux répondre aux attentes des justiciables (C. Bussière, S. Autin, Rapport de la commission de réflexion sur l'expertise, mars 2011 : www.justice.gouv.fr). Ont ainsi été analysées les questions liées à la place de l'expertise au regard des autres mesures d'instruction, l'information du justiciable et le coût de la mesure. Ce rapport a révélé les faiblesses de l'**expertise** et proposé un certain nombre de préconisations pour en **améliorer l'efficacité.** Le décret 2012-1451 du 24-12-2012 a entériné certaines de ces préconisations qui ont été incluses dans le CPC.
>
> Le rapport a notamment recommandé de recourir davantage, lorsque les conditions sont réunies, aux **mesures d'instruction plus rapides et moins coûteuses** que sont les consultations et constatations et de diffuser au niveau de chaque cour d'appel, au profit exclusif des magistrats, des éléments d'information sur les coûts et délais moyens des expertises réalisées par les différents experts inscrits sur la liste (C. Bussière, S. Autin, Rapport précité, préconisations n°s 1 et 4).

ÉTENDUE DE LA MISSION DE L'EXPERT

15074 La décision ordonnant l'expertise doit énoncer les chefs de la mission de l'expert (CPC art. 265, al. 1 et 4). Les juges du fond fixent souverainement l'étendue de la mission confiée à un expert (Cass. 1e civ. 26-11-1980 n° 79-13.870 : Bull. civ. I n° 308).

CHOIX DU OU DES EXPERTS

15084 **Nombre d'experts** Il n'est désigné qu'une seule personne à titre d'expert, à moins que le juge n'estime nécessaire d'en nommer plusieurs (CPC art. 264). Les **juges** du fond tirent de l'article 264 du CPC un **pouvoir discrétionnaire** de ne désigner qu'un seul expert et de refuser d'en désigner plusieurs (Cass. 2e civ. 13-7-2005 n° 03-19.945 : Bull. civ. II n° 202). Toutefois, pour certaines actions, la **désignation de plusieurs experts s'impose au juge.** Tel est le cas de l'action en rescision pour lésion de plus des sept douzièmes, l'article 1678 du Code civil imposant la désignation de trois experts.

Si **plusieurs experts** sont désignés, la décision qui ordonne l'expertise doit exposer les **circonstances** qui rendent nécessaire cette pluralité (CPC art. 265, al. 1 et 2).

En cas de pluralité d'experts nommés pour réaliser une même expertise et à défaut de disposition contraire dans la décision, chacun des experts doit procéder à toutes les opérations d'expertise, mais il ne résulte d'aucun texte qu'ils doivent y **procéder ensemble** (Cass. 2e civ. 28-6-1989 n° 88-13.108, pour une expertise graphologique).

15089 **Liberté de choix** En principe, le juge est libre de désigner la personne de son choix (CPC art. 232). À l'exception de certaines matières pour lesquelles la loi impose que les experts soient choisis dans une catégorie déterminée d'hommes de l'art, toute liberté est laissée au juge, qui peut nommer à ces fonctions toutes les personnes qui, par leurs connaissances spéciales, lui paraissent capables de l'éclairer (Cass. 2e civ. 20-2-1964 n° 61-12.791 : Bull. civ. II n° 168).

15094 **Listes d'experts judiciaires** Il est établi pour l'information des juges une liste nationale des experts judiciaires, dressée par le bureau de la Cour de cassation, et une liste des experts judiciaires dressée par chaque cour d'appel (Loi 71-498 du 29-6-1971 art. 2, I).

L'assemblée générale des magistrats du siège de la cour d'appel a le droit de **vérifier** que tout candidat à l'inscription sur la liste des experts de la cour d'appel remplit les conditions légales et réglementaires lui permettant d'exercer son activité en conformité avec le droit social et le droit du travail. Et aucune disposition législative ou réglementaire n'impose la retranscription dans le

procès-verbal de l'assemblée générale des magistrats du siège des opinions émises oralement (Cass. 2e civ. 9-4-2015 n° 14-60.786 F-PB : Bull. civ. II n° 90).
Le **refus** d'inscription sur la liste peut être motivé par l'existence d'une condamnation pénale antérieure (Cass. 2e civ. 9-7-2015 n° 15-60.112), l'insuffisance des besoins dans la spécialité demandée (Cass. 2e civ. 9-7-2015 n° 15-60.105), l'absence de participation à une formation sur les principes directeurs du procès (Cass. 2e civ. 9-7-2015 n° 15-60.083), l'insuffisance de la formation, de la qualification ou de l'expérience professionnelle du candidat (Cass. 2e civ. 9-7-2015 nos 15-60.109, 15-60.128, 15-60.076 et 15-60.143), le dépassement de l'âge limite de 70 ans en application de l'article 2, 7° du décret 2004-1463 du 23-12-2004 (Cass. 2e civ. 6-6-2019 n° 19-60.008 F-PBI), l'absence de diplômes joints au dossier, quand bien même le candidat aurait indiqué dans sa demande d'inscription qu'il n'en avait pas obtenu de nouveaux depuis son inscription initiale (Cass. 2e civ. 9-7-2015 n° 15-60.044) ou encore l'exercice d'une activité incompatible avec l'indépendance nécessaire à l'accomplissement de missions judiciaires d'expertise. Toutefois, le fait d'être salarié d'une société entretenant des relations commerciales avec de nombreux clients ne constitue pas, en soi, l'exercice d'une activité incompatible (Cass. 2e civ. 16-6-2022 n° 22-60.074 FB).
En revanche, pour refuser une inscription, l'assemblée générale des magistrats du siège ne peut pas se borner à indiquer, sans autre précision, que le candidat a fait l'objet d'une enquête de moralité défavorable (Cass. com. 14-10-2014 n° 13-19.072) ou qu'il existe une inadéquation entre les compétences dont il est justifié et les besoins des juridictions du ressort, appréciée au regard des autres candidatures présentées (Cass. 2e civ. 9-7-2015 n° 15-60.090).
En **pratique,** la quasi-totalité des expertises ordonnées commettent un expert figurant sur ces listes. Elles sont mises à jour annuellement, consultables en ligne (www.courdecassation.fr, rubrique : Informations et Services, Experts judiciaires) et tenues à la disposition du public dans les locaux du greffe de la cour d'appel ainsi que dans ceux des tribunaux judiciaires, des tribunaux de commerce et des conseils de prud'hommes du ressort de la cour (Décret 2004-1463 du 23-12-2004 art. 21).
La question de savoir si un technicien figure ou non sur la liste est une question de fait qui ne peut pas être soulevée pour la première fois devant la Cour de cassation (Cass. 1e civ. 24-1-1990 n° 87-13.902 : Bull. civ. I n° 23, à propos d'un médecin-expert commis par le juge des tutelles).
Les **juges** ne sont toutefois **pas contraints** de faire appel à l'un des experts inscrits sur une liste d'experts judiciaires. Ils peuvent, le cas échéant, désigner toute autre personne de leur choix (Loi 71-498 du 29-6-1971 art. 1). La décision du juge ordonnant l'expertise doit alors exposer les **circonstances qui rendent nécessaire** la désignation d'une **personne ne figurant pas sur** l'une des **listes** établies en application de l'article 2 de la loi 71-498 du 29 juin 1971 relative aux experts judiciaires (CPC art. 265 al. 2).

> **Précisions** **a.** L'inscription **sur une liste d'experts judiciaires** d'une cour d'appel est **incompatible** avec la fonction de juge consulaire au sein d'un tribunal de commerce du ressort de cette même cour d'appel, même si l'inscription est sollicitée dans un domaine non commercial (Cass. 2e civ. 4-9-2014 n° 14-60.154).
b. La loi 71-498 du 29 juin 1971 et le décret 2004-1463 du 23 décembre 2004 relatifs aux experts judiciaires fixent les **conditions d'inscription sur les listes d'experts** ainsi que les obligations et la discipline auxquelles ils sont soumis. Les demandes d'inscription sur les listes d'experts judiciaires sont examinées en tenant compte des qualifications et de l'expérience professionnelle des candidats, y compris les compétences acquises dans un État membre de l'Union européenne autre que la France et de l'intérêt qu'ils manifestent pour la collaboration au service public de la justice (Décret 2004-1463 du 23-12-2004 art. 4-1).
c. Les **décisions d'inscription ou de réinscription** et de refus d'inscription ou de réinscription peuvent donner lieu à un **recours** devant la Cour de cassation. Ce recours doit être motivé à peine d'irrecevabilité et formé dans le délai d'un mois par déclaration au greffe de la Cour de cassation ou par lettre recommandée AR adressée au greffe de la Cour de cassation. Le délai court, à l'égard du procureur général, du jour de la notification du procès-verbal établissant la liste des experts et, à l'égard de l'expert, du jour de la notification de la décision de refus d'inscription ou de réinscription qui le concerne (Décret 2004-1463 du 23-12-2004 art. 20).

Désignation d'une personne morale Si le technicien désigné est une personne morale, son représentant légal soumet à l'agrément du juge le nom de la ou des personnes physiques qui assureront, au sein de celle-ci et en son nom, l'exécution de la mesure (CPC art. 233, al. 2). 15100

Adjonction d'un spécialiste L'expert peut prendre l'initiative de **recueillir l'avis** d'un autre technicien, mais seulement dans une **spécialité distincte** de la sienne (CPC art. 278), **ou se** 15105

faire assister dans l'accomplissement de sa mission par la personne de son choix (CPC art. 278-1 ; nos 14843 s.).
Le juge peut ainsi autoriser l'expert qu'il désigne à s'adjoindre tout spécialiste de son choix aux fins de lui permettre d'obtenir, s'il l'estime utile, les renseignements d'ordre technique qui lui feraient défaut pour remplir sa mission (Cass. com. 30-11-1970 n° 68-12.577 : Bull. civ. IV n° 322). Par **exemple,** un expert foncier chargé d'évaluer un domaine peut consulter un vétérinaire pour évaluer des poneys (Cass. 1e civ. 13-10-1981 n° 80-12.927 : Bull. civ. I n° 286).
Lorsqu'il recueille l'avis d'un technicien, l'expert ne peut fonder ses conclusions sur l'avis de celui-ci qu'à la condition d'avoir permis aux parties de le discuter devant lui (Cass. 1e civ. 1-2-2012 n° 10-18.853 : Bull. civ. I n° 20).

15110 **Désignation nominative** La décision qui ordonne l'expertise doit nommer l'expert ou les experts (CPC art. 265, al. 1 et 3).

DÉLAI DE REMISE DE L'AVIS DE L'EXPERT

15120 La décision ordonnant l'expertise doit impartir le délai dans lequel l'expert devra donner son avis (CPC art. 265, al. 1 et 5).
La décision peut aussi fixer une **date de conférence** à laquelle l'expert et les parties se présenteront devant le juge qui l'a rendue ou devant le juge chargé du contrôle de l'expertise pour que soient précisés la mission et, s'il y a lieu, le calendrier des opérations (CPC art. 266, al. 1).

> **Précisions** Pour limiter le délai d'exécution des expertises, jugé trop long, il a été préconisé de faire établir par l'expert, dès la mise en œuvre de sa mission, un **calendrier** des opérations et de limiter dans le temps (deux mois à compter de la première réunion d'expertise) les appels en cause sous réserve de la possibilité d'invoquer un motif légitime soumis à l'expert puis au juge, en cas de difficulté (C. Bussière, S. Autin, Rapport de la commission de réflexion sur l'expertise, mars 2011, préconisations nos 5 et 30).

CONSIGNATION DE LA PROVISION À VALOIR SUR LA RÉMUNÉRATION DE L'EXPERT

15130 Le juge qui ordonne l'expertise ou le juge chargé du contrôle fixe, lors de la nomination de l'expert ou dès qu'il est en mesure de le faire, le montant d'une **provision** à valoir sur la rémunération de l'expert aussi proche que possible de sa rémunération définitive prévisible. Il désigne la ou les **parties qui devront consigner** la provision au greffe de la juridiction dans le délai qu'il détermine. Si plusieurs parties sont désignées, il indique dans quelle proportion chacune des parties devra consigner (CPC art. 269). C'est en vertu de son pouvoir discrétionnaire que le juge met la provision à la charge de l'une ou l'autre des parties (Cass. 1e civ. 5-7-1989 n° 87-15.288 : Bull. civ. I n° 276). La partie qui bénéficie de l'aide juridictionnelle est dispensée de consignation (n° 14813).
S'il y a lieu, le juge peut aménager les **échéances** dont la consignation peut être assortie (CPC art. 269). Le juge peut également désigner la partie qui assumera les **dépenses liées,** non pas à la rémunération de l'expert, mais **à la poursuite de l'expertise.** Ainsi, s'ils considèrent que des opérations préalables de démolition, de désamiantage et de déblaiement conditionnent la poursuite des opérations d'expertise et relèvent des frais de l'expertise, les juges du fond peuvent mettre à la charge de la société demanderesse et de son assureur le versement de la provision correspondant à la réalisation de ces travaux préalables (Cass. 2e civ. 16-5-2013 n° 11-28.060 : Bull. civ. II n° 95).
Le **greffier** invite les parties qui en ont la charge à consigner la provision au greffe dans le délai et selon les modalités impartis ; une fois la consignation effective, le greffier informe l'expert de la consignation (CPC art. 270).
Des provisions complémentaires peuvent s'avérer nécessaires en cours d'expertise (n° 15260).

15132 À **défaut de consignation** dans le délai et selon les modalités impartis, la désignation de l'expert est caduque à moins que le juge, à la demande d'une des parties se prévalant d'un **motif légitime,** ne décide une prorogation du délai ou un relevé de la caducité (CPC art. 271).
Le juge chargé du contrôle des expertises ne peut pas statuer sur une demande de relevé de caducité présentée par l'une des parties sans provoquer les **explications** de l'autre (Cass. 2e civ. 8-2-2007 n° 06-10.198 : Bull. civ. II n° 24).
La décision par laquelle le juge accorde un **délai supplémentaire à l'expert** pour déposer son rapport au motif que le versement de la consignation n'est pas encore intervenu n'emporte pas **relevé de forclusion implicite** ; en conséquence, la caducité de la désignation de l'expert doit être prononcée (Cass. 2e civ. 22-5-1995 n° 93-15.564 : Bull. civ. II n° 151).

La caducité de la désignation de l'expert ayant pour objet de sanctionner le **défaut de paiement,** sans motif légitime, de la provision à valoir sur sa rémunération, les **parties** ne sont plus recevables à **s'en prévaloir après l'acquittement** de cette **provision** et le début des opérations d'expertise. Par suite, dès lors que la provision a été réglée sans que la caducité ne soit soulevée devant le premier juge, la cour d'appel refuse à bon droit de la prononcer (Cass. 2e civ. 27-2-2014 n° 12-35.439 : Bull. civ. II n° 55).
La caducité d'une désignation d'expert n'atteint que la mesure d'expertise ordonnée. Elle ne prive pas l'assignation introductive d'instance de son effet interruptif du délai de prescription résultant de l'article 2241 du Code civil (Cass. 2e civ. 26-9-2013 n° 12-25.433 : Bull. civ. II n° 181).

En pratique, il arrive assez fréquemment que la partie à qui il incombe de verser la provision estime n'avoir aucun intérêt à le faire et s'abstienne volontairement de la verser. Dans ce cas, la **partie adverse peut se substituer** à elle dans le **versement** de la provision afin que l'expertise ne soit pas frappée de caducité. Ce procédé a été implicitement admis par la Cour de cassation, qui a précisé que la partie à la charge de laquelle a été mise l'obligation de consigner ne peut alors pas invoquer la caducité de la désignation de l'expert, alors même que le versement serait intervenu par la partie adverse après l'expiration du délai et que cette partie n'y avait pas été préalablement autorisée par une nouvelle décision de relevé de caducité (Cass. 2e civ. 29-6-1994 n° 92-21.989 : Bull. civ. II n° 176). **15134**

Pour éviter les manœuvres dilatoires de l'une des parties, l'instance est poursuivie en l'absence de consignation, sauf à ce qu'il soit tiré toute conséquence de l'abstention ou du **refus de consigner** (CPC art. 270 et 271). Cela ne signifie pas que la partie adverse aura nécessairement gain de cause, mais simplement que le juge peut tirer de ce refus une **présomption,** conformément au principe général (CPC art. 11, al. 2). En l'absence de consignation, les juges du fond statuent et apprécient donc souverainement les autres éléments de preuve soumis à leur jugement. Ainsi, le juge est libre d'accueillir partiellement la demande d'une partie en se fondant sur une **expertise non judiciaire,** malgré le fait que cette partie n'ait pas consigné la provision à valoir sur la rémunération de l'expert qui avait été désigné (Cass. com. 23-6-1992 n° 89-20.990 : Bull. civ. IV n° 248). **15136**

ACCEPTATION DE LA MISSION PAR L'EXPERT

Dès le prononcé de la décision nommant l'expert, le greffier de la juridiction lui en notifie copie par tout moyen. L'expert doit alors **faire connaître sans délai** au juge son acceptation (CPC art. 267). Avant d'accepter sa mission, il peut consulter les documents nécessaires à l'expertise qui ont été provisoirement conservés au greffe de la juridiction (CPC art. 268). **15140**
L'acceptation expresse de sa mission par un expert ne constitue pas une **formalité substantielle** ou d'ordre public et n'est pas prescrite à peine de nullité (Cass. 2e civ. 28-6-1989 n° 88-13.108).

DÉBUT DES OPÉRATIONS D'EXPERTISE

Dès son acceptation, l'expert peut, contre émargement ou récépissé, **retirer ou se faire adresser** par le greffier de la juridiction les **dossiers ou** les **documents** des parties (CPC art. 268, al. 2). Lorsque le juge a fixé dans sa décision une **date de conférence** pour préciser la mission et le calendrier des opérations, les documents utiles à l'expertise sont remis à l'expert lors de cette conférence (CPC art. 266, al. 2). **15142**
L'expert doit **commencer les opérations d'expertise** dès qu'il est averti que les parties ont consigné la provision mise à leur charge, ou le montant de la première échéance dont la consignation a pu être assortie, à moins que le juge ne lui enjoigne d'entreprendre immédiatement ses opérations (CPC art. 267, al. 2).

RECOURS CONTRE LA DÉCISION ORDONNANT L'EXPERTISE

L'**appel immédiat** est possible contre une mesure d'instruction ordonnée avant tout procès (n° 13552) ; en revanche, en principe, il n'est pas possible contre une décision qui, en cours de procès, ordonne ou modifie une mesure d'instruction (CPC art. 150, al. 2). Toutefois, la décision qui ordonne une **expertise en cours de procès** peut être frappée d'appel indépendamment du jugement sur le fond, sur autorisation du premier président de la cour d'appel, s'il est justifié d'un motif grave et légitime (CPC art. 272, al. 1). **15145**
L'autorisation du premier président n'est pas requise lorsque la **décision** est **mixte** : une telle décision, qui tranche, dans son dispositif, une partie du principal et ordonne une mesure d'instruction (tel un jugement qui statue sur le principe de la responsabilité et ordonne une expertise), peut être immédiatement frappée d'appel dans les mêmes conditions qu'une décision qui tranche tout le principal (CPC art. 544). L'autorisation du premier président est toutefois nécessaire si l'appel est limité à la mesure d'expertise (Bull. inf. C. cass. 15-1-2006 n° 632). Savoir si le juge

a tranché une partie du principal n'est pas toujours facile. La jurisprudence a apporté un certain nombre de solutions au cas par cas (n°s 23612 s.).

> **Précisions** L'acquiescement emporte **renonciation** aux voies de **recours** (CPC art. 409) et l'exécution sans réserve d'un jugement non exécutoire vaut acquiescement (CPC art. 410, al. 2).
> Dans la mesure où il ne résulte d'aucun texte que la décision prescrivant une expertise bénéficie de plein droit de l'exécution provisoire, l'exécution de la mesure d'instruction par les parties emporte acquiescement de leur part au jugement (Cass. 2e civ. 27-6-1990 n° 89-13.364 : Bull. civ. II n° 147). De même, le versement du montant de la consignation au titre des frais d'expertise, la participation à une première réunion d'expertise et la demande de renvoi d'une seconde constituent des actes d'exécution sans réserve d'un jugement non exécutoire qui valent acquiescement sans qu'il y ait lieu de recherche si la partie qui a exécuté le jugement avait ou non l'intention d'y acquiescer (Cass. 2e civ. 5-10-1988 n° 87-14.100 : Bull. civ. II n° 186).

15151 **Limite aux seules mesures d'expertise** L'article 272 du CPC est d'interprétation stricte. Dès lors, le premier président ne peut pas autoriser une partie à relever appel d'un jugement qui n'a pas ordonné une expertise, mais a autorisé l'**exécution de travaux** sous le contrôle d'un expert (Cass. 2e civ. 5-5-1978 n° 77-11.254 : Bull. civ. II n° 118), commis un huissier ou commissaire de justice pour procéder à des **constatations** (Cass. 2e civ. 9-11-1983 n° 81-13.696 : Bull. civ. II n° 172), ordonné une **consultation** (CA Aix-en-Provence 18-4-1977 : RTD civ. 1978 p. 190 obs. R. Perrot) ou une enquête sociale (CA Versailles 20-3-1989 : Gaz. Pal. 1989 som. p. 527).

La jurisprudence dominante considère que l'article 272 n'est pas applicable à la **décision** qui **refuse d'ordonner une expertise** (CA Paris 11-3-1989 : Bull. ch. avoués p. 58 ; CA Bastia 13-6-2012 n° 10/00440). Cependant, une cour d'appel a statué en sens contraire (CA Aix-en-Provence 18-4-1984 : Bull. ch. avoués 1985 p. 46).

> **Précisions** L'**impossibilité** de procéder à un **appel immédiat** ne **concerne pas** les décisions qui statuent sur les demandes de récusation ou de remplacement d'un expert (Cass. 2e civ. 23-6-2005 n° 03-16.627 : Bull. civ. II n° 170) ou sur les demandes relatives à l'exécution de la mesure d'instruction ordonnée sur le fondement de l'article 145 du CPC (Cass. 2e civ. 9-9-2010 n° 09-69.613 : Procédures 2010 comm. 370).

15156 **Autorisation du premier président de la cour d'appel** La partie qui veut interjeter appel doit saisir le premier président de la cour d'appel qui statue selon la **procédure accélérée** au fond (CPC art. 272, al. 2).

Le **pourvoi en cassation** formé contre la décision par laquelle le premier président de la cour d'appel statue sur la demande d'autorisation de relever appel immédiatement n'est pas recevable (Cass. 2e civ. 26-2-1997 n° 96-13.289 : Bull. civ. II n° 58), sauf en cas d'**excès de pouvoir** (Cass. 2e civ. 9-11-1983 n° 81-13.696 : Bull. civ. II n° 172).

15161 **Motif grave et légitime** Le **premier président** qui statue en référé en application de l'article 272 du CPC possède un **pouvoir souverain** pour apprécier la gravité et la légitimité des motifs invoqués à l'appui de cette demande (Cass. 2e civ. 3-4-1978 n° 77-11.934 Bull. civ. II n° 107). Il **peut limiter** l'effet dévolutif de l'**appel** à la seule partie de la mission qu'il considère comme étant constitutive d'une cause grave et légitime (CA Rouen 29-6-1982 : JCP 1983. IV. 218).

Le premier président peut **rejeter la demande** dès lors que le demandeur ne justifie pas que l'exécution de l'expertise ordonnée par le jugement est illicite ou inutile, ou qu'elle pourrait lui causer un préjudice irréparable (Cass. 2e civ. 3-4-1978 n° 77-11.934 précité).

ILLUSTRATIONS

Constituent des **motifs graves** et légitimes justifiant l'autorisation d'interjeter appel immédiat les circonstances suivantes :
– la mission de l'expert emporte délégation du pouvoir juridictionnel (CA Paris 6-9-1989 : Bull. ch. avoués 1989. 4. 124) ;
– le juge a méconnu le principe de la contradiction (CA Paris 20-11-1987 : Bull. ch. avoués 1988. 1. 19) ;
– l'expertise est manifestement inutile (CA Paris 27-11-1985 : Bull. ch. avoués 1986. 2. 72) ;
– l'expertise est destinée à pallier la carence d'une partie dans l'administration de la preuve (CA Paris 23-1-1987 : Bull. ch. avoués 1987. 1. 27).

En revanche, ne constitue **pas un motif grave** et légitime le fait qu'un tribunal, saisi d'une action en responsabilité, ait ordonné une expertise pour apprécier les fautes et le préjudice pouvant en résulter au motif qu'il ne possède pas tous les éléments suffisants (CA Poitiers 2-9-2003 : Bull. inf. C. cass. 2004 n° 978).

Délai pour agir L'assignation doit être délivrée dans le mois de la décision (CPC art. 272, al. 2). Ce délai court **à compter de la décision** et non de sa notification. 15166
Mais le délai ne peut courir dès le prononcé du jugement que dans la mesure où la **date** à laquelle la décision devait être rendue a été portée à la **connaissance des parties** ; cette formalité doit résulter des mentions de la décision (CA Paris 26-11-1985 : D. 1986 IR p. 222 obs. P. Julien). **À défaut,** l'assignation délivrée dans le mois de la connaissance effective du jugement est recevable (CA Bastia 29-4-1986 : Gaz. Pal. 1987 I som. p. 107). Le délai peut être augmenté des délais de distance lorsque le demandeur demeure dans l'une des collectivités visées à l'article 643 du CPC ou à l'étranger (CPC art. 643 ; CA Paris 20-2-1995 : D. 1996 som. p. 360 obs. P. Julien).
La déchéance pour **tardiveté de la demande** est d'ordre public et doit être relevée d'office (CA Paris 24-10-1977 : D. 1978 IR p. 153 obs. P. Julien).
Le premier président n'a pas à provoquer, préalablement, les explications des parties (Cass. 2e civ. 11-1-1978 n° 76-15.157 : Bull. civ. II n° 16). Il est seul compétent pour apprécier la recevabilité d'une telle demande. En conséquence, même si l'assignation à comparaître devant le premier président n'a pas été délivrée dans le mois du prononcé du jugement, l'appel ne peut pas être déclaré irrecevable par la cour d'appel qui statue sur ce recours exercé après autorisation du premier président (Cass. 2e civ. 17-12-1979 n° 78-13.480 : Bull. civ. II n° 297).
Si la demande d'une partie tendant à obtenir l'autorisation d'interjeter un appel immédiat a été déclarée irrecevable comme tardive, cette partie est recevable à faire appel de la décision ordonnant l'expertise avec le jugement sur le fond (Cass. 2e civ. 1-2-2006 n° 03-15.738 : Bull. civ. II n° 29).

Décision de la cour d'appel S'il fait droit à la demande, le premier président **fixe** le **jour où l'affaire sera examinée** par la cour, laquelle est saisie et statue comme en matière de procédure à jour fixe (procédure avec représentation obligatoire) ou comme il est dit à l'article 948 du CPC (procédure sans représentation obligatoire) (CPC art. 272, al. 3). Mais la fixation par le premier président du jour où l'affaire sera appelée ne dispense pas l'appelant de saisir la cour par une **déclaration d'appel** (Cass. soc. 22-7-1986 n° 83-45.937 : Bull. civ. V n° 475). 15176
La cour n'est pas compétente pour prononcer la déchéance du recours pour tardiveté (n° 15166). En revanche, le moyen tiré de l'irrecevabilité de l'appel immédiat formé sans autorisation du premier président est d'ordre public et doit être soulevé d'office par la cour d'appel (Cass. com. 2-10-1984 n° 82-15.844 : Bull. civ. IV n° 207).
Si le **jugement** ordonnant l'expertise s'est également **prononcé sur la compétence,** l'appel est formé, instruit et jugé selon les modalités prévues aux articles 83 à 89 du CPC (CPC art. 272, al. 4).

b. Étapes de l'expertise

CONVOCATION DES PARTIES À L'EXPERTISE

Les parties et les tiers doivent être convoqués à l'expertise (CPC art. 160 ; n° 13972), dans le respect du principe du contradictoire (nos 14776 s.). 15200

COMMUNICATION DES PIÈCES À L'EXPERT PAR LES PARTIES

Les parties doivent remettre **sans délai** à l'expert tous les documents que celui-ci estime nécessaires à l'accomplissement de sa mission (CPC art. 275, al. 1). Pour respecter le principe de la contradiction, les pièces communiquées à l'expert par chacune des parties doivent être **communiquées aux autres parties.** La simple communication du rapport d'expertise au cours de la procédure ne suffit pas à considérer que les pièces ont été soumises à la libre discussion des parties (Cass. 2e civ. 28-2-2006 n° 04-12.616), car dès la phase de l'expertise, les parties doivent être en mesure d'avoir un débat contradictoire (Rapport de la Cour de cassation 2012 p. 309). 15202

En cas de **carence des parties,** l'expert doit en informer le **juge** qui **peut** (CPC art. 275, al. 2) : 15204
– **ordonner** la **production** des documents, s'il y a lieu **sous astreinte.** Le juge ne peut pas se dessaisir de ce pouvoir entre les mains de l'expert qu'il a désigné. En conséquence, il ne peut pas ordonner au défendeur de remettre aux experts non seulement des pièces dont la communication faisait l'objet de la difficulté dont les juges étaient saisis, mais aussi « tous autres documents qui leur seraient réclamés » (Cass. 2e civ. 16-7-1979 n° 78-12.487 : Bull. civ. II n° 220). Les juges d'appel peuvent confirmer une injonction de produire des pièces assortie d'une astreinte, cette injonction fût-elle devenue sans objet au jour où ils statuent (dépôt du rapport d'expertise), dès lors que subsiste le droit pour le bénéficiaire de l'astreinte d'en demander, s'il y a lieu, la liquidation (Cass. 2e civ. 9-7-2009 n° 08-18.212 : Bull. civ. II n° 190) ;
– ou bien, le cas échéant, l'**autoriser** à passer outre ou **à déposer son rapport en l'état.**
La juridiction de jugement peut tirer toute conséquence de droit du défaut de communication des documents à l'expert (CPC art. 275, al. 2).

DIRES DES PARTIES AU COURS DE L'EXPERTISE

15212 Au cours des opérations d'expertise, les parties peuvent présenter des **observations ou** des **contestations,** appelées dires. Seule la personne qui représente ou assiste les parties devant la juridiction peut suivre l'exécution de l'expertise et formuler des dires (CPC art. 162). L'expert a l'obligation de prendre en considération les observations ou réclamations des parties, et, lorsqu'elles sont **écrites,** de les **joindre à son avis** si les parties le demandent (CPC art. 276, al. 1). Dans tous les cas, l'expert doit faire mention, dans son avis, de la suite qu'il aura donnée aux observations ou réclamations présentées (CPC art. 276, al. 4).

Toutefois, lorsque l'expert a fixé aux parties un **délai** pour formuler leurs observations ou réclamations, il n'est pas tenu de prendre en compte celles qui auraient été faites après l'expiration de ce délai, à moins qu'il n'existe une cause grave et dûment justifiée, auquel cas il en fait rapport au juge (CPC art. 276, al. 2). Il résulte certes de ce texte que l'expert n'est pas tenu de répondre aux observations et réclamations des parties postérieurement à la date qu'il leur a notifiée, mais le dire présenté postérieurement à la date notifiée demeure recevable devant les juges, ce qui est conforme au principe qui permet aux parties de critiquer et discuter le rapport d'expertise devant les juges du fond (CA Aix-en-Provence 19-10-2007 n° 04-20244, 8e ch. B).

15214 Le fait que l'une des parties ne **transmette** à l'expert **aucun dire** ne lui interdit pas de **contester ultérieurement** le raisonnement et les conclusions de l'expert devant le juge chargé de trancher le fond du litige. Par exemple, les juges du fond ne peuvent pas considérer qu'il convient de retenir le calcul de l'expert au motif que la partie qui critique la formule scientifique retenue et appliquée par lui n'a adressé aucun dire sur ce point (Cass. 3e civ. 23-3-1994 n° 91-22.349 : Bull. civ. III n° 66). Cependant, lorsque les contestations portent sur l'**exécution des opérations d'expertise,** la cour d'appel peut souverainement entériner les conclusions d'un rapport d'expertise, si elle a constaté que pendant ces opérations aucune contestation les concernant n'a été élevée devant le magistrat qui l'avait ordonnée (Cass. 2e civ. 6-10-1993 n° 92-10.651).

Lorsqu'elles sont écrites, les dernières **observations ou réclamations** des parties doivent **rappeler** sommairement le **contenu de celles** qu'elles ont **présentées antérieurement** ; à défaut, elles sont réputées **abandonnées** par les parties (CPC art. 276, al. 3). Le rappel du contenu des observations présentées antérieurement est destiné à faciliter le travail de l'expert. Ce dernier dire est généralement nommé dire récapitulatif.

15216 L'**inobservation par l'expert** des obligations de l'article 276 du CPC n'entraîne la nullité de l'expertise qu'à charge pour la partie qui l'invoque de prouver le **grief** que lui cause cette irrégularité (Cass. com. 18-2-1992 n° 89-19.330 : Bull. civ. IV n° 79), à savoir notamment une atteinte aux droits de la défense. Or, une cour d'appel peut considérer qu'il n'y a pas violation des droits de la défense dès lors qu'elle relève que l'expert, à qui il était fait grief de n'avoir pas mentionné l'existence de deux dires, y a cependant répondu implicitement dans son rapport (Cass. 3e civ. 25-5-1976 n° 75-10.259 : Bull. civ. III n° 228).

CONSEIL

La partie qui formule un dire, ou son mandataire, doit être attentive :
- au respect de la personne habilitée à présenter des observations (personne qui représente ou assiste les parties devant la juridiction ayant fixé les mesures) ;
- au respect du **délai** imparti par l'expert, car à défaut il n'en sera pas tenu compte, sauf motif grave et dûment justifié ;
- à insérer dans son dire la mention par laquelle elle souhaite voir ses **observations écrites jointes à l'avis de l'expert,** car l'expert n'a l'obligation de joindre les observations que si les parties le demandent ;
- à **rappeler sommairement** le contenu des observations précédentes, car à défaut elles peuvent être réputées abandonnées ;
- à ne pas faire des déclarations qui pourraient être interprétées comme des **reconnaissances de responsabilité,** car un dire déposé devant un expert peut constituer un aveu judiciaire qui fait pleine foi contre celui qui l'a fait, conformément à l'article 1356 du Code civil (désormais art. 1383-2) (Cass. 1e civ. 15-10-1974 n° 73-10.637).

En cas de **difficultés relatives à l'exécution des opérations** d'expertise, il est prudent de saisir le juge ou tout au moins de présenter des observations écrites. Il peut être opportun de contester le déroulement de l'expertise devant le juge chargé du contrôle en cas de difficulté, car l'absence de contestation peut avoir pour effet d'entériner les conclusions prises par l'expert.

ASSISTANCE DE L'EXPERT PAR DES TIERS

15226 Le technicien, quel qu'il soit, doit remplir personnellement la mission qui lui est confiée (CPC art. 233, al. 1). Pour autant, l'expert peut prendre l'initiative de recueillir l'**avis** d'un autre technicien, généralement appelé « **sapiteur** », mais seulement dans une **spécialité distincte** de la

sienne (CPC art. 278), et ce, sans qu'il y ait lieu de demander l'autorisation préalable du juge en référé (Cass. 3e civ. 23-10-1984 n° 82-15.895 : Bull. civ. III n° 172). L'expert peut aussi se faire **assister dans** l'accomplissement de **sa mission** par la personne de son choix, dès lors que celle-ci intervient sous son contrôle et sa responsabilité (CPC art. 278-1).
Mais si l'expert peut recueillir l'avis d'un autre technicien, il ne peut pas faire procéder à des opérations qui relèvent de sa mission d'expertise (Cass. 2e civ. 19-2-1997 n° 95-14.163 : Bull. civ. II n° 49 ; n° 14766). En outre, l'avis du sapiteur ne décharge pas l'expert de sa responsabilité (Cass. 3e civ. 16-11-2017 n° 16-24.718 F-D).
Lorsqu'il s'adjoint le concours d'un tiers, l'expert doit respecter le **principe de la contradiction** (n° 14843). Ainsi, le rapport doit mentionner les nom et qualités des personnes qui ont prêté leur concours et l'avis du tiers doit être joint au rapport, au procès-verbal d'audience ou au dossier (CPC art. 282, al. 3 et 4).
La **rémunération** du travail du sapiteur choisi par l'expert est comprise dans les frais et honoraires que l'expert a perçus pour l'ensemble du travail qu'il a accompli. En conséquence, même si ce sapiteur a par la suite été désigné expert dans le dossier, le travail qu'il a accompli en sa qualité de sapiteur, antérieurement à sa désignation en qualité d'expert, ne peut donner lieu à aucune rémunération (Cass. 2e civ. 14-6-2018 n° 17-19.714 F-PB : Bull. inf. C. cass. 15-11-2018 n° 1156).

CONCILIATION DES PARTIES PENDANT L'EXPERTISE

Le juge chargé de contrôler l'exécution d'une expertise peut constater la conciliation des parties **15236**
(CPC art. 171-1). Il ne peut pas **déléguer** au technicien la **mission** de concilier les parties (CPC art. 240 ; n° 14858).
Si les parties viennent à se concilier pendant l'expertise, l'expert constate que sa mission est devenue sans objet et il en fait **rapport** au juge (CPC art. 281, al. 1).
Les parties peuvent alors demander au juge de donner force exécutoire à l'acte exprimant leur accord par une **homologation judiciaire** (CPC art. 281, al. 2).

CONTRÔLE DES OPÉRATIONS D'EXPERTISE PAR LE JUGE

L'expert doit **informer le juge** de l'avancement de ses opérations et des diligences qu'il a accom- **15246**
plies (CPC art. 273).
Le **juge** peut **assister aux opérations** d'expertise ; il peut dans ce cas consigner dans un procès-verbal ses constatations, les explications de l'expert ainsi que les déclarations des parties et des tiers. Le procès-verbal est signé par le juge (CPC art. 274).
Le **ministère public** peut également être présent aux opérations d'expertise. En pareil cas, ses observations sont, à sa demande, relatées dans l'avis de l'expert, ainsi que la suite que celui-ci leur aura donnée (CPC art. 277).

Outre l'intervention du juge en cas de carence de l'une des parties dans la communication de **15250**
documents (n° 15204), si l'expert se heurte à des **difficultés** qui font obstacle à l'accomplissement de sa mission ou si une extension de celle-ci s'avère nécessaire, il en fait rapport au juge (CPC art. 279). Celui-ci peut, en se prononçant, proroger le délai dans lequel l'expert doit donner son avis.

> **› Précisions** Toutes les difficultés auxquelles se heurterait l'exécution d'une mesure d'instruction sont réglées, à la demande des parties, à l'initiative du technicien commis, ou d'office, soit par le juge qui y procède, soit par le juge chargé du contrôle de son exécution (n° 14027).

ACOMPTE ET PROVISION COMPLÉMENTAIRE AU COURS DE L'EXPERTISE

En cours d'expertise, la provision initiale peut s'avérer insuffisante, en raison des difficultés ren- **15260**
contrées par l'expert ou en cas d'extension de sa mission.
L'expert peut être autorisé à **prélever un acompte** sur la somme consignée si la complexité de l'affaire le requiert sur justification de l'état d'avancement de ses opérations (CPC art. 280, al. 1).
En cas d'**insuffisance manifeste** de la provision allouée, au vu des diligences faites ou à venir, l'expert en fait sans délai **rapport au juge** qui, s'il y a lieu, **ordonne** la **consignation** d'une provision **complémentaire** à la charge de la partie qu'il détermine ; à défaut de consignation dans le délai et selon les modalités fixées par le juge, et sauf prorogation de ce délai, l'expert doit déposer son **rapport en l'état** (CPC art. 280, al. 2).

15270

Communication électronique des documents de l'expertise judiciaire

Un système (Opalexe), mis en place sous la responsabilité du Conseil national des compagnies d'experts de justice, permet de dématérialiser et de sécuriser la communication de l'expertise judiciaire civile, entre la juridiction, les avocats, l'expert et les parties. Il garantit la fiabilité de l'identification des parties à la communication électronique, l'intégrité des documents adressés, la sécurité et la confidentialité des échanges, la conservation des actions opérées et l'établissement de manière certaine de la date de dépôt des documents et d'ouverture des documents notamment les convocations, notes, prérapport, rapport, dires, annexes (Arrêté JUST1713115A du 14-6-2017).

c. Avis de l'expert

PRÉRAPPORT D'EXPERTISE

15280 Si les textes n'exigent pas que l'expert rédige un prérapport, la commission de réflexion sur l'expertise recommande l'élaboration de rapports d'étape et de documents de synthèse (C. Bussière, S. Autin, Rapport de la commission de réflexion sur l'expertise, mai 2011). En pratique, l'expert rédige généralement un prérapport qu'il soumet aux observations des parties.
Sur l'exigence de prouver ou non un grief pour obtenir l'annulation de l'expertise suivant que le prérapport a été établi en violation du principe du contradictoire ou n'a pas été établi du tout, voir n° 14110.

RAPPORT D'EXPERTISE ÉCRIT OU ORAL

15290 Si l'avis n'exige pas de développements écrits, le juge peut autoriser l'expert à l'exposer oralement à l'audience ; il en est dressé procès-verbal. La rédaction du procès-verbal peut toutefois être suppléée par une mention dans le jugement si l'affaire est immédiatement jugée en dernier ressort (CPC art. 282, al. 1), même si elle est mise en délibéré (Cass. ch. mixte 22-2-1991 n° 86-41.309 : Bull. ch. mixte n° 1).
En pratique, l'expert rédige toujours un rapport écrit, qu'il doit déposer au greffe de la juridiction (CPC art. 282, al. 2).

> **Précisions** L'expert doit faire connaître tous les ans, au premier président de la cour d'appel et au procureur général près ladite cour ou, pour celui qui est inscrit sur la liste nationale, au premier président de la Cour de cassation et au procureur général près ladite cour, le **nombre de rapports** qu'il a **déposés au cours de l'année précédente** ainsi que, pour chacune des expertises en cours, la date de la décision qui l'a commis, la désignation de la juridiction qui a rendu cette décision et le délai imparti pour le dépôt du rapport (Décret 2004-1463 du 23-12-2004 art. 23).

15295 **Nombre** Même s'il y a **plusieurs experts,** il n'est rédigé qu'un seul rapport. En cas de divergence, chacun indique son opinion (CPC art. 282, al. 2).
Ces dispositions s'appliquent lorsque plusieurs experts sont désignés pour réaliser une **même mission,** telle une expertise graphologique.
Mais, il arrive fréquemment qu'une action contienne plusieurs demandes et que le juge désigne plusieurs experts ayant chacun des **missions distinctes.** C'est le cas lorsqu'une partie conteste à la fois l'emplacement d'une construction et sa conformité aux règles d'urbanisme ou sa solidité. En pratique, chacun des experts doit déposer un **rapport distinct,** répondant chacun aux chefs de mission qui sont les siens.
Lorsque les experts ont reçu une mission identique, ils n'ont pas à **réaliser** leurs **opérations ensemble,** sauf disposition contraire dans la décision ordonnant l'expertise (Cass. 2e civ. 28-6-1989 n° 88-13.108).

> **Précisions a.** Chacun des experts désignés pour exécuter une mission commune a **qualité pour exposer à l'audience** de la chambre de l'instruction, même **en l'absence des autres,** le résultat de l'ensemble des opérations techniques auxquels ils ont procédé (Cass. crim. 29-11-2017 n° 16-85.490 FS-PB).
> **b.** Si l'un des experts désignés omet de **signer le rapport,** cette omission matérielle ne saurait entacher le rapport de nullité dès lors qu'elle n'entraîne aucun préjudice pour les parties et que la preuve de la collaboration et de la conformité de l'avis des deux experts est rapportée (Cass. 1e civ. 24-7-1973 n° 71-11.624 : Bull. civ. I n° 254).

Contenu Le rapport doit exposer l'**avis de l'expert** sur chacune des questions qui lui ont été posées et sur les observations qui lui ont été communiquées. Il doit également mentionner la convocation des **parties,** leur présence ainsi que celle de leur **conseil** et de **tiers.** Si l'expert a recueilli l'avis d'un **autre technicien** dans une spécialité distincte de la sienne (CPC art. 278), cet avis doit être joint, selon le cas, au rapport, au procès-verbal d'audience ou au dossier. Et lorsqu'il s'est fait assister dans l'accomplissement de sa mission par une personne de son choix (CPC art. 278-1), le rapport doit mentionner les **nom et qualités des personnes qui ont prêté leur concours** (CPC art. 282, al. 3 et 4). Doivent en principe être annexées les **observations des parties** et les **pièces** qui ont été remises à l'expert. 15300
Le rapport de la commission de réflexion sur l'expertise préconise de **dématérialiser les rapports** d'expertise et de les normaliser, notamment en limitant les annexes et en proposant un canevas type (C. Bussière, S. Autin, rapport précité, préconisations n°s 36 et 37).

Dépôt L'expert doit déposer son rapport au **greffe** de la juridiction (CPC art. 282, al. 1), sauf rapport oral. Une fois son rapport déposé, l'**expert** est **dessaisi.** En conséquence, à compter de cette date, il ne peut plus procéder à une nouvelle mesure d'instruction ou à la convocation des parties (Cass. 3e civ. 11-2-2004 n° 02-16.140 : Bull. civ. III n° 26). 15305
Lorsqu'une **cour d'appel** annule une expertise et **désigne un nouvel expert,** ce dernier doit déposer son rapport au secrétariat-greffe de la cour d'appel et non à celui du tribunal ayant rendu la première décision, car la cour d'appel a été saisie par l'effet dévolutif de l'appel de l'intégralité du litige (Cass. 2e civ. 5-5-1977 n° 75-15.791 : Bull. civ. II n° 119).

Le dépôt par l'expert de son rapport est accompagné de sa **demande de rémunération,** dont il adresse **un exemplaire aux parties** par tout moyen permettant d'en établir la réception. S'il y a lieu, celles-ci adressent à l'expert et à la juridiction ou, le cas échéant, au juge chargé de contrôler les mesures d'instruction leurs **observations écrites sur cette demande** dans un **délai** de quinze jours à compter de sa réception (CPC art. 282, dernier al.). Passé ce délai, le juge fixe la rémunération de l'expert (n° 15334). 15307

Nullité Les **causes** de nullité du rapport d'expertise sont présentées avec l'exposé des différentes obligations de l'expert et des règles applicables à l'exécution de toute mesure d'instruction. Le **régime** de la nullité est exposé n°s 14100 s. 15309

AUDITION DE L'EXPERT

Si le juge ne trouve pas dans le rapport les **éclaircissements suffisants,** il peut entendre l'expert, dans le respect du contradictoire, c'est-à-dire les parties présentes ou appelées (CPC art. 283). 15314

REPRISE DE L'INSTANCE APRÈS DÉPÔT DU RAPPORT D'EXPERTISE

Lorsque l'expertise a été ordonnée in futurum sur le fondement de l'article 145 du CPC, les parties décident si elles souhaitent l'utiliser en introduisant une nouvelle instance devant la juridiction compétente. Lorsque l'expertise a été ordonnée par un juge en cours de procès, l'instance se poursuit à la **diligence du juge** (CPC art. 172), qui est le seul à connaître du litige après le dépôt du rapport d'expertise (Cass. 2e civ. 22-2-2007 n° 06-15.337 : Bull. civ. II n° 42). 15324
Par ailleurs, la décision qui ordonne l'expertise ne dessaisit pas le juge, elle indique la date à laquelle l'affaire sera rappelée pour un nouvel examen (CPC art. 153). Les **parties peuvent** en tout état de cause déposer des conclusions en ouverture de rapport pour **demander la reprise de l'instance** et conclure sur le fond à l'appui du rapport.
Le juge peut faire siennes les conclusions de l'expert, en s'appropriant les termes du rapport et en les adoptant (Cass. 3e civ. 23-6-2009 n° 08-14.839). Sur les pouvoirs du juge, voir n° 14882.

RÉMUNÉRATION DÉFINITIVE DE L'EXPERT

Passé le délai imparti aux parties pour présenter leurs observations sur la rémunération demandée (n° 15307), le juge fixe la rémunération de l'expert en fonction des **diligences** accomplies, du respect des **délais** impartis et de la **qualité du travail** fourni et l'autorise à se faire remettre jusqu'à due concurrence les sommes consignées au greffe (CPC art. 284, al. 1 et 2). L'expert ne peut pas retenir son rapport tant qu'il n'a pas été réglé de ses frais et honoraires dès lors qu'il ne peut être rémunéré qu'au vu de son rapport (Rép. min. n° 11322 : JO Sén. Q. 27-11-2014 p. 2647). 15334
La fixation de la rémunération de l'expert relève du **pouvoir souverain d'appréciation** des juges du fond (Cass. 2e civ. 7-11-1984 n° 83-10.921 : Bull. civ. II n° 161). Ces derniers ne sont pas tenus de suivre les parties dans le détail de leur argumentation dès lors qu'ils motivent leur décision (Cass. 2e civ. 26-9-2013 n° 12-25.433).

Cependant, une cour d'appel ne peut pas rejeter la contestation d'une ordonnance fixant la rémunération d'un expert aux motifs que l'omission de communication préalable des demandes de provision est sans conséquence sur le montant de cette dernière et que les critiques faites relèvent de l'appréciation exclusive des juges du fond, alors que **l'ordonnance de désignation** de l'expert prévoyait qu'il devait adresser aux parties une copie de sa demande de consignation complémentaire et joindre à chaque exemplaire de son rapport sa note définitive d'honoraires, et que le requérant formulait des **griefs** qui portaient sur la qualité du travail de l'expert (Cass. 2e civ. 24-3-2005 n° 03-14.768 : Bull. civ. II n° 77).
Le juge taxateur n'est pas tenu de **limiter les honoraires** de l'expert à la somme que celui-ci aurait portée à la connaissance des parties au cours du déroulement des opérations d'expertise pour leur faire connaître le montant prévisible de sa rémunération (Cass. 2e civ. 14-9-2006 n° 05-12.143 : Bull. civ. II n° 224).
Lorsque le juge envisage de fixer la rémunération de l'expert à un **montant inférieur** au montant demandé, il doit au préalable inviter l'expert à formuler ses observations (CPC art. 284, al. 3).
Le juge peut ainsi réduire le montant de la rémunération en tenant compte par exemple du manque de célérité de l'expert (Cass. 2e civ. 27-4-1979 n° 77-15.312 : Bull. civ. II n° 124), ou de la faiblesse d'un rapport dont la partie utile se résume à quelques pages, le restant n'étant que la compilation des dires et la reproduction in extenso des attendus du jugement (Cass. 2e civ. 24-10-1979 n° 77-15.604 : Bull. civ. II n° 249).

> **Précisions** Lorsqu'un **officier public** a été **désigné pour réaliser une mission** dont la rémunération est fixée en vertu d'un émolument tarifé, il doit être **rémunéré** selon ce tarif et non sur le fondement des critères de l'article 284 du CPC qui ne sont applicables qu'aux expertises judiciaires (Cass. 2e civ. 12-1-2017 n° 16-11.116 F-PBI : Bull. inf. C. cass. 15-5-2017 n° 6547, rendu à propos d'un notaire ayant établi un projet de liquidation d'un régime matrimonial).

15336 Le juge peut ordonner, selon le cas, soit le **versement** des **sommes complémentaires** dues à l'expert en indiquant la ou les parties qui en ont la charge, soit la **restitution** des **sommes** consignées **en excédent** ; une fois le montant de la rémunération fixé, le juge doit délivrer à l'expert un titre exécutoire (CPC art. 284, al. 2 et 4).
Le juge apprécie également la **répartition entre les parties** du versement des sommes complémentaires et n'est pas tenu de rappeler la répartition initialement opérée par la décision ayant ordonné la mesure d'instruction ni les versements déjà effectués par chacune d'elles (Cass. 2e civ. 27-6-2013 n° 12-17.910 : Bull. civ. II n° 147).

> **Précisions** Pour apporter une solution au **coût des expertises,** jugé excessif, le rapport sur l'expertise recommande de (C. Bussière, S. Autin, rapport précité, préconisations nos 5 à 9) :
> – faire établir par l'expert un **relevé du montant des frais et honoraires** au fur et à mesure de leur engagement ;
> – constituer une **assurance** en ajoutant dans un contrat composite (assurance multirisque habitation, etc.) une garantie obligatoire de protection juridique couvrant les domaines juridictionnels les plus sollicités ;
> – développer localement les chartes entre les compagnies, les juridictions et les avocats afin de promouvoir les **bonnes pratiques** permettant une réduction des frais en cours d'expertise (voir chartes des cours d'appel de Paris, de Versailles, etc.) ;
> – rendre obligatoire la demande par l'expert de **consignation complémentaire** si la provision initiale s'avère manifestement insuffisante, ainsi que la **transmission aux parties** de sa demande de rémunération en même temps que son rapport.

15341 **Recours contre la décision relative à la rémunération** Elle peut être frappée d'un recours devant le premier président de la cour d'appel (CPC art. 714, al. 1), dans les conditions fixées par le CPC (CPC art. 714, al. 2 ; 715 à 718 et 724 et 725). Cette procédure spéciale de recours s'applique également aux contestations relatives à la **répartition entre les parties de la charge** de la rémunération de l'expert (Cass. 2e civ. 16-1-2014 n° 13-10.655).
Le recours est formé par la remise ou l'envoi au greffe de la cour d'appel d'une note exposant les motifs du recours et, à peine d'irrecevabilité du recours, une copie de cette note doit être simultanément envoyée à toutes les parties au litige principal (CPC art. 715). Le texte n'exige pas que la note soit adressée en lettre recommandée AR. Une lettre simple suffit (Cass. 2e civ. 21-5-2015 n° 14-18.767 : Bull. civ. II n° 12).

ILLUSTRATIONS

a. Pour statuer, le premier président de la cour d'appel doit se fonder, notamment, sur les diligences accomplies, les délais impartis et la qualité du travail fourni (CPC art. 284). Pour confirmer une ordonnance fixant les honoraires de l'expert à une certaine somme, il ne peut donc

pas retenir que la critique du fond même de l'expertise échappe à la compétence du juge taxateur et que l'expert avait transmis aux parties un **devis** quant au coût qui n'a, en son temps, fait l'objet d'aucune observation (Cass. 2e civ. 13-5-2015 n° 14-19.215).
b. L'expert désigné par le juge a **droit à** une **rémunération** dès lors qu'il a **transmis** un **projet** aux parties, peu important que celles-ci aient finalement concilié devant un autre expert désigné par elles (Cass. 2e civ. 15-1-2015 n° 13-24.082).

COMMUNICATION DU JUGEMENT À L'EXPERT

S'il le demande, l'expert peut se faire adresser ou remettre par le greffier une copie du jugement rendu au vu de son avis (CPC art. 284-1). **15351**

5. AMICUS CURIAE

FACULTÉ DE RECOURIR À UN AMICUS CURIAE

Depuis le 20 novembre 2016, lors de l'examen du pourvoi, la Cour de cassation peut inviter toute personne dont la compétence ou les connaissances sont de nature à l'éclairer utilement sur la solution à donner à un litige (amicus curiae, c'est-à-dire ami de la Cour) à produire des observations d'ordre général sur les points qu'elle détermine (C. org. jud. art. L 431-3-1). Avant cette date, la Cour de cassation et la cour d'appel de Paris avaient déjà eu parfois recours à un amicus curiae. **15380**
Si l'article L 431-3-1 semble réserver à la **Cour de cassation** la possibilité de faire intervenir un amicus curiae, il est néanmoins probable que cette possibilité soit également ouverte aux **cours d'appel,** comme précédemment. En effet, il est constant que le **juge,** dans sa recherche des éléments d'information et de conviction, est libre d'organiser cette recherche suivant la démarche qu'il souhaite et suivant des modalités qui n'ont pas à lui être dictées, la désignation d'un tiers en qualité d'amicus curiae ne constituant à cet égard qu'une de ces modalités (CA Paris 21-6-1988 et 6-7-1988 : RTD civ. 1989. p. 138 obs. R. Perrot). Les décisions de justice rendues précédemment devraient donc être transposables.

Une **partie** semble pouvoir soit **demander au juge** de recueillir les **observations** d'un amicus curiae, soit saisir celui-ci directement. Ainsi, alors que le conseil de l'une des parties avait demandé à la cour d'appel de Paris de recueillir les observations de la Haute Autorité de lutte contre les discriminations et pour l'égalité (remplacée par le Défenseur des droits pour cette mission), la cour d'appel de Paris a tenu compte de l'avis émis par cette Haute Autorité, considérant que, même si elle n'avait pas la qualité de partie, elle pouvait être assimilée à l'amicus curiae (CA Paris 4-9-2008 n° 05-8241 : Légimobile). **15381**
En pratique, il arrive que des **tiers** à l'instance **produisent,** de leur **propre initiative, des observations** relatives à un problème de droit et à ses enjeux. Ainsi, dans un litige portant sur la question de savoir si les contrats de placement ou d'épargne-assurance relevaient de l'assurance-vie ou au contraire du simple contrat de capitalisation, le Conseil supérieur du notariat, de sa propre initiative, a adressé une note au premier président de la Cour de cassation afin d'exposer ses vues sur la qualification discutée. Le procureur général a alors transmis une série de consultations à des tiers et a reçu les observations du ministre de l'économie et des finances, du ministère de la justice, de la Fédération française des sociétés d'assurances (Cass. ch. mixte 23-11-2004 nos 01-13.592, 02-11.352, 02-17.507, 03-13.673 : RJDA 3/05 n° 279 ; R. Encinas de Munagorri, L'ouverture de la Cour de cassation aux amicus curiae : RTD civ. 2005 p. 89).

> **Précisions** Devant les **juridictions administratives,** la formation chargée de l'instruction peut inviter toute personne, dont la compétence ou les connaissances seraient de nature à l'éclairer utilement sur la solution à donner à un litige, à produire des observations d'ordre général sur les points qu'elle détermine. L'avis est consigné par écrit. Il est communiqué aux parties. Dans les mêmes conditions, toute personne peut être invitée à présenter des observations orales devant la formation chargée de l'instruction ou la formation de jugement, les parties dûment convoquées (C. just. adm. art. R 625-3). Le Conseil d'État a précisé que la demande formulée auprès de l'amicus curiae ne peut porter que sur des observations d'ordre général, à l'exclusion de toute analyse ou appréciation de pièces du dossier. Toutefois, si l'avis a été demandé ou rendu en méconnaissance de ces principes, le juge n'entache pas sa décision d'irrégularité s'il se borne à prendre en compte les observations d'ordre général, juridiques ou factuelles qu'il contient (CE 6-5-2015 n° 375036 : Lebon p. 163).

CAS DE RECOURS À UN AMICUS CURIAE

15382 La **pratique** de l'amicus curiae est nécessairement très **limitée,** au regard tant des litiges concernés que des personnalités consultées.

ILLUSTRATIONS

Ont été désignés ou reconnus comme amicus curiae :
– le **professeur Jean Bernard,** président du Comité national d'éthique pour les sciences de la vie et de la santé, afin qu'il se prononce sur la question de savoir si une convention par laquelle une femme s'engage, fût-ce à titre gratuit, à concevoir et à porter un enfant pour l'abandonner à sa naissance portait atteinte aux principes de l'indisponibilité du corps humain et de l'état des personnes (Cass. ass. plén. 31-5-1991 n° 90-20.105 : Bull. ass. plén. n° 4) ;
– le **professeur Luc Montagnier,** afin qu'il fournisse, en présence des parties, toutes informations propres à éclairer la cour dans sa recherche de la solution du litige portant sur la question de la causalité entre la contraction du VIH et une transfusion sanguine intervenue dix-neuf ans avant la déclaration de la maladie (CA Paris 16-10-1992 : D. 1993 p. 172) ;
– le **bâtonnier de l'Ordre des avocats** du barreau de Paris, Philippe Lafarge, dans un litige portant sur la faculté accordée aux ordres de diffuser une liste des activités dominantes de l'avocat (CA Paris 21-6-1988 et 6-7-1988 : RTD civ. 1989 p. 138 obs. R. Perrot) ;
– la **Commission européenne** (Cass. com. 20-1-2015 nos 13-16.745, 13-16.764, 13-16.765 et 13-16.955 : RJDA 4/15 n° 308 ; Cass. com. 12-9-2018 n° 14-19.589 FS-PB : Bull. inf. C. cass. 15-1-2019 n° 20).

DISTINCTION ENTRE L'AMICUS CURIAE ET LES TECHNICIENS

15385 La **personne désignée en qualité d'amicus curiae** n'est ni un témoin ni un expert et n'est donc pas soumise aux règles de **récusation** applicables aux techniciens (CA Paris 21-6-1988 et 6-7-1988 : RTD civ. 1989 p. 138 obs. R. Perrot).
Contrairement à l'expert, au consultant ou au constatant, l'amicus curiae peut émettre des avis portant sur des **questions de fait et de droit.**
L'amicus curiae intervient à titre **gratuit.** À cet égard, son intervention s'apparente donc plus à celle d'un témoin qu'à celle d'un technicien.

DROITS DE LA DÉFENSE EN CAS DE RECOURS À UN AMICUS CURIAE

15402 Lorsque la Cour de cassation invite une personne à produire des observations d'ordre général sur les points qu'elle détermine en application de l'article L 431-3-1 du Code de l'organisation judiciaire, celle-ci peut faire des observations par écrit, qui sont alors **communiquées aux parties.** La Cour doit appeler les parties à assister à l'**audition** de l'amicus curiae si celui-ci est entendu. Et elle doit impartir aux parties un délai pour présenter leurs **observations écrites** sur les déclarations de ce sachant, qu'elles soient écrites ou orales. (CPC art. 1015-2)
La garantie d'un procès équitable impose que les parties assistent à l'exposé de l'amicus curiae, puissent formuler toutes observations utiles et proposer à la cour l'audition de telle ou telle personnalité de son choix, à l'effet de compléter son information objective et équilibrée (CA Paris 21-6-1988 et 6-7-1988 : RTD civ. 1989 p. 138 obs. R. Perrot ; S. Guinchard, G. Montagnier, A. Varinard, T. Debard, Institutions juridictionnelles : Précis Dalloz 12e éd. p. 953).

SECTION 7

AVEU ET SERMENT JUDICIAIRE

A. Aveu

DÉFINITION DE L'AVEU

15502 L'aveu est la déclaration par laquelle une personne reconnaît pour vrai un fait de nature à produire contre elle des conséquences juridiques. Il peut être **extrajudiciaire ou judiciaire** (C. civ. art. 1383 et Cass. 1e civ. 4-5-1976 n° 75-10.452 : Bull. civ. I n° 182).

> **Précisions a.** L'aveu corroboré par un autre moyen de preuve permet de **suppléer l'écrit** exigé pour la preuve des actes juridiques visés à l'article 1359 du Code civil (C. civ. art. 1361).
> **b.** Les **contrats sur la preuve** sont valables lorsqu'ils portent sur des droits dont les parties ont la libre disposition. Néanmoins, ils ne peuvent pas modifier la foi attachée à l'aveu ou au serment (C. civ. art. 1356 ; n° 12130).

1. DISPOSITIONS COMMUNES À L'AVEU JUDICIAIRE ET EXTRAJUDICIAIRE

AUTEUR DE L'AVEU

L'aveu doit émaner de la **partie** à laquelle on l'oppose. En conséquence, l'aveu fait par l'un seulement des indivisaires ne peut pas être opposé à l'ensemble des autres indivisaires (Cass. 1e civ. 23-11-1982 n° 81-15.904 : Bull. civ. I n° 335) et une déclaration émanant du représentant légal d'une personne placée sous tutelle ne peut pas valoir aveu opposable à cette dernière (Cass. 1e civ. 2-4-2008 n° 07-15.820 : Bull. civ. I n° 100). De même, la reconnaissance de la mauvaise qualité d'un produit par le professionnel qui l'utilise ne constitue pas un aveu opposable à la société qui le fabrique (Cass. 3e civ. 6-1-1999 n° 97-12.300 : Bull. civ. III n° 4). 15503

L'aveu qui émane d'un **tiers** n'est pas dépourvu de toute valeur probante, mais il ne vaut que comme attestation ou comme présomption. Ainsi, une déclaration émanant du représentant légal de mineurs ne peut pas valoir aveu opposable à ces derniers, mais est susceptible d'être retenue à titre de présomption, dans le cas où la preuve par ce moyen est admissible (Cass. 1e civ. 15-12-1982 n° 81-14.981 : Bull. civ. I n° 365).

ACCEPTATION DE L'AVEU

L'aveu produit ses effets, que la partie adverse l'ait accepté ou non. Ainsi, la reconnaissance d'un fait, en l'**absence d'acceptation** par la **partie adverse** ou de constatation d'un accord par le tribunal, n'en constitue pas moins un aveu judiciaire faisant pleine foi contre son auteur (Cass. 3e civ. 1-10-1975 n° 74-11.512 : Bull. civ. III n° 267). 15513

MANIFESTATION DE VOLONTÉ DE LA PART DE L'AUTEUR DE L'AVEU

L'aveu exige de la part de son auteur une manifestation **non équivoque** de sa volonté de reconnaître pour vrai un fait de nature à produire contre lui des conséquences juridiques (Cass. 1e civ. 26-5-1999 n° 97-16.147 : Bull. civ. I n° 170), qu'il soit judiciaire ou extrajudiciaire (Cass. 2e civ. 8-12-2022 n° 21-17.446). Ainsi, faute de constituer une manifestation non équivoque, la seule **absence de contestation** de sa signature, dans ses premières écritures, par le débiteur auquel on l'oppose n'équivaut pas à un aveu judiciaire de son authenticité (Cass. 1e civ. 6-3-2001 nos 98-22.384 et 98-22.715 : RJDA 7/01 n° 808). 15523

EXEMPLE

Ne peuvent constituer un aveu judiciaire :

– un courrier laconique et approximatif adressé par une banque à un notaire (Cass. 2e civ. 8-1-2015 n° 13-21.044 : Bull. inf. C. cass. 15-4-2015 n° 467) ;

– des conclusions par lesquelles, après avoir invoqué la prescription, une partie **conteste,** à titre subsidiaire, l'existence ou le montant d'une **créance** (Cass. ass. plén. 29-5-2009 n° 07-20.913 : Bull. ass. plén. n° 6) ;

– les conclusions additionnelles d'une **épouse** par lesquelles, après avoir nié toute faute de sa part, elle sollicite à titre subsidiaire le prononcé du **divorce** aux torts partagés au cas où la cour d'appel retiendrait à son encontre des fautes constitutives de causes de divorce au sens de l'article 242 du Code civil (Cass. 2e civ. 11-2-1998 n° 96-19.106 : Bull. civ. II n° 48) ;

– le fait, pour un **salarié** qui exerce une action en résiliation de son contrat de travail, d'avoir **demandé** au bureau de conciliation d'ordonner la **délivrance d'une lettre de licenciement** et d'un certificat de travail ; cette demande ne peut constituer l'aveu non équivoque d'une rupture antérieure du contrat (Cass. soc. 8-10-2003 n° 01-43.951 : RJS 12/03 n° 1371) ;

– l'offre du vendeur de prendre en charge la réparation de la boîte de vitesse ne peut constituer l'aveu d'un vice caché, dès lors qu'elle peut correspondre à l'exécution de la garantie contractuelle figurant au contrat de vente ou à la garantie de conformité (Cass. 1e civ. 10-4-2019 n° 18-13.747) ;

– la seule **absence** de **contestation de** sa **signature** par le **tiré** accepteur d'une lettre de change devant le tribunal (Cass. com. 26-11-1990 n° 88-12.527 : Bull. civ. IV n° 299) ;

– l'absence de contestation par un débiteur principal du montant d'une créance, cette attitude ne caractérisant pas sa volonté d'en garantir personnellement le paiement en qualité de caution (Cass. com. 24-6-2014 n° 13-21.074 : Bull. civ. IV n° 110).

En revanche, constitue un aveu judiciaire faisant pleine foi contre son auteur de l'existence du fait dommageable la reconnaissance d'un **empiétement sur le terrain du voisin** par le propriétaire du terrain contigu, exprimée dans ses conclusions de première instance (Cass. 3e civ. 1-10-1975 n° 74-11.512 : Bull. civ. III n° 267).

Il peut y avoir **aveu implicite,** dès lors qu'il est non équivoque. 15525

Par **exemple,** constitue un aveu implicite non équivoque de paternité le fait :

– d'écrire à la mère d'un enfant : « je pense que tu es toujours en bonne santé ainsi que notre petite fille » (Cass. 1e civ. 5-5-1976 n° 75-10.981 : Bull. civ. I n° 159) ;

– d'avoir admis dans un procès-verbal avoir eu des relations intimes avec l'autre partie, de s'être rendu chez un médecin pour lui demander de prescrire un test de grossesse, de s'être procuré ce test et d'avoir engagé la partie concernée à faire ce test (Cass. 1e civ. 24-5-1976 n° 73-12.454 : Bull. civ. I n° 189).

En revanche, un aveu non équivoque ne saurait résulter d'une attestation sans rapport avec le litige et délivrée antérieurement à celui-ci (Cass. soc. 24-5-1967 n° 66-40.387 : Bull. civ. n° 421) ou d'un courrier laconique et approximatif d'une banque adressé à un notaire (Cass. 2e civ. 8-1-2015 n° 13-21.044 F-PB : Bull. civ. II n° 3).

OBJET DE L'AVEU

15535 **Points de fait** La déclaration d'une partie ne peut être retenue contre elle comme constituant un aveu que si elle porte sur des points de fait et non des points de droit (Cass. soc. 23-9-2009 n° 07-40.844 : Bull. civ. V n° 188), que l'aveu soit judiciaire ou extrajudiciaire (Cass. 2e civ. 8-12-2022 n° 21-17.446 F-B). Cette exigence vaut tant pour la partie que pour son représentant (en ce sens, F. Ferrand : Rép. proc. civ. Dalloz Preuve 2013, actualisation juillet 2021 n° 759).

ILLUSTRATIONS

Constituent des **points de fait** susceptibles d'être considérés comme un aveu :
– la reconnaissance extrajudiciaire d'une partie portant sur le montant de la **somme restant due** à son créancier (Cass. 1e civ. 30-10-1984 n° 83-15.342 : Bull. civ. I n° 289) ;
– la reconnaissance par un propriétaire, dans des lettres missives, du tracé de la **ligne séparative** entre sa **propriété** et celle de son voisin (Cass. 3e civ. 27-6-1972 n° 71-11.901 : Bull. civ. III n° 432).
Constituent des **points de droit** insusceptibles d'être retenus contre le déclarant :
– la simple déclaration faite en justice par une partie sur la teneur d'une loi étrangère (Cass. 1e civ. 30-3-1966 n° 62-13.705 : Bull. civ. I n° 216) ;
– l'aveu extrajudiciaire par lequel une personne **se reconnaît solidaire** de ses colistiers pour le paiement des frais de campagne électorale (Cass. 1e civ. 7-6-1995 n° 92-21.961 : Bull. civ. I n° 233) ;
– l'aveu de l'employeur relatif à l'**ancienneté du salarié** (Cass. soc. 10-6-1997 n° 94-42.939 : Bull. civ. V n° 211) ;
– les déclarations portant sur l'analyse juridique des **rapports** ayant existé entre les **parties** (Cass. com. 13-12-1983 n° 82-11.635 : Bull. civ. IV n° 346). Cependant, les **déclarations concernant l'existence** même **de** ces **rapports** portent sur des points de fait et sont susceptibles de constituer des aveux (Cass. com. 17-10-1995 n° 92-21.552 : Bull. civ. IV n° 230) ;
– le fait, pour l'acquéreur d'un bien immobilier, de diligenter une procédure de licenciement contre le jardinier ne vaut pas aveu de l'**existence** d'un **contrat de travail,** dès lors qu'il n'existait en réalité aucun lien de droit entre eux (Cass. soc. 23-9-2009 n° 07-40.844 précité).
En revanche, la reconnaissance, par une partie, des modalités de calcul de son préjudice ne constitue pas un aveu judiciaire, dès lors que ses conclusions portent sur une appréciation en droit du contenu du préjudice indemnisable et ne comportent pas l'aveu d'un fait (Cass. 2e civ. 8-12-2022 n° 21-17.446 F-B).

15540 **Faits de nature à favoriser l'adversaire** Pour valoir aveu, les faits reconnus doivent produire des **conséquences juridiques** contre celui qui les admet pour vrais.

Lorsqu'une partie allègue avoir payé le prix, cette affirmation peut valoir aveu de l'existence de la vente ; mais lorsque cette existence n'est pas contestée, les déclarations de l'acheteur quant au paiement du prix ne constituent que de simples allégations (Cass. 1e civ. 26-5-1999 n° 97-16.147 : Bull. civ. I n° 170).

2. AVEU EXTRAJUDICIAIRE

15560 L'aveu extrajudiciaire est celui qui a été fait **en dehors de l'instance saisie du litige** en cours. Il est purement verbal, s'il n'est reçu que dans les cas où la loi permet la preuve par tout moyen. Sa valeur probante est laissée à l'appréciation du juge (C. civ. art. 1383-1).

15562 Contrairement à l'aveu judiciaire, l'aveu extrajudiciaire constitue un mode de preuve imparfait, laissé à l'**appréciation souveraine des juges** du fond.

Ainsi, les juges sont souverains pour apprécier le degré de confiance qu'il convient d'accorder à une déclaration faite en dehors de leur présence. Ils peuvent donc considérer que constitue un aveu extrajudiciaire la réponse faite à la sommation délivrée à la requête d'un créancier par un débiteur qui a déclaré à l'officier ministériel qu'il s'acquitterait de l'intégralité de sa dette dans un délai déterminé (Cass. 1e civ. 28-10-1970 n° 68-14.135 : Bull. civ. I n° 287).

Les juges du fond ne sont pas tenus par la règle de l'**indivisibilité de l'aveu judiciaire.** Ils peuvent donc considérer que seuls certains de ses aspects sont crédibles et en rejeter d'autres (Cass. 1e civ. 29-11-1965 n° 64-10.811 : Bull. civ. I n° 654).

3. AVEU JUDICIAIRE

DÉFINITION ET FORCE PROBANTE DE L'AVEU JUDICIAIRE

L'aveu judiciaire est la déclaration que fait en justice la partie ou son représentant spécialement mandaté. Il est un mode de preuve parfait puisqu'il fait **pleine foi** contre celui qui l'a fait. Il ne peut être divisé contre son auteur. Il est irrévocable, sauf en cas d'erreur de fait (C. civ. art. 1383-2). On dit qu'il est péremptoire. Il a donc une **valeur probante** très forte et oblige les juges à considérer les faits reconnus comme démontrés. Ainsi, lorsqu'un propriétaire reconnaît avoir fait abattre des arbres pour son compte par son locataire, les juges du fond ne peuvent pas déclarer que le locataire ne prouve pas avoir abattu lesdits arbres (Cass. 3e civ. 30-4-1969 n° 64-10.811 : Bull. civ. III n° 339). 15580

L'aveu judiciaire fait pleine foi contre celui qui l'a fait, même dans le cas où la **preuve** doit être administrée **par écrit.** En conséquence, une cour d'appel ne peut pas rejeter la preuve d'une transaction par un aveu judiciaire au motif que la transaction ne peut être prouvée par un aveu que s'il existe un commencement de preuve par écrit (Cass. 1e civ. 28-1-1981 n° 79-14.501 : Bull. civ. I n° 33).

En revanche, l'aveu d'une partie ne peut pas couvrir toutes les **nullités.** Ainsi, ne peut pas être prouvé par un aveu l'engagement d'une caution personne physique, pris par acte sous signature privée envers un créancier professionnel, qui ne comporte pas la mention manuscrite exigée par l'article L 341-2 du Code de la consommation (désormais art. L 331-2 et L 343-2 ; Cass. 1e civ. 30-10-2006 n° 04-17.098 : Bull. civ. I n° 444).

Aveux précédents En principe, l'aveu fait au cours d'une instance précédente ne peut pas être analysé comme un aveu judiciaire, mais seulement comme un aveu extrajudiciaire (Cass. 3e civ. 9-10-1969 : Bull. civ. III n° 626), même lorsque l'aveu a été fait lors d'une **instance pénale** (Cass. soc. 7 mai 1951 n° 494 : Bull. civ. III n° 358). 15582

L'aveu fait au cours d'une instance précédente n'a pas le caractère d'un aveu judiciaire et n'en produit pas les effets, qu'il **oppose les mêmes parties** (Cass. 3e civ. 18-3-1981 n° 80-10.508 : Bull. civ. III n° 58) **ou non** (Cass. 1e civ. 9-5-2001 n° 99-14.073 : Bull. civ. I n° 119 ; F. Ferrand : Rép. proc. civ. Dalloz Preuve 2013, actualisation juillet 2021 n° 767).

JURIDICTIONS COMPÉTENTES POUR RECUEILLIR UN AVEU JUDICIAIRE

L'aveu judiciaire peut être constaté par **toute juridiction.** 15592

En matière de contestation d'honoraires, constitue l'aveu judiciaire d'un fait la reconnaissance par une partie de l'existence d'une convention verbale, devant le **bâtonnier** ou devant le rapporteur désigné par celui-ci, sans même qu'il y ait lieu de rechercher l'existence de pièces corroborant l'aveu (Cass. 2e civ. 29-4-2004 n° 02-20.249 : Bull. civ. II n° 196).

FORME DE L'AVEU JUDICIAIRE

L'aveu peut être recueilli par **écrit,** dans le corps des conclusions par exemple, ou par **oral,** en cours d'audience ou par exemple à l'occasion d'une mesure de comparution personnelle des parties visée à l'article 184 du CPC. 15602

Cependant, la seule mention figurant dans les motifs du jugement selon laquelle « le salarié reconnaît et ne conteste plus les faits », alors qu'aucune note d'audience contenant les **déclarations précises** qui avaient été faites par le salarié devant le bureau de jugement n'est produite, ne peut pas valoir aveu judiciaire (Cass. soc. 22-3-2011 n° 09-72.323 : Bull. civ. V n° 77).

INDIVISIBILITÉ DE L'AVEU JUDICIAIRE

L'aveu ne peut être divisé contre celui qui l'a fait (C. civ. art. 1383-2, al. 3). 15612

Par **exemple,** le paiement de marchandises est établi par le seul aveu de celui qui reconnaît les avoir reçues et affirme avoir réglé en compensation le prix d'autres marchandises livrées au créancier, sauf invraisemblance ou preuve de son inexactitude qu'il aurait incombé à l'adversaire d'apporter (Cass. 1e civ. 12-3-1991 n° 89-13.639 : Bull. civ. I n° 88).

Mais la règle de l'indivisibilité de l'aveu ne s'applique pas lorsque le **fait distinct du fait principal** est démontré inexact (Cass. 1e civ. 30-10-2006 n° 04-17.098 : Bull. civ. I n° 444).

AVEU PAR UN MANDATAIRE

Une partie peut mandater un tiers pour faire un aveu en son nom, mais le tiers doit alors disposer d'un **pouvoir spécial** (C. civ. art. 1383-2, al. 1). 15622

En principe, l'**avocat** dispose d'un mandat ad litem qui l'exonère de l'obligation de présenter un mandat (CPC art. 416, al. 2), même en matière d'aveu (CPC art. 417). L'avocat investi d'un mandat de représentation en justice est donc réputé à l'égard du juge et de la partie adverse avoir reçu

pouvoir spécial de faire un aveu (Cass. 1e civ. 3-2-1993 n° 91-12.714 : Bull. civ. I n° 57). Ainsi, un dire déposé par un **avoué** (aujourd'hui, un avocat) devant un expert peut constituer un aveu judiciaire (Cass. 1e civ. 15-10-1974 n° 73-10.637).
Il a cependant été jugé que, dans les **procédures écrites,** l'avocat ne peut engager la partie qu'il représente que par les conclusions qu'il dépose en son nom ; il s'ensuit que la **déclaration orale** faite par un avocat pendant sa plaidoirie ne peut pas constituer un aveu judiciaire (Cass. 1e civ. 14-5-1991 n° 90-12.688 : Bull. civ. I n° 150).
Dans les **procédures orales** en revanche, l'avocat peut engager la partie qu'il représente par un aveu fait oralement (Cass. 1e civ. 3-2-1993 n° 91-12.714 précité).

RÉTRACTATION DE L'AVEU JUDICIAIRE

15630 L'aveu ne peut pas être révoqué, à moins qu'on ne prouve qu'il a été la suite d'une **erreur de fait.** Il ne pourrait être révoqué sous prétexte d'une **erreur de droit** (C. civ. art. 1383-2, al. 4).
Il appartient à celui qui entend révoquer son aveu de rapporter la **preuve** de son erreur. Celle-ci ne saurait résulter du seul fait que les dernières conclusions d'appel ne reprennent pas les écritures de première instance le comportant (Cass. 1e civ. 13-2-2007 n° 05-21.227 : Bull. civ. I n° 56) ou de la seule affirmation de ladite erreur. Ainsi, lorsqu'une banque a évalué le montant de sa dette à une certaine somme, les juges du fond ne peuvent pas déduire la révocation de cet aveu des seules écritures postérieures par lesquelles la banque affirme s'être trompée et produit un décompte rectificatif (Cass. com. 2-11-2011 n° 10-21.341 : Bull. civ. IV n° 176).

15632 La partie qui a fait un **aveu** judiciaire devant les juges de **première instance** est en droit de démontrer en cause d'**appel** l'erreur dont était entachée sa déclaration. Cette révocation de l'aveu ne doit pas être obligatoirement expresse. Par suite, une cour d'appel peut retenir qu'une partie a commis une erreur évidente dans ses déclarations faites devant le tribunal où elle n'était assistée par personne, dès lors qu'elle avait confondu des factures étrangères au litige avec celles dont le paiement lui était réclamé (Cass. 1e civ. 17-5-1988 n° 86-19.341 : Bull. civ. I n° 144).

B. Serment judiciaire

DÉFINITION DU SERMENT JUDICIAIRE

15640 Le Code civil distingue deux types de serment judiciaire (C. civ. art. 1384) :
– le serment déféré à titre **décisoire,** qui est celui qu'une partie demande à l'autre de prêter pour en faire dépendre le jugement de la cause ;
– le serment déféré d'office, que le juge demande d'office à l'une ou à l'autre des parties de prêter (serment dit « **supplétoire** »).
Certaines dispositions sont communes à ces deux types de serment, qui produisent néanmoins des effets très différents.
En **pratique,** le serment judiciaire ne trouve guère d'application et tend à disparaître.

1. DISPOSITIONS COMMUNES AUX SERMENTS DÉCISOIRE ET SUPPLÉTOIRE

PERSONNES POUVANT PRÊTER SERMENT

15642 Seules les **parties** à un procès peuvent être appelées à prêter serment sur le fondement des articles 317 à 322 du CPC. Lorsque la personne que l'on veut faire témoigner est un **tiers** au litige, il convient donc de procéder par voie d'attestation ou d'enquête (nos 14350 s.).

JUGEMENT ORDONNANT LE SERMENT

15652 **Contenu** Le jugement qui ordonne le serment fixe les jour, heure et lieu où celui-ci sera reçu. Il formule la question soumise au serment et indique que le faux serment expose son auteur à des sanctions pénales (CPC art. 319, al. 1).

15662 **Notification** Dans tous les cas, le jugement est notifié à la partie à laquelle le serment est demandé ainsi que, s'il y a lieu, à son mandataire (CPC art. 319, al. 3).

DÉROULEMENT DE LA PRESTATION DE SERMENT

15672 Le serment est fait par la partie, **en personne,** et **à l'audience.** Si la partie justifie qu'elle est dans l'**impossibilité de se déplacer,** le serment peut être prêté soit devant un juge commis à cet effet qui se transporte, assisté du greffier, chez la partie, soit devant le tribunal du lieu de sa résidence. Dans tous les cas, le serment est fait en **présence de l'autre partie** ou celle-ci appelée (CPC art. 321).

Les dispositions spécifiques à la comparution personnelle ne sont pas applicables à une prestation de serment ; aucune disposition légale ne prescrit donc à la juridiction devant laquelle le serment est fait de constater cette prestation par un **procès-verbal** (Cass. 2e civ. 13-3-1974 n° 72-13.736 : Bull. civ. II n° 96).

Le CPC ne prévoit pas de formalités particulières pour la prestation de serment, étant cependant entendu que le serment doit contenir l'expression : « Je le jure. »

FAUX SERMENT

L'auteur d'un faux serment encourt une **sanction pénale** de cinq ans d'emprisonnement et de 75 000 € d'amende (C. pén. art. 434-13). La sanction est de sept ans d'emprisonnement et de 100 000 € d'amende lorsque le témoignage mensonger est provoqué par une promesse de don ou de récompense (C. pén. art. 434-14). **15682**

2. SERMENT DÉFÉRÉ À TITRE DÉCISOIRE

DÉFINITION DU SERMENT DÉCISOIRE

Le serment décisoire est celui qu'une partie demande à l'autre de prêter pour en faire dépendre le jugement (C. civ. art. 1384). Il permet de rapporter la **preuve parfaite** d'une prétention, preuve qui s'impose au juge. Il constitue une forme très particulière de preuve qui ne relève pas des dispositions générales applicables à toute mesure d'instruction. Le CPC le distingue des autres mesures d'instruction en lui consacrant un sous-titre distinct (CPC art. 317 à 322). **15700**

DEMANDE DE SERMENT DÉCISOIRE

Seule une **partie** peut demander à l'autre de prêter un serment décisoire. La partie qui défère le serment énonce les **faits** sur lesquels elle le défère (CPC art. 317, al. 1). **15702**

Le serment décisoire peut être déféré sur quelque espèce de **contestation** que ce soit et en tout état de cause (C. civ. art. 1385). Mais il ne peut être déféré que sur un **fait personnel** à la partie à laquelle on le défère. Il peut être référé par celle-ci, à moins que le fait qui en est l'objet ne lui soit pas purement personnel (C. civ. art. 1385-1). Le domaine du serment ne peut donc porter que sur un fait personnel de la partie à qui il est déféré ou par qui il est référé.

REPRÉSENTATION DE L'AUTEUR DU SERMENT DÉCISOIRE

En principe, l'**avocat** est réputé, à l'égard du juge et de la partie adverse, avoir reçu pouvoir spécial de faire ou accepter un désistement, d'acquiescer, de faire, accepter ou donner des offres, un aveu ou un consentement (CPC art. 417). **15712**

Mais en raison des conséquences importantes qui résultent du serment, l'avocat ne peut pas déférer ou référer le serment sans justifier d'un **pouvoir spécial** (CPC art. 322).

DÉCISION DU JUGE D'ORDONNER LE SERMENT DÉCISOIRE

Le juge ordonne le serment s'il est admissible et retient les faits pertinents sur lesquels il sera reçu (CPC art. 317, al. 2). **15722**

Le juge est **souverain** pour **apprécier** si le serment est nécessaire, mais il doit **motiver** sa **décision** (Cass. soc. 17-11-1983 n° 81-40.896 : Bull. civ. V n° 563).

Le juge qui ordonne une prestation de serment décisoire peut éventuellement rendre plus claire la formule proposée et ainsi la modifier ; il appartient alors au demandeur, s'il a à se plaindre de la modification apportée par le tribunal, de ne pas poursuivre la prestation de ce serment (Cass. 2e civ. 13-3-1974 n° 72-13.736 : Bull. civ. II n° 96).

En principe, le serment décisoire peut être **déféré en tout état de cause** (C. civ. art. 1385). Cependant, le juge peut rejeter la demande dès lors que le fait invoqué l'est pour la première fois en cause d'appel, que son existence n'est ni établie ni vraisemblable et que la demande de serment est présentée de façon dilatoire (Cass. soc. 4-3-1965 n° 63-13.752 : Bull. civ. V n° 191).

Il semble que le **juge des référés** ne soit pas compétent pour ordonner un serment décisoire (CA Aix-en-Provence 13-2-1953 : JCP A 1953 IV p. 2115), du moins lorsque la réponse à la question posée par le serment a pour effet de trancher définitivement le fond du litige (CA Rouen 23-2-1992 et CA Chambéry 11-5-1993 : Bull. inf. C. cass. 15-6-1993 nos 783 et 784, cité par Droit et pratique de la procédure civile, sous la direction de S. Guinchard : Dalloz action 2021-2022 n° 454.11).

Le jugement doit préciser que la partie à laquelle le serment est déféré succombera dans sa prétention si elle refuse de le prêter et s'abstient de le référer, c'est-à-dire de demander à l'autre partie de prêter serment à sa place (CPC art. 319, al. 2). **15732**

PARTIE À QUI LE SERMENT DÉCISOIRE EST DEMANDÉ

15742 Le serment ne peut être déféré qu'à une autre partie. Il peut s'agir d'une **personne morale,** mais, dans ce cas, il ne peut être prêté que par son représentant légal en exercice (Cass. com. 20-10-2009 n°s 06-16.852 et 06-16.772).

La partie à qui le serment est déféré peut :

– **refuser de prêter serment** : elle perd alors le procès, car celui à qui le serment est déféré et qui le refuse ou ne veut pas le référer à son adversaire succombe dans sa demande ; il en va de même de l'adversaire à qui le serment a été référé et qui le refuse (C. civ. art. 1385-2). Les juges peuvent considérer que les abstentions répétées d'une partie témoignent de sa volonté de ne pas prêter le serment décisoire qui lui a été déféré (Cass. soc. 7-5-1981 n° 79-41.706 : Bull. civ. V n° 407). Ils peuvent aussi juger que l'ambiguïté des termes d'un serment implique qu'il soit considéré comme ayant été refusé (Cass. 1e civ. 24-11-1987 n° 86-11.387) ;

– **référer le serment à la partie adverse,** c'est-à-dire demander à la partie qui l'a déféré de prêter serment à sa place. Celle-ci se retrouve alors à son tour face à un choix : prêter serment et gagner le procès ou refuser de prêter serment et le perdre. Il faut que le fait qui est l'objet du serment soit commun aux deux parties, il n'est pas possible de référer le serment quand le fait objet du serment est purement personnel à celui auquel le serment avait été déféré (C. civ. art. 1385-1). Par exemple, s'il est demandé à une partie de déclarer solennellement qu'elle n'a jamais reçu un courrier simple, la partie adverse ne peut pas déclarer le contraire, dès lors qu'elle n'était pas présente à la réception et à l'ouverture dudit courrier ;

– **prêter serment** selon les termes du jugement : la partie gagne alors le procès. En effet, lorsque le serment déféré ou référé a été fait, l'adversaire n'est pas recevable à en établir la fausseté (C. civ. art. 1385-3, al. 2).

EFFETS DU SERMENT DÉCISOIRE

15752 Le serment décisoire constitue une exception à la règle énoncée à l'article 1363 du Code civil selon laquelle nul ne peut se constituer une **preuve à soi-même** ; il met fin à la procédure.

Le serment décisoire a pour effet nécessaire de **terminer le litige** de façon définitive et absolue ; lorsqu'il a été accepté et prêté, le **juge perd** tout **pouvoir d'appréciation** (Cass. 3e civ. 22-2-1978 n° 76-13.705 : Bull. civ. III n° 100).

La **partie** qui a déféré ou référé le serment ne peut plus se **rétracter** lorsque l'adversaire a déclaré qu'il était prêt à faire ce serment (C. civ. art. 1385-3, al. 1).

ATTENTION

Ce **mode de preuve** doit être **réservé** au cas où une partie n'a pas d'autre moyen de rapporter la preuve de ses prétentions, ou bien sait que la partie adverse n'osera pas mentir sous serment, notamment par peur des sanctions encourues (n° 15682).

Sur les effets du serment à l'égard des **héritiers,** ayants cause, **créanciers, débiteurs,** codébiteurs et cautions, voir l'article 1385-4 du Code civil.

RECOURS CONTRE LA DÉCISION STATUANT SUR LE SERMENT DÉCISOIRE

15762 Le **jugement qui ordonne** ou refuse d'ordonner **un serment décisoire** peut être frappé de recours indépendamment de la décision sur le fond (CPC art. 320). La seule acceptation de prêter le serment décisoire ne constitue pas, en soi, un contrat judiciaire ; en conséquence, l'appel du jugement l'ordonnant est recevable (Cass. 2e civ. 3-4-1979 n° 78-11.173 : Bull. civ. II n° 118).

Le **jugement qui tranche l'affaire au fond,** pris après serment décisoire, est en principe insusceptible d'appel principal compte tenu de la perfection de la preuve, à moins qu'il ne porte sur les conditions dans lesquelles le serment a été ordonné ou que le serment n'ait été que supplétoire (F. Ferrand : Rép. proc. civ. Dalloz Preuve 2013, actualisation juillet 2021 n°s 831 et 857) ou encore que le serment ait été judiciairement déclaré **faux.** En effet, la victime d'un faux peut exercer un recours en révision du jugement s'il a été fondé sur des attestations, témoignages ou serments qui ont depuis été judiciairement déclarés faux (CPC art. 595, 4°).

3. SERMENT DÉFÉRÉ D'OFFICE (OU SERMENT SUPPLÉTOIRE)

PRÉSENTATION DU SERMENT SUPPLÉTOIRE

15780 Le **juge** peut **d'office** déférer le serment à l'une des parties (C. civ. art. 1386, al. 1).

Mais il ne peut le faire qu'à la double condition que la demande ne soit ni pleinement justifiée ni totalement dénuée de preuves (C. civ. art. 1386-1).

Le juge détermine les faits sur lesquels le serment sera reçu (CPC art. 318). La partie à qui le serment est demandé ne peut pas le demander à la partie adverse (C. civ. art. 1386, al. 2). Le juge ne

peut déférer d'office que le serment supplétoire et non le serment décisoire (Cass. com. 26-1-1981 n° 79-11.091 : Bull. civ. IV n° 47).
Lorsque le **serment** supplétoire est **demandé par une partie,** il appartient au juge d'apprécier souverainement le caractère pertinent de la demande (Cass. 3e civ. 4-7-1968 n° 65-13.542 : Bull. civ. III n° 317).

EFFETS DU SERMENT SUPPLÉTOIRE

Contrairement au serment décisoire, le serment supplétoire ne constitue **pas** en lui-même une **preuve suffisante** de la prétention de la partie qui l'a prêté (Cass. com. 26-1-1981 n° 79-11.091 : Bull. civ. IV n° 47). **15785**
Le serment supplétoire ne constitue qu'un simple **moyen d'instruction qui ne lie pas le juge** ; sa valeur probante est laissée à l'appréciation de ce dernier (C. civ. art. 1386 ; auparavant, Cass. 1e civ. 14-1-1969 n° 66-14.176 : Bull. civ. I n° 23).

CHAPITRE 8

LES INCIDENTS D'INSTANCE

SOMMAIRE

DÉFINITION DES INCIDENTS D'INSTANCE

17000 L'incident d'instance est un événement qui survient à l'occasion d'une procédure d'ores et déjà engagée et qui affecte le lien juridique d'instance. Il existe plusieurs sortes d'incidents qui ont des effets différents sur l'instance :
– la jonction et la disjonction qui en modifient l'étendue ;
– l'interruption et la suspension qui en modifient le déroulement ;
– la péremption, le désistement et la caducité de la citation qui en affectent l'existence même.

TEXTES APPLICABLES AUX INCIDENTS D'INSTANCE

17002 Le régime des incidents d'instance, prévu par les articles 367 à 410 du CPC, a vocation à s'appliquer devant toutes les **juridictions** (CPC art. 749).
Les incidents d'instance sont tranchés par la juridiction devant laquelle se déroule l'instance qu'ils affectent (CPC art. 50). Ainsi, il n'appartient pas à la cour d'appel, saisie d'une instance relative au fond d'un litige, de se prononcer sur la péremption d'une instance en référé, fût-elle relative aux mêmes parties et au même litige (Cass. 1e civ. 18-2-2003 n° 99-10.505 : Bull. civ. I n° 51).

A. Jonction d'instances

17004 La jonction permet de réunir plusieurs affaires en une seule instance, dans un **objectif** de meilleure administration de la justice.

UNITÉ DE JURIDICTION

17005 La jonction ne peut être ordonnée que si les instances sont pendantes devant la même juridiction (CPC art. 367).
L'incident de jonction d'instances ne doit pas être confondu avec l'exception de connexité qui vise des instances pendantes devant des juridictions différentes et qui doit être mise en œuvre pour dessaisir une juridiction au profit de l'autre (CPC art. 101).

LIEN ENTRE LES INSTANCES

17010 Pour que la jonction soit ordonnée, il faut qu'il existe entre les instances un lien tel qu'il est de l'intérêt d'une bonne justice de les faire instruire ou juger ensemble (CPC art. 367).
Ce lien est celui qui unit des demandes en justice en raison soit de l'événement qui leur sert d'origine commune, soit de la situation qu'elles tendent à créer.
La **jonction** est **obligatoire en cas** d'indivisibilité des instances (Cass. 2e civ. 6-6-1968 n° 66-11.370 : Bull. civ. II n° 160 ; Cass. com. 14-11-1989 n° 88-10.594 : Bull. civ. IV n° 286). L'indivisibilité est un lien

matériel et objectif entre les prétentions des parties qui sont dans une relation de dépendance à la fois nécessaire, réciproque et permanente. L'instance ne peut alors pas être fractionnée, sous peine de la dénaturer.

JUGE COMPÉTENT EN MATIÈRE DE JONCTION D'INSTANCES

Le juge peut ordonner la jonction d'instances à la demande des parties ou d'office (CPC art. 367). **17020**
La jonction peut être ordonnée par le président de la juridiction saisie ou par le juge de la mise en état devant le tribunal judiciaire ou encore par le juge chargé d'instruire l'affaire au tribunal de commerce.

NATURE DE LA DÉCISION DE JONCTION D'INSTANCES

La décision de jonction est une mesure d'administration judiciaire (CPC art. 368). **17025**
Il en résulte notamment qu'elle est, en principe, facultative (Cass. 2e civ. 21-2-2019 n° 17-20.754 F-D) et qu'elle n'est susceptible d'aucun recours (Cass. 2e civ. 21-10-2004 n° 02-15.758 : Bull. civ. II n° 471).
La **jonction de procédures collectives**, sur le fondement de la **confusion des patrimoines** des débiteurs concernés, conduisant à l'existence d'une procédure unique, n'est pas assimilable à une jonction d'instances et ne constitue pas, dès lors, une décision d'administration judiciaire insusceptible de recours (Cass. com. 26-1-2016 n° 14-17.672 F-PB : Bull. civ. IV n° 11).

EFFETS DE LA JONCTION D'INSTANCES

En cas de jonction, les **affaires** concernées sont **instruites** simultanément et le juge peut fonder sa décision sur les pièces versées par chacune des parties dans le cadre de ce débat unique (Cass. 1e civ. 27-11-1961 n° 60-10.125 : Bull. civ. I n° 554). **17030**
Il ne peut pas être reproché aux juges du fond de répondre par les mêmes motifs à deux instances dont la jonction a été ordonnée dès lors que, dans les conclusions, les moyens sont communs aux deux demandes (Cass. 3e civ. 30-6-1971 n° 70-10.078 : Bull. civ. III n° 423). Il en va toutefois autrement lorsqu'elle constate que l'une de ces instances est, en réalité, irrecevable (Cass. 3e civ. 23-5-2019 n° 18-10.140 FS-PBI).
Les **instances initiales** conservent donc leur individualité et demeurent chacune **sous l'empire des règles** qui leur sont propres, notamment en ce qui concerne les voies de recours auxquelles chacune peut donner lieu (Cass. 2e civ. 9-5-1985 n° 84-11.318 : Bull. civ. II n° 93 ; Cass. 2e civ. 25-6-2015 n° 14-16.292 : Bull. civ. II n° 173). Il en va autrement si les parties adhèrent à la jonction et acceptent toutes le nouveau rapport juridique qui s'instaure entre elles (Cass. 3e civ. 11-10-1989 n° 88-14.324 : Bull. civ. III n° 190).

B. Disjonction d'instances

Le **juge** peut ordonner qu'une instance soit disjointe en plusieurs instances (CPC art. 367, al. 2). **17070**
Dans un **objectif** de bonne administration de la justice, la disjonction est notamment ordonnée en cas d'affaire complexe, lorsque l'instruction d'une demande risque de différer à l'excès le jugement des autres demandes.

NATURE DE LA DÉCISION DE DISJONCTION D'INSTANCES

La décision de disjonction d'instances est une mesure d'administration judiciaire (CPC art. 368). Il en **17072**
résulte qu'elle est facultative, n'est susceptible d'aucun recours (Cass. com. 22-9-2021 n° 20-12.951 F-D) et peut être ordonnée d'office.

EFFETS DE LA DISJONCTION D'INSTANCES

Par l'effet de la disjonction, l'instance est divisée en plusieurs, ce qui a pour conséquence de **17077**
dissocier l'**instruction** et le **jugement** des différentes demandes.
Pour autant, la disjonction ne supprime pas totalement l'**unité originelle** de l'instance : les actes accomplis avant la disjonction demeurent valables et l'évaluation du taux de ressort est faite au vu des demandes initiales des parties.

C. Interruption d'instance

DÉFINITION DE L'INTERRUPTION D'INSTANCE

17100 L'interruption est un incident qui interdit provisoirement la poursuite de l'instance en raison d'un événement personnel empêchant une partie d'assurer sa défense. Les événements dont la survenance peut entraîner l'interruption de l'instance sont limitativement énumérés par le Code de procédure civile.

ÉVÉNEMENTS INTERRUPTIFS DÈS LEUR SURVENANCE

17102 L'interruption d'instance est acquise par la seule survenance de l'un des quatre **événements suivants** (CPC art. 369) :
– majorité d'une partie ;
– cessation des fonctions de l'avocat lorsque la représentation est obligatoire ;
– jugement prononçant l'ouverture d'une procédure de sauvegarde, de redressement ou de liquidation judiciaire dans les cas où il emporte assistance ou dessaisissement du débiteur (sur les règles spécifiques à l'interruption d'instance liée à l'ouverture d'une procédure collective à l'encontre d'une partie, voir n°s 51400 s.) ;
– décision de convocation des parties à une audience de règlement amiable (D. 2023-686, 29-7-23, art. 1er-1°, applicable aux instances introduites à compter du 1er novembre 2023).

En pratique, il est nécessaire d'**informer la juridiction** par la production d'un document attestant de l'événement (acte de naissance, mention d'omission ou de radiation du barreau, extrait K bis de la société, etc.).

L'audience de règlement amiable concerne la procédure écrite ordinaire et la procédure de référé devant le tribunal judiciaire. Elle concerne les litiges qui portent sur des droits dont les parties ont la libre disposition (CPC art. 774-1).

Le président de l'audience d'orientation, le juge de la mise en état, le juge du fond et le juge des référés peuvent décider, à la demande de l'une des parties ou d'office après avoir recueilli leur avis, qu'elles seront convoquées à une audience de règlement amiable. La convocation a lieu à la diligence du greffe, par tout moyen (CPC art. 774-3).

La décision de convocation des parties ne dessaisit pas le juge. Mais elle constitue une cause d'interruption de l'instance.

À l'issue de l'audience, les parties peuvent demander au juge chargé de l'audience de règlement amiable de constater leur accord, total ou partiel. Le juge informe le juge saisi du litige qu'il est mis fin à l'audience de règlement amiable et lui transmet, le cas échéant, le procès-verbal d'accord.

> **Précisions** La révocation d'un avocat par une partie **n'interrompt pas l'instance** car il doit immédiatement être pourvu à son remplacement ; de même, l'abandon de la défense d'une partie par un avocat ne peut entraîner interruption de l'instance puisque celui-ci doit auparavant avoir été remplacé (CPC art. 418 et 419). Un avocat qui passe de l'exercice individuel à l'exercice en société ne cesse pas ses fonctions au sens de l'article 369 du CPC puisque ce changement ne l'empêche à aucun moment d'exercer sa profession (Cass. 2e civ. 25-9-2014 n° 13-24.642 : Bull. II n° 191). La maladie de l'avocat ou le traitement médical que celui-ci doit suivre ne sont pas non plus des causes d'interruption (Cass. 2e civ. 13-10-2016 n° 15-21.307 PB : Bull. civ. II n° 229).

ÉVÉNEMENTS INTERRUPTIFS À COMPTER DE LEUR NOTIFICATION

17110 Les événements suivants n'interrompent l'instance qu'après notification à l'**autre partie** (CPC art. 370) :
– décès d'une partie dans les cas où l'action est transmissible, étant précisé que dissolution d'une personne morale, même assortie d'une transmission universelle de son patrimoine, n'est pas assimilable au décès d'une personne physique, même lorsque l'action est transmissible. Elle ne constitue donc pas une cause d'interruption de l'instance (Cass. 2e civ. 20-5-2021 n° 20-15.098 F-P : RJDA 8-9/21 n° 574) ;
– cessation des fonctions du représentant légal d'un mineur ou de la personne chargée de la protection juridique d'un majeur ;
– recouvrement ou perte par une partie de la capacité d'agir en justice.

L'exigence de **notification** est **justifiée** par l'ignorance dans laquelle peut se trouver la partie adverse de la survenance de l'événement, en raison de l'absence de publicité dans le cadre de la procédure.

À la notification il faut joindre un document permettant d'établir la **réalité de l'événement** (certificat de décès, etc.).
En cas de **pluralité d'adversaires**, une notification doit être adressée à chacun d'eux afin de respecter le principe du contradictoire.
L'interruption de l'instance emporte celle du délai de péremption de l'instance (CPC art. 392, al. 1) qui est de deux ans à partir de la dernière diligence accomplie par l'une des parties (CPC art. 386). La péremption d'instance est donc acquise au profit de toutes les parties à l'égard desquelles l'instance n'a pas été interrompue (Cass. 2e civ. 4-2-1999 n° 96-19.479 : Bull. civ. II n° 23).
En l'**absence de notification**, l'instance n'est pas interrompue et la procédure se déroule normalement.

Seuls les héritiers de la **partie décédée** ont intérêt et qualité pour notifier le décès (Cass. 1e civ. **17112**
16-9-2020 n° 18-20.023 FS-PB ; Cass. 3e civ. 6-7-2023 n° 20-16.230 F-D). Autrement dit, le décès ne peut pas être notifié au nom du défunt et une autre partie ne peut pas non plus le faire en ses lieu et place. Si les héritiers de la personne décédée ne souhaitent pas accepter sa succession, ils peuvent l'indiquer dans la notification du décès en précisant qu'elle ne vaut pas reprise de l'instance et qu'elle est faite sous bénéfice d'inventaire.
La notification du décès d'une partie doit être faite à l'autre partie elle-même et non à son représentant (Cass. 2e civ. 19-12-2002 n° 00-14.361 : Bull. civ. II n° 296).
La notification du décès et la reprise d'instance peuvent avoir lieu simultanément (n° 17143).
Lorsque l'action n'est pas transmissible (divorce, état des personnes, etc.), le décès de l'une des parties en cours d'instance entraîne l'extinction de celle-ci (CPC art. 384, al. 1 ; Cass. 2e civ. 18-12-1995 n° 95-11.062 : Bull. civ. II n° 311).

MOMENT DE L'ÉVÉNEMENT INTERRUPTIF

Pour produire un effet interruptif, l'**événement** en cause **doit survenir postérieurement à** la sai- **17120**
sine de la juridiction **et avant** l'ouverture des débats (Cass. com. 3-4-2019 n° 17-27.529 F-PB ; Cass. com. 3-2-2021 n° 19-15.885 F-D). En aucun cas l'instance n'est interrompue si l'événement survient ou est notifié après l'ouverture des débats CPC art. 371). Celle-ci s'entend du moment où, à l'audience, la parole est donnée au demandeur.
Par exemple, la notification du décès d'une partie (Cass. 3e civ. 28-9-2005 n° 04-16.183 : RJDA 12/05 n° 1330 ; Cass. 2e civ. 22-10-2020 n° 19-18.671 F-PBI) ou la survenance d'une procédure de redressement judiciaire (Cass. 2e civ. 18-12-2003 n° 02-10.765 : Bull. civ. II n° 399) n'ont pas d'effet interruptif après l'ouverture des débats.
Dans le cadre d'une **procédure** écrite ordinaire devant le tribunal judiciaire (ex-TGI), qui **donne lieu à une ordonnance de clôture** de l'instruction avant les plaidoiries, il est cependant possible de demander la révocation de cette ordonnance dès lors que l'événement interruptif constitue une cause grave et légitime justifiant une telle mesure (Cass. 1e civ. 6-10-1982 n° 81-13.632 : Bull. civ. I n° 277, rendu à propos du TGI mais transposable).

> **Précisions** Les **événements qui surviennent avant la saisine de la juridiction** sont susceptibles de modifier la qualité pour agir des parties et partant de provoquer des fins de non-recevoir (CPC art. 122). Ainsi, l'action formée contre un parent d'une personne devenue majeure avant le dépôt de l'assignation est irrecevable ; en revanche, lorsque la majorité survient postérieurement à la saisine de la juridiction, elle interrompt l'instance régulièrement engagée.

EFFETS DE L'INTERRUPTION

L'interruption arrête le cours de l'instance. Elle arrête le cours des **délais de procédure** et en par- **17130**
ticulier la péremption d'instance (CPC art. 392, al. 1).
Dans la mesure où l'interruption de l'instance emporte celle du délai pour conclure, en cas de cessation des fonctions de l'avocat dans le cadre d'une procédure avec représentation obligatoire, le nouveau délai pour conclure ne court qu'à compter de la reprise de l'instance, c'est-à-dire de la constitution du nouvel avocat (Cass. 2e civ. 4-6-2015 n° 13-27.218 : Bull. civ. II n° 141).
Mais cet avantage **bénéficie** seulement **à** celui que l'interruption d'instance doit protéger (Cass. 2e civ. 4-2-1999 n° 96-19.479 : Bull. civ. II n° 23 ; Cass. 2e civ. 22-3-2018 n° 16-26.990 F-D ; Cass. com. 11-4-2018 n° 16-20.149 F-D : RJDA 7/18 n° 591).
Lorsque l'instance a été interrompue par l'effet d'une décision de convocation des parties à une audience de règlement amiable, à l'issue de cette audience, le juge chargé du règlement amiable informe le juge traitant du litige qu'il est mis fin à l'audience de règlement.
Un nouveau délai de péremption court à compter de la première audience fixée postérieurement devant le juge saisi de l'affaire (D. 2023-686, 29-7-2023, art. 1er-2, applicable aux instances introduites à compter du 1er novembre 2023).

17132 Jusqu'à la reprise de l'instance, aucun **acte de procédure** ne peut plus être accompli et aucun **jugement** ne peut plus être rendu (Cass. 2e civ. 25-5-2022 n° 19-12.048 FS-B).
Les actes de procédure et les jugements même passés en force de chose jugée qui auraient été accomplis ou obtenus entre l'interruption et la reprise de l'instance sont réputés non avenus (CPC art. 372) et ce, qu'il s'agisse du dépôt de conclusions, d'opérations d'expertise ou de jugements même passés en force de chose jugée (Cass. soc. 29-2-2000 n° 97-45.669 : Bull. civ. V n° 80).
Comme l'interruption elle-même, la **nullité** qui a été édictée dans un souci de protection est relative. Elle ne peut être **invoquée** que **par** la personne affectée par l'événement interruptif (Cass. 3e civ. 29-4-2009 n° 06-18.477 : RJDA 7/09 n° 606 ; Cass. 1e civ. 24-6-2015 n° 14-13.436 : Bull. civ. I n° 157).
Les **actes et jugements** intervenus entre l'interruption et la reprise de l'instance échappent toutefois à la nullité s'ils sont expressément ou tacitement **confirmés** par la partie au profit de laquelle l'interruption est prévue (CPC art. 372). Tel est le cas lorsque les écritures de reprise d'instance comportent des conclusions sur le fond sans qu'aucune nullité ne soit invoquée (Cass. 2e civ. 28-6-1989 n° 88-15.877 : Bull. civ. II n° 142).

REPRISE DE L'INSTANCE INTERROMPUE

17140 Il est mis fin à l'interruption de l'instance par l'accomplissement d'un acte de reprise d'instance. Cet acte montre que la partie concernée par la cause d'interruption est de nouveau à même de suivre l'instance. Cette partie peut alors **reprendre l'instance volontairement**, dans les formes prévues pour la présentation des moyens de défense (CPC art. 373, al. 1), c'est-à-dire par voie de conclusions (ou, devant la Cour de cassation, par voie de mémoire).
À défaut de reprise volontaire, l'autre partie peut la provoquer par voie de citation (CPC art. 373, al. 2), c'est-à-dire le plus souvent par assignation (ou, devant la Cour de cassation, par la notification du mémoire).
Que la reprise d'instance soit volontaire ou non, il faut fournir à la juridiction les éléments propres à démontrer que les **conditions** sont **réunies** pour que la procédure puisse reprendre son cours.

17142 Le **juge** peut inviter les parties à lui faire part de leurs initiatives en vue de reprendre l'instance et leur **imposer un délai** pour la reprise (CPC art. 376, al. 2).
À l'expiration du délai fixé par le juge, la radiation de l'affaire peut être prononcée à défaut de diligence des parties (Cass. 1e civ. 12-7-2023 n° 20-20.729 F-D). Si aucune partie n'accomplit de diligences pendant deux ans à compter de la radiation, il y a lieu de constater la péremption de l'instance (Cass. 1e civ. 25-5-2023 n° 14-24.875 F-D).
Dans l'hypothèse où ce délai est imparti aux héritiers d'une partie, il ne saurait normalement être inférieur au délai d'option du droit des successions (C. civ. art. 771).
Le **juge peut** aussi **demander au ministère public** de recueillir les renseignements nécessaires à la reprise d'instance (CPC art. 376, al. 3) à condition que l'existence et l'identification des héritiers ne soient pas d'ores et déjà établies (Cass. 2e civ. 22-11-2018 n° 17-18.082).

17143 Une fois l'**acte de reprise effectué**, l'instance reprend son cours en l'état où elle se trouvait au moment où elle a été interrompue (CPC art. 374), les délais de procédure recommençant alors à courir.
Sur les spécificités de la reprise d'instance en cas d'ouverture d'une procédure collective à l'encontre d'une partie, voir nos 51405 s.

17145 En cas de **décès d'une partie**, l'**acte de reprise** d'instance doit être effectué par **tous ses héritiers** ou les viser tous, en particulier lorsque l'objet du litige est indivisible (Cass. 2e civ. 29-6-1988 n° 87-15.171 : Bull. civ. II n° 161).
Il s'accompagne d'un certificat d'hérédité établi par le notaire en charge de la succession.
La **notification du décès et** la **reprise d'instance** peuvent avoir lieu simultanément (Cass. 1e civ. 6-3-2001 n° 98-19.297 : Bull. civ. I n° 59).
Les difficultés rencontrées pour **identifier les ayants droit d'un adversaire décédé** peuvent constituer un obstacle redoutable pour la partie qui souhaite reprendre l'instance. C'est pour cette raison que le décès d'une partie qui n'est pas notifié par ses héritiers n'a pas pour effet d'interrompre l'instance (Cass. 1e civ. 16-9-2020 n° 18-20.023 FS-P + B). Par ailleurs, le juge peut, d'office ou à la demande d'une partie, inviter le ministère public à recueillir les renseignements nécessaires à la reprise d'instance (CPC art. 376, al. 3). Il est aussi possible de faire désigner en justice un mandataire successoral (C. civ. art. 813-1) à l'effet de représenter l'ensemble des héritiers en justice (C. civ. art. 813-5).
Le **décès du salarié** en cours d'instance ne rend pas sans objet la demande, reprise en appel par ses ayants droit, en résiliation judiciaire du contrat de travail dont la date d'effet doit être fixée

au jour de ce décès. Par suite les ayants droit d'un salarié défunt, auxquels est transmise l'action en justice formée par celui-ci, sont recevables à formuler devant la cour d'appel des demandes nouvelles relatives au préjudice subi par ce salarié du fait d'un harcèlement moral (Cass. soc. 12-2-2014 n° 12-28.571 FS-PB : Bull. civ. V n° 50).

D. Suspension d'instance

RÈGLES GÉNÉRALES APPLICABLES À LA SUSPENSION D'INSTANCE

La suspension d'instance suspend la procédure pendant un temps plus ou moins long, en raison soit d'un **événement prévu par la loi**, soit du prononcé de certaines décisions de justice. La procédure reprend son cours normal, sans aucune formalité particulière, dès que la cause de suspension a cessé. 17180

Outre les **cas** où la loi le prévoit, l'instance est suspendue **lorsqu'un juge a prononcé** (CPC art. 377) :
– un sursis à statuer ;
– la radiation de l'affaire ;
– le retrait du rôle.

1. SURSIS À STATUER

La décision de sursis à statuer suspend le cours de l'instance pour le temps ou jusqu'à la survenance de l'événement qu'elle détermine (CPC art. 378). 17182

SURSIS FACULTATIF ET SURSIS OBLIGATOIRE

Le prononcé du sursis à statuer est le plus souvent laissé à la **discrétion des juges**, dans l'intérêt d'une bonne administration de la justice. 17184

Toutefois, le sursis est **obligatoirement prononcé** par le juge si la loi l'impose.

Ainsi, l'article 108 du CPC pose l'obligation de prononcer le sursis lorsque la partie qui le demande jouit d'un délai pour faire inventaire et délibérer (en matière de succession) ou d'un bénéfice de discussion ou de division (cas de la caution).

Il en va encore de même lorsque le litige soulève une question préjudicielle relevant de la compétence exclusive d'une autre juridiction (CPC art. 49, al. 1), pourvu qu'elle soit sérieuse (Cass. com. 23-9-2014 n° 12-27.387 : Bull. civ. IV n° 141 ; Cass. 1e civ. 4-7-2019 n° 18-21.147 F-PB) et nécessaire à la résolution du litige (Cass. 1e civ. 25-10-2005 n° 02-13.252 : Bull. civ. I n° 378 ; Cass. 2e civ. 8-3-2018 n° 16-22.391 F-PB).

Lorsque la solution d'un litige dépend d'une question soulevant une difficulté sérieuse et relevant de la compétence de la juridiction administrative, la juridiction judiciaire initialement saisie la transmet à la juridiction administrative compétente en application du titre Ier du livre III du Code de justice administrative et sursoit à statuer jusqu'à la décision sur la question préjudicielle (CPC art. 49, al. 2 ; Circ. min. justice du 31-3-2015 : BOMJ n° 2015-04 du 15-4-2015).

Le juge civil doit surseoir à statuer sur l'action civile en réparation du dommage causé par l'infraction pénale tant que le **juge pénal** ne s'est **pas prononcé sur l'action publique** (CPP art. 4, al. 2). Toutefois, la mise en mouvement de l'action publique n'impose pas la suspension du jugement des autres actions exercées devant les juridictions civiles, de quelque nature qu'elles soient, même si la décision à intervenir au pénal est susceptible d'exercer, directement ou indirectement, une influence sur la solution du procès civil (CPP art. 4, al. 3). Il en va de même, a fortiori, en cas de simple dépôt d'une plainte pénale. Il s'ensuit que le simple exercice par le juge civil de la faculté discrétionnaire que la loi lui ouvre de mener à son terme le procès porté devant lui exclut toute atteinte de sa part à la présomption d'innocence de la personne dont il est amené, le cas échéant, à sanctionner le comportement (Cass. 1e civ. 31-10-2012 n° 11-26.476 : Bull. civ. I n° 226). 17186

Les **plateformes** de services par internet qui emploient des **chauffeurs** ou des **livreurs** en deux roues non salariés peuvent établir des **chartes** définissant les droits et obligations de ces travailleurs, homologuées par l'administration (C. trav. art. L 7342-8). Tout **litige concernant la conformité** de la charte aux dispositions légales **ainsi que l'homologation** ou le refus d'homologation relève de la compétence du tribunal judiciaire de Paris (C. trav. art. L 7342-10, al. 1 et C. org. jud. art. D 211-7-3 créé par décret 2020-1284 du 22-10-2020). En conséquence, lorsque dans un litige relevant de la compétence du **conseil des prud'hommes** (notamment, requalification en contrat de travail de la relation entre la plateforme et le travailleur) est soulevée une difficulté sérieuse relative à l'homologation de la charte dont dépend la solution du litige, le conseil des prud'hommes initialement saisi doit **surseoir à statuer** et transmettre la question au tribunal judiciaire de Paris (C. trav. art. L 7342-10, al. 2). 17188

INITIATIVE DU SURSIS À STATUER

17194 Le **juge** peut prononcer le sursis d'office, excepté le cas du sursis pour faire inventaire et délibérer, l'article 108 du CPC en réservant l'initiative à la partie qui le demande.
Le sursis peut intervenir également à la demande d'une **partie**, voire des deux. L'exception de sursis soulevée devant le juge civil du fait d'une procédure pénale en cours doit l'être avant toute défense au fond à peine d'irrecevabilité (Cass. com. 28-6-2005 n° 03-13.112 : Bull. civ. IV n° 146).

EFFETS DU SURSIS À STATUER

17204 Le sursis à statuer arrête le déroulement de la procédure, ce qui dispense les **parties** d'accomplir des diligences et interrompt le délai de péremption qui ne prend un nouveau départ qu'à la survenance de l'événement justifiant le sursis (CPC art. 392, al. 2 ; Cass. 2e civ. 18-10-2018 n° 17-22.757 F-D), peu important que la partie à laquelle on oppose la péremption n'ait pas eu connaissance de cet événement (Cass. 2e civ. 3-9-2015 n° 14-11.091 : Bull. civ. II n° 194).
Néanmoins, le **juge** n'est pas dessaisi (CPC art. 379, al. 1). En l'absence de disposition le prévoyant, aucune nullité ne frappe les actes intervenus au cours de la période de suspension.

REPRISE DE L'INSTANCE À L'EXPIRATION DU SURSIS À STATUER

17214 À l'expiration du sursis, l'instance est poursuivie à l'**initiative** des parties ou à la diligence du juge, sauf la faculté pour lui d'ordonner, s'il y a lieu, un nouveau sursis (CPC art. 379, al. 1).
Le juge peut aussi, suivant les circonstances, révoquer le sursis ou en abréger le délai (CPC art. 379, al. 2).

RECOURS CONTRE UNE DÉCISION DE SURSIS À STATUER

17220 En principe, la **décision de sursis** à statuer ne peut pas être frappée d'appel indépendamment du jugement sur le fond (CPC art. 545). Il en résulte qu'un appel immédiat ne peut être formé que dans le cas où, en se prononçant sur le sursis, le juge a tranché une partie du principal dans son dispositif.
La décision de sursis peut néanmoins être frappée d'appel immédiat, indépendamment du jugement sur le fond, sur autorisation du premier président de la cour d'appel s'il est justifié d'un motif grave et légitime ; cette autorisation est insusceptible de pourvoi (CPC art. 380).
Lorsqu'elle est rendue en dernier ressort, la décision qui ordonne un sursis peut être attaquée par la voie du pourvoi en cassation, mais seulement pour violation de la règle de droit (CPC art. 380-1).
La **décision du juge de la mise en état** qui **rejette le sursis** à statuer peut être frappée d'appel immédiat sans autorisation du premier président de la cour d'appel, celle-ci ne commettant pas d'excès de pouvoir en infirmant cette ordonnance puis en ordonnant le sursis à statuer en vue d'une bonne administration de la justice (Cass. 2e civ. 25-6-2015 n° 14-18.288 : Bull. civ. II n° 165).
Quant à la décision qui **rejette une demande de révocation d'un sursis à statuer**, elle n'est tout simplement pas susceptible d'un appel immédiat. Elle ne pourra être frappée d'appel qu'en même temps que le jugement sur le fond (Cass. 2e civ. 10-12-2020 n° 19-22.632 F-PBI).

2. RADIATION DU RÔLE

17240 La radiation consiste à supprimer l'affaire du rang des affaires en cours, en la retirant du rôle de la juridiction. Elle sanctionne un défaut de **diligence des parties** (CPC art. 381, al. 1).

CAS DE RADIATION DU RÔLE

17242 La radiation peut sanctionner le défaut de diligence des **deux parties** qui négligent d'accomplir les actes de procédure leur incombant (CPC art. 470).
En cas d'appel, elle peut sanctionner le **défaut d'exécution par l'appelant** de la décision de première instance, lorsque celle-ci est exécutoire par provision (nos 20490 s.).
De même, en cas de pourvoi en cassation, elle peut sanctionner le **défaut d'exécution par le demandeur au pourvoi** de la décision attaquée (nos 28475 s.) sauf les hypothèses où le pourvoi est doté d'un effet suspensif (notamment, nationalité, divorce, état des personnes).
La radiation peut aussi résulter, sans que cette liste soit exhaustive :
– en matière de **compétence**, du défaut de constitution d'avocat par les parties en cas d'évocation par la cour d'appel (CPC art. 89) ou de renvoi devant une juridiction désignée (CPC art. 82) ;
– en cas d'**interruption d'instance**, du défaut de diligences des parties dans le délai fixé par le juge en vue de reprendre l'instance (CPC art. 376, al. 2 ; Cass. 3e civ. 27-1-2015 n° 13-19.946 F-D).

> **Précisions** Le **défaut d'accomplissement d'un acte de procédure** par un avocat n'est plus une cause de radiation mais un cas de clôture de la mise en état à l'égard de l'avocat défaillant (CPC art. 800).

NATURE DE LA RADIATION DU RÔLE

La radiation du rôle est une mesure d'administration judiciaire (CPC art. 383, al. 1). **17250**
Il en résulte notamment que la décision de radiation n'est pas susceptible de **recours** (CPC art. 537) et que le **juge dispose du pouvoir** de **radier d'office** après un dernier avis adressé aux parties (CPC art. 470).

NOTIFICATION DE LA RADIATION DU RÔLE

Le greffe notifie la radiation par lettre simple adressée aux parties et à leurs représentants. La **17255**
notification doit préciser le défaut de diligence sanctionné (CPC art. 381, al. 3).

EFFETS DE LA RADIATION DU RÔLE

La radiation emporte suppression de l'affaire du **rang des affaires** en cours (CPC art. 381, al. 2). **17260**
Elle laisse persister l'instance, le lien juridique d'instance étant simplement suspendu. Les **actes antérieurs** à la décision demeurent efficaces et ceux qui sont **postérieurs** devront être pris en considération en cas de poursuite ultérieure de l'instance. Néanmoins, la suspension de l'instance résultant de la décision de radiation présente un risque dans la mesure où elle n'interrompt pas le délai de péremption de deux ans qui a commencé à courir avant la radiation (Cass. 2e civ. 21-2-2013 n° 11-28.632 : Bull. civ. II n° 38 ; Cass. 2e civ. 11-4-2019 n° 18-13.859 F-D ; n° 17346).

RÉTABLISSEMENT DE L'AFFAIRE RADIÉE DU RÔLE

Pour que l'affaire soit rétablie au rôle, il doit être **justifié** de l'accomplissement des diligences **17265**
dont le défaut a entraîné la radiation (CPC art. 383, al. 2).
La demande de rétablissement doit être **notifiée** à la partie adverse (Cass. 2e civ. 7-11-1988 n° 86-18.339 : Bull. civ. II n° 213).
La **décision de réinscription** au rôle de la cour d'appel d'une affaire radiée pour inexécution du jugement entrepris est une mesure d'administration judiciaire et comme telle insusceptible de recours (Cass. 2e civ. 22-9-2016 n° 15-19.662 F-PB : Bull. civ. II n° 212). La solution vaut, à notre avis, pour tous les cas de réinscription au rôle, quel que soit le motif de la radiation.

3. RETRAIT DU RÔLE

DÉFINITION DU RETRAIT DU RÔLE

Le retrait du rôle est un instrument procédural à la disposition des parties qui souhaitent, d'un **17290**
commun accord, différer une solution judiciaire.
Le retrait du rôle est ordonné lorsque toutes les parties en font la demande écrite et motivée (CPC art. 382 ; Cass. 2e civ. 13-1-2022 n° 20-19.519 F-D).
Le retrait du rôle est interruptif du délai de péremption de deux ans, celui-ci recommençant donc à courir à compter de la décision ayant ordonné ce retrait (Cass. 2e civ. 15-5-2014 n° 13-17.294 : Bull. civ. II n° 112).

NATURE DU RETRAIT DU RÔLE

Le retrait du rôle est une mesure d'administration judiciaire (CPC art. 383, al. 1). **17295**
Il en résulte, notamment, que la décision de retrait du rôle n'est pas susceptible de **recours** (CPC art. 537).

RÉTABLISSEMENT DE L'AFFAIRE AU RÔLE

L'affaire peut être rétablie au rôle à la demande de l'une des parties (CPC art. 383, al. 2). La **17300**
demande de rétablissement prend la forme d'un nouvel enrôlement de la citation initiale.

E. Extinction d'instance

EXTINCTION DE L'INSTANCE À TITRE ACCESSOIRE

L'extinction de l'instance résulte en principe du jugement. L'instance peut aussi s'éteindre, **17340**
accessoirement, si l'action elle-même est éteinte avant qu'un jugement ne soit prononcé. Tel est le **cas** par l'effet (CPC art. 384, al. 1) :
– d'une transaction entre les parties ;
– de l'acquiescement (nos 17700 s.) ;

– du désistement d'action ;
– du décès d'une partie, dans les actions non transmissibles (divorce, état des personnes, etc.).
L'**extinction de l'action** interdit toute **nouvelle demande** fondée sur le même droit, contrairement à l'extinction de la seule instance (n° 17344).

17342 L'extinction est **constatée** par une décision de dessaisissement (CPC art. 384, al. 2).
Il appartient au juge de donner force exécutoire à l'acte constatant l'accord des parties, que celui-ci intervienne devant lui ou ait été conclu hors sa présence (CPC art. 384, al. 3).

EXTINCTION DE L'INSTANCE À TITRE PRINCIPAL

17344 L'instance s'éteint à titre principal **par l'effet de** (CPC art. 385, al. 1) :
– la péremption (nos 17346 s.) ;
– le désistement d'instance (nos 17490 s.) ;
– la caducité de la citation (nos 17640 s.).
Dans ces cas, la constatation de l'extinction de l'instance et du dessaisissement de la juridiction ne met pas obstacle à l'introduction d'une **nouvelle instance**, si l'action n'est pas éteinte par ailleurs (CPC art. 385, al. 2).

1. PÉREMPTION D'INSTANCE

RÈGLES GÉNÉRALES APPLICABLES À LA PÉREMPTION D'INSTANCE

17346 L'instance est lorsque quand aucune des parties n'accomplit la moindre diligence de nature à faire progresser l'affaire pendant **deux ans** (CPC art. 386). À cette hypothèse générale, il convient d'ajouter celle où l'affaire a été radiée du rôle de la cour d'appel (CPC art. 524, al. 1) ou de la Cour de cassation (CPC art. 1009-1), pour défaut d'exécution de la décision frappée de recours.
Le **délai** de péremption court contre toutes les personnes physiques ou morales, même mineures ou majeures protégées, sauf leur recours contre leur représentant légal ou la personne chargée de la mesure de protection juridique (CPC art. 391).
Il court à compter de la naissance de l'instance laquelle correspondant à la mise au rôle de l'assignation (Cass. 2e civ. 29-2-1984 n° 82-16.113 : Bull. civ. II n° 43).
En cas de renvoi après cassation, l'instance d'appel se poursuivant devant la juridiction de renvoi, le délai court du jour du prononcé de l'arrêt de cassation (Cass. 2e civ. 8-3-1978 n° 75-15.088 : Bull. civ. II n° 124).
En cas de radiation du rôle pour défaut d'exécution de la décision frappée d'appel ou de pourvoi, le délai de péremption court à compter de la notification au requérant de la décision ordonnant la radiation (CPC art. 524, al. 7 et 1009-2, al. 1).
La prorogation des délais de procédure au premier jour ouvrable suivant (CPC art. 642) s'applique au délai de péremption (Cass. 2e civ. 1-10-2020 n° 10-17.797 F-PB).
La péremption peut être **constatée** d'office par le juge, même si elle n'est pas invoquée par les parties, dès lors que les conditions sont remplies (n° 17375).
La **nature** de la péremption d'instance tient à la fois d'une présomption de désistement des parties et d'une sanction de leur carence dans la conduite de la procédure et ce, dans l'intérêt d'une bonne administration de la justice. Elle ne porte pas une atteinte disproportionnée au droit à un procès équitable (Cass. 2e civ. 16-12-2016 n° 15-27.917 FS-PBI : Bull. civ. II n° 281).

INSTANCE SUSCEPTIBLE DE PÉREMPTION

17348 La péremption ne peut concerner qu'une affaire en cours, c'est-à-dire enrôlée, devant une juridiction de l'ordre judiciaire (Cass. 2e civ. 16-5-2019 n° 18-17.097 F-D). Elle peut survenir pendant toute la durée de la procédure, jusqu'au prononcé d'un jugement définitif sur le fond. Ainsi, le **renvoi** d'une affaire devant un autre juge et le prononcé d'un **jugement avant dire droit** notamment, qui sont des décisions intervenant en cours d'instance, ne mettent pas les parties à l'abri de la péremption.

DÉFAUT DE DILIGENCE

17354 La péremption est encourue si aucune diligence n'a été accomplie par les parties.
Par **« diligence »,** il faut entendre un **acte de nature à** faire progresser la procédure. Il s'ensuit qu'aucun défaut de diligence ne peut être reproché aux parties lorsque la direction du procès leur échappe et qu'elles n'ont plus aucun acte à accomplir (Cass. 3e civ. 26-1-2011 n° 09-71.734 : Bull. civ. III n° 13, à propos d'une procédure d'expropriation). De même, dans le cadre d'un recours devant la cour d'appel en contestation d'une ordonnance de taxe, l'absence d'envoi par l'appelant, dans les deux ans, d'une lettre au greffe sollicitant la fixation de l'audience n'a pas entraîné

la péremption de l'instance : la direction du procès échappait aux parties, qui ne pouvaient l'accélérer, la convocation de l'adversaire étant le seul fait du greffe (Cass. 2e civ. 15-11-2012 n° 11-25.499 : Bull. civ. II n° 188).
En revanche, la demande de fixation d'une date de plaidoirie ne dispense pas l'appelant de l'obligation de manifester sa volonté de faire progresser l'instance. Ce n'est qu'après l'avis de fixation de la clôture et de la plaidoirie que le délai de péremption cesse de courir (Cass. 2e civ. 1-2-2018 n° 16-17.618 F-PB ; Cass. 2e civ. 30-1-2020, n° 18-25.012 F-PBI), étant toutefois précisé que le délai de péremption n'est pas suspendu lorsque l'affaire est fixée à bref délai, les parties étant alors invitées à la mettre en état pour qu'elle soit jugée (Cass. 2e civ. 2-12-2021 n° 20-18.122 F-B).
La péremption ne peut intervenir que si le **défaut de diligence a duré** pendant deux ans à compter de la naissance de l'instance ou de la dernière diligence accomplie. Sur les diligences interruptives de péremption, voir nos 17440 s.
À défaut de précisions, la partie la plus diligente doit agir pour éviter la péremption d'instance (Cass. 2e civ. 1-12-2022 n° 21-15.589 F-B).
Sur les **conséquences en appel** d'une radiation et d'un retrait du rôle, voir nos 26080 s.

a. Demande de péremption

AUTEUR DE LA DEMANDE DE PÉREMPTION

La péremption peut être demandée par l'une quelconque des **parties** à l'instance (CPC art. 387, al. 1). **17360**
Celle qui se prévaut de la péremption peut la soulever à titre principal ou par la voie d'une exception opposée à la partie qui accomplit un acte après l'expiration du délai (CPC art. 387, al. 2).
L'intervention volontaire dans une instance étant une demande en justice, son auteur devient, par cette seule intervention, partie à cette instance et peut, en cette qualité, accomplir les diligences de nature à interrompre, à l'égard de tous, le délai de péremption de l'instance (Cass. 2e civ. 20-4-2017 n° 16-16.891 F-PB : Bull. civ. II n° 76). Il résulte de cette décision que la partie intervenante ne doit pas attendre de connaître la décision sur la recevabilité de son intervention pour conclure au fond.
Le **juge** peut aussi constater d'office la péremption, après avoir invité les parties à présenter leurs observations (CPC art. 388, al. 2).

MOMENT DE LA DEMANDE DE PÉREMPTION

L'exception de péremption doit être formulée devant le juge de la mise en état par des conclusions **distinctes** de celles destinées à la juridiction de jugement (Cass. 2e civ 12-5-2016 n° 14-28.086 : Bull. civ. II n° 130). **17365**
À peine d'irrecevabilité, elle doit être **soulevée** par les parties **avant** tout autre moyen (CPC art. 388, al. 1), que celui-ci soit développé devant le tribunal ou devant le juge de la mise en état (Cass. 2e civ. 15-10-2015 n° 14-19.811 F-PB : Bull. civ. II n° 234). Dans cette affaire, une demande de péremption formulée devant le juge de la mise en état, après les conclusions au fond devant le tribunal, a été jugée irrecevable. Elle doit donc être invoquée par les parties dans leurs premières conclusions postérieures à l'expiration du délai de péremption (Cass. 2e civ. 8-4-2004 n° 02-16.207 : Bull. civ. II n° 186).
Une partie se prive de la possibilité de s'en prévaloir lorsque, après l'expiration du délai de péremption, elle présente une autre exception de procédure comme l'incompétence de la juridiction (Cass. 2e civ. 13-7-1999 n° 97-15.582 F-D) ou un autre incident d'instance comme une demande de sursis à statuer (Cass. com. 17-5-2011 n° 09-72.862 : RJDA 7/11 n° 647), une fin de non-recevoir (Cass. 2e civ. 23-11-1988 n° 87-18.288 : Bull. civ. II n° 229 ; Cass. 2e civ. 10-12-2020 n° 18-15.383 PB), ou une **défense au fond** (Cass. 2e civ. 22-3-2006 n° 04-11.555).
En revanche, l'opposition à la demande de rétablissement de l'affaire au rôle ne constitue pas l'invocation d'un moyen au fond, de sorte qu'elle ne rend pas irrecevable l'incident de péremption d'instance (Cass. 2e civ. 27-9-2018 n° 17-18.881 F-PB).
L'acceptation par une partie d'une médiation proposée par la juridiction, après l'expiration du délai de péremption, ne vaut pas **renonciation à invoquer la péremption** d'instance (Cass. soc. 30-5-2018 n° 16-22.356 FS-PB).

CONSTATATION DE LA PÉREMPTION

La décision de péremption d'instance doit émaner de la juridiction saisie de l'instance (Cass. com. 8-4-2015 n° 14-10.172 : Bull. civ. n° 64). **17375**
Il ne peut pas non plus retenir une période de péremption qui n'est pas invoquée par les parties et doit donc s'en tenir aux dates et événements invoqués par le demandeur à la péremption

(Cass. 2e civ. 24-1-2008 n° 06-19.022). Si la demande ne précise aucune période, le juge ne peut pas se substituer aux parties et retenir d'office une telle période (Cass. 2e civ. 11-1-2006 n° 04-11.247 : Bull. civ. II n° 15).
Lorsque les conditions sont réunies, la péremption est de droit (CPC art. 388, al. 1), le juge n'ayant pas à apprécier son opportunité.

b. Effets de la péremption

EXTINCTION DE L'INSTANCE PÉRIMÉE

17390 La constatation par le juge de l'expiration du délai de péremption entraîne l'extinction de l'instance. La juridiction est dessaisie et ne peut plus statuer sur les autres demandes (Cass. 2e civ. 9-6-2022 n° 19-26.209 F-D). Les actes de la procédure sont anéantis : les parties ne peuvent plus s'en prévaloir ni les opposer (CPC art. 389).
Il n'est ainsi plus possible de considérer que l'acte introductif d'instance ait pu faire courir les intérêts moratoires (Cass. com. 25-2-2004 n° 01-13.588 : RJDA 7/04 n° 790).
La péremption étant indivisible, lorsqu'elle est demandée par une des parties, elle éteint l'instance au profit de toutes les autres, peu important la nature divisible ou indivisible du litige (Cass. 2e civ. 1-9-2016 n° 15-18.909 F-PB : Bull. civ. II n° 198 ; Cass. 3e civ. 7-9-2022 n° 21-19.004 F-D).
La péremption de l'instance en cause d'appel, qui peut être demandée par l'une quelconque des parties lorsqu'aucune d'elles n'accomplit de diligences pendant deux ans, confère au jugement la force de la chose jugée. Mais l'écoulement du délai de péremption ne suffit pas. Le jugement n'acquiert force de chose jugée qu'à partir du moment où une décision est rendue constatant la péremption de l'instance en appel et seulement du jour où cette décision a elle-même acquis l'autorité de chose jugée (Cass. 2e civ. 10-6-2021 n° 19-16.222 F-P).

SURVIE DE L'ACTION À LA PÉREMPTION

17400 La péremption de l'instance n'affecte pas le droit d'agir (CPC art. 389). Par conséquent, le demandeur peut former une autre demande introductive d'une seconde instance, en invoquant les mêmes éléments contentieux (Cass. 2e civ. 9-9-2010 n° 09-68.912 F-D), sous réserve évidemment que la prescription ne soit pas acquise.
Par ailleurs, l'interruption de la prescription résultant de la demande en justice est non avenue si le juge saisi de cette demande a constaté que le demandeur a laissé périmer l'instance (C. civ. art. 2243 ; Cass. 2e civ. 2-6-2016 n° 15-19.618 F-PB : Bull. civ. II n° 149).
En **cause d'appel ou d'opposition,** la péremption d'instance confère au jugement la force de la chose jugée, même s'il n'a pas été notifié (CPC art. 390). Cet effet de la péremption influe alors sur le doit d'agir en rendant irrecevable une nouvelle demande introductive d'instance entre les mêmes parties avec une identité d'objet et de cause (CPC art. 122 ; C. civ. art. 1355).

FRAIS DE L'INSTANCE PÉRIMÉE

17410 Les frais de l'instance périmée sont supportés par celui qui a introduit l'instance (CPC art. 393).

c. Interruption du délai de péremption

17430 Le délai de péremption est interrompu dans trois **circonstances** :
– en cas d'interruption d'instance (n° 17130) ;
– lorsqu'une décision de sursis à statuer intervient (n° 17204), sauf si elle a été prononcée dans l'attente de diligences mises par le juge à la charge des parties (Cass. 2e civ. 15-3-1995 n° 93-15.761 : Bull. civ. II n° 92) ;
– en cas d'accomplissement d'une diligence par l'une des parties avant expiration du délai de péremption (nos 17440 s.).

DILIGENCE INTERRUPTIVE DE PÉREMPTION

17440 Pour être considérée comme interruptive du délai de péremption, la diligence doit émaner d'une partie, prendre la forme d'une démarche processuelle quelconque, faire partie de l'instance susceptible de péremption et être destinée à la continuer.
L'acte interruptif ne peut intervenir dans une **instance différente** que lorsque les deux instances se rattachent entre elles par un lien de dépendance direct et nécessaire (Cass. 2e civ. 11-7-2013 n° 12-15.994 : Bull. civ. II n° 156 ; Cass. 2e civ. 13-5-2015 n° 14-18.090 : Bull. civ. II n° 114). L'instance en référé prenant fin avec la désignation de l'expert et l'instance au fond n'étant pas la continuation de l'instance en référé, les diligences accomplies à l'occasion des opérations d'expertise, dès lors qu'elles ne font pas partie de l'instance au fond, ne sont pas susceptibles d'interrompre le délai de péremption (Cass. 2e civ. 11-4-2019 n° 18-14.223 F-PBI ; Cass. 3e civ. 7-9-2022 n° 21-19.004 F-D).

Sont notamment considérés comme **des diligences interruptives** du délai de péremption : 17441
– une intervention volontaire dans une instance en cours (Cass. com. 8-2-2023 n° 21-11.415 F-B) ;
– le dépôt de conclusions par une partie si elles permettent la continuation de l'instance (Cass. 3e civ. 29-10-1979 n° 78-13.282 : Bull. civ. III n° 191) ;
– la demande de communication de pièces adressée à l'adversaire (Cass. 2e civ. 29-11-1995 n° 93-13.641 : Bull. civ. II n° 296) ;
– la lettre adressée au président de la juridiction pour qu'il invite l'expert à déposer son rapport (Cass. 2e civ. 10-7-1996 n° 94-16.696 : Bull. civ. II n° 205) ;
– le paiement des frais d'expertise (Cass. 3e civ. 24-9-2002 n° 01-11.251) et l'envoi de dires à l'expert (Cass. 3e civ. 7-9-2022 n° 21-19.004 F-D) ;
– la communication de nouvelles pièces (Cass. 2e civ. 2-12-2010 n° 09-16.623) ;
– la demande de réinscription de l'affaire au rôle lorsque la cause du sursis a disparu (Cass. 2e civ. 29-1-2015 n° 13-21.675 : Bull. civ. II n° 18), ainsi que la demande de fixation de l'affaire (Cass. 2e civ. 6-12-2018 n° 17-26.202 F-D).

L'effet interruptif d'une diligence, lorsqu'elle consiste en un acte de procédure, est sans lien avec la validité de cet acte. Ainsi, un acte de procédure irrégulier doit être considéré comme une diligence interruptive s'il traduit sans équivoque la volonté du plaideur de poursuivre l'instance (Cass. 1e civ. 14-2-2006 n° 05-14.757 : Bull. civ. I n° 80 ; Cass. 1e civ. 18-3-2020 n° 19-15.160 FS-PB).

Ne constituent pas des diligences interruptives du délai de péremption celles qui ne sont pas de nature à faire progresser l'instance, telles que : 17442
– l'accord des parties et du conseiller de la mise en état sur les renvois de l'affaire (Cass. 2e civ. 17-6-1998 n° 96-14.800 : Bull. civ. II n° 198) ;
– la demande de jonction d'instances (Cass. 3e civ. 11-12-1991 n° 87-19.680 : Bull. civ. III n° 315) ;
– la réitération de conclusions précédemment signifiées (Cass. 2e civ. 2-2-2012 n° 10-27.761 F-D) ;
– la seule demande de réinscription d'une affaire au rôle (Cass. 2e civ. 11-3-2010 n° 09-13.495 F-D) ;
– la demande de renvoi (Cass. com. 19-4.2023 n° 21-19.115 F-D) ou bien la comparution à une audience au cours de laquelle l'examen de l'affaire est renvoyé (Cass. 2e civ. 25-9-2014 n° 13-19.583 : Bull. civ. II n° 196) ;
– les manifestations régulières d'un liquidateur judiciaire auprès du tribunal dans l'attente du rapport d'expertise judiciaire (Cass. com. 10-2-2015 n° 13-20.231 F-D) ;
– le dépôt de conclusions au fond, non assorti d'une demande de rétablissement de l'affaire alors radiée (Cass. 2e civ. 1-9-2016 n° 15-14.551 F-PB : Bull. civ. II n° 197) ;
– la déclaration de créance entre les mains du mandataire judiciaire sans les diligences nécessaires à la reprise régulière de l'instance interrompue par l'ouverture de la procédure de sauvegarde du débiteur (Cass. com. 23-10-2019 n° 18-10.700 PB) ;
– le seul paiement des frais de greffe du tribunal, dans une procédure orale, qui ne témoigne pas d'une volonté de donner une impulsion à l'instance (Cass. 2e civ. 2-6-2016 n° 15-17.354 F-PB : Bull. civ. II n° 150) ;
– un changement d'avocat d'une partie (Cass. 2e civ. 2-12-2021 n° 20-15.911 F-D).

En cas radiation d'une affaire du rôle de la cour d'appel ou de la Cour de cassation pour **défaut d'exécution de la décision frappée de recours** (n° 17346), le délai de péremption est interrompu par tout acte manifestant sans équivoque la volonté d'exécuter la décision objet du recours (CPC art. 524, al. 7 et 1009-2, al. 1). 17443

Cette exécution n'a pas besoin d'être intégrale pourvu qu'elle soit significative (Cass. 2e civ. 14-1-2021 n° 19-20.721 F-PI). L'appréciation du caractère significatif de l'exécution de la décision frappée de recours est faite en considération de ce qui a été décidé par le premier juge dans le dispositif de sa décision (Cass. 2e civ. 19-11-2020 n° 19-25.100 F-PBI). Constitue une exécution significative, le paiement d'une condamnation au titre des frais irrépétibles de l'article 700 du Code de procédure civile, seule la condamnation aux dépens demeurant inexécutée (Cass. 2e civ. 14-1-2021 n° 19-20.721 F-PI).

Les diligences de l'une quelconque des parties **interrompent le délai de péremption à l'égard de toutes** (Cass. 2e civ. 28-6-2012 n° 11-17.873 : Bull. civ. II n° 124). L'intervenant volontaire ayant la qualité de partie à l'instance, les diligences qu'il accomplit sont également de nature à interrompre, à l'égard de tous, le délai de péremption (Cass. 2e civ. 20-4-2017 n° 16-16.891 F-PB : Bull. civ. II n° 76). 17450

2. DÉSISTEMENT D'INSTANCE

17490 Le désistement est un incident qui permet au demandeur de renoncer **volontairement** à la procédure engagée, dans le **but** d'éteindre l'instance sans attendre le jugement.

En **première instance**, le demandeur peut, en toute matière, se désister de sa demande en vue de mettre fin à l'instance (CPC art. 394). Il faut toutefois réserver l'hypothèse des droits indisponibles lorsque, par suite de l'expiration du délai pour agir, le désistement d'instance aurait le même effet qu'un désistement d'action.

Le désistement de l'**opposition**, de l'**appel** ou du **pourvoi** est également admis en toutes matières, sauf dispositions contraires (CPC art. 400 et 1025). Par exemple, un majeur protégé ne peut se désister de l'appel formé contre un jugement de divorce sans l'autorisation du juge des tutelles (CPC art. 1122). Dans tous les cas, le désistement ne peut émaner que du demandeur à l'instance. Dès lors, en appel, l'intimé ne peut se désister de l'instance, peu important qu'il ait été demandeur en première instance (Cass. 2e civ. 20-3-2014 n° 13-11.273 : Bull. civ. II n° 79).

17492 Le désistement peut intervenir à tout **moment**, tant que l'instance est pendante devant la juridiction, même après la clôture des débats. Le demandeur s'expose toutefois à des dommages-intérêts et à une amende pour procédure abusive si son désistement est tardif et non accepté.

VOLONTÉ NON ÉQUIVOQUE DE SE DÉSISTER

17502 Le désistement peut être demandé quels qu'en soient les mobiles, à condition qu'il résulte d'une volonté libre et éclairée.

Cette volonté, qui ne se présume pas, peut être expresse ou tacite (CPC art. 397). Dans ce dernier cas, elle doit être dépourvue d'équivoque (Cass. com. 23-4-2013 n° 11-26.047 F-D ; Cass. 2e civ. 14-11-2013 n° 12-26.036 F-D) et ne peut résulter que de faits incompatibles avec la volonté de continuer l'instance (Cass. 2e civ. 6-11-1974 n° 73-12.030 : Bull. civ. II n° 280, dans un cas où les parties avaient poursuivi leurs relations commerciales et n'avaient plus fait état de difficultés analogues à celles qui les avaient opposées lors de l'introduction de l'instance).

a. Acceptation du défendeur

ACCEPTATION DU DÉSISTEMENT EN PREMIÈRE INSTANCE

17530 Le désistement n'est parfait que par acceptation du défendeur (CPC art. 395, al. 1).

Néanmoins, l'**acceptation** du défendeur n'est **pas nécessaire** :

– s'il n'a encore présenté aucune défense au fond ou fin de non-recevoir au moment où le demandeur se désiste (CPC art. 395, al. 2 ; Cass. 2e civ. 17-3-2016 n° 15-10.768 F-D) ;

– si l'absence d'acceptation n'est fondée sur aucun motif légitime (CPC art. 396).

L'acceptation peut être **expresse ou implicite** (CPC art. 397).

Dans la majorité des cas, le **juge** donne acte du désistement résultant de l'accord des parties. En l'absence d'acceptation du désistement par le défendeur, le juge doit en apprécier la légitimité, puis le cas échéant déclarer le désistement parfait.

ACCEPTATION DU DÉSISTEMENT EN APPEL

17540 Le désistement de l'appel n'a **besoin d'être accepté** que s'il contient des réserves ou si la partie à l'égard de laquelle il est fait a préalablement formé un appel incident ou une demande incidente (CPC art. 401).

Le désistement d'appel, lorsqu'il n'a pas besoin d'être accepté, formulé par un écrit déposé au greffe a un effet extinctif immédiat, sans qu'il soit nécessaire de le notifier à la partie à l'égard de laquelle il est fait (Cass. 2e civ. 10-7-2008 n° 07-17.042 : Bull. civ. II n° 174).

b. Effets

EXTINCTION DE L'INSTANCE

17580 Le désistement éteint le lien d'instance ayant sa source dans la demande ou la voie de recours abandonnée. La **juridiction** est **dessaisie** à compter du jour où il devient parfait (Cass. 2e civ. 11-1-2018 n° 16-22.829 F-PB). Si des mesures provisoires avaient été ordonnées, elles n'ont plus lieu d'être.

À partir de ce jour, les parties ne peuvent plus effectuer d'**actes relatifs à la procédure** éteinte ; notamment, le défendeur ne peut plus présenter de demande reconventionnelle (Cass. 2e civ. 11-5-2017 n° 16-18.055 F-PB : Bull. civ. II n° 97).

À l'inverse du désistement d'action, qui fait disparaître le **droit d'agir**, le désistement d'instance n'interdit pas aux parties d'introduire une nouvelle instance sur le même fondement.

Le désistement est relatif en ce sens qu'en cas de **pluralité de demandeurs** il n'oblige pas les autres et ne bénéficie qu'au défendeur au profit duquel il est donné.

DÉSISTEMENT D'APPEL OU D'UN AUTRE RECOURS

Le désistement d'appel emporte **acquiescement au jugement** (CPC art. 403 ; nos 17770 s.). S'il a lieu sans réserve, il rend impossible un nouvel appel, quand bien même la cour d'appel saisie en premier aurait été territorialement incompétente (Cass. 2e civ. 27-2-2014 n° 13-11.199 : Bull. civ. II n° 50). La partie qui se désiste d'un appel ou d'un autre recours se soumet donc à la décision attaquée et renonce, en principe, à exercer une quelconque voie de recours dans l'avenir. 17590
Il en va toutefois autrement lorsque le désistement est justifié par le caractère prématuré du recours, la décision ne pouvant être attaquée immédiatement (Cass. 2e civ. 12-6-2008 n° 07-12.976 : Bull. civ. II n° 136) lorsqu'il mentionne expressément être accompli en vue de la formation d'un nouveau recours (Cass. 2e civ. 21-2-2019 n° 18-13.467 F-PB ; Cass. 2e civ. 17-9-2020 n° 19-15.254 F-D) ou bien encore lorsqu'il est motivé par l'incompétence de la première juridiction saisie (Cass. 2e civ. 22-10-2020 n° 19-20.766 F-PBI).

CHARGE DES FRAIS D'INSTANCE EN CAS DE DÉSISTEMENT

Le désistement emporte, sauf convention contraire, obligation pour le demandeur de payer les **dépens** de l'instance éteinte (CPC art. 399). Une telle conséquence n'exige aucune acceptation du demandeur et s'impose au juge. 17600
Le désistement ne prive pas le juge de la possibilité de statuer également sur la demande formulée au titre des **frais irrépétibles** (CPC art. 700), même si elle est postérieure au désistement (Cass. 2e civ. 9-11-2006 n° 05-16.611 : Bull. civ. II n° 315).

EFFET DU DÉSISTEMENT SUR LA PRESCRIPTION DE L'ACTION

La demande en justice, même en référé, interrompt le délai de prescription ainsi que le délai de forclusion (C. civ. art. 2241). Mais cette **interruption** est **non avenue** si le demandeur se désiste de sa demande (C. civ. art. 2243). 17610
Toutefois, le désistement ne permet pas de regarder l'interruption de la prescription comme non avenue lorsqu'il est assorti de réserves et énonce que l'action sera reprise ultérieurement (Cass. com. 12-7-1994 n° 91-17.710 : Bull. civ. IV n° 266).
L'interruption de la prescription est non avenue uniquement si le désistement du demandeur porte sur le fond même du droit (Cass. 1e civ. 12-12-1995 n° 93-15.492 : Bull. civ. I n° 456).
En cas de **pluralité de demandeurs**, le désistement de l'un ne peut rendre l'interruption de la prescription non avenue à l'égard des autres (CPC art. 324).

3. CADUCITÉ DE LA CITATION

DÉFINITION DE LA CADUCITÉ

La caducité de la citation est un incident d'instance qui fait disparaître pour l'avenir l'acte introductif d'instance initialement valable, en raison de la défaillance d'une condition nécessaire à sa survie. 17640

CAS DE CADUCITÉ

La caducité de la citation ne peut intervenir que dans les cas et conditions déterminés par la loi (CPC art. 406). 17642
Sur l'effet du désistement en cas de demande reconventionnelle de la partie adverse, voir n° 6350.
Elle est **notamment** prévue à défaut :
– de saisine du tribunal judiciaire dans le délai légal (CPC art. 754 ; ex-art. 757 pour la procédure ordinaire et 843 ; ex-art. 791 pour la procédure à jour fixe) ;
– de saisine du TC dans le délai légal (CPC art. 857, al. 2) ;
– de comparution du demandeur sans motif légitime (CPC art. 468) ;
– d'accomplissement de certains actes de la procédure d'appel avec représentation obligatoire : signification de l'acte d'appel par huissier ou commissaire de justice, dans certaines circonstances (CPC art. 902) et régularisation de ses conclusions par l'appelant dans les trois mois de la déclaration d'appel (CPC art. 908 ; Cass. 2e civ. 19-3-2015 n° 14-10.952 : Bull. civ. II n° 63) et signification aux parties qui n'ont pas constitué dans le délai d'un mois (CPC art. 911 ; Cass. 2e civ. 5-9-2019 n° 18-21.717 F-PBI).
La sanction de la caducité pour non-respect des délais de réalisation d'actes devant la cour d'appel n'est pas contraire au droit d'accès au juge et à un procès équitable ou à un recours effectif visé à l'article 6 § 1 de la CESDH (Cass. 2e civ. 26-6-2014 n° 13-22.011 : Bull. civ. II n° 153 ; Cass. 2e civ. 8-6-2023 n° 21-19.997 FS-B).

> **Précisions** Exceptionnellement, la caducité peut concerner, dans les conditions définies par la loi, des **actes non introductifs d'instance**, tels que la décision d'admission à l'aide juridictionnelle (Décret 2020-1717 du 28-12-2020 art. 59) ou la désignation de l'expert (CPC art. 271). Dans ces cas, la caducité n'entraînera pas l'extinction de l'instance mais seulement l'anéantissement de l'acte concerné et des effets qu'il a pu produire.

RÔLE DU JUGE EN CAS DE CADUCITÉ

17652 La caducité reposant le plus souvent sur des éléments purement objectifs, le juge se borne à la **constater**. Néanmoins, elle est prononcée par lui lorsque la situation nécessite une **appréciation** de sa part, par exemple concernant la légitimité du motif avancé par une partie en cas de défaut de comparution. Dans ce cas, il peut d'ailleurs d'office déclarer la citation caduque (CPC art. 468, al. 2).

Si le demandeur fait connaître au greffe dans un délai de quinze jours le motif légitime qu'il n'aurait pas été en mesure d'invoquer en temps utile, la **déclaration de caducité** peut être **rapportée** (CPC art. 468, al. 2). Un appel ne peut pas être formé contre la déclaration de caducité mais seulement à l'encontre de la décision du juge qui refuse de rétracter sa première décision, serait-elle entachée d'un excès de pouvoir (Cass. 2e civ. 20-4-2017 n° 16-15.934 PB : Bull. civ. II n° 72).

La rétractation de la déclaration de caducité de la citation entraînant par voie de conséquence celle des chefs de cette décision statuant sur les dépens et frais de l'instance éteinte par l'effet de la caducité, l'ouverture du recours en rétractation au demandeur exclut que celui-ci puisse interjeter appel de ces autres chefs du jugement (même arrêt).

EFFETS DE LA CADUCITÉ

17662 La caducité de la citation produit l'anéantissement de l'**acte introductif de l'instance** et, par conséquent, l'extinction de cette instance à titre principal. Dès lors, l'ensemble des actes effectués dans le cadre de celle-ci sont anéantis de façon rétroactive (CPC art. 385), de la même manière que l'interruption de la prescription (Cass. ass. plén. 3-4-1987 n° 86-11.536 : Bull. ass. plén. n° 2).

En appel, si la déclaration d'appel est caduque faute de signification par l'appelant de ses conclusions dans le délai requis, la signification par l'intimé de conclusions contenant un appel incident ne vaut pas renonciation par lui à soulever la caducité de la déclaration d'appel (Cass. 2e civ. 13-11-2014 n° 13-24.142 : Bull. civ. II n° 227).

La caducité de l'appel principal entraîne l'anéantissement de l'appel incident, peu important qu'il ait été interjeté dans le délai pour agir à titre principal (Cass. 2e civ. 13-5-2015 n° 14-13.801 : Bull. civ. II n° 115).

4. ACQUIESCEMENT

17700 L'acquiescement est un acte unilatéral traduisant une volonté non équivoque de **renonciation** de la part d'une partie. Bien que classé par le CPC parmi les incidents d'instance, l'acquiescement à un jugement n'en est pas véritablement un car il intervient après l'instance, le jugement ayant mis fin à celle-ci (CPC art. 384, al. 1). En revanche, la demande formulée en cours l'instance tendant à voir constater l'extinction de celle-ci en raison de l'acquiescement constitue un incident d'instance (Cass. 3e civ. 15-6-2022 n° 21-15.493 F-D) relevant de la compétence du juge de la mise en état.

L'acquiescement peut porter sur deux **objets** :
– la demande de l'adversaire, avant le prononcé du jugement ;
– le jugement lui-même.

a. Règles générales

17702 L'**acquiescement doit résulter** d'un consentement non équivoque, libre et éclairé. Il doit avoir été exprimé par une personne ayant la capacité et le pouvoir de le faire.

Si l'acquiescement peut être exprès ou implicite, il doit toujours être certain, c'est-à-dire résulter d'actes ou de faits démontrant avec évidence et sans équivoque l'intention de la partie à laquelle on l'oppose (Cass. 1e civ. 16-6-2011 n° 10-30.689 : Bull. civ. I n° 112).

Le fait pour une partie de s'en rapporter à justice sur le mérite d'une demande implique de sa part non pas un acquiescement mais une contestation de celle-ci (Cass. 2e civ. 3-6-2010 n° 09-13.842). De même, une partie qui a simplement déclaré faire toutes protestations et réserves à la demande d'expertise formée par son adversaire n'a pas acquiescé et est recevable à faire appel de l'ordonnance de nomination de l'expert (Cass. 2e civ. 18-9-2008 n° 07-18.111).

L'acquiescement étant le résultat de la manifestation de volonté d'une partie, il n'a pas un **caractère d'ordre public**. Le juge ne doit donc pas relever d'office la fin de non-recevoir tirée de l'acquiescement (CPC art. 125, al. 1 et 2).

b. Acquiescement à la demande

DROITS CONCERNÉS PAR L'ACQUIESCEMENT À LA DEMANDE

L'acquiescement à la demande n'est admis que pour les droits dont les parties ont la **libre disposition** (CPC art. 408, al. 2 ; Cass. 2e civ. 2-2-2023 n° 21-18.942 F-B). Ainsi, le législateur prévoit expressément l'interdiction d'acquiescer à la demande en matière de filiation (C. civ. art. 323). **17730**

EFFETS DE L'ACQUIESCEMENT À LA DEMANDE

L'acquiescement à la demande emporte reconnaissance du bien-fondé des prétentions de l'adversaire et renonciation à l'action (CPC art. 408, al. 1). **17740**

Si l'acquiescement entraîne extinction de l'instance, le juge doit se prononcer sur ce qui est demandé ou donner force exécutoire à l'accord des parties (Cass. 3e civ. 17-12-2020 n° 19-23.520 F-D). La renonciation interdit toute nouvelle demande fondée sur le même droit, contrairement à l'extinction de la seule instance.

Il reste néanmoins possible d'acquiescer partiellement pour laisser subsister les questions litigieuses.

c. Acquiescement au jugement

L'acquiescement au jugement emporte soumission à cette décision et renonciation aux **voies de recours**, sauf si, postérieurement, une autre partie forme régulièrement un recours (CPC art. 409). **17770**

N'est pas un jugement au sens de ce texte une ordonnance sur requête (Cass. 2e civ. 30-11-2016 n° 15-15.035 F-PB : RJDA 2/17 n° 143).

L'acquiescement au jugement résulte notamment du désistement de l'appel (CPC art. 403) et, s'il a lieu sans réserve, il rend impossible un nouvel appel, quand bien même la cour d'appel saisie en premier aurait été territorialement incompétente (Cass. 2e civ. 27-2-2014 n° 13-11.199 : Bull. civ. II n° 50).

ACTES D'ACQUIESCEMENT AU JUGEMENT

L'exécution sans réserve d'une **décision non exécutoire** vaut acquiescement, hors les cas où celui-ci n'est pas permis (CPC art. 410). **17772**

Par exemple, hors de toute exécution provisoire, le versement du montant de la consignation au titre des frais d'expertise puis la participation à la première réunion devant l'expert et la demande de report de la seconde réunion d'expertise constituent des actes d'exécution qui, dès lors que le jugement n'est pas exécutoire, valent acquiescement sans nécessité de rechercher si la partie qui a exécuté avait ou non l'intention d'acquiescer (Cass. 2e civ. 5-10-1988 n° 87-14.100 : Bull. civ. II n° 186). Il en va toutefois autrement lorsque cette exécution n'est que partielle et ne porte pas sur plusieurs chefs du jugement (Cass. soc. 20-12-2017 n° 16-21.380 F-D).

L'exécution sans réserve d'un jugement non exécutoire vaut acquiescement même si elle a lieu après qu'il en a été relevé appel (Cass. soc. 21-1-2014 n° 12-18.427 : Bull. civ. V n° 24).

Sont **en outre** considérés comme des actes d'acquiescement, notamment :
- l'exercice de poursuites à fin d'exécution ;
- l'encaissement du montant des condamnations par le bénéficiaire de la condamnation ;
- le désistement sans réserve d'un précédent appel formé devant une autre cour d'appel territorialement incompétente (Cass. 2e civ. 27-2-2014 n° 13-11.199 : Bull. civ. II n° 50).

En revanche ne suffisent **pas** à constituer à eux seuls des **actes d'acquiescement** :
- le seul paiement d'une somme au titre des frais irrépétibles et des dépens (Cass. 2e civ. 23-3-2023 n° 21-20.289 F-B) ;
- le défaut d'accomplissement des diligences commandées par le juge (Cass. 3e civ. 21-6-2006 n° 05-12.975 : Bull. civ. III n° 153) ou la participation à une mesure d'instruction ordonnée par un jugement mixte (Cass. 3e civ. 7-5-02 n° 99-16.153 : Bull. civ. III n° 91) ;
- la notification du jugement à la partie adverse (Cass. com. 7-2-2012 n° 11-12.787 : RJDA 5/12 n° 540) ;
- la soumission à une décision exécutoire de plein droit (Cass. 3e civ. 15-2-2006 n° 01-70.106 : Bull. civ. III n° 34) ou présentée comme telle par erreur (Cass. 2e civ. 10-1-2008 n° 07-13.370 : Bull. civ. II n° 1) ;
- une demande d'échelonnement du paiement des condamnations prononcées en appel, le pourvoi en cassation n'étant pas suspensif (Cass. 3e civ. 27-4-2017 n° 16-11.078 FS-PBI : Bull. civ. III n° 55).

ÉTENDUE DE L'ACQUIESCEMENT AU JUGEMENT

17782 L'acquiescement n'empêche pas une partie de demander la rectification du jugement pour cause d'**erreur matérielle** si elle y a acquiescé sans déceler cette erreur (Cass. 2e civ. 7-7-2011 n° 10-21.061 : Bull. civ. II n° 152).
La renonciation n'engage que la **partie** ayant acquiescé, jamais les autres parties.
La soumission concerne en principe l'intégralité des **dispositions du jugement** si elles sont unies par un lien nécessaire ou indivisible (Cass. 2e civ. 30-6-1966 n° 64-12.080 : Bull. civ. II n° 716). Dans le cas contraire, l'acquiescement partiel est la règle : l'exécution volontaire par l'une des parties de l'une des dispositions d'une décision de justice n'entraîne de sa part aucun acquiescement relativement aux autres dispositions de ce jugement (Cass. 3e civ. 7-5-2002 n° 99-16.153 : Bull. civ. III n° 91 ; Cass. 1e civ. 12-5-2014 n° 12-23.791 F-D).

CHAPITRE 9 JUGEMENT

SOMMAIRE

DÉFINITION DU JUGEMENT

Le mot jugement doit être entendu dans son **acception** la plus **large**. Ainsi, là où la loi ne distingue pas (jugement, ordonnance, arrêt), le praticien ne doit pas distinguer. Le terme « jugement » tel qu'il est employé par le Code de procédure civile est donc synonyme de support de la décision du juge saisi par le justiciable. Le jugement peut émaner d'une formation **19000**

collégiale comme d'un juge unique, d'un juge des référés rendant une décision provisoire comme d'un juge rendant une décision définitive, d'un juge statuant en matière gracieuse ou sur requête comme d'un juge statuant contradictoirement, etc. Il existe donc de nombreuses formes de jugements qui comportent chacune certaines **spécificités**.
Les mesures d'administration judiciaire, qui consistent notamment à organiser le service de la juridiction, ne sont en revanche pas des jugements.

SECTION 1

DIVERSES FORMES DE JUGEMENTS

A. Jugement contentieux et jugement gracieux

DISTINCTION ENTRE JUGEMENT CONTENTIEUX ET GRACIEUX

19002 Le jugement contentieux est celui qui **tranche un litige** que les parties soumettent au tribunal.
Le jugement gracieux se dit du jugement rendu en l'**absence de litige** mais qui statue sur une demande dont la loi exige qu'elle soit soumise à son contrôle (CPC art. 25). Tel est le cas par exemple d'un jugement statuant sur un changement de nom ou autorisant à assigner à jour fixe.
Le jugement gracieux est susceptible d'appel, contrairement aux actes non juridictionnels ; la distinction entre eux n'est toutefois pas toujours aisée (n°s 23530 s.).
Dans le cadre d'une procédure gracieuse, le juge n'est pas tenu d'organiser une audience (CPC art. 28).

B. Jugement convenu

DÉFINITION DU JUGEMENT CONVENU

19005 Le jugement convenu (ou d'expédient), bien que méconnu, est très fréquent en pratique.
Les **parties** à un procès déjà né **conviennent** du contenu de leurs conclusions (ou des plaidoiries si la procédure est orale) pour lier le juge qui, dans la limite du respect de l'ordre public, rendra un jugement conforme. Le litige demeure et le juge est chargé de le trancher dans les limites prévues par les conclusions (ou les observations orales) des parties.

EXEMPLE

Des époux en instance de divorce échangent des conclusions concordantes sur la nature de la procédure choisie, le montant de la prestation compensatoire et les modalités d'exercice du droit de visite et d'hébergement.

RECOURS CONTRE UN JUGEMENT CONVENU

19007 Même si la théorie autorise un **appel** à l'encontre de ce type de jugement, en pratique, celui qui s'engagerait dans cette voie se verrait opposer la fin de non-recevoir tirée du défaut d'intérêt, car, par définition, le jugement convenu l'aura rempli de ses droits. En revanche, il est parfaitement envisageable pour un tiers qui y aurait intérêt de former **tierce opposition** contre ce même jugement.

C. Contrat judiciaire

CONTRAT JUDICIAIRE CONSTATANT UN ACCORD PAR LE JUGE

19015 Le contrat judiciaire revêt la forme d'un jugement rendu par le juge chargé d'entériner un accord, mais ce n'est **pas** un **véritable jugement**. À l'inverse du jugement convenu, le juge ne tranche pas de différend et se borne à **constater l'accord entre les parties**. Ce type de décision est extrêmement fréquent en pratique.
Le contrat judiciaire ne se forme qu'autant que les parties s'obligent dans les mêmes termes et leur engagement réciproque est constaté par le juge (Cass. 2e civ. 16-5-1990 n° 89-13.941 : Bull. civ. II n° 98 ; Cass. 1e civ. 6-10-2010 n° 09-69.367 F-D).

Le dispositif de la décision comporte souvent la mention : « donne acte aux parties de l'accord ; constate par voie de conséquence l'extinction de l'instance ».

EXEMPLE

Un emprunteur paie les causes du crédit, le prêteur abandonne ses poursuites. Le tribunal donne acte aux parties de l'accord ainsi trouvé et constate l'extinction de l'instance en ordonnant son dessaisissement.

RECOURS CONTRE UN CONTRAT JUDICIAIRE

En pareille hypothèse, le juge ne remplit **pas** un rôle d'**homologation** dont la décision aurait **autorité de la chose jugée** mais limite son intervention à constater un accord ; sa décision n'a pas le caractère d'un jugement et n'est donc pas susceptible d'appel (Cass. 2e civ. 14-4-1988 n° 86-18.350 : Bull. civ. II n° 79 ; Cass. 1e civ. 8-6-2004 n° 02-16.082 F-D). Cependant, si l'**accord** a été **vicié**, la décision peut être critiquée pour lésion ou pour toute autre cause de nullité. **19017**

D. Jugement sur le fond

DÉFINITION DU JUGEMENT SUR LE FOND

Le jugement sur le fond (ou jugement définitif) tranche tout ou partie du principal (CPC art. 480), c'est-à-dire les prétentions respectives des parties (CPC art. 4). **19025**
Ce jugement est revêtu de l'autorité de la chose jugée relativement à la contestation qu'il tranche (CPC art. 480). Le critère permettant de qualifier comme tel un jugement est celui du dessaisissement du juge relativement à cette contestation (CPC art. 481, al. 1).

ATTENTION

En procédure civile, **jugement définitif** et **jugement irrévocable** ne sont pas synonymes. Un jugement définitif ne devient irrévocable que lorsqu'il n'est plus susceptible d'aucune voie de recours : il acquiert alors force de chose irrévocablement jugée (CPC art. 500). Toutefois, dans un **contrat** de cession d'actions qui prévoyait un complément de prix payé après signification d'une « décision de justice définitive ayant autorité de chose jugée », il a été jugé que ces **termes** étaient **ambigus** et qu'il résultait de la volonté des parties de différer l'exigibilité du complément de prix à l'intervention d'une décision de justice irrévocable (Cass. com. 14-11-2018 n° 16-28.778 F-D : RJDA 1/19 n° 266). On ne peut que conseiller aux rédacteurs de contrats d'éviter d'utiliser l'expression « décision définitive » mais de parler, selon l'effet voulu, de « première décision au fond » ou de « décision irrévocable ».

INCIDENT DE PROCÉDURE

Revêt la nature de jugement sur le fond celui qui statue sur une exception de procédure, sur une fin de non-recevoir ou tout autre incident ; ce jugement est revêtu de l'autorité de la chose jugée relativement à la contestation qu'il tranche (CPC art. 480). **19030**
Dans les **procédures sans représentation obligatoire**, le jugement qui statue sur une exception de procédure dessaisit le juge de la contestation ainsi tranchée (qu'il l'accueille ou qu'il la rejette) mais il ne peut être frappé d'appel immédiatement que s'il met fin à l'instance (nos 23590 s.).
Lorsque la **représentation par avocat** est **obligatoire**, les exceptions de procédure, les incidents mettant fin à l'instance et toutes les fins de non-recevoir relèvent de la compétence exclusive du juge de la mise en état (CPC art. 789) ou du conseiller de la mise en état devant la cour d'appel (CPC art. 907). Les ordonnances du juge de la mise en état statuant sur les exceptions de procédure, qu'elles mettent ou non fin à l'instance (Cass. 2e civ. 9-1-2020 n° 18-21.997 F-PBI), sur les incidents mettant fin à l'instance et sur les fins de non-recevoir ont autorité de la chose jugée (CPC art. 794) et la voie de l'appel immédiat, dans les quinze jours à compter de leur signification, est ouverte (CPC art. 795 modifié par décret 2020-1452 du 27-11-2020). Depuis un avis de la Cour de cassation du 3 juin 2021 (Cass. 2e civ. 3-6-21 n° 21-70.006 avis n° 15008 P), le conseiller de la mise en état ne peut connaître ni des fins de non-recevoir déjà tranchées en première instance ni de celles qui n'auraient pas été tranchées mais qui, si elles étaient accueillies, auraient pour effet de remettre en cause ce qui a été jugé au fond par le premier juge.

E. Jugement avant-dire droit

CARACTÈRE PRÉPARATOIRE DU JUGEMENT AVANT-DIRE DROIT

Le jugement avant-dire droit est rendu dans une instance en cours par un juge déjà saisi, sa première vocation étant de préparer le jugement au fond qui tranchera le principal (au sens de l'art. 4 du CPC). **19040**

Il est toujours rendu dans le cadre d'une seule et même instance. C'est la première étape de celle-ci.
Ce jugement se borne dans son dispositif à ordonner une mesure d'**instruction** ou une **mesure provisoire** (CPC art. 482). Il n'a pas autorité de chose jugée sur le fond et ne dessaisit pas le juge. Le Code de procédure civile intitule la section dans laquelle s'inscrit ce type de jugement « les autres jugements » (CPC art. 482 s.). Cela ne signifie pas que cette catégorie est résiduelle, bien au contraire. C'est d'ailleurs celle qui est susceptible de poser le plus de problèmes lorsqu'il s'agit d'évaluer le droit d'appel (nos 23660 s.).

MESURE D'INSTRUCTION ORDONNÉE PAR UN JUGEMENT AVANT-DIRE DROIT

19044 Le jugement avant-dire droit peut ordonner une **mesure d'instruction** (CPC art. 482) telle, par exemple, qu'une mesure d'expertise.

EXEMPLE

Dans le cadre d'une action en nullité de la vente d'un véhicule introduite par l'acquéreur pour vice caché, le vendeur appelle en cause le fabriquant et demande l'organisation d'une mesure d'expertise. Le tribunal judiciaire rend un jugement ainsi libellé : « le Tribunal statuant contradictoirement et par jugement avant-dire droit susceptible d'appel sous les conditions prescrites par l'article 272 du CPC, ordonne une mesure d'expertise et désigne M. X..., renvoie la cause et les parties à l'audience du... pour qu'il soit statué sur le mérite de la citation introductive délivrée à la requête de... ».

MESURES PROVISOIRES ORDONNÉES PAR UN JUGEMENT AVANT-DIRE DROIT

19046 Le jugement avant-dire droit peut également ordonner des mesures provisoires (CPC art. 482). Il en est ainsi du jugement allouant une provision. Ce jugement est **exécutoire** de droit à titre provisoire (n° 20385).
Là encore, le jugement est préparatoire du jugement qui statuera sur le bien-fondé des demandes principales inscrites sur l'assignation introductive d'instance.

AUTORITÉ DE LA CHOSE JUGÉE DU JUGEMENT AVANT-DIRE DROIT

19050 La nature préparatoire des jugements avant-dire droit implique l'absence d'autorité de chose jugée sur le **fond du litige** (CPC art. 482). Cette règle a pour conséquence que le jugement avant-dire droit n'est en principe pas immédiatement susceptible d'**appel** (nos 23660 s.).
Le juge ne dit pas le droit, que ce soit dans le dispositif de sa décision ou surtout dans les motifs. Un motif contenu dans le jugement préparatoire qui pourrait laisser penser que le tribunal s'est forgé sa conviction dès le jugement avant-dire droit ne peut donc pas être invoqué au stade des débats devant le juge chargé de statuer au principal. Celui-ci n'est pas lié par le jugement avant-dire droit.
Le **juge qui a rendu la décision avant-dire droit** est en revanche lié par celle-ci. Il ne peut pas la modifier ou la rétracter, sauf faits nouveaux. Sa décision, revêtue de l'exécution provisoire (n° 20385), a donc une autorité de chose jugée au provisoire.

ABSENCE DE DESSAISISSEMENT DU JUGE PAR LE JUGEMENT AVANT-DIRE DROIT

19055 Le jugement avant-dire droit ne dessaisit par le juge (CPC art. 483) et ne met donc pas fin à l'**instance**.
Le délai de deux ans de **péremption** de l'instance (CPC art. 386) continue donc de courir et impose aux parties d'accomplir des **diligences interruptives** (Cass. 2e civ. 6-2-1991 n° 89-12.326 : Bull. civ. II n° 45). La suspension de l'instance ne dispense pas les parties de faire diligence en accomplissant les actes en lien avec l'instance, la continuant et démontrant leur volonté de la faire avancer.

CONSEIL

Le demandeur à l'expertise a intérêt à former une prétention (tendant à la reconnaissance de la responsabilité du défendeur par exemple) outre un **sursis à statuer** (CPC art. 378), dans l'attente du dépôt du rapport de l'expert. Si les opérations s'éternisent, il est vivement conseillé de déposer des **conclusions** contenant la totalité des prétentions même si le rapport de l'expert n'a pas encore été déposé. L'assignation initiale comme ces conclusions seront interruptives du délai de péremption.

F. Jugement mixte

DÉFINITION DU JUGEMENT MIXTE

Lorsque le jugement, à la fois, statue **sur le principal et, avant-dire droit**, ordonne une mesure d'instruction ou une mesure provisoire, il revêt la nature d'un jugement mixte. 19070

Par **exemple**, dans le cadre d'une action en responsabilité contre un médecin, le tribunal retient la responsabilité de celui-ci et, pour évaluer le préjudice souffert par la victime du dommage, ordonne une mesure d'expertise. Ce jugement est un jugement mixte.

Le **principal** doit s'entendre de l'objet du litige (CPC art. 4) et doit être très strictement apprécié. Il n'inclut pas les questions de procédure (recevabilité de la demande, exceptions de procédure, fins de non-recevoir ou tous autres incidents). 19072

Savoir si le juge qui a ordonné une mesure provisoire a également tranché une partie du principal n'est pas toujours facile. L'**enjeu** est important car l'appel des jugements mixtes est immédiat alors que celui des jugements avant-dire droit est, sauf dans les cas spécifiés par la loi, différé jusqu'au jugement au fond. Les solutions retenues par les tribunaux sur l'appréciation du caractère mixte d'une décision figurent nos 23610 s.

ATTENTION

Les **motifs du jugement** peuvent laisser penser que le tribunal a tranché le principal. Or, seules les mentions inscrites dans le **dispositif** du jugement sont susceptibles d'avoir autorité de la chose jugée (Cass. ass. plén. 15-3-2009 n° 08-16.033 : Bull. civ. ass. pl. n° 3) de sorte que, si le dispositif se borne à ordonner une mesure d'instruction ou une mesure provisoire, le jugement ne peut pas être qualifié de jugement mixte.

G. Ordonnance de référé

PRINCIPALES CARACTÉRISTIQUES DU RÉFÉRÉ

L'ordonnance de référé est rendue à la demande d'une partie, l'autre présente ou appelée, dans les cas où la loi confère à un juge qui n'est pas saisi du principal le pouvoir d'ordonner immédiatement les **mesures nécessaires** (CPC art. 484). La procédure de référé est donc **rapide** et **contradictoire**. 19090

Les parties sont, sauf disposition contraire, tenues de **constituer avocat** devant le tribunal judiciaire (CPC art. 760). Aucune disposition n'exclut cette règle pour les procédures de référé. Toutefois, à l'exclusion des matières relevant de la compétence exclusive du tribunal judiciaire qui ne sont pas dispensées du ministère d'avocat, pour lesquelles la constitution d'avocat est toujours obligatoire, les parties sont dispensées d'avocat (CPC art. 761 modifié par décret 2020-1452 du 27-11-2020) :

– pour les demandes d'un montant inférieur ou égal à 10 000 € ;
– pour les demandes indéterminées ayant pour origine l'exécution d'une obligation dont le montant n'excède pas 10 000 € ;
– dans les matières relevant du juge des contentieux de la protection ;
– dans les matières énumérées aux articles R 211-3-13 à R 211-3-16, R 211-3-18 à R 211-3-21 et R 211-3-23 du Code de l'organisation judiciaire (contentieux électoraux) ;
– dans les matières énumérées au tableau IV-II annexé au Code de l'organisation judiciaire (litiges relevant des chambres de proximité).

Les règles de la représentation obligatoire s'appliquent aussi en matière de référé devant le tribunal de commerce pour les demandes supérieures à 10 000 € ou ayant pour origine l'exécution d'une obligation dont le montant excède 10 000 €, sauf exceptions (CPC art. 853 modifié par décret 2020-1452 du 27-11-2020).

Le **juge compétent** est celui de la juridiction qui est compétente pour connaître de l'affaire au fond. Le juge des référés est, sauf au conseil de prud'hommes, un **juge unique** : juge du tribunal judiciaire, juge du contentieux de la protection, président du tribunal judiciaire, président du tribunal de commerce, premier président à la cour d'appel. Il existe cependant des facultés de délégation. Le juge des référés a en outre la possibilité de renvoyer l'affaire devant une formation collégiale.

Cette **procédure orale**, qui diffère **en fonction de la juridiction** saisie, est étudiée dans les développements consacrés aux différentes juridictions.

> **Précisions** **1.** La procédure de référé ne doit pas être confondue avec la **procédure accélérée au fond**. Aux anciens textes qui prévoyaient que le juge statuait « **en la forme des référés** » ou « **comme en matière de référé** » a été substituée, pour les demandes introduites à compter du 1er janvier 2020, une procédure accélérée au fond (CPC art. 839 modifié par décret 2020-1452 du 27-11-2020, au TJ). Le juge exerce alors ses pouvoirs selon les conditions prévues par l'article 481-1 du même Code. Sur cette procédure, voir nos 33350 s.
> **2.** La procédure de référé « suspension de l'exécution provisoire ou radiation » devant le premier président de la cour d'appel n'obéit pas aux règles de la représentation obligatoire, voir nos 20480 s.

PRINCIPAUX CAS DE RÉFÉRÉ

19092 Les **cas généraux** de référé prévus par les articles 834 et 835 du CPC (modifiés par décret 2020-1452 du 27-11-2020) qui concernent le tribunal judiciaire mais qui sont repris dans les articles propres aux autres juridictions (urgence en l'absence de contestation sérieuse, mesures conservatoires ou de remise en état, provision ou exécution d'une obligation) sont exposés nos 33220 s.
Ces cas peuvent être invoqués, outre devant le **tribunal judiciaire**, devant le **tribunal de commerce** et le **conseil de prud'hommes**.
Les cas de référé devant la **cour d'appel** sont plus restreints (nos 26982 s.).
Il existe également des référés spécifiques comme celui prévu par l'**article 145 du CPC** visant à obtenir une mesure d'instruction avant tout procès au fond pour conserver ou établir la **preuve** de faits dont pourrait dépendre la solution d'un litige (nos 13415 s).

> **Précisions** De nombreux **textes particuliers**, dont il ne peut être donné une liste exhaustive, prévoient la possibilité d'obtenir certaines mesures par ordonnance de référé. Tel est le cas, par exemple, pour faire cesser une atteinte au respect de la vie privée (C. civ. art. 9), ou des pratiques abusives en matière de concurrence (C. com. art. L 442-4, II). Le droit des sociétés prévoit aussi un grand nombre de mesures qui peuvent être ordonnées en référé. Généralement, les conditions de ces référés et la procédure à suivre obéissent au droit commun.

CARACTÈRE PROVISOIRE DU RÉFÉRÉ

19095 **Référé de droit commun** La décision de référé est provisoire. Elle n'a pas d'**autorité de chose jugée** sur le **fond** (CPC art. 484 et 488, al. 1). Une partie peut donc saisir le juge du fond pour qu'il rende un jugement qui remplacera l'ordonnance de référé.
La procédure de référé revêt toutefois un caractère **autonome** ; elle n'est pas toujours suivie d'une instance au fond.
L'ordonnance de référé a **autorité de chose jugée au provisoire.** Elle ne peut être modifiée ou rapportée en référé qu'en cas de **circonstances nouvelles** (CPC art. 488, al. 2). Il est parfois employé l'expression « autorité de la chose jugée relativement à la contestation tranchée ».

19097 Le **juge des référés** n'étant pas saisi du principal, il n'est pas dans son **pouvoir** :
– d'accorder des **dommages-intérêts,** sauf s'il s'agit d'une provision (Cass. 2e civ. 27-1-1993 n° 90-20.928 : Bull. civ. II n° 38) ;
– de prononcer la **résiliation d'un contrat** (pour un bail d'habitation, Cass. 3e civ. 21-11-1990 n° 89-17.249 : Bull. civ. III n° 254). Il peut en revanche constater la résiliation du bail et ordonner l'expulsion du locataire en application d'une clause résolutoire (Cass. 3e civ. 11-3-1980 n° 78-15.175 : Bull. civ. III n° 57, pour un bail commercial).

CARACTÈRE EXÉCUTOIRE DU RÉFÉRÉ

19105 L'ordonnance de référé est exécutoire à titre provisoire (CPC art. 514-1, al. 3).
Sur les conséquences du caractère exécutoire **de droit**, voir nos 20460 s.
L'exécution provisoire peut être subordonnée à la constitution d'une garantie, réelle ou personnelle, suffisante pour répondre de toutes restitutions ou réparations (CPC art. 517).
Si nécessaire, il peut être ordonné que l'exécution de l'ordonnance de référé ait lieu au seul vu de la **minute** (CPC art. 489), c'est-à-dire de l'original de l'ordonnance, sans attendre la **copie exécutoire**.
Les minutes des ordonnances de référé sont conservées au secrétariat de la juridiction (CPC art. 492).

19107 Il peut être demandé au premier président de la cour d'appel d'**arrêter l'exécution provisoire** de droit sous certaines conditions cumulatives qui doivent être strictement remplies (nos 27050 s.).

19109 Le juge statuant en référé peut prononcer des condamnations à des **astreintes**. Il peut les liquider, à titre provisoire. Il statue sur les **dépens** (CPC art. 491).

RECOURS CONTRE L'ORDONNANCE DE RÉFÉRÉ

L'ordonnance de référé peut être frappée d'**appel** sauf quand elle émane du premier président de la cour d'appel ou quand elle a été rendue en dernier ressort en raison du montant ou de l'objet de la demande (CPC art. 490, al. 1). 19115
L'ordonnance rendue en dernier ressort par défaut est susceptible d'**opposition** (CPC art. 490, al. 2).
Le **délai** d'appel ou d'opposition est de quinze jours (CPC art. 490, al. 3). En l'absence de disposition contraire, ce délai court à compter de la notification de l'ordonnance et non de son prononcé (CPC art. 528). En appel, la procédure obéit aux règles de la procédure d'urgence (CPC art. 905 modifié par décret 2020-1452 du 27-11-2020, 905-1 et 905-2 ; n°s 23300 s.).
Toutes les ordonnances de référé ne sont cependant pas susceptibles d'appel immédiat (n°s 23710 s.).
Si l'ordonnance de référé est infirmée en appel, elle n'est plus exécutoire et ne peut donc pas fonder une mesure d'exécution forcée (Cass. 1e civ. 13-5-2014 n° 12-25.511 : RJDA 8-9/14 n° 724).

H. Ordonnance sur requête

PRINCIPALES CARACTÉRISTIQUES DE L'ORDONNANCE SUR REQUÊTE

L'ordonnance sur requête est une décision provisoire rendue non contradictoirement dans les cas où le requérant est fondé à ne pas appeler de partie adverse (CPC art. 493). 19135
Cette atteinte au principe du contradictoire est strictement encadrée. Le requérant doit démontrer en quoi les **circonstances de l'espèce** justifient cette atteinte (Cass. 2e civ. 19-3-2015 n° 14-14.389 : Bull. civ. II n° 68).
La **représentation** par avocat ou par officier ministériel, selon le cas, est obligatoire pour présenter une requête devant le tribunal judiciaire, dans les matières où les parties ne sont pas dispensées de représentation par avocat (CPC art. 846). Il en est de même devant la cour d'appel, pour les matières où la représentation est obligatoire (CPC art. 959) et devant le tribunal de commerce pour les matières où la représentation est obligatoire (CPC art. 853 modifié par décret 2020-1452 du 27-11-2020 et 874).
Le détail de la procédure est exposé dans les développements consacrés à chaque juridiction.
Sont exposées ci-dessous les caractéristiques générales de l'ordonnance sur requête.

L'ordonnance sur requête peut être obtenue en cas d'**urgence** (n°s 34010 s.), règles applicables au tribunal judiciaire en vertu de l'article 845 du CPC, mais transposables au tribunal de commerce. Elle peut aussi intervenir dans des cas spécifiés par des textes. Ainsi, l'**article 145 du CPC** permet d'obtenir sur requête une mesure d'instruction avant tout procès au fond, pour conserver ou établir la preuve de faits dont pourrait dépendre la solution d'un litige, dans les cas où le recours au référé serait inopportun. D'**autres textes** épars permettent d'utiliser cette procédure. Ils sont présentés dans les développements relatifs à chaque juridiction. 19137

CARACTÈRE EXÉCUTOIRE DE L'ORDONNANCE SUR REQUÊTE

L'ordonnance sur requête est exécutoire au seul vu de la minute, c'est-à-dire de l'**original** de l'ordonnance (CPC art. 495, al. 2). 19145
Le **double** de l'ordonnance est **conservé** au greffe (CPC art. 498).
Une **copie** de la requête et de l'ordonnance est laissée à la **personne à laquelle elle est opposée** (CPC art. 495, al. 3), cette disposition ne s'appliquant qu'à la personne qui supporte l'exécution de la mesure, qu'elle soit ou non défendeur potentiel au procès envisagé (Cass. 2e civ. 4-6-2015 n° 14-14.233 FS-PB et n° 14-16.647 FS-PB : Bull. civ. II n° 145 ; Cass. 2e civ. 13-11-2015 n° 13-27.563 FS-PB : Bull. civ. II n° 251). Il n'est pas nécessaire, en revanche, de laisser une copie des **pièces** invoquées à l'appui de cette requête (Cass. 2e civ. 14-1-2021 n° 20-15.673 F-PBI). Mais l'huissier ou commissaire de justice qui, en exécution d'une ordonnance le désignant sur le fondement de l'article 145 du CPC, s'est rendu sur les lieux de sa mission et a justifié de sa qualité, **sans pouvoir exécuter cette mission**, n'est pas tenu de laisser à la personne à laquelle l'ordonnance est opposée la copie prévue par l'article 495, al. 3 (Cass. 2e civ. 30-11-2016 n° 15-15.035 FS-PB).
L'article 495, al. 3 étant destiné à faire respecter le **principe de la contradiction**, le demandeur en nullité d'un constat d'huissier ou de commissaire de justice effectué en exécution d'une ordonnance rendue sur requête n'a pas besoin d'établir l'existence d'un préjudice spécifique (Cass. 2e civ. 1-9-2016 n° 15-23.326 F-PB). Par ailleurs, en cas de pluralité de défendeurs, celui auquel l'ordonnance a été notifiée ne peut pas se prévaloir du défaut de notification aux autres défendeurs pour demander la nullité de la procédure (Cass. 2e civ. 14-11-2013 n° 12-26.930 : Bull. civ. II n° 222).

19146 **Remise de la copie de l'ordonnance et de la requête**
En cas d'infirmation de l'ordonnance ayant rejeté la requête, seule la copie de la requête remise postérieurement au rejet de la première et l'arrêt infirmatif doivent être laissés à la personne à laquelle elle est opposée. L'arrêt infirmatif vaut ordonnance sur requête (Cass. 2e civ. 12-1-2023 n° 21-10.469 F-B).

RECOURS CONTRE L'ORDONNANCE SUR REQUÊTE

19150 **S'il n'est pas fait droit à la requête**, appel peut être interjeté à moins que l'ordonnance n'émane du premier président de la cour d'appel. Le délai d'appel est de quinze jours (CPC art. 496, al. 1), à compter de la date de l'ordonnance.
S'il est fait droit à la requête, tout intéressé peut en référer au juge qui a rendu l'ordonnance (CPC art. 496, al. 2).
Pour plus de détails sur ces recours, voir nos 34050 s.

RÉTRACTATION DE L'ORDONNANCE SUR REQUÊTE

19155 Le juge a la faculté de modifier ou de rétracter son ordonnance, même si le juge du fond est saisi de l'affaire (CPC art. 497). L'instance en rétractation d'une ordonnance sur requête a pour seul objet de soumettre à l'examen d'un débat contradictoire les mesures initialement ordonnées à l'initiative d'une partie en l'absence de son adversaire, et la saisine du juge de la rétractation se trouve limitée à cet objet. Dès lors, seul le juge des requêtes qui a rendu l'ordonnance peut être saisi d'une demande de rétractation de celle-ci (Cass. 2e civ. 19-3-2020 n° 19-11.323 F-PBI).

I. Jugement contradictoire

CARACTÉRISTIQUES DU JUGEMENT CONTRADICTOIRE

19170 Le jugement qui tranche un **contentieux** suppose l'opposition d'intérêts qui ont été défendus par chacune des parties. Soit le défendeur a comparu et l'on parle de jugement contradictoire, soit il n'a pas comparu, et le jugement est, selon les cas, un jugement par défaut ou un jugement réputé contradictoire (nos 19250 s.).
L'**intérêt pratique** de la bonne **qualification** du jugement réside dans la détermination des voies de recours et, pour les huissiers ou commissaires de justice, des mentions qu'il convient de porter sur les procès-verbaux de signification des actes qu'ils sont chargés de délivrer.

19172 Le jugement est contradictoire dès lors que les parties comparaissent **en personne ou par mandataire,** selon les **modalités propres à la juridiction** devant laquelle la demande est portée (CPC art. 467).
En matière de procédure avec représentation obligatoire, la comparution se fait par la constitution d'un avocat.
Comparaître c'est donc être présent à l'instance ou s'y faire représenter.
Sauf exception, un jugement ne peut pas être contradictoire si le défendeur ne comparaît pas, mais il peut l'être si c'est le **demandeur** qui ne comparaît pas (nos 19180 s.).
Le législateur a par ailleurs envisagé l'incidence sur le caractère contradictoire du jugement de l'absence de **diligences procédurales** par les parties (nos 19220 s.).

19174 Lorsqu'une demande en **référé** porte sur une mesure d'**instruction** exécutée par un technicien ou sur une mesure d'**expertise**, le **défendeur** qui a indiqué, avant l'audience, **acquiescer** à la demande, est dispensé de comparaître et la décision rendue dans ces conditions est contradictoire (CPC art. 486-1).

1. JUGEMENT EN CAS DE DÉFAUT DE COMPARUTION DU DEMANDEUR

JUGEMENT DIT « CONTRADICTOIRE »

19180 Le jugement contradictoire suppose en principe la comparution de toutes les parties. Cependant, il peut arriver que le demandeur ne comparaisse pas. Cette situation s'observe **plus fréquemment** dans les procédures sans représentation obligatoire.
Un jugement rendu après défaut de comparution du demandeur est qualifié de jugement dit contradictoire. Un tel jugement n'est toutefois susceptible d'être rendu que si le demandeur n'avait pas d'empêchement légitime.

EMPÊCHEMENT LÉGITIME DU DEMANDEUR DE COMPARAÎTRE À L'AUDIENCE

Le demandeur peut avoir un motif légitime l'empêchant de comparaître à l'audience : par **exemple**, un déplacement professionnel attesté par l'employeur ou encore un empêchement médical ou familial. 19185
Le demandeur doit **avertir le juge** avant l'audience des motifs de son absence, le juge n'ayant pas à rechercher d'office un motif légitime de non-comparution (Cass. soc. 8-10-1981 n° 79-40.975 : Bull. civ. V n° 773 ; Cass. 2e civ. 16-6-1993 n° 91-21.692 : Bull. civ. II n° 209 ; Cass. 2e civ. 21-10-2010 n° 09-16.068 F-D).
Si le juge estime que le motif invoqué est effectivement légitime, il doit **renvoyer** l'affaire à une audience ultérieure.
Si en réponse à sa **demande de renvoi faite par courriel**, un courriel émanant du tribunal a été transmis au demandeur, qui en a accusé réception, lui indiquant qu'avec l'accord du magistrat l'audience a été reportée, le juge d'instance qui, à l'audience, **refuse** le renvoi, méconnaît le principe du contradictoire et celui du droit à un procès équitable (Cass. 2e civ. 24-9-2015 n° 14-21.145 F-PB : Bull. civ. II n° 219).
La **non-réception des écritures** et pièces adverses ne constitue pas un empêchement légitime de comparaître à l'audience fixée à l'occasion d'une **procédure orale** (Cass. 2e civ. 28-6-2012 n° 11-21.051 : Bull. civ. II n° 125).

DÉFAUT DE MOTIF LÉGITIME DU DEMANDEUR DE COMPARAÎTRE À L'AUDIENCE

Si, sans motif légitime, le demandeur ne comparaît pas, la loi prévoit **deux possibilités** : 19190
– le prononcé, à la demande du défendeur, d'un jugement dit contradictoire ;
– la caducité de l'assignation.

Le **défendeur** peut **requérir un jugement sur le fond** qui sera contradictoire (CPC art. 468, al. 1). 19192
Le défendeur qui soumet oralement ses demandes à la juridiction requiert nécessairement celle-ci de statuer sur le fond (Cass. soc. 14-3-2007 n° 05-45.414 : Bull. civ. V n° 50).
Seul le défendeur peut requérir une décision au fond (Cass. 2e civ. 17-10-2002 n° 01-04.051 : Bull. civ. II n° 228 ; Cass. 2e civ. 15-3-2012 n° 11-10.049 : Bull. civ. II n° 51). Le juge ne peut donc pas d'office rendre un tel jugement et en l'absence de demande du défendeur, le juge ne peut que prononcer la caducité ou renvoyer l'affaire. Cette solution est également applicable à la **procédure d'appel** : si l'appelant ne comparaît pas, seul l'intimé peut demander un jugement sur le fond (Cass. 2e civ. 19-11-2015 n° 14-11.350 FS-PB : Bull. civ. II n° 253).
Mais le juge n'est pas tenu de faire droit à la demande du défendeur et peut renvoyer à une audience ultérieure (CPC art. 468, al. 1).

Le juge peut aussi, à la requête du défendeur ou d'office, prononcer la **caducité de l'assignation** (CPC art. 468, al. 2). 19194
La caducité entraîne l'extinction de l'instance à titre principal (CPC art. 385), soit l'anéantissement rétroactif de tous les actes y afférents.

La **décision de caducité** peut néanmoins être **rapportée** si le demandeur fait connaître au greffe dans un délai de quinze jours le motif légitime qu'il n'aurait pas été en mesure d'invoquer en temps utile (CPC art. 468, al. 2). Ce délai court à compter de l'audience à laquelle le demandeur n'a pas comparu. Les juges du fond doivent établir l'absence d'empêchement légitime à comparaître lorsqu'ils rejettent une demande de rétractation de la décision de caducité (Cass. 2e civ. 4-6-2020 n° 19-12.907 F-D). 19196
Si le juge accueille la demande, il convoque une deuxième fois à une audience ultérieure (CPC art. 468, al. 2).

Lorsque le juge a déclaré caduque une citation en justice, la voie de l'**appel** n'est ouverte qu'à l'égard de la décision par laquelle le juge refuse de rétracter sa première décision (Cass. 2e civ. 17-6-1998 n° 95-12.810 : Bull. civ. II n° 193). 19198

Une assignation dont la caducité est constatée n'interrompt pas le cours de la **prescription** de sorte que si une seconde assignation est délivrée hors du délai légal, l'action se trouve prescrite (Cass. ass. plén. 3-4-1987 n° 86-11.536 : Bull. ass. pl. n° 2). 19200

2. JUGEMENT EN CAS DE DÉFAUT D'ACCOMPLISSEMENT DES ACTES DE PROCÉDURE

Si, après avoir comparu, **l'une des parties** s'abstient d'accomplir les actes de la procédure dans les délais requis, le juge statue par jugement contradictoire au vu des éléments dont il dispose (CPC art. 469, al. 1). 19220

Si la carence provient du **demandeur**, le défendeur peut demander au juge de déclarer la citation caduque (CPC art. 469, al. 2). Dans cette hypothèse, la caducité ne peut pas être prononcée d'office par le juge.

19222 Si **aucune des parties** n'accomplit les actes de la procédure dans les délais requis, le juge peut, d'office, radier l'affaire par une décision non susceptible de recours, après un dernier avis adressé aux parties elles-mêmes et à leur mandataire si elles en ont un (CPC art. 470).
La radiation emporte suppression de l'affaire du rang des affaires en cours (CPC art. 381, al. 2). À moins que la péremption de l'instance ne soit acquise si aucune des parties n'accomplit la moindre diligence pendant deux ans (CPC art. 386), l'affaire peut être rétablie sur justification de l'accomplissement des diligences (CPC art. 383). La radiation est donc une sanction moins grave que la caducité.

CONSEIL

Lorsque **le demandeur ne comparaît pas ou qu'il s'abstient d'accomplir les actes de procédure** dans les délais prescrits par la juridiction, le défendeur, qui ne souhaite pas que l'affaire soit jugée, doit solliciter la caducité de l'assignation.

J. Jugement par défaut et jugement réputé contradictoire

DÉFAUT DE COMPARUTION DU DÉFENDEUR À L'AUDIENCE

19250 Le jugement par défaut, comme le jugement réputé contradictoire, suppose un défaut de comparution du défendeur. Les qualifications de ces deux jugements sont souvent confondues alors qu'ils correspondent à des hypothèses différentes, définies nos 19270 s.
Ainsi, les décisions sont qualifiées de réputées contradictoires alors qu'elles devraient revêtir la nature de décisions de défaut.
Cette **erreur de qualification** peut avoir des conséquences importantes sur la nature des **voies de recours** à envisager et les mentions à inscrire sur les actes de signification. Le CPC a pallié ces difficultés puisque la qualification inexacte d'un jugement par les juges qui l'ont rendu est sans effet sur le droit d'exercer un recours et que l'irrecevabilité du recours exercé par erreur peut être couverte (CPC art. 536 ; nos 23140 s.).

19252 L'absence du défendeur ne doit pas paralyser l'instance introduite. Ainsi, malgré la non-comparution du défendeur, il est **statué sur le fond** (CPC art. 472, al. 1).
Le **juge** ne fait toutefois droit à la demande que dans la mesure où il l'**estime** régulière, recevable et bien fondée (CPC art. 472, al. 2).
Ces règles sont applicables à la **procédure d'appel** : si l'intimé ne conclut pas, il est néanmoins statué sur le fond, et le juge ne fait droit aux prétentions et moyens de l'appelant que dans la mesure où il les estime réguliers, recevables et bien fondés, en examinant, au vu des moyens d'appel, la pertinence des motifs par lesquels le premier juge s'est déterminé (Cass. 2e civ. 3-12-2015 n° 14-26.676 F-PB : Bull. civ. II n° 266). Lorsque la cour d'appel retient que l'irrecevabilité des conclusions et des pièces de l'intimé prive de tout fondement juridique la condamnation prononcée en sa faveur en première instance, elle doit ordonner la réouverture des débats et inviter les parties à s'expliquer (Cass. 2e civ. 2-7-2020 n° 18-25.681 F-D).
En matière de procédure sans représentation obligatoire, après un premier appel à l'audience et en l'absence du défendeur et de son avocat à l'audience de renvoi, le juge doit s'assurer que l'action est bien fondée, par un examen même succinct des prétentions du demandeur (Cass. 3e civ. 1-2-2018 n° 16-27.204 F-PB).

19254 Le juge ne peut pas statuer avant l'expiration du **délai de comparution**. Dans le cas où il y a **plusieurs défendeurs** cités pour le même objet (nos 19305 s.) et où les délais de comparution ne sont pas identiques pour chaque partie, le juge doit alors attendre l'expiration du plus long délai de comparution, sur première ou seconde citation (CPC art. 474, al. 1).
Cette obligation est la conséquence du fait que le juge statue à l'égard de tous les défendeurs par **un seul et même jugement**, sauf si des circonstances exigent qu'il soit statué à l'égard de certains d'entre eux seulement (CPC art. 475, al. 2).

19256 Le jugement par défaut ou le jugement réputé contradictoire rendu contre une **partie demeurant à l'étranger** doit constater expressément les diligences faites en vue de donner connaissance de l'acte introductif d'instance au défendeur (CPC art. 479). Aucune sanction n'est prévue en l'absence de cette constatation (CA Rouen 6-6-1996 n° 94/05233 : JCP G 1997 IV p. 660).

Le droit de l'Union européenne ne s'oppose pas au prononcé d'un jugement par défaut à l'encontre d'un défendeur auquel, dans l'impossibilité de le localiser, l'acte introductif d'instance a été signifié par voie de publication selon le droit national, à condition que la juridiction saisie se soit auparavant assurée que toutes les recherches requises par les principes de diligence et de bonne foi ont été entreprises pour retrouver ce défendeur (CJUE 15-3-2012 aff. 292/10).
Cette règle est également transposable à la procédure d'appel : l'appelant chargé de faire diligence pour signifier ses écrits à l'intimé défaillant résidant à l'étranger doit s'assurer d'une remise effective des éléments de procédure et non pas se contenter de l'acte d'accomplissement que lui retourne l'huissier ou commissaire de justice chargé de transmettre le tout à l'entité requise (Cass. 2e civ. 11-4-2019 n° 17-31.497 F-PBI).

1. JUGEMENT PAR DÉFAUT PROPREMENT DIT

JUGEMENT PAR DÉFAUT EN CAS DE DÉFENDEUR UNIQUE

En cas de défendeur unique, doit être qualifié de jugement par défaut celui qui remplit les **conditions cumulatives** suivantes (CPC art. 473, al. 1) : **19270**
– le défendeur n'a pas comparu ;
– la décision est rendue en dernier ressort (elle n'est donc pas susceptible d'appel) ;
– la citation n'a pas été délivrée à personne.
Ces conditions rendent ce jugement rare en **pratique.**

EXEMPLE

Un arrêt d'appel est rendu en matière de divorce. L'intimé ne se fait pas représenter (il ne comparaît donc pas) et l'appelante qui doit l'assigner ne parvient pas à lui faire délivrer l'assignation à personne (CPC art. 902 et 911).
L'arrêt d'appel rendu en dernier ressort est un arrêt de défaut.

JUGEMENT PAR DÉFAUT EN CAS DE PLURALITÉ DE DÉFENDEURS

En cas de pluralité de défendeurs cités pour le même objet (nos 19305 s.), le jugement est rendu par défaut lorsque les **conditions** suivantes sont réunies (CPC art. 474, al. 2) : **19275**
– la décision n'est pas susceptible d'appel ;
– l'une au moins des parties qui n'ont pas comparu n'a pas été citée à personne.
Par **exemple,** un arrêt d'appel est rendu en présence de plusieurs intimés dont l'un d'eux ne comparaît pas. Ce dernier n'a en outre pas été cité à personne. L'arrêt de la cour d'appel sera qualifié d'arrêt de défaut. Mais seul le défendeur auquel la citation n'a pas été délivrée à personne a la qualité de défaillant pour faire opposition à l'arrêt d'appel (Cass. 1e civ. 23-9-2020 n° 19-13.652 F-PB).

RÉITÉRATION DE LA CITATION

Si la citation n'a pas été délivrée à personne, le **demandeur** peut réitérer celle-ci ; la réitération peut également être demandée par le **juge** (CPC art. 471, al. 1). **19280**

La citation est, sauf application des règles particulières à certaines juridictions, réitérée selon les **formes** de la première citation (bien souvent, une assignation par acte d'huissier ou commissaire de justice). Mais si celle-ci émanait du greffe de la juridiction, le juge peut ordonner qu'elle soit faite par acte d'huissier ou commissaire de justice (CPC art. 471, al. 2). **19282**

Selon les cas, la nouvelle citation doit faire **mention** des dispositions des articles suivants (CPC art. 471, al. 2) : **19284**
– 472 du CPC prévoyant qu'il est statué sur le fond malgré la non-comparution du défendeur et 473 du CPC décrivant les circonstances selon lesquelles le jugement sera qualifié de « rendu par défaut » ou de « réputé contradictoire » ;
– ou 474, al. 2 du CPC décrivant les circonstances selon lesquelles, en cas de **pluralité de défendeurs**, le jugement sera qualifié de « rendu par défaut » ou de « réputé contradictoire ».

Le **juge** peut aussi **informer le défendeur**, par lettre simple, des conséquences de son abstention (CPC art. 471, al. 3). **19286**

CONSEIL

Le demandeur a intérêt à tenter la réitération afin d'éviter d'ouvrir au défendeur la voie de l'opposition, celle-ci permettant d'obtenir la rétractation de la décision rendue.

2. JUGEMENT RÉPUTÉ CONTRADICTOIRE

JUGEMENT RÉPUTÉ CONTRADICTOIRE EN CAS DE DÉFENDEUR UNIQUE

19300 Le jugement est réputé contradictoire lorsque :
– le défendeur ne comparaît pas (CPC art. 473, al. 1) **et** la décision est susceptible d'appel (CPC art. 473, al. 2) ;
– **ou**, le défendeur ne comparaît pas (CPC art. 473, al. 1) **et** la citation lui a été délivrée à personne (CPC art. 473, al. 2).

ILLUSTRATIONS

Sont réputés contradictoires les jugements suivants :
– un jugement de divorce, susceptible d'appel, rendu après défaut de comparution du défendeur et alors que l'assignation a été délivrée au fils majeur (et non pas à la personne même du destinataire) ;
– un arrêt de cour d'appel, rendu après défaut de comparution de l'intimé, alors que l'assignation lui a été délivrée à personne ;
– un jugement en dernier ressort en raison du montant de la demande rendu après défaut de comparution du défendeur alors qu'il a été cité à personne.

JUGEMENT RÉPUTÉ CONTRADICTOIRE EN CAS DE PLURALITÉ DE DÉFENDEURS

19305 En cas de pluralité de défendeurs cités pour le même objet, le jugement est réputé contradictoire **à l'égard de tous** (CPC art. 474, al. 1) lorsque :
– l'un au moins des défendeurs ne comparaît pas **et** la décision est susceptible d'**appel** ;
– **ou, ceux** des défendeurs **qui ne comparaissent pas** ont été cités à personne.
Sur le calcul du taux de ressort en présence d'une demande dirigée contre plusieurs défendeurs, voir n°s 2058 s.

19307 **Identité d'objet** La notion d'identité d'objet doit être rapprochée de celle de « titre commun » prévue en matière de détermination de l'intérêt du litige (n°s 2058 s.).
Pour apprécier l'identité d'objet, le juge doit s'en tenir aux **prétentions principales** qui sont formées et non pas à la possible **jonction** de plusieurs instances.
Par **exemple**, dans un même lotissement, plusieurs colotis s'opposent sur la violation des obligations d'élagage et deux d'entre eux sont par ailleurs adversaires dans le cadre d'une procédure en bornage de propriété.
Même si les deux instances pourraient être jointes dans le souci d'une bonne administration de la justice (voir les critères de la jonction d'instance : n°s 17004 s.), l'identité d'objet ne pourrait cependant pas être revendiquée.

19309 **Défaut d'identité d'objet** En l'absence d'identité d'objet, chaque défendeur est traité différemment comme s'il était un défendeur unique.
Cette hypothèse est rare **en pratique**, les magistrats retenant le plus souvent comme critère de qualification de leur jugement de défaut celui de l'unicité d'instance au lieu de l'identité d'objet. Cette qualification quoique erronée, protège les intérêts de la partie défaillante qui a la faculté de former opposition contre la décision improprement qualifiée de décision de défaut alors qu'elle aurait dû être qualifiée de décision réputée contradictoire et ne lui ouvrir que la voie de l'appel.

3. JUGEMENT NON AVENU

CARACTÉRISTIQUES DU JUGEMENT NON AVENU

19330 Le **jugement** rendu par défaut (n°s 19270 s.) ou le jugement réputé contradictoire au seul motif qu'il est susceptible d'appel (n°s 19300 s.) doit être **notifié** dans les six mois de sa date ; **à défaut**, il est non avenu (CPC art. 478, al. 1). Le jugement réputé contradictoire au motif que la citation a été délivrée à la personne du défendeur n'est pas visé.
La **notification** régulière est celle qui est faite **aux parties** dans les six mois du prononcé du jugement. Par suite, doit être déclaré non avenu le jugement signifié à partie plus de six mois après son prononcé, même s'il a été signifié dans le délai au mandataire de la partie (Cass. 2e civ. 14-4-1988 n° 86-18.183 : Bull. civ. II n° 81).
Le moyen tiré du caractère non avenu du jugement constitue une **exception de procédure**, et non une fin de recevoir, qui doit donc être soulevée avant toute défense au fond (Cass. 2e civ. 22-11-2001 n° 99-17.875 : Bull. civ. II n° 171 ; CA Toulouse 28-3-1995 n° 95-438 : Bull. inf. C. cass. n° 600).

> **Précisions** Les **dispositions** de l'article 478 du CPC ne sont **pas applicables** aux arrêts rendus par la Cour de cassation (Cass. 2e civ. 2-3-2000 n° 97-11.736 : Bull. civ. II n° 37 ; Cass. 3e civ. 13-10-2004 n° 02-21.444 : Bull. civ. III n° 172), aux arrêts d'une cour d'appel réputés contradictoires (Cass. 2e civ. 26-1-2017 n° 15-28.173 F-PB), aux jugements qui ne dessaisissent pas le juge, tels qu'une décision de sursis à statuer (Cass. 2e civ. 6-1-2005 n° 02-19.506 : Bull. civ. II n° 2) ou en matière de distribution du prix de vente d'un immeuble saisi (Cass. 2e civ. 5-1-2017 n° 15-29.148 F-PB : RJDA 4/17 n° 278).

AUTEUR DE LA DEMANDE DU JUGEMENT NON AVENU

Le **juge** saisi d'un recours contre le jugement susceptible d'être déclaré non avenu ne peut soulever d'office ce moyen. En principe, seule la **partie défaillante** que l'article 478 du CPC cherche à protéger a qualité pour invoquer le caractère non avenu du jugement réputé contradictoire ou par défaut (Cass. 2e civ. 17-5-2018 n° 17-17.409 F-PB). La notion de partie défaillante n'est pas précisée par le Code de procédure civile, mais la Cour de cassation définit cette dernière comme **celle qui n'a été ni citée à personne ni comparante** (Cass. 2e civ. 4-9-2014 n° 13-16.703 : Bull. civ. II n° 177). **19345**

Si, parmi plusieurs **codéfendeurs** qui n'ont **pas comparu**, certains n'ont pas été cités à personne et un autre l'a été, celui-ci ne peut pas profiter de l'applicabilité aux autres codéfendeurs non cités à personne de l'article 478 du CPC s'il ne démontre pas l'**indivisibilité du litige** (Cass. 2e civ. 23-9-2004 n° 02-14.200 : Bull. civ. II n° 420).

Par **exemple**, un jugement réputé contradictoire est rendu par un tribunal judiciaire, à charge d'appel, entre un demandeur et cinq défendeurs. Seuls quatre défendeurs sont cités à personne, le cinquième a été cité par procès-verbal de recherche infructueuse (CPC art. 659). Le jugement n'est pas signifié dans les six mois du prononcé. En principe, le défaillant non cité à personne devrait être le seul recevable à invoquer le caractère non avenu. Toutefois, l'un des cinq autres défaillants cités à personne peut également invoquer ce moyen s'il établit le lien d'indivisibilité.

La **partie défaillante** n'est pas recevable à invoquer le caractère non avenu d'un jugement qui ne lui fait pas **grief** (Cass. 2e civ. 27-6-2013 n° 11-23.256 : D. 2013 act. p. 1694).

RENONCIATION À SE PRÉVALOIR DU CARACTÈRE NON AVENU D'UN JUGEMENT

Dans l'hypothèse où la partie défaillante relève appel du jugement, elle est considérée comme ayant renoncé à se prévaloir du caractère non avenu du jugement (Cass. 2e civ. 10-7-2003 n° 99-15.914 : Bull. civ. II n° 245 ; Cass. 2e civ. 23-9-2004 n° 02-17.882 : Bull. civ. II n° 419). Mais si elle conclut principalement au caractère non avenu du jugement et **subsidiairement au fond** en demandant, fut-ce de façon très sommaire, la réformation du jugement, la cour d'appel ne peut pas se borner à déclarer l'appel irrecevable mais doit au contraire statuer sur le bien-fondé du recours (Cass. 2e civ. 24-9-2015 n° 14-20.456 F-PB : Bull. civ. II n° 215). **19350**

De même, l'opposition de la partie défaillante emporte renonciation au bénéfice des dispositions de l'article 478 du CPC (Cass. 2e civ. 23-6-2011 nos 10-20.563 et 10-20.564 : Bull. civ. II n° 141).

Ce n'est que dans l'hypothèse où la partie défaillante serait intimée sur un appel interjeté par une autre partie contre le jugement en question qu'elle pourrait invoquer en défense ce moyen tiré du caractère non avenu du jugement.

JUGE COMPÉTENT POUR DÉCLARER UN JUGEMENT NON AVENU

Le juge compétent pour déclarer non avenu un jugement est le juge de l'exécution (JEX) qui dispose pour ce faire d'une compétence de principe. **19360**

Cette compétence s'exercera **dans le cadre de contestation des mesures d'exécution** entreprises contre le défaillant (cf. C. org. jud. art. L 213-6). Cette exécution ne serait par définition entreprise qu'après l'expiration du délai de six mois et notification préalable du jugement (cf. CPC art. 503) intervenant également au-delà de ce même délai.

La compétence du JEX a également été reconnue **en dehors de toute procédure d'exécution** (Cass. 2e civ. 11-10-1995 n° 93-14.326 : Bull. civ. II n° 233), la demande tendant à faire déclarer un jugement non avenu ayant pour objet de lui faire perdre son caractère de titre exécutoire (Cass. 2e civ. 16-5-2013 n° 12-15.101 : Bull. civ. II n° 94).

EFFETS DU JUGEMENT NON AVENU

Le jugement qui déclare non avenu un précédent jugement anéantit les effets de ce dernier mais pas ceux de l'assignation initiale. La loi prévoit en effet que le demandeur d'origine peut **réitérer la citation primitive** (CPC art. 478, al. 2). Il importe alors sur le plan formel d'inscrire sur la citation la mention « réitérative ». **19365**

Des conclusions contenant une demande reconventionnelle en paiement ne valent pas réitération de la citation primitive, même dans le cadre d'une procédure orale devant un tribunal de commerce. La notion de citation primitive étant interprétée restrictivement par la Cour de cassation, il n'est pas question de réitérer par voie de conclusions alors que les juges avaient initialement été saisis par voie d'assignation (Cass. 2e civ. 15-5-2014 n° 13-17.893 : Bull. civ. II n° 110).
En matière d'appel avec représentation obligatoire, la réitération sera faite par voie de déclaration d'appel.

> **Précisions** La procédure peut être **reprise** après réitération de la citation primitive devant la **juridiction compétente** à la date de la réitération (Cass. 2e civ. 16-1-2012 n° 10-16.289 : Bull. civ. II n° 5). Cette juridiction peut donc être différente de celle initialement compétente (par exemple en cas de changement de domicile du défendeur).

4. RECOURS CONTRE UN JUGEMENT PAR DÉFAUT OU RÉPUTÉ CONTRADICTOIRE

19380 Contre les **jugements** rendus **par défaut**, la voie de l'opposition est en principe ouverte (CPC art. 476).
Le **jugement réputé contradictoire** ne peut être frappé de recours que par les voies ouvertes contre les jugements contradictoires (CPC art. 477).

RELEVÉ DE FORCLUSION

19382 Le **défendeur** a la faculté d'être **relevé de la forclusion** résultant de l'expiration des délais de recours si, sans qu'il y ait eu faute de sa part, il n'a pas eu connaissance du jugement en temps utile ou s'il s'est trouvé dans l'impossibilité d'agir (CPC art. 540).
Sur le cas du comparant forclos pour relever appel faute de notification du jugement dans les deux ans du prononcé, voir CPC art. 528-1 et nos 23340 s.

SECTION 2 DÉBATS À L'AUDIENCE

PRINCIPES APPLICABLES AUX DÉBATS

19410 Les débats se tiennent le jour de l'**audience** fixé par la juridiction saisie (CPC art. 432). Ils obéissent à des règles précises qui doivent être observées à peine de nullité (cf. CPC art. 446). Les débats sont en principe **publics** et leur déroulement doit répondre aux exigences de **loyauté** et d'**équilibre**.

A. Publicité des débats

DÉBATS EN MATIÈRE CONTENTIEUSE

19420 **Principe et exceptions légales** L'audience publique est une des conditions permettant de garantir un **procès équitable** (CESDH art. 6).
La publicité des débats est le principe général qui ne s'efface que lorsque la loi exige que les débats aient lieu en **chambre du conseil** (CPC art. 433, al. 1).
Sans préjudice de l'application des autres dispositions législatives, et sauf devant la Cour de cassation, les débats ont lieu en chambre du conseil (Loi 72-626 du 5-7-72 art. 11-1) :
– dans les matières relatives à **l'état et à la capacité des personnes** déterminées par décret ; ainsi les débats sur la cause, les conséquences du divorce et les mesures provisoires ne sont pas publics (C. civ. art. 248) ;
– dans les matières intéressant la **vie privée** déterminées par décret.
Lorsque les débats ont lieu en chambre du conseil en **première instance**, il doit en être de même en **appel,** sauf si un texte en dispose autrement (CPC art. 433, al. 2).

> **Précisions** **Loi pour la confiance dans l'institution judiciaire** : Il est ajouté à la loi du 29 juillet 1881 sur la liberté de la presse, un article 38 quater prévoyant la possibilité d'**enregistrer les audiences**, dont les modalités seront précisées par **décret**.

L'**enregistrement sonore ou audiovisuel** d'une audience peut être autorisé, pour un motif d'intérêt public d'ordre pédagogique, informatif, culturel ou scientifique, en vue de sa diffusion.
La **demande** d'autorisation d'enregistrement et de diffusion doit être adressée au ministre de la justice.
Lorsque l'audience n'est pas publique, l'enregistrement est subordonné à l'accord préalable et écrit des parties au litige. Lorsqu'un **majeur bénéficiant d'une mesure de protection juridique** est partie à l'audience, qu'elle soit publique ou non, l'enregistrement est subordonné à l'accord préalable du majeur apte à exprimer sa volonté ou, à défaut, de la personne chargée de la mesure de protection juridique. Lorsqu'un **mineur est partie à l'audience**, qu'elle soit publique ou non, l'enregistrement est subordonné à l'accord préalable du mineur capable de discernement ainsi qu'à celui de ses représentants légaux ou, le cas échéant, de l'administrateur ad hoc désigné.
Les modalités de l'enregistrement ne doivent porter atteinte ni au bon déroulement de la procédure et des débats, ni au libre exercice de leurs droits par les parties et les personnes enregistrées, dont la confidentialité des échanges entre l'avocat et son client. Le magistrat chargé de la police de l'audience peut, à tout moment, suspendre ou arrêter l'enregistrement. Cette décision constitue une mesure d'administration judiciaire insusceptible de recours.
La **diffusion, intégrale ou partielle**, de l'enregistrement n'est possible qu'après que l'affaire a été définitivement jugée. La diffusion est réalisée dans des conditions ne portant atteinte ni à la sécurité, ni au respect de la vie privée des personnes enregistrées, ni au respect de la présomption d'innocence. Cette diffusion est accompagnée d'éléments de description de l'audience et d'explications pédagogiques et accessibles sur le fonctionnement de la justice.
L'image et les autres éléments d'identification **des personnes enregistrées** ne peuvent être diffusés qu'avec leur **consentement** donné par écrit avant la tenue de l'audience. Les personnes enregistrées peuvent rétracter ce consentement dans un délai de quinze jours à compter de la fin de l'audience. L'image et les autres éléments d'identification des **mineurs** ou des **majeurs bénéficiant d'une mesure de protection juridique** ne peuvent, en aucun cas, être diffusés. Aucun élément d'identification des personnes enregistrées ne peut être diffusé cinq ans après la première diffusion de l'enregistrement ou dix ans après l'autorisation d'enregistrement. L'accord écrit des parties au litige ou des personnes enregistrées ne peut faire l'objet d'aucune contrepartie.
Après recueil de l'avis des parties, les **audiences publiques devant la Cour de cassation** peuvent être diffusées le jour même, sur décision de l'autorité compétente au sein de la juridiction, dans des conditions qui seront fixées par décret.
Le fait de **diffuser un enregistrement sans respecter les conditions** de diffusion énoncées ci-dessus est puni d'un an d'emprisonnement et de 15 000 € d'amende.
La **cession des droits** sur les images enregistrées emporte de droit transfert au cessionnaire des obligations et interdictions prévues au présent article (Loi 2021-1779 du 22-12-2021 art. 1 : JO 23 texte n° 2).
En outre, un décret et un arrêté ont précisé les modalités d'application des dispositions permettant **l'enregistrement des audiences en vue de leur diffusion** (loi du 29-7-1881 art. 38 quater créé par loi 2021-1729 du 22-12-2021 art. 1, Décret 2022-462 du 31-3-2022 et arrêté du 31-3-2022 : JO du 1-4 textes nos 19 et 21).

Procédure sans audience Au **tribunal judiciaire**, lorsque les parties ont donné leur **accord** pour que la procédure se déroule sans audience, le président déclare l'instruction close et fixe la date de dépôt des dossiers au greffe (C. org. jud. art. L 212-5-1 ; CPC art. 778, al. 5). En ce cas, la procédure est exclusivement écrite. Toutefois, le tribunal peut décider de tenir une audience s'il estime qu'il n'est pas possible de rendre une décision au regard des preuves écrites ou si l'une des parties en fait la demande (C. org. jud. art. L 212-5-1, al. 2). Les parties peuvent donner expressément leur accord pour que la procédure se déroule sans audience **à tout moment** de la procédure. Dans ce cas, le juge organise les échanges entre les parties. Celles-ci formulent leurs prétentions et leurs moyens par écrit. La communication entre elles est faite par lettre recommandée avec demande d'avis de réception ou par notification entre avocats et il en est justifié auprès du juge dans les délais qu'il impartit. Le juge fixe la date avant laquelle les parties doivent communiquer au greffe leurs prétentions, moyens et pièces. À cette date, le greffe informe les parties de la date à laquelle le jugement sera rendu. Celui-ci est contradictoire (CPC art. 828 modifié par décret 2020-1452 du 27-11-2020). 19422
Par ailleurs, au **tribunal de commerce**, la formation de jugement peut dispenser une partie qui en fait la demande de se présenter à une audience ultérieure (CPC art. 446-1 al. 2). Dans ce cas, le juge organise les échanges entre les parties. La communication entre elles est faite par lettre recommandée avec demande d'avis de réception ou par notification entre avocats et il en est

justifié auprès de la formation de jugement dans les délais qu'elle impartit. À l'issue de la dernière audience, le greffe informe les parties de la date à laquelle le jugement sera rendu (CPC art. 861-1 modifié par décret 2020-1452).
La possibilité de recourir à la procédure sans audience a été **étendue** à la procédure de référé (CPC art. 836-1 créé par décret 2020-1452), à la procédure accélérée au fond (CPC art. 839 modifié par décret 2020-1452) et à la procédure à jour fixe (CPC art. 843 modifié par décret 2020-1452).

19424 **Pouvoir du juge** En dehors des cas obligatoires, le juge peut décider que les débats auront lieu ou se poursuivront en chambre du conseil s'il doit résulter de leur publicité une atteinte à l'intimité de la **vie privée**, ou si **toutes les parties** le demandent, ou s'il survient des désordres de nature à troubler la **sérénité de la justice** (CPC art. 435 ; loi 72-626 du 5-7-72 art. 11-1, dernier al.).
En outre, sans préjudice de l'application des autres dispositions législatives, et sauf devant la Cour de cassation, les débats ont lieu en chambre du conseil dans les matières mettant en cause le **secret des affaires** « dans les conditions prévues au 3° de l'article L 153-1 du Code de commerce » (Loi 72-626 du 5-7-1972 art. 11-1).
Le juge peut, d'office ou à la demande d'une partie ou d'un tiers, si la protection du **secret des affaires** ne peut être assurée autrement et sans préjudice de l'exercice des droits de la défense, décider que les débats auront lieu en chambre du conseil lorsque, à l'occasion d'une instance civile ou commerciale ayant pour objet une mesure d'instruction sollicitée avant tout procès au fond ou à l'occasion d'une instance au fond, il est fait état ou est demandée la **communication** ou la production **d'une pièce** dont il est allégué par une partie ou un tiers ou dont il a été jugé qu'elle est de nature à porter atteinte à un secret des affaires (C. com. art. L 153-1).

DÉBATS EN MATIÈRE GRACIEUSE

19430 En matière gracieuse, l'audience se tient en chambre du conseil (CPC art. 434 ; Loi 72-626 art. 11-1). La **nature particulière de la matière** soumise à l'examen du juge chargé de statuer sur demande gracieuse explique l'absence de publicité des débats.
Par **exemple**, l'action aux fins d'**adoption** est instruite et débattue en chambre du conseil (CPC art. 1167 et 1170).

SANCTION

19435 La sanction susceptible de frapper le jugement rendu sans respecter les règles sur la publicité des débats prévues aux articles 433, 434 et 435 du CPC est la **nullité**, celle-ci devant être soulevée avant la **clôture des débats** et ne pouvant être relevée d'office par le juge (CPC art. 446). Cette sanction trouve toutefois peu à s'appliquer.
En effet, lors de l'audience, s'il apparaît ou s'il est prétendu que les débats doivent avoir lieu en chambre du conseil alors qu'ils se déroulent en audience publique, ou, à l'inverse qu'ils se déroulent en chambre du conseil alors qu'ils devraient être publics, le président peut **rectifier l'erreur** (CPC art. 437).
Par ailleurs, l'**effet dévolutif de l'appel** a pour conséquence, en cas de recours formé contre le jugement argué de nullité, d'obliger la cour à statuer également sur le fond du litige (CPC art. 561 s.).

B. Composition de la juridiction lors des débats

DIVERSITÉS DE FORMATIONS LORS DES DÉBATS

19450 La composition de la juridiction est réglementée par le Code de l'organisation judiciaire (CPC art. 430 ; C. org. jud. art. L 212-1 s.). La composition peut prendre diverses formes.
Le tribunal judiciaire statue en formation collégiale, sous réserve des exceptions tenant à l'objet du litige ou à la nature des questions à juger. Dans les matières disciplinaires ou relatives à l'état des personnes, sous réserve des dispositions particulières aux matières de la compétence du juge aux affaires familiales et du juge des contentieux de la protection mentionné à l'article L 213-4-1 du Code de l'organisation judiciaire, le tribunal judiciaire ne peut statuer à juge unique (C. org. jud. art. L 212-1).
Lorsqu'une affaire, compte tenu de l'objet du litige ou de la nature des questions à juger, est portée devant le tribunal judiciaire statuant à juge unique, le renvoi à la formation collégiale peut être décidé, d'office ou à la demande de l'une des parties, dans les cas prévus par décret.

Cette décision constitue une mesure d'administration judiciaire qui n'est pas susceptible de recours (C. org. jud. art. L 212-2).

En **formation collégiale stricto sensu**, trois magistrats siègent à l'audience : le président et deux assesseurs (C.org. jud. art. L 212-3). Parmi les trois magistrats se trouve le juge de la mise en état chargé de faire un rapport oral de l'affaire (CPC art. 804). Mais très souvent, alors que cela devrait être « exceptionnel » (CPC art. 804 précité), c'est un autre magistrat qui se charge du rapport.

En **formation collégiale** à magistrat unique ou en formation collégiale composée de deux magistrats, le magistrat rapporteur assiste à l'audience et fait ensuite un compte rendu d'audience aux autres membres de la juridiction qui vont délibérer avec lui. Seule la conscience professionnelle du juge chargé de faire son rapport sur les plaidoiries à ses collègues permet de garantir une impartialité dans le délibéré. Cette formation peut notamment être utilisée au tribunal judiciaire dans les procédures avec représentation obligatoire, à condition que les avocats soient d'accord (CPC art. 805).

En **formation à juge unique**, le magistrat préside l'audience et délibère seul.

La **formation solennelle** devant la cour d'appel comprend cinq ou sept magistrats : le président et des conseillers appartenant à plusieurs chambres (C. org. jud. art. L 312-2). Par exemple, sur renvoi après cassation, le premier président de la cour d'appel peut, d'office ou à la demande d'une partie, renvoyer l'affaire devant une audience solennelle (C. org. jud. art. R 312-9).

> **Précisions** Lorsqu'elle statue en matière de **contentieux de la sécurité sociale** (C. org. jud. art. L 211-16), la **formation collégiale** du tribunal judiciaire est **composée** du président du tribunal judiciaire, ou d'un magistrat du siège désigné par lui pour le remplacer, et de deux assesseurs représentant les travailleurs salariés, pour le premier, et les employeurs et les travailleurs indépendants, pour le second. Dans le cas où la formation collégiale est **incomplète**, l'audience est reportée à une date ultérieure, dans des conditions fixées par décret, sauf accord des parties pour que le président statue seul après avoir recueilli, le cas échéant, l'avis de l'assesseur présent.
> L'**audience** ne peut être **reportée** plus d'une fois. Dans le cas où, à la deuxième audience, la formation collégiale ne peut à nouveau siéger au complet, le président statue seul après avoir recueilli, le cas échéant, l'avis de l'assesseur présent (C. org. jud. art. L 218-1).

IRRÉGULARITÉ DE LA COMPOSITION LORS DES DÉBATS

Un **jugement** rendu par une composition irrégulière de la juridiction est **nul** (CPC art. 430, al. 1). **19455**
Par **exemple**, un président de chambre d'une cour d'appel siège en audience collégiale de fond alors qu'il siégeait au tribunal de première instance, à l'audience ayant donné lieu au jugement frappé d'appel.

Dans le souci d'éviter des moyens dilatoires et l'anéantissement rétroactif de l'ensemble d'une **19457**
procédure, le législateur impose aux parties, **à peine d'irrecevabilité** de leur moyen, de soulever l'irrégularité de la composition (CPC art. 430, al. 2) :

– dès l'ouverture des débats, si elle est connue ;
– dès sa révélation, si elle survient postérieurement.

Si l'irrégularité n'est pas soulevée au **moment** de sa constatation, le jugement subséquent est réputé avoir été régulièrement rendu et aucune nullité ne peut ensuite prospérer. Ainsi, une audience normalement collégiale qui se tient à juge unique n'est pas irrégulière si les parties (procédure sans représentation obligatoire) ou les avocats (procédure avec représentation obligatoire) ne s'y sont pas opposés à l'ouverture des débats (en ce sens, pour une formation à juge rapporteur dans le cadre d'une procédure avec représentation obligatoire, voir Cass. 2e civ. 13-1-2000 n° 97-17.150 F-D). De même a été rejeté un pourvoi formé contre un arrêt d'appel en raison de l'absence de mention, dans cette décision, que la personne assistant le président faisait fonction de greffier. En effet, les contestations sur la qualité du personnel de greffe assistant à l'audience de jugement doivent être présentées dans les conditions de l'article 430, al. 2 du CPC, ce qui n'était pas le cas en l'espèce (Cass. 2e civ. 14-11-2019 n° 18-19.465 F-PBI).

Encore faut-il bien sûr que la **partie** ait été **en mesure de soulever le moyen**. Jugé qu'on ne peut **19460**
reprocher à un justiciable de s'être abstenu de soulever l'irrégularité structurelle du tribunal du contentieux de l'incapacité alors qu'en l'état des textes applicables, il s'exposait à ne pas voir statuer sur sa demande, faute de pouvoir s'adresser à une juridiction autrement composée (Cass. 2e civ. 8-3-2005 n° 03-19.747 : Bull. civ. II n° 55).

En pratique, le juge qui préside l'audience soit modifiera sur-le-champ la composition de la juridiction si celle-ci dispose d'un nombre suffisant de magistrats pour venir compléter la formation, soit ordonnera le renvoi à une audience ultérieure.

19465 La **présence** dans la composition de la juridiction **d'une personne dont la profession ou les fonctions ne l'habilitent pas** à en faire partie est une cause d'irrégularité d'une telle gravité que le moyen de nullité obéit à un régime autonome permettant par conséquent à une partie de soulever la nullité après la clôture des débats (CPC art. 430, al. 3). Entre par **exemple** dans ce cas la mention d'un jugement qui fait apparaître un auditeur de justice comme faisant partie de la composition de la juridiction alors qu'il a simplement assisté aux débats.

CHANGEMENT DE COMPOSITION LORS DES DÉBATS

19470 Lorsqu'une affaire, compte tenu de l'objet du litige ou de la nature des questions à juger, est portée devant le **tribunal judiciaire statuant à juge unique** (CPC art. 812), le **renvoi à la formation collégiale** peut être décidé, d'office ou à la demande de l'une des parties, dans les cas prévus par décret. Cette décision constitue une mesure d'administration judiciaire qui n'est pas susceptible de recours (C. org. jud. art. L 212-2).

Lorsque la **complexité du litige** l'exige, le président d'une juridiction peut prévoir que les débats aient lieu au cours de **plusieurs audiences** (CPC art. 432, al. 1), un changement de composition de la juridiction pouvant survenir avant la fin de l'instance.

Si ce **changement** dans la composition de la juridiction a lieu **après l'ouverture des débats** (par exemple, un magistrat souffrant se trouve dans l'impossibilité de siéger), ceux-ci doivent être repris par la nouvelle composition (CPC art. 432, al. 2). Puis, si le président ordonne la **réouverture** des débats, ceux-ci doivent également être repris par la nouvelle composition (CPC art. 444, al. 2). Le non-respect de ces règles est sanctionné par la nullité (CPC art. 446).

> **Précisions** **En pratique**, l'audience est suspendue (par mention au dossier, mesure d'administration judiciaire ou déclaration du juge inscrite au registre d'audience) et reprise après que la juridiction a été complétée, soit dans la même journée, soit à une audience ultérieure.

INFLUENCE DES RÈGLES SUPRANATIONALES SUR LA COMPOSITION

19480 L'exigence du **procès équitable** (CESDH art. 6) n'impose pas la tenue des audiences en formation collégiale. Dès lors que les avocats acceptent de plaider devant un magistrat unique qui doit faire son **rapport à la formation collégiale** sous peine de nullité de sa décision (Cass. 1e civ. 3-4-2002 n° 00-10.946 F-D), les principes posés par la Cour européenne des droits de l'Homme sont respectés.

19482 Il est cependant fréquemment relevé en **pratique** que le souci de statuer dans un délai raisonnable est synonyme de formation restreinte des juridictions, par souci d'**organisation matérielle**. On observe ainsi que délai raisonnable et impartialité du juge sous-entendant une formation collégiale sont deux principes fondamentaux qui devraient se combiner mais qui parfois s'opposent.

C. Déroulement des débats

DEMANDES DE RENVOI À L'AUDIENCE

19500 Les demandes de renvoi sont purgées lors de l'« **appel des causes** », expression fréquemment utilisée en pratique mais absente du Code de procédure civile. C'est le moment, au début de l'audience, au cours duquel il est fait lecture par le magistrat ou le greffier de la liste des dossiers fixés et inscrits sur le registre d'audience. En pratique, de nombreux dossiers étant fixés à la même heure, les demandes de renvoi sont examinées en priorité.

Le **principe du contradictoire** doit être respecté lors d'une demande de renvoi ; ainsi le juge ne peut pas refuser le renvoi si un courriel émanant du tribunal a été transmis au demandeur, en réponse à sa demande de renvoi, lui indiquant qu'avec l'accord du magistrat l'audience a été reportée (Cass. 2e civ. 24-9-2015 n° 14-21.145 F-PB : Bull. civ. II n° 219).

Le renvoi de l'affaire est une **mesure d'administration judiciaire** insusceptible de recours (Cass. 2e civ. 6-5-1987 n° 86-10.581 : Bull. civ. II n° 106).

Le juge peut, dans l'exercice de son pouvoir discrétionnaire, refuser de renvoyer à une audience ultérieure en l'absence d'empêchement légitime de la partie l'ayant demandé (Cass. 2e civ. 16-3-2017 n° 15-26.744 F-PB).

Si **le juge refuse le renvoi** alors que toutes les parties l'acceptent, elles doivent faire une demande écrite et motivée de retrait du rôle de l'affaire (CPC art. 382). Le procès est en effet la chose des parties (CPC art. 2).

ATTENTION

Lorsqu'**une affaire a déjà fait l'objet d'un renvoi** à la demande d'une partie pour répondre aux conclusions de l'adversaire, et sauf circonstances exceptionnelles, une **nouvelle demande** de renvoi formée par la même partie ne devrait être acceptée que sous réserve qu'elle ait, au préalable, fait connaître son argumentation en réponse (dépôt de conclusions). À défaut, la partie qui subit le renvoi se trouve privée, faute de diligences de son adversaire, de son droit d'être jugée dans un bref délai.

OUVERTURE DES DÉBATS

Si **le juge retient l'affaire** lors de l'appel des causes, elle est ensuite évoquée en audience publique ou en chambre du conseil pour que les parties échangent leurs arguments au soutien de leurs prétentions. **19515**

En matière de **procédure avec représentation obligatoire** devant le tribunal judiciaire, l'ouverture des débats marque le dessaisissement du magistrat de la mise en état (CPC art. 799, al. 5 modifié par décret 2021-1322 du 11-10-2021) et le pouvoir du tribunal de révoquer l'ordonnance de clôture (CPC art. 803, al. 3). Jugé en appel que le conseiller de la mise en état était resté compétent pour statuer sur des irrecevabilités de conclusions fondées sur les articles 909 et suivants du CPC dès lors que la clôture avait été reportée et qu'il n'était donc pas dessaisi (Cass. 2e civ. 9-4-2015 n° 13-28.707 F-PB : Bull. civ. II n° 94). **19517**

La décision du conseiller de la mise en état statuant sur la révocation de la clôture étant une mesure d'administration judiciaire qui relève de sa compétence propre ne peut être remise en cause par la cour statuant sur le fond du litige (Cass. 2e civ. 1-3-2018 n° 17-11.284 F-PB).

Les moyens tirés de l'**irrégularité dans la composition de la juridiction ou dans la publicité** des débats doivent être invoqués entre l'ouverture et la clôture des débats (n° 19457). **19519**

POLICE DE L'AUDIENCE

Le président doit veiller à l'**ordre** de l'audience et tout ce qu'il ordonne pour l'assurer doit être immédiatement exécuté (CPC art. 438, al. 1). **19525**

Les **personnes qui assistent à l'audience** doivent observer une **attitude** digne et garder le respect dû à la justice. Il leur est interdit de parler sans y avoir été invitées, de donner des signes d'approbation ou de désapprobation, ou de causer du désordre de quelque nature que ce soit (CPC art. 439, al. 1).

Le **président** peut faire **expulser** toute personne qui n'obtempère pas à ses injonctions, sans préjudice des poursuites pénales ou disciplinaires qui pourraient être exercées contre elle (CPC art. 439, al. 2).

CONDUITE DE L'AUDIENCE

Le président dirige les débats. À l'ouverture des débats, il donne la parole au **juge rapporteur** dans le cas où un rapport doit être fait (CPC art. 440, al. 1). Dans les procédures avec représentation obligatoire devant le tribunal judiciaire, ce rapport, qui exceptionnellement peut être fait par le président lui-même, précise les principaux éléments du litige et met en avant ceux qui sont propres à éclairer le débat, sans toutefois faire connaître l'avis du magistrat qui en est l'auteur (CPC art. 804). En vertu des règles communes à toutes les juridictions, le juge rapporteur peut laisser en suspens les **questions** de fait ou de droit **qui posent difficultés** et demander aux parties ou à leurs représentants d'y répondre. En effet, le président ou les juges peuvent inviter les parties à fournir les explications de droit ou de fait qu'ils estiment nécessaires ou à préciser ce qui paraît obscur (CPC art. 442). En **pratique,** cette faculté a tendance à devenir le principe. Le président de la formation de jugement peut désormais, pour un motif légitime, autoriser **une partie, un témoin, un expert ou toute autre personne convoquée** et qui en aura fait expressément la demande à être **entendu par un moyen de communication audiovisuelle** au cours de l'audience ou de l'audition. Le **président** de la formation de jugement l'y **autorise** s'il estime que son audition à distance est compatible avec la nature des débats et le respect du principe du contradictoire. Cette décision constitue une mesure d'administration judiciaire. Les caractéristiques techniques des moyens de télécommunication audiovisuelle utilisés doivent permettre de s'assurer de l'**identité** des personnes y participant. Elles doivent également assurer la qualité de la transmission et, lorsque l'audience ou l'audition n'est pas publique, la confidentialité des échanges. Ces caractéristiques sont précisées par arrêté du ministre de la justice. Le président dirige les débats depuis la salle d'audience où se trouvent également, le cas échéant, les autres membres de la formation de jugement, le ministère public et le greffier. Il contrôle, lors de l'audience, que les conditions dans lesquelles la personne se connecte sont compatibles avec le **19535** respect de la **dignité et de la sérénité** des débats. Ces conditions sont présumées réunies lorsque la personne se connecte depuis le local professionnel d'un avocat sur le territoire national ou à l'étranger (C. org. jud. art. L 111-12-1 et art. R 111-7-1, Loi 2021-1779 du 22-12-2021 art. 54 : JO 23 texte n° 2 et décret 2022-79 du 27-1-2022 : JO 29 texte n° 16).

19538 Après le rapport, la parole est donnée aux parties ou à leurs avocats. Le **demandeur** puis le **défendeur** sont invités à exposer leurs prétentions (CPC art. 440, al. 2).
L'**ordre** prescrit pour l'exposé des prétentions des parties doit également être respecté. Par exemple, un moyen de nullité invoqué par le défendeur doit être plaidé en début d'audience. L'article 446 du CPC qui énumère les causes de nullité des débats ne vise toutefois pas le non-respect des dispositions de l'article 440.
Dans le cadre d'une **procédure orale**, une partie peut être considérée comme n'ayant pas valablement saisi la juridiction de ses prétentions et moyens si, à l'audience, son conseil se limite à déposer son dossier de plaidoirie et ne soutient donc pas ses conclusions écrites alors que le président ne l'en a pas dispensé (Cass. 2e civ. 15-5-2014 n° 12-27.035 : Bull. civ. II n° 111).
Durant les débats, la liberté d'expression de l'**avocat** est un principe absolu qui ne souffre dérogation que dans la limite du respect dû à la juridiction (en ce sens, Cass. 1e civ. 4-5-2012 n° 11-30.193 : Bull. civ. I n° 96, rectifié par Cass. 1e civ. 17-10-2012 n° 11-30.193). Les **parties** elles-mêmes, même si elles sont représentées par un avocat et sous certaines limites (inexpérience, manque de clarté ou indécence des propos) peuvent présenter des observations (CPC art. 441).

19540 Le strict souci du respect du **contradictoire à l'audience** n'a de sens qu'en matière de **procédure orale**. Le demandeur s'explique en premier, puis le défendeur répond et forme le cas échéant des demandes incidentes auxquelles le demandeur répond à son tour. Si ces dernières sont découvertes à l'audience par le demandeur, le juge doit, soit les écarter pour violation du principe du contradictoire, soit ordonner la réouverture des débats.
Toutefois, les décrets 2010-1165 du 1er octobre 2010 et 2017-892 du 6 mai 2017 tendent à instaurer une véritable **mise en état** des dossiers lorsque la **procédure** est **orale**. Cela implique la rédaction de conclusions et la moindre importance donnée aux audiences de plaidoirie et donc aux débats (CPC art. 446-1 à 446-4). Pour plus de détails, voir nos 33080 s.

19548 La **place de l'audience dans le procès** civil n'est plus la même qu'auparavant. Les procédures orales peuvent laisser une large place aux conclusions écrites et, dans les procédures avec représentation obligatoire devant la cour d'appel, les dossiers complets avec les pièces sont déposés au greffe quinze jours avant la date fixée pour l'audience de plaidoiries (CPC art. 912, al. 3). Cette disposition issue de la réforme entrée en vigueur le 1er janvier 2011 (Décret 2009-1524 du 9-12-2009) a pour but d'éclairer le magistrat chargé du rapport avant l'audience et de remplacer peu à peu le monologue de la plaidoirie de l'avocat par un dialogue conduit par le juge.
Par ailleurs, le recours à la procédure sans audience est désormais expressément prévu tant en procédure écrite qu'en procédure orale (voir n° 19422).

PARTICIPATION DU MINISTÈRE PUBLIC À L'AUDIENCE

19560 **Participation obligatoire à l'audience** Le ministère public doit être présent à l'audience lorsque (CPC art. 431, al. 1) :
– il est partie principale ;
– il représente autrui ;
– sa présence est rendue obligatoire par la loi.
Dans ces différents cas, il ne peut donc pas se contenter de présenter des observations écrites.

19565 **Participation facultative** Lorsque le ministère public n'est pas partie principale et que sa présence n'est pas rendue obligatoire par la loi, il n'est pas tenu de se présenter à l'audience et peut limiter sa participation à des **observations écrites** qui peuvent n'être portées à la connaissance des parties que le jour des débats (CPC art. 431). **S'il est présent**, le ministère public a le dernier la parole et dispose au surplus du pouvoir de demander que son audition soit reportée à une prochaine audience (CPC art. 443, al. 2). Les parties ont la possibilité de répondre aux observations du ministère public par une note en délibéré (n° 19690 s.).
Les parties ne sont pas recevables à invoquer la règle prescrite pour l'**ordre de la parole,** seul le ministère public étant recevable à critiquer la décision rendue en violation de celle-ci (Cass. 1e civ. 9-7-2002 n° 00-10.029 F-D).

19570 **Respect du contradictoire** Que la présence du ministère public à l'audience soit obligatoire ou facultative, il doit résulter clairement des énonciations de la décision rendue que les parties ont été mises en mesure de débattre contradictoirement en **connaissance des arguments du ministère public** (en ce sens, Cass. 1e civ. 23-1-2008 n° 07.11.297 : Bull. civ. I n° 26).

La preuve de la **communication au ministère public** de la procédure est libre (mention de la décision, conclusions signifiées, etc.). Il suffit, selon la jurisprudence, que figure dans le registre d'audience la présence du ministère public pour établir la communication de la procédure et éviter ainsi un motif de cassation (voir par exemple Cass. 1e civ. 10-2-1993 n° 91-14.248 : Bull. civ. I n° 68).
L'absence de communication d'un avis écrit du ministère public aux termes duquel il déclare s'en rapporter à justice ne peut servir de fondement au non-respect du principe du contradictoire car, cet avis étant sans influence sur la solution du litige, il ne peut être assimilé à des conclusions écrites au sens de l'article 431 du CPC et n'a donc pas à être communiqué (Cass. com. 1-4-2014 n° 13-13.574 : Bull. civ. IV n° 66).

D. Registre d'audience et procès-verbal d'audience

Le registre d'audience (ou plumitif d'audience) est un élément essentiel du procès. Ce registre est un document détenu par le greffier sur lequel figure notamment la date, le nom des juges et des parties (CPC art. 728). **19600**

En matière de **procédure orale**, le procès-verbal d'audience ou le dossier de la juridiction sont les seuls moyens dont disposent les parties pour s'assurer que la totalité de leurs prétentions, si elles n'ont pas été inscrites sur des conclusions, sera soumise à l'examen du juge. **19602**

Si le **juge** souhaite **soulever d'office** un moyen de fond à l'audience, les parties sont réputées en avoir débattu sauf s'il résulte du procès-verbal d'audience que ce moyen de fond n'a pas été abordé (Cass. soc. 5-12-2001 n° 99-45.419 F-D). **19604**

Si le juge ne statue pas sur toutes les prétentions contenues sur le procès-verbal d'audience, il appartient à la partie intéressée de présenter une **requête en omission de statuer** (CPC art. 463) ou en **retranchement** s'il a été accordé plus qu'il n'a été demandé ou si le juge a statué sur des choses non demandées (CPC art. 464). **19606**

E. Clôture et réouverture des débats

CLÔTURE DES DÉBATS

La clôture des débats marque en principe la fin du temps d'audience et le début du délibéré. **19630**

Dès qu'il estime la **juridiction éclairée**, le président fait cesser les plaidoiries ou les observations présentées par les parties pour leur défense (CPC art. 440, al. 3). Cette manifestation non équivoque de mettre un terme aux débats suffit à les clôturer. **19632**
Lorsque le ministère public est partie jointe, la clôture des débats intervient immédiatement après ses observations puisqu'il a la parole en dernier, mais s'il demande que son audition soit reportée, l'affaire est renvoyée à une audience ultérieure (CPC art. 443).
L'intimé à un appel incident dispose d'un délai de **trois mois à compter de la notification pour remettre ses conclusions au greffe** (CPC art. 910). S'il a été privé de la possibilité de conclure dans ce délai en raison d'une ordonnance de clôture prononcée prématurément, une autorisation de produire une **note en délibéré** ne suffit pas à rétablir le principe du contradictoire. La cour d'appel doit renvoyer l'affaire à la mise en état ou à une audience permettant à l'intimé de disposer de la totalité de son délai pour conclure (Cass. 2e civ. 20-10-2022 n° 21-17.375 F-B).

Dès le prononcé de la clôture des débats, les parties sont irrecevables à soutenir un **moyen de nullité** tenant à la violation des dispositions des articles 432, al. 2, 433, 435 et 444, al. 2 du CPC : composition de la juridiction, conduite des débats, etc. (CPC art. 446, al. 2). **19634**

Au moment du prononcé de la clôture des débats, les parties sont informées de la **date** à laquelle sera prononcé le **jugement** en audience ou mis à disposition (CPC art. 450). **19636**

RÉOUVERTURE DES DÉBATS

La clôture des débats marque la fin des échanges sauf lorsque le président ordonne la réouverture des débats (CPC art. 444). **19650**
La décision d'ordonner la réouverture des débats est une **mesure d'administration judiciaire** insusceptible de recours (Cass. soc. 23-5-1984 n° 81-40.487 : Bull. civ. V n° 220 ; Cass. com. 30-10-2012 n° 11-23.627 F-D). Elle emporte en outre révocation de l'ordonnance de clôture quand l'affaire est renvoyée à la mise en état (Cass. 2e civ. 19-2-2009 n° 07-19.504 : Bull. civ. II n° 56).

> **Précisions** La décision du juge de la mise en état prononçant la révocation de l'ordonnance doit intervenir **avant la clôture des débats ou s'accompagner d'une réouverture** de ceux-ci (Cass. 1e civ. 11-2-2015 n° 13-28.054 F-PB : Bull. civ. I n° 38), de sorte qu'une même décision ne peut simultanément révoquer l'ordonnance de clôture et statuer sur le fond du litige (Cass. 2e civ. 1-3-2018 n° 16-27.592 F-PB).

19655 **Réouverture obligatoire** La réouverture des débats est obligatoire en cas de **changement dans la composition** de la juridiction (CPC art. 444, al. 2).

Par ailleurs, elle est aussi obligatoire chaque fois que les parties n'ont pas été à même de s'expliquer contradictoirement sur les éclaircissements de droit ou de fait qui leur avaient été demandés (CPC art. 444, al. 1). Au cours des débats, en effet, le juge peut inviter les parties à fournir les **explications de droit ou de fait** qu'il estime **nécessaires** ou à préciser ce qui paraît obscur (CPC art. 442). Cette obligation s'explique par souci de veiller au principe du contradictoire.

La réouverture des débats doit être ordonnée chaque fois qu'une telle discussion n'a pu avoir lieu avant la clôture et notamment chaque fois que le recours à des notes en délibéré (nos 19690 s.) n'a pas permis aux parties de s'expliquer contradictoirement (en ce sens, Cass. 3e civ. 9-1-1979 n° 77-14.122 : Bull. civ. III n° 11 ; Cass. 2e civ. 12-7-1984 n° 83-11.547 : Bull. civ. II n° 134 ; Cass. 1e civ. 27-2-2001 n° 99-04.169 : Bull. civ. I n° 50). Au contraire, lorsque les parties ont été à même de débattre contradictoirement des éléments de fait ou de droit sur lesquels le président leur a demandé de s'expliquer, le juge n'a pas à rouvrir les débats (Cass. soc. 4-3-2009 n° 07-45.344 : Bull. civ. V n° 58 ; RJS 5/09 n° 452).

19660 La réouverture s'impose encore lorsque le **juge s'empare d'office d'un moyen** d'ordre public **après la clôture** des débats (Cass. com. 9-6-1980 n° 78-11.221 : Bull. civ. IV n° 246). Il doit alors inviter les parties à présenter leurs observations dans la mesure où il doit observer lui-même le principe du contradictoire (Cass. mixte 10-7-1981 n° 77-10.745 : Bull. ch. mixte n° 6).

Ainsi, le juge ne saurait, sans avoir ordonné la réouverture des débats pour permettre aux parties de s'expliquer contradictoirement sur un moyen d'irrecevabilité qu'il avait relevé d'office après la clôture des débats, se limiter à inviter ces dernières, **en cours de délibéré,** à présenter leurs observations (Cass. 2e civ. 29-1-2015 n° 14-12.331 : Bull. civ. II n° 17).

19665 La réouverture des débats prend le plus souvent la **forme** d'un **jugement** qui fixe une nouvelle date d'audience et contient l'invitation prévue par la loi.

Le jugement peut par **exemple** être ainsi rédigé :

« Ordonne la réouverture des débats.

Invite les parties à s'expliquer.

Renvoie pour ce faire à l'audience du... ».

19675 **Réouverture facultative** La faculté accordée au président d'ordonner la réouverture des débats (CPC art. 444), hors les cas où celle-ci est obligatoire, relève de son **pouvoir discrétionnaire** (Cass. 1e civ. 14-2-2006 n° 03-16.101 : Bull. civ. I n° 70 ; Cass. 2e civ. 16-2-2012 n° 11-12.617 : RJS 5/12 n° 506).

EXEMPLE

À l'occasion des débats, une des parties expose les modalités complexes de calcul de son préjudice commercial qui ne sont cependant étayées que par une attestation d'un expert-comptable chiffrant les pertes. Le président ordonne la réouverture des débats et invite le demandeur à verser aux débats les éléments objectifs de nature à chiffrer le préjudice (attestation de clients, bilans, etc.).

Dans cette hypothèse, le président n'est nullement tenu d'ordonner la réouverture des débats mais considère qu'il est de bonne justice d'obtenir des précisions complémentaires pour apprécier le bien-fondé des prétentions d'une partie.

NOTE EN DÉLIBÉRÉ

19690 **Après la clôture** des débats, les parties ne peuvent en **principe** déposer aucune note à l'appui de leurs observations, sauf pour répondre (CPC art. 445) :

– aux arguments développés par le ministère public (n° 19700) ;

– ou à certaines demandes du président (n° 19705).

19693 **Note en délibéré spontanée** La note en délibéré « spontanée » envoyée de son propre chef par l'avocat ou une partie est par nature irrecevable. Les juges doivent l'écarter des débats (Cass. soc. 19-7-1994 n° 90-45.908 : Bull. civ. V n° 247 ; Cass. com. 15-10-1996 n° 93-13.844) et n'ont pas à y répondre (Cass. 1e civ. 18-1-2012 n° 10-25.987 F-D).

Encourt la **nullité** un **jugement** qui se fonde sur une note en délibéré alors que la partie n'a pas été invitée à en présenter une pour répondre au ministère public ou déférer à une demande du président (Cass. 3e civ. 10-3-1999 n° 97-17.334 : Bull. civ. III n° 62 ; Cass. 2e civ. 12-2-2004 n° 02-12.540 : Bull. civ. II n° 62).

CONSEIL

Dès qu'une note en délibéré est communiquée en dehors des cas prévus par la loi, il convient que l'autre partie écrive très rapidement à la juridiction pour éviter que la note litigieuse n'influence celle-ci. La **note en réponse** peut se présenter ainsi :
« Monsieur le Président,
Je suis destinataire d'une note en délibéré rédigée à la requête de M. X.
Je rappelle que, le jour de l'audience, M. X n'a pas été autorisé à produire une telle note selon les modalités prescrites par l'article 445 du CPC.
C'est pourquoi je vous prie de bien vouloir déclarer cette note irrecevable et de ne pas en tenir compte dans le cadre de votre délibéré. Je transmets une copie de cette lettre à M. X. »

Réponse au ministère public Dans le souci de veiller au respect du principe du **contradictoire**, le président peut autoriser les parties à établir une note en délibéré, pour répondre aux observations du ministère public qui a la parole en dernier lorsqu'il est **partie jointe** (CPC art. 443, al. 1), c'est-à-dire lorsqu'il n'est pas partie principale. 19700
L'article 445 du CPC n'autorise les parties à déposer une note en délibéré en vue de répondre aux arguments développés par le ministère public que lorsque celui-ci est partie jointe à la procédure (Cass. 1e civ. 1-4-2003 n° 00-14.293 : Bull. civ. I n° 93).
En **pratique**, cette autorisation est donnée le jour de l'audience par le président, avec un délai précis pour la transmettre à l'autre partie et au ministère public puis la remettre à la juridiction.

Invitation du président Les parties peuvent être invitées par le président à déposer une note en délibéré **dans les cas suivants** (CPC art. 445 renvoyant aux articles 442 et 444) : 19705
– pour fournir les explications de droit ou de fait que les juges estiment nécessaires ou préciser ce qui paraît obscur ;
– si les parties n'ont pas été à même de s'expliquer contradictoirement sur les éclaircissements de droit ou de fait qui leur avaient été demandés.
Le président invite à l'**audience** l'avocat ou la partie elle-même à présenter cette note, souvent dans un **délai** déterminé.

Modalités Lorsqu'elle est autorisée, la note en délibéré n'obéit à aucune condition de **forme** particulière, elle peut donc parfaitement prendre celle d'un courrier adressé au président qui en a demandé la diffusion. 19710
L'avocat doit **signer** sa note en délibéré, comme tout acte de procédure. Il n'est pas nécessaire d'y récapituler tous les moyens et toutes les demandes développés dans les **conclusions antérieures**. Des **pièces** peuvent y être annexées.
Aucune disposition n'impose au juge de mentionner dans sa décision les notes en délibéré, même si elles ont été demandées par le président (Cass. 2e civ. 6-6-2013 n° 11-27.198 : Bull. civ. II n° 113).

SECTION 3 DÉLIBÉRÉ

DÉFINITION DU DÉLIBÉRÉ

Le délibéré est le temps qui s'écoule entre la clôture des débats et le prononcé du jugement. 19750
Pour le praticien, sauf à présenter une note en délibéré (nos 19690 s.), il marque un temps de répit entre la phase antérieure au jugement et celle, postérieure, de son exécution.

PARTICIPATION AU DÉLIBÉRÉ

Il appartient aux **juges** devant lesquels l'**affaire** a été **débattue** d'en délibérer (CPC art. 447). Il résulte de ce texte que seules les personnes ayant **qualité de magistrat** peuvent participer au délibéré. Le magistrat chargé du rapport qui tient seul l'audience pour entendre les plaidoiries doit appartenir à la formation qui délibère de l'affaire (Cass. 1e civ. 29-10-2014 n° 13-22.543). 19752
Le non-respect de ces obligations est sanctionné par la nullité du jugement (CPC art. 458, al. 1).

19754 Dans les procédures avec représentation obligatoire devant le tribunal judiciaire, en cas de **dépôt de dossiers**, autorisé par le président ou le magistrat de la mise en état avant les débats quand il lui apparaît que l'affaire ne requiert pas de plaidoiries (CPC art. 799, al. 3 issu du décret 2021-1322 du 11-10-2021), le **nom des magistrats** amenés à délibérer ainsi que la date à laquelle le jugement sera rendu doivent être portés à la connaissance des parties (CPC art. 806).

19756 En l'absence de **preuve** incontestable **d'une irrégularité**, les **juges** dont les **noms** figurent sur la **décision** sont présumés avoir délibéré et la décision rendue est présumée régulière (Cass. 2e civ. 20-1-1983 n° 81-13.179 : Bull. civ. II n° 15 ; pour un cas où la preuve que le greffier avait assisté au délibéré n'était pas rapportée, voir Cass. 1e civ. 20-6-2012 n° 10-22.851).
La preuve contraire est libre (CPC art. 459).

CONSEIL

Prenant connaissance du jugement, l'avocat qui constate une **irrégularité sur l'identité des juges** ayant délibéré doit se procurer le registre d'audience (ou plumitif), sous réserve qu'il soit complet, pour soutenir, le cas échéant, un moyen de nullité. Quand la voie de l'**appel** est ouverte, l'intérêt est toutefois très limité, car l'effet dévolutif impose au juge d'appel de statuer sur le fond et non pas seulement sur ce moyen de nullité. En revanche, quand la voie du **pourvoi** est ouverte, il s'agit d'un cas d'ouverture à cassation.

ADOPTION DES DÉCISIONS À LA MAJORITÉ DES VOIX

19760 Après débats devant une formation collégiale (3 magistrats) ou solennelle (5 ou 7 magistrats), le délibéré doit dégager une majorité des voix (CPC art. 449), que seule une formation en nombre impair permet.

SECRET DU DÉLIBÉRÉ

19763 Les délibérations des juges sont secrètes (CPC art. 448). Le secret doit être gardé quant au **nombre de voix** ayant été exprimées pour la solution retenue. Cette règle ne pose aucune difficulté, les juridictions n'inscrivant pratiquement jamais dans leur jugement des mentions du type « à l'unanimité des voix ou à la majorité... ».

19765 Le secret doit aussi être gardé quant aux **discussions menées** pendant le délibéré. S'il résulte des mentions de la décision qu'en violation de l'article 447 du CPC, une personne qui n'a pas siégé lors des débats (par exemple, un greffier), a participé au délibéré et est donc susceptible d'en violer le secret, la nullité de la décision peut être demandée. Mais une telle demande est sans intérêt si la voie de **recours** appropriée est celle de l'appel (n° 19756).

SECTION 4 RÉGULARITÉ DU JUGEMENT

A. Conditions de validité du jugement

JUGEMENT ÉCRIT

19800 Le jugement peut être établi sur **support papier ou électronique** (CPC art. 456, al. 1). Il est donc nécessairement écrit.
Lorsque le jugement est établi sur support électronique, les procédés utilisés doivent en garantir l'intégrité et la conservation (CPC art. 456, al. 2).

19804 Le jugement ne peut pas être une mention au dossier constitué par le greffe ou une inscription sur le registre d'audience. Bien entendu, le jugement doit être rédigé en **langue** française, car il est rendu « au nom du peuple français » (CPC art. 454, al. 1) et l'article 2 de la Constitution du 4 octobre 1958 prévoit que « la langue de la République est le français ».
L'original du jugement conservé par la juridiction est appelé « **minute** ».
La **copie** est la reproduction de la minute, à destination des parties et/ou de leurs représentants.
La **copie exécutoire** du jugement, que la pratique appelle la « grosse », est l'exemplaire comportant la mention exécutoire permettant l'exécution forcée par huissier ou commissaire de justice (CPC art. 502).
Le greffier de la formation de jugement tient un **registre d'audience** qui doit comporter certaines mentions dont l'indication des jugements prononcés (CPC art. 728).
Le registre d'audience (CPC art. 728) **et le procès-verbal d'audience** (CPC art. 727) ont tous deux la même force que le jugement lui-même (n° 19952).

MENTIONS OBLIGATOIRES DU JUGEMENT

L'article 454 du CPC énonce les indications que doit contenir un jugement. 19810

Juridiction dont émane le jugement Doivent figurer sur le jugement la formation de la juridiction (collégiale stricto sensu, rapporteur, juge unique) et la chambre devant laquelle l'affaire a été distribuée. 19812
Le défaut de mention ou la mention erronée de la juridiction n'est pas une cause de nullité de la décision, l'article 458 du CPC qui énonce ces causes ne le prévoyant pas.

Noms des magistrats ayant délibéré Cette mention permet de vérifier que les juges ayant assisté aux débats sont bien ceux qui ont délibéré. 19815
Sauf preuve contraire (mention du dossier, registre d'audience ou procès-verbal d'audience), les juges qui délibèrent sont présumés être ceux qui ont assisté aux débats.

En cas d'omission ou de mentions contradictoires concernant le nom des juges, la **sanction** est la nullité du jugement (CPC art. 458). 19817
L'arrêt qui mentionne que la cour était composée, lors des débats et du délibéré, de M. B. président, Mme B. conseiller et de M. V. conseiller alors que le registre de l'audience du jour des débats indique qu'à cette date étaient présents M. B. président, M. V. conseiller et M. C. conseiller, ne permet pas de connaître le nom des magistrats qui ont connu de l'ensemble des débats et en ont valablement délibéré, et doit être déclaré nul (Cass. 3e civ. 8-2-2012 n° 10-28.672 F-D).
L'**intérêt** de soulever un tel moyen de nullité **en appel** est très limité, voire inexistant, mais il est en revanche déterminant **devant la Cour de cassation** puisqu'il a pour effet d'annuler l'arrêt d'appel, l'omission ou la contradiction relativement à la mention des juges étant une nullité absolue ne pouvant en principe être réparée.

En vertu de l'article 459 du CPC, l'**inexactitude d'une mention destinée à établir la régularité du jugement** ne peut entraîner la nullité de celui-ci s'il est établi par les pièces de la procédure, par le registre d'audience ou par tout autre moyen que les **prescriptions** légales ont été, en fait, observées. 19819
Un arrêt de cour d'appel énonce que l'affaire a été débattue devant la cour par quatre magistrats qui en ont délibéré. Cette irrégularité, tenant à la nécessaire impartialité de la formation (COJ art. L 121-2), ne peut être réparée par un courriel du président de la chambre signataire de l'arrêt à l'avocat du défendeur au pourvoi (Cass. 2e civ. 23-6-2022 n° 21-11.399 F-B).
En ce cas, la partie qui y avait le plus intérêt aurait dû saisir la cour d'une demande de rectification d'erreur matérielle pour pallier la cause de nullité.

L'omission ou l'inexactitude de la mention indiquant les noms des magistrats sur le jugement n'entraîne pas la nullité de celui-ci s'il est établi par les pièces de la procédure, par le registre d'audience ou par tout autre moyen que les **prescriptions** légales ont été, en fait, **observées** (CPC art. 459). 19821

ILLUSTRATIONS

Bien que seul le nom du président ait été mentionné dans un arrêt, le grief tiré de cette irrégularité n'est pas fondé dès lors qu'il résulte **du procès-verbal de l'audience** que la cour d'appel était composée d'**un président** et de **deux conseillers** (Cass. ch. mixte 11-12-2009 n° 08-13.643 : Bull. civ. ch. mixte n° 3). C'est en vain qu'une partie conteste la validité d'un arrêt au motif qu'il aurait été rendu sans mention du nom des trois magistrats ayant délibéré alors que, si l'arrêt signé par Mme A, présidente, mentionne que les débats se sont déroulés devant elle en application de l'article 945-1 du Code de procédure civile, il ressort du **registre d'audience** que la cour d'appel était composée, lors du prononcé, de Mme A, présidente, de M. B, conseiller et de Mme C, conseiller et que les **magistrats** ainsi mentionnés comme ayant composé la cour d'appel lors du prononcé de l'arrêt sont **présumés** être ceux-là mêmes qui en ont délibéré (Cass. soc. 13-6-2012 n° 11-12.246 F-D).
Une cour d'appel se fondant sur les signatures figurant sur le plumitif de l'audience de plaidoirie et sur l'ordonnance de jonction du même jour retient à juste titre que l'arrêt dont la régularité était contestée n'était pas nul puisqu'il avait bien été signé par un magistrat ayant assisté aux débats et participé au délibéré (Cass. soc. 18-2-2015 n° 12-28.970 F-D).
En revanche est nul l'arrêt qui mentionne quant à la composition de la cour d'appel, le nom de Mme X, président et celui de Mme C, conseiller dès lors que le **registre d'audience** communiqué par le greffe de la cour d'appel ne permet pas de constater que **trois magistrats** ont délibéré de l'affaire (Cass. soc. 5-1-2011 n° 09-43.152 F-D).

Les jugements étant mis **à disposition du public**, à titre gratuit sous forme électronique, tout élément permettant d'identifier les magistrats peut être occulté préalablement, lorsque cette 19822 divulgation est de nature à porter atteinte à la sécurité ou à la vie privée de ces personnes ou de leur entourage (C. org. jud. art. L 111-13).

19825 **Nom du représentant du ministère public** Dans les affaires où intervient le ministère public, l'absence de mention du nom du représentant de celui-ci n'est pas une cause de nullité du jugement, cette mention n'étant pas visée par l'article 458 du CPC qui énonce ces causes.
Il suffit qu'il résulte du jugement ou du registre d'audience ou de tout autre acte de procédure (cf. CPC art. 459) que le dossier lui a bien été communiqué ou qu'il a participé aux débats (n°s 19560 s.) pour qu'une demande tendant à voir déclarer l'irrégularité du jugement ne puisse pas être accueillie.

19830 **Nom du greffier** En **pratique,** lorsque le greffier titulaire est empêché et que c'est une autre personne faisant fonction de greffier qui le remplace, cette dernière doit avoir prêté le serment de greffier avant l'audience (pour un exemple : Cass. 2e civ. 4-3-1998 n° 98-60.165 : Bull. civ. II n° 73).
L'**absence de mention** du nom du greffier n'est pas une cause de nullité du jugement (CPC art. 458 ; Cass. mixte 11-12-2009 n° 08-13.643 : Bull. civ. ch. mixte n° 3). L'omission ou l'inexactitude peut en outre être réparée par tout autre moyen (registre d'audience, etc. ; CPC art. 459).
En outre, les **jugements** étant mis **à la disposition du public**, à titre gratuit sous forme électronique, tout élément permettant d'identifier le greffier peut être occulté avant cette mise à disposition, lorsque cette divulgation est de nature à porter atteinte à sa sécurité ou à sa vie privée ou encore à celle de son entourage (C. org. jud. art. L 111-13).

19835 **Date du jugement** La date est celle à laquelle le jugement a été prononcé en audience ou par mise à disposition au greffe (CPC art. 453). C'est une mention substantielle. La date du prononcé est en effet le point de départ de différents délais (notamment notification de certains jugements dans les deux ans : CPC art. 528-1).

19837 Le défaut d'indication ou la mention erronée d'une date n'est pas une des causes de **nullité** du jugement prévues par l'article 458 du CPC. L'erreur ou l'absence de date peuvent cependant avoir des **effets préjudiciables**, notamment quant aux possibilités de recours. Il convient d'envisager deux situations qui peuvent se rencontrer en pratique.

19839 Une **erreur** purement matérielle et manifeste n'affecte pas la validité de la décision. Une rectification est possible conformément à l'article 462 du CPC. Ainsi, une erreur de date du jugement peut être **corrigée** si le registre d'audience mentionne la bonne date (voir l'exemple ci-dessous).
Pour établir une erreur de date, en l'**absence** de possibilité de référence à des **éléments extrinsèques**, une partie ou son représentant doit s'engager dans la procédure d'inscription de faux contre un acte authentique.

19841 En l'**absence de date** de nature à produire un effet sur la recevabilité d'un recours et si aucun acte extrinsèque au jugement (registre ou procès-verbal d'audience ou tout autre acte de procédure ; cf. CPC art. 459) ne permet d'identifier la date, la nullité du jugement peut être valablement invoquée.

> **› Précisions** La **contradiction** entre les mentions relatives à la date (par exemple entre la date chiffrée et la date manuscrite ou entre la date mentionnée à titre liminaire et celle indiquée in fine) équivaut à une absence de date (Cass. 2e civ. 9-6-1971 n° 70-11.155 : Bull. civ. II n° 208).

19845 **Autres mentions** Le jugement doit également indiquer (CPC art. 454, al. 8 et 9) :
– les nom, prénoms, dénomination des **parties** avec leur domicile ou leur siège social ;
– éventuellement, le nom des **avocats** ou de toute personne ayant représenté ou assisté les parties. La mention exacte du nom de l'avocat en matière de procédure avec représentation obligatoire est nécessaire pour la régularité de la notification de la décision entre avocats, préalable obligatoire à la signification à partie par acte extrajudiciaire (n°s 20180 s.).
L'omission ou l'inexactitude de ces mentions n'affecte nullement la validité du jugement, celles-ci ne figurant pas parmi les causes de nullité du jugement prévues à l'article 458 du CPC.

19847 En **matière gracieuse**, le jugement doit comporter le nom des personnes auxquelles il doit être notifié (CPC art. 454, dern. al.). Cette mention est exigée à peine de nullité (CPC art. 458).
Par ailleurs, **copie de la requête** doit être annexée à l'expédition du jugement (CPC art. 466) ; mais ce texte ne concerne que la copie délivrée par le greffe d'un jugement et n'est pas prévu à peine de nullité du jugement préalablement rendu (Cass. 2e civ. 28-1-2016 n° 15-10.182 F-PB).

B. Structure du jugement

PRÉTENTIONS DES PARTIES FIGURANT AU JUGEMENT

Le jugement doit **exposer succinctement** les prétentions respectives des parties et leurs moyens (CPC art. 455). Satisfait aux exigences de ce texte, l'arrêt qui se réfère aux énonciations de la décision du juge du premier degré contenant un exposé des prétentions et moyens des parties, dès lors que, en cause d'appel, ces prétentions et moyens n'ont pas été modifiés (Cass. 1e civ. 16-7-1992 n° 89-14.254 : Bull. civ. I n° 232). 19860

Visa des conclusions L'exposé des prétentions respectives des parties et de leurs moyens peut également revêtir la forme d'un visa des conclusions des parties avec l'indication de leur **date** (CPC art. 455). 19862

Ainsi, s'il n'expose pas succinctement les prétentions respectives des parties et leurs moyens, le juge, qui ne peut statuer que sur les **dernières conclusions** déposées, doit viser celles-ci avec l'indication de leur date (Cass. ch. mixte 6-4-2007 n° 05-16.375 : Bull. civ. ch. mixte n° 2). Dans les procédures avec représentation obligatoire, devant le tribunal judiciaire et la cour d'appel, il s'agira des dernières conclusions récapitulatives.

L'article 455 du CPC relatif au visa des conclusions avec l'indication de leur date ne trouve pas à s'appliquer lorsque chacune des parties a procédé à **un seul dépôt de conclusions** (Cass. 2e civ. 25-4-2006 n° 05-15.706 : Bull. civ. II n° 203) ou en cas de **procédures orales** dans lesquelles les écrits auxquels se réfère une partie, et que mentionne le juge, ont pour date celle de l'audience (Cass. 2e civ. 8-7-2004 n° 03-17.039 : Bull. civ. II n° 381). À notre avis, cette dernière solution concernant les procédures orales ne devrait toutefois pas s'appliquer dans le cas où les parties sont autorisées par le juge à présenter leurs prétentions et moyens exclusivement par écrit et par conséquent sont dispensées de comparaître (nos 33086 s.).

Le jugement peut donc se limiter à la mention : « vu les conclusions notifiées le… par… ». 19864

Il est cependant fréquent en **pratique** que les magistrats rappellent les prétentions des parties dans leur jugement, par souci de compréhension de leur décision et afin de faire la preuve qu'ils n'ont pas omis de statuer sur une ou plusieurs d'entre elles.

Sanction En cas de **violation** par les juges de l'obligation d'exposer les prétentions et moyens des parties ou de viser les conclusions des parties avec indication de leur date, la nullité du jugement peut être prononcée (CPC art. 455, al. 1 et 458 ; Cass. 1e civ. 28-6-2012 n° 11-17.058 F-D : annulation d'un jugement visant des conclusions qui n'étaient pas les dernières en date). 19866

Cette sanction est cependant dépourvue d'**intérêt pratique** si l'appel est la voie de recours appropriée. Elle présente un intérêt pratique lorsqu'elle constitue un cas d'ouverture à cassation, car elle permettra qu'il soit jugé à nouveau sur la totalité du litige devant une juridiction de renvoi ou la même juridiction d'appel mais autrement composée. Cet argument peut également servir de **moyen de pression pour une transaction**, compte tenu des délais de traitement des affaires : il faut en effet compter entre vingt-quatre et trente-six mois pour l'instance en cassation et l'instance en appel sur retour de cassation.

MOTIFS FIGURANT AU JUGEMENT

Obligation de motivation Le jugement doit être motivé (CPC art. 455), sous peine de nullité (CPC art. 458). Les motifs constituent le cœur du jugement, ils sont le soutien du dispositif et contribuent à la compréhension de la décision. 19875

L'obligation de motiver incombe à toutes les juridictions civiles quelle que soit la nature de la décision. 19877

Les décisions rendues en l'absence des défendeurs aux débats ne dispensent pas les juges de motiver.

Une **motivation** même **succincte** suffit. Les motifs doivent être affirmatifs et ne laisser planer aucun doute sur la décision du juge, ce qui a pour conséquence d'entraîner la prohibition des motifs dubitatifs, hypothétiques ou contradictoires (voir en ce sens, les développements sur les cas d'ouverture à cassation nos 28300 s.). 19879

Dans le cadre de la protection du **secret des affaires**, le juge saisi à l'occasion d'une instance civile ou commerciale peut adapter la motivation de sa décision aux nécessités de la protection du secret (C. com. art. L 153-1, dernier al.).

Le fait de **reproduire** à l'identique des **conclusions d'une partie** pour motiver le jugement doit être évité par souci d'impartialité (CESDH art. 6, 1). Une juridiction qui se borne à reproduire sur 19881 tous les points en litige les conclusions d'une partie à laquelle elle donne satisfaction statue par une apparence de motivation pouvant faire peser un doute légitime sur l'impartialité de la juridiction et viole tant l'article 6, 1 de la CESDH que les articles 455 et 458 du CPC (Cass. 1e civ. 17-3-2011 n° 10-10.583 : Bull. civ. I n° 56 ; Cass. 1e civ. 23-5-2012 n° 11-13.454 et Cass 1e civ. 19-12-2018 n° 17-22.056 FS-PB).

En procédure orale, la cour d'appel, constatant à l'audience le **défaut de comparution** de l'appelant (CPC art 468), l'intimé sollicitant la confirmation du jugement, doit motiver sa décision de confirmation sans se contenter de **formules lapidaires insuffisantes à respecter l'obligation de motivation** (CPC art 455 ; Cass. 2e civ. 17-5-2023 n° 21-21.734 inédit).

19883 Les avocats tant pour la procédure d'appel (CPC art. 954, al. 2) que pour la procédure avec représentation obligatoire devant le tribunal judiciaire (ex-TGI) en matière contentieuse (CPC art. 768) doivent **récapituler** dans le dispositif de leurs écritures les moyens de fait et de droit sur lesquels ils fondent leurs demandes. Cela présente l'avantage de permettre au juge de statuer sur l'ensemble des demandes et de réduire le risque d'erreur.

Par ailleurs, la cour d'appel ne statue que sur les prétentions énoncées au dispositif des conclusions et n'examine les moyens au soutien de ces prétentions que s'ils sont invoqués dans la discussion (CPC art. 954, al. 3). Il en résulte que la partie qui entend voir infirmer le chef d'un jugement l'ayant déboutée d'une contestation de la validité d'un acte de procédure et accueillir cette contestation doit formuler une prétention en ce sens dans le dispositif de ses conclusions d'appel et ne doit pas se borner à solliciter l'infirmation du jugement frappé d'appel (Cass. 2e civ. 4-2-2021 n° 19-23.615 F-PBI).

Le principe de **concentration des demandes en appel** (CPC art. 910-4) impose en outre au juge d'appel une obligation de comparer les prétentions développées dans les conclusions successives, puisque cette fin de non-recevoir peut être soulevée d'office par le conseiller de la mise en état (combinaison de CPC art. 789, 6° et art. 907). S'il entend soulever ce moyen, le juge doit provoquer l'explication préalable des parties et motiver ensuite spécialement sa décision de ce chef laquelle est susceptible de déféré (CPC art. 916 modifié par décret 2020-1452 du 27-11-2020).

CONSEIL

Certaines juridictions du second degré (voir par exemple CA Douai, 3e ch. 5-12-2019 n° 19/01936) commencent à **exiger des avocats** qu'ils se conforment strictement aux règles qui président à la rédaction des conclusions en rappelant que les expressions du type « dire et juger » « constater » « donner acte » contenues dans le dispositif des conclusions ne constituent ni des moyens ni des prétentions. Il est donc vivement recommandé une très grande rigueur dans la rédaction des écritures pour éviter des omissions de statuer ou des erreurs de droit induites par des rédactions maladroites ou incomplètes.

19890 **Exceptions à l'obligation de motivation** Certaines **matières** dispensent les juges de motiver leur décision (notamment, divorce : CPC art. 1124 et adoption : C. civ. art. 353, al. 6 et 361). Ces dérogations s'expliquent par la nature particulière du litige et le souci de respecter l'intimité de la vie privée des parties.

Les arrêts de non-admission de la **Cour de cassation** sont dispensés de motivation (pourvois irrecevables ou non fondés sur un moyen sérieux de cassation ; cf. CPC art. 1014).

La condamnation aux **dépens** ne concerne que la partie perdante et n'a donc pas besoin d'être motivée, sauf si le juge en décide autrement par décision motivée (CPC art. 696 modifié par décret 2020-1717 du 28-12-2020). De même, la condamnation au paiement des **frais irrépétibles** (CPC art. 700) n'a pas besoin d'être motivée même si les juges emploient, par souci de compréhension de leur décision, la formule suivante : « il serait inéquitable de laisser à la charge de... condamne en conséquence... à payer... au titre de l'article 700 du CPC ».

19895 **Motifs décisoires** L'autorité de la chose jugée n'est pas attachée aux motifs, fussent-ils décisoires (notamment, Cass. ass. pl. 15-3-2009 n° 08-16.033 : Bull. civ. ass. pl. n° 3 ; Cass. 3e civ. 12-4-2012 n° 11-14.768 F-D).

DISPOSITIF DU JUGEMENT

19905 La dernière partie d'un jugement, et la plus importante, est celle qui tranche le litige : le dispositif (cf. CPC art. 455, al. 2). Elle commence par la mention « PAR CES MOTIFS ».

19907 Seule cette partie du jugement a **autorité de la chose jugée** (CPC art. 480 et C. civ. art. 1355). L'autorité de la chose jugée n'a lieu qu'à l'égard de ce qui fait l'objet d'un jugement et a été tranché dans son dispositif (Cass. ass. plén. 13-3-2009 n° 08-16.033 : Bull. civ. ass. plén. n° 3 ; Cass. 3e civ. 13-11-2012 n° 11-28.514 F-D). Elle ne s'étend pas à ce qui est implicitement compris

dans le dispositif. Par suite, il est interdit au juge de retenir l'implicitement jugé pour accueillir la fin de non-recevoir tirée de l'autorité de la chose jugée (mêmes arrêts).
La qualification donnée par le juge à sa décision (contradictoire, réputé contradictoire ou par défaut) n'est pas revêtue de l'autorité de la chose jugée (Cass. 2e civ. 17-10-2013 n° 12-23.074 : Bull. civ. II n° 199).

En cas de **contradiction des mentions énoncées dans le dispositif** (par exemple, une décision déclare une action irrecevable et déboute en tant que de besoin le demandeur), la décision est susceptible d'annulation pour excès de pouvoir. 19909
En pratique lorsqu'une telle contradiction apparaît dans le dispositif, c'est la procédure d'interprétation qui est la plus adaptée (CPC art. 461 ; nos 19995 s.). Si cependant la contradiction relève d'une erreur matérielle, c'est la procédure de rectification d'erreur matérielle (CPC art. 462 ; nos 20020 s.) qui doit être engagée. Ce n'est que dans l'hypothèse très exceptionnelle en pratique où l'une et l'autre des procédures seraient vouées à l'échec que l'exercice d'une voie de recours doit être entrepris.

CONSEIL

En cas de contradiction dans le dispositif d'un jugement, il est opportun de déposer immédiatement une requête comportant **à titre principal** une demande de rectification d'erreur matérielle et **subsidiairement** d'interprétation, tout en surveillant attentivement dans le même temps le **délai d'exercice de la voie de recours**.
Si la requête n'a pas été tranchée alors que le délai de recours est sur le point d'expirer, il convient de régulariser ce recours à titre conservatoire, la partie devant ensuite s'en désister si la requête est accueillie favorablement. Dans l'hypothèse inverse, le recours sera maintenu.
Si l'appel est la voie de recours appropriée, l'irrecevabilité de la requête peut être soutenue par application du principe de l'effet dévolutif de l'appel (CPC art. 561 s.).
Le critère permettant de déterminer la recevabilité de la requête sera alors la date de dépôt de celle-ci : si elle est antérieure à l'appel, l'effet dévolutif ne s'applique pas, le tribunal reste compétent pour statuer ; si celle-ci est postérieure à l'appel, seule la cour d'appel est compétente pour trancher la difficulté relative à la contradiction.

SIGNATURE DU JUGEMENT

Le jugement est **signé par** le président et par le greffier (CPC art. 456, al. 1). Le **défaut de signature** de la décision entraîne sa nullité (CPC art. 458, al. 1), mais soulever un tel moyen a peu d'intérêt pratique lorsque l'appel est la voie de recours appropriée. 19915
Le jugement établi sur support électronique est signé au moyen d'un procédé de **signature électronique** qualifiée répondant, en vertu de l'article 456, alinéa 2 du CPC, aux exigences posées par l'article 1367 du Code civil et explicitées dans le décret 2017-1416 du 28-9-2017. En vertu du dernier alinéa de l'article 456 du CPC, un arrêté du ministre de la justice doit préciser les modalités d'application de l'article 456, alinéa 2 du CPC. Tel est le cas de l'arrêté du ministre de la justice du 18 octobre 2013 (JO 23-10-13, texte n° 3) qui vise en son article 2 les actes mentionnés à l'article 456 du CPC et qui, en dépit d'un intitulé limité aux décisions de la Cour de cassation rendues en matière civile, s'applique à notre avis aux jugements de l'ensemble des juridictions. Voir également l'arrêté du 9 avril 2019 relatif à la signature électronique des décisions rendues par les tribunaux de commerce (JO 11-4-2019 texte n° 12).

Irrégularité de la signature électronique du jugement Un décret complète l'article 456 du CPC qui édicte les conditions dans lesquelles un jugement peut être signé par voie électronique. Afin de préciser le régime lié à une éventuelle irrégularité du procédé, il ajoute, à cet article, un alinéa ainsi rédigé : « Le **retrait de la qualification d'un ou plusieurs éléments nécessaires à la production de la signature** constitue un vice de forme du jugement. » (CPC art. 456, al. 3 ; Décret 2022-245 du 25-2-2022 : JO du 26 texte n° 27). 19917

Signature par le président Le jugement est signé par le président qui doit avoir assisté aux débats et participé au délibéré (Cass. 2e civ. 9-7-1997 n° 95-20.854 : Bull. civ. II n° 228). 19920
À défaut d'indication contraire, il y a **présomption** que la signature apposée sur une décision est celle du magistrat qui a présidé aux débats et au délibéré (Cass. 3e civ. 5-10-1983 n° 82-12.807 : Bull. civ. III n° 179).

En cas d'**empêchement du président**, mention en est faite sur la minute qui est signée par l'un des juges qui en ont délibéré (CPC art. 456, al. 1). 19922
Seuls les magistrats ayant assisté aux débats et au délibéré peuvent signer la décision au lieu et place du président et lui donner ainsi sa force probante.

L'argument de nullité tiré du défaut de signature par un magistrat ayant assisté aux débats et au délibéré est inefficace d'une part, car la minute conservée au greffe est signée et, d'autre part, car la signature apposée au bas du jugement, après l'indication de l'empêchement du président, est présumée, bien qu'illisible, être celle d'un des magistrats ayant participé à ces deux phases préparatoires à la décision (Cass. 2e civ. 10-11-2010 n° 09-70.712 : Bull. civ. II n° 183).

19925 **Signature par le greffier** Seul est qualifié pour signer un jugement le greffier qui a assisté à son prononcé (Cass. 2e civ. 11-10-1995 n° 93-17.024 : Bull. civ. II n° 237).
La jurisprudence limite la possibilité d'invoquer la nullité du jugement en posant des **présomptions de régularité** de la signature. Ainsi, le greffier qui a signé la décision est présumé être celui qui a assisté à son prononcé (Cass. 2e civ. 8-9-2005 n° 03-18.862 : Bull. civ. II n° 215). Dès lors que le jugement porte l'indication du nom du greffier présent lors des débats et précise qu'il a été prononcé par le juge assisté du même greffier, que les signatures du juge et du greffier figurent au pied du jugement, ces mentions emportent présomption que le greffier présent aux débats et qui a assisté au prononcé de la décision est celui qui l'a signée (Cass. 1e civ. 21-9-2005 n° 03-10.679 : Bull. civ. I n° 341).

C. Force probante et effet déclaratif du jugement

FORCE PROBANTE DU JUGEMENT

19952 Le jugement ayant la force probante d'un **acte authentique**, il vaut jusqu'à inscription de faux, sous réserve des dispositions de l'article 459 sur l'omission ou l'inexactitude d'une de ses mentions (CPC art. 457). Dans ce cas, s'il résulte d'éléments extrinsèques (registre d'audience par exemple) que les prescriptions légales ont été observées, aucune sanction n'est encourue (CPC art. 459).
La force probante du jugement en tant qu'acte authentique est donc tempérée par les textes eux-mêmes et par l'usage des voies de recours dont l'objectif est précisément d'en faire modifier la teneur.

EFFET DÉCLARATIF DU JUGEMENT

19955 Le jugement a un effet déclaratif auquel sont attachées plusieurs **conséquences** :
– Le jugement condamnant à une **indemnité** porte **intérêts** au taux légal à compter du jour de la citation introductive (C. civ. art. 1231-7). Ce principe est toutefois tempéré dans l'hypothèse où il en serait décidé autrement par le jugement lui-même (même article).
– Le jugement ne produit d'effet que pour l'**avenir** et, sauf exception (délai de grâce, etc.) à compter de sa signification. Toutefois les effets du jugement peuvent remonter à une période antérieure à la demande (cf. règles en matière de divorce ou de séparation de corps).

D. Prononcé du jugement

FORME ET DATE DU PRONONCÉ DU JUGEMENT

19970 Le jugement peut être prononcé à l'issue du délibéré soit **sur-le-champ**, soit dans le cadre d'une **autre audience** à une date indiquée par le président (en général, le délai est de 15 jours à 2 mois) ou, dans les procédures avec représentation obligatoire devant le tribunal judiciaire, à la date qui figure dans le calendrier de procédure (CPC art. 450, al. 1 et art. 781, al. 4).
Le jugement prononcé en audience est rendu par l'un des juges qui en ont délibéré (CPC art. 452, al. 1).
Le prononcé en audience, qui peut se limiter au dispositif (CPC art. 452, al. 2), est rare en **pratique**.
La pratique la plus courante est le prononcé par **mise à disposition au greffe** à la date annoncée par le président à la clôture des débats, sauf dans le cadre des procédures avec représentation obligatoire devant le tribunal judiciaire s'il y a eu fixation d'un calendrier de la mise en état, la date étant alors annoncée dans le calendrier (CPC art. 450, al. 2 et 781, al. 4).

19972 Dans l'hypothèse où la date du prononcé ne pourrait pas être respectée, le motif de **prorogation** et la nouvelle date à laquelle la décision sera rendue doivent être portés à la connaissance des parties ou de leurs représentants (CPC art. 450, al. 3). Les délais fixés dans le calendrier de la mise en état ne peuvent être prorogés qu'en cas de cause grave et dûment justifiée (CPC art. 781, al. 5).

Lorsqu'il s'agit de **décisions contentieuses**, le prononcé du jugement se fait en **audience publique** (CPC art. 451, al. 1 ; Loi 72-626 art. 11-2). Le principe souffre les **exceptions** inhérentes à la matière traitée par la juridiction. La mise à disposition au greffe obéit aux mêmes règles de publicité (CPC art. 451, al. 2). **19974**
Sans préjudice de l'application des autres dispositions législatives, et sauf devant la Cour de cassation, les jugements ne sont toutefois pas prononcés publiquement dans les matières (Loi 72-626 art. 11-2) :
– relatives à l'état et à la capacité des personnes déterminées par décret ;
– intéressant la vie privée déterminées par décret ;
– mettant en cause le secret des affaires dans les conditions prévues au 3° de l'article L 153-1 du Code de commerce. Sur ces conditions, voir n° 19424.
Les **arrêts de cassation** sont toujours prononcés publiquement notamment par mise à disposition au greffe (CPC art. 1016, al. 2).

Matière gracieuse Lorsque la matière soumise à l'examen de la juridiction relève de la matière gracieuse et que l'audience s'est tenue en **chambre du conseil**, le prononcé du jugement obéit à un parallélisme des formes et doit avoir lieu également en chambre du conseil (CPC art. 451, al. 1). Par **exception**, le prononcé du jugement peut avoir lieu publiquement, alors que les demandes sont formées et instruites en chambre du conseil. Tel est le cas du jugement prononçant l'adoption (CPC art. 1174) et des décisions relatives au nom, au prénom ou au divorce (CPC art. 1074, al. 2). **19976**

Sanction L'irrégularité dans le prononcé du jugement (public ou chambre du conseil) est sanctionnée par la nullité sous réserve de soulever ce moyen à l'audience (CPC art. 458). **19978**
Cette sanction est extrêmement rare en **pratique**.

DESSAISISSEMENT DU JUGE SUIVANT LE JUGEMENT

Le dessaisissement du juge est concomitant au **prononcé** du jugement et constitue le point de départ de certains délais (notamment appel en cas de défaut de notification dans les deux ans : CPC art. 528-1). **19982**
Le dessaisissement du juge peut toutefois être **différé** si le jugement (CPC art. 481, al. 2 et 3) :
– nécessite une interprétation (n°s 19995 s.) ;
– est entaché d'une erreur ou d'une omission matérielle (n°s 20020 s.) ;
– est incomplet ou, au contraire, statue au-delà de la demande (n°s 20050 s.) ;
– fait l'objet d'une opposition, d'une tierce opposition ou d'un recours en révision.

E. Jugement nécessitant une interprétation

PRINCIPES D'INTERPRÉTATION DES JUGEMENTS

Il appartient à tout **juge** d'**interpréter sa décision** si elle n'est pas frappée d'appel (CPC art. 461, al. 1). **19995**
C'est l'hypothèse, souvent rencontrée en pratique, où le dispositif de la décision, dans le cadre de la phase amiable ou contentieuse de son exécution, laisse trop de place à des divergences d'interprétation car il présente une **ambiguïté** ou une **obscurité**. Tel n'est pas le cas lorsque la décision dont l'interprétation est demandée se borne à rejeter en totalité les demandes (Cass. 2e civ. 19-6-2014 n° 14-01.419 : Bull. civ. n° 136) ou ne donne pas lieu à des lectures différentes (Cass. 3e civ. 7-1-2020 n° 19-21.786 F-P).

Contradictions dans le dispositif La contradiction entre des chefs du dispositif doit donner lieu à interprétation (Cass. 2e civ. 4-12-2003 n° 01-15.386 : Bull. civ. II n° 362) et, si les demandeurs forment non pas une demande en interprétation mais une demande en rectification d'erreur matérielle, il appartient au juge de rechercher s'il n'existe pas dans le dispositif une contradiction qui appelle une interprétation (Cass. 2e civ. 13-5-2014 n° 13-14409 : Bull. I n° 81). **19996**
Un pourvoi en cassation serait en outre irrecevable dès lors qu'il appartient à la partie qui relève cette contradiction de saisir la juridiction qui a rendu la décision d'une requête en interprétation (Cass. 2e civ. 8-10-2009 n° 08-19.210 F-D).

Étendue des pouvoirs du juge Le juge saisi d'une demande d'interprétation de sa décision ne peut pas, sous le prétexte d'en déterminer le sens, apporter une **modification** quelconque aux dispositions précises de celle-ci (notamment, Cass. 1e civ. 5-7-1978 n° 77-13.410 : Bull. civ. I n° 258 ; Cass. 2e civ. 22-10-2020 n° 19-16.895 F-PBI), même si elles sont erronées (Cass. 1e civ. 28-5-2008 n° 07-16.690 : Bull. civ. I n° 158). **20000**

MODALITÉS D'INTERPRÉTATION DES JUGEMENTS

20005 La demande en interprétation est formée par simple **requête** de l'une des parties ou par requête commune (CPC art. 461, al. 2).
Le juge se prononce après avoir **entendu ou appelé les parties** (CPC art. 461, al. 2).

F. Jugement entaché d'une erreur ou d'une omission matérielle

PRINCIPE EN CAS D'ERREUR OU OMISSION AFFECTANT UN JUGEMENT

20020 Les erreurs et omissions matérielles qui affectent un jugement, même passé en force de chose jugée, peuvent toujours être **réparées** par la juridiction qui l'a rendu ou par celle à laquelle il est déféré, selon ce que le dossier révèle ou, à défaut, ce que la raison commande (CPC art. 462, al. 1).
À titre d'**exemples**, constituent des erreurs matérielles, la mention fausse du nom d'une partie, une erreur de date ou une erreur dans une donnée chiffrée.
L'erreur n'est en principe rectifiable que si elle affecte le **dispositif**, seul celui-ci ayant l'autorité de la chose jugée.
La procédure en rectification d'erreur matérielle, qui ne vise pas à trancher une contestation sur un droit de caractère civil, n'entre pas dans le champ d'application de l'article 6, 1, de la CESDH ; par suite le non-respect de cet article ne peut pas être invoqué par une partie (Cass. 2e civ. 16-03-2017 n° 15-26.744 F-PB).
Sous l'appellation « erreur matérielle », le juge ne peut modifier les droits et obligations reconnus aux parties et remplacer la qualité d'une partie ou sa dénomination sociale par une autre (Cass. 2e civ. 27-9-2018 n° 17-18.212 F-PB).

MODALITÉS DE RECTIFICATION D'UN JUGEMENT ERRONÉ

20025 La **juridiction saisie** est celle qui a rendu la décision ou celle qui est saisie d'un recours éventuel (le plus souvent, la cour d'appel).
Le juge est saisi par simple **requête** de l'une des parties, ou par requête commune ; il peut aussi se saisir **d'office** (CPC art. 462, al. 2).
Le juge statue après avoir **entendu les parties** ou après qu'elles aient été appelées. Toutefois, lorsqu'il est saisi par requête, il statue sans audience, à moins qu'il n'estime nécessaire d'entendre les parties (CPC art. 462, al. 3).
L'article 462 du CPC ne fixant pas de délai de comparution devant le juge chargé de réparer les erreurs et omissions matérielles affectant un jugement, le juge apprécie souverainement s'il s'est ou non écoulé un délai suffisant entre la demande de rectification et l'audience pour permettre aux parties de préparer leur défense (Cass. 2e civ. 16-03-2017 n° 15-26.744 F-PB). Par ailleurs si, avant de statuer **sans audience** sur une requête en rectification, le juge doit s'assurer que la requête a été portée à la connaissance des autres parties, aucun texte ne prescrit une telle exigence dans le cas où les parties sont **convoquées à l'audience** en vue de statuer sur une requête en rectification d'erreur matérielle (même arrêt).

ATTENTION

Lorsqu'une partie ou un avocat s'engage dans une procédure de rectification d'erreur matérielle après une instance au cours de laquelle une **partie** était **défaillante**, il lui appartient de **signifier sa requête** par acte d'huissier ou commissaire de justice à cette dernière pour veiller strictement au respect du principe du contradictoire.
Lorsque la procédure qui s'était tenue devant le juge dont la rectification de la décision est demandée était soumise à la **représentation obligatoire**, il suffit, pour que le principe du contradictoire soit respecté, que l'avocat initialement constitué reçoive, par voie électronique (RPVA), l'avis de fixation de la requête. Il n'est donc pas nécessaire qu'une nouvelle constitution d'avocat soit établie ou que l'avis de fixation soit transmis aux parties elles-mêmes par les soins du greffe. Il existe donc une présomption de représentation des parties, y compris après l'expiration du délai d'un an prévu par l'article 420 du CPC (Cass. 2e civ. 7-12-2017 n° 16-18.216 F-PB).

La rectification des erreurs ou omissions matérielles affectant un jugement de première instance relève de la compétence de la cour d'appel par l'effet dévolutif (CPC art. 462, al. 1 et art. 561 s.). En revanche, la rectification des mêmes erreurs ou omissions commises par une décision frappée de pourvoi en cassation ne relève pas de la compétence de la Cour de cassation dès lors que le pourvoi ne peut porter que sur les chefs du dispositif de la décision soumise à sa censure (Cass. 2e civ. 11-1-2018 n° 16-26.168 F-PB).

Selon l'article 462 du CPC, si les erreurs et omissions matérielles qui affectent un **jugement**, même **passé en force de chose jugée**, peuvent toujours être réparées, elles ne peuvent l'être que par la juridiction qui l'a rendu ou par celle à laquelle il est déféré, selon ce que le dossier révèle ou, à défaut, ce que la raison commande. Les erreurs et omissions matérielles d'un jugement rendu par une **formation collégiale** ne peuvent donc être rectifiées que par une juridiction statuant en formation collégiale (Cass. 2e civ. 24-3-2022 n° 20-22.216 F-B).

CONSEIL

La partie qui souhaite critiquer devant la Cour de cassation un chef omis par l'arrêt d'appel dans son dispositif doit, au préalable, présenter une requête en omission devant la cour d'appel et s'engager ensuite dans la voie du pourvoi en cassation contre l'arrêt à rendre sur sa requête.

DÉCISION RECTIFICATIVE D'UN JUGEMENT ERRONÉ

La décision rectificative peut faire l'objet d'un **recours** dans les mêmes conditions que la décision rectifiée. **20030**

Toutefois, si la **décision rectifiée** est passée en **force de chose jugée,** la décision rectificative ne peut être attaquée que par la voie du recours en cassation (CPC art. 462, al. 5).

Une décision rectificative n'a pas d'autre autorité que celle de la décision rectifiée à laquelle elle s'incorpore. Par suite, la décision réparant l'erreur purement matérielle affectant le dispositif d'une précédente décision quant au montant de l'indemnité d'éviction d'un locataire commercial n'a pas pour effet d'ouvrir un **nouveau délai au bailleur** pour exercer son **droit de repentir** (Cass. 3e civ. 15-12-2016 n° 15-28.786 P-B : RJDA 3/17 n° 161).

La décision rectificative est **mentionnée** sur la minute et sur les expéditions du jugement. Elle est **notifiée** comme le jugement (CPC art. 462, al. 4). **20035**

G. Jugement incomplet ou se prononçant au-delà de la demande

PRINCIPES EN CAS D'OMISSION DE STATUER

La juridiction qui a **omis de statuer** sur un chef de demande peut compléter son jugement sans porter atteinte à la chose jugée quant aux autres chefs, sauf à rétablir, s'il y a lieu, le véritable exposé des prétentions respectives des parties et de leurs moyens (CPC art. 463, al. 1). **20050**

Les dispositions de l'article 463 du CPC sont applicables si le juge s'est prononcé sur des **choses non demandées** ou s'il a été accordé **plus qu'il n'a été demandé** (CPC art. 464).

Le juge est en effet tenu par les prétentions des parties.

Il y a omission de statuer lorsque le juge omet, dans son **dispositif**, une prétention d'une partie qui figurait dans l'acte introductif d'instance et/ou les conclusions.

Il y a également omission de statuer lorsque le juge s'est expliqué sur la prétention dans les motifs de la décision mais n'a pas statué sur celle-ci dans les motifs (Cass. com. 28-6-2011 n° 10-23.295 : RJDA 11/11 n° 983 ; Cass. 2e civ. 14-11-2019 n° 18-19.465 F-PBI).

L'omission de statuer peut, par **exemple**, concerner des intérêts ou des frais dont une partie a demandé paiement.

CONSEIL

En cas de **procédure orale**, il faut formuler précisément ses demandes au juge et veiller à ce qu'elles soient notées par le greffier. Si une partie reproche au juge de ne pas avoir statué sur un chef de demande formulé oralement, il conviendra de se reporter au plumitif d'audience.

POURVOI EN CASSATION EN CAS D'OMISSION DE STATUER

L'omission de statuer n'est pas un cas d'ouverture du pourvoi en cassation. Des moyens de cassation qui dénoncent une omission de statuer sont irrecevables (Cass. com. 28-6-2011 n° 10-23.295 : RJDA 11/11 n° 983 ; Cass. com. 22-5-2012 n° 11-10.586 : RJDA 7/12 n° 741 ; Cass. com. 25-9-2012 n° 11-24.524 : RJDA 1/13 n° 23). Une partie ne peut pas, sous couvert de défaut de réponse à conclusions, former un pourvoi en cassation et se priver ainsi d'invoquer l'omission de statuer, celle-ci ne pouvant être réparée que selon la procédure de l'article 463 du CPC (Cass. com. 21-1-1980 n° 78-12.849 : Bull. civ. IV n° 32). **20060**

DÉLAI DE LA REQUÊTE EN OMISSION DE STATUER

La demande doit être présentée un an au plus tard après que la décision est passée en force de chose jugée ou, en cas de pourvoi en cassation de ce chef, à compter de l'arrêt d'irrecevabilité (CPC art. 463, al. 2). **20070**

Ici le terme « décision » doit être compris dans son acception la plus large. Il peut donc s'agir d'un arrêt d'appel. Le jugement est passé en force de chose jugée lorsqu'il est insusceptible de recours suspensif d'exécution ou, s'il l'est, lorsqu'aucun recours suspensif d'exécution n'a été exercé dans le délai imparti. Le délai d'un an commence donc à courir, pour un arrêt d'appel, à compter du lendemain du jour de l'expiration du délai de pourvoi.
En revanche, l'expression « arrêt d'irrecevabilité » concerne l'arrêt de cassation. Il est donc supposé qu'un pourvoi a été formé et que le délai d'un an ne commencera à courir qu'à compter du prononcé de cet arrêt d'irrecevabilité.

MODALITÉS DE LA REQUÊTE EN OMISSION DE STATUER

20075 Le juge est saisi par simple requête de l'une des parties, ou par requête commune. Il statue après avoir entendu les parties ou celles-ci appelées (CPC art. 463, al. 3).

20080 MODÈLE

REQUÊTE EN OMISSION DE STATUER

À Madame ou Monsieur le Président
du Tribunal... (*Nature de la juridiction*) de (*Ville*)
Jugement du (*date*) – RG n° 00/00
À la demande de : (*identification du demandeur*)
Ayant pour Avocat : (*identification de l'avocat*)
A L'HONNEUR DE VOUS EXPOSER QUE :
Par jugement rendu contradictoirement entre le requérant et X, votre Tribunal a :
(*reproduire le dispositif de la décision incomplète*)
Toutefois, il n'a pas été répondu dans ce jugement à l'exploit introductif d'instance de la requérante quant à (*objet de la demande*).
En effet, suivant exploit introductif d'instance en date du (*date*), la requérante a sollicité...
Au vu de ce qui a été exposé, il convient de remédier à cette omission de statuer puisque le jugement n'est pas encore passé en force de chose jugée.
Il y a donc lieu, en vertu des dispositions de l'article 463 du CPC, de constater que (*objet de la demande sur laquelle le juge a omis de statuer*).
C'est pourquoi (*nom du requérant*) requiert qu'il vous plaise de :
Rectifier le jugement du (*date*) et y ajoutant :
(*indiquer les chefs de demandes sur lequel le juge a omis de statuer*)
« *Condamner X à payer au requérant...* »

Fait à... le (*date*)
Pièces visées à l'appui de la présente requête :
1. Copie de l'exploit introductif d'instance du (*date*)
2. Jugement du (*date*)...

DÉCISION RECTIFICATIVE DU JUGEMENT AYANT OMIS DE STATUER

20085 La décision est **mentionnée** sur la minute et sur les expéditions du jugement. Elle est **notifiée** comme le jugement et donne ouverture aux mêmes voies de **recours** que celui-ci (CPC art. 463, al. 4).

H. Publicité du jugement

MISE DU JUGEMENT À DISPOSITION DU PUBLIC

20095 Sous réserve des dispositions particulières qui régissent l'accès aux décisions de justice et leur publicité, les décisions rendues par les juridictions judiciaires doivent être mises à la disposition du public **à titre gratuit sous forme électronique**. Les nom et prénoms des personnes physiques mentionnées dans la décision lorsqu'elles sont parties ou tiers doivent être occultés préalablement (C. org. jud. art. L 111-13, al. 1 et 2). La **Cour de cassation** est responsable de la mise à la disposition du public, sous forme électronique, des décisions de justice rendues par les juridictions judiciaires. Cette mise à disposition doit intervenir dans les **six mois** de la mise à disposition de la décision concernée au greffe de la juridiction (C. org. jud. art. R 111-10 créé par décret 2020-797 du 29-6-2020).

Les décisions sont celles **rendues publiquement** et accessibles à toute personne **sans autorisation préalable.** Toutefois, une décision dont la communication à des tiers est soumise à **autorisation préalable** peut être mise à la disposition du public lorsqu'elle présente un **intérêt particulier.** Lorsque la loi ou le règlement prévoit que la délivrance d'une copie peut n'être accordée qu'après occultation de tout ou partie des **motifs de la décision,** celle-ci est mise à la disposition du public dans les mêmes conditions. Lorsque la loi ou le règlement prévoit que seul un **extrait de la décision** est public ou accessible à toute personne sans autorisation préalable, seul cet extrait est mis à la disposition du public (C. org. jud. art. R 111-11 créé par décret 2020-797).

Dans le cas où, malgré l'occultation des nom et prénoms des personnes physiques mentionnées dans la décision, la mise à disposition de celle-ci est de nature à porter atteinte à la sécurité ou au respect de la vie privée de ces personnes ou de leur entourage, est également **occulté tout élément permettant d'identifier** les parties, les tiers, les magistrats et les membres du greffe (C. org. jud. art. L 111-13, al. 2).

La **décision** d'occulter tout autre élément d'identification est prise par le président de la formation de jugement ou le magistrat ayant rendu la décision en cause lorsque l'occultation concerne une partie ou un tiers. Lorsque l'occultation concerne un magistrat ou un membre du greffe, la décision est prise par le président de la juridiction concernée (C. org. jud. art. R 111-12 créé par décret 2020-797).

Toute **personne intéressée** peut introduire, à tout moment, devant un magistrat de la Cour de cassation désigné par le premier président, une **demande d'occultation ou de levée d'occultation.** La décision ainsi prise peut faire l'objet d'un recours devant le premier président de la Cour de cassation dans les deux mois suivant sa notification. Le premier président ou le président de chambre qui le supplée statue par ordonnance (C. org. jud. art. R 111-13 créé par décret 2020-797).

> **Précisions a.** Le **calendrier de mise à disposition** du public de l'ensemble des décisions de justice est désormais fixé (Arrêté du 28-4-2021 pris en application du décret 2020-797 du 29-6-2020) et s'article ainsi : 30 septembre 2021 pour toutes les décisions de la Cour de cassation, 30 avril 2022 pour les décisions de cour d'appel, 30 juin 2023 pour les décisions rendues par les conseils de prud'hommes, 31 décembre 2024 pour les décisions des tribunaux de commerce et 30 septembre 2025 pour celles des tribunaux judiciaires. Pour ces dernières, l'arrêté prévoit que, certaines, présentant un intérêt public particulier, dont la liste sera ultérieurement fixée par arrêté, seront mises à disposition du public avant le 30 septembre 2025.
> **b.** Lorsqu'une affaire a été jugée couverte par le **secret des affaires,** peut être remise aux tiers et mise à la disposition du public sous forme électronique une version non confidentielle de la décision, mais dont les informations couvertes par le secret des affaires seront occultées (C. com. art. R 153-10).
> **c.** Sur la mise à disposition du public des décisions de justice rendues dans le cadre d'une **QPC**, voir n° 59000.

DÉLIVRANCE AUX TIERS D'UNE COPIE DE JUGEMENT

Les tiers peuvent se faire délivrer copie des décisions de justice par le **greffe** de la juridiction concernée, sous réserve des demandes abusives, en particulier par leur nombre ou par leur caractère répétitif ou systématique (C. org. jud. art. L 111-14, al. 1). **20097**

En effet, les greffiers et dépositaires de registres ou répertoires publics sont tenus d'en délivrer copie ou extrait à tous requérants, à charge de leurs droits et sous réserve que la décision soit précisément identifiée (CPC art. 1440 modifié par décret 2020-797 du 29-6-2020).

En **cas de refus ou de silence** gardé pendant deux mois à compter de la demande, le président du tribunal judiciaire ou, si le refus émane d'un greffier, le président de la juridiction auprès de laquelle celui-ci exerce ses fonctions, saisi par requête, statue, le demandeur entendu ou appelé. L'appel est formé, instruit et jugé comme en matière gracieuse (CPC art. 1440-1 créé par décret 2020-797).

Les **éléments permettant d'identifier les personnes** physiques mentionnées dans la décision, lorsqu'elles sont parties ou tiers, doivent être occultés si leur divulgation est de nature à porter atteinte à la sécurité ou au respect de la vie privée de ces personnes ou de leur entourage (C. org. jud. art. L 111-14, al. 2 et CPC art. 1440-1-1 créé par décret 2020-797). En tout état de cause, il est procédé à cette occultation lorsqu'elle a été décidée en application des articles R 111-12 ou R 211-13 du Code de l'organisation judiciaire (CPC art. 1440-1-1 créé par décret 2020-797 ; voir n° 20095).

Le **recours contre la décision du greffier** d'occulter ou non les éléments d'identification doit être porté, par requête présentée par un avocat, devant le président de la juridiction auprès de laquelle ce greffier exerce ses fonctions. Le président statue par ordonnance, le demandeur et les personnes physiques, parties ou tiers, mentionnées dans la décision, si possible entendus ou appelés. Lorsque la décision contestée concerne un arrêt de la Cour de cassation, le premier président de cette cour statue dans les mêmes conditions (CPC art. 1441 modifié par décret 2020-797).

SECTION 5 EXÉCUTION DU JUGEMENT

20120 Il sera ici question des conditions permettant d'exécuter **en France** une décision de justice. Pour l'exécution transfrontalière des jugements, il est renvoyé aux développements consacrés aux aspects de droit européen et international.

A. Conditions générales d'exécution du jugement

1. COPIE EXÉCUTOIRE DU JUGEMENT

FORMULE EXÉCUTOIRE DU JUGEMENT

20125 Nul jugement ne peut être mis à exécution que sur présentation d'une **expédition** revêtue de la formule exécutoire, à moins que la loi n'en dispose autrement (CPC art. 502).
La copie exécutoire ou « grosse » du jugement est l'exemplaire comportant la mention exécutoire permettant l'exécution forcée par l'huissier ou commissaire de justice.
Par **exception,** certaines décisions sont exécutoires au seul vu de la « minute », c'est-à-dire de l'original du jugement sans formule exécutoire (CPC art. 495, al. 2 pour les ordonnances sur requête ; CPC art. 489, al. 2 pour les ordonnances de référé, en cas de nécessité).

> **Précisions** La copie exécutoire comporte la **mention** suivante (Décret 47-1047 du 12-6-1947) : En conséquence, la République française mande et ordonne à tous les huissiers ou commissaires de justice, sur ce requis, de mettre ledit arrêt (ou ledit jugement, etc.) à exécution, aux procureurs généraux et aux procureurs de la République près les tribunaux de grande instance d'y tenir la main, à tous commandants et officiers de la force publique de prêter main-forte lorsqu'ils en seront légalement requis.
> En foi de quoi, le présent arrêt (ou jugement, etc.) a été signé par (...).

DÉLIVRANCE GRATUITE DU JUGEMENT

20127 Chacune des parties peut se faire délivrer **l'expédition** revêtue de la formule exécutoire par le greffe de la juridiction qui a rendu le jugement (CPC art. 465, al. 1 et 2). Cette délivrance est gratuite pour chaque partie concernée par la décision (Loi 77-1468 du 30-12-1977 art. 2).
S'il y a un motif légitime (par exemple, perte de la « grosse » ou besoin de signifier un jugement à plusieurs parties ne relevant pas de la compétence territoriale du même huissier ou commissaire de justice), une **seconde expédition**, revêtue de cette formule, peut être délivrée à la même partie (CPC art. 465, al. 2). La seconde expédition est payante (cf. CPC art. 1435).
En cas de **difficulté,** le président de la juridiction qui a rendu le jugement statue par ordonnance sur requête (CPC art. 465, al. 2).

> **Précisions** Lorsqu'une affaire a été jugée couverte par le **secret des affaires,** une **partie** peut obtenir, pour les **besoins de l'exécution forcée** du jugement, un extrait de celui-ci comportant seulement son dispositif et la formule exécutoire (C. com. art. R 153-10).

2. NOTIFICATION DU JUGEMENT PRÉALABLE À L'EXÉCUTION

PRINCIPE DE NOTIFICATION DU JUGEMENT

20135 Sauf exécution volontaire, les jugements ne peuvent être exécutés contre ceux auxquels ils sont opposés qu'après leur avoir été notifiés (CPC art. 503, al. 1).
Dans les procédures avec représentation obligatoire, le jugement doit en outre être préalablement notifié aux avocats (n°s 20180 s.).
La notification du jugement n'est pas nécessaire en cas d'**acquiescement** à celui-ci. Sur les actes qui peuvent constituer un acquiescement, voir n°s 17700 s.
En outre, en cas d'**exécution au seul vu de la minute** de la décision (CPC art. 495, al. 2 pour les ordonnances sur requête ; CPC art. 489 pour les ordonnances de référé, en cas de nécessité), la présentation de celle-ci vaut notification (CPC art. 503, al. 2).

Les jugements ne peuvent être exécutés contre ceux auxquels ils sont opposés qu'après leur avoir été notifiés, à moins que l'exécution n'en soit volontaire (CPC art. 503, al. 1). En application de ce texte, l'**exécution forcée des condamnations résultant d'un jugement**, confirmées en appel, est subordonnée à la signification de l'arrêt et du premier jugement (Cass. 2e civ. 30-6-2022 n° 21-10.229 FS-B).

INTÉRÊT DE LA NOTIFICATION DU JUGEMENT

La notification du jugement a une **double vocation** : faire courir les délais de recours et constituer le préalable à toute mesure d'exécution forcée. 20137
Dès qu'elle reçoit la notification du jugement, la partie qui a perdu le procès est ainsi informée des obligations qui pèsent sur elles pour l'exécuter et/ou le frapper d'un recours.

NATURE DE LA NOTIFICATION DU JUGEMENT

La notification ne constitue pas un **acquiescement au jugement** (CPC art. 681 ; Cass. com. 7-2-2012 n° 11-12.787 : RJDA 4/12 n° 447). Elle ne prive donc pas la partie qui notifie d'exercer ensuite un recours contre la décision. 20145
Elle ne constitue pas non plus un **acte d'exécution forcée** ouvrant droit, au profit de celui qui la reçoit, à des dommages et intérêts pour exécution abusive.

FORME DE LA NOTIFICATION DU JUGEMENT

Le terme notification est un terme générique qui peut englober tout aussi bien les notifications par acte du palais (notification directe par contreseing ou via le RPVA et la plateforme e-palais : nos 21350 s.), par courrier recommandé AR, ou par acte d'huissier ou commissaire de justice. Dans le Code de procédure civile, lorsque l'expression notification est employée, celle-ci peut revêtir l'une de ces formes. 20150
Mais lorsqu'il n'est prévu que l'intervention de l'huissier ou commissaire de justice, la loi emploie alors le terme **signification** (CPC art. 651, al. 2).
Pour notifier le jugement, il suffit de joindre au formulaire de notification une copie de celui-ci, appelée **expédition** (CPC art. 676). La **copie exécutoire** (n° 20125) n'est pas exigée pour la notification de la décision. Elle est en revanche exigée pour engager la mesure d'exécution forcée qui en est la suite.

En **matière contentieuse,** les jugements sont en **principe notifiés aux parties** par voie de signification (CPC art. 675, al. 1). Sur les règles applicables à la signification, voir nos 21170 s. 20152
Des textes peuvent prévoir une **notification simplifiée** pour certains jugements. Tel est par exemple le cas pour les jugements rendus par le conseil de prud'hommes (C. trav. art. R 1454-26 ; n° 37202).

En **matière gracieuse,** les jugements sont notifiés par lettre recommandée avec demande d'avis de réception à la diligence du greffe (CPC art. 675 al. 2). 20154

Les notifications par acte d'**huissier ou commissaire de justice** (significations) offrent une **garantie de remise** à l'intéressé très supérieure à l'envoi d'un pli recommandé. C'est la raison pour laquelle la loi prévoit que lorsque la **notification** diligentée **par le greffe** lui est **retournée**, il est procédé par voie de signification (CPC art. 670-1). 20156
Par ailleurs, la notification peut **toujours** être faite par voie de **signification** alors même que la loi l'aurait prévue sous une autre forme (CPC art. 651).

NOTIFICATION RÉGULIÈRE DU JUGEMENT À PARTIE

Les jugements sont notifiés aux parties elles-mêmes (CPC art. 677 et 679). 20165
En cas de **pluralité de parties,** le jugement doit être notifié à chaque partie.
Quand un contentieux comprend **plusieurs jugements,** il arrive que le greffe les notifie par **un seul pli postal** dans la mesure où ils sont destinés à une seule et même partie. Par **exemple,** dans le cadre d'un contentieux prud'homal opposant plusieurs dizaines de salariés au même employeur, autant de jugements que de salariés sont rendus et l'employeur peut ne recevoir qu'un seul pli postal comportant notification de tous les jugements.
Cette notification est régulière si est annexé un bordereau permettant d'identifier chaque décision (Cass. 2e civ. 21-6-1995 nos 93-12.451 et 93-12.462 : Bull. civ. II n° 193).
La notification doit, pour être régulière, être impérativement faite à la personne morale qui a fait appel et non à une personne morale distincte appartenant au **même groupe** (Cass. 2e civ. 21-1-2016 n° 15-10.108 F-PB : RJDA 6/16 n° 444).

20180 **Notification aux représentants** En matière de **procédure avec représentation obligatoire,** le jugement doit préalablement être porté à la connaissance des représentants soit par la remise d'une copie de la décision par le **greffe** lorsque le jugement est notifié aux parties à sa diligence, soit, dans les autres cas, dans la forme des **notifications entre avocats** à peine de **nullité** de la signification à partie ; en cas de notification entre avocats, **mention** de l'accomplissement de cette formalité doit être portée dans l'acte de notification destiné à la partie (CPC art. 678, al. 1 modifié par décret 2020-1201 du 30-9-2020).

Si l'**avocat** est **décédé ou a cessé d'exercer** ses fonctions, la notification n'est faite qu'à la partie avec l'indication du décès ou de la cessation de fonctions (CPC art. 678, al. 2 modifié par décret 2020-1201).

20181 L'irrégularité de la signification préalable d'un jugement à avocat constituant un **vice de forme,** la nullité de la signification destinée à la partie n'est encourue que sur justification d'un grief (Cass. 2e civ. 12-4-2012 n° 11-12.017 : Bull. civ. II n° 74 ; Cass. 2e civ. 12-7-2012 n° 11-23.471 : D. 2012 p. 2065 concl. L. Leroy-Gissinger et F. Renault-Malignac ; Cass. 2e civ. 22-9-2016 n° 15-22.386 F-PB).

20182 La notification entre avocats se fait par signification ou par notification directe (CPC art. 671 à 673). Cependant, la notification est le plus souvent effectuée par **voie électronique (RPVA)** (nos 21350 s.).

La remise directe s'opère par la remise de l'acte en double exemplaire à l'avocat destinataire, lequel restitue aussitôt à son confrère l'un des exemplaires après l'avoir daté et visé (CPC art. 673).

CONTENU DE LA NOTIFICATION DU JUGEMENT

20185 Le contenu de la notification est défini par les articles 653 et suivants du CPC lorsque le jugement est signifié (nos 21170 s.), et par les articles 665 et suivants dudit Code en cas de notification en la forme ordinaire (nos 21300 s.).

20187 **Indication du recours** En outre, quelle que soit sa forme, l'acte de notification du jugement à une partie doit indiquer de manière très apparente la **nature** du recours éventuellement ouvert, les **délais** et **modalités** d'exercice de celui-ci et les sanctions inhérentes à l'exercice d'un recours abusif ou dilatoire (CPC art. 680).

Le délai de recours est clairement indiqué dès lors que les dispositions qui s'y rapportent et qui sont visées dans l'acte de notification du jugement y sont reproduites intégralement (Cass. 2e civ. 19-2-2015 n° 14-10.916 : Bull. civ. II n° 38).

L'exigence de la mention du **délai** de la voie de recours ouverte implique que soit également indiqué le **point de départ** de ce délai (Cass. 2e civ. 4-2-1987 n° 85-17.740 : Bull. civ. II n° 36 ; nos 23003 s.).

Constitue une modalité du recours devant être mentionnée dans l'acte de notification, le **lieu** où celui-ci doit être exercé (Cass. 2e civ. 10-9-2009 n° 07-13.015 : Bull. civ. II n° 210).

L'**absence de mention** ou la mention erronée dans l'acte de notification d'un jugement de la voie de recours ouverte, de son délai ou de ses modalités, a pour effet de ne pas faire courir le délai de recours (Cass. 2e civ. 12-2-2004 n° 02-13.332 : Bull. civ. II n° 57 ; Cass. 2e civ. 14-11-2013 n° 12-25.454 : Bull. civ. II n° 220 ; Cass. 2e civ. 24-9-2015 n° 14-23.768 F-PB : Bull. civ. II n° 214 ; Cass. 2e civ. 28-1-2016 n° 15-11.391 F-PB). Ainsi dans un cas où la lettre de notification adressée par le greffe de la cour d'appel visait **de manière erronée** les dispositions de l'article 984 du CPC relatives au pourvoi en cassation dans les procédures sans représentation obligatoire, alors qu'il s'agissait d'une procédure avec représentation obligatoire, le pourvoi en cassation, même tardif, a été jugé recevable (Cass. 2e civ. 3-3-2016 n° 15-12.129 F-PB) ; de même si l'acte de signification d'un jugement d'orientation a omis de mentionner que l'appel contre un tel jugement est soumis à la procédure à jour fixe en application de l'article R 322-19 du Code des procédures civiles d'exécution, l'appel selon la procédure de droit commun est recevable bien que tardif (Cass. 2e civ. 28-1-2016 n° 15-11.391 F-PB précité).

L'**incertitude** quant aux voies de recours après des significations réalisées, à la requête d'une partie, à plusieurs autres, mais prévoyant des modalités de recours distinctes, produit le même effet sur le délai (CA Toulouse ordo. CME du 12-3-2016 n° 257/14).

Le délai de recours ne court pas lorsque le jugement critiqué porte une mention erronée sur sa **qualification**, à moins que l'acte de notification de cette décision n'ait indiqué la voie de recours qui était effectivement ouverte (Cass. 2e civ. 3-3-2022 n° 20-17.419 F-B).

20191 **Sanction** Les mentions prescrites par l'article 680 du CPC doivent figurer dans l'acte de notification, à peine de **nullité** (CPC art. 693) régie par les dispositions qui gouvernent la nullité des actes de procédure (CPC art. 694). La nullité susceptible d'affecter cette notification est une nullité de forme nécessitant la preuve d'un **grief** pour être accueillie par le juge (nos 10515 s.).

EXEMPLE

Un jugement favorable est rendu par le tribunal de commerce que le greffe notifie aux parties. Seule la mention du délai d'appel est inscrite sur le procès-verbal de notification joint au jugement et non pas les modalités d'exercice du recours. Appel est interjeté plus d'un mois après la notification.
L'intimé soulève un incident d'irrecevabilité devant le conseiller de la mise en état de la cour d'appel au motif que l'appel est tardif.
En défense, l'appelant soutient la nullité de la notification qui ne comporte pas les modalités d'exercice du recours (constitution d'avocat obligatoire) constitutives d'un grief.
Le conseiller de la mise en état, dans cette hypothèse, doit retenir la nullité de la notification. Le délai d'appel n'a donc pas commencé à courir et, ainsi, l'appel se trouve recevable.
Il est inutile en revanche de formaliser un second acte d'appel, la cour étant valablement saisie par le premier.

Une notification irrégulière pour défaut d'une mention obligatoire mais dont la nullité n'est pas acquise, **à défaut de** preuve de l'existence d'un **grief,** peut constituer un préalable régulier à un acte d'exécution forcée de la décision (Cass. 2e civ. 14-2-2008 n° 06-20.988 : Bull. civ. II n° 33). **20193**

DÉLAI DE NOTIFICATION DU JUGEMENT

Le délai à l'issue duquel un jugement ne peut plus être notifié, et donc exécuté, est en **principe** de dix ans (C. exécution art. L 111-4). La notification du jugement doit donc intervenir dans ce délai. **20200**
La notification doit cependant être effectuée dans un **délai abrégé** dans certains cas (CPC art. 478, al. 1 : dans les six mois de la date du jugement par défaut ou du jugement réputé contradictoire).

CONSEIL

Dès le prononcé du jugement, il est souhaitable pour la partie gagnante de signifier le jugement même si une phase de négociation sur les modalités de son exécution est ouverte.
L'**avocat** doit impérativement faire notifier le jugement car cette **obligation** découle de son mandat (CPC art. 420).
L'avocat qui omettrait de procéder à la signification d'une décision favorable s'expose à l'exercice contre lui d'une action en responsabilité civile professionnelle.
La faute professionnelle est aggravée lorsque le **jugement** qu'il a obtenu pour le compte de son client est **réputé contradictoire** ou **par défaut.**
En cas de **jugement contradictoire,** il peut cependant être utile de ne pas notifier la décision dans le délai de deux ans et priver ainsi la partie qui avait comparu de son droit d'appel après l'expiration de ce délai (nos 23160 s.).

LIEU DE LA NOTIFICATION DU JUGEMENT

Le lieu de la notification du jugement est défini conformément aux **principes communs** concernant tous les actes de procédure (nos 21152 s.). **20205**
La seule **disposition spécifique** à la notification des jugements concerne le cas d'une **partie demeurant à l'étranger** : la notification du jugement lui est valablement faite au domicile élu en France (CPC art. 682 ; pour les cas d'élections de domicile en France d'une partie demeurant à l'étranger, voir art. 689-1 CPC et n° 21445). En dehors de cette hypothèse, il n'est pas possible de notifier un jugement à domicile élu.

3. FORCE DE CHOSE JUGÉE

CARACTÈRE EXÉCUTOIRE DU JUGEMENT

Le jugement est exécutoire à partir du **moment** où il passe en force de chose jugée, à moins que le débiteur ne bénéficie d'un délai de grâce ou le créancier de l'exécution provisoire (CPC art. 501). **20220**
A force de chose jugée le jugement qui **n'est** susceptible **d'aucun** recours **suspensif d'exécution** (CPC art. 500, al. 1). Tel est le cas d'un jugement contradictoire ou réputé contradictoire rendu en premier et dernier ressort ou d'un arrêt d'appel autre que par défaut qui peuvent être mis à exécution dès leur notification.
Passe en force de chose jugée le jugement susceptible d'un recours **suspensif d'exécution** qui n'a **pas** été exercé dans le **délai imparti** (CPC art. 500, al. 2).
Un jugement qui a autorité de **chose jugée** tranche tout ou partie du principal (nos 19025 s.). Il est souvent qualifié de jugement définitif mais cette qualification est inexacte car le jugement peut toujours être frappé de recours. Seul un jugement **irrévocable ou ayant acquis force de chose irrévocablement jugée** n'est plus susceptible d'aucune voie de recours.

> **Précisions** L'arrêt qui confirme purement et simplement un jugement ne prive pas ce dernier de son caractère exécutoire et une saisie peut donc être valablement pratiquée sur la base du jugement (Cass. 2e civ. 4-6-2020 n° 19-12.727 F-PBI : RJDA 10/20 n° 530).

4. PREUVE DU CARACTÈRE EXÉCUTOIRE DU JUGEMENT

PRINCIPES RÉGISSANT LA PREUVE DU CARACTÈRE EXÉCUTOIRE D'UN JUGEMENT

20245 La preuve du caractère exécutoire ressort du jugement (CPC art. 504, al. 1) lorsque celui-ci :
– n'est susceptible d'**aucun recours suspensif** ;
– ou bénéficie de l'**exécution provisoire.**
Sur l'exécution provisoire de droit ou facultative, voir nos 20380 s.

20247 Lorsque la preuve du caractère exécutoire ne peut **pas relever du jugement** lui-même, elle résulte (CPC art. 504, al. 2 s.) :
– de l'**acquiescement** de la partie condamnée (CPC art. 409) ;
– ou de la **notification** de la décision et d'un **certificat** de non-recours.

CERTIFICAT DE NON-RECOURS D'UN JUGEMENT

20255 La preuve du caractère exécutoire d'un jugement peut résulter de la notification de la décision et d'un certificat permettant d'établir, par rapprochement avec cette notification, l'absence, dans le délai, d'une **opposition,** d'un **appel,** ou d'un **pourvoi** en cassation lorsque le pourvoi est suspensif (CPC art. 504, al. 4).
Toute partie peut se faire délivrer par le greffe de la **juridiction devant laquelle le recours pouvait être formé** un certificat attestant l'absence de recours ou, si un recours a été formé, indiquant la date de celui-ci (CPC art. 505).

20256 Devant certaines juridictions, la demande de certificat de non-appel ou de non-opposition peut être effectuée en ligne à l'adresse suivante : https://www.justice.fr

MODÈLE **Demande de certificat de non-appel**

Je soussigné, Maître... avocat au barreau de... domicilié...
En application de l'article 505 du CPC,
Sollicite de Madame ou Monsieur le Greffier de la cour d'appel de... (*lieu de la cour d'appel dans le ressort de laquelle siège le tribunal*)
La délivrance d'un certificat de non-appel pour la décision n° ... (*n° de rôle*) rendue le... (*date*) par le tribunal de (*nature et siège de la juridiction*) entre les parties désignées ci-après
Déclare :
(*Uniquement si procédure avec représentation obligatoire*), que cette décision a été notifiée à avocat par (*mode de notification*)... le... (*date*)
que cette décision a été notifiée à partie le... (*date*)
Parties ayant fait signifier : (*identification de la partie*)
Parties destinataires de la signification : (*identifier chaque partie et le mode de signification*)
Et déclare que le délai d'appel a expiré le... (*date*),
Fait à... (*lieu*), le... (*date*).

Signature de l'avocat

Certificat de non-appel
Le directeur des services de greffe de la cour d'appel de..., en application de l'article 505 du CPC,
Vu la demande formulée ci-dessus et les déclarations qu'elle contient,
Certifie que, à la date du..., il n'existe aucun appel enregistré au registre tenu au greffe de la cour dans l'instance désignée.
Fait à... (*lieu où siège la cour d'appel*), le... (*date*), pour servir et valoir ce que de droit.

Signature du directeur des services de greffe

20260 **Valeur du certificat** Le certificat se cumule avec la notification de la décision (CPC art. 504, al. 4) et ne suffit pas à constituer la preuve de son caractère exécutoire.
S'il est demandé après l'expiration du délai d'exercice d'un recours suspensif d'exécution, en l'absence d'exécution provisoire et en l'état d'une **notification à partie irrégulière,** le certificat ne constitue nullement la preuve du caractère exécutoire. Le délai d'appel ou d'opposition n'ayant pas commencé à courir, le principe de l'effet suspensif des voies de recours ordinaires peut encore être revendiqué et paralyser l'exécution forcée.

Avant de demander un **certificat** de non-appel, le praticien doit s'assurer de la parfaite régularité de la notification. À défaut, il expose son client, en cas d'annulation des mesures d'exécution, à une obligation de réintégration de son adversaire dans ses droits, notamment sous forme de restitution et/ou de dommages et intérêts.

CERTIFICAT DU CARACTÈRE EXÉCUTOIRE D'UN JUGEMENT ÉTABLI PAR AVOCAT

Les **mainlevées, radiations de sûretés, mentions, transcriptions ou publications** qui doivent être régularisées en vertu d'un jugement le sont valablement au vu de la production, par tout intéressé, d'une expédition ou d'une copie certifiée conforme du jugement ou d'un extrait de celui-ci. **Si le jugement n'est pas exécutoire à titre provisoire**, il faut également justifier de son caractère exécutoire. Cette justification peut résulter d'un certificat établi par l'avocat (CPC art. 506). **20265**

MODÈLE

Certificat du caractère exécutoire d'un jugement

Je soussigné Maître X, Avocat au Barreau de..., certifie que le jugement rendu le... par... portant le n° ... est devenu exécutoire après notification diligentée le... sous le ministère de Maître... huissier ou commissaire de justice à..., et expiration des voies de recours suspensives d'exécution.

Fait à...

Le...

Signature

5. POURSUITE DE L'EXÉCUTION FORCÉE D'UN JUGEMENT

La partie qui obtient satisfaction est investie d'un **droit de poursuivre** l'exécution forcée du jugement qui la remplit totalement ou partiellement de ses droits. **20280**

Ce droit est consubstantiel au caractère exécutoire du jugement et son **effectivité** est **garantie** par l'État.

L'huissier ou commissaire de justice en charge de l'exécution peut requérir le concours de la **force publique**. Si celle-ci n'est pas acceptée ou qu'elle tarde à l'être, la partie peut obtenir réparation de son préjudice résultant de l'impossibilité d'être assurée de l'effectivité de l'exécution d'une décision rendue au nom du peuple français (C. exécution art. L 153-1).

L'exécution doit intervenir entre 6 heures et 21 heures. Elle est interdite les jours fériés ou chômés si ce n'est en vertu de la permission du juge en cas de nécessité (CPC art. 508).

B. Délai de grâce pour l'exécution d'un jugement

PRINCIPE DU DÉLAI DE GRÂCE ACCORDÉ PAR LE JUGE

Le jugement est exécutoire dès lors qu'il passe en force de chose jugée sauf lorsque le **débiteur de la condamnation** bénéficie d'un délai de grâce (CPC art. 501). **20300**

Le délai de grâce est accordé par le **juge** au débiteur de l'obligation judiciairement consacrée.

JUGE COMPÉTENT POUR ACCORDER UN DÉLAI DE GRÂCE

Sauf exceptions (nos 20335 s.), le délai de grâce ne peut être accordé que par la décision dont il est destiné à différer l'exécution (CPC art. 510, al. 1). C'est donc le juge qui prononce la condamnation qui peut accorder le délai de grâce et dans le **même jugement**. **20305**

Le **juge des référés** peut aussi accorder un délai de grâce en cas d'urgence (CPC art. 510, al. 2). **20307**

Le **juge de l'exécution** a compétence exclusive pour accorder un délai de grâce après signification d'un commandement ou d'un acte de saisie, ou à compter de l'audience prévue par l'article R 3252-17 du Code du travail (C. exécution art. R 121-1 et CPC art. 510, al. 3 modifiés par décret 2020-1452 du 27-11-2020). **20309**

Cette compétence est donc subordonnée à un commencement d'exécution ; la saisine du juge de l'exécution serait irrecevable faute d'un tel commencement.

En matière des **saisies des rémunérations,** c'est le juge de l'exécution qui est compétent pour statuer (C. org. jud. art. L 213-6, al. 5). **20311**

En matière de **crédit à la consommation**, c'est le juge des contentieux de la protection qui, au sein du tribunal judiciaire, est compétent (C. org. jud. art. L 213-4-5).

POUVOIRS DU JUGE POUR ACCORDER UN DÉLAI DE GRÂCE

20320 La **demande** de délai de grâce est en principe formée par le débiteur.
Les délais de grâce relèvent de la catégorie des prétentions (CPC art. 4) obligeant le juge à statuer sur leur recevabilité et leur bien-fondé en **motivant sa décision** (CPC art. 510, al. 4).

20322 Dans certains cas, le **juge** peut octroyer d'office de tels délais. Le cas le plus fréquemment rencontré est celui de la période hivernale empêchant l'expulsion des locataires de l'habitation (C. exécution art. L 412-6). La durée de ces délais de grâce ne peut être inférieure à un mois et supérieure à un an (articles précités).

20326 Le juge tient compte à la fois des **facultés de paiement du débiteur** et des **besoins du créancier** (C. civ. art. 1343-5).
Les critères habituellement retenus par les juridictions du fond pour octroyer des délais de grâce sont la **bonne foi** du débiteur et une situation indépendante de sa volonté. Ainsi, un débiteur qui aggrave volontairement sa situation n'est pas considéré comme étant de bonne foi.
Les **juges** qui sont **souverains** dans l'appréciation de la situation du débiteur pour accorder des délais de grâce, ne les accordent que si la dette peut être réglée dans le délai qu'il fixe. Il n'est donc pas rare de voir des demandes de délai rejetées au motif que la situation du débiteur est tellement obérée que des délais ne feraient que compromettre encore davantage les chances pour le créancier d'être réglé.
Après signification d'un commandement ou d'un acte de saisie, selon le cas, le juge de l'exécution est habilité à accorder un délai de grâce (Cass. soc. 19-7-2001 n° 00-12.917 : RJDA 2/02 n° 198).

INTERDICTION DES DÉLAIS DE GRÂCE

20335 **Interdiction légale** Dans certains cas, la loi interdit au juge de prononcer des délais de grâce. Tel est le cas par exemple en matière de dettes alimentaires (C. civ. art. 1343-5, dern. al.) ou de droit de reprise du propriétaire pour habiter (C. exécution art. L 412-3, al. 3).

20340 Le juge ne peut pas non plus accorder de délais au débiteur dont les biens sont saisis par d'autres créanciers ou qui, par son fait, a diminué les garanties qu'il avait données par contrat à son créancier (CPC art. 512, al. 1). Dans ces mêmes hypothèses, le débiteur perd le bénéfice du délai qui lui aurait été précédemment octroyé (CPC art. 512, al. 2). Les « autres créanciers » peuvent être tiers à la procédure ou parties.

POINT DE DÉPART DU DÉLAI DE GRÂCE

20350 La détermination du point de départ du délai de grâce dépend de la nature du jugement, selon qu'il a été ou non contradictoirement rendu entre les parties.

20352 **Jugement contradictoire** Un tel jugement suppose la comparution des parties au litige (CPC art. 467). Il est donc logique que le délai de grâce accordé au débiteur commence à courir dès le jour du prononcé du jugement (CPC art. 511).
C'est une dérogation au principe de l'exécution subordonnée à la notification de la décision (n° 20135).

20355 **Autres jugements** Le délai de grâce ne commence à courir qu'après notification du jugement (CPC art. 511).

EXEMPLE

Une décision octroie d'office au débiteur non comparant des délais de grâce. Pour que le plan d'apurement mis en place par le jugement puisse commencer à être exécuté, le créancier, demandeur à l'action, doit faire signifier le jugement. La signification de ce jugement constituera le point de départ du délai de grâce octroyé par le jugement.
Dans le cadre d'un litige entre un bailleur, son locataire et la caution, les deux premiers comparaissent, le troisième est défaillant.
Sur demande du locataire, le tribunal accorde des délais de grâce pour le règlement de la dette de loyer en le condamnant solidairement avec la caution.
Le jugement doit être notifié à la caution pour que commence à courir le délai de grâce.

EFFETS DU DÉLAI DE GRÂCE

20360 Le délai de grâce suspend les **actes d'exécution** et les majorations d'intérêts ou les pénalités encourues à raison du retard cessent d'être dues pendant le délai fixé par le juge (C. civ. art. 1343-5, al. 4). Les actes d'exécution s'entendent par exemple d'une résiliation d'un contrat de bail qui, même si elle est prononcée par le jugement, est suspendue dans ses effets tant que le délai de grâce n'est pas expiré.

Mais le délai ne prohibe nullement les **mesures conservatoires** que souhaiterait prendre le créancier dans l'hypothèse où ce délai ne serait pas respecté (CPC art. 513). Ainsi, une hypothèque judiciaire peut être obtenue même si le jugement servant au fondement de cette sûreté est assorti d'un délai de grâce.

C. Exécution provisoire d'un jugement

RÈGLES GÉNÉRALES D'EXÉCUTION D'UN JUGEMENT

L'exécution provisoire confère au jugement qui n'est pas encore passé en force de chose jugée (n°s 20220 s.), un caractère exécutoire (CPC art. 501). **20380**

1. EXÉCUTION PROVISOIRE DE DROIT DES JUGEMENTS

Pour les **instances introduites à compter du 1er janvier 2020,** les décisions de première instance sont de droit exécutoires à titre provisoire à moins que la loi ou la décision rendue n'en dispose autrement (CPC art. 514). Ce principe ne dispense pas la partie qui triomphe dans ses prétentions de **faire signifier** la décision avant de la faire exécuter (n° 20125). **20382**
Le principe de l'effet suspensif d'une voie de recours ordinaire n'a cependant pas été supprimé (CPC art. 539) par le décret du 11 décembre 2019. Dans ces conditions, le bénéficiaire d'une condamnation exécutoire de droit doit être toujours aussi prudent lorsqu'il s'engage dans une exécution forcée, car son caractère abusif pourra être jugé par une juridiction saisie d'une action indemnitaire que pourrait entreprendre le débiteur. Ce dernier devra alors rapporter la preuve d'une faute résultant du caractère abusif de l'exécution poursuivie.

Dans certains cas, le juge peut écarter **l'exécution provisoire** (n° 20390), mais celle-ci **ne peut pas être écartée** lorsque le juge (CPC art. 514-1, al. 3) : **20385**
- statue en référé ;
- prescrit des mesures provisoires pour le cours de l'instance ;
- ordonne des mesures conservatoires ;
- accorde une provision au créancier en qualité de juge de la mise en état.

En **matière familiale** sont expressément exécutoires de droit à titre provisoire les mesures portant sur l'exercice de l'autorité parentale, la pension alimentaire, la contribution à l'entretien et l'éducation de l'enfant et la contribution aux charges du mariage, ainsi que toutes les mesures provisoires prises dans le cadre d'une procédure judiciaire de divorce (CPC art. 1074-1 modifié par décret 2020-1452 du 27-11-2020). **20387**

2. EXCEPTIONS À L'EXÉCUTION PROVISOIRE DE DROIT DES JUGEMENTS

Sauf dans les cas énoncés au n° 20385, le **juge** peut **écarter l'exécution provisoire** de droit, en tout ou en partie, s'il estime qu'elle est incompatible avec la nature de l'affaire ; il peut statuer d'office ou à la demande d'une partie, par décision spécialement motivée (CPC art. 514-1, al. 1 et 2). **20390**

CONSEIL

Le **défendeur à l'action** a tout intérêt à s'opposer à l'exécution provisoire dans ses conclusions en invoquant le caractère incompatible de cette mesure avec la nature de l'affaire. Faute de s'y opposer, il perd la possibilité, en cas d'appel, d'invoquer devant le premier président saisi d'une demande de suspension de l'exécution provisoire de droit les conséquences manifestement excessives révélées antérieurement à la décision de première instance (n° 27050). Il ne pourra invoquer que les mêmes conséquences révélées postérieurement (n° 27052), ce qui, en pratique, le privera purement et simplement de son droit d'agir.

3. EXÉCUTION PROVISOIRE DES JUGEMENTS ORDONNÉE PAR LE JUGE

Lorsqu'il est prévu par la loi que l'exécution provisoire est facultative, le juge peut, sous condition, ordonner l'exécution provisoire, d'office ou à la demande d'une partie. Le juge doit alors établir le **caractère nécessaire et compatible** de cette mesure **avec la nature de l'affaire** (CPC art. 515, al. 1). **20420**
Pour identifier les cas d'exécution provisoire facultative, on trouvera dans les textes la mention « le juge peut ordonner l'exécution provisoire » ou bien « la décision n'est exécutoire à titre provisoire que si elle l'ordonne ».

20422 Parmi les **textes** qui prévoient que la **décision** n'est **exécutoire à titre provisoire que si elle l'ordonne**, l'on trouve notamment des décisions concernant la **personne**, en matière :
– d'annulation ou de rectification des actes d'état civil (CPC art. 1054-1 modifié par décret 2020-1452 du 27-11-2020) ;
– de prénom (CPC art. 1055-3 modifié par décret 2020-1452) ;
– de modification de la mention du sexe dans les actes d'état civil (CPC art. 1055-10 modifié par décret 2020-1452) ;
– de déclaration d'absence (CPC art. 1067-1 modifié par décret 2020-1452) ;
– de filiation et subsides (CPC art. 1149 modifié par décret 2020-1452) ;
– d'adoption (CPC art. 1178-1 modifié par décret 2020-1452).
En outre, à moins qu'il n'en soit disposé autrement, les décisions du juge aux affaires familiales qui mettent fin à l'instance ne sont exécutoires à titre provisoire que si elles l'ordonnent (CPC art. 1074-1 modifié par décret 2020-1452). Toutefois, par exception, sont exécutoires de droit les mesures énoncées au n° 20387.
En matière **prud'homale**, le principe de l'exécution provisoire de droit a été écarté ; restent toutefois exécutoires de droit les mesures exposées n° 20387 et certains jugements prud'homaux (n° 37202).

CONSEIL

Dans les **conclusions**, le paragraphe consacré à la demande d'exécution provisoire doit être détaché des autres et comporter une **motivation suffisante**. Invoquer simplement l'ancienneté du litige à l'appui d'une telle demande est insuffisant. Par exemple, dans une instance en résolution de vente d'appareil de chauffage après expertise judiciaire, l'ancienneté du litige peut être soutenue, mais également l'objet du litige : ainsi, « l'appareil doit servir à chauffer un immeuble d'habitation abritant une famille ».

CONDITIONS DE L'EXÉCUTION PROVISOIRE ORDONNÉE PAR LE JUGE

20425 Sous réserve du cas où l'exécution provisoire a été refusée par le premier juge et de celui où il n'a pas statué sur celle-ci, l'exécution provisoire ne peut être **ordonnée** que **par la décision** qu'elle est destinée à rendre exécutoire (CPC art. 516).
Le juge peut estimer que l'exécution provisoire ne doit concerner qu'une **partie de son jugement** (CPC art. 515, al. 2).

EXEMPLE

Dispositif prononçant une exécution provisoire partielle
Par ces motifs
(...) Condamne M. X à payer la somme de 10 000 € en réparation du préjudice immatériel.
Ordonne l'exécution provisoire des dispositions qui précèdent.
Condamne M. X à payer 3 000 € de dommages et intérêts au titre de l'abus de droit d'ester en justice.
Le condamne à payer 1 000 € sur le fondement de l'article 700 du CPC outre aux entiers dépens.

Le caractère nécessaire et compatible avec la nature de l'affaire est une condition également exigée **en appel** lorsque le conseiller de la mise en état ou le premier président est saisi d'une demande tendant à faire assortir de l'exécution provisoire le jugement frappé d'appel (CPC art. 517-2 ; n°s 26980 s.).
Le juge qui a rendu la décision peut **subordonner** l'exécution provisoire à la **constitution d'une garantie, réelle ou personnelle**, par la partie gagnante (CPC art. 517 s.). Il peut aussi éviter l'exécution provisoire au moyen d'une **consignation** par la partie condamnée (CPC art. 521 s.). Ces mesures d'aménagement interviennent dans les mêmes conditions que celles développées à propos des pouvoirs du premier président de la cour d'appel (n°s 27120 s.).

4. EFFET DE L'EXÉCUTION PROVISOIRE DE DROIT DES JUGEMENTS

20460 Revêtu de l'exécution provisoire, le jugement est **exécutoire partiellement ou totalement** selon ce qu'a décidé le tribunal et son exécution est poursuivie, même en cas d'appel.
L'entrée en vigueur du principe de l'exécution provisoire de droit ne doit pas faire oublier aux praticiens que l'exécution d'une décision de justice exécutoire n'a lieu qu'aux **risques de celui qui la poursuit** (C. exécution art. L 111-10), car le principe de l'effet suspensif de l'appel demeure (CPC art. 539 n° 20382) à charge par lui, si le titre est ultérieurement modifié, d'en réparer les

conséquences dommageables, et ce même en l'absence d'exécution forcée, dès lors que le créancier a fait signifier la décision (Cass. ass. plén. 24-2-2006 n° 05-12.679 : Bull. civ. ass. plén. n° 2).
Il y a donc lieu d'adopter un comportement extrêmement prudent à l'égard de l'exécution provisoire de droit.
L'obligation à **restitution** de sommes versées en exécution d'un jugement exécutoire de droit résulte de plein droit de la réformation de ce dernier par la cour d'appel (Cass. 1e civ. 31-3-2016 n° 14-20.193 FS-PB).

Mais un **créancier** ne commet pas de faute en **renonçant** à mettre en œuvre la décision assortie de l'exécution provisoire (Cass. 3e civ. 4-6-2008 n° 07-14.118 : RJDA 11/08 n° 1207). **20462**
Une exécution abusivement poursuivie en vertu d'un jugement entaché d'une erreur de fait ou de droit manifeste peut ouvrir droit à des dommages et intérêts sur le fondement de l'abus de droit (C. civ. art. 1240).

À moins que la loi ou le règlement n'en disposent autrement, une partie conserve, malgré l'exécution provisoire de la décision, le **pouvoir de critiquer le jugement** qui la prive du droit d'agir. A en conséquence été cassé l'arrêt d'une cour d'appel déclarant irrecevable l'appel interjeté par un liquidateur judiciaire à l'encontre du jugement, exécutoire par provision, qui, nonobstant la contestation de l'appelant, avait prononcé la clôture de la procédure pour insuffisance d'actif, au motif qu'il avait perdu la qualité de liquidateur en laquelle il était partie en première instance (Cass. com. 13-2-2007 n° 05-19.182 : RJDA 7/07 n° 802). **20468**

5. ARRÊT ET AMÉNAGEMENT DE L'EXÉCUTION PROVISOIRE DE DROIT

EXÉCUTION PROVISOIRE SUBORDONNÉE À UNE GARANTIE OU À CONSIGNATION

La juridiction qui prononce le jugement peut subordonner l'exécution provisoire de droit à la constitution d'une garantie, réelle ou personnelle, suffisante pour répondre de toutes restitutions ou réparations ; elle peut aussi décider la consignation des sommes mises à la charge d'une partie (CPC art. 515 à 523 applicables aux demandes introduites depuis le 1er janvier 2020). Si la demande présentée vise les nouvelles dispositions alors que l'action a été introduite avant le 1er janvier 2020, le premier président, en vertu de son pouvoir de requalification (CPC art. 12), peut statuer au vu des anciennes dispositions (CPC art. 522 s. anciens). **20480**
La nature, l'étendue et les modalités de la consignation sont précisées par la décision qui la prescrit (CPC art. 518). Lorsqu'il s'agit d'une **somme d'argent,** c'est la Caisse des dépôts et consignations qui reçoit les fonds ou, à la demande d'une partie, un tiers commis à cet effet. Le juge, s'il fait droit à cette demande, constate les modalités du dépôt. Si le tiers refuse d'être dépositaire alors le juge, d'office, ordonne le versement à la Caisse des dépôts et consignations (CPC art. 519).
Le juge invite les parties à s'expliquer devant lui à la date qu'il fixe si la valeur de la garantie ne peut être immédiatement appréciée (CPC art. 520).
La partie condamnée au paiement de sommes autres que des aliments, des rentes indemnitaires ou des provisions peut éviter que l'exécution provisoire soit poursuivie en **consignant**, sur autorisation du juge, les espèces ou les valeurs suffisantes pour garantir, en principal, intérêts et frais, le montant de la condamnation (CPC art. 521, al. 1). Le juge peut, à tout moment, autoriser la substitution à la garantie primitive d'une **garantie équivalente** (CPC art. 522).

Dans la pratique, les parties sollicitent rarement l'aménagement de l'exécution provisoire **avant le prononcé du jugement**. **20482**
Après le prononcé, le juge ne peut plus aménager l'exécution en raison du dessaisissement. L'**arrêt ou l'aménagement de l'exécution** provisoire peut cependant être ordonné par le premier président de la cour d'appel, à certaines conditions (nos 27050 s.).
Si **le jugement est frappé d'appel**, le premier président, ou le conseiller de la mise en état dès sa saisine, est compétent pour aménager l'exécution provisoire prononcée par le jugement (nos 27120 s.).
En l'**absence d'appel ou d'opposition**, l'exécution provisoire laisse place à l'exécution définitive et la question des garanties ou de la consignation ne se pose plus.

6. RADIATION DU RÔLE FAUTE D'EXÉCUTION D'UN JUGEMENT

PRINCIPE DE RADIATION DU RÔLE

20490 Lorsque l'exécution provisoire est de droit ou a été ordonnée, le conseiller de la mise en état dès qu'il est saisi ou le premier président peut, **en cas d'appel**, à la **demande de l'intimé** et après avoir recueilli les observations des parties, prononcer la **radiation du rôle** faute pour l'appelant d'avoir exécuté la décision frappée d'appel ou d'avoir procédé à la consignation si elle a été autorisée (CPC art. 524).

En matière de procédure avec représentation obligatoire, le premier président est compétent pour prononcer la radiation lorsque la procédure est éligible aux règles de la procédure d'urgence (CPC art. 905 modifié par décret 2020-1452 du 27-11-2020 ; n° 26984).

ATTENTION

L'intimé qui forme une demande de radiation encourt un **risque grave** puisque l'instance est suspendue et puisque la loi n'offre qu'à l'appelant la faculté de réinscrire l'affaire au rôle, sur justificatif du paiement des condamnations.

Il est impossible, pour l'intimé, de réitérer sous forme d'appel incident les mêmes demandes que celles qu'il avait soutenues en première instance et dont il pourrait avoir été débouté.

De même, la suspension de l'instance peut le placer dans l'impossibilité de poursuivre l'exécution d'un commandement aux fins de saisie immobilière. Pour procéder à celle-ci, le créancier doit en effet être muni d'un titre exécutoire passé en force de chose jugée (C. exécution art. L 311-4) ; sa demande de radiation paralysera donc la procédure de vente sur adjudication.

La demande de radiation **doit notamment être évitée dans les hypothèses suivantes** :

– défaillance de l'appelant en première instance (au moins tant qu'il n'a pas déposé ses conclusions, lesquelles permettront d'apprécier le sérieux du recours) ;

– violation manifeste de la règle de droit par le tribunal ;

– délai d'instruction devant la cour d'appel permettant d'obtenir une décision rapidement.

En revanche, la demande de radiation est **vivement recommandée lorsque** l'appel est interjeté à des fins manifestement dilatoires ou abusives.

CONDITIONS DE LA RADIATION DU RÔLE

20495 L'intimé, bénéficiaire de la condamnation prononcée par le tribunal, ne peut demander la radiation de l'appel que faute pour l'**appelant** d'avoir **exécuté les condamnations** mises à sa charge. Cependant, par analogie avec les règles qui président au retrait du rôle des pourvois en cassation (CPC art. 1009-1), les magistrats d'appel estiment qu'un **commencement de règlement** manifestant la volonté non équivoque de s'engager dans l'exécution de la décision suffit à faire obstacle à la radiation.

FORME DE LA DEMANDE DE RADIATION DU RÔLE

20497 Le magistrat de la mise en état doit être saisi par un **écrit spécial** pour tout ce qui relève de sa compétence exclusive mais, lorsqu'il s'agit de statuer sur la demande de radiation, le législateur n'a toujours pas prévu de formalisme particulier. Il suffit donc d'une lettre demandant la radiation dont une copie est adressée à l'adversaire pour respecter strictement le principe du contradictoire.

En matière de procédure avec **représentation obligatoire,** il est cependant préférable d'élever un incident par voie de conclusions en annexant le jugement et, le cas échéant, sa signification ainsi qu'un **premier acte d'exécution** infructueux. Certains magistrats de la mise en état subordonnent en effet la recevabilité de la demande à la signification du jugement et à la délivrance d'un premier acte d'exécution.

DÉLAIS APPLICABLES À LA DEMANDE DE RADIATION DU RÔLE

20500 La demande de l'intimé doit, à peine d'irrecevabilité prononcée d'office, être présentée avant l'expiration des délais prescrits aux articles 905-2, 909, 910 et 911 du CPC (CPC art. 524, al. 2).

La demande de radiation suspend les délais impartis à l'intimé par les articles 905-2, 909, 910 et 911. Mais ces délais recommencent à courir à compter de la notification de la décision autorisant la réinscription de l'affaire au rôle de la cour ou de la décision rejetant la demande de radiation (CPC art. 524, al. 5 et 6).

OBSTACLES À LA RADIATION DU RÔLE

20505 **Conséquences manifestement excessives** La radiation ne sera pas prononcée s'il apparaît que l'exécution serait de nature à entraîner pour l'appelant des conséquences manifestement excessives (CPC art. 524, al. 1). Cette notion doit être rapprochée de celle prévue en matière d'arrêt de l'exécution provisoire (nos 27050 s.).

Les conséquences manifestement excessives sont **souverainement appréciées** par le juge saisi de la demande de radiation.

EXEMPLE

Risque d'expulsion d'un locataire impécunieux à l'approche de la période hivernale.
Jugement rendu hors la présence du défendeur appelant qui en poursuit la nullité pour irrégularité de l'acte introductif d'instance.
À l'inverse, le bénéfice de l'aide juridictionnelle n'est pas de nature à permettre d'obtenir de plein droit que la radiation de l'appel ne soit pas prononcée par le magistrat de la mise en état.

Une **demande de radiation** du rôle par l'intimé ne fait pas obstacle à une **demande d'arrêt de l'exécution** provisoire de droit par l'appelant (Cass. 2e civ. 9-7-2009 nos 08-13.451 et 08-15.176 : Bull. civ. II n° 192). Les deux magistrats saisis peuvent donc apprécier différemment les conséquences manifestement excessives. 20507
En **pratique**, dès que la demande de radiation est présentée par l'intimé, l'appelant défendeur saisit le premier président d'une demande de suspension de l'exécution provisoire (CPC art. 514-3). Dans ce cas, le magistrat saisi de la demande de radiation doit attendre la décision non susceptible de pourvoi du premier président (CPC art. 514-6) pour statuer à son tour.
En matière de procédure sans représentation obligatoire, le premier président a compétence pour statuer sur les deux demandes.
Saisi d'une demande principale de suspension ou d'aménagement d'exécution provisoire, le premier président peut, sur demande reconventionnelle du défendeur au référé (intimé dans la procédure d'appel), statuer sur une demande de radiation dès lors que l'instance d'appel obéit aux règles de la procédure d'urgence (CPC art. 905 s.). Dans cette hypothèse, en effet, il n'y a pas de désignation d'un conseiller de la mise en état et le président de chambre n'a pas compétence pour prononcer la radiation, pouvoir dévolu au premier président.

Impossibilité d'exécuter la décision La radiation ne sera pas prononcée si l'appelant est dans l'impossibilité d'exécuter la décision (CPC art. 524, al. 1). Cette impossibilité peut par exemple résulter d'une impécuniosité totale. 20509
Ainsi, l'impossibilité peut résulter de l'ouverture, depuis le prononcé du jugement frappé d'appel, d'une procédure collective au profit de l'appelant, lui interdisant de payer toute créance.

Obstacles nés de la pratique Même en l'absence de conséquences manifestement excessives ou d'impossibilité d'exécuter la décision, les magistrats ne prononcent pas la radiation de l'appel lorsque le **bénéficiaire de la condamnation** ne manifeste pas sa **volonté de poursuivre** l'exécution de la condamnation de première instance. Ils estiment en effet dans ce cas que l'intimé ne peut entraver le droit d'appel de l'appelant. Il est ainsi exigé à tout le moins une notification de la décision, cette dernière valant mise en demeure (Cass. ass. plén. 3-3-1995 n° 91-19.497 : RJDA 5/95 n° 544 ; Cass. 3e civ. 31-1-2007 n° 05-15.790 : Bull. civ. III n° 15). 20515

Il en va de même en cas de **pluralité d'intimés** dans l'hypothèse d'un appel incident que souhaiterait formaliser un des intimés contre l'appelant principal alors qu'un autre intimé poursuit contre ce dernier la radiation de l'appel faute d'exécution. La radiation susceptible d'être prononcée étant indivisible et pouvant donc affecter les droits de l'ensemble des parties, les magistrats écartent en général la radiation en pareille hypothèse. 20517

Appréciation des conséquences de la radiation En tout état de cause, le juge doit apprécier dans chaque affaire si la radiation risque de constituer une **entrave disproportionnée au droit d'accès à la cour d'appel** (cf. CEDH 31-3-2011 n° 34658/07), étant précisé que les dispositions de l'article 524 du CPC ne sont pas en elles-mêmes incompatibles avec la CESDH. 20519
Par **exemple**, le droit d'accès à un tribunal a été méconnu lorsque l'appel a été radié faute par l'appelant d'avoir exécuté la décision qui l'avait condamné au remboursement d'un prêt bancaire, la mesure de radiation étant, en l'espèce, disproportionnée ; en effet, le rapport entre les ressources mensuelles du foyer du requérant et le montant de la condamnation en principal était de 1 à 240 (CEDH 31-3-2011 n° 34658/07 : JCP G 2011 n° 25 p. 1216 note L. Milano).

CONSEIL

C'est sur le terrain de l'entrave disproportionnée que le **bénéficiaire de l'aide juridictionnelle** peut triompher dans une défense à une demande de radiation, lorsque la condamnation prononcée contre lui est sans commune mesure avec ses ressources.

EFFETS DE LA RADIATION DU RÔLE

20530 La décision de radiation doit être **notifiée** par le greffe aux parties ainsi qu'à leurs représentants par lettre simple (CPC art. 524, al. 3). Cette notification fait courir le délai de péremption de deux ans, qui peut être interrompu par un acte manifestant sans équivoque la volonté d'exécuter (CPC art. 524, al. 7).

La radiation est une mesure d'administration judiciaire (CPC art. 524, al. 3) et comme telle insusceptible de recours (CPC art. 537). Jugé toutefois que la décision de radiation du rôle de l'affaire lorsque l'appelant ne justifie pas avoir exécuté la décision frappée d'appel, bien que qualifiée par l'article 526 du CPC23212 (devenu art. 524 du CPC) de mesure d'administration judiciaire, affecte l'exercice du droit d'appel, de sorte qu'elle peut faire l'objet d'un **recours en cas d'excès de pouvoir**. Tel est le cas lorsque la radiation de l'affaire procède d'une méconnaissance par le CME de l'étendue de ses pouvoirs (Cass. 2e civ. 9-1-2020 n° 18-19.301 F-PBI).

La décision de radiation n'emporte pas suspension des **délais impartis à l'appelant** pour conclure par les articles 905-2, 908 et 911 (Cass. 2e civ. 9-6-2022 n° 19-11.671 F-B). Mais elle interdit l'examen des appels principaux et incidents ou provoqués (CPC art. 524, al. 6).

CONSEIL

L'appelant doit donc accomplir ses diligences même si le dossier est radié, car son appel peut être réinscrit après paiement des condamnations dans le délai de péremption. Le législateur n'a pas voulu offrir à l'appelant les mêmes avantages qu'à l'intimé demandeur à la radiation.

20532 **Exécution après la radiation** Le premier président ou le conseiller chargé de la mise en état autorise, sauf s'il constate la péremption, la **réinscription de l'affaire au rôle** de la cour sur justification de l'exécution de la décision attaquée (CPC art. 524, dernier al.). La décision de réinscription au rôle de la cour d'appel d'une affaire radiée pour inexécution du jugement entrepris est une mesure d'administration judiciaire et comme telle insusceptible de recours (Cass. 2e civ. 22-9-2016 n° 15-19.662 F-PB).

Le fait que l'**exécution** de la décision soit devenue **impossible** après la radiation, par exemple à la suite de l'arrêt de l'exécution provisoire prononcé par le premier président (n° 20507) ou de l'ouverture d'une procédure collective au profit de l'appelant, permet également le rétablissement de l'affaire (sous réserve que l'évènement survienne avant l'expiration du délai de péremption).

Les paiements même partiels, dès lors qu'ils constituent la manifestation claire et non équivoque de payer les causes du jugement, sont des actes interruptifs du délai de péremption (en ce sens CA Douai 20-6-2013 n° 11/07715 et CA Toulouse 18-10-2018 n° 16/05171).

20534 **Défaut d'exécution dans les deux ans** En l'absence de règlement de la condamnation dans le délai de deux ans à compter de la notification de la décision ordonnant la radiation, la péremption est acquise. Le délai de péremption peut cependant être **interrompu** par un acte manifestant sans équivoque la volonté d'exécuter (CPC art. 524, al. 7). Jugé ainsi qu'en réglant la somme de 3 500 €, correspondant à la seule condamnation pécuniaire mise à leur charge, au titre de l'article 700 du CPC, qui ne laissait inexécutée que leur condamnation aux dépens, des époux ont procédé à une **exécution significative** des condamnations prononcées à leur encontre par le jugement frappé d'appel (Cass. 2e civ. 14-1-2021 n° 19-20.721 F-PI). Pour plus de détails sur l'appréciation du caractère significatif de l'exécution, voir n° 17443.

Le premier président ou le conseiller de la mise en état peut, soit à la demande des parties, soit d'office, après avoir invité les parties à présenter leurs observations, constater la péremption (CPC art. 524, al. 7).

CHAPITRE 10

DÉLAIS, NOTIFICATION ET SIGNIFICATION

SOMMAIRE

CHAMP D'APPLICATION

Les dispositions du Code de procédure civile sur les délais, les notifications et les significations (CPC art. 640 à 694 et 748-1 à 748-9) s'appliquent devant toutes les juridictions de l'ordre judiciaire statuant en matière civile, commerciale, sociale, rurale ou prud'homale, sous réserve des règles spéciales à chaque matière et des dispositions particulières à chaque juridiction (CPC art. 749). 21000

SECTION 1

DÉLAIS DES PROCÉDURES JUDICIAIRES

A. Calcul des délais de procédure judiciaire

1. RÈGLES GÉNÉRALES APPLICABLES AUX DÉLAIS DE PROCÉDURE

Les règles de calcul (computation) des **délais de procédure** sont fixées par le Code de procédure civile (CPC art. 640 à 647-1). 21002

Les délais de procédure sont exprimés soit en **jours** – on compte de minuit à minuit –, soit en **mois** ou en **années** – on compte de quantième à quantième.

Le délai peut, exceptionnellement, être fixé d'**heure à heure** dans les procédures d'urgence (CPC art. 485, al. 2). Le délai de vingt-quatre heures se compte également d'heure à heure.

Les règles de calcul des délais fixés par le Code de procédure civile ne sont que l'expression en matière procédurale d'une **règle de portée générale** applicable, quelle que soit la qualification des délais, à la notification de tous actes juridiques ou judiciaires (Cass. 3e civ. 21-12-1987 n° 85-17.293 P : Bull. civ. III n° 216), y compris à un délai préfix ou de forclusion (Cass. com. 17-2-1998 n° 95-18.686 P : RJDA 6/98 n° 764 ; Cass. 1e civ. 17-3-1998 n° 96-15.567 P : RJDA 8-9/98 n° 1032).

Il existe néanmoins à ce principe quelques exceptions, notamment :

– l'allongement des délais au profit des personnes résidant outre-mer ou à l'étranger en cas d'action devant une juridiction située en France métropolitaine (CPC art. 643) n'est pas applicable au délai de revendication (Cass. com. 7-2-2006 n° 04-19.342 F-PB : Bull. civ. IV n° 30) ;

– les règles de computation des délais de prescription doivent être distinguées de celles régissant les délais de procédure ; ainsi la prescription étant acquise, en application de l'article 2229 du Code civil, lorsque le dernier jour du terme est accompli, le délai de prescription n'a pas lieu d'être prorogé au premier jour ouvrable suivant son terme (Cass. 2e civ. 7-4-2016 n° 15-12.960 F-PB : RJDA 12/16 n° 918).

Les dispositions des articles 640 à 642 du CPC (nos 21004 s.) sont applicables aux délais dans lesquels les **inscriptions et autres formalités de publicité** doivent être opérées (CPC art. 642-1). Il en est de même pour les **délais de revendication** d'un meuble détenu par une entreprise en procédure collective (Cass. com. 11-10-2016 n° 14-22.616 F-D : RJDA 2/17 n° 98).

ORIGINE DU DÉLAI DE PROCÉDURE

21004 Lorsqu'un acte ou une formalité doit être accompli avant l'expiration d'un délai, celui-ci a pour origine la date de l'**acte**, de l'**événement**, de la **décision** ou de la **notification** qui le fait courir (CPC art. 640).

EXPIRATION DU DÉLAI DE PROCÉDURE

21008 Tout délai de procédure expire le **dernier jour** à vingt-quatre heures (CPC art. 642, al. 1).

EXEMPLE

> Prenons un acte délivré le 15 mai. Un délai de quinzaine (le dies a quo n'est pas compté) expirera le 30 mai à minuit. Un délai d'un mois commencera le 15 mai et expirera le 15 juin à minuit. Un délai d'un an commencera le 15 mai et expirera le 15 mai de l'année suivante, à minuit.

L'article 642 du Code de procédure civile, inséré dans le livre premier de ce Code relatif aux dispositions communes à toutes les juridictions, qui présente un caractère général, régit **tout délai de procédure**, en particulier imposant l'accomplissement de diligences avant son expiration, dès lors qu'il entre dans le champ d'application du Code précité. Il en est ainsi du délai de péremption de l'instance prévu à l'article 386 de ce Code (Cass. 2e civ. 1-10-2020 n° 19-17.797 F-PBI).

DÉLAI DE PROCÉDURE EXPRIMÉ EN JOURS

21013 Lorsqu'un délai est exprimé en jours, celui de l'acte, de l'événement, de la décision ou de la notification qui le fait courir ne compte pas (CPC art. 641, al. 1). Dans ce cas, par conséquent, le **premier jour du délai** (dies a quo) ne compte pas et le délai commence à courir seulement à la fin de ce jour, à 0 heure.

21015 **Fin de semaine et jour férié** Lorsque l'un des jours du délai est férié, il est en **principe** compté comme un jour ordinaire. Il en va autrement lorsque le **dernier jour** du délai est férié. Le délai qui expirerait normalement un samedi, un dimanche ou un jour férié ou chômé, est prorogé jusqu'au premier jour ouvrable suivant (CPC art. 642, al. 2).

Sauf texte particulier, la règle vaut aussi pour les **délais calculés en heure** (CPC art. 485, al. 2, pour l'assignation en référé, d'heure à heure) et pour les **délais préfix**. Mais elle ne s'applique qu'aux délais de procédure ; les **délais de prescription** en sont exclus.

21017 Les **jours fériés** sont, à l'origine, des jours de fêtes, civiles ou religieuses, fixés par la loi. S'y ajoutent des commémorations d'événements divers. Ce sont (outre les dimanches qui sont d'ailleurs visés par l'art. 642, al. 2) : le 1er janvier, le lundi de Pâques, le 1er mai, le 8 mai, l'Ascension, le lundi de Pentecôte, le 14 juillet, le 15 août, la Toussaint, le 11 novembre et le jour de Noël (C. trav. art. L 3133-1).

Les **jours chômés** sont des jours pendant lesquels le travail est suspendu : des difficultés surgissent quant à la notion de jour chômé car, légalement seul le 1er mai est à la fois férié, chômé (et payé) pour tous les travailleurs ; mais il existe des jours chômés pour certaines entreprises seulement à la suite d'usages ou de conventions collectives, par exemple à l'occasion d'un pont.

Le délai par **décompte à rebours**, qui se calcule à partir d'un événement futur en remontant dans le passé (par exemple, CPC art. 857 : délai de 8 jours avant l'audience pour assigner) n'est pas soumis aux règles de l'article 642. 21019

DÉLAI DE PROCÉDURE EXPRIMÉ EN MOIS OU EN ANNÉE

Le calcul du **délai commence** au premier jour de celui-ci (n° 21004). 21027

Le **délai expire** le jour du dernier mois ou de la dernière année qui porte le même **quantième** (numéro du jour) que le jour de l'acte, de l'événement, de la décision, ou de la notification qui fait courir le délai. **À défaut** de quantième identique, le délai expire le dernier jour du mois (CPC art. 641, al. 2). Par exemple, un délai d'un an commence à courir un 29 février. Il expirera le 28 février de l'année suivante. Un délai de trois mois commence à courir un 31 mars. Il expirera le 30 juin. 21029

Quand le dernier jour du délai est un samedi, un dimanche, un jour férié ou chômé, le délai est prorogé au jour ouvrable suivant (CPC art. 642, al. 2).

ILLUSTRATIONS

En matière d'**expropriation** pour cause d'utilité publique, à peine de caducité de la déclaration d'appel, relevée d'office, l'appelant doit déposer ou adresser au greffe de la cour ses conclusions et les documents qu'il entend produire dans un délai de trois mois à compter de la déclaration d'appel (C. expropriation art. R 311-26, al. 1). Est censuré l'arrêt qui déclare caduque **une déclaration d'appel** d'un jugement d'expropriation, réceptionnée au greffe de la cour d'appel le 20 février 2018 au motif que les conclusions et pièces ont été remises le mardi 22 mai 2018, soit au-delà du délai de trois mois requis. En effet, le délai de trois mois expirait le dimanche 20 mai 2018 et devait être prorogé jusqu'au premier jour ouvrable suivant, soit jusqu'au mardi 22 mai 2018, le lundi de Pentecôte étant un jour férié (Cass. 3e civ. 21-1-2021 n° 19-24.799 F-PBI).

DÉLAI DE PROCÉDURE EXPRIMÉ EN MOIS ET EN JOURS

Lorsqu'un délai est exprimé en mois et en jours, les mois sont d'abord décomptés, puis les jours (CPC art. 641, al. 3). 21034

DATE DE SIGNIFICATION D'UN ACTE DE PROCÉDURE

À peine de nullité (CPC art. 693) et sous réserve de l'article 647-1 (signification dans un territoire français éloigné ou à l'étranger : n° 21049), la date de la signification d'un acte d'huissier ou commissaire de justice sur **support papier** est celle du jour où elle est faite à personne, à domicile, à résidence ou, dans le cas mentionné à l'article 659 (domicile inconnu n° 21272), celle de l'établissement du procès-verbal (CPC art. 664-1, al. 1). 21039

Sous la même sanction, la date et l'heure de la signification par **voie électronique** sont celles de l'envoi de l'acte à son destinataire (CPC art. 664-1, al. 2).

DATE DE NOTIFICATION D'UN ACTE DE PROCÉDURE

En cas de **notification postale**, le calcul diffère selon que l'on considère l'**expéditeur** ou le **destinataire**. La date d'une telle notification est à l'égard de celui qui y procède, celle de l'expédition, et à l'égard de celui à qui elle est faite, la date de réception de la lettre (CPC art. 668). 21044

En conséquence, n'est pas tardif l'**appel** formé par **lettre expédiée le dernier jour du délai** (Cass. 2e civ. 5-10-1983 nos 81-11.770 et 82-13.436 : Bull. civ. II nos 157 et 158 ; Cass. soc. 19-7-1988 n° 85-45.208 : Bull. civ. V n° 474 ; Cass. 3e civ. 9-12-1998 n° 97-70.227 : Bull. civ. III n° 240) ni l'appel formé **moins d'un mois après la date de retrait du pli recommandé** à la Poste (Cass. 2e civ. 19-11-2020 n° 19-17.934 F-PBI). Il est toutefois nécessaire que la lettre parvienne entre les mains de son destinataire (Cass. 2e civ. 25-1-2007 n° 04-20.318 : Procédures 2007 comm. 105 obs. R. Perrot).

La **date de l'expédition** d'une notification faite par la voie postale est celle qui figure sur le cachet du bureau d'émission (CPC art. 669, al. 1).

La **date de réception** d'une notification faite par lettre recommandée avec demande d'avis de réception est celle qui est apposée par l'administration des postes lors de la remise de la lettre à son destinataire (CPC art. 669, al. 3).

Une règle particulière s'applique en cas de notification postale d'un acte judiciaire ou extrajudiciaire à l'**étranger** ou dans certains **territoires** français **éloignés**. La date de la notification, y compris lorsqu'elle doit être faite dans un délai déterminé, d'un acte judiciaire ou extrajudiciaire, en Polynésie française, dans les îles Wallis-et-Futuna, en Nouvelle-Calédonie et dans les Terres australes et antarctiques françaises ainsi qu'à l'étranger est, à l'égard de celui qui y procède, la date d'expédition de l'acte par l'huissier ou commissaire de justice ou le greffe, ou, à défaut, la date de réception par le parquet compétent (CPC art. 647-1). 21049

21054 En cas de **notification par remise au destinataire** contre émargement, la date de la remise est celle du récépissé ou de l'émargement (CPC art. 669, al. 2).

2. AUGMENTATION DES DÉLAIS DE PROCÉDURE

DÉLAI DE DISTANCE

21065 Lorsque la demande est portée devant une **juridiction** qui a son siège **en France métropolitaine**, les délais de comparution, d'appel, d'opposition, de tierce opposition dans l'hypothèse prévue à l'article 586, alinéa 3 du CPC, de recours en révision et de pourvoi en cassation sont augmentés de (CPC art. 643) :
– **un mois** pour les personnes qui demeurent en Guadeloupe, en Guyane, à la Martinique, à La Réunion, à Mayotte, à Saint-Barthélemy, à Saint-Martin, à Saint-Pierre-et-Miquelon, en Polynésie française, dans les îles Wallis-et-Futuna, en Nouvelle-Calédonie ou dans les Terres australes et antarctiques françaises ;
– **deux mois** pour celles qui demeurent à l'étranger.
Pour l'application de ce dispositif, il faut tenir compte du lieu où demeure la personne à la **date où l'acte** lui **a été** régulièrement **notifié** ; ne bénéficie pas de la prorogation de délai la partie qui, au moment de la notification, demeurait en France, peu important les lieux où elle a pu se rendre par la suite (Cass. soc. 26-1-1977 n° 76-40.109 : Bull. civ. V n° 59 et Cass. 1e civ. 25-5-1987 n° 84-14.996 : Bull. civ. I n° 169 : personne domiciliée à l'étranger au moment de la signification).

21067 Lorsque la demande est portée devant une **juridiction** qui a son **siège** en Guadeloupe, en Guyane, à la Martinique, à La Réunion, à Mayotte, à Saint-Barthélemy, à Saint-Martin, à Saint-Pierre-et-Miquelon ou dans les îles Wallis-et-Futuna, les délais de comparution, d'appel, d'opposition, de certaines tierces oppositions, et de recours en révision sont augmentés d'un mois pour les **personnes qui ne demeurent pas dans la collectivité territoriale** dans le ressort de laquelle la juridiction a son siège, et de deux mois pour les personnes qui demeurent à l'étranger (CPC art. 644).
Le délai de distance d'un mois s'applique à un appelant devant la cour d'appel de Basse-Terre (Guadeloupe) demeurant sur l'île de Saint-Barthélemy qui, même située dans le ressort de la cour d'appel de Basse-Terre, n'est pas dans le département de la Guadeloupe (Cass. 2e civ. 11-4-2019 n° 18-11.268 F-PBI).

21069 Lorsqu'un **acte** destiné à une partie domiciliée en un lieu où elle bénéficierait d'une prorogation de délai est **notifié** à sa **personne** en un lieu où ceux qui y demeurent n'en bénéficieraient pas, cette notification n'emporte que les délais accordés à ces derniers (CPC art. 647).

21071 Les augmentations de délais prévues aux articles 643 et 644 du CPC s'appliquent dans **tous les cas** où il n'y est pas expressément dérogé et elles sont automatiques. Par ailleurs, elles bénéficient uniquement à la partie protégée (Cass. 2e civ. 23-6-2016 n° 15-14.325 F-PB). Des délais de distance supplémentaires s'appliquent en matière d'**appel** avec représentation obligatoire (nos 26020 s.).
Les délais de recours judiciaires en matière d'**élections** ne font l'objet de prorogation que dans les cas spécifiés par la loi. Ainsi, en matière d'élections professionnelles, aucun texte spécifique ne prévoit la prorogation du délai de pourvoi en cassation pour les départements ou territoires d'outre-mer (Cass. soc. 7-11-2012 n° 11-60.208).
La **requête en déféré** contre une ordonnance du conseiller de la mise en état (CPC art. 916 modifié par décret 2020-1452 du 27-11-2020) est un acte de procédure qui n'ouvre pas une instance autonome. Aussi l'augmentation de délais prévue par l'article 643 du CPC ne s'applique pas à cette requête (Cass. 2e civ. 11-1-2018 n° 16-23.992 F-PB : Bull. civ. II n° 3).
Il résulte de l'article 631 du CPC qu'en cas de renvoi après cassation **l'instance se poursuit** devant la juridiction de renvoi. Dès lors, l'article 643 du CPC, qui prévoit l'augmentation, au profit des personnes domiciliées à l'étranger, des **délais de comparution, d'appel, d'opposition, de tierce opposition, de recours en révision et de pourvoi en cassation**, ne s'applique pas au délai dans lequel doit intervenir la saisine de la juridiction de renvoi après cassation.
Une société établie au Luxembourg ayant saisi la cour de renvoi **plus de deux mois** après la signification de l'arrêt de cassation, à laquelle elle avait elle-même fait procéder, sa déclaration de saisine sur renvoi de cassation (CPC art. 1034) était irrecevable (Cass. 2e civ. 4-2-2021 n° 19-23.638 F-PBI).

CALCUL D'UN DÉLAI EN CAS DE DIFFICULTÉ INFORMATIQUE

21076 Lorsqu'un acte doit être accompli avant l'expiration d'un délai et ne peut être transmis par voie électronique le **dernier jour** du délai pour une **cause étrangère** à celui qui l'accomplit, le délai est prorogé jusqu'au premier jour ouvrable suivant (CPC art. 748-7).

Une panne du système de transmission des actes par le **RPVA** justifie une prolongation de délai même dans une procédure d'appel sans représentation obligatoire (Cass. 2e civ. 17-5-2018 n° 17-20.001 F-PB).

MODIFICATION JUDICIAIRE D'UN DÉLAI DE PROCÉDURE

Le **juge** a le pouvoir, en cas d'urgence, d'**abréger** les délais de comparution ou de permettre de citer à jour fixe (CPC art. 646). 21080

3. SANCTION DU NON-RESPECT DES DÉLAIS DE PROCÉDURE

L'inobservation d'un délai de procédure entraîne la **déchéance** ou la **forclusion** ; elles se produisent quand la loi fixe un délai dans lequel un acte doit être fait et que ce délai n'est pas respecté (par exemple, appel, pourvoi). 21100

Le non-respect d'un délai par le demandeur en **première instance** (par exemple, défaut d'enrôlement d'une assignation au tribunal de commerce huit jours au moins avant l'audience) est généralement moins grave que le non-respect des **délais de recours**. Le demandeur peut en effet le plus souvent recommencer la procédure, à condition que le délai de prescription pour agir ne soit pas lui-même expiré, auquel cas l'action serait irrecevable.

L'article 125 du CPC fait obligation au juge de relever d'office les **fins de non-recevoir** qui ont un caractère d'ordre public, notamment celles résultant de l'inobservation des délais dans lesquels doivent être exercées les voies de recours.

Dans le cas où un jugement a été rendu par défaut ou est réputé contradictoire, le juge a la faculté de **relever** le défendeur **de la forclusion** pour exercer les voies de recours, si le défendeur, sans qu'il y ait eu faute de sa part, n'a pas eu connaissance du jugement en temps utile pour exercer ce recours ou s'il s'est trouvé dans l'impossibilité d'agir.

Principaux délais de procédure et sanctions 21110

Durée	Objet	Sanction	§
15 jours	Enrôlement avant l'audience de fond (tribunal judiciaire)	Caducité de l'assignation	nos 31060 s. (TJ)
8 jours	Enrôlement avant l'audience de fond (TC)	Caducité de l'assignation	n° 35022 (TC)
15 jours	Constitution d'avocat devant le tribunal judiciaire et la cour d'appel *	Clôture en l'état Conclusions irrecevables	n° 31115 (TJ) n° 25566 (CA)
15 jours	Délai minimum entre l'assignation et la date d'audience dans les procédures au fond du tribunal de commerce.	Nullité de l'assignation	n° 35017 (TC)
15 jours	Délai d'appel dans les procédures de référé (à compter de la signification de l'ordonnance)	Irrecevabilité de l'appel	n° 23302
1 mois	Délai d'appel dans les procédures au fond (à compter de la signification du jugement)	Irrecevabilité de l'appel	n° 23302
2 mois	Délai de pourvoi en cassation (à compter de la signification de l'arrêt)	Irrecevabilité du pourvoi	n° 28060
2 ans	Délai de péremption de l'instance (à compter du dernier acte interruptif)	Péremption de l'instance qui est réputée ne pas avoir existé	n° 17346

* Sur les délais spécifiques à la procédure d'appel avec représentation obligatoire et leurs sanctions, voir aussi nos 25480 s.

B. Délai pour agir en justice

Pour pouvoir agir en justice, le demandeur ne doit pas être sous le coup de la **prescription extinctive**, mode d'extinction d'un droit résultant de l'inaction de son titulaire pendant un certain laps de temps (C. civ. art. 2219). 21130

21130 (suite) Des textes particuliers fixent par ailleurs des **délais** dits **de forclusion** au-delà desquels il n'est en principe plus possible d'agir, sauf à justifier d'une raison permettant d'obtenir en justice un relevé de forclusion.

L'étude de la prescription ne relève pas de la procédure civile au sens strict ; sont seuls indiqués ici, sous forme de tableau, les **principaux délais** pour agir.

Pour l'étude du **régime de la prescription** issu de la réforme par la loi 2008-561 du 17 juin 2008 (notamment, cours de la prescription et application de la réforme dans le temps), voir le Mémento Droit commercial n°s 71700 s. et le Dossier pratique Francis Lefebvre Réforme de la prescription civile par C. Biguenet-Maurel.

Principaux délais pour agir

Action	Délai	Point de départ
Action **personnelle ou mobilière** (C. civ. art. 2224) Notamment, **responsabilité** contractuelle ou extracontractuelle sauf exceptions	5 ans	Jour où le titulaire du droit a connu ou aurait dû connaître les faits lui permettant d'exercer son droit
Réparation d'un préjudice (matériel ou moral) causé par des **tortures** et des actes de barbarie, des violences ou des **agressions sexuelles** contre un **mineur** (C. civ. art. 2226, al. 2)	20 ans	Consolidation du dommage initial ou aggravé
Responsabilité des **personnes ayant représenté** ou assisté **les parties** en justice (C. civ. art. 2225)	5 ans	Fin de la mission
Réparation du fait des **produits défectueux** (C. civ. art. 1245-16 ; ex-art. 1386-17)	3 ans	Date à laquelle le demandeur a eu ou aurait dû avoir connaissance du dommage, du défaut et de l'identité du producteur
Vice caché (C. civ. art. 1641 s.)	2 ans	Découverte du vice (C. civ. art. 1648)
Réparation financière des dommages causés à l'**environnement** (C. envir. art. L 152-1)	10 ans	Jour où le titulaire de l'action a connu ou aurait dû connaître la manifestation du dommage
Garantie du **constructeur** (C. civ. art. 1792-4-1 et 1792-4-2)	10 ans	Réception des travaux
Garantie du **constructeur** pour les **biens d'équipement** (C. civ. art. 1792-4-1 et 1792-4-2, 1792-3)	2 ans	Réception des travaux
Nullité d'une **convention** (C. civ. art. 2224 ; ex-art. 1304)	5 ans	En cas d'erreur ou de dol, jour où ils ont été découverts ; en cas de violence, jour où elle a cessé (mineur et majeur protégé : voir C. civ. art. 1144)
Actions réelles **immobilières** (C. civ. art. 2227) sauf revendication de la propriété	30 ans	Jour où le titulaire du droit a connu ou aurait dû connaître les faits lui permettant d'exercer son droit
Action en **revendication** de la propriété **immobilière** (C. civ. art. 2227)	Imprescriptible	
Action en **matière commerciale** (C. com. art. L 110-4, I)	5 ans	Jour où le titulaire du droit a connu ou aurait dû connaître les faits lui permettant d'exercer son droit
Action du professionnel pour les **biens et services** fournis au **consommateur** (C. consom. art. L 218-2 ; ex-art. L 137-2)	2 ans	Jour où le titulaire du droit a connu ou aurait dû connaître les faits lui permettant d'exercer son droit (Cass. 1e civ. 10-7-2014 n° 13-15.511 : RJDA 12/14 n° 935)
Action en **paiement** en cas de défaillance du bénéficiaire d'un **crédit à la consommation** (C. consom. art. R 312-35, al. 1 ; ex-art. L 311-52)	2 ans	Événement ayant donné naissance à l'action (C. consom. art. R 312-35, al. 1)

21130 (suite)

Action	Délai	Point de départ
Action fondée sur le statut des **baux commerciaux** (C. com. art. L 145-60)	2 ans	Fixation du prix du bail renouvelé : date de prise d'effet du nouveau bail (Cass. 3e civ. 2-10-1996 n° 94-18.470 : RJDA 1/97 n° 24) Révision du loyer : jour où le bailleur a expédié la lettre contenant la demande (Cass. 3e civ. 13-2-2002 n° 00-17.667 : RJDA 5/02 n° 483)
Contrefaçon (CPI art. L 521-3, L 615-8, L 623-29, L 716-5)	5 ans	Jour où le titulaire du droit a connu ou aurait dû connaître le dernier fait lui permettant d'exercer son droit
Déclaration de créance après ouverture d'une procédure collective du débiteur (C. com. art. L 622-24 et R 622-22)	2 mois	Publication du jugement d'ouverture
Revendication de **biens meubles** après ouverture d'une procédure collective du débiteur (C. com. art. L 624-9)	3 mois	Publication du jugement d'ouverture
Action portant sur l'**exécution du contrat de travail** (C. trav. art. L 1471-1)	2 ans	Jour où le demandeur a eu ou aurait dû avoir connaissance des faits à l'origine de son droit
Paiement ou répétition de salaires et autres **demandes salariales** (C. trav. art. L 3245-1)	3 ans	Jour où le titulaire du droit a connu ou aurait dû connaître les faits lui permettant d'exercer son droit
Action portant sur la **rupture du contrat de travail** (C. trav. art. L 1471-1, L 1233-67, L 1235-7, L 1237-4, al. 4)	12 mois	Date de notification de la rupture. En cas d'adhésion à un contrat de sécurisation professionnelle : date d'adhésion ; en cas de rupture conventionnelle homologuée : date d'homologation ou de refus d'homologation ; en cas de prise d'acte de la rupture par le salarié : date de la prise d'acte
Discrimination dans le travail (C. trav. art. L 1134-5)	5 ans	Révélation de la discrimination
Assurances (C. assur. art. L 114-1)	2 ans	Événement ayant donné naissance à l'action
Exécution des jugements, sentences arbitrales, transactions, conciliations homologuées (C. exécution art. L 111-4, al. 1)	10 ans	

ILLUSTRATIONS

La demande de la locataire, qui tend à la **requalification en bail statutaire** de la convention de location d'un terrain nu est soumise à la prescription de deux ans commençant à courir à compter de la conclusion de la convention (Cass. 3e civ. 7-12-2022 n° 21-23.103 FS-B).

Le délai de prescription biennale applicable à l'action en **requalification en bail commercial** court, même en présence d'une succession de contrats dérogatoires au statut des baux commerciaux, à compter de la conclusion du contrat dont la requalification est recherchée (Cass. 3e civ. 25-05-2023 n° 22-15.946 FS-B).

La Cour de justice de l'Union européenne a posé pour principe que les articles 6 et 7 de la directive 93/13/CEE du 5 avril 1993, concernant les **clauses abusives** dans les contrats conclus avec les consommateurs, lus à la lumière du principe d'effectivité, s'opposent à une réglementation nationale soumettant l'introduction d'une demande par un consommateur aux fins de la constatation du caractère abusif d'une clause figurant dans un contrat conclu entre un professionnel et ce consommateur à un délai de prescription (CJUE 10-6-2021 aff. 776/19 à 782/19 : RJDA 12/21 n° 798).

Il s'en déduit que la demande du consommateur tendant à voir réputer non écrite une clause abusive n'est pas soumise à la **prescription quinquennale** (Cass. 1e civ. 30-3-2022 n° 19-17.996 FS-B, X c/BNP Paribas Personal Finance).

La prescription quinquennale prévue par l'article 2224 du Code civil est **interrompue** par la reconnaissance du débiteur (art. 2240), une demande en justice, même en référé (art. 2241), une mesure conservatoire prise en application du Code des procédures civiles d'exécution ou un

acte d'exécution forcée (art. 2244). Dès lors, une mise en demeure, fût-elle envoyée par lettre recommandée AR, n'interrompt pas la prescription d'une créance (Cass. com. 18-5-2022 n° 20-23.204 F-B).
En application de l'article 2224 du Code civil, l'action en restitution consécutive à **l'annulation d'un testament** se prescrit par cinq ans à compter du jour où l'héritier ou le légataire rétabli dans ses droits a connu ou aurait dû connaître l'appréhension, par le bénéficiaire du testament annulé, des biens revendiqués, sans que le point de départ du délai de prescription puisse être antérieur au prononcé de la nullité (Cass. 1e civ. 13-7-2022 n° 20-20.738 FS-B).

SECTION 2

NOTIFICATION ET SIGNIFICATION DES ACTES DE PROCÉDURE

21150 Les actes de procédure sont portés à la connaissance des intéressés par la notification qui leur en est faite (CPC art. 651, al. 1). La notification est le terme générique. Lorsqu'elle est faite par un huissier ou commissaire de justice, la notification porte le nom de signification. Le terme notification désigne aussi la notification dite en la forme ordinaire (nos 21300 s.), qui n'est pas faite par acte d'huissier ou commissaire de justice.
La **nullité** des notifications est régie par les dispositions gouvernant la nullité des actes de procédure (CPC art. 694). Sur ces dispositions, voir nos 10480 s.
Lorsqu'une **partie** a chargé une personne de la représenter en justice, les actes qui lui sont destinés sont notifiés à son **représentant** sous réserve des règles particulières à la notification des jugements (CPC art. 652).

LIEU DE NOTIFICATION D'UN ACTE

21152 À peine de nullité (CPC art. 693), les notifications sont en principe faites au lieu où demeure le destinataire s'il s'agit d'une **personne physique**. Toutefois, lorsqu'elle est faite à personne, la notification est valable quel que soit le lieu où elle est délivrée, y compris le lieu de travail. La notification est aussi valablement faite au domicile élu (n° 21160) lorsque la loi l'admet ou l'impose (CPC art. 689).

ILLUSTRATIONS

Lorsqu'il s'est assuré de la réalité du domicile du destinataire de l'acte et que celui-ci est absent, l'huissier ou commissaire de justice n'est **pas tenu de tenter une signification à personne sur son lieu de travail**, et peut remettre l'acte à domicile. Dès lors qu'il a mentionné la confirmation de l'adresse par la personne présente au domicile et l'absence du destinataire à ce domicile, l'huissier ou commissaire de justice pouvait recourir à la signification à domicile, quand bien même l'absence du destinataire serait momentanée, sans qu'il soit nécessaire pour lui de se présenter à nouveau **ou de procéder à une signification sur le lieu de travail** (Cass. 2e civ. 2-12-2021 n° 19-24.170 F-B).

21154 La notification destinée à une **personne morale** de droit privé ou à un établissement public à caractère industriel ou commercial est faite au lieu de son établissement. À défaut d'un tel lieu, elle l'est en la personne de l'un de ses membres habilité à la recevoir (CPC art. 690). La violation de cette disposition est sanctionnée par la nullité (CPC art. 693 ; Cass. 2e civ. 2-3-2023 n° 21-19.904).
Aux termes de l'article 21 du décret 93-492 du 25 mars 1993, chaque avocat associé exerçant au sein d'une société d'exercice libéral exerce les fonctions d'avocat au nom de la société. Dans un litige prud'homal, l'avocat de l'employeur ayant agi **au nom de la société d'avocats** dont il était membre, il en résulte que **seule cette société avait été constituée**. En application de l'article 690 du Code de procédure civile, les notifications entre avocats sont régulièrement accomplies, à l'égard d'une société d'avocats, **au siège de celle-ci**. Il n'est **dérogé** à cette règle que pour les affaires soumises à une **postulation par avocat**, hypothèse dans laquelle il résulte de l'article 8, III de la loi 71-1130 du 31 décembre 1971, dans sa rédaction issue de l'ordonnance 2016-394 du 31 mars 2016, que les notifications sont, à peine de nullité pour vice de forme, adressées au **lieu où est établi l'avocat membre de la société d'avocats** par le ministère duquel celle-ci postule (Cass. 2e civ. 17-9-2020 n° 19-15.814 F-PBI).
Pour plus de détails sur la notification d'un acte à une société, voir nos 47680 s.

Les notifications destinées au **ministère public**, et celles qui doivent être faites au parquet, le sont, selon le cas, au parquet de la juridiction devant laquelle la demande est portée, à celui de la juridiction qui a statué ou à celui du dernier domicile connu. S'il n'existe pas de parquet près la juridiction, la notification est faite au parquet du tribunal judiciaire dans le ressort duquel cette juridiction a son siège (CPC art. 691). La violation de cette disposition est sanctionnée par la nullité (CPC art. 693). 21156

Les notifications destinées aux **collectivités publiques** et aux établissements publics sont faites au lieu où ils sont établis à toute personne habilitée à en recevoir (CPC art. 692). La violation de cette disposition est sanctionnée par la nullité (CPC art. 693). 21158

Les **notifications** destinées aux personnes morales, notamment celles de droit privé, les administrations de l'État et les collectivités locales peuvent également leur être adressées par le greffe **par tous moyens** (convocation verbale, télécopie, courriel) auxquels ces personnes morales ont préalablement consenti (CPC art. 692-1, al. 1). Les notifications sont alors réputées avoir été faites à personne à la date à laquelle le destinataire en a accusé réception, à défaut, elles sont réputées notifiées à domicile (CPC art. 692-1, al. 2). La violation de cette disposition est sanctionnée par la nullité (CPC art. 693). 21159

NOTIFICATION D'UN ACTE EN PRÉSENCE D'UNE ÉLECTION DE DOMICILE

Lorsqu'un acte contient, de la part des parties ou de l'une d'elles, élection de domicile pour l'exécution de ce même acte dans un **autre lieu que celui du domicile réel**, les significations, demandes et poursuites relatives à cet acte peuvent être faites au domicile convenu et sous réserve des dispositions de l'article 48 du CPC (clause attributive de compétence), devant le juge de ce domicile (C. civ. art. 111). 21160

En procédure, cette élection de domicile est effectuée le plus souvent par la partie en l'étude de l'huissier ou commissaire de justice qu'elle mandate ou au cabinet de l'**avocat** qui accomplit des actes en son nom et pour son compte. Ainsi en est-il, par exemple, pour certaines procédures devant le **tribunal judiciaire**, dans lesquelles les parties sont tenues de constituer avocat. La **constitution** de l'avocat emporte élection de domicile (CPC art. 760, al. 2).

L'élection de domicile emporte pouvoir de recevoir toute **notification** (Cass. com. 5-3-2002 n° 98-17.491 : RJDA 6/02 n° 661, à propos d'une déclaration de créance). Lorsqu'un acte sous seing privé ou un exploit d'huissier ou commissaire de justice porte élection de domicile, le contractant peut procéder à toutes significations à cette adresse. Ainsi a-t-il été jugé qu'une offre de vente pouvait être adressée par un locataire à l'étude de l'huissier ou commissaire de justice, auteur de l'acte portant élection de domicile à cet endroit (Cass. 3e civ. 28-3-2007 n° 06-12.550 : RJDA 7/07 n° 706 ; voir aussi, pour la signification d'un commandement au domicile élu dans le bail, Cass. 3e civ. 16-2-1977 n° 76-10.508 : Bull. civ. III n° 77).

Toutefois, il ne faut pas exagérer la **portée** de cette élection de domicile. Le plus souvent, l'élection de domicile est associée à la constitution des pouvoirs d'un mandataire ; ces pouvoirs sont restreints à l'acte qui les fonde : les notifications au domicile élu ne valent que dans la mesure où elles sont dans le rayonnement de l'acte d'origine. En conséquence, l'élection de domicile ne fait pas cesser les **effets ordinaires du domicile réel** et il est toujours possible que les parties procèdent à ce domicile à toutes significations relatives à l'exécution de la convention (Cass. civ. 19-1-1915 : DP 1919 I p. 40). Selon certaines décisions, la faculté de signifier au domicile élu ne s'étend pas aux jugements ou ordonnances rendus pour l'exécution de la convention dans laquelle figure cette élection (Cass. 2e civ. 6-1-1988 n° 86-15.860 : Bull. civ. II n° 5 ; Cass. 2e civ. 19-3-1965 n° 63-12.679 : Bull. civ. II n° 297). Par ailleurs, le fait que l'élection de domicile soit **imposée pour une assignation** lorsque le demandeur réside à l'étranger (CPC art. 855) ne vaut pas élection de domicile pour la signification du jugement et donc pour les actes ultérieurs tels que les voies de recours (Cass. 2e civ. 6-7-2000 n° 98-22.313 F-D ; Cass. 2e civ. 2-12-2010 n° 09-65.987 : Bull. civ. II n° 195). L'article 689-1 du CPC encourage les **parties demeurant à l'étranger** à élire domicile en France (voir n° 21445).

A. Signification d'un acte de procédure

La notification faite par acte d'huissier ou commissaire de justice est une signification. La notification peut toujours être faite par voie de signification alors même que la loi l'aurait prévue sous une autre forme (CPC art. 651, al. 2 et 3). 21170

Lorsqu'un **texte** emploie le terme de signification, il s'agit d'un exploit d'huissier ou commissaire de justice au sens de l'article 651 du CPC. Ainsi, la référence, dans l'article 10, 7° de la loi du 1er septembre 1948, à la signification du congé rend nécessaire la notification de l'acte par cet

officier ministériel (Cass. 3e civ. 7-5-2002 n° 00-19.011 : Bull. civ. III n° 92). Selon l'article 978 du CPC, la signification du mémoire de cassation au défendeur nécessite, à peine de déchéance, la notification de l'acte par exploit d'huissier ou commissaire de justice (Cass. 1e civ. 16-4-2008 n° 07-11.828 : Bull. civ. I n° 107). De même, les jugements rendus par le juge de l'exécution en matière de saisie immobilière doivent nécessairement être notifiés par voie d'huissier ou commissaire de justice (Cass. 2e civ. 3-9-2015 n° 14-18.287 : Bull. civ. II n° 193).
La signification peut être réalisée par tout huissier ou commissaire de justice dans le ressort de la cour d'appel de sa résidence (décret 56-222 du 29-2-1956, art 5). En pratique, l'huissier ou commissaire de justice peut donc délivrer une signification à toute personne domiciliée dans le ressort de la cour d'appel du lieu où il réside.

> **Précisions** La signification peut être **mise en œuvre hors du domaine judiciaire** (Cass. 3e civ. 10-12-1985 n° 84-16.722 : Bull. civ. III n° 166 ; Cass. 3e civ. 10-3-1993 n° 91-15.280 : RJDA 7/93 n° 607). Ainsi, la notification d'un licenciement peut être faite par signification (Cass. soc. 8-11-1978 n° 77-40.249 : Bull. civ. V n° 746) ou l'exercice d'une préemption légale peut être mis en œuvre par cette voie (Cass. 3e civ. 23-1-1991 n° 89-14.071 : RJDA 3/91 n° 200 : droit de préemption d'un locataire ; Cass. 3e civ. 10-3-1993 n° 91-15.280 : RJDA 7/93 n° 607). Il a été jugé néanmoins que ce procédé ne s'appliquait pas lorsque les formes de la notification étaient prévues par un contrat (Cass. com. 3-10-2006 n° 05-13.052 : RJDA 3/07 n° 266 : droit de préemption contractuel qui devait être exercé par lettre RAR).

SUPPORT POUR LA SIGNIFICATION D'UN ACTE DE PROCÉDURE

21172 La signification peut être faite sur support **papier** ou par voie **électronique** (CPC art. 653).
Bien qu'elle soit assimilée par cet article à la signification traditionnelle sur support papier, la signification électronique est dotée d'un régime propre. Les articles 654 à 662 du CPC (nos 21210 s.) ne lui sont pas applicables (CPC art. 662-1). Les deux supports font l'objet de **différences** très notables. Dans le premier cas, toutes les diligences doivent être mises en œuvre afin que l'acte soit porté à la connaissance de l'intéressé ; dans le second cas, la vérification de l'effectivité de la transmission n'est pas expressément requise.

21175 **Signification électronique** La signification par voie électronique est faite par la transmission de l'acte à son destinataire selon les modalités générales prévues pour la communication électronique des actes de procédure aux articles 748-1 à 748-9 du CPC (CPC art. 662-1, al. 1).
La **signification** par voie électronique est une signification faite **à personne** si le destinataire de l'acte en a pris connaissance le jour de la transmission de l'acte. Dans les autres cas, la signification est une signification faite **à domicile** et l'huissier ou commissaire de justice doit aviser l'intéressé de la signification, le premier jour ouvrable, par lettre simple mentionnant la délivrance de la signification par voie électronique ainsi que la nature de l'acte et le nom du requérant (CPC art. 662-1, al. 3).
La date et l'heure de signification par voie électronique sont celles de l'envoi de l'acte à son destinataire (CPC art. 664-1, al. 2).
Avant de recourir à la signification électronique, l'huissier ou commissaire de justice doit consulter le recueil tenu par la Chambre nationale des huissiers de justice et s'assurer que le **destinataire** a bien donné son **consentement** à recevoir l'acte en question par voie électronique. L'acte de signification devra d'ailleurs porter mention de ce consentement (CPC art. 662-1, al. 2).
L'acte est transmis par le réseau privé sécurisé des huissiers de justice via une **plateforme sécurisée** et restera dans un **coffre-fort** tant que son destinataire n'en aura pas pris connaissance. Celui-ci est prévenu par l'envoi d'un **courrier électronique ou** d'un **SMS** (Voir J.-F. Bauvin, Th. Ghera et G. Mecarelli, dématérialisation des procédures judiciaires : regards sur l'arrêté du 20 août 2012 : Rev. huissiers 2012 p. 222).
Dès l'ouverture du coffre-fort contenant l'acte, un avis électronique de réception automatique est envoyé à l'huissier ou commissaire de justice.
Dans l'hypothèse où l'avis de réception est adressé le jour même de la transmission de l'acte, l'original de la signification devra faire mention des date et heure de l'avis de réception (CPC art. 663). Mais, dans les autres cas, l'huissier ou commissaire de justice ne semble pas tenu de reporter sur l'original les informations relatives à la prise de connaissance de la signification électronique.

21177

Cadre général de la communication électronique en procédure civile

Les envois, remises et **notifications des actes de procédure**, des pièces, avis, avertissements ou convocations, des rapports, des procès-verbaux ainsi que des copies et expéditions revêtues de la formule exécutoire des décisions juridictionnelles peuvent être effectués par voie électronique, sans préjudice des dispositions spéciales imposant l'usage de ce mode de communication (CPC art. 748-1).

Le **destinataire** des envois, remises et notifications mentionnés à l'article 748-1 du CPC doit **consentir** expressément à l'utilisation de la voie électronique, à moins que des dispositions spéciales n'imposent l'usage de ce mode de communication. Vaut consentement à l'utilisation de la voie électronique l'**adhésion** par un auxiliaire de justice, assistant ou représentant une partie, à un **réseau de communication électronique** (CPC art. 748-2).

Les envois, remises et notifications mentionnés à l'article 748-1 du CPC font l'objet d'un **avis électronique de réception** adressé par le destinataire, qui indique la date et, le cas échéant, l'heure de celle-ci. Lorsque les envois, remises et notifications mentionnés à l'article 748-1 du CPC se font par l'intermédiaire d'une plateforme d'échanges dématérialisés entre le greffe et les personnes mentionnées à l'article 692-1 du CPC, ils font l'objet d'un avis électronique de mise à disposition adressé au destinataire à l'adresse choisie par lui, lequel indique la date et, le cas échéant l'heure de la mise à disposition. Ces avis électroniques de réception ou de mise à disposition tiennent lieu de **visa, cachet et signature** ou autre mention de réception qui sont apposés sur l'acte ou sa copie lorsque ces formalités sont prévues par le CPC. En cas de transmission par voie électronique, il n'est pas fait application des dispositions du CPC prévoyant la **transmission en plusieurs exemplaires** et la restitution matérielle des actes et pièces remis ou notifiés (CPC art. 748-3).

Lorsqu'un document a été établi en **original sur support papier**, le juge peut en exiger la production (CPC art. 748-4).

L'usage de la communication par voie électronique ne fait pas obstacle au droit de la partie intéressée de demander la délivrance, sur support papier, de l'expédition de la décision juridictionnelle revêtue de la formule exécutoire (CPC art. 748-5).

Les procédés techniques utilisés doivent garantir, dans des conditions fixées par arrêté du garde des Sceaux, ministre de la justice, la **fiabilité** de l'identification des parties à la communication électronique, l'**intégrité** des documents adressés, la **sécurité** et la **confidentialité** des échanges, la **conservation** des transmissions opérées et permettre d'**établir** de manière certaine **la date** d'envoi et celle de la mise à disposition ou celle de la réception par le destinataire. Vaut **signature**, pour l'application des dispositions du CPC aux actes que les parties, le ministère public ou les auxiliaires de justice assistant ou représentant les parties notifient ou remettent à l'occasion des procédures suivies devant les juridictions des premier et second degrés, l'identification réalisée, lors de la transmission par voie électronique, selon les modalités ci-dessus (CPC art. 748-6).

Lorsqu'un acte doit être accompli avant l'expiration d'un **délai** et ne peut être transmis par voie électronique le dernier jour du délai pour une cause étrangère à celui qui l'accomplit, le délai est prorogé jusqu'au premier jour ouvrable suivant (CPC art. 748-7).

Lorsqu'il est prévu qu'un avis, une convocation ou un récépissé est adressé par le greffe à une partie par tous moyens, par lettre simple, par lettre recommandée sans avis de réception, il peut lui être envoyé par voie électronique sur le « **Portail du justiciable** » du ministère de la justice, à la condition que la partie y ait préalablement consenti. La déclaration par laquelle une partie consent à l'utilisation de la voie électronique mentionne ses adresse électronique et numéro de téléphone portable, à charge pour elle de signaler toute modification de ceux-ci. La partie est alertée de toute nouvelle communication par un avis de mise à disposition envoyé à l'adresse électronique indiquée par elle qui indique la date et, le cas échéant, l'heure de celle-ci. Les procédés techniques utilisés doivent garantir, dans des conditions fixées par arrêté du garde des Sceaux, ministre de la justice, la fiabilité de l'identification des parties à la communication électronique, l'intégrité des documents adressés, la sécurité et la confidentialité des échanges, la conservation des transmissions opérées et permettre d'établir de manière certaine la date d'envoi (CPC art. 748-8).

MENTIONS OBLIGATOIRES D'UNE SIGNIFICATION

21180 À peine de nullité, **tout** acte d'**huissier ou commissaire de justice** de justice doit indiquer, indépendamment des mentions prescrites par ailleurs (CPC art. 648) :
– sa date ;
– si le requérant est une personne physique : ses nom, prénoms, profession, domicile, nationalité, date et lieu de naissance ;
– si le requérant est une personne morale : sa forme, sa dénomination, son siège social et l'organe qui la représente légalement ;
– les nom, prénoms, demeure et signature de l'huissier ou commissaire de justice ;
– si l'acte doit être signifié, les nom et domicile du destinataire, ou, s'il s'agit d'une personne morale, sa dénomination et son siège social.
Il importe peu que le procès-verbal de signification, qui comporte bien les nom, prénoms, demeure et signature de l'huissier ou commissaire de justice, ne mentionne pas l'identité du clerc significateur (Cass. 2e civ. 11-4-2019 n° 17-23.272 F-PBI).

21182 À peine de nullité (CPC art. 693), les originaux des actes d'huissier ou commissaire de justice doivent porter mention des **formalités et diligences** auxquelles donne lieu l'application des dispositions relatives à la signification, avec l'indication de leurs dates. En cas de signification par voie électronique faite à personne, ils mentionnent les date et heure auxquelles le destinataire de l'acte en a pris connaissance. Lorsque la **signification** n'a **pas** été **faite à personne**, l'original de l'acte doit préciser les nom et qualité de la personne à laquelle la copie a été laissée. Il en est de même dans le cas prévu à l'article 654, alinéa 2, en cas de signification à une personne morale (CPC art. 663).

HEURES ET JOURS AUTORISÉS POUR LA SIGNIFICATION D'UN ACTE

21185 À peine de nullité (CPC art. 693), aucune signification ne peut être faite avant six heures et après vingt et une heures, non plus que les dimanches, les jours fériés ou chômés, si ce n'est en vertu de la permission du juge en cas de nécessité (CPC art. 664).

DATE DE L'ACTE SIGNIFIÉ

21190 À peine de nullité (CPC art. 693), la date de la signification d'un acte d'huissier ou commissaire de justice sur **support papier**, sous réserve de l'article 647-1 (signification dans un territoire français éloigné ou à l'étranger : n° 21049), est celle du jour où elle est faite à personne, à domicile, à résidence ou, dans le cas mentionné à l'article 659 (domicile inconnu : n° 21272), celle de l'établissement du procès-verbal (CPC art. 664-1, al. 1).
Sous la même sanction, la date et l'heure de la signification par **voie électronique** sont celles de l'envoi de l'acte à son destinataire (CPC art. 664-1, al. 2).

SIGNIFICATION D'UN ACTE DANS UN TERRITOIRE FRANÇAIS ÉLOIGNÉ

21195 Si l'acte est destiné à une personne qui demeure en Polynésie française, dans les îles Wallis-et-Futuna, en Nouvelle-Calédonie ou dans les Terres australes et antarctiques françaises, et **à moins que la signification ait pu être faite à personne**, l'huissier ou commissaire de justice doit expédier l'acte à l'**autorité compétente** aux fins de sa remise à l'intéressé selon les modalités applicables dans la collectivité où il demeure (CPC art. 660, al. 1).
L'huissier ou commissaire de justice doit, le jour même ou, au plus tard, le premier jour ouvrable suivant, expédier à la personne à qui l'acte est signifié, par lettre recommandée avec demande d'avis de réception, la copie certifiée conforme de l'acte (CPC art. 660, al. 2).
L'autorité compétente doit informer l'huissier ou commissaire de justice des diligences faites ; elle lui transmet, le cas échéant, tout procès-verbal ou récépissé constatant la remise de l'acte. Ces documents sont tenus par l'huissier ou commissaire de justice à la disposition de la juridiction (CPC art. 661).

21200 S'il n'est pas établi que le destinataire a été effectivement avisé, le juge peut prescrire d'office toutes diligences complémentaires, sauf à ordonner les mesures provisoires ou conservatoires nécessaires à la sauvegarde des droits du demandeur (CPC art. 662).

1. SIGNIFICATION D'UN ACTE À PERSONNE

21210 En **principe**, la signification doit être faite à personne (CPC art. 654, al. 1).
La signification à une **personne morale** est faite à personne lorsque l'acte est délivré à son représentant légal, à un fondé de pouvoir de ce dernier, ou à toute autre personne habilitée à cet effet (CPC art. 654, al. 2).
La **violation** des dispositions de l'article 654 du CPC est sanctionnée par la nullité (CPC art. 693).
Pour plus de détails sur la signification d'un acte à une société, voir nos 47733 s.

Lorsque l'acte à signifier concerne **plusieurs personnes**, la signification doit être faite séparément à chacune d'elles (Cass. 2e civ. 8-11-2001 n° 97-10.767 : Rev. huissiers 2002 p. 106 obs. B. Menut). 21212
Ainsi, les jugements doivent être notifiés aux parties elles-mêmes et lorsque la décision concerne plusieurs personnes, la notification doit être faite distinctement à chacune d'elles, même si la décision qui leur est signifiée les condamne solidairement et si elles habitent à la même adresse (Cass. 2e civ. 15-1-2009 n° 07-20.472 : Bull. civ. II n° 18).

> **Précisions** Lorsque les **parties communes d'un immeuble d'habitation** ne sont pas accessibles librement depuis la voie publique, l'huissier ou commissaire de justice doit adresser une demande d'accès à celles-ci au propriétaire ou au syndic en cas de copropriété. Le propriétaire ou le syndic doit remettre à l'huissier ou commissaire de justice un moyen matériel d'accès aux parties communes ou lui adresser les codes lui permettant d'y accéder pour l'accomplissement de sa mission de signification ou d'exécution, dans un délai de cinq jours (CCH art. R 126-5 s.).
> Afin de faciliter la signification des actes en main propre, les huissiers ou commissaires de justice sont désormais autorisés à **accéder aux boîtes aux lettres et aux interphones** des immeubles comme les agents de La Poste (CCH art. L 126-14, al. 2).

2. IMPOSSIBILITÉ DE SIGNIFIER UN ACTE À PERSONNE

Si la signification à personne s'avère impossible, l'acte peut être délivré soit à **domicile**, soit, à défaut de domicile connu, à **résidence** (CPC art. 655, al. 1). 21230
L'huissier ou commissaire de justice doit **relater dans l'acte** les diligences qu'il a accomplies pour effectuer la signification à la personne de son destinataire et les circonstances caractérisant l'impossibilité d'une telle signification (CPC art. 655, al. 2). Il doit mentionner de façon précise les circonstances caractérisant l'impossibilité de la signification à personne ; la formule « malgré toutes démarches effectuées et personnes interrogées » est insuffisante (Cass. 2e civ. 21-7-1986 n° 85-10.279 : Bull. civ. II n° 130 ; Cass. 3e civ. 21-2-2001 n° 99-14.688 : Bull. civ. III n° 18). Il doit en outre vérifier par lui-même que la signification à personne au domicile du destinataire est impossible (Cass. 3e civ. 12-5-2015 n° 13-21.198 F-D : Petites Affiches 2-5-2015 p. 10). Ne donne pas de base légale à sa décision, la cour d'appel qui n'a pas recherché, comme il le lui était demandé, si un commandement de payer mentionnait les diligences concrètes de l'huissier ou commissaire de justice pour remettre l'acte à la personne même du destinataire et l'impossibilité où il se serait trouvé d'effectuer une signification à cette personne (Cass. 3e civ. 25-3-2021 n° 20-14.142 F-D).
La **violation** des dispositions de l'article 655 du CPC est sanctionnée par la nullité (CPC art. 693).

ILLUSTRATIONS

> Lorsqu'il s'est assuré de la réalité du domicile du destinataire de l'acte et que celui-ci est absent, l'huissier ou commissaire de justice n'est pas tenu de tenter une signification à personne sur son lieu de travail, et peut remettre l'acte à domicile. Dès lors qu'il a mentionné la confirmation de l'adresse par la personne présente au domicile et l'absence du destinataire à ce domicile, l'huissier ou commissaire de justice pouvait recourir à la signification à domicile, quand bien même l'absence du destinataire serait momentanée, sans qu'il soit nécessaire pour lui de se présenter à nouveau ou de procéder à une signification sur le lieu de travail (Cass. 2e civ. 2-12-2021 n° 19-24.170 F-B).

a. Remise d'un acte à personne présente

CONDITIONS À LA REMISE D'UN ACTE À PERSONNE PRÉSENTE

La copie de l'acte peut être remise à **toute personne** présente au **domicile** ou à la **résidence** du destinataire. Cette copie ne peut être laissée qu'à condition que la personne présente l'accepte et déclare ses nom, prénoms et qualité (CPC art. 655, al. 3 et 4). 21232
L'**acceptation** de la personne présente est nécessaire (Cass. 2e civ. 16-5-1979 n° 78-10.636 : Bull. civ. II n° 140). Mais la personne présente au domicile du destinataire d'une signification à qui, en l'absence de celui-ci, copie a été remise, l'accepte nécessairement en la recevant (Cass. 2e civ. 28-4-1984 n° 82-16.779 : Bull. civ. II n° 56).
La **régularité** de la signification suppose que le nom et la qualité de la personne à qui la copie a été laissée soient mentionnés sur l'original (Cass. 2e civ. 17-11-1976 n° 74-12.897 : Bull. civ. II n° 305 ; Cass. 2e civ. 24-3-2005 n° 04-12.704 : Bull. civ. II n° 79). Toutefois, l'huissier ou commissaire de justice n'est pas tenu de vérifier l'exactitude des déclarations faites par la personne présente qui accepte la remise (Cass. 2e civ. 6-10-1971 n° 69-13.259 : Bull. civ. II n° 264 ; Cass. 2e civ. 4-7-2007 : Bull. civ. II n° 199).

AVIS DE PASSAGE EN CAS DE REMISE D'UN ACTE À PERSONNE PRÉSENTE

21240 L'huissier ou commissaire de justice doit laisser au domicile ou à la résidence du destinataire un avis de passage **daté** l'avertissant de la remise de la copie et **mentionnant** la nature de l'acte, le nom du requérant ainsi que les indications relatives à la personne à laquelle la copie a été remise (CPC art. 655, al. 5).
Le dépôt de l'avis de passage est une formalité substantielle et doit, à peine de nullité, être mentionné par l'acte.

b. Signification d'un acte à domicile

21250 Si personne ne peut ou ne veut recevoir la copie de l'acte et s'il résulte des vérifications faites par l'huissier ou commissaire de justice, dont il sera fait mention dans l'acte de signification, que le **destinataire demeure** bien **à l'adresse** indiquée, la signification doit être faite « à domicile » (CPC art. 656, al. 1).
Dans ce cas, l'huissier ou commissaire de justice laisse au domicile ou à la résidence de celui-ci un **avis de passage** daté l'avertissant de la remise de la copie et mentionnant la nature de l'acte, le nom du requérant ainsi que les indications relatives à la personne à laquelle la copie a été remise. Cet avis doit en outre mentionner que la **copie de l'acte** doit être **retirée** dans le plus bref délai à l'étude de l'huissier ou commissaire de justice, contre récépissé ou émargement, par l'intéressé ou par toute personne spécialement mandatée (CPC art. 656, al. 1).
La **copie** de l'acte est **conservée à l'étude** pendant trois mois. Passé ce délai, l'huissier ou commissaire de justice en est déchargé. L'huissier ou commissaire de justice peut, à la demande du destinataire, transmettre la copie de l'acte à une autre étude où celui-ci pourra le retirer dans les mêmes conditions (CPC art. 656, al. 2 et 3).
La **violation** des dispositions de l'article 656 du CPC est sanctionnée par la nullité (CPC art. 693).
La seule mention par l'huissier ou commissaire de justice, dans l'acte de signification du jugement, de la vérification, à l'adresse à laquelle il s'était rendu, de l'indication du nom du destinataire sur la boîte aux lettres est impropre à établir la réalité du siège social de la personne morale destinataire de l'acte en l'absence d'autre diligence et ne satisfait pas aux exigences de l'article 656 du CPC (Cass. 2e civ. 8-9-2022 n° 21-12.352 F-B). Dès lors qu'il résultait de l'extrait K bis de la société concernée que celle-ci avait son **siège social à une autre adresse** que celle mentionnée dans l'acte de signification, cet acte était nul (Cass. 2e civ. 13-11-2015 n° 14-22.732 F-PB : Bull. civ. II n° 250).

c. Règles communes à la signification à personne présente et à domicile

21260 Dans tous les cas où l'acte n'a pas été signifié à personne, l'huissier ou commissaire de justice doit **mentionner** sur la copie les conditions dans lesquelles la remise a été effectuée (CPC art. 657, al. 1).
La **copie de l'acte** signifié doit être placée sous enveloppe fermée ne portant que l'indication des nom et adresse du destinataire de l'acte, et le cachet de l'huissier ou commissaire de justice apposé sur la fermeture du pli (CPC art. 657, al. 2). La **violation** des dispositions de l'article 657 du CPC est sanctionnée par la nullité (CPC art. 693).
En outre, dans tous les cas où l'acte n'a pas été signifié à personne, l'huissier ou commissaire de justice doit **aviser l'intéressé** de la signification, le jour même ou au plus tard le premier jour ouvrable, par lettre simple comportant les mêmes mentions que l'avis de passage (n° 21240) et rappelant, si la copie de l'acte a été déposée en son étude, les dispositions du dernier alinéa de l'article 656 concernant la faculté de retirer l'acte dans une autre étude (n° 21250) ; la lettre contient en outre une copie de l'acte de signification (CPC art. 658, al. 1).
Il en est de même en cas de **signification à domicile élu ou** lorsque la signification est faite **à une personne morale** (CPC art. 658, al. 2).
Le cachet de l'huissier ou commissaire de justice est apposé sur l'enveloppe (CPC art. 658, al. 3).
La **violation** des dispositions de l'article 658 du CPC est sanctionnée par la nullité (CPC art. 693).

21262 La **date de la signification** (n° 21190) n'est pas reportée au jour de la réception de la lettre dont l'article 658 du CPC prescrit l'envoi (Cass. 2e civ. 29-1-1976 n° 75-10.231 : Bull. civ. II n° 31 ; Cass. 2e civ. 12-10-1994 n° 92-19.332 : Bull. civ. II n° 193).
Si les formalités ont été accomplies, la signification est régulière, sans qu'il importe que **l'avis de passage et** la **lettre** soient **effectivement parvenus** au destinataire (Cass. 2e civ. 12-10-1972 n° 71-11.981 : Bull. civ. II n° 244 ; Cass. 2e civ. 12-11-1980 n° 79-13.231 : Bull. civ. II n° 230).

d. Signification d'un acte en l'absence de domicile connu

Lorsqu'il n'a pu s'assurer de la réalité du domicile du destinataire de l'acte et que celui-ci est absent, l'huissier ou commissaire de justice est tenu de tenter une **signification à personne sur son lieu de travail**. En cas de contestation ultérieure sur la validité d'une assignation, les juges du fond doivent rechercher, s'ils y sont invités, si le destinataire de l'acte avait un lieu de travail connu (Cass. 2e civ. 8-12-2022 n° 21-14.145 F-B). 21272

Si la personne à qui l'acte doit être signifié n'a ni domicile, **ni résidence, ni lieu de travail** connus, l'huissier ou commissaire de justice dresse un **procès-verbal** où il relate avec précision les **diligences qu'il a accomplies pour rechercher le destinataire de l'acte** (CPC art. 659, al. 1). Le même jour ou au plus tard le premier jour ouvrable suivant, à peine de nullité, l'huissier ou commissaire de justice envoie au destinataire, à la **dernière adresse connue**, par lettre recommandée avec demande d'avis de réception, une copie du procès-verbal à laquelle est jointe une copie de l'acte objet de la signification (CPC art. 659, al. 2).

Dans le même temps, l'huissier ou commissaire de justice avise la personne à qui l'acte est signifié, par lettre simple, de l'accomplissement de cette formalité (CPC art. 659, al. 3). Ces dispositions sont applicables à la signification d'un acte concernant une **personne morale** qui n'a plus d'établissement connu au lieu indiqué comme siège social par le registre du commerce et des sociétés (CPC art. 659, al. 4).

La **violation** des dispositions de l'article 659 du CPC est sanctionnée par la nullité (CPC art. 693). Il résulte de ce texte que la signification d'un acte en un **lieu autre que la dernière adresse connue** ne vaut pas notification. En cas de contestation, il revient aux juges du fond de vérifier si l'adresse mentionnée par l'huissier ou commissaire de justice correspond à la dernière adresse connue du débiteur (Cass. 2e civ. 2-7-2020 n° 19-14.893 F-PBI).

Il résulte de la combinaison des articles 14, 471 et 655 à 659 du CPC et de l'article 6, § 1, de la CESDH que, lorsqu'une partie citée à comparaître par acte d'huissier ou commissaire de justice ne comparaît pas, le juge, tenu de s'assurer que cette partie a été régulièrement appelée, **doit vérifier** que l'acte fait **mention des diligences** prévues, selon les cas, aux articles 655 à 659 précités. **À défaut** pour l'acte de satisfaire à ces exigences, le juge doit ordonner une nouvelle citation de la partie défaillante (Cass. 2e civ. 1-10-2020 n° 18-23.210 FS-PBI). De même, la cour d'appel qui ne précise pas les diligences accomplies par l'huissier ou commissaire de justice pour rechercher le destinataire de l'acte, prive sa décision de base légale (Cass. 2e civ. 13-04-2023 n° 21-21.223).

S'il n'est pas établi que le destinataire a été effectivement avisé, le juge peut prescrire d'office toutes diligences complémentaires, sauf à ordonner les mesures provisoires ou conservatoires nécessaires à la sauvegarde des droits du demandeur (CPC art. 662). 21274

SIGNIFICATION CONFORME AUX EXIGENCES D'UN PROCÈS ÉQUITABLE

La signification d'un jugement par voie de procès-verbal de recherches infructueuses, qui est soumise, par la loi, à des **conditions et** à des **modalités bien définies** avec l'obligation, pour l'huissier ou commissaire de justice significateur, de **relever** dans l'acte, avec précision, les **diligences accomplies** pour rechercher le destinataire, satisfait aux exigences du procès équitable ; cette signification fait courir le **délai d'appel** sans être contraire à l'exigence d'un procès équitable, dès lors que la régularité de cette signification peut être contestée et que son destinataire dispose de la procédure du relevé de forclusion (Cass. 2e civ. 19-12-2002 n° 01-02.583 : Bull. civ. II n° 295 ; Cass. com. 2-5-2001 n° 98-12.037 : Bull. civ. IV n° 79). 21280

DILIGENCES DE L'HUISSIER OU COMMISSAIRE DE JUSTICE SUR LE DESTINATAIRE D'UN ACTE SIGNIFIÉ

Le procès-verbal doit mentionner précisément les **diligences accomplies** par l'huissier ou commissaire de justice pour rechercher le destinataire de l'acte (Cass. 2e civ. 3-11-1993 n° 92-11.441 : Bull. civ. II n° 312 ; Cass. 2e civ. 7-12-2006 n° 06-11.211 : Bull. civ. II n° 349). En cas de contestation, les juges vérifient **in concreto** si le demandeur pouvait avoir raisonnablement connaissance de la nouvelle adresse du destinataire ou s'il pouvait l'obtenir par des investigations normales. Il ne suffit pas de cocher des cases mentionnant l'existence d'une boîte aux lettres et d'une plaque sur une porte (Cass. 2e civ. 18-1-2001 n° 99-15.621). 21285

ILLUSTRATIONS

Est nulle la signification sur le fondement de l'art. 659 du CPC, dès lors que le demandeur a volontairement laissé l'huissier ou commissaire de justice dans **l'ignorance de la véritable adresse** du destinataire de l'acte, faisant signifier, de manière malicieuse, en un lieu où il savait que le débiteur ne résidait pas (Cass. 2e civ. 21-12-2000 n° 99-13.218 : Bull. civ. II n° 178).

En revanche, la signification est régulière au regard de l'art. 659 du CPC, dès lors que l'huissier ou commissaire de justice s'est présenté à la **dernière adresse connue** à laquelle le destinataire avait résidé et a constaté que ce dernier n'y habitait plus, qu'aucune boîte à lettres ou sonnette n'existait à son nom, que la mairie n'avait pu donner aucun renseignement sur l'intéressé, que les recherches sur le minitel (à l'époque) avaient été vaines (Cass. 2e civ. 20-3-2003 n° 01-11.542 : Bull. civ. II n° 72).
De même, l'huissier ou commissaire de justice qui a interrogé un voisin et fait des **démarches** auprès de la mairie, de La Poste qui lui a opposé le secret postal, et du commissariat de police, a accompli toutes diligences utiles, dès lors qu'il n'est pas tenu d'adresser, avant la rédaction de son procès-verbal de recherches infructueuses, une lettre recommandée avec demande d'avis de réception à la dernière adresse connue du destinataire de l'acte, ni de procéder à une nouvelle signification au vu d'éléments parvenus postérieurement à sa connaissance (Cass. 2e civ. 18-11-2004 n° 03-13.158 : Bull. civ. II n° 498).
Justifie légalement sa décision de déclarer régulière une signification effectuée selon les modalités de l'art. 659 du CPC la cour d'appel qui a constaté que le destinataire n'avait **ni domicile, ni résidence connus** et que l'acte n'avait pu lui être délivré à personne sur son lieu de travail, malgré plusieurs tentatives (Cass. 2e civ. 19-11-2008 n° 07-19.472 : Bull. civ. II n° 250).

B. Notification d'un acte de procédure en la forme ordinaire

21300 La notification ordinaire est faite sous enveloppe ou pli fermé, soit par la **voie postale**, soit par la **remise** de l'acte au destinataire **contre émargement ou récépissé** (CPC art. 667, al. 1).
La notification en la forme ordinaire peut toujours être faite par remise contre émargement ou récépissé, alors même que la loi n'aurait prévu que la notification par la voie postale (CPC art. 667, al. 2).
Lorsque le greffe **convoque** les parties à l'audience par **lettre recommandée** avec demande d'avis de réception, les parties ou certaines d'entre elles peuvent, sur mention du juge au dossier, être avisées de cette date d'audience par **lettre simple**. Si une partie avisée par lettre simple ne comparaît pas à l'audience ou n'y a pas été représentée, elle est convoquée par lettre recommandée avec demande d'avis de réception à une audience ultérieure (CPC art. 692-2).
La preuve que l'enveloppe ne contenait pas la copie de l'acte notifié est à la charge du destinataire (Cass. 2e civ. 1-4-1981 n° 79-40.914 : Gaz. Pal. 1982 jur. p. 480 note J. Viatte).

21302 Un **régime général unique** de la lettre recommandée électronique (LRE) a été instauré (CPCE art. L 100 et R 53 s.).
La **définition** de la lettre recommandée électronique est alignée sur celle issue de l'article 44 du règlement européen 910/2014 du 23 juillet 2014, dit « règlement e-IDAS » ; l'envoi recommandé électronique est équivalent à l'envoi par lettre recommandée dès lors qu'il satisfait aux six **critères d'intégrité** définis par ce texte (CPCE art. L 100, I-al. 1) :
– il est fourni par un prestataire de services de confiance qualifié, c'est-à-dire une entreprise qui respecte les garanties de sécurité du règlement précité ;
– l'expéditeur est identifié avec un degré de confiance élevé ;
– le destinataire est identifié avant la transmission du recommandé ;
– l'envoi et la réception des données sont sécurisés par une signature électronique ou un cachet électronique permettant de s'assurer que le contenu du recommandé n'a pas été modifié ;
– les éventuelles modifications font l'objet d'une traçabilité spécifique (elles sont signalées à l'expéditeur et au destinataire du recommandé) ;
– une procédure d'horodatage permet de certifier la date ainsi que l'heure d'envoi et de réception.
Le **destinataire**, s'il n'est **pas un professionnel**, doit avoir exprimé à l'expéditeur son **consentement à recevoir** des envois recommandés électroniques (CPCE art. L 100, I-al. 2).
Par ailleurs, le prestataire chargé de l'envoi (le « postier électronique ») peut proposer que le contenu de l'envoi soit **imprimé sur papier** puis envoyé au destinataire (art. L 100, I-al. 3).
La loi, en revanche, ne rend pas obligatoire l'**avis de réception** adressé à l'expéditeur.
Les **modalités d'application** de ces dispositions sont précisées aux articles R 53 à R 53-4 du Code des postes et des communications électroniques, créés par le décret 2018-347 du 9-5-2018 : notamment, identification de l'expéditeur et du destinataire, preuve du dépôt par l'expéditeur et du moment de ce dépôt, preuve de la réception par le destinataire et du moment de cette réception, informations que le prestataire d'un envoi recommandé électronique doit porter à la connaissance du destinataire et montant de l'indemnité forfaitaire due en cas de défaillance.

MENTIONS OBLIGATOIRES À TOUTE NOTIFICATION D'UN ACTE

La notification doit contenir toutes indications relatives aux nom et prénoms ou à la dénomination ou raison sociale de la **personne dont elle émane** et au domicile ou siège social de cette personne (CPC art. 665, al. 1). **21305**
Elle doit désigner de la même manière la personne du **destinataire** (CPC art. 665, al. 2).
La **violation** des dispositions de l'article 665 du CPC est sanctionnée par la nullité (CPC art. 693).

À peine de nullité (CPC art. 693), la **notification d'un acte introductif d'instance** effectuée au défendeur, **à la diligence du greffe**, doit comprendre, de manière très apparente (CPC art. 665-1) : **21307**
– sa date ;
– l'indication de la juridiction devant laquelle la demande est portée ;
– l'indication que, faute pour le défendeur de comparaître, il s'expose à ce qu'un jugement soit rendu contre lui sur les seuls éléments fournis par son adversaire ;
– le cas échéant, la date de l'audience à laquelle le défendeur est convoqué ainsi que les conditions dans lesquelles il peut se faire assister ou représenter.
Les autres mentions que doit comporter la notification sont déterminées, selon la nature de l'acte notifié, par les règles particulières à chaque matière (CPC art. 666).

DATE DE LA NOTIFICATION D'UN ACTE

Sous réserve de l'article 647-1 du CPC (notification dans un territoire français éloigné ou à l'étranger : n° 21334), la date de la notification par voie postale est, à l'égard de celui qui y procède, celle de l'expédition et, à l'égard de celui à qui elle est faite, la date de la réception de la lettre (CPC art. 668). **21309**

> **Précisions** S'agissant des **actions intentées contre le fonds d'indemnisation des victimes de l'amiante** devant les cours d'appel, aucune forme n'est imposée pour le dépôt au greffe de l'exposé des motifs qui doit être déposé dans le délai d'un mois qui suit le dépôt de la déclaration d'appel. Ce dépôt peut donc être effectué par l'envoi d'une lettre recommandée avec demande d'avis de réception et, dans ce cas, la date d'expédition de la lettre doit être prise en compte pour déterminer le délai d'un mois (Cass. 2e civ. 21-5-2015 n° 14-18.587 : Bull. civ. II n° 122).

NOTIFICATION D'UN ACTE À PERSONNE OU À DOMICILE

La **notification** est réputée faite **à personne** lorsque l'avis de réception est signé par son destinataire (CPC art. 670, al. 1). **21315**
La **notification** est réputée faite **à domicile ou à résidence** lorsque l'avis de réception est signé par une personne munie d'un pouvoir à cet effet (CPC art. 670, al. 2).
Dans un cas où l'**avis de réception** d'une décision d'un juge de l'exécution avait manifestement été signé par une personne autre que la partie destinataire du pli, il revenait à ce destinataire d'**établir l'absence de mandat** du signataire, dès lors qu'en portant la date de remise, le facteur avait également apposé une croix à l'emplacement destiné au mandataire, lequel avait tracé sa signature. À défaut de preuve de l'absence de mandat, la notification du jugement était valable et faisait courir le délai d'appel (Cass. 2e civ. 1-10-2020 n° 19-15.753 F-PBI).
Pour plus de détails sur la notification d'un acte à une société, voir nos 47680 s.

OBLIGATION DE SIGNIFIER UN ACTE

En cas de retour au greffe de la juridiction d'une lettre de notification dont l'**avis de réception** n'a **pas** été **signé** dans les conditions prévues à l'article 670 (n° 21315), le greffier doit inviter la partie à procéder par voie de signification (CPC art. 670-1). **21320**
Cette signification s'impose quel que soit le **motif du retour** (Cass. soc. 7-11-2007 n° 06-41.883 : RJS 1/08 n° 64). Ainsi n'y a-t-il pas lieu de distinguer le cas où le retour de la lettre de notification est provoqué par le refus de son destinataire de la réclamer et celui dû à une adresse reconnue inexacte par la Poste.
Les difficultés de réception sont appréciées différemment selon qu'il s'agit d'un **particulier** ou d'une **personne morale**. Dans le premier cas, le retour au principe de la signification s'impose en cas d'incertitude sur la remise du pli. Dans le second cas, la jurisprudence admet que la signature de l'avis de réception est réputée être celle d'un représentant légal ou d'une personne habilitée (Cass. 3e civ. 2-2-1994 n° 92-70.325 : RJDA 8-9/94 n° 926).

L'article 670-1 du CPC s'applique, conformément aux dispositions de l'article 749 du même Code (n° 21000), devant le conseil de **prud'hommes** (Cass. soc. 5-3-1992 n° 89-42.408 : Bull. civ. V n° 159). **21322**

Il incombe de procéder par voie de signification en cas de retour au secrétariat de la juridiction d'une lettre de notification avec la mention « refusée », afin de faire courir les **délais de recours** **21324**

(Cass. soc. 31-3-2003 n° 02-30.765 : Bull. civ. V n° 123). Si la lettre de notification n'a pu être remise à son destinataire, le délai d'**appel** ne court que de la signification du jugement par acte d'huissier ou commissaire de justice à la diligence de la partie intéressée (notamment, Cass. 2e civ. 22-6-1983 n° 81-40.854 : Bull. civ. II n° 134 ; Cass. soc. 7-7-1993 n° 90-41.346 : RJS 10/93 n° 1013).

NOTIFICATION DANS UN TERRITOIRE FRANÇAIS ÉLOIGNÉ OU ÉTRANGER

21334 Si l'acte est destiné à une personne qui demeure en Polynésie française, dans les îles Wallis-et-Futuna, en Nouvelle-Calédonie et dans les Terres australes et antarctiques françaises, et **à moins que la notification ait pu être faite par lettre** recommandée avec demande d'avis de réception, le greffier de la juridiction expédie l'acte à l'**autorité compétente** aux fins de sa remise à l'intéressé selon les modalités applicables dans la collectivité où il demeure (CPC art. 670-2).
Lorsque, pour la **notification à l'étranger** accomplie à la diligence du greffe de la juridiction, la **traduction** de l'acte, ou de toute autre pièce, paraît nécessaire, un traducteur est requis par le directeur de greffe ou le responsable du greffe de la juridiction (CPC art. 670-3, al. 1).

C. Notification d'un acte de procédure d'avocat à avocat

21350 La notification des actes entre avocats se fait par signification ou par notification directe (CPC art. 671).
La **signification** est constatée par l'apposition du cachet et de la signature de l'huissier ou commissaire de justice sur l'acte et sa copie avec l'indication de la date et du nom de l'avocat destinataire (CPC art. 672).
La **notification directe** s'opère par la remise de l'acte en double exemplaire à l'avocat destinataire, lequel restitue aussitôt à son confrère l'un des exemplaires après l'avoir daté et visé (CPC art. 673).
En cas de contestation, les juges du fond doivent s'assurer que les conclusions ont été notifiées à l'avocat adverse **dans les formes requises**, et que la partie qu'il représente en a eu connaissance et a été mise en mesure d'y répondre (Cass. 2e civ. 2-7-2020 nos 19-12.752 et 19-12.753 F-PBI).

21352 En application des articles 672 et 673 du CPC, les deux **procédés** suivants sont admis pour communiquer un acte sur **support papier** à un confrère :
– une signification constatée par l'apposition du cachet et de la signature de l'huissier ou commissaire de justice sur l'acte et sa copie avec l'indication de la date et du nom de l'avocat destinataire. La pratique a dénommé ce procédé « **acte du palais** ». Il s'agit bien d'une signification ;
– une notification directe qui s'opère par la remise de l'acte en double exemplaire à l'avocat destinataire, lequel restitue aussitôt à son confrère l'un des exemplaires après l'avoir daté et signé.
Ces deux types de notification sont compatibles avec la **communication par voie électronique** puisqu'ils sont expressément visés à l'article 748-1 du CPC (n° 21175).

21354 L'avocat a le **choix** de notifier un acte à son confrère par signification via la plate-forme des huissiers ou commissaires de justice ou par voie directe via le **réseau privé virtuel avocats** (RPVA).
Dans leurs échanges entre eux par la voie du RPVA, les avocats peuvent communiquer à leurs contradicteurs des actes tels que les actes de constitution, les conclusions ou les bordereaux de communication de pièces.
Les avocats étant pourvus de la signature électronique (CPC art. 748-6), ces échanges correspondent à une **notification directe par voie dématérialisée**.
L'adhésion d'un avocat au RPVA emporte nécessairement **consentement** de sa part à recevoir la notification d'actes de procédure par la voie électronique (CPC art. 748-2, al. 2).

21356 La **signification électronique** des actes entre avocats est aussi l'une des formes de la signification par voie électronique dont le décret 2012-366 du 15 mars 2012 a doté la profession d'huissier ou commissaire de justice.
L'article 9 de l'arrêté du 28 août 2012 précise que pour permettre aux huissiers ou commissaires de justice d'accomplir les actes mentionnés à l'article 672 du CPC par voie électronique, les avocats du ressort du tribunal judiciaire ou de la cour d'appel déposent leurs actes aux fins de transmission à travers un **portail dédié** mis à leur disposition par la Chambre nationale des commissaires de justice. La même voie est offerte aux avocats chargés de la représentation des parties devant le tribunal de commerce.

MODÈLE **Acte du palais** 21358

Tribunal judiciaire de ...
Rôle n°
Chambre : 1-1

Signification d'un jugement
À LA REQUÊTE DE :
Société anonyme Z, dont le siège social est rue... à... agissant poursuites et diligences de ses représentants légaux, domiciliés en cette qualité audit siège.
Ayant pour avocat, Maître A, Avocat au Barreau de, ... demeurant...
SOIT SIGNIFIE et entête des présentes LAISSE COPIE A :
Maître B, Avocat au Barreau de ... et celui de :
Monsieur Y, né le..., de nationalité française, domicilié...
D'une expédition revêtue de la formule exécutoire d'un jugement publiquement rendu contradictoirement et en premier ressort entre les parties y dénommées, par la 1e chambre du tribunal judiciaire de ...en date du...
AFIN QUE NUL N'EN IGNORE
Avec indication au susnommé que la présente signification lui est faite en conformité avec l'article 678 du CPC.
SOUS TOUTES RÉSERVES
DONT ACTE

D. Communication électronique des actes et procédure orale

RÈGLES GÉNÉRALES DE COMMUNICATION DES ACTES EN PROCÉDURE ORALE

Les procédures à dominante orale sont infléchies par la possibilité **de transmettre les actes et pièces** par voie électronique. Cette voie est renforcée par la faculté offerte aux juridictions de prévoir un **calendrier de procédure** fixant les diverses étapes de l'instance (CPC art. 446-2). 21370
Sur le cadre général de la communication électronique, applicable devant toutes les juridictions voir n° 21177.

COMMUNICATION DES ACTES AU TRIBUNAL DE COMMERCE

Un arrêté du 21 juin 2013 permet la **communication** électronique au tribunal de commerce **entre les avocats et entre les avocats et la juridiction** (JO 26 juin p. 10526). 21372
À l'occasion d'une procédure devant le **tribunal de commerce**, les envois, remises et notifications des actes de procédure, des pièces, avis, avertissements ou convocations, des rapports, des procès-verbaux ainsi que des copies et expéditions revêtues de la formule exécutoire des décisions juridictionnelles peuvent être effectués par voie électronique (Arrêté du 21-6-2013 art. 1).

Le système de communication électronique, opéré sous la responsabilité du Conseil national des greffiers des tribunaux de commerce, est accessible aux **greffiers des tribunaux de commerce**. 21374
Ce système d'information est fondé sur des procédés techniques d'échanges sécurisés pour le traitement des envois, remises et notifications. Le système dispose d'un point de terminaison sécurisé autorisant une **interconnexion avec le RPVA** (Arrêté du 21-6-2013 art. 2).
Les plates-formes « i-greffes » et « e-barreau » garantissent la **sécurité des échanges**.

Dans le cas où le raccordement de l'équipement terminal de l'avocat au RPVA se fait via le réseau ouvert au public internet, il utilise des moyens de cryptologie préservant la **confidentialité** des informations (Arrêté du 21-6-2013 art. 5). 21376
L'utilisation de l'adresse de messagerie en la forme « cnbf. nomprénom@avocat-conseil.fr » couplée à l'utilisation du certificat avocat permet de garantir l'**identité de l'avocat** en tant qu'expéditeur ou destinataire du courrier électronique (art. 9).

Notification directe entre avocats Lorsque les **parties** ont été autorisées à **formuler leurs prétentions par écrit** et dispensées de se présenter à l'audience (CPC art. 446-1, al. 2), afin de permettre aux avocats d'accomplir les notifications directes (CPC art. 673 et 861-1 modifié par décret 2020-1452 du 27-11-2020), la remise de l'acte à l'avocat destinataire peut s'opérer par sa **transmission via le RPVA** (Arrêté du 21-6-2013 art. 12). 21380
Un **avis électronique de réception** qui comporte la date de la transmission est adressé par l'avocat destinataire ; cet avis tient lieu de visa du destinataire. Conformément aux dispositions du

troisième alinéa de l'article 748-3 du CPC, il n'est pas fait application des dispositions de l'article 673 dudit Code prescrivant la transmission en plusieurs exemplaires et la restitution matérielle de l'acte notifié (art. 13).
L'acte notifié accompagné de l'avis est transmis parallèlement par voie électronique, via « i-greffes », au greffe du tribunal de commerce (art. 14).

E. Notification des jugements

FORME DE LA NOTIFICATION DES JUGEMENTS

21400 En **matière contentieuse**, les jugements sont notifiés par voie de **signification** à moins que la loi n'en dispose autrement (CPC art. 675, al. 1).
En **matière gracieuse**, les jugements sont notifiés par le greffier de la juridiction, par lettre recommandée avec demande d'avis de réception (CPC art. 675, al. 2).
Les jugements peuvent être notifiés par la remise d'une simple **expédition** (CPC art. 676).
À peine de nullité, la signification doit comprendre le **texte intégral** de la décision (Cass. 1e civ. 16-1-1985 n° 83-11.029 : Bull. civ. I n° 24).
La notification d'un jugement est valablement faite au domicile élu en France par la **partie demeurant à l'étranger** (CPC art. 682).

> **Précisions** **a.** Les notifications des décisions du conseil de **prud'hommes** sont notifiées aux parties par le greffe de ce conseil au lieu de leur domicile. La notification est faite par lettre recommandée AR sans préjudice du droit des parties de les faire signifier par acte d'huissier ou commissaire de justice (C. trav. art. R 1454-26).
> **b.** La décision du tribunal judiciaire statuant en matière de contentieux de la **sécurité sociale** est notifiée à chaque partie par le greffe (CSS art. R 142-10-7).
> **c.** Lorsqu'un jugement est notifié à deux reprises, la **première notification régulière** fait courir les délais de recours (Cass. 2e civ. 13-1-2022 n° 20-12.914 F-B).

DESTINATAIRE DES JUGEMENTS

21402 **Partie** Les jugements sont notifiés aux parties elles-mêmes (CPC art. 677).
En **matière gracieuse**, le jugement est notifié aux parties et aux **tiers** dont les intérêts risquent d'être affectés par la décision, ainsi qu'au **ministère public** lorsqu'un recours lui est ouvert (CPC art. 679).

21407 **Avocat** Dans les procédures où la **représentation** est **obligatoire**, le jugement doit être **préalablement** porté à la connaissance des avocats des parties (CPC art. 678, al. 1 à 3 modifié par décret 2020-1201 du 30-9-2020) :
– par remise d'une copie de la décision par le **greffe**, lorsque le jugement est notifié aux parties à sa diligence ;
– dans la forme des **notifications entre avocats** dans les autres cas, faute de quoi la notification à partie est nulle. Mention de l'accomplissement de cette formalité doit être portée dans l'acte de notification destiné à la partie.
Toutefois, si le représentant est décédé ou a cessé d'exercer ses fonctions, la notification n'est faite qu'à la partie avec l'indication du décès ou de la cessation de fonctions (CPC art. 678, al. 4 modifié par décret 2020-1201 du 30-9-2020).
Le **délai pour exercer un recours** contre le jugement part de la notification à la partie elle-même (CPC art. 678, al. 5 modifié par décret 2020-1201 du 30-9-2020).
Ainsi, dans les affaires avec représentation obligatoire soumises au **tribunal judiciaire**, faut-il procéder en deux temps :
– notification du jugement à l'avocat adverse (par acte du palais ou autre forme autorisée : nos 21350 s.) ;
– signification du jugement à la partie elle-même par exploit d'huissier ou commissaire de justice, ce dernier acte mentionnant la date de la notification entre avocats et constituant le point de départ du délai d'appel d'un mois.
À défaut d'autres exigences légales ou réglementaires, la notification d'un jugement entre avocats peut être effectuée par la **simple transmission électronique** entre l'avocat désireux de notifier cette décision et l'avocat de la partie à qui il entend ultérieurement la signifier dès lors qu'ils sont tous deux adhérents au RPVA, que la transmission mentionnait son objet, à savoir la notification de la décision à avocat et l'identité des parties et que l'avocat destinataire en avait accusé réception via le RPVA (Cass. 2e civ. 7-9-2017 n° 16-21.756 F-PB).

La notification à avocat prévue par l'article 678 du CPC ne peut être régulièrement faite qu'à l'**avocat du destinataire** de la notification à partie (Cass. 2e civ. 27-10-1982 n° 81-13.944 : Bull. civ. II n° 132). 21409
L'acte de notification entre avocats est un acte interruptif de la **prescription** (Cass. 2e civ. 11-6-1998 n° 96-10.454 : Bull. civ. II n° 184).
Le **défaut de signature** de l'avocat qui notifie un jugement n'est pas une cause de nullité de l'acte de notification entre avocats (Cass. 2e civ. 23-9-2004 n° 99-21.000 : Bull. civ. II n° 418).
Lorsque les **parties** qui procèdent à la signification du jugement étaient **représentées par le même avocat** que le destinataire de cette signification, la signification du jugement à partie n'a pas à être précédée d'une notification au représentant (Cass. 2e civ. 6-11-2008 n° 07-16.812 : Procédures 2009 comm. n° 39 obs. R. Perrot).
L'acte de **signification à partie** mentionnant la **notification à avocat**, il s'en déduit que celle-ci a été faite préalablement, peu important qu'elle ait été **effectuée le même jour** (Cass. 1e civ. 28-5-2008 n° 06-17.313 : Bull. civ. I n° 152).

Dans une **matière où l'assistance d'un avocat n'est pas obligatoire**, une partie ne peut pas exiger que la signification des jugements la concernant soit faite au domicile de l'avocat qu'elle a élu (Cass. 2e civ. 18-2-1987 n° 85-17.836 : Bull. civ. II n° 51). Il en est ainsi, notamment, pour les affaires portées devant le conseil de prud'hommes. 21411

Les dispositions de l'article 748-1 du CPC sur la **communication électronique** revêtent une portée générale et concernent expressément la signification des décisions. Ces dispositions ont eu pour conséquence d'introduire, via le RPVA, une nouvelle voie de notification d'un **jugement** entre avocats, préalable indispensable à la signification à partie. Cette nouvelle voie s'ajoute à celles prévues par les articles 672 et 673 du CPC : signification par acte d'huissier ou commissaire de justice ou notification directe entre avocats. Dès lors, en adhérant au RPVA et en devenant attributaire d'une adresse personnelle dont le caractère spécifique résulte de l'identification par son nom et son prénom précédé d'un radical unique constitué par son numéro d'affiliation à la CNBF, l'avocat doit être **présumé avoir consenti** à l'utilisation de la voie électronique pour la signification des jugements à son égard. En effet, vaut consentement à l'utilisation de la voie électronique l'adhésion par un auxiliaire de justice, assistant ou représentant une partie, à un réseau de communication électronique (CPC art. 748-2). 21413

MENTIONS OBLIGATOIRES DANS L'ACTE DE NOTIFICATION D'UN JUGEMENT

L'acte de notification d'un jugement à une partie doit indiquer de manière très apparente le **délai** d'**opposition**, d'**appel** ou de **pourvoi** en cassation dans le cas où l'une de ces voies de recours est ouverte, le **lieu** où le recours doit être exercé (Cass. soc. 29-5-2013 n° 12-13.357 : RJS 8-9/13 n° 632), ainsi que ses **modalités**. Il indique, en outre, que l'auteur d'un **recours abusif ou dilatoire** peut être condamné à une amende civile et au paiement d'une indemnité à l'autre partie (CPC art. 680). 21420

Sanction L'**absence de mention** ou la mention erronée dans l'acte de notification d'un jugement **de la voie de recours ouverte**, de son délai ou de ses modalités a pour effet de ne pas faire courir le délai de recours (Cass. 2e civ. 3-3-2022 n° 20-17.419 F-B ; Cass. 2e civ. 12-2-2004 n° 02-13.332 : Bull. civ. II n° 57 ; Cass. 2e civ. 14-11-2013 n° 12-25.454 : Bull. civ. II n° 220 ; Cass. 2e civ. 16-3-2017 n° 16-15.031 FS-D). 21422
L'**absence de mention** dans l'acte de notification du jugement **des sanctions encourues par l'auteur d'un recours abusif** ou dilatoire n'empêche pas que la signification fixe le point de départ du recours (Cass. 2e civ. 30-5-2002 n° 99-14.175 : Bull. civ. II n° 112).
Un acte de notification qui ne comporte pas les mentions relatives aux modalités des voies de recours et dont la nullité n'est pas acquise, à **défaut de preuve de l'existence d'un grief**, peut constituer une mesure préalable nécessaire à l'exécution forcée (Cass. 2e civ. 14-2-2008 n° 06-20.988 : Bull. civ. II n° 33).
Dès lors qu'une seconde notification effectuée par le greffe ne précise pas qu'elle se substitue à celle irrégulièrement faite auparavant, cette notification irrégulière ne **fait pas courir le délai de recours** (Cass. 2e civ. 17-9-2020 n° 19-17.360 F-PBI).

> **Précisions** a. La Cour de cassation fait preuve d'une certaine **rigueur**. Il a, par exemple, été retenu qu'avait violé les articles 528 et 680 du CPC, la cour d'appel qui a déclaré tardif l'appel formé après l'expiration du délai de quinze jours à compter de la signification du jugement rendu par le juge de l'exécution, alors que l'acte de signification indiquait que le recours devait être formé devant la cour d'appel de Grenoble au lieu de la cour d'appel de Dijon. En l'espèce, l'arrêt est cassé bien que le destinataire de la signification eût

effectivement saisi la cour de Dijon, ce qu'il avait fait au-delà du délai tel qu'il devait être computé depuis la signification erronée (Cass. 2e civ. 13-11-2014 n° 13-24.547 : Gaz. Pal. 10-3-2015 jur. p. 34).

b. Dans le même sens, un justiciable, fût-il représenté ou assisté par un avocat, ne saurait être tenu pour responsable du **non-respect des formalités de procédure imputable à la juridiction**, l'irrecevabilité de son recours s'analysant en une entrave à son droit d'accès à un tribunal. Pour déclarer l'appel irrecevable, un arrêt retient que l'**erreur dans l'identité des parties** n'a pas pour effet de rendre irrégulière la notification opérée par le greffe du conseil de prud'hommes, ces mentions ne figurant pas au nombre de celles prévues par les articles 680 du Code de procédure civile et R. 1454 du Code du travail. En statuant ainsi, alors qu'elle avait constaté que l'acte de notification comportait une mention erronée dans l'identification de la société, imputable à la juridiction, qui avait été reprise par l'appelant dans sa déclaration d'appel, la cour d'appel, qui devait nécessairement en déduire que le délai d'appel n'avait pas couru, a violé l'article 6, § 1, de la Convention de sauvegarde des droits de l'homme et des libertés fondamentales (Cass. 2e civ. 13-4-2023 n° 21-21.242 FS-B).

c. En matière de **recouvrement des titres de recettes émis par les collectivités territoriales ou établissements publics locaux**, la jurisprudence contrôle la pertinence et l'exhaustivité des mentions figurant dans les notifications des titres exécutoires. Il a ainsi été reproché à une cour d'appel d'avoir dit que le redevable d'une redevance d'assainissement avait été clairement informé des délais de recours, de l'effet non suspensif de la contestation amiable et de la nécessité de saisir le tribunal de grande instance (devenu le tribunal judiciaire), pour en déduire que l'action était irrecevable pour cause de prescription, alors que la notification du titre de perception ne désignait pas la juridiction devant laquelle le recours devait être porté (Cass. 2e civ. 8-1-2015 n° 13-27.678 : Bull. civ. II n° 4 ; voir aussi : Cass. 2e civ. 12-10-2006 n° 05-14.726 ; Cass. com. 9-12-2014 n° 13-24.365). Le juge doit s'assurer que le débiteur a été informé non seulement des délais mais encore des modalités de recours à l'encontre du titre émis. La notification préalable aux actes de poursuites doit être complète afin que l'exercice des droits de la défense soit effectif.

EFFET DE LA NOTIFICATION D'UN JUGEMENT

21425 La notification, même sans réserve, n'emporte pas **acquiescement** au jugement (CPC art. 681).

F. Notification internationale

1. NOTIFICATION À L'ÉTRANGER

21440 **Sous réserve** de l'application des règlements européens (nos 21520 s.) et des traités internationaux (nos 21570 s.), la transmission des actes judiciaires et extrajudiciaires à l'étranger est faite par voie de **notification** ou de **signification internationales** dans les conditions exposées ci-dessous (CPC art. 683 à 689-1).

MODALITÉS DE LA NOTIFICATION DES ACTES À L'ÉTRANGER

21445 L'acte destiné à être notifié à une personne ayant sa résidence habituelle à l'étranger est remis au **parquet**, sauf dans les cas où un règlement européen ou un traité international autorise l'huissier ou commissaire de justice ou le greffe à transmettre **directement** cet acte à son destinataire ou à une **autorité compétente** de l'État de destination (CPC art. 684, al. 1). La violation de ce principe est sanctionnée par la nullité (CPC art. 693).

La notification par le greffe d'une juridiction à une personne qui demeure à l'étranger est effectuée par la remise ou la transmission de l'acte de notification au parquet (Cass. 2e civ. 18-11-2003 n° 02-30.679 : RJS 1/04 n° 113 ; Cass. 2e civ. 8-7-2010 n° 09-16.070 : RJS 11/10 n° 886 ; Cass. 2e civ. 10-5-2012 n° 11-15.508 : RJS 7/12 n° 657).

Une **élection de domicile** en France est possible. Toute partie demeurant à l'étranger a en effet la faculté de déclarer au greffe de la juridiction saisie, dès l'introduction de l'instance, qu'elle élit domicile en France afin d'être rendue destinataire (CPC art. 689-1) :

– des envois, remises et notifications des actes de procédure, des pièces, avis, avertissements ou convocations, des rapports et des procès-verbaux, lorsque la partie n'a pas chargé une personne demeurant en France de la représenter en justice ;

– de la notification du jugement prévue à l'article 682 ;

– de la notification relative à l'exercice d'une voie de recours.

L'acte destiné à être notifié à un **État** étranger, à un **agent diplomatique** étranger en France ou à tout autre **bénéficiaire de l'immunité de juridiction** est remis au parquet et transmis par l'intermédiaire du ministre de la justice aux fins de signification par voie diplomatique, à moins qu'en vertu d'un règlement européen ou d'un traité international, la transmission puisse être faite par une autre voie (CPC art. 684, al. 2). 21447

La remise à parquet de la décision à signifier par la voie diplomatique ne constitue pas la preuve de la remise de l'acte à son destinataire et **ne peut pas valoir notification** (Cass. 2e civ. 24-3-2022 n° 20-17.394 FS-B).

Un acte peut régulièrement être notifié à la personne du représentant légal, domicilié en France, d'une **société** ayant son **siège à l'étranger** (Cass. 2e civ. 12-5-1975 n° 74-12.241 : Bull. civ. II n° 144). 21448

La signification d'un acte destiné à une personne morale ayant son siège à l'étranger peut être faite au **parquet**, alors même que cette personne morale a une domiciliation en France où la signification aurait pu être effectuée (Cass. 2e civ. 30-3-2000 n° 98-15.286 : Bull. civ. II n° 57).

Le **parquet** auquel la remise doit être faite est, selon le cas, celui de la juridiction devant laquelle la demande est portée, celui de la juridiction qui a statué ou celui de la juridiction dans le ressort de laquelle demeure le requérant. S'il n'existe pas de parquet près la juridiction, l'acte est remis au parquet du tribunal judiciaire dans le ressort duquel cette juridiction a son siège (CPC art. 684, al. 3). 21449

L'**huissier ou commissaire de justice** ou le **greffier** relate dans l'acte les modalités de son expédition, de sa transmission ou de sa remise (CPC art. 684-1). 21452

L'**autorité** chargée de la notification remet deux **copies** de l'acte **au procureur** de la République qui vise l'original. Le procureur de la République fait parvenir sans délai les **copies** de l'acte au **ministre de la justice** aux fins de transmission ou à l'autorité désignée en vertu du règlement européen ou du traité international applicable. Il y joint une ordonnance du juge prescrivant la transmission de l'acte lorsque l'intervention du juge est exigée par le pays destinataire (CPC art. 685). 21454

À moins que la notification ait pu être faite par voie postale, l'autorité chargée de la notification doit, le jour même ou, au plus tard, le premier jour ouvrable suivant, expédier au **destinataire**, par lettre recommandée AR, une **copie** certifiée conforme de l'acte à notifier indiquant de manière très apparente qu'elle en constitue une simple copie (CPC art. 686). La violation des dispositions de l'article 686 du CPC est sanctionnée par la nullité (CPC art. 693).

Le **procureur** de la République **informe l'autorité** requérante des diligences faites ; il lui transmet, le cas échéant, tout procès-verbal ou récépissé constatant la remise de la copie de l'acte, pour être annexé au premier original. Si la notification a été requise par un huissier ou commissaire de justice, celui-ci tient ces documents à la disposition de la juridiction (CPC art. 687). 21456

S'il ressort des éléments transmis par l'autorité requise ou les services postaux que le **destinataire n'habite pas à l'adresse indiquée** et que celui-ci n'a plus ni domicile ni résidence connus, l'huissier ou commissaire de justice relate dans l'acte les indications ainsi fournies et procède à la signification comme il est dit aux alinéas 2 à 4 de l'article 659 du CPC : n° 21272 (CPC art. 687-1).

Sans préjudice des dispositions de l'article 687-1 du CPC (n° 21456), la **date de notification** d'un acte judiciaire ou extrajudiciaire à l'étranger est, à l'égard de celui à qui elle est faite, la date à laquelle l'acte lui est remis ou valablement notifié (CPC art. 687-2, al. 1 issu du décret 2019-402 du 3-5-2019). 21458

ATTENTION

Sous le régime antérieur au décret 2019-402 du 3 mai 2019 qui a créé l'article 687-2, il a été jugé qu'en application de l'article 684 la remise au parquet d'une **décision à signifier par voie diplomatique** ne fait qu'engager la procédure de signification par cette voie, de sorte que la date à laquelle la remise est effectuée ne constitue pas le point de départ du délai pour interjeter appel de cette décision (Cass. 2e civ. 2-6-2016 n° 14-11.576 FS-PB : Bull. civ. II n° 147 ; Cass. 2e civ. 30-1-2020 n° 18-23.917 F-PBI).

Sous ce même régime, il a été jugé que, s'agissant du **pourvoi en cassation** contre une décision judiciaire concernant une personne domiciliée à l'étranger, c'était la remise au parquet de cette décision qui constituait le point de départ du délai pour introduire le pourvoi (délai de deux mois augmenté de deux mois en application de l'article 643 du CPC), et non la remise à l'intéressé d'une copie de l'acte de signification par les autorités étrangères ; il n'en allait autrement que si un règlement communautaire ou un traité international autorisait l'huissier ou commissaire de justice ou le greffe à transmettre directement cet acte à son destinataire ou à une autorité compétente de l'État de destination (Cass. 1e civ. 10-10-2018 n° 16-19.430 FS-PBRI : Bull. inf. C. cass. 15-2-2019 n° 146).

Lorsque l'acte n'a pu être remis ou notifié à son destinataire, la notification est réputée avoir été effectuée à la date à laquelle l'autorité étrangère compétente ou le représentant consulaire ou

diplomatique français a tenté de remettre ou notifier l'acte, ou lorsque cette date n'est pas connue, celle à laquelle l'une de ces autorités a avisé l'autorité française requérante de l'impossibilité de notifier l'acte (CPC art. 687-2, al. 2).
Lorsqu'aucune attestation décrivant l'exécution de la demande n'a pu être obtenue des autorités étrangères compétentes, nonobstant les démarches effectuées auprès de celles-ci, la notification est réputée avoir été effectuée à la date à laquelle l'acte leur a été envoyé (CPC art. 687-2, al. 3).

SAISINE DE LA JURIDICTION

21466 La juridiction est saisie de la demande formée par assignation par la remise qui lui est faite de l'acte complété des indications prévues à l'article 684-1 du CPC ou selon les cas à l'article 687-1, le cas échéant accompagné des justificatifs des diligences accomplies en vue de sa notification au destinataire.
S'il n'est **pas établi que le destinataire d'un acte en a eu connaissance** en temps utile, le juge saisi de l'affaire ne peut statuer au fond que si les **conditions** suivantes sont réunies (CPC art. 688) :
– l'acte a été transmis, selon les modes prévus par les règlements européens ou les traités internationaux applicables ou, à défaut de ceux-ci, selon les prescriptions des articles 684 à 687 du CPC (n°s 21445 s.) ;
– un délai d'au moins six mois s'est écoulé depuis l'envoi de l'acte ;
– aucun justificatif de remise de l'acte n'a pu être obtenu nonobstant les démarches effectuées auprès des autorités compétentes de l'État où l'acte doit être remis.
Le juge peut prescrire d'office toutes diligences complémentaires, notamment donner commission rogatoire à toute autorité compétente aux fins de s'assurer que le destinataire a eu connaissance de l'acte et de l'informer des conséquences d'une abstention de sa part.
Toutefois, le juge peut ordonner immédiatement les mesures provisoires ou conservatoires nécessaires à la sauvegarde des droits du demandeur.

2. NOTIFICATION EN PROVENANCE DE L'ÉTRANGER

PRINCIPES

21480 Les actes en provenance d'un État étranger dont la notification est demandée par les autorités de cet État sont notifiés par voie de **simple remise** ou de **signification** (CPC art. 688-1).
Le **ministre de la justice** transmet les actes qui lui sont adressés au **ministère public** du tribunal judiciaire dans le ressort duquel ils doivent être notifiés ou à la **Chambre nationale des commissaires** de justice, à moins qu'en vertu d'un traité la transmission puisse être effectuée directement par les **autorités étrangères** au ministère public ou à la Chambre nationale des commissaires de justice et sous réserve de tous les autres modes de notification. Le ministre peut également notifier ces actes à leur destinataire par **lettre recommandée AR** (CPC art. 688-2).
Lorsque la notification est faite par les soins du **ministère public**, elle a lieu par voie de **simple remise** et sans frais, contre récépissé attestant de la date et des conditions de la remise (CPC art. 688-3).
La Chambre nationale des commissaires de justice transmet les actes qui lui sont adressés à un huissier ou commissaire de justice territorialement compétent pour les signifier (CPC art. 688-4).
La partie requérante est tenue de faire l'avance des **frais** de signification sous réserve des conventions internationales existantes (CPC art. 688-5).

LANGUE DANS LAQUELLE L'ACTE ÉTRANGER EST NOTIFIÉ

21485 L'acte est notifié dans la langue de l'État d'origine.
Toutefois, le destinataire qui ne connaît pas la langue dans laquelle l'acte est établi peut en refuser la notification et demander que celui-ci soit traduit ou accompagné d'une **traduction** en langue française, à la diligence et aux frais de la partie requérante.
L'autorité en charge de la remise ou de la signification informe le destinataire de l'acte de cette possibilité. Mention est faite de cette information dans l'acte constatant la remise ou la signification (CPC art. 688-6).

CONSTATATION DE L'EXÉCUTION DE LA NOTIFICATION DE L'ACTE ÉTRANGER

21490 Les **pièces** constatant l'exécution ou le défaut d'exécution des demandes de notification ou de signification sont **transmises** en retour selon les mêmes voies que celles par lesquelles les demandes avaient été acheminées (CPC art. 688-7).

REFUS DE NOTIFICATION DE L'ACTE ÉTRANGER

L'exécution d'une demande de notification ou de signification peut être refusée par l'**autorité française** si elle est de nature à porter atteinte à la souveraineté ou à la sécurité de l'État. Elle peut également être refusée si la demande n'est pas présentée conformément aux dispositions du Code de procédure civile (CPC art. 688-8). 21495

3. NOTIFICATION DANS LE CADRE DU RÈGLEMENT EUROPÉEN

Depuis le 1er juillet 2022, le règlement 2020/1784 du 25 novembre 2020 relatif à la signification et à la notification dans les États membres des actes judiciaires et extrajudiciaires en matière civile ou commerciale s'applique et remplace le règlement 1393/2007. Son objectif est d'améliorer l'efficacité et la rapidité des procédures judiciaires en simplifiant et en rationalisant les mécanismes de coopération tout en contribuant à réduire les retards et les frais pour les particuliers et les entreprises.
Le nouveau règlement maintient les principes essentiels issus du règlement 1393/2007, mais prévoit une dématérialisation des procédures.

CHAMP D'APPLICATION DU RÈGLEMENT EUROPÉEN

Le règlement 2020/184 du 25 novembre 2020 s'applique à la signification et à la notification transfrontières des actes judiciaires et extrajudiciaires en matière civile ou commerciale (Règl. 2020/1784 art. 1er, 1 ; pour une illustration, Cass. com. 20-11-2012 n° 11-17.653 : RJDA 2/13 n° 183). 21520
Ce principe s'oppose à la législation d'un État membre qui prévoit que les actes judiciaires destinés à une partie dont la résidence ou le lieu de séjour habituel se situe dans un autre État membre sont conservés au dossier, en étant réputés signifiés, lorsque ladite partie n'a pas désigné un représentant, autorisé à recevoir les significations, résidant dans le premier État, dans lequel se déroule la procédure juridictionnelle (CJUE 19-12-2012 aff. 325/11).
Le règlement s'applique en **matière** civile et commerciale, qui est une notion autonome du droit européen qu'il faut interpréter en se référant, notamment, aux objectifs et au système du règlement (CJUE 11-6-2015 aff. 226/13 point 39). Toutefois, le règlement ne couvre notamment pas les matières fiscales, douanières ou administratives, ainsi que la responsabilité de l'État pour des actes ou des omissions commis dans l'exercice de la puissance publique (Règl. 1393/2007 art. 1, 1).
Dans ce cadre, il a été jugé que les actions juridictionnelles en indemnité pour trouble de la possession et de la propriété, en exécution contractuelle et en dommages-intérêts introduites par des personnes privées, titulaires d'obligations d'État, contre l'État émetteur, entrent dans le champ d'application du règlement car il n'apparaît pas qu'elles ne relèvent manifestement pas de la matière civile ou commerciale (CJUE 11-6-2015, précité).
Par ailleurs, le règlement ne s'applique pas lorsque l'**adresse** du **destinataire** de l'acte à signifier ou à notifier n'est pas **connue** (Règl.1393/2007 art. 1er, 2, qui réserve l'application de l'article 7).
S'agissant des **actes extrajudiciaires**, ils peuvent être transmis vers un autre État membre et signifiés ou notifiés dans ce dernier conformément au règlement (Règl. 2020/1784 art. 21). Il n'y a pas alors lieu de vérifier, au cas par cas, que la signification ou la notification d'un acte extrajudiciaire a une incidence transfrontière et est nécessaire au bon fonctionnement du marché intérieur (CJUE 11-11-2015 aff. 223/14).
La signification ou la notification d'un **acte notarié en dehors d'une procédure judiciaire** relève du champ d'application du règlement (CJCE 25-6-2009 aff. 14/08).

> **Précisions a.** Le **règlement s'applique** à l'ensemble des États de l'Union européenne (la liste figure n° 62600), y compris au Danemark qui, revenant sur son refus initial, a exprimé sa volonté d'appliquer ce texte (Accord entre la Communauté européenne et le Royaume de Danemark sur la signification et la notification des actes judiciaires et extrajudiciaires en matière civile et commerciale : JOUE 21.1.2021 L 19/1).
b. Le décret n° 2023-25 du 23 janvier 2023 a été pris pour l'application, notamment, de ce règlement. Une circulaire de présentation de ce décret a été publiée (Circ. DACS 4-7-2023 n° CIV/02/2023 : https://www.justice.gouv.fr/circulaire-presentation-dune-part-du-reglement-ue-20191111-du-conseil-du-25-juin-2019-dit-bruxelles-il-bis-refonte).
Doivent être observées, à peine de nullité, les dispositions des articles 8, 10, 11 et des paragraphes 1, 2, 3, 4, 6 et 7 de l'article 12 du règlement en cas d'expédition d'un acte vers un autre État membre de l'Union européenne (CPC art. 693, dans sa rédaction issue du décret n° 2023-25).
c. La **notion d'acte extrajudiciaire** inclut non seulement les actes établis ou certifiés par une autorité publique ou un officier ministériel, mais également les actes privés dont la transmission formelle à leur destinataire résidant à l'étranger est nécessaire à l'exercice, à

la preuve ou à la sauvegarde d'un droit ou d'une prétention juridique en matière civile ou commerciale (CJUE 11-11-2015 aff. 223/14 : RJDA 3/16 n° 252).

d. La signification ou la notification d'un acte extrajudiciaire, conformément aux modalités établies par le règlement, est admissible même lorsque le requérant a déjà réalisé une **première signification ou une première notification** de cet acte au moyen d'une voie de transmission non prévue par ce règlement ou d'un autre des moyens de transmission mis en place par celui-ci (CJUE 11-11-2015 précité).

DÉSIGNATION D'ENTITÉS CHARGÉES DE LA NOTIFICATION D'UN ACTE

21525 Chaque État membre désigne les officiers ministériels, autorités ou autres personnes compétents pour transmettre les actes judiciaires ou extrajudiciaires aux fins de signification ou de notification dans un autre État membre, dénommés « entités d'origine », ainsi que ceux compétents pour recevoir les actes judiciaires ou extrajudiciaires en provenance d'un autre État membre, dénommés « entités requises » (Règl. 2020.1784, art. 3, 1 et 2). En France, les entités d'origine sont les commissaires de justice et les greffes des juridictions. Les entités requises sont les huissiers ou commissaires de justice.

En outre, chaque État membre a désigné un organisme central chargé de (art. 3) :

– fournir des informations aux entités d'origine ;

– rechercher des solutions aux difficultés qui peuvent se présenter à l'occasion de la transmission des actes aux fins de signification ou de notification ;

– de transmettre, dans des cas exceptionnels, une demande de signification ou de notification à l'entité requise compétente à la requête d'une entité d'origine.

En France, la fonction d'organisme central est assurée par le ministère de la justice (direction des affaires civiles et du Sceau).

› Précisions a. L'huissier ou commissaire de justice qui agit comme **entité d'origine** n'est soumis à aucune règle de compétence territoriale (Cass. 2e civ. 5-6-2014 n° 13-13.765 : Bull. civ. II n° 129, rendu sous l'empire du règlement 1348/2000 mais transposable). Par suite, le demandeur qui souhaite assigner devant une juridiction française un défendeur domicilié dans un autre État membre peut faire appel à n'importe quel huissier ou commissaire de justice français, en tant qu'entité d'origine, pour transmettre l'assignation à l'entité requise.

b. Lorsqu'une **juridiction** ordonne la **transmission d'actes judiciaires à des tiers** qui demandent à intervenir à la procédure, cette juridiction ne saurait être considérée comme étant le « requérant » au sens de cette disposition (Règl. 1393/2007 art. 5 ; CJUE 2-6-2022 aff. C-196/21).

MODALITÉS DE TRANSMISSION DES ACTES JUDICIAIRES

21526 **Moyens de communication à utiliser** La transmission des actes à signifier ou à notifier, des demandes, des confirmations, des reçus, des attestations et des communications effectuées à l'aide des formulaires qui figurent à l'annexe I entre les entités d'origine et les entités requises, entre ces entités et les organismes centraux ou entre les organismes centraux de différents États membres est effectuée au moyen d'un système informatique décentralisé, sécurisé et fiable. Ce système informatique décentralisé se fonde sur une solution interopérable telle que l'e-codex (règl. 2020/1784, art. 5, 1).

Les actes transmis au moyen du système informatique décentralisé ne doivent pas être privés d'effet juridique ni considérés comme irrecevables, comme moyens de preuve dans le cadre d'une procédure au seul motif que ces actes se présentent sous une forme électronique (Règl. 2020/1784, art. 6).

21527 **Assistance à la recherche d'adresse** Lorsque l'adresse de la personne à laquelle l'acte judiciaire ou extrajudiciaire doit être signifié ou notifié dans un autre État membre n'est pas connue, cet État membre doit fournir une assistance pour trouver cette adresse (Règl. 2020/1784, art. 7).

21530 Les actes judiciaires sont transmis directement et dans les meilleurs délais entre les **entités d'origine et requise**. L'acte à transmettre est accompagné d'une demande établie au moyen du formulaire A qui figure à l'annexe I du règlement. Les actes transmis sont dispensés de légalisation et de toute formalité équivalente (Règl. 2020/1784 art. 8). Doivent être observées, à peine de nullité ces dispositions (CPC art. 693, dans sa rédaction issue du décret n° 2023-25).

Lorsqu'elle reçoit un acte, l'entité requise envoie automatiquement à l'entité d'origine un accusé de réception dans les meilleurs délais au moyen du système informatique décentralisé ou, lorsque l'accusé de réception est envoyé par d'autres moyens, dans les meilleurs délais et,

en tout état de cause, dans un délai de sept jours à compter de la réception, au moyen du formulaire D qui figure à l'annexe I du règlement (art. 10, 1). Ces dispositions doivent être observées à peine de nullité (CPC art. 693, dans sa rédaction issue du décret n° 2023-25).
L'entité requise procède ou fait procéder à la signification ou à la notification de l'acte soit conformément au droit de l'État membre requis, soit selon le mode particulier demandé par l'entité d'origine, sauf si ce mode est incompatible avec le droit de cet État membre. Elle prend toutes les mesures nécessaires pour qu'il soit procédé à la signification ou la notification de l'acte dans les meilleurs délais et, en tout état de cause, dans un délai d'un mois à compter de sa réception. S'il n'a pas été possible de procéder à la signification ou à la notification dans un délai d'un mois à compter de la réception de l'acte, l'entité requise en informe immédiatement l'entité d'origine et continue à prendre toutes les mesures nécessaires pour qu'il soit procédé à la signification ou à la notification de l'acte lorsque la signification ou la notification semble possible dans un délai raisonnable, à moins que l'entité d'origine n'indique que la signification ou la notification n'est plus nécessaire (art. 11). Ces dispositions doivent être observées à peine de nullité (CPC art. 693, dans sa rédaction issue du décret n° 2023-25).
Le destinataire peut refuser de recevoir l'acte à signifier ou à notifier si celui-ci n'est pas rédigé ou accompagné d'une traduction dans une langue que le destinataire comprend ou dans la langue officielle de l'État membre requis. L'entité requise informe le destinataire de ce droit lorsque l'acte n'est pas rédigé ou n'est pas accompagné d'une traduction dans la langue officielle, en joignant à l'acte à signifier ou à notifier le formulaire L qui figure à l'annexe I du règlement. Il faut préciser que le destinataire peut refuser de recevoir l'acte soit au moment de la signification ou de la notification, soit dans un délai de deux semaines à compter de la signification ou de la notification, en faisant une déclaration écrite de refus de réception (art. 12, 1, 2 et 3 ; CJCE 8-5-2008 aff. 14/07 ; Cass. 2e civ. 18-10-2012 n° 11-22.673 : Bull. civ. II n° 179). Ces dispositions doivent être observées à peine de nullité (CPC art. 693, dans sa rédaction issue du décret n° 2023-25, qui prévoit la même sanction pour les paragraphes 4, 6 et 7 de l'article 12).
Lorsque les formalités relatives à la signification ou à la notification de l'acte ont été accomplies, une **attestation** le confirmant est établie au moyen du formulaire K figurant à l'annexe I et elle est adressée à l'entité d'origine (Règl.1393/2007 art. 14).

> **Précisions a.** Le règlement ne prévoit aucune **exception** à l'**utilisation des formulaires types** qui figurent aux annexes I et II, lesquels contribuent à simplifier et à rendre plus transparente la procédure de transmission des actes, garantissant ainsi tant la lisibilité de ceux-ci que la sécurité de leur transmission (Cass. 1e civ. 10-10-2018 n° 16-19.430 FS-PBRI : Bull. inf. C. cass. 15-2-2019 n° 146 ; Cass. 1e civ. 10-10-2018 n° 17-14.401 FS-PBRI : Bull. inf. C. cass. 15-2-2019 n° 145).
> **b.** L'article 8, paragraphe 1, du règlement 1393/2007 du 13 novembre 2007 (Signification), lu en combinaison avec l'article 47 de la charte des droits fondamentaux de l'Union européenne, doit être interprété en ce sens qu'il **s'oppose à une réglementation** de l'État membre dont relève l'autorité ayant émis un acte à signifier ou à notifier, en vertu de laquelle **le point de départ du délai d'une semaine**, visé à cet article 8, paragraphe 1, dans lequel le destinataire d'un tel acte peut refuser de le recevoir pour l'un des motifs prévus à cette disposition, **coïncide avec le point de départ du délai pour exercer un recours contre cet acte** dans cet État membre (CJUE 7-7-2022 aff. C-7/21).

Voies alternatives de transmission Cinq autres moyens de transmission et de notification des actes judiciaires sont prévus. 21533

1° La **transmission** des actes par **voie consulaire ou diplomatique** à l'entité requise ou à l'organisme central, en cas de circonstances exceptionnelles (Règl. 2020/1784 art. 16).

2° La signification ou la **notification** des actes aux personnes résidant sur le territoire d'un État membre par les soins des **agents diplomatiques ou consulaires** de l'État requérant (art. 17).

3° La signification ou la **notification** des actes par l'intermédiaire des **services postaux**, au moyen d'une lettre recommandée AR (ou envoi équivalent), aux personnes résidant dans un autre État membre (art. 18). Les huissiers ou commissaires de justice peuvent procéder à une telle notification (Cass. 2e civ. 8-1-2015 n° 13-26.224 : RJDA 4/15 n° 324, qui précise que ce principe s'applique également à la notification des actes extrajudiciaires). L'usage des services postaux est valide, même si (CJUE 2-3-2017 aff. 354/15) :
– l'accusé de réception de la lettre recommandée contenant l'acte à signifier à son destinataire a été remplacé par un autre document, à condition que ce dernier offre des garanties équivalentes en matière d'informations fournies et de preuve. La juridiction saisie dans l'État membre d'origine doit s'assurer que le destinataire a reçu l'acte en cause dans des conditions telles que ses droits de la défense ont été respectés ;

– l'acte à signifier ou à notifier n'a pas été remis à son destinataire en personne, pour autant qu'il l'a été à une personne adulte se trouvant à l'intérieur de la résidence habituelle de ce destinataire, en qualité soit de membre de sa famille, soit d'employé à son service. Il appartient, le cas échéant, au destinataire d'établir, par tous moyens de preuve admissibles devant la juridiction saisie dans l'État membre d'origine, qu'il n'a pas pu prendre effectivement connaissance du fait qu'une procédure juridictionnelle était engagée contre lui dans un autre État membre, ou identifier l'objet et la cause de la demande, ou disposer de suffisamment de temps pour préparer sa défense.

4° La signification ou la notification d'actes judiciaires peut être effectuée directement à une personne ayant une adresse connue à des fins de signification ou de notification dans un autre État membre par des moyens électroniques de signification ou de notification disponibles selon le droit de l'État membre du for pour la signification ou la notification nationale d'actes, pour autant que : a) les actes soient envoyés et reçus à l'aide des services d'envoi recommandé électroniques qualifiés au sens du règlement (UE) n° 910/2014 et que le destinataire ait préalablement donné son consentement exprès à l'utilisation de moyens électroniques pour la signification ou la notification d'actes au cours de procédures judiciaires ; ou b) le destinataire ait préalablement donné, à la juridiction ou à l'autorité saisie de l'instance ou à la partie responsable de la signification ou de la notification d'actes dans le cadre d'une telle instance, son consentement exprès à l'utilisation de courriels envoyés à une adresse de courrier électronique déterminée aux fins de la signification ou de la notification d'actes au cours de cette instance, et le destinataire confirme la réception de l'acte avec un accusé de réception comportant la date de réception.

5° La signification ou la **notification** des actes directement par les soins des **officiers ministériels**, fonctionnaires ou autres personnes compétentes de l'État membre requis, lorsqu'une telle signification ou notification directe est autorisée par la loi de cet État membre (art. 20).

> **Précisions** Il a été jugé que le règlement n'établit aucune **hiérarchie entre** les différents **moyens de transmission** et de signification prévus et que, par conséquent, il est possible de signifier un acte judiciaire par l'un ou l'autre de ces moyens ou de manière cumulative ; en cas de cumul du moyen de transmission et de signification prévu aux articles 8 à 15 et celui par la Poste prévu à l'article 18, il convient, pour déterminer à l'égard du destinataire le point de départ d'un délai de procédure lié à l'accomplissement d'une signification, de se référer à la date de la première signification valablement effectuée (CJCE 9-2-2006 aff. 473/04, rendu sous l'empire du règlement 1348/2000 du 29-5-2000 mais transposable).

TRADUCTION DE L'ACTE JUDICIAIRE

21543 Le requérant est avisé, par l'entité d'origine à laquelle il remet l'acte judiciaire aux fins de transmission, que le destinataire peut refuser de recevoir l'acte si celui-ci n'est pas établi dans une **langue** comprise par lui ou dans la langue officielle de l'État membre requis (ou l'une des langues officielles du lieu où il doit être procédé à la signification ou à la notification) (Règl. 2020/1784 art. 9, 1 et art. 12, 1). Le requérant prend en charge les éventuels **frais de traduction** préalables à la transmission de l'acte, sans préjudice d'éventuelles décisions ultérieures de la juridiction ou de l'autorité compétente sur la prise en charge de ces frais (art. 9, 2). Il a été jugé que lorsqu'une juridiction ordonne la transmission d'actes judiciaires à des tiers qui demandent à intervenir à la procédure, cette juridiction ne saurait être considérée comme étant le « requérant » (CJUE 2-6-2022 aff. 196/21).

DATE DE LA SIGNIFICATION OU DE LA NOTIFICATION DE L'ACTE JUDICIAIRE

21548 La date de la signification ou de la notification d'un acte judiciaire est celle à laquelle l'acte a été signifié ou notifié conformément à la législation de l'**État membre requis** (Règl. 2020/1784 art. 13, 1 ; pour des illustrations Cass. com. 11-2-2004 n° 01-16.651 : Bull. civ. IV n° 24 ; Cass. 2e civ. 4-7-2007 n° 05-20.525 : Bull. civ. II n° 194 ; Cass. com. 6-10-2009 n° 08-16.732 : Bull. civ. IV n° 121). Toutefois, lorsque, conformément à la législation d'un État membre, un acte doit être signifié ou notifié dans un délai déterminé, la date à prendre en considération à l'égard du requérant est celle fixée par le droit de cet État membre (art. 13, 2).

ABSENCE DE COMPARUTION DU DÉFENDEUR

21550 Lorsqu'un acte introductif d'instance ou un acte équivalent a dû être transmis dans un autre État membre aux fins de signification ou de notification et que le défendeur ne comparaît pas, le juge est tenu de surseoir à statuer aussi longtemps qu'il n'est pas établi que, soit la signification ou la notification de l'acte, soit la remise de l'acte, a eu lieu dans un délai suffisant pour permettre au défendeur de se défendre et que : a) l'acte a été signifié ou notifié selon un mode

prescrit par le droit de l'État membre requis pour la signification ou la notification d'actes dans le cadre d'actions nationales à des personnes se trouvant sur son territoire ; ou b) l'acte a été effectivement remis au défendeur ou à sa résidence selon un autre mode prévu par le règlement (art. 22, 1).
Il résulte de la combinaison de ce texte et de l'article 688 du CPC (n° 21466) que lorsque la transmission porte sur un acte introductif d'instance ou un acte équivalent et que le défendeur ne comparaît pas, le juge judiciaire français ne peut statuer qu'après s'être assuré soit que l'acte a été notifié selon un mode prescrit par la loi de l'État membre requis, soit que l'acte a été transmis selon un des modes prévus par le règlement, qu'un délai d'au moins six mois s'est écoulé depuis la date d'envoi de l'acte et qu'aucune attestation n'a pu être obtenue nonobstant toutes les démarches effectuées auprès des autorités ou entités compétentes de l'État membre (Cass. 2e civ. 11-4-2019 n° 17-31.497 F-PBI).

FRAIS DE NOTIFICATION OU DE SIGNIFICATION D'UN ACTE JUDICIAIRE

La signification ou notification d'actes judiciaires en provenance d'un État membre ne peut donner lieu à aucune obligation de paiement ou de remboursement de **taxes ou** de **frais pour** les **services rendus par l'État membre requis** (Règl. 2020/1784 art. 15, 1). **21553**
Toutefois, le requérant est tenu de payer ou de rembourser les **frais** occasionnés par (art. 11, 2) :
– l'**intervention** d'un **officier ministériel** ou d'une personne compétente selon la loi de l'État membre requis ;
– le recours à un **mode particulier** de signification ou de **notification**.
Les États membres fixent un droit forfaitaire unique pour l'intervention d'un officier ministériel ou d'une personne compétente selon le droit de l'État membre requis. Le montant de ce droit forfaitaire est fixé en conformité avec les principes de proportionnalité et de non-discrimination. Les États membres communiquent le montant de ce droit forfaitaire à la Commission (art. 15, 2).
En France, ces tarifs sont fixés par arrêtés conjoints des ministres de la justice et de l'économie (C. com. art. L 444-1 et L 444-3 ; art. A 444-10 s.).

4. NOTIFICATION EN APPLICATION DE TRAITÉS INTERNATIONAUX

La France est liée par différentes conventions ou accords internationaux envisageant la question des notifications qui s'appliquent entre la France et les pays signataires, sauf application du règlement européen (nos 21520 s.). **21570**

TEXTES BILATÉRAUX RELATIFS À LA NOTIFICATION DES ACTES

Parmi les textes bilatéraux signés par la France sont **fréquemment appliqués** la convention d'aide mutuelle judiciaire franco-marocaine du 5 octobre 1957 (par exemple, Cass. 2e civ. 13-1-2011 n° 09-68.019 : Bull. civ. II n° 14 ; Cass. 2e civ. 23-2-2017 n° 16-15.493 F-PBI : Bull. civ. II n° 41 ; Cass. com. 3-10-2018 n° 17-13.595 F-D) et le protocole judiciaire conclu avec l'Algérie et annexé au décret 62-1020 du 29 août 1962 (pour un exemple, Cass. 2e civ. 13-1-2011 n° 09-16.169 : Bull. civ. II n° 15). **21572**

NOTIFICATION DES ACTES ISSUE DE LA CONVENTION DE LA HAYE

Doit être soulignée l'importance de la convention de La Haye du 15 novembre 1965. Cette convention, qui lie **quatre-vingt-deux États**, est applicable, en matière civile ou commerciale, dans tous les cas où un acte judiciaire ou extrajudiciaire doit être transmis à l'étranger pour y être signifié ou notifié, à condition que l'**adresse** du destinataire de l'acte soit **connue** (Conv. La Haye du 15-11-1965 art. 1). **21582**

Chaque État contractant désigne une **Autorité centrale** (en France, il s'agit du ministère de la justice) qui assume la charge de recevoir les demandes de signification ou de notification en provenance d'un autre État contractant et d'y donner suite (art. 2). **21584**
L'autorité ou l'officier ministériel compétent selon les lois de l'État d'origine adresse à l'Autorité centrale de l'État requis une demande conforme à la **formule modèle** annexée à la convention, sans qu'il soit besoin de la légalisation des pièces ni d'une autre formalité équivalente (art. 3).

L'Autorité centrale de l'État requis procède ou fait procéder à la **signification ou** à la **notification** de l'acte soit (art. 5) : **21586**
– selon les **formes** prescrites par la législation de l'État requis pour la signification ou la notification des actes dressés dans ce pays et qui sont destinés aux personnes se trouvant sur son territoire (l'acte peut alors toujours être remis au destinataire qui l'accepte volontairement) ;
– selon la forme particulière demandée par le requérant, pourvu que celle-ci ne soit pas incompatible avec la loi de l'État requis.

L'Autorité centrale de l'État requis ou toute autorité désignée à cette fin établit une **attestation** conforme à la formule modèle annexée à la convention, cette attestation relatant l'exécution de la demande et indiquant la forme, le lieu et la date de l'exécution ainsi que la personne à laquelle l'acte a été remis (art. 6).

Jugé que la **date de signification d'un arrêt** à l'adresse indiquée dans celui-ci est, à l'égard du destinataire de l'acte, celle à laquelle l'autorité étrangère compétente a remis l'acte à son destinataire (Cass. 1e civ. 23-6-2011 n° 09-11.066 : Bull. civ. I n° 120 ; Cass 1e civ. 10-10-2018 n° 16-19.430 FS-PBRI : Bull. inf. C. cass. 15-2-2019 n° 146 ; Cass. 1e civ. 10-10-2018 n° 17-14.401 FS-PBRI : Bull. inf. C. cass. 15-2-2019 n° 145) ; lorsque cet acte n'a pas pu lui être remis, la signification est réputée faite à la date à laquelle l'autorité étrangère compétente a tenté de remettre l'acte ou, lorsque cette date n'est pas connue, à celle à laquelle l'autorité étrangère a avisé l'autorité française (Cass. 1e civ. 23-6-2011 précité) ou à la date à laquelle l'autorité étrangère compétente a établi l'attestation conforme à la formule modèle annexée à la convention précisant le fait qui aurait empêché l'exécution (Cass 1e civ. 10-10-2018 nos 16-19.430 et Cass. 1e civ. 10-10-2018 n° 17-14.401 précités).

ATTENTION

Aucune disposition de la convention de La Haye du 15 novembre 1965 n'exige que l'acte notifié ou signifié soit **traduit** dans la langue de l'État requis (Cass. 2e civ. 21-2-2019 n° 16-25.266 FS-PB : Bull. inf. C. cass. 1-7-2019 n° 694).

21588 La convention ne fait pas obstacle à la **faculté** (art. 10) :
– d'adresser directement, par la **voie de la Poste**, des actes judiciaires aux personnes se trouvant à l'étranger ;
– pour les **officiers ministériels, fonctionnaires ou autres personnes** compétents de l'État d'origine, de faire procéder à des significations ou notifications d'actes judiciaires directement par les soins des officiers ministériels, fonctionnaires ou autres personnes compétents de l'État de destination ;
– pour toute personne intéressée à une instance judiciaire, de faire procéder à des significations ou notifications d'actes judiciaires directement par les soins des officiers ministériels, fonctionnaires ou autres personnes compétents de l'État de destination.

CHAPITRE 11

VOIES DE RECOURS : RÈGLES COMMUNES

SOMMAIRE

CLASSIFICATION DES VOIES DE RECOURS

Les voies de recours sont divisées en (CPC art. 527) : 23000
– **voies ordinaires,** constituées par l'appel et l'opposition ;
– **voies extraordinaires**, constituées par le pourvoi en cassation, la tierce opposition et le recours en révision.
Les articles 528 à 537 du CPC prévoient diverses dispositions relatives aux **conditions et modalités du recours** qui sont applicables à l'ensemble des voies de recours, qu'elles soient ordinaires ou extraordinaires.

A. Point de départ du délai de recours

1. NOTIFICATION DU JUGEMENT

Sauf exceptions prévues par un texte (nos 23050 s.), le délai de recours a pour point de départ la notification du jugement (CPC art. 528, al. 1). 23003
Le terme de notification est ici générique et englobe tant la notification en la forme ordinaire que la signification par acte d'huissier ou commissaire de justice.
Le délai d'appel ne peut pas courir à compter du jour où la partie a eu connaissance du jugement (Cass. com. 12-1-2010 n° 08-21.032 ; Cass. 2e civ. 18-9-2008 n° 07-15.305). Bien entendu, la notification doit être régulière, c'est-à-dire avoir été délivrée dans les formes requises par les textes pour faire valablement courir le délai.
Lorsque la représentation est obligatoire, le jugement est notifié entre avocats avant la notification aux parties. Toutefois, le délai pour exercer le recours part de la notification à la partie elle-même (CPC art. 678, al. 3).

ATTENTION

À l'égard du destinataire de la lettre de notification du jugement, le délai d'appel court à compter de la date à laquelle la lettre lui est remise (CPC art. 668 ; Cass. 2e civ 19-11-2020 n° 19-17.934 F-PBI).
Par ailleurs, la date à laquelle est effectuée la remise à parquet de la décision à notifier, conformément à l'article 684 du CPC (acte destiné à une personne résidant à l'étranger), ne constitue pas le point de départ du délai pour interjeter appel de cette décision (Cass. 2e civ 30-1-2020 n° 18-23.917 F-PBI ; Cass. 2e civ 1-10-2020 n° 19-14.746 F-PBI).

En cas de **notifications successives**, le recours doit être inscrit dans le délai ouvert par la première notification dès lors qu'elle est régulière, peu important que la seconde notification soit intervenue à l'intérieur du délai ouvert par la première (Cass. 2e civ. 5-2-2009 n° 07-13.589 : Bull. civ. II n° 35). Ce principe est applicable, y compris pour l'exercice d'un pourvoi en cassation (Cass. 1e civ. 8-4-2009 n° 07-21.090 : Bull. civ. I n° 77). Une seconde notification intervenant après une première 23005

notification irrégulière ne peut pas faire courir le délai de recours si elle ne précise pas qu'elle se substitue à la première (Cass. 2e civ. 17-9-2020 n° 19-17.360 F-PBI).
En cas de notifications à des dates distinctes par plusieurs parties gagnantes, le délai ne court qu'entre les parties concernées par chaque acte pris isolément, sauf les cas d'indivisibilité et de solidarité (Cass. com. 13-4-2010 n° 09-13.478 ; Cass. 2e civ. 13-5-2015 n° 14-13.660 : Bull. civ. II n° 110).

23007 Le délai de recours court même à l'encontre de **celui qui notifie** (CPC art. 528, al. 2).
Même la notification à un tiers fait courir le délai d'appel à l'encontre de celui qui a notifié (Cass. com. 7-7-2010 : Bull. civ. IV n° 171).
Une **notification** même **irrégulière** fait courir le délai de recours à l'encontre de son auteur car il ne peut, par une seconde signification, ouvrir à son profit un nouveau délai (Cass. 2e civ. 30-1-2003 n° 00-19.987 : Bull. civ. II n° 24).
En raison du principe de la division de plein droit des **créances successorales**, la notification d'un jugement par la seule veuve du défendeur en première instance ne peut faire courir le délai d'appel contre les enfants de celui-ci (Cass. 2e civ. 20-6-1979 n° 77-10.567 : Bull. civ. II n° 183).

SOLIDARITÉ OU INDIVISIBILITÉ D'UNE CONDAMNATION

23010 Lorsqu'une condamnation solidaire ou indivisible est prononcée **contre plusieurs parties**, la notification faite à l'une d'elles ne fait courir le délai qu'à son égard (CPC art. 529, al. 1).
Les coïntéressés sont donc protégés par cette règle qui contraint leur adversaire à faire notifier le jugement à chacun (Cass. 2e civ. 18-3-1987 n° 85-18.796 : Bull. civ. II n° 71). Il est en général considéré que le litige est indivisible lorsqu'il ne serait pas possible d'exécuter simultanément et séparément les différents chefs du jugement (Cass. 2e civ. 12-10-2006 n° 05-14.573 : Bull. civ. II n° 263 ; voir aussi la jurisprudence citée nos 24780 s.). En dehors des stricts cas de solidarité et d'indivisibilité, le principe reste que le point de départ du délai est déterminé, à l'égard de chaque partie, par la date de la signification intervenue pour ou contre elle (Cass. 2e civ. 13-5-2015 n° 14-13.660 : Bull. civ. II n° 110).

23012 Lorsqu'un **jugement profite** solidairement ou indivisiblement **à plusieurs parties**, chacune peut se prévaloir de la notification faite par l'une d'elles (CPC art. 529, al. 2).
Il convient que le jugement profite solidairement ou indivisiblement à plusieurs parties pour que chacune puisse se prévaloir de la notification faite par l'une d'entre elles (Cass. com. 3-11-2010 n° 09-70.098). Tel n'est pas le cas lorsque le jugement déboute le demandeur de l'ensemble de ses demandes (Cass. 2e civ. 12-6-2003 n° 01-13.571 : Bull. civ. II n° 186). Mais tel est le cas lorsqu'une condamnation sous astreinte profite de manière solidaire ou indivisible à plusieurs parties (Cass. 2e civ. 7-7-2005 n° 04-13.973 : Bull. civ. II n° 186).
Les situations sont parfois plus nuancées. Il a ainsi été jugé qu'un jugement déboutant un tiers de sa demande en indemnisation contre l'assuré profite solidairement à l'assureur de ce dernier (Cass. 2e civ. 04-11-2010 n° 09-69.780). C'est seulement dans le cas où le jugement profite solidairement ou indivisiblement à plusieurs parties que chacune peut se prévaloir de la notification faite par l'une d'elles ; tel n'est pas le cas lorsqu'il n'existe **aucune impossibilité d'exécuter séparément** les dispositions du jugement concernant chacune des parties (Cass. 2e civ. 7-4-2016 n° 15-10.126 F-PB). Dans cette affaire, la cour d'appel avait estimé à tort que les condamnations prononcées par le tribunal procédant d'un fait générateur unique (un incendie), chacune des parties pouvait se prévaloir de la notification faite par l'une d'elles.

23014 Si un jugement rejette une demande de condamnation solidaire, la solidarité peut être recherchée dans un acte préexistant opposable, telle une **solidarité conventionnelle** (Cass. 2e civ. 6-5-1998 n° 95-14.609 : Bull. civ. II n° 145). La question peut donc se poser lorsque la solidarité, sans résulter du jugement, est présumée, en raison de la matière, par exemple en matière commerciale (Cass. 1e civ. 4-10-1983 n° 82-12.935 : Bull. civ. I n° 218). En dehors des stricts cas de solidarité et d'indivisibilité, le principe reste que le point de départ du délai est déterminé, à l'égard de chaque partie, par la date de la signification intervenue pour ou contre elle (Cass. 2e civ. 13-5-2015 n° 14-13.660 F-PB : Bull. civ. II n° 110).

NOTIFICATION D'UN JUGEMENT A UNE PERSONNE SOUS TUTELLE OU CURATELLE

23024 Lorsqu'une personne est placée sous **tutelle**, le délai de deux ans (n° 23160) ne court contre elle que du jour où le jugement est notifié tant à son représentant légal qu'au subrogé tuteur, s'il y a lieu, même si celui-ci n'a pas été mis en cause (CPC art. 530, al. 1 ; pour une application, voir Cass. soc. 31-10-1991 n° 89-18.415).
De même, lorsqu'une partie est placée sous **curatelle**, le délai ne court contre elle que du jour de la notification faite au curateur (CPC art. 530, al. 2).

À peine de nullité, toute signification faite à une personne sous curatelle doit aussi l'être au curateur (C. civ. art. 467, al. 3). L'assistance du curateur est requise pour introduire une action en justice ou y défendre (C. civ. art. 468, al. 3). Sur le fondement de ces deux articles, la Cour de cassation a censuré une cour d'appel qui avait jugé qu'un majeur, placé sous curatelle simple, pouvait former seul un recours contre une ordonnance d'injonction de payer et l'inscription d'une hypothèque et que la signification de l'ordonnance et de la dénonciation de l'hypothèque au curateur n'étaient pas nécessaires (Cass. 1e civ. 8-6-2016 n° 15-19.715 F-PB).

2. AUTRE POINT DE DÉPART DU DÉLAI DE RECOURS

PRONONCÉ DU JUGEMENT

Par exception au principe selon lequel le point de départ du délai de recours est fixé à la date de notification du jugement, ce délai commence à courir dès la date de celui-ci, lorsque la **loi** le prévoit (CPC art. 528, al. 1). Tel est **notamment** le cas : **23050**
- lorsqu'il n'est pas fait droit à une requête : le délai d'appel est alors de quinze jours à compter du prononcé de la décision puisqu'il n'y a pas lieu à exécution de l'ordonnance, ni à sa notification en l'absence de partie adverse (CPC art. 496, al. 1 ; Cass. 2e civ. 22-2-2007 n° 05-21.314 : Bull. civ. II n° 46) ;
- à l'égard du débiteur, s'agissant du délai d'appel du jugement arrêtant le plan de cession (C. com. art. R 661-3, al. 2) ;
- pour faire appel d'un jugement sur la compétence (CPC art. 84, al. 1) ;
- pour faire appel d'une décision du juge aux affaires familiales en matière de divorce (CPC art. 1102 s.) ;
- pour déférer une ordonnance du conseiller de la mise en état (CPC art. 916) ;
- pour une requête en complément de jugement (CPC 463, al. 2) ;
- pour exercer un recours après un relevé de forclusion (CPC art. 540, al. 5).

AVIS OU PUBLICITÉ FAISANT PARTIR LE DÉLAI DE RECOURS

Des textes particuliers, notamment en matière de **procédures collectives**, prévoient qu'un simple avis ou une formalité de publicité peuvent faire courir le délai de recours. Par exemple, la réclamation des tiers intéressés contre l'état des créances doit être formée dans le délai d'un mois à compter de la publication de l'avis de dépôt au greffe de l'état des créances (C. com. art. R 624-8, al. 4 et R 624-10). **23060**

B. Interruption du délai de recours

CAPACITÉ D'UNE PARTIE

Le délai de recours est interrompu s'il se produit, pendant son cours, un changement dans la **capacité** d'une partie à laquelle le jugement avait été notifié, ainsi que par l'effet d'un jugement qui prononce la **sauvegarde**, le **redressement judiciaire** ou la **liquidation judiciaire** dans les causes où il emporte assistance ou dessaisissement du débiteur (CPC art. 531, al. 1). **23080**
Le délai court en vertu d'une **notification** faite à celui qui a désormais qualité pour la recevoir (CPC art. 531, al. 2). Il résulte de cette disposition qu'une nouvelle notification est nécessaire pour faire courir le délai de recours et que celle-ci constitue le point de départ d'un **nouveau délai** (n° 23160).

DÉCÈS D'UNE PARTIE

Le délai de recours est interrompu par le décès de la partie à laquelle le jugement avait été notifié (CPC art. 532, al. 1). **23090**
Le délai court en vertu d'une **notification** faite **au domicile du défunt**, et à compter de l'expiration des délais pour faire inventaire et délibérer si cette nouvelle notification a eu lieu avant que ces délais fussent expirés (CPC art. 532, al. 2). Il résulte de cette disposition que la nouvelle notification (éventuellement, à l'expiration des délais d'inventaire et de délibération) constitue le point de départ d'un nouveau délai.
La **notification** peut aussi être faite **aux héritiers** et représentants, collectivement et sans désignation de noms et qualités (CPC art. 532, al. 3).
Il a cependant été jugé, au visa des articles 370, 371 et 531 du CPC et de l'article 6, § 1, de la CESDH qu'en cas de décès d'une partie après la clôture des débats, le délai d'appel, ouvert aux héritiers, ne court qu'à compter de la notification qui leur est faite du jugement (Cass. 2e civ. 22-10-2020 n° 19-18.671 F-PBI).
Un jugement ne peut être requis contre les héritiers et représentants que si **chacun** a été cité à comparaître (CPC art. 533, al. 2). Il n'y a là qu'une simple application du principe de la contradiction (CPC art. 14 et 16).

> **Précisions** En offrant la possibilité de notifier au domicile du défunt ou directement aux héritiers, le législateur a pris en compte les difficultés souvent rencontrées par les parties à un procès pour connaître l'identité et le domicile de tous les héritiers d'une partie décédée.

C. Recours par ou contre l'ancien représentant légal d'une partie

23110 Celui qui représentait légalement une partie peut, en cas de cessation de ses fonctions et s'il y a un intérêt personnel, exercer le recours en son nom. Le recours est pareillement ouvert contre lui (CPC art. 534).

Cette disposition est peu utilisée en pratique.

D. Notification d'un recours contre un jugement

23120 La **partie à qui est notifié un recours** est réputée, pour cette notification, demeurer à l'**adresse** qu'elle a indiquée dans la notification du jugement (CPC art. 535).

Ce principe sécurise l'auteur du recours à qui ne pourra être fait le reproche d'avoir utilisé dans son acte l'adresse que l'auteur de la notification du jugement a lui-même fait figurer sur celle-ci.

23122 Si la **partie** qui a notifié le jugement est **décédée**, le recours peut être notifié au domicile du défunt ou à ses héritiers et représentants, collectivement et sans désignation de noms et qualités (CPC article 533, al. 1).

E. Erreur de qualification du jugement et recours contre ce jugement

23140 Lorsqu'un jugement a été mal qualifié par les juges qui l'ont rendu, cette erreur est **sans effet** sur le droit d'exercer le recours (CPC art. 536, al. 1).

Par **exemple**, la cour d'appel n'est jamais liée par la qualification donnée à sa décision par le juge de première instance. Ainsi, le **moyen d'une partie** qui se borne à critiquer la qualification retenue est irrecevable, car cette partie est dénuée de tout intérêt (Cass. 2e civ. 10-1-2008 n° 06-15.584 : Bull. civ. II n° 2). Cependant, l'erreur commise par le premier juge n'empêche pas le **délai de recours** de courir lorsque la notification du jugement a indiqué la voie de recours appropriée (Cass. 2e civ. 3-6-1999 n° 97-15.511 : Bull. civ. II n° 108 ; Cass. 2e civ. 3-3-2022 n° 20-17.419 F-B).

23142 Lorsqu'un recours erroné a été jugé irrecevable en raison de l'erreur commise par le premier juge sur la qualification du jugement, la **décision d'irrecevabilité** est **notifiée par le greffe** à toutes les parties à l'instance du jugement. Cette notification fait courir à nouveau le délai prévu pour l'exercice du recours approprié (CPC art. 536, al. 2).

Ce dispositif permet de sauvegarder les droits d'une partie qui, induite en erreur par le juge, et qui n'a reçu aucune notification régulière, dispose de la possibilité d'exercer ensuite, dans le délai de droit commun, la voie de recours appropriée.

Sur l'exercice d'une voie de recours erronée en raison d'une erreur du premier juge sur la qualification du jugement, voir aussi n° 23192.

F. Décision insusceptible de recours

1. DÉCISION NON NOTIFIÉE DANS LES DÉLAIS

23160 Si le jugement n'a pas été notifié dans le **délai** de deux ans de son prononcé, la **partie qui a comparu** n'est plus recevable à exercer un recours à titre principal après l'expiration dudit délai (CPC art. 528-1, al. 1).

Cet article trouve application y compris dans l'hypothèse où une décision rectifiée a bien été notifiée dans le délai requis, mais que la décision rectificative ne l'a pas été (Cass. 2e civ. 17-5-2018 n° 16-28.742 F-PB).

Ce délai, relatif à l'exercice des voies de recours, constitue une **fin de non-recevoir** qui peut être invoquée en tout état de cause et qui doit être relevée d'office par le juge (Cass. 2e civ. 19-5-1998 n° 96-11.935 : Bull. civ. II n° 156). Est ainsi irrecevable le pourvoi en cassation contre un arrêt d'appel, formé plus de deux ans après son prononcé, qui a tranché tout le principal en rejetant l'ensemble des demandes relatives à une astreinte (Cass. 2e civ. 9-4-2015 n° 14-15.789 F-PB : Bull. civ. II n° 93).

Le délai de deux ans a toujours pour point de départ le jour du **prononcé du jugement**, peu important la date à laquelle la partie a eu connaissance de la décision (Cass. 2e civ. 11-3-1998 n° 96-12.749 : Bull. civ. II n° 81).

La signification d'un jugement, après l'expiration du délai de deux ans, ne permet pas de faire courir à nouveau le délai d'appel (Cass. 2e civ. 14-10-1999 n° 97-22.207).

Fort logiquement, il incombe à la partie qui exerce un recours plus de deux ans après le prononcé du jugement d'établir qu'il est recevable et donc de **prouver la notification** du jugement dans les délais et non à la partie invoquant l'irrecevabilité du recours exercé plus de deux ans après le prononcé du jugement de démontrer l'absence de notification de celui-ci (Cass. 2e civ. 30-1-2014 n° 12-28.512 : Bull. civ. II n° 27).

L'article 528-1 du CPC n'est pas applicable dès lors que le jugement a été notifié dans le délai 23162
de deux ans, peu important que la **notification** soit entachée d'une **irrégularité**, y compris dans le cas d'une lettre recommandée adressée par le greffe (Cass. ass. plén. 7-10-2011 n° 10-30.191 : RJDA 1/12 n° 104 ; Cass. 2e civ. 6-1-2012 n° 10-23.344).

La notification à prendre en compte au sens de ce texte est la **notification à partie**, dont la notification à avocat n'est qu'un préalable, qui ne peut donc être pris en compte pour écarter l'irrecevabilité du recours (Cass 2e civ. 19-5-1998 n° 96-11.935 : Bull. civ. II n° 81).

Le dispositif de l'article 528-1 du CPC a été jugé conforme aux dispositions de l'article 6 § 1 de la CESDH, car justifié par les principes de sécurité juridique et de bonne administration de la justice (Cass. 2e civ. 30-1-2003 n° 99-19.488 : Bull. civ. II n° 23 ; Cass. 2e civ. 17-5-2018 n° 16-28.742 F-PB).

NOTION DE PARTIE AYANT COMPARU

La société bénéficiaire d'un apport partiel d'actif selon le régime des **scissions** acquiert de plein 23172
droit la qualité de partie aux instances précédemment engagées par la société apporteuse à laquelle elle se trouve ainsi substituée, de sorte qu'elle ne peut pas être considérée comme un **tiers** au procès. Par conséquent, l'appel inscrit par elle, plus de deux ans après le prononcé d'un jugement non notifié, est irrecevable, conformément à l'article 528-1 du CPC. En effet, la société bénéficiaire est considérée comme ayant comparu à l'instance menée par la société apporteuse (Cass. 2e civ. 7-1-2010 n° 08-18.619 : Bull. civ. II n° 1).

La solution est transposable en cas de fusion.

JUGEMENTS CONCERNÉS PAR L'OBLIGATION DE NOTIFICATION

Compte tenu de sa place dans l'architecture du CPC, le délai de deux ans pour notifier un juge- 23182
ment est applicable à l'ensemble des voies de recours, **ordinaires** comme **extraordinaires** (pour l'application à un pourvoi en cassation, voir Cass. 2e civ. 9-4-2015 n° 14-15.789 : Bull. civ. II n° 93 ; pour l'application à un recours en révision, voir Cass. 2e civ. 10-12-1998 n° 96-12.380 : Bull. civ. II n° 296 ; Cass. 2e civ. 7-7-2005 n° 03-15.662 : Bull. civ. II n° 183).

En revanche, les dispositions de l'article 528-1 du CPC ne s'appliquent pas aux **sentences arbitrales** (Cass 2e civ. 18-10-2001 n° 00-11.572 : Bull. civ. II n° 156).

Ce délai de deux ans n'est applicable qu'aux jugements qui tranchent **tout le principal** et à ceux qui, statuant sur une exception de procédure, une fin de non-recevoir ou tout autre incident mettent **fin à l'instance** (CPC art. 528-1, al. 2). Le délai n'est donc pas applicable aux jugements avant dire droit, ni aux jugements mixtes (Cass. 1e civ. 8-4-2009 n° 07-21.090 : Bull. civ. I n° 77).

EXERCICE D'UNE VOIE DE RECOURS ERRONÉE

Un jugement ayant été qualifié par erreur en dernier ressort, une partie avait formé un pourvoi 23192
en cassation alors que la voie de l'**appel** lui était ouverte. Il a été jugé que l'article 528-1 du CPC n'était pas applicable lorsque la partie a, dans le délai de deux ans du prononcé du jugement, formé un premier appel, fût-il irrecevable (Cass. 2e civ. 17-5-2018 n° 17-14.291 F-PB), ou un pourvoi, fût-il également irrecevable (Cass 2e civ. 15-5-2003 n° 01-03.407 : Bull. civ. II n° 124). De même, le **pourvoi** est recevable lorsqu'un appel inscrit dans le délai de deux ans a été jugé irrecevable (Cass. 2e civ. 10-3-2004 n° 02-14.855 : Bull. civ. II n° 112).

Sur l'exercice d'une voie de recours erronée en raison d'une erreur du premier juge sur la qualification du jugement, voir aussi nos 23140 s.

2. RECOURS ET MESURE D'ADMINISTRATION JUDICIAIRE

23210 Les mesures d'administration judiciaire ne sont sujettes à aucun recours (CPC art. 537), et ce, y compris si un excès de pouvoir est invoqué (Cass. 2e civ. 1-2-2018 n° 17-14.730 F-PB).

DÉFINITION D'UNE MESURE D'ADMINISTRATION JUDICIAIRE

23212 Le Code de procédure civile ne donne pas de définition générale de la mesure d'administration judiciaire. La doctrine l'a définie comme « un acte du juge de caractère non juridictionnel tendant soit à **organiser le service** de la juridiction (...) soit même à régler **diverses questions relatives à l'instance** » (G. Cornu, Vocabulaire juridique, PUF 7e édition).
La jurisprudence l'a parfois définie, de manière négative, comme une mesure qui ne saurait affecter les droits et obligations d'une partie (Cass. soc. 24-5-1995 n° 92-10.483 : RJS 7/95 n° 825).
Cette définition peut s'avérer parfois très contestable, notamment en cas de radiation de l'appel pour défaut d'exécution (CPC art. 524), compte tenu des conséquences que peut avoir, à terme, une telle décision sur les droits d'une partie, par le biais de la péremption.

QUALIFICATION LÉGALE D'UNE MESURE D'ADMINISTRATION JUDICIAIRE

23222 Certains actes sont expressément qualifiés de mesures d'administration judiciaire par le **Code de procédure civile**. Il s'agit **notamment** des **décisions** :
– réglant des difficultés sur la connexité (CPC art. 107) ;
– de jonction ou de disjonction d'instances (CPC art. 368) ;
– de radiation ou de retrait du rôle (CPC art. 383, al. 1) ;
– de radiation de l'appel pour défaut d'exécution du jugement (CPC art. 524) ;
– de clôture de l'instruction d'une affaire devant le tribunal judiciaire (CPC art. 798), cet article ne qualifiant pas la mesure mais précisant qu'elle ne peut être frappée d'aucun recours ;
– de délégation de ses pouvoirs par le président du tribunal judiciaire ou de la cour d'appel ou encore par le président d'une chambre du tribunal judiciaire ou de la cour d'appel (CPC art. 852 pour le tribunal judiciaire et art. 965 pour la cour d'appel).

> **Précisions** **a.** La mesure de **radiation de l'appel pour défaut d'exécution** du jugement a été jugée conforme aux dispositions de l'article 6, 1 de la convention européenne de sauvegarde des droits de l'Homme (Cass. 2e civ. 18-6-2009 n° 08-15.424 : Bull. civ. II n° 167).
b. D'**autres textes** que le CPC prévoient expressément que certains actes constituent des mesures d'administration judiciaire. Tel est le cas notamment du Code de commerce, en matière de procédures collectives (par exemple, C. com. art. L 621-9, dernier al., R 626-54, R 644-1, R 662-7, al. 7, R 662-9, al. 2).

QUALIFICATION D'UNE MESURE D'ADMINISTRATION JUDICIAIRE PAR LES TRIBUNAUX

23232 Les tribunaux qualifient au cas par cas certains actes de mesure d'administration judiciaire.
La Cour de cassation exerce son contrôle sur cette qualification. Ont ainsi été qualifiées de mesures d'administration judiciaire les **décisions suivantes** :
– renvoi de l'affaire (Cass. 2e civ. 6-5-1987 n° 86-10.581 : Bull. civ. II n° 106) ;
– réouverture des débats (Cass. soc. 23-5-1984 n° 81-40.487 : Bull. civ. V n° 220 ; Cass. 2e civ. 13-5-2015 n° 14-16.483 F-PB : Bull. civ. II n° 116 ; Cass. 2e civ. 28-9-2017 n° 16-23.497 F-PB) ;
– arrêt d'une cour d'appel se bornant à ordonner la mise en cause de tiers, la production de documents et à surseoir à statuer au fond jusqu'à l'exécution de ces mesures (Cass. 3e civ. 2-10-1984 n° 83-11.802 : Bull. civ. III n° 157) ;
– ordonnance du premier président sur requête, autorisant l'appel à jour fixe (CPC art. 917, al. 1) qui, comme telle, est insusceptible de tout recours et ne peut donner lieu à référé à fin de rétractation (Cass. 2e civ. 25-2-2010 n° 09-10.403 : Bull. civ. II n° 48 ; Cass. 2e civ. 19-3-2015 n° 14-14.926 FS-PB et n° 14-15.150 : Bull. civ. II n° 69 ; Cass. 2e civ. 17-3-2016 n° 15-10.865 F-PB), la même solution ayant été retenue pour un jour fixe de première instance (CPC art. 788, devenu art. 839 ; Cass. 2e civ. 24-6-2004 n° 02-14.886 : Bull. civ. II n° 321) ;
– ordonnance d'une médiation judiciaire, décision qui ne peut s'exécuter qu'avec le consentement des parties et n'est susceptible ni d'appel ni de pourvoi en cassation (Cass. 1e civ. 7-12-2005 n° 02-15.418 : Bull. civ. I n° 484) ;
– désignation, par le tribunal de commerce se saisissant d'office, d'une personne morale en qualité de commissaire à l'exécution du plan en raison du constat que l'ancien commissaire n'exerçait plus son activité professionnelle à titre individuel mais en société (Cass. com. 16-6-2009 n° 08-10.584 : RJDA 11/09 n° 993) ;

– décision par laquelle le président d'une juridiction visée par une demande de renvoi pour cause de suspicion légitime qui, après avoir estimé cette demande fondée, distribue l'affaire à une autre formation de la juridiction, et ce, y compris si un excès de pouvoir est invoqué (Cass. 2e civ. 1-2-2018 n° 17-14.730 F-PB).

> **Précisions** Cette décision a été rendue au visa de l'article 358 du CPC, alors applicable. Cet texte a été abrogé par le décret 2017-892 du 6 mai 2017. Mais la solution est a priori transposable aux textes actuellement en vigueur puisque si le nouvel article 346 du CPC prévoit, dans son alinéa 3, que l'**ordonnance rejetant la demande de récusation** ou de renvoi pour cause de suspicion légitime peut faire l'objet d'un pourvoi dans les quinze jours de sa notification par le greffe, il n'y a pas de disposition équivalente dans l'article 347 pour les **demandes de récusation admises**. On notera toutefois que, si les deux textes disposent de manière identique que la décision s'impose aux parties et au juge de renvoi, l'article 358 du CPC disposait expressément, en son dernier alinéa, que la décision n'était susceptible d'aucun recours, alors que le nouvel article 347 du CPC ne prévoit rien de tel. Enfin, ce texte dit applicable, en cas de renvoi devant une autre juridiction, l'article 82 du CPC, lequel envisage le cas d'un appel. Mais un appel ne pourrait bien entendu se concevoir à l'égard d'une décision du premier président de la cour d'appel, compétent pour se prononcer en cas de demande de récusation ou de renvoi pour cause de suspicion légitime.

Ne constitue **pas une mesure d'administration judiciaire** et est donc susceptible d'appel, une ordonnance de dessaisissement rendue par un juge des enfants au profit du juge du lieu de la nouvelle résidence du mineur (Cass. 1e civ. 11-3-2009 n° 08-12.097). **23234**

CHAPITRE 12 APPEL ET OPPOSITION

SOMMAIRE

SECTION 1

RÈGLES COMMUNES À L'APPEL ET À L'OPPOSITION

PROJET DE RÉFORME EN COURS 23299

L'attention du lecteur est attirée sur le fait qu'un projet de décret, réformant la procédure d'appel, est en cours d'élaboration au jour de l'impression de l'ouvrage.
Il poursuit pour l'essentiel les buts suivants :
- clarification du formalisme de la déclaration d'appel (notamment, possibilité d'étendre le périmètre de l'effet dévolutif par les premières conclusions) ;
- allongement et assouplissement de certains délais (probablement 4 mois pour l'appelant, 5 mois pour l'intimé, 4 mois pour l'intervenant ; 2 mois pour chaque partie dans la procédure à bref délai) ;
- autonomisation des règles propres à l'appel, par suppression des renvois aux dispositions applicables devant le tribunal judiciaire, et clarification des pouvoirs du conseiller de la mise en état ainsi que de l'autorité de chose jugée attachée à ses décisions ;
- promotion de la convention de procédure participative aux fins de mise en état (par invitation systématique des parties à conclure une telle convention).

Pour cela, il prévoit notamment d'entériner plusieurs solutions dégagées par la jurisprudence, en les inscrivant dans le Code de procédure civile.
En revanche, à ce stade, le régime des sanctions procédurales ne semble pas modifié.

VOIES ORDINAIRES DE RECOURS

Les **voies ordinaires** de recours sont l'appel et l'opposition (CPC art. 527). Il existe entre ces deux voies de recours un certain nombre de règles communes. 23300

A. Délai de recours contre les décisions ordinaires

Que la voie de recours soit l'appel ou l'opposition, le délai est en **principe** d'un mois en matière contentieuse et de quinze jours en matière gracieuse (CPC art. 538). 23302
Le délai d'appel est interrompu par une déclaration d'appel nulle, laquelle fait courir un nouveau délai d'appel (Cass. 2e civ. 16-10-2014 n° 13-22.088 : Bull. civ. II n° 215).
Sur le **point de départ** de ces délais et les règles relatives à leur **interruption** qui sont des règles communes aux voies de recours ordinaires comme extraordinaires, voir nos 23050 s.
Sur les règles d'augmentation des délais en raison de la **distance,** voir nos 21065 s.

Délais de recours particuliers contre les décisions ordinaires 23303

Des délais particuliers s'appliquent aux voies de recours de nombreuses décisions. Les principales sont les suivantes :

Ordonnance de **référé** [1]	15 jours	CPC art. 490, al. 3
Ordonnance sur **requête** [2]	15 jours	CPC art. 496, al. 1
Ordonnance du **JME** [3]	15 jours	CPC art. 795, al. 4 s.
Décision du **JEX** [4]	15 jours	C. exécution art. R 311-7, al. 1
Procédures collectives [5]	10 jours	C. com. art. R 661-3

Sur les délais particuliers à certaines procédures d'appel sans représentation obligatoire, voir nos 26490 s.

1. À compter de la notification (CPC art. 528, en l'absence de disposition contraire).
2. À compter du prononcé (Cass. 2e civ. 22-2-2007 n° 05-21.314).
3. À compter de la notification (CPC art. 776, al. 4).
4. À compter de la notification (C. exécution art. R 311-7).
5. À compter de la notification, sauf exception (C. com. art. R 661-3).

B. Effet suspensif des voies de recours ordinaires

PRINCIPE DE L'EFFET SUSPENSIF

23305 Le **délai** pour exercer une voie **de recours** ordinaire ainsi que l'**exercice** effectif **du recours** suspendent l'exécution du jugement (CPC art. 539). Le bénéficiaire de la décision ne peut donc pas la faire exécuter si un appel est interjeté (ou une opposition formée). Il ne peut donc pas être fait reproche à la partie qui a exercé le recours et qui perd de ne pas avoir exécuté les causes de la décision.
Au contraire, l'exécution volontaire d'une décision non exécutoire peut d'ailleurs emporter acquiescement (CPC art. 410, al. 2).

23307 L'appel produit son effet suspensif en cas de recours exercé contre un **jugement mixte** ayant ordonné une expertise mais sans être assorti de l'exécution provisoire (Cass. 2e civ. 9-10-1991 n° 90-15.249 : Bull. civ. II n° 243).

23309 Seul le **recours exercé dans le délai** opère effet suspensif. Si le recours est hors délai, la décision acquiert **force de chose jugée** à l'expiration du délai. Ce principe oblige le **bénéficiaire de la décision** frappée d'appel à être **vigilant.**

EXEMPLE

Un créancier avait inscrit une **hypothèque provisoire** sur un immeuble de son débiteur et avait obtenu condamnation de celui-ci à lui payer diverses sommes d'argent. Le débiteur avait fait appel du jugement mais cet appel avait été jugé irrecevable car tardif huit mois plus tard. Le créancier avait alors inscrit une **hypothèque définitive** sur l'immeuble. Celle-ci n'était pas valable. Il aurait dû l'inscrire dans les deux mois de la date à laquelle le jugement avait acquis force de chose jugée (Cass. 2e civ. 7-6-1989 n° 86-15.074 : Bull. civ. II n° 124).

LIMITATIONS À L'EFFET SUSPENSIF

23312 **Exécution provisoire** Le jugement n'est en principe exécutoire qu'à partir du moment où il passe en **force de chose jugée,** c'est-à-dire quand il n'est pas ou plus susceptible d'un recours suspensif d'exécution, sauf si le débiteur bénéficie d'un délai de grâce ou si le créancier bénéficie de l'exécution provisoire (CPC art. 500 et 501). Or, les **cas** d'exécution provisoire sont désormais très **fréquents,** l'**exécution** provisoire étant désormais **de droit,** sauf exception.

23314 **Décisions du JEX** L'appel des décisions rendues par le juge de l'exécution n'a pas d'effet suspensif (C. exécution art. R 121-21). Seule une décision du premier président de la cour d'appel peut suspendre cette exécution, sous certaines conditions (nos 27050 s.).

23316 **Mesures conservatoires** L'effet suspensif ne s'oppose pas à ce que des mesures conservatoires soient prises (C. exécution art. L 511-2).

23318 **Confirmation du jugement** L'effet suspensif de l'appel ne porte pas atteinte aux droits résultant pour l'intimé des condamnations prononcées par le jugement frappé d'appel, lorsqu'il est confirmé (Cass. 2e civ. 9-12-1997 n° 96-11.452 : Bull. civ. II n° 304).
Lorsqu'un jugement prononce une expulsion dans un délai et qu'il est procédé à sa signification, si l'arrêt confirmatif ne fixe pas de nouveaux délais, l'expulsion peut avoir lieu à l'expiration du délai courant à compter de la signification du jugement (Cass. 2e civ. 5-4-1994 n° 92-19.808 : Bull. civ. II n° 114).

C. Relevé de forclusion pour exercer une voie de recours ordinaire

23340 Le relevé de forclusion permet à un **défendeur défaillant** en première instance de demander au président de la juridiction compétente l'**autorisation** de faire appel ou opposition à un jugement, alors que le **délai** pour ce faire est **expiré** (CPC art. 540).
Seul le défendeur peut agir, à l'exclusion du demandeur.

CONDITIONS DU RELEVÉ DE FORCLUSION

23342 **Jugement par défaut ou réputé contradictoire** Le jugement que le défendeur défaillant soumet à l'examen pour être relevé de sa forclusion doit être un jugement par défaut ou réputé contradictoire (CPC art. 540, al. 1). Il n'est donc pas possible de demander à être relevé de la forclusion en présence d'un jugement contradictoire. Il faut ici entendre jugement au sens large. Il peut notamment s'agir d'une ordonnance de référé.

Expiration du délai de recours La demande en relevé de forclusion suppose que le délai de recours soit expiré. Cela implique donc un acte de **notification** valable, sauf dans les hypothèses où le délai de recours part à compter du prononcé de la décision. 23345
La procédure de relevé de forclusion résultant de l'expiration du délai imparti pour faire appel est inapplicable en cas de **contestation de la régularité de la signification** du jugement (Cass. 2e civ. 20-1-2011 n° 09-72.180 : Bull. civ. II n° 18).
La demande de relevé de forclusion n'est donc pas recevable si elle se limite à invoquer la nullité de la signification car ce moyen peut être soutenu devant la juridiction statuant sur l'opposition ou l'appel, en demande ou en **défense à une fin de non-recevoir** qui serait soulevée pour cause de tardiveté du recours, sans perdre de vue l'obligation de soutenir certains moyens à titre liminaire.
Toutefois, le rejet d'une demande de relevé de forclusion d'appel n'interdit pas à la cour d'examiner la recevabilité du recours (Cass. 2e civ. 20-6-1984 n° 82-16.379 : Bull. civ. II n° 110).

CONSEIL

En cas de **doute sur la validité de la notification du jugement,** l'assignation aux fins d'être relevé de forclusion conjuguée avec un appel interjeté parallèlement restent les meilleurs moyens de préserver les **intérêts de l'appelant,** défendeur défaillant en première instance.
Dans l'hypothèse où un appel serait instruit en même temps qu'une assignation en référé tendant à être relevé de la forclusion devant le premier président, ce dernier est tenu d'attendre la décision de la cour d'appel (ou du CME), statuant sur la validité de la signification.
Si **la signification est annulée,** l'appel est recevable car le délai n'a pas commencé à courir. Le maintien de la procédure devant le premier président est donc inutile.
Si **la signification est déclarée valable,** il appartient alors à l'appelant de maintenir sa procédure et d'établir la preuve prévue par l'article 540 CPC (n° 23347), pour obtenir du premier président de la cour d'appel qu'il le relève de la forclusion.

Origines de la défaillance Celui qui demande à être relevé de la forclusion doit prouver que, **sans** qu'il y ait eu **faute** de sa part (CPC art. 540, al. 1) : 23347
– il n'a pas eu **connaissance du jugement** en temps utile pour exercer son recours ;
– ou il s'est trouvé dans l'**impossibilité d'agir** dans les délais.
La défaillance du défendeur peut ainsi avoir notamment pour origine :
– des diligences insuffisantes de l'huissier pour lui signifier le jugement (lesquelles sont en principe de nature à entraîner la nullité de l'acte) ;
– un déplacement professionnel prolongé, à condition toutefois qu'il n'ait pas commis de négligence en ne s'occupant pas de ses affaires ;
– un changement d'adresse qu'il a régulièrement porté à la connaissance du demandeur avant l'introduction de l'instance mais que celui-ci a omis de prendre en considération ;
– dans le cadre d'une procédure avec représentation obligatoire, une demande d'aide juridictionnelle déposée par le défendeur dans les délais pour interjeter l'appel mais l'avocat chargé de régulariser le recours n'ayant été désigné qu'une fois que le délai d'appel était expiré (CEDH 6-10-2011 n° 52124/08).

JUGE COMPÉTENT POUR RELEVER DE LA FORCLUSION

Le relevé de forclusion est demandé au **président** de la juridiction compétente pour connaître de l'opposition ou de l'appel (CPC art. 540, al. 2). En cas d'appel, c'est le premier président de la cour d'appel qui est saisi. En cas d'opposition, c'est le président du tribunal qui a rendu la décision frappée d'opposition. 23350

MODALITÉS DE LA DEMANDE EN RELEVÉ DE FORCLUSION

La demande est formée par voie d'**assignation** (CPC art. 540, al. 2 modifié par décret 2019-1419 du 20-12-2019). 23355
Avant le 1er janvier 2020, la procédure était une procédure « comme en la forme des référés ». Le demandeur devait donc saisir le président de la juridiction d'une assignation en référé en vue d'une audience tenue aux jour et heure habituels (CPC art. 485). Cette procédure n'a pas été remplacée par la procédure accélérée au fond qui, dans la plupart des cas, remplace la procédure en la forme des référés. L'assignation en relevé de forclusion est donc désormais une assignation ordinaire.

Le **délai** pour former la demande de relevé de forclusion est de deux mois à compter du premier acte signifié à personne ou, à défaut, suivant la première mesure d'exécution ayant pour effet de rendre indisponibles en tout ou partie les biens du débiteur (CPC art. 540, al. 3).
En **pratique,** il est fréquemment observé une insuffisance dans les modalités de signification de la décision mais une grande efficacité pour la mise en œuvre de son exécution. Cela s'explique notamment par le fait que l'huissier de justice a davantage de moyens légaux à sa disposition, dans la recherche des informations, lorsqu'il est en charge de l'exécution d'une décision que lorsque le titre n'a pas encore été obtenu (Cf. C. exécution art. L 152-1 et s. et R 152-1).
C'est donc très souvent dans le délai de deux mois suivant la première mesure d'exécution ayant pour effet de rendre indisponibles en tout ou partie les biens du débiteur que le premier président de la cour d'appel est saisi d'une demande de relevé de forclusion.

DÉCISION FAVORABLE AU RELEVÉ DE FORCLUSION

23358 À peine d'irrecevabilité de l'appel ou de l'opposition, celui qui triomphe dans sa demande de relevé de forclusion doit formaliser son recours immédiatement après le prononcé de l'ordonnance. En effet, pour **saisir la juridiction** amenée à trancher l'opposition ou l'appel, le demandeur dispose du **délai** d'un mois (sauf délai propre à la décision objet du recours), à compter de la décision de relevé de forclusion et sauf si le président réduit le délai ou ordonne que la citation sera faite à une date qu'il fixe (CPC art. 540, al. 5).

> **Précisions** Par exception, le droit au réexamen prévu à l'article 19 du **règlement (CE) du Conseil** n° 4/2009 du 18 décembre 2008 relatif à la compétence, la loi applicable, la reconnaissance et l'exécution des décisions et la coopération en matière d'**obligations alimentaires** s'exerce par la voie de l'appel et non de l'opposition (CPC art. 540, al. 6).

DÉCISION DÉFAVORABLE AU RELEVÉ DE FORCLUSION

23362 La décision du président sur le relevé de forclusion est insusceptible de **recours** (CPC art. 540, al. 4). Cette disposition est absolue et s'applique notamment à l'exercice du pourvoi en cassation (Cass. 2e civ. 8-10-1997 n° 95-20.478 : Bull. civ. II n° 244).
La procédure ne peut donc pas avoir de suite, sauf examen de la recevabilité du recours qui aurait pu être parallèlement exercé, notamment lorsque la régularité de la notification est contestée (n° 23345).

SECTION 2 APPEL

RÈGLES GÉNÉRALES SUR L'APPEL

23500 L'appel tend par la **critique du jugement** rendu par une juridiction de premier degré à sa réformation ou à son annulation par la cour d'appel (CPC art. 542). Cette voie de recours ordinaire peut donc poursuivre un double but de réformation et d'annulation (dans un rapport de subsidiarité), ou l'un d'eux uniquement. L'on parle alors d'appel « voie de réformation » ou d'appel « voie d'annulation ». Dans les deux cas, il s'agit de l'**appel de droit commun** qui ne doit pas être confondu avec l'**appel-nullité,** création prétorienne destinée à pallier l'absence de voie de recours, en présence d'un excès de pouvoir du juge.
Le décret 2017-891 du 6 mai 2017, en reformulant l'article 542 du CPC, a entendu insister sur la notion de critique du jugement. Ce décret a modifié également les articles 561 et 562 du CPC, en encadrant plus strictement les conditions de l'effet dévolutif. Il résulte de la lecture combinée de ces trois textes que, pour interjeter un appel général, l'appelant doit prendre soin de reprendre dans son acte la totalité des chefs du jugement, sauf si l'appel tend à l'annulation du jugement ou si l'objet du litige est indivisible.

> **Précisions** Le Conseil national des barreaux a attaqué la validité du décret 2017-891 du 6 mai 2017 devant le Conseil d'État, lequel a rejeté le recours (CE 13-11-2019 Req. nos 412255, 412286, 412287, 412308, 415651).

I. DÉCISIONS SUSCEPTIBLES D'APPEL

A. Appel de droit commun

1. DROIT D'APPEL

La voie de l'appel est ouverte en toutes matières même gracieuses, contre les jugements de première instance s'il n'en est autrement disposé (CPC art. 543). 23505
Le principe d'ouverture de l'appel s'applique aux décisions rendues dans le cadre de procédures de **droit commun** comme aux décisions relevant de **procédures spéciales,** sauf lorsque des dispositions spécifiques sont prévues par les textes régissant ces matières (n° 23517).
Des **textes particuliers** prévoient en outre la faculté de faire appel de certaines décisions. Tel est le cas **notamment** pour :
– les ordonnances de référé, sauf quand elles émanent du premier président de la cour d'appel ou quand elles ont été rendues en dernier ressort en raison du montant ou de l'objet de la demande (CPC art. 490, al. 1) ;
– les ordonnances sur requête s'il n'est pas fait droit à celle-ci et sauf si l'ordonnance émane du premier président de la cour d'appel (CPC art. 496) ;
– les décisions du juge de l'exécution, sauf dispositions contraires (C. exécution art. R 121-19) ;
– les décisions du juge des tutelles et les délibérations du conseil de famille, sauf dispositions contraires (CPC art. 1239, al. 1) ;
– les décisions rendues en matière d'expropriation (C. expropriation art. L 211-3) ;
– les décisions rendues en matière de saisies immobilières, sauf exceptions (C. exécution art. R 311-7).
La qualification inexacte d'un jugement par les juges qui l'ont rendu est sans effet sur le droit d'exercer un recours (CPC art. 536). Ce principe général trouve bien sûr application en matière d'appel (pour une illustration en matière de saisie immobilière : Cass. 2e civ. 13-11-2014 n° 13-25.212).

Lorsqu'un jugement contient des **dispositions** qui, par dérogation, ne sont **pas soumises à l'appel**, les **autres dispositions** restent susceptibles d'appel conformément au principe général (Cass. 2e civ. 19-10-1988 n° 87-14.727 : Bull. civ. II n° 199). Ainsi, lorsqu'un jugement statue sur plusieurs chefs de demande distincts, les voies de recours ouvertes aux parties doivent s'apprécier de façon distributive à l'égard de chacun des chefs de dispositif concernés (Cass. 2e civ. 30-1-2014, n° 12-29.687). 23507

ILLUSTRATIONS

À l'occasion d'une réitération des enchères, lorsque le juge de l'exécution statue en dernier ressort sur la contestation d'un certificat de non-paiement des frais et du prix de l'adjudication et sur d'autres chefs de demandes, l'appel de ces seuls chefs est recevable (Cass. 2e civ. 24-3-2022 n° 21-11.452 F-B).

L'ouverture de l'appel est donc le principe et les restrictions sont d'application stricte.
Aucun texte ne restreint le droit d'appel d'un jugement statuant sur la fixation d'une nouvelle mise à prix dans une procédure de **partage de biens indivis** (Cass. 1e civ. 6-7-1999 n° 97-20.289 : Bull. civ. I n° 228).
De même, il ne résulte d'aucun texte que la décision judiciaire qui tend à la **reconnaissance d'une unité économique et sociale** est rendue en dernier ressort (Cass. soc. 31-1-2012 nos 11-20.232 et 11-20.233 : RJS 4/12 n° 359).
En matière de **saisie immobilière,** la décision qui rejette la demande de subrogation n'est pas susceptible de recours, sauf si elle met fin à la procédure (C. exécution art. R 311-9), telle la décision qui dit la demande irrecevable (Cass. 2e civ. 12-4-2012 n° 10-26.564).
En matière de **procédures collectives,** les décisions relatives aux sanctions des dirigeants ne sont pas visées par le texte qui prévoit les décisions susceptibles d'appel (C. com. art. L 661-1), mais l'appel contre ces décisions est ouvert par application du principe général de l'article 543 du CPC. Pour plus de détails sur l'appel en matière de procédures collectives, voir nos 50540 s.

2. LIMITES AU DROIT D'APPEL

Il est des hypothèses dans lesquelles la **loi** ferme, de manière **expresse,** la voie de l'appel. En effet, la nature du contentieux, son urgence, ou l'ordre public peuvent conduire le législateur à interdire l'appel, ou à réserver son exercice à certaines parties. Par exemple, la décision de la commission arbitrale des journalistes ne peut être frappée d'appel (Cass. soc. 15-4-2015 n° 13-27.759 FS-PB : Bull. civ. V n° 76). 23515
Lorsque l'appel est fermé, la cour ne peut être saisie que par un appel-nullité, à condition qu'aucune autre voie de recours ne puisse être empruntée (nos 23750 s.).

DÉCISIONS PARTICULIÈRES NON SUSCEPTIBLES D'APPEL

23517 Des dispositions spécifiques interdisent l'appel de certaines décisions. On peut citer, sans que la liste soit exhaustive :
– l'ordonnance **d'injonction de payer** (CPC art. 1422, al. 2) ;
– en matière de **procédures collectives,** la nomination ou le remplacement du juge-commissaire (C. com. art. L 661-4) ;
– en matière de **saisie immobilière,** la décision qui rejette la demande de subrogation (C. exécution art. R 311-9), la décision qui ordonne la reprise de la procédure, lorsque la vente amiable a échoué (C. exécution art. R 322-22), le jugement qui constate la vente amiable et ordonne la radiation des inscriptions d'hypothèque et de privilège prises du chef du débiteur (C. exécution art. R 322-25), l'ordonnance du juge de l'exécution qui aménage les mesures de publicité préalables à la vente (C. exécution art. R 322-37), l'ordonnance du juge de l'exécution qui ordonne la radiation des inscriptions d'hypothèque et de privilège après une vente forcée (C. exécution art. R 322-65), la décision du juge de l'exécution qui statue sur la contestation, formée par l'adjudicataire, du certificat qui constate la carence de ce dernier et qui est le préalable à la réitération des enchères (C. exécution art. R 322-68), l'ordonnance par laquelle le juge de l'exécution confère force exécutoire au projet de distribution ou au procès-verbal d'accord sur production préalable à la distribution du prix dans le cadre de la distribution amiable (C. exécution art. R 332-6 à R 332-10) ;
– en matière de **QPC,** la décision qui transmet la question à la Cour de cassation, cette décision n'étant pas non plus susceptible d'appel-nullité ou de pourvoi (CPC art. 126-7, al. 2).

ATTENTION

Si l'exclusion du droit d'appel n'est pas explicitement prévue par un texte, il convient de revenir au principe d'ouverture de l'appel, porté par l'article 543 du CPC. Ainsi, lorsqu'un jugement d'adjudication, en matière de licitation, statue sur une contestation, il est susceptible d'appel (Cass. 2e civ. 19-11-2020 nos 19-18.800 et 19-18.801 F-PBI).

TAUX DU RESSORT POUR L'APPEL

23525 Le taux du ressort est celui au-dessous duquel l'appel n'est pas ouvert (CPC art. 34). Sauf exceptions, l'appel n'est pas ouvert pour les affaires dans lesquelles la **valeur du litige** ne dépasse pas 5 000 €. (C. org. jud. art. R 211-3-24 s.).
L'irrecevabilité de l'appel pour ce motif, qui est d'**ordre public,** doit être relevée d'office par le juge (Cass. soc. 15-1-2014 nos 12-25.404 à 12-25.409 FS-PB : Bull. civ. V n° 76).
Le jugement qui statue sur une **demande indéterminée** est, sauf disposition contraire, susceptible d'appel (CPC art. 40). Pour une illustration, s'agissant de demandes dont l'une, qui tendait à voir constater qu'un licenciement était abusif, présentait un caractère indéterminé (Cass. soc. 8-7-2020 n° 18-25.370 FS-PB : RJS 10/20 n° 495).

> **Précisions a.** En cas d'**indivisibilité d'un litige** portant sur la validité d'une hypothèque, les créanciers, y compris ceux dont la créance personnelle est inférieure au taux du ressort, sont recevables à interjeter appel (Cass. 3e civ. 4-2-1971 n° 69-11.046 : Bull. civ. III n° 76).
> **b.** Lorsque **la procédure de première instance est orale,** seules les prétentions ayant été reprises verbalement devant le premier juge doivent être prises en compte dans le calcul du taux du ressort (Cass. 2e civ. 21-3-2019 n° 17-27.805 F-PB : RJS 6/19 n° 385).
> **c.** Le **caractère indéterminé de la demande** ne peut résulter d'une demande de transmission du jugement à intervenir au procureur de la République sur le fondement de l'article 40 du Code de procédure pénale (révélation éventuelle d'une infraction pénale). En effet, cette demande de transmission n'est pas de nature à rendre le jugement susceptible d'appel (Cass. soc. 26-9-2018 n° 17-17.974 FS-PB : RJS 12/18 n° 763).

APPEL ET ABSENCE DE NOTIFICATION D'UN JUGEMENT

23527 Le simple écoulement du temps peut éteindre la possibilité de relever appel. En effet, si un jugement n'a pas été notifié dans le **délai de deux ans** à compter de son prononcé, la partie qui a comparu n'est plus recevable à exercer un recours à titre principal après l'expiration dudit délai (CPC art. 528-1 ; nos 23160 s.).

APPEL ET DÉCISION NON JURIDICTIONNELLE

23530 L'appel n'est ouvert qu'en présence d'une véritable décision juridictionnelle.
Il n'est pas toujours aisé de faire la distinction entre les **décisions gracieuses** susceptibles d'appel et les actes non juridictionnels. Une décision est qualifiée de gracieuse quand la loi exige que la demande qui est à son origine soit soumise au **contrôle du juge** (CPC art. 25). Tel est le cas, par

exemple, lorsque le juge homologue un constat d'accord signé par des parties et un conciliateur de justice (CPC art. 131, al. 2) ; tel est en principe également le cas lorsque le juge ne fait pas droit à une requête (CPC art. 496, al. 1), par exemple, s'il refuse de conférer force exécutoire à la transaction qui lui est présentée (Cass. 2e civ. 24-5-2007 n° 06-11.259 : Bull. civ. II n° 133, a contrario). La question est cependant délicate, car elle se situe à la frontière du pouvoir de contrôle du juge. Ainsi, lorsque le juge se borne à entériner l'accord des parties, ou à rendre une décision de « donné acte », sans exercer de véritable contrôle, sa décision, qui s'apparente à l'homologation d'un **contrat judiciaire,** n'est pas susceptible d'appel (Cass. 2e civ. 28-11-1973 n° 72-12.248 : Bull. civ. II n° 310 ; Cass. 2e civ. 11-07-1978 n° 77-13.610 : Bull. civ. II n° 189). En revanche, lorsque le juge homologue l'accord des parties, mais tranche également des points litigieux, sa décision est susceptible d'appel (Cass. 2e civ. 20-12-2001 n° 00-15.068).

ATTENTION

Le seul fait que les parties n'aient pas été appelées à l'instance ou entendues par le juge chargé du contrôle des expertises ne permet pas d'en déduire qu'il aurait rendu une ordonnance sur requête susceptible de rétractation. La décision doit être contestée par la voie de l'appel (Cass. 2e civ. 27-6-2019 n° 18-12.194 FS-PBI).

En principe, si la décision présente un **caractère hybride,** comme une **convention homologuée** (aspect juridictionnel et aspect contractuel), elle peut être attaquée par les voies de recours prévues par la loi, dont l'appel. Il a été jugé ainsi au sujet de la convention homologuée par le juge qui prononce le divorce sur demande conjointe (Cass. 2e civ. 19-2-1986 n° 82-16.601 : Bull. civ. II n° 23), ou encore à propos du jugement qui constate le consentement à l'adoption et la prononce (Cass. 1e civ. 27-11-2001 n° 00-10.151 : Bull. civ. I n° 292).
Indépendamment de la nature de la décision, lorsque le juge se borne à homologuer purement et simplement l'accord des parties, même si un doute peut exister sur la nature juridictionnelle de sa décision, l'appel sera le plus souvent irrecevable pour défaut d'intérêt (nos 24135 s.).
Le premier président d'une cour d'appel statuant sur le recours formé contre une décision d'un bureau d'aide juridictionnelle n'exerce pas une fonction juridictionnelle. La décision statuant sur le **recours formé contre le rejet d'une demande d'aide juridictionnelle** n'est donc pas susceptible de recours, fût-ce pour excès de pouvoir (Cass. 2e civ. 19-10-2017 n° 16-24.686 F-PB : Bull. civ. II n° 199).

Constituent des **décisions gracieuses,** sans que cette **liste** soit exhaustive : **23535**
– la rectification des actes d'état civil (CPC art. 1055) ;
– les demandes relatives à la déclaration d'absence d'une personne (CPC art. 1067) ;
– la demande de divorce par consentement mutuel (CPC art. 1088) ;
– la demande d'adoption (CPC art. 1167) ;
– les demandes d'autorisations et d'habilitations en matière de régimes matrimoniaux (CPC art. 1287) ;
– la demande d'homologation d'un changement de régime matrimonial (CPC art. 1301) ;
– la reconstitution d'actes détruits (CPC art. 1433).

DEMANDE EN INTERPRÉTATION, ERREUR OU OMISSION D'UN JUGEMENT

Le recours contre un jugement en cas de demande en interprétation ou en rectification d'erreur ou omission (CPC art. 461 à 464) obéit à un régime particulier, notamment lorsque la décision initiale est passée en force de chose jugée (nos 19995 s.). **23540**

MESURE D'ADMINISTRATION JUDICIAIRE ET APPEL

Lorsque le juge prend une mesure d'administration judiciaire, sa décision n'est pas susceptible d'appel (nos 23210 s.). **23550**

ILLUSTRATIONS

L'ordonnance du président qui fixe la date à laquelle l'affaire sera appelée par priorité dans le cadre de la procédure à jour fixe constitue une mesure d'administration judiciaire (Cass. 2e civ. 24-6-2004 n° 02-14.886 : Bull. civ. II n° 321 ; Cass. 2e civ. 19-3-2015 n° 14-14.926 FS-PB et 14-15.150 : Bull. civ. II n° 69).
Il en va de même, devant la cour d'appel, s'agissant de l'ordonnance du premier président (Cass. 2e civ. 19-3-2015 n° 14-15.150 précité).
La décision de réouverture des débats est une mesure d'administration judiciaire (Cass. 2e civ. 16-5-2019 n° 18-10.825 F-PBI).

LITIGE SUR LA COMPÉTENCE ET APPEL

23552 Pour contester la décision du juge sur sa compétence, il existe un régime d'**appel spécifique** (CPC art. 83 à 89 ; n°s 2970 s.).
Ce régime, imposant notamment une **motivation** de l'appel à peine d'irrecevabilité (Cass. 2e civ. 10-12-2020 n° 19-12.257 F-PBI), s'applique quelle que soit la juridiction du premier degré ayant statué sur sa compétence, qu'il s'agisse par exemple du juge de l'exécution (Cass. 2e civ. 11-7-2019 n° 18-23.617 FS-PBRI) ou du juge des référés (Cass. 2e civ. 11-7-2019 avis n° 15011 FS-PBRI). Au-delà de ses spécificités, cette procédure impose de respecter les exigences classiques de la procédure à jour fixe, notamment de saisir le premier président (dans le délai d'appel, ce qui est dérogatoire), en vue d'être autorisé à assigner l'intimé à jour fixe, à peine de caducité de la déclaration d'appel (Cass. 2e civ. 22-10-2020 n° 18-19.768 F-PBI), ou bien encore de remettre, avant la date fixée pour l'audience, une copie de l'assignation au greffe, le tout à peine de caducité de l'appel (Cass. 2e civ. 4-3-2021 n° 19-24.293 F-P). Voir aussi n° 23730.

> **Précisions** La Cour de cassation estime que ce régime d'appel spécifique poursuit un **but légitime** au sens de la **CESDH**, en l'occurrence la célérité et l'efficacité de la procédure d'appel des jugements statuant sur la compétence sans se prononcer sur le fond du litige, la compétence du juge appelé à connaître d'une affaire pouvant être ainsi définitivement déterminée dans les meilleurs délais. Elle juge qu'il ne porte pas une atteinte disproportionnée à l'accès au juge d'appel, un rapport raisonnable de proportionnalité existant entre les moyens employés et le but visé (Cass. 2e civ. 2-7-2020 n° 19-11.624 F-PBI ; Cass. 2e civ. 10-12-2020 n° 19-12.257 F-PBI).

APPEL RÉSERVÉ

23555 Parfois, l'appel est réservé à **certaines parties** et/ou au **ministère public.** Tel est notamment souvent le cas en matière d'entreprises en difficulté (par exemple, C. com. art. L 661-6).

APPEL CIRCONSCRIT

23557 La loi cantonne parfois l'ouverture de l'appel à certains chefs d'une décision. Par **exemple,** dans le cadre d'une procédure collective, le bénéficiaire d'un plan de cession ne peut faire appel du jugement arrêtant le plan que si ce dernier lui impose des charges autres que les engagements qu'il a souscrits au cours de la préparation du plan et le cocontractant cédé mentionné à l'article L 642-7 du Code de commerce ne peut interjeter appel que de la partie du jugement qui emporte cession du contrat (C. com. art. L 661-6, III).
En matière de saisie immobilière, le jugement d'adjudication est susceptible d'appel mais uniquement s'il statue sur une contestation, l'appel n'étant alors ouvert que de ce chef (C. exécution art. R 322-60).

APPEL SOUMIS À UN FORMALISME PARTICULIER

23560 Dans certains cas, la loi ouvre l'appel mais le soumet à un formalisme spécifique, comme par exemple la procédure d'**urgence** (CPC art. 905 s.), ou la procédure à **jour fixe** (CPC art. 917 s.).
Les tribunaux considèrent classiquement que la procédure d'appel à jour fixe est une simple modalité procédurale dont l'inobservation n'entraîne pas l'irrecevabilité de l'appel (Cass. com. 14-5-1996 n° 94-21.847 : Bull. civ. IV n° 136 ; Cass. com. 20-1-1998 n° 95-19.474 : Bull. civ. IV n° 24). Mais cette position est parfois contredite aujourd'hui. Ainsi, en matière de saisie immobilière, en cas d'**appel contre le jugement d'orientation,** la procédure à jour fixe doit être observée (C. exécution art. R 322-19), à peine d'irrecevabilité d'office (Cass. 2e civ. 16-10-2014 n° 13-24.634 : Bull. civ. II n° 217 ; Cass. 2e civ. 19-3-2015 n° 14-14.926 et 14-15.150 : Bull. civ. II n° 69 ; Cass. 2e civ. 22-9-2016 n° 15-19.622 inédit). L'appel est donc irrecevable si la requête ne contient pas les conclusions au fond et ne vise pas les pièces justificatives (Cass. 2e civ. 7-4-2016 n° 15-11.042 : Bull. civ. II n° 1236), ou si une copie de la requête n'est pas jointe à l'assignation (Cass. 2e civ. 27-9-2018 n° 17-21.833 FS-PB), ou encore si l'ordonnance signée par le premier président ou son délégataire n'est pas jointe à l'assignation (Cass. 2e civ. 20-5-2021 n°s 19-19.258 et 19-19.259 F-P).
Corrélativement, en amont, l'acte de signification du jugement d'orientation doit mentionner que l'appel contre ce jugement doit être formé, instruit et jugé selon la procédure à jour fixe. À défaut, le délai d'appel ne court pas (Cass. 2e civ. 24-9-2015 n° 14-23.768 FS-PB : Bull. civ. II n° 214).
En matière de **procédures collectives,** l'appel des jugements arrêtant ou rejetant le plan de cession est soumis à la procédure à jour fixe (C. com. art. R 661-6, 2°), et ce à peine d'irrecevabilité (Cass. com. 23-10-2019 n° 18-17.926 F-PBI). Dans les autres cas, l'affaire est instruite conformément aux dispositions de l'article 905 du CPC (C. com. art. R 661-6, 3°), ce qui entraîne un régime spécifique (n°s 26363 et 26380). Certes, le président peut décider que l'affaire sera instruite sous le contrôle d'un magistrat de la chambre dans les conditions prévues aux articles 763 à 787 du

CPC, mais il a été jugé à l'égard d'un appelant que, même dans ce cas, ne s'appliquent pas les dispositions de l'article 908 du CPC prévoyant que l'appelant dispose de trois mois à compter de la déclaration d'appel pour remettre ses conclusions (Cass. 2e civ. 3-12-2015 n° 14-20.912 FS-PB : Bull. civ. II n° 263). Notons que cette décision a été rendue à l'occasion de faits antérieurs à l'entrée en vigueur du décret 2017-891 du 6-5-2017, lequel encadre désormais la procédure d'urgence elle-même dans des délais encore plus stricts.

3. APPEL IMMÉDIAT ET APPEL DIFFÉRÉ

RÈGLES GÉNÉRALES SUR L'APPEL IMMÉDIAT ET L'APPEL DIFFÉRÉ

Les **décisions sur le fond et** les décisions **mixtes** peuvent faire l'objet d'un appel immédiat tandis que l'appel des **décisions avant dire droit** est différé, sauf exceptions, jusqu'à la décision sur le fond. Les ordonnances de **référé** et les ordonnances du juge de la **mise en état** obéissent en outre à quelques règles particulières. **23580**

Les dispositions des articles 544 et 545 du CPC sur l'appel immédiat et l'appel différé sont des dispositions générales sur l'appel. Elles s'appliquent aux **décisions du juge de l'exécution** (Cass. 2e civ. 18-2-1999 n° 97-11.374 : Bull. civ. II n° 33). Elles s'appliquent aussi aux **ordonnances de référé.**

a. Appel d'un jugement sur le fond et d'un jugement mixte

Peuvent être immédiatement frappés d'appel les jugements qui (CPC art. 544) : **23590**
– tranchent **tout le principal** ;
– tranchent une partie du principal et ordonnent une mesure d'instruction ou une mesure provisoire (**jugement mixte**) ;
– statuant sur une exception de procédure, une fin de non-recevoir ou tout autre incident, mettent **fin à l'instance.**

DISPOSITIF DE LA DÉCISION DONT APPEL

Afin de déterminer si une décision est susceptible d'appel immédiat, il convient d'examiner uniquement ce qui a été tranché dans son dispositif (CPC art. 480 et 544 ; Cass. ch. mixte 25-10-2004 n° 03-14.219 : Bull. ch. mixte n° 3). Cette règle offre une **sécurité** au praticien, quels que soient les termes plus ou moins ambigus de la **motivation.** La jurisprudence qui autorisait à prendre en compte des éléments figurant dans la motivation du jugement dits « motifs décisoires » ou « motifs décisifs » a été abandonnée (notamment, Cass. 2e civ. 20-2-1991 n° 89-15.104 : Bull. civ. II n° 56 ; Cass. 2e civ. 16-7-1993 n° 91-19.781 : Bull. civ. II n° 253). Seules les mentions inscrites dans le dispositif du jugement ont autorité de la chose jugée. **23592**

APPEL D'UN JUGEMENT SUR LE FOND

Il résulte de l'article 544 du CPC que l'appel immédiat concerne les jugements sur le fond. Ces derniers sont en effet définis comme ceux qui tranchent tout ou partie du principal ou ceux qui statuent sur une exception de procédure, une fin de non-recevoir ou tout autre incident ; ces jugements ont **autorité de la chose jugée** relativement à la contestation qu'ils tranchent (CPC art. 480). **23600**

Le **principal** s'entend de l'objet du litige tel qu'il est déterminé par l'article 4 du CPC (CPC art. 480, al. 2).

Tout moyen qui tend à faire déclarer la procédure irrégulière ou éteinte constitue une **exception de procédure** (CPC art. 73).

Quant à la **fin de non-recevoir,** il s'agit de tout moyen qui tend à faire déclarer l'adversaire irrecevable pour défaut du droit d'agir : défaut de qualité, d'intérêt, prescription, délai préfix ou chose jugée (CPC art. 122).

L'appel immédiat ne concerne pas le **jugement statuant sur une exception** de procédure, une fin de non-recevoir ou tout autre incident **lorsqu'il ne met pas fin à la procédure,** sauf s'il s'agit d'une ordonnance du juge de la mise en état (nos 23725 s.). **23602**

EXEMPLE

Un jugement du tribunal judiciaire rejette une exception de nullité tenant à l'**omission d'une formalité substantielle sur l'assignation** introductive et renvoie à une prochaine audience pour qu'il soit statué sur les demandes contenues dans cet exploit.
Au sens de l'article 480 du CPC, il s'agit d'un jugement sur le fond mais il n'est pas susceptible d'appel immédiat puisqu'il ne met pas fin à l'instance (CPC art. 544). En revanche, il a autorité de la chose jugée du chef de la contestation tranchée (exception de nullité).

23604 La question de savoir s'il peut être fait immédiatement appel est simple lorsque **le juge** a tranché tout le principal ou un moyen de procédure par lequel il met fin à l'instance, car, dans ce cas, il **a épuisé sa saisine.** Il se trouve dessaisi (CPC art. 481), de sorte qu'il n'est pas question de différer l'appel puisque l'instance ne peut avoir de suite devant lui. La question est plus complexe face à un jugement mixte.

APPEL D'UN JUGEMENT MIXTE

23610 Lorsque le jugement statue sur une partie du principal et, avant dire droit, ordonne une mesure d'instruction et/ou une mesure provisoire, il revêt la nature d'un jugement mixte qui est susceptible d'appel immédiat (CPC art. 544).
Dans ce cas, l'appel immédiat est recevable dès lors qu'il s'agit d'un appel général, y compris lorsque les conclusions de l'appelant ne critiquent le jugement que sur le chef ordonnant la mesure d'instruction et la provision. Le caractère général de l'appel prime donc le contenu des écritures (Cass. 2e civ. 27-9-2018 n° 17-25.799 F-PB).

> **Précisions** Cette décision intéressante a néanmoins été rendue au visa de l'article 562 du CPC dans sa version antérieure au décret 2017-891 du 6-5-2017. Il n'est donc pas certain, loin s'en faut, qu'elle soit transposable en l'état actuel du texte. Certes, rien ne semble a priori s'y opposer si tous les chefs du jugement ont été visés dans l'acte d'appel, notamment le chef ayant tranché une partie du principal. Mais la question se pose lorsque tel n'est pas le cas, et/ou lorsque l'appelant serait privé d'intérêt à critiquer le chef ayant tranché une partie du principal, à défaut d'avoir succombé sur ce point.

23612 **Décision tranchant une partie du principal** Savoir si le juge a tranché une partie du principal n'est pas toujours facile. La jurisprudence a apporté un certain nombre de solutions au cas par cas.
Dans la procédure spéciale de **rescision d'une vente immobilière** pour cause de lésion, lorsque le juge déclare l'action recevable (C. civ. art. 1677) et autorise le demandeur à rapporter la preuve de la lésion, il tranche une partie du principal, de sorte que son jugement est susceptible d'appel immédiat (Cass. 3e civ. 14-11-1991 n° 90-12.210 : Bull. civ. III n° 269).
Lorsque le juge, dans son dispositif, statue sur la régularité de la révision d'un **loyer commercial** au regard des dispositions de l'article R 145-20 du Code de commerce et ordonne une expertise, il s'agit d'un jugement mixte susceptible d'appel immédiat (Cass. 3e civ. 19-3-2008 n° 07-10.679 : RJDA 6/08 n° 617).
De même, lorsqu'une partie a été condamnée dans le dispositif du jugement au paiement d'une provision à valoir sur le montant des loyers commerciaux devant être fixé après expertise, le juge a ainsi retenu le principe d'une obligation au paiement à la charge du locataire et la décision revêt donc un caractère mixte qui autorise l'appel immédiat (Cass. 2e civ. 27-6-2002 n° 00-19.826 : Bull. civ. II n° 145).
Lorsque le tribunal paritaire des **baux ruraux** subordonne, dans le dispositif de son jugement, l'examen du fond du litige à la production d'une autorisation de cumul d'exploitations, l'appel immédiat est recevable (Cass. 3e civ. 11-6-1986 n° 85-10.712 : Bull. civ. II n° 90).

23613 Lorsque le tribunal ordonne une nouvelle expertise technique par application de l'article L 141-1 du Code de la sécurité sociale, la jurisprudence considère qu'il s'agit, compte tenu de la portée qui s'attache à l'avis de l'expert, d'une décision touchant au fond du droit, de sorte qu'elle est susceptible d'appel immédiat (Cass. soc. 17-10-1996 n° 94-15.349 : Bull. civ. V n° 334), y compris lorsqu'il s'agit d'une décision mixte ayant par ailleurs ordonné un sursis à statuer (Cass. 2e civ. 28-11-2013 n° 12-28.331 : RJS 3/14 n° 275).
Lorsque le juge statue et met fin à une **instance incidente** et indépendante de la procédure principale qui l'avait fait naître, l'appel immédiat est recevable. Il a ainsi été jugé, dans l'hypothèse d'une demande de récusation et de remplacement d'expert (Cass. 2e civ. 23-6-2005 n° 03-16.627 : Bull. civ. II n° 170).

23616 **Décision ne tranchant pas une partie du principal** Dans de nombreux cas, les tribunaux considèrent que la décision n'est pas mixte car le juge n'a pas tranché une partie du principal. L'appel de la décision en cause est alors différé jusqu'au prononcé du jugement au fond (nos 23660 s.). **Ainsi,** ne tranche pas une partie du principal le jugement qui :
– se borne à ordonner une expertise et une provision (Cass. 3e civ. 7-10-1998 n° 96-20.404 : Bull. civ. III n° 186 ; Cass. ch. mixte 25-10-2004 n° 03-14.219 : Bull. ch. mixte n° 3) ;
– dans le cadre d'une action en recherche ou en contestation de paternité, dit l'action recevable et ordonne un examen comparé des sangs (Cass. 1e civ. 24-10-2000 n° 98-20.150 : Bull. civ. I n° 259 ; Cass. 1e civ. 20-6-1995 n° 93-19.687 : Bull. civ. I n° 266) ;

– statue sur une fin de non-recevoir et une exception de nullité sans mettre fin à l'instance (Cass. 2e civ. 8-4-2004 n° 02-11.630 : Bull. civ. II n° 171) ;
– se borne à statuer sur la recevabilité de l'action et à ordonner un sursis et une expertise (Cass. soc. 17-2-1993 n° 89-45.744 : Bull. civ. IV n° 60) ;
– se borne à ordonner la mise en cause d'un tiers (Cass. soc. 8-6-1978 n° 77-11.628 : Bull. civ. V n° 446) ;
– se borne à dire recevable l'intervention volontaire d'un tiers sans trancher le bien-fondé des prétentions respectives des parties (Cass. com. 15-12-2009 n° 08-19.800 : Bull. civ. IV n° 163) ;
– se borne à enjoindre une partie de communiquer des pièces et à ordonner une expertise sans trancher aucun des points litigieux qui lui sont soumis (Cass. 2e civ. 7-10-2010 n° 09-16.829 : RJS 12/10 n° 989) ;
– se borne à se prononcer sur le moyen de défense au fond tenant à la régularité des procès-verbaux de constat établis sur requête (Cass. 2e civ. 17-10-2013 n° 12-18.042 : Bull. civ. II n° 197) ;
– rejette une fin de non-recevoir et ordonne une expertise (Cass. 3e civ. 16-12-1992 n° 90-21.450 : Bull. civ. III n° 323) ;
– sursoit à statuer sur une demande de saisie de rémunérations dans l'attente de l'issue de diverses procédures pendantes entre les parties et prononce une condamnation à payer des dommages-intérêts pour procédure abusive (Cass. 2e civ. 26-10-2006 n° 05-14.489 : Bull. civ. II n° 289) ;
– sursoit à statuer jusqu'au dépôt du rapport de l'expert et prononce une condamnation au titre de l'article 700 CPC (Cass. 2e civ. 16-3-2000 n° 97-13.889) ;
– refuse de faire droit à une communication de pièces mais ne tranche aucune partie du principal ni ne statue sur une fin de non-recevoir, une exception de nullité ou tout autre incident mettant fin à l'instance (Cass. 2e civ. 6-1-2011 n° 09-71.820 : Bull. civ. II n° 2) ;
– se borne à commettre un expert et à dire que le bornage sera ordonné aux frais d'une partie qui doit verser une provision (Cass. 3e civ. 31-10-2006 n° 05-16.819 : Bull. civ. III n° 211) ;
– refuse d'ordonner une jonction d'instances et statue sur la validité d'un rapport d'expertise et son opposabilité à une partie (Cass. 2e civ. 11-1-1995 n° 93-10.647 : Bull. civ. II n° 3) ;
– statue uniquement sur la recevabilité d'un recours en révision en jugeant qu'il n'est pas tardif et que l'un des cas d'ouverture pourrait être retenu (Cass. 2e civ. 12-6-1991 n° 90-11.004 : Bull. civ. II n° 179) ;
– dit irrecevable l'exception d'incompétence et statue sur une demande de dommages-intérêts pour abus de procédure en renvoyant l'affaire devant le juge de la mise en état (Cass. 2e civ. 30-4-2009 n° 08-14.883 : Bull. civ. II n° 107).

APPEL IMMÉDIAT ET PLURALITÉ DE PARTIES

En cas de pluralité de parties, il est fréquent que le praticien hésite sur la possibilité d'exercer un appel immédiat. **Sauf indivisibilité ou demandes liées,** le caractère mixte du jugement (nos 23610 s.) s'apprécie partie par partie, le principal s'entendant à l'égard de chaque partie de l'objet du litige la concernant (Cass. 2e civ. 24-5-1984 n° 83-11.781 : Bull. civ. II n° 91). **23626**

ILLUSTRATIONS

À la suite d'un accident sur un chantier, la victime a assigné le constructeur qui a appelé en garantie le fabricant et le vendeur du matériel défaillant. Un jugement, confirmé en appel, a déclaré le constructeur responsable du dommage mais, des poursuites pénales ayant été engagées, a prononcé le sursis à statuer sur les appels en garantie. Le principal devant s'entendre, pour chaque partie, de l'objet du litige la concernant et le jugement n'ayant tranché aucune partie du principal des demandes en garantie, distinctes de la demande principale de la victime, l'appel du constructeur contre la décision de sursis à statuer est irrecevable, faute d'avoir été autorisé par le premier président (Cass. 2e civ. 18-12-2003 n° 02-12.925 : RJDA 4/04 n° 497).

Demandes indivisibles Si les demandes des différentes parties au procès sont indivisibles et que l'appel immédiat est possible contre une partie, il le sera contre les autres (Cass. 1e civ. 7-7-1993 n° 90-16.695 a contrario : Bull. civ. I n° 242). En effet, en cas d'indivisibilité, l'appel dirigé contre l'une des parties réserve à l'appelant la faculté d'appeler les autres à l'instance (n° 24730). La présence aux débats de l'ensemble des parties est même une condition de recevabilité de l'appel (CPC art. 553). **23632**

ILLUSTRATIONS

L'instance introduite devant la juridiction compétente par l'une des parties à la procédure de vérification des créances, sur l'invitation du juge-commissaire, **s'inscrit dans cette même procédure**, laquelle est **indivisible** entre le créancier, le débiteur et le mandataire judiciaire ou le liquidateur, de sorte que le débiteur non seulement peut, mais doit être intimé en cas d'appel contre la décision du juge compétent, même s'il n'avait pas été appelé en première instance (Cass. com. 5-7-2023, n° 22-10.436 F-B).

23637 **Demandes liées** Dans certaines hypothèses où l'indivisibilité n'est pas explicitement jugée, l'objet du litige ou le lien étroit entre différentes parties justifie la recevabilité d'un appel immédiat et général, même si le principal n'a pas été tranché à l'égard de toutes les parties.

Ainsi, il a été jugé que lorsque le tribunal a prononcé la **résolution d'une vente** et condamné le **vendeur intermédiaire** au profit de l'acquéreur final, mais sursis à statuer sur le recours exercé contre le vendeur initial, dès lors que le vendeur intermédiaire condamné exerce un **appel général** (aujourd'hui, un appel visant tous les chefs du jugement), **contre toutes les parties,** son appel immédiat est recevable sans être subordonné à l'égard du vendeur initial aux conditions exigées par l'article 380 CPC pour l'autorisation du premier président (Cass. 2e civ. 5-6-1996 n° 93-19.373 : Bull. civ. II n° 122). La solution, sans que cela soit explicite, résulte sans doute du fait que la question de la résolution de la vente a une nature quasi indivisible.

Un **assureur** a été jugé recevable à relever appel d'un jugement qui, bien que ne l'ayant pas condamné dans son dispositif, avait retenu la responsabilité de son assuré, laquelle conditionnait au moins pour partie l'action directe suivie contre lui (Cass. 3e civ. 15-12-2004 n° 03-17.876 : Bull. civ. II n° 237).

APPEL IMMÉDIAT EN L'ABSENCE DE NOTIFICATION DE LA DÉCISION

23640 L'interdiction d'exercer un recours à titre principal contre une décision qui n'a pas été notifiée dans le **délai de deux ans** à compter de son prononcé (CPC art. 528-1, al. 2) ne s'applique pas aux jugements mixtes (Cass. 1e civ. 8-4-2009 n° 07-21.090 : Bull. civ. I n° 77).

b. Appel d'un jugement avant dire droit

APPEL CONCOMITANT AU JUGEMENT SUR LE FOND

23660 Le jugement avant dire droit se borne, dans son dispositif, à ordonner une **mesure d'instruction** ou une **mesure provisoire** ; il n'a pas autorité de la chose jugée sur le fond du litige (CPC art. 482). Sur la distinction, parfois délicate à opérer, entre jugement mixte et jugement avant dire droit, voir nos 23610 s.

Sauf dans les cas spécifiés par un texte (nos 23680 s.), les jugements avant dire droit ne peuvent être frappés d'appel qu'**avec le jugement sur le fond** (CPC art. 545). La décision qui ordonne ou modifie une **mesure d'instruction** n'est pas susceptible d'appel indépendamment du jugement sur le fond, sauf dans les cas spécifiés par la loi (CPC art. 150).

L'**appel immédiat** exercé contre une décision avant dire droit est **irrecevable.** Il s'agit d'un moyen d'ordre public qui doit être relevé d'office par le juge (Cass. com. 2-10-1984 n° 82-15.844 : Bull. civ. IV n° 207 ; Cass. ch. mixte 25-10-2004 n° 03-14.219 : Bull. ch. mixte n° 3).

23662 L'appel concomitant contre le jugement avant dire droit et contre le jugement sur le fond doit être exercé par le **même acte** ou par deux **actes du même jour,** à peine d'irrecevabilité (Cass. 2e civ. 5-4-2001 n° 99-17.613 : Bull. civ. II n° 70). Cette exigence ne concerne pas l'hypothèse où le premier jugement est mixte (Cass. 2e civ. 4-3-2021 n° 19-21.579 F-P).

Une partie est recevable à former un **appel exclusivement dirigé contre un jugement avant dire droit** lorsqu'une autre partie a fait appel du jugement sur le fond dans la même instance, les deux appels devant être jugés ensemble (Cass. 2e civ. 2-12-2010 n° 09-14.596 : Bull. civ. II n° 197).

Le délai pour interjeter appel du jugement avant dire droit ne court qu'à compter du point de départ du délai pour former appel du jugement sur le fond (Cass. com. 27-3-2019 n° 17-26.646 F-PB).

ATTENTION

Une partie A n'a en rien succombé au jugement rendu sur le fond. Son adversaire forme donc appel principal contre ce jugement. Devant la cour, et pour les besoins de son argumentation, la partie A relève **appel principal croisé du jugement avant dire droit,** qui lui était en partie défavorable. La Cour de cassation, par substitution de motif, déclare cet **appel irrecevable,** au motif qu'il aurait dû être formé dans les conditions prévues par l'article 550 du CPC, c'est-à-dire par **voie incidente** (Cass. 2e civ. 4-12-2014 nos 13-24.884 F-D et 13-28.108 F-D).

Cette décision présente un risque redoutable compte tenu de la rédaction de l'article 550 du CPC qui se réfère à l'article 909 du même Code.

23665 **Notification** La **signification** d'un jugement avant dire droit avec indication **erronée,** comme voie de recours, de l'appel immédiat, ne saurait rendre ce jugement définitif, il reste susceptible d'appel concomitamment à l'appel inscrit contre le jugement sur le fond (en ce sens, Cass. 2e civ. 5-6-1996 n° 94-15.791 : Bull. civ. II n° 120).

L'interdiction d'exercer un recours à titre principal contre une **décision qui n'a pas été notifiée dans le délai** de deux ans à compter de son prononcé ne s'applique pas aux jugements avant dire droit (CPC art. 528-1).

Si l'appel est inscrit uniquement contre le jugement rendu sur le fond, et que **l'appelant omet de frapper d'appel,** par le même acte, **le jugement avant dire droit,** tout appel ultérieur contre le jugement avant dire droit encourt l'irrecevabilité, même si ce jugement n'a jamais fait l'objet d'une notification. En effet, l'exigence d'un appel concomitant rend inopérante l'absence de notification du jugement avant dire droit.
Lorsqu'un jugement rejetant une fin de non-recevoir et ordonnant une mesure d'expertise est signifié, l'acte est régulier dès lors qu'il contient le rappel des dispositions de l'article 272 du CPC sur les modalités et les délais de l'appel immédiat sur autorisation du premier président de la cour d'appel, indépendamment de l'appel du jugement sur le fond. Il n'est pas nécessaire d'indiquer que le délai d'un mois pour attaquer la décision ne courra qu'à compter de la signification du jugement sur le fond et que les deux décisions devront être attaquées en même temps, conformément aux dispositions de l'article 545 du CPC (Cass. 2e civ. 17-10-2013 n° 12-22.650 : Bull. civ. II n° 201).

QPC La décision qui refuse de transmettre une question prioritaire de constitutionnalité à la Cour de cassation n'est susceptible de contestation qu'à l'occasion d'un recours formé contre une **décision réglant tout ou partie du litige** (CPC art. 126-7, al. 3). La contestation ne peut donc être présentée de façon autonome mais doit s'inscrire dans le recours formé contre la décision tranchant tout ou partie du litige. 23670

Effet dévolutif Si après le prononcé du jugement sur le fond, l'appel n'est dirigé que contre ce jugement, et non contre la décision avant dire droit, **la cour n'est saisie que du jugement rendu sur le fond** et ne peut en aucun cas réformer le jugement avant dire droit (Cass. 2e civ. 21-1-1998 n° 95-18.728 : Bull. civ. II n° 18 ; Cass. 2e civ. 30-3-2000 n° 96-20.639 : Bull. civ. II n° 55 ; Cass. 3e civ. 15-3-2006 n° 04-18.244 : Bull. civ. III n° 65). 23675
En revanche, lorsqu'un **appel général** (aujourd'hui, un appel visant tous les chefs du jugement) **est inscrit contre un jugement mixte,** la cour est saisie de l'entier litige par le biais de l'effet dévolutif (Cass. 3e civ. 29-1-2003 n° 00-21.091 : Bull. civ. III n° 18).

APPEL IMMÉDIAT D'UN JUGEMENT AVANT DIRE DROIT

Mesures provisoires du divorce Il peut être **immédiatement fait appel** des décisions prononçant des mesures provisoires en matière de divorce ou de séparation de corps, sans attendre le jugement sur le fond (règle prévue par l'article 1119 du CPC, dans sa rédaction antérieure au décret 2019-1380 du 17-12-2019, pour les divorces introduits avant le 1-9-2020 et 795 du CPC, pour les divorces introduits à compter de cette date). En effet, dans ces cas, le litige a une nature provisoire et il n'y aurait aucun sens à différer l'appel au prononcé d'un jugement sur le fond. 23680

Expertise et sursis à statuer Les décisions qui ordonnent une expertise ou prononcent un sursis à statuer peuvent être immédiatement frappées d'appel sur autorisation du **premier président** de la cour d'appel s'il est justifié d'un **motif grave et légitime** (CPC art. 272 pour l'expertise et art. 380 pour le sursis à statuer). Les conditions et les modalités de cette procédure sont exposées n°s 27211 s. 23690
La demande de sursis à statuer constitue une exception de procédure. Lorsqu'elle est soumise au juge de la mise en état, elle suit le régime de l'appel prévu par l'article 795 du CPC (nos 23725 s.). Lorsqu'elle est soumise au conseiller de la mise en état, elle suit le régime du déféré prévu par l'article 916 du CPC (nos 26331 s.).
Lorsque le premier juge n'a **pas ordonné un sursis à statuer,** mais a rejeté la demande de le voir révoquer, sur le fondement de l'article 379 du CPC, l'appel immédiat n'est pas ouvert. La décision est uniquement susceptible d'appel différé (Cass. 2e civ. 10-12-2020 n° 19-22.632 F-PBI).
Dans la même ligne, il n'est pas possible de demander l'autorisation d'exercer un appel immédiat lorsque la décision rendue n'ordonne **pas une véritable expertise.** Ainsi, ne constitue pas une décision ordonnant une expertise au sens de l'article 272 du CPC la décision du juge de la mise en état qui ordonne l'exécution de travaux sous la vérification d'un expert précédemment désigné en référé. Par conséquent, la décision du juge de la mise en état ne peut, dans ce cas, être frappée d'appel qu'avec le jugement qui sera rendu sur le fond (Cass. 2e civ. 5-5-1978 n° 77-11.254 : Bull. civ. II n° 118). Il en va de même lorsque le juge de la mise en état refuse d'ordonner une expertise complémentaire (Cass. 2e civ. 12-5-2016 n° 15-17.265 F-PB : Bull. civ. II n° 263).
Dans certains cas, l'**expertise ordonnée en référé** peut faire l'objet d'un appel immédiat sans autorisation du premier président (nos 23715 s.).

En présence d'un **jugement mixte,** lorsque l'appelant a limité son appel au chef ayant tranché une partie du principal, l'intimé peut former **appel incident** du chef ordonnant l'expertise, sans être soumis à la procédure de l'article 272 du CPC (Cass. soc. 11-12-1990 n° 87-413.17 : Bull. civ. V n° 639).

> **Précisions a.** Lorsque **le jugement qui ordonne l'expertise s'est également prononcé sur la compétence,** l'appel est formé, instruit et jugé selon les modalités spécifiques prévues aux articles 83 à 89 du CPC (CPC art. 272, al. 4). Il n'est pas dit si l'appelant doit solliciter tout de même l'autorisation préalable de relever appel, conformément au principe posé (CPC art. 272, al. 1), ou s'il s'agit précisément d'une dérogation. Le texte laisse penser qu'il s'agit bien d'une dérogation puisqu'il indique de manière large comment l'appel sera « formé, instruit et jugé ». En pratique, il semble peu probable que, dans ce cas, l'on puisse imposer à l'appelant de solliciter l'autorisation préalable de relever appel car cette démarche semble incompatible avec le délai très bref imposé par l'article 84 du CPC pour relever appel et saisir le premier président aux fins d'être autorisé à assigner à jour fixe.
> **b.** L'article 380 du CPC sur l'appel des décisions de **sursis à statuer** étant placé dans le livre premier, contenant des dispositions communes à toutes les juridictions, il s'applique aux **décisions du juge de l'exécution** (Cass. 2e civ. 18-2-1999 n° 97-11.374 : Bull. civ. II n° 33), aux **ordonnances de référés** et aux **ordonnances rendues en la forme des référé** (Cass. soc. 27-2-1991 n° 89-42.756 : Bull. civ. V n° 106). Ces dernières ont été remplacées par la procédure accélérée au fond au 1er janvier 2020 (CPC art. 481-1) mais la solution nous parait transposable.

c. Appel d'une ordonnance de référé

APPLICATION DES PRINCIPES GÉNÉRAUX

23710 Les règles organisant l'appel immédiat et l'appel différé (CPC art. 544 et 545 : nos 23580 s.) sont applicables aux ordonnances de référé (Cass. 2e civ. 23-9-2004 n° 02-19.821 : Bull. civ. II n° 408).
Ainsi, lorsque le juge des référés s'est borné à rejeter une **exception de procédure** sans trancher les autres questions qui lui étaient soumises, sa décision n'est pas susceptible d'appel immédiat mais au contraire d'un appel différé, avec l'ordonnance par laquelle le juge des référés tranchera les points litigieux. De même, lorsque le juge des référés, sans épuiser sa saisine, a ordonné une **expertise,** sa décision ne peut pas être frappée d'appel immédiat, sauf autorisation du premier président (n° 23690).

RÈGLES PARTICULIÈRES

23715 Plusieurs **dispositions du CPC** doivent être **combinées.** D'une part, la décision qui ordonne ou modifie une mesure d'instruction n'est pas susceptible d'appel indépendamment du jugement sur le fond, sauf dans les cas spécifiés par la loi (CPC art. 150). D'autre part, l'ordonnance de référé peut être frappée d'appel à moins qu'elle n'émane du premier président de la cour d'appel ou qu'elle n'ait été rendue en dernier ressort en raison du montant ou de l'objet de la demande (CPC art. 490). Cette seconde disposition s'explique par le fait que l'ordonnance de référé est une décision qui a par nature un caractère provisoire (CPC art. 484). Dans de nombreux cas, il n'y aurait aucun sens à différer l'exercice de l'appel dans l'attente du jugement sur le fond. En effet, une instance en référé n'est pas obligatoirement suivie d'une instance au fond. Il s'agit d'un chemin procédural autonome. Ainsi, l'**appel immédiat** est **possible** si le juge des référés a épuisé sa saisine en ordonnant une expertise (Cass. 2e civ. 23-9-2004 n° 02-16.459 : Bull. civ. II n° 421).
Tel est notamment le cas lorsque le juge des référés est saisi sur le fondement de l'article 145 du CPC (Cass. 2e civ. 20-6-1996 n° 94-18.961 : Bull. civ. II n° 174 ; Cass. 2e civ. 6-6-2013 n° 12-21.683 : Gaz. Pal. 3 septembre 2013 jur. p. 41 note V. Orif.), l'expertise prévue par cet article étant ordonnée avant tout procès.
En revanche, lorsque le juge se borne à ordonner une mesure d'instruction et reste saisi d'une demande objet de sa saisine, sa décision est soumise aux dispositions de l'article 150 et à celles de l'article 272 du CPC sur l'obligation, pour faire appel immédiat, de justifier d'un motif grave et légitime et d'obtenir l'autorisation du premier président de la cour d'appel (Cass. 2e civ. 24-3-1993 n° 91-15.743 : Bull. civ. II n° 127).

> **Précisions** Malgré les termes généraux de l'article 490 du CPC, certaines décisions de référé ne sont pas susceptibles d'appel en raison d'un texte spécifique qui exclut ce recours. Tel est par exemple le cas dans certaines matières prud'homales (par exemple, C. trav. art. R 1462-1 et pour une application de cet article, Cass. soc. 5-11-1987 n° 84-42.899 : Bull. civ. V n° 626).

d. Appel d'une ordonnance du juge de la mise en état

Les ordonnances du juge de la mise en état ne sont en **principe** susceptibles d'appel qu'avec le **jugement** statuant **sur le fond** (CPC art. 795, al. 2). 23725
Toutefois, elles sont susceptibles d'**appel immédiat sur autorisation** du premier président de la cour d'appel dans les cas et conditions prévus en matière d'expertise ou de sursis à statuer (CPC art. 795, al. 3 ; n° 23690).
La demande de sursis à statuer constitue une exception de procédure. Par conséquent, l'ordonnance du juge de la mise en état qui statue sur une telle demande peut faire l'objet d'un appel immédiat, sous réserve d'être autorisé par le premier président lorsque le sursis a été ordonné (Cass. 2e civ. 25-6-2015 n° 14-18.288 F-PB : Bull. civ. II n° 165). Si le juge de la mise en état ordonne le sursis, l'appel immédiat doit en effet être autorisé par le premier président de la cour d'appel (CPC art. 380 et 776). Si le juge de la mise en état rejette la demande de sursis, l'appel immédiat peut être directement interjeté, sans qu'il soit nécessaire de solliciter l'autorisation du premier président (CPC art. 795).
L'exercice de l'appel immédiat sur autorisation du premier président n'est qu'une **faculté** et non une obligation. En conséquence, l'ordonnance du juge de la mise en état ayant ordonné une expertise peut être frappée d'appel avec le jugement sur le fond, même si elle n'a fait l'objet d'aucune demande d'autorisation d'appel immédiat (Cass. 2e civ. 1-2-2006 n° 03-15.738 : Bull. civ. II n° 29).

Les ordonnances du juge de la mise en état sont aussi susceptibles d'**appel immédiat** dans les quinze jours à compter de leur signification, **sans autorisation préalable** du premier président, lorsque (CPC art. 795, al. 4 s.) : 23727
– elles statuent sur un incident mettant fin à l'instance, elles ont pour effet de mettre fin à celle-ci ou elles en constatent l'extinction ;
– elles statuent sur une exception de procédure ou une fin de non-recevoir, étant précisé que, lorsque la fin de non-recevoir a nécessité que soit tranchée au préalable une question de fond, l'appel peut porter sur cette question de fond ;
– elles ont trait aux mesures provisoires ordonnées en matière de divorce ou de séparation de corps ;
– elles ont trait aux provisions qui peuvent être accordées au créancier au cas où l'existence de l'obligation n'est pas sérieusement contestable, dans le cas où le montant de la demande est supérieur au taux de compétence en dernier ressort.
L'appel sera soumis de droit à la procédure d'appel à **bref délai** de l'article 905, 4° du CPC (n° 26363).
Il est important de rappeler, car cela va au-delà, voire contre le texte, que même lorsqu'elles ne mettent pas fin à l'instance, les ordonnances du juge de la mise en état statuant sur **un incident de nature à y mettre fin** peuvent être frappées d'appel indépendamment du jugement sur le fond (Cass. 2e civ. 11-7-2013 n° 12-15.994 FS-PB : Bull. civ. II n° 156).
Par ailleurs, ajoutons à la liste des ordonnances du juge de la mise en état susceptibles d'appel immédiat le cas de l'ordonnance faisant droit à une demande de communication ou de production de pièce dans le cadre du mécanisme spécifique de **protection du secret des affaires** instauré par la loi 2018-670 du 30 juillet 2018, étant précisé que l'exécution provisoire de cette décision ne peut pas être ordonnée (C. com. art. R 153-9, II).

En application de l'article 776, devenu l'article 795 du CPC, il a été jugé qu'un appel immédiat pouvait être diligenté contre l'ordonnance d'un juge de la mise en état qui avait rejeté une **exception de procédure,** tirée de la nullité de l'assignation et avait ordonné une expertise (Cass. 2e civ. 14-5-2009 n° 08-10.292 : Bull. civ. II n° 121). 23730
Il existe ainsi une **distorsion** dans le traitement du justiciable selon que la procédure obéit ou non aux règles de la procédure avec **représentation obligatoire** et instruction par un JME. Ainsi, un jugement du tribunal de commerce, qui rejette une exception de nullité et ordonne une expertise, n'est pas un jugement mixte (n° 23616), ce qui impose à la partie qui souhaite faire appel de différer celui-ci. En revanche, dans le cadre d'une procédure avec représentation obligatoire devant le TJ, si le juge de la mise en état qui a compétence exclusive pour statuer sur une exception de nullité (CPC art. 789) rejette cette exception et ordonne une expertise, il rend une ordonnance susceptible d'appel immédiat.
Avant le décret 2017-891 du 6 mai 2017 qui a supprimé le contredit, il avait été jugé qu'une ordonnance du juge de la mise en état qui statue sur une **exception d'incompétence** n'était pas susceptible de contredit mais pouvait être frappée d'appel, en application de l'article 776 du CPC (Cass. 2e civ. 31-1-2013 n° 11-25.242 : Bull. civ. II n° 18). La Cour de cassation a précisé que le régime de l'appel sur la compétence issu du décret précité (CPC art. 83 à 89 ; nos 2970 s.) s'applique **quelle**

que soit la juridiction du premier degré concernée, qu'il s'agisse, par exemple, du juge de l'exécution (Cass. 2e civ. 11-7-2019 n° 18-23.617 FP-BRI) ou du juge des référés (Cass. 2e civ. 11-7-2019 n° 19-70.012 avis n° 15011 FP-BRI). Il est donc permis de considérer qu'il doit trouver à s'appliquer lorsque la décision rendue sur la compétence émane du juge de la mise en état.

B. Appel-nullité

RÈGLES GÉNÉRALES

23750 Il est dérogé à toute règle interdisant ou différant un recours **en cas d'excès de pouvoir** (Jurisprudence constante depuis Cass. ch. mixte 28-1-2005 n° 02-19.153 : RJDA 8-9/06 n° 776, 1e esp.). Il est alors possible de former un recours-nullité, notamment un appel-nullité, contre la décision entachée d'excès de pouvoir, ou consacrant l'excès de pouvoir commis par la juridiction inférieure (Cass. 2e civ. 25-3-2021 n° 19-16.216 F-P).
Création purement prétorienne, ce recours est ouvert bien que la loi ne le prévoie pas et même, précisément, parce qu'elle ne le prévoit pas. La **notification d'une décision** n'a pas à indiquer qu'un appel-nullité est exceptionnellement ouvert en cas d'excès de pouvoir (Cass. com. 9-6-1998 n° 95-18.486 : RJDA 11/98 n° 1276).

1. CONDITIONS D'OUVERTURE DE L'APPEL-NULLITÉ

CHAMP D'APPLICATION

23755 L'utilisation du recours-nullité s'est développée dans les domaines où les voies de **recours de droit commun** sont **interdites par la loi,** notamment en matière de procédures collectives (sauvegarde, redressement et liquidation judiciaires), d'évaluation de parts sociales et d'actions par un expert (C. civ. art. 1843-4) ou encore de contestation d'une ordonnance de non-conciliation en matière de divorce (C. civ. art. 1112).
L'appel-nullité peut être exercé non seulement lorsque le **recours** est interdit, mais aussi lorsqu'il est simplement **différé** (Cass. ch. mixte 28-1-2005 n° 02-19.153 : RJDA 8-9/06 n° 776, 1e esp. ; Cass. com. 22-5-2012 n° 11-12.015 : RJDA 4/13 n° 352 ; Cass. 1e civ. 28-11-2018 n° 17-17.536 FS-PB). Tel est le cas, notamment, pour une décision avant dire droit (nos 23660 s.).
La voie de l'appel-nullité n'est pas ouverte contre l'ordonnance d'exequatur d'une sentence d'**arbitrage international.** En effet, l'appel-nullité n'est ouvert, à titre exceptionnel, que contre une décision qui n'est susceptible d'aucun autre recours. Or, le recours en annulation de la sentence emporte de plein droit, dans les limites de la saisine de la cour, recours contre l'ordonnance du juge de l'exécution ou dessaisissement de ce juge (CPC art. 1504 al. 2). Par suite, la partie qui reproche au juge de l'exécution d'avoir commis un excès de pouvoir en ordonnant l'exequatur de la sentence malgré son dessaisissement du fait du recours en annulation préalablement formé contre celle-ci, doit s'en prévaloir et en tirer toutes les conséquences utiles au cours de la procédure en annulation de la sentence. Son appel-nullité contre la décision d'exequatur est donc irrecevable (Cass. 1e civ. 6-11-2013 n° 11-17.739 : Bull. civ. I n° 212).

23757 L'appel-nullité peut non seulement être dirigé contre une **décision** qui est **entachée d'excès de pouvoir** mais aussi contre une **décision qui consacre un excès de pouvoir** (Cass. com. 16-3-2010 n° 08-13.147 : RJDA 7/10 n° 773 ; Cass. com. 22-5-2012 n° 11-12.015 : RJDA 4/13 n° 352 ; Cass. com. 19-6-2012 n° 11-20.066 : Bull. civ. IV n° 130). Est ainsi entachée d'excès de pouvoir la décision par laquelle, saisi d'un recours, un juge confirme une décision constitutive d'excès de pouvoir (par exemple, Cass. com. 27-9-2011 n° 10-10.939 : Gaz. Pal. 21-1-2012 jur. p. 14 note N. Fricero ; Cass. 2e civ. 10-12-2020 n° 19-20.051 F-PBI ; Cass. 2e civ. 25-3-2021 n° 19-16.216 F-P).
Même si une **mesure d'administration judiciaire** est insusceptible de recours (CPC art. 537), la nature d'une telle mesure exclut que les parties puissent exercer à son encontre un appel-nullité, fût-ce en invoquant l'excès de pouvoir (Cass. com. 12-7-2011 n° 09-71.764 : RJDA 7/11 n° 646, Bull. civ. I n° 120 rendue à propos de la jonction d'incidents de procédure avec le fond).
Un simple **avis du bâtonnier** n'est pas susceptible d'un appel-nullité (Cass. 1e civ. 3-5-2018 n° 17-17.717 F-PB).

ILLUSTRATIONS

Un bâtonnier, qui n'avait nullement entendu exercer une prérogative juridictionnelle que la loi ne lui reconnaît pas, avait adressé à un avocat une lettre d'avis, lui demandant de se déporter, dans un contexte de conflit d'intérêts. Cet avis ne pouvait être qualifié de décision ayant force obligatoire en ce qu'il ne présentait **aucun caractère contraignant,** son destinataire n'étant pas tenu de le suivre. L'appel-nullité dirigé contre cet avis était donc irrecevable (Cass. 1e civ. 3-5-2018, précité).

CARACTÈRE SUBSIDIAIRE DE L'APPEL-NULLITÉ

L'appel-nullité a un caractère subsidiaire : il n'est en principe pas recevable lorsque celui qui l'exerce est autorisé par la loi à former un **appel-réformation** (Cass. com. 12-4-2005 n° 03-16.538 : Rev. Loyers 2005 p. 428 note C.-H. Gallet), ou toute autre voie de recours ou de rétractation (Cass. 2e civ. 20-4-2017 n° 16-15.934). Toutefois, le fait d'indiquer improprement dans la déclaration d'appel qu'il s'agit d'un appel-nullité et non d'un appel-annulation ne rend pas le recours irrecevable (n° 23855). **23760**

Si la **décision** attaquée a été **rendue en dernier ressort,** la voie de l'appel-nullité n'est pas ouverte, la décision ne pouvant faire l'objet que d'un pourvoi en cassation (Cass. 2e civ. 27-6-1984 n° 83-10.743 : Bull. civ. II n° 122). **23765**

Inversement, si la **voie du pourvoi est fermée,** la voie de l'appel-nullité est ouverte au demandeur qui invoque un excès de pouvoir. Celui-ci ne peut pas exercer un recours en cassation contre la décision litigieuse en invoquant un excès de pouvoir sans avoir préalablement agi en appel-nullité, la voie du pourvoi-nullité n'étant ouverte que si toutes les autres voies sont fermées (Cass. com. 12-4-2005 n° 03-11.661 : RTD com. 2005. 606 n° 16 note J.-L. Vallens ; Cass. com. 16-3-2010 n° 09-13.578 : RJDA 7/10 n° 772 ; Cass. com. QPC 26-6-2012 n° 11-27.515 : RJDA 2/13 n° 149).

Si l'excès de pouvoir est invoqué, et que tant l'appel que le pourvoi sont fermés à la partie qui s'en prévaut, l'appel-nullité prime le pourvoi en cassation-nullité. En d'autres termes, si l'appel est fermé mais que le pourvoi est ouvert, ce dernier prime l'appel-nullité, même si l'excès de pouvoir est invoqué ; mais si l'appel et le pourvoi sont fermés, l'appel-nullité doit être exercé de préférence au pourvoi-nullité.

NOTION D'EXCÈS DE POUVOIR POUR L'APPEL-NULLITÉ

L'excès de pouvoir est constitué par la méconnaissance par le juge de l'étendue de ses pouvoirs juridictionnels (Cass. 1e civ. 20-2-2007 n° 06-13.134 : RJDA 6/07 n° 674), c'est-à-dire lorsque le juge **outrepasse les pouvoirs** que lui confère la loi ou lorsqu'il **ne les exerce pas.** Il y a excès de pouvoir négatif « lorsque le juge refuse de se reconnaître un pouvoir que la loi lui confère » (Cass. civ. 14-5-1900, DP 1900. 1. 356). En d'autres termes, le juge procède de lui-même à une amputation de son pouvoir juridictionnel. À l'inverse, l'excès de pouvoir positif traduit un dépassement de ce pouvoir. **23780**

Aucun excès de pouvoir ne peut être reproché à un magistrat qui ne fait pas application de dispositions contraires à l'article 6, 1 de la convention européenne de sauvegarde des droits de l'Homme et des libertés (Cass. com. 3-2-2009 n° 07-16.903 : RJDA 8-9/09 n° 769).

L'excès doit être caractérisé au jour où le juge a statué (Cass. com. 12-11-2008 n° 07-18.382).

En revanche et contrairement à ce que les tribunaux avaient admis dans un premier temps, la **violation** par le juge **d'un principe fondamental de procédure** ne peut plus être invoquée pour fonder un appel-nullité (Jurisprudence constante depuis Cass. ch. mixte 28-1-2005 précité ; Cass. 1e civ. 20-2-2007 n° 06-13.134 : RJDA 6/07 n° 674). **23782**

Comme le montrent les illustrations jurisprudentielles rapportées ci-dessous, la **distinction** entre excès de pouvoir et atteinte à un principe fondamental de procédure peut être **délicate.** Par ailleurs, si les tribunaux sont prompts à rappeler l'existence de l'appel-nullité, il est en pratique assez rare qu'ils reconnaissent l'existence d'un excès de pouvoir, sauf en matière de procédures collectives. **23785**

Illustrations générales Il y a **excès de pouvoir** rendant l'appel-nullité recevable lorsque le juge : **23790**

– a violé le principe de la séparation des pouvoirs, c'est-à-dire lorsqu'un juge de l'ordre judiciaire a statué dans un domaine relevant de la compétence des juridictions administratives et inversement (Cass. 1e civ. 6-5-1985 n° 84-12.869 : Bull. civ. I n° 143 ; Cass. 1e civ. 25-1-2005 n° 02-20.771 : RJDA 6/05 n° 682 ; Cass. 1e civ. 23-2-2011 n° 09-72.059 : RJDA 6/11 n° 596) ;

– a commis un excès de pouvoir négatif, par exemple lorsque le juge judiciaire, seul compétent pour juger, renvoie la question à trancher au juge administratif (Cass. 1e civ. 28-11-2018 n° 17-17.536 FS-PB) ;

– a statué en violation d'une immunité de juridiction (Cass. 1e civ. 15-4-1986 n° 84-13.422 : Bull. civ. I n° 87) ;

– a statué sur une demande alors que la partie adverse y avait acquiescé, ce qui avait emporté l'extinction immédiate de l'instance, accessoirement à l'action (CA Toulouse 11-10-2011 n° 11/00156 : RJDA 1/12 n° 77) ;

– a refusé de statuer sur un recours alors que l'appelant soutenait que le délai d'exercice de ce recours n'avait pas couru à défaut d'une notification régulière de la décision à son égard (Cass. com. 22-5-2007 n° 06-11.794 : RJDA 10/07 n° 1001).

23792 En revanche, l'**existence d'un excès** de pouvoir a été **écartée** dans les cas suivants :
– non-respect du principe de la contradiction (Cass. ch. mixte 28-1-2005 n° 02-19.153 : RJDA 8-9/06 n° 976 ; Cass. 1e civ. 17-6-2009 n° 08-11.697 : Bull. civ. I n° 129 ; voir toutefois n° 23800 en ce qui concerne l'obligation du juge d'entendre le débiteur avant d'ordonner la vente de ses biens dans le cadre d'une procédure collective) ;
– méconnaissance du principe de loyauté des débats (Cass. com. 8-3-2011 n° 09-71.764 : RJDA 7/11 n° 646 ; Cass. com. 12-7-2011 n° 09-71.764 : RJDA 7/11 n° 646, Bull. civ. I n° 120) ;
– absence de motivation d'un jugement (Cass. 1e civ. 20-2-2007 n° 06-13.134 : RJDA 6/07 n° 674 ; Cass. com. 26-1-2010 n° 08-21.330 : RJDA 6/10 n° 699 ; Cass. com. 7-9-2010 n° 09-16.845 : RJDA 12/10 n° 1202) ;
– existence d'une erreur de droit (Cass. com. 18-1-2011 n° 09-17.350 : D. 2012 p. 703 obs. J.-P. Rémery ; CA Orléans 22-3-2007 n° 06-2283 : RJDA 7/07 n° 756) ;
– violation de l'article 670 du CPC relatif aux formes de la notification (Cass. com. 27-3-2012 n° 11-10.325 : RJDA 7/12 n° 703 som.) ;
– violation des règles relatives à la présentation des prétentions dans le cadre d'une procédure orale, qui a abouti à ne pas « entendre » une partie (Cass. 2e civ. 18-12-2008 n° 07-20.662 : Bull. civ. II n° 270) ;
– violation des articles 6, 1 et 13 de la CESDH relatifs respectivement au droit à un procès équitable et au droit à un recours effectif (Cass. com. 12-7-2011 précité ; Cass. com. 19-6-2012 n° 11-20.066 : Bull. civ. IV n° 130) ;
– prononcé du jugement en chambre du conseil plutôt qu'en audience publique (Cass. com. 7-2-2012 n° 11-12.580 : RJDA 4/12 n° 426 ; Cass. com. 30-10-2012 n° 11-12.588 : RJDA 1/13 n° 56).

23795 **Illustrations en matière d'évaluation de droits sociaux** L'article 1843-4 du Code civil prévoit, en cas de cession de droits sociaux ou de rachat par la société, que leur prix est fixé par un expert, désigné par le président du tribunal de commerce ou du tribunal judiciaire. L'ordonnance se prononçant sur cette désignation est insusceptible de recours, sauf en cas d'excès de pouvoir (notamment Cass. com. 3-5-2012 n° 11-16.349 : RJDA 11/12 n° 970 ; Cass. com. 15-5-2012 n° 11-17.866 et n° 11-12.999 : RJDA 1/13 n° 40).
Il y a **excès de pouvoir** lorsque, après avoir désigné l'expert, le président du tribunal encadre sa mission selon les règles de l'expertise judiciaire ici inapplicables (CA Paris 30-1-2009 n° 08-13762 : RJDA 5/09 n° 440).
L'excès de pouvoir n'est **pas caractérisé** si le président du tribunal :
– procède à la désignation de l'expert alors que les conditions d'application de l'article 1843-4 du Code civil ne sont pas remplies (Cass. com. 15-5-2012 n° 11-17.866 précité) ;
– désigne un nouvel expert sans avoir d'abord prononcé la fin de la mission du premier expert, s'être assuré que ce dernier n'a pas accepté sa mission ou que les parties y ont mis fin ou que celui-ci peut renoncer à sa mission ou que sa renonciation est claire et non équivoque (Cass. com. 15-5-2012 n° 11-12.999 précité) ;
– procède à la désignation après avoir écarté une clause de conciliation préalable estimant que ses conditions de mise en œuvre ne sont pas réunies (Cass. com. 3-5-2012 n° 11-16.349 et Cass. com. 15-5-2012 n° 11-17.866 précités).
Ne commet ni ne consacre aucun excès de pouvoir la cour d'appel qui rejette l'appel-nullité formé contre une ordonnance ayant désigné un expert pour évaluer des droits sociaux dès lors que si, contrairement aux dispositions de l'article 1843-4 du Code civil, cette décision n'a pas été rendue par le président du tribunal mais par le magistrat chargé de l'audience des référés, ce dernier a expressément statué en la forme des référés comme le prévoit le texte et le demandeur n'a pas fait valoir qu'il n'avait pas reçu délégation du président du tribunal (Cass. com. 15-5-2012 n° 11-17.866 précité).

23800 **Illustrations en matière de procédures collectives** Commet un **excès de pouvoir** :
– le juge qui se prononce en matière de réalisation de l'actif du débiteur en liquidation judiciaire sans que le débiteur ait été entendu ou dûment appelé (Cass. com. 16-6-2009 n° 08-13.565 : RJDA 8-9/10 n° 900 ; Cass. com. 8-3-2011 n° 10-30.629 : RJDA 6/11 n° 562 ; Cass. com. 8-1-2013 n° 11-26.059) ;
– le juge ayant déclaré irrecevable le recours formé par un débiteur en liquidation judiciaire qui exerce son droit propre contre la décision du juge-commissaire ayant autorisé la vente d'un de ses biens, dont il prétend qu'elle a violé la nature ou la portée des règles relatives à son dessaisissement (Cass. com. 5-10-2010 n° 09-16.602 : RJDA 12/10 n° 1203) ;
– le tribunal de commerce qui, saisi par l'auteur d'une offre d'acquisition de gré à gré d'un actif d'un débiteur en liquidation judiciaire contre la décision du juge-commissaire ordonnant la vente au profit de l'auteur d'une offre concurrente, juge recevable ce recours qui n'émane pourtant pas d'une partie, et statue sur le fond (Cass. com. 28-4-2009 n° 07-18.715 : RJDA 10/09 n° 879) ;

– le tribunal de commerce qui consacre l'excès de pouvoir commis par le juge-commissaire de la procédure collective ouverte contre un époux, ce juge ayant autorisé la vente de gré à gré d'un immeuble commun qui avait déjà été inclus dans l'actif de la procédure collective de l'épouse (Cass. com. 16-3-2010 n° 08-13.147 : RJDA 7/10 n° 773).

Autres illustrations Commet un excès de pouvoir : 23805
– le président du tribunal de commerce qui refuse de prêter son concours à la constitution d'un **tribunal arbitral** en désignant un troisième arbitre, comme le prévoyait la clause compromissoire insérée dans un contrat (CA Orléans 18-12-2003 n° 03-2815 : RJDA 5/04 n° 650) ;
– le bâtonnier de l'ordre des avocats qui, dans le cadre d'un arbitrage, décide des pièces pouvant être produites devant une juridiction (Cass. 1e civ. 15-12-2011 n° 10-25.437 : Bull. civ. I n° 213) ;
– le bureau de conciliation du conseil de **prud'hommes** ayant constaté l'existence d'une **transaction** entre les parties sans vérifier ni l'existence de contreparties réciproques entre ces dernières ni si elles étaient informées de leurs droits respectifs (Cass. soc. 24-5-2006 n° 04-45.877 : Bull. civ. V n° 189).

Ne constitue pas un excès de pouvoir le fait qu'un juge de la mise en état ordonne une **mesure d'information** sur le fondement de l'article L 716-7-1 du Code de la propriété intellectuelle avant que la contrefaçon n'ait été constatée (Cass. com. 13-12-2011 n° 10-28.088 : RJDA 4/12 n° 442).

2. PROCÉDURE DE L'APPEL-NULLITÉ

Si l'appel-nullité ne doit pas être confondu avec l'appel voie d'annulation de droit commun (n° 23500) parce que les conditions d'ouverture sont spécifiques, l'appel-nullité n'est pas pour autant une voie de recours autonome (Cass. 2e civ. 8-12-2011 n° 10-18.413 : Bull. civ. II n° 222). Il en résulte que la personne interjetant un appel-nullité doit respecter les **modalités de droit commun ou** celles **propres** à la **matière considérée.** 23840

PARTIE AU PROCÈS

Comme l'appel « classique », l'appel-nullité ne peut être formé que par une partie au procès (notamment Cass. com. 19-11-1996 n° 94-19.533 : RJDA 3/97 n° 426 ; Cass. 1e civ. 9-6-2010 n° 09-10.641 : Bull. civ. I n° 131), telle que définie nos 23920 s. 23845

ILLUSTRATIONS

En matière de **procédures collectives,** est irrecevable l'appel-nullité formé par :
– une banque créancière du débiteur contre les jugements ouvrant le redressement judiciaire, fixant la date de cessation des paiements et prononçant la liquidation judiciaire dès lors que, en formant tierce opposition aux jugements dont elle faisait maintenant appel, la banque avait elle-même reconnu qu'elle n'était pas partie à l'instance (Cass. com. 19-11-1996 précité) ;
– un créancier, entendu par le tribunal en sa qualité de contrôleur, contre le jugement arrêtant le plan de continuation (Cass. com. 5-11-2003 n° 00-17.456) ;
– un repreneur évincé contre le jugement par lequel le plan de cession avait été arrêté au profit d'un autre repreneur (Cass. com. 2-4-1996 n° 94-13.201 : RJDA 8-9/96 n° 1121), y compris si l'intéressé a procédé à une intervention volontaire principale devant le tribunal appelé à se prononcer sur le projet de plan (Cass. com. 11-5-1999 n° 98-11.392 : RJDA 8-9/99 n° 976) ou a été préalablement entendu par ce tribunal (Cass. com. 22-3-1988 nos 87-15.901, 87-15.902 : Bull. civ. IV n° 113), ou contre la décision du juge-commissaire autorisant ou ordonnant la vente d'un bien au profit de l'auteur d'une offre concurrente (Cass. com. 28-4-2009 n° 07-18.715 : RJDA 10/09 n° 879), peu important que l'ordonnance du juge-commissaire lui ait été notifiée (Cass. com. 3-12-2003 n° 00-20.298 : RJDA 4/04 n° 447).

En matière de cession d'actifs, la Cour de cassation a modifié sa jurisprudence, en retenant une conception extensive de la notion de partie (nos 23923 et 24100).

DÉLAI DE L'APPEL-NULLITÉ

L'appel-nullité doit être formé dans le délai applicable à la **matière concernée.** Ainsi, en matière de procédures collectives, il doit être formé dans le délai de dix jours exposé n° 50560 (Cass. com. 15-1-1991 n° 89-18.185 : RJDA 4/91 n° 338 ; Cass. com. 26-4-1994 n° 92-18.966 : RJDA 6/94 n° 713). 23850

De même, en matière d'arbitrage, la Cour de cassation a refusé de faire application du délai de droit commun à l'appel-nullité formé contre l'ordonnance du président du TGI (devenu tribunal judiciaire) ou du tribunal de commerce ayant refusé de désigner un ou des arbitres en raison de la nullité de la clause d'arbitrage (CPC art. 1460), l'appel devant être formé comme en matière de contredit de compétence (Cass. 2e civ. 21-1-1998 n° 96-17.039 : Bull. civ. II n° 20 ; Cass. 1e civ. 9-2-2011 n° 09-71.416 : Bull. civ. I n° 24).

DÉCLARATION D'APPEL EN CAS D'APPEL-NULLITÉ

23855 L'appel-nullité ouvert en cas d'excès de pouvoir ne peut pas être déclaré irrecevable au motif que la **déclaration** d'appel **tend à la réformation ou à l'annulation** du jugement et non à sa nullité (Cass. 2e civ. 8-12-2011 n° 10-18.413 : Bull. civ. II n° 222).

Inversement, un appel « classique » ne peut pas être déclaré irrecevable pour la seule raison qu'il a été improprement qualifié d'appel-nullité alors que la voie de l'appel de droit commun était ouverte, dès lors que la demande tend bien à l'annulation de la décision (Cass. com. 8-1-2008 n° 06-18.287 ; Cass. com. 3-2-2009 n° 07-18.931 : RJDA 10/09 n° 880, Bull. civ. IV n° 14).

Le **conseiller de la mise en état** a été jugé **compétent** pour apprécier la recevabilité de l'appel-nullité, l'article 911 du CPC ne distinguant pas selon que la voie de recours intentée tend à la réformation, à l'annulation ou à la nullité du jugement (Cass. com. 14-5-2008 n° 07-11.036 : Bull. civ. IV n° 99). Mais il n'est pas certain que la Cour de cassation maintienne cette solution, compte tenu de l'avis rendu au sujet de la **délimitation des pouvoirs du CME** (Cass. avis 2e civ. 3-6-2021, n° 21-70.006 avis n° 15008). Il en résulte en effet que le CME ne peut notamment connaître des fins de non-recevoir qui, bien que n'ayant pas été tranchées en première instance, auraient pour conséquence, si elles étaient accueillies, de **remettre en cause ce qui a été jugé au fond par le premier juge.** Or, si le CME retient la notion d'excès de pouvoir, il remet a priori en cause ce qu'a jugé le premier juge, au moins sur le périmètre de ses pouvoirs. Cependant, la compétence du CME pourra sans doute continuer à être défendue au motif que, précisément, ce n'est que si l'irrecevabilité de l'appel-nullité est **rejetée,** et donc l'excès de pouvoir retenu, que la chose jugée par le premier juge est remise en cause. En effet, l'accueil de la fin de non-recevoir, seule hypothèse visée par l'avis de la Cour de cassation, renforcera la chose jugée par le premier juge, en fermant la porte de l'appel-nullité.

EFFET DÉVOLUTIF DE L'APPEL-NULLITÉ

23860 L'appel-nullité, même s'il doit être distingué de l'appel voie d'annulation (n° 23600), tend également à **annuler le jugement.** Par conséquent, il opère un effet dévolutif total (CPC art. 562, al. 2 ; Cass. com. 28-5-1996 n° 94-14.232 : RJDA 11/96 n° 1402 ; Cass. com. 1-10-1997 n° 94-15.084 : Bull. civ. IV n° 232), dans la mesure où le recours est recevable. La cour d'appel se trouve saisie par l'effet dévolutif de l'entier litige et doit **statuer sur le fond** même si elle déclare nul le jugement entrepris (Cass. 1e civ. 12-11-1985 n° 84-14.503 : Bull. civ. I n° 292 ; Cass. com. 28-5-1996 n° 94-14.232 : RJDA 11/96 n° 1402). L'effet dévolutif opère également dans l'hypothèse d'un appel-nullité contre un jugement avant dire droit (Cass. soc. 13-1-1998 n° 93-44.339, n° 95-42.700 : Bull. civ. V n° 4).

Cependant, conformément au droit commun, la dévolution ne s'effectue que dans les **limites** des attributions du juge de première instance (n° 24960). Pour des applications en matière de procédures collectives, notamment en cas d'appel contre les ordonnances du juge-commissaire, voir n° 50575.

EFFET SUSPENSIF DE L'APPEL-NULLITÉ

23865 L'appel-nullité n'étant pas une voie de recours autonome dans ses effets (n° 23840), il produit un effet suspensif par application des règles générales de l'appel, sous réserve des règles particulières à la matière concernée (voir par exemple en matière de procédures collectives n° 50570).

RESSORT DES COURS D'APPEL

23900

RESSORT DES COURS D'APPEL PAR DÉPARTEMENT

	Département	Cour d'appel compétente
01	Ain	Lyon
02	Aisne	Amiens
03	Allier	Riom
04	Alpes-de-Haute-Provence	Aix-en-Provence
05	Hautes-Alpes	Grenoble
06	Alpes-Maritimes	Aix-en-Provence
07	Ardèche	Nîmes
08	Ardennes	Reims
09	Ariège	Toulouse
10	Aube	Reims
11	Aude	Montpellier
12	Aveyron	Montpellier

23900 (suite)

	Département	Cour d'appel compétente
13	Bouches-du-Rhône	Aix-en-Provence
14	Calvados	Caen
15	Cantal	Riom
16	Charente	Bordeaux
17	Charente-Maritime	Poitiers
18	Cher	Bourges
19	Corrèze	Limoges
20	Collectivité de Corse	Bastia
21	Côte-d'Or	Dijon
22	Côtes-d'Armor	Rennes
23	Creuse	Limoges
24	Dordogne	Bordeaux
25	Doubs	Besançon
26	Drôme	Grenoble
27	Eure	Rouen
28	Eure-et-Loir	Versailles
29	Finistère	Rennes
30	Gard	Nîmes
31	Haute-Garonne	Toulouse
32	Gers	Agen
33	Gironde	Bordeaux
34	Hérault	Montpellier
35	Ille-et-Vilaine	Rennes
36	Indre	Bourges
37	Indre-et-Loire	Orléans
38	Isère	Grenoble
39	Jura	Besançon
40	Landes	Pau
41	Loir-et-Cher	Orléans
42	Loire	Lyon
43	Haute-Loire	Riom
44	Loire-Atlantique	Rennes
45	Loiret	Orléans
46	Lot	Agen
47	Lot-et-Garonne	Agen
48	Lozère	Nîmes
49	Maine-et-Loire	Angers
50	Manche	Caen
51	Marne	Reims
52	Haute-Marne	Dijon
53	Mayenne	Angers
54	Meurthe-et-Moselle	Nancy
55	Meuse	Nancy
56	Morbihan	Rennes
57	Moselle	Metz
58	Nièvre	Bourges
59	Nord	Douai
60	Oise	Amiens
61	Orne	Caen
62	Pas-de-Calais	Douai
63	Puy-de-Dôme	Riom
64	Pyrénées-Atlantiques	Pau
65	Hautes-Pyrénées	Pau
66	Pyrénées-Orientales	Montpellier

	Département	Cour d'appel compétente
67	Bas-Rhin	Colmar
68	Haut-Rhin	Colmar
69	Rhône	Lyon
70	Haute-Saône	Besançon
71	Saône-et-Loire	Dijon
72	Sarthe	Angers
73	Savoie	Chambéry
74	Haute-Savoie	Chambéry
75	Paris	Paris
76	Seine-Maritime	Rouen
77	Seine-et-Marne	Paris
78	Yvelines	Versailles
79	Deux-Sèvres	Poitiers
80	Somme	Amiens
81	Tarn	Toulouse
82	Tarn-et-Garonne	Toulouse
83	Var	Aix-en-Provence
84	Vaucluse	Nîmes
85	Vendée	Poitiers
86	Vienne	Poitiers
87	Haute-Vienne	Limoges
88	Vosges	Nancy
89	Yonne	Paris
90	Territoire de Belfort	Besançon
91	Essonne	Paris
92	Hauts-de-Seine	Versailles
93	Seine-Saint-Denis	Paris
94	Val-de-Marne	Paris
95	Val-d'Oise	Versailles
971	Guadeloupe	Basse-Terre
972	Martinique	Fort-de-France
973	Guyane	Cayenne
974	La Réunion	Saint-Denis de La Réunion
975	Saint-Pierre-et-Miquelon	Tribunal supérieur d'appel de Saint-Pierre
976	Mayotte	Saint-Denis de La Réunion
986	Wallis-et-Futuna	Nouméa
987	Polynésie française	Papeete
988	Nouvelle-Calédonie	Nouméa

Sur la compétence particulière de la **cour d'appel de Paris** pour les recours formés contre des décisions rendues par certaines autorités (AMF, Autorité de la concurrence...) ou dans certaines matières (pratiques restrictives de concurrence, notamment), voir n° 2318.

II. PARTIES À L'APPEL

23920 Il est important de définir le rôle procédural de chaque partie au procès d'appel, car ce rôle détermine les conditions de **recevabilité** du recours et des demandes devant la cour. Le rôle procédural fixe également les **droits et obligations de chaque partie** dans le cadre de la procédure d'appel avec représentation obligatoire issue de la réforme entrée en vigueur en 2011 (CPC art. 901 à 916).

Sur les règles particulières concernant les parties à l'appel en matière de **procédures collectives,** voir n°s 50500 s.

A. Appelant principal

1. QUALITÉ À FAIRE APPEL

L'appelant principal est celui qui prend l'initiative de demander la réformation ou l'annulation d'un jugement. Peuvent exercer l'appel, non seulement les personnes qui ont été **parties** devant le premier juge (n°s 23923 s.), mais aussi celles qui ont été **représentées par une partie** devant celui-ci (n°s 23960 s.) et, dans certains cas, des **tiers** au premier procès, auxquels la décision a été notifiée (n°s 24100 s.). 23922

a. Partie en première instance

Le droit de former appel principal contre une décision de première instance appartient à toute personne qui a été partie devant le premier juge (CPC art. 546, al. 1). Il faut pour cela qu'elle ait émis une **prétention** (CPC art. 4 et 31), ou qu'elle se soit défendue contre une telle prétention. À défaut, et sauf si elle a été représentée par une partie (n°s 23960 s.), la personne doit être considérée comme un **tiers** au procès et la voie de recours qui lui est ouverte est celle de la tierce opposition. 23923

L'obligation d'avoir été partie en première instance s'applique à l'auteur d'un **appel-nullité** (Cass. com. 19-11-1996 n° 94-19.533 : Bull. civ. IV n° 279 ; Cass. 1e civ. 9-6-2010 n° 09-10.641 : Bull. civ. I n° 131).

> **Précisions a.** Si une partie au procès relève appel et soumet donc le litige à la cour par le jeu de l'effet dévolutif, le **tiers** qui entend contester la décision devra emprunter la voie de l'**intervention volontaire,** au lieu et place de la tierce opposition.
> **b.** Concernant les **procédures collectives,** en matière de cession d'actifs immobiliers (C. com. art. L 642-18) ou mobiliers (C. com. art. L 642-19), le recours sui generis exercé devant la cour d'appel (C. com. art. R 642-37-1 et R 642-37-3), qui revêt tous les attributs de l'appel et a été qualifié ainsi (Cass. com. 13-12-2016 n° 15-14.316 F-D ; Cass. com. 17-2-2015 n°s 14-10.100 F-D et 14-10.109 F-D), est ouvert non seulement aux parties, mais également aux « personnes dont les droits et obligations sont affectés » par l'ordonnance du juge-commissaire (pour un créancier hypothécaire, dans le cas d'un immeuble : Cass. com. 18-5-2016 n° 14-19.622 FS-PB : RJDA 8-9/16 n° 637 ; pour un bailleur, dans le cas d'un meuble : Cass. com. 11-2-2014 n° 12-26.208 F-PB : RJDA 5/14 n° 463 ; Cass. com. 24-1-2018 n° 16-18.795 F-PB : RJDA 4/18 n° 343). À titre dérogatoire, ce n'est donc pas la tierce opposition que ces tiers un peu particuliers doivent emprunter, mais bien l'appel, comme si intérêt et qualité à agir fusionnaient en leur personne.

INTERVENANT POUVANT RELEVER APPEL

Le droit à relever appel principal est reconnu à l'**intervenant principal en première instance** (Cass. 3e civ. 22-3-1995 n° 93-12.049 : Bull. civ. III n° 79) mais dénié à l'**intervenant accessoire** si la partie principale n'a pas fait de recours (Cass. 2e civ. 25-6-1998 n° 98-60.079 : Bull. civ. II n° 230 ; Cass. com. 29-5-1984 n° 83-11.014 : Bull. civ. IV n° 179, rendus en matière de pourvoi mais transposables à l'appel). 23930

CHANGEMENT DE QUALITÉ D'UNE PARTIE ET APPEL

Lorsqu'une partie figurait à la première instance en une certaine qualité (par exemple, en qualité d'administrateur judiciaire), cette qualité doit en principe être indiquée sur l'**acte d'appel.** 23940

La modification de la qualité d'une partie rend cette partie **tierce au procès.** Une partie qui entend contester la décision de première instance en une autre qualité que celle au titre de laquelle elle figurait en première instance doit faire tierce opposition ou intervenir volontairement à l'instance (Cass. 2e civ. 25-10-1995 n°s 93-19.626 et 93-19.627 : Bull. civ. II n° 260). De même, une partie attraite en une certaine qualité en première instance ne peut être recherchée en une autre qualité devant la cour : un assureur qui est partie devant le premier juge en qualité d'assureur d'une personne ne peut être condamné devant la cour en qualité d'assureur d'une autre personne (Cass. 3e civ. 18-6-2008 n° 07-13.117 : Bull. civ. III n° 105), sauf à observer, bien sûr, les conditions de forme et de fond d'une assignation forcée devant la cour.

> **Précisions a.** L'**erreur manifeste, dans la désignation** de l'intimé (en l'espèce sa qualité), au regard de l'objet du litige, n'est pas de nature à entraîner l'irrecevabilité de l'appel (Cass. ass. plén. 6-12-2004 n° 03-11.053 : Bull. ass. plén. n° 13).
> **b.** À moins que la loi ou le règlement en dispose autrement, une **partie** conserve, malgré l'exécution provisoire de la décision, le pouvoir de **critiquer le jugement qui la prive du droit d'agir.** Ainsi, par exemple, une partie qui a été désignée comme liquidateur judiciaire conserve le droit de relever appel du jugement de clôture de la liquidation pour insuffisance d'actif, qui la prive en principe du droit d'agir (Cass. com. 13-2-2007 n° 05-19.182 : Bull. civ. IV n° 40).

b. Appel par une personne représentée par une partie en première instance

23960 Le droit de former appel principal est reconnu aux personnes qui ont été représentées par une partie en première instance.

La **notion** de représentation par une partie a pour **fondement** le régime de la tierce opposition (CPC art. 583). Cet article prévoit en effet que la tierce opposition ne peut être exercée que par une personne qui n'a été ni partie ni représentée au jugement qu'elle attaque. Cette définition induit **a contrario** celle des personnes recevables à relever appel. La logique est de considérer que, dès lors qu'une personne a été représentée par une partie, elle n'est pas tierce à l'égard du procès. Une **jurisprudence,** aux contours souvent flous, s'est développée pour restreindre le champ de la tierce opposition et accroître par ricochet celui de l'appel. La jurisprudence étend parfois à l'extrême la notion de représentation.

La représentation par une partie peut correspondre à des cas de figure très divers. Elle peut avoir un fondement légal, judiciaire ou conventionnel. La jurisprudence est donc très casuistique.

> **Précisions** **a.** Le fait d'avoir été représenté par une partie en première instance n'empêche toutefois pas l'exercice d'une tierce opposition, et non d'un appel, lorsque la décision attaquée a été rendue en **fraude** des droits d'une partie, ou lorsque celle-ci invoque des **moyens** qui lui sont **propres** (CPC art. 583, al. 2). Par exemple, si, en principe, l'associé est représenté, dans les litiges opposant la société à des tiers, par le représentant légal de la société, il est néanmoins recevable à former tierce-opposition contre un jugement auquel celle-ci a été partie s'il invoque une fraude à ses droits ou un moyen qui lui est propre (Cass. com. 31-3-2021 n° 19-14.839 F-P).
> **b.** Une **communauté d'intérêts** avec une partie au procès ne suffit pas à caractériser la représentation au jugement (Cass. 2e civ. 7-6-2007 n° 06-13.671 ; Cass. 2e civ. 8-7-2004 n° 02-14.385 : Bull. civ. II n° 400).

APPEL PAR UN AYANT CAUSE UNIVERSEL

23962 Le successeur universel est considéré comme ayant été représenté par son auteur devant le premier juge, ce qui rend son appel recevable (Cass. 1e civ. 18-7-1961 n° 59-10.088 : Bull. civ. I n° 410 ; Cass. 3e civ. 30-5-1969 n° 67-11.755 : Bull. civ. III n° 436).

Ces règles s'appliquent à la société bénéficiaire d'une **fusion,** d'une **scission** ou d'un apport partiel d'actif soumis au régime des scissions (Cass. com. 16-2-1988 n° 86-19.645 : Bull. IV n° 69 ; nos 47020 s.).

APPEL PAR UN AYANT CAUSE À TITRE PARTICULIER

23970 Il est classiquement jugé que l'ayant cause à titre particulier :

– n'est pas considéré comme ayant été représenté par son auteur **s'il a acquis ses droits antérieurement à l'introduction de l'instance** (sous réserve des règles de la publicité foncière lorsqu'elle est requise) ; son appel est donc irrecevable (Cass. 1e civ. 28-2-1967 n° 65-11.441 : Bull. civ. I n° 84) ;

– est considéré comme ayant été représenté par son auteur **s'il a acquis ses droits postérieurement à l'introduction de l'instance,** ce qui rend son appel recevable (Cass. civ. 15-3-1847 : DP 1847 1 p. 155). Mais à **condition,** selon une jurisprudence plus moderne, d'avoir été **attrait** ou d'être intervenu à l'instance **avant le prononcé** du jugement. Il a en effet été jugé, dans le cadre d'une **cession d'un bien immobilier,** que l'acquéreur n'était pas recevable à relever appel d'un jugement ayant débouté le vendeur d'une demande en résiliation d'un bail portant sur le bien transmis, et ce, bien que la cession du bien ait eu lieu après l'introduction de la première instance. L'ayant cause à titre particulier n'est pas représenté par son auteur pour les actes accomplis, dans une procédure relative aux biens transmis, après la cession de celui-ci, de sorte que, s'il a acquis le bien pendant la première instance, mais sans y intervenir ou y être attrait, il reste un tiers par rapport à cette instance et son appel est irrecevable (Cass. 2e civ. 22-3-2007 n° 05-21.781 : RJDA 7/07 n° 801).

Dans le même sens, il a été jugé que l'entrepreneur qui n'a pris en **location-gérance** le fonds de commerce d'un autre entrepreneur qu'après l'introduction, par ce dernier, d'une instance en paiement du solde de travaux contre un client n'a **pas été représenté par son auteur** dans cette procédure relative au bien donné en location-gérance et n'est pas recevable, en sa qualité d'ayant cause à titre particulier, à interjeter appel du jugement (Cass. 3e civ. 8-4-2008 n° 07-13.427 : RJDA 10/08 n° 1077).

APPEL PAR DES ÉPOUX

Lorsque des époux sont mariés sous le **régime de la communauté,** en cas de procédure diligentée par ou contre l'un d'eux, l'autre est généralement considéré comme représenté par le premier. Toutefois, si un jugement de **divorce** est prononcé et retranscrit entre le jugement de première instance et l'arrêt d'appel, la tierce opposition de l'ex-conjoint est recevable (Cass. 2e civ. 2-5-1974 n° 73-10.242 : Bull. civ. II n° 146). 23980

Chacun des époux agissant en qualité d'administrateur de la communauté, la décision relative à un **bien commun** rendue à l'égard d'un époux a autorité de chose jugée à l'égard de l'autre (Cass. 2e civ. 21-1-2010 n° 08-17.707 : Bull. civ. II n° 14). En revanche, la **procédure d'expulsion** d'un bien commun doit viser les deux époux, faute de quoi le conjoint qui n'a pas été représenté peut faire tierce opposition de l'ordonnance de référé et de l'arrêt statuant sur l'appel de cette décision ayant ordonné l'expulsion de son conjoint et de tous occupants de son chef (Cass. 2e civ. 21-9-2000 n° 97-21.905 : Bull. civ. II n° 132).

APPEL PAR UN CODÉBITEUR

Chaque **codébiteur solidaire** devant être considéré comme le représentant de ses coobligés, la chose jugée à l'égard de l'un est opposable aux autres qui ne figurent pas à l'instance (Cass. 1e civ. 19-11-2008 n° 07-18.847). 23990

Les **codébiteurs indivisibles** sont censés se représenter mutuellement, qu'il s'agisse d'une matière indivisible par convention ou par nature (Cass. civ. 20-12-1927 : DH 1928 p. 66). Mais, dans une affaire où un acte stipulait qu'au cas de décès de l'un des débiteurs il y aurait solidarité et indivisibilité entre leurs héritiers comme entre le survivant et les héritiers du prédécédé, il a été jugé que le décès de l'un des débiteurs avait modifié les effets de la solidarité en ce sens que les héritiers n'étaient plus solidaires pour le tout mais seulement dans les limites des parts et portions héréditaires de chacun et, en conséquence, que chaque codébiteur pouvait poursuivre par la voie de la tierce opposition la rétractation d'un jugement auquel il était resté étranger (Cass. 1e civ. 21-2-1968 n° 65-12.105 : Bull. civ. I n° 77).

APPEL PAR UNE CAUTION SOLIDAIRE

La caution solidaire est en principe considérée comme représentée par le débiteur principal, de sorte que la tierce opposition lui est fermée (Cass. 2e civ. 14-12-2006 n° 05-20.048). Elle peut en revanche faire appel contre une décision rendue à l'égard du débiteur principal. 24000

APPEL PAR LE TITULAIRE D'UNE SUBROGATION

Une **décision** antérieure, **irrévocable,** est opposable à l'**assureur** qui, exerçant l'action subrogatoire, n'a pas plus de droits que son assuré ; l'assureur ne peut en conséquence pas former tierce opposition à cette décision (Cass. 1e civ. 4-6-1996 n° 93-21.135 : Bull. civ. I n° 232). 24010

L'assureur qui prend la **direction du procès** intenté à l'assuré ne peut exercer ensuite de tierce opposition (Cass. soc. 26-5-1965 n° 62-10.459 : Bull. civ. V n° 400).

APPEL PAR UN ASSOCIÉ

Sauf exceptions, le dirigeant de la société, représentant légal de celle-ci, représente aussi les associés dans les **litiges opposant la société à des tiers** ; les associés ne peuvent donc pas faire tierce opposition aux jugements rendus contre la société (n° 47100). 24020

APPEL PAR UN COPROPRIÉTAIRE

Dans les litiges de copropriété, les copropriétaires sont en principe représentés par le syndicat des copropriétaires. 24025

Toutefois, si un propriétaire a un droit propre à défendre pour assurer l'intégrité de son lot privatif, il n'est pas considéré comme représenté par le syndicat des copropriétaires, de sorte qu'il est recevable à former tierce opposition (Cass. 3e civ. 27-10-1993 n° 91-16.433 : Bull. civ. III n° 134).

APPEL PAR UN SOUS-LOCATAIRE

Le sous-locataire est représenté par le locataire principal dans les litiges entre ce dernier et le bailleur (Cass. 3e civ. 30-11-2005 n° 04-14.402 : RJDA 3/06 n° 359), sauf s'il a des moyens propres à faire valoir (Cass. 3e civ. 20-4-2005 n° 04-13.032). 24030

APPEL PAR LE CESSIONNAIRE D'UNE CRÉANCE

Lorsqu'une cession de créance est intervenue **au cours d'une instance d'appel** relative au recouvrement de celle-ci, engagée par le cédant et poursuivie par lui postérieurement à la cession signifiée au cours de l'instance en cassation, le cessionnaire, substitué de plein droit au cédant 24040 dans les actions lui appartenant, **intervenu volontairement devant la Cour de cassation,** est devenu partie à cette instance ; il a qualité pour **saisir la cour d'appel de renvoi** (Cass. 1e civ. 22-9-2011 n° 09-16.198 : Bull. civ. I n° 149).

REPRÉSENTATION DE L'ÉTAT DANS UNE PROCÉDURE D'APPEL

24050 L'organisme versant des indemnités chômage au travailleur licencié est présumé représenté lors du procès relatif au licenciement de celui-ci (Cass. soc. 9-5-1990 n° 87-42.055 : RJS 6/90 n° 487).

ÉTAT

24055 L'État est représenté, dans les affaires tendant à le faire déclarer **créancier ou débiteur,** par l'agent judiciaire de l'État. Toutes les actions devant les tribunaux judiciaires et tendant à ces fins doivent être dirigées contre l'agent judiciaire de l'État (Loi 55-366 du 3-4-1955 art. 38).

c. Appel par un tiers à qui la décision a été notifiée

24100 En **matière contentieuse,** le fait qu'un jugement soit notifié à un tiers n'a pas pour effet de le rendre partie au litige et ne lui donne donc, en **principe,** pas qualité pour relever appel principal. Certains **textes particuliers** prévoient toutefois que des tiers à qui la décision a été notifiée peuvent faire appel.

EXEMPLE

En matière de **cessions d'actifs dans le cadre d'une procédure collective,** les « personnes dont les droits et obligations sont affectés » par l'ordonnance du juge-commissaire doivent former appel et non tierce opposition (n° 23923).
En cas de **désignation d'un administrateur provisoire de syndicat des copropriétaires** par ordonnance du président du tribunal judiciaire (Loi 65-557 du 10-7-1965 art. 29-1), cette décision est **notifiée aux copropriétaires** et la notification doit reproduire soit l'article 490 du CPC (président statuant selon la procédure accélérée au fond), soit l'article 496 (ordonnance sur requête) sur la faculté et le délai d'appel (Décret 67-223 du 17-3-1967 art. 62-5). En application de cet article, seule la voie de l'appel est ouverte aux copropriétaires auxquels l'ordonnance a été notifiée et ceux-ci sont irrecevables à faire tierce opposition (Cass. 3e civ. 10-2-2010 n° 08-21.862 : Bull. civ. III n° 38).

24105 En **matière gracieuse,** la voie de l'appel est ouverte, outre aux parties, aux tiers auxquels le jugement a été notifié (CPC art. 546, al. 2). Dans ce cas particulier, la notification faite à un tiers lui confère donc qualité à relever appel.
En l'absence de notification, le tiers est irrecevable à relever appel (Cass. 1e civ. 23-1-1996 n° 93-20.553). Il doit alors utiliser la voie de la tierce opposition. Il s'agit d'une exception car, en principe, la notification d'un acte à un tiers n'a pas pour effet de lui conférer la qualité de partie, autorisant à relever appel.

2. INTÉRÊT À RELEVER APPEL

a. Nécessité d'avoir succombé

24135 Sauf si elle y a renoncé (nos 24230 s.), le droit d'appel appartient à toute partie qui y a intérêt (CPC art. 546, al. 1). L'intérêt à relever appel est aussi exigé en matière gracieuse (Cass. 1e civ. 14-4-2010 n° 09-11.218 : Bull. civ. I n° 97).
L'intérêt à relever appel ne doit pas être confondu avec la qualité à relever appel. Les deux notions sont distinctes. Ainsi, il ne suffit pas qu'un débiteur ait qualité à relever appel d'un jugement arrêtant un plan de cession pour être recevable en son recours. Il doit en outre justifier de son intérêt à relever appel (Cass. 2e civ. 23-10-2019 n° 18-21.125).
La partie qui relève appel doit, pour justifier d'un intérêt à exercer le recours, avoir succombé au moins partiellement en ses demandes ou défenses de première instance. Ainsi, la partie qui n'a pas comparu devant le premier juge, et qui n'a donc formulé aucune prétention, est irrecevable à relever appel contre un jugement qui n'a prononcé aucune condamnation à son encontre (Cass. 2e civ. 4-3-2021 n° 19-21.579 F-P).
Seul le **dispositif** est retenu pour apprécier si une partie a ou non succombé (CPC art. 480 et 544).
L'appel n'est pas recevable lorsque le jugement, rendu conformément aux conclusions de l'appelant, ne lui fait **aucun grief** (Cass. 2e civ. 11-7-1990 n° 87-16.836 : Bull. civ. II n° 170).
En revanche, la seule condamnation aux **dépens** peut suffire à donner intérêt à relever appel (Cass. 2e civ. 4-11-1992 n° 91-15.182 : Bull. civ. II n° 255).
L'exigence de prouver une succombance, au moins partielle, dans le dispositif du jugement attaqué, rejoint le principe procédural d'interdiction de se contredire au détriment de la partie adverse, principe dit de l'**estoppel.**

La **cour** a la faculté, et non l'obligation, de **relever d'office l'irrecevabilité** d'un appel principal ou incident pour défaut d'intérêt (CPC art. 125, al. 2 ; Cass. 2e civ. 6-6-2019 n° 18-15.301 F-PBI). Le conseiller de la mise en état est compétent pour apprécier la question de l'intérêt à relever appel, puisqu'elle a trait à la recevabilité de celui-ci (CPC art. 914 ; CA Lyon Ord. 9-1-2019 n° 18/04062 inédit).

L'erreur portant sur le point de départ d'une **astreinte** ne fait pas grief au débiteur avant la liquidation de celle-ci, de sorte que le moyen pris de cette erreur, dirigé contre le jugement ayant prononcé l'astreinte n'est pas recevable faute d'intérêt (Cass. 2e civ. 23-10-2008 n° 07-11.965 : Bull. civ. II n° 219). **24137**

APPEL PAR LE MINISTÈRE PUBLIC

La question de l'appréciation de l'intérêt du ministère public à relever appel est parfois dérogatoire. Dans les hypothèses où le ministère public défend l'**ordre public** ou l'**exacte application de la loi,** il a été jugé qu'il était recevable à relever appel d'un jugement pourtant conforme à ses réquisitions de première instance (Cass. 1e civ. 10-3-1998 n° 96-13.497 : Bull. civ. I n° 103). Cependant, cette appréciation dérogatoire ne gomme pas entièrement l'exigence de démontrer, en amont, une **succombance** par rapport aux réquisitions prises en première instance. Ainsi l'appel du ministère public a-t-il été déclaré irrecevable dans un cas où il n'était pas en mesure de prouver que des éléments avaient été dissimulés ou étaient ignorés de lui lorsqu'il avait pris position devant le premier juge (CA Lyon 28-5-2012 n° 12/00537). **24140**

b. Moment d'appréciation de l'intérêt à relever appel

L'existence de l'intérêt à relever appel doit être appréciée au jour où le recours est inscrit (Cass. 2e civ. 4-3-1981 n° 79-17.130 : Bull. civ. II n° 44), c'est-à-dire au jour de la déclaration d'appel, et non au vu du contenu des conclusions (Cass. 2e civ. 17-5-2018 n° 17-14.128 F-D). Un second appel, identique au premier, formé alors que la caducité du premier n'a pas – encore – été jugée, est irrecevable pour défaut d'intérêt (Cass. 2e civ. 11-5-2017 n° 16-18.464 F-D). **24170**

› **Précisions a.** Il convient de rappeler que, sur le terrain de la **nullité,** laquelle opère **interruption de la forclusion,** l'inscription d'un second appel est possible, même si la nullité n'a pas encore été jugée, et même si le délai d'appel est expiré, tant que le juge n'a pas statué (Cass. 2e civ. 1-6-2017 n° 16-14.300 FS-PBI), arrêt rendu au double visa des articles 2241 du Code civil et 121 du CPC (n° 25646).
b. Sur le terrain de l'**irrecevabilité,** si le droit d'appel appartient à toute partie qui y a intérêt (CPC art. 546), la partie qui a régulièrement saisi une cour d'appel d'un premier appel formé contre un jugement n'est pas recevable à réitérer un appel du même jugement contre le même intimé. Par ailleurs, la partie dont l'appel a été déclaré irrecevable n'est plus recevable à former un appel principal contre le même jugement et à l'égard de la même partie (CPC art. 911-1, al. 3). Il a donc été jugé que la saisine **irrégulière** d'une cour d'appel, qui **fait encourir une irrecevabilité à l'appel,** n'interdit pas à son auteur de former un second appel, même sans désistement préalable du premier, sous réserve de l'absence d'expiration du délai d'appel, tant que le premier appel n'a pas été déclaré irrecevable (Cass. 2e civ. 1-10-2020 n° 19-11.490 FS-PBI).

CIRCONSTANCES POSTÉRIEURES À L'APPEL

La recevabilité de l'appel ne peut dépendre de circonstances postérieures qui l'auraient rendu sans objet (Cass. 2e civ. 4-3-1981 n° 79-17.130 : Bull. civ. II n° 44 ; Cass. 2e civ. 17-5-2018 n° 17-14.128 F-D). En effet, si des circonstances postérieures à l'appel le privent de tout intérêt, cette question est étrangère à la **recevabilité du recours.** Le juge ne peut donc pas tenir compte de circonstances postérieures à l'appel pour dénier à l'appelant, rétroactivement, son intérêt à saisir la cour. **24171**

INTÉRÊT À L'APPEL ET CIRCONSTANCES POSTÉRIEURES AU JUGEMENT

Les circonstances postérieures au jugement, mais **antérieures à l'appel,** peuvent être retenues pour apprécier l'intérêt de l'appelant (Cass. 1e civ. 14-4-2010 n° 09-11.218 : Bull. civ. I n° 97). Il a même été jugé que la révélation, postérieure aux débats de première instance, d'éléments de fait qui modifient, ou sont de nature à modifier, les prétentions d'une partie ainsi que leur appréciation par le juge peuvent, même en l'**absence de succombance,** justifier ou caractériser un intérêt à relever appel (Cass. 1e civ. 23-11-2011 n° 10-19.839 : Bull. civ. I n° 205). **24175**

La prise en compte d'éléments postérieurs aux débats ou au jugement peut donc venir atténuer, ou contredire, le principe selon lequel l'intérêt à relever appel suppose d'avoir succombé, au moins partiellement, devant le premier juge. Ainsi, la question du moment de l'appréciation de l'intérêt à relever appel pourrait avoir une incidence sur le contenu même de cet intérêt puisqu'une partie qui n'aurait pas succombé, mais à qui seraient révélés des événements postérieurs, ou qui aurait connaissance de circonstances postérieures, de nature à changer son appréciation du dossier pourrait se voir reconnaître un intérêt à inscrire le recours. Plus encore, dans les deux arrêts précités, la Cour de cassation relève que la **cour d'appel** avait pu constater l'**intérêt de l'appelant au jour où elle a statué.** Notons que la référence à l'existence d'un intérêt au jour où la cour d'appel a statué peut toutefois sembler remettre en cause le principe selon lequel l'intérêt à relever appel est apprécié au jour où le recours est inscrit, lequel est par ailleurs constamment réaffirmé par la Cour de cassation.

3. CAPACITÉ À RELEVER APPEL

24190 Les règles du **droit commun,** qui exigent que la partie qui agit ait capacité pour le faire, sont applicables à l'exercice de l'appel. Le défaut de capacité peut être soutenu sur le terrain de la nullité pour **irrégularité de fond** (CPC art. 117 à 121) ou sur celui des **fins de non-recevoir** (CPC art. 122 à 126). Ainsi, un appel formé pour une société en formation, dépourvue de la personnalité juridique, est entaché d'une irrégularité de fond qui ne peut être couverte, même si elle est immatriculée au registre du commerce et des sociétés dans les jours qui suivent, et qu'aux termes d'un procès-verbal de l'assemblée générale, les associés approuvent tous les actes et engagements pris au nom et pour le compte de la société par les fondateurs (Cass. 2e civ. 4-3-2021 n° 19-22.829 F-P).

SORT DE L'APPEL EN CAS DE DÉCÈS D'UNE PARTIE

24200 Une partie étant décédée en cours de première instance, l'un de ses **héritiers,** saisi de plein droit des droits et actions du défunt est fondé à **reprendre l'instance** engagée par lui (CPC art. 373), même sans le concours de son cohéritier. En conséquence, est recevable l'appel inscrit par l'un des cohéritiers, l'autre étant ensuite intervenu devant la cour (Cass. soc. 4-6-1987 n° 84-43.787 : Bull. civ. V n° 364).

APPEL EN CAS D'INDIVISION

24210 Tout indivisaire peut prendre seul les mesures nécessaires à la conservation des biens indivis (C. civ. art. 815-2). Une action en justice peut constituer une **mesure conservatoire.**
Ainsi, un indivisaire peut faire appel seul d'un jugement validant un **congé** sans offre de renouvellement d'un **bail commercial** et ordonnant l'**expulsion des coïndivisaires** preneurs car il s'agit d'un acte conservatoire et non d'un acte d'administration (Cass. 3e civ. 8-12-2004 n° 03-17.902 : RJDA 3/05 n° 337).

4. ABSENCE DE RENONCIATION À L'APPEL

24230 Le droit d'appel appartient à toute partie qui y a intérêt, si elle n'y a pas renoncé (CPC art. 546, al. 1).

a. Caractérisation de la renonciation à l'appel

24232 Les parties à un litige peuvent décider **conventionnellement** que celui-ci sera jugé sans appel.
La renonciation à l'appel peut aussi résulter d'un **acte unilatéral.**
La renonciation peut être **expresse** ou résulter de l'**exécution** sans réserve d'un jugement non exécutoire (CPC art. 558, al. 1). La renonciation ne peut donc pas être implicite mais doit résulter d'actes manifestant sans équivoque la volonté de renoncer à l'appel (Cass. 2e civ. 10-11-1982 n° 81-14.266 : Bull. civ. II n° 142 ; Cass. 2e civ. 1-7-1992 n° 92-13.440 : Bull. civ. II n° 195).
La renonciation à l'appel peut être rapprochée de l'**acquiescement** au jugement dont les critères sont très proches et qui entraîne renonciation à toute voie de recours. L'acquiescement au jugement ne peut toutefois intervenir qu'une fois le jugement prononcé, contrairement à la renonciation à l'appel (n° 24250).
La renonciation peut prendre la forme d'un **désistement d'appel** (nos 17490 s.).

ATTENTION

Lorsqu'un **désistement** d'appel mentionne être **accompli en vue de la formation d'un nouveau recours,** il éteint l'instance, mais n'emporte pas acquiescement au jugement ni renonciation à l'exercice de ce recours (Cass. 2e civ. 21-2-2019 n° 18-13.467 F-PB). Mais le désistement sans réserve, même devant une cour incompétente, emporte acquiescement au jugement. L'appel ultérieur formé devant la cour compétente est irrecevable (Cass. 2e civ. 27-2-2014 n° 13-11.199 F-PB).

24233 Le fait de ne pas s'opposer à une **mesure d'expertise** n'emporte pas en soi renonciation à l'appel d'une décision ayant tranché le litige dans son principe (Cass. 2e civ. 31-3-2011 n° 09-69.907 : Bull. civ. II n° 75).

Les notions d'acquiescement ou de renonciation à l'appel ne sont pas applicables en cas d'exécution des **dépens** et des condamnations au titre de l'article 700 du CPC (Cass. 2e civ. 26-2-1997 n° 95-13.876 : Bull. civ. II n° 57). Dans le cadre d'une décision non exécutoire, le fait d'exécuter la condamnation aux dépens et celle prononcée au titre de l'article 700 CPC n'emporte pas renonciation à l'appel. 24234

RAPPORT À JUSTICE ET EFFET SUR LA FACULTÉ DE RELEVER APPEL

Le fait pour une partie de s'en rapporter à justice en première instance ne constitue pas une renonciation au droit d'appel mais implique une **contestation** et ne fait donc pas disparaître l'intérêt d'inscrire ce recours (Cass. 2e civ. 26-2-1970 n° 68-14.487 : Bull. civ. II n° 67 ; Cass. 2e civ. 5-1-1978 n° 76-10.684 : Bull. civ. II n° 5 ; Cass. 1e civ. 9-7-2014 n° 13-15.709). 24235

Ce principe a même été admis dans le cadre d'une **requête** (Cass. 2e civ. 3-5-2001 n° 98-23.347 : Bull. civ. II n° 84). Il s'applique également lorsque c'est le **demandeur** qui s'en rapporte à justice sur sa propre demande, ce qui n'implique pas abandon de ses prétentions (Cass. 2e civ. 23-1-1991 n° 89-20.024 : Bull. civ. II n° 29).

Le seul fait de ne pas s'opposer aux demandes adverses, s'il n'est accompagné d'aucune reconnaissance de leur bien-fondé mais au contraire d'un rapport à justice, ne comporte pas renonciation à l'appel et le recours est recevable, notamment lorsqu'il se fonde sur une **modification de la jurisprudence,** inconnue des parties lors de la première instance (Cass. 2e civ. 5-7-2006 n° 05-12.365).

Le rapport à justice, qui emporte contestation, ne doit pas être confondu avec l'**aveu judiciaire** qui résulte par exemple du fait de déclarer positivement ne pas contester la demande adverse (Cass. 3e civ. 12-7-1988 n° 87-13.749).

> **Précisions** La demande de s'en rapporter à justice, même en référé, et y compris en appel, a un **effet interruptif de prescription.** En effet, la demande en justice, même en référé, interrompt le délai de prescription (C. civ. art. 2241). Il a été jugé, au visa de l'article 4 du CPC, qu'une partie, en s'en rapportant à justice sur le mérite de l'appel formé par une autre partie, avait non seulement contesté la recevabilité et le bien-fondé de cet appel, mais encore demandé, par application de l'article 954 du CPC, que le dispositif de l'ordonnance fût confirmé. Par suite, son rapport à justice était susceptible d'interrompre le délai de la prescription qui courait contre elle (Cass. 3e civ. 16-6-2016 n° 15-16.469 FS-PB : Bull. civ. III n° 79).

APPEL PAR UNE AUTRE PARTIE EN CAS DE RENONCIATION

La renonciation ne vaut pas si, postérieurement, une autre partie interjette elle-même régulièrement appel (CPC art. 558, al. 2). 24240

b. Moment de la renonciation à relever appel

La renonciation à l'appel ne peut pas être antérieure à la **naissance du litige** (CPC art. 557). On ne peut donc pas renoncer à celui-ci par un contrat conclu avant tout litige, sauf convention d'arbitrage. 24250

La renonciation peut en revanche intervenir **avant le jugement.** Dans ce cas, elle doit être expresse (CPC art. 41, al. 2 et 558, al. 1).

La renonciation à l'appel avant de connaître le contenu du jugement est une décision dangereuse ; en **pratique,** elle intervient le plus souvent après le prononcé de celui-ci.

c. Capacité de renoncer à l'appel

Seules les personnes qui ont la capacité de soumettre leur litige à un **arbitrage** (compromettre) peuvent renoncer à l'appel. Elles ne le peuvent que pour les droits dont elles ont la **libre disposition** (CPC art. 556). 24260

B. Intimé

NÉCESSITÉ D'AVOIR ÉTÉ PARTIE EN PREMIÈRE INSTANCE

En matière contentieuse, l'appel ne peut être dirigé que contre ceux qui ont été parties en première instance. Tous ceux qui ont été parties peuvent être intimés (CPC art. 547, al. 1). L'appel est donc irrecevable s'il est dirigé contre une personne qui n'a pas été partie en première instance (Cass. 2e civ. 4-10-2007 n° 06-16.879 : Bull. civ. II n° 223 ; Cass. 2e civ. 7-9-2017 n° 16-21.756 et 16-21.762 F-PB : Bull. civ. II n° 169). Mais, dès lors qu'une personne a été partie en première instance, elle peut être intimée, même si l'appelant n'a pas de **lien de droit direct** avec elle. Ainsi, il a été jugé 24280 que celui dont la garantie a été retenue en première instance est recevable à interjeter appel du jugement par lequel son ayant cause a été condamné à indemniser un tiers, même en l'absence de lien de droit direct avec lui (Cass. 1e civ. 21-6-2005 n° 02-18.631 : Bull. civ. I n° 268).

24282 La partie intimée est celle qui figure dans la **déclaration d'appel,** les conclusions d'appel ne pouvant substituer une partie ou une qualité à celle portée dans l'acte d'appel (Cass. 2e civ. 12-6-2003 n° 01-13.922 : Bull. civ. II n° 182).
Un administrateur judiciaire ayant été **partie en son nom personnel** en première instance, l'**appel dirigé** contre lui **ès qualité** d'administrateur judiciaire est irrecevable (Cass. 2e civ. 12-6-2003 n° 01-13.922 : Bull. civ. II n° 182). Il doit alors être procédé par voie d'intervention forcée si ses strictes conditions sont par ailleurs réunies.
Un commissaire-priseur ou commissaire de justice ne saurait être condamné par une cour d'appel en sa qualité de professionnel, alors qu'il ne figurait en première instance qu'en sa qualité d'héritier de son père, acquéreur d'une œuvre d'art litigieuse (Cass. 1e civ. 10-7-2014 n° 12-21.533 : Bull. civ. I n° 136).

24284 Une partie peut être **intimée** non pas sur l'appel principal mais **sur l'appel incident ou provoqué** émanant par définition d'une partie autre que l'appelant principal. Dans ce cas, la partie concernée sera intimée sans avoir nécessairement figuré sur la déclaration d'appel principal. Telle est l'hypothèse dans le cas d'un appel provoqué.

> **Précisions a.** En matière de **procédures collectives,** lorsque le débiteur est soumis à une procédure de sauvegarde, l'administrateur n'a pas à être intimé sur l'appel d'un créancier contestant le rejet de la créance qu'il a déclarée (Cass. com. 20-4-2017 n° 15-18.182 F-PB : RJDA 7/17 n° 486). En revanche, lorsque le débiteur relève appel seul d'une décision d'admission d'une créance, il doit intimer non seulement le créancier, mais également le mandataire judiciaire. À défaut, la matière étant indivisible, son appel est irrecevable (Cass. com. 29-9-2015 n° 14-13.257 F-PB : RJDA 5/16 n° 385). De même, en cas d'appel d'un jugement de conversion de redressement judiciaire en liquidation judiciaire, si l'administrateur judiciaire n'a pas été partie en première instance, et n'a pas été intimé (CPC art. 547), il doit néanmoins être assigné en intervention forcée, conformément à l'article R 661-6, 1° du Code de commerce, afin que l'appel soit régularisé (Cass. com. 14-6-2017 n° 15-20.229 PB : Bull. civ. IV n° 84).
> **b.** L'**erreur manifeste, dans la désignation** de l'intimé (en l'espèce sa qualité), au regard de l'objet du litige, n'est pas de nature à entraîner l'irrecevabilité de l'appel (Cass. ass. plén. 6-12-2004 n° 03-11.053 : Bull. ass. plén. n° 13).

DROIT D'INTIMER EN APPEL

24288 Pour que l'intimation soit recevable, il convient de **concilier** le droit d'intimer l'ensemble des personnes ayant été parties en première instance (CPC art. 547) avec différents principes qui peuvent sembler, à première vue, se contredire mais se situent en réalité sur des plans différents :
– l'**intérêt** à relever appel, qui implique d'avoir au moins partiellement succombé en première instance (CPC art. 546) ;
– le régime des **demandes nouvelles,** qui soumet à certaines conditions la possibilité de former ou diriger, pour la première fois devant la cour d'appel, des prétentions nouvelles contre telle ou telle partie (CPC art. 564 à 567).
Les deux questions ne doivent pas être confondues (Cass. 2e civ. 26-11-2020 n° 19-16.016 F-PBI).
Ainsi :
– Le droit d'intimer en appel tous ceux qui ont été partie en première instance n'emporte pas celui de présenter des prétentions à l'encontre des **parties contre lesquelles l'appelant n'a pas conclu** en première instance (Cass. 1e civ. 18-3-2003 n° 01-01.073 : Bull. civ. I n° 75).
– Dès lors qu'une partie a ne serait-ce que partiellement succombé en première instance, son appel est recevable, ce qui lui permet de former une **demande nouvelle** lorsque les conditions requises sont réunies. Ceci est par exemple admis s'agissant d'une demande de **prestation compensatoire** présentée pour la première fois devant la cour d'appel, à condition que la décision de divorce ne soit pas passée en force de chose jugée (Cass. 2e civ. 22-10-1997 n° 95-16.846 : Bull. civ. II n° 253 ; Cass. 1e civ. 14-3-2018 n° 17-14.874 F-PB).
À l'inverse, le fait que l'appelant aurait pu être recevable à former une demande complémentaire devant la cour (CPC art. 566) ne saurait justifier la recevabilité de son appel principal si le jugement a été rendu conformément à ses conclusions de première instance et ne lui a causé **aucun grief** (Cass. 2e civ. 11-7-1990 n° 87-16.836 : Bull. civ. II n° 170).
Certaines décisions, notamment en cas de pluralité de parties et d'appel en garantie, semblent conditionner la possibilité d'intimer une partie au **contenu des conclusions** de première instance, ou au fait qu'**une seule** et même **décision** ait été rendue contre toutes les parties (Cass. 3e civ.

4-7-1990 n° 89-10.748 : Bull. civ. II n° 162). Ainsi, un appelé en garantie ayant conclu au rejet des prétentions du demandeur originaire, qui le concernaient « par ricochet », son appel a été jugé recevable y compris contre ce demandeur (Cass. 2e civ. 1-4-2004 n° 02-12.337 : Bull. civ. II n° 146).

C. Appelant incident ou provoqué

Le terme d'appel incident recouvre deux **notions** : 24310
– l'appel incident au **sens strict,** formé sur un appel principal préalable, contre l'appelant ou contre les autres intimés (nos 24312 s.) ;
– l'appel incident au **sens large** (ou **appel provoqué**), qui émane, sur l'appel principal ou sur l'appel incident qui le provoque, de toute personne ayant été partie en première instance (nos 24370 s.).

1. APPELANT INCIDENT AU SENS STRICT

L'appel peut être incidemment relevé par l'**intimé** tant contre l'appelant que contre d'autres intimés (CPC art. 548). 24312
L'appel incident ne peut donc émaner que d'une partie intimée (Cass. 2e civ. 13-1-1967 n° 65-11.445 : Bull. civ. II n° 19).
L'appel étant incident, il suppose qu'un appel principal ait été inscrit par une **autre partie** ; il doit se greffer sur un **appel principal préalable.** Ainsi, sauf exceptions, lorsque l'**appel principal** est **irrecevable,** l'appel incident est lui-même irrecevable (Cass. 2e civ. 13-3-2008 n° 06-18.796 : Bull. civ. II n° 65). Dans le cas où la caducité de l'appel principal a été prononcée pour non-respect du délai de trois mois pour conclure, l'instance est éteinte et la cour d'appel ne peut pas être saisie d'un appel incident (Cass. 2e civ. 13-5-2015 n° 14-13.801 FS-PBRI : Bull. civ. II n° 115).
Pour juger de la recevabilité d'un appel principal et des éventuels appels incidents qui s'y rattachent, le juge doit parfois examiner les **termes du jugement** de première instance, ainsi que les **liens entre les parties** et leurs prétentions respectives. La chose n'est pas toujours simple lorsque les parties sont nombreuses, notamment en droit de la construction (pour un exemple, voir Cass. 3e civ. 4-7-1990 n° 89-10.748 : Bull. civ. III n° 162).

CONSEIL

L'irrecevabilité de l'appel principal rendant irrecevable chaque appel incident qui s'y rattache, il convient de vérifier à quel appel principal se rattache chaque appel incident, **en cas d'appels multiples.** Cette vérification doit être faite même si une **jonction** est intervenue car, de jurisprudence constante, celle-ci ne crée pas de procédure unique (Cass. 3e civ. 23-5-2019 nos 18-10.140 et 18-15.001 FS-PBI). La Cour ne peut en aucun cas déduire l'existence d'un **lien juridique entre les parties** du seul fait de la jonction, simple mesure d'administration judiciaire (pour un exemple, voir Cass. 3e civ. 25-10-2006 n° 05-14.318 : Bull. civ. III n° 209). Cette précaution est très importante dans le cadre de la procédure d'appel avec représentation obligatoire, compte tenu des délais impératifs qui sont attachés à celle-ci.

OBJET DE L'APPEL INCIDENT

L'appel incident consiste à demander à la cour de **réformer,** en tout ou partie, le jugement frappé d'appel. 24320
Une partie qui ne demande à la cour que de **confirmer** le jugement ne peut pas être regardée comme appelant incident. En revanche, l'appel incident est recevable même si l'intimé qui le forme a préalablement conclu à la confirmation pure et simple du jugement (Cass. 1e civ. 29-3-1965 n° 63-11.795), sous réserve du respect des délais prévus par les articles 905-1, 909 et 910 du CPC.
L'appel incident ne peut pas être confondu avec la **simple défense** à l'appel principal. Le juge d'appel ne peut pas **aggraver le sort de l'appelant principal** sur son unique appel, en l'absence d'appel incident de l'intimé (Cass. 2e civ. 4-10-1978 n° 77-13.009 : Bull. civ. II n° 202 ; Cass. 1e civ. 16-11-2016 n° 15-26.725 : Bull. civ. I n° 219).

PORTÉE DE L'APPEL INCIDENT

L'effet dévolutif est déterminé par l'acte d'appel et en aucun cas par les conclusions de l'appelant principal. Les conclusions de l'appelant, comme celles des autres parties, déterminent en revanche la portée de l'appel, c'est-à-dire les prétentions auxquelles la cour devra répondre (Cass. 2e civ. 26-5-2011 n° 10-18.304 : Bull. civ. II n° 115). 24330
En cas d'**appel limité,** l'effet dévolutif est circonscrit par l'acte d'appel, et sous condition de la recevabilité de l'appel, l'intérêt à relever appel étant apprécié isolément, pour chaque chef de

jugement, sauf indivisibilité (Cass. avis 2e civ. 4-2-2021 n° 9002 FS-D et Cass. 1e civ. 9-6-2021 n° 19-10.550 FS-P). Mais l'intimé n'est pas tenu par cette limitation puisqu'il peut étendre la discussion et par conséquent l'effet dévolutif à certains chefs de jugement qui n'auraient pas été visés dans l'acte d'appel (Cass. 3e civ. 9-5-1983 n° 82-70.135 : Bull. civ. III n° 107 ; Cass. soc. 22-3-2006 n° 04-43.662 : Bull. civ. V n° 117). L'appel incident, formé par conclusions (CPC art. 551) a donc ainsi pour conséquence d'**étendre l'effet dévolutif** circonscrit par un appel limité (Cass. 3e civ. 26-5-1988 n° 85-17.734 : Bull. civ. III n° 97). Il permet également de déjouer un **désistement partiel** contre un co-intimé (Cass. 3e civ. 4-6-1986 n° 84-12.976 : Bull. civ. III n° 85). L'appel incident peut même avoir pour effet de soumettre à la cour une **décision non visée par l'acte d'appel principal** et qui n'était pas susceptible d'appel immédiat (Cass. 2e civ. 4-6-2009 n° 08-15.487 : Bull. civ. II n° 137). Cependant, il faut bien entendu que l'auteur de l'appel incident justifie d'un intérêt à le former, ce qui bloque parfois certaines velléités d'extension de l'effet dévolutif.

ATTENTION

L'appel limité n'exclut pas la **critique implicite.** Dans le cadre d'une action en contestation de paternité, un appelant limite son appel au chef ayant rejeté sa demande d'expertise. La Cour de cassation juge qu'il a néanmoins ainsi implicitement critiqué, et donc déféré à la cour d'appel, le chef relatif à sa demande d'annulation de reconnaissance de l'enfant (Cass. 1e civ. 3-4-2019 n° 18-13.387 F-PB). La solution n'allait pas de soi.

24332 L'article 548 du CPC visant aussi bien l'appel incident contre l'appelant principal que celui qui est dirigé contre les autres intimés, l'appelant incident peut en principe étendre aussi l'effet dévolutif lorsque son **appel** est **dirigé contre les autres intimés** (Cass. 2e civ. 16-4-1986 n° 84-16.074 : Bull. civ. II n° 52). Certaines décisions ont toutefois énoncé que, lorsqu'un jugement contient plusieurs chefs distincts et qu'une partie interjette appel de l'un d'eux, l'appel incident ne serait ouvert contre un autre intimé que s'il existe, quant à l'objet du litige, un lien juridique entre toutes les parties (Cass. 1e civ. 12-2-1991 n° 86-18.678 : Bull. civ. I n° 57). La même formule a été retenue dans le cadre d'un appel provoqué (Cass. 1e civ. 21-1-1997 n° 94-19.689 : Bull. civ. I n° 24). Mais cette exigence, posée par la première chambre civile de la Cour de cassation, semble assez isolée et contraire tant aux termes très libéraux des textes (CPC art. 548 à 550) qu'à la jurisprudence qui rappelle la liberté de former appel incident même en cas de limitation de l'appel principal, dès lors que celui-ci est au moins partiellement recevable (Cass. 2e civ. 16-4-1986 n° 84-160.74, précité).

INTÉRÊT À AGIR EN APPEL INCIDENT

24340 L'auteur de l'appel incident doit toujours justifier d'un intérêt à le former (CPC art. 546 et 548). À l'image de l'appelant principal, l'intimé qui forme appel incident doit avoir succombé au moins partiellement sur le chef objet de son appel incident.

ILLUSTRATIONS

Un époux qui a obtenu le prononcé du **divorce** conformément à sa demande de première instance ne sera pas recevable à former appel incident de ce chef devant la cour ; si l'appel de son conjoint est limité aux **conséquences** du divorce, l'intimé ne pourra pas former appel incident sur le **prononcé** du divorce. S'il est hors délai pour former appel principal, il ne pourra pas remettre en cause devant la cour le prononcé du divorce, ce qui pourra avoir pour effet de mettre fin au devoir de secours. Toutefois, il a été jugé que lorsqu'un époux n'a pas obtenu la **prestation compensatoire** qu'il avait réclamée devant le premier juge, il est recevable à former appel incident de ce chef et, par conséquent, à demander à la cour de subordonner la décision de divorce au versement effectif de la prestation compensatoire sous la forme d'un capital, même s'il n'a pas succombé sur le prononcé du divorce (Cass. 2e civ. 13-12-1993 n° 91-20.252 : Bull. civ. II n° 366).
Un époux qui voudra faire demeurer le **devoir de secours** pendant la durée de l'instance, y compris en présence d'un appel limité adverse sur les seules conséquences du divorce, ne pourra former appel incident sur le prononcé du divorce que s'il justifie sur ce point d'un intérêt. Il devra donc avoir succombé en sa demande sur le prononcé du divorce. À défaut, son appel incident sera jugé irrecevable et ne pourra donc avoir eu pour effet de faire demeurer le devoir de secours (Cass. 1e civ. 25-2-2009 n° 07-17.682). S'agissant de l'appelant principal, dès lors que, depuis la réforme de 2017, il doit, sauf exception, viser dans son acte d'appel chaque chef de jugement critiqué, il ne pourra pas davantage faire jouer l'effet dévolutif sur un chef (par exemple le prononcé du divorce), sur lequel il n'a pas succombé (Cass. avis 2e civ. 4-2-2021 n° 9002 FS-D ; Cass. 1e civ. 9-6-2021 n° 19-10.550 FS-P).

2. APPELANT PROVOQUÉ

24370 L'appel provoqué est une forme particulière d'appel incident qui émane, sur l'appel principal ou incident qui le provoque, de toute personne, même non intimée, ayant été partie en première instance (CPC art. 549).

L'appel provoqué est une forme d'appel incident car il doit se greffer sur un appel principal ou incident préalable (n° 24312). Mais il doit avoir été provoqué par cet appel préalable. L'appel provoqué ne peut donc par définition être antérieur à l'appel principal ou incident qui est censé l'avoir provoqué (Cass. 2e civ. 4-12-2003 n° 01-15.027 : Bull. civ. II n° 357).

AUTEUR DE L'APPEL PROVOQUÉ

L'appel provoqué peut émaner de **toute personne** ayant été partie en première instance (CPC **24380**
art. 549).
Ainsi, la recevabilité d'un appel provoqué ne peut pas dépendre de la qualité d'**intimé** d'une partie (Cass. 2e civ. 16-2-1984 n° 83-11.106 : Bull. civ. II n° 32). Le fait qu'une partie n'ait pas, ou perde, la qualité d'intimé ne peut avoir d'incidence sur la recevabilité de son appel provoqué. L'appel provoqué peut donc émaner de l'**appelant principal** (Cass. 2e civ. 9-1-2014 n° 12-27.043 : Bull. civ. II n° I), mais à condition qu'il découle de l'appel d'une autre partie. Ainsi, un appel formé tardivement contre une partie non visée par l'acte d'appel initial ne saurait être qualifié d'appel provoqué lorsqu'il est antérieur à l'appel incident des intimés principaux, de sorte qu'il ne peut pas avoir été provoqué par lui (Cass. 2e civ. 4-12-2003 n° 01-15.027 : Bull. civ. II n° 357). Il a été jugé plus récemment que, dès lors que l'appel est formé par un intimé contre une partie de première instance jusque-là non attraite en cause d'appel, le recours doit **nécessairement** s'analyser en un **appel provoqué.** Il est donc irrecevable s'il a été formé par voie de déclaration d'appel croisé et non par **assignation signifiée dans le délai qui lui est imparti pour conclure** (donc sans pouvoir se prévaloir du délai de l'article 911 du CPC ; Cass. 2e civ. 6-6-2019 n° 18-14.901 F-PBI), ce qui est contestable et surtout terriblement piégeux pour l'intimé (Cass. 2e civ. 27-9-2018 n° 17-13.835 F-PB : Bull. civ. II n° 357).
L'appel provoqué peut aussi émaner d'une **partie qui s'est d'abord abstenue de relever appel** et a partiellement exécuté le jugement (Cass. 2e civ. 17-5-1977 n° 75-15.689 : Bull. civ. II n° 132).

> **Précisions** Dans cet arrêt, la Cour de cassation a relevé l'existence d'un **lien entre les différents recours,** l'appel principal et le premier appel provoqué pouvant modifier la situation de l'auteur du deuxième appel provoqué et lui ayant ainsi découvert un intérêt nouveau à user d'une voie de recours que, dans des conditions jusque-là différentes, il n'avait pas cru devoir exercer.

PLURALITÉ D'APPELS ET DÉSISTEMENT PARTIEL

En cas de pluralité d'appels, un appel provoqué formé postérieurement peut rendre non avenu **24390**
un désistement partiel antérieur (Cass. com. 30-11-1993 n° 90-10.121 : Bull. civ. IV n° 433).

DESTINATAIRE DE L'APPEL PROVOQUÉ

Les textes ne renseignent pas sur les destinataires de l'appel provoqué. Les tribunaux jugent **24395**
depuis longtemps que l'appel provoqué peut, non seulement émaner, mais aussi être dirigé contre toute personne ayant été **partie en première instance** (notamment, Cass. com. 22-9-1983 n° 82-12.567 : Bull. civ. IV n° 238 ; Cass. soc. 27-5-1992 n° 88-41.049 : Bull. civ. V n° 339 ; Cass. 2e civ. 9-1-2014 n° 12-27.043 : Bull. civ. II n° I). Ainsi, l'appel provoqué se distingue très nettement de l'appel incident stricto sensu dans la mesure où il peut être adressé non seulement à l'appelant principal, un autre intimé, mais également à toute autre personne ayant été partie en première instance. **En pratique,** c'est d'ailleurs dans cette dernière hypothèse, qui fait venir à l'instance d'appel une partie qui n'y avait pas été invitée, qu'un appel incident est désigné d'appel provoqué ; même si la notion peut correspondre à des hypothèses plus larges puisque, comme on l'a vu, l'appel provoqué peut être dirigé contre une partie déjà appelante ou intimée.

INTÉRÊT À AGIR EN APPEL PROVOQUÉ

L'auteur de l'appel provoqué doit justifier d'un intérêt, comme l'auteur de tout autre appel **24405**
(n° 24135). Au-delà, l'auteur d'un appel provoqué doit justifier que son recours découle de l'appel principal ou incident qui le provoque. À défaut, l'appel provoqué sera irrecevable (Cass. 2e civ. 4-12-2003 n° 01-15.027 : Bull. civ. II n° 357). En effet, cet appel ne peut être utilisé pour sauver de la forclusion une partie dont les droits n'auraient en aucun cas été modifiés par l'appel principal ou incident sur lequel l'appel provoqué est censé se greffer. L'appel préalable sur lequel se greffe l'appel provoqué doit **modifier la situation** de la partie et lui donner un **intérêt nouveau** à user d'une voie de recours qu'elle n'avait pas précédemment cru à propos d'exercer (Cass. 2e civ. 16-11-1988 n° 87-16.312 : Bull. civ. II n° 218). Lorsqu'il n'existe aucun lien de droit entre toutes les parties en cause et que l'appel initial n'a pas pu déclencher l'appel provoqué, ce dernier n'est pas recevable (Cass. 2e civ. 9-5-1985 n° 84-11.318 : Bull. civ. II n° 93).

PORTÉE DE L'APPEL PROVOQUÉ

24415 Lorsque l'**appel principal** est **limité,** l'appel provoqué peut **étendre l'effet dévolutif** (Cass. soc. 5-7-2005 n° 03-44.366 : Bull. civ. V n° 229), dans les mêmes conditions que celles exposées à propos de l'appel incident stricto sensu (nos 24330 s.).

3. RÈGLES COMMUNES À L'APPEL INCIDENT ET À L'APPEL PROVOQUÉ

24430 L'appel incident stricto sensu et l'appel provoqué obéissent aux mêmes règles de délai et de forme (CPC art. 550 et 551). La forme et le délai sont intimement liés. Leur importance est capitale dans le cadre de la procédure d'appel avec représentation obligatoire.

a. Forme de l'appel incident et de l'appel provoqué

24432 L'appel incident ou l'appel provoqué est formé de la même manière que le sont les **demandes incidentes** (CPC art. 551). Il convient donc de se reporter à la forme des demandes incidentes qui commande de distinguer selon que l'appel incident ou provoqué est dirigé contre une partie comparante ou contre une partie défaillante ou un tiers (CPC art. 68).

PROCÉDURE AVEC REPRÉSENTATION OBLIGATOIRE ET APPEL INCIDENT OU PROVOQUÉ

24433 **Partie comparante** Les demandes incidentes sont formées contre les parties comparantes à l'instance de la même manière que sont présentés les moyens de défense (CPC art. 68, al. 1). Dans le cadre de la procédure avec représentation obligatoire, l'appel incident ou provoqué doit être notifié dans la forme des **notifications entre avocats** (Cass. 2e civ. 14-12-1981 n° 80-15.816 : Bull. civ. II n° 216).

En cas d'appel incident ou d'appel provoqué dans le cadre d'une affaire fixée à bref délai, une copie de l'avis de fixation doit être jointe à la notification (CPC art. 905-2, al. 3).

L'appel incident ou provoqué doit en outre être **motivé** puisque la partie qui conclut à l'infirmation du jugement doit expressément énoncer les moyens qu'elle invoque sans pouvoir procéder par voie de référence à ses conclusions de première instance (CPC art. 954, al. 3). Un appel incident ou provoqué ne saurait donc être considéré comme ayant été régulièrement formé par une simple formule de style. Il faut également souligner que la cour ne statue que sur les prétentions énoncées dans le **dispositif** des dernières conclusions (CPC art. 954, al. 2).

Le simple renvoi, ou la simple référence à des écritures précédentes, ne satisfait pas aux exigences de l'article 954 (Cass. 2e civ. 8-1-2015 n° 14-12.091 F-D).

24438 **Partie défaillante** À l'égard des parties défaillantes, les demandes incidentes sont faites dans les formes prévues pour l'introduction de l'instance. En appel, elles le sont par voie d'**assignation** (CPC art. 68, al. 2). L'appel incident ou provoqué doit donc être formé à l'égard des parties défaillantes par voie d'assignation (Cass. 2e civ. 23-3-1994 n° 92-19.059 : Bull. civ. II n° 102 ; Cass. 2e civ. 13-03-1996 n° 94-14.278 : Bull. civ. II n° 63), dans les deux mois (aujourd'hui, trois mois) suivant l'appel qui le provoque (Cass. 2e civ. 9-1-2014 n° 12-27.043 : Bull. civ. II n° 1 ; Cass. 2e civ. 27-09-2018 n° 17-13.835 F-PB : Bull. civ. II n° 357). La pratique ancienne de l'appel provoqué par déclaration au greffe est donc à proscrire.

PROCÉDURE ORALE ET APPEL INCIDENT OU PROVOQUÉ

24448 Lorsque la procédure est orale, ce qui est notamment le cas de la procédure sans représentation obligatoire (CPC art. 946), l'appel incident ou provoqué peut-être présenté verbalement à l'audience contre les **parties comparantes** (Cass. soc. 5-11-1981 n° 79-42.614 : Bull. civ. V n° 866 ; Cass. 2e civ. 17-2-2011 n° 09-13.209 : Bull. civ. II n° 42). L'appel incident peut même être formé oralement contre une **partie non comparante,** sauf à la cour à faire respecter le principe du contradictoire (Cass. soc. 30-3-1994 n° 90-42.380 : Bull. civ. V n° 111). Parallèlement, il est admis que l'appel incident puisse être formé dans le cadre d'une procédure orale par le dépôt ou l'envoi au greffe de **conclusions** (Cass. soc. 15-12-2006 n° 05-41.468 : RJS 3/07 n° 375).

b. Délai de l'appel incident ou provoqué

RECEVABILITÉ DE L'APPEL PRINCIPAL

24460 L'appel incident ou provoqué peut être formé en tout état de cause alors même que son auteur serait forclos pour **agir à titre principal** (CPC art. 550). Toutefois, l'appel incident comme l'appel provoqué doivent pouvoir **se greffer** sur un appel recevable (n° 24312), même partiellement (Cass. 2e civ. 9-1-2014 n° 12-27.109 : Bull. civ. II n° 2), et même s'il a été radié pour défaut d'exécution

(Cass. 2e civ. 19-11-2020 n° 18-21.550 F-PBI). Dès lors que l'**appel principal** est **irrecevable,** l'appel incident ou provoqué sur lequel il se greffe ne peut pas être maintenu (sauf à avoir lui-même été formé dans le délai pour agir à titre principal : n° 24462). Il importe peu que l'irrecevabilité de l'appel principal résulte d'un défaut d'intérêt, d'un défaut de qualité ou d'une tardiveté.
En revanche, dès lors que l'appel principal est recevable, même partiellement, l'appel incident ou provoqué peut être formé hors de toute **considération de délai** (Cass. 2e civ. 5-4-2007 n° 06-11.836 : Bull. civ. II n° 75), même si l'auteur de l'appel incident ou provoqué aurait été irrecevable à former appel principal. Cette absence totale de délai n'est toutefois aujourd'hui plus vraie pour les **procédures avec représentation obligatoire** (n° 24470).
Une partie dont l'appel principal a été jugé irrecevable peut même, à la faveur de l'**appel principal régulier d'une autre partie,** former appel incident au-delà du délai pour former appel principal (Cass. 2e civ. 11-1-2006 n° 03-18.388 : Bull. civ. II n° 8). Là encore, cette jurisprudence est à nuancer fortement aujourd'hui, en matière d'appel avec représentation obligatoire, laquelle prévoit des délais stricts pour former appel incident (n° 24470).
À l'inverse, dès lors qu'une partie a comparu devant la cour sur un appel adverse, et qu'elle a **laissé la cour statuer** en s'abstenant de former appel incident, elle n'est plus recevable à relever un appel principal du même jugement, même si elle est encore dans le délai pour le faire (Cass. 2e civ. 28-5-2003 n° 01-12.177 : Bull. civ. II n° 160).
De même, lorsque la cour a déjà partiellement jugé, notamment pour trancher la question des responsabilités en mettant une partie hors de cause, cette dernière ne peut plus être appelée devant la cour par le biais d'un appel provoqué, sauf à porter atteinte à la chose jugée (Cass. 2e civ. 21-7-1986 n° 83-16.114 : Bull. civ. II n° 118).

Par une lecture extensive de l'article 550 du CPC, la jurisprudence considère que, même lorsque **24462**
l'appel principal est irrecevable, l'appel incident est recevable à condition qu'il ait été formé dans le **délai pour agir à titre principal** (Cass. 2e civ. 7-12-1994 n° 92-22.110 : Bull. civ. II n° 253). Cette solution, qui va au-delà des stricts termes du texte est justifiée par le fait qu'il ne serait pas équitable de sanctionner l'auteur d'un appel incident qui a manifesté sa demande de réformation totale ou partielle du jugement à l'intérieur du délai d'appel principal alors qu'il peut, par ailleurs, être dans l'ignorance d'une cause d'irrecevabilité pouvant fragiliser cet appel principal. Elle répond également au souci d'éviter d'inciter les parties à multiplier les appels principaux croisés.

DÉLAI DE L'APPEL INCIDENT OU PROVOQUÉ EN CAS DE REPRÉSENTATION OBLIGATOIRE

Avant la réforme de l'appel en 2011, l'appel incident ou provoqué pouvait toujours être formé en **24470**
tout état de cause, c'est-à-dire avant la clôture, dans le cadre d'une procédure écrite, mais sans autre condition de délai. Le juge avait simplement pour mission de vérifier le respect du principe de la **contradiction**, principe général de procédure. Dans le cadre de la procédure avec représentation obligatoire, les articles 905-2, 909 et 910 du CPC imposent aujourd'hui un **délai strict** pour former appel incident ou appel provoqué et pour conclure. Mais, bien entendu, si ces nouveaux délais sont respectés, la cour ne peut en aucun cas déclarer l'appel incident irrecevable au motif que l'intimé n'aurait pas interjeté appel principal (Cass. 2e civ. 13-10-2016 n° 15-21.973 F-PB).

> **Précisions a.** L'intimé à un appel incident ou à un appel provoqué dispose, à peine d'irrecevabilité relevée d'office, selon le cas, d'un délai d'un mois (CPC art. 905-1) ou de trois mois (CPC art. 910) à compter de la notification qui lui en est faite pour conclure. Par conséquent, dès lors que **le second appel incident découle de l'appel principal,** le délai ouvert à l'intimé pour conclure et former ce second appel incident à l'encontre d'une autre partie, demeurée partie intimée à son égard en dépit de la décision de caducité partielle de la déclaration de l'appelant, court à compter de la date de notification des premières conclusions d'appel de l'appelant principal (Cass. 2e civ. 3-12-2015 n° 14-23.834 F-PB).
En revanche, et fort logiquement, l'appel **incidemment relevé par un intimé contre un autre intimé en réponse à l'appel incident de ce dernier** qui modifie l'étendue de la dévolution résultant de l'appel principal et tend à aggraver la situation de ce dernier, est recevable dans le délai de trois mois à compter de la notification des conclusions portant appel incident, car dans ce cas ce sont les conclusions de l'intimé, et non pas celles de l'appelant principal, qui justifient la réplique du co-intimé (Cass. 2e civ. 14-4-2022 n° 20-22.362 FS-B).
b. Assez curieusement, la Cour de cassation a estimé que **la partie**, intimée, à qui l'acte d'appel et les conclusions de l'appelant principal ont été signifiés, et **qui s'est abstenue de conclure pour former éventuellement appel incident** dans le délai imparti par l'article 909 du CPC, est irrecevable à former par ailleurs appel principal du jugement attaqué, malgré l'absence de signification de ce dernier (Cass. 2e civ. 4-12-2014 n° 13-25.684). Cet arrêt, non publié, a pu paraître éminemment

critiquable. Il en résulte en effet que le défaut de respect de l'article 909 sur l'appel adverse éteint le droit de former par ailleurs appel principal, malgré l'absence de toute signification. On voit mal ce qui justifie une telle solution. Certainement pas, à notre sens, l'article 550 du CPC, pourtant visé, qui n'a trait qu'à l'appel incident. Mais la solution a pourtant été confirmée à plusieurs reprises (Cass. 2e civ. 7-4-2016 n° 15-12.770 F-D ; Cass. 2e civ.12-5-2016 n° 15-18.906 F-D) au visa de l'article 550, et encore dernièrement par un arrêt publié (Cass. 2e civ. 13-10-2016 n° 15-25.926 F-PB). La Cour de cassation a ainsi érigé l'appel incident en modalité de recours impérative, pour l'intimé, dès lors que le mécanisme des articles 905-1, 909 et 910 a été déclenché contre lui par les conclusions de l'appelant. Les décisions précisent que la date de la signification du jugement attaqué, ou même l'absence de signification, est une question « indifférente ». La réforme de 2017 a consacré cette solution de manière explicite : « n'est plus recevable à former appel principal l'intimé auquel ont été régulièrement notifiées les conclusions de l'appelant et qui n'a pas formé un appel incident ou provoqué contre le jugement attaqué dans les délais impartis aux articles 905-2 et 909 ou dont l'appel incident ou provoqué a été déclaré irrecevable » (CPC art. 911-1, al. 4).

c. Il doit être ici rappelé que l'**appelant principal** avait, quant à lui, dans l'hypothèse où son premier appel encourt une caducité, la possibilité de **former un nouvel appel**, à condition d'être encore dans le délai pour le faire (Cass. 2e civ. 7-4-2016 n° 15-14.154), comme cela avait été encore récemment jugé en cas d'appel irrecevable pour défaut de respect du formalisme de la procédure à jour fixe (Cass. 2e civ. 7-9-2017 n° 16-16.847 FS-PB : Bull. civ. II n° 167). Il était douteux que, par souci de cohérence, cette solution puisse être maintenue. La réforme de 2017 a également fermé cette voie de manière explicite : « la partie dont l'appel a été jugé caduc ou irrecevable n'est plus recevable à former un appel principal contre le même jugement et à l'égard de la même partie » (CPC art. 911-1, al. 3). En revanche, cette disposition est d'application stricte et, compte tenu de sa place dans l'architecture du Code, n'a pas vocation à s'appliquer en matière de procédure jour fixe (Cass. 2e civ. 19-5-2022 n° 21-10.422) de sorte que la possibilité de réitérer l'appel reste ouverte dans ce cas spécifique (Cass. 2e civ. 7-9-2017 n° 16-16.847 précité).

d. Il a aussi été jugé que dans le cas spécifique d'un **appel compétence** régi par les articles 83 et suivants du Code de procédure civile, une partie peut faire appel incident en intimant l'appelant principal d'un jugement qui a statué exclusivement sur la compétence, par conclusions notifiées aux parties à l'instance contre lesquelles il est dirigé, sans être tenu au délai et aux formes prévus par les articles 84 et 85 du Code précité **propres à l'appelant principal** (Cass. 1e civ. 18-1-2023 n° 21-13.369 F-B).

APPEL INCIDENT OU PROVOQUÉ DILATOIRE

24480 La cour peut condamner à des **dommages-intérêts** ceux qui se seraient abstenus, dans une intention dilatoire, de former suffisamment tôt leur appel incident ou provoqué (CPC art. 550, al. 2). En pratique, la règle concerne a priori surtout ceux qui ne sont pas soumis aux délais des articles 905-1, 909 et 910 du CPC.

INCIDENCE DU DÉSISTEMENT DE L'APPEL PRINCIPAL SUR L'APPEL INCIDENT OU PROVOQUÉ

24490 Le désistement de l'appel principal est, en principe, sans effet sur un **appel incident** antérieur puisque le désistement ne pourra produire ses effets que s'il est accepté par l'auteur de l'appel incident (CPC art. 401). À l'inverse, un **appel provoqué** formé à l'occasion d'un appel parallèle, contre une partie qui s'était elle-même désistée de son propre appel principal, peut rendre le désistement non avenu (Cass. com. 30-11-1993 n° 90-10.121 : Bull. civ. IV n° 433).

> **Précisions** Lorsqu'un désistement d'appel mentionne être accompli en vue de la formation d'un nouveau recours, il éteint l'instance, mais n'emporte pas acquiescement au jugement ni renonciation à l'exercice de ce recours (Cass. 2e civ. 21-2-2019 n° 18-13.467 F-PB).
> Le désistement n'empêche pas le maintien d'une **intervention principale,** caractérisée dès lors que la partie a par exemple formé une demande de dommages-intérêts à son profit (Cass. 2e civ. 14-1-2021 n° 18-22.984 F-PI).

INCIDENCE DE LA CADUCITÉ DE L'APPEL PRINCIPAL SUR L'APPEL INCIDENT OU PROVOQUÉ

24500 La question se pose des effets de la caducité de l'appel principal sur l'appel incident. La caducité de l'acte d'appel est un cas d'extinction de l'instance (CPC art. 385). Alors qu'il existe des dispositions particulières réglant l'articulation entre l'irrecevabilité de l'appel principal et celle de l'appel incident

(CPC art. 550), aucun texte n'envisage la question en présence d'une caducité de l'appel principal. **Deux thèses** étaient possibles. À l'image de l'irrecevabilité, on pouvait considérer que la caducité de l'appel principal ne devait pas porter atteinte à un appel incident antérieur, s'il avait lui-même été formé dans le délai pour agir à titre principal (n° 24462). À l'inverse, puisque la caducité éteint l'instance d'appel et qu'aucun texte spécifique ne permet de lui faire survivre un appel incident antérieur, on pouvait considérer que ce dernier, qui ne peut que se greffer sur l'appel principal, était lui-même atteint par l'extinction de l'instance. La jurisprudence a penché pour cette dernière analyse, qui paraît la plus orthodoxe (Cass. 2e civ. 13-5-2015 n° 14-13.801 FS-PBRI : Bull. civ. II n° 115). La caducité de l'appel est ainsi une arme procédurale dangereuse, entre les mains de l'appelant principal. Plus que jamais, il est donc conseillé à l'intimé souhaitant se porter appelant incident de prendre la précaution de former appel principal croisé s'il est encore dans le délai pour le faire. En revanche, lorsque **deux appels successifs** sont inscrits, que le premier est jugé caduc, et le second irrecevable, l'appel incident formé sur le second appel dans le délai prévu pour l'appel principal, est recevable, nonobstant la caducité de la première déclaration d'appel (Cass. 2e civ. 1-10-2020 n° 19-10.726 F-PBI). Enfin, il convient de rappeler que, si l'appel est dirigé contre une partie non intimée par l'appelant principal, il ne pourra être analysé que comme un appel provoqué, et devra donc être formé par assignation dans le délai imparti pour conclure (Cass. 2e civ. 27-9-2018 n° 17-13.835 : Bull. civ. II n° 357).

D. Intervenant en appel

On distingue entre l'**intervenant volontaire** qui vient spontanément à la procédure d'appel et l'**intervenant forcé** qui est attrait à la procédure d'appel par une autre partie. 24530
Les personnes qui n'ont été ni parties ni représentées à la procédure de première instance, ou qui y ont figuré en une autre qualité peuvent (CPC art. 554 et 555) :
– intervenir **volontairement** en appel dès lors qu'elles y ont intérêt ;
– **être appelées** devant la cour, même aux fins de condamnation, quand l'évolution du litige implique leur mise en cause.

a. Règles communes à l'intervention volontaire et à l'intervention forcée

QUALITÉ DE TIERS DE L'INTERVENANT VOLONTAIRE OU FORCÉ

La personne intervenante, volontaire ou forcée, ne peut pas avoir été **partie ou représentée** par une autre partie en première instance (CPC art. 554 et 555). Ainsi, lorsqu'une personne a été représentée en première instance par une partie, et qu'elle n'invoque aucun **droit propre distinct** devant la cour, son intervention volontaire doit être jugée irrecevable car elle ne peut pas être regardée comme un tiers au litige (Cass. 3e civ. 18-5-1988 n° 87-10.296 : Bull. civ. III n° 95). 24532
La qualité de tiers en première instance exclut celle de partie. Ainsi, en appel, cela signifie qu'une même personne ne peut pas être à la fois intervenante volontaire ou forcée et **appelante ou intimée.** De même, la partie intervenante ne peut pas utiliser la voie de la **tierce opposition** dès lors que l'affaire est pendante devant la cour d'appel (Cass. soc. 31-5-1989 n° 87-43.538 : Bull. civ. V n° 423). Sur les notions de partie présente ou représentée en première instance, voir nos 23923 s.

Lorsqu'une personne a figuré comme partie à la première instance mais qu'elle est attraite devant la cour en une **autre qualité,** elle est alors considérée comme un tiers, de sorte qu'elle doit procéder, ou qu'il faut procéder contre elle, par voie d'intervention (CPC art. 554 in fine ; n° 23940). 24536

> **Précisions a.** L'intervention d'un tiers ne doit pas être confondue avec la **reprise d'une instance interrompue** (CPC art. 369 s.). Par exemple, lorsqu'un liquidateur judiciaire reprend une instance interrompue par le jugement de liquidation judiciaire, il n'est pas un tiers par rapport au procès. La question a trait à la représentation de la partie : le liquidateur reprend l'instance parce qu'il a désormais, seul, qualité pour représenter le débiteur.
> **b.** Classiquement, lorsque dans le cadre d'une admission de créance, une partie avait figuré en qualité de **représentant des créanciers** mais qu'elle était intimée en qualité de **commissaire à l'exécution du plan,** elle ne pouvait pas être appelée en la cause par la voie de l'intervention forcée, réservée à la mise en cause des tiers, de sorte que, à défaut qu'elle ait été régulièrement intimée dans le cadre d'un litige indivisible, l'appel était irrecevable (Cass. 2e civ. 13-7-2005 n° 01-11.798 : Bull. civ. II n° 203). Cependant, la Cour de cassation estime désormais que, dès lors qu'un **organe de la procédure collective** n'est ni appelant ni intimé, alors qu'il doit figurer à l'instance conformément à l'article R 661-6, 1° du Code de commerce, il doit être assigné en **intervention forcée,** sans exigence d'évolution du litige, afin que l'appel soit régularisé (Cass. com. 14-6-2017 n° 15-20.229 F-PBI : Bull. civ. IV n° 84).

INTÉRÊT AU LITIGE DE L'INTERVENANT VOLONTAIRE OU FORCÉ

24546 Comme toute personne agissant en justice, l'**intervenant volontaire** doit justifier d'un intérêt à agir (CPC art. 554). L'appréciation de l'intérêt sera différente selon qu'il s'agit d'une **intervention accessoire** ou d'une **intervention principale.**

L'**intervention forcée** suppose aussi que la personne appelée ait un intérêt au litige, qu'il appartient au juge du fond d'apprécier de manière souveraine (Cass. 3e civ. 1-2-1978 n° 76-14.147 : Bull. civ. III n° 68).

JUGE COMPÉTENT POUR CONNAÎTRE DE L'INTERVENTION VOLONTAIRE OU FORCÉE

24556 Traditionnellement, la question de la recevabilité de l'assignation forcée d'un tiers, de même que celle de la recevabilité de l'intervention volontaire ne relevaient clairement pas des pouvoirs du **conseiller de la mise en état**. Aucun texte ne le prévoyait, et l'intervention ne pouvait être assimilée à l'exercice d'un appel. Par conséquent, seule la **cour** statuant au fond avait compétence pour trancher la recevabilité d'une intervention volontaire ou forcée.

Depuis que le CME a compétence pour statuer sur les fins de non-recevoir en général (CPC art. 789, 6°), la question ne devrait plus lui échapper, dans le respect des limites posées à ses pouvoirs par l'avis rendu par la Cour de cassation (Cass. avis 2e civ. 3-6-2021, n° 21-70.006 avis n° 15008, voir n° 26284).

b. Règles particulières à l'intervention volontaire

24570 L'appréciation de l'intérêt à agir de l'intervenant volontaire et du **lien suffisant** qui doit exister entre ses demandes et les prétentions originaires relève du **pouvoir souverain** des juges du fond (Cass. ch. mixte 9-11-2007 n° 06-19.508 : Bull. ch. mixte n° 10). Mais la Cour de cassation contrôle que le juge du fond a bien caractérisé cet intérêt, le lien suffisant et le fait que l'intervention n'a pas pour conséquence de soumettre à la cour un litige nouveau.

En aucun cas l'intervention volontaire n'est soumise à la démonstration qu'une **évolution du litige** serait survenue en cause d'appel. Cette notion, propre à l'intervention forcée ne concerne pas l'intervention volontaire (Cass. 2e civ. 15-1-2004 n° 02-10.745 : Bull. civ. II n° 6).

LIEN SUFFISANT

24572 L'intervention volontaire suppose qu'existe un lien suffisant entre les demandes de l'intervenant et les prétentions originaires (Cass. ch. mixte 9-11-2007 n° 06-19.508 : Bull. ch. mixte n° 10).

ILLUSTRATIONS

Après une **cession de créance,** le cessionnaire a pu intervenir à une instance d'appel ayant pour objet la **responsabilité professionnelle d'un notaire** pour faire valoir le préjudice subi du fait de la perte des sûretés (Cass. 1e civ. 10-1-2006 n° 03-17.839 : Bull. civ. I n° 6).

Plusieurs **locataires** attributaires de logements à loyer modéré ont pu intervenir devant la cour d'appel pour faire valoir, dans le cadre du **procès engagé contre les constructeurs** de l'immeuble, le préjudice qu'ils subissaient du fait des désordres de celui-ci (Cass. 3e civ. 9-10-1991 n° 89-13.299 : Bull. civ. III n° 236).

Lorsqu'un **assureur** agit en vertu d'une **subrogation** dans le droit de ses assurés, son intervention volontaire a pu être jugée recevable comme se rattachant par un lien suffisant avec les prétentions originaires (Cass. 3e civ. 1-7-1987 n° 86-10.251 : Bull. civ. III n° 137).

L'intervention volontaire d'un **syndicat de copropriétaires,** dans le cadre du **procès introduit personnellement par deux copropriétaires** mais relatif à des droits appartenant à l'ensemble de la copropriété, a pu être jugée recevable comme se rattachant par un lien suffisant aux demandes originaires (Cass. 3e civ. 1-4-1987 n° 85-17.511 : Bull. civ. III n° 78).

Lorsque l'intervention volontaire est qualifiée de **principale,** elle est pleinement autonome au plan procédural. Elle peut être maintenue si l'appelant se désiste (Cass. 2e civ. 14-1-2021 n° 18-22.984 F-PI), ou même si l'appel est irrecevable (Cass. 2e civ. 11-4-2013 n° 12-18.931 FD).

ABSENCE DE LITIGE NOUVEAU POUR PERMETTRE L'INTERVENTION VOLONTAIRE

24582 L'intervention volontaire ne doit pas avoir pour effet de soumettre à la cour un litige nouveau (Cass. 2e civ. 17-10-2002 n° 01-02.414 : Bull. civ. II n° 229 ; Cass. soc. 7-7-2004 n° 02-40.955 : Bull. civ. II n° 202).

D'une manière générale le litige n'est pas jugé nouveau lorsqu'il procède directement des **prétentions de première instance** (Cass. 1e civ. 18-7-2000 n° 98-19.602 : Bull. civ. I n° 217). Tel est le cas lorsque la demande de l'intervenant volontaire porte sur la même créance que celle présentée en première instance et procède directement de la demande originaire (Cass. 2e civ. 17-10-2002 n° 01-02.414 précité). De même, l'intervention en cause d'appel d'un tiers payeur aux fins d'obtenir le remboursement des prestations qu'il a versées ne soumet pas à la cour un litige nouveau (Cass. 2e civ. 4-3-1999 n° 97-10.888 : Bull. civ. II n° 36).

FORME DE L'INTERVENTION VOLONTAIRE

L'intervention volontaire est une demande incidente (CPC art. 63). Elle est formée à l'égard des parties présentes à l'instance de la même manière que sont présentés les **moyens de défense** (CPC art. 68, al. 1). Une partie peut donc intervenir de manière volontaire devant la cour par voie de **conclusions,** ou **à la barre** lorsque la procédure est orale, sous réserve du respect du principe de la **contradiction.** 24592

c. Règles particulières à l'intervention forcée

Les tiers peuvent être appelés devant la cour, même aux fins de condamnation, quand l'évolution du litige implique leur mise en cause (CPC art. 555). 24610

Le pouvoir d'appeler un tiers devant la cour d'appel appartient aux **parties** puisque ce sont elles qui disposent de la matière du procès (CPC art. 2, 4, 5 et 331). Le juge ne peut le faire d'office qu'en cas de solidarité ou d'indivisibilité d'une condamnation (nos 24750 s.). Il peut toutefois inviter les parties à mettre en cause tous les intéressés dont la présence lui paraît nécessaire à la solution du litige (CPC art. 332). 24611

ÉVOLUTION DU LITIGE PERMETTANT L'INTERVENTION FORCÉE

La faculté d'appeler un tiers pour la première fois devant la cour, notamment pour demander sa condamnation est encadrée de manière stricte car ce tiers se voit privé du bénéfice du principe du double degré de juridiction. La nécessité d'appeler un tiers en raison de l'évolution du litige relève de l'**appréciation souveraine** des juges du fond (Cass. com. 5-1-1989 n° 86-13.569 : Bull. civ. IV n° 6). Néanmoins, la Cour de cassation exerce son **contrôle** pour vérifier si le juge du fond a caractérisé l'évolution qui exige la révélation d'une **circonstance de fait ou de droit** née du jugement ou postérieure à celui-ci, modifiant les **données juridiques** du litige (Cass. ass. plén. 11-3-2005 n° 03-20.484 : RJDA 7/05 n° 916 ; Cass. 2e civ. 28-2-2006 n° 03-19.125 : Bull. civ. II n° 52 ; Cass. 3e civ. 15-12-2010 n° 09-68.894 : Bull. civ. III n° 221). 24612

Cette exigence est appliquée de manière très stricte, puisque l'intervention forcée devant la cour porte atteinte au principe du double degré de juridiction (Cass. 2e civ. 6-11-1974 n° 73-12.292 : Bull. civ. II n° 284).

ILLUSTRATIONS

Assigné en démolition de **constructions** loties édifiées irrégulièrement, le propriétaire du lot concerné avait appelé en garantie le notaire qui avait établi l'acte de vente et l'assureur de celui-ci. Ces derniers avaient appelé l'assureur de l'architecte en intervention forcée. La Cour de cassation a approuvé une cour d'appel ayant jugé que l'**action directe du tiers lésé contre l'assureur de responsabilité** étant une action autonome qui trouve son fondement dans le droit de ce tiers à réparation de son préjudice, le notaire et son assureur pouvaient **dès la première instance** assigner l'assureur de responsabilité, de sorte que le **refus de garantie opposé** par lui **après le jugement** n'avait pas eu pour effet de modifier les données juridiques du litige et ne constituait donc pas une évolution permettant la mise en cause de l'assureur pour la première fois devant la cour (Cass. 3e civ. 15-12-2010 n° 09-68.894, précité).

De même, lorsque la **liquidation judiciaire du constructeur** est intervenue en première instance, y compris après l'ordonnance de clôture, cet élément ne saurait constituer une évolution du litige et ainsi permettre l'**intervention forcée de l'assureur** pour la première fois devant la cour (Cass. 3e civ. 28-1-2009 n° 07-19.240 : Bull. civ. III n° 21).

Plus encore, la **liquidation judiciaire d'une autre partie,** même intervenue en cause d'appel, ne constitue pas nécessairement une évolution du litige impliquant la mise en cause d'un tiers (Cass. 2e civ. 8-4-2004 n° 02-14.746 : Bull. civ. II n° 187 ; Cass. 2e civ. 13-11-2014 n° 13-18.682 F-D ; Cass. soc. 4-7-2018 n° 16-29.051 FS-PB : RJS 10/18 n° 630), y compris son assureur (Cass. 2e civ. 11-2-2021 n° 18-16.535 F-PI).

L'**évocation décidée sur contredit** (aujourd'hui, sur appel d'une décision concernant la compétence) ne constitue pas une évolution du litige (Cass. 2e civ. 7-6-2006 n° 04-16.251 : Bull. civ. II n° 146).

La jurisprudence offre de nombreux **autres exemples** d'irrecevabilité de l'intervention forcée en raison de l'absence d'évolution du litige (notamment, Cass. 2e civ. 23-11-2006 n° 06-10.942 : Bull. civ. II n° 327 ; Cass. 1e civ. 27-11-2008 n° 07-15.066 : Bull. civ. I n° 268 ; Cass. 3e civ. 28-4-2011 n° 10-14.516 : Bull. civ. III n° 59).

24621 En revanche, ont été jugées **recevables** en raison d'une évolution du litige les demandes en intervention forcée formées dans les circonstances exposées ci-dessous.

Le voisin d'une société exploitant un café avait obtenu un jugement condamnant l'exploitant et le propriétaire des locaux pour **troubles de voisinage.** La société avait ensuite fait l'objet d'une cession d'actifs. Le propriétaire avait formé appel et le voisin avait assigné le repreneur en intervention forcée. Cette nouvelle demande qui tendait à la réparation des **nuisances** sonores **survenues** depuis la reprise du fonds de commerce, **postérieurement au jugement** était recevable, une modification des données juridiques du litige étant caractérisée (Cass. 2e civ. 19-02-2009 n° 07-19.504 : Bull. civ. II n° 56).

Le demandeur avait assigné le propriétaire d'un appartement en démolition de sa terrasse alors que celui-ci venait de vendre le bien à un tiers. Le **court laps de temps** séparant la vente du bien de l'assignation en première instance et le **défaut de comparution** à cette instance de l'ancien propriétaire n'ayant pas permis au demandeur de prendre **connaissance du transfert de propriété,** cette évolution du litige justifiait la mise en cause de l'acquéreur pour la première fois en appel (Cass. 2e civ. 23-6-2011 n° 10-20.563 : Bull. civ. II n° 141).

Un propriétaire de locaux commerciaux avait consenti un **bail** à une **société en formation représentée par son PDG** et un litige dans l'exécution de ce contrat était survenu. Le PDG ayant soutenu en appel qu'il n'avait pas participé aux négociations et n'avait pas signé le bail, la demande du propriétaire en **intervention forcée du frère du PDG** était recevable. Il résultait en effet de l'examen comparatif des signatures figurant sur les documents d'identité des parties que le bail avait été signé, non par le PDG, mais par son frère. Cette **circonstance révélée postérieurement au jugement** modifiait les données du litige et justifiait l'intervention forcée (Cass. 3e civ. 3-6-2004 n° 03-10.114 : Bull. civ. III n° 113).

24635 L'**irrecevabilité de la demande** en intervention forcée n'est pas d'**ordre public** ; le juge ne peut donc pas la relever d'office (Cass. com. 28-2-1989 n° 86-15.813).

Lorsque l'intervention forcée est jugée irrecevable, le juge d'appel ne saurait en aucun cas rendre l'**arrêt commun** et opposable à la partie appelée en intervention en retenant une faute contre elle-même si aucune condamnation n'est prononcée à son encontre (Cass. 3e civ. 8-11-1977 n° 76-10.455 : Bull. civ. III n° 378).

FORME DE L'INTERVENTION FORCÉE

24637 L'**intervention forcée,** dirigée par définition contre un tiers au litige, doit être formée par **assignation** (CPC art. 68, al. 2). En aucun cas la mise en cause d'un tiers ne peut résulter de simples conclusions (Cass. 2e civ. 15-1-1992 n° 90-16.556 : Bull. civ. II n° 15).

Quand une assignation en intervention forcée est formée dans le cadre d'une **procédure d'appel avec représentation obligatoire et à bref délai,** l'avis de fixation de l'affaire doit être joint à l'assignation (CPC art. 905-2, al. 4).

E. Solidarité et indivisibilité en cas d'appel

24660 En cas de pluralité de parties, chacun exerce et supporte en principe, pour ce qui le concerne, les droits et obligations des parties à l'instance ; les actes accomplis par ou contre l'un des coïntéressés ne profitent pas et ne nuisent pas aux autres (CPC art. 323 et 324). Ainsi, lorsqu'une partie fait appel, elle n'engage qu'elle et son action est sans incidence sur la possibilité pour les autres parties de faire appel. Il en va toutefois différemment en cas de solidarité ou d'indivisibilité de la condamnation (CPC art. 552 et 553). Certaines dispositions sont communes à la solidarité et à l'indivisibilité (nos 24680 s.). D'autres sont spécifiques à l'indivisibilité (nos 24780 s.).

1. RÈGLES COMMUNES À LA SOLIDARITÉ ET À L'INDIVISIBILITÉ

24680 Pour appliquer les dispositions des articles 552 et 553 du CPC sur la solidarité et l'indivisibilité (nos 24700 s.), le juge du fond doit constater la **solidarité ou l'indivisibilité de la condamnation** à l'égard de plusieurs parties. Ainsi lorsque la condamnation au paiement d'une somme d'argent prononcée en première instance n'est pas solidaire et qu'elle ne peut être indivisible, la cour d'appel qui n'a pas caractérisé l'existence d'une solidarité ou d'une indivisibilité ne peut considérer que l'appel formé par une partie conserve le droit d'appel des autres (Cass. 2e civ. 18-9-2003 n° 01-14.826 : Bull. civ. II n° 277). De même, lorsqu'**aucune condamnation** n'est prononcée en première instance, la cour ne peut pas caractériser de solidarité (Cass. 3e civ. 26-5-1992 n° 90-16.619 : Bull. civ. III n° 166). Les situations sont toutefois parfois plus nuancées. Il a ainsi été jugé qu'un

jugement déboutant un tiers de sa demande en indemnisation contre l'assuré profite solidairement à l'assureur (Cass. 2e civ. 4-11-2010 n° 09-69.780).
Il a aussi été jugé que si un jugement rejette une demande de condamnation solidaire, la solidarité peut être recherchée dans un acte préexistant au jugement et opposable, telle une **solidarité conventionnelle** (Cass. 2e civ. 6-5-1998 n° 95-14.609 : Bull. civ. II n° 145). La question peut donc se poser lorsque la solidarité est présumée, notamment en matière commerciale.

a. Droit d'appel conservé en cas de solidarité ou d'indivisibilité

En cas de solidarité ou d'indivisibilité du jugement à l'égard de plusieurs parties, l'appel formé par l'une conserve le droit d'appel des autres, sauf à ces dernières à se joindre à l'instance (CPC art. 552, al. 1). Ainsi, l'appel formé par l'une des parties condamnées solidairement (ou in solidum : CA Montpellier 9-12-2008 1e ch. n° 07/3673 : Gaz. Pal. 25 juin 2008 jur. p. 10 obs. F. Watremet) conserve le droit d'appel des autres qui peuvent donc se joindre à l'instance en dehors de toute considération de **délai**. **24700**
Il faut néanmoins émettre une interrogation importante pour les **procédures avec représentation obligatoire** : la partie qui se joint ainsi à l'appel doit-elle veiller à respecter les délais imposés, depuis le 1er janvier 2011, par la première phase de la procédure d'appel (CPC art. 905-2, 908 à 910) ? Dans l'attente d'une décision de la Cour de cassation sur ce sujet, il semble prudent de conseiller à la partie de se joindre à l'appel au plus tard dans le délai de l'appel incident, c'est-à-dire, en procédure classique, dans les trois mois du dépôt des conclusions de l'appelant principal (CPC art. 909), même si l'on voit mal comment ce délai pourrait lui être opposé alors que, par définition, elle ne figure pas à l'acte d'appel.

La cour d'appel ne peut pas juger à l'égard des **codébiteurs solidaires** qui ne se seraient **pas joints à l'instance** (Cass. 1e civ. 3-1-1996 n° 93-20.790 : Bull. civ. I n° 2). **24702**
La faculté de se joindre à l'instance d'appel n'exige pas que les appelants solidaires aient un **intérêt commun** ou soutiennent les **mêmes moyens** (Cass. 2e civ. 8-10-1986 n° 84-15.842 : Bull. civ. II n° 141). Mais une partie ne peut pas être considérée comme s'étant jointe à l'appel si elle ne demande que la **confirmation du jugement** (Cass. 3e civ. 10-7-2002 n° 00-14.387).

En cas de **renvoi après cassation,** l'instance d'appel se poursuit devant la juridiction de renvoi, ce qui permet au coïntéressé solidaire ou indivisible de s'y joindre même s'il n'a été partie ni à l'instance d'appel initiale ni à l'instance devant la Cour de cassation (Cass. 2e civ. 20-1-2005 n° 03-13.607 : Bull. civ. II n° 16). **24710**

b. Droit d'appel réservé en cas de solidarité ou d'indivisibilité

En cas de solidarité ou d'indivisibilité d'un jugement, l'**appel** dirigé **contre l'une des parties** réserve à l'appelant la faculté d'**appeler les autres** à l'instance (CPC art. 552, al. 2). Cette disposition permet à un appelant qui n'aurait pas directement intimé tous les codébiteurs solidaires d'appeler les autres à l'instance hors de toute considération de **délai.** L'appelant doit pouvoir procéder alors par voie d'appel distinct, même hors délai, dès lors que son premier appel, formé dans le délai, est toujours pendant et sous réserve, bien entendu, que la cour n'ait pas encore jugé une absence de solidarité ou d'indivisibilité (Cass. 3e civ. 23-6-1999 n° 97-22.607 : Bull. civ. II n° 146). Si le premier appel a été déclaré caduc, le second appel se heurterait à l'interdiction prévue par l'article 911-1, alinéa 3 du CPC (Cass. 2e civ. 30-9-2021 n° 19-24.580 F-B). **24730**
La mise en œuvre de la faculté, pour l'appelant principal, d'inscrire un autre appel, contre les parties non intimées par son acte initial, implique en principe d'être formalisée par deux **actes d'appel distincts** (Cass. 2e civ. 6-12-2001 n° 00-16.443 F-D).
La question se pose de l'articulation de ce texte avec la **procédure d'appel avec représentation obligatoire** (n° 24700). Il est probable qu'en cas d'exercice d'un appel ainsi réservé, si de nouvelles conclusions sont déposées par l'appelant, se dérouleront en parallèle plusieurs premières phases distinctes (CPC art. 908 à 910). La Cour de cassation a eu l'occasion de juger que, en cas d'indivisibilité du litige, la seconde déclaration d'appel, formée par l'appelant pour appeler à la cause une partie omise dans la première déclaration d'appel, **régularise l'appel, sans créer une nouvelle instance, laquelle demeure unique,** indépendamment de la notion de jonction, de sorte que la cour d'appel doit juger en se référant aux dernières conclusions déposées par l'appelant (Cass. 2e civ. 19-11-2020 n° 19-16.009 F-PBI). Cette position doit conduire l'appelant à veiller à ce que ses **dernières conclusions** soient bien récapitulatives pour l'entier litige, ce qui semble parfaitement logique, compte tenu du caractère indivisible du litige. En revanche, le droit d'appel étant réservé, tant que le juge n'a pas statué, on ne peut pas exclure, a priori, l'hypothèse où le second acte d'appel serait déposé au-delà de l'expiration du délai pour conclure sur le premier appel (CPC art. 908), et par conséquent, au moins au stade de la première

phase, que deux ou plusieurs jeux de conclusions successifs soient déposés. Dans cette même ligne, il a été jugé que la seconde déclaration d'appel formée par l'appelant pour appeler à la cause les parties omises dans la première déclaration d'appel **régularise l'appel,** sans créer une nouvelle instance, laquelle demeure unique, de sorte que si l'instance a été valablement introduite selon la **procédure à jour fixe** à l'occasion du premier acte, la seconde déclaration d'appel n'implique pas que soit déposée une nouvelle requête (Cass. 2e civ. 15-4-2021 no 19-21.803 F-P).

c. Mise en cause par la cour en cas de solidarité ou d'indivisibilité

24750 En cas de solidarité ou d'indivisibilité d'un jugement à l'égard de plusieurs parties, la cour **peut ordonner d'office** la mise en cause de tous les cointéressés (CPC art. 552, al. 3).
Il s'agit d'ailleurs parfois pour le juge d'une **obligation.** Ainsi, dans le cadre d'une action récursoire exercée par une **compagnie d'assurance subrogée** dans les droits de son assuré, coauteur d'un dommage et condamné in solidum, il a été jugé que la cour devait ordonner la mise en cause de l'assuré pour pouvoir procéder au partage de responsabilité entre les deux coauteurs du dommage (Cass. 1e civ. 3-1-1996 no 93-18.070 : Bull. civ. I no 14).
La mise en cause peut concerner non seulement les **personnes déjà parties** au litige en première instance mais non appelées devant la cour, mais aussi les **tiers.**
Contrairement aux cas où la mise en cause est faite à la demande d'une partie (nos 24610 s.), la mise en cause d'un tiers ordonnée par le juge en cas de solidarité ou d'indivisibilité n'est pas soumise à la condition de l'**évolution du litige** (Cass. 1e civ. 18-7-1995 no 93-13.681 : Bull. civ. I no 324 ; Cass. soc. 9-6-2004 no 01-43.802).

2. RÈGLES PARTICULIÈRES À L'INDIVISIBILITÉ EN CAS D'APPEL

24780 Le Code civil donne la définition d'une obligation divisible ou indivisible (C. civ. art. 1217 et 1218).
En matière procédurale, aucune définition positive n'est donnée d'une matière indivisible. L'idée générale est qu'une matière est indivisible lorsqu'elle ne peut pas être jugée, et surtout lorsque la **condamnation** ne peut être **exécutée,** de manière distincte à l'égard de plusieurs parties (Cass. 2e civ. 12-10-2006 no 05-14.573 : Bull. civ. II no 263).
L'impossibilité d'**exécuter une interdiction** de manière divisible caractérise l'indivisibilité (Cass. 2e civ. 7-7-2005 pourvoi no 04-13.973 : Bull. civ. II no 182). Ainsi, à l'égard de propriétaires indivis (Cass. 2e civ. 28-5-1990 no 88-15.257 : Bull. civ. II no 118) ou en matière de procédures collectives (Cass. 2e civ. 13-7-2005 no 01-11.798 : Bull. civ. II no 203 ; Cass. com. 24-1-1984 no 82-15.633 : Bull. civ. IV no 28), notamment de vérification des créances (Cass. 2e civ. 2-7-2020 no 19-14.855 F-PBI).
À l'inverse, des demandes tendant simplement au **paiement de sommes d'argent** ne sont pas indivisibles (Cass. 2e civ. 18-9-2003 no 01-14.826 : Bull. civ. II no 277 ; Cass. 2e civ. 20-6-1996 no 93-20.712 : Bull. civ. II no 173).
La **demande en garantie** ne caractérise pas, en soi, un lien d'indivisibilité (Cass. 3e civ. 26-3-2003 no 01-14.909).
Le caractère indivisible d'un litige est **apprécié de manière souveraine** par le juge du fond (Cass. 1e civ. 4-11-2010 no 09-15.302 : Bull. civ. I no 218), qui doit néanmoins la caractériser, pour permettre à la Cour de cassation d'exercer son contrôle. Pour un exemple où l'indivisibilité n'a pas été retenue, voir Cass. 3e civ. 7-9-2017 no 16-18.331 F-PB : Bull. civ. III no 94, décision rendue en matière de copropriété.

APPEL FORMÉ PAR UNE PARTIE EN CAS D'INDIVISIBILITÉ DU JUGEMENT

24790 Lorsque le jugement est indivisible, l'appel de l'une des parties produit **effet à l'égard des autres,** même si celles-ci ne se sont pas jointes à l'instance (CPC art. 553).
Par **exemple**, lorsque dans le cadre d'un litige indivisible un **assureur** a été condamné avec son assuré, mais que seul l'assureur est appelant, le juge ne peut s'abstenir de se prononcer sur les moyens articulés par l'assureur pour contester la responsabilité de son assuré en faisant valoir que l'assuré ne s'est pas associé au recours (Cass. 1e civ. 12-10-2004 no 00-17.367 : Bull. civ. I no 220).
De même, l'appel de certains des **indivisaires** produit effet à l'égard des autres, du fait de l'indivisibilité entre toutes les parties même si certains indivisaires ont été simplement convoqués à l'instance d'appel mais n'ont pas conclu et ne se sont donc pas joints à celles-ci (Cass. 3e civ. 19-6-2002 no 00-21.869 : Bull. civ. III no 146).
En cas d'indivisibilité d'un litige portant sur la validité d'une **hypothèque,** les créanciers, y compris ceux dont la créance personnelle est inférieure au taux du dernier ressort, sont recevables à interjeter appel (Cass. 3e civ. 4-2-1971 no 69-11.046 : Bull. civ. III no 76).

> Précisions Les **notions de solidarité et d'indivisibilité** ne sauraient être confondues. Ainsi, les condamnations in solidum de l'assureur et de l'assuré à réparer un dommage n'étant pas indivisibles, l'article 553 du CPC n'est pas applicable. Par suite, l'infirmation du jugement sur le seul appel de l'assuré ne peut pas produire effet à l'égard de l'assureur dont l'appel avait été déclaré irrecevable (Cass. 2e civ. 7-1-2016 n° 14-13.721). A fortiori, un jugement qui rejette une demande de paiement in solidum contre plusieurs défendeurs ne crée aucune indivisibilité entre eux (Cass. 3e civ. 11-5-2022 n° 21-15.217 FS-B ; Cass. 2e civ. 17-11-2022 n° 20-19.782 FS-B).

APPEL FORMÉ CONTRE L'UNE DES PARTIES EN CAS D'INDIVISIBILITÉ DU JUGEMENT

En cas d'indivisibilité du jugement à l'égard de plusieurs parties, l'appel formé contre l'une n'est recevable que si **toutes** sont **appelées** à l'instance (CPC art. 553). La fin de non-recevoir tirée de la violation de cette disposition est d'ordre public et doit donc être relevée d'office par la cour d'appel (Cass. 1e civ. 8-2-2017 n° 15-26.133 F-PB). **24800**

Par **exemple,** lorsque la **liquidation judiciaire** a été prononcée sur assignation de trois créanciers, l'appel formé par le débiteur contre deux créanciers seulement rend son appel irrecevable compte tenu du caractère indivisible du jugement de liquidation judiciaire (Cass. com. 22-5-1978 n° 76-15.606 : Bull. civ. IV n° 140). De même, lorsque le débiteur relève seul appel d'une décision d'**admission d'une créance,** il doit intimer non seulement le créancier, mais également le mandataire judiciaire. À défaut, la matière étant indivisible, son appel est irrecevable (Cass. com. 29-9-2015 n° 14-13.257 F-PB : RJDA 5/16 n° 385). L'appel contre la partie omise (ici le commissaire à l'exécution du plan), dès lors qu'elle a été partie en première instance, doit être formé par déclaration d'appel, et non par assignation en intervention forcée (Cass. 2e civ. 2-7-2020 n° 19-14.855 F-PBI).

En revanche, en cas d'appel d'un jugement de conversion de redressement judiciaire en liquidation judiciaire, si l'administrateur judiciaire n'a pas été partie en première instance, et n'a pas été intimé (CPC art. 547), il doit néanmoins figurer à l'instance, conformément à l'article R 661-6, 1° du Code de commerce, de sorte qu'il peut être assigné en intervention forcée, sans exigence d'évolution du litige, afin que l'appel soit régularisé (Cass. com. 14-6-2017 n° 15-20.229 F-PBI : Bull. civ. IV n° 84).

En revanche, lorsque le débiteur est soumis à une procédure de **sauvegarde,** l'administrateur n'a pas à être intimé sur l'appel d'un créancier contestant le rejet de la créance qu'il a déclarée (Cass. com. 20-4-2017 n° 15-18.182 F-PB : RJDA 7/17 n° 486).

En matière de **saisie immobilière,** il existe un lien d'indivisibilité entre tous les créanciers, de sorte que l'appel de l'un, fût-il limité à la contestation de la créance du créancier poursuivant, doit être formé contre toutes les parties à l'instance, à peine d'irrecevabilité (Cass. 2e civ. 21-2-2019 n° 17-31.350 F-PB).

En revanche, dans le cas où la victime d'un **accident de la route** avait interjeté appel d'un jugement indivisible rendu contre un assureur et contre l'agent judiciaire du Trésor mais où son appel avait par erreur été dirigé contre l'assureur et contre « l'Établissement public Trésor public », jugé que le second appel formé hors délai contre l'agent judiciaire du Trésor était recevable. Toutes les parties présentes en première instance à ce litige indivisible l'étaient également en cause d'appel, l'appel était recevable à l'égard d'au moins une partie, et l'instance était encore en cours. La fin de non-recevoir tirée de l'article 553 du CPC, soulevée par l'assureur, devait donc être écartée (Cass. 2e civ. 7-9-2017 n° 16-20.463 F-PB : Bull. civ. II n° 165).

La règle de l'article 553 ne trouve application que dans le strict cas de l'indivisibilité, en aucun cas dans l'hypothèse de la **solidarité** (Cass. 2e civ. 23-10-1991 n° 90-14.657 : Bull. civ. I n° 268).

CADUCITÉ DE L'ACTE D'APPEL ET INDIVISIBILITÉ DU JUGEMENT

Il a été soutenu que dans l'hypothèse où l'appel serait jugé caduc **à l'égard de l'une des parties intimées,** liée par un lien d'indivisibilité, l'appel lui-même devait être jugé irrecevable en application de l'article 553 du CPC (Circulaire du ministère de la justice et des libertés, CIV/16/10 du 31 janvier 2011 p. 7). À notre avis, cette affirmation est critiquable car elle élude les dispositions permettant de **réserver à l'appelant la faculté d'appeler les autres** à l'instance (CPC art. 552, al. 2 ; n° 24730). Il a d'ailleurs été jugé que, bien qu'un appel soit tardif à l'égard de l'une des parties indivises, le fait même que l'appel formé contre l'autre partie indivise soit recevable rend sans application les dispositions de l'article 553 in fine du CPC (Cass. 2e civ. 25-3-1992 n° 90-18.045 : Bull. civ. II n° 102). Il a aussi été jugé que l'appel interjeté en temps utile contre l'une des parties conserve le droit de l'appelant vis-à-vis des autres et couvre l'irrégularité ou la tardiveté d'intimation, à condition que tous les intéressés aient été mis en cause devant la juridiction d'appel (Cass. com. 28-4-1998 n° 96-18.741 : RJDA 8-9/98 n° 1021 ; Cass. 2e civ. 7-9-2017 n° 16-20.463 F-PB : Bull. civ. II n° 165). Par conséquent, ne faut-il pas considérer que si toutes les parties ont été intimées devant la cour d'appel avant que le juge ne statue, l'irrecevabilité de l'article 553 du CPC n'est pas encourue ? **24810**

En réalité, la discussion autour de la recevabilité de l'appel est sans doute hors sujet, puisqu'il a depuis été jugé, dans un cas de litige indivisible, que la caducité de la déclaration d'appel produit ses effets à l'égard de toutes les parties (Cass. 2e civ. 11-5-2017 n° 16-14.868 FS-PBI : Bull. civ. II n° 93 ; Cass. 2e civ. 17-5-2018 n° 17-16.777 F-D). Dans la même ligne, il a été jugé, en matière d'admission de créance, litige indivisible par nature, que l'intimé à l'égard duquel l'appelant n'a pas signifié ses conclusions dans les délais requis ne peut renoncer à la caducité de l'appel, laquelle produit alors ses effets à l'égard de toutes les parties (Cass. com. 13-12-2017 n° 16-17.975 F-PB : RJDA 3/18 n° 259).

F. Sanctions contre l'appelant en cas d'abus du droit d'appel

24830 L'appel doit être exercé avec **discernement.** Le procès ayant déjà fait l'objet d'un examen par le premier juge, la remise en question de la chose jugée, devant une juridiction supérieure, si elle constitue un droit, doit néanmoins reposer sur des **fondements sérieux.**

1. APPEL DILATOIRE OU ABUSIF

24832 Celui qui agit en justice de manière dilatoire ou abusive peut être condamné à une **amende civile** d'un montant maximal de 10 000 € (CPC art. 32-1). Ce texte général est applicable devant la cour d'appel.

Un texte particulier à la cour d'appel prévoit la même amende civile en cas d'**appel principal** dilatoire ou abusif, sans préjudice des dommages-intérêts qui peuvent en outre lui être réclamés (CPC art. 559).

L'amende civile ne profite pas à l'intimé, elle est recouvrée par l'État.

APPRÉCIATION D'UN APPEL DILATOIRE OU ABUSIF

24834 L'**appel non soutenu** démontre en lui-même le caractère abusif ou dilatoire de l'appel (Cass. 2e civ. 8-12-1982 contra Cass. 2e civ. 2-5-1989 n° 88-10.548 qui exige que le préjudice subi soit caractérisé). L'**appel partiellement accueilli** exclut le principe même d'une sanction (Cass. 2e civ. 5-4-2001 n° 99-16.503 ; Cass. 2e civ. 7-3-1984 n° 82-16.700 : Bull. civ. II n° 46), sauf dans le cas d'un appel principal exercé par une partie qui n'aurait pas comparu en première instance sans motif légitime (nos 19170 s.).

Il n'est en principe pas exigé de démontrer la **mauvaise foi** ou le **dol** (Cass. 2e civ. 5-5-1978 n° 76-14.728 : Bull. civ. II n° 116). En revanche, un appel dépourvu de tout **caractère sérieux** peut être sanctionné par l'allocation de dommages-intérêts ou la condamnation à une amende civile.

24836 L'**irrecevabilité de l'appel** ne met pas obstacle à ce que l'appelant soit condamné à des dommages-intérêts envers une partie (Cass. soc. 14-5-1987 n° 84-42.943 : Bull. civ. V n° 302).

Le fait que l'**appel** ait été formé **sur autorisation du premier président** n'exclut pas la sanction au titre d'un appel abusif ou dilatoire, ce qui ne peut être apprécié que par la cour statuant au fond (Cass. 2e civ. 5-5-1978 n° 76-14.728 : Bull. civ. II n° 116).

Le seul fait que les conclusions d'appel soient la **reprise des écritures de première instance** ne peut constituer en soi un abus (Cass. 3e civ. 22-5-1986 n° 84-16.699 : JCP G 1986, IV p. 213).

Un **litige de faible importance** ne peut suffire à caractériser un appel abusif (Cass. 1e civ. 7-12-1999 n° 97-22.505 : Bull. civ. I n° 335).

MOTIVATION DE LA CONDAMNATION POUR APPEL DILATOIRE OU ABUSIF

24854 La Cour de cassation veille à ce que toute condamnation à dommages-intérêts pour appel abusif ou dilatoire, ou à une amende civile, soit motivée, ce qui oblige le juge du fond à caractériser les **circonstances** permettant de juger l'appel fautif (Cass. 2e civ. 29-6-1977 n° 75-14.923 : Bull. civ. II n° 166 ; Cass. 1e civ. 16-11-2016 n° 15-24.248 F-PB).

Une action en justice ne peut, sauf circonstances particulières qu'il appartient alors au juge de spécifier, constituer un abus de droit, lorsque sa légitimité a été reconnue par la juridiction du premier degré, malgré l'infirmation dont sa décision a été l'objet en appel (Cass. 1e civ. 14-11-2018 n° 17-23.593 F-D).

DÉCISIONS CONCERNÉES PAR UN APPEL DILATOIRE OU ABUSIF

24860 Par la place de l'article 559, al. 1 dans le Code de procédure civile et par la généralité de ses termes, il faut considérer que les sanctions prévues par cet article contre l'auteur d'un appel principal abusif ou dilatoire concernent les appels exercés contre toute décision, quelle que soit sa nature.

La jurisprudence a notamment eu l'occasion de préciser que le texte était applicable à l'appel d'une **ordonnance de référé,** le juge pouvant alors condamner à une amende civile mais pas à des dommages-intérêts (Cass. 2e civ. 20-7-1981 n° 80-13.590 : Bull. civ. II n° 168) ; en sens inverse, voir Cass. com. 2-5-1989 n° 88-10.548, qui semble admettre le principe d'une condamnation à des dommages-intérêts, même si en l'espèce la décision est cassée pour défaut de caractérisation du préjudice subi.
En revanche, l'article 559 n'est pas applicable lorsqu'une partie demande en référé un **arrêt de l'exécution provisoire,** qui constitue une **instance autonome,** bien qu'elle suppose l'exercice préalable d'un appel (CA Paris 5-6-1989 : Bull. avoués 1989, 3, 91 ; CA Paris 25-10-1990 et 8-11-1990 : Bull. avoués 1990, 4, 148). Cependant, dans un tel cas de figure, rien ne semble s'opposer à ce que le texte général prenne le relais (CPC art. 32-1).

PERSONNES CONCERNÉES PAR LES SANCTIONS

Il résulte très clairement de la lettre comme de l'esprit de l'article 559 du CPC que la sanction ne concerne que l'**appelant principal.** 24870
La **partie intimée** ou **intervenante,** même auteur d'un appel incident, ne peut donc pas être l'objet de la sanction prévue par ce texte spécifique. En revanche, ces personnes pourront faire l'objet de l'amende civile prévue à l'article 32-1 (n° 24832). L'**appelant incident ou provoqué** pourra également être condamné à des dommages-intérêts sur le fondement de l'article 550 du CPC (n° 24480).

MONTANT DES DOMMAGES-INTÉRÊTS ALLOUÉS À L'INTIMÉ

Aucune limite n'est donnée par le législateur pour les dommages-intérêts qui peuvent être réclamés par les intimés. Cela est parfaitement logique car l'indemnisation des parties adverses doit répondre, sur ce point comme en droit commun, au principe de réparation intégrale du **préjudice.** Il faudra néanmoins que le demandeur justifie non seulement du principe, mais également du quantum du préjudice qu'il estime avoir souffert du fait d'un appel abusif ou dilatoire. 24880
La question doit être distinguée de celle des frais irrépétibles qui peuvent être compensés sur le terrain de l'article 700 du CPC.

EFFET DE L'AMENDE CIVILE SUR L'INTIMÉ

L'amende civile prévue en cas d'appel principal dilatoire ou abusif est perçue séparément des droits d'enregistrement de la décision qui la prononce et ne peut pas être réclamée aux intimés. Ceux-ci peuvent obtenir une **expédition de la décision** revêtue de la formule exécutoire sans que le non-paiement de l'amende puisse y faire obstacle (CPC art. 559, al. 2). 24890

2. SANCTIONS CONTRE L'APPELANT DÉFAILLANT EN PREMIÈRE INSTANCE

Le juge d'appel peut condamner à des dommages-intérêts celui qui forme un appel principal après s'être abstenu, sans **motif légitime,** de comparaître en première instance (CPC art. 560). 24910
La sanction est ici déconnectée de toute notion d'appel abusif ou dilatoire et du résultat de l'instance d'appel. Ainsi, même si l'appel principal est en tout ou partie accueilli, l'appelant défaillant en première instance n'est théoriquement pas à l'abri d'une sanction.
Il est toutefois rare en **pratique** que l'article 560 du CPC soit appliqué. C'est le plus souvent l'article 559 du CPC (nos 24832 s.) qui est invoqué, et qui donne lieu (rarement) à sanction contre l'appelant principal. Cependant, il n'est pas inutile de rappeler que le comportement de la partie, apprécié de manière globale dans le processus judiciaire, peut donner lieu à sanction sur la base de ce texte spécifique.

III. EFFETS DE L'APPEL

RÈGLES GÉNÉRALES

L'effet principal de l'appel est l'**effet dévolutif** qui investit la cour d'appel du devoir de statuer à nouveau en fait et en droit sur les chefs critiqués. Un autre effet est l'**évocation,** qui permet à la cour, dans certains cas particuliers, de trancher directement des points non jugés en première instance. L'étude des **pouvoirs** conférés par ces effets revêt une grande importance pratique car les cours d'appel se font souvent censurer, essentiellement pour avoir minoré leur pouvoir en matière d'effet dévolutif ou pour avoir excédé leur pouvoir en matière d'évocation. 24940

Se pose aussi la question des **demandes et moyens nouveaux** invoqués par les parties au cours de la procédure d'appel. Les parties peuvent invoquer en appel des moyens nouveaux à condition qu'ils viennent à l'appui des demandes formées devant le premier juge car les prétentions nouvelles sont quant à elles irrecevables. En pratique, la distinction entre moyens nouveaux et prétentions nouvelles est souvent délicate.
Autre effet de l'appel, l'**effet suspensif** qui est un effet commun à l'opposition.
Le décret 2017-891 du 6 mai 2017, en reformulant les articles 542, 561, 562 du CPC, et en amendant de manière plus marginale les articles 566 et 568 du même Code, a modifié, plus ou moins profondément selon les articles, ces notions d'effets de l'appel, jusque-là assez stables. Il insiste sur la notion de **critique expresse** des chefs attaqués, et encadre plus strictement les conditions de l'effet dévolutif.

A. Effet dévolutif de l'appel

1. RÈGLES GÉNÉRALES RELATIVES À L'EFFET DÉVOLUTIF

PRINCIPE

24941 L'appel remet la chose jugée en question devant la juridiction d'appel. Il est **statué à nouveau en fait et en droit** dans les conditions et limites déterminées aux livres premier et deuxième du CPC (CPC art. 561). Définir l'effet dévolutif consiste à connaître le périmètre de la matière dévolue à la cour, c'est-à-dire transmise à celle-ci.
Sauf cas particuliers, la cour d'appel doit se placer au **moment où elle statue** pour apprécier les faits (Cass. 1e civ. 14-4-2010 n° 09-11.218 : Bull. civ. I n° 97 ; Cass. 1e civ. 20-10-2010 n° 09-68.141 : Bull. civ. I n° 210).
Traditionnellement, la dévolution était un effet naturel de l'appel et avait un caractère automatique et impératif puisque la cour avait l'obligation de vider l'entier litige qui lui était soumis. Cependant, le **décret 2017-891 du 6 mai 2017,** en ajoutant à l'article 561 les termes suivants : « dans les conditions et limites déterminées aux livres premier et deuxième du CPC » (soit les articles 1 à 1037-1 du CPC) encadre désormais les conditions de l'effet dévolutif, dont le jeu dépendra notamment du respect des strictes obligations procédurales de la procédure d'appel. L'effet dévolutif a donc à l'évidence perdu en automaticité. Cette réforme est d'autant moins anodine que l'article 562 du CPC, qui précise les modalités de l'effet dévolutif, a également été modifié, en supprimant la possibilité de déférer les chefs critiqués de manière implicite. Désormais, ne sont déférés à la cour que les chefs de jugement qui sont critiqués expressément et ceux qui en dépendent. Or, cette **critique explicite** doit être opérée dès la rédaction de l'acte d'appel. En effet, l'article 901 du CPC dispose que la déclaration d'appel doit notamment contenir, à peine de nullité, les **chefs du jugement expressément critiqués** auxquels l'appel est limité, sauf si l'appel tend à l'annulation du jugement, ou si l'objet du litige est indivisible. Alors qu'il s'agissait du principe, la faculté d'exercer un appel général a donc été supprimée, ou plus exactement constitue désormais l'exception. Hors ces cas, tout appel est donc nécessairement limité au périmètre des chefs expressément critiqués dans l'acte d'appel. Pour le praticien, il s'agit d'une **inversion de logique,** qui l'oblige à viser de manière claire et exhaustive, dans son acte d'appel, les chefs critiqués. Si l'appelant n'entend pas limiter son appel, le praticien devra **recopier intégralement le dispositif** du jugement attaqué.
Cette exigence concerne également la rédaction des conclusions d'appel, puisque l'article 954 du CPC prévoit la nécessité de « l'énoncé des chefs de jugement critiqués ».

> **Précisions a.** Il ne faut toutefois pas sous-estimer la **force de l'effet dévolutif,** plus fort aujourd'hui que l'effet suspensif, surtout dans un contexte de développement de l'exécution provisoire, dont l'autorité est renforcée par le dispositif de la radiation de l'appel pour défaut d'exécution (CPC art. 524 ; ex-art. 526). En conséquence, par exemple, l'obligation de restituer les sommes versées en vertu d'une décision de première instance assortie de l'exécution provisoire résulte de plein droit de l'infirmation de cette décision. La cour n'a même pas à statuer sur une éventuelle demande de restitution (Cass. soc. 20-3-1990 n° 86-45.721 : Bull civ. V n° 126). Et il est indifférent, bien sûr, que les sommes aient été perçues à la suite d'une mesure d'exécution forcée (Cass. 2e civ. 21-3-2019 n° 17-31.395 F-D).
b. Les règles particulières à l'effet dévolutif en matière de **procédures collectives** sont exposées n° 50575.
c. En cas de **renvoi de cassation,** les chefs de dispositif critiqués doivent figurer dans la déclaration de saisine comme ils doivent figurer dans l'acte d'appel, par renvoi de l'article 1033 du CPC. Mais dès lors que c'est la portée de la cassation qui détermine le périmètre du litige dont

est investie la cour de renvoi, la teneur de cette mention, dans la déclaration de saisine, ne peut avoir pour effet de limiter l'étendue de la saisine de la cour d'appel de renvoi. Ce n'est donc pas la déclaration de saisine qui définit le périmètre de l'effet dévolutif (Cass. 2e civ. 14-1-2021 n° 19-14.293 F-PI). La mention des chefs critiqués dans la déclaration de saisine est donc prévue par les textes et l'exigence est rappelée par la Cour de cassation (Cass. 2e civ. 15-4-2021 n° 19-20.416 F-P), mais elle ne présente aucun intérêt pratique, puisque l'absence de mention ne peut être sanctionnée que par une nullité de forme, et qu'il semble difficile de concevoir ici un grief.

RECEVABILITÉ DE L'APPEL ET EFFET DÉVOLUTIF

Règles générales L'effet dévolutif ne se conçoit que si l'appel est recevable car il n'en est qu'une conséquence, y compris en cas d'appel limité, la recevabilité de l'appel devant alors être considérée pour chaque chef de jugement de manière indépendante, sauf indivisibilité (Cass. avis 2e civ. 4-2-2021 n° 9002 FS-D et Cass. 1e civ. 9-6-2021 n° 19-10.550 FS-P). 24944

La cour commet un **excès de pouvoir** si elle dit l'**appel irrecevable** et statue sur le fond (Cass. ass. plén. 15-5-1992 n° 90-12.705 : Bull. ass. plén. n° 6 ; Cass. 2e civ. 9-12-1997 n° 96-10.233 : Bull. civ. II n° 306) et ce même si elle utilise une formule de style du type : « dit l'appel irrecevable et confirme en tant que de besoin le jugement » ou encore « dit l'appel irrecevable et constate le caractère définitif du jugement ».

Appel d'un jugement non avenu Un jugement par défaut ou réputé contradictoire au seul motif qu'il est susceptible d'appel est non avenu s'il n'a pas été notifié dans les six mois (CPC art. 478, al. 1). Une partie défaillante en première instance avait interjeté appel contre un jugement, réputé contradictoire au seul motif qu'il est susceptible d'appel, qui lui avait été signifié onze ans plus tard. Elle avait demandé **à titre principal que ce jugement soit déclaré non avenu et, à titre subsidiaire, qu'il soit infirmé** dans toutes ses dispositions mais elle n'avait développé **aucun moyen au soutien de la réformation** du jugement. La cour d'appel avait déclaré l'appel irrecevable, retenant que la voie de l'appel n'est pas ouverte à la partie défaillante en première instance qui demande, à titre principal, à la cour de déclarer le jugement non avenu en application de l'article 478 du CPC. La Cour de cassation censure cet arrêt, pour violation des articles 478 et 542 du CPC. Elle juge que si l'appel en cause emportait renonciation à se prévaloir des dispositions protectrices de l'article 478 CPC, la cour d'appel devait néanmoins statuer sur la demande subsidiaire dont elle était saisie par l'effet dévolutif de l'appel qui tendait à la réformation du jugement, la circonstance que ne soit soutenu par l'appelant aucun autre moyen que celui concernant le caractère non avenu du jugement étant sans incidence sur la recevabilité du recours (Cass. 2e civ. 24-9-2015 n° 14-20.456 F-PB : Bull. civ. II n° 215). 24945

> **Précisions** La demande tendant à voir constater le caractère non avenu du jugement, formée à l'occasion de la **contestation de saisies-attributions** et d'une saisie de droits d'associé et de valeurs mobilières, n'est recevable que si la contestation a été formée dans le **délai** d'un mois prévu aux articles R 211-11 et R 232-6 du Code des procédures civiles d'exécution (Cass. 2e civ. 31-1-2019 n° 17-28.369 F-PB).

Saisie immobilière En matière de saisie immobilière, à peine d'irrecevabilité prononcée d'office, aucune contestation ni aucune demande incidente ne peut, sauf disposition contraire, être formée après l'**audience d'orientation,** à moins qu'elle porte sur les actes de procédure postérieurs à celle-ci (C. exécution art. R 311-5 ; Cass. 2e civ. 11-3-2010 n° 09-13.312 : Bull. civ. II n° 55). Ces restrictions apportées à l'effet dévolutif de l'appel formé contre un jugement d'orientation n'empêchent pas de saisir la cour d'appel de contestations portant sur des actes postérieurs à l'audience d'orientation, et n'affectent pas la recevabilité même du recours (Cass. 2e civ. 12-4-2012 n° 11-14.817 F-D). 24946

Plus encore, l'effet dévolutif, bien que restreint, justifie la contestation du rejet de la demande d'annulation du jugement pour violation du droit d'une partie à l'assistance d'un avocat au titre de l'aide juridictionnelle (Cass. 2e civ. 16-5-2012 n° 11-14.449 : Bull. civ. II n° 86).

Enfin, lorsque la cour infirme un jugement d'orientation ayant ordonné la mainlevée de la procédure de saisie immobilière, il lui appartient de déterminer les modalités de poursuite de la procédure, en autorisant la vente amiable ou en ordonnant la vente forcée, sans pouvoir renvoyer l'affaire devant le premier juge (Cass. 2e civ. 16-5-2019 n° 18-10.033 : RJDA 10/19 n° 654).

OBLIGATION DE STATUER RÉSULTANT DE L'EFFET DÉVOLUTIF DE L'APPEL

Si le litige est régulièrement transmis à la cour d'appel, celle-ci **a l'obligation de statuer** sur les points qui lui sont déférés, sans pouvoir renvoyer l'affaire devant les premiers juges. Ainsi, la cour qui réforme un **jugement ayant déclaré une action irrecevable**, ne peut pas renvoyer 24956 l'affaire devant le tribunal en retenant que le défendeur n'avait pas conclu au fond : elle a l'obligation de statuer elle-même sur le fond (Cass. 3e civ. 23-10-1984 n° 83-13.563 : Bull. civ. III n° 170). Si la cour accueille une demande d'expertise, elle doit désigner elle-même l'expert (Cass. 1e civ. 16-4-2015 nos 13-24.931 et 13-27.788 FS-PB : RJDA 8-9/15 n° 585). La cour n'est pas tenue d'inviter l'intimé à s'expliquer sur le fond s'il ne l'a pas fait spontanément (Cass. 2e civ. 6-1-2012 n° 10-17.824 : Bull. civ. II n° 6).

> **Précisions a.** Lorsqu'**après une décision d'incompétence du juge-commissaire** pour trancher une contestation portant sur le fond, le juge compétent se prononce et que sa décision est frappée d'appel, la cour d'appel, saisie par l'effet dévolutif, ne peut pas refuser de statuer sur la recevabilité et, le cas échéant, le bien-fondé de la contestation portant sur le fond, sauf à méconnaître ses pouvoirs. Le fait qu'ensuite, seul le juge-commissaire ait compétence pour admettre ou non la créance n'enlève rien aux pouvoirs de la cour d'appel, et donc à son obligation de statuer en vertu de l'effet dévolutif (Cass. com. 9-6-2022 n° 20-22.650 F-B).

b. L'hypothèse dans laquelle les premiers juges ont déclaré l'action irrecevable doit être distinguée de celle où **le premier jugement a annulé l'acte introductif d'instance**. Dans ce dernier cas, le jugement a fait droit à une exception de procédure et mis fin à l'instance ; l'effet dévolutif ne peut donc pas jouer. En cas d'appel, si la cour réforme le jugement, elle pourra choisir de juger ou de ne pas juger le fond du litige en suivant les règles de l'évocation (nos 25230 s.). L'application des règles de l'effet dévolutif ou de l'évocation suppose donc de bien vérifier dans quels termes a statué le premier juge.

NATURE DES POUVOIRS DE LA COUR CONFÉRÉS PAR L'EFFET DÉVOLUTIF

24960 L'effet dévolutif confère à la cour d'appel des pouvoirs de même nature que ceux du **premier juge.** La cour ne peut notamment pas :
– statuer comme juge du fond sur appel d'une ordonnance de référé ou d'une décision du juge de l'exécution ;
– statuer comme juge du pétitoire sur appel d'un jugement possessoire ;
– statuer sur le fond du litige dans le cas d'un appel formé contre une ordonnance du juge de la mise en état statuant sur une exception d'incompétence.
Pour des exemples en matière de procédures collectives, notamment en cas d'appel d'une ordonnance du juge-commissaire, voir n° 50575.

> **Précisions** Une cour d'appel commet un excès de pouvoir si elle condamne une partie au **paiement d'une provision** après avoir, sur appel d'une ordonnance du **juge des référés,** énoncé qu'il était incompétent et que la demande aurait dû être soumise au **juge de la mise en état** du TGI (devenu tribunal judiciaire), saisi au fond (Cass. 2e civ. 8-7-2004 n° 02-18.199 : Bull. civ. II n° 348). À l'inverse, elle a tous les pouvoirs d'un juge de l'exécution sur appel de l'une de ses décisions. Elle doit donc se prononcer sur les difficultés relatives aux titres exécutoires et sur les contestations qui s'élèvent à l'occasion de l'exécution forcée, même si elles portent sur le fond du droit, à moins qu'elles n'échappent à la compétence des juridictions de l'ordre judiciaire. À défaut, elle méconnaît l'étendue de ses pouvoirs (Cass. 2e civ. 14-1-2021 n° 19-18.844 F-PI).

Lorsqu'elle est saisie sur appel du jugement rendu sur le fond, la cour n'est **pas juge d'appel de l'ordonnance rendue en référé.** Chaque bloc de compétence est strictement autonome (Cass. 3e civ. 21-2-2019 n° 18-13.543 FS-PBI), étant rappelé que la décision rendue en référé n'a pas autorité de la chose jugée au principal (CPC art. 488). Malgré ce principe de cloisonnement, l'exercice de l'appel n'est tout de même pas dénué d'incidence au plan de l'**exécution.** Il a ainsi été jugé que la cassation d'un arrêt exécuté ne peut donner lieu qu'à restitution, peu important qu'il ait été rendu en matière de référé (Cass. 2e civ. 31-1-2019 n° 17-28.605 F-PB). Le fait que la décision mise à exécution soit un arrêt, et non un jugement, prime donc, à cet égard, sur le fait que le juge ait statué en matière de référé. La solution n'était pas évidente.

EFFET DÉVOLUTIF EN CAS D'APPEL D'UN JUGEMENT SUR LA COMPÉTENCE ET SUR LE FOND

24970 Lorsque la cour d'appel infirme un jugement du chef de la compétence, elle statue néanmoins sur le **fond** du litige si la décision attaquée est susceptible d'appel dans l'ensemble de ses dispositions et si **la cour est juridiction d'appel** relativement à la juridiction qu'elle estime compétente (CPC art. 90, al. 2).

Cette disposition est à l'origine de nombreuses cassations en raison de méprises sur son sens. Dès lors que ses conditions sont remplies, il organise un **réel effet dévolutif** et non un cas d'évocation (Cass. 2e civ. 8-4-2004 n° 02-11.017 : Bull. civ. II n° 173). La cour doit alors statuer sur le fond (Cass. com. 4-10-2005 n° 04-10.389 : Bull. civ. IV n° 190).
Ce texte ne commande toutefois à **la cour** de statuer sur le fond du litige que lorsqu'elle **infirme** sur le chef de la compétence et non lorsqu'elle confirme le jugement (Cass. com. 24-11-1992 n° 91-10.710 : Bull. civ. IV n° 376), même si le premier juge s'est déclaré incompétent, et même si elle est juridiction d'appel de la juridiction qu'elle estime compétente (Cass. 2e civ. 11-5-2006 n° 04-16.967 : Bull. civ. II n° 123 ; Cass. 2e civ. 4-7-2007 n° 06-16.179 : RJS 10/07 n° 1145).
La cour d'appel ne peut en outre pas statuer sur le fond en application de cette disposition si le **premier juge** n'avait pas ce **pouvoir** (n° 24960). Ainsi, la cour saisie de l'appel d'une ordonnance du juge des référés ne peut pas statuer sur le fond (Cass. 3e civ. 7-4-2004 n° 02-18.000 : Bull. civ. III n° 69).

ILLUSTRATIONS

Une société obtient du président d'un TGI (devenu tribunal judiciaire) une ordonnance sur requête sur le fondement de l'article 145 du CPC pour procéder à des constatations sur l'ordinateur du gérant d'une autre société ; cette dernière saisit le président du TGI en rétractation de son ordonnance mais elle est déboutée. La cour d'appel infirme, en raison de l'incompétence matérielle du président du TGI, rétracte l'ordonnance et annule en conséquence les opérations de constat réalisées. En revanche, elle ne statue pas sur les motifs de la requête. La Cour de cassation, après avoir décidé que le litige relevait bien de la compétence du président du tribunal de commerce, rappelle que la cour d'appel étant juridiction d'appel des décisions, tant du président du TGI que du président du tribunal de commerce, avait compétence et devait donc statuer sur les mérites de la requête présentée par la société (Cass. 2e civ. 20-3-2014 n° 12-29.913 : Bull. civ. II n° 74).

Lorsque la cour d'appel infirme un jugement du chef de la compétence mais que **les conditions de l'article 90, al. 2 ne sont pas réunies,** elle doit renvoyer l'affaire devant la cour qui est juridiction d'appel relativement à la juridiction qui eût été compétente en première instance. Cette décision s'impose aux parties et à la cour de renvoi (CPC art. 90, al. 3). **24972**
La cour d'appel ne peut toutefois pas renvoyer devant un juge ayant des **pouvoirs d'une autre nature** que ceux du premier juge (n° 24960). Après avoir déclaré l'incompétence du juge des référés au profit d'une juridiction du fond, la cour d'appel ne peut pas faire application de l'article 79, al. 2 du CPC (aujourd'hui, art. 90, al. 3) pour renvoyer vers la cour d'appel du ressort de la juridiction qui eût été compétente en première instance (Cass. com. 19-1-1993 n° 89-13.601 : Bull. civ. IV n° 12).

2. OBLIGATION DE DÉLIMITER LE PÉRIMÈTRE DE L'APPEL

PRINCIPE

L'appel défère à la cour la connaissance des chefs de jugement qu'il **critique expressément** et de ceux qui en dépendent. La dévolution ne s'opère pour le tout que lorsque l'appel tend à l'annulation du jugement ou si l'objet du litige est indivisible (CPC art. 562). **25000**
Avant le décret 2017-891 du 6 mai 2017, la dévolution s'opérait pour le tout lorsque l'appel n'était pas limité à certains chefs. Le principe a été inversé. L'appelant doit désormais indiquer « expressément », dans son acte d'appel, les **chefs du jugement critiqués**, ce qui a pour effet de définir le périmètre de l'effet dévolutif de son recours. Si l'appelant n'entend pas limiter son appel, il doit désormais **recopier intégralement le dispositif** du jugement attaqué.

ATTENTION

L'**appel limité** n'exclut pas la **critique implicite**, puisque l'appel défère aussi à la cour les chefs qui **dépendent** de ceux expressément critiqués (CPC art. 562). Les chefs qui « dépendent » de ceux expressément critiqués sont tous ceux qui en sont la « conséquence », et il appartient à la cour d'appel de procéder à cette recherche avant de statuer sur l'absence d'effet dévolutif (Cass. 2e civ. 9-6-2022 n° 20-16.239 FS-B). Ainsi, dans le cadre d'une action en contestation de paternité, un appelant limite son appel au chef ayant rejeté sa demande d'expertise. La Cour de cassation juge qu'il a néanmoins ainsi implicitement critiqué, et donc déféré à la cour d'appel, le chef relatif à sa demande d'annulation de reconnaissance de l'enfant (Cass. 1e civ. 3-4-2019 n° 18-13.387 F-PB). Il a également été jugé que l'appel relatif au chef d'une ordonnance constatant l'irrégularité de la procédure préalable à une rétention s'étend au chef disant n'y avoir lieu de statuer sur la requête en contestation de la décision de placement en rétention, qui en dépend (Cass. 1e civ. 19-9-2019 n° 18-20.359 F-PBI). Il a également été jugé que lorsque l'appelant demande l'infirmation du chef de jugement relatif au paiement de travaux auxquels il a été condamné, l'appel s'étend à la disposition du jugement le condamnant à payer cette somme, qui en dépend (Cass. 2e civ. 30-6-2022 n° 21-13.490 F-B).

25006 **Rôle des conclusions** L'effet dévolutif est déterminé par l'acte d'appel mais l'objet du litige est déterminé par les conclusions respectives des parties (CPC art. 4).
Les conclusions des parties ne limitent pas au sens strict l'appel mais elles déterminent les **moyens et prétentions** soumis à la cour, c'est-à-dire ce à quoi la cour doit répondre et ce en quoi elle peut réformer le jugement attaqué. En conséquence, ce n'est pas parce qu'un appel est général que la cour a le pouvoir de réformer le jugement relativement à des **chefs qui ne sont pas critiqués** devant elle dans les conclusions de l'appelant ou de l'intimé.
La réforme de la procédure d'appel par le décret du 6 mai 2017 ne devrait rien changer à cet égard, notamment dans l'hypothèse où un appelant viserait un chef de dispositif dans son acte d'appel, sans développer de critique à son égard dans ses conclusions. L'appel devrait alors être regardé comme non soutenu sur ce point.

25007 Si aucune des parties ne critique un **chef du jugement** attaqué, il ne peut alors qu'être **confirmé,** l'**appel** étant à cet égard **non soutenu** (Cass. 1e civ. 14-12-2004 n° 02-14.937).
Dès lors que la déclaration d'appel ne contenait aucune limitation, de sorte que l'appel ne pouvait pas être limité par les conclusions, la cour d'appel même si elle ne devait examiner que les seules critiques contenues dans ces conclusions, ne pouvait pour le surplus que confirmer la décision attaquée (Cass. 2e civ. 24-6-2004 n° 02-11.160 : Bull. civ. II n° 309 ; Cass. 1e civ. 14-6-2005 n° 04-12.373 : Bull. civ. I n° 246).
La cour ne peut pas, sur les chefs non critiqués par appel principal ou par appel incident, **aggraver le sort de l'appelant** (Cass. 1e civ. 16-11-2016 n° 15-26.725 F-PB : Bull. civ. I n° 219) sauf à relever un moyen d'office (Cass. 2e civ. 23-6-2005 n° 03-16.382 : Bull. civ. II n° 169).

DEMANDE D'ANNULATION DU JUGEMENT

25019 La dévolution s'opère pour le tout lorsque l'appel tend à l'annulation du jugement (CPC art. 562, al. 2). Dans cette hypothèse, les parties ne peuvent logiquement pas circonscrire le champ de l'effet dévolutif puisque, si le jugement est atteint de nullité, ce doit être dans sa globalité.

> **Précisions** Seul est traité ici l'appel voie d'annulation, prévu par les textes. Celui-ci doit être distingué de l'**appel-nullité,** création jurisprudentielle qui, dans l'hypothèse où la voie de l'appel est fermée ou différée, permet de saisir quand même la cour pour lui demander d'annuler le jugement en cas d'excès de pouvoir commis par le premier juge (nos 23750 s.).

25020 **Irrégularité de l'introduction de l'instance** Il s'agit de l'hypothèse où l'appelant demande la nullité du jugement parce qu'il soutient que l'acte introductif est irrégulier ou que le premier juge a été saisi selon une modalité que la loi n'a pas prévue.
La jurisprudence, qui a beaucoup varié sur cette question, paraît désormais bien installée. Dans ce cas, il n'y a pas d'effet dévolutif quant à l'**examen du fond du litige.** Lorsque l'appelant, qu'il ait ou non comparu en première instance, a conclu au principal à l'annulation du jugement en raison de l'irrégularité de l'acte introductif d'instance et **subsidiairement** sur le fond, la cour d'appel qui retient cette irrégularité ne peut pas statuer au fond (Cass. com. 4-1-2005 n° 03-11.465 FS-PB : RJDA 4/05 n° 416 ; Cass. 1e civ. 17-10-2007 n° 06-20.232 : Bull. civ. I n° 319 ; Cass. 2e civ. 8-1-2015 nos 13-14.781, 13-24.669, 13-27.634 et 13-27.635 F-D).
Par conséquent, si la cour d'appel dit que la demande d'annulation est fondée, elle doit annuler le jugement mais, sur le fond, elle doit renvoyer les parties à mieux se pourvoir, étant précisé qu'elle ne peut pas renvoyer devant le premier juge puisque, par hypothèse, il n'a pas été régulièrement saisi. Seules les parties peuvent introduire une **nouvelle instance** (Cass. 2e civ. 18-12-1996 n° 94-16.332 : Bull. civ. II n° 282).
L'exigence d'une nouvelle instance peut avoir des **conséquences** graves en cas de prescription ou de forclusion. La loi 2008-561 du 17 juin 2008 portant réforme de la prescription a néanmoins grandement atténué le risque puisque, désormais, la demande en justice interrompt le délai de prescription ainsi que le délai de forclusion, y compris lorsque l'acte de saisine de la juridiction est annulé par l'effet d'un vice de procédure (C. civ. art. 2241 ; n° 25646).
Le délai d'appel est interrompu par une déclaration d'appel nulle, laquelle fait courir un nouveau délai d'appel (Cass. 2e civ. 16-10-2014 n° 13-22.088 : Bull. civ. II n° 215).
Lorsque **l'acte d'appel** n'est **pas nul** mais par exemple **irrecevable,** les dispositions de l'article 2241 du Code civil ne sont pas applicables (Cass. 2e civ. 1-6-2017 n° 16-15.568 F-PB). En revanche, l'ordonnance du conseiller de la mise en état met fin immédiatement à l'instance d'appel, et par conséquent au délai de l'article 908 du CPC s'il n'est pas encore expiré. Si la cour infirme l'ordonnance sur déféré, son arrêt constitue alors le point de départ d'un nouveau délai de trois mois imparti à l'appelant pour conclure au fond au soutien de son appel (Cass. 2e civ. 14-11-2019 n° 18-23.631 F-PBI).

> **Précisions** Sur la notion d'acte introductif d'instance en cas d'action **disciplinaire** à l'égard d'un avocat : sans violer l'exigence d'une procédure équitable, la cour d'appel devait se prononcer sur les poursuites disciplinaires engagées par le bâtonnier devant le conseil de discipline (Cass 1e civ. 23-11-2022 n° 21-19.490 FS-B).

Le principe d'absence d'effet dévolutif connaît une dérogation lorsque **l'appelant a conclu sur le fond de manière non subsidiaire** (Cass. 2e civ. 25-5-2000 n° 98-20.941 : Bull. civ. II n° 87, a contrario). L'appelant peut en effet souhaiter, dans certains cas, que malgré la nullité de l'acte introductif d'instance, la cour se prononce également sur le fond. C'est alors la volonté expresse de la partie appelante qui justifie que l'on purge ainsi le vice originel. **25022**

Même si l'appelant a conclu sur le fond, l'effet dévolutif ne joue pas dans l'hypothèse où l'irrégularité d'une procédure tient à l'**inexistence de la personne morale qui agit** en justice car celle-ci ne peut pas être couverte ; si la dévolution s'opère pour le tout lorsque l'appel tend à l'annulation du jugement, il en va différemment lorsque la cour d'appel prononce l'annulation de l'acte introductif d'instance à raison d'un **vice qui ne peut être couvert** (Cass. soc. 13-11-2002 n° 00-17.176). **25024**

Si **la cour d'appel écarte la nullité du jugement,** elle doit bien sûr statuer au fond conformément à l'effet dévolutif. Elle peut le faire directement, par le même arrêt, si le conseiller de la mise en état avait donné au préalable injonction à l'appelant de conclure sur le fond, peu important alors qu'il n'ait pas cru devoir y déférer (Cass. 2e civ. 22-2-2007 n° 05-21.399 : Bull. civ. II n° 40). Il en va de même lorsque l'appelant ne s'est pas borné à soulever la nullité de l'acte introductif d'instance, mais a soulevé à titre subsidiaire l'**irrecevabilité** de la demande. Dans ce cas, la cour, si elle écarte la nullité, peut statuer directement au fond, sans avoir à inviter l'appelant à conclure sur le fond (Cass. 2e civ. 10-4-2014 n° 12-27.144 : Bull. civ. II n° 98). **25026**

Autre motif Dans l'hypothèse où l'annulation est demandée pour un autre motif que l'irrégularité de l'acte introductif d'instance, l'effet dévolutif joue de manière naturelle et automatique et saisit la cour de l'entier litige. **25031**
Si une partie conclut à la nullité du jugement en invoquant, par **exemple,** des vices de forme ou, de manière plus substantielle, la violation du principe du contradictoire (Cass. 2e civ. 17-5-2018 n° 16-28.390 F-PB), l'effet dévolutif jouera pleinement, de sorte que, quelle que soit sa décision sur le point de la nullité, la cour d'appel aura l'obligation de **trancher le** fond (Cass. 3e civ. 15-12-2016 n° 15-22.416 FS-PB : Bull. civ. III n° 166 ; Cass. 2e civ. 19-3-2020 n° 19-11.387 F-PBI).
L'effet dévolutif joue dans ce cas un véritable rôle de **purge du vice allégué,** et retenu, le cas échéant (Cass. 2e civ. 11-9-2014 n° 13-21.455 : Bull. civ. II n° 181).

De très nombreux **pourvois en cassation** sont déclarés **irrecevables** car ils reprochent à la cour d'appel d'avoir omis de juger, ou d'avoir mal jugé, sur le point de la nullité. **25033**
La Cour de cassation déclare alors le pourvoi irrecevable pour **défaut d'intérêt** : elle rappelle que le moyen ne présente plus d'intérêt au stade du pourvoi puisque dans tous les cas la cour avait l'obligation de statuer sur le fond, en vertu de l'effet dévolutif (Cass. 2e civ. 22-3-2006 n° 04-14.962 : Bull. civ. II n° 77 ; Cass. 2e civ. 16-9-2010 n° 09-69.433 : Bull. civ. II n° 155).

Dangers de l'effet dévolutif automatique L'effet dévolutif automatique pour le fond en cas de demande d'annulation présente des dangers : l'appelant n'a pas à recevoir d'**injonction de conclure** sur le fond puisque cet effet est la conséquence naturelle de son appel (Cass. 2e civ. 9-12-1997 n° 96-12.472 : Bull. civ. II n° 302). **25035**
Cela est d'autant plus dangereux que si la cour n'est pas saisie d'un moyen d'appel, elle ne peut que confirmer le jugement attaqué, l'appel étant alors regardé comme non soutenu (n° 25007). L'appelant ne peut donc en aucun cas s'arrêter à son moyen de nullité, aussi fondé soit-il. Il doit veiller à **conclure** également **sur le fond,** quitte à prendre soin de le faire à titre subsidiaire si sa demande de nullité a pour fondement l'irrégularité de l'acte introductif d'instance.

INDIVISIBILITÉ DU LITIGE ET DÉVOLUTION DE L'APPEL

La dévolution s'opère pour le tout si l'objet du litige est indivisible (CPC art. 562, al. 2). **25043**
Il a été jugé que lorsque l'acte d'appel ne mentionne pas les chefs critiqués, il doit faire expressément référence à l'indivisibilité du litige. À défaut, il n'opère pas d'effet dévolutif (Cass. 2e civ. 9-6-2022 n° 21-11.401).
L'indivisibilité nécessite l'impossibilité d'exécuter simultanément plusieurs chefs de dispositifs de jugements dans un même litige (Cass. 2e civ. 9-6-2022 n° 20-15.827).

3. APPEL LIMITÉ

PRINCIPE

25060 L'appel défère à la cour la connaissance des chefs de jugement qu'il critique expressément et de ceux qui en dépendent (CPC art. 562, al. 1). La **déclaration d'appel** doit notamment contenir, à peine de nullité, les **chefs du jugement expressément critiqués auxquels l'appel est limité,** sauf si l'appel tend à l'annulation du jugement, ou si l'objet du litige est indivisible (CPC art. 901, 4°).
L'appelant a donc, depuis la réforme opérée par le décret 2017-891 du 6 mai 2017, l'obligation de délimiter son appel, en ce sens qu'il doit mentionner « expressément », dès sa déclaration, les chefs critiqués.

ATTENTION

Il est primordial de faire la différence entre les **chefs de dispositif** critiqués et les **demandes** formées en première instance. Seuls les chefs de dispositif ont leur place dans l'acte d'appel et permettent d'emporter effet dévolutif (Cass. 2e civ. 2-7-2020 n° 19-16.954 F-PBI).
De même, l'acte d'appel qui mentionne les **motifs du jugement** encourt la nullité (Cass. soc. 14-10-2020 n° 18-15.229 F-PB) et ne doit pas davantage emporter effet dévolutif.

SANCTION EN L'ABSENCE DE DÉLIMITATION DE L'APPEL

25062 Les praticiens se sont immédiatement interrogés sur la sanction applicable dans l'hypothèse, qui ne manquerait pas de survenir, où un appelant ne respecterait pas l'exigence de mention expresse des chefs critiqués, dans son acte d'appel. Certains pensant que la sanction était une nullité de forme, d'autres estimant qu'il s'agissait d'une fin de non-recevoir, d'autres enfin considérant, sur un autre plan, qu'un tel acte ne pouvait emporter dévolution à la cour des chefs non expressément visés.
La Cour de cassation, rapidement saisie pour avis, répond fort logiquement, dans la ligne d'une jurisprudence établie (Cass. ch. mixte 7-7-2006 n° 03-20.026 : Bull. ch. mixte n° 6), que la sanction attachée à la déclaration d'appel, formée à compter du 1er septembre 2017, portant comme objet « appel total », sans visa exprès des chefs critiqués, est une **nullité pour vice de forme** au sens de l'article 114 du CPC. Par trois avis identiques du même jour, elle rappelle que cette nullité ne peut donc être prononcée qu'à charge pour celui qui l'invoque de prouver le **grief** que lui cause l'irrégularité. Elle ajoute que cette nullité peut être couverte par une **nouvelle déclaration d'appel,** mais à condition, précise-t-elle plus curieusement, qu'elle intervienne à l'intérieur du délai imparti à l'appelant pour conclure, conformément aux articles 910-4 et 954, alinéa 1 du CPC. Enfin, elle estime qu'aucune irrecevabilité n'est encourue, dès lors que l'article 562 du CPC, y compris dans sa nouvelle rédaction, ne prévoit aucune fin de non-recevoir (Cass. avis 2e civ. 20-12-2017 nos 17019, 17020 et 17021).

25063 Il était toutefois permis de considérer que la réponse de la Cour de cassation ne fermait pas entièrement le débat. En effet, les demandes d'avis ne posaient la question que sous l'angle de la sanction encourue par l'**acte d'appel.** De sorte que la Cour, fort logiquement, ne répondait que sur ce terrain de la « sanction attachée à la déclaration d'appel ». Or, l'acte d'appel a pour double fonction de saisir la cour et de définir le périmètre de l'effet dévolutif, à l'intérieur duquel pourront être formulées, par voie de **conclusions,** les demandes auxquelles la cour devra répondre. À l'égard des **demandes de l'appelant principal,** l'article 562 du CPC n'a pas à prévoir de fin de non-recevoir, puisque par essence, la notion même d'effet dévolutif (CPC art. 561 et 562) consiste à déterminer la matière transmise à la cour : la cour a l'obligation de répondre aux questions qui lui sont formulées, par conclusions, à l'intérieur du périmètre de l'**effet dévolutif** (n° 24956) ; à l'inverse, les demandes excédant ce périmètre sont irrecevables ou pour le moins inopérantes devant elle (n° 25080). En cas d'absence d'effet dévolutif, ce sont donc les demandes de l'appelant, formées par voie de conclusions, qui sont irrecevables comme excédant par définition un effet dévolutif inexistant. Bien qu'un acte d'appel soit recevable et valide, notamment parce que la nullité de forme encourue ne peut être retenue à défaut de grief, la question restait donc entière de déterminer l'effet dévolutif qu'il emporte. En d'autres termes, un tel **acte d'appel** pouvait légitimement être considéré comme recevable et valide, mais stérile, puisque **n'emportant aucun effet dévolutif.** La cour serait alors formellement saisie par l'acte d'appel, mais ne serait saisie d'aucune demande.
Rien, dans la rédaction actuelle de l'article 562 du CPC, ne permettait a priori de remettre en cause une telle solution.
Fort logiquement, la Cour de cassation n'a pas manqué d'être rapidement sollicitée sur ce terrain de l'effet dévolutif, ce qui lui a permis de rendre un arrêt important (Cass. 2e civ. 30-1-2020 n° 18-22.528, FS-PBI). Après avoir rappelé, conformément à sa jurisprudence constante, que seul l'acte d'appel opère dévolution des chefs critiqués, elle en déduit que lorsque la déclaration

d'appel tend à la réformation du jugement sans mentionner les chefs de jugement qui sont critiqués, **l'effet dévolutif n'opère pas.** Puis, elle combine cette solution avec celle précédemment dégagée sur le fondement du vice de forme, les deux terrains n'étant pas exclusifs l'un de l'autre, mais complémentaires. Elle rappelle ainsi que la déclaration d'appel affectée de ce vice de forme peut être régularisée par une nouvelle déclaration d'appel, dans le délai imparti à l'appelant pour conclure au fond conformément à l'article 910-4, alinéa 1, du CPC.

Elle rappelle, ce qui est également conforme à sa jurisprudence, que la situation ne peut, en revanche, pas être régularisée par des conclusions au fond prises dans le délai requis, énonçant les chefs critiqués du jugement. En effet, les conclusions de l'appelant principal ne peuvent pas avoir pour fonction de déterminer l'effet dévolutif. Elle ajoute ensuite, ce qui peut sembler plus contestable, que la cour n'étant dans ce cas saisie d'aucune demande, elle commet un excès de pouvoir si elle confirme le jugement. On en déduit que la cour d'appel doit, dans un tel cas de figure, se borner à juger qu'elle n'est saisie d'aucune demande, sans pouvoir statuer au fond, fût-ce pour confirmer le jugement (Cass. 2e civ. 25-3-2021 n° 20-12.037 F-P). Sur ce point, il n'était pourtant pas incongru de penser, comme l'avait d'ailleurs fait la cour d'appel, que, formellement saisie par l'acte d'appel, mais sans être saisie d'aucune demande, elle ne pouvait que confirmer le jugement, en raisonnant par analogie avec l'hypothèse où la cour est saisie d'un appel non soutenu (n° 25007), ou lorsque la rédaction du dispositif des écritures est jugée défaillante (Cass. 2e civ. 17-9-2020 n° 18-23.626 FS-PBI). La cour ne jugeant rien, et se bornant à constater qu'elle n'est pas saisie, la question se pose alors de la possibilité d'inscrire un nouvel appel principal, cette fois complet, si le délai pour le faire n'est pas expiré. Enfin, la Cour de cassation juge que ces règles, permettant d'assurer la sécurité juridique et l'efficacité de la procédure d'appel, ne portent pas atteinte, en elles-mêmes, à la substance du droit d'accès au juge d'appel ni violation des dispositions de l'article 6 § 1 de la CESDH.

Seule la cour d'appel, dans sa **formation collégiale**, à l'exclusion du conseiller de la mise en état, a le pouvoir de statuer sur l'absence d'effet dévolutif, et cette sanction opère **à l'égard de tous les intimés** (Cass. 2e civ. 19-5-2022 n° 21-10.685 F-B). La déclaration d'appel qui se borne à mentionner en objet que l'appel est « total » n'opère aucun effet dévolutif (Cass. 2e civ. 9-6-2022 n° 20-20.936 FS-B).

Ces solutions, quoi que l'on pense de l'exigence formelle de mention des chefs critiqués dans l'acte d'appel, semblent bien conformes à la jurisprudence orthodoxe sur l'effet dévolutif, et au but poursuivi par la réforme : en inversant le principe, c'est-à-dire en supprimant – sauf exception – l'appel général par défaut, elle impose à l'appelant de définir précisément les chefs qu'il souhaite déférer à la cour. Rappelons d'ailleurs que l'article 910-4 alinéa 2 du CPC enferme désormais expressément la liberté des parties dans une limite supplémentaire. Cet article précise en effet que toutes les prétentions comprises dans leurs écritures de la deuxième phase du procès d'appel (après expiration des délais 908 à 910 du CPC) ne peuvent être formées que dans la limite des chefs du jugement critiqués, l'effet dévolutif demeurant ainsi le périmètre maximal de la discussion. Il y a là un argument de texte supplémentaire, puisque la règle s'impose, a fortiori, pour les premières écritures (n° 25723).

La Cour de cassation a ensuite eu l'occasion de préciser l'incidence, sur le périmètre de l'effet **25064**
dévolutif, du dépôt de deux **déclarations d'appel successives,** mentionnant chacune des chefs critiqués distincts. Elle juge que les deux actes se complètent, sans s'annuler. Ainsi, la seconde déclaration d'appel, déposée dans le délai imparti à l'appelant pour conclure, peut venir étendre la critique du jugement à d'autres chefs non critiqués dans la première déclaration, sans qu'un acquiescement aux chefs du jugement non critiqués dans un premier temps ne puisse être déduit de cette omission. Elle précise que la cour ayant été valablement saisie dès la première déclaration d'appel, la seconde déclaration **s'incorpore** à la première, de sorte que si, dans la seconde déclaration d'appel, sont critiqués de nouveaux chefs du jugement, la cour d'appel reste saisie de la critique des chefs du jugement mentionnés dans la première déclaration (Cass. 2e civ. 19-11-2020 n° 19-13.642 F-PBI). En revanche, un message électronique de l'avocat de l'appelant ne peut, quel que soit son libellé et même adressé au greffe dans le délai requis, valoir régularisation de la déclaration d'appel (Cass. 2e civ. 30-6-2022 n° 21-12.720 F-B).

Enfin, saisie pour avis, à l'occasion d'un appel formé avant la réforme de 2017, la Cour de cassation a eu l'occasion de préciser qu'en cas d'**appel limité,** l'effet dévolutif est circonscrit par l'acte d'appel, mais sous condition de la recevabilité de l'appel, l'intérêt à relever appel étant apprécié isolément, pour chaque chef de jugement, sauf indivisibilité (Cass. avis 2e civ. 4-2-2021 n° 9002 FS-D et Cass. 1e civ. 9-6-2021 n° 19-10.550 FS-P). Cet avis, certes rendu à l'occasion d'un appel antérieur au 1er septembre 2017, est néanmoins très important en pratique, y compris et surtout sous l'empire des textes nouveaux, puisque désormais, et sauf exception, chaque acte d'appel doit viser les chefs critiqués. Le lien entre intérêt à relever appel, recevabilité d'appel et effet dévolutif est donc clairement établi, et plus vivace que jamais. En effet, avant la réforme de 2017, en cas d'appel dit « général », c'est-à-dire non limité, l'effet dévolutif jouait pleinement, y compris à l'égard des chefs sur lesquels l'appelant principal n'avait pas succombé, dès lors que ses prétentions n'avaient pas été complètement accueillies (Cass. 1e civ. 26-9-2007 n° 04-15.051 : Bull. civ. I n° 300 ; Cass. 3e civ. 8-4-2010 n° 09-11.159 : Bull. civ. III n° 72). Il est donc permis de penser que, dorénavant, sauf objet indivisible ou demande d'annulation du jugement, l'effet dévolutif ne pourra plus opérer à l'égard d'un chef de jugement, nécessairement visé dans l'acte d'appel, mais vis-à-vis duquel l'appelant principal ne pourra pas justifier d'un intérêt à relever appel, à défaut de succombance.

> **Précisions** Dans la droite ligne de ces décisions, la Cour de cassation a jugé que la déclaration d'appel qui se borne à solliciter la réformation et/ou l'annulation de la décision sur les chefs qu'elle énumère et dont l'énumération ne comporte que l'énoncé des **demandes** formulées devant le premier juge, sans viser de chef de dispositif, n'emporte aucun effet dévolutif (Cass. 2e civ. 2-7-2020 n° 19-16.954 F-PBI). La pratique consistant à reprendre, dans l'acte d'appel, les demandes de première instance est donc à proscrire.

LIMITATION DU CHAMP DE L'APPEL PAR L'ACTE D'APPEL

25065 C'est par la déclaration d'appel déposée au greffe que l'appelant peut limiter le champ de l'appel. En effet, seul l'acte d'appel opère dévolution (Cass. 1e civ. 22-6-1999 n° 97-15.225 : Bull. civ. I n° 206 ; Cass. 2e civ. 27-9-2018 n° 17-25.799 F-PB).

L'acte d'appel détermine donc l'étendue de l'effet dévolutif, c'est-à-dire le périmètre maximal de la discussion devant la cour, indépendamment des termes des **conclusions de l'appelant** (Cass. 1e civ. 14-6-2005 n° 04-12.373 : Bull. civ. I n° 246). S'agissant de l'appelant principal, on ne peut s'attacher qu'aux termes de l'acte d'appel et non aux termes de ses conclusions. Cette précision est primordiale, car la pratique emploie très fréquemment le terme d'appel limité de manière impropre, lorsqu'un appelant ne critique dans ses conclusions que certains chefs du jugement, alors que seul son acte d'appel doit être examiné à cet égard.

25067 La limitation de l'appel peut résulter du choix de **n'intimer que certaines parties, ou** de ne les intimer qu'**en une certaine qualité.** Les chefs n'intéressant que les autres parties, ou leur autre qualité, ne seront alors pas dévolus à la cour, sauf appel incident ou provoqué de la part d'un intimé (Cass. 2e civ. 13-1-1993 n° 91-16.961 : Bull. civ. II n° 8).

CONCLUSIONS DE L'INTIMÉ ET LIMITATION DU CHAMP DE L'APPEL

25069 L'intimé n'est pas lié par la limitation de l'appel. En effet, en présence d'un appel limité par l'appelant principal, l'intimé peut **étendre le périmètre de la discussion** à un chef non visé par l'acte d'appel, à condition de pouvoir justifier, comme tout appelant, d'un intérêt à critiquer sur ce point le jugement frappé d'appel.

L'effet dévolutif peut être étendu par un **appel incident ou provoqué,** c'est-à-dire par voie de conclusions ou d'une assignation émanant d'une partie autre que l'appelant principal. Par ses écritures, l'intimé, qui se porte ainsi appelant à titre incident, étend l'effet dévolutif à un chef autre que celui (ou ceux) visé(s) dans l'acte d'appel (Cass. soc. 28-11-2000 n° 98-42.999 : RJS 2/01 n° 228).

Sur les conditions de l'appel incident et notamment sur le délai dans lequel il doit être formé, voir nos 24310 s.

INTÉRÊTS DE L'APPEL LIMITÉ

25074 L'appel limité peut avoir pour but de laisser hors du champ de l'**effet suspensif** certains chefs du jugement, par exemple une mesure d'instruction, que l'appelant souhaite voir se dérouler malgré l'inscription du recours sur les autres chefs.

L'appel limité peut aussi permettre de limiter les **appels incidents.** Comme tout appel, l'appel incident implique que son auteur puisse justifier d'un intérêt à le former (CPC art. 546 ; Cass. 2e civ. 19-2-1970 n° 68-11.934 : Bull. civ. II n° 61). Il faut donc, mais il suffit, que l'appelant incident ait succombé en tout ou partie sur le chef qu'il entend critiquer par la voie de l'appel incident. La succombance peut n'être que très partielle (Cass. 2e civ. 13-12-1993 n° 91-20.252 : Bull. civ. II n° 366). Cette condition de recevabilité peut conférer un réel avantage à l'auteur d'un appel limité, dans les cas où l'intimé ne pourra pas, en raison d'un défaut d'intérêt, se porter appelant incident sur un chef du jugement non visé par l'acte d'appel.

Sur l'intérêt de l'appel limité en matière de **divorce,** voir n° 25190.

INCONVÉNIENTS DE L'APPEL LIMITÉ

Si l'appel limité peut être intéressant dans des cas très restreints, la plupart du temps, il ne présente que des inconvénients et des risques procéduraux. **25080**
Hormis le cas où un nouvel acte d'appel est déposé dans le délai pour conclure (Cass. 2e civ. 19-11-2020 n° 19-18.642 F-PBI ; n° 25064), l'appelant principal est lié de manière **irréversible** par la limitation. Il ne peut plus ensuite élargir l'effet dévolutif, ni par voie de conclusions (Cass. 1e civ. 22-6-1999 n° 97-15.225 : Bull. civ. I n° 206) ni même par un second appel général (aujourd'hui, un appel visant tous les chefs du jugement) émanant de lui, y compris si le délai d'appel n'est pas encore expiré (Cass. 3e civ. 15-5-2002 n° 99-10.507 : Bull. civ. III n° 97).
L'auteur d'un appel limité est alors regardé comme ayant implicitement, mais nécessairement, acquiescé aux autres dispositions de ce jugement (Cass. 2e civ. 24-2-1993 n° 91-18.213 : Bull. civ. II n° 73). S'il dépose des conclusions au-delà du périmètre de son appel limité, elles sont jugées inopérantes (Cass. 1e civ. 22-6-1999 n° 97-15.225, précité).
L'appel limité n'exclut toutefois pas la **critique implicite** (Cass. 1e civ. 3-4-2019 n° 18-13.387 F-PB ; n° 24330).
Autre inconvénient, l'appelant principal qui limite son acte d'appel a souvent le sentiment de circonscrire ainsi le débat devant la cour. Mais il s'agit le plus souvent d'une illusion car l'**intimé** n'est **pas lié** par la limitation (n° 25069).

4. INTERPRÉTATION OU RECTIFICATION DU JUGEMENT

Le jugement, dès son prononcé, dessaisit le juge de la contestation qu'il tranche mais le juge peut néanmoins interpréter ou rectifier sa décision (CPC art. 481, al. 1 et 3). En raison de l'effet dévolutif, ces pouvoirs sont toutefois transférés à la cour, en cas d'appel, qu'il s'agisse d'interpréter la décision (n° 25101), de rectifier une erreur ou une omission matérielle (nos 25105 s.) ou encore de réparer une omission de statuer (nos 25114 s.). **25100**
C'est la date de l'acte d'appel qui détermine la date du transfert de pouvoir.

INTERPRÉTATION DU JUGEMENT

Il appartient à tout juge d'interpréter sa décision si elle n'est pas frappée d'appel (CPC art. 461). **25101**
Le premier juge perd donc son pouvoir d'interprétation s'il y a appel et, en raison de l'effet dévolutif, ce pouvoir est transféré à la cour.
Si l'appel est déclaré nul ou irrecevable, ou que l'appelant s'en désiste, le premier juge retrouve son pouvoir d'interpréter (Cass. soc. 11-10-2000 n° 98-45495 : Bull. civ. V n° 321).

ERREUR OU OMISSION MATÉRIELLE DANS UN JUGEMENT

L'erreur ou l'omission matérielle qui affecte un jugement peut toujours être réparée par le premier juge ou par la juridiction à laquelle il est déféré, selon ce que le dossier révèle ou, à défaut, ce que la raison commande (CPC art. 462). **25105**
L'utilisation dans cet article du terme « ou » pourrait être comprise comme permettant aux parties de demander indifféremment au premier juge et à la cour d'appel la rectification d'une erreur ou d'une omission matérielle. Mais en raison de l'**effet dévolutif,** il y a, en cas d'appel, transmission à la cour du pouvoir de réparer l'erreur ou l'omission matérielle et le premier juge perd alors sa compétence.
La cour n'est toutefois compétente qu'à condition que l'appel ne tende pas uniquement à rectifier l'erreur (Cass. 2e civ. 20-5-2010 n° 09-14.787, a contrario).
La justification du transfert de pouvoir par l'effet dévolutif est confortée par les solutions suivantes :
– lorsqu'il y a appel limité et que l'omission concerne un **chef** qui n'est **pas soumis à la cour,** c'est le premier juge et lui seul qui est compétent pour statuer sur l'omission, la demande étant alors irrecevable devant la cour (Cass. com. 18-6-2002 n° 99-21.236) ;
– si l'**appel** est déclaré **irrecevable,** la cour ne peut pas rectifier la décision attaquée. Si elle le fait, elle excède ses pouvoirs (Cass. 2e civ. 9-12-1997 n° 96-10.233 : Bull. civ. II n° 306).

La **cour** conserve le pouvoir de réparer le jugement d'origine même après son **dessaisissement** (Cass. 2e civ. 21-12-2000 n° 98-19.550 : Bull. civ. II n° 177). Elle et elle seule peut statuer sur l'omission commise par le premier juge car l'entier litige lui a été dévolu par l'effet dévolutif, et cela de manière irréversible dès lors qu'elle a statué au fond sur l'appel qui lui a été soumis. **25107**

La cour peut **réparer** l'omission ou l'erreur matérielle **avant de se prononcer sur le fond,** puisque cette réparation ne préjuge pas de sa décision sur celui-ci (CA Paris 15-6-1984 : Bull. avoués 1984 p. 100). **25109**

OMISSION DE STATUER

25114 Le premier juge qui a omis de statuer sur un chef peut compléter son jugement (CPC art. 463). En cas d'appel, la cour doit, en raison de l'effet dévolutif, statuer sur la demande de réparation d'une omission qui lui est présentée (Cass. 2e civ. 22-10-1997 n° 95-18.923 : Bull. civ. II n° 250).
Il faut que la réparation soit demandée expressément ou tacitement par la (ou les) partie(s).
Pour que la cour statue sur l'omission de statuer commise par le premier juge, il faut toutefois que l'appel ne tende pas uniquement à cette fin (Cass. 2e civ. 22-10-1997 n° 95-18.923, précité ; Cass. 2e civ. 21-10-2004 n° 02-20.728 : Bull. civ. II n° 463).

> **Précisions** En matière d'omission de statuer, l'**effet dévolutif** transmet donc plus que la stricte « chose jugée » (CPC art. 561), puisque par définition, le point concerné par l'omission n'a pas été jugé. La Cour de cassation dit que l'effet dévolutif transmet à la cour d'appel « tous les points du litige soumis au tribunal », qu'ils aient ou non été tranchés par lui (Cass. 2e civ. 29-5-1979 n° 77-15.004 : Bull. civ. II n° 163).

25116 **Arrêt sur le fond** À l'inverse d'une simple erreur ou omission matérielle qu'elle peut réparer avant l'arrêt sur le fond, la cour d'appel ne peut pas se prononcer sur une omission de statuer par un **premier arrêt,** indépendamment de l'arrêt sur le fond. Son arrêt serait en effet revêtu de l'autorité de la chose jugée au principal et la **dessaisirait** du point ainsi tranché (CPC art. 480 et 481). La cour ne pourrait plus ensuite se déjuger lorsqu'elle se pencherait sur l'entier litige. La cour devra donc réparer l'omission de statuer par l'arrêt qu'elle rendra sur le fond du litige.

EXEMPLE

Une partie ne peut demander à la cour, au visa de l'article 463 du CPC, de statuer, par un premier arrêt distinct de celui qui sera rendu sur le fond, sur une **demande en garantie** formée contre son assureur, omise par le premier juge. En effet, la cour ne peut pas, par le biais d'une requête en omission de statuer, anticiper sur ce qu'elle jugera au fond de manière définitive.

25120 À l'image de la solution dégagée dans le cas d'une omission ou d'une erreur matérielle et pour les mêmes raisons que celles exposées n° 25105, la **cour d'appel,** même après son **dessaisissement,** conserve le pouvoir de réparer l'omission de statuer commise par le premier juge.

5. LIQUIDATION DE L'ASTREINTE PRONONCÉE PAR LE JUGEMENT

25140 L'astreinte peut être ordonnée par le juge pour assurer le respect d'une condamnation à une obligation de faire ou de ne pas faire (par exemple, condamnation à démolir une construction sans permis, sous astreinte de 500 € par jour). Si malgré l'astreinte, **la partie condamnée n'exécute pas** l'obligation, le juge peut liquider l'astreinte, c'est-à-dire condamner le débiteur de celle-ci à en payer le montant.
L'astreinte, même définitive, est liquidée par le juge de l'exécution, sauf si le juge qui l'a ordonnée reste saisi de l'affaire ou s'en est expressément réservé le pouvoir (C. exécution art. L 131-3). En cas d'appel d'un jugement assorti d'une astreinte provisoire ou définitive, la **cour d'appel** peut liquider l'astreinte en vertu de l'effet dévolutif, sous les deux **conditions** cumulatives suivantes (Cass. 3e civ. 28-11-2001 n° 00-12.053 ; Cass. soc. 23-5-2006 n° 05-43.343 ; Cass. soc. 20-10-2015 n° 14-10.725 : RJS 1/16 n° 54 ; contra Cass. soc. 9-5-2007 n° 05-46.029 : Bull. civ. V n° 69) :
– que la décision dont il est fait appel et qui a ordonné l'astreinte soit revêtue de **l'exécution provisoire** ;
– que le **juge** de première instance se soit **réservé le pouvoir** de liquider cette astreinte.
Si ces conditions sont réunies, la cour peut, en vertu de l'effet dévolutif, liquider l'astreinte ordonnée en première instance, comme aurait pu le faire le premier juge s'il n'y avait pas eu appel. Cette solution est l'illustration de l'idée selon laquelle l'effet dévolutif parachève le dessaisissement du premier juge (pour un exemple explicite, Cass. 2e civ. 28-6-2018 n° 17-15.045 F-PB).

> **Précisions** L'instance en liquidation d'astreinte étant soumise au régime de la représentation obligatoire, lorsqu'une partie dépose une **requête en rectification contre un arrêt ayant liquidé une astreinte,** la convocation de son adversaire est régulière dès lors que le greffe a adressé un avis d'audience par RPVA à l'avocat ayant représenté cette partie devant la cour. En d'autres termes, la **constitution** de cet **avocat** dans le cadre de l'instance principale perdure dans le cadre de la demande en rectification, laquelle ne constitue donc pas une instance autonome à cet égard (Cass. 2e civ. 7-12-2017 n° 16-18.216 F-PB : Bull. civ. II n° 228).

ASTREINTE ET ARRÊT CONFIRMATIF

Le jugement confirmé par une cour d'appel peut produire ses effets en matière d'astreinte à compter de la date du jugement, que celui-ci soit ou non assorti de l'**exécution provisoire** (Cass. 2e civ. 13-7-2006 n° 04-20.690 : Procédures 2006 comm. 261). 25150

ILLUSTRATIONS

Dans l'affaire précitée, un arrêt de 1995 avait ordonné une **expulsion sous astreinte.** Puis un jugement de 1996 avait eu pour effet de priver le bénéficiaire de l'arrêt initial de toute qualité pour procéder à l'expulsion. Ce **jugement,** non assorti de l'exécution provisoire (affaire antérieure à la réforme de l'exécution provisoire), avait été **confirmé** par un arrêt de 2002. La question se posait donc de savoir, dans le cadre du débat de la liquidation d'astreinte, si la perte de qualité avait pris effet en 1996 ou en 2002. La cour d'appel avait retenu l'année 2002, c'est-à-dire la **date de l'arrêt** puisque le jugement n'était pas assorti de l'exécution provisoire. La Cour de cassation a cassé et a considéré, sans faire aucune référence à la notion d'exécution provisoire, que l'arrêt confirmatif ayant pour effet de restituer au **jugement** sa portée initiale, le défaut de qualité avait produit ses effets de plein droit dès la **notification** de ce jugement.

ASTREINTE ET ARRÊT INFIRMATIF

Dès lors que l'astreinte est une **mesure accessoire** à la condamnation, la réformation de la décision assortie d'une astreinte entraîne de plein droit, pour perte de fondement juridique, l'anéantissement des décisions prises au titre de la liquidation de l'astreinte, fussent-elles passées en force de chose jugée, et ouvre droit, s'il y a lieu, à **restitution** (Cass. 2e civ. 28-9-2000 n° 98-16.175 : Bull. civ. II n° 134). 25160

6. EFFET DÉVOLUTIF ET DIVORCE

La notion d'effet dévolutif est importante en matière de divorce car il s'agit d'une matière dans laquelle la question est souvent posée de l'**opportunité** de former un **appel limité** et où l'effet dévolutif a une incidence sur l'**application dans le temps** des décisions de la cour. Depuis le 1er septembre 2017, l'appelant a l'obligation de mentionner « expressément » dès sa déclaration d'appel les chefs critiqués (n° 24941). Compte tenu de cette obligation, et, paradoxalement, à l'occasion d'une saisine pour avis relative à un appel limité exercé avant la réforme de 2017 (Cass. avis 2e civ. 4-2-2021 n° 9002 FS ; Cass. 1e civ. 9-6-2021 n° 19-10.550 FS-P), il est probable que la Cour de cassation a sonné le glas de la jurisprudence qui permettait à l'appelant principal, auteur d'un appel dit « général », de faire jouer l'effet dévolutif sur un chef de jugement sur lequel il n'avait pourtant pas succombé. 25180

INTÉRÊT DE L'APPEL LIMITÉ EN MATIÈRE DE DIVORCE

L'**appel limité,** lorsqu'il était l'exception, était la plupart du temps dangereux car il lie l'appelant de manière irréversible et il était souvent vain, car, en principe, il ne lie pas l'intimé (n° 25069). Mais l'appel limité pouvait parfois présenter un réel intérêt, notamment en matière de **divorce.** Tel était, et reste le cas, lorsqu'un époux fait appel pour **mettre fin au devoir de secours** et ainsi à l'obligation de payer la pension alimentaire. Il peut limiter son appel aux mesures accessoires, en laissant soigneusement le prononcé du divorce hors du champ de l'effet dévolutif. 25190

Cette stratégie de l'appelant suppose toutefois que l'**intimé** ne puisse pas former d'appel incident sur le prononcé du divorce. En effet, si l'intimé a obtenu entièrement gain de cause sur ce prononcé, il ne peut pas justifier d'un intérêt à le rediscuter et donc à étendre sur ce point l'effet dévolutif.

L'appelant peut alors rendre définitif le prononcé du divorce, mettre fin au devoir de secours et si nécessaire empêcher son ex-conjoint qui n'aurait pas formé de demande de prestation compensatoire de le faire pour la première fois devant la cour (interprétation a contrario de Cass. 1e civ. 14-6-2005 n° 04-12.373 : n° 25062).

À l'inverse, le **conjoint qui bénéficie de la pension alimentaire** avait intérêt, avant la réforme de 2017, même s'il ne souhaitait pas remettre en cause ni discuter le prononcé du divorce, à former un acte d'**appel visant tous les chefs du jugement** pour tenter d'emporter effet dévolutif sur la totalité du litige ; en effet, conformément à la jurisprudence développée sous l'empire du texte ancien, cet appel ne l'empêchait pas de continuer à bénéficier du devoir de secours et lui permettait de former une demande de prestation compensatoire (Cass. 1e civ. 14-6-2005 n° 04-12.373 : n° 25062). Cette solution était d'ailleurs applicable même en cas de divorce sur demande acceptée (Cass. avis 9-6-2008 n° 0080004 ; Cass. 1e civ. 14-3-2012 n° 11-13.954 : Bull. civ. I n° 55). 25192

Le principe selon lequel l'appel est irrecevable pour défaut d'intérêt s'il a été fait droit intégralement aux demandes de l'appelant en première instance (Cass. 2e civ. 11-2-1998 n° 96-10.773) est constant. Mais conformément aux règles énoncées nos 25065 (notamment la distinction entre acte d'appel et conclusions), dès lors que l'appelant principal avait succombé sur un chef, même mineur, et qu'il déposait au greffe un acte d'appel général contre le jugement qui prononçait le divorce sur le fondement des articles 233 et 234 du Code civil, le prononcé du divorce n'était pas irrévocable même si sa cause demeurait acquise, puisqu'il était compris dans le champ de l'effet dévolutif. La pension alimentaire allouée au titre du devoir de secours restait donc due (Cass. 1e civ. 4-6-2007 n° 05-20.389).
Il importait peu que les conclusions ne discutent que les **conséquences du divorce** : dès lors que l'acte d'appel était général, le **principe du divorce** n'était pas passé en force de chose jugée, le devoir de secours demeurait et le principe et le montant de la prestation compensatoire devaient être appréciés à la date à laquelle la cour statuait et non au jour du prononcé du jugement (Cass. 1e civ. 20-6-2006 n° 05-19.245).
Tels étaient les principes. Mais sont-ils encore applicables compte tenu de la nouvelle rédaction de l'article 562 du CPC ? L'appelant, pour tenter de rester dans le sillage de cette jurisprudence, peut-il déposer aujourd'hui un acte d'appel visant tous les chefs du jugement, y compris le prononcé du divorce sur lequel il n'a pas succombé, et considérer que cet acte d'appel aura les mêmes effets qu'un acte d'appel dit « général » ?
Rien n'est moins sûr. En effet, dans la mesure où la réforme de 2017 a rendu impossible (sauf exceptions) le dépôt d'un acte d'appel dit « général », et où l'appel « limité » est devenu la règle, il est permis de penser que dorénavant l'effet dévolutif ne pourra plus opérer à l'égard d'un chef de jugement, nécessairement visé dans l'acte d'appel, mais vis-à-vis duquel l'appelant principal ne pourra pas justifier d'un intérêt à relever appel, à défaut de succombance (Cass. avis 2e civ. 4-2-2021 n° 9002 FS-D ; Cass. 1e civ. 9-6-2021 n° 19-10.550 FS-P).

APPLICATION DE L'ARRÊT DANS LE TEMPS ET DIVORCE

25202 Lorsque la cour réforme une ordonnance ordonnant des mesures provisoires, sur la **pension alimentaire** due pour l'épouse ou sur la contribution alimentaire due pour les enfants, la question est souvent posée de la date à partir de laquelle le montant de cette pension ou contribution arrêtée par la cour doit s'appliquer.
Sauf disposition contraire de l'arrêt, par application combinée des articles 542 et 561 du CPC, le dispositif de l'arrêt infirmatif se substitue à la décision du juge conciliateur, exécutoire par provision, avec effet à compter de la date de la décision attaquée (Cass. 1e civ. 8-2-2005 n° 02-12.406 : Bull. civ. I n° 68 ; Cass. 1e civ. 2-4-2008 n° 07-11.890 : Bull. civ. I n° 98). Il n'y a pas de raison de retenir une solution différente en cas d'appel d'une ordonnance du juge de la mise en état, ou du juge aux affaires familiales statuant en cette matière, qui sont pareillement exécutoires par provision (CPC art. 514 et 1074-1).
Dans la **pratique,** il s'agit d'une règle très importante car si la cour ne prévoit rien de différent, son arrêt est présumé rétroagir à la date de la décision dont il a été fait appel.

> **Précisions a.** La **prestation compensatoire révisée** par le juge en application de l'article 276-3 du Code civil prend **effet** à la date de la demande de révision. Cette rétroactivité s'impose au juge qui ne peut pas décider autrement.
> **b.** Il a également été jugé qu'un **arrêt confirmatif** pouvait produire ses effets à compter de la date du jugement et ce, que le jugement soit ou non assorti de l'exécution provisoire (Cass. 2e civ. 13-7-2006 n° 4-20.690 : n° 25150).

B. Évocation par la cour d'appel

25230 L'évocation est la faculté offerte à la cour d'appel de s'emparer des points non tranchés par les premiers juges pour donner au litige une **solution définitive.**
L'évocation porte une atteinte directe au principe du double degré de juridiction. Par conséquent, elle n'est admise que dans des cas prévus par un **texte** ou admis par la **jurisprudence** et elle ne permet pas de déroger au régime de droit commun encadrant les interventions et les demandes nouvelles en appel.

POUVOIR DISCRÉTIONNAIRE D'ÉVOCATION

25231 Dans le cadre de l'évocation, la cour d'appel exerce un pouvoir discrétionnaire : elle n'est jamais contrainte d'évoquer (Cass. 1e civ. 2-5-1989 n° 87-17.705 : Bull. civ. I n° 174 ; Cass. 1e civ. 6-7-2005 n° 03-13.357 : Bull. civ. I n° 303) ; à l'inverse, si elle souhaite évoquer, une partie ne peut pas l'en empêcher en invoquant la complexité du litige (Cass. 2e civ. 8-6-1979 n° 77-15.933 : Bull. civ. II n° 170).

RESPECT DU CONTRADICTOIRE EN CAS D'ÉVOCATION

Conformément aux principes directeurs du procès, la cour d'appel doit dans tous les cas respecter le principe de la contradiction (CPC art. 16), et donc mettre les **parties** en mesure, voir en demeure (Cass. 1e civ. 14-3-2012 n° 11-11.930) de **s'expliquer** sur les points qu'elle entend évoquer (Cass. 2e civ. 23-9-2004 n° 02-21.141 : Bull. civ. II n° 409), le cas échéant, en délivrant **injonction** (Cass. soc. 18-10-2006 n° 05-40.561 ; Cass. 1e civ. 11-5-1999 n° 97-11.290). **25236**
Cependant, si les parties ont d'ores et déjà conclu sur le fond du litige, la cour peut évoquer et trancher celui-ci par un seul et même arrêt (Cass. 2e civ. 21-10-1976 n° 75-10.657 : Bull. civ. II n° 282).

1. CAS D'ÉVOCATION PAR LA COUR D'APPEL

Le Code de procédure permet l'évocation quand **la cour d'appel infirme ou annule** un jugement qui a ordonné une **mesure d'instruction** ou qui, statuant sur une **exception de procédure,** a mis fin à l'instance (CPC art. 568). Ce Code permet également à la cour d'évoquer l'ensemble du litige lorsqu'elle est saisie dans le cadre d'un appel contre une décision statuant exclusivement sur la **compétence** (nos 25270 s.). La jurisprudence a en outre admis la possibilité d'évocation lorsque la cour d'appel est saisie d'un jugement ayant **sursis à statuer** (nos 25286 s.). **25240**
Le décret 2017-891 du 6 mai 2017, en ajoutant les termes « infirme ou annule » à l'article 568, a supprimé la possibilité d'évocation en cas de confirmation de la décision.

JUGEMENT AYANT ORDONNÉ UNE MESURE D'INSTRUCTION ET ÉVOCATION DU FOND

Lorsque la cour d'appel infirme ou annule un jugement qui a ordonné une mesure d'instruction, elle peut évoquer les points non jugés si elle estime de bonne justice de donner à l'affaire une solution définitive, après avoir ordonné elle-même, le cas échéant, une mesure d'instruction (CPC art. 568, al. 1). **25241**
Le cas le plus fréquent est celui d'un appel immédiat exercé, sur autorisation du premier président, contre un jugement ordonnant une expertise (CPC art. 272). Ainsi, par exemple, éclairée par le rapport d'expertise déposé entre temps, la cour peut décider d'évoquer le fond.

L'évocation est possible en cas d'**appel d'un jugement mixte** ayant tranché une partie du principal et ordonné une mesure d'instruction, mais à **condition** que la cour soit saisie du chef du jugement qui a prescrit cette mesure (Cass. 2e civ. 16-11-1983 n° 82-14653 : Bull. civ. II n° 178). Pour apprécier cette condition, la Cour de cassation s'est expressément référée, dans l'arrêt ci-dessus, aux conclusions des parties et non à l'acte d'appel, contrairement à la jurisprudence développée sur le terrain de l'effet dévolutif de l'appel. **25246**

Dans le cas d'un **jugement mixte** qui avait prononcé le **divorce** et ordonné une **enquête sociale** avant de statuer sur les mesures accessoires, une cour d'appel, après avoir confirmé sur le principe du divorce, avait renvoyé la cause devant le juge aux affaires familiales pour qu'il statue sur les mesures accessoires au vu du rapport d'enquête sociale. La Cour de cassation a validé la décision de la cour d'appel en précisant que celle-ci n'était pas obligée d'évoquer (Cass. 1e civ. 6-7-2005 n° 03-13.357 : Bull. civ. I n° 303). Mais la cour étant souveraine sur ce point, elle peut diamétralement, dans un cas de figure similaire, décider d'évoquer les points non jugés (Cass. 2e civ. 10-4-2014 n° 12-26.362 F-PB : Bull. civ. II n° 99). **25248**

JUGEMENT SUR UNE EXCEPTION DE PROCÉDURE ET ÉVOCATION DU FOND

Lorsque la cour d'appel infirme ou annule un jugement qui, statuant sur une exception de procédure, a mis **fin à l'instance,** elle peut évoquer les points non jugés si elle estime de bonne justice de donner à l'affaire une solution définitive, après avoir ordonné elle-même, le cas échéant, une mesure d'instruction (CPC art. 568, al. 1). **25258**

EXEMPLE

Un jugement a annulé l'**acte introductif d'instance.**
La cour d'appel, si elle infirme ou annule ce jugement (donc si elle juge que l'acte est valable) peut :
– soit **renvoyer** l'affaire devant les premiers juges, pour permettre le respect du principe du double degré de juridiction ;
– soit décider d'**évoquer** le fond du litige, en tranchant les points non jugés en première instance.
Il convient de bien **distinguer cette hypothèse de celle où le tribunal a statué au fond** mais où c'est la cour d'appel qui annule l'acte introductif. Dans ce dernier cas, il n'y a pas d'évocation possible. L'effet dévolutif n'est en outre pas automatique puisqu'il ne joue alors que si l'appelant a conclu au fond de manière non subsidiaire (n° 25022).

25260 Le premier juge doit avoir statué sur une **exception de procédure** stricto sensu (CPC art. 73 à 121). Cette règle implique de bien **distinguer** les exceptions de procédure des institutions voisines, notamment des **fins de non-recevoir.** Ainsi, un jugement ayant jugé la demande irrecevable (fin de non-recevoir) ne peut pas donner lieu à évocation en cas d'appel. Si la cour d'appel réforme un tel jugement et juge la demande recevable, elle aura non pas la faculté de trancher les points non jugés, en vertu de l'évocation, mais l'**obligation** de le faire, en vertu de l'effet dévolutif (CPC art. 562).

Si la cour d'appel réforme sur une fin de non-recevoir, elle peut statuer directement sur le fond, sans être tenue d'inviter l'intimé à s'expliquer sur celui-ci (Cass. 2e civ. 6-1-2012 n° 10-17.824 : Bull. civ. II n° 6).

JUGEMENT SUR LA COMPÉTENCE ET ÉVOCATION DU FOND

25270 La décision d'un juge qui se prononce sur la compétence du tribunal sans statuer sur le fond doit être attaquée par la voie de l'appel (nos 2970 s.). La cour d'appel a la faculté d'évoquer le fond du litige si elle est **juridiction d'appel** de la juridiction qu'elle estime compétente, et si elle estime de **bonne justice** de donner à l'affaire une solution définitive (CPC art. 88).

JUGEMENT DE SURSIS À STATUER ET ÉVOCATION DU FOND

25286 **Jugement ordonnant exclusivement un sursis à statuer** La cour d'appel peut évoquer le fond du litige lorsqu'elle est saisie d'un jugement de strict sursis, c'est-à-dire s'étant borné à surseoir à statuer (Cass. 2e civ. 12-3-1997 n° 95-11.441 : Bull. civ. II n° 69 ; voir aussi n° 25291, précision a). Dans un tel cas, l'appel immédiat est exercé sur autorisation du premier président (CPC art. 380).

Il s'agit d'un cas d'ouverture prétorien, au-delà des stricts termes de l'article 568 du CPC. La jurisprudence aura donc sans doute à préciser si l'évocation, dans ce cadre, doit être limitée à l'hypothèse où la cour « infirme ou annule » le jugement attaqué, condition ajoutée à l'article 568 par le décret 2017-891 du 6 mai 2017.

> **Précisions** Dans l'affaire ayant donné lieu à la décision du 12 mars 1997 précitée, le demandeur au pourvoi soutenait que l'évocation, qui avait été autorisée dans ce cas par la cour d'appel, était contraire à la lettre de l'article 568 du CPC qui ne prévoit pas ce cas. Le pourvoi est néanmoins rejeté par l'affirmation de principe selon laquelle lorsque l'appel d'un jugement de sursis à statuer a été autorisé, la cour d'appel a la **faculté d'évoquer les points non jugés** si elle estime de **bonne justice** de donner à l'affaire une solution définitive.

25291 **Jugement mixte** Dans le cas, **le plus fréquent,** d'un jugement mixte, c'est-à-dire dans l'hypothèse où le premier juge a tranché une partie des demandes et qu'il a sursis à statuer sur les autres, la Cour de cassation a fermé la possibilité de l'évocation aux motifs que la cour n'était saisie de l'appel ni d'un jugement ayant ordonné une mesure d'instruction ni d'un jugement qui, statuant sur une exception de procédure, avait mis fin à l'instance et que le sursis à statuer dont il avait été interjeté appel n'entrait pas dans le champ d'application de l'article 380 du CPC (Cass. 2e civ. 30-1-2003 n° 00-15.914 : Bull. civ. II n° 21 ; Cass. 2e civ. 8-4-2004 n° 02-16.101 : Bull. civ. II n° 161).

> **Précisions** Dans les deux décisions précitées, la Cour de cassation a rappelé les termes stricts de l'article 568 du CPC et y a ajouté expressément le cas d'un appel immédiat exercé conformément à l'article 380 du même Code, ce qui confirme la jurisprudence développée en cas d'**appel d'un jugement s'étant borné à surseoir à statuer** (n° 25286). Il a néanmoins été jugé qu'en cas d'appel contre un **jugement mixte** ayant notamment sursis à statuer, la cour avait l'obligation de statuer en vertu de l'effet dévolutif (Cass. 3e civ. 29-4-2009 n° 08-11.332). Mais cet arrêt, inédit et isolé, paraît contraire aux principes dégagés par la Cour de cassation sur les terrains de l'effet dévolutif et de l'évocation.

2. INTERVENTION ET DEMANDE NOUVELLE EN CAS D'ÉVOCATION

25320 L'**évocation** prévue par l'article 568, al. 1 du CPC (en cas d'appel d'un jugement ayant ordonné une mesure d'instruction ou mis fin à une instance dans le cadre d'une exception de procédure et, par extension jurisprudentielle, d'un jugement de sursis à statuer) ne déroge pas à l'application des règles qui encadrent la **modification des parties au litige et l'évolution des termes** de celui-ci (CPC art. 568, al. 2, sur renvoi aux articles 554, 555 et 563 à 567). Sur ces questions, voir nos 24532 s. et nos 25340 s.

Les textes sur l'évocation en cas d'appel contre un jugement statuant exclusivement sur la **compétence,** ancienne voie du contredit (CPC art. 88 et 89), ne comportent pas de disposition analogue à l'article 568, alinéa 2 du CPC. Mais rien ne semble justifier de déroger ici aux règles encadrant l'appel.

D'ailleurs, la jurisprudence a fait application de ces règles en précisant que l'évocation prévue à l'article 89 du CPC (devenu l'article 88) ne constituait pas une **évolution du litige** (CPC art. 555), critère propre à admettre l'**intervention forcée** d'un tiers devant la cour (Cass. 2e civ. 7-6-2006 n° 04-16.251 : Bull. civ. II n° 146).

L'évocation, qu'elle soit fondée sur l'article 88 ou sur l'article 568, al. 1 du CPC, ne permet donc pas de faire assigner un tiers en intervention forcée. Or, si les règles relatives à l'intervention forcée se conçoivent aisément lorsque le premier juge a eu à trancher l'entier litige, elles peuvent en **pratique** être source de surprises et de difficultés en cas d'évocation, notamment lors de l'appel contre un jugement statuant exclusivement sur la compétence.

EXEMPLE

Une partie en défense soulève une exception d'incompétence, laquelle est tranchée par le tribunal et donne lieu à appel. Sur cet appel, la cour d'appel décide d'évoquer le fond du litige, sans que le défendeur ait eu le temps de former les **appels en cause** qu'il aurait souhaité former devant le premier juge. Le défendeur se trouve alors contraint de discuter directement sur le fond devant la cour, sans pouvoir conclure contre les tiers qu'il aurait voulu appeler en cause. Les mêmes difficultés peuvent survenir sur le terrain de l'évocation prévue à l'article 568 du CPC.

C. Demandes et moyens nouveaux en cas d'appel

L'objet du litige est déterminé par les **prétentions** respectives des parties (CPC art. 4). Il importe donc, au stade de l'appel, de définir dans quel cadre les parties auront la liberté de **modifier,** ou non, tant leurs prétentions, c'est-à-dire leurs demandes, que les moyens qui les fondent. 25340

Dans le Code de procédure civile, les dispositions relatives aux demandes nouvelles et aux moyens nouveaux (CPC art. 563 à 567) figurent dans la section II, consacrée aux effets de l'appel, et plus précisément dans la sous-section 1, dédiée à l'**effet dévolutif.** Le lien entre ces différentes notions est étroit : si l'effet dévolutif transmet à la cour « la chose jugée » (CPC art. 561), et lui donne obligation de trancher à nouveau le litige en fait et en droit, il peut aussi, sous certaines conditions, permettre aux parties de lui soumettre des moyens qui n'avaient pas été évoqués devant le premier juge et parfois même de présenter de nouvelles prétentions.

APPEL RÉFORMATION ET APPEL VOIE D'ACHÈVEMENT

La doctrine distingue classiquement l'appel réformation et l'appel voie d'achèvement. L'**appel réformation** consiste à transmettre, à la cour d'appel, le litige figé dans sa configuration de première instance. Il s'agit de soumettre le même litige à des juges de degré supérieur pour qu'ils disent s'il a été bien ou mal jugé. Dans ce schéma, il n'y a pas de place pour une évolution des moyens et demandes. 25341

L'**appel voie d'achèvement** considère, à l'inverse, que le litige est une matière vivante, susceptible d'évoluer, l'essentiel étant que la cour puisse se prononcer sur un litige parfaitement actualisé, en fait comme en droit. Dans ce schéma, les parties sont autorisées à modifier leurs moyens et prétentions, pour qu'ils correspondent au plus près à la réalité factuelle et juridique du litige. Mais cette liberté ne saurait être entière, sauf à contrarier trop fortement le principe du double degré de juridiction et à permettre des stratégies procédurales déloyales.

Le **régime actuel** des demandes nouvelles et des moyens nouveaux encadre la liberté des parties, pour concilier à la fois le **but d'achèvement** du procès et la **loyauté** des débats. En France, le droit commun de l'appel en matière civile et commerciale a toujours opté pour l'appel voie d'achèvement. Le rapport dit « Magendie II » qui a inspiré la réforme de la procédure d'appel entrée en vigueur le 1er janvier 2011 ne conseillait pas la remise en question de ce choix, tout en suggérant un encadrement plus strict de la liberté des parties (Rapport Célérité et Qualité de la justice devant la cour d'appel, Documentation Française p. 19 à 21, 27 et 34 à 38). Cela s'est traduit, pour l'essentiel, par la faculté donnée au juge d'appel de relever d'office l'irrecevabilité des demandes nouvelles (nos 25360 s.). Le décret 2017-891 du 6 mai 2017 a poursuivi dans cette voie, en réduisant un peu le champ des demandes nouvelles admises à hauteur d'appel (CPC art. 566 modifié).

> **Précisions a.** L'examen du régime des demandes nouvelles et des moyens nouveaux montrera que, même si le juge d'appel a désormais la faculté de prononcer d'office l'irrecevabilité des demandes nouvelles, les **exceptions au principe** de prohibition sont si nombreuses qu'elles en atténuent très fortement la portée. Le procès d'appel reste donc bel et bien, malgré son encadrement, une voie d'achèvement du litige.
> **b.** En **pratique,** les contraintes procédurales mises à la charge des parties (notamment les délais pour conclure lors de la première phase du procès d'appel) peuvent à notre avis constituer, par la rapidité du rythme qui leur est imposé, un obstacle plus important à l'évolution du litige que ne l'est le régime des demandes nouvelles.

1. MOYENS NOUVEAUX ET NOUVELLES PREUVES EN CAS D'APPEL

25344 Pour **justifier en appel les prétentions** qu'elles avaient **soumises au premier juge,** les parties peuvent invoquer des moyens nouveaux, produire de nouvelles pièces ou proposer de nouvelles preuves (CPC art. 563). Ainsi, les parties ont toute liberté d'invoquer moyens nouveaux et preuves nouvelles, à condition qu'ils viennent à l'appui des demandes formées devant le premier juge. Il importe donc de **distinguer** entre les **moyens nouveaux et** les **prétentions nouvelles,** ce qui est parfois, en pratique, assez délicat.

OBLIGATION DE CONCENTRATION DES MOYENS ET APPEL

25346 Il est permis de considérer aujourd'hui que la présentation en appel de **moyens nouveaux,** plus qu'une faculté, est une véritable **obligation.**
En effet, en vertu du principe de concentration des moyens, il incombe au **demandeur** de présenter dès l'instance relative à la première demande l'ensemble des moyens qu'il estime de nature à fonder celle-ci (Cass. ass. plén. 7-7-2006 n° 04-10.672 : Bull. civ. ass. plén. n° 8). Il en résulte qu'il ne peut pas, par négligence ou par calcul procédural, s'abstenir d'invoquer tous les moyens qui viennent à l'appui de sa demande dans le cadre d'un **premier procès** pour l'invoquer dans un **second procès.** Il se heurterait en effet à l'**irrecevabilité pour chose jugée** en vertu du principe de concentration.
Le principe vaut également pour le **défendeur,** puisqu'il a été jugé qu'il lui appartient de présenter dès l'instance initiale l'ensemble des moyens qui justifient le rejet total ou partiel de la demande (Cass. com. 20-2-2007 n° 05-18.322 : Bull. civ. IV n° 49 ; Cass. 3e civ. 13-2-2008 n° 06-22.093 : RJDA 7/08 n° 790).
Sur le risque de glissement de l'obligation de concentration des moyens vers une obligation de **concentration des demandes,** voir n° 25488.

ATTENTION
L'autorité de la chose jugée n'a lieu qu'à l'égard de ce qui a fait l'objet d'un jugement et a été tranché dans son dispositif. Le défendeur n'est pas tenu de présenter dès l'instance initiale une demande reconventionnelle en paiement des sommes qui seraient dues si l'annulation de la convention était prononcée conformément à la demande principale. Ainsi, la demande en restitution des intérêts formée par une banque dans le cadre d'un second procès est recevable si elle n'a pas été tranchée par la cour d'appel dans le cadre du premier procès, laquelle n'a été saisie que d'une demande principale en annulation de la convention de compte et de restitution du capital (Cass. 2e civ. 17-10-2013 n° 12-26.178 : Bull. civ. II n° 200).

25349 Pour éviter tout contresens, il convient de souligner que si le principe de concentration oblige les parties à invoquer tous les moyens à l'appui d'une **même demande** dans le cadre d'un **même procès,** voire d'une **même instance,** si la demande a été jugée irrecevable par une première décision mixte (Cass. 2e civ. 11-4-2019 n° 17-31.785 F-PBI ; n° 25488), il ne les oblige toutefois pas, a priori, à le faire dès la **première instance** puisque les moyens nouveaux sont précisément admis à hauteur d'appel (n° 25344).
Une **partie** ne peut toutefois pas invoquer en cause d'appel un moyen auquel elle **a expressément renoncé en première instance** (Cass. 3e civ. 8-6-1979 n° 78-11.905 : Bull. civ. III n° 125). Cette solution fondée sur l'obligation de loyauté est proche du principe de l'estoppel (n° 25382).

2. NOUVELLES PRÉTENTIONS EN CAUSE D'APPEL

a. Interdiction des prétentions nouvelles en cause d'appel

25360 Sauf exceptions (nos 25410 s.), les parties ne peuvent soumettre à la cour d'appel de nouvelles prétentions, à peine d'**irrecevabilité** relevée d'office (CPC art. 564).

La raison est simple : le principe du double degré de juridiction suppose que chaque partie puisse défendre aux prétentions adverses tant devant le premier juge que devant la cour afin de garantir l'effectivité du droit d'appel. Tel est le principe, même si l'on sait qu'il connaît de nombreux aménagements puisque l'appel est considéré comme une voie d'achèvement du procès (n° 25341).
L'article 564 du CPC ne confère au **juge** que la simple **faculté** de relever d'office la fin de non-recevoir tirée de la nouveauté d'une demande en appel, qui n'est pas d'ordre public (Cass. 2e civ. 10-1-2013 n° 12-11.667 : Bull. civ. II n° 1). En revanche, dès lors que le juge d'appel est appelé à se prononcer sur une telle fin de non-recevoir, il doit, au besoin d'office, rechercher si l'une des exceptions prévues par les articles 564 à 567 du CPC est constituée (Cass. 2e civ. 17-9-2020 n° 19-17.449 F-PBI).

NOTION DE PRÉTENTION NOUVELLE

Aucune disposition ne donne de définition positive d'une prétention nouvelle. En revanche, le Code énonce que les **prétentions** ne sont **pas nouvelles** dès lors qu'elles tendent aux mêmes fins que celles soumises au premier juge même si leur fondement juridique est différent (CPC art. 565). Cet article donne donc aux parties la faculté de soumettre aux juges d'appel des demandes tendant aux **mêmes fins** que celles soumises aux premiers juges. **25361**
Pour que la prétention soit recevable, encore faut-il qu'une **demande** ait été **formée** devant la juridiction du premier degré. Ainsi, est irrecevable une demande de dommages-intérêts formée par une partie contre une autre qu'elle a mise en cause en première instance sans avoir formé aucune demande contre elle (Cass. 3e civ. 15-6-1982 n° 81-10.509 : Bull. civ. III n° 155).
Le **juge d'appel** qui doit se prononcer sur la recevabilité d'une prétention formée devant lui devra donc procéder à une **analyse des finalités respectives des prétentions** de première instance et d'appel et juger si elles sont ou non identiques. Ce critère est source d'une jurisprudence assez nourrie mais dont il est difficile de tirer des enseignements à portée générale tant les **cas d'espèce** diffèrent les uns des autres ainsi que l'appréciation des juges du fond. Il est néanmoins possible de citer un certain nombre d'exemples caractéristiques.
Il convient néanmoins d'avoir à l'esprit que, même si une prétention est recevable au regard des articles 564 et suivants du CPC, les parties doivent présenter, dès les conclusions mentionnées aux articles 905-2 et 908 à 910, l'ensemble de leurs prétentions sur le fond. Cela à peine d'irrecevabilité, relevée d'office, et sous réserve de quelques exceptions liées pour l'essentiel aux évènements postérieurs aux conclusions. Le texte précise que l'irrecevabilité peut également être invoquée par la partie contre laquelle sont formées des prétentions ultérieures (CPC art. 910-4).
À l'évidence, cette exigence de **concentration** constitue un piège procédural bien plus dangereux pour les parties au procès d'appel que celui tenant au régime des demandes nouvelles. Ce d'autant plus que la position de la Cour de cassation s'annonce stricte. Ainsi, il a été jugé que la demande de fixation d'une créance au passif d'une société, aux lieu et place d'une demande de condamnation, constituait une prétention qui n'était pas destinée à répliquer aux conclusions de l'appelant ni à faire juger une question née, postérieurement aux premières conclusions, de la révélation d'un fait, dès lors que la procédure collective et la déclaration de créance étaient antérieures aux premières conclusions du créancier, de sorte que cette prétention devait être déclarée irrecevable (Cass. 2e civ. 20-10-2022 n° 21-16.907 F-B).

ILLUSTRATIONS

Constituent des **prétentions** irrecevables en appel car **nouvelles** :
– une action en **nullité de la vente d'un immeuble** pour absence de prix alors qu'en première instance avait été demandée la **rescision pour lésion** (Cass. 3e civ. 19-12-1977 n° 76-15.078 : Bull. civ. III n° 452) ;
– l'action en **nullité** ou en **résolution d'un contrat,** qui a pour objet de mettre à néant celui-ci car elle ne tend pas aux mêmes fins que l'**action en responsabilité** (au cas d'espèce, délictuelle), qui laisse subsister le contrat (Cass. com. 30-11-1999 n° 97-15.733 : RJDA 4/00 n° 496) ;
– une demande en **paiement de loyer** alors qu'une demande en **résiliation de bail** et en **expulsion** a été soumise au premier juge (Cass. 3e civ. 1-2-2011 n° 10-11.617 : RJDA 11/11 n° 885) ;
– une demande formée par le gérant d'une **SARL** en **annulation** de la délibération de l'**assemblée** générale ayant fixé sa rémunération alors qu'il avait demandé en première instance le **paiement** de celle-ci (Cass. com. 2-6-1975 n° 73-13.352 : Bull. civ. IV n° 152) ;
– une demande fondée sur la **contrefaçon** d'un modèle de chaussure désigné sous une dénomination et enregistré sous un numéro donnés, dès lors que la demande présentée devant les premiers juges était relative à des actes de contrefaçon d'un **modèle** de chaussure **désigné sous une dénomination et enregistré sous un numéro différents** (Cass. com. 27-5-1997 n° 95-13.827 : Bull. civ. IV n° 154).

En revanche, ont été jugées recevables en appel car **tendant aux mêmes fins** des demandes :
– fondées sur la **responsabilité contractuelle** de l'article 1147 du Code civil alors que l'action initiale était fondée sur la **responsabilité délictuelle** des articles 1382 et 1384 du même Code, l'action tendant aux mêmes fins, c'est-à-dire l'obtention de dommages-intérêts en réparation du préjudice subi (Cass. 1e civ. 30-6-1970 n° 69-10.630 : Bull. civ. I n° 224) ;
– de remise en place d'une alarme et de placards ainsi que de paiement de réparations locatives et de charges formée par un **bailleur,** dès lors qu'elles tendent au règlement du **contentieux consécutif au départ du locataire,** comme la demande initiale de remise en état du logement (Cass. 3e civ. 19-12-2001 n° 00-12.102 : RJDA 3/02 n° 336) ;
– en **annulation** d'un procès-verbal d'**expulsion** formée par un locataire qui avait demandé en première instance sa réintégration dans les lieux et la restitution de son mobilier (Cass. 3e civ. 3-7-2002 n° 01-00.448 : RJDA 10/02 n° 1106) ;
– de **retrait de publications dans des journaux** en ligne de conversations enregistrées à l'insu du demandeur, concernant des articles publiés postérieurement à ceux qui avaient fait l'objet d'une demande de retrait en première instance, la demande formée en appel étant issue des mêmes enregistrements, tendant aux mêmes fins et constituant le **complément** de celle dont avait été saisi le premier juge, compte tenu de **l'évolution des circonstances de fait** (Cass. 1e civ. 6-10-2011 nos 10-21.822 et 10-21.823 : RJDA 1/12 n° 105, solution fondée sur les articles 564, 565 et 566 du CPC) ;
– en paiement d'une somme représentant le coût de **travaux** de reprise alors que la demande initiale tendait à la réalisation en nature des mêmes travaux, les deux demandes visant la réparation d'un même préjudice (Cass. 3e civ. 10-3-2016 n° 15-12.291 F-PB) ;
– en responsabilité délictuelle après une demande fondée sur la **contrefaçon,** les deux demandes visant à obtenir réparation du préjudice causé par la contrefaçon du brevet (Cass. com. 26-9-2018 n° 16-25.937 F-PB) ;
– aux fins d'attribution préférentielle après une demande au titre du recel successoral, les deux ayant pour objet le règlement de la **succession** (Cass. 1e civ. 22-10-2014 n° 13-24.617 F-PB : Bull. civ. IV n° 170) ;
– en **annulation d'une stipulation d'intérêts** avec **substitution** du taux légal et celle en **déchéance** du droit aux intérêts, dès lors qu'elles visent toutes deux à priver le prêteur de son droit à des intérêts conventionnels (Cass. 1e civ. 7-9-2022 n° 21-16.646 F-B) ;
– en dommages et intérêts au titre du préjudice subi du fait de l'éviction partielle et une demande en **garantie d'éviction**, s'agissant de l'exercice du même droit, à savoir la mise en jeu de la garantie légale du vendeur (Cass. 3e civ. 18-1-2023 n° 21-16.666 FS-B).

CONSÉQUENCE DE L'IRRECEVABILITÉ D'UNE PRÉTENTION NOUVELLE

25372 Lorsqu'une prétention a été jugée irrecevable comme nouvelle devant la cour, elle n'a, par définition, subi aucun examen au fond (CPC art. 122). Elle pourra donc être soumise au juge dans le cadre d'un **nouveau procès** sous réserve, bien sûr, de toute autre cause d'irrecevabilité, telle la prescription.

En effet, l'autorité de la chose jugée attachée à un arrêt ayant déclaré irrecevable une demande, comme formée pour la première fois en appel, n'interdit pas à son auteur d'introduire celle-ci dans une nouvelle instance devant les juges du premier degré (Cass. 3e civ. 27-5-2009 n° 08-11.388 : Bull. civ. III n° 110). Par conséquent, si l'on considère que la Cour de cassation n'a enraciné que le principe de concentration des **moyens** et non celui des **demandes** (n° 25346), le fait qu'une demande ait été jugée irrecevable comme nouvelle constitue en principe, au regard de la chose jugée, un brevet de recevabilité dans le cadre d'un second procès.

CONSEIL

Tout praticien sait que la frontière est parfois ténue entre la notion de prétention et la notion de moyen. Par ailleurs, la recevabilité des demandes nouvelles est source d'une jurisprudence très casuistique. C'est pourquoi il est conseillé de **soumettre à la cour,** dans le cadre d'un **premier procès,** les **demandes les plus larges possibles,** car de deux choses l'une : soit elles sont jugées recevables et la cour se prononce sur leur mérite au fond ; soit elles sont déclarées irrecevables comme nouvelles, et cela les place à l'abri d'une irrecevabilité sur le fondement du principe de concentration dans le cadre d'un second procès (cela, néanmoins, tant que le principe de concentration des moyens ne glisse pas vers le principe de **concentration des demandes** : n° 25346).

ESTOPPEL

25382 Si une prétention passe le filtre du régime des demandes nouvelles, elle reste soumise, au nom de la **loyauté des débats,** au principe dit de l'estoppel qui interdit à une partie de se contredire au détriment de l'adversaire (nos 10805 s.). Ce principe ne doit toutefois pas empêcher une partie de faire valoir une nouvelle défense au fond, ou un moyen nouveau, pour la première fois devant la cour d'appel (Cass. com. 10-2-2015 n° 13-28.262 : Bull. civ. IV n° 17 ; Cass. 1e civ. 28-10-2015 n° 14-22.207 : Bull. civ. I n° 256).

COMPÉTENCE POUR JUGER SI UNE PRÉTENTION EST NOUVELLE

Jusqu'à la réforme de 2019 (décret 2019-1333 du 11-12-2019), le **conseiller de la mise en état** n'était pas compétent pour juger si une prétention nouvelle était ou non recevable. Aucun texte ne lui donnait cette compétence qui relevait de l'appréciation de la cour d'appel dans sa formation collégiale et d'elle seule. **25386**

Désormais, et dès lors que le CME a compétence pour statuer sur les fins de non-recevoir en général (CPC art. 789, 6°), la question ne devrait plus lui échapper, dans le respect des limites posées à ses pouvoirs par l'avis rendu par la Cour de cassation (Cass. avis 2e civ. 3-6-2021 n° 21-70.006 avis n° 15008 : n° 26284). Cependant, en l'état actuel des textes, la Cour de cassation, saisie pour avis, a précisé que cette irrecevabilité était de la compétence de la cour et non pas du conseiller de la mise en état (Cass. avis 2e civ. 11-10-2022 n° 22-70.010., avis n° 15012 B).

b. Exceptions à l'interdiction des prétentions nouvelles en cause d'appel

Le principe de l'interdiction des demandes nouvelles est tempéré par de **nombreuses** exceptions qui en atténuent nettement la portée. **25410**

Il est en effet possible, pour la première fois devant la cour d'appel (CPC art. 564, 566 et 567) :

– d'opposer une compensation ;

– de faire écarter les prétentions adverses ;

– de faire juger les questions nées de l'intervention d'un tiers, ou de la survenance ou de la révélation d'un fait ;

– d'ajouter aux prétentions soumises au premier juge les demandes qui en sont l'accessoire, la conséquence ou le complément nécessaire ;

– de présenter une demande reconventionnelle.

COMPENSATION ET PRÉTENTION NOUVELLE EN CAUSE D'APPEL

Une prétention nouvelle peut-être recevable si elle tend à opposer compensation à une demande adverse (CPC art. 564). **25411**

Il faut que les **conditions** de la compensation soient réunies, ce qui ne peut être le cas en présence de demandes de nature distincte (C. civ. art. 1347-1). Par **exemple,** une demande reconventionnelle tendant à l'allocation d'une somme d'argent ne peut pas être considérée comme une compensation à une demande de nullité de cession de parts (Cass. 1e civ. 13-11-1974 n° 73-10.424 : Bull. civ. I n° 302). Une telle demande pourrait être jugée recevable, mais sur le terrain de la demande reconventionnelle (n° 25450) et non sur celui de la compensation.

La demande qui tend à la compensation judiciaire est recevable même en l'absence de **lien suffisant** avec la demande originaire (CPC art. 70 al. 2), ce y compris à hauteur d'appel (Cass. 2e civ. 4-12-2014 n° 13-25.931 : Bull. civ. II n° 242).

OPPOSITION AUX PRÉTENTIONS ADVERSES EN CAUSE D'APPEL

Une prétention nouvelle est recevable si elle tend à faire écarter les prétentions adverses (CPC art. 564). Cette formulation large est très proche de la définition de la défense au fond (CPC art. 71). Toutefois, et la nuance est d'importance, il ne s'agit pas ici d'un simple moyen de défense mais d'une prétention, c'est-à-dire d'une **demande en justice.** **25415**

Cette demande est admise pour la première fois devant la cour d'appel à condition qu'elle ait pour objet de heurter directement la demande adverse. Il s'agit notamment d'éviter toute contrariété de décisions qui pourrait résulter de l'accueil de **demandes réciproques** dans le cadre de **litiges successifs.** On est donc ici très près de la notion de demande reconventionnelle laquelle est, par principe, recevable à hauteur d'appel (n° 25450).

L'auteur de la prétention nouvelle doit avoir la **qualité de défendeur.** Tel est par **exemple** le cas de la partie qui forme opposition à une contrainte en matière de sécurité sociale (Cass. soc. 6-2-2003 n° 01-20.085 : Bull. civ. V n° 49) ou à une injonction de payer.

Le demandeur principal contre lequel le défendeur a formé une **demande reconventionnelle** prend la qualité de défendeur, ce qui l'autorise à former à son tour des prétentions nouvelles. Ce schéma procédural est en **pratique** relativement fréquent, ce qui peut permettre de défendre la recevabilité de prétentions nouvelles dans un nombre important de litiges. Il existe même des litiges dans lesquels les parties étant regardées comme respectivement demanderesses et défenderesses, toute demande constitue nécessairement une défense à la prétention adverse. Tel est le cas en matière de partage (Cass. 1e civ. 3-4-2001 n° 99-20.717).

INTERVENTION D'UN TIERS OU SURVENANCE D'UN FAIT NOUVEAU EN CAUSE D'APPEL

25420 Le principe de prohibition des prétentions nouvelles est écarté lorsqu'il s'agit de faire juger les questions nées de l'intervention d'un tiers, ou de la survenance ou de la révélation d'un fait (CPC art. 564).

Le point commun à ces différents cas de figure est que la prétention nouvelle tend à faire juger une question qui découle d'une **situation nouvelle** dont n'a pas eu à connaître le premier juge. Cette solution est logique dans la mesure où l'appel est regardé comme une voie d'achèvement du procès, ce qui permet aux parties de faire état, ou de tirer parti, devant la cour de l'évolution, notamment factuelle, du litige.

Il convient, bien entendu, que la nouvelle prétention découle d'éléments que la partie n'a pas connu en première instance et non d'éléments qu'elle n'a pas fait valoir par **négligence** ou par **stratégie procédurale.**

Afin que l'allégation du fait nouveau ne soit pas artificielle, il faut en outre qu'un **lien** existe **entre le fait révélé et le litige initial** (Cass. 1e civ. 17-1-1978 n° 76-10.142 : Bull. civ. I n° 18).

ILLUSTRATIONS

La **mise en redressement judiciaire d'une société,** postérieurement au jugement la condamnant à réparer des **malfaçons** affectant un immeuble, constitue envers le propriétaire de l'immeuble une évolution du litige qui le rend recevable à demander pour la première fois en appel la **condamnation de l'assureur** de cette société, bien que celui-ci ait été partie en première instance mais sans qu'une demande ait alors été formée à son encontre par le propriétaire (Cass. 1e civ. 30-1-1996 n° 93-16.493 : Bull. civ. I n° 45).

L'**insolvabilité du vendeur d'un immeuble** en état futur d'achèvement, dont l'acheteur n'a eu connaissance qu'après le jugement ayant prononcé à sa demande la **résolution de la vente,** constitue un fait nouveau justifiant la demande en **exécution de cette vente,** formée en appel par l'acheteur (Cass. 2e civ. 20-11-2003 n° 02-10465 : Bull. civ. II n° 341).

25425 La **survenance ou** la **révélation d'un fait** doit être **distinguée de l'évolution du litige** qui est la condition de l'intervention forcée d'un tiers devant la cour d'appel (CPC art. 555). Ainsi, l'évolution du litige n'est pas une condition de recevabilité des demandes formées pour la première fois devant la cour d'appel contre une personne qui était déjà **partie en première instance** (Cass. 3e civ. 10-01-2001 n° 99-11374 : Bull. civ. III n° 1 ; Cass. 2e civ. 1-7-2010 n° 09-15.594 : Bull. civ. II n° 128).

PRÉTENTIONS PROLONGEANT LA PREMIÈRE INSTANCE EN CAUSE D'APPEL

25435 Les parties peuvent ajouter aux prétentions soumises au premier juge les demandes qui en sont l'**accessoire**, la **conséquence** ou le **complément nécessaire** (CPC art. 566).

Le décret 2017-891 du 6 mai 2017 a supprimé la possibilité d'expliciter les prétentions qui étaient virtuellement comprises dans les demandes et défenses soumises au premier juge. Et il a ajouté le qualificatif « nécessaire » à la notion de complément. Il restreint donc légèrement la possibilité d'enrichir les prétentions à hauteur d'appel, ce qui semble fort logique au regard du principe de concentration (nos 25440 et 25486).

Les prétentions qui constituent le prolongement des demandes et défenses formées devant le premier juge restent admises de manière assez large. Cette souplesse répond à l'idée de permettre au procès d'appel d'être une voie d'achèvement du litige dans sa globalité (n° 25341).

ILLUSTRATIONS

Il a cependant été jugé, en **matière prud'homale**, pourtant terrain d'élection de l'ancien principe d'unicité d'instance, que la cour d'appel, qui a constaté que les demandes formées par le salarié devant les premiers juges étaient limitées à des dommages-intérêts pour licenciement sans cause réelle et sérieuse et pour exécution déloyale du contrat de travail, en a exactement déduit que la demande au titre du paiement des heures supplémentaires formulée pour la première fois en appel n'était pas l'accessoire, la conséquence ou le complément nécessaire des prétentions originaires et qu'elle était irrecevable (Cass. soc. 25-5-2022 n° 21-11.478 F-B).

25436 **Conditions** Les demandes et défenses visées à l'article 566 doivent prolonger une demande présentée en première instance entre les mêmes parties. Si **aucune demande** n'avait été formulée **en première instance,** la demande ne sera pas recevable (Cass. 2e civ. 12-5-1980 n° 79-10.563 : Bull. civ. II n° 104). Ainsi, une partie qui, en première instance, n'a formulé aucune demande en garantie contre son assureur qui était intervenu volontairement aux débats ne peut pas prétendre, en appel, expliciter contre lui une demande virtuellement incluse dans sa demande initiale (Cass. 1e civ. 4-6-2002 n° 99-13.408 : Bull. civ. I n° 155).

Ces demandes et défenses doivent par ailleurs rester dans le périmètre de l'**effet dévolutif** de l'appel. En l'**absence de limitation de l'appel** à certains chefs du jugement, la dévolution s'opérait pour le tout avant la réforme opérée par le décret 2017-891 du 6 mai 2017. Dès lors que la déclaration d'appel ne contenait aucune limitation, de sorte que l'appel ne pouvait pas être limité par les conclusions, la cour d'appel, même si elle ne devait examiner que les seules critiques contenues dans les conclusions, ne pouvait pour le surplus que confirmer la décision attaquée (Cass. 2e civ. 24-6-2004 n° 02-11.160 : Bull. civ. II n° 309).

> **Précisions a.** Au cas d'espèce, un jugement de séparation de corps avait été prononcé en première instance et l'époux avait fait appel de sa condamnation au versement d'une pension alimentaire. La Cour de cassation a censuré la cour d'appel qui, pour juger irrecevable la **demande de dommages-intérêts** présentée pour la première fois en appel par l'épouse, **accessoirement à la demande de séparation de corps,** avait considéré que, bien que non expressément limité dans sa déclaration d'appel, l'appel de l'époux ne portait que sur les dispositions relatives à la pension alimentaire.
> **b.** De même, la demande de **prestation compensatoire, accessoire à la demande en divorce,** peut être présentée pour la première fois en appel tant que la décision de divorce n'a pas acquis la force de chose jugée et, en cas d'**appel** de cette décision visant tous les chefs du jugement, elle ne peut pas passer en force de chose jugée avant le prononcé de l'arrêt, sauf acquiescement ou désistement. En conséquence, un conjoint ne peut pas être déclaré irrecevable en sa demande de prestation compensatoire au motif qu'il ne résulte pas de ses conclusions d'appel qu'il ait remis en cause la décision de première instance en ce qui concerne le prononcé du divorce (Cass. 1e civ. 14-6-2005 n° 04-12.373 : Bull. civ. I n° 246). Ces règles continueront à s'appliquer sous le régime actuel, issu du décret 2017-891, à condition que l'acte d'appel vise l'intégralité des chefs du jugement ou, pour le moins, dans l'exemple précédent, celui ayant prononcé le divorce.
> **c.** En matière de **saisie immobilière,** les contestations et demandes incidentes soulevées après l'audience d'orientation ne sont recevables que si elles portent sur des actes de la procédure de saisie immobilière postérieurs à cette audience ou si, nées de circonstances postérieures à celle-ci, elles sont de nature à interdire la poursuite de la saisie (C. exécution art. R 311-5). À hauteur d'appel, ce dispositif est exclusif de l'application de l'article 566 du Code de procédure civile (Cass. 2e civ. 31-1-2019 n° 18-10.930 F-PB). Ce qui ne ferme cependant pas toute possibilité dans l'évolution des demandes (pour un exemple de recevabilité : Cass. 2e civ. 28-6-2018 n° 17-19.894 F-PB ; pour un exemple d'irrecevabilité : Cass. 2e civ. 6-9-2018 n° 16-26.059 FS-PB) ni ne peut entraver entièrement l'office du juge, lequel conserve une marge de liberté conformément à l'article 12 du CPC (Cass. 2e civ. 28-6-2018 n° 17-15.054 F-PB).

Cas d'application Les exceptions prévues par l'article 566 du CPC ont donné lieu à une jurisprudence assez fournie mais très factuelle puisque les cas de figure sont rarement identiques. Il est néanmoins possible de donner les illustrations suivantes. **25440**

A ainsi été jugée recevable une demande :

– augmentant le montant de la **demande chiffrée** initiale, pour rectifier une erreur (Cass. com. 4-6-1973 n° 72-10.860 : Bull. civ. IV n° 196) ;

– en réparation de **vices de construction** révélés après le dépôt du rapport d'expertise, l'action ayant été engagée dans des termes très larges pour avoir **réparation intégrale** de toutes les malfaçons des immeubles concernés et l'assignation ne limitant pas l'objet de la demande aux seuls vices énumérés dans ce rapport (Cass. 2e civ. 27-3-1974 n° 73-10.668 : Bull. civ. II n° 108) ;

– formée par un **agent commercial** en paiement d'une somme précise que son mandant aurait indûment retenue sur ses **commissions** dès lors qu'en première instance, il avait demandé un montant de commission « à libeller » et qu'il ne faisait que persister dans cette demande après expertise (Cass. com. 6-1-1975 n° 73-13.046 : Bull. civ. IV n° 1) ;

– en paiement d'une **indemnité de licenciement** alors que la demande initiale, formée par un salarié sans assistance d'un conseil, visait une demande de **paiement de primes,** dès lors que l'intéressé n'avait fait qu'user de la faculté d'expliciter et de compléter sa demande en cause d'appel : il avait entendu désigner par primes toutes les sommes auxquelles il était en droit de prétendre et notamment l'indemnité de licenciement, parfois confondue avec une prime d'ancienneté car elle est calculée en fonction de la durée des services dans l'entreprise (Cass. soc. 5-2-1975 n° 73-40.766 : Bull. civ. V n° 51) ;

– de **dommages-intérêts** présentée pour la première fois en appel dès lors qu'elle constitue l'accessoire d'une demande reconventionnelle en **divorce** pour faute (Cass. 1e civ. 13-2-2013 n° 11-28.671) ;

– de dommages-intérêts formée par un architecte en réparation de son **préjudice professionnel personnel,** laquelle tend aux mêmes fins que les demandes originaires en réparation des préjudices matériel et moral résultant du défaut de paiement de ses honoraires (Cass. 3e civ. 6-9-2018 n° 17-21.329 FS-PB : RJDA 1/19 n° 10) ;
– de **liquidation d'une astreinte** ordonnée par le premier juge, dès lors que sa décision est revêtue de l'exécution provisoire et qu'il s'est réservé le pouvoir de la liquider (Cass. 2e civ. 28-6-2018 n° 17-15.045 F-PB) ; cette solution ne semble pas du tout devoir être remise en cause par la rédaction de l'article 566 du CPC, issue du décret 2017-891 du 6 mai 2017.

CONSEIL

Il est fortement conseillé aux parties de faire usage des possibilités offertes par l'article 566 du CPC. À défaut, elles s'exposent, en cas de **second procès,** à ce que le juge considère que certaines demandes, qui étaient « virtuellement comprises » dans celles soumises au juge du premier procès, se heurtent à l'**autorité de chose jugée.** En effet, même si le **principe de concentration** reste circonscrit à la concentration des moyens, et non des demandes (n° 25346), il n'est pas exclu que le juge refuse à une partie d'expliciter des demandes virtuellement comprises dans les prétentions soumises au juge du premier procès et qui auraient été, à ce titre, recevables en appel lors de celui-ci. Certes, ce risque est moindre depuis que le décret 2017-891 du 6 mai 2017 a supprimé la possibilité d'expliciter les demandes « virtuellement comprises » dans les demandes et défenses de première instance. Les parties conservent toutefois un intérêt à former les **prétentions les plus larges possibles** dans le cadre du **premier procès.** En effet, si certaines demandes sont jugées irrecevables en appel comme nouvelles, elles seront alors à l'abri du principe de concentration dans l'hypothèse d'un procès ultérieur.

DEMANDE RECONVENTIONNELLE EN CAUSE D'APPEL

25450 Les demandes reconventionnelles sont recevables en appel (CPC art. 567).
La demande reconventionnelle est définie comme celle par laquelle le **défendeur originaire** prétend obtenir un **avantage autre que le simple rejet** de la prétention de son adversaire (CPC art. 64).
Contrairement à certaines autres exceptions à l'interdiction des demandes nouvelles, la recevabilité des demandes reconventionnelles recouvre un **spectre d'hypothèses large.** Ainsi, une demande de compensation, prévue à l'article 564 du CPC comme une exception à l'interdiction des demandes nouvelles, est une demande reconventionnelle (Cass. com. 26-5-1998 n° 96-15.750 : RJDA 11/98 n° 1219), mais toute demande reconventionnelle ne tend pas nécessairement à opposer compensation.
Le juge n'a donc pas à s'intéresser à la **finalité** précise de la demande reconventionnelle. Cette exception est d'ailleurs, en **pratique,** un fondement qui permet très souvent de faire échec à la fin de non-recevoir dirigée contre une nouvelle prétention.

25452 **Défendeur originaire** Une demande reconventionnelle ne pouvant émaner que de la partie qui a la qualité de défendeur originaire (CPC art. 64), il faut, devant la cour d'appel, s'attacher à définir qui était le défendeur en **première instance.**

25457 **Lien avec les prétentions originaires** Comme toute demande incidente, la demande reconventionnelle n'est recevable qu'à condition qu'elle **se rattache aux prétentions originaires** par un **lien suffisant** (CPC art. 70).
Ne se rattache pas aux prétentions initiales par un lien suffisant la demande reconventionnelle tendant à l'obtention d'une **indemnité d'occupation** de locaux à usage commercial et d'habitation qui est distincte de la contestation portant sur la **vente** de l'immeuble faisant l'objet de la contestation originaire et ne fait pas échec directement à celle-ci (Cass. 2e civ. 10-7-2003 n° 01-16.373 : Bull. civ. II n° 231).
Jugé en revanche qu'une demande de contestation d'un **droit de propriété** sur une parcelle de terrain, formée pour la première fois en appel par une partie qui demandait en première instance la reconnaissance d'une servitude de passage sur cette parcelle, se rattachait par un lien suffisant à la **demande originaire de l'autre partie** tendant à lui **interdire l'usage de la parcelle** litigieuse (Cass. 2e civ. 23-2-2017 n° 16-12.859 F-PB).
La demande qui tend à la **compensation** judiciaire est recevable même en l'absence de lien suffisant avec la demande originaire (CPC art. 70, al. 2), y compris à hauteur d'appel (Cass. 2e civ. 4-12-2014 n° 13-25.931 F-PB : Bull. civ. II n° 242).

25462 **Défendeur à la demande reconventionnelle** Le demandeur originaire prend la qualité de défendeur si une demande reconventionnelle est formée contre lui. Par conséquent, il peut à son tour défendre la recevabilité d'une demande nouvelle devant la cour si elle peut

être considérée comme une demande reconventionnelle compte tenu des prétentions respectives des parties devant le premier juge. La question est à rapprocher des décisions rendues lorsqu'il s'agit d'apprécier si une prétention nouvelle tend à opposer compensation ou à faire écarter les prétentions adverses (nos 25410 s.).
Les demandes reconventionnelles, en première instance comme en appel, peuvent être formées tant par le défendeur sur la demande initiale que par le demandeur initial en défense aux prétentions reconventionnelles de son adversaire (Cass. 2e civ. 10-1-2013 n° 10-28.735 : Bull. civ. II n° 3).
Par conséquent, le demandeur originaire peut à son tour défendre la recevabilité d'une demande nouvelle, devant la cour d'appel, si elle peut être considérée comme une demande reconventionnelle compte tenu des prétentions respectives des parties devant le premier juge.
La question est à rapprocher des décisions rendues lorsqu'il s'agit d'apprécier si une prétention nouvelle tend à opposer compensation ou à faire écarter les prétentions adverses.

IV. PROCÉDURE DEVANT LA FORMATION COLLÉGIALE DE LA COUR D'APPEL

A. Procédure contentieuse avec représentation obligatoire

CONTEXTE

Les règles de la procédure ordinaire devant la cour d'appel, en matière contentieuse avec repré- 25480
sentant obligatoire, ont été profondément réformées par le décret 2009-1524 du 9 décembre 2009, dit **décret Magendie,** complété par le décret 2010-1647 du 28 décembre 2010. Ces dispositions (CPC art. 901 à 916) sont pour la plupart entrées en vigueur le 1er janvier 2011.
La procédure actuelle entérine un certain nombre de pratiques locales négociées entre les cours d'appel et les auxiliaires de justice, quant aux **délais** et à la **forme.** Mais elle est très novatrice, pour deux raisons principales :
– le fait d'incorporer ces règles au Code de procédure civile leur confère un **caractère obligatoire** qui s'impose à tous de manière **uniforme** devant l'ensemble des cours d'appel concernées ;
– surtout, les **sanctions** très strictes prévues par ces textes en font un corpus très contraignant et dangereux pour les parties, et donc pour les praticiens. Le dispositif, pour rigoureux qu'il soit, a été jugé conforme à l'article 6 § 1 de la CESDH par la Cour de cassation (Cass. 2e civ. 4-9-2014 n° 13-22.654 F-D ; CEDH 9-4-2015 n° 12686/10).
Le décret 2016-660 du 20 mai 2016 a instauré la représentation obligatoire devant la chambre sociale de la cour d'appel en cas **d'appel d'une décision du conseil de prud'hommes** (C. trav. art. R 1461-2). Les parties peuvent être représentées par un défenseur syndical ou par un avocat (C. trav. art. R 1461-1).
Le **décret 2017-891 du 6 mai 2017** a renforcé l'encadrement du procès d'appel, et notamment la concentration de son rythme procédural. Notamment, si l'appelant omet une obligation procédurale (par exemple, notification de conclusions ou signification hors délai), il ne peut plus réitérer son appel. La plupart de ces dispositions sont applicables aux appels formés depuis le 1er septembre 2017 (Décret 2017-1227 du 2-8-2017).

> **Précisions** Dans le silence des textes, c'est la procédure ordinaire avec représentation obligatoire qui trouve à s'appliquer (Cass. soc. 15-4-2015 n° 14-16.196 FS-PB : RJS 7/15 n° 495).

CHAMBRES RÉUNIES DE LA COUR D'APPEL

Depuis le 1er janvier 2015, le premier président de la cour d'appel peut faire juger une affaire 25482
d'une particulière **complexité** ou susceptible de recevoir dans les chambres des **solutions divergentes** par une formation de deux chambres réunies, présidée par le chef de la juridiction (C. org. jud. art. R 212-9-1 et R 312-11-1). Après distribution de l'affaire, la demande de saisine de la formation des chambres réunies peut **émaner** non seulement du président de la chambre saisie ou du ministère public mais aussi **d'une partie.** La décision de saisine étant une mesure d'administration judiciaire, elle n'est pas susceptible de recours (Décret 2014-1458 du 8-12-2014 : JO du 9 décembre p. 20496).

PRINCIPE DE CONCENTRATION EN CAUSE D'APPEL

25485 La réforme de la procédure d'appel a eu pour **fondements** le principe de concentration dégagé par l'arrêt de l'assemblée plénière de la Cour de cassation, dit « Césaréo » (n° 25486), et le rapport remis par le premier président Magendie au garde des Sceaux le 24 mai 2008 (Rapport « Célérité et qualité de la justice devant la cour d'appel », dit « Rapport Magendie II », Documentation Française). Ce rapport a repris l'obligation de concentration et l'a érigée en principe structurant de la procédure d'appel, dans un but de **loyauté et** d'**efficacité du procès.**

Il en résulte les **conséquences** suivantes :

– les parties doivent concentrer dans un nombre limité d'écritures et selon un formalisme précis, leurs moyens, demandes et pièces, au besoin à peine d'irrecevabilité ;

– la matière litigieuse doit être concentrée, selon un rythme dynamique, pour permettre, en théorie, au juge de rendre avec célérité une solution définitive qui ne pourra pas être remise en cause à l'occasion d'un second procès.

Le principe de concentration concerne donc tout à la fois l'autorité de la chose jugée et le rythme du procès.

25486 **Concentration et chose jugée** Le Code civil dispose que l'autorité de la chose jugée ne peut être opposée à une **nouvelle demande** en justice que si l'objet, la cause et les parties de la deuxième demande sont identiques à ceux de la première (C. civ. art. 1355). Selon la conception classique, l'autorité de la chose jugée ne pouvait pas être opposée à une deuxième demande ayant le **même objet** (par exemple, une demande en paiement) mais qui n'était pas fondée sur le même texte ou sur le même principe que la première. La jurisprudence, initiée par l'arrêt « Césaréo », a retenu au contraire qu'il incombe au demandeur de présenter « dès l'instance relative à la première demande » l'**ensemble des moyens** qu'il estime de nature à fonder celle-ci et que l'identité de cause de la première demande et de la deuxième demande ne peut pas être contestée en invoquant, lors de la deuxième, un **fondement juridique** que l'on s'est abstenu de soulever lors de la première (Cass. ass. plén. 7-7-2006 n° 04-10.672 : Bull. civ. ass. plén. n° 8 ; Cass. com. 12-5-2015 n° 14-16.208 F-PB : Bull. civ. IV n° 75). À défaut, le second procès se heurtera à l'autorité de la chose jugée.

Le principe de concentration vaut également pour le **défendeur**, puisqu'il a été jugé qu'il appartient aux parties d'invoquer l'ensemble des moyens qu'elles estiment de nature à fonder la demande mais également à justifier son rejet total ou partiel (Cass. com. 20-2-2007 n° 05-18.322 : Bull. civ. IV n° 49 ; Cass. 3e civ. 13-2-2008 n° 06-22.093 : RJDA 7/08 n° 790). Pour une application à une ordonnance du conseiller de la mise en état, en l'absence de déféré (Cass. 2e civ. 13-11-2014 n° 13-15.642 FS-PB : Bull. civ. II n° 229).

Le principe de concentration des moyens **n'implique pas une concentration des demandes** (Cass. 2e civ. 15-12-2022 n° 21-16.007 F-B).

25488 La Cour de cassation a ensuite semblé glisser de la notion de concentration des moyens vers celle de **concentration des demandes** (Cass. 1e civ. 28-5-2008 n° 07-13.266 : Bull. civ. I n° 153). Dans cet arrêt, elle a jugé qu'il incombe au demandeur de présenter dans la même instance toutes les demandes fondées sur la même cause. À défaut, les demandes présentées dans un procès ultérieur se heurteront à la chose jugée. Au cas d'espèce, à la suite de la rupture d'un contrat de franchise aux torts du franchisé, le franchiseur avait demandé la dépose de l'enseigne lors du premier procès, et des dommages-intérêts lors du second.

À notre avis, cette solution est choquante car elle attache une autorité de chose jugée à des demandes qui, par définition, n'ont pas été soumises au juge. La décision de 2008 a toutefois été rendue en matière d'arbitrage et c'est donc l'autorité de chose jugée attachée à la sentence arbitrale qui a été consolidée en l'espèce. Il n'est toutefois pas exclu que cette solution soit étendue au droit commun. Il semble qu'il y ait, sur ce sujet, **divergence** entre les chambres de la Cour de cassation : la première chambre civile et la chambre commerciale n'y seraient pas opposées (Cass. 1e civ. 1-7-2010 n° 09-10.364 : Bull. civ. I n° 150 ; Cass. com. 6-7-2010 n° 09-15.671 : Bull. civ. IV n° 120 ; Cass. com. 25-10-2011 n° 10-21.383 : RJDA 1/12 n° 88), tandis que la deuxième et la troisième chambres civiles y resteraient hostiles (Cass. 2e civ. 10-11-2010 n° 09-14.948 : Bull. civ. II n° 181 ; Cass. 3e civ. 11-1-2012 n° 10-23.141 : RJDA 5/12 n° 467 ; Cass. 2e civ. 17-10-2013 n° 12-26.178 : Bull. civ. II n° 200, dans le cadre d'une demande reconventionnelle ; Cass. 2e civ. 22-3-2018 n° 17-14.302 F-D ; Cass. 3e civ. 3-5-2018 n° 17-16.506 F-D). Il faudra une décision de la chambre plénière de la Cour suprême pour régler la controverse.

La question est d'autant plus importante que si, sur un plan théorique, la différence entre les notions de « moyen » et de « demande » semble évidente, en pratique, dans bien des situations, le doute est permis.

25488 (suite)

ILLUSTRATIONS

La seconde action d'un créancier à l'encontre d'un débiteur dont il a déjà obtenu la condamnation **conjointe** avec un autre débiteur lors d'une instance précédente, aux fins de le voir juger **solidairement** tenu de la dette fixée par le premier jugement, est irrecevable dans la mesure où elle ne tend qu'à remettre en cause, en dehors de l'exercice des voies de recours, par un moyen non soutenu dans le cadre du premier procès, une décision revêtue de l'autorité de chose jugée (Cass. 2e civ. 19-5-2022 no 21-13.062 F-B).

Il est également essentiel d'opérer la distinction entre **moyens de défense et demande reconventionnelle**, notamment au regard de la chose jugée, même si les praticiens, là encore, savent que la chose n'est pas toujours aisée. En effet, si, pour la deuxième chambre civile de la Cour de cassation, le défendeur n'est pas tenu de présenter une demande reconventionnelle dès le premier procès (Cass. 2e civ. 17-10-2013 no 12-26.178 : Bull. civ. II no 200), il doit en revanche présenter dès l'origine l'ensemble des moyens qu'il estime de nature à justifier le rejet total ou partiel de la demande principale (Cass. 2e civ. 20-3-2014 no 13-14.738 : Bull. civ. II no 73).

La deuxième chambre civile de la Cour de cassation a durci l'encadrement temporel de son exigence de concentration, en jugeant qu'il incombe au demandeur, **avant qu'il ne soit statué sur sa demande**, d'exposer l'ensemble des moyens qu'il estime de nature à fonder celle-ci et qu'il s'ensuit que, dans une même instance, une prétention rejetée ne peut être présentée à nouveau sur un autre fondement (Cass. 2e civ. 11-4-2019 no 17-31.785 F- PBI). Alors que depuis l'arrêt « Césaréo », et encore récemment, la Cour de cassation, dans ses diverses compositions, n'imposait la concentration que dans « l'instance relative à la première demande », que l'on pouvait traduire comme le périmètre du premier procès (Cass. 1e civ. 9-1-2019 no 18-11.734 F-D ; Cass. 2e civ. 22-3-2018 no 17-14.302 F-D ; Cass. 3e civ. 3-5-2018 no 17-16.506 F-D), elle place désormais la borne bien en amont, au moment où le juge statue sur la demande, dans une même instance, y compris si sa première décision ne vide pas l'entier litige. En l'espèce, il s'agissait de deux décisions successives d'un même tribunal d'instance dans une même instance, après une suspension, la première décision étant une décision mixte ayant notamment sursis à statuer.

> **Précisions** Les faits et la procédure ayant abouti à l'**arrêt du 11 avril 2019**, amplement diffusé, posent tout de même quelques questions. Il ressort en effet de l'exposé que le jugement mixte du tribunal d'instance avait déclaré irrecevable – pour défaut de qualité, cela se déduit de l'arrêt – la demande en nullité du congé fondée sur l'insanité d'esprit de ses auteurs, s'était déclaré incompétent au profit du tribunal de grande instance pour apprécier la validité de la promesse de vente de l'immeuble, mais avait également sursis à statuer sur la validité du congé. Or, la Cour de cassation juge que la demande ultérieure en nullité du congé, fondée cette fois sur les règles de l'indivision, se heurte à la chose jugée par cette décision mixte. Pourtant, cette dernière avait expressément sursis à statuer sur la validité du congé. Dès lors, opposer la chose jugée sur ce terrain se conçoit mal. À dire vrai, on ne comprend pas comment ni pourquoi le tribunal d'instance a pu, par la même décision, juger la demande irrecevable et surseoir à statuer sur la validité du congé ; sauf à considérer que la prétention n'était pas entièrement vidée (on ne connaît pas toutes les données du litige). Certes, il n'est pas exclu que la rédaction du tribunal ait été maladroite. Et que la Cour de cassation ait considéré que sa décision devait, sur la validité du congé, s'arrêter à l'irrecevabilité. Toujours est-il que, la question centrale étant la chose jugée, les faits à l'origine de la décision manquent de clarté, ce qui entrave quelque peu sa force didactique et la bonne compréhension du principe. Quant à la solution elle-même, comment l'articuler avec le régime de l'appel, notamment l'effet dévolutif et le régime des demandes nouvelles ? En réalité, les questions semblent déconnectées, puisque le principe posé concerne clairement la « même instance ». Il faut donc sans doute comprendre l'exigence de concentration comme applicable non seulement à deux procès successifs, mais aussi, désormais, à une seule et même séquence procédurale : en d'autres termes, dès lors que l'on se trouve devant le même juge (qu'il soit de premier ou second degré), il est exigé de lui soumettre tous les moyens à l'appui d'une prétention avant qu'il ne se prononce, y compris si dans un premier temps il ne rend qu'une décision mixte, restant par ailleurs saisi d'une partie du litige. Cela n'empêche donc a priori en aucun cas l'exercice des voies de recours et notamment la présentation de moyens nouveaux devant la cour, à condition bien entendu d'en respecter les exigences spécifiques (nos 25340 s.). Mieux, sauf à bouleverser entièrement la fonction de l'appel, il devrait être la dernière session de rattrapage d'une partie oublieuse d'un moyen en première instance.

25490 **Concentration et rythme du procès** Au-delà de l'autorité de la chose jugée, le principe de concentration trouve, dans la procédure d'appel issue du rapport et du décret Magendie, un prolongement technique qui a trait à l'organisation procédurale au sein d'une **même instance** et dont le but est d'obliger les parties, dans un but de loyauté, à concentrer leurs diligences autour d'un **nombre d'actes** le plus **limité** possible (cf. rapport « Célérité et qualité de la justice devant la cour d'appel », Documentation Française p. 47 s.).

REPRÉSENTATION DES PARTIES EN APPEL

25495 La loi 2011-94 du 25 janvier 2011 portant réforme de la représentation devant les cours d'appel a emporté suppression de la **profession d'avoué** à la cour. Les avoués étaient les représentants des parties en matière contentieuse avec représentation obligatoire qui constitue le champ d'application essentiel de la réforme de la procédure d'appel.
La suppression des avoués à la cour est entrée en vigueur le 1er janvier 2012.
Avant la disparition de la profession, les parties étaient tenues, sauf dispositions contraires, de constituer avoué. La procédure avec représentation obligatoire relève depuis du **monopole des avocats** (CPC art. 899, al. 1). Le monopole de représentation n'a donc pas été supprimé, mais simplement transféré des avoués aux avocats.
Le décret 2016-660 du 20-5-2016 a instauré la représentation obligatoire devant la chambre sociale de la cour d'appel en cas d'**appel d'une décision du conseil de prud'hommes** (C. trav. art. R 1461-2). les parties peuvent être représentées par un défenseur syndical ou par un avocat (C. trav. art. R 1461-1 ; nos 25497 s.).

25497 **Territorialité des avocats** La territorialité est celle du ressort de la cour d'appel. Cela signifie que tout avocat peut aujourd'hui **postuler** directement devant la cour d'appel à laquelle appartient le barreau auquel il est inscrit, mais uniquement devant cette cour d'appel. Cette règle s'applique sauf le cas dit de la **multipostulation** pour les avocats inscrits à l'un des tribunaux judiciaires de Paris, Bobigny, Créteil et Nanterre : ils peuvent postuler auprès de la cour d'appel de Paris quand ils ont postulé devant l'un des tribunaux judiciaires de Paris, Bobigny et Créteil, et auprès de la cour d'appel de Versailles quand ils ont postulé devant le tribunal judiciaire de Nanterre (Loi 71-1130 du 31-12-1971 art. 5-1).
L'**acte de notification ou de signification** doit préciser que l'avocat constitué par l'appelant ne peut être qu'un avocat admis à postuler devant un tribunal judiciaire dépendant du ressort de la cour d'appel concernée. En effet, il s'agit d'une modalité d'exercice de l'appel. À défaut, l'acte ne peut avoir pour effet de faire courir le délai de recours (Cass. 2e civ. 4-9-2014 n° 13-23.016 : Bull. civ. II n° 176).
Saisie pour avis, la Cour de cassation a estimé que les règles de la territorialité de la postulation ne s'appliquent pas devant les cours d'appel statuant en **matière prud'homale**, consécutivement à la mise en place de la procédure avec représentation obligatoire (Cass. avis 5-5-2017 n° 17006 et 17007 PB-RI : RJS 7/17 n° 518). Bien que la motivation semble davantage relever de considérations d'opportunité, liées notamment au coût du procès, il paraît très peu probable que la Cour suprême revienne sur cette lecture à l'occasion de futures décisions juridictionnelles. Par conséquent, en matière prud'homale et en l'état d'un réseau RPVA ne permettant pas à un avocat de communiquer avec une autre cour que la sienne, il était permis de considérer que, tant que cet obstacle technique, qui constitue une cause étrangère au sens de l'article 930-1 du CPC, n'était pas dépassé, l'avocat appartenant à un barreau extérieur au ressort de la cour devait pouvoir s'affranchir de la voie électronique, conformément aux dispositions de cet article (voir sur ce point la circulaire du ministère de la justice du 27-7-2016, NOR : JUSC1632342C, P. 3). Cependant, la question est délicate et la prudence est de mise. D'une part, il faut rappeler qu'il appartient à l'avocat de rapporter la **preuve concrète** de l'impossibilité d'emprunter la voie électronique (Cass. 2e civ. 5-1-2017 n° 15-28.847 F-D). En effet, on sait empiriquement que la communication électronique peut fonctionner entre une cour et les avocats extérieurs, et a fortiori entre avocats appartenant à des cours différentes mais adhérant tous les deux au RPVA, grâce à leurs adresses fonctionnelles. Depuis le 24 février 2021, le RPVA permet techniquement, de manière générale, aux avocats de barreaux extérieurs de communiquer par voie électronique en matière prud'homale. D'autre part, la cause étrangère prévue par l'article 930-1 du CPC ne concerne que les rapports entre l'avocat et la juridiction, c'est-à-dire le dépôt des conclusions au greffe. Ce texte n'a pas vocation à régir la **notification des conclusions entre avocats**. Or, lorsque la voie électronique n'est pas empruntée, le droit commun (CPC art. 671) doit s'appliquer. Il prévoit que la notification des actes entre avocats ne peut intervenir que selon deux modes : soit la signification par huissier ou commissaire de justice (CPC art. 672), soit la notification directe entre avocats (CPC art. 673). La question se pose de la sanction applicable lorsque l'avocat prend la

liberté de transmettre ses conclusions à un confrère selon un **mode non prévu par la loi** (par exemple, par courriel, ou par Lettre RAR). Il a été jugé, dans la période de mise en place de la communication électronique en matière de représentation obligatoire, à l'occasion d'un cas de figure différent, et même inverse, où la voie électronique avait été empruntée, que la caducité de la déclaration d'appel faute de notification par l'appelant de ses conclusions à l'intimé dans le délai imparti par l'article 911 du CPC ne pouvait être encourue, en raison d'une irrégularité de forme affectant cette notification, qu'en cas d'annulation de cet acte, avec démonstration du grief (Cass. 2e civ. 16-10-2014 n° 13-17.999, Bull. civ. II n° 213 ; Cass. 2e civ. 4-11-2021 n° 20-13.568 F-P ; Cass. 2e civ. 11-5-2023 n° 23-70.002 B avis n° 15005). Mais cette solution ne convainc pas. Elle est probablement de circonstance, et a d'ailleurs rencontré la résistance de plusieurs cours d'appel. En effet, la jurisprudence est constante : lorsque **la forme requise ou le mode de saisine prescrits par la loi ne sont pas respectés,** la sanction adéquate est **l'irrecevabilité** (Cass. com. 17-2-2021 n° 19-16.470 F-PL ; Cass. com. 10-3-2021 n° 19-15.497 F-P), ou bien la **caducité** lorsqu'un texte spécifique la prévoit, comme en l'espèce, et que la forme requise n'est pas scrupuleusement observée (Cass. 2e civ. 1-6-2017 n° 16-18.212 F-PB ; Cass. 3e civ. 23-9-2020 n° 19-16.092 FS-PBI ; Cass. 2e civ. 22-10-2020 n° 19-21.978 F-PBI), mais en aucun cas la nullité. On observera d'ailleurs que l'article 693 du CPC, qui liste les textes sanctionnés par la nullité, ne vise pas les articles 671 et 673 du CPC. Cela est fort logique, car ce n'est pas le contenu de l'acte qui est en cause. L'irrégularité résulte du fait que le mode de transmission prévu par la loi n'a pas été respecté. En toute hypothèse, il faut retenir que l'avocat extérieur ne doit pas penser que, dès lors que la voie électronique ne peut être techniquement utilisée (et à condition d'en rapporter la preuve), il a toute liberté, sans risque, de transmettre ses conclusions à son confrère par une voie non prévue par le CPC.

> **Précisions a.** Il résulte des dispositions de l'article 1er, III, de la loi 71-1130 du 31 décembre 1971 (devenu l'art. 5-1) que les avocats inscrits au barreau de l'un des tribunaux judiciaires de Paris, Bobigny, Créteil et Nanterre ne peuvent former une **déclaration d'appel devant la cour d'appel de Paris** que dans l'affaire pour laquelle ils ont postulé devant celui des tribunaux judiciaires de Paris, Bobigny ou Créteil qui a rendu la décision attaquée ; ou devant la cour d'appel de Versailles dans l'affaire pour laquelle ils ont postulé devant le tribunal judiciaire de Nanterre. Doit être annulée la déclaration d'appel formée par un avocat inscrit au barreau de Paris devant la cour d'appel de Versailles à l'encontre d'une décision du **juge des référés** du tribunal de Nanterre. En effet, cet avocat n'a pas pu être postulant en première instance, peu important qu'il ait postulé dans une procédure antérieure devant le tribunal judiciaire de Nanterre, dès lors que la postulation consiste à assurer la représentation obligatoire d'une partie devant une juridiction et qu'un avocat ne postule pas lorsque la **représentation** n'est **pas obligatoire** (Cass. 2e civ. 28-1-2016 n° 14-29.185).
> **b.** Le régime spécifique de postulation devant les ressorts des **cours d'appel de Metz et de Colmar,** instauré par l'article 8 de la loi du 20 février 1922, n'a pas été supprimé par les réformes de la procédure d'appel.
> **c.** L'intervention du **défenseur syndical** n'est pas déconnectée de toute notion de territorialité. Celui-ci est inscrit sur une liste arrêtée, dans chaque région, par le préfet de région (C. trav. art. D 1453-2-3). Initialement, il exerçait ses fonctions dans le ressort des cours d'appel de la région où il est inscrit (C. trav. art. D 1453-2-4, al. 1). Cependant, lorsqu'il avait assisté ou représenté la partie appelante ou intimée en première instance, il pouvait continuer à l'assister ou la représenter devant une cour qui a son siège dans une autre région (C. trav. art. D 1453-2-4, al. 2). Ces dispositions réglementaires ont été attaquées et annulées par le Conseil d'État (CE 17-11-2017 n° 403535), puis réintroduites, peu ou prou, dans un texte législatif retenant comme périmètre de compétence la « région administrative » (C. trav. art. L 1453-4), texte à l'égard duquel le Conseil constitutionnel a été amené à se prononcer, via une QPC, et qu'il a validé avec la réserve de la continuité, devant la cour d'appel, lorsque le défenseur syndical a déjà assisté la partie devant le conseil de prud'hommes (Cons. const. 12-3-2020 n° 2019-831 QPC).

Rémunération de l'avocat La fonction de représentation devant la cour d'appel n'est plus rémunérée par un tarif obligatoire, qui n'était applicable qu'aux avoués à la cour (Décret 80-608 du 30-7-1980), mais par un honoraire librement fixé entre l'avocat et son client. **25500**

Ce coût n'étant pas réglementé, il ne peut pas être inclus dans les dépens (CPC art. 695) et n'est donc pas répétible. Il peut, bien entendu, être pris en compte par le juge dans la fixation d'une éventuelle indemnité au titre des frais irrépétibles (CPC art. 700).

COMMUNICATION ÉLECTRONIQUE EN PROCÉDURE D'APPEL AVEC REPRÉSENTATION OBLIGATOIRE

25503 **Textes applicables** La communication par voie électronique (CPVE), et notamment son articulation avec la voie « papier », est une matière en construction : les **textes épars** peuvent sembler contradictoires ou obscurs ; les décisions rendues par la Cour de cassation, tantôt souples, tantôt strictes, sont parfois déroutantes. Il en résulte une indéniable, et fort regrettable, insécurité juridique. Ni le justiciable ni même son auxiliaire professionnel, parfois en proie à un doute fort légitime, ne méritent en effet d'en subir les conséquences souvent irréversibles.

Afin de tenter de discerner les grands principes, il convient de rappeler les principaux textes applicables, en forme de mille-feuille.

En premier lieu, les articles 748-1 à 748-9 du CPC (modifiés par le décret 2019-402 du 3-5-2019) constituent un titre intitulé « La communication par voie électronique » dont les **dispositions** sont **applicables**, par défaut, **devant toutes les juridictions** de l'ordre judiciaire statuant en matière civile, commerciale, sociale, rurale ou prud'homale (CPC art. 749). Ils posent des principes directeurs exposés n° 21177.

EXEMPLE

Pour les litiges nés à l'occasion d'un **contrat de collaboration ou d'un contrat de travail d'un avocat**, relevant de la compétence du bâtonnier et portés devant la cour d'appel, la déclaration d'appel, les actes de constitution et les pièces qui leur sont associées **peuvent** être valablement adressés au greffe de la cour d'appel via le RPVA (Cass. 2e civ. 19-3-2020 n° 19-11.450 7 F-PBI).

En deuxième lieu, les articles 930-1 à 930-3 du CPC, applicables à la **procédure d'appel avec représentation obligatoire** (procédure ordinaire, procédure à jour fixe et appel par requête conjointe). Ils posent quelques principes, notamment :

– les actes de procédure doivent être remis à la juridiction par voie électronique, à peine d'irrecevabilité relevée d'office (CPC art. 930-1 al. 1) ; réciproquement, le greffe les remet aux avocats des parties par voie électronique, sauf impossibilité pour cause étrangère (CPC art. 930-1, al. 4) ; ce texte constitue donc une application notable du cas prévu par le régime général (CPC art. 748-1 et 748-2), où la voie électronique est imposée et où le consentement n'est pas requis ;

– en cas de cause étrangère empêchant d'utiliser la voie électronique, la voie papier est autorisée, par remise physique ou par lettre RAR (CPC art. 930-1, al. 2) ; cela a par exemple été admis dans un cas où la taille du fichier à transmettre n'était pas compatible avec la voie électronique (Cass. 2e civ. 19 mai 2022 21-10.423) ;

– il est renvoyé à un arrêté du garde des Sceaux définissant les modalités des échanges par voie électronique (CPC art. 930-1, al. 5) ;

– un régime dérogatoire est applicable par et à l'égard du défenseur syndical (CPC art. 930-2 et 930-3).

En troisième lieu, un **arrêté technique** du 20 mai 2020 pris par le garde des Sceaux, notamment en application des articles 748-6 et 930-1 du CPC, qui s'applique tant aux procédures avec que sans représentation obligatoire.

> **Précisions** Cet arrêté a un périmètre très large puisqu'il concerne les envois, remises et notifications mentionnés à l'article 748-1 du CPC, réalisés entre avocats, ou entre un avocat et la juridiction, ou entre le ministère public et un avocat, ou entre le ministère public et la juridiction, dans le cadre d'une procédure avec ou sans représentation obligatoire devant la cour d'appel ou son premier président (art. 2). Cet arrêté a été modifié par un arrêté du 25 février 2022 (JORF n° 0048 du 26 février 2022, texte n° 36) pour tenir compte du décret n° 2022-245 du 25 février 2022, lequel a modifié l'article 901 du CPC en autorisant expressément la possibilité que la déclaration d'appel comporte une annexe.

25505 **Communication à la cour** La réforme de la procédure d'appel s'est accompagnée d'une mutation technologique. Sur la question, voir N. Fricero, « Demande en justice et nouvelles technologies : aspects procéduraux » : Procédures octobre 2014, étude n° 5.

Depuis le 1er janvier 2013, dans les procédures avec représentation obligatoire, tous les actes de procédure (y compris la déclaration de saisine, sur renvoi de cassation), sans aucune distinction selon la date de la déclaration d'appel initiale (Cass. 2e civ. 1-12-2016 n° 15-25.972 F-PB) – étant précisé que, dans ce cas, la partie n'est plus recevable à déposer une seconde déclaration de saisine (Cass. 2e civ. 19-10-2017 n° 16-24.269 F-PB : Bull. civ. II n° 200) – doivent être remis **à la juridiction** par voie électronique, à peine d'**irrecevabilité** relevée d'office (CPC art. 930-1, al. 1). L'irrecevabilité peut être constatée par le CME (Cass. 2e civ. 25-6-2015 n° 14-17-874 FS-PB : Bull. civ. II n° 167).

ATTENTION

Pour la Cour de cassation, et avant l'arrêté du 20 mai 2020 (n° 25503), la « juridiction » visée à l'article 930-1 était la **cour d'appel et elle seule**. Seuls les actes de procédure qui lui étaient destinés devaient être remis par la voie électronique. Il en résultait une curieuse et piégeuse dichotomie entre les actes destinés à la cour (remis impérativement par voie électronique) et ceux destinés au **premier président** (remis impérativement par voie papier, sauf disposition spéciale). Ainsi, la requête en récusation, qui introduit une procédure autonome devant le premier président de la cour d'appel, non visée par les arrêtés techniques, relevait de la voie papier (Cass. 2e civ. 6-7-2017 n° 17-01.695 F-PB : Bull. civ. II n° 156). De même, la requête demandant au premier président d'être autorisé à assigner à jour fixe, déposée au greffe sur support papier, était non seulement valable (Cass. 2e civ. 7-12-2017 n° 16-19.336 F-PBI : RJDA 3/18 n° 276), mais obligatoire, la voie électronique n'étant alors pas prévue pour saisir la juridiction spécifique du premier président (Cass. 2e civ. 14-4-2022, n° 19-19.059 F-D). En revanche, la cour étant saisie, **en matière de jour fixe**, par la remise d'une copie de l'assignation au greffe (CPC art. 922), cet acte devait impérativement lui être transmis par voie électronique (Cass. 2e civ. 27-9-2018 n° 17-20.930 F-PB, solution implicite ; Cass. 2e civ. 9-1-2020 n° 18-24.513 F-PBI, solution explicite). De même, la Cour de cassation a jugé que, conformément à l'article 930-1 du CPC, la recevabilité du **déféré** était conditionnée par sa remise à la juridiction par la voie électronique, sauf à justifier d'une cause étrangère ayant empêché ce mode de communication (Cass. 2e civ. 1-6-2017 n° 16-18.361 F-PB : Bull. civ. II n° 117 ; Cass. 2e civ. 10-6-2021 n° 20-10.522 F-P). L'arrêté du 20 mai 2020, dont le champ d'application est très large, incluant notamment la juridiction du premier président, devrait logiquement mettre un terme à de telles distinctions. Au visa, notamment, de l'article 6, § 1, de la Convention de sauvegarde des droits de l'homme et des libertés fondamentales, **des principes du procès équitable, du droit d'accès effectif à la voie de recours, de proportionnalité et de prévisibilité**, la Cour de cassation a permis de sauver une requête à jour fixe déposée par voie électronique avant l'entrée en vigueur de l'arrêté du 20 mai 2020 (Cass. 2e civ. 8-12-2022, n° 21-14.144 FS-D).

La communication à la juridiction s'effectue par courriers électroniques, grâce à une plate-forme (e-barreau) qui permet l'interconnexion entre le Réseau privé virtuel des avocats (**RPVA**) et le Réseau privé virtuel de la justice (**RPVJ**).

L'identification réalisée lors de la transmission par voie électronique est assimilée à une **signature des actes** (Décret 2010-434 du 29-4-2010, art. 1 et décret 2014-1633 du 26-12-2014, art. 1).

L'adhésion d'un avocat au RPVA emporte nécessairement consentement de sa part à recevoir la notification d'actes de procédure par la voie électronique, conformément à l'exigence de l'article 748-2 (Cass. avis 9-9-2013 n° 15012 : Bull. civ. avis n° 10).

En matière d'**expropriation,** lorsque l'appel était encore sans représentation obligatoire, il avait été jugé que, les actes pouvaient néanmoins être valablement adressés au greffe de la chambre de l'expropriation par voie électronique, via le réseau RPVA (Cass. 2e civ. 10-11-2016 n° 14-25.631 FS-PB ; n° 26519). En revanche, il ne pouvait s'agir que de la déclaration d'appel, de l'acte de constitution et des pièces qui leur sont associées, à l'exclusion des écritures des parties (Cass. 2e civ. 10-11-2016 n° 15-25.431 : Bull. civ. II n° 247 ; Cass. 2e civ. 19-10-2017 n° 16-24.234 : Bull. civ. II n° 198 ; Cass. 3e civ. 23-9-2020 n° 19-16.092 FS-PBI). La Cour de cassation avait jugé que cette subtile distinction résultait des « dispositions liminaires, claires et intelligibles, de l'article 1er de l'arrêté du garde des Sceaux du 5 mai 2010, relatif à la communication électronique dans la procédure sans représentation obligatoire devant les cours d'appel ». Il était permis d'en douter, et de considérer au contraire qu'il y avait là une source d'insécurité juridique manifeste et choquante. L'arrêté du 20 mai 2020 devrait, là encore, mettre un terme à ces sombres distinctions.

En **matière prud'homale**, les dispositions de l'article 930-1 du CPC sur la communication élec- **25506**
tronique ne sont pas applicables au **défenseur syndical**. Les actes de procédure effectués par lui peuvent être établis sur support papier et remis au greffe ou lui être adressés par lettre recommandée AR (CPC art. 930-2, al. 1 et 2).

La déclaration d'appel doit être remise ou adressée par lui au greffe en autant d'exemplaires qu'il y a de parties destinataires, plus deux. Le greffe constate la remise par la mention de sa date et le visa du greffier sur chaque exemplaire, dont l'un est immédiatement restitué. Lorsque la déclaration d'appel est faite par voie postale, le greffe enregistre l'acte à sa date et adresse un récépissé par lettre simple (CPC art. 930-2, al. 3).

Les **notifications entre un avocat et un défenseur syndical** sont effectuées par lettre recommandée AR ou par signification d'huissier ou commissaire de justice (CPC art. 930-3).

Le défenseur syndical doit effectuer ces notifications exclusivement à l'**avocat postulant,** c'est-à-dire constitué devant la cour pour représenter son adversaire (CA Lyon, Ord. CME ch. soc. C 28-3-2017 RG n° 16/07374). Dans cette affaire, la caducité de l'appel a été prononcée, par application de l'article 908 du CPC, le défenseur syndical ayant adressé ses conclusions à l'avocat plaidant de première instance.

En cette matière, la question de la forme des notifications **entre avocats appartenant à des cours différentes** reste une question délicate (n° 25497).

25507 Depuis le 1er septembre 2011, la **déclaration d'appel** et la **constitution de l'intimé** se font exclusivement par voie électronique (sauf représentation par un défenseur syndical : n° 25506). S'agissant des autres actes de la procédure, leur notification par voie électronique est rendue progressivement obligatoire, au gré des arrêtés successifs, et des conventions locales entre les juridictions et les barreaux (cf. par exemple les arrêtés des 23-12-2010, 30-3-2011, 18-4-2012, 10-9-2012 et 20-12-2012).

L'envoi simultané au greffe et aux parties du fichier contenant les conclusions tient lieu de **remise au greffe** au sens de l'article 906 du CPC (Arrêté du 20-5-2020, art. 6).

25509 Lorsqu'un acte ne peut être transmis par voie électronique pour une **cause étrangère** à celui qui l'accomplit, il doit être établi sur **support papier** et remis au greffe, ou lui être adressé par lettre RAR. En ce cas, la déclaration d'appel doit être remise au greffe en autant d'exemplaires qu'il y a de parties destinataires, plus deux. La remise est constatée par la mention de sa date et le visa du greffier sur chaque exemplaire, dont l'un est immédiatement restitué (CPC art. 930-1, al. 2).

De manière générale, la partie qui doit accomplir un acte par voie électronique, et qui en est empêchée le **dernier jour** du délai par une cause étrangère, bénéficie d'une **prorogation** du délai jusqu'au premier jour ouvrable suivant (CPC art. 748-7). L'acte peut alors être établi sur support papier et remis au greffe. Compte tenu de sa place dans le CPC, ce texte est applicable à l'ensemble des juridictions (Cass. 2e civ. 17-5-2018 n° 17-20.001 F-PB : RJS 8-9/18 n° 564). En application de l'article 930-1 du CPC, il a été jugé qu'une partie peut remettre ses **conclusions** au greffe de la cour sur support papier lorsque la **taille du fichier,** supérieure à la limite des quatre mégaoctets imposée par le système, a rendu impossible la remise par voie électronique (Cass. 2e civ. 16-11-2017 n° 16-24.864 FS-PBI : RJS 2/18 n° 138), ou encore lorsqu'elle justifie d'une panne de son système informatique, rendant impossible la navigation sur internet (Cass. 2e civ. 10-6-2021 n° 20-10.522 F-P).

La partie qui utilise le support papier n'est pas obligée d'**attendre l'expiration du** délai qui lui est imparti pour procéder ainsi mais elle doit en revanche **caractériser** en quoi **la cause** lui est **étrangère** (Cass. 2e civ. 6-9-2018 n° 16-14.056 F-PB), cette disposition n'ayant pour objet que de remédier à une difficulté propre à la communication par voie électronique (Cass. 2e civ. 27-9-2018 n° 17-20.930 F-PB).

Lorsqu'un avocat a demandé son **abonnement à e-barreau,** et n'a été livré qu'avec retard, il justifie d'une cause étrangère (Cass. 2e civ. 15-5-2014 n° 13-16.132 F-D). En revanche, tel n'est pas le cas si l'avocat n'a pas sollicité son raccordement – circonstance non explicite mais qui se déduit de l'arrêt (Cass. 2e civ. 5-1-2017 n° 15-28.847 F-D).

La cause étrangère est une notion distincte de la **force majeure** (n° 25636). Sur la cause étrangère, voir S. Grayot-Dirx, « La cause étrangère et l'usage des nouvelles technologies dans le procès civil » : Procédures janvier 2013, étude n° 2.

> **Précisions a.** Le conseiller de la mise en état a compétence exclusive pour déclarer les actes de procédure irrecevables en application de l'article 930-1, au besoin d'office (CPC art. 914).
> La jurisprudence devra préciser s'il s'agit d'une irrecevabilité d'**ordre public.** Toujours est-il que si une partie soulève le moyen, le juge n'a pas de marge d'appréciation et doit constater l'irrecevabilité, sauf cause étrangère bien sûr.
> **b.** Malgré la complexité des régimes, y compris transitoires, la **jurisprudence** de la Cour de cassation **sur la modalité du recours** est nécessairement **stricte.** Par exemple, un acte d'appel déposé par avocat, en matière prud'homale, entre le 1er août 2016 et le 1er septembre 2017 par lettre RAR, a été jugé irrecevable, cette modalité n'ayant été ajoutée à l'article 930-1 du CPC que par le décret 2017-891 du 6 mai 2017 (Cass. 2e civ. 15-5-2019 n° 17-31.800 F-PB).

25510 **Communication de la cour** Les avis, avertissements ou convocations sont remis aux avocats des parties par voie électronique, sauf impossibilité pour cause étrangère à l'expéditeur (CPC art. 930-1, al. 4).

25515 **Communication entre avocats** Le RPVA (n° 25505) permet aussi la communication des actes de procédure entre avocats par voie électronique, laquelle est souvent imposée par des conventions locales.

Les **conclusions** des parties sont signées par leur avocat et notifiées dans la forme des **notifications entre avocats** (CPC art. 961, al. 1). La notification du jugement entre avocats peut être faite par voie électronique (Cass. 2e civ. 7-9-2017 nos 16-21.756 et 16-21.762 F-PB). Les différents procédés de notification entre avocats, identiques pour les procédures devant le tribunal judiciaire et devant la cour d'appel sont exposés n°s 21350 s.

Il a été jugé qu'il résulte de la combinaison de l'article 748-3 du CPC et de l'article 5 de l'arrêté du 30 mars 2011 relatif à la communication par voie électronique dans les **procédures avec représentation obligatoire** devant les cours d'appel (aujourd'hui abrogé et remplacé par l'arrêté du 20 mai 2020 : n° 25503) que le délai imparti par l'article 909 du CPC à l'intimé pour conclure court à compter de la **date de l'avis de réception électronique** de la notification des conclusions de l'appelant par le moyen du RPVA, émis par le serveur de messagerie e-barreau de l'avocat constitué par l'intimé, qui tient lieu de visa par la partie destinataire au sens de l'article 673 du CPC. Sauf à démontrer un dysfonctionnement du RPVA, un intimé ne peut donc soutenir que ses conclusions ne seraient pas tardives, au motif que l'accusé de réception électronique des conclusions de l'appelant ne justifierait pas de la **réception effective** de celles-ci par leur destinataire (Cass. 2e civ. 21-1-2016 n° 14-29.207 F-PB).

Si un avocat établit la cause étrangère l'ayant empêché de notifier ses conclusions à son confrère par voie électronique, il doit alors se conformer aux modes de notification entre avocats : signification ou notification directe (CPC art. 671 à 673). La notification des conclusions par lettre RAR est irrecevable (CA Lyon 5-9-2018 n° 18/01848 inédit, voir aussi Cass. 2e civ. 29-4-2004 n° 02-14.970 : Bull. civ. II n° 199).

En revanche, en l'**absence d'avis de réception automatique,** si l'avocat constitué dénie avoir reçu un acte par voie électronique, il ne peut être considéré comme régulièrement notifié (Cass. 2e civ. 15-10-2015 n° 14-24.322 F-PB : Bull. civ. II n° 229).

Le fait d'adhérer au RPVA emporte présomption d'acceptation de l'utilisation de la voie électronique, ce qui vaut pour la notification des **conclusions** mais également pour la **notification préalable des jugements** entre avocats (CA Bordeaux 5-3-2012 n° 11/4968 ; Cass. avis 9-9-2013 n° 15012 : Bull. civ. Avis n° 10). **25517**

Les actes de procédure sont communiqués en pièce jointe d'un message électronique. La réception de ce message génère un **avis de réception automatique** à destination des expéditeurs. Cet avis tient lieu de visa par la partie destinataire, de sorte que cette communication vaut notification directe entre avocats au sens de l'article 671 du CPC.

> **Précisions** L'avis de réception automatique ne garantit pas que **le destinataire a effectivement pris connaissance du contenu** du message, ce qui présente des **risques** mis en lumière par l'arrêt précité de la cour d'appel de Bordeaux. Au cas d'espèce, un avocat avait notifié un jugement à son confrère adverse exclusivement par voie électronique ; le client de celui-ci avait fait appel hors délai car plus d'un mois après la signification du jugement à partie ; l'appelant soutenait que si son avocat avait reçu une notification du jugement par acte du palais, qui suppose la prise de connaissance effective du document transmis en raison de la signature du destinataire (CPC art. 673), il l'aurait prévenu de ce qu'une signification à partie allait intervenir et l'aurait alerté sur les délais d'appel (sur ce point, voir également Cass. 2e civ. 21-1-2016 n° 14-29.207 F-PB : n° 25515).

25520

Grandes étapes de la procédure ordinaire d'appel avec représentation obligatoire

1. Transmission de la **déclaration d'appel** au greffe par voie électronique, à peine d'irrecevabilité (CPC art. 930-1).

2. Communication par le **greffe** de la déclaration d'appel sur support papier à chaque intimé, par lettre simple (CPC art. 902, al. 1).

En cas de retour au greffe de sa lettre adressée à l'intimé, ou si l'intimé n'a pas constitué avocat dans le délai d'un mois à compter de l'envoi de la lettre du greffe, le greffe en avise l'avocat de l'appelant pour qu'il signifie l'acte d'appel à l'intimé défaillant, par huissier ou commissaire de justice, dans le mois de l'avis du greffe (CPC art. 902, al. 2 et 3).

3. Dès qu'il est constitué, l'avocat de l'intimé en informe celui de l'appelant et remet une copie de son acte de **constitution** au greffe (CPC art. 903), par voie électronique.

Le premier président désigne la **chambre** à laquelle l'affaire est distribuée. Le greffe en avise les avocats constitués (CPC art. 904). Le président de la chambre à laquelle l'affaire a été distribuée désigne un conseiller de la mise en état et le greffe en avise les avocats constitués (CPC art. 904-1).

4. Délais pour conclure (CPC art. 908 à 910)* :

– 3 mois à compter de son acte d'appel pour l'appelant ;

– 3 mois à compter de la notification des conclusions de l'appelant pour l'intimé (idem pour l'intimé incident ou provoqué) ;

– 3 mois pour l'intervenant forcé, à compter de l'assignation qui lui est faite ;
– 3 mois pour l'intervenant volontaire, à compter de son intervention.
Ces conclusions doivent présenter **l'ensemble des prétentions** des parties sur le fond (CPC art. 910-4).
5. Après l'expiration de ces différents délais, le **conseiller de la mise en état** examine l'affaire et fixe les dates de clôture et de plaidoiries, sauf à fixer un calendrier après avoir recueilli l'avis des parties, si l'affaire nécessite de nouveaux échanges de conclusions (CPC art. 912).
* Sauf réduction par le conseiller de la mise en état (n° 26000) ou augmentation en raison de la distance (n°s 26020 s.).

1. OBLIGATIONS DE L'APPELANT EN CAS D'APPEL AVEC REPRÉSENTATION OBLIGATOIRE

25530 L'appelant initie son action par la **déclaration d'appel** qui doit être présentée sous une certaine forme et doit contenir un certain nombre de mentions (n°s 25534 s.).
L'appelant a en outre deux autres obligations principales :
– **signifier** l'acte d'appel par huissier ou commissaire de justice, dans certaines circonstances (n°s 25555 s.) ;
– **conclure** dans les trois mois de l'appel (n°s 25600 s.).
Ces deux obligations sont sanctionnées, strictement, par la **caducité** de l'acte d'appel (n°s 25630 s.).

a. Établissement de la déclaration d'appel

FORME DE LA DÉCLARATION D'APPEL

25534 L'appel est formé par déclaration unilatérale ou par requête conjointe (CPC art. 900).
À peine d'**irrecevabilité** relevée d'office, la déclaration d'appel est remise à la juridiction par voie **électronique** (CPC art. 930-1, al. 1). L'irrecevabilité peut être constatée par le CME (Cass. 2e civ. 25-6-2015 n° 14-17.874 FS-PB : Bull. civ. II n° 167).
Cette déclaration est effectuée par l'avocat de l'appelant via le RPVA (n° 25505). L'avocat remplit les mentions obligatoires de la déclaration d'appel dans un logiciel, en interface avec le greffe de la cour d'appel. À partir de la saisie faite par l'avocat, le greffe matérialise la déclaration d'appel pour l'envoyer à la partie intimée.
L'avocat reçoit par voie électronique une copie de la déclaration d'appel qui reprend l'ensemble de sa saisie. La date et l'heure de l'envoi de la déclaration par l'avocat marque la **date de la déclaration** d'appel.
Dans la mesure où le RPVA ne permet l'envoi que d'un nombre limité de caractères, il pourra être annexé à la **déclaration d'appel** une **pièce jointe** la complétant afin de **lister** (comme il est désormais obligatoire : n° 25540) **l'ensemble des points critiqués du jugement.** Cette pièce jointe, établie sous forme de copie numérique, fera ainsi corps avec la déclaration d'appel. L'attention du greffe et de la partie adverse sur l'existence de la pièce jointe pourra opportunément être attirée par la mention de son existence dans la déclaration d'appel (Circ. min. just. du 4-8-2017 p. 7, NOR : JUSC1721995C).

CONSEIL

Le système ne permet pas à l'avocat de revenir sur une déclaration dès lors qu'elle a été télétransmise au greffe et celui-ci ne peut apporter aucune correction aux indications portées par l'avocat. En cas d'**erreur ou d'omission,** l'avocat doit recommencer sa saisie pour établir une nouvelle déclaration d'appel. Un numéro de répertoire général (RG) étant affecté à chaque déclaration d'appel, l'avocat devra alors veiller à préciser au greffe le numéro de RG de la première déclaration et indiquer qu'il demandera la jonction des deux instances.

MENTIONS OBLIGATOIRES DE LA DÉCLARATION D'APPEL

25540 À peine de **nullité**, la déclaration d'appel doit classiquement **contenir** (CPC art. 901, al. 1 à 5 modifié par décrets 2020-1452 du 27-11-2020 et 2021-1322 du 11-10-2021) :
– pour les personnes physiques, l'indication des nom, prénoms, profession, domicile, nationalité, date et lieu de naissance du demandeur ;
– pour les personnes morales, l'indication de leur forme, leur dénomination, leur siège social et de l'organe qui les représente légalement ;
– l'indication des nom, prénoms et domicile de la personne contre laquelle la demande est formée, ou, s'il s'agit d'une personne morale, de sa dénomination et de son siège social ;

– l'objet de la demande ; **25540** (suite)
– la constitution de l'avocat de l'appelant ;
– l'indication de la décision attaquée ;
– l'indication de la cour devant laquelle l'appel est porté ;
– les chefs du jugement expressément critiqués auxquels l'appel est limité, sauf si l'appel tend à l'annulation du jugement, ou si l'objet du litige est indivisible.

Les nullités de fond étant limitativement énumérées par l'article 117 CPC, la nullité encourue ici en l'absence de mentions obligatoires est une **nullité de forme** qui suppose la démonstration d'un **grief,** y compris lorsque l'appelant s'abstient de mentionner dans son acte les chefs de jugement critiqués (Cass. avis 2e civ. 20-12-2017 nos 17019, 17020 et 17021 ; n° 25060), ou mentionne à la place les motifs du jugement (Cass. soc. 14-10-2020 n° 18-15.229 F-PB). Il appartiendra à la jurisprudence d'apprécier, au cas par cas, si cette carence constitue un grief, par exemple pour avoir empêché l'adversaire de préparer utilement sa défense (Circ. min. just. du 4-8-2017 p. 7, NOR : JUSC1721995C).

ILLUSTRATIONS

Dans la droite ligne d'une jurisprudence constante (Cass. ch. mixte 7-7-2006 n° 03-20.026 : Bull. ch. mixte n° 6), constituent par exemple des nullités de forme, imposant de démontrer un grief :
– le fait de relever appel au nom d'une simple enseigne (Cass. 2e civ. 24-5-2007 n° 06-11.006 F-PB : Bull. civ. II n° 132) ;
– l'erreur manifeste sur la qualité de l'intimé (Cass. 2e civ. 7-7-2011 n° 10-20.145 FS-PB : Bull. civ. II n° 153) ;
– l'erreur relative à la dénomination d'une partie, quelle que soit sa désignation (Cass. 2e civ. 4-2-2021 n° 20-10.685 F-PI) ;
– une erreur dans la désignation de l'organe représentant légalement la personne morale (Cass. 3e civ. 13-11-2013 n° 12-24.870 FS-PBI : Bull. civ. III n° 142) ;
– et même le défaut de mention de l'intimé dans l'acte d'appel (Cass. com. 24-3-2009 n° 07-21.692 F-D ; Cass. 1e civ. 9-6-2017 n° 15-29.346 FS-PB : Bull. civ. I n° 135).
Dans le même esprit, il avait déjà été jugé de manière solennelle que l'erreur manifeste, dans la désignation de l'intimé (en l'espèce sa qualité), au regard de l'objet du litige, n'est pas de nature à entraîner l'irrecevabilité de l'appel (Cass. ass. plén. 6-12-2004 n° 03-11.053 P : Bull. ass. plén. n° 13).

La **déclaration** d'appel doit être **datée** et **signée** par l'avocat constitué. Elle doit être accompagnée d'une copie de la **décision attaquée** et remise au greffe, ce qui vaut demande d'**inscription au rôle** (CPC art. 901, al. 1 et 6). Vaut signature l'identification par l'avocat (grâce à sa « clé RPVA ») lors de la transmission par voie électronique (Décret 2010-434 du 29-4-2012 art. 1 et décret 2014-1633 du 26-12-2014, art. 1).

> **Précisions a.** La mention, dans l'acte d'appel, des **pièces sur lesquelles la demande est formée,** qui était exigée depuis le 1er janvier 2020, a été supprimée par le décret 2020-1452 du 27 novembre 2020.
> **b.** La transmission d'une **copie de la décision attaquée** n'est pas exigée à peine de nullité, contrairement à l'indication de la décision attaquée.

À l'occasion d'une espèce dans laquelle un appelant n'avait pas énoncé les chefs critiqués du jugement dans la déclaration d'appel elle-même, mais **uniquement dans une annexe, sans qu'aucun empêchement technique** à renseigner la déclaration ne soit allégué, la Cour de cassation a jugé que la cour d'appel en avait déduit à bon droit que l'annexe ne valait pas déclaration d'appel, seul l'acte d'appel opérant la dévolution des chefs critiqués, de sorte que **l'appel n'avait pas opéré effet dévolutif** (Cass. 2e civ. 13-1-2022 n° 20-17.516). Cet arrêt, immédiatement critiqué comme portant atteinte à la sécurité juridique et au droit d'appel par un formalisme excessif (notion d'ailleurs retenue par un arrêt postérieur de la Cour EDH du 9-6-2022, n° 15567/20, Xavier Lucas c/ France), a déclenché une correction rapide.

Un décret n° 2022-245 du 25 février 2022 a modifié l'article 901 du CPC en autorisant expressément la possibilité que la déclaration d'appel comporte une annexe, et un arrêté du même jour a modifié l'arrêté du 20 mai 2020 relatif à la communication par voie électronique en matière civile devant la cour d'appel pour tenir compte de cet apport. Ces textes permettent l'usage de l'annexe, même en l'absence d'empêchement technique. L'annexe fait donc désormais **partie intégrante** de l'acte d'appel, et peut donc concourir régulièrement à emporter effet dévolutif. Ces modifications sont **d'application immédiate**, c'est-à-dire aux actes d'appel déposés à compter du 27 février 2022, et aux instances en cours, sauf décision définitive ayant déjà annulé l'acte d'appel (Cass. 2e civ. 8-7-2022 n° 22-70.005 avis n° 15008). Il a été précisé que, dès lors que l'instance devant une cour d'appel, introduite par une déclaration d'appel, **prend fin avec**

l'arrêt que rend cette juridiction, elle ne se poursuit pas devant la Cour de cassation, devant laquelle est introduite une instance distincte (Cass. 2e civ. 12-1-2023 n° 21-16.804 FS-B).

NOTIFICATION DE LA DÉCLARATION D'APPEL PAR LE GREFFE

25545 Aussitôt après réception de la déclaration d'appel, le greffier adresse à chacun des **intimés,** par lettre simple, un exemplaire de la déclaration et l'indication de l'obligation de constituer avocat (CPC art. 902, al. 1).

b. Signification de la déclaration d'appel

CIRCONSTANCES ET DÉLAIS DE LA SIGNIFICATION

25555 En cas de retour au greffe de la lettre de notification ou lorsque l'intimé n'a pas constitué avocat dans un délai d'un mois à compter de l'envoi de la lettre de notification, le **greffier** en **avise** l'avocat de l'appelant afin que celui-ci procède par voie de signification de la déclaration d'appel par **huissier ou commissaire de justice** (CPC art. 902, al. 2). Les praticiens appellent cet avis du greffe « l'avis 902 ».

La Cour de cassation est très stricte sur le fait que le **document signifié** doit impérativement être la déclaration d'appel, et non l'avis du greffe, et en dehors de toute considération de grief puisque la sanction n'est pas la nullité de l'acte mais la caducité de la déclaration d'appel (Cass. 2e civ. 1-6-2017 n° 16-18.212 F-PB). La solution est d'autant plus sévère qu'en pratique l'avis du greffe reprend en principe l'ensemble des mentions de l'acte d'appel.

La Cour suprême rappelle que, lorsque la déclaration d'appel est accomplie par la voie électronique, l'article 10 de l'arrêté du 30 mars 2011 relatif à la communication par voie électronique dans les procédures avec représentation obligatoire devant les cours d'appel, alors en vigueur (remplacé par l'arrêté du 20 mai 2020 : n° 25503), pris pour l'application des articles 748-1 et suivants et 930-1 du CPC, prévoit que le message de données relatif à une déclaration d'appel provoque un avis de réception par les services du greffe, auquel est joint un fichier récapitulatif reprenant les données du message, qui tient lieu de déclaration d'appel, de même que son édition par l'auxiliaire de justice tient lieu d'exemplaire de cette déclaration lorsqu'elle doit être produite sous un format papier. Elle juge que le document qui doit être signifié est très strictement ce **fichier récapitulatif de la déclaration d'appel.** Si un autre document est annexé à l'acte de signification, ne confirmant pas la réception par le greffe de l'acte d'appel, il convient d'en déduire l'absence de signification de la déclaration d'appel et la caducité de celle-ci. Le dispositif est d'une extrême sévérité (Cass. 2e civ. 15-11-2018 n° 17-27.424 F-D ; Cass. 2e civ. 22-10-2020 n° 19-21.978 F-PBI).

25556 La signification doit être effectuée dans le **mois de l'avis** adressé à l'avocat par le greffe, à peine de **caducité** de la déclaration d'appel (CPC art. 902, al. 3). Cette règle s'applique que l'appelant ait déjà conclu ou non.

Cependant, si entre-temps l'intimé a constitué avocat **avant** la signification de la déclaration d'appel, il est procédé par voie de **notification** à son avocat (CPC art. 902, al. 3). Il est permis de considérer qu'il aurait été plus simple de prévoir que, dans ce cas, la notification de l'acte d'appel n'était plus requise. En effet, quelle peut être l'utilité de cette notification à l'avocat de l'intimé qui par définition s'est déjà constitué ?

ATTENTION

Concernant le **renvoi après cassation,** bien que le texte (CPC art. 1037-1) ne prévoie rien de similaire en cas de constitution d'avocat avant la signification de la déclaration de saisine, il a été jugé que la notification à avocat dispensait de signifier à partie (Cass. 2e civ. 22-10-2020 n° 19-21.864 F-PBI).

Saisie pour avis puis par pourvoi dans le cas très proche de l'article 905-1 al. 1 in fine du CPC, lequel prévoit que si l'intimé a constitué avocat avant signification de la déclaration d'appel, celle-ci doit être notifiée à son avocat, la Cour de cassation a fait preuve d'indulgence, estimant que cette obligation n'est pas prescrite à peine de caducité de la déclaration d'appel (Cass. avis 12-7-2018 n° 1870006 ; Cass. 2e civ. 2-7-2020 n° 19-16.336 F-PBI ; Cass. 2e civ. 22-10-2020 n° 18-25.769 ; n° 26375). Elle a fort logiquement retenu la même solution dans le cas particulier de l'article 902, al. 3 (Cass. 2e civ. 14-11-2019 n° 18-22.167 F-PBI).

Dès lors qu'il est établi que l'appelant a bien reçu l'avis, tant par lettre du greffe que par message électronique via le réseau RPVA, la caducité de l'appel pour défaut de signification à l'intimé de la déclaration d'appel doit être prononcée, en dehors de toute considération de grief, et sans que cela constitue une atteinte au procès équitable ou une entrave à l'exigence de recours effectif (Cass. 2e civ. 26-6-2014 n° 13-17.574 et n° 13-20.868 : Bull. civ. II n° 151 et n° 159).

MENTIONS OBLIGATOIRES DE LA SIGNIFICATION DE LA DÉCLARATION D'APPEL

À peine de **nullité**, l'acte de signification doit indiquer à l'intimé que faute pour lui de constituer avocat dans un délai de quinze jours à compter de celle-ci, il s'expose à ce qu'un arrêt soit rendu contre lui sur les seuls éléments fournis par son adversaire et que, faute de conclure dans le délai de trois mois à compter de la notification des conclusions de l'appelant, il s'expose à ce que ses écritures soient déclarées d'office irrecevables (CPC art. 902, al. 4). **25566**
Le **contenu** de l'article 902, alinéa 4 est **incomplet** en ce qu'il ne prévoit pas à strictement parler une **assignation** de l'intimé, faute d'exiger l'indication de l'objet de la demande avec un exposé des moyens en fait et en droit, et la précision de la juridiction devant laquelle l'affaire est portée (CPC art. 56). Il est donc permis de considérer qu'à défaut de prévoir ces mentions, la simple signification de l'acte d'appel ne vaudrait pas assignation (en ce sens, C. et P. Gerbay, L'assignation de l'intimé et le décret Magendie : Procédures juin 2013, étude n° 7).
L'ambiguïté existait déjà sous l'empire de l'ancienne procédure puisqu'il était prévu que « l'appelant l'assigne [l'intimé] en lui signifiant la déclaration d'appel » (CPC art. 908 ancien). Elle était facilement surmontée, en **pratique**, par l'indication spontanée dans l'acte des mentions de l'article 56, ainsi que par la signification, concomitante des conclusions au soutien de l'appel, lesquelles développent nécessairement les moyens de fait et de droit. Mais il reste que, lorsque l'**acte** d'appel doit être **signifié avant le dépôt des conclusions**, cette formalité paraît bien vaine car, se bornant à signifier l'acte d'appel et à faire mention du délai de comparution non sanctionné, elle ne semble pas constituer une assignation au sens strict du terme, et n'emporte aucune contrainte réelle pour son destinataire. En conséquence, si celui-ci reste défaillant à ce stade, l'appelant devra lui délivrer un **nouvel acte** d'**huissier ou commissaire de justice pour lui signifier ses conclusions** d'appelant (CPC art. 911). La signification isolée de l'acte d'appel nous paraît alors constituer, dans ce cas, une obligation coûteuse et inutile. Elle est néanmoins incontournable pour éviter la caducité de l'appel. L'idéal, si la chronologie du dossier le permet, est donc de signifier par le même acte la déclaration d'appel et les conclusions d'appel.

La question se pose des **effets de la nullité** de la signification de l'acte d'appel (on pense par exemple à une difficulté d'adresse) : entraînera-t-elle la caducité de l'appel ? Il est probable qu'en amont, la demande de nullité achoppera souvent sur l'absence de grief, puisque la seule signification de l'acte d'appel ne constitue pas le point de départ d'un délai autre que celui de comparaître. Bien que les textes et les sanctions soient différents, la situation aurait pu être comparée avec l'impossibilité d'exercer un recours contre un jugement qui n'a pas été notifié dans le délai de deux ans de son prononcé (CPC art. 528-1). Les tribunaux jugent en effet que cet article ne s'applique pas lorsqu'une notification est intervenue, même si elle a été annulée (notamment, Cass. 2e civ. 2-3-2000 n° 98-13.648 : Bull. civ. II n° 38). Mais la Cour de cassation a jugé que la caducité de la déclaration d'appel peut être invoquée en raison d'une irrégularité de forme affectant la notification par l'appelant de ses conclusions à l'intimé (en l'espèce, dans le délai imparti par l'article 911 du CPC), à condition que cet acte soit annulé, sur la démonstration par celui qui l'invoque du grief que lui a causé l'irrégularité (Cass. 2e civ. 16-10-2014 n° 13-17.999 : Bull. civ. II n° 213 ; Cass. 2e civ. 4-11-2021 n° 20-13.568 F-P ; Cass. 2e civ. 11-5-2023 n° 23-70.002 B avis n° 15005). **25568**

c. Dépôt des conclusions de l'appelant

DÉLAI ET FORME DU DÉPÔT DES CONCLUSIONS

À peine de caducité de la déclaration d'appel, relevée d'office, l'appelant dispose d'un **délai** de trois mois à compter de la déclaration d'appel pour remettre ses conclusions au greffe (CPC art. 908). La règle s'applique sauf réduction par le conseiller de la mise en état (n° 26000) et sauf augmentation en raison de la distance (nos 26020 s.). **25600**
Le **point de départ du délai** imparti à l'appelant pour conclure (CPC art. 908) court à compter de la remise au greffe de la déclaration d'appel, et non à compter du jour du fichier récapitulatif reprenant les données du message de l'appelant (Cass. 2e civ. 6-12-2018 n° 17-27.206 F-PB).
Lorsque l'acte d'appel est établi sur support papier et qu'il est adressé au greffe par lettre recommandée AR, le délai de trois mois pour conclure court du jour de l'expédition de la lettre (Cass. 2e civ. 9-1-2020 n° 18-24.107 F-PBI).
Lorsqu'une seconde déclaration d'appel, identique à la première, est remise au greffe, elle est privée d'effet en ce sens que l'appelant doit conclure dans le délai de trois mois à compter de la première (Cass. 2e civ. 21-1-2016 n° 14-18.631 F-PB : Bull. civ. II n° 798).
De même, lorsque la seconde déclaration est remise au greffe aux fins de régulariser la première, affectée d'une simple erreur matérielle, le délai pour conclure commence à courir à

compter de la première déclaration d'appel, laquelle a valablement saisi la cour (Cass. 2e civ. 16-11-2017 n° 16-23.796 F-PB).
Copie des conclusions doit être remise au greffe avec la justification de leur notification aux avocats des autres parties (CPC art. 906, al. 2). Sur la notification des conclusions, voir nos 25965 s.
La règle doit être observée à l'égard du ministère public lorsque celui-ci est partie à l'instance d'appel (Cass. 2e civ. 28-9-2017 n° 16-21.881 F-PB). Et réciproquement, puisque le ministère public est soumis, comme les autres parties, aux délais de la procédure d'appel. Lorsque les conclusions sont notifiées au procureur de la République au lieu du procureur général, la caducité de la déclaration d'appel, faute de notification par l'appelant de ses conclusions à l'intimé dans le délai imparti par l'article 911 du CPC, ne peut être encourue, en raison d'une irrégularité de forme affectant cette notification, qu'en cas d'annulation de cet acte, sur la démonstration par celui qui l'invoque du grief que lui a causé l'irrégularité (Cass. 2e civ. 11-5-2023 n° 23-70.002 B avis n° 15005).
Cette remise est effectuée par voie électronique, à l'aide de l'un des codes, ou onglets, du réseau RPVA. Le praticien peut parfois hésiter à la lecture des libellés de ces codes, voire se tromper de code, lorsqu'il transmet l'acte ou le document. La question se pose alors de savoir si l'utilisation d'un code erroné peut entraîner une sanction procédurale. La Cour de cassation a assoupli sa position. Dans un premier temps, elle a jugé que les conclusions de l'appelant ne pouvaient être transmises à l'aide d'un code de communication de pièces, sous peine de caducité de l'appel (Cass. 2e civ. 28-5-2015 n° 14-28.233 F-PB : Bull. civ. II n° 127), rien de moins. Puis, elle a jugé que l'envoi par l'appelante au greffe du fichier contenant ses conclusions, selon les règles de la communication par voie électronique, effectué dans le délai de trois mois de la déclaration d'appel, et parvenu au greffe ainsi que l'établissait l'avis de refus, valait à son égard remise au greffe (Cass. 2e civ. 24-9-2015 n° 14-20.212 FS-PB : Bull. civ. II n° 208). Enfin, elle a récemment jugé que les conclusions de l'appelant pouvaient être transmises au greffe en même temps que l'acte de signification de ces conclusions à l'intimé défaillant (Cass. 2e civ. 20-4-2017 n° 16-14.694 F-PB). Ces solutions sont transposables aux autres parties, même si la nature de la sanction diffère.

CONTENU DES CONCLUSIONS DE L'APPELANT

25610 Les conclusions exigées par l'article 908 du CPC sont celles, adressées à la cour, qui sont remises au greffe et notifiées dans les délais prévus par ce texte et qui **déterminent l'objet du litige** (CPC art. 910-1).
Ce texte exclut les simples conclusions d'incident à destination du conseiller de la mise en état puisqu'il doit s'agir de conclusions adressées à la cour. Sont également exclues les conclusions qui soulèvent une exception de procédure, une fin de non-recevoir ou tout autre incident de nature à mettre fin à l'instance, contrairement à ce que la Cour de cassation avait admis avant le décret de 2017 (Cass. avis. 21-1-2013 n° 1300004).
Au-delà des exigences textuelles actuelles, la Cour de cassation a consacré, par un arrêt qui a surpris, l'obligation de mentionner expressément la **demande d'infirmation ou d'annulation** du jugement dans les conclusions d'appel, et qu'à défaut la cour ne pouvait « que confirmer le jugement » (Cass. 2e civ. 17-9-2020 n° 18-23.626 FS-PBI). Dans la mesure où il s'agit d'une sanction très grave, que les parties ne pouvaient pas anticiper, l'arrêt lui-même a précisé que la règle ne pouvait pas s'appliquer aux procédures introduites par des actes d'appel antérieurs au 17 septembre 2020, sauf à priver les appelants du droit à un procès équitable. Cette solution a ensuite été confirmée (Cass. 2e civ. 4-11-2021, n° 20-15.757 F-B ; 9-6-2022 n° 20-22.588 FS-B). En revanche, il n'est pas exigé de l'appelant qu'il précise, dans le dispositif de ses écritures, les chefs du jugement dont il demande l'infirmation (Cass. 2e civ. 3-3-2022 n° 20-20.017 F-B).

> **› Précisions** La Cour de cassation avait déjà rendu un arrêt établissant un lien explicite entre l'absence de demande de réformation ou d'infirmation dans le dispositif des conclusions de l'appelant, et une sanction très grave : la caducité de l'appel. Il s'agissait cependant d'un arrêt non publié (Cass. 2e civ. 31-1-2019, n° 18-10.983).

Par ailleurs, la Cour de cassation juge que le « respect de la diligence » impartie par l'article 908 « s'apprécie nécessairement en considération des prescriptions de cet article 954 ». Ainsi, le dispositif des conclusions doit formuler des **prétentions sur le litige**, sans pouvoir procéder par renvoi. À défaut, là encore, la cour d'appel ne peut que confirmer le jugement frappé d'appel. Cette solution est d'autant plus dangereuse qu'elle ne bénéficie pas de l'application différée dans le temps réservée à celle dégagée par l'arrêt du 17 septembre 2020 (Cass. 2e civ. 9-9-2021, n° 20-17.263 F-B).

Enfin, les parties doivent se soumettre au principe de concentration et présenter des conclusions au fond. Ce principe est encore renforcé par le fait que désormais l'appelant – comme d'ailleurs les autres parties – doit présenter l'**ensemble de ses prétentions sur le fond** dès les conclusions mentionnées à l'article 908. Cela à peine d'irrecevabilité, relevée d'office, et sous réserve de quelques exceptions liées pour l'essentiel aux évènements postérieurs aux conclusions (CPC art. 910-4). Ce schéma est très exigeant pour les rédacteurs de conclusions d'appel. En l'état actuel des textes, la Cour de cassation, saisie pour avis, a précisé que cette irrecevabilité était de la compétence de la cour, et non pas du conseiller de la mise en état (Cass. avis 2e civ. 11-10-2022 nº 70.010 avis nº 15012 B).
Le texte impose aux parties de présenter l'ensemble de leurs prétentions sur le fond dès les premières conclusions, mais s'agit-il uniquement des premières conclusions déposées dans les délais ou bien un appelant ayant conclu précocement a-t-il la possibilité d'enrichir ses prétentions, à la condition de le faire par de **nouvelles écritures** déposées et notifiées **à l'intérieur du délai** ? À notre avis, rien n'est moins sûr si les premières conclusions ont non seulement été déposées, mais aussi notifiées ou signifiées avant que les deuxièmes conclusions ne soient prises. En effet, la notification des premières conclusions constitue alors le point de départ du délai ouvert à l'adversaire pour remettre ses propres conclusions au greffe (CPC art. 911, al. 2). Les prétentions de l'appelant doivent donc être figées pour permettre un débat loyal. L'intimé doit disposer du bénéfice de l'intégralité de son délai pour élaborer sa réponse.

> **Précisions a.** Dès lors que l'appelant a déposé par RPVA des conclusions relatives à l'instance d'appel concernée, la cour en est régulièrement saisie, et l'appel n'encourt pas la caducité en dépit de l'indication d'un **numéro de répertoire erroné** (Cass. 2e civ. 2-7-2020 nº 19-14.745 F-PBI ; 30-9-2021, nº 20-15.057 F-D).
b. L'erreur manifeste dans la **désignation des parties** affectant uniquement la première page des conclusions n'est pas de nature à entraîner la caducité de la déclaration d'appel, dès lors que l'objet du litige dans les prétentions des parties devant les juges du fond et la déclaration d'appel ont correctement désigné ces parties (Cass. 2e civ. 29-9-2022 nº 21-16.220 F-B).

d. Sanction du non-respect des délais par l'appelant

PRINCIPES

Les délais imposés à l'appelant : délai d'un mois pour signifier son acte d'appel par huissier ou commissaire de justice (CPC art. 902) et délai de trois mois pour remettre ses conclusions au greffe (CPC art. 908 ; nº 25600) sont tous les deux sanctionnés par la **caducité de la déclaration d'appel relevée d'office.** **25630**
Alors qu'avant la réforme de 2017 l'article 902 du CPC ne prévoyait pas que la caducité puisse être relevée d'office, la Cour de cassation avait déjà permis au **conseiller de la mise en état** de le faire (Cass. 2e civ. 26-6-2014 nº 13-20.868 : Bull. civ. I nº 159). En outre, si la caducité de la déclaration d'appel relève en principe de la compétence exclusive du conseiller de la mise en état et ne constitue pas un moyen d'ordre public (Cass. 2e civ. 17-10-2013 nº 12-21.242 F-PB : Bull. civ. II nº 198 ; Cass. 3e civ. 24-9-2014 nº 13-21.524 FS-PB : Bull. civ. III nº 114 ; Cass. 1e civ. 16-12-2015 nº 14-24.642), la Cour de cassation a reconnu à la **cour d'appel** la faculté de relever d'office le moyen, à condition de le soumettre à la discussion des parties (Cass. 2e civ. 11-5-2017 nº 16-14.868). Elle a précisé par ailleurs que, si la cause de la caducité est antérieure au dessaisissement du conseiller, la cour d'appel ne peut la retenir qu'en relevant le moyen d'office (Cass. 2e civ. 11-5-2017 nº 15-27.467 FS-PBI). Enfin, la réforme de 2017 a clairement introduit cette faculté pour la cour (CPC art. 914, al. 6). Notons qu'il ne s'agit que d'une faculté. Le moyen n'est donc pas d'ordre public, ce qui ressortait déjà clairement de la position de la Cour suprême.
La caducité est une cause d'**extinction de l'instance** à titre principal (CPC art. 385). Elle n'en laisse en principe rien subsister. Or, la partie dont la déclaration d'appel a été frappée de caducité en application des articles 902, 905-1, 905-2 ou 908 du CPC, ou dont l'appel a été déclaré irrecevable, **n'est plus recevable à former un appel principal** contre le même jugement et à l'égard de la même partie (CPC art. 911-1, al. 3). Une même sanction est prévue à l'égard de l'intimé qui aurait négligé de former appel incident ou provoqué dans les délais des articles 905-2 et 909, ou dont l'appel incident ou provoqué a été déclaré irrecevable (CPC art. 911-1, al. 4). Il a depuis été précisé que la saisine irrégulière d'une cour d'appel, qui fait encourir une irrecevabilité à l'appel, n'interdit pas à son auteur de former un second appel, même sans désistement préalable de son premier appel, sous réserve de l'absence d'expiration du délai d'appel (Cass. 2e civ. 2-7-2020 nº 19-14.086 F-PBI, rendu à l'occasion d'un appel antérieur au 1-9-2017), et **tant que le premier appel n'a pas été déclaré irrecevable** (Cass. 2e civ. 1-10-2020 nº 19-11.490 FS-PBI, rendu à l'occasion d'un appel postérieur au 1-9-2017). La solution devrait être la même sur le terrain de la caducité.

> **Précisions** L'article 911-1 al. 3, compte tenu de sa place dans l'architecture du Code, n'a pas vocation à s'appliquer en matière de procédure **jour fixe** (Cass. 2e civ. 19-5-2022 no 21-10.422 F-B) de sorte que la possibilité de réitérer l'appel reste ouverte dans ce cas spécifique (Cass. 2e civ. 7-9-2017 no 16-16.847 précité).

La caducité est prononcée par ordonnance du conseiller de la mise en état (ou, en cas de « fixation 905 », par ordonnance du président de la chambre saisie ou du magistrat désigné par le premier président), après sollicitation des observations écrites des parties (no 26237).
Le prononcé de la caducité pour non-respect des formes ou délais précités ne nécessite pas la démonstration d'un **grief**. Ainsi, lorsque les conclusions sont transmises au greffe par l'appelant sans respecter les formes ou délais imposés par les textes, la cour d'appel, qui n'a pas à rechercher si cette irrégularité a causé un grief aux intimés, dès lors que la caducité est encourue au titre, non pas d'un vice de forme de la notification des conclusions entre avocats, mais de **l'absence de conclusions remises au greffe dans les délais requis**, en déduit exactement que les appelants n'ont pas conclu dans le délai imparti, de sorte que l'appel est caduc (Cass. 2e civ. 24-9-2015 no 13-28.017 F-PB : Bull. civ. II no 207). En revanche, lorsque la caducité de la déclaration d'appel est invoquée en raison d'une **irrégularité de forme affectant la notification par l'appelant de ses conclusions à l'intimé,** elle ne peut être encourue qu'en cas d'annulation de cet acte, sur la démonstration par celui qui l'invoque du grief que lui a causé l'irrégularité (Cass. 2e civ. 16-10-2014 no 13-17.999 : Bull. civ. II no 213 ; Cass. 2e civ. 4-11-2021 no 20-13.568 F-P ; Cass. 2e civ. 11-5-2023 no 23-70.002 B avis no 15005).
L'intimé à l'égard duquel l'appelant n'a pas signifié ses conclusions dans les délais requis ne peut renoncer à la caducité de l'appel (Cass. com. 13-12-2017 no 16-17.975 F-PB : RJDA 3/18 no 259), laquelle produit au surplus ses effets à l'égard de toutes les parties lorsque le litige est indivisible (Cass. 2e civ. 11-5-2017 no 16-14.868 FS-PBI : Bull. civ. II no 93).

> **Précisions** Les délais imposés aux parties pour effectuer les actes nécessaires à la régularité de la procédure d'appel ne les privent pas de leur **droit d'accès au juge et à un procès équitable** ou à un recours effectif, conformément à l'article 6, 1 de la convention de sauvegarde des droits de l'Homme et des libertés fondamentales. En conséquence le non-respect des prescriptions réglementaires justifie, dès lors qu'il est établi, la sanction de la caducité édictée par les articles 902 et 908 (Cass. 2e civ. 26-6-2014 nos 13-22.011 et 13-22.013 : Bull. civ. II no 152 et no 153).

NOTIFICATION IRRÉGULIÈRE DES CONCLUSIONS DE L'APPELANT

25633 Lorsque la caducité de la déclaration d'appel est invoquée en raison d'une irrégularité de forme affectant la notification par l'appelant de ses conclusions à l'intimé (en l'espèce, dans le délai imparti par l'article 911), elle ne peut être encourue qu'en cas d'annulation de cet acte, sur la démonstration par celui qui l'invoque du grief que lui a causé l'irrégularité (Cass. 2e civ. 16-10-2014 no 13-17.999 : Bull. civ. II no 213 ; Cass. 2e civ. 4-11-2021 no 20-13.568 F-P ; Cass. 2e civ. 11-5-2023 no 23-70.002 B avis no 15005).

FORCE MAJEURE ET SANCTIONS APPLICABLES À L'APPELANT

25636 En cas de force majeure, le président de la chambre ou le conseiller de la mise en état peut **écarter l'application des sanctions** applicables au non-respect des délais, prévues aux articles 905-2 et 908 à 911 du CPC (CPC art. 910-3). Le juge d'appel doit apprécier in concreto la force majeure (pour une application, Cass. 2e civ. 14-11-2019 no 18-17.839 FS-PBI). Il doit s'agir d'une circonstance **non imputable** au fait de la partie et qui revêt pour elle un caractère **insurmontable.** Par exemple, le fait d'attendre un rapport d'expertise d'un cabinet extérieur ne permet pas à un appelant de soutenir qu'il a été placé dans l'impossibilité de conclure en raison d'une circonstance qui ne lui serait pas imputable (Cass. 2e civ. 25-3-2021 no 20-10.654 F-P) ni même l'état de santé d'un avocat qui exerce dans un cabinet constitué d'une trentaine de personnes dont une équipe dans son domaine d'activité (Cass. 2e civ. 2-12-2021 no 20-18.732 F-B).
Avant l'introduction de cette disposition, il a été jugé que lorsque la transmission des conclusions échoue pour une cause étrangère à l'avocat (en l'espèce, **dysfonctionnement du réseau RPVA**) et que celui-ci, n'ayant pas eu connaissance de cet échec, n'a pas pu régulariser la procédure, la caducité n'est pas prononcée (CA Versailles 19-11-2013 no 13/04919 12e ch. ; Cass. 2e civ. 26-6-2014 no 13-20.868 : Bull. civ. II no 159, par raisonnement a contrario).
Le ministère de la justice a précisé, par circulaire du 4 août 2017, que le cas envisagé par l'article 910-3 est notamment celui de l'**événement brutal et imprévisible** empêchant l'avocat de conclure dans les délais impartis. La notion de force majeure a ainsi été privilégiée par rapport à celle de cause étrangère, en cohérence avec la définition de la force majeure en matière

contractuelle issue de la réforme du droit des obligations (C. civ. art. 1218), qui ne fait plus référence à l'extériorité de l'événement mais à son caractère incontrôlable dans sa survenance et ses conséquences (Circ. min. just. du 4-8-2017 p. 24, NOR : JUSC1721995C).

APPEL INCIDENT ET ABSENCE DE RENONCIATION À INVOQUER LA CADUCITÉ DE L'APPEL

La notification de conclusions contenant un appel incident par la partie intimée à la partie appelante, dont la déclaration d'appel encourt la caducité faute de signification de ses conclusions d'appel dans le délai requis, ne peut faire échec, en la régularisant, à la sanction procédurale spécifique prévue par l'article 908 du CPC ; par suite, il ne se déduit pas de l'appel incident de l'intimée sa renonciation non équivoque à se prévaloir de l'irrégularité de la procédure d'appel (Cass. 2e civ. 13-11-2014 no 13-24.142 F-PB : Bull. civ. II no 227). La question ne semble même plus pouvoir se poser, puisqu'il a été jugé que l'intimé à l'égard duquel l'appelant n'a pas signifié ses conclusions dans les délais requis ne peut pas renoncer à la caducité de l'appel (Cass. com. 13-12-2017 no 16-17.975 F-PB : RJDA 3/18 no 259). **25638**

CADUCITÉ DE L'APPEL ET PLURALITÉ DE PARTIES

Il importe de déterminer si la caducité doit être appliquée de manière distributive ou globale en cas de procès à parties multiples étant rappelé que l'intimé à l'égard duquel l'appelant n'a pas signifié ses conclusions dans les délais requis ne peut renoncer à la caducité de l'appel (no 25638). **25643**

Le principe général est celui d'une **application distributive** des sanctions procédurales, partie par partie (notamment, Cass. 2e civ. 19-2-2009 no 08-12.233 : Bull. civ. II no 55 ; Cass. 2e civ. 13-11-2014 no 13-24.142 F-PB : Bull. civ. II no 227), sous réserve de certaines exceptions, notamment dans les cas de solidarité ou d'indivisibilité (Cass. 2e civ. 11-5-2017 no 16-14.868 FS-PBI).

Ainsi, le fait que, formellement, l'appel ait été exercé pour **plusieurs appelants** par un acte unique ou par actes séparés, devrait être indifférent au plan de la sanction, bien que les textes prévoient parfois la caducité « de la déclaration d'appel » (CPC art. 902 et 908).

Lorsqu'il y a pluralité d'appelants, sous la même constitution, ou sous plusieurs constitutions différentes, la caducité doit être appliquée partie par partie (CPC art. 323 et 324), ce qui impose à chacun de se conformer strictement aux exigences de la procédure.

Lorsque plusieurs parties relèvent appel et que l'une d'entre elles ne signifie pas son acte d'appel dans le mois de l'avis du greffe (CPC art. 902) ou ne conclut pas dans le délai de trois mois de l'acte d'appel (CPC art. 908), elle encourt seule la caducité de son acte d'appel ; et inversement, elle ne peut se prévaloir de l'appel des autres.

Toutefois, en cas de **solidarité ou d'indivisibilité** à l'égard de plusieurs parties, l'appel formé par l'une conserve le droit d'appel des autres, sauf à ces dernières à se joindre à l'instance (CPC art. 552, auquel renvoie l'article 324). Dans ces hypothèses, l'appelant caduc peut donc se joindre à l'appel d'un autre appelant solidaire ou indivisible. Il est en effet permis de considérer que l'appelant atteint par la caducité pourra par ce biais rejoindre la procédure d'appel en se joignant à l'appel des autres puisque son droit d'appel aura été conservé.

En revanche, en cas d'appel unique, la caducité de la déclaration d'appel produit ses effets à l'égard de toutes les parties (Cass. 2e civ. 11-5-2017 no 16-14.868 FS-PBI : Bull. civ. II no 93).

La cour peut en outre ordonner d'office la mise en cause de tous les coïntéressés (CPC art. 552, al. 3).

En cas de **pluralité d'intimés,** sous la même constitution ou sous plusieurs constitutions différentes, le principe d'application de la **sanction partie par partie** s'applique (CPC art. 323 et 324). Lorsqu'un appelant a relevé appel contre plusieurs intimés et qu'il n'a pas respecté les délais (CPC art. 902 ou 908) à l'égard d'un seul intimé, il encourt en principe la caducité de son acte d'appel uniquement à l'égard de cet intimé. **25644**

Mais, lorsque les intimés sont liés par un lien de **solidarité ou** d'**indivisibilité,** l'appel formé contre l'un devrait réserver à l'appelant la faculté d'appeler les autres à l'instance (CPC art. 552, al. 2). Toutefois, dans le cas particulier de l'indivisibilité, la **circulaire de la Chancellerie** du 31 janvier 2011 précise (point 3.1.1 p. 7) que l'appel serait « irrecevable » en son entier en vertu du principe selon lequel « en cas d'indivisibilité à l'égard de plusieurs parties (...) l'appel formé contre l'une n'est recevable que si toutes sont appelées à l'instance » (CPC art. 553).

Cette **position** est, à notre avis, **contestable.** D'une part, si certaines exigences de la procédure sont sanctionnées par la caducité de l'acte d'appel, il n'est pas certain que cela permette de considérer que l'intimé n'a pas été appelé, au sens de l'article 553 du CPC. En effet, le fait qu'une partie ait été intimée ne suffit-il pas à considérer qu'elle a été appelée à l'instance d'appel, ce qui interdirait d'appliquer la sanction de l'irrecevabilité (CPC art. 553), même si l'acte d'appel est ensuite jugé caduc à son égard ? D'autre part, et surtout, l'appelant ayant relevé appel contre plusieurs intimés indivisibles doit pouvoir réitérer son appel contre l'intimé ayant

bénéficié de la caducité puisque dans le cas de l'indivisibilité, l'appel dirigé contre l'une des parties réserve à l'appelant la faculté d'appeler les autres à l'instance (CPC art. 552, al. 2). Ainsi, l'appelant pourrait soutenir que l'appel dirigé contre les autres indivisaires lui aurait réservé la faculté d'appeler la partie intimée ayant bénéficié de la caducité, et donc de réitérer son appel contre elle, sans obstacle de délai. À moins de considérer, ce qui sous-tend peut-être la solution de la circulaire, que la sanction de la caducité empêcherait de réitérer en vertu de l'article 552, alinéa 2 du CPC ; aucun texte ne le prévoit pourtant expressément. Il est au moins permis de considérer que l'affirmation de la circulaire de la Chancellerie doit être nuancée : l'irrecevabilité prévue en cas d'indivisibilité (CPC art. 553), à supposer qu'elle puisse être retenue dans un tel cas de figure, ne semble pouvoir l'être que si l'appel n'a pas été réitéré comme le permet en principe l'indivisibilité (CPC art. 552, al. 2). En tout cas, l'irrecevabilité globale pourra être contestée ; le débat est possible et même très défendable (Cass. com. 28-4-1998 n° 96-18.741 : RJDA 8-9/98 n° 1021 ; Cass. 2e civ. 7-9-2017 n° 16-20.463 F-PB : Bull. civ. II n° 165) sur le strict terrain de la recevabilité de l'appel, retenu par la circulaire précitée.
Mais la question est sans doute mal posée, et désormais obsolète, puisqu'il a été jugé, dans un cas de litige indivisible, que **la caducité de la déclaration d'appel produit ses effets à l'égard de toutes les parties** (Cass. 2e civ. 11-5-2017 n° 16-14.868 F-PB précité). La nature de la sanction rend superflu tout débat sur le terrain de la recevabilité, étant rappelé que **l'intimé ne peut pas renoncer** à la caducité de l'appel (Cass. com. 13-12-2017 n° 16-17.975 F-PB : RJDA 3/18 n° 259).

25645 En cas d'indivisibilité à l'égard de plusieurs parties, l'appel formé contre l'une n'est recevable que si toutes sont appelées à l'instance (CPC art. 553). Il existe un tel lien d'indivisibilité en matière d'admission des créances **entre le créancier, le débiteur et le liquidateur.**

ILLUSTRATIONS

Une procédure de **redressement judiciaire** ouverte à l'égard d'une **société** et convertie en liquidation judiciaire est **étendue** deux mois plus tard **à ses associés** pour confusion des patrimoines ; une **banque** déclare diverses créances détenues sur les associés, créances qui sont contestées par le liquidateur. Le juge-commissaire prononce alors l'admission de ces créances à hauteur d'un certain montant après avoir convoqué les associés et la société. La banque relève appel de cette décision, en **intimant le liquidateur et les associés, mais pas la société.** La cour d'appel se prononce sur cet appel, en l'absence de mise en cause de la société. L'arrêt est censuré : il incombait à la cour d'appel de relever d'office (CPC art. 125) l'**irrecevabilité de l'appel** eu égard au lien d'indivisibilité unissant les parties à l'instance relative à l'admission des créances (Cass. com. 15-11-2016 n° 14-29.885 F-PBI).
Lorsque le débiteur relève appel seul d'une décision d'**admission de créance,** il doit intimer non seulement le créancier, mais également le **mandataire judiciaire.** À défaut, la matière étant indivisible, son appel est irrecevable (Cass. com. 29-9-2015 n° 14-13.257 : RJDA 5/16 n° 385).
De même, en cas d'appel d'un jugement de **conversion de redressement judiciaire en liquidation judiciaire,** si l'administrateur judiciaire n'a pas été partie en première instance, et n'a pas été intimé (CPC art. 547), il doit néanmoins être assigné en **intervention forcée,** conformément à l'article R 661-6, 1° du Code de commerce, afin que l'appel soit régularisé et, de manière dérogatoire, sans exigence d'évolution du litige (Cass. com. 14-6-2017 n° 15-20.229 F-PBI : Bull. civ. IV n° 84).
Une solution de même nature a été mise en œuvre dans un procès opposant les **coauteurs d'une œuvre musicale** à une société de production qui a relevé appel du jugement de résiliation du contrat seulement à l'encontre d'un interprète sans intimer les deux autres parties (Cass. 1e civ. 8-2-2017 n° 15-26.133 F-PB).

EFFETS DE LA SANCTION

25646 **Prescription et forclusion** Il résulte de la réforme de la prescription (Loi 2008-561 du 17-6-2008) que l'acte de saisine d'une juridiction annulé par l'effet d'un vice de procédure conserve son effet interruptif de prescription et de forclusion (C. civ. art. 2241), et ce jusqu'à l'extinction de l'instance (C. civ. art. 2242). Un acte d'appel annulé pour vice de procédure conserve donc cet effet interruptif de prescription et de forclusion (Cass. 2e civ. 16-10-2014 n° 13-22.088 : Bull. civ. II n° 215), la procédure pouvant alors être régularisée jusqu'à ce que le juge statue, l'acte d'appel pouvant être réitéré avant ou après l'annulation (Cass. 2e civ. 1-6-2017 n° 16-14.300 FS-PBI, rendu au double visa de C. civ. art. 2241 et CPC art. 121 ; Cass. 2e civ. 7-6-2018 n° 17-16.661 F-PB ; Cass. 2e civ. 17-9-2020 n° 19-18.608 F-PBI).

ATTENTION

L'annulation d'une **déclaration de saisine** de la Cour de cassation (ici pour mention d'un domicile inexact), qui n'est pas regardée comme une demande en justice, n'opère pas d'effet interruptif du délai de forclusion de deux mois pour saisir la cour de renvoi, devant laquelle c'est l'instance d'appel initiale qui se poursuit, en l'état où elle se trouvait immédiatement avant l'arrêt cassé (Cass. 2e civ. 4-3-2021 nos 19-13.344 et 19-14.055 F-P).

En revanche, aucun texte ne permet de penser que la caducité conserve le même effet à l'acte d'appel ; la Cour de cassation a d'ailleurs jugé qu'une assignation dont la caducité a été constatée n'a pu interrompre le cours de la prescription (Cass. ass. plén. 3-4-1987 n° 86-11.536 : Bull. ass. plén. n° 2). Sans surprise, elle a retenu la même position s'agissant d'un acte d'appel (Cass. 2e civ. 21-3-2019 n° 17-31.502 FS-PB). De même, elle a jugé fort logiquement, sur le terrain de la fin de non-recevoir, qu'un appelant dont l'acte d'appel a été déclaré irrecevable ne pouvait pas se prévaloir des dispositions de l'article 2241 du Code civil (Cass. 2e civ. 1-6-2017 n° 16-15.568 F-PB ; Cass. 2e civ. 21-3-2019 n° 17-10.663 FS-PB ; Cass. 2e civ. 14-11-2019 n° 18-23.631).
L'enjeu est désormais moindre, puisque la réforme de 2017 a fermé expressément la possibilité d'un second appel, indépendamment de toute notion de signification de la décision (n° 25630) : la partie dont la déclaration d'appel a notamment été frappée de caducité en application des articles 902, 905-1, 905-2 ou 908, ou dont l'appel a été déclaré irrecevable, n'est plus recevable à former un appel principal contre le même jugement et à l'égard de la même partie (CPC art. 911-1, al. 3). La caducité de la déclaration d'appel, ou l'irrecevabilité de l'appel, sont donc des sanctions très lourdes.

> **Précisions** Une déclaration d'appel formée devant une **cour d'appel incompétente** interrompt le délai d'appel. Cette interruption est non avenue en cas de désistement d'appel, à moins que le désistement n'intervienne précisément en raison de la saisine d'une cour d'appel incompétente (Cass. 2e civ. 22-10-2020 n° 19-20.766 F-PBI).

Conséquences sur l'intimé L'appel incident ou l'appel provoqué peut être formé, en tout état de cause, alors même que celui qui l'interjetterait serait forclos pour agir à titre principal. Dans ce dernier cas, il ne peut toutefois pas être reçu si l'**appel principal** n'est pas lui-même recevable ou s'il est **caduc** (CPC art. 550). En d'autres termes, l'appel incident doit se greffer sur un appel principal valable. 25649
Il est conseillé au praticien, lorsque son client est encore dans le délai, de former un **appel principal « croisé »,** pour rester maître de sa propre instance, autonome de l'appel adverse (n° 25710).

RECOURS

La décision du conseiller de la mise en état statuant sur la caducité de l'appel a autorité de la chose jugée au principal (CPC art. 914, al. 7). 25659
L'ordonnance qui prononce la caducité ne peut pas être rapportée (CPC art. 911-1, al. 2). Le seul recours ouvert est le déféré (CPC art. 916 ; nos 26331 s.), y compris d'ailleurs si le conseiller rejette la demande de caducité, sa décision ayant sur ce point autorité de la chose jugée au principal quelle que soit la solution retenue (CPC art. 914).

2. OBLIGATIONS DE L'INTIMÉ DANS LES PROCÉDURES D'APPEL AVEC REPRÉSENTATION OBLIGATOIRE

Dans les procédures avec représentation obligatoire, l'intimé doit choisir un avocat, celui-ci doit notifier sa **constitution** à l'avocat de la partie adverse et l'intimé doit ensuite **conclure** (nos 25700 s.). 25679
Le Code de procédure civile précise les mentions obligatoires de la constitution d'avocat et des conclusions des parties (CPC art. 960 à 962). Par leur place dans l'architecture du CPC, ces dispositions ont vocation à s'appliquer à toute procédure devant la cour d'appel, que ce soit en matière contentieuse – avec ou sans représentation obligatoire – ou gracieuse. Il est néanmoins certain qu'elles ne présentent d'intérêt, pour l'essentiel, que dans le cadre des **procédures écrites.**

> **Précisions** En cas de **renvoi après cassation,** même si les parties sont immédiatement replacées dans leur situation antérieure à l'arrêt cassé et aux droits de leurs écritures sur l'appel initial, elles doivent néanmoins **constituer avocat** lorsque la représentation est obligatoire (Cass. 2e civ. 6-1-2012 n° 09-17.059 : Bull. civ. II n° 2). Sinon, elles seront considérées comme défaillantes. Rappelons cependant que les parties qui ne respectent pas les délais imposés sont réputées s'en tenir aux moyens et prétentions qu'elles avaient soumis à la cour d'appel dont l'arrêt a été cassé (CPC art. 1037-1, al. 6).

a. Constitution de l'intimé

Dès qu'il est constitué, l'avocat de l'intimé en informe celui de l'appelant et remet une copie de son acte de constitution au greffe (CPC art. 903). 25680
Depuis le 1er septembre 2011, la transmission au greffe doit s'effectuer par voie électronique (nos 25505 s.).

La constitution notifiée à l'avocat adverse par voie électronique n'est opposable à l'appelant qu'en présence d'un avis électronique de réception. En l'absence d'un tel avis, si l'avocat constitué pour l'appelant dénie avoir reçu un acte par voie électronique, il ne peut être considéré comme régulièrement notifié (Cass. 2e civ. 15-10-2015 n° 14-24.322 F-PB : Bull. civ. II n° 229).

25682 La constitution d'avocat par l'intimé (ou par toute personne qui devient partie en cours d'instance) est dénoncée aux autres parties par **notification entre avocats** (CPC art. 960, al. 1).
Cet acte indique (CPC art. 960, al. 2) :
– si la partie est une personne physique, ses nom, prénoms, profession, domicile, nationalité, date et lieu de naissance ;
– s'il s'agit d'une personne morale, sa forme, sa dénomination, son siège social et l'organe qui la représente légalement.
La voie électronique peut être utilisée, et souvent imposée par des conventions locales, pour la notification entre avocats (nos 25505 s.).

b. Conclusions, appel incident et appel provoqué de l'intimé

CONCLUSIONS DE L'INTIMÉ PRINCIPAL

25700 Dans un souci d'équilibre entre les droits et obligations des parties, la procédure d'appel impose à l'intimé un délai de trois mois pour **remettre ses conclusions** au greffe et former, le cas échéant, **appel incident** ou **appel provoqué** (CPC art. 909). La règle s'applique sauf réduction par le conseiller de la mise en état (n° 26000) et sauf augmentation en raison de la distance (nos 26020 s.).

25701 **Point de départ du délai** Le point de départ du délai de trois mois imposé à l'intimé principal est la notification des **conclusions de l'appelant** prévue à l'article 908 du CPC ; il en résulte que l'appelant principal a une prise sur son adversaire puisque, par ses conclusions plus ou moins précoces, il déclenche le délai imparti à l'intimé pour répliquer. Les délais de la première phase de la procédure sont ainsi interactifs.
La notification des conclusions de l'appelant à l'intimé, faite dans le délai de l'article 908 du CPC ou, en vertu de l'article 911 du même Code, leur signification par acte d'huissier ou commissaire de justice (**intimé défaillant**) au plus tard dans le mois suivant l'expiration du délai de l'article 908, constitue le point de départ du délai dont l'intimé dispose pour conclure en application de l'article 909 (Cass. avis 6-10-2014 n° 15012P : Bull. civ. avis n° 8).

25706 **Champ d'application** Le délai de l'article 909 CPC s'applique au **ministère public** comme à toute autre partie, sans que les circonstances autres que les cas de suspension ou d'interruption des délais prévus par la loi ne puissent l'exonérer de ses conséquences (CA Lyon 19-12-2011 n° 11/01777 ; CA Lyon 9-1-2012 n° 11/01514).

25708 **Contenu des conclusions** Les conclusions de l'intimé exigées par l'article 909 CPC sont celles, **adressées à la cour,** qui sont remises au greffe et notifiées dans les délais prévus par ce texte et qui **déterminent l'objet du litige** (CPC art. 910-1). À peine d'irrecevabilité, relevée d'office, l'intimé doit présenter, dès ses conclusions mentionnées à l'article 909, l'ensemble de ses **prétentions sur le fond** (CPC art. 910-4). Sur cette obligation de concentration, voir les développements concernant les conclusions de l'appelant, ceux-ci étant transposables (n° 25610).

> **Précisions** Le fait que les conclusions signifiées par l'intimée mentionnent « il est demandé au conseiller de la mise en état », alors qu'il s'agit de conclusions contenant une demande de réformation partielle du jugement ainsi que des prétentions et moyens sur le fond, et transmises par le RPVA, selon les exigences requises, n'empêche pas que la cour d'appel en soit saisie, quand bien même elles comportaient une référence erronée au conseiller de la mise en état (Cass 2e civ. 20-10-2022 n° 21-15.942 F-B).

Il appartiendra à la partie qui se prévaudra d'une **nullité de forme de la déclaration d'appel** de le faire par des conclusions distinctes devant le conseiller de la mise en état, avant le dépôt de ses conclusions au fond. En outre, la partie qui estimera qu'il existe une irrecevabilité de l'appel ou une caducité de l'appel devra l'invoquer par des conclusions distinctes des conclusions au fond et non interruptives du délai pour conclure. Pour ne pas prendre le risque de ne plus pouvoir conclure au fond en cas de rejet de la fin de non-recevoir ou de l'exception de nullité soulevée, elle devra conclure sur le fond dans les délais impératifs (Circ. min. just. du 4-8-2017 p. 9, NOR : JUSC1721995C).

La demande de l'intimé aux fins de **radiation pour défaut d'exécution** (CPC art. 524) doit, à peine d'irrecevabilité prononcée d'office, être présentée avant l'expiration des délais prescrits aux articles 905-2, 909, 910 et 911 du CPC. Cette demande suspend les délais impartis à l'intimé par les mêmes articles (CPC art. 524, al. 2 et 4 ; n° 26082).

Un **appel incident** peut être formé par un intimé **contre une partie défaillante**, le plus souvent un co-intimé. Lorsqu'un intimé conclut dans le délai de trois mois mais que ses écritures emportent appel incident contre une partie défaillante, il doit **signifier** ses conclusions au défaillant **par acte** d'**huissier ou commissaire de justice** (CPC art. 911). L'appel incident est formé de la même manière que le sont les demandes incidentes (CPC art. 551). Or, en appel, les demandes incidentes sont faites à l'égard des parties défaillantes par assignation (CPC art. 68, al. 2). Il pourrait donc être soutenu que le simple dépôt de ses conclusions par l'intimé appelant incident ne saurait valoir appel incident à l'égard de la partie défaillante. Dès lors, la question se pose de savoir si l'appelant incident doit respecter simplement le délai d'un mois pour signification de ses conclusions par huissier ou commissaire de justice à la partie défaillante (CPC art. 911), ou s'il doit aussi respecter le délai de trois mois à compter des conclusions de l'appelant principal (CPC art. 909). Par **exemple**, un appelant principal dépose et notifie ses conclusions le 2 mars. L'intimé, auteur d'un appel incident contre une partie défaillante, dépose ses conclusions le 2 juin. Doit-il simplement signifier ses conclusions à la partie défaillante dans le mois, soit au plus tard le 2 juillet (CPC art. 911) ou doit-il le faire à l'intérieur du délai de trois mois à compter des conclusions de l'appelant principal, soit au plus tard le 2 juin (CPC art. 909) ? La Cour de cassation opère une distinction selon que le défaillant a ou non été intimé par l'appelant principal. Si le défaillant n'a pas été intimé, il convient de former à son égard appel provoqué. La Cour suprême, précédée par les juges du fond (CA Lyon 25-4-2012 n° 11/04190), a logiquement tranché dans le sens de la sévérité en jugeant que, à l'égard des parties défaillantes, l'appel incident ou provoqué doit être formé par assignation en application de l'article 68, al. 2 du CPC (Cass. 2e civ. 9-1-2014 n° 12-27.043 : Bull. civ. II n° I), et ce à l'intérieur du délai qui lui est imparti pour conclure, sans que l'auteur ait le choix avec un acte d'appel croisé, ce qui est très dangereux (Cass. 2e civ. 27-9-2018 n° 17-13.835 F-PB : Bull. civ. II n° 357). Si en revanche le défaillant a été régulièrement intimé par l'appelant principal, l'appelant incident doit déposer et notifier ses conclusions dans le délai de trois mois à l'égard des parties ayant constitué avocat (CPC art. 909) mais il dispose alors du délai d'un mois après l'expiration de ce délai pour les faire signifier par huissier ou commissaire de justice à l'intimé défaillant (CPC art. 911 ; Cass. 2e civ. 9-1-2020 n° 18-24.606 F-PBI ; Cass. 2e civ. 9-6-2022 n° 21-12.974 FB). 25710

ATTENTION

Les risques encourus en raison des délais de la procédure d'appel conduisent parfois les parties intimées par un appel initial et qui souhaitent se porter appelantes à titre incident, à former des **appels principaux croisés,** pour se ménager ou pour **rouvrir les délais de la première phase de la procédure** (CPC art. 908 à 910).

En règle générale, la **jonction** n'est pas opérée immédiatement, et le conseiller de la mise en état instruit de manière parallèle chaque numéro de rôle. La jonction est alors prononcée ensuite, soit à l'ouverture de la seconde phase (CPC art. 912), soit lors du prononcé de l'arrêt.

La décision de jonction, simple mesure d'administration judiciaire (CPC art. 368) n'a pas pour effet de créer une procédure unique (Cass. 3e civ. 26-2-2003 n° 00-19.986 : Bull. civ. III n° 52 ; Cass. 2e civ. 25-6-2015 n° 14-16.292 F-PB : Bull. civ. II n° 173).

Il convient cependant de souligner que, depuis la réforme de 2017, **n'est plus recevable à former un appel principal** l'intimé qui a négligé de former appel incident ou provoqué dans les délais des articles 905-2 et 909, ou dont l'appel incident ou provoqué a été déclaré irrecevable (CPC art. 911-1, al. 4).

Rappelons aussi qu'un **appel provoqué** ne peut plus être formé que par acte d'huissier ou commissaire de justice et non plus par appel croisé (Cass. 2e civ. 6-6-2019 n° 18-14.901 F-PB ; Cass. 2e civ. 27-9-2018 n° 17-13.835 F-PB : Bull. civ. II n° 357).

Sanction à double détente La sanction du délai de trois mois est très rigoureuse et à double détente. Il s'agit au premier plan de l'**irrecevabilité,** au besoin relevée d'office, des conclusions et, le cas échéant, de l'appel incident ou provoqué (CPC art. 909). Au second plan, cette défaillance interdit à l'intimé d'inscrire un nouvel appel principal croisé (n° 25710). 25717

Le **conseiller de la mise en état** a compétence exclusive, dès qu'il est saisi, pour prononcer l'irrecevabilité des conclusions en application de l'article 909 (CPC art. 914, al. 1). À défaut d'avoir été saisi, la demande d'irrecevabilité formée directement devant la cour est elle-même irrecevable (Cass. 2e civ. 28-6-2017 n° 14-14.228 F-PB : RJDA 11/17 n° 714). La cour a néanmoins la faculté de relever d'office cette fin de non-recevoir (Cass. 2e civ. 17-5-2018 n° 15-17.112 F-PB). Et elle a même le devoir de le faire, conformément à l'article 125 du CPC, lorsque le non-respect de l'article 909 entraîne l'irrecevabilité d'un appel incident (Cass. 2e civ. 28-9-2017 n° 16-23.497 F-PB : Bull. civ. II n° 185).

À la différence du cas de la caducité (CPC art. 911-1, al. 2), il n'est pas dit que la **décision** du conseiller de la mise en état sur l'irrecevabilité des conclusions ne peut pas être **rapportée.** A contrario, elle doit donc pouvoir l'être.

La décision du conseiller de la mise en état a sur ce point **autorité de la chose jugée** au principal (CPC art. 914, al. 7), et la seule **voie de recours** indiquée est le déféré (CPC art. 916 : n° 26331).

L'intimé qui a **laissé expirer** le délai qui lui est imparti par l'article 909 du CPC pour conclure n'est plus recevable à conclure, y compris pour répondre à la nouvelle argumentation de l'appelant (Cass. 2e civ. 29-1-2015 n° 13-28.019 et 13-28.020 F-D ; Cass. 3e civ. 28-2-2018 n° 15-20.116 F-D). Il n'est plus recevable à soulever un **moyen de défense,** un **incident d'instance** (Cass. 2e civ. 28-1-2016 n° 14-18.712 FS-PB), ou encore un incident de communication de ses pièces par l'appelant, de sorte que la cour peut statuer en se fondant sur les pièces de l'appelant, bien qu'elles ne lui aient pas été communiquées (Cass. 2e civ. 5-12-2019 n° 18-14.112 F-PBI). Si la décision du CME jugeant ses écritures irrecevables n'a pas été déférée, la cour n'est pas saisie par les prétentions qui sont contenues dans ses écritures (Cass. 2e civ. 17-9-2020 n° 19-17.673 F-PBI). Il convient également de rappeler que les **pièces** communiquées et déposées au soutien de conclusions irrecevables sont elles-mêmes irrecevables (CPC art. 906, al. 3 ; Cass. 2e civ. 13-11-2015 n° 14-19.931). Le sort des pièces est donc lié de manière indéfectible à celui des conclusions. L'intimé est réputé ne pas avoir conclu, mais aussi s'être approprié les motifs du jugement (CPC art. 954 in fine). Ainsi, dans l'hypothèse où un intimé avait soulevé en première instance la fin de non-recevoir tirée de la prescription de l'action, la cour statue à bon droit sur ce moyen de défense, dont elle était saisie en vertu de l'effet dévolutif (Cass. 2e civ. 10-1-2019 n° 17-20.018 F-PB). Si la cour rouvre les débats et demande les observations des parties sur un point précis, elle peut se fonder sur la réponse d'un intimé pour rendre son arrêt, même si les conclusions de cet intimé ont été préalablement jugées irrecevables par application de l'article 909 du CPC (Cass. 2e civ. 16-5-2019 n° 18-10.825 F-PBI). Et lorsqu'un intimé n'a pas respecté le délai qui lui était imparti pour répondre aux conclusions de l'appelant principal, le fait qu'un autre intimé forme **appel incident** n'a pas pour effet de rouvrir à son bénéfice un délai pour répondre à l'appelant principal. Il ne peut donc valablement conclure qu'en réponse aux conclusions d'appel incident, mais pas à celles de l'appelant principal. Le délai pour répondre à un appel incident ne peut donc faire revivre le délai initial, déjà expiré, pour répondre à un appel principal (Cass. 2e civ. 9-6-2022 n° 20-15.827 FS-B). Enfin, il convient de rappeler que l'intimé qui a laissé expirer le délai de l'article 909 sans conclure n'est plus recevable à former un **appel principal** (CPC art. 911-1, al. 4).

EXPROPRIATION En matière d'expropriation, la Cour de cassation retient une solution analogue à celle de l'article 911-1, al. 4 du CPC. Ainsi, lorsque l'intimé s'est abstenu de conclure et de former appel incident dans le délai de trois mois, ouvert par l'article R 311-26 du Code de l'expropriation pour cause d'utilité publique, il n'est pas recevable à relever appel principal, même en l'absence de signification (Cass. 3e civ. 26-11-2020 n° 19-20.024 FS-PBI).

En cas de **renvoi après cassation,** les parties qui ne respectent pas les délais imposés sont réputées s'en tenir aux moyens et prétentions qu'elles avaient soumis à la cour d'appel dont l'arrêt a été cassé (CPC art. 1037-1, al. 6 ; n° 25679).

25719 En cas de **pluralité de parties,** le principe général est celui d'une application distributive des sanctions procédurales, partie par partie (notamment, Cass. 2e civ. 19-2-2009 n° 08-12.233 : Bull. civ. II n° 55), sous réserve de certaines exceptions, notamment dans les cas de solidarité ou d'indivisibilité (CPC art. 323 et 324). La Cour de cassation, saisie pour avis quant à l'application de l'article 911, a d'ailleurs énoncé que, sauf en cas d'indivisibilité entre les parties, l'irrecevabilité, lorsqu'elle est encourue, doit être prononcée à l'égard du seul intimé concerné par le défaut de signification (Cass. avis 2-4-2012 n° 01200003 : Bull. civ. Avis n° 2).

25721 L'**irrecevabilité** des conclusions de l'intimé n'a pas pour **effet** de contraindre la cour à faire droit à la position de l'appelant. La cour est saisie par les écritures de l'appelant, mais aussi de la connaissance du litige par le jeu de l'effet dévolutif. Elle conserve bien entendu son **pouvoir d'appréciation** et peut ainsi confirmer en tout ou partie le jugement qui lui est déféré. En revanche, elle ne peut réformer le jugement que dans les limites des **conclusions de l'appelant,** puisque, par définition, elle ne peut être saisie, dans ce cas de figure, par un appel incident de l'intimé.

Si les conclusions de l'intimé sont irrecevables, il doit néanmoins être statué sur le fond, mais le juge d'appel ne fait droit aux prétentions et moyens de l'appelant que dans la mesure où il les estime réguliers, recevables et bien fondés. La cour d'appel doit donc examiner, au vu des moyens d'appel, la **pertinence des motifs** par lesquels le premier juge s'était déterminé. Elle n'est donc pas tenue d'infirmer la décision attaquée (Cass. 2e civ. 3-12-2015 n° 14-26.676 F-PB ; Cass. 2e civ. 10-1-2019 n° 17-20.018 F-PB).

Nouvelles conclusions et nouvelles prétentions L'article 912 du CPC prévoit la possibilité pour le conseiller de la mise en état d'ouvrir une seconde phase dans la procédure d'appel, permettant l'échange de nouvelles conclusions « sans préjudice de l'article 910-4 ». Or, ce dernier texte impose aux parties de présenter, **dès les conclusions de la première phase, l'ensemble de leurs prétentions sur le fond,** et ce, à peine d'irrecevabilité, relevée d'office. 25723

Les **exceptions,** autorisant les parties à former de nouvelles prétentions, sont les suivantes (CPC art. 910-4, al. 2) :

– celles prévues classiquement par l'article 783, al. 2 CPC (n° 32095) ;

– les prétentions destinées à répliquer aux conclusions et pièces adverses ou à faire juger les questions nées, postérieurement aux premières conclusions, de l'intervention d'un tiers ou de la survenance ou de la révélation d'un fait.

Cette dernière formulation n'est pas inconnue, car elle reprend une partie des termes de l'article 564 du CPC, relatif aux demandes nouvelles. Il est d'ailleurs permis de penser que la jurisprudence qui s'est développée sur ce terrain (nos 25360 s.) aura vocation à trouver ici application. Mais l'article 910-4, al. 2 enferme la liberté des parties dans une limite supplémentaire. Le texte précise en effet que toutes ces prétentions ne peuvent être formées que dans la limite des chefs du jugement critiqué, l'effet dévolutif demeurant ainsi le périmètre maximal de la discussion. Cette précision risque de poser problème puisqu'il n'est pas exclu, par exemple, que la survenance ou la révélation d'un fait conduise une partie à formuler une prétention entièrement nouvelle, par définition hors du cadre des chefs du jugement attaqué.

> **Précisions** Avant la réforme de 2019, la question de la **recevabilité de la prétention** échappait à l'évidence à la compétence du CME et relevait de la cour. Le cas n'était pas visé par l'article 910-4 du CPC et ne correspondait à aucun de ceux envisagés par l'article 771 du CPC (aujourd'hui art. 789). (n° 26300).
> Mais depuis que le CME a compétence pour statuer sur les fins de non-recevoir en général (CPC art. 789, 6°), la question ne devrait plus lui échapper, dans le respect des limites posées à ses pouvoirs par l'avis rendu par la Cour de cassation (Cass. avis 2e civ. 3-6-2021, n° 21-70.006 avis n° 15008 : n° 26284).

Sort des pièces Les conclusions doivent être notifiées et les pièces **communiquées simultanément** par l'avocat de chacune des parties à celui de l'autre partie. Les pièces communiquées et déposées au soutien de conclusions **irrecevables** sont elles-mêmes irrecevables (CPC art. 906 ; Cass. 2e civ. 13-11-2015 n° 14-19.931 F-PB : Bull. civ. II n° 249). Le sort des pièces est donc désormais lié de manière explicite à celui des conclusions qu'elles soutiennent, lorsque celles-ci sont irrecevables. Cela ne règle cependant pas toutes les situations ni toutes les ambiguïtés, par exemple en cas de **pièces nouvelles,** après le dépôt de conclusions recevables, ou bien en l'absence de conclusions (voir notamment les précisions ci-dessous). 25725

S'agissant des pouvoirs du **conseiller de la mise en état,** l'article 914 du CPC n'a pas été complété pour ajouter le cas de l'irrecevabilité des pièces. Par conséquent, et sauf à ce que le conseiller estime que le sujet entre dans sa compétence par accessoire à l'irrecevabilité des conclusions, l'avis de la Cour de cassation du 21 janvier 2013 cité ci-dessous devrait être maintenu, ce qui ne semble pas très satisfaisant. Il serait en effet sans doute plus rationnel que les sorts respectifs des conclusions et des pièces puissent être tranchés par le même organe juridictionnel. La nouvelle rédaction de l'article 906, al. 3 précité semble militer en ce sens.

> **Précisions a.** Avant le décret de 2017 et à la différence des conclusions, aucun texte ne prévoyait l'irrecevabilité des **pièces** de l'intimé **communiquées hors délai.** Le Code se bornait à prévoir leur communication simultanément avec les conclusions, mais sans aucune sanction corrélative. Toutefois, saisie pour avis, la Cour de cassation avait estimé que devaient être écartées les pièces, invoquées au soutien des prétentions, qui n'étaient pas communiquées simultanément à la notification des conclusions (Avis Cass. 25-6-2012 n° 1200005 : Bull. civ. Avis n° 5). Par un nouvel avis, la Cour de cassation avait précisé que le **conseiller de la mise en état** n'était **pas compétent** pour écarter des débats les pièces, invoquées au soutien des prétentions, qui ne sont pas communiquées simultanément à la notification des conclusions (Cass. avis. 21-1-2013 n° 1300003). Elle a eu l'occasion de le réaffirmer très clairement, en précisant que le juge de la mise en état, s'il

écartait des pièces des débats, commettait un excès de pouvoir ouvrant la voie de l'appel-nullité (Cass. 2e civ. 25-3-2021 n° 19-16.216 F-P).

Pour illustrer les **difficultés** que peut rencontrer la cour d'appel, prenons l'**exemple** d'une banque qui obtient devant le premier juge la condamnation d'une caution, celle-ci faisant appel. Devant la cour, la banque omet de communiquer ses pièces simultanément à la notification de ses conclusions. Selon une lecture littérale de l'avis de la Cour de cassation, ses pièces devraient être écartées des débats. Pourtant, la cour d'appel n'a pas l'obligation de réformer le jugement. Elle conserve son pouvoir souverain d'appréciation, et reste pleinement saisie par les conclusions de la banque. Mais comment peut-elle remplir correctement son office, et si nécessaire confirmer le jugement de condamnation, si l'acte de cautionnement, pièce essentielle de la banque, est formellement sorti du débat, alors qu'il est le support indispensable d'une condamnation ?

b. Malgré la généralité de ses termes, l'avis de la Cour de cassation ne répond pas à toutes les situations pratiques. D'une part, il ne règle pas la question des **pièces nouvelles,** qui n'auraient pas été jusqu'alors invoquées au soutien des prétentions. Est-ce à dire que l'intimé, bien que n'ayant pas conclu dans le délai de l'article 909, aurait la liberté de communiquer des pièces nouvelles tant que l'ordonnance de clôture n'a pas été rendue ? Le cas échéant, cette possibilité lui rouvre-t-elle celle de conclure à l'appui, au nom du principe de la contradiction ? D'autre part, l'avis ne règle pas le cas où **aucun jeu d'écritures n'a été déposé par l'intimé** : la question de la simultanéité, par définition, ne se pose pas. Est-ce à dire que l'intimé aurait la liberté de communiquer toutes ses pièces, lesquelles par essence n'auraient pas été invoquées au soutien des prétentions ? Enfin, à l'inverse, l'avis de la Cour de cassation ne contraint pas l'intimé à communiquer ses pièces dès sa constitution dans les hypothèses où l'appelant, défaillant en première instance, ne connaît pas les pièces adverses ayant fondé la décision de condamnation. Pourtant, il s'agit de l'une des configurations où la communication très rapide des pièces paraît la plus nécessaire.

CONCLUSIONS DE L'INTIMÉ INCIDENT OU PROVOQUÉ

25735 L'intimé à un appel incident ou à un appel provoqué dispose d'un **délai** de trois mois à compter de la notification qui lui en est faite pour conclure (CPC art. 910, al. 1). Si la clôture intervient de manière prématurée, c'est-à-dire avant l'expiration de ce délai, la possibilité de remettre une note en délibéré ne suffit pas à assurer le respect du principe de la contradiction (Cass. 2e civ. 20-10-2022 n° 21-17.375 F-B).

25737 **Point de départ du délai** À l'égard de l'intimé incident, le point de départ du délai pour remettre ses conclusions au greffe est la notification des conclusions adverses formant appel incident. À l'égard de l'intimé provoqué, il s'agit de la notification de l'appel provoqué (CPC art. 910).

25742 **Forme de l'appel** L'appel incident et l'appel provoqué sont formés de la même manière que le sont les demandes incidentes (CPC art. 551). Or, les demandes incidentes à l'égard des parties défaillantes sont formées par assignation (CPC art. 68, al. 2). Cela condamne l'appel provoqué par voie de déclaration d'appel, autrefois toléré. En effet, l'auteur de l'appel provoqué aura des difficultés à rapporter la **preuve** de la date à laquelle l'appel provoqué aura été régulièrement porté à la **connaissance de l'intimé.** Ce risque était bénin dans l'ancienne procédure d'appel, puisque l'appel incident ou provoqué pouvait être formé en tout état de cause, sans réserve, de sorte qu'il pouvait être réitéré en cas de difficulté ; il est beaucoup plus dangereux aujourd'hui, dans la mesure où l'appel incident doit être formé dans le délai de trois mois imparti à l'intimé pour conclure, sans que cette négligence puisse être surmontée par l'exercice d'un appel principal croisé, en dehors de toute considération de signification de la décision (CPC art. 550, 909 et 911-1, al. 3).

La Cour de cassation a par ailleurs jugé clairement que, à l'égard des parties défaillantes, l'appel incident ou provoqué doit être formé par assignation en application de l'article 68, al. 2 du CPC (Cass. 2e civ. 9-1-2014 n° 12-27.043 : Bull. civ. II n° I), et ce à l'intérieur du délai qui lui est imparti pour conclure, sans que l'auteur ait le choix avec un acte d'appel croisé, ce qui est très dangereux (Cass. 2e civ. 27-09-2018 n° 17-13.835 F-PB : Bull. civ. II n° 357).

25852 **Sanction** La sanction du non-respect du délai de trois mois est l'irrecevabilité des conclusions, qui peut être relevée d'office (CPC art. 910, al. 1). Le conseiller de la mise en état a **compétence exclusive,** dès qu'il est saisi et jusqu'à la clôture de l'instruction, pour prononcer l'irrecevabilité des conclusions en application de l'article 910 (CPC art. 914, al. 1). À la différence du cas de la caducité (voir CPC art. 911-1), il n'est pas dit que la décision du conseiller de la mise en état sur

l'irrecevabilité des conclusions ne peut pas être rapportée. A contrario, elle doit donc pouvoir l'être. La décision du conseiller de la mise en état sur l'irrecevabilité des conclusions a **autorité de la chose jugée** au principal (CPC art. 914, al. 3), et la seule **voie de recours** est le déféré (CPC art. 916).
Pour mémoire, à défaut d'avoir saisi le conseiller de la mise en état, l'appelant n'est pas recevable à former directement la demande d'irrecevabilité devant la cour (Cass. com. 28-6-2017 n° 14-14.228 F-PB : RJDA 11/17 n° 714). La cour a néanmoins la faculté de relever d'office cette fin de non-recevoir (Cass. 2e civ. 17-5-2018 n° 15-17.112 F-PB). Enfin, le juge a le devoir de relever d'office la fin de non-recevoir, conformément à l'article 125 du CPC, lorsqu'il s'agit de l'exercice d'un appel incident (Cass. 2e civ. 28-9-2017 n° 16-23.497 F-PB : Bull. civ. II n° 185), ces trois décisions ayant été rendues sur le terrain de l'article 909 du CPC.

> **Précisions a.** La question se pose de savoir si, dans l'hypothèse où une partie conclut en réponse au-delà du délai de l'article 910, al. 1, l'**irrecevabilité** encourue s'applique à ses **conclusions en leur intégralité, ou** uniquement à **celles qui répondent tardivement à l'appel incident.** Il est permis de penser que la sanction s'applique de manière sélective, c'est-à-dire uniquement à la réponse à l'appel incident. En effet, rien ne paraît justifier que le reste des écritures puisse être jugé irrecevable, puisqu'aucun texte ne semble imposer un délai pour répondre à des conclusions adverses en ce qu'elles ne forment pas appel incident. Cependant, il est également possible de considérer que la formulation très générale qui donne à la partie un délai de deux mois pour conclure impliquerait de sanctionner par l'irrecevabilité l'intégralité des conclusions. À l'évidence, la jurisprudence aura à se prononcer sur cette question.
La Cour de cassation a ainsi eu l'occasion de juger que, lorsqu'une partie conclut au-delà du délai de l'article 910, al. 1, la cour d'appel doit rechercher si ces conclusions répondaient à l'appel incident ou si elles n'étaient pas destinées, au moins en partie, à **développer l'appel principal** (Cass. 3e civ. 2-6-2016 n° 15-12.834). On peut en déduire que, si l'appelant ne fait que développer l'argumentation de son appel principal, il peut conclure jusqu'à la clôture de l'instruction en application de l'article 912, et même invoquer des moyens nouveaux (Avis C. cass. 21-1-2013 n° 12-00.018). En revanche, la question de savoir si, en cas d'irrecevabilité, celle-ci s'applique à toutes les conclusions dans leur intégralité ou seulement à celles qui répondent tardivement à l'appel incident, n'est pas tranchée clairement par la Cour suprême. Le fait qu'elle mentionne les conclusions destinées « au moins en partie » à développer l'appel principal semble militer pour la seconde solution.
b. Depuis la **réforme** opérée par le décret 2017-891 du 6 mai 2017, ces questions doivent être examinées à l'aune du nouvel article 910-4, auquel renvoie l'article 912, et qui sur le principe impose aux parties de présenter toutes leurs **prétentions sur le fond** dans les conclusions de la première phase (n° 25723).

3. INTERVENTION FORCÉE OU VOLONTAIRE DANS LES PROCÉDURES D'APPEL AVEC REPRÉSENTATION OBLIGATOIRE

INTERVENANT FORCÉ

L'intervenant forcé dispose d'un **délai** de trois mois pour remettre ses conclusions au greffe (CPC art. 910, al. 2). Il aurait été contraire au but de célérité recherché par la réforme de la procédure d'appel de permettre un ralentissement non maîtrisé du litige à la seule discrétion de l'intervenant forcé. En pratique le délai est très bref. Et ce d'autant plus dans le cadre d'un procès à multiples parties. **25860**

INTERVENANT VOLONTAIRE EN CAS D'APPEL AVEC REPRÉSENTATION OBLIGATOIRE

L'intervenant volontaire dispose d'un délai de trois mois pour remettre ses conclusions au greffe (CPC art. 910, al. 2). **25861**

Points de départ du délai Pour l'**intervenant forcé,** le point de départ du délai de trois mois est la signification de l'assignation en intervention forcée. Or, pour comprendre le litige, et toutes ses implications, il est souvent nécessaire d'obtenir les **conclusions et pièces de toutes les parties,** y compris celles qui ne concluent pas directement contre l'intervenant forcé. Tout praticien sait que cela peut prendre beaucoup de temps. Ceci est d'autant plus vrai que les parties, autres que l'auteur de l'intervention forcée, ne sont pas contraintes de signifier leurs conclusions et pièces à l'intervenant forcé dans un délai déterminé, l'article 911 du CPC ne paraissant pas ici applicable. À cet égard, si le décret 2017-891 du 6 mai 2017 a ajouté à l'article 911 un **25863**

deuxième alinéa destiné à clarifier la question des points de départ, cet alinéa ne semble pas davantage applicable aux cas des interventions.
Pour l'**intervenant volontaire,** le point de départ du délai de trois mois est « son intervention volontaire ». Dès lors qu'elle sera elle-même formée par conclusions, on peut en déduire qu'il pourra mettre à profit ce délai de trois mois, ouvert par sa propre intervention, pour se procurer, comme l'intervenant forcé, l'ensemble des conclusions et pièces des autres parties, afin de pouvoir conclure utilement sur le fond. Il peut donc rencontrer les mêmes difficultés que l'intervenant forcé, avec la réserve que sa démarche est volontaire.

CONSEIL

L'intervenant peut se trouver dans une situation délicate, en étant contraint de conclure dans le délai de trois mois sans avoir forcément pris connaissance des arguments et pièces de toutes les parties. Il ne doit pas hésiter :
– à solliciter très rapidement du conseiller de la mise en état une **injonction,** contre les autres parties au litige, aux fins de dénonciation de leurs conclusions et de communication de leurs pièces ;
– et, en cas de carence, à **conclure** dans le délai de trois mois, mais en soulignant expressément qu'il le fait **sous réserve** de la communication ultérieure des conclusions et pièces manquantes. Il peut alors tenter de se prévaloir des termes de l'article 911, al. 2 du CPC, malgré l'existence de points de départ spécifiques pour les intervenants.

25868 **Sanction** La sanction du non-respect du délai est l'irrecevabilité des conclusions de l'intervenant. Elle peut être constatée d'office par le conseiller de la mise en état, lorsqu'il est saisi (CPC art. 910, al. 2).
Il s'agit d'une **compétence exclusive** du conseiller de la mise en état (CPC art. 914, al. 1).
À la différence du cas de la caducité, il n'est pas dit que la **décision** du conseiller de la mise en état sur l'irrecevabilité des conclusions ne peut pas être **rapportée** (CPC art. 911-1). A contrario, elle doit donc pouvoir l'être. La décision du conseiller de la mise en état sur l'irrecevabilité des conclusions de l'intervenant forcé a aussi **autorité de la chose jugée** au principal (CPC art. 914, al. 7). La seule **voie de recours** est le déféré (CPC art. 916 ; n° 26331).

4. RÈGLES APPLICABLES À TOUTES LES PARTIES EN CAS D'APPEL AVEC REPRÉSENTATION OBLIGATOIRE

25890 De nombreuses règles s'appliquent à toutes les parties à la procédure.
Les **conclusions** des parties ne sont pas recevables tant que certaines **indications** n'ont pas été communiquées (n°s 25891 s.).
L'appelant et l'intimé sont tenus de **notifier** ou de signifier leurs **conclusions** (n°s 25965 s.).
Les règles concernant la **réduction des délais** pour conclure (n° 26000) ou l'**augmentation** des délais en raison de la distance concernent aussi toutes les parties (n°s 26020 s.).
Les délais de première phase posent en outre des problèmes que tous les plaideurs peuvent rencontrer : est-il possible de **conclure à nouveau** après l'expiration de ces délais ? (n°s 26047 s.).
Quels sont les effets de ces délais sur les **incidents d'instance** (n°s 26075 s.) ?, sur une **QPC** (n° 26120) ?, sur une demande d'**aide juridictionnelle** (n°s 26130 s.) ?, sur une proposition de **mode alternatif de résolution** du litige (n° 26144) ?
Enfin, se pose à toutes les parties la question des modalités et des délais de **communication des pièces** (n°s 26154 s.).

a. Indications nécessaires à la recevabilité des conclusions

25891 Les conclusions des parties sont **signées** par leur avocat. L'usage de la voie électronique, dans les cas et selon les modalités prévus, vaut signature (CPC art. 748-6, al. 2). Elles ne sont pas recevables tant que les **indications** qui doivent être mentionnées dans l'acte de **constitution** de l'intimé n'ont pas été fournies (CPC art. 961, al. 1). Les indications concernées sont (CPC art. 960, al. 2) :
– si la partie est une personne physique, ses nom, prénoms, profession, domicile, nationalité, date et lieu de naissance ;
– s'il s'agit d'une personne morale, sa forme, sa dénomination, son siège social et l'organe qui la représente légalement.
Ces indications sont exigées de **toute partie** devant la cour, qu'elle soit appelante (Cass. 2e civ. 10-3-2005 n° 03-14.577 : Bull. civ. II n° 62), intimée ou intervenante (Cass. 2e civ. 17-12-1998 n° 96-20.411 : Bull. civ. II n° 302). En effet, si l'article 960 du CPC vise la constitution par l'intimé ou par toute personne qui devient partie en première instance, l'article 961 du même Code prévoit la sanction de l'irrecevabilité des conclusions des parties, sans autre distinction.

Cette sanction n'est pas contraire aux exigences d'un **procès équitable** (Cass. 2e civ. 14-10-2004 n° 02-15.457 : Bull. civ. II n° 459). Elle répond d'ailleurs, en grande partie, à une exigence d'**efficacité** car l'arrêt de la cour d'appel sera très difficile à exécuter contre une partie qui aura dissimulé ses coordonnées pendant l'instance. En effet, une fois le titre obtenu, l'huissier ou commissaire de justice aura besoin de certains renseignements indispensables pour identifier avec certitude le débiteur, et procéder utilement à la recherche d'informations nécessaires à la mise en place de l'exécution forcée (C. exécution art. L 152-1 s. et R 152-1).
Sur les **autres contenus obligatoires** des conclusions et l'**obligation de les structurer,** voir n° 26397.

APPEL NON SOUTENU

Lorsque l'appelant ne fournit pas les indications exigées, ses conclusions sont irrecevables, et le recours est donc considéré comme non soutenu (Cass. 2e civ. 1-10-2009 n° 08-12.417 : Bull. civ. II n° 228 ; Cass. 2e civ. 15-11-2012 n° 11-13.157 F-D). Ainsi, n'est pas soutenu l'appel d'une personne qui n'est pas domiciliée au lieu qu'elle a mentionné dans ses dernières conclusions (Même arrêt). **25895**
Lorsque l'appel est considéré comme non soutenu, la cour ne peut que confirmer le jugement attaqué, sauf à examiner un éventuel appel incident antérieur.
Il a cependant été jugé que l'**erreur manifeste** dans la désignation des parties affectant uniquement la première page des conclusions n'est pas de nature à entraîner la caducité de la déclaration d'appel, dès lors que l'objet du litige dans les prétentions des parties devant les juges du fond et la déclaration d'appel ont correctement désigné ces parties (Cass. 2e civ. 29-9-2022 n° 21-16.220 F-B).

CHARGE DE LA PREUVE DE L'IRRECEVABILITÉ DES CONCLUSIONS

Le juge n'est pas autorisé à vérifier d'office la recevabilité des conclusions au regard des mentions exigées par les articles 960 et 961 du CPC (Cass. com. 6-9-2016 n° 14-25.891 FS-PBI). Il appartient à l'adversaire d'apporter la preuve que le domicile déclaré par une partie n'est pas son domicile réel (Cass. 2e civ. 10-3-2005 n° 03-14.577 : Bull. civ. II n° 62 ; Cass. 2e civ. 1-10-2009 n° 08-12.417 : Bull. civ. II n° 228). **25905**
S'agissant de l'appelant, la sanction est écartée si les mentions omises dans les conclusions ont, préalablement à celles-ci, déjà été fournies dans la déclaration d'appel sans que leur exactitude ne soit contestée (Cass. 2e civ. 24-1-2008 n° 06-20.746 : Bull. civ. II n° 15).

PLURALITÉ DE PARTIES ET IRRECEVABILITÉ DES CONCLUSIONS

En cas de pluralité de parties, l'irrecevabilité des conclusions prises au nom de l'une d'elles n'entraîne pas l'irrecevabilité des conclusions prises dans le même acte au nom des autres parties (Cass. 2e civ. 19-2-2009 n° 08-12.144 : Bull. civ. II n° 55). **25915**

SANCTION DE L'IRRECEVABILITÉ DES CONCLUSIONS

Le défaut de mention entraîne l'irrecevabilité des conclusions. Il constitue une **fin de non-recevoir** et non un vice de forme. La grande différence de régime entre la nullité des actes pour vice de forme (CPC art. 112 à 116) et la fin de non-recevoir (CPC art. 122 à 126) est que cette dernière ne suppose pas la démonstration d'un **grief.** Cela rend ces dispositions très dangereuses. **25925**
La première phase de la procédure d'appel impose la **notification des conclusions** dans des **délais stricts** sous peine de sanctions souvent irréversibles. Certaines décisions ont d'ores et déjà considéré que le non-respect des articles 960 et 961 du CPC avait entraîné l'irrecevabilité des conclusions et, par voie de conséquence, la caducité de l'appel (CA Lyon 10-10-2012 n° 12/02468, ord. CME). Mais la Cour de cassation semble avoir adopté tacitement la position inverse (Cass. 2e civ. 13-10-2016 n° 15-24.932 F-PB ; n° 25945).

RÉGULARISATION DE L'IRRECEVABILITÉ DES CONCLUSIONS

La fin de non-recevoir tirée de l'absence des mentions prévues à l'article 960, al. 2 du CPC peut être régularisée jusqu'au jour du **prononcé de la clôture** ou, en l'absence de mise en état, jusqu'à l'**ouverture des débats** (CPC art. 961, al. 1). Cette faculté apporte une sécurité indispensable dans le contexte dangereux de la procédure d'appel, soumise au respect de stricts délais. La période de régularisation est cependant plus courte qu'en droit commun, lequel autorise qu'elle intervienne avant que le juge ne statue (CPC art. 126). **25935**

JUGE COMPÉTENT POUR STATUER SUR L'IRRECEVABILITÉ DES CONCLUSIONS

Classiquement, le **conseiller de la mise en état** n'avait pas compétence pour statuer sur l'irrecevabilité des conclusions au visa des articles 960 et 961 du CPC dans la mesure où aucun texte **25945**

ne lui donnait cette compétence et où la régularisation est possible, en cas de mise en état, jusqu'au jour du prononcé de la clôture. Il était en effet de principe que, sauf dispositions spécifiques, le conseiller de la mise en état n'avait pas compétence pour statuer sur une **fin de non-recevoir** (Cass. avis 13-2-2012 n° 11-00008 : Bull. civ. avis n° 1). La question relevait donc de la cour d'appel (Cass. com. 20-11-2019 n° 17-27.807 F-D).
Il est vrai que la question de sa compétence aurait pu se poser différemment lorsqu'il est saisi pour faire application des **sanctions de la première phase de la procédure** (CPC art. 908 à 910). En effet, il a pu être soutenu que l'examen de la recevabilité des écritures constitue un préalable à l'application de l'une des sanctions prévues par ces articles. Mais la Cour de cassation s'est prononcée, au moins tacitement, sur cette question, à l'occasion d'une décision ayant précisé la nature des pouvoirs de la cour dans le cadre d'un déféré. Elle a en effet jugé que, lorsque la cour est saisie par voie de déféré, elle statue dans le champ de compétence d'attribution du conseiller de la mise en état, de sorte qu'elle ne peut pas se prononcer sur l'irrecevabilité de conclusions prévue à l'article 961 du CPC ni, par conséquent, en déduire la caducité de l'appel au visa de l'article 908 du même Code (Cass. 2e civ. 13-10-2016 n° 15-24.932 F-PB).
Mais ces solutions ne devraient pas être maintenues, depuis l'entrée en vigueur de la réforme de 2019, qui confère au CME une compétence pour statuer sur les fins de non-recevoir en général (CPC art. 789, 6°). La question ne devrait plus lui échapper, dans le respect des limites posées à ses pouvoirs par l'avis rendu par la Cour de cassation (Cass. avis 2e civ. 3-6-2021 n° 21-70.006 avis n° 15008 : n° 26284). Il devient alors parfaitement envisageable qu'il puisse dire les conclusions irrecevables sur le fondement de l'article 961 du CPC et, par conséquent, l'appel caduc sur le fondement de l'article 908 du même Code.

b. Notification et signification des conclusions

25965 Les conclusions doivent être non seulement déposées au greffe, mais aussi notifiées ou signifiées aux parties adverses sous peine de caducité de l'appel ou d'irrecevabilité des conclusions (CPC art. 911 et 961, al. 1). Le **but** poursuivi est de dynamiser l'instruction de l'affaire et de contraindre les parties défaillantes à ne pas le rester trop longtemps puisque la signification des conclusions adverses constitue, à l'égard du destinataire de l'acte, le point de départ de son propre délai pour conclure (CPC art. 909 et 910).

NOTIFICATION DES CONCLUSIONS AUX PARTIES AYANT CONSTITUÉ AVOCAT

25966 Les conclusions doivent être notifiées entre avocats dans le **délai** de leur remise au greffe de la cour (CPC art. 911). Dans une formule miroir de celle-ci, il est par ailleurs énoncé que copie des conclusions est remise au greffe avec la justification de leur notification (CPC art. 906, al. 2).
La réforme par le décret 2017-891 du 6 mai 2017 a ajouté à l'article 911 un deuxième alinéa qui renvoie à la « notification de conclusions au sens de l'article 910-1 ». Ce dernier texte, créé par le même décret, précise que les conclusions sont celles, adressés à la cour, qui sont **remises au greffe et notifiées** dans les délais prévus. Il convient donc bien de distinguer le dépôt des conclusions au greffe et leur notification ou signification aux parties. Pour que le délai soit respecté, les deux formalités doivent être accomplies avant son expiration.
La notification doit impérativement être faite à l'avocat constitué devant la cour, appelé en pratique avocat « **postulant** ». Les conclusions notifiées à l'avocat plaidant, ou d'une manière générale à tout avocat autre que celui constitué, ne respecte pas les exigences du texte. La caducité est alors immanquablement encourue (Cass. 2e civ. 4-9-2014 n° 13-22.654 : JCP G 2014 chron. n° 1232 p. 2172 note S. Amrani-Mekki). Il en est de même d'une notification à un avocat qui n'est pas encore constitué (Cass. 2e civ. 28-9-2017 n° 16-23.151 F-PB), y compris lorsque c'est l'avocat ayant assisté la partie intimée en première instance qui se constitue en appel, mais qu'il reçoit notification des conclusions de l'appelant avant d'avoir lui-même formellement notifié sa constitution à l'appelant (Cass. 2e civ. 27-2-2020 n° 19-10.849 F-PBI).
Sur la notification par voie électronique, voir nos 25505 s.
Sur les délais de remise des conclusions au greffe, voir les tableaux récapitulatifs (n° 25520 pour la procédure ordinaire et n° 26361 pour la procédure d'urgence).

NOTIFICATION DES CONCLUSIONS AU MINISTÈRE PUBLIC

25968 La disposition de l'article 911 du CPC selon laquelle les conclusions doivent être notifiées aux avocats des parties dans le délai de leur remise au greffe s'applique au **ministère public** lorsque celui-ci est **partie à l'instance d'appel,** dès lors que les notifications faites à l'égard de cette partie, qui est dispensée de constituer un avocat, ont lieu dans les formes prévues pour les notifications entre avocats (Cass. 2e civ. 28-9-2017 n° 16-21.881 F-PB). Lorsque les conclusions sont notifiées au procureur de la République au lieu du procureur général, la caducité de la déclaration d'appel, faute de notification par l'appelant de ses conclusions à l'intimé dans le délai imparti par l'article 911 du Code de procédure civile, ne peut être encourue, en raison d'une irrégularité de forme affectant cette notification, qu'en cas d'annulation de cet acte, sur la démonstration par celui qui l'invoque du grief que lui a causé l'irrégularité (Cass. 2e civ. 11-5-2023 n° 23-70.002 B avis n° 15005).

SIGNIFICATION DES CONCLUSIONS AUX PARTIES DÉFAILLANTES

Principe Les conclusions doivent être signifiées aux parties qui n'ont pas constitué avocat par **acte** d'**huissier ou commissaire de justice au plus tard** dans le mois suivant l'expiration du délai pour remise des conclusions au greffe ; si la partie défaillante constitue avocat à l'intérieur de ce délai et que la constitution est dénoncée à l'avocat de l'appelant avant la signification des conclusions par **acte** d'**huissier ou commissaire de justice**, il doit toutefois être procédé par voie de **notification entre avocats** (CPC art. 911, al. 1, et Cass. 2e civ. 5-9-2019 n° 18-21.717 F-PBI). 25976

Si l'intimé entend soulever la nullité de forme de la signification des conclusions de l'appelant, il doit le faire in limine litis, avant de faire valoir toute fin de non-recevoir ou toute défense au fond. À défaut, le moyen est couvert, conformément au droit commun (CPC art. 74 et 112) (Cass. 2e civ. 1-2-2018 n° 16-27.322 F-PB). Il est important de rappeler que le moyen doit être soulevé par des conclusions d'incident distinctes, à destination spécifique du conseiller de la mise en état, déposées avant les conclusions au fond (Cass. 2e civ. 12-5-2016 n° 14-25.054 et 14-28.086 : Bull. civ. II n° 1314 et n° 1315 ; CPC art. 914, al. 1).

A été déclarée caduque **faute de signification des conclusions de l'appelant à l'intimé défaillant** dans les délais (CPC art. 911, al. 1), la déclaration d'appel d'un appelant dont l'avocat avait notifié ses conclusions à l'avocat qui avait représenté l'intimé en première instance alors que, à la date de cette **notification**, cet **avocat** n'avait **pas encore été constitué pour l'intimé**. La notification ainsi faite à un avocat dépourvu du pouvoir de représenter une partie dans les actes de la procédure concernée était affectée d'une **irrégularité de fond** même en l'absence de tout grief et se trouvait privée de tout effet. L'appelant ne pouvait donc pas invoquer le fait que la partie défaillante avait constitué avocat à l'intérieur du délai de l'article 911 et qu'il avait ainsi pu procéder par notification à son avocat (Cass. 2e civ. 28-9-2017 n° 16-23.151 F-PB).

Sur les délais de remise des conclusions au greffe, voir les tableaux récapitulatifs (n° 25520 pour la procédure ordinaire et n° 26361 pour la procédure d'urgence).

Lorsque la remise des conclusions de l'appelant au greffe intervient avant la constitution d'avocat de l'intimé, l'appelant dispose du **délai supplémentaire** d'un mois suivant l'expiration du délai de trois mois pour les notifier à cet avocat (Cass. 2e civ. 10-4-2014 n° 12-29.333 : Bull. civ. II n° 97), pas un jour de plus (Cass. 2e civ. 25-3-2021 n° 19-20.636 P).

L'appelant qui a remis au greffe et signifié ses conclusions à partie n'est pas tenu de les notifier à l'avocat de cette partie **constitué postérieurement à la signification** (Cass. 2e civ. 10-4-2014 n° 13-11.134 : Bull. civ. II n° 97 ; Cass. 2e civ. 4-9-2014 n° 13-22.586 : Bull. civ. II n° 173), ni à l'avocat de l'intimé constitué avant la signification, mais qui a omis de notifier son acte de constitution à l'avocat de l'appelant (Cass. 2e civ. 4-6-2020 n° 19-12.959 F-PBI). En revanche, si l'avocat de l'intimé **se constitue et dénonce sa constitution à l'appelant antérieurement** à la signification des conclusions par huissier ou commissaire de justice, l'avocat de l'appelant doit obligatoirement notifier ses conclusions à son confrère, sans plus pouvoir procéder directement par huissier ou commissaire de justice à l'égard de la partie adverse. Cela à peine de caducité de l'appel (Cass. 2e civ. 5-9-2019 n° 18-21.717 F-PBI).

Le fait que l'intimé soit défaillant ne prolonge pas le **délai dont dispose l'appelant pour remettre ses conclusions au greffe**. Il doit même dans ce cas déposer ses conclusions au greffe dans les trois mois de l'acte d'appel (CPC art. 908), et dispose ensuite d'un délai d'un mois pour les signifier par acte d'huissier ou commissaire de justice (CPC art. 911). En aucun cas il ne dispose d'un délai de quatre mois pour conclure au prétexte que l'intimé est défaillant (Cass. 2e civ. 19-3-2015 n° 14-10.952 F-PB : Bull. civ. II n° 63).

CONSEIL

Les avocats doivent inciter leurs clients à bien leur transmettre **tous les actes** d'huissier ou commissaire de justice qu'ils reçoivent. En effet, les conclusions ne peuvent être notifiées par voie de notification entre avocats que si la constitution de l'avocat intervient avant la signification des conclusions par acte d'huissier ou commissaire de justice (CPC art. 911, al. 1). De sorte que, en principe, si les **conclusions** sont **signifiées** par acte d'huissier ou commissaire de justice à une **partie défaillante**, et que celle-ci **constitue avocat postérieurement**, les conclusions n'ont pas à être notifiées entre avocats. Mais s'il est malgré tout procédé à une telle notification, il faut considérer que **le délai de l'adversaire pour conclure** en réponse a pour point de départ la signification et non la notification. Il est donc crucial en pratique que les avocats soient informés par leurs clients de tous les actes d'huissier ou commissaire de justice qu'ils reçoivent.

25978 **Pluralité de parties** La **Cour de cassation** a apporté dans un **avis** les **précisions** suivantes (Cass. avis 2-4-2012 n° 01200003 : Bull. civ. avis n° 2) :
– un intimé n'est pas tenu de signifier ses conclusions à un co-intimé défaillant à l'encontre duquel il ne formule aucune prétention, sauf en cas d'indivisibilité entre les parties, ou lorsqu'il sollicite confirmation du jugement contenant des dispositions qui lui profitent et qui nuisent au co-intimé défaillant ;
– le conseiller de la mise en état doit prononcer d'office l'irrecevabilité des conclusions d'un intimé, non signifiées à un co-intimé non constitué et, en cas d'indivisibilité entre les parties, celles-ci peuvent soulever l'irrecevabilité ;
– sauf en cas d'indivisibilité entre les parties, l'irrecevabilité, lorsqu'elle est encourue, doit être prononcée à l'égard du seul intimé concerné par le défaut de signification (voir aussi : Cass. 3e civ. 7-9-2017 n° 16-18.331 F-PB : Bull. civ. III n° 94).
Pour mémoire, à défaut d'avoir saisi le conseiller de la mise en état, l'appelant n'est pas recevable à former directement la demande d'irrecevabilité devant la cour (Cass. com. 28-6-2017 n° 14-14.228 F-PB : RJDA 11/17 n° 714). La cour a néanmoins la faculté de relever d'office cette fin de non-recevoir (Cass. 2e civ. 17-5-2018 n° 15-17.112 F-PB). Enfin, le juge a le devoir de relever d'office la fin de non-recevoir, conformément à l'article 125 du CPC, lorsqu'il s'agit de l'exercice d'un appel incident (Cass. 2e civ. 28-9-2017 n° 16-23.497 F-PB : Bull. civ. II n° 185), ces trois décisions ayant été rendues sur le terrain de l'article 909 du CPC.

25982 Il ne fait aucun doute que la formalité de signification aux parties défaillantes dans le mois s'impose lors de la notification des conclusions de la **première phase de la procédure**, y compris à un co-intimé contre lequel sont émises des prétentions (Cass. 1e civ. 23-9-2020 n° 19-13.652 F-PB), puisque l'article 911 du CPC renvoie explicitement aux sanctions prévues par les articles 905-2 et 908 à 910. En revanche, le texte ne précise pas s'il est applicable aux conclusions notifiées après l'expiration des délais prévus par ces textes, soit dans la **deuxième phase de la procédure**. La logique voudrait que tel ne soit pas le cas. D'une part, en raison de la place de l'article 911 dans l'architecture du Code, avant l'article 912 prévoyant l'ouverture de la seconde phase. D'autre part, et surtout, parce que le renvoi exprès opéré par l'article 911 aurait pour effet de prolonger l'application des sanctions de la première phase du procès d'appel au-delà de leur expiration. Cela n'empêche, bien entendu, que les parties restent contraintes de signifier leurs écritures par huissier ou commissaire de justice aux parties défaillantes contre lesquelles sont formées des prétentions, et de manière générale lorsque leur contenu le commande en vertu du principe de la contradiction, à peine d'irrecevabilité (CPC art. 14 à 16 et art. 6 de la CESDH). Mais cette exigence s'inscrit dans le cadre du droit commun, hors des sanctions propres à la première phase de la procédure d'appel.

CONSEIL

Le praticien devra veiller à procéder non seulement à la notification des conclusions – ou à leur signification à l'égard des défaillants – mais également à leur **dépôt au greffe** dans les délais imposés. La notification des conclusions par un avocat à un autre avocat par le biais du **RPVA** (n° 25505) emporte en principe dépôt concomitant au greffe puisque celui-ci est mentionné par défaut comme destinataire du message de notification des écritures.
En revanche, il peut arriver que des conclusions soient directement signifiées par huissier ou commissaire de justice à une partie défaillante sans avoir été déposées au greffe au préalable. Copie des conclusions doit alors être remise au greffe avec la justification de leur notification (CPC art. 906, al. 2).

La question se posait de savoir si l'absence de dépôt au greffe pouvait entraîner l'application des **sanctions** des articles 908 à 910, y compris lorsque la signification directe par commissaire de justice était intervenue à l'intérieur du délai requis. Pour l'application d'un texte analogue en première instance, il a été jugé que l'absence de remise des conclusions au greffe avec la justification de leur notification n'entraînait l'irrecevabilité des conclusions que s'il était justifié d'un grief (Cass. com. 6-4-1993 n° 91-11.720 : Bull. civ. IV n° 143). Mais, outre le fait que la notion de grief est déroutante sur le terrain de la fin de non-recevoir, il n'était pas certain que les tribunaux auraient considéré que les délais fussent respectés en l'absence de dépôt des conclusions au greffe. Le greffe et le conseiller de la mise en état auraient perdu dans ce cas toute possibilité de contrôle du respect formel des délais. Depuis la réforme de 2017, le doute n'est plus possible. Le risque est désormais explicite compte tenu, d'une part, du fait que dans les articles 908 à 910 le mot « conclure » a été remplacé par l'expression « remettre ses conclusions au greffe ». Et compte tenu, d'autre part, de la création de l'article 910-1 du CPC, qui dispose que « les conclusions exigées par les articles 905-2 et 908 à 910 sont celles, adressées à la cour, qui sont remises au greffe et notifiées dans les délais prévus par ces textes et qui déterminent l'objet du litige », texte auquel renvoie l'article 911 du CPC.

SANCTIONS DU DÉFAUT DE NOTIFICATION DES CONCLUSIONS

La formalité de notification ou de signification des conclusions est cruciale car les sanctions qui lui sont attachées sont importantes, pour l'auteur comme pour le destinataire de l'acte. L'article 911 du CPC renvoie aux sanctions prévues par les articles 908 à 910 du même Code : **caducité** de l'appel ou **irrecevabilité** des conclusions, selon la position procédurale de chacun. Le simple constat de l'absence de notification ou de signification dans le délai requis sera sanctionné. **25987**

Depuis le 1er septembre 2017, il en est de même en cas **d'absence de dépôt** des conclusions au greffe. Cela n'est pas douteux, compte tenu de l'usage de l'expression **« remettre ses conclusions au greffe »** par les articles 905-2 et 908 à 910 du CPC, et du renvoi opéré par l'article 911 du CPC à l'article 910-1 du même Code (n° 25982).

En outre, l'article 911 issu de la réforme de 2017 précise que la **notification** des conclusions de la première phase **constitue le point de départ** du délai dont cette partie dispose pour remettre ses conclusions au greffe. Il est donc très clair que la notification a un effet interactif sur le déclenchement des délais adverses.

Ces dispositions contraignent les parties à **gérer** leur **agenda** de manière non seulement très stricte mais également intelligente ; souvent, il ne s'agira pas simplement de respecter un délai préfix, mais de le faire en fonction de la date et du contenu de ses propres écritures et des écritures adverses.

Lorsque la caducité de la déclaration d'appel est invoquée en raison d'une **irrégularité de forme affectant la notification par l'appelant de ses conclusions** à l'intimé dans le délai imparti par l'article 911, elle ne peut être encourue qu'en cas d'annulation de cet acte, sur la démonstration par celui qui l'invoque du grief que lui a causé l'irrégularité (Cass. 2e civ. 16-10-2014 n° 13-17.999 : Bull. civ. II n° 213 ; Cass. 2e civ. 4-11-2021 n° 20-13.568 F-P ; Cass. 2e civ. 11-5-2023 n° 23-70.002 B avis n° 15005).

> **Précisions** Le juge d'appel doit vérifier d'office que la partie défaillante a été régulièrement appelée (CPC art. 14). Mais il n'a **pas l'obligation de vérifier d'office** que la partie défaillante a reçu la signification des conclusions dans les délais de l'article 911 du CPC (Cass. 2e civ. 17-11-2022 n° 20-20.650 FS-B).

c. Réduction des délais pour conclure

Le **conseiller de la mise en état** peut d'office, par ordonnance et en raison de la nature de l'affaire, raccourcir les délais pour conclure fixés par les articles 908 à 910 (CPC art. 911-1, al. 1). **26000**

Le critère de la nature de l'affaire donne au conseiller une grande **marge d'appréciation.**

En cas de **non-respect du délai** ainsi **réduit,** le conseiller de la mise en état prononce la caducité de la déclaration d'appel ou l'irrecevabilité des conclusions, après avoir sollicité les observations écrites des parties (CPC art. 911-1, al. 2).

L'ordonnance qui prononce la caducité ne peut pas être **rapportée** (CPC art. 911-1, al. 2).

CONSEIL

L'avocat peut insérer, dans ses actes d'**assignation** et de **signification,** le **visa** de l'article 911-1 du CPC selon lequel le conseiller de la mise en état peut réduire les délais fixés par les articles 909 et 910 du CPC. Cette **information préventive** pourra renforcer l'efficacité d'une éventuelle ordonnance de réduction de délai à l'égard d'un intimé défaillant.

d. Augmentation des délais pour conclure

Pour permettre un plus grand respect du principe de la contradiction et du droit au procès équitable, le Code de procédure civile prévoit des délais supplémentaires, liés à la **distance.** Ces textes sont parfois source de contentieux dans la mesure où ils reposent sur la notion de domicile qui, bien que définie par les textes (C. civ. art. 102 à 111), reste très factuelle. L'augmentation des délais peut freiner assez sensiblement, et parfois de manière artificielle, la procédure d'appel. Elle peut aboutir à un résultat inverse aux buts de célérité et même de loyauté ayant inspiré la réforme de cette procédure. **26020**

Les délais prévus pour **signifier la déclaration d'appel** (CPC art. 902, al. 3 et 905-1, al. 1), pour **remettre ses conclusions au greffe** (CPC art. 905-2 et 908 à 910), ou pour **notification** aux avocats constitués ou **signification** aux parties défaillantes (CPC art. 911, par référence aux délais des articles 905-2 et 908 à 910) sont augmentés (CPC art. 911-2) : **26021**

– de **deux mois** si l'appelant demeure à l'étranger ;

– d'**un mois** si la demande est portée devant une juridiction qui a son siège en France métropolitaine, pour les parties qui demeurent en Guadeloupe, en Guyane, à la Martinique, à La Réunion, à Mayotte, à Saint-Barthélemy, à Saint-Martin, à Saint-Pierre-et-Miquelon, en Polynésie française, dans les îles Wallis-et-Futuna, en Nouvelle-Calédonie ou dans les Terres australes et antarctiques françaises ;

– d'**un mois** si la demande est portée devant une juridiction qui a son siège en Guadeloupe, en Guyane, à la Martinique, à La Réunion, à Mayotte, à Saint-Barthélemy, à Saint-Martin, à Saint-Pierre-et-Miquelon ou dans les îles Wallis-et-Futuna, pour les parties qui ne demeurent pas dans cette collectivité.

ATTENTION

En cas de **renvoi après cassation,** c'est l'instance d'appel initiale qui se poursuit devant la juridiction de renvoi. Par conséquent, les délais de distance ne s'appliquent pas au délai dans lequel doit intervenir la **saisine** de la juridiction de renvoi après cassation (Cass. 2e civ. 4-2-2021 n° 19-23.638 F-PI). En revanche, l'article 1037-1 du CPC précise que les délais pour **conclure** sont augmentés conformément à l'article 911-2.

26023 Les **délais** ci-dessus **s'ajoutent** aux autres délais de distance prévus par les articles 643 et 644 du CPC (nos 21065 s.).

EXEMPLE

a. Un **appelant demeurant à l'étranger** qui relève appel devant une juridiction française (de métropole ou non) dispose de :
– 1 mois (CPC art. 538) + 2 mois (CPC art. 643, al. 3 et 644) pour relever appel d'un jugement de droit commun ;
– 3 mois (CPC art. 908) + 2 mois (CPC art. 911-2) pour conclure
= 8 mois pour déposer ses premières conclusions devant la cour d'appel, à compter de la signification de la décision.
b. Un **appelant demeurant à Mayotte** qui relève appel devant une cour d'appel de France métropolitaine dispose de :
– 1 mois (CPC art. 538) + 1 mois (CPC art. 643, al. 2) pour relever appel d'un jugement de droit commun ;
– 3 mois (CPC art. 908) + 1 mois (CPC art. 911-2) pour conclure
= 6 mois pour déposer ses premières conclusions devant la cour d'appel, à compter de la signification de la décision.
c. Un **appelant demeurant en métropole** qui relève appel devant une juridiction de l'une des collectivités désignées dispose de :
– 1 mois (CPC art. 538) + 1 mois (CPC art. 644) pour relever appel d'un jugement de droit commun ;
– 3 mois (CPC art. 908) + 1 mois (CPC art. 911-2) pour conclure
= 6 mois pour déposer ses premières conclusions devant la cour d'appel, à compter de la signification de la décision.

26025 L'**augmentation** des délais est **automatique.** Elle ne nécessite donc pas le prononcé d'une ordonnance. Dès lors que la partie remplit la condition de domicile, l'augmentation s'applique. Le conseiller de la mise en état n'a pas le pouvoir d'empêcher le jeu de cette augmentation, sauf à réduire, en amont, le délai principal (n° 26000).
Le critère pertinent, s'agissant des collectivités territoriales visées à l'article 644 du CPC, est celui du département dans lequel la juridiction a son siège. Si la partie demeure dans le ressort de la cour d'appel concernée, mais pas dans le département du siège de la juridiction, elle bénéficie du délai de distance (Cass. 2e civ. 11-4-2019 n° 18-11.268 FS-PBI).

26027 L'augmentation des délais n'est **pas réciproque.** Elle bénéficie uniquement à la **partie** que l'augmentation a pour but de protéger parce qu'elle **demeure loin du juge** saisi (Cass. 2e civ. 23-6-2016 n° 15-14.325 F-PB ; Cass. 2e civ. 7-9-2017 n° 16-15.700 FS-PB : n° 26029).
L'article 911-2 du CPC n'institue **aucune discrimination** ou différence de traitement, au regard de l'article 6, 1, de la CESDH entre les justiciables, dès lors qu'il est applicable devant toutes les cours d'appel, qu'elles soient situées sur le territoire métropolitain ou dans les territoires ou départements d'outre-mer énoncés à cet article, et que l'allongement de délai s'applique aux **délais impartis tant aux appelants qu'aux intimés,** et ce **en fonction de leur situation géographique par rapport à la cour d'appel** saisie (Cass. 2e civ. 7-9-207 n° 16-15.700 FS-PB). Dans cette affaire, la Cour de cassation a en conséquence jugé qu'une partie domiciliée en métropole et ayant interjeté appel devant une cour d'appel de métropole, contre un jugement rendu en faveur d'une société dont le siège était en Martinique, ne pouvait pas bénéficier d'une prolongation du délai d'un mois pour signifier la déclaration d'appel à la société n'ayant pas constitué d'avocat.

26029 La **partie qui doit délivrer son acte à une partie bénéficiant de l'augmentation des délais** risque d'avoir des **difficultés** à le faire dans le délai parfois bref qui lui est imparti (voir, notamment, CPC art. 902, 905-2 et 911). La difficulté peut être aggravée lorsque le destinataire demeure dans un pays de l'Union européenne, autre que la France. Le règlement 1393/2007 du 13 novembre

2007 impose en effet un certain nombre de contraintes dans la délivrance des actes au sein de l'Union européenne (pour un exemple, Cass. 2e civ. 11-4-2019 n° 17-31.497 F-PB). Il pourra arriver que le juge considère qu'une partie étrangère n'a pas été valablement assignée, notamment au regard des exigences des textes européens et invite une partie à procéder à une réassignation, alors que bien souvent les délais de la première phase de la procédure d'appel (CPC art. 902, 905-1, 905-2 et 908 à 911) seront expirés et l'action devenue caduque ou irrecevable. Une telle situation était bénigne sous l'empire de l'ancienne procédure d'appel. Elle risque d'être grave sous l'empire de la procédure actuelle, compte tenu des lourdes sanctions dont elle est porteuse. En cas de signification des actes à l'étranger, prévaut cependant le **système dit « de la double date ».** Lorsque l'acte doit être effectué dans un délai déterminé, la date de notification est à l'égard de celui qui y procède, la date d'expédition de l'acte par l'huissier ou commissaire de justice ou le greffe ou, à défaut, la date de réception par le parquet compétent (CPC art. 647-1) ; à l'égard du destinataire, un système de dates subsidiaires est également prévu désormais (CPC art. 687-2 créé par décret 2019-402 du 3-5-2019), ce qui aura une incidence sur la détermination du point de départ du délai de recours, mais également du délai pour conclure dans la procédure d'appel. Il est donné application de ce système de double date dans le cadre de l'Union européenne (Règlement CE n° 1393/2007 du 13-11-2007 art. 9, 2). En cas de refus de réception de l'acte pour défaut de traduction, le système de la double date est également applicable (Règlement CE précité art. 8, 3 et art. 9, 2).

e. Conclusions d'appel postérieures aux délais obligatoires

Les parties qui ont respecté les délais des articles 905-2 et 908 à 910 CPC pour conclure peuvent-elles de nouveau conclure une fois ces délais expirés ? **26047**

La réponse était affirmative, avant le décret 2017-891 du 6 mai 2017. Depuis, la situation est beaucoup plus rigide depuis la réforme par le décret 2017-891 du 6 mai 2017 qu'auparavant. En effet, l'article 912 du CPC, qui prévoit la possibilité pour le conseiller de la mise en état d'ouvrir une seconde phase, permettant l'échange de nouvelles conclusions, précise dorénavant qu'il doit le faire « sans préjudice de l'article 910-4 ». Or, ce texte impose aux parties, sauf quelques exceptions (n° 25723), de présenter, **dès les conclusions de la première phase, l'ensemble de leurs prétentions sur le fond,** et ce, à peine d'irrecevabilité, relevée d'office. L'article 910-4 enferme en outre la liberté des parties dans une limite supplémentaire puisque toutes ces prétentions ne peuvent être formées que dans la limite des chefs du jugement critiqué. Sur les problèmes que cette restriction risque de poser, voir n° 25723.

f. Délais de la procédure d'appel et incidents d'instance

Aucun texte ne prévoit que les incidents devant le conseiller de la mise en état, notamment en raison du non-respect des délais de la première phase de la procédure et le déféré éventuel qui les prolonge (nos 26331 s.), produisent le moindre **effet suspensif** ou interruptif des délais en question. Pourtant, la **pratique** démontre qu'il faut souvent compter bien plus que trois mois pour juger de manière définitive de tels incidents. On aboutit donc souvent à l'obligation inconfortable de continuer à **respecter les délais** malgré un incident de mise en état. **26075**

EXEMPLE

Les conclusions d'un intimé déposées tardivement ont été jugées irrecevables par le conseiller de la mise en état (cf. CPC art. 909). L'ordonnance du conseiller fait l'objet d'un **déféré** devant la cour. La décision relative à l'irrecevabilité des conclusions n'est donc pas définitive. Or, ces conclusions comprennent un **appel incident,** auquel l'appelant doit apporter réponse dans le délai de trois mois, à peine d'irrecevabilité (CPC art. 910, al. 1). Ce délai n'est ni interrompu, ni suspendu par l'incident de mise en état puis par le déféré. Si l'appelant n'entend prendre aucun risque, il doit répondre sur le fond à des conclusions qui ont pourtant été jugées irrecevables par une décision objet d'un déféré.

L'appelant prendra la **précaution** de préciser qu'il ne **répond** à l'appel incident qu'**à titre conservatoire,** sous réserve de la décision qui sera rendue par la cour sur déféré.

SUSPENSION D'INSTANCE ET DÉLAIS DE LA PROCÉDURE D'APPEL

Dans les cas où l'instance est suspendue (CPC art. 377 : sursis à statuer, radiation ou retrait du rôle, outre les cas où la loi le prévoit), et à défaut de disposition contraire, les délais eux-mêmes sont simplement suspendus, de sorte qu'ils reprennent, lorsque la suspension prend fin, là où ils se sont arrêtés. Cela peut être très inconfortable lorsque l'un des **délais** de la première phase de la procédure était **sur le point d'expirer,** car lors de la reprise de l'instance, le **délai** restant à courir peut être **très bref.** **26080**

26082 **Radiation pour défaut d'exécution** Lorsque l'**exécution provisoire** de la décision dont il est fait appel est de droit ou a été ordonnée, dès qu'il est saisi, le conseiller de la mise en état peut décider, à la demande de l'intimé et après avoir recueilli les observations des parties, la radiation du rôle de l'affaire lorsque l'appelant ne justifie pas avoir exécuté cette décision ou avoir procédé à la consignation autorisée, à moins qu'il lui apparaisse que l'exécution serait de nature à entraîner des conséquences manifestement excessives ou que l'appelant est dans l'impossibilité d'exécuter la décision (CPC art. 524, al. 1 ; ex-art. 526, al. 1).
La **demande de l'intimé** doit, à peine d'irrecevabilité prononcée d'office, être présentée avant l'expiration des délais prescrits aux articles 905-2, 909, 910 et 911. Cette demande **suspend** les délais impartis à l'intimé par les mêmes articles (CPC art. 524, al. 2 et 4).
Ces délais **recommencent à courir** à compter de la notification de la décision autorisant la réinscription de l'affaire au rôle de la cour ou de la décision rejetant la demande de radiation (CPC art. 524, al. 5).
La décision de radiation est notifiée par le greffe aux parties ainsi qu'à leurs représentants par lettre simple. Elle est une mesure d'administration judiciaire. Elle n'emporte pas suspension des **délais impartis à l'appelant** par les articles 905-2, 908 et 911. Elle interdit l'examen des appels principaux et incidents ou provoqués (CPC art. 524, al. 3 et 6).
Le délai de péremption court à compter de la notification de la décision ordonnant la radiation. Il est interrompu par un acte **manifestant sans équivoque la volonté d'exécuter** en considération de ce qui a été décidé par le premier juge dans le dispositif de sa décision (pour un exemple, Cass. 2e civ. 19-11-2020 n° 19-25.100 FS-PBI). L'appréciation est faite in concreto, sans que le juge puisse néanmoins, dans ce cadre, conditionner l'interruption du délai à une exécution intégrale (Cass. 2e civ. 14-1-2021 n° 19-20.721 F-PI). Le premier président ou le conseiller de la mise en état peut, soit à la demande des parties, soit d'office, après avoir invité les parties à présenter leurs observations, constater la péremption. Le dépôt direct de conclusions au fond, non assorti d'une demande de rétablissement de l'affaire au rôle, n'interrompt pas le délai de péremption (Cass. 2e civ. 1-9-2016 n° 15-14.551 PB).
Le premier président ou le conseiller de la mise en état autorise, sauf s'il constate la péremption, la réinscription de l'affaire au rôle de la cour sur justification de l'exécution de la décision attaquée.

> **Précisions** Après un retrait du rôle ou une radiation, le jugement de première instance n'acquiert **force de chose jugée** qu'au moment où l'ordonnance du CME, constatant la péremption de l'instance en appel, acquiert elle-même l'autorité de chose jugée (Cass. 2e civ. 10-6-2021 n° 19-16.222 F-P).

26085 **Autres cas de radiation** Il nous paraît erroné de soutenir que la décision de radiation n'a aucun effet suspensif (Contra H. Herman, Dans les méandres de la nouvelle procédure d'appel avec représentation obligatoire : Gaz. pal. 11-13 septembre 2011 p. 11). Cette affirmation résulte, à notre avis, d'une confusion entre les effets de la **demande** de radiation et ceux de la **décision** de radiation. S'il est exact qu'en appel, la demande de radiation, autre que celle fondée sur l'article 524 du CPC (n° 26082), ne produit pas d'effet suspensif à défaut de texte exprès en ce sens, la décision de radiation, à défaut de disposition contraire, produit son effet suspensif classique, prévu par le texte de droit commun (CPC art. 377).

26090 **Actes effectués malgré la suspension d'instance** La question se pose du sort des actes effectués malgré la suspension d'instance. Aucun texte analogue à l'article 372 du CPC, applicable en cas d'interruption d'instance, ne prévoit que ces actes sont réputés non avenus (sauf confirmation par la partie au profit de laquelle l'interruption est intervenue). Il paraît difficile de leur donner effet, alors que l'affaire a été retirée du rang des affaires en cours.
Il convient cependant d'opérer une distinction entre la suspension de l'instance et celle des seuls délais pour conclure. À titre d'exemple, lorsque l'article 524 du CPC prévoit que la demande opère effet suspensif à l'égard de l'intimé, il envisage les « délais impartis à l'intimé ». De même, lorsqu'il dispose que la décision n'opère pas d'effet suspensif à l'égard de l'appelant, il vise les « délais impartis à l'appelant ».

INTERRUPTION D'INSTANCE ET DÉLAIS DE LA PROCÉDURE D'APPEL

26095 **Effet relatif** Les cas d'interruption d'instance correspondent à des **causes personnelles** à une partie ou à son représentant, comme le décès, l'ouverture d'une procédure collective, la cessation des fonctions d'avocat (CPC art. 369 et 370). La jurisprudence a précisé que l'interruption d'instance ne produisait qu'un effet relatif, au profit de la personne protégée par la cause d'interruption. Il a ainsi été jugé que l'ouverture d'une procédure de redressement judiciaire n'interrompt l'instance qu'au profit de la personne qui y est soumise (Cass. 3e civ. 12-5-1999 n° 97-20.646 : Bull. civ. III n° 114).

En cas d'interruption d'instance en appel, il résulte de cet effet relatif que l'interruption des délais de la première phase de la procédure n'intervient qu'au profit de la partie objet de la cause d'interruption, ce qui est un **risque procédural** important.

Ainsi, un intimé ayant fait l'objet d'une **procédure collective** en cours d'instance, l'appel d'un créancier a été jugé caduc à l'égard du liquidateur judiciaire car, bien que déposées dans le délai de l'article 908 du CPC, les conclusions de l'appelant n'avaient pas été signifiées au liquidateur judiciaire qui n'avait pas constitué avocat conformément aux dispositions de l'article 911 (CA Lyon ord. CME 8-11-2011 n° 11/03862 1e ch. A).

Le cas le plus inextricable est peut-être celui du **décès** : imaginons le cas d'un décès de l'intimé notifié à quelques jours de l'expiration du délai de trois mois pour les conclusions de l'appelant (CPC art. 908). Seul l'intimé étant protégé par l'interruption, ou plus exactement ses héritiers, le délai continue de courir contre l'appelant. Sa déclaration sera caduque s'il ne procède pas à l'encontre des héritiers à l'intérieur du délai. Or, connaître les noms et les coordonnées de tous les héritiers peut parfois s'avérer impossible en pratique. Si le RCS et le Bodacc permettent une information quasi immédiate en cas de procédure collective, rien de tel n'existe pour connaître l'identité des héritiers. Il était donc attendu que la jurisprudence de la Cour de cassation évolue ou innove concernant l'effet relatif de l'interruption d'instance, en cas de décès notamment. C'est ce qu'elle a fait, dans un cas de recours en révision, par un arrêt conférant, au visa de l'article 6 de la CESDH, un effet interruptif à une **tentative** de signification au défunt dès lors qu'il n'était pas établi que la partie avait eu connaissance du décès (Cass. 2e civ. 25-3-2021 n° 19-15.611 FS-P). Il ne s'agit certes pas d'un arrêt rendu à l'occasion des délais impératifs de la procédure d'appel, mais la solution a de bonnes raisons de fond d'être transposée, à terme, en cette matière.

> **Précisions** Cet arrêt, protecteur de la partie à laquelle s'impose une diligence qu'elle doit accomplir dans un délai sanctionné, à l'égard, d'une partie décédée, ne remet bien sûr pas en cause la jurisprudence selon laquelle l'**acte délivré à une personne décédée,** et comme telle dénuée de la capacité d'ester en justice, est affecté d'une irrégularité de fond et ne saurait en tout état faire courir un délai de recours (Cass. 2e civ. 22-10-2020 n° 19-18.671 F-PBI). Il en est de même dans l'hypothèse inverse où l'acte est délivré au **nom d'une personne décédée,** peu important que le destinataire de l'acte ait eu ou non connaissance du décès (Cass. 2e civ. 18-10-2018 n° 17-19.249 FS-PB).

Reprise d'instance Aucune disposition spécifique ne prévoit que les délais de la procé- 26100
dure d'appel interrompus reprennent à zéro lors de la reprise d'instance. On pouvait donc penser qu'il fallait appliquer les dispositions générales (CPC art. 374) qui prévoient que l'instance reprend son cours **en l'état** où elle se trouvait au moment où elle a été interrompue (dans ce sens, CA Lyon, ord. CME 21-6-2012 n° 11/06875, 6e ch.).

Cependant, la Cour de cassation a clairement statué en sens inverse, jugeant que l'interruption de l'instance fait courir un nouveau délai à compter de la reprise d'instance (Cass. 2e civ. 4-6-2015 n° 13-27.218 FS-PB : Bull. civ. II n° 141). Il est permis de s'en étonner. Certes, la solution de la Cour de cassation a le mérite de la clarté, en simplifiant grandement le calcul des délais. Mais elle nous semble contra legem : la Cour de cassation vise à juste titre les articles 369 et 374 du CPC. Or, ce dernier texte dispose justement que l'instance reprend son cours en l'état où elle se trouvait au moment où elle a été interrompue, soit l'inverse de la décision de la Cour suprême, qu'aucun fondement légal ne permet à notre sens de soutenir, et qui semble procéder d'une confusion avec les règles gouvernant la prescription (C. civ. art. 2231). Le moyen annexé à l'arrêt de la Cour de cassation soutient d'ailleurs, in fine, que « l'interruption de la prescription fait courir un nouveau délai identique au délai initial ». Cette invocation du régime de la prescription, qui nous paraît hors sujet, n'est sans doute pas étrangère à la solution.

> **Précisions** Certes, la Chancellerie elle-même a considéré que l'interruption de l'instance entraîne l'interruption des délais imposés aux parties par les articles 902 et 908 et suivants du CPC et qu'un **nouveau délai** recommencera à courir à compter de la reprise d'instance (Dépêche du ministère de la justice aux premiers présidents et aux procureurs généraux des cours d'appel du 28-12-2011). Cette affirmation n'est toutefois étayée par aucun texte. Il est permis de penser qu'elle procède de la confusion évoquée ci-dessus avec les règles gouvernant l'interruption des **délais de prescription** (C. civ. art. 2231) ; le principe est pourtant que ces règles ne s'appliquent pas aux délais de forclusion, sauf dispositions contraires (C. civ. art. 2220). Le seul texte qui envisage l'incidence de l'interruption de l'instance sur un délai de procédure est relatif à la **péremption d'instance** (CPC art. 392). Il énonce clairement que dans ce cas, lors de la reprise de l'instance, « un nouveau

délai court ». Il est assez logique que la péremption soit la seule hypothèse envisagée, car, pour le reste, les délais de procédure devant la cour d'appel ne présentaient pas de danger procédural immédiat avant la réforme, hormis le délai de quatre mois pour conclure (CPC art. 915 ancien), mais dont la sanction (disparition de l'effet suspensif de l'appel) était bien moindre que la caducité d'appel aujourd'hui encourue. En définitive, la solution retenue par la Cour de cassation est très opportune et conforme au but de protection du dispositif de l'interruption d'instance. Mais elle paraît bien contra legem en l'état actuel de la rédaction de l'article 374 du CPC.

g. Délais de la procédure d'appel et QPC

26120 La question prioritaire de constitutionnalité peut être soulevée à tout instant, tant que la clôture n'est pas intervenue. Elle peut être soumise au conseiller de la mise en état dès la **première phase du procès d'appel.** Elle constitue un facteur de complication du procès qui paraît se combiner assez mal avec les **délais automatiques** de cette première phase. La question se pose donc de savoir quel est l'effet d'une QPC sur l'instance en général et sur ces délais en particulier. Aucun texte ne prévoit que la présentation de la question prioritaire de constitutionnalité produirait le moindre **effet interruptif ou suspensif** sur l'instance sur laquelle elle se greffe.

Lorsque **la QPC est transmise,** la juridiction sursoit à statuer jusqu'à réception de la décision du Conseil d'État ou de la Cour de cassation ou, s'il a été saisi, du Conseil constitutionnel (Ord. 58-1067 du 7-11-1958, art. 23-3 modifié). Or, si la décision de sursis à statuer entraîne en principe une suspension d'instance (CPC art. 377 et 378), l'article 23-3 précité précise que le cours de l'instruction n'est pas suspendu et que la juridiction peut prendre les mesures provisoires ou conservatoires nécessaires. Cet article ajoute que, lorsque le sursis à statuer risquerait d'entraîner des conséquences irrémédiables ou manifestement excessives pour les droits d'une partie, la juridiction qui décide de transmettre la question peut statuer sur les points qui doivent être immédiatement tranchés. Il convient donc de se garder de considérer que la décision de transmission de la QPC opérerait automatiquement suspension de l'instance, puisque la règle en la matière semble même inverse. La circulaire conjointe DACS/DACG du 24 février 2010 relative à la présentation de la question prioritaire de constitutionnalité, point 2.2.3.3, 2° : BOMJL 2010-02 du 30 avril 2010, confirme d'ailleurs qu'il est nécessaire que la décision prononçant le sursis précise les suites données à l'instance.

Un sursis obligatoire n'est prévu que lorsque **le juge ne transmet pas la QPC,** lorsqu'elle met en cause, pour les mêmes motifs, une disposition déjà soumise à la Cour de cassation ou au Conseil constitutionnel (CPC art. 126-5). Mais, là encore, dans la mesure où les textes du CPC doivent être lus avec ceux de l'ordonnance 58-1067 du 7 novembre 1958 (cf. CPC art. 126-1 qui opère ce renvoi), il n'est pas certain que ce sursis produise davantage d'effet suspensif.

h. Délais de la procédure d'appel et aide juridictionnelle

26130 Lorsqu'un recours doit être intenté avant l'expiration d'un délai devant les juridictions d'appel, ce **recours** est **réputé avoir été intenté dans le délai** si la demande d'aide juridictionnelle s'y rapportant est adressée au bureau d'aide juridictionnelle avant l'expiration dudit délai et si le recours est introduit dans un nouveau délai de même durée à compter (Décret 91-1266 du 19-12-1991) :

– de la notification de la décision d'admission provisoire ;

– de la notification de la décision constatant la caducité de la demande ;

– de la date à laquelle le demandeur à l'aide juridictionnelle ne peut plus contester la décision d'admission ou de rejet de sa demande en application ou, en cas de recours de ce demandeur, de la date à laquelle la décision relative à ce recours lui a été notifiée ;

– ou, en cas d'admission, de la date, si elle est plus tardive, à laquelle un auxiliaire de justice a été désigné.

Le droit d'accès au juge exclut que le délai d'appel puisse courir tant qu'il n'a pas été **définitivement statué** sur une demande d'aide juridictionnelle formée dans ce délai (Cass. 2e civ. 2-7-2020 n° 19-13.947 F-PBI). Le délai d'exercice du recours pour lequel l'aide juridictionnelle a été accordée ne court qu'à compter de la date à laquelle la désignation initiale, par le bâtonnier, de l'avocat chargé de prêter son concours au bénéficiaire de l'aide juridictionnelle a été portée à la connaissance de celui-ci par une notification **permettant d'attester la date de réception** (Cass. 2e civ. 27-2-2020 n° 18-26.239 F-PBI).

Lorsque la **demande** d'aide juridictionnelle est **déposée au cours des délais impartis pour conclure ou former appel incident,** mentionnés aux articles 905-2, 909 et 910 du CPC, ces délais courent dans les conditions prévues aux trois dernières hypothèses listées ci-dessus.

La **décision de rejet du recours contre une décision du bureau d'aide juridictionnelle,** prononcée sans débat à une date qu'aucune disposition n'impose de porter préalablement à la connaissance de l'auteur du recours, ne peut être opposée à celui-ci qu'au jour où elle est portée à sa connaissance par sa **notification** prévue par les articles 50 et 60 du décret 91-1266 (Cass. 2e civ. 28-6-2018 n° 17-16.578 F-PB).
Il en va de même en cas de **caducité de la demande d'aide juridictionnelle** (Cass. 2e civ. 17-3-2016 n° 15-10.754). Ces décisions ont été rendues au sujet de l'article 38-1 du décret 1991-1266 du 19 décembre 1991, relatif au délai imparti à l'appelant pour conclure. Ce texte a été abrogé par le décret 2016-1876 du 27 décembre 2016. Néanmoins, rien ne semble s'opposer à son application aux cas de l'article 38 du décret 91-1266, lequel est d'ailleurs expressément visé par l'article 50.

ATTENTION

Le dispositif mis en place par le décret 2016-1876 du 27 décembre 2016 porte atteinte au principe de **sécurité juridique** ; par conséquent, l'appelant qui a **formé appel avant le 11 mai 2017,** date d'entrée en vigueur du décret du 6 mai 2017 et sollicité, dans le délai prévu par l'article 908 du CPC, le bénéfice de l'aide juridictionnelle, puis remis au greffe ses conclusions dans ce même délai, courant à compter de la notification de la décision statuant définitivement sur cette aide, ne peut se voir opposer la caducité de sa déclaration d'appel (Cass. 2e civ. 19-3-2020 n° 18-23.923 et n° 19-12.990 FS-PBI).
En revanche, l'article 38 du décret 91-1266 du 19 décembre 1991, dans sa rédaction issue du décret 2017-891 du 6 mai 2017, qui a rétabli, pour partie, le dispositif prévu par l'article 38-1 du décret du 19 décembre 1991 abrogé par le décret 2016-1876 du 27 décembre 2016, ne prévoit pas, au profit de l'appelant, un report du point de départ du délai pour **signifier la déclaration d'appel, en application de l'article 905-1 du CPC.** Dès lors que l'appelant n'a pas procédé à la signification de la déclaration d'appel dans le délai de dix jours à compter de l'avis de fixation de l'affaire à bref délai, réceptionné par son avocat, la déclaration d'appel est caduque, malgré une demande d'aide juridictionnelle (Cass. 2e civ. 4-6-2020 n° 19-24.598 F-PBI ; Cass. 2e civ. 19-11-2020 n° 19-16.792 F-PBI).

En revanche, la cour d'appel n'a aucune obligation d'aviser les parties du nouveau cours du délai imparti pour faire diligence (Cass. 2e civ. 24-9-2015 n° 14-22.945 F-PB : Bull. civ. II n° 209), décision rendue dans le cadre de l'application de l'article 902 du CPC, dans un cas de rejet définitif de la demande d'aide juridictionnelle.
Par **dérogation,** les délais ne sont pas interrompus lorsque, à la suite du rejet de sa demande d'aide juridictionnelle, le demandeur présente une nouvelle demande ayant le même objet que la précédente.

CONSEIL

Le délai pour conclure de l'appelant n'étant pas interrompu par la demande d'aide juridictionnelle (hormis dans le cas de l'appel à bref délai, art. 905-2 du CPC), l'avocat de l'appelant aura intérêt à solliciter l'aide juridictionnelle avant de relever appel, afin de ne pas déclencher le délai de l'article 908 du CPC.

26132 Tant que le dossier de demande d'aide juridictionnelle n'est pas déposé, le délai court conformément aux dispositions du droit commun. La partie qui entend se prévaloir de la paralysie d'un délai doit donc **justifier, auprès du greffe, du dépôt** de son dossier de demande d'aide juridictionnelle avant l'expiration dudit délai. À défaut, la sanction qui est attachée au délai (caducité, irrecevabilité) reçoit application.
Lorsque la partie dépose un dossier de demande d'aide juridictionnelle en temps utile, les délais ne courent pas tant que l'issue de la demande d'aide juridictionnelle n'est pas connue. C'est ainsi un délai plein qui court à compter du nouveau point de départ défini par les dispositions propres à l'aide juridictionnelle.

26134 En **pratique,** compte tenu des délais d'instruction et de l'absence fréquente de notification des décisions rendues en matière d'aide juridictionnelle par lettre recommandée, le point de départ exact des délais peut prêter à discussion.
En outre, les **délais d'instruction** devant certains bureaux d'aide juridictionnelle sont très longs, malgré les efforts notables réalisés en ce domaine depuis la réforme de la procédure d'appel. Certains dossiers se trouvent très fortement ralentis par rapport à la situation ancienne. La procédure actuelle, lorsqu'elle n'est pas accompagnée d'une réduction sensible des délais d'attente devant le bureau d'aide juridictionnelle et d'une meilleure coordination des informations entre les bureaux d'aide juridictionnelle et les greffes, peut entraîner la désorganisation de certaines chambres, et un allongement important des délais de traitement des affaires dans lesquelles l'une au moins des parties sollicite le bénéfice de l'aide juridictionnelle.

ATTENTION

La tentation peut exister de procéder à un dépôt tactique de dossier d'aide juridictionnelle pour bénéficier d'une **paralysie du délai.** Mais la Cour de cassation, dans l'hypothèse voisine de l'application du délai pour dépôt du mémoire du demandeur au pourvoi (CPC art. 978) a jugé que la déchéance est encourue si la demande d'aide juridictionnelle n'a été formée que dans le but de **prolonger artificiellement** le délai de dépôt du mémoire ampliatif, ce qui constitue une **fraude** à la loi (Cass. 1e civ. 17-11-1999 n° 97-18.108 : Bull. civ. I n° 304). Au cas particulier, les conclusions de la partie qui avait demandé l'aide juridictionnelle révélaient qu'elle disposait de revenus élevés.

i. Délais de la procédure d'appel et modes alternatifs de résolution du litige

26144 La décision d'ordonner une **médiation** interrompt les délais impartis pour conclure et former appel incident mentionnés aux articles 905-2 et 908 à 910 du CPC. L'interruption de ces délais produit effet jusqu'à l'expiration de la mission du médiateur (CPC art. 910-2).

ATTENTION

Seule la **décision** qui **ordonne** la médiation emporte interruption des délais pour conclure (Cass. 2e civ. 20-5-2021 n° 20-13.912 F-P).

De même, l'information donnée au juge de la conclusion d'une **convention de procédure participative** entre toutes les parties à l'instance d'appel interrompt les délais impartis pour conclure et former appel incident mentionnés aux articles 905-2 et 908 à 910 du CPC.
L'interruption de ces délais produit ses effets jusqu'à l'information donnée au juge de l'extinction de la procédure participative (CPC art. 1546-2). Il convient de souligner que le texte ne parle pas d'une interruption de l'instance, mais d'une interruption des délais.

j. Communication des pièces en cas d'appel avec représentation obligatoire

26154 La partie qui fait état d'une pièce s'oblige à la communiquer **spontanément** à toute partie à l'instance (CPC art. 132, al. 1 et 2).
La dispense expresse de communication des **pièces déjà versées** au débat en première instance (CPC art. 132, al. 3 ancien) a été supprimée lors de la réforme de la procédure d'appel.
En **pratique,** il est toutefois fréquent que les avocats constitués se dispensent mutuellement de communiquer à nouveau leurs pièces déjà connues. Un tel procédé ne semble se heurter à aucune interdiction. Il est à encourager car il permet, dans certains cas, d'alléger notablement la tâche administrative des cabinets.
L'**acte introductif d'instance** étant un acte de la procédure versé au dossier de première instance qui est joint à celui de la cour d'appel en application des articles 727 et 968 du CPC, une cour d'appel peut, sans violer le principe de la contradiction, se fonder sur cet acte qui est dans le débat et dont la partie concernée n'a pas demandé la communication (Cass. 2e civ. 4-12-2014 n° 13-22.568 F-PB : Bull. civ. II n° 243).

PRÉSOMPTION DE RÉGULARITÉ DE LA COMMUNICATION DES PIÈCES EN APPEL

26155 Les pièces visées aux conclusions ou figurant au bordereau des pièces communiquées qui n'ont donné lieu à aucune contestation devant les juges du fond sont présumées être régulières (Cass. 2e civ. 20-12-2001 n° 98-21.329 : Bull. civ. II n° 204 ; Cass. 1e civ. 28-1-2003 n° 00-15.519 : Bull. civ. I n° 27), sous réserve, peut-être, de l'important avis rendu par la Cour de cassation au sujet de la simultanéité (n° 26188), le principe de l'obligation de communication spontanée de l'ensemble des pièces ne semble pas a priori remettre en cause cette présomption. Il convient donc que les **avocats** soient très **attentifs,** à chaque stade de la procédure, à connaître l'ensemble des pièces visées par leurs confrères.

DÉPÔT DES PIÈCES AU GREFFE EN APPEL

26165 Chaque partie doit déposer au greffe un tirage de l'ensemble de ses pièces **quinze jours** avant les plaidoiries (CPC art. 912, al. 3). Ni avant, pour des raisons de place de stockage dans les greffes ni après, pour permettre aux magistrats de préparer le dossier, notamment au conseiller rapporteur.
Cette obligation n'est **pas sanctionnée** par une irrecevabilité ou une exclusion des pièces non remises. Une cour d'appel ne peut donc pas écarter des pièces, dont la communication n'a pas été contestée par l'autre partie, remises **en cours de délibéré,** dix jours après l'audience de plaidoirie et juger que l'appelant n'avait communiqué aucune pièce à l'appui de ses conclusions, la mettant ainsi dans l'impossibilité d'apprécier la pertinence de son appel (Cass. 2e civ. 7-1-2016 n° 14-29.019 F-PB).

CORRÉLATION ENTRE PIÈCES ET PRÉTENTIONS DANS LA PROCÉDURE D'APPEL

Les pièces communiquées doivent être corrélées avec les prétentions formées devant la cour puisque la partie doit indiquer pour chaque prétention les pièces invoquées, avec leur numérotation (CPC art. 954, al. 1). 26175

Il s'agit là d'un premier pas vers la **structuration** des écritures. Le conseiller de la mise en état peut **enjoindre** les avocats de mettre leurs conclusions en conformité avec cette disposition (CPC art. 913).

À **défaut** de corrélation, aucune sanction explicite n'est prévue. Cependant, la partie qui n'établit pas de lien entre la pièce qu'elle communique et la prétention qu'elle est censée appuyer prend, peut-être, le risque de s'interdire d'en faire ensuite le grief à la cour dans le cadre d'un pourvoi. La jurisprudence sera sans doute invitée à se prononcer sur ce point.

> **Précisions** Sauf à ce qu'une pièce communiquée soit sans intérêt, elle est en principe liée à une prétention. La logique voudrait donc que chaque **communication de pièce nouvelle** conduise la partie à **conclure** de nouveau, ou, pour le moins, à conclure après la communication de l'ensemble de ses pièces, de manière à corréler chacune d'entre elles à une prétention. Cependant, une pièce peut-être parfois communiquée uniquement pour illustrer l'exposé des faits ou de la procédure, sans être directement liée à une prétention. Chaque communication ne semble donc pas imposer de manière systématique la notification de nouvelles conclusions.

SIMULTANÉITÉ DE COMMUNICATION DES CONCLUSIONS ET DES PIÈCES EN APPEL

Les conclusions doivent être notifiées et les pièces communiquées simultanément par l'avocat de chaque partie à celui de l'autre partie et, en cas de pluralité de parties, à l'ensemble des avocats constitués (CPC art. 906, al. 1). Ainsi, la simultanéité est **double.** D'une part, l'avocat doit notifier ses conclusions et pièces à tous les autres avocats constitués de manière simultanée. D'autre part, les conclusions et pièces doivent être notifiées et communiquées simultanément. Là est l'apport essentiel du texte issu de la réforme de la procédure d'appel de 2011, combiné au principe de communication spontanée de l'ensemble des pièces, y compris celles de première instance (n° 26188). Il s'agit d'une conséquence logique de l'obligation faite aux parties de respecter des **délais brefs** et sanctionnés. Les parties doivent se mettre réciproquement en mesure de connaître leurs moyens (conclusions) et leurs éléments de preuve (pièces) en temps utile pour permettre un débat à la fois loyal et efficace. C'est une manifestation de la technique de **concentration** procédurale (n° 25485). 26185

L'exigence de communication des pièces simultanément à la notification des conclusions ne fait l'objet d'aucune **sanction** explicite. Le juge ne devrait donc en principe appliquer que le droit commun, qui lui permet d'écarter du débat les pièces qui n'ont pas été communiquées en temps utile (CPC art. 15 et 135), y compris s'il admet parallèlement les conclusions déposées à l'occasion d'une communication tardive (Cass. 1e civ. 6-12-2018 n° 17-17.557 FS-PBRI ; n° 26192). La Cour de cassation impose toujours au juge de rechercher, et de caractériser, en quoi la communication tardive a fait échec au principe de la contradiction (Cass. 3e civ. 21-2-2001 n° 99-14.641 : Bull. civ. III n° 21). Elle a pu juger par ailleurs que l'obligation prévue à l'article 56 du CPC d'énumérer, dans l'assignation et par bordereau annexé, les pièces sur lesquelles la demande est fondée n'est assortie d'aucune sanction et ne constitue pas une formalité substantielle ou d'ordre public. Dès lors, le défendeur qui s'abstient de comparaître à l'audience, alors qu'il a été appelé à l'instance conformément à l'article 14 du CPC, ne peut invoquer utilement un défaut de communication de pièces qui n'est que la conséquence de son défaut de comparution (Cass. 2e civ. 3-4-2003 n° 00-22.066 : Bull. civ. II n° 94 ; Cass. 2e civ. 11-4-2013 n° 12-12.369, rendu dans une procédure orale mais transposable ; CA Montpellier 27-7-2012 ord. CME n° 11/08243, 1e ch. Sect. C2 : JCP G 2012 p. 1619 note B. Travier et R. Guichard), ce que la Cour de cassation a confirmé s'agissant de la procédure d'appel (Cass. 2e civ. 6-6-2019 n° 18-14.432 F-PBI). 26186

Toutefois, saisie pour **avis** par la cour d'appel de Paris relativement à la sanction du défaut de communication simultanée des pièces dans les délais des articles 908 et 909 du CPC au regard des dispositions de l'article 906 du même Code ainsi qu'à la possibilité de produire, après l'expiration de ces délais, des pièces qui n'auraient pas été visées dans les conclusions signifiées dans les délais des articles précités, la **Cour de cassation** avait estimé que devaient être écartées les pièces, invoquées au soutien des prétentions, qui n'étaient pas communiquées simultanément à la notification des conclusions (Avis Cass. 25-6-2012 n° 01200005 : Bull. civ. Avis n° 5 ; D. 2012 p. 2435 note C. Alcalde). Saisie sur pourvoi, la Cour de cassation a ultérieurement rendu des arrêts moins radicaux. 26188

En **assemblée plénière,** la Cour suprême a ainsi jugé que les pièces sont écartées des débats en cas de défaut de communication simultanée à la notification régulière de conclusions recevables, sauf à ce que la partie à qui le non-respect des dispositions de l'article 906 du CPC est reproché, établisse que son adversaire a disposé d'un **temps utile** démontrant le respect du principe de la contradiction (Cass. ass. plén. 5-12-2014 n° 13-19.674 : RJDA 4/15 n° 251 ; voir aussi le communiqué de la Cour de cassation).

Au visa de l'article 15 du CPC, la Cour de cassation a également jugé, dans une affaire où les premières conclusions avaient été signifiées un 14 juin et les pièces le 4 juillet suivant, que ces dernières avaient bien été communiquées en temps utile et ne devaient donc pas être écartées (Cass. 2e civ. 30-1-2014 n° 12-24.145 : Bull. civ. II n° 26).

L'application de la simultanéité pose un certain nombre de **difficultés pratiques.**

La parfaite simultanéité est impossible, y compris avec l'usage du **RPVA,** qui implique l'utilisation de messages structurés distincts pour notifier les conclusions et communiquer les pièces. Il faut présumer que la simultanéité doit être considérée comme observée lorsque la communication des pièces a lieu le **même jour** que la notification des conclusions.

L'**objectif,** dans le droit-fil du rapport « Magendie II », est sans aucun doute de permettre à un débat loyal de s'instaurer instantanément malgré (ou grâce à) l'enchaînement rapide des délais de la procédure d'appel. La loyauté implique une communication rapide des pièces. Il faut donc présumer qu'aucune sanction n'est à craindre lorsqu'une partie a pris le soin de **communiquer ses pièces avant la notification de ses conclusions.** Le terme simultanément paraît donc assez maladroit. La formule « au plus tard » aurait sans doute été plus appropriée.

Reste aussi le cas où un **appelant, défaillant en première instance,** est placé dans l'**obligation de conclure** au soutien de son appel alors que l'intimé ne lui a pas encore communiqué ses pièces. L'appelant doit alors formellement conclure dans les trois mois de son appel, ne serait-ce que pour demander à la cour de tirer toutes conséquences du défaut de communication de ses pièces par l'intimé. Il aura ainsi satisfait aux exigences de l'article 908 CPC et pourra conclure de nouveau lorsque l'intimé lui aura communiqué ses pièces, en principe au plus tard lors de la notification de ses propres conclusions en réponse. Cela risque de poser d'autant plus de difficultés que, depuis la réforme par le décret 2017-891 du 6 mai 2017, les parties doivent, à peine d'irrecevabilité relevée d'office, présenter l'ensemble de leurs prétentions sur le fond dès les conclusions de la première phase de la procédure (CPC art. 910-4).

26189 Selon nous, l'avis de la Cour de cassation n'est en tout état de cause pas applicable aux **pièces nouvelles**, lesquelles, par définition, n'ont pas été jusqu'alors invoquées au soutien des prétentions. Il est donc permis de considérer que les parties ont la liberté de communiquer ces pièces nouvelles, dans le respect des règles et principes de droit commun (CPC art. 15, 132, 135 et 783).

Les termes de la question posée à la Cour de cassation invitent en outre à penser que la règle ne s'applique pas aux pièces communiquées à l'occasion des conclusions notifiées en **seconde phase du procès d'appel,** c'est-à-dire après l'expiration des délais des articles 908 à 910 du CPC. Il semble en effet qu'un lien ait été fait, dans la question posée à la Cour de cassation, entre les termes de l'article 906 et ceux des articles 908 et 909. Par ailleurs, dans l'architecture du Code, ces textes sont placés avant celui relatif à la seconde phase du procès d'appel (CPC art. 912). Enfin, et surtout, dans la mesure où c'est la loyauté des débats, et finalement la cohérence de la première phase du procès d'appel qui semble sous-tendre la solution préconisée par la Cour de cassation, il n'est pas certain qu'elle soit applicable aux communications effectuées à l'occasion des conclusions ultérieures.

L'avis de la Cour de cassation ne règle pas la question de l'effet de la **notification de conclusions ultérieures** sur les pièces déjà invoquées. En effet, lorsqu'une partie, après avoir conclu une première fois sans avoir simultanément communiqué ses pièces, conclut de nouveau – avant ou après l'expiration du délai qui lui est imparti par la première phase de la procédure d'appel – peut-elle communiquer simultanément ses pièces d'origine, dans le but d'éviter la sanction préconisée par l'avis de la Cour de cassation ? L'on pressent que cette solution ne constituerait qu'une réponse purement formelle si le défaut de communication simultanée avec les conclusions initiales a d'ores et déjà porté atteinte au principe de la contradiction. Mais alors, a contrario, cela démontre que le fait d'écarter des débats des pièces pourtant communiquées en temps utile, même de manière non strictement simultanée, semble constituer une sanction disproportionnée, ce qui plaide pour une application éclairée de la sanction, au cas par cas.

Par ailleurs, il n'était pas certain que la jurisprudence selon laquelle le **défendeur qui s'abstient de comparaître** à l'audience alors qu'il a été régulièrement appelé à l'instance ne peut invoquer utilement un défaut de communication de pièces (Cass. 2e civ. 3-4-2003 n° 00-22.066 : Bull. civ. II n° 94 ; Cass. 2e civ. 11-4-2013 n° 12-12.369 F-D) reste compatible avec la règle suggérée par la Cour de cassation dans son avis, même si cela paraît contestable au plan théorique, et très contraignant au plan pratique, puisque les conclusions doivent être signifiées par acte d'huissier ou commissaire de justice aux défaillants dans le délai imposé par l'article 911. Mais la Cour de cassation l'a clairement reconduite, dans une espèce où les pièces litigieuses ne figuraient même pas au bordereau annexé aux conclusions signifiées à la partie défaillante (Cass. 2e civ. 6-6-2019 n° 18-14.432 F-PBI).

La **mise en œuvre de la sanction** retenue par l'avis de la Cour de cassation pose également le problème du **juge compétent.** Dans un avis ultérieur, la Cour de cassation a indiqué que le conseiller de la mise en état n'est pas compétent pour écarter des débats les pièces, invoquées au soutien des prétentions, qui ne sont pas communiquées simultanément à la notification des conclusions (Cass. avis 21-1-2013 n° 1300003). Elle a ensuite eu l'occasion de préciser que les attributions du juge de la mise en état étaient fixées de manière limitative, et qu'il n'entrait pas dans ses pouvoirs d'écarter une pièce du débat, quel que soit le motif allégué (Cass. 2e civ. 25-3-2021 n° 19-16.216 F-P, ici, le secret professionnel). Cette solution est parfaitement transposable au conseiller de la mise en état. Seule la formation de jugement statuant au fond a donc le pouvoir d'écarter une pièce. **26190**

Par ailleurs, conformément au principe général (CPC art. 323 et 324), la sanction ne devrait intervenir qu'entre les **parties concernées** par le défaut de communication. Cette position semble confirmée par l'avis de la Cour de cassation rendu à l'occasion de l'application de l'article 911 (Cass. avis 2-4-2012 n° 01200003 : Bull. civ. Avis n° 2 ; n° 25719). Cela signifie que certaines pièces pourront, dans certains cas, n'être écartées des débats que de manière relative, entre certaines parties uniquement. Il n'est pas sûr que cela soit un gage de clarté, de loyauté, ni d'efficacité du débat judiciaire.

La formule de la Cour de cassation semble suggérer une **sanction automatique.** S'agit-il d'un moyen d'ordre public, que le juge aurait donc l'obligation de relever d'office en cas de silence des parties ? Une telle solution semblerait parfaitement inopportune, mais elle n'est pas tout à fait exclue. La sanction semble s'imposer au juge, qui n'aurait ainsi aucune marge d'appréciation dès lors qu'une stricte simultanéité ne serait pas observée. Pourtant, une telle lecture serait sans doute fortement contestable. **26191**

Les questions de mise en œuvre de la sanction ont pour mérite de mettre en lumière l'incongruité de celle-ci devant un juge du fond. Il serait en effet dommageable d'appliquer devant la cour d'appel, de manière automatique, une sanction qui contredit si directement son office.

Un **procès d'appel,** a fortiori en cas de pluralité de parties, est une **matière vivante.** La cour reste un juge du fond, qui doit donc pouvoir apprécier les faits dans leur intégralité. Et l'appel reste une **voie d'achèvement** du procès, qui peut donc être enrichi, sous certaines conditions, par de nouveaux éléments de fait et de droit (CPC art. 563 s.).

Parallèlement, les pièces doivent être – sauf exceptions – communiquées, certes avant la clôture (CPC art. 802 ; ex-art. 783) mais également en temps utile (CPC art. 15), pour permettre le respect du principe de la **contradiction** (CPC art. 16). La Cour de cassation, qui ne peut apprécier in concreto ce **temps utile**, veille à ce que le juge du fond, lorsqu'il écarte des pièces des débats, caractérise les circonstances particulières ayant porté atteinte au principe de la contradiction (Cass. 3e civ. 21-2-2001 n° 99-14.641 : Bull. civ. III n° 21 ; Cass. ch. mixte 3-2-2006 n° 04-30.592 : Bull. civ. mixt. n° 2). Sans parler du **principe dispositif**, si malmené, selon lequel le procès d'appel doit être la chose des parties, il semblerait donc très critiquable que la sanction suggérée par l'avis de la Cour de cassation puisse être automatique.

Certes, la Cour européenne des droits de l'Homme considère que le droit à un tribunal, dont le droit d'accès constitue un aspect, n'est pas absolu et que l'État peut adopter une réglementation limitant par exemple les conditions de recevabilité d'un recours. Cependant, les limitations appliquées ne doivent pas restreindre l'accès ouvert à l'individu d'une manière, ou à un point tel, que le droit s'en trouve atteint dans sa substance même. Par ailleurs, en raison de l'exigence du **procès équitable**, ces limitations doivent poursuivre un but légitime, et il doit exister un rapport raisonnable de proportionnalité entre les moyens employés et le but visé (CESDH art. 6, 1). Il n'est pas certain que l'application automatique de la règle suggérée par la Cour de cassation serait considérée comme proportionnée au but poursuivi. Elle pourrait même être jugée comme contraire au but de **loyauté** poursuivi par la réforme, lorsque les pièces ont été communiquées en première instance, ou à une date telle qu'aucune atteinte au principe de la contradiction ne peut être établie.

Pour l'ensemble de ces raisons, il faut espérer qu'en pratique, la **règle** posée ne sera pas **appliquée** par les juges du fond de manière automatique, mais au contraire **en fonction des circonstances** de chaque espèce. Si l'architecture de la procédure commande, au moins dans sa première phase, une communication très rapide des pièces, pour permettre à un débat loyal de s'instaurer malgré la brièveté des délais, il semblerait contraire au principe de **proportionnalité** d'écarter des débats des pièces parfaitement connues des parties adverses, y compris parfois depuis la première instance, au seul motif d'une absence de stricte simultanéité devant la cour. Au lieu d'une sanction aveugle, une discussion devrait alors pouvoir s'instaurer sur ce point, autour de la notion de temps utile, comme elle a pu se développer au sujet des productions tardives, à proximité de la clôture. Quitte à ce que, en raison des termes stricts du Code et de l'avis de la Cour de cassation, la présomption soit ici inverse : il appartiendrait alors à la partie qui n'a pas communiqué ses pièces simultanément à la notification de ses conclusions d'établir que le principe de la contradiction a malgré tout été respecté. La Cour de cassation a d'ailleurs statué en ce sens, à l'occasion d'une affaire fixée à bref délai, en rappelant que si l'article 906 du CPC n'édicte **pas de sanction** en cas de défaut de communication des pièces simultanément à la notification des conclusions, le juge est toutefois tenu de rechercher si ces pièces ont été communiquées en **temps utile**. En l'espèce, l'appelante avait communiqué ses pièces après l'expiration du délai des intimés pour conclure mais bien avant la date de clôture. La Cour de cassation a estimé que cela avait permis aux intimés de conclure utilement au fond (Cass. 2e civ. 19-5-2022 n° 21-14.616 F-B). On aurait pu s'attendre à davantage de sévérité, surtout compte tenu des exigences de l'article 910-4 du CPC.

PIÈCES IRRECEVABLES EN APPEL

26192 Les pièces communiquées et déposées au soutien de **conclusions irrecevables** sont elles-mêmes irrecevables (CPC art. 906, al. 3 ; Cass. 2e civ. 13-11-2015 n° 14-19.931). Le sort des pièces est donc lié de manière indéfectible à celui des conclusions. Toutefois, la cour d'appel peut décider souverainement d'écarter des débats des pièces communiquées la veille de l'ordonnance de clôture, quand bien même elle dit recevables les conclusions déposées à l'occasion de cette communication tardive (Cass. 1e civ. 6-12-2018 n° 17-17.557 FS-PBRI ; n° 26186).

26193 La communication des pièces a lieu, de plus en plus, par voie électronique via le **RPVA** (n° 26188). Mais les imperfections techniques du système obligent, en cas de communication volumineuse, à l'envoi de **multiples messages.** Comme devant le tribunal judiciaire, le Code de procédure civile prévoit, devant la cour d'appel, que la communication des pièces produites est valablement attestée par la signature de l'avocat destinataire, apposée sur le bordereau établi par l'avocat qui procède à la communication (CPC art. 961, al. 2). Cette disposition revêt un intérêt pratique certain, surtout dans le cadre de la procédure avec représentation obligatoire, où la communication simultanée des pièces et des conclusions est rendue très compliquée par l'avis rendu par la Cour de cassation le 25 juin 2012 (n° 26188). Il faut également promouvoir, pour les mêmes raisons, l'usage d'une **dispense conventionnelle** et réciproque de nouvelle communication, à hauteur d'appel, **des pièces déjà connues.**

5. POUVOIRS DU CONSEILLER DE LA MISE EN ÉTAT

26210 Dans l'architecture du Code de procédure civile, le conseiller de la mise en état est la clé de voûte de la **mise en état** des affaires civiles et commerciales devant la cour d'appel. Conformément à une tendance très nette, initiée par les réformes précédentes (Décrets 98-1231 du 28-12-1998, décret 2004-836 du 20-8-2004 et décret 2005-1678 du 28-12-2005), son **pouvoir** a été **renforcé** par le décret de 2009. L'idée est toujours la même : **expurger** au maximum le procès de ses **difficultés procédurales,** afin que la formation collégiale n'ait pas à les trancher lorsque l'affaire vient devant elle.

Le CME est investi de pouvoirs exclusifs spécifiques à la procédure d'appel (nos 26214 s.). Il dispose en outre des mêmes compétences exclusives que celles du juge de la mise en état du tribunal judiciaire, en matière d'exceptions et d'incidents d'instance, de provision et autres mesures provisoires et d'instruction (n° 26282). Enfin, c'est lui qui fixe la clôture et la date des plaidoiries, à moins que l'affaire ne nécessite de nouveaux échanges de conclusions, auquel cas il fixe un calendrier propre à achever la mise en état (nos 26300 s.).

> **Précisions** Le but poursuivi d'**allègement du travail de la cour** peut aujourd'hui paraître un peu illusoire, tant la procédure actuelle a créé une quantité de questions procédurales qui échouent souvent sur le bureau de celle-ci, directement ou par voie de déféré. À cet égard, le travail des magistrats et des greffes n'est pas allégé, mais bien au contraire alourdi.

RÉPARTITION DE POUVOIRS ENTRE CONSEILLER DE LA MISE EN ÉTAT ET PREMIER PRÉSIDENT

En raison du principe de compétence exclusive du CME, ses **compétences** et celles du premier président de la cour d'appel sont **successives** et non cumulatives. La compétence du premier président s'efface lorsque le CME est saisi. **26212**
Toutefois, la procédure devant le CME étant toujours contradictoire, le premier président reste compétent pour statuer sur requête. Il est également seul compétent pour arrêter l'exécution provisoire d'un jugement.

Premier président ou conseiller de la mise en état ?			
Premier président	**Voir**	**CME**	**Voir**
Arrêter l'exécution provisoire d'un jugement (CPC art. 514-3)	n°s 27050 s.	Prononcer la caducité ou l'irrecevabilité de l'appel (CPC art. 914)	n°s 26214 s.
Arrêter l'exécution provisoire d'un jugement en matière de procédures collectives (C. com. art. R 661-1)	n° 50430	Prononcer l'irrecevabilité des conclusions (CPC art. 914)	n°s 26214 s.
Ordonner le sursis à exécution d'un jugement du JEX (C. exécution art. R 121-22)	n°s 27170 s.	Rétablir l'exécution provisoire d'un jugement (CPC art. 514-4) Suspendre l'exécution provisoire d'un jugement improprement qualifié en dernier ressort (CPC art. 915)	n° 27042 n° 27200
Statuer sur requête (CPC art. 958)	n°s 27325 s.		
Aménager l'exécution provisoire (CPC art. 523)	n°s 27120 s.	Statuer sur les fins de non-recevoir (CPC art. 789, 6° , sur renvoi de l'art. 907, dans les limites fixées par l'avis Cass. 2e civ. du 3-6-2021)	n° 26284
		Statuer sur les exceptions de procédure et les incidents mettant fin à l'instance (CPC art. 789, sur renvoi de l'art. 907)	n°s 26282 s.
		Ordonner une provision (CPC art. 789, sur renvoi de l'art. 907)	n°s 26282 s.
		Ordonner toute autre mesure provisoire sauf exception (CPC art. 789, sur renvoi de l'art. 907)	n°s 26282 s.
		Ordonner toute mesure d'instruction (CPC art. 789, sur renvoi de l'art. 907)	n°s 26282 s.
		Radier du rôle une affaire lorsque l'appelant n'a pas exécuté la décision ou consigné et réinscrire l'affaire après exécution (CPC art. 524)	n° 26082

a. Application par le CME des sanctions spécifiques à la procédure d'appel

Les **délais** de la première phase de la procédure pour signifier, remettre les conclusions au greffe et notifier ont un **caractère automatique** (CPC art. 902 et 908 à 911). Ils se déclenchent et se déroulent sans qu'une intervention du conseiller de la mise en état sur leur cours ne soit nécessaire ni même possible (hormis l'hypothèse, non négligeable, d'une réduction des délais à son initiative : n° 26000 et du cas où il est saisi sur le fondement de l'article 524 du CPC : n° 26082). **26214**
Le **conseiller** de la mise en état joue en revanche un **rôle actif** pour sanctionner le non-respect de ces délais. Il est investi dès sa désignation par le président de chambre (CPC art. 904-1), et jusqu'à la clôture de l'instruction (CPC art. 914) d'une compétence exclusive pour prononcer la caducité de l'appel ou l'irrecevabilité des conclusions en raison du non-respect des délais (CPC art. 911-1, al. 2 et 914, al. 1). Il est aussi exclusivement compétent pour statuer sur la fin de non-recevoir tirée de l'irrecevabilité de l'appel (CPC art. 914), et d'ailleurs désormais, pour statuer sur toutes les fins de non-recevoir non tranchées en première instance, qui ne remettent pas en cause ce qui a été jugé au fond par le premier juge (n° 26282).

Le conseiller de la mise en état doit être saisi par des **conclusions spécifiques,** qui lui sont « spécialement » adressées (CPC art. 914). L'articulation entre les conclusions au fond saisissant la cour et les conclusions spécifiques adressées au conseiller de la mise en état mérite la plus grande attention. Il s'agit en effet d'une question délicate, car elle combine plusieurs problématiques, notamment : le **partage des compétences** entre la cour et le conseiller de la mise en état, la chose jugée en première instance, le régime des exceptions de procédure et les délais impératifs pour conclure pendant la première phase. La matière devient passablement complexe.
Ainsi, la Cour de cassation juge qu'un appelant qui soulève, en réponse à l'incident d'irrecevabilité d'appel comme tardif, introduit devant le conseiller de la mise en état par l'intimé, une demande de nullité de la signification du jugement, est irrecevable à le faire dès lors qu'il a préalablement conclu au fond au soutien de son appel. Cela alors même qu'il avait pris soin de soulever la nullité de la signification dans ses conclusions au fond. Il aurait dû, **avant de conclure sur le fond,** saisir le conseiller de la mise en état de cette exception de procédure, par des conclusions spécifiques (Cass. 2e civ. 10-12-2020 no 19-22.609 F-PBI). Cela oblige à passer en revue, dès l'introduction de l'appel, l'ensemble des moyens susceptibles d'être invoqués, afin de déterminer, en fonction de leur nature, de leur régime, et des points tranchés par le premier juge, quand et comment ils devront être invoqués ou repris à hauteur d'appel. Le but affiché de la concentration de nombreux pouvoirs entre les mains du conseiller de la mise en état est d'alléger le travail de la cour, juge du fond. Il est aussi, et peut-être surtout, d'obliger les parties à faire le tri entre les moyens sérieux, qui méritent d'introduire un incident, avec les risques financiers que cela comporte, et les moyens dénués de pertinence, auxquels la partie sera plus avisée de renoncer.

26215 En **pratique,** l'outil **informatique** facilite la surveillance des délais par le conseiller de la mise en état, ce qui lui permet d'interroger, par message structuré, les avocats qui ne se seraient pas conformés aux délais légaux, afin de recueillir leurs observations dans un délai déterminé. L'expérience démontre que cette interrogation est indispensable pour éviter les décisions inopportunes, car elle permet à l'auxiliaire de justice d'exposer au juge les motifs procéduraux expliquant le non-respect, apparent, des délais : dépôt d'une demande d'aide juridictionnelle, suspension ou interruption d'instance, application des délais de distance, etc. Autant de circonstances dont le conseiller doit être informé avant de prendre sa décision.

PARTICULARITÉS DE CHAQUE SANCTION APPLIQUÉE PAR LE CME

26217 L'**ordonnance** du CME n'est pas susceptible d'être **rapportée** lorsqu'elle prononce la **caducité de la déclaration d'appel** (CPC art. 911-1, al. 2). Ce principe semble applicable même en cas d'erreur, contrairement au principe posé par l'article 407 du CPC. À défaut de disposition expresse analogue à celle de l'article 911-1, l'ordonnance du CME doit pouvoir être rapportée lorsqu'elle prononce l'**irrecevabilité des conclusions,** sans qu'apparaisse clairement ce qui justifie une telle différence de régime.

26222 **Caducité de l'appel** Le conseiller de la mise en état a compétence exclusive depuis sa désignation jusqu'à la clôture de l'instruction pour prononcer la caducité de l'appel (CPC art. 914) lorsque **l'appelant n'a pas** :
– signifié la déclaration d'appel dans le mois de l'avis du greffe (CPC art. 902) ;
– conclu dans les trois mois de l'acte d'appel (CPC art. 908) ;
– signifié ses conclusions dans le délai d'un mois aux intimés défaillants à l'égard desquels il forme des prétentions (CPC art. 911).

Les parties doivent saisir le CME par des conclusions spécialement adressées à ce magistrat (CPC art. 914, al. 1891 ; Cass. 2e civ. 12-5-2016 no 14-25.054 et 14-28.086 : Bull. civ. II no 1314 et no 1315).
Elles ne sont plus recevables à invoquer devant la cour d'appel la caducité après la clôture de l'instruction, à moins que leur cause ne survienne ou ne soit révélée postérieurement. Néanmoins, **la cour** peut, **d'office,** relever la fin de non-recevoir tirée de la caducité de l'appel, sous réserve que le conseiller de la mise en état n'ait pas déjà tranché la question par une décision définitive, à défaut de déféré, car sa décision a sur ce point autorité de la chose jugée au principal (CPC art. 914, al. 6 et 7).

26227 **Irrecevabilité de l'appel** Le conseiller de la mise en état est seul compétent depuis sa désignation jusqu'à la clôture de l'instruction pour prononcer l'irrecevabilité de l'appel (CPC art. 914).
Les parties doivent le saisir par des **conclusions** qui doivent lui être **spécialement adressées** (CPC art. 914, al. 1).

De plus, les **moyens** tendant à l'irrecevabilité de l'appel doivent être **invoqués simultanément** à peine d'irrecevabilité de ceux qui ne l'auraient pas été (CPC art. 914, al. 1). Ce point est très novateur et le praticien devra y veiller scrupuleusement. Le but est bien entendu de purger ou couvrir tous les moyens permettant de soutenir une irrecevabilité de l'appel, sans permettre à une partie d'utiliser progressivement ses moyens dans un but stratégique ou dilatoire. On imagine que ce principe doit connaître des exceptions, par exemple lorsque le fait permettant de fonder l'irrecevabilité ne survient ou n'est révélé que postérieurement. Le texte indique d'ailleurs aussi, dans le même esprit, que les parties ne sont plus recevables à invoquer devant la cour d'appel l'irrecevabilité après la clôture de l'instruction, à moins que leur cause ne survienne ou ne soit révélée postérieurement (CPC art. 914, al. 6).

Néanmoins, **la cour** peut, **d'office,** relever la fin de non-recevoir tirée de l'irrecevabilité de l'appel, sous réserve que le conseiller de la mise en état n'ait pas déjà tranché la question par une décision définitive, à défaut de déféré, car sa décision a sur ce point autorité de la chose jugée au principal (CPC art. 914, al. 6 et 7 ; Cass. 2e civ. 17-9-2020 n° 19-17.673 F-PBI).

La compétence exclusive donnée au conseiller de la mise en état induit sans doute qu'il se reconnaisse compétent de manière large, y compris lorsque l'irrecevabilité résulte d'un défaut d'intérêt ou de qualité à relever appel. Cela est d'ailleurs conforme à l'évolution de la jurisprudence, puisque, notamment, le conseiller de la mise en état a été jugé compétent pour se prononcer sur la recevabilité d'un **appel-nullité** (Cass. com. 14-5-2008 n° 07-11.036 : Bull. civ. IV n° 99). Or, cette question implique l'appréciation d'un éventuel excès de pouvoir, ce qui aurait pu être considéré, dans une approche plus stricte et tout à fait compréhensible, comme relevant de la seule compétence de la cour.

Un intimé est irrecevable à soulever devant la cour la fin de non-recevoir d'un appel tardif, faute d'avoir soumis ce moyen au conseiller de la mise en état. La **cour** conserve en revanche le pouvoir de relever d'office cette fin de non-recevoir. Elle a même en principe le devoir de le faire, conformément à l'article 125 du CPC (Cass. 2e civ. 28-9-2017 n° 16-23.497 F-PB : Bull. civ. II n° 185, pour le cas d'un appel incident). Et ce, sans avoir à inviter les **parties** à présenter leurs **observations** sur ce point, dès lors qu'elles se sont auparavant expliquées contradictoirement sur cette même fin de non-recevoir quand bien même elle a été soulevée de manière irrecevable par l'intimé (Cass. 2e civ. 5-6-2014 n° 13-19.920 : Bull. civ. II n° 130). À défaut, le principe de la contradiction est respecté si les parties ont été invitées à présenter à l'audience leurs observations sur la possibilité pour la cour d'appel de soulever la fin de non-recevoir tirée du défaut de qualité de l'appelant (Cass. 2e civ. 16-10-2014 n° 13-24.575 : Bull. civ. II n° 216).

L'ordonnance du conseiller de la mise en état qui dit l'appel irrecevable a autorité de la chose jugée dès son prononcé. Cette ordonnance met fin immédiatement à l'instance d'appel, et par conséquent au délai de l'article 908 du CPC s'il n'est pas encore expiré. Si la cour infirme l'ordonnance sur déféré, lequel n'est pas suspensif, son arrêt constitue alors le point de départ d'un nouveau délai de trois mois imparti à l'appelant pour conclure au fond au soutien de son appel (Cass. 2e civ. 14-11-2019 n° 18-23.631 F-PBI).

Irrecevabilité des conclusions et des actes de procédure Le conseiller de la mise en état est seul compétent, depuis sa désignation jusqu'à la clôture de l'instruction, pour déclarer les actes de procédure irrecevables (CPC art. 930-1 et art. 914, al. 1). **26232**

Il est également compétent, dans les mêmes conditions, en cas de non-respect des délais des articles 909 et 910 du CPC, pour prononcer l'irrecevabilité des conclusions (CPC art. 911-1, al. 2 et 914, al. 1). Il doit être saisi par des conclusions spécifiques (Cass. 3e civ. 7-9-2017 n° 16-18.331 F-PB : Bull. civ. III n° 94).

Dans les deux cas, sa décision a **autorité de la chose jugée** au principal (CPC art. 914, al. 7). Les textes ne prévoient pas que la cour puisse relever d'office ces fins de non-recevoir, contrairement à ce qui est prévu pour la caducité ou l'irrecevabilité de l'appel (CPC art. 914, al. 6).

Il a été jugé que le conseiller de la mise en état avait compétence exclusive pour déclarer irrecevables les conclusions de l'intimé, et qu'il pouvait être valablement saisi par des conclusions notifiées par l'intimé après l'expiration du délai de l'article 909 (Cass. 3e civ. 24-9-2014 n° 13-21.524 FS-PB : Bull. civ. III n° 114).

Il a également été jugé, avant la réforme de 2017, que la cour d'appel pouvait statuer sur les conclusions d'un intimé, pourtant irrecevables comme notifiées hors délai, si l'appelant n'avait pas saisi préalablement le conseiller de la mise en état, le moyen ne pouvant être soulevé pour la première fois devant la Cour de cassation (Cass. 1e civ. 16-12-2015 n° 14-24.642 F-PB : Bull. civ. I n° 319).

> **Précisions** Depuis la réforme de 2019, il entre dans la compétence exclusive du CME de statuer sur les **fins de non-recevoir,** de manière générale, ce qui pose plusieurs questions épineuses (n° 26282).

OBSERVATIONS DES PARTIES DEVANT LE CME

26237 Lorsque le conseiller de la mise en état statue sur la caducité de la déclaration d'appel, ou sur l'irrecevabilité des conclusions, il se prononce par ordonnance, après avoir sollicité les observations écrites des parties (CPC art. 911-1, al. 2).

En **pratique,** le conseiller de la mise en état adresse souvent aux parties un avis modélisé, les invitant à fournir leurs observations dans un délai déterminé.

Les observations écrites des parties seront l'occasion pour elles d'exposer au conseiller de la mise en état tous les **événements ayant pu interférer** sur le cours des délais et dont il n'a pas nécessairement connaissance. À titre d'exemple, on peut citer la suspension d'instance, l'interruption d'instance, le dépôt d'un dossier de demande d'aide juridictionnelle, l'application des délais de distance, etc.

FACULTÉ OU OBLIGATION POUR LE CME DE PRONONCER LES SANCTIONS

26242 Les délais fixés par les articles 908 à 911 du CPC sont assortis de sanctions **relevées d'office** par le juge, mais ces textes ne précisent pas s'il s'agit de sanctions d'ordre public que le juge a l'obligation de relever et de prononcer ou s'il s'agit pour lui d'une simple faculté.

Le fait qu'un moyen soit relevé d'office ne suffit pas à renseigner sur son caractère impératif ou facultatif pour le juge. Le texte de droit commun relatif aux fins de non-recevoir (CPC art. 125) distingue en effet entre les cas où les fins de non-recevoir doivent être relevées d'office et ceux où elles peuvent être relevées d'office.

La Cour de cassation, saisie pour avis à propos de l'application des dispositions sur la **notification** et la signification **des conclusions** à partie (CPC art. 911), a estimé que le juge avait l'obligation de relever d'office la sanction (Avis Cass. 2-4-2012 n° 01200003 : Bull. civ. Avis n° 2). Saisie à l'occasion d'un pourvoi relatif à la caducité encourue en cas de défaut de **signification de la déclaration d'appel à l'intimé défaillant** dans les délais (CPC art. 902), elle a jugé que le conseiller de la mise en état a le « pouvoir » de relever d'office le moyen (Cass. 2e civ. 26-6-2014 n° 13-20.868 : Bull. civ. II n° 159).

La Cour suprême a ensuite jugé que, si la **caducité de la déclaration d'appel** relève en principe de la compétence exclusive du conseiller de la mise en état et ne constitue pas un moyen d'ordre public (Cass. 2e civ. 17-10-2013 n° 12-21.242 F-PB : Bull. civ. II n° 198 ; Cass. 3e civ. 24-9-2014 n° 13-21.524 FS-PB : Bull. civ. III n° 114), la cour d'appel a néanmoins la faculté de relever d'office le moyen, à condition de le soumettre à la discussion des parties (Cass. 2e civ. 11-5-2017 n° 16-14.868 FS-PBI). Elle a précisé par ailleurs que si la cause de la caducité est antérieure au dessaisissement du conseiller, la cour d'appel ne peut la retenir qu'en relevant le moyen d'office (Cass. 2e civ. 11-5-2017 n° 15-27.467 FS-PBI).

Il a été jugé que la cour pouvait statuer sur les **conclusions de l'intimé** non notifiées dans le délai imparti, dès lors que son adversaire n'avait pas usé de la faculté que lui confère l'article 914 du CPC de saisir le conseiller de la mise en état pour faire constater l'irrecevabilité des écritures (Cass. 1e civ. 16-12-2015 n° 14-24.642 F-PB : Bull. civ. I n° 319 ; Cass. 2e civ. 28-6-2017 n° 14-14.228 F-PB : RJDA 11/17 n° 714, rendu sur le terrain de l'article 909 du CPC), ce dernier ayant compétence exclusive sur ce point (Cass. 2e civ. 23-6-2016 n° 15-13.483 FS-PB : Bull. civ. II n° 171). Il a en outre été jugé, sur un autre terrain, qu'à défaut de saisine spécifique du conseiller de la mise en état, les parties ne sont plus recevables à invoquer l'**irrecevabilité de l'appel,** y compris lorsque le moyen a été soulevé par des conclusions notifiées au fond, et ce à moins que la cause ne survienne ou ne soit révélée que postérieurement au dessaisissement du conseiller (Cass. 2e civ. 20-4-2017 n° 16-12.605 F-PB : Bull. civ. II n° 77). Cela peut sembler plus surprenant, dans la mesure où une fin de non-recevoir peut être soulevée en tout état de cause (CPC art. 123), et où la tardiveté de l'appel constitue une irrecevabilité d'ordre public (CPC art. 125). La Cour de cassation a d'ailleurs jugé, au visa de l'article 125 du CPC, que lorsque le non-respect de l'article 909 entraîne l'irrecevabilité d'un appel incident, la cour doit relever d'office l'irrecevabilité (Cass. 2e civ. 28-9-2017 n° 16-23.497 F-PB : Bull. civ. II n° 185).

Enfin, depuis la réforme de 2017, il est prévu de manière explicite que « **la cour peut, d'office,** relever la fin de non-recevoir tirée de l'irrecevabilité de l'appel ou la caducité de celui-ci (CPC art. 914, al. 6). Aucune disposition analogue n'existe toutefois pour l'irrecevabilité des conclusions en application des articles 909 et 910, ni pour celle des actes de procédure en application de l'article 930-1 sur la remise par voie électronique, étant rappelé toutefois que ces trois textes fixent eux-mêmes des délais « à peine d'irrecevabilité relevée d'office ».

> **Précisions** Pour l'application de textes comparables concernant la procédure devant la **Cour de cassation,** la jurisprudence a précisé qu'il s'agissait de dispositifs d'**ordre public,** devant donc être soulevés d'office. Ainsi en est-il de l'article 982 du CPC qui impose un délai pour le dépôt du mémoire en réponse du défendeur (Cass. 2e civ. 10-2-2005 n° 03-15.324 : Bull. civ. II n° 26) ou de l'article 979 du CPC qui pose l'exigence de la remise au greffe d'une copie de la décision attaquée et de ses significations (Cass. 3e civ. 19-11-1986 n° 85-11.539 : Bull. civ. III n° 161). Il a également été statué en ce sens en matière de **saisie immobilière,** s'agissant de l'obligation faite aux parties, à peine d'irrecevabilité d'office, de soulever leurs contestations et demandes incidentes au plus tard à l'audience d'orientation (Cass. 2e civ. 10-2-2011 nos 10-11.944 et 10-11.946 : Bull. civ. II n° 39). Certes, ces différents arrêts ont le point commun d'avoir été rendus pour l'application de textes qui prévoient des sanctions « **prononcées d'office** », alors que les textes relatifs à la procédure d'appel prévoient des sanctions « **relevées d'office** ». Toutefois, s'agissant d'exigences procédurales mécaniques, on voit mal en quoi cette nuance de terminologie pourrait commander une différence de régime. Il n'est donc pas impossible que la jurisprudence soit conduite à préciser que la procédure d'appel est porteuse de sanctions d'ordre public que les conseillers de la mise en état et les cours d'appel auraient ainsi l'obligation de « relever » d'office, et par conséquent de « prononcer » d'office s'ils constatent que les conditions du texte sont réunies.
> En faveur d'une simple faculté du juge, on pourra toutefois faire valoir que lorsque le législateur entend imposer au juge de relever d'office un moyen, il le dit expressément ; ainsi, dans le texte relatif à la question prioritaire de constitutionnalité, il est précisé que le juge doit relever d'office l'irrecevabilité du moyen qui n'est pas présenté dans un écrit distinct et motivé (CPC art. 126-2).

RECOURS CONTRE LA DÉCISION DU CME

L'ordonnance du conseiller de la mise en état statuant sur la caducité ou l'irrecevabilité de l'appel ou sur l'irrecevabilité des conclusions en application des articles 909 et 910, ou encore sur l'irrecevabilité des actes en application de l'article 930-1, a **autorité de la chose jugée** au principal (CPC art. 914, al. 7). Il en résulte que cette décision ne pourra pas être remise en question devant la cour ni dans le cadre des conclusions au fond ni d'office ; elle ne pourra être contestée que par la voie du **déféré** (nos 26330 s.). 26252

Compte tenu des termes de l'article 914, cette solution doit s'appliquer que le conseiller accueille ou rejette le moyen qui lui est soumis, sa décision ayant la même autorité (Cass. 1e civ. 10-4-2013 n° 12-14.939 : Bull. inf. C. cass. 1er octobre 2013 n° 1138 ; pour une illustration, CA Lyon 29-5-2012 n° 12/00537 2e ch. B. jugeant recevable et bien fondé un déféré contre une ordonnance du CME ayant jugé l'appel recevable). Le conseiller de la mise en état statuant sur la fin de non-recevoir tirée de l'irrecevabilité de l'appel comme tardif ayant jugé que l'appel était recevable et son ordonnance n'ayant pas été déférée dans les quinze jours, la cour d'appel viole l'autorité de la chose jugée de l'ordonnance en jugeant ensuite l'appel irrecevable (Cass. 2e civ. 3-9-2015 n° 13-27.060 F-PB : Bull. civ. II n° 195).

> **Précisions a.** L'ordonnance du conseiller de la mise en état statuant sur la **recevabilité de la déclaration de saisine après renvoi de cassation** n'est pas revêtue de l'autorité de la chose jugée, de sorte que l'absence de déféré de cette ordonnance n'interdit pas à la partie défenderesse de soulever devant la cour d'appel le moyen pris de l'irrecevabilité de cette déclaration de saisine (Cass. 2e civ. 12-4-2018 n° 17-14.576 F-PB). On peut s'étonner du fait que le conseiller de la mise en état ait été, en l'espèce, conduit à se prononcer sur la recevabilité d'une déclaration de saisine, cette compétence n'étant prévue à l'époque par aucun texte, sauf, à la rigueur, si l'acte était critiqué sur le fondement de l'article 930-1 du CPC (CPC art. 914). La Cour de cassation n'évoque pas la question dans son arrêt. Aujourd'hui, la question de la compétence du conseiller de la mise en état ne poserait plus de difficulté, compte tenu de la nouvelle rédaction de l'article 789, 6° du CPC. En revanche, il est permis de penser que sa décision aurait dorénavant, sur ce point, autorité de chose jugée (CPC art. 794), le déféré étant d'ailleurs désormais expressément ouvert dans ce cas (CPC art. 916).
> **b.** S'agissant de la **caducité de la déclaration de saisine,** la compétence exclusive du président de la chambre ou du magistrat désigné par le premier président est expressément prévue, sa décision étant revêtue de l'autorité de la chose jugée et la voie du déféré étant ouverte (CPC art. 1037-1). Si une partie ne soulève pas la caducité devant le président de chambre, elle ne peut ensuite la soulever devant la cour, ni reprocher à celle-ci de ne pas avoir relevé d'office la caducité, comme le lui permet l'article 50 du CPC (Cass. 3e civ. 4-3-2021 n° 19-12.564 F-P).

EFFET DU DESSAISISSEMENT DU CME

26262 Il convient d'articuler d'une part les dispositions générales prévues pour le JME, applicables au CME par renvoi, et d'autre part les dispositions spécifiques au CME.

Devant le tribunal judiciaire, le **dessaisissement** du JME n'intervient qu'à l'ouverture des débats ou à la date fixée pour le dépôt des dossiers des avocats (CPC art. 799). Tel est aussi le cas devant la cour pour le CME, compte tenu du renvoi opéré par l'article 907 du CPC.

Mais la réforme de 2017, sans déroger directement à ce principe, a précisé que les parties ne pouvaient saisir le CME de certaines demandes (caducité ou irrecevabilité de l'appel, irrecevabilité des conclusions et des actes en application des articles 909, 910 et 930-1) que par le dépôt de conclusions spécialement adressées à ce magistrat, et ce, depuis sa désignation **jusqu'à la clôture de l'instruction** (CPC art. 914, al. 1). Le cadre formel et temporel est donc aujourd'hui clarifié. Cette formulation condamne l'idée que le CME pourrait être tacitement saisi par le dépôt de conclusions au fond et la jurisprudence byzantine qui s'était développée à ce sujet. La compétence exclusive du CME depuis sa désignation jusqu'à l'ordonnance de clôture (CPC art. 914, al. 1) a pour conséquence que les parties qui n'invoquent pas le **non-respect des délais** devant lui ne sont plus recevables à le faire après la clôture de l'instruction, à moins que la cause de la sanction ne survienne ou ne soit révélée que postérieurement (CPC art. 914, al. 6). En d'autres termes, le moyen n'est pas recevable s'il est soulevé uniquement devant la cour sans que le CME se trouve saisi directement et spécifiquement par voie d'incident avant la clôture.

Dans un premier temps, interrogée pour **avis** à l'occasion de l'application de l'article 911 du CPC (qui renvoie aux sanctions des articles 908 à 910), la **Cour de cassation** a estimé que, lorsque les prévisions de ce texte n'ont pas été respectées, le conseiller de la mise en état doit d'office prononcer l'irrecevabilité des conclusions (Cass. avis 2-4-2012 n° 01200003 : Bull. civ. avis n° 2). Il était donc permis de penser que, dans l'hypothèse où le moyen n'aura pas été soulevé ou prononcé au stade de la mise en état, la Cour de cassation aurait estimé que la **cour d'appel,** statuant au fond, aurait l'**obligation** de prononcer d'office la sanction. Cependant, saisie ultérieurement à l'occasion d'un pourvoi relatif à l'application de la caducité de l'article 908 du CPC, la Cour de cassation a refusé de censurer un arrêt n'ayant pas prononcé cette sanction d'office, dès lors que l'**intimé,** qui n'avait pas **usé de la faculté** qu'il avait d'**en saisir le conseiller de la mise en état,** ne pouvait pas invoquer ce grief pour la première fois devant elle (Cass. 2e civ. 17-10-2013 n° 12-21.242 : Bull. civ. II n° 198). Il est donc possible d'en déduire que la cour d'appel n'a pas l'obligation – mais seulement la faculté – de relever le moyen d'office.

Il convient de préciser sur ce point que, depuis la réforme de 2017, **la cour peut, d'office,** relever la fin de non-recevoir tirée de l'irrecevabilité de l'appel ou la caducité de celui-ci (CPC art. 914, al. 6), à condition bien sûr que le CME n'ait pas déjà tranché la question par ordonnance non déférée (Cass. 2e civ. 17-9-2020 n° 19-17.673 F-PBI). Mais aucune disposition analogue n'existe pour les incidents de nature différente, et notamment pour l'irrecevabilité des conclusions en application des articles 909 et 910 et des actes en application de l'article 930-1.

Au-delà de ces cas spécifiques, le principe général est qu'après le dessaisissement du CME, les parties ne peuvent plus soulever les **exceptions, les fins de non-recevoir** et les **incidents de procédure** qui relèvent de sa compétence directement devant la cour, à moins qu'ils ne surviennent ou soient révélés postérieurement à son dessaisissement (CPC art. 789, 1° et 6° in fine, sur renvoi de l'art. 907).

b. Pouvoirs du CME calqués sur ceux du JME

PRINCIPE GÉNÉRAL

26282 Par renvoi aux dispositions concernant le juge de la mise en état du tribunal judiciaire, le conseiller de la mise en état dispose, dans les **mêmes conditions,** des **mêmes pouvoirs** exclusifs que le juge de la mise en état en matière d'exceptions, de fins de non-recevoir, d'incidents d'instance, de provisions et autres mesures provisoires et de mesures d'instruction (CPC art. 780 à 807, sur renvoi de l'article 907, notamment les pouvoirs listés à l'art. 789). Pour plus de détails sur ces pouvoirs, on se reportera donc aux développements sur les pouvoirs du JME (nos 32020 s.). Le calque n'est cependant pas parfait, dans la mesure où, devant la cour, il convient de tenir compte de ce qui a pu être tranché ou non en première instance. Ainsi, la Cour de cassation, saisie pour avis, a posé très tôt le principe selon lequel le conseiller de la mise en état, dont les attributions ne concernent que les **exceptions de procédure et les incidents relatifs à l'instance d'appel,** n'est pas compétent pour statuer sur une exception de procédure relative à la première instance (Cass. avis 2e civ. 2-4-2007 n° 0070007 P).

PARTICULARITÉS DES FINS DE NON-RECEVOIR

La réforme de 2019 (décret 2019-1333 du 11-12-2019) a ajouté aux compétences du JME, et donc du CME à hauteur d'appel, la **compétence générale de statuer sur les fins de non-recevoir** (CPC art. 789, 6°). Cet ajout est de prime abord essentiel. Il déplace a priori sensiblement la frontière partageant classiquement les pouvoirs entre la formation de jugement et le magistrat chargé d'instruire l'affaire. Cela sera sans doute vrai en première instance. Dans certains contentieux, où les problématiques d'irrecevabilité sont presque systématiques (par ex. en droit de la construction, ou encore en droit des transports), la réforme risque d'emporter des conséquences pratiques considérables. Il n'est pas certain qu'elle sera un facteur de simplification ni d'accélération du procès. Mais à hauteur d'appel, la révolution est beaucoup moins évidente. La question mérite en effet un traitement particulier, car le recours a pour objet de contester la chose jugée en première instance. Il appartient ainsi à la cour, formation de jugement, et à elle seule d'infirmer ou annuler la décision attaquée (CPC art. 542). Par conséquent, la compétence générale du CME pour statuer sur les fins de non-recevoir connaît une **limite spécifique** que le JME ne connaît pas : le CME ne peut connaître ni des fins de non-recevoir qui ont été **tranchées en première instance** (par le juge de la mise en état, ou par le tribunal), ni de celles qui, bien que n'ayant pas été tranchées en première instance, auraient pour conséquence, si elles étaient accueillies, de **remettre en cause ce qui a été jugé au fond par le premier juge** (Cass. avis 2e civ. 3-6-2021 n° 21-70.006 avis n° 15008). Cette limitation, heureuse et fort logique, va sans doute atténuer grandement, à hauteur d'appel, l'incidence de la réforme sur ce point. En effet, au-delà des nombreux cas où la fin de non-recevoir aura déjà été tranchée en première instance, rares seront les hypothèses où une fin de non-recevoir, soulevée pour la première fois au stade de l'appel, ne sera pas susceptible de remettre en cause, fût-ce indirectement, ce qui aura été jugé au fond par le premier juge. Il est donc possible que la discussion de la recevabilité d'une demande sur le terrain de la nouveauté (CPC art. 564 s.) soit la principale extension de compétence du CME. Car il s'agit, par définition, d'une question typique de la procédure d'appel, et dont la résolution n'est pas de nature, en soi, à porter atteinte à la chose jugée au fond par le premier juge. Il convient en effet de relever qu'à la lecture de l'avis de la Cour de cassation, c'est uniquement lorsque l'**accueil de la fin de non-recevoir** (et non celui de la demande) est susceptible de remettre en cause ce qui a été jugé au fond en première instance que le CME perd sa compétence. Or, si une demande est jugée irrecevable comme nouvelle, cette irrecevabilité ne sera pas fréquemment porteuse d'atteinte à la chose jugée en première instance. Au contraire, elle agira le plus souvent dans le sens de la **consolidation** de la décision du premier juge. 26284

Il est toutefois possible que les CME opposent une certaine résistance à cette extension de compétence. D'abord, au motif que l'appréciation de la recevabilité d'une demande sur le terrain de sa nouveauté relèverait par nature des pouvoirs de la cour statuant au fond, le texte visant les prétentions soumises « à la cour ». Ensuite, au motif que le moyen implique l'examen comparé des prétentions de première instance et d'appel, exercice qui excéderait la compétence du CME. Ou encore, pour une simple question d'architecture du CPC, l'article 564 figurant dans la même section relative aux « effets de l'appel ». La réforme de l'article 789, 6° serait alors vidée de toute substance, ou presque, à hauteur d'appel. Mais en l'état des textes et de l'avis de la Cour de cassation (Cass. avis 2e civ. 3-6-2021 n° 21-70.006 avis n° 15008 précité), une telle solution n'aurait rien d'évident. En effet, c'est nécessairement dans le cadre plus général de l'appel, en tant que voie de recours, que s'inscrit l'activité juridictionnelle du CME. Par ailleurs, l'objet même de l'article 789 du CPC, auquel renvoie l'article 907 du même Code, est précisément d'organiser la **compétence exclusive** du magistrat en charge de la mise en état, au regard des pouvoirs de la formation collégiale, afin d'expurger le dossier de ces questions. Toujours est-il que ces **incertitudes** sont très inconfortables pour les praticiens, souvent contraints de saisir le CME afin d'éviter de se voir reprocher par la formation collégiale de ne l'avoir pas fait. Une décision rapide et explicite de la Cour de cassation sur le sujet serait fort utile.

Enfin, rappelons que le CME, comme le JME, a le pouvoir, sous certaines conditions, de trancher la question de fond dont peut dépendre la fin de non-recevoir (CPC art. 789, 6°).

> **Précisions a.** Lorsque la fin de non-recevoir nécessite que soit tranchée au préalable une question de fond, le CME, comme le JME en première instance, a le pouvoir de statuer sur la question de fond et sur la fin de non-recevoir. Il peut néanmoins décider de **renvoyer l'affaire devant la formation de jugement** pour qu'elle statue sur les deux sujets. Dans certaines conditions, une partie peut aussi solliciter ce renvoi (CPC art. 789, 6°). Selon que le magistrat de la mise en état appréciera de manière large ou étroite cette notion de « question de fond », il pourra en faire un

outil de renforcement ou d'affaiblissement de ses pouvoirs.

b. Comme en première instance, la compétence exclusive du CME joue un **rôle de purge** de la fin de non-recevoir qui n'aurait pas été soulevée devant lui, sauf si elle survient ou n'est révélée que postérieurement au dessaisissement du CME (CPC art. 789 in fine), c'est-à-dire à partir de l'ouverture des débats (CPC art. 799 in fine, par renvoi de l'art. 907 CPC, sauf les cas spécifiques à la procédure d'appel visés par l'art. 914, pour lesquels le CME est dessaisi par la clôture de l'instruction).

c. À titre de **dispositions transitoires,** a compétence générale du JME, et donc du CME, pour statuer sur les fins de non-recevoir s'applique aux instances, y compris d'appel, introduites à compter du **1er janvier 2020,** avec la particularité, s'agissant de l'appel, que le CME ait été conduit à statuer à compter du **1er janvier 2021,** date à partir de laquelle sa décision, sur ce point spécifique, est devenue susceptible de déféré (Cass. avis 2e civ. n° 3-6-2021 n° 21-70.006, avis n° 15008).

d. Lorsque l'affaire relève de la **procédure à bref délai** (CPC art. 905), aucun CME n'est désigné. C'est alors la présidente de chambre (ou le magistrat désigné par le premier président) qui exerce une partie seulement des prérogatives reconnues au CME en procédure normale (n° 26380). Ses pouvoirs ne sont pas calqués sur ceux du CME, et doivent être appréciés de manière stricte. Il semble donc impossible, par exemple, de considérer qu'il pourrait être saisi d'une fin de non-recevoir autre que relative à la recevabilité de l'appel ou à celle des conclusions ou des actes de procédure comme cela est expressément prévu par ce texte spécifique (CPC art. 905-2).

AUTORITÉ DE CHOSE JUGÉE ET POUVOIRS DU CME

26286 Hors les règles spécifiques aux ordonnances du conseiller de la mise en état (CPC art. 914 et 916), le régime des ordonnances du juge de la mise en état (CPC art. 794) est donc transposable à celles du conseiller de la mise en état. Il en est ainsi, notamment, du principe selon lequel ces ordonnances n'ont pas autorité de la chose jugée au principal, sauf celles statuant sur les exceptions de procédure, les fins de non-recevoir, sur les incidents mettant fin à l'instance, et sur la question de fond tranchée en application des dispositions du 6° de l'article 789 (CPC art. 794). À hauteur d'appel, cette liste est enrichie par les **questions spécifiques à la procédure d'appel.** Le CPC dispose en effet que les ordonnances du CME statuant sur la fin de non-recevoir tirée de l'irrecevabilité de l'appel, sur la caducité de celui-ci ou sur l'irrecevabilité des conclusions et des actes de procédure en application des articles 909, 910 et 930-1 ont autorité de la chose jugée au principal (CPC art. 914, al. 7). Cela signifie qu'à défaut de déféré, les décisions du CME sur ces points, qu'elles accueillent ou qu'elles rejettent la demande, sont **définitives** et ne peuvent plus être remises en cause devant la cour. Il s'agit d'un **moyen d'ordre public** (Cass. 2e civ. 17-9-2020 n° 19-17.673 F-PBI).

Lorsqu'une décision du juge de la mise en état, ou du conseiller de la mise en état, a autorité de la chose jugée au principal, et n'a pas été contestée par la voie appropriée (l'appel pour la première, le déféré pour la seconde), elle ne peut pas être remise en cause devant la formation de jugement, que ce soit devant le tribunal comme devant la cour, laquelle est investie des mêmes pouvoirs que le tribunal, par le jeu de l'effet dévolutif. La formation de jugement a dès lors l'**obligation** de relever d'office la fin de non-recevoir tirée de l'autorité de la chose jugée attachée à la décision précédemment rendue (Cass. 2e civ. 14-1-2021 n° 19-17.758 FS-PI). Y compris si cette décision du CME contrevient elle-même, selon la cour, à une irrecevabilité d'ordre public, qu'elle aurait dû relever d'office (pour un exemple d'appel tardif, Cass. 2e civ. 5-6-2014 n° 13-19.920 : Bull. civ. II n° 130) : à défaut d'avoir été saisie du sujet par la voie spécifique du déféré, la cour ne saurait porter atteinte à la chose jugée sur ce point par le CME (Cass. 2e civ. 3-9-2015 n° 13-27.060 : Bull. civ. II n° 156).

> **Précisions** Pour l'application de l'article 775 ancien du CPC, la jurisprudence avait précisé que c'est seulement lorsque, en statuant sur une **exception de procédure,** l'ordonnance **met fin à l'instance** qu'elle a autorité de la chose jugée au principal (Cass. 2e civ. 13-3-2008 n° 07-11.384 : Bull. civ. II n° 68 ; Cass. avis 29-9-2008 n° 08-00007 : Bull. civ. avis n° 6). Cette solution pouvait sembler opportune dans un souci d'allègement de l'instruction des affaires, mais elle ajoutait à la lettre des articles 775 et 776 anciens du CPC. Elle pouvait même leur paraître contraire, et il n'était donc pas certain que cette jurisprudence soit maintenue sous l'empire de la procédure d'appel actuelle. La Cour de cassation a, en effet, abandonné cette solution et, par un arrêt qui semble de principe, retient désormais que les ordonnances du juge de la mise en état statuant sur une exception de procédure ont autorité de chose jugée, qu'elles mettent ou non fin à l'instance (Cass. 2e civ. 9-1-2020 n° 18-21.997 F-PBI), solution alignée sur la lettre de l'article 794 du CPC.

LIMITES DE LA COMPÉTENCE EXCLUSIVE DU CME

Dans les procédures comportant une mise en état, une **demande de production de pièces** formée conformément aux dispositions des articles 138 et suivants du CPC peut être présentée devant la juridiction de jugement bien que la partie se soit abstenue d'en saisir le juge ou le conseiller de la mise en état (Cass. 3e civ. 15-10-2014 n° 13-10.332 : Bull. civ. III n° 132 ; Cass. avis 2e civ. 28-5-2014 n° 9026). La Cour de cassation semble donc, à juste titre, ne pas vouloir étendre, ultra legem, les cas de compétence exclusive du juge comme du conseiller de la mise en état. 26288

> **Précisions** La décision par laquelle **le conseiller de la mise en état révoque l'ordonnance de clôture** relève de son pouvoir propre. Elle ne peut être remise en question devant la formation collégiale de la cour d'appel (Cass. 2e civ. 1-3-2018 n° 17-11.284 F-PB). Il n'est pas inutile de rappeler ici que la décision du juge ou du conseiller de la mise en état prononçant la révocation de l'ordonnance doit intervenir avant la clôture des débats, ou s'accompagner d'une réouverture de ceux-ci (Cass. 1e civ. 11-2-2015 n° 13-28.054 F-PB : Bull. civ. I n° 38), de sorte qu'une même décision ne peut simultanément révoquer l'ordonnance de clôture et statuer sur le fond du litige (Cass. 2e civ. 1-3-2018 n° 16-27.592 F-PB). Mais lorsque la demande de révocation n'est soumise qu'à la cour, par des conclusions déposées au fond, ce qui est possible, celle-ci a l'obligation d'y répondre, fût-ce pour la rejeter (Cass. 2e civ. 25-3-2021 n° 20-10.689 F-PBI).

c. Fixation par le CME de la clôture ou d'un calendrier

Le conseiller de la mise en état doit **examiner l'affaire** dans un **délai** de quinze jours après l'expiration des délais pour conclure et communiquer, afin d'en fixer la clôture et les plaidoiries. Toutefois, si l'affaire nécessite de nouveaux échanges de conclusions, il peut, sans préjudice de l'article 910-4, fixer un **calendrier** pour achever cette mise en état, après avoir recueilli l'avis des avocats (CPC art. 912, al. 1 et 2). 26300

L'article 910-4 du CPC impose aux parties de présenter, dès les conclusions de la première phase, l'ensemble de leurs prétentions sur le fond, et ce, à peine d'irrecevabilité, relevée d'office. Il s'agit de l'une des innovations les plus importantes et les plus périlleuses de la réforme de 2017. Elle renforce considérablement l'**obligation de concentration.** Certes, plusieurs exceptions sont prévues, autorisant les parties à former de nouvelles prétentions (n° 25723), lesquelles ne manqueront pas d'ailleurs de générer un contentieux fourni. En effet, en pratique les hypothèses seront nombreuses où les parties chercheront à étendre ou restreindre leurs libertés réciproques. Comme la question des demandes nouvelles, l'irrecevabilité des prétentions qui n'auraient pas été présentées dès les conclusions de la première phase est une question qui devrait relever désormais de la compétence du CME (CPC art. 789, 6°).

ATTENTION

Lorsque les parties ont conclu et ne souhaitent pas alimenter davantage les débats, elles conservent néanmoins la maîtrise du procès (CPC art. 2), tant que l'affaire n'a pas reçu de fixation pour plaider (Cass. 2e civ. 16-12-2016 n° 15-26.083 F-PB ; Cass. 2e civ. 16-12-2016 n° 15-27.917 F-PB). Certes, la **demande de fixation** constitue une **diligence interruptive de péremption** (CPC art. 386) et fait courir un nouveau délai de deux ans. Mais **à défaut de nouvelle diligence** pendant deux ans, la péremption est acquise, malgré l'intention déclarée de l'appelant de ne plus conclure (Cass. 2e civ. 1-2-2018 n° 16-17.618 F-PB).

EXPIRATION DES DÉLAIS DE LA PREMIÈRE PHASE DE LA PROCÉDURE D'APPEL

Le **point de départ** du **délai** de quinze jours est **variable** d'un dossier à l'autre, en fonction du contenu des écritures qui seront prises par les parties (notamment, présence ou absence d'appel incident) et de la date de signification à leurs adversaires éventuellement défaillants. Il n'est donc pas possible de connaître a priori, à l'ouverture du dossier d'appel, à quelle date expireront les délais de la première phase. En cas de pluralité de parties, de parties étrangères, ou de demande d'aide juridictionnelle par exemple, les délais pour conclure peuvent être très notablement allongés. 26301

En **pratique,** dans la plupart des cas, le dossier est appelé par l'intermédiaire du RPVA (n° 25505), à la première **mise en état virtuelle** suivant un **délai** de six mois environ à compter de l'appel. À cette occasion, les avocats constitués informent le conseiller de la mise en état de l'état du dossier et de leurs intentions. Cependant, les pratiques peuvent varier fortement d'une cour à l'autre, voire d'une chambre à l'autre au sein d'une même cour d'appel.

DÉCISION D'OUVRIR LA SECONDE PHASE DE LA PROCÉDURE D'APPEL

Le conseiller de la mise en état est le seul **juge** de la nécessité de prévoir ou non un calendrier ; l'absence de critère, hormis celui de la nécessité lui permet quasiment toute **latitude.** Il sera sans 26310

doute guidé, pour l'essentiel, par le souci de faire respecter le principe de la **contradiction,** principe directeur du procès devant être observé en toute occasion (CPC art. 16).
En **pratique,** les avocats sont en principe interrogés et font connaître leur avis par l'intermédiaire du RPVA. Le conseiller de la mise en état retrouve là un pouvoir, qui lui permet d'arrêter un calendrier adapté à sa conception de la mise en état et au type de contentieux traité.

ATTENTION
Lorsque les parties ont conclu et ne souhaitent pas alimenter davantage les débats, elles conservent néanmoins la maîtrise du procès et doivent penser au **risque de péremption** (n° 26300).

d. Recours contre les décisions du CME

26330 En **principe,** les ordonnances du conseiller de la mise en état ne sont susceptibles d'aucun recours indépendamment de l'arrêt sur le fond (CPC art. 916, al. 1).
Une voie de **recours spécifique,** appelée déféré, permet toutefois de contester devant la cour d'appel certaines ordonnances du conseiller de la mise en état dans les quinze jours de leur prononcé (CPC art. 916, al. 2).

> **Précisions** La décision par laquelle le **conseiller de la mise en état** révoque l'ordonnance de clôture relève de son **pouvoir propre.** Elle ne peut être remise en question devant la formation collégiale de la cour d'appel (Cass. 2e civ. 1-3-2018 n° 17-11.284 F-PB).

DÉFÉRÉ

26331 **Règles générales** Le déféré est une voie exclusive : lorsqu'une décision est susceptible de déféré, si cette voie de recours n'est pas empruntée, la décision du conseiller ne peut plus être contestée autrement (Cass. 2e civ. 27-4-1979 n° 77-13.940 : Bull. civ. II n° 119 ; Cass. 1e civ. 10-4-2013 n° 12-14.939 F-PBI : Bull. civ. I n° 71).
Le déféré constitue un simple acte de la procédure (Cass. 2e civ. 7-4-2016 n° 15-10.126 F-PB : Bull. civ. II n° 99) qui s'inscrit dans le déroulement de la procédure d'appel et n'ouvre pas une instance autonome (Cass. 2e civ. 11-1-2018 n° 16-23.992 F-PB).
La circonstance – exceptionnelle – que les débats au fond ont eu lieu avant l'expiration du délai de déféré, ne prive pas de la faculté d'exercer un tel recours (Cass. 2e civ. 13-11-2014 n° 13-22.300 F-PB : Bull. civ. II n° 230).

26333 **Pouvoirs de la cour** Lorsque la cour est saisie par voie de déféré, elle statue dans le champ de compétence d'attribution du conseiller de la mise en état. Par conséquent, elle ne peut pas se prononcer sur l'irrecevabilité de conclusions, prévue à l'article 961 du CPC, et a fortiori en déduire la caducité de l'appel au visa de l'article 908 du même Code (Cass. 2e civ. 13-10-2016 n° 15-24.932 F-PB).

26335 **Cas d'ouverture** Le déféré est ouvert contre toute ordonnance du conseiller de la mise en état qui (CPC art. 916, al. 2 et 3 modifié par décret 2020-1452 du 27-11-2020) :
– a pour effet de mettre fin à l'instance ;
– constate son extinction ;
– a trait à des mesures provisoires en matière de divorce ou de séparation de corps ;
– statue sur une exception de procédure, un incident mettant fin à l'instance, une fin de non-recevoir ou sur la caducité de l'appel ;
– Le déféré est également ouvert contre l'ordonnance du président de la chambre saisie ou du magistrat désigné par le premier président, lorsqu'il statue sur la caducité ou l'irrecevabilité en application des articles 905-1 et 905-2 du CPC, lesquels encadrent les procédures d'urgence (CPC art. 916, al. 5), ou lorsqu'il statue sur la caducité de la déclaration de saisine ou sur l'irrecevabilité des conclusions de l'intervenant forcé ou volontaire, en cas de renvoi après cassation (CPC art. 1037-1). Le déféré étant la voie de recours spécifique et impérative, le pourvoi contre une telle ordonnance est bien entendu irrecevable (Cass. 2e civ. 17-9-2020 n° 19-17.469 F-PBI).
Ajoutons le cas particulier de l'ordonnance du conseiller de la mise en état faisant droit à la demande de communication ou de production de pièce dans le cadre du mécanisme spécifique instauré par le décret 2018-1126 du 11-12-2018 relatif à la protection du secret des affaires (C. com. art. R 153-9, III). Étant précisé que le délai pour former une requête en déféré et le déféré exercé dans ce délai sont suspensifs, l'exécution provisoire de la décision ne pouvant être ordonnée.

> **Précisions a.** Sous l'empire de la procédure d'appel antérieure à 2011, seules étaient susceptibles de déféré les **ordonnances qui mettaient fin à l'instance** (Cass. 2e civ. 19-11-2008 n° 07-12.523 : Bull. civ. II n° 251). Pour la Cour suprême, c'était seulement lorsque, en statuant sur une exception de procédure, l'ordonnance du conseiller de la mise en état mettait fin à l'instance que cette ordonnance avait, au principal, l'**autorité de la chose jugée** (Cass. 2e civ. 13-3-2008 n° 07-11.384 : Bull. civ. II n° 68). Ces solutions n'ont plus cours depuis la réforme de 2009 compte tenu de la lettre de l'article 916 et du fait que, dans la plupart des hypothèses, les ordonnances du conseiller de la mise en état ont autorité de la chose jugée au principal sans qu'elles mettent pourtant fin à l'instance (CPC art. 914 in fine et 794, sur renvoi de l'art. 907). Ainsi, s'agissant d'une ordonnance du CME disant l'appel recevable, la Cour de cassation a clairement jugé, au visa des textes dans leur rédaction en vigueur à compter du 1er janvier 2011, que seule la voie du déféré devait être empruntée (Cass. 1e civ. 10-4-2013 n° 12-14.939 précité ; Cass. 2e civ. 15-5-2014 n° 13-13.434 F-D ; Cass. 2e civ. 3-9-2015 n° 13-27.060 : Bull. civ. II n° 156). Cette solution a été clairement confirmée à l'occasion d'une demande d'irrecevabilité d'appel (Cass. 2e civ. 13-11-2014 n° 13-15.642 FS-PB : Bull. civ. II n° 229). Il n'y a pas de raison qu'il en aille différemment s'agissant de la demande de caducité ou d'irrecevabilité des conclusions en application des articles 909 et 910, puisque, sur ces points également, la décision du conseiller de la mise en état a autorité de la chose jugée au principal (CPC art. 914 al. 7). La conséquence est que si le déféré n'est pas exercé, la décision du conseiller est irrévocable.
> **b.** Sur le terrain des **exceptions de procédure,** à l'occasion d'une demande de sursis à statuer, la Cour de cassation a jugé dans le même sens, par un arrêt se référant expressément, ce qui est rare, aux discordances de la jurisprudence antérieure (Cass. 2e civ. 23-6-2016 n° 15-13.483 FS-PB : Bull. civ. II n° 171, s'agissant des décisions du JME et Cass. 2e civ. 13-3-2008 n° 07-11.384 précité, s'agissant des décisions du CME), qu'il n'y a plus lieu de distinguer, pour ouvrir le déféré, selon que l'ordonnance du juge de la mise en état ou du conseiller de la mise en état met ou non fin à l'instance (Cass. 1e civ. 16-5-2018 n° 16-24.306 F-D, arrêt cependant inédit). Cela correspond à la rédaction actuelle du texte donnant les cas d'ouverture du déféré (CPC art. 916) et à la solution désormais retenue à l'égard des ordonnances du juge de la mise en état statuant sur une exception de procédure, lesquelles ont autorité de chose jugée (CPC art. 794), qu'elles mettent fin ou non à l'instance (Cass. 2e civ. 9-1-2020 n° 18-21.997 F-PBI). Notons ici que la réforme de la procédure d'appel aurait été l'occasion de clarifier la compétence du conseiller de la mise en état en cas d'**exception de sursis à statuer.** La réforme aurait pu confirmer sa compétence pour tous les cas de sursis à statuer, ou alors donner une définition claire des cas dans lesquels il a compétence pour statuer et ceux dans lesquels seule la cour a compétence pour le faire. Les décrets n'en disent pas un mot. Il s'agit peut-être là d'une occasion manquée d'apporter une clarification qui, en pratique, se serait avérée fort utile.
> **c.** Sur le terrain des **fins de non-recevoir générales,** autres que celles spécifiques à la procédure d'appel, lesquelles étaient déjà visées comme cas d'ouverture, le déféré n'a formellement été ouvert que par le décret 2020-1452 du 27-11-2020, pour les instances d'appel introduites à compter du 1er janvier 2020 dans lesquelles le CME est amené à statuer sur ces problématiques à compter du 1er janvier 2021 (CPC art. 916 et Cass. avis 2e civ. 3-6-2021 n° 21-70.006 avis n° 15008). Cependant, il pourrait être légitimement soutenu que le déféré était praticable dès le 1er janvier 2020, date depuis laquelle la décision du CME a, sur ce terrain, autorité de la chose jugée au principal (CPC art. 794, sur renvoi de l'art. 907).

Forme et délai Le déféré est formé par simple **requête** (CPC art. 916, al. 2). La notion de requête induit que la procédure ne revêt pas de **caractère contradictoire,** ce qui a parfois été jugé (CA Versailles 13-3-1986 : D. 1987 somm. p. 231). Ce terme a curieusement été maintenu par la réforme de 2017 et celle de 2020, le texte faisant même référence expresse à l'article 57 du CPC (CPC art. 916, al. 4). Or, rien ne semble justifier qu'une procédure de déféré, consistant à remettre en question, devant la cour, la chose jugée contradictoirement par le conseiller de la mise en état, puisse s'affranchir de l'exigence de la contradiction (CPC art. 14 et 16). 26340

Le déféré doit être formé par requête remise au greffe de la chambre à laquelle l'affaire a été distribuée et doit contenir à peine d'irrecevabilité, outre les mentions prescrites par l'article 57 du CPC, l'indication de la décision déférée ainsi qu'un exposé des moyens en fait et en droit (CPC art. 916, al. 4).

La requête en déféré étant un acte de la procédure et ayant été versée au dossier en application de l'article 727, c'est sans violer le principe de la contradiction que la cour d'appel a pu se fonder sur cet acte après avoir constaté que la requête en déféré lui avait été adressée par la **voie électronique** (Cass. 2e civ. 7-4-2016 n° 15-10.126 F-PB : Bull. civ. II n° 99). Plus encore, la Cour de cassation a récemment jugé que, conformément à l'article 930-1 du CPC, la recevabilité du déféré était conditionnée par sa remise à la juridiction par la voie électronique, sauf à justifier d'une cause étrangère ayant empêché ce mode de communication (Cass. 2e civ. 1-6-2017 n° 16-18.361 F-PB).

Le déféré doit être formé contre les ordonnances du conseiller de la mise en état dans les quinze jours de leur **date** (CPC art. 916, al. 2).

Ce délai bref est **dangereux** car son point de départ est le prononcé de la décision, c'est-à-dire formellement sa date, et non son éventuelle notification, sans que les parties puissent invoquer une atteinte disproportionnée au droit d'accès au juge, dès lors qu'elles sont tenues de constituer un avocat, professionnel avisé, en mesure d'accomplir les actes de la procédure d'appel, dont fait partie le déféré, dans les formes et délais requis (Cass. 2e civ. 21-2-2019 n° 17-28.285 F-PB).

Les parties ne peuvent pas davantage invoquer le fait qu'elles n'ont pas été avisées de la date du délibéré (Cass. 2e civ. 21-1-1998 n° 96-16.751 : Bull. civ. II n° 23), contrairement à la jurisprudence plus souple développée en matière de contredit de compétence lorsque cette voie de recours existait.

Par ailleurs, dans la mesure où la requête en déféré constitue un simple acte de la procédure qui s'inscrit dans le déroulement de la procédure d'appel et n'ouvre pas une instance autonome, l'augmentation de délais prévue à l'article 643 du CPC ne lui est pas applicable (Cass. 2e civ. 11-1-2018 n° 16-23.992 F-PB).

26342 À l'occasion du déféré, les parties peuvent invoquer de **nouveaux moyens,** mais ne peuvent pas soumettre à la cour de nouvelles prétentions, spécialement celles qui auraient dû être préalablement soumises au conseiller de la mise en état (Cass. 2e civ. 31-1-2019 n° 17-22.765 FS-PB ; Cass. 2e civ. 4-3-2021 n° 19-15.695 FS-P). Le principe de concentration des moyens s'applique en la matière (Cass. 2e civ. 13-11-2014 n° 13-15.642 FS-PB : Bull. civ. II n° 229).

En revanche, la cour, saisie d'un déféré, examine les prétentions soumises au conseiller de la mise en état que celui-ci n'aurait pas tranchées, y compris par suite d'une **omission de statuer,** dès lors qu'elles étaient formulées dans les conclusions déposées devant le conseiller et que celui-ci n'a pas réservé sa décision sur ces demandes (Cass. 2e civ. 19-11-2020 n° 19-16.055 F-PBI).

La Cour de cassation admet, en vertu de l'effet dévolutif qu'elle lui reconnaît, qu'un **déféré incident** soit exercé au-delà du délai de quinze jours à compter du prononcé de l'ordonnance attaquée (Cass. 2e civ. 13-5-2015 n° 14-13.801 FS-PBI : Bull. civ. II n° 115).

Le déféré est en revanche dénué d'effet suspensif (Cass. 2e civ. 14-11-2019 n° 18-23.631 F-PBI).

En règle générale, le conseiller de la mise en état ne fait pas partie de la formation de la cour qui aura à se prononcer dans le cadre du déféré. La bonne pratique consiste en effet à faire trancher le déféré par une composition distincte. Cependant, si le conseiller de la mise en état fait partie de la formation de la cour appelée à juger sur déféré, il appartient à la partie qui estime que cela porte atteinte au principe d'impartialité, et emporte violation de l'article 6, § 1, de la CESDH, de demander la récusation du magistrat, conformément à l'article 342 du CPC. À défaut, il ne sera pas recevable à s'en prévaloir devant la Cour de cassation (Cass. 2e civ. 4-3-2021 n° 19-21.579 F-P).

CONSEIL

Même si le déféré peut être exercé par simple remise de requête au greffe, il est vivement conseillé d'en adresser simultanément copie aux parties adverses, afin de respecter le principe de la **contradiction.**

Cependant, le texte prévoyant uniquement de procéder par requête, la **date du dépôt au greffe** suffira et prévaudra sur toute autre formalité.

6. FIXATION À BREF DÉLAI EN APPEL

CONTEXTE

26360 Par exception au principe de l'instruction par un conseiller de la mise en état (CPC art. 907), le président de chambre peut, dans certains cas, fixer l'audience pour juger une affaire à bref délai.

Cette procédure d'urgence (CPC art. 905 à 905-2) ne doit pas être confondue avec la requête à fin d'assigner à jour fixe qui permet aussi à une partie de faire juger son affaire sans instruction du CME mais doit être présentée au premier président (CPC art. 917 s. ; nos 27350 s.).

Depuis la réforme par le décret 2017-891 du 6 mai 2017, la procédure d'urgence est très strictement encadrée. Schématiquement, il s'agit plus ou moins d'un calque de la première phase de la procédure normale, mais avec des délais plus brefs.

> **Précisions** Sous l'empire des textes antérieurs à la réforme de 2017, il avait été jugé que les dispositions des articles 908 à 911 du CPC n'ont pas vocation à s'appliquer aux procédures fixées en application de l'article 905 (Cass. 2e civ. 16-5-2013 n° 12-19.119 : Bull. civ. II n° 90 ; Cass. Avis 3-6-2013 n° 13-70.004 : Bull. avis n° 8), de même que les dispositions de l'article 902 du CPC (Cass. 2e civ. 2-6-2016 n° 15-18.596 F-PB). Le décret 2017-891 du 6 mai 2017 rend la portée de cette jurisprudence en partie obsolète, puisque désormais la procédure d'urgence est elle-même encadrée par des délais stricts et sanctionnés. Mais en partie seulement, car demeure l'idée que **ce régime déroge au droit commun.** Cela est d'autant plus important que si auparavant la Cour de cassation subordonnait son application à la condition qu'une ordonnance de fixation à bref délai ait été préalablement rendue, tel n'est plus le cas (Cass. 2e civ. 12-4-2018 n° 17-10.105 F-PB).

26361

Grandes étapes de la procédure d'appel d'urgence

1. Transmission de la **déclaration d'appel** au greffe par voie électronique, à peine d'irrecevabilité (CPC art. 930-1).
2. Le président de chambre d'office, ou à la demande d'une partie selon le cas, fixe une date d'appel de l'affaire à **bref délai**. Le greffe **avise** les avocats constitués (CPC art. 904-1 et 905).
3. Dans les **10 jours** de la réception de cet avis, l'avocat de l'appelant signifie l'acte d'appel à l'intimé défaillant, par huissier ou commissaire de justice (CPC art. 905-1).
4. Délais pour conclure (CPC art. 905-2)* :
– 1 mois à compter de la réception de l'avis du greffe précité pour l'appelant.
– 1 mois à compter de la notification des conclusions de l'appelant pour l'intimé (idem pour l'intimé incident ou provoqué).
– 1 mois pour l'intervenant forcé, à compter de l'assignation qui lui est faite.
– 1 mois pour l'intervenant volontaire, à compter de son intervention. Ces conclusions doivent présenter l'**ensemble des prétentions** des parties sur le fond (CPC art. 910-4).
5. Le président déclare l'instruction close et fixe la **date de l'audience,** qui peut être tenue le jour même. Le président peut également renvoyer l'affaire à une date ultérieure, ou à la mise en état (CPC art. 905 et 760 à 762).

* Sauf réduction par le conseiller de la mise en état (n° 26000) ou augmentation en raison de la distance (nos 26020 s.)

CHAMP D'APPLICATION DE LA PROCÉDURE D'URGENCE EN APPEL

Le président de la chambre saisie, d'office ou à la demande d'une partie, fixe les jours et heures **26363** auxquels l'affaire sera appelée à bref délai lorsque (CPC art. 905 modifié par décret 2020-1452 du 27-11-2020) :
– elle semble présenter un caractère d'**urgence** ou être en état d'être jugée ;
– l'appel est relatif à une **ordonnance** de référé ou à un jugement rendu selon la procédure accélérée au fond, ou à l'une des ordonnances du juge de la mise en état énumérées aux 1° à 4° de l'article 795 du CPC (notamment, ordonnance mettant fin à l'instance ou statuant sur une exception de procédure ou une fin de non-recevoir), ou encore à un jugement statuant en cours de mise en état sur une question de fond et une fin de non-recevoir en application du neuvième alinéa de l'article 789.

Lorsque **la procédure d'urgence n'est pas de droit,** son déclenchement implique un **avis de fixation** du président, établissant le calendrier. Tant que cet avis n'a pas été pris et transmis par le greffe aux avocats constitués (CPC art. 904), c'est par défaut la procédure de droit commun qui s'applique.

Lorsque **la procédure d'urgence est de droit**, les parties devront faire preuve de grande prudence et de célérité. En effet, à l'occasion de faits antérieurs à l'entrée en vigueur du décret 2017-891 du 6 mai 2017, la Cour de cassation a jugé que lorsque l'appel est dirigé contre une ordonnance de référé la procédure est soumise de plein droit aux dispositions de l'article 905 du CPC, même en l'absence d'ordonnance de fixation à bref délai (Cass. 2e civ. 12-4-2018 n° 17-10.105 F-PB). Pour discutable qu'elle soit, la solution pouvait alors sembler bienveillante à l'égard des parties, en les faisant échapper aux risques inhérents à la procédure de droit commun, notamment aux délais des articles 908 à 910 du CPC. Mais depuis le décret de 2017 précité, la procédure d'urgence est elle-même encadrée par des délais très rapides et sanctionnés (n° 26361). Or, après le décret de 2017, la Cour de cassation a confirmé sa jurisprudence : lorsque l'appel est relatif à une ordonnance de référé, la procédure à bref délai s'applique de **plein droit, même en l'absence d'ordonnance de fixation en ce sens** (Cass. 2e civ. 22-10-2020 n° 18-25.769 F-PBI). Certes, le risque pour l'appelant principal demeure faible, puisque le point de départ des délais impartis à l'appelant (CPC art. 905-1 et 905-2) reste dépendant de l'avis de fixation et que, s'il conclut dans le délai imparti et avant que l'intimé ne constitue avocat, il dispose d'un délai de deux mois suivant l'avis de fixation de l'affaire à bref délai pour notifier ses conclusions à l'intimé ou à l'avocat que celui-ci a constitué entre-temps (Cass. 2e civ. 1-7-2021 n° 20-14.449 F-B) ; ou d'un mois si l'intimé avait déjà constitué avocat préalablement au dépôt des conclusions de l'appelant (Cass. 2e civ. 13-1-2022 n° 20-18.121 F-B), la nuance n'étant déjà pas elle-même dénuée de danger. Toutefois, le risque n'est pas inexistant, notamment dans l'hypothèse – non théorique – où l'avis de fixation ne ferait pas mention expresse de la procédure d'urgence. Mais la règle est extrêmement dangereuse pour **l'intimé.** En effet, il devra veiller à respecter **spontanément** le délai d'un mois qui lui est imparti pour conclure et former appel incident ou provoqué à compter des conclusions de l'appelant principal (CPC art. 905-2), y compris lorsqu'elles ont été notifiées avant l'avis de fixation, l'appelant n'ayant pas l'obligation de les notifier à nouveau postérieurement (Cass. 2e civ. 22-10-2020 n° 18-25.769, précité). Cette solution est, à l'égard de l'intimé, d'une **sévérité extrême** et illégitime à notre sens. En effet, alors que l'appelant principal est protégé par un point de départ qui dépend de l'avis de fixation, les droits de l'intimé ne sont protégés par aucun dispositif spécifique d'information préalable, au cas par cas. Cela est d'autant plus piégeux que dans certains cas, les textes se réfèrent à la procédure d'urgence (par exemple : C. com. art. R 661-6 3° ; C. exécution art. R 121-20 ; C. com. art. R 153-9, II), sans que l'on sache, selon les hypothèses, s'il est vraiment de droit, comme en matière de référé, puisqu'il peut parfois y être dérogé (Cass. com. 15-11-2016 n° 14-22.784 inédit). Ainsi, en matière de procédures collectives et avant l'entrée en vigueur du décret 2017-891 du 6 mai 2017, il a été jugé à l'égard d'un appelant que, même si le dossier était instruit devant un CME, les dispositions de l'article 908 du CPC ne s'appliquaient pas (Cass. 2e civ. 3-12-2015 n° 14-20.912 FS-PB : Bull. civ. II n° 263).

CONSEIL

Par précaution, notamment en cas de doute, les parties devront veiller à préparer très vite la rédaction de leurs conclusions, car dès que l'avis de fixation sera pris et diffusé, les délais de la procédure d'urgence seront déclenchés (n° 26361).

MODALITÉS DE LA PROCÉDURE À BREF DÉLAI EN APPEL

26366 Au jour indiqué, il est procédé selon les modalités de la procédure du tribunal judiciaire dite de renvoi à l'audience (CPC art. 778 et 779, sur renvoi de l'art. 905). L'affaire est directement fixée à une **audience de plaidoiries**.

La clôture est rendue par le président, souvent – mais pas toujours – le jour de l'audience.

Certains des **pouvoirs** habituellement conférés au **conseiller de la mise en état** sont exercés, selon les cas, soit directement par la cour, lorsqu'elle juge l'affaire au fond, soit en amont par le président de la chambre ou le magistrat désigné par le premier président (par exemple, pour statuer sur la caducité de l'appel ou l'irrecevabilité des conclusions : CPC art. 905-1 et 905-2), ou encore par le premier président lui-même (par exemple, pour aménager l'exécution provisoire du jugement : CPC art. 523). La Cour de cassation précise néanmoins qu'il faut faire une **lecture restrictive** des pouvoirs du président en la matière. Elle a en effet jugé que lorsque l'affaire est fixée à bref délai, l'étendue des pouvoirs juridictionnels du président de chambre étant **délimitée par l'article 905-2 du CPC**, celui-ci ne peut, dès lors, statuer sur l'irrecevabilité de l'appel pour défaut de qualité de l'appelant (Cass. 2e civ. 13-4-2023 n° 21-12.852 FS-B).

> **Précisions** En raison de l'état d'urgence sanitaire, lorsque les parties sont assistées ou représentées par un avocat, l'audience peut, en l'absence d'opposition des parties, se dérouler selon la **procédure sans audience**. L'absence d'opposition des parties à la procédure sans audience doit être recueillie pour toutes les procédures, à l'exception de celles limitativement énumérées par l'article 8 de l'ordonnance 2020-304 du 25 mars 2020, modifiée par l'ordonnance 2020-595 du 20 mai 2020 ; la procédure à bref délai n'entre dans aucune des catégories de dérogations prévues (Cass. 2e civ. 24-3-2022 n° 20-21.289 F-B).

26375 **Signification de la déclaration d'appel** Lorsque l'affaire est fixée à bref délai par le président de la chambre, l'appelant doit signifier la déclaration d'appel dans les **dix jours** de la réception de l'avis de fixation qui lui est adressé par le greffe **à peine de caducité** de la déclaration d'appel relevée d'office par le président de la chambre ou le magistrat désigné par le premier président ; cependant, si, entre-temps, l'intimé a constitué avocat avant signification de la déclaration d'appel, il est procédé par voie de notification à son avocat (CPC art. 905-1, al. 1).

En pratique, le délai de dix jours est extrêmement bref. Il est d'autant plus dangereux que la sanction de la caducité est très grave, car la partie dont la déclaration d'appel a été jugée irrecevable ou caduque n'est **plus recevable** à former un appel principal contre le même jugement et à l'égard de la même partie (CPC art. 911-1, al. 3, n° 25630).

À peine de nullité, l'acte par lequel l'appelant signifie la déclaration d'appel doit indiquer à l'intimé que faute pour lui de constituer avocat dans un délai de quinze jours à compter de celle-ci, il s'expose à ce qu'un arrêt soit rendu contre lui sur les seuls éléments fournis par son adversaire et que, faute de conclure dans le délai mentionné à l'article 905-2 du CPC (un mois), il s'expose à ce que ses écritures soient déclarées d'office irrecevables (CPC art. 905-1, al. 2). Comme en droit commun, la nullité achoppera souvent sur l'absence de grief, lorsque seul l'acte d'appel sera signifié, sans les écritures (n° 25566).

> **Précisions a.** Lorsque **l'intimé a constitué avocat avant la signification de l'acte d'appel** prévue par l'article 905-1 du CPC, ce texte précise que l'appelant a néanmoins, et assez curieusement, l'obligation de **notifier la déclaration d'appel à l'avocat de l'intimé.** Saisie pour avis, la Cour de cassation a précisé que cette obligation de notification dans le délai de dix jours de la réception de l'avis de fixation adressé par le greffe n'est **pas prescrite à peine de caducité** de la déclaration d'appel (Cass. 2e civ. avis 12-7-2018 n° 15010). Une telle sanction constituerait selon elle, et cela est assez inédit pour être souligné, une atteinte disproportionnée au droit d'accès au juge consacré par l'article 6.1 de la Convention de sauvegarde des droits de l'Homme et des libertés fondamentales, puisque, dès lors que l'intimé a constitué avocat, il est par définition informé de la procédure d'appel. Cette solution est heureuse et sage, surtout lorsque l'on sait que la caducité prive définitivement l'appelant de son droit d'appel contre le même jugement et la même partie (CPC art. 911-1). La Cour de cassation a confirmé cette position à l'occasion d'un pourvoi (Cass. 2e civ. 2-7-2020 n° 19-16.336 F-PBI). Mais il est permis de continuer de s'interroger sur le **sens et l'utilité de l'exigence de notification de l'acte d'appel** entre avocats dans un tel cas de figure. À n'en pas douter, c'est ce qui explique l'indulgence – inhabituelle – de la Cour de cassation sur ce point.
>
> **b.** La Cour de cassation a jugé que, dès lors que la déclaration d'appel, dont la nullité n'avait pas été prononcée, a bien été signifiée dans le délai requis, il importe peu que l'acte de signification ait omis d'inclure l'**annexe à l'acte d'appel** où figuraient les **chefs de jugement critiqués** (Cass. 2e civ. 5-12-2019 n° 18-17.867 FS-PBI).
>
> **c.** Le **visa erroné de l'article 902** du CPC dans un acte de signification d'un acte d'appel dans une procédure régie par les articles 905 et suivants du même Code ne constitue qu'un **vice de forme** de sorte que cette exception de nullité aurait dû être invoquée avant toute défense au fond (Cass. 2e civ. 2-12-2021 n° 20-10.692 F-B).

Délais pour conclure L'ensemble des parties (appelant, intimé, intervenant) disposent **26380**
d'un délai **d'un mois** pour remettre leurs conclusions au greffe et les notifier ou signifier, et former le cas échéant appel incident ou provoqué (CPC art. 905-2). Ce délai court à compter de (CPC art. 905-2) :

- pour l'appelant, la réception de l'avis de fixation de l'affaire à bref délai ;
- pour l'intimé, la notification des conclusions de l'appelant ;
- pour l'intimé incident ou provoqué, la notification de l'appel incident ou provoqué ;
- pour l'intervenant forcé, l'assignation qui lui est faite ;
- pour l'intervenant volontaire, son intervention.

Ce délai d'un mois pour conclure est le délai maximum et par défaut. En effet, le président de chambre, ou le magistrat désigné par le premier président peut d'office, par ordonnance, impartir des **délais plus courts** (CPC art. 905-2, al. 5).

Les conclusions exigées par l'article 905-2 sont celles, adressées à la cour, qui sont remises au greffe et notifiées dans le délai d'un mois et qui **déterminent l'objet du litige** (CPC art. 910-1). Comme dans la procédure de droit commun, ces conclusions doivent, à peine d'irrecevabilité relevée d'office, présenter l'**ensemble des prétentions des parties** sur le fond (CPC art. 910-4). Sur cette exigence, voir n° 25610.

La procédure d'urgence implique, par définition, qu'aucun conseiller de la mise en état n'a été désigné. Il revient dès lors au **président de la chambre saisie, ou au magistrat désigné par le premier président** de statuer sur la fin de non-recevoir tirée de l'irrecevabilité de l'appel, sur la caducité de celui-ci ou sur l'irrecevabilité des conclusions et des actes en application des articles 909, 910 et 930-1 du CPC. Sa décision a sur ces points **autorité de la chose jugée au principal** (CPC art. 905-2, al. 6). Cela signifie qu'à défaut d'être déférée (CPC art. 916, al. 5), son ordonnance, qu'elle accueille ou qu'elle rejette la demande, ne peut plus être remise en cause devant la cour (Cass. 2e civ. 27-2-2014 n° 13-14.240 F-PB 26360 : Bull. civ. II n° 49).

CONSEIL

Lorsque la **procédure d'urgence** est **de droit**, la **vigilance** est de mise, même si un conseiller de la mise en état est désigné. En effet, la Cour de cassation a jugé qu'en présence d'un appel contre une ordonnance de référé, la procédure était soumise de plein droit aux dispositions de l'article 905 du CPC, même en l'absence d'ordonnance de fixation à bref délai (Cass. 2e civ. 12-4-2018 n° 17-10.105 F-PB). De même, en matière de procédures collectives, il a été jugé à l'égard d'un appelant que, même si le dossier était instruit devant un CME, les dispositions de l'article 908 du CPC ne s'appliquaient pas (Cass. 2e civ. 3-12-2015 n° 14-20.912). Certes, ces décisions ont été rendues à l'occasion de faits antérieurs à l'entrée en vigueur du décret 2017-891 du 6 mai 2017, lequel encadre désormais la procédure d'urgence dans des délais stricts et sanctionnés, mais en l'état actuel de la jurisprudence, et précisément au regard de ces délais, la prudence est conseillée (voir n° 26363).

7. POUVOIRS DE LA COUR D'APPEL

26395 En 2006 et 2007, la **Cour de cassation** a entrepris de redéfinir non seulement la **chose jugée,** par le biais du principe de concentration (nos 25485 s.), mais aussi de clarifier la question de l'**office du juge et des parties.** Parmi les principes directeurs du procès, l'article 12 du CPC oblige le juge à donner ou restituer leur exacte qualification aux faits et actes litigieux invoqués par les parties au soutien de leurs prétentions, mais il ne lui fait pas obligation, sauf règles particulières, de changer la dénomination ou le fondement juridique de leurs demandes (Cass. ass. plén. 21-12-2007 n° 06-11.343 : Bull. ass. plén. n° 10). Pour la Cour de cassation, si le juge doit jouer un rôle actif dans le déroulement du procès, il n'a pas à remplir tous les rôles, et il revient aux parties elles-mêmes, représentées par des conseils professionnels, d'invoquer tous les moyens susceptibles de fonder leurs prétentions.

Pour plus de détails sur les règles générales relatives aux rôles respectifs des parties et du juge, voir nos 800 s.

La **procédure d'appel** entrée en vigueur le 1er janvier 2011 contient également des apports quant aux pouvoirs de la cour. Celle-ci a, d'une manière générale, le pouvoir (ou le devoir ?), de relever d'office la caducité de l'appel ou l'irrecevabilité des conclusions qui ne seraient pas déposées dans les délais des articles 909 et 910 du CPC, si la question n'a pas été soulevée devant le conseiller de la mise en état (n° 26262).

Au-delà, la réforme a apporté deux modifications importantes des pouvoirs de la cour :

– elle n'est saisie que par les prétentions récapitulées au dispositif (nos 26396 s.) ;

– elle peut (ou doit ?) relever d'office l'irrecevabilité d'une demande nouvelle (nos 25360 s.).

PRISE EN COMPTE DES PRÉTENTIONS DES PARTIES PAR LA COUR D'APPEL

26396 **Dispositif** Les **prétentions** des parties doivent être **récapitulées** sous forme de dispositif (CPC art. 954, al. 3). La cour ne statue que sur les prétentions énoncées dans celui-ci (CPC art. 954, al. 3). Pour des illustrations, voir Cass. 2e civ. 5-12-2013 n° 12-23.611 : Bull. civ. II n° 230 ; Cass. 3e civ. 2-7-2014 n° 13-13.738 : Bull. civ. III n° 93 ; Cass. soc. 21-9-2017 n° 16-24.022 FS-PBRI : RJS 12/17 n° 821. Corrélativement, elle a l'obligation, si elle n'expose pas succinctement les prétentions respectives des parties et leurs moyens, de viser les dernières conclusions déposées, avec l'indication de leur date (Cass. 2e civ. 19-11-2020 n° 19-19.514 F-PBI).

Avant la réforme de 2009, les tribunaux jugeaient que la cour était saisie par l'intégralité des conclusions. Une prétention émise dans le corps des conclusions et non reprise au dispositif saisissait la cour, qui devait lui apporter une réponse si cela s'imposait dans son raisonnement. Le principe a été inversé, notamment dans un souci de **loyauté des débats**.

La modification est substantielle car elle ne relève pas uniquement de la forme de l'acte. La sanction touche au **fond du droit** puisque le juge d'appel ne sera tout simplement pas saisi par une prétention ne figurant pas au dispositif. Cela change l'office du juge d'appel et constitue un pas important vers la **structuration des écritures**, c'est-à-dire une modélisation des conclusions selon un schéma impératif.

En **pratique**, cette exigence présente le très grand mérite de permettre, à la seule lecture du dispositif, de déceler immédiatement tout appel incident ou toute prétention nouvelle.

Seules les prétentions doivent être énoncées au dispositif. Les **moyens** n'ont donc pas leur place dans celui-ci. Il est essentiel de faire la différence (n° 26398). Car si le dispositif des conclusions de l'appelant ne contient que des moyens, et non des prétentions, l'appel n'est pas irrecevable, mais non soutenu, de sorte que la cour ne peut que confirmer le jugement (Cass. 2e civ. 9-1-2020 n° 18-18.778 F-D). Le dispositif des conclusions pourra utilement viser les fondements légaux. Mais cela relève de l'usage plus que de l'obligation. Les conclusions doivent formuler les moyens de fait et de droit sur lesquels chacune de ses prétentions est fondée (CPC art. 954, al. 1), mais cette exigence concerne le corps des conclusions et non le dispositif, ce qui n'empêche que la sanction encourue peut être de même nature (Cass. 2e civ. 6-9-2018 n° 17-19.657 F-PBI ; n° 26398).

La réforme par le décret 2017-891 du 6 mai 2017 a accentué l'exigence de **structuration des conclusions,** en modifiant notamment la rédaction de l'article 954 du CPC. 26397

Il est rappelé que les conclusions d'appel doivent contenir, en en-tête, les indications prévues à l'article 961 du CPC et qu'elles doivent formuler expressément les prétentions des parties et les moyens de fait et de droit sur lesquels chacune de ces prétentions est fondée avec indication pour chaque prétention des pièces invoquées. Il est ajouté que ces pièces doivent comporter une numérotation. Un bordereau récapitulatif des pièces doit être annexé (CPC art. 954, al. 1).

Dans leurs corps, les conclusions doivent comprendre distinctement un exposé des faits et de la procédure, l'énoncé des **chefs de jugement critiqués,** une discussion des prétentions et des moyens ainsi qu'un **dispositif récapitulant** les prétentions (CPC art. 954, al. 2).

Il est aussi exigé, si dans la discussion des **moyens nouveaux** par rapport aux précédentes écritures sont invoqués au soutien des prétentions, de les présenter de manière formellement distincte (CPC art. 954, al. 2). Cela est déjà parfois l'usage en pratique. Le but ici est d'en faire une règle de principe, toujours dans le même objectif de loyauté et de rapidité des échanges.

La cour ne statue que sur les **prétentions** énoncées au **dispositif** et n'examine les **moyens** au soutien de ces prétentions que s'ils sont invoqués dans la **discussion** (CPC art. 954, al. 3).

Au niveau européen, il a été jugé, à l'occasion d'un litige intéressant le droit grec, que les sanctions attachées à un formalisme rigoureux de présentation des écritures et pièces étaient conformes à l'exigence du **procès équitable** (CEDH 1re sect. 19-11-2020 n° 53221/14). **L'intimé** qui entend se prévaloir de la rigueur de cette règle contre l'appelant ne doit pas oublier qu'il **y est également soumis**. Il doit donc avoir soulevé le moyen dans le dispositif de ses conclusions, sans pouvoir se borner à l'invoquer oralement à l'audience (Cass. 2e civ. 20-10-2022 n° 21-17.407 F-B).

L'exigence de structuration des conclusions est strictement appliquée, d'abord pour l'**appelant principal** : par un arrêt très important, la Cour de cassation, au double visa des articles 542 et 954 du CPC a adopté une position d'un formalisme absolu. En effet, alors que l'appel a par définition pour objet de tendre à la réformation ou à l'annulation du jugement entrepris (CPC art. 542), elle juge que **lorsque l'appelant ne demande dans le dispositif de ses conclusions ni l'infirmation ni l'annulation du jugement, la cour d'appel ne peut que confirmer le jugement** (Cass. 2e civ. 17-9-2020 n° 18-23.626 FS-PBI). Afin de respecter le principe de sécurité juridique, et sans doute pour tempérer un peu la rigueur de la solution, elle en diffère – maigre consolation – l'application aux appels inscrits à compter du 17 septembre 2020. Elle précise en effet que « cependant, l'application immédiate de cette règle de procédure, qui résulte de l'interprétation nouvelle d'une disposition au regard de la réforme de la procédure d'appel avec représentation obligatoire issue du décret n° 2017-891 du 6 mai 2017 et qui n'a jamais été affirmée par la Cour de cassation dans un arrêt publié, dans les instances introduites par une déclaration d'appel antérieure à la date du présent arrêt, aboutirait à priver les appelants du droit à un procès équitable ». Cette solution transitoire a, depuis, été clairement réaffirmée (Cass. 2e civ. 20-5-2021 nos 19-22.316 F-P et 20-13.210 F-P). Les parties ont donc désormais, pour les appels inscrits à compter du 17 septembre 2020, l'obligation de mentionner dans le dispositif de leurs écritures la **formule sacramentelle demandant à la cour de réformer ou annuler,** selon l'hypothèse, le jugement attaqué. À défaut, la cour ne pourra que confirmer le jugement attaqué. Cela sous réserve bien entendu de tout appel incident éventuel. La Cour de cassation précise d'ailleurs que l'exigence est également applicable aux **conclusions d'appel incident,** avec le même régime de droit transitoire (Cass. 2e civ. 1-7-2021 n° 20-10.694 F-B). 26398

Mais la formule, tout aussi sacrée soit-elle, ne suffit pas bien sûr. Il faut que le dispositif récapitule ensuite les prétentions soumises à la cour. Cela implique, par exemple, que la partie, qui entend voir infirmer le chef d'un jugement l'ayant déboutée d'une demande de nullité d'un acte de procédure, doit formuler une prétention positive en ce sens dans le dispositif de ses conclusions d'appel. À défaut, la cour d'appel n'en n'est pas saisie et ne peut que confirmer le jugement de ce chef (Cass. 2e civ. 4-2-2021 n° 19-23.615 F-PI). De même, la partie qui conclut à la nullité de la requête à fin de constat et du constat doit faire figurer ces prétentions dans le dispositif de ses écritures car il ne s'agit pas d'un simple moyen de défense (Cass. 2e civ. 30-9-2021 n° 19-12.244 F-B).

Par ailleurs, si l'appelant entend voir la cour confirmer un chef du jugement, il doit **reprendre à son compte les motifs** du premier juge. À défaut, il ne peut reprocher à la cour d'appel, qui infirme sur ce chef, de ne pas avoir réfuté expressément les motifs du jugement (Cass. 2e civ. 6-6-2019 n° 18-17.910 F-PBI).

26398
(suite)

ATTENTION

Cette dernière décision, promise à forte diffusion, n'est pourtant pas des plus limpides. En effet, la partie qui demande la confirmation sans énoncer de moyens nouveaux est en principe réputée s'approprier les motifs du jugement (CPC art. 954, al. 6). À première vue, on pourrait donc penser que cette présomption mettait l'**appelant** à l'abri : en concluant à la confirmation sur un point qui lui était favorable, il aurait dû être regardé comme ayant **adopté la motivation du premier juge** sur ce point. Ce qui, en toute logique, aurait dû obliger **la cour,** si elle infirmait de ce chef, à **motiver expressément** sa décision en réfutant expressément cette motivation. On comprend donc assez bien les termes du pourvoi, lesquels semblent conformes aux termes de l'article 954, al. 6 du CPC, et à la jurisprudence récente. Rappelons en effet qu'à l'égard d'un intimé dont les conclusions ont été jugées irrecevables (CPC art. 909), la Cour de cassation a précisé qu'il était réputé ne pas avoir conclu, mais aussi s'être approprié les motifs du jugement. Ainsi, dans l'hypothèse où il avait soulevé en première instance la fin de non-recevoir tirée de la prescription de l'action, elle approuve la cour d'appel d'avoir statué sur ce moyen de défense, dont elle était saisie en vertu de l'effet dévolutif (Cass. 2e civ. 10-1-2019 n° 17-20.018 F-PB ; nos 25717 s.). De même, si les conclusions de l'intimé sont irrecevables, il doit néanmoins être statué sur le fond, mais le juge d'appel ne fait droit aux prétentions et moyens de l'appelant que dans la mesure où il les estime réguliers, recevables et bien fondés. La cour d'appel doit donc examiner, au vu des moyens d'appel, la pertinence des motifs par lesquels le premier juge s'était déterminé. Elle n'est donc pas tenue d'infirmer la décision attaquée (Cass. 2e civ. 3-12-2015 n° 14-26.676 F-PB ; n° 25719). L'intimé sanctionné sur le fondement de l'article 909 semble donc finalement mieux loti qu'une partie dont les conclusions sont recevables mais dont la rédaction manque de rigueur. Alors que le pourvoi reprochait à la cour d'appel un défaut de motivation (CPC art. 455), il semble que la Cour de cassation ait eu finalement à trancher entre l'alinéa 3 (examen des seuls moyens expressément invoqués) et l'alinéa 6 (présomption d'appropriation des motifs) de l'article 954 du CPC. Et qu'elle ait choisi de faire prévaloir l'exigence de l'alinéa 3 sur la présomption de l'alinéa 6. Même si cette décision a été rendue à l'égard d'un appelant principal, le praticien retiendra que, par **précaution,** il vaut mieux, même s'il demande la confirmation totale ou partielle, reprendre expressément à son compte la motivation du premier juge. À défaut, il court le risque que la cour ne se prononce que sur les moyens adverses, sans pouvoir s'en plaindre utilement devant la Cour de cassation.

À défaut pour une partie de **corréler expressément un moyen à une prétention précise,** même si celle-ci figure au dispositif et ne tend qu'au rejet de la demande adverse, la cour n'a pas l'obligation d'y répondre (Cass. 2e civ. 6-9-2018 n° 17-19.657 F-PBI).

Les parties doivent reprendre, dans leurs **dernières écritures,** les prétentions et moyens précédemment présentés ou invoqués dans leurs conclusions antérieures. À défaut, elles sont réputées les avoir abandonnés et la cour ne statue que sur les dernières conclusions déposées (CPC art. 954, al. 4). Il a été jugé que seules sont soumises aux prescriptions de ce texte les **conclusions qui déterminent l'objet du litige ou qui soulèvent un incident,** de quelque nature que ce soit, susceptible de mettre fin à l'instance. Ainsi, lorsqu'un appelant se borne à soulever, par ses dernières conclusions, l'irrecevabilité des conclusions de l'intimé, la cour demeure néanmoins saisie des conclusions antérieures de l'appelant, lesquelles portaient sur le fond du litige (Cass. 2e civ. 15-11-2018 n° 17-27.844 F-PB). Cependant, le dépôt des écritures précédentes n'est pas sans effet, notamment au regard du régime des moyens qui doivent être invoqués in limine litis. Si une partie, par exemple, conclut au fond dans ses premières écritures, sans soulever la péremption, puis se ravise en soulevant le moyen dans ses dernières écritures, elle est irrecevable à le faire, quand bien même elle aurait régulièrement invoqué la péremption en première instance (Cass. 2e civ. 10-12-2020 n° 18-15.383 F-PBI).

La partie qui conclut à l'infirmation du jugement doit expressément énoncer les moyens qu'elle invoque sans pouvoir procéder par voie de référence à ses conclusions de première instance (CPC art. 954, al. 5).

Si **une partie ne conclut pas,** elle est réputée s'approprier les motifs du jugement, tout comme la partie qui **demande la confirmation** sans énoncer de moyens nouveaux (CPC art. 954, al. 6).

ATTENTION

Alors que ce texte envisage bien la notion de « partie », il est permis de se demander s'il est applicable à l'**appelant principal,** auquel la Cour de cassation semble imposer, s'il demande la confirmation d'un chef du jugement attaqué, de **reprendre expressément à son compte les motifs** du premier juge. Plus largement, on peut se demander si, à l'égard de l'appelant comme de l'intimé, ce texte ne doit pas s'effacer devant l'idée que la cour n'aura l'obligation de n'examiner que les moyens expressément invoqués (voir Cass. 2e civ. 6-6-2019 n° 18-17.910 F-PBI : n° 26398).

En théorie, la **prétention** et le **moyen** sont deux notions nettement séparées : la prétention est la demande et le moyen est son fondement. Toutefois, le praticien sait qu'il est parfois malaisé de tracer la frontière entre le moyen et la prétention. Ainsi, dans une espèce où une partie soulevait l'irrecevabilité de l'action de son adversaire pour deux motifs (prescription et défaut de qualité) la Cour de cassation a censuré un arrêt ayant retenu l'irrecevabilité pour défaut de qualité alors que seule l'irrecevabilité pour prescription était mentionnée au dispositif des dernières conclusions d'appel (Cass. 2e civ. 26-6-2014 n° 13-20.393 : Bull. civ. II n° 150). Sans doute la partie aurait-elle dû se borner à soulever dans son dispositif la demande d'irrecevabilité, sans précision de ses fondements ou veiller à mentionner les deux fondements. Il n'en reste pas moins que la décision est sévère et montre que les notions de prétention et de moyen sont parfois poreuses.

L'article 954 du CPC a un **champ d'application** très large. Placé dans un chapitre commun à toute procédure devant la formation collégiale de la cour d'appel, il s'applique à toute la procédure en matière contentieuse et gracieuse devant cette formation, c'est-à-dire : la procédure avec ou sans représentation obligatoire, ordinaire ou à jour fixe. **26399**
Le principe a donc vocation à concerner aussi une **procédure orale** (procédure contentieuse sans représentation obligatoire : CPC art. 946). On voit cependant mal le sens que peut avoir cette disposition dans une procédure orale, y compris après la réforme de celle-ci (Décret 2010-1165 du 1-10-2010). Une circulaire du ministère de la justice précise d'ailleurs que ces dispositions ne s'appliquent pas lorsque la procédure est orale (Circulaire du ministère de la justice et des libertés n° CIV/16/10 du 31 janvier 2011, point 4.2 p. 13).

L'obligation de faire figurer l'ensemble des prétentions au dispositif des conclusions concerne l'**appelant comme** l'**intimé.** **26400**
Il arrive qu'une partie, notamment intimée, aux termes de conclusions très argumentées, demande simplement à la cour d'appel de **confirmer le jugement.** La seule demande de confirmation du jugement doit en principe suffire, car cette prétention induit la demande de reconduction, par la cour, des chefs du jugement. Or, seules les prétentions doivent être récapitulées au dispositif, et non les moyens. Ce d'autant plus que, sur le plan des moyens, le principe reste que la partie qui, sans énoncer de nouveaux moyens, demande la confirmation du jugement est réputée s'en approprier les motifs (CPC art. 954, al. 6).

8. FONDS D'INDEMNISATION DE LA PROFESSION D'AVOUÉ

Un droit de 225 € affecté au fonds d'indemnisation de la profession d'avoué près les cours d'appel est dû par **toute partie** (appelant, intimé, intervenant), dans les **procédures avec représentation obligatoire** introduites devant la cour d'appel (CGI art. 1635 bis P et CPC art. 963), y compris par l'opposant dans le cas d'une opposition à arrêt (Cass. 2e civ. 20-5-2021 n° 19-25.949 F-P). Il s'applique aux **procédures contentieuses** comme **gracieuses.** Il n'est pas dû en cas de procédure sans représentation obligatoire. **26430**
Par exception, en **matière prud'homale** les parties sont dispensées de l'obligation d'acquitter ce droit (cf. dépêche du garde des sceaux, ministre de la justice du 5 juillet 2016).
Le droit de 225 €, qui sera perçu jusqu'au 31 décembre 2026, est acquitté par l'**avocat** postulant pour le compte de son client par voie électronique (CGI art. 1635 bis P).
Un **site dédié à l'achat des timbres** fiscaux dématérialisés a été développé par le ministère de la justice (https://www.timbre.justice.gouv.fr).
Lorsque le droit a été acquitté à tort, ou pour une valeur supérieure à celle requise, aucun **remboursement** n'est possible.

Acquittement L'appelant (son avocat) doit justifier de l'acquittement du droit lors de la remise de l'**acte d'appel** au greffe et l'intimé lors de la remise de son **acte de constitution,** par la remise d'un justificatif. En cas de **requête conjointe,** les appelants justifient de l'acquittement du droit lors de la remise de leur requête (CPC art. 963). **26431**
En **matière gracieuse,** l'appelant doit justifier de l'acquittement du droit sur demande du greffe de la cour d'appel (CPC art. 964-1).
Lorsque **plusieurs parties** forment ensemble une **même demande,** ou présentent une défense commune, le droit n'est exigible qu'une fois dès lors qu'elles sont représentées par **un seul avocat.**

Aide juridictionnelle Lorsqu'une partie bénéficie de l'aide juridictionnelle, elle est **dispensée** du paiement du droit (CGI art. 1635 bis P, al. 1). De même, lorsqu'une partie justifie avoir demandé le bénéfice de l'aide juridictionnelle, elle est **provisoirement dispensée** d'acquitter le droit affecté, dans l'attente de la décision définitive qui sera rendue sur sa demande d'aide juridictionnelle. **26435**

26438 **Sanction** Le non-paiement du droit de 225 € entraîne l'**irrecevabilité** de l'appel ou des défenses selon le cas (CPC art. 963, al. 1).
Cette **fin de non-recevoir** n'est pas prononcée si le paiement est justifié avant que le juge statue, y compris en cours de délibéré (CPC art. 126, al. 1 ; Cass. soc. 28-3-2012 n° 11-61.180 : RJS 6/12 n° 580). Mais s'il est effectué après l'ordonnance du conseiller de la mise en état ayant jugé l'appel irrecevable, et même avant que la cour statue sur déféré, il est trop tard (Cass. 2e civ. 16-5-2019 n° 18-13.434 F-PBI).
L'irrecevabilité est **constatée d'office** par le juge (CPC art. 963, al. 4).
Le **juge compétent** est, selon le cas, soit le premier président, soit le président de la chambre à laquelle l'affaire a été distribuée, soit le conseiller de la mise en état jusqu'à la clôture de l'instruction, ou encore la cour (CPC art. 963).
Le juge peut statuer **sans débat,** à moins que les parties aient été convoquées ou citées à comparaître à une audience (CPC art. 964, al. 6). Mais il a été jugé que le juge doit inviter au préalable la partie à s'expliquer sur le défaut de justification du paiement du droit, ou à tout le moins, la mettre en demeure de régulariser la situation avant qu'il soit statué. En l'espèce, la mise en demeure avait, par erreur, été adressée à un autre avocat que celui constitué (Cass. 2e civ. 11-5-2017 n° 16-17.083 F-PB). En revanche, le simple envoi par le greffe d'un avis invitant l'appelant à justifier de l'acquittement du droit à peine d'irrecevabilité de l'appel suffit à remplir cette exigence, sans avertissement plus spécifique (Cass. 2e civ. 1-7-2021 n° 19-10.668 FS-B).

26442 **Recours** Saisi dans les quinze jours suivant sa décision, le **juge** peut **rapporter l'irrecevabilité** sans débat, en cas d'erreur. Le délai de recours contre la **décision d'irrecevabilité** court à compter de la notification de la décision qui refuse de la rapporter (CPC art. 964, al. 7). Lorsque l'irrecevabilité de l'appel a été jugée par le conseiller de la mise en état, la décision peut être **déférée** à la cour (CPC art. 916 et 963, al. 3 sur renvoi de l'art. 964 in fine).
Lorsque l'irrecevabilité a été jugée par le premier président ou le président de chambre, elle peut faire l'objet d'un **pourvoi** en cassation (CPC art. 964 in fine).
Aucun recours ne peut pas être exercé sans qu'une demande de rapport ait été préalablement formée (Cass. 2e civ. 28-9-2017 n° 16-18.166 F-PB).

B. Procédure contentieuse sans représentation obligatoire

PROCÉDURE ORALE

26460 La procédure d'appel sans représentation obligatoire est, en principe, une procédure orale (CPC art. 946, al. 1). Elle est caractérisée par le fait que le justiciable a la faculté soit de **soutenir** lui-même ses **prétentions** (CPC art. 931, al. 1), soit de confier cette mission à un **représentant** qui n'est pas nécessairement avocat (CPC art. 931, al. 2 et 3).

1. DOMAINES DE LA PROCÉDURE

26462 En appel, les parties sont en principe tenues de constituer avocat (CPC art. 899). La procédure sans représentation obligatoire est donc une **dérogation** à cette prescription générale qui, à ce titre, doit être spécialement prévue par un texte et ne reçoit application que devant les juridictions concernées (CA Angers 4-6-1981 : Gaz. Pal. 1981 p. 440).
La procédure sans représentation obligatoire s'applique **notamment** aux appels contre les décisions :
– en matière de **sécurité sociale,** y compris pour le contentieux médical (CSS art. R 142-11) ;
– du tribunal paritaire des **baux ruraux** au fond (CPC art. 892), en référé (CPC art. 895, al. 2) ou sur requête (CPC art. 898, al. 1) ainsi que du président du tribunal judiciaire sur une demande de rétractation de l'ouverture d'une procédure de **règlement amiable des exploitations agricoles** (C. rur. art. R 351-7, al. 4) ;
– du juge en matière de **tutelles** (CPC art. 1239, al. 4) ou d'**assistance éducative** (CPC art. 1192, al. 1), ou encore de **compétence,** lorsque la procédure ayant abouti à la décision contestée est sans représentation obligatoire (CPC art. 84 et 85).

> **Précisions** Devant le conseil de prud'hommes, la procédure n'est pas soumise aux règles de la représentation obligatoire (C. trav. art. R 1453-1 s.). En revanche, devant la chambre sociale de la cour d'appel, pour les litiges prud'homaux, l'appel est toujours formé, instruit et jugé suivant la procédure avec représentation obligatoire (C. trav. art R 1461-2). Le représentant est alors soit un avocat, soit un délégué syndical (C. trav. art. R 1461-1).

La procédure sans représentation obligatoire s'applique également aux appels des décisions rendues par les organes professionnels compétents (ou, le cas échéant, par le tribunal judiciaire), en matière de **discipline des professions réglementées.** Ainsi en est-il, notamment des décisions : 26469
– du Conseil de l'Ordre des avocats, du conseil régional de discipline des avocats et du conseil d'administration du centre de formation professionnelle des avocats (Décret 91-1197 du 27-11-1991 art. 16 et 66) ;
– de la commission de discipline des experts judiciaires (Décret 2004-1463 du 23-12-2004 art. 29 s.) ;
– de la commission de discipline des administrateurs judiciaires et des mandataires liquidateurs (C. com. art. R 814-2).

La procédure sans représentation obligatoire est aussi applicable en ce qui concerne la discipline des courtiers assermentés en vente de marchandise (C. com. art. R 131-22, al. 5 et 6) et des opérateurs de ventes volontaires de meubles aux enchères publiques (C. com. art. R 321-53).

2. PROCÉDURE ORDINAIRE

a. Délais d'appel

DÉLAI D'UN MOIS

Sauf exceptions, le délai d'appel de droit commun d'un mois en matière contentieuse (CPC art. 538) s'applique aux procédures sans représentation obligatoire. Des textes spécifiques prévoient en outre l'application de ce délai, **notamment** pour : 26480
– les **décisions au fond** du tribunal des affaires de sécurité sociale (CSS art. R 142-28) ;
– les **décisions disciplinaires** du Conseil de l'Ordre des avocats (Décret 91-1197 du 27-11-1991 art. 16, al. 2), de la commission de discipline des experts judiciaires (Décret 2004-1463 du 23-12-2004 art. 29, al. 3), de la commission de discipline des mandataires liquidateurs et des administrateurs judiciaires (C. com. art. R 814-2-1) et du conseil des ventes volontaires de meubles aux enchères publiques (C. com. art. R 321-51). La durée est la même lorsque c'est le tribunal judiciaire qui statue comme chambre de discipline. L'appel des décisions de suspension provisoire de certains professionnels est cependant soumis à un délai de quinze jours (n° 26490).

> **Précisions a.** En **matière disciplinaire,** l'**appel incident** doit être fait dans les huit jours de la notification de l'appel principal pour les mandataires liquidateurs ou les administrateurs judiciaires (C. com. art. R 811-55, al. 2).
> **b.** Le **délai d'appel, à l'égard du destinataire de la lettre recommandée de notification du jugement,** court à compter de la date à laquelle la lettre lui est remise, c'est-à-dire à compter de son retrait et non de son dépôt. Par suite, est censurée la décision d'une cour d'appel qui, dans une affaire de **sécurité sociale,** avait jugé irrecevable comme tardif l'appel formé par l'assuré social un 12 octobre, considérant que le jugement avait été notifié par dépôt de l'avis de lettre recommandée le 21 août précédent. L'assuré n'avait retiré le pli recommandé à La Poste que le 13 septembre, soit moins d'un mois avant d'interjeter appel du jugement (Cass. 2e civ. 19-11-2020 n° 19-17.934 F-PBI).
> **c.** Aux principaux délais exposés ci-dessus, il faut ajouter, le cas échéant, les **délais de distance** applicables à l'outre-mer et à l'étranger (nos 21065 s.).

DÉLAI DE QUINZE JOURS

Un délai de quinze jours s'applique **notamment** pour l'appel : 26490
– des ordonnances de **référé**, en vertu du droit commun (CPC art. 490) et de textes spécifiques (par exemple CPC art. 892 et 895, pour le président du tribunal paritaire des baux ruraux) ;
– des ordonnances sur **requêtes** rendues par le président du tribunal paritaire de baux ruraux (CPC art. 892 et 898) ;
– en matière d'**assistance éducative** (CPC art. 1191) ;
– des décisions qui tranchent uniquement la **compétence** (CPC art. 84) ;
– en matière de **discipline** des courtiers assermentés (C. com. art. R 131-22, al. 5).

Le délai d'appel est aussi de quinze jours à l'encontre des décisions de suspension provisoire des administrateurs judiciaires (C. com. art. R 811-55) et des courtiers assermentés (C. com. art. R 131-22).

DÉLAIS PARTICULIERS

Médiation agricole Les décisions prises par le président du tribunal judiciaire statuant sur **rétractation d'une décision d'ouverture** d'une procédure de médiation agricole peuvent être frappées d'appel dans les dix jours (C. rur. art. R 351-7). 26491

26492 **Déféré** Le déféré est un acte procédural par lequel, au cours d'une procédure pendante devant une cour d'appel, une des parties critique une ordonnance du **conseiller de la mise en état** (nos 26331 s.). La requête en déféré est un acte de procédure qui s'inscrit dans le déroulement de la procédure d'appel et non une voie de recours ouvrant une instance autonome (Cass. 2e civ. 11-1-2018 n° 16-23.992 F-PB). La requête en déféré doit être formée dans les quinze jours de la date de l'ordonnance du conseiller de la mise en état déférée à la cour d'appel.
En cas de déféré, la **partie** doit avoir été **informée de la date du prononcé de l'ordonnance** du CME pour que le délai de 15 jours commence à courir ; à défaut, le délai qui est ouvert à cette partie pour déférer l'ordonnance ne peut courir que du jour où elle est portée à sa connaissance par tout moyen permettant de s'assurer de la date à laquelle elle ou son représentant a reçu cette information (Cass. 2e civ. 25-3-2021 n° 18-23.299 F-PB).

POINT DE DÉPART DU DÉLAI

26500 En principe, le point de départ du délai d'appel est la réception, par la partie à laquelle elle est adressée, de la **décision notifiée** (CPC art. 528 et 640 ; nos 23003 s.).
En cas d'appel d'une décision statuant sur la compétence, le délai part également à compter de la notification du jugement (CPC art. 84).
Il arrive toutefois que le délai d'appel court à compter du **prononcé de la décision,** par exemple : en matière d'ordonnance du président du tribunal judiciaire statuant sur rétractation d'une décision d'ouverture d'une procédure de médiation agricole. Les décisions prises par le président du tribunal sur ces recours peuvent être frappées d'appel dans les **dix jours de leur prononcé.** Toutefois, pour les décisions soumises aux formalités d'insertion au *Bulletin officiel des annonces civiles et commerciales*, le délai ne court à l'égard des tiers qu'à compter de la publication (C. rur. art. R 351-7).
Dès que la décision est rendue, il est possible de relever appel.
En cas de **notifications successives** (par exemple, double notification du greffe ou notification du greffe et signification par l'une au moins des parties), le délai débute à la réception de la première des notifications régulières (Cass. 2e civ. 5-2-2009 n° 07-13.589 : Bull. civ. II n° 35).
Une notification, intervenue après une première notification irrégulière, ne peut faire courir le délai de recours si elle ne précise pas qu'elle se substitue à la première (Cass. 2e civ. 17-9-2020 n° 19-17.360 F-PBI).

26501 Quelquefois, le délai d'appel court à compter d'une décision postérieure à la décision frappée d'appel. Par exemple, en ce qui concerne l'appel d'un jugement qui ordonne une expertise ou un sursis à statuer, l'appel doit être fait dans le délai d'un mois de l'ordonnance du premier président autorisant l'appel immédiat de ces décisions (CPC art. 272 et 380).

26502 La **décision** peut toujours être **signifiée** par acte d'huissier ou commissaire de justice (CPC art. 651, al. 3), mais les textes prévoient souvent une notification par le **greffe** de la juridiction, au moyen d'une **lettre recommandée** AR. Tel est le **cas**, notamment, des décisions :
– du Conseil de l'Ordre des avocats (Décret 91-1197 art. 15 et 16) ;
– de la commission de discipline des experts judiciaires (Décret 2004-1463 du 23-12-2004 art. 29 al. 1).
Il en est de même pour les décisions concernant les mandataires liquidateurs et les administrateurs judiciaires (C. com. art. R 811-49 et R 811-52) et en matière d'assistance éducative (CPC art. 1195).

26507 **Sanction** La cour d'appel doit soulever d'office la **fin de non-recevoir,** d'**ordre public,** tirée de l'expiration de l'appel formé hors délai (CPC art. 125, al. 1). Toutefois, le juge n'est pas tenu de soulever cette fin de non-recevoir s'il n'est pas à même de constater que le délai est expiré dès lors qu'il n'a pas en main les pièces en établissant le point de départ (Cass. 2e civ. 11-2-1976 n° 74-13.316 : Bull. civ. II n° 43).
Sur le relevé de forclusion qui peut permettre au défendeur défaillant en première instance de faire appel après l'expiration des délais, voir nos 27290 s.

b. Déclaration d'appel

FORME DE LA DÉCLARATION

26515 **Formes communes** L'appel doit être formé par déclaration que la partie ou tout mandataire fait, ou adresse par pli recommandé, au greffe de la cour (CPC art. 932).
Cette déclaration est un **acte formel** ; elle est nécessaire, même dans le cas où le président de la juridiction d'appel a relevé l'appelant de la forclusion (CPC art. 540) ou a autorisé l'appel d'un jugement avant dire droit (CPC art. 272) ou d'un jugement de sursis à statuer (CPC art. 380).

L'article 932 CPC autorise l'appelant à se déplacer au greffe et à exprimer **oralement** son intention de relever appel. Le greffier dresse alors un procès-verbal authentifiant la déclaration et la signature du déclarant.
Le formalisme de l'acte exclut toutefois que l'appel soit déclaré par téléphone, même par un avocat.

Quand la déclaration est adressée par **voie postale,** l'exigence du pli recommandé n'est pas une formalité substantielle prescrite à peine de nullité : elle n'est édictée que pour éviter les contestations relatives à la **date de l'appel.** Cette date sera celle de l'expédition de la lettre figurant sur le cachet du bureau d'émission (CPC art. 668 et 669). 26517
Une lettre simple est suffisante, à condition de prouver qu'elle est bien parvenue à son destinataire en temps utile (Cass. 1e civ. 29-6-1994 n° 93-05.056 : Bull. civ. I n° 228 ; Cass. 1e civ. 2-11-1994 n° 93-05.085 : Bull. civ. I n° 314).
La recevabilité de l'appel dont la déclaration aurait été transmise par **télécopie** est rejetée (Rép. Deprez : AN 25-5-1992 p. 2355 n° 38498).
La déclaration d'appel envoyée par **messagerie électronique** est efficace s'il n'existe aucun doute sur l'identité de l'auteur de l'acte (Cass. 2e civ. 30-4-2003 n° 00-46.467 : RJS 8-9/03 n° 1057).
L'écrit électronique a la même force probante que l'écrit sur support papier, sous réserve que puisse être dûment identifiée la personne dont il émane et qu'il soit établi et conservé dans des conditions de nature à en garantir l'intégrité (C. civ. art. 1366).

ATTENTION

Il a été jugé que l'appel formé par un avocat contre une **ordonnance du bâtonnier** (fixant le montant des honoraires d'un avocat), autrement que par lettre recommandée AR adressée au greffe de la cour d'appel ou remis contre récépissé au greffier en chef (au cas d'espèce, via le réseau privé virtuel des avocats) constituait une fin de non-recevoir qui entraînait l'irrecevabilité de l'appel (CA 23-10-2013 n° 12/17752, ch. 2-1 ; Cass. 2e civ. 6-9-2018 n° 17-20.047 F-PB). Cette décision critiquable était fondée sur les dispositions de l'arrêté du 5 mai 2010 sur la communication électronique dans la procédure sans représentation obligatoire devant les cours d'appel ; cet arrêté a été remplacé par un arrêté du 20 mai 2020 qui élargit le champ de la communication électronique et ne distingue plus entre procédure avec ou sans représentation obligatoire. L'on peut penser que la solution sera différente sous l'empire de ce dernier texte. La même cour a d'ailleurs jugé, depuis la décision de 2018, que la contestation de la décision du bâtonnier statuant à l'occasion d'un contrat de travail d'un avocat salarié pouvait se faire au moyen du réseau privé virtuel des avocats (Cass. 2e civ. 19-3-2020 n° 19-11.450 F-PBI).

Lorsqu'ils sont effectués par **voie électronique entre avocats** (via le réseau privé virtuel des avocats : RPVA) **ou entre un avocat et la juridiction,** dans le cadre d'une procédure sans représentation obligatoire devant la cour d'appel, les envois et remises des déclarations d'appel, des actes de constitution et des pièces qui leur sont associées obéissent à une procédure de transmission électronique particulière (Arrêté du 20-5-2020 : JO du 21 texte n° 15). 26519
En matière d'**expropriation** pour cause d'utilité publique, la déclaration d'appel et les pièces qui lui sont associées peuvent être valablement adressées au greffe de la cour d'appel par la voie électronique via le « réseau privé virtuel avocat » (RPVA), dans les conditions techniques fixées par l'arrêté (Cass. 2e civ. 10-11-2016 n° 14-25.637 FS-PB ; Cass. 2e civ. 19-10-2017 n° 16-24.234 F-PB). La **régularité de la transmission** s'apprécie alors au regard des seules dispositions des articles 748-1 et suivants du Code de procédure civile et de l'arrêté et non des **protocoles locaux de procédure,** mis en place entre un barreau et une juridiction (Cass. 2e civ. 19-10-2017 précité).
Lorsqu'un acte doit être accompli avant l'expiration d'un délai et ne peut être transmis par voie électronique le dernier jour du délai pour une cause étrangère à celui qui l'accomplit, le délai est prorogé jusqu'au premier jour ouvrable suivant. Ainsi, il a été jugé qu'un **dysfonctionnement du système RPVA le dernier jour du délai** pour interjeter appel dans une procédure sans représentation obligatoire permettait à un avocat de bénéficier de la prorogation du délai au premier jour ouvrable suivant en application de l'article 748-7 du CPC (Cass. 2e civ. 17-5-2018 n° 17-20.001 F-PB).

Renvoi après cassation En matière de procédure sans représentation obligatoire, la saisine de la cour d'appel de renvoi après cassation s'effectue conformément aux formes prescrites pour l'exercice du droit d'appel en cette matière. Une cour d'appel de renvoi est donc saisie régulièrement par une déclaration adressée au greffe de la juridiction par lettre recommandée (Cass. 3e civ. 11-2-2016 n° 13-11.685 FS-PB). 26520

Formes particulières de déclaration d'appel En cas d'**appel incident ou** d'appel **provoqué,** une simple déclaration à l'audience peut constituer un acte de saisine (Cass. soc. 5-11-1981 n° 79-42.614 : Bull. civ. V n° 866), de même que le dépôt ou l'envoi au greffe de conclusions valant déclaration dont il est donné acte (Cass. soc. 5-7-2005 n° 02-47.233 : RJS 10/05 n° 1019). 26522

L'appel incident ou provoqué peut également être fait par déclaration au greffe compétent pour recevoir l'appel principal, ce qui présente l'avantage de lui donner date certaine avant l'audience et de contrarier un éventuel désistement de l'appelant principal.

26524 L'**appel incident** est celui qui émane de l'intimé. Il est une réplique à l'appel principal. Il ne peut donc avoir lieu qu'en présence d'un appel principal. Il est dirigé contre l'appelant ou contre les autres intimés. Si l'appel principal est irrecevable ou caduc, il en sera de même de l'appel incident (CPC art. 550, al. 1).

ATTENTION

Lorsqu'en raison de circonstances postérieures à la déclaration d'appel, l'appel principal est privé de tout objet, la cour d'appel peut, tant que cet appel n'a pas été déclaré irrecevable, statuer sur l'appel incident formé par l'intimé (Cass. 2e civ. 19-10-2017 n° 16-12.885 F-PB).

L'appel incident doit être formé de la même manière que le sont les demandes incidentes (CPC art. 551). Il peut être présenté à l'**audience** sous la seule réserve que les parties adverses aient été avisées des moyens de fait et de droit et des éléments de preuve et des demandes (CPC art. 15).
Il est important de **notifier** aux parties adverses l'appel incident par pli recommandé AR ; à défaut, il risquerait de ne pas être pris en compte si un désistement de l'appelant principal intervenait.
Aucun **délai** n'est imposé pour former un appel incident. La partie qui n'a pas été informée peut soulever un incident et demander le rejet des pièces et demandes (CPC art. 132 et 135) ou le renvoi. En l'absence d'incident, le juge considérera que le principe du contradictoire a été respecté.

26526 Dans un procès concernant plus de deux parties, l'**appel provoqué** est celui qui émane d'un plaideur n'ayant pas la possibilité d'user d'un appel incident, faute d'avoir été l'objet d'un appel principal. L'appel provoqué est formé contre les parties qui sont intimées par simples conclusions à l'audience (CPC art. 551). Si une partie n'est pas intimée, qu'elle ait ou non été partie en première instance, elle doit recevoir une assignation. Le principe du contradictoire doit être respecté à l'égard de toutes les parties, c'est-à-dire que les cointimés, qu'ils soient présents ou défaillants, devront recevoir copie des demandes et des documents et arguments de l'appelant (CPC art. 15 et 16).

26527 La déclaration d'appel venant contester une **décision sur la compétence,** dans le cas où la procédure est sans représentation obligatoire, doit indiquer qu'elle est dirigée contre un jugement statuant sur la compétence et elle doit être motivée à peine d'irrecevabilité, cette motivation pouvant trouver place dans des conclusions jointes à la déclaration (CPC art. 85).

FORMALITÉS PRÉALABLES

26532 Dans certains cas, des formalités préalables à la déclaration d'appel sont requises à peine d'irrecevabilité.
Lorsqu'une partie souhaite relever appel d'une décision de **sursis à statuer** ou ordonnant une **mesure d'expertise,** elle doit en demander préalablement l'autorisation au premier président de la cour d'appel dans le mois du prononcé de la décision (CPC art. 272, al. 1 et 380, al. 1 ; nos 27211 s.). Si le premier président l'autorise à interjeter appel, elle doit faire une déclaration d'appel au greffe de la cour.
Lorsqu'un **avocat** s'estime lésé dans ses intérêts professionnels par une **décision du Conseil de l'Ordre** et entend la déférer à la cour d'appel, il doit saisir préalablement le bâtonnier de sa réclamation, par lettre RAR, dans les deux mois de la date de notification ou de publication de la délibération ou de la décision. La décision du Conseil de l'Ordre sur la réclamation doit être notifiée à l'avocat intéressé, par lettre recommandée AR, dans le délai d'un mois à compter de la réception de cette lettre. En cas de décision de rejet de la réclamation, l'avocat peut la déférer à la cour d'appel. Si, dans le délai d'un mois, aucune décision n'a été notifiée, la réclamation est considérée comme rejetée, et l'avocat peut déférer à la cour d'appel le rejet de sa réclamation (Décret 91-1197 art. 15).

AUTEUR DE LA DÉCLARATION

26538 En principe, seules les parties figurant dans la procédure de première instance peuvent interjeter appel. La déclaration d'appel est donc faite par la partie ou son mandataire (CPC art. 932).

26543 **Représentant non avocat** L'appel peut être fait par le représentant d'une partie, non avocat (CPC art. 932).
Pour déposer la déclaration d'appel, tout mandataire qui n'est pas avocat doit justifier d'un **mandat spécial** (CPC art. 931). Ainsi, un pouvoir général de représenter une personne en justice n'est pas valable.

Le mandat donné par une partie de la représenter devant la cour d'appel implique le pouvoir de relever appel en son nom (Cass. 1e civ. 26-11-2002 n° 00-11.934 : Bull. civ. I n° 282).
Le mandat doit avoir été **établi** avant l'expiration du délai d'appel et doit être **joint à la déclaration** d'appel.
La **sanction** de l'appel qui serait déposé par une personne non habilitée serait l'irrecevabilité pour irrégularité de fond (CPC art. 117).
Lorsque le pouvoir n'est pas joint à la déclaration, la cour, tenue de vérifier la régularité de sa saisine, doit dire l'appel irrecevable sans avoir à rechercher l'existence d'un grief (Cass. 2e civ. 5-4-2001 n° 97-04.139 : Bull. civ. II n° 71).
La **régularisation** est toutefois possible jusqu'à ce que le juge statue : il résulte de l'article 2241, al. 2 du Code civil, juge la Cour de cassation, que l'**acte de saisine** de la juridiction, même **entaché d'un vice de procédure, interrompt les délais de prescription** comme de forclusion. En l'espèce, la déclaration d'appel, entachée d'une irrégularité de fond en l'absence de pouvoir spécial de l'agent d'une caisse de sécurité sociale mandaté pour former appel, avait interrompu le délai d'appel et sa régularisation restait possible après le délai d'un mois (Cass. 2e civ. 17-9-2020 n° 19-18.608 F-PBI).

Avocat Un avocat, mandataire d'une partie, peut interjeter appel au nom de son client. **26548**
Dans ce cas, l'avocat est dispensé de justifier de tout mandat (CPC art. 416, al. 1 et 931, al. 2 et 3). L'huissier ou commissaire de justice bénéficie de la même dispense dans les cas où il est habilité à représenter ou assister les parties (CPC art. 416, al. 2).

DESTINATAIRE DE LA DÉCLARATION

Le destinataire de la déclaration est en **principe** le greffe de la cour d'appel dont dépend la juri- **26558**
diction qui a rendu la décision contestée (CPC art. 932).
Est irrecevable, une déclaration d'appel faite ou adressée au greffe de la juridiction ayant rendu la décision contestée (Cass. 2e civ. 17-12-2009 n° 07-44.302 : Bull. civ. II n° 289) ou au juge lui-même.

CONTENU DE LA DÉCLARATION

Mentions obligatoires La déclaration d'appel doit contenir, à peine de nullité, les indi- **26568**
cations suivantes (CPC art. 54, al. 2 et 3 et art. 57, al. 3, sur renvoi de l'art. 933 modifié par décret 2020-1452 du 27-11-2020) :
– si l'**appelant** est une **personne physique,** ses nom, prénom(s), profession, domicile, nationalité, date et lieu de naissance (pour chacun des demandeurs en cas de pluralité d'appelants) ;
– si l'appelant est une **personne morale,** ses forme, dénomination, siège social et l'organe habilité à la représenter ;
– l'objet de la demande ;
– lorsque la demande est formée par une seule partie, les nom, prénoms et domicile de l'**intimé** ou, s'il s'agit d'une personne morale, sa dénomination et son siège social.
Elle doit en outre désigner le **jugement** dont il est fait appel, préciser les **chefs** du jugement **critiqués** auxquels l'appel est limité, sauf si l'appel tend à l'annulation du jugement ou si l'objet du litige est indivisible, et mentionner, le cas échéant, le nom et l'adresse du **représentant** de l'appelant devant la cour. Elle doit être accompagnée de la **copie de la décision** (CPC art. 933).
La **déclaration d'appel** qui mentionne que l'appel tend à la réformation de la décision déférée à la cour d'appel, en **omettant d'indiquer les chefs du jugement critiqués,** doit s'entendre comme déférant à la connaissance de la cour d'appel l'ensemble des chefs de ce jugement (Cass. 2e civ. 9-9-2021 n° 20-13.662 FS-PBR). Dans cette décision, la Cour de cassation a considéré que le principe retenu pour les procédures d'appel avec représentation obligatoire selon lequel l'**effet dévolutif** n'opère pas lorsque la déclaration d'appel ne mentionne pas les chefs du jugement critiqués (Cass. 2e civ. 30-1-2020 n° 18-22.528 FS-PBI) ne s'applique pas aux procédures sans représentation obligatoire.

CONSEIL

On désigne généralement la décision dont il est relevé appel par sa date et la juridiction dont elle émane. Pour l'individualiser, il peut être nécessaire, par exemple en cas de **pluralité de décisions** rendues le même jour par la même juridiction et avec les mêmes parties, d'ajouter le numéro d'inscription du dossier au répertoire général de la juridiction. Il est recommandé de numéroter les pages de la décision critiquée afin de veiller à ce qu'elle soit communiquée en intégralité.

26578 L'**omission des mentions** assurant l'identification de l'appelant n'est constitutive que d'un vice de forme n'entraînant la nullité de la déclaration d'appel que si la preuve d'un grief est rapportée (Cass. soc. 19-3-2002 n° 00-40.410). Il en est de même de la désignation de l'intimé (Cass. soc. 22-3-2011 n° 09-72.345).

Sur les conséquences de l'omission du représentant légal de la personne morale, voir nos 47600 s.

> **Précisions** Indépendamment du jugement sur le fond, l'appelant peut vouloir attaquer la décision ordonnant l'expertise (CPC art. 272) ou un sursis à statuer (CPC art. 380). Dans ces deux derniers cas, il devra obtenir l'autorisation préalable du premier président de la cour d'appel en démontrant un motif grave et légitime.

26588 **Date et signature** L'acte d'appel doit être daté et doit comporter la signature du déclarant (CPC art. 57). À défaut, l'appel serait irrecevable.

La signature est en principe autographe même si l'admission de la signature numérisée a pu être suggérée dès lors que l'identité du signataire serait assurée (Cass. 2e civ. 30-4-2003 n° 00-46.467 : RJS 8-9/03 n° 1057). Le document doit alors être établi et conservé dans des conditions de nature à en garantir l'intégrité (C. civ. art. 1366).

La **sanction** du défaut de signature est traitée différemment selon que l'appel est relevé par l'intermédiaire d'un avocat ou d'un autre mandataire. Lorsque l'appel est relevé par un **mandataire** qui n'est **pas avocat,** un courant jurisprudentiel, ne recherchant pas la présence de griefs, rend la déclaration d'appel non signée inexistante (Cass. soc. 26-9-2001 n° 99-42.825 ; Cass. 2e civ. 4-12-2008 n° 07-19.775 : Bull. civ. II n° 260). Lorsque la déclaration d'appel est faite par l'**intermédiaire** d'un **avocat** – dispensé de justifier d'un pouvoir spécial –, l'impossibilité d'identifier son signataire constitue un simple vice de forme ne pouvant entraîner la nullité de l'acte que s'il fait grief à la partie qui l'invoque (Cass. soc. 15-6-2010 n° 09-40.462 : RJS 8-9/10 n° 697 ; Cass. soc. 13-6-2012 n° 11-12.315).

Il importe peu que la déclaration d'appel rédigée sur un papier à en-tête d'un avocat ne comporte pas la signature de cet avocat dès lors qu'elle est signée « pour ordre » par l'un de ses confrères (Cass. 2e civ. 10-7-2008 n° 07-16.313 : Bull. civ. II n° 175 ; RD rur. 2008 comm. 207 note J.-J. Barbiéri).

Lorsqu'une **partie relevant appel elle-même** omet de signer la déclaration, sa défaillance est sanctionnée comme un vice de forme (Cass. soc. 4-10-2011 n° 10-10.911 et n° 10-23.677 : RJS 12/11 n° 1016).

PIÈCES JOINTES À LA DÉCLARATION

26608 À la déclaration d'appel, il faut joindre (CPC art. 933) :

– la copie de la ou des décisions contestées ;

– le cas échéant, un exemplaire du pouvoir spécial donné au mandataire chargé de faire appel comportant l'identification et la signature du mandant.

Les dispositions selon lesquelles la déclaration d'appel est accompagnée d'une copie de la décision ne sont toutefois pas prescrites à peine d'irrecevabilité de l'appel prononcée d'office (Cass. soc. 19-6-2007 n° 06-40.854 : RJS 10/07 n° 1109). Celui qui veut se prévaloir de la nullité doit justifier de l'existence d'un grief.

La déclaration d'appel n'a pas à indiquer les pièces sur lesquelles la demande est fondée (CE 22-9-2022 nos 436939, 437002).

c. Formalités postérieures à la déclaration d'appel

FORMALITÉS À LA CHARGE DU GREFFE

26618 Le greffier doit **enregistrer** l'appel à sa date ; il délivre ou adresse par lettre simple un récépissé de la déclaration (CPC art. 934).

Sur la forme du récépissé en cas de déclaration d'appel électronique par avocat, voir n° 26519.

Dès l'accomplissement des formalités par l'appelant, le greffe avise, par tous moyens, la **partie adverse** de l'appel, lui adresse une copie de la déclaration d'appel et l'informe qu'elle sera ultérieurement convoquée devant la cour (CPC art. 936).

Dans certaines hypothèses, le greffe doit également aviser des **tiers** à la procédure (CPC art. 949). Par **exemple,** en cas d'appel d'une décision du Conseil de l'Ordre des avocats, il avertira le bâtonnier de l'ordre (Décret 91-1197 art. 16). En matière d'assistance éducative, il informera ceux des parents, tuteur, personne ou service à qui l'enfant a été confié (CPC art. 1192).

26620 Le greffier de la cour **convoque** ensuite le défendeur à l'audience prévue pour les débats, dès sa fixation et quinze jours au moins à l'avance, par lettre recommandée AR ; le demandeur est avisé par tous moyens – y compris par lettre simple (Cass. 2e civ. 19-5-2022 n° 21-23.249 F-B) – des lieu, jour et heure de l'audience ; la convocation vaut citation (CPC art. 937).

Le délai de convocation est augmenté pour les défendeurs demeurant outre-mer ou à l'étranger (CPC art. 643 ; nos 21065 s.). Toutefois, l'article 937 du Code de procédure civile ne fixant pas de délai de comparution pour l'appelant, les dispositions de l'article 643 du même Code, qui ont pour objet d'augmenter un tel délai, ne lui sont pas applicables (Cass. 2e civ. 31-1-2019 n° 17-27.815 F-PB).
Chaque partie doit être convoquée elle-même ; la convocation des seuls représentants est irrégulière (CPC art. 14 et 937). **Aucun texte** n'impose qu'un avis doive être adressé au conseil du demandeur, qui a lui-même été destinataire de cet avis et a, dès lors, été mis en mesure de se présenter à l'audience et de faire valoir ses droits (Cass. 2e civ. 13-1-2022 n° 19-26.090 F-B).
La convocation sera transmise aux organismes qui doivent être informés de la procédure (CPC art. 949).

FORMALITÉS À LA CHARGE DES PARTIES

Information de l'intimé Lorsque la convocation du greffe n'a pas atteint l'intimé ou l'un des intimés, elle peut être faite par signification d'huissier ou commissaire de justice à l'initiative de l'appelant ou sur invitation du greffier (CPC art. 938 et 670-1). Cette solution reçoit application même dans le cas où l'intimé concerné aurait adressé des conclusions au greffe de la cour puisque, dans ce cas, il ne serait pas forcément informé de la date de l'audience. **26630**
Aucune disposition ne prévoit qu'une autre convocation doive être adressée aux conseils des parties.

Communication des pièces et des conclusions Les parties doivent s'échanger les moyens de fait et de droit et les éléments de preuve qu'elles invoquent en **temps utile,** c'est-à-dire suffisamment tôt pour permettre à leurs adversaires de présenter leur défense, éventuellement au moyen d'un renvoi (CPC art. 15). **26635**
Lorsque les débats sont renvoyés à une audience ultérieure, le juge peut organiser les échanges entre les parties comparantes. Après avoir recueilli leur avis, le **juge** peut ainsi fixer **les délais et,** si elles en sont d'accord, les **conditions de communication** de leurs prétentions, moyens et pièces (CPC art. 446-2, al. 1).
Lorsque les parties sont représentées par des avocats, la transmission des pièces peut se faire par le réseau RPVA.

> **Précisions** Les règles de la postulation par avocat prévues aux articles 5 et 5-1 de la loi 71-1130 du 31 décembre 1971 modifiée ne s'appliquent pas devant les cours d'appel statuant en matière prud'homale ; en conséquence, la notification des conclusions auprès d'une société d'exercice libéral hors ressort est régulièrement effectuée à son siège sans considération du barreau d'inscription de l'avocat postulant (Cass. 2e civ. 17-9-2020 n° 19-15.814 F-PBI).

d. Déroulement de la procédure

PRÉSENCE DES PARTIES À L'AUDIENCE

La procédure est **orale** (CPC art. 946, al. 1). Lorsque les parties **se défendent elles-mêmes,** elles doivent donc en principe être présentes à l'audience. Les parties présentes peuvent se faire **assister.** L'assistant n'a alors pas besoin d'être muni d'un pouvoir. **26645**
La cour ou le magistrat chargé d'instruire l'affaire peut, conformément au second alinéa de l'article 446-1 du CPC, dispenser une partie qui en fait la demande **de se présenter à une audience ultérieure.** Dans ce cas, la cour ou le magistrat chargé d'instruire l'affaire organise les échanges entre les parties. La communication entre elles est faite par lettre recommandée AR ou par notification entre avocats et il en est justifié auprès de la cour ou du magistrat chargé d'instruire l'affaire dans les délais qu'elle impartit. À l'issue de la dernière audience, le greffe informe les parties de la date à laquelle la décision sera rendue (CPC art. 946, al. 2 modifié par décret 2020-1452 du 27-11-2020).
Le jugement rendu dans ces conditions est contradictoire ; néanmoins, le juge garde la faculté d'ordonner aux parties de comparaître (CPC art. 446-1, al. 2).

REPRÉSENTATION DES PARTIES

Les parties peuvent ne pas comparaître à l'audience et se faire représenter, à condition de se soumettre aux règles applicables devant la juridiction dont émane le jugement (CPC art. 931, al. 2). **26655**
Ainsi, la représentation par un **avocat** est possible devant toutes les juridictions.

Lorsqu'une partie a recours à un **autre mandataire** qu'un avocat, elle ne peut s'en remettre qu'aux personnes dont le texte applicable à la juridiction concernée donne la liste (CPC art. 931, al. 2). Le représentant doit justifier d'un pouvoir spécial, s'il n'est pas avocat (CPC art. 931, al. 3).

26670 Le **mandataire** a le **pouvoir** et le **devoir** de conseiller la partie (CPC art. 412). Le fait que la représentation soit facultative ne le dispense pas de ses obligations. La **responsabilité** du représentant peut être engagée en cas de défaillance. La responsabilité du mandataire rémunéré est toutefois appréciée plus sévèrement que celle du mandataire bénévole (C. civ. art. 1992).

AFFECTATION À UNE CHAMBRE DE LA COUR

26680 Lorsqu'une affaire est portée au rôle de la cour, elle est distribuée à une chambre. Selon le droit commun, la répartition obéit à une décision interne de la cour qui peut être soit générale et prendre la forme d'une ordonnance de répartition établie chaque année (C. org. jud. art. R 312-5), soit particulière à une affaire.

> **Précisions** Le premier président de la cour d'appel et le président du tribunal judiciaire peuvent faire juger une affaire d'une particulière complexité ou susceptible de recevoir dans les chambres des solutions divergentes par une **formation de deux chambres réunies,** présidée par le chef de la juridiction (C. org. jud. art. R 312-11-1). Après distribution de l'affaire, la demande de saisine de la formation des chambres réunies peut émaner non seulement du président de la chambre saisie ou du ministère public mais aussi d'une partie. La décision de saisine étant une mesure d'administration judiciaire, elle n'est pas susceptible de recours.

RENVOIS

26690 Lorsque la cour estime que l'**affaire** est **en état** d'être jugée, celle-ci vient directement à l'audience prévue pour les débats. Mais il est possible que l'affaire qui vient à l'audience soit finalement remise.

La cour a la maîtrise de son rôle. Lorsque, par exemple, il s'avère que l'affaire n'est pas en état d'être jugée ou que l'une des parties s'est abstenue de comparaître ou de se faire représenter, la cour peut la renvoyer à une **audience ultérieure**. En cas de renvoi, en principe, une indication de la **date** de la nouvelle audience, donnée verbalement lors de l'audience suffit. Mais si le renvoi est ordonné parce que l'une des parties s'est abstenue de comparaître ou de se faire représenter, il faut que le greffe l'avise de la date à laquelle la prochaine audience a été fixée (CPC art. 947 et 841). L'information relative au renvoi peut être communiquée par tous moyens par le greffier (CPC art. 947).

En matière de procédure orale, la cour d'appel demeure saisie des écritures dont elle constate qu'elles ont été déposées par une partie ayant comparu à la première audience, même si celle-ci ne comparaît pas, ou ne se fait pas représenter, à l'audience de renvoi pour laquelle elle a été à nouveau convoquée (Cass. 2e civ. 3-2-2022 n° 20-18.715 F-B).

INSTRUCTION

26700 Lorsque l'affaire n'est pas en état d'être jugée, la cour peut désigner, même avant l'audience, un **magistrat instructeur.** La cour peut confier ce rôle à un conseiller de la chambre saisie, le président n'étant pas exclu (CPC art. 939).

Les **pouvoirs** du magistrat chargé d'instruire l'affaire, quoique étendus, le sont sensiblement moins que ceux du conseiller à la mise en état dans les procédures avec représentation obligatoire ; ils sont limitativement énumérés (CPC art. 940 à 944 et 945-1).

Le magistrat instructeur peut organiser les échanges entre les parties comparantes. Après avoir pris l'avis des parties, il peut fixer les **délais** et, si les parties sont d'accord, les **conditions de communication** de leurs **prétentions,** moyens et pièces (CPC art. 446-2, al. 1, sur renvoi de l'art. 939, al. 2).

26701 **À défaut pour les parties de respecter les modalités de communication fixées par le juge,** celui-ci peut rappeler l'affaire à l'audience, en vue de la juger ou de la radier. Le juge peut écarter des débats les prétentions, moyens et pièces communiqués sans motif légitime après la date fixée pour les échanges et dont la tardiveté porte atteinte aux droits de la défense (CPC art. 446-2, al. 4 et 5, sur renvoi de l'art. 939, al. 2).

La sanction de la **caducité de la déclaration d'appel** est propre à la procédure avec représentation obligatoire ; elle ne peut pas être prononcée par un magistrat instructeur dans un litige sans représentation obligatoire (Cass. 2e civ. 15-11-2018 n° 17-22.817 F-PB).

26703 Le magistrat instructeur peut inviter les parties à **fournir les explications** de fait et de droit qu'il estime nécessaires à la solution du litige et les mettre en demeure de produire dans le délai qu'il détermine les documents et justifications propres à éclairer la cour ; à défaut, il pourrait passer

outre et statuer en tirant toute conséquence de l'abstention de la partie ou de son refus (CPC art. 446-3, sur renvoi de l'art. 940, al. 2).
Ce magistrat peut également :
– constater une **conciliation** même partielle ou l'extinction de l'instance (CPC art. 941) ;
– trancher toute **difficulté** relative à la **communication** des pièces, procéder aux jonctions et disjonctions d'instance (CPC art. 942) ;
– ordonner toute **mesure d'instruction**, ordonner sous astreinte la production de documents détenus par une partie ou, s'il n'existe pas d'empêchement légitime, par un tiers (CPC art. 943) ;
– accorder une **provision** au créancier lorsque l'existence de l'obligation n'est pas sérieusement contestable et ordonner toute mesure de remise en état (CPC art. 944).
À l'**issue de l'instruction**, le magistrat instructeur peut tenir seul l'**audience**, sauf opposition des parties, et en rendre compte à la cour dans son délibéré (CPC art. 945-1). Les parties peuvent s'opposer à ce que le magistrat chargé du rapport tienne seul l'audience. Chaque partie peut exprimer sa demande le jour même de l'audience et ne peut être privée du droit à ce que son affaire soit jugée contradictoirement et collégialement (Cass. 2e civ. 20-10-2022 n° 20-22.099 F-B).

Incidents Le magistrat instructeur et la cour ont une **compétence concurrente** pour : 26705
– radier l'affaire pour défaut de diligence des parties et pour retirer l'affaire du rôle (CPC art. 941 et 382) ;
– constater la péremption de l'instance (CPC art. 941 et 386), le désistement d'appel (CPC art. 400 s.), l'interruption de l'instance (CPC art. 369) ;
– transmettre les questions prioritaires de constitutionnalité (CPC art. 126-3) ;
– ordonner des mesures d'instruction (CPC art. 943).
Le magistrat instructeur ne peut pas accorder d'exécution provisoire, mais il peut accorder une provision à la partie qui le lui demanderait (CPC art. 944).

Limites de la compétence du magistrat instructeur La compétence du magistrat instructeur, à la différence de celle du conseiller de la mise en état dans les procédures avec représentation obligatoire, n'exclut pas celle des autres magistrats de la cour. 26710
Notamment, le magistrat instructeur **ne peut pas** :
– rendre une ordonnance sur requête, car ceci est une prérogative du premier président (CPC art. 958) ;
– statuer sur la recevabilité de l'appel ; les exceptions de procédure, les incidents susceptibles de mettre fin à l'instance ;
– statuer sur l'exécution provisoire de la décision dont il est fait appel ou sur l'exécution du jugement improprement qualifié en dernier ressort ;
– rendre une ordonnance de clôture : si des conclusions ou des arguments sont invoqués ou produits après le renvoi, la cour peut les refuser si les droits de la défense ont été violés.
La **cour** peut faire tout ce que fait le magistrat instructeur (nos 26700 s.), mais ses **pouvoirs** sont plus **étendus** que cela. Elle peut, par exemple, constater la caducité du jugement réputé contradictoire si, alors qu'il est susceptible d'appel, il n'est pas notifié dans les six mois de son prononcé (CPC art. 478). Elle peut aussi ordonner un sursis à statuer (CPC art. 378) ou soulever une question préjudicielle.

Les décisions du magistrat instructeur n'ont pas, au principal, l'**autorité de la chose jugée** (CPC art. 945, al. 1). Ainsi, une partie dont la demande a été rejetée ou qui est en désaccord avec la décision peut toujours déposer soit une nouvelle demande, soit une demande en rétractation en invoquant des moyens de droit, des éléments de preuve nouveaux ou en mettant en cause les motivations, l'opportunité, l'efficacité, la régularité ou la recevabilité de la mesure. 26712
Les décisions du magistrat instructeur ne sont susceptibles d'aucun **recours** indépendamment de l'arrêt sur le fond, sauf lorsqu'elles constatent l'extinction de l'instance (CPC art. 945, al. 1 et 2). Dans ce dernier cas, elles peuvent être déférées par simple requête à la cour dans les quinze jours de leur date (CPC art. 945, al. 3).

DÉBATS

Principe d'oralité Les parties présentent oralement à l'audience leurs prétentions et moyens (CPC art. 446-1 et 946, al. 1). Leurs conclusions, orales, doivent avoir été formulées avant la clôture des débats (CA Lyon 31-1-2003 n° 00/01232). Les observations des parties sont notées au dossier ou consignées dans un procès-verbal (CPC art. 446-1). 26722
Les propos tenus à l'audience saisissent le juge ; ainsi, les parties peuvent formuler à l'audience des prétentions nouvelles, complémentaires ou contraires à celles de leurs écritures antérieures, à condition de respecter le principe du contradictoire.

Toutefois, lorsque l'**affaire** est **instruite** par un magistrat, celui-ci peut dispenser les parties qui en font la demande de se présenter à l'audience et les autoriser à formuler leurs prétentions par écrit ; dans ce cas, la communication entre les parties est faite par lettre recommandée, AR ou par notification entre avocats, et il en est justifié auprès de la cour dans les délais qu'elle impartit (CPC art. 946, al. 2 modifié par décret 2020-1452 du 27-11-2020 : n° 26645).

26727 **Conclusions écrites** La procédure orale n'empêche pas de conclure par écrit. Les parties peuvent ainsi se référer aux prétentions et aux moyens qu'elles ont formulés par écrit (CPC art. 446-1). Une demande présentée par écrit n'est toutefois valable que si elle est soutenue oralement (Cass. soc. 13-9-2017 n° 16-13.578 FP-PBRI : RJS 11/17 n° 734). Même en présence d'une demande de renvoi par télécopie refusée, un justiciable qui n'a pas comparu ne peut reprocher à la cour d'avoir déclaré son appel non soutenu (Cass. com. 3-5-2016 n° 13-26.662 FS-PB : Bull. civ. IV n° 68).

Lorsque **les parties formulent leurs prétentions et moyens par écrit et sont assistées ou représentées par un avocat,** les conclusions doivent formuler expressément les prétentions ainsi que les moyens en fait et en droit sur lesquels chacune de ces prétentions est fondée avec indication pour chaque prétention des pièces invoquées et de leur numérotation. Un bordereau énumérant les pièces justifiant ces prétentions doit être annexé aux conclusions. Les conclusions doivent comprendre distinctement un exposé des faits et de la procédure, une discussion des prétentions et des moyens ainsi qu'un dispositif récapitulant les prétentions. Les moyens qui n'auraient pas été formulés dans les écritures précédentes doivent être présentés de manière formellement distincte. Le juge ne statue que sur les prétentions énoncées au dispositif et n'examine les moyens au soutien de ces prétentions que s'ils sont invoqués dans la discussion. Les parties doivent reprendre dans leurs dernières conclusions les prétentions et moyens présentés ou invoqués dans leurs conclusions antérieures. À défaut, elles sont réputées les avoir abandonnés, et le juge ne statue que sur les dernières conclusions déposées (CPC art. 446-2, al. 2, sur renvoi de l'art. 939, al. 2).

26729 Lorsque **les parties formulent leurs prétentions et moyens par écrit et** qu'elles **ne sont pas assistées ou représentées par un avocat,** le juge peut, avec leur accord, prévoir qu'elles seront réputées avoir abandonné les prétentions et moyens non repris dans leurs dernières écritures communiquées (CPC art. 446-2, al. 3, sur renvoi de l'art. 939, al. 2).

Des conclusions déposées à la barre le jour de l'audience sont donc recevables (Cass. 3e civ. 16-12-1997 n° 96-10.229 : RD rur. 1998 p. 67 et 238), mais elles doivent être actées, à défaut de quoi le juge pourrait tout à fait estimer ne pas être lié par ces écritures.

Il faut néanmoins réserver l'application de quelques dispositions spéciales qui autorisent les parties, en procédure orale, à déposer des écritures qui lieraient le juge comme par exemple la procédure qui concerne des ayants droit recherchés en aliment (CPC art. 1141).

e. Notification de la décision de la cour

26747 La notification de l'arrêt par lettre recommandée AR n'est pas prévue par un texte d'application général. Cependant, certains greffes notifient systématiquement les décisions. Dans certains cas, la notification aux parties ou à des tiers est prescrite par un texte spécial : par exemple, en matière d'assistance éducative (CPC art. 1194) ou d'appel du jugement statuant exclusivement sur la compétence (CPC art. 87, al. 1).

Les parties ont toujours la faculté de faire signifier l'arrêt par acte d'huissier ou commissaire de justice.

3. FIXATION PRIORITAIRE

26757 Dans certains cas, la durée normale d'une procédure devant la cour d'appel peut être préjudiciable. Pour cette raison, une partie dont les droits sont en **péril** peut, même si une date d'audience a déjà été fixée, demander au premier président de la cour de retenir l'affaire, par priorité, à une prochaine audience (CPC art. 948, al. 1). S'il est fait droit à sa demande, le requérant est aussitôt avisé par tous moyens de la date fixée ; la partie adverse est convoquée par acte d'huissier ou commissaire de justice à la diligence du requérant ; la cour s'assure qu'il s'est écoulé un temps suffisant entre la convocation et l'audience pour que la partie convoquée ait pu préparer sa défense (CPC art. 948, al. 2 à 4).

Les modalités de cette procédure sont exposées nos 27350 s.

C. Procédure gracieuse

PRINCIPE

Le juge statue en matière gracieuse lorsqu'en l'absence de litige il est saisi d'une demande dont la loi exige, en raison de la nature de l'affaire ou de la qualité du requérant, qu'elle soit soumise à son contrôle (CPC art. 25). 26777

1. CHAMP D'APPLICATION

ABSENCE DE LITIGE

Pour être soumise à la procédure gracieuse, la décision frappée d'appel ne doit pas présenter un caractère contentieux. Par exemple, une requête en substitution du nom de la mère à celui du père – en désaccord sur ce point – ne relève pas de la matière gracieuse (Cass. 1e civ. 11-7-2006, n° 03-16.168 : Bull. civ. I n° 387). 26778
Un **litige**, absent par définition, ne doit pas s'être élevé en **cours d'instance**. L'appel est recevable même en l'absence d'autre partie (Cass. 1e civ. 3-5-2018, n° 17-16.454 FS-PB).
L'**opposition du ministère public** dans une affaire où il peut exercer un **recours** confère à la procédure un caractère contentieux.
Lorsque le ministère public n'agit que comme **partie jointe,** la procédure d'appel demeure gracieuse (CA Paris 10-6-1997 n° 96/81457, 1e ch. sect. C). Dans la procédure d'**adoption,** qui relève de la matière gracieuse, l'avis donné par le ministère public sur l'application de la loi, même si celui-ci s'oppose à l'adoption sollicitée, ne confère pas à la procédure un caractère contentieux (Cass. 1e civ. 6-3-2013 n° 12-17.183 : Bull. civ. I n° 35).

DÉCISIONS CONCERNÉES

La voie de l'appel est ouverte en toutes matières s'il n'en est autrement disposé (CPC art. 543). 26788
Pour que l'appel en matière gracieuse soit recevable, il faut donc veiller à ce que la voie de l'appel ne soit pas fermée par une **disposition spéciale.** Ainsi, les mesures d'administration judiciaire, à la différence des ordonnances sur requête, ne sont sujettes à aucun recours (CPC art. 537).
L'appel est également exclu à l'encontre des décisions du juge aux affaires familiales qui homologuent la convention des époux ou qui prononcent le divorce sur demande conjointe (CPC art. 1102) ou contre les jugements de donné-acte (Cass. 1e civ. 8-6-2004 n° 02-16.082).
Sur les décisions susceptibles d'appel, voir aussi nos 23505 s.
L'appel d'une ordonnance de référé statuant sur une demande de rétractation d'une ordonnance sur requête a toujours une nature contentieuse (Cass. 2e civ. 30-1-2003 n° 01-01.128 : Bull. civ. II n° 25), de la même manière que la désignation d'un administrateur provisoire de copropriété (Cass. 3e civ. 5-7-2018, n° 17-21.034 FS-PBI).

Relèvent de la procédure d'appel en matière gracieuse **notamment** les décisions suivantes : 26790
– ordonnances du président du tribunal judiciaire statuant sur une demande de délivrance de copies d'actes (CPC art. 1436) ou d'une seconde copie exécutoire (CPC art. 1439) ;
– ordonnances du juge compétent refusant d'homologuer l'accord résultant d'une médiation, d'une conciliation, d'une transaction ou d'une procédure participative (CPC art. 1566, al. 3 et 1567) ;
– jugements déclarant une personne absente (CPC art. 1069), sur une demande d'adoption simple ou plénière (CPC art. 1167) ou de modification du nom et du prénom de l'adopté (CPC art. 1175), statuant sur une demande de reconstitution d'actes détruits (CPC art. 1433) ;
– jugements et ordonnances habilitant un époux à passer certains actes sans la participation de l'autre, sauf en cas de désaccord de ce dernier (C. civ. art. 217, 1426 et 2446) ;
– jugements du JAF refusant de prononcer le divorce par consentement mutuel (CPC art. 1088 et 1102) ou ordonnance du même magistrat refusant d'homologuer la convention sur conversion d'une séparation par consentement mutuel en divorce (CPC art. 1134) ;
– jugements du JEX sur recours d'une décision d'irrecevabilité de la commission de surendettement (Cass. 1e civ. 18-2-1992 n° 91-04.078) ;
– jugements du TC statuant sur une demande de nomination d'un mandataire ad hoc chargé de continuer les instances après clôture de la procédure collective (Cass. com. 9-6-1998 n° 96-16.465 : RJDA 10/98 n° 1138) ;
– ordonnances du juge du TC chargé de la surveillance du registre du commerce et des sociétés (C. com. art. R 123-141) ;

– jugements du tribunal judiciaire ou du TC refusant d'homologuer un accord conclu dans le cadre d'une procédure de conciliation en matière de difficultés des entreprises (C. com. art. R 611-42) ;
– ordonnances du président du tribunal judiciaire ou du TC refusant d'ouvrir une procédure de conciliation en matière de difficultés des entreprises ou d'en proroger la durée (C. com. art. R 611-26) ;
– appel d'une ordonnance qui rejette une requête, quelle que soit la nature de l'ordonnance (CPC art. 496).

> **Précisions a.** Un tribunal ayant ordonné la **reconstitution d'un jugement détruit** qui avait condamné une société à payer une certaine somme au demandeur, cette dernière a interjeté appel de l'ordonnance. Jugé que la procédure, qui était gracieuse en première instance, était devenue contentieuse par l'effet de l'appel de la société (Cass. 2e civ. 28-1-2016 n° 15-10.182 F-PB).
> **b.** Il résulte de la combinaison des articles 172 et 277 du décret 91-1197 du 27 novembre 1991 et des articles 25 et 547, alinéa 2 du Code de procédure civile que le recours contre la **décision du bâtonnier** statuant sur une requête **en matière de suppléance,** en l'absence de partie adverse, doit être exercé selon les règles applicables en matière gracieuse (Cass. 1e civ. 3-5-2018 n° 17-16.454 FS-PB).

2. MODALITÉS

26800 Les modalités de l'appel gracieux énoncées ci-dessous concernent l'appel d'une **décision de fond.** Si l'appelant veut faire appel d'un jugement ordonnant expertise (CPC art. 272) ou sur un sursis à statuer (CPC art. 380), il peut demander au premier président d'autoriser l'appel immédiat pour motifs graves (nos 27210 s.). Si l'appel immédiat est autorisé, une déclaration d'appel devra être déposée. À défaut du premier président, l'appel sur ce jugement devra être joint à celui du jugement sur le fond.

a. Délai d'appel

BREF DÉLAI

26801 Le délai d'appel en droit commun de la matière gracieuse est de quinze jours (CPC art. 538). **Lorsqu'un intéressé n'a pu,** sans faute de sa part, **exercer dans le délai** prescrit le recours ouvert contre une décision gracieuse, il peut être relevé de la forclusion (nos 27290 s.).

POINT DE DÉPART

26810 **Notification** Le point de départ du délai d'appel est, sauf dans l'hypothèse du relevé de forclusion (CPC art. 540), la notification de la décision par le greffier de la juridiction dont elle émane (CPC art. 528 et 675, al. 2).
Le jugement est notifié aux **parties** et aux **tiers** qu'il désigne et dont les intérêts risquent d'être affectés par la décision, ainsi qu'au **ministère public** lorsqu'un recours lui est ouvert (CPC art. 679).
Dans les **procédures avec représentation obligatoire** et en présence de plusieurs avocats, la décision doit être préalablement notifiée aux **représentants** dans la forme des notifications entre avocats, faute de quoi la notification à la partie est nulle (CPC art. 678) ; toutefois, cette nullité ne sera prononcée que si ce défaut de notification préalable cause un grief (Cass. 2e civ. 12-7-2012 n° 11-23.471). Le délai pour exercer le recours part de la notification à la partie elle-même (CPC art. 678, al. 3 in fine).

26812 Si **le jugement n'a pas été notifié** dans le délai de deux ans de son prononcé, la partie qui a comparu n'est plus recevable à exercer un recours à titre principal après l'expiration dudit délai ; cette disposition n'est applicable qu'aux jugements qui tranchent tout le principal et à ceux qui, statuant sur une exception de procédure, une fin de non-recevoir ou tout autre incident, mettent fin à l'instance (CPC art. 528-1).

26815 **Autre point de départ** Le délai d'appel contre une **ordonnance de rejet d'une requête** court du prononcé de la décision ou de la date à laquelle l'appelant en a connaissance, indépendamment de toute notification (Cass. 2e civ. 22-2-2007 n° 05-21.314 : Bull. civ. II n° 46).

b. Auteur de l'appel

26820 L'appel est ouvert aux **parties** qui y ont intérêt, si elles n'y ont pas renoncé (CPC art. 546, al. 1).
Peuvent également faire appel les **tiers** auxquels le jugement de première instance a été notifié conformément au jugement (CPC art. 454, dernier al. et 546, al. 2). En rendant sa décision, le tribunal a en effet pu envisager l'incidence que celle-ci pourrait avoir sur les droits et obligations de

certains tiers. Les autres tiers disposent d'un recours en tierce opposition (CPC art. 583, al. 3) qui est un recours en forme contentieuse (CPC art. 587, al. 3).
Le **ministère public,** s'il est intervenu comme partie jointe, ne peut pas relever appel (Cass. civ. 14-11-1928 : Gaz. Pal. 1929 p. 803).
Il peut en revanche le faire s'il est partie principale ou si le jugement lui est notifié (CPC art. 679).
L'admission de l'appel du ministère public dans le cas où il aurait uniquement pu être partie principale, mais s'est abstenu a été débattue, certaines cours l'ayant accepté (CA Toulouse 31-3-1947 : S. 1947.2 p. 109) et d'autres pas (CA Paris 8-7-1961 : JCP 1961.II.12371).

c. Déclaration d'appel

L'appel contre une décision gracieuse est formé par une déclaration d'appel faite ou adressée par pli recommandé au greffe de la juridiction qui a rendu la décision, par un avocat ou un officier public ou ministériel dans les cas où ce dernier y est habilité par les dispositions en vigueur (CPC art. 950). **26830**
Un appel formé par télécopie ne répond pas aux conditions de formation de l'appel critiquant une décision gracieuse (Cass. 2e civ. 8-6-1995 : JCP 1995 II n° 22512). Également, une déclaration d'appel formée au greffe de la cour d'appel serait parfaitement irrecevable et sanctionnée d'office par une fin de non-recevoir (CA Versailles 9-7-1980 : Gaz. Pal. 1982. somm. p. 91).

INTERVENTION D'UN AVOCAT

La procédure d'appel commence par la déclaration d'appel à laquelle les règles de la représentation s'appliquent. Si la représentation est obligatoire, la déclaration d'appel doit émaner d'un avocat (CPC art. 950). À défaut, l'appel serait irrecevable (Cass. 2e civ. 5-1-1983). **26832**
L'avocat est obligatoirement un avocat **postulant** devant la cour d'appel concernée, ce qui inclut tous les avocats des barreaux du ressort de cette cour et non les seuls avocats du barreau établi auprès du tribunal qui a rendu la décision (CPC art. 808 ; Cass. 2e civ. 13-11-1985 n° 84-11.077 : Bull. civ. II n° 171).
L'article 950 du CPC prévoit qu'un officier public ou ministériel peut aussi être habilité à établir la déclaration d'appel en vertu d'une disposition particulière.
Sur la dérogation au principe de représentation par avocat pour certaines affaires, voir nos 26888 s.

FORME ET DESTINATAIRE DE LA DÉCLARATION

La déclaration d'appel doit être faite verbalement ou adressée par lettre recommandée au greffe de la juridiction qui a rendu la décision (CPC art. 950) et non, comme en matière contentieuse, au greffe de la cour. **26844**
L'appel formé par **lettre simple** d'une partie est irrecevable (CA Grenoble 3-1-2011 n° 10/02219, 1e ch. civ.).
En cas de déclaration verbale, le greffier établit un **procès-verbal** et il délivre un **récépissé.**
La **télécopie** ne permet pas de relever appel (Cass. 2e civ. 8-6-1995 n° 93-10.775 : Bull. civ. II n° 180).
La déclaration d'appel doit être signée par la personne qui conteste la décision ; à défaut, elle serait entachée d'un simple vice de forme et non d'une irrecevabilité (Cass. 2e civ. 23-5-2013 n° 12-16.933 : RJS 8-9/13 n° 639).
Le formalisme habituel concernant la déclaration d'appel en matière de procédure écrite n'a pas lieu de s'appliquer en cas de procédure sans représentation, et ce, même si les parties sont représentées ou assistées par un avocat (Cass. 2e civ. 29-9-2022 n° 21-23.456).

CONTENU DE LA DÉCLARATION

La déclaration doit permettre d'identifier l'appelant, les autres parties s'il y en a, la décision dont il est fait appel et doit comporter la constitution d'avocat devant la cour. Peuvent, éventuellement, servir de modèle les éléments requis pour la déclaration d'appel dans les procédures contentieuses, avec et sans représentation obligatoire (CPC art. 901). En matière gracieuse, l'appel est recevable même en l'**absence d'autres parties** (CPC art. 547, al. 2). Dans ce cas, il ne sera pas dirigé contre un intimé. **26854**

MODIFICATION OU RÉTRACTATION DE LA DÉCISION CONTESTÉE

Lorsque la déclaration d'appel est formalisée, le **juge** peut modifier ou rétracter sa décision (CPC art. 952, al. 1). **26864**
Le juge doit faire connaître à la partie appelante sa **décision** d'examiner à nouveau l'affaire ou de la transmettre à la cour dans le **délai** d'un mois (CPC art. 952, al. 3). Les éventuelles autres parties doivent également recevoir notification.

Toutefois, en matière d'entreprise en difficulté, en cas d'appel d'une ordonnance refusant d'ouvrir une procédure de conciliation ou de proroger le mandat du conciliateur, seul un délai de cinq jours est laissé au juge (C. com. art. R 611-26).
Lorsque **l'appelant obtient satisfaction,** il ne peut plus critiquer la décision qui lui est favorable, car il serait dépourvu d'intérêt pour agir. Les **tiers** et le **ministère public** ne perdent pas leur droit de relever appel si la décision attaquée leur fait grief.
Si la décision contestée est favorable au demandeur et si une personne habilitée (par exemple, le ministère public ou un tiers ayant reçu notification) relève appel, la procédure devient contentieuse (Cass. 1e civ. 22-2-1972 n° 70-12.929).

26866 Si **le juge** qui a rendu la décision **ne souhaite pas modifier ou rétracter sa décision,** le greffier de la juridiction transmet sans délai au greffe de la cour le dossier de l'affaire avec la déclaration et une copie de la décision (CPC art. 952, al. 2). La cour d'appel est alors saisie.

CONTRIBUTION

26876 Un droit de 225 € affecté au fonds d'indemnisation de la profession d'avoué près les cours d'appel est dû par toute partie (appelant, intimé, intervenant), dans les procédures avec représentation obligatoire introduites devant la cour d'appel. Ce droit est acquitté par l'avocat postulant pour le compte de son client par voie exclusivement électronique depuis le 1er janvier 2018 (CGI art. 1635 bis P). Le produit de ce droit sera perçu jusqu'au 31 décembre 2026.

d. Assistance et représentation

CONSTITUTION D'AVOCAT

26888 En **principe**, les parties sont assistées et représentées par l'avocat postulant (n° 26832). Chaque partie n'est admise à se faire représenter que par une seule des personnes, physiques ou morales, habilitées par la loi (CPC art. 414).
Par **dérogation** sont dispensés du ministère d'avocat tant en demande qu'en défense ou en intervention les appels contre, notamment :
– les ordonnances du juge chargé de la surveillance du registre du commerce et des sociétés (C. com. art. R. 123-141) ;
– les jugements du tribunal judiciaire ou du TC refusant d'ouvrir une procédure de conciliation en matière de difficultés des entreprises ou refusant de proroger la mission du conciliateur (C. com. art. R 611-26) ;
– les jugements du tribunal judiciaire ou du TC refusant l'homologation d'un accord de conciliation en matière de difficultés des entreprises (C. com. art. R. 611-42).
Dans les cas dérogatoires, l'appelant peut se défendre lui-même ou se faire représenter par l'avocat de son choix (y compris s'il est extérieur au ressort de la cour d'appel).

e. Instruction et jugement

26900 Quelle que soit la juridiction dont le jugement fait l'objet de l'appel, celui-ci est instruit et jugé selon les règles applicables devant le **tribunal judiciaire** en matière gracieuse (CPC art. 953).
Le **ministère public** doit avoir communication des affaires gracieuses (CPC art. 809). S'il y a des débats, il est tenu d'y assister ou de faire connaître son avis (CPC art. 811).
La cour doit inviter les parties à faire connaître leurs moyens (Cass. 2e civ. 2-7-2009 n° 08-16.295).

INSTRUCTION

26910 Un **juge rapporteur** peut être désigné par le président de la chambre saisie ou à laquelle l'affaire est distribuée ; il dispose alors des mêmes pouvoirs que le tribunal pour instruire l'affaire (CPC art. 810).
La **cour** peut exercer tous les **pouvoirs** qui lui sont attribués par les textes, même si le rapporteur a déjà utilisé certains d'entre eux.
Le juge rapporteur ou la cour apprécie l'opportunité des décisions prises et peut procéder, même d'office, à toutes les **investigations** utiles ; il ou elle peut notamment entendre sans formalité toute personne susceptible de l'éclairer ou dont les droits pourraient être modifiés (CPC art. 27).
Le juge rapporteur ou la cour peut ordonner la **mise en cause** de toute personne dont les droits ou les obligations sont susceptibles d'être affectés par la décision (CPC art. 332). Le cas échéant, ceci peut permettre d'éviter une tierce opposition.
La contestation d'un tiers rendrait la procédure contentieuse.

26912 Des **conclusions récapitulatives** sont requises par les dispositions communes régissant toutes les procédures d'appel (CPC art. 954, al. 4 ; nos 26396 s.). En effet, le décret 2017-891 du 6 mai 2017,

qui a modifié l'article 954 du CPC, est désormais commun aux matières contentieuse et gracieuse. Les conclusions doivent respecter le formalisme de l'article 961 du CPC. Également, elles doivent formuler des prétentions et des moyens en fait et en droit, indiquer les pièces pour chaque prétention, les pièces étant numérotées. Les conclusions doivent exposer distinctement les faits et la procédure, énoncer les chefs de jugement critiqués, comporter une discussion sur les prétentions et les moyens, indiquer les moyens nouveaux par rapport aux précédentes écritures. Un dispositif doit reprendre les prétentions. La cour ne se prononcera que sur les prétentions énoncées au dispositif et n'analysera les moyens au soutien de ces prétentions que s'ils sont invoqués dans la discussion.
Après la **clôture des débats,** les parties ne peuvent déposer aucune note à l'appui de leurs observations, si ce n'est en vue de répondre aux arguments développés par le ministère public, ou à la demande du président (CPC art. 445). Cette note doit évidemment être communiquée aux parties et au ministère public.

Un **tiers** peut se faire autoriser par le conseiller rapporteur ou par la cour d'appel à prendre **connaissance du dossier** et à en obtenir une copie s'il justifie d'un intérêt légitime (CPC art. 29). **26914**
L'intérêt est également requis pour le tiers qui souhaite intervenir dans la procédure gracieuse devant la cour d'appel (Cass. 1e civ. 16-3-2016, n° 15-10.577 F-PB : Bull. civ. I n° 56).

AUDIENCE ET JUGEMENT

La procédure gracieuse permet au juge d'apprécier si un débat est nécessaire ; il peut se prononcer **sans débat** (CPC art. 28) et sans convoquer le demandeur (Cass. 2e civ. 28-6-2006 n° 04-17.913 : Bull. civ. II n° 170). Le principe du contradictoire doit néanmoins être respecté (Cass. 1e civ. 6-3-2013 n° 12-17.183 : Bull. civ. I n° 35). **26924**

L'audience se déroule en **chambre du conseil** (CPC art. 434), en dehors de la présence du public. Les parties, si elles sont présentes, peuvent être interrogées par le président ou les conseillers (CPC art. 442). Elles peuvent, même si leur représentant est avec elles, présenter des observations orales. **26926**

La cour peut fonder sa décision sur tous les **faits** relatifs au cas qui lui est soumis, y compris ceux qui n'auraient **pas** été **allégués** (CPC art. 26). Dans le cas où elle se fonde sur des faits qui n'ont pas été allégués, elle doit nécessairement recueillir les explications du requérant (Cass. 1e civ. 23-1-1993 n° 91-04.135 : Bull. civ. I n° 17). **26928**

f. Notification de la décision

L'arrêt est notifié par le greffe de la juridiction par lettre recommandée AR dès son prononcé (CPC art. 675, al. 2). Il doit être notifié aux **parties** et aux **tiers** qu'il désigne dont les intérêts risquent d'être affectés par la décision et au **ministère public,** lorsqu'un recours lui est ouvert (CPC art. 679). Cet arrêt doit avoir été notifié préalablement à l'**avocat** constitué (CPC art. 678), sauf s'il est décédé ou a cessé d'exercer ses fonctions. Dans ces cas, la notification est faite à la partie avec l'indication du décès ou de la cessation de fonctions. **26938**

L'arrêt doit être porté à la connaissance des personnes chargées de conserver les actes : **26940**
– à l'**officier d'état civil** doivent être adressées les décisions rectifiant ou annulant les actes d'état civil ou les pièces en tenant lieu (CPC art. 1054), dont le dispositif est notifié par le procureur de la République, les décisions modifiant les prénoms (CPC art. 1055-4) et les décisions prononçant l'adoption simple ou plénière (C. civ. art. 354 et 362) ;
– au **greffier du tribunal de commerce** dans le cas d'un appel sur ordonnance du juge chargé de surveiller le registre du commerce et des sociétés (C. com. art. R 123-141, al. 2).

g. Voies de recours

POURVOI EN CASSATION

Le pourvoi en cassation est recevable même en l'absence d'adversaire et il n'enlève pas à la procédure son caractère gracieux (CPC art. 610). **26950**

TIERCE OPPOSITION

Tout jugement est susceptible de tierce opposition si la loi n'en dispose autrement (CPC art. 585), y compris en matière gracieuse. La tierce opposition tend à faire rétracter ou réformer une décision au profit de celui qui l'attaque, à condition que celui-ci n'ait **pas** été **partie** à la décision attaquée. La tierce opposition contre un arrêt d'appel gracieux est possible. Le ministère public ne peut pas former tierce opposition d'un jugement de divorce par consentement mutuel (Cass. 1e civ. 17-11-1981 n° 80-11.498 : Bull. civ. I n° 338). **26955**
Une partie qui aurait pu interjeter appel ne peut pas former tierce opposition (Cass. 1e civ. 14-5-2014 n° 12-35.035 : Bull. civ. I n° 92).

RECOURS EN RÉVISION

26965 Le recours en révision relève de la procédure contentieuse. Il tend à faire rétracter une décision passée en force de chose jugée pour qu'il soit à nouveau statué en fait et en droit mais est limité à des cas d'ouverture très stricts. Le recours en révision est toujours ouvert contre toute décision sauf exclusion expresse (Cass. 1e civ. 14-1-1997 n° 94-20.276). Un recours en révision contre un arrêt d'appel gracieux est possible.

V. POUVOIRS DU PREMIER PRÉSIDENT

PRÉSENTATION

26980 En matière civile, le premier président de la cour d'appel statue en référé ou sur requête (C. org. jud. art. L 311-7-1). Le Code de procédure civile précise les pouvoirs conférés au premier président statuant par **ordonnance de référé** et par **ordonnance sur requête.** Les décisions ainsi prises sont des mesures provisoires qui ne tranchent pas le litige au fond et n'ont pas autorité de la chose jugée sur le principal (CPC art. 484 et 488).
Le premier président a aussi le pouvoir de statuer au principal selon la **« procédure accélérée au fond »,** dans les cas prévus par la loi ou le règlement (C. org. jud. art. L 311-7-1). Cette procédure s'est substituée à celle « **en la forme des référés** » ou **« comme en matière de référé »,** pour les demandes introduites depuis le 1er janvier 2020 (CPC art. 958-1). Elle est notamment utilisée pour autoriser les parties à faire appel d'une décision ordonnant une expertise (CPC article 272) ou d'un jugement de sursis à statuer (CPC article 380), ou encore pour relever de forclusion un défendeur défaillant (CPC article 540).
Par ailleurs, quand le **secret des affaires** est invoqué à l'occasion de l'instance introduite devant lui, le premier président peut ordonner la communication des pièces dans une version non confidentielle ou sous forme d'un résumé, selon les modalités qu'il fixe afin de préserver ce secret (C. com. art. R 153-7 s.).

A. Pouvoirs du premier président en matière de référé

26982 Outre le pouvoir d'ordonner toutes mesures urgentes qui s'imposent (CPC art. 956), le premier président peut aussi, par ordonnance de référé, suspendre l'exécution des jugements improprement qualifiés en dernier ressort ou exercer les pouvoirs qui lui sont conférés en matière d'exécution provisoire (CPC art. 957). Avant de revenir sur ces différents cas de référé, il y a lieu d'exposer un certain nombre de règles générales auxquelles le référé devant le premier président est soumis.

1. RÈGLES GÉNÉRALES

RÉPARTITION DE POUVOIRS ENTRE LE CME ET LA COUR

26984 Lorsque la procédure devant la cour d'appel est instruite selon les modalités de la **procédure sans représentation obligatoire,** le conseiller de la mise en état n'intervient pas. Aucune restriction n'est alors édictée pour le référé devant le premier président.

26985 Dans les **procédures où la représentation est obligatoire,** les pouvoirs du CME sont exclusifs. Le premier président ne peut exercer de pouvoirs en matière de mesures provisoires si le magistrat de la mise en état est saisi. La compétence du premier président s'efface devant celle du CME sauf en matière de suspension d'exécution provisoire ordonnée ou de droit (nos 27050 s.).
Sauf exceptions, les deux magistrats voient donc leur compétence déterminée par le moment de leur saisine. Leur **compétence** est **successive** et non pas cumulative (CA Aix-en-Provence ord. réf. 6-12-2006 n° 06/00658).
Un tableau récapitule les compétences respectives du premier président et du CME (n° 26212).
Le moment auquel le conseiller de la mise en état est saisi est déterminé par l'émission d'un avis de désignation du conseiller de la mise en état (CPC art. 779, dernier al. et 904-1). Le premier président est compétent dès lors qu'il a été saisi avant la désignation du conseiller de la mise en état (voir par exemple CA Douai 28-11-2022 n° 22/00097).

26987 Le premier président statuant en référé ne peut pas se prononcer sur la **recevabilité de l'appel.** Il doit surseoir à statuer dans l'attente de la décision du conseiller de la mise en état (notamment, CA

Aix-en-Provence ord. réf. 20-10-2006 n° 06/00526 contra Toulouse ord. réf. 4-10-2016 n° 113/16). Si le magistrat de la mise en état a déclaré un appel irrecevable par une ordonnance devenue irrévocable et que postérieurement le premier président est saisi d'une demande de relevé de forclusion (CPC art. 540), cette demande se heurte à la fin de non-recevoir tirée de l'autorité de la chose jugée attachée à l'ordonnance du conseiller de la mise en état (CA Toulouse ord. réf 24.11.2016 n° 130/16).

Pour **ordonner l'exécution provisoire d'un jugement**, lorsque celle-ci est facultative et qu'elle a été refusée ou n'a pas été demandée, sont successivement compétents le premier président (nos 27040 s.) et, dès lors qu'il est saisi, le conseiller chargé de la mise en état (CPC art. 517-2 s.). 26989
Lorsque le premier président a été saisi avant la désignation du CME (rare en pratique et d'autant plus avec l'entrée en vigueur de la communication électronique), il reste compétent pour accorder l'exécution provisoire même si la désignation du conseiller de la mise en état est intervenue avant qu'il ne rende son ordonnance (CA Aix-en-Provence, ord. réf. 23-9-2002 n° 02/00623). Lorsque la procédure principale est instruite selon les modalités de la procédure d'urgence (CPC art. 905), le premier président est seul compétent pour trancher la demande d'exécution provisoire du jugement.

Les demandes d'**aménagement de l'exécution provisoire** du jugement doivent être portées devant le premier président (nos 27120 s.). Lorsque l'exécution provisoire est ordonnée par le conseiller de la mise en état, c'est lui qui est compétent pour l'aménager (CPC art. 514-4 et 514-5 ; nos 27040 s.). 26991

En matière de **divorce,** le premier président puis le conseiller de la mise en état dès qu'il est saisi sont compétents pour modifier des mesures provisoires prises par le juge conciliateur (CPC art. 1119). 26993

Pour **suspendre l'exécution des jugements improprement qualifiés en dernier ressort** (nos 27200 s.), le conseiller de la mise en état, dès qu'il est saisi, a compétence exclusive en matière de procédure avec représentation obligatoire. Le premier président (CPC art. 957) et la cour (CPC art. 569) ont compétence concurrente lorsque la représentation n'est pas obligatoire. 26995

> **Précisions** L'exécution des jugements improprement qualifiés en dernier ressort peut être arrêtée par le juge d'appel à tout moment de l'instance (CPC art. 569). La cour statue alors en **formation collégiale** en tant que juge du fond. Elle est compétente lorsque le premier président, saisi d'une demande de suspension de l'exécution provisoire du jugement, décline sa compétence au motif qu'une contestation sérieuse est soulevée.
> Cette procédure ne présente **aucun intérêt en pratique,** car saisir la cour d'une demande de suspension de l'exécution provisoire du jugement suppose une fixation de l'affaire à une audience collégiale dont tous les praticiens savent qu'elles sont fort éloignées de la date de la déclaration d'appel. Le jugement, exécutoire car qualifié en dernier ressort, pourra donc être exécuté tant que la cour n'aura pas statué. Cette attribution de compétence n'aurait un sens que si les cours d'appel organisaient une audience intermédiaire pour statuer sur le mérite de la demande de suspension. Mais si tel était le cas, la cour d'appel ne rendrait pas un arrêt statuant au fond puisque seule la question de la suspension de l'exécution provisoire serait évoquée et tranchée. Cette disposition du Code de procédure civile est donc inapplicable en pratique et mériterait, à notre avis, d'être abrogée. Au surplus, l'article 570 du CPC laisse l'exécution de l'arrêt à la juridiction qui a statué en premier ressort, ou au tribunal judiciaire. Depuis la création du juge de l'exécution cette disposition n'a plus aucun sens, le juge de l'exécution ayant compétence exclusive pour ce faire (C. exécution art. R 121-1, al. 1).

CARACTÉRISTIQUES DE LA PROCÉDURE DE RÉFÉRÉ DEVANT LA COUR D'APPEL

L'**assignation** en référé obéit aux mêmes règles de forme que toutes les assignations (CPC art. 54 et 56). 27000
L'arrêté technique n° 0124 du 20 mai 2020 prévoit que la **communication par voie électronique** entre avocats est possible devant le premier président. Elle n'est pas obligatoire. Le placement des assignations sur support papier reste donc la règle pour le praticien mais, selon les juridictions, il peut s'effectuer par voie électronique.

La **procédure** est **orale**. Les parties peuvent se défendre elles-mêmes, sous réserve des cas dans lesquels la **représentation** est obligatoire (CPC art. 18). Aucun texte ne prévoyant explicitement la représentation par **avocat** devant le premier président de la cour d'appel statuant en référé, cette représentation n'est pas obligatoire. 27001

Toutefois, si la procédure d'appel dans le cadre de laquelle intervient le référé est soumise à la représentation obligatoire, les parties y seront en pratique représentées par l'avocat qu'elles ont saisi de l'affaire au fond.

Le premier président doit respecter le principe du **contradictoire** (Cass. 2e civ. 8-7-2010 n° 09-69.065 ; CA Paris 11-5-2010, ch. 1-5 n° 10/02885).

Sa décision, qui met fin à une instance autonome, est susceptible de **pourvoi** en cassation, sauf exception (n° 27236). Sa décision statuant sur l'exécution provisoire, quant à elle, n'est pas susceptible de pourvoi (CPC art. 514-3 et 514-4).

27003 Le premier président est tenu de trancher les **dépens** dans son ordonnance. En revanche, la représentation n'étant pas obligatoire, il n'est pas prévu dans l'ordonnance de référé de distraction des dépens de l'article 699 du CPC.

27005 Si la **demande** est manifestement **abusive,** le défendeur peut solliciter des dommages et intérêts sur le fondement de l'abus de droit à condition de rapporter la preuve d'une faute, d'un préjudice et d'un lien de causalité entre les deux (C. civ. art. 1240).

27007 Qu'il déboute ou qu'il déclare le demandeur bien fondé, le premier président peut ordonner la **fixation de l'affaire à jour fixe** devant la cour s'il estime que les droits de l'une ou de l'autre des parties sont en péril (CPC art. 917, al. 2).

Sur la procédure à jour fixe, voir nos 27350 s.

27009 Le premier président peut décider de **renvoyer** la partie qui le saisit **devant la formation de jugement** de la cour, lorsqu'il estime que la demande formée en référé se heurte à une contestation sérieuse. La plénitude de juridiction de la cour s'exercera alors en tant que juge du fond.

27011 Le premier président de la cour d'appel peut **renvoyer** l'affaire « **en état de référé** » à la connaissance de la **formation collégiale** de la cour, à une audience dont il fixe la date (CPC art. 487). Cette faculté offerte au premier président a pour but de lui permettre d'être épaulé par la formation de jugement qui statuera alors par **arrêt de référé** sur le mérite de la demande initialement portée devant lui. La compétence de la cour est exclusivement limitée à la demande visée dans l'assignation introductive du référé soumise au premier président ; elle n'a en aucun cas le pouvoir de trancher le fond du litige.

En pratique, il est toutefois complexe pour un chef de juridiction d'organiser dans l'urgence une audience composée de trois magistrats et chargée uniquement de trancher la question initialement soumise au premier président étant en outre précisé que la formation de jugement de la cour qui tranchera ensuite le fond du litige ne pourra être composée des mêmes magistrats pour des raisons d'impartialité du juge (CESDH art. 6).

27013 La procédure de l'article 487 du CPC doit être **distinguée de la passerelle** de l'article 837 du même Code qui permet de passer du référé au fond lorsque tout ou partie des chefs de demande relèvent du juge du fond et nécessitent un traitement en urgence. Cette dernière procédure est utilisée, par exemple, quand l'appelant forme devant le premier président une demande de suspension de l'exécution provisoire (nos 27050 s.) mais, craignant un débouté sur ce point, il sollicite subsidiairement, dans son assignation, l'application des dispositions de l'article 837 du CPC afin d'inviter le premier président, dans le cadre de son ordonnance de référé, à fixer l'examen du litige à une date précise devant la cour statuant en formation de jugement de l'appel lui-même. Pour que sa demande soit accueillie le demandeur doit, dans son assignation, rapporter la preuve de l'urgence.

En pratique, s'il a saisi le premier président avant l'expiration de son délai pour conclure (CPC art. 908 s. ou 905 s.), l'appelant aura tout intérêt à avoir remis au greffe et notifié à l'intimé ses conclusions pour que le premier président fasse droit à sa demande.

2. RÉFÉRÉ FONDÉ SUR L'URGENCE EN APPEL

27023 Dans tous les cas d'urgence, le premier président peut ordonner en référé, en cas d'appel, toutes les mesures qui ne se heurtent à aucune contestation sérieuse ou que justifie l'existence d'un différend (CPC art. 956). Il résulte de l'utilisation de l'expression **« en cas d'appel »** que le premier président peut être sollicité dès qu'un appel est formé, c'est-à-dire à la date de la déclaration d'appel.

L'article 956 du CPC, libellé dans des **termes proches de** ceux de l'article 834 du même Code sur les pouvoirs du président du tribunal judiciaire, confère au premier président de la cour d'appel les mêmes pouvoirs qu'à celui-ci et appelle les mêmes remarques sur les notions d'urgence, de contestation sérieuse et de différend (nos 33220 s.).

L'article 835 du CPC, qui confère au président du tribunal judiciaire certains pouvoirs (notamment, prescription de mesures pour éviter un dommage imminent ou pour faire cesser un trouble manifestement illicite, même en présence d'une contestation sérieuse et d'allocation d'une provision), n'a **pas d'équivalent** dans le Code de procédure civile pour le premier président de la cour d'appel, et les tribunaux refusent de lui octroyer les pouvoirs prévus à cet article (notamment, CA Lyon ord. réf. 12-2-1980 : Gaz. Pal. 1980 p. 234). Il semblerait pourtant cohérent que soient dévolues au premier président, en tant que chef de la juridiction d'appel, les mêmes prérogatives que celles qui appartiennent au président du tribunal judiciaire. **27025**

Cette exclusion est toutefois sans conséquence pratique dans le cadre d'une **procédure avec représentation obligatoire** car, dans ce cas, un conseiller de la mise en état est désigné et celui-ci peut ordonner toutes mesures provisoires, même conservatoires. La désignation du conseiller de la mise en état est faite par le président de chambre à laquelle l'affaire est distribuée (CPC art. 904-1), au jour où l'avocat de l'appelant reçoit **l'avis d'enrôlement,** ou de désignation du conseiller de la mise en état, du greffe avec le numéro de répertoire général. Cet enrôlement, aujourd'hui automatisé, autorise une **saisine très rapide** du CME aux mêmes fins que celles prévues par l'article 835 pour le président du tribunal judiciaire. Le CME devient donc compétent au jour où est diffusé l'avis de distribution de l'affaire à la mise en état. Tant que cette désignation n'est pas intervenue le premier président reste donc compétent.. **27027**

En cas de **procédure sans représentation obligatoire,** pour tenter d'obtenir du premier président le même type de mesures que celles qu'il peut demander au conseiller de la mise en état en matière de procédure avec représentation obligatoire, le demandeur peut envisager de se référer à l'article 845 du CPC relatif aux ordonnances sur requête devant le président du tribunal judiciaire, celui-ci pouvant ordonner « toutes mesures urgentes ». **27029**

MODÈLE

Assignation en référé devant le premier président **27032**

ASSIGNATION EN RÉFÉRÉ DEVANT LE PREMIER PRÉSIDENT DE LA COUR D'APPEL DE (*Ville*)
(CPC art. 272 ou art 514-3, 514-4 ou 524 ou 540 *selon le cas*)
L'AN DEUX MILLE VINGT-TROIS ET LE : (*Date*)
À la requête de : (*Nom du demandeur*)
Ayant M^e (*Nom*) pour Avocat près la cour d'appel de (*Ville*), avec élection de domicile en son Cabinet,
Et pour avocat plaidant M^e (*Nom*)
Avons en tête des présentes signifié et laissé copie à : (*Nom du défendeur*)
De la présente assignation en référé accompagnée d'une pièce jointe (*Nature de la pièce*) **et de l'acte d'appel justifiant la régularisation du recours** (*formule inutile en cas de relevé de forclusion*)
D'avoir à comparaître seul ou assisté d'un avocat ou se faire valablement représenter par un avocat régulièrement inscrit à l'audience du
(*Date*)... A (*Heure*) H
Qui se tiendra au cabinet du premier président de la cour d'appel de (*Ville*)
Lui déclarant que faute par lui d'être présent ou assisté ou de se faire valablement représenter par un avocat à l'audience susvisée il s'expose à ce qu'une ordonnance de référé insusceptible d'opposition (*ou de pourvoi en cassation selon les cas*) soit rendue sur les seuls éléments fournis par son adversaire.
MOTIFS DE LA PRÉSENTE ASSIGNATION
1°/Rappel des principes
2°/Application à l'espèce
PAR CES MOTIFS,
Vu les dispositions des articles (CPC art. 272 ou 380 ou art. 514-3, 514-4, 540 selon le cas),
SOUS TOUTES RÉSERVES.
Pièces invoquées et annexées

3. RÉTABLISSEMENT OU OCTROI DE L'EXÉCUTION PROVISOIRE

CONTEXTE

Pour les instances introduites devant les juridictions du premier degré depuis le 1er janvier 2020, l'**exécution provisoire** des décisions de première instance est **de droit** à titre provisoire, sauf si la loi ou la décision en dispose autrement (CPC art. 514). L'exécution provisoire peut être **écartée par le juge,** d'office ou à la demande d'une partie, sauf pour certaines décisions. La loi prévoit en **27040** outre des cas dans lesquels l'**exécution provisoire** est **facultative.** L'étude complète de ces dispositions figure nos 20382 s.

RÉTABLISSEMENT DE L'EXÉCUTION PROVISOIRE DE DROIT

27042 Lorsque l'**exécution provisoire** de droit a été **écartée** en tout ou en partie par le premier juge, son rétablissement peut être demandé, en cas d'appel, au premier président statuant en référé ou au conseiller de la mise en état dès lors qu'il est saisi sous les **conditions cumulatives** suivantes (CPC art. 514-4) :
– urgence ;
– rétablissement compatible avec la nature de l'affaire ;
– absence de risque de conséquences manifestement excessives.

27044 Devant le premier président, la demande doit être formée par **assignation** en référé ; le premier président statue par une décision non susceptible de pourvoi (CPC art. 514-6). Devant le conseiller de la mise en état, la demande doit être formée par **conclusions** qui lui sont spécialement adressées.

Lorsqu'il ordonne le rétablissement de l'exécution provisoire de droit, le juge peut ordonner d'office, ou à la demande des parties, la constitution d'une **garantie** suffisante pour répondre de toutes restitutions ou réparations (CPC article 514-5).

OCTROI DE L'EXÉCUTION PROVISOIRE FACULTATIVE

27045 Dans certains cas prévus par la loi, le juge peut écarter l'exécution provisoire, d'office ou à la demande d'une partie (nos 20420 s.).

Lorsque **l'exécution provisoire a été refusée,** elle ne peut être demandée, en cas d'appel, qu'au premier président ou, dès lors qu'il est saisi, au magistrat chargé de la mise en état et à condition qu'il y ait **urgence** (CPC art. 517-2). De même, lorsque **l'exécution provisoire** facultative **n'a pas été demandée**, ou si, l'ayant été, **le juge a omis de statuer**, elle ne peut être demandée, en cas d'appel, qu'au premier président ou, dès lors qu'il est saisi, au magistrat chargé de la mise en état (CPC art. 517-3). Contrairement au cas où l'exécution provisoire a été refusée, l'urgence n'est pas ici à démontrer.

ATTENTION

Dans les **conclusions**, le paragraphe consacré à la demande d'exécution provisoire doit être détaché des autres et comporter une **motivation suffisante**. Invoquer simplement l'ancienneté du litige à l'appui d'une telle demande est insuffisant. Par exemple, dans une instance en résolution de vente d'appareil de chauffage après expertise judiciaire, l'ancienneté du litige peut être soutenue mais également l'objet du litige : ainsi, « l'appareil doit servir à chauffer un immeuble d'habitation abritant une famille ». Le juge doit apprécier si l'exécution provisoire est nécessaire et compatible avec la nature de l'affaire (CPC art. 515). Cette condition de nécessité et de compatibilité est également appréciée par le premier président ou le conseiller de la mise en état lorsqu'il ordonne l'exécution provisoire.

Depuis l'entrée en vigueur de la réforme, il est extrêmement rare en pratique que cette procédure soit utilisée.

4. ARRÊT DE L'EXÉCUTION PROVISOIRE

EXÉCUTION PROVISOIRE DE DROIT

27050 **Contexte** Les décisions de première instance sont exécutoires de droit à titre provisoire, pour les instances introduites depuis le 1er janvier 2020 (CPC art. 514).

Sauf exceptions, le juge de première instance lui-même a le pouvoir d'écarter l'exécution provisoire de droit s'il estime qu'elle est incompatible avec la nature de l'affaire (CPC art. 514-1).

Conditions En appel seul le **premier président** est compétent pour arrêter l'exécution provisoire de droit, s'il existe des moyens sérieux d'annulation ou de réformation et si l'exécution provisoire risque d'entraîner des conséquences manifestement excessives (CPC art. 514-3).

Aux conséquences manifestement excessives (sur cette notion, voir n° 27076), il est ajouté la condition des **moyens sérieux d'annulation et de réformation**. Cette notion est identique à celle soumise à l'appréciation du premier président en matière de sursis à exécution d'une décision du juge de l'exécution (C. exécution art. R 121-22) ou en matière de procédure collective (C. com. R 661-1).

CONSEIL

Il est vivement recommandé de conclure préalablement sur le fond du litige lorsqu'une partie, en appel, souhaite demander la suspension de l'exécution provisoire, afin de permettre au premier président d'apprécier la pertinence des moyens soutenus à l'appui du recours.

La demande de la **partie qui a comparu en première instance sans faire valoir d'observations** sur l'exécution provisoire n'est recevable que si, outre l'existence d'un moyen sérieux d'annulation ou de réformation, l'exécution provisoire risque d'entraîner des **conséquences manifestement excessives** qui se sont **révélées postérieurement** à la décision de première instance (CPC art. 514-3, al. 2). 27052
Cette distinction faite avec le cas où la partie qui demande en appel l'arrêt de l'exécution provisoire s'y est opposée est interprétée strictement. Dès lors que la partie qui saisit le premier président n'a fait valoir aucune observation sur l'exécution provisoire devant le premier juge, elle ne peut invoquer que sa situation postérieure au jugement, comme soutien à sa demande de suspension. C'est donc peine perdue dans la plupart des cas (voir par exemple CA Aix-en-Provence 5-5-2023 n° 23/00088). Rappelons que les ordonnances du premier président statuant en la matière ne sont susceptibles d'aucun recours (CPC art. 514-6).
Dans le cadre d'une procédure de référé devant le tribunal, une partie ne peut faire valoir des observations sur l'exécution provisoire puisqu'elle est de droit. Il ne peut donc lui être opposé la fin de non-recevoir précitée (CPC art. 514-3) devant le premier président lorsqu'elle va tenter, en appel, d'obtenir la levée de l'exécution provisoire (Ord. prem. prés. Paris 4-3-2021, ch. 1-5 n° 20/18137).

La compétence du premier président s'exerce jusqu'au dessaisissement de la cour, c'est-à-dire y compris après la clôture des débats, jusqu'au prononcé de l'arrêt. 27054
Le premier président statue en référé par une décision non susceptible de pourvoi (CPC art. 514-6).

Dès lors qu'il rejette la demande d'arrêt de l'exécution provisoire, le premier président, d'office ou à la demande des parties, peut ordonner la constitution d'une **garantie** réelle ou personnelle suffisante pour répondre de toutes restitutions ou réparations (CPC article 514-5). 27056

La demande de suspension de l'exécution provisoire est recevable même en présence d'une **saisie-attribution** qui emporte en principe attribution immédiate des fonds au créancier à la condition que le paiement ait été différé (Cass. 2e civ. 23-10-1996 n° 95-22.269). Elle l'est de plus fort lorsqu'un simple commandement a été signifié (CA Toulouse ord. réf. 21-9-2016 n° 105/16). 27058
L'arrêt par le premier président de l'exécution provisoire des décisions rendues en matière de **procédures collectives** obéit à des règles particulières (nos 50420 s.).

EXÉCUTION PROVISOIRE FACULTATIVE

Lorsque l'exécution provisoire a été ordonnée, elle peut être arrêtée dans deux **cas** limitativement énumérés (CPC article 517-1) : 27065
– si elle est interdite par la loi ;
– si elle risque d'entraîner des conséquences manifestement excessives.

Les conséquences manifestement excessives s'apprécient au regard de la faculté de règlement des condamnations par le **débiteur, appelant,** ou des facultés de remboursement du **créancier, intimé,** en cas de réformation du jugement (Cass. ass. plén. 2-11-1990 n° 90-12.698 : Bull. civ. ass. plén. n° 11). Ces deux conditions sont alternatives et non pas cumulatives. 27076
Il y a conséquences manifestement excessives lorsque l'exécution provisoire créerait une situation irréversible de nature à ruiner complètement la **trésorerie de l'entreprise** condamnée (CA Paris 3-5-1985 : Bull. avoués 1985 p. 94 ; CA Paris 3-4-2002 : Bull. avoués 2002 p. 47). Cette solution ne vaut pas si l'entreprise fait partie d'un **groupe** dont l'aide financière lui permet de faire face à la condamnation (CA Paris 15-4-2011 n° 11-5714, ord. réf. ch. 1-5 : RJDA 8-9/11 n° 703).

En pratique, pour apprécier l'existence de conséquences manifestement excessives, les premiers présidents n'acceptent pas d'examiner dans une **même assignation** les facultés de remboursement du créancier et les facultés de paiement du demandeur (Document intranet Cour de cassation 20-10-2005). 27078
La Cour de cassation a rappelé que la charge de la preuve du risque de non-restitution des fonds en cas d'infirmation du jugement pèse sur le demandeur ; par suite, dès lors que cette preuve n'était pas apportée et que la situation financière de la société demanderesse était saine, le premier président, motivant sa décision, a pu **souverainement** rejeter la demande d'arrêt de l'exécution provisoire (Cass. 2e civ. 27-2-2014 n° 12-24.873 : Bull. civ. II n° 53).

Le succès de la demande de suspension de l'exécution provisoire ordonnée dans un jugement ne dépend nullement de la démonstration par le demandeur d'une irrégularité affectant le jugement : violation du principe du contradictoire ou de tout autre principe directeur du procès civil (notamment, Cass. 2e civ. 6-12-2007 : Bull. civ. II n° 262 et CA Douai, ord. réf. 28-10-2010 n° 171/10). 27080

Conseils **1.** Il appartient à celui qui saisit le premier président de verser à son dossier l'ensemble des pièces propres à **établir** les **conséquences manifestement excessives** (bilan, déclaration de revenus, avis d'imposition) qu'aurait pour lui le paiement des sommes.

2. Lorsqu'il cherche en revanche à **démontrer que le défendeur ne présente pas des garanties suffisantes** de solvabilité pour assurer la restitution des fonds en cas d'infirmation du jugement, il est conseillé au demandeur de faire précéder son assignation d'un incident de communication de pièces (devant le conseiller de la mise en état) tendant à obtenir les justificatifs de cette garantie, le silence face à cette demande pouvant être interprété comme l'absence de garantie suffisante et asseoir une décision favorable du premier président.
3. Le bénéficiaire d'une condamnation manifeste de très sérieuses réticences à communiquer les justificatifs précis de sa situation financière, laissant craindre à l'appelant un défaut de restitution des fonds versés en exécution du jugement, en cas de réformation de celui-ci par la cour. Pour éviter d'être débouté d'une demande de suspension de l'exécution provisoire tenant aux facultés de remboursement du bénéficiaire de la condamnation en cas d'infirmation, l'appelant, demandeur au référé, a tout intérêt à **former à titre subsidiaire une demande de consignation** (n°s 27144 s.), laquelle n'est pas subordonnée à la preuve des conséquences manifestement excessives (en ce sens, CA Paris, ord. 12-1-2011 n°s 10/20672 et 10/23498).

NÉCESSITÉ D'UN APPEL POUR DEMANDER L'ARRÊT DE L'EXÉCUTION PROVISOIRE

27081 Les **chefs de jugement critiqués** devant figurer dans l'acte d'appel (CPC art. 901), il est vivement recommandé d'inscrire également **celui relatif à l'exécution provisoire** (lorsqu'elle est ordonnée ou de droit selon les cas), afin d'**étendre la dévolution du litige** à ce point et ne pas se heurter à une irrecevabilité possible devant le premier président qui pourrait estimer que l'exécution provisoire n'est pas dans les débats devant la cour et donc, par extension, devant lui.

27082 La **demande de suspension** de l'exécution provisoire suppose, pour être recevable, qu'un appel ait été interjeté. Ainsi, le premier président doit, lorsqu'il statue, vérifier dans le dossier qui lui est remis que la **déclaration d'appel** a été formalisée avant sa saisine, faute de quoi la demande qui lui est présentée est irrecevable. La condition du dépôt des conclusions de l'appelant avant l'audience de référé n'est pas prescrite par la loi.
Lorsqu'une des parties intimées s'associe à une demande de suspension de l'exécution provisoire, elle doit donc conclure au fond et relever appel incident avant de s'associer à la demande de suspension sans quoi celle-ci sera irrecevable par application du principe général (CPC art. 514-3).

EXEMPLE

> L'**assureur** X relève appel d'un jugement qui l'a condamné aux côtés de son assuré Y à payer 10 000 € à une victime de dommages corporels. L'**assuré** qui souhaite se joindre à la demande de suspension de l'exécution provisoire, intimé sur l'appel de son assureur, doit, avant l'audience de référé, régulariser lui-même un appel (principal ou incident) pour que sa demande de suspension de l'exécution provisoire soit également recevable.

L'appelant qui a vu son **recours radié** sur le fondement de l'article 524 du Code de procédure civile **faute d'exécution** des condamnations peut toujours former une demande de suspension de l'exécution provisoire puisque la condition de l'existence d'un appel est réunie, la radiation n'ayant qu'un effet suspensif de l'instance et non pas extinctif.

EXÉCUTION PROVISOIRE INTERDITE PAR LA LOI

27086 Le premier président semble avoir perdu le pouvoir d'ordonner l'arrêt de l'exécution provisoire lorsqu'elle est prohibée par la loi (comparer CPC ancien art. 524 et CPC art. 514-3 nouveau).
Cependant, dès lors qu'il a le pouvoir d'apprécier les moyens sérieux d'annulation ou de réformation, le premier président devrait conserver ce pouvoir car, pour un juge de première instance, omettre de rappeler dans sa décision que l'exécution provisoire est interdite par la loi reviendrait à une erreur grossière de droit susceptible d'entraîner l'annulation de sa décision.
L'exécution provisoire est prohibée par la loi dans les cas suivants :
– lorsque le juge qui prononce le divorce fixe une prestation compensatoire (CPC art. 1079, al. 1) ;
– en matière de déclaration de faux (CPC art. 310) ;
– en matière de communication de pièces dans le cadre de la protection du secret des affaires (C. com. art. R 153-8, al. 2 et R 153-9, II-al. 2 et III, al. 2).

EXÉCUTION PROVISOIRE PARTIELLE

27090 L'exécution provisoire ordonnée peut l'être pour tout ou partie de la condamnation (CPC art. 515, al. 2). Il suffit que le juge place la mention « ordonne l'exécution provisoire » sous un **chef bien précis du dispositif** de son jugement pour que ceux qui suivent ne soient pas assortis de l'exécution provisoire. Le premier président ne peut donc être saisi d'une demande de suspension de l'exécution provisoire que sur le chef du jugement soumis à exécution provisoire.

EXEMPLE

Le dispositif d'un jugement est ainsi rédigé :
PAR CES MOTIFS
Le tribunal statuant par jugement contradictoire et en premier ressort,
Condamne la société X à payer à M. Y la somme de 50 000 € en réparation de son préjudice matériel ;
Ordonne l'exécution provisoire à hauteur de la moitié de ladite somme ;
La condamne également à payer 2 000 € de dommages et intérêts au titre de l'abus de droit d'ester en justice outre 5 000 € sur le fondement de l'article 700 du CPC et les dépens.
Dans cette hypothèse, seuls 25 000 € seront dus nonobstant l'appel. Le premier président ne peut donc être saisi d'une demande de suspension de l'exécution provisoire que sur cette condamnation.

5. AMÉNAGEMENT DE L'EXÉCUTION PROVISOIRE DE DROIT OU FACULTATIVE

JUGE COMPÉTENT ET SITUATIONS CONCERNÉES

Pour les instances introduites depuis le 1er janvier 2020, l'aménagement de l'exécution provisoire de droit ou facultative peut être ordonnée tant par le juge qui rend sa décision que par le premier président (CPC art. 518), en matière de rétablissement de l'exécution provisoire (CPC art. 514-5 *in fine*) ou lorsque l'exécution provisoire est facultative (CPC art. 517-1, al. 3). **27120**

RECOURS À LA CONSIGNATION POUR AMÉNAGER L'EXÉCUTION PROVISOIRE

C'est auprès de la **Caisse des dépôts et consignations** (https://consignations.caissedesdepots.fr/particulier/la-justice-et-vous/consignez-pour-eviter-lexecution-dun-jugement), mais également entre les mains d'un tiers qui ouvre un compte séquestre auprès de sa banque (le plus souvent, le bâtonnier de l'avocat du créancier à la Caisse de règlements pécuniaires des avocats : Carpa) que s'effectue la consignation (CPC art. 519, al. 1 et 2). À l'issue du procès d'appel, l'avocat séquestre doit clôturer le compte ; il est comptable des intérêts qu'il doit verser au bénéficiaire final de la condamnation. A minima, il s'agit des intérêts au taux légal. **27122**
Si le tiers refuse d'être dépositaire des fonds, la somme est déposée à la Caisse des dépôts et consignations (CPC art. 519 al. 3).

Consignation par la partie condamnée
Pour éviter une exécution forcée, la partie condamnée à payer une somme d'argent peut être autorisée par le juge qui a rendu la décision ou, en cas d'appel, par le premier président, à consigner dans les **conditions suivantes** (CPC art. 521) :
– en cas de condamnation au **paiement de sommes** (autres que des aliments, des rentes indemnitaires ou des provisions), le premier président peut ordonner la consignation d'espèces ou de valeurs suffisantes pour garantir le montant de la condamnation, en principal, intérêts et frais ;
– en cas de condamnation au **versement d'un capital** en réparation d'un dommage corporel, le premier président peut ordonner que ce capital sera confié à un séquestre à charge d'en verser périodiquement à la victime la part que ce juge détermine.
L'interdiction de consignation en cas de **provision** s'explique par le fait que cette mesure doit permettre à la partie bénéficiaire d'utiliser la somme le temps du procès. Le seul moyen dont dispose le débiteur pour se soustraire à ce paiement réside dans la demande de suspension de l'exécution provisoire dont est assortie de plein droit cette disposition du jugement.

Substitution de garantie Si le jugement exécutoire de droit a prévu une garantie, le premier président peut, à tout moment, autoriser la substitution à la garantie primitive d'une garantie équivalente (CPC art. 522). **27125**

CONSEIL

La partie qui entend, sur l'appel d'une décision exécutoire de droit, demander l'aménagement de cette exécution doit expressément **motiver sa demande** qui est souvent formée subsidiairement à une demande d'arrêt de l'exécution provisoire de plein droit. Cette motivation est d'autant plus nécessaire qu'il n'est pas imposé de rapporter la preuve des conséquences manifestement excessives pour établir le risque de non-restitution en cas de réformation de la décision : n° 27078 (intranet Cour de cassation 20-10-2005).

Constitution de garanties par le bénéficiaire de l'exécution Lorsque l'exécution provisoire d'un jugement est facultative et qu'elle a été ordonnée, le premier président de la cour d'appel, statuant en référé, peut la subordonner à la constitution par son bénéficiaire **27131**

d'une **garantie réelle ou personnelle,** suffisante pour répondre de toutes restitutions ou réparations (CPC art. 517). Le juge peut par exemple ordonner, à la charge du bénéficiaire de l'exécution provisoire, un cautionnement bancaire ou la consignation d'une somme d'argent.
La nature, l'étendue et les modalités de la garantie sont précisées par la décision qui en prescrit la constitution (CPC art. 518).

27133 Lorsque **la garantie consiste en une somme d'argent,** celle-ci est déposée à la Caisse des dépôts et consignations ; elle peut aussi l'être, à la demande de l'une des parties, entre les mains d'un tiers commis à cet effet. Dans ce dernier cas, le juge, s'il fait droit à cette demande, constate dans sa décision les modalités du dépôt. Si le tiers refuse le dépôt, la somme est déposée, sans nouvelle décision, à la Caisse des dépôts et consignations (CPC art. 519).

27136 Si la **valeur de la garantie** ne peut être immédiatement appréciée, le juge invite les parties à se présenter devant lui à la date qu'il fixe, avec leurs justifications. Il est alors statué sans recours. La décision est mentionnée sur la minute et sur les expéditions du jugement (CPC art. 520).

27144 La partie qui demande l'aménagement de l'exécution provisoire devant le premier président n'est pas tenue de rapporter la preuve de **conséquences manifestement excessives** (notamment, Cass. 2e civ. 23-1-1991 n° 89-18.925 : Bull. civ. II n° 26 ; Cass. 2e civ. 9-9-2010 n° 09-67.291).

27146 Le premier président dispose d'un **pouvoir discrétionnaire** pour décider si l'exécution provisoire du jugement doit être aménagée ou non (Cass. 2e civ. 29-3-1995 n° 93-16.252 : Bull. civ. II n° 112 ; Cass. 2e civ. 27-2-2014 n° 12-24.873 : Bull. civ. II n° 53). Ce pouvoir lui permet de se dispenser de motiver sa décision et de débouter en énonçant : « dit n'y avoir lieu à aménagement de l'exécution provisoire ». Il est toutefois préférable, dans un souci de compréhension par les justiciables, que sa décision soit motivée (application du principe général de l'art. 455 du CPC).

27148 Lorsqu'une **personne morale de droit public** se pourvoit en cassation contre une décision la condamnant à verser une indemnité à une personne privée, le premier président de la cour d'appel peut, à la demande de la personne morale de droit public, subordonner l'exécution de la décision à la constitution d'une garantie, réelle ou personnelle, suffisante pour répondre de toutes restitutions ou réparations (Décret 80-367 du 19-5-1980, art. 2). Cette procédure est exclusivement réservée à l'hypothèse du pourvoi et n'a donc nullement vocation à s'appliquer en cas d'appel d'un jugement.

7. CAS PARTICULIER DU SURSIS À EXÉCUTION D'UNE DÉCISION DU JUGE DE L'EXÉCUTION

27170 Les voies de recours exercées à l'encontre des décisions du juge de l'exécution ne sont pas suspensives d'exécution (C. exécution art. R 121-21). Il est cependant possible de saisir le premier président pour demander un sursis à exécution des mesures ordonnées par le juge de l'exécution (C. exécution art. R 121-22).

DÉCISIONS CONCERNÉES

27171 Le sursis à exécution peut concerner toutes les décisions du juge de l'exécution sauf celles qui, dans les rapports entre créanciers et débiteurs, sont dépourvues d'effet suspensif d'exécution, à moins qu'elles n'ordonnent la mainlevée d'une mesure (Cass. 2e civ. 25-3-1999 n° 97-15.645 : Bull. civ. II n° 59).
Il est ainsi fréquent qu'une décision de simple débouté puisse être soumise, par le biais de l'article R 121-22 du Code des procédures civiles d'exécution, au premier président statuant sur une demande de sursis à exécution.
Peuvent par exemple faire l'objet d'une demande de sursis à exécution :
– le jugement du juge de l'exécution qui ordonne la mainlevée d'une saisie-attribution ;
– le jugement qui déboute une partie de sa contestation dirigée contre une saisie-attribution et qui a pour effet de différer l'exigibilité du paiement au créancier (Cass. 2e civ. 25-3-1999 précité).

27172 En aucun cas le sursis à exécution n'est possible lorsque le juge de l'exécution a statué sur une **astreinte** : ainsi en est-il lorsqu'il assortit une précédente décision d'une telle peine, qu'il la liquide ou en modifie le taux (Cass. 2e civ. 14-6-2001 n° 99-18.082 : Bull. civ. II n° 119). Certains premiers présidents estiment cependant recevable une demande fondée sur les dispositions de l'article 514-3 du CPC (nos 27050 s.), lorsque le juge de l'exécution a statué sur une astreinte (CA Paris 30-3-1994 : Bull. avoués 1994 p. 76), ce qui a pour effet de contourner la prohibition édictée par la Cour de cassation dans l'arrêt du 14 juin 2001 précité.

MODALITÉS DE LA DEMANDE DE SURSIS À EXÉCUTION

27180 La demande doit être formée par **assignation** en référé délivrée à la partie adverse et dénoncée, s'il y a lieu, au tiers entre les mains de qui la saisie a été pratiquée (C. exécution art. R 121-22, al. 1).

Comme toute assignation, elle doit être fondée en droit (CPC art. 56, al. 3) et doit donc faire clairement mention de l'article R 121-22 précité. La sanction de l'absence de mention de cet article ne peut cependant qu'être une nullité pour vice de forme, à charge pour le défendeur de rapporter la preuve d'un grief. En outre le premier président, saisi sur un fondement erroné, peut requalifier la demande dès lors qu'il peut tirer du contenu de l'assignation ou des plaidoiries (la procédure étant orale) la conclusion qu'il est bien saisi d'une demande de sursis à exécution.

Le sursis à exécution n'est accordé que s'il existe des **moyens sérieux** d'annulation ou de réformation de la décision déférée (C. exécution art. R 121-22, al. 3). **27182**

Dans son assignation, le demandeur doit donc exposer les « moyens sérieux d'annulation ou de réformation » de la décision du juge de l'exécution sans pour autant que lui soit imposé le dépôt de ses conclusions préalablement à l'examen de sa demande (Cass. 2e civ. 5-4-2001 n° 99-13.975 : Bull. civ. II n° 74).

CONSEIL

Les appelants ont intérêt à déposer leurs conclusions avant l'examen du bien-fondé de leur référé. Ce dépôt préalable permettra au premier président, s'il est saisi de la demande ou d'office, de fixer l'affaire pour plaidoiries en faisant usage de la procédure de la passerelle (n° 27013).

EFFETS DE LA DEMANDE DE SURSIS À EXÉCUTION

Jusqu'au jour du prononcé de l'ordonnance par le premier président, la demande de sursis à exécution **suspend les poursuites** si la décision attaquée a ordonné leur continuation ; elle **proroge les effets** attachés à la saisie et aux mesures conservatoires si la décision attaquée a ordonné la mainlevée (C. exécution art. R 121-22, al. 2). **27190**

L'auteur d'une **demande** de sursis à exécution **manifestement abusive** peut être condamné par le premier président à une amende d'un montant maximum de 10 000 €, sans préjudice des dommages-intérêts qui pourraient être réclamés (C. exécution art. R 121-22, al. 4). **27192**

L'erreur du demandeur sur le fondement juridique de sa demande de sursis à exécution ne constitue pas, à elle seule, une faute susceptible de donner lieu à dommages-intérêts pour procédure abusive (Cass. 2e civ. 18-12-2003 n° 01-16.617 : Bull. civ. II n° 402).

8. SUSPENSION D'EXÉCUTION D'UN JUGEMENT IMPROPREMENT QUALIFIÉ EN DERNIER RESSORT

Le premier président peut suspendre l'exécution des jugements improprement qualifiés en dernier ressort (CPC art. 957). **27200**

En pratique, il exerce rarement ce pouvoir car lorsqu'un conseiller de la mise en état est nommé, c'est lui qui a compétence exclusive pour suspendre les décisions des jugements improprement qualifiés en dernier ressort (CPC art. 915). Le premier président (CPC art. 957) ou la **cour** (CPC art. 569) ne retrouvent donc leur compétence que lorsque l'affaire est instruite et jugée selon les règles de la procédure sans représentation obligatoire.

Depuis l'entrée en vigueur des dispositions relatives à la communication électronique des déclarations d'appel, la saisine du CME s'opère dès réception par l'avocat du numéro de répertoire général de son dossier. Lorsque la procédure est soumise aux règles de la représentation obligatoire, le pouvoir de suspendre l'exécution des jugements improprement qualifiés en dernier ressort est donc presque immédiatement conféré au CME.

B. Procédure accélérée au fond en appel

PRÉSENTATION

Dans les cas prévus par la loi ou le règlement, le premier président statue selon la procédure accélérée au fond (CPC art. 958-1). **27210**

Le premier président a le pouvoir de statuer selon la procédure accélérée au fond pour autoriser les parties à relever appel d'une décision ordonnant une **expertise** ou d'un jugement de **sursis à statuer** (CPC art. 272 et 378).

Il s'agit de décisions rendues au principal qui ont **autorité de chose jugée**.

La **procédure** applicable est celle prévue à l'article 481-1 du CPC (assignation à une audience tenue aux jour et heure prévus à cet effet ou même d'heure à heure). Pour plus de détails sur cette procédure, voir n°s 33350 s.

> **Précisions** Les parties se défendent elles-mêmes sous réserve des cas dans lesquels la **représentation** est **obligatoire** (CPC art. 18). Aucun texte ne prévoyant que la représentation par avocat est obligatoire devant le premier président de la cour d'appel, celle-ci est donc facultative. Dans le cadre d'une procédure accélérée au fond diligentée pour relever appel d'une ordonnance de référé du président d'un tribunal de commerce, il a été jugé que l'absence de mention de l'obligation de constituer avocat dans l'assignation était sans conséquence, car la représentation par avocat n'était pas obligatoire « dans le cadre d'une action en référé engagée devant le président » (CA Paris 16-3-2021 ch. 1-5 n° 20/18752).

1. AUTORISATION DE RELEVER APPEL D'UNE DÉCISION ORDONNANT UNE EXPERTISE

27211 En principe, la décision qui se limite à ordonner une expertise n'est susceptible d'appel qu'avec le jugement au fond. Le premier président de la cour d'appel statuant selon la procédure accélérée au fond peut toutefois autoriser une partie à relever appel d'une décision ordonnant une expertise, sans attendre le jugement qui tranche le principal, à condition qu'elle rapporte la preuve d'un **motif grave et légitime** (CPC art. 272, al. 1 et 2).
L'article 272 constitue une exception et fait l'objet d'une interprétation stricte.

DÉCISIONS CONCERNÉES

27212 L'article 272 du CPC vise toute décision ayant ordonné une expertise, quelle que soit la **juridiction** qui a rendu celle-ci.
Lorsque la décision critiquée est une **ordonnance de référé,** l'article 272 ne s'applique que si elle a été rendue avant dire droit. Cet article ne s'applique pas si le juge des référés a vidé sa saisine en ordonnant une expertise (Cass. 2e civ. 23-9-2004 n° 02-16.459 : Bull. civ. II n° 421). L'appel d'une telle ordonnance est en effet immédiatement recevable (CPC art. 490), sans autorisation du premier président de la cour d'appel.

27214 La procédure de l'article 272 du CPC n'est pas applicable aux **décisions mixtes,** c'est-à-dire à celles qui tranchent une partie du principal et ordonnent une mesure d'instruction car elles peuvent être immédiatement frappées d'appel, dans les mêmes conditions que les jugements qui tranchent tout le principal (nos 23590 s.).
L'appel de ces décisions ne nécessite donc pas l'autorisation du premier président, sauf si l'appel se limite à la question de l'expertise.
En présence d'un jugement mixte et d'un appel principal limité au seul chef du dispositif ayant tranché une partie du principal, l'**appel incident** formé par l'intimé contre le chef relatif à l'expertise n'est pas soumis à l'autorisation du premier président (Cass. soc. 11-12-1990 n° 87-41.317 : Bull. civ. V n° 639).

27216 Une partie ne peut pas utiliser la procédure de l'article 272 du CPC pour demander au premier président l'autorisation de relever immédiatement appel d'une **décision qui a refusé d'ordonner une expertise** (CA Bastia 13-6-2012 n° 10/00440 ; CA Paris 11-3-1989 : Bull. avoués 1989 p. 58 et CA Aix-en-Provence 26-4-2019 n° 18-13037).

MOTIF GRAVE ET LÉGITIME POUR RELEVER APPEL D'UNE DÉCISION ORDONNANT UNE EXPERTISE

27220 Le motif grave et légitime est souverainement apprécié par le premier président (Cass. 2e civ. 3-4-1978 n° 77-11.934 : Bull. civ. II n° 107). Pour des exemples, voir n° 15161.

MODALITÉS DE LA DEMANDE VISANT À RELEVER APPEL D'UNE DÉCISION ORDONNANT UNE EXPERTISE

27225 La partie qui demande au premier président l'autorisation de relever appel de la décision d'expertise doit délivrer une **assignation** à son adversaire dans le **délai** d'un mois de cette décision (CPC art. 272, al. 2). L'inobservation du délai d'un mois doit être soulevée d'office par le premier président, la déchéance qui en découle étant d'ordre public (CA Paris 24-10-1977 : D. 1978 IR p. 153, obs. P. Julien).

> **Précisions** Encore faut-il que le demandeur ait été en mesure de **connaître la date** à laquelle la décision de première instance a été rendue. La décision doit donc comporter la mention selon laquelle les parties ou leurs conseils ont été informés de la date de sa mise à disposition au greffe (CA Paris 26-11-1985 précité). À défaut, la demande formée dans le mois de la connaissance effective du jugement est recevable (CA Bastia 29-4-1986 : Gaz. Pal. 1987. 1. Somm. p. 107).

DÉCISION DU PREMIER PRÉSIDENT SUR UNE DEMANDE VISANT À RELEVER APPEL D'UNE EXPERTISE

Le premier président qui fait droit à la demande fixe le jour où l'affaire sera examinée par la cour d'appel, laquelle est saisie et statue selon les modalités de la **procédure à jour fixe** (CPC art. 272, al. 3). Ces modalités sont prévues par les articles 917 et suivants du CPC pour la procédure avec représentation obligatoire et 948 pour la procédure sans représentation obligatoire. 27230

La partie autorisée à relever appel doit **formaliser son recours** (par une déclaration d'appel) dans le **délai** d'un mois à compter du prononcé de la décision, à peine d'irrecevabilité (Cass. 2e civ. 13-2-2003 n° 01-02.423 : Bull. civ. II n° 35). 27232

La décision du premier président rendue selon la procédure accélérée au fond ne peut pas être frappée d'**appel** (CPC art. 481-1, al. 8). 27234

La décision du premier président autorisant ou refusant l'appel sur le fondement de l'article 272 du CPC ne peut pas être frappée de **pourvoi en cassation** (jurisprudence constante, voir notamment Cass. 2e civ. 26-2-1997 n° 96-13.289 : Bull. civ. II n° 58). Cette exclusion est légitime : l'ordonnance du premier président qui rejette la demande d'autorisation de relever appel ne met pas un terme définitif à la procédure, car l'expertise se déroule en première instance et le jugement tranchant le principal pourra être frappé d'appel. 27236

2. AUTORISATION DE RELEVER APPEL D'UN JUGEMENT DE SURSIS À STATUER

Une décision de sursis à statuer suspend le cours de l'instance pour le temps ou jusqu'à la survenance d'un événement qu'elle détermine (CPC art. 378) ; il ne s'agit pas d'une décision qui tranche le principal et la voie de l'appel ne lui est donc ouverte qu'à la condition de respecter des conditions très strictes. 27246

La décision de sursis peut être frappée d'appel sur autorisation du premier président de la cour d'appel statuant selon la procédure accélérée au fond, s'il est justifié d'un motif grave et légitime (CPC art. 380, al. 1 et 2).

Sur le **déroulé de la procédure** accélérée au fond (CPC art. 481-1), voir n°s 33350 s.

DÉCISIONS CONCERNÉES PAR UNE DEMANDE VISANT À RELEVER APPEL D'UNE DÉCISION DE SURSIS À STATUER

La procédure de l'article 380 du CPC n'est pas applicable aux **décisions mixtes,** c'est-à-dire à celles qui tranchent une partie du principal et ordonnent une mesure d'instruction, car elles peuvent être immédiatement frappées d'appel, dans les mêmes conditions que les jugements qui tranchent tout le principal (n°s 23590 s.). 27247

L'appel de ces décisions ne nécessite donc pas l'autorisation du premier président, sauf si l'appel se limite à la question du sursis à statuer.

Le principe de l'**excès de pouvoir négatif** (inaction du juge), déjà dégagé à plusieurs reprises par la Cour de cassation (notamment, Cass. 2e civ. 12-10-2017 n° 16-21.469 F-PB : RJS 12/2017 n° 827), est applicable à une ordonnance du juge de la mise en état qui sursoit à statuer dans l'attente d'une décision définitive du juge administratif alors que le Tribunal des conflits a déjà donné compétence aux juridictions judiciaires pour trancher le litige.

Dès lors que le juge de la mise en état, par inaction, commet un excès de pouvoir, la condition du motif grave et légitime exigé par la loi pour obtenir l'autorisation de frapper d'appel sa décision est remplie (Cass. 1e civ. 28-11-2018 n° 17-17.536 FS-PB). Sur l'appel nullité et l'excès de pouvoir, voir n°s 23750 s.

Une **décision** de première instance **qui rejette une demande de sursis à statuer** n'est pas soumise à l'autorisation prévue par l'article 380 du CPC (CA Paris 8-7-1977 : Gaz. Pal. 1978 1 Somm. p. 40) ; par hypothèse, le juge tranchera le litige et sa décision sera susceptible d'appel. 27248

MOTIF GRAVE ET LÉGITIME POUR RELEVER APPEL D'UNE DÉCISION DE SURSIS À STATUER

Le motif grave et légitime est souverainement apprécié par le premier président (Cass. 2e civ. 3-4-1978 n° 77-11.934 : Bull. civ. II n° 107). Constitue par exemple un motif grave et légitime le risque de longueur d'une procédure pénale, cause du sursis, alors que la créance en litige revêt un caractère alimentaire (CA Paris 20-5-1988 : Bull. avoués 1988 p. 110). 27255

MODALITÉS DE LA DEMANDE VISANT À RELEVER APPEL D'UNE DÉCISION DE SURSIS À STATUER

27260 La partie qui demande au premier président l'autorisation de relever appel de la décision de sursis à statuer doit délivrer une **assignation** à son adversaire dans le **délai** d'un mois de cette décision (CPC art. 380, al. 2).
Les remarques concernant l'information du demandeur sur la date à laquelle la décision de première instance a été rendue et sur le caractère d'ordre public du délai d'un mois, exposées à propos de la demande d'autorisation pour interjeter appel d'une décision d'expertise (n° 27225), sont applicables à la demande d'autorisation de relever appel d'une décision de sursis à statuer.

27262 Le défaut de saisine du premier président d'une demande d'autorisation de relever appel d'un jugement de sursis à statuer constitue une cause d'irrecevabilité d'ordre public de l'appel qui doit être soulevée d'office par la cour (notamment, Cass. soc. 17-2-1993 n° 89-45.744 : Bull. civ. V n° 60).
Comme tout moyen d'ordre public soulevé d'office par un juge, encore faut-il que la cour provoque les explications préalables des parties avant de trancher la fin de non-recevoir dont elle s'empare (CPC art. 15 s.).

DÉCISION DU PREMIER PRÉSIDENT SUR UNE DEMANDE D'APPEL D'UNE DÉCISION DE SURSIS À STATUER

27272 Le premier président qui fait droit à la demande fixe le jour où l'affaire sera examinée par la cour d'appel, laquelle est saisie et statue selon les modalités de la **procédure à jour fixe** (CPC art. 380, al. 3). Ces modalités sont prévues par les articles 917 et suivants du CPC pour la procédure avec représentation obligatoire et 948 pour la procédure sans représentation obligatoire (n°s 27350 s.).

27274 La décision du premier président rendue selon la procédure accélérée au fond ne peut pas être frappée d'appel (CPC art. 481-1, al. 8).

27278 En l'absence de **déclaration d'appel** dans le **délai** d'un mois de la décision du premier président autorisant une partie à relever appel d'une décision de sursis à statuer, le recours est irrecevable (Cass. 2e civ. 19-11-2008 n° 07-17.358 : Bull. civ. II n° 252).

27280 La décision du premier président autorisant l'appel d'une décision de sursis à statuer est insusceptible de **pourvoi en cassation** (CPC art. 380).
En revanche, la décision qui déclare irrecevable une demande d'autorisation de relever appel d'un jugement non susceptible d'appel comme rejetant une demande de réinscription de l'affaire au rôle est susceptible de pourvoi (Cass. 2e civ. 27-9-2018 n° 17-17.270 FS-PB). Dès lors, il est légitime de considérer qu'une décision du premier président refusant l'autorisation de relever appel est susceptible de pourvoi.

C. Relevé de forclusion du défendeur défaillant en première instance

27290 Sous certaines conditions, le premier président saisi par assignation peut relever de la forclusion le défendeur défaillant en première instance, c'est-à-dire lui permettre de relever appel ou opposition à un jugement, alors que le délai pour ce faire est expiré (CPC art. 540).
Seul le défendeur peut agir, à l'exclusion du demandeur. Les conditions de cette action qui concerne l'appel comme l'opposition sont exposées dans les règles communes à ces deux procédures (n°s 23340 s.).

D. Pouvoirs du premier président en matière de requête

27325 L'ordonnance sur requête est une **décision** provisoire **rendue non contradictoirement** dans les cas où le requérant est fondé à ne pas appeler de partie adverse (CPC art. 493).
En cas d'appel, le premier président a deux sortes de pouvoirs pour rendre des ordonnances sur requête : ordonner des mesures urgentes (n°s 27330 s.), autoriser une partie à assigner son adversaire à jour fixe (n°s 27350 s.). Il n'est pas prévu par la loi d'audience pour l'examen de la requête. Il est cependant vivement conseillé de soutenir celle-ci oralement devant le premier président ou son délégataire.

RECOURS CONTRE LES ORDONNANCES SUR REQUÊTE RENDUES PAR LE PREMIER PRÉSIDENT DE LA COUR D'APPEL

Il n'est pas possible de relever **appel** de l'ordonnance sur requête rendue par le premier président (CPC art. 496). Il a en outre été jugé que cette ordonnance est une mesure d'administration judiciaire insusceptible de tout recours qui ne peut donner lieu à référé à fin de **rétractation** (Cass. 2e civ. 25-2-2010 n° 09-10.403 : Bull. civ. II n° 48). Cette règle est applicable aux ordonnances d'autorisation d'assigner à jour fixe que rend le premier président (CPC art. 917 s. ; voir l'étude d'ensemble nos 27350 s.). 27327

1. REQUÊTE FONDÉE SUR L'URGENCE EN APPEL

Le premier président peut ordonner sur requête, au cours de l'instance d'appel, toute mesure urgente relative à la **sauvegarde des droits** d'une partie ou d'un tiers, lorsque les circonstances exigent qu'elle ne soit **pas** prise **contradictoirement** (CPC art. 958). Il statue donc sur requête lorsqu'une partie ne souhaite pas engager un débat contradictoire sur une demande qui, stratégiquement, doit demeurer confidentielle. Tel peut être le cas d'une demande de constat, en cas de crainte d'effacement des preuves par la partie adverse. 27330

Le juge doit rechercher si les circonstances exigent que la décision ne soit pas prise contradictoirement (Cass. 2e civ. 13-5-1987 n° 86-11.098 : Bull. civ. II n° 112).

Le premier président exerce dans ce domaine un **pouvoir exclusif.** Le conseiller de la mise en état n'est donc nullement compétent pour trancher les demandes présentées par les parties sur le fondement de l'article 958 du CPC. 27332

Le premier président dispose, en matière de **contrefaçon,** des mêmes pouvoirs exclusifs que ceux attribués au président du tribunal judiciaire (Cass. com. 14-9-2010 n° 09-16.854 : RJDA 1/11 n° 91, président du TGI à l'époque des faits).

En revanche, le premier président ne peut pas ordonner sur requête d'une partie une **mesure conservatoire sur les biens** de son adversaire : celle-ci relève de la compétence exclusive du juge de l'exécution (C. exécution art. L 511-3).

En **pratique,** les parties usent rarement de la faculté offerte par l'article 958 du CPC. Cette réticence a pour origine la frilosité des premiers présidents qui, au stade de l'appel, estiment qu'un effet de surprise est bien moins souhaitable dans un procès qu'au stade du premier degré de juridiction. Ils ont tendance en effet privilégier le débat contradictoire lorsqu'une requête leur est soumise par une partie. 27334

La requête doit contenir, à peine de nullité, toutes les indications prévues à l'article 57 du CPC et notamment les coordonnées de l'adversaire. 27336

La requête et l'ordonnance sont aussi soumises aux règles générales du Code concernant toutes les ordonnances sur requête. Notamment, la requête, présentée en double exemplaire, doit être motivée et indiquer précisément les pièces invoquées ; l'ordonnance doit être motivée, elle est exécutoire au seul vu de la minute mais à condition d'avoir été remise avec la requête à la personne à laquelle elle est opposée.

Dans les procédures avec **représentation obligatoire,** la requête est présentée par un avocat par voie électronique (CPC art. 959, sur renvoi à l'article 930-1). À défaut, la demande est irrecevable. 27338

2. REQUÊTE À FIN D'ASSIGNER À JOUR FIXE EN APPEL

La procédure à jour fixe constitue une **modalité d'instruction** du recours destinée, dans une matière où l'**urgence** préside à la solution du litige, à faire juger la cour à bref délai. 27350

Si ses droits sont en péril, l'appelant ou l'intimé peut saisir le premier président par voie de requête (par simple lettre dans la procédure sans représentation obligatoire) afin d'être autorisé à assigner son adversaire à jour fixe devant la cour (CPC art. 917, al. 1 pour l'appelant et 924 pour l'intimé, dans la procédure avec représentation obligatoire ; art. 948, dans la procédure sans représentation obligatoire). Cette procédure s'éteint peu à peu, les premiers présidents ne souhaitant pas sa coexistence avec la procédure d'urgence prévue par l'article 905 du CPC, complétée depuis le décret 2017-891 du 6 mai 2017 par les articles 905-1 et 905-2 du même Code et dont les effets sont identiques (nos 26360 s.).

PROCÉDURE À JOUR FIXE, ORDONNANCE DU PREMIER PRÉSIDENT ET ASSIGNATION D'UNE NOUVELLE PERSONNE

Aucun texte n'interdit une partie bénéficiaire d'une autorisation d'assigner à jour fixe d'appeler, sans nouvelle autorisation, une partie non visée par l'ordonnance du premier président (Cass. 1e civ. 18-1-2023 n° 19-24.671 FS-B). Il s'agissait en l'espèce d'autoriser une partie à assigner 27351 le liquidateur d'une société non visé par l'ordonnance du premier président alors que la société en cours de liquidation était déjà partie à l'instance. Cet arrêt bienveillant permet de pallier un oubli de l'avocat de l'appelant.

DÉMONSTRATION DU PÉRIL POUR ASSIGNER À JOUR FIXE EN APPEL

27352 À peine d'**irrecevabilité,** le demandeur doit exposer dans sa requête le péril dans lequel ses droits se trouveraient si l'affaire n'était pas instruite et jugée à très bref délai. Le péril est une notion bien distincte de l'urgence qui conditionne, devant le président du tribunal judiciaire, la requête à jour fixe. Il peut être défini comme les **conséquences irréversibles** qu'aurait pour le requérant l'instruction de son dossier selon la procédure ordinaire.
Le péril est **souverainement apprécié** par le premier président.

27353 En **pratique,** confrontées au peu de succès des demandes de suspension d'exécution provisoire, les parties sont souvent conduites à saisir le premier président d'une demande d'autorisation d'assigner à jour fixe et invoquent le péril dans lequel leurs droits se trouveraient si l'exécution du jugement venait à être consommée durant l'instance d'appel.

MODALITÉS DE LA REQUÊTE

27360 **Procédure avec représentation obligatoire** La requête peut être présentée **avant la** remise de la **déclaration d'appel** au greffe de la cour ou **dans les huit jours** de celle-ci (CPC art. 919). Dans le premier cas, la déclaration d'appel doit viser l'ordonnance du premier président (CPC art. 919).
Dans les deux cas, la requête doit être accompagnée des **conclusions**, des **pièces** et du **jugement** frappé d'appel. Une **copie** de la requête et des pièces doit être remise au premier président pour être versée au dossier de la cour (CPC art. 918).
La requête à jour fixe, qui n'est pas un acte de procédure remis à la juridiction (CPC art. 930-1) au sens strict du terme, peut être remise sur support papier sans risque d'une irrecevabilité (Cass. 2e civ. 7-12-2017 n° 16-19.336 F-PBI). L'arrêté technique n° 0124 du 20 mai 2020 n'impose nullement la remise par voie électronique de cet acte, mais pose le principe d'une faculté offerte aux avocats d'échanger, dans le cadre des procédures devant le premier président, par la voie du RPVA. La requête à jour fixe peut constituer le préalable d'une procédure d'appel avec représentation obligatoire qui obéira aux règles de la communication dématérialisée prescrite à peine d'irrecevabilité (CPC art. 930-1).
Dans la mesure cependant où elle saisit le premier président et non pas la cour, ce mode de communication ne s'impose pas sous peine d'irrecevabilité.

CONSEIL

Devant la résistance de certaines cours d'appel (notamment, CA Versailles 14e ch. 28-3-2019), il est vivement recommandé de procéder à la fois sur support papier et par voie électronique pour éviter toute irrecevabilité et de devoir ensuite s'engager dans la voie d'un pourvoi en cassation.

27361 **Signification de la requête, de l'ordonnance d'autorisation d'assigner à jour fixe** Le **défaut de signification** à l'intimé de la requête et/ou de l'ordonnance n'entraîne pas l'irrecevabilité de l'appel (CA PARIS 8-6-2023 n° 22/06235).

27362 Une requête frappée de nullité de fond, car **signée non par l'avocat constitué mais par le plaidant**, entraîne non pas la caducité de l'appel, mais son irrecevabilité (Cass. 2e civ. 2-2-2023 n° 21-10.145).

27363 **Remise de l'assignation à jour fixe** À peine de caducité de l'acte d'appel, l'assignation à jour fixe doit être **remise au greffe** avant la date fixée pour l'audience. Cette remise doit être effectuée au greffe par **RPVA**, puisque cet acte saisit la cour (combinaison CPC art. 922 et 930-1).
Le **défaut de remise de la requête et/ou de l'ordonnance avec l'assignation**, n'entraîne pas la caducité de la déclaration d'appel (CPC art. 922 et article 6 § 1 CEDH ; Cass. 2e civ. 17-5-2023 n° 21-20.690). Il faut et il suffit que l'assignation soit placée au rôle de la cour d'appel avant l'audience.

27365 **Procédure sans représentation obligatoire** La fixation prioritaire dans les procédures sans représentation obligatoire obéit à des règles un peu assouplies (CPC art. 948).
La **cour** d'appel doit avoir été **saisie**, mais il est indifférent qu'une date d'audience ait déjà été fixée. Il faut et il suffit qu'une **demande** ait été adressée **au premier président** par la partie qui estime que ses droits sont en péril, par simple lettre exempte de tout formalisme et non par une requête répondant aux exigences de la procédure avec représentation obligatoire.

S'il est fait droit à sa demande, le **requérant** est aussitôt **avisé** de la date fixée.
À moins que le premier président n'ait décidé qu'elle le serait par acte d'huissier ou commissaire de justice à l'initiative du requérant, le **greffier convoque** la partie adverse par lettre recommandée AR et lui adresse le même jour, par lettre simple, copie de cette convocation.
La cour s'assure qu'il s'est écoulé un **temps suffisant** entre la convocation et l'audience pour que la partie convoquée ait pu préparer sa défense.

MODÈLE

Requête aux fins d'être autorisé à assigner à jour fixe 27367

Requête à Monsieur le premier président de la cour d'appel de (*ville*)
Pour : (*nom de la partie*)
Me : (*nom de l'avocat*)
Contre : (*nom de la partie*)
Me : (*nom de l'avocat*)
Plaise à Monsieur le premier président,
Suivant déclaration en date du (*date*), Madame (*nom*) a interjeté appel d'une décision rendue par le Juge aux affaires familiales du Tribunal de judiciaire de (*ville*) qui a fixé la résidence de l'enfant commun (*prénom*), né le (*date de naissance*), chez le père.
Tel que cela est exposé dans les conclusions jointes à la présente requête, ce nouveau changement de résidence, alors que l'enfant est déjà scolarisé depuis plus d'un mois, risque d'avoir pour effet de perturber l'équilibre psychologique de cet enfant.
Le péril, au sens de l'article 917 du CPC, est constitué lorsque l'instruction d'une affaire devant la Cour risque d'entraîner des conséquences irréversibles. En l'espèce, ces conséquences rejaillissent sur les droits de l'enfant dont l'intérêt est supérieur à ceux de ses parents.
L'objet du présent litige est de soumettre à la Cour l'appel d'un jugement ayant transféré la résidence d'un enfant alors que celui-ci était déjà scolarisé. Dans l'hypothèse où l'instruction de ce dossier s'effectuerait selon le circuit habituel, le litige serait vidé de sa substance car, la décision étant exécutoire de droit, la requérante sera tenue de s'y soumettre alors que les effets de la décision à rendre par la Cour ne pourront être rétroactifs.
La procédure à jour fixe, dans la présente affaire, constitue par voie de conséquence le seul moyen de préserver le droit d'appel et l'accès au double degré de juridiction.
Par ces motifs
Vu les dispositions des articles 917 et suivants du CPC,
Vu les conclusions et pièces annexées à la présente requête qui y sont expressément incorporées,
Autoriser Madame (*nom*) à assigner à la plus proche audience Monsieur (*nom*) afin qu'il soit statué dans les plus brefs délais sur les mérites de l'appel qu'elle a interjeté au greffe de la Cour.
Sous toutes réserves
Dont acte.
Pièces annexées : Conclusions et pièces
Jugement dont appel
Déclaration d'appel
Ordonnance
Nous, premier président de la cour d'appel de (*ville*)
Vu le Jugement n° rendu par Monsieur le Juge aux Affaires Familiales du tribunal judiciaire de (ville)
Vu l'appel interjeté le (*date*) par Madame (*nom*),
Vu la requête qui précède ;
Vu les conclusions déposées pour le compte de Madame (*nom*),
Vu les pièces régulièrement déposées ;
Vu les dispositions des articles 917 et suivants du Code de procédure civile,
Autorisons Madame (nom) à assigner Monsieur (nom) pour l'audience de la (numéro de *chambre, Section*) de la cour d'appel de (*ville*) du :
(*Date*) à (*heure*)
Fait en notre Cabinet, à (*ville*), le (*date*)

INCONVÉNIENT DE LA PROCÉDURE À JOUR FIXE EN APPEL

La partie qui décide de demander l'autorisation d'assigner à jour fixe est tenue de développer 27370
dans ses conclusions jointes à sa requête la **totalité** de ses **arguments** et de fournir l'ensemble des **pièces** au soutien de ces derniers.
À peine d'**irrecevabilité,** elle ne peut en effet, par un jeu de conclusions ultérieures, compléter son argumentaire ou ajouter de nouvelles pièces (Cass. 2e civ. 26-11-1990 n° 89-16.428 : Bull. civ. II

n° 248). Cette faculté ne lui est offerte que pour répondre aux arguments ou pièces de l'adversaire (Cass. 2e civ. 10-12-1986 n° 85-13.868 : Bull. civ. II n° 187).

APPEL À JOUR FIXE EN MATIÈRE DE SAISIE IMMOBILIÈRE

27375 L'appel contre le **jugement d'orientation** doit être formé, instruit et jugé selon la procédure à jour fixe, sans que l'appelant ait à se prévaloir dans sa requête d'un **péril** (C. exécution art. R 322-19, al. 1). La procédure à jour fixe est prescrite à peine d'irrecevabilité de l'appel (Cass. 2e civ. 16-10-2014 n° 13-24.634 F-PB).
L'appel d'un jugement arrêtant un plan de cession d'entreprise est aussi soumis à la procédure à jour fixe (C. com. art. R 661-6, 2°).
L'appel est irrecevable si l'appelant, qui respecte pourtant la procédure à jour fixe, ne joint pas à sa requête les conclusions et les pièces (Cass. 2e civ. 7-4-2016 n° 15-11.042).
De même, l'appel est irrecevable si l'appelant omet de joindre la requête initiale (CPC art. 920) à son assignation à jour fixe (Cass. 2e civ. 27-9-2018 n° 17-21.833 FS-PB).
La **forme de la requête** ne présente pas de difficulté particulière : il suffit de viser les dispositions de l'article R 322-19 du Code des procédures civiles d'exécution et d'annexer, comme dans la procédure de l'article 917 du CPC, les conclusions d'appelant, le bordereau et les pièces invoquées et le jugement d'orientation (n° 27360).
L'assignation, à peine de nullité de forme nécessitant la preuve d'un grief (CPC art. 114), doit être signifiée à la partie elle-même et non à domicile élu de son avocat de première instance (Cass. 2e civ. 22-03-2018 n° 17-10.576 F-PB).

SECTION 3 OPPOSITION

RÈGLES GÉNÉRALES

27400 L'opposition est une voie de recours dite ordinaire (CPC art. 527). Elle tend à faire **rétracter** une **décision** rendue **par défaut.** Elle est ouverte au profit du défendeur absent lors des précédents débats : le défaillant.
En **pratique,** l'opposition peut permettre au défendeur appelé, mais qui n'a pas comparu (ou qui n'a pas été représenté) parce qu'il n'a pas été destinataire de la citation introductive, de saisir la juridiction qui a rendu la décision pour qu'elle la rétracte, au contradictoire des autres parties.
Le cas d'opposition le plus fréquent est celui qui frappe les arrêts d'appel.
L'opposition, voie de recours ordinaire, **ne doit pas être confondue** avec l'opposition à une injonction de payer ni avec de nombreuses autres formes d'oppositions qui ne sont pas régies par le Code de procédure civile mais par des règles propres à certaines matières (l'opposition au paiement d'un chèque, opposition des créanciers à une vente de fonds de commerce, à une fusion de sociétés, opposition dans le cadre d'une succession, etc.).

A. Conditions de l'opposition

DÉCISIONS CONCERNÉES PAR L'OPPOSITION

27402 **Jugement par défaut** Seule une décision rendue par défaut peut faire l'objet d'une opposition (CPC art. 476 et 571), c'est-à-dire une décision que le **juge qualifie** comme telle car elle remplit les **conditions cumulatives** suivantes (CPC art. 473) :
– le défendeur n'a pas comparu ;
– la décision est rendue en dernier ressort (c'est-à-dire qu'elle est insusceptible d'appel) ;
– la citation n'a pas été délivrée à personne.
Pour plus de détails sur la qualification du jugement par défaut, notamment en cas de pluralité de défendeurs, voir nos 19250 s.
Si une **décision** de la cour d'appel rendue après cassation est **qualifiée à tort par défaut,** les parties ayant comparu devant la cour d'appel dont la décision a été cassée (CPC art. 634), elle est contradictoire et non susceptible d'opposition (Cass. 2e civ. 19-2-2015 n° 13-25.728 F-PB : Bull. civ. II n° 36).

27403 Une décision par défaut de **première instance** comme d'**appel** peut, sauf exception, faire l'objet d'une opposition.

Si un **jugement** par défaut est rendu et qu'il n'a **pas** été **notifié** dans les six mois de son prononcé, il est réputé non avenu (CPC art. 478). 27405
La partie défaillante devant le tribunal peut donc se dispenser de former opposition contre un tel jugement et se contenter, en riposte à une mesure d'exécution qui pourrait être entreprise contre elle, de saisir le juge de l'exécution qui a compétence exclusive pour ce faire afin qu'il constate le caractère non avenu du jugement. Le demandeur initial pourra toutefois réitérer son assignation et agir aux mêmes fins, si son action n'est pas prescrite.
Les jugements des tribunaux paritaires rendus par défaut sont susceptibles d'opposition, l'interdiction qui figurait à l'article 892 du CPC ayant été supprimée.

Décisions insusceptibles d'opposition Ne sont pas susceptibles d'opposition : 27409
- un arrêt de cassation (CPC art. 622) ;
- une sentence arbitrale (CPC art. 1503) ;
- une ordonnance du juge de la mise en état (CPC art. 795, al. 1) ou du conseiller de la mise en état (CPC art. 916) ;
- une décision qui ordonne ou modifie une mesure d'instruction (CPC art. 150) ;
- un arrêt d'appel statuant exclusivement sur la compétence (CPC art. 87, al. 2).

Nécessité d'un grief La nature de décision rendue par défaut ne suffit pas à conférer à l'opposant un intérêt à agir. Il faut que cette décision lui cause grief. Pour avoir intérêt à agir en opposition et être recevable en cette voie de recours, le défaillant doit en effet avoir succombé, même partiellement. 27412

QUALITÉ DE DÉFAILLANT POUR FAIRE OPPOSITION

Seule une partie défaillante peut faire opposition (CPC art. 571). 27415
Pour être défaillante, la personne qui entend former opposition doit avoir été **partie à l'instance** d'origine. Les tiers ne sont donc pas autorisés à faire opposition ; ils disposent de la tierce opposition pour faire rétracter une décision qui leur fait grief.
La partie défaillante doit avoir la **capacité** de faire opposition (CPC art. 117).
En application des principes généraux de l'introduction d'une action en justice, les **ayants cause** universels ou à titre universel de la partie défaillante peuvent agir en opposition.
La partie qui, citée à personne, n'a pas comparu n'est pas recevable à former opposition (Cass. 2e civ. 4-9-2014 n° 13-16.703 : Bull. civ. II n° 177).

Une partie qui se laisserait **juger une seconde fois par défaut** n'est pas recevable à former une nouvelle opposition (CPC art. 578). 27417

EXEMPLE

Un arrêt d'appel est rendu au préjudice de trois personnes intimées qui n'ont pas comparu : l'arrêt rendu est un arrêt de défaut.
L'un des trois intimés défaillants forme opposition contre toutes les parties. Les deux autres ne comparaissent pas, ni personne pour eux : un nouvel arrêt de défaut est rendu à leur encontre. Ils ne peuvent pas former opposition à cet arrêt.

DÉLAI DE L'OPPOSITION

Le délai pour former opposition est en **principe** d'un mois (CPC art. 538). Ce délai est soumis aux mêmes **exceptions** qu'en matière d'appel. Ainsi, le délai d'opposition des ordonnances de référé est de quinze jours (CPC art. 490, al. 3). 27420
Les règles générales concernant la **computation des délais** et les délais de **distance** s'appliquent (CPC art. 640 s. ; nos 21002 s.).
Lorsque l'opposant est hors délai, il peut demander à être relevé de sa **forclusion.**
Le **changement de capacité** de la partie qui a reçu notification du jugement, ou son **décès,** produit un effet interruptif du délai d'opposition (CPC art. 531, al. 1 et 532, al. 1).
Le **délai** de trois mois **pour conclure,** offert à l'**appelant** sous peine de caducité de la déclaration d'appel dans les procédures avec représentation obligatoire (CPC art. 908), ne s'applique pas à l'auteur de l'opposition, cet article ne visant que l'appel (CA Paris 1-7- 2014 n° 14/04950).

ATTENTION

À peine de nullité de la **signification** d'un arrêt d'appel, la partie qui triomphe doit mentionner deux délais : celui de l'**opposition** et celui du **pourvoi en cassation.** En effet, la voie ordinaire de recours doit être exercée avant la voie extraordinaire.
L'exercice d'un pourvoi en cassation contre un arrêt rendu par défaut alors que le délai d'opposition n'est pas expiré a pour effet de rendre irrecevable le pourvoi (n° 27620).

MOTIVATION DE L'OPPOSITION

27430 L'originalité de la procédure réside dans l'obligation pour le défaillant de motiver son opposition, à peine d'irrecevabilité.

L'opposition doit contenir les **moyens** du défaillant (CPC art. 574).

L'opposant qui indique ne pas avoir été convoqué pour l'audience à laquelle il n'a pas comparu fournit un moyen et son opposition est donc recevable (Cass. 2e civ. 6-10-1993 n° 89-44.398 : Bull. civ. II n° 280). Est en revanche irrecevable l'opposition d'une partie défaillante qui se borne à indiquer qu'elle souhaite faire opposition à un jugement sans exposer aucun **moyen de fait ou de droit** (Cass. 2e civ. 11-4-2013 n° 12-17.174 : Bull. civ. II n° 77).

Cette exigence de motivation est prescrite à peine de nullité de forme (CA Aix-en-Provence 5-7-1984 : Gaz. Pal. 1985 p. 399). La nullité nécessite donc la preuve d'un grief, ce qui rend cette sanction peu efficace.

Le défaillant doit exposer, même succinctement, les raisons pour lesquelles il n'a pas comparu dans le cadre de l'instance ayant donné lieu à la décision qu'il frappe d'opposition.

Il n'est pas utile de développer dans l'opposition les **moyens de fond** qui pourront l'être plus tard, par voie de conclusions.

EXEMPLE

Motivation suffisante :
« M. X forme opposition à l'encontre du jugement de défaut rendu le... en l'état d'une assignation signifiée à une adresse dont M. Y savait qu'elle n'était plus la sienne depuis... ».

FORME DE L'OPPOSITION

27435 L'opposition est portée devant les **mêmes juges** que ceux qui ont rendu la décision frappée d'opposition (CPC art. 573, al. 1). C'est une voie de rétractation.

En matière prud'homale, l'opposition doit être portée directement devant le bureau de jugement (C. trav. art. R 1463-1, al. 1).

L'acte d'opposition obéit aux **mêmes formes** que les demandes présentées devant la juridiction ayant rendu la décision critiquée (CPC art. 573, al. 1). Par exemple, dans les procédures **sans représentation obligatoire** devant le tribunal judiciaire, il faut procéder par une assignation aux fins d'opposition, et devant la cour d'appel, par une déclaration aux fins d'opposition.

En matière prud'homale, l'opposition est caduque si la partie qui l'a faite ne se présente pas. Elle ne peut être réitérée (C. trav. art. R 1463-1, al. 3).

Devant les juridictions où la **représentation est obligatoire,** l'opposition est faite par un échange de conclusions entre avocats (CPC art. 573, al. 2).

À peine d'irrecevabilité, elle est ensuite déclarée au greffe de la juridiction qui a rendu la décision (c'est-à-dire inscription au rôle), par l'avocat constitué par le défaillant, dans le mois de la date où l'opposition a été formée (CPC art. 575).

La saisine de la cour doit être faite par voie électronique (CPC art. 573, al 1 et 930-1), à peine d'irrecevabilité (CA Angers 26-11-2019 n° 17/01591).

CONSEIL

En pratique, il est conseillé de « placer » son opposition (c'est-à-dire de la faire enregistrer au greffe) immédiatement après l'avoir notifiée à son adversaire.

L'assignation aux fins d'opposition doit contenir les mentions prévues par le Code de procédure civile pour toute assignation en justice (CPC art. 56).

27437 Lorsque l'opposition tend à faire rétracter une **décision d'une cour d'appel** rendue par défaut dans une matière régie par la procédure **sans représentation obligatoire,** elle doit être est formée par déclaration que la partie ou tout mandataire fait, ou adresse par pli recommandé, au greffe de la cour qui a statué (CPC art. 573, al. 3).

27439 Une **décision improprement qualifiée de réputée contradictoire** alors qu'il s'agit d'une décision de défaut ne dispense pas le défaillant d'exercer la voie de recours appropriée.

Si toutefois il interjette appel, ou forme un pourvoi en cassation parce que le juge a donné une qualification erronée à sa décision, une fois son recours déclaré irrecevable pour ce motif, il pourra exercer la voie de recours appropriée (CPC art. 536, al. 2).

Le praticien est ainsi à l'abri des difficultés susceptibles d'être rencontrées lorsque le juge commet une erreur de qualification de sa décision et se trouve entraîné vers une voie de recours irrecevable. Par exemple, un jugement est qualifié de réputé contradictoire alors que, s'agissant d'un jugement en dernier ressort (en raison de l'intérêt du litige), il ne pouvait s'agir que d'un jugement rendu par défaut. Un appel est interjeté dont l'irrecevabilité est demandée devant le conseiller de la mise en état au motif que, s'agissant en réalité d'une décision de défaut, seule l'opposition était recevable. La partie qui a interjeté appel en raison de cette qualification inexacte donnée par le tribunal à son jugement peut former opposition à compter de la notification de la décision d'irrecevabilité, dans le délai prévu par la loi.

B. Effets de l'opposition

EFFET RELATIF DE L'OPPOSITION

Seul le **défaillant** peut invoquer des moyens à l'appui de son recours et la décision rendue sur opposition ne produit d'effets qu'entre lui et la partie qu'il a mise en cause. 27450
En cas d'appel, l'arrêt rendu peut produire des effets à l'égard de parties absentes de l'instance dès lors que celle-ci est indivisible (CPC art. 553). En matière d'opposition, aucun texte ne prévoit pareille règle. Le principe de l'effet relatif de l'opposition doit donc être interprété rigoureusement.

EXEMPLE

Soit un litige relatif à un désenclavement entre A, propriétaire du fonds dominant, et B, C, D, propriétaires de fonds servants. Ce litige est par nature indivisible.
L'arrêt de la cour d'appel est rendu au préjudice de C et D qui sont défaillants. C forme opposition contre A : l'arrêt peut être rétracté uniquement entre ces deux parties. B et D restent donc jugés sur les bases du premier arrêt.

ABSENCE D'EFFET SUSPENSIF DE L'OPPOSITION

Même si le principe de l'effet suspensif n'a pas été supprimé (CPC art. 539), celui-ci se trouve vidé de sa substance en raison du caractère désormais exécutoire de droit des décisions de première instance (décret 2019-1333 du 11-12-2019). 27455
Il est toutefois possible de demander au juge qui a rendu la décision de suspendre l'exécution provisoire lorsqu'elle risque d'entraîner des conséquences manifestement excessives, le juge pouvant également l'arrêter d'office (CPC art. 514-3 dernier al.). Dans ce cas, le juge est investi des mêmes pouvoirs que ceux qui sont dévolus au premier président (n°s 27050 s.).

EFFET DÉVOLUTIF DE L'OPPOSITION

Les règles générales relatives à l'effet dévolutif et à ses conséquences pratiques exposées à propos de l'appel sont transposables (n° 24941). L'effet dévolutif attaché à l'opposition se distingue toutefois de celui de l'appel en ce que l'instance sur opposition est portée devant les **mêmes juges** que ceux qui ont rendu la décision de défaut frappée d'opposition (CPC art. 572, al. 1). C'est l'illustration de l'opposition voie de **rétractation**, l'appel étant une voie de réformation. 27460
En **pratique**, c'est la formation de jugement qui a rendu la décision de défaut qui statuera sur l'opposition, dans une composition équivalente, mais pas nécessairement avec les mêmes magistrats.
Cette particularité ne porte pas atteinte au principe d'impartialité du juge au sens de l'article 6 de la CESDH, car la voie de recours a pour vocation d'introduire devant les mêmes juges un **débat contradictoire**.
L'effet dévolutif de l'opposition oblige la cour d'appel à statuer sur le fond du litige. En conséquence, une cour d'appel ne peut pas déclarer une opposition à un arrêt rendu par défaut recevable mais non fondé en l'absence d'indication par le demandeur des raisons pour lesquelles, bien que cité à personne, il n'a pas constitué avoué aujourd'hui, avocat (Cass. 2e civ. 4-5-2014 n° 13-16.703 : Bull. civ. II n° 177).

ILLUSTRATIONS

Lorsqu'une opposition est régulièrement formée **contre une injonction de payer**, le tribunal est saisi de l'ensemble du litige et le jugement se substitue à cette injonction. Les dispositions de l'article L 111-4 du Code des procédures civiles d'exécution, relatives au délai de dix ans pour l'exécution des titres exécutoires, ne sont donc pas applicables (Cass. 2e civ. 29-9-2022 n° 20-18.772 F-B).

Pour apprécier la **recevabilité des demandes,** le juge saisi de l'opposition doit examiner les demandes primitives (CPC art. 577). 27462

Seule la recevabilité des prétentions respectives s'apprécie en fonction de la demande primitive, l'opposition remettant en question les points jugés par défaut, en fonction des **conclusions** prises par les parties **sur l'opposition** (Cass. 2e civ. 18-1-1989 n° 87-18.829 : Bull. civ. II n° 17). Le **demandeur à l'opposition** doit donc pouvoir faire valoir des moyens nouveaux et former des demandes nouvelles. 27464

Le **défendeur à l'opposition** peut invoquer des moyens nouveaux puisqu'il peut prendre de nouvelles conclusions, mais il ne peut pas former de demandes nouvelles. En revanche, il peut former des demandes reconventionnelles selon les règles habituelles : il faut que sa demande se rattache aux prétentions originaires par un lien suffisant (CPC art. 70).
Contrairement au cas de la partie intimée qui peut interjeter un appel incident si elle n'a pas été remplie de ses droits en première instance, le défendeur à l'opposition qui n'aurait pas obtenu satisfaction en totalité dans le cadre de l'instance ayant donné lieu au jugement frappé d'opposition ne peut former « opposition incidente » que si les demandes présentées sont indissociables de celles qui ont été admises.
Du fait de la demande reconventionnelle du défendeur à l'opposition, le sort de l'opposant peut toutefois être aggravé au regard de ce qui avait été jugé par la décision frappée d'opposition.

27466 Le **juge** conduit à trancher l'opposition doit **motiver** sa décision (CPC art. 455).

C. Issue de l'opposition

RÉTRACTATION DU JUGEMENT DE DÉFAUT

27476 Seul le jugement de rétractation anéantit le jugement de défaut (CPC art. 572, al. 2). Par conséquent, avant le prononcé du jugement de rétractation, toutes les sûretés conservatoires peuvent être prises sur la base du jugement de défaut ; elles seront anéanties en cas de succès de l'opposition.
La rétractation a pour effet de priver rétroactivement le jugement de tous ses effets. Ainsi l'arrêt du cours des intérêts, prononcé par un jugement d'ouverture d'une procédure collective, est rétroactivement anéanti par la décision de rétractation (Cass. com. 17-10-2018 n° 17-17.635 F-PB : RJDA 2/19 n° 107).
La poursuite de l'exécution de la décision de défaut peut être jugée abusive et ouvrir droit à dommages et intérêts en cas de rétractation du jugement (C. civ. art. 1240).

REJET DE L'OPPOSITION

27480 Le jugement de rejet doit être considéré comme faisant partie intégrante du jugement rendu par défaut.

CONSEIL

Après la décision de rejet, la partie qui entend mener l'exécution forcée du jugement, objet de l'opposition, a intérêt à faire **signifier les deux jugements** ensemble, même si le premier l'avait déjà été auparavant.
La décision de rejet de l'opposition peut être frappée des mêmes voies de recours que la première décision. Cette signification aura donc une double vocation : exécution des deux jugements (CPC art. 503) et recherche de l'épuisement des voies de recours.

CHAPITRE 13

VOIES EXTRAORDINAIRES DE RECOURS

SOMMAIRE

SECTION 1

RÈGLES COMMUNES AUX VOIES EXTRAORDINAIRES DE RECOURS

EN BREF

27500 Les voies extraordinaires de recours sont le **pourvoi** en cassation, la **tierce opposition** et le recours en **révision** (CPC art. 527). Elles ne peuvent être mises en œuvre que dans la mesure où les voies de recours ordinaires ont été épuisées ou ne sont pas ouvertes.

Les voies de recours extraordinaires sont ouvertes dans les seuls **cas spécifiés** par la loi (CPC art. 580).

Le recours par une voie extraordinaire et le délai ouvert pour l'exercer ne sont pas **suspensifs** d'exécution, sauf si la loi le prévoit (CPC art. 579). Par exemple, la loi donne un effet suspensif au pourvoi en cassation formé contre un jugement de divorce.

En cas de **recours dilatoire ou abusif,** son auteur peut être condamné à une amende civile d'un maximum de 10 000 €, sans préjudice des dommages-intérêts qui seraient réclamés à la juridiction saisie du recours (CPC art. 581), des dépens (CPC art. 695) et des frais irrépétibles (CPC art. 700).

SECTION 2

POURVOI EN CASSATION

RÈGLES GÉNÉRALES

27530 Le pourvoi en cassation est la voie de recours qui tend à faire censurer par la Cour de cassation la non-conformité du jugement attaqué aux **règles de droit** (CPC art. 604). Destiné à garantir les droits des justiciables contre les erreurs de droit commises par les juges qui statuent en dernier ressort, ce recours a pour objet de faire **annuler** par la Cour de cassation les **décisions** rendues en violation de la loi.

Classé parmi les **voies de recours extraordinaires,** le pourvoi en matière civile est en principe dépourvu d'**effet suspensif.** Il n'entraîne qu'une **dévolution** limitée de l'affaire puisqu'il ne permet aux parties de soumettre à la Cour de cassation que les questions de droit.

Le pourvoi en cassation est régi par les articles 604 et suivants du CPC et la procédure devant la Cour de cassation par les articles 973 et suivants du même Code.

En 2019, la Cour de cassation a été saisie de 17 071 affaires civiles nouvelles ou réinscrites et a jugé 17 475 affaires civiles dont 5 039 arrêts de cassation (Rapport annuel de la Cour de cassation 2019 : www.courdecassation.fr/publications).

I. DÉCISION SUSCEPTIBLE DE POURVOI

A. Décision juridictionnelle

PRINCIPE

27540 Seule peut être frappée d'un pourvoi en cassation la décision qui émane d'une **juridiction française** appartenant à l'**ordre judiciaire.**

> **Précisions** Les **bureaux d'aide juridictionnelle** ne sont pas des juridictions (Cass. Avis 9-7-1993 n° 09-30.010 : Bull. avis n° 9) et la décision par laquelle son premier président statue sur recours de la décision du bureau n'est pas susceptible de pourvoi (Cass. 2e civ. 25-3-2010 n° 09-16.902 : Bull. civ. II n° 67).

POURVOI FORMÉ CONTRE UN ACTE DÉCISOIRE

Les actes émanant d'une juridiction ne sont pas tous susceptibles d'un pourvoi. Pour que tel soit le cas, il faut qu'ils aient un caractère décisoire (CPC art. 605), c'est-à-dire qu'ils consacrent la **reconnaissance d'un droit** au profit de l'une des parties à l'encontre de l'autre (Cass. 1e civ. 11-6-2002 n° 01-00.039 : Bull. civ. I n° 161). 27545

Le pourvoi ne saurait donc être formé contre un simple **avis** (Cass. 3e civ. 16-3-1977 n° 75-10.016 : Bull. civ. III n° 134) ou une **invitation** du juge à laquelle les parties sont libres de ne pas donner suite : telle celle de désigner un nouvel expert chargé de fixer le prix d'une vente en application de l'article 1592 du Code civil (Cass. 1e civ. 2-12-1997 n° 95-19.791 : Bull. civ. I n° 334). En matière de saisie immobilière, par exemple, le jugement par lequel le juge de l'exécution, qui a précédemment autorisé la vente amiable, refuse de constater celle-ci et ordonne la poursuite de la procédure n'est pas susceptible de pourvoi (Cass. 2e civ. 6-12-2012 n° 11-26.683 : Bull. civ. II n° 199).

De même, un pourvoi ne saurait être formé contre une simple constatation du juge telle qu'un **jugement de donné acte** (Cass. 3e civ. 27-5-2003 n° 02-10.660 : Bull. civ. III n° 114 ; Cass. 3e civ. 23-5-2013 n° 12-14.692) ou un jugement **constatant un contrat judiciaire** (Cass. 3e civ. 4-3-1998 n° 95-20.633 : Bull. civ. III n° 56 ; Cass. soc. 6-2-2001 n° 98-45.476).

POURVOI CONTRE UNE DÉCISION QUI PERDURE

Le pourvoi ne saurait être formé contre une décision qui a disparu de l'ordonnancement juridique. 27550
Tel est le cas lorsque l'arrêt attaqué a été :

– **rétracté** par une décision postérieure à la suite d'une opposition (Cass. com. 3-11-1992 n° 90-19.026), d'une tierce opposition (Cass. soc. 3-7-1991 n° 90-60.271) ou d'un recours en révision (Cass. 3e civ. 19-2-2013 n° 11-28.582) ;

– **annulé** par le Tribunal des conflits (Cass. 1e civ. 30-3-1999 n° 93-21.167 : Bull. civ. I n° 115 ; Cass. 2e civ. 14-3-2013 n° 12-15.331) ou par la Cour de cassation sur le pourvoi d'une autre partie (Cass. 1e civ. 1-9-2012 n° 11-12.259) ou, par voie de conséquence, à la suite de la cassation d'une autre décision à laquelle elle est unie par un lien de dépendance nécessaire (Cass. ass. plén. 9-10-2006 n° 06-14.975 : Bull. ass. plén. n° 10 jugeant qu'il n'y a pas lieu de statuer sur le pourvoi dirigé contre un arrêt rectificatif dès lors que l'arrêt qu'il a rectifié a fait l'objet d'une cassation).

De même, le pourvoi formé contre une décision de **référé** est privé d'objet à partir du moment où les juridictions saisies au fond du même litige se sont prononcées (Cass. 3e civ. 12-3-2002 n° 00-22.536).

> **Précisions** Lorsque le Tribunal des conflits a décidé que la **juridiction de l'ordre administratif** était **compétente** pour connaître du litige, cette décision, qui s'impose à toutes les juridictions de l'ordre judiciaire, a pour conséquence nécessaire de rendre nulle et non avenue toute la procédure à laquelle a donné lieu le litige devant les juridictions de cet ordre, à la seule exception de l'arrêt de renvoi (Décret 2015-233 du 27-2-2015 art. 34). Par suite, le pourvoi formé contre une décision du juge judiciaire rendu dans ce litige est sans objet (Cass. 1e civ. 30-3-1999 précité).

POURVOI CONTRE UNE DÉCISION FAISANT OBSTACLE À L'EXERCICE D'UN DROIT

Le pourvoi peut être formé contre toute décision par laquelle le juge met obstacle à l'exercice d'un droit, invoqué par une partie comme étant consacré par la loi. Il en va ainsi des décisions **contentieuses** qui tranchent un litige (cf. CPC art. 611) mais aussi des jugements **gracieux** (CPC art. 610). 27555

En revanche, le pourvoi n'est pas recevable contre les décisions qui n'ont pas le caractère d'un jugement et en particulier les **actes d'administration judiciaire** (CPC art. 537) : décision de radiation du rôle (Cass. 1e civ. 16-11-2004 n° 02-14.528 : Bull. civ. I n° 266), de renvoi de l'affaire à une autre chambre (cf. Cass. com. 20-12-1988 n° 86-19.605 : Bull. civ. IV n° 353), de renvoi d'audience (Cass. 2e civ. 10-3-2011 n° 10-14.111), de réouverture des débats (Cass. soc. 23-5-1984 n° 81-40.487 : Bull. civ. V n° 220 ; Cass. 2e civ. 28-09-2017 n° 16-23.497 F-PB) ou encore de jonction d'instances (Cass. com. 12-7-2011 n° 09-71.764 : Bull. civ. IV n° 120).

Sur le cas particulier des décisions ordonnant une **mesure provisoire ou d'instruction** ou statuant sur un **incident de procédure,** voir nos 27580 s.

B. Décision rendue en dernier ressort

PRINCIPE

Le pourvoi en cassation n'est ouvert qu'à l'encontre de jugements rendus en dernier ressort (CPC art. 605). Le taux de ressort est de 5 000 € pour le tribunal judiciaire, le tribunal de commerce et le tribunal paritaire des baux ruraux (C. org. jud. art. R 211-3-24 et R 211-3-25 ; C. com. art. R 721-6 et 27570

C. rur. art. R 491-1) ainsi que pour le conseil des prud'hommes (C. trav. art. D 1462-3 modifié par décret 2020-1066 du 17-8-2020). Lorsque le litige est d'un montant supérieur, la décision est susceptible d'appel (Cass. 2e civ. 24-3-2016 no 15-16.363 : Bull. civ. II no 1098), tandis que s'il est inférieur ou égal, la décision peut faire l'objet d'un pourvoi en cassation, sauf disposition particulière ouvrant la voie de l'appel.

Il faut toutefois tenir compte des dispositions du Code de l'organisation judiciaire qui donnent **compétence** au tribunal judiciaire pour statuer en dernier ressort **indépendamment du montant de la demande** (C. org. jud. art. R 211-3-12 à R 211-3-23). Tel est notamment le cas pour les contestations relatives à l'électorat, à l'éligibilité et à la régularité des opérations électorales en ce qui concerne l'élection des représentants du personnel au comité social et économique.

À l'inverse, les décisions rendues par les tribunaux judiciaires spécialement désignés jugeant des différends nés de l'assujettissement à la contribution sur les rentes versées dans le cadre de certains régimes de retraite sont susceptibles d'appel quel que soit le montant du litige (CSS art. L 137-4). Il en résulte que le pourvoi formé contre de telles décisions est irrecevable (Cass. 2e civ. 22-1-2015 no 13-28.279 : RJS 4/15 no 284).

Pour le cas où la décision a été inexactement qualifiée par le juge du fond de décision rendue en dernier ressort, voir no 23192.

DÉCISIONS PARTICULIÈRES ET DERNIER RESSORT

27571 **Jugement rectificatif** Lorsque la décision rectifiée est passée en force de chose jugée, la décision rectificative ne peut être attaquée que par la voie du recours en cassation (CPC art. 462, al. 5). Si le jugement rectifié ne peut plus être réformé, le jugement rectificatif ne peut pas l'être davantage ; il ne peut faire l'objet que d'un recours en cassation (Cass. 2e civ. 21-7-1982 no 81-10.688 : Bull. civ. II no 110). Le moment où la décision rectifiée passe en force de chose jugée s'apprécie au jour du dépôt du pourvoi contre la décision rectificative (Cass. 2e civ. 20-4-2017 no 16-12.121). Cette règle s'applique aux décisions rectificatives et non aux décisions rejetant les requêtes en rectification, lesquelles sont susceptibles d'appel ou de pourvoi selon qu'elles sont rendues en premier ou dernier ressort.

27572 **Jugement mixte en dernier ressort sur la compétence** L'appel sur la compétence doit être préalable au pourvoi sur le fond. En effet, lorsque le juge s'est déclaré compétent et a statué sur le fond du litige dans un même jugement rendu en dernier ressort, celui-ci peut être frappé d'appel exclusivement sur la compétence. L'exercice immédiat du pourvoi sur le fond rend irrecevable l'appel sur la compétence qui n'a pas été exercé en premier (CPC art. 91).

C. Pourvoi contre une décision assortie d'une disposition définitive

POURVOI CONTRE UNE MESURE D'INSTRUCTION OU UNE MESURE PROVISOIRE

27580 Les jugements rendus en dernier ressort qui ordonnent une mesure d'instruction ou une mesure provisoire ne peuvent être l'objet d'un pourvoi immédiat que s'ils tranchent, dans leur dispositif, une partie du principal (CPC art. 606).

Le pourvoi contre une **décision** qui, dans son dispositif, **se borne à ordonner une mesure** d'expertise ou une mesure provisoire est donc irrecevable (Cass. 2e civ. 6-12-2018 no 17-16.948 F-PB ; Cass. 1e civ. 3-3-2021 no 19-21.384 F-P). Le pourvoi contre cette décision ne sera recevable qu'avec celui dirigé contre l'arrêt sur le fond. Il n'est dérogé à cette règle qu'en cas d'excès de pouvoir (Cass. 1e civ. 29-2-2012 no 11-12.489 : Bull. civ. I no 41 ; Cass. 2e civ. 26-1-2017 no 16-10.355 F-D ; pour plus de détails, voir nos 23750 s.).

Si la décision ordonnant la mesure **tranche aussi une partie du principal** dans son dispositif, elle peut faire l'objet d'un pourvoi (Cass. 3e civ. 21-6-2018 no 17-17.849 F-D) mais uniquement contre le chef de la décision qui se prononce sur le fond (Cass. com. 29-11-2005 no 03-16.818 ; Cass. 1e civ. 28-3-2018 no 17-16.198 F-PB).

> **Précisions** En matière de **divorce,** la jurisprudence considère que les dispositions dérogatoires autorisant l'appel immédiat des mesures provisoires de divorce ne peuvent pas s'étendre au recours en cassation, de sorte que celui-ci est irrecevable, que les mesures aient été ordonnées par le juge aux affaires familiales (Cass. 1e civ.

2-3-2004 n° 02-14.901 : Bull.civ. I n° 67 ; Cass. 1e civ. 16-9-2014 n° 13-24.076 : Rev. huissiers 2014 p. 214 note F. Rocheteau ; Cass. 1e civ. 6-7-2016 n° 15-17.674) ou par le juge de la mise en l'état (Cass. 2e civ. 25-3-1998 n° 95-18.157 : Bull. civ. II n° 103). Cette solution a été jugée conforme au droit d'accès à un tribunal (Cass. 1e civ. 4-5-2017 n° 16-15.322 FS-PB).

POURVOI CONTRE UNE DÉCISION STATUANT SUR UN INCIDENT DE PROCÉDURE

Principe Les jugements en dernier ressort statuant sur une exception de procédure, une fin de non-recevoir ou tout autre incident peuvent être frappés d'un pourvoi en cassation s'ils mettent **fin à l'instance** (CPC art. 607). 27582

Par exemple, dans un litige opposant des parties liées par une clause d'arbitrage, la décision qui prononce la nullité de la clause met fin à l'instance, ce qui rend le pourvoi recevable (Cass. 1e civ. 5-1-1999 n° 96-21.430 : Bull. civ. I n° 2).

À l'inverse, les jugements en dernier ressort qui se bornent à statuer sur une exception de procédure, une fin de non-recevoir ou tout autre incident, **sans mettre fin à l'instance,** ne peuvent pas être frappés de pourvoi en cassation, indépendamment des jugements sur le fond (Cass. 2e civ. 18-2-2010 n° 08-18.281 : Bull. civ. II n° 35). Il est dérogé à cette règle seulement en cas d'excès de pouvoir du juge (nos 23750 s.).

ILLUSTRATIONS

Est ainsi irrecevable le pourvoi contre :

– une décision se bornant à rejeter la demande d'annulation du jugement entrepris, à ordonner le renvoi de l'affaire à la conférence de mise en état et à enjoindre aux parties de conclure au fond (Cass. com. 3-5-2012 n° 10-16.932) ;

– un arrêt qui, après avoir rejeté la fin de non-recevoir soulevée par l'intimé et tirée de la tardiveté de l'appel, s'est borné à déclarer cet appel recevable (Cass. 2e civ. 21-2-2013 n° 11-27.978 ; Cass. soc. 7-12-2016 n° 15-22.567) ;

– un jugement ayant simplement, avant dire droit au fond, écarté la prescription invoquée par le défendeur (Cass. com. 12-2-2002 n° 98-16.035 ; Cass. com. 18-12-2007 n° 06-18.919) ou ayant renvoyé le dossier devant le juge compétent (Cass. 2e civ. 31-3-2011 n° 10-15.794 : Bull. civ. II n° 77) ;

– un arrêt qui déclare recevables les demandes formées par le président de l'Autorité de la concurrence, ainsi que celles formées par le ministre de l'économie et rejette l'ensemble des fins de non-recevoir invoquées et réserve les autres demandes (Cass. com. 3-2-2015 n° 13-26.277) ;

– l'arrêt d'une cour d'appel qui, saisie d'un recours en annulation d'une sentence arbitrale, soumet avant de statuer à la CJUE une question préjudicielle portant sur l'interprétation de certaines dispositions du traité de l'Union européenne (Cass. 1e civ. 18-11-2015 n° 14-26.482 FS-PBI : RJDA 3/16 n° 242) ;

– l'arrêt déclarant irrecevable l'appel immédiat de l'ordonnance d'un juge de la mise en état ayant écarté du débat des pièces produites par les défendeurs (Cass. 2e civ. 25-3-2021 n° 19-16.216 F-P).

Décision sur la compétence L'arrêt par lequel une cour d'appel se prononce sur la compétence, même sans statuer sur le fond du litige, peut être frappé d'un pourvoi immédiat (CPC art. 607-1). Le pourvoi peut alors être dirigé non seulement contre le chef de dispositif relatif à la compétence de la juridiction, mais également contre le chef de l'arrêt statuant sur une exception de nullité (Cass. 2e civ. 9-6-2022 n° 19-20.592 FB). 27585

Est également recevable le pourvoi formé contre un arrêt qui se borne à statuer sur une exception de connexité (Cass. 2e civ. 1-3-2018 n° 16-22.987 FS-PB).

Sursis à statuer Le pourvoi immédiat contre la décision de sursis à statuer rendue en dernier ressort est autorisé seulement « pour violation de la règle de droit » (CPC art. 380-1). À partir de ce texte, la Cour de cassation opère la distinction suivante : 27590

– si le sursis est prononcé **dans l'intérêt d'une bonne administration de la justice,** il est considéré comme une décision discrétionnaire contre laquelle aucun pourvoi n'est recevable (Cass. 2e civ. 12-4-2018 n° 17-16.945 F-PB) ;

– si le sursis est prononcé **pour un motif de droit,** le pourvoi est recevable : il en va ainsi lorsque le juge considère à tort que le sursis est obligatoire ou au contraire qu'il ne l'est pas (Cass. ass. plén. 6-7-2001 n° 98-17.006 : Bull. ass. plén. n° 9 ; Cass. 3e civ. 21-5-2008 n° 07-14.517 : Bull. civ. III n° 95).

En outre, d'une façon générale, est recevable le pourvoi contre un arrêt qui, en violation de l'article 378 du CPC, ordonne le sursis à statuer sans déterminer l'événement susceptible d'y mettre fin (Cass. 2e civ. 21-1-2010 n° 08-21.460 : Bull. civ. II n° 13).

Le pourvoi est **irrecevable** contre la décision du premier président qui **autorise** l'appel en matière de sursis à statuer (CPC art. 380, al. 3). Mais il est recevable contre l'ordonnance du premier président qui refuse un tel appel (Cass. 2e civ. 27-9-2018 n° 17-17.270 FS-PB).

D. Pourvoi contre une décision insusceptible d'un autre recours

PRINCIPE

27610 Voie de recours extraordinaire, le pourvoi en cassation n'est ouvert que lorsque les autres voies de recours sont fermées.

APPEL FAISANT OBSTACLE AU POURVOI

27615 Lorsqu'une décision est susceptible d'appel, elle ne peut pas faire l'objet d'un pourvoi en cassation (Cass. 2e civ. 14-12-1988 n° 87-17.985 : Bull. civ. II n° 249 ; Cass. com. 12-1-2016 n° 14-18.936 FS-PBI : RJDA 4/16 n° 311 ; Cass. 3e civ. 3-6-2021 n° 19-26.084 F-D), y compris pour **excès de pouvoir** du juge (Cass. com. 18-9-2007 n° 06-11.223 : RJDA 12/07 n° 1265 ; Cass. com. 16-3-2010 n° 09-13.578 : RJDA 7/10 n° 772).

Il en va ainsi des **ordonnances du conseiller de la mise en état** – notamment celles qui statuent sur la fin de non-recevoir tirée de la caducité ou de l'irrecevabilité de l'appel ou bien encore de l'irrecevabilité des conclusions – qui peuvent être déférées à la cour d'appel par simple requête dans les quinze jours de leur date (CPC art. 795). Le pourvoi est irrecevable à leur égard (Cass. 2e civ. 25-6-2015 n° 14-17.874 : Bull. civ. II n° 167 ; Cass. soc. 27-5-2021 n° 19-21.111 F-D), fût-il formé en même temps contre l'arrêt au fond (Cass. 1e civ. 10-4-2013 n° 12-14.939 : Bull. civ. I n° 71 ; Cass. 2e civ. 18-4-2019 n° 17-21.189 F-PBI). Il en va de même, dans une procédure d'**appel à bref délai,** des ordonnances du président de la chambre saisie, statuant sur la caducité ou l'irrecevabilité (Cass. 2e civ. 17-9-2020 n° 19-17.469 F-PBI).

OPPOSITION FAISANT OBSTACLE AU POURVOI

27620 Une décision rendue par défaut peut faire l'objet d'une **opposition** de la part du défaillant (CPC art. 571). Par ailleurs, le délai pour former un pourvoi en cassation ne court, à l'égard des décisions par défaut, qu'à compter du jour où l'opposition n'est plus recevable (CPC art. 613).

La Cour de cassation en a déduit qu'une décision rendue par défaut ne peut pas faire l'objet d'un pourvoi en cassation :

– si elle est l'objet d'une opposition **en cours** (Cass. 1e civ. 24-10-2012 n° 11-14.137) ;

– si le **délai** pour faire opposition n'est pas expiré (Cass. 2e civ. 22-2-2012 n° 11-10.334 : Bull. civ. II n° 34), ce qui est le cas si, faute de signification de la décision au défaillant, le délai n'a pas couru (Cass. 1e civ. 23-02-2012 n° 11-10.466 ; Cass. 1e civ. 29-11-2017 n° 17-15.539 F-D).

Cette interdiction temporaire ne s'applique qu'au défaillant (CPC art. 613) qui dispose encore d'une voie ordinaire de recours. Depuis le décret 2014-1338 du 6 novembre 2014, elle ne concerne plus les parties qui ont comparu devant les juges du fond, qui ne peuvent pas elles-mêmes former opposition.

Le **pourvoi formé prématurément** est déclaré irrecevable en l'état, ce qui autorise le dépôt d'un nouveau pourvoi une fois purgé le délai d'opposition (Cass. 3e civ. 4-7-2012 n° 11-14.383). Le délai de pourvoi court à l'égard des décisions rendues par défaut, à compter du jour où l'opposition n'est plus recevable, le délai d'opposition courant lui-même à compter de la notification du jugement, quelle que soit la personne qui y procède (Cass. com. 27-9-2017 n° 15-20.936 F-D).

CONSEIL

La **partie défaillante** qui a le **choix** a intérêt à former une opposition plutôt qu'un pourvoi en cassation car l'opposition autorise un débat en fait et en droit alors que devant la Cour de cassation il est limité au seul droit. Si l'opposition est rejetée, la décision rendue sera encore susceptible de pourvoi en cassation.

REQUÊTE EN COMPLÉMENT OU EN RECTIFICATION D'ERREUR MATÉRIELLE OBSTACLE AU POURVOI

27630 L'omission de statuer ne donne pas ouverture à cassation mais à une requête en complément sur le fondement de l'article 463 du CPC. C'est le dispositif de la décision rendue qui, seul, permet de déterminer si la juridiction a ou non statué. Aussi, lorsqu'une cour d'appel répond à une prétention dans les motifs de son arrêt sans qu'aucun chef du dispositif de celui-ci n'énonce sa décision sur ce point, il faut considérer qu'elle a commis une omission de statuer qui ne donne pas ouverture à cassation (Cass. com. 25-1-2017 n° 15-17.137 F-D).

De même, l'erreur matérielle ne constitue pas un cas d'ouverture à cassation de sorte qu'elle ne peut être réparée que selon la procédure prévue à l'article 462 du CPC (Cass. 2e civ. 10-12-2010 n° 09-11.834 F-D ; Cass. 2e civ. 17-10-2013 n° 12-25.376 F-D).

Les erreurs et omissions matérielles qui affectent une décision frappée de pourvoi ne peuvent être rectifiées par la Cour de cassation qu'à la condition que cette décision lui soit, sur ce point, déférée (Cass. 2e civ. 11-1-2018 n° 16-26.168 F-PB).

E. Pourvoi formé en l'absence de disposition légale contraire

PRINCIPE

Une disposition légale expresse est nécessaire pour exclure l'exercice d'un pourvoi en cassation ; à défaut, le pourvoi est recevable (Cass. 2e civ. 6-4-1987 n° 85-18.508 : Bull. civ. II n° 84). **27660**

POURVOI DIFFÉRÉ

Le pourvoi est dans certains cas simplement différé **à l'exercice du recours formé contre l'arrêt statuant au fond.** Il en va ainsi des décisions avant dire droit, des ordonnances juridictionnelles du juge ou du conseiller de la mise en état, dès lors qu'elles ne mettent pas fin à l'instance, des jugements ne tranchant une partie du principal que dans leurs motifs et des jugements qui statuent sur un incident de procédure sans mettre fin à l'instance (sur ces derniers, voir nos 27580 s.). **27662**

RESTRICTION DES CAS D'OUVERTURE DU POURVOI

La loi limite parfois les causes pour lesquelles un pourvoi peut être formé. **27665**
Par **exemple,** l'ordonnance d'**expropriation** portant transfert de propriété, et non pas l'arrêt statuant sur l'indemnité, ne peut être attaquée par la voie du recours en cassation que pour incompétence, excès de pouvoir ou vice de forme (C. expr. art. L 223-1).

INTERDICTION DU POURVOI CONTRE CERTAINES DÉCISIONS

Procédures collectives La loi limite les recours contre les décisions rendues en matière de sauvegarde, de redressement ou de liquidation judiciaires, soit en les interdisant soit en en réservant l'exercice à certaines personnes. **27670**
Par **exemple,** tout pourvoi en cassation est interdit contre les jugements, ainsi que contre les arrêts d'appel, relatifs à la nomination et au remplacement de l'administrateur, du mandataire judiciaire, du liquidateur, du commissaire à l'exécution du plan, des contrôleurs ou des experts, ainsi que les jugements et arrêts statuant sur la durée de la période d'observation ou sur la poursuite ou la cessation d'activité (C. com. art. L 661-7 et, sur renvoi, art. L 661-6). Il n'en va autrement qu'en cas d'excès de pouvoir (Cass. com. 12-3-2013 n° 12-11.596).
Seul le ministère public peut former un recours en cassation contre les arrêts statuant sur l'arrêté ou le rejet du plan de cession de l'entreprise, sur la modification ou la résolution de ce plan (art. précités). Le pourvoi des autres parties est donc irrecevable sauf excès de pouvoir (Cass. com. 19-2-2013 n° 11-22.950 ; Cass. com. 13-5-2014 n° 13-11.622 : RJDA 7/14 n° 681).
Lorsque le ministère public doit avoir communication des procédures de sauvegarde, de redressement judiciaire ou de liquidation judiciaire et des causes relatives à la responsabilité des dirigeants sociaux, le pourvoi en cassation, pour défaut de communication n'est ouvert qu'à lui seul (C. com. art. L 661-8).

Arbitrage La **sentence arbitrale** n'est pas susceptible de pourvoi en cassation (CPC art. 1503). La règle vaut aussi pour l'arbitrage international, sauf disposition contraire de la clause d'arbitrage (CPC art. 1506). **27672**
Est ainsi irrecevable le pourvoi dirigé contre une sentence ayant rejeté la requête en rectification pour erreur matérielle d'une précédente sentence (Cass. 2e civ. 16-5-1988 n° 86-18.320 : Bull. civ. II n° 116).
La **décision** rendue sur appel, sur tierce opposition ou **sur** le **recours** en annulation de la sentence arbitrale peut toujours être déférée à la Cour de cassation.
Si les parties ont autorisé l'**arbitre** à **statuer en équité,** le pourvoi en cassation n'est recevable que pour vice de forme, incompétence ou violation d'une règle d'ordre public.

Injonction de payer et de faire Le pourvoi en cassation contre l'ordonnance statuant sur la requête aux fins d'autorisation de notification d'une injonction de payer ou de faire n'est admis que dans des cas exceptionnels, exposés n° 41472 (injonction de payer) et n° 41564 (injonction de faire). **27674**

Ordonnances présidentielles La voie du pourvoi en cassation est fermée contre la décision du premier président qui autorise l'appel en matière de sursis à statuer (CPC art. 380, al. 3). Tout recours est également exclu contre la décision du président de la juridiction statuant **27676**

sur une demande de relevé de **forclusion** du délai d'appel ou d'opposition (CPC art. 540, al. 4). La décision qui admet une demande de renvoi pour **suspicion légitime** et renvoie à une autre formation ou à une autre juridiction, s'impose aux parties et au juge de renvoi ; il n'est pas susceptible de recours (CPC art. 347).
En revanche, dans la mesure où le décret 2019-1333 du 11 décembre 2019, qui fait de l'exécution provisoire des décisions de première instance le principe, a abrogé l'ancien article 525-2 du CPC, le pourvoi en cassation est de nouveau recevable sans restriction contre les ordonnances de référé par lesquelles le premier président de la cour d'appel rejette ou au contraire ordonne l'exécution provisoire.
N'est pas non plus susceptible de pourvoi la décision du premier président du tribunal désignant un **expert** pour évaluer des **droits sociaux** en application de l'article 1843-4 du Code civil, à moins qu'il n'ait commis un excès de pouvoir (notamment, Cass. com. 3-5-2012 n° 11-16.349 : RJDA 11/12 n° 970 ; Cass. 2e civ. 7-6-2018 n° 17-18.722 F-PB, pour plus de détails, voir n° 23795).

27678 **Limite aux interdictions légales** Il est dérogé à toute règle interdisant ou différant un recours en cas d'**excès de pouvoir** ; le pourvoi en cassation est donc ouvert contre une décision entachée d'un tel excès ou qui consacre cet excès (nos 23750 s.).

27680 **Décision relative à une QPC** La décision d'un juge du fond de **transmettre** une question prioritaire de constitutionnalité à la Cour de cassation n'est susceptible d'aucun recours (Ord. 58-1067 du 7-11-1958 art. 23-2, al. 6 ; CPC art. 126-7). Le **refus** du juge de transmettre la question ne peut être contesté qu'à l'occasion d'un recours contre la décision réglant tout ou partie du litige (art. précités).
Est irrecevable le pourvoi dirigé contre un arrêt par lequel une cour d'appel se borne à refuser de transmettre une QPC. Le refus de transmettre une QPC ne peut faire l'objet que d'une contestation, laquelle doit être présentée devant la juridiction saisie de tout ou partie du litige, sous forme d'un écrit distinct et motivé posant de nouveau la question (Cass. 2e civ. 3-12-2015 n° 14-24.941).

27682 **Demande d'avis à la Cour de cassation** La décision du juge statuant sur la demande tendant à solliciter l'avis de la Cour de cassation est insusceptible de recours, qu'elle accueille la demande (CPC art. 1031-1) ou qu'elle la rejette (Cass. 1e civ. 27-11-2001 n° 00-05.105).

RÉITÉRATION DU POURVOI

27685 Si le pourvoi en cassation est rejeté, la partie qui l'a formé n'est plus recevable à en former un nouveau **contre le même jugement,** sauf en cas de contrariété de jugements (CPC art. 621, al. 1 et, sur renvoi, art. 618 ; Cass. 3e civ. 6-07-2023 n° 22-12.741 FS-B. Sur cette contrariété, voir n° 28280 s.).
La règle « pourvoi sur pourvoi ne vaut » s'applique également lorsque la Cour de cassation constate son dessaisissement, déclare le pourvoi irrecevable (Cass. ch. mixte 7-7-2017 n° 15-25.651 PB) ou prononce la déchéance (CPC art. 621, al. 2) par exemple en raison du défaut de production dans le délai légal d'un mémoire contenant des moyens de droit (Cass. soc. 19-12-2012 n° 11-23.504).
La jurisprudence en déduit, d'une façon générale, qu'une même personne, agissant en la même qualité, ne peut former qu'un seul pourvoi en cassation contre la même décision (Cass. 2e civ. 24-4-2013 n° 12-15.774 ; Cass. 1e civ. 3-12-2014 n° 13-25.581).

27687 Il faut cependant réserver les cas où l'irrecevabilité du **premier pourvoi** était due à son caractère **prématuré** parce qu'il était dirigé contre un arrêt purement avant dire droit ou susceptible d'opposition. La Cour de cassation a jugé en effet que si la voie du recours en cassation n'était pas encore ouverte lorsqu'un premier pourvoi a été formé, l'article 621 du CPC n'est pas applicable (Cass. 2e civ. 13-9-2012 n° 11-22.860). Un second pourvoi peut être déposé dans les formes et délais prévus à cet effet, qu'une décision d'irrecevabilité du premier pourvoi soit ou non intervenue au moment où le second pourvoi est déclaré (Cass. 3e civ. 18-9-2012 n° 11-22.348).

II. ÉTENDUE DU CONTRÔLE DE CASSATION

PRINCIPE

27700 Le pourvoi en cassation tend à faire censurer par la Cour de cassation la non-conformité aux règles de droit de la décision qu'il attaque (CPC art. 604). La compétence de la Cour de cassation repose ainsi sur un contrôle de l'application de la règle de droit par les juridictions du fond, à partir des faits souverainement constatés par elles.

A. Contrôle de cassation sur la norme applicable

RÉGULARITÉ DE LA NORME

La Cour de cassation contrôle l'application des **lois et règlements.** Elle est compétente pour apprécier la compatibilité d'une norme interne avec le droit européen, comme toute juridiction interne (CJCE 6-10-1982 aff. 283/81 : Rec. CJCE-I p. 3415 point 7). Elle peut également procéder à un contrôle de la conventionnalité (Cass. ch. mixte 24-5-1975 n° 73-13.556 : Bull. mixte n° 4), c'est-à-dire de la conformité de la norme interne aux traités internationaux. 27705

En revanche, le principe de la séparation des pouvoirs rend la Cour de cassation incompétente pour contrôler la constitutionnalité des lois. Seul le Conseil constitutionnel est autorisé à procéder à un tel contrôle (Const. const. du 4-10-1958 art. 61 et 61-1), même si la Cour de cassation filtre les questions prioritaires de constitutionnalité (QPC) à transmettre au Conseil constitutionnel (n°s 59370 s.).

Elle est compétente pour contrôler la validité des **engagements de droit privé.**

Elle ne peut pas non contrôler la légalité des **actes administratifs,** en raison du principe de séparation des autorités administratives et judiciaires, sauf en matière pénale lorsque, de cet examen, dépend la solution du procès (C. pén. art. 111-5). Elle ne peut pas non plus contrôler la validité d'un **texte européen,** cet office étant dévolu à la Cour de justice de l'Union européenne (TFUE art. 267).

CONTRÔLE DE L'INTERPRÉTATION DE LA NORME PAR LA COUR DE CASSATION

Textes nationaux Comme autorité judiciaire, la Cour de cassation contrôle l'interprétation de la **loi** (C. civ. art. 4) et des **règlements** (T. confl. 16-6-1923 : DP 1924, 3, p. 41 concl. Matter ; T. confl. 2-7-1962 n° 1771 : Lebon p. 827). Elle contrôle également l'interprétation des contrats types homologués (véritables règlements administratifs), ainsi que des conventions collectives et des accords d'entreprise. 27710

La Cour de cassation interprète la règle de droit en tenant compte du contexte dans lequel elle s'inscrit, en se référant aux travaux préparatoires du texte et aux réformes en cours. Elle cherche à mesurer l'impact social et économique que son interprétation pourrait avoir.

Textes européens Les questions d'interprétation d'un texte européen relèvent en principe de la Cour de justice ou du Tribunal de l'Union européenne, les juges des États membres – y compris les juridictions suprêmes comme la Cour de cassation – devant lui renvoyer ces questions avant de statuer eux-mêmes (**questions** dites **« préjudicielles »**) (TFUE art. 256 et art. 267). Toutefois, le juge national est délié de son obligation de renvoi quand la question soulevée est matériellement identique à une question ayant déjà fait l'objet d'une décision à titre préjudiciel dans une espèce analogue (CJCE 27-3-1963 aff. 28/62 à 30/62 : Rec. I-59 ; dans le même sens CJCE 21-2-1991 aff. 143/88 et 92/89 : Rec. I-415 ; CJCE 9-11-1995 aff. 465/93 : Rec I-3781). 27712

Loi étrangère La détermination de la teneur et l'**interprétation** de la loi étrangère relèvent du pouvoir souverain des juges du fond (Cass. 1e civ. 17-12-2009 n° 07-21.115 : Bull. civ. I n° 253 ; Cass. com. 12-11-2020 n° 19-10.579 F-PB). La Cour de cassation ne peut pas procéder à cette interprétation (Cass. 1e civ. 25-4-1989 n° 87-14.113 : Bull. civ. I n° 164). Elle n'en contrôle que l'**applicabilité** au litige (Cass. 1e civ. 11-2-2009 n° 07-13.088 : RJDA 10/09 n° 812) et, si la loi étrangère est claire et précise, son éventuelle **dénaturation** par les juges du fond (Cass. 1e civ. 19-3-1991 n° 89-19.967 : Bull. civ. I n° 93 ; Cass. 1e civ. 22-10-2008 n° 07-14.934 : Bull. civ. I n° 235 ; Cass. 1e civ. 5-12-2018 n° 17-27.151 F-D). En revanche, la Cour de cassation exerce son contrôle sur la **conception française de l'ordre public international** qui permet d'écarter la loi étrangère qui lui serait contraire (Cass. 1e civ. 16-12-2020 n° 19-20.948 F-PI). 27714

Engagement de droit privé L'interprétation d'un engagement de droit privé est une question de fait qui relève du pouvoir souverain des **juges du fond** (jurisprudence constante), la Cour de cassation se contentant de contrôler que cette interprétation ne dénature pas les **clauses claires et précises** de l'engagement concerné. Toutefois, la Cour de cassation exerce un contrôle entier sur des **engagements graves** tels que la renonciation (Cass. 3e civ. 23-6-2011 n° 10-20.563 : Bull. civ. III n° 141 ; Cass. 3e civ. 28-11-2012 n° 11-20.156 : Bull. civ. III n° 178) ou la novation (Cass. 1e civ. 20-5-2003 n° 01-00.212 : Bull. civ. I n° 122), ainsi que sur les **clauses types** des contrats, d'assurance notamment (Cass. 3e civ. 16-3-2004 n° 01-17.215). Elle contrôle également l'interprétation des conventions collectives (Cass. soc. 3-7-2019 n° 18-16.351 FS-PB). 27716

27718 **Acte administratif** En matière civile, tout magistrat de l'ordre judiciaire est incompétent pour interpréter un acte administratif non réglementaire (T. confl. 16-6-1923 n° 732 : Lebon p. 498).

B. Contrôle de cassation sur la constatation des faits et des actes

POUVOIR SOUVERAIN DES JUGES DU FOND

27730 La Cour de cassation qui n'est pas un troisième degré de juridiction ne connaît pas du fond des affaires (C. org. jud. art. L 411-2), de sorte qu'elle ne saurait **substituer sa propre appréciation** à celle portée par les juges du fond sur des éléments de pur fait, en raison du pouvoir souverain que la loi reconnaît à ces derniers.
À hauteur de cassation, les **faits** sont **intangibles.** La question de droit soulevée par le pourvoi n'est jugée qu'à partir des faits souverainement constatés par l'arrêt. La Cour de cassation ne peut apprécier le pourvoi que dans l'état où la cause se présentait devant les juges du fond. Des faits postérieurs à l'arrêt attaqué ne peuvent en principe pas être pris en compte.

27734 **Preuves** La Cour de cassation ne peut pas examiner de **nouvelles preuves.** Elle est ainsi incompétente pour ordonner des mesures d'instruction ou pour examiner les pièces nouvelles que lui soumettent les parties (Cass. 1e civ. 25-4-1989 n° 87-14.113 : Bull. civ. I n° 164).
La Cour de cassation ne peut pas non plus réexaminer les **preuves soumises au juge du fond,** lesquels apprécient souverainement la valeur et la portée de l'ensemble des documents de preuve qui leur sont soumis (Cass. com. 23-4-2013 n° 12-14.283 : Bull. civ. IV n° 71 ; Cass. soc. 12-6-2019 n° 17-24.589 F-D), notamment celles des attestations versées aux débats (Cass. 1e civ. 11-4-2018 n° 17-18.207 F-D ; Cass. 1e civ. 6-2-2019 n° 17-31.231 F-D) ou d'un rapport d'expertise (Cass. 3e civ. 7-6-2018 n° 17-18.285 F-D). Mais la **Cour de cassation contrôle** que le juge du fond a suivi les règles d'admission de la preuve (n° 27735) et qu'il n'a pas dénaturé les preuves présentées (n° 12040).

> **Précisions a.** Le **procureur général** près la Cour de cassation a le droit d'obtenir des pièces qu'il peut ensuite communiquer à la Cour (par exemple. un extrait de l'état civil établissant que le demandeur au pourvoi est décédé ; Cass. 1e civ. 30-10-1961 n° 53-495 : Bull. civ. I n° 490).
> **b.** La Cour de cassation peut ordonner l'apport de la **minute de l'arrêt attaqué.**

CAS D'EXAMEN DES FAITS PAR LA COUR DE CASSATION

27735 **Motifs de droit relatifs à la constatation des faits** La Cour de cassation est très attentive au respect des règles de droit relatives à l'**administration de la preuve** : modes de preuve admissibles (notamment, Cass. 3e civ. 12-4-2012 n° 10-28.637 : Bull. civ. III n° 61 ; Cass. 1e civ. 19-6-2019 n° 18-16.827 F-D ; Cass. 2e civ. 24-6-2021 n° 20-10.946 F-D) ou charge de la preuve (par exemple, Cass. com. 26-6-2019 n° 18-12.581 F-D ; Cass. 3e civ. 27-5-2021 n° 20-13.204 FS-P).

27737 **Motifs de fait** La Cour de cassation exerce un contrôle sur les motifs de fait. Son contrôle de l'application de la loi suppose qu'elle puisse **prendre connaissance** des faits par la lecture de la décision attaquée. Les juges du fond ont donc l'obligation de suffisamment motiver leur décision en fait (CPC art. 455) et de ne pas dénaturer les écrits versés aux débats (n° 12040).

27740 **Contrôle direct des faits** La Cour de cassation doit nécessairement prendre en compte des faits relatifs à la **procédure de cassation** elle-même, **notamment** :
– décès du demandeur ou du défendeur survenu après le prononcé de l'arrêt attaqué et avant le dépôt du pourvoi ou au cours de l'instance en cassation, avant l'ouverture des débats ;
– changements de capacité survenus depuis le prononcé de la décision attaquée ;
– date d'introduction du pourvoi, régularité de la signification de la décision ;
– acquiescement, désistements ;
– jugements postérieurs à l'arrêt attaqué influant sur sa légalité (jugements d'annulation privant l'arrêt attaqué de son fondement juridique, jugements d'annulation prononcés par les juridictions administratives, arrêts de rejet, jugements rectificatifs ou interprétatifs).

C. Contrôle de cassation sur la qualification des faits et des actes

NATURE DU CONTRÔLE

Le contrôle de la Cour de cassation est dit « **normatif** » lorsqu'il tend à savoir si la décision attaquée présente une violation de la loi ou un défaut de base légale. Son contrôle est dit « **disciplinaire** » lorsqu'il s'exerce sur la manière dont les juges du fond ont rendu et rédigé leur décision. **27760**

Le contrôle de la qualification juridique des faits et des actes, celle-ci consistant à rattacher une situation de fait à une catégorie juridique préexistante, relève du contrôle normatif.

ÉTENDUE DU CONTRÔLE DE CASSATION SUR LA QUALIFICATION DES FAITS ET DES ACTES

Le contrôle de la qualification des faits et des actes exercé par la Cour de cassation est guidé par sa mission cardinale qui est d'assurer l'unité de l'interprétation de la loi. Son contrôle est donc **sélectif.** **27762**

N'appellent **aucun contrôle** du juge de cassation :
– les qualifications reposant sur une appréciation concrète (in concreto) ;
– les qualifications reposant sur l'appréciation d'un état psychologique ou mental ;
– les qualifications reposant sur des investigations techniques ;
– les appréciations quantitatives ou qualitatives non réglementées.

À l'inverse, **un contrôle peut être exercé** dans les hypothèses suivantes :
– nouveauté de la règle de droit applicable (ce qui permet d'en préciser les limites et le contenu) ;
– contentieux très répétitifs, particulièrement en matière patrimoniale, en droit du travail et en droit de la consommation ;
– liberté fondamentale, telle que la liberté de la presse ou la protection de la vie privée, en cause dans le litige ;
– application de lois d'ordre public.

ILLUSTRATIONS

La Cour de cassation contrôle par exemple :
– en **droit des contrats,** la motivation de la qualification de vice du consentement (Cass. 3e civ. 16-3-2011 n° 10-10.503 : Bull. civ. III n° 36 ; Cass. com. 9-2-2016 n° 14-23.210 FS-PB : Bull. civ. IV n° 881), le caractère licite du contrat (Cass. ass. plén. 3-7-2015 n° 14-21.323 : Bull. civ. ass. plén. n° 4), la licéité de sa cause (désormais, de la contrepartie de l'obligation) (Cass. 1e civ. 26-9-2012 n° 11-12.941 : RJDA 5/13 n° 445) ou encore sa qualification (Cass. com. 13-2-2007 n° 05-10.221 : RJDA 6/07 n° 607 ; Cass. com. 4-12-2012 n° 11-24.814 : RJDA 4/13 n° 302) ;
– en **droit des assurances**, le caractère formel et limité d'une clause d'exclusion de garantie (Cass. 2e civ. 17-6-2021 n° 19-24.467 FS-BR) ;
– en **droit de la responsabilité extracontractuelle**, la caractérisation de la faute (Cass. 3e civ. 24-10-2012 n° 11-16.012 : Bull. civ. III n° 147), du lien de causalité avec le préjudice invoqué (Cass. 2e civ. 11-2-2021 n° 19-23.525 F-PI ; Cass. 2e civ. 11-3-2021 n° 19-17.384 F-P), de la force majeure exonératoire (Cass. ch. mixte 28-11-2008 n° 06-12.307 : RJDA 3/09 n° 216 ; Cass. com. 5-7-2023 n° 22-14.476 F-B), de l'implication d'un véhicule dans un accident de la circulation (Cass. 2e civ. 18-4-2019 n° 18-14.948 F-PBI), mais pas l'évaluation du montant du préjudice et de son indemnisation (Cass. 1e civ. 12-7-2012 n° 11-17.510 : Bull. civ. I n° 165) ; elle veille toutefois au respect du principe de la réparation intégrale (Cass.1e civ. 22-5-2019 n° 18-14.063 FS-PB) ;
– en **droit commercial**, la qualification de l'acte de commerce (Cass. com. 15-1-2008 n° 07-12.102 : RJDA 6/08 n° 744), de faits constitutifs de concurrence déloyale (Cass. 1e civ. 4-5-2012 n° 11-13.116 : Bull. civ. I n° 98) ou de l'état de cessation de paiements d'un débiteur (Cass. com. 3-2-1998 n° 96-10.158 : RJDA 6/98 n° 746), ainsi que l'existence d'une connexité entre une créance et une dette (Cass. com. 20-9-2017 n° 16-16.636 F-D) ;
– en **droit des sociétés**, la motivation de la qualification de dirigeant de fait (Cass. com. 16-3-1999 n° 95-17.420 : RJDA 5/99 n° 557 ; Cass. com. 20-4-2017 n° 15-19.750 F-D : RJDA 8-9/17 n° 574) ;
– en **droit du travail**, la qualification du contrat de travail (Cass. soc. 10-5-2012 n° 11-18.681 : RJS 7/12 n° 607), d'employeur, de licenciement, la définition du lien de subordination (Cass. soc. 25-1-2012 n° 10-13.858 : Bull. civ. V n° 27), le caractère déterminé ou non déterminé de la durée du contrat (Cass. soc. 21-11-2012 n° 10-27.429 : RJS 2/13 n° 97), le point de savoir s'il s'agit d'un contrat à temps partiel ou temps complet (Cass. soc. 17-2-2021 n° 18-26.545 FS-PI : RJS 5/21 n° 269) ou encore la notion de faute grave (Cass. soc. 20-2-2019 n° 17-18.912 FS-PB) ;
– en **droit des biens**, la qualification de servitude (Cass. 3e civ. 13-6-2012 n° 10-21.788 : Bull. civ. III n° 95 ; Cass. 3e civ. 17-10-2012 n° 11-24.811 : Bull. civ. III n° 146), ainsi que la notion de voie de fait (Cass. 1e civ. 15-6-2022 n° 21-17.654 FS-B) ;

– en matière de **propriété intellectuelle**, la titularité du droit d'auteur (Cass. 1e civ. 6-1-2011 n° 09-14.505 : RJDA 3/12 n° 349), les conditions de protection des droits d'auteur (Cass. 1e civ. 20-10-2011 n° 10-14.069 : Bull. civ. I n° 170) et la qualification d'œuvre de l'esprit (Cass. 1e civ. 1-12-2011 n° 09-15.819 : Bull. civ. I n° 208) ;
– en **droit procédural**, la qualité et la capacité pour agir (Cass. 1e civ. 22-9-2011 n° 09-16.198 : Bull. civ. I n° 149 ; Cass. 3e civ. 5-7-2011 n° 10-15.374 : Bull. civ. III n° 120), la nouveauté de la demande (Cass. 3e civ. 6-9-2018 n° 17-21.329 FS-PBI), la qualification de contestation sérieuse ou de trouble manifestement illicite justifiant le recours au référé (Cass. 3e civ. 4-7-2019 n° 18-17.119 FS-PBI), la notion de diligence interruptive du délai de péremption d'instance (Cass. 2e civ. 14-1-2021 n° 19-20.721 F-PI) ; ou bien encore la notion de voie de fait justifiant la compétence des juridictions de l'ordre judiciaire pour en ordonner la cessation ou la réparation (Cass. ass. plén. 28-6-2019 n° 19-17.330 PBRI) ;
– en matière de **successions,** la qualification de donation (Cass. 1e civ. 10-10-2012 n° 10-28.363 : Bull. civ. I n° 195), de legs universel (Cass. 1e civ. 20-5-2009 n° 08-11.355 : Bull. civ. I n° 105), de pacte sur succession future (Cass. 1e civ. 28-5-2008 n° 07-14.066 : Bull. civ. I n° 161) ou encore la notion de recel successoral (Cass. 1e civ. 4-6-2009 n° 08-15.093 : Bull. civ. I n° 123).

III. PARTIES AU POURVOI

A. Demandeur au pourvoi

1. CAPACITÉ DU DEMANDEUR AU POURVOI

27780 Le demandeur en cassation, comme le défendeur, personne physique ou personne morale, doit exister juridiquement.
Sur la faculté pour une personne faisant l'objet d'une procédure de sauvegarde, de redressement ou de liquidation judiciaire d'agir seule en justice, voir nos 51250 s.

POURVOI AU NOM D'UNE PERSONNE DÉCÉDÉE

27785 Un pourvoi en cassation ne peut pas être formé **au nom** d'une personne décédée (Cass. 1e civ. 23-7-1979 n° 78-12.151 : Bull. civ. I n° 222 ; Cass. 1e civ. 8-7-2009 n° 07-18.522 : Bull. civ. I n° 161 ; Cass. 1e civ. 11-10-2017 n° 15-16.909 F-D). Il s'agit d'une **irrégularité de fond** qui ne peut pas être couverte (Cass. 2e civ. 26-3-1997 n° 94-15.528 : Bull. civ. II n° 96). Il en est ainsi quand le demandeur est décédé soit avant le prononcé de la décision attaquée, soit depuis le prononcé de l'arrêt mais avant le dépôt du pourvoi.

> **Précisions** Le **délai de pourvoi** est interrompu par le décès de la partie à laquelle le jugement avait été notifié. Il court à nouveau en vertu d'une notification faite au domicile du défunt, et à compter de l'expiration des délais pour faire inventaire et délibérer si cette nouvelle notification a eu lieu avant que ces délais fussent expirés. Cette notification peut être faite aux héritiers et représentants, collectivement et sans désignation de noms et qualités (CPC art. 532). Lorsque le décès d'une partie n'a pas été notifié à une autre partie qui n'en avait pas connaissance par ailleurs, la signification de l'arrêt à la personne décédée depuis lors est opposable à sa succession et le pourvoi formé par l'un des héritiers plus de deux mois après cette signification est irrecevable (Cass. 1e civ. 27-3-2007 n° 06-11.003 : Bull. civ. I n° 135).
> Un pourvoi en cassation ne saurait davantage être dirigé **contre** une personne décédée. Le demandeur qui a connaissance du décès d'une partie doit diriger son recours contre sa succession (Cass. 1e civ. 29-11-2017 n° 17-10.191 F-D).

DEMANDEUR AU POURVOI DÉCÉDÉ EN COURS D'INSTANCE

27790 Lorsque le pourvoi a été formé du vivant du demandeur mais que celui-ci décède en cours d'instance, le pourvoi est recevable. Il faut toutefois déterminer si la **reprise d'instance** par les ayants droit du défunt est possible.

27792 **Transmissibilité de l'action** La reprise d'instance n'est pas possible, et il n'y a donc pas lieu à statuer sur le pourvoi, lorsque l'action en justice n'est pas transmissible aux héritiers du demandeur. Tel est le cas lorsque l'arrêt se prononce sur une action d'état telle une action en reconnaissance et légitimation par mariage (Cass. 1e civ. 3-11-1966 n° 65-10.047 : Bull. civ. I n° 491), une action disciplinaire (Cass. 1e civ. 21-11-2006 n° 05-19.015 : Bull. civ. I n° 497), une demande de

traitement de la situation de surendettement (Cass. 1e civ. 30-1-2002 n° 00-04.233) ou encore le divorce ou la séparation de corps des époux (Cass. 1e civ. 20-6-2006 n° 05-16.150 : Bull. civ. I n° 317).
Il y a lieu à rabat de l'arrêt de la Cour de cassation lorsque celle-ci s'est prononcée dans l'ignorance du décès d'une partie (Cass. 2e civ. 3-12-1997 n° 95-21.327).

Modalités de la reprise d'instance Lorsque l'**action** est **transmissible,** la procédure ne peut être poursuivie qu'après reprise d'instance. L'instance est reprise dans les formes prévues pour la présentation des moyens de défense (CPC art. 373). Il convient ainsi de déposer au greffe un mémoire accompagné des productions nécessaires (extrait de l'acte de décès et acte de notoriété établissant la qualité d'héritier). Ce mémoire sera notifié à la partie adverse conformément aux règles de la procédure de cassation applicables à la nature de l'affaire. Les délais de dépôt du mémoire ampliatif et du mémoire en défense ne recommencent à courir qu'à compter de la reprise d'instance (c'est-à-dire du dépôt de mémoire de « reprise » ou de la date de la notification de celui-ci). La Cour de cassation peut impartir un délai aux héritiers pour que cette reprise intervienne. **27794**

POURVOI AU NOM D'UNE PERSONNE ABSENTE

Lorsqu'une personne physique fait l'objet d'une présomption d'absence (C. civ. art. 112), à défaut de procuration laissée par le présumé absent ou de représentation par un conjoint, un représentant, habilité à poursuivre les actions en justice relatives aux droits patrimoniaux est désigné par le juge des tutelles (C. civ. art. 113). La déclaration d'absence produisant tous les effets d'un acte de décès, les règles concernant la reprise de l'instance par les héritiers s'appliquent (n° 27794). **27800**

POURVOI AU NOM D'UN MAJEUR PROTÉGÉ

Sauvegarde de justice Conservant l'exercice de ses droits, le majeur placé sous sauvegarde de justice peut, en principe, agir seul en justice (C. civ. art. 435), sauf si un mandataire a été désigné à cet effet (C. civ. art. 437). **27805**

Curatelle Le majeur sous curatelle doit être assisté de son curateur pour introduire une action en justice relative à ses droits patrimoniaux ou extrapatrimoniaux ou y défendre (C. civ. art. 468, al. 3 ; Décret 2008-1484 du 22-12-2008 art. 2 et annexe 1, col. 2-VI). Il en va notamment ainsi lorsqu'il s'agit de former un pourvoi (Cass. 1e civ. 21-9-2016 n° 15-21.184 F-D). En revanche, il peut agir seul concernant les actes qui lui sont strictement personnels (cf. Cass. 1e civ. 6-11-2013 n° 12-23.766 FS-PB : Bull. civ. I n° 217). **27806**
Sauf en cas d'autorisation du juge des tutelles délivrée en application de l'article 469 du Code civil, le curateur ne peut se substituer à la personne sous curatelle pour agir en son nom (Cass. com. 12-7-2011 n° 10-16.873 : RJDA 11/11 n° 878). Le délai de pourvoi ne court contre le majeur en curatelle que du jour de la notification faite au curateur (CPC art. 530, al. 2).

Tutelle La personne sous tutelle est en principe représentée en justice par son tuteur (C. civ. art. 475). La personne mise sous tutelle peut toutefois agir seule concernant les actes qui lui sont strictement personnels (cf. Cass. 1e civ. 6-11-2013 n° 12-23.766 FS-PB : Bull. civ. I n° 217) ou attaquer seule la décision à l'origine de la mise sous tutelle (Cass. 1e civ. 11-7-2006 n° 05-10.945 : Bull. civ. I n° 370). **27808**
Le tuteur peut agir seul en justice pour faire valoir les droits patrimoniaux du majeur (C. civ. art. 504, al. 2). En revanche, il ne peut agir, en demande ou en défense, pour faire valoir les droits extrapatrimoniaux du majeur qu'après l'autorisation ou sur injonction du juge des tutelles ou du conseil de famille s'il a été constitué (C. civ. art. 475, al. 2).
Le délai de pourvoi ne court contre la personne sous tutelle que du jour où le jugement est notifié tant à son représentant légal qu'au subrogé tuteur, s'il y a lieu (CPC art. 530, al. 1).

POURVOI AU NOM D'UN MINEUR

Le mineur non émancipé est représenté en justice par la personne qui exerce sur lui soit l'administration légale, soit la tutelle, suivant les règles gouvernant ces modes de représentation. Le mineur ne peut donc pas former seul un pourvoi en cassation. **27810**
En revanche, dès que le mineur atteint l'âge de la majorité, le pourvoi doit, à peine d'irrecevabilité, être dirigé à son encontre (Cass. 3e civ. 26-5-2016 n° 14-14.566 FS-PB : Bull. civ. III n° 68).
S'il atteint la majorité en cours d'instance, cette dernière est interrompue (CPC art. 369). L'instance doit être reprise par l'enfant devenu majeur.

POURVOI PAR UNE SOCIÉTÉ OU UN AUTRE GROUPEMENT

27815 Les **groupements non dotés de la personnalité** juridique, tels qu'une société non immatriculée ou une association non déclarée, n'ont pas le droit d'agir en justice.

La **société dissoute** doit être représentée dans l'instance en cassation par son liquidateur, amiable ou judiciaire ; si le pourvoi avait été formé par la société, le liquidateur doit reprendre l'instance au plus tard lors du dépôt du mémoire ampliatif, à peine d'irrecevabilité (Cass. com. 19-1-1993 n° 91-10.534 : Bull. civ. IV n° 14). En cas de clôture de la liquidation amiable ou judiciaire, un mandataire ad hoc doit être désigné (Cass. com. 7-7-2009 n° 08-17.792 : Bull. civ. IV n° 101 ; Cass. 2e civ. 4-2-2016 n° 14-28.153 F-D).

Est irrecevable le pourvoi formé par une société ayant perdu toute existence légale par suite de sa **fusion** avec une autre société (Cass. 3e civ. 24-11-2009 n° 08-16.393). Seule la société absorbante peut faire signifier une décision ou se pourvoir (Cass. 3e civ. 17-5-2006 n° 05-10.936 : RJDA 10/06 n° 1031 ; Cass. 2e civ. 9-11-2006 n° 05-18.047 pour un apport partiel d'actif). En cas de pourvoi en cassation formé par une société avant son absorption, le mémoire établi au nom de la société absorbante est recevable dès lors qu'il a été déposé au greffe de la Cour de cassation après la transmission du patrimoine de la société absorbée, peu important que la fusion ait été publiée au registre du commerce et des sociétés après ce dépôt (Cass. 2e civ. 8-7-2004 n° 02-20.213 : RJDA 2/05 n° 144).

De la même façon, est irrecevable le pourvoi formé au nom d'une **association,** qui avait fait l'objet d'une décision de dissolution en assemblée générale, dès lors que le liquidateur amiable n'est intervenu à l'instance qu'après l'expiration du délai imparti pour produire le mémoire en demande (Cass. 2e civ. 28-11-2013 n° 12-15.995 : Bull. civ. II n° 226).

La dissolution d'une société dont les parts sont réunies en une seule main entraînant la **transmission du patrimoine à l'associé unique** et la disparition de la personnalité morale à l'issue du délai d'opposition des créanciers à la dissolution, lequel est de trente jours à compter de la publication de celle-ci, est irrecevable le pourvoi formé contre la société après l'expiration de ce délai, sans qu'aucune opposition ne soit alléguée (Cass. 3e civ. 20-6-2007 n° 06-13.514 : RJDA 2/08 n° 143).

> **› Précisions** La **signification** d'une décision à une société **avant son absorption** par une autre société fait courir le délai de pourvoi contre la société absorbante par suite de la transmission universelle de patrimoine d'une société à l'autre (Cass. 3e civ. 12-3-2008 n° 07-15.278 : RJDA 6/08 n° 666).

2. QUALITÉ À AGIR DU DEMANDEUR AU POURVOI

PRINCIPE

27850 Toute partie qui y a **intérêt** est recevable à se pourvoir en cassation même si la disposition qui lui est défavorable ne profite pas à son adversaire (CPC art. 609). La partie ainsi désignée peut tout aussi bien être une **partie** à l'instance devant les juges du fond que des **tiers** dès lors qu'ils remplissent certaines conditions.

Le **défaut** de qualité peut être soulevé d'office par la Cour de cassation (Cass. com. 11-6-2002 n° 99-12.854).

POURVOI PAR LES PARTIES À L'INSTANCE AU FOND

27855 La qualité de partie à l'instance en cassation est reconnue aux parties désignées par la décision attaquée et par les actes de procédure ainsi qu'aux parties qui ont été représentées devant les juges du fond (Cass. 3e civ. 21-6-2018 n° 17-17.663 F-D).

27857 **Qualité de partie** Pour être partie devant les juridictions du fond, il faut avoir émis une prétention en propre.

Tel n'est pas le cas de l'**intervenant** volontaire accessoire devant les juges du fond. S'il ne s'est prévalu d'aucun droit personnel, son intervention devant les juridictions du fond ne lui a pas conféré la qualité de partie à l'instance et il n'a pas la faculté d'exercer les voies de recours au lieu et place de la partie principale (n° 8220). Il n'est recevable à se pourvoir en cassation que contre le chef de l'arrêt qui l'a déclaré irrecevable en son intervention devant la cour d'appel (Cass. com. 17-3-2015 n° 13-14.113). En revanche, l'intervenant volontaire à titre principal et l'intervenant forcé peuvent former un pourvoi (nos 8170 et 8370).

Ne sont pas parties à l'instance et ne peuvent donc pas former un pourvoi en cassation les **personnes** qui ont **simplement été entendues par les juges du fond.** Tel est le cas, par exemple en matière de contentieux disciplinaire des avocats, du bâtonnier qui s'est borné à formuler devant les juridictions disciplinaires du premier et du second degré des observations sur les mérites de

poursuites engagées par le procureur général contre un avocat, car le bâtonnier n'est pas partie à la procédure. Son pourvoi est donc irrecevable (Cass. 1e civ. 14-10-2010 nos 09-16.495 et 09-69.266).
Pour avoir la qualité de partie, il faut également avoir une **prétention** à soutenir au sens des articles 4 et 31 du CPC.

> **Précisions a.** Est irrecevable le pourvoi formé contre un arrêt d'appel par une personne qui, ayant été **partie en première instance,** ne l'était plus en appel (Cass. 2e civ. 9-11-1972 no 71-12.239 : Bull. civ. II no 274).
b. Le **magistrat dont la récusation est demandée** ne devient pas partie à l'instance devant la juridiction appelée à statuer sur cette requête ; son pourvoi contre la décision le récusant n'est pas recevable (Cass. 2e civ. 23-11-1983 nos 82-11.655 et 82-40.822 : Bull. civ. II no 184 ; Cass. soc. 19-12-2003 no 01-46.265 : RJS 3/04 no 337).
c. Il résulte des articles L 18, L 20 et R 19-1 du Code électoral que le pourvoi en cassation contre le jugement statuant sur l'inscription d'un électeur sur la liste électorale de la commune ou sur sa radiation ne peut être formé que par les personnes ayant été parties à l'instance, limitativement énumérées, que sont l'électeur intéressé, tout électeur inscrit sur la liste considérée, ainsi que, dans tous les cas, le représentant de l'État dans le département. Il en découle que la commune n'a pas qualité pour former un pourvoi en cassation, même si elle figure à tort comme partie au jugement (Cass. 2e civ. 11-6-2021 no 21-60.112 F-B).

Parties expressément désignées Ne sont recevables à se pourvoir que les parties qui ont été personnellement et nommément désignées dans les actes de l'instance et la décision attaquée (Cass. ass. plén. 12-7-2000 no 00-83.577 : Bull. ass. plén. no 6). **27858**
La partie qui n'a pas interjeté appel principal ou incident est irrecevable à se pourvoir à l'encontre d'un arrêt confirmatif (Cass. com. 24-10-1962 no 57-11.781 : Bull. civ. III no 421).
Il est en outre nécessaire que le demandeur se pourvoie en la **même qualité que devant le juge du fond** : ainsi, faute d'intérêt à agir, le liquidateur d'une société n'est pas recevable à se pourvoir personnellement contre un arrêt où il figurait en sa qualité de liquidateur (Cass. com. 28-10-2008 no 06-20.823).
Une nuance peut néanmoins être apportée. En effet, aux termes de l'article 534 du CPC, celui qui représentait légalement une partie peut, en cas de cessation de ses fonctions et s'il y a un intérêt personnel, exercer le recours en son nom ; le recours est pareillement ouvert contre lui. Rien ne paraît faire obstacle à ce que cette disposition s'applique dans une instance en cassation.

Régularisation L'irrecevabilité pour défaut de qualité doit être écartée lorsque, avant toute forclusion, la personne ayant qualité pour agir devient partie à l'instance (Cass. 2e civ. 12-6-2008 no 07-12.510). **27860**

Personnes représentées à l'instance au fond La qualité à agir est reconnue à certaines personnes qui, sans être parties à l'instance au fond, sont considérées comme ayant été représentées à celle-ci. **27862**
Ainsi, les **ayants cause** universels ou à titre universel **des parties** (par exemple, les héritiers) sont autorisés à former un pourvoi contre la décision qui faisait grief à leur auteur, tout comme les ayants cause à titre particulier (tel l'acquéreur d'un bien ou le cessionnaire d'une créance) si la cession est régulière et opposable (cf. Cass. com. 6-3-2007 no 05-17.584).

Les **codébiteurs solidaires,** parties à l'instance et condamnés par le même arrêt, se représentent mutuellement. Il est permis à un codébiteur négligent, qui ne s'est pas pourvu en temps utile pour son propre compte, de se joindre au recours formé par les codébiteurs diligents en formant un pourvoi après l'expiration du délai légal (Cass. soc. 30-5-1989 no 87-10.994 : Bull. civ. V no 404 ; Cass. 3e civ. 31-5-2018 no 16-13.797 FS-D). **27864**
En cas d'**indivisibilité** à l'égard de plusieurs parties, le pourvoi de l'une produit effet à l'égard des autres même si celles-ci ne sont pas jointes à l'instance de cassation (CPC art. 615).
Il n'existe en revanche pas de représentation mutuelle entre le **garant** et le **garanti** (Cass. 2e civ. 17-1-1996 no 94-10.279 : Bull. civ. II no 4). Néanmoins, si le garanti obtient la cassation de la condamnation prononcée au profit du demandeur principal, le garant en bénéficiera en tant que cette cassation prive d'objet son obligation de garantie (Cass. 3e civ. 4-6-1975 no 74-10.348 : Bull. civ. III no 190).
Les parties condamnées **in solidum** ne bénéficient pas de la représentation mutuelle.

Il existe des hypothèses où le **demandeur agit** pour le compte d'autrui, **au nom d'une personne qu'il représente** : représentant légal agissant au nom d'une personne morale (société, syndicat, association...) ou une personne protégée. **27866**

POURVOI PAR UN TIERS À L'INSTANCE AU FOND

27870 En **principe,** nul ne peut se pourvoir contre une décision à laquelle il n'a pas été partie (cf. CPC art. 609 ; Cass. 2e civ. 24-5-2012 n° 11-18.768 ; Cass. 2e civ. 10-6-2021 n° 21-60.115 F-B). Ainsi, un acquéreur ne peut se pourvoir en cassation contre le jugement du TGI (devenu tribunal judiciaire), qui a infirmé l'ordonnance du juge des tutelles ayant autorisé le tuteur à lui vendre de gré à gré un bien immobilier appartenant à un majeur protégé, l'acquéreur n'étant pas partie à cette instance (Cass. 1e civ. 11-2-2009 n° 07-22.069).
Mais ce principe connaît notamment les **exceptions** suivantes.

27872 **Tiers nommément condamné** En matière contentieuse, une personne qui n'était pas partie à l'instance peut néanmoins former un pourvoi contre la décision qui a prononcé une condamnation à son encontre (CPC art. 611 ; Cass. 2e civ. 16-12-1985 n° 81-16.593 : Bull. civ. II n° 197 ; Cass. soc. 19-12-2003 n° 03-10.014 : RJS 3/04 n° 337). Il en va de même pour celui dont la reconnaissance de paternité a été annulée (Cass. 1e civ. 27-1-2021 n° 19-15.921 FS-PB).
Le pourvoi est toutefois irrecevable si le nom du tiers ne figure dans la décision que par suite d'une erreur matérielle.

27874 **Sécurité sociale** Peuvent former pourvoi, dans le délai de deux mois à compter de la notification aux parties d'une décision concernant la législation sociale (CSS art. R 142-15), les ministres chargés de la sécurité sociale, de l'aide sociale et de l'agriculture ; ils sont dispensés du ministère d'avocat (CSS art. R 142-14).

3. INTÉRÊT À AGIR DU DEMANDEUR AU POURVOI

27880 Comme toute demande en justice, le recours en cassation est soumis à la règle « pas d'intérêt, pas d'action » (CPC art. 31). Ainsi est recevable à se pourvoir en cassation toute partie qui y a intérêt même si la disposition qui lui est défavorable ne profite pas à son adversaire (CPC art. 609).

DÉCISION DÉFAVORABLE AU DEMANDEUR

27885 Le demandeur au pourvoi doit justifier que la décision attaquée lui fait grief (Cass. 2e civ. 15-12-2016 n° 15-25.780 F-PB). Un demandeur au pourvoi est ainsi **sans intérêt** à critiquer :
– une décision qui a fait droit à ses demandes (notamment, Cass. 2e civ. 8-3-2007 n° 06-12.483 : Bull. civ. II n° 61 ; Cass. soc. 15-1-2015 n° 13-21.699), peu important sa motivation (Cass. soc. 21-1-2003 n° 01-40.670 : RJS 5/03 n° 655) ou les éventuelles difficultés rencontrées pour l'exécution de cette décision (Cass. soc. 7-7-1981 n° 80-41.711 : Bull. civ. V n° 658) ;
– une décision qui lui a donné acte de son désistement d'appel, de l'acceptation de l'intimé et qui a constaté l'extinction de l'instance (Cass. 2e civ. 17-9-2020 n° 19-15.255 F-PBI) ;
– une décision qui lui est plus favorable que celle qui aurait dû être prise (Cass. 2e civ. 1-2-2006 n° 04-14.247 : Bull. civ. II n° 30) ;
– le refus ou l'omission de donner acte à une partie car celle-ci n'est pas pour autant privée d'exercer ses droits ultérieurement (Cass. ass. plén. 9-6-1978 n° 76-11.524 : Bull. ass. plén. n° 2 ; Cass. soc. 8-11-1979 n° 78-11.865 : Bull. civ. V n° 839).
Un demandeur ne justifie d'aucun intérêt à la cassation d'une décision qui rejette les demandes dirigées à son encontre, peu important que l'arrêt n'ait pas fait droit à la fin de non-recevoir qu'il avait soulevée (Cass. com. 3-5-2012 n° 11-10.280).
Une partie est sans intérêt à critiquer un arrêt défavorable à une autre partie (Cass. com. 14-6-2017 n° 15-27.371 F-D).
Constitue en revanche un **intérêt suffisant** une condamnation aux dépens (Cass. soc. 6-2-1985 n° 83-12.054 : Bull. civ. V n° 79) ou la condamnation à une amende civile d'une partie qui a obtenu satisfaction sur le fond (Cass. 2e civ. 16-6-1993 n° 91-20.203 : Bull. civ. II n° 205).

POURVOI APRÈS ACQUIESCEMENT

27887 Celui qui a accepté la décision attaquée ne peut pas, faute d'intérêt à la critique, former de pourvoi contre elle (Cass. com. 22-11-2017 n° 16-23.009 F-D). L'acquiescement peut être **tacite** sous réserve d'être certain et de résulter d'actes incompatibles avec la volonté de former un pourvoi en cassation, démontrant à l'évidence l'intention de la partie à laquelle on l'oppose d'accepter la décision intervenue (Cass. com. 11-12-1990 n° 89-16.068 : Bull. civ. IV n° 313). Le pourvoi en cassation étant dépourvu en règle générale d'effet suspensif, l'**exécution** de la décision n'emporte pas renonciation au pourvoi (Cass. 1e civ. 18-7-1966 n° 64-13.853 : Bull. civ. I n° 431).

L'acquiescement peut intervenir aussi bien avant le dépôt de la déclaration du pourvoi (Cass. com. 15-3-2011 n° 09-71.934 : Bull. civ. IV n° 42) qu'au cours de l'instance en cassation (Cass. 3e civ. 3-4-1973 n° 71-13.723 : Bull. civ. III n° 252). Pour plus de détails sur l'acquiescement, voir nos 17700 s.
L'acquiescement n'empêche pas de former un pourvoi si, postérieurement à cet acquiescement, une **autre partie** forme régulièrement un **recours,** ce pourvoi étant de nature à conférer à l'auteur de l'acquiescement un intérêt nouveau à user d'une voie de recours qu'il n'avait pas précédemment cru opportun d'exercer (Cass. com. 13-12-2016 n° 14-19.885 F-D).

POURVOI APRÈS RENONCIATION AU BÉNÉFICE DE L'ARRÊT

Le pourvoi est **irrecevable** ou **dépourvu d'objet** si la personne à laquelle profite l'arrêt a renoncé à son bénéfice (Cass. 2e civ. 19-5-2016 n° 15-22.947 F-D). Est ainsi devenu sans objet le pourvoi formé par un contribuable contre un arrêt rejetant ses demandes de décharge d'impôts dès lors que le directeur général des impôts a déclaré qu'il renonçait purement et simplement au bénéfice de cet arrêt, que le dégrèvement des sommes litigieuses serait prononcé dans les meilleurs délais et que l'administration s'engageait à prendre en charge les dépens d'appel et de première instance ainsi que ceux exposés devant la Cour de cassation (Cass. com. 29-1-2008 n° 06-20.426). **27890**

APPRÉCIATION DE L'INTÉRÊT À AGIR DU DEMANDEUR AU POURVOI

L'intérêt du demandeur au pourvoi s'apprécie d'après le dernier état de ses **conclusions,** mais aussi en considération du fait qu'un pourvoi a été formé par la partie adverse, le défendeur pouvant former un **pourvoi incident** ou provoqué (nos 28420 s.). **27892**
L'intérêt à agir s'apprécie au **jour** du prononcé de l'arrêt attaqué (cf. Cass. 3e civ. 30-11-2005 n° 04-16.050 : Bull. civ. III n° 234). Il faut donc en principe apprécier la cause du litige dans l'état où elle s'est trouvée devant les juges du fond, sans tenir compte d'événements postérieurs à l'arrêt qui ont pu ou pourraient modifier la situation des parties et faire disparaître le préjudice. Mais ce principe n'est pas toujours appliqué avec rigueur (Cass. 2e civ. 16-10-2014 n° 13-22.844 : Rev. huissiers 2014 p. 216 note F. Rocheteau). Ainsi, il a été jugé que le pourvoi formé par le bailleur contre l'arrêt d'appel statuant sur le montant de l'indemnité d'éviction due au locataire et la demande en résiliation du bail pour manquements au cours de la période de maintien dans les lieux est sans objet si le bailleur a, postérieurement à l'arrêt attaqué, exercé son droit de repentir, irrévocable, et il est donc irrecevable (Cass. 3e civ. 4-7-2012 n° 11-19.043 : RJDA 11/12 n° 943).

B. Défendeur au pourvoi

CAPACITÉ DU DÉFENDEUR AU POURVOI

Le défendeur au pourvoi, personne physique ou personne morale, doit être doté d'une existence juridique. **27910**

Personne décédée Le pourvoi formé contre une personne décédée est, en principe, irrecevable (Cass. soc. 11-3-2009 n° 07-41.636 : Bull. civ. V n° 78 ; Cass. 1e civ. 11-5-2016 n° 15-60.238 F-D). **27912**
Toutefois, lorsque l'action est transmissible, le pourvoi formé contre une personne décédée est réputé dirigé contre sa succession dès lors qu'il n'est pas établi que le demandeur avait connaissance de ce décès au moment de la déclaration de pourvoi (Cass. 2e civ. 10-3-2004 n° 00-18.976 : Bull. civ. II n° 106 ; Cass. soc. 9-7-2014 n° 12-20.377 : Rev. huissiers 2014 p. 217 note F. Rocheteau). Le pourvoi est alors réputé être dirigé contre la succession (Cass. 1e civ. 21-6-2023 n° 21-15.366 F-D).

ATTENTION

Le demandeur au pourvoi apprend le plus souvent le décès de son adversaire au moment où il lui signifie le mémoire en demande. Le demandeur peut faire signifier le mémoire au domicile du défunt puis, une fois les héritiers identifiés, leur signifier conjointement le mémoire ampliatif et l'acte de reprise d'instance. Il peut également solliciter de la Cour de cassation un délai pour signifier le mémoire aux héritiers du défendeur (Cass. 3e civ. 16-3-2023 n° 22-20.246 F-D).

Décès en cours d'instance Lorsque le décès du défendeur intervient au cours de l'instance en cassation, le pourvoi est recevable, mais l'instance est interrompue par la notification du décès du défendeur si elle intervient avant l'ouverture des débats (CPC art. 370 et 371). **27914**
Si l'**action** est **intransmissible** (divorce, état des personnes, etc.), un non-lieu à statuer sur le pourvoi est prononcé (Cass. 1e civ. 17-7-1996 n° 94-20.036 : Bull. civ. I n° 326).
Si l'action est **transmissible,** l'instance peut être reprise à l'initiative des héritiers ou du demandeur. Si les héritiers renoncent à la succession, le demandeur au pourvoi peut avoir intérêt à provoquer la nomination d'un administrateur de la succession vacante.

> **Précisions a.** Les **héritiers reprennent l'instance** dans les **formes** prévues pour la présentation des moyens de défense, conformément aux articles 373 et 376 du CPC. Ils doivent déposer au greffe un simple mémoire, accompagné des productions nécessaires (extrait de l'acte de décès et acte de notoriété établissant la qualité d'héritier). Ce mémoire est notifié suivant les règles de la procédure avec représentation obligatoire ou sans représentation obligatoire, selon le cas.
> **b.** Pour reprendre l'instance, le **demandeur au pourvoi** doit soit signifier aux héritiers directement un mémoire ampliatif dirigé contre eux, soit, si celui-ci a déjà été signifié, faire procéder à une nouvelle signification à laquelle sera joint un acte de reprise d'instance.
> **c.** En cas de **difficulté pour identifier les héritiers,** il est possible de demander au ministère public de recueillir les renseignements nécessaires à la reprise d'instance (CPC art. 376, al. 3).

27915 **Mineur et majeur protégé** Les défendeurs n'ayant pas la capacité d'exercice doivent être représentés devant la Cour de cassation par leurs **mandataires légaux.** Ainsi, lorsque le défendeur est une personne placée sous tutelle, le pourvoi doit être dirigé contre le tuteur qui la représente dans tous les actes civils (Cass. soc. 29-11-2007 n° 06-40.939). En revanche, dans la mesure où le curateur ne peut se substituer à la personne en curatelle pour agir en son nom (C. civ. art. 469), le pourvoi ne peut pas être dirigé contre le seul curateur ; il doit l'être également contre la personne protégée (Cass. soc. 18-12-2013 n° 12-17.874 : RJS 3/14 n° 262, Bull. civ. V n° 308).
Le demandeur au pourvoi doit tenir compte des **changements d'état** survenus **entre le prononcé de l'arrêt attaqué et l'introduction de pourvoi.** Le pourvoi en cassation doit ainsi être dirigé contre le mineur devenu majeur et non contre le tuteur dont les fonctions ont cessé. Si le mineur atteint la majorité en cours d'instance en cassation, l'instance est interrompue de plein droit (n°s 17100 s.).

27917 **Société absorbée** Le pourvoi formé contre une société dissoute et radiée du registre du commerce à la suite de sa fusion-absorption est irrecevable (Cass. com. 10-5-2012 n° 11-14.887 ; Cass. soc. 1-12-2016 n° 15-14.594 F-D : Rev. huissiers 2017 p. 126 note F. Rocheteau). Le pourvoi doit en effet être dirigé contre la société absorbante.

27918 **Personne faisant l'objet d'une procédure collective** L'ouverture d'une sauvegarde, d'un redressement ou d'une liquidation judiciaire à l'encontre d'une personne, interdit d'engager certaines actions (notamment en paiement) contre elle et interrompt celles qui étaient en cours (n°s 51380 s.).

27920 **Ministère public** Lorsqu'un pourvoi est dirigé contre le ministère public, partie principale à l'instance, la partie défenderesse est le représentant du ministère public siégeant auprès de la juridiction qui a rendu la décision attaquée.

QUALITÉ ET INTÉRÊT À DÉFENDRE AU POURVOI

27922 Ne peut être défendeur au pourvoi que la **partie** à l'instance au fond, la **personne représentée** ou le **bénéficiaire d'une condamnation** (Cass. 1e civ. 12-11-2009 n° 08-17.301).
Ces personnes doivent avoir été **nommément,** à tout le moins suffisamment, **désignées** par la décision attaquée, ainsi que par la déclaration de pourvoi. La déclaration de pourvoi doit, à peine de nullité, contenir les nom, prénoms et domicile du défendeur ou, s'il s'agit d'une personne morale, sa forme (pour les procédures avec représentation obligatoire), sa dénomination et son siège social (CPC art. 975 et 985). Toutefois, l'erreur dans la déclaration de pourvoi sur la qualité en laquelle le défendeur est poursuivi (en l'espèce, en qualité de tuteur et non à titre personnel comme l'indiquait la déclaration) n'est pas de nature à entraîner l'irrecevabilité de ce recours dès lors que la qualité en laquelle cette partie a été attraite à l'instance en cassation résulte sans équivoque des décisions des juges du fond et de l'objet du litige (Cass. 1e civ. 11-7-2006 n° 05-10.945 : Bull. civ. I n° 370).
Enfin, le demandeur ne peut pas appeler en cassation une **partie à l'égard de laquelle il n'a pas formulé une demande devant les juges du fond** (cf. Cass. com. 18-3-1986 n° 83-16.737 : Bull. civ. IV n° 47 ; Cass. 3e civ. 21-6-2000 n° 98-12.844).

27924 Le demandeur ne va logiquement attraire devant la Cour de cassation que les parties à l'arrêt attaqué qui ont intérêt et qualité pour défendre aux moyens de cassation qu'il entend soulever à l'appui de son pourvoi. La partie qui a succombé est libre de former son **pourvoi contre certaines parties** et de ne pas faire usage de cette faculté contre les autres.
Ce principe souffre d'une exception en cas d'**indivisibilité du litige** à l'égard de plusieurs parties : le pourvoi qui n'a été dirigé qu'à l'encontre de l'une d'elles ou d'une partie d'entre elles est irrecevable vis-à-vis de toutes (CPC art. 615, al. 2 ; notamment, Cass. com. 8-7-2014 n° 13-25.147 : Rev.

huissiers 2014 p. 217 note F. Rocheteau ; Cass. 2e civ. 13-11-2014 no 14-11.986 : Bull. civ. II no 228 ; Cass. 3e civ. 26-5-2016 no 14-14.566 FS-PB : Bull. civ. III no 68 ; Cass. com. 16-6-2021 no 19-15.515 F-D). Ainsi, en matière de surendettement, est irrecevable, en raison de l'indivisibilité de son objet, le pourvoi formé par un créancier du débiteur surendetté à l'encontre de tous les autres créanciers de celui-ci contre un jugement statuant sur la vérification de créances, dès lors que le créancier demandeur s'est désisté à l'égard de certains créanciers (Cass. 1e civ. 27-9-2012 no 11-12.512 : Bull. civ. I no 154 ; Cass. 2e civ. 1-12-2016 no 15-24.280 F-D). De même, est irrecevable le pourvoi formé contre l'ordonnance d'admission d'une créance au passif du débiteur qui n'est pas dirigé contre le créancier déclarant (Cass. com. 29-6-2022 no 21-11.046 F-D) ou bien qui est dirigé contre la société en cause, mais non contre le mandataire judiciaire (Cass. com. 31-1-2018 no 16-20.080 F-PB).

Le demandeur au pourvoi ne peut appeler dans la cause un défendeur que si celui-ci tire un profit de la décision attaquée (Cass. 3e civ. 29-3-2006 no 03-70.203 : Bull. civ. III no 86). La personne qui ne profite pas de la disposition attaquée par le pourvoi doit être mise hors de cause. **27925**

ILLUSTRATIONS

Le pourvoi d'un exproprié à l'encontre d'une décision fixant une indemnité d'expropriation et dirigé contre l'expropriant mais non contre le commissaire du gouvernement est recevable, une telle décision n'étant pas prononcée au profit ou à l'encontre de ce dernier (Cass. 3e civ. 29-3-2006 précité).

Le maître d'œuvre ayant établi seul les documents de conception et d'exécution des lots techniques, dont le lot VRD litigieux, et ayant seul suivi les travaux, la cour d'appel a pu, sans modifier l'objet du litige, en déduire que l'architecte et son assureur devaient être mis hors de cause (Cass. 3e civ. 17-4-2013 no 12-14.409 : Bull. civ. III no 52).

C. Intervenant à l'instance en cassation

MODE D'INTERVENTION ADMIS

Devant la Cour de cassation, seule est admise l'**intervention volontaire** formée à titre **accessoire** (CPC art. 327, al. 2), c'est-à-dire à l'appui des prétentions d'une partie et à condition que son auteur ait intérêt, pour la conservation de ses droits, à soutenir une partie (Cass. soc. 4-2-2015 no 13-25.627 FS-PB : Bull. civ. V no 19). Intervention forcée et intervention à titre principal sont donc exclues à ce stade de la procédure (Cass. soc. 21-11-2012 no 11-22.455 : Bull. civ. V no 301 ; Cass. 2e civ. 25-6-2015 no 14-21.853 F-D ; Cass. 2e civ. 13-10-2016 no 15-10.937). **27935**

CONDITIONS DE L'INTERVENTION EN CASSATION

Qualité de tiers L'intervention est réservée à ceux qui n'avaient pas la qualité de partie devant les juridictions du fond (CPC art. 66 ; Cass. 1e civ. 31-5-2007 no 05-20.437), ce qui est le cas de celui qui était déjà intervenant volontaire à titre accessoire en appel (cf. Cass. com. 19-6-2012 no 11-15.411). **27937**

Intérêt à agir Devant la Cour de cassation, l'intervenant est recevable à agir uniquement s'il a intérêt, pour la **conservation de ses droits,** à soutenir l'une des parties à l'instance en cassation, qu'elle soit demanderesse au pourvoi ou défenderesse (CPC art. 330, al. 2 ; Cass. soc. 10-3-2010 no 08-44.964 : RJS 5/10 no 462 ; Cass. com. 16-4-2013 no 12-14.445 : Bull. civ. IV no 62). Ainsi, il a été jugé que la Chambre nationale des commissaires de justice justifie d'un intérêt à intervenir dans la mesure où la décision qui sera rendue concerne un intérêt dont elle a la garde (Cass. com. 20-10-1998 no 95-15.804 : Bull. civ. IV no 252). Cet arrêt a été rendu à propos d'une affaire de contrefaçon dans laquelle se posait la question de savoir si le constat de contrefaçon établi par un huissier ou commissaire de justice exerçant au sein d'une SCP devait porter les noms et adresse de l'huissier ou commissaire de justice ou ceux de la SCP. En revanche, jugé que le Medef ne justifie d'aucun intérêt à soutenir une société défenderesse au pourvoi formé par un salarié de celle-ci contre un arrêt ayant rejeté sa demande de paiement d'heures supplémentaires et d'une indemnité pour travail dissimulé (Cass. soc. 29-6-2011 no 09-71.107 : Bull. civ. V no 181). **27940**

L'intervenant vient **appuyer les prétentions d'une des parties,** sans pouvoir invoquer des **moyens distincts** (Cass. 1e civ. 28-6-1995 no 94-50.002 : Bull. civ. II no 221). La Cour de cassation a admis l'intervention des représentants légaux d'une personne protégée, pour assurer la validité de la procédure, introduite ou suivie par celui-ci (Cass. com. 2-6-1965 : Bull. civ. III no 356). En revanche, elle déclare l'intervention irrecevable lorsque l'intervenant veut défendre au pourvoi alors que le défendeur lui-même n'est pas constitué devant la Cour de cassation (Cass. com. 6-1-1998 no 95-19.590 ; Cass. 2e civ. 25-6-2015 no 14-24.545 : Bull. civ. II no 168), sauf indivisibilité du litige (Cass. 3e civ. 10-6-2015 no 14-12.270). **27942**

MODALITÉS DE L'INTERVENTION EN CASSATION

27945 L'intervention est formée par le dépôt au greffe de la Cour de cassation d'une **requête** écrite. Celle-ci est accompagnée du mémoire de la partie qu'elle soutient, ainsi que de toutes les pièces justificatives de la recevabilité et du bien-fondé de l'intervention. Elle est **signifiée** à toutes les parties en cause et à leurs avocats constitués au greffe.
L'intervention est admise jusqu'à l'audition du ministère public.

INTERDÉPENDANCE DE L'INTERVENTION AVEC LE POURVOI

27950 En raison de son caractère accessoire, l'intervention se trouve dans la dépendance du pourvoi auquel l'intervenant s'associe. L'**irrecevabilité,** la **déchéance** ou le **désistement** du pourvoi rendent l'intervention sans objet. Si la déchéance du pourvoi est prononcée ou si le demandeur se désiste, l'intervenant ne peut exiger que la Cour de cassation statue sur le pourvoi ou revienne sur le désistement de son propre pourvoi (Cass. 2e civ. 23-11-1966 n° 64-12.193 : Bull. civ. II n° 915).
À l'inverse, l'intervention n'exerce aucune influence sur le sort du pourvoi et l'intervenant a le droit de se désister unilatéralement (CPC art. 330).

D. Le ministère public dans l'instance en cassation

RÔLE DU MINISTÈRE PUBLIC

27960 Le ministère public rend des avis dans l'intérêt de la loi et du bien commun. Il éclaire la Cour sur la portée de la décision à intervenir. Il porte la parole aux audiences les plus importantes (C. org. jud. art. L 432-1).

DOMAINE RÉSERVÉ AU MINISTÈRE PUBLIC POUR SE POURVOIR EN CASSATION

27962 Dans le cadre d'une **procédure collective** (sauvegarde, redressement ou liquidation judiciaire), le ministère public est seul habilité à former un pourvoi en cassation contre les arrêts ayant statué en appel sur les jugements qui arrêtent ou rejettent le **plan de cession** de l'entreprise, qui modifient ce plan ou qui statuent sur sa résolution (C. com. art. L 661-7, al. 4). Il est dérogé à cette règle en cas d'excès de pouvoir (Cass. com. 15-12-2009 n° 08-19.723 F-PB : RJDA 3/10 n° 272).
Lorsque le ministère public doit avoir **communication des procédures** de sauvegarde, de redressement ou de liquidation judiciaire et des causes relatives à la responsabilité des dirigeants sociaux, le pourvoi en cassation pour défaut de communication n'est ouvert qu'à lui seul (C. com. art. L 661-8).

CONDITIONS D'INTERVENTION DU MINISTÈRE PUBLIC EN CASSATION

27965 Sauf disposition spéciale, le ministère public ne peut se pourvoir contre une décision que s'il y a été **partie principale** (Cass. 2e civ. 20-2-1991 n° 89-14.910 : Bull. civ. II n° 60 ; Cass. 1e civ. 23-9-2003 n° 01-03.736).
Le pourvoi est formé par le représentant du parquet, siégeant auprès de la juridiction qui a rendu la décision attaquée.
Lorsque le ministère public agit dans une matière avec **représentation obligatoire,** il est tenu de former, lui-même ou par l'intermédiaire du parquet général de la Cour de cassation, son pourvoi au greffe de la Cour de cassation (Cass. 1e civ. 2-2-1999 n° 97-11.576 : Bull. civ. I n° 34).

27970 Le ministère public est **partie jointe** lorsqu'il intervient pour faire connaître son **avis** sur l'application de la loi dans une affaire dont il a communication ; lorsque le ministère public intervient, le greffe en informe aussitôt les parties (CPC art. 424). Dans cette hypothèse, il n'a pas le droit de former un recours en cassation (Cass. com. 8-7-2008 n° 06-21.549 ; Cass. 1e civ. 6-12-2017 n° 16-50.058 FS-BP).

POURVOIS SPÉCIAUX DU MINISTÈRE PUBLIC

27975 **Intérêt de la loi** Si le procureur général près la Cour de cassation apprend qu'il a été rendu, en matière civile, une **décision contraire aux lois,** aux règlements ou aux formes de procéder, contre laquelle cependant aucune des parties n'a réclamé dans le délai fixé, ou qui a été exécutée, il en saisit la Cour de cassation après l'expiration du délai ou après l'exécution (Loi 67-523 du 3-7-1967 art. 17 ; CPC art. 639-1 à 639-4 ; pour une application, Cass. ass. plén. 31-5-1991 n° 90-20.105 : Bull. ass. plén. n° 4, cas d'une maternité pour autrui prohibée).
Ce pourvoi doit être exercé dans un délai de 5 ans à compter du prononcé de la décision. Il est formé non par déclaration au greffe mais par une requête motivée. Les parties en sont avisées,

par le greffe de la Cour de cassation, et elles disposent d'un délai de deux mois pour faire valoir leurs observations (CPC art. 639-1).
Si une cassation intervient, les parties ne peuvent s'en prévaloir pour éluder les dispositions de la décision cassée (CPC art. 639-2).

Excès de pouvoir du juge Le garde des Sceaux, ministre de la justice, peut, en matière civile, prescrire au procureur général de déférer à la chambre compétente de la Cour de cassation les actes par lesquels les juges excèdent leurs pouvoirs (Loi 67-523 du 3-7-1967 art. 18 ; CPC art. 639-3 et 639-4). 27977
Les parties sont mises en cause par le procureur général qui leur fixe des délais pour produire leurs mémoires ampliatifs et en défense. Le ministère d'avocat n'est pas obligatoire.
La chambre saisie annule ces actes s'il y a lieu et l'annulation vaut à l'égard de tous.

IV. DÉPÔT DU POURVOI

A. Délai

1. DIFFÉRENTS DÉLAIS DE POURVOI

DÉLAI ORDINAIRE

Si le **jugement** a été **notifié,** le pourvoi principal doit être introduit au plus tard dans les deux mois de cette notification (CPC art. 612 et 528). Il s'agit du délai de droit commun du pourvoi en cassation. 27990
Si le jugement n'a **pas** été **notifié** à partie et qu'il a définitivement mis fin à la procédure, le pourvoi principal doit être introduit au plus tard dans les deux ans de son prononcé (CPC art. 528-1). Cette forclusion n'est applicable qu'aux parties qui ont comparu.

DÉLAIS SPÉCIAUX POUR INTRODUIRE UN POURVOI

Des textes spécifiques dérogent au délai de deux mois, prévu par l'article 612 du CPC. 27995
Notamment, sans que la liste soit exhaustive, le délai pour former un pourvoi en cassation est réduit à **dix jours** en matière d'élections professionnelles (n° 28170), ou contre le jugement statuant sur la délibération du comité social et économique décidant le recours à l'expertise si l'employeur entend contester la nécessité de celle-ci (C. trav. art. R 2315-50 et, sur renvoi, C. trav. art. L 2315-86).
Il est de **quinze jours** :
- contre l'ordonnance du premier président de la cour d'appel statuant sur le recours formé contre l'ordonnance autorisant une visite domiciliaire en matière fiscale, qu'il s'agisse de contributions directes ou indirectes (LPF art. L 16 B, II et L 38) ;
- dans le contentieux de la passation des contrats de droit privé de la commande publique, contre l'ordonnance du président de la juridiction statuant sur un référé précontractuel, à compter de la notification de l'ordonnance (CPC art. 1441-1, al. 3) ;
- contre le jugement homologuant une convention de divorce par consentement mutuel et prononçant le divorce, à compter du prononcé du jugement (CPC art. 1103) ;
- contre le jugement rendu sur question préjudicielle de la juridiction administrative, à compter de la notification du jugement (CPC art. 126-15) ;
- contre les décisions rendues en matière de déplacement illicite international d'enfants (CPC art. 1210-12) ;
- contre l'ordonnance rejetant la demande de récusation ou de renvoi pour cause de suspicion légitime, à compter de la notification de l'ordonnance (CPC art. 346).

Le délai de pourvoi est fixé à **un mois** à compter de leur notification contre les arrêts rendus en appel des décisions de l'Autorité de la concurrence (C. com. art. L 464-8) et de l'Autorité de régulation des communications électroniques et des postes (CPCE art. L 36-8, IV).

Dispense de délai En cas de pourvoi pour **contrariété de jugement,** formé contre deux décisions, même non rendues en dernier ressort, le pourvoi peut être formé même après l'expiration du délai de deux mois (CPC art. 618). Le pourvoi en cassation pour contrariété de jugement formé contre une décision en dernier ressort pour **violation de l'autorité de la chose jugée** (CPC art. 617) reste soumis au délai de deux mois. 27997

DÉLAI POUR FORMER UN POURVOI INCIDENT OU PROVOQUÉ

28000 Le délai dans lequel le pourvoi incident, même provoqué, doit être formé est exposé nos 28440 s.

POURVOI DIFFÉRÉ

28005 L'exercice du pourvoi en cassation est temporairement neutralisé à l'égard de certaines décisions. Ainsi, ne peuvent faire l'objet d'un pourvoi tant qu'un jugement définitif n'a pas été rendu, si ce n'est dans les cas spécifiés par la loi, les **jugements qui,** dans leur dispositif, **ordonnent une mesure** d'instruction ou une mesure provisoire sans trancher une partie du principal (n° 27580), ainsi que les **jugements qui statuent sur** un **incident de procédure** sans mettre fin à l'instance (nos 27582 s.). Seules les décisions qui statuent sur un incident de compétence peuvent faire l'objet d'un pourvoi immédiat.
Les **jugements par défaut** qui sont susceptibles d'opposition ne peuvent être déférés à la Cour de cassation tant que le délai d'opposition n'est pas expiré (n° 27620).

POURVOI ADDITIONNEL

28006 Depuis le décret 2014-1338 du 6 novembre 2014, il existe une autre modalité de formation du pourvoi appelée « pourvoi additionnel » (CPC art. 608). Il s'agit de permettre l'extension du pourvoi aux décisions avant dire droit rendues dans la même procédure. La décision avant dire droit est critiquée soit dans le mémoire en demande, soit dans un mémoire distinct. Dans tous les cas, ce mémoire doit, à peine d'irrecevabilité, comporter la mention « pourvoi additionnel » (Cass. 1e civ. 28-2-2018 n° 17-13.221 F-D) et être régularisé dans le délai du mémoire en demande (CPC art. 978). L'irrecevabilité du pourvoi principal entraîne par voie de conséquence celle du pourvoi additionnel (Cass. com. 3-7-2019 n° 17-17.709 F-D).

CALCUL ET PROROGATION DES DÉLAIS DE POURVOI

28010 Le délai pour former un pourvoi est calculé et, le cas échéant, prorogé selon les règles générales exposées nos 21002 s.
Sur les événements susceptibles de l'affecter, voir nos 28040 s.

2. POINT DE DÉPART DU DÉLAI DE POURVOI

SIGNIFICATION À PARTIE

28020 En principe, le délai à l'expiration duquel un recours ne peut plus être exercé court à compter de la **notification de la décision attaquée** (CPC art. 528), étant précisé que les jugements sont notifiés par voie de signification à partie à moins que la loi n'en dispose autrement (CPC art. 675). Une signification à partie est donc en principe nécessaire pour faire courir le délai de pourvoi. La connaissance acquise par une partie d'un jugement prononcé à son encontre ne suffit pas (Cass. 2e civ. 11-3-1998 n° 96-17.187 : Bull. civ. II n° 81).
La signification à partie est faite selon les modalités exposées nos 21400 s. Lorsque la représentation est obligatoire, la décision doit être préalablement portée à la connaissance des représentants des parties par remise d'une copie de la décision par le greffe, lorsque le jugement est notifié aux parties à sa diligence, ou dans la forme des notifications entre avocats dans les autres cas (CPC art. 678 modifié par décret 2020-1201 du 30-9-2020).
La signification ne fait courir le délai du pourvoi que si elle est régulière (Cass. soc. 19-3-1998 n° 96-40.194 : D. 1999. 189 note Puigelier ; Cass. com. 19-6-2012 n° 11-20.714 ; Cass. soc. 27-6-2012 n° 10-28.649 : Bull. civ. V n° 200).

28021 **Effets de la signification** Les actes de procédure étant en principe relatifs, les significations ne font courir les délais pour exercer un recours qu'au bénéfice de ceux qui y ont procédé et au détriment de ceux à qui elles ont été adressées (Cass. 2e civ. 20-6-1979 n° 77-10.567 : Bull. civ. II n° 183). Il en résulte que les délais pour former un pourvoi contre une même décision peuvent expirer à des moments différents selon les parties (pour une illustration, Cass. 2e civ. 8-6-2017 n° 16-17.718 F-D).
Une signification régulière fait courir le délai de pourvoi, même à l'encontre de celui qui notifie (CPC art. 528). Le délai pour agir en cassation court donc **à l'égard de l'auteur** de la signification à compter de sa propre diligence (Cass. 2e civ. 27-2-1980 n° 78-14.761 : Bull. civ. II n° 42) et ce, au profit de tous ses **adversaires** même s'il a signifié l'arrêt attaqué à un seul d'entre eux (Cass. 2e civ. 15-5-2003 n° 01-12.191).

28022 **Pluralité de notifications ou de significations** Lorsqu'une même décision a fait l'objet de plusieurs significations (ou notifications) successives, le délai court à compter de la première signification régulière, la seconde n'ouvrant pas un nouveau délai de recours, qu'elle ait été faite ou pas dans le délai ouvert par la première (Cass. 2e civ. 3-4-2003 n° 01-04.043 : Bull. civ. II n° 91 ; Cass. 2e civ. 5-2-2009 n° 07-13.589 : Bull. civ. II n° 35 ; Cass. 1e civ. 8-4-2009 n° 07-21.090 : Bull. civ. IV n° 77 ; Cass. com. 7-10-2008 n° 06-20.093 : Bull. civ. IV n° 166 ; Cass. com. 3-11-2010 n° 09-68.968 : Procédures 2011 n° 4 note R. Perrot).

Signification d'une décision solidaire ou indivisible En cas de **condamnation** solidaire ou indivisible **de plusieurs parties,** la notification faite à l'une d'elles ne fait courir le délai qu'à son égard (CPC art. 529, al. 1 ; Cass. 2e civ. 18-3-1987 n° 85-18.796 : Bull. civ. II n° 71), étant précisé que l'observation du délai pour former un pourvoi en cassation par l'un d'entre eux a pour effet de relever les autres codébiteurs condamnés solidairement ou indivisiblement par l'arrêt attaqué de la déchéance par eux encourue (Cass. soc. 30-5-1989 n° 87-10.994 : Bull. civ. V n° 404). 28024

Dans les cas où un **jugement profite** solidairement ou indivisiblement **à plusieurs parties,** chacune peut se prévaloir de la notification faite par l'une d'elles (CPC art. 529, al. 2 ; Cass. com. 7-7-1987 n° 84-10.358 : Bull. civ. IV n° 171).

AUTRES POINTS DE DÉPART DU DÉLAI DE POURVOI

Notification de la décision par le greffe La signification à partie de la décision attaquée n'est en principe pas requise lorsque la loi prévoit que la décision est notifiée aux parties par le greffier de la juridiction qui l'a rendue (cf. CPC art. 675). Le délai pour former pourvoi court alors à compter de cette notification pourvu qu'elle soit régulière, c'est-à-dire qu'elle comporte toutes les mentions requises notamment en ce qui concerne les recours (Cass. soc. 6-11-2001 n° 99-44.443 ; Cass. 2e civ. 8-3-2012 n° 10-60.414). Pour plus de détails sur cette notification, voir nos 21300 s. et 21044. 28025

Toutefois, si la lettre de notification de la décision revient au greffe, une signification à partie s'impose (n° 21320). Le délai de pourvoi court à compter de cette signification (cf. Cass. 3e civ. 12-10-2005 n° 99-70.214 : Bull. civ. III n° 192 ; Cass. com. 29-4-2014 n° 13-11.809 : Rev. huissiers 2014 p. 218 note F. Rocheteau).

> **Précisions a.** La **notification** de la décision **par le greffier** est notamment **prévue** pour les décisions rendues en matière gracieuse (CPC art. 675, al. 2), en matière de sécurité sociale (CSS art. R 142-10-7, R 142-12 et R 142-13-5), pour les jugements du conseil de prud'hommes (C. trav. art. R 1454-26), pour les arrêts d'appel rendus en matière de procédures collectives (C. com. art. R 661-7), pour les jugements des tribunaux judiciaires statuant en matière d'élections professionnelles (C. trav. art. R 2314-25) et d'inscription sur les listes électorales (C. élect. art. R 19), pour les décisions rendues en matière d'assistance éducative (CPC art. 1190 et 1194), pour les arrêts de la cour de Paris statuant sur recours contre les décisions de l'Autorité de la concurrence (C. mon. fin. art. R 621-46) et pour l'ordonnance du premier président de la cour d'appel statuant sur les contestations relatives aux dépens et aux honoraires des avocats (CPC art. 718 et 719).
> **b.** Dans le cas d'un **jugement faussement qualifié de « rendu en premier ressort »** et qui a fait l'objet d'un appel, le délai du pourvoi court à compter de la notification de l'arrêt par le greffe déclarant l'appel irrecevable (CPC art. 536).

Prononcé de la décision Le délai du pourvoi court à compter du prononcé de la décision attaquée dans les cas suivants (CPC art. 528, al. 1) : 28027
- décision homologuant la convention des époux et prononçant le divorce par consentement mutuel (CPC art. 1103) ;
- décision interprétative (uniquement si elle est rendue sur-le-champ après audition des parties, si la décision est mise en délibéré, le délai du pourvoi ne court qu'à compter de la notification) (Cass. 2e civ. 23-1-1991 n° 89-18.510 : Bull. civ. II n° 30) ;
- jugement non notifié qui tranche tout le principal ou qui, statuant sur un incident, met fin à l'instance, le recours devant alors être formé dans le délai de deux ans à compter de son prononcé (CPC art. 528-1) ;
- décision du premier président de la cour d'appel refusant d'autoriser la prise à partie d'un magistrat (par exemple pour concussion ou déni de justice), le pourvoi devant être formé dans un délai de quinze jours à compter de son prononcé (CPC art. 366-5).

Pourvoi différé Lorsqu'un arrêt n'est pas susceptible d'un pourvoi immédiat, le délai ne court que du jour de la signification de l'arrêt définitif qui sera rendu sur le fond du litige. 28030

Tel est le cas pour :
– les jugements qui, dans leur dispositif, ordonnent une mesure d'instruction ou une mesure provisoire sans trancher une partie du principal (Cass. 1e civ. 23-6-1987 n° 85-15.639 : Bull. civ. I n° 204 ; n° 27580) ;
– les jugements qui statuent sur un incident de procédure sans mettre fin à l'instance (Cass. com. 20-11-2012 n° 10-18.966 ; nos 27582 s.) ;
– les décisions avant dire droit (Cass. com. 7-10-2008 n° 06-20.093 : Bull. civ. IV n° 166).

Les jugements par défaut, qui sont susceptibles d'opposition, ne peuvent pas être déférés à la Cour de cassation tant que le délai d'opposition n'est pas expiré (Cass. com. 20-11-2012 n° 10-18.966 ; n° 27620), y compris pour les parties qui ont comparu devant les juges du fond (Cass. 2e civ. 22-2-2012 n° 11-10.334 : Bull. civ. II n° 34).

Le délai du pourvoi contre un arrêt ayant omis de statuer à l'égard d'une des parties ne court à l'égard de la partie omise qu'à partir de la signification de l'arrêt rectificatif qui seul se prononce sur les demandes la concernant. De la même façon, le délai de pourvoi contre l'arrêt rectificatif ne court qu'à compter de sa signification (Cass. com. 2-10-2007 n° 06-14.153).

28032 **Pourvoi incident ou provoqué** Sur cette question, voir n° 28440.

3. ÉVÉNEMENTS AFFECTANT LE DÉLAI DE POURVOI

CHANGEMENT DE CAPACITÉ OU DÉCÈS

28040 Le changement de capacité d'une partie ou son décès emporte l'interruption du délai de pourvoi dans les conditions exposées nos 23080 s.

EFFET DE L'AIDE JURIDICTIONNELLE SUR LE DÉLAI DE POURVOI

28045 Lorsqu'une **demande** d'aide juridictionnelle en vue de se pourvoir devant la Cour de cassation est déposée ou adressée au bureau d'aide juridictionnelle établi près cette juridiction **avant l'expiration du délai** imparti **pour le dépôt du pourvoi ou des mémoires,** ce délai est interrompu (Décret 2020-1717 du 28-12-2020 art. 44 ; Cass. 2e civ. 21-10-2010 n° 09-66.510 : Bull. civ. II n° 171). La demande faite après l'expiration de ce délai n'a pas d'effet interruptif (Cass. 2e civ. 8-3-2018 n° 16-26.849 F-PB) ; elle n'en a pas non plus si elle est adressée à un autre bureau d'aide juridictionnelle que celui de la Cour de cassation (Cass. soc. 3-5-2016 n° 14-16.533 FS-PB : Rev. huissiers 2017 p. 127 note F. Rocheteau).

La date d'une demande d'aide juridictionnelle adressée par voie postale étant celle qui figure sur le cachet du bureau de poste d'émission (Décret précité art. 37), il est conseillé d'envoyer cette demande par lettre recommandée AR afin de se ménager la preuve qu'elle a été expédiée en temps utile.

Lorsque la demande d'aide juridictionnelle est présentée dans le délai précité, un **nouveau délai** court à compter du jour de la réception par le demandeur de la notification de la décision du bureau d'aide juridictionnelle ou, si elle est plus tardive, de la date à laquelle un auxiliaire de justice a été désigné (Décret précité art. 44, I).

> **Précisions a.** Les **décisions du bureau d'aide juridictionnelle** peuvent être déférées au premier président de la Cour de cassation, par l'intéressé lui-même lorsque le bénéfice de l'aide juridictionnelle lui a été refusé, et ce dans un **délai de quinze jours** à compter du jour de la notification de la décision à l'intéressé (Loi 91-647 du 10-7-1991 art. 23 ; Décret 2020-1717 du 28-12-2020 art. 44 et 69). Ce recours n'a pour effet d'interrompre une nouvelle fois le délai de pourvoi que s'il est régulièrement formé (Cass. 2e civ. 8-3-2018 n° 16-26.849 F-PB).
b. La demande d'aide juridictionnelle présentée par le défendeur au pourvoi ne peut interrompre le délai du **pourvoi incident** que si elle a été présentée en vue de former un tel pourvoi (Cass. 2e civ. 12-10-1983 n° 82-10.449 : Bull. civ. II n° 164) et non pour défendre simplement au pourvoi principal.
c. En cas de **rejet ou de caducité de la demande d'aide** juridictionnelle, le dépôt d'une nouvelle demande n'a pas pour effet d'interrompre une seconde fois le délai de pourvoi en cassation (Cass. 2e civ. 21-10-2010 précité ; Cass. soc. 13-2-2013 n° 11-27.034).

ARBITRAGE EN CAS DE DÉSACCORD ASSUREUR/ASSURÉ ET DÉLAI DE POURVOI

28050 En cas de désaccord entre un assuré et un assureur de protection juridique sur les mesures à prendre pour régler un différend (par exemple l'assureur refusant de prendre en charge le recours en cassation voulu par l'assuré), le litige peut être soumis à l'arbitrage d'un tiers (C. ass. art. L 127-4, al. 1).

Le délai du pourvoi en cassation est suspendu par la mise en œuvre de cet arbitrage (art. précité, al. 3). Le délai du pourvoi ne recommence à courir pour la durée restante au jour de la suspension qu'à compter de la notification aux deux parties de la décision de l'arbitre.

4. SANCTION DE L'INOBSERVATION DU DÉLAI DE POURVOI

PRINCIPE DE L'IRRECEVABILITÉ

Le **dépôt tardif** du pourvoi est sanctionné par l'irrecevabilité du recours (jurisprudence constante). Un pourvoi **déposé prématurément** est également irrecevable, s'il a par exemple été introduit contre un jugement par défaut avant l'expiration du délai d'opposition (Cass. com. 23-4-2013 n° 11-28.122). L'irrecevabilité est relevée d'office par la Cour de cassation dans les conditions de l'article 125 du CPC ou elle est invoquée par le défendeur au pourvoi. 28060

ATTENTION

Concernant la preuve du respect du délai, s'il existe une divergence entre le second original de l'exploit, produit par le défendeur au pourvoi, et la copie signifiée, produite par le demandeur, préférence est donnée à la copie (tenant lieu d'original pour celui qui la reçoit).
Lorsque l'arrêt est notifié par le greffe, l'accusé de réception figure a priori au dossier transmis au greffe de la Cour de cassation.

EXCEPTIONS AU PRINCIPE D'IRRECEVABILITÉ DU POURVOI

Force majeure L'irrecevabilité du pourvoi est mise en échec en cas de force majeure, l'auteur du pourvoi pouvant alors demander à être relevé de forclusion. 28065
Mais la force majeure est admise par la Cour de cassation seulement lorsque le dépôt du pourvoi a été empêché par un obstacle invincible entraînant l'impossibilité absolue d'agir, indépendant de la volonté du demandeur (Cass. 2e civ. 24-10-1973 n° 72-12.789 : Bull. civ. II n° 267). Un retard ou une erreur de transmission du courrier ne constitue pas ainsi un événement de force majeure (Cass. 2e civ. 15-4-1970 n° 69-12.586 : Bull. civ. II n° 119 ; Cass. com. 5-3-1980 n° 78-12.834 : Bull. civ. IV n° 114).

Indivisibilité ou solidarité En cas de litige portant sur une question d'indivisibilité ou de solidarité, le pourvoi formé en temps utile par l'un des cointéressés profite aux autres. Ces derniers peuvent s'y joindre après l'expiration du délai de recours et sont ainsi relevés de la forclusion qu'ils ont personnellement encourue (Cass. soc. 30-5-1989 n° 87-10.994 : Bull. civ. V n° 404 ; Cass. soc. 26-2-1992 n° 91-60.018 : Bull. civ. V n° 134). 28070

B. Représentation des parties devant la Cour de cassation

PRINCIPE DE LA REPRÉSENTATION OBLIGATOIRE

Sauf disposition contraire, les parties sont tenues de constituer un **avocat au Conseil d'État et à la Cour de cassation,** en demande et en défense (CPC art. 973, al. 1). Ainsi, en l'**absence de disposition spéciale,** les pourvois formés en matière d'omission ou de refus d'omission du tableau d'un avocat doivent être, comme les décisions en matière d'inscription au tableau, formés par le ministère d'un avocat à la Cour de cassation. À défaut, le pourvoi est irrecevable (Cass 1e civ. 30-10-2013 n° 13-60.158 : Bull. civ. I n° 210). 28080
Cet avocat doit être choisi dans la liste des avocats aux conseils (liste consultable sur le site internet de l'ordre des avocats au Conseil d'État et à la Cour de cassation). L'avocat ainsi choisi n'a pas à justifier d'un pouvoir spécial de représenter son client devant la Cour de cassation.
Dans le déroulement de la procédure devant la Cour de cassation, les actes qui incombent au demandeur et au défendeur sont en pratique effectués par leurs avocats respectifs et non personnellement par les intéressés.

> **Précisions** Le monopole de représentation prévue par l'article 973 du CPC n'est pas contraire aux droits définis par la convention européenne de sauvegarde des **droits de l'Homme** (Cass. 2e civ. 26-11-1990 n° 90-12.812 : Bull. civ. II n° 245 ; CEDH 8-2-2000 n° 27362/95 : D. 2000 p. 651 note J. Thierry ; Cass. soc. 7-6-2001 n° 99-21.721 : RJS 11/01 n° 1361).
Il s'étend à tous les **actes de la procédure** devant la Cour de cassation (Cass. 1e civ. 28-5-2014 n° 13-15.116), y compris le dépôt d'une question prioritaire de constitutionnalité par mémoire distinct (Cass. 1e civ. 18-2-2015 n° 14-60.754).

28082 **Liberté de travail de l'avocat** L'avocat choisi a le libre **choix des moyens de cassation et de défense** qu'il fait valoir dans l'intérêt de son client, sous réserve de l'obligation d'aviser celui-ci s'il estime ne pas devoir présenter un moyen expressément demandé par ce client (Cass. ass. plén. 15-5-1971 n° 70-13.971 : Bull. ass. plén. n° 1 ; Cass. com. 23-4-2003 n° 01-16.998 ; Cass. com. 8-2-2005 n° 03-20.848). Il ne saurait lui être reproché de n'avoir pas répliqué aux écritures adverses si cela n'était pas nécessaire (Cass. 1e civ. 29-3-2017 n° 16-50.041 F-D). L'avocat est libre de refuser de poursuivre la défense des intérêts d'un client, dès lors que celui-ci en est informé par ses soins en temps utile (CE 17-10-2016 n° 394850). Cette solution, rendue en matière administrative sur le fondement de la loi 71-1130 du 31 décembre 1971 posant le principe de l'indépendance des avocats, est transposable aux procédures judiciaires.

28084 **Élection de domicile** La constitution d'avocat emporte élection de domicile (CPC art. 973, al. 2), ce qui signifie que tous les actes de la procédure seront, selon le cas, signifiés, notifiés ou communiqués à l'adresse de l'avocat et non à l'adresse de la partie qu'il représente.

EXCEPTIONS À LA REPRÉSENTATION OBLIGATOIRE DEVANT LA COUR DE CASSATION

28085 La procédure sans représentation obligatoire est applicable aux pourvois formés dans les matières pour lesquelles une disposition spéciale dispense les parties du ministère d'un avocat au Conseil d'État et à la Cour de cassation (CPC art. 983). Il en est par exemple ainsi en **matière** d'élections professionnelles (CPC art. 999 ; n° 28170) ou en cas de pourvoi contre l'ordonnance de refus d'autorisation de prise à partie d'un magistrat (CPC art. 366-5).
Par ailleurs, la loi prévoit des dispenses pour **certaines parties** seulement. Ainsi, le représentant du ministère public n'est pas obligé de recourir au ministère d'avocat quel que soit le contentieux.
En matière de contentieux relatif à la sécurité sociale, les ministres chargés de la sécurité sociale, de l'aide sociale et de l'agriculture sont dispensés du ministère d'avocat (CSS art. R 142-14). Toutefois, lorsqu'ils agissent dans une matière avec représentation obligatoire, les autres règles relatives à l'introduction et à l'instruction du pourvoi y afférentes doivent être respectées sous peine de déchéance du recours.

C. Formalités du pourvoi et des mémoires

1. PROCÉDURE ORDINAIRE AVEC REPRÉSENTATION OBLIGATOIRE

DÉCLARATION DE POURVOI

28100 Le pourvoi en cassation est formé par déclaration au greffe de la Cour de cassation (CPC art. 974) et non auprès du greffe de la juridiction qui a rendu la décision attaquée (notamment, Cass. 1e civ. 2-2-1999 n° 97-11.576 : Bull. civ. I n° 34).

28102 **Contenu** La déclaration de pourvoi doit **indiquer,** à peine de nullité (CPC art. 975) :
– les nom, prénoms, domicile du demandeur en cassation ou, s'il est une personne morale, sa forme, sa dénomination et son siège social ;
– les nom, prénoms et domicile du défendeur, ou, s'il s'agit d'une personne morale, sa forme, sa dénomination et son siège social ;
– la constitution de l'avocat au Conseil d'État et à la Cour de cassation du demandeur ;
– la décision attaquée et, le cas échéant, les chefs de la décision auxquels le pourvoi est limité.
Elle est **signée** par l'avocat au Conseil d'État et à la Cour de cassation.

› **Précisions a.** S'agissant de vices de forme, la **nullité** ne peut être prononcée qu'à charge pour celui qui l'invoque de prouver le **grief** que lui cause l'irrégularité (CPC art. 114). Tel est le cas si l'absence ou l'inexactitude de la mention relative au domicile du demandeur fait obstacle à l'exécution de l'arrêt attaqué (Cass. com. 15-6-2011 n° 09-14.953 : Bull. civ. IV n° 97 ; Cass. 2e civ. 7-6-2012 n° 11-30.272 ; Cass. 1e civ. 20-9-2019 n° 18-20.222 FS-PBI). Il en va autrement si le défendeur connaît la nouvelle adresse du demandeur au pourvoi (Cass. com. 23-10-2012 n° 11-23.795). Lorsque le litige est indivisible, la nullité de la déclaration de pourvoi à l'égard de l'un des défendeurs rend le pourvoi irrecevable à l'égard de tous (Cass. 2e civ. 13-1-2022 n° 20-18.635 F-B).
b. Si la déclaration de pourvoi doit comporter, à peine de nullité, l'indication du domicile du demandeur à la cassation, aucun texte ne lui impose de faire connaître son **changement**

de domicile ultérieur (Cass. 1e civ. 22-6-2016 n° 15-13.837 F-D).

c. L'irrégularité peut être réparée pendant toute la durée de l'instance de cassation par le dépôt d'une déclaration de pourvoi rectificative ou d'un mémoire du demandeur contenant l'indication de son domicile personnel, et, le cas échéant, par une nouvelle déclaration de pourvoi formée, dans le délai de l'article 612 du Code de procédure civile, à compter du prononcé de l'arrêt déclarant le pourvoi irrecevable (Cass. 2e civ. 2-3-2023 n° 20-20-065 FS-B).

Dépôt Le dépôt de la déclaration s'effectue soit par remise directement au greffe de la Cour de cassation, soit sous forme électronique, via un système intranet sécurisé (Arrêté du 17-6-2008 : JO du 26-6 texte n° 27). 28104

La déclaration est remise au greffe en autant d'**exemplaires** qu'il y a de défendeurs, plus deux (CPC art. 976, al. 1). 28106

La remise est constatée par la mention de sa date et le visa du greffier sur chaque exemplaire, dont l'un est immédiatement restitué (art. précité, al. 2). Cet exemplaire tient lieu pour le demandeur au pourvoi de **récépissé** de sa déclaration. L'original, visé et daté comme tous les exemplaires, est conservé au dossier de la Cour de cassation.

> **Précisions** Le greffier enregistre la déclaration en l'inscrivant sur un registre général portant les noms des affaires par ordre de date. La date du pourvoi est celle de son dépôt. Au pourvoi est attribué un numéro d'enregistrement, permettant son identification et porté sur les mémoires échangés entre les parties.

Notification Le greffier de la Cour de cassation notifie aussitôt au défendeur par lettre simple un exemplaire de la déclaration avec l'indication qu'il doit, s'il entend défendre au pourvoi, constituer un avocat au Conseil d'État et à la Cour de cassation (CPC art. 977, al. 1). 28108

En cas de retour au greffe de cette lettre, le greffier en avise aussitôt l'avocat du demandeur en cassation afin que celui-ci procède par voie de signification. L'acte de signification indique au défendeur qu'il doit, s'il entend défendre au pourvoi, constituer un avocat au Conseil d'État et à la Cour de cassation (art. précité, al. 2).

MÉMOIRE AMPLIATIF EN PROCÉDURES AVEC REPRÉSENTATION OBLIGATOIRE

Le demandeur en cassation doit, au plus tard dans le **délai** de quatre mois à compter du pourvoi, remettre au greffe de la Cour de cassation un mémoire contenant les **moyens de droit invoqués** contre la décision attaquée ; à défaut, le premier président ou son délégué constate la déchéance du pourvoi (CPC art. 978, al. 1). Le moyen de cassation additionnel contenu dans un mémoire complémentaire postérieur à ce délai est irrecevable (Cass. 2e civ. 14-12-2017 n° 16-22.509 F-D). 28110

En plus de l'original, le demandeur doit produire autant d'exemplaires qu'il y a de défendeurs, les copies étant certifiées conformes par le signataire du mémoire (CPC art. 994).

Le dépôt du mémoire et de ses productions peut être fait sous une forme électronique au greffe de la Cour de cassation (Arrêté du 17-6-2008 art. 1).

Le délai de quatre mois est interrompu par la présentation d'une demande d'aide juridictionnelle par le requérant (Décret 2020-1717 du 28-12-2020 art. 44).

Moyens de cassation Les critiques articulées à l'appui du pourvoi sont formulées sous forme de moyens de cassation. Le demandeur doit développer ces moyens dans une discussion ne portant que **sur le droit,** la Cour de cassation ne contrôlant pas les faits (nos 27730 s.). Sont donc exclus les moyens de pur fait. Les moyens susceptibles de figurer dans le mémoire sont exposés nos 28230 s. 28112

Si le demandeur a sollicité le bénéfice de l'aide juridictionnelle, il s'expose à un refus si son pourvoi ne soulève aucun moyen sérieux de cassation (n° 30707).

Après dépôt du mémoire ampliatif, le demandeur ne peut plus invoquer de nouveaux moyens de cassation.

Le mémoire ampliatif doit être **signé** par l'avocat du demandeur (Cass. 2e civ. 11-7-1988 n° 87-15.862 : Bull. civ. II n° 166).

À peine d'être déclaré d'office irrecevable, **un moyen** ou un élément de moyen (que l'on qualifie de « branche », introduite par la locution « alors que ») ne doit mettre en œuvre qu'**un seul cas d'ouverture** (CPC art. 978, al. 3). 28113

Chaque moyen ou chaque branche doit **préciser,** sous la même sanction (Cass. 1e civ. 3-3-2021 n° 19-19.000 FS-P) :

– le cas d'ouverture invoqué ;

– la partie critiquée de la décision (qui peut être introduite par des formules comme « il est fait grief à l'arrêt attaqué d'avoir » ou « il est reproché à l'arrêt d'avoir... ») ;

– ce en quoi celle-ci encourt le reproche allégué.

Si le moyen doit être rédigé de manière précise, il ne doit pas pour autant, au risque de perdre en efficacité, être ramifié sans raison.

Un moyen qui ne serait pas dirigé contre un chef du dispositif faisant grief au demandeur au pourvoi est irrecevable.

28114 **Pluralité de pourvois** Aucune disposition n'interdit aux demandeurs, en cas de pluralité de pourvois, de déposer un **mémoire commun** (Cass. 3e civ. 8-10-1975 n° 74-70.322 : Bull. civ. III n° 286).

28115 **Productions** À peine d'irrecevabilité du pourvoi prononcée d'office, doivent être remises au greffe dans le délai de dépôt du mémoire (CPC art. 979) :

– une copie de la **décision attaquée** ;

– une copie de la décision confirmée ou infirmée par la décision attaquée (Cass. 3e civ. 5-10-2017 n° 16-21.655 F-D).

Cette formalité peut être régularisée, mais uniquement en cas de transmission incomplète ou entachée d'erreur matérielle de l'un de ces documents (CPC art. 979, al. 4 ; Cass. 1e civ. 12-10-2016 n° 15-18.902 F-D).

Le demandeur doit également joindre les pièces invoquées à l'appui du pourvoi, une copie des dernières conclusions que toutes les parties au pourvoi ont déposées devant la juridiction dont émane la décision attaquée (CPC art. 979-1). Il doit également prendre soin de produire les pièces nécessaires à l'examen des moyens de cassation formulés dans son mémoire (Cass. 2e civ. 27-9-2018 n° 17-20.679 F-PB).

Un pourvoi fondé sur une **contrariété d'arrêts** ou de jugements doit être accompagné de la copie des décisions contraires entre elles.

> **Précisions a.** Une **fiche de traitement du pourvoi** est jointe par les avocats aux conseils à leurs mémoires ampliatifs. Elle est transmise au service de documentation et d'études de la Cour de cassation. Cette fiche comporte notamment des indications sur la nature de l'affaire, la question posée par le pourvoi, facilitant l'orientation du dossier.
> **b.** Le conseiller chargé du rapport peut demander à l'avocat du demandeur qu'il lui communique, dans le délai qu'il fixe, **toute pièce** utile à l'instruction de l'affaire (CPC art. 981).

28117 **Preuve du dépôt** La preuve du dépôt au greffe du mémoire ampliatif résulte, pour l'avocat, du récépissé que lui délivre le greffier et, pour la Cour de cassation, du cachet daté apposé sur le mémoire par le greffier. En cas de transmission dématérialisée, un récépissé est adressé par voie électronique.

28120 **Signification du mémoire ampliatif** À peine de déchéance du pourvoi constatée par le premier président ou son délégué, le demandeur en cassation doit dans un délai de quatre mois à compter du pourvoi signifier son mémoire ampliatif aux avocats des autres parties (CPC art. 978). En principe, la déchéance est relative en ce sens qu'elle ne profite qu'au défendeur auquel le mémoire n'a pas été signifié dans le délai légal (Cass. 3e civ. 13-7-2022 n° 21-15.086 F-D). Mais lorsque le pourvoi a un objet indivisible, le défaut de signification du mémoire à un seul des défendeurs suffit à entraîner la déchéance du pourvoi à l'égard de toutes les parties (Cass. 3e civ. 6-2-2020 n° 18-23.384 F-PBI).

Si le **défendeur** au pourvoi **n'a pas constitué avocat,** la signification du mémoire ampliatif est faite à la partie elle-même, dans un délai de cinq mois courant à compter du dépôt du pourvoi (CPC art. 978 et 980). L'acte de signification indique au défendeur qu'il doit, s'il entend défendre au pourvoi, constituer un avocat au Conseil d'État et à la Cour de cassation et l'informe que, s'il ne constitue pas avocat, l'arrêt à intervenir ne pourra pas être frappé d'opposition. Cet acte précise en outre le délai dans lequel le défendeur doit remettre au greffe son mémoire en réponse et former, le cas échéant, un pourvoi incident (CPC art. 980).

Si entre-temps, le défendeur constitue avocat avant la signification du mémoire, il est procédé par voie de notification à son avocat (CPC art. 978).

> **Précisions** La disposition de l'article 978 du CPC, qui prévoit que le délai de signification de quatre mois du mémoire en demande est prolongé d'un mois si le défendeur n'a pas constitué avocat, n'est pas applicable à la **signification** du mémoire en demande **au ministère public,** partie principale et défendeur à l'instance en cassation, qui est dispensé de constituer avocat au Conseil d'État et à la Cour de cassation, ce qui est le cas notamment en matière de nationalité (Cass. 1e civ. 5-7-2012 n° 11-18.132 : Bull. civ. I n° 157 ; Cass. 1e civ. 13-2-2013 n° 11-26.998). Elle n'est pas non plus applicable aux **ministres** de la sécurité sociale et de l'agriculture qui bénéficient de la même dispense en matière de sécurité sociale (CSS art. R 142-14).

MÉMOIRE EN DÉFENSE EN PROCÉDURES AVEC REPRÉSENTATION OBLIGATOIRE EN CASSATION

Dépôt Le défendeur au pourvoi dispose d'un **délai** de deux mois à compter de la signification du mémoire ampliatif pour remettre au **greffe** de la Cour de cassation un mémoire en réponse signé d'un avocat au Conseil d'État et à la Cour de cassation (CPC art. 982). Ce délai est prescrit à peine d'irrecevabilité prononcée d'office (Cass. 2e civ. 13-11-2014 n° 13-24.902 : Rev. huissiers 2014 p. 218 note F. Rocheteau ; Cass. 1e civ. 14-12-2016 n° 16-16.052 F-D ; Cass. 2e civ. 28-6-2018 n° 17-17.220 F-D). Le moyen, pris de l'irrecevabilité du pourvoi, énoncé dans un mémoire déposé après l'expiration du délai imparti au défendeur, est irrecevable (Cass. 2e civ. 31-8-2022 n° 20-20.122 F-D). **28130**

Par ce mémoire, le défendeur conteste les moyens de cassation présentés par le demandeur au pourvoi, par un examen de leur recevabilité et de leur bien-fondé (nos 28370 s.). Au mémoire sont jointes les pièces justificatives nécessaires. En plus de l'original, le défendeur au pourvoi produit autant de copies du mémoire en réponse qu'il y a de demandeurs ; ces copies sont certifiées conformes par le signataire du mémoire (CPC art. 994).

Notification Dans le délai et sous la sanction exposée ci-dessus, le demandeur doit notifier son mémoire en défense à l'avocat du demandeur dans la forme des notifications entre avocats (CPC art. 982 ; nos 21350 s.). **28132**

COMPUTATION DES DÉLAIS DE DÉPÔT DES MÉMOIRES DEVANT LA COUR DE CASSATION

Les règles de computation posées aux articles 640 à 642 du CPC, comme celles concernant l'augmentation des délais (CPC art. 1023), s'appliquent au délai de **dépôt des mémoires.** Sur ces règles, voir nos 21002 s. **28134**

Le dépôt de la requête en radiation du rôle effectué au greffe de la Cour de cassation en application de l'article 1009-1 du CPC (radiation pour défaut d'exécution par le demandeur de la décision frappée de pourvoi) interrompt le délai de remise et de signification du mémoire en réponse. En cas de rejet, le délai court à compter de la notification du rejet de la requête (Cass. 2e civ. 7-6-2006 n° 04-11.532 : Bull. civ. II n° 147).

2. PROCÉDURE SANS REPRÉSENTATION OBLIGATOIRE

AUTEUR DU POURVOI

Dans le cadre d'une procédure sans représentation obligatoire, l'intervention d'un avocat n'est pas requise. La déclaration de pourvoi peut être présentée par la **partie** demanderesse ou par tout **mandataire** de celle-ci muni d'un **pouvoir spécial** (CPC art. 984). **28140**

Ce pouvoir spécial doit émaner d'une personne ayant qualité pour introduire le recours en cassation. Il doit être rédigé par écrit, daté et signé du mandant. Il est établi au nom du déclarant, autrement dit le mandataire. Sont mentionnées sur le pouvoir la date de la décision attaquée et la juridiction qui l'a rendue. Le pouvoir est spécial en ce sens qu'il doit avoir été délivré en vue de former le pourvoi en cause, ce qui suppose qu'il soit postérieur à la décision attaquée et antérieur au pourvoi (Cass. 2e civ. 13-3-2020 n° 20-60.134 F-PBI, rendu en matière de contentieux électoral).

Le mandataire muni d'un pouvoir spécial doit justifier de sa qualité en produisant le mandat dans le délai de pourvoi (Cass. soc. 13-12-2006 n° 04-47.263).

Ainsi, le secrétaire général d'un syndicat doit justifier à l'appui de son pourvoi soit des dispositions statutaires l'habilitant à représenter le syndicat en justice, soit d'un pouvoir spécial établi par l'instance habilitée à cette fin aux termes des statuts. À défaut, son pourvoi n'est pas recevable (Cass. soc. 1-4-2015 n° 14-60.687).

Si le **pourvoi** est **formé** selon les règles de la procédure avec représentation obligatoire, c'est-à-dire **par un avocat au Conseil** d'État et à la Cour de cassation, il est recevable, quelle que soit la procédure ultérieurement suivie, et le **défendeur** n'est pas tenu de constituer un avocat au Conseil d'État ou à la Cour de cassation (CPC art. 995). **28147**

> **Précisions** L'**avocat** aux Conseils du demandeur n'a pas à justifier d'un **pouvoir spécial** (Cass. 1e civ. 4-2-1986 n° 84-03.045 : Bull. civ. I n° 3 ; Cass. soc. 5-10-1993 n° 89-43.869 : Bull. civ. V n° 222). En revanche, si l'avocat du demandeur n'est pas avocat aux Conseils, un pouvoir spécial s'impose (Cass. soc. 21-7-1986 n° 85-42.061 : Bull. civ. V n° 384 ; Cass. soc. 7-11-1990 n° 89-42.268 : Bull. civ. V n° 517).

DÉCLARATION DE POURVOI EN PROCÉDURE SANS REPRÉSENTATION OBLIGATOIRE

28150 La déclaration de pourvoi est faite au **greffe** de la Cour de cassation – et non auprès du greffe de la juridiction ayant rendu la décision attaquée (Cass. 3e civ. 16-5-2001 n° 00-70.031 : Bull. civ. III n° 63 sauf exception visée n° 28170) – soit par **remise** par le demandeur ou par son mandataire spécial de la déclaration de pourvoi écrite, soit par **envoi** de cette déclaration par lettre recommandée AR (CPC art. 984). Le pourvoi formé contre un jugement du tribunal d'instance (devenu tribunal judiciaire), statuant en matière électorale, par télécopie adressée au greffe de cette juridiction est irrecevable (Cass. 2e civ. 25-6-2015 n° 15-60.158 : Bull. civ. II n° 170).

28152 **Contenu** La déclaration de pourvoi, **signée, indique,** à peine de nullité (CPC art. 985) :
- les nom, prénoms, domicile du demandeur en cassation s'il est une personne physique ou, s'il est une personne morale, sa forme, sa dénomination et son siège social ;
- les nom, prénoms et domicile du défendeur, ou, s'il s'agit d'une personne morale, sa dénomination et son siège social ;
- la décision attaquée.

La déclaration de pourvoi peut contenir l'énoncé sommaire des **moyens de cassation** invoqués contre la décision attaquée ; à défaut, ils devront figurer dans un mémoire ampliatif (CPC art. 989 ; n° 28160). L'indication de l'organe représentant légalement la personne morale n'est pas requise dans la déclaration (Cass. soc. 5-11-2003 n° 01-43.109 : Bull. civ. V n° 175 ; voir aussi n° 47600).

28154 **Enregistrement** Le greffier enregistre le pourvoi en mentionnant la date à laquelle il est formé (CPC art. 986). Il délivre, ou adresse par lettre recommandée AR, un **récépissé** de la déclaration, lequel reproduit la teneur des articles 989 et 994 du CPC (art. précité).

NOTIFICATION DU POURVOI EN PROCÉDURE SANS REPRÉSENTATION OBLIGATOIRE

28155 Le **greffier** de la Cour de cassation adresse, aussitôt qu'il a reçu la déclaration de pourvoi, une copie de cette déclaration au défendeur par lettre recommandée AR (CPC art. 987, 996 et 1002). Cette notification reproduit la teneur des articles 991 et 994 du CPC.

> **Précisions** Le greffier demande simultanément communication du dossier au greffe de la juridiction qui a rendu la décision attaquée ; ce dernier transmet sans délai ce dossier auquel sont jointes une copie de la décision attaquée et de ses actes de notification, une copie de la décision confirmée ou infirmée par la décision attaquée et les conclusions de première instance et d'appel s'il en a été pris (CPC art. 988). Ce greffe transmet immédiatement au greffe de la Cour de cassation toute pièce qui lui parviendrait ultérieurement (art. précité).

MÉMOIRE AMPLIATIF EN PROCÉDURE SANS REPRÉSENTATION OBLIGATOIRE

28160 Lorsque la **déclaration** du pourvoi **ne contient pas** l'énoncé, même sommaire, des **moyens de cassation** invoqués contre la décision attaquée, le demandeur doit, à peine de déchéance constatée par ordonnance du premier président ou de son délégué, faire parvenir au greffe de la Cour de cassation un mémoire signé par lui ou le mandataire habilité contenant cet énoncé, et, le cas échéant, les pièces invoquées à l'appui du pourvoi (CPC art. 989, al. 1). Ce mémoire peut être établi par le mandataire de la partie sans nouveau pouvoir spécial (art. précité, al. 2).
En plus de l'original, le demandeur produit autant de copies de son mémoire qu'il y a de défendeurs ; ces copies sont certifiées conformes par le signataire du mémoire (CPC art. 994).

28162 **Délai** Le délai imparti pour déposer ce mémoire est en principe de trois mois à compter de la remise ou de la réception du récépissé de la déclaration de pourvoi (CPC art. 989).

28164 **Notification du mémoire** Lorsqu'un mémoire est produit par le demandeur, le greffe de la Cour de cassation en notifie sans délai une copie au défendeur par lettre recommandée AR (CPC art. 990). Toutefois, si un **avocat au Conseil** d'État et à la Cour de cassation a déclaré au greffe qu'il représentait une partie, cette notification est remplacée par une notification faite à cet avocat (CPC art. 993). La remise à l'avocat, contre récépissé, d'une copie du mémoire, portant cachet à date du greffe vaut notification (art. précité).
Aucune des parties ne peut être sanctionnée pour des formalités qui auraient été mal ou non réalisées par le greffe.

MÉMOIRE EN DÉFENSE EN PROCÉDURE SANS REPRÉSENTATION OBLIGATOIRE

Dépôt Le défendeur au pourvoi dispose d'un **délai** de deux mois à compter de la notification du mémoire du demandeur ou de l'expiration du délai de trois mois exposé n° 28162 (délai applicable à la remise d'un mémoire ampliatif par le demandeur si la déclaration de pourvoi ne contient pas les moyens de cassation invoqués) pour remettre contre récépissé ou adresser par lettre recommandée au greffe de la Cour de cassation un mémoire en réponse (CPC art. 991). 28165
En plus de l'original, le défendeur au pourvoi produit autant de copies du mémoire en réponse qu'il y a de demandeurs. Ces copies sont certifiées conformes par le signataire du mémoire (CPC art. 994).

Notification Le **greffier** de la Cour de cassation notifie, sans délai, une copie du mémoire en réponse au demandeur par lettre simple (CPC art. 992). 28167
Si un **avocat** au Conseil d'État et à la Cour de cassation a déclaré qu'il représentait une partie, cette notification est remplacée par une notification faite à cet avocat. La remise à l'avocat, contre récépissé, d'une copie du mémoire portant cachet à date du greffe vaut notification (CPC art. 993).

28170

Introduction du pourvoi en cassation en matière de contentieux électoral

Le Code de procédure civile soumet à un **régime particulier** les pourvois en cassation relatifs, d'une part, au contentieux de l'inscription sur les listes électorales pour les élections politiques (CPC art. 996 qui reprend les dispositions du Code électoral) et, d'autre part, au contentieux des élections professionnelles (CPC art. 999 s.), telles celles des **représentants du personnel** au sein des entreprises. Seules les règles applicables à ce dernier contentieux sont exposées ici.

Le contentieux des élections des représentants du personnel relève du tribunal judiciaire dont la décision, rendue en dernier ressort, est susceptible d'un pourvoi en cassation soumis aux dispositions des articles 999 à 1008 du CPC (C. trav. art. R 2314-23 et R 2314-25).

Le pourvoi doit être formé dans un **délai** de dix jours à compter de la notification de la décision du tribunal judiciaire (CPC art. 999, al. 1).

Il est formé par une **déclaration,** orale ou écrite (remise ou adressée par lettre recommandée AR), faite par le demandeur ou un mandataire muni d'un pouvoir spécial, auprès du greffe de la juridiction qui a rendu la décision attaquée (art. 999, al. 2).

Cette déclaration doit comporter les mentions prévues par les 2° et 3° de l'article 54 du CPC et par le troisième alinéa de l'article 57 du CPC (n° 4021) et indiquer la décision attaquée (art. 1000 modifié par décret 2020-1452 du 27-11-2020). Elle peut, mais ce n'est pas obligatoire, énoncer même sommairement les moyens de cassation. Si tel n'est pas le cas, le demandeur doit faire parvenir, non pas au tribunal mais au greffe de la Cour de cassation, un **mémoire** énonçant les moyens, dans un délai d'un mois à compter de la déclaration, sous peine d'irrecevabilité prononcée d'office du pourvoi (art. 1004). Ce mémoire doit en outre être notifié par lettre recommandée AR au défendeur dans le mois de la déclaration (art. 1005), là encore à peine d'irrecevabilité (Cass. soc. 1-4-2015 n° 14-60.676).

Lorsque le demandeur produit un mémoire, le défendeur doit produire un **mémoire en réponse** (déposé ou adressé par lettre recommandée AR au greffe du tribunal de la Cour de cassation) dans un délai de 15 jours à compter de la notification de son mémoire par le demandeur (ou à compter de l'expiration du délai d'un mois dans lequel le demandeur aurait dû procéder au dépôt d'un mémoire) (art. 1006). Dans le même délai, il notifie au demandeur une copie de son mémoire en réponse par lettre recommandée (art. précité).

Le pourvoi en cassation ne requiert pas l'intervention d'un **avocat** au Conseil d'État et à la Cour de cassation (art. 999 et 1008). Mais rien n'interdit à l'une des parties de recourir néanmoins à un tel avocat. Si un avocat aux Conseils a déclaré au greffe qu'il représentait une partie, les notifications précitées peuvent être faites à celui-ci (art. 1007).

Si le demandeur a fait introduire son pourvoi par un avocat aux Conseils, le défendeur n'est pas tenu de se faire représenter de la même façon (art. 1008, al. 2 et art. 999, al. 2). La procédure peut d'ailleurs se poursuivre sans l'intervention de l'avocat, mais le demandeur ne peut se faire représenter que par un mandataire muni d'un pouvoir spécial (art. 1008, al. 1).

3. PROCÉDURE D'URGENCE DEVANT LA COUR DE CASSATION

28180 Que ce soit dans les procédures avec ou sans représentation obligatoire ou dans le contentieux électoral professionnel, le premier président ou son délégué peut, s'il estime qu'il y a urgence, après avis du procureur général, **réduire les délais** prévus **pour le dépôt des mémoires et des pièces,** à la demande d'une des parties ou d'office (CPC art. 1009 modifié par décret 2021-1341 du 13-10-2021 ; pour un cas d'application, voir Cass. ass. plén. 28-6-2019 n° 19-17.330 PBRI).
La déclaration d'urgence ne peut être sollicitée, en principe, qu'au **début de la procédure**, soit dans un **intérêt privé** (par exemple, l'exécution de la décision attaquée entraînerait des conséquences irréparables), soit pour un motif d'**intérêt général** (par exemple, une question de principe diviserait les cours d'appel).

D. Absence d'effet suspensif du pourvoi

EXÉCUTION DE LA DÉCISION ATTAQUÉE

28190 Le recours par une voie extraordinaire et le délai ouvert pour l'exercer ne sont pas suspensifs d'exécution si la loi n'en dispose autrement (CPC art. 579). En dehors des exceptions exposées nos 28200 s., cette règle s'applique au pourvoi en cassation qui est une voie de recours extraordinaire (CPC art. 527).
En conséquence, la partie gagnante est en droit d'obtenir l'exécution forcée de l'arrêt attaqué dès lors que celui-ci a été signifié à la partie adverse (CPC art. 503).
Les **actes d'exécution** de la décision des juges du fond n'impliquent pas, par eux-mêmes, **acquiescement,** surtout si l'intéressé a pris soin, lors de l'exécution, de rappeler qu'il a formé un pourvoi (Cass. soc. 20-3-1990 n° 86-43.768 : Bull. civ. V n° 119). La signification de la décision attaquée en vue de la rendre définitive ne démontre pas non plus sa volonté d'acquiescer à cette décision (Cass. soc. 8-2-1962 n° 59-40.950 : Bull. civ. IV n° 163).

RADIATION DU POURVOI POUR INEXÉCUTION

28195 Sauf exception, le défendeur peut obtenir la radiation de l'affaire du rôle de la Cour de cassation si le demandeur n'a pas exécuté la décision contre laquelle il a formé pourvoi (CPC art. 1009-1). L'instance devant la Cour de cassation est alors suspendue jusqu'à sa réinscription au rôle, cette réinscription étant subordonnée à l'exécution de la décision attaquée. Pour plus de détails, voir nos 28475 s.

EFFET SUSPENSIF DU POURVOI PRÉVU PAR LA LOI

28200 **Divorce** Les règles exposées ci-après en matière de procédure de divorce sont applicables à la procédure de **séparation de corps** (CPC art. 1129).
Le délai de pourvoi en cassation, ainsi que le pourvoi formé dans ce délai, suspend l'exécution des arrêts sur le fond prononçant le divorce (CPC art. 1086). Ce dispositif tend à éviter la naissance de situations de bigamie. Le pourvoi formé contre un arrêt qui statue seulement sur la prestation compensatoire n'a pas d'effet suspensif (Cass. 2e civ. 24-2-1993 n° 91-18.213 : Bull. civ. II n° 73 ; Cass. 2e civ. 8-7-1999 n° 98-12.398 : Bull. civ. II n° 131).

28202 L'effet suspensif du pourvoi s'étend aux **mesures accessoires** qui sont les conséquences de son prononcé telles que l'octroi de la prestation compensatoire. Ainsi, la prestation compensatoire n'est due qu'à compter de la décision de divorce devenue irrévocable, soit deux mois après la signification de l'arrêt de la cour d'appel si aucun pourvoi n'est formé. En cas de pourvoi, elle ne sera due qu'à compter de l'arrêt de rejet du pourvoi (Cass. 2e civ. 11-7-2002 n° 00-20.639 : Bull. civ. II n° 165).
En revanche, l'effet suspensif ne s'applique pas aux **dispositions** de la décision ou de la convention homologuée **qui concernent** les pensions, la contribution à l'entretien et à l'éducation de **l'enfant** et l'exercice de l'autorité parentale (CPC art. 1087). Toutes les dispositions de l'arrêt qui viennent à statuer sur ces points sont de ce fait exécutoires jusqu'au prononcé de l'arrêt de la Cour de cassation (Cass. 2e civ. 4-7-2002 n° 00-18.092 : Bull. civ. II n° 153). Le législateur a voulu que ces mesures puissent s'appliquer sans délai et pendant toute la durée de la procédure de divorce. Les parties peuvent donc s'adresser au juge aux affaires familiales, même pendant l'instance en cassation, pour modifier, s'il y a lieu, ces mesures (CPC art. 1084). Il en va autrement lorsque le pourvoi est limité aux seules conséquences du divorce (Cass. 2e civ. 10-7-1991 n° 89-12.901 : Bull. civ. II n° 214). Dans ce cas, et dans ce cas seulement, l'arrêt qui prononce le divorce devient irrévocable à la date d'expiration du délai pour former pourvoi incident et la pension alimentaire n'est donc due que jusqu'à cette date (Cass. 2e civ. 18-5-2000 n° 98-17.801 : Bull. civ. II n° 81).

L'effet suspensif a comme **point de départ** le jour même du prononcé de l'arrêt et cesse soit à l'**expiration** du délai de pourvoi, soit par le prononcé de l'arrêt de rejet de la Cour de cassation, soit par l'expiration du délai du pourvoi incident lorsque les parties ne critiquent pas le prononcé du divorce. Tout acte d'exécution réalisé dans cette période sera entaché de nullité. Toutefois, l'instance en divorce se poursuivant, les mesures provisoires (qualifiées d'accessoires lorsqu'il s'agit de mesures relatives à l'exercice de l'autorité parentale, à la contribution à l'entretien et l'éducation de l'enfant) prescrites par l'ordonnance de non-conciliation continuent à s'appliquer et doivent être exécutées. **28204**

Autres cas Le délai du pourvoi en cassation ainsi que le pourvoi exercé dans ce délai suspendent l'exécution de : **28205**
- la décision déclarative d'**absence** (CPC art. 1069) ;
- l'arrêt statuant sur la **nationalité** (CPC art. 1045, al. 2) ;
- la décision qui établit ou modifie le lien de **filiation** (CPC art. 1150) ;
- la décision relative à l'**adoption** (CPC art. 1178-1, al. 2).

Le pourvoi formé par le procureur général près la cour d'appel contre l'arrêt de cette cour statuant sur son opposition à l'**ouverture d'un établissement d'enseignement supérieur privé** a un effet suspensif (C. éduc. art. L 731-11).

SUSPENSION DE L'EXÉCUTION DE LA DÉCISION ATTAQUÉE DEVANT LA COUR DE CASSATION

Juridiction compétente Dans la mesure où le pourvoi est dépourvu d'effet suspensif, la Cour de cassation ne reconnaît pas la possibilité au demandeur au pourvoi de former devant elle une demande de sursis à exécution de la décision frappée de recours (Cass. 1e civ. 14-3-2006 n° 04-50.166 : Bull. civ. I n° 159). La suspension de l'exécution de la décision frappée de pourvoi ne peut être ordonnée que par le juge du fond. **28210**

L'exécution peut être suspendue jusqu'à la constitution d'une garantie dans les cas prévus par la loi ou par le prononcé d'un sursis à statuer. Enfin, le juge peut suspendre l'exécution d'une décision en accordant au débiteur un délai de grâce.

Constitution d'une garantie Il n'est pas possible de demander au juge de l'exécution la consignation des sommes dues au titre de la décision attaquée entre les mains d'un séquestre. En effet, le juge de l'exécution n'a pas le pouvoir d'aménager l'exécution de la décision de justice (Cass. 2e civ. 16-10-2003 n° 01-02.245 : Bull. civ. II n° 308). **28212**

Il n'en va autrement que si un texte spécial admet un tel procédé. Ainsi, lorsqu'une personne de droit public se pourvoit en cassation contre une décision la condamnant à verser une indemnité à une personne privée, le premier président de la cour d'appel, statuant en référé, peut, à la demande de la personne morale de droit public, subordonner l'exécution de la décision à la constitution d'une garantie réelle ou personnelle, suffisante pour répondre de toutes restitutions ou réparations. La décision du premier président ne peut faire l'objet d'aucun recours (Décret 80-367 du 19-5-1980 art. 2). De même, l'administration des douanes peut refuser de payer tant qu'une caution garantissant la restitution des sommes ne lui a pas été donnée, sauf condamnation sur le fondement de la voie de fait et de dispositions autres que celles du Code des douanes, sans qu'il soit besoin d'obtenir une autorisation judiciaire (C. douanes art. 383).

Sursis à statuer Le juge peut suspendre l'instance lorsque l'une des parties invoque une décision frappée de tierce opposition, de recours en révision ou de pourvoi en cassation (CPC art. 110). **28214**

Délai de grâce Le demandeur au pourvoi peut obtenir la suspension de l'exécution de la décision attaquée en sollicitant un délai de grâce dans les conditions exposées nos 20300 s. et donc dans la **limite** de deux années. Ce délai fait obstacle à la radiation du pourvoi. **28215**

Consignation La partie condamnée au paiement de sommes autres que des aliments, des rentes indemnitaires ou des provisions peut éviter que l'exécution provisoire soit poursuivie en consignant, sur autorisation du juge, les espèces ou les valeurs suffisantes pour garantir, en principal, intérêts et frais, le montant de la condamnation (CPC art. 521). Cette disposition ne s'applique qu'à l'exécution des jugements en premier ressort, seuls ces derniers pouvant être assortis de l'exécution provisoire de droit ou ordonnée. Le premier président de la cour d'appel et le conseiller de la mise en état sont compétents pour accorder l'autorisation de consigner les fonds (CPC art. 523 et 524). **28217**

V. MOYENS DE CASSATION

28230 À peine d'irrecevabilité de son pourvoi, le demandeur doit identifier le ou les **cas d'ouverture à cassation,** griefs dont il entend se prévaloir pour voir prononcer la cassation de la décision attaquée.

A. Décision incomplète ou se prononçant au-delà de la demande

OMISSION DE STATUER SUR UN CHEF DE LA DEMANDE

28235 Si elle est **involontaire,** l'omission de statuer, qui suppose une carence du dispositif de l'arrêt, relève du recours en complément prévu à l'article 463 du CPC (n°s 20050 s.) et non d'un pourvoi en cassation (CPC art. 616 ; voir aussi Cass. soc. 11-5-2010 n° 08-45.307 : Bull. civ. V n° 105 ; Cass. 3e civ. 30-1-2013 n° 11-27.792 : Bull. civ. III n° 15 ; Cass. com. 25-9-2012 n° 11-24.524 : RJDA 1/13 n° 23).
Tel est le cas lorsque, en dépit de la formule générale du dispositif de la décision attaquée (« déboute les parties de leurs demandes plus amples ou contraires »), il résulte de cette décision que le juge n'a pas examiné un chef de la demande (Cass. ass. plén. 2-11-1999 n° 97-17.107 : Bull. ass. plén. n° 8).
En revanche, si l'omission de statuer est **volontaire,** le juge commet un déni de justice.
Un arrêt qui rejette expressément une demande dans son dispositif, sans aucun motif, est entaché d'un vice de motivation qui doit donner lieu à un pourvoi en cassation.

POURVOI CONTRE UNE DÉCISION STATUANT AU-DELÀ DE LA DEMANDE

28240 Il résulte de l'article 616 du CPC que sont recevables les pourvois dirigés contre des décisions entachées d'**ultra petita,** c'est-à-dire par lesquelles le juge se prononce sur des choses non demandées par les parties ou accorde plus qu'elles ne demandent (Cass. 2e civ. avis 15-9-2016 n° 15-15.952 FS-D). En statuant ultra petita, le juge du fond commet en effet une dénaturation des termes du litige (Cass. 3e civ. 20-4-2017 n° 16-12.092 FS-PB).
Mais le requérant peut également exercer, s'il le souhaite, l'action en retranchement prévue par l'article 464 du CPC (n°s 20060 s.).

B. Méconnaissance de la règle de droit pouvant donner lieu à cassation

VIOLATION DE LA RÈGLE DE DROIT

28250 La violation de la loi, en premier lieu, peut résulter du **refus d'application** d'une loi claire et formelle. La Cour de cassation annule en ce cas la décision attaquée pour avoir « violé, par refus d'application, l'article susvisé » (Cass. 1e civ. 5-7-2023 n° 22-18.914 FS-B). C'est le texte de la loi qui est violé.
Il y a, en deuxième lieu, violation de la loi lorsque le juge du fond en a fait une **fausse interprétation** (Cass. 2e civ. 8-4-2021 n° 19-23.831 F-P). C'est l'esprit de la loi qui est ainsi violé.
En troisième lieu, lorsque la règle de droit a été appliquée à une situation de fait qu'elle ne devait pas régir, le juge du fond viole la loi pour **fausse application** (Cass. 2e civ. 22-6-2023 n° 21-19.179 F-B). La Cour de cassation juge ainsi que la situation de fait a été faussement qualifiée, conduisant le juge à lui appliquer une loi autre que celle qui devait la régir. Elle ne le peut que pour des qualifications sur lesquelles elle exerce un contrôle.
Il y a encore violation de la loi lorsque le juge se fonde sur des textes dépourvus de toute portée normative telle une circulaire ou une lettre ministérielle (Cass. 2e civ. 30-3-2017 n° 15-25.453 F-PB : RJS 6/17 n° 430).

INCOMPÉTENCE CONSTITUANT UN MOYEN DE CASSATION

28255 Les **parties** ne peuvent pas **se prévaloir,** pour la première fois devant la Cour de cassation, de l'incompétence du juge ayant rendu la décision attaquée (cf. CPC art. 74 ; Cass. ass. plén. 26-5-1967 n° 63-12.709 : Bull. ass. plén. n° 4 ; Cass. ch. mixte 24-5-1975 n° 73-13.556 : Bull. civ. mixte n° 4 ; Cass. soc. 4-5-1988 n° 85-11.328 : Bull. civ. V n° 265), même si l'incompétence est d'ordre public (arrêts précités).

La Cour de cassation peut **relever d'office** cette incompétence si l'affaire relève de la compétence d'une juridiction répressive ou administrative ou échappe à la connaissance de la juridiction française (CPC art. 76). Mais il s'agit là d'une simple faculté (Cass. 1e civ. 16-11-1982 n° 81-15.550 : Bull. civ. I n° 331 ; Cass. 2e civ. 3-6-2021 n° 19-23.724 FS-D).
Lorsque la Cour de cassation est saisie d'un litige qui présente à juger, soit sur l'action introduite, soit sur une exception, une question de compétence soulevant une difficulté sérieuse et mettant en jeu la séparation des ordres de juridiction, elle peut renvoyer au tribunal des conflits le soin de décider sur cette question de compétence. L'instance est suspendue jusqu'à la décision de ce tribunal (Cass. 1e civ. 5-2-2020 n° 19-12.751 FS-PBI).

EXCÈS DE POUVOIR CONSTITUANT UN MOYEN DE CASSATION

L'excès de pouvoir commis ou consacré par le juge est une cause de cassation de la décision qu'il a rendue, y compris dans le cas où le recours en cassation est interdit ou différé. Sur la notion d'excès de pouvoir, voir nos 23780 s. **28260**

VIOLATION DES FORMES DE PROCÉDURE COMME MOYEN DE CASSATION

Le vice de forme constitue une première catégorie de violation des formes de procédure, difficile à mettre en œuvre car, d'une part, le silence de la décision attaquée fait présumer que les formes ont été respectées, lorsque la loi n'exige pas à titre substantiel que mention en soit faite et, d'autre part, cette **présomption de régularité de la procédure** cède devant la preuve contraire. Par exemple, la Cour de cassation considère que le greffier ayant assisté au prononcé est celui qui a signé la minute, seule sa signature étant requise (Cass. soc. 6-3-2002 n° 99-44.698) et que, à défaut d'indication contraire relative à son identité, le greffier signataire d'un arrêt est présumé être celui ayant assisté à son prononcé (Cass. soc. 16-5-2001 n° 99-42.940). En outre, le demandeur au pourvoi ne saurait se prévaloir de mentions inexactes qui proviennent en réalité d'une simple erreur matérielle que les pièces de la procédure permettent de corriger (Cass. com. 1-3-2011 n° 10-13.766 ; Cass. 2e civ. 19-3-2015 n° 13-28.496 F-D). **28265**

La **nullité** pour vice de forme des actes de procédure échangés devant les juges du fond ne peut être **invoquée** devant la Cour de cassation que si elle l'a été **devant les juridictions du fond.** Les contestations afférentes à la régularité de la composition de la juridiction doivent être présentées, à peine d'irrecevabilité, dès l'ouverture des débats ou dès la révélation de l'irrégularité, si celle-ci survient postérieurement. À défaut, aucune nullité ne pourra être ultérieurement prononcée de ce chef, même d'office (CPC art. 430). **28267**
Si la violation de la règle de la publicité ou de la non-publicité des débats n'a pas été invoquée avant la clôture de ceux-ci, elle ne pourra plus l'être ultérieurement (CPC art. 446). Si la violation de la règle a été invoquée avant la clôture des débats, le président doit se prononcer immédiatement sur l'incident (CPC art. 437). L'erreur ou l'omission matérielle que le jugement contiendrait quant à une violation de la règle de la publicité des débats peut être rectifiée (CPC art. 462).
Toutefois, la Cour de cassation sanctionne par l'annulation de l'arrêt rendu toute violation du principe du respect des droits de la défense, alors même qu'elle n'aurait pas été invoquée avant la clôture des débats.

Un **jugement** qui ne comporterait pas les **mentions** substantielles **requises** par les textes est vicié : par exemple, défaut d'indication de la date du jugement (Cass. 2e civ. 9-12-1997 n° 96-13.139), du nom du greffier (Cass. 2e civ. 30-4-2003 n° 01-10.365 : Bull. civ. II n° 121), du nom du représentant du ministère public, lorsqu'il est partie principale (Cass. 1e civ. 18-1-1989 n° 86-18.802 : Bull. civ. I n° 27), du nombre de magistrats pour la tenue de l'audience et pour le délibéré (Cass. 2e civ. 9-4-2015 n° 14-16.612). **28270**

La **violation du contradictoire et des droits de la défense** peut prendre différents visages : **28272**
– condamner une partie qui n'a pas été entendue ou appelée (Cass. com. 4-11-1987 n° 86-14.462 : Bull. civ. IV n° 225) ;
– retenir des pièces non régulièrement versées aux débats (Cass. 2e civ. 24-6-1998 n° 96-17.673 : Bull. civ. II n° 221 ; Cass. 2e civ. 31-8-2022 n° 20-20.122 F-D) ;
– retenir des conclusions auxquelles la partie adverse n'a pas eu la possibilité de répondre (par exemple, pour des conclusions signifiées après la clôture des débats : Cass. 2e civ. 19-5-2005 n° 03-04.168 : Bull. civ. II n° 126 ; Cass. 3e civ. 28-11-2019 n° 18-15.906) ;
– ne pas inviter les parties à présenter leurs observations pour le juge qui relève d'office un moyen de pur droit (CPC art. 16 ; Cass. 2e civ. 11-5-2017 n° 16-17.083 F-PB ; Cass. 2e civ. 19-1-2023 n° 21-22.028 FS-B).

La **dénaturation des termes du litige** est un vice de forme (Cass. ch. mixte 28-1-2005 n° 02-19.153 : Bull. civ. n° 1). Par exemple, encourt la censure la décision qui condamne une partie à des **28274** dommages-intérêts pour procédure abusive alors que la demande n'avait pas été faite par son adversaire (Cass. 3e civ. 20-4-2017 n° 16-12.092 FS-PB). Le juge ne peut ainsi méconnaître ni l'objet de la demande (CPC art. 4 et 5) ni le fondement de la demande, sous réserve du relevé d'office des moyens de pur droit et de l'obligation pour le juge d'appliquer à la demande les règles de droit qui la gouvernent, lorsque les parties ont omis de préciser le fondement juridique de l'action.

Constituent également une dénaturation des termes du litige le fait de juger une partie qui n'a été ni entendue ni appelée (CPC art. 14), de méconnaître la limitation du débat aux points de droit fixés par les parties (CPC art. 12), de méconnaître des faits de la cause (CPC art. 7) ou bien encore de méconnaître des moyens des parties.

28276 Le juge ne doit prendre en considération que les **dernières conclusions déposées** par une partie, et non celles antérieures dont les prétentions et moyens non repris sont réputés abandonnés (CPC art. 954). Le jugement doit exposer succinctement les **prétentions** respectives des parties et leurs **moyens.** Cet exposé peut revêtir la forme d'un **visa** des conclusions avec l'indication de leur date (CPC art. 455). Une erreur commise dans le visa de la date des conclusions de l'une des parties est alors de nature à révéler que la cour d'appel a statué sur la base de prétentions qui n'étaient pas celles qui la saisissaient, ce qui justifie pleinement la censure lorsque cette erreur conduit la Cour à négliger des aspects essentiels du litige.

Sont ainsi censurés les arrêts qui ont statué sans prendre en considération les dernières conclusions d'une partie complétant sa précédente argumentation (Cass. 3e civ. 6-4-2023 n° 21-18.553 F-D ; Cass. Soc. 21-6-2023 n° 21-12.830 F-D), ou formulant un nouveau moyen (Cass. Com. 5-7-2023 n° 22-16.104 F-D) ou contenant un élément de preuve nouveau (Cass. 2e civ. 25-5-2023 n° 21-14.347 F-D ; Cass. 3e civ. 13-7-2023 n° 22-12.963 F-D). Est aussi cassé un arrêt qui a omis de tenir compte des dernières écritures d'une partie qui modifiaient le montant de ses demandes (Cass. 2e civ. 17-6-2010 n° 09-67.417).

Mais la seule mention d'une date erronée quant aux dernières conclusions des parties ne saurait justifier la censure si cette erreur n'a eu aucune **incidence sur la décision**. Tel est le cas lorsque les dernières conclusions n'ont développé aucune argumentation nouvelle et argué d'aucune pièce nouvelle que le juge n'aurait en conséquence pas prise en considération (Cass. 3e civ. 15-9-2009 n° 08-14.765 ; Cass. 3e civ. 27-10-2009 n° 08-21.446). Le visa des dernières conclusions n'étant nécessaire que si le juge n'expose pas succinctement les prétentions respectives des parties et leurs moyens, le visa de conclusions antérieures est sans incidence dès lors que la cour d'appel a exposé dans sa motivation les prétentions et moyens correspondant aux dernières conclusions (Cass. 3e civ. 27-3-2013 n° 12-13.328 : Bull. civ. III n° 42 ; Soc. 21-6-2023 n° 22-13.159 F-D).

CONTRARIÉTÉ DE JUGEMENTS CONSTITUANT UN MOYEN DE CASSATION

28280 La contrariété de jugements peut être invoquée lorsque la fin de non-recevoir tirée de **l'autorité de la chose jugée** a **en vain** été **opposée** devant les juges du fond (CPC art. 617, al. 1). En ce cas, le pourvoi en cassation est formé contre le jugement second en date et, lorsque la contrariété est constatée, elle se résout au profit du premier (CPC art. 617, al. 2), de sorte qu'elle entraîne l'annulation du second jugement seulement.

28282 La contrariété de jugements peut aussi, par dérogation à la règle selon laquelle le pourvoi en cassation n'est ouvert qu'à l'encontre des jugements rendus en dernier ressort (CPC art. 605), être invoquée lorsque deux **décisions,** même non rendues en dernier ressort, sont **inconciliables** et **insusceptibles d'un recours ordinaire** (CPC art. 618, al. 1). Le pourvoi en cassation est alors recevable, même si l'une des décisions a déjà été frappée d'un pourvoi en cassation et que celui-ci a été rejeté (art. précité). En ce cas, le pourvoi peut être formé même après l'expiration du délai dans lequel il est en principe enfermé et doit être dirigé contre les deux décisions (CPC art. 618, al. 2). Le pourvoi formé contre une seule des décisions est irrecevable (Cass. 1e civ. 13-10-1998 n° 96-18.881 : Bull. civ. I n° 292). Lorsque la contrariété est constatée, la Cour de cassation annule l'une des décisions ou, s'il y a lieu, les deux (art. précité).

> **Précisions a.** La contrariété des décisions suppose que les **décisions** soient **inconciliables** non pas intellectuellement mais dans leur exécution matérielle (Cass. 2e civ. 14-10-2004 n° 02-20.733 : Bull. civ. II n° 456 ; Cass. com. 30-3-2010 n° 09-65.309 ; Cass. 2e civ. 10-1-2013 n° 12-30.106).
>
> **b.** Le pourvoi peut être dirigé contre **deux décisions,** dont l'une émane du **juge pénal** et l'autre du **juge civil.** En ce cas, il faut qu'aucune ne soit susceptible d'un recours ordinaire et que ces décisions soient inconciliables et aboutissent à un déni de justice (Cass. ass. plén. 3-7-2015 n° 14-13.205 PBRI : Bull. civ. ass. plén. n° 3).

PERTE DE FONDEMENT JURIDIQUE CONSTITUANT UN MOYEN DE CASSATION

Le pourvoi en cassation est ouvert pour perte de fondement juridique ou de base légale. **28285**
Une décision peut perdre son fondement juridique pour les **raisons** suivantes :
– par l'effet d'une loi ou d'un règlement nouveau, expressément déclaré applicable aux affaires pendantes devant la Cour de cassation (Cass. soc. 21-11-1963 n° 62-11.600 : Bull. civ. IV n° 820) ;
– en cas de déclaration d'inconstitutionnalité du texte qui servait de fondement juridique à la décision frappée de pourvoi (Cass. 1e civ. 24-4-2013 n° 12-17.169) ;
– en cas d'annulation de l'acte administratif qui servait de fondement à la décision (Cass. 3e civ. 4-2-1987 n° 83-70.037 : Bull. civ. III n° 18).
Il en est de même en cas de disparition de la décision qui servait de base à l'arrêt attaqué. Ainsi, la rétractation d'une décision de justice fait perdre son fondement juridique à l'ordonnance de taxe qui lui était rattachée (Cass. 2e civ. 21-3-2013 n° 12-16.961). De même, la cassation d'une décision entraîne l'annulation de celles qui en sont la suite, l'application ou l'exécution ou qui s'y rattachent par un lien de dépendance nécessaire (n° 28805).

C. Vices de motivation pouvant donner lieu à cassation

DÉFAUT DE MOTIFS

Le jugement doit être motivé sous peine de nullité (CPC art. 455 et 458). De cette obligation **28300**
d'**ordre public,** la Cour de cassation a déduit un contrôle de la motivation. Cette obligation a pour **corollaire** l'obligation pour le juge de répondre entièrement aux conclusions des parties.
En principe, le défaut de motifs suppose l'absence de toute motivation sur un point considéré mais il peut aussi se manifester sous la forme d'une **contradiction de motifs,** d'un motif dubitatif ou hypothétique (Cass. soc. 31-3-2016 n° 14-28.853 F-D ; Cass. 3e civ. 7-7-2016 n° 15-13.489 F-D) ou encore d'un défaut de réponse à conclusions.
Il existe des cas de **dispense de motivation** pour :
– les mesures abandonnées au pouvoir discrétionnaire du juge telles que le sursis à statuer dans l'intérêt d'une bonne administration de la justice (Cass. com. 26-11-2013 n° 12-23.775 : Bull. civ. IV n° 172), l'octroi des frais irrépétibles (Cass. 1e civ. 11-09-2013 n° 12-17.794), la réduction de la clause pénale (Cass. com. 5-11-2013 n° 12-20.263 : Bull. civ. IV n° 164) ou bien le refus d'accorder des délais de paiement au débiteur (Cass. 2e civ. 14-9-2010 n° 09-69.306) ou de suspendre une clause résolutoire (Cass. 3e civ. 20-5-2021 n° 20-12.352 F-D) ;
– les condamnations accessoires ;
– les mesures d'administration judiciaire (CPC art. 499) ;
– le jugement prononçant l'adoption (C. civ. art. 353-1).

Absence de motifs L'absence de motifs peut correspondre à un défaut total de motifs. Il **28302**
en est ainsi lorsque le juge statue sans s'expliquer sur le bien-fondé de la prétention qui lui était présentée ni donner **aucun élément de fait ou de droit** à l'appui de sa décision (Cass. 3e civ. 13-3-2013 n° 11-27.676) ou énonce des motifs qui ne permettent pas de déterminer le fondement juridique de la règle, dont l'existence était contestée par l'une des parties (Cass. soc. 2-3-2011 n° 09-40.074). D'une façon plus générale, la Cour de cassation censure les décisions du fond pour incertitude sur le fondement juridique lorsqu'elle estime n'être pas en mesure de savoir sur quelle règle de droit le juge a appuyé le dispositif de son jugement (Cass. 2e civ. 17-1-2019 n° 18-11.061 ; Cass. com. 14-9-2022 n° 20-21.759 F-D).

Une **motivation de pure forme** équivaut à une absence de motifs. Tel est le cas notamment lors- **28304**
que le juge se borne à un simple rappel des textes pour affirmer qu'il n'y avait pas lieu de l'appliquer (Cass. soc. 26-10-2010 n° 09-41.928), se limite à énoncer l'objet de la demande sans exposer les moyens invoqués par le demandeur et sans donner des motifs à sa décision (Cass. com. 26-10-1976 n° 75-12.602 : Bull. civ. IV n° 271) ou se contente d'affirmer que la demande est juste et bien fondée (Cass. com. 18-6-1985 n° 84-12.160 : Bull. civ. IV n° 194). Le seul visa des documents de la cause et la seule référence aux débats, sans aucune analyse, ne constituent pas une motivation suffisante (Cass. 3e civ. 9-2-2022 n° 20-22.862 F-D ; Cass. 3e civ. 7-9-2023 n° 20-19.035 F-D).

Toute décision devant se suffire à elle-même, la **motivation par voie de référence** à une décision **28306**
rendue dans une autre instance constitue un défaut de motif. La Cour de cassation annule ainsi les arrêts statuant par simple référence à une décision antérieure rendue dans un litige analogue entre d'autres parties (Cass. 3e civ. 23-4-1997 n° 95-11.446 : Bull. civ. III n° 86 ; Cass. com. 19-6-2012

n° 11-16.211) et ceux qui se bornent à se référer à la jurisprudence sans relever aucune circonstance particulière aux faits de la cause, propre à en justifier l'application à l'espèce (Cass. 2e civ. 11-1-1968 n° 66-14.564 : Bull. civ. II n° 14). Il faut bien évidemment réserver l'hypothèse où une cour d'appel confirme un jugement, auquel cas elle est réputée avoir adopté les motifs de ce jugement qui ne sont pas contraires aux siens (CPC art. 955).

28308 Devant traduire la réflexion du juge, la **motivation** doit en outre être **impartiale** et résulter de la discussion **contradictoire.** Statue par une apparence de motivation, de nature à faire peser un doute sur l'impartialité de la juridiction, le juge qui pour toute motivation se contente de reproduire les conclusions de la partie à laquelle il donne raison (Cass. 1e civ. 17-3-2011 n° 10-10.583 : Bull. civ. I n° 56 ; Cass. soc. 20-4-2017 n° 16-11.099 F-D ; Cass. com. 17-5-2017 n° 15-27.727 F-D). Cette pratique doit être sanctionnée parce qu'elle laisse entendre que le juge, en reproduisant servilement l'argumentation d'une partie, n'a pas examiné effectivement les moyens de la partie adverse. Et il importe peu que la comparaison de la décision et des conclusions de la partie victorieuse révèle certaines différences de forme ou de style, tant que l'examen du fond démontre que le juge a abdiqué son pouvoir juridictionnel pour entériner purement et simplement la thèse de l'une des deux parties (Cass. com. 10-5-2011 n° 10-30.634).

28310 **Contradiction de motifs** La contradiction de motifs équivaut à un défaut de motifs (Cass. ch. mixte 21-6-1974 n° 72-40.054 : Bull. civ. ch. mixte n° 2). Plusieurs **conditions** doivent être remplies pour que ce grief soit admis et entraîne la cassation.

En premier lieu, le grief ne suppose aucune appréciation de la règle de droit : la contradiction doit concerner des **motifs de pur fait** (Cass. com. 6-6-1990 n° 89-12.757 : Bull. civ. IV n° 162).

En deuxième lieu, la contradiction reprochée doit affecter la pensée même du juge. Une simple impropriété de termes ou une erreur matérielle manifeste ne constituent pas ainsi une contradiction de motifs (Cass. 2e civ. 28-3-2013 n° 12-14.225 ; Cass. com. 3-4-2013 n° 12-15.176). Il doit exister entre les deux motifs une véritable **incompatibilité** (Cass. 3e civ. 14-4-2010 n° 08-21.346 : Bull. civ. III n° 84 ; Cass. com. 13-11-2012 n° 02-10.220 : RJDA 5/13 n° 450). Se détermine ainsi par des motifs contradictoires la cour d'appel qui retient que l'un des époux n'a pas acquiescé au jugement de divorce, faute de preuve de son intention maintenue de divorcer tout en relevant qu'il s'est comporté ouvertement comme étant divorcé (Cass. 1e civ. 19-3-2008 n° 06-21.250 : Bull. civ. I n° 80).

En troisième lieu, la contradiction doit porter sur les motifs figurant dans la décision. Le grief est irrecevable lorsque la contradiction affecte deux chefs du **dispositif** de celle-ci (Cass. soc. 8-2-2011 n° 09-40.027 : Bull. civ. V n° 45). En revanche, le grief peut consister en une contradiction entre les **motifs eux-mêmes** (Cass. com. 9-4-2013 n° 12-14.659 ; Cass. 2e civ. 28-1-2016 n° 14-20.726 F-PB : Bull. civ. II n° 30 ; Cass. com. 15-3-2017 n° 15-11.092 F-D) ou entre les **motifs et** le **dispositif** (Cass. com. 8-2-2011 n° 09-17.034 : Bull. civ. IV n° 19 ; Cass. 1e civ. 31-3-2016 n° 15-12.377 F-D ; Cass. 3e civ. 29-6-2017 n° 15-26.419 FS-D).

Enfin, la contradiction n'entraîne cassation que si elle a exercé une **influence sur la décision.** Une contradiction qui ne causerait aucun grief au demandeur au pourvoi ne pourrait entraîner la cassation, ce qui serait le cas si elle n'affectait que des motifs surabondants.

28315 **Motifs dubitatifs** Les motifs dubitatifs sont équivalents à une absence de motifs. En effet, pour constituer une véritable motivation, les affirmations contenues dans les décisions de justice doivent reposer sur des faits que le juge tient réels et certains ou, à tout le moins, pour établis. Les motifs du juge qui marquent un doute sont dès lors dénués de toute valeur. La décision du juge ne saurait, en effet, reposer sur de **simples hypothèses** avouées et gratuites, sur la supposition d'un fait qui n'a pas été reconnu comme établi (Cass. 2e civ. 3-11-2016 n° 15-25.539 F-D ; Cass. com. 18-5-2017 n° 15-13.777 F-D).

ILLUSTRATIONS

Statue par des motifs dubitatifs le juge qui :

– retient que certains travaux paraissent avoir été réalisés à la même époque que les autres travaux (Cass. 3e civ. 7-10-2009 n° 08-17.798 : Bull. civ. III n° 215) ;

– indique, pour ordonner la restitution d'une somme d'argent, qu'elle aurait servi à compenser une perte de loyers, de sorte que le paiement n'était pas sans cause (Cass. 3e civ. 21-2-2001 n° 99-17.666 : Bull. civ. III n° 22) ;

– s'agissant d'un accident de la circulation, énonce que les impacts relevés sur la remorque laissent à penser que M. X ne tenait pas scrupuleusement sa droite, alors qu'il se trouvait dans une courbe au volant d'un ensemble occupant une place importante (Cass. 2e civ. 6-12-1995 n° 93-21.748 : Bull. civ. II n° 302) ;

– retient que le notaire ne peut opposer à l'acquéreur une transaction dont la validité est très douteuse (Cass. 1e civ. 22-2-2017 n° 16-10.924 F-D).

Absence de réponse à conclusions L'obligation faite au juge de répondre aux conclusions des parties est le corollaire du principe dispositif en vertu duquel, le procès étant à la disposition des parties, le juge doit se prononcer sur tout ce qui est demandé et seulement sur ce qui est demandé. Elle est également l'expression d'une obligation plus générale, imposée tant par l'article 6 de la CESDH que par l'article 455 du CPC, de motivation des décisions de justice. 28317

La Cour de cassation censure donc les décisions des juges du fond s'étant abstenues de répondre à l'ensemble des **moyens pertinents** dont ils se trouvaient régulièrement saisis par les parties dans leurs conclusions. Les arrêts qui ne contiennent pas de motifs sont déclarés nuls, le défaut de réponse à conclusions constituant un défaut de motif (Cass. 2e civ. 7-4-2016 n° 15-17.398 F-PB ; Cass. 1e civ. 8-3-2017 n° 16-12.607 FS-PB ; Cass. 3e civ. 4-3-2021 n° 19-21.825 F-D).

Dès lors, encourt la censure la cour d'appel qui omet de répondre aux **conclusions d'incident** des intimés lui demandant de rejeter comme tardives les conclusions de l'appelant datées de la veille de la clôture des débats (Cass. 3e civ. 18-12-2013 n° 12-21.198 FS-PB : Bull. civ. III n° 170 ou lui demandant de révoquer l'ordonnance de clôture (Cass. 2e civ. 25-3-2021 n° 20-10.689 F-PB).

Mais le **demandeur** au pourvoi n'est recevable à invoquer que le **défaut de réponse à ses propres conclusions** (Cass. 1e civ. 25-9-2013 n° 12-17.871).

Lorsque la **procédure** est **écrite,** l'obligation de réponse du juge du fond s'apprécie uniquement au regard des conclusions écrites, motivées, claires, régulièrement déposées, signifiées et produites. Si le juge du fond dispose d'un pouvoir souverain pour apprécier si des conclusions et des pièces ont été déposées en temps utile au sens de l'article 15 du CPC, il se doit de répondre à des conclusions qui en sollicitent le rejet, que ces dernières soient déposées avant ou après le prononcé de l'ordonnance de clôture (Cass. 1e civ. 20-6-2012 n° 11-12.122 : Bull. civ. I n° 136). Le juge n'a pas à répondre à de simples observations orales (Cass. com. 4-2-1992 n° 90-11.783). Par ailleurs, il faut tenir compte de l'obligation faite aux parties de reprendre, dans leurs dernières écritures, les prétentions et moyens précédemment présentés ou invoqués dans leurs conclusions antérieures (CPC art. 954). Ainsi, le juge n'a pas à prendre en considération les moyens présentés dans les conclusions antérieures qui ne sont pas repris dans les dernières (Cass. 2e civ. 28-6-2001 n° 00-10.124). 28318

Lorsque la **procédure** est **orale,** il appartient au demandeur au pourvoi de rapporter la preuve que le moyen avait bien été soumis aux juges du fond. Cette preuve peut résulter de la décision attaquée elle-même ; à défaut, elle peut être rapportée par tous moyens. 28319

Le juge n'est tenu de répondre qu'aux véritables moyens. Le moyen suppose qu'il y ait véritable raisonnement juridique trouvant son fondement dans des faits du procès et de nature à avoir une portée sur la solution du litige. Les juges du fond n'ont donc pas à **suivre** les parties **dans le détail** de leur **argumentation** (Cass. com. 5-7-2017 n° 15-20.554 F-PB ; Cass. 1e civ. 5-7-2017 n° 16-22.183 F-PB) ni à répondre à de simples **allégations,** c'est-à-dire à des conclusions dépourvues d'offre de preuve (Cass. 2e civ. 12-7-2012 n° 11-20.575 ; Cass. 1e civ. 19-2-2013 n° 11-24.373 ; Cass. soc. 24-6-2015 n° 14-10.709 FS-PB : Bull. civ. V n° 129). 28320

MOTIVATION ADMISE PAR LA COUR DE CASSATION

La Cour de cassation admet l'emploi par le juge : 28325

– de **motifs propres** à celui-ci ou **adoptés** des premiers juges ; ainsi lorsqu'une cour d'appel confirme un jugement, elle est réputée avoir adopté les motifs de ce jugement qui ne sont pas contraires aux siens (CPC art. 955) ;

– du motif **exprès** et du motif **implicite**.

La Cour de cassation n'exige pas qu'un **motif spécial** réponde à chaque chef de demande ou à chaque moyen. La réponse à un chef de conclusions peut être implicite et se dégager, par le raisonnement, de l'ensemble de l'arrêt ou des motifs explicites donnés à l'appui d'autres chefs. Ainsi, les motifs de l'arrêt qui consacrent un fait ou une thèse juridique justifient par là même le rejet des conclusions qui invoquaient un fait ou une thèse contraire (Cass. 1e civ. 7-2-1990 n° 87-10.887 : Bull. civ. I n° 37).

En outre, les juges du fond ne sont pas tenus de répondre spécialement à des conclusions inopérantes (Cass. com. 28-6-2017 n° 16-10.591 F-PBI ; Cass. 2e civ. 6-7-2023 n° 19-24.655 F-B).

Enfin, la Cour de cassation dispense les juges du fond de répondre aux nombreux arguments développés devant eux pour combattre les éléments de preuve qu'ils retiennent comme déterminants et de préciser les raisons pour lesquels ils retiennent ou écartent un élément de preuve (Cass. 2e civ. 28-3-2013 n° 12-14.697 ; Cass. 3e civ. 3-4-2013 n° 11-28.242).

DÉFAUT DE BASE LÉGALE CONSTITUANT UN MOYEN DE CASSATION

28330 **Définition** Il y a défaut de base légale lorsque la **motivation** de la décision **ne permet pas** à la Cour de cassation d'exercer un **contrôle de la conformité du jugement** attaqué **aux règles de droit.** Les constatations de fait des juges du fond apparaissent comme insuffisantes pour justifier de l'application de la règle de droit. Les faits doivent être spécifiés dans la décision de façon précise et complète.

ILLUSTRATIONS

Encourt d'office la cassation la décision qui prononce le divorce pour faute sans préciser en quoi les faits retenus rendaient intolérable le maintien de la vie commune (Cass. 2e civ. 20-6-1996 n° 95-10.357 : Bull. civ. II n° 170).
Un régime de responsabilité pour faute ne peut se voir appliqué sans vérifier l'existence d'une faute (Cass. 2e civ. 16-12-2011 n° 09-69.992).
Une condamnation à des dommages-intérêts pour procédure abusive suppose la caractérisation d'un abus (Cass. 2e civ. 3-3-2011 n° 10-12.739).

28332 **Nouveauté du grief** Ce grief peut être présenté pour la **première fois devant la Cour de cassation** puisqu'il n'a été révélé au demandeur au pourvoi que par la lecture de l'arrêt rendu sur ses conclusions (cf. CPC art. 619). Mais l'insuffisance des motifs est également appréciée en tenant compte des contestations élevées par les conclusions. En effet, les juges du fond ne sont tenus de procéder qu'aux seules recherches qui leur ont été demandées par les parties lorsque la recherche ne s'impose pas d'office. Dès lors que les juges du fond n'ont pas été saisis d'une demande claire de procéder à une recherche mélangée de fait et de droit par un moyen expressément formulé, aucun grief ne saurait être tiré du silence des juges d'appel sur ce point (Cass. 3e civ. 23-4-2013 n° 12-16.579 ; Cass. soc. 24-4-2013 n° 12-13.731).

D. Dénaturation d'un écrit pouvant donner lieu à cassation

DOMAINE D'APPLICATION

28340 La dénaturation des **faits** ne constitue pas un cas d'ouverture à cassation (Cass. soc. 21-10-1997 n° 95-44.034 ; Cass. soc. 9-4-1992 n° 91-41.267). Seule l'interprétation d'un **écrit** peut faire l'objet d'un grief de dénaturation (Cass. 1e civ. 11-4-1995 n° 93-11.339 : Bull. civ. I n° 164).
Tout document écrit produit aux débats sur lequel le juge a fondé sa décision peut être entaché de dénaturation : un contrat (Cass. 1e civ. 20-12-2012 n° 11-28.202 : Bull. civ. I n° 274 ; Cass. com. 13-4-2023 n° 20-16.369 F-D), une lettre (Cass. com. 5-2-2013 n° 12-12.808 : Bull. civ. IV n° 21), un registre (Cass. com. 15-1-2013 n° 11-28.244 : Bull. civ. IV n° 12), un rapport d'expertise (Cass. 1e civ. 4-7-2019 n° 18-16.809 F-D), une attestation (Cass. 1e civ. 24-5-1976 n° 74-14.821 : Bull. civ. I n° 196), un bulletin de paie (Cass. 2e civ. 11-3-2021 n° 19-15.043 F-D), une loi étrangère (n° 27714) ou encore des conclusions (Cass. soc. 5-6-2019 n° 17-26.286 F-D).
Il y a dénaturation lorsqu'en présence d'une énonciation claire et précise les juges du fond lui font dire le contraire de son sens manifeste (Cass. 3e civ. 4-7-2019 n° 18-16.731 F-D ; Cass. com. 9-7-2019 n° 17-23.729 F-D), lorsqu'ils ajoutent à l'écrit qu'ils ont sous les yeux une restriction qu'il ne comporte pas (Cass. 1e civ. 1-2-2012 n° 11-12.453 F-D ; Cass. 1e civ. 12-7-2012 n° 11-20.530 F-D) ou bien encore lorsqu'ils font abstraction d'une partie de ce document (Cass. 2e civ. 28-2-2013 n° 11-27.951 F-D).

CONDITIONS DE RECEVABILITÉ DU POURVOI POUR DÉNATURATION D'UN ÉCRIT

28345 La dénaturation d'un écrit peut, en principe, être invoquée pour la **première fois devant la Cour de cassation** puisqu'elle n'a été révélée que par la lecture de la décision attaquée (cf. CPC art. 619). Mais ce moyen est irrecevable en raison de sa nouveauté lorsque la dénaturation invoquée était déjà présente dans le jugement et lorsqu'elle n'a pas été critiquée en cause d'appel (Cass. 2e civ. 4-2-2010 n° 09-10.248 F-D ; Cass. 2e civ. 8-12-2016 n° 16-10.622 F-D).
La partie qui soutenait, devant la cour d'appel, que l'acte en cause devait être interprété en raison de son manque de clarté est irrecevable à invoquer un grief de dénaturation (Cass. com. 9-6-2009 n° 08-17.843 F-PB : Bull. civ. IV n° 77 ; Cass. 1e civ. 8-7-2015 n° 14-20.263 F-D).
L'écrit concerné doit être joint au mémoire ampliatif.

28347 **Écrit clair et précis** La dénaturation suppose la méconnaissance du sens d'un écrit clair et précis (Cass. civ. 15-4-1872 : DP 1872 IV p. 104). Est clair et précis un écrit qui n'est susceptible

que d'un seul sens. La dénaturation procède alors d'une erreur grossière dans la lecture (Cass. 3e civ. 10-4-2013 n° 12-17.194) ou l'interprétation d'un document (Cass. 3e civ. 3-4-2013 n° 12-16.332). Elle peut tout aussi bien être involontaire que délibérée.
Lorsque la moindre obscurité, la moindre **ambiguïté** ou la moindre équivoque affecte l'acte, il doit nécessairement être interprété, ce qui exclut de fait le grief de dénaturation (Cass. 1e civ. 7-2-1989 n° 87-11.240 : Bull. civ. I n° 63 ; Cass. 1e civ. 19-2-2013 n° 11-23.287 : RJDA 6/13 n° 500 ; Cass. 3e civ. 17-11-2016 n° 15-22.989 F-D ; Cass. 1e civ. 11-1-2017 n° 15-20.326 F-D).
La Cour de cassation contrôle la qualification de la clarté ou de l'ambiguïté de l'acte.

Existence d'un grief La dénaturation n'est retenue que si elle porte grief au demandeur. Tel n'est pas le cas si le juge ne s'est pas fondé sur le document prétendument dénaturé (Cass. 3e civ. 28-3-2012 n° 10-28.480 ; Cass. 3e civ. 2-5-2012 n° 11-13.578) mais sur d'autres éléments de la cause (Cass. com. 3-7-2007 n° 06-12.520 ; Cass. com. 22-5-2012 n° 11-16.114). 28350

VI. MOYENS EN DÉFENSE DEVANT LA COUR DE CASSATION

A. Défense contre le pourvoi

IRRECEVABILITÉ

L'irrecevabilité affecte le pourvoi dès l'**origine.** Le défendeur au pourvoi peut soulever une **fin de non-recevoir** tendant à l'irrecevabilité du pourvoi, alors même qu'elle est mélangée de fait et de droit (par exemple l'inobservation du délai de recours ou le défaut d'intérêt à agir). 28370

DÉCHÉANCE DU POURVOI

La déchéance du pourvoi survient **au cours de la procédure** et affecte un pourvoi initialement recevable (par exemple, pour inobservation par le requérant du délai légal de dépôt et de signification du mémoire ampliatif). 28375

B. Défense contre les moyens de cassation

Pour être recevable, le pourvoi doit comporter au moins un moyen de cassation. 28380
Les moyens de cassation ne peuvent être que des **moyens de droit** et ils doivent être **présentés** suivant des règles particulières à peine d'irrecevabilité (nos 28112 s.).

CONTRADICTION DANS L'ARGUMENTATION DU MOYEN DE CASSATION

La contradiction dans l'argumentation est un cas d'irrecevabilité. Est ainsi irrecevable un moyen qui soutient à la fois dans sa **première branche** qu'une partie a engagé sa responsabilité délictuelle et dans la **seconde** qu'elle l'a engagée sur le plan contractuel (Cass. com. 14-2-1989 n° 87-12.491 : Bull. civ. IV n° 59). Un tel requérant aurait dû présenter en ce cas un **moyen principal** et un **moyen subsidiaire.** 28382
Est également irrecevable un moyen de cassation contraire à ceux soutenus dans ses **conclusions d'appel** par le demandeur au pourvoi (Cass. 3e civ. 28-6-2018 n° 17-17.844 F-D ; Cass. 2e civ. 8-11-2018 n° 17-26.784 F-D), même si le moyen est de pur droit et d'ordre public (Cass. 1e civ. 12-3-2002 n° 99-15.703).
Il en est de même :
– du moyen qui invite la Cour de cassation à revenir sur la doctrine de son précédent arrêt alors que la juridiction de renvoi s'y est conformée (Cass. ass. plén. 21-12-2006 nos 05-17.690 et 05-11.966 : Bull. civ. ass. plén. n° 14 ; Cass. com. 11-4-2018 n° 15-27.133 FS-PB) ; et ce, même si dans l'intervalle entre l'arrêt de cassation qui saisissait la juridiction de renvoi et le pourvoi, le Tribunal des conflits a opéré un revirement de jurisprudence (Cass. ass. plén. 19-6-2015 n° 13-19.582 : Bull. civ. ass. plén. n° 2). Une dérogation a toutefois été admise au nom de l'objectif de cohérence et de sécurité juridique en matière diplomatique (Cass. 1e civ. 10-1-2018 n° 16-22.494 FS-PBI) et lorsqu'est invoqué un changement de norme intervenu postérieurement à l'arrêt de cassation (Cass. ass. plén. 2-4-2021 n° 19-18.814 PR : RJDA 6/21 n° 442) ;
– du moyen invoqué de **mauvaise foi** ; par exemple, un moyen tiré de la non-communication d'une pièce suivi d'un grief tiré de sa dénaturation (Cass. 1e civ. 16-6-1992 n° 90-15.173 : Bull. civ. I n° 180).

NOUVEAUTÉ DU MOYEN DE CASSATION

28385 **Principe d'irrecevabilité** Sauf exceptions (nos 28390 s.), les moyens nouveaux ne sont pas recevables devant la Cour de cassation (CPC art. 619, al. 1), celle-ci ne pouvant qu'apprécier la solution légale donnée aux moyens débattus devant les juges du fond (Cass. 3e civ. 24-10-2012 n° 10-27.884 : Bull. civ. III n° 149 ; Cass. 3e civ. 23-6-2015 n° 14-15.625). Il doit ressortir de la décision attaquée ou des pièces de la procédure que le moyen présenté au juge de cassation a bien été soumis aux juges du fond. La Cour de cassation peut relever d'office la nouveauté du moyen (Cass. 2e civ. 19-1-2023 n° 21-22.028 FS-B).

Ce principe s'applique y compris lorsque la **procédure** est **orale** (Cass. soc. 17-10-2012 n° 11-14.982 ; Cass. soc. 24-10-2012 n° 11-22.462). En ce cas, les commémoratifs de l'arrêt, les conclusions écrites reprises oralement et les notes d'audiences permettent d'apprécier la nouveauté du moyen (Cass. 2e civ. 14-10-2021 n° 21-60.126 F-D ; Cass. 2e civ. 24-3-2022 n° 22-60.102 F-D).

Il vaut aussi bien pour le **demandeur** au pourvoi que pour le **défendeur**.

L'irrecevabilité du moyen nouveau, mélangé de fait, est prononcée alors même que le moyen invoque la violation d'une norme supérieure, telle la convention européenne de sauvegarde des droits de l'Homme (Cass. 2e civ. 5-2-2004 n° 02-14.217 : Bull. civ. II n° 43 ; Cass. 1e civ. 15-2-2023 n° 21-21.596 F-D) ou le traité sur le fonctionnement de l'Union européenne (Cass. com. 9-6-2015 n° 14-15.074 FS-PB : Bull. civ. IV n° 103) ou, en droit international, la violation de l'ordre public français (Cass. 1e civ. 18-9-2002 n° 99-19.294 : Bull. civ. I n° 204).

ILLUSTRATIONS

A été jugé nouveau et mélangé de fait et de droit :
– le moyen tiré de ce que le mois de préavis déjà effectué et payé à la suite de la démission devait être déduit de l'indemnité compensatrice de préavis (Cass. soc. 18-5-2022 n° 20-19.487 F-D) ;
– le moyen tiré de ce que les biens immeubles transférés ne relèvent pas du domaine public (Cass. soc. 4-11-2021 n° 19-25.676 F-D) ;
– le moyen pris de l'insuffisance des informations d'une mise en demeure et d'une contrainte pour connaître la nature, de la cause et de l'étendue de l'obligation (Cass. 2e civ. 18-3-2021 n° 19-23.477 F-D) ;
– le moyen invoquant la mauvaise foi (Cass. 2e civ. 20-6-2019 n° 18-15.783 F-D).

28387 Le **demandeur** au pourvoi ne peut ainsi ni **modifier** l'objet de la demande ni son fondement juridique. Seuls les arguments nouveaux sont recevables. Ils viennent consolider les moyens présentés devant les juges du fond.

Un moyen ne peut se fonder sur des faits nouveaux, sur des pièces nouvelles ou sur une interprétation nouvelle des pièces produites.

C'est au demandeur d'établir qu'un moyen n'est pas nouveau, en se référant à la décision attaquée ou aux pièces de la procédure.

28390 **Moyens nés de la décision attaquée** Peuvent être invoqués pour la première fois devant la Cour de cassation les moyens nés de la décision attaquée (CPC art. 619, al. 2). Révélés par cette décision, ces moyens n'ont pas pu être invoqués devant les juges du fond.

Seules quatre catégories de griefs peuvent ainsi être révélées :
– un vice de forme tel qu'une nullité de procédure qui n'a été connue que par le prononcé de l'arrêt attaqué ;
– un vice de motivation, tel que l'absence de motifs, l'insuffisance de motifs, une dénaturation de l'écrit ;
– une violation de la loi telle qu'un renversement de la charge de la preuve ;
– un grief réfutant un moyen relevé d'office par la décision attaquée.

28392 **Moyens de pur droit** Peuvent être invoqués pour la première fois devant la Cour de cassation les moyens de pur droit (CPC art. 619, al. 3), à moins qu'ils ne soient contraires aux moyens présentés devant les juges du fond (n° 28382). La Cour peut aussi relever d'office un moyen de pur droit (CPC art. 620, al. 2).

Constitue un moyen de pur droit celui par lequel le demandeur ou le défendeur fait valoir une règle de droit qui n'a pas été invoquée devant les juges du fond mais pour l'application de laquelle la Cour de cassation n'aura à se référer à aucune considération de fait qui ne résulterait pas des énonciations des juges du fond (Cass. 2e civ. 8-4-2021 n° 20-11.935 FS-P ; Cass. 2e civ. 8-7-2021 n° 20-12.837 F-D).

ILLUSTRATIONS

Est de pur droit le moyen :
– fondé sur le caractère discriminatoire à l'égard de certains salariés d'une disposition conventionnelle (Cass. soc. 24-9-2008 n° 06-46.179 : RJS 11/08 n° 1107) ;
– fondé sur la convention européenne des droits de l'Homme dès lors qu'il invoque une atteinte à la substance même du droit d'accès au juge et n'appelle la prise en considération d'aucun élément de fait qui ne résulterait pas des constatations de l'arrêt (Cass. 1e civ. 9-4-2013 n° 11-27.071 : Bull. civ. I n° 66) ;
– tiré de l'obligation de surseoir à statuer (Cass. com. 21-9-2022 n° 19-25.172 F-D).

Lorsque le moyen est **d'ordre public**, la Cour de cassation adopte une conception plus large du moyen de pur droit. Elle considère qu'est recevable le moyen qui résulte d'un fait dont la cour d'appel avait été mise à même d'avoir connaissance (Cass. 2e civ. 17-9-2020 n° 19-17.673 F-PBI).

CARACTÈRE INOPÉRANT DU MOYEN DE CASSATION

Le défendeur au pourvoi peut opposer au demandeur le caractère inopérant du moyen de cassation invoqué par ce dernier. Un moyen inopérant est un moyen qui, alors même qu'il serait bien fondé, n'est **pas de nature à emporter la cassation** de l'arrêt attaqué. **28395**
Le caractère inopérant peut ainsi résulter d'une **erreur du demandeur** au pourvoi, en ce qu'il a mal dirigé son recours (les moyens seraient étrangers à la décision attaquée ou aux parties à l'instance en cassation) ou parce qu'il invoque la violation d'un texte dont la décision n'a pas fait application (Cass. 3e civ. 7-10-2009 n° 08-12.920 : Bull. civ. III n° 219) ou l'application d'un texte non applicable en l'espèce (Cass. 1e civ. 18-10-2005 n° 03-12.973 : Bull. civ. I n° 370 ; Cass. 1e civ. 24-1-2006 n° 03-20.178 : Bull. civ. I n° 34).

Le caractère inopérant peut aussi résulter du **défaut d'influence déterminante sur le dispositif** de l'arrêt attaqué, d'une erreur commise par le juge, soulevée par le pourvoi, ou d'un motif qui ne serait pas même erroné. Dans cette hypothèse, le moyen est sans emport parce que l'erreur du juge n'est pas causale. Le **motif erroné,** qui n'est pas nécessaire au soutien de la décision, plus précisément au chef du dispositif attaqué par le moyen, est alors simplement regardé comme **surabondant** (Cass. 1e civ. 1-7-2015 n° 14-18.053 ; Cass. 3e civ. 6-7-2017 n° 15-17.278 F-PB). Le motif est surabondant dès lors qu'il n'est pas indispensable au soutien de la décision. La Cour de cassation peut alors rejeter le pourvoi en faisant abstraction d'un tel motif (CPC art. 620). D'autres motifs viennent justifier la décision. **28397**
Si la Cour de cassation ne constate pas dans l'arrêt attaqué des motifs rendant surabondants les motifs critiqués par le pourvoi, une erreur matérielle pourra être réparée (CPC art. 462) et les erreurs juridiques sans conséquence sur la solution du litige seront écartées par application de la théorie du défaut d'intérêt.
La Cour de cassation peut également rejeter le pourvoi en substituant un motif de pur droit à un motif erroné (CPC art. 620). Tel est le cas lorsqu'elle est saisie d'un moyen recevable et fondé soulevant une erreur juridique ayant pu exercer une influence sur la solution du litige. La **substitution de motifs** peut être sollicitée par le défendeur au pourvoi, qui après défense de la motivation de la décision attaquée, propose à titre subsidiaire une base légale différente. La Cour de cassation peut procéder d'office à cette substitution de motifs à condition d'en aviser les parties en les invitant à présenter leurs observations dans le délai qu'elle fixe (CPC art. 1015, al. 1). Elle conduit au rejet du pourvoi.

MOYEN DE CASSATION MAL FONDÉ

Un moyen est mal fondé lorsqu'il repose sur une **appréciation erronée d'une affirmation ou d'un silence des juges du fond.** Le défendeur au pourvoi déclare alors que « le moyen manque par le fait même qui lui sert de base » (Cass. com. 9-4-2013 n° 12-14.696). **28400**
Il en va ainsi par exemple lorsque le moyen reproche à la cour d'appel de pas avoir effectué une recherche alors qu'il ressort des motifs qu'elle a bien procédé à celle-ci (Cass. 1e civ. 20-3-2013 n° 12-14.777), lorsqu'il fait grief à la cour d'appel d'avoir refusé d'appliquer un texte alors qu'elle l'a appliqué (Cass. com. 19-6-2012 n° 11-18.940 : Bull. civ. IV n° 127) ou encore lorsque le moyen reproche à l'arrêt de s'appuyer sur une pièce non versée aux débats alors qu'elle figure sur le bordereau de communication de pièces (Cass. com. 6-5-2008 n° 07-12.453).

Le caractère mal fondé du moyen de cassation peut également être soulevé en ce « qu'il manque en droit ». Le demandeur au pourvoi soutient en ce cas une **critique** qui est **erronée en droit.** **28402**

MOYEN DE CASSATION REMETTANT EN CAUSE L'APPRÉCIATION SOUVERAINE DES JUGES DU FOND

28405 La Cour de cassation n'exerce pas son contrôle sur l'appréciation des **faits** par les juges du fond (n° 27730).

Le demandeur ne peut donc pas remettre en cause devant la Cour de cassation l'appréciation par les juges du fond de la **valeur** et de la **portée des éléments de preuve** versés aux débats car celle-ci est souveraine (Cass. 2e civ. 5-3-2015 n° 14-10.758 : Bull. civ. II n° 51 ; Cass. 2e civ. 6-7-2023 n° 22-11.653 F-D). Il en va de même, sous réserve de dénaturation, de l'**interprétation des écrits** (Cass. 3e civ. 25-5-2023 n° 21-20.643 FS-B ; Cass. 1e civ. 5-7-2023 n° 22-50.018 FD).

La solution est identique s'agissant de la fixation du **montant de l'indemnisation**. Dans la mesure où elle repose pour l'essentiel sur des considérations purement factuelles, elle relève très largement du pouvoir des juges du fond. Ainsi, les juges du fond apprécient souverainement l'existence d'un préjudice (Cass. Soc. 7-6-2023 n° 21-23.557 FS-B ; Cass. 2e civ. 9-3-2023 n° 21-20.785 F-D) et son montant (Cass. 1e civ. 23-11-2022 n° 21-10.220 FS-B ; Cass. 3e civ. 6-7-2023 n° 22-10.884 FS-B). La Cour de cassation ne contrôle pas les méthodes et les bases d'évaluation adoptées par les juges du fond (Cass. 2e civ. 24-11-2011 n° 10-19.287 ; Cass. 3e civ. 5-12-2019 n° 18-25.088 F-D) ni les modalités de réparation du préjudice (Cass. 2e civ. 11-6-2015 n° 14-18.849), mais elle vérifie que le principe de la réparation intégrale (indemnisation ne générant ni perte ni bénéfice pour la victime) a été respecté (Cass. 2e civ. 2-7-2015 n° 14-19.481) et que les principes d'imputation des différentes créances sont respectés (Cass. 2e civ. 2-7-2015 n° 14-19.777).

De même, l'appréciation des juges du fond est souveraine quant à l'évaluation de la perte de chance (Cass. 3e civ. 29-6-2022 n° 21-14.548 F-D ; Cass. 1e civ. 19-4-2023 n° 22-14.376).

VII. POURVOI INCIDENT OU PROVOQUÉ

RÈGLES GÉNÉRALES

28420 C'est le pourvoi principal qui introduit l'instance devant la Cour de cassation mais d'autres pourvois peuvent être formés à cette occasion ; ils sont qualifiés de pourvois incidents.

Le pourvoi **incident** est un pourvoi relevé par le défendeur en réponse au pourvoi principal, tendant à l'annulation des dispositions de l'arrêt qui lui font grief.

Le pourvoi **provoqué** est une variété de pourvoi incident. Il est formé par toute partie à la décision attaquée, même non défenderesse, à la suite du pourvoi principal ou incident qui le provoque.

Le pourvoi **éventuel** ou subsidiaire est un pourvoi incident ou provoqué qui n'est destiné à être examiné par la Cour de cassation que si le pourvoi principal prospère (Cass. 1e civ. 28-6-2023 n° 21-19.766 FS-B).

La **recevabilité** du pourvoi incident, même provoqué, obéit aux règles qui gouvernent celle de l'appel incident, sauf en ce qui concerne la forme du pourvoi et le délai dans lequel il doit être introduit (CPC art. 614).

> **Précisions** La **distinction** entre pourvoi incident et pourvoi provoqué n'est pas sans **conséquence**. En effet, à l'instar de l'appel provoqué, le pourvoi provoqué n'est recevable que si le pourvoi principal est susceptible d'aggraver sa situation (Cass. com. 5-6-2007 n° 06-10.282). En outre, le défendeur ne peut critiquer un chef de l'arrêt n'intéressant qu'un codéfendeur au pourvoi principal, postérieurement au désistement partiel du demandeur au pourvoi principal, en ce qu'il était dirigé à l'encontre de ce codéfendeur (Cass. 2e civ. 16-2-2023 n° 20-23.241 F-B).
> Enfin, le pourvoi provoqué ne peut émaner du demandeur principal que lorsqu'il découle du pourvoi incident formé par le défendeur, ce qui suppose qu'il attaque d'autres chefs de l'arrêt que ceux déjà critiqués à l'appui du pourvoi principal (Cass. com. 23-3-2010 n° 09-10.791 : Bull. civ. IV n° 60).

PARTIES POUVANT FORMER UN POURVOI INCIDENT

28425 Le pourvoi incident peut être formé par le **défendeur** au pourvoi principal, mais également par toute personne qui a été **partie à l'arrêt attaqué** et dont la situation risque de se trouver modifiée par le pourvoi principal que cette personne soit défenderesse au pourvoi principal ou qu'elle n'ait pas été appelée en cause par le demandeur principal (cf. CPC art. 614, 548 et 549). Le demandeur au pourvoi incident doit justifier d'un intérêt à se pourvoir et avoir qualité et capacité pour agir.

Le pourvoi incident ou provoqué peut émaner d'une **personne qui a acquiescé** à la disposition qu'elle attaque, dès lors que cet acquiescement est antérieur à l'introduction du pourvoi principal puisqu'elle ne savait pas que les chefs de l'arrêt qui lui sont favorables seraient remis en question. 28427

DÉPENDANCE DU POURVOI INCIDENT PAR RAPPORT AU POURVOI PRINCIPAL

Le **pourvoi principal** ayant été déclaré **irrecevable,** le pourvoi provoqué l'est également (Cass. 1e civ. 17-3-1993 n° 91-16.353 : Bull. civ. I n° 114 ; Cass. 2e civ. 11-5-2017 n° 16-14.225 F-D). Ainsi, l'irrecevabilité du pourvoi principal formé hors délai entraîne celle du pourvoi incident formé après l'expiration du délai pour agir à titre principal (Cass. soc. 24-10-2012 n° 11-60.223 : Bull. civ. V n° 274 ; Cass. 1e civ. 15-1-2015 n° 13-27.472). Le pourvoi incident n'est recevable que si le jour où il est formé, le **juge** est **encore saisi** du pourvoi principal. Mais le pourvoi provoqué formé, dans le délai du mémoire en défense, par un défendeur contre un codéfendeur à l'égard duquel le demandeur principal s'est préalablement désisté, est recevable (Cass. com. 26-11-2013 n° 12-25.191 ; Cass. 2e civ. 23-5-2013 n° 12-15.626). À noter enfin que la décision de radiation du rôle interdit l'examen des pourvois principaux et incidents (CPC art. 1009-1, al. 5). 28430

Toutefois, le pourvoi incident peut être dirigé contre un arrêt avant dire droit qui n'a pas été attaqué par le pourvoi principal (Cass. soc. 16-6-2004 n° 01-43.804 : RJS 10/04 n° 1081 ; Cass. com. 18-9-2012 n° 11-22.348).

Désistement du pourvoi principal 28435

Le désistement du pourvoi principal entraîne l'extinction de l'instance à compter de cette date. Le **pourvoi incident formé avant** le désistement du pourvoi principal est donc recevable tandis qu'est irrecevable le pourvoi incident formé **postérieurement**. Le défendeur au pourvoi à l'égard duquel le demandeur s'est désisté n'est pas recevable à déposer, postérieurement à ce désistement, d'autres conclusions que celles qui tendent à régler les frais de l'instance éteinte. En particulier, il ne saurait s'associer au pourvoi principal et demander que la cassation à intervenir puisse lui profiter (Cass. 3e civ. 7-9-2022 n° 21-18.690 F-D). Enfin, le pourvoi incident **formé le jour même** de la notification de l'acte de désistement sans réserve du pourvoi principal est irrecevable, faute par l'auteur du pourvoi incident de démontrer son antériorité (Cass. 2e civ. 15-1-2009 n° 07-17.913 : Bull. civ. II n° 14).

Dans tous les cas, le **désistement** du pourvoi doit être **accepté** s'il contient des réserves ou si le défendeur a préalablement formé un pourvoi incident (CPC art. 1024). En l'**absence d'acceptation** par le défendeur, auteur d'un pourvoi incident, du désistement du demandeur au pourvoi principal, il y a lieu de statuer sur le pourvoi principal et sur le pourvoi incident (Cass. 2e civ. 27-5-1999 n° 97-20.488 : Bull. civ. II n° 100 ; Cass. 3e civ. 13-6-2019 n° 18-14.817 F-D).

INTRODUCTION DU POURVOI INCIDENT

Délai Le pourvoi incident, même provoqué, est introduit sous forme d'un **mémoire** qui doit, sous peine d'irrecevabilité prononcée d'office, être remis au greffe de la Cour de cassation avant l'expiration du délai prévu pour la remise du mémoire en réponse au pourvoi principal (CPC art. 1010, al. 3), c'est-à-dire : 28440

– pour les procédures avec **représentation obligatoire,** dans un délai de deux mois à compter de la signification du mémoire ampliatif du pourvoi principal (CPC art. 982) ;

– pour les procédures **sans représentation obligatoire,** dans un délai de deux mois à compter de la notification du mémoire du demandeur principal ou, en l'absence de mémoire (celui-ci n'étant requis qu'à défaut d'énoncé des moyens de cassation dans la déclaration de pourvoi), dans un délai de trois mois à compter de la remise ou de la réception du récépissé de la déclaration du pourvoi principal (CPC art. 989 et 991) ;

– pour les procédures en matière de contentieux relatifs à l'**élection** des **représentants du personnel,** dans un délai de 15 jours qui court à compter soit de la notification du mémoire du demandeur soit, en l'absence de mémoire, de l'expiration du délai d'un mois qui suit la déclaration du pourvoi principal (CPC art. 1006).

Le délai du pourvoi provoqué court à compter de la notification du mémoire comportant le pourvoi principal ou incident qui le provoque.

Le délai du pourvoi incident est réduit à un mois pour le défendeur à un autre pourvoi incident (CPC art. 1010).

EXEMPLE

Une partie (A) forme un pourvoi contre une autre partie (B). B a 2 mois pour défendre et former un pourvoi incident. Si B forme un pourvoir incident contre une troisième partie (C), alors C a seulement 1 mois pour former un pourvoi incident.

28442 Dans les procédures avec ou sans représentation obligatoire, le délai est **augmenté** d'**un mois** si le défendeur demeure en Guadeloupe, en Guyane, à la Martinique, à La Réunion, à Mayotte, à Saint-Barthélemy, à Saint-Martin, à Saint-Pierre-et-Miquelon, en Polynésie française, dans les îles Wallis-et-Futuna, en Nouvelle-Calédonie ou dans les Terres australes et antarctiques françaises ou de **deux mois** s'il demeure à l'étranger (CPC art. 1023).

Le délai est **interrompu** par une demande d'aide juridictionnelle (n° 28045) ou par une requête aux fins de radiation du rôle (n° 28520). Il ne recommence alors à courir qu'à compter de la notification de la décision du bureau d'aide juridictionnelle ou de l'ordonnance de rejet de la requête ou de réinscription au rôle du pourvoi.

28444 Le défendeur qui n'a **pas** formé de pourvoi incident ou provoqué contre le jugement attaqué **dans les délais impartis** par l'article 1010 du CPC n'est plus recevable à se pourvoir à titre principal contre ce jugement (CPC art. 621), même si ce dernier ne lui a pas été signifié (Cass. soc. 31-5-2012 n° 10-16.810 : Bull. civ. V n° 165 ; Cass. com. 7-2-2018 n° 16-28.739 F-D).

Enfin, le pourvoi provoqué, formé dans le délai de mémoire en réponse par un défendeur contre un codéfendeur à l'égard duquel le demandeur principal s'est désisté, est recevable (Cass. 3e civ. 23-5-2012 n° 10-12.874 : Bull. civ. III n° 80).

28445 **Contenu** Le mémoire introduisant le pourvoi incident ou provoqué contient les mêmes indications que le mémoire du demandeur au pourvoi principal (CPC art. 1010, al. 1).

Il doit donc contenir les moyens de cassation invoqués et, dans le cadre d'une procédure avec représentation obligatoire, préciser pour chaque moyen ou chaque élément de moyen, à peine d'irrecevabilité de ce moyen prononcée d'office, le cas unique d'ouverture allégué, la partie critiquée de la décision et ce en quoi celle-ci encourt le reproche allégué (CPC art. 978).

Si le pourvoi incident est formé avant le dépôt du mémoire du demandeur principal, il conviendra de produire une expédition de la décision attaquée et du jugement rendu en première instance.

28447 **Notification** À peine d'irrecevabilité prononcée d'office, le mémoire introductif du pourvoi incident, même provoqué, doit être notifié, dans le délai exposé nos 28440 s., aux avocats des autres parties au pourvoi incident (CPC art. 1010, al. 4).

Si, dans les matières où la représentation est obligatoire, le défendeur n'a pas constitué avocat, le mémoire doit lui être signifié au plus tard dans le mois suivant l'expiration de ce délai ; cependant, si, entre-temps, le défendeur constitue avocat avant la signification du mémoire, il est procédé par voie de notification à son avocat (art. précité).

MÉMOIRE EN DÉFENSE AU POURVOI INCIDENT

28450 Le défendeur au pourvoi incident, même provoqué, dispose d'un **délai** d'un mois à compter de la notification du mémoire introductif du pourvoi pour remettre et pour notifier son mémoire en réponse (CPC art. 1010, dern. al.). Ce délai est prescrit à peine de nullité (Cass. 2e civ. 1-9-2016 n° 15-16.913 F-D).

Il est prorogé dans les mêmes conditions que celles exposées n° 28442 (CPC art. 1023).

Dans l'hypothèse où le pourvoi incident est formé contre le demandeur principal, ce dernier ne peut pas, par le biais du mémoire en défense au pourvoi incident, compléter le pourvoi principal en invoquant de nouveaux moyens de cassation (Cass. 1e civ. 1-10-1985 n° 84-10.130 : Bull. civ. I n° 242).

VIII. DÉROULEMENT DE L'INSTANCE EN CASSATION

A. Incidents d'instance

1. INTERRUPTION DE L'INSTANCE

28470 L'interruption de l'instance obéit aux mêmes conditions que devant le juge du fond (nos 17100 s.).

2. SUSPENSION DE L'INSTANCE

a. Radiation du rôle

Le **demandeur** au pourvoi s'expose à une radiation de son pourvoi du rôle de la Cour de cassation – c'est-à-dire à la suppression, par le premier président de la Cour de cassation, du pourvoi du rang des affaires en cours – s'il **refuse d'exécuter les obligations que l'arrêt attaqué a mises à sa charge** (CPC art. 1009-1). Le pourvoi en cassation contre une décision ne suspend pas son exécution, sauf exception (nos 28190 s.). 28475

La radiation ne constitue ni la sanction d'un défaut de diligences ni celle d'une irrecevabilité quelconque ; il s'agit d'une mesure d'administration et de régulation destinée à rappeler le caractère extraordinaire du recours en cassation et à faire assurer au bénéficiaire d'une décision de justice exécutoire la pleine effectivité des prérogatives qui lui ont été reconnues par les juges du fond (jurisprudence constante).

La radiation du rôle est en principe une mesure provisoire mais elle peut aboutir à une péremption de l'instance.

Le retrait du rôle prononcé en application de l'article 1009-1 ne porte pas atteinte à la substance du droit d'accès à un tribunal (CEDH 14-2-2001 nos 31819/96, 33293/96 ; CEDH 26-9-2013 n° 27338/11).

CONDITIONS DE DEMANDE DE RADIATION DEVANT LA COUR DE CASSATION

Tout **défendeur** au pourvoi peut demander la radiation de l'affaire inscrite au rôle à partir du moment où il est titulaire d'une créance d'exécution de l'arrêt attaqué. 28480

La requête en radiation de rôle peut être déposée dès le dépôt de déclaration du pourvoi (Cass. ord. prem. prés. 24-1-1990 : D. 1990 p. 322 note Plouvin), mais elle doit l'être avant l'expiration du **délai** de dépôt du mémoire en défense, à peine d'irrecevabilité prononcée d'office (CPC art. 1009-1, al. 2 ; Cass. ord. prem. prés. 16-2-2000 n° 98-13.842 : Bull. civ. ord. n° 3).

Arrêt attaqué L'arrêt attaqué doit comporter une **condamnation au principal,** susceptible d'être exécutée par le demandeur au pourvoi et bénéficiant au demandeur à la radiation. Ce principe exclut, par exemple, que la procédure de radiation soit appliquée au pourvoi formé contre une décision de débouté, interprétative ou déclaratoire (Cass. ord. prem. prés. 14-12-1993 n° 92-70-346 : Bull. civ. ord. n° 17). 28482

> **Précisions** L'arrêt de condamnation doit avoir été **rendu par un juge civil.** La procédure de radiation du rôle prévue par l'article 1009-1 du CPC ne peut pas être dirigée à l'encontre d'un pourvoi formé contre les dispositions civiles d'une décision de condamnation rendue par une juridiction pénale (Cass. ord. prem. prés. 10-5-1993 n° 29-28.477 : Bull. civ. ord. n° 1).

Inexécution de l'arrêt La radiation du pourvoi suppose que son auteur n'ait pas exécuté la décision attaquée, ce qui est le cas lorsqu'il ne verse pas les sommes au paiement desquelles il a été condamné ou lorsqu'il n'exécute pas l'obligation de faire mise à sa charge (par exemple la réalisation de travaux) ou, plus simplement, s'il ne justifie d'aucune diligence propre à convaincre de sa volonté de déférer à la décision attaquée par le pourvoi (Cass. ord. prem. prés. 21-12-1993 n° 93-16.019 : Bull. civ. ord. n° 23). 28484

Toutefois, dans certains cas, l'inexécution peut être légitime (nos 28490 s.).

En outre, le défaut de paiement des **dépens** (Cass. ord. prem. prés. 23-4-2003 n° 02-12.181 : Bull. civ. ord. n° 3) ou des **frais irrépétibles** (Cass. ord. prem. prés. 29-3-2007 n° 06-22.084 ; Cass. ord. prem. prés. 15-10-2009 n° 09-10.135) ne peut donner lieu à radiation du rôle, une telle sanction étant disproportionnée au regard du droit d'accès à un tribunal.

En revanche, le non-paiement des **condamnations pour appel abusif et procédure dilatoire** peut donner lieu à radiation (Cass. ord. prem. prés. 2-12-2010 n° 10-12.195), à moins que la condamnation ne soit d'un montant symbolique (Cass. ord. prem. prés. 6-7-1995 n° 94-18.310 : Bull. civ. ord. n° 24).

DÉFENSES OPPOSABLES À LA RADIATION EN CASSATION

Exécution de la décision attaquée Le paiement des sommes en exécution de la décision attaquée fait obstacle à une radiation du rôle, y compris s'il a lieu par compensation (Cass. ord. prem. prés. 14-2-2008 n° 07-14.297). Sur la consignation des sommes dues, voir n° 28490. 28486

Impossibilité d'exécuter La radiation est écartée lorsque le demandeur est dans l'impossibilité d'exécuter la décision attaquée (CPC art. 1009-1). L'obstacle à l'exécution peut être légal. La procédure de radiation n'est pas applicable dans les matières où le pourvoi empêche 28490

l'exécution de la décision attaquée (art. précité). Tel est le cas en matière de divorce, de séparation de corps, de nationalité, de déclaration d'absence, d'appellations d'origine et de filiation.
Il n'y a pas lieu à radiation lorsque, le demandeur au pourvoi ayant fait l'objet d'une procédure de sauvegarde, de redressement ou de liquidation judiciaire, l'inexécution de la condamnation résulte de l'interdiction légale (C. com. art. L 622-7) qui lui est faite de payer, à compter du jugement d'ouverture, les créances nées avant ce jugement ainsi que certaines de celles nées après (Cass. ord. prem. prés. 15-1-1997 n° 95-20.933 : Bull. civ. ord. n° 2). En revanche, la procédure collective ouverte contre le défendeur ne justifie pas le refus d'exécution du demandeur au pourvoi.
La radiation du rôle ne peut pas être prononcée faute d'exécution de la décision attaquée, lorsque le juge du fond a accordé au débiteur un délai de grâce, a autorisé le cantonnement et l'affectation de la somme nécessaire à la garantie de la créance (Cass. ord. prem. prés. 5-4-1994 n° 92-17.532 : Bull. civ. ord. n° 11), le paiement d'une condamnation en plusieurs versements (Cass. ord. prem. prés. 29-12-1995 n° 94-14.928 : Bull. civ. ord. n° 32) car, en effectuant une partie des versements, l'intéressé avait manifesté sa volonté d'exécuter. De même, la radiation a été écartée pour une société mise en redressement judiciaire et ayant bénéficié d'un plan de continuation dès lors qu'elle payait régulièrement les annuités prévues par le plan (Cass. ord. prem. prés. 12-11-2003 n° 98-11202 : Bull. civ. ord. n° 6).
Mais ne permettent d'échapper à la radiation ni un paiement échelonné non consenti par le créancier (Cass. ord. prem. prés. 31-5-2007 n° 06-44.245) ni la proposition de consignation ou la consignation spontanée des sommes dues (Cass. ord. prem. prés. 5-12-2001 n° 01-01.038 : Bull. civ. ord. n° 22 ; Cass. ord. prem. prés. 16-10-2002 n° 02-1.3427), ni le risque d'insolvabilité du défendeur au pourvoi (Cass. ord. 28-4-2004 n° 03-15.414).
La circonstance que le premier président ait réduit les délais prévus pour le dépôt des mémoires (n° 28180) ne dispense pas le demandeur au pourvoi d'exécuter la décision frappée de pourvoi, dès lors que celui-ci ne démontre pas que cette exécution serait impossible ou aurait des conséquences manifestement excessives (Cass. ord. prem. prés. 3-7-2008 n° 08-12.689).

28495 **Conséquences manifestement excessives de l'exécution** Le demandeur au pourvoi peut faire échec à la demande de radiation en démontrant que l'exécution des causes de l'arrêt attaqué serait de nature à entraîner des conséquences manifestement excessives (CPC art. 1009-1).

ILLUSTRATIONS

En matière de condamnation à paiement, l'exécution du jugement entraînerait des conséquences manifestement excessives lorsque le débiteur se trouve dans une situation précaire (Cass. ord. prem. prés. 20-10-1993 n° 93-12.675 : Bull. civ. ord. n° 13 ; Cass. ord. prem. prés. 17-5-1995 n° 94-18.983 : Bull. civ. ord. n° 19) ou lorsque l'exécution conduirait le débiteur au dépôt de bilan (Cass. ord. prem. prés. 13-9-2012 n° 11-25.685 ; Cass. ord. prem. prés. 25-10-2012 n° 11-28.141).
La radiation a également été refusée en présence d'une condamnation imposant des travaux de démolition et reconstruction sur un immeuble (Cass. ord. prem. prés. 5-6-2008 n° 07-20.355 : Bull. civ. ord. n° 2 ; Cass. ord. prem. prés. 3-5-2012 n° 11-22.550) ou aboutissant à la divulgation d'informations relatives à la vie privée (Cass. ord. prem. prés. 30-6-1992 n° 91-13.901 : Bull. civ. ord. n° 5) ou, à propos de la condamnation d'un locataire à libérer les locaux loués en vertu d'un bail commercial, car le fonds de commerce de bar qu'il y exploitait aurait alors perdu sa clientèle et ainsi toute substance (Cass. ord. prem. prés. 21-5-1997 n° 96-16.948 : Bull. civ. ord. n° 6).

28500 **Comportement du débiteur** Le demandeur au pourvoi peut faire échec à la demande de radiation en démontrant sa volonté d'exécuter les causes de l'arrêt attaqué. Il peut être tenu compte cumulativement de l'importance des conséquences d'une exécution totale immédiate et de la volonté de déférer à la décision des juges (démontrée par des versements partiels réguliers ; Cass. ord. prem. prés. 5-1-1994 n° 92-11.182 : Bull. civ. ord. n° 2).
Lorsqu'un arrêt, ayant condamné une partie à verser diverses sommes, est en cours d'exécution suivant un échéancier convenu entre les parties, il n'y a pas lieu à radiation (Cass. ord. prem. prés. 12-4-1995 n° 94-18.325 : Bull. civ. ord. n° 14 ; Cass. ord. prem. prés. 28-4-1995 n° 94-16.828 : Bull. civ. ord. n° 16).

28502 **Perte d'objet de la requête** Il n'y a pas eu lieu à ordonner le retrait du rôle d'un pourvoi n'existant plus en raison du désistement ou de la déchéance intervenu avant que le premier président ne statue sur la requête en radiation.

28505 **Intérêt d'une bonne administration de la justice** L'exigence de célérité de la procédure eu égard aux intérêts en présence conduit le plus souvent le premier président à refuser de radier les pourvois (Cass. ord. prem. prés. 27-3-2002 n° 01-12.034 : Bull. civ. ord. n° 3, à propos de la mise sous tutelle de mineurs et de leur placement). Il est ainsi nécessaire qu'un litige particulièrement conflictuel soit tranché dans un bref délai (Cass. ord. prem. prés. 7-5-2009 n° 08-70.208 ; Cass. ord. prem. prés. 29-11-2012 n° 12-15.058).

> **Précisions** Le sort du pourvoi incident dépendant de celui du pourvoi principal, il a été jugé qu'une bonne administration de la justice exclut, dès lors que le **pourvoi principal et le pourvoi incident** sont **connexes,** d'ordonner le retrait du rôle du pourvoi principal, pour ne laisser subsister que le pourvoi incident (Cass. ord. prem. prés. 27-7-2005 n° 04-18.589).

PROCÉDURE DE RADIATION DEVANT LA COUR DE CASSATION

La **requête en radiation** est rédigée dans un écrit distinct du mémoire en défense. 28510
Présentée par le défendeur au pourvoi, elle est signée par un **avocat** aux Conseils dans les procédures avec représentation obligatoire. La requête peut être présentée par la partie elle-même ou par son mandataire muni d'un pouvoir spécial, dans les affaires sans représentation obligatoire.
Le dépôt de la requête n'a pas pour **effet** d'interrompre le délai du mémoire ampliatif, mais il interrompt le délai de dépôt du mémoire en défense (CPC art. 1009-1, al. 3 et 4) jusqu'à la notification de la décision de rejet de la requête ou de réinscription au rôle du pourvoi (CPC art. 1009-3, al. 2).

À réception de la requête, le **secrétariat** général de la première présidence la **communique** au parquet général et **aux parties.** Les avocats aux Conseils se communiquent leurs productions. Le secrétariat adresse au parquet et aux parties une copie de l'ordonnance du premier président fixant la date de l'audience. 28512
Le respect du contradictoire commande que le **défendeur** dépose son **mémoire** et le communique à son adversaire au plus tard l'avant-dernier lundi précédant l'audience (qui se tient le mercredi).
Les **avocats** aux Conseils ayant le monopole de la plaidoirie devant la Cour de cassation et le Conseil d'État, les parties doivent se faire représenter à l'audience. Toutefois, la présence de l'avocat est facultative, la procédure de radiation étant écrite.

La **preuve de l'exécution** de l'arrêt attaqué ou de l'existence de conséquences manifestement excessives de l'arrêt attaqué incombe au demandeur au pourvoi (Cass. ord. prem. prés. 13-2-1996 n° 95-18.977 : Bull. civ. ord. n° 3). Il lui appartient de produire tous documents justifiant des diligences accomplies ou de ses difficultés (Cass. ord. prem. prés. 9-2-2000 n° 99-12.903 : Bull. civ. ord. n° 1) à l'appui de son mémoire en défense écrit. 28514

Si le premier président de la Cour de cassation **rejette la requête,** l'instance en cassation se poursuit normalement. 28516
S'il **prononce la radiation,** la Cour de cassation est dessaisie du jugement de l'affaire, jusqu'à sa réinscription au rôle après exécution.
Mesure d'administration judiciaire, la décision de rejet ou de radiation n'est susceptible d'aucune voie de **recours.** Elle ne saurait donner lieu à une condamnation au paiement des frais irrépétibles (n° 30801).

EFFETS DE LA REQUÊTE EN RADIATION ET DE LA DÉCISION DE RADIATION EN CASSATION

Délais de production des mémoires La décision de radiation n'emporte pas suspension des délais impartis au demandeur au pourvoi pour produire son **mémoire ampliatif** (CPC art. 1009-1, al. 4). 28520
En revanche, le dépôt de la requête en radiation interrompt les délais du **mémoire en défense,** qui ne recommencent à courir qu'à compter de la notification de la réinscription de l'affaire au rôle (CPC art. 1009-3, al. 2). Mais une telle solution ne profite qu'au défendeur qui a demandé la radiation.

Recevabilité des pourvois incidents et provoqués La radiation du pourvoi principal interdit l'examen du pourvoi incident (CPC art. 1009-1, al. 5). C'est l'ensemble de la procédure qui est retirée du rôle jusqu'à un éventuel rétablissement du pourvoi. 28521

ATTENTION

Il appartient au défendeur de faire un choix : soit il demande la radiation du pourvoi principal en ayant conscience qu'elle pourra entraîner à terme la péremption de l'instance en cassation et donc le priver de la possibilité de former un pourvoi incident ; soit il laisse la procédure suivre son cours afin de former immédiatement un pourvoi incident. Si la demande en radiation est rejetée ou si le pourvoi, après avoir été radié du rôle, est finalement réinscrit, le délai de défense courra de nouveau, ce qui ouvrira la possibilité au défendeur de former un pourvoi incident.

28522 **Péremption de l'instance** Le délai de péremption de l'instance (qui est de deux ans : CPC art. 386) court à compter de la notification de la décision ordonnant la radiation (CPC art. 1009-2), notification qui est faite aux parties par le greffe par lettre recommandée AR.
Ce délai est interrompu par un acte manifestant sans équivoque la volonté d'exécuter. Il recommence immédiatement à courir pour toute sa durée. Une exécution substantielle ou significative de l'arrêt (Cass. ord. prem. prés. 7-12-1994 n° 90-22.104 : Bull. civ. ord n° 25 ; Cass. ord. prem. prés. 23-5-2001 n° 96-41.575 : Bull. civ. ord n° 18 pour des versements considérés comme significatifs ; Cass. 2e civ. 14-1-2021 n° 19-20.721 F-PI) ou une exécution partielle mais régulière de l'arrêt (Cass. ord. prem. prés. 23-5-2001 n° 97-22.084 : Bull. civ. ord n° 19) interrompt la péremption. Pour plus de détails sur l'appréciation du caractère significatif de l'exécution, voir n° 17443.

28524 Le premier président, ou son délégué, peut constater la péremption soit d'office, soit à la demande des parties (CPC art. 1009-2 et 1009-3).
Le défendeur au pourvoi peut invoquer la péremption d'instance soit en déposant une requête tendant à cette constatation, soit en s'opposant à une requête en réinscription au rôle, soit après la réinscription devant la Cour de cassation (Cass. 3e civ. 20-1-1999 n° 94-12.652 : Bull. civ. III n° 15).

RÉINSCRIPTION AU RÔLE DE LA COUR DE CASSATION

28530 **Conditions** La réinscription au rôle du pourvoi ne peut être autorisée par le premier président ou son délégué que sur **justification de l'exécution de la décision attaquée** (CPC art. 1009-3, al. 1). L'exécution de la décision attaquée doit être antérieure à l'acquisition de la péremption (Cass. ord. prem. prés. 2-7-1993 n° 90-19.066 : Bull. civ. ord. n° 2).
Une exécution partielle de la décision attaquée peut suffire à permettre la réinscription au rôle de la Cour de cassation d'une instance en ayant été retirée, dès lors qu'elle révèle pour le demandeur, eu égard à sa situation, une volonté non équivoque de déférer à la décision des juges du fond (Cass. ord. prem. prés. 9-5-2001 n° 99-11.328 : Bull. civ. ord. n° 14). Il a encore été jugé que lorsque la situation du demandeur fait irrémédiablement obstacle à l'exécution intégrale de la condamnation, la réinscription peut être autorisée en cas d'exécution partielle significative effectuée dans l'extrême limite des facultés contributives de débiteur (Cass. ord. prem. prés. 23-4-2003 n° 00-10.385 : Bull. civ. ord n° 4).

28532 **Effets** En cas de retrait du rôle et de réinscription, un nouveau délai commence à courir, pour le dépôt des mémoires en défense, à compter de la notification de l'ordonnance autorisant la réinscription (Cass. ord. prem. prés. 31-10-2001 n° 99-20.922 : Bull. civ. ord. n° 21).

b. Sursis à statuer de la Cour de cassation

OBLIGATION DE SURSEOIR À STATUER

28545 **Question préjudicielle** La Cour de cassation doit en principe surseoir à statuer sur le pourvoi et renvoyer à la Cour de justice de l'Union européenne toute question préjudicielle portant sur l'**interprétation** ou de la **validité des actes pris par les institutions communautaires** (n° 27712).

> **Précisions** La CJUE est saisie par le greffe de la Cour de cassation. Les parties peuvent toutefois déposer à l'appui de ce renvoi un mémoire dans un délai de deux mois et six jours à compter de la notification, par le greffe communautaire, de la décision de renvoi, et présenter de brèves observations orales à l'audience.

28547 **Question prioritaire de constitutionnalité** Lorsque la Cour de cassation, saisie d'une QPC à l'occasion d'un pourvoi, a décidé de transmettre la question au Conseil constitutionnel, elle sursoit à statuer jusqu'à ce que le Conseil se soit prononcé, sauf exception (n° 59395).

28550 **Actes administratifs** Confrontée à l'interprétation d'un acte administratif individuel ou à l'appréciation de la légalité d'un acte administratif individuel ou réglementaire, la Cour de cassation doit surseoir à statuer et poser une question préjudicielle, selon le cas, au Conseil d'État ou au tribunal administratif compétent (Cass. 2e civ. 24-6-2003 n° 02-30.374 ; Cass. 1e civ. 21-10-2003 n° 01-10.132 ; Cass. 1e civ. 27-01-2004 n° 00-15.737).

28552 **Inscription de faux** Si une inscription de faux incidente est soulevée devant la Cour de cassation, il est sursis à statuer jusqu'au jugement sur le faux, à moins que la pièce litigieuse ne soit écartée du débat, lorsqu'il peut être statué au principal, sans en tenir compte (CPC art. 313 et 1031).

SURSIS À STATUER FACULTATIF DEVANT LA COUR DE CASSATION

La Cour de cassation dispose de la faculté de renvoyer au Tribunal des conflits l'examen d'une **question de compétence** mettant en jeu la séparation des autorités **administrative et judiciaire** et soulevant une difficulté sérieuse (Décret 2015-233 du 27-2-2015 art. 35 ; pour des applications, Cass. 1e civ. 12-10-2011 n° 10-17.996 : RJDA 1/12 n° 100 et Cass. 1e civ. 10-4-2019 n° 18-16.514 FS-PB). 28555
Toute procédure est suspendue jusqu'à la décision du Tribunal des conflits.
Il appartient au greffe de la Cour de cassation de saisir le Tribunal des conflits. Les parties ont un mois pour produire un mémoire (Décret 2015-233 art. 4). La procédure est écrite (Décret 2015-233 art. 3) et le ministère d'avocat aux Conseils est obligatoire (Décret 2015-233 art. 5).
Si le Tribunal des conflits déclare la juridiction administrative compétente pour trancher le litige, la demande, le jugement de première instance et l'arrêt attaqué, à l'exception de la décision de renvoi, sont déclarés nuls et non avenus. La Cour de cassation rend une décision de non-lieu à statuer sur le pourvoi, annule sans renvoi la décision attaquée ou rejette le pourvoi.

3. AUTRES INCIDENTS DEVANT LA COUR DE CASSATION

a. Désistement

L'instance s'éteint accessoirement à l'action par l'effet de la transaction, de l'acquiescement, du désistement d'action ou, dans les actions non transmissibles, par le décès d'une partie (CPC art. 384). L'instance s'éteint à titre principal par l'effet de la péremption, du désistement d'instance ou de la caducité de la citation (CPC art. 385). 28570

OBJET DU DÉSISTEMENT DEVANT LA COUR DE CASSATION

Désistement du moyen Un moyen peut être abandonné par les parties. La Cour de cassation s'en trouve alors dessaisie (Cass. soc. 24-4-2013 n° 11-26.007 : RJS 7/13 n° 537). 28575

Désistement d'instance Le désistement peut avoir comme objet le pourvoi lui-même, qu'il soit principal ou incident, étant précisé que le désistement de ce dernier laisse subsister le pourvoi principal (Cass. 3e civ. 17-4-2013 n° 12-15.008). 28577
Fait sans réserve, au cours de l'instance en cassation, il emporte acquiescement à l'arrêt attaqué (CPC art. 1025 et, sur renvoi, art. 403). Il doit être accepté s'il contient des réserves ou si le défendeur a préalablement formé un pourvoi incident (CPC art. 1024).
Mais le désistement peut ne concerner que certains défendeurs. Dans ce cas, l'instance en cassation se poursuit à l'égard des autres parties (Cass. soc. 24-4-2013 n° 12-10.060 ; Cass. 2e civ. 25-4-2013 n° 11-28.816).

CONDITIONS DU DÉSISTEMENT DEVANT LA COUR DE CASSATION

Le désistement est possible en toutes **matières,** sauf dispositions contraires (CPC art. 1025 et, sur renvoi, art. 400). 28580
Le désistement du pourvoi doit être présenté par une personne ayant la capacité nécessaire pour acquiescer et transiger. Dans les procédures avec représentation obligatoire, le désistement doit être signé par un **avocat** aux Conseils. Dans celles sans représentation obligatoire, et lorsque le demandeur n'a pas fait appel à un avocat aux Conseils, le désistement doit être signé par le demandeur en personne ou par son mandataire muni d'un pouvoir spécial.
Le désistement est **constaté par ordonnance** du premier président de la Cour de cassation, de son délégué ou du président de la chambre de la Cour de cassation à laquelle l'affaire a été distribuée (CPC art. 1026). Le demandeur doit s'être désisté avant le dépôt du rapport du conseiller rapporteur et l'acceptation du désistement par le défendeur, lorsqu'elle est nécessaire, doit être donnée avant ce dépôt. Le magistrat qui constate le désistement statue, le cas échéant, sur les demandes fondées sur l'article 700 du CPC (CPC art. 1026).
Toutefois, le désistement est **constaté par arrêt** s'il intervient après le dépôt du rapport ou si l'acceptation du défendeur, lorsqu'elle est nécessaire, n'est donnée qu'après ce dépôt (CPC art. 1026). Cet arrêt équivaut à un arrêt de rejet et entraîne l'application de l'article 628 du CPC, prévoyant la possibilité d'une condamnation du demandeur à l'amende ou à l'indemnité en cas de pourvoi jugé abusif (CPC art. 1026).

Effets Si un nouveau pourvoi est introduit avant l'arrêt de donné acte de désistement d'instance, la Cour de cassation en est saisie. Elle n'est définitivement dessaisie qu'en cas de désistement dispensé d'acceptation, de désistement accepté ou de désistement déclaré parfait ou en cas de désistement d'action. 28582

b. Incidents relatifs aux pièces devant la Cour de cassation

COMMUNICATION DE PIÈCES

28600 La Cour de cassation peut enjoindre à une partie de produire sous astreinte la **pièce originale** dont la dénaturation est alléguée par l'autre partie (Cass. 1e civ. 4-2-1986 n° 84-14.790 : Bull. civ. I n° 4), le grief de dénaturation l'obligeant à procéder à l'examen direct des pièces du procès.

INEXACTITUDE OU FALSIFICATION D'UNE PIÈCE PRODUITE EN CASSATION

28605 Une partie à l'instance en cassation qui estimerait qu'une pièce produite devant la Cour de cassation est fausse ou falsifiée peut être autorisée à s'inscrire en faux contre celle-ci (CPC art. 1028 s.). Si la pièce a été produite devant un juge du fond, les parties ne peuvent agir que par la voie du recours en révision (Cass. soc. 29-9-1988 n° 85-44.362 : Bull. civ. V n° 479).
La procédure à suivre pour demander l'inscription de faux est exposée nos 13005 s. Elle peut aboutir au renvoi des parties à se pourvoir devant une autre juridiction chargée de statuer sur la demande en faux. La Cour de cassation sursoit à statuer jusqu'au jugement sur le faux, ce sursis de plein droit ayant pour conséquence d'interdire le dépôt d'une requête en radiation faute d'exécution (Cass. 2e civ. 16-12-1999 n° 97-20.928).

c. Incidents relatifs aux magistrats, avocats aux conseils et huissiers en cassation

MAGISTRATS

28620 **Abstention** Comme tout magistrat, le juge de cassation qui suppose en sa personne une cause de récusation ou estime en conscience devoir s'abstenir se fait remplacer par un autre juge que désigne le président de sa chambre (CPC art. 339).

28625 **Récusation** Un magistrat de la Cour de cassation peut être récusé en raison notamment de son intérêt personnel au litige, de ses liens de parenté ou de subordination avec les parties (ou avec leur conjoint) ou encore de son amitié ou inimitié notoire à l'égard d'une des parties (CPC art. 341 et, sur renvoi, C. org. jud. art. L 111-6).

28627 La partie qui veut récuser un juge doit, à peine d'irrecevabilité, le faire dès qu'elle a connaissance de la cause de récusation et former sa **demande** avant la clôture des débats (CPC art. 342). Dans les matières où la représentation est obligatoire, cette demande ne peut être formulée que par un avocat aux Conseils dûment muni d'un pouvoir spécial (CPC art. 343 et 1027, al. 2).
La requête en récusation est portée devant le premier président de la Cour de cassation (CPC art. 1027, al. 1). La demande doit, à peine d'irrecevabilité, indiquer avec précision les motifs de la récusation et être accompagnée des pièces propres à la justifier (CPC art. 344, al. 3).

28628 Le premier président avise le **magistrat** de la demande de récusation dont celui-ci est l'objet (CPC art. 345, al. 1).
La requête ne dessaisit pas le magistrat dont la récusation est demandée (CPC art. 345, al. 3).
Le premier président statue sans débat dans le délai d'un mois à compter de sa saisine après avis du procureur général ; l'ordonnance rejetant la demande de récusation peut faire l'objet d'un pourvoi dans les quinze jours de sa notification par le greffe (CPC art. 346).
Si la **récusation** est **admise,** il est procédé au remplacement du juge (CPC art. 347). Les actes de procédure accomplis par le juge avant que la décision accueillant la demande de récusation n'ait été portée à sa connaissance ne peuvent être remis en cause ; est toutefois non avenue, quelle qu'en soit sa date, la décision rendue par le juge ou la juridiction qui tranche tout ou partie du principal ou qui, sans trancher le principal, est exécutoire à titre provisoire (CPC art. 347).
Si la **récusation** est **rejetée,** son auteur peut être condamné à une amende civile d'un maximum de 10 000 € sans préjudice des dommages-intérêts qui pourraient être réclamés (CPC art. 348).

DÉSAVEU D'ACTES D'AVOCAT AU CONSEIL ET D'HUISSIER EN CASSATION

28630 Une partie peut désavouer certains **actes** de procédure faits en son nom par un avocat aux Conseils ou par un huissier dans la mesure où les actes ont été **effectués sans mandat** alors qu'un pouvoir spécial était nécessaire (**procédure de désaveu** prévue au titre IX du règlement du Roi du 28-6-1738). Sont concernés les actes énumérés à l'article 417 du CPC : faire ou accepter un désistement (Cass. 1e civ. 11-5-2012 n° 11-11.377) ; acquiescer, faire, accepter ou donner des offres, un aveu ou un consentement. En revanche, la procédure de désaveu n'est pas ouverte en cas de déclaration de pourvoi sans mandat (Cass. 3e civ. 23-1-2020 n° 18-23.688 F-PBI).
Si le désaveu est accueilli, les **actes** accomplis par l'avocat ou l'huissier désavoué sont **réputés non avenus,** et la décision prise par la Cour de cassation sur son fondement l'est également.

> **Précisions** N'est pas recevable la demande de désaveu tendant à contester un autre acte de procédure que ceux précités. Ainsi, par cette procédure, le requérant ne peut reprocher à son avocat d'avoir déposé un mémoire ampliatif sans son accord et sur des moyens qu'il désapprouvait (Cass. 2e civ. 19-11-2008 n° 07-16.682 ; Cass. 2e civ. 16-5-2012 n° 11-17.126). L'omission de déposer le mémoire en demande dans les délais légaux, qui entraîne la déchéance du pourvoi, ne peut pas non plus donner lieu à désaveu (Cass. 2e civ. 24-6-2010 n° 09-10.336).

d. Consultation d'une personne qualifiée par la Cour de cassation

Lors de l'examen du pourvoi, la Cour de cassation peut inviter toute personne, appelée « **amicus curiae** », dont la compétence ou les connaissances sont de nature à l'éclairer utilement sur la solution à donner à un litige, à produire des observations d'ordre général sur les points qu'elle détermine (C. org. jud. art. L 431-3-1). L'amicus curiae peut soit faire des observations par écrit, qui sont alors communiquées aux parties, soit être entendu au cours d'une audience à laquelle les parties sont convoquées. Il est ensuite laissé à ces dernières un délai pour présenter leurs observations écrites (CPC art. 1015-2). **28640**

e. Demande d'avis à la CEDH par la Cour de cassation

Le Protocole n° 16 à la convention européenne des droits de l'Homme permet de solliciter l'avis de la Cour européenne des droits de l'Homme (CEDH) sur l'interprétation ou l'application des droits et libertés protégés. Il est entré en vigueur le 1er août 2018 (Décret 2018-989 du 13-11-2018 : JO du 15-11 texte n° 8). Désormais, la Cour de cassation peut adresser à la CEDH des **demandes d'avis consultatifs** sur des questions de principe relatives à l'interprétation ou à l'application des droits et libertés définis par la convention européenne de sauvegarde des droits de l'Homme ou ses protocoles (Cass. ass. plén. 5-10-2018 n° 10-19.053 PBRI ; CEDH gde ch. avis 10-4-2019, n° P16-2018-001). **28641**

L'avis ne peut être sollicité par la Cour de cassation que dans le cadre d'une **affaire pendante** devant elle. La question se pose de savoir si l'expression « affaire pendante » doit être limitée aux seuls **litiges** soumis à la Cour de cassation, ou si elle couvre également le cas où la Cour de cassation est elle-même saisie d'une **demande d'avis.** Cette seconde interprétation paraît la plus conforme à la volonté des rédacteurs du Protocole n° 16.

Les avis, qui doivent être motivés, sont **publiés.**

B. Audience devant la Cour de cassation

FORMATION DE JUGEMENT

Matière du litige L'affaire est distribuée à l'une des chambres de la Cour de cassation (première chambre civile, deuxième chambre civile, troisième chambre civile, chambre commerciale ou chambre sociale) en fonction de la matière du litige. **28660**

La liste des matières attribuées à chacune des chambres est disponible sur le site internet de la Cour de cassation (rubrique jurisprudence, sous chacune des chambres, attributions).

Chaque chambre est, en principe, présidée par son président. Mais le premier président de la Cour de cassation peut présider toute chambre, quelle que soit sa formation. Par ailleurs, à défaut de son président, chaque chambre est présidée par son doyen ou, à défaut, par le conseiller de la section dont le rang est le plus élevé.

Difficulté de la solution Selon les cas, la chambre de la Cour de cassation compétente pour connaître de la matière du litige se réunit : **28665**

– en **formation restreinte** comprenant trois magistrats de ladite chambre (C. org. jud. art. L 431-1) : le président, le doyen de section et le conseiller rapporteur ; si la solution du pourvoi ne présente pas de difficulté ;

– en formation **de section** si le jugement du pourvoi présente une relative difficulté, l'affaire étant examinée à l'audience de la chambre à laquelle au moins cinq de ses membres ayant voix délibérative doivent être présents (C. org. jud. art. R 431-5) ;

– en formation **plénière de chambre** si la difficulté est plus importante ; elle comprend alors a minima le président de la chambre, le doyen de chambre, les doyens de section, deux conseillers de chaque section et un conseiller référendaire de chaque section parmi lesquels le ou les rapporteurs (C. org. jud. art. R 421-4-1 modifié par décret 2021-1341 du 13-10-2021) ;

– en **chambre mixte** (composée de représentants de trois chambres au moins), cette formation étant obligatoire en cas de partage égal de voix devant la chambre normalement compétente

ou à la demande du procureur général et facultative lorsque l'affaire portée devant une chambre pose une question de droit relevant normalement des attributions de plusieurs chambres ou si la question a reçu ou est susceptible de recevoir devant les chambres des solutions divergentes (C. org. jud. art. L 431-5 et L 431-7) ;
– en **assemblée plénière** notamment lorsque l'affaire pose une question de principe et qu'il existe des solutions divergentes soit entre les juges du fond, soit entre les juges du fond et la Cour de cassation (sur ce dernier point, voir n° 29070).

CONSEILLER RAPPORTEUR À LA COUR DE CASSATION

28670 En dehors des cas dans lesquels la chambre statue en formation restreinte, le président peut, notamment lorsque la complexité de l'affaire le justifie, désigner **deux rapporteurs** parmi les conseillers ou les conseillers référendaires. Lorsque l'affaire nécessite une **instruction approfondie,** il est tenu, avant le dépôt du rapport, une séance d'instruction à laquelle participent le président de la chambre, le ou les doyens de section, le ou les rapporteurs désignés, le ou les conseillers et conseillers référendaires choisis par le président de chambre et le ou les avocats généraux (CPC art. 1013 modifié par décret 2021-1341 du 13-10-2021).
Le **président** de la formation à laquelle l'affaire est distribuée **désigne** un conseiller ou un conseiller référendaire de cette formation (ou deux : n° 28665), en qualité de rapporteur (CPC art. 1012). En cas de renvoi de l'affaire en chambre mixte ou en assemblée plénière, un ou deux conseillers rapporteurs sont désignés par le premier président (C. org. jud. art. R 431-14 modifié par décret 2021-1341 du 13-10-2021).
Le président de la chambre peut aussitôt fixer la date d'audience (CPC art. 1012).
Le conseiller rapporteur reçoit le dossier et établit un **rapport** comportant deux parties. La première, consultable par les parties et par l'avocat général, comprend un **exposé** des faits, de la procédure et des moyens invoqués par les parties. La seconde partie, appelée la note et couverte par le secret du délibéré, précise la **position du rapporteur** et propose un ou plusieurs projets d'arrêt. Il y donne son avis sur l'orientation de l'affaire.
Le conseiller rapporteur dépose au greffe les dossiers avec son rapport. Ces dossiers sont transmis au procureur général, qui les distribue à l'un des avocats généraux de la chambre saisie.

AVIS D'UNE AUTRE CHAMBRE SOLLICITÉ PAR LA CHAMBRE SAISIE DU POURVOI

28675 La chambre saisie d'un pourvoi peut solliciter l'avis d'une autre chambre saisie sur un **point de droit relevant de la compétence de celle-ci. L'avocat général et les parties** en sont avisés par le président de la chambre saisie du pourvoi. Ils peuvent présenter des **observations** devant la chambre appelée à donner son avis. Le rapporteur de la formation chargée de statuer sur le pourvoi **assiste au délibéré** de la formation chargée de rendre l'avis. Le rapporteur de la formation qui a rendu l'avis assiste au délibéré de celle chargée de statuer sur le pourvoi (CPC art. 1015-1 modifié par décret 2021-1341 du 13-10-2021).

AVERTISSEMENT DES PARTIES PAR LA COUR DE CASSATION

28680 Lorsqu'il est envisagé de **relever d'office** un ou plusieurs **moyens,** de rejeter un moyen par **substitution d'un motif** de pur droit relevé d'office à un motif erroné ou de prononcer une **cassation sans renvoi,** le président de la formation ou le ou les rapporteurs en avisent les parties et les invitent à présenter leurs observations dans le délai qu'ils fixent (CPC art. 1015 modifié par décret 2021-1341 du 13-10-2021).
Il en est de même lorsqu'il est envisagé de **statuer au fond après cassation** : en ce cas, le président de la formation ou le ou les rapporteurs précisent les chefs du dispositif de la décision attaquée susceptibles d'être atteints par la cassation et les points sur lesquels il pourrait être statué au fond. Le cas échéant, ils peuvent demander aux parties de communiquer, dans le respect du principe de la contradiction et selon les modalités qu'ils définissent, toute pièce utile à la décision sur le fond envisagée (CPC art. 1015, al. 2 modifié par décret 2021-1341 du 13-10-2021).

TENUE DE L'AUDIENCE DEVANT LA COUR DE CASSATION

28685 Elle se tient en général six semaines après le dépôt du rapport.
Les avocats de la cause n'ont pas l'obligation de s'y présenter, la **procédure** étant **écrite.** Ils sont avertis du jour où l'affaire est inscrite au rôle par le greffier.
Les **débats** sont en principe **publics,** mais la Cour peut néanmoins décider que les débats auront lieu ou se poursuivront en chambre du conseil s'il doit résulter de leur publicité une atteinte à l'intimité de la vie privée ou si toutes les parties le demandent ou s'il survient des désordres de nature à troubler la sérénité de la justice (CPC art. 1016).

Le **rapport** est fait à l'audience (art. 1017). Les **avocats** des parties peuvent ensuite formuler des **observations** orales, s'ils le demandent. Seuls les avocats aux Conseils ont le droit de plaider devant la Cour de cassation. Les **parties** peuvent aussi être entendues après y avoir été autorisées par le président (art. 1018). Puis le ministère public fait état de ses conclusions (art. 1019), auxquelles les parties doivent pouvoir répliquer (CEDH 31-3-1998 n° 23043/93 et 22291/93 ; CEDH 8-2-2000 n° 27362/95 : D. 2000 p. 651 note J. Thierry).

DÉLIBÉRÉ DEVANT LA COUR DE CASSATION

Le délibéré est **secret** (CPC art. 448). Ni les parties ni leurs avocats ne peuvent donc y assister. Le **greffier** assiste au délibéré. **28690**
Le conseiller rapporteur lit le projet d'arrêt qu'il a préparé. Puis les conseillers se prononcent à tour de rôle, en suivant l'ordre décroissant de leur ancienneté. Le président donne son opinion en dernier. L'arrêt est rendu à la **majorité** simple.

PRONONCÉ DE L'ARRÊT DE LA COUR DE CASSATION

Les arrêts sont prononcés **publiquement** (CPC art. 1016, al. 2), y compris en matière gracieuse et dans les matières relatives à l'état et à la capacité des personnes. La **minute** de l'arrêt est signée par le président, le ou les rapporteurs et le greffier (art. 1021 modifié par décret 2021-1341 du 13-10-2021). **28695**
Une **copie** de l'arrêt est adressée à la juridiction dont émane la décision attaquée (art. 1022).
L'arrêt est notifié dans les conditions exposées nos 28850 s.

C. Arrêt rendu par la Cour de cassation

MENTIONS PORTÉES SUR L'ARRÊT

Un arrêt de la Cour de cassation porte les mêmes **mentions obligatoires** que tout autre jugement (nos 19810 s.). **28720**
L'arrêt doit exposer succinctement les prétentions respectives des parties et leurs **moyens.** Cet exposé peut revêtir la forme d'un visa des conclusions des parties avec l'indication de leur date.
Il doit être motivé et énoncer la décision sous forme de **dispositif.**
Il vise la **règle de droit** sur laquelle la cassation est fondée (CPC art. 1020). Bien souvent, l'arrêt de cassation comporte, après le visa du texte qui le justifie, un chapeau précisant la règle de droit déduite de ce texte, puis une analyse de la décision attaquée.

Qu'il soit de rejet ou de cassation, un arrêt rendu par la Cour de cassation signale toujours la nature de sa **diffusion** par une lettre figurant à côté du numéro de l'arrêt : **28722**
– D : arrêts diffusés ;
– ND : arrêts non diffusés ;
– B (Bulletin) : arrêts publiés au Bulletin des arrêts des chambres civiles. Ils sont immédiatement disponibles sur le site internet de la Cour de cassation dans la rubrique « Les dernières décisions » ;
– R (Rapport) : arrêts analysés au rapport annuel de la Cour de cassation ;
– L (Lettre) : arrêts sélectionnés pour être commentés dans les « Lettres des chambres » qui ont vocation à présenter de manière concise et pédagogique une sélection d'arrêts récents de chacune des chambres de la Cour de cassation ;
– C (Communiqué) : arrêts donnant lieu à la diffusion immédiate d'un communiqué à destination du grand public livrant de façon accessible le sens de la décision.
D'autres lettres, apposées à côté de ce numéro, indiquent la **formation qui a rendu l'arrêt** :
– F ou FR : formation restreinte ;
– FS : formation de section ;
– FP : formation plénière de chambre.

EXEMPLE

L'arrêt n° 815 FP-BR a été rendu par la formation plénière de la chambre concernée et sera publié au Bulletin des arrêts des chambres civiles, analysé au rapport annuel et mis en ligne sur le site internet de la Cour de cassation. C'est le cas des arrêts les plus importants.

1. ARRÊT AUTRE QUE DE CASSATION

ARRÊT DE REJET NON MOTIVÉ

Après dépôt des mémoires, instruction du dossier et éventuellement débat contradictoire, la formation restreinte à laquelle l'affaire a été distribuée a la possibilité de rejeter sans motivation les **28730**

pourvois irrecevables ou lorsqu'ils ne sont manifestement pas de nature à entraîner la cassation (CPC art. 1014). Elle use notamment de cette faculté lorsque le pourvoi se heurte à l'appréciation souveraine des juges du fond.
Ses effets sont identiques à ceux d'un arrêt de rejet ou d'un arrêt prononçant une irrecevabilité (nos 28740 s.).

ARRÊT DE NON-LIEU À STATUER RENDU PAR LA COUR DE CASSATION

28732 Un événement postérieur à l'introduction du pourvoi peut priver celui-ci d'objet :
- annulation totale de la décision attaquée ;
- en présence d'un pourvoi éventuel ou provoqué formé dans l'éventualité où le pourvoi d'une autre partie serait accueilli, chaque fois que le recours principal a été rejeté ou non admis ;
- extinction de l'action ;
- décision judiciaire postérieure à l'introduction du pourvoi rendant celui-ci sans objet ;
- inexistence du pourvoi (par exemple en raison d'une notification irrégulière ; la réitération du pourvoi est alors possible).

ARRÊT D'IRRECEVABILITÉ RENDU PAR LA COUR DE CASSATION

28734 Ces arrêts constatent la nullité du pourvoi (dépôt hors délai, pourvoi fait au nom d'une personne décédée...). Un pourvoi est déclaré « irrecevable en l'état » lorsqu'il est déposé prématurément.
Si le pourvoi irrecevable s'avère en outre abusif, le demandeur peut être condamné à une amende civile dont le montant ne peut excéder 10 000 € et, dans les mêmes limites, au paiement d'une indemnité envers le défendeur (CPC art. 628).

ARRÊT DE DÉCHÉANCE RENDU PAR LA COUR DE CASSATION

28736 Ces arrêts constatent la **caducité du pourvoi** (par exemple pour inobservation par le requérant du délai légal de dépôt et de signification du mémoire ampliatif).
Le demandeur au pourvoi ne pourra plus critiquer la décision devenue ainsi irrévocable (sous réserve d'une rectification d'arrêt ou lorsqu'une partie avec laquelle il est uni par un lien d'indivisibilité ou de solidarité forme un pourvoi).

ARRÊT DE REJET DU POURVOI

28740 Le rejet du pourvoi peut être prononcé en **raison** de l'irrecevabilité du moyen de cassation présenté par le demandeur, quand bien même il serait fondé, du caractère inopérant du moyen de cassation en ce qu'il porte sur des motifs surabondants, de l'absence de moyen fondé.
En cas de rejet du pourvoi, la **décision maintenue** acquiert force de chose irrévocablement jugée. Tout nouveau pourvoi contre la même décision entre les mêmes parties est interdit (CPC art. 621 ; nos 27685 s.).

28742 **Exécution de la décision maintenue** Lorsque le **pourvoi est doté de l'effet suspensif** (nos 28200 s.), l'arrêt rejetant le pourvoi rend exécutoire la décision attaquée (Cass. 2e civ. 4-7-2002 n° 00-18.092 : Bull. civ. II n° 153). C'est cette décision, et non l'arrêt de rejet, qui constitue le titre exécutoire sur la base duquel le défendeur peut, si le demandeur n'exécute pas spontanément la condamnation, en obtenir l'exécution, par exemple par voie de saisie (cf. Cass. 2e civ. 24-9-2006 n° 04-18.178 : Bull. civ. II n° 229).
Lorsque le **pourvoi n'a pas d'effet suspensif,** ce qui est le cas le plus fréquent, la notification de l'arrêt de rejet n'est pas nécessaire pour obtenir l'exécution de la décision devenue irrévocable.
La **notification** s'impose en revanche dans trois séries d'hypothèses :
- le défendeur n'a pas été réglé amiablement de l'indemnité légale, des dépens et des frais irrépétibles ;
- l'une des parties souhaite accomplir des mesures de publicité ;
- le défendeur à un pourvoi dépourvu d'effet suspensif veut faire exécuter la décision maintenue et obtenir la transcription du divorce sur les registres de l'état civil.

> **Précisions** Le défendeur doit obtenir la grosse de l'arrêt de rejet, en s'adressant au greffe. Elle doit être portée à la connaissance des représentants des parties (CPC art. 678 modifié par décret 2020-1201 du 30-9-2020), s'il s'agit d'une procédure avec représentation obligatoire, et signifiée à la partie elle-même. Si l'affaire était dispensée du ministère d'avocat, une notification de l'arrêt à la partie adverse est suffisante pour procéder à l'exécution (Cass. soc. 13-2-1969 n° 67-40.652 : Bull. civ. V n° 98).

Condamnations accompagnant le rejet La Cour de cassation peut assortir son arrêt de rejet d'une condamnation pécuniaire. Le demandeur en cassation qui succombe dans son pourvoi ou dont le pourvoi n'est pas admis peut, en cas de **recours** jugé **abusif,** être condamné à une amende civile dont le montant ne peut excéder 10 000 € et, dans les mêmes limites, au paiement d'une indemnité envers le défendeur (CPC art. 628). 28745
Par ailleurs, le demandeur peut être condamné à rembourser les **frais irrépétibles** exposés par son adversaire dans les conditions exposées nos 30795 s. (CPC art. 700).

Autorité jurisprudentielle de l'arrêt de rejet Un rejet fondé sur l'**irrecevabilité** du moyen ou du pourvoi est dépourvu de toute autorité jurisprudentielle, comme celui fondé sur la surabondance du motif critiqué. 28750
L'arrêt qui **rejette un grief de défaut de motif** possède valeur de précédent pour le droit de la cassation en termes de niveau d'exigence de motivation.
Un rejet fondé sur la **souveraineté du juge du fond** a valeur de précédent en ce qu'il permet d'affirmer qu'une question échappe au contrôle de la Cour de cassation.
A également une grande portée jurisprudentielle le rejet fondé sur **l'approbation d'une appréciation juridique.** La Cour de cassation exprime cette approbation par les expressions suivantes : l'arrêt a retenu « à bon droit... », « à juste titre... », « justement... ».
Par ailleurs, en présence d'une **question de droit controversée,** l'arrêt de rejet comporte un **chapeau** énonçant la règle de droit que la Cour de cassation dégage, lui conférant ainsi la qualité d'arrêt de principe.

2. ARRÊT DE CASSATION

a. Étendue de la cassation

PARTIES INTÉRESSÉES

En principe, la cassation d'un arrêt profite seulement aux **parties qui** l'**ont demandée** (Cass. ass. plén. 28-5-1982 n° 79-13.660 : Bull. civ. ass. plén. n° 3). 28770
Il faut cependant tenir compte des liens pouvant unir les parties. Ainsi, la cassation s'étend également à toutes les **parties n'ayant pas formé de pourvoi** mais dont les prétentions se trouvent rattachées par un lien d'indivisibilité (CPC art. 615) ou de dépendance nécessaire avec celles des demandeurs (Cass. ass. plén. 28-5-1982 précité ; Cass. com. 21-1-2003 n° 00-18.055).
D'une façon générale, la Cour de cassation considère que la cassation d'une décision « dans toutes ses dispositions » investit la juridiction de renvoi de la connaissance de l'entier litige, concernerait-il des personnes qui n'ont pas été parties à l'instance de cassation (Cass. com. 4-3-2008 n° 07-13.007 : Bull. civ. IV n° 52). La cassation en toutes ses dispositions atteint non seulement les dispositions qui concernent des personnes non parties à l'instance de cassation, mais aussi celles qui seraient intervenues en une autre qualité (Cass. com. 16-12-2008 n° 08-13.610) et celles qui, par suite d'un désistement partiel du demandeur au cours de l'instance, n'y ont plus figuré (Cass. soc. 15-1-2013 n° 11-26.039 : RJS 3/13 n° 227).
Le CPC a expressément reconnu à ces tiers à l'instance en cassation la possibilité de prendre part à l'instance qui se déroulera devant le juge de renvoi (nos 28940 et 28990).
La Cour de cassation peut, si elle en est requise, prononcer la **mise hors de cause** des parties dont la présence devant la cour de renvoi n'est plus nécessaire à la solution du litige (CPC art. 625), et ce, afin de leur éviter d'avoir à exposer des frais inutiles (Cass. soc. 5-7-2023 n° 21-23.387 FS-B ; Pour un refus : Cass. 1e civ. 16-6-2021 n° 19-21.567 FS-B).

PORTÉE DE LA CASSATION

Cassation totale ou partielle La Cour de cassation précise l'étendue de la cassation qu'elle prononce dans le dispositif de sa décision (CPC art. 624). La cassation d'un arrêt « en toutes ses dispositions » ou « en son entier » est une cassation totale (Cass. 1e civ. 20-6-1995 n° 92-16.555 : Bull. civ. I n° 265). La cassation est partielle lorsqu'elle n'atteint que certains chefs dissociables des autres (CPC art. 623). 28775
L'étendue de la cassation détermine l'étendue du pouvoir du juge auquel la Cour de cassation renvoie l'affaire (nos 29010 s.).

Cassation par voie de dépendance nécessaire Si la censure qui s'attache à un arrêt de cassation est en principe limitée à la portée du moyen qui constitue la base de la cassation, il en va autrement en cas d'**indivisibilité** ou de dépendance nécessaire (CPC art. 624). Lorsqu'un moyen ne vise qu'un seul chef du dispositif, la Cour de cassation doit étendre la cassation 28777 aux chefs du dispositif qui lui sont liés par un lien de dépendance ou d'indivisibilité (Cass. 3e civ. 13-7-2023 n° 22-13.803 F-D).

Il y a dépendance nécessaire **entre les chefs de la décision frappée de pourvoi** quand l'un des motifs de la décision critiquée par le pourvoi et dont le caractère erroné a entraîné la cassation d'une disposition dont il était le support constituait également le soutien indispensable d'une autre disposition non attaquée, de sorte que, si l'arrêt des juges du fond avait rendu sur le premier point une décision différente, cela aurait eu nécessairement une répercussion sur le second.

ILLUSTRATIONS

La cassation d'une disposition tranchant une question préalable **sur le plan procédural** entraîne nécessairement celle des dispositions tranchant des questions subséquentes. Par exemple, une cassation obtenue sur la compétence du juge ou sur la recevabilité de l'action produit forcément l'annulation des dispositions relatives au fond (Cass. soc. 11-7-2000 n° 96-45.465 ; Cass. 2e civ. 1-7-2021 n° 19-22.657 F-D).

De même, sur le **fond du droit,** la censure du chef de dispositif relatif à l'application d'une clause de globalisation des sinistres, d'où il résulte la nécessité de traiter séparément différents sinistres, entraîne la cassation, par voie de conséquence, du chef retenant l'application d'une franchise unique (Cass. 2e civ. 27-5-2021 n° 19-24.286 F-D). Le même raisonnement s'applique à une condamnation à garantie, qui doit être censurée par voie de conséquence lorsque la condamnation principale objet de la garantie fait elle-même l'objet d'une cassation (Cass. 2e civ. 12-12-2019 n° 18-19.814 F-D). Jugé également que la cassation d'un arrêt en tant qu'il retient l'existence d'actes de contrefaçon et condamne leur auteur à des dommages-intérêts, entraîne, par voie de conséquence, la cassation de cet arrêt en tant qu'il sanctionne des actes de concurrence déloyale commis par le même auteur (Cass. com. 23-6-2021 n° 19-18.111 FS-B : RJDA 11/21 n° 744).

La cassation prononcée sur le chef principal de l'arrêt provoque également l'annulation des **dispositions** qui sont **accessoires** à ce chef principal : la cassation prononcée sur le chef de l'arrêt qui déboute une partie de ses prétentions s'étend au chef de l'arrêt qui condamne celle-ci au paiement d'une amende civile (Cass. soc. 28-3-2001 n° 99-41.440), à des dommages-intérêts pour procédure abusive (Cass. 2e civ. 26-11-2020 n° 19-16.225 F-D) ou aux dépens (Cass. mixte 21-7-2023 n° 21-15.809 B+R).

Pour d'autres illustrations rendues à propos des décisions liées à celle cassée mais transposables aux chefs du dispositif de la décision cassée, voir n° 28805.

28780 **Autorité jurisprudentielle** Lorsqu'une cassation est fondée sur un **défaut de base légale,** l'arrêt détermine les conditions d'application de la règle de droit. Il a donc valeur de précédent pour la fixation de la règle de droit. Les arrêts de cassation pour violation de la loi possèdent la plus haute valeur doctrinale.

b. Effets de la cassation

28800 Sur les points qu'elle atteint, la cassation replace les parties dans l'**état** où elles se trouvaient **avant** la décision cassée (CPC art. 625), ce qui emporte les conséquences exposées ci-dessous.

SORT DES DÉCISIONS DÉPENDANTES DE LA DÉCISION CASSÉE

28805 La cassation d'une décision entraîne, sans qu'il y ait lieu à une nouvelle décision, l'annulation par voie de conséquence de toute **décision qui est la suite, l'application ou l'exécution de la décision cassée ou** qui s'y rattache par un **lien de dépendance nécessaire** (CPC art. 625).

Il n'est pas nécessaire de saisir un juge pour obtenir l'annulation de cette décision. Si un pourvoi est formé contre une telle décision, un arrêt de non-lieu à statuer est rendu. La juridiction de renvoi est automatiquement saisie de l'entier litige, y compris en ce qui concerne les décisions annulées par voie de conséquence.

ILLUSTRATIONS

La cassation de l'arrêt sur le fondement duquel une mesure d'exécution a été engagée entraîne, par voie de conséquence, l'annulation de cette mesure et des décisions qui se rapportent à cette mesure (Cass. 2e civ. 11-4-2013 n° 12-15.837 : Bull. civ. II n° 76 ; Cass. 2e civ. 1-7-2021 n° 20-14.791 F-D). Tel est le cas de la décision assortissant d'une astreinte la condamnation prononcée par l'arrêt cassé (Cass. soc. 9-2-2012 n° 10-17.341).

La cassation d'un arrêt entraîne celle de la décision statuant sur un recours formé contre l'arrêt cassé, qu'il s'agisse d'un recours en rétractation (Cass. 2e civ. 13-1-2012 n° 10-23.910), en rectification d'erreur matérielle (Cass. ass. plén. 9-10-2006 n° 06-14.975 : Bull. civ. ass. plén. n° 10) ou bien d'une tierce opposition (Cass. com. 10-12-2002 n° 98-22.624).

Il existe un lien de dépendance nécessaire entre les décisions suivantes, de sorte qu'en cas de cassation de la première, la seconde est annulée :
– décision désignant un expert et décision se fondant sur le rapport rendu par ce dernier (Cass. 2e civ. 23-6-2011 n° 09-16.497) ;
– décision déterminant la responsabilité des personnes impliquées dans un accident et décision statuant sur l'évaluation du préjudice subi par la victime (Cass. 2e civ. 26-10-2006 n° 05-21.398 : Bull. civ. II n° 291) ;
– arrêt d'appel reconnaissant l'existence et le montant d'une créance et ordonnance du juge-commissaire admettant cette créance dans le cadre d'une procédure collective (Cass. com. 13-5-2003 n° 00-16.012 : RJDA 11/03 n° 1153) ;
– arrêt ayant statué sur la validité du congé délivré à un locataire et arrêt se prononçant sur l'indemnité d'occupation due par celui-ci au bailleur (Cass. 3e civ. 4-10-1995 n° 93-16.870) ;
– jugement autorisant la poursuite d'une saisie immobilière et jugement d'adjudication (Cass. 2e civ. 13-1-2000 n° 98-10.619 : Bull. civ. II n° 9) ;
– arrêt relatif à l'ouverture d'une procédure de redressement judiciaire et arrêt qui confirme la conversion du redressement en liquidation judiciaire (Cass. com. 5-5-2015 n° 14-11.381 : RJDA 8-9/15 n° 587) ;
– en revanche, il n'existe pas de lien de dépendance nécessaire entre le jugement d'adjudication et le jugement d'adjudication sur réitération des enchères qui a eu lieu en application du jugement d'orientation lui-même irrévocable (Cass. 2e civ. 6-9-2018 n° 17-19.692 FS-PB).

SORT DES ACTES D'EXÉCUTION APRÈS CASSATION

Restitutions Lorsque, après cassation, le défendeur au pourvoi se trouve dans l'impossibilité de replacer dans ses droits le demandeur au pourvoi, une exécution par équivalent, sous forme de **dommages-intérêts,** sera ordonnée sur le fondement de l'article 1221 du Code civil. 28810
La restitution n'aura lieu que si le **paiement** a été obtenu soit en vertu de l'arrêt cassé, soit en vertu d'une décision annulée de plein droit par voie de conséquence de la cassation (Cass. 2e civ. 26-10-2006 n° 05-21.398 : Bull. civ. II n° 291). Par ailleurs, le créancier de l'obligation de restitution ne doit pas disposer d'un autre titre exécutoire pouvant suppléer le titre annulé.
L'**obligation** de restitution **naît** le jour du prononcé de l'arrêt de cassation. Celui-ci constitue le titre exécutoire. Un locataire qui est réinstallé dans les lieux avant même d'avoir signifié cet arrêt ne doit ainsi aucune indemnité d'occupation au bailleur (Cass. 3e civ. 13-1-1999 n° 97-11.931 : Bull. civ. III n° 7). Le bénéficiaire de la somme versée sur le fondement d'un arrêt cassé doit restituer uniquement le capital de cette somme et peut conserver les intérêts perçus lors de l'instance en cassation (Cass. soc. 20-2-1990 n° 87-41.030 : Bull. civ. V n° 65). Il ne doit des intérêts légaux qu'à compter de la signification de l'arrêt de cassation qui lui fait obligation de restituer les sommes perçues (Cass. ass. plén. 3-3-1995 n° 91-19.497 : RJDA 5/95 n° 544).

La restitution porte sur les biens livrés, les sommes payées au créancier en exécution de l'arrêt cassé, les frais payés par la partie perdante aux experts, mais non pas sur les dépenses qui ne sont que la contrepartie de la jouissance de la chose. La cassation de l'arrêt consacrant le droit de propriété du vendeur entraîne la nullité de la vente consentie à un tiers, qu'il soit de bonne ou de mauvaise foi (sauf en matière mobilière). 28812

Procédure de restitution La procédure de restitution commence par la levée de la copie exécutoire de l'arrêt de cassation au greffe de la Cour de cassation, sa signification à l'avocat adverse, puis au bénéficiaire de la décision cassée avec commandement de restituer ce qui a été versé en vertu de cette décision. Faute d'exécution volontaire, le juge de l'exécution sera saisi (C. org. jud. art. L 213-6). 28815
La chambre sociale de la Cour de cassation a admis la compétence de la juridiction de renvoi pour ordonner la restitution des sommes versées et leur compensation avec celles dont elle ordonne le paiement (Cass. soc. 26-3-1981 n° 79-15.240 : Bull. civ. V n° 272).

CONDAMNATION AUX DÉPENS EN CASSATION

La juridiction de renvoi statue sur la charge de tous les dépens exposés devant les juridictions du fond y compris ceux afférents à la décision cassée (CPC art. 639) et ainsi que sur les frais irrépétibles (Cass. 2e civ. 15-12-2005 n° 04-12.299 : Bull. civ. II n° 326). Mais elle n'a pas le pouvoir de statuer sur les frais irrépétibles exposés devant la Cour de cassation (Cass. 2e civ. 8-12-2016 n° 13-22.961 F-PB). 28820
La Cour de cassation ne statue sur tous les dépens du procès que lorsque la cassation est prononcée sans renvoi (C. org. jud. art. L 411-3 et CPC art. 627).

RENVOI DE L'AFFAIRE DEVANT LES JUGES DU FOND APRÈS CASSATION

En cas de cassation, l'affaire est renvoyée devant une autre juridiction que celle dont la décision a été cassée (nos 28930 s.). Dans certains cas toutefois, la Cour peut casser sans renvoi (n° 28830). 28825

CASSATION SANS RENVOI

28830 **Cas de cassation sans renvoi** La Cour de cassation peut casser sans renvoi lorsque la cassation n'implique **pas** qu'il soit à **nouveau statué sur le fond** (CPC art. 627 et, sur renvoi, C. org. jud. art. L 411-3). Une cassation partielle peut être prononcée sans renvoi (Cass. 2e civ. 8-7-2021 n° 19-23.892).

Lorsqu'elle envisage d'office de prononcer une cassation sans renvoi, la Cour de cassation doit en informer les parties.

La cassation sans renvoi signifie qu'il ne reste plus rien à juger ; tel est le cas lorsque la Cour de cassation casse une décision qui avait admis à tort la recevabilité d'une demande (Cass. soc. 10-6-2015 n° 13-26.638 : Bull. civ. V n° 119).

La Cour de cassation peut, en matière civile, **casser sans renvoi et statuer au fond** lorsque l'intérêt d'une bonne administration de la justice le justifie (C. org. jud. art. L 411-3, al. 2 ; pour une illustration, voir Cass. com. 30-8-2023 n° 22-10.036 F-D). Lorsqu'il est envisagé de statuer au fond après cassation, le président de la chambre ou le ou les rapporteurs précisent les chefs du dispositif de la décision attaquée susceptibles d'être atteints par la cassation et les points sur lesquels il pourrait être statué au fond ; ils peuvent demander aux parties de communiquer toute pièce utile à la décision sur le fond envisagée (CPC art. 1015 modifié par décret 2021-1341 du 13-10-2021).

28835 **Condamnation pécuniaire** Lors d'une cassation sans renvoi, la Cour de cassation peut prononcer des condamnations pécuniaires. Elle le fait lorsque la condamnation se déduit de l'application d'une règle de droit qu'elle vient de consacrer. Elle a ainsi prononcé une condamnation au paiement de cotisations dont le quantum était incontesté (Cass. ass. plén. 7-11-1986 n° 85-15.962 : Bull. civ. ass. plén. n° 12), réduit, pour un motif de droit, la condamnation principale (Cass. 1e civ. 16-12-1986 n° 94-13.089 : Bull. civ. I n° 298) ou la condamnation à des intérêts légaux (Cass. 1e civ. 27-5-1986 n° 84-14.319 : Bull. civ. I n° 137). Elle a aussi condamné à une obligation de faire (Cass. soc. 23-2-2000 n° 98-41.426 ; Cass. soc. 8-2-2006 n° 04-45.203 : Bull. civ. V n° 64).

Sur la charge des dépens, voir n° 28820.

L'arrêt emporte exécution forcée (C. org. jud. art. L 411-3, al. 5).

c. Exécution de l'arrêt de cassation

NOTIFICATION DE L'ARRÊT

28850 **Notification entre avocats** Dans les affaires où la **représentation par avocat** aux Conseils est **obligatoire,** et sous réserve que l'autre partie ait constitué avocat, l'arrêt de cassation doit être notifié entre avocats, dès lors que l'une des parties souhaite exécuter cet arrêt contre l'autre.

La notification entre avocats peut être faite soit par signification, soit par remise directe à l'avocat destinataire (nos 21350 s.).

La signification de l'arrêt de cassation se fait ainsi : la partie qui entend exécuter doit lever la grosse ou une expédition authentique de l'arrêt, puis faire signifier une copie de ce document, certifié conforme par l'avocat à la Cour de cassation, au confrère adverse, avant qu'il soit transmis à l'avocat ayant reçu mandat de reprendre et de continuer la procédure d'appel devant la juridiction de renvoi.

28852 **Notification par le greffe** Dans les affaires pour lesquelles les parties sont **dispensées du ministère d'un avocat** aux Conseils, les décisions de cassation sont notifiées par le greffe de la Cour de cassation par lettre recommandée AR ; les décisions de rejet ou de cassation sans renvoi sont portées par lettre simple à la connaissance des parties qui ne sont pas assistées ou représentées par un avocat aux Conseils (CPC art. 1022-1).

28855 **Signification à partie** Afin d'obtenir la restitution forcée des sommes versées sur le fondement de la décision attaquée, l'arrêt de cassation doit être signifié à la partie adverse (CPC art. 503). Cette signification fait courir les intérêts légaux.

28857 **Contenu** **En cas de cassation avec renvoi,** l'acte de notification de l'arrêt de cassation doit, à peine de nullité, indiquer de manière très apparente le délai de deux mois pour saisir la juridiction de renvoi ainsi que les modalités selon lesquelles la juridiction de renvoi peut être saisie (CPC art. 1035 et, sur renvoi, art. 1034).

TRANSCRIPTION DE L'ARRÊT DE CASSATION

28860 Une copie de l'arrêt est adressée à la juridiction dont émane la décision attaquée (CPC art. 1022) par le greffe de la Cour de cassation.

En outre, les arrêts de cassation sont transcrits sur les registres des cours et tribunaux (Décret 1-12-1790 art. 22 ; Loi 27 ventôse an VIII art. 85). Les inscriptions prises ou radiées en exécution de la décision cassée doivent être supprimées ou rétablies en exécution de l'arrêt de cassation.

3. RECOURS CONTRE L'ARRÊT RENDU PAR LA COUR DE CASSATION

RECOURS PROHIBÉS

Les arrêts rendus par la Cour de cassation ne sont pas susceptibles d'**opposition** (CPC art. 622). 28880
La **tierce opposition** est également irrecevable dans la mesure où elle remet en question ce qui a été jugé non seulement en droit, mais en fait (CPC art. 582), ce que n'a pu faire la Cour de cassation puisqu'elle n'exerce aucun contrôle sur les faits (n° 27730), y compris lorsqu'elle casse sans renvoi.
Une cour d'appel ne pouvant pas apprécier la légalité d'un arrêt de la Cour de cassation, un **appel** ne peut pas être formé contre une telle décision.
L'arrêt de la Cour de cassation ne peut pas non plus faire l'objet d'un recours en **révision** (Cass. 3e civ. 12-6-1991 n° 90-15.411 : Bull. civ. III n° 176 ; Cass. 3e civ. 2-12-1998 n° 97-20.125 : Bull. civ. III n° 234).

RECOURS CONTRE UN ARRÊT DE LA COUR DE CASSATION DEVANT LA CEDH

Cas de recours Dans un **délai** de six mois à compter du prononcé de l'arrêt, le **justiciable qui a perdu** en cassation peut saisir la **Cour européenne des droits de l'Homme,** sous réserve d'avoir déjà invoqué une violation de la convention européenne de sauvegarde des droits de l'Homme et des libertés fondamentales dans son pourvoi. Si une telle violation est caractérisée, le plaideur pourra obtenir des **dommages-intérêts.** Le recours est dirigé contre l'**État** français (CESDH art. 34 s.). 28885

Effets d'une condamnation par la CEDH En principe, en matière civile, la condamnation de la France par la CEDH ne permet pas au juge interne de **revenir sur l'arrêt rendu par la Cour de cassation.** 28886
Le **réexamen** est toutefois prévu dans un cas particulier (C. org. jud. art. L 452-1 s.). Il s'agit des décisions irrévocables rendues en matière d'**état des personnes.** Il doit résulter d'un arrêt de la CEDH que la décision dont il est demandé le réexamen a été prononcée en violation de la convention européenne. Et il faut que « par sa nature et sa gravité, la violation constatée entraîne, pour cette personne, des conséquences dommageables auxquelles la satisfaction équitable accordée en application de l'article 41 de la même convention ne pourrait mettre un terme ».
La **demande** doit **émaner** d'une personne ayant été partie à l'instance et ayant intérêt à solliciter le réexamen. Elle peut être présentée par l'intéressé lui-même, son représentant légal en cas d'incapacité, ou ses parents ou légataires en cas de décès. La demande doit être déposée dans un **délai** d'un an à compter de la décision de la CEDH.
Le ministère d'avocat aux Conseils est obligatoire.
La **procédure de réexamen** est fixée par les articles 1031-8 et suivants du CPC. La demande de réexamen doit être précédée de la signification aux défendeurs de la décision faisant l'objet de la demande de réexamen et de l'arrêt de la CEDH. Elle est formée par déclaration au greffe de la Cour de cassation. Elle doit, à peine de nullité, viser la décision qui fait l'objet de la demande de réexamen et la décision de la CEDH qui a constaté la violation de la convention européenne. La déclaration est notifiée au défendeur par le greffe de la Cour de cassation. En cas de retour au greffe de la lettre de notification, le demandeur qui en est avisé doit procéder par voie de signification.
Le demandeur au réexamen dispose d'un délai de deux mois à compter de la déclaration au greffe pour déposer un mémoire contenant les moyens invoqués au soutien de sa demande et produire les pièces nécessaires à l'examen de celle-ci.
Ce mémoire doit être notifié à l'avocat adverse s'il est constitué ou, dans le cas contraire, signifié à la partie elle-même dans le délai d'un mois. Le défendeur dispose alors d'un délai de deux mois pour produire ses observations en réponse.
Lorsque les conditions sont réunies, la cour de réexamen ordonne le réexamen du pourvoi en assemblée plénière, s'il est de nature à remédier à l'atteinte ; sinon, elle annule la décision de fond et renvoie le requérant devant une juridiction du fond et de même degré. Les règles de saisine et de procédure sont celles applicables aux juridictions de renvoi après cassation.

RABAT D'ARRÊT DE LA COUR DE CASSATION

28890 Le rabat d'arrêt est une procédure prétorienne par laquelle la Cour de cassation anéantit l'arrêt rendu par elle en raison d'une erreur due à un dysfonctionnement de ses services. Il a tendance à être assimilé au recours en rectification pour erreur matérielle dont il se distingue pourtant.

Le rabat d'arrêt a été consacré par l'assemblée plénière de la Cour de cassation (Cass. ass. plén. 30-6-1995 n° 94-20.302 : Bull. ass. plén. n° 4). Si la requête en rabat d'arrêt est accueillie, il est à nouveau statué sur le pourvoi (Cass. com. 6-3-2019 n° 16-26.989 F-PB), ce qui peut aboutir à modifier rétroactivement l'étendue de la saisine de la juridiction de renvoi (Cass. 2e civ. 3-5-2018 n° 17-17.362 F-D).

Une erreur matérielle de procédure doit avoir été commise, à tout le moins une erreur de droit liée à une difficulté procédurale, et cette erreur doit avoir été déterminante dans le prononcé de la décision.

ILLUSTRATIONS

Le rabat a été prononcé pour un arrêt qui n'a pas tenu compte d'un délai de distance (Cass. com. 10-5-1988 n° 88-10.551), de l'effet interruptif de la demande d'aide juridictionnelle (Cass. soc. 26-6-2018 n° 15-28.868 F-D), de la notification du mémoire en demande (Cass. 2e civ. 31-5-2018 n° 16-24.836 F-D), d'une interruption du délai de production du mémoire en défense par une requête en radiation (Cass. 3e civ. 10-10-2001 n° 98-20.269), de la hiérarchie des moyens de cassation présentés dans le mémoire en demande (Cass. 3e civ. 4-12-2012 n° 10-12.064 ; Cass. 1e civ. 19-5-2021 n° 19-10.835 F-D) ou d'un acte de désistement (Cass. 3e civ. 3-4-2012 n° 10-24.387).

Il en va de même lorsque l'arrêt a été rendu sans qu'il ait été satisfait au principe de la contradiction (Cass. soc. 24-10-2018 n° 16-20.059 F-D).

RECOURS EN RECTIFICATION D'UN ARRÊT DE LA COUR DE CASSATION

28892 Un arrêt de la Cour de cassation peut faire l'objet d'un recours en rectification **d'erreur matérielle** (Cass. 1e civ. 24-3-2021 n° 18-26.377 F-D) dans les conditions exposées nos 20020 s.

Le recours pour **omission de statuer ou ultra petita** (nos 20050 s.) est également ouvert à l'encontre d'arrêts de la Cour de cassation (omission de se prononcer sur l'un des moyens du pourvoi, extension par erreur des effets d'une cassation à un chef de décision...), mais la Cour de cassation lui préfère souvent la requête en rabat d'arrêt, notamment lorsqu'une erreur a été commise sur l'étendue de la cassation (Cass. 3e civ. 25-6-2020 n° 18-21.898 F-D ; Cass. 1e civ. 24-3-2021 n° 19-13.472 F-D).

RECOURS EN INTERPRÉTATION D'UN ARRÊT DE LA COUR DE CASSATION

28895 La Cour de cassation est compétente pour interpréter ses propres arrêts s'ils sont obscurs (Cass. com. 14-10-1997 n° 97-10.812 : Bull. civ. IV n° 253 ; Cass. soc. 23-11-2016 n° 15-11.324 FS-D ; Cass. com. 8-2-2017 n° 14-14.933 F-D).

La requête en interprétation doit être présentée par l'une des parties (par le ministère d'un avocat aux Conseils si l'arrêt a été rendu dans une matière avec représentation obligatoire) avant que la juridiction de renvoi ne soit saisie (même arrêt). La requête est portée directement devant la chambre qui a rendu l'arrêt à interpréter.

ACTION EN RESPONSABILITÉ CONTRE L'ÉTAT DU FAIT D'UN ARRÊT DE LA COUR DE CASSATION

28900 La responsabilité de l'État peut être engagée du fait d'une décision rendue par la Cour de cassation, qui méconnaîtrait le **droit européen** (CJCE 30-9-2003 aff. 224/01 : Rec. I-10239). De manière générale, un acte juridictionnel, même définitif, peut donner lieu à une mise en œuvre de la responsabilité de l'État pour **faute lourde** ou pour déni de justice (C. org. jud. art. L 141-1 ; Cass. 1e civ. 20-3-1989 n° 86-18.890 : Bull. civ. I n° 131).

IX. RENVOI APRÈS CASSATION

A. Désignation et composition de la juridiction de renvoi

28930 En cas de cassation avec renvoi, l'affaire est renvoyée devant le juge du fond pour qu'il soit mis fin au litige. La juridiction de renvoi est désignée par la Cour de cassation directement dans l'arrêt qui prononce la cassation.

Il s'agit d'une autre juridiction de même nature que celle dont émane la décision cassée ou de la même juridiction composée d'autres magistrats (CPC art. 626 et, sur renvoi, C. org. jud. art. L 431-4). La juridiction (ou la formation) qui avait précédemment statué se trouve dessaisie de plein droit du litige (Cass. 3e civ. 14-10-1992 n° 90-17.817 : Bull. civ. III n° 272). Un magistrat qui a fait partie de la composition d'une cour d'appel ayant rendu un arrêt ultérieurement cassé, ne peut siéger dans la formation appelée à connaître de l'affaire sur renvoi après cassation (Cass. 2e civ. 20-10-2022 n° 21-12.241 F-B).
Les parties sont recevables à contester la composition de la cour d'appel de renvoi dès l'ouverture des débats. Si elles n'ont pas de possibilité de connaître la composition de la cour à ce stade, elles sont recevables à agir après l'ouverture des débats (même arrêt).
La décision de renvoi constitue un acte d'administration judiciaire susceptible d'être rectifié ou rapporté. Mais la Cour de cassation, et elle seule, peut revenir sur la désignation initialement faite. La juridiction désignée ne peut pas renvoyer le litige à une autre juridiction, y compris en raison de sa connexité avec une autre instance pendante devant cette dernière (Cass. 3e civ. 14-10-1992 n° 90-17.817 : Bull. civ. III n° 272).
En cas de renvoi après cassation, c'est la même instance qui se poursuit devant la juridiction de renvoi. Il convient donc d'appliquer les mêmes règles que devant la première cour d'appel (s'agissant des règles de procédure d'appel sans représentation obligatoire : Cass. 2e civ. 27-6-2019 n° 18-12.615 F-PBI).

> **Précisions a.** La **Cour européenne des droits de l'Homme** a jugé que la juridiction de renvoi peut être composée, même en majorité, des mêmes juges que la juridiction dont la décision a été annulée pour irrégularité de la procédure, les appréhensions du justiciable à l'égard de l'impartialité objective des juges n'étant pas fondées, puisqu'aucun élément nouveau n'est en cause (CEDH 18-12-2008 n° 30609/04 : Procédures 2009 n° 49 note N. Fricero).
> **b.** La cour d'appel de renvoi peut siéger en audience ordinaire ou, sur décision du premier président de la cour d'appel (d'office ou à la demande des parties), en **audience solennelle** si la nature ou la complexité de l'affaire le justifie (C. org. jud. art. R 312-9). Cette décision est une mesure d'administration judiciaire.

B. Saisine du juge de renvoi après cassation

AUTEUR

28940 La juridiction de renvoi est saisie par la **partie** la plus diligente. La partie ayant succombé en première instance a intérêt à accomplir la déclaration de saisine pour éviter la forclusion ou la péremption.
Les personnes qui ont été **parties à l'instance** devant la juridiction dont la décision a été cassée, **sans l'être devant la Cour de cassation,** sont autorisées à saisir elles-mêmes la juridiction de renvoi lorsque la cassation porte atteinte à leurs droits (CPC art. 637). L'**intervention des tiers** est soumise aux mêmes règles que celles qui s'appliquent devant la juridiction dont la décision est cassée (CPC art. 635).

ACTE DE SAISINE DE LA JURIDICTION DE RENVOI APRÈS CASSATION

28945 **Caractère facultatif de la notification de l'arrêt de cassation** Est valable la saisine de la juridiction de renvoi sans signification préalable de l'arrêt de cassation (CPC art. 1034).

28947 **Déclaration** La régularité de la déclaration de saisine de la juridiction de renvoi, qui ne constitue pas une nouvelle déclaration d'appel, s'apprécie au moment de cette saisine et en fonction de la situation des parties à cette date (Cass. 2e civ. 28-6-2018 n° 17-17.221 F-D).
La saisine est faite, sauf disposition expresse (Cass. 2e civ. 1-7-2021 n° 20-14.849 F-B), par déclaration **au greffe** de la juridiction de renvoi (CPC art. 1032), et ce, sous forme électronique (Cass. 2e civ. 1-12-2016 n° 15-25.972 F-PB : Bull., faisant application de l'art. 930-1 du CPC).
La déclaration contient les **mentions** exigées pour l'acte introductif d'instance devant la juridiction de renvoi ; une copie de l'arrêt de cassation y est annexée (CPC art. 1033). Comme la déclaration d'appel, la déclaration de saisine doit préciser les chefs critiqués de la décision entreprise, et ce, même dans l'hypothèse d'une cassation partielle d'un seul chef de dispositif de l'arrêt attaqué (Cass. 2e civ. 15-4-2021 n° 19-20.416 F-P). Mais l'obligation de faire figurer dans la déclaration de saisine les chefs de dispositif critiqués de la décision entreprise tels que mentionnés dans l'acte d'appel ne peut avoir pour effet de limiter l'étendue de la saisine de la cour d'appel de renvoi qui est investie par l'arrêt de cassation de l'entier litige tel qu'il avait été déféré au juge d'appel (Cass. 2e civ. 14-1-2021 n° 19-14.293 F-PI ; Cass. 2e civ. 29-9-2022 n° 20-19.291 F-B).

L'irrégularité des mentions de la déclaration de saisine de la juridiction de renvoi après cassation ne constitue pas une cause d'irrecevabilité de celle-ci, mais relève des nullités pour vice de forme (Cass. 2e civ. 19-10-2017 n° 16-11.266 F-PB), de sorte que la nullité ne peut être prononcée que s'il est justifié d'un grief (Cass. 2e civ. 15-4-2021 n° 19-20.416 F-P). Et il a été jugé que, même si la déclaration ne contient pas toutes les mentions requises, la juridiction de renvoi est valablement saisie du moment que ces mentions figurent sur les documents qui l'accompagnent et que la teneur de l'acte de signification de l'arrêt de renvoi exclut toute ambiguïté (Cass. 3e civ. 20-12-2008 n° 08-10.153 : Bull. civ. III n° 205 ; Cass. 2e civ. 25-3-2010 n° 09-14.259 ; Cass. soc. 14-4-2010 n° 08-45.611). Mais une déclaration de saisine annulée n'interrompt pas le délai de forclusion de deux mois prévu à l'article 1034 du CPC pour saisir la juridiction de renvoi (Cass. 2e civ. 4-3-2021 n° 19-13.344 FS-P).
Lorsque l'acte de saisine de la cour d'appel doit préciser l'objet du recours à peine d'irrecevabilité, il en va de même de l'acte de saisine de la juridiction de renvoi (Cass. com. 26-3-2002 n° 99-20.703 : Bull. civ. IV n° 59).
L'acte de saisine doit respecter les conditions de représentation devant la juridiction concernée.

> **Précisions a.** En matière d'incident de **saisie immobilière,** la déclaration doit être motivée, à l'instar de l'assignation en appel (Cass. 2e civ. 14-4-2005 n° 03-14.510 : Bull. civ. II n° 98).
> **b.** La **déclaration de saisine** de la juridiction de renvoi doit être **signée** par l'avoué (ou l'avocat postulant depuis la disparition des avoués) avant l'expiration du délai de quatre mois à compter de la notification de l'arrêt de cassation ou de l'acte interruptif de ce délai (Cass. com. 20-11-2012 n° 11-26.581 : Bull. civ. IV n° 206).

DÉLAIS DE SAISINE DE LA JURIDICTION DE RENVOI APRÈS CASSATION

28955 À peine d'irrecevabilité relevée d'office, la juridiction de renvoi doit être saisie au plus tard dans les deux mois de la **signification à partie** de l'arrêt de cassation (CPC art. 1034, al. 1). La saisine de la juridiction de renvoi qui a objet de poursuivre la procédure antérieure, ne constitue pas un recours. Dès lors, l'acte de notification de l'arrêt de la Cour de cassation fait courir le délai de saisine de la juridiction de renvoi sans qu'il soit besoin d'indiquer la voie de recours ouverte, son délai ou ses modalités (Cass. 2e civ. 23-3-2023 n° 21-19.730 F-B).
Ce délai court à l'encontre de la partie qui notifie, même si l'arrêt de cassation n'a pas été notifié à l'ensemble des parties (Cass. soc. 5-10-2017 n° 15-14.793 FS-PB).
L'absence de déclaration dans le délai ou l'irrecevabilité de celle-ci confère force de chose jugée au jugement rendu en premier ressort lorsque la décision cassée avait été rendue sur appel de ce jugement (CPC art. 1034, al. 2). Elle rend irrecevable toute nouvelle déclaration de saisine tendant à déférer à la cour d'appel la connaissance de ce jugement (Cass. 2e civ. 19-10-2017 n° 16-24.269 F-PB).

28956 **À défaut de notification** de l'arrêt de cassation, l'instance est soumise au délai de péremption de **deux ans** prévu par l'article 386 du CPC. La déclaration de reprise doit donc être en tout état de cause formulée dans ce délai.
La péremption de l'instance d'appel donne au jugement dont il est fait appel la force de chose jugée, même s'il n'a pas été notifié (CPC art. 390).
La péremption de la première instance éteint l'instance ainsi que les actes auxquels elle a donné lieu, mais non l'action, qui peut éventuellement être reprise sous réserve de la prescription (CPC art. 389).

28957 Les **prorogations** de délai prévues aux articles 643, 644 et 645 du CPC (délais de distance) ne s'appliquent pas au délai de saisine de la cour de renvoi (Cass. soc. 4-3-1999 n° 97-14.363 : RJS 4/99 n° 599 ; Cass. 2e civ. 27-5-2004 n° 02-17.897 : Bull. civ. II n° 242 ; Cass. 2e civ. 4-2-2021 n° 19-23.638 F-PI).

FIXATION À BREF DÉLAI SUR RENVOI APRÈS CASSATION

28960 En cas de renvoi devant la cour d'appel, le président de la chambre saisie, d'office ou à la demande des parties, fixe les jours et heures auxquels l'affaire sera appelée à bref délai (CPC art. 1037-1, al. 1 et, sur renvoi, art. 905).

INFORMATION DE LA SAISINE DE LA JURIDICTION DE RENVOI APRÈS CASSATION

28962 À peine de caducité, relevée d'office, la déclaration de saisine est signifiée par son auteur aux autres parties, dans les dix jours de la notification par le greffe de l'avis de fixation (CPC art. 1037-1, al. 2). La signification de la déclaration de saisine à l'avocat de l'intimé, avant l'avis de fixation, dispense d'une nouvelle notification à l'intimé après l'avis de fixation si ce dernier s'est d'ores et déjà constitué devant la juridiction de renvoi, la signification étant alors devenue sans objet (Cass. 2e civ. 22-10-2020 n° 19-21.864 F-PBI).

L'auteur de la déclaration de saisine satisfait à l'obligation qui lui incombe en signifiant la déclaration de saisine qu'il a lui-même établie et remise au greffe. La caducité de l'appel n'est donc pas encourue même si c'est la déclaration de saisine établie et remise au greffe par voie électronique, comportant toutes les mentions prescrites, qui est signifiée à l'intimé et non celle récapitulative générée par le greffe (Cass. 2e civ. 24-3-2022 n° 20-12.210 F-B).

DÉLAIS POUR CONCLURE DEVANT LA JURIDICTION DE RENVOI APRÈS CASSATION

Les conclusions de l'auteur de la saisine de la juridiction de renvoi sont remises au greffe et notifiées dans un délai de deux mois suivant cette saisine (CPC art. 1037-1, al. 3). 28963
Les parties adverses remettent et notifient leurs conclusions dans un délai de deux mois à compter de la notification des conclusions de celui qui a saisi la juridiction de renvoi (CPC art. 1037-1, al. 4).
À peine de caducité, les conclusions sont notifiées aux avocats des parties dans le délai de leur remise au greffe de la cour. Elles sont signifiées au plus tard dans le mois suivant l'expiration des délais prévus pour leur dépôt aux parties qui n'ont pas constitué avocat. Si, entre-temps, celles-ci ont constitué avocat avant la signification des conclusions, il est procédé par voie de notification à leur avocat.
Les parties à l'instance ayant donné lieu à la cassation, qui ne respectent pas les délais qui leur sont impartis pour conclure, sont réputées s'en tenir aux moyens et prétentions qu'elles avaient soumis à la cour d'appel dont l'arrêt a été cassé (CPC art. 1037-1, al. 6). Il en résulte qu'en ce cas, les conclusions que ces parties prennent, hors délai, devant la cour d'appel de renvoi sont irrecevables (Cass. 2e civ. 9-9-2021 n° 19-14.020 F-B ; Cass. 3e civ. 25-5-2023 n° 22-11.038 F-D).
Les parties doivent présenter, dès leurs premières conclusions, l'ensemble de leurs prétentions sur le fond (CPC art. 910-4). Toutefois, le principe de concentration des prétentions s'applique devant la cour d'appel de renvoi, non pas au regard des premières conclusions remises devant elle par l'appelant, mais en considération des premières conclusions de celui-ci devant la cour d'appel dont l'arrêt a été cassé (Cass. 2e civ. 12-1-2023 n° 21-18.762 F-B).

INTERVENTION DEVANT LA JURIDICTION DE RENVOI APRÈS CASSATION

La demande d'intervention forcée n'est encadrée par aucun délai. Un tiers peut donc être appelé en déclaration de jugement commun plus de deux mois après la déclaration de saisine d'une cour d'appel de renvoi après cassation, dès lors qu'il est mis en cause en temps utile pour faire valoir sa défense et lui permettre, dans le délai de deux mois après la notification des conclusions de l'auteur de la déclaration, d'y répondre (Cass. 2e civ. 8-9-2022 n° 20-23.622 F-B). 28970

C. Compétence du juge de renvoi après cassation

POURSUITE DE L'INSTANCE

Substitution au juge initial Devant la juridiction de renvoi, l'instruction est reprise en l'état de la procédure non atteinte par la cassation (CPC art. 631). L'instance d'appel reprend son cours, les parties étant replacées dans l'état où elles se trouvaient avant le jugement cassé (CPC art. 625). 28990
La juridiction de renvoi n'est compétente pour statuer qu'à l'égard des **mêmes parties, sous réserve** du droit d'intervention des tiers (CPC art. 635). En outre, les personnes qui ont été parties à l'instance devant la juridiction ayant rendu la décision cassée, sans l'être devant la Cour de cassation, peuvent être appelées à la nouvelle instance ou y intervenir volontairement, lorsque la cassation porte atteinte à leurs droits (art. 636).
En revanche, une partie dont le pourvoi a été rejeté ne peut intervenir devant la cour de renvoi car elle se heurte à l'autorité de la chose jugée à son égard de la décision qu'elle avait attaquée (Cass. 2e civ. 27-3-1996 n° 94-14.607 : Bull. civ. II n° 73).

La juridiction de renvoi est liée par les **conclusions** prises devant la juridiction qui a rendu la décision attaquée (Cass. 3e civ. 8-4-1987 n° 86-10.097 : Bull. civ. III n° 82). Elle doit apprécier les droits des parties au jour de la demande ou, si les parties sont en appel, au jour de l'acte d'appel. 28992

Enfin, elle doit prendre en considération les **faits procéduraux** survenus au cours de l'instance d'appel antérieure, la cassation laissant subsister les actes de procédure **antérieurs** à la décision cassée. Ainsi, l'acquiescement au jugement fait par l'intéressé devant la cour dont l'arrêt a été cassé fait obstacle au droit de l'intimé de former un appel incident devant la juridiction de renvoi 28995

(Cass. 1e civ. 7-11-1960 n° 58-10.100 : Bull. civ. I n° 473). Et la partie qui, en matière de nationalité, a procédé aux formalités prescrites par l'article 1043 du CPC au moment de son appel n'a pas à justifier de nouveau, devant la juridiction de renvoi, de l'exécution de ces formalités (Cass. 1e civ. 17-10-2018 n° 17-26.474 FS-PB).

29000 **Évolution du litige** Les parties peuvent invoquer de **nouveaux moyens** à l'appui de leurs prétentions (CPC art. 632 ; Cass. 1e civ. 28-3-2018 n° 17-16.363 F-D). Une partie peut invoquer de nouveaux faits et de nouvelles preuves ainsi que les lois nouvelles dans la mesure où elles sont applicables aux instances en cours (Cass. com. 1-12-1969 n° 65-10.344 : Bull. civ. IV n° 354 ; Cass. 1e civ. 10-9-2014 n° 13-19.094 : Bull. civ. I n° 140). Elle peut aussi demander à la juridiction de renvoi d'ordonner une mesure d'instruction (Cass. soc. 6-2-1985 n° 83-14.923 : Bull. civ. V n° 80).

La recevabilité des **prétentions nouvelles** est soumise aux règles qui s'appliquent devant la juridiction dont la décision a été cassée (CPC art. 633 ; Cass. soc. 10-3-2009 n° 08-42.249 : Bull. civ. V n° 64). Les parties sont donc admises à formuler de nouvelles demandes, mais celles-ci doivent être compatibles avec l'étendue de la cassation prononcée (Cass. ass. plén. 28-5-1982 n° 79-13.660 : Bull. civ. ass. plén. n° 3 ; nos 28770 s.) et avoir un lien suffisant avec la demande principale pour être recevables en appel (CPC art. 564 à 567 ; Cass. 1e civ. 24-6-2015 n° 14-17.139 ; Cass. com. 12-7-2017 n° 15-18.580 F-D). Elles ne sont pas tenues, pour pouvoir formuler une demande nouvelle, de reprendre les demandes formées devant la juridiction dont la décision a été cassée (Cass. 1e civ. 18-1-2023 n° 19-10.111 F-B).

Mais les parties qui, devant la juridiction de renvoi, soulèveraient de nouveaux moyens ou des prétentions nouvelles, sans **reprendre** dans leurs conclusions récapitulatives les **moyens et prétentions antérieurs** sont réputées les avoir abandonnés (CPC art. 768, al. 3 et 954, al. 4), y compris dans les procédures orales (Cass. ass. plén. 26-10-2001 n° 99-60.559 : Bull. civ. ass. plén. n° 12). La juridiction de renvoi n'est tenue de répondre qu'aux prétentions et moyens formulés devant elle (arrêt précité).

Par ailleurs, l'intimé est recevable à former, pour la première fois, un appel incident devant la juridiction de renvoi (Cass. 1e civ. 6-7-1964 n° 62-10.395 : Bull. civ. I n° 361).

29002 **Concentration des prétentions** L'article 910-4 du CPC prévoit que les parties doivent, à peine d'irrecevabilité, relevée d'office, présenter, dès leurs premières conclusions, l'ensemble de leurs prétentions sur le fond. Ce texte rend irrecevables les prétentions formulées dans des conclusions ultérieures (Cass. 3e civ. 17-6-2021 n° 20-10.740 F-D). L'article 633 du CPC énonçant que la recevabilité des prétentions nouvelles est soumise aux règles qui s'appliquent devant la juridiction dont la décision a été cassée, il en résulte que le principe de concentration des prétentions est également applicable devant la cour d'appel de renvoi, après cassation.

29005 Les **parties qui ne formulent pas,** devant la juridiction de renvoi, **de moyens nouveaux ou de nouvelles prétentions** sont réputées s'en tenir aux moyens et prétentions qu'elles avaient soumis à la juridiction dont la décision a été cassée. Il en est de même de **celles qui ne comparaissent pas** (CPC art. 634).

POUVOIR DE LA JURIDICTION DE RENVOI APRÈS CASSATION

29010 L'affaire est **à nouveau jugée en fait et en droit** par la juridiction de renvoi à l'exclusion des chefs non atteints par la cassation (CPC art. 638). Il convient donc de distinguer selon que la décision attaquée par le pourvoi a été cassée en totalité ou partiellement.

Le juge de renvoi ne peut ni contrôler la légalité de l'arrêt rendu par la Cour de cassation (Cass. soc. 17-9-2003 n° 02-43.599 : RJS 12/03 n° 1394, 3e esp.) ni trancher le litige par référence à la décision cassée, par exemple en considérant que la demande présentée devant lui est irrecevable au motif que les dispositions de l'arrêt cassé se prononçant sur cette demande n'ont pas été attaquées et sont irrévocables (Cass. 2e civ. 28-2-2006 n° 04-12.936 : Bull. civ. II n° 53).

Sur la compétence de la juridiction de renvoi en ce qui concerne les dépens, voir n° 28820.

29015 **Cassation totale** En cas de cassation totale **de la décision attaquée,** le juge de renvoi est investi de la connaissance de l'**entier litige,** dans tous ses éléments de fait et de droit (notamment Cass. ass. plén. 27-10-2006 n° 05-18.977 : Bull. civ. ass. plén. n° 13), quel que soit le moyen qui a déterminé la cassation (Cass. com. 22-2-2017 n° 15-13.870 F-D ; Cass. com. 14-9-2022 n° 21-13.186 F-D) et sans que le rejet de certains des moyens proposés n'ait d'incidence sur l'étendue de cette saisine (Cass. 1e civ. 7-12-1999 n° 97-15.613 : Bull. civ. I n° 334 ; Cass. 2e civ. 30-1-2014 n° 12-29.512 : Bull. civ. II n° 27).

> **Précisions** La cour de renvoi dispose du droit d'évoquer le fond lorsqu'elle infirme ou annule un jugement qui a ordonné une **mesure d'instruction** ou un jugement qui, statuant sur une exception de procédure, a mis fin à l'instance (CPC art. 568).

Cassation partielle Si la décision attaquée n'a été que partiellement cassée, le juge de renvoi statue en droit et en fait, mais seulement sur les **chefs** de cette décision **qui ont été censurés.** La cassation qui atteint un chef du dispositif de cette décision n'en laisse rien subsister, quel que soit le moyen qui a déterminé la cassation (notamment, Cass. 2e civ. 28-5-1990 n° 89-14.349 : Bull. civ. II n° 115). Le juge de renvoi est ainsi tenu d'examiner tous les moyens soulevés devant lui, quel que soit le moyen qui a déterminé la cassation (Cass. 2e civ. 28-5-1990 précité ; Cass. 3e civ. 6-2-2013 n° 11-27.113). **29020**
En application de l'article 638 du CPC, le juge de renvoi ne peut pas statuer sur les **chefs** de la décision attaquée **qui n'ont pas donné lieu à cassation.** Mais il lui appartient de vérifier si certains chefs de la décision, non censurés expressément par le dispositif de la Cour de cassation, ne sont pas indissociables de ceux censurés (Cass. 2e civ. 3-12-1997 n° 96-12.049 : Bull. civ. II n° 290 ; Cass. com. 14-10-2014 n° 13-23.249 : RJDA 12/14 n° 957), c'est-à-dire liés à ceux-ci par un lien d'indivisibilité ou de dépendance nécessaire (sur cette notion, voir n° 28777). Si tel est le cas, le juge devra statuer sur ces points.

Extension à d'autres aspects du litige Le renvoi porte tant sur la décision cassée que sur les décisions qui le sont par voie de conséquence. Que la cassation soit partielle ou totale, si elle a entraîné l'annulation de **décisions dépendant de celle cassée** ou du chef de son dispositif censuré (n° 28805), le juge de renvoi peut statuer sur les aspects du litige que ces décisions ou cette partie du dispositif avaient tranchés (Cass. com. 14-10-1997 n° 97-10.812 : Bull. civ. IV n° 253). **29025**

Respect de la jurisprudence de la Cour de cassation Si l'arrêt émane d'une chambre spécialisée ou de la chambre mixte de la Cour de cassation, la juridiction de renvoi se prononce en toute liberté sur la doctrine adoptée par cet arrêt. Mais en cas de résistance de sa part, il y aura lieu de saisir, sur nouveau pourvoi, l'assemblée plénière de la Cour de cassation. La juridiction de renvoi devra alors se conformer à la décision de cette assemblée sur les points de droit jugés par celle-ci (C. org. jud. art. L 431-4). **29030**
En cas de cassation partiellement sans renvoi, la Cour de cassation peut imposer à la juridiction de renvoi sa doctrine. Elle casse sans renvoi une partie de la décision attaquée en statuant elle-même au fond (C. org. jud. art. L 411-3, al. 2). L'autre partie de la décision attaquée est renvoyée aux juges du fond. La sanction d'un dépassement de leur pouvoir est la nullité de la disposition qui porte atteinte à la chose jugée.

Perte de fondement Lorsqu'une décision fait l'objet d'une annulation et non d'une cassation, pour perte de fondement juridique, le juge de renvoi devra faire application de la loi nouvelle ou s'abstenir d'appliquer l'acte administratif qui a été annulé. **29035**

D. Recours contre la décision du juge de renvoi après cassation

La décision rendue par la juridiction de renvoi, qui se substitue à la décision cassée, peut faire l'objet d'un recours. **29060**

ABSENCE DE CONFLIT DE L'ARRÊT DE RENVOI AVEC L'ARRÊT DE CASSATION

En principe, la **Cour de cassation** ne peut pas connaître d'un recours l'invitant à **revenir sur sa doctrine** affirmée en son premier arrêt, lorsque la juridiction de renvoi s'y est conformée. Est ainsi irrecevable le moyen par lequel il est reproché à la juridiction de renvoi d'avoir statué en conformité de l'arrêt de cassation qui l'a saisie (Cass. ch. mixte 30-4-1971 n° 61-11.829 : JCP G 1971 II n° 16800 concl. Lindon ; Cass. ass. plén. 21-12-2006 n° 05-17.690 : Bull. civ. ass. plén. n° 14). **29065**
Et dès lors que la Cour de cassation a opéré elle-même un contrôle de proportionnalité, le moyen, qui tend à remettre en cause le contrôle de proportionnalité surabondamment exercé par la cour d'appel de renvoi, est inopérant (Cass. 3e civ. 10-6-2021 n° 19-25.037 FS-PR).
En revanche, la Cour de cassation admet la recevabilité d'un moyen critiquant la décision par laquelle la juridiction s'est conformée à la doctrine de l'arrêt de cassation qui l'avait saisie, lorsqu'est invoqué un changement de norme intervenu postérieurement à cet arrêt (Cass. ass. plén. 2-4-2021 n° 19-18.814 PR : RJDA 6/21 n° 442).
Les autres points de droit ou les moyens non déjà examinés peuvent être soumis à la Cour de cassation.

RENVOI DEVANT L'ASSEMBLÉE PLÉNIÈRE DE LA COUR DE CASSATION

29070 Le renvoi devant l'assemblée plénière de la Cour de cassation doit être ordonné lorsque, après cassation d'un premier arrêt ou jugement, la **décision** rendue par la juridiction de renvoi est **attaquée par les mêmes moyens** (C. org. jud. art. L 431-6).
Le renvoi en assemblée plénière n'a lieu que s'il y a identité de solution et de doctrine juridique entre l'arrêt déféré et l'arrêt cassé, ainsi qu'identité du moyen de cassation présenté par les deux pourvois successifs.

29072 Le renvoi devant l'assemblée plénière est décidé soit, avant l'ouverture des débats, par **ordonnance** non motivée du premier président, soit par **arrêt** non motivé de la chambre saisie. Le **renvoi** est **de droit** lorsque le procureur général le requiert avant l'ouverture des débats (C. org. jud. art. L 431-7). L'ordonnance de renvoi du premier président est elle-même insusceptible de recours (Cass. 2e civ. 23-5-1973 n° 71-14.225 : Bull. civ. II n° 173).
L'**assemblée plénière** est **présidée** par le premier président ou, en cas d'empêchement de celui-ci, par le plus ancien des présidents de chambre (C. org. jud. art. L 421-5). Cette formation comprend, en outre, les présidents et les doyens des six chambres, ainsi qu'un conseiller de chaque chambre. Après la lecture du **rapport** du conseiller, il est d'usage que les avocats présentent des **observations.** Le **procureur général** ou le premier avocat général prend ensuite ses conclusions, auxquelles les avocats peuvent répliquer. Puis se tient le **délibéré.** L'**arrêt** est généralement rendu une semaine après l'audience.

29075 La **juridiction de renvoi saisie après cette seconde cassation** sera tenue de se soumettre à la doctrine juridique de l'assemblée plénière (C. org. jud. art. L 431-4, al. 2), sur tous les points de droit tranchés par celle-ci. Elle dispose d'une pleine juridiction sur tous les autres points.

SECTION 3 TIERCE OPPOSITION

PRINCIPES GÉNÉRAUX

29100 La tierce opposition est **soumise aux règles** communes à toutes les voies de recours et aux voies extraordinaires de recours mais, aussi à des dispositions qui lui sont spécifiques (CPC art. 582 à 592).
Sur le cas particulier de la tierce opposition en matière de **procédures collectives,** voir n°s 50510 s.
La tierce opposition est une voie de recours par laquelle un **tiers** qui n'a pas été partie au procès demande que la **décision** soit **rétractée ou réformée** dans la mesure où elle lui fait **grief** ; elle remet en question, relativement à son auteur, les points déjà jugés qu'elle critique, pour qu'il soit statué de nouveau en fait et en droit (CPC art. 582).

29102 La tierce opposition peut être **principale ou incidente.** Elle est principale quand elle est formée en dehors de toute instance en cours entre le tiers opposant et le défendeur à la tierce opposition. Elle est incidente lorsqu'elle est formée au cours d'une instance contre un jugement dont l'un des plaideurs entend se prévaloir contre un adversaire qui n'a pas été partie à cette décision. Cette distinction commande l'essentiel des dispositions légales applicables. La procédure à suivre est en effet **différente** dans l'un ou l'autre cas.

29103 Le recours n'est pas suspensif de l'**exécution de la décision contestée.** Toutefois, le juge saisi de la tierce opposition principale peut ordonner une telle **suspension** (CPC art. 590), tandis que le juge saisi d'une tierce opposition incidente peut, en outre, suspendre le procès au cours duquel est produite la décision attaquée (CPC art. 589).

A. Règles communes à la tierce opposition principale ou incidente

1. DÉCISIONS SUSCEPTIBLES DE TIERCE OPPOSITION

29106 La tierce opposition existe à l'encontre de tout jugement, sauf si la loi en dispose autrement (CPC art. 585). Elle est donc admise à l'encontre des jugements rendus par des **juridictions de droit commun** comme des juridictions **d'exception**. Par exemple, le jugement rendu par le juge de

l'expropriation et fixant l'indemnité peut être contesté en vertu de cette voie de recours (Cass. 3e civ. 25-6-1970 n° 69-70.173).
L'ordonnance de **référé** peut faire l'objet d'une tierce opposition (Cass. 2e civ. 28-4-1980 n° 78-15.648 : Bull. civ. II n° 94 ; Cass. 2e civ. 14-12-2006 n° 05-19.939 : Bull. civ. II n° 354). De même, un **jugement interprétatif** (Cass. 2e civ. 27-6-1990 n° 88-20.000 : Bull. civ. II n° 158) ou une **sentence arbitrale** (CPC art. 1501) peuvent être frappés de tierce opposition. La tierce opposition est recevable contre une décision d'exequatur d'une sentence arbitrale (Cass. 1e civ. 26-5-2021 n° 19-23.996 FS-P ; CA Paris 3-1-23 n° 21/14388).

La tierce opposition ne peut tendre qu'à la déclaration d'inopposabilité de la décision revêtue de l'autorité de la chose jugée (Cass. com. 5-5-2015 n° 14-14.014). Elle ne peut servir à fournir une interprétation de ladite décision (Cass. 2e civ. 29-9-2022, n° 21-14.926 F-B). **29108**
Elle est ouverte à l'encontre des jugements rendus en **premier** ou en **dernier ressort.** Toutefois, quand un jugement est frappé d'**appel,** la tierce opposition doit être rejetée pour les chefs qui font l'objet de l'appel, le tiers ne pouvant qu'intervenir dans cette procédure. Si l'appel est partiel, la tierce opposition est possible sur les chefs non soumis à l'appel.
Elle doit viser le dispositif de la décision (Cass. com. 23-9-2014 n° 13-22.624 : RDC 2015 p. 70 note Grimaldi).

2. DÉCISIONS INSUSCEPTIBLES DE TIERCE OPPOSITION

La tierce opposition est fermée à l'encontre des arrêts de la **Cour de cassation** (CPC art. 622 ; n° 28880) ou encore à l'encontre des décisions rendues en matière d'élection du personnel – qui ne peuvent être contestées que par le biais du pourvoi en cassation (Cass. soc. 10-10-1990 n° 90-60.009 : RJS 11/90 n° 901). **29115**
Par ailleurs, la tierce opposition supposant qu'il y ait **chose jugée,** ne peuvent y donner lieu les actes non juridictionnels tels que les mesures d'administration judiciaire (telles les décisions de jonction ou de disjonction d'instance ou de radiation ; CPC art. 368 et 383) ou les contrats judiciaires (Cass. 1e civ. 12-12-2006 n° 04-11.579 : Bull. civ. I n° 547). Contre ce dernier type de décisions – qui diffèrent du jugement et qui constatent l'accord des parties –, les tiers pourraient agir comme en matière de contrat, c'est-à-dire par la voie oblique (C. civ. art. 1341-1).
Est encore irrecevable la tierce opposition formée à l'encontre d'une ordonnance autorisant sur requête l'inscription provisoire d'une hypothèque puisque, dans ce cas, tout intéressé et notamment le débiteur propriétaire du bien hypothéqué a la possibilité de faire une demande de rétractation (CPC art. 496, al. 2 ; n° 34054).
La tierce opposition ne peut pas non plus être dirigée contre un accord amiable, même validé par un jugement ou encore obtenu en présence d'un conciliateur (Cass. 3e civ. 18-5-1994 n° 92-14.794 : Bull. civ. III n° 97). Dans ce dernier cas, l'action en nullité serait bien entendu ouverte.
Elle ne peut concerner une ordonnance du juge-commissaire (tribunal de commerce) en matière d'entreprises en difficultés, sauf en matière de revendication (Cass. com. 13-4-2022, n° 21-11.202 F-D ; Cass. com. 23-3-2022 n° 20-19.174 F-B).
Enfin, la tierce opposition ne peut être formée à l'encontre d'une décision du bâtonnier ayant fixé le montant des honoraires d'un avocat (Cass. 2e civ. 5-3-2020 n° 18-24.430 FS-PBI).

3. AUTEUR DE LA TIERCE OPPOSITION

PRINCIPE

Est recevable à former tierce opposition toute personne qui y a **intérêt,** à la condition qu'elle n'ait été **ni partie ni représentée** au jugement qu'elle attaque ; les créanciers et autres ayants cause d'une partie peuvent toutefois former tierce opposition au jugement rendu en **fraude** de leurs droits ou s'ils invoquent des moyens qui leur sont propres (CPC art. 583, al. 1 et 2). **29120**

QUALITÉ DE TIERS POUR FORMER TIERCE OPPOSITION

La qualité de tiers susceptible d'agir a donné lieu à une **jurisprudence** abondante. Notamment, **peut** former tierce opposition le **créancier** : **29121**
– qui conteste la compétence du tribunal (Cass. com. 30-6-2009 n° 08-11.902 : RJDA 3/10 n° 276) ;
– qui a pratiqué une saisie-attribution avant l'ouverture de la procédure collective contre le jugement arrêtant un plan de redressement (Cass. com. 7-10-2020 n° 19-14.126 F-D : RJDA 1/21 n° 44) ;
– dont les droits ont été lésés par une décision annulant un contrat (Cass. 1e civ. 5-3-2015 n° 14-10.720) ;
– qui pâtit d'une sûreté accordée à un autre créancier (Cass. com. 18-6-1991 n° 89-17.719) ;

– dont le débiteur bénéficie d'un jugement d'ouverture d'une procédure collective, s'il invoque des moyens propres (Cass. com. 8-3-2011 n° 10-13.988 : RJDA 5/11 n° 437) ;
– titulaire d'un nantissement sur le fonds de commerce de son débiteur et qui, faute d'avoir reçu notification de la demande tendant à la résiliation du bail des locaux où est exploité le fonds, a été privé de la faculté de se substituer au locataire pour préserver son gage (Cass. com. 3-2-2015 n° 13-26.210 : JCP G 2015 chron. n° 604 obs. P. Delebecque).

Peuvent aussi former tierce opposition :
– l'associé d'une société civile contre le jugement d'extension de la liquidation judiciaire de cette société (Cass. com. 22-11-2011 n° 10-23.088) ;
– de manière plus large, l'associé (même s'il est représenté dans les litiges opposant la société à des tiers par le représentant légal de la société) contre un jugement auquel la société a été partie, s'il invoque une fraude à ses droits ou un moyen qui lui est propre (Cass. com. 8-2-23 n° 21-14.189 F-B) ;
– le dirigeant d'une société, dont la responsabilité personnelle est recherchée à raison de l'insuffisance d'actif de la liquidation judiciaire de cette société (Cass. soc. 17-5-2017 n° 14-28.820 FS-PB : RJS 8-9/17 n° 582) ;
– la société en dissolution poursuivie par un créancier, appelée en présence du liquidateur car elle conserve la personnalité morale (Cass. com. 23-9-2014 n° 13-17.171 : RJDA 12/14 n° 916) ;
– les personnes non appelées à la procédure (Cass. 3e civ. 12-5-2015 n° 11-23.464) ;
– le copropriétaire contre une décision prise à l'encontre du syndicat et qui, constatant la carence de la copropriété dans la conservation de l'immeuble, pouvait aboutir à l'expropriation ou à la destruction de l'immeuble (Cass. 3e civ. 28-1-2015 n° 13-19.080 : Bull. civ. III n° 8) ;
– la caution solidaire contre la sentence arbitrale condamnant le débiteur principal, y compris si elle peut agir en responsabilité contre celui-ci (Cass. com. 5-5-2015 n° 14-16.644 : RJDA 7/15 n° 524) ;
– le propriétaire d'un immeuble dont les droits sont affectés par une décision à laquelle il n'a pas été partie, même si le jugement n'a pas été publié (Cass. 3e civ. 7-4-2015 n° 13-23.339) ;
– le vendeur d'un bien immobilier donné à bail d'habitation, qui n'est pas représenté par l'acquéreur dans l'instance que ce dernier a engagée en validation du congé délivré avant la vente, contre la décision statuant sur la validité de ce congé (Cass. 3e civ. 23-6-2016 n° 14-25.645 FS-PB : RJDA 10/16 n° 675) ;
– l'associé d'une société civile, qui hérite de parts sociales de celle-ci, à l'encontre de la décision annulant la délibération l'ayant agréé comme associé au titre de ces parts (Cass. com. 11-5-2023, n° 21-17.899 FS-B).

Lorsque deux **instances** devant la même cour d'appel sont **provoquées par les mêmes faits,** la personne qui n'est pas partie ou représentée à l'une d'elles peut y former tierce opposition (Cass. 2e civ. 5-4-1993 n° 91-19.354 : Bull. civ. II n° 151).

29122 Il a en revanche été jugé que **ne peut pas** former de tierce opposition, notamment :
– celui qui se présente comme le défendeur dans une contestation de propriété puis veut former une tierce opposition en prétendant ne pas être propriétaire (Cass. 3e civ. 20-5-2014 n° 10-10.923) ;
– celui qui introduit un appel en intervention (Cass. 2e civ. 10-4-2014 n° 13-16.116) ;
– la partie qui aurait pu relever appel d'un jugement (Cass. 1e civ. 14-5-2014 n° 12-35.035 : Bull. civ. I n° 92) ;
– l'auteur d'un congé déclaré inopérant par un arrêt, contre cet arrêt, pour des motifs tirés de l'appréciation de la faute du rédacteur (Cass. 3e civ. 10-2-2015 n° 13-24.128) ;
– les associés d'une société de fait contre une décision qui la condamne (Cass. com. 11-2-2004 n° 01-01642 : Bull. civ. IV n° 31) ;
– un arbitre contre l'arrêt censurant sa sentence (Cass. 2e civ. 11-1-2018 n° 16-24.740 F-PB : Bull. civ. II n° 6) ;
– la partie qui a été reçue en son recours en révision (Cass. 2e civ. 14-10-1999 n° 97-16.630 : Bull. civ. II n° 158) ;
– celui qui souhaite attaquer l'ouverture d'une procédure de conciliation (T. com. Paris 2-3-2018 n° 2018012434) ;
– les associés d'une société civile qui, poursuivis en paiement des dettes sociales, ont formé tierce opposition au jugement condamnant la société au paiement d'une somme de 250 000 € au titre d'un contrat de vente conclu avant la constitution de la société, en faisant valoir l'absence de reprise de ce contrat par la société après sa constitution, dès lors qu'en invoquant cet argument qui ne leur était pas propre, ils n'ont pas invoqué des moyens personnels (Cass. 3e civ. 23-9-2020 n° 19-16.643 FS-D : RJDA 2/21 n° 104) ;

– les associés d'une société civile immobilière représentés à l'instance, sauf à invoquer des moyens qui leur sont propres, qu'ils peuvent seuls faire valoir, et non pas des moyens qui n'auraient pas été soutenus par la société devant la juridiction (Cass. 2e civ. 23-3-2023 n° 21-18.120 F-D).

29123 Il arrive que le **recours** soit **restreint** à certains tiers seulement. Les **actions** dites **attitrées** sont réservées à certaines personnes présentant une qualité particulière pour agir, en sorte que l'admission de la tierce opposition anéantirait ce principe. Par **exemple,** la tierce opposition contre une décision prononçant un désaveu de paternité est irrecevable (Cass. 1e civ. 11-6-1991 n° 89-20.962 : Bull. civ. I n° 200). Est de même irrecevable une tierce opposition formée par le nouvel employeur d'un salarié contre le jugement statuant sur la nullité de la clause de non-concurrence souscrite par ce salarié au profit de son précédent employeur (Cass. soc. 2-2-2006 n° 04-41.004 : RJS 4/06 n° 437).

29125 Si une personne a figuré à un jugement en une certaine qualité, elle peut y former tierce opposition en une autre qualité. Ce **changement de qualité** du plaideur lui ouvre la porte de la tierce opposition, car il est désormais un tiers par rapport au jugement.

EXEMPLE

Le copropriétaire indivis d'un immeuble, qui a été partie en son nom personnel dans une instance introduite par le locataire, est recevable à reprendre, en sa qualité de légataire universel de l'autre copropriétaire indivis, la tierce opposition formée par ce dernier de son vivant contre la décision intervenue dans cette instance.

INTÉRÊT À AGIR EN TIERCE OPPOSITION

29130 L'intérêt à agir est requis à peine d'irrecevabilité (Cass. 2e civ. 25-9-2014 n° 12-27.450). La simple violation d'une disposition légale n'est pas constitutive de l'intérêt à agir (Cass. 2e civ. 23-9-1998 n° 95-15.687 : Bull. civ. II n° 246). Le juge apprécie si l'intérêt est suffisant (Cass. 3e civ. 25-6-1970 n° 69-70.173 : Bull. civ. III n° 450). La tierce opposition n'est ouverte qu'aux personnes à qui la décision attaquée cause un **préjudice,** même éventuel (Cass. 3e civ. 26-6-2002 n° 00-15.718 : Bull. civ. III n° 153). L'intérêt doit toutefois être **distinct** de celui des parties à l'instance (Cass. 1e civ. 2-4-2008 n° 07-11.254 : Bull. civ. I n° 103).

L'existence de l'intérêt à agir est appréciée souverainement par les juges du fond (Cass. 2e civ. 2-7-2020 n° 19-13.616 F-PBI). Le défendeur à cette voie de recours n'est pas recevable à présenter d'autres demandes que celles tendant à faire écarter celles du tiers opposant (Cass. 2e civ. 29-9-22 n° 21-14.926 F-D).

Le préjudice doit résulter du **dispositif** du jugement attaqué et non de ses seuls motifs (Cass. 2e civ. 30-4-2009 n° 08-13.069 : Gaz. Pal. 22-23 janv. 2010 p. 22). La tierce opposition doit d'ailleurs viser le dispositif de la décision et non pas les motifs (Cass. 2e civ. 8.12.2022 nos 21-15.426, 21-15.427, 21-15.428 F-D).

ILLUSTRATIONS

Lorsqu'un créancier poursuit une procédure de saisie immobilière contre le tiers détenteur de l'immeuble sans attraire la société débitrice devant le juge de l'exécution, cette société a intérêt à former tierce opposition contre l'arrêt qui a retenu l'existence d'une créance liquide et exigible dont elle était redevable et qui a ordonné la vente forcée des biens saisis. Ainsi, elle pourra demander l'extinction de la créance et, par voie de conséquence, la mainlevée de la saisie immobilière contre le tiers détenteur (Cass. 2e civ. 23-6-2016 n° 15-14.633 F-PB : Procédures 2016, comm. 257, obs. Ch. Laporte).

Le juge doit rechercher si l'inaliénabilité des actions détenues par des sociétés dans le capital de la société débitrice, prononcée dans le plan de sauvegarde, ne porte pas atteinte aux droits qu'un créancier nanti détient sur ces actions, cette atteinte étant de nature à conférer un intérêt personnel à l'auteur de la tierce opposition à l'encontre du jugement arrêtant le plan et prononçant l'inaliénabilité desdits titres (Cass. com. 3-10-2018 n° 17-14.933 F-D).

L'ancien concubin d'une débitrice, père de ses trois enfants, dispose d'un intérêt à agir pour former tierce opposition contre le jugement ayant converti la procédure de redressement judiciaire de celle-ci en liquidation dès lors que cette conversion risquait d'alourdir sa charge contributive à l'entretien des enfants (CA Aix-en-Provence 25-10-2012 n° 12/04549).

Est irrecevable, car dépourvue d'intérêt, la tierce opposition formée à l'encontre du jugement constatant la bonne exécution du plan par le créancier dont la créance déclarée, mais contestée, n'a pas été inscrite au plan, ce dernier recouvrant en effet son droit de poursuite individuelle (Cass. com. 14-9-22 n° 21-11937 F-B).

MOYENS ET CHARGE DE LA PREUVE DE LA TIERCE OPPOSITION

29135 Le demandeur en tierce opposition se trouve dans la même situation que s'il était intervenu dans la procédure initiale, en particulier en ce qui concerne la charge de la preuve (Cass. 1e civ. 16-1-1967 : Bull. civ. I n° 22).

Par exemple, en cas de revendication de titres, le revendiquant doit faire la démonstration de sa revendication contre le tiers opposant. La position du tiers opposant est alors assez semblable à celle qu'il aurait eue comme intervenant dans l'instance principale.

De même, en dépit du monopôle du mandataire comme représentant des créanciers dans la procédure collective, le créancier pourra former une tierce opposition contre le jugement de séparation de biens judiciaire du débiteur, mais il devra apporter la preuve de la fraude alléguée (Cass. 1e civ. 19-3-2014 nos 11-22.194 FS-PB et 12-28.921 FS-PB).

Si le tiers opposant ne fait valoir aucun moyen à l'appui de son recours, sa tierce opposition doit être déclarée mal fondée (Cass. 2e civ. 26-11-1965 : Bull. civ. II n° 954).

4. JUGEMENT RENDU SUR TIERCE OPPOSITION

OFFICE DU JUGE

29139 La tierce opposition a un **effet dévolutif** et elle ne défère au juge que les points déjà tranchés (Cass. com. 16-9-2014 n° 13-98.710). Celui-ci est toutefois limité. Voie extraordinaire de recours tendant à rétracter ou réformer un jugement d'un chef de son dispositif, elle ne permet pas d'instaurer un nouveau litige devant la juridiction saisie. Par conséquent, les conclusions ne contenant pas une demande de réformation ou de rétractation de la décision ne permettent pas d'accueillir la tierce opposition (Cass. 3e civ. 4-3-2021 n° 20-14.195 FS-P).

Le tribunal saisi de la tierce opposition – et non le premier président de la cour – peut **suspendre l'exécution provisoire** de la décision contestée (Cass. 2e civ. 28-5-2015 n° 14-27.167 : RJDA 8-9/15 n° 616). Il ne peut pas en revanche annuler les actes d'exécution (Cass. com. 8-3-2023 n° 21-18.722 FS-B).

Le juge saisi doit **vérifier** que les individus représentant les personnes morales à l'instance ont le pouvoir de le faire (Cass. 3e civ. 10-3-2015 n° 13-27.222). Il doit apprécier le bien-fondé de la demande à la date du jugement attaqué (Cass. 1e civ. 5-11-2014 n° 13-16.307 : Bull. civ. I n° 182).

L'avis du **ministère public** sur la tierce opposition, s'il est exprimé, doit être connu des parties au procès (Cass. 1e civ. 30-11-2022 n° 21-13.163).

REJET DE LA DEMANDE DE TIERCE OPPOSITION

29140 Le jugement sur tierce opposition peut **rejeter la prétention du tiers.** Celui-ci ne peut plus alors contester la précédente décision. Il s'expose à une amende civile, à des frais et à des dommages-intérêts envers le défendeur à la tierce opposition si cette dernière était abusive ou dilatoire (nos 802 s.).

Le jugement qui rejette la tierce opposition ne peut condamner son auteur à une amende civile que si cette tierce opposition a un **caractère abusif ou dilatoire** (Cass. 3e civ. 21-9-2022 n° 20-20.829 F-D).

ACCUEIL DE LA DEMANDE DE TIERCE OPPOSITION

29142 Le jugement peut aussi **faire droit à la tierce opposition** ; la décision attaquée est alors **inopposable** au tiers opposant, mais conserve sa valeur entre les parties et à l'égard des autres tiers. En effet, la décision qui fait droit à la tierce opposition ne rétracte ou ne réforme le jugement attaqué que sur les chefs préjudiciables au tiers opposant. Le jugement primitif conserve ses effets entre les parties, même sur les chefs annulés. Toutefois la **chose jugée** sur tierce opposition l'est à l'égard de toutes les parties appelées à l'instance (CPC art. 591).

Si la créance fixée par le **jugement** dont il est fait tierce opposition est indivisible, la chose jugée sur la tierce opposition est opposable à toutes les parties (Cass. 2e civ. 10-4-2014 n° 13-15.758). Il en est de même si le litige est indivisible (Cass. 2e civ. 19-3-2009 n° 08-10.690).

VOIES DE RECOURS POUR UN JUGEMENT RENDU SUR TIERCE OPPOSITION

29144 Le jugement rendu sur tierce opposition est susceptible des mêmes **recours** que les décisions de la juridiction dont il émane (CPC art. 592). Il peut donc être attaqué par voie d'appel s'il est rendu par une juridiction du premier degré, par voie d'opposition s'il a été rendu par défaut, ainsi que par les voies de recours extraordinaires, tels le pourvoi en cassation (Cass. 1e civ. 4-5-1971 n° 69-13.185, 69-13.254 : Bull. civ. I n° 146) ou le recours en révision. L'exercice de ces voies de recours est ainsi totalement indépendant du fait que la tierce opposition soit admise ou rejetée.

› Précisions L'arrêt statuant sur une tierce opposition au **jugement d'ouverture du redressement judiciaire** ne peut être frappé de pourvoi en cassation que par le tiers opposant ainsi que par le débiteur, le créancier poursuivant et le ministère public ; quant à l'arrêt statuant sur la tierce opposition au **jugement de conversion du redressement en liquidation judiciaire,** il ne peut faire l'objet d'un pourvoi que de la part du tiers opposant, du débiteur, de l'administrateur, du mandataire judiciaire, du comité d'entreprise ou, à défaut, des délégués du personnel et du ministère public (Cass. com. 9-5-2018 n° 14-11.367 F-PB : RJDA 8-9/18 n° 656).

B. Tierce opposition principale

DÉLAI

Principe Le délai d'exercice de la tierce opposition formée à titre principal est de trente ans à compter du jugement à moins que la loi n'en dispose autrement (CPC art. 586, al. 1). **29155**
Il s'agit d'un **délai de procédure** et non d'un délai de prescription. Il prend effet du jour du prononcé du jugement, sous réserve de dispositions contraires.
Ce délai ne s'applique pas aux **litiges imprescriptibles** (Cass. 1e civ. 1-7-1968 n° 66-10.777 : Bull. civ. I n° 191).

Délais spéciaux Certaines dispositions particulières de la loi prévoient des délais spéciaux, souvent beaucoup plus **brefs,** qui dérogent au délai trentenaire, notamment dans les cas suivants. **29160**
En **matière contentieuse,** le délai est réduit à deux mois lorsque le **jugement** a été **signifié à l'auteur de la tierce opposition** avec mention des modalités de saisine du tribunal ; il court alors à compter de la signification dès lors que celle-ci indique le délai et les modalités de la tierce opposition (CPC art. 586, al. 3). Est ainsi irrecevable la tierce opposition formée par un tiers contre un jugement plus de deux mois suivant la signification qui lui en avait été faite, avec l'indication de la possibilité de former tierce opposition dans un délai de deux mois, en vertu des articles 582 et suivants du Code de procédure civile et la décision ainsi rendue, qui est revêtue de l'autorité de la chose jugée, lui est opposable (Cass. 2e civ. 25-9-2014 n° 13-19.970 : Bull. civ. II n° 200).
La tierce opposition peut également être formée sans limitation de temps contre un jugement produit au cours d'une autre instance par celui auquel on l'oppose.
Enfin, sauf dispositions contraires, l'opposition et la tierce opposition sont formées contre les décisions rendues en matière de mandat ad hoc, de conciliation, de sauvegarde, de redressement judiciaire, de rétablissement professionnel et de liquidation judiciaire, de responsabilité pour insuffisance d'actif, de faillite personnelle ou d'interdiction, par déclaration au greffe dans le délai de dix jours à compter du prononcé de la décision (C. com. art. R 661-2, al. 1) ; toutefois, pour les décisions soumises aux formalités d'insertion dans un support d'annonces légales et au Bodacc, le délai ne court que du jour de la publication dans ce dernier. Pour les décisions soumises à la formalité d'insertion dans un support d'annonces légales, le délai ne court que du jour de la publication de l'insertion (C. com. art. R 661-2, al. 2 modifié par décret 2020-106 du 10-2-2020).
La mention inexacte de la date de cessation des paiements au Bodacc ne fait pas courir le délai de tierce opposition contre le jugement d'ouverture d'une **procédure de redressement judiciaire** (Cass. com. 27-1-2015 n° 13-24.619 : RJDA 6/15 n° 442).

Lorsque la demande est portée devant une juridiction qui a son siège en France métropolitaine, les délais de tierce opposition en matière contentieuse pour le tiers auquel la décision a été notifiée (CPC art. 586, al. 3) sont augmentés d'un mois pour les **personnes qui demeurent** en Guadeloupe, en Guyane, à la Martinique, à La Réunion, à Mayotte, à Saint-Barthélemy, à Saint-Martin, à Saint-Pierre-et-Miquelon, en Polynésie française, dans les îles Wallis-et-Futuna, en Nouvelle-Calédonie et dans les Terres australes et antarctiques françaises (CPC art. 643, 1). Ils sont augmentés de deux mois pour les personnes qui demeurent à l'étranger (CPC art. 643, 2). **29161**

Caractère impératif Quel que soit le délai applicable, il est toujours impératif. **29165**
Son non-respect constitue une **fin de non-recevoir** invocable en tout état de cause (Cass. com. 9-4-1991 n° 89-16.915 : RJDA 8-9/91 n° 748), peu important l'existence d'un grief (Cass. com. 4-1-1978 n° 76-11.580 : Bull. civ. IV n° 10). Le moyen pourrait encore être soulevé d'office et même pour la première fois devant la Cour de cassation, comme moyen de pur droit (Cass. com. 29-5-1980 n° 78-14.800 : Bull. civ. IV n° 214).

Si le litige est **indivisible,** il est important que toutes les parties au jugement sur tierce opposition soient mises en cause dans le délai (2 mois ou 30 ans) à peine d'irrecevabilité (CA Pau 16-3-2021 n° 20/03066). **29166**

JUGE COMPÉTENT EN MATIÈRE DE TIERCE OPPOSITION PRINCIPALE

29175 La juridiction compétente pour connaître de la tierce opposition principale est celle qui a rendu la **décision attaquée** (CPC art. 587, al. 1). Il importe peu qu'il s'agisse d'une juridiction d'exception ou d'une juridiction de droit commun.

La décision peut être rendue par les mêmes magistrats que ceux qui ont rendu la décision attaquée (CPC art. 587, al. 2).

Si une tierce opposition principale est portée devant une **juridiction autre** que celle qui a rendu la décision attaquée, le défendeur peut soulever l'exception d'**incompétence.** S'il ne le fait pas, le juge doit déclarer d'office son incompétence. En effet, l'attribution de compétence à une juridiction déterminée pour connaître d'une voie de recours est une disposition d'ordre public que le juge doit faire respecter (CPC art. 76, al. 1).

INTRODUCTION DE L'INSTANCE SUR TIERCE OPPOSITION

29185 Lorsqu'elle est formée à titre principal, la tierce opposition est toujours une voie de **rétractation** puisque c'est la juridiction qui a rendu la décision attaquée qui va connaître du recours. La tierce opposition principale est introduite dans les **formes** prévues pour la saisine de la juridiction qui est compétente pour en connaître. L'acte introductif d'instance suit les règles de la **procédure contentieuse.** On ne distingue donc pas selon que la tierce opposition est formée à l'encontre d'un jugement rendu en matière contentieuse ou en matière gracieuse (CPC art. 587, al. 3).

Par **exemple**, devant le tribunal judiciaire, pour les procédures avec représentation obligatoire, l'instance sera introduite par assignation avec constitution d'avocat. Il est aussi permis d'introduire la tierce opposition, le cas échéant, par remise d'une requête conjointe au secrétariat de la juridiction visée (Cass. 2e civ. 8-7-2004 n° 02-12.789 : Bull. civ. II n° 401).

En matière de procédure collective, le tribunal de commerce est saisi par déclaration au greffe dans les 10 jours du prononcé de la décision et non par lettre recommandée ou par télécopie (Cass. com. 29-4-2014 n° 12-20.988 : RJDA 10/14 n° 790). Il a notamment été jugé que la tierce opposition contre le jugement arrêtant le plan doit, sous peine d'irrecevabilité, être formée par déclaration au greffe, de sorte que le recours formé par la lettre recommandée avec avis de réception adressée au greffe, qui n'est pas assimilable à une déclaration au greffe, est irrecevable (Cass. com. 17-2-2021 n° 19-16.470 F-PI). Enfin, conformément à l'article R 661-2 du Code de commerce, qui est exclusif de l'application des règles de droit commun, le seul mode de saisine de la cour d'appel d'une opposition à un arrêt rendu par défaut, ouvrant une liquidation judiciaire, est la déclaration au greffe, de sorte que l'opposition formée par des conclusions adressées par le réseau privé virtuel des avocats (RPVA) est irrecevable (Cass. com. 10-3-2021 n° 19-15.497 F-P : RJDA 6/21 n° 416).

29187 En cas d'**indivisibilité** à l'égard de plusieurs parties au jugement attaqué, la **tierce opposition** n'est **recevable** que si toutes ces parties sont appelées à l'instance (CPC art. 584).

Il résulte des dispositions de l'article R 661-1 du Code de commerce que les mandataires de justice qui ne sont pas appelants doivent être intimés. Par conséquent, le créancier qui interjette appel du jugement déclarant irrecevable sa tierce opposition au jugement ayant adopté le plan de redressement doit intimer les mandataires de justice, y compris le commissaire à l'exécution du plan nouvellement désigné (Cass. com. 25-3-2020 n° 18-21.889 F-D).

La décision faisant droit à la tierce opposition ne rétracte ou ne réforme le jugement attaqué, sauf indivisibilité, que sur les chefs préjudiciables au tiers opposant ; en cas de tierce opposition de l'AGS, il n'y a pas a priori d'indivisibilité avec la décision condamnant l'employeur à verser différentes sommes au titre de la rupture ou de l'exécution du contrat de travail avant d'être mis en liquidation judiciaire (Cass. soc. 27-11-2019 n° 18-10.929 F-PB).

29189 Devant le conseil de **prud'hommes,** la procédure de **conciliation** n'est pas applicable en cas de tierce opposition (Cass. soc. 7-11-1989 n° 86-44.802 : Bull. civ. V n° 645).

C. Tierce opposition incidente

DÉLAI

29200 La tierce opposition peut être formée sans limitation de temps contre un jugement produit au cours d'une autre instance par celui auquel on l'oppose (CPC art. 586, al. 2).

Cette disposition est applicable à **tous les jugements,** y compris à ceux qui, rendus en matière d'état des personnes ou d'état civil, sont opposables à tous (Cass. 1e civ. 10-12-1985 n° 84-12.726 : Bull. civ. I n° 344).

Il existe toutefois des situations particulières :
– un prêteur qui possède nécessairement un intérêt à agir doit faire tierce opposition dans le délai de 10 jours de la publication du jugement de report de la date de cessation des paiements et non lors de l'action en nullité intentée contre l'acte qu'il a passé pendant la période suspecte (Cass. com. 14-6-2017 n° 15-25.698 FS-PBI) ; voir n° 50510 sur les procédures collectives ;
– en matière contentieuse, elle n'est cependant recevable, de la part du tiers auquel le jugement a été notifié, que dans les deux mois de cette notification, sous réserve que celle-ci indique de manière très apparente le délai dont il dispose ainsi que les modalités selon lesquelles le recours peut être exercé ; il en est de même en matière gracieuse lorsqu'une décision en dernier ressort a été notifiée (CPC art. 586, al. 3).

JURIDICTION COMPÉTENTE ET FORME DE LA DEMANDE EN CAS DE TIERCE OPPOSITION INCIDENTE

Lorsque la tierce opposition est formée à titre incident, elle peut être portée devant la juridiction saisie du litige principal si celle-ci est d'un **degré supérieur** à celle qui a rendu le jugement, ou si, étant d'**égal degré,** aucune règle de compétence d'ordre public n'y fait obstacle (CPC art. 588, al. 1). Par **exemple,** une cour d'appel est de degré égal à une autre cour d'appel : elle pourra donc connaître d'une tierce opposition contre un arrêt rendu par une autre cour d'appel. Comme chaque cour d'appel a plénitude de juridiction, aucune exclusion de compétence d'ordre public ne pourra se rencontrer. 29205
Lorsque la tierce opposition incidente est portée devant la juridiction saisie du litige principal, elle est formée devant celle-ci de la même manière que les **demandes incidentes** (CPC art. 588, al. 1).

Dans les **autres cas,** la tierce opposition incidente est portée, par voie de **demande principale,** devant la juridiction qui a rendu le jugement (CPC art. 588, al. 2). 29207
Les **juridictions d'exception** ne peuvent connaître que des tierces oppositions contre les jugements émanant d'une juridiction de même classe, puisque chaque juridiction a reçu une compétence d'attribution limitée. Une juridiction d'exception ne saurait s'emparer de la tierce opposition formée contre un jugement rendu par un tribunal judiciaire, juridiction de droit commun. De même, si la tierce opposition incidente est formée devant une juridiction d'exception à l'encontre d'un jugement rendu par le tribunal judiciaire, la juridiction d'exception doit se dessaisir.

Lorsqu'elle est diligentée à titre incident, la tierce opposition est tantôt une voie de **rétractation,** tantôt une voie de **réformation.** Elle est une voie de rétractation si la juridiction saisie du litige en cours est du même degré que celle dont émane la décision attaquée ; elle est une voie de réformation quand le tribunal qui connaît du procès en cours est de degré supérieur à celui qui a rendu la décision attaquée (CPC art. 588). 29209

SECTION 4 RECOURS EN RÉVISION

PRINCIPES GÉNÉRAUX

La procédure de révision est régie par les dispositions communes à toutes les voies de recours et aux voies extraordinaires de recours mais aussi par des dispositions spécifiques (CPC art. 593 à 603). 29230
Le recours en révision est une voie de recours extraordinaire par laquelle une partie demande à la juridiction qui a rendu une décision passée en force de **chose jugée** de la **rétracter** afin qu'il soit **de nouveau statué** en fait et en droit (CPC art. 593).
Le recours en révision donne au justiciable la possibilité de faire modifier la décision rendue sur **une appréciation inexacte.** Les **cas d'ouverture** sont limitativement fixés par les textes.
Le recours en révision permet de remettre en cause un jugement alors que les **délais** pour exercer les **autres voies de recours** sont expirés. Le cas type est celui d'une décision rendue de façon erronée sur le fondement d'une information incomplète qui a faussé gravement l'appréciation des juges. Sa mise en œuvre suppose la **révélation** d'éléments de **faits décisifs** que l'on ignorait au moment de la décision attaquée.

EFFET DU RECOURS EN RÉVISION

29231 Le recours en révision ne défère à la juridiction que les chefs qu'il conteste expressément (Cass. com. 10-2-2015 n° 12-19.313). Seul le dispositif est visé par ce recours (Cass. com. 13-5-2014 n°s 12-28.013 et 12-28.654 : RJDA 10/14 n° 744).

A. Décisions susceptibles de recours en révision

MATIÈRE ET JURIDICTIONS

29233 Le recours en révision peut être formé en toute **matière** et devant toutes les **juridictions** statuant en matière civile, commerciale, sociale, rurale ou prud'homale (CPC art. 749), même lorsqu'il n'est pas expressément prévu par la loi.

EXEMPLE

En matière de **procédure collective,** le recours en révision peut être exercé contre le jugement qui arrête ou rejette le plan de cession d'une entreprise en redressement ou en liquidation judiciaire (Cass. com. 2-4-1996 n° 92-20.728 : Bull. civ. IV n° 107).

Il est ouvert également contre une sentence arbitrale dans les cas prévus pour les jugements (CPC art. 1502 et 1506).

DÉCISION PERMETTANT UN RECOURS EN RÉVISION

29235 Le recours en révision est ouvert à l'égard de tout **type de jugement,** sauf exception. La notion de jugement s'entend indifféremment des décisions rendues par les juridictions de **première instance** et des arrêts de **cour d'appel.**
La question de la recevabilité du recours en révision contre les **décisions gracieuses** reste ouverte en doctrine et en jurisprudence. Cette dernière exclut le recours en révision contre une décision d'adjudication constatant un contrat judiciaire sans statuer sur aucun incident (Cass. 2e civ. 20-5-1985 n° 83-16.680 : Bull. civ. II n° 99), mais elle l'admet contre un jugement homologuant un changement de régime matrimonial (Cass. 1e civ. 5-1-1999 n° 96-22.914 : Bull. civ. I n° 11).
Il faut toutefois que la décision attaquée ait eu à trancher un litige (Cass. 2e civ. 22-2-2007 n° 05-18.829 : Bull. civ. II n° 43).

RECOURS EN RÉVISION SUR UN JUGEMENT AYANT FORCE DE CHOSE JUGÉE

29240 Le recours en révision suppose l'existence d'un jugement passé en force de chose jugée (CPC art. 593). Ne sont pas concernées les décisions qui ne présentent pas cette qualité comme, par exemple, celles rendues par les commissions de recours gracieux des organismes de sécurité sociale (Cass. 2e civ. 13-7-2006 n° 05-14.471 : Bull. civ. II n° 215).
La condition de recevabilité tenant à la force jugée de la décision dont la révision est demandée doit s'apprécier à la date d'introduction du recours et non à la date où le juge de la révision statue (Cass. 2e civ. 30-1-2014 n° 12-20.249 : Bull. civ. II n° 33).

29242 Le jugement qui n'est susceptible d'aucun **recours suspensif d'exécution** a la force de chose jugée (CPC art. 500, al. 1). La force de chose jugée se distingue de l'autorité de chose jugée, car cette dernière est acquise dès le prononcé d'une décision juridictionnelle relativement à la contestation tranchée (CPC art. 480). Sont dépourvues de force de chose jugée, et par conséquent non susceptibles d'un recours en révision, les décisions qui peuvent être frappées d'appel, d'opposition et exceptionnellement d'un pourvoi en cassation.
Sont passés en force de chose jugée et **peuvent faire l'objet d'un recours en révision** :
– les décisions rendues en première instance et non susceptibles d'opposition, d'appel ou d'un pourvoi en cassation exceptionnellement suspensif ;
– les décisions rendues en première instance susceptibles de tels recours, à condition que ceux-ci n'aient pas été formés dans les délais légaux ;
– les arrêts des cours d'appel, lorsque le pourvoi en cassation n'est pas suspensif (notamment jugement de divorce : CPC art. 1086).

Cumul du pourvoi en cassation et du recours en révision 29245

Rien ne s'oppose à la formation d'un recours en révision alors que le délai du pourvoi en cassation n'est pas expiré (Cass. 2e civ. 3-2-1988 n° 86-13.680 : Bull. civ. II n° 34 ; Cass. 2e civ. 8-11-1983 n° 82-13.264 : Bull. civ. II n° 171). Le cumul du pourvoi en cassation non suspensif et du recours en révision est en effet possible puisque ces deux voies de recours extraordinaire n'ont pas le même objet. Il suffit que le jugement attaqué révèle à la fois un cas d'ouverture à cassation et une cause de recours en révision.

B. Décisions insusceptibles de recours en révision

Le recours en révision est exclu notamment contre : 29255
– les décisions qui n'ont pas force de chose jugée (nos 29240 s.) ;
– les **mesures d'administration judiciaire** (CPC art. 537) ;
– le jugement d'expertise qui ne participe pas de l'instruction du litige et ne préjuge pas de son règlement (Cass. 2e civ. 22-2-2007 n° 05-18.829 : Bull. civ. II n° 43) ;
– les décisions déjà contestées par un recours en révision du même demandeur, sauf si le cas d'ouverture est différent (CPC art. 603, al. 1) ou si un cas d'ouverture est réalisé postérieurement ;
– le jugement qui statue sur le recours en révision (CPC art. 603, al. 2) ;
– les décisions rétractées (Cass. 2e civ. 21-3-2013 n° 12-16.961) ;
– les arrêts rendus par la Cour de cassation (Cass. 3e civ. 12-6-1991 n° 90-15.411 : Bull. civ. III n° 176).

En raison de son **caractère subsidiaire,** le recours en révision n'est pas recevable si une **autre voie procédurale** permet la rétractation ou la réformation du jugement contesté. Tel est le cas, **notamment,** pour les **décisions** judiciaires ordonnées **à titre provisoire** telles que : 29257
– les ordonnances sur requête, les ordonnances de référé (Cass. 2e civ. 27-4-1988 n° 86-15.623 : Bull. civ. II n° 102 ; Cass. 2e civ. 11-7-2013 n° 12-22.630) ;
– les ordonnances du juge de la mise en état (Cass. 2e civ. 3-5-1990 n° 88-19.953) ;
– les dispositions provisoires ordonnées durant la procédure de divorce (Cass. 2e civ. 3-6-1999 n° 97-18.754 : Bull. civ. II n° 106) ;
– les jugements avant dire droit.
L'ouverture du recours en révision est inutile puisque le **juge** peut toujours **modifier la décision** provisoire à la demande des parties en cas de survenance d'un fait nouveau.

Le recours en révision est également exclu contre les décisions des juges du fond accordant des **indemnités provisionnelles** (Cass. com. 20-1-1981 n° 78-12.627 : Bull. civ. IV n° 39). Lorsque ces indemnités sont accordées par une ordonnance du juge de la mise en état ou une ordonnance de référé, la décision rendue a un caractère provisoire et elle ne peut faire l'objet d'un recours en révision. 29258

C. Auteur du recours en révision

QUALITÉ POUR AGIR

Seules les personnes qui ont été **parties ou représentées** au jugement à contester peuvent intenter le recours en révision (CPC art. 594). 29270
Les témoins et experts n'ont nullement la qualité de partie et ils ne peuvent pas agir en révision. De même, l'associé d'une SCI n'a pas qualité pour introduire un recours en révision au nom de la société (Cass. 3e civ. 27-11-1991 n° 88-19.870 : Bull. civ. II n° 296), alors que la société a été condamnée à payer des dommages-intérêts et que chacun des associés peut, en conséquence, être recherché en cas de carence de la société.

Le **défaut** de qualité à agir est sanctionné par l'irrecevabilité de la demande de révision (CPC art. 122 s.). Le représentant d'une partie au jugement attaqué peut toutefois intenter le recours s'il a cessé ses fonctions et s'il a un intérêt personnel à le faire ; le recours est pareillement ouvert contre lui (CPC art. 534). 29272
Ceux qui n'ont été ni parties ni représentés au jugement contesté doivent, s'ils souhaitent attaquer une décision de justice, former une tierce opposition. Cette voie de recours extraordinaire est incompatible avec le recours en révision (Cass. 2e civ. 14-10-1999 n° 97-16.630 : Bull. civ. II n° 158). En revanche, les tiers peuvent intervenir à l'instance de révision (CPC art. 325 à 328, 554 et 555).

INTÉRÊT À EXERCER UN RECOURS EN RÉVISION

29280 La partie qui forme un recours en révision doit pouvoir justifier d'un intérêt personnel, direct et légitime (Cass. 2e civ. 11-7-1979 n° 78-12.546 : Bull. civ. II n° 211). La décision dont la révision est demandée doit faire **grief** au requérant. Pour cette raison, le requérant doit critiquer la condamnation portée contre lui (Cass. 2e civ. 21-3-2013 n° 11-29.014). Seul ce grief lui confère un intérêt à demander la rétractation du jugement initial. À défaut, par exemple dans l'hypothèse où le jugement contesté a accordé au demandeur tout ce qu'il réclamait, son recours serait déclaré irrecevable (CPC art. 122). Cette **fin de non-recevoir** peut être soulevée en tout état de la cause et par toute partie sans avoir à justifier d'un grief. Le défaut d'intérêt à agir peut être soulevé d'office par le **juge** (CPC art. 125).

RECOURS EN RÉVISION ET ABSENCE DE FAUTE

29285 Le recours suppose l'absence de faute ou de négligence de son auteur, lequel doit avoir été dans l'**impossibilité de faire valoir les faits** qu'il invoque avant que la décision ne soit passée en force de chose jugée (CPC art. 595, dernier al.). Par exemple, le recours est exclu si la cause de révision a été découverte après le prononcé du jugement, mais avant l'expiration du délai d'exercice des voies de recours ordinaires. La sanction de la **négligence du demandeur** sera l'irrecevabilité du recours en révision ; dans ce cas, le jugement deviendra définitif, à moins qu'un autre recours en révision, fondé sur d'autres faits, ne puisse être formé.

> **Précisions** La condition de recevabilité tenant à la force jugée de la décision dont la révision est demandée doit s'apprécier à la **date d'introduction du recours** et non à la date où le juge de la révision statue ; le recours en révision est irrecevable quand son auteur, qui invoquait la dissimulation d'une pièce décisive dont il avait pris connaissance après un jugement l'ayant condamné à payer certaines sommes, aurait eu la possibilité, à la date d'introduction du recours, de s'en prévaloir en appel (Cass. 2e civ. 30-1-2014 n° 12-20.249 : Bull. civ. II n° 33).

D. Cas d'ouverture du recours en révision

ENCADREMENT DES CAUSES D'OUVERTURE DU RECOURS

29300 Les causes justifiant la rétractation d'une décision sur le fondement du recours en révision sont **limitativement énumérées** par le Code (CPC art. 580) et exclusives de toute autre voie de recours. La rétractation de la décision n'est possible que dans les **cas suivants** (CPC art. 595) :
- fraude ;
- recouvrement de pièces décisives ;
- pièces reconnues ou judiciairement déclarées fausses ;
- attestation, témoignage ou serment judiciairement déclaré faux.

29302 Il appartient au **demandeur** à la révision de **fonder explicitement** son recours en rétractation sur l'un de ces cas d'ouverture. Le juge qui constate soit que le requérant ne se fonde sur aucun des cas d'ouverture à l'appui de son recours, soit qu'aucun des faits allégués ne constitue une cause d'ouverture du recours en révision, doit déclarer le **recours irrecevable** (Cass. 2e civ. 12-2-2004 n° 02-11.913 : Bull. civ. II n° 64).

29304 Il importe, pour que le recours prospère, que la **cause** de révision invoquée ait été **déterminante** dans le jugement contesté, caractère que le juge apprécie souverainement (Cass. 2e civ. 9-4-2015 n° 14-14.719 ; Cass. soc. 24-1-2018 n° 16-23.072 FS-D). Par exemple, en cas de recouvrement de pièces, le caractère décisif de la pièce recouvrée s'apprécie au regard de la probabilité que sa connaissance ait amené le juge à retenir une solution différente. Il n'est pas nécessaire que la pièce soit décisive au point que la partie aurait nécessairement gagné en la produisant ; il suffit que cette probabilité soit forte (Cass. 1e civ. 12-7-1994 n° 92-16.765 : Bull. civ. I n° 54).
Le recours est en revanche irrecevable si la cause de la révision est connue avant l'expiration des voies de recours ordinaires (Cass. 2e civ. 2-7-1986 n° 85-11.614 : Bull. civ. II n° 103).

FRAUDE ET RECOURS EN RÉVISION

29310 Le recours en révision est ouvert s'il se révèle, après le jugement, que la décision a été surprise par la fraude de la **partie** au profit de laquelle elle a été rendue (CPC art. 595, 1°). La cause initiale du recours en révision doit toutefois être antérieure au jugement contesté et la fraude doit avoir été accomplie dans le but de **tromper le juge** (Cass. 2e civ. 21-7-1976 n° 75-10.730 : Bull. civ. II n° 245).

29311 La fraude suppose des agissements déloyaux de la partie à qui profite la décision afin de tromper le juge en provoquant son erreur. L'élément matériel de la fraude peut être constitué par une **manœuvre** frauduleuse ou un **mensonge** (Cass. 2e civ. 21-2-2013 n° 12-14.440 : Bull. civ. II n° 40).

EXEMPLE

Dans le cadre de la fixation de la prestation compensatoire, les parties fournissent au juge une déclaration certifiant sur l'honneur l'exactitude de leurs ressources, revenus, patrimoine et conditions de vie (C. civ. art. 272). Cette déclaration n'est soumise à aucune forme spécifique, mais les époux doivent pouvoir justifier la teneur de leur déclaration à l'aide de pièces justificatives. En cas de dissimulation ou de mensonge dans cette déclaration, il est possible de faire un recours en révision du jugement sur le fondement de l'article 595 al. 1 du Code de procédure civile (Rép. min. n° 28640 : JOAN 30-6 p. 4595, Descamps B.).

Toutefois, le simple **silence** gardé sur certains faits que l'on sait devoir compromettre sa propre cause n'est pas une fraude (Cass. 2e civ. 24-1-1996 n° 94-12.902). Une partie ne saurait invoquer, à l'appui de son recours, le silence gardé par elle-même sur l'existence d'une convention dont elle est signataire (Cass. 2e civ. 19-3-2015 n° 14-15.092).

Le silence mensonger ou le simple mensonge ne peuvent être qualifiés de fraude que s'ils sont accompagnés d'**autres éléments** de nature à les renforcer. L'acte doit en outre avoir été exécuté de manière **intentionnelle,** en constituant un comportement volontairement déloyal (Cass. 1e civ. 7-11-2018 n° 17-26.545 F-D : Gaz. Pal. 9-4-2019 chron. p. 56 note M. Galvez), dans l'optique d'induire le juge en erreur. Tel est le cas lorsqu'un ex-époux a dissimulé à l'autre une partie de ses revenus lors de la fixation de sa prestation compensatoire (Cass. 1e civ. 28-2-2006 n° 04-12.621 F-PB : Bull. civ. I n° 118). Dans ce cas particulier, la Cour de cassation a admis que le simple mensonge d'un époux sur ses revenus, même sans manœuvre, suffit à ouvrir la voie de la révision (Cass. 2e civ. 21-2-2013 n° 12-14.440 F-PB : Bull. civ. II n° 40).

En revanche, un **simple soupçon de fraude** ne rend pas recevable le recours en révision (Cass. 1e civ. 8-11-2018, n° 18-19.434 F-D). Il faut que soit invoquée une fraude proprement dite.

L'existence ou l'absence de fraude est une **question de fait** relevant des juges du fond, qui apprécient souverainement la portée des éléments de preuve qui leur sont présentés (Cass. 2e civ. 21-7-1980 n° 78-16.197 : Bull. civ. II n° 190). **29312**

La **charge de la preuve** incombe logiquement à l'auteur du recours (Cass. 1e civ. 9-1-2007 n° 05-10.098 : Bull. civ. I n° 10). Le demandeur doit établir que sont réunis les éléments constitutifs de la fraude. Ce fait juridique doit être prouvé dans sa double dimension matérielle, qui englobe tous faits ou actes déloyaux de nature à induire en erreur, et intentionnelle, qui suppose une volonté de tromper l'adversaire et le juge.

RECOUVREMENT DE PIÈCE DÉCISIVE ET RECOURS EN RÉVISION

Le recours en révision est ouvert si, depuis le jugement, il a été recouvré des pièces décisives qui avaient été retenues par le fait d'une **autre partie** (CPC art. 595, 2°). La pièce doit avoir été **volontairement retenue** par l'autre partie avec l'intention arrêtée de s'en assurer les conséquences favorables (Cass. 1e civ. 12-7-1994 n° 92-16.765 : Bull. civ. I n° 254). **29320**

Pour que le recours soit ouvert, il ne faut pas que le **requérant** ait eu une **connaissance** suffisante de la pièce avant que la décision au fond ne soit passée en force de chose jugée. S'il a négligé d'exercer un recours suspensif, alors qu'il était encore dans les délais pour le faire quand il a découvert l'existence de la pièce, il sera considéré comme fautif et son recours en révision sera rejeté. Si la pièce en question figure dans un dossier pénal mais qu'elle est encore insusceptible d'être versée aux débats parce que l'instruction est en cours, on pourra demander à la juridiction de surseoir.

Le demandeur au recours en révision doit prouver la rétention de pièce (Cass. 1e civ. 28-1-2015 n° 13-28.476). Le juge n'a pas à rechercher des pièces décisives autres que celles avancées par l'auteur du recours (Cass. 2e civ. 16-6-2013 n° 12-20.736).

La **notion** de pièce doit se comprendre de manière très **large** et englober non seulement les documents sur **support papier** mais également sur support **électronique** ou sonore. La rétention suppose que la **pièce existe** avant le jugement ; elle doit être le fait d'une partie et non du **tiers** seul. La rétention d'une pièce ne peut justifier la révision d'un procès que si cette pièce présente un **caractère décisif** (n° 29304). **29322**

PIÈCE RECONNUE OU JUDICIAIREMENT DÉCLARÉE FAUSSE ET RECOURS EN RÉVISION

Le recours en révision est ouvert si le jugement a été rendu sur des pièces reconnues ou judiciairement déclarées fausses depuis le jugement (CPC art. 595, 3°). **29330**

Il importe peu que le faux ait été commis par une **partie ou** par un **tiers,** dès lors qu'il a contribué à tromper le juge. Le faux peut être **matériel** et résulter de la fabrication ou de l'altération

de l'écrit, ou **intellectuel** et affecter la substance même de l'écrit dont le contenu est inexact. Il faut qu'il soit établi de manière certaine.
Les pièces fausses doivent avoir eu une **incidence déterminante** sur la décision contestée (n° 29304).

29337 **Pièce reconnue fausse** La certitude de la falsification peut provenir de l'**aveu** de la partie qui a produit les pièces contestées, même si elle n'est pas l'auteur du faux (Cass. 3e civ. 27-2-1974 n° 73-10.216 : Bull. civ. III n° 95). L'aveu est apprécié souverainement par les juges du fond.

29340 **Pièce judiciairement déclarée fausse** L'ouverture du recours en révision pour déclaration judiciaire de pièce fausse est conditionnée à l'existence d'un jugement qui établit le faux.
La **déclaration judiciaire** peut être obtenue par divers **moyens,** notamment :
– la procédure concernant les contestations relatives aux actes sous seing privé, qu'il s'agisse de la vérification d'écriture (CPC art. 287 s.) ou de l'incident de faux (CPC art. 299 s.) ;
– la procédure concernant l'inscription de faux contre les actes authentiques par la voie incidente (CPC art. 306 s.) et principale (CPC art. 314 s.).
La juridiction civile n'ayant pas un monopole, le faux peut également être déclaré par une juridiction pénale, voire extranationale.

> **Précisions** L'instance en révision ne peut en revanche pas donner lieu à une **procédure incidente de faux,** lequel doit avoir été judiciairement constaté antérieurement à l'introduction du recours en révision (Cass. 1e civ. 28-5-1980 n° 79-11.991 : Bull. civ. I n° 161).

ATTESTATION, TÉMOIGNAGE OU SERMENT DÉCLARÉS FAUX ET RECOURS EN RÉVISION

29345 Le recours en révision est ouvert si le jugement a été rendu sur des attestations, témoignages ou serments judiciairement déclarés faux depuis le jugement (CPC art. 595, 4°).

E. Délai du recours en révision

OBLIGATION DE RESPECTER UN DOUBLE DÉLAI

29360 Le recours en révision doit être intenté dans le délai de deux mois à compter du jour où la partie a eu **connaissance de la cause de révision** qu'elle invoque (CPC art. 596 ; Cass. 2e civ. 3-12-2015 n° 14-14.590 F-PB : Bull. civ. II n° 270).

> **Précisions** Le droit à l'accès au juge implique que la tentative d'assignation par acte d'huissier ou commissaire de justice d'une personne qui se révèle décédée interrompe le délai pour agir, dès lors qu'il n'est pas établi que le demandeur avait connaissance du décès, pour lui permettre d'assigner les successibles du de cujus (Cass. 2e civ. 25-3-21 n° 19-15.611 FS-P).
> En matière fiscale, le délai d'assignation de deux mois à compter de la notification de la décision de rejet d'une réclamation contentieuse est, en application des dispositions de l'article 643 du CPC, prorogé de deux mois si le contribuable est domicilié hors de France, bien qu'il ait, conformément aux dispositions de l'article R 197-5 du livre des procédures fiscales, l'obligation de faire élection de domicile en France (Cass. com. 1-6-23 n° 21-18.694 FS-B).

Le recours doit en outre être engagé dans le délai de deux ans à compter de la **décision attaquée** (Cass. 2e civ. 7-7-2005 n° 03-15.662 : Bull. civ. II n° 183 ; Cass. 2e civ. 17-5-2018 n° 16-28.742 F-PB : Bull. inf. C. cass. 1-11-2018 n° 1096).
Il appartient au demandeur à la révision d'apporter la preuve de la date à laquelle il a eu connaissance de la cause alléguée, afin d'établir que son action a été introduite dans le délai de deux mois de l'article 596 du Code de procédure civile (Cass. 2e civ. 2-4-1979 : Bull. civ. II n° 108).
Si une partie découvre **plusieurs causes de révision** à des moments différents, le délai de recours court respectivement pour chacune de ces causes à partir du moment où l'intéressé en a eu connaissance.

> **Précisions** Si **le jugement n'a pas été notifié dans le délai de deux ans** de son prononcé, la partie qui a comparu n'est plus recevable à exercer un recours à titre principal après l'expiration dudit délai ; cette disposition n'est applicable qu'aux jugements qui tranchent tout le principal et à ceux qui, statuant sur une exception de procédure, une fin de non-recevoir ou tout autre incident, mettent fin à l'instance (CPC art. 528-1).

Date de la connaissance de la cause de révision Le délai du recours en révision court à compter du jour où la partie a eu connaissance de la cause de révision qu'elle invoque (CPC art 596). Le plaideur qui avait connaissance de la cause de révision plus de deux mois avant la citation est irrecevable (Cass. soc. 10-7-2019 n° 18-12.434 F-D). Le demandeur au recours en révision doit établir qu'il a agi dans le délai (Cass. 2e civ. 6-6-2019 n° 17-28.839 F-D). 29362
Lorsque le recours en révision est formé pour cause de **recouvrement de pièces décisives,** le délai court à compter, non pas du recouvrement effectif des pièces, mais de la connaissance de leur rétention, voire même de la seule connaissance de leur existence (Cass. 2e civ. 28-11-1984 n° 83-14.459 : Bull. civ. II n° 183). En effet, le délai de deux mois de l'article 596 du CPC part de la connaissance que l'auteur a de l'existence de la cause de révision et non de la possession de la preuve de celle-ci, même si l'acte qui constitue cette preuve a été publié (Cass. 2e civ. 6-6-2013 n° 12-20.461).
En cas de reconnaissance de la **fausseté des pièces** sur lesquelles le jugement a été rendu, le délai court à compter du jour où la pièce a été reconnue fausse par celui qui l'avait produite. Pour les pièces judiciairement déclarées fausses, le délai commence à courir quand la partie victime de la fraude a connaissance du jugement et non à compter de son prononcé. La même solution doit être retenue pour les attestations, témoignages ou serments judiciairement déclarés faux.

SANCTION DES DÉLAIS DU RECOURS EN RÉVISION

Le **non-respect** des délais est sanctionné par l'**irrecevabilité** du recours (CPC art. 122). 29365
La **fin de non-recevoir** tirée de l'expiration du délai de recours peut être opposée en tout état de cause, à moins qu'il en soit disposé autrement et sauf la possibilité pour le juge de condamner à des dommages-intérêts ceux qui se seraient abstenus, dans une intention dilatoire, de la soulever plus tôt (CPC art. 123).
L'irrecevabilité du recours en révision doit être **relevée d'office** si elle résulte de l'inobservation des délais encadrant son exercice (CPC art. 125). En tout état de cause, le juge, s'il veut relever d'office la tardiveté du recours, doit respecter le principe de la contradiction et, au préalable, inviter les parties à fournir leurs explications (Cass. 2e civ. 8-2-1989 n° 87-19.357 : Bull. civ. II n° 37). Le délai du recours en révision contre un arrêt de cour d'appel n'est pas interrompu par une demande en révision contre le jugement que cet arrêt a confirmé (Cass. 2e civ. 27-9-2018 n° 17-22.683 F-D).

CHARGE DE LA PREUVE EN CAS DE RECOURS EN RÉVISION

Le requérant a la charge de la preuve de la date de départ du délai de recours. Au moment de la découverte des faits inconnus jusqu'alors, il ne doit pas avoir été possible d'exercer une voie de recours ordinaire contre la décision contestée, auquel cas la voie du recours en révision est définitivement fermée. 29370
La preuve de la tardiveté du recours peut être faite par tous moyens. Les juges du fond apprécient souverainement la date de la cause de révision invoquée (Cass. 2e civ. 28-11-1984 n° 83-14.459 : Bull. civ. II n° 183).
Le demandeur en révision doit établir la recevabilité de son recours en prouvant qu'il est dans le délai pour agir. Après avoir démontré la force de chose jugée qui s'attache à la décision attaquée, il doit rapporter la preuve du moment auquel il a eu connaissance du fait invoqué à l'appui de la révision (Cass. 2e civ. 10-2-1993 n° 91-17.235 : Bull. civ. II n° 60).

INTERRUPTION DU DÉLAI DU RECOURS EN RÉVISION

Interruption en raison du recours Le délai du recours est interrompu **notamment par** : 29390
– la citation introduisant le recours – et non l'enrôlement – (Cass. 2e civ. 27-10-1982 n° 80-16.616 : Bull. civ. II n° 136) ;
– la tentative d'assignation par acte d'huissier ou commissaire de justice d'une personne qui s'avère décédée dès lors qu'il n'est pas établi que le demandeur avait connaissance du décès afin de lui permettre d'assigner les successibles du de cujus (Cass. 2e civ. 25-3-2021 n° 19-15.611 FS-P) ;
– le dépôt d'une demande d'aide juridictionnelle devant le juge de première instance ou d'appel (Décret 2020-1717 du 28-12-2020 art. 43 s. ; Cass. soc. 8-2-2005 n° 02-46.044 : Bull. civ. V n° 49) ;
– l'introduction du pourvoi en cassation s'il est suspensif (Cass. 2e civ. 17-2-2011 n° 10-15.285). Dans ce cas, le délai du recours en révision ne commence à courir qu'à compter du prononcé de l'arrêt de la Cour de cassation.
La survenance d'une nouvelle cause de révision n'interrompt pas les délais en cours mais en fait démarrer un autre (Cass. 2e civ. 13-9-2007 n° 06-20.757 : Bull. civ. II n° 220).

29395 **Interruption en dehors du recours** Le délai de recours en révision est interrompu s'il survient au cours de ce délai un changement dans la capacité ou le décès d'une partie à laquelle le jugement a été notifié (CPC art. 531 et 532). Le délai est également interrompu par l'effet du jugement qui prononce la sauvegarde, le redressement judiciaire ou la liquidation judiciaire dans les causes où il emporte assistance ou dessaisissement du débiteur (CPC art. 531).

F. Juridiction compétente pour statuer sur le recours en révision

29410 Le recours en révision est une voie de rétractation (CPC art. 593). Il est porté devant la juridiction qui a rendu la **décision contestée** (Cass. 2e civ. 22-3-2018 n° 17-19.502 F-D). La **compétence** de cette juridiction est **exclusive.** Elle est d'**ordre public** et s'impose aux parties qui ne peuvent proroger la compétence d'une autre juridiction.

29412 Lorsqu'un recours en révision est formé contre une **sentence arbitrale,** il doit être porté devant le tribunal arbitral ; toutefois, si le tribunal arbitral ne peut pas être à nouveau réuni, le recours est porté devant la cour d'appel qui eût été compétente pour connaître des autres recours contre la sentence (CPC art. 1502).

29414 Un **même magistrat** peut siéger au fond, puis sur le recours en révision formé contre le jugement rendu (Cass. 2e civ. 5-2-1997 n° 95-10.622 : Bull. civ. II n° 34). Cette solution est justifiée par l'objet du recours en révision, voie de rétractation, qui n'est pas de réformer la décision contestée, mais plutôt de la parachever en éclairant mieux le juge, trompée par la fraude d'une partie ou par la fausseté d'une pièce.

G. Introduction du recours en révision et déroulement de l'instance

FORME

29425 **Recours formé à titre principal** Le procédé normal d'introduction du recours en révision est la **citation** de toutes les parties au jugement attaqué (CPC art. 598). Le recours doit dès lors être introduit par acte d'huissier ou commissaire de justice enrôlé (CPC art. 754, pour la procédure écrite ordinaire devant le tribunal judiciaire et art. 843, pour la procédure à jour fixe devant le même tribunal).

Cependant, devant le **tribunal de commerce**, une assignation en révision délivrée dans les délais mais non enrôlée est interruptive de prescription (Cass. 2e civ. 27-10-1982 n° 80-16.616 : Bull. civ. II n° 136), aucun texte ne prescrivant, dans ce cas, à peine de nullité ou de caducité qu'une assignation doive être enrôlée dans un délai déterminé.

Devant le **conseil de prud'hommes,** c'est la convocation qui vaut citation et non la présentation de la requête (Cass. soc. 19-2-1992 n° 88-44.324 : Bull. civ. V n° 104).

29428 **Recours formé à titre incident** Lorsque le recours est dirigé contre un jugement produit au cours d'une autre instance entre les mêmes parties, devant la juridiction dont émane cette décision, la révision est demandée suivant les formes prévues pour la présentation des moyens de défense, c'est-à-dire par simples **conclusions** si toutes les parties à l'instance qui a fait l'objet du recours en révision sont présentes au procès et comparaissent. Mais si l'une d'elles est défaillante ou n'est pas dans la procédure, il faudra lui notifier le recours en révision par acte extrajudiciaire. En cas de procédure orale, il faut que l'existence du recours en révision soit portée à la connaissance du greffier et actée par celui-ci.

MISE EN CAUSE DE TOUTES LES PARTIES EN CAS DE RECOURS EN RÉVISION

29440 Toutes les parties au jugement attaqué doivent être appelées à l'instance en révision par l'auteur du recours, à **peine** d'irrecevabilité (CPC art. 597 ; Cass. 2e civ. 6-5-1999 n° 96-18.070 : Bull. civ. II n° 88). Cette irrecevabilité est d'ordre public et elle peut être soulevée **d'office** par le juge (CPC art. 125). Toute **régularisation postérieure** est exclue et une assignation tardive rendrait le recours irrecevable (Cass. 2e civ. 15-4-2010 n° 09-10.901 : Bull. civ. II n° 84).

Quand une société, qui a été partie à la décision contestée par le recours, est **dissoute,** il faut appeler son représentant et, si besoin, faire désigner un mandataire ad hoc par le tribunal (Cass. 2e civ. 6-5-1999 n° 98-18.070 : Bull. civ. II n° 88).

Si une **partie** au jugement est **décédée,** il convient d'appeler à l'instance en révision ses successeurs universels ou à titre universel, ab intestat ou testamentaires à peine d'irrecevabilité du recours. Si une partie a disparu, il conviendra de la citer (CPC art. 659).

> **Précisions** **a.** Un **tiers** peut aussi intervenir à l'instance en révision (Cass. 2e civ. 4-7-2007 n° 06-18.335 : Bull. civ. II n° 198 ; n° 29272).
b. Le recours est communiqué par le juge au **ministère public** (CPC art. 428 et 600), même en appel (Cass. 2e civ. 7-12-2017 n° 15-14.686 F-PB : Bull. civ. II n° 230). Il est satisfait à cette obligation par la simple transmission du dossier au parquet, même si celui-ci déclare ne prendre aucune position sur le dossier (Cass. 3e civ. 19-1-2017 n° 16-10.502 F-D).
c. Le **juge** ne peut être partie dans un recours en révision contre une de ses décisions (Cass. 2e civ. 11-1-2018 n° 16-24.740 F-PB : Bull. civ. II n° 6).

INSTANCE ET JUGEMENT DE RÉVISION

L'instance en révision suit la procédure de droit commun applicable à la juridiction saisie du recours. L'action respecte le régime de l'action contentieuse, y compris en matière gracieuse. **29450**
Le recours peut être déclaré recevable mais non fondé (Cass. 2e civ. 6-6-2013 n° 12-20.462).
Le juge saisi ne doit pas dénaturer les faits et les actes (Cass. com. 14-10-2014 n° 12-29.365). Il doit respecter le principe du contradictoire (Cass. 2e civ. 29-1-2015 n° 14-12.331 : Bull. civ. II n° 17).
Le recours en révision engagé contre un jugement rendu avant le 1er août 2016, date d'entrée en vigueur de la réforme rendant obligatoire la représentation en appel en matière prud'homale, suit les règles applicables à la procédure sans représentation obligatoire (Cass. 2e civ. 27-6-2019 n° 18-12.615 F-PBI : D. 2019 act. p. 1396).

Le **succès du recours** entraîne la **rétractation** de la décision ou, en cas de divisibilité, de certains chefs de la décision. La juridiction saisie du recours statue par une nouvelle décision qui, éventuellement, pourrait rendre sans objet le **maintien d'un pourvoi** en cassation (Cass. 1e civ. 9-2-1977 n° 74-15.067 : Bull. civ. I n° 76). **29452**
Les **décisions résultant de la décision annulée** sont logiquement également anéanties (Cass. 2e civ. 27-6-1984 n° 83-12.050 : Bull. civ. II n° 120), et la somme payée en exécution d'une décision de justice ou d'une sentence arbitrale rétractée doit être restituée (Cass. com. 18-5-2017 n° 15-28.683 FS-I : RJDA 8-9/17 n° 546).
Les causes de révision qui ont été tranchées ne peuvent faire l'objet d'un **nouveau recours** en révision. Un nouveau recours est possible pour une autre cause qui se serait révélée postérieurement à la première demande (CPC art. 603).

Le recours en révision n'a pas d'**effet suspensif** (Cass. com. 20-6-2018 n° 16-28.159 F-D), ce qui en fait une voie de recours extraordinaire. Il a en revanche un **effet dévolutif** dans la mesure où il remet en cause la chose jugée afin qu'il soit à nouveau statué en fait et en droit. **29453**

N'est pas une **sentence** la décision rendue sur le seul bien-fondé d'un recours en révision, remettant les parties dans la situation ou elles se trouvaient avant la sentence (CA Paris 16-6-2020 n° 19/12440). **29454**

CHAPITRE 14

FRAIS, DÉPENS ET HONORAIRES

SOMMAIRE

PRINCIPE DE GRATUITÉ DE LA JUSTICE

30400 Le principe de gratuité de la justice a un caractère général qui vaut pour les actes de justice devant toutes les juridictions de l'ordre judiciaire. Le service public de la justice concourt à l'accès au droit et assure un égal accès à la justice ; sa gratuité est assurée selon les modalités fixées par la loi et le règlement (C. org. jud. art. L 111-2).
Ce principe de gratuité s'applique **notamment** :
– à la délivrance, à chacune des parties, de copies certifiées conformes, extraits, certificats, copies revêtues de la formule exécutoire, par le greffe des juridictions civiles (Loi 77-1468 du 30-12-1977 art. 2) ;
– à la rémunération des magistrats et au coût de fonctionnement des tribunaux, à certains frais que l'État prend à sa charge : frais de transport et de séjour des magistrats et secrétaires des juridictions, lorsqu'une visite des lieux a été ordonnée. Il en est de même des frais postaux nécessités par les actes de procédure (Loi 77-1468 du 30-12-1977 art. 3).

30402 Si la justice est en principe gratuite, il existe un certain nombre d'**exceptions** marquantes devant les juridictions non répressives de l'ordre judiciaire qui seront examinées au fil des développements.
Sont notamment à la charge des parties :
– la délivrance de **copies** certifiées conformes, extraits, certificats, copies revêtues de la formule exécutoire, par les greffes des **juridictions consulaires** ;
– la rémunération des **officiers ministériels** (notamment, notaire, huissier ou commissaire de justice, greffier du tribunal de commerce, avocat au Conseil d'État et à la Cour de cassation, administrateurs judiciaires et mandataires liquidateurs), dont certaines prestations sont tarifées. Les

tarifs légaux revêtent un caractère impératif, d'ordre public et ils contraignent autant les juges que les parties. Les juridictions doivent les appliquer d'office et déclarer non écrites toutes les stipulations contraires (Cass. 2e civ. 18-12-1950 n° 936 : Bull. civ. II n° 262).
Doit aussi être supportée par les parties la rémunération des **auxiliaires de justice** (notamment avocats, experts judiciaires).
Les rémunérations des officiers ministériels et des auxiliaires de justice (quand elles sont tarifées) s'entendent hors taxe sur la valeur ajoutée (Décret 94-757 du 26-8-1994 art. 1). Le taux normal de TVA est actuellement de 20 %.
Un droit de 225 € est perçu jusqu'au 31 décembre 2026, pour le fonds d'indemnisation des avoués, lors de l'introduction d'une instance avec représentation obligatoire devant la cour d'appel (CGI art. 1635 bis P). Il doit être acquitté par l'avocat postulant pour le compte de son client, exclusivement par voie électronique depuis le 1er janvier 2018 (CGI art. 1635 bis P, al. 1). Les règles relatives au prononcé de l'irrecevabilité de l'appel en cas de non-paiement ainsi qu'à la justification et à l'acquittement de ce droit sont fixées par les articles 963 et 964 du CPC.
Les personnes dont les revenus ne dépassent pas certains seuils peuvent bénéficier de l'aide juridictionnelle (Loi 91-647 du 10-7-1991 art. 2 et Décret 2020-1717 du 28-12-2020 art. 3 et s.). Le droit de 225 € n'est pas dû par le bénéficiaire de l'aide juridictionnelle. Ce droit n'est pas dû non plus en matière prud'homale (nos 26430 s.). Les prestations pour lesquelles les avocats et les avocats au Conseil d'État et à la Cour de cassation sont indemnisés totalement ou partiellement par l'État dans le cadre de l'aide juridictionnelle sont soumises au taux normal de TVA (CJUE 17-6-2010 aff. C-492/08).

Les frais et dépens sont souvent considérés comme synonymes en matière de procédure civile. **30404**
Pourtant, il est possible de faire une distinction entre les **dépens** proprement dits (CPC art. 695) et les frais non inclus dans les dépens, encore appelés « **frais irrépétibles** » (CPC art. 700). À ces rémunérations s'ajoutent le cas échéant des honoraires.

SECTION 1 DÉPENS

COÛT D'UN PROCÈS

Les dépens sont juridiquement indispensables à la poursuite du procès et leur montant fait **30406**
l'objet d'une **tarification** soit par voie **réglementaire**, comme pour les émoluments des officiers publics ou ministériels, soit par décision **judiciaire**, ce qui est le cas pour la rémunération des techniciens investis d'une mesure d'instruction.

A. Contenu des dépens

INVENTAIRE DES DÉPENS

Les dépens comprennent (CPC art. 695) : **30408**
1° Les droits, taxes, redevances ou émoluments perçus par les **greffes des juridictions** ou l'administration des impôts à l'exception des droits, taxes et pénalités éventuellement dus sur les actes et titres produits à l'appui des prétentions des parties (nos 30415 s.) ;
2° Les frais de **traduction** des actes lorsque celle-ci est rendue nécessaire par la loi ou par un engagement international (nos 30430 s.) ;
3° Les indemnités des **témoins** (nos 30445 s.) ;
4° La rémunération des **techniciens** (nos 30470 s.) ;
5° Les **débours** tarifés (nos 30495 s.) ;
6° Les émoluments des **officiers publics ou ministériels** (nos 30540 s.) ;
7° La **rémunération des avocats** dans la mesure où elle est **réglementée** y compris les droits de plaidoirie (nos 30554 s.) ;
8° Les frais occasionnés par la **notification** d'un acte **à l'étranger** ;
9° Les frais d'**interprétariat** et de **traduction** rendus nécessaires par les mesures d'instruction effectuées à l'étranger à la demande des juridictions dans le cadre du **règlement (UE)** 2020/1783 du Parlement européen et du Conseil du 25 novembre 2020 (Règl. UE 2020/1783 du 25-11-2020) relatif à la coopération entre les juridictions des États membres dans le domaine de l'obtention des preuves en matière civile et commerciale (nos 30435 s.) ;

10° Les **enquêtes sociales** ordonnées en application des articles 1072, 1171 et 1221 du CPC (procédures familiales, adoption, tutelle) ;
11° La rémunération de la personne désignée par le juge pour **entendre** le **mineur**, en application de l'article 388-1 du Code civil ;
12° Les rémunérations et frais afférents aux mesures, enquêtes et examens requis en application des dispositions de l'article 1210-8 du CPC (**déplacement illicite international d'enfants**).

> **Précisions a.** Certains **frais de justice avancés par l'État** peuvent être compris dans les dépens. Leur régime est fixé par le Code de procédure pénale même si ces frais ont été engagés dans des procédures autres que pénales (CPP art. R 91, R 93 et R 214). Tel est notamment le cas des frais résultant des inscriptions hypothécaires requises par le ministère public et des frais avancés pour la mise en œuvre d'une procédure collective (n° 50670). Ils sont taxés et liquidés d'après le tarif et selon les règles de chaque juridiction compétente et font l'objet d'une procédure de certification et de modalités particulières de recouvrement (CPP art. R 214).
> **b.** Il convient d'ajouter aux droits et taxes les frais de demande de mainlevée et de contrôle de plein droit des mesures d'**hospitalisation sous contrainte** (CSP art. L 3211-12 et L 3211-12-1).
> **c.** Les frais d'obtention de l'ordonnance d'**injonction de payer** sont compris dans les dépens (Cass. 2e civ. 14-7-2016 n° 14-24.346 F-PB).
> **d.** Les **frais de recouvrement amiable** exposés par le **syndic** de copropriété ne relèvent pas des frais de justice (Cass. 3e civ. 7-7-2016 n° 15-18.270 F-D).

1. DROITS PERÇUS PAR LES JURIDICTIONS OU L'ADMINISTRATION DES IMPÔTS

DROITS ET TAXES VISÉS

30415 Les droits, taxes, redevances ou émoluments perçus par les greffes des juridictions ou l'administration des impôts, à l'exception des droits, taxes et pénalités éventuellement dus sur les actes et titres produits à l'appui des prétentions des parties, font partie des dépens (CPC art. 695, 1°). Ainsi, ne font pas partie des dépens les actes et les titres produits à des fins probatoires qui sont en fait extérieurs à l'instance et lui préexistent.

CONDITION D'INCLUSION DANS LES DÉPENS

30416 Pour pouvoir être inclus dans les dépens, les droits, taxes et redevances prévus à l'article 695, 1° du CPC doivent avoir leur **cause génératrice dans le jugement**. Ainsi, un divorce, entraînant partage de la communauté, peut donner lieu à des droits d'enregistrement entrant dans les dépens.
En revanche, les dépens ne comprennent pas les **droits** qui n'ont pas leur cause génératrice dans le jugement mais sont seulement **perçus à l'occasion de la décision** judiciaire ; ces droits demeurent à la charge de la partie à qui ils incombent d'après les lois civiles et fiscales. Ainsi, dans le cadre d'un litige concernant un partage successoral, il n'y a pas lieu d'inclure dans les dépens les droits perçus par l'administration fiscale afférents à un **don manuel**, les droits perçus à l'occasion du jugement incombant, d'après la loi fiscale, au bénéficiaire de la donation (Cass. 2e civ. 17-6-1999 n° 96-22.873 : Bull. civ. II n° 120). Ces frais pourront cependant être supportés par la partie adverse si le jugement lui en impose le paiement à titre de dommages-intérêts ou si cette prise en charge est prévue par la convention des parties.
De même, les droits d'enregistrement perçus à l'occasion d'une **mutation immobilière** constatée dans un jugement ne font pas partie des dépens. En effet, ceux-ci sont dus en vertu de l'acte et non du jugement. Dès lors, c'est la mutation elle-même, préexistante au jugement et invoquée par une partie à l'appui de ses prétentions, qui donne lieu à perception de droits. Le sort des dépens n'aura pas en ce cas de conséquences sur la charge définitive des droits d'enregistrement.
Les droits d'enregistrement afférents aux actes nécessaires à la réalisation du **plan de cession**, qui ne sont pas inclus dans les dépens mis à la charge du « redressement judiciaire » par le jugement arrêtant un tel plan, doivent être supportés par l'acquéreur (Cass. com. 6-12-1994 n° 91-17.684 : RJDA 4/95 n° 502).

EXEMPLES DE DROITS INCLUS DANS LES DÉPENS

30422 Parmi les droits prévus à l'article 695, 1° du CPC, on peut notamment citer :
– le **droit d'enregistrement et de timbre** pour les décisions de justice lorsqu'elles donnent lieu à un droit proportionnel ou progressif (Loi 77-1468 du 30-12-1977 art. 6 ; CGI art. 1089 A). Les décisions concernées sont celles portant **transfert de droits de propriété**, rendues en matière immobilière ou concernant les cessions de fonds de commerce et de droit au bail ou encore celles qui

sont relatives à un partage, à une licitation, à la cession d'actions et de parts sociales. Cette fiscalité n'est pas fondée sur la procédure, mais elle repose sur la notion de mutation, de vente et autres actes habituellement assujettis à l'impôt ;
– les droits de greffe perçus par le **tribunal de commerce** ou par le tribunal judiciaire en l'absence de juridiction commerciale (Loi 77-1468 du 30-12-1977 art. 4, al. 2) ;
– la contribution pour l'**indemnisation des avoués** d'un montant de 225 € qui doit être acquittée lors de l'introduction d'une instance avec représentation obligatoire devant la cour d'appel (CGI art. 1635 bis P).

ATTENTION

Les droits de greffe du tribunal de commerce inclus dans les dépens ne doivent pas être confondus avec les **activités extrajudiciaires des greffes des tribunaux de commerce** relevant du service public ou s'y rattachant. En effet, les greffes effectuent au profit des particuliers et des entreprises des prestations de services (registre du commerce, nantissements, dépôts de marques de commerce) en contrepartie desquelles ils perçoivent des droits, taxes ou redevances tarifés. Le coût de ces actes ne peut être porté dans les dépens que si leur établissement trouve sa cause dans le jugement.

2. FRAIS DE TRADUCTION ET D'INTERPRÉTARIAT

TRADUCTION DES ACTES

Les frais de traduction des actes lorsque celle-ci est rendue nécessaire par la **loi** ou par un **engagement international** font partie des dépens (CPC art. 695, 2°). 30430
Les honoraires d'un **traducteur privé** désigné par une partie n'entrent pas dans les dépens et demeurent à sa charge (Cass. soc. 11-7-2001 n° 99-43.485), sauf à être inclus dans les frais irrépétibles (nos 30785 s.).
Font partie des dépens les frais de traduction pour la **notification** des actes **à l'étranger** et pour la **reconnaissance** et l'**exécution transfrontalières** des décisions de justice (CPC art. 509-1 à 509-6 et 670-3). Lorsque la notification d'un acte à l'étranger requiert une traduction, le traducteur est rémunéré dans les conditions fixées par l'article R 122 du Code de procédure pénale (CPC art. 670-3). Un acte à signifier à l'intérieur d'un pays membre de l'Union européenne représente un coût forfaitaire fixé par les États (Règl. UE 2020/1784 du 25-11-2020 art. 15).

MESURE D'INSTRUCTION TRANSFRONTALIÈRE COMPRISE DANS LES DÉPENS

Constituent des dépens les frais d'**interprétariat** et de **traduction** rendus nécessaires par les mesures d'instruction effectuées à l'étranger à la demande des juridictions dans le cadre du **règlement européen** Règl. UE 2020/1783 du 25-11-2020 (CPC art. 695, 9°). 30435
Les dépens prévus à l'article 695, 9° du CPC concernent la **recherche des preuves**. Le dispositif est applicable en matière civile ou commerciale, lorsqu'une juridiction d'un État membre de l'**Union européenne**, conformément aux dispositions de sa législation, demande à la juridiction compétente d'un autre État membre de procéder à un acte d'instruction ou procède directement à un acte d'instruction dans un autre État membre. La demande ne doit pas viser à obtenir des moyens de preuve qui ne sont pas destinés à être utilisés dans une procédure judiciaire qui est engagée ou envisagée (Règl. UE 2020/1783 du 25-11-2020 art. 1, § 2).

Les frais d'interprétariat ou de traduction nécessaires dans le cadre de **mesures d'instruction transfrontalières** peuvent s'avérer relativement importants. Le Code de procédure civile prévoit le versement de **provisions**. 30437
Lorsqu'une mesure d'instruction ordonnée à l'étranger, en application du règlement UE 2020/1783 du 25 novembre 2020, occasionne des frais pour la **traduction des formulaires** qui doivent être adressés à la juridiction requise, le juge ordonne le versement d'une provision à valoir sur ces frais, dont le montant est fixé en application du tarif prévu à l'article R 122 du Code de procédure pénale ; le juge désigne la ou les parties qui devront verser la provision au greffe de la juridiction dans le délai qu'il détermine suivant les modalités prévues par les articles 270 et 271 du CPC ; dès réception de la traduction, le greffe verse sa rémunération au traducteur (CPC art. 178-1).
De même, lorsqu'une mesure d'instruction ordonnée à l'étranger en application de ce règlement est susceptible d'engendrer des **frais d'interprétariat** lors de son exécution par la juridiction requise, le juge fixe le montant de la provision à valoir sur ces frais suivant les modalités prévues par les articles 269, 270 et 271 du CPC ; dès réception de la demande de remboursement du montant des frais d'interprétariat par la juridiction requérante, le greffe procède au règlement jusqu'à concurrence des sommes consignées (CPC art. 178-2).

3. INDEMNISATION DES TÉMOINS

ÉVALUATION DES INDEMNITÉS DES TÉMOINS

30445 Les témoins qui sont entendus dans le cadre des enquêtes civiles (CPC art. 204 s.) perçoivent des indemnités de comparution, de frais de voyage, de repas et de séjour. Ces indemnités font partie des dépens (CPC art. 695, 3°).

L'**évaluation** de ces indemnités se fait par référence à un décret du 27 décembre 1920, partiellement abrogé, portant révision du tarif des frais de voyage des parties, des experts auprès des tribunaux judiciaires, des dépositaires de pièces et des témoins. Ce texte, pour l'essentiel, renvoie aux indemnités analogues prévues par le Code de procédure pénale.

AVANCE DES INDEMNITÉS DES TÉMOINS

30446 Les **indemnités** des témoins sont **avancées** par la partie qui les fait entendre sauf si elle bénéficie de l'aide juridictionnelle. Dans ce dernier cas, le Trésor public avancera le montant de l'indemnité. Les sommes avancées sont ensuite récupérées éventuellement dans le cadre du recouvrement des dépens.

INDEMNITÉ DE COMPARUTION DES TÉMOINS

30447 Les témoins appelés à déposer en matière civile reçoivent, **s'ils le demandent**, l'indemnité de comparution prévue en matière pénale (Décret du 27-12-1920 art. 9).

Il s'agit d'une indemnité forfaitaire.

Le montant de cette indemnité est déterminé par la **formule** suivante : I = 1,5 + (S × 4).

Dans cette formule :

I est le montant de l'indemnité forfaitaire exprimé en euros ;

S est le salaire minimum interprofessionnel de croissance (Smic) tel qu'il est fixé au 1er janvier de l'année en cours (CPP art. R 129).

INDEMNITÉ POUR PERTE DE SALAIRE DES TÉMOINS

30450 Outre l'indemnité de comparution, le témoin peut recevoir une indemnisation pour perte de salaire. Il devra pour cela justifier par une **attestation** de son **employeur** ou chef de service qu'il a effectivement subi une perte de salaire.

Le montant de cette indemnité est déterminé par la **formule** suivante : indemnité supplémentaire = S × D.

D est la durée horaire de comparution et ne peut excéder huit heures par jour ouvrable.

S est égal au Smic, tel qu'il a été fixé au 1er janvier de l'année en cours (CPP art. R 129).

INDEMNITÉ POUR FRAIS DE VOYAGE DES TÉMOINS

30453 En plus de l'indemnité de comparution et de perte de salaire, le témoin peut se voir allouer une indemnité de voyage et de séjour.

L'indemnité pour frais de voyage est accordée, sur justificatif, lorsque la **résidence du témoin** se trouve à plus de 4 km du lieu où il est entendu (Décret du 27-12-1920 art. 10). Les moyens de **transport en commun** doivent être utilisés (train, car, bateau, avion, etc.), étant entendu que l'indemnité est calculée sur le tarif le moins onéreux, en tenant compte d'éventuelles réductions. En cas d'absence de transport en commun envisageable, il est alloué une **indemnité kilométrique**.

30454 L'indemnité de transport est **calculée ainsi** (Décret du 27-12-1920 art. 10) :

1° Si le voyage est effectué ou pouvait s'effectuer par chemin de **fer ou tramway**, l'indemnité est égale au prix d'un billet de 2e classe calculé, s'il se peut, d'après le tarif réduit applicable aux trajets aller et retour ;

2° Si le voyage est effectué ou pouvait s'effectuer par un **autre transport en commun**, l'indemnité est égale au prix d'un voyage, d'après le tarif de ce service, tant à l'aller qu'au retour ;

3° Si le voyage ne pouvait **pas** s'effectuer en **transport en commun**, l'indemnité est calculée dans les conditions fixées pour les déplacements des personnels civils de l'État (CPP art. R 133) ;

4° Si le voyage est fait par **mer ou** par **air**, il est accordé sur le vu du duplicata du billet de voyage délivré par la compagnie de navigation, le remboursement du prix du billet aller et retour, en 2e classe, en cas de navigation maritime (classe économique pour l'avion).

INDEMNITÉ DE REPAS ET DE SÉJOUR DES TÉMOINS

30457 L'indemnité de **repas** concerne le cas où le lieu de l'enquête est éloigné de plus de 20 km de la **résidence du témoin** (Décret du 27-12-1920 art. 11).

Lorsque le séjour se prolonge, il donne droit à une **indemnité journalière**, à condition de justifier, par une attestation établie par le juge du tribunal judiciaire, le maire ou le commissaire de

police, de la cause du séjour, du lieu de l'enquête et de la durée de celle-ci (Décret du 27-12-1920 art. 12 ; CPP art. R 135).
L'indemnité journalière des témoins est **calculée** suivant la réglementation relative aux frais de déplacement des personnels civils de l'État (CPP art. R 135 et R 111).

INDEMNITÉ DE L'ACCOMPAGNATEUR DES TÉMOINS

La personne accompagnant soit les enfants appelés à déposer, soit les témoins qui, en raison de leurs infirmités, ont besoin d'aide reçoit elle-même l'indemnité prévue pour les témoins adultes (Décret du 27-12-1920 art. 9, al. 2). **30460**
Les indemnités de voyage et de séjour sont accordées aux personnes qui accompagnent des mineurs de quinze ans ou des témoins malades ou infirmes (Décret du 27-12-1920 art. 13).
Cette indemnité est due à la personne accompagnatrice sauf lorsque cette dernière a été désignée en qualité d'administrateur ad hoc et qu'elle figure sur la liste prévue à l'article R 53 du Code de procédure pénale ou qu'il a été fait application des dispositions de l'article R 53-6 de ce Code (CPP art. R 130).

4. RÉMUNÉRATION DES TECHNICIENS ET DES EXPERTS

MESURES D'INSTRUCTION VISÉES

Le technicien est une **personne commise par le juge** pour l'éclairer par des constatations (CPC art. 249), par une consultation (CPC art. 256) ou par une expertise (CPC art. 263) sur une question de fait qui requiert ses lumières (CPC art. 232). **30470**
Entre ainsi dans les dépens la rémunération de l'**expert** nommé en raison de la technicité du litige, dans les **domaines** les plus **variés** (droit de la construction, accident de la route, responsabilité médicale, etc.).
Sont aussi incluses dans les dépens les rémunérations des **techniciens ou experts** nommés dans des domaines où un **texte** prévoit spécifiquement leur intervention, notamment :
– expertises en écriture en matière d'inscription de faux ou en matière de vérification d'écriture (CPC art. 291 et 308) ;
– audition d'un mineur pour toute procédure le concernant (C. civ. art. 388-1 ; CPC art. 695, 11°) ;
– mesures d'examens et enquêtes prévues en matière d'enlèvement international d'enfants (CPC art. 695, 12° et 1210-8) ;
– enquêtes sociales pouvant être ordonnées, même d'office, en matière familiale (CPC art. 695, 10°, 1072, 1171, 1221).

INTÉGRATION DE LA RÉMUNÉRATION DES EXPERTS DANS LES DÉPENS

Pour que le coût de l'expertise puisse être inclus dans les dépens, la mesure d'instruction doit résulter d'une **décision judiciaire** (jugement, arrêt, ordonnance de référé, du juge de la mise en état, du juge aux affaires familiales, du juge de l'exécution, etc.) prise au cours d'une procédure. **30472**
Lorsqu'une partie a, de manière unilatérale et en l'absence de toute décision judiciaire, recours à un technicien ou à un **expert privé**, la rémunération de ce dernier ne relève pas a priori des dépens (Cass. 2e civ. 5-12-1973 n° 72-13.295 : Bull. civ. II n° 321 ; Cass. 3e civ. 17-3-2004 n° 00-22.522 : Bull. civ. III n° 56).
En revanche, peuvent être compris dans les dépens les frais relatifs à une **procédure ayant préparé l'instance**, avec laquelle il existe un **rapport étroit** et nécessaire avec le litige. Par exemple, peuvent être inclus dans les dépens :
– un constat d'huissier ou commissaire de justice établi au soutien d'une demande en résiliation de bail ;
– des frais de commandement, de sommation et d'inscription provisoire d'hypothèque.
Le juge des référés, tenu de statuer sur les dépens, peut y inclure les frais relatifs à une précédente instance ayant préparé celle dont il est saisi (Cass. 2e civ. 22-10-2015 n° 14-24.848 FP-PB : Bull. civ. II n° 241).
Un rapport d'expertise annulé pour vice de forme, sans valeur expertale mais pouvant être utilisé à condition d'être conforté par d'autres éléments du dossier, est de nature à justifier des honoraires pour l'expert, mais réduits (Cass. 2e civ. 4-6-2015 n° 14-12.060 F-D).

Le technicien nommé par une juridiction ne peut recevoir **paiement** que sur **décision du juge** (CPC art. 248). **30474**

RÉMUNÉRATION DE L'EXPERT

30476 **Provision** Le juge qui ordonne l'expertise ou le juge chargé du contrôle fixe, lors de la nomination de l'expert ou dès qu'il est en mesure de le faire, le montant d'une provision à valoir sur la rémunération de l'expert aussi proche que possible de sa rémunération définitive prévisible. Il désigne la ou les parties qui devront **consigner** la provision au greffe de la juridiction dans le délai qu'il détermine ; si plusieurs parties sont désignées, il indique dans quelle proportion chacune des parties devra consigner. Il aménage, s'il y a lieu, les échéances dont la consignation peut être assortie (CPC art. 269).

30478 Aucun **paiement direct**, à titre d'avance ou d'acompte, ne peut être effectué, par l'une des parties au litige, au technicien chargé par le juge de procéder à une mesure d'instruction, quand bien même il s'agirait de rembourser à l'expert des frais de débours dont il aurait fait l'avance.
En **pratique**, l'expert attend pour commencer ses opérations que le greffier l'avise de la consignation de la provision, mais le délai pour déposer le rapport court de la notification de l'ordonnance.
En cas d'insuffisance manifeste de la provision allouée au vu des diligences faites ou à venir, l'expert en fait sans délai rapport au juge avec copie aux parties. S'il y a lieu, le juge ordonne la consignation d'une **provision complémentaire** à la charge de la partie qu'il détermine (CPC art. 280). Le juge impute en général la charge de la provision à celui qui demande l'expertise ; mais il dispose à cet égard d'un pouvoir discrétionnaire (Cass. 1e civ. 5-7-1989 n° 87-15.288 : Bull. civ. I n° 276).
Lorsque l'aide juridictionnelle est accordée, le bénéficiaire est dispensé de la consignation des frais d'expertise et du paiement du solde (Cass. 2e civ. 26-2-1992 n° 90-20.821 : Bull. civ. II n° 66).

30482 **Rémunération définitive** Lorsque sa mission est achevée, l'expert fait fixer ses honoraires par le juge qui l'a commis. Le **dépôt** par l'expert de son **rapport** est accompagné de sa **demande de rémunération**, dont il adresse un exemplaire aux **parties** par tout moyen permettant d'en établir la réception. S'il y a lieu, celles-ci adressent à l'expert et à la juridiction ou, le cas échéant, au juge chargé de contrôler les mesures d'instruction, leurs **observations** écrites sur cette demande dans un **délai** de quinze jours à compter de sa réception (CPC art. 282).
Passé ce délai, le juge fixe la rémunération de l'expert en fonction notamment des diligences accomplies, du respect des délais impartis et de la qualité du travail fourni. Il autorise l'expert à se faire remettre jusqu'à due concurrence les **sommes consignées** au greffe. Il ordonne, selon le cas, soit le versement des sommes complémentaires dues à l'expert en indiquant la ou les parties qui en ont la charge, soit la restitution des sommes consignées en excédent (CPC art. 284, al. 1 et 2).
Lorsque le juge envisage de fixer la rémunération de l'expert à un montant inférieur au montant demandé, il doit au préalable inviter l'expert à formuler ses observations (CPC art. 284, al. 3).
Le juge délivre à l'expert un titre exécutoire (CPC art. 284, al. 4).
La décision du juge peut être frappée de **recours** devant le premier président de la cour d'appel (CPC art. 724).
La procédure spéciale prévue par les articles 284 et 724 du CPC s'applique aux contestations relatives à la rémunération des techniciens désignés par le juge, ce qui comprend la répartition de la charge de la rémunération de ces techniciens entre les parties (Cass. 2e civ. 16-1-2014 n° 13-10.655 : Bull. civ. II n° 12).

30484 La décision prise par le juge s'agissant de l'**évaluation** de la rémunération de l'expert n'a pas besoin d'être **motivée**. Elle repose sur une appréciation souveraine (Cass. 2e civ. 7-11-1984 n° 83-10.921 : Bull. civ. II n° 161).

5. DÉBOURS TARIFÉS

NOTION DE DÉBOURS

30495 Les débours correspondent à des dépenses engagées pour les **besoins de l'instance**. Pour les désigner, on parle parfois de déboursés. Les débours, **remboursement de dépenses**, ne doivent pas être confondus avec les émoluments qui correspondent à des rétributions de prestations de services (nos 30540 s.). Ils ont toutefois en commun qu'ils ne peuvent figurer dans les dépens que si l'acte auquel ils s'appliquent est prévu ou prescrit par la loi et est valable, régulier et justifié par les règles de la procédure ou l'injonction du juge.

30497 Les **avocats, anciens avoués et huissier ou commissaire de justice** peuvent être **personnellement condamnés** aux dépens afférents aux instances, actes et procédures d'exécution accomplis en dehors des **limites** de leur **mandat** (CPC art. 697).

Les débours tarifés des officiers ministériels, notamment des huissiers ou commissaires de justice, sont fixés par arrêtés conjoints du ministre de la justice et de celui de l'économie et révisés au moins tous les cinq ans (C. com. art. L 444-1 et L 444-3). 30530

Les frais et débours dont le professionnel peut demander le remboursement sont énumérés à l'annexe 4-8 de la partie réglementaire du Code de commerce (C. com. art. R 444-3).

6. DÉBOURS LIÉS À L'EXÉCUTION D'UNE DÉCISION

DÉBOURS RÉCUPÉRABLES

Sont considérés comme débours récupérables certains frais occasionnés par l'exécution de la décision de justice. Outre l'accomplissement des actes ordonnés par la loi ou par le jugement lui-même, comme la publicité, la publication ou l'affichage, on trouve notamment, parmi les débours récupérables : 30535

– en matière de **saisie mobilière**, les frais de publicité, le coût des actes (sommations de produire), de la vérification des créances et celui de la vente judiciaire (C. exécution art. R 251-1) ;
– en **matière immobilière**, la publicité foncière, le bornage, la mise en place des clôtures, le rétablissement des servitudes de passage, la destruction des vues illégales, les formalités hypothécaires ;
– en **matière commerciale**, le coût des formalités relatives à la vente de fonds de commerce, au nantissement, au renouvellement de bail, à la résiliation de bail et à la contrefaçon ;
– en **matière personnelle**, la publicité et la transcription (état civil et divorce).

7. ÉMOLUMENTS DES OFFICIERS PUBLICS ET MINISTÉRIELS

TARIFS RÉGLEMENTÉS

Les officiers publics et ministériels perçoivent une **rémunération tarifée** appelée émoluments. Sous réserve que leur intervention soit afférente à l'instance, leurs émoluments peuvent être repris dans les dépens, et ce même s'ils ont été missionnés avant l'introduction de l'instance concernée par l'une des parties. En revanche, les dépens n'incluent pas les frais de constat d'un huissier ou commissaire de justice non désigné judiciairement (Cass. 2e civ. 12-1-2017 n° 16-10.123 F-PB : Bull. civ. II n° 8). 30540

Sont **fixés par arrêtés** les tarifs réglementés applicables aux prestations (C. com. art. L 444-1 s. et R 444-1 s. modifiés par décret 2020-179 du 28-2-2020) :
– des commissaires-priseurs judiciaires « commissaires de justice » (C. com. art. A 444-1 s.) ;
– des greffiers de tribunaux de commerce (C. com. art. A 743-8 s.) ;
– des huissiers ou commissaires de justice (C. com. art. A 444-10 s.) ;
– des notaires (C. com. art. A 444-53 s.).

Sont également compris dans les dépens, le cas échéant, bien qu'ils ne soient pas officiers publics, les émoluments des administrateurs judiciaires (C. com. art. A 663-4 s.), des commissaires à l'exécution du plan (C. com. art. A 663-14 s.) et des mandataires judiciaires (C. com. art. A 663-18 s.).

La **liste des prestations** des commissaires-priseurs judiciaires « ou commissaires de justice », greffiers de tribunaux de commerce, huissiers ou commissaires de justice, administrateurs judiciaires, commissaires à l'exécution du plan, mandataires judiciaires, liquidateurs, et notaires dont le tarif est régi par le titre IV bis du Code de commerce figure à l'annexe 4-7 de la partie réglementaire du Code de commerce (C. com. art. R 444-3).

Redistribution Une redistribution entre professionnels peut être prévue afin de favoriser la couverture de l'ensemble du territoire par les professions judiciaires et juridiques et l'accès du plus grand nombre au droit ; cette redistribution est la finalité principale d'un fonds dénommé « fonds interprofessionnel de l'accès au droit et à la justice » (C. com. art. R 444-22 s.). 30544

Remises Des remises peuvent être consenties lorsqu'un tarif est déterminé proportionnellement à la valeur d'un bien ou d'un droit et lorsque l'assiette de ce tarif est supérieure à un seuil défini par arrêté. Le **taux** des remises octroyées par un professionnel est **fixe**, identique pour tous et compris dans des limites définies par règlement. Toutefois, pour certaines prestations et au-delà d'un montant d'émolument fixé par l'arrêté mentionné ci-dessus, le professionnel et son client peuvent convenir du taux des remises (C. com. art. L 444-2, al. 4 ; voir pour les notaires C. com. art. A 444-174 modifié par arrêté du 28-2-2020). 30546

AFFICHAGE DES TARIFS DES OFFICIERS PUBLICS ET MINISTÉRIELS

30548 Les commissaires-priseurs judiciaires « ou commissaires de justice », les notaires, les greffiers de tribunal de commerce, les huissiers ou commissaires de justice, les administrateurs judiciaires, les mandataires judiciaires – ainsi que les personnes autorisées à exercer les fonctions d'administrateurs et de mandataires judiciaires en application des dispositions des articles L 811-2 et L 812-2 du Code de commerce – doivent afficher les tarifs qu'ils pratiquent, de manière visible et lisible, dans leur **lieu d'exercice et** sur leur **site internet** (C. com. art. L 444-4 ; C. consom. art. L 112-1).
Le **manquement** à cette obligation ou l'inexécution d'une injonction de se conformer à celle-ci est passible d'une amende administrative dont le montant ne peut excéder 3 000 € pour une personne physique et 15 000 € pour une personne morale (C. com. art. L 444-6).

TARIF D'UNE AUTRE CATÉGORIE D'AUXILIAIRE DE JUSTICE OU D'OFFICIER PUBLIC MINISTÉRIEL

30551 Sauf disposition contraire, lorsqu'un des professionnels concernés est autorisé à exercer une activité dont la rémunération est soumise à un **tarif propre à une autre catégorie** d'auxiliaire de justice ou d'officier ministériel, sa rémunération doit être arrêtée conformément aux règles dudit tarif (C. com. art. L 444-1, al. 2).
Par ailleurs, les personnes qui ne sont pas administrateur ou mandataire judiciaire professionnel mais qui sont autorisées par un tribunal à remplir ces fonctions (C. com. art. L 811-2, al. 2 et L 812-2, II) sont soumises aux tarifs applicables aux administrateurs ou aux mandataires judiciaires (C. com. art. L 444-1, al. 2).

8. RÉMUNÉRATION RÉGLEMENTÉE DES AVOCATS

ÉMOLUMENTS DES AVOCATS

30554 Les émoluments de postulation des avocats devant le tribunal judiciaire ne sont tarifés qu'**en matière de saisie immobilière, de partage, de licitation et de sûretés judiciaires** (Loi 71-1130 du 31-12-1971 art. 10, al. 2). Les règles de fixation et les montants de ces tarifs figurent dans le Code de commerce (C. com. art. A 444-187 à A 444-202). Cette dernière réglementation a été modifiée par l'arrêté du 2 août 2021 fixant les tarifs réglementés des postulations, entré en vigueur le 16 août 2021 (sauf Moselle, Bas-Rhin et Haut-Rhin) pour les émoluments applicables jusqu'au 31 août 2023 (C. com. art. A 444-187 modifié par arrêté du 2-8-2021). Les actes réalisés en matière de distribution du prix donnent lieu à la perception de l'émolument prévu pour les mandataires judiciaires (C. com. art. A 444-192 et art. A 663-28) ; lorsque la distribution est soumise aux dispositions de l'article R 332-1 du Code des procédures civiles d'exécution (un seul créancier), cet émolument est réduit de moitié (C. com. art. A 444-192 modifié par arrêté du 2-8-2021).

> **Précisions** Au titre des dispositions transitoires et par dérogation, les dispositions régissant le tarif de postulation devant les tribunaux judiciaires (Décret 2017-862 du 9-5-2017, art. 6, 1° à 4°) restent applicables aux instances en cours avant le 1er septembre 2017 ; les dispositions régissant le tarif de postulation devant les cours d'appel (Décret 2017-862 du 9-5-2017, art. 6, 5°) restent applicables aux instances en cours avant l'entrée en vigueur de la loi 2011-94 du 25 janvier 2011 ; les tarifs fixés par l'arrêté du 6 juillet 2017 restent applicables aux instances ouvertes à partir du 1er septembre 2017 et jusqu'au 31 août 2019 inclus ; les tarifs fixés par l'arrêté du 8 août 2019 restent applicables aux instances ouvertes entre le 1er septembre 2019 et le 31 août 2021 inclus (Arrêté du 2-8-2021 : JO du 15-8, texte n° 7).

30557 **Redistribution** Une redistribution entre professionnels peut être prévue afin de favoriser la couverture de l'ensemble du territoire par les professions judiciaires et juridiques et l'accès du plus grand nombre au droit ; cette redistribution est la finalité principale d'un fonds dénommé « fonds interprofessionnel de l'accès au droit et à la justice » (C. com. art. R 444-22 s.).

30559 **Remises** Des remises peuvent être consenties lorsqu'un tarif est déterminé proportionnellement à la valeur d'un bien ou d'un droit et lorsque l'assiette de ce tarif est supérieure à un seuil défini par arrêté. Le **taux** des remises octroyées par un professionnel est **fixe**, identique pour tous et compris dans des limites définies par règlement (C. com. art. L 444-2). Les remises prévues au dernier alinéa de l'article L 444-2 sont consenties par les avocats sur les émoluments proportionnels dans la limite d'un taux de remise maximal de 20 % applicable à la part d'émolument calculée sur les tranches d'assiette supérieures ou égales à 100 000 €. En cas d'intervention d'une pluralité d'avocats dans la réalisation de l'une des prestations mentionnées au tableau 6 de l'article Annexe 4-7 du Code de commerce, la remise respectivement consentie par chaque intervenant est, le cas échéant, déduite de la part lui revenant (C. com. art. A 444-202 modifié par arrêté du 2-8-2021).

AFFICHAGE DES TARIFS DES AVOCATS

Les avocats pour leurs droits et émoluments en matière de saisie immobilière, de partage, de licitation et de sûretés judiciaires doivent afficher les tarifs qu'ils pratiquent, de manière visible et lisible, dans leur **lieu d'exercice et** sur leur **site internet** (C. com. art. L 444-4 ; C. consom. art. L 112-1). **30561**
Le **manquement** à cette obligation ou l'inexécution d'une injonction de se conformer à celle-ci est passible d'une amende administrative dont le montant ne peut excéder 3 000 € pour une personne physique et 15 000 € pour une personne morale (C. com. art. L 444-6).

TARIF D'UNE AUTRE CATÉGORIE D'AUXILIAIRE DE JUSTICE OU D'UN OFFICIER MINISTÉRIEL

Sauf disposition contraire, quand un avocat est **autorisé à exercer une activité** dont la rémunération est soumise à un tarif **propre à une autre catégorie d'auxiliaire de justice ou d'officier ministériel**, sa rémunération doit être arrêtée conformément aux règles dudit tarif (C. com. art. L 444-1). **30563**
Par ailleurs, les personnes qui ne sont pas administrateur ou mandataire judiciaire professionnel mais qui sont autorisées par un tribunal à remplir ces fonctions (C. com. art. L 811-2, al. 2 et L 812-2, II) seront soumises aux tarifs applicables aux administrateurs ou aux mandataires judiciaires (C. com. art. L 444-1, al. 2).

9. DROIT DE PLAIDOIRIE

MONTANT ET PERCEPTION DES DROITS

Les droits de plaidoirie alimentent le régime d'**assurance vieillesse** des avocats. Ils sont inclus dans les dépens (CPC art. 695, 7°). Ces droits, d'un **montant** de 13 €, sont perçus par l'avocat plaidant et reversés à la Caisse nationale des barreaux français (CSS art. R 652-28 et R 652-29). **30650**

CHAMP D'APPLICATION DES DROITS DE PLAIDOIRIE

Les droits de plaidoirie sont versés même par une partie bénéficiant de l'**aide juridictionnelle** (Loi 91-647 du 10-7-1991 art. 40, al. 1), sauf exception (n° 30652). Le droit de plaidoirie est applicable en métropole, à la Guadeloupe, en Guyane, à la Martinique et à La Réunion. **30651**

Les droits de plaidoirie s'appliquent à toutes les **procédures de toute nature**, que le litige porte sur la compétence, les fins de non-recevoir, la procédure ou le fond devant les juridictions administratives de droit commun et les juridictions de l'ordre judiciaire ; **toutefois**, il n'est pas dû devant les conseils de prud'hommes, les tribunaux judiciaires statuant en matière prud'homale, les tribunaux de police statuant en matière de contraventions des quatre premières classes et les juridictions statuant en matière de contentieux de la sécurité sociale ou de contentieux électoral, ni devant le Conseil d'État et la Cour de cassation pour les affaires dispensées du ministère d'avocat, ni dans les procédures comportant la tenue d'une audience à bref délai lorsque l'avocat prête son concours à une personne bénéficiant de l'aide juridictionnelle totale (CSS art. R 652-26). **30652**
Le droit de plaidoirie est dû à l'avocat pour chaque plaidoirie, lorsque celle-ci a été faite à une **audience** figurant sur une **liste** établie par le garde des Sceaux (CSS art. R 652-27).
Si l'avocat a plaidé pour plusieurs parties, un seul droit est acquis (CSS art. R 652-27).

B. Avance des frais et dépens

QUI AVANCE LES FRAIS ET DÉPENS ?

La question de la charge des frais et dépens ne doit pas être confondue avec celle de leur avance. Les dépens sont en **principe** avancés par **celui qui mandate** l'auxiliaire de justice, en ce qui concerne ses frais et émoluments. Par **exemple**, pour les frais de notification à l'étranger, la partie requérante est tenue de faire l'avance des frais de signification sous réserve des conventions internationales existantes (CPC art. 688-5). **30660**

Il arrive que certains **frais** soient **avancés par le professionnel** qui peut ensuite, pour les récupérer, bénéficier d'une procédure particulière. Ainsi, l'avocat peut recevoir de son client une provision, mais il arrive qu'il fasse l'avance des dépens alors qu'il n'a pas reçu de provision. Dans ce dernier cas, il peut, dans les matières où son ministère est obligatoire, demander que la condamnation aux dépens soit assortie à son profit du **droit de recouvrer directement** contre la partie condamnée ceux des dépens dont il aurait fait l'avance sans avoir reçu provision ; la partie contre laquelle **30662** le recouvrement est poursuivi peut toutefois déduire, par compensation légale, le montant de sa créance de dépens, dans le cas où l'autre partie a été condamnée à les supporter (CPC art. 699).

PROVISIONS À VALOIR SUR LES DÉPENS

30664 Il arrive que le tribunal ou la loi accorde des **provisions ou avances** à valoir sur les dépens ; tel est le cas, notamment, en matière :
- d'entreprises en difficultés (C. com. art. L 663-1) ;
- d'interprétation et de traduction (CPC art. 178-1) ;
- de médiation (CPC art. 131-6) ;
- d'aide juridictionnelle (Loi 91-647 du 10-7-1991 art. 40, al. 2 et 3) ;
- de divorce (C. civ. art. 255, 6°) ;
- d'enquête sociale (CPC art. 1072, 1171 et 1221).

30665 La demande de taxe doit mentionner l'existence des provisions reçues du client (Cass. 2e civ. 16-4-2015 n° 13-25.480 F-D).

C. Charge des dépens

DÉCISION DU JUGE

30670 La partie perdante est condamnée aux dépens, à moins que le juge, par décision motivée, n'en mette la totalité ou une fraction à la charge d'une autre partie (CPC art. 696, al. 1).

30671 Le juge a l'**obligation** de statuer sur les dépens, y compris en référé (Cass. 2e civ. 29-10-1990 n° 89-14.925 : Bull. civ. II n° 222).
Si **le juge n'a pas statué** sur les dépens et si le succombant refuse de les payer, celui qui a triomphé pourra saisir le juge qui a rendu la décision afin qu'il statue sur les dépens.

30672 La nécessité pour le juge de statuer sur les dépens ne se traduit par une condamnation à les payer que si sa **décision met fin à l'instance** ou si, prononçant l'incompétence, elle **renvoie** à un **autre ordre** que l'ordre judiciaire civil.
Lorsque l'instance continue devant les juridictions civiles (incompétence, expertise, sursis à statuer), les **dépens** sont soit « **réservés** », soit **joints** à ceux de l'instance principale. Le juge peut toutefois statuer sur les dépens de l'incident.
Dans un certain nombre de cas, le juge peut réserver les dépens. Il est alors dispensé de statuer et leur charge sera examinée dans une décision ultérieure mettant fin à l'instance. On trouve cette situation notamment dans les jugements ou les décisions avant dire droit qui ordonnent des mesures d'instruction ou provisoires.

30673 En l'absence de précision, les parties condamnées aux dépens sont tenues **conjointement** et à parts égales. La **solidarité** peut être ordonnée si elle est demandée mais elle ne se présume pas (C. civ. art. 1310).
La **répartition** des dépens et la **solidarité** n'ont pas à être **motivées** (Cass. 2e civ. 12-5-1982 n° 81-12.005 : Bull. civ. II n° 71).

30675 Le juge dispose d'un **pouvoir discrétionnaire** pour laisser les dépens à la charge d'une seule des parties ayant succombé (Cass. 2e civ. 6-2-1974 n° 72-11.979 : Bull. civ. II n° 50) ou pour les répartir entre les perdants (Cass. soc. 16-10-1963 n° 62-40.667 : Bull. civ. IV n° 689).

30677 Dès lors qu'il condamne la partie perdante aux dépens, le juge, qui ne fait que se conformer à la loi, n'est pas tenu de **motiver** la partie de sa décision qui statue sur les dépens, car celle-ci est justifiée par la simple application de la loi. La mise à sa charge des dépens, encourue de plein droit, n'a besoin d'aucune justification particulière. La condamnation intervient d'office, même si elle n'a pas été demandée expressément. Il suffit que le juge constate qu'une partie succombe pour qu'il puisse mettre à sa charge tout ou partie des dépens (Cass. 1e civ. 12-5-1987 n° 85-11.387 : Bull. civ. I n° 146).

1. CONDAMNATION AUX DÉPENS DE LA PARTIE AYANT SUCCOMBÉ

CONDITIONS

30680 Les dépens sont en **principe** à la charge de la partie perdante (CPC art. 696, al. 1). Ils sont intégralement répercutés par la partie qui les a avancés sur la partie qui a perdu. Il découle de cette disposition que la condamnation au paiement des dépens suppose la réunion de deux conditions :
- être partie à l'instance, ce qui veut dire avoir un intérêt personnel au procès ;
- et être perdant, ce qui signifie avoir succombé dans ses prétentions s'il en a été formé.

Le juge du fond peut décharger une partie des dépens en vertu de considérations d'équité (Cass. 3e civ. 10-12-2013 n° 09-71.287).

Les frais et dépens ne peuvent être à la charge que d'une partie au procès. Pour avoir la qualité de partie, le justiciable doit avoir **figuré au procès**, qu'il y soit intervenu volontairement ou qu'il y ait été appelé en cause. Il doit encore y avoir participé dans un **intérêt personnel** et non pour information ou à seule fin de se voir rendre la **décision opposable**. 30681

Une condamnation, fût-ce aux seuls dépens, ne peut être prononcée contre une **personne** physique ou morale, **étrangère au procès**, pour n'avoir pas été appelée à participer à la procédure, ni mise en mesure de présenter ses prétentions et argumentations, contradictoirement, au cours d'un procès équitable.

ATTENTION

Dans certains procès, des **organismes** sont **obligatoirement appelés en cause** en vertu d'une loi ou d'un règlement (organismes de sécurité sociale, fonds de garantie automobile, etc.). Cette intervention est destinée à leur rendre la décision à intervenir opposable ou est justifiée par des raisons de procédure (organisation d'une expertise médicale, par exemple). La participation de ces organismes au procès peut également être destinée à leur faire prendre en compte les prescriptions du jugement et à en assurer l'exécution. Sauf exceptions tenant à des situations rares, ces organismes ne peuvent alors pas être condamnés aux dépens.

DÉPENS PESANT SUR UNE PARTIE QUI ACQUIERT CETTE QUALITÉ EN COURS DE PROCÉDURE

En cours de procédure, il se peut qu'un tiers prenne la qualité de partie. Le juge pourra décider de faire peser sur lui tout ou partie des dépens. On trouve ce cas de figure, notamment, en cas de jonction des procédures ou en cas d'intervention volontaire ou forcée et d'appel en garantie. 30683

Jonction de procédures En cas de jonction des procédures, le juge pourra décider de faire assumer une partie des dépens à une partie qui n'a figuré que dans l'une des procédures jointes (Cass. 2e civ. 15-2-1973 n° 71-13.344 : Bull. civ. II n° 54). 30684

Intervention volontaire ou forcée ou appel en garantie En cas d'intervention volontaire ou forcée ou d'appel en garantie, le juge pourra condamner la partie nouvelle aux dépens, s'il existe un lien de droit entre la partie nouvelle et celle qui est condamnée aux dépens à titre principal (Cass. 2e civ. 10-10-1979 n° 78-12.991 : Bull. civ. II n° 238). 30686

DÉPENS PESANT SUR UNE PARTIE QUI PERD CETTE QUALITÉ EN COURS DE PROCÉDURE

Une partie au litige peut perdre cette qualité en cours de procédure. Ceci comporte des conséquences sur les frais et dépens qui ont pu être engagés auparavant. 30690

Désistement du demandeur Le désistement du demandeur entraîne extinction de l'instance (CPC art. 398). À défaut d'accord contraire entre les parties, le demandeur qui se désiste a l'**obligation** de supporter les dépens (CPC art. 399). 30691

Le défendeur devra **toutefois** supporter les dépens s'il a commis une faute. Par exemple, bien que l'appelant ait abandonné ses prétentions, l'intimé a été condamné aux dépens, comprenant les frais d'expertise, car il était à l'origine de l'abandon, notamment par sa carence quant à la production des documents sollicités par l'expert, celui-ci s'étant trouvé dans l'impossibilité de poursuivre sa mission tendant à déterminer le bien-fondé d'une demande (CA Besançon 22-4-1994 n° 2088/90).

En cas de désistement du demandeur, il n'est pas nécessaire qu'une **décision** statue sur la charge des dépens – puisque le désistement emporte obligation de payer les frais de l'instance – sauf lorsque le juge veut les mettre à la charge d'une partie qui ne se désiste pas. Toutefois, en cas de difficulté sur le paiement des dépens, il faudra saisir le juge taxateur qui ne pourra aller à l'encontre de ce qui aura été décidé par le juge du fond ou de la règle de l'article 399 du CPC.

Cette règle vaut également pour la procédure d'opposition ou d'appel (CPC art. 403, 404 et 409) ou pour celle du pourvoi en cassation (CPC art. 1025). Elle est encore applicable en cas de recours en révision ou de tierce opposition.

Péremption d'instance En cas de péremption d'instance, lorsqu'aucune des parties n'accomplit de diligences pendant deux ans, celui qui a introduit l'instance devra supporter les dépens (CPC art. 393), y compris si le défaut de diligences résulte de l'existence d'autres procédures (Cass. 1e civ. 29-1-2015 n° 13-25.732 F-D). La décision qui constatera la péremption statuera sur les dépens. 30694

30696 **Radiation** La radiation peut être prononcée par le juge ou demandée par les parties. Prononcée par le juge, elle sanctionne le défaut de diligence des parties (CPC art. 381). Demandée par une des parties, elle exprime leur souhait de marquer une pause dans le procès. Elle n'emporte pas de condamnation aux dépens.
La solution serait identique en cas d'interruption de l'instance, de retrait du rôle ou de sursis à statuer.

2. CONDAMNATION AUX DÉPENS DE LA PARTIE N'AYANT PAS SUCCOMBÉ

DÉCISION DU JUGE

30700 Le juge peut, par **décision motivée**, mettre tout ou partie des dépens à la charge d'une autre partie que la partie perdante (CPC art. 696, al. 1). Il faut dans ce cas que le juge motive spécialement sa décision. À défaut de motivation spéciale, la décision sera censurée (Cass. 2e civ. 15-2-2001 n° 97-18.961 F-D).

CAS DE CONDAMNATION AUX DÉPENS D'UNE PARTIE N'AYANT PAS SUCCOMBÉ

30702 Les hypothèses dans lesquelles une condamnation d'une partie n'ayant pas succombé intervient sont multiples. Ce peut être le **cas** lorsque, **notamment** :
– l'instance a été engagée dans l'intérêt exclusif de la partie n'ayant pas succombé ;
– une faute peut être reprochée à la partie n'ayant pas succombé, par exemple si elle soulève tardivement un moyen ou si elle fait preuve d'acharnement ;
– des considérations d'équité justifient que la partie n'ayant pas succombé supporte des frais.

3. CAS PARTICULIERS DE CONDAMNATION AUX DÉPENS

AIDE JURIDICTIONNELLE

30705 L'aide juridictionnelle concerne tous les **frais afférents aux instances**, procédures ou actes pour lesquels elle a été accordée, à l'exception des droits de plaidoirie ; le bénéficiaire de l'aide est dispensé du paiement, de l'avance ou de la consignation de ces frais ; les frais occasionnés par les mesures d'instruction sont avancés par l'État (Loi 91-647 du 10-7-1991 art. 40). L'aide juridictionnelle partielle laisse à son bénéficiaire la charge d'un honoraire fixé par convention avec l'avocat ou d'un émolument au profit des officiers publics et ministériels qui prêtent leur concours (Loi 91-647 art. 24, al. 2).

30706 Lorsque le **bénéficiaire de l'aide juridictionnelle** est **condamné aux dépens ou perd son procès**, il supporte les dépens exposés par son adversaire. Le juge peut toutefois en vertu de considérations d'**équité** procéder différemment. Il peut par exemple, même d'office, faire peser une partie des dépens sur l'État ; il peut aussi mettre à la charge du bénéficiaire de l'aide juridictionnelle partielle, demandeur au procès, le remboursement d'une fraction des sommes exposées par l'État autres que la part contributive de l'État à la mission d'aide juridictionnelle des avocats et des officiers publics et ministériels (Loi 91-647 du 10-7-1991 art. 42).
Lorsque le bénéficiaire de l'aide juridictionnelle gagne le procès, l'État peut se faire rembourser l'indemnité d'aide juridictionnelle auprès du succombant. L'action relève des tribunaux judiciaires (T. confl. 4-7-2016 n° 16-040062).
Lorsque **l'aide juridictionnelle n'a pas été accordée** au demandeur parce que sa demande en justice a été considérée comme manifestement irrecevable, dénuée de fondement ou abusive et que cependant le juge a fait droit à son action, il lui est accordé le remboursement par l'État des frais, dépens et honoraires par lui exposés ou versés, à concurrence de l'aide juridictionnelle dont il aurait bénéficié compte tenu de ses ressources (Loi 91-647 du 10-7-1991 art. 7, al. 4).

30707 En matière de **cassation**, l'aide juridictionnelle est refusée au demandeur si aucun moyen de cassation sérieux ne peut être relevé (Loi 91-647 du 10-7-1991 art. 7, al. 3).

30708 Les **auxiliaires de justice** rémunérés selon un tarif peuvent renoncer à percevoir la somme correspondant à la part contributive de l'État et poursuivre contre la partie condamnée aux dépens et non bénéficiaire de l'aide juridictionnelle le recouvrement des émoluments auxquels ils peuvent prétendre (Loi 91-647 du 10-7-1991 art. 37, al. 1).

30709 Les frais peuvent être mis à la charge du **Trésor public** et ainsi ne pas reposer sur la partie qui a perdu son procès. Lorsque la partie condamnée aux dépens ou la partie perdante ne bénéficie pas de l'aide juridictionnelle, elle est en principe tenue de rembourser au Trésor public les sommes exposées par l'État ; toutefois, pour des considérations tirées de l'équité ou de la situation économique de cette partie, le juge peut la dispenser totalement ou partiellement de ce remboursement (Loi 91-647 du 10-7-1991 art. 43, al. 1). Les frais peuvent aussi être mis à la charge du Trésor public dans d'autres cas que celui de l'aide juridictionnelle, notamment en matière d'assistance éducative. Lorsque les époux ne peuvent supporter la charge totale des frais de justice qui leur incombent, le juge fixe le montant de leur participation. Ceci s'applique également pour les procédures relatives à la délégation, au retrait total ou partiel de l'autorité parentale (cf. CPC art. 1197).

CHARGE DES DÉPENS EN CAS DE DIVORCE

Les dépens de l'action en divorce pour **altération** définitive **du lien conjugal** sont à la charge du demandeur, sauf décision contraire du juge (CPC art. 1127). 30715
En cas de **conversion de séparation de corps en divorce**, les dépens de l'instance en conversion sont répartis comme ceux de l'instance en séparation de corps (CPC art. 1136).
Si le divorce est un **divorce accepté**, sauf décision contraire du juge, les dépens sont partagés par moitié (CPC art. 1125).
En cas de divorce par **consentement mutuel**, les dépens sont partagés par moitié sauf convention contraire des parties (CPC art. 1105). Mais cette convention ne peut pas mettre à la charge du bénéficiaire de l'aide juridictionnelle plus de la moitié des frais de procédure ; il en va de même de la convention de procédure participative (Décret 2020-1717 du 28-12-20, art. 123).

CHARGE DES DÉPENS EN CAS DE VENTE IMMOBILIÈRE

En matière de vente immobilière sur saisie, les frais de vente sont mis à la charge de l'adjudicataire (C. exécution art. L 322-9 et R 322-58). L'adjudicataire verse le prix sur un compte séquestre ou le consigne auprès de la Caisse des dépôts et consignations et paye les frais de la vente ; il ne peut, avant le versement ou la consignation et le paiement, accomplir un acte de disposition sur le bien à l'exception de la constitution d'une hypothèque accessoire à un contrat de prêt destiné à financer l'acquisition de ce bien (C. exécution art. L 322-9). Les frais de poursuite et, le cas échéant, de surenchère taxés et les droits de mutation sont payés par l'adjudicataire par priorité en sus du prix. Il en est fourni justificatif au greffe avant l'expiration du délai de deux mois à compter de la date d'adjudication définitive, à peine de réitération des enchères. Toute stipulation contraire est réputée non écrite (C. exécution art. R 322-58). 30719

CHARGE DES DÉPENS EN CAS DE PROCÉDURE COLLECTIVE

Les dépens constitués par la **rémunération** de l'administrateur judiciaire et du mandataire liquidateur sont laissés à la charge de l'entreprise (C. com. art. L 663-2). 30721
Les frais afférents à l'instance en **relevé de forclusion** d'un créancier qui n'a pas déclaré sa créance dans le délai requis sont supportés par le créancier défaillant ; mais le juge peut décider que les frais seront supportés par le débiteur qui n'a pas mentionné la créance sur la liste des créances ou n'a pas porté utilement cette créance à la connaissance du mandataire judiciaire dans le délai de déclaration (C. com. art. R 622-25, al. 2).

CHARGE DES DÉPENS EN CAS DE PARTAGE

En cas de procédure de partage, les frais et dépens sont passés en frais de partage, c'est-à-dire qu'ils sont répartis conformément aux droits des copartageants. Par exemple, entre époux, chacun contribue pour moitié aux dettes de communauté pour lesquelles il n'était pas dû de récompense, ainsi qu'aux frais de scellé, inventaire, vente de mobilier, liquidation, licitation et partage (C. civ. art. 1485). En revanche, chacun des époux supporte seul les dettes qui n'étaient devenues communes que sauf récompense à sa charge. 30725

CHARGE DES DÉPENS EN CAS DE BORNAGE

En matière de bornage, les frais sont répartis par moitié entre les deux propriétaires limitrophes (C. civ. art. 646). 30727

FRAIS LAISSÉS À LA CHARGE DES AUXILIAIRES DE JUSTICE

Les avocats et les huissiers ou commissaires de justice – auxquels il faut ajouter les mandataires judiciaires à la liquidation des biens, agissant dans le cadre de leur mandat – ne sauraient être condamnés aux dépens, dont le paiement incombe aux seuls mandants (Cass. 2e civ. 28-6-1995 n° 93-14.506 : Bull. civ. II n° 219). Il est fait exception à cette règle en cas de dépassement de mandat et en cas de frais frustratoires. 30729

Dépassement du mandat Les auxiliaires de justice peuvent être personnellement condamnés aux dépens afférents aux instances, actes et procédures d'exécution accomplis en dehors des limites de leur mandat (CPC art. 697). 30731

> **Précisions** L'huissier ou commissaire de justice chargé du recouvrement d'une créance peut, en dépit de la conclusion d'un échéancier entre les parties, poursuivre la procédure d'exécution forcée jusqu'au **paiement de ses frais et émoluments**. Dans ce cas, l'huissier ou commissaire de justice n'agit pas sans mandat et ne saurait voir sa responsabilité engagée. Il agit pour le recouvrement de sommes dues en vertu de titres exécutoires en ayant reçu mandat à cet effet. Le titre servant de fondement aux poursuites, seul, permet le recouvrement des frais de l'exécution forcée qui sont à la charge du débiteur.

30735 **Frais frustratoires** Les dépens afférents aux instances, actes et procédures d'exécution **injustifiés** sont à la charge des auxiliaires de justice qui les ont faits, sans préjudice des dommages-intérêts qui seraient réclamés. Il en est de même des dépens afférents aux instances, actes et procédures d'exécution nuls par l'effet de leur **faute** (CPC art. 698 ; Cass. 2e civ. 5-5-2011 n° 10-15.977, à propos de frais injustifiés).

ATTENTION

Il est interdit aux huissiers ou commissaires de justice de réclamer ou de prévoir, outre leurs émoluments ou débours tarifés, pour les actes prévus au tarif, à titre de consultation ou d'honoraires, des rétributions s'ajoutant aux montants fixés par la loi (Cass. 2e civ. 13-5-1991 n° 89-21.872 : Bull. civ. II n° 147).

PERSONNES NE POUVANT JAMAIS ÊTRE CONDAMNÉES AUX DÉPENS

30737 Un certain nombre de personnes ne peuvent jamais être condamnées aux dépens. Tel est le cas, par **exemple** :
– de l'État (Cass. civ. 17-12-1913 : DP 1914 I p. 261 note P. Binet), la solution valant aussi pour les administrations agissant comme représentantes de la puissance publique ;
– du fonds de garantie automobile (C. ass. art. L 421-1 ; Cass. 1e civ. 14-1-1976 n° 74-11.823 : Bull. civ. I n° 11).

D. Liquidation et recouvrement des dépens

30745 La **liquidation** des dépens est l'addition de leur montant. Le plus souvent, elle ne figure **pas dans la décision** principale. Le juge, dans un premier temps, peut se contenter de déterminer la charge des dépens, dont le **calcul précis** est encore à faire.
Le principe veut que la **partie qui opère le recouvrement** additionne les différents débours qu'elle a pu exposer dans un **état récapitulatif**.

30746 Certains **dépens** sont **liquidés dans le jugement**. Les droits, taxes, redevances ou émoluments perçus par les greffes des juridictions ou l'administration des impôts (CPC art. 695, 1°), ainsi que les indemnités des témoins (CPC art. 695, 3°) sont liquidés dans le jugement qui les adjuge ou par mention apposée sur la minute par l'un des juges de la juridiction (CPC art. 701, al. 1).
Les expéditions du jugement peuvent être délivrées avant que la liquidation ne soit faite (CPC art. 701, al. 2). Lorsque le montant des dépens liquidés ne figure pas dans l'expédition du jugement, le greffier délivre un titre exécutoire (CPC art. 702).

30747 Le **recouvrement** s'effectue le plus souvent de manière **amiable**. Mais, en cas de difficulté, une procédure particulière est prévue qui doit être observée pour obtenir l'exécution forcée de la condamnation aux dépens.

VÉRIFICATION DU MONTANT DES DÉPENS PAR LE GREFFIER DE LA JURIDICTION

30748 Les **parties** peuvent, en cas de difficulté, demander, sans forme, au greffier de la juridiction qui a rendu le jugement de vérifier le montant des dépens (CPC art. 704, al. 1). La demande peut être formalisée par lettre simple. En pratique, il existe un imprimé de demande de vérification des dépens.
L'**auxiliaire de justice** qui entend recouvrer les dépens peut aussi demander au greffier de la juridiction de vérifier le montant des dépens. Sa demande est alors accompagnée du compte détaillé qu'il est tenu de remettre aux parties en vertu de la réglementation tarifaire ; ce compte mentionne les provisions reçues en vertu de la réglementation tarifaire (CPC art. 704, al. 2).
L'article 704 du CPC s'applique à tous les greffiers de **toutes les juridictions** de l'ordre judiciaire statuant en matière civile, commerciale, sociale, rurale ou prud'homale, sous réserve des règles spéciales à chaque matière et des dispositions particulières à chaque juridiction (CPC art. 749).

Les demandes relatives aux frais, émoluments et débours qui, afférents à une instance, ont été exposés devant une juridiction par les auxiliaires de justice et les officiers publics ou ministériels, doivent être portées devant cette juridiction ; les demandes relatives aux frais, émoluments et débours qui n'ont pas été exposés devant une juridiction doivent être portées devant le tribunal judiciaire dans le ressort duquel l'officier public ou ministériel ou l'auxiliaire de justice exerce ses fonctions (CPC art. 52).
Les dispositions de l'article 704 du CPC sont sans application à la procédure de contestation relative à la rémunération des techniciens (Cass. 2e civ. 5-4-2007 n° 06-13.063 : Bull. civ. II n° 82).

Le greffier de la juridiction vérifie le montant des dépens après avoir, s'il y a lieu, procédé aux redressements nécessaires afin de rendre le compte conforme aux tarifs ; il remet ou adresse par simple lettre à l'intéressé un **certificat de vérification** (CPC art. 705). La décision du greffier de la juridiction est dépourvue de formalisme. Le greffier remet ou transmet au demandeur le certificat de vérification par lettre simple. **30749**
Il paraît nécessaire que l'instance ayant donné lieu aux dépens soit close et donc qu'il y ait déjà une **décision statuant sur les dépens**. La vérification ne peut intervenir que lorsque tout est terminé (CA Paris prem. prés. 24-3-1980 : Bull. avoués 1980 n° 75 p. 18).

La vérification est nécessaire pour que le créancier puisse procéder au **recouvrement forcé** des dépens (cf. CPC art. 707 et 708). Une partie ne peut poursuivre, par voie d'exécution forcée, le recouvrement des dépens par elle avancés qu'au vu d'un certificat de vérification ou d'une ordonnance de taxe exécutoire (Cass. 2e civ. 3-5-2007 n° 06-12.485 : Bull. civ. II n° 120). **30751**

Certains frais et dépens ne sont **pas soumis à la procédure de vérification** par le greffe, notamment ceux qui concernent : **30753**
– Les techniciens désignés par le tribunal pour des constats, des consultations ou des expertises. Dans le cas des techniciens ou experts, une phase préalable consiste dans l'évaluation par le juge qui ordonne la mesure du coût de celle-ci en fixant une provision. Lors du dépôt du rapport du technicien, le juge taxe ses honoraires après avoir demandé les observations des parties au vu des tâches effectuées.
– Les officiers publics pour leur rémunération non tarifée. La demande peut être portée directement devant le juge taxateur.
– Les greffiers des tribunaux de commerce. Les demandes ou contestations relatives aux frais, émoluments et débours, compris ou non dans les dépens des greffiers des tribunaux de commerce doivent être portées directement devant le président du tribunal judiciaire dans le ressort duquel le greffier du tribunal de commerce exerce ses fonctions, sans qu'il y ait lieu d'établir préalablement un certificat de vérification (CPC art. 725-1).

NOTIFICATION DU MONTANT DES DÉPENS

La partie qui poursuit le recouvrement des dépens notifie par lettre recommandée le compte vérifié à l'adversaire qui dispose d'un **délai** d'un mois à compter de la réception pour le contester (Cass. 3e civ. 7-5-2004 n° 13-10.943) ; la notification emporte **acceptation** par son **auteur** du compte vérifié ; cette notification doit **mentionner** le délai de contestation et les modalités de son exercice et préciser qu'à défaut de contestation dans le délai indiqué le certificat de vérification peut être rendu exécutoire (CPC art. 706). Il résulte de ce mécanisme que la saisine directe du juge est irrecevable. **30757**

ABSENCE DE CONTESTATION DU MONTANT DES DÉPENS

En l'absence de contestation par l'adversaire dans le **délai** d'un mois, le poursuivant peut demander au greffier vérificateur de mentionner cette absence de contestation sur le certificat de vérification ; cette mention vaut **titre exécutoire** sans qu'il ne soit nécessaire de saisir le juge (CPC art. 707). Le certificat de vérification devient définitif. Tout recours est alors irrecevable comme tardif (CA Paris prem. prés. 24-3-1980 : Bull. avoués 1980 n° 76). **30759**

DEMANDE D'ORDONNANCE DE TAXE

Celui qui entend **contester la vérification** peut présenter une demande d'ordonnance de taxe ; il peut aussi le faire par l'intermédiaire de son représentant ; la demande peut être faite en la **forme** orale ou par écrit, au greffe de la juridiction qui a vérifié le compte ; elle doit être motivée et être accompagnée du certificat de vérification (CPC art. 708). Le juge taxateur est soumis au principe du contradictoire qui est respecté notamment si une partie reprend oralement ses conclusions à l'audience (Cass. 2e civ. 21-2-2013 n° 12-13.430). **30761**

La demande peut émaner aussi bien du **demandeur au certificat** de vérification que de son **adversaire**, et même du **mandataire** ad litem contre son client. Aucun autre mode de saisine du juge taxateur, notamment par voie de citation, ne peut être admis.
La date de notification par voie postale de la contestation d'un état de vérification des dépens est, à l'égard de celui qui y procède, celle de l'expédition et non celle de la réception par le greffe (Cass. 2e civ. 26-3-2015 n° 14-50.006 : Bull. civ. II n° 77).

ORDONNANCE DE TAXE

30763 Le président de la juridiction ou le magistrat délégué à cet effet statue par ordonnance au vu du compte vérifié et de tous autres documents utiles, après avoir recueilli les **observations du défendeur** à la contestation ou les lui avoir demandées (CPC art. 709).
Le **juge** taxateur a une **compétence étendue**. Il peut statuer sur toute demande relative aux dépens, notamment sur la distraction des dépens, mais il ne peut pas statuer sur les frais irrépétibles ni aller à l'encontre de la chose jugée. Autre limite à sa compétence : il ne peut pas déterminer le débiteur des dépens, car cette compétence est celle du juge statuant sur l'affaire (Cass. 2e civ. 16-12-2021 n° 20-10.764).
Le juge statue tant sur la demande de taxe que sur les autres demandes afférentes au recouvrement des dépens (CPC art. 710).
Il procède, même d'office, à tous les redressements nécessaires afin de rendre le compte conforme aux tarifs ; il mentionne, s'il y a lieu, les sommes déjà perçues à titre de provision (CPC art. 711).
Il a la faculté de renvoyer la demande, en l'état, à une audience du tribunal dont il fixe la date ; les parties sont alors convoquées quinze jours au moins à l'avance par le greffier de la juridiction (CPC art. 712).
À la suite d'une procédure de vérification des dépens, la partie poursuivante peut présenter un état de frais rectifié sans avoir à le soumettre à nouveau au greffier vérificateur (Cass. 2e civ. 30-1-2014 n° 12-28.231).

NOTIFICATION DE L'ORDONNANCE DE TAXE

30765 L'ordonnance de taxe est signifiée à la diligence des parties. Elle est revêtue sur minute de la **formule exécutoire** par le greffier ; lorsqu'elle est susceptible d'appel, la notification de l'ordonnance **contient**, à peine de nullité (CPC art. 713) :
– la mention que cette ordonnance deviendra exécutoire si elle n'est pas frappée de recours dans les délais et formes prévus aux articles 714 et 715 du CPC ;
– la teneur de des deux articles.
Le défaut de ces mentions est un vice de forme.

RECOURS CONTRE L'ORDONNANCE DE TAXE

30767 L'ordonnance de taxe rendue par le président d'une juridiction de première instance peut être frappée par tout intéressé d'un recours devant le premier président de la cour d'appel ; le **délai** de recours est d'un mois : il n'est pas augmenté en raison des distances ; le délai de recours et l'exercice du recours dans le délai sont **suspensifs d'exécution** (CPC art. 714), sauf si l'ordonnance statue sur les honoraires d'un technicien (CPC art. 724).
Le recours est formé par la remise ou l'envoi au greffe de la cour d'appel d'une **note** exposant ses motifs ; à peine d'irrecevabilité, copie de cette note est simultanément envoyée à toutes les parties au litige principal (CPC art. 715) et le cas échéant au technicien dont les honoraires sont contestés (CPC art. 724).
Le **recours incident** qui peut être formé en tout état de cause n'est pas soumis aux formalités de l'article 715 du CPC (Cass. 2e civ. 16-4-2015 n° 14-13.217 : Bull. civ. II n° 98).

30769 Les **parties** sont **convoquées** quinze jours au moins à l'avance par le greffier de la **cour d'appel** ; le premier président ou son délégué les entend contradictoirement ; il procède ou fait procéder, s'il y a lieu, à toutes investigations utiles (CPC art. 716).
Le ministère d'avocat n'est pas obligatoire. La notification de la note jointe au recours doit se faire aux parties elles-mêmes et non à leur avocat postulant dans le litige principal. Le premier président ou son délégué a la faculté de renvoyer la demande en l'état à une audience de la cour dont il fixe la date (CPC art. 717).
Les notifications ou convocations sont faites par lettre recommandée AR ; lorsqu'elles sont faites par le greffier de la juridiction, elles peuvent l'être par simple bulletin si elles sont adressées aux avocats (CPC art. 718).

> **Précisions a.** L'ordonnance de taxe émanant d'un magistrat d'une juridiction de première instance ou de la cour d'appel, fixant la **rémunération des techniciens ou experts** peut être frappée de recours devant le premier président de la cour d'appel ; si la décision émane du premier président de la cour d'appel, elle peut être modifiée dans les mêmes conditions par celui-ci ; le délai court, à l'égard de chacune des parties, du jour de la notification qui lui est faite par le technicien ; le recours et le délai pour l'exercer ne sont pas suspensifs d'exécution ; le recours doit, à peine d'irrecevabilité, être dirigé contre toutes les parties et contre le technicien s'il n'est pas formé par celui-ci (CPC art. 724).
> **b.** Le technicien peut également intenter un **recours** dans le délai d'un mois à compter de l'ordonnance sauf s'il prouve en avoir eu connaissance après (Cass. 2e civ. 26-3-2015 n° 14-14.644 F-PB : Bull. civ. II n° 80).
> **c.** En cas de contestation **d'émoluments de mandataires de justice**, le premier président doit faire convoquer les parties par le greffier quinze jours au moins à l'avance et les entendre contradictoirement (Cass. com. 4-4-2018 n° 17-15.347 F-PB).

RECOUVREMENT DIRECT (OU DISTRACTION DES DÉPENS)

Les **avocats** peuvent, dans les matières où leur **ministère** est **obligatoire**, demander que la condamnation aux dépens soit assortie à leur profit du droit de recouvrer directement contre la partie condamnée ceux des dépens dont ils ont fait l'**avance sans** avoir reçu **provision** ; la partie contre laquelle le recouvrement est poursuivi peut toutefois déduire, par compensation légale, le montant de sa créance de dépens dans le cas où l'autre partie a été condamnée à les supporter (CPC art. 699). L'avocat a l'initiative de la procédure. 30772

Conditions L'avocat peut bénéficier de cette procédure à condition qu'il n'ait pas cessé de **représenter** la partie et que la demande de recouvrement direct soit présentée dans ses dernières **conclusions**. 30774
L'obtention de la distraction des dépens doit être **demandée** expressément : elle n'est pas de droit. L'avocat qui fait la demande de paiement direct ne doit pas avoir reçu de provision de son client.
Le droit de recouvrement direct suppose aussi qu'une **décision** ait été rendue condamnant une partie aux dépens. Si l'instance se termine par une transaction ou un désistement sans jugement statuant sur les dépens, il ne peut y avoir de recouvrement direct.

Conséquences L'auxiliaire de justice qui a obtenu le bénéfice du paiement direct peut recouvrer directement les dépens contre la partie condamnée. Il agit sur le fondement d'une **créance personnelle** et la régularité des poursuites n'est pas affectée par la modification de **situation de son mandant** (décès, perte ou recouvrement de la capacité, procédure collective, etc.). 30776

Le droit de recouvrement direct accordé à l'avocat est un privilège lui permettant de s'adresser directement à la partie condamnée. Il ne fait nullement disparaître le **lien contractuel** existant avec son client et, avec lui, le droit de lui réclamer le paiement de sa rémunération et le remboursement de ses frais (cf. C. civ. art. 1999). Ce recours est utile lorsque le perdant se révèle insolvable. 30778

SECTION 2

FRAIS IRRÉPÉTIBLES : RÈGLES GÉNÉRALES

A. Notion de frais irrépétibles

Les frais dits irrépétibles sont ceux qui ont été exposés lors d'une instance et qui ne sont **pas compris dans les dépens** proprement dits (CPC art. 700). 30785
L'**origine** et le **montant** de ces frais sont très **variables**.
La somme allouée au titre des frais irrépétibles peut **notamment** correspondre aux **honoraires de l'avocat ou de conseillers** ou experts amiables, détectives, constats, etc. Elle servira, par exemple, à payer des frais de déplacement, de voyage et de séjour, ou encore des frais engagés pour obtenir certaines pièces, à condition que ces frais n'aient pas été compris dans les dépens de l'article 695 du CPC.

> **Précisions** Une demande de remboursement de frais de l'article 700 du CPC est possible dans le cas d'une demande d'ouverture d'une procédure de redressement (ou de liquidation) judiciaire formée par un créancier bien qu'elle soit, à peine d'irrecevabilité, exclusive de toute autre demande, à l'exception d'une demande subsidiaire d'ouverture d'une procédure de liquidation (ou de redressement) judiciaire par application des articles R 631-2, al. 2 et R 640-1, al. 2 du Code de commerce (Cass. com. 17-6-2020 n° 19-10.464 F-PB : RJDA 11/20 n° 577).

La production des justificatifs des sommes demandées au titre des **frais irrépétibles** de l'article 700 du Code de procédure civile est autorisée (Décret 2022-245 du 25-2-2022) et même conseillée. On recommandera à celui qui sollicite l'application de cette disposition de produire les justificatifs de dépenses de frais irrépétibles (ex. : convention d'honoraires, factures acquittées d'avocats ou de conseils).

DISTINCTION ENTRE LES FRAIS IRRÉPÉTIBLES ET LES DOMMAGES-INTÉRÊTS

30786 L'indemnité pour frais irrépétibles correspond au paiement d'une **rémunération** pour une **prestation** non comprise dans les dépens. Elle ne saurait être confondue avec des dommages et intérêts car les frais non compris dans les dépens ne compensent pas un préjudice réparable ; ils ne peuvent être remboursés que sur le fondement de l'article 700 du CPC (Cass. 2e civ. 8-7-2004 n° 03-15.155 : Bull. civ. II n° 365).

La demande relative aux frais irrépétibles ne constitue pas une **prétention** servant à déterminer le taux de compétence ou de ressort d'une juridiction.

Enfin, les frais non compris dans les dépens ne sauraient constituer un préjudice réparable et ne peuvent être remboursés que sur le fondement de l'article 700 (Cass. 1e civ. 10-04-2019 n° 17-13.307).

RÉMUNÉRATIONS NON TARIFÉES COUVERTES PAR LES FRAIS IRRÉPÉTIBLES

30788 Les rémunérations non tarifées peuvent, si elles ne sont pas comprises dans les dépens, être couvertes par l'indemnité pour frais irrépétibles. Ce sont **notamment** :

– les rémunérations des auxiliaires chargés d'une mission de justice telle que les rémunérations des **séquestres** judiciaires (Cass. 2e civ. 3-2-1983 n° 81-16.758 : Bull. civ. II n° 32) ou celles liées à l'**administration** provisoire d'une **copropriété** (Cass. 2e civ. 10-12-1986 n° 85-14.078 : Bull. civ. II n° 181) ;

– les rémunérations des constats d'huissiers ou commissaires de justice non ordonnés par le tribunal mais diligentés à la demande des parties (Cass. 2e civ. 12-1-2017, n° 16-10.123) ;

– les frais de déplacements exposés par un salarié à l'occasion d'une expertise judiciaire (Cass. soc. 4-3-2020, n° 18-24.405).

Certaines situations, bien qu'elles fassent l'objet d'un tarif, sont exclues de la catégorie des frais irrépétibles. Pour l'administrateur judiciaire, en l'absence de texte réglementant la rémunération du professionnel du droit, avait été élaboré un barème par le tribunal de grande instance de Paris et la Chambre nationale des administrateurs judiciaires ; or, celui-ci constitue un simple outil qui ne s'impose ni aux parties ni au juge taxateur et ladite rémunération peut donc relever des dispositions de l'article 700 du CPC (Cass. 2e civ. 28-3-2019 n° 18-14.364). Également, en matière d'accident du travail, la rémunération du médecin-conseil de la victime d'une faute inexcusable est taxable et ne fait donc pas partie des frais irrépétibles (Cass. 2e civ. 25-1-2018 n° 16-25.647).

PROCÉDURE SANS DÉPENS

30790 Normalement, la partie condamnée aux dépens assume aussi les frais irrépétibles (nos 30805 s.). Mais ces frais irrépétibles peuvent également être mis à la charge du justiciable en cas de procédure sans dépens.

On trouve ces frais notamment pour certaines **procédures sans représentation obligatoire**, que ce soit en première instance ou en appel. Tel est le cas, par **exemple**, des procédures :

– douanières, en dépit de l'article 364 du Code des douanes (Cass. com. 23-2-1988 n° 86-13.309 : Bull. civ. IV n° 79) ;

– relatives aux droits d'enregistrement (Cass. com. 22-7-1986 n° 84-17.596) ;

– devant la cour d'appel de Paris lorsqu'elle statue sur un recours dirigé contre une décision du Conseil de la concurrence, désormais Autorité de la concurrence (CA Paris 6-11-2007 n° 06/18379), mais pas devant cette autorité elle-même, qui n'est pas une véritable juridiction (Cons. conc. 25-1-1989 n° 89-D-02 : BOCCRF 1989 n° 1 p. 12).

B. Condamnation aux frais irrépétibles

INSTANCES CONCERNÉES

La condamnation aux frais irrépétibles ne peut se faire que dans le cadre d'une instance. 30795
Les frais non inclus dans les dépens doivent être exposés dans l'instance qui donne lieu à la condamnation et non dans une **instance antérieure** (Cass. 2e civ. 19-11-1986 n° 85-14.941 : Bull. civ. II n° 171). Par exemple, la cour de renvoi ne peut pas statuer sur les frais irrépétibles exposés en cassation (Cass. 2e civ. 8-12-2016 n° 13-22.961 F-PB : Bull. civ. II n° 270).
Toutefois, lorsque les frais ont été exposés en première instance, ils peuvent encore être demandés en appel.

Les frais irrépétibles de l'article 700 CPC concernent les instances pendantes devant toutes les **juridictions** de l'ordre judiciaire statuant en matière civile, commerciale, sociale, rurale ou prud'homale (CPC art. 749). Ces frais concernent aussi les juridictions d'expropriation (CA Aix-en-Provence 2-5-2013 n° 11/00037), la cour d'appel de Paris lorsqu'elle statue sur un recours dirigé contre une décision du Conseil de la concurrence, désormais Autorité de la concurrence (CA Paris 6-11-2007 n° 06/18379 : RJDA 1/08 n° 86), mais pas devant cette autorité elle-même, qui n'est pas une véritable juridiction (Cons. conc. 25-1-1989 n° 89-D-02 : BOCCRF 1989 n° 1 p. 12). 30797

Même si les juridictions ne statuent pas sur le fond, elles peuvent prononcer une condamnation aux frais irrépétibles. 30799
Le **juge des référés** peut accorder une telle indemnité à titre définitif (Cass. 3e civ. 19-11-1980 n° 79-14.054 : Bull. civ. III n° 183). Le juge du fond n'a donc pas à réviser la condamnation prononcée par le juge des référés (CA Versailles 30-9-1994 n° 7212/93).
Le **juge de la mise en état** peut statuer sur les dépens et les demandes formées en application de l'article 700 (CPC art. 790). La solution est identique s'agissant de la Cour de cassation (CPC art. 629) ou du juge de l'exequatur.

La décision du **premier président de la Cour de cassation** ordonnant le **retrait du rôle** par suite de la non-exécution de la décision frappée de pourvoi, en application de l'article 1009-1 du CPC, est une simple mesure d'administration et de régulation ; cet article ne donne pas au juge le pouvoir de condamner au paiement d'une indemnité (Cass. ord. prem. prés. 8-11-1993 n° 90-18.078 : Bull. civ. ord. n° 14). 30801

L'instance d'**appel** forme un tout avec la première instance. La cour d'appel peut donc statuer sur l'ensemble des frais exposés devant les juges du fond sans avoir à se limiter à ceux exposés durant la procédure d'appel (Cass. 3e civ. 12-7-1988 n° 87-10.445 : Bull. civ. III n° 129). 30803

PARTIE CONDAMNABLE AUX FRAIS IRRÉPÉTIBLES

Le juge doit condamner aux frais irrépétibles la partie tenue aux **dépens** ou, à défaut, la **partie perdante** (CPC art. 700). 30805
Si le juge veut **faire supporter à la partie gagnante** une indemnité au titre de l'article 700, il devra en même temps mettre les dépens à sa charge, ce qu'il peut faire par une décision spéciale et motivée.
Un créancier qui utilise une procédure trop lourde pour recouvrer une somme minime peut être soumis aux dépens et aux frais de l'article 700, même s'il gagne (Cass. 2e civ. 1-12-1982 n° 81-11.667).

Le désistement d'instance comportant, sauf convention contraire, soumission de payer les frais de l'instance éteinte, le **demandeur qui se désiste** peut être condamné au titre de l'article 700 (Cass. 2e civ. 20-3-1992 n° 92-60.195 : Bull. civ. II n° 100). 30807
Doit être rejetée la demande d'attribution d'une somme au titre de l'article 700 formée par l'auteur d'un **pourvoi déclaré non fondé** qui est condamné aux dépens exposés devant la Cour de cassation (Cass. 3e civ. 27-2-1985 n° 84-70.094 : Bull. civ. III n° 41).

La succombance n'a pas besoin d'être totale : une **succombance partielle** peut justifier la condamnation aux frais irrépétibles. Dès l'instant que les dépens ont été partagés, l'une ou l'autre partie peut être condamnée (Cass. 2e civ. 15-2-1984 n° 82-16.500 : Bull. civ. II n° 28). 30811
Le juge doit toutefois tenir compte de l'**équité** ou de la **situation économique** de la partie condamnée et il peut, même d'office, pour des raisons tirées de ces considérations, dire qu'il n'y a pas lieu à cette condamnation (CPC art. 700).

DEMANDE DE CONDAMNATION AUX FRAIS IRRÉPÉTIBLES

Le juge ne peut condamner une partie au titre de l'article 700 que si une autre partie lui a présenté une demande. Celle-ci doit respecter les **formes** de présentation des demandes. S'il s'agit 30814 d'une procédure avec représentation obligatoire, il faut que la demande figure dans les conclusions écrites déposées avant l'ordonnance de clôture. Si la procédure est sans représentation obligatoire, la demande sera présentée verbalement avant la clôture des débats ; dans le cas où les parties sont autorisées par le juge à présenter leurs prétentions et moyens par écrit, sans se présenter à l'audience (CPC art. 446-1, al. 2) ou lorsqu'une procédure de mise en état est instaurée dans les conditions de l'article 446-2 du CPC (nos 33086 s.), la demande devra figurer dans les conclusions.

Si **le demandeur** à l'instance **se désiste**, le défendeur qui a conclu uniquement sur l'application de l'article 700 du CPC ne peut pas s'opposer à son désistement (Cass. 2e civ. 1-6-1988 n° 86-17.757 : Bull. civ. II n° 131), mais il peut demander une indemnité (Cass. 2e civ. 20-3-1992 n° 92-60.195 : Bull. civ. II n° 100).

Le plaideur dont la **demande** est jugée **irrecevable** ne peut pas obtenir cette indemnité (Cass. 3e civ. 4-1-1985 n° 83-14.768 : Bull. civ. III n° 3). En revanche, les autres parties le pourraient (Cass. soc. 14-5-1987 n° 82-41.989 : Bull. civ. V n° 333).

Le montant de la demande d'indemnité de l'article 700 du CPC ne s'ajoute pas à celui de la demande principale pour déterminer la compétence (Cass. 3e civ. 6-1-1981 n° 79-10.651 : Bull. civ. III n° 4).

PRONONCÉ DE LA CONDAMNATION AUX FRAIS IRRÉPÉTIBLES

30816 La référence au texte de l'article 700 du CPC constitue une **motivation suffisante** pour la décision (Cass. 1e civ. 23-5-1978 n° 76-15.627 : Bull. civ. I n° 202).

Le juge fixe l'indemnité en fonction de considérations d'**équité**, c'est-à-dire en fonction d'éléments résultant du dossier et de la situation économique de la partie condamnée.

La disparité de **situation économique** constitue une circonstance susceptible de justifier une minoration ou une suppression de l'indemnité. Le juge dispose d'une large **liberté** qui se traduit par un pouvoir souverain d'appréciation (Cass. 2e civ. 27-1-1982 n° 80-16.064 : Bull. civ. II n° 12) qui s'exerce en première instance comme en appel.

Un appel du seul chef de la condamnation aux frais irrépétibles serait recevable (Cass. 2e civ. 15-6-1988 n° 87-14.013).

La **juridiction qui a omis de statuer** sur la question de l'article 700 du CPC alors qu'une des parties le lui demandait peut **compléter son jugement** sans porter atteinte à la chose jugée quant aux autres chefs, sauf à rétablir, s'il y a lieu, le véritable exposé des prétentions respectives des parties et de leurs moyens ; la **demande** doit être présentée dans un **délai** d'un an après que la décision est passée en force de chose jugée ou, en cas de pourvoi en cassation de ce chef, à compter de l'arrêt d'irrecevabilité (CPC art. 463, al. 2).

Pour faire application de l'article 700, le tribunal n'a pas à constater que les **frais** irrépétibles invoqués ont été **préalablement payés** (Cass. com. 8-12-1992 n° 90-21.783 : Bull. civ. IV n° 398).

L'**exécution provisoire** des frais irrépétibles est de droit (CPC art. 514).

FRAIS IRRÉPÉTIBLES CONCERNANT LE BÉNÉFICIAIRE DE L'AIDE JURIDICTIONNELLE

30818 Le **bénéficiaire** d'une aide juridictionnelle totale, qui bénéficie de la gratuité pour introduire une instance, peut cependant être **condamné à payer** une indemnité au titre de l'article 700 (Cass. 2e civ. 15-3-2001 n° 99-17.266). Il peut également **prétendre à une indemnité** pour frais irrépétibles. La seule exigence est que les frais dont il demande remboursement soient distincts de ceux pris en charge par l'aide juridictionnelle (Cass. 3e civ. 26-4-1984 n° 82-12.682 : Bull. civ. III n° 92). Ainsi, en cas d'aide juridictionnelle partielle, les honoraires d'avocat restés à la charge de la partie en vertu de la convention d'honoraires pourront constituer des frais irrépétibles.

30819 En toute matière, l'**avocat du bénéficiaire** de l'aide juridictionnelle partielle ou totale peut demander au juge de condamner la **partie tenue aux dépens ou qui perd son procès**, et non bénéficiaire de l'aide juridictionnelle, à lui payer une somme au titre des honoraires et frais, non compris dans les dépens, que le bénéficiaire de l'aide aurait exposés s'il n'avait pas eu cette aide ; cette somme ne saurait être inférieure à la part contributive de l'État majorée de 50 % ; le juge tient compte de l'équité et de la situation économique de la partie condamnée ; il peut par exemple décider qu'il n'y a pas lieu à condamnation sur ce point ; si l'avocat du bénéficiaire de l'aide recouvre cette somme, il renonce à percevoir la part contributive de l'État ; s'il n'en recouvre qu'une partie, la fraction recouvrée vient en déduction de la part contributive de l'État ; si, à l'issue du délai de quatre ans à compter du jour où la décision est passée en force de chose jugée, l'avocat n'a pas demandé le versement de tout ou partie de la part contributive de l'État, il est réputé avoir renoncé à celle-ci (Loi 91-647 du 10-7-1991 art. 37).

SECTION 3 RÈGLES PARTICULIÈRES AUX HONORAIRES

On définit l'honoraire comme une rémunération qui n'est pas soumise à un **tarif** déterminé par une norme légale ou réglementaire. Les honoraires font le cas échéant partie des frais irrépétibles (nos 30785 s.). 30825

A. Honoraires des officiers publics et ministériels

PROFESSIONNELS ET PRESTATIONS VISÉS

Des honoraires peuvent être alloués à diverses catégories de professionnels du droit, y compris à ceux dont l'essentiel de la rémunération est tarifé. Peuvent percevoir des honoraires, **notamment**, les huissiers ou commissaires de justice, les notaires, les administrateurs judiciaires, les mandataires liquidateurs et les commissaires-priseurs judiciaires ou commissaires de justice. Ces professionnels sont habilités à donner des **consultations** juridiques et à rédiger des **actes** sous seing privé. Ils peuvent également être nommés **experts**. Dans tous ces cas, l'honoraire ne peut pas être un complément de la rémunération tarifée, mais il peut être la rémunération d'une activité accessoire et distincte de l'activité tarifée. C'est notamment dans le domaine de la consultation que ces professionnels interviennent. Par exemple, un commerçant qui craint la survenance de difficultés économiques peut aller demander une consultation à un administrateur judiciaire pour savoir quelles seraient les dispositions à prendre pour présenter un plan dans les meilleures conditions. 30827

Sauf disposition contraire, les prestations que les greffiers des tribunaux de commerce, les huissiers ou commissaires de justice, les administrateurs judiciaires, les mandataires judiciaires et les notaires accomplissent en **concurrence** avec celles, non soumises à un tarif, d'**autres professionnels**, ne sont pas soumises à un tarif réglementé (C. com. art. L 444-1, al. 3). 30828
Les honoraires rémunérant ces prestations, librement fixés (C. com. art. R 444-16), doivent tenir compte, selon les **usages**, de la situation de fortune du client, de la difficulté de l'affaire, des frais exposés par le professionnel concerné, de sa notoriété et de ses diligences (C. com. art. L 444-1, al. 3).
Le professionnel doit conclure par écrit avec son client une **convention d'honoraires** qui doit préciser, notamment, le montant ou le mode de détermination des honoraires couvrant les diligences prévisibles, ainsi que les divers frais et débours envisagés (C. com. art. L 444-1, al. 3). Il leur est interdit de demander ou de percevoir une somme en dehors des honoraires stipulés dans cette convention (C. com. art. R 444-13, II).

CONTESTATIONS RELATIVES AUX HONORAIRES

Les contestations relatives aux honoraires des officiers publics ou ministériels dont le mode de calcul n'est pas déterminé par une disposition réglementaire sont soumises aux règles qui leur sont propres (CPC art. 720). Le juge statue suivant la nature et l'importance des activités de l'officier public ou ministériel, les difficultés qu'elles ont présentées et la responsabilité qu'elles peuvent entraîner ; il mentionne, s'il y a lieu, les sommes déjà perçues soit à titre de provision, soit à titre de frais ou d'honoraires (CPC art. 721). 30829
Les honoraires contestés des commissaires-priseurs ou commissaires de justice, greffiers de tribunal de commerce, huissiers ou commissaires de justice, administrateurs judiciaires, mandataires judiciaires et notaires sont fixés par le juge chargé de la taxation (C. com. art. R 444-16).

Le recouvrement des honoraires libres d'un **notaire** n'exige pas, contrairement à des émoluments tarifés, de vérification préalable par le greffier (Cass. 2e civ. 26-3-2015 n° 14-14.164 : Bull. civ. II n° 82). 30832

Un **administrateur provisoire de copropriété** investi de sa mission par décision judiciaire a, à titre occasionnel, la qualité d'auxiliaire de justice au sens de l'article 719 du CPC et doit donc faire taxer ses honoraires (Cass. 2e civ. 10-12-1986 n° 85-14.078 : Bull. civ. II n° 181). 30833

B. Honoraires de l'avocat

PRINCIPE

30835 La rémunération de l'avocat (qu'il soit plaidant ou postulant) est en principe **libre**. Les honoraires de consultation, d'assistance, de conseil, de rédaction d'actes sous seing privé, de plaidoirie et de postulation sont fixés en accord avec le client (Loi 71-1130 du 31-12-1971 art. 10, al. 1).
L'avocat doit **informer** son client, dès sa saisine, des modalités de détermination des honoraires et l'informer régulièrement de l'évolution de leur montant ; il doit indiquer également à son client l'ensemble des frais, débours et émoluments qu'il pourrait exposer (Décret n° 2023-552 art. 10 ; RIN art. 11-1). L'information du client sur les honoraires de son avocat rentre dans le **devoir de conseil et d'information** du professionnel dont l'inobservation est susceptible de mettre en cause sa responsabilité (Cass. 2e civ. 6-5-2010 n° 09-65.389 : Bull. civ. II n° 87 ; RIN art. 11-1 et s.).

1. FIXATION DES HONORAIRES DE L'AVOCAT

CONVENTION D'HONORAIRES OBLIGATOIRE

30840 L'avocat doit obligatoirement conclure une **convention d'honoraires écrite** avec son client (Décret n° 2023-552 du 30-6-23 art. 10 ; RIN art. 11-2).
Il ne peut y être dérogé qu'à titre exceptionnel : en cas d'urgence ou de force majeure ou lorsque l'avocat intervient au titre de l'aide juridictionnelle totale ou de l'aide juridique prévue par la troisième partie de la loi 91-647 du 10 juillet 1991 pour certaines procédures non juridictionnelles (Loi 71-1130 du 31-12-1971 art. 10 al. 3 ; décret n° 2023-552 du 30-6-23 art. 10 ; RIN art. 11-2). Le défaut de signature d'une convention ne prive pas l'avocat du droit de percevoir pour ses diligences, dès lors que celles-ci sont établies, des honoraires qui sont alors fixés en tenant compte, selon les usages, de la situation de fortune du client, de la difficulté de l'affaire, des frais exposés par l'avocat, de sa notoriété et des diligences de celui-ci (Cass. 2e civ. 14-6-2018 n° 17-19.709 F-PBI).

30842 **Contenu** La convention d'honoraires doit préciser, notamment, le montant ou le mode de détermination des honoraires couvrant les diligences prévisibles, ainsi que les divers frais et débours envisagés (Loi 71-1130 du 31-12-1971 art. 10, al. 3 ; décret n° 2023-552 du 30-6-23 art. 10 ; RIN art. 11-2). Cette obligation implique que l'avocat avertisse son client des modalités de calcul de ses honoraires en cas de dessaisissement, et son inexécution l'expose au paiement de dommages-intérêts (Cass. 1e civ. 23-9-2020 n° 19-13.214 FS-PB).

ATTENTION

Le **dessaisissement de l'avocat** avant qu'il ait été mis fin à l'instance par un acte ou une décision juridictionnelle irrévocable ne fait pas obstacle à l'application de la **convention** d'honoraires portant sur le montant de son honoraire de diligence, lorsqu'elle **a prévu les modalités** de cette rémunération en cas de dessaisissement (Cass. 2e civ. 27-5-2021 n° 19-23.733 F-P).
La **convention** préalable d'honoraires, **qui n'a pas prévu** l'hypothèse du dessaisissement, cesse d'être applicable et les honoraires correspondant à la mission partielle effectuée par l'avocat jusqu'à cette date doivent être appréciés en fonction des seuls critères définis par l'article 10 de la loi 71-1130 du 31 décembre 1971. La caducité de la convention d'honoraires peut résulter du dessaisissement de l'avocat et entraîner la perte du droit à l'honoraire de résultat (Cass. 2e civ. 17-1-2019, n° 18-11.686 F-D ; voir aussi Cass. 2e civ. 10-12-2015 n° 14-29.871 : Bull. civ. II n° 274).

30845 **Éléments d'appréciation** Les honoraires doivent tenir compte, selon les **usages**, de la situation de fortune du client, de la difficulté de l'affaire, des frais exposés par l'avocat, de sa notoriété et des diligences de celui-ci (Loi 71-1130 du 31-12-1971 art. 10, al. 4 ; décret n° 2023-552 du 30-6-23 art. 10 ; RIN 11-2). Au-delà de ces éléments pourront être, selon les usages, analysés comme des éléments d'appréciation pertinents : le temps consacré à l'affaire, le travail de recherche, la nature de l'affaire, l'importance des intérêts en cause, l'incidence des frais et charges du cabinet auquel l'avocat appartient, la notoriété, les titres, l'ancienneté, l'expérience et la spécialisation de l'avocat, les avantages et le résultat obtenus au profit du client par son travail, le service rendu à celui-ci (Décret n° 2023-552 du 30-6-23 art. 10 ; RIN art. 11-2).
L'avocat chargé d'un dossier peut demander des honoraires à son client même si ce dossier lui est retiré avant sa conclusion, dans la mesure du travail accompli. En revanche, un avocat ne peut réclamer d'honoraires pour les diligences accomplies **après la révocation de son mandat** (Cass. 2e civ. 4-7-2019 n° 18-20.149 F-D).

Forme La convention d'honoraires peut prendre la forme d'un acte authentique, sous seing privé ou d'un simple échange de lettres (Cass. 1e civ. 19-5-1999 n° 97-13.984 : Bull. civ. I n° 163) ou encore d'une lettre d'avocat à son client (Cass. 2e civ. 31-5-2007 n° 06-14.449). Le Conseil national des barreaux a établi des **modèles** (https://www.cnb.avocat.fr/fr/modeles-et-documents-type). 30847

Validité Une convention d'honoraires doit remplir les conditions de validité de toute convention. Ainsi, une convention d'honoraires a été annulée pour **vice du consentement** car les circonstances de la signature de celle-ci permettaient d'estimer que le consentement de la cliente n'avait pas été libre : elle se trouvait dans un état de moindre résistance en raison du besoin qu'elle avait de percevoir rapidement les dommages-intérêts qui lui étaient dus compte tenu de son état de surendettement ; son état de faiblesse psychologique, attesté par des pièces médicales et implicitement reconnu par l'avocat, ne lui permettait pas de s'opposer aux prétentions de celui-ci (Cass. 2e civ. 5-10-2006 n° 04-11.179). 30850

La convention d'honoraire peut également être annulée pour abus par le client de la dépendance économique de l'avocat. Une **situation de contrainte** peut constituer un vice du consentement au sens de l'article 1140 du Code civil, **excluant la réalité d'un accord d'honoraires librement consenti** entre les parties (Cass. 2e civ. 9-12-2021 n° 20-10.096 F-PB).

Une convention prévoyant des honoraires d'avocat amputant de manière significative le capital alloué à la victime, placée sous un **régime de protection**, est un acte de disposition rendant nécessaire l'accord du juge des tutelles (Cass. 2e civ. 23-5-2019 n° 18-15.788 F-D).

Honoraire de diligence L'honoraire de diligence rémunère les prestations effectuées. Une convention d'honoraires prévoyant le montant de l'honoraire de diligence de l'avocat peut recevoir application lorsqu'elle a prévu les modalités de cette rémunération en cas de dessaisissement avant qu'il ait été mis fin à l'instance par un acte ou une décision juridictionnelle irrévocable (Cass. 2e civ. 27 mai 2021 n° 19-23.733 F-P ; Cass. 2e civ. 9-3-2023 n° 20-20.831). 30851

Honoraire de résultat Le pacte de quota litis, convention passée entre l'avocat et son client avant décision judiciaire définitive et qui fixe exclusivement l'intégralité de ses honoraires en fonction du résultat judiciaire de l'affaire (que ces honoraires consistent en une somme d'argent ou en tout autre bien ou valeur), est interdit (Loi 71-1130 du 31-12-1971 art. 10, al. 5 ; décret n° 2023-552 art. 10 ; RIN art. 11-3). Est assimilée au pacte de quota litis et est donc illicite la convention prévoyant une rémunération de diligence manifestement dérisoire (120 € TTC) comparée à l'honoraire de résultat (8 040 € TTC), ce dernier représentant la quasi-totalité de la contrepartie (Cass. 2e civ. 10-11-2021 n° 19-26.183 F-B). 30852

En revanche est licite la convention qui, outre la rémunération des prestations effectuées, prévoit la fixation d'**honoraires complémentaires** en fonction du résultat obtenu ou du service rendu (Loi 71-1130 du 31-12-1971 art. 10, al. 5 ; décret n° 2023-552 du 30-6-23 art. 10).

Il est prudent de prévoir le **mode de calcul** de ces honoraires et les conditions de cette rétribution. L'existence d'un aléa n'est pas une condition de validité des honoraires de résultat (Cass. 2e civ. 27-3-2014 n° 13-11.682 : Bull. civ. II n° 82).

Le défaut de convention d'honoraire n'empêche pas l'avocat de percevoir un honoraire de résultat ; l'accord de principe sur l'honoraire de résultat pouvant être tacite, mais devant alors être prouvé (Cass. 2e civ. 16-12-2021 n° 20-15.875).

L'avocat qui conclut une convention d'honoraire prévoyant un honoraire de résultat ne peut réclamer celui-ci si la décision définitive n'est pas favorable, même si la mission de l'avocat se limitait à la procédure de première instance (Cass. 2e civ. 20-4-2023 n° 21-20.976).

Un honoraire de résultat ne peut être demandé par l'avocat dès lors qu'à la date de son dessaisissement le **litige** n'est **pas irrévocablement tranché** par une décision (Cass. 2e civ. 18-4-2019 n° 18-16.410 F-D ; Cass. 2e civ. 9-2-2023 n° 21-20.036) ou éteint par un acte (Cass. 2e civ. 4-7-2019 n° 18-17.411 F-D).

Une convention d'honoraires ne peut prévoir d'honoraire de résultat payable en totalité si le contrat de l'avocat est rompu avant le jugement ou l'acte irrévocable, car cela empêcherait le client de **changer d'avocat** (Cass. 2e civ. 25-10-2018 n° 17-24.085 F-D).

La **convention** d'honoraires qui définit le succès comme un profit réalisé ou des pertes évitées doit **s'appliquer** dès lors que l'avocat a évité aux parties la perte d'une certaine somme (Cass. 2e civ. 5-10-2017 n° 16-23.050). L'honoraire de résultat n'est pas dû de manière cumulative lorsque le résultat obtenu en appel est identique à celui obtenu en première instance (Cass. 2e civ. 8-7-2021 n° 20-10.850 F-B).

Dès lors que le principe de l'honoraire de résultat est acquis, **le juge doit le chiffrer** même en l'absence de convention (Cass. 2e civ. 17-1-2019 n° 18-10.198 F-PB).

30853 Les conventions d'honoraires d'avocat proportionnels en tout ou partie à un résultat, indéterminé ou aléatoire, sont considérées comme des actes de disposition (n° 30850). Elles ne peuvent, à peine de nullité de plein droit de l'acte, être convenues par le tuteur pour la personne protégée, sans que celui-ci n'y soit autorisé par le conseil de famille ou, à défaut, le juge (Cass. 2e civ. 6-5-2021 n° 19-22.141 F-P).

30854 **Prohibition des honoraires d'apporteur d'affaires** La rémunération d'apports d'affaires est interdite (Décret n° 2023-552 du 30-6-23 art. 10 ; RIN art. 11-3). L'avocat ne peut percevoir d'honoraires que de son **client** ou du **mandataire** de celui-ci (RIN art. 11-3), par exemple, son assureur.
En revanche, rien n'empêche l'avocat qui, après avoir étudié un dossier, propose de le transmettre avec l'accord du client à un confrère, de facturer à ce client la prestation consistant dans la consultation donnée.

30855 **Partage d'honoraires** Il est interdit à l'avocat de partager des honoraires, quelle qu'en soit la forme, avec des **personnes** physiques ou morales qui ne sont **pas avocats** (RIN art. 11-4, al. 3).
En matière de **rédaction d'actes** et lorsqu'un acte est établi conjointement par plusieurs avocats, la prestation de conseil et d'assistance de chaque intervenant ne peut être rétribuée que par le client ou par un tiers agissant d'ordre ou pour le compte de celui-ci (RIN art. 11-4, al. 1). Dans le cas où il est d'usage que les honoraires de rédaction soient à la charge exclusive de l'une des parties et à la condition que l'acte le stipule expressément, les honoraires doivent être, à défaut de convention contraire, partagés par parts égales entre les avocats ayant participé conjointement à la rédaction (RIN art. 11-4, al. 2).

30862 **Aide juridictionnelle** Dans le cas où le justiciable bénéficie de l'**aide juridictionnelle totale**, la loi interdit à l'avocat de lui réclamer quelque rémunération que ce soit (Loi 91-647 du 10-7-1991 art. 32).
L'avocat qui conclut une convention d'honoraires prévoyant que le client renonce à l'aide juridictionnelle perd le droit de réclamer des honoraires si le client obtient l'aide juridictionnelle postérieurement (Cass. 2e civ. 25-5-2023 n° 21-21.523).
L'auxiliaire de justice peut **toutefois** obtenir le paiement de ses honoraires notamment dans les cas suivants :
– le juge peut condamner au paiement d'une somme qu'il détermine au titre des honoraires de l'avocat du bénéficiaire de l'aide juridictionnelle, la **partie perdante ou tenue aux dépens** et non bénéficiaire de cette aide (Loi 91-647 art. 37, al. 2) ;
– si l'**aide** juridictionnelle est **retirée** même après l'instance ou l'accomplissement des actes pour lesquels elle a été accordée (Loi 91-647 art. 50) ;
– si le client a renoncé rétroactivement au bénéfice de l'aide ; on relève que l'avocat, désigné au titre de l'aide juridictionnelle, qui n'a pas mené sa mission jusqu'à son terme, ne peut prétendre à la perception d'honoraires, s'il n'est pas justifié que son client a renoncé rétroactivement au bénéfice de cette aide (Cass. 2e civ. 14-06-2018 n° 17-21.318 F-PBI).

30863 En cas d'**aide juridictionnelle partielle**, l'avocat peut demander des honoraires par une convention soumise à l'agrément du bâtonnier (Loi 91-647 du 10-7-1991 art. 35).

30864 Tout ce qui a été fait par l'avocat **avant la date de dépôt de la demande** d'aide juridictionnelle est susceptible d'une rémunération au sens de l'article 10 de la loi 71-1130 du 31 décembre 1971. A contrario, si des honoraires ont été versés par le client **après la date de la demande** d'aide juridictionnelle, l'avocat en doit restitution au client (Cass. 1e civ. 22-5-2001 n° 98-14.738 : Bull. civ. I n° 144 ; Cass. 2e civ. 27-3-2003 n° 02-10.592 : Bull. civ. II n° 77 ; Cass. 2e civ. 22-9-2005 n° 04-16.117) dans la mesure où l'avocat est d'accord pour intervenir dans le cadre de l'aide juridictionnelle.

> **Précisions** Les parties peuvent produire les justificatifs des sommes qu'elles demandent au titre des frais irrépétibles ; le secret professionnel de l'avocat ne fait pas obstacle à cette production (Loi 91-647 du 10-7-1991 art. 75 modifié par la loi 2021-1729 du 22-12-2021).

2. MODALITÉS DE PAIEMENT DES HONORAIRES DE L'AVOCAT

Outre les **modes habituels** de paiement (chèque, espèce, virement, carte bancaire, billet à ordre), un avocat peut recevoir un paiement par **lettre de change** à la condition que celle-ci soit acceptée par le tiré qui est également son client (RIN art. 11-5). L'endossement ne peut être fait qu'au profit de la banque de l'avocat, aux seules fins d'encaissement. L'avocat porteur d'une lettre de change impayée peut agir devant le tribunal de commerce. Toutefois, en cas de contestation de la créance d'honoraires, il devra saisir son bâtonnier aux fins de taxation et solliciter le sursis à statuer devant la juridiction commerciale. **30870**

DEMANDE DE PROVISION D'HONORAIRES D'AVOCAT

L'avocat qui accepte la charge d'un dossier peut demander à son client le versement préalable d'une provision à valoir sur ses frais et honoraires. Cette provision ne peut aller au-delà d'une estimation **raisonnable** des honoraires et des débours probables entraînés par le dossier (Décret n° 2023-552 du 30-6-23 art. 11 ; RIN art. 11-6). **30872**

Défaut de paiement Le défaut de paiement de la provision autorise l'avocat à se retirer de l'affaire sous réserve qu'il en avise le client suffisamment à l'avance pour que celui-ci puisse défendre ses intérêts (Décret n° 2023-552 du 30-6-23 art. 11 ; RIN art. 11-6). **30873**

Dans le cas où il se retire de l'affaire, l'avocat doit aussi aviser le juge et la partie adverse de son retrait. S'il est constitué dans une affaire dans laquelle la représentation est obligatoire, l'avocat ne peut se décharger de son mandat de représentation que du jour où il est remplacé par un nouveau représentant constitué par la partie ou, à défaut, commis par le bâtonnier (CPC art. 419).

À défaut de notifier à son client la renonciation à son mandat, l'**avocat impayé qui n'a pas mis en œuvre la procédure de contestation** en matière d'honoraires reste tenu de remplir jusqu'à l'exécution du jugement les obligations professionnelles découlant du mandat de représentation que son client n'a pas révoqué de manière non équivoque ; la seule attitude passive du client ne permet pas de considérer que l'avocat se trouvait délié de son obligation de conseil (Cass. 1e civ. 15-2-2005 n° 03-10.707 : Bull. civ. I n° 81). **30875**

HONORAIRES FORFAITAIRES

L'honoraire forfaitaire contractuellement fixé est entièrement dû, même en cas de dessaisissement de l'avocat avant le terme de la mission envisagée (Cass. 2e 31-8-2022 n° 20-19.577). Notons que dans le cas référencé, la convention d'honoraire prévoyait, en cas de dessaisissement de l'avocat, les modalités de sa rémunération. **30876**

HONORAIRES D'AVOCAT PÉRIODIQUES

Il est possible de prévoir des honoraires **forfaitaires** que l'avocat reçoit de manière périodique (Décret n° 2023-552 du 30-6-23 art. 10). Notamment des honoraires annuels ou mensuels sont parfaitement licites. Certains cabinets intervenant surtout en droit de l'entreprise prévoient en effet des formules d'abonnements. Cette méthode de facturation permet au client de maîtriser le coût de la prestation et de l'anticiper. L'honoraire forfaitaire peut également être prévu pour un dossier ou une prestation sans périodicité particulière. **30878**

COMPTE DÉTAILLÉ DES HONORAIRES D'AVOCAT

L'avocat doit détenir à tout moment, par dossier, une comptabilité précise et distincte des honoraires et de toute somme qu'il a pu recevoir et de l'affectation qui leur a été donnée, sauf en cas de forfait global (décret n° 2023-552 du 30-6-23 art. 12 ; RIN art. 11-7, al. 1). **30879**

Avant tout règlement définitif, l'avocat doit remettre à son client le compte détaillé faisant apparaître distinctement les frais et déboursés, les émoluments tarifés et les honoraires. Il doit porter mention des sommes précédemment reçues à titre de provision ou à tout autre titre (décret n° 2023-552 du 30-6-23 art. 12 ; RIN art. 11-7, al. 2). Les **factures** d'avocat sont couvertes par le secret professionnel (Cass. com. 6-12-2016 n° 15-14.554 F-PB : Bull. civ. IV n° 153), mais peuvent être néanmoins produites en vue de justifier l'attribution d'une somme correspondant aux frais irrépétibles. Elles doivent préciser les diligences effectuées (Cass. 2e civ. 6-7-2017 n° 16-19.354 F-PB : Bull. civ. II n° 154). Des irrégularités de facturation ne dispensent pas du paiement des honoraires (Cass. 2e civ. 16-7-2020 n° 19-17.331 F-PBI), ceci alors même qu'aucune précision n'aurait été donnée dans les factures, y compris sur la nature des diligences effectuées, des précisions ayant été apportées dans un document extérieur, remis ultérieurement. En revanche, ne constitue pas un honoraire librement payé après service rendu, une somme réglée sur présentation de facture irrégulière (Cass. 2e civ. 21-4-2022 n° 20-21.415) ; cet honoraire est donc susceptible d'être arbitré par le taxateur.

ACCEPTATION DU MONTANT DES HONORAIRES D'AVOCAT

30880 Le règlement des honoraires réclamés dans une **note finale** vaut acceptation par le client du montant de ceux-ci, sauf erreur ou contrainte (Cass. 1e civ. 24-2-1981 n° 79-16.822 : Bull. civ. I n° 63). Réciproquement, la remise d'un relevé final et récapitulatif exclut la possibilité de réclamer des honoraires supplémentaires (Cass. 1e civ. 8-11-1994 n° 93-10.953).

30885 **Retard de paiement** Tout professionnel en situation de retard de paiement est de plein droit débiteur, à l'égard du créancier prestataire de services, d'une indemnité forfaitaire pour frais de recouvrement dont le montant est fixé à la somme de 40 € (C. com. art. L 441-10 et D 441-5). Ces textes sont applicables aux avocats en tant que prestataires de services (Cass. 2e civ. 3-5-2018 n° 17-11.926 F-PB). Dans les rapports entre l'avocat et son **client professionnel**, le délai de règlement de trente jours des sommes dues en application de l'article L 441-10 (ancien L 441-6) du Code de commerce court à compter de la date à laquelle l'avocat a délivré la facture au client comme il est tenu de le faire dès la réalisation de la prestation de services (Cass. 2e civ. 3-5-2018 n° 17-13.167 F-PB).

3. RECOUVREMENT ET CONTESTATION DES HONORAIRES D'AVOCAT

a. Recouvrement extrajudiciaire

CONFRATERNITÉ

30894 L'**avocat** qui, ne se bornant pas à mettre en relation un client avec un autre avocat, **confie un dossier à un confrère ou le consulte** est personnellement tenu au paiement des honoraires, frais et débours, à l'exclusion des émoluments, dus à ce confrère correspondant, au titre des prestations accomplies à sa demande par celui-ci. Les avocats concernés peuvent néanmoins, dès l'origine et par écrit, convenir du contraire. En outre, le premier avocat peut, à tout instant, limiter, par écrit, son engagement au montant des sommes dues, au jour où il exclut sa responsabilité pour l'avenir. Sauf stipulation contraire, ces dispositions s'appliquent dans les rapports entre un avocat et tout autre correspondant qui est consulté ou auquel est confiée une mission (RIN art. 11-8).

L'avocat qui accepte de succéder à un confrère ne peut défendre les intérêts du client contre son prédécesseur, sauf accord préalable du bâtonnier ; le nouvel avocat s'efforce d'obtenir de son client qu'il règle les sommes restant éventuellement dues à un confrère précédemment saisi du dossier ; s'il reçoit du client un paiement alors que des sommes restent dues à son prédécesseur, il en informe le bâtonnier ; l'avocat, qui succède à un confrère intervenant au titre de l'aide juridictionnelle, ne peut réclamer des honoraires que si son client a expressément renoncé au bénéfice de celle-ci ; il informe auparavant son client des conséquences de cette renonciation ; en outre, il informe de son intervention son confrère précédemment mandaté, le bureau d'aide juridictionnelle et le bâtonnier (Décret 2023-552 du 30-6-23 art. 19).

b. Recouvrement et contestation judiciaires des honoraires

CONTESTATION D'HONORAIRES D'AVOCAT EN PREMIÈRE INSTANCE

30900 **Principes généraux** Les contestations concernant le montant et le recouvrement des honoraires des avocats ne peuvent être réglées qu'en recourant à la procédure prévue aux articles 175 et suivants du décret 91-1197 du 27 novembre 1991 organisant la profession d'avocat (Décret 2023-552 du 30-6-23 art. 50 ; Décret 91-1197 du 27-11-1991 art. 174). La procédure du décret est d'ordre public, y compris en présence d'un acte notarié (Cass. 1e civ. 30-9-2015 n° 14-23.372 : Bull. civ. I n° 224). La procédure concerne les seules contestations relatives au montant et au recouvrement des honoraires de l'avocat et non celle relative à l'**existence du mandat** (Cass. 2e civ. 8-3-2018 n° 16-22.391 F-PB). En revanche, il relève de l'office même du juge de l'honoraire de déterminer, lorsque cela est contesté, si les **prestations** de l'avocat ont été **fournies ou non à titre onéreux** (Cass. 2e civ. 5-11-2020 n° 19-20.314 F-PBI).

Les réclamations peuvent être soumises au bâtonnier par toutes **parties** ; l'**avocat** peut de même saisir le bâtonnier de toute difficulté (Décret 91-1197 art. 175).

Le décompte détaillé des honoraires peut être délivré par l'avocat, à la demande de son client ou du bâtonnier, ou lorsqu'il en est requis, par le président du tribunal judiciaire ou le premier président de la cour d'appel, saisis d'une contestation en matière d'honoraires (Décret 2023-552 du 30-6-23 art. 12 ; RIN art. 11-7).

En principe est compétent le **bâtonnier** du barreau auquel appartient l'avocat. Le bâtonnier peut **déléguer** cette compétence à un membre du Conseil de l'Ordre du barreau auquel il appartient (Cass. 2e civ. 19-2-2004 n° 01-14.504 : Bull. civ. II n° 68 ; Décret 91-1197 du 27-11-1991 art. 7).

Il n'est pas possible à une partie d'invoquer les dispositions de l'article 47 du CPC relatives au **privilège de juridiction** et de saisir une juridiction limitrophe au motif qu'un auxiliaire de justice serait partie à l'instance (Cass. 1e civ. 14-5-1991 n° 89-15.175 : Bull. civ. I n° 149).
Si ce sont les **honoraires du bâtonnier** qui sont contestés, le juge compétent est le président du tribunal judiciaire auprès duquel le barreau est établi (Décret 91-1197 art. 179).

Saisine du bâtonnier La demande doit être présentée soit par **lettre recommandée AR**, soit par remise contre **récépissé** (Décret 91-1197 art. 175, al. 1). La contestation formée par lettre simple ne saisit pas valablement le bâtonnier (Cass. 2e civ. 23-11-1999 n° 97-16.464 : Bull. civ. II n° 317). La demande n'a pas à mentionner de diligences pour parvenir à une résolution amiable du litige (Cass. 2e civ. 24-5-2018 n° 17-18.458 et n° 17-18.504 F-PB). 30905
Chaque membre associé d'une **société civile professionnelle** exerce les fonctions d'avocat au nom de la société et le recours en matière de contestation d'honoraires dus à une telle société peut être exercé par l'avocat membre d'une société dont les honoraires sont en litige (Cass. 2e civ. 15-2-2007 n° 05-11.056 : RJDA 5/07 n° 514).
L'**action d'un avocat en recouvrement** de ses honoraires contre une **personne physique** se **prescrit** par deux ans (C. consom. art. L 218-2) lorsque l'avocat n'intervient pas dans le cadre de l'activité commerciale, industrielle, artisanale ou libérale d'un client (Cass. 2e civ. 26-3-2015 nos 14-11.599 et 14-15.013 : Bull. civ. II n° 74) et par cinq ans (prescription de droit commun) si l'avocat intervient dans le cadre de l'activité professionnelle du client (Cass. 2e civ. 26-3-2015 n° 14-15.013 FS-PBRI : Bull. civ. II n° 75).
Si le client de l'avocat est une **personne morale**, l'action se prescrit aussi par cinq ans (Cass. 2e civ. 7-2-2019 n° 18-11.372 F-PB : RJDA 6/19 n° 472).
L'**action du client** en contestation des honoraires est soumise à la **prescription** de droit commun de 5 ans pour les actions personnelles ou mobilières (C. civ. art. 2224). Toutefois, dans une affaire initiée par l'avocat contre un syndicat de copropriété, il a été jugé que le délai de prescription était ramené à 2 ans si le recours à l'avocat n'avait pas eu lieu dans un cadre commercial, industriel, artisanal ou libéral (Cass. 2e civ. 6-10-2022 n° 20-16.887). Le point de départ de cette prescription se situe au jour de la fin du mandat de l'avocat (Cass. 2e civ. 7-2-2109 n° 18-10.767 F-PB).
Le bâtonnier doit **accuser réception** de la demande et **aviser** le demandeur qu'à défaut de décision dans le **délai** de quatre mois le justiciable concerné peut saisir le premier président de la cour d'appel dont relève le tribunal, dans le délai d'un mois (Décret 91-1197 art. 175, al. 1). Le délai de quatre mois part du jour où la demande est reçue (Cass. 1e civ. 13-10-1999 n° 96-19.426 : Bull. civ. I n° 269). Le refus de réponse du bâtonnier dans le délai de quatre mois n'est pas une décision dotée de l'autorité de la chose jugée (Cass. 2e civ. 17-1-2019 n° 17-31.560 F-D).
Le bâtonnier, ou le rapporteur qu'il désigne, recueille préalablement à la décision les observations de l'avocat concerné et de son client (Décret 91-1197 art. 175, al. 3).
À l'expiration du délai de quatre mois, le bâtonnier qui n'a pas rendu de décision peut proroger, par décision motivée notifiée aux parties, le délai pour une durée supplémentaire de quatre mois (Décret 91-1197 art. 175, al. 4).

> **Précisions** Dans l'hypothèse d'une rétrocession d'honoraires par une société d'avocat à un avocat, le paiement de l'honoraire par le client est la seule circonstance rendant cette créance exigible (Cass. 2e civ. 10-6-2021 n° 19-20.814 FS-P).

Procédure devant le bâtonnier La procédure est orale ; mais le bâtonnier pourrait se borner à recueillir les observations écrites du client et de l'avocat. Dans le cadre de cette procédure orale, les conclusions écrites qui peuvent être déposées ne saisissent le premier président (ou le bâtonnier avant lui) que pour autant que leur auteur soit présent ou régulièrement représenté à l'audience (Cass. 2e civ. 16-12-2004 n° 03-15.614 : Bull. civ. II n° 528). 30907
L'essentiel est évidemment de respecter l'exigence du caractère **contradictoire** du débat et le droit pour chaque partie de répliquer aux moyens et arguments de l'autre partie. Cette exigence vaut aussi pour la communication des pièces en temps utile. Cette procédure ne déroge pas, bien entendu, aux principes qui gouvernent de manière générale la procédure civile.
Dans le cadre de la procédure de recouvrement, le **secret professionnel** de l'avocat n'interdit pas à ce dernier de produire les pièces nécessaires au soutien de sa demande de taxe (Cass. 2e civ. 13-12-2018 n° 17-31.518 F-D ; voir aussi n° 30864).

Notification et exécution de la décision La décision est notifiée dans un **délai** de quinze jours de sa date à toutes les parties en indiquant les modalités et le délai de recours de quatre mois (Décret 91-1197 art. 175, al. 3). À l'expiration de ce délai, le bâtonnier est dessaisi 30908

et l'ordonnance qu'il rendrait serait nulle et insusceptible d'appel (Cass. 2e civ. 21-5-2015 n° 14-10.518 : Bull. civ. II n° 118).
La décision du bâtonnier peut, même en cas de recours, être rendue exécutoire dans la limite d'un montant de 1 500 €, ou, lorsqu'il est plus important, dans la limite des honoraires dont le montant n'est pas contesté par les parties. Ce montant doit être expressément mentionné dans la décision. Pour les honoraires excédant les montants précités, le bâtonnier peut, à la demande d'une des parties, décider, s'il l'estime nécessaire et compatible avec la nature de l'affaire, que tout ou partie de sa décision pourra être rendue exécutoire même en cas de recours. L'ensemble de ces dispositions n'est pas applicable aux honoraires de résultats (Décret 91-1197 art. 175-1).
Lorsque la décision prise par le bâtonnier n'a pas été déférée au premier président de la cour d'appel ou lorsqu'il a été fait application des dispositions de l'article 175-1, elle peut être rendue exécutoire par ordonnance du président du tribunal judiciaire à la requête de l'avocat ou de la partie (Décret 91-1197 art. 178 modifié par décret 2021-1322 du 11-10-2021). La requête doit être présentée par un avocat postulant (Cass. 2e civ. 13-11-1985 n° 84-11.077 : Bull. civ. II n° 171).

30909 La décision prise par le bâtonnier d'un ordre d'avocats sur une contestation en matière d'honoraires, fût-elle devenue irrévocable par suite de l'irrecevabilité du recours formé devant le premier président de la cour d'appel, ne constitue pas une décision à laquelle la loi attache les effets d'un jugement, de sorte qu'elle ne peut faire l'objet d'une mesure d'exécution forcée qu'après avoir été rendue exécutoire par ordonnance du président du tribunal judiciaire, seul habilité à cet effet (Cass. 2e civ. 27-5-2021 n° 17-11.220 F-P).

CONTESTATION D'HONORAIRES D'AVOCAT EN APPEL

30915 Si la décision rendue ne satisfait pas l'une ou l'autre des parties, l'appel peut être porté devant le **premier président** de la cour d'appel. Le **délai** d'appel est d'un mois (Décret 91-1197 art. 176). À noter que c'est la date de distribution de la notification de la décision qui doit être prise en compte et non pas la date de la simple présentation (Cass. 2e civ. 25-5-2023 n° 21-23.668). Il court soit de la réception de la notification de la décision rendue, soit de l'expiration du délai de trois ou six mois (aujourd'hui quatre ou huit mois) prévu à l'article 175 du décret 91-1197 du 27 novembre 1991 (Cass. 1e civ. 15-12-1998 n° 96-12.001 : Bull. civ. I n° 359).
Le premier président de la cour d'appel saisi d'un recours contre la décision d'un bâtonnier rendue hors délai ne peut pas le déclarer irrecevable au motif qu'il aurait dû être saisi dans le délai d'un mois suivant l'expiration du délai accordé au bâtonnier, ce qui reviendrait à donner force de chose jugée à la décision que le bâtonnier a rendue hors délai (Cass. 2e civ. 21-5-2015 n° 14-10.518 : Bull. civ. II n° 118). Le recours exercé contre la décision du bâtonnier statuant au-delà du délai, éventuellement prorogé, à l'issue duquel il se trouve dessaisi, est donc recevable même s'il a été formé plus d'un mois après la date du dessaisissement, sous réserve d'être introduit dans le délai d'un mois à compter de la notification de la décision du bâtonnier statuant hors délai (Cass. 2e civ. 5-3-2020 n° 19-10.751 F-PBI).
Le recours est formé par **lettre recommandée AR** adressée au premier président de la cour d'appel (Décret 91-1197 du 27-11-1991 art. 176). Il ne peut pas être effectué par voie électronique (Cass. 2e civ. 6-9-2018 n° 17-20.047 F-PB). Il a été jugé qu'une lettre simple adressée au premier président avait pu constituer une saisine valable dès lors que ce dernier l'avait reçue (Cass. 1e civ. 11-6-1991 n° 89-19.266 : Bull. civ. I n° 188). En revanche, une lettre recommandée adressée au bâtonnier ne peut constituer ledit recours (Cass. 1e civ. 23-11-1999 n° 97-16.464 : Bull. civ. I n° 317).
La date du recours est celle de l'expédition de la lettre figurant sur le cachet du bureau d'émission (Cass. 2e civ. 12-7-2007 n° 04-13.300).

> **Précisions** Les articles 174 et 175 du décret 91-1197 du 27 novembre 1991 réservant l'action en contestation d'honoraires d'avocats à ces derniers et à leurs clients, et l'article 66-5, alinéa 1er de la loi 71-1130 du 31 décembre 1971 prévoyant que les relations entre l'avocat et son client sont couvertes par le secret professionnel, la voie de la **tierce opposition**, qui tend non seulement à faire rétracter le jugement attaqué, mais également à le réformer, n'est pas ouverte contre la décision du bâtonnier saisi d'une contestation d'honoraires (Cass. 2e civ. 5-3-2020 n° 18-24.430 FS-PBI).

30917 **Convocation** Les parties sont convoquées à l'audience par lettre recommandée AR. Le **délai de comparution** est de huit jours (Décret 91-1197 du 27-11-1991 art. 177). Si une partie n'a pas été atteinte par la convocation, elle doit être convoquée par voie d'acte d'huissiers ou commissaires de justice (CPC art. 670-1 ; Cass. 1e civ. 11-10-1994 n° 91-20.224). Si une partie demande le renvoi de l'audience, cela implique qu'elle a bien reçu la convocation (Cass. 1e civ. 20-3-1989 n° 87-14.926 : Bull. civ. I n° 125).

Le **client** qui, régulièrement convoqué pour une certaine date, avait demandé par télécopie un **report d'audience** pour répliquer à des conclusions tardives de l'avocat adverse et avait indiqué en outre n'avoir pas reçu de convocation est considéré comme ni présent ni représenté (Cass. 2e civ. 3-5-2006 n° 03-19.544).

Audience Le premier président peut **tenir** lui-même l'audience ou en **déléguer** la tenue à un autre magistrat de la cour d'appel. L'affaire peut être renvoyée devant une **formation collégiale** de la cour. Dans ce dernier cas, aucune formalité n'est nécessaire, la cour étant saisie par l'ordonnance du premier président (Cass. 1e civ. 22-6-1994 n° 92-12.758). 30920
L'audience est **contradictoire** et la procédure est **orale**. Les arguments peuvent être soulevés jusqu'à la clôture des débats et les parties ne peuvent pas suppléer leur absence et celle de leur représentant par le dépôt de conclusions (Cass. 2e civ. 16-12-2004 n° 03-15.614 : Bull. civ. II n° 528).
La non-comparution de l'avocat défendeur ne dispense pas le premier président d'examiner, au vu des moyens au soutien du recours, la pertinence des motifs par lesquels le bâtonnier s'est déterminé (Cass. 2e civ. 24-5-2018 n° 16-28.522 F-PB).
Les conclusions écrites qui peuvent être déposées ne saisissent le premier président que pour autant que leur auteur est personnellement présent ou régulièrement représenté à l'audience (Cass. 2e civ. 16-12-2004 précité). Toutefois, le président qui a dispensé l'appelant de comparaître à l'audience doit lui permettre de présenter ses observations par écrit, sous réserve de respecter le principe de la contradiction ; il ne peut pas les écarter et n'examiner que son seul courrier de recours (Cass. 2e civ. 25-6-2015 n° 14-22.158 : Bull. civ. II n° 166).
Le premier président peut ordonner la radiation du rôle de l'affaire faute d'exécution (Décret 91-1197 art. 177, al. 3 modifié par décret 2021-1322 du 11-10-2021).

Le juge d'appel, s'il décide que l'ordonnance du bâtonnier est nulle, doit se prononcer sur le fond (CPC art. 562, al. 2 ; Cass. 1e civ. 13-10-1999 n° 96-16.380 : Bull. civ. I n° 270). L'exception de péremption et les exceptions déclinatoires doivent être présentées avant toute défense au fond. Les voies de recours contre la décision sont exercées dans les conditions habituelles. 30925

POUVOIRS DU JUGE DE L'HONORAIRE

Le juge de l'honoraire peut notamment réduire le montant des honoraires en présence d'une mission interrompue avant son achèvement (Cass. 1e civ. 28-11-1995 n° 93-20.575). 30926
Même en présence d'une **convention d'honoraires** en bonne et due forme, le juge a le droit de réviser leur montant (Cass. 3e civ. 3-3-1998 n° 95-15.799 : Bull. civ. III n° 85). Cette possibilité est toutefois exclue si la convention est conclue après que l'avocat a exécuté sa prestation (Cass. 1e civ. 2-4-1997 n° 95-17.606 : Bull. civ. I n° 113). Si l'honoraire est fixé une fois que le service a été rendu par un accord entre l'avocat et son client, le juge de l'honoraire ne peut le réduire (Cass. 2e civ. 5-2-2015 n° 14-11.947). De même, un honoraire forfaitaire ne peut pas être modifié par le juge (Cass. 2e civ. 28-3-2019 n° 18-14.073 F-D). En revanche, une provision versée ne constitue pas un honoraire librement consenti après service rendu et le juge de l'honoraire peut donc l'arbitrer (Cass. 2e civ. 9-2-2023 n° 21-18.604).
La victime d'un accident ayant convenu avec son avocat d'un honoraire de 10 % de l'indemnisation obtenue, qui a été payé après le jugement de première instance, le **client** a pu demander au bâtonnier la **restitution d'une partie de l'honoraire** versé, car la cour d'appel avait réduit le montant de l'indemnisation (Cass. 2e civ. 7-2-2019 n° 18-10.767 F-PB).

Le juge ne peut pas statuer sur une demande reconventionnelle de **compensation** pour une dette étrangère à la créance d'honoraires. Il ne peut pas non plus se prononcer sur un **conflit d'intérêts** invoqué par le client (Cass. 2e civ. 19-2-2009 n° 08-10.790 : Bull. civ. II n° 54) ou sur la **validité** du **mandat** donné par un majeur en curatelle (Cass. 2e civ. 10-9-2009 n° 08-18.800). 30927
Le juge ne peut pas davantage se prononcer sur une éventuelle **responsabilité civile** de l'**avocat** à l'égard de son client et qui serait liée au manquement à son devoir de conseil et d'information (Cass. 2e civ. 7-12-2006 n° 05-17.023), même s'agissant de statuer sur un manquement à l'obligation de l'informer sur les modalités de détermination des honoraires (Cass. 2e civ. 26-5-2011 n° 10-12.728 : Bull. civ. II n° 116) ou sur l'évolution prévisible de ceux-ci (Cass. 2e civ. 16-7-2020 n° 19-18.145 F-PBI).
De même, la procédure spéciale de contestation du montant et du recouvrement des honoraires ne s'étend pas à un litige portant sur la mise en cause de la responsabilité civile d'un avocat qui, pour garantie du paiement d'une créance d'honoraires reconnue par le client-débiteur, avait obtenu du juge une mesure conservatoire et auquel on imputait à faute la mise en œuvre de cette procédure pour obtenir paiement forcé de cette créance (Cass. 2e civ. 13-9-2007 n° 06-17.464).

La procédure de contestation des honoraires d'avocats concerne les seules contestations relatives au **montant** et au **recouvrement** de leurs honoraires, à l'exclusion, notamment, de celles afférentes à la désignation du débiteur de l'honoraire ; lorsque le juge de l'honoraire est saisi d'une contestation relative à l'identité du débiteur des honoraires, il doit surseoir à statuer dans l'attente de la décision de la juridiction compétente pour en connaître (CPC art. 49 et 378 ; Cass. 2e civ. 10-11-2021 n° 20-14.433 F-B).

30929 En présence d'une convention, le juge de l'honoraire est tenu par les **stipulations contractuelles autres que le montant des honoraires**. Il ne peut retenir un honoraire de résultat ou de gain d'instance que si cette possibilité a été prévue dans la convention (Cass. 1e civ. 3-3-1998 n° 95-21.387 et 95-21.053 : Bull. civ. I nos 86 et 87). Il est compétent pour statuer sur toutes les exceptions de procédure et sur la recevabilité et la régularité de sa saisine.

Une convention d'honoraires signée la veille d'une audience pourrait être atteinte d'un **vice du consentement du client** ; ce vice du consentement pourrait être relevé et sanctionné par le juge de l'honoraire compétent pour apprécier la validité de la convention d'honoraires (Cass. 1e civ. 29-6-1999 n° 96-20.647 : Bull. civ. I n° 219).

Le juge de l'honoraire est compétent pour statuer sur la validité de la convention d'honoraires (Cass. 2e civ. 4-2-2016 n° 14-23.960 FS-PBI ; Cass. 2e civ. 27-10-2022 n° 21-12.028 F-B). Il peut également l'interpréter (Cass. 2e civ. 16-12-2021 n° 20-17.326).

30931 Compte tenu de la situation du débiteur et en considération des besoins du créancier, le juge de l'honoraire peut, dans la limite de deux années, **reporter ou échelonner le paiement** des sommes dues ; par décision spéciale et motivée, il peut prescrire que les sommes correspondant aux échéances reportées porteront intérêt à un taux réduit qui ne peut être inférieur au taux légal ou que les paiements s'imputeront d'abord sur le capital ; en outre, il peut subordonner ces mesures à l'accomplissement, par le débiteur, d'actes propres à faciliter ou à garantir le paiement de la dette (C. civ. art. 1343-5 ; Cass. 1e civ. 13-2-1996 n° 94-10.541 : Bull. civ. I n° 77). La décision du juge suspend les procédures d'exécution qui auraient été engagées par le créancier ; les majorations d'intérêts ou les pénalités prévues en cas de retard ne sont pas encourues pendant le délai fixé par le juge ; toute stipulation contraire est réputée non écrite (C. civ. art. 1343-5).

PARTIE 2

Règles particulières à chaque juridiction

PRÉSENTATION

31000 Les règles exposées dans cette partie concernent l'ensemble des juridictions de premier degré, qu'il s'agisse de la **juridiction civile** (tribunal judiciaire, anciennement tribunal d'instance et tribunal de grande instance) ou des **juridictions spécialisées** (tribunal de commerce, conseil de prud'hommes). La procédure devant la cour d'appel et celle développée devant la Cour de cassation sont traitées dans le chapitre consacré aux voies de recours (nos 23000 s.).

CHAPITRE 1

TRIBUNAL JUDICIAIRE

SOMMAIRE

CONTEXTE DE LA CRÉATION DU TRIBUNAL JUDICIAIRE

31005 Le tribunal judiciaire (TJ) a remplacé le tribunal de grande instance et le tribunal d'instance depuis le 1er janvier 2020. Ce nouveau tribunal peut comprendre, en dehors de son siège, des chambres de proximité dénommées « tribunaux de proximité » (C. org. jud. art. L 212-8 et D 212-19 créé par décret 2019-914 du 30-8-2019).
L'exposé des motifs de la loi 2019-222 du 23 mars 2019 précise que l'implantation des anciens tribunaux d'instance est maintenue ; ceux-ci deviennent les chambres de proximité détachées (ou tribunaux de proximité) du tribunal judiciaire.
En principe, la procédure devant le tribunal judiciaire est écrite (CPC art. 775). Elle est toutefois orale dans les matières relevant du juge des contentieux de la protection et dans celles qui relèvent des chambres de proximité, sous réserve de dispositions particulières.
Le Code de procédure civile précise donc les modalités de la procédure écrite et celles de la procédure orale, après avoir énoncé les dispositions communes à toutes les procédures.

SECTION 1

DISPOSITIONS COMMUNES À TOUTES LES PROCÉDURES DEVANT LE TRIBUNAL JUDICIAIRE

A. Introduction de l'instance devant le tribunal judiciaire

MODES D'INTRODUCTION DE L'INSTANCE DEVANT LE TRIBUNAL JUDICIAIRE

31010 Devant le tribunal judiciaire, la **demande en justice** peut être formée (CPC art. 750) :
– par assignation ;
– ou par requête conjointe ;
– ou encore par requête unilatérale, lorsque le montant de la demande n'excède pas 5 000 € en procédure orale ordinaire ou dans certaines matières fixées par des textes.

> **Précisions** Depuis le 1er janvier 2020, il n'est plus possible de saisir le juge de première instance par **déclaration au greffe.** Ce mode d'introduction de l'instance demeure la règle pour former un appel ou un pourvoi en cassation.

TENTATIVE DE RÉSOLUTION AMIABLE AVANT UNE PROCÉDURE AU TRIBUNAL JUDICIAIRE

31015 **Principe** L'article 750-1 du Code de procédure civile, rétabli par le décret n° 2023-357 du 11 mai 2023 (JORF n° 0110 du 12 mai 2023 texte n° 11) dispose, en application de l'article 4 de la loi n° 2016-1547 du 18 novembre 2016, à peine d'**irrecevabilité** que le juge peut prononcer d'office, la demande en justice doit être précédée, au choix des parties, d'une tentative de conciliation menée par un conciliateur de justice, d'une tentative de médiation ou d'une tentative de procédure participative, lorsqu'elle tend au paiement d'une **somme n'excédant pas 5 000 €** ou lorsqu'elle est relative à l'une des actions concernant des **conflits de voisinage**, mentionnées aux articles R 211-3-4 et R 211-3-8 du Code de l'organisation judiciaire, **ou à un trouble anormal de voisinage** (CPC art. 750-1, al. 1).
Sur la clause de conciliation ou de médiation contractuelle, voir nos 55100 s.

31017 **Exceptions** Les parties sont dispensées de l'obligation de procéder à une tentative de conciliation amiable dans les cas suivants (CPC art. 750-1, al. 2 s.) :
– si l'une des parties au moins sollicite l'**homologation d'un accord** ;
– lorsque l'exercice d'un **recours** préalable est imposé **auprès de l'auteur de la décision** ;
– si l'absence de recours à l'un des modes de résolution amiable mentionnés au premier alinéa de l'article précité est justifiée par un **motif légitime** tenant soit à l'urgence manifeste, soit aux circonstances de l'espèce rendant impossible une telle tentative ou nécessitant qu'une décision soit rendue non contradictoirement, soit à l'indisponibilité de conciliateurs de justice entraînant

l'organisation de la première réunion de conciliation dans un délai supérieur à trois mois à compter de la saisine d'un conciliateur, le demandeur devant justifier par tout moyen de la saisine et de ses suites ;
– si le **juge** ou l'autorité administrative **doit**, en application d'une disposition particulière, **procéder à une tentative** préalable de conciliation ;
– si le créancier a vainement engagé une procédure simplifiée de recouvrement des petites créances, conformément à l'article L 125-1 du Code des procédures civiles d'exécution.
En outre, cette obligation ne s'applique pas aux litiges relatifs à l'application des dispositions d'ordre public sur le **crédit à la consommation et le crédit immobilier** mentionnées à l'article L 314-26 du Code de la consommation (Loi 2016-1547 du 18-11-2016 art. 4, dernier al.).

1. INTRODUCTION DE L'INSTANCE PAR ASSIGNATION

a. Mentions de l'assignation devant le tribunal judiciaire

CONTENU GÉNÉRAL DE L'ASSIGNATION DEVANT LE TRIBUNAL JUDICIAIRE

L'assignation, exploit d'huissier ou commissaire de justice, doit **contenir, à peine de nullité** (CPC art. 54 et 56 modifiés par décret 2020-1452 du 27-11-2020) : **31030**
– les mentions prescrites pour les actes d'huissier ou commissaire de justice (CPC art. 648 ; n° 21180) ;
– l'indication de la juridiction devant laquelle la demande est portée ;
– l'objet de la demande ;
– pour les personnes physiques : les nom, prénoms, profession, domicile, nationalité, date et lieu de naissance de chacun des requérants ;
– pour les personnes morales : leur forme, leur dénomination, leur siège social et l'organe qui les représente légalement ;
– le cas échéant, les mentions relatives à la désignation des immeubles exigées pour la publication au fichier immobilier ;
– lorsque la demande doit être précédée d'une tentative préalable de conciliation, de médiation ou de procédure participative (nos 31015 s.), les diligences entreprises en vue d'une résolution amiable du litige ou la justification de la dispense d'une telle tentative ;
– les lieu, jour et heure de l'audience à laquelle l'affaire sera appelée sur l'obtention de cette date, voir nos 31050 s. ;
– un exposé des moyens en fait et en droit ;
– la liste des pièces sur lesquelles la demande est fondée dans un bordereau qui lui est annexé ;
– l'indication des modalités de comparution devant le tribunal et la précision que, faute pour le défendeur de comparaître, il s'expose à ce qu'un jugement soit rendu contre lui sur les seuls éléments fournis par son adversaire.
Sans que le défaut de cette mention soit sanctionné par la **nullité,** l'assignation doit préciser, le cas échéant, la chambre saisie (CPC art. 56, avant-dernier al.).
De même, sans que ces mentions soient prévues à peine de nullité, lorsque l'assignation est formée par voie électronique, elle peut comporter l'adresse électronique et le numéro de téléphone du défendeur (CPC art. 54, al. 2 modifié par décret 2019-1333).

MENTIONS DE L'ASSIGNATION PROPRES À LA PROCÉDURE AVEC REPRÉSENTATION OBLIGATOIRE AU TRIBUNAL JUDICIAIRE

S'agissant d'une procédure avec représentation obligatoire, l'assignation doit **en outre contenir, à peine de nullité** (CPC art. 752) : **31035**
– la constitution de l'avocat du demandeur ;
– le délai dans lequel le défendeur est tenu de constituer avocat ;
– le cas échéant, l'accord du demandeur pour que la procédure se déroule sans audience.

MODÈLE **31037**

ASSIGNATION DEVANT LE TRIBUNAL JUDICIAIRE (Procédure avec représentation obligatoire)

L'an deux mille vingt-quatre... et le (*date*)
À la demande de :
Monsieur X (*état civil, profession, nationalité, adresse*) ou de la société Y (*dénomination, forme juridique, numéro de RCS, siège social, représentée par son dirigeant domicilié en cette qualité audit siège*)

31037 (suite) Ayant pour avocat Maître Z du barreau de... qui se constitue pour lui sur la présente et ses suites (*préciser l'adresse professionnelle et les coordonnées électroniques*)
J'ai,
Huissier ou commissaire de justice soussigné,
Signifié à :
Monsieur W demeurant à P (*adresse*)
Qu'un procès lui est intenté devant le tribunal judiciaire de [ville] pour les raisons exposées ci-après.
Vous devez comparaître, par ministère d'avocat constitué :
LE : *[date et heure de l'audience]* devant le tribunal judiciaire de [ville], siégeant en la salle ordinaire de ses audiences, au palais de justice de *[adresse de la juridiction]*,
TRÈS IMPORTANT
Dans les QUINZE JOURS de la date indiquée en tête du présent acte, sous réserve d'un allongement en raison de la distance, vous êtes tenu, en vertu de la loi, de charger un avocat... de vous représenter devant le Tribunal.
Si vous ne le faites pas, vous vous exposez à ce qu'un jugement soit rendu contre vous sur les seuls éléments fournis par votre adversaire.
Il vous est rappelé les articles suivants du Code de procédure civile :
Article 760 du Code de procédure civile : « Les parties sont, sauf disposition contraire, tenues de constituer avocat devant le tribunal judiciaire.
La constitution de l'avocat emporte élection de domicile. »
Article 763 du Code de procédure civile : « Lorsque la représentation par avocat est obligatoire, le défendeur est tenu de constituer avocat dans le délai de quinze jours, à compter de l'assignation.
Toutefois, si l'assignation lui est délivrée dans un délai inférieur ou égal à quinze jours avant la date de l'audience, il peut constituer avocat jusqu'à l'audience ».
Article 641 du Code de procédure civile :
« Lorsqu'un délai est exprimé en jours, celui de l'acte, de l'événement, de la décision ou de la notification qui le fait courir ne compte pas.
Lorsqu'un délai est exprimé en mois ou en années, ce délai expire le jour du dernier mois ou de la dernière année qui porte le même quantième que le jour de l'acte, de l'événement, de la décision ou de la notification qui fait courir le délai. À défaut d'un quantième identique, le délai expire le dernier jour du mois.
Lorsqu'un délai est exprimé en mois et en jours, les mois sont d'abord décomptés, puis les jours. »
Article 642 du Code de procédure civile :
« Tout délai expire le dernier jour à vingt-quatre heures.
Le délai qui expirerait normalement un samedi, un dimanche ou un jour férié ou chômé est prorogé jusqu'au premier jour ouvrable suivant. »
Article 643 du Code de procédure civile :
« Lorsque la demande est portée devant une juridiction qui a son siège en France métropolitaine, les délais de comparution, d'appel, d'opposition, de tierce opposition dans l'hypothèse prévue à l'article 586 alinéa 3, de recours en révision et de pourvoi en cassation sont augmentés de :
1° Un mois pour les personnes qui demeurent en Guadeloupe, en Guyane, à la Martinique, à La Réunion, à Mayotte, à Saint-Barthélemy, à Saint-Martin, à Saint-Pierre-et-Miquelon, en Polynésie française, dans les îles Wallis-et-Futuna, en Nouvelle-Calédonie et dans les Terres australes et antarctiques françaises ;
2° Deux mois pour celles qui demeurent à l'étranger. »
Il vous est par ailleurs rappelé les dispositions suivantes, tirées de la loi n° 71-1130 du 31 décembre 1971 portant réforme de certaines professions judiciaires et juridiques, et qui sont ici applicables :
Article 5 de la Loi n° 71-1130 du 31 décembre 1971 : « Les avocats exercent leur ministère et peuvent plaider sans limitation territoriale devant toutes les juridictions et organismes juridictionnels ou disciplinaires, sous les réserves prévues à l'article 4.
Ils peuvent postuler devant l'ensemble des tribunaux judiciaires du ressort de cour d'appel dans lequel ils ont établi leur résidence professionnelle et devant ladite cour d'appel.
Par dérogation au deuxième alinéa, les avocats ne peuvent postuler devant un autre tribunal que celui auprès duquel est établie leur résidence professionnelle ni dans le cadre des procédures de saisie immobilière, de partage et de licitation, ni au titre de l'aide juridictionnelle, ni dans des instances dans lesquelles ils ne seraient pas maîtres de l'affaire chargés également d'assurer la plaidoirie. »
Article 5-1 de la Loi n° 71-1130 du 31 décembre 1971 : « Par dérogation au deuxième alinéa de l'article 5, les avocats inscrits au barreau de l'un des tribunaux judiciaires de Paris, Bobigny, Créteil et Nanterre peuvent postuler auprès de chacune de ces juridictions. Ils peuvent postuler auprès de la cour d'appel de Paris quand ils ont postulé devant l'un des tribunaux judiciaires de Paris, Bobigny et Créteil, et auprès de la cour d'appel de Versailles quand ils ont postulé devant le tribunal judiciaire de Nanterre.
La dérogation prévue au dernier alinéa du même article 5 leur est applicable. »

OBJET DE LA DEMANDE
[le cas échéant] Le demandeur précise qu'il a, par lettre du..., saisi le centre de médiation de... afin que les parties soient convoquées en vue de rechercher une issue amiable. Aucun rapprochement n'a pu aboutir en sorte que la saisine de la présente juridiction est inévitable.
I. Rappel des faits
(...)
II. Discussion
(...)

PAR CES MOTIFS

Vu les articles *(Viser les textes pertinents)*
Il est demandé au tribunal de :
(Décliner les diverses condamnations sollicitées de la juridiction)
SOUS TOUTES RÉSERVES
BORDEREAU DE PIÈCES
Numéroter et énumérer les divers documents versés dans le dossier. *[le cas échéant]* Rajouter la mention d'un récépissé de saisine du centre de médiation ou de tout justificatif comparable montrant les diligences accomplies.
Sur un feuillet distinct sont portées par l'huissier ou commissaire de justice les mentions relatives à la signification intervenue entre les mains du défendeur.

MENTIONS DE L'ASSIGNATION PROPRES À LA PROCÉDURE SANS REPRÉSENTATION OBLIGATOIRE AU TRIBUNAL JUDICIAIRE

Lorsque le litige concerne une procédure sans constitution d'avocat obligatoire, l'assignation doit **contenir, à peine de nullité** (CPC art. 753) : **31040**
– les mentions prescrites aux articles 54 et 56 du CPC (n° 31030) ;
– lorsque le demandeur réside à l'étranger, les nom, prénoms et adresse de la personne chez qui il élit domicile en France ;
– le cas échéant, l'accord du demandeur pour que la procédure se déroule sans audience ;
– les dispositions de l'article 832 du CPC sur la faculté pour le défendeur de demander des délais de paiement (n° 33082) ;
– les conditions dans lesquelles le défendeur peut se faire assister ou représenter, ainsi que, s'il y a lieu, le nom du représentant du demandeur.

MENTIONS DE L'ASSIGNATION EN PARTAGE DEVANT LE TRIBUNAL JUDICIAIRE

En cas d'assignation en partage de **succession,** l'acte doit, **à peine d'irrecevabilité,** comporter une description sommaire du patrimoine à partager, préciser les intentions du demandeur quant à la répartition des biens ainsi que les diligences entreprises en vue de parvenir à un partage amiable (CPC art. 1360). **31045**
L'omission de ces mentions est sanctionnée par une fin de non-recevoir, elle est toutefois susceptible d'être régularisée en cours d'instance et l'irrecevabilité sera écartée si sa cause a disparu au moment où le juge statue (Cass. 1e civ. 28-1-2015 n° 13-50.049 : D. 2015 chron. p. 515 obs. I. Guyon-Renard ; Cass. avis 13-2-2012 n° 1100008 : Bull. civ. Avis n° 1).

> **Précisions** La description des **intentions du demandeur** fait l'objet d'une appréciation du juge. Il a ainsi été jugé que la fixation d'une soulte à la charge du défendeur était nécessairement comprise dans la demande dans un cas où le demandeur sollicitait l'ouverture des opérations de comptes, liquidation et partage ainsi que la réintégration fictive des libéralités consenties par le défunt à la masse active des successions pour apprécier les droits de chaque héritier (Cass. 1e civ. 10-1-2018 n° 16-27.894 F-PB).

DATE DE PREMIÈRE AUDIENCE AU TRIBUNAL JUDICIAIRE

La demande en justice formée par assignation doit être portée à une audience dont la date doit être communiquée par le **greffe** au demandeur sur présentation du projet d'assignation selon des modalités définies par arrêté du garde des Sceaux (CPC art. 751). L'arrêté JUSC2001176A du 9 mars 2020, modifié par l'arrêté du 9 août 2021 fixe ces modalités de communication applicables **depuis le 1er septembre 2021.** **31050**

Communication de la date en matière de procédure écrite ordinaire

Dans les procédures écrites ordinaires, pour lesquelles la communication électronique est obligatoire en vertu de l'article 850 du CPC (n° 31140), la date d'audience est sollicitée au moyen de la plate-forme e-barreau, système de **communication électronique** mis en place entre les avocats (réseau privé virtuel avocat : RPVA) et le tribunal judiciaire (réseau privé virtuel justice : RPVJ) **31052**

(Arrêté du 9-3-2020 modifié par arrêté du 9-8-2021, art. 4, al. 1). La demande peut toutefois être formée par **tout moyen** lorsque (art. 4, al. 2 s.) :
– le demandeur, dispensé de l'obligation de représentation, n'a pas constitué avocat ;
– la date ne peut être demandée par voie électronique pour une cause étrangère à celui qui la sollicite.

En pratique, chaque tribunal judiciaire établit une note à l'attention du barreau détaillant les modalités de prise de date. En premier lieu, il convient que l'avocat du demandeur se relie au greffe via la plateforme e-barreau, joigne le projet d'assignation et choisisse la date en fonction de la nature du contentieux en suivant une nomenclature indicative et la liste des pôles d'activités créés dans la juridiction.

ATTENTION

Le fait de choisir une date n'entraîne pas sa réservation tant que le greffe n'a pas envoyé une confirmation. La confirmation par le greffe intervient par la communication d'un numéro de rôle temporaire attribué au dossier. Ce n'est qu'une fois la date confirmée que l'avocat peut faire délivrer l'assignation.

31055 **Communication de la date de première audience hors procédure écrite ordinaire** La communication de la date se fait par **tout moyen** (Arrêté JUSC2001176A du 9-3-2020 modifié par l'arrêté du 9-8-2021, art. 1, al. 2).

Lorsque la communication de la date est sollicitée **par téléphone ou par télécopie,** elle est obtenue auprès du greffe des services civils (Arrêté du 9-3-2020, art. 2).

La date d'audience peut être (Arrêté du 9-3-2020 modifié par l'arrêté du 9-8-2021, art. 3) :
– obtenue au moyen d'un **courrier électronique** ;
– communiquée par voie électronique, au moyen de la plate-forme de services de communication électronique sécurisée dénommée « e-commissaire de justice » ;
– communiquée au moyen de la plate-forme e-barreau, système de communication sécurisée entre les avocats et le tribunal judiciaire.

b. Saisine du tribunal judiciaire

31060 La juridiction est saisie, à la diligence de l'une ou l'autre partie (en pratique, le demandeur), par la **remise au greffe** d'une copie de l'assignation (CPC art. 754, al. 1).

Dans les procédures écrites ordinaires, pour lesquelles la communication électronique est obligatoire en vertu de l'article 850 du CPC (n° 31140), après avoir réservé une date d'audience sur la plate-forme e-barreau (n° 31052), l'avocat devra se reconnecter afin d'adresser au greffe une copie de l'assignation signifiée en vue du placement de celle-ci, ce qui engendrera un numéro de rôle définitif.

Sous réserve que la date de l'audience soit communiquée plus de quinze jours à l'avance, la remise doit être effectuée au moins **quinze jours** avant cette date. La remise doit avoir lieu dans ce délai sous peine de **caducité** de l'assignation constatée d'office par ordonnance du juge, ou, à défaut, à la requête d'une partie (CPC art. 754, al. 2 et 3 modifiés par décret 2021-1322 du 11-10-2021).

En cas d'**urgence,** les délais de comparution et de remise de l'assignation peuvent être réduits par autorisation du juge. Ces délais peuvent également être réduits en application de lois ou règlements (CPC art. 755).

31064 Le **défaut de respect des délais** de remise de l'assignation est sanctionné par la caducité de celle-ci constatée d'office par ordonnance du juge, ou, à défaut, à la requête d'une partie (CPC art. 754, dernier al.).

> **Précisions a.** Le tribunal n'étant saisi qu'à compter de la mise au rôle, **l'affaire n'est pendante** et ne peut donner lieu à **litispendance** qu'à partir de cette remise (Cass. 3e civ. 10-12-1985 n° 84-16.799 : Bull. civ. III n° 167).
b. L'assignation non enrôlée à temps et dont la caducité a été constatée est anéantie (CPC art. 385). Elle ne peut donc pas avoir eu d'effet interruptif de la **prescription** (Cass. ass. plén. 3-4-1987 n° 86-11.536 : Bull. civ. ass. plén. n° 2), solution rendue à propos d'une assignation devant le tribunal d'instance mais, à notre avis, transposable. Si une seconde assignation est délivrée hors du délai légal, l'action est donc prescrite.

2. INTRODUCTION DE L'INSTANCE PAR REQUÊTE

CONTENU DE LA REQUÊTE DEVANT LE TRIBUNAL JUDICIAIRE

La requête doit contenir, **à peine de nullité** (CPC art. 54 modifié par décret 2020-1452 du 20-11-2020 et CPC art. 57) : **31080**
- l'indication de la juridiction devant laquelle la demande est portée ;
- l'objet de la demande ;
- pour les personnes physiques : les nom, prénoms, profession, domicile, nationalité, date et lieu de naissance de chacun des requérants ;
- pour les personnes morales : leur forme, leur dénomination, leur siège social et l'organe qui les représente légalement ;
- le cas échéant, les mentions relatives à la désignation des immeubles exigées pour la publication au fichier immobilier ;
- lorsqu'elle doit être précédée d'une tentative de conciliation, de médiation ou de procédure participative (n° 31015 s.), les diligences entreprises en vue d'une résolution amiable du litige ou la justification de la dispense d'une telle tentative ;
- lorsqu'elle est signée par une seule partie, l'indication des nom, prénoms et domicile de la personne contre laquelle la demande est formée ou s'il s'agit d'une personne morale, de sa dénomination et de son siège social ;
- l'indication des pièces sur lesquelles la demande est fondée.

En outre, la requête doit contenir, encore à peine de nullité, un exposé sommaire des motifs de la demande (CPC art. 757, al. 1).

Par ailleurs, lorsque chaque partie est représentée par un avocat, la requête doit contenir, toujours à peine de nullité, la constitution de l'avocat ou des avocats des parties. Elle doit être signée par les avocats constitués. Elle vaut conclusions (CPC art. 757, al. 4 et 5).

Sans que la nullité de la requête ne soit encourue, les pièces que le demandeur souhaite invoquer à l'appui de ses prétentions doivent être jointes à celle-ci en autant de copies que de personnes dont la convocation est demandée et en un seul exemplaire lorsque la requête est formée par voie électronique (CPC art. 757, al. 1 et 3). Le cas échéant, la requête doit mentionner l'accord du demandeur pour que la procédure se déroule sans audience (CPC art. 757, al. 2).

La requête doit être datée et signée (CPC art. 57, dernier al.).

> **Précisions** Saisie d'une question relative à la validité de **requêtes présentées par le biais du site internet** d'une société privée, la Cour de cassation a rappelé que l'absence ou l'irrégularité de la signature figurant sur la requête relevait du régime de la nullité des actes pour vice de forme et ne pouvait être prononcée qu'à charge pour l'adversaire de prouver un grief (Cass. 1e civ. avis 23-9-2020 n° 20-70.002 F-PB). La Cour a ensuite retenu que **l'irrégularité liée à la signature électronique** ne faisait pas obstacle au jugement des affaires en cause dès lors que :
> – les actes de saisine des juridictions, présentés via le site internet litigieux étaient signés électroniquement par les requérants, accompagnés de justificatifs de leur authentification ;
> – la société exploitant le site avait prévenu les visiteurs de celui-ci que certains tribunaux ne considéraient pas comme valide un tel mode de saisine, de sorte qu'il leur incomberait de réitérer la saisine, lors de l'audience, en signant manuellement leur requête ;
> – dans l'hypothèse où la saisine serait contestée, la nullité ne saurait être prononcée dès lors que le demandeur comparaîtrait à l'audience et que le défendeur ne prouverait pas l'existence d'un grief.

SAISINE DU TRIBUNAL JUDICIAIRE PAR REQUÊTE ET CONVOCATION

Lorsque la demande est formée par requête, la partie la plus diligente doit saisir le tribunal par la **remise au greffe** de cette requête. Elle peut être remise ou adressée ou effectuée par voie électronique (CPC art. 756, al. 1). **31085**

Lorsque les parties ont soumis leur différend à un **conciliateur de justice** sans parvenir à un accord, leur requête peut également être transmise au greffe à leur demande par le conciliateur (CPC art. 756, al. 2).

Le président du tribunal fixe les **lieu, jour et heure de l'audience.** Lorsque la requête est signée conjointement par les parties, cette date est fixée par le président du tribunal ; s'il y a lieu, il désigne la chambre à laquelle elle est distribuée. Le **requérant** en est avisé par tous moyens (CPC art. 758, al. 1 et 2). **31087**

Le greffier convoque le **défendeur** à l'audience par lettre RAR. Cette convocation rappelle notamment les modalités de comparution devant la juridiction (CPC art. 758, al. 3 modifié par décret 2020-1452 du 27-11-2020). Elle vaut citation (CPC art. 758, al. 4).

Dans les **procédures avec représentation obligatoire,** l'avis est donné aux avocats par simple bulletin. La copie de la requête est jointe à l'avis adressé à l'avocat du défendeur ou, **lorsque la représentation n'est pas obligatoire,** au défendeur (CPC art. 758, al. 5 et 6).
Lorsque **la requête est formée conjointement par les parties,** les requérants peuvent, dès son dépôt au greffe, demander que l'affaire soit attribuée à un **juge unique,** ou renoncer à la faculté de demander le renvoi à la formation collégiale (CPC art. 759).

> **Précisions** La copie de la requête est, dès sa remise au greffe, présentée par le greffier au président du tribunal en vue des formalités de fixation et de distribution. La décision du président fait l'objet d'une simple mention en marge de la copie.

B. Constitution d'avocat devant le tribunal judiciaire

REPRÉSENTATION OBLIGATOIRE ET POSTULATION DEVANT LE TRIBUNAL JUDICIAIRE

31100 Les parties sont, sauf disposition contraire, tenues de constituer avocat devant le tribunal judiciaire (CPC art. 760).
L'avocat doit être inscrit au **barreau** institué auprès du tribunal judiciaire saisi ou de l'un des tribunaux judiciaires du **ressort de la même cour d'appel.** C'est la règle dite de la « **postulation** » (Loi 71-1130 du 31-12-1971 art. 5, al. 2).
Cependant, les avocats n'ont pas cette faculté de postuler devant un autre tribunal judiciaire que celui auprès duquel est établie leur **résidence professionnelle** pour les affaires dans lesquelles ils ne sont pas également chargés d'assurer la plaidoirie, ou encore s'ils interviennent dans le cadre de procédures de **saisie immobilière, de partage et de licitation ou au titre de l'aide juridictionnelle** (Loi 71-1130 du 31-12-1971 art. 5, al. 3).
La **mission de l'avocat** est non seulement d'assister les parties, mais encore de les représenter devant la juridiction pour notifier ou être destinataire des actes de procédure jalonnant l'instance.

31101 Si l'objectif poursuivi par la réforme opérée par la loi n° 2019-222 du 23 mars 2019, tel qu'il ressort des travaux préparatoires de la loi, a été d'**étendre le principe de la représentation obligatoire par avocat**, il n'a pas été envisagé de limiter la faculté pour l'État, les régions, les départements, les communes et leurs établissements publics **de se faire représenter ou assister par un fonctionnaire ou un agent de leur administration**, aux seuls cas où la représentation par avocat n'est pas obligatoire. Ainsi l'article 2, I, de la loi n° 2007-1787 du 20 décembre 2007 doit être interprété en ce sens que la faculté pour l'État, les régions, les départements, les communes et les établissements publics de se faire représenter ou assister devant le tribunal judiciaire par un fonctionnaire ou un agent de leur administration, autonome dans sa mise en œuvre, n'est pas restreinte aux seules matières dans lesquelles les parties sont dispensées de constituer avocat, de sorte qu'elle s'applique **également lorsque la représentation par avocat est, en principe, obligatoire**, sauf disposition particulière présentant alors un caractère dérogatoire (Cass. 1e civ. 7-6-2023 n° 21-16.833 FS-B, à propos d'une instance dans laquelle, devant un tribunal judiciaire, le garde des Sceaux, ministre de la justice, a conclu sans ministère d'avocat).

31102 La règle de la postulation n'empêche pas les parties de choisir un **avocat plaidant d'un autre barreau** que celui institué auprès du tribunal judiciaire devant lequel l'affaire est portée ou de l'un des tribunaux du ressort de la même cour d'appel puisqu'un avocat peut plaider devant toutes les juridictions et organismes juridictionnels ou disciplinaires sans limitation territoriale. Mais cet avocat devra correspondre avec un confrère, inscrit à l'un des barreaux concernés, qui interviendra en qualité de postulant, en sorte que la partie sera représentée par ce dernier et assistée de son conseil habituel pour la préparation de sa défense et les plaidoiries.

> **Précisions** Le **défaut de constitution** d'un avocat inscrit au barreau institué auprès du tribunal constitue un vice de fond (Cass. 2e civ. 5-5-2011 n° 10-14.066 : RJDA 8-9/11 n° 732). Dans une affaire où le demandeur avait désigné un avocat d'un barreau extérieur pour le représenter devant le tribunal saisi, il a été jugé qu'une assignation affectée d'un tel vice avait, malgré tout, un effet interruptif du délai de forclusion en application de l'article 2241, al. 2 du Code civil (Cass. 3e civ. 11-3-2015 n° 14-15.198 : Bull. inf. C. cass. 15-6-2015 n° 700). Ces décisions ont été rendues à propos de TGI mais sont applicables aux procédures avec représentation obligatoire devant le tribunal judiciaire.

DISPENSE DE REPRÉSENTATION OBLIGATOIRE DEVANT LE TRIBUNAL JUDICIAIRE

Litiges concernés Les parties sont dispensées de constituer avocat (CPC art. 761) : 31105
– dans les cas prévus par des textes (tel est le cas, notamment, pour certains litiges relevant du juge de l'exécution : n° 10005, pour le contentieux de la sécurité sociale : nos 38200 s. ou en matière de procédures collectives : n° 50395) ;
– dans les matières relevant du juge des contentieux de la protection ;
– lorsque la demande porte sur un montant inférieur ou égal à 10 000 € ou a pour objet une demande indéterminée ayant pour origine l'exécution d'une obligation dont le montant n'excède pas 10 000 €, sauf dans les matières relevant de la compétence exclusive du tribunal judiciaire qui ne sont pas dispensées du ministère d'avocat (nos 2096 s.), les parties étant alors tenues de constituer avocat, quel que soit le montant de la demande ;
– dans les matières attribuées aux chambres de proximité énumérées aux tableaux IV – II annexés au Code de l'organisation judiciaire (n° 3502) ;
– dans les matières énumérées par le Code de l'organisation judiciaire aux articles R 211-3-13 à R 211-3-16 et R 211-3-18 à R 211-3-21 et R 211-3-23 (contestations relatives à différentes élections : n° 2094).
Le montant de la demande est apprécié conformément aux dispositions des articles 35 à 37 du CPC (nos 2042 s.).

Demande incidente Lorsqu'une demande incidente a pour effet de rendre applicable la procédure écrite ou de rendre obligatoire la représentation par avocat, le juge peut, d'office ou si une partie en fait état, renvoyer l'affaire à une prochaine audience tenue conformément à la procédure applicable et invite les parties à constituer avocat (CPC art. 761, al. 4). 31107

Défense personnelle et représentation par un tiers Lorsque la représentation par avocat n'est pas obligatoire, les parties se défendent elles-mêmes (CPC art. 762, al. 1). 31109
Elles ont toutefois la faculté de se faire assister ou représenter par des **personnes limitativement énumérées** (CPC art. 762, al. 2 s.) : l'avocat bien entendu, mais aussi un conjoint (époux, concubin ou partenaire d'un Pacs), un parent ou allié en ligne directe ou collatérale jusqu'au 3e degré, ainsi qu'une personne exclusivement attachée au service personnel ou à l'entreprise de la partie assistée.
Les personnes ne figurant pas sur la liste n'ont pas qualité pour représenter les parties (pour un huissier ou commissaire de justice : Cass. 2e civ. 1-7-1981 n° 80-12.360 : Bull. civ. II n° 145, RTD civ. 1982 p. 477 obs. R. Perrot).
À l'exception de l'avocat dont les pouvoirs sont présumés, le représentant doit justifier d'un **pouvoir spécial** (CPC art. 762, dernier al.), autrement dit d'un mandat ad hoc, expressément limité à l'instance en cause. Le tribunal doit constater l'existence du pouvoir spécial conféré au représentant non avocat (Cass. 2e civ. 6-4-1995 n° 95-60.545 : Bull. civ. II n° 120).
Le mandat de représentation d'une partie en première instance ne vaut pas mandat d'interjeter **appel** (Cass. soc. 13-5-1986 n° 85-41.654 : Bull. civ. V n° 217).

CONSTITUTION DU DÉFENDEUR DEVANT LE TRIBUNAL JUDICIAIRE

Lorsque la représentation par avocat est obligatoire, le défendeur est tenu de constituer avocat dans le **délai** de quinze jours, à compter de l'assignation. Toutefois, si l'assignation lui est délivrée dans un délai inférieur ou égal à quinze jours avant la date de l'audience, il peut constituer avocat jusqu'à l'audience (CPC art. 763). 31115
Dès qu'il est constitué, l'**avocat du défendeur** doit en **informer celui du demandeur** et une copie de l'acte de constitution doit être remise au greffe (CPC art. 764, al. 1).
L'acte doit **comporter,** le cas échéant, l'accord du défendeur pour que la procédure se déroule sans audience (CPC art. 764).
La procédure étant en principe **électronique,** la transmission se fait par le RPVA (nos 21350 s.).

MODÈLE

CONSTITUTION

Maître Y Avocat au barreau de... dont le Cabinet est (*adresse ; ne pas oublier de mentionner les coordonnées de messagerie électronique*) – Toque n° X
Déclare à Maître X, Avocat au barreau de (*adresse*) – Toque n° X
Qu'il se constitue
Pour : Monsieur W demeurant (*adresse*)
Contre : Monsieur Z demeurant (*adresse*)
Sur : l'assignation devant le tribunal judiciaire de (*lieu*) qui lui a été délivrée par acte de Maître H, huissier ou commissaire de justice, le (*date*).
(*Date et signature*)

NOTIFICATION AUX AUTRES PARTIES DE LA CONSTITUTION DU DÉFENDEUR DEVANT LE TRIBUNAL JUDICIAIRE

31120 La constitution de l'avocat par le **défendeur** ou par toute personne qui devient partie en cours d'instance est dénoncée aux autres parties par **notification entre avocats** (CPC art. 765, al. 1).
Cet acte doit **indiquer** (CPC art. 765, al. 2 s.) :
– si le défendeur est une personne physique : ses nom, prénoms, profession, domicile, nationalité, date et lieu de naissance ;
– si le défendeur est une personne morale : sa forme, sa dénomination, son siège social et l'organe qui la représente légalement.
À **défaut d'indication des mentions exigées,** la constitution n'est pas frappée de nullité. Toutefois, cela rend irrecevables les conclusions ultérieures tant que les indications requises n'ont pas été données (Cass. 2e civ. 8-12-1982 n° 81-15.586 : Bull. civ. II n° 161).

C. Conclusions devant le tribunal judiciaire

NOTIFICATION DES CONCLUSIONS DEVANT LE TRIBUNAL JUDICIAIRE

31130 Les conclusions des parties sont **signées** par leur avocat et notifiées dans la forme des notifications entre avocats. En cas de pluralité de demandeurs ou de défendeurs, elles doivent être notifiées à tous les avocats constitués. Elles ne sont pas recevables tant que les informations permettant d'**identifier les parties** n'ont pas été communiquées (CPC art. 766, al. 1).

COMMUNICATION DES PIÈCES DEVANT LE TRIBUNAL JUDICIAIRE

31132 La communication des **pièces** produites est 3 (CPC art. 766, al. 2).

CONTENU DES CONCLUSIONS DEVANT LE TRIBUNAL JUDICIAIRE

31135 Les conclusions doivent formuler expressément les **prétentions des parties** ainsi que les moyens en fait et en droit sur lesquels chacune de ces prétentions est fondée, en indiquant pour chacune d'elles les pièces invoquées et leur numérotation. Un **bordereau** énumérant les **pièces** justifiant ces prétentions doit être annexé aux conclusions (CPC art. 768, al. 1).
Les conclusions doivent comprendre distinctement un exposé des faits et de la procédure, une discussion des prétentions et des moyens et surtout un **dispositif récapitulant** les prétentions. Si plusieurs jeux de conclusions sont signifiés, les moyens qui n'auraient pas été formulés dans les conclusions précédentes doivent être présentés de manière formellement distincte. Le **tribunal** ne **statue** que sur les prétentions énoncées au **dispositif** et n'examine les moyens au soutien de ces prétentions que s'ils sont invoqués dans le corps de la discussion (CPC art. 768, al. 2).
Les parties doivent reprendre dans leurs **dernières conclusions** les prétentions et moyens présentés ou invoqués dans leurs conclusions antérieures. À défaut, ils sont réputés abandonnés et le tribunal ne se prononcera que sur les dernières conclusions déposées (CPC art. 768, al. 3).

> **Précisions a.** Les exigences de structuration des écritures sont issues du décret 2017-892 du 6 mai 2017, lequel a aligné la structuration des écritures dans la procédure contentieuse applicable en première instance sur celle suivie devant la cour d'appel. Est imposée une **rigueur** dans la **préparation intellectuelle du dossier** et dans la présentation dactylographiée du texte. Les sessions de rattrapage deviennent complexes. Si un fondement juridique est omis ou découvert tardivement, il pourrait être reformulé en appel sous réserve que la demande tende aux mêmes fins que celle soumise au premier juge (CPC art. 565). Si une prétention est omise dans le dispositif des écritures de première instance, sa reprise en appel ne pourrait être utilement envisagée que s'il ne s'agit pas d'une demande nouvelle mais d'un complément nécessaire de la prétention d'origine (CPC art. 566) et que si elle a été présentée dès les premières conclusions notifiées devant la juridiction de second degré (CPC art. 910-4).
b. La construction des conclusions pour la procédure écrite devant le tribunal judiciaire a été transposée dans les dispositions applicables aux procédures orales dès lors que toutes les parties comparantes y sont assistées ou représentées par un avocat. La **pratique professionnelle** des avocats est donc désormais **uniformisée** en matière de rédaction de conclusions, et ce quelles que soient les juridictions de premier degré ou d'appel devant lesquelles ils assistent ou représentent les parties.

D. Remise au greffe de la constitution et des conclusions devant le tribunal judiciaire

La remise au greffe de la copie de l'acte de constitution et des conclusions doit être faite soit dès leur notification avec la justification de cette notification, soit, si celle-ci est antérieure à la saisine de la juridiction, avec la remise de la copie de l'assignation (CPC art. 767). **31140**
Sauf le cas de la requête pour assigner à jour fixe, à peine d'irrecevabilité relevée d'office, la **communication électronique** des actes de procédure est **obligatoire** devant le tribunal judiciaire en matière de procédure écrite ordinaire et en matière de procédure à jour fixe (CPC art. 850).
L'acte peut toutefois être établi sur support papier et remis ou adressé par lettre recommandée AR au greffe quand la transmission électronique est impossible pour une cause étrangère à celui qui l'accomplit (CPC art. 850).

E. Audience de règlement amiable

Le décret n° 2023-686 du 29 juillet 2023 portant mesures favorisant le règlement amiable des litiges devant le tribunal judiciaire introduit formellement **l'audience de règlement amiable** dans les dispositions communes régissant les instances se déroulant devant le tribunal judiciaire. Toutefois, ceci concerne seulement la **procédure écrite ordinaire** et les **procédures de référé** devant ce tribunal. **31150**
Ainsi, le **président de l'audience d'orientation** (CPC art. 776), le **juge de la mise en état** (CPC art. 785), le **juge du fond** et le **juge des référés** (président du tribunal ou juge des contentieux de la protection : CPC art. 836-2) peuvent décider, à la demande de l'une des parties ou d'office après avoir recueilli leur avis, par une mesure d'administration judiciaire, qu'elles seront **convoquées** à une audience de règlement amiable tenue par un juge qui ne siège pas dans la formation de jugement. La mesure prise sur ce point ne dessaisit pas le juge.
L'audience de règlement amiable fait l'objet du chapitre IV du sous-titre 1er du Titre 1er du Livre II du Code de procédure civile (articles 774-1 à 774-4).

CONVOCATION DES PARTIES

Les parties sont convoquées à l'audience de règlement amiable, à la diligence du greffe, **par tout moyen**. La convocation précise que les parties doivent comparaître **en personne**. Lorsqu'elles ne sont pas dispensées de représentation obligatoire, les parties comparaissent **assistées de leur avocat**. Dans les autres cas, elles peuvent être assistées dans les conditions prévues par l'article 762 CPC (CPC art. 774-3, al. 1 à 4). **31160**

DÉROULEMENT DE L'AUDIENCE

L'audience de règlement amiable a pour finalité la **résolution amiable du différend** entre les parties, par la confrontation équilibrée de leurs points de vue, l'évaluation de leurs besoins, positions et intérêts respectifs, ainsi que la compréhension des principes juridiques applicables au litige. Le juge chargé de l'audience de règlement amiable peut prendre **connaissance des conclusions et des pièces échangées** par les parties. Il peut procéder aux constatations, évaluations, appréciations ou reconstitutions qu'il estime nécessaires, en se transportant si besoin sur les lieux. Il détermine les conditions dans lesquelles l'audience se tient. Il peut décider d'entendre les parties séparément (CPC art. 774-2). **31170**

CONFIDENTIALITÉ DES ÉCHANGES

L'audience se tient en **chambre du conseil**, hors la présence du greffe, selon les modalités fixées par le juge chargé de l'audience de règlement amiable. Sauf accord contraire des parties, tout ce qui est dit, écrit ou fait au cours de cette audience par le juge et par les parties est **confidentiel**. **31180**
Il est fait **exception à cette confidentialité** dans deux cas : *a)* En présence de raisons impérieuses d'ordre public ou de motifs liés à la protection de l'intérêt supérieur de l'enfant ou à l'intégrité physique ou psychologique de la personne ; *b)* Lorsque la révélation de l'existence ou la divulgation du contenu de l'accord qui en est issu est nécessaire pour sa mise en œuvre ou son exécution.
À tout moment, le juge chargé de l'audience de règlement amiable peut **y mettre fin** par une mesure d'administration judiciaire (CPC 774-3, al. 5 à 7).

ACCORD TOTAL OU PARTIEL

31190 À l'issue de l'audience, les parties peuvent demander au juge chargé de l'audience de règlement amiable, assisté du greffier, de constater leur **accord, total ou partiel**, dans les conditions de l'article 130 et du premier alinéa de l'article 131 du CPC. Le juge informe le juge saisi du litige qu'il est mis fin à l'audience de règlement amiable et lui transmet, le cas échéant, le procès-verbal d'accord (CPC art 774-4).

SECTION 2

PROCÉDURE ÉCRITE DEVANT LE TRIBUNAL JUDICIAIRE

A. Procédure écrite ordinaire devant le tribunal judiciaire

32000 Devant le tribunal judiciaire, la procédure est écrite sauf dispositions contraires (CPC art. 775).

1. ORIENTATION DE L'AFFAIRE

AUDIENCE D'ORIENTATION DEVANT LE TRIBUNAL JUDICIAIRE

32010 **Objet de l'audience** Au jour de l'audience d'orientation, l'affaire est appelée devant le **président de la chambre** saisie ou à laquelle l'affaire a été distribuée. Celui-ci confère de l'état de la cause avec les avocats présents (CPC art. 776, al. 1 et 2).

Conférer de l'état de la cause consiste à choisir l'orientation la plus adaptée aux dossiers, selon la complexité qu'ils présentent. Un dossier simple ou, a fortiori, un dossier dans lequel le défendeur n'aura pas constitué avocat sera attribué au **circuit** dit « **court** » ou « abrégé ». Un dossier nécessitant des échanges de conclusions et de pièces, et présentant en droit une certaine complexité, sera attribué au circuit dit « de la **mise en état** ». Cette mise en état peut être effectuée par un juge de la mise en état ou, dans le cadre d'une procédure participative, par les parties et leurs avocats.

Le juge doit demander aux avocats présents à l'audience d'orientation s'ils envisagent de conclure une convention de procédure participative aux fins de mise en état (CPC art. 776, al. 2).

> **Précisions** Le juge peut, à la demande des parties, lorsqu'une **convention de procédure participative** est conclue aux fins **de mise en état,** fixer la date de l'audience à laquelle sera ordonnée la clôture et fixer la date des plaidoiries. À défaut, il doit ordonner le retrait du rôle (CPC art. 1546-1, al. 2).
> Pour l'étude complète de la procédure participative de mise en état, voir n°s 55770 s.

32012 **Choix lors de l'audience** Le **président** de la chambre devant laquelle l'affaire est portée a le choix entre plusieurs solutions. Il peut renvoyer l'**affaire** à l'audience, si elle lui paraît **prête** à être jugée sur le fond au vu des conclusions échangées et des pièces d'ores et déjà communiquées. Cette solution s'impose également à lui lorsque le défendeur ne comparaît pas et dans la mesure où il n'ordonne pas la réassignation de ce défendeur. Le président déclare alors l'**instruction close** et fixe la date de l'audience qui peut être tenue le jour même (CPC art. 778, al. 1 à 4). Ainsi, en théorie, la conférence peut être tenue le matin et l'audience des plaidoiries se dérouler l'après-midi.

Le président peut aussi décider que les avocats se présenteront à nouveau devant lui, à une date qu'il fixe pour **conférer une dernière fois** de l'affaire, s'il estime qu'un ultime échange de conclusions ou une ultime communication de pièces pourra suffire à mettre le dossier en état, ou si les conclusions doivent être mises en conformité avec l'article 768 du CPC (notamment, annexe d'un bordereau numérotant les pièces). En ce cas, le président impartit à chacun des **avocats** le **délai nécessaire** à la signification des écritures et, s'il y a lieu, à la communication des pièces. À ce stade, les parties peuvent également solliciter un délai pour conclure une convention de procédure participative aux fins de mise en état. La décision de renvoi du juge fait l'objet d'une simple mention au dossier (CPC art. 779, al. 1 et 2).

Par ailleurs, au tribunal judiciaire, les parties peuvent choisir que la **procédure** se déroulera **sans audience de plaidoirie** (C. org. jud. art. L 212-5-1). Si les parties souhaitent faire application de ce texte, le président doit fixer, le cas échéant, avec l'accord du ministère public, une date pour le dépôt des dossiers au greffe de la chambre. À l'expiration du délai prévu pour cette remise, il informe les parties du nom des juges de la chambre qui seront amenés à délibérer et de la date à laquelle le jugement sera rendu (CPC art. 778, al. 5).
Le président renvoie au juge de la mise en état les affaires qui ne sont pas en état d'être jugées (n°s 32020 s.) et il fixe la date d'audience de mise en état. Dans tous les cas, le greffe avise les avocats constitués de la désignation du juge de la mise en état (CPC art. 779, al. 5).

Procédure sans audience La procédure peut également se dérouler sans audience, à l'**initiative des parties**, lorsqu'elles en sont expressément d'accord. Dans ce cas, elle est exclusivement **écrite** (C. org. jud. art. L 212-5-1, alinéa 1). **Le tribunal peut décider de tenir une audience** s'il estime qu'il n'est pas possible de rendre une décision au regard des preuves écrites ou si l'une des parties en fait la demande (C. org. jud. art. L 212-5-1, alinéa 2). 32013
À peine de nullité, le jugement doit mentionner la décision du président de statuer sans audience, les modalités de l'information aux parties ainsi que l'absence d'opposition de celles-ci. Néanmoins, aux termes de l'article 459 du CPC, **l'omission ou l'inexactitude d'une mention** destinée à établir la régularité du jugement ne peut entraîner la nullité de celui-ci s'il est établi par les pièces de la procédure, par le registre d'audience ou par tout autre moyen que les prescriptions légales ont été, en fait, observées. Dès lors qu'il ressort des productions que l'avocat d'une société condamnée en première instance a donné son accord à la mise en œuvre d'une procédure exclusivement écrite, les prescriptions légales ont été, en fait, observées (Cass. 2e civ. 16-12-2021 n° 20-18.798 FS-B).
En dehors des procédures d'urgence, le juge peut, sur son initiative, statuer sans audience, en l'absence d'opposition des parties qui en ont été informées par tout moyen (Ord. 2020-304 du 25 mars 2020, art. 8). Il en résulte que le **droit de s'y opposer** appartient à toute partie et que l'intimé, dont les conclusions ont été déclarées irrecevables, n'est pas privé du droit de s'opposer à la décision de statuer sans audience (Cass. 2e civ. 16-12-2021 n° 20-18.237 FS-B).
L'**information par tout moyen** de ce que le juge envisage de statuer sans audience peut être communiquée aux avocats des parties, notamment par messages via le Réseau privé virtuel des avocats (**RPVA**), conformément à l'article 748-1 du Code de procédure civile ou, à défaut, par **courriels** à leur adresse professionnelle, ou, à défaut encore, par tout autre mode assurant l'effectivité de cette transmission. Les juges du fond doivent s'assurer que l'information, consistant en une note transmise au bâtonnier de l'ordre des avocats par un magistrat chargé de la coordination du pôle civil d'une cour d'appel, a été portée à la connaissance des parties (Cass. 2e civ. 16-12-2021 n° 20-20.443 FS-B).

DEUXIÈME AUDIENCE D'ORIENTATION DEVANT LE TRIBUNAL JUDICIAIRE

Lorsque le président a décidé d'une nouvelle audience d'orientation (n° 32012), à la nouvelle date fixée par lui, s'il constate la signature par les parties d'une convention de procédure participative, il peut, à leur demande, fixer la date de l'audience à laquelle sera ordonnée la clôture et fixée la date des plaidoiries. Sauf s'il retire l'affaire du rôle, il doit désigner un juge de la mise état (CPC art. 779, al. 3). 32015
À défaut de conclusion d'une procédure participative, le président de la chambre renvoie l'affaire à l'audience, si elle a été mise en état dans les délais impartis ou si l'un des avocats le demande. Le président déclare alors l'instruction close et fixe la date de l'audience, qui peut être tenue le jour même (CPC art. 779, al. 3).
Les parties ont encore la possibilité d'opter, lors de cette nouvelle audience d'orientation, pour la **procédure sans audience de plaidoirie** (n° 32012) ; le président doit alors fixer, le cas échéant, avec l'accord du ministère public, une date pour le dépôt des dossiers au greffe de la chambre. À l'expiration du délai prévu pour la remise des dossiers, il informe les parties du nom des juges de la chambre qui seront amenés à délibérer et de la date à laquelle le jugement sera rendu (CPC art. 779, al. 5).

> **Précisions** Dans les tribunaux judiciaires composés d'au moins deux chambres, lorsqu'une affaire est d'une particulière **complexité** ou susceptible de recevoir dans les chambres des **solutions divergentes,** le président du tribunal peut faire juger cette affaire par une formation de deux chambres réunies. Lorsque **l'affaire n'est pas distribuée,** le président du tribunal peut saisir cette formation après avoir recueilli l'avis du président de la chambre à laquelle l'affaire doit être distribuée selon les dispositions de l'ordonnance portant sur le service de la juridiction. **Après distribution de l'affaire,** la **demande** de saisine de

cette formation spéciale peut **émaner** du président de la chambre saisie, du ministère public ou encore **d'une partie.** La décision de saisine étant une mesure d'administration judiciaire, elle n'est pas susceptible de recours (C. org. jud. art. R 212-9-1 et R 312-11-1).

2. INSTRUCTION DEVANT LE JUGE DE LA MISE EN ÉTAT DU TRIBUNAL JUDICIAIRE

PRÉSENTATION DE L'INSTRUCTION DEVANT LE JUGE DE LA MISE EN ÉTAT

32020 Lorsque le dossier présente une certaine **complexité** et qu'il a été attribué au circuit de la mise en état, l'affaire est instruite sous le contrôle de l'un des magistrats de la chambre à laquelle elle a été distribuée (CPC art. 780, al. 1).

Le greffe doit aviser les avocats constitués de la désignation de ce juge de la mise en état (CPC art. 779, dernier al.).

D'une façon générale, l'**office du juge** de la mise en état (JME) consiste à veiller au déroulement loyal de la procédure, spécialement à la ponctualité de l'échange des conclusions et de la communication des pièces (CPC art. 780, al. 2).

Le juge de la mise en état peut entendre les avocats et leur faire toutes communications utiles. Il peut leur adresser des **injonctions** (CPC art. 780, al. 3). Il s'agit de simples mesures inscrites au dossier, les décisions plus graves devant faire l'objet d'**ordonnances motivées** après audition des avocats constitués (CPC art. 792).

Il existe deux **formes** de mise en état : la mise en état « calendrier » (n° 32026) et la mise en état évolutive (n°s 32035 s.).

MISE EN ÉTAT « CALENDRIER » DEVANT LE TRIBUNAL JUDICIAIRE

32026 Le **juge** de la mise en état **fixe,** après avoir recueilli l'avis des avocats, un calendrier comportant le nombre prévisible et la date des échanges de conclusions, la date de la clôture, celle des débats et celle du prononcé de la décision (CPC art. 781, al. 3 et 4).

ATTENTION

Cette forme d'instruction du dossier présente l'inconvénient d'une relative fixité. Les **délais** ne peuvent être **prorogés** qu'en cas de cause grave et dûment justifiée (CPC art. 781, al. 5). La gravité est appréciée par le magistrat : ce pourrait être le cas d'un empêchement lié à l'état de santé de l'avocat ou des difficultés de communication entre celui-ci et son client.

Le **juge** peut également **renvoyer l'affaire** à une conférence ultérieure en vue de faciliter le règlement du litige (CPC art. 781, dernier al.).

MISE EN ÉTAT ÉVOLUTIVE DEVANT LE TRIBUNAL JUDICIAIRE

32035 La mise en état évolutive ou « intellectuelle » consiste à voir fixer par le juge de la mise en état, au fur et à mesure, les délais nécessaires à l'instruction de l'affaire, eu égard à la nature, à l'urgence et à la complexité de celle-ci, et après avoir provoqué l'avis des avocats. Le juge peut également accorder des prorogations de délais (CPC art. 781, al. 1 et 2).

Cette formule donne lieu à des **injonctions** successives en vue de la **communication des pièces** et de l'**échange des conclusions.** Le juge peut ainsi procéder par degrés : d'abord des injonctions simples puis des injonctions péremptoires et enfin soit une ordonnance de radiation si les avocats s'abstiennent d'accomplir les actes de la procédure dans les délais impartis, soit la clôture à l'égard de la partie défaillante si l'un des avocats n'a pas accompli les actes de la procédure dans le délai imparti (CPC art. 800).

32040 **Préparation du dossier** Dans la mise en état évolutive, **le juge** de la mise en état contribue à une meilleure présentation ou compréhension du dossier, car il **peut** :

– inviter les avocats à répondre aux moyens sur lesquels ils n'auraient pas conclu, à fournir les explications de fait et de droit nécessaires à la solution du litige et, le cas échéant, à présenter des conclusions de synthèse ou récapitulatives (CPC art. 782, al. 1) ;

– se faire communiquer l'original des pièces versées aux débats ou en demander la remise en copie (CPC art. 782, al. 2) ;

– même d'office, entendre les parties de façon contradictoire (CPC art. 784) ;

– inviter les parties à mettre en cause tous les intéressés dont la présence lui paraît nécessaire à la solution du litige (CPC art. 786) ;

– exercer tous les pouvoirs nécessaires à la communication, à l'obtention et la production des pièces (CPC art. 788).

GESTION DE L'INSTANCE PAR LE JUGE DE LA MISE EN ÉTAT DU TRIBUNAL JUDICIAIRE

Le juge de la mise en état modèle le lien d'instance. Ceci peut le conduire à (CPC art. 783 à 787) : 32045
– procéder aux jonctions et disjonctions d'instance ;
– constater la conciliation même partielle des parties et homologuer, à la demande des parties, l'accord qu'elles lui soumettent ;
– désigner un médiateur ;
– constater l'extinction de l'instance.

ORDONNANCES DU JUGE DE LA MISE EN ÉTAT DU TRIBUNAL JUDICIAIRE

Le juge de la mise en état remplit un office juridictionnel dans le cadre duquel il rend des ordonnances, après **débat contradictoire** des avocats devant lui, **en audience.** Les avocats y sont **convoqués** soit par le greffe (situation la plus fréquente), soit par notification entre avocats en cas d'urgence, aux jour, heure et lieu fixés par le juge (CPC art. 793). 32060
Ce juge doit être saisi par des **conclusions** qui lui sont spécialement adressées et sont absolument **distinctes** des conclusions de fond soumises à la juridiction « ordinaire » (CPC art. 791).

Pouvoirs du juge de la mise en état Lorsque la demande est présentée postérieurement à sa désignation, le juge de la mise en état, est, jusqu'à son dessaisissement, seul compétent, à l'exclusion de toute autre formation du tribunal, pour (CPC art. 789) : 32062
– allouer une provision pour le procès ;
– accorder une **provision** au créancier lorsque l'existence de l'obligation n'est pas sérieusement contestable ;
– ordonner toute autre **mesure provisoire** même conservatoire, à l'exception des saisies conservatoires, des hypothèques et nantissements provisoires ;
– modifier ou compléter, en cas de survenance d'un fait nouveau, les mesures conservatoires ou provisoires qui auraient déjà été ordonnées ;
– ordonner, même d'office, toutes mesures d'instruction ;
– statuer sur les **exceptions de procédure,** sur les **incidents** mettant fin à l'instance et sur les **fins de non-recevoir.**

Les incidents mettant fin à l'instance sont ceux mentionnés aux articles 384 et 385 du CPC, c'est-à-dire la caducité de l'assignation, l'acquiescement, le désistement, la péremption. Les **exceptions de procédure** couvrent les demandes en nullité des actes pour vice de forme ou vice de fond, les exceptions d'incompétence et les demandes de sursis à statuer (Avis Cass. 29-9-2008 n° 08-00.007 : Bull. civ. Avis n° 6).

Par ailleurs, lorsque la **fin de non-recevoir** sur laquelle le juge statue suppose que soit tranchée au préalable une question de fond, le juge de la mise en état renvoie l'affaire devant la formation de jugement, le cas échéant sans clore l'instruction, pour qu'elle statue sur cette question de fond et sur cette fin de non-recevoir. Toutefois, dans les affaires qui ne relèvent pas du juge unique ou qui ne lui sont pas attribuées, une partie peut s'y opposer. Dans ce cas, le juge de la mise en état renvoie l'affaire devant la formation de jugement, le cas échéant sans clore l'instruction, pour qu'elle statue sur cette question de fond et sur cette fin de non-recevoir. Il peut également ordonner ce renvoi s'il l'estime nécessaire. La décision de renvoi est une mesure d'administration judiciaire (CPC art. 789, al. 2).

Le juge de la mise en état ou la formation de jugement statuent sur la question de fond et sur la fin de non-recevoir par des dispositions distinctes dans le dispositif de l'ordonnance ou du jugement. La formation de jugement statue sur la fin de non-recevoir même si elle n'estime pas nécessaire de statuer au préalable sur la question de fond. Le cas échéant, elle renvoie l'affaire devant le juge de la mise en état (CPC art. 789, al. 10).

Les parties ne sont plus recevables à soulever ces fins de non-recevoir au cours de la même instance à moins qu'elles ne surviennent ou soient révélées postérieurement au dessaisissement du juge de la mise en état (CPC art. 789, al. 11).

> **Précisions a.** Les attributions du juge de la mise en état sont limitativement énumérées par les dispositions les régissant. Aucune de ces dispositions, en particulier l'article 770 du Code de procédure civile (désormais art. 788), selon lequel ce juge exerce tous les pouvoirs nécessaires à la communication, à l'obtention et à la production des pièces, ne lui confère le pouvoir d'**écarter une pièce produite** par une partie. Excède ses pouvoirs le juge de la mise en état qui ordonne le retrait de pièces des débats, alors que seul le tribunal de grande instance (désormais tribunal judiciaire) dispose du pouvoir d'écarter des pièces du débat auquel donne lieu l'affaire dont cette juridiction est saisie (Cass. 2e civ. 25-3-2021 n° 19-16.216 F-P : JCP G 2021 n° 399 note D. Cholet).

b. Le JME peut subordonner l'**allocation d'une provision** à la constitution d'une garantie, réelle ou personnelle, suffisante pour répondre de toutes restitutions ou réparations, dans les mêmes conditions qu'en matière d'exécution provisoire d'un jugement (CPC art. 789, sur renvoi aux art. 514-5, 517 et 518 à 522).

32065 MODÈLE

Saisine du juge de la mise en état après sa désignation

TRIBUNAL JUDICIAIRE DE...
Chambre :
Affaire :
N° de rôle :
CONCLUSIONS SUR INCIDENT DEVANT LE JUGE DE LA MISE EN ÉTAT
Pour : Monsieur X, ayant pour avocat Maître Z du barreau de...
Contre : Monsieur W, ayant pour avocat Maître Y du barreau de...
PLAISE AU JUGE DE LA MISE EN ÉTAT
I – Rappel des faits et de la procédure
(...)
II – Discussion
(...)
PAR CES MOTIFS
Vu l'article 789 du Code de procédure civile,
Condamner Monsieur W à payer à Monsieur X la somme de (*montant*) à titre de provision.
Condamner Monsieur W à payer la somme de (*montant*) sur le fondement de l'article 700 du Code de procédure civile et aux entiers dépens de l'incident.
SOUS TOUTES RÉSERVES
BORDEREAU DE PIÈCES

32070 **Effet des ordonnances** Les ordonnances du juge de la mise en état n'ont pas, au principal, l'**autorité de la chose jugée,** à l'exception de celles statuant sur les exceptions de procédure, les fins de non-recevoir et sur les incidents mettant fin à l'instance (CPC art. 794).

ATTENTION

Les ordonnances du juge de la mise en état statuant sur une **exception de procédure** ont autorité de chose jugée, **qu'elles mettent ou non fin à l'instance** (Cass. 2e civ. 9-1-2020 n° 18-21.997 F-PBI : D. 2020 act. p. 88 ; GP 28-4-2020 chron. p. 54 note N. Hoffschir).

Les ordonnances du juge de la mise en état bénéficient de l'**exécution provisoire** de droit (CPC art. 514).
Le juge de la mise en état contrôle l'exécution des mesures qu'il ordonne (CPC art. 796).
Dès l'exécution de la mesure d'instruction ordonnée, l'instance poursuit son cours à la diligence du juge de la mise en état (CPC art. 797).

32072 Les ordonnances du juge de la mise en état et les décisions rendues par la formation de jugement lorsque le juge de la mise en état a renvoyé l'affaire devant la formation de jugement pour qu'elle statue sur la question de fond liée à une fin de non-recevoir (CPC art. 789, al. 9) ne sont pas susceptibles d'**opposition** (CPC art. 795 modifié par décret 2020-1452 du 27-11-2020).
Elles ne peuvent être frappées d'**appel** ou de **pourvoi** en cassation qu'avec le jugement statuant sur le fond (CPC art. 795, al. 2).
Toutefois, elles sont susceptibles d'**appel immédiat** dans les cas et conditions prévus en matière d'expertise ou de sursis à statuer (CPC art. 795, al. 3), ce qui implique une demande d'**autorisation** présentée au **premier président** de la cour d'appel (Cass. 2e civ. 25-6-2015 n° 14-18.288 : Bull. civ. II n° 165).
Sans autorisation préalable, les ordonnances du juge de la mise en état sont également susceptibles d'appel immédiat dans les quinze jours à compter de leur signification, lorsque (CPC art. 795, al. 4 s. modifiés par décret 2020-1452 du 27-11-2020) :
– elles statuent sur un incident et ont pour effet de mettre fin à l'instance ou en constatent l'extinction ;
– elles statuent sur une exception de procédure ou une fin de non-recevoir ; lorsque la fin de non-recevoir a nécessité que soit tranchée au préalable une question de fond, l'appel peut porter sur cette question de fond ;

– elles ont trait aux mesures provisoires ordonnées en matière de divorce ou de séparation de corps ;
– dans le cas où le montant de la demande est supérieur au taux de compétence en dernier ressort, elles ont trait aux provisions qui peuvent être accordées au créancier au cas où l'existence de l'obligation n'est pas sérieusement contestable.

3. CLÔTURE DE L'INSTRUCTION ET RENVOI À L'AUDIENCE DE PLAIDOIRIE

a. Clôture de l'instruction (dispositions générales)

PROCÉDURE DE CLÔTURE DE L'INSTRUCTION AU TRIBUNAL JUDICIAIRE

Dès que l'état de l'affaire le permet, le juge de la mise en état déclare l'instruction close et renvoie le dossier pour être plaidé à la **date** fixée par le président ou par lui-même. La date de la clôture doit être aussi proche que possible de celle fixée pour les plaidoiries (CPC art. 799, al. 1). **32090**
La clôture de l'instruction est prononcée par une **ordonnance** non motivée qui ne peut être frappée d'aucun recours (CPC art. 798). Les parties ont toutefois la possibilité de demander la révocation de l'ordonnance (nos 32110 s.).
Le président ou le juge de la mise en état, s'il a reçu délégation à cet effet, peut également, à la demande des avocats, et après accord, le cas échéant, du ministère public, autoriser le dépôt des dossiers au greffe de la chambre à une date qu'il fixe, quand il lui apparaît que l'affaire ne requiert pas de plaidoiries (CPC art. 799, al. 3 modifié par décret 2021-1322 du 11-10-21).
Il résulte de ce que le juge de la mise en état, à la demande des parties, a autorisé les avocats à déposer leur dossier au greffe, que l'autorisation requise a bien été sollicitée (Cass. 2e civ. 7-1-2016 n° 14-25.391 F-PB : Bull. civ. II n° 5, solution rendue avant l'ordonnance 2019-964 du 18-9-2019 appliquant la loi réforme pour la justice mais, à notre avis, transposable).

> **Précisions a.** Lorsqu'aucune des parties n'accomplit de diligence pendant deux ans l'**instance** est **périmée.** La péremption est de droit si une partie l'oppose avant tout autre moyen. Le juge peut la constater d'office après avoir invité les parties à présenter leurs observations (CPC art. 388). Si le juge de la mise en état n'a pas fixé l'affaire et que les parties n'ont pas pris d'initiative pour faire avancer l'instance ou obtenir une fixation, l'instance doit être considérée comme périmée (Cass. 2e civ. 16-12-2016 n° 15-27.917 FS-PBI : Bull. civ. II n° 281 ; Cass. 2e civ. 16-12-2016 n° 15-26.083 FS-PBI : Bull. civ. II n° 282).
> **b.** À compter de la fixation de la date des débats, les parties n'ont plus à accomplir de diligences de nature à faire progresser l'instance de sorte que le **délai de péremption** se trouve **suspendu** (Cass. 2e civ. 16-12-2016 n° 15-26.083 FS-PBI, précité).

CONCLUSIONS TARDIVES DEVANT LE TRIBUNAL JUDICIAIRE

Après la clôture, aucune conclusion ne peut être déposée ni aucune pièce produite aux débats, à **peine** d'irrecevabilité prononcée d'office (CPC art. 802 al. 1). **32095**
Sont cependant **recevables** les demandes en intervention volontaire ou les conclusions tendant à des apurements de comptes, dès lors qu'il n'y a pas de contestation sérieuse, ainsi que les demandes de révocation de l'ordonnance de clôture (CPC art. 802, al. 2).
Sont également recevables les conclusions qui tendraient à une simple reprise de l'instance, en l'état où celle-ci se trouvait au moment de son interruption (CPC art. 802, al. 3). Tel peut être le cas, par exemple, à la suite du décès d'une partie.

Les conclusions et pièces déposées après l'ordonnance de clôture, dont la révocation n'a pas été demandée ou prononcée d'office, sont irrecevables (Cass. 1e civ. 11-6-2008 n° 07-19.558 : Bull. civ. I n° 169). Il en est de même des conclusions déposées alors que la demande de révocation de l'ordonnance de clôture a été rejetée (Cass. 3e civ. 7-9-2017 n° 16-18.777 F-PB : Bull. civ. III n° 98). La jurisprudence considère que les conclusions déposées le jour de la clôture sont réputées signifiées avant celle-ci mais invite le juge à rechercher si elles ont été déposées en **temps utile** (Cass. 2e civ. 25-2-2010 n° 09-13.400 : Procédures 2010 comm. n° 111 R. Perrot). Cette même vérification doit être effectuée pour les conclusions déposées **peu de temps avant le jour de l'ordonnance** de clôture, ou le jour même de l'ordonnance de clôture (Cass. 3e civ. 10-3-2009 n° 08-10.818). **32097**
Toutefois, la communication est régulière dès lors qu'une partie transmet ses conclusions en pièce jointe à un message électronique quelques jours avant la clôture et qu'il apparaît que ce message, transmis depuis le RPVA, a fait l'objet d'un **avis électronique de réception** mentionnant les conclusions au nombre des pièces jointes (Cass. 2e civ. 7-1-2016 n° 14-28.887 F-PB : Bull. civ. II n° 2).

32105 L'**appréciation du temps utile** relève du **pouvoir souverain** du juge du fond (Cass. ch. mixte 3-2-2006 n° 04-30.592 : Bull. civ. ch. mixte n° 2). Est souveraine l'appréciation du juge tendant au rejet des conclusions tardives auxquelles l'adversaire était dans l'incapacité de répondre (Cass. com. 18-5-2010 n° 09-15.227).

Les **décisions** rendues sur l'incident de communication doivent néanmoins être **motivées** et répondre aux objections de l'adversaire (Cass. com. 14-10-2014 n° 13-19.653 : RJDA 12/14 n° 954).

Pour vérifier que le destinataire de la communication a disposé du temps nécessaire pour en prendre connaissance et, éventuellement, pour y répliquer, le juge tient compte, en pratique, de l'importance des conclusions ou de la nature des pièces. Tout dépend donc du contenu des écritures ou pièces communiquées à la dernière heure. Il a, par exemple, été jugé que des pièces communiquées trois jours avant l'ordonnance de clôture n'avaient pas été communiquées en temps utile (Cass. ch. mixte 3-2-2006 n° 04-30.592 : Bull. civ. ch. mixte n° 2). À l'inverse ont été considérées comme ayant été produites en temps utile des écritures déposées et signifiées la veille de l'ordonnance de clôture ne contenant pas de moyens nouveaux et de demandes nouvelles (Cass. ch. mixte 26-5-2006 n° 03-16.800 : Bull. civ. ch. mixte n° 3).

ATTENTION

Le **calendrier de procédure,** par son intangibilité, engendre des **rigidités** que l'on ne retrouve pas dans la mise en état évolutive. Ainsi, en l'absence de calendrier de procédure, les parties peuvent, jusqu'à la clôture de l'instruction, invoquer de nouveaux moyens et conclure à nouveau (Cass. 2e civ. 4-6-2015 n° 14-10.548 F-PB : Bull. civ. II n° 140).

RÉVOCATION DE L'ORDONNANCE DE CLÔTURE DEVANT LE TRIBUNAL JUDICIAIRE

32110 L'ordonnance de clôture ne peut être révoquée que si se révèle une **cause grave** depuis qu'elle a été rendue. Cette révocation est prononcée soit d'office, soit à la demande des parties, par ordonnance motivée du juge de la mise en état, ou, après ouverture des débats, par décision du tribunal (CPC art. 803).

Lorsque la décision de révocation émane d'une ordonnance du juge de la mise en état, cette décision relève de son pouvoir propre. Elle ne peut donc pas être remise en cause devant la formation collégiale de la cour d'appel (Cass. 2e civ. 1-3-2018 n° 17-11.284 F-PB).

Les **demandes** de révocation de l'ordonnance doivent être formées par voie de **conclusions** (Cass. 2e civ. 1-4-2004 n° 02-13.996 : Bull. civ. II n° 150).

La partie qui demande la révocation de l'ordonnance de clôture doit faire état de la cause grave dont elle se prévaut au soutien de cette demande, tel le fait qu'elle n'aurait pas été au préalable informée de la date de clôture (Cass. com. 9-4-2013 n° 12-14.967 : RJDA 6/13 n° 574) ou encore le fait qu'un incident informatique ait empêché une partie de communiquer ses pièces et conclusions récapitulatives en vue de leur signification avant la date de clôture (CA Aix-en-Provence 25-3-2021 n° 18/20031).

Il résulte des articles 455 et 783, al. 2 du Code de procédure civile que sont recevables les **conclusions postérieures à l'ordonnance de clôture** aux termes desquelles une partie en demande la révocation et qu'il appartient au juge qui en est saisi d'y répondre. Celui-ci ne peut pas statuer au regard des prétentions et moyens respectifs des parties, en visant seulement la date de l'ordonnance de clôture, alors qu'il lui appartient de se prononcer sur la demande de révocation de cette ordonnance, serait-ce pour rejeter la demande en tant que telle (Cass. 2e civ. 25-3-2021 n° 20-10.689 : GP 20-7-2020 chron. p. 49 note M. Kebir).

La **décision** prononçant la révocation de l'ordonnance doit intervenir avant la clôture des débats ou s'accompagner d'une réouverture de ceux-ci (Cass. 1e civ. 11-2-2015 n° 13-28.054 F-PB : Bull. civ. I n° 38). En conséquence, une même décision ne peut simultanément révoquer l'ordonnance de clôture et statuer sur le fond du litige (Cass. 2e civ. 1-3-2018 n° 16-27.592 F-PB).

Bien évidemment, lorsque les conclusions et les pièces ont été communiquées après le prononcé de l'ordonnance de clôture et lorsque la juridiction a rejeté la demande de révocation de cette ordonnance, il est exclu que la **décision** puisse s'inspirer de pièces qui sont nécessairement irrecevables (Cass. 2e civ. 5-5-2011 n° 10-18.756).

Le décret n° 2023-686 du 29 juillet 2023 portant mesures favorisant le règlement amiable des litiges devant le tribunal judiciaire a complété l'article 803 du CPC, afin d'y introduire une nouvelle hypothèse de **révocation de la clôture** permettant la recherche d'un accord. Ainsi l'ordonnance de clôture peut également être révoquée, après recueil de l'avis des parties, afin de permettre au juge de la mise en état, conformément à l'article 785 du CPC, de décider de la convocation des parties à une **audience de règlement amiable** selon les modalités prévues aux articles 774-1 à 774-4 CPC.

MODÈLE

CONCLUSIONS AUX FINS DE RÉVOCATION DE L'ORDONNANCE DE CLÔTURE ET RÉOUVERTURE DES DÉBATS 32120

TRIBUNAL JUDICIAIRE de...
n° de Chambre
RG n° ...
POUR : SARL..., défenderesse
Maître Z, avocat au barreau de..., Toque n°
CONTRE : Monsieur et Madame X, demandeurs
Maître Y du barreau de..., Toque n°
PLAISE AU TRIBUNAL

Par assignation en date du..., Monsieur et Madame X sollicitent la mise en œuvre de la garantie décennale à l'encontre de la SARL... et demandent que cette dernière soit condamnée à leur payer la somme de... euros, montant des travaux de réfection évalués par Monsieur W..., expert judiciaire, désigné par une précédente ordonnance de référé en date du... Par la suite, les parties ont déposé leurs conclusions et ont communiqué leurs pièces respectives dans les délais impartis par la juridiction de céans s'agissant de la concluante.

Au terme de l'instruction, Monsieur le Juge de la mise en état a précisé que l'audience des plaidoiries était fixée le lundi 8 novembre 2021 à 14 h 00 et que la clôture interviendrait le lundi 6 septembre 2021.

Toutefois, par notification du vendredi 3 septembre 2021, Monsieur et Madame X ont déposé des conclusions récapitulatives et produit une nouvelle pièce, en l'espèce un rapport unilatéral d'un expert de compagnie d'assurances critiquant l'analyse de l'expert judiciaire et alléguant que le montant des travaux de réfection était supérieur à celui qui avait été précédemment chiffré. L'ordonnance de clôture a été rendue le 6 septembre conformément au calendrier qui avait été fixé.

Manifestement, les conclusions qui ont été notifiées par Monsieur et Madame X accompagnées d'une pièce nouvelle n'ont pas été transmises en temps utile. Compte tenu des délais d'échanges, même par voie informatique, le gérant de la défenderesse n'a pas pu en prendre connaissance au cours du congé de fin de semaine (le 3 septembre étant un vendredi) ni faire le point avec son conseil afin de répliquer, et ce d'autant que les ultimes conclusions des demandeurs font état d'éléments nouveaux et procèdent à une élévation importante des prétentions d'origine.

L'article 15 du Code de procédure civile dispose que les parties doivent se faire connaître mutuellement en temps utile les moyens de fait sur lesquels elles fondent leurs prétentions, les éléments de preuve qu'elles produisent et les moyens de droit qu'elles invoquent, afin que chacune soit à même d'organiser sa défense.

En présence d'écritures ou de pièces tardives, notifiées in extremis avant la clôture, le temps utile, essentiel au respect du contradictoire au sens des dispositions citées, n'a pas été respecté.

L'article 802 du Code de procédure civile précise qu'après l'ordonnance de clôture aucune conclusion ne peut être déposée ni aucune pièce produite aux débats, mais il ajoute que sont cependant recevables les demandes de révocation de l'ordonnance de clôture.

L'article 803 du même Code ajoute que, s'il se révèle une cause grave depuis qu'elle a été rendue, l'ordonnance de clôture peut être révoquée, d'office ou à la demande des parties, soit par ordonnance motivée du juge de la mise en état, soit après l'ouverture des débats, par décision du tribunal.

Les présentes écritures – de pure procédure – sont donc recevables et la révocation de l'ordonnance de clôture s'impose afin de garantir le respect du principe de la contradiction que le juge doit, en toutes circonstances, faire observer. Cette révocation permettra en effet à la SARL défenderesse de signifier utilement à son tour des conclusions responsives et récapitulatives.

PAR CES MOTIFS
Révoquer l'ordonnance de clôture intervenue le 6 septembre 2021
Dire que l'audience des plaidoiries est maintenue au lundi 8 novembre 2021 à 14 h 00
Fixer, le cas échéant, toute nouvelle date de clôture qu'il plaira avant le 8 novembre 2021
SOUS TOUTES RÉSERVES
Bordereau de pièces :
– Accusé de réception RPVA des conclusions des demandeurs
– Bordereau de pièces adverses

b. Césure du procès

Dans le chapitre consacré à la procédure (écrite) ordinaire devant le tribunal judiciaire, le décret n° 2023-686 du 29 juillet 2023 portant mesures favorisant le règlement amiable des litiges devant le tribunal judiciaire a introduit, dans la section régissant la clôture de l'instruction, une sous-section spécialement consacrée à la césure du procès. 32121

Elle comprend les articles 807-1 à 807-3 CPC nouveaux.

DEMANDE DES PARTIES PRÉSENTÉE AU JUGE DE LA MISE EN ÉTAT

32122 À tout moment, l'ensemble des parties constituées peut demander au juge de la mise en état la clôture partielle de l'instruction.
Elles produisent à l'appui de leur demande un acte contresigné par avocats qui mentionne les prétentions à l'égard desquelles elles sollicitent un jugement partiel.

CLÔTURE PARTIELLE

32123 S'il fait droit à la demande, le juge ordonne la clôture partielle de l'instruction et renvoie l'affaire devant le tribunal pour qu'il statue au fond sur la ou les prétentions déterminées par les parties. L'acte contresigné par avocats est annexé à l'ordonnance.
La date de la clôture partielle doit être aussi proche que possible de celle fixée pour les plaidoiries.
L'article 798, les alinéas 2 à 4 de l'article 799 (dépôt au greffe des dossiers des avocats) ainsi que les articles 802 à 807 CPC demeurent applicables.
La clôture de l'instruction prévue au premier alinéa de l'article 799 (s'agissant des points de discussion qui n'ont pas fait l'objet de la clôture partielle) ne peut intervenir avant l'expiration du délai d'appel à l'encontre du jugement partiel ou, lorsqu'un appel a été interjeté, avant le prononcé de la décision statuant sur ce recours (CPC art. 807-3).

JUGEMENT PARTIEL

32124 Le jugement partiel tranche dans son dispositif les seules prétentions faisant l'objet de la clôture partielle prévue à l'article 807-1 (CPC art. 807-2). Le tribunal peut ordonner l'exécution provisoire, dans les conditions des articles 515 à 517-4 CPC.

c. Audience de plaidoiries devant le tribunal judiciaire

32125 **Rapport oral** Avant les plaidoiries, le juge de la mise en état doit faire un rapport oral de l'affaire à l'audience. Exceptionnellement, le rapport peut être fait par le président de la chambre ou un autre juge qu'il désigne (CPC art. 804, al. 1).
Le rapport doit **contenir** un exposé de l'objet de la demande et des moyens des parties, il doit préciser les questions de fait et de droit soulevées par le litige et faire mention des éléments propres à éclairer le débat, sans faire connaître l'avis du magistrat qui en est l'auteur (CPC art. 804, al. 2).
S'il l'estime nécessaire pour l'établissement de son rapport à l'audience de plaidoirie, le **juge** de la mise en état peut **demander aux avocats de déposer** leurs dossiers au greffe (c'est-à-dire leurs dossiers de plaidoirie) comprenant les pièces produites, et ce à la date qu'il détermine (CPC art. 799, al. 2). Le président ou le juge de la mise en état, s'il a reçu délégation à cet effet, peut également, à la demande des avocats, et après accord, le cas échéant, du ministère public, autoriser le dépôt des dossiers au greffe de la chambre à une date qu'il fixe, quand il lui apparaît que l'affaire ne requiert pas de plaidoiries (CPC art. 799, al. 3 modifié par décret 2021-1322 du 11-10-21).

32130 **Composition du tribunal** **En principe,** l'audience de plaidoiries se tient devant la **formation collégiale** du tribunal.
Toutefois, à défaut d'opposition des avocats, le **juge** chargé du rapport peut tenir **seul** l'audience des plaidoiries, à charge pour lui d'en rendre compte au tribunal dans son délibéré (CPC art. 805). Cette exigence est réputée avoir été satisfaite, dès lors que le jugement mentionne que les débats ont eu lieu devant un seul magistrat qui a fait rapport à la formation collégiale.
Lorsque le **dépôt des dossiers** au greffe **sans plaidoirie** a été autorisé (n° 32090), le président de la chambre, à l'expiration du délai prévu pour la remise de ceux-ci, informe les parties du nom des juges de la chambre qui seront amenés à délibérer et de la date à laquelle le jugement sera rendu (CPC art. 806).

B. Procédure gracieuse devant le tribunal judiciaire

32140 En l'absence de litige, lorsqu'une partie sollicite une **autorisation** ou une **homologation,** la procédure est dite « gracieuse ». Il en est ainsi, par exemple, en cas de demande d'adoption ou d'homologation d'un accord de médiation.

Les règles générales applicables à la procédure gracieuse sont exposées aux n°s 4200 s. Sont seules indiquées ici les règles spécifiques au tribunal judiciaire.

La **demande** est formée par un avocat ou par un officier public ou ministériel, dans le cas où ce dernier y est habilité par les dispositions en vigueur (CPC art. 808). **32142**

Un **juge rapporteur** est désigné par le président de la chambre à laquelle l'affaire est distribuée. Il dispose pour instruire l'affaire des mêmes pouvoirs que le tribunal. **32144**

Le **ministère public** doit avoir communication des affaires gracieuses (CPC art. 809). **32146**
S'il y a des débats, il est tenu d'y assister ou de faire connaître son avis (CPC art. 811).

C. Procédure à jour fixe devant le tribunal judiciaire

Dans les litiges relevant de la procédure écrite ordinaire, le président du tribunal peut, en cas d'**urgence,** autoriser le demandeur sur sa requête, à assigner le défendeur à jour fixe. Il désigne, s'il y a lieu, la chambre à laquelle l'affaire est distribuée (CPC art. 840, al. 1). Cette procédure permet l'examen prioritaire de l'affaire sans instruction du président de la chambre et du juge de la mise en état. **32160**

ATTENTION

L'**intervenant volontaire** dans une procédure à jour fixe n'a pas à solliciter au préalable une autorisation d'assigner à jour fixe (Cass. 3e civ. 1-10-2020 n° 18-15.670 FS-PBI).

La requête doit exposer les **motifs** de l'urgence, contenir les **conclusions** du demandeur et viser les **pièces** justificatives (CPC art. 840, al. 2).
Copie de la requête et des pièces doit être remise au président pour être versée au dossier du tribunal (CPC art. 840, al. 3).

MODÈLE

REQUÊTE AUX FINS D'ASSIGNATION À JOUR FIXE **32162**

Madame, Monsieur le Président du Tribunal judiciaire de ____

Monsieur X (*état civil, profession, adresse*)
Ayant pour avocat Maître Z du barreau de... qui se constitue pour lui sur la présente et ses suites
A L'HONNEUR D'EXPOSER QUE :
(*Exposer les raisons du procès et les motifs de l'urgence*)
C'est pourquoi le requérant sollicite de Madame, Monsieur le Président du tribunal judiciaire qu'il l'autorise à assigner le défendeur, Monsieur W, à jour fixe en désignant la chambre à laquelle l'affaire sera distribuée.
Date et signature de la requête.
Bordereau de pièces.

ORDONNANCE

Nous, Président du tribunal judiciaire,
Vu les dispositions des articles 840 à 844 du CPC,
Vu l'urgence,
Autorisons Monsieur X à délivrer assignation à jour fixe à Monsieur W demeurant à P (*adresse*) en vue de l'audience du [*date et heure*] devant la (*n°*) chambre du tribunal judiciaire de (*lieu*).
Rappelons que copie de la requête et des pièces sera versée au dossier du tribunal et que l'assignation devra informer le défendeur qu'il pourra prendre connaissance au greffe de la copie des pièces visées dans la requête.

Fait en notre Cabinet,

Au Palais de Justice

Le

MENTIONS DE L'ASSIGNATION À JOUR FIXE DEVANT LE TRIBUNAL JUDICIAIRE

L'assignation indique à peine de nullité les jour et heure fixés par le président ainsi que la chambre à laquelle l'affaire est attribuée (CPC art. 841, al. 1). **32165**
L'assignation informe le défendeur qu'il peut prendre connaissance au greffe de la copie des pièces visées dans la requête et lui fait sommation de communiquer, avant la date de l'audience, celles dont il entend faire état (CPC art. 841, al. 2).

Le **défendeur** est tenu de **constituer avocat** avant la date de l'audience (CPC art. 842).

32167 Le **tribunal** est **saisi** par la remise d'une copie de l'assignation au greffe, cette formalité devant être faite avant la date fixée pour l'audience (CPC art. 843, al. 1 et 2) et, à peine d'irrecevabilité, réalisée par communication électronique (n° 31140).

À **défaut** d'enrôlement en temps utile, l'assignation sera caduque et cette caducité sera constatée d'office par ordonnance du président de la chambre à laquelle l'affaire a été distribuée (CPC art. 843, al. 2 et 3).

32169 MODÈLE

ASSIGNATION À JOUR FIXE DEVANT LE TRIBUNAL JUDICIAIRE DE...

L'an deux mille vingt-quatre... et le
À : Monsieur W demeurant à (*adresse*)
Nous vous signifions copie d'une ordonnance rendue par M. le Président du tribunal judiciaire de (*lieu*) et vous faisons connaître qu'un procès vous est intenté devant le tribunal judiciaire de...
PAR : Monsieur X (*état civil, profession, adresse*)
Ayant pour avocat Maître Z du barreau de... qui se constitue sur la présente et ses suites
TRÈS IMPORTANT
L'affaire sera appelée devant la (*n°*) chambre du tribunal judiciaire de..., Palais de Justice (*adresse complète*) à l'audience du (*date et heure*)
Vous êtes tenu de constituer un avocat inscrit au barreau de... avant la date de l'audience.
Vous pouvez prendre connaissance au greffe de la copie des pièces visées dans la requête.
Par les présentes, il vous est fait sommation de communiquer avant la date de l'audience susvisée les pièces dont vous ferez état. À défaut de constituer avocat avant la date ci-dessus précisée, vous vous exposez à ce qu'un jugement soit rendu sur les seuls éléments fournis par le demandeur.
OBJET DE LA DEMANDE
[*Articuler en fait et en droit les prétentions du demandeur*]
PAR CES MOTIFS
[*Viser les textes pertinents et décliner les diverses condamnations sollicitées de la juridiction*]
SOUS TOUTES RÉSERVES
BORDEREAU DE PIÈCES

PASSERELLE ENTRE RÉFÉRÉ ET PROCÉDURE AU FOND DEVANT LE TRIBUNAL JUDICIAIRE

32175 La procédure à jour fixe peut également être mise en œuvre lorsque, sur une **assignation en référé,** le président du tribunal judiciaire considère qu'il n'entre pas dans ses pouvoirs de statuer, mais qu'il est nécessaire de soumettre le dossier à la juridiction du fond. Deux **conditions** sont nécessaires (CPC art. 837, al. 1) :
– la demande de l'une des parties ;
– l'urgence.

Si ces conditions sont réunies, le président saisi en référé peut **renvoyer** l'affaire à une audience dont il fixe la date pour qu'il soit statué **au fond.** Il veille à ce que le défendeur dispose d'un temps suffisant pour préparer sa défense. C'est alors l'ordonnance de renvoi vers le juge du fond qui emporte saisine du tribunal.

DÉROULEMENT DE L'AUDIENCE À JOUR FIXE DEVANT LE TRIBUNAL JUDICIAIRE

32180 La suite de la procédure est à mi-chemin entre la procédure écrite et la procédure orale.

Le jour de l'audience, le président s'assure qu'il s'est écoulé un **temps suffisant** depuis l'assignation (ou depuis l'ordonnance rendue par le président initialement saisi en référé et faisant usage de la passerelle) pour que la **partie assignée** ait pu préparer sa **défense** (CPC art. 844, al. 1).

32182 Si **le défendeur a constitué avocat,** l'affaire est plaidée sur-le-champ en l'état où elle se trouve, même en l'absence de conclusions du défendeur ou sur simples conclusions verbales (CPC art. 844, al. 2).

Le cas échéant, le **président** peut **renvoyer à une nouvelle audience** en vue de permettre un ultime échange de conclusions ou une ultime communication de pièces. Il peut également **renvoyer** l'affaire **devant le juge de la mise en état,** ce qui lui fait perdre la nature de procédure à jour fixe (CPC art. 844, al. 3).

À tout moment de la procédure, les parties peuvent donner expressément leur accord pour que **la procédure se déroule sans audience** conformément aux dispositions de l'article L. 212-5-1 du Code de l'organisation judiciaire. Dans ce cas, le président de la chambre organise les échanges

entre les parties. Celles-ci formulent leurs prétentions et leurs moyens par écrit. La communication entre elles est faite par notification entre avocats et il en est justifié auprès du président de la chambre dans les délais qu'il impartit. Il peut faire application des dispositions prévues au cinquième alinéa de l'article 446-2 et à l'article 446-3. Il fixe la date avant laquelle les parties doivent communiquer au greffe leurs prétentions, moyens et pièces. À cette date, le greffe informe les parties de la date à laquelle le jugement sera rendu. Celui-ci est contradictoire (CPC art. 843, al. 4 issu du décret 2020-1452 du 27-11-2020).
Le président de la chambre peut décider d'organiser une audience s'il estime qu'il n'est pas possible de rendre une décision au regard des preuves écrites ou si l'une des parties en fait la demande (CPC art. 843, al. 5 issu du décret 2020-1452 du 27-11-2020).

Si **le défendeur n'a pas constitué avocat,** l'affaire peut être examinée en l'état. Le président peut néanmoins ordonner, si cela lui paraît nécessaire, la réassignation du défendeur (CPC art. 844, al. 4). **32184**

D. Juge unique au tribunal judiciaire

SOLLICITATION DES PARTIES

En **principe,** les affaires plaidées devant le tribunal judiciaire doivent l'être devant la formation collégiale. En **pratique,** les avocats sont invités à faire connaître leur vœu dès l'enrôlement ou au moment où le défendeur constitue avocat, en indiquant par le canal du greffe s'ils acceptent que le dossier soit, le moment venu, attribué à un juge unique, ou s'ils revendiquent la formation collégiale. **32200**

ATTRIBUTION AU JUGE UNIQUE DU TRIBUNAL JUDICIAIRE

L'attribution d'une affaire au juge unique peut être décidée jusqu'à la fixation de la **date** de l'audience. La **répartition** des affaires attribuées au juge unique est faite par le président du tribunal ou par le président de la chambre à laquelle l'affaire a été affectée (CPC art. 812). **32205**
Les **décisions** relatives à l'attribution au juge unique ou au renvoi à la formation collégiale font l'objet d'une simple **mention au dossier** avec **avis aux avocats** constitués, ou aux parties dans les affaires dispensées d'avocat (CPC art. 814).

Toute **demande de renvoi à la formation collégiale** d'une affaire attribuée au juge unique doit, à peine de forclusion, être formulée dans un **délai** de quinze jours de l'avis faisant connaître aux avocats ou aux parties que le dossier est simplement attribué à un juge unique (CPC art. 815, al. 1). **32207**
En revanche, le président du tribunal ou son délégué peut décider à tout moment le renvoi d'une affaire à la formation collégiale (CPC art. 815, al. 2).

INSTRUCTION DE L'AFFAIRE PAR LE JUGE UNIQUE DU TRIBUNAL JUDICIAIRE

Si l'attribution intervient au début de l'instruction du dossier, le **juge unique** exerce les **pouvoirs** conférés au juge de la mise en état et au tribunal (CPC art. 813, al. 1). **32210**
Si l'**affaire** est **ultérieurement renvoyée à la formation collégiale,** son instruction est poursuivie soit par le même juge, mais cette fois-ci en qualité de juge de la mise en état, soit par le juge de la mise en état habituel, selon la décision du président de la chambre (CPC art. 813, al. 2).

SECTION 3

PROCÉDURE ORALE DEVANT LE TRIBUNAL JUDICIAIRE

PRÉSENTATION DE LA PROCÉDURE ORALE DEVANT LE TRIBUNAL JUDICIAIRE

La procédure orale devant le tribunal judiciaire s'applique, pour la plupart, aux litiges anciennement attribués au tribunal d'instance. Comme auparavant, cette procédure se veut plus simple que la procédure écrite. Ainsi, lorsque les parties sont **dispensées de constituer avocat** (n° 31105), la procédure est orale, sous réserve des dispositions particulières propres aux matières concernées (CPC art. 817). **33000**

33002 En matière de procédure orale, la demande en justice devant le tribunal judiciaire peut être formée (CPC art. 818 modifié par décret 2020-1452 du 27-11-2020) :
– par assignation ;
– par requête remise ou adressée conjointement par les parties ;
– par requête unilatérale lorsque le montant de la demande n'excède pas 5 000 €, lorsqu'elle est formée aux fins de tentative préalable de conciliation ou lorsque la loi ou le règlement le prévoit.

A. Procédure orale ordinaire devant le tribunal judiciaire

1. TENTATIVE DE CONCILIATION

CONTEXTE DE LA TENTATIVE DE CONCILIATION DEVANT LE TRIBUNAL JUDICIAIRE

33004 Les textes applicables à la procédure orale devant le tribunal judiciaire organisent une phase de tentative de conciliation dont l'**usage** par les parties est **facultatif** (nos 33010 s.).
Dans **certains cas** toutefois, avant de pouvoir **introduire la demande en justice** et à peine d'**irrecevabilité** de celle-ci, les parties doivent avoir préalablement tenté une résolution amiable du litige en engageant une conciliation menée par un conciliateur de justice ou une médiation, ou encore, une procédure participative, notamment lorsque la demande tend au paiement d'une somme n'excédant pas 5 000 € (CPC art. 750-1 ; nos 31015 s.). Après quelques vicissitudes et une annulation partielle par le Conseil d'État (CE 22-09-2022 nos 436939 et 437002), l'article 750-1 du CPC imposant une tentative préalable obligatoire de règlement amiable a été réintroduit et modifié (Décret 2023-357 du 11-5-2023 art. 1er). L'obligation de tenter préalablement un règlement amiable s'appliquera aux instances introduites à compter du 1er octobre 2023.

a. Introduction de la demande de tentative de conciliation

INTRODUCTION DE LA DEMANDE DE CONCILIATION AU TRIBUNAL JUDICIAIRE

33010 La demande en justice peut être formée aux fins de tentative préalable de conciliation hors les cas dans lesquels la tentative de conciliation préalable à l'action en justice est prévue (n° 31015) (CPC art. 820, al. 1 modifié par décret 2021-1322 du 11-10-2021). La demande aux fins de tentative préalable de conciliation doit être formée par **requête** faite, remise ou adressée au greffe (CPC art. 820, al. 2 modifié par décret 2021-1322 du 11-10-21).
En l'absence de disposition contraire, la requête doit, comme toute requête, comporter les mentions prévues par l'article 57 du CPC (n° 31080).

> **Précisions** Si la requête a pour seul objet une tentative de conciliation, exiger que l'on y mentionne les diligences en vue d'une résolution amiable du litige (mention en principe exigée pour toutes les requêtes) priverait le dispositif de cohérence puisqu'elle est justement l'expression première de cette diligence avant de nouer le contentieux. Il nous semble préférable que les praticiens procèdent par la voie de cette requête dans les « petits litiges ».

EFFETS DE LA DEMANDE DE CONCILIATION AU TRIBUNAL JUDICIAIRE

33012 La prescription et les délais pour agir sont interrompus par l'enregistrement par le greffe de la demande de tentative préalable de conciliation (CPC art. 820, al. 2).

b. Conciliation au tribunal judiciaire déléguée à un conciliateur de justice

DÉSIGNATION D'UN CONCILIATEUR AU TRIBUNAL JUDICIAIRE

33020 Le juge peut déléguer à un conciliateur de justice la tentative préalable de conciliation (CPC art. 821, al. 1). Il avise de sa décision le demandeur par tous moyens (CPC art. 822, al. 1).
Le greffier avise alors par tous moyens le défendeur de la décision du juge. L'avis précise les nom, prénoms, profession et adresse du demandeur et l'objet de la demande (CPC art. 821, al. 2).

33022 Le juge doit fixer la **durée** de sa **mission**, laquelle ne peut pas excéder trois mois, renouvelables une seule fois sur demande du conciliateur (CPC art. 129-2).
Le juge doit également fixer la **date** à laquelle l'affaire sera rappelée à l'**audience**, pour que l'accord des parties soit constaté ou que le litige soit tranché (CPC art. 129-2).

La personne désignée doit figurer sur la **liste** des conciliateurs de justice du ressort de la juridiction saisie (Décret 78-381 du 20-3-1978 art. 3).
La décision par laquelle le juge ordonne, renouvelle ou met fin à la conciliation est une mesure d'administration judiciaire (CPC art. 129-6), qui peut faire l'objet d'une simple mention au dossier ou au procès-verbal d'audience et qui n'est pas susceptible de recours.

DÉROULEMENT DE LA CONCILIATION PAR UN CONCILIATEUR AU TRIBUNAL JUDICIAIRE

Les **pouvoirs** exercés par le **conciliateur** au cours de sa mission sont définis par les dispositions **33025**
communes applicables à la conciliation devant toutes les juridictions (CPC art. 129-3 et art. 129-4), et par les textes régissant la procédure de conciliation préalable devant le tribunal judiciaire (CPC art. 822).
Le conciliateur doit convoquer les parties aux jour, heure et lieu qu'il doit déterminer (CPC art. 129-3, al. 1). En règle générale, il dispose à cet effet d'un bureau dans les locaux de la juridiction de rattachement. Le conciliateur se voit reconnaître certains pouvoirs – limités – d'investigation : il peut se rendre sur les lieux, s'il l'estime utile, et entendre tout tiers dont l'audition lui paraît utile, mais avec l'accord de ce dernier (CPC art. 129-4).
Les **parties** doivent **comparaître** en personne, mais peuvent se faire assister par toute personne ayant qualité pour le faire devant le tribunal judiciaire lorsque la représentation par avocat n'est pas obligatoire (CPC art. 129-3, al. 2 et art. 762). La liste de ces personnes figure au n° 31109.
Le conciliateur dispose du pouvoir de demander au juge un **renouvellement** de sa **mission,** sans que l'accord des parties ne soit requis (CPC art. 822, al. 2).
Le conciliateur tient le juge informé des difficultés qu'il rencontre dans l'accomplissement de sa mission, ainsi que de la réussite ou de l'échec de cette mission (CPC art. 129-5, al. 1 et art. 822, al. 3).
De façon générale, le conciliateur peut tenter de rapprocher les parties, mais ne dispose d'aucun pouvoir de coercition. Par nature, la conciliation est le fait des parties et d'elles seules.

La **réussite** de la conciliation se concrétise par un **constat d'accord** établi par le conciliateur et **33027**
signé par les parties (CPC art. 130).
La conciliation peut être totale ou seulement partielle.
Dans les deux cas, le constat d'accord peut faire l'objet d'une **homologation** par le juge. La demande d'homologation peut être faite par les parties, ou par la plus diligente d'entre elles, directement auprès du juge. Celui-ci statue sur la requête qui lui est présentée sans débat à moins qu'il n'estime nécessaire d'entendre les parties à l'audience (CPC art. 131, al. 2). La demande d'homologation du constat peut également être transmise au juge par le conciliateur (CPC art. 824).
L'homologation, qui relève de la matière gracieuse (CPC art. 131, al. 2) donne **force exécutoire** au constat et permet au créancier de recourir en cas de besoin aux voies d'exécution (Loi 95-125 du 8-2-1995 art. 21-5). En revanche, le procès-verbal de conciliation n'a pas **autorité de chose jugée** puisqu'il ne s'agit pas d'un jugement qui tranche un litige au sens de l'article 480 du CPC ; en cas d'inexécution, le créancier peut donc saisir le juge d'une nouvelle demande.

> **Précisions a.** Jugé, à propos d'une médiation ordonnée en cours d'instance prud'homale (mais la solution est transposable), que le juge n'est pas tenu d'homologuer l'accord qui lui est soumis par les parties mais doit vérifier qu'il préserve les droits de chacune d'elles (Cass. soc. 18-7-2001 n° 99-45.534 : RJS 11/01 n° 1325).
> **b.** Pour favoriser une conciliation sereine et garantir la **confidentialité** des échanges, les constatations du conciliateur et les déclarations qu'il recueille ne peuvent être ni produites ni invoquées dans la suite de la procédure sans l'accord des parties ni, en tout état de cause, dans une autre instance (CPC art. 129-4, al. 2).

c. Conciliation menée par le juge du tribunal judiciaire

Le juge peut procéder lui-même à la tentative de conciliation préalable, s'il l'estime plus oppor- **33030**
tun qu'une délégation consentie à un conciliateur.
Le régime juridique de la conciliation préalable, lorsqu'elle est exercée par le juge, est beaucoup plus succinct que lorsqu'elle est confiée à un conciliateur.
Les textes prévoient seulement la transmission au demandeur d'un **avis** lui indiquant les lieu, jour et heure auxquels se déroulera la conciliation, et au défendeur d'une **convocation** par lettre simple mentionnant les nom, prénoms, profession et adresse du demandeur ainsi que l'objet de la demande (CPC art. 825, al. 1 et 2).
L'avis et la convocation doivent préciser que les parties peuvent se faire assister (CPC art. 825, al. 3), leur **comparution** personnelle étant nécessaire.

Le laconisme du régime de la conciliation préalable menée par le **juge** laisse à ce dernier une grande **liberté** dans la conduite de la procédure. Il peut à son choix entendre les parties séparément ou les réunir ; il maîtrise également la durée de la procédure. Le juge peut encore dispenser le greffier d'assister à la conciliation, excepté bien sûr pour établir le procès-verbal de conciliation en cas de réussite partielle ou totale. Les règles communes applicables à la conciliation devant toutes les juridictions confirment d'ailleurs que le juge fixe librement le lieu, le moment et les modalités de la conciliation (CPC art. 129).

33032 La **réussite** de la mission n'est pas envisagée par les dispositions propres au tribunal judiciaire. Il faut alors se référer aux dispositions générales applicables à la conciliation, suivant lesquelles la teneur de l'accord, même partiel, est constatée dans un **procès-verbal** signé par le juge, les parties (CPC art. 130), ainsi que le greffier (C. org. jud. art. R 123-13), et dont les extraits valent titre exécutoire (CPC art. 131 et C. exécution art. L 111-3, 3°).

d. Échec de la conciliation au tribunal judiciaire

33040 En cas de conciliation menée par un conciliateur de justice, le **juge** peut à tout moment mettre fin à la mission de ce dernier, sur sa demande ou sur celle d'une partie, ou même d'office si le bon déroulement de la conciliation lui apparaît compromis. Dans ce cas, la décision du juge est notifiée aux parties par le greffe (CPC art. 129-5, al. 2).

L'échec de la conciliation peut également être constaté par le conciliateur lui-même, qui doit en informer le juge en précisant la date de la réunion à l'issue de laquelle il a constaté cet échec (CPC art. 822, al. 3).

Cette précision quant à la **date de l'échec** est importante : elle constitue le point de départ à partir duquel un nouveau délai de prescription recommencera à courir, après l'interruption due à l'introduction de la demande (C. civ. art. 2242).

Le demandeur peut alors saisir la juridiction aux fins de jugement de ses prétentions initiales (voir n° 33042), ce dont il doit avoir été informé par avis adressé par le greffe (CPC art. 823, al. 2).

33042 En cas d'échec total ou partiel de la tentative préalable de conciliation, le demandeur peut **saisir** la juridiction **aux fins de jugement** de tout ou partie de ses prétentions initiales (CPC art. 826, al. 1).

La **juridiction** est **saisie** dans les conditions du droit commun, c'est-à-dire par voie d'assignation ou par requête conjointe (CPC art. 818 sur renvoi de l'art. 826, al. 2 ; sur ces modalités, voir n°s 33002 s.). Lorsqu'il apparaît à la juridiction qu'elle n'est pas compétente, elle peut aussi renvoyer le demandeur à mieux se pourvoir.

2. PROCÉDURE AUX FINS DE JUGEMENT

a. Conciliation en cours d'instance en procédure orale au tribunal judiciaire

OFFICE DU JUGE POUR LA CONCILIATION EN PROCÉDURE ORALE AU TRIBUNAL JUDICIAIRE

33050 Lorsque la conciliation n'a pas été tentée avant l'introduction de l'instance, dans les cas où elle ne devait pas être obligatoirement tentée (n°s 31015 s.), elle peut être **proposée aux parties après la saisine du juge.** En effet, le juge saisi de la demande doit s'efforcer de concilier les parties, si une tentative de conciliation n'a pas déjà été vainement entreprise (CPC art. 827, al. 1).

Ce n'est qu'à défaut de conciliation constatée à l'audience que l'affaire pourra être jugée (CPC art. 830). Mais si le juge se voit ainsi reconnaître le pouvoir de proposer aux parties, d'office, un recours à la conciliation ou à la médiation, ce pouvoir s'arrête là, aucune conciliation ne pouvant aboutir sans le bon vouloir des parties (P. Hoonakker : Droit et pratique de la procédure civile, Dalloz 2014-2015 n° 332.11). Le juge ne peut qu'inciter les parties à accepter la tentative de conciliation et les inviter à **rencontrer un conciliateur** qu'il désigne à cet effet, chargé de les informer sur l'objet et le déroulement de la mesure de conciliation (CPC art. 827, al. 2).

ATTENTION

En outre, en tout état de toute procédure, y compris en référé, lorsqu'il estime qu'une résolution amiable du litige est possible, le **juge** peut, s'il **n'a pas recueilli l'accord des parties,** leur **enjoindre de rencontrer un médiateur** qu'il désigne. Ce médiateur doit informer les parties sur l'objet et le déroulement d'une mesure de médiation (Loi 95-125 du 8-2-1995 art. 22-1).

ORGANISATION DE LA CONCILIATION EN COURS D'INSTANCE EN PROCÉDURE ORALE AU TRIBUNAL JUDICIAIRE

Une fois la juridiction saisie, le **juge** peut concilier les parties lui-même ou les inviter à rencontrer un **conciliateur.** Cette invitation peut être faite « à tout moment de la procédure » (CPC art. 827, al. 2) et peut en pratique avoir lieu suivant trois **modalités** : 33055
– l'invitation à rencontrer le conciliateur peut être faite à l'audience : lorsque les parties comparaissent devant lui, le juge peut leur assigner un rendez-vous avec le conciliateur, pour une date ultérieure. L'avis donné aux parties doit indiquer non seulement le nom du conciliateur ainsi que la date et le lieu de la conciliation, mais encore la date de l'audience à laquelle l'affaire sera de nouveau examinée par le juge, soit pour constater la réussite de la conciliation, soit pour trancher le litige en cas d'échec (CPC art. 827, al. 2 ; Circ. du 24-1-2011 relative à la présentation du décret du 1-10-2010, § 3.1.2.2 : BOMJL 2011/2 du 28-2-2011) ;
– lorsque des conciliateurs sont présents à l'audience, la conciliation peut alors être tentée sur-le-champ ;
– l'invitation peut être formulée dès avant la première audience : c'est la pratique dite de « la double convocation ». La convocation des parties à la première audience se double d'une invitation à rencontrer le conciliateur, à une date antérieure. À l'audience postérieure, le juge pourra, selon le cas, constater la conciliation ou trancher le litige (CPC art. 827, al. 2).

Que la conciliation intégrée à l'instance soit le fait du juge ou celui d'un conciliateur délégué, elle se déroule de la même manière que la conciliation préalable (n°s 33010 s.), suivant les règles générales sur la conciliation (n°s 55350 s.). 33057
La réussite totale ou partielle de la conciliation fait l'objet, en fonction de l'identité du conciliateur, soit d'un constat d'accord signé du conciliateur et des parties, puis soumis à homologation, soit d'un procès-verbal signé du juge et des parties.

À défaut de conciliation, l'**affaire** est immédiatement **jugée ou renvoyée** à une audience ultérieure, si elle n'est pas en état de l'être. Dans ce cas, le greffier avise par tous moyens les parties qui ne l'auraient pas été verbalement de la date de l'audience (CPC art. 830). 33059

> **Précisions** C'est le **greffier** et lui seul qui avertit valablement les parties de la date d'audience, peu important que l'une des parties ait informé l'autre de cette date (Cass. 2e civ. 8-2-2007 n° 06-10.636 : Bull. civ. II n° 26, Procédures 2007 comm. 108 obs. R. Perrot). Doit être cassé le jugement réputé contradictoire à l'encontre d'une partie, s'il ne résulte ni du jugement ni des productions qu'elle a été avisée par le secrétaire greffier de la date de l'audience (Cass. 2e civ. 14-3-1984 n° 82-14.176 : Bull. civ. II n° 51 ; RTD civ. 1984 p. 564 obs. R. Perrot). L'avis donné par le greffier est valablement adressé aux parties seules, même lorsqu'elles sont représentées par un avocat, aucun texte n'imposant au greffe d'informer l'avocat, lorsqu'il résulte des pièces de la procédure que son client a bien été avisé par le greffe de la date d'audience (Cass. 3e civ. 1-2-2018 n° 16-27.204 F-PB, décision rendue au sujet d'une instance devant la juridiction de proximité mais transposable au tribunal judiciaire).

b. Organisation des débats en procédure orale au tribunal judiciaire

CONTEXTE DE L'ORGANISATION DES DÉBATS EN PROCÉDURE ORALE AU TRIBUNAL JUDICIAIRE

Le décret 2010-1165 du 1er octobre 2010 relatif à la procédure orale en matière civile a modifié l'application du principe de l'oralité des débats, dans le but avoué de garantir une meilleure **prise en compte de l'écrit,** qui est toutefois optionnelle. Les auteurs de ce décret ont voulu conserver l'ancien système de l'oralité tel qu'il existait avant la réforme, tout en imaginant un nouveau système écrit inspiré de la procédure suivie devant le TGI, devenue, depuis le 1er janvier 2020, la procédure écrite devant le tribunal judiciaire. 33070
Le décret 2017-892 du 6 mai 2017 pris en application de la loi de modernisation de la justice du XXIe siècle a complété ce dispositif.
Enfin, le décret 2019-1333 du 11 décembre 2019 réformant la procédure civile a introduit devant le tribunal judiciaire une procédure sans audience, applicable non seulement lorsque la procédure est écrite, mais aussi quand elle est orale. Dans ce dernier cas, l'instruction suit les règles introduites par le décret du 1er octobre 2010, sous réserve de quelques aménagements.
Désormais, deux régimes coexistent : le traditionnel, purement oral, et le nouveau, qui sont présentés ici.

PRÉSENTATION DES PRÉTENTIONS EN PROCÉDURE ORALE AU TRIBUNAL JUDICIAIRE

33072 Le principe de la procédure orale et ses conséquences figurent dans une partie commune du CPC (CPC art. 446-1 s.). D'autres dispositions spécifiques à la procédure orale devant le tribunal judiciaire figurent aux articles 817 à 833 du CPC.
Les prétentions respectives des parties sont formulées à l'**audience** et celles-ci doivent comparaître personnellement ou se faire représenter pour pouvoir soutenir leurs prétentions. Les parties peuvent également se référer aux prétentions et **moyens** qu'elles auraient **formulés par écrit.** Leurs **observations** sont alors notées au dossier ou **consignées** dans un procès-verbal (CPC art. 446-1, al. 1).
Dans ce système traditionnel, les conclusions écrites ne sont pas obligatoires. Les moyens de fait et de droit peuvent être formulés à l'audience, par voie d'observations verbales à la barre. Il en est de même des demandes incidentes (demande additionnelle, demande reconventionnelle, intervention d'un tiers), sauf en cas de défaillance de l'adversaire ou de mise en cause d'un tiers : il faut alors utiliser les formes prescrites pour l'introduction de l'instance.

33074 Deux conditions sont posées pour que les **conclusions écrites** soient **prises en compte** dans le cadre du régime traditionnel de l'oralité.
En premier lieu, la partie qui souhaite s'en prévaloir doit **comparaître** ou se faire **représenter** à l'audience. Sont irrecevables les conclusions écrites adressées au juge par une partie qui ne comparaît ni n'est représentée (Cass. 2e civ 12-2-2004 n° 02-15.108 : Bull. civ. II n° 63, Procédures 2004 comm. 97 note R. Perrot ; Cass. 2e civ. 17-10-2013 n° 12-26.046 : Bull. civ. II n° 204).
Ne viole pas l'article 6 § 1 de la convention européenne des droits de l'Homme le juge qui déclare irrecevables les observations écrites qu'une partie a adressées par courrier, à défaut de comparution ou de représentation (Cass. 2e civ. 23-9-2004 n° 02-20.497 : Bull. civ. II n° 414).
En second lieu, la partie doit **indiquer à l'audience** qu'elle entend se référer aux conclusions écrites, éventuellement sous le bénéfice d'observations orales supplémentaires. En l'absence de formalisme particulier pour se référer aux écritures, un tribunal ne peut pas rejeter toutes les demandes présentées par écrit par la partie qui était présente ou représentée, au motif que ces demandes n'ont pas été soutenues oralement, tout en constatant que les parties avaient déposé à l'audience des dossiers contenant leurs écritures respectives (Cass. 2e civ. 1-7-2021 n° 20-12.303 F-PB).

33076 **Preuve de la formulation des moyens** Il se peut que la juridiction omette de répondre à l'un des chefs de demande ou à l'un des moyens soulevés par les parties, ce qui justifie en principe, suivant le cas, l'introduction d'une requête en **omission de statuer** ou la cassation pour **défaut de réponse à conclusions** (CPC art. 455). Mais les prétentions et moyens étant formulés verbalement, se pose un problème de preuve : comment établir que les demandes ou moyens prétendument omis ont effectivement été formulés ? Il ne saurait en effet être reproché au tribunal de n'avoir pas répondu à des moyens ou conclusions, dès lors qu'il n'est pas établi que le tribunal ait été saisi des conclusions alléguées (Cass. 1e civ. 22-10-1974 n° 73-14.142 : Bull. civ. I n° 273, RTD civ. 1975 p. 594 obs. R. Perrot ; Cass. 1e civ. 11-10-1978 n° 77-11.089 : Bull. civ. I n° 300).
C'est donc à celui qui le soutient de rapporter par tous moyens la preuve qu'un moyen omis a été soulevé dans une procédure orale (Cass. com. 2-3-1999 n° 97-10.503 : RJDA 4/99 n° 408). Lorsque les conclusions ont été uniquement formulées à l'oral, cette preuve est difficile à rapporter.

CONSEIL

Le meilleur moyen de se préconstituer une preuve de la formulation d'un moyen consiste sans doute à **indiquer à la barre** que l'on reprend les conclusions écrites antérieurement déposées, et à **s'assurer que mention est faite** de cette reprise au procès-verbal d'audience.

33078 **Respect du contradictoire** Le principe du contradictoire s'applique pleinement au cours des procédures orales. Si l'oralité permet aux parties de formuler des prétentions et des moyens le jour même de l'audience, et interdit au juge de les déclarer irrecevables comme tardifs, le respect du contradictoire commande à ce dernier d'ordonner le renvoi si nécessaire (Cass. 2e civ. 27-1-1993 n° 91-15.950 : Bull. civ. II n° 41 ; Cass. 2e civ. 19-3-2015 n° 14-15.740 : Bull. civ. II n° 71).
Mais la jurisprudence a posé une **présomption** de respect du contradictoire, suivant laquelle les moyens et les pièces retenus par le jugement sont présumés avoir été débattus contradictoirement devant le juge (Cass. 2e civ. 11-1-2006 n° 04-04.170 : Bull civ. II n° 9 ; Cass. soc. 16-2-1977 n° 75-14.740 : Bull. civ. V n° 126, RTD civ. 1977 p. 825 obs. R. Perrot), si bien qu'aucun grief ne peut être adressé au juge qui s'est fondé sur un moyen soulevé d'office ou présenté à l'oral le jour même de l'audience.

DISPENSE DE COMPARUTION À L'AUDIENCE EN PROCÉDURE ORALE AU TRIBUNAL JUDICIAIRE

Dispense de comparution à une audience ultérieure Lorsqu'une disposition particulière le prévoit, le juge peut dispenser une **partie qui en fait la demande** de se présenter à une audience ultérieure (CPC art. 446-1). Dans ce cas, et dans celui où les parties ont consenti à la procédure sans audience (n° 33090), le juge organise les échanges entre les parties. La communication entre elles est faite par lettre recommandée avec demande d'avis de réception ou par notification entre avocats et il en est justifié auprès du juge dans les délais qu'il impartit. À l'issue des échanges écrits, le greffe informe les parties de la date à laquelle le jugement sera rendu (CPC art. 831 modifié par décret 2020-1452 du 27-11-2020). **33080**

Cette dispense n'affranchit cependant pas la partie concernée de toute comparution ou représentation. En effet, il faut au moins qu'elle soit présente ou représentée à la première audience, pour pouvoir demander au juge l'autorisation de procéder par écrit (en ce sens, D. Cholet, La réforme de la procédure devant le tribunal de commerce : JCP E 2010, act. n° 558. Les réflexions de l'auteur à propos du tribunal de commerce sont transposables au tribunal d'instance). La partie ainsi dispensée d'audience est autorisée à **formuler ses prétentions et moyens par écrit.** Le jugement rendu dans ces conditions est contradictoire. Néanmoins, le juge a toujours la faculté d'ordonner que cette partie se présente devant lui (CPC art. 446-1, al. 2 sur renvoi de l'art. 831).

Dispense de comparution en cas de demande de délai de paiement Lorsque la demande portée devant la juridiction tend au paiement d'une somme d'argent, la **demande incidente** du défendeur tendant à se voir accorder un délai de paiement (C. civ. art. 1343-5) n'a pas à être soutenue à l'audience, et peut être faite **par courrier** remis ou adressé au greffe, puis transmis à l'adversaire, soit à l'audience, soit par lettre recommandée avec accusé de réception (CPC art. 832, al. 1). **33082**

Dans ce cas, le défendeur, auteur de la demande tendant à l'obtention d'un délai, n'est pas tenu de se présenter, ni à la première audience ni aux audiences suivantes. Simplement, et pour préserver les droits du défendeur, le juge ne peut faire droit à la demande en paiement que s'il l'estime régulière, recevable et bien fondée (CPC art. 832, al. 2).

Cette faculté facilite le traitement des nombreuses demandes en paiement (loyers, charges de copropriété, etc.), dans lesquelles le débiteur ne conteste pas sa dette mais demande des délais, sans pour autant sacrifier ses intérêts puisque le juge ne pourra faire droit aux prétentions de son adversaire qu'après en avoir examiné les mérites. C'est dire que la demande tendant à l'obtention d'un délai de paiement ne vaudra pas acquiescement à la demande adverse en paiement.

La dispense de comparution ne s'applique qu'à la demande incidente tendant à l'obtention d'un délai de paiement. Les **autres demandes reconventionnelles** qui figureraient éventuellement dans ce courrier ne devraient pas saisir la juridiction. Telle est l'opinion formulée par les auteurs du décret (Circ. du 24-1-2011 relative à la présentation du décret du 1-10-2010, § 3.1.2.2 : BOMJL 2011/2 du 28-2-2011).

INSTRUCTION DE L'AFFAIRE EN PROCÉDURE ORALE AU TRIBUNAL JUDICIAIRE

Renvois successifs Sauf accord du juge ou des parties pour une procédure écrite (n°s 33070 s.), il n'y a en **principe** pas de mise en état au sens propre dans la procédure orale devant le tribunal judiciaire. L'instruction du dossier se fait au fil des audiences, sans que soit observé un calendrier de procédure. En théorie, l'affaire pourrait donc être jugée dès la première audience suivant l'échec de la conciliation (CPC art. 830). **33084**

En **pratique,** il est rarissime qu'il en soit de la sorte, soit parce que les parties n'ont pas apporté ou échangé tous les documents nécessaires, soit parce que les avocats n'ont pas eu le temps de préparer le dossier. Le juge renvoie donc le dossier à une audience ultérieure, dont il lui appartient de fixer la date, le temps que les parties procèdent aux échanges de pièces et de conclusions qui s'imposent pour la bonne instruction du litige.

En outre, le juge peut concourir à l'instruction de l'affaire et dispose pour ce faire des pouvoirs qui lui sont reconnus par les dispositions générales du Code relativement à l'obtention et à la production de pièces (CPC art. 138 à 142), ainsi qu'aux mesures d'instruction (CPC art. 143 à 284-1).

Mise en état Lorsque les débats sont renvoyés à une audience ultérieure, le juge peut organiser les échanges entre les parties comparantes. Après avoir recueilli leur avis, le juge peut ainsi fixer les **délais** et, si elles en sont d'accord, les **conditions de communication** de leurs prétentions, moyens et pièces (CPC art. 446-2, al. 1). **33086**

Le juge peut ainsi adopter un véritable **calendrier de procédure** et proposer la **communication** des prétentions et moyens **par écrit.**

Lorsque toutes les **parties** comparantes formulent leurs prétentions et moyens par écrit et sont **assistées ou représentées par un avocat,** les conclusions doivent formuler expressément les prétentions ainsi que les moyens en fait et en droit sur lesquels chacune de ces prétentions est fondée avec indication pour chaque prétention des pièces invoquées et de leur numérotation. Un bordereau énumérant les pièces justifiant ces prétentions doit être annexé aux conclusions. Les conclusions doivent comprendre distinctement un exposé des faits et de la procédure, une discussion des prétentions et des moyens ainsi qu'un dispositif récapitulant les prétentions. Les moyens qui n'auraient pas été formulés dans les écritures précédentes doivent être présentés de manière formellement distincte. Le juge ne statue que sur les prétentions énoncées au dispositif et n'examine les moyens au soutien de ces prétentions que s'ils sont invoqués dans la discussion. Les parties doivent reprendre dans leurs dernières conclusions les prétentions et moyens présentés ou invoqués dans leurs conclusions antérieures. À défaut, elles sont réputées les avoir abandonnés et le juge ne statue que sur les dernières conclusions déposées (CPC art. 446-2, al. 2).
Lorsque les **parties** formulent leurs prétentions et moyens par écrit et qu'elles ne sont **pas assistées ou représentées par un avocat,** le juge peut, avec leur accord, prévoir qu'elles seront réputées avoir abandonné les prétentions et moyens non repris dans leurs dernières écritures communiquées (CPC art. 446-2, al. 3). Ces dernières écritures sont en pratique appelées « **conclusions récapitulatives** ».

33088 Que les parties soient ou non assistées ou représentées par un avocat, **à défaut** pour elles **de respecter les modalités de communication** fixées par le juge, celui-ci peut rappeler l'affaire à l'audience, en vue de la juger ou de la radier (CPC art. 446-2, al. 4).
Le juge peut aussi écarter des débats les prétentions, moyens et pièces communiqués sans motif légitime après la date fixée pour les échanges et dont la tardiveté porte atteinte aux droits de la défense (CPC art. 446-2, al. 5).
Le **juge** a le **pouvoir** d'inviter les parties à lui fournir les explications et les pièces qu'il estime nécessaires à la solution du litige (CPC art. 446-3, al. 1).
Les **parties** sont **avisées** par tout moyen de la demande du juge lorsque la procédure orale a fait l'objet d'une mise en état par échanges d'écritures (CPC art. 446-3, al. 2 modifié par décret 2020-1452 du 27-11-2020).
Sur la faculté d'organiser une instruction de l'affaire par une convention de procédure participative, voir n°s 55770 s.

c. La procédure orale sans audience au tribunal judiciaire

33090 À tout moment de la procédure, les parties peuvent consentir à ce que la procédure se déroule sans audience (CPC art. 828, al. 1 modifié par décret 2020-1452 du 27-11-2020).
En effet, devant le tribunal judiciaire, la procédure peut, à l'initiative des parties lorsqu'elles en sont expressément d'accord, se dérouler sans audience (C. org. jud. art. L 212-5-1).
Dans ce cas, les parties doivent formuler leurs **prétentions et** leurs **moyens par écrit,** et les échanger par notification entre avocats ou par lettre recommandée AR quand elles ne sont pas représentées par un avocat. Le juge fixe la date avant laquelle les écritures et pièces doivent être communiquées au greffe, et à cette date, le greffe informe les parties de la date du délibéré. Le jugement est contradictoire (CPC art. 828, al. 2 modifié par décret 2020-1452).
Toutefois, le tribunal peut décider de tenir une audience s'il estime qu'il n'est pas possible de rendre une décision au regard des preuves écrites ou si l'une des parties en fait la demande (CPC art. 828, al. 2 et 3).

33092 La procédure sans audience se rapproche de la procédure sur **dispense de comparution à une audience ultérieure** (n° 33080), à trois **différences** près. D'abord, la procédure sans audience fait l'objet d'un accord des parties, tandis que la procédure sur dispense de comparution est demandée par une partie et donne lieu à un accord, non des parties, mais du juge.
Autre différence, la procédure sans audience peut être demandée dès l'acte introductif d'instance, et non plus seulement en cours d'instance. S'il est accepté d'emblée par le défendeur, le recours à la procédure sans audience peut donc être consacré sans même qu'une première comparution ne soit nécessaire, contrairement à ce qui prévaut dans le cadre de la procédure sur dispense de comparution.
Enfin, c'est la troisième différence, le recours à la procédure sans audience est encadré par un certain **formalisme,** destiné à sécuriser l'accord des parties. Lorsqu'elle est formulée en cours d'instance, la déclaration par laquelle les parties consentent au déroulement de la procédure sans audience doit ainsi être remise ou adressée au greffe et doit comporter, à peine de nullité (CPC art. 829, al. 1) :
– pour les personnes physiques : l'indication de leurs nom, prénoms, profession, domicile, nationalité, date et lieu de naissance ;

– pour les personnes morales : l'indication de leur forme, leur dénomination, leur siège social et de l'organe qui les représente légalement.
La déclaration doit être écrite, datée et signée de la main de son auteur. Celui-ci doit lui annexer, en original ou en photocopie, tout document officiel justifiant de son identité et comportant sa signature (CPC art. 829, al. 2).

B. Ordonnance de référé devant le tribunal judiciaire

CARACTÉRISTIQUES DE L'ORDONNANCE DE RÉFÉRÉ AU TRIBUNAL JUDICIAIRE

L'ordonnance de référé est une **décision provisoire** rendue à la demande d'une partie, l'autre présente ou appelée, dans les cas où la loi confère à un juge qui n'est pas saisi du principal le pouvoir d'ordonner immédiatement les mesures nécessaires (CPC art. 484). **33200**
Elle n'a pas, au principal, l'autorité de chose jugée (CPC art. 488).
Elle est **exécutoire** de plein droit (CPC art. 514 et 514-1).
En cas de nécessité, le juge peut ordonner que l'exécution de l'ordonnance de référé aura lieu au seul vu de la minute (CPC art. 489).

1. CAS D'APPLICATION DU RÉFÉRÉ

a. Mesure d'instruction ordonnée en référé

S'il existe un motif légitime de conserver ou d'établir **avant tout procès** la **preuve de faits** dont pourrait dépendre la solution d'un litige, les mesures d'instruction légalement admissibles peuvent être ordonnées à la demande de tout intéressé, sur requête ou en référé (CPC art. 145). Les conditions de cette procédure sont exposées aux n°s 13415 s. **33205**

MODÈLE

ASSIGNATION EN RÉFÉRÉ DEVANT LE TRIBUNAL JUDICIAIRE DE... **33207**

L'an deux mille... et le
À la demande de : Monsieur X (*état civil, profession, adresse*)
Ayant pour avocat Maître Z du barreau de... (*sur le domaine de la constitution d'avocat, voir* n° 33310)
À : Monsieur W demeurant à... (*adresse*)
TRÈS IMPORTANT
Cette affaire est inscrite à l'audience des référés qui se tiendra le (*date et heure*) au tribunal judiciaire de... (*adresse complète ; mentionner le lieu avec précision lorsqu'il y a plusieurs sites*).
Vous êtes tenu, soit de vous présenter personnellement à cette audience, seul ou assisté d'un avocat, soit de vous y faire représenter par un avocat [Sur la représentation par avocat voir n° 33310].
Si vous ne le faites pas, vous vous exposez à ce qu'une décision soit rendue par M. le Président du tribunal, sur les seuls éléments qui lui seront fournis.
OBJET DE LA DEMANDE
[*Articuler en fait et en droit les prétentions du demandeur*]
PAR CES MOTIFS
PLAISE À M. LE JUGE DES RÉFÉRÉS
[*Viser le document confirmant les diligences amiables antérieures : par exemple une correspondance sollicitant l'intervention d'un centre de médiation et d'expertise ou l'intervention d'une compagnie d'assurance.*]
Vu l'article 145 du Code de procédure civile,
Désigner tel expert qu'il plaira à M. le Président avec pour mission [à définir et compléter]
Ordonner le montant de la consignation à valoir sur les frais d'expertise ;
Statuer ce que de droit sur les dépens.
SOUS TOUTES RÉSERVES
BORDEREAU DE PIÈCES
(*Suivent les mentions de délivrance de l'acte par l'huissier ou commissaire de justice*).

b. Référé fondé sur l'urgence

ABSENCE DE CONTESTATION SÉRIEUSE OU DIFFÉREND JUSTIFIANT UN RÉFÉRÉ

33220 Dans tous les cas d'urgence, le président du tribunal judiciaire ou le juge des contentieux de la protection dans la limite de ses compétences peut ordonner en référé toutes mesures qui ne se heurtent à aucune contestation sérieuse ou que justifie l'existence d'un différend (CPC art. 834 modifié par décret 2020-1452 du 27-11-2020). Les **conditions** d'absence de contestation sérieuse ou d'existence d'un différend sont **alternatives**.
Les pouvoirs du président du tribunal judiciaire prévus à cet article s'étendent à toutes les matières où il n'existe pas de procédure particulière de référé (CPC art. 836).
L'appréciation de la nécessité de la mesure sollicitée relève du **pouvoir souverain** du juge des référés (Cass. 1e civ. 31-3-1981 n° 80-12.186 : Bull. civ. I n° 113 ; Cass. 1e civ. 30-5-2000 n° 98-22.883).

33222 **Urgence** L'urgence est caractérisée lorsqu'un retard dans la décision serait de nature à compromettre les intérêts du demandeur. À défaut de mesures immédiates, la situation dénoncée conduirait à un préjudice irrémédiable. Ainsi, par **exemple**, la paralysie des organes de gestion d'une société (Cass. com. 17-10-1989 n° 87-19.369 : Bull. civ. IV n° 250), voire la dissolution de celle-ci (Cass. com. 26-4-1982 n° 81-10.514 : Bull. civ. IV n° 136), à défaut de nomination d'un administrateur provisoire.

33224 **Contestation sérieuse** Une contestation est sérieuse lorsque subsiste une incertitude sur le sens d'une décision que pourrait éventuellement rendre le juge du fond. La contestation peut porter sur des **éléments de fait ou de preuve,** ou se focaliser sur une **discussion juridique,** encore qu'il appartienne au juge des référés d'appliquer la loi même si elle requiert une interprétation.
L'**existence** d'une contestation sérieuse s'apprécie à la **date** de la décision du juge des référés (Cass. 3e civ. 22-2-1983 n° 81-11.440 : Bull. civ. III n° 53). Elle est soumise au contrôle de la Cour de cassation (Cass. 3e civ. 2-4-2003 n° 01-14.774 : RJDA 7/03 n° 794). Le moyen tiré de l'existence d'une contestation sérieuse ne constitue pas une exception de procédure mais un moyen de nature à faire obstacle aux pouvoirs du juge des référés et n'a pas à être présenté avant toute défense au fond (Cass. 3e civ. 30-3-2017 n° 16-10.366 F-PB).

EXEMPLE

Il a été jugé que ne soulevait aucune contestation sérieuse :
– l'expulsion d'un preneur en application d'une clause résolutoire dont la mise en jeu était acquise (Cass. 3e civ. 2-4-2003 n° 01-14.774 : Bull. civ. III n° 78) ;
– la restitution à un actionnaire de sommes versées à titre de souscription à une augmentation de capital qui n'avait pas abouti (CA Paris 17-1-2003 n° 02-13154 : RJDA 7/03 n° 729) ;
– la demande d'une banque, qui a égaré des chèques, de communication par le bénéficiaire des coordonnées du tireur (Cass. com. 8-7-2003 n° 01-12.645 : RJDA 1/04 n° 113) ;
– la demande de l'acquéreur immobilier tendant au remboursement des diagnostics, ces frais incombant au vendeur sauf clause contraire non constatée en l'espèce (Cass. 3e civ. 21-9-2011 n° 10-22.939 : RJDA 5/12 n° 489).
En revanche se heurtaient à une **contestation sérieuse** :
– la demande formée par un acquéreur de parts sociales tendant à désigner un administrateur ad hoc chargé de convoquer une assemblée générale alors que la cession avait été annulée (CA Grenoble 28-11-2002 n° 01-2333 : RJDA 3/04 n° 317) ;
– la demande de réouverture d'un local situé dans un centre commercial alors que le locataire soutenait que cette fermeture résultait des manquements du bailleur à son obligation d'assurer l'attractivité du centre commercial (Cass. 3e civ. 5-9-2012 n° 11-17.394 : RJDA 12/12 n° 1044).

33226 **Existence d'un différend** L'appréciation de l'existence d'un différend relève du **pouvoir souverain du juge,** la Cour de cassation se bornant à procéder à un contrôle de motivation. Afin de **sauvegarder les droits du demandeur,** il a par **exemple** été jugé que le président du tribunal était fondé à (décisions rendues à propos d'un TGI mais transposables au tribunal judiciaire) :
– faire désigner un administrateur pour une société dont le fonctionnement était paralysé (Cass. com. 17-10-1989 n° 87-19.369 : Bull. civ. IV n° 250 ; Cass. 2e civ. 3-5-2006 n° 04-11.121) ;
– permettre la réunion d'un comité d'établissement qui se heurtait à un obstacle purement formel (Cass. soc. 2-3-2004 n° 02-16.554 : RJS 5/04 n° 557) ;
– interdire des agissements constitutifs d'un détournement de clientèle (Cass. com. 4-12-2001 n° 00-12.007).

RÉFÉRÉ D'HEURE À HEURE

En cas d'**urgence** caractérisée, le juge des référés peut permettre d'assigner à l'heure indiquée, même les jours fériés ou chômés (CPC art. 485, al. 2). 33240

L'assignation doit être précédée d'une **requête** motivée exposant les raisons pour lesquelles le cas requiert une célérité. La requête doit être accompagnée du projet d'assignation et des pièces justificatives.

Si **le juge admet l'urgence,** il fixe par ordonnance le jour et l'heure de l'audience. L'assignation est alors délivrée au défendeur et doit contenir en annexe l'autorisation du juge. Le jour de l'audience, le juge doit néanmoins vérifier qu'un délai suffisant s'est déroulé pour permettre la préparation de la défense (CPC art. 486). Son appréciation est souveraine (Cass. soc. 14-1-1988 n° 86-45.409 : Bull. civ. V n° 47).

c. Référé préventif ou de remise en état devant le tribunal judiciaire

Le président du tribunal judiciaire, ou le juge des contentieux de la protection dans les limites de sa compétence, peut toujours, **même en présence d'une contestation sérieuse**, prescrire en référé les mesures conservatoires ou de remise en état qui s'imposent, soit pour prévenir un dommage imminent, soit pour faire cesser un trouble manifestement illicite (CPC art. 835, al. 1 modifié par décret 2020-1452 du 27-11-2020). 33260

Les pouvoirs du président du tribunal judiciaire prévus à cet article s'étendent à **toutes les matières où il n'existe pas de procédure particulière** de référé (CPC art. 836). L'existence d'un préalable amiable obligatoire ne fait pas obstacle au pouvoir du juge des référés de prescrire les mesures conservatoires ou de remise en état qui s'imposent, en cas de trouble manifestement illicite ou de dommage imminent. Jugé en ce sens à propos de l'article R 141-5 du Code du sport instituant une procédure de tentative de conciliation obligatoire et préalable par la saisine du Comité national olympique et sportif français (Cass. 3e civ. 13-7-2022 n° 21-18.796 FS-B).

Trouble illicite Il y a trouble manifestement illicite lorsque la perturbation résulte d'un fait matériel ou juridique qui constitue une violation évidente d'une norme obligatoire, dont l'origine peut être contractuelle, législative ou réglementaire, de nature civile ou pénale. La **Cour de cassation contrôle** la notion de trouble manifestement illicite et l'application de la règle de fond méconnue par le trouble (Cass. ass. plén. 23-6-2006 n° 04-40.289 : RJS 10/06 n° 1112 ; Cass. soc. 7-6-2006 n° 04-17.116 : RJS 10/06 n° 1111, troubles liés à l'exercice du droit de grève). 33262

La Cour de cassation accepte qu'il soit procédé à la **mesure de la gravité** de l'acte ou du fait illicite, ce qui laisse une place à une appréciation de valeur économique et sociale. Ainsi, en l'état des constatations qu'elle avait effectuées (fermeture d'une unité de production par un employeur sans information ni consultation préalable des institutions représentatives du personnel), une cour d'appel a pu déduire que ne caractérisait pas un trouble manifestement illicite l'occupation des lieux par les salariés, intervenue en réaction à la fermeture de ceux-ci (Cass. soc. 9-3-2011 n° 10-11.588 : RJS 5/11 n° 454).

EXEMPLE

Constitue un trouble **manifestement illicite** :
– le fait pour un copropriétaire d'installer dans son lot, sans le consentement des autres copropriétaires, un système de vidéosurveillance dirigé vers un chemin constituant une partie commune (Cass. 3e civ. 11-5-2011 n° 10-16.967 : Bull. civ. III n° 72) ;
– l'exécution d'une clause de non-concurrence qui n'est assortie d'aucune contrepartie financière, le juge des référés pouvant faire cesser le trouble en déclarant la clause inopposable au salarié concerné (Cass. soc. 25-5-2005 n° 04-45.794 : RJS 8-9/05 n° 841) ;
– la poursuite de l'exploitation d'un supermarché malgré l'annulation de l'autorisation administrative d'exploiter (Cass. 1e civ. 6-10-2010 n° 09-12-686 : RJDA 12/10 n° 1199) ;
– la révocation brutale d'une autorisation de crédit non justifiée par un comportement gravement répréhensible du bénéficiaire (CA Rouen 6-5-1999 n° 98-5586 : RJDA 11/99 n° 1244) ;
– le défaut de conformité de travaux avec des règles d'urbanisme (Cass. 1e civ. 17-12-2002 n° 00-18.708 : RJDA 3/03 n° 343) ;
– l'implantation d'une antenne-relais de téléphonie mobile à proximité d'habitations compte tenu des risques sanitaires (CA Montpellier 15-9-2011 n° 10-04612 : RJDA 3/12 n° 360).

Jugé **en revanche** que ne constituait pas un trouble manifestement illicite la diffusion d'un prospectus sur la voie publique, dès lors qu'il ne contenait pas d'éléments contraires à des règles déontologiques ou dénigrant une société concurrente (Cass. 2e civ. 9-3-2006 n° 05-13.728 : RJDA 10/06 n° 1095).

33264 **Dommage imminent** Il y a dommage imminent lorsqu'un dommage, qui n'est pas encore réalisé, est susceptible de se produire si la situation existante doit se perpétuer. Le juge doit constater un **risque de préjudice,** la méconnaissance d'un droit qui est sur le point de se réaliser ou dont la survenance est probable. L'appréciation relève de son **pouvoir souverain** (Cass. ass. plén. 16-11-2001 n° 99-20.114 : RJDA 2/02 n° 215).
Le juge des référés peut alors prononcer les **mesures conservatoires ou de remise en état** qui s'imposent. Par **exemple,** le juge pourrait-il ordonner la poursuite ou la reprise de relations contractuelles, compte tenu de l'imminence et de la gravité du dommage (Cass. com. 21-3-1984 n° 82-12.347 : Bull. IV n° 115). Il peut ainsi proroger un contrat d'assurance, mais il doit fixer un terme certain à la mesure ordonnée (Cass. 1e civ. 7-11-2000 n° 99-18.576 : RJDA 3/01 n° 392).
Le juge peut aussi ordonner le maintien d'un contrat rompu brutalement par une partie (Cass. com. 24-6-2020 n° 19-12.261 F-D : RJDA 11/20 n° 610) ou encore ordonner la suppression d'une lettre diffamatoire publiée sur internet, même si les auteurs ne sont ni titulaires ni exploitants du site (Cass. 1e civ. 13-2-2007 n° 06-10.983 : RJDA 8-9/07 n° 919).
En revanche, l'annulation des délibérations d'une assemblée générale d'une société ne constitue ni une mesure conservatoire ni une mesure de remise en état et n'entre pas dans les pouvoirs du juge des référés (Cass. com. 29-9-2009 n° 08-19.937 : Bull. civ. IV n° 118 ; Cass. com. 13-1-2021 n° 18-25.713 : RJDA 4/21 n° 239).

d. Référé provision ou exécution d'une obligation

RÈGLES GÉNÉRALES SUR LE RÉFÉRÉ

33270 Dans les cas où l'existence de l'**obligation** n'est **pas sérieusement contestable**, le président du tribunal judiciaire ou le juge des contentieux de la protection, dans les limites de sa compétence, peuvent accorder une provision au créancier, ou ordonner l'exécution de l'obligation, même s'il s'agit d'une obligation de faire (CPC art. 835, al. 2).
La condition d'**urgence** n'est pas requise, excepté en présence d'une clause d'arbitrage (CPC art. 1449, sur l'arbitrage, voir n° 56100 s.).
Il n'y a aucune limite quant à la **nature de l'obligation** concernée : la demande peut être fondée sur une créance de nature délictuelle, quasi délictuelle ou contractuelle.
Le demandeur a la **charge de la preuve** de l'existence de la créance qu'il invoque. Le défendeur doit prouver que cette créance est à son sens sérieusement contestable.

PROVISION EN CAS DE RÉFÉRÉ

33272 La condition d'absence de contestation sérieuse concerne le **principe** de l'obligation ainsi que le **montant** de la provision.
Si la provision que peut accorder la juridiction des référés n'a pas d'autre limite que le montant incontestable de la créance alléguée, les **magistrats** détiennent le pouvoir de **fixer discrétionnairement,** à l'intérieur de cette limite, la somme qu'il convient d'allouer au demandeur (Cass. 1e civ. 10-3-1993 n° 91-15.752 : Bull. civ. I n° 100). Ce montant peut donc atteindre la totalité de la créance si celle-ci est incontestable dans son montant. En revanche s'expose à la censure le juge des référés qui accorde une provision égale à la totalité de la créance réclamée, alors qu'il résulte de ses constatations que cette créance est, au moins pour partie, sérieusement contestable (Cass. 3e civ. 16-12-1987 n° 86-13.745 : Bull. civ. III n° 209 ; Cass. 1e civ. 18-1-1989 n° 87-12.913 : Bull. civ. I n° 31).

33274 La provision peut être demandée pour couvrir les premiers frais d'une procédure qui risque d'être coûteuse : **provision** dite « pour **frais d'instance** » (ou « provision ad litem »). Dans le cadre de procès engendrant des questions scientifiques controversées, il a été jugé que l'obligation d'effectuer une analyse technique complexe afin d'établir, le cas échéant, un lien de causalité entre la prise d'un médicament commercialisé par un laboratoire et la pathologie développée par le demandeur démontrait le caractère sérieusement contestable de l'obligation d'indemnisation du laboratoire (Cass. 2e civ. 29-1-2015 n° 13-24.691 FS-PB : Bull. civ. II n° 19). Il a également été jugé que l'invocation d'une cause d'exonération de la responsabilité de plein droit du fait des produits défectueux (C. civ. art. 1245 ; ex-art. 1386-1) constituait une contestation dont le sérieux devait être examiné par le juge des référés sans que puisse être exigée l'évidence de la réunion des conditions de l'exonération (Cass. 2e civ. 4-6-2015 n° 14-13.405 F-PB : Bull. civ. II n° 146).

EXÉCUTION D'UNE OBLIGATION JUSTIFIANT UNE MESURE DE RÉFÉRÉ

33276 L'injonction tendant à l'exécution d'une obligation de faire est soumise à la condition d'absence de contestation sérieuse (Cass. 2e civ. 18-10-2007 n° 07-10.021).
Il peut s'agir d'une obligation contractuelle de livraison ou de tout autre type de relation, le texte ne comportant aucune limite au regard de l'objet de l'obligation.

2. DÉROULEMENT DE LA PROCÉDURE DE RÉFÉRÉ AU TRIBUNAL JUDICIAIRE

INTRODUCTION DE LA DEMANDE EN RÉFÉRÉ

En matière de référé, la demande doit être portée par voie d'**assignation** à une audience tenue à cet effet aux jour et heure habituels des référés. Si, néanmoins, le cas requiert célérité, le juge des référés peut permettre d'assigner, à heure indiquée, même les jours fériés ou chômés (CPC art. 485). **33290**
La demande doit comporter les mentions exigées pour toute assignation. Elle doit préciser l'adresse de la juridiction, l'heure à laquelle se tiendra l'audience et le lieu où le magistrat entendra les parties ou leurs représentants.

Depuis le 1er janvier 2021, l'assignation doit faire l'objet d'une remise au greffe, encore appelée **enrôlement,** au moins quinze jours avant la date prévue pour l'audience, du moins lorsque cette date a été communiquée au demandeur par le greffe plus de quinze jours à l'avance (CPC art. 754, al. 2 modifié par décret 2020-1452 du 27-11-2020). **33291**
Ce délai est prévu à peine de **caducité.**

Il n'y a en principe aucun **délai de comparution** entre la délivrance de l'assignation et la date prévue pour l'audience. Il revient néanmoins au magistrat de s'assurer qu'un délai suffisant a été respecté entre l'assignation et l'audience afin de permettre au défendeur de préparer sa défense (CPC art. 486). De plus, le délai minimal d'enrôlement de quinze jours avant la date de l'audience (CPC art. 754, al. 2) aboutit en pratique à réserver un délai de comparution au moins égal, puisque l'assignation doit d'abord être délivrée avant d'être enrôlée. **33292**
En tout état de cause il est toujours loisible au juge d'ordonner un renvoi à une date ultérieure.

FORMATION DU TRIBUNAL LORS DE LA PROCÉDURE DE RÉFÉRÉ

La procédure est essentiellement **orale.** Elle se déroule devant un **juge unique,** le président ou son délégataire. **33300**
Le juge des référés a toutefois la faculté de renvoyer l'affaire, toujours en état de référé, devant la **formation collégiale** de la juridiction, à une audience dont il fixe la date (CPC art. 487). La procédure sera alors continuée sans qu'il y ait lieu à une nouvelle assignation.
Il ne faut pas confondre cette faculté avec la passerelle qui consiste à transmettre l'affaire à la formation collégiale pour qu'elle statue au fond (n° 32207).

PROCÉDURE SANS AUDIENCE EN RÉFÉRÉ AU TRIBUNAL JUDICIAIRE

Les parties disposent de la faculté de demander à ce que la procédure en référé se déroule sans audience (CPC art. 836-1 modifié par décret 2020-1452 du 27-11-2020). Dans ce cas, les parties doivent formuler leurs **prétentions** et leurs **moyens par écrit,** et les échanger par notification entre avocats, ou par lettre recommandée AR quand elles ne sont pas représentées par un avocat. Le juge fixe la date avant laquelle les écritures et pièces doivent être communiquées au greffe, et à cette date, le greffe informe les parties de la date du délibéré. Le jugement est contradictoire (CPC art. 828, al. 2 modifié par décret 2020-1452). **33305**

REPRÉSENTATION DES PARTIES EN PROCÉDURE DE RÉFÉRÉ DEVANT LE TRIBUNAL JUDICIAIRE

La représentation des parties devant le président du tribunal judiciaire statuant en référé suit désormais les règles de droit commun applicables à la procédure écrite (et ce, bien que le chapitre consacré aux ordonnances de référé soit placé dans le sous-titre relatif à la procédure orale), ce qui signifie que la représentation par avocat est en principe **obligatoire** (CPC art. 760), sauf lorsque la demande porte sur un montant inférieur ou égal à 10 000 € ou a pour objet une demande indéterminée ayant pour origine l'exécution d'une obligation dont le montant n'excède pas 10 000 €, ou encore dans certaines matières limitativement énumérées (CPC art. 761 modifié par décret 2020-1452 du 27-11-2020). **33310**
Dans tous les cas où la représentation est obligatoire, les règles relatives à la postulation territoriale s'appliquent, l'avocat chargé de la représentation devant être inscrit au barreau de la juridiction saisie ou dans un barreau du ressort de la cour d'appel dont relève ladite juridiction (Loi 71-1130 du 31-12-1971, art. 5 et 5-1).

RESPECT DU CONTRADICTOIRE EN PROCÉDURE DE RÉFÉRÉ

La procédure se déroule de façon contradictoire. Le juge des référés vérifie en principe à l'audience, compte tenu du caractère oral de la procédure, que chaque partie a été en mesure de prendre connaissance des moyens et pièces produits par son contradicteur afin d'y répondre. **33320**

Lorsque la demande porte sur une mesure d'instruction exécutée par un technicien ou sur une mesure d'expertise, le **défendeur** qui a indiqué, avant l'audience, **acquiescer à la demande,** est, sauf ordre du juge de se présenter devant lui, dispensé de comparaître. L'ordonnance rendue dans ces conditions est contradictoire (CPC art. 486-1).
Le juge peut, soit rejeter des débats les pièces qui auraient été tardivement produites dès lors qu'elles représentent un volume et une importance réels, soit renvoyer l'affaire à une date ultérieure.

RECOURS CONTRE L'ORDONNANCE DE RÉFÉRÉ

33330 L'ordonnance de référé peut être frappée d'appel à moins qu'elle n'émane du premier président de la cour d'appel ou qu'elle n'ait été rendue en dernier ressort en raison du montant ou de l'objet de la demande. L'ordonnance rendue en dernier ressort par défaut est susceptible d'opposition (CPC art. 490, al. 1 et 2).
Le délai d'appel ou d'opposition est de quinze jours (CPC art. 490, al. 3), à compter de la notification du jugement (CPC art. 528).

C. Procédure accélérée au fond au tribunal judiciaire

CONTEXTE DE LA MISE EN PLACE DE LA PROCÉDURE ACCÉLÉRÉE AU FOND

33350 Divers textes prévoient que le président du tribunal judiciaire peut être saisi selon la « procédure accélérée au fond ». Cette procédure orale a succédé, au 1er janvier 2020, à l'ancienne procédure « en la forme des référés » ou « comme en matière de référé », qui entraînait confusion avec la procédure de référé.
À moins qu'il en soit disposé autrement, lorsqu'il est prévu par la loi qu'il statue selon la procédure accélérée au fond, le président du tribunal judiciaire connaît l'affaire dans les conditions de l'article 481-1 du Code de procédure civile (CPC art. 839 modifié par décret 2020-1452 du 27-11-2020).

DÉROULEMENT DE LA PROCÉDURE ACCÉLÉRÉE AU FOND AU TRIBUNAL JUDICIAIRE

33362 La demande doit être portée par **assignation** à une audience tenue aux jour et heure prévus à cet effet. Le juge est saisi par la remise d'une copie de l'assignation au greffe avant la date fixée pour l'audience, sous peine de caducité de l'assignation constatée d'office par ordonnance du juge, ou, à défaut, à la requête d'une partie (CPC art. 481-1, al. 2 et 3).
Le jour de l'audience, le juge s'assure qu'il s'est écoulé un **temps suffisant** depuis l'assignation pour que la partie assignée ait pu préparer sa défense. La **procédure** est **orale** (CPC art. 481-1, al. 4), sauf si les parties manifestent toutes leur accord pour une **procédure sans audience** (CPC art. 839 modifié par décret 2020-1452 du 27-11-2020 ; sur cette procédure, voir n° 33305).
Le juge a la faculté de **renvoyer l'affaire devant la formation collégiale,** à une audience dont il fixe la date, qui statuera selon la procédure accélérée au fond (CPC art. 481-1, al. 5).

33364 À titre exceptionnel, en cas d'**urgence manifeste** à raison notamment d'un délai imposé par la loi ou le règlement, le président du tribunal, statuant **sur requête,** peut autoriser à assigner à une heure qu'il indique, même les jours fériés ou chômés (CPC art. 481-1, al. 6).

33366 Le **jugement** est **exécutoire de droit** à titre provisoire dans les conditions prévues aux articles 514-1 à 514-6 (n° 20385). La décision du juge peut être frappée d'**appel** à moins qu'elle n'émane du premier président de la cour d'appel ou qu'elle n'ait été rendue en dernier ressort en raison du montant ou de l'objet de la demande (CPC art. 481-1, al. 7 et 8).
Le **délai d'appel ou d'opposition** est de quinze jours (CPC art. 481-1, al. 9).
Aucun recours n'est possible lorsque le jugement est rendu en matière de cession de droits sociaux (n° 33380).

PRINCIPAUX CAS D'APPLICATION DE LA PROCÉDURE ACCÉLÉRÉE AU FOND AU TRIBUNAL JUDICIAIRE

33380 Dans tous les cas où sont prévus la **cession des droits sociaux** d'un associé ou le rachat de ceux-ci par la société, la valeur de ces droits est déterminée, en cas de contestation, par un expert désigné, soit par les parties, soit à défaut d'accord entre elles, par ordonnance du président du tribunal statuant selon la procédure accélérée au fond et sans recours possible (C. civ. art. 1843-4).
Cette impossibilité de recours, compte tenu de la généralité de la disposition, s'applique au pourvoi en cassation comme à toute autre voie de recours. Il n'y est dérogé qu'en cas d'excès de pouvoir (Cass. 2e civ. 7-6-2018 n° 17-18.722 F-PB).

Dans le contexte de l'**indivision,** la Cour de cassation a considéré que le président du TGI était saisi en la forme des référés lorsqu'il était appelé à statuer pour autoriser les actes prévus aux articles 815-6, 815-7, 815-9 ou 815-11 du Code civil (Cass. 1e civ. 20-5-2009 n° 07-21.679 : RJDA 10/09 n° 907), à savoir : **33390**
– habilitation d'un indivisaire par justice à représenter un coïndivisaire hors d'état de manifester sa volonté ;
– autorisation d'un indivisaire à passer un acte pour lequel le consentement d'un coïndivisaire serait nécessaire lorsque le refus de celui-ci met en péril l'intérêt commun (Cass. 1e civ. 15-2-2012 n° 10-21.457 : RJDA 8-9/12 n° 812 ; Cass. 1e civ. 4-12-2013 n° 12-20.158 : Bull. civ. I n° 236) ;
– autorisation de toutes les mesures urgentes que requiert l'intérêt commun, ce qui permet au président du tribunal de donner à l'administrateur qu'il désigne le pouvoir de conclure un bail rural, dès lors que les conditions prévues par ce texte sont remplies (Cass. 1e civ. 19-10-2004 n° 02-11.366 : RJDA 3/05 n° 339) ;
– interdiction du déplacement des meubles corporels ;
– attribution à tout indivisaire de sa part annuelle dans les bénéfices ;
– allocation d'une avance en capital sur les droits de l'indivisaire dans le partage à intervenir, et ce à concurrence des fonds disponibles.
Rendues au sujet du président du TGI et sous l'empire de la procédure en la forme des référés, ces décisions nous paraissent transposables au président du tribunal judiciaire et à la procédure accélérée au fond.

En matière de **successions,** le président du tribunal judiciaire statue selon la procédure accélérée au fond pour (CPC art. 1380) : **33392**
– accorder un délai à l'héritier pour clôturer l'inventaire ;
– statuer sur les contestations de valeur formées par les créanciers de la succession et les créanciers des successions vacantes ;
– statuer sur la rémunération du mandataire posthume ;
– désigner un mandataire successoral et proroger la mission de celui-ci ;
– autoriser le mandataire successoral à procéder à l'ensemble des actes d'administration et aux actes de disposition nécessaires aux conditions que le juge précise ;
– dessaisir le mandataire successoral en cas de manquement.

En matière immobilière, le président du tribunal judiciaire statue selon la procédure accélérée au fond sur la condamnation du copropriétaire défaillant au versement d'une provision prévue par l'assemblée générale de copropriété au titre du budget prévisionnel (Loi 65-557 du 10-7-1965 art. 19-2). **33394**

Les litiges liés à l'**arbitrage** sont réglés par le président du tribunal judiciaire statuant selon la procédure accélérée au fond (CPC art. 1459 et art. 1460). **33396**

Les **plateformes** de services par internet qui emploient des **chauffeurs** ou des **livreurs** en deux-roues non salariés peuvent établir des **chartes** définissant les droits et obligations de ces travailleurs, homologuées par l'administration (C. trav. art. L 7342-8). Tout **litige concernant la conformité** de la charte aux dispositions légales **ainsi que l'homologation** ou le refus d'homologation relève de la compétence du tribunal judiciaire de Paris (C. trav. art. L 7342-10, al. 1 et C. org. jud. art. D 211-7-3 créé par décret 2020-1284 du 22-10-2020), qui statue suivant la procédure accélérée au fond (C. trav. art. R 7342-13 créé par décret 2020-1548 du 9-12-2020). **33398**

SECTION 4

ORDONNANCES SUR REQUÊTE DEVANT LE TRIBUNAL JUDICIAIRE

PRÉSENTATION DE LA PROCÉDURE SUR REQUÊTE AU TRIBUNAL JUDICIAIRE

L'ordonnance sur requête est une décision provisoire rendue non contradictoirement dans les cas où le requérant est fondé à ne pas appeler de partie adverse (CPC art. 493). **34000**

A. Cas d'utilisation de la procédure sur requête au tribunal judiciaire

REQUÊTE EN CAS DE MESURE URGENTE EXIGÉE PAR LES CIRCONSTANCES

34010 Le président du tribunal judiciaire ou le juge des contentieux de la protection peut ordonner sur requête toutes mesures urgentes lorsque les circonstances exigent qu'elles ne soient pas prises contradictoirement (CPC art. 845, al. 2).

C'est le plus souvent le péril pesant sur la **conservation des preuves** qui autorise la dérogation au contradictoire. Tel sera le cas, avant une décision de nomination d'un huissier ou commissaire de justice pour procéder à certaines constatations, si l'avertissement de la partie adverse risque de lui permettre de faire disparaître des documents, de changer la configuration de locaux, de ne pas être présent ou de ne pas causer, en présence de l'huissier ou commissaire de justice, les troubles qu'on lui reproche.

ILLUSTRATIONS

Une société qui reprochait à une autre société et à des particuliers d'avoir commis des **actes de débauchage de ses salariés et de pillage de son savoir-faire** a pu demander sur requête au président du tribunal la désignation d'huissiers ou commissaires de justice en vue de la réalisation d'investigations au siège social de la société et au domicile des particuliers concernés (Cass. 2e civ. 5-5-2011 n° 10-20.435 : RJDA 10/11 n° 873, décision rendue à propos d'un TGI mais transposable au tribunal judiciaire).

34012 Dans sa requête, le demandeur doit motiver l'**urgence** en faisant apparaître qu'un retard dans la mise en œuvre de la mesure sollicitée créerait un préjudice ou serait facteur d'aggravation de celui existant déjà. Il doit également expressément justifier de circonstances permettant l'exception au principe du **contradictoire** dont il souhaite bénéficier (cf. Cass. 2e civ. 5-5-2011 n° 10-19.046 : D. 2011 p. 2891 note P. Delebecque).

Si la requête ne fait état d'aucune circonstance susceptible de justifier qu'il soit procédé non contradictoirement et que l'ordonnance n'est motivée que par renvoi à la requête, la **rétractation** s'impose (Cass. 2e civ. 23-6-2016 n° 15-19.671 F-PB : Bull. inf. C. cass. 15-12-2016 n° 1585). Par ailleurs, si la dérogation au principe du contradictoire n'est pas établie au stade de la requête, l'instance en rétractation engagée, par la suite, à l'encontre de l'ordonnance qui y a fait droit n'est pas de nature à purger le vice initial même si la demande en rétractation donne lieu, par hypothèse, à débats devant le juge des référés (Cass. 3e civ. 22-9-2016 n° 14-24.277 F-PB : Bull. inf. C. cass. 1-3-2017 n° 193).

REQUÊTES DANS LES CAS PARTICULIERS PRÉVUS PAR LA LOI

34015 Le président du tribunal judiciaire ou le juge des contentieux de la protection est saisi par requête dans certains cas spécifiés par la loi (CPC art. 845, al. 1).

Le principal texte concerné est l'**article 145 du CPC** qui permet au juge d'ordonner en référé ou sur requête des **mesures d'instruction,** s'il existe un motif légitime de conserver ou d'établir avant tout procès la preuve de faits dont pourrait dépendre la solution d'un litige. Ici, l'urgence n'est pas requise (Cass. 2e civ. 15-1-2009 n° 08-10.771 : Bull. civ. II n° 15).

Dans le cadre de l'article 145 du CPC, la pratique dominante est néanmoins celle du référé en raison du caractère contradictoire de la procédure. Il ne sera donc possible de présenter une demande aux fins d'obtenir une mesure d'instruction par voie de requête que si le dossier fait apparaître que l'effet de surprise est indispensable pour sauvegarder les preuves.

Par ailleurs, le Code de procédure civile prévoit des **ordonnances sur requête spéciales,** qui sont prises par le juge, notamment, lorsqu'il statue comme juge aux affaires familiales ou dans le cadre de la procédure d'injonction de payer.

34017 Les **autres textes** ne figurent pas dans le Code de procédure civile. Il s'agit notamment :

– de la loi de 1965 sur la **copropriété** et de son décret d'application, en matière de désignation d'un syndic ou des membres du conseil syndical (Loi 65-557 du 10-7-1965 art. 17 ; Décret 67-223 du 17-3-1967 art. 46 à 48), d'un administrateur provisoire (Loi 65-557 du 10-7-1965 art. 29-1 B), ou d'un mandataire commun en cas d'usufruit ou d'indivision (Loi 65-557 du 10-7-1965 art. 23) ;

– du Code de la **propriété intellectuelle,** en matière de saisie-contrefaçon de logiciels ou de bases de données (CPI art. L 332-4), de dessins et de modèles (CPI art. L 521-4) et de brevets (CPI art. L 615-3) ;

– du Code de la **consommation** pour tous les litiges relatifs à celui-ci, lorsque le montant de la demande n'excède pas 5 000 € (C. consom. art. R. 631-1).

B. Présentation de la requête au tribunal judiciaire

REPRÉSENTATION PAR AVOCAT DANS LA PROCÉDURE SUR REQUÊTE AU TRIBUNAL JUDICIAIRE

Dans les cas où la représentation par avocat est obligatoire, un **avocat** inscrit au barreau existant **34030**
auprès du tribunal judiciaire concerné doit présenter la requête. Elle peut également être présentée par un **officier public ou ministériel**, dans les cas où ce dernier y est habilité par les dispositions en vigueur (CPC art. 846, al. 1). Ce dernier cas concerne essentiellement les notaires, plus rarement les huissiers ou commissaires de justice.

Dans les cas où les **parties** sont **dispensées de représentation par avocat**, la requête est remise ou adressée au greffe par le requérant ou par tout mandataire. Si elle est présentée à l'occasion d'une instance, elle doit indiquer la juridiction saisie (CPC art. 846, al. 2).

MODALITÉS DE LA PROCÉDURE SUR REQUÊTE AU TRIBUNAL JUDICIAIRE

La requête doit être présentée en **double exemplaire.** Elle doit être **motivée** et comporter en **34032**
bordereau l'indication des **pièces.** Les pièces en question doivent être jointes au dossier soumis au président ou au juge des contentieux de la protection. Si une **juridiction** du fond est d'ores et déjà **saisie,** la requête doit le préciser (CPC art. 494, al. 1 et 2).

Les pièces doivent être jointes en autant de copies que de personnes dont la convocation est demandée (CPC art. 757, al. 1). Toutefois, lorsque la requête est formée par voie électronique, les pièces ne doivent être jointes qu'en un seul exemplaire (CPC art. 757, al. 3).

La requête doit être déposée au **greffe** de la juridiction. Elle peut être présentée au **domicile du** **34034**
juge en cas d'urgence extrême (CPC art. 494, al. 3).

MODÈLE

REQUÊTE À M. LE PRÉSIDENT DU TRIBUNAL JUDICIAIRE DE... **34036**

Monsieur X (*état civil, adresse*)
Ayant pour avocat Maître W du barreau de... qui se constitue pour lui sur la présente et ses suites
A L'HONNEUR DE VOUS EXPOSER :
Qu'il est copropriétaire au 1er étage, au sein d'un immeuble sis à... au (*adresse*) ;
Que le local situé dans le même immeuble au RDC a été loué à un exploitant de bar discothèque ;
Que la réception de la clientèle dans cet établissement donne lieu à de nombreux débordements en raison des activités nocturnes ;
Que les instruments de diffusion de la musique ne sont pas réglés pour tenir compte des inconvénients de voisinage ;
Que les démarches amiables entreprises jusqu'alors avec le gérant de la société exploitante sont restées infructueuses ;
Que la sauvegarde des intérêts du requérant impose qu'il puisse faire constater ces agissements ;
Qu'il est nécessaire de procéder de façon non contradictoire ;
Qu'en effet, s'il était prévenu à l'avance, le gérant de l'établissement ne manquerait pas de prendre, au moins pendant un certain temps, des précautions pour se conformer en apparence à des relations de bon voisinage ;
Qu'il y a urgence, compte tenu de l'impact de cette situation sur la santé du requérant.
C'EST POURQUOI ce dernier vous demande de bien vouloir désigner tel huissier ou commissaire de justice pour procéder à un constat conformément aux dispositions des articles 493 et 845 du Code de procédure civile.
(*Date et signature de l'avocat*)
Bordereau des pièces produites
PAR CES MOTIFS
Le Président du tribunal judiciaire de...,
Vu les dispositions des articles 493 et 845 du CPC,
Désigne Maître Z, huissier ou commissaire de justice à la Résidence de..., avec mission de :
– se rendre au 1er étage et au RDC de l'immeuble sis à... au (*adresse*)
– dresser un constat des nuisances sonores...
Rappelle que tout intéressé peut en référer au juge signataire de la présente décision.
Rappelle que le double de cette ordonnance doit être conservé au greffe.
Rappelle que cette ordonnance est exécutoire au seul vu de la minute.
Rappelle que copie de la requête et de l'ordonnance doit être laissée à la personne à laquelle elle est opposée.
Fait à..., le

Le Président

C. Décision sur requête au tribunal judiciaire et voies de recours

CARACTÉRISTIQUES DE LA DÉCISION RENDUE SUR REQUÊTE AU TRIBUNAL JUDICIAIRE

34050 L'**examen du dossier** a lieu dans le secret du cabinet du juge, le magistrat examinant la requête et les pièces qui lui sont soumises.

L'ordonnance sur requête est une **décision provisoire, exécutoire** immédiatement sur simple présentation de l'original du document (CPC art. 495, al. 2). Copie de la requête et de l'ordonnance doit être laissée à la personne à laquelle elle est opposée (CPC art. 495, al. 3), étant entendu que les pièces invoquées à l'appui de la requête ne sont pas visées par cette communication (Cass. 2e civ. 14-1-2021 n° 20-15.673 F-PBI).

L'obligation de communiquer la requête et l'ordonnance ne s'applique qu'à la **personne qui supporte l'exécution de la mesure,** qu'elle soit ou non défendeur potentiel au procès envisagé ; par suite, dans le cas où les mesures d'instruction sollicitées doivent s'exécuter dans les locaux d'une société, cette société est la seule personne à laquelle l'ordonnance peut être opposée (Cass. 2e civ. 13-11-2015 n° 13-27.563 FS-PB : Bull. civ. II n° 251).

L'huissier ou commissaire de justice qui, en exécution d'une ordonnance le désignant sur le fondement de l'article 145 du CPC, s'est rendu sur les lieux de sa mission et a justifié de sa qualité, sans pouvoir exécuter cette mission, n'est pas tenu de laisser à la personne à laquelle l'ordonnance est opposée la copie prévue par l'article 495 CPC (Cass. 2e civ. 30-11-2016 n° 15-15.035 FS-PB : RJDA 2/17 n° 143).

RECOURS CONTRE UNE ORDONNANCE SUR REQUÊTE AU TRIBUNAL JUDICIAIRE

34052 En cas de **rejet de la requête, l'appel** peut être interjeté dès lors que l'ordonnance n'émane pas du premier président de la cour d'appel. Le **délai** est de quinze jours à compter du jour où l'ordonnance de rejet a été rendue. L'appel est formé, instruit et jugé comme en matière gracieuse (CPC art. 496, al. 1).

34054 En cas d'**admission de la requête,** tout intéressé peut en référer au juge qui a rendu l'ordonnance (CPC art. 496, al. 2). Le juge compétent est donc le **président du tribunal judiciaire** ou le juge des contentieux de la protection qui a pris la mesure.

Le juge saisi d'une demande en vue d'obtenir la rétractation d'une ordonnance rendue sur requête ne peut statuer qu'en exerçant les pouvoirs du juge des référés que lui confère l'article 496, al. 2 du CPC, et ce peu important l'intitulé de l'assignation par laquelle il est saisi (Cass. 2e civ. 19-2-2015 n° 13-28.223 F-PB : Bull. civ. II n° 42).

Toutefois, le **contentieux de l'exécution** de la mesure d'instruction ordonnée sur le fondement de l'article 145 du CPC, qui n'affecte pas la décision ayant ordonné cette mesure, ne relève pas des pouvoirs du juge de la rétractation (Cass. 2e civ. 17-3-2016 n° 15-12.456 F-PB : Bull. civ. II n° 79).

34056 Le juge a la faculté de **modifier ou de rétracter** son ordonnance, même si le juge du fond est déjà saisi de l'affaire (CPC art. 497).

Dans le cadre de ce recours en rétractation, le juge dispose des mêmes pouvoirs que ceux dont il disposait lorsqu'il a rendu l'ordonnance objet de la contestation.

Il doit rechercher, cette fois dans le cadre d'un débat contradictoire, si la requête était ou non fondée (Cass. 2e civ. 7-1-2010 n° 08-16.486 : Procédures 2010 comm. R. Perrot n° 113).

Jugé que lorsque l'ordonnance ayant ordonné la mesure d'instruction est rétractée, le rapport du technicien établi en exécution de cette décision ne peut produire aucun effet (en ce sens, en contentieux commercial, mais solution transposable, Cass. 2e civ. 4-6-2015 n° 14-17.699 F-PB : Bull. civ. II n° 144).

Le juge qui prononce la rétractation d'une ordonnance sur requête doit nécessairement constater la **perte de fondement juridique** des mesures d'instruction exécutées sur le fondement de cette ordonnance, et la nullité qui en découle (Cass. 2e civ. 5-1-2017 n° 15-25.035 F-PB : Bull. civ. II n° 2).

34058 La décision rendue, à l'issue de ce débat contradictoire, est une **ordonnance de référé** contradictoire. La décision modifiant ou rétractant l'ordonnance initiale présente une nature contentieuse et peut, à son tour, faire l'objet d'un **appel.**

SECTION 5

PROCÉDURE SUR DÉCISION DE RENVOI DE LA JURIDICTION PÉNALE

CONTEXTE DE LA PROCÉDURE SUR RENVOI DE LA JURIDICTION PÉNALE

En principe, le juge pénal, saisi d'une demande de poursuites exercées pour une **infraction non intentionnelle** et qui prononce une relaxe, demeure compétent pour statuer sur **l'action civile** en réparation des dommages causés par les faits ayant donné lieu aux poursuites (CPP art. 470-1, al. 1). En revanche, lorsqu'il apparaît que des **tiers** doivent être **mis en cause,** l'affaire doit être renvoyée devant le juge civil compétent, qui l'examine d'urgence selon une procédure simplifiée (CPP art. 470-1, al. 2). 34200

> **Précisions** Le principe de concentration des moyens, qui impose au demandeur de présenter, dès l'instance relative à la première demande, l'ensemble des moyens de nature à fonder celle-ci, ne s'étend pas à la **simple faculté** que la **partie civile** tire de l'article 470-1 du Code de procédure pénale de présenter au **juge pénal** une demande visant à obtenir, selon les règles du droit civil, réparation de tous les dommages résultant des faits ayant fondé la poursuite ; dès lors, la circonstance que la partie civile n'ait pas usé de cette faculté ne rend pas irrecevables comme méconnaissant l'**autorité de la chose jugée** les demandes de réparation des mêmes dommages présentées par elle devant le juge civil (Cass. 2e civ. 15-11-2018 n° 17-18.656 F-PB).

MODALITÉS DE LA PROCÉDURE SUR RENVOI DE LA JURIDICTION PÉNALE

À la suite de la décision de renvoi prise par le juge pénal, **le greffe convoque** les parties à l'instance civile engagée devant le juge pénal ainsi que les tiers responsables mentionnés dans la décision de renvoi, au moins un mois à l'avance et par lettre recommandée avec avis de réception. La convocation vaut citation en justice (CPC art. 847, al. 1). 34205

Le greffe doit convoquer les parties dans un délai maximal de deux mois de la décision de renvoi (CPC art. 847, al. 2).

La convocation doit préciser si la représentation à l'audience par avocat est obligatoire. Elle doit également indiquer que, même s'ils ne comparaissent pas, des **décisions exécutoires à titre provisoire** pourront être prises contre les parties autres que la victime du dommage et contre les tiers responsables mentionnés dans la décision de renvoi sauf décision contraire du juge (CPC art. 847, al. 3).

Les organismes de **sécurité sociale**, le **fonds de garantie des assurances** obligatoires de dommages ou le **fonds de garantie des victimes des actes de terrorisme** et d'autres infractions peuvent également être convoqués à la même audience, s'ils sont intervenus devant la juridiction pénale (CPC art. 847, al. 4).

Lorsque la représentation par avocat est obligatoire, l'audience se déroule ensuite dans les conditions prévues pour les procédures écrites ordinaires (CPC art. 776 à 779 : nos 32000 s.). Dans le cas contraire, l'audience se déroule comme il est prévu pour les procédures orales aux articles 827 à 833 du CPC : nos 33050 s. (CPC art. 847, al. 5).

Le président du tribunal peut accorder en **référé** une **provision** dans les conditions prévues par l'article 835 : nos 33270 s. (CPC art. 847, al. 6).

CHAPITRE 2

TRIBUNAL DE COMMERCE

SOMMAIRE

PRÉSENTATION DE LA PROCÉDURE DEVANT LE TRIBUNAL DE COMMERCE

35000 Comme pour les juridictions du premier degré en matière civile, la procédure suivie devant le tribunal de commerce a été en partie réformée par la loi 2019-222 du 23 mars 2019 de programmation 2018-2022 et de réforme pour la justice et par les décrets 2019-1333 du 11 décembre 2019 et 2020-1452 du 27 novembre 2020 réformant la procédure civile. La procédure demeure essentiellement orale, si bien que l'on retrouve au tribunal de commerce certains principes applicables en matière de procédure orale devant le tribunal judiciaire, notamment en ce qui concerne le déroulement de l'instance.
Les dispositions particulières applicables aux tribunaux de commerce régissent également la procédure suivie devant le tribunal judiciaire statuant en matière commerciale, lorsqu'il n'existe pas de tribunal de commerce dans le ressort.

SECTION 1

PROCÉDURE ORDINAIRE DEVANT LE TRIBUNAL DE COMMERCE

A. Représentation des parties devant le tribunal de commerce

REPRÉSENTATION OBLIGATOIRE AU TRIBUNAL DE COMMERCE

35001 En **principe,** devant le tribunal de commerce, les parties sont, sauf disposition contraire, tenues de constituer avocat (CPC art. 853, al. 1). La règle de la **postulation** ne s'applique toutefois pas à l'avocat qui représente une partie devant le tribunal de commerce. En effet, l'article 5 de la loi 71-1130 du 31 décembre 1971, qui précise que l'avocat constitué doit être inscrit au barreau institué auprès du tribunal saisi ou de l'un des tribunaux du ressort de la même cour d'appel ne vise que le tribunal judiciaire (n°s 31100 s.).

DISPENSE DE REPRÉSENTATION OBLIGATOIRE AU TRIBUNAL DE COMMERCE

Les parties sont dispensées de l'obligation de constituer avocat dans les **situations suivantes** **35002**
(CPC art. 853, al. 3) :
– cas prévus par une loi ou un règlement ;
– demande portant sur un montant inférieur ou égal à 10 000 € ou ayant pour origine l'exécution d'une obligation dont le montant n'excède pas 10 000 € ;
– procédures s'inscrivant dans le cadre du livre VI du Code de commerce (entreprises en difficultés) ;
– litiges relatifs à la tenue du registre du commerce et des sociétés.
Les hypothèses de dispense de représentation obligatoire ont été jugées conformes à l'objectif de précision de la norme, et ne méconnaissent pas le droit d'accès à un juge (CE 22-9-2022 n°s 436939 et 437002).
Dans ces cas, les parties peuvent comparaître avec l'assistance d'un tiers de leur choix, ou même ne pas comparaître et se faire représenter par toute personne de leur choix, le représentant devant justifier d'un **pouvoir spécial** (CPC art. 853, al. 4 et 5).
La jurisprudence se montre exigeante sur la précision du mandat spécial. Ainsi jugé que le pouvoir devait avoir été donné pour une instance déterminée, préciser la juridiction saisie, l'objet de la demande et mentionner la partie adverse (CA Versailles 16-1-2003 n° 00/07950 et 00/07951 : Bull. inf. C. Cass. 2003 n° 1263).

CONSEIL

On veillera à rédiger le mandat avec la **précision** requise pour éviter toute contestation, en gardant notamment à l'esprit que le mandat d'agir en première instance n'implique pas mandat d'interjeter appel.

Aucune dispense d'avocat n'est prévue pour les demandes d'un montant indéterminé, contrairement à ce qui est prévu au tribunal judiciaire par l'article 761 du CPC.

> **Précisions** **L'État, les régions, les départements**, les communes et leurs établissements publics peuvent se faire assister ou représenter devant le tribunal de commerce par un fonctionnaire ou un agent de leur administration (CPC art. 853, al. 6).

MONOPOLE DE REPRÉSENTATION AU TRIBUNAL DE COMMERCE

Même dans les cas où la représentation par avocat n'est pas obligatoire, la **complexité des litiges** dont la juridiction commerciale peut avoir à connaître impose bien souvent le recours à un conseil ou à un mandataire. Ce rôle d'assistance et de représentation échoit naturellement aux **avocats**, mais, sauf lorsque les parties sont tenues de constituer avocat, ne leur est pas exclusivement réservé ; à la différence d'autres juridictions spécialisées, le **choix** du tiers est **libre**. Aucune règle n'impose ainsi le recours à une personne de l'entourage proche du plaideur. **35003**
Le libre choix du représentant n'est cependant pas total, et trouve sa limite dans la règle réservant aux avocats le monopole de la représentation et de l'assistance devant les tribunaux à titre habituel (Loi 71-1130 du 31-12-1971 art. 4). Autrement dit, dans les cas où la constitution d'avocat n'est pas obligatoire, on peut confier ses intérêts devant le tribunal de commerce à n'importe quel mandataire autre qu'un avocat, à condition que ce dernier n'en fasse pas sa profession. En ce sens, il a été jugé que l'activité consistant à intervenir de manière habituelle devant les tribunaux pour engager et suivre des actions tendant au recouvrement judiciaire des créances d'autrui devant les tribunaux de commerce portait atteinte au monopole des avocats (Cass. 1e civ. 7-4-1999 n° 97-10.656 : Bull. civ. I n° 120 ; Cass. 1e civ. 21-1-2003 n° 01-14.383 : RJDA 6/03 n° 671), et constituait le délit d'exercice illégal de la profession d'avocat (Cass. crim. 1-2-2000 n° 99-83.372 : D. 2002 som. p. 851).

COMMUNICATION DES AVOCATS AU TRIBUNAL DE COMMERCE

Lorsque les parties sont tenues, ou, dans les cas où elles n'y sont pas tenues, ont choisi d'être représentées par des avocats, la communication entre les avocats et la communication des avocats avec le tribunal de commerce doivent être effectuées par voie **électronique** selon les modalités fixées par un arrêté du 21 juin 2013 (n°s 21372 s.). De façon générale, l'adhésion par un auxiliaire de justice, assistant ou de représentant une partie, à un réseau de communication électronique vaut consentement à l'utilisation de la voie électronique (CPC art. 748-2, al. 2). **35006**
Par ailleurs, la représentation des parties par un avocat entraîne l'application de règles précises régissant la structure des conclusions, prévues pour les procédures orales devant toutes les juridictions lorsque ces procédures donnent lieu à des échanges écrits (CPC art. 446-2 voir n° 35044 s.).

B. Introduction de l'instance devant le tribunal de commerce

MODES D'INTRODUCTION DE L'INSTANCE AU TRIBUNAL DE COMMERCE

35015 L'assignation est le moyen le plus courant d'engager un procès devant le tribunal de commerce, mais le Code de procédure civile n'ignore pas le mode conventionnel d'introduction de l'instance que constitue la requête conjointe (CPC art. 854). La demande peut aussi être formée par requête unilatérale (CPC art. 54), dans certains cas précisés n°s 35175 s.

ASSIGNATION AU TRIBUNAL DE COMMERCE

35017 **Contenu** Comme tout **acte extrajudiciaire**, l'assignation devant le tribunal de commerce doit contenir les mentions exigées à ce titre par la loi (CPC art. 648), ainsi que les mentions imposées pour toutes les **assignations** (CPC art. 56 ; n° 4001).

Elle doit en outre, à peine de nullité, indiquer les jour et heure de l'audience à laquelle l'affaire sera appelée (CPC art. 56, 1°), étant précisé que l'audience ne doit pas se tenir dans un **délai** de moins de quinze jours avant la délivrance de l'assignation (CPC art. 856). L'assignation commerciale est donc à jour fixe, de plein droit, c'est-à-dire sans qu'il soit besoin de solliciter l'autorisation du président de la juridiction.

L'assignation doit également contenir les nom, prénom et adresse de la personne chez qui le demandeur élit domicile en France s'il réside à l'étranger (CPC art. 855, al. 1).

Après avoir **informé le défendeur** sur les conditions particulières de représentation et d'assistance devant le tribunal de commerce, l'assignation doit aussi, si elle comporte une **demande en paiement,** reproduire les dispositions de l'article 861-2 du CPC, applicables à la demande incidente du défendeur tendant à l'octroi d'un délai de grâce (CPC art. 855, al. 2). Le législateur a ici voulu que l'attention du défendeur soit attirée sur la possibilité de demander un tel délai, et sur les conditions assouplies dans lesquelles cette demande incidente pourra être présentée. Sur ces conditions voir n° 35055.

> **Précisions** N'est pas prévue au tribunal de commerce l'obligation de faire précéder la demande en justice d'une **tentative de conciliation, de médiation ou de procédure participative**, qui est imposée au tribunal judiciaire pour les litiges d'un montant inférieur ou égal à 5 000 €, sous peine d'irrecevabilité de la demande.

35022 **Placement** Une fois délivrée au défendeur, l'assignation doit être placée, autrement dit remise en copie au greffe du tribunal de commerce, afin de saisir la juridiction (CPC art. 857, al. 1). La remise doit avoir lieu au plus tard dans un **délai** de huit jours avant la date de l'audience, sous peine de caducité de l'assignation constatée d'office par ordonnance du président ou du juge chargé d'instruire l'affaire, ou, à défaut, à la requête d'une partie (CPC art. 857, al. 2). Ce délai de remise de même que le délai de comparution de quinze jours (n° 35017) peuvent être réduits en cas d'urgence par autorisation présidentielle (CPC art. 858).

L'**assignation non enrôlée** à temps et dont la caducité a été constatée est anéantie (CPC art. 385). Elle ne peut pas avoir eu d'effet interruptif de la prescription (Cass. ass. plén. 3-4-1987 n° 86-11.536 : Bull. civ. ass. plén. n° 2, solution rendue à propos d'une assignation devant le TGI mais, à notre avis, transposable).

35024 MODÈLE **Assignation devant le tribunal de commerce**

ASSIGNATION DEVANT LE TRIBUNAL DE COMMERCE DE...

L'an... et le...

À la requête de : *(identification complète du demandeur : pour une personne physique, nom, prénoms, profession, domicile, nationalité, date et lieu de naissance ; pour une personne morale, sa forme, sa dénomination, son siège social et l'organe qui la représente légalement).*

Préciser éventuellement :

Ayant pour avocat Maître *(identification et adresse de l'avocat)*

ou

Représenté par *(identification du représentant)* mandataire muni d'un pouvoir spécial

ou

Élisant domicile chez *(nom, prénoms et adresse de la personne chez qui le demandeur résidant à l'étranger et n'ayant pas constitué avocat a élu domicile)*
J'ai *(identification de l'huissier ou du commissaire de justice)*
Huissier ou Commissaire de justice soussigné, donné citation à :
(identification du défendeur)
D'avoir à comparaître le *(date et heure de l'audience)*
Devant le tribunal de commerce de *(siège de la juridiction)* siégeant à *(adresse précise et identification du lieu où se tiendra l'audience)*

TRÈS IMPORTANT

[Éventuellement], Il est rappelé au destinataire qu'il est tenu de constituer avocat pour être représenté devant le Tribunal.

À défaut, il s'expose à ce qu'une décision soit rendue contre lui sur la foi des seuls éléments produits par le demandeur.

Il est également rappelé au destinataire, conformément à l'article 861-2 du Code de procédure civile, que « *sans préjudice des dispositions de l'article 68 du Code de procédure civile, la demande incidente tendant à l'octroi d'un délai de paiement en application de l'article 1343-5 du Code civil peut être formée par déclaration faite, remise ou adressée au greffe, où elle est enregistrée. L'auteur de cette demande doit justifier avant l'audience que l'adversaire en a eu connaissance par lettre recommandée avec demande d'avis de réception. Les pièces que la partie invoque à l'appui de sa demande de délai de paiement sont jointes à la déclaration.*

L'auteur de cette demande incidente peut ne pas se présenter à l'audience, conformément au second alinéa de l'article 446-1 du Code de procédure civile. Dans ce cas, le juge ne fait droit aux demandes présentées contre cette partie que s'il les estime régulières, recevables et bien fondées ».

RAISONS DE LA DEMANDE

(Exposé en fait et en droit des moyens du demandeur, en ce compris la demande de remboursement des dépens et des frais irrépétibles et, le cas échéant, la demande tendant à ce que l'exécution provisoire de droit soit écartée (CPC art. 514-1 et s.),

OBJET DE LA DEMANDE

(Énumération des différents chefs de demande)

BORDEREAU DE PIÈCES

(Liste des pièces sur lesquelles est fondée la demande)

REQUÊTE CONJOINTE AU TRIBUNAL DE COMMERCE

Les parties peuvent exposer leurs prétentions par requête conjointe (CPC art. 859). Le **tribunal** est **saisi** par la remise de la requête conjointe (CPC art. 860). **35030**
Il s'agit de l'acte commun par lequel les parties soumettent au juge leurs prétentions respectives, les points sur lesquels elles sont en désaccord ainsi que leurs moyens respectifs. Elle doit contenir les mentions prévues à l'article 57 du CPC (n° 4020 s.).

C. Déroulement de l'instance devant le tribunal de commerce

1. DÉROULEMENT ORDINAIRE DE L'INSTANCE

ÉVOLUTION DU DÉROULEMENT DE L'INSTANCE AU TRIBUNAL DE COMMERCE

Le décret 2010-1165 du 1er octobre 2010, relatif à la procédure orale en matière civile, a modifié l'application du principe de l'oralité des débats devant le tribunal de commerce dans le but avoué de garantir une meilleure prise en compte de l'écrit. Les auteurs de ce décret ont voulu conserver l'ancien système de l'oralité tel qu'il existait avant la réforme, tout en imaginant un nouveau système écrit inspiré de la procédure écrite suivie devant le tribunal judiciaire. **35040**
Le décret 2017-892 du 6 mai 2017 pris en application de la loi de modernisation de la justice du XXIe siècle a complété ce dispositif.
Désormais, **deux régimes coexistent** : le traditionnel et le nouveau, qui sont présentés ici.
En outre, la place de la **conciliation** devant le tribunal de commerce a été renforcée, en permettant au juge de désigner un conciliateur de justice et, pour les instances introduites depuis le 1er janvier 2020, en autorisant la procédure participative pour la mise en état de l'affaire (CPC art. 1543, al. 2 ; n° 35057).

COMPARUTION AU TRIBUNAL DE COMMERCE

35042 Au tribunal de commerce, la procédure est en principe orale (CPC art. 860-1).
Ce principe et ses conséquences figurent non seulement dans les dispositions du Code de procédure civile particulières au tribunal de commerce mais aussi dans une partie commune à la procédure orale devant toutes les juridictions (CPC art. 446-1 s.).
Les prétentions respectives des parties sont formulées à l'**audience** et celles-ci doivent comparaître personnellement ou se faire représenter pour pouvoir soutenir ces prétentions. Les parties peuvent également se référer aux prétentions et **moyens** qu'elles auraient **formulés par écrit**. Leurs **observations** sont alors notées au dossier ou **consignées** dans un procès-verbal (CPC art. 446-1, al. 1).
Dans ce système traditionnel, les conclusions écrites ne sont pas obligatoires. Les moyens de fait et de droit peuvent être formulés à l'audience, par voie d'observations verbales à la barre. Il en est de même des demandes incidentes (demande additionnelle, demande reconventionnelle, intervention d'un tiers), sauf en cas de défaillance de l'adversaire ou de mise en cause d'un tiers : il faut alors utiliser les formes prescrites pour l'introduction de l'instance.
En l'absence de **conciliation** (n° 35070), si l'affaire n'est pas en état d'être jugée, la formation de jugement la renvoie à une prochaine audience ou confie à l'un de ses membres le soin de l'**instruire** (CPC art. 861, al. 1). La formation de jugement peut donc procéder elle-même à l'instruction de l'affaire au fil des audiences successives ou la confier à un juge dédié. Sur la procédure d'instruction par un juge dédié, voir n°s 35090 s.
À moins que l'affaire ne soit jugée dès la première audience, le greffier avise par lettre simple, les parties qui ne l'auraient pas été verbalement, de la date des **audiences ultérieures** (CPC art. 861, al. 2).

ORGANISATION DES ÉCHANGES ÉCRITS AU TRIBUNAL DE COMMERCE

35044 Le droit commun des procédures orales contient un certain nombre d'adaptations bienvenues, destinées à rationaliser la **mise en état** de l'affaire à l'aide d'échanges écrits, au lieu de recourir à des renvois successifs à l'audience comme il est d'usage dans les procédures orales.
Lorsque les débats sont renvoyés à une audience ultérieure, le juge peut organiser les échanges entre les parties comparantes. Après avoir recueilli leur avis, le juge peut ainsi fixer les **délais** et, si elles en sont d'accord, les **conditions de communication** de leurs prétentions, moyens et pièces (CPC art. 446-2, al. 1). Le juge peut ainsi adopter un véritable **calendrier de procédure** et proposer la **communication** des prétentions et moyens **par écrit**.
Lorsque toutes les **parties** comparantes formulent leurs prétentions et moyens par écrit et sont **assistées ou représentées par un avocat**, les conclusions doivent formuler expressément les prétentions ainsi que les moyens en fait et en droit sur lesquels chacune de ces prétentions est fondée avec indication pour chaque prétention des pièces invoquées et de leur numérotation. Un bordereau énumérant les pièces justifiant ces prétentions doit être annexé aux conclusions. Les conclusions doivent comprendre distinctement un exposé des faits et de la procédure, une discussion des prétentions et des moyens ainsi qu'un dispositif récapitulant les prétentions. Les moyens qui n'auraient pas été formulés dans les écritures précédentes doivent être présentés de manière formellement distincte. Le juge ne statue que sur les prétentions énoncées au dispositif et n'examine les moyens au soutien de ces prétentions que s'ils sont invoqués dans la discussion. Les parties doivent reprendre dans leurs dernières conclusions les prétentions et moyens présentés ou invoqués dans leurs conclusions antérieures. À défaut, elles sont réputées les avoir abandonnés et le juge ne statue que sur les dernières conclusions déposées (CPC art. 446-2, al. 2).
Lorsque les **parties** formulent leurs prétentions et moyens par écrit et qu'elles ne sont **pas assistées ou représentées par un avocat**, le juge peut, avec leur accord, prévoir qu'elles seront réputées avoir abandonné les prétentions et moyens non repris dans leurs dernières écritures communiquées (CPC art. 446-2, al. 3). Ces dernières écritures sont en pratique appelées « **conclusions récapitulatives** ».

35046 Que les parties soient ou non assistées ou représentées par un avocat, **à défaut** pour elles **de respecter les modalités de communication** fixées par le juge, celui-ci peut rappeler l'affaire à l'audience, en vue de la juger ou de la radier (CPC art. 446-2, al. 4).
Le juge peut aussi écarter des débats les prétentions, moyens et pièces communiqués sans motif légitime après la date fixée pour les échanges et dont la tardiveté porte atteinte aux droits de la défense (CPC art. 446-2, al. 5).
Le **juge** a le **pouvoir** d'inviter les parties à lui fournir les explications et les pièces qu'il estime nécessaires à la solution du litige (CPC art. 446-3, al. 1).
Les **parties** sont **avisées** par tout moyen de la demande du juge lorsque la procédure orale a fait l'objet d'une mise en état par échanges d'écritures (CPC art. 446-3, al. 2).

La date des prétentions et des moyens d'une partie régulièrement présentés par écrit est celle de leur communication entre parties (CPC art. 446-4). Par suite, une exception d'incompétence ne peut pas être présentée oralement après le jour de la communication des écrits (Cass. 2e civ. 22-6-2017 n° 16-17.118 F-PB).

DISPENSE DE COMPARUTION AU TRIBUNAL DE COMMERCE

Le juge qui organise les échanges entre les parties comparantes peut dispenser une **partie qui en fait la demande** de se présenter à une audience ultérieure. Dans ce cas, la communication entre les parties est faite par lettre recommandée avec demande d'avis de réception ou par notification entre avocats et il en est justifié auprès du tribunal dans les délais que le juge impartit. À l'issue de la dernière audience, le greffe informe les parties de la date à laquelle le jugement sera rendu (CPC art. 861-1). 35050

Cette dispense n'affranchit cependant pas la partie concernée de toute comparution ou représentation. En effet, il faut au moins qu'elle soit présente ou représentée à la première audience pour pouvoir demander au juge l'autorisation de procéder par écrit (en ce sens, D. Cholet, La réforme de la procédure devant le tribunal de commerce : JCP E 2010, act. n° 558).

La partie ainsi dispensée d'audience est autorisée à **formuler ses prétentions et moyens par écrit**. Le jugement rendu dans ces conditions est contradictoire. Néanmoins, le juge a toujours la faculté d'ordonner que cette partie se présente devant lui (CPC art. 446-1, al. 2 sur renvoi de l'art. 861-1).

Dispense de comparution en cas de demande de délai de paiement 35055

Lorsque la demande portée devant la juridiction tend au paiement d'une somme d'argent, la demande incidente du défendeur tendant à se voir accorder un délai de paiement (C. civ. art. 1343-5) n'a pas à être soutenue à l'audience, et peut être faite **par requête** remise ou adressée au greffe, puis transmise à l'adversaire, soit à l'audience, soit par lettre recommandée avec accusé de réception (CPC art. 861-2, al. 1).

Dans ce cas, le défendeur, auteur de la demande tendant à l'obtention d'un délai, n'est pas tenu de se présenter, ni à la première audience ni aux audiences suivantes. Simplement, et pour préserver les droits du défendeur, le juge ne peut faire droit à la demande en paiement que s'il l'estime régulière, recevable et bien fondée (CPC art. 861-2, al. 2).

Cette faculté facilite le traitement des nombreuses demandes en paiement, dans lesquelles le débiteur ne conteste pas sa dette mais demande des délais, sans pour autant sacrifier ses intérêts puisque le juge ne pourra faire droit aux prétentions de son adversaire qu'après en avoir examiné les mérites. C'est dire que la demande tendant à l'obtention d'un délai de paiement ne vaudra pas acquiescement à la demande adverse en paiement.

La dispense de comparution ne s'applique qu'à la demande incidente tendant à l'obtention d'un délai de paiement. Les **autres demandes reconventionnelles** qui figureraient éventuellement dans ce courrier ne devraient pas saisir la juridiction, conformément à la jurisprudence précitée de la Cour de cassation. Telle est l'opinion formulée par les auteurs du décret (Circ. du 24-1-2011 relative à la présentation du décret du 1-10-2010, § 1.1.2.2 : BOMJL 2011/2 du 28-02-2011).

CONVENTION PARTICIPATIVE DE MISE EN ÉTAT DEVANT LE TRIBUNAL DE COMMERCE

Applicable devant toute juridiction de l'ordre judiciaire, donc également devant le tribunal de commerce, la convention de procédure participative aux fins de mise en état, conclue entre les parties et leurs avocats, leur offre la possibilité de maîtriser le temps de la mise en état de l'affaire. 35057

Elle a pour **objet** de préciser les modalités de mise en état du litige (échange des prétentions, des moyens et des pièces, organisation de réunions périodiques entre avocats, avec ou sans la présence des parties...) et tend à l'établissement d'un acte d'avocats formalisant les prétentions et les moyens des parties et visant les pièces à l'appui, l'affaire devant ensuite être fixée à bref délai pour être jugée.

La procédure participative peut aussi déboucher sur un accord partiel ou total quant au **fond du litige,** qui peut alors être soumis à l'homologation du juge (CPC art. 1557 s.).

La conclusion de la convention de procédure participative aux fins de mise en état a pour **effet** d'interrompre l'instance. Les parties ont, à tout moment, la possibilité de renoncer expressément à se prévaloir de toute fin de non-recevoir, de toute exception de procédure et des dispositions de l'article 47 du Code de procédure civile, à l'exception de celles qui surviennent ou sont révélées postérieurement à la signature de la convention de procédure participative (CPC art. 1546-1).

Pour plus de détails sur la procédure participative de mise en état, voir nos 55770 s.

RECOURS À LA CONCILIATION EN COURS D'INSTANCE AU TRIBUNAL DE COMMERCE

35070 Comme pour toute juridiction, il entre dans les pouvoirs du tribunal de commerce de concilier les parties, à tout moment (CPC art. 21). Il appartient au juge chargé d'instruire l'affaire de constater la conciliation, même partielle, des parties, mais il peut également désigner un conciliateur de justice (CPC art. 863). À tout moment de la procédure, si une conciliation entre les parties apparaît envisageable, la formation de jugement peut désigner un **conciliateur de justice** à cette fin ; la désignation se fait par simple mention au dossier (CPC art. 128 et 860-2) et l'accord des parties n'est pas nécessaire pour recourir au conciliateur. Le régime de cette conciliation déléguée au conciliateur de justice est prévu aux articles 129-2 à 129-6 du CPC, dont les dispositions sont pleinement applicables devant le tribunal de commerce (nos 55310 s.).
Le législateur a voulu étendre la place de la conciliation devant l'ensemble des juridictions et en particulier devant les juridictions consulaires, en en diversifiant les modalités. Il a également été suggéré d'associer le président du tribunal de commerce au recrutement des conciliateurs de justice, afin de se doter d'un personnel spécialisé disposant de toute la légitimité nécessaire au règlement de litiges commerciaux (Circ. du 24-1-2011 relative à la présentation du décret du 1-10-2010, § 1.1.2.2 : BOMJL 2011/2 du 28-02-2011).

2. DÉSIGNATION D'UN JUGE INSTRUCTEUR

35090 Lorsque l'affaire apparaît complexe, la formation de jugement du tribunal de commerce peut ne pas être à même de mener l'instruction. Dans ce cas, ce soin est confié à un juge désigné à l'audience parmi les membres de la formation de jugement (CPC art. 861).

POUVOIRS DU JUGE INSTRUCTEUR DU TRIBUNAL DE COMMERCE

35091 **Mise en état de l'affaire** Comparable au juge de la mise en état devant le tribunal judiciaire, le juge chargé de l'instruction de l'affaire dispose toutefois de pouvoirs inférieurs. En particulier, il ne peut trancher les **incidents** qui sont de nature à mettre fin à l'instance, sauf pour constater l'extinction de l'instance (CPC art. 865, al. 3). Il ne saurait en revanche se prononcer sur une exception dilatoire, une exception de nullité pour vice de forme ou une fin de non-recevoir, qui sont de la compétence exclusive de la formation de jugement. Il ne dispose pas davantage du pouvoir d'accorder une **provision** au créancier ou d'ordonner une **mesure provisoire**.

35093 Pour l'essentiel, les pouvoirs du juge concernent **l'instruction de l'affaire**. Ainsi, il peut entendre les parties, et peut leur réclamer toutes les explications de fait et de droit et les enjoindre à produire les pièces qu'il estime utiles à la solution du litige (CPC art. 446-3, sur renvoi de l'art. 862, al. 2). En revanche, il n'a pas le pouvoir d'ordonner à des tiers de produire une pièce, cette prérogative étant réservée à la formation de jugement. Toujours au titre de l'instruction de l'affaire, le juge dispose de pouvoirs en matière d'administration judiciaire de la preuve : il peut ordonner, même d'office, toute mesure d'instruction et tranche les difficultés relatives à la communication des pièces spontanément produites par les parties (CPC art. 865). Les mesures d'instruction ordonnées par le juge seront soumises aux conditions de droit commun édictées par les articles 143 et suivants du CPC, conférant notamment au juge qui a ordonné la mesure le pouvoir d'en contrôler l'exécution (CPC art. 155 s.).
Sa mission d'instruction le conduit en outre à exercer les pouvoirs de mise en état désormais reconnus à toutes les juridictions observant une procédure orale ; il peut à ce titre organiser les échanges entre les parties comparantes dans les conditions et sous les sanctions prévues à l'article 446-2 du CPC (CPC art. 861-3).

35095 D'autres attributions sont également reconnues au juge chargé d'instruire l'affaire, notamment en matière de **conciliation**. Il peut concilier les parties, ou désigner un conciliateur de justice (CPC art. 863). Enfin, il connaît de certains **incidents d'instance** et peut ainsi procéder aux jonctions et disjonctions d'instance (CPC art. 864) ou encore constater l'extinction de l'instance, en cas de caducité, de désistement, d'acquiescement ou de conciliation (CPC art. 865, al. 3).

35100 **Préparation du jugement** La description des pouvoirs d'instruction du juge dédié ne doit pas faire oublier son rôle dans la préparation du jugement qui sera rendu par la formation collégiale du tribunal. Le juge chargé d'instruire l'affaire doit la renvoyer devant le tribunal dès que l'état de l'instruction le permet (CPC art. 869). À la demande du président de la formation, le juge instructeur doit faire un **rapport** oral de l'affaire à l'audience avant les plaidoiries. Ce rapport peut également être fait par le président de la formation ou un autre juge de la formation qu'il désigne (CPC art. 870, al. 1).

Le rapport doit **exposer** l'objet de la demande et les moyens des parties, préciser les questions de fait et de droit soulevées par le litige et faire mention des éléments propres à éclairer le débat, **sans faire connaître l'avis** du juge qui en est l'auteur (CPC art. 870, al. 2).
Le juge chargé d'instruire l'affaire peut aussi, si les parties ne s'y opposent pas, tenir seul l'**audience** pour entendre les plaidoiries et en rendre compte à la formation du jugement en vue du délibéré (CPC art. 871). Chargé de rendre compte de l'audience de plaidoiries lorsqu'elle s'est tenue devant lui, le juge instructeur doit ensuite délibérer avec le tribunal dont il fait nécessairement partie. Un jugement rendu sans que le juge chargé de l'instruction n'ait participé au délibéré ni au prononcé du jugement a ainsi été annulé (Cass. com. 23-06-2004 n° 02-20.751, rendu avant la réforme de l'instruction par le décret 2012-1451 du 24-12-2012 mais, à notre avis, transposable).

Nature des pouvoirs du juge instructeur Le juge instructeur ne dispose d'aucune compétence exclusive. La **formation de jugement** reste pleinement saisie du litige. Le juge instructeur peut librement lui renvoyer le règlement d'un point qui relève en principe de sa compétence, tel qu'une demande tendant à la jonction de deux instances ainsi qu'à l'organisation d'une mesure d'instruction (Cass. com. 29-04-1986 n° 84-13.700 : Bull. civ. IV n° 76). La **formation des référés** demeure également compétente. S'il n'est pas en son pouvoir d'ordonner une mesure d'instruction in futurum, puisque par définition le juge du fond est déjà saisi du litige (Cass. com. 15-11-1983 n° 82-14.738 : Bull. civ. IV n° 307), le juge des référés reste compétent pour octroyer une provision ou ordonner une mesure provisoire, d'autant que ces attributions n'ont pas été reconnues au juge instructeur. 35105

DÉCISION DU JUGE INSTRUCTEUR DU TRIBUNAL DE COMMERCE

Les décisions du juge chargé d'instruire l'affaire font en principe l'objet d'une simple **mention au dossier** ; il n'en va autrement que si la décision concerne une mesure d'instruction, la communication des pièces produites par les parties, ainsi que l'extinction de l'instance : dans tous ces cas, le juge instructeur doit statuer par une **ordonnance** motivée (CPC art. 866). Toutefois cette ordonnance n'a pas autorité de chose jugée au principal et ne lie donc pas la formation de jugement (CPC art. 867). Ainsi, une mesure d'instruction refusée par le juge chargé d'instruire l'affaire peut parfaitement être ordonnée par le tribunal statuant collégialement. 35115

Les ordonnances du juge chargé d'instruire l'affaire ne sont susceptibles d'aucun **recours** indépendamment du jugement sur le fond (CPC art. 868, al. 1). Elles ne peuvent donc être contestées qu'à l'occasion d'une voie de recours exercée contre le jugement. 35118
Ce principe du recours différé souffre trois exceptions. Tout d'abord, lorsque le juge instructeur a ordonné une **mesure d'expertise**, sa décision est susceptible d'appel, sur autorisation du premier président de la cour d'appel et à condition qu'il soit justifié d'un motif grave et légitime (CPC art. 272 et 868, al. 2). Ensuite, l'ordonnance par laquelle ce juge a constaté **l'extinction de l'instance** peut être frappée d'appel dans les quinze jours de son prononcé (CPC art. 868, al. 2). Enfin, et bien qu'aucun texte ne le mentionne, il faut réserver l'exception traditionnelle de **l'excès de pouvoir,** qui autorise l'exercice immédiat d'un recours contre une décision que le juge n'avait pas le pouvoir de prendre. Ainsi serait passible d'appel-nullité une décision statuant sur une exception dilatoire ou une fin de non-recevoir, la connaissance de ces incidents d'instance étant réservée à la formation collégiale.

SECTION 2

RÉFÉRÉ ET REQUÊTE DEVANT LE TRIBUNAL DE COMMERCE

A. Procédure en référé au tribunal de commerce

1. RÉFÉRÉ GÉNÉRAL

Dans tous les cas d'**urgence,** le président du tribunal de commerce peut, dans les limites de sa compétence, ordonner en référé toutes les mesures qui ne se heurtent à aucune contestation sérieuse ou que justifie l'existence d'un différend (CPC art. 872). 35130

Sous la même réserve de compétence, le président peut aussi prescrire toutes les mesures conservatoires ou de remise en état qui s'imposent soit pour prévenir un **dommage imminent**, soit pour faire cesser un **trouble manifestement illicite**, même en présence d'une contestation sérieuse (CPC art. 873, al. 1).
Lorsqu'une obligation n'est pas sérieusement contestable, le président peut accorder une **provision** au créancier ou ordonner **l'exécution de l'obligation** même s'il s'agit d'une obligation de faire (CPC art. 873, al. 2).
Les pouvoirs du président du tribunal de commerce statuant en référé sont définis dans les mêmes termes que ceux du président du **tribunal judiciaire** (CPC art. 834 et 835). Le lecteur est donc invité à se reporter, pour une étude des différents cas d'ouverture ainsi que de la procédure du référé, aux dispositions particulières applicables à la procédure devant le tribunal judiciaire (n°s 33205 s.).

2. RÉFÉRÉ SPÉCIAL

RÉFÉRÉ CONCURRENCE

35140 Dans le cadre de la lutte contre les pratiques restrictives de concurrence dans les réseaux de distribution, le juge des référés peut ordonner, au besoin sous astreinte, la cessation des **pratiques abusives** ou toute autre mesure provisoire (C. com. art. L 442-4, II).
Le président du tribunal de commerce n'a pas une compétence exclusive pour ordonner de telles mesures ; il partage cette compétence avec celle du président du tribunal judiciaire, juridiction civile de droit commun. Spéciale, cette procédure de référé ne l'est qu'en partie. Elle est certes propre à une matière – le droit de la concurrence – mais elle n'est pas régie par des conditions spécifiques. La Cour de cassation a en effet décidé que le juge des référés ne pouvait ordonner les mesures prévues par ce texte qu'à la condition que soient réunies les conditions prévues soit aux articles 808 et 809, soit aux articles 872 et 873 du Code de procédure civile (Cass. com. 27-6-1989 n° 88-10.250 : Bull. civ. IV n° 208 ; Cass. com. 17-6-1990 n° 89-14.119 : Bull. civ. IV n° 220).
Les règles applicables au référé concurrence sont donc celles des **référés généraux** (n° 35130). La seule véritable spécificité du référé concurrence tient à ce qu'il est ouvert au **ministre de l'économie**, alors que celui-ci n'a pas qualité pour agir dans une procédure de droit commun (Avis Cour de cassation : BICC 01-06-1996).

TRIBUNAL DE COMMERCE STATUANT SELON LA PROCÉDURE ACCÉLÉRÉE AU FOND

35155 Le **président** du tribunal de commerce se voit reconnaître, par plusieurs textes spéciaux, le pouvoir de statuer « selon la procédure accélérée au fond ».
Les **décisions** prises selon la procédure accélérée au fond par le président du tribunal de commerce sont **définitives** : elles mettent fin au litige et ont autorité de chose jugée au principal.
Ces procédures sont courantes en matière de droit des **sociétés** commerciales. Ainsi, le président du tribunal de commerce peut, statuant selon la procédure accélérée au fond, désigner un expert chargé d'évaluer la valeur des droits sociaux en cas de cession ou de transmission (C. civ. art. 1843-4). Le président du tribunal de commerce statuant **selon la procédure accélérée au fond** peut aussi intervenir dans le relèvement des fonctions d'un commissaire aux comptes ou sa récusation (C. com. art. R 823-5). Sur ces procédures spécifiques au droit des sociétés, voir n°s 48100 s.
À moins qu'il en soit disposé autrement, lorsqu'il est prévu par les textes qu'il est statué selon la procédure accélérée au fond, la demande doit être faite par assignation à une audience tenue aux jour et heure prévus à cet effet ; la procédure est orale. Le juge rend un jugement qui est exécutoire de droit à titre provisoire. Le délai d'appel est de quinze jours (CPC art. 481-1).
Le régime complet de cette procédure est exposé n°s 33350 s.

B. Procédure sur requête au tribunal de commerce

1. ORDONNANCE SUR REQUÊTE GÉNÉRALE

35175 Le président du tribunal de commerce peut, dans les **limites de sa compétence** d'attribution, être saisi sur requête, c'est-à-dire sans qu'un défendeur soit appelé en la cause, pour ordonner toutes **mesures urgentes** lorsque les circonstances exigent qu'elles ne soient pas prises contradictoirement (CPC art. 875). Sur ce fondement, le président du tribunal de commerce peut donc ordonner une mesure d'instruction avant tout procès, dès lors que le **litige** est de nature à relever, ne serait-ce qu'**en partie**, de la **compétence** de la juridiction à laquelle il appartient ; il peut ainsi ordonner sur requête la désignation d'un huissier ou d'un commissaire de justice aux fins de recherche et mise sous séquestre de documents relatifs à des actes de concurrence déloyale, même si ceux-ci ont été commis par une société et un ancien salarié, qui n'est pas commerçant (Cass. 2e civ. 7-6-2012 n° 11-15.490 : Bull. civ. II n° 101).

La requête est remise ou adressée au **greffe** par le requérant ou son mandataire ; en cas d'urgence, la requête peut être présentée au domicile du président ou au lieu où il exerce son activité professionnelle (CPC art. 876). **35180**
Les pouvoirs du président du tribunal de commerce statuant sur requête sont définis dans les mêmes termes que ceux du président du tribunal judiciaire (CPC art. 845). Le lecteur est donc invité à se reporter, pour une étude des conditions et du régime de l'ordonnance sur requête, aux dispositions applicables à la procédure devant le président du tribunal judiciaire (nos 34000 s.).

2. ORDONNANCE SUR REQUÊTE SPÉCIALE

PRÉSENTATION DE L'ORDONNANCE SUR REQUÊTE SPÉCIALE

Le président du tribunal de commerce peut être saisi sur requête, non seulement quand les circonstances exigent que des mesures soient prises de façon non contradictoire (CPC art. 875), mais encore dans les cas prévus par la loi (CPC art. 874). **35190**
Dans ce dernier cas, les parties sont dispensées de l'obligation de constituer avocat en matière de gage des stocks et de gage sans dépossession (CPC art. 874, al. 2).
À côté des ordonnances sur requête innomées ou générales, il existe ainsi des cas d'ordonnances sur requête nommées, autrement dit spécialement prévues par la loi. Ces **cas** sont des plus **variés**. Leur point commun est, en principe, de dispenser d'une vérification quant à la réunion des conditions de droit commun des ordonnances sur requête. On peut considérer que les circonstances dans lesquelles il est dérogé au contradictoire sont présumées par la loi, le juge ayant simplement à s'assurer que la requête qui lui est soumise relève bien du cas d'ouverture en cause. Sans prétention d'exhaustivité, on évoquera ici quelques cas nommés relevant de la compétence du président de la juridiction commerciale.

ORDONNANCE SUR REQUÊTE EN MATIÈRE DE CONTRAT DE TRANSPORT

Les difficultés relatives à la **formation** ou à l'**exécution** d'un contrat de transport de **marchandises** peuvent donner lieu à la désignation d'un **expert** pour vérifier et constater l'état des marchandises transportées ou présentées en vue de leur transport, par ordonnance sur requête prononcée par le président du tribunal de commerce ou du tribunal judiciaire. Cette mesure demeure toutefois soumise, en principe, au respect du principe de la contradiction, car le requérant est ensuite tenu d'appeler à l'expertise, même par lettre recommandée, toutes parties susceptibles d'être mises en cause (expéditeur, destinataire, voiturier, commissionnaire). Mais en cas d'urgence, le requérant peut être dispensé de cette formalité par le président du tribunal saisi de la requête (C. com. art. L 133-4). **35191**

ORDONNANCE SUR REQUÊTE EN MATIÈRE DE DROIT DES SOCIÉTÉS

En droit des sociétés, les **cas** sont **nombreux**, qui permettent notamment au président du tribunal de commerce d'intervenir pour pallier le **défaut de réunion du quorum ou de la majorité** nécessaire à certaines décisions. Citons ainsi la désignation de l'expert chargé d'évaluer les droits sociaux en cas de défaut d'agrément de l'acquéreur des parts d'une SARL, celle du commissaire aux apports chargé d'évaluer les apports en nature quand l'évaluation n'a pas été faite à l'unanimité des futurs associés, celle du commissaire à la transformation en SA, faute d'accord unanime des associés, celle du liquidateur ou encore celle du contrôleur de liquidation. **35195**
Le juge des requêtes peut aussi être saisi pour suppléer à la **défaillance des organes sociaux** par la nomination d'un mandataire ad hoc, chargé notamment de convoquer l'assemblée générale en vue de procéder à la nomination provisoire d'administrateurs ou de membres du conseil de surveillance en cas de vacance ou de mort, de représenter la masse dans les opérations de redressement et de liquidation judiciaires, lorsque le liquidateur ne convoque pas l'assemblée dans les délais impartis. Toujours en cas de défaillance des organes sociaux, le président du tribunal de commerce statuant sur requête peut proroger certains délais, comme celui qui est relatif à la convocation de l'assemblée par le liquidateur, au paiement des dividendes ou à la tenue de l'assemblée générale à la demande du conseil d'administration.
Sur ces procédures spécifiques au droit des sociétés, voir nos 48100 s.

ANNEXE

SIÈGE ET RESSORT DES TRIBUNAUX DE COMMERCE

35200

Département	Ville où siège le tribunal	Ressort [1]
01 Ain	Bourg-en-Bresse	TJ de Bourg-en-Bresse
02 Aisne	Saint-Quentin	TJ de Saint-Quentin et de Laon
	Soissons	TJ de Soissons
03 Allier	Cusset	TJ de Cusset et de Moulins
	Montluçon	TJ de Montluçon
04 Alpes-de-Haute-Provence	Manosque	TJ de Digne-les-Bains
05 Hautes-Alpes	Gap	TJ de Gap
06 Alpes-Maritimes	Nice	TJ de Nice
	Grasse	TJ de Grasse et cantons de Carros, Coursegoules, Vence, à l'exception du ressort des chambres de proximité d'Antibes, de Cagnes-sur-Mer et de Cannes
	Antibes	Ressort des chambres de proximité d'Antibes et de Cagnes-sur-Mer, à l'exception des cantons de Carros, Coursegoules, Vence
	Cannes	Chambre de proximité de Cannes
07 Ardèche	Aubenas	TJ de Privas
08 Ardennes	Sedan	TJ de Charleville-Mézières
09 Ariège	Foix	TJ de Foix
10 Aube	Troyes	TJ de Troyes
11 Aude	Carcassonne	TJ de Carcassonne
	Narbonne	TJ de Narbonne
12 Aveyron	Rodez	TJ de Rodez
13 Bouches-du-Rhône	Aix-en-Provence	TJ d'Aix-en-Provence à l'exception du ressort de la chambre de proximité de Salon-de-Provence et des cantons de Berre-l'Étang, Istres-Sud, Istres-Nord, Vitrolles
	Salon-de-Provence	Chambre de proximité de Salon-de-Provence et cantons de Berre-l'Étang, Istres-Sud, Istres-Nord, Vitrolles
	Marseille	TJ de Marseille
	Tarascon	TJ de Tarascon
14 Calvados	Caen	TJ de Caen
	Lisieux	TJ de Lisieux
15 Cantal	Aurillac	TJ d'Aurillac

35200 (suite)

Département	Ville où siège le tribunal	Ressort [1]
16 Charente	Angoulême	TJ d'Angoulême
17 Charente-Maritime	La Rochelle	TJ de La Rochelle
	Saintes	TJ de Saintes
18 Cher	Bourges	TJ de Bourges
19 Corrèze	Brive-la-Gaillarde	TJ de Brive-la-Gaillarde et de Tulle
Collectivité de Corse	Ajaccio	TJ d'Ajaccio
	Bastia	TJ de Bastia
21 Côte-d'Or	Dijon	TJ de Dijon
22 Côtes-d'Armor	Saint-Brieuc	TJ de Saint-Brieuc
23 Creuse	Guéret	TJ de Guéret
24 Dordogne	Bergerac	TJ de Bergerac
	Périgueux	TJ de Périgueux
25 Doubs	Besançon	TJ de Besançon
	Belfort (90)	TJ de Belfort et de Montbéliard
26 Drôme	Romans-sur-Isère	TJ de Valence
27 Eure	Bernay	Chambre de proximité de Bernay
	Évreux	TJ d'Évreux à l'exception du ressort de la chambre de proximité de Bernay
28 Eure-et-Loir	Chartres	TJ de Chartres
29 Finistère	Brest	TJ de Brest
	Quimper	TJ de Quimper
30 Gard	Nîmes	TJ de Nîmes et d'Alès
31 Haute-Garonne	Toulouse	TJ de Toulouse et de Saint-Gaudens
32 Gers	Auch	TJ d'Auch
33 Gironde	Bordeaux	TJ de Bordeaux
	Libourne	TJ de Libourne
34 Hérault	Béziers	TJ de Béziers
	Montpellier	TJ de Montpellier
35 Ille-et-Vilaine	Rennes	TJ de Rennes
	Saint-Malo	TJ de Saint-Malo
36 Indre	Châteauroux	TJ de Châteauroux
37 Indre-et-Loire	Tours	TJ de Tours
38 Isère	Grenoble	TJ de Grenoble
	Vienne	TJ de Vienne et de Bourgoin-Jallieu
39 Jura	Lons-le-Saunier	TJ de Lons-le-Saunier

35200 (suite)

Département	Ville où siège le tribunal	Ressort [1]
40 Landes	Dax	TJ de Dax
	Mont-de-Marsan	TJ de Mont-de-Marsan
41 Loir-et-Cher	Blois	TJ de Blois
42 Loire	Roanne	TJ de Roanne
	Saint-Étienne	TJ de Saint-Étienne
43 Haute-Loire	Le Puy-en-Velay	TJ du Puy-en-Velay
44 Loire-Atlantique	Nantes	TJ de Nantes
	Saint-Nazaire	TJ de Saint-Nazaire
45 Loiret	Orléans	TJ d'Orléans et de Montargis
46 Lot	Cahors	TJ de Cahors
47 Lot-et-Garonne	Agen	TJ d'Agen
48 Lozère	Mende	TJ de Mende
49 Maine-et-Loire	Angers	TJ d'Angers et de Saumur
50 Manche	Cherbourg-en-Cotentin	TJ de Cherbourg-en-Cotentin
	Coutances	TJ de Coutances
51 Marne	Châlons-en-Champagne	TJ de Châlons-en-Champagne, à l'exception des cantons d'Anglure, Avize, Dormans, Épernay 1er et 2e Canton, Esternay, Fère-Champenoise, Montmirail, Montmort-Lucy, Sézanne et commune de Blancs-Coteaux
	Reims	TJ de Reims et cantons d'Anglure, Avize (à l'exception de la fraction de commune de Blancs-Coteaux), Dormans, Épernay 1er et 2e Canton, Esternay, Fère-Champenoise, Montmirail, Montmort-Lucy, Sézanne
52 Haute-Marne	Chaumont	TJ de Chaumont
53 Mayenne	Laval	TJ de Laval
54 Meurthe-et-Moselle	Val de Briey	TJ de Val de Briey
	Nancy	TJ de Nancy
55 Meuse	Bar-le-Duc	TJ de Bar-le-Duc et de Verdun
56 Morbihan	Lorient	TJ de Lorient
	Vannes	TJ de Vannes
57 Moselle		La chambre commerciale du TJ de Metz est compétente en matière commerciale
		La chambre commerciale du TJ de Sarreguemines est compétente en matière commerciale
		La chambre commerciale du TJ de Thionville est compétente en matière commerciale
58 Nièvre	Nevers	TJ de Nevers

35200 (suite)

Département	Ville où siège le tribunal	Ressort[1]
59 Nord	Douai	TJ de Douai et de Cambrai
	Dunkerque	TJ de Dunkerque
	Lille Métropole (Tourcoing)	TJ de Lille
	Valenciennes	TJ de Valenciennes et d'Avesnes-sur-Helpe
60 Oise	Beauvais	TJ de Beauvais
	Compiègne	TJ de Compiègne et de Senlis
61 Orne	Alençon	TJ d'Alençon et d'Argentan
62 Pas-de-Calais	Arras	TJ d'Arras et de Béthune
	Boulogne-sur-Mer	TJ de Boulogne-sur-Mer et de Saint-Omer
63 Puy-de-Dôme	Clermont-Ferrand	TJ de Clermont-Ferrand
64 Pyrénées-Atlantiques	Bayonne	TJ de Bayonne
	Pau	TJ de Pau
65 Hautes-Pyrénées	Tarbes	TJ de Tarbes
66 Pyrénées-Orientales	Perpignan	TJ de Perpignan
67 Bas-Rhin		La chambre commerciale du TJ de Strasbourg est compétente en matière commerciale
		La chambre commerciale du TJ de Saverne est compétente en matière commerciale
68 Haut-Rhin		La chambre commerciale du TJ de Colmar est compétente en matière commerciale
		La chambre commerciale du TJ de Mulhouse est compétente en matière commerciale
69 Rhône	Lyon	TJ de Lyon
	Villefranche-sur-Saône	TJ de Villefranche-sur-Saône
70 Haute-Saône	Vesoul	TJ de Vesoul
71 Saône-et-Loire	Chalon-sur-Saône	TJ de Chalon-sur-Saône
	Mâcon	TJ de Mâcon
72 Sarthe	Le Mans	TJ du Mans
73 Savoie	Chambéry	TJ de Chambéry et d'Albertville
74 Haute-Savoie	Annecy	TJ d'Annecy et de Bonneville
	Thonon-les-Bains	TJ de Thonon-les-Bains
75 Paris	Paris	TJ de Paris
76 Seine-Maritime	Dieppe	TJ de Dieppe
	Le Havre	TJ du Havre
	Rouen	TJ de Rouen
77 Seine-et-Marne	Meaux	TJ de Meaux
	Melun	TJ de Melun et de Fontainebleau

35200 (suite)

Département	Ville où siège le tribunal	Ressort [1]
78 Yvelines	Versailles	TJ de Versailles
79 Deux-Sèvres	Niort	TJ de Niort
80 Somme	Amiens	TJ d'Amiens
81 Tarn	Albi	TJ d'Albi
	Castres	TJ de Castres
82 Tarn-et-Garonne	Montauban	TJ de Montauban
83 Var	Draguignan	TJ de Draguignan, à l'exception du ressort de la chambre de proximité de Fréjus
	Fréjus	Chambre de proximité de Fréjus
	Toulon	TJ de Toulon
84 Vaucluse	Avignon	TJ d'Avignon et de Carpentras
85 Vendée	La Roche-sur-Yon	TJ de La Roche-sur-Yon et des Sables-d'Olonne
86 Vienne	Poitiers	TJ de Poitiers
87 Haute-Vienne	Limoges	TJ de Limoges
88 Vosges	Épinal	TJ d'Épinal
89 Yonne	Auxerre	TJ d'Auxerre
	Sens	TJ de Sens
90 Territoire de Belfort	Belfort	TJ de Belfort et de Montbéliard (Doubs)
91 Essonne	Évry	TJ d'Évry
92 Hauts-de-Seine	Nanterre	TJ de Nanterre
93 Seine-Saint-Denis	Bobigny	TJ de Bobigny
94 Val-de-Marne	Créteil	TJ de Créteil
95 Val-d'Oise	Pontoise	TJ de Pontoise
971 Guadeloupe	Basse-Terre	TJ de Basse-Terre
	Pointe-à-Pitre	TJ de Pointe-à-Pitre
972 Martinique	Fort-de-France	TJ de Fort-de-France
973 Guyane	Cayenne	TJ de Cayenne
974 La Réunion	Saint-Denis	TJ de Saint-Denis
	Saint-Pierre	TJ de Saint-Pierre
976 Mayotte	Mamoudzou	TJ de Mamoudzou

1. La liste des cantons de rattachement figure n° 3500.

CHAPITRE 3

CONSEIL DE PRUD'HOMMES

SOMMAIRE

RÉGLEMENTATION APPLICABLE À LA PROCÉDURE PRUD'HOMALE

37000 La procédure devant les juridictions prud'homales est régie par les dispositions du livre premier du **Code de procédure civile,** sous réserve des dispositions du **Code du travail** (C. trav. art. R 1451-1). Cette dualité de sources, qui confère une certaine originalité au procès prud'homal, trouve son origine dans la relation spécifique unissant les parties à l'instance (relation de travail subordonnée) et dans la composition particulière des juridictions prud'homales (formations composées de salariés et d'employeurs, magistrats non professionnels).
Procédure orale et contradictoire, l'instance prud'homale est ainsi régie par les grands principes de la procédure civile sans représentation obligatoire.
Procédure simplifiée au regard des modalités de saisine du conseil de prud'hommes, l'instance prud'homale est en outre marquée par le **préalable obligatoire de conciliation.**
Nous présentons ici les dispositions du Code du travail consacrées à la procédure devant le conseil de prud'hommes.

SERVICE D'ACCUEIL UNIQUE AUPRÈS DES CONSEILS DE PRUD'HOMMES

37002 Il existe un service d'accueil unique du justiciable auprès des conseils de prud'hommes (C. trav. art. R 1423-50-1 ; C. org. jud. art. R 123-26) chargé d'**informer** les personnes sur les procédures qui les concernent et de **recevoir** de leur part **des actes** concernant ces procédures (n°s 3980 s.).

SECTION 1

SAISINE DU CONSEIL DE PRUD'HOMMES

A. Introduction de l'instance prud'homale

DEMANDE INTRODUCTIVE D'INSTANCE PRUD'HOMALE

37005 Le conseil de prud'hommes est saisi par **requête** (C. trav. art. R 1452-1, al. 1).
La requête est faite, remise ou **adressée** au greffe (art. R 1452-2, al. 1). Elle doit comporter les mentions prescrites à peine de nullité par les articles 54 et 57 du CPC (nos 4021 s.) ainsi qu'un exposé sommaire des motifs de la demande et les différents chefs de celle-ci ; la requête doit être accompagnée des **pièces** que le demandeur souhaite invoquer à l'appui de ses prétentions, lesquelles sont énumérées sur un bordereau qui lui est annexé (art. R 1452-2, al. 2). Elle doit être datée et signée (CPC art. 57).
La requête et le bordereau sont établis en autant d'**exemplaires** qu'il existe de défendeurs, outre l'exemplaire destiné à la juridiction (C. trav. art. R 1452-2, al. 3).
La saisine du conseil, même incompétent, interrompt la **prescription** (art. R 1452-1, al. 2).
Sur la **compétence** territoriale du conseil de prud'hommes, voir n° 2770. Sur la compétence matérielle du conseil de prud'hommes, voir nos 2464 s.
Sur l'exception d'incompétence et la procédure d'appel sur la compétence, voir nos 2860 s. et 2970 s.

> **Précisions a.** La requête peut être établie au moyen du **formulaire Cerfa** n° 15586*09 disponible sur le site www.service-public.fr.
> **b.** Lorsque la requête est formée par courrier, le **recommandé** n'est pas nécessaire mais rien n'interdit au demandeur d'y avoir recours pour se constituer une preuve de son envoi.
> **c.** Chaque conseil de prud'hommes comprend un **greffe** ; néanmoins, lorsqu'un conseil de prud'hommes a son siège dans la même commune qu'un tribunal judiciaire ou que l'une de ses chambres de proximité, le greffe du tribunal judiciaire ou le greffe détaché de la chambre de proximité comprend aussi le service de greffe du conseil de prud'hommes (C. org. jud. art. L 123-1 et R 123-1, al. 4).

CONVOCATION DES PARTIES DEVANT LE CONSEIL DE PRUD'HOMMES

37010 Le **demandeur** est **informé** par le greffe par tous moyens (convocation verbale, lettre simple, courrier électronique...) des lieu, jour et heure de la séance du bureau de conciliation et d'orientation ou de l'audience lorsque le préalable de conciliation ne s'applique pas (sur les exceptions au préalable de conciliation, voir n° 37101) ; il est invité à adresser ses pièces au défendeur avant la séance ou l'audience et il lui est indiqué que, s'il ne comparaît pas sans motif légitime, il pourra être statué en l'état des pièces et moyens contradictoirement communiqués par l'autre partie (C. trav. art. R 1452-3).
Le greffe convoque le **défendeur** par lettre recommandée AR accompagnée d'un exemplaire de la requête et du bordereau énumérant les pièces du demandeur (art. R 1452-4, al. 1 et 7). Cette **convocation**, qui invite l'intéressé à déposer ou adresser au greffe les pièces qu'il entend produire et à les communiquer à son adversaire, indique (art. R 1452-4) :
– les nom, profession et domicile du demandeur ;
– les lieu, jour et heure de la séance du bureau de conciliation et d'orientation ou de l'audience à laquelle l'affaire sera appelée ;
– le fait que des décisions exécutoires à titre provisoire pourront, même en son absence, être prises contre lui et qu'en cas de non-comparution sans motif légitime il pourra être statué au vu des éléments fournis par son adversaire.
Le greffe n'est tenu de convoquer que les parties. L'absence de **convocation du mandataire** de l'une des parties à l'instance ne peut pas justifier l'annulation de la décision rendue par les juges du fond (Cass. soc. 20-3-1985 n° 92-19.022).
La convocation du défendeur devant le bureau de conciliation et d'orientation et, lorsqu'il est directement saisi, devant le bureau de jugement **vaut citation en justice** (art. R 1452-5). Il en résulte notamment que les intérêts légaux dus sur les dettes que le juge se borne à constater (par exemple, indemnité de licenciement ou de congés payés) courent à compter de cette convocation (Cass. soc. 26-5-1988 n° 85-44.765 : Bull. civ. V n° 319 ; Cass. soc. 11-10-2005 n° 03-41.938 : RJS 2/06 n° 261). Précisons que c'est la convocation du défendeur devant le bureau de conciliation et d'orientation qui vaut citation en justice et non la saisine de la juridiction prud'homale (Cass. soc. 23-3-1989 n° 86-40.797 : Bull. civ. V n° 252 ; Cass. soc. 19-2-1992 n° 88-44.324 : Bull. civ. V n° 104).

ORALITÉ DE LA PROCÉDURE PRUD'HOMALE

La procédure prud'homale est orale (C. trav. art. R 1453-3) ; les parties peuvent donc, si elles le souhaitent, présenter leurs arguments à l'audience des débats, par voie orale uniquement. 37015
Le principe de l'oralité de la procédure est respecté dès lors que l'intéressé a comparu à l'audience (Cass. soc. 17-7-1997 n° 96-44.672 : RJS 10/97 n° 25). Le dépôt par une partie devant la juridiction prud'homale de conclusions écrites, même notifiées en temps utile à la partie adverse, ne peut suppléer son défaut de **comparution** (Cass. soc. 8-11-1994 n° 91-41.134 : RJS 3/95 n° 288). En outre, la non-comparution d'une partie à l'audience ne peut pas être réparée par l'envoi de conclusions (Cass. soc. 28-5-2013 n° 12-12.105 : RJS 8-9/13 n° 630).
Les parties peuvent se référer aux prétentions et aux moyens qu'elles auraient formulés par écrit ; les observations des parties et leurs prétentions lorsqu'elles ne sont pas tenues de les formuler par écrit sont notées au dossier ou consignées au **procès-verbal** (art. R 1453-4). Les moyens de défense doivent être présentés oralement dans l'ordre indiqué pour les procédures écrites, in limine litis s'agissant des **exceptions de procédure** (n° 10080).

L'article R 1453-5 du Code du travail **déroge au principe** de l'oralité de la procédure lorsque toutes les parties sont représentées par un avocat et qu'elles formulent leurs prétentions par écrit. 37017
Lorsqu'elles remplissent ces conditions, les parties doivent, dans leurs **conclusions**, formuler expressément les prétentions ainsi que les moyens en fait et en droit sur lesquels chacune de ces prétentions est fondée avec indication pour chaque prétention des pièces invoquées. Les prétentions sont récapitulées sous forme de dispositif et le conseil de prud'hommes ne statue que sur ces prétentions énoncées au dispositif. À défaut pour les parties de reprendre dans leurs dernières conclusions les prétentions et moyens présentés ou invoqués dans leurs conclusions antérieures, elles sont réputées les avoir abandonnés et il n'est statué que sur les dernières conclusions communiquées.

> **Précisions** **Cette dérogation au principe de l'oralité ne s'applique pas** lorsque l'une des parties comparaît en personne, ou est représentée par une personne qui n'est pas avocat (par exemple, par un défenseur syndical) et cela, quand bien même les autres parties comparantes seraient toutes représentées par un avocat. Si une partie prend un avocat en cours de procédure, il revient à la juridiction de veiller au respect d'un délai raisonnable afin que les parties puissent se mettre en conformité avec la règle de structuration et de consolidation des écritures si elle devient applicable.

B. Recevabilité des demandes devant le conseil de prud'hommes

DEMANDES NOUVELLES DEVANT LE CONSEIL DE PRUD'HOMMES

Devant le conseil de prud'hommes, conformément au droit commun de la procédure civile, les **demandes** additionnelles ou reconventionnelles peuvent être présentées en cours d'instance si elles se rattachent aux prétentions originaires par un **lien suffisant** (CPC art. 70), ce qui relève du pouvoir souverain d'appréciation du juge du fond. Sous réserve des règles de prescription, une demande ne répondant pas à ces conditions de recevabilité en l'absence d'un tel lien peut faire l'objet d'une autre instance. 37020

> **Précisions** La procédure prud'homale étant orale, les **demandes** additionnelles et reconventionnelles peuvent être **présentées** à l'audience par la partie elle-même ou par son représentant, jusqu'à la clôture des débats. Lorsqu'il est dérogé au principe de l'oralité de la procédure (n° 37017), les parties doivent formuler ces nouvelles demandes dans leurs conclusions.

PÉREMPTION DE L'INSTANCE PRUD'HOMALE

La péremption d'instance est régie par le droit commun de la procédure civile (CPC art. 386 à 393 ; nos 17346 s.). Ainsi, la péremption d'instance est encourue lorsqu'aucune des **parties** n'accomplit de **diligence** pendant deux ans, à compter de la naissance de l'instance ou de la dernière diligence accomplie. Il n'est donc pas nécessaire, pour faire courir ce délai, que le conseil de prud'hommes ait expressément mis à la charge des parties l'accomplissement de diligences. 37030

SECTION 2

PARTIES AU PROCÈS PRUD'HOMAL

A. Comparution, assistance et représentation des parties

COMPARUTION DES PARTIES AUX PRUD'HOMMES

37050 Les parties se défendent elles-mêmes, mais peuvent se faire assister ou représenter (C. trav. art. R 1453-1).

L'obligation de comparution en personne ou par représentation ne peut pas être remplacée par le dépôt de conclusions écrites, même notifiées en temps utile à la partie adverse (Cass. soc. 8-11-1994 n° 91-41.134 et n° 91-41.133 : RJS 3/95 n° 288).

ASSISTANCE OU REPRÉSENTATION DES PARTIES AUX PRUD'HOMMES

37055 Peuvent représenter ou assister les parties (C. trav. art. R 1453-2) :
– un **salarié** ou un **employeur** appartenant à la même branche d'activité ;
– un **défenseur syndical** ;
– leur **conjoint**, partenaire lié par un pacte civil de solidarité (Pacs) ou concubin ;
– un **avocat** régulièrement inscrit au barreau ;
– pour les employeurs, un **membre de l'entreprise** ou de l'établissement fondé de pouvoir ou habilité à cet effet.

Cette liste est limitative : ainsi, un **père** ne peut pas représenter son fils (Cass. soc. 11-5-1993 n° 88-44.230) ; le **salarié** membre d'une **association** n'ayant pas la nature d'un syndicat n'est pas habilité à représenter ou assister un salarié (Cass. soc. 8-10-1996 n° 95-40.521 : Bull. civ. V n° 316).

Un salarié ou un membre de l'entreprise **représentant l'employeur** doit justifier qu'il a reçu mandat de ce dernier (Cass. soc. 5-3-1992 n° 88-45.188 : RJS 4/92 n° 484 ; Cass. soc. 14-10-1997 n° 94-43.796 : Bull. civ. V n° 317). N'a pas la qualité de membre de l'entreprise la personne qui, sous couvert de contrats de travail épisodiques, n'intervient que pour représenter l'entreprise en justice (Cass. soc. 12-4-1995 n° 94-40.127 : RJS 6/95 n° 687).

B. Défaut de comparution ou de représentation des parties aux prud'hommes

37060 Lorsque, sans motif légitime, le demandeur ou le défendeur ne comparaît pas en personne ou n'est pas représenté, le **bureau de conciliation et d'orientation** peut juger l'affaire en l'état des pièces et moyens que la partie comparante a contradictoirement communiqués ; dans ce cas, il statue en tant que bureau de jugement dans sa formation restreinte (C. trav. art. L 1454-1-3). Le bureau de conciliation et d'orientation peut également renvoyer l'affaire à une audience ultérieure du bureau de jugement dans sa formation restreinte (C. trav. art. R 1454-12, al. 1). Le greffier avise alors par tous moyens la partie qui ne l'aura pas été verbalement de la date d'audience (C. trav. art. R 1454-17).

En cas de **défaut de comparution** ou de représentation **du demandeur**, le bureau de conciliation et d'orientation peut également déclarer la requête et la citation caduques si le défendeur ne sollicite pas un jugement sur le fond (art. R 1454-12, al. 1). La déclaration de caducité peut être rapportée dans les conditions de l'article 468 du CPC (n°s 17640 s.) ; le demandeur est alors avisé par tous moyens de la date de la séance du bureau de conciliation et d'orientation, à laquelle le défendeur est convoqué par lettre recommandée AR (art. R 1454-12, al. 2).

37065 Lorsque le défendeur ne comparaît pas le jour de l'audience du **bureau de jugement**, il est statué sur le fond ; toutefois, si le défendeur a justifié en temps utile d'un motif légitime, il est avisé par tous moyens de la prochaine audience du bureau de jugement (C. trav. art. R 1454-20).

Dans le cas où, sans motif légitime, le demandeur ne comparaît pas devant le bureau de jugement, il est fait application de l'article 468 du CPC (n°s 17640 s.) ; si, après avoir été prononcée, la déclaration de caducité est rapportée, le demandeur est avisé par tous moyens de la date d'audience devant le bureau de jugement, à laquelle le défendeur est convoqué par lettre recommandée AR (art. R 1454-21).

37070

Garantie d'impartialité du conseil de prud'hommes

Principe d'impartialité des conseillers

Les conseillers prud'hommes doivent exercer leurs fonctions avec indépendance, impartialité et probité ; ils doivent se comporter de façon à exclure tout doute légitime à cet égard, en s'abstenant notamment de tout **acte ou comportement** public **incompatible avec** leurs **fonctions** (C. trav. art. L 1421-2, al. 1). Ainsi, les termes ou expressions utilisés dans le jugement ne doivent traduire aucune partialité (Cass. soc. 8-4-2014 n° 13-10.209 FS-PB : RJS 6/14 n° 514 ; Cass. soc. 12-6-2014 n° 13-16.236 FS-PB : RJS 8-9/14 n° 651).

En outre, les conseillers prud'hommes ne peuvent pas **assister ou représenter les parties** devant le conseil de prud'hommes auquel ils appartiennent (C. trav. art. L 1453-2). De même, il est interdit aux président et vice-président du conseil d'assister ou de représenter les parties devant les formations du conseil (art. L 1453-3). Un conseiller prud'homme ne saurait exercer une mission d'assistance ou un mandat de représentation devant le conseil de prud'hommes dont il est membre au moment de la saisine (Cass. soc. 2-2-2005 n° 03-40.271 : RJS 4/05 n° 428), même s'il ne l'est plus le jour de l'audience (Cass. soc. 16-9-2008 n° 06-45.334 : RJS 11/08 n° 1118).

Récusation d'un conseiller prud'homme

Le conseiller prud'homme peut être récusé dans les **cas** suivants (C. trav. art. L 1457-1) :

– lorsqu'il a un intérêt personnel à la contestation, le seul fait d'être affilié à une organisation syndicale ne constituant pas cet intérêt personnel ;
– lorsqu'il est conjoint, partenaire lié par un pacte civil de solidarité (Pacs), concubin, parent ou allié jusqu'au degré de cousin germain inclusivement d'une des parties ;
– si, dans l'année qui a précédé la récusation, il y a eu action judiciaire, criminelle ou civile entre lui et une des parties ou son conjoint, partenaire lié par un Pacs, concubin ou ses parents ou alliés en ligne directe ;
– s'il a donné un avis écrit dans l'affaire ;
– s'il est employeur ou salarié de l'une des parties en cause.

Hors des cas de récusation, un conseiller peut être écarté de la formation de jugement pour d'**autres motifs mettant en cause son impartialité.** Le fait qu'un conseiller prud'homme appartienne à la même organisation syndicale qu'une des parties au procès ne met pas en cause son impartialité (Cass. soc. 19-12-2003 n° 02-41.429 FP-PBRI : RJS 3/04 n° 338 ; Cass. soc. 16-5-2013 n° 11-23.246 F-D : RJS 8-9/13 n° 631). En revanche, est de nature à faire naître un doute sur l'impartialité de la juridiction la présence d'un parent d'une des parties dans la section de la formation de jugement (Cass. soc. 13-1-2016 n° 14-21.803 F-D : RJS 3/16 n° 202).

Dès qu'il a **connaissance d'une demande** de récusation, le conseil doit suspendre l'instance jusqu'à ce qu'elle ait été définitivement tranchée et ne peut ni statuer sur cette demande, ni examiner l'affaire au fond, en présence du conseiller dont la récusation a été sollicitée (Cass. soc. 3-6-2009 n° 07-44.212 F-PB : RJS 8-9/09 n° 742).

SECTION 3 ÉTAPES DU PROCÈS PRUD'HOMAL

A. Procédure devant le bureau de conciliation et d'orientation

CARACTÈRE OBLIGATOIRE DE LA CONCILIATION EN MATIÈRE PRUD'HOMALE

Le conseil de prud'hommes juge les litiges entre employeurs et salariés lorsque la conciliation n'a pas abouti (cf. C. trav. art. L 1141-1). La conciliation constitue un **préliminaire** obligatoire dont l'absence entraînerait une nullité d'ordre public de la procédure. Elle est soumise au bureau de conciliation et d'orientation (C. trav. art. L 1454-1, al. 1). 37100

L'**omission** du préliminaire de conciliation peut être **réparée** en cours d'instance par le bureau de jugement (Cass. soc. 18-11-1998 n° 96-41.005 P : RJS 1/99 n° 97). Elle ne peut pas être soulevée pour la première fois devant la Cour de cassation (Cass. soc. 23-3-2017 n° 15-24.005 FS-PB : RJS 6/17 n° 425).

ATTENTION

Le défaut de préliminaire de conciliation ne peut pas être **relevé d'office** par le juge, dès lors que l'exception tirée de ce défaut n'a pas été soulevée par les parties avant toute défense au fond (Cass. soc. 20-11-1968 n° 67-40.213 : Bull. civ. V n° 515).

37101 Par **exception** au principe de la conciliation obligatoire, le salarié saisit directement le bureau de jugement dans les cas suivants :
– pour toute demande de prise d'acte de la rupture du contrat de travail par le salarié pour des faits que celui-ci reproche à son employeur (C. trav. art. L 1451-1), y compris lorsque le salarié demande la requalification de sa démission en prise d'acte (Cass. soc. 18-9-2019 n° 18-15.765 FS-PB : RJS 12/19 n° 685) ;
– si l'employeur ne prend pas les dispositions nécessaires pour remédier à une atteinte aux droits des personnes, à leur santé physique et mentale ou aux libertés individuelles dans l'entreprise (C. trav. art. L 2312-59) ;
– pour toute demande de requalification d'une convention de stage en contrat de travail (C. trav. art. L 1454-5) ou de requalification d'un contrat de travail à durée déterminée ou d'un contrat de mission en contrat à durée indéterminée (C. trav. art. L 1245-2 et L 1251-41) ;
– pour contester le refus de l'employeur d'accorder un congé pour événements familiaux, un congé de représentation ou un congé pour la création d'entreprise (C. trav. art. L 3142-3, L 3142-63 et L 3142-113) ;
– en cas de procédure collective de l'employeur (sauvegarde, redressement ou liquidation judiciaire), si tout ou partie de la créance du salarié ne figure pas sur un relevé des créances ou si l'assurance des créances des salariés (AGS) refuse de régler une créance figurant sur le relevé des créances (C. com. art. L 625-5).

PREUVE DE LA TENTATIVE DE CONCILIATION EN MATIÈRE PRUD'HOMALE

37103 L'accomplissement du préalable de conciliation doit en principe être constaté dans le **jugement** du conseil de prud'hommes ou, à défaut, dans l'arrêt d'appel. Il résulte toutefois de l'article 459 du CPC que l'**omission** ou l'inexactitude d'une mention destinée à établir la régularité du jugement ne peut pas entraîner la nullité de celui-ci s'il est établi par les pièces de la procédure, par le registre d'audience ou par tout autre moyen que les prescriptions légales ont été, en fait, observées.

COMPOSITION ET POUVOIRS DU BUREAU DE CONCILIATION ET D'ORIENTATION

37105 Le bureau de conciliation et d'orientation est **composé** d'un conseiller prud'homme salarié et d'un conseiller prud'homme employeur (C. trav. art. L 1423-13).
Les **séances du bureau** de conciliation et d'orientation ont lieu au moins une fois par semaine sauf si aucune affaire n'est inscrite au rôle ; elles ne sont pas publiques (art. R 1454-8).

37107 **Orientation** Le bureau de conciliation et d'orientation peut entendre les parties séparément et dans la confidentialité ; il établit un procès-verbal du résultat de sa tentative de conciliation (C. trav. art. L 1454-1, al. 2 et art. R 1454-10, al. 1).
En cas de conciliation, un extrait du procès-verbal, qui mentionne s'il y a lieu l'exécution immédiate totale ou partielle de l'accord intervenu, peut être délivré. Il vaut titre exécutoire (art. R 1454-11).
À défaut de conciliation totale, les prétentions qui restent contestées et les déclarations faites par les parties sur ces prétentions sont notées au dossier ou au procès-verbal par le greffier sous le contrôle du président (art. R 1454-10, al. 3).
En cas d'**échec de la conciliation** ou de **conciliation partielle**, l'affaire peut être renvoyée par le bureau de conciliation et d'orientation devant le bureau de jugement (C. trav. art. L 1454-1-1 et art. R 1454-18, al. 1) :
– dans sa formation de départage (n° 37280), si les parties le demandent ou si la nature du litige le justifie ;
– dans sa formation restreinte (n° 37201) si le litige porte sur un licenciement ou sur une demande de résiliation judiciaire du contrat de travail, et à condition que les parties aient donné leur accord ;
– dans sa formation classique dans les autres cas.
Le greffier avise par tous moyens les parties qui ne l'auraient pas été verbalement de la date d'audience ; lorsque l'affaire est en état d'être immédiatement jugée et si l'organisation des audiences le permet, l'audience du bureau de jugement peut avoir lieu sur-le-champ (art. R 1454-18, al. 2 et 3).

Mise en état Chargé de la mise en état, le bureau de conciliation et d'orientation fixe, après avis des parties, les délais et conditions de communication des prétentions, moyens et pièces. Il peut organiser des séances spécialement dédiées à la mise en état et dispenser une partie qui le demande de se présenter à une séance ultérieure (C. trav. art. R 1454-1, al. 1 à 3). 37110

Il peut entendre les parties et les inviter à fournir les explications nécessaires à la résolution du litige et les mettre en demeure de produire tous documents ou justifications propres à éclairer le conseil (art. R 1454-1, al. 4). Le bureau de conciliation et d'orientation peut également fixer par ordonnance la clôture de l'instruction de l'affaire dont copie est remise aux parties ou à leur conseil (C. trav. art. L 1454-1-2, al. 5).

Lorsque l'affaire est directement portée devant le bureau de jugement ou lorsque, transmise par le bureau de conciliation et d'orientation, elle n'est pas prête à être jugée, le bureau de jugement peut assurer sa mise en état (art. L 1454-1-2, al. 2 et art. R 1454-19, al. 1).

La mise en état peut être confiée à un ou deux **conseillers rapporteurs** ; ils prescrivent toutes mesures nécessaires afin de mettre l'affaire en état d'être jugée (C. trav. art. L 1454-1-2, al. 3 ; art. R 1454-3). Ils disposent des mêmes pouvoirs de mise en état que le bureau de conciliation et d'orientation et peuvent donc (art. R 1454-4) : 37112

– entendre les parties ;
– les inviter à fournir les explications nécessaires à la solution du litige et les mettre en demeure de produire, dans un délai qu'ils déterminent, tous documents ou justifications propres à éclairer le conseil ;
– entendre toute personne dont l'audition paraît utile à la manifestation de la vérité, ainsi que procéder eux-mêmes ou faire procéder à toutes mesures d'instruction ;
– ordonner toutes mesures nécessaires à la conservation des preuves ou des objets litigieux.

Le conseiller rapporteur n'a pas le pouvoir de se faire remettre des documents contre le gré de leur détenteur (Cass. soc. 17-10-1990 n° 87-45.853 ; Cass. soc. 12-4-1995 n° 93-10.982 : RJS 5/95 n° 552).

En cas de **conciliation partielle ou totale** des parties, le conseiller rapporteur constate dans un procès-verbal l'accord intervenu (C. trav. art. R 1454-5).

Les **décisions** prises par le conseiller rapporteur sont provisoires et n'ont pas autorité de chose jugée au principal ; elles sont exécutoires et ne peuvent faire l'objet d'un recours qu'avec le jugement sur le fond (C. trav. art. R 1454-6). 37114

Mesures provisoires Le bureau de conciliation et d'orientation peut **ordonner** certaines mesures, même si le défendeur ne s'est pas présenté (C. trav. art. R 1454-14 et R 1454-15) : 37120

– délivrance, le cas échéant sous peine d'astreinte, de **certificats de travail**, de **bulletins de paie** et de toute autre **pièce** que l'employeur est tenu légalement de remettre au salarié (par exemple, lettre de licenciement ou attestation pour Pôle emploi) ;
– lorsque l'existence de l'obligation n'est pas sérieusement contestable, **versement** au salarié d'une provision sur salaire et accessoires du salaire, commissions, indemnités de congés payés, de préavis, de licenciement, de fin de CDD, de précarité d'emploi des travailleurs temporaires ; le montant total des provisions ne peut pas excéder six mois de salaire calculés sur la moyenne des trois derniers mois de salaire ;
– toutes **mesures** d'**instruction**, même d'office ;
– toutes mesures nécessaires à la **conservation** des preuves ou des objets litigieux.

Il peut en outre liquider, à titre provisoire, les **astreintes** qu'il a ordonnées (art. R 1454-15, al. 2).

Ces décisions n'ont qu'un **caractère provisoire** ; elles n'ont pas autorité de chose jugée au principal ; elles sont exécutoires par provision le cas échéant au vu de la minute (art. R 1454-16, al. 1).

Elles ne sont pas susceptibles d'opposition et ne peuvent faire l'objet d'un **appel** ou d'un **pourvoi en cassation** qu'en même temps que le jugement sur le fond, sous réserve des règles particulières à l'expertise (art. R 1454-16, al. 2). L'appel immédiat est toutefois recevable lorsque la décision du bureau de conciliation et d'orientation excède les pouvoirs conférés à cette formation par les textes.

> **Précisions** Ne commet pas d'**excès de pouvoir** le bureau qui, saisi d'un litige relatif à la détermination de la rémunération variable d'un salarié, ordonne à l'employeur la communication de documents concernant un tiers à la relation des parties et qu'il estime, en fonction des éléments soumis devant lui et des intérêts en présence, utiles à la solution du litige et en rapport avec lui (Cass. soc. 14-12-2022 n° 20-22.425 FS-B : RJS 2/23 n° 101).

CAS PARTICULIER DE CONCILIATION : CONTESTATION D'UN LICENCIEMENT

37125 Il peut être mis fin à un litige portant sur un licenciement personnel ou économique par **accord** moyennant le versement au salarié d'une **indemnité forfaitaire** ; cet accord est conclu lors de la phase de conciliation, à l'initiative de l'employeur, du salarié ou du bureau de conciliation et d'orientation (C. trav. art. L 1235-1, al. 1).

Le procès-verbal constatant l'accord met fin au litige et vaut renonciation des parties à toutes réclamations et indemnités relatives à la rupture du contrat prévues aux articles L 1235-1 à L 1235-17 du Code du travail, c'est-à-dire notamment les indemnités pour licenciement irrégulier ou abusif (art. L 1235-1, al. 2).

> **Précisions** L'**indemnité** est versée en plus des indemnités légales, conventionnelles ou contractuelles dues le cas échéant au salarié (art. L 1235-1, al. 1), notamment les indemnités de licenciement, compensatrices de congés payés et de préavis ou la contrepartie d'une clause de non-concurrence.
> L'indemnité est calculée en référence au **barème** suivant (art. D 1235-21) :

Ancienneté chez l'employeur	Montant de l'indemnité en nombre de mois de salaire
< 1 an	2
1 an	3
2 ans	4
3 ans	5
4 ans	6
5 ans	7
6 ans	8
7 ans	9
8 à 11 ans	10
12 à 14 ans	12
15 à 18 ans	14
19 à 22 ans	16
23 à 25 ans	18
26 à 29 ans	20
30 ans et plus	24

B. Procédure devant le bureau de jugement

CONVOCATION À L'AUDIENCE DU BUREAU DE JUGEMENT

37200 En cas d'échec de la conciliation ou de conciliation partielle, les parties sont avisées par tout **moyen** de la date de l'audience du bureau de jugement si elles ne l'ont pas été verbalement à l'audience de conciliation (C. trav. art. R 1454-18). En cas de dispense du préalable de la conciliation, elles sont convoquées dans les conditions visées n° 37010. Au besoin, le bureau de jugement met l'affaire en état d'être jugée selon les modalités visées n°s 37110 s.

FORMATION DU BUREAU DE JUGEMENT

37201 La formation **classique** du bureau de jugement se compose de deux conseillers prud'hommes employeurs et de deux conseillers prud'hommes salariés (C. trav. art. L 1423-12). La formation **restreinte** du bureau de jugement est composée d'un conseiller prud'homme employeur et d'un conseiller prud'homme salarié (art. L 1423-13) ; elle doit statuer dans un délai de trois mois (art. L 1454-1-1, 1°).

DÉCISION DU BUREAU DE JUGEMENT

37202 Comme à tous les stades de la procédure prud'homale, la **conciliation**, même partielle, des points de vue peut intervenir devant le bureau de jugement, l'accord étant alors constaté dans un procès-verbal (C. trav. art. R 1454-22).

À défaut de conciliation, les **décisions** du bureau de jugement sont prises à la majorité absolue des voix ; si cette majorité ne peut pas se former, la procédure de départage des voix est mise en œuvre (art. R 1454-23).
Le **jugement** est **notifié** aux parties par le greffe au lieu de leur domicile, par lettre recommandée avec AR. Celles-ci peuvent aussi le faire signifier par acte extrajudiciaire (art. R 1454-26). Sur la date de notification du jugement par voie postale, voir n° 21044.
Sauf si la loi ou le règlement en dispose autrement, les décisions du conseil de prud'hommes ne sont pas **exécutoires** de droit à titre provisoire ; le conseil de prud'hommes peut ordonner l'exécution provisoire de ses décisions (art. R 1454-28, al. 1).
Toutefois, est de droit exécutoire à titre provisoire, notamment, le jugement qui (art. R 1454-28, al. 2) :
– n'est susceptible d'appel que par suite d'une demande reconventionnelle ;
– ordonne la remise d'un certificat de travail, de bulletins de paie ou de toute pièce que l'employeur est tenu de délivrer ;
– ordonne le paiement de sommes au titre des salaire et accessoires du salaire, commissions, indemnités de congés payés, de préavis, de licenciement, de fin de CDD, de précarité d'emploi des travailleurs temporaires, dans la limite maximum de neuf mois de salaire calculés sur la moyenne des trois derniers mois de salaire. Cette moyenne est mentionnée dans le jugement.

SECTION 4

PROCÉDURES EXCEPTIONNELLES DEVANT LE CONSEIL DE PRUD'HOMMES

A. Référé prud'homal

Le référé prud'homal permet d'obtenir une décision d'urgence lorsque les circonstances l'exigent. Il doit être demandé soit dans les conditions de **saisine** normale (n° 37005), soit par acte extrajudiciaire. Dans ce dernier cas, l'assignation n'a pas à indiquer les lieu, jour et heure de l'audience à laquelle l'affaire sera appelée et une copie de l'assignation doit être remise au greffe, au plus tard la veille de l'audience (C. trav. art. R 1455-9, al. 2). **37250**
La formation de référé peut, dans tous les cas d'**urgence** et dans la limite de la compétence des conseils de prud'hommes, ordonner toutes les mesures qui ne se heurtent à aucune contestation sérieuse ou que justifie l'existence d'un différend (art. R 1455-5). Elle peut toujours prescrire, même en présence d'une contestation sérieuse, les **mesures conservatoires** ou de **remise en état** qui s'imposent pour prévenir un dommage imminent ou faire cesser un trouble manifestement illicite (art. R 1455-6). Si l'existence de l'obligation n'est pas sérieusement contestable, elle peut accorder une **provision** au créancier ou ordonner l'**exécution** de l'obligation, même s'il s'agit d'une obligation de faire (art. R 1455-7).
En cas de demande particulièrement urgente mais **excédant** ses **pouvoirs,** la formation de référé peut, avec l'accord de toutes les parties et après avoir tenté elle-même une conciliation, renvoyer l'affaire devant le bureau de jugement (art. R 1455-8).
Comme toutes les ordonnances de référé, les décisions de référé prud'homales sont toujours **provisoires** et elles sont de droit **exécutoires** à titre provisoire.

B. Procédure prud'homale accélérée au fond

La procédure accélérée au fond est une **procédure orale à bref délai** qui donne lieu à un jugement susceptible d'appel dans les quinze jours (CPC art. 481-1). Devant le conseil de prud'hommes, elle **obéit aux règles suivantes,** à moins qu'il en soit disposé autrement (C. trav. art. R 1455-12) : **37260**
– la demande est portée à une audience tenue aux jour et heure prévus à cet effet selon les mêmes modalités qu'en cas de référé prud'homal (C. trav. art. R 1455-9) ;
– le jugement est exécutoire à titre provisoire ; le conseil de prud'hommes peut toutefois en décider autrement, sauf dans les cas où il ne peut pas être fait exception à cette exécution provisoire (C. trav. art. R 1454-28, al. 2) ;

– l'appel n'est pas possible si la décision émane du premier président de la cour d'appel ou si elle a été rendue en dernier ressort en raison du montant ou de l'objet de la demande (CPC art. 481-1, 7°) ;
– lorsque le conseil de prud'hommes statuant selon la procédure accélérée au fond a été saisi à tort, l'affaire peut être renvoyée devant le bureau de jugement, dans les mêmes conditions qu'en cas de renvoi à la suite d'un référé inapproprié (C. trav. art. R 1455-8).

> **Précisions** Le conseil de prud'hommes statue selon la procédure accélérée au fond dans les **cas prévus par la loi,** et notamment : en cas d'atteinte aux droits des personnes constatée dans une entreprise et non réglée par l'employeur (C. trav. art. L 2312-59) ; en cas de différend relatif à un refus de l'employeur d'accorder certains congés (congé de formation économique : C. trav. art. R 2145-5 ; congé pour événements familiaux : C. trav. art. L 3142-3 ; congé de représentation : C. trav. art. L 3142-63 ; congé pour la création d'entreprise : C. trav. art. L 3142-113) ; en cas de contestation portant sur les avis et mesures émis par le médecin du travail (C. trav. art. R 4624-45).

C. Procédure prud'homale de départage

37280 En cas de **partage des voix** des conseillers prud'hommes, l'affaire est renvoyée devant le même bureau de jugement ou la même **formation** de référé, présidé par un juge du tribunal judiciaire dans le ressort duquel est situé le siège du conseil de prud'hommes (C. trav. art. L 1454-2, al. 1).
En cas de partage des voix devant le bureau de conciliation et d'orientation, ce dernier renvoie l'affaire devant le bureau de jugement présidé par le juge du tribunal judiciaire dans le ressort duquel est situé le siège du conseil de prud'hommes (art. L 1454-2, al. 2).
Le bureau de conciliation et d'orientation peut également renvoyer une affaire directement devant la formation de départage si les **parties** le **demandent ou** si la **nature du litige** le justifie ; dans ce cas, le conseil doit être complet et le juge départiteur ne peut pas statuer seul (art. L 1454-1-1, 2°).

37285 Lorsque le **partage** des voix ne porte que **sur une question,** seule cette question fait l'objet d'une nouvelle audience présidée alors par le juge départiteur. Il en résulte deux décisions distinctes, chacune susceptible des voies de recours (Cass. soc. 10-7-1986 n° 83-44.697).
L'**audience** présidée par le juge départiteur doit être tenue dans le mois du renvoi ; pour la formation de référé, elle doit l'être sans délai et au plus tard dans les quinze jours du renvoi (C. trav. art. L 1454-2, al. 1 et R 1454-29).
Les règles du **délibéré** diffèrent selon que la formation de départage siège ou non au complet. Si la formation est au complet, les conseillers et le juge départiteur votent à l'issue des débats ; si la formation est incomplète, le juge départiteur statue seul (art. R 1454-31).

D. Procédure prud'homale d'urgence en cas de licenciement économique

37300 En cas de litige portant sur les licenciements pour motif économique, la section ou la chambre statue en **urgence** (C. trav. art. L 1456-1).

37301 L'**employeur** doit déposer ou adresser par lettre recommandée AR au greffe les éléments qui ont été fournis aux représentants du personnel au moment où le projet de licenciement collectif leur a été présenté (les raisons économiques, financières ou techniques du projet de licenciement, le nombre de licenciements envisagé, etc.) ou, à défaut de représentants du personnel dans l'entreprise, tous les éléments fournis à l'autorité administrative (C. trav. art. L 1235-9). Il doit fournir ces éléments dans un délai de huit jours à compter de la date à laquelle il reçoit la convocation devant le bureau de conciliation et d'orientation ; dans le même délai, il adresse ces éléments au demandeur par lettre recommandée AR ; la convocation destinée à l'employeur rappelle cette obligation (art. R 1456-1).
L'employeur n'est tenu de cette obligation de communication qu'en cas de **licenciement collectif** pour motif économique ; ne sont pas concernés les licenciements individuels (Cass. soc. 10-10-2000 n° 99-40.040 : RJS 12/00 n° 1274).

37302 Le délai maximal dans lequel la tentative de **conciliation** doit avoir lieu est fixé à un mois à compter de la saisine du conseil de prud'hommes (C. trav. art. R 1456-2).
Les mesures de mise en état sont exécutées dans un délai n'excédant pas trois mois ; ce délai ne peut être prorogé par le bureau de jugement que sur la demande motivée du technicien ou du conseiller rapporteur commis (art. R 1456-3).

Le bureau de conciliation et d'orientation fixe la date d'audience du bureau de **jugement** qui doit statuer dans un délai maximum de six mois à compter de la date à laquelle l'affaire lui a été renvoyée, ou trois mois lorsqu'est saisie la formation restreinte (art. R 1456-4).

ANNEXE

SIÈGE ET RESSORT DES CONSEILS DE PRUD'HOMMES

37350

Département	Ville où siège le tribunal	Ressort
01 Ain	Belley	Chambre de proximité de Belley
	Bourg-en-Bresse	Tribunal judiciaire de Bourg-en-Bresse, à l'exception des ressorts des chambres de proximité de Belley et Nantua
	Oyonnax	Chambre de proximité de Nantua
02 Aisne	Laon	Tribunal judiciaire de Laon
	Saint-Quentin	Tribunal judiciaire de Saint-Quentin
	Soissons	Tribunal judiciaire de Soissons
03 Allier	Vichy	Tribunal judiciaire de Cusset
	Montluçon	Tribunal judiciaire de Montluçon
	Moulins	Tribunal judiciaire de Moulins
04 Alpes-de-Haute-Provence	Digne-les-Bains	Tribunal judiciaire de Digne-les-Bains
05 Hautes-Alpes	Gap	Tribunal judiciaire de Gap
06 Alpes-Maritimes	Cannes	Chambre de proximité de Cannes
	Grasse	Tribunal judiciaire de Grasse, à l'exception du ressort de la chambre de proximité de Cannes
	Nice	Tribunal judiciaire de Nice
07 Ardèche	Annonay	Chambre de proximité d'Annonay
	Aubenas	Tribunal judiciaire de Privas, à l'exception du ressort de la chambre de proximité d'Annonay
08 Ardennes	Charleville-Mézières	Tribunal judiciaire de Charleville-Mézières
09 Ariège	Foix	Tribunal judiciaire de Foix
10 Aube	Troyes	Tribunal judiciaire de Troyes
11 Aude	Carcassonne	Tribunal judiciaire de Carcassonne
	Narbonne	Tribunal judiciaire de Narbonne
12 Aveyron	Millau	Chambre de proximité de Millau
	Rodez	Tribunal judiciaire de Rodez, à l'exception du ressort de la chambre de proximité de Millau
13 Bouches-du-Rhône	Aix-en-Provence	Tribunal judiciaire d'Aix-en-Provence, à l'exception du ressort de la chambre de proximité de Martigues
	Martigues	Chambre de proximité de Martigues
	Marseille	Tribunal judiciaire de Marseille
	Arles	Tribunal judiciaire de Tarascon

37350 (suite)

Département	Ville où siège le tribunal	Ressort
14 Calvados	Caen	Tribunal judiciaire de Caen
	Lisieux	Tribunal judiciaire de Lisieux
15 Cantal	Aurillac	Tribunal judiciaire d'Aurillac
16 Charente	Angoulême	Tribunal judiciaire d'Angoulême
17 Charente-Maritime	La Rochelle	Tribunal judiciaire de La Rochelle, à l'exception du ressort de la chambre de proximité de Rochefort
	Rochefort	Chambre de proximité de Rochefort
	Saintes	Tribunal judiciaire de Saintes
18 Cher	Bourges	Tribunal judiciaire de Bourges
19 Corrèze	Brive-la-Gaillarde	Tribunal judiciaire de Brive-la-Gaillarde
	Tulle	Tribunal judiciaire de Tulle
Collectivité de Corse	Ajaccio	Tribunal judiciaire d'Ajaccio
	Bastia	Tribunal judiciaire de Bastia
21 Côte-d'Or	Dijon	Tribunal judiciaire de Dijon
22 Côtes-d'Armor	Guingamp	Chambre de proximité de Guingamp
	Saint-Brieuc	Tribunal judiciaire de Saint-Brieuc, à l'exception du ressort de la chambre de proximité de Guingamp
23 Creuse	Guéret	Tribunal judiciaire de Guéret
24 Dordogne	Bergerac	Tribunal judiciaire de Bergerac
	Périgueux	Tribunal judiciaire de Périgueux
25 Doubs	Besançon	Tribunal judiciaire de Besançon
	Montbéliard	Tribunal judiciaire de Montbéliard
26 Drôme	Montélimar	Chambre de proximité de Montélimar
	Valence	Tribunal judiciaire de Valence, à l'exception du ressort de la chambre de proximité de Montélimar
27 Eure	Bernay	Chambre de proximité de Bernay
	Évreux	Tribunal judiciaire d'Évreux, à l'exception des ressorts des chambres de proximité de Bernay et Louviers
	Louviers	Chambre de proximité de Louviers
28 Eure-et-Loir	Chartres	Tribunal judiciaire de Chartres, à l'exception du ressort de la chambre de proximité de Dreux et des cantons de Bonneval, Brou, Châteaudun, Cloyes-sur-le-Loir, Orgères-en-Beauce
	Châteaudun	Cantons de Bonneval, Brou, Châteaudun, Cloyes-sur-le-Loir, Orgères-en-Beauce
	Dreux	Chambre de proximité de Dreux
29 Finistère	Brest	Tribunal judiciaire de Brest, à l'exception du ressort de la chambre de proximité de Morlaix
	Morlaix	Chambre de proximité de Morlaix
	Quimper	Tribunal judiciaire de Quimper
30 Gard	Alès	Tribunal judiciaire d'Alès
	Nîmes	Tribunal judiciaire de Nîmes
31 Haute-Garonne	Saint-Gaudens	Tribunal judiciaire de Saint-Gaudens
	Toulouse	Tribunal judiciaire de Toulouse

37350 (suite)

Département	Ville où siège le tribunal	Ressort
32 Gers	Auch	Tribunal judiciaire d'Auch
33 Gironde	Bordeaux	Tribunal judiciaire de Bordeaux
	Libourne	Tribunal judiciaire de Libourne
34 Hérault	Béziers	Tribunal judiciaire de Béziers
	Montpellier	Tribunal judiciaire de Montpellier, à l'exception du ressort de la chambre de proximité de Sète
	Sète	Chambre de proximité de Sète
35 Ille-et-Vilaine	Rennes	Tribunal judiciaire de Rennes
	Dinan (Côtes-d'Armor)	Chambre de proximité de Dinan
	Saint-Malo	Tribunal judiciaire de Saint-Malo, à l'exception du ressort de la chambre de proximité de Dinan
36 Indre	Châteauroux	Tribunal judiciaire de Châteauroux
37 Indre-et-Loire	Tours	Tribunal judiciaire de Tours
38 Isère	Bourgoin-Jallieu	Tribunal judiciaire de Bourgoin-Jallieu
	Grenoble	Tribunal judiciaire de Grenoble
	Vienne	Tribunal judiciaire de Vienne
39 Jura	Dole	Chambre de proximité de Dole
	Lons-le-Saunier	Tribunal judiciaire de Lons-le-Saunier, à l'exception du ressort de la chambre de proximité de Dole
40 Landes	Dax	Tribunal judiciaire de Dax
	Mont-de-Marsan	Tribunal judiciaire de Mont-de-Marsan
41 Loir-et-Cher	Blois	Tribunal judiciaire de Blois
42 Loire	Roanne	Tribunal judiciaire de Roanne
	Montbrison	Chambre de proximité de Montbrison
	Saint-Étienne	Tribunal judiciaire de Saint-Étienne, à l'exception du ressort de la chambre de proximité de Montbrison
43 Haute-Loire	Le Puy-en-Velay	Tribunal judiciaire du Puy-en-Velay
44 Loire-Atlantique	Nantes	Tribunal judiciaire de Nantes
	Saint-Nazaire	Tribunal judiciaire de Saint-Nazaire
45 Loiret	Montargis	Tribunal judiciaire de Montargis
	Orléans	Tribunal judiciaire d'Orléans
46 Lot	Cahors	Tribunal judiciaire de Cahors
47 Lot-et-Garonne	Agen	Tribunal judiciaire d'Agen, à l'exception du ressort de la chambre de proximité de Marmande
	Marmande	Chambre de proximité de Marmande
48 Lozère	Mende	Tribunal judiciaire de Mende
49 Maine-et-Loire	Angers	Tribunal judiciaire d'Angers
	Saumur	Tribunal judiciaire de Saumur
50 Manche	Cherbourg-en-Cotentin	Tribunal judiciaire de Cherbourg-en-Cotentin
	Coutances	Tribunal judiciaire de Coutances, à l'exception du ressort de la chambre de proximité d'Avranches
	Avranches	Chambre de proximité d'Avranches

37350 (suite)

Département	Ville où siège le tribunal	Ressort
51 Marne	Châlons-en-Champagne	Tribunal judiciaire de Châlons-en-Champagne, à l'exception des cantons d'Anglure, Avize, Dormans, Épernay, Esternay, Fère-Champenoise, Montmirail, Montmort-Lucy, Sézanne et à l'exception de la partie de la commune de Blancs-Coteaux correspondant aux anciennes communes de Vertus et de Voipreux
	Épernay	Cantons d'Anglure, Avize, Dormans, Épernay, Esternay, Fère-Champenoise, Montmirail, Montmort-Lucy, Sézanne et commune de Blancs-Coteaux
	Reims	Tribunal judiciaire de Reims
52 Haute-Marne	Chaumont	Tribunal judiciaire de Chaumont
53 Mayenne	Laval	Tribunal judiciaire de Laval
54 Meurthe-et-Moselle	Longwy	Tribunal judiciaire de Val de Briey
	Nancy	Tribunal judiciaire de Nancy
55 Meuse	Bar-le-Duc	Tribunal judiciaire de Bar-le-Duc
	Verdun	Tribunal judiciaire de Verdun
56 Morbihan	Lorient	Tribunal judiciaire de Lorient
	Vannes	Tribunal judiciaire de Vannes
57 Moselle	Metz	Tribunal judiciaire de Metz
	Forbach	Tribunal judiciaire de Sarreguemines
	Thionville	Tribunal judiciaire de Thionville
58 Nièvre	Nevers	Tribunal judiciaire de Nevers
59 Nord	Avesnes-sur-Helpe	Tribunal judiciaire d'Avesnes-sur-Helpe
	Cambrai	Tribunal judiciaire de Cambrai
	Douai	Tribunal judiciaire de Douai
	Dunkerque	Tribunal judiciaire de Dunkerque, à l'exception du ressort de la chambre de proximité d'Hazebrouck
	Hazebrouck	Chambre de proximité d'Hazebrouck
	Lys-Lez-Lannoy	Cantons de Lannoy, Villeneuve-d'Ascq-Nord, Villeneuve-d'Ascq-Sud
	Lille	Tribunal judiciaire de Lille, à l'exception des ressorts des chambres de proximité de Roubaix et Tourcoing et des cantons de Lannoy, Villeneuve-d'Ascq-Nord, Villeneuve-d'Ascq-Sud et des communes de Comines et Wervicq-Sud
	Roubaix	Chambre de proximité de Roubaix
	Tourcoing	Chambre de proximité de Tourcoing et des communes de Comines et Wervicq-Sud
	Valenciennes	Tribunal judiciaire de Valenciennes
60 Oise	Beauvais	Tribunal judiciaire de Beauvais
	Compiègne	Tribunal judiciaire de Compiègne
	Creil	Tribunal judiciaire de Senlis
61 Orne	Alençon	Tribunal judiciaire d'Alençon
	Argentan	Tribunal judiciaire d'Argentan

37350 (suite)

Département	Ville où siège le tribunal	Ressort
62 Pas-de-Calais	Arras	Tribunal judiciaire d'Arras
	Béthune	Tribunal judiciaire de Béthune, à l'exception du ressort de la chambre de proximité de Lens
	Lens	Chambre de proximité de Lens
	Boulogne-sur-Mer	Tribunal judiciaire de Boulogne-sur-Mer, à l'exception du ressort de la chambre de proximité de Calais
	Calais	Chambre de proximité de Calais
	Saint-Omer	Tribunal judiciaire de Saint-Omer
63 Puy-de-Dôme	Clermont-Ferrand	Tribunal judiciaire de Clermont-Ferrand, à l'exception du ressort de la chambre de proximité de Riom
	Riom	Chambre de proximité de Riom
64 Pyrénées-Atlantiques	Bayonne	Tribunal judiciaire de Bayonne
	Pau	Tribunal judiciaire de Pau
65 Hautes-Pyrénées	Tarbes	Tribunal judiciaire de Tarbes
66 Pyrénées-Orientales	Perpignan	Tribunal judiciaire de Perpignan
67 Bas-Rhin	Saverne	Tribunal judiciaire de Saverne
	Haguenau	Chambre de proximité d'Haguenau, à l'exception des cantons de Brumath, Hochfelden (à l'exception de la partie de la commune de Val-de-Moder correspondant à l'ancienne commune de Ringeldorf), Truchtersheim
	Schiltigheim	Chambre de proximité de Schiltigheim et cantons de Brumath, Hochfelden (à l'exception de la partie de la commune de Val-de-Moder correspondant à l'ancienne commune de Ringeldorf), Truchtersheim
	Strasbourg	Tribunal judiciaire de Strasbourg, à l'exception des ressorts des chambres de proximité d'Haguenau et Schiltigheim
68 Haut-Rhin	Colmar	Tribunal judiciaire de Colmar
	Mulhouse	Tribunal judiciaire de Mulhouse
69 Rhône	Lyon	Tribunal judiciaire de Lyon
	Villefranche-sur-Saône	Tribunal judiciaire de Villefranche-sur-Saône
70 Haute-Saône	Lure	Chambre de proximité de Lure
	Vesoul	Tribunal judiciaire de Vesoul, à l'exception du ressort de la chambre de proximité de Lure
71 Saône-et-Loire	Chalon-sur-Saône	Tribunal judiciaire de Chalon-sur-Saône
	Mâcon	Tribunal judiciaire de Mâcon
72 Sarthe	Le Mans	Tribunal judiciaire du Mans
73 Savoie	Albertville	Tribunal judiciaire d'Albertville
	Aix-les-Bains	Cantons d'Aix-les-Bains-Centre, d'Aix-les-Bains-Nord-Grésy, d'Aix-les-Bains-Sud, Albens, Le Châtelard, Ruffieux, Yenne
	Chambéry	Tribunal judiciaire de Chambéry, à l'exception des cantons d'Aix-les-Bains-Centre, d'Aix-les-Bains-Nord-Grésy, d'Aix-les-Bains-Sud, Albens, Le Châtelard, Ruffieux, Yenne

37350 (suite)

Département	Ville où siège le tribunal	Ressort
74 Haute-Savoie	Annecy	Tribunal judiciaire d'Annecy
	Bonneville	Tribunal judiciaire de Bonneville
	Annemasse	Tribunal judiciaire de Thonon-les-Bains
75 Paris	Paris	Tribunal judiciaire de Paris
76 Seine-Maritime	Dieppe	Tribunal judiciaire de Dieppe
	Le Havre	Tribunal judiciaire du Havre
	Rouen	Tribunal judiciaire de Rouen
77 Seine-et-Marne	Fontainebleau	Tribunal judiciaire de Fontainebleau
	Meaux	Tribunal judiciaire de Meaux
	Melun	Tribunal judiciaire de Melun
78 Yvelines	Mantes-la-Jolie	Chambre de proximité de Mantes-la-Jolie
	Poissy	Chambre de proximité de Poissy
	Rambouillet	Chambre de proximité de Rambouillet
	Saint-Germain-en-Laye	Chambre de proximité de Saint-Germain-en-Laye
	Versailles	Tribunal judiciaire de Versailles, à l'exception des ressorts des chambres de proximité de Mantes-la-Jolie, Poissy, Rambouillet, Saint-Germain-en-Laye
79 Deux-Sèvres	Thouars	Chambre de proximité de Bressuire
	Niort	Tribunal judiciaire de Niort, à l'exception du ressort de la chambre de proximité de Bressuire
80 Somme	Abbeville	Chambre de proximité d'Abbeville
	Amiens	Tribunal judiciaire d'Amiens, à l'exception des ressorts des chambres de proximité d'Abbeville et de Péronne
	Péronne	Chambre de proximité de Péronne
81 Tarn	Albi	Tribunal judiciaire d'Albi
	Castres	Tribunal judiciaire de Castres
82 Tarn-et-Garonne	Montauban	Tribunal judiciaire de Montauban
83 Var	Draguignan	Tribunal judiciaire de Draguignan, à l'exception du ressort de la chambre de proximité de Fréjus
	Fréjus	Chambre de proximité de Fréjus
	Toulon	Tribunal judiciaire de Toulon
84 Vaucluse	Avignon	Tribunal judiciaire d'Avignon
	Orange	Tribunal judiciaire de Carpentras
85 Vendée	La Roche-sur-Yon	Tribunal judiciaire de La Roche-sur-Yon
	Les Sables-d'Olonne	Tribunal judiciaire des Sables-d'Olonne
86 Vienne	Poitiers	Tribunal judiciaire de Poitiers
87 Haute-Vienne	Limoges	Tribunal judiciaire de Limoges
88 Vosges	Épinal	Tribunal judiciaire d'Épinal, à l'exception du ressort de la chambre de proximité de Saint-Dié-des-Vosges
	Saint-Dié-des-Vosges	Chambre de proximité de Saint-Dié-des-Vosges
89 Yonne	Auxerre	Tribunal judiciaire d'Auxerre
	Sens	Tribunal judiciaire de Sens
90 Territoire de Belfort	Belfort	Tribunal judiciaire de Belfort

37350
(suite)

Département	Ville où siège le tribunal	Ressort
91 Essonne	Évry-Courcouronnes	Tribunal judiciaire d'Évry-Courcouronnes, à l'exception des ressorts des chambres de proximité de Longjumeau et Palaiseau
	Longjumeau	Chambres de proximité de Longjumeau et Palaiseau
92 Hauts-de-Seine	Boulogne-Billancourt	Chambres de proximité d'Antony, Boulogne-Billancourt et Vanves
	Nanterre	Chambres de proximité d'Asnières-sur-Seine, Colombes, Courbevoie et Puteaux
93 Seine-Saint-Denis	Bobigny	Tribunal judiciaire de Bobigny
94 Val-de-Marne	Créteil	Chambres de proximité de Charenton-le-Pont, Ivry-sur-Seine, Nogent-sur-Marne, Saint-Maur-des-Fossés, Villejuif, à l'exception des cantons de Choisy-le-Roi, Orly et de l'emprise de l'aérodrome de Paris-Orly
	Villeneuve-Saint-Georges	Chambre de proximité de Sucy-en-Brie, cantons de Choisy-le-Roi, Orly et l'emprise de l'aérodrome de Paris-Orly
95 Val-d'Oise	Argenteuil	Chambre de proximité de Sannois
	Montmorency	Chambres de proximité de Gonesse et Montmorency
	Pontoise	Tribunal judiciaire de Pontoise, à l'exception des ressorts des chambres de proximité de Sannois, Gonesse et Montmorency
971 Guadeloupe	Basse-Terre	Tribunal judiciaire de Basse-Terre
	Pointe-à-Pitre	Tribunal judiciaire de Pointe-à-Pitre
972 Martinique	Fort-de-France	Tribunal judiciaire de Fort-de-France
973 Guyane	Cayenne	Tribunal judiciaire de Cayenne
974 La Réunion	Saint-Denis	Tribunal judiciaire de Saint-Denis
	Saint-Pierre	Tribunal judiciaire de Saint-Pierre
975 Saint-Pierre-et-Miquelon	Saint-Pierre	Tribunal supérieur d'appel de Saint-Pierre
976 Mayotte	Mamoudzou	Tribunal judiciaire de Mamoudzou

La liste des cantons de rattachement figure n° 3500.

PARTIE 3

Procédures particulières à certaines matières

CHAPITRE 1

CONTENTIEUX DE LA SÉCURITÉ SOCIALE

SOMMAIRE

RÉFORME DU CONTENTIEUX DE LA SÉCURITÉ SOCIALE

Depuis le 1er janvier 2020, le contentieux de la sécurité sociale relève du tribunal judiciaire (pôle social). Celui de la tarification des accidents du travail est toutefois confié à la cour d'appel d'Amiens (C. org. jud. art. D 311-12). En outre, l'ancienne distinction entre contentieux général et technique de la sécurité sociale a disparu au profit d'une distinction entre contentieux médical et non médical (Loi 2019-222 du 23-3-2019) et, depuis le 1er janvier 2022, l'expertise médicale technique est supprimée (Loi 2019-1446 du 24-12-2019 art. 87). 38000

A. Champ de la compétence du tribunal judiciaire

Le juge judiciaire connaît des contestations relatives (CSS art. L 142-8) : 38010
– au contentieux de la sécurité sociale ;
– à une partie du contentieux de l'admission à l'aide sociale, non étudiée ici.

Le contentieux de la sécurité sociale comprend essentiellement les litiges relatifs (CSS art. L 142-1) : 38015
– à l'application des législations et réglementations de **sécurité sociale** ;
– au recouvrement de certains **versements, contributions et cotisations** dont notamment les contributions chômage et AGS ;
– à l'état ou au degré d'**invalidité,** en cas d'accident ou de maladie non professionnels, et à l'état d'**inaptitude au travail** ;
– à l'état d'**incapacité** permanente de travail, notamment au taux de cette incapacité, en cas d'accident du travail ou de maladie professionnelle ;
– aux **décisions des Carsat** concernant, en matière d'accidents du travail, la fixation du taux de cotisation, l'octroi de ristournes, l'imposition de cotisations supplémentaires et la détermination de la contribution due par certains employeurs pour l'alimentation du fonds commun des accidents du travail.
Relèvent aussi du contentieux de la sécurité sociale certaines décisions de la commission des droits et de l'autonomie des personnes handicapées (CDAPH) et du président du conseil départemental, non étudiées ici.
En conséquence, le contentieux de la sécurité sociale concerne au premier chef les différends survenus en matière d'assujettissement, d'affiliation, de cotisations et de prestations entre, d'une part, les **employeurs** ou les **assurés** et, d'autre part, les **organismes** dont ils relèvent pour l'application des législations et réglementations **de sécurité sociale.**
Son champ d'application est en principe limité à la sécurité sociale stricto sensu. Il ne comprend pas, par exemple, le contentieux concernant la **prévoyance** complémentaire et les **retraites**

complémentaires ou supplémentaires. Toutefois, des dispositions législatives étendent expressément son champ d'application à certaines **contributions ou taxes sociales.** Il en est ainsi notamment pour la CSG et la CRDS et le versement mobilité.

ILLUSTRATIONS

Relèvent du contentieux de la sécurité sociale :
– les demandes de **dommages-intérêts** du fait des fautes commises par les organismes de sécurité sociale dans l'application des législations et réglementations de sécurité sociale (Cass. 2e civ. 23-1-2014 n° 12-29.239 F-PB : RJS 4/14 n° 357) mais non l'action en responsabilité engagée contre ces organismes du fait d'une faute commise dans l'exercice de leur pouvoir réglementaire (CE 20-5-2016 n° 384404 : RJS 8-9/16 n° 592) ;
– les litiges relatifs à la **détermination de la date de guérison** complète ou de consolidation de l'état de la victime **après un accident du travail** ou une maladie professionnelle (Cass. soc. 4-4-2018 n° 17-16.430 F-PB : RJS 6/18 n° 446).

B. Contentieux hors tarification des accidents du travail

PHASES DE LA PROCÉDURE

38050 Le contentieux de la sécurité sociale comprend :
– une **phase obligatoire** devant la commission de **recours amiable** (nos 38060 s.) ou la commission médicale de recours amiable (nos 38110 s.) ;
– éventuellement, une **phase judiciaire** devant le tribunal judiciaire et, le cas échéant, devant la cour d'appel et la Cour de cassation (nos 38180 s.).

> **Précisions a.** En cas de désaccord portant sur une décision d'un organisme de sécurité sociale, il est aussi possible de saisir le **Défenseur des droits** ou l'un de ses délégués territoriaux (www.defenseurdesdroits.fr). Cette saisine n'interrompt pas les délais légaux pour introduire un recours contentieux.
> **b.** Un **médiateur** est institué dans **tous les organismes locaux** du régime général de la sécurité sociale. Un usager ne peut saisir le médiateur qu'après avoir effectué une démarche auprès de l'organisme et si aucun recours contentieux n'a été formé. L'engagement de la médiation suspend les délais de recours (CSS art. L 217-7-1 ; Décret 2018-1084 du 4-12-2018).
> Les travailleurs indépendants peuvent aussi faire une demande de médiation auprès du médiateur du Conseil de la protection sociale des travailleurs indépendants (CPSTI), dans tous les domaines gérés par le régime général (cotisations, santé, retraite) (Doc. Urssaf au 23-12-2022).

1. RECOURS AMIABLE PRÉALABLE

a. Commission de recours amiable (CRA)

PRÉALABLE OBLIGATOIRE

38060 Les réclamations relevant du contentieux de la sécurité sociale formées contre les décisions, même implicites ou tacites (Cass. soc. 20-12-2001 n° 00-18.596 FS-D : RJS 3/02 n° 351), prises par les organismes de sécurité sociale sont obligatoirement soumises à la commission de recours amiable de l'organisme concerné avant tout recours devant le tribunal judiciaire (CSS art. L 142-4 et R 142-1).
S'agissant des contestations relatives à l'invalidité, l'incapacité permanente et l'inaptitude au travail et des contestations d'ordre médical en matière d'application des législations et réglementations de sécurité sociale, voir n° 38110.

> **Précisions** Par exception, sont **dispensées** de recours amiable : l'opposition à contrainte, les contestations mentionnées à l'article R 142-7 du CSS (notamment celles relatives à la répartition du coût des accidents du travail et maladies professionnelles des intérimaires et celles liées à la procédure de transaction avec l'Urssaf), les actions en dommages-intérêts (Cass. 2e civ. 3-2-2011 n° 10-10.357 FS-PB : RJS 4/11 n° 372), les réclamations contre les décisions émanant du conseil d'administration de l'organisme de sécurité sociale (Cass. soc. 14-12-1988 n° 86-17.573 P).

DÉLAI DE SAISINE DE LA CRA

38070 La CRA doit être saisie dans le délai de **2 mois à compter** de la notification de la décision contestée (CSS art. R 142-1, al. 2).

Passé ce délai, la décision devient définitive et le requérant ne peut plus en contester la validité, même par voie d'exception (Cass. soc. 6-6-1991 n° 89-12.102 P : RJS 7/91 n° 882 ; Cass. soc. 20-5-1999 n° 97-19.781 D : RJS 8-9/99 n° 1140).

Toutefois, il n'y a pas **forclusion** si la notification de la décision ou, en cas de décision implicite, l'accusé de réception de la demande ne mentionne pas ce délai ainsi que les voies de recours (CSS art. R 142-1-A, III). Il en est de même si l'organisme de sécurité sociale concerné n'apporte pas la preuve de la date de notification de sa décision (Cass. soc. 28-10-1999 n° 97-21.373 P : RJS 12/99 n° 1521).

> **Précisions a.** Les règles de **computation des délais** de l'article 669 du CPC, prévues pour les notifications postales, ne s'appliquent pas aux décisions de la Caisse de sécurité sociale ; lorsque la **date de réception de la notification par lettre RAR** d'une décision de la caisse est **inconnue** mais que la date de retour de l'avis de réception est connue, le recours formé auprès de la CRA plus de 2 mois après cette dernière date est irrecevable (Cass. 2e civ. 15-3-2018 n° 17-11.834 F-PB : RJS 5/18 n° 372).
> **b.** Pour les personnes demeurant dans un **département ou une collectivité d'outre-mer** ou un **pays étranger,** les délais sont allongés en raison de la distance dans les conditions prévues par l'article 643 du CPC (Cass. soc. 11-3-1987 n° 82-16.861 P).
> **c.** Sur le délai de saisine de la CRA en cas de contestation par l'employeur du **caractère professionnel d'un accident,** voir Mémento social n° 920.
> **d.** C'est à l'organisme de sécurité sociale qui invoque la **forclusion** de **prouver** que sa décision a été régulièrement notifiée (Cass. 2e civ. 21-10-2021 n° 20-16.170 F-D : RJS 1/22 n° 37).

FORME DE LA SAISINE DE LA CRA

38080 La CRA peut être saisie par **tout moyen** donnant date certaine à sa réception (CSS art. R 243-59-9). En cas de litige, c'est au requérant de prouver qu'il l'a saisie avant l'expiration du délai imparti (Cass. soc. 12-10-1995 n° 93-14.609).

ATTENTION

La **réclamation,** qui fixe l'étendue de la saisine de la CRA (Cass. 2e civ. 12-3-2020 n° 19-13.422 F-PBI : RJS 5/20 n° 256), doit indiquer tous les points contestés. En effet, à l'expiration du délai de saisine, la décision de l'organisme devient définitive sur les points non contestés (n° 38070). Néanmoins, l'absence de motivation de la réclamation n'empêche pas la saisine du tribunal (Cass. 2e civ. 13-2-2014 n° 13-12.329 F-PB : RJS 4/14 n° 358 ; Cass. 2e civ. 12-3-2020 n° 19-13.422 F-PBI précité) et le cotisant peut, à l'occasion de son recours juridictionnel contre un redressement, invoquer d'autres moyens que ceux soulevés devant la CRA, s'ils concernent les chefs de redressement préalablement contestés (Cass. 2e civ. 12-5-2022 n° 20-18.077 F-B et n° 20-18.078 F-B : RJS 7/22 n° 410).

DÉCISION DE LA CRA

38090 Sauf délégation de pouvoirs, la CRA ne donne qu'un avis. C'est le conseil, le conseil d'administration ou l'instance régionale de l'organisme de sécurité sociale concerné qui **statue** et **notifie** sa décision motivée au requérant par tout moyen lui conférant date certaine (CSS art. R 142-4 et R 142-1-A, I).

Si la décision n'est pas intervenue dans le **délai** de 2 mois à compter de la réception de la réclamation, le requérant peut la considérer comme rejetée (CSS art. R 142-6), sauf si le recours formé relève à la fois de la compétence de la CRA et de la CMRA (n° 38120, b). La décision de l'organisme de sécurité sociale (y compris sa décision implicite de rejet) peut faire l'objet d'un **recours** devant le tribunal judiciaire dans le délai et selon les modalités indiqués nos 38180 s.

> **Précisions a.** Le réclamant peut **produire des documents après le dépôt** de sa réclamation et avant l'expiration du délai visé ci-dessus. Ce délai ne court alors qu'à dater de la réception des documents par l'organisme (Cass. 2e civ. 12-3-2015 n° 14-13.521 F-PB : RJS 5/15 n° 374).
> **b.** Si le **comité des abus de droit** a été saisi d'une demande relative au même litige, le délai ne court qu'à dater de la réception de l'avis du comité par l'organisme (CSS art. R 142-6).
> **c.** En cas de **redressement à la suite d'un contrôle** Urssaf, la décision de la CRA détaille, par chef de redressement, les montants annulés et ceux qui sont maintenus et précise les délais et voies de recours (CSS art. R 142-4, al. 2).
> **d.** **L'irrégularité** de la décision de la CRA n'empêche pas la juridiction saisie de se prononcer sur le fond du litige (Cass. 2e civ. 21-6-2018 n° 17-27.756 FS-PBRI : RJS 10/18 n° 639).

b. Commission médicale de recours amiable (CMRA)

PRÉALABLE OBLIGATOIRE

38110 Les contestations relatives à l'invalidité, l'incapacité permanente et l'inaptitude au travail visées n° 38015 et celles d'ordre médical formées en matière d'application de la législation de la sécurité sociale sont soumises, sauf exceptions, avant tout recours contentieux, à une commission médicale de recours amiable : la CMRA (CSS art. L 142-4 et R 142-8, al. 1).
Cette commission **examine** les recours préalables formés contre les décisions des organismes de sécurité sociale dont le siège est situé dans son ressort (CSS art. R 142-8, al. 3).

> **Précisions a.** Le **ressort géographique** de la commission est celui de l'échelon régional du contrôle médical du régime intéressé ou, à défaut, national, l'organisme national compétent pouvant toutefois prévoir qu'une commission couvre plusieurs échelons régionaux (CSS art. R 142-8, al. 2). Par dérogation, lorsque la CMRA territorialement compétente ne peut pas rendre des avis dans des délais permettant à l'organisme de prise en charge de se prononcer sur des contestations par des décisions explicites, le directeur de l'organisme national compétent peut confier l'examen de ces contestations à une autre CMRA qu'il désigne. À compter de cette décision, le secrétariat de cette CMRA en informe, sans délai et par tout moyen, les assurés ou les employeurs demandeurs et effectue et reçoit les notifications et communications nécessaires à l'examen de ces contestations. La CMRA désignée établit le rapport et rend l'avis visé n° 38140, qu'elle adresse au service médical et à l'organisme de prise en charge (CSS art. R 142-8, al. 3, issu du Décret 2022-1036 du 22-7-2022).
> **b.** La CMRA est **composée** de 2 médecins désignés par le responsable du service médical territorialement compétent dont un praticien-conseil. Par dérogation, en l'absence de praticien-conseil disponible et pour les contestations d'ordre médical formées par l'assuré en matière d'application des législations et réglementations de sécurité sociale, le recours préalable est soumis à l'autre médecin (CSS art. R 142-8-1, modifié par Décret 2022-1036 du 22-7-2022).
> **c.** Le recours préalable du **professionnel libéral** relatif à l'état ou au degré d'**invalidité,** en cas d'accident ou de maladie non professionnels, et à l'état d'**inaptitude au travail** doit être formé auprès d'une **commission de l'inaptitude** constituée au sein du conseil d'administration de la section professionnelle auprès de laquelle il est affilié (CSS art. R 644-3).

SAISINE DE LA CMRA

38120 La commission doit être saisie, dans un **délai** de 2 mois à compter de la notification de la décision contestée, par demande écrite de l'assuré ou de l'employeur à laquelle est jointe une copie de la décision contestée ; cette demande est adressée par tout moyen donnant date certaine à sa réception au secrétariat de la CMRA compétente (CSS art. R 142-1-A, III et R 142-8, modifié par Décret 2022-1036 du 22-7-2022).
Ce délai n'est **opposable** que s'il a été mentionné, ainsi que les voies de recours, dans la notification de la décision ou, en cas de décision implicite, dans l'accusé de réception de la demande (CSS art. R 142-1-A, III).

> **Précisions a.** Si la **CMRA** est **saisie** alors que la contestation relève de la **compétence de la CRA,** le recours est transmis à cette dernière. Si elle est saisie alors que la contestation relève à la fois de **sa compétence et** de **celle de la CRA,** une copie du recours est transmise à cette dernière aux fins d'examen des questions relevant de sa compétence (Arrêté SSAS1831916A du 28-12-2018 art. 4).
> **b.** En cas de recours relevant à la fois de la **compétence** de la **CRA et** de la **CMRA,** la CRA sursoit à statuer jusqu'à ce que cette dernière ait rendu un avis sur la contestation d'ordre médical. Cet avis s'impose à la CRA ou, à défaut de délégation de pouvoirs (n° 38090), au conseil, au conseil d'administration ou à l'instance régionale de l'organisme de sécurité sociale concerné. La CRA statue sur l'ensemble du recours. L'**absence de décision** dans les 6 mois à compter de l'introduction du recours préalable vaut rejet de la demande (CSS art. R 142-9-1).

PROCÉDURE DEVANT LA CMRA

38130 Dès sa réception, une copie du recours préalable est transmise au **service du contrôle médical** fonctionnant auprès de l'organisme de sécurité sociale dont la décision est contestée. Le praticien-conseil dispose alors de 10 jours à compter de la date de réception pour adresser à la commission, par tout moyen conférant date certaine (CSS art. L 142-6 et R 142-8-2) :
– l'intégralité du **rapport médical** reprenant les constats résultant de l'examen clinique de l'assuré et des examens consultés justifiant sa décision ;
– l'**avis** transmis à l'organisme de sécurité sociale.

Lorsque le **recours** est formé par l'**employeur,** ces documents sont notifiés, dans un délai de 10 jours à compter de l'introduction du recours et par tout moyen conférant date certaine, au médecin mandaté par lui (CSS art. R 142-8-3, al. 1).
Lorsque le **recours** est formé par l'**assuré,** ces documents sont notifiés à ce dernier sans délai selon la même forme, sauf si cette notification a été effectuée avant l'introduction du recours (CSS art. R 142-8-3, al. 2).
Dans tous les cas, les intéressés disposent de 20 jours à compter de la réception des documents ou de l'introduction du recours, s'ils ont été notifiés avant l'introduction de ce dernier, pour faire valoir leurs **observations** selon la même forme (CSS art. R 142-8-3, al. 3).

> **Précisions a.** Lorsque le recours est exercé par l'assuré, la CMRA peut décider, d'office ou à la demande de l'assuré, de procéder à son **examen médical** ou, en cas d'impossibilité de déplacement, liée à son particulier éloignement géographique ou s'il y a lieu de solliciter un avis médical complémentaire, de désigner un **médecin spécialiste ou compétent** pour l'affection considérée, pour réaliser l'examen médical ou une expertise sur pièces et lui transmettre son avis motivé. L'assuré doit être informé, au moins 15 jours avant, des lieu, date et heure de l'examen clinique s'il est réalisé par la commission et au moins 8 jours avant s'il est réalisé à la demande de la commission par un praticien désigné. Dans tous les cas, l'assuré peut se faire accompagner du médecin de son choix (CSS art. R 142-8-4 et R 142-8-4-1, al. 3).
> Le praticien désigné dispose de 15 jours à compter de l'examen clinique ou de 20 jours à compter de la réception du rapport médical et du recours introduit par l'assuré qui doivent lui être transmis par la commission pour rendre son rapport, qui est joint à celui établi par la commission. Il ne s'impose pas à elle (CSS art. R 142-8-4-1, al. 4 et 5).
> **b.** Lorsqu'il est convoqué, les **frais de déplacement** de l'assuré sont à la charge de l'organisme ayant pris la décision contestée (CSS art. R 142-8-6, al. 2). Les honoraires et frais de déplacement des médecins experts sont réglés d'après les tarifs fixés par l'arrêté AFSS1522412A modifié du 29-5-2015 (Circ. Cnam 24/2020 du 11-8-2020).

DÉCISION DE LA CMRA

La commission établit, pour chaque cas examiné, un **rapport** comportant son analyse du dossier, ses constatations et ses conclusions motivées. Elle rend un **avis** qui s'impose à l'organisme de sécurité sociale concerné et lui est transmis sans délai. Cet organisme notifie sa décision à l'intéressé par tout moyen lui conférant date certaine (CSS art. R 142-8-5 et R 142-1-A, I). **38140**

ATTENTION

L'absence de décision de l'organisme dans le **délai** de 4 mois à compter de l'introduction du recours préalable vaut rejet de la demande (CSS art. R 142-8-5, al. 4), sauf si le recours formé relève à la fois de la compétence de la CRA et de celle de la CMRA (n° 38120, b).

2. PROCÉDURE DEVANT LE TRIBUNAL JUDICIAIRE

ORGANISATION GÉNÉRALE

Les litiges relevant du contentieux de la sécurité sociale sont soumis en première instance à des **tribunaux** judiciaires **spécialement désignés** (C. org. jud. art. L 211-16, D 211-10-3 et ann. tableau VIII-III). La liste de ces tribunaux figure n° 38450. **38180**
Les demandes sont formées, instruites et jugées, **au fond comme en référé,** selon les dispositions du Code de procédure civile (CSS art. R 142-1-A, II), sous réserve des dispositions exposées n°s 38185 s.

> **Précisions a.** La formation collégiale du tribunal est composée du **président** du tribunal judiciaire ou d'un magistrat professionnel désigné par lui pour le remplacer, et de 2 **assesseurs** représentant respectivement les salariés et les employeurs et travailleurs indépendants (C. org. jud. art. L 218-1).
> **b.** Les employeurs doivent laisser à leurs **salariés** assesseurs le **temps** nécessaire à l'exercice de leurs fonctions (C. org. jud. art. L 218-7).
> **c.** La fonction d'assesseur est compatible avec celle de **conseiller prud'homme** (C. org. jud. art. L 218-4).

SAISINE DU TRIBUNAL JUDICIAIRE

Le tribunal judiciaire doit être saisi par **requête** remise ou adressée au greffe par lettre recommandée AR (CSS art. R 142-10-1). Sauf exceptions, la requête doit être précédée d'un **recours amiable** (n°s 38060 s.). **38185**
Si elle est **manifestement irrecevable,** elle peut être rejetée par ordonnance motivée du président de la formation de jugement (CSS art. R 142-10-2).

Le **tribunal compétent** est celui dans le ressort duquel demeure le demandeur. Toutefois, c'est celui dans le ressort duquel se trouve le siège de l'organisme de recouvrement auprès duquel l'employeur verse ses cotisations et contributions sociales, en cas de versement en un lieu unique. Si le demandeur demeure à l'étranger, c'est celui du siège de l'organisme de sécurité sociale ou de l'autorité administrative qui a pris la décision (CSS art. R 142-10).

> **Précisions a.** La requête doit, outre les **mentions** prescrites par les articles 54 et 57 du CPC, contenir un exposé sommaire des motifs de la demande accompagné (CSS art. R 142-10-1) :
> – des **pièces** invoquées par le demandeur à l'appui de ses prétentions, énumérées sur un bordereau annexé ;
> – d'une copie de la décision contestée ou, en cas de décision implicite, de celle de la décision initiale de l'autorité administrative et de l'organisme de sécurité sociale ainsi que de la copie du recours préalable.
> Elle contient, le cas échéant, le nom et l'adresse du médecin désigné pour recevoir les documents médicaux.
> **b.** Le juge du contentieux de la sécurité sociale est juge du **litige** qui lui est soumis par les parties, dont l'**objet** est déterminé par les demandes respectives de celles-ci (Cass. 2e civ. 3-6-2021 n° 20-13.275 F-PB : RJS 8-9/21 n° 495).
> **c.** L'irrecevabilité, **faute de saisine préalable de la CRA,** du recours formé directement devant le tribunal judiciaire n'empêche pas d'exercer, après saisine de celle-ci, un nouveau recours contentieux, dès lors qu'il est exercé avant l'expiration du délai de forclusion (n° 38190) (Cass. 2e civ. 22-10-2020 n° 19-18.175 F-PBI : RJS 1/21 n° 55).

38190 **Délai de saisine** Le délai de recours devant le tribunal judiciaire est de **2 mois** à compter soit de la notification de la décision contestée (CSS art. R 142-1-A, III), soit de l'expiration du délai de 2 mois dont disposait la CRA (n° 38090) ou de 4 mois dont disposait la CMRA (n° 38140) pour répondre à la réclamation de l'intéressé, ces deux derniers délais pouvant être portés à 6 mois en cas de recours relevant à la fois de la compétence de la CRA et de la CMRA (n° 38120, b).

Le cas échéant, le délai de recours est allongé en raison de la **distance** dans les conditions prévues par les articles 643 à 645 du CPC (en ce sens : Cass. soc. 23-10-1975 n° 74-11.519 P).

> **Précisions a.** Le délai de 2 mois n'est **opposable** qu'**à la condition** d'avoir été mentionné, ainsi que les voies de recours, dans la notification de la décision contestée ou, en cas de décision implicite, dans l'accusé de réception de la demande (CSS art. R 142-1-A, III). Ainsi, la **décision de la CRA** doit indiquer de manière très apparente le **délai de recours et ses modalités** d'exercice. À défaut, la notification de la décision ne fait pas courir le délai de recours (Cass. soc. 19-9-1991 n° 89-16.002 PF : RJS 10/91 n° 1145). Ce délai ne court pas non plus si l'avis de réception de la décision de la commission a été signé par un tiers (Cass. 2e civ. 17-9-2015 n° 14-23.139 F-D : RJS 12/15 n° 808).
> En cas de décision implicite de **rejet,** le requérant doit être informé du délai de recours (Cass. soc. 30-11-2000 n° 99-12.651 FS-PB : RJS 2/01 n° 256) et de la date à laquelle il pourra considérer sa réclamation comme étant implicitement rejetée (Cass. 2e civ. 9-4-2009 n° 08-12.935 F-PB : RJS 6/09 n° 575), faute de quoi le délai de recours ne court pas. Ces solutions rendues concernant des décisions de la CRA sont, selon nous, applicables aux décisions de la CMRA.
> **b.** Le demandeur qui conteste une décision implicite de rejet au seul motif de l'absence de saisine du tribunal contestant la décision explicite de rejet intervenue en cours d'instance ne peut pas se voir opposer la **forclusion** (CSS art. R 142-10-1, al. 2). Il en va de même de la personne ayant saisi un tribunal territorialement incompétent dans les 2 mois de la notification du rejet de sa demande par la CRA (Cass. 2e civ. 14-2-2019 n° 18-12.377 F-P : RJS 4/19 n° 254).
> **c.** Le **caractère définitif** d'une décision de la CRA ou d'un organisme de sécurité sociale non frappée d'un recours contentieux dans le délai de 2 mois n'est pas **opposable** en cas de **circonstances nouvelles** survenues après cette décision (Cass. 2e civ. 18-12-2014 n° 13-28.080 F-PB : RJS 3/15 n° 214 ; 26-5-2016 n° 15-16.094 F-PB : RJS 8-9/16 n° 598).
> **d.** Sur le délai applicable pour l'**opposition à contrainte,** voir Mémento social n° 24645 et pour la réclamation du salarié sur son **compte professionnel de prévention,** voir Mémento social n° 71360, d.

INSTRUCTION ET DÉBATS DEVANT LE TRIBUNAL JUDICIAIRE

38200 En matière de sécurité sociale, la procédure devant le tribunal judiciaire est **orale** (CSS art. R 142-10-4, al. 1) et sans **représentation** obligatoire (CSS art. L 142-9). Les parties ne sont donc tenues ni de déposer des observations écrites ni de faire appel à un avocat.

En principe, les parties doivent présenter oralement à **l'audience** leurs prétentions et moyens. **38200** (suite)
Toutefois :
– toute partie peut, en cours d'instance, **exposer ses moyens par lettre** adressée au juge, si elle justifie que la partie adverse en a eu connaissance avant l'audience, par lettre recommandée AR, et ne pas se présenter à l'audience. De son côté, le juge peut toujours ordonner que les parties se présentent devant lui (CSS art. R 142-10-4, al. 2) ;
– le président de la formation de jugement peut se prononcer **sans débat**, après avoir recueilli les observations écrites des parties ou les avoir invitées à présenter leurs observations (CSS art. R 142-10-5, II) ;
– **l'instance** est **périmée** si les parties s'abstiennent d'accomplir pendant 2 ans les diligences expressément mises à leur charge par la juridiction. La péremption peut être demandée par l'une des parties et le juge peut la constater d'office après les avoir invitées à présenter leurs observations (CSS art. R 142-10-10).

> **Précisions a.** Les parties peuvent uniquement **se faire assister ou représenter par** (CSS art. L 142-9) : leur conjoint, concubin ou partenaire de Pacs, un ascendant ou descendant en ligne directe, un avocat, un salarié, un employeur ou un travailleur indépendant exerçant la même profession, un représentant syndical, un administrateur ou employé d'un organisme de sécurité sociale, un délégué des associations de mutilés et invalides du travail les plus représentatives ou constituées depuis 5 ans au moins pour œuvrer dans les domaines des droits économiques et sociaux des usagers ainsi que dans ceux de l'insertion et de la lutte contre l'exclusion et la pauvreté. Ainsi, une société peut se faire représenter par l'un de ses salariés et notamment par son responsable paie (Cass. 2e civ. 19-6-2014 n° 13-19.356 F-PB : RJS 11/14 n° 814). Sauf s'il est avocat, le représentant doit être muni d'un **pouvoir spécial** (CSS art. L 142-9, dernier al.).
b. Le président de la formation de jugement exerce les missions et dispose des pouvoirs reconnus au **juge de la mise en état** par les articles 780 à 801 du CPC (CSS art. R 142-10-5, I).
c. Dans le cadre des contestations relatives à l'application de la législation de sécurité sociale, à l'invalidité, l'incapacité permanente et l'inaptitude au travail visées n° 38015, la juridiction peut ordonner toute **mesure d'instruction** pouvant prendre la forme d'une **consultation clinique ou sur pièces** exécutée **à l'audience** par un consultant en cas d'examen de la personne (CSS art. R 142-16).
Le juge peut toujours recourir à une **expertise** de droit commun dans les conditions du Code de procédure civile (Lettre de la 2e chambre civile de la Cour de cassation de juin 2021). La disparition de l'expertise médicale technique (n° 38000) risque d'inciter le juge à recourir plus largement à cette mesure.
Toutefois, en cas de contentieux relatif à l'application de la législation de sécurité sociale :
– si le litige fait apparaître une difficulté d'ordre technique portant sur l'interprétation de la liste des actes et prestations remboursables, le tribunal peut ordonner une expertise spécifique (CSS art. R 142-17-3) ;
– si le litige porte sur la reconnaissance de l'origine professionnelle d'une maladie sur expertise individuelle, le tribunal recueille préalablement l'avis d'un comité régional, distinct du comité saisi par la caisse (CSS art. R 142-17-2). Si le caractère professionnel de la maladie reconnu après avis d'un comité régional est contesté par l'employeur en défense à une action en reconnaissance de sa faute inexcusable, le juge doit recueillir l'avis d'un autre comité régional avant de statuer (Cass. 2e civ. 6-10-2016 n° 15-23.678 F-PB : RJS 12/16 n° 814), sous réserve que soient invoquées devant lui les dispositions relatives à la reconnaissance des maladies professionnelles sur expertise individuelle (Cass. 2e civ. 9-5-2019 n° 18-11.468 FS-PBI et n° 18-17.847 FS-PBI : RJS 7/19 n° 460). Un tel comité doit aussi être saisi si le juge constate que la maladie, bien que reconnue professionnelle par la caisse, ne réunit pas les conditions prévues par le tableau la concernant (Cass. 2e civ. 21-9-2017 n° 16-18.088 FS-PB : RJS 12/17 n° 833). En revanche, si l'avis du comité régional saisi par la caisse est nul, mais pas celui du comité saisi par le tribunal, la cour d'appel n'est pas tenue de recueillir l'avis d'un autre comité (Cass. 2e civ. 21-6-2018 n° 17-20.623 F-PB : RJS 10/18 n° 635).
d. Les **frais de transports de l'assuré** pour répondre à la convocation d'un médecin-expert ou consultant désigné par une juridiction ou pour se rendre à l'audience au cours de laquelle une consultation clinique a lieu sont pris en charge (CSS art. R 322-10). La convocation ou l'avis d'audience tient alors lieu de prescription (CSS art. R 322-10-2). Les frais de transport sont remboursés sur la base du moyen de transport le moins onéreux compatible avec l'état de santé de l'assuré (Circ. Cnam 24/2020 du 11-8-2020).
En outre, les dépenses afférentes à la **rémunération des experts** ou consultants sont prises en charge par l'Assurance maladie. Les **honoraires** dus au **médecin consultant,** ainsi que ses frais de déplacement sont réglés selon les tarifs fixés par arrêté SSAS1831948A modifié du 21-12-2018 (Circ. Cnam 24/2020 du 11-8-2020).

JUGEMENT DU TRIBUNAL JUDICIAIRE

38220 La décision du tribunal est **notifiée** par le greffe à chaque partie (CSS art. R 142-10-7). Cette notification indique les **délais et modalités de recours** (CPC art. 680).
Le tribunal statue, en principe, en **premier ressort,** c'est-à-dire à charge d'appel.
Toutefois, il statue en **dernier ressort,** c'est-à-dire sous le seul contrôle de la Cour de cassation, d'une part, si la demande n'excède pas 5 000 € (C. org. jud. art. R 211-3-25) et, d'autre part, s'il est saisi de recours contre des décisions relatives aux demandes de remise gracieuse des majorations et pénalités de retard (CSS art. R 244-2).
Le tribunal statue **toujours à charge d'appel pour** : la CSG et la CRDS (CSS art. L 136-5, V et Ord. 96-50 du 24-1-1996 art. 14, III), le forfait social, les contributions patronale et salariale sur les attributions d'options sur actions et d'actions gratuites, les contributions patronales perçues au titre des régimes de retraite à prestations définies, de la solidarité pour l'autonomie, sur les avantages de préretraite d'entreprise et sur les indemnités de mise à la retraite et la contribution additionnelle de solidarité pour l'autonomie (CSS art. L 137-4).

APPEL DU JUGEMENT DU TRIBUNAL JUDICIAIRE

38240 L'appel est formé, instruit et jugé suivant la **procédure sans représentation obligatoire** (CSS art. R 142-1-A, II et R 142-11), auprès d'une **cour d'appel spécialement désignée** pour en connaître (C. org. jud. art. L 311-15).
Il doit intervenir dans le **délai** d'un mois à compter de la notification de la décision du tribunal (CPC art. 538), qui correspond à la date à laquelle cette notification a été remise à son destinataire (Cass. 2e civ. 19-11-2020 n° 19-17.934 F-PBI : RJS 2/21 n° 119).
Le délai d'appel peut être allongé pour des raisons de distance (CPC art. 643 s.).
La décision de la cour d'appel est notifiée aux parties par le greffe (CSS art. R 142-12) et peut, le cas échéant, être soumise à la **Cour de cassation** dans un délai de 2 mois à compter de sa notification (CSS art. R 142-15).

C. Contentieux de la tarification des accidents du travail

COMPÉTENCE DE LA JURIDICTION DÉDIÉE

38400 Les contestations des **décisions des caisses d'assurance retraite et de la santé au travail (Carsat)** concernant, en matière d'accident du travail, la classification du risque, la fixation du taux de cotisation, l'octroi de ristournes, l'imposition de cotisations supplémentaires et la contribution due par certains employeurs pour l'alimentation du fonds commun des accidents du travail sont portées devant la **cour d'appel d'Amiens** (CSS art. L 142-1, 7° et C. org. jud. art. D 311-12).
La cour d'appel statue en premier et dernier ressort. Sa décision est notifiée aux parties par lettre recommandée AR (CSS art. L 242-5, al. 2 et R 142-13-5) et peut, le cas échéant, être soumise à la **Cour de cassation.**

> **Précisions a.** En l'**absence de décision de la Carsat,** la cour est incompétente (Cass. 2e civ. 13-12-2007 n° 06-19.324 F-PB : RJS 4/08 n° 482 ; 23-10-2008 n° 07-19.116 F-PB : RJS 3/09 n° 280 ; 20-6-2019 n° 18-17.049 F-PBI : RJS 10/19 n° 603). A contrario, si la Carsat a pris une décision, l'employeur peut la contester devant la cour. Ainsi, l'employeur, avisé par la Carsat de l'imputation d'une maladie professionnelle à son compte, peut contester cette décision devant la cour sans attendre la notification de son taux de cotisation (Cass. 2e civ. 13-1-2011 n° 10-13.975 F-D : RJS 4/11 n° 368) et sans que puisse lui être opposée la forclusion de la contestation du dernier taux de cotisation notifié (Cass. 2e civ. 7-4-2022 n° 20-18.310 F-B : RJS 6/22 n° 335).
b. Relève de la **compétence de la cour d'appel d'Amiens** la contestation de l'imputation d'une maladie professionnelle sur le compte de l'employeur qu'elle soit motivée par une demande d'inscription au compte spécial (Cass. 2e civ. 17-3-2022 n° 20-20.878 F-B : RJS 6/22 n° 334) ou par un défaut d'exposition au risque (Cass. 2e civ. 1-12-2022 n° 21-11.252 FS-B : RJS 2/23 n° 105).
La compétence de la cour d'appel d'Amiens se limite par ailleurs aux **questions techniques relevant de la compétence de la Carsat.**
Ainsi, la Carsat étant liée par les éléments qui lui sont communiqués par la caisse primaire d'assurance maladie (CPAM), ceux-ci ne peuvent pas être contestés devant la cour (Cass. 2e civ. 2-4-2009 n° 08-11.811 F-PB : RJS 6/09 n° 573). Il convient donc de contester les décisions de la CPAM devant le tribunal judiciaire (n° 38180).
De même, relève de la compétence du tribunal judiciaire, et non de la cour, le litige portant, non sur une question technique, mais sur une

question juridique telle que la date d'entrée en vigueur d'un texte modifiant les règles de calcul du taux de cotisation (Cass. soc. 19-11-1964 n° 9580 SS) ou l'incidence d'une loi sur ces règles de calcul (en ce sens : Cass. soc. 11-4-2002 n° 00-16.085 F-P : RJS 7/02 n° 911). Autres exemples : relèvent de la compétence du tribunal judiciaire le contentieux du remboursement des cotisations indûment versées (Cass. soc. 23-6-1994 n° 91-19.977 P) ou la question de l'opposabilité à l'employeur de la décision fixant le taux d'incapacité permanente de la victime d'un accident du travail (Cass. 2e civ. 21-10-2021 n° 20-18.366 F-D : RJS 1/22 n° 38).

DÉLAI DE RECOURS

La **cour d'appel d'Amiens** doit être saisie dans le délai de 2 mois à compter de la notification de la décision contestée ou du jour de la décision de classification du risque par la Carsat pour le responsable du service de contrôle des organismes de sécurité sociale (CSS art. R 142-1-A, III et R 142-13-2). **38410**
Pour les requérants domiciliés **hors de la France** métropolitaine ou qui en sont temporairement éloignés, voir n° 38190.
Sous réserve des précisions ci-après, la tarification qui n'a fait l'objet d'**aucun recours** devant la cour dans le délai réglementaire acquiert un caractère définitif et ne peut plus être remise en cause au titre de l'exercice en cours (Cass. soc. 31-5-2001 n° 99-20.844 FS-PB : RJS 8-9/01 n° 1079).

> **Précisions a.** La forclusion ne peut être opposée aux intéressés que si la notification de la décision contestée ou, en cas de décision implicite, l'accusé de réception de la demande **mentionne** le délai et les voies de recours (CSS art. R 142-1-A, III).
b. Même non contesté dans le délai réglementaire, le taux de cotisation notifié devra être rectifié par la Carsat si une **décision de justice ultérieure** en modifie les éléments de calcul (Cass. soc. 11-7-2002 n° 00-17.891 F-P : RJS 11/02 n° 1292 ; Cass. 2e civ. 24-11-2016 n° 15-26.187 F-PB : RJS 2/17 n° 149 ; Cass. 2e civ. 24-6-2021 n° 20-14.904 F-B : RJS 10/21 n° 569), ou si une **transaction ultérieure** est conclue entre la CPAM et un tiers responsable dans la survenance de l'accident (Cass. 2e civ. 13-12-2005 n° 04-10.837 FS-D : RJS 2/06 n° 275), ou encore si la Carsat reconnaît la nécessité de réparer les conséquences d'une **erreur** (Cass. 2e civ. 17-2-2011 n° 10-10.256 F-D : RJS 5/11 n° 464).
c. En cas de **rectification du taux** des cotisations d'accident du travail suite à une décision de justice, l'employeur peut contester l'ensemble des bases de la tarification afférente à l'année en cause, même si le délai de recours à l'encontre de la notification du taux initial est expiré (Cass. soc. 24-11-2016 n° 15-26.187 F-PB : RJS 2/17 n° 149).

REMBOURSEMENT DES INDUS

Pour les recours formés devant la CPAM ou la Carsat, si le recours conduit la Carsat à rectifier le taux précédemment notifié, l'employeur peut prétendre au remboursement des cotisations indûment versées sur l'ensemble de la période au titre de laquelle les taux sont rectifiés (CSS art. L 243-6). **38420**

ATTENTION

L'employeur dispose de **3 ans** à compter de la notification de la décision de l'organisme ou du jugement pour demander ce remboursement à l'Urssaf (Circ. Acoss 2015-25 du 15-6-2015 ; Cass. 2e civ. 12-10-2017 n° 16-20.579 F-D : RJS 12/17 n° 829 ; Cass. 2e civ. 8-10-2020 n° 19-20.955 F-D : RJS 12/20 n° 620).

Siège et ressort des tribunaux judiciaires et des cours d'appels compétents en matière de contentieux technique et général de la sécurité sociale et d'admission à l'aide sociale (C. org. jud. art. D 211-10-3 et D 311-12-1, ann. VIII-III) **38450**

COURS D'APPEL COMPÉTENTES	SIÈGE ET RESSORT DES TRIBUNAUX JUDICIAIRES COMPÉTENTS	
Cour d'appel d'Aix-en-Provence	Cour d'appel d'Aix-en-Provence	
	Alpes-de-Haute-Provence	
	Dignes-les-Bains	Tribunal judiciaire de Digne-les-Bains
	Alpes-Maritimes	
	Nice	Tribunaux judiciaires de Grasse et Nice
	Bouches-du-Rhône	
	Marseille	Tribunaux judiciaires d'Aix-en-Provence, Marseille et Tarascon
	Var	
	Toulon	Tribunaux judiciaires de Draguignan et Toulon

38450 (suite)

COURS D'APPEL COMPÉTENTES	SIÈGE ET RESSORT DES TRIBUNAUX JUDICIAIRES COMPÉTENTS	
Cour d'appel d'Amiens	Cour d'appel d'Amiens	
	Aisne	
	Laon	Tribunaux judiciaires de Laon et Soissons
	Saint-Quentin	Tribunal judiciaire de Saint-Quentin
	Oise	
	Beauvais	Tribunaux judiciaires de Beauvais, Compiègne et Senlis
	Somme	
	Amiens	Tribunal judiciaire d'Amiens
	Cour d'appel de Douai	
	Nord	
	Douai	Tribunaux judiciaires de Douai et Cambrai
	Lille	Tribunaux judiciaires de Dunkerque et Lille
	Valenciennes	Tribunaux judiciaires d'Avesnes-sur-Helpe et Valenciennes
	Pas-de-Calais	
	Arras	Tribunaux judiciaires d'Arras et Béthune
	Boulogne-sur-Mer	Tribunaux judiciaires de Boulogne-sur-Mer et Saint-Omer
Cour d'appel d'Angers	Cour d'appel d'Angers	
	Maine-et-Loire	
	Angers	Tribunaux judiciaires d'Angers et Saumur
	Mayenne	
	Laval	Tribunal judiciaire de Laval
	Sarthe	
	Le Mans	Tribunal judiciaire du Mans
Cour d'appel de Basse-Terre	Cour d'appel de Basse-Terre	
	Guadeloupe, Saint-Barthélemy et Saint-Martin	
	Pointe-à-Pitre	Tribunaux judiciaires de Basse-Terre et Pointe-à-Pitre
Cour d'appel de Bastia	Cour d'appel de Bastia	
	Corse-du-Sud	
	Ajaccio	Tribunal judiciaire d'Ajaccio
	Haute-Corse	
	Bastia	Tribunal judiciaire de Bastia
Cour d'appel de Besançon	Cour d'appel de Besançon	
	Doubs	
	Besançon	Tribunal judiciaire de Besançon
	Montbéliard	Tribunal judiciaire de Montbéliard
	Haute-Saône	
	Vesoul	Tribunal judiciaire de Vesoul
	Jura	
	Lons-le-Saunier	Tribunal judiciaire de Lons-le-Saunier
	Territoire de Belfort	
	Belfort	Tribunal judiciaire de Belfort
Cour d'appel de Bordeaux	Cour d'appel de Bordeaux	
	Charente	
	Angoulême	Tribunal judiciaire d'Angoulême
	Dordogne	
	Périgueux	Tribunaux judiciaires de Bergerac et Périgueux
	Gironde	
	Bordeaux	Tribunaux judiciaires de Bordeaux et Libourne

38450 (suite)

COURS D'APPEL COMPÉTENTES	SIÈGE ET RESSORT DES TRIBUNAUX JUDICIAIRES COMPÉTENTS	
Cour d'appel de Caen	Cour d'appel de Caen	
	Calvados	
	Caen	Tribunaux judiciaires de Caen et Lisieux
	Manche	
	Coutances	Tribunaux judiciaires de Cherbourg-en-Cotentin et Coutances
	Orne	
	Alençon	Tribunaux judiciaires d'Alençon et Argentan
Cour d'appel de Cayenne	Cour d'appel de Cayenne	
	Guyane	
	Cayenne	Tribunal judiciaire de Cayenne
Cour d'appel de Colmar	Cour d'appel de Colmar	
	Bas-Rhin	
	Strasbourg	Tribunaux judiciaires de Saverne et Strasbourg
	Bas-Rhin et Haut-Rhin	
	Mulhouse	Tribunaux judiciaires de Colmar et Mulhouse
Cour d'appel de Dijon	Cour d'appel de Dijon	
	Côte-d'Or	
	Dijon	Tribunal judiciaire de Dijon
	Haute-Marne	
	Chaumont	Tribunal judiciaire de Chaumont
	Saône-et-Loire	
	Mâcon	Tribunaux judiciaires de Chalon-sur-Saône et Mâcon
Cour d'appel de Fort-de-France	Cour d'appel de Fort-de-France	
	Martinique	
	Fort-de-France	Tribunal judiciaire de Fort-de-France
Cour d'appel de Grenoble	Cour d'appel de Chambéry	
	Haute-Savoie	
	Annecy	Tribunaux judiciaires d'Annecy, Bonneville et Thonon-les-Bains
	Savoie	
	Chambéry	Tribunaux judiciaires d'Alberville et Chambéry
	Cour d'appel de Grenoble	
	Drôme	
	Valence	Tribunal judiciaire de Valence
	Hautes-Alpes	
	Gap	Tribunal judiciaire de Gap
	Isère	
	Grenoble	Tribunaux judiciaires de Bourgoin-Jallieu et Grenoble
	Vienne	Tribunal judiciaire de Vienne
Cour d'appel de Lyon	Cour d'appel de Lyon	
	Ain	
	Bourg-en-Bresse	Tribunal judiciaire de Bourg-en-Bresse
	Loire	
	Roanne	Tribunal judiciaire de Roanne
	Saint-Étienne	Tribunal judiciaire de Saint-Étienne
	Rhône	
	Lyon	Tribunal judiciaire de Lyon
	Villefranche-sur-Saône	Tribunal judiciaire de Villefranche-sur-Saône
Cour d'appel de Metz	Cour d'appel de Metz	
	Moselle	
	Metz	Tribunaux judiciaires de Metz, Sarreguemines et Thionville

38450 (suite)

COURS D'APPEL COMPÉTENTES	SIÈGE ET RESSORT DES TRIBUNAUX JUDICIAIRES COMPÉTENTS	
Cour d'appel de Montpellier	Cour d'appel de Montpellier	
	Aude	
	Carcassonne	Tribunaux judiciaires de Carcassonne et Narbonne
	Aveyron	
	Rodez	Tribunal judiciaire de Rodez
	Hérault	
	Montpellier	Tribunaux judiciaires de Béziers et Montpellier
	Pyrénées-Orientales	
	Perpignan	Tribunal judiciaire de Perpignan
Cour d'appel de Nancy	Cour d'appel de Nancy	
	Meurthe-et-Moselle	
	Nancy	Tribunal judiciaire de Nancy
	Val de Briey	Tribunal judiciaire de Val de Briey
	Meuse	
	Bar-le-Duc	Tribunaux judiciaires de Bar-le-Duc et Verdun
	Vosges	
	Épinal	Tribunal judiciaire d'Épinal
	Cour d'appel de Reims	
	Ardennes	
	Charleville-Mézières	Tribunal judiciaire de Charleville-Mézières
	Aube	
	Troyes	Tribunal judiciaire de Troyes
	Marne	
	Châlons-en-Champagne	Tribunal judiciaire de Châlons-en-Champagne
	Reims	Tribunal judiciaire de Reims
Cour d'appel de Nîmes	Cour d'appel de Nîmes	
	Ardèche	
	Privas	Tribunal judiciaire de Privas
	Gard	
	Nîmes	Tribunaux judiciaires d'Alès et Nîmes
	Lozère	
	Mende	Tribunal judiciaire de Mende
	Vaucluse	
	Avignon	Tribunaux judiciaires d'Avignon et Carpentras
Cour d'appel d'Orléans	Cour d'appel de Bourges	
	Cher	
	Bourges	Tribunal judiciaire de Bourges
	Indre	
	Châteauroux	Tribunal judiciaire de Châteauroux
	Nièvre	
	Nevers	Tribunal judiciaire de Nevers
	Cour d'appel d'Orléans	
	Indre-et-Loire	
	Tours	Tribunal judiciaire de Tours
	Loiret	
	Orléans	Tribunaux judiciaires de Montargis et Orléans
	Loir-et-Cher	
	Blois	Tribunal judiciaire de Blois

38450 (suite)

COURS D'APPEL COMPÉTENTES	SIÈGE ET RESSORT DES TRIBUNAUX JUDICIAIRES COMPÉTENTS	
Cour d'appel de Paris	Cour d'appel de Paris	
	Essonne	
	Évry	Tribunal judiciaire d'Évry
	Paris	
	Paris	Tribunal judiciaire de Paris
	Seine-et-Marne	
	Meaux	Tribunal judiciaire de Meaux
	Melun	Tribunaux judiciaires de Fontainebleau et Melun
	Seine-Saint-Denis	
	Bobigny	Tribunal judiciaire de Bobigny
	Val-de-Marne	
	Créteil	Tribunal judiciaire de Créteil
	Yonne	
	Auxerre	Tribunaux judiciaires d'Auxerre et Sens
Cour d'appel de Pau	Cour d'appel de Pau	
	Hautes-Pyrénées	
	Tarbes	Tribunal judiciaire de Tarbes
	Landes	
	Mont-de-Marsan	Tribunaux judiciaires de Dax et Mont-de-Marsan
	Pyrénées-Atlantiques	
	Bayonne	Tribunal judiciaire de Bayonne
	Pau	Tribunal judiciaire de Pau
Cour d'appel de Poitiers	Cour d'appel de Limoges	
	Corrèze	
	Tulle	Tribunaux judiciaires de Brive-la-Gaillarde et Tulle
	Creuse	
	Guéret	Tribunal judiciaire de Guéret
	Haute-Vienne	
	Limoges	Tribunal judiciaire de Limoges
	Cour d'appel de Poitiers	
	Charente-Maritime	
	La Rochelle	Tribunal judiciaire de La Rochelle
	Saintes	Tribunal judiciaire de Saintes
	Deux-Sèvres	
	Niort	Tribunal judiciaire de Niort
	Vendée	
	La Roche-sur-Yon	Tribunaux judiciaires de La Roche-sur-Yon et Les Sables-d'Olonne
	Vienne	
	Poitiers	Tribunal judiciaire de Poitiers
Cour d'appel de Rennes	Cour d'appel de Rennes	
	Côtes-d'Armor	
	Saint-Brieuc	Tribunal judiciaire de Saint-Brieuc
	Finistère	
	Brest	Tribunal judiciaire de Brest
	Quimper	Tribunal judiciaire de Quimper
	Côtes-d'Armor et Ille-et-Vilaine	
	Rennes	Tribunaux judiciaires de Rennes et Saint-Malo
	Loire-Atlantique	
	Nantes	Tribunaux judiciaires de Nantes et Saint-Nazaire
	Morbihan	
	Vannes	Tribunaux judiciaires de Lorient et Vannes

38450 (suite)

COURS D'APPEL COMPÉTENTES	SIÈGE ET RESSORT DES TRIBUNAUX JUDICIAIRES COMPÉTENTS	
Cour d'appel de Riom	Cour d'appel de Riom	
	Allier	
	Moulins	Tribunaux judiciaires de Cusset, Montluçon et Moulins
	Cantal	
	Aurillac	Tribunal judiciaire d'Aurillac
	Haute-Loire	
	Le Puy-en-Velay	Tribunal judiciaire du Puy-en-Velay
	Puy-de-Dôme	
	Clermont-Ferrand	Tribunal judiciaire de Clermont-Ferrand
Cour d'appel de Rouen	Cour d'appel de Rouen	
	Eure	
	Évreux	Tribunal judiciaire d'Évreux
	Seine-Maritime	
	Le Havre	Tribunal judiciaire du Havre
	Rouen	Tribunaux judiciaires de Dieppe et Rouen
Cour d'appel de Saint-Denis	Cour d'appel de Saint-Denis	
	La Réunion	
	Saint-Denis	Tribunaux judiciaires de Saint-Denis et Saint-Pierre
	Mayotte	
	Mamoudzou	Tribunal judiciaire de Mamoudzou
Cour d'appel de Toulouse	Cour d'appel d'Agen	
	Gers	
	Auch	Tribunal judiciaire d'Auch
	Lot	
	Cahors	Tribunal judiciaire de Cahors
	Lot-et-Garonne	
	Agen	Tribunal judiciaire d'Agen
	Cour d'appel de Toulouse	
	Ariège	
	Foix	Tribunal judiciaire de Foix
	Haute-Garonne	
	Toulouse	Tribunaux judiciaires de Saint-Gaudens et Toulouse
	Tarn	
	Albi	Tribunaux judiciaires d'Albi et Castres
	Tarn-et-Garonne	
	Montauban	Tribunal judiciaire de Montauban
Cour d'appel de Versailles	Cour d'appel de Versailles	
	Eure-et-Loire	
	Chartres	Tribunal judiciaire de Chartres
	Hauts-de-Seine	
	Nanterre	Tribunal judiciaire de Nanterre
	Val d'Oise	
	Pontoise	Tribunal judiciaire de Pontoise
	Yvelines	
	Versailles	Tribunal judiciaire de Versailles

CHAPITRE 2

PROCÉDURES RELATIVES À LA FAMILLE

SOMMAIRE

ARTICULATION ENTRE RÈGLES DE FOND ET DE FORME DANS LES PROCÉDURES FAMILIALES

39000 La procédure en matière familiale est régie par les articles 1070 et suivants du **Code de procédure civile**. Dans certaines matières, comme le divorce ou la protection des victimes de violence, de nombreuses règles figurent aussi dans le **Code civil**. Ces règles sont exposées ici lorsqu'elles sont de nature purement procédurale. Pour une étude approfondie des règles de fond applicables en droit de la famille, voir le Mémento Droit de la famille.

La compétence du juge aux affaires familiales, ou **JAF**, recouvre la plupart des litiges concernant la famille. En matière de divorce, notamment, il est compétent de la saisine en divorce à la liquidation du régime matrimonial (Rép. Descamps : AN 26-5-2020 n° 28663) : il est ainsi, dans ce domaine, juge des référés, juge de la mise en état, juge conciliateur et juge du fond. De même, le président du tribunal judiciaire est seulement compétent pour délivrer des ordonnances sur requête mais il délègue cette compétence aux juges aux affaires familiales dans la plupart des tribunaux, et ces ordonnances sont, en tout état de cause, extrêmement rares. Le JAF n'est cependant pas le seul magistrat en charge du contentieux familial : le juge des enfants, le juge des tutelles et dans une moindre mesure le juge pénal ou le juge de l'exécution ont vocation à intervenir. La question de la répartition des compétences entre ces différents magistrats est traitée n°s 2115 s.

SECTION 1

PROCÉDURES RELEVANT DU JUGE AUX AFFAIRES FAMILIALES

TEXTES APPLICABLES AUX PROCÉDURES DEVANT LE JAF

39002 Dans la mesure où le JAF est très largement en charge du contentieux familial, la procédure applicable devant lui constitue le **droit commun** de la procédure en matière familiale.

Deux types de règles forment ce bloc procédural de droit commun :

– des **dispositions générales** prévues par les articles 1070 à 1074-4 du CPC, applicables en toutes matières (y compris au divorce), sauf dispositions contraires (n°s 39008 s.) ;

– un corps de **règles procédurales résiduelles**, regroupées aux articles 1137 à 1143 du CPC (n°s 39170 s.). Ces dispositions sont applicables à la plupart des actions introduites devant le JAF mais elles ne sont jamais applicables au divorce et à la séparation de corps qui font l'objet de **procédures spécifiques devant le JAF** (n°s 39229 s.). Certains autres contentieux particuliers y échappent. C'est le cas, par exemple, des demandes tendant à la fixation des relations d'un enfant avec ses grands-parents. Le tableau figurant n° 39004 récapitule les différents régimes auxquels sont soumises les principales actions du contentieux familial.

39004

Type d'action	Procédure applicable
Exercice de l'autorité parentale (parents séparés, contentieux de l'après-divorce) : – fixation ou révision des modalités de l'exercice de l'autorité parentale (résidence des enfants, droit de visite, etc.) ; – fixation et modification de la contribution à l'entretien des enfants ; – attribution provisoire du logement familial des parents non mariés séparés ; – **sauf** retrait de l'autorité parentale ; relations avec les ascendants et les tiers ; demande de prorogation de l'attribution de la jouissance du logement familial indivis	Procédure de droit commun JAF (n°s 39008 à 39215)
Prorogation de l'attribution provisoire de la jouissance du logement familial appartenant en indivision aux parents	Compétence du JAF mais procédure écrite ordinaire applicable devant le TJ (CPC art. 1136-1, al. 2)

Type d'action	Procédure applicable
Relations de l'enfant avec les ascendants et les tiers	Compétence du JAF mais procédure écrite ordinaire du TJ (CPC art. 1180) + dispositions générales applicables devant le JAF, **sauf** dispositions contraires (nos 39008 à 39150)
Retrait de l'autorité parentale	Compétence du TJ (CPC art. 1202, al. 1)
Divorce – Séparation de corps	Procédure JAF spécifique, **sauf** demandes de modification ou de complément des mesures provisoires qui obéissent à la procédure de droit commun JAF
Modification des mesures provisoires	Procédure de droit commun JAF (nos 39008 à 39215)
Révision de la prestation compensatoire	Compétence du JAF mais procédure écrite ordinaire du TJ (CPC art. 1139 et 1140) + dispositions générales applicables devant le JAF, **sauf** dispositions contraires (nos 39008 à 39150)
Obligation alimentaire	Procédure de droit commun JAF (nos 39008 à 39215)
Régimes matrimoniaux	Compétence du JAF mais procédure écrite ordinaire du TJ (CPC art. 1136-1) + dispositions générales applicables devant le JAF, sauf dispositions contraires (nos 39008 à 39150)
Recours des organismes sociaux contre les débiteurs d'aliments	Procédure de droit commun JAF (nos 39008 à 39215), sauf art. 1141 CPC
Mesures d'urgence en cas de mise en péril des intérêts de la famille	Procédure JAF spécifique (nos 39060 s.)
Protection des victimes de violence	Procédure JAF spécifique (nos 39075 s.)

I. RÈGLES GÉNÉRALES

COMPÉTENCE TERRITORIALE DU JAF

Le juge aux affaires familiales territorialement compétent est (CPC art. 1070) : **39008**
– celui du lieu où se trouve la **résidence de la famille** ;
– si les **parents vivent séparément**, celui du lieu de résidence du parent avec lequel résident habituellement les enfants mineurs en cas d'exercice en commun de l'autorité parentale ou du lieu de résidence du parent qui exerce seul cette autorité ;
– dans les **autres cas**, celui du lieu où réside celui qui n'a pas pris l'initiative de la procédure. Les conjoints qui n'ont pas d'enfant mineur sont concernés. Autres situations visées, celle où les enfants ne résident pas chez leurs parents ou encore celle où certains résident chez l'un de leurs parents et d'autres chez l'autre.
En cas de **demande conjointe**, par exemple dans un divorce par consentement mutuel judiciaire, les parties saisissent, au choix, le JAF du domicile de l'une ou de l'autre d'entre elles (CPC art. 1070, al. 5).
Lorsque le litige porte seulement sur la **pension alimentaire**, la **contribution** à l'entretien et l'éducation de l'enfant, la contribution aux charges du mariage ou la **prestation compensatoire**, le juge compétent peut être celui du lieu où réside l'époux créancier ou le parent qui assume à titre principal la charge des enfants, même majeurs (CPC art. 1070, al. 6).
La compétence territoriale est déterminée par la résidence au jour de la demande (au jour de la requête initiale pour les divorces introduits avant le 1-1-2021).
Des règles particulières de compétence territoriale s'appliquent toutefois à certaines procédures du droit de la famille et des personnes (nos 2635 s.).

La **résidence habituelle** se **définit comme** le lieu où l'intéressé a fixé, avec la volonté de lui conférer un caractère stable, le centre permanent ou habituel de ses intérêts. Ainsi, le fait de s'installer pour un séjour de 18 mois en France où l'enfant a été momentanément scolarisé ne suffit pas nécessairement à fixer sa résidence habituelle en France (Cass. 1e civ. 14-12-2005 n° 05-10.951 FS-PBRI). **39010**
Les juges du fond déterminent souverainement le lieu où réside celui des époux avec lequel vivent les enfants mineurs. Ils vérifient que l'installation de l'époux ne procède pas d'une fraude ou d'une voie de fait (Cass. 2e civ. 25-6-1980 n° 79-11.874 : Bull. civ. II n° 159).

ILLUSTRATIONS

La résidence d'un époux ne permet pas de déterminer la compétence du tribunal si elle a été fixée en **fraude** des droits du conjoint. L'un des parents qui prend ses enfants, vivant en Nouvelle-Calédonie avec l'autre parent, un samedi pour « aller faire des courses » et qui, en réalité, part s'installer en métropole avec eux, ne peut pas saisir valablement le juge métropolitain (Cass. 1e civ. 3-2-2004 n° 02-20.223 F-D).
En sens contraire, pour un époux qui quitte la Guyane pour se protéger des violences de l'autre (CA Rennes 25-4-2000 n° 99/8251).

A. Office du juge aux affaires familiales

JAF, JUGE UNIQUE

39015 Le JAF est, par **principe**, un juge unique, mais il a la **faculté** de renvoyer une affaire à la formation collégiale du tribunal judiciaire, au sein de laquelle il siège et qui statue alors comme juge aux affaires familiales (C. org. jud. art. L 213-4, al. 1 et 3). Cette décision de renvoi est une mesure d'administration judiciaire qui ne peut pas faire l'objet de recours (C. org. jud. art. R 213-9 ; CPC art. 537).
Par **exception**, en matière de divorce et de séparation de corps, le juge est obligé de faire droit à une demande de renvoi devant la formation collégiale émanant des parties (C. org. jud. art. L 213-4, al. 2).

IMPARTIALITÉ DU JAF

39020 Le regroupement du contentieux familial entre les mains du JAF conduit celui-ci à intervenir à plusieurs titres dans des **litiges connexes ou impliquant les mêmes parties**. Ces compétences multiples doivent être exercées dans le respect des exigences qu'implique l'impartialité du juge.
Le moyen tiré de l'impartialité du juge est toutefois soumis à des conditions de recevabilité restrictives (n° 1076).

ILLUSTRATIONS

Le JAF qui a prononcé le divorce aux torts partagés des époux – et a, dans ce cadre, porté une **appréciation sur la culpabilité d'un des époux** – ne peut pas ensuite participer à la formation de jugement appelée à statuer sur le délit commis par celui-ci (Cass. crim. 21-2-1996 n° 95-82.085 : Bull. crim. n° 82).
De même, le juge qui s'est prononcé au pénal sur le comportement d'un époux ne peut pas connaître en tant que JAF d'une demande civile dont l'issue est subordonnée à une appréciation de ce comportement (Cass. 1e civ. 29-9-2004 n° 02-16.436 F-PB). À notre avis, le JAF qui intervient pour faire cesser une situation d'urgence ou de violences familiales (nos 39075 s.) ne devrait plus pouvoir intervenir au fond, ni au civil ni au pénal, au moins lorsque sa décision repose sur une appréciation du comportement de la personne visée par les mesures ordonnées.
De la même façon, le JAF qui a rendu la décision frappée de recours ne saurait figurer dans la composition de la cour d'appel saisie de ce recours (Cass. 2e civ. 1-10-2020 n° 19-17.922 F-PBI).

CONCILIATION ET MÉDIATION DEVANT LE JAF

39025 Le juge aux affaires familiales doit essayer de concilier les parties (CPC art. 1071). La conciliation peut avoir lieu à n'importe quel stade de la procédure.
Lorsque la **demande** doit être précédée d'une tentative de conciliation, de médiation ou de procédure participative (sur les cas dans lesquels cette tentative préalable est obligatoire, voir n° 31015), elle **doit préciser**, à peine de nullité, les diligences entreprises en vue de parvenir à une résolution amiable du litige ou la justification d'une telle tentative (CPC art. 54).
Sur les règles particulières applicables à la conciliation en matière de **divorce** pour les requêtes introduites avant le 1er janvier 2021, voir nos 39510 s.

39026 Dans le cadre de sa mission de conciliation, le juge peut proposer aux parties une **mesure de médiation** et, après avoir recueilli leur accord, désigner un médiateur familial pour y procéder (CPC art. 1071, al. 2) y compris dans la décision statuant définitivement sur les modalités d'exercice de l'autorité parentale (C. civ. art. 373-2-10, al. 2).
L'**objectif** de la médiation est de permettre aux parties de rechercher une solution aux conflits qui les opposent, en dehors du débat judiciaire. Certains tribunaux y sont très favorables, notamment en matière de divorce, parce qu'un arrangement accepté par les deux conjoints est souvent mieux respecté qu'une décision qui leur a été imposée.
En matière d'exercice de l'autorité parentale, ou dans le cadre des mesures provisoires de l'instance en divorce, la **médiation** est **exclue** si des violences sont alléguées par l'un des parents sur

l'autre parent ou sur l'enfant, ou s'il existe une emprise manifeste de l'un des parents sur l'autre (C. civ. art. 373-2-10, al. 2).
La médiation **peut porter sur** tout ou partie du litige. En pratique, les enfants sont souvent au cœur du débat. Aux termes de la médiation, si les parties sont parvenues à un accord, il est consigné dans un procès-verbal qui est soumis au juge et le plus souvent homologué.
La médiation, soumise au **principe de confidentialité**, est conduite suivant les règles exposées nos 55000 s.

Même s'il n'a pas recueilli l'accord des parties pour procéder à une médiation, le juge peut, en matière familiale comme dans toute procédure, **enjoindre aux parties de rencontrer un médiateur** qu'il désigne et qui les informe sur l'objet et le déroulement d'une mesure de médiation. Il peut prendre une telle mesure à tout moment, y compris en référé (C. civ. 373-2-10, al. 3 ; Loi 95-125 du 8-2-1995 art. 22-1). **39027**
En matière d'exercice de l'**autorité parentale**, le juge ne peut pas prendre une telle mesure si des violences sont alléguées par l'un des parents sur l'autre parent ou sur l'enfant, ou s'il existe une emprise manifeste de l'un des parents sur l'autre (C. civ. art. 373-2-10).
Cette injonction n'est pas susceptible de **recours** (CPC art. 1071).
Elle se rencontre souvent dans le cadre de ce qui est appelé la « **double convocation** » et qui consiste, après décision du juge, à ce que le greffe adresse aux parties une injonction de rencontrer un médiateur familial à une date antérieure à la convocation à l'audience qui est adressée dans le même temps, pratique qui a été validée (Rép. Capdevielle : AN 9-8-2016 n° 92846).

On peut s'interroger sur l'articulation de la médiation familiale avec l'**audience de règlement amiable**, mécanisme facultatif de droit commun entré en vigueur depuis le 1er novembre 2023 (Décret 2023-686 du 29-7-2023 : JO 30 texte n° 9 ; voir nos 31150 s.). L'audience de règlement amiable a pour finalité la résolution amiable du différend entre les parties, par la confrontation équilibrée de leurs points de vue, l'évaluation de leurs besoins, positions et intérêts respectifs, ainsi que la compréhension des principes juridiques applicables au litige (CPC art. 774-2 créé par décret 2023-686 précité). À cette fin, le juge saisi d'un litige peut, à la demande de l'une des parties ou d'office après avoir recueilli leur avis, décider qu'elles seront convoquées à une telle audience de règlement amiable tenue par un juge qui ne siège pas dans la formation de jugement dans les cas prévus par la loi. Cette décision est une mesure d'administration judiciaire. Elle ne dessaisit pas le juge (CPC art. 774-1 créé par décret 2023-686 précité). L'audience de règlement amiable se distingue des autres modes alternatifs de règlement des différends (MARD) par le rôle central du juge qui, en rappelant les grands principes de droit applicables à la matière, peut permettre aux parties d'affiner leurs positions et de converger (Circ. JUSC2324682C du 17-10-2023). Ce mode de règlement amiable des litiges a-t-il vocation à s'appliquer à la matière familiale ? Son champ d'application est limité aux affaires relevant de la procédure écrite ordinaire et aux référés relevant de la compétence du président du tribunal judiciaire ou du juge des contentieux de la protection. Le texte précise, par ailleurs, qu'il n'intéresse que les « **droits dont les parties ont la libre disposition** » (CPC art. 774-1 nouveau). Le droit patrimonial de la famille est traditionnellement considéré comme de droit laissé à la libre disposition des parties, même si l'affirmation mérite d'être nuancée (Dalloz action Droit de la famille 2023/2024 v. Détermination du droit applicable, n° 512.325 par M. Farge). On songe alors notamment à la prestation compensatoire. À cette condition, ce nouveau mode de règlement amiable trouverait à s'appliquer à certains litiges en matière familiale, sous la réserve expresse que les magistrats comme les parties et leurs conseils s'en saisissent. Cette possibilité est confirmée par la Chancellerie qui envisage, à titre d'exemple, le cas des époux pouvant être orientés vers une audience de règlement amiable dans le cadre de la procédure de divorce, notamment pour rechercher un accord sur les effets du divorce contentieux entre époux. Cependant, le juge de l'audience de règlement amiable ne pourra pas formaliser leur accord par procès-verbal, ce titre exécutoire ne pouvant exister indépendamment du prononcé du divorce par voie de jugement (Circ. JUSC2324682C du 17-10-2023). **39028**

La médiation familiale imposée **39030**

Jusqu'au 31 décembre 2024, une tentative de médiation familiale est rendue obligatoire, à titre expérimental, en matière d'**autorité parentale** dans les tribunaux judiciaires de Bayonne, Bordeaux, Cherbourg-en-Cotentin, Évry, Nantes, Nîmes, Montpellier, Pontoise, Rennes, Saint-Denis et Tours (Loi 2016-1547 du 18-11-2016 art. 7 ; Arrêté JUSB1707997A du 16-3-2017 ; Loi 2022-1726 de finances pour 2023 art. 188). Elle concerne plus précisément toute demande de modification d'une décision fixant les modalités de l'exercice de l'autorité parentale ou la contribution à l'entretien et à l'éducation de l'enfant ainsi que les stipulations contenues dans la convention homologuée, par dérogation à l'article 373-2-7 du Code

civil. La demande peut émaner du ou des parents ou du ministère public, qui peut lui-même être saisi par un tiers, parent ou non. Cette tentative de médiation est exigée, à peine d'irrecevabilité de la demande que le juge peut soulever d'office, avant toute saisine du juge par le ou les parents.
Par **exception**, ce préalable n'est pas exigé lorsque :
– les deux parents demandent ensemble l'homologation d'une convention ;
– l'absence de recours à la médiation est justifiée par un motif légitime ;
– des violences ont été commises par l'un des parents sur l'autre parent ou sur l'enfant.

B. Jugement du JAF

PUBLICITÉ DES DÉBATS ET DES DÉCISIONS DU JAF

39040 En **principe**, les demandes soumises au JAF sont formées, instruites et jugées en chambre du conseil, sauf disposition contraire (CPC art. 1074, al. 1).
Par **exception**, les décisions relatives au nom, au prénom ou au divorce sont rendues publiquement (CPC art. 1074, al. 2). S'agissant des décisions relatives au divorce, la jurisprudence est intervenue à plusieurs reprises pour en préciser le périmètre, un auteur en concluant à une rédaction obscure du texte (J. Hauser, RTD civ. 2010 p. 89, à propos de Cass. 1e civ. 28-10-2009 n° 08-18.488 FS-PBI).
Il a ainsi été jugé que les décisions relatives à la dévolution et aux modalités d'exercice de l'autorité parentale concernant un enfant dont les parents sont séparés ne sont pas des décisions relatives au divorce et doivent être rendues en chambre du conseil (Cass. 1e civ. 6-2-2008 n° 06-17.006 F-PB). Il en est de même des décisions statuant après divorce sur la suppression ou la modification d'une prestation compensatoire (Cass. 1e civ. 28-10-2009 n° 08-18.488 FS-PBI : RTD civ. 2010 p. 89 obs. J. Hauser).

EXÉCUTION PROVISOIRE DES DÉCISIONS DU JAF

39045 À moins qu'il n'en soit disposé autrement, les décisions du juge aux affaires familiales qui mettent fin à l'instance ne sont exécutoires à titre provisoire que si elles l'ordonnent (CPC art. 1074-1, al. 1).
Par exception, sont **exécutoires de droit** à titre provisoire les mesures portant sur l'exercice de l'autorité parentale, la pension alimentaire, la contribution à l'entretien et à l'éducation de l'enfant et la contribution aux charges du mariage, ainsi que les mesures provisoires ordonnées dans le cadre du divorce en vertu de l'article 255 du Code civil (CPC art. 1074-1, al. 2).
La **prestation compensatoire** est soumise à un régime spécial (n° 39365).

C. Mesures d'urgence ordonnées par le JAF

1. COMPÉTENCE GÉNÉRALE DU JAF

APERÇU DE LA COMPÉTENCE GÉNÉRALE DU JAF

39050 Le JAF peut prendre en référé des **mesures provisoires** dans toutes les matières qui relèvent de sa compétence au fond (CPC art. 1073, al. 2). La demande en référé présentée au JAF est soumise aux conditions de droit commun (CPC art. 834 et 835). L'ordonnance rendue présente les caractéristiques habituelles d'une décision de référé (n° 33200).
Il peut aussi, en cas d'urgence dûment justifiée, statuer au fond suivant une procédure à bref délai (CPC art. 1137) ou, dans certains contentieux limitativement énumérés, selon la procédure accélérée au fond. Citons, à titre d'exemple, le contentieux relatif au déplacement illicite d'enfants (CPC art. 1210-6) ou encore celui lié à la gestion des biens indivis (CPC art. 1380).

2. MISE EN PÉRIL DES INTÉRÊTS DE LA FAMILLE

SITUATION VISÉE

39060 Si l'un des époux manque gravement à ses devoirs et met ainsi en péril les intérêts de la famille, le juge aux affaires familiales peut prescrire toutes les **mesures urgentes** que requièrent ces intérêts (C. civ. art. 220-1).
L'urgence signifie qu'il n'est pas possible d'attendre le temps nécessaire à la mise en place des autres mesures de crise prévues par le régime primaire ou le régime matrimonial. Ces mesures peuvent être prononcées indépendamment de l'existence ou non d'une procédure de divorce. Elles ne doivent pas être confondues avec celles qui pouvaient être ordonnées dans le cadre d'une procédure de divorce introduite avant le 1er janvier 2021 (n° 39497).

Ce dispositif fournit le moyen de sauvegarder les **intérêts patrimoniaux** de la famille en réorganisant les pouvoirs des époux lorsque ces intérêts sont menacés, généralement pendant une période de séparation de fait, une procédure de divorce ou de séparation de corps.
Le juge peut notamment interdire à un époux de faire sans le consentement de l'autre des actes de disposition sur ses propres biens ou sur ceux de la communauté, meubles ou immeubles. Il peut interdire le déplacement des meubles, sauf à spécifier ceux dont il attribue l'usage personnel à l'un ou à l'autre des conjoints (C. civ. art. 220-1, al. 2). Il peut même confier l'administration du patrimoine commun à un administrateur provisoire (Cass. 1e civ. 5-11-1996 n° 94-14.160 : Bull. civ. I n° 374).

Saisine du juge Le juge statue en **référé** ou, en cas de besoin, par ordonnance sur **requête** (CPC art. 1290). Selon son mode de saisine, les débats et la décision rendue suivront le régime des ordonnances de référé ou celui des ordonnances sur requête. 39062
L'**assignation** en référé, qui permet de respecter le principe du contradictoire, est la voie normale de saisine du JAF sur le fondement de l'article 220-1 du Code civil. La saisine du JAF par une **requête** unilatérale n'est possible que dans les cas où le requérant est fondé à ne pas appeler la partie adverse (CPC art. 493) ou lorsque les circonstances exigent que des mesures urgentes soient prises non contradictoirement (CPC art. 845).

Durée des mesures urgentes Le juge qui ordonne des mesures doit en fixer la durée qui, prolongation comprise, **ne peut pas dépasser** trois ans (C. civ. art. 220-1, al. 3). 39064
Les **mesures** urgentes sont **provisoires**. Le juge peut y mettre un terme ou les modifier à tout moment, même avant leur terme. L'obligation faite au juge de prévoir la durée des mesures qu'il ordonne n'est pas prévue à peine de nullité de l'ordonnance (Cass. 1e civ. 25-10-1972 n° 71-13.073 : Bull. civ. I n° 222).

Publicité des mesures urgentes Si l'ordonnance porte interdiction de faire des actes de disposition sur des biens dont l'aliénation est sujette à publicité, elle doit être **publiée** à la diligence de l'époux requérant (C. civ. art. 220-2, al. 1). Si l'ordonnance porte interdiction de disposer ou de déplacer des meubles corporels elle doit être **signifiée** par le requérant à son conjoint (C. civ. art. 220-2, al. 2). 39066

3. PROTECTION DES VICTIMES DE VIOLENCES

PRINCIPE DES MESURES DE PROTECTION

Lorsque les violences exercées au sein du couple ou par un ancien conjoint, un ancien partenaire de Pacs ou un ancien concubin mettent en danger la personne qui en est victime, un ou plusieurs enfants, le juge aux affaires familiales peut délivrer en urgence à cette dernière une ordonnance de protection (C. civ. art. 515-9). La protection ne s'applique pas qu'aux époux. Elle est ouverte à **tous les couples**. Une ordonnance de protection peut même être délivrée en urgence par le juge à la personne majeure menacée de mariage forcé (C. civ. art. 515-13). 39075
Par ailleurs, la **cohabitation** avec l'auteur des violences n'est pas un critère de mise en œuvre de la protection (C. civ. art. 515-9).
Le **juge** est **saisi par** la personne en danger, assistée ou non d'un avocat. Il peut également être saisi, avec son accord, par le ministère public. En vigueur depuis le 1er octobre 2010, ce dispositif est indépendant de toute procédure pénale, le dépôt préalable d'une plainte n'étant pas nécessaire (C. civ. art. 515-10).
Lorsqu'une procédure de **divorce** ou de séparation de corps est **en cours**, la demande aux fins de mesures de protection ainsi que les demandes tendant à la modification de ces mesures sont présentées devant le juge saisi du divorce, qui statue par décision séparée (CPC art. 1136-13, dernier al.).

39076

Bilan ministériel sur les ordonnances de protection contre les violences conjugales sur la période 2019-2021

Succès mitigé des ordonnances de protection sur la période 2019-2021 si l'on en croit les statistiques mis à disposition par le ministère de la justice (Infostat Justice n° 192, 06-2023, Les ordonnances de protection contre les violences conjugales : près de sept demandes sur dix accordées entre 2019 et 2021). En effet, malgré la dissociation de l'ordonnance de protection de la procédure pénale, le recours à ces ordonnances se montre encore bien limité au regard du nombre de victimes de violences conjugales en 2021 : 208 000 selon les statistiques du ministère de l'intérieur contre 5 901 demandes. Le nombre de telles demandes ne cesse toutefois de croître, avec une augmentation notable de 55 % pendant la période Covid (2019-2020). La moyenne annuelle entre 2019 et 2021 s'établit à 4 500 décisions.

Portrait-robot des parties. Les parties intéressées ont entre 17 et 81 ans. Les demandes émanent à 97 % de femmes, qui ont moins de 36 ans pour la moitié d'entre elles, la tranche d'âge la plus représentée étant celle des 30-39 ans (20 %). Chez les hommes, un sur deux a moins de 39 ans, les plus représentés étant les 35-44 ans.

Dans près de 80 % des cas, les conjoints sont toujours en couple au jour de la saisine du juge, mais plus d'un quart de ceux qui sont mariés ou pacsés sont déjà en cours de séparation. Pour les couples déjà séparés au moment de la demande, celui qui reste dans le logement est, le plus souvent, la victime des violences en cas de concubinage alors que, pour les couples mariés ou pacsés, c'est l'auteur des violences dans 59 % des cas.

Nature des violences conjugales. Les violences subies sont tant physiques que psychologiques (respectivement dans 82 % et 78 % des cas) et elles sont multiples dans 83 % des affaires.

L'enquête met également en évidence l'exposition des jeunes enfants à ces formes de violence : 89 % des parties demanderesses ont des enfants et, dans 33 % de ces cas, elles accusent le défendeur d'avoir fait subir des violences à ces derniers.

Procédure pénale. Du côté des auteurs des violences, 32 % d'entre eux font l'objet d'une procédure pénale au moment de la saisine du JAF (dans la majorité des cas pour les mêmes faits) et, quasi dans la même proportion (27 %), ont un passé judiciaire en lien avec des faits de violences conjugales.

Éléments probatoires en soutien de la demande. Dans 93 % des cas, le demandeur produit au moins un élément de preuve ou d'antécédents. Il s'agit le plus souvent du dépôt de plainte (83 %), mais il peut également s'agir d'un certificat médical (59 %), d'un témoignage de tiers (30 %), d'une main courante (24 %), ou encore d'un témoignage d'enfant (7 %).

Office du juge. 67 % des demandes d'ordonnance de protection ont été acceptées entre janvier 2019 et juin 2021. Les motifs de rejet tiennent à l'absence de danger actuel, de vraisemblance des faits de violences allégués, leur ancienneté, leur cessation ou leur caractère exceptionnel. Entrent en jeu dans la décision du juge l'avis rendu par le ministère public et la position tenue par le défendeur. Comme mesure accessoire à l'ordonnance de protection, le juge est compétent pour statuer sur la jouissance du logement commun ou l'attribution du droit au bail (C. civ. art. 515-11, 3° et 4°). Elle concerne 77 % des demandes et est acceptée par le juge dans 94 % des cas.

MESURES ENVISAGEABLES PAR LE JAF

39077 Le JAF peut prononcer certaines mesures, limitativement énumérées par l'article 515-11 du Code civil. Il peut **notamment** :

– statuer sur la résidence séparée des époux, partenaires ou concubins en précisant lequel continuera à résider dans le logement du couple ; la jouissance du logement conjugal est attribuée, sauf ordonnance spécialement motivée justifiée par des circonstances particulières, au conjoint, partenaire ou concubin qui n'est pas l'auteur des violences, et ce même s'il a bénéficié d'un hébergement d'urgence. Dans ce cas, la prise en charge des frais afférents peut incomber au conjoint violent ;

– se prononcer sur les modalités d'exercice de l'autorité parentale et sur les modalités du droit de visite et d'hébergement et, le cas échéant, fixer la contribution aux charges du mariage pour les couples mariés, ou l'aide matérielle pour les partenaires d'un Pacs ainsi que la contribution à l'entretien et à l'éducation des enfants ;

– interdire à l'auteur des violences de recevoir, de rencontrer ou d'entrer en relation avec certaines personnes désignées, de porter ou de détenir une arme ;

– autoriser la victime à dissimuler son domicile ou sa résidence et à élire domicile chez son avocat, au parquet ainsi que, pour les besoins de la vie courante, chez une personne morale qualifiée (par exemple, une association agréée) ;

– prononcer l'admission provisoire à l'aide juridictionnelle de la partie demanderesse.

INTRODUCTION DE L'INSTANCE EN PROTECTION DEVANT LE JAF

39082 La saisine s'opère par **requête** remise ou adressée au greffe (CPC art. 1136-3).

Outre les **mentions** de droit commun (CPC art. 57), la requête doit, à peine de nullité, exposer sommairement les motifs de la demande et comporter en annexe les pièces sur lesquelles elle est fondée. La nullité sanctionnant l'absence d'annexion des pièces à la requête est une nullité

de forme, qui ne peut être prononcée qu'à charge pour celui qui l'invoque de prouver le grief que lui cause une telle irrégularité (Cass. 1e civ. 16-11-2022 n° 21-15.095 FS-B).
Un **formulaire de requête** – Cerfa n° 15458*05 – est disponible dans les points d'accès au droit ou au greffe des tribunaux, ainsi que par internet (www.service-public.fr/particuliers/vosdroits/R42412).
Le juge rend alors sans délai une **ordonnance fixant la date de l'audience**, laquelle constitue une mesure d'administration judiciaire (CPC art. 1136-3) et non pas une décision juridictionnelle. Cette ordonnance ne pourra donc pas faire l'objet d'un recours.
Copie de cette ordonnance, à laquelle sont annexées la copie de la requête et les pièces qui y sont jointes, est **notifiée** (CPC art. 1136-3) :
– **au demandeur** par le greffe, par tout moyen donnant date certaine (e-mail, fax...), ou par remise en main propre contre émargement ;
– **au défendeur**, par voie de signification soit à l'initiative du demandeur, s'il est assisté ou représenté par un avocat, soit du greffe, soit du ministère public s'il est l'auteur de la requête. Dans ce dernier cas, le ministère public fait également signifier l'ordonnance à la personne en danger ;
– par la **voie administrative**, en cas de danger grave et imminent pour la sécurité de la victime (dans ce cas c'est l'autorité administrative, par exemple le directeur d'un centre de rétention ou un commissaire de police, qui procède à la convocation).
La signification doit être faite au défendeur dans un **délai** de deux jours à compter de l'ordonnance fixant la date de l'audience. La copie de l'acte de signification doit être remise au greffe au plus tard à l'audience.
La notification de l'ordonnance vaut convocation des parties.
Le **ministère public** est avisé par le greffier du dépôt de la requête lorsqu'il n'en est pas l'auteur, puis de la date d'audience (CPC art. 1136-3, al. 3 et 8). Quel que soit son rôle dans la procédure – partie jointe ou partie principale – le procureur de la République assure la coordination entre l'instance civile et l'instance pénale tendant à la répression des violences dont se plaint la victime. Dans ce cadre, il assure la transmission au JAF des pièces de la procédure pénale qui apparaissent nécessaires dans le cadre de la procédure de protection.

> **Précisions** Les **pièces** sur lesquelles doit se fonder la demande sont celles d'état civil ainsi que tout document attestant des faits allégués, tel que les certificats médicaux, les attestations de proches témoins des faits, les justificatifs de plaintes antérieurement déposées, les courriers échangés, etc. (Notice Cerfa n° 15458*05).

Mention de l'adresse dans l'acte introductif d'instance Le demandeur qui sollicite l'autorisation de **dissimuler son adresse** est dispensé de l'indiquer dans l'acte introductif d'instance : il doit cependant élire domicile chez son avocat ou le procureur de la République qui doit alors communiquer sans délai l'adresse du demandeur au juge (CPC art. 1136-5). **39088**

AUDIENCE EN CAS DE DEMANDE DE PROTECTION

Le recours à un **avocat** n'est pas obligatoire. La **procédure** est orale. L'affaire est instruite et débattue en chambre du conseil. Le juge peut, à tout moment de la procédure, par simple mention au dossier, ordonner la comparution personnelle d'une partie pour l'entendre séparément ou en présence de l'autre partie. Lors de l'audience, le juge procède à l'audition des parties. Il les entend séparément s'il le décide ou si l'une des parties le sollicite. Cette décision fait l'objet d'une simple mention au dossier (CPC art. 1136-6). **39090**
Si une procédure de **divorce** ou de séparation de corps est **en cours**, la demande concernant une mesure de protection est présentée devant le JAF saisi de cette procédure, qui statue par décision séparée (CPC art. 1136-13).

ORDONNANCE DE PROTECTION

L'ordonnance de protection est délivrée dans un délai maximal de six jours à compter de la fixation de la date de l'audience (C. civ. art. 515-11). Aucune sanction n'est prévue en cas de non-respect de ce délai (voir circ. du 28-1-2020 p. 4). Elle est **exécutoire** à titre provisoire, sauf si le juge en dispose autrement (CPC art. 1136-7, al. 1). **39095**
Elle doit au préalable être **notifiée** aux parties par voie de signification, à moins que le juge ne décide, d'office ou à la demande d'une partie, qu'elle sera notifiée par lettre recommandée AR, ou par voie administrative en cas de nécessité. La notification au ministère public est faite par remise avec émargement ou envoi contre récépissé (CPC art. 1136-9, al. 1).

39097 L'ordonnance fixe la **durée des mesures** prises, qui est au plus de six mois suivant la notification de l'ordonnance (CPC art. 1136-7, al. 2 ; C. civ. art. 515-12). Lorsque l'ordonnance ne fixe pas cette durée, les mesures prennent fin à l'expiration d'un délai de six mois suivant la notification de l'ordonnance. Ces mesures peuvent toutefois s'appliquer plus longtemps si (CPC art. 1136-13 et 1136-14) :
– une demande en divorce ou en séparation de corps ou relative à l'exercice de l'autorité parentale est introduite avant l'expiration des mesures ordonnées ;
– l'ordonnance de protection est prononcée alors qu'une procédure de divorce ou de séparation de corps, ou relative à l'exercice de l'autorité parentale est en cours.
L'ordonnance de protection s'applique alors en principe jusqu'à ce qu'une décision statuant sur la demande en divorce ou en séparation de corps ou sur l'exercice de l'autorité parentale soit passée en force de chose jugée, à moins que le juge saisi de cette demande ou le juge de la mise en état (divorces introduits depuis le 1-1-2021) en décide autrement. Dans ce cas, les mesures provisoires relatives à la résidence séparée des époux, aux modalités d'exercice de l'autorité parentale, à la contribution aux charges du mariage et à la contribution à l'entretien et à l'éducation des enfants se substituent aux mesures de même nature de l'ordonnance de protection, à compter de la notification de l'ordonnance du JAF sur les mesures provisoires ; de même, les mesures relatives aux modalités d'exercice de l'autorité parentale et à la contribution à l'entretien et à l'éducation des enfants prises en application de l' article 515-5, 5° du Code civil antérieurement à la décision statuant, même à titre provisoire, sur la demande relative à l'exercice de l'autorité parentale cessent de produire effet à compter de la notification de celle-ci (CPC art. 1136-14).

RECOURS CONTRE UNE ORDONNANCE DE PROTECTION

39100 L'ordonnance de protection est susceptible d'**appel** dans un délai de quinze jours suivant sa notification (CPC art. 1136-11).
Les intéressés peuvent, par ailleurs, présenter une demande de **mainlevée**, de **modification** ou de **suspension temporaire** de tout ou partie des mesures prises (CPC art. 1136-12, al. 1). Cette demande est en principe formée, instruite et jugée dans les mêmes conditions que la requête initiale. Mais, si un appel a été interjeté, la demande de modification doit être formée par requête remise ou adressée au greffe de la cour d'appel : c'est le premier président de la cour d'appel, le conseiller de la mise en état ou la formation de jugement qui statue sur la demande (CPC art. 1136-12, al. 2).

D. Mesures d'aide à la décision du JAF

1. AUDITION DE L'ENFANT PAR LE JAF

39110 **Périmètre de l'audition de l'enfant par le JAF** La capacité de témoigner est fixée à 18 ans. Toutefois, le mineur peut être entendu par le juge ou par une personne désignée à cet effet dans toutes les **procédures le concernant** (CPC art. 338-1 ; C. civ. art. 388-1). C'est le cas lorsque cette procédure est susceptible d'entraîner des modifications dans ses conditions de vie ou d'influer sur ses intérêts : procédure de divorce, procédure de changement de régime matrimonial, procédure de mise sous tutelle d'un parent, etc. L'audition du mineur est possible y compris dans le cadre de la procédure de divorce par consentement mutuel qui n'implique pas, en principe, l'intervention d'un juge.

> **Précisions** Les règles générales relatives à l'audition du mineur (CPC art. 338-1 s.) s'effacent devant les **dispositions spécifiques** prévues, le cas échéant, dans le cadre d'autres procédures qui impliquent l'audition de l'enfant, telles que celle visant à la mise en place de mesure d'assistance éducative, dans le cadre de laquelle l'audition de l'enfant doté de discernement s'impose au juge (CPC art. 1182 ; Cass. 1e civ. 2-12-2020 n° 19-20.184 FS-PI) ou à l'émancipation du jeune (C. civ. art. 413-2). Elles ne s'appliquent pas non plus en cas d'audition d'un mineur par un expert (Cass. 1e civ. 23-3-2011 n° 10-10.547 F-PBI : BPAT 3/11 inf. 181, RTD civ. 2011 p. 322 obs. J. Hauser).

39111 **Condition** Le mineur doit être **capable de discernement** (CPC art. 338-1 ; C. civ. art. 388-1).
Il n'y a pas d'âge minimum, ni d'âge à partir duquel l'audition est obligatoire. Le juge apprécie au cas par cas le degré de maturité du jeune et son degré de compréhension (Cass. 1e civ. 18-3-2015 n° 14-11.392 F-PB ; Circ. justice JUSF1711230C du 19-4-2017 p. 3). Lorsqu'il refuse l'audition, il doit expliquer précisément en quoi l'enfant n'est pas capable de discernement (Cass. 1e civ. 14-4-2021 n° 18-26.707 F-D) ; il ne peut pas se contenter, pour écarter l'audition, de se référer à son âge (Cass. 1e civ. 18-3-2015 n° 14-11.392 précité). Le degré de discernement requis peut aussi être apprécié en fonction de la nature de la procédure.

INFORMATION DU MINEUR SUR SES DROITS

Le mineur capable de discernement doit être informé de son droit à être entendu et à être assisté d'un avocat. Cette obligation d'information **incombe** au premier chef aux personnes qui s'occupent de l'enfant au quotidien : titulaires de l'exercice de l'autorité parentale, tuteur ou, le cas échéant, personne ou service à qui l'enfant a été confié (CPC art. 338-1, al. 1 ; pour une illustration, Cass. 1e civ. 28-9-2011 n° 10-23.502 F-D). **39112**
Sur l'information des enfants mineurs dans le cadre du divorce par consentement mutuel contractuel, voir nos 39878 s.

Modalités de l'information du mineur en cours de procédure Lorsque la procédure est introduite par requête, la convocation à l'audience est accompagnée d'un **avis** rappelant les dispositions de l'article 388-1 du Code civil et du premier alinéa de l'article 338-1 du Code de procédure civile (CPC art. 338-1, al. 2). Il en va de même lorsque la procédure est introduite par acte d'huissier (CPC art. 338-1, al. 3). **39113**
Le magistrat saisi doit vérifier en cours de procédure que le mineur a effectivement été destinataire de l'ensemble des informations requises (C. civ. art. 388-1, al. 4). S'il manque à son obligation, les parties doivent le relever sans attendre. À défaut, elles sont irrecevables à formuler ce grief devant la Cour de cassation (Cass. 1e civ. 26-6-2013 n° 12-17.275 FS-PB).

Mention obligatoire de l'information du mineur sur ses droits Lorsque les parents organisent les modalités d'exercice de l'autorité parentale et fixent la contribution à l'entretien et à l'éducation des enfants aux termes d'une **convention soumise à l'homologation du juge aux affaires familiales** (C. civ. art. 373-2-7), mention doit être portée dans la convention que « le mineur capable de discernement a été avisé de son droit à être entendu et assisté d'un avocat et, le cas échéant, qu'il n'a pas souhaité faire usage de cette faculté » (CPC art. 338-1, al. 4). **39114**
Le même formalisme est requis en présence d'un **accord issu d'un Mard présenté au JAF** pour homologation (CPC art. 338-1, al. 4).
Depuis le 1er mai 2023, dans toute **décision** concernant un mineur capable de discernement, mention est faite que le ou les titulaires de l'exercice de l'autorité parentale, le tuteur ou, le cas échéant, la personne ou le service à qui il a été confié, se sont acquittés de leur obligation d'information (CPC art. 388-1, dernier al. créé par décret 2023-25 du 23-1-2023 art. 1). Depuis la même date, lorsqu'un **acte contresigné par avocats issu d'un Mard** et **présenté au greffe** pour apposition de la formule exécutoire, porte sur les modalités d'exercice de l'autorité parentale, il est désormais exigé qu'il mentionne que « le mineur capable de discernement a été avisé de son droit à être entendu et, le cas échéant, qu'il n'a pas souhaité faire usage de cette faculté ». À défaut, le greffier rejette la demande (CPC art. 1568-1 créé par décret 2023-25 du 23-1-2023 art. 1).

DEMANDE D'AUDITION DU MINEUR

L'audition du mineur peut avoir lieu sur l'**initiative** du juge, à la demande des parents ou de l'enfant. Dans ce dernier cas, la demande doit émaner de l'enfant lui-même. Le juge n'est pas tenu de répondre à une attestation rédigée par un tiers faisant état du souhait de l'enfant d'être entendu (Cass. 1e civ. 19-9-2007 n° 06-18.379 FS-P : RTD civ. 2008 p. 100 obs. J. Hauser). Il n'est pas tenu non plus de procéder à une audition qui ne lui est pas demandée (Cass. 1e civ. 9-2-2022 n° 20-15.912 F-D : RTD civ. 2022 p. 372 obs. A.-M. Leroyer). **39115**
La demande d'audition n'est soumise à aucun **formalisme** (CPC art. 338-2). Une simple lettre transmise au juge est donc valable.
La demande peut être présentée à tout **moment** de la procédure et même pour la première fois en appel (CPC art. 338-2). Elle peut l'être pendant le délibéré de la juridiction (Cass. 1e civ. 18-5-2005 n° 02-20.613 FS-PBRI). L'enfant peut exiger d'être entendu après l'audience de plaidoirie, y compris lorsqu'il a déjà été entendu par la première juridiction saisie (Cass. 1e civ. 24-10-2012 n° 11-18.849 F-PBI : BPAT 6/12 inf. 291).

DÉCISION DU JAF SUR L'AUDITION DU MINEUR

Lorsque la demande **émane du mineur**, son audition est de droit : le refus d'audition ne peut être fondé que sur l'un des deux motifs suivants (CPC art. 338-4, al. 1) : **39120**
– l'absence de discernement du jeune ;
– le fait que la procédure ne le concerne pas.
Lorsque la demande d'audition de l'enfant intervient dans le cadre d'un divorce par consentement mutuel sans juge, elle transforme ce dernier en divorce judiciaire (n° 39842).

Si la demande **provient des parties**, le juge apprécie la nécessité de l'audition et sa conformité à l'intérêt de l'enfant. S'il ne l'estime pas utile, il la refuse (CPC art. 338-4, al. 2). **39121**

ILLUSTRATIONS

L'audition peut être refusée comme **jugée contraire à l'intérêt de l'enfant** :
– lorsque non seulement l'âge, la santé ou les facultés intellectuelles de l'enfant rendent cette audition impossible, mais encore lorsque celle-ci serait de nature à compromettre sa santé ou son état mental (Cass. 1e civ. 20-2-1985 n° 83-80.055 : Bull. civ. I n° 71, en matière d'assistance éducative) ;
– lorsqu'il s'agit de préserver autant que possible un enfant de 7 ans du conflit parental dont il a déjà subi les conséquences (Cass. 1e civ. 16-12-2015 n° 15-10.442 F-PBI : BPAT 1/16 inf. 10).

39122 Dans tous les cas, la décision du juge ordonnant l'audition peut prendre la **forme** d'une simple mention au dossier ou au registre d'audience (CPC art. 338-3). En cas de refus d'audition, le mineur et les parties en sont avisés par tout moyen, les motifs étant indiqués dans la décision du fond (CPC art. 338-4, al. 3). L'indication des motifs de ce refus doit figurer dans la décision du juge aux affaires familiales, ce qui permet à la Cour de cassation d'exercer son contrôle (Cass. 1e civ. 16-2-2022 n° 21-23.087 F-D : RTD civ. 2022 p. 372 obs. A.-M. Leroyer).

39123 **Voies de recours** La décision du juge statuant sur la **demande d'audition formée par l'enfant** n'est pas susceptible de recours (CPC art. 338-5, al. 1). L'enfant qui souhaite être entendu par la cour d'appel doit donc en faire à nouveau la demande devant la cour d'appel, faute d'effet dévolutif sur ce point de l'appel formé contre la décision statuant sur la résidence de l'enfant sans entendre ce dernier, alors que celui-ci en avait fait la demande (Cass. 1e civ. 14-7-2017 n° 17-19.218 F-PB : BPAT 6/17 inf. 219).

Lorsque la **demande émane de l'un ou l'autre des parents**, l'appel est possible dans les conditions restrictives prévues pour les mesures d'instruction (CPC art. 150 et 152 sur renvoi de l'art. 338-5, al. 2).

CONVOCATION DU MINEUR À UNE AUDITION DU JAF

39125 Si le juge décide l'audition du mineur, celui-ci doit être convoqué par **lettre simple**. La convocation l'informe de son droit à être entendu seul, avec un avocat ou une personne de son choix. Le même jour, les défenseurs des parties et, à défaut, les parties elles-mêmes doivent être **avisés** des modalités de l'audition (CPC art. 338-6).

ILLUSTRATIONS

Lorsque le juge décide, même d'office, de l'audition d'un enfant, sur le fondement de l'article 388-1 du Code civil, le secrétariat de la juridiction doit en aviser les défenseurs des parties ou, à défaut, les parties elles-mêmes en vertu des articles 16 et 338-5 du Code de procédure civile. Par conséquent, encourt la cassation la décision qui statue après audition des enfants mineurs, même assistés d'un avocat, alors que ni les parents ni leurs conseils n'en ont été avisés (Cass. 1e civ. 3-12-2008 n° 07-11.552 FS-PBI : Bull. civ. I n° 279, à propos de C. civ. art. 388-1 dans sa rédaction antérieure à loi 2007-293 du 5-3-2007, mais transposable).

39130 **Droit au silence** Si le mineur refuse d'être entendu, le juge apprécie le bien-fondé de ce refus (C. civ. art. 388-1, al. 2). Bien que cette formulation soit ambiguë, il résulte des travaux parlementaires que le législateur a voulu reconnaître expressément au mineur la possibilité de refuser d'être auditionné (Rapport Sénat n° 393 (2005-2006) de M. André Lardeux déposé le 14-6-2006, à propos de l'article 4).

MODALITÉS DE L'AUDITION DU MINEUR PAR LE JAF

39135 Le **juge** doit en principe entendre **personnellement** l'enfant. Il ne peut **déléguer** l'audition à un tiers que lorsque l'intérêt de l'enfant le commande (C. civ. art. 388-1, al. 1). Le juge doit alors désigner une personne exerçant ou ayant exercé une activité dans le domaine social, psychologique ou médico-psychologique et qui n'entretient de liens ni avec le mineur ni avec une partie (CPC art. 338-9, al. 1). Lorsqu'il délègue l'audition à un tiers, il n'a pas à préciser en quoi l'intérêt de l'enfant justifie une telle délégation (Cass. 1e civ. 22-6-2022 n° 21-12.724 F : AJ famille 2022 p. 433 obs. B. Mallevaey).

Si l'audition a été ordonnée par une **formation collégiale**, elle peut entendre le mineur elle-même ou désigner l'un de ses membres (CPC art. 338-8). Cette règle n'est pas applicable à l'audition décidée par le juge de la mise en état qui doit procéder lui-même à celle-ci (Cass. 1e civ. 28-1-2015 n° 13-27.603 F-PB : BPAT 2/15 inf. 40).

39137 L'**enfant** peut être entendu **seul**. Il peut aussi être **accompagné** de la personne de son choix : avocat, parent ou autre. Mais le juge peut refuser la personne choisie si elle lui paraît avoir une emprise trop forte sur l'enfant (C. civ. art. 388-1, al. 2).

Si le mineur demande à être entendu avec un avocat, sans en choisir un, le juge requiert du bâtonnier la désignation d'un avocat (CPC art. 338-7). En tout état de cause, l'enfant bénéficie de

l'aide juridictionnelle (Loi 91-647 du 10-7-1991 art. 10). Il est aussi admis que le juge entende uniquement l'**avocat de l'enfant** (Cass. 1e civ. 22-11-2005 n° 03-17.912 FS-PBI).
Les **modalités** de l'audition peuvent être **modifiées** en cas de motif grave s'opposant à ce que le mineur soit entendu dans les conditions initialement prévues (CPC art. 338-11).

EFFETS DE L'AUDITION D'UN MINEUR PAR LE JAF

Un **compte rendu** de l'audition est obligatoirement établi (CPC art. 338-12). Il est soumis au respect du contradictoire et doit être communiqué aux différentes parties. La communication aux parties du compte-rendu d'audition doit être mentionnée dans l'arrêt ou, à défaut, ressortir des pièces de la procédure (Cass. 1e civ. 20-10-2010 n° 09-67.468 FS-D ; Cass. 1e civ. 12-7-2023 n° 21-19.362 F-B). Satisfait à cette exigence le compte rendu effectué oralement lors de l'audience au fond, en présence des parties ou de leurs représentants (Cass. 1e civ. 20-6-2012 n° 11-19.377 FS-PBI : BPAT 4/12 inf. 211). Mais une cour d'appel ne peut pas statuer sur la résidence d'un enfant en se fondant sur les propos de ce dernier, recueillis lors d'une audition organisée après la clôture des débats, sans avoir ni invité les parties à formuler leurs observations en cours de délibéré ni ordonné la réouverture des débats (Cass. 1e civ. 19-9-2019 n° 18-15.633 FS-PB). 39140

Portée de l'audition Les juges du fond apprécient l'ensemble des éléments qui leur sont soumis, l'audition de l'enfant au même titre que les expertises ou autres (Cass. 1e civ. 20-6-2012 n° 11-19.377 FS-PBI, précité). S'ils ne sont pas liés par les sentiments exprimés par l'enfant qui pourront ne pas correspondre à son intérêt, ils doivent les prendre en considération et dire en quoi ils ne peuvent pas être respectés (Cass. 2e civ. 20-11-1996 n° 93-19.937 : Bull. civ. II n° 53, RTD civ. 1997 p. 112 obs. J. Hauser). 39145
Si le JAF doit mentionner cette audition dans sa décision, il n'est toutefois pas tenu de préciser la teneur des propos de l'enfant, ni d'indiquer qu'il les a pris en considération (Cass. 1e civ. 22-10-2014 n° 13-24.945 F-PB : RTD civ. 2015 p. 117 obs. J. Hauser ; Cass. 1e civ. 15-2-2023 n° 21-18.498 F-D : AJ famille 2023 p. 228 obs. B. Mallevaey).

2. ENQUÊTE SOCIALE ORDONNÉE PAR LE JAF

Le juge peut, même d'office, ordonner une enquête sociale s'il s'estime insuffisamment informé par les éléments dont il dispose (CPC art. 1072, al. 1). Lorsqu'elle lui est demandée par l'une des parties, le juge apprécie souverainement l'opportunité de la mesure (Cass. 2e civ. 13-7-2000 n° 98-13.673). 39150
L'enquête sociale **porte sur** la situation de la famille ainsi que, le cas échéant, sur les possibilités de réalisation du projet des parents ou de l'un d'eux quant aux modalités d'exercice de l'autorité parentale (CPC art. 1072, al. 2).
Elle donne lieu à un **rapport** où sont consignées les constatations faites par l'enquêteur et les solutions qu'il propose (CPC art. 1072, al. 3). Le juge n'est pas lié par les avis exprimés dans l'enquête sociale et le rapport des experts (Cass. 2e civ. 8-11-1978 n° 77-14.635 : Bull. civ. II n° 228).
Le juge donne communication du rapport aux parties en leur fixant un délai dans lequel elles auront la faculté de demander un complément d'enquête ou une nouvelle enquête (C. civ. art. 1072, al. 4).
Le juge est tenu de répondre aux conclusions d'une partie demandant une **contre-enquête** (Cass. 1e civ. 6-2-1996 n° 94-15.309 : Bull. civ. I n° 58). Mais il n'est pas tenu d'accueillir une telle demande (Cass. 1e civ. 6-7-2005 n° 03-13.357 : Bull. civ. I n° 303).
Lorsque le juge intervient pour la fixation de l'**exercice de l'autorité parentale** et du droit de visite ou pour confier les enfants à un tiers, il peut donner mission à toute personne qualifiée d'effectuer une enquête sociale. Celle-ci a pour but de recueillir des renseignements sur la situation de la famille et les conditions dans lesquelles vivent et sont élevés les enfants. Il a la faculté d'ordonner une contre-enquête lorsque l'un des parents conteste les conclusions de l'enquête (C. civ. art. 373-2-12).
L'enquête sociale ne peut être utilisée dans le **débat sur la cause du divorce** (C. civ. art. 373-2-12 ; Cass. 1e civ. 13-12-2017 n° 16-25.256 F-PB), même ordonnée dans le cadre d'une procédure différente de celle du divorce (Cass. 2e civ. 5-6-2003 n° 01-13.870 : Bull. civ. II n° 171).

II. PROCÉDURE DEVANT LE JAF HORS DISPOSITIONS SPÉCIFIQUES

PÉRIMÈTRE DES RÈGLES PROCÉDURALES RÉSIDUELLES

39170 Le Code de procédure civile a prévu un certain nombre de règles procédurales applicables devant le juge aux affaires familiales dans tous les cas où une procédure spécifique n'est pas prévue (CPC art. 1137 à 1143). Ces règles résiduelles **s'appliquent notamment**, et pour l'essentiel :
– aux actions liées à l'exercice et aux modalités d'exercice de l'autorité parentale, y compris après le divorce ;
– aux demandes tendant à la fixation de la pension alimentaire, de la contribution aux charges du mariage.
Elles **ne s'appliquent notamment pas** aux procédures suivantes :
– divorce et séparation de corps (n°s 39229 s.) ;
– délégation et retrait de l'autorité parentale (n°s 40700 s. et 40850 s.) ;
– fixation des relations entre l'enfant et ses ascendants ou les tiers (n° 40330) ;
– fixation de la résidence de l'enfant chez un tiers (n° 40760) ;
– mesures urgentes en cas de mise en péril des intérêts de la famille (n°s 39060 s.) ou en cas de violences (n°s 39075 s.).

SAISINE DU JAF

39172 **Assignation** Le JAF est saisi par assignation à une date d'audience communiquée au demandeur par tout moyen (CPC art. 1137, al. 1, qui renvoie à l'art. 751 ; Arrêté JUSC2001176A du 9-3-2020 modifié par arrêté JUSC2124299A du 9-8-2021 ; sur les mentions de l'assignation et l'enrôlement, voir n°s 31030 s.).

En **cas d'urgence** dûment justifiée, le juge aux affaires familiales, saisi par requête, peut permettre d'assigner à une date d'audience fixée à bref délai (CPC art. 1137, al. 2).

Dans ces deux cas, la remise au greffe de l'assignation doit intervenir au plus tard la veille de l'audience. À défaut de remise de l'assignation dans le délai imparti, sa caducité est constatée d'office par ordonnance du juge aux affaires familiales ou, à défaut, à la requête d'une partie (CPC art. 1137, al. 3).

39177 **Requête** Le juge peut également être saisi par requête remise ou adressée au greffe, **conjointement** ou par **l'une des parties** seulement. Outre les mentions devant être portées sur toute requête (voir n° 31080), elle doit **indiquer** les nom, prénom et adresse des parties ou, le cas échéant, la dernière adresse connue du défendeur. Pour les personnes morales elle doit mentionner leur forme, leur dénomination, leur siège social et l'organe qui les représente légalement. Elle doit contenir l'objet de la demande et un exposé sommaire de ses motifs. Elle doit être datée et signée par celui qui la présente ou par son avocat (CPC art. 1137, dernier al.).

Un **formulaire type** de requête est disponible sur le site www.service-public.fr/particuliers/vosdroits/R15764 (Cerfa n° 11530*11). Il faut indiquer, en plus des mentions visées dans les formulaires, les pièces sur lesquelles la demande est fondée (CPC art. 57).

Les parties qui se présentent en personne au greffe pourront se voir remettre un **imprimé de requête** qu'elles pourront déposer ou envoyer plus tard.

Le JAF ne peut pas être saisi par simple déclaration : les courriers envoyés ou déposés au greffe ne peuvent saisir le greffe que s'ils respectent le formalisme de l'article 1137.

> **Précisions** Lorsque les parents sollicitent l'homologation de leur convention par laquelle ils organisent les modalités d'exercice de l'autorité parentale et fixent la contribution à l'entretien et à l'éducation des enfants (C. civ. art. 373-2-7), le juge est saisi par requête conjointe (CPC art. 1143, al. 1). Pour plus de précisions, voir n° 40305.

39180

Faut-il préférer la requête à l'assignation pour saisir le JAF ?

Avant la loi pour la réforme de la justice (Loi 2019-222 du 23-3-2019), et l'entrée en vigueur de ses dispositions d'application, l'assignation à une date préalablement donnée par le greffe permettait de gagner du temps dans certains tribunaux tandis que dans d'autres la requête pouvait parfois s'avérer le mode de saisine le plus adéquat et le plus économique. Tout dépendait donc des habitudes de la juridiction saisie. **Depuis la loi pour la réforme de la justice**, rien ne permet de préjuger des délais d'audiencement des affaires introduites par assignation avec prise de date hors procédure accélérée au fond. La saisine du JAF par simple requête permet, dans tous les cas, de faire l'économie des frais d'huissier liés à l'assignation.

CONVOCATION EN CAS DE SAISINE DU JAF PAR REQUÊTE

Convocation du défendeur Le défendeur est convoqué à l'audience dans les quinze jours de la requête par lettre recommandée avec demande d'avis de réception (CPC art. 1138). Toutefois, les parties ou certaines d'entre elles peuvent, sur mention du juge au dossier, être avisées de la date d'audience par lettre simple (CPC art. 692-2). Lorsque la requête mentionne que l'adresse du défendeur est la **dernière adresse connue**, le greffe invite le requérant à procéder par voie de signification (CPC art. 1138, al. 2). 39185

Convocation du demandeur Le greffe avise par tous moyens le demandeur des lieu, jour et heure de l'audience (CPC art. 1138, al. 3). Il peut donc être informé non seulement par **lettre** simple, mais aussi, s'il dépose sa requête au greffe et que le greffier est en mesure de lui communiquer immédiatement la date d'audience après enrôlement du dossier, **verbalement** contre émargement. 39187

Mentions obligatoires **Quel que soit le mode de saisine**, l'assignation ou la convocation doit mentionner, à peine de nullité, les dispositions des articles 1139 à 1141 du CPC (CPC art. 1138, al. 4 ; voir nos 39205 s.). 39200

Lorsque le requérant est convoqué contre émargement, la même information doit lui être transmise oralement.

ASSISTANCE ET REPRÉSENTATION DES PARTIES DEVANT LE JAF

Sauf en matière de demande de révision de prestation compensatoire, où elles sont tenues de constituer avocat, les parties peuvent se défendre elles-mêmes devant le JAF saisi dans le cadre de la procédure de droit commun. Elles peuvent également se faire assister ou représenter par un avocat : tout autre mode d'assistance ou de représentation est prohibé (CPC art. 1139). 39205

ORALITÉ DES DÉBATS DEVANT LE JAF

Sauf en matière de demande de révision de prestation compensatoire, où l'instance suit la procédure écrite ordinaire applicable devant le tribunal judiciaire, la procédure par défaut applicable devant le JAF est orale (CPC art. 1140, al. 1 et 3). Les parties ou leurs représentants doivent comparaître à l'audience, même si des **conclusions écrites** ont été communiquées ou déposées lors des **audiences précédentes**. Les parties peuvent cependant, à tout moment de la procédure, donner expressément leur accord pour que celle-ci se déroule sans audience (CPC art. 1140 ; voir nos 33090 s.). 39210

> **Précisions a.** La procédure de **recours des établissements publics de santé et de l'aide sociale contre les débiteurs d'aliments** fait l'objet d'un aménagement particulier, puisque les parties sont autorisées à ne pas se présenter à l'audience et à faire connaître leurs observations à la partie adverse par courrier adressé au juge avec copie par lettre recommandée avec demande d'avis de réception. Le jugement rendu dans ces conditions est contradictoire. Néanmoins, le juge a toujours la faculté d'ordonner la comparution des parties (CPC art. 1141).
> **b.** Lorsque le juge statue sur la **conversion en divorce d'une séparation de corps par consentement mutuel** (en cas d'audition d'un enfant mineur), il peut ne pas entendre les époux et se borner à examiner avec leur avocat la convention (n° 40225).

NOTIFICATION DES DÉCISIONS DU JAF

Lorsqu'il a été **saisi par requête** le juge peut décider, soit d'office, soit à la demande d'une partie, que le jugement sera notifié par le greffe par lettre recommandée avec demande d'avis de réception (CPC art. 1142). 39215

Dans tous les **autres cas**, le droit commun s'applique : la décision est notifiée par signification. En matière gracieuse, les jugements sont notifiés, par le greffier de la juridiction, par lettre recommandée avec demande d'avis de réception (CPC art. 675).

III. DIVORCE

RÉFORME DE LA PROCÉDURE DE DIVORCE

39229 La loi de programmation 2018-2022 et de réforme pour la justice (Loi 2019-222 du 23-3-2019) et ses décrets d'application (en ce qui concerne le divorce, principalement les décrets 2019-1333 du 11-12-2019 réformant la procédure civile et le décret 2019-1380 du 17-12-2019 sur le divorce) ont modifié en profondeur la procédure de divorce contentieux. Ces textes ont notamment supprimé la phase de conciliation, unifié les modes de saisine du juge aux affaires familiales, et apporté des retouches aux divorces acceptés ou pour altération du lien conjugal. Ils ont également modifié les règles applicables au divorce des majeurs protégés.

La plupart des dispositions de la loi du 23 mars 2019 et du décret du 17 décembre 2019, concernant le divorce, ne sont entrées en vigueur que le 1er janvier 2021.

En pratique, lorsque la **requête initiale** a été **introduite avant le 1er janvier 2021** (Loi 2019-222 du 23-3-2019 art. 109 VII ; Décret 2019-1380 du 17-12-2019 art. 15 modifié par décrets 2019-1419 du 20-12-2019 art. 22 II et 2020-950 du 30-7-2020 art. 4) :

– la requête en divorce est traitée selon les règles en vigueur avant cette date ;

– l'action en divorce est poursuivie et jugée conformément aux dispositions anciennes du Code civil ;

– le jugement (même rendu après ladite entrée en vigueur) produit les effets prévus par la loi ancienne.

Toutefois, les requêtes en divorce ou en séparation de corps introduites avant le 1er janvier 2021 si elles restent régies par les règles issues de la réforme de 2004 (Loi 2004-439 du 26-5-2004) sont concernées par les nouvelles dispositions de la **procédure civile de droit commun**, entrées en vigueur le 1er janvier 2020 et applicables, sauf dérogations, aux procédures en cours à la même date (Décret 2019-1333 du 11-12-2019 art. 55).

PLURALITÉ DE CAS ET DE PROCÉDURES DE DIVORCE

39230 Il existe quatre divorces différents (C. civ. art. 229) :

– le divorce par **consentement mutuel**, qui suppose que les deux époux s'entendent sur le principe du divorce et sur ses conséquences ; la procédure est en principe contractuelle ; par exception et dans certains cas limitativement prévus par la loi, elle peut être judiciaire (voir nos 39840 s.) ;

– le divorce par **acceptation du principe de la rupture du mariage**, qui est ouvert aux époux d'accord sur le principe du divorce mais non sur ses effets, ceux-ci étant décidés par le juge (voir nos 39788 s.) ;

– le divorce pour **faute**, qui peut être utilisé lorsque l'un des époux a des griefs contre son conjoint ou lorsque les deux se reprochent mutuellement un comportement fautif (voir nos 39775 s.) ;

– le divorce pour **altération définitive du lien conjugal**, qui peut être prononcé dès que le juge constate une telle altération durant 1 an (2 ans pour les divorces introduits avant le 1er janvier 2021 : C. civ. art. 238) (voir nos 39802 s.).

Ces quatre procédures de divorce obéissent à des règles communes (nos 39232 s.) et à des règles spécifiques à chacune d'elles (nos 39440 s.).

A. Règles communes à tous les cas de divorce judiciaire

1. INTRODUCTION DE L'INSTANCE

QUALITÉ POUR AGIR EN DIVORCE

39232 Seuls les époux ont qualité pour intenter une action en divorce ou y défendre (Cass. 1e civ. 4-6-2007 no 06-18.515 FS-PB : BPAT 2/19 inf. 45). L'intervention du liquidateur judiciaire de la société propriétaire de l'immeuble qui constitue le domicile conjugal est donc irrecevable (même décision).

Le **décès de l'un des époux** en cours d'instance de divorce entraîne l'extinction de l'action en divorce (Cass. 1e civ. 20-6-2006 no 05-16.150 F-PB : RTD civ. 2006 p. 743 obs. J. Hauser). Par conséquent, lorsqu'un pourvoi a été formé contre l'arrêt d'appel prononçant le divorce et condamnant le conjoint au versement d'une prestation compensatoire, le décès de ce dernier avant que la Cour de cassation ne statue éteint l'action en divorce (Cass. 1e civ. 15-3-2023 no 21-17.033 F-D : BPAT 3/23 inf. 112).

CAPACITÉ POUR AGIR EN DIVORCE

Un **mineur** se trouve émancipé de plein droit du fait du mariage et peut donc librement agir dans une procédure de divorce, sans autorisation ni assistance. **39235**
Lorsque l'**un des époux majeurs fait l'objet d'une mesure de protection juridique** (tutelle, curatelle, sauvegarde de justice, mandat de protection future et habilitation familiale), aucune demande en divorce par consentement mutuel ne peut être présentée (C. civ. art. 249-4).
Les **autres procédures de divorce** lui sont ouvertes, y compris le divorce pour acceptation du principe de la rupture (qui était fermé aux majeurs protégés avant la loi 2019-222 du 23 mars 2019), avec les précisions suivantes :
– le **majeur protégé** peut **accepter** seul le **principe de la rupture du mariage** sans considération des faits à l'origine de celle-ci (C. civ. art. 249), le reste de la procédure donnant lieu à assistance ou représentation dans les conditions exposées ci-dessous ;
– en cas de **tutelle** de l'époux demandeur, la demande doit être présentée par le tuteur (C. civ. art. 249). La loi n'exige plus d'autorisation du conseil de famille ou du juge des tutelles. Si c'est l'époux défendeur qui fait l'objet de la mesure, le demandeur doit délivrer l'assignation en divorce au tuteur. Cette règle se déduit de la formulation de l'article 249 du Code civil qui traite de la représentation et de l'assistance du majeur protégé dans le cadre de l'instance en divorce en général, et non plus seulement en ce qui concerne la demande en divorce ;
– l'époux demandeur sous **curatelle** exerce l'action lui-même, avec l'assistance de son curateur (C. civ. art. 249) ; l'époux défendeur en curatelle se défend lui-même, avec l'assistance du curateur. Cette règle ne figure plus dans aucun texte, mais elle demeure cependant applicable, la capacité à agir de l'époux en curatelle étant la même quelle que soit sa position procédurale dans l'instance en divorce ;
– si une demande de mesure de protection judiciaire est déposée ou en cours, la demande en divorce ne peut être examinée qu'après l'intervention du jugement se prononçant sur la mise en place d'une telle mesure de protection (C. civ. art. 249-3).
Si la **tutelle ou** la **curatelle** d'un majeur a été **confiée à son conjoint**, un tuteur ou un curateur « ad hoc » doit être nommé pour le remplacer en cas de demande en divorce (C. civ. art. 249-2).
La personne sous **sauvegarde de justice** conserve l'initiative d'une action en divorce. Dans l'hypothèse d'un **mandat de protection future**, le mandant conserve la liberté d'agir tant qu'il n'est pas activé. À compter de son activation et lorsqu'il s'étend à la protection de la personne, les droits et obligations du mandataire sont définis par les dispositions relatives aux effets de la curatelle et de la tutelle, par renvoi (C. civ. art. 479).
Lorsqu'une **habilitation familiale** a été mise en place, la pleine autonomie de l'époux à agir en divorce dépend de son caractère général ou spécial (C. civ. art. 494-6), ainsi que du degré de protection de la mesure : s'agit-il d'une habilitation-représentation ou d'une habilitation-assistance ? Dans le premier cas, les règles de la tutelle trouveront à s'appliquer tandis que, dans le second, ce sont celles de la curatelle auxquelles il faudra se référer (C. civ. art. 494-1).
Les majeurs protégés ne peuvent **acquiescer** au jugement de divorce, ou se **désister**, qu'avec l'autorisation du juge des tutelles (CPC art. 1122).

REPRÉSENTATION DES PARTIES AU DIVORCE

Les époux doivent être représentés par **avocat** pour demander le divorce (CPC art. 1090 et 1106). **39240**
L'avocat intervenant dans une procédure de divorce est tenu de conclure avec son client une **convention d'honoraires** écrite et préalable (Loi 71-1130 du 31-12-1971 art. 10). Le Conseil national des barreaux met en ligne, sur son site internet, plusieurs modèles type de conventions à adapter, applicables en fonction notamment du type de divorce, du mode de perception des honoraires (honoraires fixes ou honoraires en temps passé) ou en cas d'aide juridictionnelle partielle (http://cnb.avocat.fr).

DEMANDE SUBSIDIAIRE EN DIVORCE

La demande ne peut être fondée que sur **un seul des quatre cas de divorce** (n° 39230). Toute demande formée à titre subsidiaire sur un autre cas est irrecevable (CPC art. 1077, al. 1). C'est ainsi qu'il n'est pas possible de demander le divorce pour faute et, subsidiairement, pour altération définitive du lien conjugal (Cass. 2e civ. 13-7-2000 n° 98-18.026 : Bull. civ. II n° 121). **39245**
Concernant une demande subsidiaire en divorce formée **en cours d'instance**, voir nos 39270 s.

RENSEIGNEMENTS ET PIÈCES À L'APPUI DE LA DEMANDE EN DIVORCE

39250 **Indications à fournir** Dès le début de la procédure de divorce, quelle qu'en soit la cause, les parties doivent faire connaître (CPC art. 1075) :
– la caisse d'**assurance maladie** à laquelle elles sont affiliées et les services ou organismes qui leur servent des **prestations familiales** ou des pensions de **retraite** ;
– les indications nécessaires à leur **identification**.

> **Précisions** En application d'un régime antérieur, il a été jugé que le défaut d'indication des organismes sociaux constitue un vice de forme qui ne conduit à la **nullité de la requête** que si l'époux qui l'invoque justifie d'un grief (Cass. 2e civ. 4-2-1981 n° 79-11.616 : Bull. civ. II n° 22). Par **exemple**, un acte introductif d'instance qui indique la caisse d'assurance maladie et le numéro d'immatriculation de sécurité sociale du demandeur est valable même si elle ne mentionne pas l'organisme de retraite : les renseignements donnés sont suffisants pour retrouver la caisse de retraite concernée. Cette jurisprudence est à notre avis transposable sous le régime actuel.

39252 **Déclaration de ressources** Lorsqu'une **prestation compensatoire** est demandée au juge ou prévue dans une convention, chaque époux doit produire une déclaration sur l'honneur certifiant l'exactitude de ses ressources, revenus, patrimoine et conditions de vie (C. civ. art. 272 et CPC art. 1075-1). Cette déclaration doit, semble-t-il, donner une indication chiffrée et précise des conditions de vie actuelles et dans un avenir prévisible (CA Nancy 16-2-2001 n° 01/259).
La rédaction de la déclaration sur l'honneur n'est soumise à aucune **règle de forme** spécifique (Cass. 1e civ. 22-3-2005 n° 02-13.214 FS-PB). Elle peut être dressée par simple écrit et n'est pas soumise à un enregistrement. Les juges du fond en apprécient souverainement la valeur.

39254 La Cour de cassation a considérablement réduit la **portée de l'exigence** de la déclaration sur l'honneur puisqu'elle a jugé que :
– les juges du fond n'ont pas à faire spécialement mention, dans leur décision, de la production ou non de la déclaration sur l'honneur (Cass. 1e civ. 30-3-2004 n° 03-12.771 F-D) ;
– la partie qui s'est abstenue de produire une pièce ou d'en réclamer la production ne peut pas ériger sa propre carence en grief (Cass. 1e civ. 8-7-2003 n° 02-11.641 FS-PBI ; Cass. 1e civ. 22-3-2005 n° 02-13.214 FS-PB) ;
– les juges du fond ne sont pas tenus de demander les déclarations sur l'honneur avant de statuer : il appartient à l'époux qui veut obtenir la déclaration de son conjoint de faire un incident de communication de pièces (Cass. 1e civ. 2-3-2004 n° 02-17.777 FS-PB) ;
– l'absence de déclaration sur l'honneur n'entraîne pas l'irrecevabilité de la demande de prestation compensatoire (Cass. 1e civ. 11-1-2005 n° 02-19.016 F-PB). En l'espèce, la partie adverse avait souligné dans ses conclusions la nécessité de la production de la déclaration, sans faire d'incident de complément de pièce.

39256 En revanche, la Cour de cassation n'hésite pas à sanctionner une **déclaration** sur l'honneur **mensongère** en admettant le recours en révision du jugement qui a fixé la prestation compensatoire (Cass. 2e civ. 12-6-2008 n° 07-15.962 FS-PB : BPAT 1/09 inf. 8).

39260 **Autres pièces** En complément de la déclaration sur l'honneur, **le juge peut demander** aux époux de produire les pièces justificatives relatives à leur patrimoine et leurs conditions de vie (CPC art. 1075-2, al. 2).
Il peut également leur demander de justifier de leurs charges et ressources, notamment par la production de leurs avis d'imposition (CPC art. 1075-2, al. 1).

39263 **État civil** La production des pièces d'état civil (acte de mariage, acte de naissance des époux et de leurs enfants) est souvent exigée par le tribunal. Sur le détail des indications à fournir dans l'acte introductif d'instance, voir n° 40008 (divorce par consentement mutuel) et nos 39491 s. (autres procédures).
Conseil. Les avocats ont intérêt à se faire remettre dès la première consultation une **copie du livret de famille** : ils auront ainsi tous les renseignements nécessaires pour demander les actes aux services de l'état civil.

2. PASSERELLE ENTRE LES DIFFÉRENTS DIVORCES

INTERDICTION DE PRINCIPE DE TOUTE SUBSTITUTION

39270 En principe, il ne peut, **en cours d'instance**, être substitué à une demande fondée sur un des quatre cas de divorce judiciaire une demande fondée sur un autre cas (CPC art. 1077, al. 2). La

nullité de la décision rendue au mépris de ces dispositions ne peut pas être couverte par l'absence de grief (Cass. 2e civ. 1-6-1987 n° 86-12.739 : Bull. civ. II n° 123). Ainsi, une épouse ne peut pas demander le divorce pour altération définitive du lien conjugal en appel alors que les demandes réciproques des époux rejetées par le premier juge étaient fondées sur la faute (Cass. 1e civ. 19-3-2014 n° 12-17.646 F-PB).
Mais le passage d'un divorce conflictuel à un divorce d'accord est favorisé.

SUBSTITUTIONS AUTORISÉES

Les époux peuvent **transformer en divorce par consentement mutuel contractuel** une procédure de divorce pour faute, pour altération définitive du lien conjugal ou par acceptation du principe de la rupture (C. civ. art. 247). Il ne s'agit pas à proprement parler d'une passerelle procédurale, puisqu'il s'agit de quitter la voie judiciaire. La forme que doit prendre ce basculement n'est pas fixée par les textes : **39271**
– si le passage du divorce contentieux au divorce contractuel a lieu après l'acte introductif d'instance, il pourra prendre la forme d'un désistement ;
– si le passage d'un divorce à l'autre a lieu entre l'ordonnance de non-conciliation et l'assignation (divorces introduits avant le 1-1-2021), il n'y aura pas véritablement de désistement ; dans ce cas, il appartient aux avocats de solliciter un retrait du rôle.
Se pose la question du devenir des **mesures provisoires** lorsqu'il en a été ordonné : celles-ci devraient continuer à courir et devenir caduques par l'enregistrement de la convention, mais il ne serait pas inutile de prévoir ce point dans la convention.

Ils peuvent également **transformer en divorce par consentement mutuel judiciaire** un divorce contractuel à certaines conditions exposées n° 39965. **39272**

Il est en outre possible de **transformer en divorce par acceptation du principe de la rupture** du mariage une procédure de divorce pour faute ou pour altération définitive du lien conjugal. Les époux demandent alors au juge de constater leur accord sur le principe du divorce (C. civ. art. 247-1). Leur demande doit être formulée de façon expresse et concordante dans leurs conclusions, chacun des époux devant y annexer sa déclaration d'acceptation (CPC art. 1123, al. 3). À peine de nullité, la déclaration écrite doit rappeler qu'elle ne peut pas être rétractée, même par voie d'appel (CPC art. 1123, al. 4). **39273**
Les époux doivent annexer à leurs conclusions soit la déclaration écrite d'acceptation signée de leur main, soit, pour les divorces introduits depuis le 1er janvier 2021, l'acte sous signature privée contresignée par avocats prévu à l'article 1123-1 du Code de procédure civile (CPC art. 1123, al. 3). Sur l'acte de l'article 1123-1, voir n° 39788.

Enfin, l'époux qui présente une demande en divorce peut lui substituer une demande en **séparation de corps**, même en appel. La substitution inverse est interdite (CPC art. 1076 ; pour une illustration, Cass. 1e civ. 16-4-2008 n° 07-14.891 FS-PBI). Mais cette règle ne prive pas un époux de son droit de former une demande reconventionnelle en divorce en réponse à une demande en séparation de corps (C. civ. art. 297 ; pour une illustration, Cass. 1e civ. 25-9-2013 n° 12-22.362 F-PB). **39274**

Le demandeur qui forme une demande en divorce pour altération définitive du lien conjugal **peut changer le fondement de son action** et demander le divorce pour faute si son conjoint présente une demande reconventionnelle pour faute (C. civ. art. 247-2). Cette faculté qui permet à l'époux demandeur de solliciter le prononcé du divorce aux torts partagés pour le cas où la demande reconventionnelle, qui doit être examinée en premier (voir n° 39787), serait admise, n'implique pas pour autant qu'il renonce dès l'origine à sa demande principale en divorce pour altération du lien conjugal, pour le cas où la demande reconventionnelle serait rejetée (Cass. 1e civ. 11-9-2013 n° 11-26.751 FS-PBI). **39276**

3. PUBLICITÉ ET PREUVE DU JUGEMENT

PUBLICITÉ DU JUGEMENT DE DIVORCE

Une fois devenu définitif, le jugement doit être publié en marge de l'**acte de mariage** ainsi que des **actes de naissance** des conjoints (CPC art. 1082, al. 1). **39282**

Lorsque le **mariage** a été **célébré à l'étranger avant le 1er mars 2007** et en l'absence d'acte de mariage conservé par une autorité française, l'inscription est portée en marge de l'acte de naissance de chacun des époux s'il est conservé sur un registre français ; sinon, un extrait de la décision est conservé au répertoire civil annexe au service central d'état civil de Nantes (CPC art. 1082, al. 2). L'acte de mariage célébré **depuis le 1er mars 2007** doit être transcrit sur les registres de l'état civil avant toute mention en marge de l'acte de naissance d'un Français (CPC art. 1082, al. 2). **39284**

> **Précisions** Aucun **délai** n'est fixé pour effectuer les formalités de publicité. Compte tenu des effets attachés à la transcription du jugement de divorce sur les registres de l'état civil (opposabilité du jugement aux tiers), il est conseillé aux avocats, ou éventuellement aux parties, d'y procéder sans délai.

PREUVE DU JUGEMENT DE DIVORCE

39286 La production d'un extrait de la décision ayant prononcé le divorce ne comportant que son dispositif, accompagné de la justification de son caractère exécutoire conformément à l'article 506 du CPC, suffit à **justifier du divorce** à l'égard des tiers et à permettre l'accomplissement des formalités de publicité (CPC art. 1082-1).

> **Précisions** Le **caractère exécutoire** est établi, suivant le cas de divorce, et en fonction du déroulement de la procédure, par un certificat de non-appel délivré par le greffe, un certificat de non-pourvoi, un acte d'acquiescement ou un certificat établi par l'avocat.

39300

Effet suspensif du pourvoi en cassation sur un jugement de divorce

Le délai de pourvoi en cassation suspend l'exécution de la décision qui prononce le divorce ; le pourvoi en cassation exercé dans ce délai est également suspensif (CPC art. 1086).
L'effet suspensif qui s'attache au pourvoi en cassation ainsi qu'à son délai ne s'applique pas aux dispositions de la décision ou de la convention homologuée qui concernent les **pensions**, la **contribution à l'entretien et l'éducation de l'enfant** et l'**exercice de l'autorité parentale** (CPC art. 1087).
Cet effet s'applique donc essentiellement au prononcé du divorce et, **en raison** du pourvoi formé contre l'arrêt prononçant le divorce, aux dispositions fixant les conséquences du divorce, notamment celles relatives à la prestation compensatoire (sauf, pour cette dernière, si l'exécution provisoire a été ordonnée dans les cas où c'est possible).
En présence d'un **pourvoi principal non limité**, l'effet suspensif joue pleinement et le mariage n'est pas dissous : le devoir de secours entre époux perdure, les mesures provisoires demeurent en vigueur, tandis que la prestation compensatoire n'a pas vocation à s'appliquer.
Lorsque le **pourvoi principal** ne vise pas le prononcé du divorce, mais est **limité** aux conséquences de celui-ci, il ouvre néanmoins au défendeur la possibilité de former un pourvoi incident. Dans ce cas, **deux hypothèses** doivent être distinguées :
– soit le divorce a été prononcé aux torts exclusifs de l'époux demandeur au pourvoi ; dans ce cas, le défendeur n'aura aucun intérêt à remettre en cause le divorce prononcé à sa demande ; le mariage sera dissous à l'expiration du délai de dépôt de mémoire ampliatif ;
– soit le divorce a été prononcé aux torts partagés ; le défendeur peut alors, par son pourvoi incident, remettre en cause l'ensemble de la décision ; si aucun pourvoi incident n'est formé ou si le pourvoi incident est aussi limité aux conséquences du divorce, le divorce sera dissous à l'expiration du délai de ce pourvoi incident (Cass. 1e civ. 25-10-2005 n° 04-15.573 F-PB).
Lorsque la **décision** est devenue **définitive du chef du prononcé du divorce** (pourvoi limité et expiration du délai pour former un pourvoi incident, ou arrêt d'appel frappé de pourvoi statuant lui-même uniquement sur la prestation compensatoire), la règle générale de l'effet non suspensif du pourvoi en cassation est seule applicable (Cass. 2e civ. 24-2-1993 n° 91-18.213 : Bull. civ. II n° 73).

4. CONVENTION DE PROCÉDURE PARTICIPATIVE

RECOURS À LA PROCÉDURE PARTICIPATIVE EN MATIÈRE DE DIVORCE

39310 Le recours à la convention de procédure participative est expressément autorisé en matière de divorce ou de séparation de corps (C. civ. art. 2067).
Lorsqu'il est mis en œuvre **avant la saisine du juge**, ce dispositif permet de préparer le divorce dans un cadre structuré et sécurisé (C. civ. art. 2062 s. ; CPC art. 1542 s.), notamment en conduisant les époux qui sont d'accord sur le principe du divorce à trouver, avec l'aide de leur avocat, un accord complet ou partiel sur les conséquences de ce divorce. Tant que celle-ci est en cours, le recours au juge est, sauf urgence ou inexécution de la convention, irrecevable (C. civ. art. 2065).
Conclue **une fois le juge saisi** pour la mise en état du dossier, une telle convention permet aux parties de s'accorder sur certains éléments de l'administration de la preuve et, éventuellement, sur l'ensemble de l'affaire. À cet effet les avocats peuvent effectuer les actes de mise en état

autorisés par la convention, sous forme d'actes sous signature privée d'avocats (audition, désignation d'un technicien, etc. ; C. civ. art. 2063 et CPC art. 1546-3).
Les conditions dans lesquelles se déroule la convention de procédure participative – convention à durée indéterminée, interdiction du recours au juge pendant ce délai si la convention a été conclue avant la saisine du juge – favorisent la négociation.
Les parties peuvent également désigner un technicien dont le rapport pourra être produit en justice, pour préparer dans les meilleures conditions la convention liquidative de divorce (n°s 55855 s.).
Les règles générales applicables à la convention de procédure participative sont exposées n°s 55700 s.

ISSUE DE LA CONVENTION DE DIVORCE

En matière de **divorce** et de **séparation de corps**, la phase conventionnelle de la procédure participative ne peut pas déboucher sur une simple convention ni sur une phase judiciaire « allégée » (CPC art. 1556 ; C. civ. art. 2067) : quelle que soit l'issue de la convention de procédure participative les parties sont obligées, soit de mettre en œuvre la **procédure judiciaire** applicable au cas de divorce choisi, soit de suivre les étapes applicables au divorce par consentement mutuel par acte sous signature privée contresigné par avocats. **39312**

5. PRESTATION COMPENSATOIRE

EN BREF

La prestation compensatoire permet de **compenser la disparité** que la rupture du mariage crée dans les **conditions de vie** respectives des ex-époux (C. civ. art. 270, al. 2). **39331**
L'étude complète de la question des conséquences relève du droit civil et est traitée dans le Mémento Droit de la famille.
La fixation de la prestation compensatoire fait l'objet de dispositions procédurales spécifiques.

DEMANDE DE PRESTATION COMPENSATOIRE

Décision du juge ou convention des époux Dans un **divorce par consentement mutuel**, les époux doivent s'entendre, dans leur convention, sur le principe, le montant et les modalités de la prestation compensatoire (C. civ. art. 278). **39332**
Dans les **autres divorces**, la prestation compensatoire est décidée soit par le juge, soit par la convention homologuée des époux. Les époux sont en effet autorisés à soumettre à l'homologation du juge, pendant l'instance, des conventions réglant tout ou partie des conséquences du divorce (C. civ. art. 268). Ils disposent alors de la même liberté que ceux qui divorcent par consentement mutuel. Ces conventions peuvent donc porter sur le principe, le montant et les modalités de paiement de la prestation compensatoire. La convention, une fois homologuée, obéit au même régime que la convention homologuée dans le cadre d'un divorce par consentement mutuel (C. civ. art. 279-1, sur renvoi aux art. 278 et 279).
Sur les **pièces** à fournir lors de la demande, voir n°s 39252 s.

> **Précisions** Sauf si les époux s'inscrivent dans le cadre d'une procédure de divorce par consentement mutuel contractuel, une prestation compensatoire ne peut résulter que d'un jugement ou d'une convention homologuée : il a par exemple été jugé qu'une **convention notariée** est impuissante à créer une prestation compensatoire (Cass. 1e civ. 14-12-2004 n° 02-20.334 F-PB).

Moment de la demande La demande de prestation compensatoire doit être présentée à l'occasion de la procédure de divorce. Elle ne peut pas l'être dans une procédure ultérieure. **39338**
Elle peut être sollicitée pour la première fois en **appel** à titre de demande accessoire, à condition que le divorce n'ait pas acquis l'autorité de la chose jugée (Cass. 1e civ. 8-3-2005 n° 04-10.232 F-D), et même si la demande en divorce a été formée par l'autre partie (Cass. 1e civ. 14-3-2018 n° 17-14.874 F-PB : BPAT 3/18 inf. 103).
La demande de prestation compensatoire présentée après le prononcé du divorce par la cour d'appel mais alors qu'un **pourvoi** est **pendant** est irrecevable si celui-ci est rejeté (Cass. 1e civ. 23-6-2010 n° 09-13.812 FS-PBI : BPAT 4/10 inf. 210). Il en va différemment si l'arrêt irrévocable qui a prononcé le divorce a renvoyé les parties devant le premier juge pour statuer sur ses conséquences (Cass. 1e civ. 11-9-2013 n° 12-15.013 F-PB).

> **Précisions** Ne sont déférés à la cour d'appel que la connaissance des chefs de jugement qui sont expressément critiqués et de ceux qui en dépendent (CPC art. 562). En cas d'**appel sur tous les chefs du jugement**, le divorce ne passe pas en force de chose jugée, sauf acquiescement ou désistement, avant le prononcé de l'arrêt, même lorsque le principe de la rupture ne pouvait plus être contesté, comme c'est le cas dans un divorce sur demande acceptée (Cass. 1e civ. 14-3-2012 n° 11-13.954 FS-PBI : BPAT 2/12 inf. 79).

FIXATION DE LA PRESTATION COMPENSATOIRE

39350 **Pouvoirs du juge** Lorsqu'une des parties n'a demandé que le versement d'une pension alimentaire ou d'une contribution aux charges du mariage, le juge ne peut pas prononcer le divorce sans avoir **invité les époux à s'expliquer** sur le versement d'une prestation compensatoire (CPC art. 1076-1 ; pour une illustration, Cass. 1e civ. 25-4-2006 n° 05-17.893 F-PB).

En revanche, il n'a **pas à inviter** les parties à conclure sur la prestation compensatoire si aucune d'elles n'a formulé de demande de pension ou de contribution (Cass. 1e civ. 23-1-2008 n° 07-11.323 F-PB).

39352 Le juge doit se prononcer sur le droit à prestation compensatoire dans le même **jugement** que celui qui prononce le divorce (Cass. 1e civ. 23-6-2010 n° 09-13.812 FS-PBI). Il ne peut pas prononcer le divorce et **surseoir à statuer** sur l'existence d'une disparité dans les conditions de vie (Cass. 1e civ. 30-9-2003 n° 01-17.462 FS-PB).

Il peut, en revanche, surseoir à statuer sur le prononcé du divorce dans l'attente des éléments nécessaires pour apprécier la disparité des conditions de vie ou statuer sur le principe de la prestation compensatoire et surseoir sur le montant de celle-ci.

Date d'appréciation de la disparité dans les conditions de vue des époux

39353 Le juge doit se placer à la date à laquelle la décision prononçant le divorce acquiert force de chose jugée pour apprécier la demande de prestation compensatoire et, plus précisément, la disparité dans les conditions de vie des époux. Lorsque l'appel principal ne porte que sur les conséquences du divorce, l'évaluation de la situation des parties se fait à la date du dépôt des conclusions de l'intimé dès lors que lui-même ne conteste pas le principe du divorce (Cass. 1e civ. 15-12-2010 n° 09-15.235 F-PBI : BPAT 1/11 inf. 10, AJ famille 2011 p. 103 obs. S. David ; Cass 1e civ. 5-1-2023 n° 21-14.599 F-D). Ces conclusions fixant le litige à la seule prestation compensatoire, le prononcé du divorce devient irrévocable (C. civ. art. 260 et 270 ; Cass. 1e civ. 1-12-2010 n° 09-70.757 F-D : RTD civ. 2011 p. 112 obs. J. Hauser). Le juge doit-il se placer à la date du dépôt des premières ou des dernières conclusions de l'intimé ? C'est bien la date du dépôt de ses premières conclusions qui fixe celle à laquelle le prononcé du divorce a force de chose jugée (Cass. 1e civ. 9-6-2022 n° 20-22.793 FS-B : RTD civ. 2022 p. 594 obs. A.-M. Leroyer), et non celle du dépôt de ses dernières conclusions (Cass. 1e civ. 15-11-2017 n° 16-26.523 F-D ; Cass. 1e civ. 18-11-2020 n° 19-19.361 F-D).

Il en va différemment lorsque l'appel principal et/ou incident porte sur le prononcé du divorce. Les juges d'appel doivent se placer au jour où ils statuent pour apprécier l'existence et l'étendue d'un droit à prestation compensatoire (Cass. 2e civ. 28-1-1987 n° 85-13.639 : Bull. civ. II n° 27).

Les **conséquences pratiques** sont d'importance puisqu'une ou plusieurs années peuvent s'écouler entre l'acquisition définitive du divorce et la fixation de la prestation compensatoire. L'évolution des situations professionnelles et patrimoniales des parties durant la procédure d'appel ne pourra pas entrer en ligne de compte.

39357 **Modalités de versement** Dans leur **convention**, qu'elle soit prise dans le cadre d'un divorce par consentement mutuel ou non, les époux peuvent librement décider du montant et des modalités de la prestation compensatoire, qui peut prendre la forme d'un capital ou d'une rente et être indexée ou non ; les époux peuvent prévoir que la prestation cessera à compter de la réalisation d'un événement déterminé (C. civ. art. 278 et 279-1).

La seule **limite** à la liberté des époux réside dans le fait que la convention doit fixer équitablement les droits et obligations de chacun, ce que le juge contrôle (C. civ. art. 278 et 279-1).

39359 Lorsque la prestation est décidée par le juge, le principe est que la prestation compensatoire prend la forme d'un **capital** (C. civ. art. 270). Ce n'est qu'exceptionnellement que le juge peut décider de l'octroi d'une rente, qui est alors obligatoirement viagère (C. civ. art. 276).

Si le créancier n'a demandé qu'une **rente**, le juge ne peut toutefois pas attribuer d'office un capital : il doit inviter les intéressés à prendre parti (Cass. 2e civ. 7-10-1999 n° 98-10.329 : Bull. civ. II n° 152 ; Cass. 2e civ. 23-1-2003 n° 01-00.857).

Exécution provisoire La prestation compensatoire ne peut être due qu'après le prononcé définitif du divorce (Cass. 2e civ. 11-7-2002 n° 00-20.639 : Bull. civ. II n° 165). En **principe**, elle ne peut pas être assortie de l'exécution provisoire (CPC art. 1079, al. 1), même pour la partie de son montant que l'époux propose ou accepte de verser (Cass. 1e civ. 19-3-2014 n° 12-29.653 F-PB : BPAT 3/14 inf. 113). 39365

Toutefois, elle peut l'être en tout ou partie, lorsque l'absence d'exécution aurait des **conséquences manifestement excessives** pour son créancier, en cas d'appel sur la prestation compensatoire, alors que le prononcé du divorce a acquis force de chose jugée (CPC art. 1079, al. 2). En effet, dans ce cas, le créancier ne peut plus prétendre à la pension alimentaire éventuellement ordonnée au titre des mesures provisoires et, en l'absence d'exécution provisoire, la prestation compensatoire n'est pas encore exigible.

Cette exécution provisoire ne prend effet qu'au jour où le prononcé du divorce a acquis force de chose jugée (CPC art. 1079, al. 3). La prestation compensatoire n'est donc pas exigible pendant le délai d'appel, ni pendant le délai de pourvoi lorsque celui-ci critique le prononcé du divorce (n° 39300).

Sans avoir à relever l'existence de conséquences manifestement excessives, la condamnation au paiement d'une prestation compensatoire provisionnelle est possible dès lors qu'une telle prestation est par nature une **mesure provisoire**, exécutoire de droit (CPC art. 514-1) et que l'interdiction d'assortir la prestation compensatoire de l'exécution provisoire ne s'étend pas aux condamnations provisoires (Cass. 1e civ. 28-5-2008 n° 07-14.232 F-PB). 39366

Attribution de biens ou de droits Lorsque des biens ou des droits sont attribués à titre de prestation compensatoire, la **valeur de ces biens ou droits** ainsi que le **montant de la prestation compensatoire** doivent être précisés dans le jugement de divorce (CPC art. 1080, al. 1 ; pour des illustrations jurisprudentielles, Cass. 1e civ. 22-3-2005 n° 02-18.648 FS-PB, à propos d'un usufruit ; Cass. 1e civ. 14-11-2006 n° 04-16.997 F-PB, à propos de l'attribution d'un bien en pleine propriété). Par voie de conséquence, la demande d'attribution d'un usufruit doit préciser la valeur de cet usufruit (Cass. 1e civ. 19-4-2005 n° 03-19.691 F-PB). 39370

Le jugement de divorce doit également indiquer toutes les mentions nécessaires pour procéder, le cas échéant, aux mesures de **publicité foncière** (CPC art. 1080, al. 2). C'est à l'avocat de procéder à ces formalités.

ILLUSTRATIONS

Justifie sa décision la cour d'appel qui fixe dans le dispositif de sa décision la valeur qu'elle retient pour le bien immobilier commun attribué à titre de prestation compensatoire, dont le montant de la prestation se déduit dès lors que la part revenant à chaque époux équivaut à la moitié de cette valeur (Cass. 1e civ. 24-10-2012 n° 11-30.522 F-PB : BPAT 6/12 inf. 288).

Le dispositif d'un jugement qui accorde une prestation compensatoire égale à la valeur d'une part dans un bien indivis sans en indiquer le montant peut faire l'objet d'une **rectification d'erreur matérielle** dès lors que ce montant est précisé dans les motifs (Cass. 2e civ. 18-10-2012 n° 11-24.807 F-PB).

RÉVISION DE LA PRESTATION COMPENSATOIRE

Le **juge compétent** pour connaître des demandes de révision de la prestation compensatoire ou de ses modalités de paiement est le JAF (C. org. jud. art. L 213-3). L'instance est formée, instruite et jugée suivant les règles de la **procédure** écrite ordinaire devant le tribunal judiciaire. Les parties doivent être représentées par avocats (CPC art. 1139 et 1140, al. 3). La **décision** est rendue en chambre du conseil, et non en audience publique (Cass. 1e civ. 28-10-2009 n° 08-18.488 FS-PBI). 39380

La révision **prend effet** dès la date de la saisine du juge et non seulement à compter du jour où ce dernier statue (pour illustrations, Cass. 1e civ. 19-4-2005 n° 03-15.511 FS-PBRI ; Cass. 1e civ. 19-6-2007 n° 06-13.086 F-PB).

Prestation fixée par convention La révision de la prestation compensatoire est soumise au même régime quelle que soit la procédure de divorce suivie, dès lors que la prestation a été décidée conventionnellement par les époux et homologuée par le juge. Elle ne peut en principe être modifiée que par une **nouvelle convention** entre les époux, également soumise à homologation (C. civ. art. 279, al. 2). 39382

Toutefois, quelle que soit la forme de la prestation compensatoire, capital ou rente, la convention homologuée peut prévoir que chacun des époux pourra demander au juge de réviser la prestation compensatoire en cas de changement important dans les ressources et les besoins de l'une ou l'autre des parties (C. civ. art. 279, al. 3).

En cas de nouvelle convention, le juge ne peut refuser l'**homologation** que s'il constate qu'elle ne fixe pas équitablement les droits et obligations des époux à la date à laquelle elle a été établie et exécutée (C. civ. art. 232). Ainsi, une cour d'appel ne peut pas refuser l'homologation d'une convention modificative déjà exécutée en énonçant qu'il appartient au juge de vérifier que le consentement des parties persiste au jour où il statue (Cass. 1e civ. 10-5-2006 n° 04-19.883 F-PB).

39384 Si **les époux n'ont rien prévu sur la révision** dans la convention homologuée, l'un ou l'autre peut présenter une demande de révision dans les conditions exposées nos 39390 s. (prestation en capital fixée par le juge) et nos 39398 s. (prestation sous forme de rente allouée par le juge).
Les ex-époux ont également la possibilité de décider d'une nouvelle convention qui doit alors être soumise à homologation (C. civ. art. 279, al. 2).

39390 **Prestation en capital fixée par le juge** Le juge ne peut pas réviser le montant de la prestation compensatoire. Il peut seulement **rééchelonner sur plus de huit ans** le paiement du capital qui devait faire l'objet de versements périodiques, et seulement par décision spéciale et motivée (C. civ. art. 275, al. 2). Cette possibilité s'applique dans les mêmes conditions au débiteur d'un capital échelonné fixé par le juge ou par convention des époux avant le 1er janvier 2005 (Loi 2004-439 du 26-5-2004 art. 33-VIII).

> **Précisions** Si le débiteur d'une prestation compensatoire en capital n'est pas en mesure de la verser immédiatement, le juge peut fixer des modalités de versements périodiques dans la limite de huit années (C. civ. art. 275, al. 1). Le versement de la **prestation compensatoire** dit **en « capital-renté »** a un caractère subsidiaire. Le débiteur doit être dans l'impossibilité de disposer immédiatement des sommes nécessaires soit parce que son patrimoine est insuffisant, soit parce qu'il ne peut pas emprunter ou bien qu'il ait besoin d'un délai pour vendre certains actifs. Le montant peut être versé pour partie immédiatement et pour partie par versements échelonnés (Cass. 1e civ. 22-3-2005 n° 03-13.842 F-PB). En revanche, aucun délai ne peut être accordé pour le paiement de la première fraction (Cass. 1e civ. 7-12-2016 n° 15-27.900 F-PB). Par ailleurs, le juge doit fixer non seulement la périodicité des versements mais également leur montant (Cass. 1e civ. 1-6-2023 n° 21-22.951 F-B : BPAT 4/23 inf. 170).

39393 Seul le **débiteur** a la possibilité de demander la révision de la prestation compensatoire. Il doit prouver un changement important dans sa propre situation (C. civ. art. 275, al. 2).
Le **créancier** de la prestation compensatoire n'a pas la possibilité d'en demander la révision, quels que soient les changements survenus dans sa situation. Il peut uniquement, après la liquidation du régime matrimonial, saisir le juge d'une demande en paiement du solde du capital indexé (C. civ. art. 275, al. 4).

39398 **Rente fixée par le juge** La **conversion de la rente viagère en un capital** peut être demandée au juge par le **débiteur** de la prestation à tout moment (C. civ. art. 276-4). Le juge est tenu d'y faire droit dès lors que le débiteur justifie être en mesure de régler ce capital et que l'âge ou l'état de santé du créancier ne fait pas obstacle à une telle substitution (Cass. 1e civ. 31-5-2005 n° 03-12.217 FS-PB).
La conversion en capital d'une prestation compensatoire sous forme de rente est possible, quelle que soit la nature – viagère ou non – de cette rente, et même si son terme est fixé au décès du débiteur, de sorte qu'aucune des méthodes de calcul habituelles ne peut s'appliquer (Cass. 1e civ. 20-3-2019 n° 18-13.663 FS-PB : BPAT 3/19 inf. 88).
Lorsque la demande émane du **créancier**, elle est subordonnée à la preuve d'une modification dans la situation du débiteur permettant la substitution (C. civ. art. 276-4, al. 2).
Dans un cas comme dans l'autre, le juge, s'il refuse de faire droit à cette demande, doit spécialement motiver sa décision (C. civ. art. 276-4, al. 3).

39400 Le débiteur comme le créancier peuvent demander la **réduction**, la **suspension ou** la **suppression de la rente** en cas de changement important dans les ressources ou les besoins de l'un ou de l'autre (C. civ. art. 276-3, al. 1). Chacun peut donc invoquer des changements qui le concernent, comme ceux qui concernent son ex-conjoint.
La révision ne peut pas avoir pour effet de porter la rente à un montant supérieur à celui initialement fixé (C. civ. art. 276-3, al. 2).

6. LIQUIDATION DU RÉGIME MATRIMONIAL

a. Convention des époux

DIVORCE PAR CONSENTEMENT MUTUEL JUDICIAIRE

Dans le cadre du divorce par consentement mutuel, les époux doivent prévoir les conditions de la liquidation de leur régime matrimonial **avant le dépôt de la requête initiale** puisque le divorce est, en principe, prononcé dès la première et unique audience (n° 40060). Le juge homologue cette convention. **39410**

AUTRES DIVORCES

Le **règlement conventionnel** par les époux de la liquidation de leur régime matrimonial est largement encouragé puisque : **39415**
– la demande en divorce doit être accompagnée, à peine d'irrecevabilité, d'une proposition de règlement des intérêts pécuniaires et patrimoniaux des époux (C. civ. art. 252) ;
– le juge peut, au titre des mesures provisoires, désigner un notaire pour préparer un projet de liquidation et de composition des lots, ou tout professionnel pour établir un inventaire estimatif ou pour faire des propositions quant au règlement des intérêts pécuniaires des époux (nos 39723 s.) ;
– les époux peuvent passer, pendant l'instance, toute convention pour la liquidation et le partage de leur régime matrimonial (nos 39740 s.).
Dans le cadre d'un **divorce introduit avant le 1er janvier 2021**, la proposition de règlement des intérêts pécuniaires des époux doit figurer dans l'assignation (C. civ. art. 257-2 ancien).

b. Défaut d'accord des époux

PRINCIPE

Les opérations de liquidation et de partage des intérêts pécuniaires des époux relèvent de la compétence du JAF, même après le divorce (C. org. jud. art. L 213-3). Sont même concernées les **créances nées avant le mariage**, qui n'ont pas à être traitées à part et doivent être incluses dans les opérations de liquidation et de partage des intérêts patrimoniaux des époux (Cass. 1e civ. 30-1-2019 n° 18-14.150 F-PB : BPAT 2/19 Inf. 46 ; Cass. 1e civ. 26-5-2021 n° 19-23.723 FS-P : BPAT 4/21 inf. 164). **39420**
Les demandes formées à ce titre devant le JAF obéissent aux règles de la procédure en matière écrite ordinaire devant le tribunal judiciaire (CPC art. 1136-1).
Les opérations de liquidation et de partage se déroulent selon les règles de droit commun applicables aux partages (C. civ. art. 267 ; CPC art. 1136-2).

ARTICULATION ENTRE LA PROCÉDURE DE DIVORCE ET CELLE DE LIQUIDATION PARTAGE

Le JAF peut se contenter de prononcer le divorce sans prononcer la liquidation des intérêts patrimoniaux des époux, renvoyant ceux-ci à un partage purement amiable. **39421**
Mais il peut également intégrer les opérations de partage à l'instance en divorce, lorsqu'il apparaît dès la phase de divorce qu'une solution amiable n'est pas envisageable (C. civ. art. 267 et CPC art. 1116).

Compétence générale du JAF Le juge saisi dans le cadre d'une demande de divorce jouit d'une compétence générale pour statuer sur les **demandes de liquidation partage des intérêts patrimoniaux des époux** (C. civ. art. 267), même si aucun notaire n'a été désigné pour établir un projet liquidatif. **39422**
Encore faut-il que la liquidation et le partage soit demandés par l'un des époux, le JAF ne pouvant pas l'ordonner d'office. **À défaut de demande** en ce sens, le JAF se contente de prononcer le divorce : il s'ouvre alors une phase de partage amiable, susceptible de déboucher sur une nouvelle instance en partage, distincte de celle du divorce, si les parties ne s'accordent pas.

Condition de recevabilité de la demande en liquidation-partage Pour s'assurer que les parties et leurs conseils ont déployé un minimum d'efforts pour sérier les **difficultés liquidatives irréductibles** et favoriser les solutions amiables, la loi subordonne la recevabilité de la demande en liquidation partage à la preuve que des désaccords subsistent entre les époux (C. civ. art. 267). Les époux doivent non seulement prouver qu'il existe des points de désaccord, mais ils doivent également établir qu'il s'agit de points de désaccord persistants et les lister. **39423**
La preuve des désaccords subsistants peut être rapportée à tout moment de la procédure (C. civ. 1116, al. 1).

Ils en font la **preuve** par tout **moyen** et, notamment, par la production (CPC art. 1116) :
– d'une **déclaration commune d'acceptation du partage judiciaire** marquant les points de désaccord entre eux. La déclaration commune d'acceptation d'un partage judiciaire doit être formulée par écrit et signée par les deux époux et leurs avocats respectifs. Les points de désaccord qui y sont mentionnés ne constituent pas des prétentions au sens de l'article 4 du Code de procédure civile (CPC art. 1116, al. 2). Leur preuve peut être rapportée par tous moyens : il est donc théoriquement possible d'établir les désaccords persistants par témoignages, ou en produisant des échanges de courriers entre les parties. La production d'un acte dressé à l'issue d'une convention de procédure participative listant les points persistants de désaccord ou toute autre justification d'une tentative de règlement amiable de la liquidation du régime matrimonial devrait satisfaire aux conditions posées par l'article 267 ;
– du **projet établi par le notaire** désigné sur le fondement de l'article 255, 10° du Code civil dans la décision du juge de la mise en état statuant sur les mesures provisoires (ou dans l'ordonnance de non-conciliation en ce qui concerne les divorces introduits avant le 1er janvier 2021). Ce rapport peut être annexé postérieurement aux conclusions dans lesquelles demande de liquidation partage est formulée. Ce rapport est le mode de preuve le plus simple et le plus souple à utiliser. Les avocats devront toutefois veiller à ce qu'il soit déposé à temps avant la clôture. Si le juge déclare irrecevable la demande de liquidation-partage, faute de preuve des désaccords persistants entre les époux, il statue uniquement sur le divorce.

> **Précisions** Dans le cadre des **divorces introduits avant le 1er janvier 2021**, les demandes de liquidation et de partage ne sont recevables que si la justification des désaccords subsistants intervient au moment de l'introduction de l'instance. Notamment, la preuve des désaccords ne peut pas résulter des conclusions échangées par les parties après l'introduction de l'instance. Par exception, les parties ne sont pas obligées de justifier des désaccords persistants dès l'introduction de l'instance lorsque cette justification se fait par la production du projet établi par le notaire désigné dans l'ordonnance de non-conciliation (C. civ. art. 255 et CPC art. 1116 ancien).

39425

Divorce : stratégies procédurales en vue de la liquidation et du partage

Le dispositif conduit à distinguer les trois situations suivantes.
Première situation : il n'y a ni accord des parties pour un partage judiciaire, ni notaire désigné par le magistrat de la mise en état (magistrat conciliateur dans les divorces introduits avant le 1-1-2021) en vue d'élaborer un projet liquidatif. La recevabilité des demandes de liquidation et de partage est alors conditionnée à la justification des désaccords subsistants entre les époux par tous moyens, cette justification devant être apportée au moment de l'introduction de l'instance pour les divorces antérieurs au 1er janvier 2021.
Deuxième situation : il n'y a pas d'accord des parties pour un partage judiciaire, mais un notaire a été désigné par le magistrat de la mise en état (magistrat conciliateur dans les divorces introduits avant le 1-1-2021). Les parties peuvent alors attendre le dépôt de ce rapport avant de formuler, via des conclusions, une demande de liquidation et de partage. Le rapport y est joint à titre d'élément informatif.
Troisième situation : les parties acceptent un partage judiciaire, peu important qu'un notaire ait été désigné ou non par le magistrat conciliateur. La mention des points de désaccord ne constituant pas une prétention, les parties sont tenues de prendre des conclusions pour faire connaître leurs demandes.

39426 **Accueil de la demande de liquidation partage** Lorsque le juge du divorce juge la **demande en liquidation-partage recevable**, il statue selon les règles applicables au partage judiciaire (CPC art. 1361 à 1378). Notamment, il peut trancher les désaccords persistants, désigner un notaire, et puis attendre son rapport pour fixer la prestation compensatoire, ou fixer la prestation compensatoire avant de renvoyer chez un notaire. Il peut également désigner un juge commis.

CONSEIL

La **détermination des règles procédurales applicables** lorsqu'un **notaire** est **désigné par le JAF** est incertaine. Faut-il appliquer la procédure de partage allégée (CPC art. 1361) ou celle prévue pour les partages plus complexes (CPC art. 1364) ? Faute d'informations, le juge lui-même ne pourra pas choisir entre les deux procédures lorsqu'un notaire n'aura pas été désigné dans le cadre des mesures provisoires pour établir un projet d'acte liquidatif (C. civ. art. 255, 10°). Si les parties souhaitent liquider au plus vite leurs intérêts, et si les opérations semblent complexes, les avocats devront prendre l'initiative de demander, dans leurs conclusions, la désignation d'un notaire au visa de l'article 1364 du CPC en même temps que la désignation d'un juge commis.

COMPÉTENCES SPÉCIFIQUES DU JUGE DU DIVORCE

Le juge du divorce dispose de compétences spécifiques et, **notamment**, il peut : **39428**
– déterminer le régime matrimonial des époux, étant précisé qu'il peut se saisir d'office de cette question (C. civ. art. 267, al. 5 ; Cass. 1e civ. 20-3-2013 n° 11-27.845 FS-PBI) ;
– statuer sur les demandes de maintien dans l'indivision en ce qui concerne certains biens des époux (C. civ. art. 267, al. 1) ;
– statuer sur les demandes d'attributions préférentielles (C. civ. art. 267, al. 1) ;
– accorder à l'un ou l'autre des époux une avance sur sa part de communauté ou de biens indivis (C. civ. art. 267).

Office du juge Les juges doivent trancher les contestations qui leurs sont soumises ; ils ne peuvent, sous peine de cassation, déléguer leurs pouvoirs au notaire liquidateur, qui ne donne qu'un avis de pur fait notamment sur l'évaluation des créances entre époux (Cass. 1e civ. 8-7-2009 n° 08-12.704 ; dans le même sens Cass. 1e civ. 26-1-2011 n° 09-72.422 F-D : JCP G 2011 n° 17, 503, p. 833 obs. A. Tisserand-Martin, à propos d'une créance sur l'indivision post-communautaire ; Cass. 1e civ. 26-10-2011 n° 10-24.214 F-PBI : BPAT 6/11 inf. 336, à propos d'une créance entre époux séparés de biens). **39430**

39431

Le divorce en droit international privé

Compétence internationale des juridictions françaises pour prononcer un divorce

La compétence internationale des juridictions françaises est principalement régie, depuis le 1er août 2022, par le règlement 2019/1111 du 25 juin 2019 relatif à la compétence, la reconnaissance et l'exécution des décisions en matière matrimoniale et en matière de responsabilité parentale, ainsi qu'à l'enlèvement international d'enfants, dit **règlement « Bruxelles II ter »** (voir la circulaire de présentation du 4 juillet 2023 du ministère de la justice n° CIV/02/2023). Ce règlement lie l'ensemble des États membres de l'Union européenne, à l'exception du Danemark.

Ce nouveau texte prévoit notamment le renforcement et la clarification des règles applicables aux affaires d'enlèvement d'enfants au sein de l'Union (Règl. 2019/1111 art. 22 s.), la clarification des règles relatives au placement d'un enfant dans un autre État membre (Règl. 2019/1111 art. 82), et la suppression totale de l'exequatur pour toutes les décisions en matière de responsabilité parentale (Règl. 2019/1111 art. 34).

Le règlement « Bruxelles II ter » **s'applique** aux matières civiles relatives au **divorce**, à la **séparation de corps** et à l'**annulation du mariage** des époux ainsi qu'à l'attribution, à l'exercice, à la délégation, au retrait total ou partiel de la responsabilité parentale, ce qui comprend, au sens du texte, le droit de garde et le droit de visite, la tutelle, la curatelle, et les institutions analogues, la désignation et les fonctions de toute personne ou organisme chargé de s'occuper de la personne ou des biens d'un enfant, ou de le représenter ou de l'assister, le placement d'un enfant dans une famille d'accueil ou dans un établissement et les mesures de protection d'un enfant liées à l'administration, à la conservation ou à la disposition de ses biens (Règl. 2019/1111 art. 1, 1). En revanche, ce règlement **ne s'applique pas** à l'établissement et la contestation de la filiation, à la décision sur l'adoption et les mesures qui la préparent, ainsi qu'à l'annulation et la révocation de l'adoption, aux nom et prénoms d'un enfant, à l'émancipation, aux **obligations alimentaires**, aux trusts et successions, aux mesures prises à la suite d'infractions pénales commises par des enfants (Règl. 2019/1111 art. 1, 4).

Le règlement s'applique en principe dès qu'un juge français est saisi ; néanmoins, il ne remplace pas complètement les **règles françaises de compétence internationale** (droit commun) qui continuent à jouer un rôle subsidiaire. Ainsi, les règles nationales de compétence **s'appliquent** lorsqu'aucun tribunal d'un État membre n'est compétent au titre de l'un des chefs de compétence énoncés ci-dessous, et que l'époux défendeur n'est pas ressortissant d'un État membre et n'y a pas sa résidence habituelle (Règl. 2019/1111 art. 6 et 7). L'époux demandeur peut alors invoquer le privilège de juridiction des articles 14 et 15 du Code civil (nos 61240 s. : pour une illustration, Cass. 1e civ. 25-3-2015 n° 13-26.131 F-PB). Tout ressortissant d'un État membre qui a sa résidence habituelle sur le territoire d'un autre État membre peut en effet, comme les ressortissants de cet État, y invoquer les règles de compétence applicables dans cet État contre un défendeur qui n'a pas sa résidence habituelle sur le territoire d'un

39431 (suite) État membre et qui n'a pas la nationalité d'un État membre (Règl. 2219/1111 art. 6, 3). Par exemple, un Allemand qui a quitté les États-Unis où il vivait avec son épouse américaine pour venir s'installer en France peut demander le divorce auprès des tribunaux français.

Les **règles de compétence prévues par le règlement** sont les suivantes. Sept **cas de compétence** sont prévus (Règl. 2019/1111 art. 3). Sont ainsi susceptibles d'être saisis, sur les questions relatives au divorce, à la séparation de corps et à l'annulation du mariage des époux, les tribunaux de l'État de :

– la résidence habituelle des époux. Il a été jugé que la notion de résidence habituelle est caractérisée, en principe, par deux éléments, à savoir, d'une part, la volonté de l'intéressé de fixer le centre habituel de ses intérêts dans un lieu déterminé et, d'autre part, une présence revêtant un degré suffisant de stabilité sur le territoire de l'État membre concerné, l'environnement d'un adulte étant de nature variée, composé d'un vaste spectre d'activités et d'intérêts, notamment professionnels, socioculturels, patrimoniaux ainsi que d'ordre privé et familial, diversifiés (CJUE 25-11-2021 aff. 289/20 : BPAT 1/22 inf. 15 ; Cass. 1e civ. 30-11-2022 n° 21-15.988 FS-B : BPAT 1/23 inf. 18 ; solutions rendues à propos du règlement Bruxelles II bis mais transposable) ;

– la dernière résidence habituelle des époux si l'un d'eux y réside encore ;

– la résidence habituelle du défendeur ;

– en cas de demande conjointe, la résidence habituelle de l'un ou l'autre époux ;

– la résidence habituelle du demandeur s'il y a résidé depuis au moins un an immédiatement avant l'introduction de la demande ;

– la résidence habituelle du demandeur s'il y a résidé depuis au moins six mois immédiatement avant l'introduction de la demande et s'il est ressortissant de l'État membre en question. Il a été jugé que le principe de non-discrimination en raison de la nationalité, consacré à l'article 18 du TFUE, doit être interprété en ce sens qu'il ne s'oppose pas à ce que la compétence des juridictions de l'État membre sur le territoire duquel se trouve la résidence habituelle du demandeur soit subordonnée à une durée de résidence minimale du demandeur, immédiatement avant l'introduction de sa demande, de six mois plus courte que celle prévue au tiret précédent, au motif que l'intéressé est un ressortissant de cet État membre (CJUE 10-2-2022 aff. 522/20 : BPAT 2/22 inf. 72, solution rendue à propos du règlement Bruxelles II bis mais transposable) ;

– la nationalité commune des deux époux.

Une juridiction d'un État membre est compétente pour connaître d'une demande en divorce, dès lors que l'un des critères alternatifs de compétence énoncés par le règlement est localisé sur le territoire de cet État, peu important que les époux soient ressortissants d'États tiers ou que l'époux défendeur soit domicilié dans un État tiers ; cette règle de compétence est exclusive de toute règle de compétence de droit international privé commun (Cass. 1e civ. 24-6-2020 n° 19-11.714 F-PB : BPAT 5/20 inf. 179-16, solution rendue à propos du règlement Bruxelles II bis mais transposable).

Lorsque les époux possèdent une double nationalité commune d'un État membre, ils disposent d'une option supplémentaire au profit des tribunaux des États dont ils ont en commun la nationalité (CJCE 16-7-2009 aff. 168/08 ; Cass. 1e civ. 17-2-2010 n° 07-11.648 FS-PBI : BPAT 2/10 inf. 92 ; solutions rendues à propos du règlement Bruxelles II bis mais transposable).

Pour l'application du règlement, la Cour de cassation définit la résidence habituelle comme « le lieu où l'intéressé a fixé, avec la volonté de lui conférer un caractère stable, le centre permanent ou habituel de ses intérêts » (Cass. 1e civ. 14-12-2005 n° 05-10.951 FS-PBRI, solution rendue à propos du règlement Bruxelles II bis mais transposable).

La multiplication des chefs de compétence retenus risque d'entraîner fréquemment l'ouverture de procédures parallèles devant différentes juridictions européennes. Dans de tels cas de **litispendance**, lorsque des procédures en divorce, en séparation de corps ou en annulation du mariage sont introduites entre les mêmes parties auprès de juridictions d'États membres différents, la juridiction saisie en second lieu suspend d'office sa procédure jusqu'à ce que la compétence de la juridiction première saisie soit établie (Règl. 2019/1111 art. 20). Si, en violation de ces règles, elle adopte une décision devenue définitive, les juridictions de l'État membre dont relève la juridiction première saisie ne peuvent pas refuser, pour cette seule raison, de reconnaître cette décision : cette violation ne saurait, à elle seule, justifier sa non-reconnaissance au motif de sa contrariété manifeste à l'ordre public de cet État membre (CJUE 16-1-2019 aff. 386/17, solution rendue à propos du règlement Bruxelles II bis mais transposable).

Reconnaissance en France d'un divorce prononcé à l'étranger

1° Les décisions rendues par une juridiction d'un **État membre** de l'Union européenne sont reconnues de plein droit dans les autres États membres sans qu'il soit nécessaire de recourir à aucune procédure spéciale. En particulier, aucune procédure spéciale n'est requise pour la mise à jour des registres de l'état civil d'un État membre sur la base d'une

39431 (suite)

décision rendue dans un autre État membre en matière de divorce, de séparation de corps ou d'annulation du mariage, qui n'est plus susceptible de recours selon la loi de cet État membre (Règl. 2019/1111 art. 30). Si la décision étrangère fait l'objet d'un recours dans l'État d'origine, le juge de l'État requis peut surseoir à statuer.

Étant ici précisé, s'agissant de **divorces extrajudiciaires**, qu'un acte de divorce établi par un officier de l'état civil de l'État membre d'origine, comportant un accord de divorce conclu par les époux et confirmé par ceux-ci devant cet officier en conformité avec les conditions prévues par la réglementation de cet État membre, constitue une « décision » au sens de ces principes (CJUE 15-11-2022 aff. 646/20 : BPAT 1/23 inf. 17). La portée de cet arrêt dépasse le règlement Bruxelles II bis, car, si le règlement Bruxelles II ter prévoit une procédure de circulation des actes authentiques et accords relatifs au divorce (Règl. 2019/1111 art. 64 s.), il semble qu'il faille désormais distinguer les accords de divorce assimilables à des décisions, qui circuleront comme ces dernières, des autres, qui circuleront conformément aux articles 64 et suivants (P. Callé à propos de CJUE 15-11-2022 aff. 646/20 précité).

Même si la reconnaissance intervient de plein droit, une contestation de la régularité de la décision peut survenir. En matière matrimoniale, les **motifs de non-reconnaissance** sont les suivants (Règl. 2019/1111 art. 38) :

– la reconnaissance est manifestement contraire à l'ordre public de l'État membre dans lequel la reconnaissance est invoquée ;

– l'acte introductif d'instance ou un acte équivalent n'a pas été signifié ou notifié au défendeur défaillant en temps utile et de telle manière qu'il puisse pourvoir à sa défense, à moins qu'il ne soit établi que le défendeur a accepté la décision de manière non équivoque ;

– la décision est inconciliable avec une décision rendue dans une instance opposant les mêmes parties dans l'État membre dans lequel la reconnaissance est invoquée ;

– la décision est inconciliable avec une décision rendue antérieurement dans un autre État membre ou dans un État tiers dans une affaire opposant les mêmes parties, dès lors que cette première décision réunit les conditions nécessaires à sa reconnaissance dans l'État membre dans lequel la reconnaissance est invoquée.

Ni l'incompétence du juge au regard du règlement ni le fait que la loi de l'État requis ne permet pas le divorce sur la base de faits identiques ne sont des motifs de refus de reconnaissance.

Les demandes aux fins de constat de l'absence de motifs de refus de reconnaissance et aux fins de refus de reconnaissance respectivement formées en application des articles 30 et 40 du règlement sont portées devant le président, ou son délégué, du tribunal judiciaire dans le ressort duquel se trouve le domicile du demandeur ou du défendeur. Lorsqu'aucun des domiciles mentionnés au premier alinéa ne se trouve en France, ces demandes sont portées devant le président du tribunal judiciaire de Paris ou son délégué (CPC art. 509-11 dans sa rédaction issue du décret n° 2023-25 du 23 janvier 2023).

2° Les jugements rendus par une juridiction d'un **État non membre de l'Union** sont soumis aux conditions de reconnaissance et d'exécution prévues par les principes du droit international privé de droit commun, tels qu'ils ont été définis par la Cour de cassation (n°s 61820 s.). En principe, les **effets extrapatrimoniaux** sont reconnus de plein droit, sauf possibilité pour la partie qui conteste la reconnaissance d'exercer un recours en inopposabilité. Les **effets patrimoniaux** doivent recevoir l'exequatur ; trois éléments sont contrôlés :

– la compétence indirecte du juge étranger fondée sur le rattachement du litige au juge, ce qui conduit à vérifier si, au regard des règles du droit international privé français, le litige se rattache de manière caractérisée à ce juge (Cass. 1e civ. 3-3-2021 n° 19-19.471 FS-P). Par conséquent, le jugement de divorce prononcé au Maroc ne peut pas produire ses effets en France en l'absence de lien suffisamment dense entre le juge marocain et le litige : mariage célébré au Maroc où le mari, franco-marocain, est propriétaire d'une résidence personnelle (Cass. 1e civ. 5-4-2023 n° 21-15.081 F-D : BPAT 3/23 inf. 122). Cette condition empêche la reconnaissance du jugement en cas de violation d'une compétence exclusive d'un tribunal français (par exemple, jugement visant à modifier une inscription sur des registres publics ou portant sur un immeuble en France) ;

– la conformité à l'ordre public international de fond et de procédure : par exemple, une répudiation prononcée à l'étranger est contraire à l'ordre public international si l'un des époux est domicilié en France (Cass. 1e civ. 17-10-2007 n° 06-21.962 F-D ; Cass. 1e civ. 23-10-2013 n° 12-21.344 FS-PBI : BPAT 6/13 inf. 218), si les deux époux y sont domiciliés (Cass. 1e civ. 23-10-2013 n° 12-25.802 FS-PBI : BPAT 6/13 inf. 218) ou si les deux époux sont de nationalité française (Cass. 1e civ. 10-5-2006 n° 04-19.444 F-PB). Il a toutefois été jugé que lorsqu'une décision de divorce a été prononcée à l'étranger en application d'une loi qui n'accorde pas à l'un des époux, en raison de son appartenance à l'un ou l'autre sexe, une égalité d'accès au divorce,

sa reconnaissance ne heurte pas l'ordre public international, dès lors qu'elle est invoquée par celui des époux à l'égard duquel sont prévues les règles les moins favorables, que la procédure suivie n'a pas été entachée de fraude et que l'autre époux a pu faire valoir ses droits (Cass. 1e civ. 17-3-2021 n° 20-14.506 FS-P : BPAT 3/21 inf. 110). Par ailleurs, en matière d'autorité parentale, il a été jugé que si le principe d'égalité des parents dans son exercice relève de l'ordre public international français, la circonstance qu'une décision étrangère réserve à l'un des parents le soin de prendre seul certaines décisions relatives aux enfants ne peut constituer un motif de non-reconnaissance qu'autant qu'elle heurte de manière concrète les principes essentiels du droit français (Cass. 1e civ. 2-12-2020 n° 18-20.691 FS-P : BPAT 1/21 inf. 10) ;
– l'absence de fraude : a ainsi été refusé l'exequatur d'une décision de divorce obtenue en Algérie à l'initiative du mari alors que ce dernier avait délibérément choisi la juridiction algérienne postérieurement à la procédure en divorce engagée en France par son épouse pour échapper aux conséquences financières du divorce prononcé par les juridictions françaises (Cass. 1e civ. 28-3-2006 n° 03-18.934 F-PB). De même, doit être considéré comme frauduleux le choix de l'épouse de saisir un juge américain pour demander le divorce, alors que les époux avaient quitté les États-Unis d'un commun accord avec leurs enfants pour s'installer en France. Le juge américain avait en effet été saisi au cours d'un séjour temporaire aux États-Unis que l'épouse avait prolongé contre la volonté de l'époux, alors que ce séjour avait eu pour seul objet de tromper ce juge, en faisant en sorte d'accréditer par une présentation fallacieuse de la situation existante que la résidence familiale était demeurée établie sur le sol américain et que le séjour des enfants en France n'était pas consécutif à la décision conjointement prise par les époux d'établir la résidence de la famille à Paris (Cass. 1e civ. 17-12-2014 n° 13-21.365 F-PB).
3° Il existe différentes **conventions internationales bilatérales** signées par la France dont les dispositions intéressent la reconnaissance des jugements étrangers, le cas échéant avec des règles spécifiques au divorce (pour une liste non exhaustive de conventions fréquemment appliquées, n° 61830). L'attention des praticiens est dès lors attirée sur la nécessité de déterminer, dans chaque contentieux concernant un État extérieur à l'Union, s'il existe ou non une convention internationale applicable (notamment, Cass. 1e civ. 31-3-2016 n° 15-12.379 F-PB ; Cass. 1e civ. 13-4-2016 n° 15-17.723 F-PB ; Cass. 1e civ. 4-1-2017 n° 15-27.466 F-PB, à propos de la convention franco-marocaine du 5-10-1957 ; Cass. 1e civ. 21-9-2016 n° 14-29.340 F-PB et Cass. 1e civ. 12-7-2017 n° 16-22.158 FS-PB, à propos de la convention franco-tunisienne du 28-6-1972 ; Cass. 1e civ. 11-2-2015 n° 13-25.572 F-PB : BPAT 3/15 inf. 89, à propos de la convention franco-monégasque du 21-9-1949).

B. Divorces contentieux

1. DISPOSITIONS COMMUNES

RÉFORME DU DIVORCE

39440 La loi de réforme pour la justice et ses dispositions d'application ont simplifié le **régime procédural du divorce**, en supprimant la requête en divorce et la phase de conciliation. L'audience de conciliation a été remplacée par une audience sur les mesures provisoires qui aura lieu pendant la mise en état de la procédure au fond. Ces dispositions s'appliquent aux divorces introduits à compter du 1er janvier 2021. Les requêtes en divorce introduites avant cette date sont traitées selon les règles en vigueur avant cette date (voir n° 39229). Nous ne continuerons d'exposer le régime antérieur dans les présents développements que dans la mesure où il nous paraît encore susceptible de s'appliquer.

a. Demande en divorce : divorces introduits depuis le 1er janvier 2021

ACTE INTRODUCTIF D'INSTANCE EN DIVORCE

39490 L'**instance en divorce commence** dès le début de la procédure, la phase de conciliation ayant été supprimée.
La demande en divorce est formée par assignation ou par requête remise ou adressée conjointement par les parties au greffe (CPC art. 1107).
L'instance en divorce est formée, instruite et jugée selon la procédure écrite ordinaire applicable devant le tribunal judiciaire (CPC art. 1106). Les règles prévues dans les deux premières sections du chapitre du Code de procédure civile consacré à la matière familiale, exposées notamment nos 39008 à 39150 (règles générales applicables à la procédure devant le JAF) et nos 39232 à 39312 (règles applicables à tous les cas de divorce) sont néanmoins applicables.

Fondement de la demande Fondement de la demande. Pour pacifier la procédure, le **débat sur les causes** du divorce ne peut pas intervenir dès le début de la procédure lorsque la demande en divorce est fondée sur l'article 242 du Code civil (divorce pour faute). Dans ce cas, et à peine d'irrecevabilité de la demande, l'acte introductif ne doit préciser ni le **type de divorce envisagé**, ni les faits à l'origine de la procédure (C. civ. art. 251 et CPC art. 1107). 39491

Dans les autres cas (divorce sur acceptation du principe de la rupture du mariage ou altération définitive du lien conjugal), l'époux qui introduit l'instance peut indiquer le fondement de sa demande dans l'acte introductif d'instance, mais il n'est pas tenu de le faire.

Lorsque l'assignation ou la requête ne comporte aucune indication du fondement de la demande en divorce, celui-ci doit être indiqué dans les premières conclusions au fond (CPC art. 1107). Dans ce cas, le défendeur ne peut lui-même indiquer le fondement de la demande en divorce avant les premières conclusions au fond du demandeur ou, à défaut, avant l'expiration du délai fixé par le juge de la mise en état par injonction de conclure (CPC art. 1107, al. 4 modifié par décret 2023-25 du 23-1-2023).

> **Précisions a.** L'interdiction faite à l'époux demandeur d'indiquer le fondement et les faits à l'origine de la procédure est sanctionnée par l'irrecevabilité de la demande, ce qui n'était pas le cas sous l'empire du **régime antérieur**, où il était généralement considéré que cette indication était dépourvue d'effet (n° 39500).
> **b.** Le **décret 2023-25 du 23 janvier 2023** est venu corriger une lacune du décret 2020-1641 du 22 décembre 2020 qui générait des situations de blocage puisque aucune disposition ne permettait d'enjoindre au demandeur de déposer ses premières conclusions révélant le fondement de la demande en divorce. Un auteur proposait que le défendeur puisse conclure si, passé un certain délai, le demandeur n'a toujours pas conclu (J. Casey, Modification de l'art. 1107 : du mieux mais... : AJ famille 2023 p. 100). Ce n'est finalement pas la solution retenue par la Chancellerie qui opte pour la possibilité pour le juge de la mise en état d'enjoindre le demandeur à conclure dans un délai fixe. S'il ne le fait pas, le défendeur peut conclure sur le fondement du divorce.
> **c.** La **demande de délai avec injonction** peut être formulée par le défendeur lors de l'audience d'orientation et de mesures provisoires auprès du juge de la mise en état. Si le juge de la mise en état est déjà saisi de demandes en fixation de mesures provisoires, le délai injonction peut être demandé dans les mêmes conclusions. Néanmoins, le dispositif des conclusions devra être scindé, une partie consacrée aux mesures provisoires, l'autre au délai injonction (en ce sens, AJ famille 2023 p. 100, obs J. Casey). Si le JME n'est pas encore saisi, il pourra l'être par message RPVA.

Mentions obligatoires Quel que soit le divorce envisagé, l'**acte de saisine** doit comporter, outre les mentions exposées n°s 31030 s. (instance introduite par assignation) et n°s 31080 s. (instance introduite par requête) : 39493

– à peine de nullité, la date, l'heure et le lieu de l'audience d'orientation et sur mesures provisoires (CPC art. 1107 ; sur les modalités de communication de la date d'audience, voir n°s 31050 s.) ; ces mentions sont également exigées lorsque l'instance est introduite par requête conjointe, contrairement à ce qui est prévu en droit commun (CPC art. 758) ;

– le rappel des dispositions relatives à la médiation en matière familiale, à la procédure participative et à l'homologation des accords partiels ou complets des parties sur les modalités d'exercice de l'autorité parentale et les conséquences du divorce, aucune sanction n'étant cependant prévue en l'absence de ces mentions (C. civ. art. 252) ;

– à peine d'irrecevabilité, une proposition de règlement des intérêts pécuniaires et patrimoniaux des époux (C. civ. art. 252), qui doit contenir un descriptif sommaire de leur patrimoine et préciser les intentions du demandeur quant à la liquidation de la communauté ou de l'indivision, et, le cas échéant, quant à la répartition des biens. L'irrecevabilité de la demande en l'absence d'une telle proposition doit être invoquée avant toute défense au fond (CPC art. 1115). Ne constituant pas une exception d'ordre public, elle ne peut pas être soulevée d'office par le juge. La proposition de règlement des effets patrimoniaux du divorce peut cependant être émise après l'assignation (Cass. 2e civ. 6-1-2012 n° 10-17.824 : Bull. civ. II n° 6, rendue sous l'empire de l'ancienne procédure de divorce mais transposable) : même si elle doit être soulevée avant toute défense au fond, l'irrégularité tirée de l'absence de production de ce document est sanctionnée par une fin de non-recevoir. Sa régularisation avant que le juge statue permet d'éviter l'irrecevabilité ;

– Les époux ne sont en revanche pas obligés de justifier de leurs désaccords subsistants dès l'introduction de l'instance mais pourront le faire à tout moment de la procédure (CPC art. 1116).

Bien que cela ne soit pas précisé dans les textes, l'acte introductif d'instance devra contenir également les mentions exposées n°s 39250 s.

39494 **Demande de liquidation partage** Les parties qui souhaitent intégrer les opérations de liquidation-partage de leurs intérêts patrimoniaux à la procédure de divorce doivent en outre **expressément formuler une demande** en ce sens dans l'assignation en divorce, la liquidation n'étant désormais plus automatiquement prononcée par le juge. Sur cette demande et les conditions de sa recevabilité, voir n° 39423.
Cette demande ne dispense pas l'époux qui la formule de produire une proposition de règlement des intérêts pécuniaires et patrimoniaux, faute de texte en ce sens. L'assignation en divorce contenant une demande de liquidation partage devra donc continuer de comporter cette proposition.

39495 **Placement et saisine de la juridiction** Le JAF est saisi par la **remise au greffe** d'une copie de l'assignation ou de la requête, par l'un ou l'autre des époux. Si la date d'audience a été communiquée plus de 15 jours avant l'audience, la remise au greffe doit intervenir au moins 15 jours avant celle-ci (CPC art. 1108).
Ces délais sont prescrits à peine de caducité de l'assignation ou de la requête, constatée d'office par le JAF ou à la requête d'une partie (CPC art. 1108).
Le **défendeur** est tenu de **constituer avocat** dans le délai de 15 jours à compter de l'assignation. Toutefois, si l'assignation lui a été délivrée dans un délai inférieur ou égal à quinze jours avant la date de l'audience, il peut constituer avocat jusqu'à l'audience (CPC art. 1108). La **représentation par avocat** est donc obligatoire dès le début de la procédure.
Le JAF prendra la fonction de juge de la mise en état dès le dépôt de la requête conjointe, ou dès la constitution du défendeur ou, à défaut, à l'expiration du délai qui lui était imparti pour le faire.

MESURES URGENTES EN CAS DE DEMANDE EN DIVORCE

39497 Le juge aux affaires familiales peut autoriser le demandeur à **assigner à bref délai**. Le demandeur devra dans ce cas saisir le JAF par requête dans les conditions des articles 840 et 841 du Code de procédure civile (CPC art. 1109, al. 1). La requête doit notamment exposer les motifs de l'urgence, contenir les conclusions du demandeur et viser les pièces justificatives. Sur cette procédure voir n° 32160 s.
S'il estime la **requête justifiée**, le JAF communiquera au demandeur une date d'audience d'orientation et sur mesures provisoires à bref délai. La remise au greffe d'une copie de l'assignation et la constitution d'avocat du défendeur doivent alors intervenir au plus tard la veille de l'audience, à peine de caducité constatée d'office par ordonnance du JAF. Le jour de l'audience, le JAF devra s'assurer qu'il s'est écoulé un temps suffisant depuis l'assignation pour que l'autre partie ait pu préparer sa défense (CPC art. 1109, al. 3).
Si le juge ne fait pas droit à la requête, l'époux demandeur obtiendra une date d'audience dans les conditions exposées n° 39493.

> **Précisions a.** La procédure à bref délai remplace la procédure d'**assignation à jour fixe à fin de conciliation** prévue par l'ancien article 1109.
> **b.** La possibilité de demander des mesures urgentes sur le fondement de l'article 257 du Code civil (résidence séparée et mesures conservatoires) est supprimée. D'**autres cadres procéduraux** permettent de prendre des mesures rapidement. Par exemple, l'autorisation de résider séparément peut être obtenue en cas de violences conjugales via une ordonnance de protection (C. civ. art. 515-9). Attention toutefois à annexer les pièces à la requête sous peine de nullité pour vice de forme lorsque l'absence de production a causé un grief à celui qui invoque la nullité (Cass. 1e civ. 16-11-2022 n° 21-15.095 FS-B).
> En application du régime primaire, le JAF peut interdire l'un des époux de réaliser certains actes ou encore déplacer des meubles (C. civ. art. 220-1 ; CPC art. 1290).

AUDIENCE D'ORIENTATION ET SUR LES MESURES PROVISOIRES DU DIVORCE

39499 Le juge tient, dès le début de la procédure, une audience à l'issue de laquelle il prend les mesures nécessaires pour assurer l'**existence des époux** et des **enfants** de l'introduction de la demande en divorce à la date à laquelle le jugement passe en force de chose jugée (C. civ. art. 254). Les mesures susceptibles d'être prononcées sont énoncées aux nos 39720 s.

39500 **Demandes de mesures provisoires** Les demandes sur les mesures provisoires peuvent figurer dans l'**acte introductif d'instance** ou ultérieurement dans des **conclusions distinctes**, jusqu'à la clôture des débats. Afin d'éviter les renvois de l'audience d'orientation, il est néanmoins conseillé de les présenter suffisamment tôt pour que le défendeur puisse préparer sa défense.

À peine d'irrecevabilité, ces demandes doivent figurer dans une partie distincte des demandes au fond (CPC art. 1117, al. 1).
Les **parties**, ou le demandeur seul, si le défendeur n'a pas constitué avocat, peuvent indiquer qu'elles **renoncent** à formuler des demandes de mesures provisoires, avant l'audience ou au cours de celle-ci. Chaque partie conserve néanmoins la possibilité de saisir le juge de la mise en état d'une première demande de mesures provisoires jusqu'à la clôture des débats.
Si une ou plusieurs mesures sont sollicitées le JAF doit statuer (CPC art. 1117, al. 2 et 3).

ATTENTION

L'**irrecevabilité** ne portera certainement pas sur l'acte introductif d'instance (soumis à des causes d'irrecevabilité qui lui sont propres). Elle sera vraisemblablement **cantonnée** à la demande de mesures provisoires, qui pourra donc être reprise sous forme de conclusions aux fins de saisine du juge de la mise en état (en ce sens : S. Thouret, Les mesures provisoires dans la nouvelle procédure de divorce, AJ famille 2020 p. 26).

Comparution des parties à l'audience d'orientation et sur les mesures provisoires La **présence des parties** représentées par leur avocat est le principe mais elle n'est pas obligatoire, et les parties peuvent être représentées à l'audience (CPC art. 1117, al. 4). Le juge peut cependant demander cette comparution (CPC art. 784). Quoi qu'il en soit, le juge ne reçoit plus les parties l'une après l'autre ni hors la **présence de leur avocat**, comme il le faisait auparavant dans le cadre de l'audience de conciliation. 39501
Les parties peuvent présenter oralement des prétentions et moyens, les dispositions relatives à la procédure orale de l'article 446-1, al. 1 du Code de procédure civile s'appliquant (CPC art. 1117, al. 5). Une partie qui n'a pas constitué avocat ne peut cependant pas être entendue.
Comme auparavant, le juge peut prendre en considération les **accords** que les **époux** ont déjà conclus entre eux (C. civ. art. 254 et CPC art. 1117, al. 6).
Il ne semble pas possible d'être dispensé de la tenue de l'audience pour faire simplement homologuer les accords conclus entre les époux (A. Lebel-Cliqueteux, Réforme du divorce : ultimes difficultés : AJ Famille 2023 p. 258 ; Rép. pr. civ., Divorce : procédure, par V. Bonnet n° 333).

Issue de l'audience d'orientation et sur les mesures provisoires Les **mesures pouvant être ordonnées par le juge** au cours de l'audience d'orientation sont les mêmes que celles qui pouvaient être prises à l'issue de l'audience de conciliation (C. civ. art. 254 : voir n°s 39703 s.). Le juge précise la **date des mesures provisoires** (CPC art. 1117, al. 7), qui peut être rétroactivement fixée à compter de la date de la demande en divorce – et non plus à la date de l'ordonnance de non-conciliation – (C. civ. art. 254). 39502

CONSEIL

Les avocats ont intérêt à **préciser la date d'effet des différentes mesures demandées**, cette date pouvant ne pas être la même pour les différentes mesures. Il existe en effet une incertitude quant à la date à laquelle les mesures provisoires prennent effet en l'absence de précision par le juge (en faveur d'une prise d'effet des mesures provisoires dès la demande en divorce dans tous les cas, voir J. Casey, « Date d'effet des mesures provisoires » : AJ Famille 2021 p. 28). Or, considérer que la décision sur les mesures provisoires est par défaut rétroactive peut être dangereux, par exemple lorsqu'un devoir de secours est prévu alors que l'époux a continué à contribuer aux charges du mariage ; considérer que ces mesures prennent effet à la date de notification de l'ordonnance peut également générer des difficultés pour l'époux qui a occupé le domicile conjugal et qui pourrait être condamné au paiement d'une indemnité d'occupation jusqu'à la notification de l'ordonnance lui en accordant la jouissance gratuite.

Si les **parties** ont **renoncé aux mesures provisoires**, le juge de la mise en état oriente le dossier. Il fixe le cas échéant un calendrier de procédure, constate l'existence d'une procédure participative de mise en état et peut ordonner des mesures conservatoires ou d'instruction (notamment une enquête sociale). 39503

b. Demande en divorce : divorces introduits avant le 1er janvier 2021

Lorsque la **requête** en divorce a été **introduite avant le 1er janvier 2021** (Loi 2019-222 du 23-3-2019 art. 109, VII ; Décret 2019-1419 du 20-12-2019 art. 22, III et Décret 2019-1380 du 17-12-2019 art. 15), l'action en divorce est poursuivie et jugée conformément aux dispositions anciennes du Code civil et le jugement (même rendu après ladite entrée en vigueur) produit les effets prévus par la loi ancienne. 39510
À la date de mise à jour du présent ouvrage, il est peu probable que des audiences de conciliation continuent de se tenir dans les juridictions. Néanmoins, pendant quelques mois encore, les juges vont être saisis d'assignations ou de contentieux soumis à l'ancienne procédure de divorce. Nous exposerons donc succinctement les règles du droit antérieur qui nous paraissent pouvoir encore être appliquées.

ATTENTION

Tous les articles cités dans cette partie le sont dans leur rédaction antérieure à la réforme du divorce.

39568 **Ordonnance de non-conciliation** L'ordonnance de non-conciliation prononcée dans le cadre de l'ancienne procédure de divorce (CPC art. 1111, ancien) :
– autorise le demandeur à assigner ;
– fixe les mesures provisoires ;
– demande aux époux de présenter pour l'audience de jugement un **projet de règlement** des effets du divorce (C. civ. art. 252-3) ;
– constate éventuellement l'acceptation de la rupture du mariage par les époux.
L'ordonnance rappelle les délais dans lesquels l'instance doit être introduite (nos 39640 s.).

39570 Il est possible de faire **appel** de l'ordonnance de non-conciliation, dans les quinze jours de sa notification. L'appel ne peut porter que sur la compétence du juge et sur les mesures provisoires (CPC art. 1112).

39590 Les mesures pouvant être ordonnées par le juge et le régime qui leur est applicable sont exposées nos 39703 s.

ASSIGNATION

39640 **Initiative** Dans les trois mois du prononcé de l'ordonnance de non-conciliation, l'**initiative** de la procédure est réservée à l'époux qui a présenté la requête initiale (CPC art. 1113, al. 1). S'il n'a pas assigné dans ce délai, son conjoint peut poursuivre la procédure. Cette règle ne s'applique pas en cas de requête conjointe, celle-ci pouvant être présentée par les époux immédiatement après l'ordonnance de non-conciliation.

39677 **Délai** L'instance doit être introduite dans un **délai** de 30 mois à compter du prononcé de l'ordonnance de non-conciliation. À défaut, toutes les dispositions de cette dernière sont caduques, y compris l'autorisation d'assigner (CPC art. 1113, al. 2).
Lorsqu'une demande en divorce est présentée par assignation, la date d'introduction de l'instance s'entend de la date de cette assignation, à condition qu'elle soit remise au secrétariat-greffe (Avis Cass. 4-5-2010 n° 01000002P : Bull. civ. Avis n° 2 ; Cass. 1e civ. 28-5-2015 n° 14-13.544 F-PB : Bull. civ. I n° 122). Ainsi, l'assignation doit être délivrée dans le délai de 30 mois tandis qu'elle peut être placée postérieurement.
Le délai de 30 mois n'est pas prolongé en cas d'appel de l'ordonnance de non-conciliation.

> **Précisions** La **caducité frappe** toutes les mesures provisoires contenues dans l'ordonnance (Cass. 2e civ. 26-6-2003 n° 01-14.317 : Bull. civ. II n° 211). Mais il a été jugé, dans un cas où un époux avait fait pratiquer une saisie-attribution avant le prononcé de la caducité, que cette saisie-attribution restait valable pour la période antérieure à la caducité des mesures (Cass. 1e civ. 11-6-2008 n° 06-14.612 FS-D).

39679 **Contenu** En règle générale, l'ordonnance de non-conciliation est annexée en tête de l'assignation et donc signifiée par le même acte d'huissier. Ce n'est qu'une pratique qui n'a rien d'obligatoire.
C'est au moment de l'introduction de l'instance en divorce que l'époux qui souhaite poursuivre la procédure doit **choisir le divorce demandé**. Un seul fondement doit être visé dans l'assignation (n° 39245). Le principe de libre choix de la procédure connaît une **exception** : si, à l'audience de conciliation, les époux ont déclaré accepter le principe de la rupture du mariage, l'instance ne peut être engagée que sur le fondement du divorce accepté.

39683 Quelle que soit la procédure engagée, et même si elle ne contient pas de demande en liquidation-partage, la demande en divorce n'est recevable que si elle comporte une proposition de **règlement des intérêts pécuniaires et patrimoniaux des époux** (C. civ. art. 257-2).

39684 **Demande en liquidation partage** Les parties qui souhaitent intégrer les opérations de **liquidation-partage** de leurs intérêts patrimoniaux à la procédure de divorce doivent **expressément formuler une demande** en ce sens dans l'assignation en divorce, la liquidation n'étant désormais plus automatiquement prononcée par le juge. Sur cette demande et les conditions de sa recevabilité, voir n° 39421.

c. Mesures provisoires du divorce contentieux

DURÉE DES MESURES PROVISOIRES DU DIVORCE

Date d'exécution des mesures provisoires Les mesures provisoires sont exécutoires de plein droit **à compter** de leur prononcé, la signification de l'ordonnance n'étant nécessaire que pour permettre leur exécution forcée (notamment, Cass. 1e civ. 11-1-2005 n° 02-31.011 : Bull. civ. I n° 15). 39703

ATTENTION

Dans le cadre des **divorces introduits avant le 1er janvier 2021**, elles sont caduques si l'assignation en divorce n'intervient pas au bout d'un certain délai (nos 39640 s.). Toutefois, sauf dispositions contraires, la caducité de l'ordonnance ne la prive pas d'efficacité pour la période antérieure (Cass. 1e civ. 9-2-2011 n° 09-72.653 : Bull. civ. I n° 26, à propos de l'indemnité d'occupation du logement familial).

Fin des mesures provisoires Les mesures provisoires s'appliquent **jusqu'à** la date à laquelle le jugement de divorce prend force de chose jugée (C. civ. art. 254). Sur la date à laquelle ces mesures prennent effet voir n° 39502. 39707

En cas d'**acquiescement au jugement** d'une partie puis de l'autre, la décision ne passe en force de chose jugée qu'au moment du deuxième acquiescement. Jusque-là les mesures provisoires s'appliquent : la pension alimentaire reste due à son bénéficiaire même si ce dernier a acquiescé en premier (Cass. 1e civ. 31-3-2010 n° 09-12.770 : Bull. civ. I n° 79).

En cas d'**appel portant sur tous les chefs du jugement**, les dispositions prises dans l'ordonnance statuant sur les mesures provisoires ont vocation à s'appliquer jusqu'à ce que l'arrêt d'appel devienne exécutoire.

Jusqu'à présent, l'appel général d'un jugement de divorce par acceptation de la rupture ne mettait pas fin au devoir de secours, la décision n'acquérant force de chose jugée qu'après épuisement des voies de recours (Cass. Avis 9-6-2008 n° 0800004P : Bull. civ. Avis n° 4), et ce même si l'acceptation du principe de la rupture ne pouvait pas être remise en cause en appel. Cette solution pourrait être remise en question par la réforme de l'appel qui a fait disparaître la dévolution pour le tout, attachée à la notion d'appel général (n° 39797).

Lorsque l'**appel** est **limité** aux conséquences financières du divorce, le jugement acquiert force de chose jugée sur le prononcé du divorce et les mesures provisoires prennent fin nonobstant la procédure d'appel. La pension alimentaire entre époux cesse d'être due (Cass. 2e civ. 18-5-2000 n° 98-17.801 ; Bull. civ. II n° 81).

En cas de **pourvoi en cassation** portant notamment sur le principe du divorce prononcé par les juges du fond, la pension alimentaire cesse d'être due à la date de rejet du pourvoi (Cass. 2e civ. 4-7-2002 n° 00-18.092 : Bull. civ. II n° 153) ou à compter de la signification de l'arrêt d'appel (Cass. 1e civ. 1-12-2010 n° 08-22.010 : Bull. civ. I n° 249). Sur la portée de l'effet suspensif du pourvoi en cassation, voir n° 39300.

ATTENTION

Le **maintien des mesures provisoires** ne peut motiver un **appel** sur le prononcé du divorce ; l'appel est alors irrecevable pour défaut d'intérêt à agir (Cass. avis 1e civ. 20-4-2022 n° 22-70.001 B). L'irrecevabilité doit être soulevée par des conclusions d'irrecevabilité adressées au juge de la mise en état. Il s'agissait d'une pratique courante avant la réforme de la procédure d'appel de 2017 car elle permettait :

– le maintien des mesures provisoires, dont l'éventuelle pension alimentaire (C. civ. art. 254 ; Cass. avis 9-6-2008 n° 08-00.004 P) ;

– aux juges d'appel de prendre en compte la disparité dans les conditions de vie des époux au jour où ils statuaient et non au jour du jugement pour fixer la prestation compensatoire (C. civ. art. 271).

Depuis le 1er septembre 2017, ce n'est plus permis puisque l'appel ne défère à la cour que les chefs du jugement « qu'il critique expressément » ou « ceux qui en dépendent » (CPC art. 562). Par conséquent, pour justifier d'un intérêt à contester le prononcé du divorce, il faut n'avoir pas obtenu satisfaction sur ce point.

Deux solutions s'offrent à l'époux qui perd le bénéfice des mesures provisoires :

– demander l'exécution provisoire de la prestation compensatoire sollicitée en prouvant qu'à défaut il en subirait des conséquences d'une exceptionnelle gravité (CPC art. 1079) ;

– demander au conseiller de la mise en état une provision sur la prestation compensatoire accordée en première instance, en prouvant l'existence d'une obligation qui n'est pas sérieusement contestable (CPC art. 789, 3°).

MODIFICATION DES MESURES PROVISOIRES DU DIVORCE

39708 Les mesures provisoires peuvent être modifiées si un **fait nouveau** le justifie (CPC art. 1118, al. 1), par exemple un changement dans les conditions de scolarité d'un enfant ou la perte d'emploi d'un époux.

39709 Le **juge compétent** pour statuer sur cette demande est :
– Le juge conciliateur s'il s'agit d'un divorce introduit avant le 1er janvier 2021 et si la demande est formée entre l'ordonnance de non-conciliation et l'assignation. La demande est formée, instruite et jugée suivant les modalités de droit commun (n° 39170).
– Le juge de la mise en état si la demande est formée alors que le débat sur le fond est pendant devant le JAF ou dans tous les cas si la demande en divorce a été introduite à compter du 1er janvier 2021 (CPC art. 1118 al. 1). Il en va ainsi même s'il a été fait appel de l'ordonnance de non-conciliation, dès lors que le juge de la mise en état est saisi de demandes nouvelles sur lesquelles l'ordonnance n'a pas statué (Cass. 1e civ. 4-10-2005 n° 03-20.548 : Bull. civ. I n° 356, compétence du JAF en tant que juge de la mise en état pour statuer sur une demande de provision pour frais d'instance, mesure provisoire nouvellement sollicitée).
– Le premier président de la cour d'appel ou le conseiller de la mise en état, notamment lorsqu'il a été fait appel de l'ordonnance du juge de la mise en état (CPC art. 1119) ou lorsque le débat sur le fond est pendant devant la cour d'appel.
La cour d'appel elle-même peut être compétente si l'incident est joint au fond (Cass. 1e civ. 4-10-2005 n° 04-13.463 : Bull. civ. I n° 354).

RECOURS CONTRE LES MESURES PROVISOIRES DU DIVORCE

39710 L'ordonnance prononçant les mesures provisoires est susceptible d'**appel** dans les quinze jours de sa notification (CPC art. 795). Cependant, les **mesures** provisoires étant **exécutoires** de plein droit, elles s'appliquent en dépit de l'appel interjeté (CPC art. 1074-1).
En principe, la **décision d'appel se substitue rétroactivement** à la décision de première instance. Il en résulte que le conjoint qui a bénéficié d'un devoir de secours réduit en cause d'appel sera obligé de restituer le trop-perçu. Cela n'est pas satisfaisant, car la cour d'appel se prononce sur le devoir de secours en l'état du dossier au jour où elle statue, et non au jour de l'ordonnance statuant sur les mesures provisoires. Cette discordance est d'autant plus choquante que le devoir de secours présente pour partie un caractère alimentaire, ce qui devrait interdire toute répétition.

39711 Le recours en **révision** n'est pas ouvert contre les décisions ayant prescrit les mesures provisoires puisqu'elles sont susceptibles, jusqu'au dessaisissement de la juridiction, d'être supprimées, modifiées ou complétées en cas de survenance d'un fait nouveau (Cass. 1e civ. 26-1-2022 n° 20-14.214 F-D).

39712 Il n'est pas possible de former immédiatement un **pourvoi en cassation** contre l'arrêt d'appel statuant sur les mesures provisoires : le pourvoi doit être formé en même temps que le pourvoi contre la décision statuant sur le fond (CPC art. 795).

MESURES PROVISOIRES POUVANT ÊTRE PRESCRITES PAR LE JAF EN CAS DE DIVORCE

39720 Le juge **peut notamment** (C. civ. art. 255) :
– statuer sur les modalités de la résidence séparée des époux ;
– attribuer à l'un d'eux la jouissance du logement et du mobilier du ménage ou partager entre eux cette jouissance, en précisant son caractère gratuit ou non et, le cas échéant, en constatant l'accord des époux sur le montant d'une indemnité d'occupation ;
– ordonner la remise des vêtements ou objets personnels ;
– fixer la pension alimentaire et la provision pour frais d'instance que l'un des époux devra verser à son conjoint, désigner celui ou ceux des époux qui devront assurer le règlement provisoire de tout ou partie des dettes ;
– accorder à l'un des époux des provisions à valoir sur ses droits dans la liquidation du régime matrimonial, si la situation le rend nécessaire ;
– statuer sur l'attribution de la jouissance ou de la gestion des biens communs ou indivis autres que ceux servant à loger le ménage, sous réserve des droits de chacun des époux dans la liquidation du régime matrimonial.
Concernant les **enfants**, l'ordonnance sur les mesures provisoires décide (C. civ. art. 256 sur renvoi aux art. 371 s.) :
– de l'attribution de l'autorité parentale ;
– du lieu de la résidence des enfants.

Préparation de la liquidation du régime matrimonial Le magistrat qui ordonne les mesures provisoires est compétent pour se prononcer sur le régime matrimonial des époux. Il peut avoir à trancher cette question, notamment pour prendre les mesures provisoires adéquates. Mais il ne peut pas anticiper le partage : il ne peut donc pas attribuer à l'un des époux sa part sur le prix de vente d'un bien commun ou indivis (Cass. 1e civ. 24-2-2016 n° 15-14.887 FS-PBI). 39723

Il peut désigner un **notaire** pour élaborer un projet de liquidation du régime matrimonial et de formation des lots à partager (C. civ. art. 255, 10°). Cette désignation ainsi que le déroulement de la mission du notaire sont pour partie soumis aux règles relatives aux mesures d'instruction (CPC art. 1121, al. 1). Si le notaire établit le partage, il en fait le rapport au juge (CPC art. 1121, al. 2). Le notaire commis sur ce fondement a droit à un émolument proportionnel (C. com. art. A 444-83). Le juge de la taxe ne peut donc pas moduler ses honoraires comme il peut le faire en matière d'expertise (Cass. 2e civ. 28-6-2012 n° 11-19.217 : Bull. civ. II n° 122 ; Cass. 1e civ. 11-4-2013 n° 12-18.909 : Gaz. pal. 2013 jur. p. 1820 note F. Hébert).

Le magistrat peut aussi désigner un notaire ou tout autre professionnel qualifié pour dresser un **inventaire estimatif** et faire des **propositions** quant au **règlement des intérêts pécuniaires des époux** (C. civ. art. 255, 9°). Le professionnel désigné peut être, selon les nécessités, un notaire, un avocat, un expert-comptable, un commissaire-priseur, etc. 39725

Dans le cadre de sa mission, le professionnel désigné sera amené à :

- estimer un fonds de commerce ou un immeuble ;
- déterminer les patrimoines propres ou communs ;
- travailler sur l'estimation de la prestation compensatoire, etc.

Les modalités de désignation et de rémunération de ce professionnel ainsi que le déroulement de sa mission sont soumis aux règles applicables en matière d'expertise (CPC art. 1120).

Autres mesures Le juge peut autoriser des **mesures conservatoires**, par exemple s'il existe un risque de disparition d'une partie du patrimoine commun (CPC art. 789). Il peut aussi fixer la **provision pour frais d'instance** que doit verser un époux à son conjoint demandeur ou défendeur à l'instance, qui manque de ressources (CPC art. 255, 6°). Un époux, même admis au bénéfice de l'aide juridictionnelle, peut demander une provision pour frais d'instance. 39730

Lors de l'audience d'orientation et sur les mesures provisoires, et sauf si des violences sont alléguées par l'un des époux sur l'autre époux ou sur l'enfant, ou sauf emprise manifeste de l'un des époux sur son conjoint, le juge peut proposer aux époux une mesure de **médiation** et après avoir recueilli leur accord désigner un médiateur pour y procéder ; il peut aussi imposer aux époux de rencontrer un médiateur familial qui les informera sur l'objet et le déroulement de la médiation (C. civ. art. 255 ; nos 39026 s.). Le juge statuant sur les mesures provisoires peut aussi ordonner une mesure d'instruction.

À tout moment de la procédure, le juge peut par ailleurs enjoindre aux parties de rencontrer un médiateur (Loi 95-125 du 8-2-1995 art. 22-1).

d. Déroulement de la procédure de divorce

PROCÉDURE DE DIVORCE SANS AUDIENCE

Les parties peuvent choisir que la procédure se déroulera sans audience de plaidoirie (C. org. jud. art. L 212-5-1). 39732

Sur cette faculté et sa mise en œuvre voir n° 32012.

DÉFENSE ET DEMANDE RECONVENTIONNELLE EN DIVORCE

L'époux qui n'a pas introduit l'instance doit « constituer avocat » c'est-à-dire **choisir un avocat** qui le représentera dans la procédure. L'absence d'avocat en défense n'arrête pas la procédure : elle expose le défendeur à voir le juge statuer sur la foi des seuls arguments de son conjoint. 39733

En réponse à l'assignation, l'avocat désigné fait valoir les **arguments du défendeur** et, le cas échéant, les demandes reconventionnelles de celui-ci. 39735

Comme la demande initiale, la **demande reconventionnelle** ne peut contenir qu'un fondement unique de divorce, à l'exclusion de toute demande subsidiaire (CPC art. 1077).

L'époux qui n'a pas introduit l'instance en divorce peut former une demande reconventionnelle pour acceptation du principe de la rupture du mariage, pour altération définitive du lien conjugal ou pour faute.

MISE EN ÉTAT DU DOSSIER DE DIVORCE

Durant l'instruction du dossier, les conseils échangent leurs arguments par voie de conclusions et les pièces qu'ils entendent produire devant le juge. 39736

Les parties devront choisir entre la mise en état classique et la mise en état conventionnelle (procédure participative, v. n°s 39310 s.).
Une des parties peut saisir le JAF statuant en sa qualité de juge de la mise en état pour obtenir, par exemple, la modification des mesures provisoires, la désignation d'un expert ou la mise en œuvre d'une enquête sociale.

MÉDIATION ET DIVORCE

39737 Le juge peut, en tout état de la procédure, y compris en référé, **enjoindre** aux parties **de rencontrer un médiateur** qu'il désigne (Loi 95-125 du 8-2-1995 art. 22-1).

PASSERELLE ENTRE LES CAS DE DIVORCE

39738 Sur la possibilité de substituer un cas de divorce à un autre voir n°s 39270 s.

CONVENTIONS ENTRE ÉPOUX EN INSTANCE DE DIVORCE

39739 **Conventions sur les conséquences du divorce** Les époux sont autorisés, **pendant l'instance**, à soumettre à l'homologation du juge des conventions réglant tout ou partie des conséquences du divorce (C. civ. art. 268). Ces conventions peuvent notamment porter sur le sort des enfants ou le montant et les modalités de paiement de la prestation compensatoire. Dans ce cas, les époux disposent de la même liberté que ceux qui divorcent par consentement mutuel.
Ces conventions sont soumises au **contrôle du juge**, qui vérifie qu'elles préservent les intérêts des enfants et de chacun des époux. Si c'est le cas, il les homologue en prononçant le divorce (C. civ. art. 268).

39740 **Conventions pour la liquidation du régime matrimonial** S'ils le souhaitent, les époux peuvent conclure **pendant l'instance en divorce** une convention de liquidation de leur régime matrimonial, communauté ou séparation de biens (C. civ. art. 265-2).
Le **contenu** des conventions est très variable. Elles peuvent organiser la liquidation et le partage global des intérêts des époux ou porter sur des points limités, par exemple sur l'attribution préférentielle d'un bien ou son évaluation. Un accord sur la prestation compensatoire étant possible, les époux peuvent envisager les questions patrimoniales dans leur ensemble.
La **forme** de la convention ne dépend pas du régime matrimonial des époux mais des biens qui en font l'objet. La convention doit être notariée si la liquidation porte sur des biens soumis à la publicité foncière, les immeubles et droits immobiliers pour l'essentiel (C. civ. art. 265-2). Elle peut être faite sous signature privée si les époux n'ont que des biens meubles.

39741 En principe, les conventions de liquidation ne sont pas soumises au **contrôle du JAF**.
Toutefois, un époux peut demander que le jugement de divorce modifie la convention si les conséquences du divorce fixées par ce jugement remettent en cause les bases de la liquidation et du partage (C. civ. art. 1451, al. 2). Par exemple, si les époux conviennent de l'attribution préférentielle d'un bien au mari et qu'ensuite l'épouse demande à titre de prestation compensatoire l'usufruit ou la pleine propriété de ce bien, le mari peut informer le juge par voie de conclusions de la convention de liquidation et lui demander de la modifier s'il entend faire droit à la demande de l'épouse. Notons que si l'accord porte à la fois sur les conséquences du divorce (et notamment la prestation compensatoire) et sur la liquidation du régime matrimonial, les époux doivent faire homologuer leur convention par le juge dans les conditions de l'article 268 du Code civil (n°s 39739 s.).

39743 Les époux peuvent, à notre avis, conclure une convention portant à la fois sur les **conséquences de leur divorce et sur la liquidation de leur régime matrimonial**. En effet, les conventions de l'article 268 du Code civil concernent « les conséquences du divorce », sans restriction. Si l'accord concerne des biens soumis à publicité foncière (le logement de la famille, par exemple), la convention homologuée devra être déposée au rang des minutes d'un notaire pour être publiée.

39745 La **date d'effet** des conventions de liquidation-partage d'un régime communautaire est suspendue jusqu'au prononcé du divorce ; ces conventions ne peuvent être exécutées, même dans les rapports entre époux, que lorsque le jugement de divorce a pris force de chose jugée (C. civ. art. 1451, al. 1).

39746 **Procédure collective d'un époux** Le dessaisissement du débiteur en liquidation judiciaire concerne seulement l'administration et la disposition de ses biens ; l'époux débiteur a donc qualité pour intenter seul une action en divorce ou y défendre. Cette action, attachée à sa personne, inclut la fixation de la prestation compensatoire mise à sa charge, de sorte que le **liquidateur judiciaire** n'a pas à être **appelé** à l'instance pour que les conséquences patrimoniales du divorce lui soient opposables. Le liquidateur peut néanmoins faire opposition au jugement de divorce sur ses aspects patrimoniaux (Cass. com. 16-1-2019 n° 17-16.334 FS-PB ; voir également : Cass. 1e civ. 4-6-2007 n° 06-18.515 : Bull. civ. I n° 216).

ATTENTION

La **place du liquidateur** judiciaire n'est toutefois pas totalement claire. Ainsi, il a été jugé que faute d'avoir appelé en la cause le liquidateur judiciaire de l'époux, l'attribution préférentielle d'un bien indivis accordée à l'épouse ne pouvait pas constituer un obstacle à la licitation de ce bien à l'initiative du liquidateur (Cass. com. 7-4-2009 n° 08-16.510 : Gaz. pal. 28 juillet 2009 p. 47 note L. Antonini Cochin). L'explication de ces solutions différentes pourrait tenir au fait qu'une demande de prestation compensatoire relève exclusivement de la procédure de divorce à laquelle seuls les époux peuvent être parties tandis qu'une demande d'attribution préférentielle relève de la liquidation du régime matrimonial.

e. Jugement de divorce

PRONONCÉ DU DIVORCE

Le divorce est prononcé suivant les particularités liées à chaque motif de divorce (faute, altération définitive du lien conjugal, acceptation du principe de la rupture du mariage). 39748

Si une **prestation compensatoire** sous la forme d'une somme d'argent est allouée, le prononcé du divorce peut être subordonné à la constitution de **garanties de paiement**. Il n'est en revanche pas possible de subordonner le prononcé du divorce au paiement de la prestation. 39750
La prestation compensatoire ne peut pas, en principe, être assortie de l'**exécution provisoire**. Cependant, le jugement peut en décider autrement si l'absence d'exécution devait avoir des conséquences manifestement excessives pour l'époux auquel elle est due (n° 39365).

Le juge statue sur les demandes de liquidation et de partage des époux s'il est saisi d'une demande expresse en ce sens, laquelle obéit à des conditions de recevabilité exposées aux n° 39421 s. (CPC art. 1116). Lorsque le juge n'est pas saisi d'une telle demande ou qu'il la déclare irrecevable, il se contente de prononcer le divorce. 39752

MENTION DU JUGEMENT DE DIVORCE

Le **dispositif de la décision** mentionne la date de l'ordonnance de non-conciliation (divorces introduits avant le 1-1-2021) ou de la demande en divorce (divorces introduits depuis le 1-1-2021 : CPC art. 1081). 39754

PUBLICITÉ ET PREUVE DU JUGEMENT DE DIVORCE

Sur les règles applicables à la publicité et à la preuve du jugement de divorce, voir n° 39282. Lorsque l'un des **époux** au moins est **commerçant** et soumis à immatriculation, le divorce doit également être transcrit au registre du commerce et des sociétés (C. com. art. R 123-45). 39757

REJET DE LA DEMANDE EN DIVORCE

Le juge peut refuser de prononcer le divorce s'il estime que les **motifs** du divorce ne sont pas établis. Les époux restent alors mariés. 39759
Les époux étant généralement séparés, le juge peut **réglementer** cette **séparation** en statuant sur la contribution aux charges du mariage, la résidence de la famille et les modalités de l'exercice de l'autorité parentale (règle fondée sur C. civ. art. 258 pour les divorces introduits avant le 1-1-2021 et C. civ. art. 253 pour les divorces introduits à compter de cette date). Il ne peut pas, en revanche, statuer sur d'autres points (Cass. 1e civ. 19-6-2007 n° 06-16.656 : Bull. civ. I n° 241).
Les mesures ordonnées prennent effet lorsque le rejet du divorce est devenu définitif.
Le juge peut réglementer la séparation des époux en l'absence de conclusions des parties en ce sens mais ce n'est pas une obligation (Cass. 2e civ. 28-10-1992 n° 91-12.786 : Bull. civ. II n° 252). S'il entend statuer sur la séparation des époux, il doit d'abord les inviter à présenter leurs observations (Cass. 2e civ. 20-6-1984 n° 83-11.021 : Bull. civ. II n° 114).

> **Précisions** Les mesures ordonnées n'ont pas vocation à organiser la séparation des époux de façon définitive. Il ne s'agit que de **mesures provisoires**. Ainsi, les juges ne peuvent pas allouer la jouissance du domicile conjugal à un conjoint pour sa vie durant (Cass. 1e civ. 11-7-2006 n° 05-21.132 : Bull. civ. I n° 380).

f. Recours contre le jugement de divorce

RECOURS DES ÉPOUX

39762 **Appel** L'appel est ouvert dans les conditions de droit commun.
Durant la procédure d'appel, les **mesures provisoires** continuent de s'appliquer (CPC art. 1087). Attention toutefois, l'appel sur le prononcé du divorce dans le seul but de maintenir les mesures provisoires est irrecevable voir n° 39707.
Les époux peuvent former des **demandes nouvelles** si elles sont l'accessoire, la conséquence ou le complément nécessaire des prétentions soumises aux premiers juges (CPC art. 566). C'est ainsi qu'il est possible de demander, pour la première fois en appel, des dommages et intérêts ou une prestation compensatoire, si le prononcé du divorce n'a pas acquis force de chose jugée (Cass. 2e civ. 18-9-1996 n° 94-12.526 : Bull. civ. II n° 211).
Ces prétentions doivent être formées dans les délais de droit commun de la nouvelle procédure d'appel.

ILLUSTRATIONS

Un époux peut faire appel si le **jugement** lui fait **grief**, c'est-à-dire ne lui donne pas entièrement gain de cause. C'est le cas lorsque le jugement a prononcé un divorce aux torts partagés alors que l'époux avait demandé le divorce aux torts exclusifs de son conjoint, peu important que les parties aient pris des conclusions concordantes visant à la non-énonciation des motifs dans le jugement (par exemple, Cass. 1e civ. 25-4-2007 n° 06-16.380 : Bull. civ. I n° 161).
Un époux est également recevable à interjeter appel même s'il a obtenu entière satisfaction en première instance s'il est apparu, **après l'audience** de plaidoirie, des **éléments de nature à affecter** tant la teneur des prétentions de l'appelant que l'**appréciation** de celles-ci par le premier juge. Ainsi jugé dans un cas où il était apparu que l'un des conjoints percevait des revenus supérieurs à ceux indiqués durant l'instance (Cass. 1e civ. 23-11-2011 n° 10-19.839 : Bull. civ. I n° 205).

39763 **Majeur protégé** Le majeur protégé ne peut **acquiescer** au jugement de divorce ou se **désister** de l'appel qu'avec l'autorisation du juge des tutelles (CPC art. 1122).

39765 **Pourvoi en cassation** L'arrêt d'appel peut faire l'objet d'un pourvoi en cassation. Sur l'effet suspensif du pourvoi en cassation contre le jugement de divorce, voir n° 39300.

39766 **Recours en révision** Un recours en révision du jugement est ouvert dans les **conditions** de droit commun (CPC art. 595), notamment lorsqu'un époux a sciemment et de manière déterminante trompé les juges. Un ex-époux peut par exemple agir en révision du jugement qui a mis à sa charge une prestation compensatoire si l'autre ex-époux a dissimulé qu'il était propriétaire d'un bien immobilier (Cass. 2e civ. 12-6-2008 n° 07-15.962 : Bull. civ. II n° 141).
Le délai pour agir est de deux mois à compter du jour où l'époux a eu connaissance de la cause de révision qu'il invoque (CPC art. 596).

39767 **Recours limité** Lorsque le recours ne vise que les **conséquences du divorce**, la décision devient irrévocable du chef du prononcé du divorce : le devoir de secours prend fin, et la pension alimentaire allouée pour la durée de l'instance cesse d'être due (Cass. 2e civ. 10-7-1991 n° 89-12.901 : Bull. civ. II n° 214).

RECOURS DES TIERS CONTRE LE JUGEMENT DE DIVORCE

39769 Les tiers n'ont bien sûr pas qualité pour contester le divorce dans son **principe**.
Ils peuvent en revanche former tierce opposition à l'encontre des dispositions du jugement de divorce portant sur ses **conséquences patrimoniales** dans les rapports entre époux (Cass. 1e civ. 5-11-2008 n° 06-21.256 : Bull. civ. I n° 252).

g. Extinction de l'instance en divorce

39773 Les **cas de droit commun** d'extinction d'instance (péremption, caducité, désistement) s'appliquent.
En outre, tant que le jugement de divorce n'a pas acquis force de chose jugée, le **décès de l'un des époux** éteint l'instance et interdit le prononcé du divorce. C'est le cas lorsque le décès survient en cours de procédure, en cours de délibéré et même avant l'expiration des délais de recours d'appel ou de cassation. Par exemple, lorsque le divorce est prononcé par une cour d'appel avec versement d'une prestation compensatoire et qu'un des époux décède quelques jours plus tard, le pourvoi entre-temps formé par l'autre époux a empêché le divorce d'acquérir force de chose jugée et l'action s'est trouvée éteinte par le décès (Cass. 1e civ. 20-6-2006 n° 05-16.150 : Bull. civ. I n° 317 ; Cass. 1e civ. 15-3-2023 n° 21-17.033 F-D).

CONSEIL

Le **décès en cours d'instance** interdisant le prononcé du divorce et laissant par conséquent subsister les droits successoraux du conjoint, un époux qui divorce a intérêt à établir le plus rapidement possible un testament pour déshériter son conjoint, s'il ne souhaite pas que celui-ci bénéficie de tels droits.

2. DIVORCE POUR FAUTE

Le divorce pour faute obéit aux **règles communes** de procédure applicables à tous les divorces autres que par consentement mutuel (n°s 39440 s.). Seules sont étudiées ici les **règles procédurales propres** à ce cas de divorce. **39775**
Sur les **causes** de ce divorce, qui ne relèvent pas de la procédure civile, voir le Mémento Droit de la famille.

FAITS SUSCEPTIBLES D'ÊTRE INVOQUÉS PAR LES ÉPOUX

Des **faits postérieurs à la demande** en divorce peuvent être invoqués (Cass. 1e civ. 5-3-2008 n° 07-15.516 : Bull. civ. I n° 63 ; Cass. 1e civ. 20-10-2010 n° 08-21.913 : Gaz. pal. 5 février 2011 jur. p. 17 note E. Mulon). **39777**
Jugé en ce sens à propos :
– du comportement méprisant d'un conjoint, qui mettait délibérément en danger l'avenir professionnel de l'autre, avec la volonté de lui nuire (Cass. 1e civ. 20-9-2006 n° 04-17.743 : Bull. civ. I n° 410) ;
– de l'organisation de son insolvabilité par l'un des époux (Cass. 2e civ. 15-11-2001 n° 00-11.926).

> **Précisions** Une partie de la doctrine considère que **retenir des faits postérieurs** à l'ordonnance statuant sur les mesures provisoires est **contestable**. En effet, l'article 242 du Code civil permet de prononcer le divorce pour faute lorsque les obligations du mariage sont violées et que les faits constitutifs de cette violation rendent intolérable le maintien de la vie commune. Or, une fois que le JAF a autorisé les époux à résider séparément, un comportement, fût-il fautif, peut difficilement rendre intolérable le maintien de la vie commune alors que celle-ci a cessé. Pour certains, la violation des obligations du mariage (qui demeurent, les époux n'étant pas divorcés) pourrait certes être sanctionnée, par exemple sur le fondement de l'article 1240 du Code civil, mais pas par la reconnaissance d'une faute justifiant le divorce.

AUDITION DES DESCENDANTS EN CAS DE DIVORCE POUR FAUTE

Les descendants ne peuvent jamais être entendus sur les **griefs invoqués par les époux** (C. civ. art. 259). Cette interdiction s'applique également : **39778**
– aux enfants nés d'un premier lit (CA Paris 16-5-2002 n° 99/8470) ;
– aux conjoints des descendants (Cass. 2e civ. 30-9-1998 n° 96-21.110 : Bull. civ. II n° 250), même si ceux-ci sont divorcés (Cass. 1e civ. 14-2-2006 n° 05-14.686 : Bull. civ. I n° 71) ;
– aux concubins des descendants (Cass. 2e civ. 10-5-2001 n° 99-13.833 : Bull. civ. I n° 94).
La remise par un descendant d'une lettre d'un parent relative aux torts du divorce équivaut à un témoignage prohibé (Cass. 2e civ. 5-7-2001 n° 99-15.244 : Bull. civ. II n° 129).
Doivent aussi être écartées :
– l'attestation produite par un tiers qui relate les propos tenus par un enfant des époux (Cass. 2e civ. 11-7-2002 n° 00-20.783) ;
– les déclarations de l'enfant recueillies par des policiers en dehors de l'instance en divorce (Cass. 1e civ. 4-5-2011 n° 10-30.706 : Bull. civ. I n° 79 ; Cass. 1e civ. 11-2-2012 n° 10-27.460 : Bull. civ. I n° 16).

SITUATION DU DÉFENDEUR AU DIVORCE POUR FAUTE

L'époux défendeur peut **invoquer les torts de l'époux demandeur** de deux manières différentes : **39780**
– à titre d'**excuse** à son propre comportement ;
– pour fonder une **demande reconventionnelle** en divorce. Une telle demande peut être présentée pour la première fois même en appel (CPC 567).
Les demandes principale et reconventionnelle étant indivisibles, le juge doit statuer sur ces demandes par une même décision. Il ne peut pas rejeter l'une et surseoir à statuer sur l'autre (Cass. 2e civ. 26-11-1997 n° 96-11.640 : Bull. civ. II n° 283).

DÉCISION DU JUGE EN CAS DE DIVORCE POUR FAUTE

39781 **Motivation** Les **juges du fond** doivent s'assurer du caractère fautif des griefs allégués (C. civ. art. 242), mais ils ne sont pas tenus, pour motiver leur décision, de constater formellement la double condition prévue par cet article : violation grave ou renouvelée des devoirs du mariage rendant le maintien de la vie commune intolérable (Cass. 1e civ. 11-1-2005 n° 02-17.016 : Bull. civ. I n° 14), ni même de faire référence à l'article 242 du Code civil (Cass. 1e civ. 11-1-2005 n° 03-16.451 : Bull. civ. I n° 10).

39783 **Prononcé du divorce** En fonction des demandes des époux et des fautes établies, le juge prononce le divorce aux **torts exclusifs** d'un conjoint ou aux **torts partagés**.
Le juge peut d'office retenir l'existence d'excuses enlevant aux faits reprochés à l'époux défendeur leur caractère de gravité qui en aurait fait une cause de divorce (C. civ. art. 245 ; Cass. 2e civ. 11-12-1991 n° 90-13.925 : Bull. civ. II n° 340).
Il peut aussi prononcer un divorce aux torts partagés même en l'absence de demande reconventionnelle (C. civ. art. 245, al. 3). Ce n'est cependant pas une obligation (Cass. 2e civ. 17-3-1986 n° 84-17.166 : Bull. civ. II n° 42). Le juge qui se propose de prononcer le divorce aux torts partagés des époux sur la seule demande de l'un d'eux doit inviter les parties à présenter leurs observations sur les conséquences éventuelles d'un tel divorce (Cass. 2e civ. 21-6-2001 n° 99-17.474 ; Cass. 2e civ. 11-4-2002 n° 99-19.583). Mais il n'est tenu de cette obligation que si l'une des parties a demandé le versement d'une pension alimentaire ou d'une contribution aux charges du mariage (Cass. 1e civ. 23-1-2008 n° 07-11.323 : Bull. civ. I n° 18).
En l'absence de demande reconventionnelle, le divorce ne peut pas être prononcé aux torts exclusifs de l'époux demandeur (Cass. 2e civ. 11-7-1988 n° 87-15.447 : Bull. civ. II n° 168).

39785 **Divorce sans énonciation des torts**. À la **demande des époux**, le juge peut prononcer le divorce pour faute sans énoncer les torts retenus : le jugement se borne à constater qu'il existe des faits constitutifs d'une cause de divorce, sans indiquer lesquels (C. civ. art. 245-1). Le divorce sans énonciation de motifs n'implique pas nécessairement un divorce aux torts partagés (Cass. 2e civ. 1-4-1998 n° 96-16.888 : Bull. civ. II n° 116).
La **demande** des conjoints doit être formulée de façon expresse et concordante dans leurs conclusions (CPC art. 1128). Tel n'est pas le cas lorsque, en appel d'un jugement ayant prononcé le divorce aux torts partagés sans énonciation des griefs, l'une des parties demande le prononcé du divorce aux torts exclusifs du conjoint sans énonciation des griefs et que l'autre partie conclut seulement à la confirmation du jugement (Cass. 1e civ. 24-9-2008 n° 06-20.611).
La concordance des écritures ne doit porter que sur l'application de l'article 245-1 du Code civil. Peu importe que, sur le fond, les époux se rejettent la responsabilité de l'échec du mariage.

39787 **Demandes concurrentes**. Si une **demande pour faute** et une **demande pour altération définitive du lien conjugal** sont concurremment présentées, le juge examine en premier lieu la demande pour faute, même si elle a été formée à titre reconventionnel (C. civ. art. 246, al. 1).
Lorsque la demande fondée sur l'altération du lien conjugal a été formée à titre reconventionnel, le juge qui rejette la demande principale fondée sur la faute a l'obligation de prononcer le divorce, même si la durée de la séparation ne remplit pas les conditions de durée fixée à l'article 238 du Code civil.

> **Précisions** Dans sa **rédaction antérieure** à la réforme de la procédure civile, l'article 246, alinéa 2, précisait également qu'en cas de rejet de la demande pour faute, le juge statuait sur la demande pour altération définitive du lien conjugal. Cette disposition a été abrogée par la loi 2019-222 du 23 mars 2019, et n'est donc plus applicable aux divorces introduits à compter du 1er janvier 2021, de sorte que le juge semble avoir l'obligation d'examiner la demande pour altération du lien conjugal dans tous les cas. Cependant, s'il accueille la demande de divorce pour faute, il rejettera très vraisemblablement celle fondée sur l'altération du lien conjugal.

3. DIVORCE PAR ACCEPTATION DE LA RUPTURE DU MARIAGE

DEMANDE

39788 Les **règles** de procédure sont celles indiquées nos 39440 s., qui sont **communes** à tous les divorces autres que par consentement mutuel.
Plusieurs particularités :
– Le **divorce** peut être **demandé** par l'un ou l'autre des époux ou par les deux **lorsqu'**ils ont accepté le principe de la rupture du mariage par acte sous signature privée contresignée par

avocats avant l'introduction de l'instance. Dans ce cas, le juge n'est saisi que des conséquences du divorce (C. civ. art. 233). En dehors du cas où les parties ont accepté le principe de la rupture avant l'introduction de l'instance, ils doivent agir conjointement (C. civ. art. 233 al. 1).
– Les époux peuvent donner leur **accord** sur le principe du divorce **lors de toute audience sur les mesures provisoires** (CPC art. 1123). La loi précisait, pour les divorces introduits avant le 1er janvier 2021, que cet accord ne peut être donné qu'à condition que les époux soient tous deux assistés par un avocat (C. civ. art. 253 ; CPC art. 1108). Cette précision est inutile pour les divorces introduits après cette date, dès lors que la représentation par avocat est devenue obligatoire dès la demande en divorce.
– L'**accord** des époux est **constaté dans** un procès-verbal dressé par le juge et signé par les époux et leurs avocats (CPC art. 1123). Pour les **divorces introduits depuis le 1er janvier 2021**, cette acceptation peut également résulter d'un acte sous signature privée des parties et contresigné par avocats dans les six mois précédant la demande en divorce ou pendant la procédure. Lorsqu'il est établi avant la demande en divorce, cet acte est annexé à la requête introductive d'instance signée conjointement par les parties. En cours d'instance, il est transmis au juge de la mise en état (CPC art. 1123-1).

> **Précisions a.** La lettre de l'article 1123-1 du Code de procédure civile semble indiquer que l'acte d'avocat constatant l'acceptation du principe du divorce est forcément annexé à une **requête conjointe** et partant interdire l'**assignation** en divorce pour acceptation du principe de la rupture. Pourtant, l'article 233 du Code civil prévoit que le divorce puisse être demandé par l'un ou l'autre des époux s'ils ont accepté le principe de la rupture auparavant. Par ailleurs, dans sa fiche technique, la direction générale des affaires civiles et du sceau mentionne l'assignation comme mode introductif d'instance (voir A. Lebel-Cliqueteux, « Vade-mecum de la réforme de la procédure de divorce », AJ Famille 2021 p. 14)
> **b.** Dans le cadre des **procédures de divorce introduites avant le 1er janvier 2021**, si les époux n'ont pas formulé leur accord sur la rupture du mariage au moment de la conciliation, ils peuvent le faire au moment d'introduire l'instance en divorce. Ils doivent alors annexer à leur requête conjointe introductive d'instance une déclaration écrite et signée en ce sens (CPC art. 1123).

EN COURS D'INSTANCE

Les époux peuvent aussi opter pour un divorce accepté **pendant l'instance** en divorce. Ils doivent alors prendre des conclusions expresses et concordantes et y annexer une déclaration écrite et signée en ce sens ou, pour les divorces introduits depuis le 1er janvier 2021, une copie de l'acte sous signature privée de l'article 1123-1 (CPC art. 1123). **39789**

EFFET DE L'ACCORD SUR LE PRINCIPE DU DIVORCE

L'accord donné sur le principe du divorce est définitif. Les époux ne peuvent pas se **rétracter**, même par la voie de l'appel, sauf vice du consentement (C. civ. art. 233, dernier al.). **À peine de nullité**, cette information doit être rappelée dans le procès-verbal ou la déclaration écrite des époux constatant leur accord sur le principe du divorce (CPC art. 1123). Elle devra également être rappelée dans l'acte sous signature privée contresigné par avocats par lequel les parties acceptent le principe du divorce (CPC art. 1123-1). Le principe du divorce étant acquis, le **débat** ne porte que sur les conséquences de la séparation. **39791**

Si le **juge** acquiert la conviction que chacun des époux a donné librement son accord, il prononce le divorce sans autre motif que l'acceptation des époux (CPC art. 1124) ; il statue sur ses conséquences (C. civ. art. 234). **39793**

L'**appel** du jugement **ne peut avoir d'effet que** sur les conséquences du divorce et non sur son principe (C. civ. art. 233 dernier al.). **39795**

PRISE D'EFFET DU DIVORCE PAR ACCEPTATION DE LA RUPTURE DU MARIAGE

Sauf vice du consentement, le principe du divorce est définitivement acquis au moment où les époux donnent leur consentement ; cependant le divorce lui-même ne devient exécutoire que du jour où le jugement le prononçant acquiert force de chose jugée (Cass. 1e civ. 19-3-2008 n° 06-21.250 : Bull. civ. I n° 80 rendu en application de la procédure de divorce accepté mais transposable au divorce par acceptation de la rupture). **39796**

Effet dévolutif de l'appel L'appel est **limité** aux chefs du dispositif critiqués ; la dévolution ne s'opère pour le tout que lorsque l'appel tend à l'annulation du jugement ou si l'objet du litige est indivisible (CPC art. 562). Or, en matière de divorce pour acceptation du principe de la **39797**

rupture, les parties n'auront pas intérêt à critiquer expressément les chefs du jugement prononçant le divorce, dont le principe ne peut pas être remis en cause (C. civ. art. 233), tandis que la dévolution ne devrait pas s'opérer pour le tout en l'absence d'appel-nullité ou d'indivisibilité du litige.

> **Précisions** **a.** Avant la **réforme de la procédure d'appel** de 2017, le jugement prononçant le divorce par acceptation du principe de la rupture ne mettait pas fin au devoir de secours lorsqu'il était frappé d'un appel général, même si l'acceptation du principe de la rupture ne pouvait pas être remise en cause (Cass. avis 9-6-2008 n° 080004P : Bull. civ. avis n° 4).
> **b.** Lorsque l'un des époux se trouverait en difficultés du fait de la **cessation des mesures provisoires** et de l'effet suspensif sur la prestation compensatoire, un auteur relève que certains avocats conseillent à leur client d'éviter de recourir au divorce accepté et de privilégier les divorces pour altération du lien conjugal ou pour faute (S. David et S. Travade-Lannoy : Dalloz Action, Droit et pratique du divorce, n° 155.54). L'exécution provisoire de la prestation compensatoire ou une provision peuvent également être sollicitées, voir n° 39707.

39798 **Appel limité à la prestation compensatoire** En présence d'un appel limité à la prestation compensatoire, le **prononcé du divorce** ne passe en force de chose jugée qu'à la date du dépôt des conclusions de l'intimé : c'est donc à cette date que la disparité des conditions de vie doit être appréciée par le juge, et non à la date du jugement de divorce (Cass. 1e civ. 15-12-2010 n° 09-15.235 : Bull. civ. I n° 263).

FRAIS DE JUSTICE DU DIVORCE PAR ACCEPTATION DE LA RUPTURE

39799 Tous les dépens de la procédure sont partagés par moitié entre les époux sauf décision contraire du juge (CPC art. 1125).

4. DIVORCE POUR ALTÉRATION DÉFINITIVE DU LIEN CONJUGAL

RÈGLES COMMUNES AUX DIVORCES

39802 Les règles sont celles indiquées nos 39440 s., qui sont communes à tous les divorces autres que par consentement mutuel. Sur la définition de l'altération définitive du lien conjugal, voir le Mémento Droit de la famille.

39804 L'altération définitive du lien conjugal peut être **invoquée**, dans le cadre de l'instance en divorce, **à titre principal ou** à titre **reconventionnel**.
Le demandeur qui introduit une procédure pour altération définitive du lien conjugal peut changer le fondement de son action et demander le divorce pour faute si son conjoint présente une demande reconventionnelle pour faute (C. civ. art. 247-2 ; n° 39276).
Sur le traitement des demandes concurremment fondées sur la faute et l'altération définitive de la vie commune, voir n° 39787.

> **ATTENTION**
> Le délai (d'un an pour les procédures introduites après le 1-1-2021 : C. civ. art. 238) doit être réalisé au jour de la demande en divorce. Mais si le demandeur a introduit l'instance sans préciser le motif de sa demande, l'**écoulement du délai** est **apprécié** au jour du prononcé du divorce. Cela permettra à un époux de saisir le juge d'une demande en divorce afin que des mesures provisoires soient ordonnées sans que la condition liée au délai soit remplie au jour de la demande. Dans ce cas, l'époux demandera le divorce pour altération du lien conjugal dans ses premières conclusions au fond et le délai courra pendant la procédure. Sauf en cas de défaut de comparution du défendeur, le juge ne peut pas relever d'office le moyen tiré du défaut d'expiration de ce délai (CPC art. 1126-1). Mais la décision statuant sur le principe du divorce ne peut pas intervenir avant l'expiration du délai d'un an (CPC art. 1126-1).

FRAIS DE JUSTICE DU DIVORCE POUR ALTÉRATION DÉFINITIVE DU LIEN CONJUGAL

39806 Les dépens de l'instance sont à la charge de l'époux qui en a pris l'initiative, à moins que le juge n'en dispose autrement (CPC art. 1127).

C. Divorce par consentement mutuel

EN BREF

39840 La **procédure** de divorce par consentement mutuel est en principe **purement contractuelle**, sauf exception examinée n° 39842.

1. PROCÉDURE CONTRACTUELLE DE DIVORCE PAR CONSENTEMENT MUTUEL

a. Champ d'application du divorce par consentement mutuel

DIVORCE CONDITIONNÉ

Le divorce par consentement mutuel sans juge est **ouvert** à tous les époux, quelle qu'ait été la durée de leur mariage, pourvu qu'ils s'accordent sur le principe et les conséquences de la rupture du mariage. **39842**
Toutefois, il est **exclu** dans deux cas (C. civ. art. 229-2) :
– le mineur, informé par ses parents de son droit à être entendu dans la procédure le concernant, demande son audition par le juge. Le divorce par consentement mutuel reste alors possible, mais selon la procédure judiciaire (n°s 40001 s.) ;
– l'un des époux fait l'objet d'une mesure de protection. Dans ce cas, le divorce par consentement mutuel, contractuel (ou judiciaire), est exclu.

b. Assistance des époux en cas de divorce par consentement mutuel

UN AVOCAT POUR UN ÉPOUX

Chacun des époux doit avoir son propre conseil (C. civ. art. 229-1, al. 1). L'un et l'autre ne peuvent pas être assistés par le même avocat. **39846**

ATTENTION

Une **charte commune sur le divorce par consentement mutuel**, signée le 23 décembre 2020 par le président du Conseil supérieur du notariat (CSN) et la présidente du Conseil national des barreaux (CNB), précise qu'afin d'éviter les conflits d'intérêts il est interdit à deux avocats d'assister les époux pour la rédaction de la convention de divorce, lorsqu'ils sont membres d'une même structure ou qu'ils exercent dans les mêmes locaux, même en l'absence de structure existante. De façon générale, il est également interdit à tout avocat qui a reçu les deux époux d'être l'avocat d'un seul (dans le même sens, Circ. JUSC1638274C du 26-1-2017). Par ailleurs, l'avocat qui signe la convention doit impérativement en être le rédacteur. L'avocat rédacteur ne peut pas se faire remplacer par un confrère lors de la signature de la convention (Charte commune CSN-CNB du 23-12-2020).

c. Organisation de la séparation pendant la phase d'élaboration de la convention

PROCÉDÉS À DISPOSITION DES ÉPOUX

L'élaboration de la convention peut prendre du temps, d'autant plus que l'absence de contrôle du juge et la présence obligatoire de deux avocats risquent d'augmenter l'attention portée par chacune des parties à tous les points devant figurer dans la convention. Les procédés à la disposition des époux pour tenter de régler amiablement leurs désaccords sont les mêmes que ceux qui existaient déjà dans le cadre d'un divorce par consentement mutuel judiciaire. **39849**
Il est ainsi possible d'envisager de rédiger une **convention de séparation amiable**, dont l'objet est d'organiser les modalités de la séparation tant dans les rapports des époux entre eux que dans leurs rapports avec les enfants. Cette convention peut prendre n'importe quelle **forme**. Notamment elle peut parfaitement être passée par acte sous signature privée contresigné par avocat (n° 13062), la solution pouvant être utilisée par les époux engagés dans une procédure participative (C. civ. art. 2062 s.). Elle devrait également pouvoir être soumise à l'homologation du JAF (n°s 40304 s.).
L'**introduction d'une procédure de divorce contentieux**, à seule fin de voir le juge ordonner des mesures provisoires, puis l'abandon de cette procédure au profit d'un divorce contractuel, n'est pas impossible mais irait néanmoins totalement à l'encontre de l'esprit de la nouvelle institution.

d. Convention de divorce par consentement mutuel

CONTENU RÉGLEMENTÉ

L'accord sur la rupture du mariage et ses effets est formalisé dans une convention dont le contenu est réglementé. Certaines mentions sont requises à peine de nullité (C. civ. art. 229-3, al. 2) et leur absence doit conduire le notaire à refuser d'enregistrer l'acte. D'autres doivent être indiquées sans qu'aucune sanction ne soit prévue (CPC art. 1144-1 s.). **39854**

IDENTITÉ DES PARTIES ET DES INTERVENANTS AU DIVORCE PAR CONSENTEMENT MUTUEL

39860 Sont requises, **à peine de nullité** de la convention de divorce, les mentions suivantes (C. civ. art. 229-3, al. 2-1° et -2°) :
– l'état civil complet des **époux et**, le cas échéant, de leurs **enfants** : nom, prénoms, profession, résidence, nationalité, date et lieu de naissance de chacun des époux, date et lieu de mariage ainsi que, le cas échéant, les mêmes indications pour chacun des enfants. Les informations relatives aux enfants, surtout s'ils sont majeurs, n'ont pas à être exhaustives et n'ont à figurer dans la convention que si elles sont pertinentes dans le cadre du divorce de leurs parents. Par exemple, la mention de l'existence d'enfants et leurs dates de naissance permet de s'assurer de la composition de la famille et du caractère complet ou non de la convention. En revanche, les informations concernant leur profession, leur nationalité ou leur date de mariage ne sont pas utiles dans ce cadre (Rép. Capus : Sén. 20-12-2018 n° 4908). Les avocats peuvent annexer à la convention les documents d'état civil des intéressés, bien que cela ne soit pas expressément requis par les textes ;
– l'identité des **avocats**, chaque partie devant avoir le sien : (n° 39846), leur adresse professionnelle respective, ainsi que la structure dans laquelle ils exercent ; cette précision a vocation à rendre apparent l'éventuel conflit d'intérêts qui existerait s'ils appartenaient à la même structure d'exercice.

39861 Le nom du **notaire** ou de la personne morale titulaire de l'office notarial chargé de recevoir la convention de divorce en dépôt au rang de ses minutes doit également être indiqué dans la convention (CPC art. 1144-1), même si aucune sanction particulière n'est prévue s'agissant de cette mention.

ACCORD DES ÉPOUX AU DIVORCE PAR CONSENTEMENT MUTUEL

39863 À peine de nullité, la convention doit mentionner l'accord des époux sur la rupture du mariage et sur ses effets tels que définis dans leur convention (C. civ. art. 229-3, al. 2-3°). Le consentement au divorce et à ses effets ne se présume pas (C. civ. art. 229-3, al. 1).

RÈGLEMENT DES EFFETS DU DIVORCE PAR CONSENTEMENT MUTUEL

39865 À peine de nullité, la convention doit préciser les modalités du règlement complet des effets du divorce, et notamment (C. civ. art. 229-3, al. 2-4°) :
– la possibilité ou non pour la femme de porter le **nom** de son mari une fois divorcée, ou inversement (C. civ. art. 264) ;
– le lieu de résidence des époux et le sort du **logement** familial avec, le cas échéant, son attribution à l'un des époux ;
– les conditions d'exercice de l'**autorité parentale** sur les enfants ;
– le versement ou non d'une **prestation compensatoire** entre conjoints, en capital ou sous forme de rente, à durée déterminée ou non (C. civ. art. 278) ; les conditions de sa révision, la constitution le cas échéant de garanties de paiement et le sort de la prestation en cas de décès de son débiteur. Si la prestation est versée par l'attribution de biens ou de droits, la valeur de ceux-ci doit être indiquée (CPC art. 1144-3) ; les époux et leurs conseils ont intérêt à détailler dans la convention les éléments qui justifient le principe d'une prestation compensatoire et son montant (revenus, patrimoine, conditions de vie et perspectives dans un avenir prévisible de chacun des époux). Les avocats peuvent utilement demander à leur client respectif une attestation sur l'honneur sur ces points bien que ce document ne soit prévu qu'au cas de divorce judiciaire (C. civ. art. 272).
– le sort des **donations** et des **avantages** matrimoniaux qu'ont pu se consentir les époux ; à défaut de stipulation particulière, la loi prévoit le maintien des donations de biens présents et des avantages matrimoniaux ayant pris effet au cours de mariage et la révocation automatique des dispositions à cause de mort et des avantages matrimoniaux qui ne prennent effet qu'à la dissolution du régime matrimonial (C. civ. art. 265) ;
– que le **mariage** est **dissous** à la **date** à laquelle la convention sera déposée au rang des minutes du notaire (C. civ. art. 260) ; la convention indique également la date d'effet, dans les rapports entre les époux, en ce qui concerne leurs biens, spécialement s'ils entendent déroger au principe selon lequel elle prend effet à la date à laquelle la convention réglant l'ensemble des conséquences du divorce acquiert force de chose jugée (C. civ. art. 262-1).

39866 La convention doit aussi préciser, lorsqu'elle fixe une **pension alimentaire ou** une **prestation compensatoire sous forme de rente viagère**, les modalités de recouvrement et les règles de révision de la créance ainsi que les sanctions pénales encourues en cas de défaillance (CPC art. 1144-4 et Circ. JUSC1638274C du 26-1-2017).

Lorsque la pension est fixée en tout ou partie **en numéraire** dans la convention, son versement par l'intermédiaire de l'organisme débiteur des prestations familiales (CAF, MSA) au parent créancier est renseigné. L'intermédiation financière des pensions alimentaires (IFPA) est mise en place pour la seule part fixée en numéraire, sauf si les parents la refusent (C. civ. art. 373-2-2, II). L'avocat du parent créancier transmet à la CAF (ou la MSA) la convention et l'attestation de dépôt délivrée par le notaire dans le rang des minutes duquel elle a été déposée (CSS art. R 582-4-1, al. 1 et 2). Le même avocat transmet dans les sept jours de la réception de l'attestation de dépôt susvisée à l'organisme débiteur des prestations familiales des informations supplémentaires par le biais d'un téléservice mis en place par la CAF et la MSA (CSS art. R 582-4-1, al. 3).
Si la convention de divorce prévoit que la pension alimentaire donnera lieu à **paiement direct** par un tiers (les intéressés pouvant convenir d'une telle modalité), l'identité du tiers débiteur saisi chargé du paiement et ses coordonnées sont indiquées dans la convention ; un extrait de cette convention constatant l'accord des parties est notifié au tiers (C. exécution art. R 213-9-1).

Enfin, la convention peut préciser la prise en charge des **impôts** entre les époux, le rattachement d'un enfant au **foyer fiscal**, la répartition des **coûts du divorce** et toute autre obligation de nature à organiser les conséquences du divorce. **39867**

Conseil S'agissant des modalités du règlement des effets du divorce dont la mention dans la convention est prescrite à peine de nullité, il est **recommandé aux parties et à leurs conseils** de rappeler dans la convention même les dispositions qui s'appliquent d'office en l'absence de dispositions contraires des époux, telles que celles relatives au paiement de la prestation sur la succession (C. civ. art. 280), ou celle du sort des donations entre époux et des avantages matrimoniaux (C. civ. art. 265). L'avocat rédacteur de la convention a également intérêt à préciser dans la convention les paramètres de base de l'accord intervenu (revenus des époux au titre du dernier exercice fiscal, endettement, frais d'hébergement, etc.). Ces mentions faciliteront l'administration de la preuve si l'un des époux invoque un élément nouveau pour obtenir la révision de la pension alimentaire ou de la prestation compensatoire. **39868**

39869

Limites à la liberté des parties en matière de convention de divorce par consentement mutuel

La liberté contractuelle des époux pour organiser le règlement des effets du divorce dans la convention est grande mais elle n'est pas sans limites. D'une part, les effets du divorce doivent être réglés conformément au chapitre « Des conséquences du divorce » du **Code civil**, de sorte que la convention ne peut pas, selon nous, proposer de solutions contraires à ces règles telles qu'interprétées par la **jurisprudence**.

D'autre part, les époux ne peuvent pas aller contre l'**ordre public**. Il paraît notamment impossible de :
– renoncer au droit de visite et d'hébergement en échange d'une dispense de contribution à l'entretien et l'éducation des enfants ;
– prévoir une clause résolutoire portant sur le principe du divorce en cas d'inexécution des modalités prévues par la convention.

Pour justifier du respect de ces règles tout comme de la pleine information des parties et ainsi limiter les risques de contestation ultérieure, il semble **prudent** que la convention indique les éléments et critères qui ont conduit aux choix des parties et qu'elle envisage expressément l'ensemble des conséquences, même celles qui, à défaut de précisions conventionnelles, sont réglées par la loi.

ÉTAT LIQUIDATIF EN CAS DE DIVORCE PAR CONSENTEMENT MUTUEL

À peine de nullité, la convention doit comporter l'état liquidatif du régime matrimonial ou la déclaration qu'il n'y a pas lieu à liquidation (C. civ. art. 229-3, al. 2-5°). **39873**
La liquidation doit porter sur l'ensemble des biens. En cas d'omission d'un bien, un partage complémentaire sera nécessaire (n° 40038).
L'état liquidatif prend la forme authentique devant notaire lorsqu'il porte sur des biens soumis à publicité foncière (C. civ. art. 229-3, al. 2-5°). Toutefois, la pratique existante en cas de consentement mutuel judiciaire reste valable : en présence d'un acte liquidatif authentique, la convention ne le reprend pas intégralement ; elle se contente d'y faire un renvoi explicite (Circ. JUSC1638274C du 26-1-2017 fiche 4).

> **Précisions** Selon la **charte commune des notaires et des avocats**, signée le 23 décembre 2020, l'article 229-3 se borne à imposer un état liquidatif et n'exige pas que le sort des droits et obligations constatés par cet état soit fixé par les époux. Il n'est donc pas nécessaire que l'état liquidatif soit suivi, selon les cas, d'un partage ou d'une convention d'indivision. Les éventuels partage ou convention d'indivision peuvent intervenir concomitamment au travail liquidatif ou postérieurement au divorce.

INFORMATION DES ENFANTS EN CAS DE DIVORCE PAR CONSENTEMENT MUTUEL

39878 La convention de divorce doit, à peine de nullité, préciser que les enfants mineurs capables de discernement ont été informés par leurs parents de leur **droit à être entendus par le juge** et assisté par un avocat, et qu'ils ne souhaitent pas faire usage de cette faculté (C. civ. art. 229-3, al. 2-6° ; CPC art. 388-1). Il s'agit de s'assurer que la contractualisation du divorce ne se fait pas au détriment des mineurs.

L'information des enfants est mise à la charge des parents, ces derniers devant attester, dans la convention, avoir rempli leurs obligations (C. civ. art. 229-3, al. 2-6°). En pratique, en présence d'enfants capables de discernement, il est remis à chacun d'eux un **formulaire** dont le modèle a été fixé par arrêté (CPC art. 1144 ; Arrêté JUSC1633188A du 28-12-2016). Ils le remplissent, le datent et le signent. La signature des mineurs n'est toutefois pas requise à peine de nullité et n'a pas de force probante quant à leur capacité de discernement, qui reste soumise à l'appréciation du juge.

Dans le cas particulier où l'enfant serait capable de discernement mais **incapable physiquement de signer**, les deux parents signent le formulaire en indiquant que leur enfant est dans l'incapacité de le faire (Circ. JUSC1638274C du 26-1-2017 fiche 4).

Ce formulaire est annexé à la convention (CPC art. 1145).

39882 MODÈLE

Formulaire d'information des enfants mineurs dans le cadre d'un divorce par consentement mutuel sans juge

Modèle fixé par l'arrêté JUSC1633188A du 28-12-2016

Je m'appelle [prénoms et nom de l'enfant]

Je suis né(e) le [date de naissance]

Je suis informé(e) que j'ai le droit d'être entendu(e), par le juge ou par une personne désignée par lui, pour que mes sentiments soient pris en compte pour l'organisation de mes relations avec mes parents qui souhaitent divorcer.

Je suis informé(e) que j'ai le droit d'être assisté(e) d'un avocat.

Je suis informé(e) que je peux être entendu(e) seul(e), avec un avocat ou une personne de mon choix et qu'il sera rendu compte de cette audition à mes parents.

J'ai compris que, suite à ma demande, un juge sera saisi du divorce de mes parents.

Je souhaite être entendu(e) :

OUI NON

Date

Signature de l'enfant

39886 Si des **enfants ne sont pas capables de discernement**, la convention doit le préciser et indiquer qu'ils n'ont pas été informés (CPC art. 1144-2). Le défaut de cette mention n'est pas expressément sanctionné par la nullité contrairement à celle visant l'information des enfants capables de discernement (C. civ. art. 229-3, al. 2-6°).

À notre avis, la convention qui précise qu'un enfant n'est pas informé doit préciser les motifs qui ont conduit les parties à considérer qu'il n'était pas capable de discernement.

39890 La **demande d'audition du mineur** peut être formée à tout moment de la procédure jusqu'au dépôt de la convention de divorce au rang des minutes d'un notaire (CPC art. 1148-2, al. 1 ; Circ. JUSC16328274C du 26-1-2017 fiche 4).

Dès qu'une telle demande est formée, le divorce contractuel ne peut pas se poursuivre, il doit prendre une forme judiciaire (Circ. JUSC16328274C du 26-1-2017 fiche 4).

RÉPARTITION DES FRAIS DU DIVORCE PAR CONSENTEMENT MUTUEL

39893 La **convention fixe** la répartition entre les époux des frais engagés pour le divorce, étant précisé qu'elle ne peut en mettre plus de la moitié à la charge de celui qui bénéficie de l'aide juridictionnelle (CPC art. 1144-5, al. 1).

Il **est conseillé de** détailler les frais : frais de partage, frais de traduction d'actes, frais liés au dépôt de la convention, etc.
À défaut d'indication, la répartition se fait par moitié (CPC art. 1144-5, al. 2).

JUSTIFICATION DE L'APPLICATION DE LA LOI FRANÇAISE AU DIVORCE PAR CONSENTEMENT MUTUEL

Loi applicable au principe du divorce Il faut mentionner et justifier dans la convention l'application de la loi française au principe du divorce en présence d'un **élément d'extranéité** (nationalité étrangère d'un époux ou mariage célébré à l'étranger, par exemple). 39898

À cet égard, bien que la circulaire invite les époux à choisir la loi française par application du règlement européen relatif au divorce, dit « **règlement Rome III** », il s'agit d'une interprétation erronée de ce règlement puisqu'il ne s'applique pas à un divorce purement privé (Circ. JUSC1638274C du 26-1-2017 ; Règl. 1259/2010 du 20-12-2010) ; il vise exclusivement les divorces prononcés soit par une juridiction étatique, soit par une autorité publique ou sous son contrôle (CJUE 20-12-2017 aff. 372/16). Le rôle du notaire dans le divorce par consentement mutuel non judiciaire étant purement formel, il ne peut être considéré comme une autorité publique au sens du règlement.

Seront donc applicables les **règles françaises de conflits de lois** figurant à l'article 309 du Code civil, non abrogées, quoique frappées de caducité par le règlement Rome III. La loi française sera applicable, et les époux pourront donc utiliser la faculté de divorcer par consentement mutuel non judiciaire, s'ils sont tous deux Français ou domiciliés en France, ou si aucune loi étrangère ne se veut applicable alors que les tribunaux français sont compétents.

Le règlement Bruxelles II ter règle en grande partie les difficultés de circulation de cette forme de divorce (Règl. 2019/1111 du 25-6-2019). Dans la mesure où l'accord des époux circulera comme une décision dans les autres États membres (sauf au Danemark) sans contrôle de la loi choisie ou appliquée par les parties, la difficulté soulevée ici devrait disparaître. Néanmoins, cela n'empêchera pas la remise en cause (par l'un des époux notamment) de la validité de l'acte devant les juridictions françaises (par hypothèse compétentes en vertu de Bruxelles II ter, sinon l'accord ne peut pas circuler) en arguant que la loi française ne devait pas être appliquée.

Loi applicable aux effets du divorce La convention doit aussi désigner la loi applicable au **régime matrimonial**, celle-ci conditionnant les modalités de la liquidation ainsi que celle applicable aux **obligations alimentaires** et à la **prestation compensatoire**. 39899

> **Précisions** En présence d'éléments d'extranéité, il est impératif que les avocats remplissent leurs **devoirs de conseil** et alertent les époux sur les risques inhérents du divorce déjudiciarisé, en particulier en termes de reconnaissance, voire d'exécution, notamment lorsque la convention de divorce porte également sur l'exercice de l'autorité parentale et le lieu de résidence des enfants mineurs (Charte commune CSN-CNB du 23-12-2020 ; Modèle de convention de divorce par consentement mutuel proposé par le CNB dans sa version 2023).

ANNEXES DE LA CONVENTION DE DIVORCE PAR CONSENTEMENT MUTUEL

La convention de divorce comporte, le cas échéant, les annexes suivantes (CPC art. 1145) : 39903
– le formulaire signé et daté de chacun des enfants mineurs ;
– l'état liquidatif de partage en la forme authentique, sous peine de nullité ;
– et l'acte authentique d'attribution de biens ou droits soumis à publicité foncière.

Sont également annexés :
– l'information sur le paiement des pensions et prestations compensatoires sous forme de rente viagère si elle n'est pas reproduite dans la convention ;
– les avis de réception des projets de convention, signés par chacun des époux, permettant au notaire de s'assurer que les époux ont effectivement bénéficié du délai de réflexion obligatoire (Circ. JUSC1638274C du 26-1-2017 fiche 4) ;
– l'attestation sur l'honneur de chaque époux, certifiant l'exactitude de leurs ressources, patrimoine et conditions de vie, si elle a été demandée ;
– les actes d'état civil des intéressés, bien que cela ne soit pas obligatoire ;
– le cas échéant, la traduction de la convention et de ses annexes par un traducteur habilité (CPC art. 1146, al. 2).

e. Délai de réflexion imparti aux époux

CONSENTEMENT ÉCLAIRÉ DE CHAQUE ÉPOUX

39908 Une fois les modalités du divorce finalisées, les époux disposent d'un temps de réflexion pour signer la convention (C. civ. art. 229-4). Pour le faire courir, chaque avocat adresse à son client le **projet de convention** (et ses annexes bien que celles-ci ne soient pas expressément visées), par lettre recommandée avec demande d'avis de réception. L'avis de réception doit être signé personnellement par son destinataire, la signature de l'un des époux ne valant pas réception de la convention par l'autre (Circ. JUSC1638274C du 26-1-2017 fiche 5).

À compter de la réception, un délai de quinze jours s'ouvre durant lequel les époux ne peuvent pas signer la convention (C. civ. art. 229-4). Le **rendez-vous de signature** est donc fixé au plus tôt quinze jours après la réception du dernier courrier recommandé. Le délai se décompte selon le droit commun : il commence à courir le lendemain de la date de la remise de la convention à zéro heure ; il expire le dernier jour à vingt-quatre heures. Si le dernier jour est un samedi, un dimanche, un jour férié ou chômé, le délai est prolongé jusqu'au premier jour ouvrable suivant (CPC art. 641 et 642).

En cas de modification du projet de convention, il convient de faire courir un nouveau délai de réflexion, du moins s'il s'agit d'une modification substantielle.

Si les **époux signent** la convention **avant l'expiration du délai**, la convention est nulle (C. civ. art. 229-4). Il faut recommencer le processus (envoi AR déclenchant un nouveau délai de quinze jours).

f. Forme et signature de la convention de divorce par consentement mutuel

ACTE SOUS SIGNATURE PRIVÉE CONTRESIGNÉ PAR AVOCATS

39913 La convention prend la forme d'un acte sous signature privée contresigné par avocats (C. civ. art. 229-1, al. 1). Elle est signée par les époux et leurs avocats réunis à cet effet ensemble (CPC art. 1145). Un rendez-vous réunissant physiquement les intéressés doit donc être organisé. La date retenue doit tenir compte du délai de réflexion imparti aux époux (n° 39908).

FORME ET SIGNATURE ÉLECTRONIQUES DE LA CONVENTION

39915 Une convention et une signature sous forme électronique sont possibles, par exception à ce qui est en principe prévu pour les actes sous signature privée relatifs au droit de la famille et des successions (C. civ. art. 1175, 1°).

Pour sécuriser la pratique du divorce par consentement mutuel, le règlement intérieur national des avocats précise toutefois que la convention de divorce par consentement mutuel est signée en présence physique et simultanément par les parties et les avocats rédacteurs désignés à la convention, sans substitution ni délégation possible (RIN art. 7-2).

> **Précisions** Une charte commune régissant les rapports entre les avocats et les notaires dans le cadre du divorce par consentement mutuel a été signée par le CSN et le CNB le 23 décembre 2020. Un avenant à cette charte relatif à la convention de divorce électronique a été signé entre les parties le 15 juin 2022. Il prévoit les modalités d'application du **e-DCM**. Le 25 juillet 2023, le CNB et le CSN ont modifié cet avenant pour acter que seul l'outil e-DCM proposé par le CNB pouvait être utilisé pour l'établissement d'une convention de divorce signée et déposée électroniquement.

NOMBRE D'EXEMPLAIRES

39917 La convention et ses annexes sont signées en **trois**, **quatre ou cinq** exemplaires selon le cas (CPC art. 1145). Chaque époux conserve un original avec ses annexes, le troisième étant déposé au rang des minutes d'un notaire. Un quatrième original est établi, dans les mêmes conditions, pour permettre, si nécessaire, la formalité de l'enregistrement. Enfin, un original supplémentaire est établi, dans les mêmes conditions, lorsque la convention de divorce prévoit l'intermédiation financière de la pension alimentaire (C. civ. art. art. 373-2-2). Cet original supplémentaire est destiné à être transmis à la CAF ou à la MSA par l'avocat du parent créancier (voir n° 39866).

Les avocats ne sont pas tenus de conserver la convention et ses annexes, **l'archivage** de ces documents étant assuré par leur dépôt au rang des minutes d'un notaire.

Divorce par consentement mutuel : faculté de rétractation des époux 39920

La **convention signée** par les époux est-elle contraignante pour ceux-ci ou peuvent-ils individuellement ou ensemble se rétracter ? La question se pose dès lors qu'ils sont autorisés, jusqu'au dépôt de la convention de divorce chez un notaire, à saisir le juge d'une demande de séparation de corps ou de divorce judiciaire par une requête unilatérale prévue pour un divorce contentieux (CPC art. 1148-2). On peut en déduire que la signature **n'engage pas définitivement les époux** puisqu'ils peuvent mettre fin au processus contractuel postérieurement. En application des règles du droit commun des contrats, pourrait-il, dès lors, y avoir rupture abusive des négociations ou du contrat en cas de saisine d'un juge, spécialement après signature de la convention ? Nous ne le pensons pas puisque cette saisine est autorisée par la loi.

La circulaire du 26 janvier 2017 propose **une autre analyse** (Circ. JUSC1638274C du 26-1-2017 fiche 6). La convention de divorce serait un contrat à terme au sens de l'article 1305 du Code civil, qui engage les parties de manière irrévocable, sauf les deux hypothèses prévues par le droit commun des contrats (C. civ. art. 1193). La convention ne pourrait donc être révoquée que si :

– les conjoints sont d'accord pour y renoncer. Pourtant, on a vu qu'ils sont autorisés à saisir le juge par une requête unilatérale (CPC art. 1148-2) ;

– la loi l'autorise. C'est le cas de la demande d'audition par un enfant qui peut intervenir jusqu'au dépôt de la convention.

Selon cette interprétation, « seuls les effets de la convention, et donc l'exigibilité des obligations de chacun des époux, sont différés jusqu'au dépôt de l'acte au rang des minutes du notaire, mais la force obligatoire de la convention s'impose aux époux dès la signature. En conséquence, il est interdit à un seul des époux de faire blocage et de bénéficier de ce fait d'une faculté de rétractation non prévue par la loi » (Circ. JUSC1638274C du 26-1-2017 fiche 6). Cette analyse paraît contestable.

En tout état de cause, elle ne peut qu'encourager les professionnels, **en pratique**, à organiser un rendez-vous commun au cours duquel la convention sera signée et déposée au rang des minutes du notaire. C'est possible puisque les délais prévus pour le dépôt sont des maxima et non des minima. Le risque de rétractation sera ainsi écarté.

Tant que la convention n'est pas déposée au rang des minutes d'un notaire, les époux peuvent, d'un commun accord, la modifier. Un nouveau délai de réflexion doit alors être respecté.

g. Dépôt de la convention de divorce par consentement mutuel chez un notaire

CHOIX DU NOTAIRE

La convention et ses annexes sont déposées au rang des minutes d'un notaire. La loi n'interdit pas que le même professionnel dresse l'état liquidatif et enregistre l'acte de divorce. 39928

Les notaires ne sont pas assujettis à des règles de **compétence territoriale** pour recevoir les conventions de divorce. Dès lors que le divorce est soumis au droit français, tout notaire français est donc compétent quelles que soient la nationalité et/ou le domicile des parties (Circ. JUSC1638274C du 26-1-2017 fiche 6).

MODALITÉS DU DÉPÔT DE LA CONVENTION DE DIVORCE PAR CONSENTEMENT MUTUEL

Un exemplaire original de la convention de divorce et de ses annexes est transmis au notaire, à la requête des parties, par l'avocat le plus diligent, aux fins de dépôt au rang des minutes du notaire, dans un **délai** de sept jours suivant la date de la signature de la convention (CPC art. 1146, al. 1). Aucune forme particulière n'est exigée pour cet envoi, mais il ne peut vraisemblablement pas être dématérialisé puisque c'est l'original de la convention qui doit être transmis au notaire (CPC art. 1145, al. 3). L'envoi par courrier recommandé avec demande d'avis de réception permettra à l'avocat de justifier du respect des délais car, à défaut de respecter ce délai, il engage sa responsabilité professionnelle. 39932

Dans les quinze jours de la réception des documents, le notaire procède au dépôt (CPC art. 1146, al. 3).
Les délais indiqués sont des maxima et non des minima. La convention peut donc être, le même jour, signée et déposée chez un notaire.

Un **retard** dans le dépôt de la convention n'est pas sanctionné par la caducité de la convention mais il peut engager la responsabilité professionnelle du notaire (Circ. JUSC1638274C du 26-1-2017 fiche 6).
Le **coût** du dépôt est de 41,20 € HT (C. com. art. A 444-173-1).

39935 Le dépôt au rang des minutes d'un notaire ne requiert pas la présence des époux et de leurs avocats. Cela dit, il peut utilement être envisagé de **signer la convention** de divorce **et** de procéder à son **dépôt** au rang des minutes d'un notaire **le même jour**. En effet, cette modalité évite de procéder au dépôt d'une convention qui aurait été, entre-temps, remise en cause par la saisine d'un juge.
Dans l'hypothèse où l'un des époux se serait **rétracté entre la signature** de la convention **et** son **dépôt** au rang des minutes d'un notaire, la circulaire préconise que le notaire procède néanmoins à cet enregistrement (Circ. JUSC1638274C du 26-1-2017 fiche 6). Cette solution nous paraît très contestable.

RÔLE DU NOTAIRE EN CAS DE CONVENTION DE DIVORCE PAR CONSENTEMENT MUTUEL

39940 Le notaire **vérifie** (C. civ. art. 229-1) :
– la présence, dans la convention, de toutes les mentions prescrites à peine de nullité, c'est-à-dire l'identité des parties et de leurs avocats, l'accord exprès des époux, les modalités de règlement des conséquences du divorce y compris le cas échéant le versement d'une prestation compensatoire, l'état liquidatif et la mention sur l'information des mineurs ;
– le respect du délai de réflexion.
Il s'assure aussi que toutes les annexes nécessaires sont jointes. À défaut, il doit refuser de procéder au dépôt de la convention.
Le notaire ne reçoit pas les époux ni ne vérifie leur consentement, l'équilibre de la convention et le discernement des enfants. Il n'est tenu que d'un **contrôle formel**, se limitant à un rôle d'enregistrement. Toutefois, si une convention portait manifestement atteinte à l'**ordre public** (par exemple, clause de non-remariage conditionnant une prestation compensatoire, renonciation à tout droit de visite et d'hébergement sur les enfants), le notaire pourrait alerter les avocats sur la difficulté (Circ. JUSC1638274C du 26-1-2017 fiche 6). Dans le même sens, les règles professionnelles des notaires imposent à ceux-ci de refuser leur concours à l'élaboration de conventions contraires à la loi, frauduleuses ou qu'ils savent inefficaces ou inutiles (Règlement national art. 3.2.3, approuvé par arrêté du 22-5-2018).

39943 Le dépôt effectué, le notaire délivre aux époux une **attestation** mentionnant l'identité des intéressés et la date du dépôt (CPC art. 1147). Le cas échéant, il en délivre une à l'avocat désigné au titre de l'aide juridictionnelle pour que celui-ci puisse solliciter le paiement de l'État.

EFFET DU DÉPÔT DE LA CONVENTION DE DIVORCE PAR CONSENTEMENT MUTUEL

39948 Le dépôt au rang des minutes donne ses effets à la convention en lui conférant **date certaine et force exécutoire** (C. civ. art. 229-1).
Ce dispositif créé une **situation inédite** car en principe, la force exécutoire découle de l'authenticité de l'acte. Or, le dépôt ne peut pas être considéré comme authentifiant puisque le notaire ne procède pas à la reconnaissance d'écriture et de signature, c'est-à-dire au contrôle des faits, du consentement des parties et de la légalité de l'acte (Circ. JUSC1638274C du 26-1-2017 fiche 6). Le législateur confie le contrôle des consentements aux avocats, la force probante de l'acte découlant de sa forme d'acte d'avocat. En effet, ce type d'acte fait foi de l'écriture et de la signature des intéressés (C. civ. art. 1374). En outre, en contresignant l'acte, l'avocat atteste avoir éclairé pleinement la partie qu'il conseille sur les conséquences juridiques de cet acte. Il semble donc que la convention déposée au rang des minutes relève d'une nouvelle catégorie juridique d'acte, dont la force exécutoire découle directement de la loi.

39950 Le notaire **conserve l'acte** pendant 75 ans (C. patr. art. L 213-1, I-4°-d) ; il est en droit d'en délivrer des copies exécutoires et des copies authentiques (Décret 71-941 du 26-11-1971 art. 32).

h. Publicité et preuve du divorce contractuel

PUBLICITÉ DU DIVORCE

39955 Le divorce est inscrit en marge des **actes d'état civil** des époux (acte de mariage et actes de naissance), à la requête de l'intéressé ou de son avocat, au vu de l'attestation de dépôt délivrée par le notaire (CPC art. 1147, al. 1).
Si le **mariage** a été **célébré à l'étranger** et en l'absence d'acte de mariage conservé par un officier de l'état civil français, mention du divorce est portée en marge de l'acte de naissance de chaque

époux. À défaut, l'attestation de dépôt est conservée au répertoire civil annexe détenu au service central d'état civil à Nantes. Toutefois, si le mariage a été célébré à compter du 1er mars 2007, sa transcription sur les registres de l'état civil français est nécessaire avant de pouvoir inscrire la mention du divorce sur l'acte de naissance d'un Français (CPC art. 1147, al. 2 et 3).

PREUVE DU DIVORCE CONTRACTUEL

La preuve du divorce, à l'égard des tiers, est apportée par l'attestation de dépôt délivrée par le notaire ou une copie de celle-ci (CPC art. 1148). **39960**

La production, par tout intéressé, d'une copie certifiée conforme de la convention de divorce et, le cas échéant, de ses annexes ou d'un de leurs extraits permet les mainlevées, radiations de sûretés, mentions, transcriptions ou publications rendues nécessaires par le divorce (CPC art. 1148-1).

i. Déroulement des opérations

Lorsqu'il est nécessaire de dresser un acte portant règlement du régime matrimonial et mutation de biens soumis à publicité foncière ou, plus rarement, contenant un abandon de biens à titre de prestation compensatoire, le notaire doit établir un **acte liquidatif** et conserve alors son rôle de conseil des parties et de vérification de la licéité de l'acte, en coopération avec les avocats. La question, déterminante pour la fluidité du processus, se pose de savoir à quel moment l'acte notarié de règlement du régime matrimonial doit être signé. **39962**

Les praticiens ont développé **trois circuits possibles** : le circuit semi-long qui présente l'avantage de respecter le délai de réflexion de l'article 229-4 du Code civil ; le circuit court qui a pour force, à l'occasion d'un seul et même rendez-vous, en présence des parties, de leurs conseils et du notaire, d'acter définitivement le divorce et ses conséquences patrimoniales ; le circuit long qui suppose de régulariser au préalable l'acte liquidatif, une copie authentique étant annexée au projet de convention de divorce soumis au délai de réflexion des époux.

Les **instances professionnelles** que sont le CNB et le CSN, encouragées par la **Chancellerie**, ont fait le choix de favoriser la systématisation, en pratique, du circuit court (Charte commune CSN-CNB du 23-12-2020 ; Rép. Viry : AN 24-12-2019 n° 19958). Dans un rapport publié en juillet 2022, le CSN dresse un bilan de la réforme du divorce par consentement mutuel sans juge, cinq ans après son entrée en vigueur et, à cette occasion, propose de « **généraliser** entre les praticiens un « **circuit court** », afin d'éviter « pertes de temps et malentendus ». Ainsi, après l'établissement du projet de convention et l'écoulement du délai légal de réflexion de 15 jours laissé aux époux, tous les actes nécessaires au règlement du divorce seraient signés successivement : d'abord, dans les cas où cela est nécessaire, l'acte notarié portant règlement du régime matrimonial ; puis, la convention de divorce par acte d'avocats ; enfin, l'acte de dépôt notarié ; de la sorte les époux, entrés dans l'office notarial mariés, pourraient en ressortir divorcés. **39963**

CIRCUIT COURT **39964**

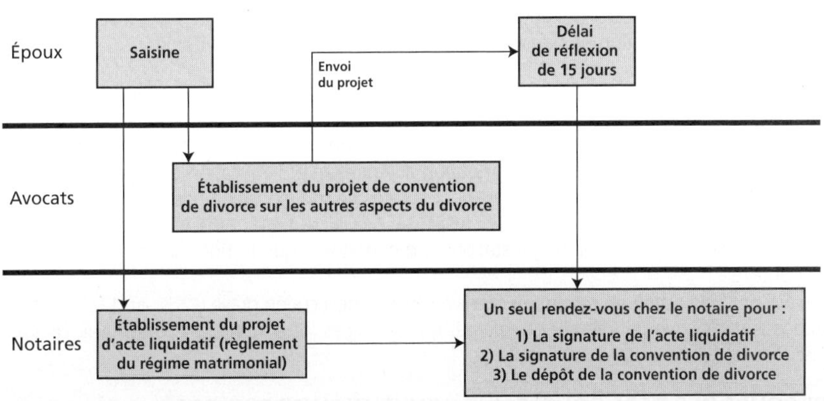

(Schéma extrait du Rapport publié par le CSN sur « Le divorce par consentement mutuel 5 ans après » en juillet 2022)

j. Passage d'un divorce contractuel à un divorce judiciaire

39965 Les époux engagés dans une procédure contractuelle de divorce peuvent demander un **divorce par consentement mutuel judiciaire** dès qu'un enfant mineur manifeste son souhait d'être entendu par le juge (CPC art. 1148-2, al. 1). Ils forment une requête conjointe en ce sens.
L'un ou l'autre des époux peut aussi, à tout moment et jusqu'au dépôt de la convention de divorce au rang des minutes d'un notaire, saisir le juge en vue d'un **divorce contentieux** (CPC art. 1148-2, al. 2).

k. Recours contre un divorce contractuel

RECOURS DES ÉPOUX

39970 **Application du droit commun des contrats** Le Code civil n'envisage pas la question d'un éventuel recours des époux contre la convention de divorce. Dans le cadre du divorce par consentement mutuel judiciaire, l'intangibilité de la convention était attachée à son homologation judiciaire. Le caractère purement conventionnel du nouveau divorce rend applicables les **règles relatives aux contrats** (C. civ. art. 1101 s.), ce que confirme la circulaire (Circ. JUSC1638274C du 26-1-2017 fiche 2). En effet, l'acte d'avocat n'interdit pas les contestations et le rôle du notaire étant purement formel, le dépôt au rang de ses minutes n'opère pas purge des vices éventuels.
La **compétence** pour connaître de telles actions revient au tribunal judiciaire.

39974 **Nullités** Les **causes** de nullité, relative ou absolue, sont multiples.
Cette sanction est prévue en l'absence de certaines mentions ou du respect du délai de réflexion.
Elle devrait aussi être encourue en présence d'une clause contraire à l'ordre public, d'un défaut de capacité ou d'un vice du consentement (Circ. JUSC1638274C du 26-1-2017 fiche 2). Mais de telles situations devraient rester des hypothèses d'école du fait de l'intervention de deux avocats et du contrôle du notaire.
Le risque est plus sérieux si la capacité de discernement d'un enfant a été écartée à tort ou si un ex-époux invoque un défaut de capacité ou un vice de consentement.
L'erreur sur les qualités essentielles du contrat ou du contractant est assez improbable. En revanche, le dol est potentiellement le vice qui pourrait être le plus fréquemment invoqué en cas de dissimulation d'éléments de patrimoine déterminants pour la prestation compensatoire.
En tout état de cause, les **conséquences** de la nullité ne peuvent qu'être limitées. On ne peut pas imaginer l'anéantissement du divorce lui-même. Plus probablement, la sanction portera sur telle ou telle conséquence du divorce, qui sera alors décidée par le juge.

39977 **Clause réputée non écrite** Une telle sanction est envisageable en présence d'une clause qui priverait de sa substance l'obligation essentielle d'un époux (C. civ. art. 1170), par exemple, une clause qui exonérerait l'époux débiteur d'une pension de toute responsabilité en cas de non-paiement (Circ. JUSC1638274C du 26-1-2017). En revanche, une clause ne devrait pas pouvoir être sanctionnée sous l'angle du déséquilibre significatif de l'article 1171 du Code civil, dès lors que la convention ne pourra pas être qualifiée de contrat d'adhésion.

39980 **En cas d'inexécution** Un ex-époux pourra-t-il invoquer l'**exception d'inexécution** (C. civ. art. 1219), c'est-à-dire cesser d'exécuter ses obligations au titre de la convention sous prétexte que son ex-conjoint n'exécute pas les siennes ? Peut-être, mais de façon limitée. Il est évidemment exclu que le débiteur d'une contribution à l'entretien et l'éducation d'un enfant invoque une quelconque inexécution, et spécialement le refus de son ex-conjoint de lui confier l'enfant, pour se dispenser de ce qu'il doit (Circ. JUSC1638274C du 26-1-2017 fiche 9). La même solution paraît devoir s'appliquer à la prestation compensatoire qui a une nature partiellement alimentaire.
Par ailleurs, une **action en résolution** du divorce pour inexécution grave (C. civ. art. 1224 s.) paraît impossible puisque le divorce lui-même ne peut pas être remis en cause (en ce sens, Circ. JUSC1638274C du 26-1-2017 fiche 1).

RECOURS DES TIERS CONTRE UNE CONVENTION DE DIVORCE

39985 Faute d'homologation judiciaire, la tierce opposition n'a pas lieu d'être. En revanche, l'action paulienne d'un créancier contre la convention paraît pouvoir être admise en cas de fraude à ses droits, mais seulement pour les aspects patrimoniaux de la convention (C. civ. art. 1341-2).

I. Révision de la convention de divorce par consentement mutuel

PRINCIPE DU DIVORCE

Les ex-époux ne peuvent pas revenir sur le **principe du divorce**, mais les termes de la convention peuvent être révisés. **39995**

MODIFICATION DE LA CONVENTION DE DIVORCE PAR CONSENTEMENT MUTUEL

Accord des époux En premier lieu, si les ex-époux sont d'accord pour en modifier les termes, ils peuvent le faire conventionnellement, conformément au **droit commun des contrats** (C. civ. art. 1193). La loi ne prévoit pas la **forme** que doit prendre cette modification : la circulaire du 26 janvier 2017 considère que la convention modificative peut être constatée dans un acte sous signature privée ou un acte contresigné par avocats. Un tel acte n'aura cependant, ni force exécutoire, ni date certaine (Circ. JUSC1638274C du 26-1-2017 fiche 9). **39996**

Pour que la convention modificative puisse acquérir date certaine et force exécutoire, il faudra donc qu'elle soit constatée dans un acte authentique (C. civ. art. 1377). Les ex-époux peuvent aussi atteindre un tel résultat en demandant l'**homologation judiciaire** de la convention modificative.

Lorsque celle-ci porte sur des **mesures relatives aux enfants**, ils doivent respecter la procédure dédiée (CPC art. 1143).

S'agissant de la **prestation compensatoire**, les ex-époux peuvent passer une nouvelle convention, mais son homologation judiciaire n'est pas prévue puisque seuls les alinéas 3 et 4 de l'article 279 sont rendus applicables au divorce contractuel (C. civ. art. 279, al. 5). Seule la convention modificative passée en la forme authentique pourra donc avoir force exécutoire.

Époux en désaccord Si les ex-époux ne sont pas d'accord sur la modification de la convention de divorce, la révision des **mesures concernant les enfants** peut toujours être demandée au juge aux affaires familiales (C. civ. art. 373-2-13). **39997**

En ce qui concerne la modification des dispositions relatives à **la prestation compensatoire**, le juge peut être saisi sur deux fondements (C. civ. art. 279, al. 3 et 5) :

- soit la convention l'a prévu, en cas de changement important dans les ressources ou les besoins de l'un des ex-époux ;
- soit dans les conditions de droit commun en application des articles 275, al. 2 (modalités de paiement du capital), 276-3 (révision, suppression ou suspension d'une rente) et 276-4 (transformation d'une rente en capital) du Code civil. À notre avis, les dispositions légales permettant la révision d'un contrat en cas d'**imprévision** (C. civ. art. 1195) doivent être écartées, les conditions de la révision de la prestation compensatoire étant prévues par des dispositions spéciales qui, dès lors, prévalent (C. civ. art. 1105, al. 2).

MODÈLE

Convention de divorce par consentement mutuel par acte sous signature privée contresigné par avocats (sur la base du modèle proposé par le CNB) **39999**

Entre les soussignés :
Monsieur/Madame épouse ...
Né(e) le ..., à ... ; De nationalité ... ; Profession ... ; Demeurant ...
Ayant pour avocat : Maître ..., Avocat au barreau de ...
Et
Monsieur/Madame épouse ...
Né(e) le ..., à ... ; De nationalité ... ; Profession ... ; Demeurant ...
Ayant pour avocat : Maître ..., Avocat au barreau de ...
[Bien renseigner : les prénoms, noms, date et lieu de naissance, profession, résidence Important de préciser tous les prénoms inscrits sur l'acte de naissance. À défaut de nullité art. 229-3 1°. NE RIEN OUBLIER CONCERNANT LES MENTIONS]
[Sous peine de nullité art. 229-3 2° : Indiquer le nom de l'avocat, la structure au sein de laquelle il exerce, l'adresse et le barreau où l'avocat est inscrit]

Préambule

Madame/Monsieur XX ... et Monsieur/Madame YY ... ci-après dénommés « les parties », qui ne sont placées sous aucun des régimes de protection au sens des articles 425 et suivants du Code civil, ont décidé d'envisager la rupture de leur mariage.

39999 (suite) Assistés chacun par leur avocat, ils ont recherché un accord sur les causes et conséquences de leur divorce.

Ils ont été informés par leurs avocats respectifs des dispositions légales en vigueur, des obligations et des choix en découlant pour eux.

Ils ont échangé par l'intermédiaire de leurs avocats leurs propositions réciproques.

Ils se sont rencontrés en présence de leurs avocats pour discuter de l'ensemble des questions ouvertes par leur divorce.

Ils déclarent avoir négocié conformément aux articles 1112 et 1112-1 du Code civil qui obligent à négocier de bonne foi et à une parfaite loyauté ainsi qu'à la transparence sur les informations échangées.

Ils sont parvenus à un accord complet objet de la présente convention pour laquelle ils ont disposé d'un délai de 15 jours de réflexion aujourd'hui écoulé.

Madame/Monsieur XX ... et Monsieur/Madame YY ...déclarent sur l'honneur que leur identité est conforme à celle indiquée en tête de la présente ainsi que toutes les informations les concernant aux termes de cette convention.

Les parties, d'un commun accord, constatent la qualité de contrat à exécution instantanée des présentes et le réputent comme tel.

Une telle qualification est déterminante de leur consentement. Date et lieu du mariage : ...

Régime matrimonial : ...

Enfants :

().– X. enfants sont issus de cette union :

Enfant 1 : Né le ..., à ... ; De nationalité ... ; Profession ... ; Demeurant ...

Compétence internationale et loi applicable

Dans l'hypothèse où il existe des éléments d'extranéité dans la procédure, se reporter à la partie in fine.

Envoi du projet de la présente convention de divorce par courriers recommandés avec accusé de réception

Toute notification aux termes des présentes est réputée valablement faite par :

l'envoi d'une lettre recommandée avec accusé de réception, par voie postale, aux adresses déclarées aux présentes par les parties,

Ou

l'envoi d'une lettre recommandée électronique avec accusé de réception avec l'indication de la qualification eIDAS.

Ainsi, il est précisé que chaque époux autorise son conseil soussigné à lui adresser le projet de convention et ses annexes par courrier recommandé avec accusé de réception électronique aux adresses suivantes :

Pour X : X@X

Pour Y : Y@Y

Chaque époux a reconnu et a garanti qu'il disposait de la maîtrise exclusive du compte e-mail qu'il a lui-même indiqué, notamment pour (i) son accès régulier, (ii) la confidentialité des identifiants qui lui permettent d'y accéder, et (iii) la gestion des paramètres de réception et de filtrage de courriers rentrants.

Les époux s'engagent à signaler immédiatement toute perte ou usage abusif de son compte e-mail. Jusqu'à la réception d'une telle notification, toute action effectuée par un époux au travers de son compte e-mail sera réputée effectuée par cet époux et relèvera de la responsabilité exclusive de ce dernier pour toutes les conséquences légales et réglementaires des notifications susmentionnées.

Les courriers recommandés électroniques étant acheminés de manière anonyme, les avocats respectifs des époux ont prévenu ces derniers qu'ils recevraient un e-mail de notification venant du prestataire de service d'envoi recommandé électronique AR24 ou d'un autre prestataire de service d'envoi recommandé électronique qualifié par l'Agence nationale de la sécurité des systèmes d'information (ANSSI) et non de leur propre adresse e-mail.

L'Office notarial de Maître X, notaire dépositaire, est informé du recours au service de courrier recommandé électronique AR24 ou d'un autre prestataire de service d'envoi recommandé électronique qualifié par l'Agence nationale de la sécurité des systèmes d'information (ANSSI) pour l'envoi des présentes aux parties et les justificatifs de ces envois sont annexés à la présente convention.

Il est rappelé qu'en vertu de l'article 1148-2 du Code de procédure civile, les époux peuvent se rétracter, et notamment solliciter un divorce contentieux, tant que le notaire n'aura pas déposé la présente convention au rang de ses minutes.

Délai de réflexion. En application des dispositions de l'article 229-4 du Code civil, le projet de la présente convention de divorce et ses annexes ont été adressés aux époux et reçus par eux au moins 15 jours avant la signature des présentes.

Sont annexés à la présente convention les justificatifs d'envois par lettre recommandée avec avis de réception adressés par chacun des avocats aux époux (cf. annexe XXX).

Après avoir constaté que le délai de réflexion prévu à l'article 229-4 du Code civil était expiré, les époux, assistés de leurs conseils respectifs, ont confirmé leur intention de consentir mutuellement à leur divorce. **39999** (suite)

Article 1 – Rupture du mariage

Les parties, ayant toute faculté d'exprimer librement leur volonté, consentent à leur divorce.
Elles ont été informées des conséquences de leur consentement au divorce par leurs avocats respectifs qui, au travers des entretiens qu'ils ont eu avec elles, se sont assurés que leur volonté était réelle et leur consentement libre et éclairé.
Elles sont informées de ce que leur mariage prendra fin à leur égard au jour du dépôt de la convention au rang des minutes de l'Étude notariale ...
Le divorce sera opposable à l'égard des tiers au jour de la transcription sur l'acte de mariage Conformément aux dispositions de l'article 262 du Code civil.

Article 2 – Les conséquences du divorce entre les époux

Article 2.1. – Nom marital

Hypothèse 1 : conserve l'usage du nom marital
Les parties conviennent, conformément aux dispositions de l'alinéa 2 de l'article 264 du Code civil, que Madame XX ... ou Monsieur YY ... pourra conserver l'usage de son nom marital, postérieurement au prononcé du divorce.
Hypothèse 2 : ne conserve pas l'usage du nom marital
Les parties conviennent, conformément aux dispositions de l'alinéa 1 de l'article 264 du Code civil, que Madame/Monsieur XX ... ou Monsieur/Madame YY ... perdra l'usage de son nom marital au prononcé du divorce.

Article 2.2. – Sort du domicile conjugal

Hypothèse 1 : parties locataires :
Le droit au bail du domicile conjugal est attribué à Madame/Monsieur XX ou Monsieur/Madame YY (délai éventuel pour quitter les lieux).
Hypothèse 2 : parties propriétaires :
Dans le cadre de la liquidation du régime matrimonial annexée aux présentes, la propriété du bien immobilier constituant le domicile conjugal est attribuée à Madame/Monsieur XX ... ou Monsieur/Madame YY ...
Ou autres modalités selon l'hypothèse retenue : bien restant en indivision avec un droit d'usage et d'habitation/attribution du bien à titre de prestation compensatoire, etc.

Article 2.3. – Donations et avantages matrimoniaux

Connaissance prise des dispositions de l'article 265 du Code civil, les parties révoquent expressément toutes les donations et avantages matrimoniaux prenant effets à la dissolution du mariage ou au décès de l'une des parties ainsi que toutes dispositions à cause de mort accordées par une des parties envers son conjoint par contrat de mariage ou pendant l'union.
Ils renoncent (ou non) à :
[Apporter des précisions s'il existe des avantages ou donations afin que les parties soient totalement informées de ce à quoi elles renoncent ou non].

Article 2.4. – Liquidation du régime matrimonial

Régime matrimonial*[Préciser la nature du régime matrimonial et le cas échéant la date du contrat de mariage.]*
Date des effets du divorce
Conformément à l'article 262-1 du Code civil, la date des effets du divorce, dans les rapports entre les parties en ce qui concerne leur patrimoine, est fixée soit : à la date du .... *(date décidée par les parties),* au plus tard ...., à la date à laquelle la convention réglant l'ensemble des conséquences du divorce acquiert force exécutoire, à savoir à la date du dépôt de la convention au rang des minutes de l'Étude notariale ...
Reprise des effets personnels
Les parties déclarent qu'elles sont en possession de leurs vêtements et objets personnels.
Liquidation du régime matrimonial
Hypothèse 1 : il existe au moins un bien immobilier et un partage
Les parties ont confié à l'Étude notariale NN...................., le soin d'établir un acte de liquidation et de partage de leur régime matrimonial annexé à la présente convention et faisant corps avec elle.
Les parties soussignées déclarent être intégralement remplies de leurs droits.
En conséquence, Madame/Monsieur XX ... et Monsieur/Madame YY ... renoncent à élever à l'avenir toutes réclamations ou contestations relatives à la liquidation et au partage intervenu entre eux ou à faire valoir la moindre créance, indemnité ou compensation dans le cadre des droits qu'ils avaient ou auraient pu tenir de leur régime matrimonial.

39999 (suite)

Hypothèse 2 : il existe un acte de liquidation notarié mais aucun partage
Les parties ont confié à l'Étude notariale ..., le soin d'établir un acte de liquidation de leur régime matrimonial annexé à la présente convention et faisant corps avec elle.
En conséquence, Madame/Monsieur XX ... et Monsieur/Madame YY... renoncent à élever à l'avenir toutes réclamations ou contestations relatives à la liquidation intervenue entre eux ou à faire valoir la moindre créance, indemnité ou compensation dans le cadre des droits qu'ils avaient ou auraient pu tenir de leur régime matrimonial.
Hypothèse 3 : les parties ne détiennent pas de bien immobilier mais se partagent les autres biens
[Détailler l'ensemble de la liquidation.]
Les parties reconnaissent expressément que l'estimation des biens a été fixée d'un commun accord, elles en acceptent la valorisation indiquée dans la présente convention.
Les parties soussignées déclarent être intégralement remplies de leurs droits.
En conséquence, Madame/Monsieur XX ... et Monsieur/Madame YY ... renoncent à élever à l'avenir toutes réclamations ou contestations relatives à la liquidation et au partage intervenu entre eux ou à faire valoir la moindre créance, indemnité ou compensation dans le cadre des droits qu'ils avaient ou auraient pu tenir de leur régime matrimonial.
Hypothèse 4 : les parties détiennent des biens autres qu'immobilier et il n'y a pas de partage
[Détailler l'ensemble de la liquidation.]
Les parties reconnaissent expressément que l'estimation des biens a été fixée d'un commun accord, elles en acceptent la valorisation indiquée dans la présente convention.
En conséquence, Madame/Monsieur XX ... et Monsieur/Madame YY ... renoncent à élever à l'avenir toutes réclamations ou contestations relatives à la liquidation intervenue entre eux ou à faire valoir la moindre créance, indemnité ou compensation dans le cadre des droits qu'ils avaient ou auraient pu tenir de leur régime matrimonial.
Hypothèse 5 : il n'y pas de bien, ni aucune créance entre les époux
Les parties déclarent qu'elles ne possèdent aucun bien mobilier ou immobilier commun ou indivis, qu'il n'existe aucune créance entre elles et qu'il n'y a en conséquence pas lieu à plus ample liquidation.
[en cas de partage] Caractère définitif du partage
Les parties reconnaissent avoir été informées que le dépôt du divorce au rang des minutes de l'Étude notariale ... revêt un caractère définitif.
Les parties reconnaissent expressément que l'estimation des biens a été fixée d'un commun accord, elles en acceptent la valorisation indiquée dans la présente convention.
Les parties ont été informées que le partage revêt un caractère définitif sauf en cas d'omission d'un bien, d'un passif ou d'une créance.

Article 2.5. – Détermination de la prestation compensatoire

Rappel des éléments d'appréciation
Les parties, assistées de leurs avocats, ont pris connaissance des articles 270 et 271 du Code civil :
[Reprendre in extenso les dispositions visées]
A/Analyse des critères
Situation de Madame ou Monsieur (Partie 1)
Durée du mariage, âge et état de santé : ...
Leur qualification et leur situation professionnelles :
Madame ou Monsieur XX ... exerce la profession de ...
[Si cela s'avère utile pour expliquer le montant de la prestation compensatoire, développer les qualifications]
Les conséquences des choix professionnels faits par l'une des parties pendant la vie commune
(Si cela s'avère utile pour expliquer le montant de la prestation compensatoire, développer les conséquences de l'organisation de vie des époux et des sacrifices qui ont pu être faits par le créancier de la prestation compensatoire)
Revenus :
Revenus professionnels. – Ses revenus sont les suivants :
Revenus de capitaux mobiliers.–
Revenus fonciers.–
Total des revenus.–
Droits prévisibles à la retraite.–
Charges incompressibles.–
[Insérer montant de charges]
Patrimoine.
Le patrimoine de Madame ou Monsieur XX .... est le suivant :
Droits dans la liquidation du régime matrimonial. – Les droits dans la liquidation de Madame ou Monsieur XX ....s'élèveront à la somme de ...
Situation de Monsieur/Madame (Partie 2)
Durée du mariage, âge et état de santé : ...
Leur qualification et leur situation professionnelles :

Madame ou Monsieur XX ... exerce la profession de ... **39999** (suite)
[Si cela s'avère utile pour expliquer le montant de la prestation compensatoire, développer les qualifications]
Les conséquences des choix professionnels faits par l'une des parties pendant la vie commune
(Si cela s'avère utile pour expliquer le montant de la prestation compensatoire, développer les conséquences de l'organisation de vie des époux et des sacrifices qui ont pu être faits par le créancier de la prestation compensatoire)
Revenus :
Revenus professionnels. – Ses revenus sont les suivants :
Revenus de capitaux mobiliers.–
Revenus fonciers.–
Total des revenus.–
Droits prévisibles à la retraite.–
Charges incompressibles.–
[Insérer montant de charges]
Patrimoine.
Le patrimoine de Madame ou Monsieur XX .... est le suivant :
Droits dans la liquidation du régime matrimonial. – Les droits dans la liquidation de Madame ou Monsieur XX ....s'élèveront à la somme de ...
B/Montant et modalités de versement de la prestation compensatoire
Hypothèse 1 : absence de disparité
Absence de disparité. – Compte tenu des éléments d'appréciation définis par les articles 270 et 271 du Code civil et de leurs droits issus de la liquidation du régime matrimonial, les parties conviennent qu'il n'y a pas lieu au versement d'une prestation compensatoire.
Les parties reconnaissent expressément avoir été informées que la prestation compensatoire est fixée au moment du divorce et qu'ils ne pourront formuler de demande ultérieure à ce titre.
Hypothèse 2 : existence d'une disparité
Existence d'une disparité. – Compte tenu des éléments d'appréciation définis par les articles 270 et 271 du Code civil et de leurs droits issus de la liquidation du régime matrimonial, les parties constatent qu'il existe une disparité de niveau de vie résultant du divorce et conviennent qu'il y a lieu au versement d'une prestation compensatoire au bénéfice de Madame ou Monsieur XX ... ou de Madame ou Monsieur YY ...
Les parties reconnaissent expressément avoir été informées qu'ils ne pourront formuler de demande ultérieure à ce titre, sauf les cas de révision prévus aux articles 275, 276, 276-3, 276-4 et 279 du Code civil.
Montant de la prestation compensatoire
Il est convenu entre les parties d'un commun accord que Madame ou Monsieur XX ... versera une prestation compensatoire à Madame ou Monsieur YY ... fixée à la somme de ... *(préciser le montant)* ... € selon les modalités de règlement ci- après convenues.
Modalités de règlement de la prestation compensatoire
Hypothèse 1 : prestation compensatoire sous forme d'un capital (C. civ. art. 274 ou 275)
Cette somme de ... € sera versée sous la forme d'un capital en numéraire exigible le jour où le prononcé du divorce sera devenu définitif, soit au jour du dépôt au rang des minutes de l'étude de Maître ... notaire. *(Ou à toute autre date convenue entre les parties sous réserve, s'agissant d'un capital, que la prestation compensatoire soit versée dans un délai inférieur à un an suivant le dépôt au rang des minutes)*
OU
Cette somme de ... *(préciser le montant)* ... € sera versée sous la forme d'un capital, réglé par une somme mensuelle de ... *(préciser le montant)*... € du jour où le prononcé du divorce sera devenu définitif pendant une période de ... (Inférieure à 12 mois).
Hypothèse 2 : prestation compensatoire sous forme de rente ou d'une rente viagère (C. civ. art. 276)
Les parties ont convenu que Monsieur ou Madame XX ... versera une rente viagère de ... *(préciser le montant)*... € par mois.
Les parties ont convenu que Monsieur ou Madame XX ... versera une rente de ... *(préciser le montant)* ... € par mois soit la somme de ... € par an pendant une durée de ... ans.
Les modalités de recouvrement de la prestation compensatoire sous forme de rente ou de rente viagère.
En cas de non-paiement de la prestation compensatoire sous forme de rente, le créancier dispose de plusieurs possibilités pour recouvrer les sommes dues :
La procédure de paiement direct des pensions alimentaires des articles L. 213-1 et suivants du Code des procédures civiles d'exécution Les frais de procédures sont à la charge du débiteur.
La procédure de saisine des rémunérations des articles R 3252-11 et suivants du Code du travail si le débiteur est salarié.

39999 (suite) Le débiteur peut aussi recourir à la procédure de recouvrement du Trésor public prévue par la loi n° 75-618 du 11 juillet 1975 relative au recouvrement public des pensions alimentaires.

La révision de la prestation compensatoire sous forme de rente ou de rente viagère. –
La révision de la prestation compensatoire sous forme de rente est fixée aux articles suivants :
Article 276-3 du Code civil :
« ... »
Article 276-4 du Code civil :
« ... »

Les sanctions pénales encourues en cas de défaillance : délit d'abandon de famille. –
Article 227-3 du Code pénal :
« ... »

Hypothèse 3 : prestation compensatoire sous forme de l'attribution d'un bien ou de droits soumis à la publicité foncière
Cette prestation compensatoire d'un montant de ... *(préciser le montant)* ... € sera versée sous forme d'abandon des droits détenus sur *(précisez la nature des droits immobiliers ou du bien attribué à titre de prestation compensatoire)* par Monsieur ou Madame XX ... au bénéfice de Madame ou Monsieur YY ...
L'attribution de ce bien ou de ces droits soumis à la publicité foncière est opérée par acte dressé en la forme authentique devant notaire, annexé à la convention, conformément aux dispositions de l'article 1145 du CPC.

Fiscalité de la prestation compensatoire....

Article 2.6. – Impôts

[À compléter]

Article 2-6. – Prise en charge des frais liés à la procédure et à la liquidation

Les parties conviennent que chacun conservera à sa charge les frais de la procédure et les honoraires de son avocat.
Les frais afférents à la liquidation et au partage *[le cas échéant]* de leur régime matrimonial seront partagés par moitié entre les parties. [ou autre modalité de répartition]

Article 3 – Les conséquences du divorce pour les enfants

Rappel : Enfants (X).- X. enfants sont issus de cette union :
Hypothèse 1 : Enfant doté de discernement
Absence de demande d'audition des enfants par le juge. – Le ou les mineur(s) ont été informés par leurs parents de leur droit à être entendu par le juge, dans les conditions prévues à l'article 388-1 du Code civil. Ils ne souhaitent pas faire usage de cette faculté. La copie du formulaire d'information adressé à chacun des enfants mineurs mentionnant son droit d'être entendu dans les conditions de l'article 388-1 du Code civil est annexée à la convention.
Hypothèse 2 : Absence de discernement de l'enfant mineur
L'information prévue à l'article 229-2 1° du Code civil n'a pu être donnée, l'enfant, âgé de [Préciser l'âge] ans, n'étant pas doté du discernement nécessaire.
Hypothèse 3 : L'enfant est majeur

Article 3.1. – Autorité parentale

Exercice conjoint de l'autorité parentale. – Conformément à l'article 372 du Code civil, les parties conviennent que l'autorité parentale s'exercera de manière conjointe par les parents sur les enfants mineurs, étant précisé que l'exercice conjoint de l'autorité parentale implique notamment que :
Les parents, même séparés, prennent ensemble les décisions importantes concernant la protection de la santé, la sécurité et la moralité de l'enfant, tout en associant ces derniers aux décisions qui les concernent, selon leur âge et leur degré de maturité ;
Les parents même séparés assurent l'éducation et le bon développement de l'enfant, et doivent donc s'informer mutuellement.

Article 3. 2. – Résidence des enfants – Droit de visite et d'hébergement

Selon le choix des parents

Article 3.3. – Contribution à l'entretien et à l'éducation des enfants

A/Montant de la contribution

En droit.– L'article 371-2 du Code civil prévoit que : « ... ».
En l'espèce :
Ressources respectives des parties :
Madame/Monsieur XX ... : .... €
Monsieur/Madame XX ... : .... €

Besoins des enfants : ... € **39999** (suite)
[Détailler]
Montant de la contribution à l'éducation et l'entretien des enfants : .... €
Cette contribution ne cessera pas de plein droit à la survenance de la majorité et sera due jusqu'à ce que l'enfant ait terminé ses études ou soit éligible au revenu minimal de subsistance, sous réserve alors pour le créancier d'aliments de justifier de sa scolarité chaque année.

B/Modalités de versement de la pension alimentaire et indexation

> Intermédiation financière des pensions alimentaires depuis le 1er Janvier 2023

Les parties se déclarent informées par leurs conseils :
Des dispositions de l'article 373-2-2 du Code civil qui impose le paiement de la pension alimentaire au travers du dispositif de l'intermédiation financière des pensions alimentaires (IFPA), dispositif mis en place par le dispositif de l'ARIPA (service rattaché à la CAF) organisant la collecte de la pension auprès du débiteur et son versement au créancier d'aliments.
De la faculté pour les époux de refuser expressément la mise en place de ce dispositif de règlement de la pension alimentaire, dans le cadre de leur convention de divorce par consentement mutuel par acte sous signature privée d'avocats.
Sous réserve que dans le cadre des discussions et échanges ayant conduit à la décision de fixation de cette contribution, l'une des parties n'ait produit :
– soit une plainte déposée à l'encontre du parent débiteur pour des faits de menaces ou de violences sur le parent créancier ou l'enfant ;
– soit une condamnation pénale prononcée à l'encontre du parent débiteur pour les mêmes faits ;
– soit une décision de justice concernant le parent débiteur et mentionnant de telles menaces ou violences dans ses motifs ou son dispositif (C. civ. art. 372-2-2 II, 2° dernier al.).
La notion de décision de justice concernant le parent débiteur s'entend de toute décision judiciaire, civile ou pénale, rendue au cours ou à l'issue d'une instance à laquelle le parent débiteur était partie. Cette décision doit « mentionner », dans ses motifs ou son dispositif, les faits de menaces ou violences précités.
La simple mention de tels faits dans l'exposé du litige, notamment au titre des moyens et arguments des parties, n'est pas prise en compte. La reprise par le juge de tels faits dans sa motivation ou le dispositif de sa décision est nécessaire.
Seule la production de l'une de ces trois pièces permet la prise en compte de celle-ci, ce qui exclut de simples allégations de l'une des parties (Circulaire du ministère de la justice DACS du 28-2-2022).

Option 1 :

Les parties n'entendent pas souscrire au mécanisme d'intermédiation des pensions alimentaires géré par l'Agence de recouvrement et d'intermédiation des pensions alimentaires (ARIPA).
Les époux confirment ne pas se trouver dans un des cas ci-dessus rappelés réservant la faculté aux parties de refuser l'application de l'intermédiation financière des pensions alimentaires.
Il est précisé, qu'à tout moment par la suite, l'un des parents pourra finalement décider de la mise en œuvre de l'intermédiation financière des pensions alimentaires, même en l'absence d'impayés. Il lui suffira de prendre contact directement avec l'organisme débiteur des prestations familiales (https://www.pension-alimentaire.caf.fr/).
Les parties conviennent que la contribution à l'entretien et à l'éducation de l'enfant, hors prestations familiales et sociales, est payable d'avance entre les mains du parent créancier, douze mois sur douze, par virement ou par chèque au plus tard le 5 de chaque mois.

Option 2 :

Les époux entendent souscrire au dispositif d'intermédiation financière des pensions alimentaires, en sorte qu'un exemplaire supplémentaire de la convention de divorce prévoyant l'IFPA (CPC art. 1145) sera signé.
Les parents s'engagent, à la signature des présentes, à fournir un relevé d'identité bancaire. Me XX, avocat du créancier d'aliments, a la charge d'effectuer les démarches prévues par l'article 1146-1 CPC et de transmettre à l'organisme débiteur des prestations familiales un exemplaire de la convention mentionnée au 3° de l'article 373-2-2 du Code civil qui prévoit l'intermédiation financière mentionnée au II de ce même article ainsi qu'une attestation de dépôt délivrée par le notaire et l'ensemble des informations strictement nécessaires à l'instruction et à la mise en œuvre de l'intermédiation financière mentionnées aux 1°, 2°, 5°, 7° et 8° de l'article 1074-4 CPC ainsi que les documents et informations dont la liste figure désormais à l'article R 582-4-1 du Code de la sécurité sociale.
Ces informations sont transmises par voie dématérialisée par l'avocat du créancier, dans un délai de sept jours à compter de la réception de l'attestation de dépôt (CPC art. 1146-1).
Il appartiendra ensuite à l'organisme débiteur des prestations familiales de notifier aux parents qu'il procède à l'instruction de l'IFPA (CSS art. R 582-5).
L'article R 582-7 du Code de la sécurité sociale prévoit que la pension alimentaire est prélevée sur le compte du parent débiteur ou versée par ce dernier à l'organisme le premier, le dixième ou le quinzième jour du mois au cours duquel la pension est due, au choix du débiteur.

39999 (suite)

Elle est reversée au parent créancier au plus tard le lendemain de la réception effective de la pension par l'organisme débiteur ou le jour ouvré suivant le plus proche s'il s'agit d'un jour férié ou d'un jour non ouvré.
La pension alimentaire est revalorisée automatiquement par l'organisme débiteur des prestations familiales chaque année à la date anniversaire du titre prévoyant la pension alimentaire, en fonction de la variation de l'indice des prix à la consommation hors tabac France entière publié par l'Institut national de la statistique et des études économiques. L'indice initial est le dernier indice publié à la date du titre et l'indice retenu pour procéder à la revalorisation est le dernier indice publié à la date de revalorisation de la pension (CSS art. R 582-7).
Il est mis fin à l'intermédiation :
– sur demande d'un des parents adressée à l'organisme débiteur des prestations familiales, sous réserve du consentement de l'autre parent.
– en cas de décès de l'un ou l'autre des parents.
– lorsqu'un nouveau titre, porté à la connaissance de l'organisme débiteur des prestations familiales, supprime la pension alimentaire ou met fin à son intermédiation.
Il est rappelé que, dans l'attente de la mise en place de l'intermédiation, la contribution à l'entretien des enfants doit être payée directement par le parent débiteur au parent créancier.
Il est également rappelé que la prise en charge en nature de dépenses pour les enfants n'est pas concernée par l'intermédiation et en conséquence doit être réglée par le parent débiteur au parent créancier lorsqu'il est prévu un compte à faire entre les parties et/ou un remboursement des sommes avancées.

> INDEXATION

La contribution à l'entretien et à l'éducation des enfants est indexée sur l'indice national de l'ensemble des prix à la consommation des ménages urbains, série France entière.
Elle sera revalorisée chaque année à la date anniversaire du titre par le débiteur (la débitrice), ou par l'organisme débiteur des prestations familiales en cas d'intermédiation en fonction de la variation de l'indice mensuel des prix à la consommation des ménages urbains, série France entière sans qu'une mise en demeure soit nécessaire, selon la formule :
(Pension initiale) x (indice en cours à la date d'anniversaire du titre)
Pension revalorisée : ...
Indice du mois de la décision
La première révision interviendra le : ...

C/ Modalités de recouvrement de la pension alimentaire en cas d'impayés(...)

D/ Sanctions encourues en cas de non-paiement de la contribution à l'éducation des enfants : délit d'abandon de famille

Article 227-3 du Code pénal
« ... »

Article 3.4. – Assurance responsabilité civile

Il est rappelé que chacun des parents doit souscrire une assurance responsabilité civile chef de famille du fait des agissements de ses enfants, et ce en application des dispositions de l'article 1242 du Code civil.

Article 3.5. – La révision des modalités d'organisation de vie des enfants et de la contribution à l'éducation et à l'entretien des enfants

Les parents sont informés de ce que les mesures relatives à l'autorité parentale, l'organisation de la vie de XXXX, et la contribution à son/leur entretien et son/leur éducation, décrites ci-dessus, sont susceptibles de modification, en cas de survenance d'un élément nouveau, conformément aux dispositions de l'article 373-2-13 du Code civil :
« ... »

Recours préalable à la médiation

En cas de difficulté sur l'application ou la modification de ces mesures, les parents s'engagent, avant de saisir, le cas échéant, le Juge compétent d'une éventuelle difficulté, à recourir à une médiation afin de trouver un accord, sauf :
– Si la demande émane conjointement des deux parents afin de solliciter l'homologation d'une convention selon les modalités fixées à l'article 373-2-7 du Code civil ;
– Si l'absence de recours à la médiation est justifiée par un motif légitime (urgence, incapacité de l'un ou l'autre des parents par exemple).

Article 4 – Remise en cause de la convention

Article 4.1. – Force obligatoire de la convention

Les parties reconnaissent avoir été informées de ce que leur consentement au principe du divorce et à ses conséquences, qu'elles soient juridiques, matérielles ou financières, est donné de manière irrévocable dès la signature de la convention et de ce que ce consentement ne peut être unilatéralement remis en cause.

Article 4.2. – Intangibilité du principe du divorce

Les parties reconnaissent qu'elles ne peuvent pas contractuellement réviser les clauses de la convention relatives aux droits dont elles n'ont pas la libre disposition et notamment celles qui portent sur le principe et les effets du divorce. 39999 (suite)

Article 4.3. – Inexécution de l'une des clauses de la convention

4.3.1. Conséquences possibles de l'inexécution

Les parties sont dûment informées des dispositions de l'article 1217 du Code civil aux termes duquel :

« ... »

4.3.2. Aménagement des sanctions de l'inexécution...

Article 4.4. – Changement de circonstances

Les parties sont informées qu'aux termes de l'article 1195 du Code civil « Si un changement de circonstances imprévisible lors de la conclusion du contrat rend l'exécution excessivement onéreuse pour une partie qui n'avait pas accepté d'en assumer le risque, celle-ci peut demander une renégociation du contrat à son cocontractant. Elle continue à exécuter ses obligations durant la renégociation.

En cas de refus ou d'échec de la renégociation, les parties peuvent convenir de la résolution du contrat, à la date et aux conditions qu'elles déterminent, ou demander d'un commun accord au juge de procéder à son adaptation. À défaut d'accord dans un délai raisonnable, le juge peut, à la demande d'une partie, réviser le contrat ou y mettre fin, à la date et aux conditions qu'il fixe. »

Les parties conviennent expressément d'assumer le risque d'un changement de circonstances imprévisibles et que la convention de divorce ne pourra être remise en cause en application de l'article 1195 du Code civil.

Les parties demeurent libres de solliciter la révision de la prestation compensatoire en application des articles 275, 276, 276-3, 276-4 et 279 du Code civil et/ou de la révision de la contribution à l'entretien et l'éducation des enfants ou l'organisation de leur vie sur le fondement de l'article 373-2-13 du Code civil.

Articler 4.5. – Vices du consentement et nullité relative

Les parties sont informées des dispositions prévues aux articles 1130 du Code civil et suivants, relatives à la nullité éventuelle de la convention en cas de vices du consentement tels que l'erreur, le dol ou la violence et notamment l'état de dépendance.

En application de l'article 1184 du Code civil, les parties conviennent qu'aucune des clauses de la présente convention n'est déterminante de leur consentement sur le divorce constaté. Dès lors, elles conviennent expressément que la nullité éventuelle de l'une des clauses du contrat n'affectera pas la validité du divorce.

OU

En application de l'article 1184 du Code civil, les parties conviennent qu'aucune des clauses de la présente convention n'est déterminante de leur consentement. Dès lors, elles conviennent expressément que la nullité éventuelle de l'une des clauses du contrat n'affectera pas la validité du reste de la convention.

Article 5 – Clauses facultatives

[Au choix de l'avocat]

Article 5.1. – Accord complet

La convention représente dès sa signature la totalité de l'accord des parties relativement à son objet tel que défini dans la présente convention et se substitue à tous les accords antérieurs, écrits ou oraux, relatifs au même objet. Les engagements des parties ne pourront être modifiés, complétés ou contredits sur le fondement de déclarations effectuées ou de documents échangés pendant les négociations.

Article 5.2. – Confidentialité

Les parties s'engagent à ne pas divulguer les informations par elles échangées en exécution de la convention, à l'exception des informations déjà publiques ou dont elles auraient eu connaissance préalablement à la signature. La présente clause ne fait pas obstacle à la transmission d'une information imposée par la loi ou la réglementation d'ordre public en vigueur.

Article 5.4. – Prescription

Par accord des parties, toute action en nullité de la convention sera réputée prescrite un an après la signature du contrat ou, s'agissant d'un vice du consentement, un an après qu'il a été découvert ou a cessé.

39999 (suite) Les parties conviennent également que les actions en résolution ou en exécution de la convention seront réputées prescrites un an après l'événement qui leur donne naissance, à l'exception des actions en paiement ou en répétition visées par l'article 2254, alinéa 3 du Code civil.

Article 5.5. – Langue du contrat

Dans l'hypothèse où une traduction de la convention dans une autre langue que le français serait fournie à l'une ou l'autre des parties, toute divergence entre les deux écrits se résoudra nécessairement par application de la version française de la convention.

Article 5.6. – Médiation

Tout différend opposant les parties relativement à la convention doit être soumis, préalablement à toute action judiciaire, à la médiation d'un avocat médiateur référencé auprès du Centre national de médiation des avocats. Le médiateur est désigné d'un commun accord par les parties dans un délai de .... À défaut d'accord dans le délai, la partie la plus diligente pourra saisir le juge afin qu'il procède à cette désignation.

Article 5.7. – Droit applicable

La validité, l'exécution et l'interprétation de la convention sont soumises au droit français.

Article 6 – Formalités – Efficacité de la convention

Article 6.1. – Envoi de la convention de divorce et de ses annexes à l'Étude notariale

L'avocat le plus diligent adressera à l'Étude notariale ..., la convention de divorce et ses annexes aux fins de dépôt au rang de ses minutes, dans un délai de sept jours maximum suivant la date de la signature de la présente convention.
Les annexes prévues par la loi et le décret font parties intégrantes du présent acte.

Article 6.2. – Dépôt de la convention au rang des minutes de l'Étude notariale [à compléter]

Conformément aux dispositions des articles 229-1 et 229-4 du Code civil, cette convention sera déposée au rang des minutes de l'Étude notariale ..., sise à ... (ou) Maître ..., Notaire à ...
Le dépôt de la convention interviendra dans un délai de 15 jours maximum suivant la date de la réception de la convention par le notaire.
Ce dépôt donnera ses effets à la convention de divorce en lui conférant date certaine et force exécutoire.

Article 6.3. – Formalités d'enregistrement de la convention

Hypothèse où la convention de divorce comporte une liquidation et un partage du régime matrimonial :
L'avocat de Madame ou Monsieur XX ... ou Monsieur ou Madame YY ... adressera aux impôts le quatrième original destiné à la formalité de l'enregistrement, accompagné de ses annexes, dans le délai d'un mois à compter de la date du dépôt.
Hypothèse où il existe un acte authentique de liquidation et de partage avec biens soumis à publicité foncière ou prestation compensatoire portant sur des biens soumis à publicité foncière).
Maître NN ..., notaire, adressera aux impôts le quatrième original destiné à la formalité de l'enregistrement, accompagné de ses annexes, dans le délai d'un mois à compter de la date du dépôt.
Hypothèse où il n'y a pas lieu à liquidation et partage mais une prestation compensatoire soumise à enregistrement :
L'avocat de Madame ou Monsieur XX ... ou Madame ou Monsieur YY ..., adressera aux impôts le quatrième original destiné à la formalité de l'enregistrement, accompagné de ses annexes, dans le délai de XXX à compter de la date du dépôt (NB : pas de délai impératif dans cette hypothèse).

Article 6.4. – Transcription du divorce

L'avocat de Madame ou Monsieur XX ... ou Madame ou Monsieur YY ... adressera l'attestation de dépôt de la convention à l'officier d'état civil du lieu de leur mariage aux fins de la transcription de la mention du divorce en marge de l'acte de mariage.

Article 7 – Dispositions propres à l'acte sous signature privée contresigné par avocats

Article 7.1. – Obligation de conseil de l'avocat

Conformément aux dispositions de l'article 66-3-1 de la loi n° 71-1130 du 31 décembre 1971 créé par la loi n° 2011-331 du 28 mars 2011, art. 3 : « En contresignant un acte sous seing privé, l'avocat atteste avoir éclairé pleinement la ou les parties qu'il conseille sur les conséquences juridiques de cet acte. » Madame ou Monsieur XX et Monsieur ou Madame XX, éclairés par leurs conseils respectifs, ont décidé de régler de manière complète et définitive les effets et les conséquences du divorce dans les termes énoncés par la présente convention.

Article 7.2. – Sincérité des mentions portées à l'acte

Les parties reconnaissent avoir pris connaissance de l'article 1374 du Code civil qui dispose que :
« ... »
Les avocats soussignés certifient et attestent que l'identité complète des parties dénommées aux termes des présentes, telle qu'indiquée en tête de la présente convention a été régulièrement justifiée par la production des pièces suivantes : actes de naissance de moins de trois mois, acte de mariage de moins de trois mois, pièce d'identité en cours de validité, le cas échéant, contrat de mariage.
Les parties certifient exactes les déclarations les concernant contenues dans la présente convention, puis les avocats soussignés ont recueilli leurs signatures en dernière page et ont eux-mêmes paraphé et signé.
Fait à ... *[Lieu]*, en trois *[quatre si enregistrement, voire cinq en cas de recours au mécanisme d'intermédiation des pensions alimentaires]* exemplaires originaux, le ...*[Date]*
Madame/Monsieur XX ...
Maître XX ...
Madame/Monsieur YY ...
Maître YY ...
NB : À dater et signer et parapher 1) par les parties 2) par les avocats

2. PROCÉDURE JUDICIAIRE DE DIVORCE PAR CONSENTEMENT MUTUEL

FORME DE DIVORCE SUBSIDIAIRE

Depuis l'entrée en vigueur du divorce par consentement mutuel contractuel, le divorce par consentement mutuel par voie judiciaire n'est plus librement ouvert aux époux. Ce type de divorce ne peut désormais être demandé par les époux qu'à la **condition** qu'un de leurs enfants mineurs ait demandé à être entendu par le juge à l'occasion d'un divorce contractuel (C. civ. art. 230). Les parties n'ont donc pas le choix : si les époux veulent divorcer par consentement mutuel, c'est nécessairement sans juge dès lors qu'ils n'ont pas d'enfants mineurs, ou que ceux-ci ne sont pas dotés de discernement ou ne demandent pas à être entendus (n° 39842). **40001**
Mais la procédure reste judiciaire même si l'enfant renonce par la suite à son audition (Circ. JUSC1638274C du 26-1-2017 fiche 4).

Le divorce par consentement mutuel n'est pas ouvert aux **majeurs protégés** que la procédure soit judiciaire (C. civ. art. 249-4) ou purement conventionnelle (C. civ. art. 229-2). **40002**

REPRÉSENTATION DES PARTIES AU DIVORCE PAR CONSENTEMENT MUTUEL JUDICIAIRE

Les conjoints peuvent se faire représenter par le **même avocat** ou par des **avocats différents** (C. civ. art. 250, al. 1). Si le consentement mutuel échoue et qu'une autre procédure est engagée, par exemple pour faute, l'avocat initialement choisi ne pourra pas devenir le conseil d'un des époux, sauf à encourir des sanctions professionnelles. Il en va ainsi même si l'autre conjoint a donné son accord (Cass. 1e civ. 20-1-1993 n° 91-15.548 : Bull. civ. I n° 22). **40004**

a. Saisine du tribunal en cas de divorce par consentement mutuel

REQUÊTE EN DIVORCE PAR CONSENTEMENT MUTUEL

Requête unique Le divorce par consentement mutuel relève de la **matière gracieuse** (CPC art. 1088). Les époux saisissent ensemble le tribunal par une requête unique en divorce établie en leur nom (CPC art. 1089). La requête n'indique pas les faits à l'origine de la demande (CPC art. 1090, al. 1). **40008**
À peine d'irrecevabilité, elle **doit contenir** (CPC art. 1090) :
– les nom, prénoms, profession, résidence, nationalité, date et lieu de naissance de chacun des époux, date et lieu de leur mariage et les mêmes indications, le cas échéant, pour chacun de leurs enfants ;
– les renseignements prévus à l'article 1075 du CPC (n° 39250) ;
– l'identification de la juridiction devant laquelle la demande est portée ;
– le nom des avocats chargés par les époux de les représenter, ou de celui qu'ils ont choisi à cet effet d'un commun accord.

Sous la même sanction, la requête est **datée et signée** par chacun des époux et leur avocat (CPC art. 1090).

40010 La requête vaut **conclusions**. La **saisine** de la juridiction résulte de la remise de la requête unique au greffe de la juridiction (CPC art. 1092).

40012 **Liquidation judiciaire d'un époux** L'époux en liquidation judiciaire a seul qualité pour intenter une action en divorce ou y défendre. Le liquidateur judiciaire d'un époux n'a donc pas à signer la requête en divorce ni à intervenir à la procédure. Cette règle vaut aussi pour la fixation de la prestation compensatoire mise à la charge du débiteur, même si elle consiste en l'abandon à son ex-conjoint d'un bien lui appartenant. Le liquidateur peut néanmoins faire tierce opposition (Cass. com. 16-1-2019 n° 17-16.334 FS-PB). La reconnaissance d'un droit propre au débiteur en ce domaine se justifie au regard des considérations personnelles et familiales qui président au divorce. Le liquidateur n'a pas à connaître de l'intervention du juge aux affaires familiales, dont le rôle est de préserver les intérêts des enfants et d'éviter qu'un époux soit lésé.

DOCUMENTS ANNEXES À LA REQUÊTE EN DIVORCE PAR CONSENTEMENT MUTUEL

40020 À peine d'irrecevabilité, la requête doit être accompagnée des documents suivants, datés et signés par les deux époux et leur(s) avocat(s) (CPC art. 1091) :
– **formulaire d'information** de l'enfant mineur demandant à être entendu ;
– **convention** datée et signée des époux et de leur avocat réglant les conséquences du divorce ;
– **acte liquidatif** ou déclaration qu'il n'y a pas lieu à liquidation.
Ces documents sont complémentaires : la liquidation permet de fixer la consistance des patrimoines des époux et ainsi de déterminer s'il y a lieu de prévoir une prestation compensatoire dans la convention de divorce.

40022 **Convention réglant les effets du divorce** Le divorce par consentement mutuel ne donne lieu, en principe, qu'à une seule audience. Les époux ne peuvent pas se contenter de fournir un projet de convention appelé à être affiné en fonction des observations du juge : la convention jointe à la requête en divorce doit être définitive, précise et consigner point par point tous les **effets juridiques de la séparation** du couple (CPC art. 1091).
Elle **prévoit notamment** :
– la possibilité ou non pour la femme une fois divorcée de porter le nom de son conjoint ;
– le lieu de résidence de chacun et l'attribution définitive du logement familial ;
– les conditions d'exercice de l'autorité parentale sur les enfants et notamment la résidence alternée des enfants.
En cas de résidence alternée des enfants, il est utile de désigner le parent qui sera attributaire des prestations familiales ;
– le montant des pensions alimentaires dues pour les enfants ;
– le versement ou non d'une prestation compensatoire et les conditions de sa révision ;
– le sort des donations et avantages matrimoniaux qu'ont pu se consentir les époux ;
– la répartition entre les conjoints du coût de la procédure.
Pour **plus de précisions** sur l'élaboration de cette convention, voir le Mémento Droit de la famille.

40024 Lorsqu'une **prestation compensatoire** est prévue, les époux doivent fournir au juge une **déclaration sur l'honneur** certifiant l'exactitude de leurs ressources, revenus, patrimoine et conditions de vie (CPC art. 1075-1 et C. civ. art. 272 ; n°s 39252 s.).

40026 Lorsque des **biens ou** des **droits** sont **attribués à titre de prestation compensatoire** (C. civ. art. 274, al. 2), la convention homologuée doit en préciser la valeur (CPC art. 1080, al. 1).
Lorsque ces biens ou droits sont soumis à la publicité foncière, elle précise en outre les mentions nécessaires à la publication du titre de propriété dans les formes prévues pour la publicité foncière (CPC art. 1080, al. 2).
L'**omission matérielle** de l'indication de la valeur des biens peut être réparée par la juridiction qui a rendu la décision, ou celle à laquelle elle est déférée, si cette rectification ne modifie pas les droits et obligations reconnus aux parties (Cass. 1e civ. 1-7-2009 n° 08-18.344 F-D : Gaz. Pal. 7-11-2009 p. 18 note E. Mulon).

État liquidatif en cas de divorce par consentement mutuel judiciaire

40031 Les époux doivent organiser la **liquidation** de leur **régime matrimonial** avant le prononcé de leur divorce.
Ceux qui possèdent des biens communs ou qui sont propriétaires de biens indivis doivent produire un état liquidatif (CPC art. 1091).

Les époux qui n'ont ni biens communs ni biens indivis, ni aucune dette entre eux ou récompense due, font la déclaration qu'il n'y a pas lieu à liquidation (CPC art. 1091).

Le document doit prendre la **forme** d'un acte notarié si la liquidation porte sur des biens soumis à publicité foncière, ce qui vise principalement les **immeubles** et droits immobiliers (CPC art. 1091 ; pour une illustration, Cass. 2e civ. 28-3-1979 n° 77-15.598 : Bull. civ. II n° 97). **40033**
S'il n'y a que des **meubles**, la convention définitive se borne souvent à indiquer que le partage des biens a déjà été fait. Elle précise alors la valeur de ces biens, qui sert de base au calcul du droit de partage.

La liquidation doit porter sur l'ensemble des **droits et biens communs ou indivis** (Cass. 2e civ. 11-7-1985 n° 84-14.220 : Bull. civ. I n° 138) et sur l'ensemble des dettes. Même les époux mariés sous le régime de la séparation de biens doivent faire homologuer leur convention incluant l'état liquidatif par le JAF (Cass. 1e civ. 10-3-1998 n° 95-19.692 : Bull. civ. I n° 106). À défaut le divorce ne peut pas être prononcé. **40036**
En revanche, la liquidation n'emporte pas nécessairement le **partage des biens**. Les époux peuvent décider de rester en indivision. Ils peuvent alors conclure une convention d'indivision.

En cas d'**omission d'un bien ou d'une dette** dans l'état liquidatif, les ex-époux peuvent procéder à un partage amiable du bien omis. Dans ce cas, le partage, même non formalisé par une nouvelle convention homologuée, ne pourra plus être contesté par les époux (Cass. 2e civ. 27-1-2000 n° 97-14.657 : Bull. civ. II n° 18). **40038**
En l'**absence d'accord**, un ex-époux peut saisir le tribunal d'une demande en partage complémentaire (Cass. 1e civ. 30-9-2009 n° 07-12.592 FS-PB, à propos de l'omission d'une dette ; Cass. 1e civ. 13-12-2012 n° 11-19.098 FS-PBI, à propos de l'omission d'une récompense). Il semble également possible de prévoir, dans l'état liquidatif, une clause précisant que s'il apparaît qu'un bien a été involontairement omis, il sera partagé par moitié. Une telle clause devrait être admise par la Cour de cassation puisqu'elle permet d'assurer un partage complet des biens communs ou indivis.
En cas d'omission volontaire d'un bien dans l'état liquidatif, ou de dissimulation volontaire de sa valeur, la Cour de cassation admet que l'époux lésé puisse demander l'application des sanctions de **recel** (Cass. 1e civ. 26-1-1994 n° 92-10.513 ; Cass. 1e civ. 1-6-2011 n° 10-30.205 F-PBI : BPAT 4/11 inf. 225). Dans une telle hypothèse, l'époux victime peut aussi demander réparation, à l'auteur de la faute, du préjudice subi.

Seule la **convention homologuée** par le JAF est valable dans le cadre d'un divorce par consentement mutuel judiciaire. Une convention sous signature privée, portant règlement des intérêts patrimoniaux des époux, conclue pendant l'instance en divorce et non soumise à l'homologation du juge ne peut avoir aucun effet (Cass. 1e civ. 10-3-1998 n° 95-19.692 : Bull. civ. I n° 106). **40040**
Les **époux séparés de biens**, qui peuvent procéder au partage de biens indivis indépendamment de la liquidation de leur régime matrimonial, devront distinguer soigneusement les accords conclus en dehors de toute prévision de divorce et ceux qui l'ont été en vue du divorce, lesquels sont nuls s'ils ne sont pas homologués (Cass. 1e civ. 12-12-2007 n° 05-20.039 FS-D).

Organisation de la séparation pendant le temps de la procédure

L'élaboration de la convention prend du temps. Pendant cette phase, les époux peuvent avoir besoin d'organiser leur séparation. Sur cette question, voir n° 39849. **40042**

b. Audience de divorce par consentement mutuel

CONVOCATION À L'AUDIENCE DE DIVORCE PAR CONSENTEMENT MUTUEL

Après avoir procédé à l'audition du mineur ou, en l'absence de discernement, après avoir refusé son audition (nos 39110 s.), le juge aux affaires familiales convoque les conjoints par **lettre** simple expédiée au moins quinze jours avant la date fixée pour leur audition (CPC art. 1092, al. 2). Il avise le ou les avocats (CPC art. 1092, al. 2). **40050**
Il n'existe pas de délai minimum légalement requis entre la demande et la date d'audience.

DÉROULEMENT DE L'AUDIENCE DE DIVORCE PAR CONSENTEMENT MUTUEL

Les **époux** doivent être présents à l'audience. **40055**
Le **juge** examine la demande avec chacun des époux puis les réunit. Il appelle ensuite le ou les **avocats** (C. civ. art. 250).

Le **juge vérifie** la recevabilité de la requête. **40057**
Il s'assure que la volonté de chacun des époux est réelle et que leur consentement est libre et éclairé. Il attire l'attention des conjoints sur l'importance des engagements pris par eux, notamment quant à l'exercice de l'autorité parentale (CPC art. 1099).

Il veille aussi à ce que les intérêts des enfants et de chacun des époux soient suffisamment préservés (C. civ. art. 232). Dans le cas contraire, il refuse d'homologuer la convention et de prononcer le divorce.
En revanche, le juge aux affaires familiales n'exercice **aucun contrôle** sur les mobiles ayant conduit les époux au divorce.

ILLUSTRATIONS

Pour prononcer le divorce, le juge ne peut pas se borner à énoncer que les dispositions retenues préservent suffisamment les **intérêts des époux** ; il doit également vérifier que la convention préserve les **intérêts des enfants** (Cass. 2e civ. 24-2-2000 n° 98-19.177 : Bull. civ. II n° 33).

c. Prononcé du divorce et homologation de la convention

PRONONCÉ IMMÉDIAT DU DIVORCE PAR CONSENTEMENT MUTUEL

40060 Le divorce peut être prononcé dès la **première comparution** devant le juge. En effet, si celui-ci considère que la volonté des époux est réelle et que les intérêts de chacun sont suffisamment protégés, il homologue la convention et prononce le divorce (C. civ. art. 232 et 250-1 ; CPC art. 1099).

40062 En présence de **clauses contraires à l'intérêt des enfants ou de l'un des époux**, le juge peut, avec l'accord des parties, en présence du ou des avocats, les faire supprimer ou modifier (CPC art. 1099). Puis il rend sur-le-champ un jugement par lequel il homologue la convention amendée et prononce le divorce.
Si les modifications demandées nécessitent la mise en conformité de l'acte liquidatif et si celui-ci est notarié, le juge devra, avant d'homologuer la convention, laisser un délai aux époux pour faire modifier l'acte par le notaire.

40063 Une fois devenu définitif, le jugement doit faire l'objet d'une **publication** en marge de l'acte de mariage et des actes de naissance des conjoints (nos 39282 s.).

REFUS D'HOMOLOGATION DE LA CONVENTION DE DIVORCE PAR CONSENTEMENT MUTUEL

40070 Si la convention ne préserve pas suffisamment les intérêts des enfants ou de l'un des époux, le juge refuse de l'homologuer (C. civ. art. 232, al. 2). Dans ce cas, il rend sur-le-champ une **ordonnance d'ajournement** qui précise les conditions ou garanties auxquelles seront subordonnés l'homologation de la nouvelle convention et le prononcé du divorce (CPC art. 1100).
Si le juge constate que la volonté d'un des époux de divorcer par consentement mutuel n'existe plus, il peut rejeter purement et simplement la demande (Cass. 2e civ. 29-9-1982 n° 81-15.692 : Bull. civ. II n° 116).

40072 L'ordonnance comprend, le cas échéant, les **mesures provisoires** sur lesquelles les époux s'accordent, à condition que ces dispositions soient conformes à l'intérêt des enfants (C. civ. art. 250-2, al. 1 ; CPC art. 1100, al. 4). Pour permettre la mise au point de ces mesures, le juge accorde le cas échéant une suspension d'audience, le temps que les époux et leur(s) avocat(s) rédigent une convention. Le juge peut faire supprimer ou modifier certaines mesures provisoires qui lui paraissent contraires à l'intérêt de l'enfant.
À défaut d'accord des époux sur les mesures provisoires, le juge n'a pas qualité pour se substituer à eux. Il ne peut pas ordonner de mesures provisoires. À notre avis, la question des mesures provisoires n'est pas de nature à bloquer la procédure de divorce puisqu'elles ne sont pas obligatoires.

40074 **Délai pour présenter une nouvelle convention de divorce** Les époux disposent d'un délai maximal de six mois pour présenter une nouvelle convention (C. civ. art. 250-2, al. 2 ; CPC art. 1100). Ce délai est rappelé dans l'ordonnance d'ajournement (CPC art. 1100). Il est suspendu en cas d'appel (CPC art. 1101, al. 1).
Lorsque les époux présentent leur nouvelle convention, ils sont **convoqués** dans les mêmes formes et délais que la première fois (CPC art. 1101, al. 3).
S'ils ne respectent pas le délai de six mois ou si le juge refuse d'homologuer la nouvelle convention présentée, la **demande en divorce** est **caduque** (CPC art. 1101, al. 2 et 3). Un second ajournement n'est pas possible.
Le juge constate, par ordonnance, la caducité de la demande en divorce (CPC art. 1101, al. 2 et 3).

d. Recours contre un jugement de divorce par consentement mutuel

PRINCIPE DU RECOURS CONTRE UN JUGEMENT DE DIVORCE PAR CONSENTEMENT MUTUEL ADMIS

Même si le divorce par consentement mutuel relève de la matière gracieuse, la **décision du JAF** demeure une décision à caractère juridictionnel susceptible de recours. Par extension, la **convention** a aussi un caractère juridictionnel : une fois homologuée, elle a la même force exécutoire qu'une décision de justice (C. civ. art. 279, al. 1). **40075**

RECOURS DES ÉPOUX CONTRE UN JUGEMENT DE DIVORCE PAR CONSENTEMENT MUTUEL

La décision qui prononce le divorce par consentement mutuel n'est pas susceptible d'**appel** (CPC art. 1102, al. 1). **40080**
En revanche, peuvent faire l'objet d'un appel (CPC art. 1102, al. 1) :
- l'ordonnance d'ajournement ou de caducité ;
- le jugement qui refuse le divorce ;
- la décision déclarant la requête irrecevable.

Le **délai** d'appel est de 15 jours à compter de la date de la décision (CPC art. 1102, al. 2).

La décision du JAF qui homologue les conventions des époux et prononce le divorce peut faire l'objet d'un **pourvoi en cassation**. Le **délai** pour agir est de quinze jours à compter du prononcé de la décision (CPC art. 1103). **40082**
Durant le délai de pourvoi et la procédure devant la Cour de cassation, l'effet du jugement de divorce est suspendu, sauf pour les dispositions de la convention homologuée portant sur la contribution à l'entretien et à l'éducation des enfants, et l'exercice de l'autorité parentale (n° 39300).

> **Précisions a.** En pratique, les **cas d'ouverture du pourvoi en cassation** sont limités. La cassation a pu être prononcée, par exemple, dans un cas où le juge n'a pas expressément constaté que la convention préservait suffisamment les intérêts des enfants (Cass. 2e civ. 27-5-1998 n° 96-18.620 : Bull. civ. II n° 165). Doit également être annulée la décision ayant homologué une convention comportant un état liquidatif sous signature privée alors qu'il portait sur un immeuble (Cass. 2e civ. 28-3-1979 n° 77-15.598 : Bull. civ. II n° 97).
> **b.** Le **délai pour exercer un pourvoi** contre un arrêt rendu en appel, par exemple sur le recours contre une décision de non-homologation, pourrait varier en fonction de la décision : 15 jours si la cour d'appel a infirmé le jugement déféré et prononcé en définitive le divorce ou, en l'absence de disposition spéciale, deux mois si elle a confirmé le refus de prononcer le divorce, car dans ce dernier cas, c'est le droit commun qui s'applique.

Remise en cause de la convention homologuée Le prononcé du divorce et l'homologation de la convention ont un caractère indissociable. La convention ne peut donc plus être remise en cause une fois le divorce définitif, c'est-à-dire une fois le **délai de pourvoi** en cassation expiré. C'est une application de l'adage : voies de nullité n'ont lieu contre les jugements. **40086**
Sur l'application de la sanction de recel en cas d'**omission volontaire** d'un bien dans l'état liquidatif, voir n° 40038.
L'**intangibilité de la convention** homologuée a été énoncée à l'occasion d'une demande en rescision pour lésion (Cass. 2e civ. 6-5-1987 n° 86-10.107 : Bull. civ. II n° 103). Elle est rappelée par une jurisprudence constante.

ILLUSTRATIONS

Est irrecevable :
- la demande en nullité de la convention, quel que soit le motif invoqué, par exemple un vice du consentement (Cass. 2e civ. 13-11-1991 n° 90-17.840 : Bull. civ. II n° 303), ou une atteinte à la vie privée et à l'ordre public (Cass. 2e civ. 2-4-1997 n° 93-16.995 : Bull. civ. II n° 103). Dans cette affaire, une clause stipulait que la soulte due par l'un des conjoints, en contrepartie de l'attribution du logement familial, serait payable lorsque le dernier des enfants travaillerait mais qu'elle devrait être versée dans les trois mois, à défaut d'habitation exclusive par l'attributaire, son père et ses enfants, ce qui avait pour effet de restreindre sa liberté de refaire sa vie avec un tiers ;
- l'action en rescision pour lésion contre l'accord non homologué conclu par les époux en marge de la convention et dont le contenu est conforme à celle-ci (Cass. 1e civ. 3-3-2010 n° 08-70.214 FS-D) ;

– la demande en répétition de l'indu formée par un époux victime d'une erreur dans la liquidation des droits patrimoniaux (Cass. 2e civ. 6-2-2003 n° 01-14.806 FS-D).
En revanche, **est recevable** l'action en rectification d'une erreur purement matérielle (Cass. 2e civ. 31-3-2011 n° 09-72.791 F-D) ; l'erreur de calcul portant sur la liquidation des droits des époux ne peut cependant pas être assimilée à une erreur matérielle (Cass. 2e civ. 6-2-2003, précité).

RECOURS DES TIERS CONTRE UN DIVORCE PAR CONSENTEMENT MUTUEL

40090 Les créanciers de chacun des époux peuvent faire déclarer que la convention homologuée leur est inopposable en formant **tierce opposition** contre la décision d'homologation (CPC art. 1104). Le délai pour agir est d'un an à compter du jour où les formalités de mention en marge des actes d'état civil des époux ont été accomplies.
Mais l'**action paulienne** est irrecevable : après son homologation par le jugement de divorce la convention revêt la même force exécutoire qu'une décision de justice (Cass. 2e civ. 25-11-1999 n° 97-16.488 : Bull. civ. II n° 177 ; dans le même sens, à propos de l'action en inopposabilité pour fraude intentée par les héritiers d'un époux, Cass. 1e civ. 23-11-2011 n° 10-26.802 FS-PBI : BPAT 1/12 inf. 6).
Conformément au **droit commun des obligations**, la convention n'a cependant de force obligatoire qu'entre les époux et ne peut avoir pour effet d'éteindre la dette d'un conjoint à l'égard d'un créancier si ce dernier n'a pas donné son accord (Cass. 1e civ. 2-6-1992 n° 90-17.499 : Bull. civ. I n° 168).

> **Précisions** **Remise en cause de la convention en cas de procédure collective d'un des époux.** Le principe d'indivisibilité de la convention et du divorce peut être remis en cause dans le cadre de la procédure de redressement ou de liquidation judiciaire ouverte à l'encontre d'un des époux :
– certains actes passés par cet époux entre la date à laquelle il a cessé ces paiements et celle de l'ouverture de la procédure collective – **période** dite **suspecte** – peuvent être annulés mais seulement à la demande des organes de la procédure (C. com. art. L 632-1 et L 632-2), pas du conjoint (Cass. com. 12-6-2001 n° 98-19.873 FS-P : RJDA 12/01 n° 1230). Sont notamment concernés les transferts de propriété à titre gratuit, les contrats notablement déséquilibrés ou encore les paiements de dettes non échues intervenus pendant cette période ;
– en application des dispositions précitées, qui sont d'ordre public, peut être demandée l'annulation de l'**état liquidatif** compris dans une convention dont l'homologation a été transcrite en période suspecte (Cass. 1e civ. 25-1-2000 n° 97-21.119 : Bull. civ. I n° 19), même si cet acte contient des dispositions relatives aux créances alimentaires ou à la prestation compensatoire (Cass. com. 7-11-2006 n° 04-18.650 FS-PBIR : RJDA 8-9/07 n° 872). Mais l'abandon de la quote-part d'un bien immobilier au titre de l'accomplissement d'un devoir de secours ne constitue pas le paiement d'une dette non échue au jour du paiement au sens de l'article L 632-1, 3° (Cass. com. 7-11-2006, précité).

e. Révision du jugement de divorce par consentement mutuel

PRINCIPE

40095 En principe, seule une **nouvelle convention** décidée par les ex-époux et homologuée par le JAF peut modifier la convention (C. civ. art. 279, al. 2).
Cependant, les **mesures concernant les enfants** peuvent toujours être modifiées par le juge (C. civ. art. 373-2-13 ; n° 40308). C'est le cas, par exemple, pour la révision des modalités d'exercice de l'autorité parentale ou des pensions alimentaires (Cass. 2e civ. 18-12.1996 n° 93-16.173 : Bull. civ. II n° 293). Il suffit de rapporter la preuve d'un élément nouveau sans qu'il soit nécessairement grave.

40097 La révision de la **prestation compensatoire** est soumise au même régime quelle que soit la procédure de divorce suivie dès lors que la prestation a été décidée conventionnellement par les époux et a été homologuée par le juge. Les époux peuvent prévoir dans leur convention que chacun d'eux pourra, en cas de changement important dans les ressources et/ou les besoins de l'un ou l'autre, demander au juge de la réviser (C. civ. art. 279, al. 3). À défaut d'avoir prévu une telle possibilité, ils peuvent demander la révision de la prestation dans les conditions de droit commun (n° 39384).

f. Frais de justice du divorce par consentement mutuel

PARTAGE PAR MOITIÉ

40098 Les dépens de l'instance de divorce sont partagés par moitié entre les époux. La convention homologuée peut décider d'une répartition différente, sans toutefois mettre à la charge de l'époux qui bénéficie de l'aide juridictionnelle plus de la moitié des dépens de l'instance (CPC art. 1105).

MODÈLE Requête conjointe en divorce par consentement mutuel (C. civ. art. 230) 40100

REQUÊTE EN DIVORCE PAR CONSENTEMENT MUTUEL

À Madame ou Monsieur le Juge aux Affaires familiales du tribunal judiciaire de *(ville)*

Madame/Monsieur *(identification complète du conjoint, adresse, profession, et renseignements sociaux : informations relatives à l'immatriculation à la sécurité sociale, à la complémentaire santé, à la caisse d'allocations familiales et à la caisse de retraite.)*

ET

Madame/Monsieur *(identification complète du conjoint, adresse, profession, et renseignements sociaux : informations relatives à l'immatriculation à la sécurité sociale, à la complémentaire santé, à la caisse d'allocations familiales et à la caisse de retraite)*

Ayant pour avocat *(identification complète de l'avocat)*

Ont l'honneur de vous exposer

Qu'ils ont contracté mariage le *(date du mariage)* à *(mairie du lieu de mariage)* sous le régime de *(régime matrimonial)*. Que leur union a été précédée d'un contrat de mariage reçu par M^e^ *(identification du notaire)*.

Que (*nombre d'enfants*) enfants sont issus de cette union *(identification complète des enfants)*

Que Monsieur/Madame a (*nombre d'enfants*) enfants d'une autre union (le cas échéant préciser l'identification complète de ces enfants)

OBJET DE LA DEMANDE

Les époux déclarent n'être placés sous aucun des régimes de protection de l'article 249-4 du Code civil, et demandent conjointement au Juge aux affaires familiales de bien vouloir :

– les convoquer pour constater la recevabilité de la requête,

– constater la réalité de leur mutuelle volonté et leur libre accord,

– en conséquence prononcer le divorce en application des articles 230, 232, 250 à 250-3 du Code civil et 1088 à 1105 du Code de procédure civile,

– homologuer la convention portant règlement complet du divorce annexée à la présente requête.

Préalablement ils vous demandent :

– de constater que (*nom et prénom de l'enfant mineur du couple*), enfant mineur du couple, a exprimé son souhait d'être entendu(e) par le juge dans le cadre du divorce de ses parents ;

– de procéder à l'audition de l'enfant ;

– de convoquer les époux pour constater la recevabilité de la requête et les entendre en leurs explications.

Fait à *(ville)* le *(date)*

Bordereau de pièces annexées :

1. Formulaire d'information par lequel l'enfant demande à être entendu par le juge

2. Convention portant règlement complet des effets du divorce

3. Livret de famille

4. Extraits d'actes de naissance des époux

5. Acte de mariage

6. Extraits d'actes de naissance des enfants communs

7. Déclarations sur l'honneur des ressources, patrimoines et condition de vie des époux

8. Bulletins de salaire

9. Avis d'imposition.

EXEMPLE DE CONVENTION PORTANT RÈGLEMENT COMPLET DES EFFETS DU DIVORCE (CPC ART. 1091)

ENTRE :

Madame *(identification du conjoint)*

Affiliée CPAM

ET

Monsieur *(identification du conjoint)*

Affilié RSI

Ayant tous deux pour Avocat *(identification complète de l'avocat)*

A – PRÉCISIONS D'ÉTAT CIVIL

Les époux ont contracté mariage le *(date)* à *(ville)* sous le régime de la communauté de biens réduite aux acquêts, hors contrat.

Deux enfants sont issus de cette union *(identification et âge des enfants)*.

B – SUR LES CONSÉQUENCES DU DIVORCE

I – Concernant les époux

1. Sur la résidence séparée

Les époux résident séparément depuis le *(date)*.

Madame *(nom)* a maintenu sa résidence dans l'ancien domicile conjugal, soit *(adresse)*.

Monsieur *(nom)* réside *(adresse)*.

40100 (suite)

2. Sur la prestation compensatoire

Monsieur, dirigeant de société, a perçu *(montant)* € de rémunérations du 1er *(mois)* 2022 au 1er *(mois)* 2023, soit une rémunération mensuelle moyenne de *(montant)* €.

Madame, salariée d'une entreprise, a perçu *(montant)* € de salaires au cours de l'année 2023, soit un salaire mensuel de *(montant)* € net.

Cette différence justifie que Madame bénéficie d'une prestation compensatoire en application des dispositions de l'article 270 du Code civil.

Monsieur versera à Madame, qui l'accepte, un capital de 30 000 €. Celui-ci sera réglé dans un délai de cinq ans par échéances mensuelles de 500 € qui ne seront pas indexées.

3. Sur les avantages matrimoniaux

Les époux entendent révoquer les donations et avantages qu'ils s'étaient consentis et en particulier les donations à cause de mort.

4. Sur le nom marital

Madame *(nom)* ne conservera pas l'usage du nom marital.

II – Concernant les enfants

1. Sur l'autorité parentale

L'autorité parentale s'exercera conjointement sur leur fils *(nom de l'enfant mineur)*, mineur au jour de la présente.

2. Sur la résidence habituelle de l'enfant

Depuis le mois de *(date)*, une résidence alternée de fait a été organisée pour l'ensemble de la fratrie, sans difficulté particulière.

Les parties décident donc de poursuivre la résidence alternée de leur fils *(nom de l'enfant)* à raison d'une semaine chez chacun des parents du lundi matin à la reprise des cours au lundi suivant à la même heure.

3. Sur l'organisation des vacances estivales des années...

Elle se fera d'un commun accord et à défaut :

- la première moitié du mois de juillet et d'août chez la mère,
- la seconde moitié du mois de juillet et d'août chez le père.

À l'été de l'année... leur fils *(nom de l'enfant)* sera majeur.

4. Sur la part contributive à l'éducation et à l'entretien des enfants

D'un commun accord, eu égard à leurs ressources respectives, aux frais d'éducation et d'entretien de leurs enfants et à la résidence alternée, les parties décident qu'il n'y a pas lieu à versement de contribution à ce titre.

Les enfants seront rattachés au foyer fiscal de leur mère/leur père.

III – Concernant les biens

Les époux ont comparu le *(date)* par-devant Maître *(nom du notaire)*, Notaire, aux fins de liquidation de la communauté sous condition du prononcé du divorce.

Les époux sollicitent donc l'homologation judiciaire de l'acte notarié ci-après annexé.

1. Sur la date de jouissance divise

Les parties conviennent expressément de fixer la date de jouissance divise au *(date)*.

2. Sur la date de dissolution de la communauté

Les parties conviennent expressément de fixer la date de dissolution de la communauté au *(date)*.

3. Sur les biens mobiliers

Les époux se sont partagés d'un commun accord les biens mobiliers en deux lots équivalents et n'entendent pas y revenir.

4. Sur les véhicules

Madame *(nom)* conserve la propriété du véhicule *(identification du véhicule)*.

5. Sur le bien immobilier

Madame *(nom)* se voit attribuer la pleine propriété de la maison sise *(adresse)* d'une valeur de *(montant)* €.

6. Sur les parts sociales

Monsieur *(nom)* se voit attribuer la pleine propriété de la totalité des parts de la société *(identification de la société)* d'une valeur de *(montant)* €.

7. Sur l'épargne commune

Le partage de l'épargne commune a été déterminé en page *(numéro de la page)* du projet liquidatif de communauté du *(date)* ci-après annexé pour un total de :

- *(montant)* € pour Madame,
- *(montant)* € pour Monsieur.

Les parties en sollicitent homologation pure et simple.

8. Sur le passif commun

Madame *(nom)* remboursera personnellement :

- Le solde débiteur du compte *(identification du compte)*
- Le solde du prêt immobilier

9. Sur l'impôt sur le revenu

Les parties effectuent des déclarations fiscales distinctes.

Chacune demeure personnellement responsable de son imposition sur le revenu.

10. Sur la taxe d'habitation

Les parties résident séparément depuis *(date)*.

Chacune demeure donc personnellement débitrice de sa taxe d'habitation et des contributions attachées.

11. Sur les taxes foncières

Madame *(nom)* supportera intégralement l'impôt foncier dû au titre de l'année 2023 et payable en 2024 sur le bien *(identification du bien)*.

12. Sur les taxes, droits, impositions et redevances sociales

Monsieur *(nom)* supportera intégralement toutes taxes, droits, impositions ou redevances sociales, dues au titre de l'année 2023 et payable en 2024 sur la société *(identification de la société)*

IV – Concernant les frais

Chacun des époux prendra en charge pour moitié les honoraires d'avocat, émoluments de notaire, frais et dépens découlant de la présente procédure.

Fait en trois exemplaires originaux à *(ville)*, le *(date)*

IV. SÉPARATION DE CORPS

A. Prononcé de la séparation de corps

La séparation de corps résulte d'un jugement qui autorise les époux à résider séparément, sans mettre fin à leur mariage. Les points communs avec le divorce sont nombreux, mais le **lien conjugal** n'est **pas rompu**. L'étude des conditions et des effets de la séparation de corps ne relève pas de la procédure civile. Sur ces points, voir le Mémento Droit de la famille. **40200**

La procédure de séparation de corps est calquée sur celle du divorce (CPC art. 1129), y compris en ce qui concerne la séparation de corps conventionnelle.

La séparation de corps peut être prononcée ou constatée dans les mêmes **cas et** aux mêmes **conditions** que le divorce (C. civ. art. 296). Elle peut donc être constatée dans un acte sous signature privée contresigné par avocat, prononcée par consentement mutuel, par acceptation du principe de la séparation, pour faute ou pour altération définitive du lien conjugal. **40201**

DEMANDE RECONVENTIONNELLE ET DEMANDE CONCURRENTE

L'époux contre lequel une **demande en divorce** est présentée peut former une demande reconventionnelle en **séparation de corps**. Par exception, la demande reconventionnelle ne peut tendre qu'au divorce lorsque la demande principale est fondée sur l'**altération définitive du lien conjugal**. **40204**

Réciproquement, l'époux contre lequel est présentée une demande en séparation de corps peut former une demande reconventionnelle en divorce.

Lorsqu'**une demande en divorce et une demande en séparation de corps sont concurremment présentées**, le juge examine d'abord la demande en divorce et prononce le divorce si les conditions en sont réunies. Si ce n'est pas le cas, il statue sur la demande en séparation de corps. Lorsque la demande reconventionnelle est fondée sur le divorce pour altération du lien conjugal, le juge doit se placer à la date de la demande reconventionnelle en divorce, et non pas à la date de l'assignation initiale en séparation de corps, pour apprécier la durée de la séparation (Cass. 1e civ. 28-5-2015 n° 14-10.868 FS-PBI : Bull. civ. I n° 119). Par exception, si les deux **demandes** sont **fondées sur la faute**, le juge les examine simultanément et, s'il les accueille, prononce à l'égard des deux conjoints le divorce aux torts partagés.

Le demandeur en divorce peut, **en cours d'instance** (même en appel), transformer sa demande en séparation de corps ; l'inverse est interdit (CPC art. 1076).

POUVOIRS DU JAF EN CAS DE SÉPARATION DE CORPS

Comme en matière de divorce le juge peut régler les **conséquences de la séparation** de corps, statuer sur les modalités d'exercice de l'autorité parentale, la résidence des enfants ou la contribution à leur entretien et leur éducation. Le devoir de secours subsistant entre les époux, le juge peut également fixer une pension alimentaire, qu'il peut indexer, et qui peut toujours être révisée. **40206**

B. Fin de la séparation de corps

CAUSES DE CESSATION DE LA SÉPARATION DE CORPS

40210 La séparation de corps peut prendre fin en raison de la **réconciliation** des époux ou d'une demande de **conversion** en divorce (nos 40212 s.).

La séparation de corps peut aussi prendre fin en même temps que le mariage du fait du **décès** d'un époux ou du prononcé du **divorce pour des faits autres** que ceux retenus par le jugement de séparation de corps.

> **Précisions** Lorsque la séparation de corps de deux époux est prononcée et l'un d'eux **demande ultérieurement** le divorce pour altération définitive de la vie conjugale. L'époux défendeur peut solliciter reconventionnellement le divorce aux torts exclusifs de son conjoint en invoquant des faits antérieurs au jugement de séparation de corps, eussent-ils été retenus par celui-ci (Cass. 1e civ. 26-10-2011 n° 09-70.439).

RÉCONCILIATION DES ÉPOUX SÉPARÉS DE CORPS

40212 La réconciliation des époux met fin à la séparation de corps en cas de **reprise** volontaire de la **vie commune** (C. civ. art. 305, al. 1).

Pour être **opposable aux tiers**, la reprise de la vie commune doit être constatée par acte notarié ou faire l'objet d'une déclaration à l'officier d'état civil. Mention en est faite en marge de l'acte de mariage et de l'acte de naissance de chacun des époux (CPC art. 1130).

CONVERSION DE LA SÉPARATION DE CORPS EN DIVORCE

40217 Sur demande d'un des époux, la conversion de la séparation de corps en divorce est prononcée de plein droit, à l'issue d'un **délai** de deux ans après que le jugement de séparation de corps est devenu définitif (C. civ. art. 306).

La **cause** de la séparation devenant la cause du divorce, l'attribution des torts n'est pas modifiée (C. civ. art. 308, al. 1). Pour cette raison, certains époux contre lesquels la séparation de corps a été prononcée aux torts exclusifs préfèrent introduire une demande en divorce plutôt qu'en conversion de la séparation de corps : ils espèrent ainsi obtenir un jugement qui leur sera plus favorable.

> **Précisions** Tout **engagement pris à l'avance** lors de la séparation de corps de ne pas en demander la conversion ou, au contraire, d'accepter la conversion demandée par l'autre époux (lorsque la séparation a été prononcée sur demande conjointe) est nul.

40220 **Compétence territoriale** Les époux ayant des résidences séparées, le juge compétent est celui du lieu de résidence de l'époux avec lequel habitent les enfants mineurs ou, à défaut, du lieu de résidence de l'époux défendeur (CPC art. 1070).

40223 **Demande de conversion** Une demande **unilatérale** de conversion est possible quelle que soit la cause de la séparation de corps. En cas de séparation de corps par consentement mutuel, la conversion en divorce ne peut intervenir que par consentement mutuel (C. civ. art. 307)

40225 La procédure de conversion aux fins de divorce par consentement mutuel, lorsqu'un **mineur** a demandé son audition par le juge, est identique à celle du divorce par consentement mutuel judiciaire et les effets sont les mêmes (nos 40001 s.). La requête aux fins de conversion contient, à peine d'irrecevabilité, les mentions requises par l'article 1090 du CPC (CPC art. 1132 ; n° 40008), l'indication de la décision qui a prononcé la séparation de corps, et elle est accompagnée d'une convention sur les conséquences du divorce. Sous la même sanction, la requête et la convention sont datées et signées par chacun des époux et leur(s) avocat(s).

Le juge peut ne pas entendre les époux et se borner à examiner la convention avec leur(s) avocat(s) (CPC art. 1133, al. 1).

En l'absence de difficulté, il homologue la convention et prononce le divorce. Sinon, il demande aux époux de présenter à nouveau la requête dans le mois, après modification de la convention. Si les époux ne donnent pas suite à cette demande, le juge rend une ordonnance par laquelle il refuse d'homologuer la convention (CPC art. 1133, al. 3).

40227 Lorsque la **demande** de conversion est formée **par l'un des époux**, elle est formée, instruite et jugée selon la procédure écrite ordinaire (CPC art. 1131).

Conversion de droit La conversion est de droit (C. civ. art. 306). Ainsi, la demande en divorce d'un des époux n'interdit pas à l'autre de solliciter la conversion de la séparation de corps en divorce. Lorsque la conversion a été demandée **à titre principal**, en revanche, aucune **demande reconventionnelle** n'est recevable, sauf sur les conséquences du divorce (Cass. 2e civ. 24-11-1993 nº 92-10.362 : Bull. civ. II nº 342). 40232

L'**instruction de l'affaire** et l'**audition des époux** sont **limitées**, en toute hypothèse, aux effets de la décision (CPC art. 1135). Le JAF statue uniquement sur les **conséquences** du divorce, qui se substituent à celles de la séparation. L'obligation de fidélité disparaît ainsi que le devoir de secours et, partant, la pension alimentaire. Le juge examine la nécessité de fixer une **prestation compensatoire**, selon les règles du divorce ; avant de prononcer la conversion, il doit inviter les parties à s'expliquer sur le versement d'une prestation compensatoire (Cass. 1e civ. 25-5-2004 nº 02-10.424 : Bull. civ. I nº 147). 40234

Voies de recours L'ordonnance de conversion peut être frappée d'appel dans le **délai** de 15 jours de la décision (CPC art. 1134). Mention y est faite de ce délai. Les règles applicables à l'appel sont celles de la **matière gracieuse**. 40240

Frais de justice Les dépens de l'instance en conversion sont **répartis** comme ceux de l'instance en séparation de corps. Ceux de l'instance d'appel sont traités comme ceux d'une instance nouvelle (CPC art. 1136). 40243

V. OBLIGATION ALIMENTAIRE ET CONTRIBUTION AUX CHARGES DU MARIAGE

CHAMP D'APPLICATION DE L'OBLIGATION ALIMENTAIRE OU DE LA CONTRIBUTION AUX CHARGES DU MARIAGE

La solidarité au sein d'une même famille est consacrée par la loi qui institue une obligation alimentaire entre parents par le sang ou par alliance. Ainsi, notamment, les **parents** sont tenus d'une double obligation envers leurs **enfants** : obligation d'entretien (C. civ. art. 203 et 371-2) et obligation d'aliments (C. civ. art. 205 et 207). L'obligation alimentaire existe aussi : 40260

– entre parents en ligne directe, sans limite de degré (C. civ. art. 205 et 207), ainsi que dans le cadre de l'adoption (C. civ. art. 6-2 et 356 en cas d'adoption plénière ; C. civ. art. 364 en cas d'adoption simple) ;

– entre **époux** : les époux se doivent mutuellement secours (C. civ. art. 212) ; ils sont par ailleurs tenus de contribuer aux charges du mariage (C. civ. art. 214), cette dernière obligation étant distincte, par son fondement et par son but, de l'obligation alimentaire (Cass. 1e civ. 8-11-1989 nº 87-19.768 : Bull. civ. I nº 341) ;

– entre **alliés** en ligne directe, par exemple entre gendre et beau-père, et réciproquement (C. civ. art. 206 et 207).

La loi ne prévoit en revanche aucune obligation à caractère alimentaire entre frères et sœurs ou oncles et neveux. Il en va de même entre **concubins**. Quant aux partenaires de **Pacs**, ils se doivent une aide matérielle mutuelle (C. civ. art. 515-4), qui ne peut pas être assimilée à une créance d'aliments. Le recours du partenaire qui a contribué plus que l'autre aux dépenses communes est fondé sur la responsabilité civile contractuelle.

INEXÉCUTION D'UNE OBLIGATION ALIMENTAIRE OU D'UNE CONTRIBUTION AUX CHARGES DU MARIAGE

À **défaut d'exécution spontanée** de l'obligation alimentaire ou de la contribution aux charges du mariage, son créancier peut saisir le juge pour en faire fixer la forme et l'étendue. 40261

La procédure de droit commun en matière familiale s'applique aux demandes relatives à l'obligation alimentaire et à la contribution aux charges du mariage (nos 39008 s.), tandis que la procédure engagée par les établissements publics de santé fait l'objet d'un aménagement particulier (nº 39210).

TITULAIRE DE L'ACTION EN OBLIGATION ALIMENTAIRE OU EN CONTRIBUTION AUX CHARGES DU MARIAGE

Qualité pour agir En principe, seul le **créancier** de l'obligation peut agir pour se voir allouer une pension alimentaire ou en obtenir l'exécution forcée. Ses propres créanciers ne peuvent pas exercer ces droits par le biais de l'action oblique ; ils n'y ont, au demeurant, aucun intérêt puisque les aliments sont insaisissables. 40262

Symétriquement, seul le **débiteur** peut demander la suppression ou la révision de la pension. Ses créanciers sont irrecevables à agir en ce sens.

> **Précisions a.** Par exception, les **autorités chargées de l'aide sociale** (le préfet ou le président du conseil départemental) peuvent agir au lieu et place du bénéficiaire de l'obligation en cas de carence de ce dernier (CASF art. L 133-7).
> Signalons également que :
> – sauf s'il a agi avec une intention libérale, **celui qui subvient aux besoins d'une personne démunie**, sans être pour autant tenu d'une obligation alimentaire, est en droit de demander le remboursement des sommes engagées au véritable débiteur de l'obligation alimentaire. Il exerce alors une action propre, fondée sur l'enrichissement injustifié (ex-enrichissement sans cause) ;
> – les **établissements publics de santé** (CSP art. L 6145-11) et les établissements sociaux et médico-sociaux (CASF art. L 314-12-1) sont en droit d'agir contre les débiteurs d'aliments pour obtenir le remboursement des frais d'hospitalisation.
> Pour un exposé plus détaillé sur ces questions voir le Mémento Droit de la famille nos 45180 s.
> **b.** Lorsque le parent débiteur de la pension alimentaire a fait l'objet d'une plainte déposée à la suite de **menaces ou de violences volontaires sur le parent créancier ou l'enfant** ou d'une condamnation pour de telles menaces ou violences ou lorsque de telles menaces ou violences sont mentionnées dans une décision de justice, le juge peut prévoir que cette pension, pour la part en numéraire, est versée par l'intermédiaire de l'organisme débiteur des prestations familiales (CAF, MSA) au parent créancier au titre de l'**intermédiation des pensions alimentaires (IFPA)** (C. civ. art. 373-2-2, II).
> **Depuis le 1er janvier 2023**, l'IFPA a été systématisée à l'ensemble des pensions alimentaires fixées en tout ou partie en numéraire par un titre exécutoire (C. civ. art. 373-2-2, II). Il peut s'agir d'une décision du juge, d'une convention homologuée par lui, d'une convention de divorce ou de séparation de corps par consentement mutuel contresignée par avocats et déposée au rang des minutes d'un notaire, d'un acte authentique, d'une convention rendue exécutoire par les organismes de prestations familiales, ou encore d'une transaction ou d'un acte constatant un accord issu d'une médiation, d'une conciliation ou d'une procédure participative, lorsqu'ils sont contresignés par les avocats de chacune des parties et revêtus de la formule exécutoire par le greffe de la juridiction compétente (CSS art. L 582-1, I et C. civ. art. 373-2-2, I).

COMPÉTENCE EN MATIÈRE D'OBLIGATION ALIMENTAIRE OU DE CONTRIBUTION AUX CHARGES DU MARIAGE

40265 Le **juge aux affaires familiales** connaît des demandes relatives à l'obligation alimentaire (C. org. jud. art. L 213-3). Pour plus de détail sur cette compétence d'attribution, voir n° 2156 ; sur les règles de compétence territoriale, voir n° 2672.

Les **concubins et partenaires de Pacs** qui se séparent peuvent sous certaines conditions demander, par internet s'ils le souhaitent, au directeur de la CAF (ou de la MSA) de donner force exécutoire à l'accord par lequel ils fixent le montant de la contribution à l'entretien et à l'éducation de leur enfant (CSS art. L 582-2, al. 1 et 3). La décision de l'organisme débiteur des prestations familiales a les effets d'un jugement et constitue un titre exécutoire (CSS art. L 582-2, al. 2). Lorsque la pension est fixée en tout ou partie en numéraire, l'IFPA est mis en place pour la part en numéraire (n° 40262, Précisions b). Elle peut notamment fonder une procédure de recouvrement public (CSS art. L 581-10). Elle n'est susceptible d'aucun recours. En cas de refus, les parents peuvent saisir, ensemble ou séparément, le JAF (CSS art. L 582-2, al. 5).

EXÉCUTION PROVISOIRE D'UN JUGEMENT SUR UNE OBLIGATION ALIMENTAIRE OU UNE CONTRIBUTION AUX CHARGES DU MARIAGE

40267 Les jugements relatifs aux pensions alimentaires, contributions à l'entretien et l'éducation de l'enfant et contributions aux charges du mariage sont exécutoires de droit à titre provisoire (CPC art. 1074-1, al. 1). En conséquence, l'**appel** de la décision ayant fixé la pension alimentaire n'autorise pas le débiteur à suspendre le paiement.

S'agissant d'une dette d'aliments, le juge ne peut pas accorder de **délais de grâce** (C. civ. art. 1343-5, al. 2 ; pour une illustration, Cass. 2e civ. 22-3-2012 n° 11-13.915 FS-PB : BPAT 3/12 inf. 159).

En revanche, il peut exonérer le débiteur d'une dette d'aliments de la **majoration de cinq points du taux de l'intérêt légal**, qui intervient à l'expiration d'un délai de deux mois à compter du jour où la décision de justice est devenue exécutoire, fût-ce par provision ; il peut aussi réduire le montant de cette majoration (C. mon. fin. art. L 313-3 ; Cass. 2e civ. 22-3-2012 n° 11-13.915 FS-PB précité). Attention, le délai de deux mois court à compter de la notification de la décision de justice et non à compter de la date où cette dernière est devenue exécutoire (Cass. 2e civ. 4-4-2002 n° 00-19.822 FS-PB ; Cass. 2e civ. 12-1-2023 n° 20-20.063 F-B : BPAT 2/23 inf. 71).

VI. EXERCICE DE L'AUTORITÉ PARENTALE

DÉVOLUTION DE L'AUTORITÉ PARENTALE

L'autorité parentale est un ensemble de droits et de devoirs ayant pour finalité l'intérêt de l'enfant. Elle est automatiquement dévolue aux **parents de l'enfant** dont la filiation est établie à l'égard de chacun d'entre eux (C. civ. art. 371-1). En principe, les parents l'exercent en commun. Dans certains cas, prévus par la loi ou résultant d'une décision d'un juge, l'autorité parentale n'est exercée que par **un seul parent** ou par un **tiers** (C. civ. art. 372 s.). **40280**

L'étude des pouvoirs reconnus au détenteur de l'autorité parentale et des conditions dans lesquelles s'exercent ces pouvoirs relève principalement du droit civil et est étudiée dans le mémento Droit de la famille. Seules sont examinées ici les règles applicables aux procédures d'**intervention du juge** en matière d'autorité parentale. Les questions relatives à l'autorité parentale font l'objet de plusieurs développements dans la **circulaire** du 19 avril 2017 relative à la protection judiciaire de l'enfant (JUSF1711230C).

Une section du Code de procédure civile est par ailleurs consacrée à l'exercice de l'**autorité** parentale sur les biens de l'enfant (CPC art. 1180-6 à 1180-19). Sur cette question voir n°s 40408 s.

A. Règles générales en matière d'autorité parentale

COMPÉTENCES EN MATIÈRE D'AUTORITÉ PARENTALE

Le **JAF** est le juge de l'autorité parentale. Il a vocation à intervenir, à tout moment, que ce soit durant la vie commune des parents ou après leur séparation, pour organiser les conditions d'exercice de l'autorité parentale et fixer la contribution à l'entretien et à l'éducation des enfants. **40282**

D'**autres juges** peuvent intervenir dans les affaires mettant en cause des mineurs :
- le juge des enfants notamment concernant les mesures d'assistance éducative ;
- le juge des tutelles pour la gestion des biens des mineurs ;
- le juge pénal à propos des sanctions en cas de délaissement, d'abandon de famille ou encore de maltraitance.

La détermination générale des compétences respectives de ces juges est étudiée n°s 2115 s.

Sur la compétence territoriale du JAF, voir n°s 2635 s. Cette compétence est déterminée par référence à la notion de résidence habituelle (n°s 39008 s.).

Le tribunal judiciaire est toutefois compétent pour prononcer le retrait de l'autorité parentale (n° 40850).

COORDINATION ENTRE LES DIFFÉRENTS JUGES

Le Code de procédure civile organise la communication entre le JAF, le juge des enfants et le juge des tutelles. Lorsqu'il statue sur l'exercice de l'autorité parentale, ou lorsqu'il est saisi aux fins d'homologation d'une convention parentale, le JAF vérifie si une procédure d'assistance éducative est ouverte à l'égard du mineur et peut demander au juge de lui **transmettre** une copie des pièces du **dossier en cours** (CPC art. 1072-1). Le juge des enfants fait droit à cette demande lorsque les parties à la procédure devant le JAF ont qualité pour consulter le dossier. Même chose lorsque la demande émane du juge des tutelles. Le juge des enfants peut néanmoins refuser de transmettre certaines pièces lorsque leur production ferait courir un danger physique ou moral grave au mineur, à une partie ou à un tiers (CPC art. 1187-1 et 1187). **40283**

Dès lors qu'une mesure d'assistance éducative est ouverte, une copie de la **décision du JAF** est transmise au juge des enfants, ainsi que toute pièce que ce dernier estime utile (CPC art. 1072-2).

Par ailleurs, il existe un **juge chargé de la coordination** de l'activité judiciaire en matière de droit de la famille et des personnes au sein du tribunal judiciaire (C. org. jud. art. R 213-9-1) et au sein de la cour d'appel (C. org. jud. art. R 312-13-2).

> **Précisions** **a.** Lorsqu'un juge aux affaires familiales a statué sur la résidence de l'enfant et le droit de visite et d'hébergement de l'autre parent, le juge des enfants, saisi postérieurement à cette décision, ne peut **modifier les modalités du droit de visite et d'hébergement décidées par le JAF** que s'il existe une décision de placement de l'enfant au sens de l'article 375-3 du Code civil et si un fait nouveau de nature à entraîner un danger pour le mineur s'est révélé postérieurement à la décision du JAF. En outre, la décision de placement ne peut pas conduire le JE à placer l'enfant chez le parent qui dispose déjà d'une

décision du JAF fixant la résidence de l'enfant à son domicile (Cass. 1e civ. 20-10-2021 n° 19-26.152 FS-BR).

b. Dès lors que le **JAF se fonde**, pour fixer la résidence habituelle de l'enfant, sur les éléments du **dossier d'assistance éducative** communiqué par le juge des enfants à sa demande en cours de délibéré, il doit inviter les parties à formuler leurs observations (délai fixé pendant le délibéré ou réouverture des débats), même si elles ont accès au dossier d'assistance éducative (Cass. 1e civ. 15-2-2023 n° 21-14.951 F-D).

INTRODUCTION ET DÉROULEMENT DE L'INSTANCE

40290 Les **demandes** relatives aux modalités d'exercice de l'autorité parentale relevant de la compétence du JAF sont en principe formées, instruites et jugées selon les règles de droit commun applicables devant le JAF exposées nos 39008 s. (CPC art. 1179). Un **formulaire** type de requête (Cerfa n° 11530*11) est mis à la disposition des parties dans les conditions exposées n° 39177.

40292 Le **juge** peut être **saisi** (C. civ. art. 373-2-8) :
– à l'initiative de l'un ou l'autre des parents ou par les deux conjointement ;
– à la demande du ministère public qui peut, lui-même, être saisi par un tiers, parent ou non.
Les tiers ne peuvent pas saisir le juge directement (Cass. 1e civ. 25-2-2009 n° 07-14.849 : Bull. civ. I n° 38).
Le **procureur de la République** est lui-même **saisi** par simple requête des tiers. Il peut recueillir les renseignements qu'il estime utiles sur la situation du mineur (CPC art. 1179-1).

40300 **Conciliation et médiation** Lorsque les parents sont en désaccord, le juge s'efforce de les concilier. Il peut notamment leur **proposer** une médiation et, sur leur accord, désigner un médiateur ; il peut même leur **enjoindre** de rencontrer un médiateur (nos 39026 s.).

INTÉRÊT DE L'ENFANT ET AUTORITÉ PARENTALE

40302 Le JAF règle toutes questions qui lui sont soumises concernant l'autorité parentale en veillant spécialement à la sauvegarde des intérêts des enfants mineurs (C. civ. art. 373-2-6).
L'**enfant** peut être **entendu** dans les conditions exposées nos 39110 s. et dans ce cas le juge doit prendre en compte les sentiments qu'il a exprimés au cours de son audition, mais il n'est toutefois pas tenu d'en faire état dans sa décision (Cass. 1e civ. 22-10-2014 n° 13-24.945 : Bull. civ. I n° 174). Mais son **intervention**, en qualité de partie, **dans les instances** relatives à l'exercice de l'autorité parentale, n'est pas recevable (Cass. ch. mixte 9-2-2001 n° 98-18.661 : Bull. civ. ch. mixte n° 1).
Si les parents ne trouvent pas de terrain d'entente, c'est le **juge** qui se prononce, toujours en fonction de l'intérêt de l'enfant. S'il doit tenir compte des accords passés entre les parents, il ne peut pas déléguer ses **pouvoirs** aux parents ou aux enfants eux-mêmes. Il ne peut donc pas prévoir que le droit de visite et d'hébergement s'exercera d'un commun accord, ou sera subordonné à la volonté du mineur (Cass. 1e civ. 28-5-2015 n° 14-16.511 F-PB : Bull. civ. I n° 118). Il doit soit homologuer l'accord des époux, soit fixer les modalités d'exercice de ce droit (Cass. 1e civ. 3-12-2008 n° 07-19.767 : Bull. civ. I n° 276).
En revanche, il peut valablement décider que la reprise des relations entre une mère et ses enfants pourra être envisagée ultérieurement, si les enfants en expriment le souhait et à la condition qu'au préalable l'avis d'un expert soit requis. Ce faisant, il ne délègue pas ses pouvoirs mais définit les circonstances dans lesquelles la reprise d'un droit de visite pourrait éventuellement être accordée, sans la subordonner au consentement de ses enfants (Cass. 1e civ. 28-2-2006 n° 05-12.824 : Bull. civ. I n° 103).

40303 La loi pose comme principe qu'il est de l'intérêt de l'enfant d'être maintenu dans sa **fratrie**. Mais le juge peut décider le contraire s'il en va de l'intérêt de l'enfant et il peut organiser, s'il y a lieu, les relations personnelles entre frères et sœurs (C. civ. art. 371-5).

HOMOLOGATION D'UNE CONVENTION SUR L'AUTORITÉ PARENTALE

40304 Le Code civil favorise les conventions entre les parents. Les parents séparés peuvent saisir le **JAF** afin de faire homologuer la convention par laquelle ils organisent les modalités d'exercice de l'autorité parentale et fixent la contribution à l'entretien et à l'éducation de l'enfant ; le juge homologue la convention, sauf s'il constate qu'elle ne préserve pas suffisamment l'**intérêt de l'enfant** (C. civ. art. 373-2-7). Lorsque les parents sont d'accord, le juge entérine presque toujours leur choix.

40305 Le JAF est saisi par **requête** conjointe. La **convention** qui lui est soumise pour homologation **doit indiquer** que le mineur capable de discernement a été avisé de son droit à être entendu et assisté d'un avocat et, le cas échéant, qu'il n'a pas souhaité faire usage de cette faculté

(CPC art. 338-1). C'est le cas tant pour la convention prise en application de l'article 373-2-7 du Code civil que pour l'accord conclu à l'issue d'une médiation, d'une conciliation ou d'une procédure participative (CPC art. 1565).
La **comparution** n'est pas systématiquement nécessaire (CPC art. 1143, al. 3). Le juge statue sans débat sauf s'il estime nécessaire d'entendre les parties.
Le juge ne peut pas modifier la convention qui lui est soumise (art. précité, al. 2). Il vérifie si une **procédure d'assistance éducative** est ouverte à l'égard du ou des mineurs ; il peut demander la communication de pièces du dossier au juge des enfants (CPC art. 1072-1).
S'il est **fait droit à la requête**, tout intéressé peut en référer au juge qui a rendu la décision (CPC art. 1143, al. 4).
La décision qui **refuse d'homologuer** la convention peut faire l'objet d'un appel qui est formé par déclaration au greffe de la cour d'appel ; l'appel est jugé selon la procédure gracieuse (CPC art. 1143, al. 5).
Les **mesures** prises en matière d'autorité parentale peuvent toujours être **modifiées** dans les conditions exposées n° 40308.

40307

Pièces à joindre à une requête aux fins d'homologation d'accords parentaux

– Copie intégrale de toutes les décisions rendues par le juge aux affaires familiales et la cour d'appel (divorce, ordonnance sur les modalités d'exercice de l'autorité parentale) et le cas échéant par le juge des enfants ;
– Copie de l'acte de mariage ou du livret de famille ;
– Copie de l'acte de naissance intégral du ou des enfants ;
– Copie de l'acte de naissance intégral du ou des parents ;
– Copie d'une pièce d'identité des parents ;
– Copie des pièces justifiant des ressources des parents ;
– Copie des pièces justifiant des charges des parents ;
– Copie des documents relatifs à la scolarité des enfants ;
– Convention soumise pour homologation.

RÉVISION DES MESURES SUR L'AUTORITÉ PARENTALE

Élément nouveau Les mesures relatives aux enfants ne sont jamais définitives (C. civ. art. 373-2-13). Elles peuvent faire l'objet de modifications à la demande de l'un ou l'autre des parents (ou du ministère public) dès lors que survient un élément nouveau qui le justifie. 40308
Les **causes de révision** sont multiples (par exemple, mésentente de l'enfant avec le compagnon ou la compagne du parent chez lequel l'enfant réside habituellement pouvant justifier un changement de résidence, déménagement lointain d'un parent pouvant justifier une modification des droits de visite et d'hébergement, augmentation de frais de scolarité pouvant justifier la révision du montant de la contribution à l'entretien et à l'éducation, etc.).
Le **JAF** est toujours compétent quand il y a lieu de statuer après le prononcé du divorce sur l'exercice de l'autorité parentale, même si un pourvoi en cassation a été formé contre la décision se prononçant sur le divorce (CPC art. 1084, al. 1).

ILLUSTRATIONS

Dans un cas où le JAF, saisi par l'un des parents, avait, conformément aux demandes de celui-ci, fixé la résidence de l'enfant au domicile du second parent, organisé les modalités d'exercice de son droit de visite et fixé sa contribution aux frais d'entretien et où, sur l'appel du second parent limité à ces deux derniers points, la cour d'appel avait confirmé le jugement sur la résidence habituelle de l'enfant et ordonné une **enquête sociale** quant à l'organisation du droit de visite, il a été jugé que le premier parent pouvait demander à la cour d'appel encore saisie d'une partie du litige relatif à l'autorité parentale la modification de la décision sur la résidence de l'enfant, l'enquête sociale ordonnée constituant un élément nouveau (Cass. 1e civ. 26-6-2013 n° 12-14.392 : JCP G 2013 n° 29-34, 831, p. 1433 obs. C. Petit).

Déménagement Chacun des **parents** doit **informer** l'autre en temps utile de son intention de **déménager** dès lors que ce déménagement modifie les modalités d'exercice de l'autorité parentale (C. civ. art. 373-2). En cas de **désaccord**, le parent le plus diligent doit saisir le JAF qui statue selon ce qu'exige l'intérêt de l'enfant. Seul ce critère doit être pris en considération (Cass. 1e civ. 13-3-2007 n° 06-17.869 : Bull. civ. I n° 103). 40310

40311 **Mesures adoptées par convention** Les mesures adoptées dans une **convention homologuée** ou dans la convention de **divorce par consentement mutuel** contresignée par les avocats peuvent faire l'objet d'une révision dans les mêmes conditions.

EXÉCUTION DES MESURES SUR L'AUTORITÉ PARENTALE

40312 Plusieurs outils permettent d'assurer l'exécution des **décisions prises en matière d'autorité parentale** :
– sauf si des violences sont alléguées par l'un des parents sur l'autre parent ou sur l'enfant, ou sauf emprise manifeste de l'un des parents sur l'autre parent, le JAF peut proposer et, si les parents sont d'accord, ordonner une **médiation familiale** dans la décision statuant définitivement sur les modalités de l'exercice de l'autorité parentale (C. civ. art. 373-2-10, al. 2). Ainsi, longtemps conçue comme une mesure préalable à la décision du juge en vue de trouver un accord, la médiation est désormais également voulue comme une **mesure d'accompagnement** pour l'application de la décision. Lorsqu'elle est ordonnée dans ce cadre, les dispositions sur la durée de la médiation, son renouvellement et la rupture anticipée de la médiation ne sont pas applicables (Loi du 8-2-1995 art. 22-3) ;
– il peut assortir les mesures qu'il prononce d'une **astreinte**. Si les circonstances en font apparaître la nécessité, il peut également ordonner une astreinte pour assurer l'exécution d'une décision rendue par un autre juge ou de l'accord parental constaté dans la convention de divorce par consentement mutuel (C. civ. art. 373-2-6, al. 4) ;
– le JAF peut condamner au paiement d'une **amende civile** d'un montant maximum de 10 000 € le parent qui fait délibérément obstacle de façon grave ou renouvelée à l'exécution d'une décision, d'une convention de divorce par consentement mutuel ou d'une convention homologuée fixant les modalités d'exercice de l'autorité parentale (C. civ. art. 373-2-6, dernier al.) ;
– à la demande du JAF ou du parent intéressé, le procureur de la République peut requérir à titre exceptionnel le **concours de la force publique** afin d'assurer l'exécution d'une décision du juge, d'une convention de divorce par consentement mutuel ou d'une convention homologuée fixant les modalités d'exercice de l'autorité parentale (C. civ. art. 373-2, al. 3).

B. Droit de visite et d'hébergement dans un point rencontre

40320 Lorsqu'il aménage les conditions d'exercice du droit de visite et d'hébergement le JAF peut notamment prévoir, par décision spécialement motivée, que ce droit s'exercera dans un **« point rencontre »** (C. civ. art. 373-2-1 et 373-2-9).
Souvent tenus par des associations, les points rencontre permettent aux enfants de retrouver l'un de leurs parents dans un endroit neutre.
Lorsque le juge décide, à titre provisoire ou sur le fond, que le droit de visite du parent ou la remise de l'enfant s'exercera dans un espace de rencontre qu'il désigne, il doit fixer la **durée de la mesure** et déterminer la **périodicité** et la durée des rencontres (CPC art. 1180-5, al. 1).
Le juge peut à tout moment **modifier** ou rapporter sa décision d'office, à la demande conjointe des parties ou de l'une d'entre elles ou à la demande du ministère public (CPC art. 1180-5, al. 2).
En cas de **difficulté** dans la mise en œuvre de la mesure, la personne gestionnaire de l'espace de rencontre en réfère immédiatement au juge (CPC art. 1180-5, al. 3).

ILLUSTRATIONS

Le **juge ne peut** ordonner que le droit de visite du parent s'exercera dans un espace de rencontre :
– à raison de deux heures par mois, sans préciser la durée de la mesure (Cass. 1e civ. 28-1-2015 n° 13-27.983 F-PB : Bull. civ. I n° 18) ;
– les première, troisième et cinquième fins de semaine de chaque mois pour une durée d'un an « selon les modalités horaires définies en accord avec la structure », le juge devant fixer la durée des rencontres sans pouvoir déléguer son pouvoir de décision sur ce point à la structure d'accueil (Cass. 1e civ. 14-4-2021 n° 19-21.690 F-D) ;
– à raison de deux fois par mois « selon les modalités fixées par le juge des enfants pendant la durée de la mesure d'assistance éducative », le juge ne pouvant s'en remettre sur ces points à une décision du juge des enfants, qui est provisoire (Cass. 1e civ. 14-4-2021 n° 19-21.024 F-D).

C. Sortie du territoire des mineurs

PRINCIPES

L'enfant quittant le territoire national sans être accompagné d'un titulaire de l'autorité parentale est muni d'une autorisation de sortie du territoire signée d'un titulaire de l'autorité parentale (C. civ. art. 371-6). **40325**

Chaque parent est **libre** de choisir son lieu de vacances et notamment de partir à l'étranger sans avoir à solliciter l'accord de l'autre parent. Ce principe est à nuancer puisque le juge peut ordonner l'interdiction de sortie de l'enfant du territoire français sans l'autorisation des deux parents.

> **Précisions** Pour **autoriser la sortie** de leur enfant, les parents qui ne voyagent pas avec lui doivent, ensemble ou séparément, en faire la déclaration devant un officier ou un agent de police judiciaire, en précisant la période pendant laquelle la sortie est autorisée ainsi que la destination (CPC art. 1180-4). Cette déclaration est faite au plus tard cinq jours avant la sortie du territoire, sauf si celle-ci est motivée par le décès d'un membre de la famille du mineur ou en cas de circonstances exceptionnelles dûment justifiées.
> Un récépissé est remis aux parents déclarants. L'officier ou l'agent de police judiciaire informe le procureur de la République et communique immédiatement les informations utiles au gestionnaire du fichier des personnes recherchées.

INTERDICTION DE SORTIE

Lorsqu'une mesure d'interdiction de sortie du territoire est **prononcée** ou modifiée **par le JAF**, le greffe en avise le ministère public (CPC art. 1180-3, al. 1). Le procureur fait inscrire la mesure d'interdiction au fichier des personnes recherchées ou fait procéder à la modification de l'inscription (C. civ. art. 373-2-6). **40327**

> **Précisions** Lorsqu'une demande en divorce ou en séparation de corps mentionne l'existence d'une **ordonnance de protection** comportant une mesure d'interdiction de sortie du territoire d'un mineur, le greffe du JAF en avise aussitôt le procureur de la République. Celui-ci s'assure que la durée de la mesure d'interdiction est susceptible d'être prolongée du fait de la requête en divorce et fait procéder aux modifications de l'inscription au fichier des personnes recherchées (CPC art. 1180-3, al. 2).

D. Relations de l'enfant avec ses grands-parents ou un tiers

La **fixation** de relations entre l'enfant et ses grands-parents ou avec un tiers relève de la compétence du **JAF** (C. civ. art. 371-4). **40330**

Elle obéit à un régime procédural spécifique :

– la **demande** est formée par l'enfant, représenté par un mandataire ad hoc, ses grands-parents, ou un tiers, tendant à obtenir un droit de correspondance et/ou de visite et d'hébergement (Cass. 2e civ. 20-7-1983 n° 82-12.444 : Bull. civ. II n° 154 rendu sous l'empire du droit antérieur mais transposable) ;

– elle doit, à notre avis, être dirigée contre les deux parents ;

– elle obéit aux règles de la **procédure** écrite ordinaire applicable devant le tribunal judiciaire (CPC art. 1180). Notamment, le recours à un avocat est obligatoire. La demande est jugée après avis du ministère public.

Lorsqu'elles ne sont pas incompatibles avec la procédure suivie devant le tribunal judiciaire, les dispositions générales de la procédure de droit commun devant le JAF s'appliquent : notamment, les règles de compétence territoriale (n° 39008), la publicité des débats (n° 39040), la médiation et la conciliation (nos 39025 s.).

Le juge définit les **modalités** du droit accordé aux grands-parents. Il peut exiger qu'il s'exerce dans un espace de rencontre ou en présence d'un tiers.

Si les parents sont divorcés ou séparés, il peut, pour ne pas multiplier les droits de visite et d'hébergement, prévoir que les grands-parents exerceront leur droit en même temps que leur propre fille ou fils.

> **Précisions** **a.** La règle suivant laquelle le **ministère public** doit avoir connaissance des demandes est d'ordre public (Cass. 1e civ. 5-7-1988 n° 87-11.562 : Bull. civ. I n° 220).
> **b.** Le **juge des enfants** est toutefois compétent pour statuer sur les modalités des relations entre l'enfant et un tiers en cas de placement de l'enfant (Cass. 1e civ. 9-6-2010 n° 09-13.390 : Bull. civ. I n° 130) ;
> **c.** Lorsqu'il accorde un **droit de visite médiatisé** aux grands-parents de l'enfant, le juge n'est pas tenu d'en fixer les modalités d'exercice, notamment la durée des rencontres avec l'enfant, contrairement à ce qui est prévu par l'article 1180-5, applicable au seul droit de visite accordé aux parents dans les mêmes conditions. (Cass. 1e civ. 13-6-2019 n° 18-12.389 FS-PB).
> **d.** Lorsque l'**enfant** est **auditionné**, le JAF n'est pas tenu de préciser la teneur des sentiments exprimés par celui-ci envers ses grands-parents ni s'il en a tenu compte dans sa décision (Cass. 1e civ. 15-2-2023 n° 21-18.498 F-D). Sur les modalités d'audition du mineur voir nos 39110 s.

E. Déclaration d'exercice en commun de l'autorité parentale

40340 L'exercice en commun de l'autorité parentale est écarté lorsque :
– la **filiation** est **établie judiciairement ;**
– la **filiation est établie plus d'un an après la naissance** d'un enfant dont la filiation est déjà établie à l'égard de l'autre parent, celui-ci reste seul investi de l'exercice de l'autorité parentale (C. civ. art. 372, al. 2). Le mariage des parents après la naissance de l'enfant n'emporte pas de plein droit un exercice commun de l'autorité parentale (Avis Cass. 1e civ. 23-9-2020 n° 20-70.002 F-PB) ;
– la **reconnaissance conjointe anticipée** d'un enfant issu d'une assistance médicale à la procréation avec tiers donneur n'a pas été communiquée à l'état civil (C. civ. art. 372 al. 2 modifié par la loi 2021-1017 du 2-8-2021). Seule la mère ayant accouché exercera l'autorité parentale.
Dans ces cas, l'**exercice en commun** peut être **restauré** sur simple déclaration conjointe des parents.

40342 La déclaration doit être adressée au directeur des services du greffe judiciaire du tribunal judiciaire (C. civ. art. 372, al. 3). Le greffier ne fait qu'enregistrer la déclaration. Il n'est pas juge de son opportunité.
Dans le cadre de l'article 372, l'exercice de l'autorité parentale en commun peut aussi être prononcé par décision du JAF (C. civ. art. 372, al. 3).
La déclaration conjointe doit être remise ou envoyée, avec certains documents relatifs à l'état civil et à l'identité des parents et de l'enfant, en trois exemplaires par lettre recommandée au directeur des services du greffe judiciaire du tribunal judiciaire du lieu où demeure l'enfant. Le directeur du greffe les vise, les date et en notifie, par lettre recommandée, un exemplaire à chacun des parents. Il en conserve un au greffe (CPC art. 1180-1).
Un **formulaire cerfa** (n° 12785*05) de déclaration conjointe est disponible sur le site internet http://vosdroits.service-public.fr.

> **Précisions** La **compétence** du directeur des services de greffe judiciaires pour recevoir une telle déclaration ne fait pas obstacle à celle du **juge aux affaires familiales** pour statuer sur une demande d'exercice en commun de l'autorité parentale, même lorsque celle-ci est formée conjointement par les parents (Avis Cass. 1e civ. 23-9-2020 n° 20-70.002 F-PB).

F. Actes non usuels ou choix importants des parents

EXERCICE CONJOINT DE L'AUTORITÉ PARENTALE

40365 Lorsque les parents exercent conjointement l'autorité parentale, **chaque parent** peut effectuer seul les actes usuels (C. civ. art. 372-2). L'appréciation du caractère usuel relève du pouvoir souverain du juge du fond. Les actes non usuels nécessitent l'accord des deux parents et, à défaut, les parents peuvent l'un comme l'autre saisir le JAF pour qu'il tranche (Cass. 1e civ. 3-3-2009 n° 05-17.163 : Bull. civ. I n° 42).

EXERCICE DE L'AUTORITÉ PARENTALE CONFIÉ À UN SEUL PARENT

La décision qui confie l'exercice de l'autorité parentale à un seul parent peut imposer une concertation sur un sujet particulier. Sous cette **réserve**, le parent qui exerce l'autorité parentale prend seul toutes les décisions relatives à l'enfant. Il doit en revanche **informer** l'autre parent des choix importants qu'il fait (C. civ. art. 373-2-1). La notion de choix importants relève de l'appréciation souveraine des juges du fond. On peut penser qu'elle recoupe celle des actes autres qu'usuels. **40370**

VII. ADMINISTRATION LÉGALE DES BIENS DU MINEUR

NOTION ET RÉGIME DE L'ADMINISTRATION LÉGALE DES BIENS DU MINEUR

Sur le plan patrimonial, l'autorité parentale se traduit par le pouvoir des parents d'**administrer les biens de l'enfant et** le **droit d'en jouir** (C. civ. art. 382 et 386-1). Le mineur ne pouvant sauf exception agir seul, il doit être représenté par ses parents pour administrer ses biens (C. civ. art. 382). On parle d'administration légale. L'administration légale est un **attribut de l'autorité parentale**. **40408**

Si l'autorité parentale est exercée en commun par les deux parents, chacun d'entre eux est administrateur légal. Dans les autres cas, l'administration légale appartient à celui des parents qui exerce l'autorité parentale (C. civ. art. 382). Toutefois, certains actes ne peuvent être passés au nom du mineur qu'après autorisation du juge des tutelles en raison de leur gravité (y compris si les deux parents sont d'accord) ou du désaccord des parents en cas de gestion concurrente comme commune (C. civ. art. 387 et 387-1).

L'étude du régime de l'administration légale, et notamment la détermination des actes soumis à l'autorisation du juge des tutelles, ne ressort pas de la procédure civile. Elle est exposée dans le Mémento Famille. Seuls les principaux aspects procéduraux qui régissent la matière sont exposés ici.

SAISINE DU JUGE SUR L'ADMINISTRATION DES BIENS DU MINEUR

Quels que soient les motifs de sa saisine, le juge des tutelles est saisi par simple **requête** remise ou adressée au greffe du tribunal judiciaire (CPC art. 1180-7). **40409**

À peine d'irrecevabilité, la requête **comporte** les nom, prénoms et adresse du requérant, son lien avec le mineur, l'identité et l'adresse du mineur et de ses parents (même art.). Lorsque la requête est fondée sur l'article 387-3, al. 2 du Code civil, elle doit en outre comporter l'énoncé précis des faits de nature à porter gravement préjudice aux intérêts patrimoniaux du mineur ou qui compromettent manifestement et substantiellement ceux-ci ainsi que, le cas échéant, les pièces justifiant ces faits (CPC art. 1180-7, al. 2).

INSTRUCTION DE LA DEMANDE CONCERNANT L'ADMINISTRATION DES BIENS DU MINEUR

Pour prendre sa décision, le juge peut, soit d'office, soit à la requête des parties ou du ministère public, ordonner toute **mesure d'instruction** (CPC art. 1180-8, al. 1). Il doit entendre le mineur et, s'il l'estime opportun, ses parents ou toute autre personne (CPC art. 1180-9). **40410**

Le **dossier** peut être **consulté** au greffe par le requérant, le mineur capable de discernement, les parents ou leurs avocats jusqu'à ce qu'il soit statué sur la requête. Le mineur capable de discernement, l'un de ses parents ou leurs conseils peuvent demander à consulter le dossier à tout moment de la procédure lorsque le juge a décidé d'étendre le nombre d'actes soumis à son autorisation ou a demandé à l'administrateur légal d'établir un inventaire ou des comptes annuels (CPC art. 1180-12). Le mineur ne peut consulter son dossier qu'en présence de ses parents, de l'un d'eux, ou de son avocat. En cas de refus des parents et s'il n'a pas d'avocat, le juge demande au bâtonnier de désigner un avocat pour assister le mineur (CPC art. 1180-12).

Par décision motivée, le juge peut, en l'absence d'avocat, exclure tout ou partie des pièces de la consultation par le requérant ou le mineur lorsque cette consultation serait de nature à causer à ce dernier un préjudice grave. L'avocat du mineur peut non seulement consulter le dossier de son client mais également se faire délivrer **copie** de tout ou partie de ses pièces ; il lui est interdit de communiquer les copies ainsi obtenues au mineur ou à un tiers. Le juge peut autoriser, sur leur demande et sur justification d'un intérêt légitime, la délivrance d'une copie d'une ou plusieurs pièces du dossier aux parents ainsi qu'au mineur de plus de 16 ans (CPC art. 1180-13).

DÉCISION DU JUGE SUR L'ADMINISTRATION DES BIENS DU MINEUR

40411 L'affaire est instruite et jugée en chambre du conseil (CPC art. 1180-15).
Le juge peut ordonner que l'examen de la requête donne lieu à un **débat**, notamment lorsqu'il a décidé d'étendre le nombre d'actes soumis à son autorisation ou a demandé à l'administrateur légal d'établir un inventaire ou des comptes annuels ou encore lorsque les parents sont en désaccord (CPC art. 1180-14). Dans ce cas, le juge statue après avoir entendu ou appelé le ou les administrateurs légaux et entendu, le cas échéant, les avocats des parties.
La décision du juge des tutelles est **notifiée** au requérant, aux parents et, le cas échéant, à l'administrateur ad hoc. Sauf si son état ne le permet pas, le mineur de plus de 16 ans est avisé par lettre simple de la décision (CPC art. 1180-16).
Le mineur devenu majeur peut obtenir copie des décisions le concernant (CPC art. 1180-17).
Sauf exceptions, les décisions du juge des tutelles peuvent faire l'objet d'un **recours** devant la cour d'appel (CPC art. 1180-18).

SECTION 2 FILIATION ET SUBSIDES

CONTENTIEUX DE LA FILIATION

40420 La filiation est le **lien de droit** qui unit une personne à l'un et à l'autre de ses parents. Son établissement produit un certain nombre d'**effets** (notamment transmission du nom, attribution de l'autorité parentale, obligation de pourvoir à l'entretien et à l'éducation de l'enfant, obligation alimentaire réciproque, transmission du patrimoine familial par succession). Nous limiterons nos développements à la filiation « ordinaire », c'est-à-dire de droit. Sur les règles de procédure civile relatives à l'adoption, voir le Mémento Droit de la famille.
Le contentieux de la filiation est de deux ordres : certaines actions ont pour objet d'**établir une filiation**, d'autres visent à **contester** celle qui existe. L'étude des règles de fond régissant l'établissement de la filiation, ainsi que celle des modes d'établissement non contentieux de la filiation, ne relève pas de la procédure civile (sur ce sujet, voir le Mémento Droit de la famille).
L'action aux fins de subsides se distingue des actions relatives à la filiation : elle a vocation à faire condamner celui qui pourrait être le père d'un enfant à lui payer une **pension alimentaire**.

40422 Le contentieux de la filiation doit également être distingué des **actions en rectification d'un acte de l'état civil**, qui ont pour objet non pas l'établissement d'une filiation mais la simple correction d'une erreur ou omission dans les actes d'état civil (C. civ. art. 99 ; CPC art. 1050). La demande en rectification ne doit pas soulever de question d'état.

ILLUSTRATIONS

Relève de la rectification d'état civil une demande ayant pour objet de :
– réparer une erreur sur le sexe ou une omission de prénom dans une reconnaissance (Cass. 1e civ. 26-1-1983 n° 81-16.795 : Bull. civ. I n° 38) ;
– supprimer sur l'acte de naissance d'un enfant la mention que sa mère est mariée alors qu'elle est divorcée (Cass. 1e civ. 14-5-1985 n° 84-10.437 : Bull. civ. I n° 150).

A. Règles communes aux actions relatives à la filiation

COMPÉTENCE EN MATIÈRE DE FILIATION

40424 Le **tribunal judiciaire** est seul compétent pour statuer sur les demandes relatives à la filiation (n° 2136) ; la compétence territoriale est soumise au droit commun (n° 2520).

RENONCIATION À UNE ACTION RELATIVE À LA FILIATION

40426 Les actions relatives à la filiation ne peuvent pas faire l'objet de renonciation (C. civ. art. 323). Sont notamment **nuls** et de nul effet les **engagements suivants** :
– l'engagement de la mère de ne pas chercher à établir la filiation paternelle de son enfant ;
– la convention par laquelle une femme qui porte un enfant s'engage à renoncer à sa filiation maternelle au profit d'une autre femme (prohibition de la gestation pour autrui) ;

– la renonciation, par anticipation, à faire appel d'un jugement relatif à une question de filiation ;
– l'acquiescement par anticipation à un tel jugement.
En revanche, le demandeur peut parfaitement **se désister d'une instance** en cours (par exemple si les éléments de fait démontrent que sa demande n'est pas fondée).
Le défendeur peut **acquiescer** au jugement ayant déclaré sa paternité ou renoncer à former appel car cela équivaut à une reconnaissance (Cass. 1e civ. 7-3-2000 n° 97-21.278).

TRANSMISSION AUX HÉRITIERS DES ACTIONS RELATIVES À LA FILIATION

Les actions visant à établir ou à contester une filiation se transmettent aux héritiers des personnes autorisées à agir (C. civ. art. 322). Selon l'**objet de la demande**, il peut s'agir des héritiers de l'enfant, de ceux de l'un ou l'autre des parents « légaux » ou prétendus ou encore des héritiers de toutes les personnes qui avaient un intérêt légitime à agir. Les légataires universels ne sont pas des héritiers au sens de ce texte (Cass. 1e civ. 2-4-2014 n° 13-12.480 : Bull. civ. I n° 62 ; Cass. 1e civ. 21-9-2022 n° 20-21.035 F-B). **40428**
Les héritiers peuvent poursuivre l'**action déjà engagée**, sauf s'il y a eu désistement ou péremption d'instance.
Ils peuvent également être à l'initiative de l'action si leur auteur est décédé avant l'expiration du délai qui lui était imparti pour agir. Les héritiers de l'enfant bénéficient de la suspension du cours de la prescription durant la minorité de ce dernier.

ACTION PÉNALE ET ACTION CIVILE SUR LA FILIATION

Par exception et pour éviter tout risque d'incohérence, le civil tient, en la matière, le pénal en l'état : il ne peut être statué au pénal sur une **infraction portant atteinte à la filiation** qu'après que la décision sur la question de la filiation est passée en force de chose jugée (C. civ. art. 319). Toutes les infractions sont concernées, quelle que soit leur qualification. C'est notamment le cas d'un éventuel clonage reproductif, qui est constitutif d'un crime (Circ. du 30-6-2006 p. 33 : BO Justice n° 103 § 1.1.2). **40432**

ADMINISTRATEUR AD HOC EN MATIÈRE DE FILIATION

La Cour de cassation a jugé que l'**enfant mineur** pouvait être valablement **représenté** par ses parents légitimes dans le cadre d'une instance où la paternité du mari était contestée par un tiers (Cass. 1e civ. 19-3-2008 n° 07-11.573 : Bull. civ. I n° 84). Il sera néanmoins prudent de faire désigner un mandataire ad hoc chargé de représenter l'enfant en justice chaque fois que la question de l'opposition d'intérêt pourra être soulevée (nos 40650 s.). **40435**

COMMUNICATION AU MINISTÈRE PUBLIC DES ACTIONS SUR LA FILIATION

Le ministère public doit avoir communication des affaires relatives à la filiation (CPC art. 425). **40438**
Cette obligation **concerne** :
– les actions en recherche de filiation ;
– les actions tendant à faire constater la possession d'état d'enfant naturel (Cass. 1e civ. 20-1-2010 n° 08-15.152) ;
– les contestations de la présomption légale de paternité (Cass. 1e civ. 31-10-2007 n° 06-20.684 : Petites affiches 21 mars 2008 p. 11 note J. Massip) ;
– les contestations d'une reconnaissance (Cass. 1e civ. 6-2-2008 n° 06-22.141 : Bull. civ. I n° 47) ;
– les actions en annulation d'un acte de notoriété (Cass. 1e civ. 24-10-2012 n° 11-10.769).
L'obligation de communication est d'ordre public (Cass. 1e civ. 22-2-2017 n° 16-12.917 FS-PB). Devant être satisfaite à tous les stades de la procédure, elle doit être réitérée en appel (Cass. 1e civ. 15-5-2008 n° 07-17.407 : Bull. civ. I n° 134).
La **preuve** de cette communication peut être rapportée par tous moyens

INTERVENTION FORCÉE EN MATIÈRE DE FILIATION

Le **tribunal** peut d'office ordonner que soient mis en cause **tous** les **intéressés** auxquels il estime que le jugement doit être rendu commun (C. civ. art. 324). Il s'agit d'éviter que le jugement soit contesté par la voie de la tierce opposition. **40441**
Les **parties** peuvent aussi solliciter la mise en cause de tiers, étant précisé que ces appels en la cause ne sont pas soumis au délai de prescription des actions (Cass. 1e civ. 16-12.1992 n° 91-12.096 : Bull. civ. I n° 132).

PREUVE EN MATIÈRE DE FILIATION

La preuve d'une filiation ne peut être rapportée que si l'action est recevable (C. civ. art. 310-3). Les juges doivent donc s'assurer au préalable que l'action n'est pas prescrite, que le demandeur justifie d'un intérêt à agir et qu'il n'existe pas de fin de non-recevoir. **40445**

La preuve est libre, en demande ou en défense, qu'il s'agisse d'établir ou de contester une filiation maternelle ou paternelle (C. civ. art. 310-3). Elle peut donc se faire par témoignages, documents administratifs, lettres, photographies, présomption relative à la date de conception de l'enfant et expertise biologique. Les juges du fond apprécient souverainement l'ensemble de ces éléments (pour un exemple, Cass. 1e civ. 31-1-2006 n° 03-13.642 F-D).

PUBLICITÉ EN MATIÈRE DE FILIATION

40447 Les actions relatives à la filiation sont **instruites** et **débattues** en chambre du conseil. Le **jugement** est prononcé en audience publique (CPC art. 1149).

EXÉCUTION PROVISOIRE DES DÉCISIONS SUR LA FILIATION

40448 Le jugement n'est exécutoire à titre provisoire que s'il l'ordonne (CPC art. 1149).

OPPOSABILITÉ DES DÉCISIONS SUR LA FILIATION

40449 Les jugements relatifs à la filiation sont opposables à tous, même à ceux qui n'ont pas été parties à la procédure (C. civ. art. 324, al. 1).

TIERCE OPPOSITION AUX DÉCISIONS SUR LA FILIATION

40452 Seules les **personnes qui auraient pu agir** et qui n'ont pas été appelées en la cause peuvent former tierce opposition (C. civ. art. 324, al. 1). La plupart des actions étant réservées à certaines personnes désignées, la tierce opposition est en pratique limitée aux actions en constatation de la possession d'état, en contestation de la filiation établie par un titre non corroboré par la possession et en contestation de la possession d'état.

Les ayants cause universels de l'homme dont la paternité a été déclarée ne peuvent pas former tierce opposition car ils sont les continuateurs de leur auteur (Cass. 1e civ. 7-3-2000 n° 97-21.278).

Le **délai** pour exercer la tierce opposition est de dix ans à compter du jour où la personne a été privée de l'état qu'elle réclame, ou a commencé à jouir de l'état qui lui est contesté, sauf si l'action est enfermée par la loi dans un autre délai (C. civ. art. 321 sur renvoi de l'art. 324).

Si **le recours aboutit**, la décision attaquée est inopposable au tiers opposant seulement (Cass. 1e civ. 27-10-1981 n° 80-14.537 : Bull. civ. I n° 309).

POURVOI EN CASSATION EN MATIÈRE DE FILIATION

40455 Le **délai** de pourvoi en cassation suspend l'exécution de la décision qui établit ou modifie le lien de filiation. Le pourvoi en cassation exercé dans ce délai est également suspensif (CPC art. 1150).

CHANGEMENT DE NOM EN CAS DE CHANGEMENT DE FILIATION

40456 Lorsque, en cas de changement de filiation, l'**enfant majeur** consent à la modification de son nom, ce consentement est reçu par un officier de l'état civil, un notaire, un agent diplomatique ou consulaire français, ou par la juridiction qui prononce la légitimation ; dans ce dernier cas il en est fait mention au dispositif de la décision (CPC art. 1149-1).

CONSEIL

Les actions en contestation et en établissement de filiation peuvent être présentées dans le cadre de la même instance, ce qui permet d'interrompre la prescription.

B. Établissement de filiation

1. RECHERCHE DE FILIATION

40460 Les actions en recherche de filiation sont au nombre de deux :

– l'action en recherche de **maternité**, qui peut être engagée à l'encontre d'une femme mariée ou non (C. civ. art. 325). Elle ne se rencontre que dans des cas exceptionnels de substitution ou de supposition d'enfant ;

– l'action en recherche de **paternité** hors mariage (C. civ. art. 327), qui est au contraire fréquemment exercée.

Ces deux actions sont soumises aux mêmes règles procédurales.

PARTIES À UNE DEMANDE D'ÉTABLISSEMENT DE FILIATION

40465 **Demandeur** L'action en recherche de filiation est strictement réservée à l'**enfant** (C. civ. art. 325 et 327). Sur la situation de ses héritiers, voir n° 40428.

Le **parent** à l'égard duquel la filiation est établie n'a aucun droit personnel à agir. Mais il peut exercer l'action au nom de l'enfant pendant sa minorité. Il est d'ailleurs réputé agir en son nom même s'il ne l'a pas indiqué expressément dans l'assignation (Cass. 1e civ. 23-11-1977 n° 76-11.149 : Bull. civ. I n° 441). Seul habilité à représenter son enfant même s'il est lui-même mineur (C. civ. art. 328), il peut régulariser l'action engagée par ses propres représentants légaux en se substituant à eux. En l'absence de filiation établie ou si son parent est décédé ou dans l'impossibilité de manifester sa volonté, l'instance est introduite au nom de l'enfant par son tuteur avec l'autorisation du conseil de famille (C. civ. art. 328 et 408).

Le **majeur** sous **curatelle** doit être assisté de son curateur. S'il est sous **tutelle**, l'action est conduite par son tuteur avec l'autorisation du juge ou du conseil de famille s'il en a été constitué un (C. civ. art. 475). **40467**
Le **mineur émancipé** agit par lui-même (Cass. 1e civ. 14-3-1978 n° 76-12.992 : Bull. civ. I n° 104).

Défendeur L'action est dirigée, selon le cas, contre la mère ou le père prétendu (C. civ. art. 328). Le parent recherché doit, dans tous les cas, être personnellement mis en cause. Il est représenté par ses représentants légaux s'il est **mineur** ou par son tuteur s'il est **sous tutelle** ; il est assisté de son curateur s'il est sous **curatelle**. **40470**
S'il est **décédé**, l'action est dirigée contre ses héritiers. La mise en cause d'un héritier interrompt le délai de prescription à l'égard de tous, l'enfant étant alors autorisé à assigner les autres héritiers au-delà du délai (Cass. 1e civ. 16-12-1992 n° 91-12.096 : Bull. civ. I n° 312).
En l'absence d'héritiers ou s'ils ont renoncé à la succession, l'action est engagée contre le procureur de la République qui représente l'État (C. civ. art. 328, al. 3 ; CPC art. 1151). Les héritiers renonçants doivent alors être appelés en la cause pour faire valoir leurs droits moraux.

Dans le cas d'une action en recherche de maternité, si la **mère prétendue** était **mariée** à l'époque de la conception ou de la naissance de l'enfant, le demandeur, voire le tribunal, peut demander la mise en cause du mari afin que son éventuelle paternité soit envisagée. **40473**

DÉLAI POUR AGIR EN ÉTABLISSEMENT D'UNE FILIATION

Pour engager l'action, l'enfant a dix ans à compter du jour où il a été privé de la filiation qu'il revendique (C. civ. art. 321), c'est-à-dire à compter de sa **naissance**. Toutefois, le cours de la prescription étant suspendu à l'égard de l'enfant pendant toute sa minorité (C. civ. art. 321), l'action peut être exercée par son représentant légal durant toute la minorité de l'enfant et par lui-même à compter de ses 18 ans et jusqu'à ses 28 ans. **40478**
L'**émancipation** n'empêche pas la suspension de la prescription jusqu'aux 18 ans de l'enfant (Cass. 1e civ. 14-3-1978 n° 76-12.992 : Bull. civ. I n° 104).

> **Précisions a.** Ne porte pas **atteinte à la vie privée et familiale** d'un homme le fait de déclarer son action en recherche de paternité prescrite, dès lors qu'il a agi à 62 ans et qu'il ne prouve pas qu'il était dans l'impossibilité d'agir dans le délai légal de dix ans suivant sa majorité (Cass. 1e civ. 15-2-2023 n° 21-18.427 F-D).
> **b.** Ce **délai** de prescription de dix ans a été jugé **raisonnable** par la CEDH : il permet à chacun d'avoir suffisamment de temps, une fois atteint l'âge de la majorité, pour décider d'entamer ou non une procédure en reconnaissance de paternité tout en préservant dans le même temps la sécurité juridique pour le père présumé et sa famille (CEDH 3-10-2017 nos 72105/14 et 20415/15 Silva et Mondim Correia c/ Portugal : BPAT 1/18 inf. 16 ; CEDH 19-10-2021 n° 69997/17, L. c/ Suisse, dont les solutions sont transposables à la France).

JUGEMENT SUR L'ÉTABLISSEMENT D'UNE FILIATION

S'il est fait droit à la demande, la **filiation** maternelle ou paternelle est établie **rétroactivement** au jour de la naissance de l'enfant, voire de sa conception si c'est son intérêt. **40481**
Les **actes de l'état civil** de l'intéressé doivent immédiatement être mis à jour.
Pour éviter la multiplication des instances et la saisine du JAF, le tribunal qui tranche une question de filiation statue s'il y a lieu sur les **mesures accessoires** : autorité parentale, contribution à l'entretien et l'éducation de l'enfant, attribution du nom (C. civ. art. 331).
Sur l'opposabilité du jugement aux tiers, voir n° 40449.

ILLUSTRATIONS

Est recevable l'action formée par la mère en contribution à l'entretien et à l'éducation de sa fille majeure, à l'occasion de l'action de cette dernière en recherche de paternité, même si à la date à laquelle l'action tendant à faire établir la filiation a été introduite, la mère était devenue sans qualité pour l'introduire elle-même, la recevabilité de l'action en contribution n'étant pas subordonnée à celle de l'action en recherche de paternité (Cass. 1e civ. 9-11-2016 n° 15-27.246 F-PBI).

2. RÉTABLISSEMENT DE LA PRÉSOMPTION DE PATERNITÉ

40490 Lorsque la présomption de paternité du mari a été écartée (C. civ. art. 313), elle peut être rétablie s'il est prouvé que le mari est le père (C. civ. art. 329). Cette action n'a vocation à être mise en œuvre que si la présomption n'est pas automatiquement rétablie, faute pour l'enfant d'avoir une possession d'état (Sur ce point, voir le Mémento Droit de la famille).

Le père aura toutefois intérêt à reconnaître l'enfant (C. civ. art. 315), moyen à la fois simple, rapide et gratuit d'établir une filiation, plutôt qu'à engager une action en rétablissement de la présomption de paternité.

PARTIES À UNE DEMANDE DE RÉTABLISSEMENT DE PRÉSOMPTION DE PATERNITÉ

40492 **Demandeur** Pendant la **minorité de l'enfant**, l'action appartient aux époux à titre personnel (C. civ. art. 329). Ils peuvent agir séparément ou conjointement. Peu importe qu'ils soient ou non encore mariés le jour où ils saisissent le tribunal.

Une fois l'**enfant majeur**, lui seul peut saisir le tribunal (C. civ. art. 329). Il peut également agir à titre personnel s'il est émancipé. Sur la transmission de l'action à ses héritiers, voir n° 40428.

40495 **Défendeur** L'action est dirigée **contre** (Circ. du 30-6-2006 n° 2006-13 art. 2.4.1) :
– le conjoint ou ses héritiers si elle est engagée par l'un des époux ;
– le parquet si les époux agissent conjointement. La demande peut dans ce cas être présentée sous forme d'une requête conjointe gracieuse ;
– le père revendiqué si l'action est engagée par l'enfant.

DÉLAI POUR AGIR EN RÉTABLISSEMENT DE PRÉSOMPTION DE PATERNITÉ

40498 Chacun des époux peut agir durant toute la minorité de l'enfant. Au-delà, l'action est prescrite à leur égard. L'enfant, lui, a dix ans pour agir à compter de sa majorité (C. civ. art. 329).

JUGEMENT DE RÉTABLISSEMENT DE PRÉSOMPTION DE PATERNITÉ

40500 Le rétablissement de la présomption de paternité fait exister la filiation rétroactivement à la date de naissance de l'enfant avec les conséquences exposées n° 40481.

3. CONSTATATION DE LA POSSESSION D'ÉTAT

40510 Cette action permet de rechercher la maternité ou la paternité de personnes mariées ou non (C. civ. art. 330). **Traditionnellement**, elle est utilisée pour établir une paternité hors mariage, lorsque le père est décédé sans avoir reconnu l'enfant.

Le tribunal peut être saisi pour les **raisons** suivantes :
– un acte de notoriété ne peut plus être demandé en raison de la prescription de cinq ans ;
– l'acte de notoriété a été refusé au motif que la possession d'état était viciée ou insuffisamment constituée. L'action en constatation reste possible, car elle a un objet et un fondement distincts.

Cela dit, l'action en constatation de la possession d'état n'est pas subsidiaire par rapport à la demande d'un acte de notoriété. Elle peut être engagée sans demande préalable de délivrance d'un tel acte (CA Paris 22-1-2009 n° 08-12806, 1e ch. C).

Cette action ne vise pas à démontrer une filiation biologique mais à consacrer une **réalité sociale et affective**. Il en résulte des **spécificités procédurales**.

> **Précisions** **L'acte de notoriété** fait foi de la possession d'état jusqu'à preuve du contraire (C. civ. art. 317, al. 1). Il peut être demandé par chacun des parents, individuellement ou conjointement, ou par l'enfant à l'exclusion de toute autre personne. La demande doit être faite auprès d'un notaire. L'acte de notoriété est établi sur la foi des déclarations d'au moins trois témoins et de tout autre document produit qui attestent une réunion suffisante de faits. Il est signé par le notaire et les témoins (C. civ. art. 317, al. 2). La filiation ainsi établie est mentionnée en marge de l'acte de naissance de l'enfant (C. civ. art. 317, al. 4).

PARTIES À UNE DEMANDE DE CONSTATATION DE POSSESSION D'ÉTAT

40511 **Demandeur** Contrairement aux autres actions en établissement de la filiation, celle qui vise à constater une possession d'état est ouverte à tout **intéressé** (C. civ. art. 330). Peuvent donc saisir le tribunal :
– l'enfant, représenté par son représentant légal s'il est mineur ;

– le parent à l'égard duquel la filiation est établie, c'est-à-dire généralement la mère ; celle-ci agit en vertu d'un droit propre ;
– toute personne ayant un intérêt légitime, notamment les grands-parents.
Fondée sur l'apparence d'une réalité biologique, la possession d'état correspond à une réalité affective, matérielle et sociale. Dans l'absolu, rien n'empêche donc un homme qui n'est **pas le père biologique** de l'enfant d'agir en constatation de la possession d'état. Il appartient au juge, en considération des éléments d'espèce, d'apprécier si les conditions de la possession d'état sont remplies (Cass. 1e civ. avis 23-11-2022 n° 22-70.013 PB).
S'agissant d'une action relative à l'état de la personne, les **créanciers** de l'enfant sont sans intérêt à agir.
Sur la transmission de l'action aux héritiers, voir n° 40428.

Défendeur L'action est menée contre celui dont la possession d'état est revendiquée, ou ses héritiers s'il est décédé. À défaut d'héritiers ou si ceux-ci ont renoncé à la succession, l'action est exercée contre le ministère public. **40513**

DÉLAI POUR AGIR EN CONSTATATION DE POSSESSION D'ÉTAT

Il est de dix ans à compter de la cessation de la possession d'état ou du décès du parent prétendu (C. civ. art. 330). Il est **suspendu** en faveur de l'enfant durant sa minorité (C. civ. art. 321). **40515**

> **Précisions** Le délai de prescription de l'action en constatation de la possession d'état, qui laisse subsister un **délai raisonnable** pour permettre à l'enfant d'agir après sa majorité, ne porte pas atteinte au droit au respect de la vie privée et familiale (Cass. 1e civ. 2-12-2020 n° 19-20.279 F-P : AJ fam. 2021 p. 55, obs. Houssier).

JUGEMENT CONSTATANT LA POSSESSION D'ÉTAT

Il est opposable à tous et établit la filiation rétroactivement (n° 40481). Mais contrairement à la règle de droit commun en matière d'actions en établissement de la filiation, la **tierce opposition** est ouverte à tous les intéressés (C. civ. art. 330 et art. 324). L'opposant peut contester le jugement en apportant la **preuve** d'un vice affectant la possession d'état. La preuve d'une non-conformité à la vérité biologique via une expertise est admise (voir par exemple CA Caen 9-1-2014 n° 09/01687). Relevons toutefois que la Cour de cassation a récemment indiqué que l'absence avérée de lien biologique entre l'enfant et le parent revendiqué n'interdit pas, en soi, l'établissement de la filiation dès lors que la possession d'état alléguée remplit toutes les conditions requises (Cass. 1e civ. avis 23-11-2022 n° 22-70.013 PB). **40517**

C. Contestation de filiation

Trois actions permettent de contester une filiation. **40550**
L'**action en contestation de paternité et** celle en **contestation de maternité** sont fondées sur la non-conformité de la filiation établie à la vérité biologique. Elles suivent le même régime procédural et elles s'appliquent tant aux filiations hors mariage qu'à celles établies dans le cadre d'un mariage.
L'action en **contestation de la possession d'état** relève d'un régime particulier, car c'est la réalité sociologique de la filiation qui est mise en cause.

1. ACTION EN CONTESTATION DE LA PATERNITÉ OU DE LA MATERNITÉ

La filiation paternelle ou maternelle peut être contestée si elle n'est pas conforme à la **réalité biologique** (C. civ. art. 332). Mais le régime procédural de l'action varie selon que la filiation établie par le titre (acte de naissance, reconnaissance ou présomption légale) est confortée ou non par une possession d'état conforme. **40551**

> **Précisions** Le fait que l'action en contestation de paternité soit **préjudicielle à l'action en recherche de paternité** est, en soi, compatible avec les exigences de l'article 8 de la CEDH qui garantit le droit au respect de la vie privée. Peut toutefois être constatée une atteinte disproportionnée à ce droit lorsque la personne est empêchée d'introduire une action en recherche de paternité eu égard à la longueur de la procédure en contestation de paternité engagée par le père présumé (CEDH 6-12-2022 n° 8790/21, Scalzo c/ Italie).

a. Possession d'état conforme au titre

PARTIES

40552 **Demandeur** L'action est **réservée à** (C. civ. art. 333, al. 1) :
– l'enfant qui doit, s'il est mineur, être représenté. La désignation d'un mandataire ad hoc sera le plus souvent nécessaire compte tenu de la divergence d'intérêts existant entre l'enfant et ses représentants légaux. S'il est **majeur sous curatelle ou sous tutelle**, il doit, selon le cas, être assisté par son curateur ou représenté par son tuteur ;
– son père ;
– sa mère ;
– celui qui se prétend le parent véritable.
Si l'**un des titulaires de l'action décède**, son action se transmet à ses héritiers (voir n° 40428).
Sur le pouvoir reconnu au ministère public de contester la filiation voir n° 40590.

> **Précisions** La Cour de cassation a refusé de renvoyer au Conseil constitutionnel une question prioritaire de constitutionnalité relative à l'article 333 du Code civil, qui limite les titulaires et le délai de l'action, en considérant qu'elle ne présentait pas un caractère sérieux (Cass. 1e civ. 24-2-2011 n° 10-40.068).

40557 **Défendeur** L'enfant qui prend l'**initiative de l'action** doit agir contre celui dont il conteste la filiation. Le parent qui conteste la filiation de l'autre parent doit faire citer l'enfant et l'autre parent. Le parent qui conteste sa propre maternité ou paternité doit diriger son action contre l'enfant. Enfin, celui qui se prétend le véritable père doit assigner l'enfant et le parent dont la paternité est contestée (Cass. 1e civ. 1-2-2017 n° 15-27.245 F-PBI, dans un cas où l'action en contestation de paternité n'avait pas été dirigée contre l'enfant), ainsi que le parent non concerné, pour lui rendre commun le jugement.
Dans tous les cas le demandeur doit **appeler en la cause** le parent non concerné directement par la contestation pour lui rendre commun le jugement et limiter le risque de tierce opposition (C. civ. art. 324, al. 1). Le tribunal peut également demander d'office la mise en cause de toute personne intéressée (C. civ. art. 324, al. 2).
L'enfant, s'il est mineur, doit être représenté par un administrateur ad hoc (C. civ. art. 388-2).

DÉLAI POUR AGIR EN CONTESTATION DE FILIATION

40560 L'action doit être mise en œuvre dans un délai de cinq ans **à compter** du jour de la cessation de la possession d'état ou du décès du parent dont le lien de filiation est contesté (C. civ. art. 333). Ce dernier cas est le plus fréquent. Mais la séparation de fait des parents peut aussi mettre fin à la possession d'état.
À notre avis, à l'égard de l'enfant, et même si cela n'est pas précisé par l'article 333, le délai de prescription est suspendu pendant sa **minorité**.

FIN DE NON-RECEVOIR D'UNE CONTESTATION DE FILIATION

40563 Afin de sécuriser les filiations, toute action en contestation est en principe irrecevable lorsque la **possession d'état conforme au titre a duré** au moins cinq ans depuis la naissance ou depuis la reconnaissance si elle a été faite ensuite (C. civ. art. 333, al. 1). En conséquence, la plupart des paternités deviennent inattaquables aux cinq ans de l'enfant.
Par exception, la fin de non-recevoir n'est pas opposable au ministère public (C. civ. art. 333, al. 2).

> **Précisions** **a.** Le délai de cinq ans est un délai de forclusion qui peut être **interrompu** par une demande en justice (C. civ. art. 2241, al. 1). Une action en contestation de paternité peut interrompre ce délai à condition d'être dirigée non seulement contre le père dont la filiation est contestée mais aussi contre l'enfant (Cass. 1e civ. 1-2-2017 n° 15-27.245 F-PBI).
> **b.** Une atteinte excessive au droit au respect de la vie privée peut justifier d'**écarter la prescription** de 5 ans. Tel n'est pas le cas lorsque l'action en contestation de paternité n'est motivée que par un intérêt patrimonial (Cass. 1e civ. 6-7-2016 n° 15-19.853 FS-PBI).
> **c.** S'agissant d'une fin de non-recevoir d'ordre public, le tribunal peut la **relever d'office** si elle n'est pas invoquée en défense.

PREUVE

40565 Dans le cadre d'une contestation de **paternité**, le demandeur doit établir que le mari ou l'auteur de la reconnaissance n'est pas le père (C. civ. art. 332). Cette preuve peut être rapportée par tous moyens. Une expertise biologique est de droit sauf lorsqu'elle est demandée à l'occasion d'une

action en constatation de la possession d'état (Cass. 1e civ. 2-4-2008 n° 06-10.256 : Bull. civ. I n° 101 ; Cass. 1e civ. 12-10-2011 n° 10-23.071).
Pour contester une **filiation maternelle**, il faut prouver que la mère n'a pas accouché de l'enfant (C. civ. art. 332).

b. Titre non corroboré par la possession d'état

PARTIES

Demandeur L'action peut être engagée par toute personne qui y a intérêt (C. civ. art. 334). **40570**
L'**intérêt** peut être moral ou matériel.
Sont, bien sûr, en droit d'agir l'**enfant**, chacun de ses **parents**, celui qui revendique la paternité mais aussi d'autres **membres de la famille**, par exemple leurs héritiers ou les autres enfants nés du parent dont la paternité est contestée. Ainsi, une femme divorcée agissant pour son compte et au nom de ses enfants mineurs a un intérêt matériel à contester la reconnaissance faite par son ex-mari dès lors qu'elle s'est traduite par une diminution des pensions alimentaires versées par ce dernier (Cass. 1e civ. 7-1-1992 n° 90-10.192 : Bull. civ. I n° 1).
Les grands-parents peuvent se voir reconnaître un intérêt moral à agir, encore que ce ne soit pas systématique, spécialement lorsqu'ils ne sont pas les ascendants de l'auteur de la reconnaissance qu'ils entendent contester (CA Paris 8-4-1999 n° 1998/00493).
Les **créanciers** de l'enfant ou des parents ne sont pas admis à agir, la contestation de la filiation étant une action attachée à la personne.
Sur la transmission de l'action aux héritiers des personnes ayant intérêt à agir, voir n° 40428.

Défendeur L'action doit être dirigée contre le parent dont la filiation est contestée et contre l'enfant. S'il est **mineur**, ce dernier doit être représenté par un administrateur ad hoc puisque ses intérêts sont en contradiction avec ceux de ses représentants légaux (C. civ. art. 388-2). **40573**
L'autre parent ou toute autre personne intéressée peut être **mis en cause** par le demandeur ou à la demande du tribunal, ce qui permet de limiter le risque de tierce opposition (C. civ. art. 324).

DÉLAI

L'action doit être exercée dans un délai de dix ans à compter du jour où la filiation contestée a été établie (C. civ. art. 334 et 321). Le délai court donc **à compter** : **40576**
– du jour de la naissance si la filiation résulte de l'acte de naissance (filiation maternelle et filiation du mari) ou d'une reconnaissance antérieure ou concomitante à la naissance ;
– du jour de la reconnaissance si celle-ci est postérieure à la naissance.
À l'égard de l'enfant, le délai est **suspendu** pendant sa minorité (C. civ. art. 321). Il peut donc agir jusqu'à ses 28 ans.

c. Jugement sur une contestation de filiation

Le **jugement** est **déclaratif** : la filiation contestée est rétroactivement annulée (Cass. 1e civ. 1-2-1984 n° 82-15.496 : Bull. civ. I n° 45). **40580**
Les actes d'**état civil** de l'enfant doivent être mis à jour (Circ. 30-6-2006 n° 2006-13 art. 3.3).
Le tribunal peut fixer les modalités des relations de l'enfant avec la personne qui l'élevait (C. civ. art. 337). Il s'agit de préserver les liens affectifs existants entre l'enfant et le parent évincé.

d. Action du parquet en matière de filiation

Le ministère public peut **contester une filiation** (maternelle ou paternelle, en mariage ou hors mariage), que le titre soit ou non corroboré par la possession d'état, dans deux hypothèses (C. civ. art. 336) : **40590**
– des indices tirés des actes eux-mêmes rendent la **filiation invraisemblable**. Ce peut être le cas d'un homme n'ayant pas une différence d'âge suffisante avec l'enfant pour pouvoir être son père ou d'une reconnaissance par une personne transsexuelle ;
– en cas de **fraude à la loi**, par exemple en cas de fraude aux règles de l'adoption ou de la gestation pour autrui ou lorsque la reconnaissance est souscrite en vue d'obtenir un avantage étranger à l'intérêt de l'enfant, tel qu'un titre de séjour ou la nationalité française. En revanche, le parquet ne peut pas contester une reconnaissance mensongère si son auteur en assume les conséquences à l'égard de l'enfant.
Le ministère public, saisi par un officier de l'état civil estimant qu'il existe des indices sérieux qu'une reconnaissance est frauduleuse, peut également faire **opposition** à cette **reconnaissance** (C. civ. art. 316-1).

40592 Le ministère public est notamment saisi des **conflits de paternité** relevés par les officiers d'état civil lorsque les indications données à l'occasion de la déclaration d'une naissance sont en contradiction avec les énonciations contenues dans une reconnaissance prénatale (C. civ. art. 336-1).

40595 Le ministère public doit agir dans le **délai** de droit commun de dix ans à compter du jour où la filiation contestée a été acquise (C. civ. art. 321). La **fin de non-recevoir** tirée de la conformité du titre et de la possession d'état durant cinq ans ne lui est pas opposable (C. civ. art. 333, al. 2).
Le parquet doit rapporter la **preuve** de l'inexactitude de la filiation selon le droit commun ou la preuve de la fraude à la loi. L'action en contestation de paternité exercée par le ministère public pour fraude à la loi n'est ainsi pas soumise à la preuve que l'auteur de la reconnaissance n'est pas le père biologique (Cass. 1e civ. 13-9-2013 n° 12-18.315).

2. ACTION EN CONTESTATION DE LA POSSESSION D'ÉTAT

40600 La filiation établie par possession d'état constatée par un acte de notoriété (n° 40510, Précisions) **peut être contestée par** toute personne qui y a intérêt (C. civ. art. 335).
Ces personnes sont les mêmes que celles qui peuvent agir en contestation de la filiation lorsque le titre n'est pas corroboré par la possession d'état (n° 40570). Le parquet peut également agir notamment lorsque l'acte de notoriété a été demandé pour contourner l'interdiction d'établir la filiation, par exemple en cas de fraude aux règles régissant l'adoption ou l'interdiction de la gestation pour autrui (C. civ. art. 336 ; nos 40590 s.).

40603 L'action est **dirigée contre** :
– l'enfant, représenté par un administrateur ad hoc s'il est mineur ;
– le parent dont la filiation est contestée.
L'autre parent ou toute personne intéressée peut être mis en cause par le demandeur ou à la demande du tribunal, ce qui permet de limiter le risque de tierce opposition (C. civ. art. 324, al. 1).

40605 L'action doit être engagée dans un **délai** de dix ans qui démarre à compter de la délivrance de l'acte de notoriété, et non à compter du jour de son inscription sur l'acte de naissance (C. civ. art. 335). **Au-delà de ce délai**, la filiation résultant d'une possession d'état constatée dans un acte de notoriété est incontestable.
Le jugement qui fait droit à la demande emporte l'annulation rétroactive de la filiation (voir n° 40580).

D. Action aux fins de subsides

40620 Les règles de procédure sont celles applicables aux actions en matière de filiation. Seul le **tribunal** judiciaire est **compétent**. Les actions aux fins de subsides doivent être communiquées au **ministère public** (CPC art. 425 ; Cass. 1e civ. 17-10-2007 n° 06-16.923 : Bull. civ. I n° 325). En revanche, une demande de révision du montant des subsides antérieurement alloués n'a pas à être communiquée (Cass. 1e civ. 5-1-1999 n° 97-11.121 : Bull. civ. I n° 8).

40622 **Demandeur** L'action est réservée à l'**enfant**. Pendant sa minorité, il est représenté par sa mère et par elle seule, même si elle est mineure (C. civ. art. 342-6 qui renvoie à C. civ. art. 327, al. 2 et 328). Il est représenté par son tuteur avec l'autorisation du conseil de famille s'il est sans filiation maternelle établie ou si sa mère est décédée ou dans l'incapacité de manifester sa volonté.

40625 **Défendeur** Le « **possible père** » doit être personnellement assigné, même s'il est lui-même **mineur**, étant précisé qu'il est alors représenté par ses représentants légaux. S'il est **décédé**, l'action est dirigée contre ses héritiers. À défaut d'héritiers, ou si ces derniers ont renoncé à la succession, l'action est intentée contre l'État, les héritiers renonçants devant être appelés en la cause.

40627 **Délai d'action** L'action peut être exercée durant toute la minorité de l'enfant et, si tel n'a pas été le cas, 10 ans encore après sa majorité (C. civ. art. 342).

40628 **Pension alimentaire** La pension alimentaire éventuellement allouée par le juge est révisable si un **élément nouveau** le justifie.

40630 **Recouvrement des subsides** Le service de l'aide sociale à l'enfance, l'œuvre ou le mandataire désigné par le tribunal sont, pour le recouvrement des subsides, **subrogés dans les droits du créancier**. Les sommes dues à l'enfant sont reversées à son représentant légal dès que possible, au plus tard dans le mois de leur réception (CPC art. 1156).

SECTION 3

DÉSIGNATION D'UN ADMINISTRATEUR AD HOC EN MATIÈRE FAMILIALE

OPPOSITION D'INTÉRÊTS ENTRE ENFANT ET REPRÉSENTANT LÉGAL

L'administrateur ad hoc intervient dès lors que le **mineur** ne peut pas exercer seul un droit dont il est titulaire et qu'il existe un conflit entre les intérêts de l'enfant et ceux de l'administrateur légal. Il est **obligatoire** de nommer un administrateur ad hoc pour l'enfant dans les hypothèses suivantes : **40650**

– lorsque les intérêts de l'administrateur légal sont en opposition avec ceux du mineur à l'occasion d'une procédure concernant le mineur (C. civ. art. 388-2) ;
– lorsque les intérêts de l'administrateur légal sont en opposition avec ceux du mineur dans le cadre de la gestion patrimoniale des biens de l'enfant (C. civ. art. 383).

Dans le cadre d'une procédure d'**assistance éducative**, l'administrateur ad hoc désigné doit être indépendant de la personne morale ou physique à la laquelle le mineur est confié (C. civ. art. 388-2).

> **Précisions** Un administrateur ad hoc peut également être désigné sur le fondement de l'article 706-50 du Code de procédure pénale lorsque la **juridiction pénale** est saisie de faits commis volontairement à l'encontre du mineur et que la protection des intérêts de celui-ci n'est pas complètement assurée par ses représentants légaux (tel n'est pas systématiquement le cas même en cas d'inceste au sein de la fratrie : Cass. crim 11-10-2022 n° 22-81.126 F-B). Il en est de même, sur le fondement de l'article L 343-2 du Code des étrangers, lorsqu'un mineur étranger arrive en France, isolé, et est placé en zone d'attente.

Quand y a-t-il un risque de conflit d'intérêts ? L'opposition d'intérêts peut être constatée à l'occasion d'un **acte particulier** ou résulter de la situation des intéressés. Elle peut aussi être constatée en raison de l'**inaction** ou de la **négligence** du représentant légal dans la gestion des affaires du mineur. Il n'est pas exigé que le conflit soit avéré mais le simple risque d'opposition ne justifie pas la désignation d'un administrateur ad hoc. **40655**

ILLUSTRATIONS

Il y a **conflit d'intérêts** en cas :
– de disparité de fortune importante entre la mère et son fils (Cass. 1e civ. 5-1-1999 n° 96-19.759) ;
– de location ou d'achat, dûment autorisé dans les conditions de l'article 508 du Code civil, de biens de l'enfant par un parent ;
– de difficultés causées par la mère qui se trouve dans l'incapacité financière de régler les sommes qu'elle a été condamnée à payer à l'indivision dans la succession de son mari (père de l'enfant) et qui, par l'exercice de vains recours, retarde le règlement des successions de ce dernier et de ses parents au risque de voir les biens se dégrader (Cass. 1e civ. 25-3-2009 n° 08-11.552 : Gaz. pal. 3-10-2009 jur. p. 16 note J. Massip ;
– de difficultés causées par la mère, qui perturbe le règlement de la succession de son ex-époux, agissant ainsi dans un intérêt contraire à celui de sa fille mineure héritière, cette attitude justifiant la désignation d'un administrateur ad hoc bien qu'elle ne soit pas elle-même héritière (Cass. 1e civ. 16-12-2020 n° 19-19.370 F-D).

Il peut également y avoir conflit d'intérêts en cas de donation ou de legs consentis au mineur par une personne dont son parent administrateur légal est héritier (Cass. 1e civ. 8-3-1988 n° 86-16.153 : Bull. civ. I n° 63).

Il n'y a **pas** nécessairement **opposition d'intérêts** quand l'administrateur légal et l'enfant interviennent dans le même acte. Il peut exister un intérêt commun. Ainsi en est-il lors de la vente d'un bien indivis : le représentant légal étant coïndivisaire avec son enfant, il a intérêt à bien vendre (Cass. 1e civ. 7-6-1955 n° 1957 : Bull. civ. I n° 237).

RELATIONS PERSONNELLES DE L'ENFANT

L'enfant a le droit d'entretenir des relations personnelles **avec ses grands-parents** (C. civ. art. 371-4) **ou avec certains tiers**. **40657**

L'exercice de ce droit nécessite la **représentation de l'enfant** (par les grands-parents ou le tiers). À défaut, l'enfant peut demander la désignation d'un administrateur ad hoc auprès du juge des tutelles afin d'initier la procédure. Le JAF peut fixer un droit de correspondance et/ou de visite et d'hébergement (CPC art. 1180).

CAPACITÉ PROPRE DU MINEUR

40659 La désignation d'un administrateur ad hoc n'a pas de sens lorsque le mineur lui-même se voit reconnaître une capacité procédurale propre (comme en matière d'assistance éducative, par exemple, pour le mineur doté de discernement).

MODALITÉS DE DÉSIGNATION D'UN ADMINISTRATEUR AD HOC

40660 **Demande** En principe, la **demande** doit émaner du représentant légal de l'enfant. À défaut, le juge est saisi par le ministère public ou par le mineur. Il peut aussi se saisir d'office (C. civ. art. 383).

40662 **Compétence juridictionnelle** Le **juge des tutelles** a compétence générale pour désigner un administrateur ad hoc. Il peut le faire à l'occasion de toute procédure, notamment en cas de carence des magistrats normalement désignés (Cass. 1e civ. 25-10-2005 n° 03-14.404 : Bull. civ. I n° 390).

Réciproquement, à défaut de désignation d'un administrateur par le juge des tutelles, le **magistrat saisi de l'instance** peut y procéder (C. civ. art. 388-2).

Dans tous les cas, le juge doit **caractériser l'opposition d'intérêts** entre l'enfant et son représentant légal (n° 40655).

40665 **Choix de l'administrateur ad hoc** L'administrateur ad hoc est choisi **de préférence** parmi la famille ou les proches de l'enfant (CPC art. 1210-1). Mais si tel est l'intérêt de l'enfant, le juge peut désigner un administrateur ad hoc en dehors de sa famille (Cass. 1e civ. 25-10-2005 n° 03-14.404 : Bull. civ. I n° 390). Lorsqu'il désigne une personne extérieure à la famille, le juge n'est pas obligé de choisir une personne figurant sur la liste des administrateurs ad hoc tenue dans le ressort de chaque cour d'appel, comme le préconise l'article 1210-1 du CPC ; il ne s'agit que d'une simple faculté pour le juge (Cass. 1e civ. 25-10-2005 précité).

L'administrateur n'est pas obligé d'accepter la fonction.

40667 **Appel** Les parents peuvent faire appel de la désignation de l'administrateur ad hoc dans un **délai** de quinze jours. L'appel n'est pas **suspensif**. L'appel est formé, instruit et jugé comme en matière gracieuse (CPC art. 1210-2).

MISSION ET POUVOIRS DE L'ADMINISTRATEUR AD HOC EN MATIÈRE FAMILIALE

40669 L'administrateur ad hoc est chargé d'une **mission limitée** aux opérations pour lesquelles il existe une opposition d'intérêts.

Pour la remplir, il peut accomplir seul les actes qu'un tuteur peut faire sans autorisation du conseil de famille (Cass. 1e civ. 8-3-1988 n° 86-16.153 : Bull. civ. I n° 63, précité). Sur ces actes, voir le Mémento Droit de la famille.

L'administrateur ad hoc ne peut avoir plus de droits que le mineur qu'il représente (Cass. ch. mixte 9-2-2001 n° 98-18.661 : Bull. civ. ch. mixte n° 1). Si une procédure est fermée au mineur, l'administrateur ne pourra pas agir à sa place.

L'administrateur ad hoc ne peut pas **remettre en cause** les actes valablement passés par l'administrateur légal avant qu'il soit déchargé de ses pouvoirs (Cass. 1e civ. 16-4-1991 n° 89-10.248 : Bull. civ. I n° 143).

RÉMUNÉRATION DU MANDATAIRE AD HOC EN MATIÈRE FAMILIALE

40675 Dans le cas où l'administrateur est un « **professionnel** » rémunéré inscrit sur la liste tenue dans le ressort de chaque cour d'appel, les frais de cette rémunération sont recouvrés par le Trésor contre la partie condamnée aux dépens (CPC art. 1210-3). En l'absence de condamnation aux dépens, c'est au juge qui a désigné l'administrateur ad hoc, qui n'est pas nécessairement celui qui a jugé l'affaire, d'indiquer la partie devant en supporter la charge.

Le montant de l'indemnité allouée à l'administrateur ad hoc désigné dans le cadre d'une procédure civile est fixé à 200 € (CPP art. A 43-10).

SECTION 4

AMÉNAGEMENTS DE L'AUTORITÉ PARENTALE

A. Délégation d'autorité parentale

CAS DE SURVENANCE DE LA DÉLÉGATION DE L'AUTORITÉ PARENTALE

Lorsque les circonstances l'exigent, l'exercice de l'autorité parentale peut être délégué à un tiers. **40700**
La délégation de l'autorité parentale peut intervenir à la **demande de l'un** et/ou l'autre **des parents**. Elle peut aussi être **imposée par le juge** (C. civ. art. 376 s.).
Beaucoup plus rarement, elle intervient comme conséquence :
– d'une **déclaration judiciaire de délaissement parental**. Le tribunal qui prononce le délaissement délègue, par la même décision, les droits d'autorité parentale sur l'enfant au service de l'aide sociale à l'enfance, à l'établissement ou au particulier qui a recueilli l'enfant ou à qui ce dernier a été confié (C. civ. art. 381-2 al. 5). ;
– de l'**annulation d'un arrêté** du président du conseil départemental **admettant** un enfant comme **pupille de l'État** (CASF art. L 224-8). Le tribunal peut alors soit confier la garde de l'enfant au demandeur, à charge pour lui de requérir l'ouverture d'une tutelle, soit lui déléguer les droits de l'autorité parentale ;
– de l'**ouverture d'une mesure d'assistance éducative** lorsque l'enfant est confié à une personne ou un établissement, le juge peut déléguer par la même décision l'autorité parentale au président du conseil départemental (C. civ. art. 375-7).
Dans les deux cas, la décision est prise par le tribunal judiciaire et la **procédure** suivie est celle de la demande principale.

INTRODUCTION DE L'INSTANCE EN DÉLÉGATION DE L'AUTORITÉ PARENTALE

Compétence La délégation ne peut résulter que d'une **décision judiciaire** (C. civ. art. 376), le juge compétent étant le **JAF** du lieu où demeure le mineur (CPC art. 1202). **40705**

Acte introductif d'instance Le juge est saisi par **requête** remise ou adressée soit au greffe, soit au procureur de la République qui la transmet au juge. Outre les mentions prévues à l'article 57 du Code de procédure civile, la requête indique, à peine d'irrecevabilité, le lieu où demeure le mineur et, le cas échéant, le lieu où demeurent le ou les titulaires de l'autorité parentale ainsi que les motifs de la requête (CPC art. 1203). **40710**

Parties La demande est formée conjointement par les deux **parents** ou par un seul d'entre eux. Dans tous les cas, seuls ceux qui sont titulaires de l'exercice de l'autorité parentale peuvent agir. En effet, un parent ne peut pas déléguer l'autorité parentale qu'il n'exerce pas (C. civ. art. 377, al. 1). Les parties sont dispensées du ministère d'avocat. **40715**
Lorsque la **délégation** est **imposée par le juge**, le demandeur est le tiers (particulier, établissement, Aide sociale à l'enfance) qui a recueilli l'enfant ou un membre de la famille (C. civ. art. 377, al. 2). Le juge peut aussi être saisi par le ministère public, avec l'accord du tiers candidat à la délégation de l'autorité parentale (C. civ. art. 377, al. 3).

Si la demande est formée par un tiers, les deux **parents** doivent être **appelés en la cause** mais le juge peut passer outre leur opposition (C. civ. art. 377 al. 4). **40720**
Si la demande est le fait d'un seul parent, l'autre doit nécessairement être appelé en la cause (C. civ. art. 377, al. 4). S'il exerce conjointement l'autorité parentale, son opposition interdit la délégation. Dans le cas contraire, il est en droit de s'opposer à la délégation au titre de son droit de surveillance, mais son refus ne lie pas le juge. Enfin, s'il a fait l'objet d'une mesure de retrait total de son autorité parentale, son avis n'a pas à être recueilli.
À l'occasion de la procédure, le parent qui s'oppose à la délégation peut demander le transfert de l'exercice de l'autorité parentale à son seul profit.
Si le juge décide d'un partage de l'exercice de l'autorité parentale entre le ou les parents et le délégataire et que cette situation génère des difficultés, le ministère public peut saisir le juge, à l'instar des parents et du délégataire (C. civ. art. 377-1, al. 3).
Si l'enfant concerné fait l'objet d'une mesure d'assistance éducative, la délégation ne peut intervenir qu'après avis du **juge des enfants** (C. civ. art. 377 dernier al.).

40725 L'**enfant** n'est pas partie à la procédure ; il n'est pas convoqué à l'audience et son **audition** n'est pas obligatoire. Il peut demander à être entendu selon le droit commun applicable à toutes les procédures le concernant (nos 39110 s.). Pour qu'il puisse exercer ce droit, il est indispensable que le JAF lui donne au moins avis de la procédure.

DÉROULEMENT DE L'INSTANCE EN DÉLÉGATION DE L'AUTORITÉ PARENTALE

40730 **Mesures d'instruction** Le **juge procède** ou fait procéder, même d'office, à toutes les **investigations utiles** telles qu'une enquête sociale ou médico-psychologique. Il peut à cet effet commettre le juge des enfants et se faire communiquer, s'il existe, le dossier d'assistance éducative (CPC art. 1205 et 1205-1). Si une telle mesure est en cours, le juge doit recueillir l'avis du juge des enfants (C. civ. art. 377, al. 4).
Le **ministère public** peut également recueillir les renseignements qu'il estime utiles sur la situation familiale de l'enfant et la moralité des parents (CPC art. 1206).
Le tribunal entend les parents, le tuteur ou la personne ou le représentant du service auquel l'enfant a été confié, ainsi que toute personne dont l'**audition** lui paraît utile (CPC art. 1208). Sur l'audition du mineur, voir n° 40725.
L'affaire est instruite en chambre du conseil. La procédure est orale (CPC art. 1208-2). L'oralité n'exonère pas du respect du contradictoire lorsque le ministère public, partie jointe à la procédure, n'est pas présent à l'audience ; son avis écrit doit être communiqué aux requérants afin qu'ils puissent en débattre (Cass. 1e civ. 5-4-2023 n° 21-18.497 F-D).

40735 **Mesures provisoires** Pour le cours de l'instance, le tribunal peut prendre toute mesure provisoire relative à l'exercice de l'autorité parentale (CPC art. 1207).

40740 **Audience** **Sont convoqués** à l'audience, au moins huit jours avant, le requérant, les parents du mineur, la personne, l'établissement ou le service qui a recueilli l'enfant, le cas échéant, le tuteur du mineur, ainsi que, lorsque la demande tend à la délégation de l'autorité parentale, le candidat à la délégation. Les conseils des parties et le ministère public sont également avisés de la date de l'audience (CPC art. 1204).
L'affaire est instruite et jugée après **avis du ministère public** (CPC art. 1208-2).
L'affaire est jugée en chambre du conseil, la **procédure** est orale (CPC art. 1208-2). Jusqu'à la veille de l'audience, le dossier peut être consulté au greffe, l'avocat pouvant se faire délivrer copie de tout ou partie des pièces qu'il contient pour l'usage exclusif de la procédure. Il ne peut communiquer ces copies ou leur reproduction à son client (CPC art. 1208-1).

JUGEMENT DE DÉLÉGATION DE L'AUTORITÉ PARENTALE

40745 **Absence d'exécution provisoire** Les décisions prises en matière de délégation de l'autorité parentale ne sont pas assorties de l'exécution provisoire car elles concernent l'autorité parentale elle-même et non pas son exercice (CPC art. 1074-1 ; Circ. 23-11-2004 n° 135).

40750 **Appel du jugement** Les **parents** ou l'un d'eux, le **tuteur** ou la **personne** ou le service **à qui l'enfant a été confié** peuvent former appel de la décision dans les 15 jours de sa notification, laquelle doit intervenir dans les huit jours du jugement (CPC art. 1208-3). N'étant pas partie à l'instance, l'enfant ne peut pas faire appel de la décision.
L'appel est ouvert au **procureur de la République** qui doit agir dans un délai de 15 jours à compter de l'avis ayant porté la décision à sa connaissance (CPC art. 1208-3 et 1209).
L'appel est instruit et jugé en chambre du conseil par la chambre de la cour d'appel chargée des affaires de mineurs suivant la procédure applicable en première instance (CPC art. 1209-1).

B. Enfant confié à un tiers

40760 La décision de confier un enfant à un tiers peut intervenir au moment où un problème se pose, c'est-à-dire souvent au **décès** du **parent** qui exerçait l'autorité parentale (C. civ. art. 373-3, al. 2). Elle peut aussi intervenir par **anticipation** lorsque, à l'occasion de la séparation des parents, le juge confie l'exercice de l'autorité parentale à un seul d'entre eux ; le JAF peut en effet décider qu'en cas de décès du parent qui exerce l'autorité parentale, l'enfant ne sera pas confié au survivant mais à un tiers (C. civ. art. 373-3, al. 3).
Dans le premier cas, le **juge** peut être **saisi** (C. civ. art. 373-2-8 sur renvoi de l'art. 373-3) :
– à l'initiative de l'un ou l'autre des parents ou par les deux conjointement ;
– à la demande du ministère public qui peut, lui-même, être saisi par un tiers, parent ou non.
Le **procureur de la République** est lui-même **saisi** par simple requête des tiers (CPC art. 1179-1).

Le compagnon ou la compagne du parent décédé peut ainsi faire entendre sa voix par l'intermédiaire du ministère public.
La demande formée sur le fondement de l'article 373-3, alinéa 2 obéit aux règles applicables à la procédure écrite ordinaire devant le tribunal judiciaire dans les conditions exposées n° 40330 (CPC art. 1180).
S'il l'estime nécessaire, le JAF peut imposer au tiers auquel est confié l'enfant de requérir l'ouverture d'une tutelle (C. civ. art. 373-4).

C. Assistance éducative

DEMANDE D'OUVERTURE D'UNE MESURE D'ASSISTANCE ÉDUCATIVE

Si un enfant est en situation de **danger**, le juge des enfants peut décider de l'ouverture d'une mesure d'assistance éducative (C. civ. art. 375 modifié par la loi 2022-140 du 7-2-2022). **40800**
La **demande** peut être initiée par les parents, ensemble ou séparément, par la personne ou le service à qui le mineur a été confié, par le tuteur, le ministère public ou le mineur (C. civ. art. 375, al. 1). Le mineur, à condition qu'il possède un discernement suffisant, peut donc être partie à la procédure. Il est, si besoin, représenté par un mandataire ad hoc (voir n° 40650). Ce dernier doit être indépendant de la personne morale ou physique à laquelle le mineur est confié le cas échéant (C. civ. art. 388-2).
Enfin, le juge des enfants peut se saisir d'office.
Parents et enfants peuvent se faire assister ou représenter par un **avocat** (CPC art. 1186 ; Cass. 1e civ. 30-9-2009 n° 08-16.147).

ATTENTION

En cas d'**urgence**, le procureur de la République peut, à titre provisoire (C. civ. art. 375-5, al. 2 et 5) :
– ordonner le placement de l'enfant ou subordonner son maintien dans son milieu au respect de certaines obligations ;
– interdire, pour une durée maximale de deux mois, la sortie du territoire national de l'enfant lorsqu'il existe des éléments sérieux laissant supposer que celui-ci s'apprête à partir à l'étranger dans des conditions qui le mettraient en danger et que l'un des détenteurs de l'autorité parentale ne prend pas de mesures pour l'en protéger.
Dans ces deux cas, le procureur doit, dans les huit jours, saisir le juge qui maintiendra, modifiera ou rapportera la mesure (C. civ. art. 375-5).

JUGE COMPÉTENT

Le juge compétent est le **juge des enfants** du **lieu** où demeure, selon le cas, l'un des parents, le tuteur du mineur ou la personne ou le service à qui l'enfant a été confié ; à défaut, le juge du lieu où demeure le mineur (CPC art. 1181). **40805**

MESURES PROVISOIRES

Pendant l'instance, le juge peut prendre des mesures provisoires et notamment ordonner le placement du mineur (C. civ. art. 375-5). **40810**
Sa **décision sur le fond** doit intervenir dans les six mois de la décision ordonnant les mesures provisoires ; si l'instruction du dossier n'est pas terminée, le juge peut toutefois, après avis du procureur de la République, proroger ce délai pour une durée qui ne peut pas excéder six mois (CPC art. 1185).
La « décision ordonnant les mesures provisoires », point de départ du délai de six mois, est celle prise par le juge des enfants, et non celle prise, le cas échéant, par le procureur de la République sur le fondement de l'urgence (Cass. 1e civ. 24-1-2018 n° 17-11.003 FS-PBI).
Le juge qui statue au-delà de ce délai commet un **excès de pouvoir** (Cass. 1e civ. 25-2-1997 n° 96-05.045 : Bull. civ. I n° 71 ; Cass. 1e civ. 24-1-2018 n° 17-11.003 FS-PBI précité). Sa décision est en conséquence nulle. L'enfant est remis à ses parents, tuteur, personne ou service à qui il a été confié, sur leur demande (CPC art. 1185).

INSTRUCTION

Le juge entend notamment les **parents** en phase d'instruction du dossier et lors de l'audience (CPC art. 1182 et 1189 ; Cass. 1e civ. 13-7-2016 n° 15-23.253 F-PB). **40815**
Il doit effectuer systématiquement un **entretien individuel avec l'enfant** capable de discernement lors de son audience ou de son audition (C. civ. art. 375-1, al. 3 créé par loi 2022-140 du 7-2-2022). Rappelons que l'audition de l'enfant capable de discernement est obligatoire dans la procédure (pour un exemple : Cass. 1e civ. 2-12-2020 n° 19-20.184) mais pas nécessairement à

l'audience (Cass. 1e civ. 28-11-2006 n° 04-05.095 : Bull. civ. I n° 528). S'il a déjà été entendu en première instance, la cour d'appel n'est pas tenue de procéder à une nouvelle audition de l'enfant. Si l'intérêt de l'enfant l'exige, le juge doit demander au bâtonnier la désignation d'un avocat pour l'enfant capable de discernement ou la désignation d'un administrateur ad hoc à défaut de discernement (C. civ. art. 375-1, al. 4).
L'affaire est instruite et jugée après avis du ministère public (CPC art. 1182 et 1189).
Le **dossier** peut être consulté jusqu'à la veille de l'audition ou de l'audience (CPC art. 1187, al. 2). L'administrateur ad hoc désigné en vertu de l'article 375-1 du Code civil peut également consulter le dossier (CPC art. 1187, al. 1 modifié par décret 2023-914 du 2-10-2023). L'avis d'ouverture de la procédure et les convocations doivent informer les parties de cette possibilité (CPC art. 1382, al. 4).

> **Précisions** Une personne ayant recueilli un enfant par **kafala** doit être entendue comme la « personne à qui l'enfant a été confié » au sens des articles 375 du Code civil et 1182 et 1187 du Code de procédure civile. Par conséquent, le kafil doit avoir accès au dossier déposé au greffe en vue du placement de l'enfant qu'il a recueilli à l'aide sociale à l'enfance (Cass. 1e civ. 30-11-2022 n° 21-16.366 F-B).

MÉDIATION

40817 Lorsqu'une mesure d'assistance éducative est ordonnée, le **juge peut proposer** aux parents une mesure de médiation familiale et, après avoir recueilli leur accord, désigner un médiateur familial pour y procéder. De telles mesures ne peuvent toutefois pas être mises en œuvre si des **violences** sur l'autre parent ou sur l'enfant sont alléguées par l'un des parents ou en cas d'emprise manifeste de l'un des parents sur l'autre (C. civ. art. 375-4-1 créé par loi 2022-140 du 7-2-2022).

APPEL

40820 Dans les **15 jours** suivant sa notification, la décision peut faire l'objet d'un appel par les parents ou l'un d'eux, le tuteur ou la personne ou le service à qui l'enfant a été confié (CPC art. 1191).
Le mineur lui-même peut faire appel dans le délai de 15 jours suivant la notification et, à défaut, suivant le jour où il a eu connaissance de la décision. Le parent concerné ne peut pas se prévaloir de cette disposition (Cass. 1e civ. 3-5-2000 n° 99-05.011 : Bull. civ. I n° 124).
Enfin, le ministère public peut former appel jusqu'à l'expiration d'un délai de 15 jours suivant la remise de l'avis qui lui a été donné.
La cour d'appel doit se placer au moment où elle statue pour apprécier les faits dont elle est saisie, c'est-à-dire qu'elle doit prendre en compte les **éléments survenus postérieurement** à la décision d'assistance éducative dont elle connaît (Cass. 1e civ. 20-10-2010 n° 09-68.141 : Bull. civ. I n° 210 ; Cass. 1e civ. 14-9-2017 n° 17-12.518 F-PB).

> **Précisions** Bien que la représentation par avocat ne soit pas obligatoire et que la procédure soit orale, la déclaration d'appel peut être transmise par RPVA (Cass. 1e civ. 5-10-2023 n° 22-13.863 F-B).

D. Retrait de l'autorité parentale

COMPÉTENCE JURIDICTIONNELLE

40850 Le retrait de l'autorité parentale ou de l'exercice de l'autorité parentale peut être prononcé par une juridiction pénale, à l'occasion d'une **condamnation** pour **crime** ou **délit** commis contre l'enfant ou avec lui ou contre l'autre parent (C. civ. art. 378).
Il peut également être prononcé par une juridiction civile, en dehors de toute condamnation pénale, lorsque la **conduite des parents** met manifestement en danger la sécurité, la santé ou la moralité des enfants, ou lorsque les parents se sont volontairement abstenus d'exercer les droits et de remplir les devoirs que leur laissait une mesure d'assistance éducative (C. civ. art. 378-1).
Le **tribunal compétent** est le tribunal judiciaire du **lieu** où demeure l'ascendant contre lequel l'action est exercée (CPC art. 1202). La représentation par avocat et obligatoire (CPC art. 1203). Pour le reste, la procédure est la même que celle de la délégation de l'autorité parentale (nos 40700 s.).

DEMANDE

40855 Sont **recevables à agir** le ministère public, un membre de la famille, le tuteur de l'enfant ou le service départemental de l'aide sociale à l'enfance auquel l'enfant est confié (C. civ. art. 378-1, al. 3). Il semble que la personne physique à qui l'enfant a été confié depuis sa naissance par une mesure d'assistance éducative peut également saisir le tribunal.

E. Déclaration judiciaire de délaissement parental

CONDITIONS

L'enfant recueilli par une personne, un établissement ou un service départemental de l'aide sociale à l'enfance est **déclaré délaissé** lorsque ses parents n'ont pas entretenu avec lui les relations nécessaires à son éducation ou à son développement pendant l'année qui précède l'introduction de la demande en déclaration judiciaire de délaissement parental alors qu'ils n'en ont été empêchés par quelque cause que ce soit (C. civ. art. 381-2). **40900**

La déclaration judiciaire de délaissement entraîne la **délégation de l'autorité parentale** à la personne à qui l'enfant a été confié ou l'ASE ayant recueilli l'enfant (voir n° 40700).

DEMANDE

La demande est **obligatoirement transmise**, à l'expiration du délai d'un an, par la personne, l'établissement ou le service départemental de l'aide sociale à l'enfance qui a recueilli l'enfant, après que des mesures appropriées de soutien aux parents leur ont été proposées. Elle peut également être présentée par le ministère public agissant d'office ou, le cas échéant, sur proposition du juge des enfants (C. civ. art. 381-2). **40905**

PROCÉDURE

C'est le **tribunal judiciaire** qui est compétent. La procédure est identique à la requête en délégation d'autorité parentale (CPC art. 1208-4), voir n°s 40700 s. Il en est de même des demandes en restitution d'enfants déclarés délaissés (CPC art. 1210). La **tierce opposition** n'est recevable qu'en cas de dol, de fraude ou d'erreur sur l'identité de l'enfant (C. civ. art. 381-2). **40910**

CHAPITRE 3

INJONCTION DE PAYER OU DE FAIRE ET RECOUVREMENT PAR HUISSIER OU COMMISSAIRE DE JUSTICE

SOMMAIRE

SECTION 1

INJONCTION DE PAYER

RÈGLES GÉNÉRALES

41000 Lorsqu'un créancier, qui peut se prévaloir d'une **créance peu contestable** mais dépourvue de titre exécutoire, se heurte à l'inertie du débiteur, le recours à l'injonction de payer constitue un moyen de **recouvrement simple,** efficace et **rapide**, lui permettant d'obtenir à peu de frais la délivrance d'un **titre exécutoire** contre son débiteur (CPC art. 1405 à 1422 et 1425). Ceci explique que près de 400 000 requêtes par an en moyenne (Infostat Justice n° 178 septembre 2020) soient lancées.

L'injonction de payer se définit comme une procédure par laquelle le juge, saisi sur **requête unilatérale** du créancier, ordonne au débiteur de payer une somme d'argent ; le débiteur a la possibilité de former opposition.

La procédure n'est pas contradictoire, sauf en cas d'opposition. Si aucune opposition n'est formée, l'ordonnance revêt force exécutoire dans le délai d'un mois et permet au créancier de pratiquer une mesure de contrainte.

A. Créances pouvant faire l'objet d'une injonction de payer

LIMITATION DES CAS D'OUVERTURE DE L'INJONCTION DE PAYER

41001 Les cas d'ouverture de l'injonction de payer prévus par les textes définissent le domaine du droit d'agir suivant la procédure spécifique (n°s 41004 s.).

Toute requête introduite **en dehors des cas** prévus devrait donc, en bonne logique, être sanctionnée par une fin de non-recevoir, définie comme un moyen qui tend à faire déclarer l'adversaire irrecevable pour défaut du droit d'agir (CPC art. 122). Il n'en est rien : la jurisprudence retient que le moyen tendant à faire déclarer irrégulière une procédure d'injonction de payer pour avoir été engagée hors des cas prévus par les textes constitue une **exception d'incompétence** (Cass. com. 16-7-1985 n° 84-11.416 : Bull. civ. IV n° 214 ; à rapprocher de Cass. com. 1-4-1997 n° 93-21.265 retenant la qualification d'exception de procédure sans autre précision). Il s'ensuit que le moyen doit être soulevé « in limine litis », c'est-à-dire dès le début de l'instance, avant toute défense au fond, et qu'il ne peut pas être présenté pour la première fois devant la Cour de cassation (Cass. com. 16-7-1985 n° 84-11.416 et Cass. com. 1-4-1997 n° 93-21.265, précités).

41002 Seules les créances de **sommes d'argent** peuvent par définition faire l'objet de la procédure d'injonction de payer.

INJONCTION DE PAYER VISANT UNE CRÉANCE CONTRACTUELLE

41004 La procédure d'injonction de payer peut viser une créance qui a une cause contractuelle et s'élève à un **montant déterminé** ; la détermination de son montant doit être faite en vertu des **stipulations du contrat**, y compris, le cas échéant, la clause pénale (CPC art. 1405, 1°).

Le contrat dont il s'agit ne vise pas seulement un acte authentique ou un acte sous signature privée signé par deux parties, mais désigne plus largement l'accord des volontés. Dès lors, la détermination du montant de la créance à l'aide d'un **document émanant d'une seule partie** est possible, tant que l'accord que ce document retrace n'est pas contesté par l'autre partie.

Mais la détermination du montant de la créance contractuelle ne devrait pas pouvoir être établie à l'aide d'**éléments extérieurs à l'accord des parties**. Ainsi, il a été jugé en ce sens que la demande du créancier contre un dirigeant cautionnant la société débitrice ne pouvait pas être accueillie, dès lors que la caution s'était engagée à garantir indistinctement « toutes les dettes sociales » et que le montant de la dette, certes déterminable dans ses montants successifs par l'examen des relevés bancaires de la société, n'était pas déterminé en vertu des seules stipulations du contrat (Cass. 2e civ. 8-2-1989 n° 87-20.264 : Bull. civ. II n° 34 ; Cass. com. 19-5-2015 n° 14-16.888).

C'est au créancier qu'il appartient de **prouver l'origine contractuelle** de sa créance (Cass. com. 26-5-1983, L. c/ Piot : Gaz. Pal. 1983 pan. p. 290).

41006 Les créances suivantes **ont une cause contractuelle** :

– la demande en paiement du prix d'une **vente,** lorsqu'elle est fondée sur l'acte de vente comportant mention de ce prix ;

– les pénalités de retard prévues aux conditions générales de vente ;

– les factures émises par le créancier à condition que l'existence de l'accord auquel elles se réfèrent ne soit pas contestée par le débiteur (Cass. com. 1-4-1997 n° 93-21.265) ;

– la créance de la **caution** qui exerce un recours subrogatoire à l'encontre du débiteur à l'aide de l'injonction de payer, car, par l'effet subrogatoire, la créance trouve sa cause dans le contrat de prêt et non dans le cautionnement et peut donc être déterminée à l'aide des stipulations du prêt (Cass. 2e civ. 4-3-2004 n° 02-13.278 : RJDA 7/04 n° 903) ;

– les indemnités dues en application d'une **clause pénale** (CA Versailles 22-5-1998 n° 96/4284 : D. aff. 1998 p. 1945 obs. Y. R.) ; dans la mesure où la clause pénale tend à fixer à l'avance le montant des dommages-intérêts dus en cas d'inexécution contractuelle, la créance indemnitaire est d'ores et déjà liquide et peut donc faire l'objet d'une procédure de recouvrement simplifiée. Il importe peu que la clause pénale puisse être augmentée ou diminuée si elle est manifestement excessive ou dérisoire.

41010 N'ont **pas une cause contractuelle** :

– les créances de nature extracontractuelle (Cass. com. 4-12-1967 n° 64-12.492 : Bull. civ. III n° 397, pour le rejet d'une demande fondée sur la résistance abusive du débiteur) ou quasi contractuelle (Cass. com. 16-7-1985 n° 84-11.416 : Bull. civ. IV n° 214 ; Cass. 2e civ. 4-12-1968 n° 67-12.613 : Bull. civ. II n° 294) ;

– les dommages-intérêts qui n'ont pas été prévus contractuellement (Cass. com. 14-6-1971 n° 70-11.077 : Bull. civ. IV n° 169).

INJONCTION DE PAYER VISANT UNE CRÉANCE STATUTAIRE

41020 Peut faire l'objet d'une injonction de payer, la créance qui résulte d'une obligation de caractère statutaire et s'élève à un **montant déterminé** (CPC art. 1405, 1°).

La référence à la cause statutaire vise les sommes dues à des **organismes** auxquels on est tenu d'adhérer. **En pratique**, les cotisations aux ordres professionnels ou aux caisses de retraite peuvent faire l'objet d'une injonction de payer sur ce fondement, étant précisé que le recouvrement de certaines créances de nature statutaire est prévu par des textes spéciaux, privant d'intérêt le recours au droit commun du CPC (n°s 41065 s.).

INJONCTION DE PAYER VISANT UNE CRÉANCE NÉE D'UN EFFET DE COMMERCE

41040 Les créances résultant de l'acceptation, du tirage, de l'endossement ou de l'aval d'une **lettre de change** peuvent faire l'objet d'une injonction de payer (CPC art. 1405, 2°).

L'**acceptation** d'une lettre de change donne naissance, pour le tiré accepteur, à un engagement cambiaire, qui lui interdit d'opposer au porteur les exceptions qu'il pouvait soulever contre le tireur ou l'endosseur (C. com. art. L 511-12 et L 511-14). Si le **tirage** d'une lettre de change ne fait naître aucun droit contre le tiré, à défaut d'acceptation par celui-ci, le bénéficiaire de l'effet dispose en revanche d'un droit difficilement contestable contre le tireur, puisque ce dernier garantit le paiement nonobstant toute clause contraire (C. com. art. L 511-6, al. 2). Dans ce cas, la procédure d'injonction de payer peut donc être employée par le bénéficiaire ou le porteur, certes pas contre le tiré non accepteur, mais contre le tireur.

La situation née de l'**endossement** d'une lettre de change est voisine puisque l'endosseur garantit le paiement, du moins sauf clause contraire (C. com. art. L 511-10) et s'expose donc à l'injonction de payer délivrée sur ce fondement par l'endossataire.

L'**aval** s'analyse en un cautionnement cambiaire et interdit à celui qui le donne de contester son engagement en se prévalant de la nullité de l'obligation garantie (C. com. art. L 511-21, al. 8). Le recours à l'injonction de payer contre le donneur d'aval est donc légitime.

41042 La procédure d'injonction de payer peut être employée lorsque la créance résulte de la souscription, de l'endossement ou de l'aval d'un **billet à ordre** (CPC art. 1405, 2°). Ces opérations font naître un droit propre au profit du bénéficiaire ou du porteur (C. com. art. L 512-1 s.).

41044 L'injonction de payer peut également être utilisée lorsque l'engagement résulte de l'acceptation de la cession d'une créance professionnelle, transférée par **bordereau Dailly** (CPC art. 1405, 2°).

CHÈQUE IMPAYÉ ET INJONCTION DE PAYER

41050 La liste des créances pouvant faire l'objet d'une injonction de payer étant limitative, la procédure d'injonction de payer est inapplicable en matière de chèques (Cass. com. 12-7-1961 n° 58-12.854 : Bull. civ. III n° 331 ; CA Orléans 28-10-1976 : JCP 1978 II p. 18896 obs. J. A.).

> **Précisions** Le **recouvrement des chèques impayés** se fait suivant une **procédure** distincte qui ne suppose pas même l'intervention d'un juge pour la délivrance d'un titre exécutoire. À défaut de paiement d'un chèque dans les trente jours à compter de sa première présentation, il suffit au porteur du chèque impayé de solliciter du tiré l'établissement d'un certificat de non-paiement (C. mon. fin. art. L 131-73, al. 3). Notifié par huissier ou commissaire de justice, ce certificat vaut commandement de payer et peut recevoir de l'huissier ou du commissaire de justice force exécutoire après un nouveau délai de quinze jours (C. mon. fin. art. L 131-73, al. 4 et 5).

INJONCTION DE PAYER PORTANT SUR D'AUTRES CRÉANCES

41065 **En dehors du Code de procédure civile,** des dispositions particulières prévoient le recours à la procédure d'injonction de payer pour le recouvrement de certaines créances.

41066 Ainsi, la procédure d'injonction de payer peut être utilisée pour le recouvrement des **charges de copropriété,** à condition que la requête soit portée devant le tribunal du lieu de situation de l'immeuble (Décret 67-223 du 17-3-1967 art. 60).

41068 Le recouvrement des **cotisations** dues aux **organisations interprofessionnelles agricoles** reconnues par l'autorité administrative, pour les cotisations de l'année en cours et celles des deux années précédentes, peut être exercé par la voie de l'injonction de payer (C. rur. art. L 632-6 et D 632-8).

B. Tribunal compétent pour statuer sur une injonction de payer

COMPÉTENCE D'ATTRIBUTION EN MATIÈRE D'INJONCTION DE PAYER

Le tribunal compétent pour statuer sur une injonction de payer dépend de la nature de la dette. **41100**
Le juge des contentieux de la protection est compétent pour les **dettes relatives aux loyers impayés et au crédit à la consommation** (CPC art. 1406, al. 1 et C. org. jud. art. L 213-4-4 et L 213-4-5).
Le président du tribunal judiciaire est compétent pour les **autres dettes civiles** ne relevant pas du juge des contentieux de la protection (CPC art. 1406, al. 1 et C. org. jud. art. L 211-3).
Le président du tribunal de commerce est compétent pour les **dettes commerciales,** quel que soit leur montant (CPC art. 1406, al. 1 et C. com. art. L 721-3). Il convient donc d'appliquer les critères de droit commun de la compétence commerciale (n° 2437).

COMPÉTENCE TERRITORIALE EN MATIÈRE D'INJONCTION DE PAYER

Le juge territorialement compétent pour connaître de la requête en injonction de payer est celui **41115**
du lieu où **demeure** le ou l'un des débiteurs poursuivis (CPC art. 1406, al. 2). Ce critère est celui du droit commun de la compétence territoriale (n°s 2521 s.).

ATTENTION

La loi pour la confiance dans l'institution judiciaire a abrogé les articles L 211-17 et L 211-18 du Code de l'organisation judiciaire qui prévoyaient de confier les demandes d'injonction de payer à un **tribunal judiciaire unique** qui serait désigné par décret (Loi 2021-1729 du 22-12-2021 art. 57). Le projet de centraliser le contentieux de l'injonction de payer entre les mains d'un seul tribunal judiciaire compétent sur l'ensemble du territoire national est donc abandonné. Seule continue à s'appliquer la compétence territoriale du lieu où demeure le ou l'un des débiteurs poursuivis.

La procédure d'injonction de payer peut être utilisée contre un **débiteur étranger** lorsque celui-ci réside en France ou y détient un établissement. En revanche, le recours à l'injonction de payer ne devrait pas être possible lorsque le débiteur n'a ni demeure ni établissement en France, en raison des difficultés qui peuvent naître d'une signification à l'étranger (en ce sens, C. Brahic-Lambrey : Rép. pr. civ. Dalloz v. Injonction de payer n° 31).
À l'instar du droit commun, le créancier dispose, en cas de **pluralité de débiteurs,** de la faculté de saisir le tribunal du lieu où demeure le débiteur de son choix (CPC art. 1406, al. 2).

Il est fait **exception** au critère de la demeure du débiteur en matière de charges de copropriété **41117**
(n° 41066).

PORTÉE DES RÈGLES DE COMPÉTENCE EN MATIÈRE D'INJONCTION DE PAYER

En matière d'injonction de payer, les règles de compétence, tant matérielle que territoriale, sont **41125**
d'**ordre public** ; toute clause contraire est réputée non écrite et le juge saisi à tort doit relever d'office son incompétence (CPC art. 1406, al. 3).
Sur la question de savoir si le moyen tiré de l'incompétence matérielle ou territoriale du juge peut être soulevé pour la première fois devant la Cour de cassation, voir n° 28255.

Le caractère d'ordre public reconnu à l'article 1406 du CPC exclut le choix offert par l'article 46 **41127**
du même Code, suivant lequel en matière contractuelle le créancier peut assigner au domicile du défendeur ou au lieu de l'**exécution du contrat** (CA Poitiers 9-4-1986 : D. 1986 IR p. 319).
De même, l'acte d'opposition du débiteur n'ayant pas à être motivé (n° 41355), les règles relatives à la motivation de l'**exception d'incompétence** soulevée par une partie (CPC art. 75) ne sont pas applicables en matière d'injonction de payer. Dès lors, le fait pour le débiteur de ne pas indiquer, dans son opposition, la juridiction qu'il estime compétente au lieu et place de la juridiction saisie ne fait pas échec à la recevabilité de l'exception devant le tribunal (Cass. 2e civ. 14-1-1987 n° 84-17.466 : Bull. civ. II n° 10).

C. Phase non contradictoire de l'injonction de payer

TENTATIVE DE RÈGLEMENT AMIABLE

Depuis le 1er octobre 2023, à peine d'irrecevabilité que le juge peut prononcer d'office, la **41135**
demande en justice devant le tribunal judiciaire doit être précédée, au choix des parties, d'une tentative de conciliation menée par un conciliateur de justice, d'une tentative de médiation ou d'une tentative de procédure participative lorsqu'elle tend au paiement d'une somme d'argent

n'excédant pas 5 000 €. Les parties sont dispensées de cette obligation notamment si l'absence de recours à l'un des modes de résolution amiable est justifiée par les circonstances de l'espèce nécessitant qu'une décision soit rendue non contradictoirement ou si le créancier a vainement engagé une procédure simplifiée de recouvrement des petites créances conformément à l'article L 125-1 du Code des procédures civiles d'exécution (CPC art. 750-1 modifié par décret 2023-357 du 11-5-2023). On peut hésiter sur la question de savoir si l'obligation de règlement amiable trouve à s'appliquer en cas d'injonction de payer. Compte tenu de l'absence d'unicité des pratiques des juges de première instance, il est conseillé par prudence de tenter, avant d'engager une procédure d'injonction de payer, une procédure simplifiée de recouvrement des petites créances par voie d'huissier ou de commissaire de justice, qui est précisément utilisable pour les créances inférieures à 5 000 € (nos 41570 s.).

1. REQUÊTE EN INJONCTION DE PAYER

AUTEUR DE LA REQUÊTE EN INJONCTION DE PAYER

41140 La demande est formée par requête par le **créancier** ou par tout **mandataire** (CPC art. 1407, al. 1). Précisant que la requête peut également être présentée par « tout **mandataire** », le CPC affranchit cette première étape de la procédure de toute exigence relative à la personnalité du représentant du créancier. Les huissiers ou les commissaires de justice sont donc, comme toute autre personne (avocats ou tout autre mandataire muni d'un pouvoir spécial), susceptibles d'agir comme mandataires pour présenter la requête au nom du créancier (Cass. 2e civ. 5-11-1975 n° 73-14.636 : Bull. civ. II n° 285). Toutefois, en application de l'article 416 du CPC, lorsqu'il agit en dehors du ressort de sa compétence territoriale, l'huissier ou le commissaire de justice ne peut pas invoquer la présomption de mandat née de la simple remise des pièces, dont il bénéficie en principe en matière de recouvrement amiable ou judiciaire (Décret 2021-1625 du 10-12-2021 art. 28) et doit justifier d'un pouvoir écrit (Cass. 2e civ. 10-5-1995 n° 93-16.028 : Bull. civ. II n° 136). La requête peut aussi être présentée par une société de recouvrement de créances, à condition que celle-ci justifie de sa qualité de mandataire (CA Paris 15-3-1996 n° 95/4062 : D. 1996 IR 105 ; CA Paris 12-5-2004 : D. 2004 IR 1769).

ATTENTION

La **représentation par avocat** est obligatoire devant le tribunal judiciaire et le tribunal de commerce pour les litiges d'une valeur supérieure à 10 000 € (CPC art. 760 pour le tribunal judiciaire ; art. 853 pour le tribunal de commerce), sauf, notamment, « dans les cas prévus par la loi ou le règlement » (art. 761 pour le tribunal judiciaire et art. 853, al. 3 pour le tribunal de commerce). L'article 1407, qui prévoit que « la demande en injonction de payer est formée par requête remise ou adressée, selon le cas, au greffe par le créancier ou par tout mandataire » introduit implicitement une exception au principe posé par les articles 760 et 853. Sur la représentation par avocat pour la suite de la procédure, à l'issue d'une opposition formée par le débiteur, voir n° 41388.
La représentation par avocat n'est pas obligatoire non plus devant le juge des contentieux de la protection (art. 761, al. 1 et 2).

FORME ET DÉPÔT DE LA REQUÊTE EN INJONCTION DE PAYER

41150 La requête en injonction de payer peut être établie sur **papier libre,** ou, pour plus de sécurité, sur les **formulaires Cerfa** n° 12948*06 (président du tribunal judiciaire), n° 16040*01 (juge des contentieux de la protection) ou n° 12946*02 (tribunal de commerce). Ces formulaires sont disponibles sur le site « http://vosdroits.service-public/particuliers ».
La requête doit être remise ou adressée, selon le cas, au greffe (CPC art. 1407, al. 1). Si ce dépôt n'est pas fait au greffe en **mains propres** contre remise d'un récépissé, il peut l'être par voie postale. L'envoi **recommandé** AR est certainement une bonne précaution.

41152 Devant le **tribunal de commerce,** il est possible de présenter la requête par voie **électronique,** à partir du site « www.tribunaldigital.fr ».
Devant le **tribunal judiciaire** et le **juge du contentieux de la protection,** la transmission par voie électronique se développe. Ainsi, les huissiers ou les commissaires de justice peuvent présenter les requêtes en injonction de payer via le réseau privé sécurisé des huissiers de justice (RPSH) et la plate-forme e-huissier grâce au protocole informatique « IP WEB ».

CONTENU DE LA REQUÊTE EN INJONCTION DE PAYER

41160 **Mentions de droit commun** La requête en injonction de payer est soumise aux règles générales applicables aux requêtes faites unilatéralement, sans qu'un adversaire en soit préalablement informé (CPC art. 1407 et, sur renvoi, art. 57, al. 1).
Elle contient, à peine de **nullité** (CPC art. 57, al. 2 et, sur renvoi, art. 54) :
– l'indication de la juridiction devant laquelle la demande est portée ;
– l'objet de la demande ;

– pour les personnes physiques : l'indication des nom, prénoms, profession, domicile, nationalité, date et lieu de naissance du demandeur ;
– pour les personnes morales : l'indication de leur forme, leur dénomination, leur siège social et de l'organe qui les représente légalement ;
– l'indication des pièces sur lesquelles la demande est fondée ;
– l'indication des nom, prénoms et domicile de la personne contre laquelle la demande est formée, ou, s'il s'agit d'une personne morale, de sa dénomination et de son siège social.
La requête doit être datée et signée (CPC art. 57, al. 5).
Pour plus de précisions sur les **mentions à indiquer** dans l'acte concernant un **débiteur personne morale** et sur le fait que la nullité encourue n'est pas automatique, voir n°s 47690 s.

Mentions spécifiques Outre les mentions prescrites par l'article 57 du CPC, la requête **doit contenir** (CPC art. 1407, al. 2 et 3) : **41165**
– l'indication précise du montant de la somme réclamée, avec le décompte des différents éléments de la créance ainsi que le fondement de celle-ci ;
– le bordereau des documents justificatifs produits à l'appui de la requête, ces documents devant par ailleurs accompagner la requête.
Ces mentions ne sont pas prescrites à peine de nullité.
Les documents justificatifs doivent permettre au juge saisi de se faire une idée aussi précise que possible du bien-fondé de la demande, alors que sa décision ne sera pas, dans un premier temps, éclairée par le débat contradictoire. C'est d'ailleurs pour cette raison que le texte parle de justificatifs et non de preuve. Au stade de la requête, le créancier ne doit faire état que d'une créance vraisemblable ; la preuve ne sera rapportée par le créancier qu'en cas d'opposition formée par le débiteur, au cours du débat contradictoire qui s'ensuivra.

Mention facultative Dans la requête, le créancier peut demander qu'en cas d'**opposition** l'**affaire** soit **immédiatement renvoyée** devant la juridiction qu'il estime compétente (CPC art. 1408). Par **exemple,** en présence d'une clause attributive de juridiction ou d'une règle de compétence particulière, le créancier pourra ainsi gagner du temps puisque, si la juridiction qui a rendu l'ordonnance n'est pas compétente pour connaître de l'opposition, il y aura lieu à renvoi direct vers la juridiction compétente sans en passer d'abord par une décision d'incompétence. **41170**

COÛT DU DÉPÔT DE LA REQUÊTE EN INJONCTION DE PAYER

Lorsque la requête en injonction est portée devant le président du **tribunal judiciaire** ou devant le **juge des contentieux de la protection,** le dépôt de la requête est gratuit. En revanche, lorsque la requête est portée devant le **tribunal de commerce,** il appartient au demandeur d'avancer les frais de la procédure. Ces frais, d'un montant de 33,47 €, doivent être consignés au greffe du tribunal dans les quinze jours de la demande, faute de quoi celle-ci sera caduque (CPC art. 1425, al. 1) ; sur les conséquences de cette caducité, voir n° 41208. **41185**
Dans tous les cas, si un avocat, un huissier ou un commissaire de justice ou un autre **mandataire** dépose la requête, des frais sont dus.

EFFET DU DÉPÔT DE LA REQUÊTE EN INJONCTION DE PAYER SUR LA PRESCRIPTION

Acte unilatéral du créancier, le **dépôt d'une requête** en injonction de payer ne saurait produire les effets d'une citation en justice et n'interrompt pas les délais de prescription de la créance dont le recouvrement est entrepris. **41192**
Seule la **signification au débiteur de l'ordonnance portant injonction** de payer interrompt la prescription (Cass. 1e civ. 3-10-1995 n° 93-17.700 : RJDA 6/96 n° 813 ; CA Paris 27-1-1988 : RTD civ. 1988 p. 406 obs. R. Perrot).

CONSEIL

Le dépôt d'une requête en injonction de payer n'interrompant pas la prescription, on ne saurait trop conseiller au **créancier** de se montrer particulièrement **diligent** en présentant sa requête dans les meilleurs délais, spécialement lorsque la créance est soumise à un délai de prescription bref, comme en matière de crédit à la consommation (C. consom. art. R 312-35).

2. DÉCISION DU JUGE SAISI D'UNE INJONCTION DE PAYER

EXAMEN DE LA REQUÊTE EN INJONCTION

Une fois la requête en injonction de payer déposée, le juge doit en apprécier le bien-fondé au vu des documents justificatifs présentés par le créancier. Pour conserver le caractère rapide de la procédure, le juge ne procède pas à un examen approfondi des justificatifs produits, mais regarde simplement si la **requête** semble **en apparence fondée.** **41200**

a. Ordonnance de rejet de la requête en injonction de payer

41202 Si la demande ne lui paraît pas fondée au vu des justificatifs produits, le juge peut rejeter la requête d'injonction de payer par une décision sans **recours** pour le créancier, sauf si celui-ci procède selon les voies de droit commun (CPC art. 1409, al. 2). Le créancier devra alors lancer une procédure contradictoire par voie d'assignation en paiement devant le tribunal compétent.
Les documents produits à l'appui de la requête et la requête elle-même sont alors restitués au créancier (CPC art. 1410, al. 3).
La **décision** de rejet n'a **pas** à être **motivée** (Cass. 2e civ. 16-5-1990 n° 88-20.377 : Bull. civ. II n° 103).

> **Précisions** L'absence de recours ouvert contre la décision rejetant la requête tranche avec le **droit commun des procédures sur requête,** suivant lequel l'appel de la décision de rejet est possible et doit être formé, instruit et jugé comme en matière gracieuse (CPC art. 496, al. 1).
> Cette absence de recours s'explique sans doute par la volonté de ne pas laisser persévérer le créancier dans une procédure qui ferait probablement l'objet d'une opposition : autant en passer directement, dans ce cas, par une procédure contradictoire.

b. Ordonnance d'injonction de payer

ORDONNANCE FAISANT PARTIELLEMENT DROIT À LA DEMANDE

41208 Le juge saisi de la requête en injonction de payer a la possibilité d'y faire droit pour partie seulement et de rejeter la demande pour le surplus (CPC art. 1409, al. 3). Deux possibilités s'ouvrent alors au **créancier**. Insatisfait, il peut **renoncer à la procédure** d'injonction en ne signifiant pas l'ordonnance et en procédant au recouvrement selon les voies de droit commun, c'est-à-dire en assignant le débiteur en paiement devant le tribunal compétent. Il peut, au contraire, **poursuivre l'exécution** pour la créance retenue par le juge et signifier l'ordonnance obtenue, mais, dans ce cas, l'ordonnance qui ne retient la requête que pour partie est sans recours (CPC art. 1409, al. 3). Il s'ensuit que le créancier qui a procédé à l'exécution dans ces conditions sera privé de la possibilité de poursuivre le recouvrement du surplus de sa créance par les voies de droit commun (CA Besançon 28-5-2008 n° 07/00623 : Bull. inf. C. cass. 1-5-2009 n° 643). Cette conséquence étant particulièrement grave pour le créancier, celui-ci doit être spécialement attentif avant d'opter pour cette dernière option.

41210 Le créancier dispose malgré tout d'une voie de rattrapage, mais elle est propre au **tribunal de commerce** et ne joue pas devant le tribunal judiciaire ou le juge des contentieux de la protection pouvant connaître de la procédure d'injonction de payer.
Le **créancier** ayant fait signifier l'ordonnance faisant partiellement droit à sa demande et **regrettant son choix** peut éventuellement recouvrer le droit d'agir pour le tout selon les voies ordinaires en n'avançant pas les **frais de l'opposition** mis à sa charge devant le tribunal de commerce. Il est en effet prévu, dans ce cas, que la **demande** est **caduque** si les frais d'opposition ne sont pas consignés par le créancier dans les quinze jours suivant l'opposition formée par le débiteur (CPC art. 1425, al. 2), et cette caducité, s'étendant à l'ensemble de la procédure, permettra au créancier d'agir selon les voies de droit commun.

CONTENU DE L'ORDONNANCE D'INJONCTION DE PAYER

41215 S'il fait droit à la requête en injonction de payer pour partie ou pour le tout, le juge rend une ordonnance **non motivée** (Cass. 2e civ. 16-5-1990 n° 88-20.377 : Bull. civ. II n° 103), ce qui tranche avec le droit commun des procédures sur requête. La dispense de motivation s'explique par le fait que le juge se prononce sur une simple apparence de créance, au vu des justificatifs produits par le seul créancier. La décision rendue dans ces conditions ne présume pas de la réalité de la créance. Il appartiendra au créancier de l'établir lors de l'opposition éventuellement formée par le débiteur (n° 41422).

41217 Pour toute règle de forme, l'ordonnance portant injonction de payer doit comporter le **nom du magistrat** qui l'a rendue (Cass. 2e civ. 7-2-1990 n° 88-19.570 : Bull. civ. II n° 24), ainsi que sa **signature** et celle du greffier (Cass. 2e civ. 1-6-1992 n° 90-21.813 : Bull. civ. II n° 159).

DÉLIVRANCE AUTOMATIQUE DE LA FORMULE EXÉCUTOIRE

41220 Depuis le 1er mars 2022, en cas d'acceptation de la requête par le juge, le créancier se voit remettre une copie conforme de l'ordonnance directement revêtue de la formule exécutoire, pour que celle-ci soit signifiée au(x) débiteur(s) (CPC art. 1410, al. 2 modifié par Décret 2021-1322 du 10-10-2021). L'ordonnance ainsi revêtue de la formule exécutoire ne devient un titre exécutoire qu'à l'expiration du délai d'opposition (CPC art. 1422).

> **Précisions** **Avant cette date**, le créancier devait attendre l'expiration du délai d'opposition avant de retourner devant le greffe pour solliciter la délivrance de la formule exécutoire.

SORT DE L'ORIGINAL DE L'ORDONNANCE ET DE LA REQUÊTE

L'ordonnance d'injonction de payer et la requête sont conservées au **greffe** à titre de minute (original) (CPC art. 1410, al. 1). 41223

SORT DES DOCUMENTS PRODUITS À L'APPUI DE LA REQUÊTE

Les documents produits à l'appui de la requête sont restitués au créancier pour que ceux-ci puissent être signifiés au débiteur (CPC art. 1411, al. 1). 41225

SIGNIFICATION DE L'ORDONNANCE D'INJONCTION DE PAYER

Le **créancier** doit faire signifier par un huissier ou un commissaire de justice à chacun des débiteurs une copie certifiée conforme de la requête, accompagnée du bordereau des documents justificatifs et de l'ordonnance d'injonction de payer revêtue de la formule exécutoire (CPC art. 1411, al. 1 modifié par Décret 2022-245 du 25-2-2022). Le recours à un huissier ou un commissaire de justice est obligatoire. La signification ne saurait être suppléée par un courrier recommandé (TI Nîmes 29-6-1982 : D. 1983. 13 note F.-J. Pansier). 41228

Les **documents justificatifs** proprement dits ne sont pas remis au débiteur, mais mis à sa disposition par voie électronique. Cette mise à disposition des documents doit être effectuée au moyen de la plate-forme de services de communication électronique sécurisée dénommée « Mes Pièces » (www.mespieces.fr), mise en œuvre sous la responsabilité de la Chambre nationale des commissaires de justice, et intégrée au réseau privé sécurisé huissiers (RPSH). Ce système doit garantir la fiabilité de l'identification des accédants à la plateforme, la confidentialité et l'intégrité des documents déposés, la journalisation des transmissions et consultations opérées et l'établissement de manière certaine de la date de consultation. La consultation est gratuite et la durée de mise à disposition des documents est de **18 mois** à compter de leur dépôt sur la plate-forme (CPC art. 1411, al. 1 et arrêté du 24-2-2022 art. 2). Si toutefois les documents justificatifs ne peuvent pas être mis à disposition par voie électronique pour une cause étrangère à l'huissier ou au commissaire de justice, celui-ci les joint à la copie de la requête signifiée (CPC art. 1411, al. 2 modifié par Décret 2022-245).

La signification de l'ordonnance d'injonction de payer est un moment important dans le déroulement de la procédure : acte unilatéral du créancier, elle permet au débiteur de prendre connaissance de l'existence d'une procédure introduite à son insu et de former opposition, ce qui fait alors naître le débat contradictoire, jusqu'ici éludé. Tout doit donc être fait pour la bonne information du débiteur.

Modalités de signification Soumise aux règles communes à toutes les significations (CPC art. 653 s.), la **signification** de l'ordonnance portant injonction de payer doit en principe être faite **à** la **personne** du débiteur (art. 654). Si la signification à personne s'avère impossible, la notification peut être délivrée **à domicile ou**, à défaut de domicile connu, **à résidence** (art. 654 et 655), voire, après vaines recherches dûment relatées par l'huissier ou le commissaire de justice, au **dernier domicile connu** (art. 659) ; ces différences de lieu de signification emportent des conséquences quant au délai de recevabilité de l'opposition formée par le débiteur (n°s 41292 s.). 41230

Délai de signification La signification de l'ordonnance d'injonction de payer doit intervenir dans les six mois de sa date, sous peine d'être déclarée non avenue (CPC art. 1411, al. 2). Le fait que le débiteur ait effectué volontairement des versements après l'ordonnance ne vaut pas acquiescement de sa part et ne suffit pas à écarter la caducité qui résulte de l'expiration du délai de six mois (Cass. 2e civ. 17-10-2019 n° 18-18.759 F-PBI). 41231

Contenu de la signification de l'ordonnance d'injonction de payer
Outre les **mentions prescrites** pour les actes extrajudiciaires (CPC art. 648 ; n° 21180), l'acte de signification de l'ordonnance portant injonction de payer doit informer le débiteur sur ses obligations et sur ses droits. Ainsi, l'acte doit (art. 1413) : 41232

– faire sommation au débiteur soit de payer au créancier le montant de la somme fixée par l'ordonnance, ainsi que les intérêts et frais de greffe dont le montant est précisé, soit, si le débiteur a des moyens de défense à faire valoir, à former opposition, ce qui a pour effet de saisir le tribunal de la demande initiale du créancier et de l'ensemble du litige ;
– indiquer de manière très apparente le délai dans lequel l'opposition doit être formée, le tribunal devant lequel elle doit être portée et les formes selon lesquelles elle doit être faite ;
– avertir le débiteur qu'à défaut d'opposition dans le délai indiqué il ne pourra plus exercer aucun recours et pourra être contraint de payer les sommes réclamées.

Lorsque la signification est faite à la personne du débiteur, à moins qu'elle soit effectuée par voie électronique, l'huissier ou le commissaire de justice doit porter **verbalement** à la connaissance du débiteur les informations ci-dessus, l'accomplissement de cette formalité devant être mentionné dans l'acte de signification (art. 1414).
Toutes ces règles de forme sont prescrites **à peine de nullité** (art. 1413) ; mais comme toutes les nullités pour vice de forme, celle qui peut frapper la signification de l'ordonnance portant injonction de payer suppose, pour être prononcée, que celui qui s'en prévaut rapporte la preuve d'un **grief** que l'irrégularité lui cause (CA Versailles 7-5-1998 n° 96/3835 : Rev. huissiers 1999 p. 59).

41235 **Effets de la signification** Acte d'information à destination du débiteur, la signification de l'ordonnance portant injonction de payer emporte, sur le plan civil, des effets comparables à ceux de la sommation ou de la citation en justice.
Quelles qu'en soient les modalités, la signification fait courir les **intérêts** moratoires (C. civ. art. 1344-1) et interrompt le **délai de prescription,** y compris lorsqu'il s'agit d'un délai préfix édicté à peine de forclusion (Cass. 1e civ. 5-11-2009 n° 08-18.095 : Gaz. Pal. 18-5-2010 jur. p. 18 obs. S. Piedelièvre). Cet effet interruptif se prolonge jusqu'à l'extinction de l'instance engagée par la signification (Cass. 2e civ. 11-12-2008 n° 07-16.260 : RTD civ. 2009 p. 167 obs. R. Perrot).
La signification constitue en outre le **point de départ** du délai d'opposition (nos 41292 s.).

41237 Une ordonnance portant injonction de payer n'est une **décision de justice,** au sens de l'article 68 de la loi 91-650 du 9 juillet 1991 (devenu C. exécution art. L 511-2), qu'en l'absence d'opposition dans le mois de sa signification (Cass. 2e civ. 13-9-2007 n° 06-14.730 : RJDA 1/08 n° 84 ; Cass. 1e civ. 25-6-2009 n° 08-18.363). Tant qu'elle n'est pas une décision de justice, le créancier ne peut pas pratiquer une saisie conservatoire sans autorisation préalable du juge de l'exécution (C. exécution art. L 511-2).

3. APPOSITION DE LA FORMULE EXÉCUTOIRE SUR L'ORDONNANCE D'INJONCTION DE PAYER

41240 Depuis le **1er mars 2022**, la formule exécutoire est délivrée en même temps que l'ordonnance elle-même (n° 41220).
Le **régime antérieur**, qui imposait au créancier de revenir devant le greffe pour demander la délivrance de la formule exécutoire, à l'issue du délai d'opposition et avant l'expiration du délai d'un mois suivant l'expiration du délai d'opposition, est donc abrogé.

D. Phase contradictoire de la procédure d'injonction de payer

1. OPPOSITION DU DÉBITEUR À L'INJONCTION DE PAYER

PRINCIPE

41290 En dépit des apparences, l'opposition exercée par le débiteur ne constitue pas une voie de recours à l'encontre de l'ordonnance portant injonction de payer. Le débiteur qui s'oppose engage un **débat contradictoire sur le fond** d'une demande qui, jusqu'alors, a été examinée en son absence. L'**issue de l'opposition** n'est pas la confirmation ou la rétractation de l'ordonnance, mais le prononcé d'un **jugement** contradictoire statuant sur le bien-fondé de la demande en paiement présentée par le créancier ; ce jugement a vocation à remplacer l'ordonnance. En prenant un tour contradictoire, la procédure perd son aspect dérogatoire, sous réserve du maintien de quelques particularités.

a. Délai pour former opposition à injonction de payer

41292 Le droit d'opposition à l'ordonnance d'injonction de payer est enserré dans un délai d'un mois (CPC art. 1416, al. 1). C'est la date d'expédition de l'opposition qui fait foi. Jugé que la lettre d'opposition qui a été réceptionnée par le greffe le lendemain du dernier jour du délai d'opposition a nécessairement été expédiée à une date antérieure (Cass. 2e civ. 20-3-2014 n° 13-12.655).

POINT DE DÉPART DU DÉLAI POUR FORMER OPPOSITION À INJONCTION DE PAYER

41293 Le point de départ du délai varie suivant les **modalités** selon lesquelles l'**ordonnance** d'injonction de payer a été **communiquée** au débiteur (CPC art. 1416).

Signification à personne En **principe,** lorsque la signification a été faite à personne, l'opposition est recevable dans le délai d'un mois qui suit la signification de l'ordonnance (CPC art. 1416, al. 1). 41294
Toutefois, ce délai ne court pas lorsque la signification à personne est entachée d'une **irrégularité,** de sorte que le délai d'opposition demeure ouvert (Cass. 2e civ. 2-4-1997 n° 95-16.305 : RTD civ. 1997 p. 741 obs. R. Perrot, D. 1997 p. 410 note P. Julien).

Autres modes d'avertissement du débiteur Lorsque la signification n'a pas été faite à personne, l'opposition est recevable dans le délai d'un mois (CPC art. 1416, al. 2) : 41300
– suivant le **premier acte signifié** à personne ;
– ou, à défaut, suivant la première mesure d'**exécution** ayant pour effet de rendre indisponibles en tout ou partie les biens du débiteur.
Ce qui importe est d'être certain que le débiteur a été averti de la procédure engagée contre lui pour faire produire des effets à son silence conservé un mois durant.
Si le **débiteur** n'a **pas** été **averti** de la procédure engagée contre lui, le texte précité prévoit un report du point de départ du délai d'opposition, à compter du jour où il a été en mesure de prendre connaissance de la procédure.
Lorsque l'ordonnance qui n'a pas été signifiée à personne donne lieu à une mesure d'exécution, telle une saisie-attribution, le délai d'opposition court à compter du jour où la saisie est portée à la connaissance du débiteur, quand bien même ses biens seraient rendus indisponibles avant que la mesure ne lui soit dénoncée (Cass. avis 16-9-2002 n° 02-00.003 : Bull. civ. avis n° 4 ; RTD civ. 2003 p. 142 obs. R. Perrot, Rev. huissiers 2002 comm. 224 obs. M. Dymant ; Cass. 2e civ. 11-12-2008 n° 08-10.141 : Bull. civ. II n° 26).

> **Précisions** L'**absence de signification faite à personne** n'empêche pas le créancier de bénéficier d'un titre exécutoire en l'absence d'opposition du débiteur dans le délai d'un mois qui suit la signification à domicile ou à résidence, et de poursuivre l'exécution forcée du titre exécutoire ainsi obtenu (CPC art. 1422, al. 2).

PROROGATION DU DÉLAI D'OPPOSITION À INJONCTION DE PAYER

Quel que soit le point de départ du délai d'opposition, il se trouve prorogé jusqu'au premier jour ouvrable suivant si l'échéance tombe un samedi, un dimanche ou un jour férié (Cass. 2e civ. 21-3-2002 n° 00-20.744 : Bull. civ. II n° 49, JCP G 2002 II 10149 note E. du Rusquec). 41305

41308

Absence d'opposition à une injonction de payer et principe de concentration des moyens

Si le débiteur ne forme **pas opposition** à l'injonction de payer dans les délais prévus, il ne pourra plus, par la voie d'une **action introduite postérieurement,** présenter les moyens qui auraient été de nature à justifier le rejet total ou partiel de la demande en paiement du créancier (Cass. 1e civ. 1-10-2014 n° 13-22.388 : Bull. civ. I n° 156, ayant rejeté, comme se heurtant à l'autorité de chose jugée attachée à l'ordonnance en injonction de payer relative au remboursement d'un crédit, une demande du débiteur tendant à faire juger qu'il n'avait pas accepté l'offre de crédit et ne pouvait donc être tenu à un quelconque remboursement ; dans le même sens : Cass. 1e civ. 12-5-2016 n° 15-13.435 F-PBI : Bull. inf. C. cass. 1-11-2016 n° 1279 ; Cass. 2e civ. 1-2-2018 n° 17-10.849 F-PB). Cette application du principe de concentration des moyens à la procédure d'injonction de payer, parfaitement logique, illustre néanmoins la gravité des conséquences attachées à l'absence d'opposition dans les délais.

b. Tribunal compétent pour statuer sur l'opposition à injonction de payer

Le créancier peut avoir mentionné, dès la **requête en injonction de payer,** la juridiction compétente en cas d'opposition (n° 41170). 41315

JUGE COMPÉTENT POUR STATUER SUR L'OPPOSITION EN MATIÈRE CIVILE

En matière civile, l'opposition formée à l'encontre de l'ordonnance d'injonction de payer est en principe portée devant la juridiction dont le juge ou le président a rendu l'**ordonnance** (CPC art. 1415, al. 1). 41316
Il s'agit de faciliter la tâche du débiteur en lui épargnant le souci de l'identification du juge compétent. Cependant, la compétence pour connaître de l'opposition étant déterminée par

application des règles de droit commun, il se peut que le **juge** saisi de l'opposition ait à se déclarer incompétent et à **renvoyer l'affaire** devant le juge compétent (CPC art. 1417). Tel serait le cas, par exemple, en présence d'une créance contractuelle, le demandeur disposant de la possibilité de porter le litige devant la juridiction du lieu d'exécution de la prestation (CPC art. 46), alors que la requête en injonction de payer doit nécessairement être portée devant la juridiction du lieu où demeure le débiteur (CPC art. 1406).

JUGE COMPÉTENT POUR STATUER SUR L'OPPOSITION EN MATIÈRE COMMERCIALE

41326 Le **tribunal de commerce** statuant en formation collégiale connaît de l'opposition formée à l'encontre de l'ordonnance rendue par le président du tribunal de commerce (CPC art. 1415, al. 1).
Dans la mesure où la **clause attributive** de compétence territoriale est licite en matière commerciale sous certaines conditions (CPC art. 48), il peut arriver que la juridiction compétente pour connaître de l'opposition ne soit pas celle que préside l'auteur de l'ordonnance. Il y a lieu, dans ce cas, à une décision d'incompétence ou à un renvoi direct vers la juridiction compétente (CPC art. 1417).

c. Présentation de l'opposition à l'injonction de payer

PERSONNE HABILITÉE À PRÉSENTER OPPOSITION À INJONCTION DE PAYER

41342 L'opposition est formée par le débiteur ou par tout mandataire. Ce dernier, s'il n'est pas avocat, doit justifier d'un mandat spécial (art. 1415, al. 2 et 3).

ATTENTION

La **représentation par avocat** est obligatoire devant le tribunal judiciaire et le tribunal de commerce pour les litiges d'une valeur supérieure à 10 000 € (CPC art. 760 et 761 pour le tribunal judiciaire ; art. 853 pour le tribunal de commerce), sauf, notamment, « dans les cas prévus par la loi ou le règlement » (art. 761 pour le tribunal judiciaire et art. 853, al. 3 pour le tribunal de commerce).
L'article 1415 du même Code, qui prévoit que « l'opposition est formée au greffe, par le débiteur ou tout mandataire » introduit implicitement une exception au principe posé par les articles 760 et 853.
La représentation par avocat n'est pas obligatoire non plus devant le juge des contentieux de la protection (art. 761, al. 1 et 2).

FORME ET DÉPÔT DE L'OPPOSITION À INJONCTION DE PAYER

41350 Les règles de présentation formelle de l'opposition à l'injonction de payer sont souples, afin de faciliter la tâche du débiteur. L'opposition est formée au **greffe** de la juridiction qui a rendu l'ordonnance soit par déclaration contre récépissé, soit par lettre recommandée AR (CPC art. 1415, al. 2). La formalité de la lettre recommandée n'étant pas prévue à peine de nullité mais pour garantir la **preuve** de l'envoi, l'opposition peut valablement être adressée au greffe par lettre simple (Cass. 2e civ. 27-1-1988 n° 86-17.911 : Bull. civ. II n° 28). Malgré tout, il semble prudent d'effectuer l'envoi par lettre recommandée AR pour se ménager des preuves.
L'opposition adressée à l'**huissier** (ou le commissaire de justice) poursuivant, et non au greffe, n'est pas valable, aucune obligation légale de transmission ne pesant sur l'huissier (Cass. 2e civ. 17-5-1977 n° 75-15.787 : Bull. civ. II n° 134 ; Cass. 2e civ. 6-6-2013 n° 12-17.717).
Lorsque l'**opposition** est formée **par courrier,** elle prend **date** au jour de l'expédition de la lettre figurant sur le cachet du bureau de poste et non au jour de la réception par le greffe (Cass. 2e civ. 1-7-1992 n° 91-10.585 : Bull. civ. II n° 187 ; Cass. 2e civ. 20-11-1991 n° 90-15.826 : Bull. civ. II n° 312).

CONTENU DE L'OPPOSITION À INJONCTION DE PAYER

41355 Le CPC ne précise pas les mentions que doit contenir l'opposition à l'injonction de payer, à l'exception de l'adresse du débiteur, qui doit figurer à peine de nullité (CPC art. 1415, al. 4). Le débiteur doit indiquer de manière **non équivoque** sa volonté de **contester l'ordonnance** d'injonction de payer qui le vise. L'acte d'opposition n'a pas à être **motivé**. Les énonciations que l'opposition comporte, même si elles concernent le fond du litige, ne font donc pas obstacle à la recevabilité des **exceptions** devant le tribunal nonobstant la règle suivant laquelle les exceptions doivent être présentées « in limine litis », avant toute défense au fond (Cass. 2e civ. 14-1-1987 n° 84-17.466 : Bull. civ. II n° 10, retenant la faculté d'invoquer l'exception d'incompétence).
Sur la faculté de présenter une **demande incidente,** voir n° 41400.

41370 L'objet de l'opposition formée par le débiteur à l'injonction de payer est en principe de contester la dette. Il semble toutefois également possible que le débiteur forme opposition pour demander des **délais de paiement** (en ce sens, R. Perrot : Injonction de payer et délai de grâce : Gaz. Pal. 2001, doctr. p. 60). En effet, l'objectif de l'opposition est de saisir le juge de l'ensemble du litige : la demande initiale et toutes les demandes incidentes et défenses au fond (n° 41400). Interdire au débiteur de demander des délais de paiement par la voie de l'opposition le contraindrait, d'une part, à se tourner vers le juge de l'exécution, lequel ne peut être saisi que lorsque des poursuites ont déjà été engagées (CPC art. 510, al. 3), d'autre part, à supporter des frais d'exécution (R. Perrot, art. précité p. 61).

d. Effets de l'opposition à injonction de payer

EFFET DE L'OPPOSITION À INJONCTION SUR LES MESURES D'EXÉCUTION

L'opposition à l'injonction de payer valablement formée entraîne la suspension des mesures d'exécution éventuellement entreprises sur le fondement de l'ordonnance revêtue de la formule exécutoire (CPC art. 1422). La situation peut se présenter lorsque l'**ordonnance** n'a **pas** été **signifiée à personne**, mais a été portée à la connaissance du débiteur suivant d'autres modalités. Dans ce cas, en effet, l'ordonnance peut donner lieu à une mesure d'exécution forcée à l'expiration du délai suspensif initial d'un mois, mais elle demeure passible d'opposition tant que la procédure d'injonction n'a pas été portée à la connaissance du débiteur (n° 41300). L'opposition empêche la poursuite de la procédure d'exécution sans remettre en cause les effets de l'acte de saisie ; dès lors, l'opposition ne conduit pas à ordonner la mainlevée de la mesure valablement pratiquée, mais fait obstacle, jusqu'à ce qu'il ait été statué, au paiement au créancier des sommes rendues indisponibles (Cass. civ. avis 8-3-1996 n° 09-60.001 : Bull. civ. avis n° 4 ; RTD civ. 1996. 714, obs. R. Perrot). En d'autres termes, la procédure d'exécution est suspendue le temps qu'il soit statué sur les mérites de l'opposition. **41380**

CONVOCATION À L'AUDIENCE SUR L'OPPOSITION À INJONCTION DE PAYER

Créance civile Devant le **tribunal judiciaire** pour les **créances** civiles d'un **montant inférieur ou égal à 10 000 €** et devant le **juge des contentieux de la protection,** le greffier doit convoquer à l'audience toutes les parties, même celles qui n'ont pas formé opposition (CPC art. 1418, al. 1 et 2). **41385**

En cas de **pluralité de débiteurs,** tous doivent être appelés en cause pour que le jugement, constatant leur libération ou au contraire la réalité de la dette, ait plein effet à leur égard.

La convocation est adressée par lettre recommandée AR (CPC art. 1418, al. 1). Elle **doit comporter,** à peine de nullité (CPC art. 1418, al. 3 s.) :

1° sa date ;

2° l'indication de la juridiction devant laquelle l'opposition est portée ;

3° l'indication de la date de l'audience à laquelle les parties sont convoquées ;

4° les conditions dans lesquelles les parties peuvent se faire assister ou représenter.

La convocation adressée au défendeur (c'est-à-dire au débiteur : n° 41421) précise en outre que, faute de comparaître, il s'expose à ce qu'un jugement soit rendu contre lui sur les seuls éléments fournis par son adversaire (c'est-à-dire le créancier) (CPC art. 1418, al. 8).

Dans ces cas de figure, les parties n'ont pas à constituer avocat (CPC art. 817 sur renvoi de l'art. 1418, al. 1).

Devant le **tribunal judiciaire** pour les **créances** civiles d'un **montant supérieur ou égal à 10 000 €,** l'affaire est instruite et jugée selon la procédure écrite ordinaire (nos 32000 s.), sous réserve des précisions suivantes (CPC art. 1418, al. 10). **41388**

Le greffe adresse au créancier, par lettre recommandée AR, une **copie de la déclaration d'opposition.** Cette notification est régulièrement faite à l'adresse indiquée par le créancier lors du dépôt de la requête en injonction de payer. En cas de retour au greffe de l'avis de réception non signé, la date de notification est, à l'égard du destinataire, celle de la présentation, et la notification est réputée faite à domicile ou à résidence (CPC art. 1418, al. 11).

Le **créancier** doit constituer **avocat** dans un délai de quinze jours à compter de la notification (art. 1418, al. 12), à défaut de quoi le juge constate l'extinction de l'instance (art. 1419, al. 2), ce qui rend non avenue l'ordonnance portant injonction de payer (art. 1419, al. 3). L'extinction de l'instance et la caducité corrélative de l'ordonnance d'injonction de payer sont des sanctions rigoureuses, susceptibles d'entraîner des effets en cascade ; en effet, en pareil cas, l'interruption de prescription qui résulte de la signification de l'ordonnance d'injonction de payer est elle-même réputée non avenue (Cass. 2e civ. 19-11-2020 n° 19-20.238 F-PBI).

Dès qu'il est constitué, l'avocat du créancier en informe le **débiteur** par lettre recommandée AR, lui indiquant qu'il est tenu de constituer **avocat** dans un délai de quinze jours (art. 1418, al. 13).

Une **copie des actes de constitution** est remise au greffe.

41389 **Créance commerciale** Devant le tribunal de commerce, quel que soit le **montant de la créance,** les parties sont convoquées à l'audience dans les mêmes conditions que devant le tribunal judiciaire pour les créances civiles d'un montant inférieur ou égal à 10 000 € ou devant le juge des contentieux de la protection (n° 41385).

FRAIS DE L'OPPOSITION À INJONCTION DE PAYER

41395 Devant le **tribunal de commerce**, l'opposition est reçue sans frais par le greffier ; toutefois, le greffier invite par lettre recommandée AR le **créancier** à **consigner** les frais de l'opposition au greffe dans le **délai** de quinze jours, à peine de caducité de la demande (CPC art. 1425, al. 2).
La caducité prévue à l'article 1425, al. 2 du CPC entraîne la disparition de tous les actes de procédure postérieurs à la demande du créancier (Cass. 2e civ. 25-3-1998 n° 96-10.395 : Bull. civ. II n° 108), ce qui ne laisse au créancier que la possibilité de recourir aux voies de droit commun (assignation en paiement) pour recouvrer sa créance (Cass. 2e civ. 21-9-2000 n° 99-10.011 : Bull. civ. II n° 128).
S'il n'est pas fait droit à l'opposition, le débiteur est condamné aux **dépens**, sauf si le juge en met la totalité ou une fraction à la charge du créancier (CPC art. 696, al. 1). Lorsqu'un jugement rendu sur opposition à injonction de payer condamne le débiteur aux dépens de l'instance, les frais de l'instance comprennent le coût de l'ensemble de la procédure d'injonction de payer, qu'il s'agisse des actes antérieurs à l'acte d'opposition, accomplis, ou des actes postérieurs, sauf mention particulière du dispositif (Cass. 2e civ. 14-4-2016 n° 14-24.346 F-PB : Bull. inf. C. cass. 15-10-2016 n° 1210).
Dans tous les cas, si un avocat, un huissier ou un commissaire de justice ou encore un autre **mandataire** est intervenu lors de l'opposition, des frais sont dus.

EFFET DÉVOLUTIF DE L'OPPOSITION À INJONCTION DE PAYER

41400 L'opposition à l'ordonnance portant injonction de payer permet au débiteur de voir sa demande discutée au cours d'une instance ordinaire, suivant une procédure contradictoire. Elle a pour effet de saisir le tribunal de la demande initiale du créancier et de l'ensemble du litige (CPC art. 1413, al. 3).
On peut donc parler d'effet dévolutif de l'opposition, à l'instar de l'appel qui frappe un jugement et permet à la cour d'appel de connaître de l'entier litige. C'est ainsi que le tribunal connaîtra non seulement de la **demande initiale** du créancier, des moyens de défense soulevés par le débiteur, mais également des **demandes incidentes** (art. 1417).
L'opposition donnant naissance à une procédure ordinaire, la recevabilité des différentes demandes incidentes (demandes reconventionnelle et additionnelle, intervention volontaire ou forcée) doit être appréciée dans les conditions du **droit commun** (n°s 6120 s.). Ainsi, pour être examinée par le tribunal saisi de l'opposition, la demande incidente doit présenter avec la demande initiale un lien suffisant (CPC art. 70).

ILLUSTRATIONS

Présente un lien suffisant avec la demande initiale ayant donné lieu à la délivrance d'une injonction de payer la demande additionnelle présentée par le syndicat de copropriété créancier tendant au paiement d'un appel de provision sur charges, dès lors que la demande initiale portait sur des charges de copropriété échues (Cass. 2e civ. 18-3-1992 n° 90-20.457 : Bull. civ. II n° 95).

e. Déroulement de l'instance sur l'opposition à injonction de payer

RÈGLES GÉNÉRALES

41420 La procédure suivie après opposition à l'ordonnance portant injonction de payer est une **procédure** ordinaire.
Devant le tribunal judiciaire, pour les **créances civiles** d'un **montant inférieur ou égal à 10 000 €,** devant le **juge des contentieux de la protection** et devant le **tribunal de commerce,** les débats se déroulent oralement (sur la procédure orale devant le tribunal judiciaire et le juge des contentieux de la protection, voir n°s 33000 s. ; sur la procédure orale devant le tribunal de commerce voir n°s 35042 s.), de sorte que le débiteur formant opposition doit se présenter à l'audience ou s'y faire représenter, sans pouvoir se contenter de déposer son dossier (Cass. 2e civ. 26-10-1994 n° 92-14.815 : Bull. civ. II n° 205 ; Cass. 2e civ. 20-9-2017 n° 16-20.214 F-D, arrêts rendus à propos du tribunal d'instance mais transposables), à peine de se voir déclarer défaillant (n° 41440).
Devant le tribunal judiciaire, pour les **créances civiles** d'un **montant supérieur à 10 000 €,** l'affaire est instruite et jugée selon la procédure écrite ordinaire (CPC art. 1418, al. 10). Sur cette procédure, voir n°s 32000 s.

Au cours de la procédure suivie après l'opposition, le créancier occupe la position de **demandeur** et le débiteur celle de **défendeur** (Cass. 2e civ. 10-3-1988 n° 86-17.968 : Bull. civ. II n° 62 ; Cass. 2e civ. 9-12-1997 n° 96-12.797 : Bull. civ. II n° 311). En effet, même si le créancier est « défendeur » à l'opposition, il conserve la position de demandeur à la procédure d'injonction qu'il a pris l'initiative d'engager, le débiteur n'ayant pris que l'initiative de l'opposition. **41421**

Il appartient au créancier de rapporter la **preuve** de la réalité et de l'étendue **de la créance** dont il se prévaut (Cass. com. 18-6-1991 n° 88-17.011 : Bull. civ. IV n° 228 ; Cass. 2e civ. 23-10-1991 n° 90-15.529 : Bull. civ. II n° 272 ; Cass. 2e civ. 11-5-2006 n° 05-10.280). En effet, l'ordonnance portant injonction de payer ayant été délivrée sans débat contradictoire et au vu d'une simple apparence de créance, il est logique que le créancier ne puisse pas en tirer une présomption en sa faveur lui permettant de renverser la charge de la preuve (en ce sens, R. Perrot : RTD civ. 1979 p. 444). **41422**

MOYENS DU DÉBITEUR À L'APPUI DE L'OPPOSITION À INJONCTION DE PAYER

L'opposition à l'ordonnance portant injonction de payer permet au débiteur de faire valoir tous les moyens de défense propres à permettre sa libération, tant de **fond** : **41430**

- absence de dette ;
- caractère extracontractuel de la dette (Cass. com. 27-5-1972 n° 70-13.794 : Bull. civ. IV n° 159) ;
- qualité du créancier et/ou du débiteur (Cass. 2e civ. 17-12-1974 n° 73-14.150 : Bull. civ. II n° 336 ; Cass. 2e civ 16-7-1979 n° 77-15.561 : Bull. civ. II n° 224).

Que de **forme** :

- défaut d'indication du nom du magistrat ou du greffier dans l'ordonnance (Cass. 2e civ. 29-11-1995 nos 93-15.249 et 93-15.861 : Bull. civ. II n° 292) ;
- incompétence du juge saisi (Cass. 2e civ. 19-5-1980 n° 77-15.160 : Bull. civ. II n° 119) ;
- défaut de constatation par le juge de la production de documents justifiant la créance (Cass. 2e civ. 22-10-1980 n° 78-12.322 : Bull. civ. II n° 219).

DÉFAILLANCE DES PARTIES À L'AUDIENCE SUR L'OPPOSITION À INJONCTION DE PAYER

Si l'une des parties, dûment convoquée par le greffe à l'audience tenue après l'opposition à l'ordonnance d'injonction de payer, ne comparaît pas, les règles de droit commun relatives à la défaillance des parties s'appliquent, du moins lorsque l'affaire relève de la compétence du tribunal judiciaire statuant suivant la **procédure orale,** de celle du juge des contentieux de la protection ou de celle du tribunal de commerce. En cas d'absence du créancier, il y a **carence du demandeur.** Il en résulte que le débiteur peut requérir un jugement sur le fond qui sera contradictoire, sauf la faculté pour le juge de renvoyer l'affaire à une audience ultérieure (CPC art. 468, al. 1). Le juge peut aussi, même d'office, déclarer la citation caduque. La déclaration de caducité peut être rapportée, si le demandeur fait connaître au greffe dans un délai de quinze jours le motif légitime qu'il n'aurait pas été en mesure d'invoquer en temps utile ; dans ce cas, les parties sont convoquées à une audience ultérieure (CPC art. 468, al. 2). En revanche, si le débiteur ne requiert pas de jugement sur le fond, le juge ne peut pas prendre cette initiative à sa place, rejeter l'opposition et faire droit à la demande en relevant que le créancier absent à l'audience ne pouvait pas modifier sa demande initiale (Cass. 1e civ. 15-5-2015 n° 14-13.774). **41440**

En revanche, lorsque l'affaire relève de la compétence du tribunal judiciaire statuant suivant la **procédure écrite,** avec ministère d'avocat obligatoire, la défaillance du créancier est sanctionnée bien plus lourdement qu'en droit commun. En effet, faute pour le créancier de constituer avocat dans les quinze jours de la notification par le greffe d'une copie de l'opposition formée par le débiteur, le juge constate l'extinction de l'instance (CPC art. 1419, al. 2), ce qui rend non avenue l'ordonnance portant injonction de payer (art. 1419, al. 3), ainsi que, par voie de conséquence, l'interruption de prescription qui résultait de la signification de l'ordonnance d'injonction de payer (Cass. 2e civ. 19-11-2020 n° 19-20.238 FPBI).

En cas d'**absence du débiteur,** les règles relatives à la carence du défendeur doivent jouer. Si le défendeur ne comparaît pas, le juge statue sur le fond, mais il ne fait droit à la demande en paiement que dans la mesure où il l'estime régulière, recevable et bien fondée (CPC art. 472). Pour se prononcer, il doit analyser, même de façon sommaire, les éléments de preuve produits par le créancier (Cass. 2e civ. 16-3-2017 n° 16-15.485 F-D). **41442**

La solution applicable à la **carence des deux parties** est plus radicale qu'en droit commun où cette situation peut simplement entraîner la radiation de l'instance (CPC art. 470). En matière d'opposition, si aucune des parties ne se présente devant le tribunal judiciaire pour les créances **41445** civiles d'un montant inférieur ou égal à 10 000 €, devant le juge des contentieux de la protection ou devant le tribunal de commerce, la juridiction constate l'extinction de l'instance, ce qui rend non avenue l'ordonnance portant injonction de payer (art. 1419, al. 1 et 3).

DÉCISION DU JUGE SAISI DE L'OPPOSITION À INJONCTION DE PAYER

41450 À moins qu'il ne déclare l'opposition formée contre l'ordonnance portant injonction de payer irrecevable, comme ne satisfaisant pas aux conditions prévues, le tribunal saisi de l'opposition prononce un jugement qui **se substitue** à l'ordonnance portant injonction de payer (CPC art. 1420), quel que soit le sens de la décision.

Si l'**opposition** est jugée **non fondée,** l'ordonnance initiale n'est donc pas pour autant confirmée ; un jugement portant condamnation du débiteur doit remplacer l'ordonnance (Cass. 1e civ. 13-5-2003 n° 00-20.146 : Bull. civ. I n° 115 ; Cass. 3e civ. 17-12-2013 n° 12-25.366 : Procédures 2014 comm. 64 obs. R. Perrot) qui ne peut pas reprendre ses effets (Cass. 2e civ. 2-7-2020 n° 19-16.100 F-PBI). Le juge qui rejette l'opposition ne peut donc pas se contenter d'une simple confirmation de l'ordonnance dont les motifs pourraient faire corps avec la décision de confirmation ; il doit motiver explicitement sa décision (R. Perrot : obs. sous Cass. 3e civ. 17-12-2013 précité). Au contraire, s'il fait droit à l'opposition, le juge n'a pas à prononcer la mise à néant de l'ordonnance portant injonction de payer (Cass. 1e civ. 12-5-2016 n° 15-12.392 F-D) ni à déclarer que son jugement se substituera à l'ordonnance (Cass. 3e civ. 9-6-2016 n° 15-16.392 FS-D).

Autre **conséquence** de cette substitution du jugement à l'ordonnance, l'ordonnance ne peut plus produire d'effet, même si le jugement vient par la suite à être annulé (en ce sens, CA Colmar 23-2-2005 : Rec. jurispr. de l'Est 2005 p. 117).

Les poursuites éventuellement entamées sur le fondement de l'ordonnance, puis suspendues lors de l'opposition (n° 41380), peuvent reprendre sur le fondement du jugement, sans que le créancier n'ait pour cela à requérir l'apposition de la formule exécutoire sur l'injonction.

Le **jugement** a autorité de chose jugée entre les parties, la **portée** de cette autorité étant fonction des demandes tranchées par le tribunal.

RECOURS CONTRE LE JUGEMENT RENDU SUR L'OPPOSITION À INJONCTION DE PAYER

41460 Le jugement rendu sur opposition à l'ordonnance portant injonction de payer se substituant à l'ordonnance d'injonction de payer, il est passible des voies de recours ouvertes dans les conditions du droit commun.

Ainsi, le juge du contentieux de la protection, le président du tribunal de commerce et le président du tribunal judiciaire statuent à charge d'appel lorsque le **montant de la demande excède** le **taux** de leur **compétence en dernier ressort** (CPC art. 1421), soit 5 000 € (C. com. art. R 721-6 pour le tribunal de commerce ; C. org. jud. art. R 211-3-24 pour le tribunal judiciaire et le juge des contentieux de la protection).

Inversement, le jugement prononcé sur une **demande inférieure** à ce taux n'est passible que d'un pourvoi en cassation. Lorsque des demandes incidentes ont été présentées, le montant à retenir pour déterminer la compétence en dernier ressort est calculé suivant les règles ordinaires (nos 2020 s.).

Si le jugement est rendu par défaut, il pourra faire l'objet d'une opposition, voie de recours ordinaire ouverte contre tous les jugements rendus par défaut (Cass. 2e civ. 18-10-2007 n° 06-17.201 : Bull. civ. II n° 232). Cette opposition de droit commun ouverte à la partie défaillante (art. 571) ne doit pas être confondue avec l'opposition faite à l'injonction de payer, laquelle n'est pas une voie de recours mais le simple rétablissement du caractère contradictoire de la procédure, après une première phase sur requête unilatérale (art. 1412). Encourt ainsi la cassation le jugement qui, pour déclarer irrecevable l'opposition à un jugement rendu par défaut sur opposition à une injonction de payer, retient que celui qui se laisse juger une seconde fois par défaut n'est plus recevable à former une nouvelle opposition. L'opposition auparavant formée contre l'ordonnance d'injonction de payer n'étant pas un recours introduit contre une décision rendue par défaut, le débiteur ne pouvait, au cas d'espèce, être considéré comme une personne s'étant laissé juger une seconde fois par défaut (Cass. 2e civ. 22-6-2016 nos 15-19.585 et 15-19.759 F-PB : Bull. inf. 15-12-2016 n° 1572).

2. AUTRES RECOURS CONTRE L'ORDONNANCE D'INJONCTION DE PAYER

APPEL CONTRE L'ORDONNANCE D'INJONCTION DE PAYER

41470 L'ordonnance portant injonction de payer et revêtue de la formule exécutoire n'est pas susceptible d'appel, même si elle accorde des délais de paiement (CPC art. 1422, al. 2).

POURVOI EN CASSATION CONTRE L'ORDONNANCE D'INJONCTION DE PAYER

L'opposition, qui n'est pas une véritable voie de recours (n° 41290), est la seule voie de droit normalement ouverte contre l'ordonnance revêtue de la formule exécutoire. La jurisprudence avait admis que l'ordonnance portant injonction de payer pouvait **exceptionnellement** faire l'objet d'un pourvoi en cassation (Cass. 2e civ. 6-4-1987 n° 85-18.508 : Bull. civ. II n° 84, RTD civ. 1987 p. 609 obs. R. Perrot). L'ouverture exceptionnelle du pourvoi en cassation devait permettre au débiteur de critiquer les conditions dans lesquelles la formule exécutoire avait été délivrée. L'article 1410, al. 2 du CPC prévoyant, depuis le 1er mars 2022, que la formule exécutoire est délivrée en même temps que l'ordonnance d'injonction de payer, la solution antérieure n'a plus lieu d'être. Le pourvoi en cassation devrait donc être jugé irrecevable à l'avenir. **41472**

TIERCE OPPOSITION CONTRE L'ORDONNANCE D'INJONCTION DE PAYER

L'ordonnance d'injonction de payer revêtue de la formule exécutoire peut faire l'objet d'une tierce opposition si une personne qui n'a pas été partie à la procédure y a intérêt (CPC art. 583, al. 1) ; sur l'intérêt à agir, voir n° 29130. **41484**

ILLUSTRATIONS

Est recevable la tierce opposition formée par une caution à l'encontre d'une ordonnance d'injonction de payer rendue contre le débiteur principal dès lors que celui-ci s'est volontairement abstenu de faire valoir des moyens de défense (Cass. 1e civ. 10-12-1991 n° 90-12.834 : Bull. civ. I n° 348).

SECTION 2 INJONCTION DE FAIRE

RÈGLES GÉNÉRALES

La procédure d'injonction de faire prévue par le Code de procédure civile (CPC art. 1425-1 à 1425-9) se présente à première vue comme le pendant de la procédure d'injonction de payer, appliquée aux obligations de faire. Comme l'injonction de payer, l'injonction de faire a pour **but** de vaincre l'inertie du débiteur en offrant au créancier la possibilité d'obtenir du juge qu'il enjoigne le débiteur d'exécuter une obligation en nature, au terme d'une procédure qui, dans un premier temps, n'est pas contradictoire. Toutefois, le domaine de l'injonction de faire est beaucoup plus limité que celui de l'injonction de payer puisque cette procédure est essentiellement prévue en faveur des consommateurs. **41500**

Instituée dans l'objectif d'offrir à ceux-ci une procédure simple et expéditive pour obtenir l'exécution par les professionnels de leurs engagements de livrer ou de restituer un bien, ou de fournir un service, ce mécanisme n'a pas connu le **succès** escompté : il est employé par moins de 7 % des usagers non professionnels de la justice. À cela s'ajoute une relative inefficacité : seules quatre demandes sur dix ont une issue favorable, alors que ce rapport est de sept sur dix pour les procédures au fond (Infostat Justice n° 120 janvier 2013).

> **Précisions** D'**autres dispositifs juridiques** emploient la **technique de l'injonction de faire**. Par exemple, le président du tribunal judiciaire ou le juge des contentieux de la protection disposent du pouvoir d'ordonner l'exécution d'une obligation non sérieusement contestable (art. 834), même s'il s'agit d'une obligation de faire. Le droit des sociétés recourt fréquemment à l'injonction de faire pour assurer l'exécution, entre autres, des formalités obligatoires dans le cadre d'une augmentation de capital ou de l'obligation de publier les comptes annuels (nos 49400 s.). Le Code civil prévoit aussi la possibilité de demander l'exécution forcée des contrats (C. civ. art. 1221).

A. Conditions d'exercice de l'injonction de faire

OBJET DE L'INJONCTION DE FAIRE

Expressément limitée à l'**exécution en nature** d'une obligation de faire (CPC art. 1425-1), dans un premier temps du moins, la procédure ne permet pas de solliciter l'**exécution par équivalent,** **41502** c'est-à-dire le paiement de dommages-intérêts en lieu et place de la prestation attendue. C'est uniquement dans un second temps, en cas d'inexécution de l'injonction de faire, que le juge compétent peut condamner le défendeur à des dommages-intérêts, dont le montant doit toutefois avoir été précisé par le demandeur dès l'introduction de la requête (art. 1425-3, al 4).

41504 L'exécution demandée doit être compatible avec les **limites** posées à l'exécution en nature de certaines obligations de faire. Ainsi, l'**exécution** en nature est écartée lorsqu'elle est **matériellement ou juridiquement impossible** (Cass. com. 5-10-1993 n° 90-21.146 : Bull. civ. IV n° 313 : impossibilité matérielle de livrer un modèle de véhicule ayant cessé d'être fabriqué ; CA Nancy 22-10-1997 n° 94/3215 : impossibilité juridique d'exécuter les travaux dus par une entreprise en procédure collective). Les **obligations** de faire ne peuvent pas donner lieu à une exécution forcée en nature lorsqu'elles **compromettent à l'excès la liberté du débiteur.**

OBLIGATIONS CONCERNÉES PAR L'INJONCTION DE FAIRE

41506 Par définition, la procédure d'injonction de faire ne peut être employée que pour l'exécution des **obligations de faire,** à l'exclusion des **obligations de donner** ou des **obligations de payer une somme d'argent,** lesquelles ne sont qu'une variété particulière de l'obligation de donner.

S'il n'existe pas d'obstacle théorique à l'emploi de la procédure pour l'exécution d'une **obligation de ne pas faire,** assimilée par le Code civil, en ce qui concerne son exécution, à l'obligation de faire, un **problème pratique** peut se poser. En effet, dans la mesure où la valeur de la prestation dont l'exécution est réclamée ne doit pas excéder un certain montant (n° 41512), l'obligation de ne pas faire ne peut pas donner lieu à la procédure d'injonction de faire lorsqu'il apparaît impossible de déterminer la valeur de l'abstention méconnue.

41508 Seules les **obligations nées d'un contrat** peuvent recevoir exécution à l'aide de la procédure d'injonction de faire (CPC art. 1425-1).

La règle **exclut** les obligations quasi contractuelles, extracontractuelles ou quasi délictuelles.

EXEMPLE

La demande en démolition d'un muret édifié sur une parcelle indivise par un propriétaire indivis n'entre pas dans le champ d'application de l'article 1425-1 du CPC (CA Amiens 11-5-2004 n° 03/01140).

Sont également exclues les obligations d'origine statutaire, ce qui distingue sur ce point l'injonction de faire de l'injonction de payer (n° 41020).

Certains auteurs estiment que seules les **obligations expressément prévues par les parties** peuvent donner lieu à une injonction de faire, à l'exclusion des obligations dont l'application est déclenchée par le contrat mais dont le régime est entièrement prévu par la loi, à l'image des obligations de délivrance et de garantie dans la vente ou dans le bail (R. Laher : Rép. Pr. Civ. Dalloz v° « Injonction de faire » n° 15 ; J. Miguet et O. Staes : J.-Cl. Procédure civile fasc. 1400-95 « Procédure d'injonction de faire » n° 18). Toutefois, les textes applicables ne comportent aucune distinction de cet ordre, de sorte que toutes les obligations « nées du contrat », que ce soit en vertu d'une stipulation expresse ou du régime légal du contrat, doivent pouvoir donner lieu à une injonction de faire. D'ailleurs, les tribunaux ne paraissent pas s'arrêter à ces considérations ; par exemple, une cour d'appel a accepté d'enjoindre un bailleur de remédier aux problèmes d'humidité d'un logement en exécution de l'obligation d'assurer la jouissance paisible du preneur (CA Versailles 14-2-2012 n° 10/03765).

41510 Seules les obligations nées d'un contrat entre **personnes n'ayant pas** toutes la **qualité de commerçant** peuvent donner lieu à l'injonction de faire (CPC art. 1425-1). La procédure d'injonction de faire est donc exclue lorsque les deux parties au contrat ont la qualité de commerçant et ont contracté en cette qualité. Les **relations professionnelles** entre les parties ne sont pas exclues, dès lors que ces dernières exercent une profession civile. On pourrait ainsi admettre le recours à l'injonction de faire dans le cadre d'un contrat de cession de clientèle civile, à supposer toutefois que les autres conditions d'ouverture de la procédure soient réunies.

> **Précisions** Les **contrats de consommation,** actes mixtes, constituent le domaine naturel de l'injonction de faire, cette procédure ayant été spécialement conçue dans cette optique. Mais la procédure est également fréquemment utilisée par les locataires bénéficiaires d'un **bail d'habitation** pour obtenir de leur bailleur la fourniture de quittances de loyer (en ce sens, P. Flores : J.-Cl. Procédures formulaire v° « Injonction de faire » n° 26).

MONTANT DE LA DEMANDE OBJET DE L'INJONCTION DE FAIRE

L'obligation dont l'exécution est réclamée ne doit pas **excéder** 10 000 € (CPC art. 1425-1 et art. 817 et 761, al. 4). 41512

CONSEIL

On ne saurait que trop recommander au demandeur de s'efforcer de **chiffrer** sa **demande dès** le stade de la **requête,** sauf à encourir le risque d'un rejet par le juge, au terme d'une décision sans recours (CPC art. 1425-9).

B. Tribunal compétent pour statuer sur l'injonction de faire

COMPÉTENCE D'ATTRIBUTION EN MATIÈRE D'INJONCTION DE FAIRE

La procédure d'injonction de faire relève de la compétence du juge des contentieux de la protection ou du tribunal judiciaire (CPC art. 1425-1). 41516

S'agissant de la **nature de la demande,** en tant que juridiction de droit commun, le tribunal judiciaire peut connaître de toutes les demandes qui ne font pas l'objet d'une attribution exclusive au profit d'une autre juridiction. C'est ainsi que les demandes relevant de la compétence du tribunal paritaire des baux ruraux, du conseil de prud'hommes ou du tribunal de commerce échappent à la connaissance du tribunal judiciaire. Dans la mesure où la procédure d'injonction de faire n'existe pas devant ces juridictions spécialisées, les demandes qui ne relèvent pas de la compétence du tribunal judiciaire ne peuvent pas donner lieu à une injonction de faire relevant du Code de procédure civile. 41518

Au sein du tribunal judiciaire, le juge des contentieux de la protection a une attribution exclusive pour statuer sur certaines demandes, telles que les demandes relatives au crédit à la consommation (C. org. jud. art. L 213-4-5) ou aux baux d'habitation (art. L 213-4-4). Observons qu'il y a là davantage une condition d'ouverture du recours à l'injonction de faire, plutôt qu'une règle de compétence matérielle.

JUGE TERRITORIALEMENT COMPÉTENT EN MATIÈRE D'INJONCTION DE FAIRE

Le juge territorialement compétent pour connaître de la demande d'injonction de faire est celui du lieu où demeure le défendeur, ou celui du lieu d'exécution de l'obligation (CPC art. 1425-2). On reconnaît ici une application particulière de la règle générale de compétence suivant laquelle, en matière contractuelle, le demandeur dispose d'une **option** entre le lieu où demeure le défendeur et le lieu d'exécution du contrat (art. 46). Aucun texte ne prévoyant le cas d'une pluralité de défendeurs, cette question doit donc être réglée par application du droit commun : le créancier pourra, à son choix, saisir la juridiction du lieu où demeure l'un des défendeurs (art. 42, al. 2). Aucune règle n'impose au juge territorialement incompétent de **relever d'office** son **incompétence.** 41522

C. Phase non contradictoire de l'injonction de faire

1. REQUÊTE EN INJONCTION DE FAIRE

ABSENCE DE CARACTÈRE CONTRADICTOIRE DE L'INJONCTION DE FAIRE

La procédure d'injonction de faire est introduite par voie de requête du demandeur, autrement dit par un **acte unilatéral** de sa part, le débiteur n'étant pas, dans un premier temps, appelé à la procédure. 41524

AUTEUR DE LA REQUÊTE EN INJONCTION DE FAIRE

La requête en injonction de faire est déposée ou adressée au greffe par le bénéficiaire de l'obligation lui-même ou par l'une des personnes suivantes (CPC art. 1425-3 et, sur renvoi, art. 762) : 41526
– un avocat ;
– son conjoint, concubin, ou partenaire lié par un Pacs ;
– ses parents ou alliés en ligne directe ou collatérale jusqu'au troisième degré inclus ;
– les personnes exclusivement attachées au service personnel ou à l'entreprise du bénéficiaire de l'obligation.

Le représentant, s'il n'est pas avocat, doit justifier d'un **pouvoir spécial** (art. 764, al. 8), c'est-à-dire un acte prévoyant expressément l'introduction d'une requête en injonction de faire par le mandataire au nom du mandant.
La requête en injonction de faire ne peut pas être présentée par un **huissier ou un commissaire de justice**.

> **Précisions** L'article 1425-3 renvoie à l'article 764 du CPC pour la liste des personnes pouvant déposer la requête au greffe au nom du débiteur. Il s'agit d'une **erreur matérielle** et, à notre avis, il convient de se reporter à l'article 762 du CPC.

FORME ET DÉPÔT DE LA REQUÊTE EN INJONCTION DE FAIRE

41528 La requête est remise ou adressée au greffe (CPC art. 1425-3, al. 1), ce qui signifie qu'elle doit faire l'objet d'un **écrit,** la déclaration verbale au greffe n'étant pas envisagée.
La forme de l'écrit exigé n'est pas réglementée, ce qui permet au demandeur de l'établir sur **papier libre** ou, pour plus de sécurité, sur un **formulaire** Cerfa n° 11723*11 disponible sur le site « https://www.service-public.fr ».
Le demandeur peut remettre la requête au greffe en **main propre** contre remise d'un récépissé ou l'expédier par voie postale. L'**envoi recommandé** AR est certainement une bonne précaution. Au 15 octobre 2023, date de mise à jour des présents développements, il n'est pas possible d'introduire la **requête en ligne.**

CONTENU DE LA REQUÊTE EN INJONCTION DE FAIRE

41530 **Mentions de droit commun** La requête en injonction de faire est soumise aux règles générales applicables aux requêtes et aux déclarations faites unilatéralement, sans qu'un adversaire en soit préalablement informé (CPC art. 1425-3, al. 2 et, sur renvoi, art. 57).
Elle contient, à peine de **nullité** (art. 57, al. 2 s. et, sur renvoi, art. 54) :
– l'indication de la juridiction devant laquelle la demande est portée ;
– l'objet de la demande ;
– pour les personnes physiques : l'indication des nom, prénoms, profession, domicile, nationalité, date et lieu de naissance du demandeur ;
– pour les personnes morales : l'indication de leur forme, leur dénomination, leur siège social et de l'organe qui les représente légalement ;
– l'indication des nom, prénoms et domicile de la personne contre laquelle la demande est formée, ou, s'il s'agit d'une personne morale, de sa dénomination et de son siège social ;
– l'indication des pièces sur lesquelles la demande est fondée ;
La requête doit être datée et signée (art. 57, al. 5).

41532 **Mentions spécifiques** Outre les mentions de l'article 57 du CPC, la requête doit contenir (CPC art. 1425-3, al. 2 à 4) :
– l'indication précise de la nature de l'obligation dont l'exécution est poursuivie ainsi que le fondement de celle-ci ;
– éventuellement, les dommages-intérêts qui seront réclamés en cas d'inexécution de l'obligation de faire.
Ces mentions ne sont pas prescrites à peine de **nullité.**

> **CONSEIL**
> Bien que le texte ne le précise pas, il est vivement recommandé d'indiquer la **valeur de la prestation** dont l'exécution est demandée, afin de mettre le juge en mesure d'apprécier la recevabilité de la demande. Il convient en outre de se montrer aussi précis que possible dans la description de la prestation dont l'exécution est poursuivie, pour **limiter les risques de rejet de la requête.**

41534 **Pièces justificatives** La requête doit être accompagnée de tous les documents justificatifs (CPC art. 1425-3, al. 5), tels que des contrats, devis, bons de commande ou factures.
L'exigence de documents justificatifs et non d'éléments de preuve doit se comprendre comme un assouplissement. Dans la mesure où la procédure n'est pas contradictoire dans un premier temps, il n'est pas exigé du débiteur qu'il prouve formellement le bien-fondé de ses prétentions mais simplement qu'il mette le **juge** en mesure d'en **apprécier la vraisemblance.** La question de la preuve se posera dans un second temps, lors de la phase contradictoire de la procédure.
Ainsi, le demandeur doit fournir les documents lui permettant de justifier de l'**existence de l'obligation.** Toutefois, si aucune date n'a été fixée par écrit pour l'exécution de la prestation ou la livraison du bien, le demandeur doit en outre **mettre en demeure le débiteur** et justifier, auprès du juge, de cette mise en demeure restée vaine dans un délai raisonnable (cf. C. civ.

art. 1231). En effet, le demandeur doit non seulement justifier de l'existence de l'obligation mais aussi de son inexécution. Lorsqu'une date d'exécution a été fixée, et que cette date est dépassée, on peut estimer que l'inexécution est suffisamment établie.

EFFET DE LA REQUÊTE EN INJONCTION DE FAIRE SUR LA PRESCRIPTION

L'enregistrement au greffe de la requête **interrompt les délais** de prescription ou de forclusion (CPC art. 1425-3, al. 6). C'est là une différence notable avec la procédure d'injonction de payer dans laquelle l'interruption ne se produit qu'à compter de la signification de l'ordonnance d'injonction au débiteur (n° 41235). Cette différence peut s'expliquer par la particularité de la procédure d'injonction de faire qui conduit dans tous les cas à la fixation d'une audience contradictoire, alors que l'injonction de payer peut ne pas avoir cet effet en cas d'inertie persistante du débiteur. **41538**

2. DÉCISION DU JUGE SAISI D'UNE INJONCTION DE FAIRE

EXAMEN DE L'INJONCTION DE FAIRE PAR LE JUGE

Une fois la requête en injonction de payer déposée, le juge doit en apprécier le bien-fondé au vu des documents justificatifs présentés par le demandeur. Pour conserver le caractère rapide de la procédure, le juge ne procède pas à un examen approfondi des justificatifs produits, mais regarde simplement si la **requête** semble **en apparence fondée.** **41540**

a. Ordonnance de rejet de l'injonction de faire

Si la demande en injonction de faire lui paraît mal fondée ou irrecevable, ou s'il s'estime incompétent, du moins à raison de la matière, puisque l'incompétence territoriale n'a pas à être soulevée d'office (n° 41522), le juge peut la rejeter par une **décision** sans **recours** pour le demandeur, sauf si celui-ci procède selon les voies de droit commun. La requête et les documents justificatifs sont alors restitués au demandeur (CPC art. 1425-9). **41542**

Le rejet de la requête anéantit l'**effet interruptif de prescription** (CA Angers 23-9-2009 n° 08/00261).

b. Ordonnance d'injonction de faire

Si, au vu des documents produits, la demande lui paraît fondée, le juge rend une ordonnance portant injonction de faire non susceptible de recours (CPC art. 1425-4, al. 1). **41544**

Dans son ordonnance, le juge fixe l'objet de l'obligation ainsi que le **délai** et les **conditions** dans lesquelles celle-ci doit être exécutée (art. 1425-4, al. 2). En outre, il mentionne les lieux, jour et heure de l'**audience** à laquelle l'affaire sera examinée, à moins que le demandeur n'ait fait connaître que l'injonction a été exécutée (art. 1425-4, al. 3).

S'il peut paraître paradoxal de prévoir la tenue systématique d'une audience contradictoire après délivrance de l'ordonnance, sauf si le créancier reçoit satisfaction entre-temps, tout en énonçant que l'ordonnance faisant droit à la demande ne peut pas faire l'objet d'un recours, ce paradoxe n'est qu'apparent. En effet, la tenue d'une audience contradictoire n'est pas une voie de recours qu'il dépendrait du débiteur d'exercer ou non ; elle est la suite logique et nécessaire de la procédure.

Ce système a pour objet de faciliter la tâche du débiteur, mais il ôte toute **force contraignante** à l'**ordonnance** portant injonction de faire, puisque l'inertie du débiteur ne pourra pas directement aboutir à l'exécution forcée. C'est toute la différence avec l'injonction de payer, qui peut donner lieu à la délivrance d'une formule exécutoire lorsque le débiteur ne s'exécute pas et ne forme pas opposition. De ce point de vue, l'ordonnance portant injonction de faire ne revêt qu'une portée limitée. Elle ne peut pas être considérée comme une véritable décision de justice susceptible d'exécution forcée et soumise à un recours (CPC art. 17), mais comme un type particulier de citation en justice, en vue d'une audience contradictoire prévue d'emblée. **41546**

NOTIFICATION DE L'ORDONNANCE D'INJONCTION DE FAIRE

L'ordonnance portant injonction de faire est notifiée aux parties par le **greffe** au moyen d'une lettre recommandée AR (CPC art. 1425-5). **41548**

La notification doit **reproduire** les dispositions des articles 1425-7 et 1425-8 du CPC (art. 1425-5), et ce à peine de nullité (CA Paris 10-6-2008 n° 07/10514 : AJDI 2008 p. 694 obs. S. Porcheron). Cette mention permet d'attirer l'attention des parties sur la possibilité d'une exécution spontanée de l'injonction ainsi que sur les suites de la procédure en cas d'inexécution.

ATTITUDE DU DÉBITEUR DE L'INJONCTION DE FAIRE

41550 En cas d'**exécution volontaire** de l'injonction de faire par le débiteur dans les délais impartis par le juge, la procédure a atteint son but et il n'est pas nécessaire de la poursuivre. Le **demandeur** doit en principe en **avertir** le greffe afin que l'affaire soit retirée du rôle (CPC art. 1425-7, al. 1).
Il se peut aussi que le demandeur satisfait n'avertisse pas le greffe et ne se présente pas à l'audience fixée lors du prononcé de l'ordonnance, sans motif légitime. Dans ce cas, et pour éviter tout encombrement inutile du rôle, le tribunal déclare la **procédure caduque** (art. 1425-7, al. 2).
Cette caducité peut néanmoins être rapportée dans le cas où l'absence du créancier n'aurait pas été causée par l'exécution volontaire de l'ordonnance mais par d'autres raisons. Il appartient alors au créancier de justifier d'un motif légitime d'absence dans les quinze jours de la déclaration de caducité ; les parties sont alors convoquées à une audience ultérieure (art. 1425-7, al. 3).

41552 En cas d'**inexécution** par le débiteur ou d'exécution non satisfaisante pour le créancier, la procédure se poursuit par la phase contradictoire (CPC art. 1425-8, al. 1), puisque l'ordonnance est dépourvue de force contraignante (n° 41546).

D. Phase contradictoire de l'injonction de faire

COMPARUTION DES PARTIES À L'AUDIENCE D'INJONCTION DE FAIRE

41554 Les parties peuvent comparaître à l'audience d'injonction de faire en personne, seules ou assistées, ou encore être représentées. En effet, l'injonction de faire étant une procédure orale, le **ministère d'avocat** n'est pas obligatoire et les **règles de la représentation** de cette procédure orale doivent s'appliquer (n° 31109).

41556 La **défaillance des parties** donne lieu à l'application des règles de droit commun relatives au défaut de comparution (CPC art. 468 s.), sous réserve du jeu des règles propres à l'injonction de faire.
Ainsi, le droit spécial de l'injonction de faire prévoit que la **défaillance du demandeur** sans motif légitime entraîne la caducité de la procédure (art. 1425-7, al. 2). À supposer que le défendeur comparaisse malgré tout, celui-ci n'a donc pas la possibilité de requérir un jugement contradictoire sur le fond (n° 41550) contrairement au droit commun (art. 468). Le défendeur ne peut pas demander au juge qu'il prenne acte de l'exécution correcte du contrat, ou de l'injonction. Il reste donc sous la menace d'une nouvelle procédure d'injonction de faire, que le demandeur peut introduire après la caducité de la première procédure.
S'agissant de la **défaillance du défendeur,** le droit spécial de l'injonction de faire ne contient aucune règle particulière, ce qui conduit à notre avis à l'application de la règle de droit commun suivant laquelle lorsque le défendeur ne comparaît pas, le juge ne fait droit à la demande que s'il l'estime régulière, recevable et bien fondée (art. 472).

POUVOIR DU JUGE SAISI D'UNE INJONCTION DE FAIRE

41558 Lors de l'audience contradictoire, le juge saisi d'une injonction de faire doit d'abord chercher à **concilier les parties** (CPC art. 1425-8, al. 1). En cas d'échec, il statue conformément aux règles de la procédure contradictoire ordinaire et se voit donc reconnaître les plus larges **pouvoirs d'appréciation.**
Il connaît, dans les limites de sa compétence d'attribution, de la demande initiale et de toutes les demandes incidentes et défenses au fond (art. 1425-8, al. 2).

41560 Le pouvoir du juge de connaître de la **demande initiale** doit le conduire à ne pas se sentir lié par les termes de l'injonction de faire. Le demandeur doit donc se voir reconnaître la possibilité de présenter à nouveau sa demande initiale, dans le cas où le juge n'y aurait fait que partiellement droit lors du prononcé de l'ordonnance d'injonction, et à condition tout de même qu'il y ait eu inexécution partielle ou totale de l'injonction, puisque ce n'est que dans ce cas que le juge se voit reconnaître la faculté de statuer sur la demande (n°s 41550 s.).
Les **demandes incidentes** (demande reconventionnelle, demande additionnelle et intervention : CPC art. 63) doivent également pouvoir être examinées.

EXEMPLE

L'acquéreur d'un véhicule d'occasion, après avoir obtenu une injonction tendant à l'exécution par le vendeur de son obligation de délivrance, peut demander la résolution de la vente pour non-conformité de la chose vendue, cette prétention se rattachant à la demande initiale par un lien suffisant (CA Caen 6-4-2006 n° 03/03509).

Bien que l'article 1425-8, al. 2 ne fasse référence qu'aux **défenses au fond,** le juge doit également pouvoir connaître des **exceptions et fins de non-recevoir** soulevées en défense. D'ailleurs, les conséquences d'une exception d'incompétence soulevée avec succès sont envisagées puisqu'il est prévu que, en cas de décision d'incompétence, l'affaire est renvoyée devant la juridiction compétente suivant les règles relatives au renvoi de compétence prévues à l'article 82 du CPC (CPC art. 1425-8, al. 3). **41562**

PORTÉE DU JUGEMENT D'INJONCTION DE FAIRE

La décision prononcée au terme de la phase contradictoire de la procédure se substitue pleinement à l'ordonnance portant injonction de faire, et a donc la portée d'un jugement rendu au fond, dans les conditions du droit commun. Le jugement ainsi rendu peut faire l'objet des **voies de recours** prévues pour les décisions du tribunal. Le jugement rendu par le tribunal judiciaire ou le juge des contentieux de la protection sur une demande d'un montant supérieur à 5 000 € peut donc être frappé d'appel dans un délai d'un mois (CPC art. 543, 538 et C. org. jud. art. R 211-3-24) et celui rendu sur une demande d'un montant inférieur ou égal à cette somme ne peut faire l'objet que d'un pourvoi en cassation dans un délai de deux mois (C. org. jud. art. R 211-3-24 et CPC art. 605). L'opposition peut être exercée lorsque le jugement a été rendu par défaut. Sur le point de départ du délai d'appel, voir n°s 23302 s. et sur le départ du délai pour former un pourvoi en cassation, voir n°s 27990 s. **41564**

SECTION 3

PROCÉDURE SIMPLIFIÉE DE RECOUVREMENT DES PETITES CRÉANCES

OBJET DE LA PROCÉDURE SIMPLIFIÉE DE RECOUVREMENT

La procédure simplifiée de recouvrement des petites créances permet à un huissier ou un commissaire **de justice** ayant reçu l'accord du créancier et du débiteur sur le montant et les modalités du paiement de délivrer, sans autre formalité, un **titre exécutoire** (C. exécution art. L 125-1). Le but de cette procédure est notamment de parvenir à l'établissement d'un échéancier amiable de paiement, sanctionné par un titre exécutoire qui permettra un recouvrement accéléré en cas de défaillance du débiteur. **41570**

CRÉANCES VISÉES PAR LA PROCÉDURE SIMPLIFIÉE DE RECOUVREMENT

Seules les **créances** ayant une cause contractuelle ou résultant d'une obligation de caractère statutaire et dont le **montant** en principal et intérêts ne doit pas excéder 5 000 € peuvent faire l'objet de la procédure simplifiée de recouvrement des petites créances (C. exécution art. L 125-1, al. 1 et R 125-1, al. 4). **41575**

COMPÉTENCE EN MATIÈRE DE PROCÉDURE SIMPLIFIÉE DE RECOUVREMENT

Seul un huissier ou un commissaire de justice peut, à la demande d'un créancier, mettre en œuvre la procédure simplifiée de recouvrement des petites créances (C. exécution art. L 125-1). L'huissier ou le commissaire de justice compétent est celui du ressort de la cour d'appel où le débiteur a son domicile ou sa résidence (art. R 125-1). **41580**

DÉROULEMENT DE LA PROCÉDURE SIMPLIFIÉE DE RECOUVREMENT

Invitation à participer à la procédure L'huissier ou le commissaire de justice saisi par un créancier doit **inviter le débiteur à participer** à la procédure simplifiée de recouvrement **par lettre recommandée** AR ou par message transmis par voie électronique (C. exécution art. L 125-1, al. 2) ; cette lettre ou ce message doivent mentionner (C. exécution art. R 125-2, I) : **41585**

– le nom et l'adresse de l'huissier ou du commissaire de justice mandaté pour mener la procédure ;
– le nom ou la dénomination sociale du créancier, son adresse ou son siège social ;
– le fondement et le montant de la somme due en principal et intérêts, en distinguant les différents éléments de la dette.

La lettre ou le message électronique doivent **reproduire** les dispositions des articles L 111-2 et L 111-3 du Code des procédures civiles d'exécution (sur les conditions de l'exécution forcée par un créancier muni d'un titre exécutoire) et des articles L 125-1 du même Code et 2238 du Code civil (ce dernier texte prévoyant la suspension de la prescription par l'accord du débiteur de participer à la procédure) et rappeler au débiteur qu'il peut accepter ou refuser cette procédure (C. exécution art. R 125-2, II).

Ils doivent aussi **indiquer** que (art. R 125-2, III) :
– si le débiteur accepte de participer à la procédure simplifiée de recouvrement, il lui appartient de manifester cet accord dans un délai d'un mois à compter de l'envoi de la lettre soit contre émargement, le cas échéant par toute personne spécialement mandatée, soit par l'envoi, par courrier postal ou par voie électronique, d'un formulaire d'acceptation ;
– s'il refuse de participer à la procédure, il peut manifester ce refus par la remise ou l'envoi d'un formulaire de refus ou par tout autre moyen ;
– l'absence de réponse dans le délai d'un mois vaut refus implicite ;
– en cas de refus exprès ou implicite, le créancier peut saisir le juge afin d'obtenir un titre exécutoire.

La lettre, le message électronique et les formulaires qui l'accompagnent doivent être rédigés par l'huissier ou le commissaire de justice conformément à des modèles définis par l'arrêté du 24 décembre 2019 (C. exécution art. R 125-2, IV).

Bien que les textes ne le précisent pas, il faut considérer que l'invitation à participer à la procédure, qui n'est pas une demande en justice au sens de l'article 2241 du Code civil, **n'interrompt pas le délai de prescription** de la créance dont le recouvrement est recherché.

41590 **Réponse du débiteur** Le débiteur et le créancier disposent **d'un mois** à compter de l'envoi par l'huissier ou le commissaire de justice de la lettre recommandée AR ou d'un message électronique pour se mettre d'accord (C. exécution art. L 125-1, al. 2).

Si le **débiteur accepte** de participer à la procédure (un modèle de lettre d'acceptation est disponible sur le site « http://vosdroits.service-public/particuliers »), l'huissier ou le commissaire de justice doit lui proposer un accord sur le montant et les modalités du paiement dans ce délai (n° 41585) (art. R 125-4). Un échéancier de paiement peut ainsi être établi.

L'accord du débiteur pour participer à la procédure, constaté par l'huissier ou le commissaire de justice, **suspend la prescription** (art. L 125-1, al. 2 ; C. civ. art. 2238).

L'huissier ou le commissaire de justice qui a reçu l'accord doit délivrer au créancier, sans autre formalité, un **titre exécutoire** qui récapitule les diligences effectuées. Une copie doit en être remise sans frais au débiteur (C. exécution art. L 121-5, al. 3 et R 125-6).

Si le **débiteur** refuse de participer à la procédure, le créancier désireux d'obtenir le règlement doit s'adresser au juge dans les conditions du droit commun, par exemple en recourant à la procédure d'injonction de payer dont les conditions d'ouverture sont identiques à celles de la procédure de recouvrement simplifié.

41595 La **procédure prend fin** lorsque l'huissier ou le commissaire de justice constate par un écrit qui peut être établi sur support électronique (C. exécution art. R 125-5) :
– le refus du débiteur de participer à la procédure ;
– l'expiration du délai d'un mois, à compter de l'envoi par l'huissier ou le commissaire de justice de la lettre ou du message transmis par voie électronique invitant le débiteur à participer à la procédure, sans qu'un accord soit établi sur le montant et les modalités de paiement ;
– le refus exprès donné par le débiteur, dans le même délai, sur le montant ou les modalités de paiement proposés ;
– la conclusion d'un accord, dans le même délai, portant sur le montant et les modalités du paiement.

Pour prévenir tout conflit d'intérêts, il est prévu que, à compter de l'envoi au débiteur de la lettre ou du message transmis par voie électronique l'invitant à participer à la procédure simplifiée de recouvrement, **aucun paiement** ne peut avoir lieu avant que l'huissier ou le commissaire de justice n'ait constaté l'issue de la procédure (C. exécution art. R 125-7) et surtout que l'huissier ou le commissaire ayant établi le titre exécutoire ne peut pas être chargé de la mise à exécution forcée du recouvrement de la créance concernée (C. exécution art. R 125-8).

Les **frais** de toute nature occasionnés par la procédure de recouvrement amiable sont à la charge exclusive du créancier (C. exécution art. L 125-1, al. 4).

41600

Mise en œuvre par voie électronique de la procédure simplifiée de recouvrement des petites créances

Les communications électroniques, les échanges et toute transmission entre les huissiers ou les commissaires de justice et les parties doivent être réalisés au moyen d'un système dénommé « Petites créances » (www.petitescreances.fr), qui doit garantir la fiabilité de l'identification des parties à la communication électronique, l'intégrité des documents adressés, la sécurité et la confidentialité des échanges, la conservation des transmissions opérées et l'établissement d'une manière certaine de la date d'envoi et celle de la réception par le destinataire.
Les huissiers ou les commissaires de justice accèdent à ce système par l'utilisation du **« réseau privé sécurisé huissiers » (RPSH)** et à travers la plate-forme de services de communication électronique sécurisée dénommée « e-huissier ».
La **formule exécutoire** est signée par l'huissier ou le commissaire de justice en utilisant un certificat électronique qualifié. Comme pour le RPVA, il est prévu que le premier accès au système par les parties emporte **consentement** de leur part à l'utilisation de la voie électronique (Arrêté du 3-6-2016 : JO du 8 texte n° 21).

CHAPITRE 4

PROCÉDURES EUROPÉENNES D'INJONCTION DE PAYER ET DE RÈGLEMENT DES PETITS LITIGES

SOMMAIRE

CONTEXTE

44000 Les **procédures** européennes d'injonction de payer et de règlement des petits litiges trouvent leur **origine** dans la volonté des instances européennes d'unifier les règles applicables au traitement des contentieux transfrontaliers, de réduire leur coût, de les simplifier et de les accélérer.
Applicables devant les tribunaux de tous les États membres de l'Union européenne, à l'exception du Danemark qui s'y est opposé, ces procédures aboutissent à une décision directement exécutoire. Elles tendent à proposer des règles simplifiées destinées au traitement, pour l'une, des créances incontestées et, pour l'autre, des petites créances.
La **procédure** d'injonction de payer européenne a été **instituée** par le règlement européen 1896/2006 du 12 décembre 2006, dit « règlement IPE », et la procédure européenne de règlement des petits litiges par le règlement 861/2007 du 11 juillet 2007, dit « règlement RPL ». Ces deux règlements ont été modifiés par le règlement européen 2015/2421 du 16 décembre 2015, applicable depuis le 14 juillet 2017.
L'application de ces deux règlements a nécessité une **adaptation** des **règles** procédurales **internes**. En droit français, le chapitre du Code de procédure civile consacré aux procédures d'injonction a été complété par une section relative à la procédure d'injonction de payer européenne (CPC art. 1424-1 à 1424-15), tandis qu'un chapitre a été créé pour accueillir le règlement des petits litiges (CPC art. 1382 à 1391). Le droit applicable est ainsi morcelé entre, d'une part, les règlements européens, qui déterminent les conditions d'application des procédures IPE et RPL ainsi que les conditions relatives à la reconnaissance et à l'exécution des décisions obtenues et, d'autre part, les règles du CPC qui régissent le déroulement des deux procédures.
Les deux **procédures** sont **facultatives** et viennent s'ajouter aux recours offerts par les législations des États membres (Règl. 1896/2006 art. 1, 2 pour la procédure d'injonction de payer européenne et Règl. 861/2007 art. 1, 1 pour le règlement des petits litiges), notamment la procédure d'injonction de payer nationale.

SECTION 1

INJONCTION DE PAYER EUROPÉENNE

DÉFINITION

La procédure d'injonction de payer européenne se définit comme une procédure qui permet à un créancier de poursuivre le recouvrement d'une créance, née d'un contrat, liquide et exigible à la date à laquelle la demande d'injonction est introduite. Elle peut être utilisée lorsque le créancier ou le débiteur a son domicile dans un autre État membre que l'État de la juridiction saisie. **44030**

A. Champ d'application de l'injonction de payer européenne

La procédure d'injonction de payer européenne ne s'applique qu'aux **litiges transfrontaliers,** définis comme ceux dans lesquels au moins une des parties a son domicile ou sa résidence habituelle dans un État membre autre que l'État membre de la juridiction saisie ; le moment auquel s'apprécie le caractère transfrontalier est celui de la date de réception du formulaire de demande par la juridiction compétente (Règl. 1896/2006 art. 2 et 3, 1 et 3). **44040**
Le **domicile** est déterminé conformément aux articles 62 et 63 du règlement UE 1215/2012 (remplaçant depuis le 15-1-2015 le règl. CE 44/2001 du 22 décembre 2000) concernant la compétence judiciaire en matière civile et commerciale (Règl. 1896/2006 art. 3, 2).
Par **résidence habituelle**, il faut entendre le lieu où l'intéressé a fixé, avec la volonté de lui conférer un caractère stable, le centre permanent ou habituel de ses intérêts (Cass. 1e civ. 14-12-2005 n° 05-10.951 : Bull. civ. I n° 506).

La procédure d'injonction de payer européenne ne s'applique qu'en **matière** civile et commerciale. Sont donc **exclues** les matières fiscales, douanières ou administratives, la responsabilité de l'État pour des actes ou omissions commis dans l'exercice de la puissance publique (Règl. 1896/2006 art. 2, 1). **44042**
À ces exclusions s'ajoutent (Règl. 1896/2006 art. 2, 2) :
– les régimes matrimoniaux ;
– les testaments et les successions ;
– les faillites, concordats et procédures analogues ;
– la sécurité sociale ;
– les créances découlant d'obligations non contractuelles, à moins, d'une part, qu'elles aient fait l'objet d'un accord entre les parties ou qu'il y ait eu une reconnaissance de dette ou, d'autre part, qu'elles concernent des dettes liquides découlant de la propriété conjointe d'un bien.
Sont également exclues, même si ces exclusions ne sont pas expressément mentionnées par le règlement : l'état et la capacité des personnes physiques, les atteintes à la vie privée et aux droits de la personnalité ainsi que la diffamation. En effet, ces matières ne mettent pas en jeu les rapports pécuniaires des parties, du moins pas à titre principal.
Il en est de même des litiges qui n'emportent pas de demandes en paiement d'une somme d'argent qui, par définition, sont les seules demandes pouvant faire l'objet de la procédure d'injonction de payer européenne. Par exemple, en matière de baux d'immeubles, les litiges relatifs au paiement des loyers peuvent être tranchés par la voie de l'injonction de payer européenne mais pas les litiges relatifs à l'état des biens loués ou à la fin des relations contractuelles.

Seules les **créances** pécuniaires **liquides** et **exigibles** à la date à laquelle la demande est introduite peuvent faire l'objet d'une procédure européenne d'injonction de payer (Règl. 1896/2006 art. 4). **44044**

La **créance** doit découler d'une **obligation contractuelle**, sauf pour les créances ayant fait l'objet d'un accord des parties ou constatées par une reconnaissance de dette et pour les créances liquides découlant de la propriété conjointe d'un bien (Règl. 1896/2006 art. 2, 2 a contrario). La formulation retenue paraît englober non seulement les sommes exposées pour un bien indivis, mais également les charges de copropriété. De ce point de vue, le domaine de l'injonction de payer européenne se rapprocherait de la procédure française, qui permet expressément le recouvrement des charges de copropriété (Décret 67-223 du 17-3-1967 art. 60). **44046**

La procédure d'injonction de payer européenne ne comporte aucune limitation du **montant de la créance,** comme la procédure d'injonction de payer nationale. **44048**

B. Procédure de l'injonction de payer européenne

1. PHASE NON CONTRADICTOIRE DE L'INJONCTION

a. Présentation de la demande en injonction de payer européenne

AUTEUR DE LA REQUÊTE EN INJONCTION DE PAYER EUROPÉENNE

44060 La requête en injonction de payer européenne est formée par le **demandeur** lui-même. Le **ministère d'avocat** n'est pas obligatoire (Règl. 1896/2006 art. 24). En l'absence de disposition spécifique du Règlement relative à la représentation par un mandataire n'étant pas avocat, ce sont les règles de représentation propres à la juridiction saisie qui s'appliquent.

FORME DE LA REQUÊTE EN INJONCTION DE PAYER EUROPÉENNE

44070 La requête d'injonction de payer européenne est présentée au moyen d'un **formulaire** type « A » figurant en annexe du règlement (Règl. 1896/2006 art. 7, 1), qui est remis ou adressé par **voie postale** au greffe de la juridiction compétente (CPC art. 1424-2).
Les formulaires types sont **disponibles** dans les 23 langues officielles de l'Union sur le portail internet « e-justice » (https://e-justice.europa.eu) ; ils sont également accessibles par le site internet « https://www.service-public.fr ». Par dérogation à la règle suivant laquelle la **langue** officielle devant être **employée** devant les tribunaux est le français, la France accepte que ses juridictions reçoivent des formulaires en anglais, allemand, italien et espagnol.
Le **formulaire** doit être **signé** manuellement par le demandeur, ou, le cas échéant, par son représentant (Règl. 1896/2006 art. 7, 6).

> **Précisions** L'article 7, 5 du règlement 1896/2006 prévoit que la **demande** peut être introduite sur support papier ou par tout autre moyen de communication accepté par l'État membre d'origine et utilisable par la juridiction d'origine, y compris **par voie électronique**. Au 15 octobre 2023, date de mise à jour de ces développements, aucun texte français n'autorise l'utilisation de la voie électronique.

CONTENU DE LA REQUÊTE EN INJONCTION DE PAYER EUROPÉENNE

44072 La demande d'injonction doit contenir les **éléments** suivants (Règl. 1896/2006 art. 7, 2) :
– le nom et l'adresse des parties et, le cas échéant, de leurs représentants, ainsi que la juridiction saisie de la demande ;
– le montant de la créance, notamment le principal et, le cas échéant, les intérêts, les pénalités contractuelles et les frais ;
– si des intérêts sont réclamés sur la créance, le taux d'intérêt et la période pour laquelle ces intérêts sont réclamés, sauf si des intérêts légaux sont automatiquement ajoutés au principal en vertu du droit de l'État membre d'origine ;
– la cause de l'action, y compris une description des circonstances invoquées en tant que fondement de la créance et, le cas échéant, des intérêts réclamés ;
– une description des éléments de preuve à l'appui de la créance ;
– les chefs de compétence ;
– le caractère transfrontalier du litige.
À la différence de la procédure d'injonction de payer française, la procédure européenne d'injonction de payer n'impose pas au demandeur d'apporter des **justificatifs de la créance** dont le recouvrement est sollicité.

JUGE COMPÉTENT POUR STATUER SUR L'INJONCTION DE PAYER EUROPÉENNE

44076 La procédure d'injonction de payer européenne étant une procédure transnationale, il convient de régler en premier lieu la question de la **compétence internationale**, avant de s'interroger sur la compétence territoriale et matérielle interne des juridictions de l'État désigné.
Le tribunal compétent est déterminé conformément aux règles de droit européen applicables en la matière, notamment au règlement UE 1215/2012 qui a remplacé le règlement CE 44/2001 (Règl. 1896/2006 art. 6, 1). En vertu de ces règles, une personne domiciliée sur le territoire d'un État membre ne peut, en principe, être attraite que devant les juridictions de cet État membre, sous réserve d'une série d'exceptions (n°s 62850 s.).
Par exception à toutes ces règles, lorsque le **litige concerne un contrat de consommation** et que le consommateur est le défendeur, le tribunal compétent est celui de l'État où ce consommateur a son domicile (Règl. 1896/2006 art. 6, 2).

Lorsque le règlement UE 1215/2012 du 12 décembre 2012 désigne les juridictions d'un État membre sans autre précision, la **juridiction territorialement compétente** est celle du lieu où demeure le ou l'un des défendeurs (CPC art. 1424-1, al. 2). **44078**

S'agissant de la **compétence matérielle interne**, le tribunal compétent est le tribunal judiciaire statuant à juge unique ou la chambre de proximité du tribunal judiciaire (C. org. jud. art. R 212-8, 11° et art. D 212-19-1 et annexes tableau IV-II, 31°) ou, dans les limites de la compétence d'attribution du tribunal de commerce, le président de celui-ci (C. com. art. L 722-3-1). **44080**

COÛT DE L'INJONCTION DE PAYER EUROPÉENNE

Lorsque la **requête** en injonction de payer européenne est portée devant le **tribunal judiciaire ou la chambre de proximité**, la procédure est gratuite. En revanche, lorsqu'elle est déposée devant le **tribunal de commerce**, des frais de greffe sont exigibles. Ces frais, d'un montant de 33,47 €, doivent être avancés par le demandeur et consignés au greffe au plus tard dans les quinze jours de la demande, faute de quoi celle-ci est caduque (CPC art. 1425, al. 1). **44082**
Dans tous les cas, si un **professionnel** est **intervenu** lors du dépôt de la requête, des frais sont dus.

b. Décision du juge saisi d'une injonction de payer européenne

EXAMEN DE LA DEMANDE D'INJONCTION DE PAYER EUROPÉENNE

Après avoir vérifié que les conditions prévues par le règlement sont remplies et s'être assuré de sa compétence, le **juge** saisi d'une injonction de payer européenne doit s'en tenir à un **contrôle** purement formel du **bien-fondé de la demande**, le demandeur n'étant contraint qu'à un exposé sommaire des motifs de celle-ci et n'ayant pas à produire les preuves décrites. Le juge doit examiner la demande dans les meilleurs **délais** et en principe dans un délai de trente jours à compter de l'introduction de la demande. L'examen peut être effectué au moyen d'une procédure automatisée (Règl. 1896/2006 art. 8 et 12, 1-al. 1). **44100**
Si l'une des conditions prévues par le règlement fait défaut, le juge doit renvoyer un formulaire au **demandeur** afin que celui-ci **complète** ou rectifie sa **demande** ; il accorde à cette fin un délai au demandeur (Règl. 1896/2006 art. 9). Le calcul du délai de trente jours ne comprend pas le délai nécessaire au demandeur pour compléter ou rectifier sa demande (Règl. 1896/2006 art. 12, 1-al. 2).

ORDONNANCE DE REJET DE LA REQUÊTE EN INJONCTION DE PAYER EUROPÉENNE

Le juge peut rejeter la requête en injonction de payer européenne dans les **cas** suivants (Règl. 1896/2006 art. 11, 1) : **44110**
– la demande est irrecevable ou manifestement infondée ;
– le demandeur n'a pas renvoyé sa réponse dans le délai imparti par le juge pour compléter ou rectifier sa demande.

Le rejet de la demande est sans **recours** pour le demandeur, celui-ci conservant la possibilité de recourir aux voies de droit commun, voire à une nouvelle demande d'injonction de payer européenne (Règl. 1896/2006 art. 11, 2 et 3). La **décision de rejet** ainsi que le formulaire de demande sont **conservés** à titre de minute au greffe (CPC art. 1424-4). **44112**

ORDONNANCE D'INJONCTION DE PAYER EUROPÉENNE

Le juge peut faire droit à la **demande** d'injonction de payer européenne **pour le tout** et prononcer l'injonction. **44120**
Toutefois, si le juge estime que la demande n'est fondée que pour partie, il peut délivrer une **injonction partielle** ; il doit obtenir auparavant l'**accord** du **demandeur** dans un délai qu'il fixe ; cet accord apparaît nécessaire dans la mesure où l'injonction partielle interdit au demandeur d'agir en justice pour réclamer le reliquat, sauf à ne pas signifier l'ordonnance et à procéder selon les voies du droit commun (CPC art. 1424-3).
Au regard des conséquences que peut emporter une injonction partielle, la procédure européenne apparaît plus protectrice du demandeur que la procédure française interne car, dans cette dernière procédure, l'accord du demandeur n'est pas requis.

Si le **demandeur accepte** la **proposition** du juge portant sur le montant qu'il a fixé, le juge délivre une injonction de payer européenne pour la partie de la demande qui a été acceptée par le demandeur (Règl. 1896/2006 art. 10, 2). **44122**
Si le demandeur n'envoie pas sa réponse dans le délai fixé par le juge ou s'il **refuse** la proposition faite par celui-ci, le juge rejette l'intégralité de la demande d'injonction (Règl. 1896/2006 art. 10, 3).

L'**injonction** ainsi que le formulaire de demande sont **conservés** à titre de minute au greffe (CPC art. 1424-4). **44124**

NOTIFICATION DE L'INJONCTION DE PAYER EUROPÉENNE

44130 **Forme et contenu** Le droit européen contraint chaque État à veiller à ce que des normes minimales de signification ou de notification soient respectées. Le droit français a opté pour la **signification par huissier ou commissaire de justice** à l'initiative du demandeur, écartant la notification **par** les soins du **greffe**.

44132 **Doivent être signifiées** à chacun des défendeurs des copies certifiées conformes du formulaire de demande d'injonction de payer européenne et de la décision ; un formulaire d'opposition est annexé à l'acte de signification (CPC art. 1424-5, al. 1), afin de faciliter la tâche des défendeurs.
À peine de nullité, l'acte de **signification** contient, outre les **mentions** prescrites pour les actes extrajudiciaires (CPC art. 648), l'indication du tribunal devant lequel l'opposition doit être portée, du délai imparti de trente jours à compter de la date de signification de l'acte et des formes selon lesquelles elle doit être faite (CPC art. 1424-5, al. 2). Sous la même sanction, l'acte avertit le défendeur qu'à défaut d'opposition dans le délai indiqué, il pourra être contraint par toutes voies de droit de payer les sommes réclamées et l'informe de son droit de demander un réexamen exceptionnel de l'injonction après l'expiration du délai d'opposition (CPC art. 1424-5, al. 3).
En outre, lorsque la **signification est faite à personne**, et à moins qu'elle ne soit effectuée par voie électronique, l'huissier doit verbalement porter à la connaissance du défendeur les informations qualifiées d'importantes par le formulaire d'injonction de payer européenne ainsi que les indications mentionnées à l'article 1424-5 (CPC art. 1424-6).
L'huissier ou le commissaire de justice doit adresser une **copie de l'acte** de signification au greffe (CPC art. 1424-7).

> **Précisions a.** Si la **signification** doit être faite **dans un autre État membre**, le demandeur remet l'acte à l'huissier ou au commissaire de justice qui se charge de le transmettre à l'autorité compétente de l'État étranger (sur la signification et la notification dans les États membres, voir n°s 21520 s.). La **traduction de l'ordonnance** pourra être exigée du demandeur, dans les conditions prévues par le droit de l'Union pour la reconnaissance et l'exécution dans un État membre des décisions rendues dans un autre État membre (Règl. UE 1215/2012 art. 42 et 43).
> **b.** La **signification** faite dans un autre État membre doit informer le **destinataire**, au moyen du formulaire type figurant à l'annexe II du règlement 1393/2007, de son droit de la refuser lorsqu'elle est accompagnée d'une **traduction dans une langue qu'il ne comprend pas**. En cas d'omission de cette formalité, la régularisation de la procédure doit être effectuée conformément aux dispositions de ce règlement, au moyen de la communication à l'intéressé du formulaire type figurant à l'annexe II de celui-ci. Dans ce cas, en raison de l'irrégularité procédurale affectant la signification de l'injonction de payer européenne, conjointement avec la demande d'injonction, cette injonction n'acquiert pas force exécutoire, et le délai imparti au défendeur pour former opposition ne peut commencer à courir, de sorte que l'opposition peut être formée à tout moment, sans que le débiteur ait à justifier d'un cas permettant d'obtenir le réexamen exceptionnel de l'injonction (CJUE 6-9-2018 aff. C 21/17).

44134 **Effets de la notification** Lorsqu'aucune opposition n'a été formée dans le délai imparti de trente jours à compter de la signification de l'acte, et après prise en compte d'un délai supplémentaire de dix jours nécessaire à l'acheminement du recours, le greffier déclare l'**injonction** de payer européenne **exécutoire** au moyen du formulaire prévu à cet effet et appose sur l'injonction de payer européenne la formule exécutoire (CPC art. 1424-14). Revêtue de la force exécutoire, la décision d'injonction a **autorité de chose jugée** au principal, la procédure d'injonction n'étant pas une procédure provisoire justifiée par l'urgence. Sauf exercice du droit de réexamen exceptionnel, enfermé dans de strictes conditions (n°s 44170 s.), le débiteur resté taisant se verra par la suite interdire de contester sa dette en saisissant le juge de droit commun statuant au fond.

2. PHASE CONTRADICTOIRE DE L'INJONCTION DE PAYER EUROPÉENNE

OPPOSITION DU DÉFENDEUR À L'INJONCTION DE PAYER EUROPÉENNE

44150 **Modalités de l'opposition** Le défendeur peut former une opposition à l'injonction de payer européenne dans un **délai** de trente jours à compter de la signification (Règl. 1896/2006 art. 16, 1 et 2). Impérativement portée devant la **juridiction** qui a prononcé l'injonction, l'opposition doit être formée par déclaration au greffe contre récépissé ou par lettre recommandée AR (CPC art. 1424-8). La représentation par un avocat n'est pas obligatoire (Règl. 1896/2006 art. 24).

Il résulte du droit de l'Union européenne que le fait pour le défendeur à l'injonction de former opposition devant la juridiction ayant prononcé l'injonction ne vaut pas, de sa part, **prorogation** volontaire **de la compétence** internationale de cette juridiction, le défendeur conservant le droit de contester cette compétence en application du Règlement UE 1215/2012 (CJUE 10-03-2016, aff. C-94/14, point n° 47).

En outre, la **juridiction saisie** de l'opposition à l'injonction doit pouvoir **apprécier sa propre compétence** internationale au vu des observations de l'ensemble des parties, et non seulement de celles du demandeur à l'injonction, et ce en vertu tant de l'effet utile des règles de compétence établies par le Règlement UE 1215/2012 que des droits de la défense (même décision, point n° 62). Il en résulte que la compétence internationale de la juridiction ayant délivré l'injonction de payer européenne peut toujours être contestée par le défendeur au stade de l'opposition, le juge saisi de cette opposition pouvant rétracter l'injonction précédemment délivrée sans être lié par cette dernière en ce qui concerne la compétence. Ainsi, un défendeur qui avait fait opposition à une injonction de payer rendue par un juge autrichien a-t-il pu invoquer l'incompétence de ce juge au profit du juge italien (juridiction de son domicile) bien qu'il n'ait pas invoqué cette incompétence dans son opposition. En effet, l'opposition formée par le défendeur qui ne contient pas une contestation de la compétence de la juridiction ayant rendu l'ordonnance ne constitue pas une comparution au sens de l'article 24 du règlement 44/2001 (devenu art. 26 du règl. 1215/2012), interdisant de contester ensuite la compétence de cette juridiction (CJCE 13-6-2013 n° C 144/12).

L'opposition est formée au moyen du **formulaire** qui lui est transmis en même temps que l'injonction (Règl. 1896/2006 art. 16, 1). **44152**

Le défendeur doit **indiquer dans sa déclaration d'opposition** qu'il conteste la créance, mais il n'est pas tenu de préciser les motifs de contestation (Règl. 1896/2006 art. 16, 3).

ATTENTION

En l'absence d'indication expresse en ce sens, le **délai d'acheminement du courrier** fixé à dix jours par le droit français (CPC art. 1424-14) ne doit pas être considéré comme une prolongation du délai de recours établi par le règlement à trente jours, mais constitue seulement le délai minimal avant lequel le greffier ne pourra pas délivrer la formule exécutoire. Par sécurité, il convient de s'assurer que l'opposition parvienne au greffe avant l'échéance du délai de trente jours suivant la signification.

Suites de l'opposition C'est au **greffier** qu'il appartient de **convoquer les parties à l'audience** par lettre recommandée AR. La **convocation** est **adressée** à toutes les parties, même à celles qui n'ont pas formé opposition. À peine de nullité, elle comporte **mention** de sa date, indique la juridiction devant laquelle l'opposition est portée et la date de l'audience, et précise les conditions d'assistance et de représentation des parties. La **convocation adressée** au défendeur précise en outre que, faute de comparaître, il s'expose à ce qu'un jugement soit rendu contre lui sur les seuls éléments fournis par son adversaire (CPC art. 1424-10). **44154**

La procédure se poursuit alors selon les **règles ordinaires, sauf** si le demandeur a expressément précisé, avant le prononcé de l'injonction, qu'il souhaitait que la procédure prenne fin en cas d'opposition (Règl. 1896/2006 art. 17, 1) ou si, avant la délivrance de l'injonction, il a informé la juridiction saisie qu'en cas d'opposition il s'opposerait au passage à cette procédure civile ordinaire (Règl. 1896/2006 art. 7, 4). **44156**

Le **juge** recouvre un entier **pouvoir** d'appréciation du litige et connaît, dans les limites de sa compétence d'attribution, de la demande initiale et de toutes les demandes incidentes et défenses au fond (CPC art. 1424-9, al. 1 et 2). Il statue à charge d'appel lorsque le montant de la demande excède le taux de sa compétence en dernier ressort (CPC art. 1424-13). **44158**

Le **jugement** du tribunal se substitue à l'injonction (CPC art. 1424-12). Si aucune des parties ne se présente, le tribunal constate l'extinction de l'instance. Celle-ci rend non avenue l'injonction de payer européenne (CPC art. 1424-11).

RÉEXAMEN EXCEPTIONNEL DE L'INJONCTION DE PAYER EUROPÉENNE

Lorsque le **défendeur** n'a **pas formé opposition** à l'injonction de payer européenne dans les délais (n° 44150), il conserve néanmoins la possibilité de demander le réexamen de l'injonction dans des cas exceptionnels. **44170**

Une première série de cas procède du souci de **protéger** les **droits de la défense**. **44172**

Ainsi, le réexamen peut être demandé si la **signification** de l'injonction a eu lieu selon un mode non assorti de la preuve de la réception par le défendeur, mais elle n'est pas intervenue en temps utile pour lui permettre de préparer sa défense, sans qu'il y ait eu faute de sa part. Le défendeur

doit toutefois agir promptement (Règl. 1896/2006 art. 20, 1-a). Cette possibilité de réexamen différé est l'équivalent du report du délai d'opposition, prévu par la procédure française de droit interne lorsque l'ordonnance d'injonction de payer n'a pas été signifiée à personne. Il s'agit de laisser un recours ouvert au débiteur tant qu'on n'a pas la certitude qu'il a bien été informé.
Toujours dans le but de protéger les droits de la défense, le réexamen exceptionnel de l'injonction peut être demandé lorsque le débiteur a été empêché de contester la créance pour cas de force majeure ou en raison de **circonstances extraordinaires**, sans qu'il y ait eu faute de sa part, et là encore à condition d'agir promptement (Règl. 1896/2006 art. 20, 1-b).

44174 Dans une seconde série de cas, l'ouverture d'un réexamen exceptionnel ne procède pas d'un souci de protection des droits de la défense, mais plutôt de **protection contre la fraude**. Le défendeur peut ainsi demander le réexamen lorsqu'il est manifeste que l'**injonction** de payer a été **délivrée à tort**, au vu des exigences fixées par le présent règlement, **ou** en raison d'autres **circonstances exceptionnelles** (Règl. 1896/2006 art. 20, 2). Louable, la volonté de protéger le défendeur contre une décision manifestement infondée lui permet cependant de remettre en cause l'injonction au-delà du délai d'opposition, sans avoir à démontrer qu'il a été empêché de faire valoir sa contestation dans les délais normaux.
Le juge communautaire semble retenir une **interprétation** stricte de la notion de **circonstances exceptionnelles**. Il a ainsi été jugé que le fait pour un débiteur de se prévaloir de l'incompétence de la juridiction ayant délivré l'injonction, sur le fondement d'une clause attributive de compétence que le créancier n'avait pas portée à la connaissance du juge saisi, ne caractérisait pas des circonstances exceptionnelles justifiant le réexamen de l'affaire au-delà du délai d'opposition (CJUE 22-10-2015, aff. C-245/14).

44176 S'agissant de ses **modalités,** et quel qu'en soit le fondement, la **demande de réexamen** exceptionnel suit le même régime procédural que l'opposition (nos 44150 s.), condition de délai exceptée (CPC art. 1424-15).

> **Précisions** Ni l'opposition ni la procédure de réexamen exceptionnel ne sont applicables lorsqu'il s'avère qu'une **injonction** de payer européenne n'a **pas** été **signifiée ou notifiée** de manière conforme aux normes minimales établies aux articles 13 à 15 du règlement 1896/2006. Lorsque ce n'est qu'après la déclaration de force exécutoire d'une injonction de payer européenne qu'une telle irrégularité est révélée, le défendeur doit avoir la possibilité de dénoncer cette irrégularité, laquelle doit, si elle est dûment démontrée, entraîner l'invalidité de cette déclaration de force exécutoire (CJUE 4-9-2014 aff. 119/13 et 120/13 : Procédures 2014 comm. 297 obs. C. Nourissat). Dans ces deux affaires soumises à la CJUE, la notification de l'injonction avait été faite à une mauvaise adresse. Afin de garantir le respect des droits de la défense, le débiteur n'ayant pas été touché doit disposer d'une voie de recours indépendante devant la juridiction d'origine, lui permettant de démontrer qu'il n'a pas reçu notification de cette injonction et, le cas échéant, d'en faire constater l'invalidité. Il ne s'agit donc pas, dans un tel cas de figure, de réexaminer le fond de l'affaire et le bien-fondé de la demande en paiement, comme on le ferait en suivant la procédure d'opposition ou celle de réexamen exceptionnel, mais bien d'anéantir totalement la procédure s'il apparaît en fait que le débiteur n'a pas disposé des informations le mettant à même de faire valoir ses droits.

SECTION 2

PROCÉDURE EUROPÉENNE DE RÈGLEMENT DES PETITS LITIGES

CHAMP D'APPLICATION DE LA PROCÉDURE

44200 **Litiges relevant de la procédure** La procédure européenne de règlement des petits litiges, dite RPL, ne s'applique qu'en **matière civile et commerciale** dans les **litiges transfrontaliers** (sur la définition de ces litiges, voir n° 44040), quelle que soit la nature de la juridiction, lorsque le **montant de la demande** ne dépasse pas 5 000 € au moment de la réception du formulaire de demande par la juridiction compétente, hors intérêts, frais et débours (Règl. 861/2007 art. 2, 1).

Litiges exclus de la procédure La procédure européenne de règlement des petits litiges ne s'applique pas aux litiges portant sur les **matières** suivantes (Règl. 861/2007 art. 2, 1 et 2) : 44210
- matières fiscales, douanières ou administratives ;
- responsabilité de l'État pour des actes ou des omissions commis dans l'exercice de la puissance publique ;
- état et capacité des personnes physiques ;
- régimes matrimoniaux ou régimes patrimoniaux relatifs aux relations qui, selon la loi qui leur est applicable, sont réputés avoir des effets comparables au mariage ;
- obligations alimentaires découlant de relations de famille, de parenté, de mariage ou d'alliance ;
- testaments et successions, y compris les obligations alimentaires résultant du décès ;
- faillites, concordats et autres procédures analogues ;
- sécurité sociale ;
- arbitrage ;
- droit au travail ;
- baux d'immeubles, exception faite des procédures relatives à des demandes pécuniaires ;
- atteintes à la vie privée et aux droits de la personnalité, y compris la diffamation.

> **Précisions** L'**exclusion générale de l'arbitrage** est étonnante. Bien sûr, les questions que les parties ont soumises à l'arbitrage sont exclues de la procédure de règlement des petits litiges mais, de ce point de vue, toutes les procédures étatiques sont à la même enseigne : la convention d'arbitrage a pour effet de confier le pouvoir de trancher les litiges qui en relèvent aux seuls arbitres et, corrélativement, de retirer ce pouvoir à l'ensemble des autres juridictions. De même, les questions nées de l'organisation de l'arbitrage sont également exclues de la procédure RPL, mais c'est surtout parce qu'elles relèvent d'un autre juge : soit le juge étatique d'appui (CPC art. 1459), soit l'institution d'arbitrage à laquelle les parties auront confié la mission d'organiser leur arbitrage. Mais à suivre l'exclusion générale prononcée par le règlement RPL, les litiges relatifs au paiement des honoraires des arbitres seraient également insusceptibles d'être tranchés par la voie de cette procédure, ce qui s'explique mal. En pratique, toutefois, c'est surtout le plafond des demandes fixé à 5 000 € qui explique que ces questions ne seront pas réglées par la procédure RPL, tandis qu'elles pourront l'être par la procédure d'injonction de payer qui ne comporte aucune exclusion relative à l'arbitrage ni aucun plafond.

A. Présentation de la demande de règlement de petits litiges européens

FORME DE LA DEMANDE DE RÈGLEMENT DE PETITS LITIGES EUROPÉENS

La demande formée dans le cadre de la procédure européenne de règlement des petits litiges est présentée sur un formulaire remis ou adressé par voie postale au greffe de la juridiction compétente (CPC art. 1383 et Règl. 861/2007 art. 4, 1). Des **formulaires types** sont annexés au règlement RPL et disponibles dans toutes les langues officielles de l'Union sur le portail internet « e-justice » (https://e-justice.europa.eu). 44220

CONTENU DE LA DEMANDE DE RÈGLEMENT DE PETITS LITIGES EUROPÉENS

Les **rubriques du formulaire** proposé invitent le justiciable à préciser, outre les coordonnées des parties, les fondements de la compétence de la juridiction saisie, la nature et le montant de la demande. Le demandeur doit également décrire sommairement l'objet du litige ainsi que les éléments de preuve sur lesquels est fondée la demande. À la différence de la procédure d'injonction de payer européenne, les pièces justificatives utiles sont jointes à la demande, le demandeur conservant toutefois la possibilité de produire d'autres pièces en cours de procédure. Enfin, le demandeur peut également indiquer s'il sollicite une audience (Règl. 861/2007 art. 5, 1 bis), la procédure étant par nature écrite (Règl. 861/2007 art. 5, 1), et s'il demande la délivrance d'un certificat permettant l'exécution de la décision à intervenir dans un autre État membre (Règl. 861/2007 art. 20, 2). 44222

> **Précisions** L'article 13, 2 du règlement 861/2007 prévoit que la demande peut être introduite sur support papier ou par tout autre moyen de communication accepté par l'État membre d'origine et utilisable par la juridiction d'origine, y compris par voie électronique. Au 15 octobre 2023, date de mise à jour de ces développements, aucun texte français n'autorise l'utilisation de la **voie électronique**.

JUGE COMPÉTENT EN MATIÈRE DE PETITS LITIGES EUROPÉENS

44224 Les demandes formées dans le cadre de la procédure européenne de règlement des petits litiges sont portées, en France, devant la chambre de proximité du tribunal judiciaire (C. ord. jud. art. L 211-4-2 et D 212-19-1 et annexe tableau IV-II) ou, dans les limites de sa **compétence d'attribution**, devant le tribunal de commerce (C. com. art. L 721-3-1).

La compétence **territoriale** est régie par l'application combinée du règlement UE 1215/2012 du 12 décembre 2012 et du droit français. Lorsque ce règlement désigne les juridictions d'un État membre sans autre précision, la juridiction territorialement compétente est celle du lieu où demeure le ou l'un des défendeurs (CPC art. 1382, al. 2).

B. Examen de la demande de règlement de petits litiges européens

1. CONTRÔLE DE LA DEMANDE PAR LE JUGE

44250 À la différence de la procédure nationale ordinaire, le juge saisi d'une demande de règlement de petits litiges européens peut intervenir dans le cadre d'un contrôle préalable du **sérieux de la demande**, avant même de la transmettre au défendeur. Ainsi, lorsque la juridiction estime que les informations fournies par le demandeur manquent de clarté, ou sont insuffisantes, ou que le formulaire de demande n'a pas été dûment rempli, elle invite le demandeur à compléter ou à rectifier sa demande, en utilisant le formulaire « B » prévu à cet effet (Règl. 861/2007 art. 4, 4-al. 1).

Par ailleurs, lorsque la demande apparaît **manifestement non fondée ou irrecevable**, ou lorsque le demandeur ne complète ni ne rectifie le formulaire de demande dans le délai qui lui aura été imparti par le juge, la demande est rejetée (Règl. 861/2007 art. 4, 4-al. 2).

Le même dispositif de contrôle préalable est applicable à la **demande reconventionnelle** éventuellement formée par le défendeur (Règl. 861/2007 art. 4, 4-al. 2 sur renvoi de l'art. 5, 7-al. 2).

44252 Le contrôle préalable du juge peut également avoir pour objet l'**applicabilité de la procédure** de règlement des petits litiges européens à la demande initiale ou reconventionnelle concernée.

Lorsque le juge estime que la demande ne relève pas de la procédure RPL, il en avise le demandeur par lettre recommandée AR et l'informe qu'à défaut pour lui de s'en désister dans un délai imparti, l'affaire sera instruite et jugée selon la procédure au fond applicable devant lui (CPC art. 1384, al. 1). Dans ce cas, le demandeur doit faire citer le défendeur par voie de signification (CPC art. 1384, al. 2). L'application de cette passerelle vers la procédure de droit commun n'empêche toutefois pas le juge de se déclarer ensuite incompétent, au cas où la demande, en plus de ne pas pouvoir être tranchée par la procédure RPL, ne relèverait pas davantage de sa compétence d'attribution ou de sa compétence territoriale (CPC art. 1384, al. 3).

Le même dispositif est applicable à la demande reconventionnelle éventuellement formée par le défendeur, sous le bénéfice de quelques adaptations (CPC art. 1386).

2. POURSUITE DE LA PROCÉDURE EUROPÉENNE DE RÈGLEMENT DE PETITS LITIGES

44260 La **procédure** est une procédure **écrite** (Règl. 861/2007 art. 5, 1).

Le juge tient une **audience** s'il estime qu'il n'est pas possible de rendre une décision sur la base des preuves écrites ou si l'une des parties en fait la demande. Il peut rejeter cette demande, par une décision écrite et motivée, s'il estime que, compte tenu des particularités de l'espèce, une audience est manifestement inutile pour garantir le déroulement équitable de la procédure. Ce refus ne peut pas être contesté séparément d'un recours à l'encontre de la décision elle-même (Règl. 861/2007 art. 5, 1 bis).

La **représentation des parties** par un avocat ou un autre professionnel du droit n'est pas obligatoire (Règl. 861/2007 art. 10). Toutefois, le demandeur peut se faire assister par un professionnel, par exemple un avocat, pour remplir sa demande.

44262 Après réception du formulaire de demande, si le **tribunal** n'entend ni solliciter des précisions auprès du demandeur, ni rejeter la demande immédiatement, ni la réorienter vers une procédure de droit commun (sur ces différentes possibilités, voir n°s 44250 s.), il remplit le **formulaire de réponse** (formulaire « C » figurant en annexe au règlement). Il en **notifie** une copie **au défendeur** ainsi qu'une copie du formulaire de demande accompagnée des pièces justificatives dans un délai de quatorze jours à compter de la réception du formulaire de demande (Règl. 861/2007 art. 5, 2). La notification est faite en principe par lettre recommandée AR (art. 13 sur renvoi de l'art. 5, 2). En cas de retour au greffe d'une lettre de notification dont l'avis de réception n'a pas été signé par le destinataire ou par une personne munie d'un pouvoir à cet effet, la notification est faite par acte extrajudiciaire, à la diligence du greffe et aux frais avancés du Trésor public (CPC art. 1387).

À compter de la date de la notification de la demande, le **défendeur** dispose d'un **délai** de trente jours **pour répondre** (Règl. 861/2007 art. 5, 3). Ce délai peut être prorogé dans des circonstances exceptionnelles, si cela se révèle nécessaire pour préserver les droits des parties (Règl. 861/2007 art. 14, 2). **44264**
Le défendeur peut conclure au **rejet partiel ou total** de la demande et peut, pour ce faire, utiliser la partie « C » du formulaire annexé au règlement RPL, lui permettant de préciser ses motifs et de faire état des éléments de preuve dont il entend se prévaloir. Toute pièce justificative peut être jointe à la réponse (Règl. 861/2007 art. 5, 3).
Dans un délai de quatorze jours à compter de la réception de la réponse du défendeur, le juge transmet au **demandeur** une **copie de la réponse** accompagnée de toute pièce justificative utile (Règl. 861/2007 art. 5, 4).

Le **défendeur** peut aussi présenter une **demande reconventionnelle**, mais doit pour ce faire employer le formulaire « A » prévu pour les demandes initiales. La défense, le cas échéant contenant une demande reconventionnelle, est alors notifiée au demandeur dans les quatorze jours de sa réception par la juridiction. En cas de demande reconventionnelle, le demandeur initial dispose d'un nouveau délai de trente jours à compter de la date de la notification pour répliquer (Règl. 861/2007 art. 5, 6). **44266**

FRAIS DE LA PROCÉDURE EUROPÉENNE DE RÈGLEMENT DES PETITS LITIGES

Les frais sont à la **charge** de la partie qui succombe. Toutefois, le juge n'accorde pas à la partie qui a eu gain de cause le remboursement des dépens qui n'étaient pas indispensables ou qui étaient disproportionnés au regard du litige (Règl. 861/2007 art. 16). **44268**
Les frais perçus ne peuvent pas être supérieurs aux frais perçus pour les procédures simplifiées nationales dans cet État membre (Règl. 861/2007 art. 15 bis issu de Règl. 2015/2421 du 16-12-2015).

C. Issue de la procédure européenne de règlement de petits litiges

DÉCISION DU JUGE SAISI D'UNE PROCÉDURE EUROPÉENNE DE PETITS LITIGES

Possibilités offertes au juge Le juge se prononce en principe sur la ou les demandes des parties à l'issue de la procédure d'échange des demandes et des réponses, dans un délai de trente jours suivant la réception de la dernière réponse ; il dispose des **options** suivantes (Règl. 861/2007 art. 7, 1) : **44280**
- rendre une décision ;
- demander aux parties de fournir des renseignements complémentaires dans un délai qui ne peut pas excéder trente jours ;
- obtenir des preuves ;
- convoquer les parties à comparaître à une audience qui doit se tenir dans un délai de trente jours à compter de la convocation.

Naturellement, le juge se prononce également en l'**absence de réponse du défendeur** (ou du demandeur lorsqu'il y a demande reconventionnelle), sans qu'un délai ne soit cependant prévu à cet effet (Règl. 861/2007 art. 7, 3). Bien que les textes ne le précisent pas, il y a lieu dans ce cas d'appliquer les dispositions relatives à la carence du défendeur, qui imposent au juge de ne faire droit à la demande que dans la mesure où il l'estime régulière, recevable et bien fondée (CPC art. 472). **44282**

Dans tous les cas, le **juge** doit en principe **se prononcer** dans les trente jours soit à compter de l'audience soit après réception de toutes les informations nécessaires pour statuer (Règl. 861/2007 art. 7, 2). **44284**

Caractères de la décision La **décision** du juge est une décision sur le fond, qui a pleinement **autorité de chose jugée** et interdit par conséquent aux parties d'intenter à nouveau un procès ayant le même objet. **44286**

Elle est **exécutoire** de plein droit nonobstant tout recours éventuel, sous réserve de ce qui est dit aux n°s 44340 s. au sujet des difficultés d'exécution. Aucune constitution de sûreté ne pourra être exigée du gagnant (Règl. 861/2007 art. 15).
La **décision** est **notifiée** aux parties, à la diligence du greffe, par lettre recommandée AR (Règl. 861/2007 art. 7, 2 et 12 ; CPC art. 1389).

RECOURS EN MATIÈRE DE RÈGLEMENT DE PETITS LITIGES EUROPÉENS

44300 Les parties à la procédure européenne de règlement des petits litiges peuvent exercer contre la décision du juge les voies de recours de **droit commun** prévues pour les décisions rendues en dernier ressort : pourvoi en cassation, tierce opposition et demande en révision.

44302 En outre, les textes européens prévoient une procédure de **réexamen exceptionnel** dont les **cas d'ouverture** procèdent du souci de protéger les **droits de la défense**.
Ainsi, le défendeur, qui n'a pas comparu, peut demander le réexamen dans les cas suivants (Règl. 861/2007 art. 18, 1) :
– lorsque le formulaire de demande n'a pas été signifié ou notifié à ce défendeur ;
– dans le cas d'une audience, lorsque le défendeur n'a pas été cité à comparaître, en temps utile et de manière qu'il puisse préparer sa défense ;
– lorsque le débiteur a été empêché de contester la créance pour cas de force majeure ou en raison de circonstances extraordinaires, sans qu'il y ait eu faute de sa part.
Le **délai** pour demander le réexamen est de trente jours à compter du jour où le défendeur a eu effectivement connaissance du contenu de la décision et où il a été en mesure d'agir, au plus tard à compter de la première mesure d'exécution ayant pour effet de rendre ses biens indisponibles en tout ou partie. Ce délai ne peut pas être prorogé (Règl. 861/2007 art. 18, 2).

44304 Le **réexamen** s'exerce selon la **procédure** de l'opposition lorsqu'elle est ouverte suivant les dispositions du droit national et, à défaut, suivant des modalités procédurales similaires (CPC art. 1391). En droit français, il est prévu que l'opposition, ouverte lorsque le jugement a été rendu par défaut (CPC art. 571), est faite dans les formes prévues pour la demande en justice devant la juridiction qui a rendu la décision (CPC art. 573, al. 1).

> **Précisions** À la différence de la procédure d'injonction de payer européenne (IPE), il n'est pas prévu que le défendeur puisse demander le réexamen lorsque la **décision** a été **rendue manifestement à tort**, au vu des exigences fixées par le présent règlement, ou en raison d'autres circonstances exceptionnelles. La différence s'explique par le fait que la procédure RPL est contradictoire dès l'abord, tandis que la procédure IPE ne le devient qu'en cas de contestation du défendeur, les risques de fraude au jugement étant plus grands dans le second cas que dans le premier.

SECTION 3

RECONNAISSANCE ET EXÉCUTION DE LA DÉCISION DANS UN AUTRE ÉTAT MEMBRE

RECONNAISSANCE DES DÉCISIONS DANS LES ÉTATS MEMBRES

44320 Le principal attrait des procédures européennes d'injonction de payer et de règlement des petits litiges est la **reconnaissance de plein droit** des décisions rendues par le juge d'un État membre, dans les autres États membres, comme s'il s'agissait d'une décision émanant de leurs propres juridictions. Il n'est donc pas nécessaire de solliciter l'**exequatur** auprès des juridictions de l'État dans lequel l'exécution est recherchée. Cette reconnaissance de plein droit joue dans l'ensemble des États membres liés par les deux règlements de 2006 et 2007, à l'exception du Danemark (Règl. 1215-2012, considérant 41).

MODALITÉS DE L'EXÉCUTION FORCÉE DANS UN AUTRE ÉTAT MEMBRE

44330 La partie, qui demande l'exécution dans un autre État membre d'une décision résultant de la procédure de **règlement des petits litiges**, doit produire une copie du **certificat** délivré par le greffe de la juridiction qui a statué (Règl. 861/2007 art. 20, 2 et CPC art. 1390). Il s'agit là d'une formalité administrative, qui dispense ensuite de tout **exequatur** devant les juridictions de l'État dans lequel l'exécution doit avoir lieu. Pour l'**injonction de payer** européenne, il n'est même pas prévu de certificat.

En outre, la partie qui demande l'exécution d'une décision issue d'une procédure IPE ou RPL doit produire une **copie de la décision** ou de l'injonction déclarée exécutoire devant l'État d'exécution, cette copie devant réunir les conditions nécessaires pour en établir l'authenticité (Règl. 1896/2006 art. 21, 2-a et Règl. 861/2007 art. 21, 2-a). Ces conditions sont régies par le droit de l'État dont émane la décision. **44332**
En droit français, l'expédition doit comporter le sceau et le paraphe du greffier. Le cas échéant, une **traduction** peut être nécessaire. L'**injonction de payer** doit ainsi être traduite dans la langue officielle de l'État d'exécution, lorsqu'elle n'a pas été établie dans cette langue ou dans l'une de celles que l'État a déclaré accepter (Règl. 1896/2006 art. 21, 2). Quant à la décision réglant un **petit litige**, elle doit être jointe mais n'a pas à être traduite, seul le certificat devant être traduit, le cas échéant (Règl. 861/2007 art. 21, 2 et 21 bis). La France a déclaré accepter les injonctions et certificats établis en anglais, allemand, espagnol et italien.

DIFFICULTÉS D'EXÉCUTION DES DÉCISIONS DANS LES ÉTATS MEMBRES

Si le principe affirmé est celui d'une libre circulation des décisions dans chacun des États membres, certaines circonstances justifient une suspension, voire un refus d'exécution de la part des autorités de l'État requis pour cette exécution. **44340**

L'**exécution** peut être **limitée ou suspendue**, lorsque l'injonction européenne de payer devenue exécutoire ou la décision réglant un petit litige fait l'objet d'un **recours** prévu par le droit de l'État membre d'origine ou d'un réexamen exceptionnel dans les conditions fixées par les règlements européens (n°s 44170 s.). L'exécution peut ainsi être limitée à des mesures conservatoires, subordonnée à la constitution d'une garantie, voire, dans des circonstances exceptionnelles, suspendue (Règl. 1896/2006 art. 23 et Règl. 861/2007 art. 23). **44342**

L'**exécution** peut être purement et simplement **refusée** dans plusieurs cas. **44344**
Dans le cas de refus d'exécution propre à la procédure d'injonction européenne de payer, le paiement des causes de l'injonction va de soi (Règl. 1896/2006 art. 22, 2).
L'injonction européenne de payer, comme la décision de règlement d'un petit litige, peut en outre faire l'objet d'un refus d'exécution dans l'État requis en présence d'une **décision antérieure** incompatible rendue dans tout État membre ou tiers, si trois conditions cumulatives sont remplies (Règl. 1896/2006 art. 22 et Règl. 861/2007 art. 22) :
– que la décision antérieure ait été rendue entre les mêmes parties, dans un litige ayant la même cause ;
– qu'elle ait été rendue dans l'État d'exécution ou susceptible d'y être reconnue ;
– qu'elle n'ait pu être invoquée au cours de la procédure d'injonction de payer ou de règlement du petit litige.

CHAPITRE 5

PROCÉDURES SPÉCIFIQUES AUX BAUX COMMERCIAUX

SOMMAIRE

SECTION 1

PROCÉDURE CONTENTIEUSE EN MATIÈRE DE BAIL COMMERCIAL

GÉNÉRALITÉS

45000 La compétence en matière de baux commerciaux relève essentiellement du tribunal judiciaire. Néanmoins, il subsiste, au sein même de cette juridiction, ainsi qu'au profit d'autres juridictions, des îlots de compétence résiduels, selon que le litige relève ou non du statut des baux commerciaux.

Ont été maintenues dans les développements ci-dessous les solutions jurisprudentielles antérieures au remplacement du TGI par le tribunal judiciaire qui sont, à notre avis, transposables.

A. Compétence d'attribution en matière de bail commercial

1. CONTESTATIONS RELATIVES À L'APPLICATION DU STATUT DES BAUX COMMERCIAUX

PRINCIPES

45002 L'article R 145-23 du Code de commerce édicte une compétence particulière en ce qui concerne les contestations relatives à l'application du statut des baux commerciaux tel qu'il a été fixé par le décret du 30 septembre 1953, aujourd'hui codifié aux articles L 145-1 et suivants du Code de commerce (pour l'étude de ce statut, voir notre Mémento Baux commerciaux).
Selon la **nature des contestations**, sont compétents le tribunal judiciaire ou son président en tant que « juge des loyers commerciaux ». Le bail commercial sera donc soumis à des juridictions différentes en fonction de l'objet du litige.

ATTENTION

Bien qu'ils ne soient pas expressément mentionnés par l'article L 145-15 du Code de commerce parmi les dispositions statutaires réputées d'**ordre public**, les articles R 145-23 et suivants du Code de commerce relatifs à la procédure ont un caractère impératif, découlant de leur nature de texte de procédure (Cass. 3e civ. 10-6-1971 n° 70-12.678 : Bull. civ. III n° 374). Leur violation vicie la procédure tout entière.

COMPÉTENCE DU PRÉSIDENT DU TRIBUNAL JUDICIAIRE EN MATIÈRE DE BAIL COMMERCIAL

En cas de désaccord sur le prix proposé, les contestations relatives à la **fixation du loyer du bail révisé ou renouvelé** sont portées, quel que soit leur montant, devant le président du tribunal judiciaire (C. org. jud. art. R 213-2 ; C. com. art. R 145-23, al. 1). En tant que « juge des loyers », le président du tribunal judiciaire est ainsi compétent pour : 45004
- fixer, en cas de désaccord des parties, le loyer du bail renouvelé ;
- trancher l'action en révision triennale légale ;
- statuer sur la révision du loyer du bail assorti d'une clause d'échelle mobile.

Il est également compétent en cas de **sous-location** pour connaître de l'action en réajustement du loyer du bail principal, lorsque le sous-loyer est supérieur à celui de la location principale (C. com. art. L 145-31). Toutefois, il s'agit d'une action distincte et autonome de sorte qu'elle ne peut être soulevée par le bailleur à l'occasion de la procédure en fixation du loyer du bail renouvelé comme moyen de défense, mais doit faire l'objet d'une demande nouvelle, notifiée par mémoire, puis en saisissant le juge des loyers, par une nouvelle assignation (Cass. 3e civ. 7-2-2007 n° 05-20.252 : RJDA 5/07 n° 456).

ILLUSTRATIONS

Le **juge** des loyers est **incompétent** pour :
- statuer sur une contestation portant sur le principe même du renouvellement (Cass. com. 18-7-1966 n° 64-14.373 : Bull. civ. III n° 359),
- trancher une contestation relative à la date de renouvellement du bail (TGI Paris 5-6-1973 : Gaz. Pal. 1973 p. 440),
- statuer sur la force obligatoire d'une estimation de la valeur locative confiée à un expert désigné par les parties d'un commun accord (Cass. 3e civ. 5-2-1997 n° 95-13.158 : RJDA 4/97 n° 484),
- fixer une indemnité d'occupation (CA Paris 18-10-1973 : Gaz. Pal. 1974 p. 201, JCP G 1974 II n° 17635),
- trancher les contestations portant sur le montant du dépôt de garantie ou le calcul de l'impôt foncier (CA Paris 23-2-1983 n° 09-643 : Loyers et copr. 1983 comm. n° 171),
- apprécier la validité d'une « clause-recettes » (CA Aix-en-Provence 7-6-1984 : Rev. Loyers 1985 p. 223),
- fixer le loyer de renouvellement d'un bail comportant un loyer binaire (Cass. 3e civ. 12-5-2016 n° 15-14.107 F-D : RJDA 8-9/16 n° 606), sauf si les parties lui en donnent le pouvoir (Cass. 3e civ. 3-11-2016 n° 15-16.826 FS-PBRI et n° 15-16.827 FS-PBRI : RJDA 1/17 n° 5, 2 arrêts ; Cass. 3e civ. 29-11-2018 n° 17-27.798 FS-PBI : RJDA 2/19 n° 77),
- statuer sur la validité du congé (CA Paris 19-2-2009 n° 08-4528 : Loyers et copr. 2009 comm. n° 125 note Ph.-H. Brault),
- statuer sur une demande de modification du montant du loyer stipulé dans le bail en raison d'une erreur de superficie (Cass. 3e civ. 7-7-2016 n° 15-15.173 F-D : RJDA 11/16 n° 769),
- modifier les clauses, même accessoires, du bail initial lors du renouvellement (jurisprudence constante),
- réajuster le dépôt de garantie (TGI Paris 13-1-1975 : Loyers et copr. 1975 comm. n° 96),
- établir l'échéancier de l'étalement de l'augmentation du loyer déplafonné du bail renouvelé (Cass. 3e civ. avis 9-3-2018 n° 17-70.040 PB : RJDA 10/18 n° 708 ; Cass. 3e civ. 25-1-2023 n° 21-21.943 FS-B : RJDA 5/23 n° 243),
- prononcer une condamnation d'une partie après avoir arrêté les comptes entre les parties lors de la fixation du montant du loyer du bail révisé ou renouvelé (Cass. 3e civ. 11-5-2022 n° 20-21.689 FS-B : RJDA 8-9/22 n° 463).

La compétence du juge des loyers est une **compétence d'exception**, d'interprétation stricte. En conséquence, lorsque s'élève une contestation entre les parties à l'occasion d'une action en fixation du prix du bail, le juge doit **surseoir à statuer** quand la question posée présente une incidence sur la fixation du loyer, mais ne ressort pas de sa compétence, et renvoyer le point litigieux devant le tribunal judiciaire. Tel est le cas, par exemple, de contestations relatives à l'opposabilité d'un congé et à l'assiette du bail, qui ont évidemment une incidence sur la fixation du montant du loyer renouvelé mais sont de par leur nature étrangères à la fixation de celui-ci (CA Paris 10-3-1995 n° 93-23571, 16e ch. B). 45005

Toutefois, le juge des loyers est juge de la recevabilité et de la régularité de la procédure dont il est saisi et a donc le pouvoir de statuer sur la prescription de l'action introduite (CA Grenoble 24-9-2015 n° 13/04498).

45006 Lorsque le **juge des loyers** commerciaux était le président du TGI et qu'il était saisi d'une contestation ne relevant pas de sa compétence, la pratique du TGI de Paris lui permettait, dans l'intérêt d'une bonne administration de la justice, afin de ne pas retarder la solution du litige par des navettes procédurales excessives, **de se dessaisir** complètement de l'affaire au profit du TGI qui, en raison de sa compétence générale, pouvait statuer accessoirement sur le montant du loyer (par exemple, TGI Paris 2-4-2003 n° 02-18092). À notre avis, cette pratique devrait être reprise par les tribunaux judiciaires, les dispositions de l'article 82-1 du CPC, qui simplifient la résolution des questions de compétence au sein du tribunal judiciaire, allant d'ailleurs dans ce sens (n°s 2955 s.).
Par ailleurs, le TGI (devenu tribunal judiciaire), saisi d'une demande de fixation du loyer, présentée accessoirement à une autre contestation et relevant comme telle de sa compétence, avait l'obligation de se prononcer sur le bien-fondé de cette demande (Cass. 3e civ. 12-3-1985 n° 83-11.331 : Bull. civ. III n° 49).

COMPÉTENCE DU TRIBUNAL JUDICIAIRE EN MATIÈRE DE BAIL COMMERCIAL

45010 Les **contestations** qui ne sont pas portées devant le président du tribunal judiciaire, c'est-à-dire celles qui ne concernent **pas** la **fixation du loyer**, sont portées devant le tribunal judiciaire (C. com. art. R 145-23, al. 2). Cette compétence est d'ordre public. Par ailleurs, elle est exclusive pour connaître des actions fondées sur les articles L 145-1 à L 145-60 du Code de commerce (C. org. jud. art. R 211-3-26, 11° et R 211-4, 2°).

45012 **Au principal**, le tribunal judiciaire est compétent pour statuer notamment sur :
– les conditions d'application du statut des baux commerciaux ;
– les litiges relatifs au droit au renouvellement, y compris sur les motifs graves et légitimes de refus de renouvellement (CA Paris 16-2-1984 n° 18154 : Gaz. Pal. 1984 p. 178 note Ph.-H. Brault) ;
– la validité et les effets du congé ;
– les actions en paiement des indemnités d'éviction ;
– les actions en fixation de l'indemnité d'occupation prévue par l'article L 145-28 du Code de commerce (Cass. 3e civ. 14-9-2017 n° 16-18.444 F-D) ;
– la prescription ;
– les demandes en reprise de locaux d'habitation ;
– les demandes de déspécialisation ;
– les cessions et sous-locations ;
– les questions relatives à la propriété de l'immeuble loué ou à sa gestion (Cass. 3e civ. 5-3-1974 n° 73-11.337 : Bull. civ. III n° 98) ;
– l'action en nullité d'un commandement visant la clause résolutoire intentée par un locataire ;
– l'action en contestation de l'acquisition de la clause résolutoire ou en suspension de celle-ci.
Le tribunal a également été reconnu compétent pour statuer sur deux demandes en réparation engagées, l'une pour non-respect du statut des baux commerciaux, l'autre pour pratique commerciale abusive (Cass. com. 18-10-2016 n° 14-27.212 FS-PBI : RJDA 2/17 n° 125).
Il importe peu que le litige ne concerne **pas les parties au bail** dès lors qu'il porte sur le statut (Cass. 3e civ. 24-10-2019 n° 18-20.838 F-D : RJDA 2/20 n° 67). Dans cette affaire, l'objet du litige était de déterminer si la clause rendant obligatoire l'adhésion du locataire à une association de commerçants devait être réputée non écrite en application des articles L 145-15 et L145-6 du Code de commerce.

45014 **À titre accessoire**, le tribunal judiciaire peut être saisi d'une contestation relative à la fixation du prix du bail révisé ou renouvelé (C. com. art. R 145-23, al. 2 ; Cass. 3e civ. 24-2-1999 n° 97-14.536 : RJDA 4/99 n° 388 ; Cass. 3e civ. 9-6-2016 n° 15-12.766 F-D : Administrer juillet 2016 p. 30). Dans ce cas, la demande est instruite suivant les règles applicables devant cette juridiction, et non pas suivant la procédure spéciale (n°s 45270 s.) en vigueur devant le juge des loyers commerciaux (Cass. 3e civ. 27-11-2002 n° 01-12.775 : RJDA 2/03 n° 119 ; Cass. 3e civ. 23-5-2013 n° 12-14.009 : RJDA 8-9/13 n° 697 ; Cass. 3e civ. 25-1-2023 n° 21-20.009 FS-B : RJDA 5/23 n° 248).

COMPÉTENCE DU TRIBUNAL DE COMMERCE EN MATIÈRE DE BAIL COMMERCIAL

45016 Les dispositions qui attribuent compétence exclusive au tribunal judiciaire pour les actions relatives à l'application des règles statutaires (n° 45010) conduisent à écarter la compétence du tribunal de commerce dans ces matières.

2. COMPÉTENCE DU JUGE DES RÉFÉRÉS EN MATIÈRE DE BAIL COMMERCIAL

COMPÉTENCE DU PRÉSIDENT DU TRIBUNAL JUDICIAIRE

En tant que juge des référés de droit commun, le président du tribunal judiciaire peut : **45050**
– constater l'acquisition de la **clause résolutoire** (notamment pour défaut de paiement du loyer) ou en suspendre les effets, en accordant des délais au locataire, sous réserve qu'il n'existe pas de difficulté sérieuse quant à l'existence de l'infraction (Cass. 3e civ. 18-12-1991 n° 90-12.067 : Gaz. Pal. 1992 jur. p. 84), et ce, même lorsque les deux parties ont la qualité de commerçant (Cass. 3e civ. 26-6-1991 n° 89-19.489 : RJDA 10/91 n° 796), mais le juge des référés n'a pas le pouvoir de prononcer la résiliation d'un bail (Cass. 3e civ. 20-12-2018 n° 17-16.783 F-D : RJDA 3/19 n° 171) ;
– ordonner une **mesure d'instruction**, par exemple afin de constater le défaut d'exploitation des locaux ;
– **autoriser** le bailleur, dans le cadre d'une procédure en révision de loyer qui n'a pas encore abouti à la désignation d'un expert, à avoir **accès aux locaux** loués afin de permettre à son expert amiable de procéder à l'étude de la valeur locative (TGI Paris 22-11-2010 n° 10/59272, ord. réf. : RJDA 6/11 n° 504) ;
– ordonner l'**expulsion** des occupants sans droit ni titre d'un local commercial (n° 45620).
En revanche, il n'entre pas dans les pouvoirs du juge des référés de prononcer la **déchéance** d'un locataire commercial de son droit à une **indemnité d'éviction** et de son droit au maintien dans les lieux jusqu'au paiement d'une indemnité d'éviction (Cass. 3e civ. 15-12-2021 n° 20-22.078 F-D : RJDA 5/22 n° 254).

EXPERTISE IN FUTURUM

Après la délivrance d'un congé avec refus de renouvellement et offre d'une indemnité d'éviction, les parties demandent très souvent au juge des référés une expertise, sur le fondement de l'article 145 du CPC, destinée à évaluer le montant des indemnités d'éviction et d'occupation. Cette pratique a été confirmée par la Cour de cassation (Cass. 3e civ. 18-12-2002 n° 01-14.202 : RJDA 3/03 n° 240). Cette demande reste légitime même si elle est formée avant la date d'effet du congé avec refus de renouvellement, car le droit à indemnité d'éviction a pris naissance le jour de la délivrance du congé (CA Paris 23-6-2015 n° 15/05025 : RJDA 4/16 n° 264). **45060**

En revanche, la pratique de certains bailleurs consistant à saisir le juge des référés **avant tout congé avec refus de renouvellement**, ou en l'absence d'exercice du droit d'option suite à une offre de renouvellement, pour connaître le montant de l'indemnité d'éviction qui pourrait être due en cas de refus de renouvellement est rejetée par la Cour de cassation : ces demandes d'expertise sont déclarées irrecevables faute d'existence d'un litige potentiel au sens de l'article 145 du CPC (Cass. 3e civ. 16-4-2008 n° 07-15.486 : RJDA 7/08 n° 766). **45062**
Pour que l'expertise in futurum puisse être sollicitée, il faut que le **litige potentiel existe** le jour où le juge statue, peu important qu'il n'existe pas encore au jour où la demande est formée (Cass. 3e civ. 8-4-2010 n° 09-10.226 : RJDA 7/10 n° 720).
Il s'ensuit que le bailleur ne peut pas demander une mesure d'expertise aux fins d'évaluer l'indemnité d'éviction tant qu'un congé avec refus de renouvellement n'a pas été délivré ou, si le renouvellement a été offert, tant que le droit d'option n'a pas été exercé. On peut regretter cette solution, du moins en ce qui concerne l'hypothèse où, le bail étant expiré sans qu'aucun congé n'ait été délivré, le bailleur souhaite connaître le coût de l'indemnité d'éviction avant de prendre sa décision. Il est, en effet, presque impossible pour un expert amiable de déterminer une indemnité d'éviction de remplacement de fonds de commerce, sans avoir accès aux comptes du locataire. Or, la communication des comptes ne peut être imposée que dans le cadre d'une expertise judiciaire.

Le juge des référés ne peut pas être saisi en application de l'article 145 alors qu'une **instance**, portant sur le **même objet**, est **pendante** devant le juge du fond (Cass. 2e civ. 16-7-1992 n° 91-12.486 : Bull. civ. II n° 213). L'action de l'article 145 ne peut en effet être exercée qu'avant tout procès. **45064**

> **Précisions** Une instance relative à la seule annulation d'un congé refusant le renouvellement d'un bail commercial et offrant le paiement d'une indemnité d'éviction ne fait pas obstacle à une demande d'expertise fondée sur l'article 145 CPC, avant tout procès, destinée au recueil des éléments de preuve nécessaires à l'évaluation et à la fixation des indemnités d'éviction et d'occupation, dont le juge du fond n'a pas été saisi (Cass. 3e civ. 6-4-2023 n° 22-10.475 FS-B : RJDA 10/23 n° 504).

B. Compétence territoriale en matière de bail commercial

45170 La juridiction territorialement compétente est celle du lieu de situation de l'immeuble (C. com. art. R 145-23, al. 3). Cette règle s'explique par l'intérêt pour les parties d'avoir un juge connaissant localement la situation de l'immeuble. Néanmoins, dans certains cas, il peut être opportun pour les parties au contrat de bail d'attribuer conventionnellement compétence à un tribunal situé dans un autre ressort que celui de l'immeuble.

ATTENTION

Lorsqu'il existe plusieurs tribunaux judiciaires dans un même département, **l'un de ces tribunaux peut être spécialement désigné** pour connaître seul, dans l'ensemble de ce département, des litiges relatifs aux baux commerciaux. Cette disposition peut même s'appliquer, à titre exceptionnel, à des tribunaux judiciaires situés dans deux départements différents lorsque leur proximité géographique et les spécificités territoriales le justifient (C. org. jud. art. R 211-4 et art. L 211-9-3). Au 15 octobre 2023, date de mise à jour des présents développements, seul le tribunal judiciaire de Dax a été désigné dans le département des Landes (C. org. jud. art. D 211-4-1 ; Annexe Tableau IV-IV modifié par décret 2021-1822 du 27-12-2021).

45172 La question de la **validité** de cette **dérogation conventionnelle** s'est posée dans une affaire où les parties, ayant la qualité de commerçant, avaient dans un bail commercial portant sur une boutique incluse dans le centre commercial de Parly 2, près de Versailles, attribué compétence aux tribunaux parisiens. La cour d'appel a jugé qu'une clause faisant échec à la compétence territoriale du lieu de situation de l'immeuble prévue par l'article R 145-23, al. 3 n'est pas nulle et de nul effet (désormais réputée non écrite) car, d'une part, cet article ne fait pas partie des dispositions réputées d'ordre public par l'article L 145-15 et, d'autre part, il n'y est pas indiqué qu'il s'agit d'une compétence exclusive (CA Paris 21-6-2001 n° 01-6069 : Loyers et copr. 2001 comm. n° 291). Cette solution est conforme aux dispositions de l'article 48 du CPC permettant aux personnes ayant contracté en qualité de commerçant de déroger par une clause spécifique et très apparente, aux règles de compétence territoriale. La cour d'appel de Paris a d'ailleurs réaffirmé ce principe en retenant la validité d'une clause attribuant compétence aux tribunaux de Paris, alors que les locaux étaient situés dans les Hauts-de-Seine (CA Paris 4-6-2009 n° 08-18149 : Loyers et copr. 2009 comm. n° 237 note E. Chavance).

C. Procédure devant le juge des loyers commerciaux

PRINCIPES

45270 La procédure devant le président du tribunal judiciaire, juge des loyers, pour fixer le loyer du bail révisé ou renouvelé est une **procédure dite « sur mémoire »**. Elle est organisée par les articles R 145-23 à R 145-33 du Code de commerce.

Le ministère d'**avocat** est obligatoire pour les instances introduites depuis le 1er janvier 2020 (C. com. art. R 145-29).

Les parties échangent des mémoires dans lesquels elles exposent leurs arguments.

1. MÉMOIRE PRÉALABLE

EXIGENCE D'UN MÉMOIRE PRÉALABLE

45275 La notification d'un mémoire préalable à la saisine du juge doit être suivie dans trois **hypothèses** :

– à la suite d'une demande en renouvellement émanant du locataire pour la fixation du loyer de renouvellement ;

– à la suite d'un congé avec offre de renouvellement émanant du bailleur pour la fixation du loyer de renouvellement ;

– à la suite d'une demande de révision du loyer pour introduire une action en révision triennale légale (Cass. 3e civ. 26-1-2017 n° 16-10.304 FS-PB : RJDA 5/17 n° 316).

Le mémoire est une formalité impérative pour la partie qui prend l'initiative de la procédure à la suite d'un désaccord lors de la phase préalable relative à la fixation du loyer révisé ou renouvelé (Cass. 3e civ. 10-6-1971 n° 70-12.678 : Bull. civ. III n° 374).

Ainsi, la notification d'une demande de révision par lettre recommandée contenant la demande initiale en révision du prix ne peut valoir mémoire dès lors que le mémoire exigé en cas de litige est un acte distinct de la demande initiale et produit d'autres effets (Cass. 3e civ. 19-12-2000 n° 98-16.180 : Juris-Data n° 2000-00.7634). De même, il appartient aux parties, qui ont été renvoyées devant le juge des loyers par une décision d'incompétence, de procéder à la notification du mémoire ; à défaut, la procédure est irrégulière et l'instance en fixation du loyer est éteinte (Cass. 3e civ. 14-9-2011 n° 10-10-037 : RJDA 1/12 n° 17).

a. Notification et contenu du mémoire

Les mémoires du demandeur comme du défendeur, doivent être notifiés par chacune des parties à l'autre, par **lettre recommandée** AR (C. com. art. R 145-26) ou par acte extrajudiciaire (Cass. 3e civ. 16-10-2013 n° 12-19.352 : RJDA 1/14 n° 13, 1e esp.). S'ils sont notifiés par lettre recommandée, il suffit à leur auteur de justifier de leur **présentation** au domicile du destinataire, sans qu'il soit nécessaire d'exiger une remise effective (Cass. 3e civ. 16-10-2013 n° 12-20.103 : RJDA 1/14 n° 13, 2e esp.). **45280**
La notification est valablement faite par le locataire au gérant du local loué (C. com. art. R 145-26).
Il y a autant de mémoires adressés par le demandeur qu'il y a de défendeurs.
Les mémoires doivent être **signés par** les avocats des parties (C. com. art. R 145-26).

Les mémoires doivent comporter les **mentions** suivantes (C. com. art. R 145-24) : **45282**
– pour les personnes physiques : leurs nom, prénoms, profession, domicile, nationalité, date et lieu de naissance ;
– pour les personnes morales : leurs dénomination et siège social, ainsi que le titre, les nom et prénoms de leur représentant légal ;
– l'adresse de l'immeuble donné à bail.
Il doit en outre **contenir** (C. com. art. R 145-25) :
– une copie de la demande en fixation de prix faite, selon le cas, lors de la révision du loyer ou du renouvellement du bail ;
– l'indication des autres prétentions ;
– les explications de droit et de fait de nature à justifier les prétentions de leur auteur ou à réfuter celles de l'autre partie.
Les **copies** des **pièces** que les parties estiment devoir annexer au mémoire doivent être certifiées conformes à l'original par le signataire du mémoire (C. com. art. R 145-26).
Les **mémoires en réplique** ou rédigés après l'exécution d'une mesure d'instruction peuvent ne comporter que les explications de droit ou de fait (C. com. art. R 145-25, al. 5).

MODÈLE
Mémoire en demande de fixation de loyer **45283**

Pour

• Si le(s) Demandeur(s) personne(s) physique(s)
Identité du ou des Demandeur(s) personne(s) physique(s) *« Nom, prénom du Demandeur »*, *« Date de naissance du Demandeur » « Lieu de naissance du Demandeur »*, *« Nationalité du Demandeur »*, *« Domicile du Demandeur »*, *« Profession du Demandeur »* « faisant l'objet d'une immatriculation auprès du RCS de *« Ville du RCS du Demandeur »* sous le numéro *« Numéro d'immatriculation du Demandeur » »*
• Si le(s) Demandeur(s) personne(s) morale(s)
Identité du ou des Demandeur(s) personne(s) morale(s) *« Dénomination du Demandeur »*, *« Forme du Demandeur »*, *« Capital du Demandeur »*, *« Siège social du Demandeur » « Numéro d'immatriculation du Demandeur »*, *« Ville du RCS du Demandeur »*, agissant poursuites et diligences de *« Titre, nom et prénom du représentant légal »*, son représentant légal, domicilié audit siège ès-qualité.
• Si le Demandeur est le Bailleur
– Si un seul Bailleur
Bailleur Demandeur,
– Si plusieurs Bailleurs
Bailleurs Demandeurs,
• Si le Demandeur est le Locataire
– Si un seul Locataire
Locataire Demandeur,
– Si plusieurs Locataires
Locataires Demandeurs,
Ayant pour Avocat, Maître *« Nom de l'avocat »*, Avocat au Barreau de *« Ville »*, *« Numéro et rue »*, *« Code postal » « Ville »*, *« Numéros de téléphone et de télécopie »*, toque n° *« Numéro de toque ou vestiaire »*.
Au cabinet duquel domicile est élu.

45283 (suite)

Contre

• Si le(s) Défendeur(s) personne(s) physique(s)

Identité du(des) Défendeur(s) personne(s) physique(s) « *Nom, prénom du Défendeur* », « *Date de naissance du Défendeur* » « *Lieu de naissance du Défendeur* », « *Nationalité du Défendeur* », « *Domicile du Défendeur* », « *Profession du Défendeur* », « faisant l'objet d'une immatriculation auprès du RCS de « *Ville du RCS du Défendeur* » sous le numéro « *Numéro d'immatriculation du Défendeur* » »

• Si le(s) Défendeur(s) personne(s) morale(s)

Identité du(des) Défendeur(s) personne(s) morale(s) « *Dénomination du Défendeur* », « *Forme du Défendeur* », « *Capital du Défendeur* », « *Siège social du Défendeur* », « *Numéro d'immatriculation du Défendeur* », « *Ville du RCS du Défendeur* », prise en la personne de « *Titre, nom et prénom du représentant légal* », son représentant légal, domicilié audit siège ès-qualité,

• Si le Défendeur est le Locataire

– Si un seul Locataire

Locataire Défendeur,

– Si plusieurs Locataires

Locataires Défendeurs,

• Si le Défendeur est le Bailleur

– Si un seul Bailleur

Bailleur Défendeur,

– Si plusieurs Bailleurs

Bailleurs Défendeurs,

• Si l'avocat du défendeur est connu

Ayant pour Avocat, Maître « *Nom de l'avocat* », Avocat au Barreau de « *Ville* », « *Numéro et rue* », « *Code postal* » « *Ville* », « *Numéro de vestiaire* ».

Objet

Fixation du loyer du bail renouvelé à la date du « *Date d'effet du renouvellement* »,

• Si le Mémoire intervient après un congé délivré par le(s) Bailleur(s)

par suite du congé avec offre de renouvellement délivré le « *Date* » par Ministère de Maître « *Nom de l'Huissier ou du commissaire de justice* », Huissier ou commissaire de justice, « associé de la SCP « *Nom de la SCP* », située » à « *Ville* », à la demande « du Bailleur OU des Bailleurs ».

• Si le montant du loyer demandé dans le mémoire est identique à celui demandé dans le congé

Loyer du bail renouvelé demandé par « le Bailleur OU les Bailleurs » : « *Montant* » euros HT et hors charges par an.

• Si le montant du loyer demandé dans le mémoire est différent de celui demandé dans le congé

Loyer du bail renouvelé demandé par « le Bailleur OU les Bailleurs » :

– « *Montant* » euros HT et hors charges par an, dans le congé ;

– « *Montant* » euros HT et hors charges par an, dans le mémoire.

• Si le Mémoire intervient après une demande en renouvellement formulée par le(s) Locataire(s)

– Si le ou les Locataire(s) a ou ont formulé une demande de renouvellement par acte extrajudiciaire

Par suite de la demande de renouvellement formulée par « le Locataire OU les Locataires » par Ministère de Maître « *Nom de l'Huissier ou du commissaire de justice* », Huissier ou commissaire de justice, « associé de la SCP « *Nom de la SCP* » », à « *Ville* », en date du « *Date de la délivrance de la demande* ».

– Si le ou les Locataire(s) a ou ont formulé une demande de renouvellement par lettre recommandée

Par suite de la demande de renouvellement formulée par « le Locataire OU les Locataires » par lettre recommandée avec demande d'avis de réception, en date du « *Date* » présentée pour la première fois « au Bailleur OU aux Bailleurs » en date du « *Date de la présentation de la demande* ».

– Si le(s) Bailleur(s) a(ont) conservé le silence

Demande de renouvellement face à laquelle « le Bailleur a OU les Bailleurs ont » conservé le silence

– Si le(s) Bailleur(s) a(ont) expressément accepté le renouvellement demandé

Demande de renouvellement qui a été acceptée par « le Bailleur a OU les Bailleurs ont » aux termes d'un acte délivré le « *Date* » par Ministère de Maître « *Nom de l'Huissier ou du commissaire de justice* », Huissier ou commissaire de justice « associé de la SCP « *Nom de la SCP* » »

1 – Situation géographique des locaux

45283 (suite)

• Si les locaux dépendent d'un immeuble collectif

Les locaux dont il s'agit dépendent d'un immeuble collectif sis *« Adresse de l'immeuble »* et sont situés *« Situation des locaux dans l'immeuble, par exemple, étage, bâtiment »*.

• Si les locaux sont indépendants

Les locaux dont il s'agit constituant un immeuble indépendant, sont situés *« Adresse des locaux »* et composés *« Situation des locaux dans l'immeuble, par exemple, étage, bâtiment »*.

2 – Rappel de la situation locative

2-1 – Le contrat

• Si le bail initial a été rédigé sous la forme d'un acte sous seing privé

Le bail résulte d'un acte sous seing privé signé à *« Ville »*, en date du *« Date »*, « enregistré à *« Dénomination du service de l'enregistrement » « Ville »*, le *« Date »*, bordereau *« N° »*, case *« N° »* », aux termes duquel « *« Nom du Bailleur initial »* a OU *« Nom des Bailleurs initiaux »* ont » donné à bail à loyer, dans le cadre des dispositions des articles L 145-1 et suivants du Code de commerce à « *« Nom du Preneur initial »* OU *« Nom des Preneurs initiaux »* », divers locaux à usage « commercial OU de bureaux », sis *« Numéro et Rue » « Code postal » « Ville »*.

• Si le bail initial a été rédigé sous la forme d'un acte authentique

Le bail résulte d'un acte authentique reçu par Maître *« Nom du Notaire »*, Notaire à *« Ville »*, en date du *« Date »*, aux termes duquel « *« Nom du Bailleur initial »* a OU *« Nom des Bailleurs initiaux »* ont » donné à bail à loyer, dans le cadre des dispositions des articles L 145-1 et suivants du Code de commerce à « *« Nom du Preneur initial »* OU *« Nom des Preneurs initiaux »* » divers locaux à usage « commercial OU de bureaux », sis *« Numéro et Rue » « Code postal » « Ville »*.

(Pièce *« Numéro »* : bail « et plans »)

• Si les parties intervenant au bail initial ont changé

☐ Modification en la personne du ou des Bailleur(s) initial ou initiaux

« Décrire l'événement ayant entraîné la modification du ou des Bailleur(s) initial ou initiaux. Par exemple, par suite de la vente, succession » « intervenu OU intervenue » le *« Date »*, « *« Nom du nouveau Bailleur »* est venu OU *« Nom des nouveaux Bailleurs »* sont venus » aux droits de « *« Nom du Bailleur initial »* OU *« Nom des Bailleurs initiaux »* ».

☐ Modification en la personne du ou des Locataire(s) initial ou initiaux

« Décrire l'événement ayant entraîné la modification du ou des Locataire(s) initial ou initiaux. Par exemple : par suite de cession du fonds (ou du droit au bail), succession » « intervenu OU intervenue » le *« Date »*, « *« Nom du Locataire actuel »* est venu OU *« Nom des Locataires actuels »* sont venus », aux droits de « *« Nom du Locataire initial »* OU *« Nom des Locataires initiaux »* ».

(Pièce : *« Numéro »* : Justificatif du changement « de Bailleur OU des Bailleurs OU de Locataire OU des Locataires »)

2-2 – La durée

Ce bail a été consenti pour une durée de *« Nombre »* années à compter du *« Date d'effet du bail »* pour se terminer à pareille époque de l'année *« Année »*.

• Si le congé n'a pas été délivré au moins 6 mois avant le terme du bail

Le bail arrivant à son terme le *« Date »*, s'est tacitement prolongé jusqu'au *« Date pour laquelle le congé a été donné »*, un congé comportant offre de renouvellement à compter du *« Date d'effet du renouvellement »* ayant été délivré à la demande « du Bailleur OU des Bailleurs », par Ministère de Maître *« Nom de l'Huissier ou du commissaire de justice »*, Huissier ou commissaire de justice, « associé de la SCP *« Nom de la SCP »* », à *« Ville »*, en date du *« Date de la délivrance du congé »*.

• Si le congé a été délivré au moins 6 mois avant l'arrivée du terme

Il a été mis fin audit bail à l'arrivée de son terme, soit le *« Date du terme du bail »* par le congé comportant offre de renouvellement à compter du *« Date d'effet du renouvellement »* qui a été délivré à la demande « du Bailleur OU des Bailleurs », par Ministère de Maître *« Nom de l'Huissier ou du commissaire de justice »*, Huissier ou commissaire de justice, « associé de la SCP *« Nom de la SCP »* », à *« Ville »*, en date du *« Date de la délivrance du congé »*.

(Pièce *« Numéro »* : Congé)

• Si le renouvellement résulte d'une demande formulée par le ou les Locataire(s)

– Si le(s) Locataire(s) a(ont) formulé une demande de renouvellement par acte extrajudiciaire

Le bail arrivant à son terme le *« Date »* et « le Bailleur OU les Bailleurs » n'ayant pas délivré de congé dans les 6 mois précédant cette échéance, « le Locataire OU les Locataires » « a OU ont »

45283 (suite) fait délivrer « au Bailleur OU aux Bailleurs » une demande de renouvellement par Ministère de Maître *« Nom de l'Huissier ou du commissaire de justice »*, Huissier ou commissaire de justice, « associé de la SCP *« Nom de la SCP »* », à *« Ville »*, en date du *« Date de la délivrance de la demande »*.

– Si le(s) Locataire(s) a(ont) formulé une demande de renouvellement par lettre recommandée

Le bail arrivant à son terme le *« Date »* et « le Bailleur OU les Bailleurs » n'ayant pas délivré de congé dans les 6 mois précédant cette échéance, « le Locataire OU les Locataires » « lui OU leur » « a OU ont » adressé une demande de renouvellement du bail par lettre recommandée avec demande d'avis de réception, en date du *« Date »* présentée pour la première fois « au Bailleur OU aux Bailleurs » en date du *« Date de la présentation de la demande »*.

(Pièce *« Numéro »* : Demande de renouvellement « du Locataire OU des Locataires »)

• Si le(s) Bailleur(s) a(ont) accepté le principe du renouvellement par acte extrajudiciaire

« Le Bailleur a OU Les Bailleurs ont » accepté le principe du renouvellement aux termes d'un acte délivré par Ministère de Maître *« Nom de l'Huissier ou du commissaire de justice »*, Huissier ou commissaire de justice, « associé de la SCP *« Nom de la SCP »* », à *« Ville »*, en date du *« Date de la délivrance de l'acceptation »*.

(Pièce *« Numéro »* : Acceptation par « le Bailleur OU les Bailleurs »)

• Si le(s) Bailleur(s) a(ont) gardé le silence

« Le Bailleur a OU Les Bailleurs ont » gardé le silence pendant le délai de trois mois qui « lui OU leur » était imparti, ce silence valant acceptation du renouvellement.

2-3 – Description des locaux

Aux termes du bail, les lieux sont décrits de la manière suivante : *« Reprendre la description du bail, avec annexes et dépendances »*

Le tout représentant une superficie totale de *« Nombre »* m^2.

• Si la superficie est attestée

Cette superficie est attestée par *« Nature du document. Par exemple, relevé de superficie, plan, etc. »* établi par *« Qualité. Par exemple, architecte, géomètre, expert, etc. »*.

(Pièce *« Numéro »* : Justificatif de superficie)

• Si des modifications d'agencement des locaux ont été faites

– Si les travaux ont été réalisés par le(s) Locataire(s)

Par suite de travaux effectués à l'initiative « du Locataire OU des Locataires » « dûment autorisés par » « le Bailleur OU les Bailleurs », les locaux sont désormais composés de la manière suivante : *« Nouvelle description »*.

– Si les travaux ont été réalisés par le(s) Bailleur(s)

Par suite de travaux effectués à l'initiative « du Bailleur OU des Bailleurs », les locaux sont désormais composés de la manière suivante : *« Nouvelle description »*.

2-4 Loyer

Le loyer en principal fixé initialement était de *« Montant »* euros, payable *« Périodicité »*.

• Si révision triennale

Il était stipulé que le loyer serait révisé au terme de chaque période triennale conformément aux dispositions légales.

Aux termes d'un premier avenant en date du *« Date »*, « enregistré à *« Dénomination du service de l'enregistrement »* de *« Ville »*, le *« Date »*, bordereau *« Numéro »*, case *« Numéro »* » le loyer annuel en principal a été porté à la somme de *« Montant »* euros, à compter du *« Date d'effet de l'augmentation »*.

– Si deuxième avenant relatif à l'augmentation du loyer

Aux termes d'un deuxième avenant en date du *« Date »*, « enregistré à *« Dénomination du service de l'enregistrement »* de *« Ville »*, le *« Date »*, bordereau N° *« Numéro »*, case N° *« Numéro »* » le loyer annuel en principal a été porté à la somme de *« Montant »* euros, à compter du *« Date d'effet de l'augmentation »*.

– Si le bail a été tacitement prolongé au-delà du terme contractuel

Le montant du loyer en principal pour la période du *« Date d'arrivée du terme »* à ce jour est demeuré identique, soit la somme annuelle de *« Montant de la dernière révision »* euros.

• Si clause d'indexation annuelle

Il était stipulé que le loyer serait indexé automatiquement chaque année, à la date anniversaire du bail, en fonction de la variation des indices *« Nom de l'indice. Par exemple : du coût de la construction (ICC) ou des loyers commerciaux (ILC) ou des activités tertiaires (ILAT) »* publiés par l'Insee, l'indice de référence étant celui du *« N° »* trimestre *« Année »*.

Par le jeu de la clause d'indexation ainsi prévue, le montant du loyer annuel en principal a été porté à compter du *« Date d'effet de la dernière augmentation »*, à la somme de *« Montant »* euros.

– Si le bail a été tacitement prolongé au-delà du terme contractuel

☐ Si le loyer n'a pas été indexé 45283 (suite)

Le montant du loyer en principal pour la période du « *Date d'arrivée du terme* » à ce jour est demeuré identique, soit la somme annuelle de « *Montant de la dernière indexation* » euros.

☐ Si le loyer a été indexé

La clause d'indexation du loyer a continué à être appliquée au-delà du terme du bail et le montant du loyer en principal depuis le « *Date d'effet de la dernière indexation* » a été fixé à la somme annuelle de « *Montant* » euros.

• Si le loyer est soumis à la TVA

Ce loyer est en outre soumis à la TVA.

• Si le loyer est soumis à la CRL

Ce loyer est en outre soumis à la CRL, à la charge du Locataire

• Si le loyer n'est pas soumis à la TVA et à la CRL

Ce loyer n'est pas soumis à la TVA ni à la CRL.

2-5 – Dépôt de garantie

• S'il est prévu le versement d'un dépôt de garantie

Le bail prévoit le versement entre les mains « du Bailleur OU des Bailleurs » d'une somme équivalente à « *Nombre* » « terme OU termes » de loyer en principal, hors charge et hors taxe, à titre de garantie de l'exécution des charges et conditions du bail par « le Locataire OU les Locataires ».

La somme actuellement versée au titre de ce dépôt de garantie par le Locataire auprès « du Bailleur OU des Bailleurs », s'élève à la somme de « *Montant* » euros.

• S'il n'est pas prévu de dépôt de garantie

Le bail ne prévoit pas le versement d'un dépôt de garantie par « le Locataire OU les Locataires » entre les mains « du Bailleur OU des Bailleurs ».

2-6 Destination et activités autorisées

Les locaux sont destinés à un usage « *Nature de l'usage des locaux. Par exemple : commercial ou de bureaux* ».

Les activités autorisées sont les suivantes : « *Description des activités autorisées* »

• Si pendant le cours du bail, une extension d'activité ou une déspécialisation a été autorisée

Aux termes d'un avenant en date du « *Date* », « enregistré par « *Dénomination du service de l'enregistrement* » à « *Ville* », le « *Date* », bordereau « *Numéro* », case « *Numéro* » », « le Bailleur a OU les Bailleurs ont » autorisé « le Locataire OU les Locataires » à exercer les activités suivantes : « *Description des nouvelles activités autorisées* », à compter du « *Date* ».

2-7 – Réparations – Travaux Entretien

Aux termes du bail, il est prévu concernant les charges incombant « au Locataire OU aux Locataires » « *Retranscrire la(les) clause(s) du bail prévoyant les obligations du Locataire en matière de réparation, travaux et entretien* »

2-8 – Taxes et impôts

Le bail prévoit à propos des impôts et taxes incombant « au Locataire OU aux Locataires » « *Retranscrire la(les) clause(s) du bail prévoyant les obligations du Locataire en matière de taxes et impôts.* »

2-9 – Paiement des charges

« Le Locataire règle OU Les Locataires règlent » « au Bailleur OU aux Bailleurs » les charges, impôts et taxes, « lui OU leur » incombant par provision chaque « *Périodicité. Par exemple, mois, trimestre* », fixée à la somme de « *Montant* » euros par « *Périodicité* », depuis le « *Date de prise d'effet de la provision fixée* », la régularisation par rapport aux charges réelles étant faite chaque année au cours du « *Nombre. Par exemple, troisième, quatrième* » trimestre.

2-10 – Autorisation de modifications des locaux

Le bail stipule à propos des modifications des locaux :

« *Retranscrire la ou les clause(s) du bail prévoyant la faculté ou l'impossibilité du Locataire de procéder à toute modification des locaux avec ou sans autorisation du Bailleur* »

2-11 – Changements – Améliorations Embellissements réalisés par « le Locataire OU les Locataires »

Concernant les changements, améliorations et embellissements réalisés par « le Locataire OU les Locataires » dans les lieux loués, le bail prévoit :

« *Retranscrire la ou les clause(s) du bail prévoyant l'acquisition de ces modifications au profit du Bailleur soit moyennant une indemnisation au bénéfice du Locataire, soit sans indemnisation* »

2-12 Sous-location

• Sous-location libre

– Si la sous-location peut porter sur tout ou partie des locaux loués

45283 (suite)

« Le Locataire a OU Les Locataires ont » la libre faculté de sous-louer tout ou partie des lieux loués « *« Éventuellement indiquer les modalités contractuelles prévues en cas de sous-location » »*.
– Si la sous-location ne peut être que partielle
« Le Locataire a OU Les Locataires ont » la libre faculté de sous-louer partiellement les lieux loués. Cette sous-location ne pouvant porter que sur *« Description de la partie des locaux qui peut être louée. Par exemple : la moitié de la superficie des lieux loués ou telle ou telle pièce » « « Éventuellement indiquer les modalités contractuelles prévues en cas de sous-location » »*.

• Sous-location conditionnée à l'accord exprès et écrit du Bailleur

Le Locataire ne peut sous-louer en tout ou partie les lieux loués, sans l'autorisation expresse, écrite et préalable « du Bailleur OU des Bailleurs »,
– Si la sous-location est limitée
Cette sous-location partielle ou totale des locaux ne pourra être consentie, *« Déterminer les critères requis. Par exemple : qu'à une société dont le capital est détenu majoritairement par le Preneur ou qu'à une entreprise pour n'y exercer que l'activité de »*

• Sous-location interdite

La sous-location partielle ou totale des lieux loués est strictement interdite, en conséquence, le Locataire ne peut en aucun cas consentir un quelconque droit d'occupation au profit d'un tiers, même à titre gratuit, sur tout ou partie des lieux loués.

☐ Si en revanche la location-gérance est permise
Toutefois, il est prévu que le Locataire est autorisé à confier son fonds de commerce en location-gérance. «
« Éventuellement, indiquer les modalités contractuelles prévues en cas de location-gérance » »

☐ Si la mise en gérance du fonds est permise et nécessite une autorisation du(des) Bailleur(s)
Toutefois, il est prévu que le Locataire est autorisé à confier son fonds de commerce en location-gérance sous réserve de l'autorisation préalable, expresse et écrite « du Bailleur OU des Bailleurs ».
« « Éventuellement, indiquer les modalités contractuelles prévues pour obtenir l'autorisation du(des) Bailleur(s) » »

☐ Si la location-gérance est interdite
Cette interdiction de sous-location vise également toute convention de location-gérance du fonds de commerce.

2-13 Cession

• Si la cession est totalement libre

Le Locataire peut librement céder son droit audit bail, sans qu'il soit nécessaire d'obtenir au préalable l'autorisation « du Bailleur OU des Bailleurs ».

• Si la cession à un successeur dans la même activité est libre

Le Locataire ne peut céder son droit au audit bail qu'à un successeur dans la même activité ou dans le même commerce exploité lors de la cession.

• Si la cession est interdite

Le Locataire ne peut céder son droit au audit bail sans autorisation expresse, préalable et écrite « du Bailleur OU des Bailleurs » sauf à un acquéreur de l'intégralité de son fonds de commerce ou au bénéficiaire du transfert universel de son patrimoine.

2-14 – Autres clauses

• Si le bail contient des clauses exorbitantes du droit commun

En outre, le bail prévoit :
« Description des clauses. Par exemple : droit de préemption du Bailleur en cas de cession du fonds (ou autorisation de sous-location), etc. »

• Si le bail ne contient pas de clauses exorbitantes du droit commun

Le bail ne contient aucune clause exorbitante du droit commun.

3 – Caractéristiques des locaux

3-1 – Situation de l'immeuble

• Si les locaux dépendent d'un immeuble collectif

– Si l'immeuble est soumis au statut de la copropriété
Les lieux loués dépendent d'un immeuble collectif soumis au statut de la copropriété, situé *« Adresse »*.
– Si l'immeuble n'est pas soumis au statut de la copropriété
Les lieux loués dépendent d'un immeuble collectif non soumis au statut de la copropriété, situé *« Adresse »*.

• Si les locaux sont indépendants

Les lieux loués constituent un immeuble indépendant situé *« Adresse »*.
« Descriptions de l'environnement caractéristique des locaux, des commodités à proximité, des moyens de transport et d'accès, des éventuelles enseignes à proximité etc. »
(Pièce *« Numéro »* : Plan de situation)

3-2 – État de l'immeuble **45283** (suite)

« Description de l'immeuble, par exemple, neuf ou ancien, nombre d'étages, composition, indiquer éventuellement sa date de construction, description de son état de conservation et d'entretien, sa qualité, l'état des parties communes s'il en existent, l'existence d'un gardiennage, les moyens d'entretien (gardien ou service extérieur) »

• Si les locaux dépendent d'un immeuble collectif

Les locaux dont il s'agit sont situés au *« Nombre »* étage de cet immeuble.

• Si les locaux son indépendants

Les locaux dont il s'agit occupent l'intégralité de cet immeuble.

(Pièce *« Numéro »* : Prises de vue de l'immeuble)

3-3 – Définition des locaux

Les lieux loués se composent *« Descriptif détaillé de la composition des locaux en eux-mêmes et par rapport à leur situation dans l'immeuble, par exemple, nombre de fenêtres donnant sur rue, sur cour etc., du système de chauffage, les sanitaires et tous les éléments caractérisant les locaux loués »*

4 – Conditions de la fixation du prix du loyer du bail renouvelé

« Exposé des motifs justifiant le déplafonnement, nature des locaux, durée du bail, modification substantielle des facteurs locaux de commercialité, etc. Par exemple : Les locaux loués sont à usage de bureaux, en conséquence les règles de fixation du loyer prévues par l'article L 145-34 du Code de commerce ne sont pas applicables et le loyer doit être fixé conformément à l'article R 145-11 du même code, selon la valeur locative »

4-1 – Surface des locaux

Calcul des surfaces utiles :

« Préciser le calcul des surfaces utiles des locaux »

Calcul des surfaces pondérées :

« Préciser le calcul des surfaces pondérées des locaux »

Soit une superficie utile pondérée de *« Nombre »* m^2

5 – Fixation du loyer en renouvellement à la date du « *date d'effet du renouvellement* »

5-1 – L'offre de prix

Le loyer des locaux loués, selon le montant fixé aux termes de « la révision triennale OU l'indexation annuelle » à compter du « *« Date de la dernière révision »* OU *« Date de la dernière indexation »* » représentait un prix en principal annuel de *« Montant »* euros, soit *« Montant »* euros le m^2.

• Si le(s) Bailleur(s) a(ont) délivré un congé

« Le Bailleur a OU Les Bailleurs ont » offert « au Locataire OU aux Locataires » le renouvellement de son bail à compter du *« Date d'effet du renouvellement »*, moyennant un loyer annuel en principal de *« Montant »* euros, soit *« Montant »* euros le m^2.

• Si le montant proposé dans le congé est supérieur aux prétentions actuelles

« Le Bailleur ramène OU Les Bailleurs ramènent » aujourd'hui le montant du loyer du bail renouvelé à la somme en principal de *« Montant »* euros par an, soit *« Montant »* euros le m^2.

• Si le(s) Locataire(s) a(ont) formulé une demande de renouvellement à laquelle le(s) Bailleur(s) a(ont) répondu en indiquant le montant du nouveau loyer du bail renouvelé

À la demande de renouvellement du bail formulée par « le Locataire OU les Locataires », « le Bailleur a OU les Bailleurs ont » répondu en indiquant les conditions du bail renouvelé et notamment le montant du loyer annuel en principal à compter de la date du renouvellement, soit la somme annuelle de *« Montant »* euros représentant un montant de *« Montant »* euros le m^2.

5-2 – VALEUR LOCATIVE PAR COMPARAISON AUX PRIX PRATIQUES DANS LE VOISINAGE

Au regard de la qualité de l'emplacement, des prestations fournies par « le Bailleur OU les Bailleurs », de la nature des locaux, des charges et obligations incombant « au Locataire OU aux Locataires » et des activités autorisées et exercées, la valeur locative peut être appréciée compte tenu des éléments de comparaison suivants : *« Citer les références en indiquant les adresses, une brève description des locaux et le prix au m^2, joindre et citer les plans de situation, les sources et les justificatifs »*.

En conséquence, la valeur locative des locaux dont il s'agit peut être fixée à la somme de *« Montant »* euros le m^2, soit un prix en principal de *« Montant »* euros par an.

• S'il est demandé la fixation d'un loyer prévisionnel

– Si l'auteur du Mémoire est le Bailleur

45283 (suite) Pour le cas où une mesure d'expertise serait ordonnée, « le Bailleur sollicite OU les Bailleurs sollicitent » la fixation d'un loyer provisionnel à la somme de « *Montant* » euros par an en principal « *Indiquer les motifs justifiant l'augmentation du loyer à titre provisionnel. Par exemple, en considération du faible montant du dernier loyer fixé depuis la dernière révision ou indexation* » eu égard à la valeur locative des locaux telle qu'elle apparaît à l'évidence.

– Si l'auteur du Mémoire est le Locataire

Pour le cas où une mesure d'expertise serait ordonnée, « le Locataire sollicite OU les Locataires sollicitent » la fixation d'un loyer provisionnel à la somme de « *Montant* » euros par an en principal « *Indiquer les motifs justifiant la diminution du loyer à titre provisionnel. Par exemple, en considération du montant du dernier loyer fixé depuis la dernière révision ou indexation très supérieur à la valeur locative des locaux telle qu'elle apparaît à l'évidence* ».

6 – Demande de fixation du loyer du bail renouvelé et du loyer prévisionnel

• Si l'auteur du Mémoire est le Bailleur

En conséquence, « le Bailleur est fondé OU les Bailleurs sont fondés » à solliciter :

– Si la clause de révision ou d'échelle mobile du loyer du bail expiré faisait référence à l'indice du coût de la construction

la modification à compter de la date du renouvellement du bail, de l'indice de référence servant à « la révision triennale OU l'indexation annuelle » du loyer sera désormais « l'indice des Loyers Commerciaux (ILC) OU l'Indice des Loyers des Activités Tertiaires (ILAT) » tel qu'il est établi par l'Institut national de la statistique et des études économiques (Insee), et l'indice de base sera le dernier paru à la date du renouvellement du bail, soit « *Nom de l'indice* » du « *Quantième* » trimestre « *Année* », valeur : « *Valeur* »,

– Si les clauses et conditions du bail renouvelé demeurent identiques à celles du bail expiré (clauses conformes aux nouvelles dispositions du Code de commerce – lois Pinel et Macron),

la fixation du montant du loyer du bail renouvelé à compter du « *Date* » à la somme en principal de « *Montant sollicité* » euros par an, toutes les autres clauses, charges et conditions du bail expiré demeurant inchangées.

– Si les clauses et conditions du bail renouvelé proposé ont été modifiées et mises en conformité avec les nouvelles dispositions du Code de commerce (lois Pinel et Macron),

la fixation du montant du loyer du bail renouvelé à compter du « *Date* » à la somme en principal de « *Montant sollicité* » euros par an, selon les nouvelles clauses et conditions proposées aux termes « du congé OU de la réponse » « du Bailleur OU des Bailleurs » à la demande de renouvellement du bail « du Locataire OU des Locataires »

• Si le montant du loyer sollicité est supérieur de plus de 10 % au montant du dernier loyer acquitté au cours de l'année précédente (article L 145-34 4e alinéa) « *l'étalement de la hausse du loyer ainsi fixé selon les termes du dernier alinéa de l'article L 145-34 du Code de commerce,* »

– S'il est demandé la fixation d'un loyer prévisionnel

Pour le cas où une mesure d'expertise serait ordonnée,

la fixation d'un loyer provisionnel pendant la durée de l'instance à la somme de « *Montant* » euros par an en principal à compter du « *Date* »,

– Si l'exécution provisoire est sollicitée

que l'exécution provisoire de la décision à intervenir soit prononcée.

☐ S'il est sollicité l'application des articles L 111-2, L 111-3 et L 111-6 du Code des procédures civiles d'exécution

qu'à défaut d'exercice par l'une ou l'autre des parties de son droit d'option prévu par les dispositions de l'article L 145-57 du Code de commerce et qu'à défaut d'appel ou si l'exécution provisoire est prononcée, la décision à intervenir constituera un titre exécutoire conforme aux dispositions des articles L 111-2, L 111-3 et L 111-6 du Code des procédures civiles d'exécution.

☐ S'il est sollicité la condamnation du Défendeur aux dépens et frais d'expertise

la condamnation « du Locataire OU des Locataires » au paiement des dépens, y compris les frais d'expertise s'il y a lieu

• Si l'auteur du Mémoire est le Locataire

En conséquence, « le Locataire est fondé OU les Locataires sont fondés » à solliciter :

– Si la clause de révision ou d'échelle mobile du loyer du bail expiré faisait référence à l'indice du coût de la construction

la modification à compter de la date du renouvellement du bail, de l'indice de référence servant à « la révision triennale OU l'indexation annuelle » du loyer sera désormais « l'indice des Loyers Commerciaux (ILC) OU l'Indice des Loyers des Activités Tertiaires (ILAT) » tel qu'il est établi par l'Institut national de la statistique et des études économiques (Insee), et l'indice de base sera le dernier paru à la date du renouvellement du bail, soit « *Nom de l'indice* » du « *Quantième* » trimestre « *Année* », valeur : « *Valeur* »,

– Si les clauses et conditions du bail renouvelé demeurent identiques à celles du bail expiré (clauses conformes aux nouvelles dispositions du Code de commerce (lois Pinel et Macron)
la fixation du montant du loyer du bail renouvelé à compter du *« Date »* à la somme en principal de *« Montant sollicité »* euros par an, toutes les autres clauses, charges et conditions du bail expiré demeurant inchangées.
– Si les clauses et conditions du bail renouvelé proposé ont été modifiées et mises en conformité avec les nouvelles dispositions du Code de commerce (lois Pinel et Macron)
la fixation du montant du loyer du bail renouvelé à compter du *« Date »* à la somme en principal de *« Montant sollicité »* euros par an, selon les nouvelles clauses et conditions proposées aux termes « du congé OU de la réponse » « du Bailleur OU des Bailleurs » à la demande de renouvellement du bail « du Locataire OU des Locataires »
• Si le montant du loyer sollicité est supérieur de plus de 10 % au montant du dernier loyer acquitté au cours de l'année précédente (article L 145-34 4e alinéa) *« l'étalement de la hausse du loyer ainsi fixé selon les termes du dernier alinéa de l'article L 145-34 du Code de commerce, »*
– S'il est demandé la fixation d'un loyer prévisionnel
Pour le cas où une mesure d'expertise serait ordonnée,
la fixation d'un loyer provisionnel pendant la durée de l'instance à la somme de *« Montant »* euros par an en principal à compter du *« Date »*,
– Si l'exécution provisoire est sollicitée
que l'exécution provisoire de la décision à intervenir soit prononcée.
– S'il est sollicité l'application des articles L 111-2, L 111-3 et L 111-6 du Code des procédures civiles d'exécution
qu'à défaut d'exercice par l'une ou l'autre des parties de son droit d'option prévu par les dispositions de l'article L 145-57 du Code de commerce et qu'à défaut d'appel ou si l'exécution provisoire est prononcée, la décision à intervenir constituera un titre exécutoire conforme aux dispositions des articles L 111-2, L 111-3 et L 111-6 du Code des procédures civiles d'exécution.
– S'il est sollicité la condamnation du Défendeur aux dépens et frais d'expertise
la condamnation « du Bailleur OU des Bailleurs » au paiement des dépens, y compris les frais d'expertise s'il y a lieu

7 Pièces annexées

« Liste des pièces produites : bail, avenants, plan, congé, correspondances »

8 Notification

Le présent Mémoire et ses annexes sont notifiés à *« Nom du Défendeur »*, demeurant *« Numéro et rue »*, *« Code postal »* *« Ville »* par pli recommandé avec accusé de réception, étant rappelé au destinataire qu'il lui appartient de notifier suivant les mêmes formes un Mémoire en réponse dans le délai d'UN MOIS, à l'expiration duquel la juridiction compétente sera saisie par la partie la plus diligente.
Fait à *« Ville »*
Le *« Date »*
« Nom du Signataire »
« Qualité du Signataire »

b. Sanction des irrégularités affectant le mémoire

IRRÉGULARITÉS DE FORME DU MÉMOIRE

Conformément à l'article 114 du CPC, les irrégularités de forme ne sont sanctionnées par la nullité des actes que si elles ont causé un préjudice à la partie qui soulève la nullité. **45330**
Constituent notamment des irrégularités de forme les irrégularités suivantes :
– le défaut de **remise au greffe** du mémoire préalable du bailleur dès lors que les parties avaient échangé et notifié leurs mémoires (Cass. 3e civ. 22-1-1997 n° 94-21.488 : RJDA 3/97 n° 333, 1e esp.), car la remise au greffe de son mémoire par la partie la plus diligente ne tendant qu'à la fixation de la date de l'audience et ne saisissant pas le juge, son omission ne constitue pas une fin de non-recevoir (Cass. ass. plén. 23-2-2001 n° 99-15.541 : RJDA 7/01 n° 760) ;
– le défaut de **signature** du mémoire (Cass. 3e civ. 13-2-2002 n° 00-18.671 : RJDA 5/02 n° 482, retenant que ce mémoire daté du 6 décembre 1994, dont les locataires avaient soulevé la nullité le 4 février 1998 après avoir conclu au fond le 25 mai 1995, avait interrompu la prescription ; solution toutefois rendue avant que les textes ne prévoient la signature des mémoires par les avocats) ;
– la **notification** du mémoire dans un **lieu** inadéquat (CA Paris 13-3-2002 : Gaz. Pal. 2002 somm. p. 1105 note Ph.-H. Brault). En l'espèce, le domicile du locataire était connu du bailleur, auteur du mémoire tendant à la fixation du prix du loyer du bail commercial renouvelé. L'acte ne devait

donc pas être signifié à l'adresse des lieux loués. Cependant, l'irrégularité commise quant au lieu de délivrance étant une irrégularité de forme, l'acte ne peut être déclaré nul qu'en cas de grief en résultant pour le locataire, grief inexistant en l'espèce ;
– le défaut de **copie de la demande** de fixation du prix que doit contenir le mémoire (Cass. 3e civ. 16-6-2010 n° 09-11.565 : RJDA 11/10 n° 1046). En l'espèce, l'irrégularité de forme ne causait aucun préjudice puisque le mémoire demandait la révision du loyer au même montant que la demande préalable.

> **Précisions** La Cour de cassation a toutefois déjà sanctionné par la nullité une **irrégularité de forme sans** qu'il y ait lieu à justifier d'un **grief** (Cass. 2e civ. 24-9-2015 n° 14-23.169 F-PB : RJDA 1/16 n° 27). Au cas d'espèce, la société locataire avait notifié un mémoire après expertise faisant mention d'un siège social correspondant à l'adresse des lieux loués alors qu'elle avait quitté les lieux dix-huit mois plus tôt. La Cour de cassation a considéré que les conclusions d'appel de la société étaient irrecevables en application des articles 960 et 961 du Code de procédure civile, car elles mentionnaient une siège social fictif, sans qu'il soit nécessaire de justifier d'un grief. C'est la nullité du mémoire qui était invoquée même si l'arrêt vise « l'irrecevabilité des conclusions ». Cela peut s'expliquer par le fait que, devant la cour d'appel, le locataire avait notifié un mémoire et pris également des conclusions.

IRRÉGULARITÉS DE FOND DU MÉMOIRE

45340 Les irrégularités de fond affectent la validité de l'acte indépendamment du préjudice qu'elles ont pu causer.
Bien que ces irrégularités soient en principe limitativement énumérées par l'article 117 du CPC, celui-ci n'exclut pas que d'autres réglementations puissent édicter des contraintes particulières à certaines procédures et en sanctionner la méconnaissance par la nullité (en ce sens, Droit et pratique de la procédure civile : Dalloz Action2021-2022 n° 272.221 s.). Il en va ainsi tout particulièrement dans la procédure spécifique instituée par les textes régissant les baux commerciaux. Constitue des irrégularités de fond la méconnaissance des règles exposées ci-dessous.

45350 **Défaut d'établissement du mémoire** Le défaut d'établissement d'un mémoire est une irrégularité de fond. Le mémoire ne peut pas se confondre avec la **demande initiale** en fixation du loyer (Cass. 3e civ. 15-11-2006 n° 05-18.259 : RJDA 2/07 n° 131), puisque tout mémoire doit, pour être valable, comprendre la copie de la demande initiale (n° 45282). Il s'ensuit que faute d'avoir adressé un mémoire préalable à son locataire, en ne joignant à l'assignation qu'une demande préalable très vague et infondée, l'assignation du bailleur doit être déclarée irrecevable (CA Nîmes 17-9-2002 n° 01-1011 : Gaz. Pal. 2003. somm. p. 3174 note Ch.-E. Brault).
Lorsque les prétentions d'une partie ont été jugées irrecevables en première instance, faute d'avoir établi un mémoire, celle-ci perd la possibilité de faire valoir ultérieurement, en cause d'appel, des moyens de fond. Ainsi, un locataire dont la demande avait été jugée irrecevable en première instance en l'absence de mémoire a été déchu du droit de faire valoir des moyens de fond à l'appui d'une demande d'expertise judiciaire (Cass. 3e civ. 13-12-2006 n° 05-20.281 : RJDA 3/07 n° 233).

45352 Le dépôt, **après** l'**expertise** effectuée en application de l'article R 145-30, al. 3 du Code de commerce (n° 45444), de conclusions, sans respecter la formalité préalable du mémoire est nul (Cass. 3e civ. 24-6-1998 n° 96-19.730 : RJDA 8-9/98 n° 959 ; CA Paris 26-4-2006 n° 05-6283, 16e ch. A). En effet, la notification du mémoire après mesure d'instruction conditionne la régularité de l'entière procédure, même si les parties n'ont aucun argument ou moyen supplémentaire à développer. Dès lors, la nullité des conclusions substituées au mémoire n'affecte pas seulement ces écritures mais entraîne interruption définitive et extinction de la procédure en fixation du loyer (Cass. 3e civ. 30-4-2003 n° 01-15.508 : RJDA 7/03 n° 701 ; Cass. 3e civ. 4-2-2009 n° 08-10.723 : RJDA 5/09 n° 415 ; Cass. 3e civ. 22-11-2011 n° 10-25-686 : RJDA 12/12 n° 1052, 2e esp. ; CA Paris 16-3-2011 n° 09/21791 : Juris-Data 2011-005924). De même, une nouvelle assignation délivrée après mesure d'instruction devant le juge des loyers commerciaux, au lieu et place de la notification d'un mémoire, est affectée d'une nullité de fond entraînant interruption définitive de la procédure en fixation de loyer ainsi introduite (Cass. 3e civ. 13-10-2010 n° 09-66.600 : RJDA 2/11 n° 119).
Lorsque la mesure d'expertise a été ordonnée par la cour d'appel, les parties doivent impérativement respecter le formalisme de l'article R 145-26 du Code de commerce et notifier un mémoire par lettre recommandée AR.
Aucun texte n'impose l'emploi du nom « mémoire » à peine de nullité, de sorte que l'appellation « conclusions récapitulatives après dépôt du rapport d'expertise » pour un document notifié après expertise n'a aucune incidence sur sa validité ; il importe seulement que les écritures

soient adressées directement à l'autre partie et non pas communiquées selon les règles des notifications entre avocats (Cass. 3e civ. 16-10-2013 n° 12-19.352 : RJDA 1/14 n° 13, 1e esp. ; solution toutefois rendue avant que les textes ne prévoient la représentation obligatoire par avocats).

La rigueur de ces solutions est toutefois substantiellement atténuée. En effet, l'**irrégularité** de fond affectant la procédure en fixation du loyer, en l'absence de notification d'un mémoire, peut être **couverte** par la notification d'un mémoire régulier, tant que le juge ou la cour d'appel n'a pas statué (Cass. 3e civ. 17-9-2008 n° 07-16.973 et Cass. 3e civ. 17-9-2008 n° 07-17.362 : RJDA 1/09 n° 12 ; Cass. 3e civ. 22-1-2013 n° 11-28.184 : RJDA 10/13 n° 775). **45354**

La régularisation de la procédure n'est toutefois possible que si le délai de la prescription biennale n'est pas acquis (n° 45492).

En résumé, l'irrégularité de fond affectant la procédure en fixation du loyer, en l'absence de notification d'un mémoire préalable régulier, peut être couverte par la notification d'un mémoire régulier à la double condition que la régularisation intervienne dans le délai de la prescription biennale et que la juridiction saisie n'ait pas encore statué (CA Pau 24-7-2017 n° 15/01919 : Juris-Data n° 2017-015152).

Notification irrégulière La notification du mémoire au mauvais **destinataire** peut constituer une irrégularité de fond. Elle doit être faite au cocontractant titulaire du bail ou, en cas de pluralité de locataires ou de bailleurs, à chacun d'entre eux (Cass. 3e civ. 3-7-2013 n° 12-13.780 : RJDA 12/13 n° 988). En cas de décès du destinataire, la règle de la notification s'applique à ses héritiers. La circonstance que l'un des héritiers soit titulaire de l'intégralité des droits attachés au bail est indifférente, dès lors que chaque héritier conserve des prérogatives sur le bail en qualité de nu-propriétaire et que l'indivision n'a pas la personnalité juridique (CA Versailles 3-2-2005 n° 03-6532 : Bull. inf. C. cass. 15-7-2005 n° 1504). Il en est de même de la notification du mémoire préalable à « Mme X, indivision X » et non au titulaire du bail et ses héritiers, les héritiers étant nus-propriétaires des droits attachés au bail (Cass. 3e civ. 4-5-2006 n° 05-13.564). **45360**

Un mémoire en demande ayant été adressé non à la personne morale locataire, mais à une personne physique qui n'était plus titulaire du bail depuis la cession du fonds de commerce et qui était décédée avant la notification, le bailleur ayant eu une pleine connaissance de la cession à laquelle il était personnellement intervenu, la Cour de cassation a approuvé la cour d'appel d'avoir considéré qu'aucun mémoire adressé au locataire n'avait précédé l'assignation (Cass. 3e civ. 18-11-1998 n° 96-22.696 : RJDA 1/99 n° 22).

La **charge de la preuve** de la notification du mémoire incombe à la partie qui s'en prévaut. Dans un cas où le bailleur n'avait pas été en mesure de rapporter la preuve de la notification du mémoire au locataire, il n'était pas établi que l'assignation avait été délivrée après expiration du délai d'un mois suivant réception du mémoire (n° 45410) : elle n'était donc pas valable. La prescription biennale étant acquise (n° 45492), l'action du bailleur était irrecevable et le jugement ayant fixé le loyer à la valeur locative a été infirmé (CA Paris 21-3-2007 n° 05-11409 : AJDI 2007 p. 566 obs. S. Porcheron). **45363**

2. SAISINE DU JUGE DES LOYERS COMMERCIAUX

DÉLAI DE SAISINE DU JUGE DES LOYERS COMMERCIAUX

Le juge ne peut pas, à peine d'irrecevabilité, être saisi avant l'expiration d'un délai d'un mois suivant la réception par son destinataire du premier mémoire établi (C. com. art. R 145-27, al. 1). Cette formalité est régulièrement accomplie dès lors qu'il est établi que le locataire a été à même de retirer à La Poste le mémoire adressé par le bailleur après deux avis de passage déposés à son domicile (Cass. 3e civ. 6-11-1986 n° 84-10.103 : Bull. civ. III n° 147). **45410**

REMISE AU GREFFE DU MÉMOIRE

La partie la plus diligente doit remettre au greffe son **mémoire** aux fins de fixation de la date d'audience. Les **pièces** sur lesquelles est fondée la demande ainsi qu'un plan des locaux doivent être annexés au mémoire. Le mémoire et les pièces reçues par l'autre partie doivent y être joints. Les mémoires et les pièces peuvent être remis en original ou en copie (C. com. art. R 145-27, al. 2 et 3). **45420**

Les **pièces** requises, communes aux instances en **révision** et en **renouvellement** du bail, sont les suivantes : **45422**

– le mémoire préalable et, le cas échéant, les mémoires échangés ultérieurement accompagnés de la preuve de leur notification (accusés de réception),
– le bail et ses avenants,
– les plans des locaux.

En outre, il faut ajouter :
– pour les procédures en **révision triennale**, la demande de révision avec l'accusé de réception ainsi que le dernier acte de révision ;
– et pour les procédures en **renouvellement** de bail, le congé ou la demande de renouvellement ainsi que, le cas échéant, l'avis de la commission de conciliation.

ASSIGNATION DU JUGE DES LOYERS COMMERCIAUX

45430 Le juge est saisi par l'assignation délivrée comme en matière de procédure d'urgence à jour fixe (application des articles 840 à 844 du CPC) ; l'assignation n'a toutefois pas à reproduire ou à contenir les éléments déjà connus de l'autre partie (C. com. art. R 145-28). Les parties sont tenues de constituer avocat (C. com. art. R 145-29).

45431 MODÈLE

Assignation en fixation de loyers commerciaux

Assignation devant le Président du tribunal judiciaire de *« Ville »*

STATUANT EN MATIÈRE DE LOYERS COMMERCIAUX

L'AN *« ANNÉE EN LETTRES »*, Et le *« Jour et mois en lettres »*,

Attention : lorsqu'elle est formée par voie électronique, l'assignation doit comporter, à peine de nullité, les adresse électronique et numéro de téléphone mobile du demandeur lorsqu'il consent à la dématérialisation ou de son avocat. Elle peut comporter l'adresse électronique et le numéro de téléphone du défendeur.

À LA DEMANDE DE :

• Si le(s) Demandeur(s) personne(s) physique(s)

Identité du ou des Demandeur(s) personne(s) physique(s) *« Nom, prénom du Demandeur », « Date de naissance du Demandeur » « Lieu de naissance du Demandeur », « Nationalité du Demandeur », « Domicile du Demandeur »* « faisant l'objet d'une immatriculation auprès du RCS de *« Ville du RCS du Demandeur »* sous le numéro *« Numéro d'immatriculation du Demandeur » »*

• Si le(s) Demandeur(s) personne(s) morale(s)

Identité du ou des Demandeur(s) personne(s) morale(s) *« Dénomination du Demandeur », « Forme du Demandeur », « Capital du Demandeur », « Siège social du Demandeur » « Numéro d'immatriculation du Demandeur », « Ville du RCS du Demandeur »*, agissant poursuites et diligences de ses représentants légaux, domiciliés audit siège ès-qualité.

Ayant pour Avocat, Maître *« Nom de l'avocat »*, Avocat au Barreau de *« Ville » « Numéro et rue », « Code postal » « Ville », « Numéros de téléphone et de télécopie »*, toque n° *« Numéro de toque ou vestiaire »*.

Au cabinet duquel domicile est élu.

Et en notre Étude

« Identité de l'huissier ou du commissaire de justice ».

« Donne OU Donnons » **assignation à** :

• Si le(s) Défendeur(s) personne(s) physique(s)

Identité du(des) Défendeur(s) personne(s) physique(s) *« Nom, prénom du Défendeur », « Date de naissance du Défendeur » « Lieu de naissance du Défendeur », « Nationalité du Défendeur », « Domicile du Défendeur »* « faisant l'objet d'une immatriculation auprès du RCS de *« Ville du RCS du Défendeur »* sous le numéro *« Numéro d'immatriculation du Défendeur » »*

• Si le(s) Défendeur(s) personne(s) morale(s)

Identité du(des) Défendeur(s) personne(s) morale(s) *« Dénomination du Défendeur », « Forme du Défendeur », « Capital du Défendeur », « Siège social du Défendeur, » « Numéro d'immatriculation du Défendeur », « Ville du RCS du Défendeur »*, prise en la personne de ses représentants légaux, domiciliés audit siège ès-qualité,

COMME DIT CI-APRÈS

D'avoir à comparaître le *« DATE DE L'AUDIENCE »* à *« Heure »*

À l'audience et par devant « Monsieur OU Madame » le Président du tribunal judiciaire de *« Ville »*, statuant en matière de loyers commerciaux au palais de justice de *« Ville »*, siégeant *« Adresse »*, salle *« Référence de la salle d'audience »*.

Très important

Il est rappelé que les parties sont tenues de se faire représenter par un avocat inscrit au barreau d'un tribunal judiciaire du ressort de la cour d'appel de

Faute par le destinataire de la présente assignation de se faire représenter à cette audience, un jugement pourra être rendu en son absence sur les seules indications contenues dans la présente assignation. Les pièces sur lesquelles la demande est fondée sont indiquées à la fin de l'acte.

Raison de la demande

45431 (suite)

« Exposé en fait et en droit des moyens du ou des demandeurs
Un Mémoire en date du *« Date »* a été rédigé par « le Demandeur OU les Demandeurs » et a été adressé par lettre recommandée avec demande d'avis de réception le *« Date »* « au Défendeur lequel a OU aux Défendeurs lesquels ont » rédigé un Mémoire en réponse en date du *« Date »* adressé par lettre recommandée avec demande d'avis de réception le *« Date »* « au Demandeur OU aux Demandeurs ».
Aucun rapprochement n'a pu aboutir et compte tenu du délai de prescription en la matière, la saisine de « Monsieur OU Madame » le Président statuant en matière de loyers commerciaux apparaît inévitable.

Objet de la demande

• Si le bail initial a été rédigé sous la forme d'un acte sous signature privée
Le bail résulte d'un acte sous signature privée signé à *« Ville »*, en date du *« Date »*, « enregistré à *« Dénomination du service de l'enregistrement » « Ville »*, le *« Date »*, bordereau *« N° »*, case *« N° » »*, aux termes duquel « *« Nom du Bailleur initial »* a OU *« Nom des Bailleurs initiaux »* ont » donné à bail à loyer, dans le cadre des dispositions des articles L 145-1 et suivants du Code de commerce à « *« Nom du Preneur initial »* OU *« Nom des Preneurs initiaux » »*, divers locaux à usage « commercial OU de bureaux », sis *« Numéro et Rue » « Code postal » « Ville »*.
• Si le bail initial a été rédigé sous la forme d'un acte authentique
Le bail résulte d'un acte authentique reçu par Maître *« Nom du Notaire »*, Notaire à *« Ville »*, en date du *« Date »*, aux termes duquel « *« Nom du Bailleur initial »* a OU *« Nom des Bailleurs initiaux »* ont » donné à bail à loyer, dans le cadre des dispositions des articles L 145-1 et suivants du Code de commerce à « *« Nom du Preneur initial »* OU *« Nom des Preneurs initiaux » »* divers locaux à usage « commercial OU de bureaux », sis *« Numéro et Rue » « Code postal » « Ville »*.
(Pièce *« Numéro »* : bail « et plans »)
• Si les parties intervenant au bail initial ont changé
☐ Modification en la personne du ou des Bailleur(s) initial ou initiaux
« Décrire l'événement ayant entraîné la modification du ou des Bailleur(s) initial ou initiaux. Par exemple : Par suite de la vente, succession » « intervenu OU intervenue » le *« Date »*, « *« Nom du nouveau Bailleur »* est venu OU *« Nom des nouveaux Bailleurs »* sont venus » aux droits de « *« Nom du Bailleur initial »* OU *« Nom des Bailleurs initiaux » »*.
☐ Modification en la personne du ou des Locataire(s) initial ou initiaux
« Décrire l'événement ayant entraîné la modification du ou des Locataire(s) initial ou initiaux. Par exemple : Par suite de cession du fonds (ou du droit au bail), succession » « intervenu OU intervenue » le *« Date »*, « *« Nom du Locataire actuel »* est venu OU *« Nom des Locataires actuels »* sont venus », aux droits de « *« Nom du Locataire initial »* OU *« Nom des Locataires initiaux » »*.
(Pièce : *« Numéro »* : Justificatif du changement « de Bailleur OU des Bailleurs OU de Locataire OU des Locataires »)
Ce bail a été consenti pour une durée de *« Nombre »* années à compter du *« Date d'effet du bail »* pour se terminer à pareille époque de l'année *« Année »*.
• Si le congé n'a pas été délivré au moins 6 mois avant le terme du bail
Le bail arrivant à son terme le *« Date »*, s'est tacitement prolongé jusqu'au *« Date pour laquelle le congé a été donné »*, un congé comportant offre de renouvellement à compter du *« Date d'effet du renouvellement »* ayant été délivré à la demande « du Bailleur OU des Bailleurs », par Ministère de Maître *« Nom de l'Huissier ou du commissaire de justice »*, Huissier ou commissaire de justice, « associé de la SCP *« Nom de la SCP » »*, à *« Ville »*, en date du *« Date de la délivrance du congé »*.
• Si le congé a été délivré au moins 6 mois avant l'arrivée du terme
Il a été mis fin audit bail à l'arrivée de son terme, soit le *« Date du terme du bail »* par le congé comportant offre de renouvellement à compter du *« Date d'effet du renouvellement »* qui a été délivré à la demande « du Bailleur OU des Bailleurs », par Ministère de Maître *« Nom de l'Huissier ou du commissaire de justice »*, Huissier ou commissaire de justice, « associé de la SCP *« Nom de la SCP » »*, à *« Ville »*, en date du *« Date de la délivrance du congé »*.
(Pièce *« Numéro »* : Congé)
• Si le renouvellement résulte d'une demande formulée par le ou les Locataire(s)
– Si le(s) Locataire(s) a(ont) formulé une demande de renouvellement par acte extrajudiciaire
Le bail arrivant à son terme le *« Date »* et « le Bailleur OU les Bailleurs » n'ayant pas délivré de congé dans les 6 mois précédant cette échéance, « le Locataire OU les Locataires » « a OU ont » fait délivrer « au Bailleur OU aux Bailleurs » une demande de renouvellement par Ministère

45431 (suite)

de Maître *« Nom de l'Huissier ou du commissaire de justice »*, Huissier ou commissaire de justice, « associé de la SCP *« Nom de la SCP »* », à *« Ville »*, en date du *« Date de la délivrance de la demande »*.

– Si le(s) Locataire(s) a(ont) formulé une demande de renouvellement par lettre recommandée
Le bail arrivant à son terme le *« Date »* et « le Bailleur OU les Bailleurs » n'ayant pas délivré de congé dans les 6 mois précédant cette échéance, « le Locataire OU les Locataires » « lui OU leur » « a OU ont » adressé une demande de renouvellement du bail par lettre recommandée avec demande d'avis de réception, en date du *« Date »* présentée pour la première fois « au Bailleur OU aux Bailleurs » en date du *« Date de la présentation de la demande »*.
(Pièce *« Numéro »* : Demande de renouvellement « du Locataire OU des Locataires »)

• **Si le(s) Bailleur(s) a(ont) accepté le principe du renouvellement par acte extrajudiciaire**

« Le Bailleur a OU Les Bailleurs ont » accepté le principe du renouvellement aux termes d'un acte délivré par Ministère de Maître *« Nom de l'Huissier ou du commissaire de justice »*, Huissier ou commissaire de justice, « associé de la SCP *« Nom de la SCP »* », à *« Ville »*, en date du *« Date de la délivrance de l'acceptation »*.

(Pièce *« Numéro »* : Acceptation par « le Bailleur OU les Bailleurs »)

• **Si le(s) Bailleur(s) a(ont) gardé le silence**

« Le Bailleur a OU Les Bailleurs ont » gardé le silence pendant le délai de trois mois qui « lui OU leur » était imparti, ce silence valant acceptation du renouvellement.

• **Si le(s) Demandeur(s) personne(s) physique(s)**

Identité du ou des Demandeur(s) personne(s) physique(s) *« Nom, prénom du Demandeur »*,
– Si un seul Demandeur
a notifié « au Locataire OU aux Locataires OU au Bailleur OU aux Bailleurs » un Mémoire en demande, par courrier recommandé avec demande d'avis de réception, en date du *« Date »*, réceptionné le *« Date »*, tendant à fixer le prix du bail renouvelé à compter du *« Date »*, à la somme annuelle en principal de *« Montant »* euros.
– Si plusieurs Demandeurs
ont notifié « au Locataire OU aux Locataires OU au Bailleur OU aux Bailleurs » un Mémoire en demande, par courrier recommandé avec demande d'avis de réception, en date du *« Date »*, réceptionné le *« Date »*, tendant à fixer le prix du bail renouvelé à compter du *« Date »*, à la somme annuelle en principal de *« Montant »* euros.

• **Si le(s) Demandeur(s) personne(s) morale(s)**

Identité du ou des Demandeur(s) personne(s) morale(s) *« Dénomination du Demandeur »*,
– Si un seul Demandeur
a notifié « au Locataire OU aux Locataires OU au Bailleur OU aux Bailleurs » un Mémoire en demande, par courrier recommandé avec demande d'avis de réception, en date du *« Date »*, réceptionné le *« Date »*, tendant à fixer le prix du bail renouvelé à compter du *« Date »*, à la somme annuelle en principal de *« Montant »* euros.
– Si plusieurs Demandeurs
ont notifié « au Locataire OU aux Locataires OU au Bailleur OU aux Bailleurs » un Mémoire en demande, par courrier recommandé avec demande d'avis de réception, en date du *« Date »*, réceptionné le *« Date »*, tendant à fixer le prix du bail renouvelé à compter du *« Date »*, à la somme annuelle en principal de *« Montant »* euros.

• **Si le(s) Défendeur(s) a(ont) notifié un Mémoire en réponse**

– Si le(s) Défendeur(s) personne(s) physique(s)
Identité du ou des Défendeur(s) personne(s) physique(s) Liste des Défendeurs personnes physiques *« Nom, prénom du Défendeur »*,
☐ Si un seul Défendeur
a notifié « au Locataire OU aux Locataires OU au Bailleur OU aux Bailleurs » un Mémoire en réponse, par courrier recommandé avec avis de réception en date du *« Date »*, réceptionné le *« Date »*, contestant le montant proposé du loyer du bail renouvelé et sollicitant qu'il soit porté à la somme de *« Montant »* euros par an en principal.
☐ Si plusieurs Défendeurs
ont notifié « au Locataire OU aux Locataires OU au Bailleur OU aux Bailleurs » un Mémoire en réponse, par courrier recommandé avec avis de réception en date du *« Date »*, réceptionné le *« Date »*, contestant le montant proposé du loyer du bail renouvelé et sollicitant qu'il soit porté à la somme de *« Montant »* euros par an en principal.
– Si Défendeur(s) personne(s) morale(s)
Identité du ou des Défendeur(s) personne(s) morale(s) Liste des Défendeurs personnes morales *« Dénomination du Défendeur »*,
☐ Si un seul Défendeur
a notifié « au Locataire OU aux Locataires OU au Bailleur OU aux Bailleurs » un Mémoire en réponse, par courrier recommandé avec avis de réception en date du *« Date »*, réceptionné le

45431 (suite)

« *Date* », contestant le montant proposé du loyer du bail renouvelé et sollicitant qu'il soit porté à la somme de « *Montant* » euros par an en principal.

☐ Si plusieurs Défendeurs

ont notifié « au Locataire OU aux Locataires OU au Bailleur OU aux Bailleurs » un Mémoire en réponse, par courrier recommandé avec avis de réception en date du « *Date* », réceptionné le « *Date* », contestant le montant proposé du loyer du bail renouvelé et sollicitant qu'il soit porté à la somme de « *Montant* » euros par an en principal.

Par ces motifs

Vu les articles L 145-33 et R 145-23 du Code de commerce, « Vu l'article L 145-34, 4e alinéa OU Vu l'article L 145-38 du Code de commerce »

• Si le montant du loyer sollicité est supérieur de plus de 10 % au montant du dernier loyer acquitté au cours de l'année précédente (article L 145-34, 4e alinéa)

constatant que la hausse du loyer ainsi fixé étant supérieure à plus de 10 % du dernier loyer acquitté au cours de l'année précédente,

dire et juger que cette hausse sera étalée conformément aux termes du dernier alinéa de l'article L 145-34 du Code de commerce, selon les modalités suivantes : « *Par précaution, indiquer les hausses à appliquer chaque année, soit selon les termes du texte : 10 % du dernier loyer acquitté au cours de l'année précédente* »

• Si la clause de révision ou d'échelle mobile du loyer du bail expiré faisait référence à l'indice du coût de la construction

dire et juger qu'à compter de la date du renouvellement du bail, l'indice de référence servant à « la révision triennale OU l'indexation annuelle » du loyer sera désormais « l'indice des Loyers Commerciaux (ILC) OU l'indice des loyers des activités tertiaires (ILAT) » tel qu'il est établi par l'Institut national de la statistique et des études économiques (Insee), et l'indice de base sera le dernier paru à la date du renouvellement du bail, soit « *Nom de l'indice* » du « *Quantième* » trimestre « *Année* », valeur : « *Valeur* »,

• Si les clauses et conditions du bail renouvelé demeurent identiques à celles du bail expiré (clauses conformes aux nouvelles dispositions du Code de commerce [lois Pinel et Macron]

fixer le montant du loyer du bail renouvelé à compter du « *Date* » à la somme en principal de « *Montant sollicité* » euros par an, toutes les autres clauses, charges et conditions du bail expiré demeurant inchangées.

• Si les clauses et conditions du bail renouvelé proposé ont été modifiées et mises en conformité avec les nouvelles dispositions du Code de commerce (lois Pinel et Macron)

fixer le montant du loyer du bail renouvelé à compter du « *Date* » à la somme en principal de « *Montant sollicité* » euros par an, selon les nouvelles clauses et conditions proposées aux termes « du congé OU de la réponse » « du Bailleur OU des Bailleurs » à la demande de renouvellement du bail « du Locataire OU des Locataires »

• Si demande de condamnation au paiement des intérêts au taux légal sur chacune des échéances dues

condamner au paiement des intérêts au taux légal sur chacune des échéances dues à compter du « *Nombre. Par exemple : cinquième* » jour de la signification de la décision à intervenir, comportant injonction de payer

– Si le(s) Défendeur(s) personne(s) physique(s)

Identité du(des) Défendeur(s) personne(s) physique(s) « *Nom, prénom du Défendeur* ».

– Si le(s) Défendeur(s) personne(s) morale(s)

Identité du(des) Défendeur(s) personne(s) morale(s) « *Dénomination du Défendeur* »

☐ Si la capitalisation des intérêts est sollicitée

dire et juger que ces intérêts seront capitalisés dans les conditions de l'article 1343-2 du Code civil pour ceux correspondant à la créance de loyers due depuis plus d'un an,

SUBSIDIAIREMENT,

– ordonner une mesure d'expertise en application de l'article R 145-30 du Code de commerce,

• S'il est demandé la fixation d'un loyer prévisionnel

Pour le cas où une mesure d'expertise serait ordonnée,

fixer un loyer provisionnel pendant la durée de l'instance à la somme de « *Montant* » euros par an en principal à compter du « *Date* »,

• Si l'exécution provisoire est sollicitée

prononcer l'exécution provisoire de la décision à intervenir.

– S'il est sollicité l'application des articles L 111-2, L 111-3 et L 111-6 du Code des procédures civiles d'exécution dire et juger qu'à défaut d'exercice par l'une ou l'autre des parties de son droit d'option prévu par les dispositions de l'article L 145-57 du Code de commerce et qu'à défaut d'appel ou si l'exécution provisoire est prononcée, la décision à intervenir constituera un titre exécutoire conforme aux dispositions des articles L 111-2, L 111-3 et L 111-6 du Code des procédures civiles d'exécution.

• **S'il est sollicité la condamnation du Défendeur aux dépens et frais d'expertise**

condamner au paiement des dépens, y compris les frais d'expertise s'il y a lieu

– Si le(s) Défendeur(s) personne(s) physique(s)

Identité du (des) Défendeur(s) personne(s) physique(s) *« Nom, prénom du Défendeur »*

• Si le(s) Défendeur(s) personne(s) morale(s)

Identité du (des) Défendeur(s) personne(s) morale(s) *« Dénomination du Défendeur »*

SOUS TOUTES RÉSERVES

PIÈCES SUR LESQUELLES EST FONDÉE LA DEMANDE

« Liste des pièces produites : bail, avenants, justificatif de changement de Bailleur(s) ou de Locataire(s), plan, congé, mémoires et justificatifs de notification, correspondances ».

POUVOIRS DU JUGE DES LOYERS COMMERCIAUX

45440 Dans la fixation du loyer, le juge est lié par les **prétentions des parties**. En application de l'article L 145-37 du Code de commerce, le prix judiciairement fixé ne peut être ni supérieur à la demande du bailleur ni inférieur à celle du locataire, sauf à ce que les prétentions des parties aient varié depuis. Dans ce cas, le nouveau prix demandé ne prend effet qu'à compter de la notification par **mémoire additionnel** des nouvelles prétentions (C. com. art. R 145-21, al. 2).
En pratique, le juge sera alors amené à fixer deux loyers dont la date de prise d'effet sera différente.

45442 La production en justice de **rapports d'expertise amiable** est une pratique répandue, le bailleur (ou le locataire) appuyant ses prétentions sur un rapport dressé, à sa demande, par un expert inscrit sur une liste auprès d'une cour d'appel. La Cour de cassation a admis qu'un tel rapport pouvait être produit à titre de preuve devant un tribunal s'il est soumis à la libre discussion des parties (Cass. 3e civ. 23-3-2005 n° 04-11.455 : Bull. civ. III n° 73), à charge pour le juge d'en apprécier souverainement la valeur probante. En revanche, il ne peut pas se déterminer au vu de ce seul rapport, même s'il a été soumis aux observations contradictoires des parties. En effet, la Cour de cassation a précisé qu'en se fondant exclusivement sur une expertise non contradictoire établie à la demande de l'une des parties, les juges du fond avaient méconnu le droit à un procès équitable prévu par l'article 6, § 1 de la Convention de sauvegarde des droits de l'Homme et des libertés fondamentales (Cass. 3e civ. 3-2-2010 n° 09-10.631 : RJDA 4/10 n° 340).
Rien n'interdit à la partie qui se prévaut du rapport d'intégrer dans ses écritures des éléments objectifs tirés du rapport amiable, tels que les chiffres de fréquentation de la station de transport en commun, la création de nouvelles constructions, pour une demande de déplafonnement fondée sur la modification des facteurs locaux de commercialité, de telle sorte que le juge puisse se fonder sur ces données concrètes.
Par ailleurs, dans l'exercice de son pouvoir souverain d'appréciation de la valeur et de la portée des éléments de preuve, un juge peut se fonder sur une expertise amiable, non contradictoire à l'égard de l'une des parties, et sur une expertise, certes ordonnée judiciairement, mais également non contradictoire à l'égard de cette même partie, dès lors que ces expertises ont été soumises à la libre discussion des parties (Cass. 3e civ. 15-11-2018 n° 16-26.172 FP-PBI : RJDA 2/19 n° 75).

45444 Le juge des loyers peut ordonner certaines **mesures d'instruction** s'il s'estime insuffisamment éclairé sur certains points ou s'il lui apparaît que les prétentions des parties divergent sur de tels points : il peut se rendre sur les lieux ou commettre toute personne de son choix afin de procéder à de simples constatations matérielles (C. com. art. R 145-30, al. 1 et 2). Lorsque les divergences portent sur des points de fait qui ne peuvent être tranchés sans recourir à une **expertise**, le juge désigne un expert, lequel devra s'expliquer, indépendamment de la mission complémentaire qu'il aurait reçue du juge, sur tous les éléments mentionnés, selon le cas, aux articles R 145-3 à R 145-7, L 145-34, R 145-9, R 145-10 et R 145-11 du Code de commerce (C. com. art. R 145-30, al. 3).

45446 Durant le cours de l'instance, le locataire est tenu de payer les **loyers échus** à l'ancien prix ou au prix fixé par le juge à titre provisionnel (C. com. art. L 145-57, al. 1). En pratique, le juge applique le dernier loyer en cours, sauf à ce que les éléments du dossier permettent dès ce stade de fixer un prix différent, notamment au cas de surévaluation ou sous-évaluation manifeste.

MÉMOIRE COMPLÉMENTAIRE APRÈS EXPERTISE

45450 Lorsque le juge a recours à une mesure d'expertise, l'article R 145-31, al. 1 précise que, dès le dépôt du rapport, le greffe avise les parties, par lettre recommandée AR, de la date à laquelle

l'affaire sera reprise et de celle à laquelle les **mémoires** faits après l'exécution de la mesure d'instruction devront être échangés.
Les parties doivent obligatoirement échanger de nouveaux mémoires avant la date d'audience, même si elles n'entendent développer aucun argument supplémentaire. Il s'agit d'une formalité substantielle dont l'omission vicie toute la procédure (n° 45352).

AUDIENCE DEVANT LE JUGE DES LOYERS

La **procédure** devant le juge des baux commerciaux est **écrite**. À l'audience, les **parties** ne peuvent, ainsi que leur conseil, développer oralement que les moyens et conclusions de leurs mémoires (C. com. art. R 145-29). **45460**
Durant la procédure, les parties peuvent modifier leurs écritures et invoquer des **moyens nouveaux** en cours d'instance, en notifiant des mémoires complémentaires.
La Cour de cassation rappelle régulièrement que l'interdiction faite aux parties devant le juge des loyers de développer d'autres moyens et conclusions que ceux de leurs mémoires ne concerne que le déroulement des débats. Les dispositions du Code de commerce n'interdisent pas aux parties de modifier leurs écritures pour évoquer de nouveaux moyens en cours d'instance, alors que ceux-ci ne figurent ni dans le congé ni dans le mémoire (Cass. 3e civ. 30-11-1982 n° 81-10.841 : Bull. civ. III n° 235 ; Cass. 3e civ. 10-7-2002 n° 00-21.565 : Gaz. Pal. 1-2-2003 som. p. 23 note J.-D. Barbier ; Cass. 3e civ. 10-11-2010 n° 09-16.783 : RJDA 3/11 n° 223).

JUGEMENT RENDU PAR LE JUGE DES LOYERS

Substitut à l'accord des parties La fixation judiciaire du loyer permet de parfaire l'accord des parties sur le principe de renouvellement du bail exprimé par le congé avec offre de renouvellement. C'est là une des dispositions les plus originales du statut des baux commerciaux : le législateur a dévolu au juge des loyers non seulement le pouvoir de se substituer aux parties pour fixer un élément essentiel du contrat, le prix, mais aussi celui de créer un instrumentum matérialisant le renouvellement du bail. Deux **conditions** sont toutefois requises (C. com. art. L 145-57) : **45470**
– le jugement doit avoir acquis un caractère définitif ;
– les parties ne doivent pas avoir exercé leur droit d'option dans le délai d'un mois qui suit la décision définitive, le locataire renonçant au renouvellement ou le bailleur refusant celui-ci. Si, à l'issue de ce délai, le bailleur n'a pas adressé au locataire un projet de bail conforme à la décision définitive fixant le loyer, aux fins de signature, le jugement ou l'arrêt fixant le loyer vaut bail.

> **Précisions** Ces dispositions **déconcertent** souvent les **locataires** qui, pour des raisons pratiques, notamment la perspective de céder leur fonds de commerce, réclament à leur bailleur la formalisation d'un bail. Dans la mesure où le jugement vaut bail, il ne peut être exigé de l'autre partie la régularisation d'un document. D'un point de vue matériel, la durée du nouveau bail et son loyer seront définis dans le jugement et les autres conditions locatives dans le précédent bail établi par les parties.

Décision fixant le loyer Le jugement indique le **point de départ du nouveau loyer** qui, en principe, à moins que les parties aient varié dans leur demande, commence à courir à compter de la date d'effet du bail renouvelé. **45475**

Compte tenu de la durée de la procédure, il peut s'écouler plusieurs années avant que le juge des loyers rende sa décision. La question qui se pose alors est celle du **point de départ des intérêts** dus par le locataire sur les compléments de loyer : les intérêts courent à compter de la mise en demeure de payer faite au locataire (C. civ. art. 1231-6). **45477**

La **décision** du juge des loyers est **exécutoire** de plein droit à titre provisoire (CPC art. 514). **45479**

VOIES DE RECOURS ET EXÉCUTION DU JUGEMENT

Le jugement est susceptible des **voies de recours** ordinaires (notamment, l'appel) et extraordinaires (notamment, le pourvoi en cassation) de droit commun. **45490**
La décision du juge des loyers présente un caractère déclaratif exclusif de toute condamnation. Il s'ensuit que la majoration de cinq points du **taux de l'intérêt légal** prévu en cas de condamnation (C. mon. fin. art. L 313-3) n'est pas applicable à la décision judiciaire fixant le loyer de renouvellement (Cass. 3e civ. 18-3-1992 n° 497 : RJDA 6/92 n° 562).
En cas de **défaut de règlement** par le locataire **des compléments de loyers**, la question s'est posée de savoir si le bailleur devait saisir le juge des référés afin de faire liquider sa créance et d'obtenir un titre exécutoire. La cour d'appel de Paris a estimé que le jugement fixant le loyer de

renouvellement assorti de l'exécution provisoire constitue un titre exécutoire suffisant, nonobstant l'appel interjeté, pour permettre aux propriétaires d'obtenir la liquidation de la créance de compléments de loyers et d'intérêts (CA Paris 5-3-1996 n° 95-5338 : Loyers et copr. 1997 comm. n° 47 ; CA Paris 9-9-1999, 8e ch. : GP 2000 som. p. 1195 obs. J.-D. Barbier).

45492

Prescription biennale des actions en matière de baux commerciaux

Domaine de la prescription biennale

Toutes les **actions** fondées **sur** les dispositions du **statut** des baux commerciaux se prescrivent par deux ans (C. com. art. L 145-60). Sont notamment concernées les actions en :
– révision triennale du loyer (Cass. 3e civ. 1-6-1988 n° 86-14.659 : Bull. civ. III n° 100) ;
– fixation du loyer du bail renouvelé (Cass. 3e civ. 28-2-1979 n° 77-13.394 : Bull. civ. III n° 51), même si l'action est exercée par le locataire (Cass. 3e civ. 20-10-2016 n° 15-19.940 FS-PB : RJDA 1/17 n° 6) ;
– fixation du loyer du bail commercial né à l'issu d'un bail dérogatoire (Cass. 3e civ. 7-7-2016 n° 15-19.485 FS-PBI : RJDA 11/16 n° 767) ;
– fixation de l'indemnité d'occupation due par le locataire pour la période comprise entre la fin du bail et l'exercice du droit d'option (Cass. 3e civ. 5-2-2003 n° 01-16.882 : RJDA 4/03 n° 369 ; Cass. 3e civ. 16-3-2023 n° 21-19.707 FS-B : RJDA 6/23 n° 301) ;
– fixation (Cass. 3e civ. 31-5-2007 n° 06-12.907 : RJDA 8-9/07 n° 822) et paiement d'une indemnité d'éviction (Cass. 3e civ. 18-12-2002 n° 01-11.189 : RJDA 3/03 n° 241 ; Cass. 3e civ. 30-3-2017 n° 16-13.236 F-D : RJDA 8-9/17 n° 537) ;
– paiement des intérêts dus sur loyer d'avance en application de l'article L 145-40 du Code de commerce (CA Paris 8-3-1984 n° J 12884 : D. 1984 IR p. 314) ;
– exécution d'un congé donné conformément aux dispositions de l'article L 145-9 du Code de commerce (Cass. 3e civ. 29-10-1973 n° 72-13.322 : Bull. civ. III n° 549) ;
– validité (Cass. 3e civ. 14-6-1972 n° 71-10.913 : Bull. civ. III n° 395) ou nullité d'un congé (Cass. 3e civ. 15-11-2005 n° 04-16.591 : RJDA 2/06 n° 117) ;
– réajustement du loyer principal en cas de sous-location (Cass. 3e civ. 1-4-1998 n° 96-18.245 : RJDA 6/98 n° 691) ;
– requalification d'une convention locative en bail commercial (Cass. 3e civ. 23-11-2011 n° 10-24.163 : RJDA 4/12 n° 385 ; Cass. 3e civ. 17-11-2016 n° 15-12.136 FS-D : RJDA 2/17 n° 69 ; Cass. 3e civ. 25-1-2023 n° 21-24.394 F-D : RJDA 6/23 n° 303).

En revanche, les **actions** qui ne sont **pas** fondées sur les règles du **statut** des baux commerciaux relèvent de la prescription de droit commun de cinq ans (C. civ. art. 2224). Tel est notamment le cas de l'action en :
– résiliation judiciaire du bail pour inobservation des obligations contractuelles du locataire (Cass. 3e civ. 12-7-1989 n° 88-10.159 : Bull. civ. III n° 164 ; Cass. 3e civ. 3-7-1985 n° 84-11.807 : Bull. civ. III n° 107) ;
– paiement d'une indemnité de résiliation anticipée stipulée dans le bail (Cass. 3e civ. 9-3-2023 n° 21-20.358 F-D : RJDA 6/23 n° 304) ;
– paiement d'une indemnité d'occupation due par un locataire devenu occupant sans droit ni titre (Cass. 3e civ. 14-3-1973 n° 71-13.963 : Bull. civ. III n° 201 ; Cass. 3e civ. 21-5-1974 n° 73-10.786 : Bull. civ. III n° 217 ; Cass. 3e civ. 26-1-2017 n° 16-10.235 F-D) ;
– expulsion du locataire devenu occupant sans droit ni titre (Cass. 3e civ. 12-2-1971 n° 69-11.616 : Bull. civ. III n° 114) ;
– restitution du dépôt de garantie (CA Paris 26-2-2004 n° 02-21096, 16e ch. B) ;
– revendication du statut des baux commerciaux par un locataire laissé en possession à l'issue du bail dérogatoire (Cass. 3e civ. 1-10-2014 n° 13-16.806 FS-PBI : RJDA 3/15 n° 162) ;
– manquement du bailleur à son obligation de délivrance (CA Rouen 1-6-2022 n° 20/03324 : RJDA 1/23 n° 14).

Jusqu'à la loi Pinel du 18 juin 2014, les **clauses illégales** étaient sanctionnées par la nullité, l'action en nullité étant soumise à la prescription biennale de l'article L 145-60. Depuis le 20 juin 2014, date d'entrée en vigueur de la loi, elles sont « réputées non écrites » (C. com. art. L 145-15 et L 145-16). En conséquence, aucun délai de prescription ne leur est applicable.

Point de départ de la prescription biennale

La prescription biennale court :
– pour l'action en **révision** triennale du **loyer**, à compter du jour de l'expédition de la demande par lettre recommandée AR (Cass. 3e civ. 7-11-1990 n° 89-12.922 : RJDA 2/91 n° 94 ; Cass. 3e civ. 13-2-2002 n° 00-17.667 : RJDA 5/02 n° 483) ;

– pour la demande en **paiement** de l'**indemnité d'occupation** fondée sur l'article L 145-28 du Code de commerce, à compter de la date d'effet du congé en cas de non-contestation par le bailleur du droit à indemnité d'éviction (Cass. 3e civ. 10-12-1997 n° 96-13.373 : RJDA 2/98 n° 154) ;
– pour l'action en **paiement** de l'**indemnité d'éviction**, à compter de la date pour laquelle le congé a été donné (Cass. 3e civ. 30-3-2017 n° 16-13.236 F-D : RJDA 8-9/17 n° 537) ;
– pour l'action en **contestation** de la **validité** d'une **clause du bail**, à compter du jour de la signature du bail ;
– pour l'action en **validité** d'un **congé**, à compter de la date d'effet de celui-ci (C. com. art. L 145-9, al. 5), fût-elle erronée (Cass. 3e civ. 23-0-2021 n° 20-10.026 F-D : RJDA 12/21 n° 768) ;
– pour l'action en **réajustement** du **loyer principal**, à compter de la date à laquelle le bailleur a eu connaissance du prix de la sous-location (Cass. 3e civ. 1-4-1998 n° 96-18.245 : RJDA 6/98 n° 691 ; Cass. 3e civ. 9-9-2021 n° 20-19.631 F-D : RJDA 1/22 n° 6) ;
– pour l'action en fixation du **loyer** du **bail renouvelé**, à compter de la date d'effet du nouveau bail, c'est-à-dire la date pour laquelle le congé a été donné (Cass. 3e civ. 30-6-2004 n° 03-10.661 : RJDA 10/04 n° 1099 ; Cass. 3e civ. 3-11-2016 n° 15-19.598 F-D : RJDA 2/17 n° 70), ou à compter de la date d'acceptation du renouvellement lorsque celle-ci intervient après l'expiration du bail (Cass. 3e civ. 29-11-2006 n° 05-19.736 : RJDA 2/07 n° 134) ;
– pour l'action en **requalification** d'une **convention** en bail commercial à compter de la conclusion de la convention dont la requalification est recherchée, même en présence d'une succession de baux dérogatoires (Cass. 3e civ. 25-5-2023 n° 22-15.946 FS-B : BRDA 13/23 inf. 16).

Interruption de la prescription

Pour l'action en fixation du loyer devant le président du tribunal judiciaire, la **notification** du **mémoire** préalable par lettre recommandée AR interrompt la prescription à compter de la date d'expédition du mémoire (Cass. 3e civ. 17-10-2012 n° 11-21.646 : RJDA 4/13 n° 303), même si le mémoire est affecté d'un vice de fond (Cass. 3e civ. 8-7-2015 n° 14-15.192 FS-PB : RJDA 2/16 n° 93). Dans le cadre de l'action en fixation de l'indemnité d'éviction, la **désignation** d'un **expert** interrompt la prescription (Cass. 3e civ. 15-2-1995 n° 92-17.159 : RJDA 4/95 n° 415). En revanche, la remise au greffe du mémoire aux fins de fixation de la date d'audience, conformément à l'article R 145-27 du Code de commerce (n° 45420), n'interrompt pas la prescription (Cass. 3e civ. 23-1-2013 n° 11-20.313 : RJDA 10/13 n° 774).

Suspension de la prescription

La prescription est suspendue lorsque celui qui veut se prévaloir d'un droit est dans l'impossibilité d'agir (Cass. 3e civ. 21-5-1980 : Bull. civ. III n° 105). Ainsi, la **demande** en **constatation** de l'**acquisition** de la **clause résolutoire** devant le juge des référés suspend la prescription de l'action en fixation des loyers (CA Paris 3-4-1981 n° 49606, 16e ch. B). La prescription est également suspendue en cas de **fraude** du locataire empêchant le bailleur d'agir (Cass. 3e civ. 24-11-2010 n° 09-16.104 FS-D : RJDA 3/11 n° 224) ou en cas de fraude du bailleur (Cass. 3e civ. 19-11-2015 n° 14-13.882 F-D : RJDA 5/16 n° 357).

D. Procédure d'expulsion du locataire commercial

À l'**expiration du bail**, quelles qu'en soient les modalités ou les raisons (congé, mise en œuvre de la clause résolutoire de plein droit, résiliation judiciaire, etc.), le locataire devient un occupant sans droit ni titre contre lequel peuvent être dirigées des mesures d'expulsion afin d'obtenir la libération des lieux loués tant par les personnes qui les occupent que par les meubles qui s'y trouvent. 45600

Les règles de l'expulsion, qui ont été codifiées, figurent aux articles L 411-1 à L 451-1 et R 411-1 et suivants du Code des procédures civiles d'exécution.

CONDITIONS DE L'EXPULSION DU LOCATAIRE COMMERCIAL

La procédure d'expulsion ne peut être mise en œuvre qu'après obtention d'une **décision judiciaire** d'expulsion **ou** d'un **procès-verbal de conciliation exécutoire** (C. exécution art. L 411-1), c'est-à-dire un accord des parties sur la libération des locaux, obtenu pendant l'instance et signé de toutes les parties et du juge, permettant à l'huissier (ou commissaire de justice) de procéder à la mesure d'exécution après signification d'un commandement d'avoir à quitter les lieux. 45605

Ne constitue pas un titre exécutoire permettant l'expulsion un protocole d'accord rendu exécutoire par une ordonnance sur requête du président du TGI (devenu tribunal judiciaire) (Avis Cass. 20-10-2000 n° 20-20013 : RJDA 3/01 n° 276). En revanche, le jugement d'adjudication constitue un titre exécutoire permettant l'expulsion (C. exécution art. L 322-13).

45607 La loi permettant d'effectuer une mesure d'exécution avec un titre exécutoire provisoire, l'expulsion peut, en principe, être poursuivie sur le fondement d'une **ordonnance de référé** frappée d'appel. Cependant, et bien qu'ils ne soient pas réglementés en matière de baux commerciaux, certaines juridictions accordent des délais suspendant la mesure d'exécution. En effet, l'article R 121-1, al. 2 du Code des procédures civiles d'exécution ne fait pas obstacle à ce que le **juge de l'exécution** accorde un **délai de grâce** au locataire d'un bail commercial qui a reçu un commandement de quitter les lieux, car ce texte ne fait aucune distinction selon que le délai de grâce concerne une obligation de payer ou une obligation de faire comme celle de quitter les lieux ni davantage selon que les locaux sont d'habitation ou des locaux professionnels, y compris des locaux commerciaux (TGI Paris jex 9-11-1998 n° 98-85379 : Gaz. Pal. 2000 som. p. 867).

ATTENTION

À compter de la signification du commandement d'avoir à libérer les locaux, toute **demande de délais** formée en application des articles L 613-1 à L 613-5 du Code de la construction et de l'habitation (devenus C. exécution art. L 412-3 s.) doit être portée devant le juge de l'exécution et non devant le juge des référés (Cass. 2e civ. 18-9-2003 n° 01-16.019 : Bull. civ. II n° 285).

45609 Le bailleur peut faire procéder à l'expulsion à l'encontre de **sous-locataires** qui ne tiennent leur titre que du locataire principal contre qui une procédure est également engagée (Cass. 2e civ. 4-12-2003 n° 02-10.387 : Bull. civ. II n° 366). En revanche, tant que le lien de droit locatif demeure entre le locataire principal et le propriétaire des locaux, ce dernier ne peut pas agir directement en expulsion contre le sous-locataire (Cass. 3e civ. 1-2-2012 n° 10-22.863 : RJDA 6/12 n° 567).

DÉCISION D'EXPULSION DU LOCATAIRE COMMERCIAL

45620 La décision d'expulsion relève de la **compétence** du tribunal judiciaire, en sa qualité de juridiction des baux commerciaux (C. org jud. art. R 211-3-26, 11°). De même, dans le cadre des procédures collectives, si la résiliation du bail de plein droit peut être constatée par le juge-commissaire, l'expulsion relève de la compétence du juge des référés du TGI (devenu tribunal judiciaire) (Cass. com. 5-12-1995 n° 93-18.977 : Juris-Data n° 1995-00.3887).

L'exécution de la décision d'expulsion suppose sa **signification** (CPC art. 503, al. 1) ainsi que celle d'un commandement d'avoir à libérer les locaux (C. exécution art. L 411-1).

COMMANDEMENT DE QUITTER LES LIEUX

45630 Le commandement doit, à peine de nullité, contenir les **mentions** suivantes (C. exécution art. R 411-1) :

– l'indication du titre exécutoire en vertu duquel l'expulsion est poursuivie ;
– la désignation de la juridiction devant laquelle peuvent être portées les demandes de délais et toutes contestations relatives à l'exécution des opérations d'expulsion ;
– l'indication de la date à partir de laquelle les locaux devront être libérés ;
– l'avertissement qu'à compter de cette date il pourra être procédé à l'expulsion forcée du débiteur ainsi qu'à celle de tout occupant de son chef.

Il peut être délivré dans l'acte de signification de la décision d'expulsion (C. exécution art. R 411-1, dernier. al.). Il doit être **signifié** à la personne dont l'expulsion a été ordonnée mais il n'a pas à l'être à l'occupant de son chef (Cass. 2e civ. 23-6-2016 n° 15-21.408 F-PB : Bull. civ. II n° 165 ; Cass. 3e civ. 20-5-2021 n° 19-24.658 F-D : RJDA 8-9/21 n° 549) et donc pas au sous-locataire (Cass. 3e civ. 30-11-2005 n° 04-18.686 FS-PB : RJDA 2/06 n° 109). Il ne peut pas être signifié à domicile élu (C. exécution art. R 411-2) sous peine d'engager la responsabilité de l'huissier (TGI Paris 12-1-2000 n° 98-23234 : Juris-Data n° 2000-10.6613) ou du commissaire de justice.

> **Précisions** **a.** En matière de location commerciale, la Cour de cassation a exclu l'application de l'article R 412-2 du Code précité relatif à la **transmission au préfet** du commandement de quitter les lieux (Cass. 2e civ. 20-1-2005 n° 03-13.138 : Bull. civ. II n° 18).

b. Le débiteur ne peut invoquer la nullité du commandement de quitter les lieux sous prétexte qu'il n'aurait pas été **motivé** : l'absence de motivation n'est pas une cause de nullité puisqu'aucun texte ne le prévoit (CA Paris 13-1-2011 n° 10/05015 : Juris-Data n° 2011-000514, ayant relevé que le commandement de quitter les locaux contenait toutes les mentions prescrites par le texte).

OPÉRATIONS MATÉRIELLES D'EXPULSION DU LOCATAIRE COMMERCIAL

Réquisition de la force publique À compter de la signification du commandement de quitter les lieux, l'huissier ou le commissaire de justice, responsable de la conduite des opérations (C. exécution art. L 222-2), peut se rendre sur place en présence de **témoins** afin de faire une première tentative d'expulsion qui reste généralement infructueuse. À la suite du refus de l'expulsé de quitter les lieux, sera dressé un procès-verbal de tentative d'expulsion qui est le fondement de son procès-verbal de réquisition de la force publique adressé au préfet. **45640**

C'est uniquement s'il est fait droit à cette réquisition que l'huissier ou le commissaire de justice peut se déplacer sur les lieux en présence d'un **serrurier** et assisté des forces de **police** ou de gendarmerie afin de demander l'ouverture des locaux loués et pratiquer l'expulsion.

L'expulsion est constatée par un **procès-verbal d'expulsion** qui reprend l'ensemble des démarches effectuées par l'huissier ou le commissaire de justice. Même s'il ne conteste pas ce procès-verbal, le locataire conserve un **intérêt** à exercer l'**action en annulation** du **commandement** de quitter les lieux (Cass. 2e civ. 13-2-2003 n° 01-03.272 : Bull. civ. II n° 34).

En l'**absence d'autorisation** de recours à la force publique, le bailleur n'a comme recours que de mettre en cause la **responsabilité de l'État**. En règle générale, elle n'est engagée qu'au terme du délai de deux mois après réquisition de la force publique, qui fait naître une décision implicite de rejet de cette demande et qui est regardé comme le délai normal de réflexion accordé au préfet (CE 27-9-2006 n° 285279). Toutefois, lorsque les circonstances sont de nature à entraîner pour le propriétaire une privation de son bien dont les effets sont particulièrement graves et exigent, en conséquence, une décision rapide sur les suites à donner à la demande, la période de responsabilité peut commencer plus tôt (CE 18-6-2008 n° 285380 : Voir la mise à jour). Ainsi en a-t-il été jugé dans le cas d'une occupation d'une usine (même arrêt). **45642**

> **Précisions a.** Le fait que la **demande** de concours de la force publique ne soit **pas accompagnée**, contrairement aux prescriptions légales (C. exécution art. R 153-1), « d'un exposé des **diligences** auxquelles l'**huissier** (ou commissaire) de justice a procédé » ne rend pas la demande incomplète et n'est pas de nature à faire obstacle à l'engagement de la responsabilité de l'État, dès lors que l'autorité administrative a été tenue informée par d'autres moyens des difficultés du propriétaire à rentrer en possession de son bien (CE 18-6-2008 n° 285380, précité).
> **b.** En cas de maintien dans les lieux, le juge de l'exécution est compétent pour condamner le locataire à une **indemnité d'occupation** en raison de l'inexécution de la mesure d'exécution forcée (Cass. 2e civ. 20-6-1996 n° 94-14.012 : Bull. civ. II n° 168).

Locaux mixtes Si une partie des locaux loués est à usage d'habitation, la procédure d'expulsion doit respecter certaines particularités, notamment quant aux **délais** (C. exécution art. L 412-1 s.). La procédure d'expulsion est nulle et la réintégration de l'occupant doit être ordonnée, bien que ce dernier ait occupé un local à usage de commerce et d'habitation du chef d'un locataire bénéficiant d'un bail commercial, dès lors que ne lui a pas été signifié le commandement prévu à l'article R 411-1 du Code précité (TGI Angoulême jex 4-10-1993 n° 93-117 : D. 1994 som. p. 337 note P. Julien). **45650**

RESPONSABILITÉ DU BAILLEUR APRÈS L'EXPULSION DU LOCATAIRE

Après l'expulsion du locataire commercial, les locaux sont placés sous la responsabilité du bailleur qui peut être condamné à réparer le préjudice subi par le locataire en cas de vol ou de dégradations survenus dans le local. En particulier, les dispositions de l'article 1725 du Code civil exonérant le bailleur du fait de troubles et de fautes commis par des tiers ne sont pas applicables, nonobstant l'annulation ultérieure de l'ordonnance d'expulsion (Cass. 3e civ. 5-1-2012 n° 10-12.741 : RJDA 7/12 n° 645). **45660**

SECTION 2

PROCÉDURE DE CONCILIATION EN MATIÈRE DE BAIL COMMERCIAL

GÉNÉRALITÉS

45710 Seuls certains litiges sont soumis à une **commission départementale de conciliation** mixte composée de bailleurs et de locataires, en nombre égal, et de personnes qualifiées (C. com. art. L 145-35, al. 1).
La composition de la commission, le mode de désignation de ses membres et ses règles de fonctionnement sont régis par les articles D 145-12 et suivants du Code de commerce et par une circulaire du ministre du commerce et de l'artisanat du 3 août 1988 (JO du 25-9 p. 12198).
Le rôle de la commission est de tenter de concilier les parties.

> **Précisions** On peut s'interroger sur l'**intérêt réel des commissions de conciliation** tant sont complexes à déterminer les causes du déplafonnement, sans parler de la détermination de la valeur locative, qui nécessite une connaissance approfondie des locaux et des valeurs de comparaison.
> En pratique, une grande partie des litiges trouvent leur solution amiable après le dépôt du rapport de l'expert désigné par le juge. Une phase d'étude approfondie du litige constitue un préalable souvent indispensable afin de rapprocher les parties.

DOMAINES D'INTERVENTION DE LA COMMISSION DE CONCILIATION

45712 Peuvent être soumis à la commission départementale de conciliation (C. com. art. L 145-35) :
– les litiges relatifs à la fixation du loyer du bail renouvelé,
– et ceux relatifs à la révision du loyer, aux charges et aux travaux.

45715 En ce qui concerne les loyers, le champ d'action des commissions de conciliation se limite aux litiges relatifs à l'application de la règle du **plafonnement** du loyer instituée par l'article L 145-34 du Code de commerce pour le loyer du bail renouvelé et par l'article L 145-38 pour le loyer du bail révisé. Elles ont donc vocation à connaître des litiges relatifs :
– aux motifs de déplafonnement du loyer soulevés par le bailleur sur le fondement d'une modification notable des éléments de la valeur locative,
– au calcul du plafonnement et à ses modalités d'application.

45717 Échappent en conséquence à la compétence des commissions de conciliation les **baux qui ne relèvent pas de la règle du plafonnement** à raison de la nature du bien loué, à savoir les terrains nus, les locaux monovalents et les bureaux qui sont régis respectivement par les articles R 145-9 à R 145-11 du Code de commerce (pour un exemple, CA Paris 24-9-1992 n° 91-16104 : Loyers et copr. 1992 comm. n° 394 note Ph.-H. Brault et C. Mutelet).
Il devrait en aller de même, à notre avis, en cas de **discussion des parties sur la qualification du bail** au regard de l'un des régimes spécifiques exclusifs du plafonnement. Lorsque, par exemple, les parties s'opposent sur l'existence d'un local monovalent, au sens de l'article R 145-10 du Code de commerce, la commission ne devrait pas pouvoir connaître de ce litige, sous peine de se prononcer sur un texte qui ne relève pas de sa compétence.
En revanche, dans la mesure où l'article L 145-34 du Code de commerce mentionne la durée du bail, la commission de conciliation devrait être saisie préalablement des **litiges relatifs à la durée** contractuelle du bail ou à sa tacite prolongation, prise en tant que cause de déplafonnement (en ce sens, TGI Limoges 12-10-1989 n° 89-1190 : D. 1990 somm. p. 254 obs. L. Rozès).
Lorsque la **discussion est limitée à la fixation du loyer**, les parties étant d'accord sur le principe du déplafonnement ou le locataire invoquant l'exception de la valeur locative inférieure au montant du loyer, la commission ne devrait pas être compétente. En effet, si la commission peut donner, à titre accessoire, son avis sur la valeur locative lorsqu'elle est saisie d'un litige portant sur l'application de l'article L 145-34 du Code de commerce, il en va différemment lorsque l'entier litige intéresse la détermination de la valeur locative, laquelle relève exclusivement de l'article L 145-33 du Code de commerce (en ce sens, voir J.-D. Barbier, J.-Cl. Bail à loyer, Procédure, fasc. 1302 n° 28).

Si les **actions en révision triennale** légale du loyer relèvent désormais de la compétence de la commission, les actions en révision de loyer à la valeur locative fondées sur l'article L 145-39 du Code de commerce en sont exclues.

SAISINE DE LA COMMISSION DE CONCILIATION

La commission de conciliation **territorialement** compétente est celle du lieu de situation de l'immeuble. **45730**

Elle peut être saisie à tout **moment** par lettre recommandée AR adressée à son secrétariat (C. com. art. D 145-17).

Les **parties** peuvent se faire **représenter** par un tiers spécialement habilité à cet effet ou par un avocat. Dans les deux cas, le mandataire ne pourra accepter une transaction que s'il bénéficie d'un pouvoir spécial. C'est rarement le cas.

Combinaison avec la procédure devant la juridiction saisie La commission peut être saisie avant tout recours au tribunal, mais les situations suivantes peuvent aussi se présenter. **45732**

La **commission et** la **juridiction** sont **saisies parallèlement**. Le juge des loyers, ou le tribunal si le litige concerne des charges ou des travaux, est alors tenu de surseoir à statuer tant que l'avis de la commission n'est pas rendu (C. com. art. L 145-35, al. 2). À défaut d'avis dans un délai de trois mois de sa saisine, la commission est automatiquement dessaisie et le juge peut statuer (art. L 145-35, al. 3).

Seul est saisi le juge des loyers ou le tribunal, si le litige concerne des charges ou des travaux. Dans ce cas :

– si la commission est saisie par le défendeur postérieurement à l'assignation mais avant la date des débats devant le juge, celui-ci doit, comme dans l'hypothèse précédente, surseoir à statuer jusqu'à ce que la commission ait rendu son avis ;

– si à la date des débats devant le juge, la commission de conciliation n'a pas été saisie, la demande en justice demeure recevable (Cass. 3e civ. 10-3-2010 n° 09-10.344 : RJDA 5/10 n° 481), le juge n'est pas tenu de surseoir à statuer (Cass. 3e civ. 3-2-1993 n° 90-20.346 : RJDA 4/93 n° 302) ; il n'a même pas à rechercher d'office si la commission a été consultée (Cass. 3e civ. 2-12-1992 n° 91-17.352 : Bull. civ. III n° 311). Celle-ci n'est plus compétente. Cette jurisprudence se trouve consolidée par la rédaction de l'article L 145-35 issue de la loi du 18 juin 2014, qui a remplacé les termes « sont soumis » par « peuvent être soumis ». À notre avis, la saisine de la commission par la partie défenderesse devrait même intervenir avant toute défense au fond, pour pouvoir être opposée au demandeur, ce afin d'éviter les manœuvres dilatoires (contra, TGI Limoges 12-10-1989 n° 89-1190 : D. 1990 som. p. 254 obs. L. Rozès).

La saisine de la commission départementale de conciliation, qui ne constitue pas un préalable obligatoire, n'a pas d'**effet interruptif de la prescription** biennale prévue à l'article L 145-60 du Code de commerce (Cass. 3e civ. 18-2-1998 n° 96-14.525 : RJDA 4/98 n° 396). **45734**

INTERVENTION D'UN ACCORD DEVANT LA COMMISSION DE CONCILIATION

Lorsqu'un accord est intervenu, il doit recevoir **application** sans que l'une des parties puisse invoquer une action en fixation du loyer exercée postérieurement comme valant renonciation à l'accord (Cass. 3e civ. 14-6-1995 n° 93-14.769 : RJDA 8-9/95 n° 947). Dans cette affaire, l'accord avait été signé des deux parties, mais la société locataire refusait de signer le bail renouvelé. **45740**

L'accord concernant le renouvellement du bail suffit à lier les parties sans qu'il soit besoin d'autre **formalité**. Le bail d'origine est maintenu sans que la rédaction d'un nouveau bail soit nécessaire.

ABSENCE D'ACCORD DEVANT LA COMMISSION DE CONCILIATION

En l'absence d'accord, la commission doit donner un **avis** faisant apparaître les points essentiels du désaccord des parties et la proposition motivée de la commission concernant la variation du loyer. Cet avis, qui doit être signé par le président et le secrétaire, doit être aussitôt notifié à chacune des parties par lettre recommandée avec avis de réception (C. com. art. D 145-18). **45750**

Cet avis a un rôle uniquement consultatif et ne lie pas le juge.

CHAPITRE 6 PROCÉDURE CIVILE ET SOCIÉTÉS

SOMMAIRE

SECTION 1

APPLICATION AUX SOCIÉTÉS DES RÈGLES GÉNÉRALES DE PROCÉDURE

DROIT D'UNE SOCIÉTÉ D'AGIR EN JUSTICE

Comme tout plaideur, une société a le droit d'agir en justice à condition qu'elle justifie, conformément au droit commun, d'un **intérêt** au succès ou au rejet d'une prétention (CPC art. 31) et de sa **qualité à agir**. **47000**

À cet égard, une **société déclarant venir aux droits d'une autre** société n'a pas été considérée comme dépourvue d'intérêt à agir contre un cocontractant de celle-ci car l'une et l'autre avaient le **même numéro d'identification au registre du commerce et des sociétés**. Il résulte en effet de cette identité de numéro que les deux sociétés étaient une seule personne morale, quand bien même leurs documents respectifs indiquaient qu'elles étaient immatriculées auprès de registres différents. L'action engagée contre le cocontractant a donc été jugée recevable (Cass. com. 15-3-2017 n° 15-11.470 F-D : RJDA 6/17 n° 403).

Cas particuliers des sociétés transformées ou fusionnées La **transformation d'une société**, fût-elle irrégulière, ne prive pas celle-ci de son droit d'agir en justice pour faire trancher un litige né avant la transformation (Cass. com. 18-3-2003 n° 00-15.260 : RJDA 6/03 n° 594). Par exemple, en cas de transformation d'une société en nom collectif en SARL, celle-ci a qualité pour agir en exécution d'un contrat conclu par la société en nom collectif avant la transformation (Cass. com. 30-10-2000 n° 98-10.004 : RJDA 2/01 n° 167). **47003**

Sur le droit, pour une société qui en a absorbé une autre à la suite d'une **fusion**, de poursuivre les instances engagées par cette dernière, voir nos 47020 s.

CAPACITÉ D'UNE SOCIÉTÉ À AGIR EN JUSTICE

Une **société** n'a la capacité à agir en justice que si elle a la personnalité juridique, ce qui implique qu'elle soit **immatriculée au registre du commerce et des sociétés**. En effet, les sociétés, tant civiles que commerciales, ne jouissent de la personnalité morale qu'à compter de leur immatriculation (C. civ. art. 1842, al. 1 ; C. com. art. L 210-6, al. 1). **47010**

En conséquence, une action en justice formée par une société non immatriculée est irrecevable (Cass. com. 7-6-1994 n° 91-20.761 et 92-13.181 : Bull. Joly 1994 p. 1225 note C. Prieto). Il en est ainsi pour une société en formation ou pour une société en participation, laquelle n'a pas la personnalité morale (C. civ. art. 1871, al. 1 ; par exemple, Cass. 2e civ. 26-3-1997 n° 94-15.528 : Bull. civ. II n° 96).

Capacité à agir d'une société dissoute Une **société en liquidation** cesse de pouvoir agir ou de pouvoir être assignée en justice à compter du jour où sa personnalité morale disparaît. Pour les sociétés commerciales, il s'agit du jour où la liquidation est clôturée (C. com. art. L 237-2, al. 2). Pour les sociétés civiles, il s'agit du jour où la clôture de la liquidation est publiée (C. civ. art. 1844-8, al. 3). À plus forte raison, une action ou un recours formé contre une **société radiée** du registre du commerce et des sociétés est irrecevable (sur l'irrecevabilité d'un pourvoi en cassation formé contre une société radiée à la suite de son absorption, voir Cass. com. 10-5-2012 n° 11-14.887 : Bull. Joly 2012 p. 709 note O. Staes). **47013**

Une société perd également sa capacité à agir lorsque sa dissolution fait suite à son absorption par voie de **fusion** (n° 47025).

Les **tiers** peuvent **se prévaloir des actes ayant entraîné la dissolution** de la société pour contester sa capacité à agir dès qu'ils en ont connaissance sans qu'il soit nécessaire que ces actes aient été publiés au registre du commerce et des sociétés (Cass. com. 11-3-2014 n° 13-10.557 : RJDA 6/14 n° 530 ; Cass. com. 3-2-2015 n° 13-26.622 : RJDA 5/15 n° 345).

> **Précisions** En cas de dissolution d'une **société unipersonnelle** par **transmission universelle de** son **patrimoine** à son associé unique personne morale, les créanciers sociaux cessent de pouvoir agir en paiement contre la société à l'expiration du délai de 30 jours après la publicité de la dissolution dans un support d'annonces légales qui leur est laissé pour faire opposition (Cass. 3e civ. 20-6-2007 n° 06-13.514 : RJDA 2/08 n° 143 ; Cass. soc. 12-1-2016 n° 14-21.533 FS-D : RJDA 4/16 n° 292). La société ne peut pas non plus faire l'objet d'une procédure collective, sauf si le processus de dissolution est frauduleux (Cass. com. 23-9-2014 n° 13-17.171 : RJDA 12/14 n° 916).

Régularisation d'une procédure concernant une société inexistante

47016 Une procédure engagée au nom d'une société inexistante, identifiée par une dénomination qui n'est en réalité que l'enseigne sous laquelle un **entrepreneur individuel** exerce son activité, est irrégulière. L'irrégularité dont cette procédure, engagée par une partie dépourvue de personnalité juridique, est entachée constitue un vice de fond qui ne peut pas être couvert (Cass. 2e civ. 11-9-2003 n° 01-14.493 : Bull. civ. II n° 253).

De même, une assignation délivrée à une **société radiée** du registre du commerce et des sociétés est atteinte d'une nullité de fond, qui ne peut pas être couverte par l'intervention volontaire de la personne morale qui aurait dû être assignée (Cass. 2e civ. 23-9-2010 n° 09-70.355 : RJDA 12/10 n° 1155).

De même encore, la chambre commerciale et la deuxième chambre civile de la Cour de cassation estiment que l'irrégularité d'une action en justice intentée par ou contre une **société en formation** ne peut pas être couverte (Cass. com. 30-11-1999 n° 97-14.595 : RJDA 4/00 n° 415 ; Cass. com. 20-6-2006 n° 03-15.957 : RJDA 10/06 n° 1023, chron. D. Gibirila p. 915 ; Cass. 2e civ. 4-3-2021 n° 19-22.829 F-P). Dans un arrêt isolé non publié, la troisième chambre civile a cependant admis qu'une telle irrégularité soit couverte par l'immatriculation de la société si cette immatriculation intervient avant que le juge statue et entraîne la reprise de l'acte litigieux passé pour le compte de la société pendant sa période de formation (Cass. 3e civ. 9-10-1996 n° 93-10.225 : RJDA 1/97 n° 54). Cette position paraît aujourd'hui abandonnée.

Sur la régularisation d'une procédure engagée par une **société absorbée**, voir n° 47027.

> **Précisions** Si la **nullité** d'un acte de procédure doit être **appréciée** à la **date** de ce dernier, cette appréciation peut se fonder sur des **éléments de preuve extérieurs** à cet acte. Ainsi, une cour d'appel a pu annuler une assignation pour vice de fond en se fondant sur les dernières conclusions de l'intimée, reprenant en partie le contenu et les arguments développés par elle devant le premier juge, établissant que l'assignation avait été délivrée par une société distincte dépourvue d'existence (Cass. 2e civ. 9-6-2022 n° 21-12.738 F-B).

ACTION EN JUSTICE EN CAS D'OPÉRATION DE RESTRUCTURATION

47018 **Situation de la société absorbante** **Introduction d'une nouvelle instance**. En cas de fusion-absorption, la société absorbante acquiert la **qualité pour agir du chef des droits transmis** par l'absorbée dès la date de l'assemblée générale décidant de l'opération, laquelle opère de plein droit la transmission universelle du patrimoine de l'absorbée à l'absorbante (Cass. com. 7-7-2021 n° 19-11.906 F-D : RJDA 11/21 n° 720 ; Cass. com. 30-11-2022 n° 20-19.184 F-B : RJDA 2/23 n° 85), indépendamment de l'accomplissement des formalités de publicité (Cass. com. 30-11-2022 n° 20-19.184 précité). Il en est de même, à notre avis, de la société bénéficiaire d'une scission (ou d'un apport partiel d'actifs soumis au régime des scissions pour la branche d'activité apportée).

47020 **Poursuite des instances en cours**. En cas de fusion-absorption, la société absorbante, en sa qualité d'ayant cause universel de la société absorbée, devient de plein droit, à la date d'effet de la fusion, partie aux instances antérieurement engagées par la société absorbée et peut se prévaloir des condamnations prononcées au profit de celle-ci (Cass. com. 21-10-2008 n° 07-19.102 F-PB : RJDA 2/09 n° 104 ; Cass. 3e civ. 4-3-2021 n° 20-14.234 F-D : RJDA 7/21 n° 476 ; dans le même sens, Cass. 2e civ. 8-7-2004 n° 02-20.213 : RJDA 2/05 n° 144). La société absorbante n'est pas tenue de régulariser une reprise d'instance (inutile puisque la fusion n'est pas une cause d'interruption de l'instance) ni même d'intervenir à l'instance. L'intervention n'est en effet requise que de la part des tiers (CPC art. 66, al. 1) et non des ayants cause universels ou à titre universel venant en lieu et place de leur auteur.

Pareillement, une société bénéficiaire d'une scission (ou d'un apport partiel d'actifs soumis au régime des scissions) acquiert de plein droit la qualité de partie aux instances antérieurement engagées par la société scindée (ou apporteuse pour la branche d'activité apportée), à laquelle elle se trouve substituée notamment en ce que celle-ci a comparu (Cass. 2e civ. 7-1-2010 n° 08-18.619 : Bull. civ. II n° 1 rendu en matière d'apport partiel d'actifs ; pour un arrêt admettant toutefois qu'une société bénéficiaire d'un tel apport puisse intervenir en appel, voir Cass. soc. 14-12-2004 n° 03-46.836 : Bull. civ. V n° 332).

47022 Il en résulte notamment qu'en cas de **pourvoi en cassation** formé par une société avant son absorption, le **mémoire établi au nom de la société absorbante** est recevable dès lors qu'il a été déposé au greffe de la Cour de cassation après la transmission du patrimoine de la société absorbée intervenue à la date de la dernière assemblée générale ayant approuvé l'opération, peu important que la fusion ait été publiée au registre du commerce et des sociétés après ce dépôt (Cass. 2e civ. 8-7-2004 n° 02-20.213 : RJDA 2/05 n° 144).

En outre, la transmission du patrimoine de la société absorbée fait bénéficier l'absorbante des **délais de recours** ayant commencé à courir à l'encontre de la société absorbée avant la transmission (Cass. 3e civ. 12-3-2008 n° 07-15.278 : RJDA 6/08 n° 666). Ces délais, qui ne sont pas interrompus par la dissolution de la société, sont corrélativement opposables à la société absorbante (Cass. 2e civ. 20-5-2021 n° 20-15.098 F-P : RJDA 8-9/21 n° 574).
La société absorbante peut également se prévaloir de l'**autorité de la chose jugée** au profit de la société absorbée, même si l'arrêt d'appel n'a pas été valablement signifié à l'absorbante (Cass. 3e civ. 4-3-2021 n° 20-14.234 F-D : RJDA 7/21 n° 476).
Par l'effet de la transmission des droits et actions attachés à une branche d'activité faisant l'objet d'un apport partiel d'actifs soumis au régime des scissions, la société bénéficiaire de l'apport peut interjeter **appel de toute décision condamnant la société apporteuse** dans un litige concernant cette branche d'activité (Cass. 2e civ. 25-10-1995 n° 93-19.626 PF : RJDA 2/96 n° 225 ; Cass. com. 3-3-2021 n° 19-11.582 F-D : RJDA 8-9/21 n° 576).

Situation de la société absorbée Une société dissoute à la suite de son absorption par voie de fusion, ayant perdu la personnalité morale après la dernière assemblée générale ayant approuvé la fusion, ne peut plus **agir en justice**, peu important que la fusion n'ait pas encore été publiée au registre du commerce et des sociétés (Cass. com. 3-2-2015 n° 13-26.622 F-D : RJDA 5/15 n° 345 ; CA Montpellier 26-1-2023 n° 20/01507 : RJDA 8-9/23 n° 431). **47025**

Le défaut de capacité d'agir d'une société qui n'a plus d'existence par suite de son absorption et de sa radiation du registre du commerce et des sociétés ne peut pas être couvert par l'**intervention en cours d'instance** de la société absorbante, notamment devant la cour d'appel (Cass. com. 6-5-2003 n° 00-17.344 : RJDA 8-9/03 n° 833 ; Cass. com. 22-2-2005 n° 01-11.667 : RJDA 6/05 n° 698 ; Cass. com. 13-3-2007 n° 05-21.594 : RJDA 5/07 n° 480, 2e espèce). Toutefois, cette règle ne s'applique que pour l'action engagée par une société absorbée après sa radiation. Elle ne s'applique pas lorsque la fusion-absorption se produit en cours d'instance, avant que le juge (tribunal ou cour d'appel selon le cas) se prononce, c'est-à-dire lorsque la société n'était pas encore absorbée au jour où elle l'a saisi. **47027**

Lorsque la **société absorbée** est **en défense**, l'acte délivré à son encontre est considéré comme étant régulier aussi longtemps que la publicité de la fusion-absorption au registre du commerce et des sociétés (RCS) n'a pas été effectuée (Cass. com. 23-1-2007 n° 05-16.460 F-D : RJDA 4/07 n° 361). Cette solution, fondée sur la règle subordonnant l'opposabilité aux tiers des faits et actes sujets à mention au RCS à leur inscription à ce registre (C. com. art. L 123-9, al. 1), repose sur l'idée que le tiers qui délivre l'acte est en droit d'ignorer que la société absorbée a perdu sa personnalité tant que la formalité de publicité au RCS n'a pas été effectuée. **47029**
Un acte signifié à une société absorbée après disparition de sa personnalité morale consécutive à la publication de sa dissolution au RCS est affecté d'une irrégularité de fond sanctionnée par la nullité ; cette irrégularité est insusceptible de régularisation (Cass. com. 26-4-2017 n° 14-12.040 F-D : RJDA 10/17 n° 625, rendu en matière de signification d'une saisie-attribution ; Cass. 2e civ. 8-9-2022 n° 21-11.892 F-D : RJDA 2/23 n° 84, à propos d'une action en justice).

A. Représentation de la société en justice

1. PERSONNES HABILITÉES À REPRÉSENTER LA SOCIÉTÉ EN JUSTICE

La société est valablement représentée en justice par son **représentant légal** ou par le détenteur d'une **délégation de pouvoir** spéciale. **47040**
Les dirigeants ou organes qui n'ont pas la qualité de représentant légal ne peuvent pas représenter la société s'ils n'ont reçu aucun pouvoir à cet effet. Tel est par exemple le cas, dans les sociétés anonymes, du conseil d'administration (Cass. com. 3-10-2006 n° 05-12.410 : RJDA 2/07 n° 170), des administrateurs pris individuellement (Cass. com. 3-10-2006 n° 05-13.244 : RJDA 1/07 n° 63) ou du président du conseil d'administration, sauf s'il exerce la direction générale (CA Paris 23-9-2009 n° 08-21368 : RJDA 1/10 n° 53).

REPRÉSENTATION EN JUSTICE PAR LE REPRÉSENTANT LÉGAL

Les dirigeants habilités à représenter la société en justice diffèrent selon le type de société concernée. Il s'agit : **47045**
– du gérant pour la **société civile**, la **SARL**, la **société en nom collectif** ou la **société en commandite** (en cas de pluralité de gérants, chacun peut agir séparément) ;

– du directeur général (Cass. com. 10-2-2009 n° 07-21.216 : RJDA 5/09 n° 449) ou, lorsqu'il exerce la direction générale, du président du conseil d'administration et, à notre avis, des directeurs généraux délégués pour la **société anonyme classique** ;
– du président du directoire et des directeurs généraux (ou du directeur général unique) pour la **société anonyme à directoire** ;
– du président ainsi que des directeurs généraux et des directeurs généraux délégués à qui les statuts ont conféré le pouvoir de représentation pour la **société par actions simplifiée** (Cass. ch. mixte 19-11-2010 n°s 10-10.095 et 10-30.215 : RJDA 1/11 n° 56, 1e et 2e espèces).

> **Précisions** **a.** Sous le régime antérieur à la loi 2001-420 du 15 mai 2001, la qualité de représentant légal avait été reconnue au directeur général de société anonyme par la Cour de cassation (Cass. ass. plén. 18-11-1994 n° 90-44.754 : RJDA 12/94 n° 1308 concl. Jéol) au motif qu'en vertu de la loi il jouissait des mêmes pouvoirs que le président et, par conséquent, de celui de représenter la société à l'égard des tiers. Cette solution est transposable aux **directeurs généraux délégués** sous le régime actuel puisqu'ils disposent, à l'égard des tiers, des mêmes pouvoirs que le directeur général (C. com. art. L 225-56, II).
> **b.** Outre qu'il est habilité à représenter la société en justice, le représentant légal est seul à pouvoir **prêter serment** au nom de la société. Encore faut-il, d'une part, qu'il ait personnellement participé aux faits sur lesquels porte le serment ou qu'il en ait eu au moins une connaissance personnelle (CA Colmar 10-10-1969 : JCP 1970 II n° 16169) et, d'autre part, qu'il soit encore en fonctions au moment de la prestation de serment (Cass. com. 10-2-1987 n° 85-18.186 : Bull. civ. IV n° 41 ; Cass. 2e civ. 6-5-1999 n° 97-16.761 : Rev. sociétés 1999 p. 343 note Y. Guyon).

47048 **Nomination ou cessation de fonctions du représentant non publiée** Le représentant est habilité à agir ou à défendre la société en justice à compter du jour de sa nomination, peu important que celle-ci n'ait pas encore été publiée au registre du commerce et des sociétés (Cass. com. 10-7-2012 n° 11-21.395 : RJDA 1/13 n° 35). De même, un dirigeant qui cesse ses fonctions perd immédiatement le pouvoir de représenter la société, même si la cessation des fonctions n'a pas été publiée (Cass. com. 12-5-2015 n° 14-12.483 : RJDA 10/15 n° 662).

47051 **Incidence des statuts** Le représentant légal doit respecter les **clauses** statutaires **limitant** son **pouvoir de représenter la société** en justice (par exemple, clause soumettant l'exercice de toute action ou de certaines actions à l'autorisation d'un organe social). À défaut, il engage sa **responsabilité** à l'égard de la société.

En revanche, la société ne peut pas invoquer le non-respect d'une telle clause pour faire annuler la procédure, car les **clauses statutaires** limitant les pouvoirs du représentant légal sont **inopposables aux tiers** (C. civ. art. 1849, al. 3 ; C. com. art. L 221-5, al. 3, L 223-18, al. 6, L 225-56, I, L 225-66, al. 3, L 226-7, al. 3 et L 227-6, al. 4).

À l'inverse, les **tiers peuvent se prévaloir des statuts** pour justifier du défaut de pouvoir d'un dirigeant à figurer dans un procès comme le représentant de la société (Cass. 2e civ. 23-10-1985 n° 83-12.007 : Bull. civ. II n° 159 ; Cass. com. 14-2-2018 n° 16-21.077 F-D : RJDA 5/18 n° 425). Les statuts peuvent déroger à ce principe en précisant par exemple que la clause limitant le pouvoir de représenter la société, prévue « à titre de règlement intérieur », ne peut pas être opposée aux tiers ni invoquée par eux. Les tiers ne sont alors pas fondés à se prévaloir des statuts pour contester le pouvoir du dirigeant de représenter la société en justice (Cass. com. 13-11-2013 n° 12-25.675 : RJDA 5/14 n° 437). Cette solution vaut alors même que la société serait dépourvue d'un tel règlement (en ce sens, P. Le Cannu, note sous Cass. com. 13-11-2013 n° 12-25.675 précité : Bull. Joly 2014 p. 177).

Les tiers ne peuvent pas invoquer les statuts pour critiquer la régularité de la **désignation du représentant** de la société et contester le pouvoir d'agir de celui-ci (Cass. 2e civ. 13-7-2000 n° 98-15.648 : Bull. civ. II n° 125 ; Cass. com. 26-2-2008 n° 07-15.416 : RJDA 6/08 n° 660 ; Cass. com. 26-1-2016 n° 14-18.615 F-D : RJDA 4/16 n° 287).

47054 **Changement de représentant en cours d'instance** L'instance introduite par ou contre une société se poursuit lorsque la **cessation des fonctions** du représentant légal est immédiatement **suivie de la désignation** de son **successeur** ; la représentation de la société en justice ne cesse pas. Le juge saisi doit être informé de ce changement par la mention des nom et domicile du successeur sur les conclusions prises au nom de la société. Cette mention suffisant, l'avocat n'a pas à se constituer à nouveau en indiquant la représentation modifiée de la société (Ch. Atias, Le changement de représentant d'une personne morale en cours d'instance : D. 2013 p. 186).

Lorsque le **successeur** du représentant légal n'est **pas désigné immédiatement**, l'instance est interrompue par l'absence de représentation légale de la société. Elle ne peut reprendre, une fois le successeur désigné, que si celui-ci en fait la demande (Cass. 3e civ. 14-4-1999 n° 97-18.008 : Bull. civ. III n° 101, rendu pour un syndicat de copropriétaires dépourvu de syndic, mais transposable à une société sans représentant légal).

Cas particuliers Le représentant légal conserve le pouvoir de représenter la société en justice même s'il est mis **personnellement** en **redressement ou** en **liquidation judiciaire** (Cass. 3e civ. 19-12-2007 n° 06-18.811 : RJDA 7/08 n° 800). Il en va également ainsi s'il est placé sous **tutelle**, le tuteur n'ayant pas le pouvoir de représenter la société (Cass. 1e civ. 12-7-2012 n° 11-13.161 : RJDA 11/12 n° 963). 47057

En revanche, le représentant légal n'a plus qualité pour agir en justice au nom de la société si, à la suite d'une infraction de droit commun (notamment vol, abus de confiance, escroquerie), de droit des sociétés (abus de biens sociaux, présentation de comptes infidèles, etc.) ou encore d'une banqueroute, il est frappé d'une **interdiction de gérer** prononcée par le juge comme peine complémentaire (Cass. com. 27-1-1998 n° 95-20.585 : RJDA 6/98 n° 778, rendu sous l'empire du décret-loi du 8-8-1935 mais transposable). La même solution devrait s'appliquer selon nous au dirigeant d'une société en redressement ou en liquidation judiciaire à l'égard duquel le tribunal a prononcé une mesure d'interdiction de gérer ou de faillite personnelle, celle-ci emportant une telle interdiction (C. com. art. L 653-2).

La **désignation d'un administrateur provisoire** chargé de gérer une société entraîne le dessaisissement des organes sociaux, qui n'ont plus qualité pour agir en justice au nom de la société (Cass. 3e civ. 25-10-2006 n° 05-15.393 FS-PB : RJDA 4/07 n° 360). Seul l'administrateur ainsi désigné a qualité pour représenter celle-ci devant le juge (Cass. com. 5-9-2018 n° 17-14.758 F-D : RJDA 11/18 n° 836). 47058

Une **société dissoute** (par exemple par l'arrivée de son terme) doit être représentée en justice par un liquidateur, sans quoi les actions ou voies de recours qu'elle forme sont irrecevables (Cass. com. 31-1-2012 n° 10-24.715 : Bull. civ. IV n° 12 ; Bull. Joly 2012 p. 290). Notamment, le liquidateur a seul qualité pour former un pourvoi en cassation ; il doit alors reprendre l'instance avant l'expiration du délai de dépôt du mémoire ampliatif, à peine d'irrecevabilité du pourvoi (Cass. com. 19-1-1993 n° 91-10.534 : Bull. civ. IV n° 14). 47059

À compter de la **clôture de la liquidation**, le liquidateur n'a plus qualité pour représenter la société (Cass. com. 18-1-2000 n° 97-19.021 : RJDA 4/00 n° 423). Celle-ci ne peut être représentée que par un mandataire ad hoc désigné en justice et non par un nouveau liquidateur amiable ou par les anciens dirigeants (Cass. 3e civ. 19-11-2013 n° 12-15.037 : RJDA 3/14 n° 225 ; Cass. com. 26-11-2013 n° 12-28.038 : RJDA 2/14 n° 117).

REPRÉSENTATION EN JUSTICE EN VERTU D'UNE DÉLÉGATION DE POUVOIR

Sauf clause contraire des statuts, le représentant légal peut donner à un **salarié**, à un autre **dirigeant** ou à un **tiers** une délégation spéciale de pouvoir en vue de représenter la société en justice. Cette **délégation**, qui peut être **limitée** à l'exercice d'une action déterminée (Cass. 2e civ. 22-10-1997 n° 94-13.225 : RJDA 1/98 n° 49), est valable même si elle est consentie pour une durée indéterminée ; il n'est donc pas nécessaire qu'elle soit limitée dans le temps (Cass. com. 17-1-2012 n° 10-24.811 : RJDA 4/12 n° 405). Il n'est pas non plus nécessaire qu'elle soit délimitée géographiquement (Cass. com. 13-9-2017 n° 15-26.666 F-D : RJDA 12/17 n° 806). 47065

Le représentant légal ayant seul qualité pour représenter la société en justice, la collectivité des **associés** ne peut pas **déléguer** le pouvoir de la représenter ou de la faire représenter (Cass. com. 22-10-2013 n° 12-24.658 : RJDA 2/14 n° 114).

Maintien de la délégation du pouvoir d'agir en justice La délégation subsiste même lorsque le **dirigeant** qui l'a donnée **vient à cesser ses fonctions** pour quelque cause que ce soit : décès, démission ou révocation. En effet, le délégataire reçoit son pouvoir, non pas du représentant légal, mais de la société elle-même. Dès lors, peu importent les événements entraînant la cessation des fonctions du délégant : la société reste engagée par la délégation tant que celle-ci n'a pas été révoquée par le nouveau représentant légal (Cass. com. 4-2-1997 n° 94-20.681 : RJDA 6/97 n° 780 ; Cass. com. 15-3-2005 n° 03-13.032 : RJDA 7/05 n° 814 ; CA Paris 25-1-2018 n° 17/01883 : RJDA 4/18 n° 326). Ce dernier n'a donc pas à renouveler les délégations précédemment consenties. En pratique, afin d'éviter toute contestation, de nombreuses sociétés préfèrent toutefois renouveler les délégations lors des changements de dirigeants. 47068

De même, la **transformation de la société**, en ce qu'elle n'entraîne pas la création d'une personne morale nouvelle (C. civ. art. 1844-3 ; C. com. art. L 210-6, al. 1), n'a pas d'effet sur les délégations accordées par son dirigeant. Par dérogation, les délégations deviennent caduques lorsque la transformation entraîne un changement dans la structure interne de la société car, du fait de l'apparition d'un nouvel organe de direction, les pouvoirs de l'ancien organe n'ont pas pu se perpétuer. Une délégation consentie par un président de conseil d'administration de société anonyme a ainsi été jugée sans valeur après la transformation de celle-ci en société en nom collectif (Cass. crim. 3-1-1986 n° 85-91.905 : Bull. crim. n° 3, D. 1987 p. 84 note B. Bouloc).

47071 **Subdélégation du pouvoir d'agir en justice** Le délégataire peut déléguer à son tour le pouvoir de représentation dont il a été investi par le dirigeant, du moment que ce dernier n'a pas **interdit** une telle subdélégation.
La **cessation des fonctions du délégataire** ne remet pas en cause l'efficacité des subdélégations qu'il a consenties.

REPRÉSENTATION EN JUSTICE PAR LES ASSOCIÉS OU ACTIONNAIRES

47075 Le **statut d'associé** ou d'actionnaire ne confère pas qualité pour agir en justice au nom de la société (Cass. com. 21-9-2004 n° 03-12.285 : RJDA 3/05 n° 261), sauf dans **un cas** : la loi permet aux associés d'exercer l'action sociale tendant à réparer le préjudice causé à la société par les dirigeants (n°s 48785 s.).
En l'absence de dispositions statutaires limitant le pouvoir du représentant légal d'agir en justice au nom de la société, la **collectivité des associés** ne dispose pas non plus du pouvoir d'agir au lieu et place de celui-ci (Cass. com. 22-10-2013 n° 12-24.658 : RJDA 2/14 n° 114).

REPRÉSENTATION EN JUSTICE D'UNE FILIALE PAR SA SOCIÉTÉ MÈRE

47080 Même si les sociétés d'un groupe ont des intérêts communs, elles n'en sont pas moins des personnes juridiques distinctes les unes par rapport aux autres. En conséquence, une société mère ne peut pas valablement représenter ses filiales en justice ou agir pour leur compte (CA Versailles 11-9-2008 n° 06-8167 : RJDA 3/09 n° 226). Il en résulte notamment qu'elle ne peut pas **se substituer à une filiale** pour engager en ses lieu et place une action en réparation d'un préjudice subi par celle-ci (Cass. com. 18-5-1999 n° 96-19.235 : RJDA 11/99 n° 1215).

2. EFFETS DE LA REPRÉSENTATION POUR LA SOCIÉTÉ ET SES ASSOCIÉS

47100 Une société régulièrement représentée en justice a la **qualité de partie à l'instance**, avec tous les effets attachés à cette qualité en matière procédurale.
Quant aux **associés**, ils n'ont certes pas cette qualité mais n'en sont pas moins représentés à l'instance par l'organe représentant la personne morale, ce qui entraîne une conséquence importante : ils ne sont pas recevables à former **tierce opposition** à un jugement rendu contre la société (Cass. 3e civ. 20-2-2002 n° 00-14.845 FS-PB : RJDA 10/02 n° 1042 ; Cass. com. 23-5-2006 n° 04-20.149 : RJDA 10/06 n° 1032). En effet, la tierce opposition n'est ouverte qu'aux seules personnes qui n'ont été ni parties ni représentées au jugement attaqué (CPC art. 583, al. 1).
Néanmoins, tout associé peut former tierce opposition s'il invoque une fraude à ses droits ou un moyen qui lui est propre (CPC art. 583, al. 2). Le recours est ainsi ouvert :
– contre une décision ouvrant une procédure collective à l'égard d'une société dont il est indéfiniment responsable des dettes (Cass. com. 19-12-2006 n° 05-14.816 : RJDA 5/07 n° 533, à propos d'un associé de société civile mais transposable à l'associé d'une société en nom collectif ou à l'associé commandité d'une société en commandite) ;
– contre une décision condamnant en paiement une société dont il est indéfiniment responsable des dettes, dès lors qu'il est lui-même poursuivi en paiement et qu'il invoque des moyens personnels (Cass. 3e civ. 23-9-2020 n° 19-16.643 FS-D : RJDA 2/21 n° 104, faisant une application littérale de l'art. 583, al. 2 du CPC ; pour une décision jugeant recevable la tierce opposition dès lors que l'associé invoque des moyens que la société n'a pas soutenus : Cass. 3e civ. 6-10-2010 n° 08-20.959 FS-PB : RJDA 8-9/11 n° 714) ;
– contre un jugement arrêtant un plan de redressement judiciaire de la société portant atteinte à sa qualité d'associé et à son droit préférentiel de souscription (Cass. com. 31-3-2021 n° 19-14.839 F-P : RJDA 6/21 n° 389) ou à ses droits de vote (Cass. com. 8-2-2023 n° 21-14.189 F-B : RJDA 5/23 n° 255) ;
– lorsqu'une collusion frauduleuse entre le représentant légal de la société et la partie adverse est établie (Cass. 2e civ. 17-11-1971 : Bull. civ. II n° 316).

B. Juge compétent en matière de sociétés

1. COMPÉTENCE D'ATTRIBUTION

Les contestations relatives aux sociétés commerciales relèvent de la compétence du **tribunal de commerce** (C. com. art. L 721-3, 2°). 47300
En l'absence de disposition particulière attribuant à une juridiction spéciale la compétence pour connaître des litiges relatifs aux sociétés civiles, ceux-ci doivent être portés devant le **tribunal judiciaire** (C. org. jud. art. R 211-3).

> **Précisions** Les tribunaux civils sont seuls compétents pour statuer sur des actions en justice impliquant, comme demandeur ou comme défendeur, une société constituée conformément à la loi 90-1258 du 31 décembre 1990 relative à l'exercice sous forme de sociétés des **professions libérales réglementées** (ou, à compter du 1er septembre 2024, société constituée conformément à l'ordonnance 2023-77 du 8 février 2023), même s'il s'agit d'une société commerciale (cas notamment des Selafa, Selarl ou Selas). Il en est de même en cas de contestations survenant entre des associés d'une telle société. Les statuts peuvent néanmoins prévoir de soumettre à des arbitres les contestations qui surviendraient entre les associés (C. com. art. L 721-5 modifié par ord. 2023-77 à compter du 1-9-2024).

COMPÉTENCE D'ATTRIBUTION EN MATIÈRE DE SOCIÉTÉS COMMERCIALES

En application de l'article L 721-3, 2° du Code de commerce visé ci-dessus, le tribunal de commerce a vocation à connaître de tout litige relatif aux sociétés commerciales, notamment ceux concernant leur **fonctionnement** (désignation et révocation des dirigeants, déroulement des assemblées générales, etc.), les **droits et obligations des associés** (libération des apports, communication des documents, paiement des bénéfices distribués), la **nullité**, la **dissolution** ou la **liquidation** de la société et, de manière générale, l'application de ses **statuts**. 47305
Tel est également le cas des **litiges entre associés** de société commerciale liés à la vie sociale. Ainsi, dans un cas où une convention conclue entre une société par actions exploitant un site internet et ses associés prévoyait l'attribution à l'un d'eux d'un nombre d'actions supplémentaires variant en fonction du nombre de pages vues sur le site, le tribunal de commerce a été jugé compétent pour connaître du litige opposant deux associés sur l'exécution de cette convention car ce litige, né à la suite d'un désaccord sur le décompte des pages vues, portait sur le nombre d'actions devant être attribuées à l'un de ces associés (Cass. com. 14-2-2006 n° 03-19.823 : RJDA 7/06 n° 793).

> **Précisions a.** Si l'octroi par une société de **stock-options** à l'un de ses salariés constitue un accessoire du contrat de travail qui, en cas de litige, relève du conseil de prud'hommes, les différends pouvant s'élever par la suite entre la société et le salarié devenu actionnaire (par exemple contestation sur la régularité des comptes sociaux), indépendamment des conditions d'acquisition de ses actions, relèvent de la compétence du tribunal de commerce (Cass. soc. 16-9-2008 n° 07-20.444 : RJDA 12/08 n° 1277 ; Cass. soc. 24-9-2013 n° 12-15.678 : RJDA 1/14 n° 42).
> **b.** Le litige relatif à la désignation, par les **salariés actionnaires**, d'un candidat à l'élection de leur **représentant au conseil** d'administration ou de surveillance d'une SA (C. com. art. L 225-23, L 225-71, L 22-10-4 et L 22-10-22) relève de la compétence du tribunal de commerce, ce litige étant relatif à une société commerciale (Cass. com. 18-3-2020 n° 17-24.039 FS-PB : RJDA 8-9/20 n° 435, à propos d'une SA à conseil d'administration mais transposable). Les contestations concernant l'élection des **représentants des salariés** au conseil d'administration relèvent quant à elles du tribunal judiciaire (C. com. art. L 225-28, al. 9).
> **c.** Les **actions relatives au devoir de vigilance** doivent être portées devant le tribunal judiciaire de Paris (C. org. jud. art. L 211-21 issu de loi 2021-1779 du 22-12-2021).

Action en responsabilité contre un dirigeant ou un liquidateur L'action en responsabilité contre un **dirigeant** de société commerciale, qu'elle soit engagée par un associé ou un tiers, relève de la compétence du tribunal de commerce dès lors que la faute invoquée contre lui se rattache par un **lien direct à la gestion sociale**, peu important que le dirigeant ne soit pas personnellement commerçant ou qu'il n'ait pas accompli d'actes de commerce (Cass. com. 14-11-2018 n° 16-26.115 F-PBI : RJDA 5/19 n° 344). 47308

ILLUSTRATIONS

Relèvent de la compétence du tribunal de commerce :
– l'action en responsabilité d'un cocontractant de la société, car les manquements commis par le dirigeant à l'occasion de l'exécution du contrat se rattachent par un lien direct à la gestion de la société (Cass. com. 14-11-2018 n° 16-26.115 F-PBI précité) ;
– l'action en responsabilité contre un créateur de bijoux, par ailleurs dirigeant de la société qui distribue ses créations, pour des actes de concurrence déloyale se rattachant à la gestion de la société (Cass. com. 18-12-2019 n° 18-17.364 F-D : RJDA 3/20 n° 154) ;
– la demande d'indemnisation dirigée contre une société anonyme et son président en réparation des conséquences d'une opération de restructuration du capital social (augmentation de capital suivie le même jour d'une réduction du capital à zéro puis d'une nouvelle augmentation de capital) contestée pour son caractère frauduleux ; il en est ainsi même si le demandeur doit prouver l'existence d'une faute séparable des fonctions du dirigeant, c'est-à-dire d'une particulière gravité et incompatible avec l'exercice normal de ses fonctions (CA Versailles 7-6-2007 n° 05-9460 : RJDA 11/07 n° 1115).

L'action en responsabilité contre le **liquidateur amiable** de la société relève également de la compétence du tribunal de commerce car le liquidateur, comme le dirigeant, agit dans l'intérêt social et réalise des opérations se rattachant directement à la gestion de la société (Cass. com. 14-11-2018 n° 16-26.115 F-PBI précité).

> **Précisions** Le tribunal de commerce est même compétent pour statuer sur une action engagée contre le **prétendu dirigeant de fait** d'une société dès lors que les faits allégués contre lui se rattachent par un lien direct à la gestion sociale, peu important que cette personne n'ait ni la qualité de commerçant ni celle de dirigeant de la société (Cass. com. 27-10-2009 n° 08-20.384 : RJDA 1/10 n° 51), la question de savoir si la direction de fait est réelle ou non relevant du bien-fondé de l'action et non de la compétence de la juridiction saisie (Cass. com. 30-3-2022 n° 20-11.776 F-B : RJDA 6/22 n° 345). Lorsque le demandeur est un non-commerçant, il dispose du choix de saisir le tribunal civil ou le tribunal de commerce (Cass. com. 18-11-2020 n° 19-19.463 FS-PB : RJDA 2/21 n° 101).

47311 **Opérations sur parts ou actions** Les litiges nés à l'occasion d'une **cession** de parts ou d'actions de société commerciale relèvent de la compétence du tribunal de commerce par application de l'article L 721-3 du Code de commerce, qui attribue compétence à celui-ci pour les contestations relatives aux sociétés commerciales (Cass. com. 10-7-2007 n° 06-16.548 : RJDA 12/07 n° 1245 ; Cass. com. 12-2-2008 n° 07-14.912 : RJDA 5/08 n° 533), même si la cession est de nature civile (Cass. com. 6-1-2021 n° 19-10.238 F-D : RJDA 7/21 n° 478).

ILLUSTRATIONS

Relèvent du tribunal de commerce :
– la contestation portant sur la date de prise d'effet d'une cession d'actions ainsi que sur sa validité (CA Versailles 13-5-2004 n° 03-8563 : RJDA 12/04 n° 1336) ;
– le litige opposant les parties à une cession d'actions sur la question de savoir si, dans l'acte, le cédant s'est également engagé à céder le solde créditeur de son compte courant (Cass. com. 12-2-2008 n° 07-14.912 précité) ;
– le différend entre les dirigeants de la société dont les titres ont été cédés et le cédant, à qui les dirigeants reprochaient de ne pas avoir respecté la clause de non-concurrence figurant dans l'acte de cession (Cass. com. 10-7-2007 n° 06-16.548 précité) ;
– l'action en paiement d'honoraires d'un intermédiaire dont la mission a eu pour objet la réalisation d'une cession de contrôle dont le caractère commercial n'était pas contesté (Cass. com. 15-1-2008 n° 07-12.102 : RJDA 6/08 n° 744).

La compétence du tribunal de commerce n'est pas exclusive. Ainsi, la partie non commerçante dispose d'une option lui permettant de saisir le tribunal judiciaire (Cass. com. 31-3-2021 n° 19-17.900 F-D : RJDA 7/21 n° 534).

La demande d'exécution forcée d'un pacte d'associés prévoyant la possibilité de **souscrire à des actions** relève également de la compétence du tribunal de commerce car elle est relative à une société par actions, commerciale par la forme ; peu importe l'absence de qualité de commerçant des personnes physiques signataires du pacte (CA Paris 6-11-2018 n° 18/05751 : RJDA 3/19 n° 235, rendu pour une société par actions simplifiée mais transposable à la souscription de parts ou actions de toute autre société commerciale).

47312 Lorsque, à la suite de son licenciement, un **salarié actionnaire** demande réparation d'un préjudice résultant des conditions particulières de cession de ses actions prévues en cas de licenciement par le pacte d'actionnaires qu'il a souscrit, cette demande constitue un **différend né à**

l'occasion du contrat de travail et relève par conséquent de la compétence du conseil de prud'hommes (Cass. soc. 9-7-2008 n° 06-45.800 : RJS 11/08 n° 1071).
À l'inverse, le tribunal de commerce a été reconnu compétent pour connaître d'un litige relatif à l'exécution d'une clause de non-concurrence souscrite par des associés minoritaires à la suite de la **cession** de leur **participation** dans le capital d'une société dont ils étaient devenus salariés : d'une part, les minoritaires s'étaient engagés, au titre de la clause de non-concurrence, en leur qualité d'associés cédants et, d'autre part, le litige les opposait, à propos de cette clause de non-concurrence contenue dans l'acte de cession, non pas à leur employeur (la société dont les titres étaient cédés), mais à l'acquéreur de ces titres (Cass. soc. 26-1-2016 n° 14-17.942 FS-D : RJDA 5/16 n° 411).

CLAUSE DE RÉSOLUTION DES LITIGES INSÉRÉE DANS LES STATUTS

Clause de conciliation ou de médiation Les statuts des sociétés civiles ou commerciales peuvent prévoir qu'en cas de litige, les **parties s'efforceront de s'entendre** amiablement, seules ou sous les auspices d'un médiateur choisi d'un commun accord. Dans ce cas, les parties doivent mettre en œuvre la procédure de conciliation ou de médiation avant de saisir le juge ou de soumettre le litige à l'arbitrage. 47315

Clause d'arbitrage Les statuts des **sociétés commerciales** peuvent valablement prévoir que les litiges survenant entre la société et les associés ou entre les associés eux-mêmes à propos des affaires sociales devront être soumis à des arbitres (C. com. art. L 721-3, dernier al.). Une telle clause est également licite dans les statuts des **sociétés civiles** pour les litiges à venir entre la société et ses associés (cf. C. civ. art. 2059 s.). Toutefois, si un associé n'a pas adhéré au contrat de société **à raison de son activité professionnelle**, la clause ne peut pas lui être opposée (C. civ. art. 2061, al. 2), de sorte qu'il dispose d'une option de compétence : saisir l'arbitre ou agir devant la juridiction étatique. 47318

> **Précisions a.** Une **clause** d'arbitrage **insérée** dans les statuts **en cours de vie sociale** par une décision d'assemblée générale est opposable à tous les associés, peu important qu'ils aient émis un vote défavorable ; dans un litige l'opposant à la société, l'associé qui conteste l'application de la clause à laquelle il n'a pas consenti (effet relatif des contrats) doit donc porter sa contestation devant l'arbitre, auquel il appartiendra de statuer sur sa propre compétence (CA Douai 28-4-2010 n° 09-8863 : RJDA 4/11 n° 369).
> **b.** La **notion « d'affaires sociales »** fréquemment insérée dans les clauses statutaires a été précisée par les tribunaux. Ces clauses ne visent que les litiges ayant trait au fonctionnement des organes de décision et d'exécution de la société et excluent ceux portant sur les contrats conclus entre les actionnaires et des tiers (Cass. 1e civ. 19-12-2012 n° 11-27.199 : RJDA 5/13 n° 466). Elles ne visent pas non plus un litige né entre associés à l'occasion de la cession entre eux de parts de la société (CA Paris 2-7-2020 n° 19/21120 : RJDA 11/20 n° 609). En revanche, elles s'appliquent à une action en responsabilité engagée par les associés contre le dirigeant de la société (CA Paris 7-10-2014 n° 14/0856 : RJDA 12/14 n° 951).

2. COMPÉTENCE TERRITORIALE

COMPÉTENCE TERRITORIALE POUR LES ACTIONS CONTRE LA SOCIÉTÉ

Conformément au droit commun, le tribunal territorialement compétent est celui du domicile du défendeur (nos 2520 s.). Si celui-ci est une société, le litige doit être porté devant le tribunal du lieu où la société est établie (CPC art. 43). En principe, ce lieu correspond au **siège social**, sachant que les tiers peuvent se prévaloir du siège statutaire ou, si celui-ci est fictif, du siège réel de la société (C. civ. art. 1837, al. 2 ; C. com. art. L 210-3, al. 2). 47350
Les tiers peuvent aussi se prévaloir du **centre d'administration**, distinct du siège social, où sont exercées de façon stable les fonctions de direction de la société (CA Paris 9-11-1994 n° 93-019843 : RJDA 2/95 n° 148 ; CA Paris 31-3-1999 n° 99-769 : RJDA 6/99 n° 747).

> **Précisions** Si un **transfert de siège** a été réalisé peu avant la date d'une assignation, c'est le juge du nouveau siège qui doit être saisi dès lors que ce transfert a été effectué dans des conditions apparemment régulières et qu'il n'est manifestement pas fictif ou frauduleux (CA Paris 30-11-1965 : D. 1966 p. 242). En outre, pour être opposable aux tiers, le transfert doit avoir fait l'objet d'une publicité au registre du commerce et des sociétés.

47355 **Application de la théorie des « gares principales »** Lorsque la société a des **succursales**, il est possible de l'assigner devant le tribunal du lieu de l'une de ses succursales. Pour cela il faut que les conditions suivantes soient réunies :
– la succursale doit consister en un **établissement** constituant un élément important, organisé et **stable** de son activité, dirigé par une personne ayant qualité pour représenter la société à l'égard des tiers et agir en son nom ; ainsi, ne constitue pas une succursale l'établissement ayant à sa tête un directeur qui n'a aucune responsabilité dans le recrutement et l'administration du personnel, la gestion financière et commerciale de la succursale et dont les interventions sont limitées à celles d'un intermédiaire d'exécution (Cass. soc. 10-2-1971 n° 69-40.594 : Bull. civ. V n° 99) ;
– le litige doit se référer à des **opérations passées dans la succursale** avec les agents de celle-ci ou résulter d'une faute dommageable commise dans l'aire géographique de son activité.

ILLUSTRATIONS

Une **société d'assurance** peut être assignée devant le tribunal du lieu où elle dispose d'un agent général habilité à la représenter si le litige initial se situe dans le ressort de ce tribunal (Cass. 2e civ. 6-4-2006 n° 04-17.849 : RJDA 8-9/06 n° 903).
En revanche, une **action en responsabilité** dirigée **contre une banque** pour inexécution d'un virement n'a pas été jugée recevable devant le tribunal du lieu de la succursale parisienne de la banque car cette succursale ne tenait pas le compte d'où les fonds devaient être virés et elle n'avait pas établi l'attestation de virement dont la délivrance était critiquée (Cass. com. 26-5-2004 n° 02-15.683 : RJDA 11/04 n° 1285). Une action en responsabilité contre une banque n'a pas non plus été jugée recevable devant le tribunal du lieu d'une de ses directions régionales dès lors que les rapports entre les parties s'étaient déroulés exclusivement sur le territoire d'un autre établissement de la banque et que la décision de la direction régionale dont se prévalait le demandeur pour fonder la compétence du tribunal en question n'avait pas eu d'influence sur la localisation du litige (Cass. com. 12-1-1988 n° 86-13.541 : Bull. civ. IV n° 13).

47358 **Cas particuliers** Des **exceptions** tenant au **droit commun de la procédure civile** dérogent à la compétence de principe du tribunal du lieu du siège social. Notamment :
– en **matière réelle immobilière**, le tribunal du lieu de situation de l'immeuble est seul compétent (CPC art. 44) ;
– en **matière contractuelle**, le demandeur a le choix entre le tribunal du domicile du défendeur et celui du lieu de livraison effective du bien ou du lieu d'exécution de la prestation de services (CPC art. 46) ;
– en **matière extracontractuelle**, le demandeur a le choix entre le tribunal du domicile du défendeur, celui du lieu du fait dommageable ou celui dans le ressort duquel le dommage a été subi (CPC art. 46) ; ainsi, le tribunal territorialement compétent pour connaître de l'action en responsabilité extracontractuelle d'une société contre son commissaire aux comptes peut être celui du siège de cette société, en tant que lieu où le dommage a été subi (Cass. com. 10-2-2021 n° 18-26.704 F-P : RJDA 5/21 n° 322) ;
– en cas de **pluralité de défendeurs**, le demandeur peut saisir le tribunal du domicile de l'un d'eux (CPC art. 42, al. 2) ; ainsi, le cocontractant d'une société qui agit en responsabilité contre elle et appelle le dirigeant social en garantie peut engager l'action devant le tribunal du domicile du dirigeant dès lors que ce choix n'est pas artificiel ou destiné à échapper à la compétence du tribunal du lieu du siège social et qu'il existe un lien suffisant entre les demandes dirigées contre les deux défendeurs (CA Paris 29-6-2017 n° 17/07910 : RJDA 1/18 n° 25) ; de même, le tribunal de commerce de Paris a été jugé compétent pour connaître d'une action contre une société étrangère et ses dirigeants dont l'un était domicilié à Paris, la demande contre lui ayant un caractère sérieux et toutes les demandes ayant un lien étroit de connexité (CA Paris 14-1-2020 n° 19/17906 : RJDA 7/20 n° 404).

COMPÉTENCE TERRITORIALE POUR LES ACTIONS ENGAGÉES PAR LA SOCIÉTÉ

47360 Lorsque la société agit en justice, il est admis que, pour les litiges concernant son fonctionnement et les relations entre ses organes ou associés, un « bloc de compétence » est réservé au tribunal du lieu du **siège social**. La Cour de cassation a ainsi jugé que le seul tribunal compétent pour statuer sur une action en relèvement d'un commissaire aux comptes formée par la société dont le commissaire contrôle les comptes est le tribunal du lieu du siège social et non celui du domicile du commissaire (Cass. com. 24-3-1998 n° 96-13.942 : RJDA 6/98 n° 735).
Ce principe n'est toutefois pas d'ordre public et les parties au procès peuvent invoquer les règles de compétence de droit commun, comme celle énoncée à l'article 46 du Code de procédure civile en matière contractuelle, qui autorise le demandeur à saisir le tribunal du **lieu de l'exécution de la prestation**. Une société peut ainsi agir contre son dirigeant devant le tribunal du lieu du siège social si le dirigeant y exécute son mandat social (Cass. com. 11-1-2017 n° 15-17.929 F-D : RJDA 4/17 n° 248).

En outre, une société agissant **contre une personne qui n'a ni domicile ni résidence connus** peut saisir la juridiction du lieu où elle demeure (CPC art. 42, al. 3). Ce lieu ne peut être que le siège social et non une succursale (Cass. 2e civ. 29-1-1992 n° 90-18.258 : Bull. civ. II n° 35).

CLAUSE DE COMPÉTENCE TERRITORIALE

Une clause d'un contrat ne peut déroger aux règles de compétence territoriale fixées par les textes que si les personnes qui l'ont souscrite ont toutes contracté en **qualité de commerçant** (CPC art. 48 ; nos 2820 s.). Une telle clause s'impose donc si elle a été conclue par une société commerciale ; à l'inverse, elle est réputée non écrite si elle a été conclue par une société civile, qui, par définition, n'a pas la qualité de commerçant. 47365
La même sanction s'applique à la clause souscrite par un associé dans l'acte de cession de ses parts si l'associé cédant n'a pas la qualité de commerçant (CA Versailles 7-3-2017 n° 16/07089 : RJDA 10/17 n° 685 ; dans le même sens, Cass. com. 29-1-2020 n° 19-12.584 F-PB : RJDA 7/20 n° 376).
Une clause attributive de compétence introduite dans un acte passé au nom d'une société en formation qui n'a jamais été immatriculée et n'a donc pas repris les engagements souscrits en son nom n'est pas non plus opposable à la personne ayant passé l'acte si elle n'a pas la qualité de commerçant (Cass. com. 8-11-1994 n° 93-14.509 : RJDA 2/95 n° 149).

Clause statutaire Pour qu'une clause de compétence territoriale insérée dans les statuts d'une société soit efficace, il faut que tous les associés aient la qualité de commerçant, ce qui est le cas **lorsque les associés sont des sociétés commerciales**. De même, une telle clause peut jouer à l'égard des **associés de société en nom collectif**, qu'il s'agisse de personnes physiques ou morales, puisque ceux-ci ont la qualité de commerçant. 47368
À l'inverse, une clause attributive de compétence figurant dans les statuts d'une SARL n'a pas été jugée applicable au **litige né à l'occasion de** la **cession des parts** du gérant de la société et de son épouse, car aucun d'eux n'avait la qualité de commerçant ou n'avait agi en cette qualité à cette occasion (CA Versailles 25-3-1999 n° 98-4511 : RJDA 6/99 n° 746).

Lorsqu'une clause statutaire attribue compétence au **tribunal du lieu du siège social** pour connaître des litiges concernant la société, le juge compétent est celui dans le ressort duquel est fixé le siège au jour de la délivrance de l'assignation et non pas celui dans le ressort duquel était situé le siège à l'époque des faits à l'origine du litige (CA Versailles 16-10-2003 n° 03-140 : RJDA 5/04 n° 558). 47370
La question se pose de savoir si la clause donnant compétence à tel tribunal pour statuer sur toute **contestation « relative aux affaires sociales »** s'applique à un litige né à l'occasion d'une **cession des parts ou actions** de la société. Les juges sont divisés sur cette question : notamment, la cour d'appel de Fort-de-France a répondu par l'affirmative (CA Fort-de-France 25-6-2010 n° 10/00110 : RJDA 12/11 n° 1034) tandis que la cour d'appel de Versailles a estimé au contraire qu'une clause visant les affaires sociales concerne seulement la libération des apports, la communication des documents sociaux et plus généralement tout événement affectant la vie sociale, à laquelle les cessions de parts sont étrangères (CA Versailles 25-3-1999 n° 98-4511 : RJDA 6/99 n° 746).

C. Régime des actes de procédure impliquant des sociétés

1. ACTES DE PROCÉDURE ÉMANANT D'UNE SOCIÉTÉ

Lorsque la **société** a qualité à agir en justice, l'action doit être exercée en son nom et pas au nom de son dirigeant, de façon à ce qu'elle apparaisse comme **demandeur** à l'instance. Si tel n'est pas le cas, l'action est irrecevable, peu important que le dirigeant ait déclaré agir en sa qualité de représentant légal de la société (Cass. com. 6-1-2015 n° 12-26.545 : RJDA 3/15 n° 184). 47590

a. Mentions à indiquer dans l'acte

Les actes de procédure émanant d'une société (assignation, déclaration d'appel, commandement de payer, etc.) doivent contenir toutes les indications nécessaires pour **identifier sans équivoque la société**. 47600
Ainsi, parmi les mentions que doit comporter une **assignation en justice** ou une requête délivrée par une société, figurent la forme, la dénomination, le siège social et l'organe qui représente légalement la société (CPC art. 54 et art. 648 sur renvoi de l'art. 56). Ces mêmes mentions doivent se

retrouver dans la **déclaration d'appel** émanant d'une société (CPC art. 54, sur renvoi de l'art. 901 modifié par décret 2022-245 du 25-2-2022). Elles sont prescrites à peine de nullité de l'acte (CPC art. 56 et art. 901 modifié par décret 2022-245).

> **Précisions a.** Il n'est pas obligatoire que la mention de l'**identité du représentant légal** de la société figure dans l'assignation (Cass. 2e civ. 1-10-2009 n° 08-19.399 : RJDA 1/10 n° 29) ou dans la déclaration d'appel (Cass. 3e civ. 12-7-1995 n° 93-12.508 : Bull. civ. III n° 176).
> **b.** L'indication dans l'acte d'appel de l'organe représentant légalement la société n'est exigée que dans la procédure avec représentation obligatoire. Elle ne l'est pas dans la **procédure sans représentation obligatoire** (Cass. ass. plén. 7-7-2000 n° 97-45.768 : RJDA 12/00 n° 1092).

MENTION DANS L'ACTE DE L'ORGANE REPRÉSENTANT LA SOCIÉTÉ

47605 L'**indication** de l'organe représentant légalement la société doit être dépourvue d'**ambiguïté**, faute de quoi l'action de la société est irrecevable. Par exemple, la mention « à la demande de M./Mme X, gérant(e) de la société Y » ne permet pas d'identifier la société comme véritable demanderesse, rien n'indiquant que le dirigeant a agi, non pas en son nom personnel, mais au nom de la société (CA Paris 7-9-2007 n° 07-3077 : RJDA 1/08 n° 38). De même un acte d'appel portant la mention « M. X, PDG de la SA Y » est considéré comme établi au nom de M. X et pas au nom de la société, le PDG n'ayant pas déclaré agir en qualité de représentant de celle-ci (Cass. 2e civ. 10-7-2003 n° 01-13.179 : RJDA 1/04 n° 44, 3e espèce).

47606

Désignation de l'organe représentant une société dans un acte de procédure

La société est identifiée sans ambiguïté comme la personne qui engage l'action lorsque l'acte indique que celle-ci est formée « par la société X, en la personne de son gérant/président... (*mentionner le titre exact du représentant légal selon le type de société : voir* n° 47045) en exercice » ou encore « par la société X, agissant poursuites et diligences de son gérant/président... en exercice ». Cette mention permet d'éviter toute confusion sur l'auteur de la demande.
Il n'est pas nécessaire d'indiquer le nom du dirigeant. Outre que cette mention n'est pas obligatoire (n° 47600), elle est source de contestation lorsque, en cas de changement de dirigeant entre deux actes ou deux actions, le nom de l'ancien dirigeant continue de figurer dans les actes délivrés par la société après le changement.

MENTION DANS L'ACTE DU SIÈGE SOCIAL

47610 Le siège social à indiquer dans l'acte est le lieu de l'**établissement officiel** de la société. S'il n'est pas nécessaire que celle-ci y ait une activité effective, elle doit au moins pouvoir justifier de la jouissance du local et de la possibilité corrélative d'y être jointe (CA Versailles 16-9-1999 n° 96-2172 : RJDA 12/99 n° 1416).

b. Irrégularité de l'acte

47630 Les vices de forme ou de fond affectant un acte de procédure peuvent entraîner son annulation. Les règles concernant ces **deux catégories d'irrégularité** sont exposées nos 10480 s. Signalons pour mémoire que, contrairement à la nullité pour vice de fond, la **nullité** pour vice de forme ne peut être prononcée que si celui qui l'invoque prouve le grief que lui cause l'irrégularité (CPC art. 114, al. 2).
Par exemple, la mention d'un siège social inexact dans un acte d'appel a été jugée préjudiciable à la partie adverse, car elle avait entraîné un retard dans la perception des sommes qui lui étaient dues et l'avait empêché de pratiquer des saisies (CA Versailles 12-6-2008 n° 08-36 : RJDA 12/08 n° 1258). À l'inverse, l'irrégularité n'affecte pas la validité de l'acte si elle ne prive pas la partie adverse de la **possibilité d'identifier** la société. A ainsi été jugé recevable un acte d'appel mentionnant l'ancienne dénomination d'une société, accompagnée de l'adresse exacte de son siège, car la mention litigieuse résultait d'une erreur purement matérielle, corrigée par la suite, qui n'avait pas pu conduire l'autre partie à se méprendre sur l'identité exacte de la société appelante (Cass. 1e civ. 14-11-2007 n° 04-15.388 : Bull. civ. I n° 355).

VICES DE FORME AFFECTANT LES ACTES ÉMANANT D'UNE SOCIÉTÉ

47635 Le vice de forme résulte de l'**inobservation d'une formalité** prévue par un texte pour l'établissement de l'acte. Une abondante jurisprudence a été rendue en la matière pour les actes émanant d'une société.

ILLUSTRATIONS

Constituent des vices de forme :
– le défaut de désignation de l'organe représentant légalement la société (Cass. ch. mixte 22-2-2002 n° 00-19.639 et 00-19.742 : RJDA 8-9/02 n° 965 ; Cass. 2e civ. 18-9-2003 n° 01-15.608 : RJDA 1/04 n° 44, 2e espèce ; Cass. 2e civ. 15-9-2005 n° 03-19.745 : RJDA 12/05 n° 1367) ;
– la mention erronée de cet organe, par exemple l'indication du président du conseil d'administration au lieu du directeur général pour une société anonyme classique (Cass. com. 5-12-2018 n° 17-20.564 F-D : RJDA 3/19 n° 190, 1e espèce ; Cass. 1e civ. 12-12-2018 n° 17-17.622 F-D : RJDA 3/19 n° 190, 2e espèce) ou encore l'indication du « président-directeur général » pour une société anonyme à directoire (Cass. com. 18-2-2003 n° 00-11.479 : RJDA 5/03 n° 492 ; pour d'autres cas de mention erronée, voir Cass. 2e civ. 28-2-2006 n° 03-17.849 : RJDA 5/06 n° 533 ; Cass. 2e civ. 8-7-2010 n° 09-15.973 : RJDA 11/10 n° 1077) ;
– l'indication du nom commercial ou de l'enseigne de la société au lieu de sa dénomination (Cass. com. 11-2-2003 n° 00-15.149 : RJDA 7/03 n° 722 ; Cass. 2e civ. 24-5-2007 n° 06-11.006 : Bull. civ. II n° 132 ; Cass. 2e civ. 11-12-2008 n° 07-18.511 : RJDA 4/09 n° 338) ;
– l'indication d'une dénomination sociale erronée (Cass. 2e civ. 4-2-2021 n° 20-10.685 F-PI : RJDA 4/21 n° 235) ;
– l'indication d'un siège social erroné (CA Versailles 12-6-2008 n° 08-36 : RJDA 12/08 n° 1258) ;
– l'indication d'un numéro d'identification erroné dès lors que les autres mentions de l'acte (forme, dénomination, siège social) sont exactes (Cass. 2e civ. 6-12-2012 n° 11-19.814 : RJDA 3/13 n° 234).

VICES DE FOND AFFECTANT LES ACTES ÉMANANT D'UNE SOCIÉTÉ

Le **défaut de capacité à agir** des sociétés inexistantes (nos 47010 s.) ainsi que le **défaut de pouvoir** de la personne agissant comme représentant d'une société constituent des irrégularités de fond affectant la validité d'un acte de procédure (CPC art. 117). **47640**

ILLUSTRATIONS

Un commandement de payer délivré au nom d'un **gérant** de SCI **décédé**, lequel ne pouvait donc pas représenter la société, a été considéré comme entaché d'une nullité de fond (Cass. 3e civ. 25-3-1992 n° 90-15.691 : RJDA 8-9/92 n° 808).
Une procédure engagée par une **société en formation**, dépourvue de personnalité juridique, est entachée d'une irrégularité de fond (Cass. 2e civ. 4-3-2021 n° 19-22.829 F-P).

Régularisation de l'acte La **nullité** n'a pas à être prononcée si sa **cause a disparu** au jour où le juge statue (CPC art. 121). Le vice peut même être couvert par une régularisation devant la cour d'appel. Ainsi, une procédure engagée par une SARL en la personne de son « administrateur unique » a été considérée comme régularisée dès lors que la société avait été représentée en appel par son gérant (Cass. com. 15-10-2002 n° 00-12.602 : RJDA 1/03 n° 26, 1e espèce). Cette faculté de régularisation vaut surtout pour les **irrégularités liées au défaut de pouvoir** d'une personne agissant comme représentant de la société. En effet, la régularisation des actes émanant d'une société inexistante n'est pas admise (n° 47016). **47643**

Les actes d'une **personne dépourvue du pouvoir** de représenter la société ne sont régularisables que si le délai prévu pour accomplir l'acte n'est pas expiré. **47645**

ILLUSTRATIONS

Lorsqu'un appel a été formé au nom d'une société en liquidation par une personne autre que son liquidateur, la nullité de fond affectant l'appel n'est couverte que si sa régularisation a lieu avant l'expiration du délai d'appel (Cass. com. 14-12-1999 n° 97-15.361 : RJDA 2/00 n° 203).
De même, le défaut de pouvoir de celui qui déclare surenchérir en qualité de représentant d'une personne morale ne peut être couvert qu'avant l'expiration du délai imparti pour faire la surenchère (Cass. 2e civ. 17-10-2002 n° 00-21.106 : RJDA 1/03 n° 26, 2e espèce). De même encore est irrecevable le pourvoi en cassation d'un syndicat dont les statuts prévoient que le président intente les actions judiciaires sur décision du bureau dès lors que la délibération de celui-ci autorisant le pourvoi a été adoptée après l'expiration du délai imparti pour former le pourvoi (Cass. 3e civ. 4-4-2013 n° 11-22.127 : RJDA 6/13 n° 510).

Si le vice lié au défaut de pouvoir d'une personne agissant comme représentant de la société peut être couvert en cours de procédure, l'irrégularité relative à l'auteur d'un **commandement de payer visant la clause résolutoire d'un bail** (cas par exemple d'un commandement délivré au nom d'un gérant décédé) est entachée d'une nullité de fond insusceptible de régularisation (Cass. 3e civ. 4-1-2006 n° 03-14.115 : RJDA 4/06 n° 409 ; Cass. 3e civ. 29-10-2008 n° 07-14.242 : RJDA 1/09 n° 5), notamment par une assignation ultérieure (Cass. 3e civ. 25-3-1992 n° 90-15.691 : RJDA 8-9/92 n° 808). De même, la nullité d'un commandement délivré au nom d'un dirigeant décédé ne **47647**

peut pas être couverte par la nomination du nouveau dirigeant avec effet rétroactif au jour du décès (Cass. 2e civ. 21-3-2013 n° 12-17.107 : RJDA 6/13 n° 509).
La société bailleresse dont émane le commandement irrégulier n'a donc pas d'autre solution que de délivrer un nouveau commandement de payer.

> **Précisions a.** Cette **rigueur** est justifiée par le fait qu'une assignation visant à faire constater l'acquisition de la clause résolutoire doit être fondée sur un commandement valable ; celui-ci fait courir un délai contractuel pendant lequel le locataire peut s'acquitter de ses obligations, délai qui doit être respecté avant de faire constater l'acquisition de la clause.
> **b.** À l'inverse, l'irrégularité de fond qui affecte une **opposition à commandement** de payer mentionnant comme représentant de la société locataire une personne dépourvue de qualité pour agir (en l'espèce un gérant décédé) peut être régularisée avant que le juge ne statue (Cass. 3e civ. 31-5-2012 n° 11-17.883 : RJDA 10/12 n° 921).

CAS PARTICULIER DES CONCLUSIONS D'APPEL ÉMANANT D'UNE SOCIÉTÉ

47650 Les conclusions d'appel d'une société ne sont pas **recevables** tant que les indications mentionnées à l'article 960, al. 2 du Code de procédure civile pour les personnes morales (forme, dénomination, siège social et organe représentant légalement la personne) n'ont pas été fournies (CPC art. 961, al. 1). Il en résulte que des conclusions d'appel dans lesquelles une société est désignée sous son ancienne dénomination et qui mentionnent l'adresse d'un précédent siège social sont irrecevables (Cass. 2e civ. 12-2-2004 n° 01-17.791 : RJDA 7/04 n° 928).
L'irrecevabilité de conclusions d'appel mentionnant un siège social fictif n'est pas subordonnée à la justification d'un grief causé par cette irrégularité (Cass. 2e civ. 24-9-2015 n° 14-23.169 F-PB : RJDA 1/16 n° 27).

2. NOTIFICATION D'UN ACTE DE PROCÉDURE À UNE SOCIÉTÉ

47680 Les actes de procédure sont portés à la connaissance des sociétés par la **notification** qui leur en est faite (CPC art. 651, al. 1). La notification faite par acte d'huissier ou de commissaire de justice est une **signification** (CPC art. 651, al. 2). La signification est notamment requise pour les assignations (CPC art. 55) et, sauf si la loi en dispose autrement, pour les jugements (CPC art. 675).

DESTINATAIRE DE L'ACTE DE PROCÉDURE SIGNIFIÉ À UNE SOCIÉTÉ

47685 Le destinataire de l'acte est **la société** et c'est à elle que l'acte doit être signifié. Toutefois, il est admis qu'une **assignation délivrée au représentant légal** d'une société pris en cette qualité (signification à « M. X en qualité de représentant légal de la société Y ») permet d'assigner valablement la société (Cass. com. 17-2-2015 n° 13-26.478 : RJDA 5/15 n° 401). Il en est ainsi même si le dirigeant à qui l'assignation a été délivrée a été dénommé par erreur « ancien gérant de la société » dans l'assignation (Cass. com. 10-7-2019 n° 18-18.733 F-D : RJDA 11/19 n° 691).
À l'inverse, une assignation dirigée contre la personne du dirigeant sans indiquer sa qualité de représentant légal ne met pas en cause la société, même si le dirigeant en est le seul associé (CA Versailles 8-4-1999 n° 96-8215 : RJDA 7/99 n° 783).
En outre, une assignation n'est valable que si la **société** à qui elle est délivrée a la capacité d'agir et de se défendre en justice, ce qui n'est pas le cas lorsqu'elle est **dépourvue de représentant légal** : l'assignation, entachée d'une irrégularité de fond insusceptible d'être couverte, est donc nulle (CA Versailles 27-4-2011 n° 10/05050 : RJDA 11/11 n° 915).

> **Précisions a.** Un jugement condamnant une **société faisant partie d'un groupe** ne peut pas être valablement notifié à une autre société du même groupe, même si leur siège est identique (Cass. 2e civ. 21-1-2016 n° 15-10.108 F-P : RJDA 6/16 n° 444).
> **b.** Un acte notifié à une **société absorbée** après la publicité de sa dissolution au registre du commerce et des sociétés est privé d'effet, la personnalité de celle-ci ayant alors disparu. Ainsi, si un jugement est signifié à une telle société sans qu'aucune signification ne soit délivrée à la société absorbante, le délai pendant lequel cette dernière peut faire appel n'a pas commencé à courir, peu important que les premiers juges n'aient pas été informés du changement de situation de l'absorbante (Cass. soc. 5-12-2007 n° 06-43.542 : RJDA 4/08 n° 415).
> **c.** En présence d'un **dirigeant de société sous curatelle**, le curateur n'est pas investi du pouvoir d'assister la société. Un acte de procédure destiné à la société n'a donc pas à lui être notifié ; il ne doit être délivré qu'à la société (Cass. 2e civ. 7-4-2016 n° 15-12.739 F-PB : RJDA 7/16 n° 535).

a. Mentions à indiquer dans l'acte

Un acte d'huissier ou de commissaire de justice signifié à une société doit indiquer la **dénomination**, le **siège** de celle-ci ainsi que l'**organe qui la représente** légalement (CPC art. 648). 47690
Il n'est en revanche pas nécessaire de mentionner le **nom du représentant légal** de la société dans l'assignation (Cass. 3e civ. 6-5-1998 n° 96-15.696 : RJDA 8-9/98 n° 983) ou dans la signification d'un jugement (Cass. 2e civ. 8-2-2006 n° 04-13.000 : RJDA 5/06 n° 534, 2e espèce).

NULLITÉ DE L'ACTE IRRÉGULIER SIGNIFIÉ À UNE SOCIÉTÉ

Les mentions ci-dessus (n° 47690) sont prescrites à peine de nullité de l'acte (CPC art. 648). Néanmoins, cette nullité n'est pas automatique : les erreurs affectant ces mentions constituent des vices de forme qui n'entraînent la nullité que si elles ont causé un grief à la société (Cass. 3e civ. 26-11-2008 n° 07-18.634 : RJDA 3/09 n° 217). 47695
En tout état de cause, la nullité est prononcée lorsque les mentions erronées de l'acte ne permettent pas d'**identifier avec exactitude la société** contre laquelle l'action est dirigée ou à qui le jugement est signifié.

ILLUSTRATIONS

En présence de deux sociétés dont les dénominations sociales respectives ne se distinguent que par l'indication du sigle « SA » (société anonyme) pour l'une et « SNC » (société en nom collectif) pour l'autre (la première étant gérante de la seconde), l'assignation délivrée à une société désignée par la seule partie commune de ces dénominations est irrégulière. Connaissant l'existence de ces deux sociétés, le demandeur devait préciser laquelle il entendait assigner (Cass. com. 16-11-1999 n° 96-21.536 : RJDA 4/00 n° 416).
À l'inverse, dans un cas où une SARL dénommée « Serba entreprise » était domiciliée à la même adresse qu'une SA dénommée seulement « Serba », la signification d'un jugement délivré à la société « Serba SARL en la personne du gérant », sans mentionner le terme « entreprise » dans la dénomination sociale, n'a pas été annulée, car l'indication de la « personne du gérant » excluait que le destinataire de la signification ait été la SA (qui, par hypothèse, n'est pas représentée par un gérant). L'omission d'une partie de la dénomination était donc sans incidence sur la régularité de la signification (Cass. 2e civ. 8-2-2006 n° 04-13.000 : RJDA 5/06 n° 534, 2e espèce).

b. Modalités de la signification de l'acte

LIEU DE LA SIGNIFICATION D'UN ACTE DE PROCÉDURE À UNE SOCIÉTÉ

La signification à une personne morale se fait au **lieu de son établissement** ; à défaut d'un tel lieu, elle est faite en la personne de l'un de ses membres habilité à la recevoir (CPC art. 690). 47720
Le lieu d'établissement est en principe celui du siège de la société. Mais il peut s'agir aussi de l'adresse d'un établissement secondaire inscrit au registre du commerce et des sociétés (Cass. 2e civ. 13-11-1996 : RJDA 3/97 n° 356) ou d'un établissement de la société où le litige a pris naissance (Cass. 2e civ. 7-11-2002 n° 01-02.308 : RJDA 7/03 n° 773) : par exemple, s'agissant de la délivrance d'un commandement de payer des loyers, adresse du principal établissement de la société où est situé le local loué (en l'espèce, une discothèque), objet du litige (Cass. 1e civ. 12-10-2016 n° 15-14.896 F-PB : RJDA 1/17 n° 16). Le commandement de payer peut également être délivré à l'adresse des lieux loués lorsque le bail comporte une clause d'élection de domicile dans ces lieux (Cass. 3e civ. 29-11-2005 n° 04-17.652 : RJDA 3/06 n° 233).

Lorsque l'acte est signifié au lieu de son établissement, la **signature de l'avis de réception** de l'acte est réputée être celle du représentant légal ou de la personne habilitée à recevoir les notifications (Cass. 3e civ. 2-2-1994 n° 92-70.325 : Bull. civ. III n° 16 ; voir aussi Cass. 2e civ. 22-1-1997 : RJDA 4/97 n° 511 et CA Paris 5-9-2013 n° 12/14087 : RJDA 12/13 n° 1011). Il n'y a pas lieu de vérifier si l'avis de réception a été signé par une personne habilitée à recevoir l'acte (Cass. com. 13-10-2015 n° 14-18.855 F-D : RJDA 1/16 n° 26). 47721

La signification faite en un **lieu autre** que ceux prévus par la loi est inopérante (Cass. 2e civ. 28-2-1996 : RJDA 7/96 n° 923 ; Cass. 2e civ. 10-7-2008 n° 07-10.524). 47722
Ce n'est qu'en l'**absence d'établissement** de la société que l'acte pourra lui être signifié en la personne de l'un de ses membres habilité à la recevoir (Cass. 2e civ. 4-2-2021 n° 19-25.271 F-D : RJDA 8-9/21 n° 567 ; Cass. 2e civ. 15-4-2021 n° 20-10.844 F-P : RJDA 8-9/21 n° 626 ; Cass. 2e civ. 2-3-2023 n° 21.19-904 F-B : RJDA 6/23 n° 312 ; voir cependant Cass. com. 8-11-2016 n° 14-27.223 F-D : RJDA 2/17 n° 81 ayant retenu la validité d'une assignation contre une société signifiée à l'adresse de sa filiale et remise à une personne qui s'était déclarée habilitée à la recevoir).

> **Précisions** Lorsque l'**original de l'acte** d'huissier ou de commissaire de justice signifié à la société mentionne que cet acte a été remis à une personne habilitée, alors que la copie remise à la société ne le mentionne pas, ce **défaut de mention sur la copie** rend la signification irrégulière. En effet, la copie de l'acte d'huissier ou de commissaire de justice tient lieu d'original pour la partie à laquelle elle est remise (Cass. 2e civ. 6-12-2018 n° 17-26.852 F-PB : RJDA 4/19 n° 311).

RÈGLES PARTICULIÈRES À LA SIGNIFICATION D'UN ACTE À UNE SOCIÉTÉ

47733 **Avis adressé à la société** L'huissier ou le commissaire de justice qui signifie l'acte doit avertir la société de la signification par **lettre** simple (CPC art. 658, al. 2 ; pour des applications, Cass. 2e civ. 20-7-1981 n° 80-13.906 : Bull. civ. II n° 167 ; Cass. 2e civ. 14-4-1983 n° 82-10.722 : Bull. civ. II n° 92). À défaut, la signification est nulle. Cette nullité ne peut être prononcée que si la société rapporte la preuve d'un grief que l'irrégularité lui aurait causé (Cass. 2e civ. 18-1-1984 n° 82-15.456 : Bull. civ. II n° 11 ; Cass. 2e civ. 1-2-1995 n° 95-15.203 : Bull. civ. II n° 38).

47736 **Signification à une société dissoute** Un acte destiné à une société dissoute doit être signifié au **liquidateur** ou à l'un des liquidateurs **en fonction** (Cass. 2e civ. 17-5-1983 n° 81-14.262 : Bull. civ. II n° 112). Il en résulte qu'une signification faite à un liquidateur dont les pouvoirs sont expirés est irrégulière, cette irrégularité constituant un vice de fond (Cass. 2e civ. 20-3-1985 n° 83-17.305 : Bull. civ. II n° 71). Lorsque les opérations de liquidation ont pris fin et que le liquidateur a été déchargé de son mandat, la société ne peut être assignée qu'après désignation en justice d'un mandataire ad hoc pour la représenter (Cass. com. 31-5-1988 n° 86-14.888 : Bull. civ. IV n° 186).

Si la **signification** à la personne du liquidateur s'avère **impossible**, l'acte peut être délivré à son domicile (Cass. 1e civ. 16-6-1987 n° 85-12.515 : Bull. civ. I n° 199).

47737 **Signification à une société radiée d'office** La signification d'un jugement à une société radiée d'office du registre du commerce et des sociétés par le greffier du tribunal de commerce pour cessation d'activité est valablement faite à son dirigeant, la radiation d'office n'ayant pas pour effet de mettre fin aux fonctions de celui-ci (Cass. com. 4-3-2020 n° 19-10.501 F-PB : RJDA 6/20 n° 308, rendu à propos d'une SARL mais transposable).

47739 **Signification à une société en liquidation judiciaire** L'**ancien dirigeant** d'une société en liquidation judiciaire, bien que privé de ses pouvoirs de représentation légale dès le prononcé de la liquidation, demeure habilité à recevoir la signification d'une décision de justice (Cass. com. 11-4-2012 n° 11-10.210 : RJDA 7/12 n° 678).

47741 **Signification à domicile** Si **personne ne peut ou ne veut recevoir la copie de l'acte** et s'il résulte des **vérifications faites par l'huissier** ou le commissaire de justice que le destinataire (par hypothèse, la société) demeure bien à l'adresse indiquée, la signification est faite « à domicile ». Dans ce cas, l'huissier ou le commissaire de justice laisse au domicile du destinataire un avis de passage mentionnant que la copie de l'acte doit être retirée dans le plus bref délai à son étude (CPC art. 656).

Pour l'application de ce texte, la seule mention par l'huissier ou le commissaire de justice, dans l'acte de signification, de la vérification, à l'adresse à laquelle il s'est rendu, de l'indication du nom du destinataire sur la boîte aux lettres est impropre à établir la **réalité du siège** de la société destinataire de l'acte en l'absence d'autre diligence. En cas de mention, sur l'**extrait K bis** de la société concernée, que celle-ci a son siège à une autre adresse que celle mentionnée dans l'acte de signification, celui-ci est nul (Cass. 2e civ. 13-11-2015 n° 14-22.732 F-PB : Bull. civ. II n° 250).

47742 **Procès-verbal de recherches infructueuses** Lorsque la personne à qui l'acte doit être signifié n'a « ni domicile, ni résidence (...) connus », l'huissier ou le commissaire de justice en charge de la signification dresse un procès-verbal où il relate avec précision les diligences qu'il a accomplies pour rechercher le destinataire de l'acte (CPC art. 659, al. 1). Un acte ne peut être signifié à une société selon ces modalités que si la société n'a **plus d'établissement connu** à l'adresse indiquée comme siège social par le registre du commerce et des sociétés (Cass. 2e civ. 6-10-2005 n° 03-17.773 : RJDA 2/07 n° 151). Toutefois, lorsque l'huissier ou le commissaire de justice constate qu'une société est « fermée » à l'adresse du siège où il signifie l'acte, la signification à cette adresse est régulière et ne nécessite pas de dresser un procès-verbal de recherches infructueuses en l'absence de contestation de l'exactitude du siège par la société (Cass. com. 14-3-2018 n° 16-24.775 F-D : RJDA 5/18 n° 421).

ILLUSTRATIONS

Un acte a été valablement signifié par un procès-verbal de recherches infructueuses :
– dès lors que l'huissier ou le commissaire de justice s'est rendu à une adresse où il n'existait plus qu'une boîte aux lettres sur laquelle figurait le nom d'une cinquantaine de sociétés, où la société n'exerçait aucune activité et où elle n'avait aucun bureau, le seul local existant s'avérant inoccupé et dépourvu de tout équipement et matériel de bureau (Cass. 2e civ. 28-2-2006 n° 04-14.696 : Bull. civ. II n° 58) ;
– dès lors que, après plusieurs passages à l'adresse du siège, l'huissier ou le commissaire de justice avait trouvé l'établissement de la société fermé, qu'un voisin lui avait précisé que celui-ci était fermé depuis plusieurs semaines, que les services télématiques ne mentionnaient pas d'abonné au nom de la société et à l'adresse en cause et que l'extrait K bis de celle-ci ne mentionnait aucun changement de siège social (Cass. 2e civ. 11-3-2010 n° 09-65.498 : Bull. civ. II n° 52).
À l'inverse, un acte a été considéré comme valablement délivré à une SCI à l'adresse des locaux que celle-ci donnait en location sans que l'huissier ou le commissaire de justice ait à mener des recherches supplémentaires dès lors que la SCI, qui avait transféré ses services administratifs dans un autre lieu, avait toujours son adresse dans les locaux loués et que rien ne laissait penser qu'elle les avait quittés (présence sur place d'une boîte aux lettres portant sa dénomination ; existence de son siège confirmée par les personnes rencontrées sur les lieux) (CA Paris 5-9-2013 n° 12/14087 : RJDA 12/13 n° 1011).

Lorsque le **lieu d'établissement** est **connu** (principalement lorsque le siège social est mentionné au registre du commerce et des sociétés), l'huissier ou le commissaire de justice n'est pas tenu de rechercher l'adresse du représentant légal de la société pour lui signifier l'acte (Cass. 2e civ. 20-11-1991 : RJDA 1/92 n° 116), ni de rechercher la société à une autre adresse (CA Paris 27-2-2002 n° 01-19428 : RJDA 11/02 n° 1146), peu important qu'il n'y ait trouvé personne représentant la personne morale ou habilitée à cet effet, ni personne acceptant de prendre copie de cet acte au siège social (Cass. 3e civ. 3-2-2010 n° 09-11.389 FS-PB : Bull. civ. III n° 32). Il n'en va autrement que dans certaines circonstances particulières, comme lorsque, par exemple, certains actes antérieurs ont été délivrés efficacement au représentant ou lorsque la partie adverse connaît l'adresse où la société peut être jointe (Cass. 2e civ. 20-10-2005 n° 03-19.489 : RJDA 5/06 n° 534, 1e espèce). Dans de tels cas, l'absence de diligence de l'huissier ou du commissaire de justice pour remettre l'acte au représentant de la société rend la signification irrégulière (Bull. inf. C. cass. 15-7-2010 n° 1224). **47744**

SECTION 2

ACTIONS EN JUSTICE SPÉCIFIQUES AUX SOCIÉTÉS

A. Évaluation de parts sociales ou d'actions par un expert

FONDEMENT JURIDIQUE DU RECOURS À L'EXPERT

Dans tous les cas où sont prévus la cession ou le rachat des parts ou actions d'un associé (refus d'agrément, retrait d'un associé, etc.), la valeur de celles-ci est déterminée, en cas de contestation, par un **expert**. Ce dernier est **désigné** soit par les parties soit, à défaut d'accord entre elles, par le **président du tribunal** (tribunal de commerce pour les sociétés commerciales, tribunal judiciaire dans les autres cas), qui statue sans recours possible (C. civ. art. 1843-4 ; Décret 78-704 du 3-7-1978 art. 17). **48100**

INITIATIVE DE LA DEMANDE DE DÉSIGNATION DE L'EXPERT

Aucune disposition ne précise à qui incombe la saisine du président du tribunal en cas de désaccord sur la désignation de l'expert. Il en résulte que cette saisine intervient à la demande de la **partie la plus diligente** (le cédant, ses coassociés ou la société) et que le fait de ne pas saisir le président ne saurait être considéré comme fautif (Cass. com. 12-7-2005 n° 04-10.379 : RJDA 2/06 n° 147). **48105**

FORME DE LA DEMANDE DE DÉSIGNATION DE L'EXPERT

48110 La demande de désignation de l'expert doit être introduite selon la **procédure accélérée au fond** (C. civ. art. 1843-4).

Par **exception**, en cas de recours à un expert pour évaluer les **parts d'un associé de SARL** rachetées après un refus d'agrément, l'article R 223-11, al. 2 du Code de commerce prévoit que l'expert est désigné par le président du tribunal de commerce statuant soit **sur requête** lorsque les associés ou un tiers rachètent les parts, soit **en référé** lorsque la société procède à ce rachat. Ce texte a été pris pour l'application de l'article L 223-14, al. 3 du Code de commerce, qui prescrit le rachat des parts « à un prix fixé dans les conditions prévues à l'article 1843-4 ».

Le renvoi ainsi opéré à l'article 1843-4 a pour seul objet la détermination par voie d'expertise de la valeur des parts cédées et non les modalités de saisine du président du tribunal. Par suite, la demande de désignation de l'expert doit respecter les règles de procédure fixées à l'article R 223-11 et n'a pas à être conforme aux règles de saisine de l'article 1843-4 (Cass. com. 6-2-2019 n° 16-13.636 F-D : RJDA 4/19 n° 306).

EXCLUSIVITÉ DE COMPÉTENCE POUR LA DÉSIGNATION DE L'EXPERT

48115 Il résulte de l'article 1843-4 du Code civil que la **compétence du président** du tribunal pour désigner l'expert est exclusive (Cass. com. 30-11-2004 nos 03-13.756 et 03-15.278 : RJDA 3/05 n° 270, 1e et 2e espèces).

Ne peuvent donc valablement désigner ou remplacer l'expert ni le tribunal statuant collégialement (Cass. 3e civ. 28-3-2012 n° 10-26.531 : RJDA 7/12 n° 691 ; Cass. 1e civ. 25-11-2015 n° 14-14.003 FS-PBI : RJDA 3/16 n° 200) ni la cour d'appel statuant sur recours (Cass. 1e civ. 25-11-2003 n° 00-22.089 : RJDA 5/04 n° 568 ; Cass. com. 30-11-2004 nos 03-13.756 et 03-15.278 précités). Le juge des référés est pareillement dépourvu de tout pouvoir pour désigner l'expert (Cass. com. 7-3-2018 n° 16-25.197 F-D : RJDA 5/18 n° 432), sauf s'il a reçu délégation du président du tribunal à cette fin (Cass. com. 15-5-2012 n° 11-17.866 : RJDA 1/13 n° 40, 2e espèce).

> **Précisions a.** La compétence exclusive du président du tribunal ne fait cependant pas obstacle à ce que l'actualisation du rapport d'expertise soit confiée au même expert, en appel, par le **conseiller de la mise en état** (Cass. 1e civ. 9-12-2010 n° 09-10.141 : RJDA 3/11 n° 245).
> **b.** Lorsque les statuts comportent une **clause d'arbitrage** accordant aux arbitres le pouvoir à la fois de procéder eux-mêmes à l'évaluation et de trancher le litige, le président du tribunal ne commet pas d'excès de pouvoir en se déclarant incompétent au profit des arbitres (Cass. com. 10-10-2018 n° 16-22.215 FS-PB : RJDA 5/19 n° 339).
> **c.** La fixation de la valeur de rachat des **parts d'une SCP de médecins** en cas de désaccord entre la société et l'associé qui se retire est soumise à un régime spécial : si le prix proposé par la société pour le rachat des parts n'est pas accepté par l'associé et si celui-ci persiste dans son intention de céder ses parts, le prix doit être fixé à la demande de la partie la plus diligente par le président du tribunal judiciaire statuant en référé (CSP art. R 4113-51). Cependant, le président saisi sur le fondement de ce texte n'a pas le pouvoir de fixer le prix des parts si les parties n'ont pas eu préalablement recours à la procédure particulière et impérative de l'article 1843-4 du Code civil (Cass. 1e civ. 9-4-2014 n° 12-35.270 : RJDA 7/14 n° 635).
> **d.** En cas de litige sur la valeur des parts d'une **société d'avocats**, l'article 21, III-al. 2 de la loi 71-1130 du 31 décembre 1971 (modifié par loi 2021-1729 du 22-12-2021) déroge à l'article 1843-4 du Code civil en ce qu'il donne compétence au bâtonnier pour désigner lui-même l'expert chargé d'évaluer les parts ou actions (Cass. 1e civ. 9-5-2019 n° 18-12.073 FS-PB : RJDA 8-9/19 n° 567).

POUVOIRS DU JUGE DANS LE CADRE DE LA DÉSIGNATION DE L'EXPERT

48120 Les pouvoirs du président du tribunal sont **limités** au choix du nom de l'expert dont la désignation est demandée et, le cas échéant, à son remplacement (CA Paris 23-11-2005 n° 05-7615 : RJDA 5/06 n° 539 ; CA Paris 30-1-2009 n° 08-13762 : RJDA 5/09 n° 440).

Il ne peut donc pas valablement :

– évaluer lui-même le prix de cession ou de rachat, même s'il estime disposer de tous les éléments nécessaires (Cass. 1e civ. 18-6-1996 n° 94-16.159 : Bull. civ. I n° 264) ;

– encadrer la mission de l'expert en fixant les critères d'évaluation à retenir (Cass. com. 5-5-2009 n° 08-17.465 : RJDA 8-9/09 n° 751).

DES RECOURS DIFFÉRENTS SELON QUE LE PRÉSIDENT DU TRIBUNAL DÉSIGNE OU NON L'EXPERT

L'expert est désigné par jugement du président du tribunal sans recours possible (C. civ. art. 1843-4). 48125
Jusqu'à une date récente, la Cour de cassation considérait que cette interdiction des recours s'appliquait que le président du tribunal procède à la désignation de l'expert ou à son remplacement (Cass. com. 15-5-2012 n° 11-12.999 F-PB : RJDA 1/13 n° 40) ou en cas de refus de la désignation (Cass. com. 11-3-2008 n° 07-13.189 FS-PB : RJDA 6/08 n° 669). Cette exclusion des recours visait, par sa généralité, le pourvoi en cassation comme toute autre voie de recours (Cass. 1e civ. 6-12-1994 n° 92-18.007 P : Bull. civ. I n° 364 ; Cass. com. 3-5-2012 n° 11-16.349 F-PB : RJDA 11/12 n° 970 ; Cass. com. 15-5-2012 n° 11-12.999 F-PB : RJDA 1/13 n° 40 ; Cass. 2e civ. 7-6-2018 n° 17-18.722 F-PB : RJDA 8-9/18 n° 645). Il ne pouvait y être déroger qu'en cas d'excès de pouvoir du président du tribunal (n° 48128).

Procédant à un **revirement** partiel **de jurisprudence**, la Haute Juridiction a dissocié les deux hypothèses suivantes.

Si le président du tribunal désigne l'expert, sa décision est insusceptible de recours, sauf un recours-nullité en cas d'excès de pouvoir du magistrat (Cass. com. 25-5-2022 n° 20-18.307 F-B : RJDA 8/22 n° 484).

S'il **refuse de procéder à la désignation** pour quelque cause que ce soit, sa décision est susceptible d'un appel-réformation de la part des parties (Cass. com. 25-5-2022 n° 20-14.352 FS-BR : RJDA 8/22 n° 483).

> **Précisions a.** La **Cour de cassation a justifié cette solution**, d'une part, par la lettre du texte de l'article 1843-4 du Code civil, qui ne prive de recours que la décision désignant un expert et n'exige donc pas une unité de régime et, d'autre part, par l'absence de contradiction avec l'objectif de célérité poursuivi par le législateur lorsqu'une décision désigne un expert. En outre, relève la Cour de cassation, ouvrir l'appel aux parties permet d'éviter les situations de blocage dans lesquelles se trouvaient celles-ci en cas de refus de désignation de l'expert.
> **b.** En matière de **remplacement de l'expert**, il faut, à notre avis, de la même manière distinguer selon que le président du tribunal fait droit ou non à la demande de remplacement.
> **c.** Le président ayant statué selon la procédure accélérée au fond (C. civ. art. 1843-4), le **délai d'appel** (appel-nullité ou appel-réformation) est de 15 jours (CPC art. 481-1, dernier al.) et l'audience est fixée à bref délai (CPC art. 905, 3°).

Recours-nullité contre la désignation de l'expert Il résulte de l'article 1843-4 48128
du Code civil que la décision par laquelle le président du tribunal procède à la désignation d'un expert chargé de déterminer la valeur de droits sociaux est sans recours possible ; cette disposition s'applique, par sa généralité, au pourvoi en cassation comme à toute autre voie de recours et il n'y est dérogé qu'en cas d'excès de pouvoir (Cass. com. 7-7-2021 n° 19-23.699 FS-B : RJDA 10/21 n° 666 ; Cass. com. 25-5-2022 n° 20-18.307 F-B : RJDA 8/22 n° 484). Ces principes sont constants et s'appliquent y compris lorsque le président du tribunal accepte de **remplacer l'expert** désigné (Cass. com. 3-5-2012 n° 11-16.349 F-PB ; Cass. com. 15-5-2012 n° 11-12.999 F-PB et Cass. com. 15-5-2012 n° 11-17.866 F-PB : RJDA 1/13 n° 40 ; Cass. 2e civ. 1-6-2017 n° 16-15.577 F-D : Dr. sociétés 2017 comm. n° 182, note R. Mortier) ou rend une **décision interprétant** celle par laquelle il a procédé à la désignation (Cass. com. 14-2-2018 n° 16-24.790 F-D : RJDA 5/18 n° 433, à propos d'un cas où le président avait précisé, dans une seconde décision, la version de l'article 1843-4 à appliquer) ; mais ils n'ont plus vocation à régir le cas où ce **magistrat refuse** de faire droit à la demande de désignation ou de remplacement (n° 48130).

Il y a excès de pouvoir en cas de **méconnaissance** par le juge de l'étendue de ses **pouvoirs juridictionnels** (Cass. 1e civ. 20-2-2007 n° 06-13.134 : RJDA 6/07 n° 674), c'est-à-dire s'il outrepasse les pouvoirs que lui confère la loi ou ne les exerce pas. Est aussi entachée d'excès de pouvoir la décision par laquelle, saisi d'un recours, un juge confirme une décision constitutive d'un excès de pouvoir (notamment Cass. com. 3-5-2012 n° 11-16.349 ; Cass. com. 15-5-2012 nos 11-12.999 et 11-17.866 et Cass. com. 25-5-2022 n° 20-18.307 précités), car il y a alors consécration d'un excès de pouvoir ouvrant droit à recours. S'agissant de l'application de l'article 1843-4 du Code civil, l'existence d'un excès de pouvoir ouvrant un recours-nullité est rarement admise par les tribunaux, comme le montre la jurisprudence exposée ci-dessous.

ILLUSTRATIONS

L'**existence d'un excès de pouvoir** est **retenue** lorsque :
– l'expert est désigné ou remplacé par un juge incompétent (n° 48115) ;
– le président du tribunal se prononce sur la validité de la convention en exécution de laquelle il est saisi (Cass. com. 25-5-2022 n° 20-18.307 F-B précité) ou, plus généralement, tranche une

contestation portant sur la détermination des statuts applicables ou de la convention liant les parties que l'expert est tenu d'appliquer (Cass. com. 7-7-2021 n° 19-23.699 FS-B : RJDA 10/21 n° 666) ;
– le président du tribulan statue en référé au lieu de statuer en la forme des référés pour désigner l'expert (Cass. com. 15-2-2023 n° 21-18.548 F-D : RJDA 5/23 n° 259).
En revanche, l'**excès de pouvoir** n'est **pas caractérisé** lorsque le président du tribunal :
– désigne l'expert alors que les conditions d'application de l'article 1843-4 du Code civil ne sont pas remplies (Cass. com. 15-5-2012 n° 11-17.866 : RJDA 1/13 n° 40, 2e espèce, rendu dans un cas où le recours à l'expertise était contesté au motif que la cession était déjà parfaite et exécutée ; Cass. com. 7-7-2020 nos 18-18.190 F-D et 18-18.192 F-D : RJDA 12/20 n° 650, 1e et 2e espèces) ;
– désigne un nouvel expert sans d'abord avoir prononcé la fin de la mission du précédent, s'être assuré que celui-ci avait refusé sa mission ou que les parties y avaient mis fin ou encore qu'il pouvait renoncer à sa mission ou y avait renoncé de façon claire et non équivoque (Cass. com. 15-5-2012 n° 11-12.999 : RJDA 1/13 n° 40, 1e espèce) ;
– donne mission à l'expert de fixer la valeur des parts sociales par référence aux règles et modalités de détermination prévues par les statuts de la société et par toute convention liant les parties (Cass. 1e civ. 8-1-2020 n° 17-13.863 FS-PBI : RJDA 3/20 n° 159) ;
– désigne un expert en remplacement d'un premier expert qui a renoncé à sa mission, en méconnaissance de l'autorité de la chose jugée attachée à une précédente décision du président du tribunal ayant rejeté la demande de remplacement de l'expert (Cass. com. 17-3-2021 n° 19-14.679 F-D : RJDA 6/21 n° 394).

La **cour d'appel** qui, sur recours, annule la désignation pour excès de pouvoir ne peut **pas désigner elle-même** l'expert (Cass. com. 24-6-2014 n° 13-24.587 F-D : Dr. sociétés 2014 comm. n° 142 note H. Hovasse ; Cass. com. 10-10-2018 n° 16-25.076 F-D : RJDA 12/18 n° 914 ; CA Paris 29-5-2007 n° 06-4408 : RJDA 2/08 n° 164) ; elle ne peut pas non plus, après avoir écarté le rapport de l'expert pour erreur grossière, désigner un nouvel expert (Cass. 1e civ. 25-11-2003 n° 00-22.089 FS-P : RJDA 5/04 n° 568). Il incombe donc à la partie la plus diligente de saisir à nouveau le président du tribunal.

48130 **Appel-réformation contre le refus de désigner l'expert** Lorsque le président du tribunal, saisi en application de l'article 1843-4 du Code civil, refuse **pour quelque cause que ce soit** de désigner l'expert pour fixer le prix de cession de droits sociaux, les parties peuvent former un **appel**-réformation contre cette décision (Cass. com. 25-5-2022 n° 20-14.352 FS-BR : RJDA 8/22 n° 483). Elles peuvent ainsi notamment invoquer une erreur de droit du magistrat sur les conditions d'application de l'article 1843-4, alors qu'elles ne le peuvent pas dans le cadre d'un recours-nullité (n° 48128).

Si, au terme d'un examen complet des faits et circonstances de la cause, la **cour d'appel** décide d'infirmer la décision refusant la désignation d'un expert, elle peut **désigner** elle-même cet **expert**, et ce, par une décision sans **recours** possible, sauf excès de pouvoir (arrêt précité ; sur la notion d'excès de pouvoir, voir n° 48128). À notre avis, si la cour d'appel refuse à son tour de désigner l'expert, sa décision peut faire l'objet d'un pourvoi en cassation de « droit commun », par transposition de la distinction opérée par la Cour de cassation à propos de la décision de première instance (n° 48125).

B. Désignation d'un administrateur provisoire d'une société

GÉNÉRALITÉS

48350 L'administrateur provisoire est un mandataire désigné en justice et chargé, en cas de **difficultés graves empêchant le fonctionnement normal** d'une société et menaçant celle-ci d'un **péril imminent** (conflit paralysant la société, absence de dirigeant, etc.), d'en assurer ou d'en contrôler momentanément la gestion.

En principe, l'**administrateur** est **choisi** sur la liste des administrateurs et mandataires judiciaires établie par une commission nationale. Toutefois, le juge peut aussi désigner une personne physique justifiant d'une expérience ou d'une qualification particulière compte tenu de la nature de l'affaire. Dans ce cas, la décision de nomination doit être spécialement motivée au regard de cette expérience ou de cette qualification (C. com. art. L 811-2, al. 1 et 2).

> **Précisions** La **rémunération de l'administrateur** est fixée par le juge. En principe, elle incombe à la société. Toutefois, elle peut être mise à la charge de l'associé ou des associés responsables de la nomination de l'administrateur (Cass. com. 12-1-1970 n° 67-11.816 : Bull. civ. IV n° 11 ; CA Nancy 8-3-2007 n° 07-520 : RJDA 12/07 n° 1238).

INITIATIVE DE LA DEMANDE DE NOMINATION DE L'ADMINISTRATEUR PROVISOIRE

Toute personne justifiant d'un intérêt légitime est recevable à demander en justice la nomination d'un administrateur provisoire car cette action n'est pas une action attitrée (CA Paris 15-10-2021 n° 20/07190 : RJDA 5/22 n° 277). Ainsi, la demande de nomination peut être présentée en justice par les **organes sociaux** ou les **associés** (CA Paris 1-6-2007 n° 07-5278 : RJDA 3/08 n° 278), les **créanciers** (cf. Cass. com. 7-6-1988 : Bull. Joly 1988 p. 581 ; CA Paris 4-10-2002 : JCP E 2002 n° 1712), le **comité social et économique** ou des investisseurs ayant vocation à devenir actionnaires majoritaires (CA Paris 15-10-2021 n° 20/07190 précité). Il a également été jugé que l'**épouse** et les **enfants** d'un dirigeant placé sous sauvegarde de justice pouvaient, même sans être associés ni créanciers de la société, demander la nomination d'un administrateur provisoire (CA Lyon 1-4-1971 : D. 1971 som. p. 169). 48355

Ayant la qualité d'associé, un **nu-propriétaire indivis** de parts sociales ou d'actions peut agir seul en vue de cette nomination (Cass. 3e civ. 17-1-2019 n° 17-26.695 FS-PBI : RJDA 4/19 n° 258).

En revanche, en cas de liquidation judiciaire d'un dirigeant associé, le **liquidateur** n'est pas recevable à demander la désignation d'un administrateur provisoire chargé de représenter la société (Cass. com. 27-11-2001 n° 97-22.086 : RJDA 8-9/02 n° 916).

FORME DE LA DEMANDE DE NOMINATION DE L'ADMINISTRATEUR PROVISOIRE

La procédure peut prendre la forme d'une **assignation au fond** (devant le tribunal de commerce pour les sociétés commerciales ; devant le tribunal judiciaire dans les autres cas) mais le plus souvent, la demande est introduite par une assignation en **référé** compte tenu de l'urgence qu'il y a à nommer l'administrateur. 48360

Lorsque la **société** n'est **pas dépourvue de représentant légal**, elle doit être **mise en cause** dans la procédure, ce qui permet un débat contradictoire sur la mesure demandée. À défaut, la demande de nomination est irrecevable (Cass. 2e civ. 25-3-1992 n° 90-21.743 : RJDA 5/92 n° 458). Il ne suffit donc pas d'assigner le dirigeant social. Il en est ainsi même lorsque la demande vise à désigner un mandataire chargé seulement de provoquer une délibération des associés (Cass. com. 3-11-2004 n° 01-01.855 : RJDA 7/05 n° 811).

Lorsque la **société** est **dépourvue de représentant légal**, la nomination ne peut pas être demandée sur simple requête sans débat contradictoire. En effet, le fait que la société n'ait pas de représentant n'est pas un obstacle au recours à une procédure contradictoire par voie d'assignation au fond ou en référé, cette carence pouvant être palliée par la désignation d'un mandataire ad hoc chargé de représenter la société (CA Paris 14-5-2013 n° 13/00026 : RJDA 11/13 n° 900). Toutefois, la désignation sur requête d'un administrateur provisoire chargé d'encaisser les loyers d'une société a été admise dès lors que la société n'avait plus d'activité depuis plus de 40 ans, qu'elle avait été radiée d'office du registre du commerce et des sociétés et que ses derniers dirigeants étaient décédés (Cass. 3e civ. 17-9-2020 n° 19-14.163 F-D : RJDA 1/21 n° 21).

MODÈLE 48362

Demande de désignation d'un administrateur provisoire dans une société

Assignation en référé devant le tribunal de commerce de...

L'an DEUX MILLE...

À la demande de...

Donne assignation à : ...

À comparaître le... à... par-devant M./Mme le Président du tribunal de commerce de... sis... statuant en référé.

Il vous est rappelé, conformément aux articles 56 et 853 du Code de procédure civile :
– que les parties sont, sauf disposition contraire, tenues de constituer avocat ;
– que les parties sont dispensées de l'obligation de constituer avocat dans les cas prévus par la loi ou le règlement, lorsque la demande porte sur un montant inférieur ou égal à 10 000 euros ou qu'elle a pour origine l'exécution d'une obligation dont le montant n'excède pas 10 000 euros, dans le cadre des procédures instituées par le Livre VI du Code de commerce ou pour les litiges relatifs à la tenue du registre du commerce et des sociétés ; le montant de la demande est apprécié conformément aux dispositions des articles 35 à 37 du Code de procédure civile ; dans ces cas, les parties ont la faculté de se faire assister ou représenter par toute personne de leur choix ;
– que le représentant, s'il n'est avocat, doit justifier d'un pouvoir spécial ;
– que faute de comparaître ou de se faire représenter, elles s'exposent à ce qu'une ordonnance soit rendue contre elles sur les seuls éléments fournis par leur(s) adversaire(s).

Objet de la demande
Par acte du..., il a été constitué une société (*forme à préciser*) dénommée..., au capital de..., dont le siège est situé... (n° d'identification : ... RCS...).
La société rencontre actuellement les difficultés suivantes :
– ...
– ... (*énumérer et dater les événements justifiant la nomination de l'administrateur : conflit, défaut de réunion des assemblées, absence de dirigeant, etc.*)
Ces circonstances paralysent le fonctionnement de la société et menacent celle-ci d'un péril imminent.
Il y a urgence à prendre les mesures nécessaires au rétablissement de la situation.
Cette urgence justifie qu'aucune diligence n'ait été entreprise pour parvenir à une résolution amiable du litige.
Par ces motifs
Il est demandé à M./Mme le Président du tribunal :
– de désigner tel mandataire qu'il lui plaira ;
– de donner à ce mandataire les pouvoirs les plus étendus pour... (*expliciter la mission souhaitée : par exemple, « gérer et administrer la société conformément à la loi et aux statuts », « convoquer une assemblée générale appelée à désigner un nouveau gérant », etc.*) ;
– de dire que ce mandataire sera autorisé, pour les besoins de sa mission, à se faire assister par toute personne de son choix ;
– de dire qu'il restera en fonction jusqu'au/à ce que... (*date ou événement à préciser*) ;
– de dire que sa rémunération sera mise à la charge de la société ;
(...)

RECOURS CONTRE LA DÉCISION DE NOMINATION DE L'ADMINISTRATEUR PROVISOIRE

48365 En cas de nomination d'un administrateur chargé de gérer la société, le **représentant légal** de celle-ci, bien que privé de ses pouvoirs de gestion, reste recevable à exercer un recours contre la décision de nomination (Cass. com. 7-1-2004 n° 01-10.034 : RJDA 5/04 n° 559).

> **Précisions** Lorsque l'**administrateur** a été **nommé** non pas en référé mais **sur simple requête**, donc sans que la société ait été mise en cause et sans débat contradictoire, son représentant peut demander au juge de rétracter l'ordonnance de nomination en faisant valoir que le prononcé de la mesure nécessitait un tel débat. Si le juge accueille cette demande, la **rétractation** a un effet rétroactif, de sorte que la désignation de l'administrateur est censée ne jamais être intervenue (Cass. soc. 23-10-2012 n° 11-24.609 : RJDA 1/13 n° 36).

C. Exécution forcée d'un pacte d'actionnaires

RÈGLES GÉNÉRALES

48570 Conformément au droit commun (C. civ. art. 1217 et 1227), la violation d'un pacte d'actionnaires entraîne en **principe** la résolution judiciaire du pacte et la condamnation du cocontractant fautif à verser des dommages-intérêts au signataire lésé par l'inexécution. La loi et la jurisprudence apportent des **atténuations** à ce principe.

OBLIGATIONS DE FAIRE PRÉVUES DANS UN PACTE D'ACTIONNAIRES

48571 **Plutôt que de demander** le versement de **dommages-intérêts**, le créancier d'une obligation de faire peut obtenir en justice l'exécution forcée du pacte, sauf si cette exécution est impossible ou, pour les pactes conclus depuis le 1er octobre 2016, s'il existe une disproportion manifeste entre l'intérêt qu'elle présente pour lui et son coût pour le cocontractant fautif (C. civ. art. 1221).

ILLUSTRATIONS

Un actionnaire minoritaire refusant d'exécuter son **engagement de céder** « dès à présent » ses **actions** à la demande des actionnaires majoritaires a ainsi été condamné à exécuter cet engagement en l'absence d'impossibilité juridique, matérielle ou morale y faisant obstacle puisqu'il était resté propriétaire de ses titres (CA Paris 21-12-2001 n° 01-9384 : RJDA 6/02 n° 643). Le droit de propriété ne constitue pas ici un obstacle juridique à la cession forcée des actions.
De même, dans un cas où un actionnaire majoritaire avait violé une **clause de sortie conjointe** par laquelle, en cas de cession partielle ou totale de sa participation, il s'était engagé à faire en sorte que les actionnaires minoritaires puissent céder prioritairement tout ou partie de leurs titres, il a été fait droit à la demande de rachat de ces derniers au motif que, même si la clause s'analysait comme une obligation de faire, il n'était pas établi que son exécution forcée se heurterait à une impossibilité juridique, matérielle ou morale (CA Versailles 14-10-2004 n° 03-4586 : RJDA 5/05 n° 574).

S'il constate que les conditions d'une **promesse de vente incluse dans un pacte** d'actionnaires sont remplies et que l'obligation n'est donc pas sérieusement contestable, le juge des référés peut ordonner la cession forcée des actions, bien que les parties soient en désaccord sur le prix de cession définitif (Cass. com. 13-1-2021 n° 19-11.726 F-D : RJDA 4/21 n° 245).

Clause de préemption Les clauses de préemption (dénommées « pactes de **préférence** » par le Code civil) contenues dans les pactes d'actionnaires sont celles par lesquelles un associé s'engage à proposer prioritairement à un ou plusieurs autres de leur céder ses titres au cas où il déciderait de les vendre (cf. C. civ. art. 1123, al. 1). 48572

La loi fixe les **conditions de l'exécution forcée** du pacte en cas de cession des titres réalisée en violation des droits du bénéficiaire de la clause : celui-ci peut, lorsque le tiers acquéreur des titres a connu l'existence du pacte et l'intention du bénéficiaire de s'en prévaloir, demander au juge la nullité du contrat ou de le substituer au pacte dans la cession conclue (art. 1123, al. 2).

Par ailleurs, pour les pactes conclus depuis le 1er octobre 2016, le tiers qui connaît l'existence de la clause peut demander par écrit au bénéficiaire de confirmer, dans un délai qu'il fixe et qui doit être raisonnable, l'existence de cette clause et s'il entend s'en prévaloir. Dans sa demande écrite, le tiers doit indiquer que, à défaut de réponse dans ce délai, le bénéficiaire du pacte ne pourra plus solliciter sa substitution au contrat conclu avec le tiers ou la nullité du contrat (art. 1123, al. 3 et 4).

À notre avis, le tiers qui aura connaissance du pacte et s'abstiendra d'**interroger le bénéficiaire sur ses intentions** ne pourra pas invoquer sa méconnaissance de ces intentions pour s'opposer à l'exécution forcée. Certes, l'article 1123 précité dispose que le tiers « peut » et non « doit » interroger le bénéficiaire, mais admettre la solution inverse offrirait une prime à l'abstention qui n'a certainement pas été voulue par le législateur.

Promesse unilatérale La promesse unilatérale est le contrat par lequel une partie, le promettant, accorde à l'autre, le bénéficiaire, le droit d'opter pour la conclusion d'un contrat dont les éléments essentiels sont déterminés, et pour la formation duquel ne manque que le consentement du bénéficiaire (C. civ. art. 1124, al. 1). En présence d'une promesse unilatérale (d'achat ou de cession de titres, pour l'essentiel) contenue dans un pacte d'actionnaires, la **révocation** de la promesse pendant le temps laissé au bénéficiaire pour opter n'empêche pas la formation du contrat promis (art. 1124, al. 2 ; Cass. 3e civ. 23-6-2021 n° 20-17.554 FS-B : RJDA 11/21 n° 708, qui admet toutefois la stipulation contraire). Le bénéficiaire peut alors demander en justice que l'associé promettant soit condamné à exécuter la cession en cause. 48573

En outre, un **contrat conclu en violation de la promesse** unilatérale avec un tiers qui en connaissait l'existence est nul (art. 1124, al. 3). En présence d'un tiers de bonne foi, le bénéficiaire de la promesse ne peut donc prétendre qu'à des dommages-intérêts.

OBLIGATIONS DE NE PAS FAIRE PRÉVUES DANS UN PACTE D'ACTIONNAIRES

En cas de violation d'une obligation de ne pas faire (notamment, clause interdisant d'acquérir des titres ou clause d'inaliénabilité interdisant leur cession), les associés victimes de la violation peuvent demander au juge de détruire ce qui a été fait en violation de l'obligation (C. civ. art. 1222, al. 1) par l'**annulation de l'acquisition ou de la cession** critiquée. 48574

Toutefois, une cession à laquelle est partie un tiers de bonne foi, c'est-à-dire qui n'a pas connaissance du pacte, ne peut à notre avis pas être annulée. En effet, en raison de l'effet relatif des contrats, qui ne créent d'obligations que pour les parties (C. civ. art. 1199, al. 1), le pacte d'actionnaires n'est pas opposable aux tiers. Il n'en irait autrement que si le tiers cocontractant avait connaissance du pacte au moment de contracter, car il serait alors tenu de respecter la situation juridique créée par le contrat (C. civ. art. 1200, al. 1).

> **Précisions** A été refusée l'exécution en nature d'un **pacte de limitation des participations** par lequel chacun des signataires (en l'espèce, deux actionnaires détenant à parts égales la majorité du capital d'une société) s'était interdit d'acquérir seul les actions des actionnaires minoritaires de la société : l'actionnaire lésé par la violation du pacte ne pouvait pas demander en justice la cession forcée à son profit de la moitié des actions acquises seul par l'autre actionnaire car cette rétrocession, qui se serait traduite par une majoration de la participation du demandeur dans le capital social, méconnaissait le principe de la réparation intégrale du préjudice (selon lequel la réparation ne doit entraîner ni perte ni profit pour la victime) (Cass. com. 24-5-2011 n° 10-24.869 : RJDA 10/11 n° 816).

MESURES CONSERVATOIRES EN CAS DE VIOLATION D'UN PACTE

48575 **Action en référé** La violation d'un pacte d'actionnaires peut constituer un **trouble manifestement illicite** autorisant le juge des référés à prescrire les mesures conservatoires s'imposant pour en faire cesser les effets (CPC art. 873, al. 1 pour le référé commercial).

ILLUSTRATIONS

Dans un cas où le signataire d'un pacte avait apporté en société la majorité des titres d'un holding sans respecter la **clause de préemption** accordant à un autre signataire le droit d'acquérir, à l'occasion du transfert du contrôle du holding, une participation détenue par celui-ci, le juge des référés a interdit à l'apporteur de réaliser un acte de disposition sur les parts ou actions reçues en rémunération de l'apport et l'a condamné sous astreinte à faire notifier par le holding au bénéficiaire du droit de préemption une offre de cession de la participation concernée (CA Paris 14-2-2012 n° 11/14683 : RJDA 6/12 n° 600).

Lorsque l'existence de l'**obligation** n'est **pas sérieusement contestable**, le juge des référés peut aussi en ordonner l'exécution, même s'il s'agit d'une obligation de faire (CPC art. 873, al. 2 ; pour une illustration, voir n° 48571).

48577 Le non-respect d'un pacte prévoyant la **nomination de représentants d'un associé minoritaire** au sein de l'organe collégial d'une société a été sanctionné par la désignation d'un mandataire chargé d'assister aux réunions de l'organe et d'en faire un compte-rendu à l'associé minoritaire (CA Paris 8-11-2011 n° 11/16066 : RJDA 3/12 n° 303).

> **Précisions** En revanche, estime la cour d'appel de Paris dans cette affaire, le juge des référés ne pouvait pas ordonner à l'associé majoritaire de **voter** en assemblée la **révocation des membres** de cet organe nommés en violation du pacte et leur remplacement par des représentants de l'associé minoritaire car cette mesure, qui équivalait à prononcer l'annulation des délibérations de l'assemblée ayant nommé ces membres, excédait les pouvoirs du juge des référés.

48578 **Expertise préventive** En cas de **violation d'une clause de préemption ou d'une promesse de vente** caractérisée par une cession de titres à un tiers, la victime de la violation peut, avant tout procès, établir la preuve de la connaissance du pacte par le tiers en demandant sur requête ou en référé une expertise préventive (dite « in futurum »). Une telle mesure consiste à désigner un expert afin de se ménager des éléments de preuve susceptibles d'être utiles à la solution d'un litige à venir (CPC art. 145).
Le bénéficiaire d'un droit de préemption a ainsi pu demander sur requête la nomination d'un huissier ou commissaire de justice chargé de consulter et prendre copie des courriels et fichiers informatiques de l'acquéreur des titres couverts par le droit de préemption afin d'établir qu'une collusion frauduleuse entre le cédant et l'acquéreur était à l'origine de la violation de ce droit (Cass. com. 8-12-2009 n° 08-21.253 F-D : RJDA 3/10 n° 312).
Dans cette affaire, les auteurs de la violation du pacte avaient en vain tenté d'invoquer le **secret des affaires** pour s'opposer à la mesure d'instruction. Le régime général de protection du secret des affaires instauré par la loi 2018-670 du 30 juillet 2018 et son décret d'application du 11 décembre 2018 ne devrait pas remettre en cause la faculté de demander une mesure d'instruction sur des documents couverts par le secret des affaires, la loi ayant prévu des modalités de préservation du secret dans le cadre d'une instance judiciaire (C. com. art. L 153-1).

D. Responsabilité des dirigeants de sociétés

1. ACTION SOCIALE CONTRE LES DIRIGEANTS DE SOCIÉTÉS

a. Exercice de l'action sociale

48780 En principe, l'action en réparation du préjudice causé à une société par son ou ses dirigeants (action sociale) doit être exercée par les **représentants légaux** de la société ou, en cas de liquidation de la société, par le liquidateur (action sociale dite **« ut universali »**). L'action est généralement engagée par de nouveaux dirigeants contre les anciens. Elle peut alors être exercée par un nouveau dirigeant même s'il a participé aux agissements fautifs de l'ancien (Cass. com. 7-12-1982 n° 81-11.504 : Bull. civ. IV n° 403 ; Cass. com. 3-3-2004 n° 00-16.566 : RJDA 7/04 n° 845).
La loi autorise aussi l'exercice de l'action sociale par un **associé** et, dans les SARL et les sociétés par actions, par un **groupe d'associés** représentant une certaine fraction du capital (action sociale dite **« ut singuli »**) (C. civ. art. 1843-5, al. 1 ; C. com. art. L 223-22, al. 3 et L 225-252).

EXERCICE DE L'ACTION SOCIALE PAR UN ASSOCIÉ OU UN GROUPE D'ASSOCIÉS

L'**objet** de l'action sociale **ut singuli** est d'obtenir la réparation du préjudice subi par la société à laquelle les **dommages-intérêts** sont alloués en cas de condamnation des dirigeants mis en cause (C. civ. art. 1843-5, al. 1 ; C. com. art. L 223-22, al. 3 et L 225-252). Elle ne peut pas être intentée pour faire annuler un acte passé par un dirigeant (Cass. com. 16-10-1972 n° 70-13.691 : Bull. civ. IV n° 251 ; CA Paris 28-5-2009 n° 08-12691 : RJDA 12/09 n° 1084). Elle ne permet pas non plus à l'associé de représenter la société dans une instance concernant une demande d'extension de la liquidation judiciaire d'une autre société et ne lui donne pas le pouvoir de relever appel du jugement statuant sur cette demande (Cass. com. 22-11-2011 n° 10-23.088 : RJDA 3/12 n° 293). 48785

L'associé d'une **société mère** ne peut pas rechercher la responsabilité du dirigeant de la société à raison de **fautes** de gestion résultant de la conclusion **par des filiales** de conventions de prestations avec des tiers portant sur des services fournis jusque-là par la mère. En effet, l'associé ne dispose pas du droit d'agir contre le dirigeant puisque celui-ci ne peut pas répondre de la gestion des filiales, dont la personnalité juridique est distincte de celle de la société mère, et n'a donc pas qualité pour être défendeur à cette action (CA Paris 26-11-2013 n° 12/05351 : RJDA 5/14 n° 434).

> **Précisions a.** La loi ayant accordé aux associés ou actionnaires le droit d'exercer eux-mêmes l'action sociale, ils ne peuvent pas demander en référé la désignation d'un **mandataire ad hoc** chargé d'exercer une telle action (Cass. com. 14-12-2004 n° 04-13.059 : RJDA 4/05 n° 384). Cette solution ne vaut que pour l'action sociale contre les **dirigeants de droit**. En revanche, il est admis qu'un associé ou actionnaire peut demander en justice la désignation d'un mandataire ad hoc chargé d'agir en réparation contre un dirigeant de fait ayant commis des fautes de gestion car les textes n'ouvrent pas à l'associé ou à l'actionnaire la voie de l'action ut singuli contre un tel dirigeant (Cass. com. 29-3-2017 n° 16-10.016 F-D : RJDA 7/17 n° 460).
> **b.** L'action sociale, réservée par la loi aux associés ou actionnaires, échappe, en cas de **procédure de sauvegarde** de la société, au **monopole du commissaire à l'exécution du plan** de sauvegarde qui n'a qualité pour agir qu'au nom et dans l'intérêt collectif des créanciers (Cass. com. 12-11-2020 n° 19-11.972 FS-PB : RJDA 2/21 n° 94).
> **c.** L'associé exerçant l'action sociale n'est pas tenu de **mentionner expressément** dans sa demande **qu'il agit ut singuli** au nom de la société (Cass. crim. 29-1-2020 n° 19-80.924 F-D : RJDA 8-9/20 n° 428).
> **d.** Un **associé** qui exerce l'action sociale et qui ne se désiste pas de cette action après que la société a agi elle-même en responsabilité contre le dirigeant ne peut pas demander à être **mis hors de cause**, car il conserve un intérêt à agir (Cass. com. 27-9-2017 n° 15-28.835 F-D : RJDA 2/18 n° 127). S'il souhaite se retirer de la procédure, il doit se désister de l'action ut singuli. Ce **désistement** n'empêche pas d'autres actionnaires de poursuivre l'action (CA Versailles 29-3-1978 : Rev. sociétés 1978 p. 711 note D. Schmidt).
> **e.** Un associé envisageant d'engager une action contre le dirigeant peut obtenir du juge des référés une **expertise préventive** (ou « in futurum »), qui consiste à désigner un expert afin de se ménager des éléments de preuve susceptibles d'être utiles à la solution d'un litige à venir (CPC art. 145), s'il existe des motifs légitimes et des indices précis justifiant la mesure d'instruction (CA Douai 6-7-2017 n° 17/00527 : RJDA 1/18 n° 35, dans un cas où l'associé ne s'est pas borné à mettre en cause la gestion du dirigeant de manière générale mais a identifié plusieurs opérations rendant plausibles ses soupçons de détournements de fonds).
> **f.** En prolongement de l'action sociale, les actionnaires peuvent solliciter une **mesure conservatoire** sur les biens du dirigeant poursuivi, à condition de le faire au nom de la société (Cass. 2e civ. 14-9-2006 n° 05-16.266 : RJDA 11/07 n° 1099). Ils peuvent aussi demander au juge de l'exécution d'assortir d'une **astreinte** la décision ayant accueilli leur action (Cass. com. 7-7-2009 n° 08-15.835 : RJDA 11/09 n° 974).

Conditions d'exercice de l'action sociale La recevabilité de l'action sociale est subordonnée à la **qualité d'associé** de celui qui l'exerce. En conséquence, les associés d'une société mère ne peuvent pas engager la responsabilité des dirigeants de la filiale dont ils ne sont pas associés (Cass. com. 13-3-2019 n° 17-22.128 F-D : RJDA 6/19 n° 425). De même, cette action est fermée au demandeur qui a perdu la qualité d'associé ou d'actionnaire au jour où elle est formée (Cass. com. 26-1-1970 n° 67-14.787 : Bull. civ. IV n° 30) ou en cours d'instance (CA Paris 6-4-2001 : RJDA 10/01 n° 982 ; CA Paris 10-3-2022 n° 13/18511 et CA Caen 31-3-2022 n° 16/02837 : RJDA 11/22 n° 635), même si elle vise à réparer un préjudice né alors que l'intéressé avait encore cette qualité (CA Paris 6-4-2001 précité). 48786

L'action sociale ut singuli présente un **caractère subsidiaire** : un associé ne peut l'exercer qu'en cas de carence des organes sociaux, c'est-à-dire lorsque la société n'a pas elle-même agi par 48787 l'intermédiaire de son représentant légal, lorsqu'il existe une situation de blocage résultant du conflit entre les représentants légaux empêchant la société d'agir elle-même (Cass. com. 27-5-2021 n° 19-17.568 F-D : RJDA 8-9/21 n° 570) ou lorsque le représentant légal a agi mais de manière manifestement insuffisante pour obtenir réparation de la totalité du préjudice subi par la société (en ce sens, Cass. crim. 16-12-2009 n° 08-88.305 : RJDA 5/10 n° 512 : représentant légal n'ayant émis aucune critique à l'encontre de l'un des dirigeants poursuivis toujours en poste, et n'ayant pas invoqué de préjudice).

Le tribunal ne peut statuer sur l'action ut singuli que si la **société** a été **mise en cause** par l'intermédiaire de ses représentants légaux. Tant que la société n'est pas régulièrement représentée, le juge ne peut pas examiner de moyen de défense opposé par la société (Cass. com. 18-9-2019 n° 17-25.757 F-D : RJDA 4/20 n° 215). Le tribunal peut toutefois désigner un mandataire ad hoc pour représenter la société dans l'instance lorsqu'il existe un conflit d'intérêts entre elle et ses représentants (C. com. art. R 223-32 et R 225-170, applicables non seulement aux SARL et aux sociétés par actions, mais aussi, à notre avis, aux autres types de société). Pour la Cour de cassation, en présence d'un tel conflit, ce qui est le cas lorsque le dirigeant poursuivi est le représentant légal en exercice, un mandataire ad hoc doit toujours être désigné par le juge, le cas échéant d'office à défaut de demande formulée par l'associé ou le représentant légal (Cass. com. 9-11-2022 n° 20-19.077 F-B : RJDA 2/23 n° 78). En revanche, un mandataire ad hoc ne peut pas être nommé pour représenter les intérêts d'une société dans le cadre d'une mesure d'expertise préventive, alors qu'aucune action sociale en responsabilité n'est encore engagée contre le dirigeant (CA Douai 6-7-2017 n° 17/00527 : RJDA 1/18 n° 35).

Le défaut de mise en cause de la société ne peut pas être régularisé par une assignation en intervention forcée de la société en appel (Cass. com. 14-5-2013 n° 11-24.432 : RJDA 10/13 n° 799).

48789 **Exercice de l'action sociale par un groupe d'associés** En principe, l'action est exercée par les associés individuellement. Toutefois, **dans les SARL et les sociétés par actions**, les associés ou actionnaires peuvent se grouper pour exercer l'action et charger un ou plusieurs d'entre eux de les représenter, ce qui permet de partager les frais de procédure. Pour pouvoir se grouper, les demandeurs doivent représenter au moins 10 % du capital dans les SARL et en principe 5 % du capital dans les sociétés par actions (C. com. art. R 223-31, al. 1 et R 225-169, al. 1). Toutefois, dans les sociétés par actions dont le capital est supérieur à 750 000 €, la fraction du capital dont les actionnaires doivent justifier est calculée en fonction d'un pourcentage dégressif, conformément au barème suivant (art. R 225-169, al. 2) :

– 4 % pour les 750 000 premiers euros ;
– 2,5 % pour la tranche de capital comprise entre 750 000 et 7 500 000 € ;
– 1 % pour la tranche de capital comprise entre 7 500 000 et 15 000 000 € ;
– 0,50 % pour le surplus du capital.

EXEMPLE

a. Si le capital de la société est de 700 000 €, les actionnaires désirant exercer ensemble l'action sociale doivent représenter une fraction du capital au moins égale à 35 000 € (700 000 × 5 %).

b. Si le capital est de 10 000 000 €, le calcul s'effectue de la manière suivante :
– 750 000 × 4 % = 30 000 € ;
– 6 750 000 × 2,5 % = 168 750 € ;
– 2 500 000 × 1 % = 25 000 €.
La participation minimale requise sera donc de 223 750 €.

Dans les sociétés dont les actions sont admises aux négociations sur un marché réglementé, l'action sociale peut aussi être exercée par une **association d'actionnaires** destinée à représenter les intérêts de ces derniers dans la société (C. com. art. L 22-10-44 et L 22-10-73).

48790 Le **retrait en cours d'instance** d'un ou plusieurs des demandeurs, soit qu'ils aient perdu leur qualité d'actionnaire, soit qu'ils se soient ultérieurement désistés, est sans effet sur la poursuite de l'instance (C. com. art. R 223-31, al. 2 et R 225-169, dernier al.).

48791 **Voies de recours** Un associé ou actionnaire exerçant l'action sociale a qualité pour exercer les voies de recours au nom de la société (Cass. crim. 12-12-2000 n° 97-83.470 FS-PF : RJDA 5/01 n° 597 ; Cass. crim. 29-1-2020 n° 19-80.924 F-D : RJDA 8-9/20 n° 428). Il peut ainsi valablement faire **appel** d'un jugement qui écarte la responsabilité d'un dirigeant alors même que la société, qui a agi en première instance par l'intermédiaire de son représentant légal pour demander réparation de son préjudice, n'a pas fait appel de ce jugement (Cass. crim. 12-12-2000 n° 97-83.470 précité).

ACTION SOCIALE EXERCÉE CONTRE UNE PERSONNE MORALE

L'action en responsabilité contre un **administrateur personne morale** n'est recevable que si le représentant permanent de celle-ci est conjointement mis en cause (CA Paris 15-2-1990 n° 88-2307 : Bull. Joly 1990 p. 523). 48793

LIBRE EXERCICE DE L'ACTION SOCIALE

Est réputée non écrite toute **clause statutaire** ayant pour effet de subordonner l'exercice de l'action sociale à l'avis préalable ou à l'autorisation de l'assemblée des associés ou qui comporterait par avance renonciation à l'exercice de cette action (C. civ. art. 1843-5, al. 2 ; C. com. art. L 223-22, al. 4 et L 225-253, al. 1). 48795

Par ailleurs, le fait qu'un dirigeant ait été **relaxé des poursuites pénales** engagées contre lui pour certains agissements n'interdit pas à la société de demander qu'il soit condamné à réparer civilement le préjudice causé à la société par ces agissements (Cass. com. 9-11-1993 n° 89-20.660 : RJDA 2/94 n° 161).

b. Extinction de l'action sociale

Aucune **décision de l'assemblée** des associés ne peut avoir pour effet d'éteindre l'action sociale (C. civ. art. 1843-5, al. 3 ; C. com. art. L 223-22, al. 5 et L 225-253, al. 2 ; pour une illustration, Cass. com. 8-3-2016 n° 14-16.621 F-D : RJDA 6/16 n° 440). Le quitus donné aux dirigeants par l'assemblée est donc sans effet à cet égard (Cass. 3e civ. 27-5-2021 n° 19-16.716 FS-P : RJDA 8-9/21 n° 571). Bien que les textes ne le précisent pas expressément, on ne saurait pas plus permettre au **conseil d'administration**, au **directoire** ou au **conseil de surveillance** d'une société par actions d'adopter une décision mettant fin à l'action sociale. 48810

PRESCRIPTION DE L'ACTION SOCIALE

Prescription triennale (ou décennale) L'action en responsabilité dirigée contre les dirigeants suivants se prescrit par trois ans à compter du fait dommageable ou, s'il a été dissimulé, de sa révélation et par dix ans s'il s'agit d'un crime : 48815

- gérant de **SARL** (C. com. art. L 223-23) ou de **société en commandite par actions** (C. com. art. L 225-254 sur renvoi de l'art. L 226-12, al. 2) ;
- administrateur et directeur général (mais pas le directeur général délégué) de **société anonyme** (art. L 225-254) ;
- membre du directoire et du conseil de surveillance de société anonyme (art. L 225-254 sur renvoi de l'art. L 225-256, al. 1) ;
- dirigeant de **société par actions simplifiée** (art. L 225-254 sur renvoi de l'art. L 227-8).

Le **point de départ du délai** de prescription correspond à la période où le fait dommageable a pu être constaté, sans qu'il y ait lieu de tenir compte de l'époque où a été perçue l'étendue réelle des conséquences de ce fait (Cass. com. 23-10-1990 n° 89-14.721 : RJDA 1/91 n° 30). 48817

ILLUSTRATIONS

A été déclarée prescrite l'action engagée contre d'anciens administrateurs ayant reçu de la société des rémunérations indues réintégrées par la suite dans les bénéfices sociaux à l'occasion d'un redressement fiscal car, même si ce redressement était intervenu moins de trois ans avant l'exercice de l'action, les rémunérations avaient été perçues par les intéressés plus de trois ans avant ; or, c'était la privation des sommes litigieuses à l'époque de leur perception qui constituait le fait dommageable pour la société (Cass. com. 2-5-1983 n° 81-12.717 : Bull. civ. IV n° 128).

Dans un cas où un ancien dirigeant social avait bénéficié d'un non-lieu faisant suite à une plainte pour abus de biens sociaux déposée contre lui par la société, l'action en réparation du préjudice résultant de ce dépôt de plainte qu'il a engagée contre le nouveau dirigeant s'est prescrite à compter de la date à laquelle la décision de non-lieu est devenue définitive (Cass. com. 21-6-2017 n° 15-27.465 F-D : RJDA 10/17 n° 645).

Lorsque la responsabilité des dirigeants est recherchée par le biais d'une **action récursoire en garantie** formée par la société, le point de départ du délai se situe au jour où la société a elle-même été assignée (Cass. com. 6-5-2014 n° 13-17.632 : RJDA 8-9/14 n° 704 ; CA Paris 17-2-2015 n° 10/04697 : RJDA 5/15 n° 353). Si la société agit en garantie de pénalités fiscales qu'elle a dû acquitter à la suite d'un redressement, le point de départ de l'action en responsabilité contre le dirigeant correspond à la date du redressement (CA Paris 14-1-2020 n° 17/20212 : RJDA 5/20 n° 273).

Dissimulation de la faute. Le **point de départ** de la prescription de l'action en responsabilité contre un dirigeant peut, en cas de dissimulation du fait dommageable, être **reporté** au jour où ce fait a été révélé (Cass. com. 25-1-2017 n° 14-29.726 F-D : RJDA 4/17 n° 259). En revanche, il ne peut 48819

pas être reporté en cas de dissimulation des conséquences dommageables résultant de la faute du dirigeant (Cass. com. 20-2-2007 n° 03-12.088 : RJDA 11/07 n° 1116). A ainsi été déclarée prescrite l'action d'une société exercée contre son ancien dirigeant après qu'elle a été condamnée à indemniser un salarié pour non-paiement d'heures supplémentaires. La prescription avait commencé à courir du jour de la réception de la lettre recommandée adressée plus de trois ans auparavant à la société par le salarié demandant le paiement des heures et révélant les agissements de l'ancien dirigeant. Le préjudice résultant de la condamnation de la société ne pouvait pas constituer le point de départ de la prescription car il n'était que la conséquence des faits dommageables reprochés à ce dirigeant (CA Versailles 30-9-2010 n° 09-4525 : RJDA 3/11 n° 252).
La dissimulation doit être intentionnelle (Cass. com. 16-3-2018 n° 16-26.323 F-D : RJDA 10/18 n° 741).
En cas de dissimulation d'une décision fautive prise par le conseil d'administration ou le directoire d'une société anonyme, la **volonté de dissimulation** de chaque administrateur ou membre du directoire est établie dès lors qu'il ne s'est pas opposé personnellement à cette décision (Cass. com. 30-3-2010 n° 08-17.841 : RJDA 7/10 n° 760).
L'action est prescrite si le **fait dommageable** commis plus de trois ans auparavant n'a **pas été dissimulé**.

ILLUSTRATIONS

Il n'y a pas dissimulation lorsqu'un associé qui conteste une opération a été convoqué à une assemblée à laquelle le dirigeant a soumis un rapport faisant état de l'opération (Cass. com. 1-6-2010 n° 09-15.322 : RJDA 10/10 n° 965).
De même, a été jugée prescrite l'action en responsabilité engagée par un actionnaire de société anonyme contre des administrateurs auxquels il reprochait d'avoir octroyé des concours à une filiale : loin d'être dissimulés, les concours financiers et la situation de la filiale ont fait l'objet d'une information dans les rapports annuels de la société ; la connaissance par le conseil d'administration et l'approbation par l'assemblée générale des comptes des exercices au cours desquels les avances ont été consenties excluaient leur dissimulation (CA Paris 19-3-2013 n° 12/00020 : RJDA 7/13 n° 633).

48822 **Prescription quinquennale** Aucune disposition légale n'étend aux **dirigeants autres** que ceux mentionnés n° 48815 (gérant de société civile, de société en nom collectif ou de société en commandite simple, directeur général délégué non administrateur de société anonyme) le délai triennal de prescription prévu par les articles L 223-23 et L 225-254 du Code de commerce. C'est donc la prescription **quinquennale** de droit commun qui s'applique (CA Rennes 28-6-2022 n° 20/02742 : RJDA 1/23 n° 33), le point de départ du délai étant fixé à compter du jour où celui qui agit a connu ou aurait dû connaître la faute du dirigeant (C. civ. art. 2224).

> **Précisions a.** La prescription triennale ne s'applique pas non plus à l'action en responsabilité engagée contre un **dirigeant de fait** (Cass. com. 30-3-2010 n° 08-17.841 : RJDA 7/10 n° 760 ; Cass. com. 12-4-2016 n° 14-12.894 F-D : RJDA 7/16 n° 546).
> **b.** L'action en **responsabilité spéciale** ouverte contre les dirigeants pour irrégularité commise à l'occasion de la constitution de la société ou d'une modification statutaire (défaut de mention dans les statuts, omission ou accomplissement irrégulier d'une formalité) se prescrit par dix ans à compter, selon le cas, de l'immatriculation de la société ou de la publicité au registre du commerce et des sociétés de l'acte modifiant les statuts (C. civ. art. 1840, al. 3 ; C. com. art. L 210-8, al. 3).

2. ACTION INDIVIDUELLE CONTRE LES DIRIGEANTS DE SOCIÉTÉS

48850 Tout **associé** ou actionnaire peut engager une action en **réparation du préjudice** qu'il a **subi personnellement** du fait d'un dirigeant de la société (C. civ. art. 1843-5, al. 1 ; C. com. art. L 223-22, al. 3 et L 225-252). Cette action (dite action individuelle) n'est recevable que si le préjudice subi par l'associé ou l'actionnaire est **distinct** de celui éventuellement subi par la société.
L'action individuelle ayant pour objet la réparation d'un préjudice personnel, il s'ensuit que, contrairement au régime applicable à l'action sociale :
– l'associé ou l'actionnaire peut **l'exercer** même **après avoir cédé ses titres** ;
– les **dommages-intérêts** éventuels reviennent intégralement au demandeur et non à la société.

EXERCICE DE L'ACTION INDIVIDUELLE PAR UN GROUPEMENT D'ACTIONNAIRES

48855 Lorsque plusieurs actionnaires de **société par actions** souffrent directement et individuellement d'un préjudice provenant de mêmes faits, ils peuvent se grouper pour charger l'un ou plusieurs d'entre eux d'agir en leur nom devant les juridictions civiles, sous réserve que les **conditions** suivantes soient respectées (C. com. art. R 225-167) :

– le mandat de représentation doit être écrit et mentionner expressément qu'il donne au mandataire le pouvoir d'accomplir au nom du mandant tous les actes de procédure et, s'il y a lieu, le pouvoir d'exercer les voies de recours (appel, pourvoi en cassation, etc.) ;

– la demande en justice doit indiquer les nom, prénoms et adresse de chacun des mandants ainsi que le nombre d'actions qu'ils détiennent et le montant de l'indemnité réclamée pour chacun d'eux.

Les **actes de procédure et de notification** sont alors réputés valablement accomplis à l'égard du ou des mandataires sans qu'il soit nécessaire de les notifier également aux autres actionnaires demandeurs (C. com. art. R 225-168).

Dans les **sociétés anonymes**, les actionnaires ne sont autorisés à se grouper pour exercer l'action en réparation de leur préjudice individuel que si cette action est dirigée contre les administrateurs, le directeur général ou les membres du directoire (C. com. art. R 225-167). Dans les **autres sociétés**, l'exercice groupé de l'action est possible contre les dirigeants qui sont responsables dans les mêmes conditions que les administrateurs : gérant de société en commandite par actions (C. com. art. L 226-1, al. 2) et dirigeants de société par actions simplifiée (C. com. art. L 227-8). **48857**

En revanche, elle est exclue pour les actions dirigées contre des membres du conseil de surveillance ou des directeurs généraux délégués non administrateurs.

EXTINCTION DE L'ACTION INDIVIDUELLE

Aucune décision de l'assemblée ne peut avoir pour effet d'éteindre l'action. Ainsi, le **quitus** donné aux dirigeants par l'assemblée ne fait pas obstacle à l'action individuelle exercée par les associés pour obtenir réparation d'un préjudice qui leur est personnel (Cass. 3e civ. 4-11-1976 n° 75-11.366 : Bull. civ. III n° 381). **48865**

Prescription de l'action Lorsque l'action est exercée contre l'un des dirigeants visés n° 48815, elle est fondée, selon le cas, sur l'article L 223-22 ou L 225-252 du Code de commerce, de sorte qu'elle est soumise au **délai triennal** (ou décennal) de prescription que prévoit ce Code (CA Agen 2-10-2006 n° 05-1090 : RJDA 8-9/07 n° 857). Dans le cas contraire, elle est soumise au délai de **prescription de droit commun** du Code civil (n° 48822). **48868**

> **Précisions** En application de l'article 2236 du Code civil, aux termes duquel la prescription ne court pas ou est suspendue entre **époux**, la prescription ne court pas tant que l'associé demandeur et le dirigeant poursuivi sont mariés (Cass. com. 31-3-2021 n° 18-26.396 F-D : RJDA 7/21 n° 481, à propos de la prescription triennale de l'action individuelle mais transposable). La même règle s'applique aux partenaires liés par un **Pacs** (C. civ. art. 2236).

E. Nullité d'une décision sociale ou de la société

1. DROIT D'AGIR EN NULLITÉ D'UNE DÉCISION SOCIALE OU DE LA SOCIÉTÉ

DROIT D'AGIR EN NULLITÉ ABSOLUE D'UNE DÉCISION SOCIALE OU DE LA SOCIÉTÉ

Lorsque la nullité sanctionne un vice de portée générale (nullité absolue), **toute personne** justifiant d'un intérêt peut agir en nullité (C. civ. art. 1180, al. 1). Tel est le cas des associés et des créanciers de la société, dont l'intérêt doit être distinct de celui de la société (Cass. com. 25-1-2017 n° 14-29.726 F-D : RJDA 4/17 n° 259, pour un cas où un associé se prévalant de l'illicéité d'une vente d'actif social susceptible de constituer un abus de biens sociaux ne justifie pas d'un intérêt personnel). Il en est de même des dirigeants et des commissaires aux comptes, mais l'intérêt légitime à agir de ces derniers ne peut pas consister dans le maintien de leur mandat (Cass. com. 7-10-1997 n° 95-20.017 : RJDA 1/98 n° 59, ayant jugé que la perte des fonctions d'un commissaire au sein d'une société dissoute par absorption ne constituait pas un intérêt légitime lui permettant d'agir en nullité de la fusion-absorption). **49080**

La société peut aussi demander l'annulation d'un acte passé en son nom en cas d'abus de majorité (Cass. com. 21-1-1997 n° 94-18.883 : RJDA 4/97 n° 525) ou de fraude (CA Versailles 29-6-2000 n° 98-1864 : RJDA 1/01 n° 44).

Le ministère public est expressément habilité à agir (C. civ. art. 1180, al. 1).

DROIT D'AGIR EN NULLITÉ RELATIVE D'UNE DÉCISION SOCIALE OU DE LA SOCIÉTÉ

49090 Lorsque la nullité a pour objet la protection d'intérêts particuliers, ceux d'une personne déterminée (nullité relative), seule la **personne dont la loi assure la protection** peut agir en nullité (C. civ. art. 1181, al. 1). Notamment, seuls les associés sont recevables à invoquer la violation des règles de convocation des assemblées et à contester la validité des pouvoirs d'une personne ayant représenté un associé à l'assemblée ; un dirigeant non associé ne le peut pas (Cass. com. 17-12-2002 n° 98-21.918 : RJDA 5/03 n° 506), pas plus qu'il ne peut invoquer la violation des dispositions relatives à l'ordre du jour des assemblées (CA Paris 15-2-2008 n° 07-14454 : RJDA 7/08 n° 818). De même, seuls la société et les associés peuvent invoquer l'irrégularité d'une décision ayant autorisé l'agrément d'un acquéreur de parts ou d'actions (Cass. 3e civ. 6-10-2004 n° 01-00.896 : RJDA 12/04 n° 1330).

L'héritier d'un associé décédé, qui n'a pas été agréé et n'est donc pas associé, n'a pas qualité pour agir en nullité des délibérations d'une assemblée générale de la société (Cass. com. 27-3-2019 n° 17-23.886 F-D : RJDA 7/19 n° 506).

Le locataire d'un immeuble donné à bail par une société en violation d'une clause statutaire soumettant la conclusion du bail à l'autorisation des associés ne peut, pas plus qu'un associé de la société, agir en nullité du bail pour défaut de consentement de la société : la nullité d'une convention pour absence de consentement étant une nullité relative, seule la société peut l'invoquer (Cass. com. 23-10-2019 n° 18-11.425 F-D : RJDA 3/20 n° 149).

Une société concurrente n'a pas qualité à agir en nullité d'une société par actions simplifiée unipersonnelle créée par une association sur le fondement de la violation de l'objet de l'association, cette violation relevant du fonctionnement de l'association et ne préjudiciant qu'à celle-ci ou à ses membres (CA Paris 23-2-2023 n° 22/04753 : RJDA 7/23 n° 377).

> **Précisions a.** Le cas échéant, les **créanciers** de la personne dont la loi protège les intérêts peuvent invoquer la nullité relative lorsqu'ils exercent l'**action oblique** (C. civ. art. 1341-1).
> **b.** La nullité des **délibérations du conseil d'administration, du directoire ou du conseil de surveillance** prises sans avoir été constatées par un procès-verbal ne peut être demandée que par les membres de l'organe concerné (C. com. art. L 235-14, al. 2).

DROIT D'AGIR DE L'ASSOCIÉ CONTRE UNE DÉCISION SOCIALE OU LA SOCIÉTÉ

49095 Tout associé peut en principe agir en nullité d'une **assemblée irrégulièrement convoquée** (par exemple en raison du défaut de convocation d'un associé). L'action est toutefois irrecevable lorsque tous les associés ont été présents ou représentés à l'assemblée (solution expressément prévue par la loi pour les SARL, les sociétés anonymes et les sociétés en commandite par actions : C. com. art. L 223-27, al. 9 et L 225-104, al. 2 ; pour les sociétés civiles, voir Cass. com. 8-2-2005 n° 03-19.167 : RJDA 6/05 n° 724, à notre avis applicable aux autres sociétés de personnes).

Tout associé est également habilité à contester la **validité des pouvoirs d'une personne ayant représenté un associé** lors de l'adoption d'une décision collective (Cass. com. 13-11-2003 n° 00-10.382 : RJDA 5/04 n° 561), sans qu'on puisse lui opposer sa qualité de tiers aux rapports existant entre l'associé représenté et son représentant.

En outre, un actionnaire non administrateur a été jugé recevable à agir en nullité des **délibérations d'un conseil d'administration** ayant autorisé l'agrément d'un nouvel actionnaire dès lors que le demandeur invoquait le contexte frauduleux dans lequel s'était tenue la réunion du conseil (CA Versailles 29-6-2000 n° 98-1864 : RJDA 1/01 n° 44).

Par ailleurs, des actionnaires minoritaires se plaignant qu'une **augmentation de capital** ait été décidée sans respecter l'obligation légale de se prononcer aussi sur une augmentation de capital en faveur des salariés ont été admis à agir en nullité de l'augmentation au motif que cette obligation relève de l'ordre public économique et que sa violation est sanctionnée par la nullité absolue (T. com. Bordeaux 15-11-2002 n° 01-1055 : RJDA 7/03 n° 730).

En revanche, le bénéficiaire d'une augmentation de capital réservée ne peut pas demander la nullité de l'opération pour inobservation des règles relatives à la suppression du droit préférentiel de souscription (CA Pau 9-6-1987, 2e ch. : BRDA 12/88 p. 19).

49097 L'action en nullité peut être exercée même si le demandeur n'était **pas encore associé** à l'époque où la décision litigieuse a été prise (Cass. com. 4-7-1995 n° 93-17.969 : RJDA 8-9/95 n° 994) ou même s'il n'est **plus associé** au moment où il a introduit son action dès lors qu'il a intérêt à voir prononcer la nullité (CA Paris 15-3-1985 : BRDA 15/85 p. 19).

De même, le fait d'avoir **voté la résolution litigieuse** n'interdit pas à un associé d'en demander ultérieurement l'annulation (Cass. 3e civ. 19-7-2000 n° 98-17.258 : RJDA 12/00 n° 1122 ; Cass. com. 13-11-2003 n° 00-20.646 : RJDA 5/04 n° 560).
L'action peut également être déclarée recevable bien que l'**associé** qui l'a engagée ait pris **part à l'irrégularité** (Cass. com. 26-5-2009 n° 08-13.611 : Bull. Joly 2009 p. 965 note J.-F. Barbièri).

> **Précisions** **a.** L'associé abuserait de son droit d'agir en nullité s'il engageait l'action dans le seul dessein de nuire à la société. Un tel **abus** exposerait l'associé à une condamnation au versement de dommages-intérêts à la société (par exemple Cass. com. 3-6-2003 n° 99-18.707 : RJDA 10/03 n° 963).
> **b.** Un **copropriétaire de parts ou d'actions indivises** est recevable à agir en nullité d'une décision d'assemblée ou d'un organe d'administration de la société (CA Pau 3-4-2012 n° 11/00429 : RJDA 12/12 n° 1089).

2. PRESCRIPTION DE L'ACTION EN NULLITÉ D'UNE DÉCISION SOCIALE OU DE LA SOCIÉTÉ

En **principe**, l'**action en nullité** de la société ou d'actes et délibérations postérieurs à sa constitution se prescrit par **trois ans** à compter du jour où la nullité est encourue (C. civ. art. 1844-14 ; C. com. art. L 235-9, al. 1). **49130**
Par **exception**, les actions suivantes, propres aux **sociétés commerciales**, sont soumises à des délais plus courts :
– l'action en nullité d'une fusion ou d'une scission se prescrit par **six mois** à compter de la date de la dernière inscription au registre du commerce rendue nécessaire par l'opération (C. com. art. L 235-9, al. 2), cette prescription abrégée étant également applicable aux apports partiels d'actifs soumis au régime des scissions (Cass. com. 3-6-2003 n° 99-18.707 : RJDA 10/03 n° 963 ; Cass. com. 30-11-2004 n° 01-16.581 : RJDA 3/05 n° 263) ;
– l'action en nullité de l'augmentation de capital d'une société par actions se prescrit par **trois mois** à compter de la date de l'assemblée générale suivant la décision d'augmentation de capital (C. com. art. L 235-9, al. 3), quels que soient la nature (ordinaire ou extraordinaire) et l'objet de cette assemblée ;
– l'action en nullité de délibérations du conseil d'administration, du directoire et du conseil de surveillance non constatées par un procès-verbal ne peut être exercée que jusqu'à l'approbation du procès-verbal de la **deuxième réunion qui suit** celle dont les délibérations sont susceptibles d'être annulées (C. com. art. L 235-14, al. 3).

DOMAINE DE LA PRESCRIPTION TRIENNALE DE L'ACTION EN NULLITÉ

Le délai de prescription de trois ans est applicable à toutes les actions en **nullité de la société** ainsi qu'aux actions en **nullité des décisions sociales** autres que celles visées n° 49130 pour lesquelles la loi prévoit par exception un délai plus court. **49135**
Le délai de trois ans ne s'applique à l'action en nullité d'une **cession de parts** ou d'actions que dans la mesure où cette action est fondée sur une irrégularité affectant la décision ayant accordé à l'acquéreur l'agrément exigé par la loi ou les statuts (Cass. 3e civ. 6-10-2004 n° 01-00.896 : RJDA 12/04 n° 1330).
En revanche, ce délai n'est pas applicable à l'action en nullité :
– d'une **cession de parts ou d'actions** pour vice du consentement (Cass. 3e civ. 6-10-2004 n° 01-00.896 précité ; CA Paris 19-9-2003 n° 01-19651 : RJDA 7/04 n° 829), pour absence de consentement (Cass. 3e civ. 25-5-2022 n° 21-12.238 FS-B : RJDA 10/22 n° 545) ou pour vileté ou indétermination du prix (Cass. com. 22-3-2016 n° 14-14.218 FS-PB : RJDA 5/16 n° 359) ;
– d'une **clause de non-concurrence** prévue en cas de cessation des fonctions du dirigeant, même si la clause a été adoptée par une résolution d'assemblée car les conditions relatives à l'objet et au fondement d'une telle clause sont propres à la validité de celle-ci et ne concernent pas la validité de la délibération (CA Versailles 16-3-2000 n° 97-4009 : RJDA 1/01 n° 33) ;
– de l'acte de **rachat des parts** d'un associé qui se retire dès lors que l'action est fondée, non pas sur une irrégularité des assemblées ayant autorisé le rachat, mais sur un vice affectant l'acte lui-même (Cass. com. 20-3-2012 n° 11-13.534 : RJDA 6/12 n° 596).

La prescription triennale s'applique-t-elle même en cas d'**abus de droit** ou de **fraude** ? La chambre commerciale a répondu par l'affirmative pour l'action en nullité d'une délibération sociale fondée sur un abus de majorité (Cass. com. 30-5-2018 n° 16-21.022 FS-PB : RJDA 10/18 n° 731). **49137**

La troisième chambre civile de la Cour de cassation a également répondu par l'affirmative en matière de société civile, estimant que l'article 1844-14 du Code civil ne distingue pas selon le caractère relatif ou absolu de la nullité ni selon que l'irrégularité procède d'une simple omission ou d'une fraude (Cass. 3e civ. 15-10-2015 n° 14-17.517 F-D : RJDA 1/16 n° 32).

POINT DE DÉPART DE LA PRESCRIPTION TRIENNALE DE L'ACTION EN NULLITÉ

49140 Le délai de prescription de trois ans court en **principe** à compter du jour où la nullité est encourue. Il en résulte par exemple que l'action en nullité d'une société pour illicéité de l'objet social formée plus de trois ans après la constitution et l'immatriculation de la société au registre du commerce et des sociétés est prescrite (CA Paris 14-2-2006 n° 05-6331 : RJDA 8-9/06 n° 908).

Par **exception**, le point de départ du délai est reporté en cas de dissimulation de la cause de nullité entraînant une impossibilité d'agir (Cass. com. 25-1-2017 n° 14-29.726 F-D : RJDA 4/17 n° 259 ; Cass. com. 26-9-2018 n° 16-13.917 F-D : RJDA 1/19 n° 18). Ainsi, en cas de dissimulation d'une délibération d'assemblée, le point de départ du délai est reporté au jour où la délibération est révélée à l'associé qui en demande l'annulation. Le seul fait pour l'associé de ne pas avoir été convoqué à une assemblée ne suffit pas à établir la dissimulation de celle-ci.

ILLUSTRATIONS

La mention d'un rapport de gestion indiquant qu'aucune convention n'a été conclue entre la société et le dirigeant caractérise une dissimulation entraînant le report du point de départ de la prescription de l'action en nullité d'une décision d'octroi de rémunération au dirigeant (Cass. com. 30-5-2018 n° 16-21.022 FS-PB : RJDA 10/18 n° 731).

En cas de nullité pour **vice du consentement**, la prescription ne commence à courir, dans le cas de violence, que du jour où elle a cessé et, dans le cas d'erreur ou de dol, que du jour où le vice a été découvert (C. civ. art. 1144 ; CA Paris 1-12-1992 : Bull. Joly 1993 p. 323 note B. Saintourens).

L'action en nullité d'une cession de parts engagée par une partie pour **absence de consentement** se prescrit à compter de la date à laquelle celle-ci a eu connaissance de la cession et non de celle à laquelle elle aurait pu en avoir connaissance compte tenu de la publication de l'acte au registre du commerce et des sociétés (Cass. 3e civ. 25-5-2022 n° 21-12.238 FS-B : RJDA 10/22 n° 545).

> **Précisions** À l'inverse de la cour d'appel de Paris dans l'arrêt précité du 14 février 2006, la cour d'appel de Lyon a jugé que l'action en **nullité d'une société pour illicéité de l'objet social** n'est pas susceptible de prescription tant que la cause de nullité existe (CA Lyon 4-3-2014 n° 12/08841 : RJDA 11/14 n° 840). Pour les magistrats lyonnais, il résulte de l'article 1844-11 du Code civil que le point de départ du délai de prescription doit être repoussé au jour où l'illicéité de l'objet cesse. Cette interprétation du texte est discutable car celui-ci régit les conditions d'extinction de l'action du fait d'une régularisation de la situation (n° 49170) et non du fait de l'écoulement du délai de prescription. À notre avis, la prescription court du jour où la société est soit constituée (pour l'action exercée par un associé), soit immatriculée (pour l'action exercée par un tiers), ce qui correspond au jour où la nullité est encourue au sens de l'article 1844-14 du Code civil.

EXCEPTION DE NULLITÉ

49145 Même si l'action en nullité d'une décision sociale est prescrite, celui à qui l'exécution de la décision est demandée peut s'y soustraire en invoquant la nullité de celle-ci, l'exception de nullité étant **imprescriptible** (C. civ. art. 1185 ; Cass. 3e civ. 25-3-1998 n° 96-17.307 : RJDA 6/98 n° 722 ; Cass. com. 28-3-2006 n° 02-13.852 : RJDA 6/06 n° 659). Toutefois, cette exception ne peut plus jouer lorsque la décision a été exécutée (C. civ. art. 1185 précité ; Cass. com. 3-4-2007 n° 06-10.834 : RJDA 7/07 n° 733) ou a commencé à être exécutée (Cass. com. 31-1-2017 n° 14-29.474 FP-PBI : RJDA 4/17 n° 225), à condition toutefois que cette exécution soit régulière.

Contrairement à ce qu'elle jugeait auparavant (Cass. com. 3-12-2013 n° 12-23.976 : RJDA 4/14 n° 374), la Cour de cassation n'exige plus, pour accueillir l'exception de nullité, que l'action en exécution de l'acte litigieux ait été introduite après l'expiration du délai de prescription de l'action en nullité (Cass. com. 31-1-2017 précité ; Cass. com. 18-3-2020 n° 18-16.099 F-D : RJDA 6/20 n° 310).

> **Précisions** Une **condition suspensive** faisant dépendre l'obligation souscrite d'un événement futur et incertain mais ne constituant pas l'objet de l'obligation, la réalisation de la condition ne constitue pas l'exécution de cette obligation et ne peut donc pas faire échec au caractère perpétuel d'une exception de nullité (Cass. com. 19-1-2022 n° 24-14.010 F-B : RJDA 4/22 n° 199).

3. RÉGULARISATION DES NULLITÉS AFFECTANT UNE SOCIÉTÉ

Toutes les nullités peuvent être couvertes, à l'**exception** de celles fondées sur l'illicéité de l'objet social (C. civ. art. 1844-11 ; C. com. art. L 235-3 ; pour un exemple de ratification d'une délibération irrégulière d'actionnaires de société anonyme, voir CA Paris 12-12-2006 n° 05-24397 : RJDA 5/07 n° 508). La **publicité** donnée à des **délibérations** irrégulièrement votées ne fait pas obstacle à la reprise, dans des conditions cette fois régulières, de l'opération viciée (CA Paris 26-11-2013 n° 12/18725 : RJDA 3/14 n° 242). 49170

RÉGIME GÉNÉRAL DE RÉGULARISATION DES NULLITÉS AFFECTANT UNE SOCIÉTÉ

La nullité peut être couverte jusqu'à ce que le **tribunal** ait **statué** sur le fond en première instance (C. civ. art. 1844-11 ; C. com. art. L 235-3). En outre, pour **favoriser la régularisation**, la loi prévoit les mesures suivantes (C. civ. art. 1844-13 ; C. com. art. L 235-4). 49175

1. Le tribunal ne peut prononcer la nullité que deux mois au moins après la date de l'exploit introductif d'instance.

2. Le tribunal peut d'office fixer un délai pour permettre de couvrir la nullité (pour un exemple, voir Cass. com. 12-5-1975 n° 74-10.802 : Bull. civ. IV n° 131).

3. Le tribunal peut même accorder par jugement le délai nécessaire pour que les associés puissent prendre une décision lorsque, pour couvrir une nullité, il est indispensable de réunir une assemblée. Mais il faut alors justifier de la convocation régulière de cette assemblée ou de l'envoi aux associés du texte des projets de résolution accompagné des documents qui doivent leur être communiqués. Pour les sociétés commerciales, si aucune décision n'a été prise à l'expiration de ce délai, le tribunal statue à la demande de la partie la plus diligente (C. com. art. L 235-5).

Conséquences de la régularisation L'action en nullité n'est plus recevable lorsque le vice a été réparé. L'**acte** est **validé** à l'égard de tous et il est tenu pour valable dès l'origine. 49178

Si elle porte sur la désignation ou le renouvellement d'un mandataire social, la régularisation entraîne la ratification rétroactive des actes passés par ce mandataire entre la date de l'assemblée qui l'a irrégulièrement désigné et la date de celle qui a régularisé la situation (CA Paris 12-12-2006 n° 05-24397 : RJDA 5/07 n° 508).

La disparition de la cause de nullité ne met pas obstacle à l'exercice d'une action en **dommages-intérêts** tendant à la réparation du préjudice causé par le vice dont l'acte ou la délibération était entaché (C. civ. art. 1844-17, al. 2 ; C. com. art. L 235-13, al. 2).

Cette réparation doit normalement englober les **frais de justice** relatifs à l'action en nullité intentée par le demandeur avant la régularisation, frais dont, précédemment, la loi prévoyait expressément le dédommagement.

La mise en jeu de l'action en dommages-intérêts est ouverte pendant trois ans à compter du jour où la nullité a été couverte (C. civ. art. 1844-17, al. 2 ; C. com. art. L 235-13, al. 2).

RÉGULARISATIONS PARTICULIÈRES DES NULLITÉS AFFECTANT UNE SOCIÉTÉ

Nullité pour vice du consentement ou incapacité d'un associé Lorsqu'une cause de nullité est fondée sur un vice du consentement ou l'incapacité d'un associé susceptible d'être régularisée (par exemple, accord de l'associé dont le consentement était vicié), une **procédure** de régularisation **en deux phases** peut être mise en œuvre. 49185

Première phase : tout intéressé peut **mettre en demeure**, par acte extrajudiciaire ou par lettre recommandée AR (Décret 78-704 du 3-7-1978 art. 15 ; C. com. art. R 235-1, ce dernier texte, applicable aux sociétés commerciales, visant tout acte extrajudiciaire et pas seulement les actes d'huissier ou de commissaire de justice), la personne susceptible d'opérer la régularisation soit d'y procéder, soit d'agir en nullité dans un délai de six mois à peine de forclusion, cette mise en demeure étant dénoncée à la société (C. civ. art. 1844-12, al. 1 ; C. com. art. L 235-6, al. 1).

Deuxième phase : à défaut de régularisation, la société ou un associé peut soumettre au tribunal saisi de l'action en nullité toute **mesure susceptible de supprimer l'intérêt du demandeur**, notamment le rachat de ses droits sociaux.

Le tribunal peut alors (C. civ. art. 1844-12, al. 2 ; C. com. art. L 235-6, al. 2) :

– soit prononcer la nullité ;

– soit rendre obligatoires les mesures proposées à condition toutefois que ces mesures aient été préalablement adoptées par la société aux conditions prévues pour les modifications statutaires, le vote du demandeur en nullité n'étant pas pris en considération.

Si le tribunal ordonne le **rachat des droits sociaux** du demandeur, la valeur des droits à rembourser est déterminée, en cas de contestation, par un expert désigné conformément aux dispositions de l'article 1843-4 du Code civil (C. civ. art. 1844-12, al. 3 ; C. com. art. L 235-6, al. 3). Sur ces dispositions voir n°s 48100 s.

49188 **Nullité pour défaut de publicité** Lorsque la nullité d'actes ou de délibérations postérieurs à la constitution d'une **société en nom collectif ou en commandite simple** est fondée sur la violation des règles de publicité (C. com. art. L 235-2), toute personne ayant intérêt à la régularisation de l'acte peut mettre la société en demeure d'y procéder par acte extrajudiciaire ou par lettre recommandée AR (C. com. art. L 235-7 et R 235-1). La société dispose d'un **délai** de 30 jours à compter de la mise en demeure pour procéder à la publicité omise (C. com. art. R 235-2, al. 1). À défaut de régularisation dans ce délai, tout intéressé peut demander au président du tribunal de commerce, statuant en référé, la désignation d'un mandataire chargé d'accomplir la formalité (art. L 235-7 et R 235-2, al. 2).

49191 **Nullité des fusions ou scissions de société commerciale** Lorsqu'il est possible de remédier à une irrégularité susceptible d'entraîner la nullité d'une telle opération, le tribunal saisi de l'action en nullité doit accorder aux sociétés intéressées un **délai** pour régulariser la situation (C. com. art. L 235-8 et L 236-27, al. 1 modifiés par ord. 2023-393 du 24-5-2023).

F. Demandes diverses spécifiques aux sociétés

CONTEXTE

49400 Outre les demandes dont le régime procédural est exposé ci-dessus, la société, les associés ou tout intéressé selon le cas sont habilités par des **textes spéciaux** à former des actions tendant en général à **réparer ou prévenir des irrégularités** susceptibles d'affecter la situation de la société ou des associés : demandes de prorogation de délai, de nomination d'un mandataire, de révocation d'un dirigeant, d'injonction de faire, etc.

49402 Nous présentons dans les **tableaux** ci-après les **principales demandes** prévues par ces textes en précisant pour chacune d'elles la forme qu'elle doit revêtir :
– **action au fond** devant le tribunal de commerce pour les sociétés commerciales ; devant le tribunal judiciaire dans les autres cas ;
– demande **en référé** devant le président du tribunal ;
– demande selon la **procédure « accélérée au fond »** devant le président du tribunal ;
– demande **sur simple requête** devant le président du tribunal.
Les tableaux ci-après sont complétés par des **exemples de demandes** dont les praticiens peuvent s'inspirer pour établir leurs propres actes.

ATTENTION

Une **copie** de toute ordonnance rendue sur requête ou sur référé en vertu d'une disposition du Code de commerce doit être déposée par le greffier au dossier de la société, en annexe au registre du commerce et des sociétés (C. com. art. R 210-19). La société doit par ailleurs déposer en annexe au registre national des entreprises, par l'intermédiaire du guichet unique électronique des formalités d'entreprises (C. com. art. L 123-50), la copie certifiée de cette ordonnance (C. com. art. R 123-266, 7° issu du décret 2022-1014 du 19-7-2022).

1. GESTION ET FONCTIONNEMENT DE LA SOCIÉTÉ

a. Demandes présentées par la société ou ses dirigeants

DEMANDES COMMUNES AUX SOCIÉTÉS CIVILES ET COMMERCIALES

49405

Objet de la demande	Forme de la demande	Précisions
Prolongation du délai de réunion de l'**assemblée d'approbation des comptes** d'une SARL (C. com. art. R 223-18-1), d'une société anonyme ou en commandite par actions (C. com. art. R 225-64) ou d'une société civile importante ayant une activité économique (C. com. art. R 612-2, al. 2)	Requête (art. précités)	1. Dans les sociétés anonymes, demande présentée par le conseil d'administration ou le directoire selon le cas (C. com. art. R 225-64) 2. Dans la société en nom collectif ou en commandite simple, possibilité de présenter une requête par application du droit commun, en cas d'urgence (CPC art. 875)

En principe, l'assemblée d'approbation des comptes des sociétés mentionnées ci-dessus doit être réunie dans les six mois de la clôture de l'exercice. Cependant, la prolongation de ce délai peut être demandée s'il n'est pas possible de le respecter pour des **raisons légitimes**, par exemple s'il survient un événement susceptible de fausser les comptes déjà arrêtés et si leur retraitement nécessite un délai (Cass. crim. 17-10-2007 n° 07-81.033 : RJDA 3/08 n° 294). Cette **demande** doit être présentée **avant l'expiration du délai** de six mois. Elle peut l'être même si l'assemblée a déjà été convoquée (CA Paris 2-8-2001 n° 01-12698 : RJDA 6/02 n° 647). 49406
En l'absence de dispositions limitant la durée de la prorogation, le juge peut, s'il estime que les circonstances l'exigent, accorder un **délai supérieur à six mois**, ayant pour effet de faire statuer l'assemblée sur les comptes plus de 12 mois après la clôture de l'exercice (CA Paris 14-11-1989 n° 89/20728 : Bull. Joly 1990 p. 82).

MODÈLE

Demande de report d'une assemblée annuelle d'actionnaires 49407

Requête à M./Mme le Président du tribunal de commerce de...

M./Mme... (*nom, prénom*), agissant en qualité de président(e) du conseil d'administration de la société..., société anonyme au capital de... €, dont le siège est situé... (n° d'identification : ... RCS...), a l'honneur d'exposer que la société a clôturé les comptes de son dernier exercice social le... et que, conformément à l'article L 225-100 du Code de commerce, elle doit réunir son assemblée générale annuelle au plus tard le...

Toutefois, la réunion ne pourra pas se tenir à cette date pour le motif suivant : ...

En conséquence, le requérant prie M./Mme le Président d'autoriser la société à bénéficier d'un délai supplémentaire de... mois pour lui permettre d'organiser la réunion de l'assemblée dans les conditions légales et en respectant les délais d'information des actionnaires.

Fait à... le...

(*signature du requérant*)

DEMANDES PROPRES AUX SOCIÉTÉS COMMERCIALES

49410

Objet de la demande	Forme de la demande
Prolongation du **délai de mise en paiement des dividendes** (C. com. art. L 232-13, al. 2)	Requête (C. com. art. R 232-18)
Révocation du gérant de société en commandite par actions pour cause légitime (C. com. art. L 226-2, al 4)	Action au fond Référé admis en cas d'urgence (CPC art. 872 ; CA Pau 6-3-2003 n° 02-1557 : RJDA 12/03 n° 1191 ; CA Paris 18-5-2022 n° 21/17188 : RJDA 1/23 n° 34, arrêts rendus pour une SARL mais transposables)

b. Demandes présentées par un associé

DEMANDES COMMUNES AUX SOCIÉTÉS CIVILES ET COMMERCIALES

49420

Objet de la demande	Forme de la demande	Précisions
Révocation du gérant pour cause légitime (C. civ. art. 1851, al. 2 ; C. com. art. L 223-25, al. 2 et L 226-2, al. 4)	Action au fond Référé admis en cas d'urgence (CPC art. 872 ; CA Pau 6-3-2003 n° 02-1557 : RJDA 12/03 n° 1191 ; pour un cas où l'urgence faisait défaut, CA Paris 18-5-2022 n° 21/17188 : RJDA 1/23 n° 34)	1. Action prévue par les textes précités pour les sociétés civiles, les SARL et les sociétés en commandite par actions ; action admise par analogie pour les sociétés en nom collectif et en commandite simple (Cass. com. 8-2-2005 n° 01-14.292 : RJDA 5/05 n° 582) 2. Action à engager contre le gérant et la société sans avoir à mettre en cause l'ensemble des associés (Cass. com. 15-1-2013 n° 11-28.510 : RJDA 5/13 n° 416)

49420 (suite)

Objet de la demande	Forme de la demande	Précisions
Injonction sous astreinte aux dirigeants de société anonyme ou en commandite par actions de **convoquer l'assemblée d'approbation des comptes** ou désignation d'un mandataire chargé de procéder à la convocation (C. com. art. L 225-100, I-al. 1)	Référé (art. précité)	1. En cas de demande de désignation d'un mandataire, obligation de mettre en cause la société sous peine d'irrecevabilité de la demande (Cass. com. 3-11-2004 n° 01-01.855 : RJDA 7/05 n° 811) 2. Demande possible également par le ministère public (art. précité)
Désignation d'un mandataire chargé de provoquer la **consultation des associés** d'une société civile (Décret 78-704 du 3-7-1978 art. 39, al. 3) ou de **convoquer une assemblée** générale de SARL, de société anonyme ou de société en commandite par actions (C. com. art. L 223-27, al. 7 et L 225-103, II-2°) : n° 49423	Procédure accélérée au fond dans une société civile (Décret 78-704 art. 39, al. 3) Référé dans une SARL (C. com. art. R 223-20, dernier al.), une société anonyme ou une société en commandite par actions (C. com. art. R 225-65, al. 1)	1. Dans les sociétés civiles, action recevable si le gérant ne répond pas ou s'oppose à une demande de consultation des associés présentée depuis plus d'un mois (Décret 78-704 art. 39, al. 3) 2. Dans les sociétés anonymes ou en commandite par actions, exercice de l'action par un ou plusieurs actionnaires représentant au moins **5 % du capital social** (C. com. art. L 225-103, II-2°) ; un actionnaire ne répondant pas à cette condition peut néanmoins agir sur le fondement de ce texte, comme tout intéressé, en cas d'urgence (n° 49440) ; dans les sociétés dont les actions sont admises aux négociations sur un marché réglementé, exercice de l'action également possible par une association d'actionnaires détenant ensemble au moins **5 % des droits de vote**, ou en fonction d'un pourcentage dégressif lorsque le capital social est supérieur à 750 000 € (C. com. art. L 22-10-44) ;
		3. Dans les sociétés en nom collectif ou en commandite simple ou encore dans les sociétés par actions simplifiées, pour lesquelles l'action n'est prévue par aucun texte, désignation admise en référé dans les conditions de droit commun : notamment en cas d'urgence (CPC art. 872) ou pour prévenir un dommage imminent (CPC art. 873, al. 1) ; désignation sur requête écartée, sauf si les circonstances justifient que la mesure ne soit pas prise contradictoirement (Cass. com. 25-3-2014 n° 13-16.089 : RJDA 7/14 n° 630) 4. En cas de demande dirigée contre le représentant légal, obligation de mettre également en cause la société sous peine d'irrecevabilité de la demande (Cass. com. 3-11-2004 n° 01-01.855 : RJDA 7/05 n° 811)
Désignation d'un mandataire chargé de provoquer la consultation des associés sur la **prorogation de la société** (C. civ. art. 1844-6, al. 3)	Requête (art. précité)	Demande possible si les associés n'ont pas été consultés un an au moins avant la date d'expiration de la société (art. précité)

Objet de la demande	Forme de la demande	Précisions
Désignation d'un mandataire chargé de provoquer la consultation des associés ou de convoquer l'assemblée générale extraordinaire de la société absorbante (ou apporteuse) afin de se prononcer sur l'**approbation de la fusion** (ou de l'apport) (C. civ. art. 1854-1, al. 2 ; C. com. art. L 236-9, II-al. 4, L 236-11, al. 2, L 236-12, al. 2 et L 236-28, al. 2 modifiés par ord. 2023-393 du 24-5-2023)		1. Exercice de l'action par un ou plusieurs associés de la société absorbante (ou apporteuse) représentant au moins 5 % du capital social 2. Action ouverte : – en cas de fusions réalisées uniquement entre sociétés par actions : pour la fusion absorption sur délégation de compétence ou de pouvoir (C. com. art. L 236-9, I modifié par ord. 2023-393) ; – en cas de fusions réalisées entre sociétés par actions et/ou SARL : pour la fusion-absorption d'une filiale à 100 %, à 90 % ou entre sociétés sœurs (C. com. art. L 236-11 et L 236-12 modifiés par ord. 2023-393) ; – en cas d'apport partiel d'actifs entre sociétés par actions et/ou SARL détenues à 100 % (C. com. art. L 236-28 modifié par ord. 2023-393) ; – pour les sociétés civiles, en cas de fusion-absorption d'une filiale à 90 % (C. civ. art. 1854-1)

Désignation d'un mandataire Pour être recevable, la demande doit tendre à des **fins conformes à l'intérêt social** (Cass. com. 19-6-1990 n° 89-14.092 : Bull. civ. IV n° 186 ; Cass. com. 13-1-2021 n° 18-24.853 F-P : RJDA 5/21 n° 314). Doit notamment être conforme à l'intérêt social la demande émanant d'un associé détenant plus de la moitié des parts d'une SARL et tendant à la désignation d'un mandataire chargé de convoquer une assemblée aux fins de révoquer le gérant ; en revanche, le juge n'a pas à apprécier les motifs de la révocation envisagée (Cass. com. 15-12-2021 n° 20-12.307 FS-B : RJDA 2/22 n° 94). 49423

La demande peut être accueillie sans qu'il y ait lieu d'établir qu'il y a urgence ou absence de contestation sérieuse. Il n'est pas non plus nécessaire de rapporter la **preuve** de circonstances rendant impossible le fonctionnement normal de la société, ni la menace d'un **péril imminent** ou d'un **trouble manifestement illicite** (Cass. 3e civ. 21-6-2018 n° 17-13.212 FS-PBI : RJDA 10/18 n° 730 ; Cass. com. 13-1-2021 n° 18-24.853 F-P précité ; Cass. com. 21-9-2022 n° 20-21.416 F-B : RJDA 12/22 n° 690).

La demande doit préciser la **mission du mandataire**, qui peut consister à soumettre à la collectivité des associés n'importe quelle question relevant de sa compétence.

MODÈLE

Demande de désignation d'un mandataire chargé de convoquer une assemblée d'associés 49426

Assignation en référé devant le tribunal de commerce de...

L'an DEUX MILLE...

À la demande de...

Donne assignation à : ...

À comparaître le... à... par-devant M./Mme le Président du tribunal de commerce de... sis... statuant en référé.

Il vous est rappelé, conformément aux articles 56 et 853 du Code de procédure civile :

– que les parties sont, sauf disposition contraire, tenues de constituer avocat ;

– que les parties sont dispensées de l'obligation de constituer avocat dans les cas prévus par la loi ou le règlement, lorsque la demande porte sur un montant inférieur ou égal à 10 000 euros ou qu'elle a pour origine l'exécution d'une obligation dont le montant n'excède pas 10 000 euros, dans le cadre des procédures instituées par le Livre VI du Code de commerce ou pour les litiges relatifs à la tenue du registre du commerce et des sociétés ; le montant de la demande est apprécié conformément aux dispositions des articles 35 à 37 du Code de procédure civile ; dans ces cas, les parties ont la faculté de se faire assister ou représenter par toute personne de leur choix ;

– que le représentant, s'il n'est avocat, doit justifier d'un pouvoir spécial ;

– que faute de comparaître ou de se faire représenter, elles s'exposent à ce qu'une ordonnance soit rendue contre elles sur les seuls éléments fournis par leur(s) adversaire(s).

Objet de la demande

Par acte du..., il a été constitué une société dénommée..., société à responsabilité limitée au capital de..., dont le siège est situé... (n° d'identification : ... RCS...).

Les événements suivants se sont produits depuis la dernière assemblée des associés :
– ...
– ...
Ces événements imposent de consulter les associés afin de... (*à compléter en conséquence*), ce que la gérance s'est abstenue de faire jusqu'à présent malgré la mise en demeure qui lui a été adressée par lettre recommandée AR en date du...
Les diligences suivantes ont été entreprises en vain pour parvenir à une résolution amiable du litige : ... (*énumérer ces diligences*).
En conséquence, le demandeur sollicite la désignation d'un mandataire chargé de convoquer l'assemblée des associés.
Le demandeur, en tant qu'associé de la société, a qualité pour présenter cette demande par application de l'article L 223-27, al. 7 du Code de commerce.
Par ces motifs
Il est demandé à M./Mme le Président du tribunal de commerce :
– de désigner tel mandataire qu'il lui plaira avec mission de convoquer une assemblée des associés pour le... (*date*) au plus tard ;
– de dire que l'assemblée sera appelée à se prononcer sur les questions suivantes : ...
– de dire que la rémunération du mandataire sera mise à la charge de la société.
(...)

DEMANDES PROPRES AUX SOCIÉTÉS CIVILES

49430

Objet de la demande	Forme de la demande
Désignation d'un mandataire chargé de provoquer la consultation des associés sur la **nomination** d'un ou plusieurs **gérants** en cas de vacance de la gérance (C. civ. art. 1846, dernier al.)	Requête (art. précité)

c. Demandes présentées par tout intéressé

DEMANDES PROPRES AUX SOCIÉTÉS COMMERCIALES

49440

Objet de la demande	Forme de la demande	Précisions
Injonction sous astreinte aux dirigeants de **communiquer les documents et renseignements à fournir en vue de la réunion d'une assemblée** ou désignation d'un mandataire chargé de procéder à cette communication (C. com. art. L 238-1) : n° 49443	Référé (art. précité)	1. Demande d'injonction à présenter contre les dirigeants et non contre la société (Cass. com. 1-7-2008 n° 07-20.643 : RJDA 11/08 n° 1137 ; Cass. com. 21-4-2022 n° 20-11.850 F-D : RJDA 8-9/22 n° 489) 2. Astreinte et frais de procédure mis à la charge des dirigeants (C. com. art. L 238-1, al. 3)
Injonction sous astreinte aux gérants de SARL de **convoquer l'assemblée d'approbation des comptes** ou désignation d'un mandataire chargé de procéder à la convocation (C. com. art. L 223-26, al. 1)	Référé (art. précité)	En cas de demande de désignation d'un mandataire, obligation de mettre en cause la société sous peine d'irrecevabilité de la demande (Cass. com. 3-11-2004 n° 01-01.855 : RJDA 7/05 n° 811)
Injonction sous astreinte aux dirigeants d'une société anonyme (conseil d'administration ou directoire) ou en commandite par actions (gérants) de **communiquer** certaines **informations absentes du rapport de gestion** (C. com. art. L 225-102, al. 3, L 225-102-1, VI et L 22-10-36, al. 3)	Référé (art. précités)	1. Informations visées : état de la participation des salariés, rémunérations et mandats des dirigeants, conséquences sociales et environnementales de l'activité de la société, déclaration de performance extra-financière (art. précités) 2. Astreinte et frais de procédure mis à la charge des dirigeants (administrateurs, membres du directoire ou gérants) (art. précités)

49440 (suite)

Objet de la demande	Forme de la demande	Précisions
Injonction sous astreinte aux dirigeants de société par actions de communiquer certains **rapports** et d'accomplir certaines **formalités** en cas d'**augmentation de capital** (C. com. art. L 225-149-3, al. 1 et L 22-10-55, al. 1)	Référé (C. com. art. L 238-1 sur renvoi des art. L 225-149-3, al. 1 et L 22-10-55, al. 1)	Astreinte et frais de procédure mis à la charge des dirigeants (C. com. art. L 238-1, al. 3 sur renvoi des art. L 225-149-3, al. 1 et L 22-10-55, al. 1)
Désignation, en cas d'urgence, d'un mandataire chargé de **convoquer une assemblée** de société anonyme ou en commandite par actions (C. com. art. L 225-103, II-2°)	Référé prévu pour les cas d'urgence (CPC art. 872)	Obligation de mettre en cause la société sous peine d'irrecevabilité de la demande (Cass. com. 3-11-2004 n° 01-01.855 : RJDA 7/05 n° 811)
Injonction sous astreinte au président des organes de direction et d'administration de société anonyme de **transcrire les procès-verbaux des réunions** de ces organes **sur un registre** (C. com. art. L 238-4)	Référé (art. précité)	
Injonction sous astreinte au président d'une assemblée d'actionnaires ou d'obligataires de société anonyme ou en commandite par actions de **transcrire les procès-verbaux d'assemblée sur un registre** (C. com. art. L 238-5)	Référé (art. précité)	
Injonction sous astreinte au président du conseil d'administration ou du directoire de société anonyme ou aux gérants de **convoquer** certaines **assemblées générales ou spéciales** de titulaires d'actions d'une catégorie déterminée, d'actions de préférence, de valeurs mobilières donnant accès au capital ou d'actions à dividende prioritaire, ou **désignation d'un mandataire** chargé de procéder à cette convocation (C. com. art. L 238-6)	Référé (art. précité)	
Désignation d'un mandataire chargé de convoquer une assemblée appelée à **nommer des administrateurs ou des membres du conseil de surveillance** ou à en ratifier la nomination (C. com. art. L 225-24, dernier al. et L 225-78, dernier al.)	Requête (C. com. art. R 225-18 et R 225-44)	Action ouverte si le conseil d'administration ou de surveillance néglige de convoquer l'assemblée ou de pourvoir aux nominations lorsque le nombre de membres du conseil est inférieur au minimum légal ou statutaire (C. com. art. L 225-24 et L 225-78) ; un actionnaire qui n'a pas exercé cette action n'est pas admis à se plaindre de l'absence de ratification (CA Paris 29-6-2017 n° 16/14653 : RJDA 11/17 n° 731)
Nomination d'un membre du directoire en cas de vacance d'un siège (C. com. art. R 225-36)	Référé (art. précité)	Action ouverte si le siège n'est pas pourvu dans les deux mois de la vacance (art. précité)

Objet de la demande	Forme de la demande	Précisions
Injonction sous astreinte au conseil d'administration ou au directoire de société anonyme dont les actions sont admises aux négociations sur un marché réglementé de **publier les informations sur les conventions réglementées** (C. com. art. L 22-10-13, al. 2 et L 22-10-30, al. 2)	Référé (art. précités)	

49443 **Communication d'un renseignement avant une assemblée** La demande d'injonction ou de désignation d'un mandataire prévue à l'article L 238-1 du Code de commerce ne permet d'obtenir communication que des seuls **documents et renseignements visés** par ce texte (Cass. com. 23-6-2009 n° 08-14.117 : RJDA 10/09 n° 863) : **rapport de gestion, texte des résolutions, comptes annuels, etc**.

En cas d'augmentation de capital d'une société par actions, cette action ouvre droit à communication des rapports prévus par les textes auxquels renvoient les articles L 225-149-3 et L 22-10-55 du Code de commerce : pour l'essentiel, **rapports des dirigeants et des commissaires aux comptes** établis en cas d'augmentation de capital réservée (C. com. art. L 225-138) ou en cas d'augmentation de capital par offre au public (autre qu'une offre qui relève du financement participatif, une offre portant sur des titres dont la valeur nominale unitaire s'élève au moins à 100 000 €, ou adressée à des investisseurs qui acquièrent ces titres pour un montant total d'au moins 100 000 € par investisseur et par offre distincte, et une offre dont le montant total calculé sur une période de 12 mois est inférieur à 8 000 000 € : cf. C. com. art. L 225-136, dernier al.) sans droit préférentiel de souscription (art. L 225-136 et L 22-10-52) ; **rapport des commissaires aux apports** en cas d'augmentation par apports en nature (art. L 225-147 et L 22-10-53).

Dans les sociétés anonymes ou en commandite par actions, la communication de la **liste des actionnaires** n'est prévue que pendant les 15 jours précédant l'assemblée (C. com. art. R 225-90, al. 1). La demande de communication sous astreinte de cette liste n'est donc pas recevable lorsqu'elle est formée après la tenue de l'assemblée (Cass. com. 26-2-2008 n° 07-15.269 : RJDA 7/08 n° 821).

49444 MODÈLE

Demande d'injonction de communiquer un renseignement à un actionnaire

Assignation en référé devant le tribunal de commerce de...
L'an DEUX MILLE...
À la demande de...
Donne assignation à : ...
À comparaître le... à... par-devant M./Mme le Président du tribunal de commerce de... sis... statuant en référé.
Il vous est rappelé, conformément aux articles 56 et 853 du Code de procédure civile :
– que les parties sont, sauf disposition contraire, tenues de constituer avocat ;
– que les parties sont dispensées de l'obligation de constituer avocat dans les cas prévus par la loi ou le règlement, lorsque la demande porte sur un montant inférieur ou égal à 10 000 euros ou qu'elle a pour origine l'exécution d'une obligation dont le montant n'excède pas 10 000 euros, dans le cadre des procédures instituées par le Livre VI du Code de commerce ou pour les litiges relatifs à la tenue du registre du commerce et des sociétés ; le montant de la demande est apprécié conformément aux dispositions des articles 35 à 37 du Code de procédure civile ; dans ces cas, les parties ont la faculté de se faire assister ou représenter par toute personne de leur choix ;
– que le représentant, s'il n'est avocat, doit justifier d'un pouvoir spécial ;
– que faute de comparaître ou de se faire représenter, elles s'exposent à ce qu'une ordonnance soit rendue contre elles sur les seuls éléments fournis par leur(s) adversaire(s).
Objet de la demande
Par acte du..., il a été constitué une société dénommée..., société anonyme au capital de..., dont le siège est situé... (n° d'identification : ... RCS...).
Les actionnaires de la société ont été convoqués le... à participer à une assemblée générale ordinaire de la société qui doit se tenir le...
Le demandeur, qui justifie de sa qualité d'actionnaire de la société, s'est présenté au siège de la société le... pour y prendre connaissance du montant global des rémunérations versées aux... personnes (*cinq ou dix selon le cas*) les mieux rémunérées de la société, comme l'y autorisent les articles L 225-115, 4° et R 225-89 du Code de commerce.

La société a refusé de satisfaire à cette demande.

Les diligences suivantes ont été entreprises en vain pour parvenir à une résolution amiable du litige : ... (*énumérer ces diligences*).

En conséquence, le demandeur est en droit d'obtenir que le Président du tribunal statuant en référé ordonne sous astreinte à MM./Mmes..., administrateurs de la société, la communication de ce renseignement par application de l'article L 238-1 du Code de commerce.

Par ces motifs

Il est demandé à M./Mme le Président du tribunal de commerce :

– d'ordonner à MM./Mmes..., de communiquer au demandeur le renseignement mentionné ci-dessus sous astreinte de... € par jour de retard ;

– de condamner ceux-ci au paiement de l'astreinte et des dépens ;

– de dire que l'astreinte sera allouée au demandeur à titre de dommages-intérêts.

(...)

À notre avis, les **associés** peuvent se fonder sur le **droit commun de la procédure civile** pour demander en justice des documents et renseignements non visés par l'article L 238-1 du Code de commerce ou, dans les sociétés anonymes ou en commandite par actions, pour obtenir la liste des actionnaires après la tenue de l'assemblée. Ils peuvent par exemple agir en référé devant le président du tribunal de commerce, même en présence d'une contestation sérieuse : celui-ci pourra ordonner, à titre de mesure conservatoire, la communication des pièces demandées si les associés prouvent que cette communication permet de prévenir un dommage imminent ou de faire cesser un trouble manifestement illicite (CPC art. 873). **49446**

2. INTERVENTION D'UN PROFESSIONNEL DU CHIFFRE

a. Demandes présentées par la société ou ses dirigeants

DEMANDES COMMUNES AUX SOCIÉTÉS CIVILES ET COMMERCIALES

49470

Objet de la demande	Forme de la demande	Précisions
Relèvement des fonctions d'un **commissaire aux comptes** (C. com. art. L 823-7)	Procédure accélérée au fond (C. com. art. R 823-5, al. 1)	1. Demande présentée, non par la société (Cass. com. 10-2-2015 n° 13-24.312 : RJDA 6/15 n° 438), mais par son « organe d'administration ou de direction » (C. com. art. L 823-7, al. 1) ; si celui-ci n'a pas qualité pour représenter la société (cas du conseil d'administration et du directoire), exercice de l'action par l'intermédiaire du représentant légal (Cass. com. 3-10-2006 n° 05-12.410 : RJDA 2/07 n° 170) 2. Action à exercer à la fois contre le commissaire et contre la société (C. com. art. R 823-5, al. 1)

DEMANDES PROPRES AUX SOCIÉTÉS COMMERCIALES

49475

Objet de la demande	Forme de la demande	Précisions
Désignation d'un **commissaire aux apports** en cas d'augmentation de capital de la société (SARL ou société par actions) par apports en nature (C. com. art. L 223-33, al. 1 et L 225-147, al. 1)	Requête (C. com. art. R 223-6, al. 2 et R 22-10-7, al. 2, sur renvoi de l'art. R 225-136, al. 1)	Désignation parmi les commissaires aux comptes inscrits ou parmi les experts inscrits sur une des listes établies par les cours et tribunaux (C. com. art. R 223-6, al. 1 et R 22-10-7, al. 1)

Objet de la demande	Forme de la demande	Précisions
Désignation d'un **commissaire** : – à la **transformation** en cas de transformation d'une société n'ayant pas de commissaire aux comptes en société par actions (C. com. art. L 224-3, al. 1) – chargé d'apprécier la valeur d'un **bien qu'un actionnaire** de société anonyme ou en commandite par actions **projette de céder** à celle-ci dans les deux ans de son immatriculation (C. com. art. L 225-101, al. 1) – à la **fusion** ou à la **scission** en cas de fusion (C. com. art. L 236-8 et L 236-10, I modifiés par ord. 2023-393 du 24-5-2023), de scission (C. com. art. L 236-10, L 236-20 et L 236-21, al. 2 modifiés par ord. 2023-393) ou d'apport partiel d'actifs (C. com. art. L 236-27 modifié par ord. 2023-393) : n° 49478	Requête (C. com. art. R 22-10-7, al. 2, sur renvoi des art. R 224-3, al. 1 et R 225-103, al. 1 et de l'art. R 236-9, al. 1 modifié par décret 2023-430 du 2-6-2023)	Désignation parmi les commissaires aux comptes inscrits ou parmi les experts inscrits sur une des listes établies par les cours et tribunaux (C. com. art. R 22-10-7, al. 1)

49478 **Désignation d'un commissaire à la fusion ou à la scission** En principe, l'intervention d'un commissaire à la fusion ou à la scission s'impose lorsque la fusion est réalisée entre des sociétés par actions et/ou des SARL (C. com. art. L 236-8 et L 236-10, I modifiés par ord. 2023-393 du 24-5-2023) ou lorsque la scission ou l'apport partiel d'actifs soumis au régime des scissions ne concerne que des sociétés par actions ou concerne à la fois mais seulement des sociétés par actions et des SARL (C. com. art. L 236-10, L 236-20, L 236-21, al. 2 et L 236-27 modifiés par ord. 2023-393).

Il est fréquent en pratique que toutes les sociétés participantes décident de soumettre l'opération au contrôle des mêmes commissaires. Dans ce cas, où ces derniers sont appelés à établir un rapport commun pour l'ensemble de l'opération, leur désignation doit être demandée sous la forme d'une **requête conjointe** de toutes les sociétés (C. com. art. R 236-9, al. 2 modifié par décret 2023-430 du 2-6-2023). Lorsque celles-ci relèvent de tribunaux de commerce différents, il suffit, à notre avis, de déposer la requête devant le président d'un seul de ces tribunaux au choix des parties. En effet, la faculté de recourir à la requête conjointe implique, nous semble-t-il, l'établissement d'une seule requête présentée devant un seul tribunal. La présentation de plusieurs requêtes conjointes devant des juridictions différentes pourrait aboutir à une multiplication du nombre des commissaires susceptible de rendre pratiquement impossible l'établissement d'un rapport unique.

b. Demandes présentées par un associé

DEMANDES COMMUNES AUX SOCIÉTÉS CIVILES ET COMMERCIALES

49490

Objet de la demande	Forme de la demande	Précisions
Désignation obligatoire d'un **commissaire aux comptes** (C. com. art. L 823-4)	Référé (C. com. art. R 823-3)	Action visant à réparer l'omission d'une nomination imposée par la loi et non celle prévue par un pacte d'actionnaires (Cass. com. 12-10-2010 n° 09-13.006 : RJDA 1/11 n° 52)

Objet de la demande	Forme de la demande	Précisions
Récusation ou relèvement des fonctions d'un **commissaire aux comptes** (C. com. art. L 823-6 et L 823-7) : n°s 49493 s.	Procédure accélérée au fond (C. com. art. R 823-5, al. 1)	1. Exercice de l'action par un ou plusieurs associés représentant au moins **5 % du capital social** ; dans les sociétés dont les actions sont admises aux négociations sur un marché réglementé, exercice également possible par une association d'actionnaires détenant ensemble au moins **5 % des droits de vote**, ou en fonction d'un pourcentage dégressif lorsque le capital social est supérieur à 750 000 € (C. com. art. L 22-10-44) ; dans les sociétés civiles, exercice également possible par **20 % des membres de l'assemblée générale** (C. com. art. L 823-6, al. 2 et L 823-7, al. 2) 2. Action à exercer à la fois contre le commissaire et contre la société ; présentation de la demande de récusation dans les 30 jours de la désignation du commissaire (C. com. art. R 823-5, al. 1)

Récusation ou relèvement d'un commissaire aux comptes La demande de récusation doit être fondée sur un **juste motif** (C. com. art. L 823-6, al. 1), c'est-à-dire un fait permettant de suspecter sérieusement la compétence, l'honorabilité, l'impartialité ou l'indépendance du commissaire à l'égard de la société. Il doit s'agir d'un reproche visant personnellement le commissaire dont le remplacement est demandé et contestant son aptitude à exercer correctement et objectivement ses fonctions (pour un cas où le motif de récusation n'a pas été jugé suffisant, voir CA Colmar 23-2-1983 : Rev. sociétés 1983 p. 583 note J. G.). 49493

Une **divergence d'appréciation** sur un traitement comptable ou sur une procédure de contrôle ne peut pas constituer un motif fondé de récusation (C. com. art. L 823-6, al. 3).

La procédure de récusation n'est pas non plus applicable lorsque la contestation porte sur la **validité de la délibération de l'assemblée** générale ayant nommé le commissaire ; il y a lieu alors de demander l'annulation de cette assemblée.

Le commissaire aux comptes peut être relevé de ses fonctions (révoqué) en cas de **faute** ou d'**empêchement** (C. com. art. L 823-7, al. 1). Le commissaire commet une faute lorsqu'il n'exécute pas sa mission ou lorsqu'il l'exécute mal (pour des exemples de faute, voir Cass. com. 18-10-1994 n° 92-20.026 : RJDA 12/94 n° 1309 ; Cass. com. 14-11-1995 n° 93-16.724 : RJDA 2/96 n° 235 ; Cass. com. 10-7-2007 n° 06-13.423 : RJDA 11/07 n° 1119). Il est considéré comme empêché dès l'instant où il n'est pas en mesure d'exercer ses fonctions dans les conditions et délais requis (par exemple, maladie, éloignement, surcharge d'activité, etc.). 49494

DEMANDES PROPRES AUX SOCIÉTÉS COMMERCIALES

49500

Objet de la demande	Forme de la demande	Précisions
Désignation d'un **commissaire aux apports** en cas de constitution de la société (SARL ou société par actions) ou d'augmentation de capital par apports en nature (C. com. art. L 223-9, al. 1, L 223-33, al. 1, L 225-8, al. 1, L 225-12 et L 225-147, al. 1) : n° 49503	Requête (C. com. art. R 223-6, al. 2, R 22-10-7, al. 2, R 225-13 et R 225-136, al. 1)	Désignation parmi les commissaires aux comptes inscrits ou parmi les experts inscrits sur une des listes établies par les cours et tribunaux (C. com. art. R 223-6, al. 1 et R 22-10-7, al. 1)

Objet de la demande	Forme de la demande	Précisions
Désignation facultative d'un **commissaire aux comptes** (C. com. art. L 221-9, al. 3, L 223-35, al. 3 et L 227-9-1, al. 3)	Procédure accélérée au fond (C. com. art. D 221-5, al. 3, D 223-27 et D 227-1, al. 4)	1. Exercice de l'action par tout associé de société en nom collectif ou en commandite simple (C. com. art. L 221-9, al. 3) 2. Exercice de l'action par un ou plusieurs associés de SARL ou de société par actions simplifiée représentant au moins 10 % du capital (C. com. art. L 223-35, al. 3 et L 227-9-1, al. 3)
Désignation d'un **expert** chargé de présenter un rapport sur une ou plusieurs **opérations de gestion** d'une SARL ou d'une société par actions (C. com. art. L 223-37, L 225-231, al. 2, L 22-10-44 et L 22-10-68)	Référé (C. com. art. R 223-30, al. 1 et R 225-163, al. 1)	1. Exercice de l'action par un ou plusieurs associés représentant au moins 10 % du capital dans une SARL et 5 % du capital dans une société par actions (C. com. art. L 223-37, al. 1 et L 225-231, al. 1) ; dans les sociétés dont les actions sont admises aux négociations sur un marché réglementé, exercice de l'action par une association d'actionnaires détenant ensemble au moins 5 % des droits de vote, ou en fonction d'un pourcentage dégressif lorsque le capital social est supérieur à 750 000 € (C. com. art. L 22-10-44 et L 22-10-68) ; 2. Dans une société par actions, obligation de faire précéder l'action d'une consultation des dirigeants ; action ouverte à défaut de réponse dans le délai d'un mois ou en l'absence de réponse satisfaisante (C. com. art. L 225-231, al. 1 et 2) 3. Convocation du gérant, du président du conseil d'administration ou du directoire à l'audience de désignation par3 lettre recommandée AR (C. com. art. R 223-30, al. 1 et R 225-163, al. 1) 4. Cumul possible avec l'expertise préventive fondée sur l'article 145 du Code de procédure civile (expertise in futurum) (Cass. com. 15-9-2015 n° 13-25.275 F-D : RJDA 1/16 n° 3 ; Cass. com. 24-6-2020 n° 18-17.104 F-D : RJDA 10/20 n° 502).

49503 **Désignation d'un commissaire aux apports** En principe, **tout apport de bien** à une SARL ou à une société par actions doit faire l'objet d'un rapport établi par un commissaire aux apports. Celui-ci est désigné en justice sauf si les associés s'accordent à l'unanimité sur sa désignation (C. com. art. L 223-9, al. 1, L 223-33, al. 1, L 225-8, al. 1 et L 225-147, al. 1).

Par exception, en cas de **constitution d'une SARL ou d'une SAS** ou d'**augmentation de capital d'une SARL**, l'intervention d'un commissaire aux apports est facultative (C. com. art. L 223-9, al. 2, L 223-33, al. 1, L 227-1, al. 5, D 223-6-1 et D 227-3) :

– si aucun apport en nature n'a une valeur supérieure à 30 000 € ;

– et si, en outre, la valeur totale de l'ensemble des apports en nature n'excède pas la moitié du capital social.

À supposer que ces deux conditions soient remplies, la décision de ne pas recourir à un commissaire aux apports doit être prise à l'unanimité des futurs associés (art. L 223-9, al. 2 et L 227-1, al. 5).
L'intervention d'un commissaire aux apports est également facultative lorsque l'associé unique, personne physique, exerçant son activité professionnelle en nom propre, apporte à une SARL ou à une SAS des éléments qui figuraient dans le bilan de son dernier exercice (art. L 223-9, al. 3 et L 227-1, al. 6).
Les apports suivants consentis à l'occasion de la **constitution** ou de l'**augmentation de capital d'une société par actions** peuvent également être dispensés de l'évaluation du commissaire aux apports si les fondateurs (en cas de constitution) ou le conseil d'administration ou encore le directoire (en cas d'augmentation de capital) le décident (C. com. art. L 225-8-1, I et L 225-147-1, I) :
– valeurs mobilières donnant accès au capital ou instruments du marché monétaire s'ils ont été évalués au prix moyen pondéré auquel ils ont été négociés sur un ou plusieurs marchés réglementés durant les trois mois précédant la date de la réalisation effective de l'apport ;
– autres éléments d'actif ayant été évalués, à l'occasion d'un précédent apport, par un commissaire aux apports six mois au plus avant la réalisation effective du nouvel apport (cas de « réapport »).
Dans ce cas, la décision de dispense ainsi que tout document relatif à la description et à l'évaluation des apports, dont une attestation précisant qu'aucune circonstance nouvelle n'est venue modifier cette évaluation, doivent être tenus à la disposition des actionnaires (C. com. art. R 225-14-1 et R 225-136-1).

MODÈLE

Demande de désignation d'un commissaire en cas d'apport de bien à une société 49505

Requête à M./Mme le Président du tribunal de commerce de...
M./Mme... (*nom, prénom*), agissant en qualité de fondateur de la société... (*dénomination*), société... (*forme*) en cours de constitution, a l'honneur d'exposer ce qui suit :
– M./Mme... s'est engagé(e) à apporter à la société... (*décrire sommairement le bien apporté à la société : par exemple « un fonds de commerce de vente en gros situé... »*) ;
– cet engagement a été constaté par acte sous seing privé du... dont une copie est annexée à la présente requête.
Conformément aux articles L 223-9 et R 223-6 (*pour les SARL*)/L 225-8 et R 22-10-7 (*pour les sociétés par actions*) du Code de commerce, le requérant sollicite la désignation d'un commissaire aux apports chargé d'apprécier la valeur du bien mentionné ci-dessus.
Fait à... le...

(*signature du requérant*)

3. SORT DES APPORTS EN NUMÉRAIRE

a. Demandes présentées par un apporteur

DEMANDES PROPRES AUX SOCIÉTÉS COMMERCIALES

49530

Objet de la demande	Forme de la demande	Précisions
Restitution des fonds versés par l'apporteur à une SARL en cours de constitution ou à une SARL ayant décidé une augmentation de capital si l'opération n'est pas réalisée dans un délai de six mois (C. com. art. L 223-8, al. 2 et L 223-32, al. 3)	Requête (C. com. art. R 223-5, 1°)	

Objet de la demande	Forme de la demande	Précisions
Désignation d'un mandataire chargé de **retirer les fonds versés par l'apporteur à une société par actions** en cours de constitution ou à une société par actions ayant décidé une augmentation de capital si l'opération n'est pas réalisée dans un délai de six mois (C. com. art. L 225-11, al. 2, L 225-12 et L 225-144, al. 3)	Référé dans les sociétés offrant leurs actions au public (C. com. art. R 22-10-13, al. 2)	1. Les cas d'offre au public suivants n'entrent pas dans le champ de l'article R 22-10-13 : offre réservée à un cercle restreint d'investisseurs ou à des investisseurs qualifiés ; offre de financement participatif ; offre inférieure à 8 millions d'euros ; offre portant sur des actions de valeur nominale au moins égale à 100 000 € ; offre dont les bénéficiaires acquièrent des actions pour au moins 100 000 € chacun. 2. Référé admis par analogie dans les sociétés dont les actions sont souscrites selon d'autres modalités que celles prévues à l'article R 22-10-13 même si ce texte ne s'applique qu'aux sociétés constituées avec offre au public (C. com. art. R 225-13)

49531 Il ressort du tableau ci-dessus les **différences** suivantes entre l'action permettant la restitution des fonds dans une **SARL** et celle le permettant dans une **société par actions** :
– une différence liée à la forme de la demande (requête dans la SARL ; référé dans les sociétés par actions) ;
– une différence liée à l'objet de la demande (demande directe de restitution au président du tribunal dans la SARL ; demande de désignation d'un mandataire chargé de retirer les fonds dans la société par actions).

49532 En revanche, les **conditions d'exercice de l'action** sont identiques dans les SARL et les sociétés par actions : celle-ci peut être exercée aussi bien en l'absence de constitution de la société (c'est-à-dire de signature des statuts) qu'en l'absence d'immatriculation de celle-ci dans les six mois du premier dépôt des fonds (C. com. art. L 223-8, al. 2 et L 225-11, al. 2).

49535 MODÈLE

Demande de restitution de fonds versés par l'associé d'une SARL en cours de constitution

Requête à M./Mme le Président du tribunal de commerce de...

M./Mme... (*nom, prénom*), agissant en qualité de fondateur de la société..., société à responsabilité limitée en cours de constitution, a l'honneur d'exposer ce qui suit :
– le projet de statuts de cette société, dont une copie est annexée à la présente requête, a été établi le..., ce projet prévoyant que la société serait constituée avec un capital de... € ;
– en application de ce projet, le requérant a versé la somme de... €, correspondant à son apport ;
– il ressort d'une attestation bancaire, dont une copie est annexée à la présente requête, que les fonds correspondant aux apports en numéraire ont été déposés à la... (*nom de la banque et adresse de l'agence*) le... (*date*) ;
– plus de six mois se sont écoulés depuis ce dépôt et la société n'est toujours pas constituée.
Les diligences suivantes ont été entreprises en vain pour obtenir la restitution amiable des fonds : ... (*énumérer ces diligences*).

En conséquence, le requérant sollicite, conformément aux articles L 223-8 et R 223-5 du Code de commerce, l'autorisation de retirer les fonds représentant ses apports en numéraire.

Fait à... le...

(*signature du requérant*)

b. Demandes présentées par tout intéressé

DEMANDES PROPRES AUX SOCIÉTÉS COMMERCIALES

49540

Objet de la demande	Forme de la demande	Précisions
Injonction sous astreinte aux dirigeants de procéder aux **appels de fonds correspondant au capital non libéré** ou désignation d'un mandataire chargé d'effectuer la formalité (C. civ. art. 1843-3, al. 5)	Référé (art. précité)	1. Action ouverte dans les sociétés (SARL et sociétés par actions) dont les dirigeants n'ont pas procédé aux appels de fonds dans le délai légal (art. précité) 2. Action, recevable même si la société n'a pas été mise en cause, ne permettant pas de condamner un associé à libérer son apport (Cass. com. 7-7-2009 n° 08-16.433 : RJDA 1/10 n° 46)

4. RÉGIME DES PARTS ET ACTIONS

a. Demandes présentées par la société ou ses dirigeants

DEMANDES PROPRES AUX SOCIÉTÉS COMMERCIALES

49570

Objet de la demande	Forme de la demande	Précisions
Prolongation du **délai de rachat des parts ou actions** (trois mois) d'un associé de SARL ou d'un actionnaire de société anonyme ou en commandite par actions dont le projet de cession n'a pas été agréé (C. com. art. L 223-14, al. 3 et L 228-24, al. 3) : n° 49573	Requête dans une SARL (C. com. art. R 223-11, al. 2) Référé dans une société anonyme ou en commandite par actions (C. com. art. R 228-23, al. 2)	1. Demande présentée par le gérant dans une SARL ; demande présentée par la société dans une société anonyme ou en commandite par actions (C. com. art. L 223-14, al. 3 et L 228-24, al. 3) 2. Dans la SARL, prolongation du délai limitée à six mois (C. com. art. L 223-14, al. 3) 3. Dans la société anonyme ou en commandite par actions, obligation d'appeler en la cause le cédant et l'acquéreur (C. com. art. R 228-23, al. 2) 4. Ordonnance insusceptible de recours (C. com. art. R 223-11, al. 2 et R 228-23, al. 2) même si le juge statue après l'expiration du délai de rachat du moment qu'il a été saisi avant (Cass. com. 13-6-1984 n° 83-10.712 : Bull. civ. IV n° 195)
Délai de paiement accordé à une SARL pour **racheter les parts d'un associé** dont le projet de cession n'a pas été agréé (C. com. art. L 223-14, al. 4)	Référé (C. com. art. R 223-11, al. 2)	1. Délai maximal de deux ans accordé sur justification (C. com. art. L 223-14, al. 4) 2. Ordonnance insusceptible de recours (C. com. art. R 223-11, al. 2)

Prolongation du délai de rachat de parts ou actions Dans la SARL, il est possible de demander au juge **plusieurs prolongations** à l'intérieur de la limite des six mois prévue à l'article L 223-14, al. 3 du Code de commerce. Dans une société par actions, le juge peut proroger le délai plusieurs fois pour une durée supérieure à six mois. 49573

L'allongement du délai de rachat ne peut résulter que d'une décision de justice et non pas d'une **convention entre les parties** (Cass. com. 8-4-2008 n° 06-18.362 : RJDA 7/08 n° 809).

49576 MODÈLE

Demande de prolongation du délai de rachat des parts d'un associé dont le projet de cession n'a pas été agréé

Requête à M./Mme le Président du tribunal de commerce de...

M./Mme... (*nom, prénom*), agissant en qualité de gérant de la société..., société à responsabilité limitée au capital de..., dont le siège est situé... (n° d'identification : ... RCS...), a l'honneur d'exposer ce qui suit :

– M./Mme..., associé de la société, a notifié à celle-ci un projet de cession de ses parts sociales le... par lettre recommandée AR dont une copie est annexée à la présente requête ;

– une assemblée des associés tenue le... a refusé d'agréer cette cession par une délibération dont une copie est annexée à la présente requête ;

– les coassociés de M./Mme... sont actuellement dans l'impossibilité d'acquérir ou de faire acquérir les parts de celui/celle-ci pour le motif suivant : ...

En conséquence, le requérant sollicite, conformément à l'article L 223-14, al. 3 du Code de commerce, un délai supplémentaire de... mois à compter de ce jour pour procéder au rachat des parts.

Fait à... le...

(*signature du requérant*)

b. Demandes présentées par un associé

DEMANDES COMMUNES AUX SOCIÉTÉS CIVILES ET COMMERCIALES

49585

Objet de la demande	Forme de la demande	Précisions
Désignation d'un mandataire chargé de représenter les **copropriétaires de parts ou d'actions** (C. civ. art. 1844, al. 2 ; C. com. art. L 225-110, al. 2)	Référé en cas d'actions indivises (C. com. art. R 225-87)	1. Désignation en cas de désaccord sur le représentant de l'indivision, à la demande du copropriétaire le plus diligent (C. civ. art. 1844, al. 2 ; C. com. art. L 225-110, al. 2) 2. Référé admis par analogie en cas de parts indivises 3. Action à exercer contre les autres copropriétaires et la société

49586 La **demande de désignation d'un mandataire** chargé de représenter des copropriétaires de parts ou d'actions doit être accueillie dès lors qu'il y a **désaccord entre les copropriétaires** sur le choix du mandataire. Il en est ainsi même si l'un des copropriétaires a été investi, à la majorité des deux tiers des droits indivis, d'un mandat général pour administrer l'indivision (Cass. 1e civ. 15-12-2010 n° 09-10.140 : RJDA 2/11 n° 153). L'existence d'un désaccord ne fait pas obstacle à ce que le président du tribunal choisisse l'un des copropriétaires comme mandataire (Cass. com. 10-7-2012 n° 11-21.789 : RJDA 11/12 n° 974).

49590 MODÈLE

Demande de désignation d'un mandataire chargé de représenter des copropriétaires de parts ou d'actions à une assemblée

Assignation en référé devant le tribunal de commerce de...

L'an DEUX MILLE...

À la demande de...

Donne assignation à : ...

À comparaître le... à... par-devant M./Mme le Président du tribunal de commerce de... sis... statuant en référé.

Il vous est rappelé, conformément aux articles 56 et 853 du Code de procédure civile :

– que les parties sont, sauf disposition contraire, tenues de constituer avocat ;

– que les parties sont dispensées de l'obligation de constituer avocat dans les cas prévus par la loi ou le règlement, lorsque la demande porte sur un montant inférieur ou égal à 10 000 euros ou qu'elle a pour origine l'exécution d'une obligation dont le montant n'excède pas 10 000 euros, dans le cadre des procédures instituées par le Livre VI du Code de commerce ou pour les litiges relatifs

à la tenue du registre du commerce et des sociétés ; le montant de la demande est apprécié conformément aux dispositions des articles 35 à 37 du Code de procédure civile ; dans ces cas, les parties ont la faculté de se faire assister ou représenter par toute personne de leur choix ;
– que le représentant, s'il n'est avocat, doit justifier d'un pouvoir spécial ;
– que faute de comparaître ou de se faire représenter, elles s'exposent à ce qu'une ordonnance soit rendue contre elles sur les seuls éléments fournis par leur(s) adversaire(s).
Objet de la demande
Par acte du..., il a été constitué une société dénommée... (*dénomination*), société... (*forme*) au capital de..., dont le siège est situé... (n° d'identification : ... RCS...).
À la suite du décès de M./Mme..., titulaire de... parts sociales/actions de la société, celles-ci sont tombées en indivision entre les héritiers du défunt, MM./Mmes...
Ceux-ci n'ont pas pu se mettre d'accord sur la désignation d'un mandataire chargé de les représenter aux assemblées générales de la société malgré les diligences suivantes entreprises par le demandeur : ... (*énumérer ces diligences*).
Le demandeur, qui détient à titre personnel... parts/actions de la société, s'est impliqué en vue de la sauvegarde de l'intérêt social en... (*décrire l'activité déployée par le demandeur au sein de la société*).
En conséquence, le demandeur s'estime apte à garantir la défense des intérêts de l'indivision et sollicite sa désignation comme mandataire de MM./Mmes...
Par ces motifs
Il est demandé à M./Mme le Président du tribunal de désigner le demandeur comme mandataire chargé de représenter les copropriétaires mentionnés ci-dessus aux assemblées générales de la société.
(...)

5. DISSOLUTION ET LIQUIDATION DE LA SOCIÉTÉ

a. Demandes présentées par le liquidateur

DEMANDES COMMUNES AUX SOCIÉTÉS CIVILES ET COMMERCIALES

49610

Objet de la demande	Forme de la demande	Précisions
Approbation des **comptes définitifs de liquidation** (Décret 78-704 du 3-7-1978 art. 10, al. 2 ; C. com. art. L 237-10)	Requête prévue pour les mesures urgentes (CPC art. 845, al. 2 pour les sociétés civiles et art. 875 pour les sociétés commerciales)	1. Action ouverte si l'assemblée de clôture ne peut pas délibérer ou si elle refuse d'approuver les comptes (Décret 78-704 art. 10, al. 2 ; C. com. art. L 237-10) 2. Le juge n'a pas à se prononcer sur une question sans lien direct avec la clôture de la liquidation, tel le manquement du liquidateur à ses obligations ; le juge se limite à vérifier si les opérations de liquidation peuvent être clôturées et si un quitus peut être donné au liquidateur (Cass. 3e civ. 21-10-2014 n° 13-23.479 : RJDA 1/15 n° 21)

DEMANDES PROPRES AUX SOCIÉTÉS COMMERCIALES

49615

Objet de la demande	Forme de la demande	Précisions
Adoption des décisions de l'**assemblée annuelle** d'une société en liquidation (C. com. art. L 237-27, II)	Requête (C. com. art. R 237-15, al. 1)	Action ouverte si la majorité requise pour prendre les décisions n'est pas réunie (C. com. art. L 237-27, II)
Renouvellement des fonctions du liquidateur amiable d'une société initialement nommé par les associés (C. com. art. L 237-21, al. 2)	Requête (C. com. art. R 237-15, al. 1)	Action ouverte si l'assemblée des associés n'a pu être valablement réunie (C. com. art. L 237-21, al. 2)

49616 Sauf dispense accordée par décision de justice, le liquidateur doit convoquer l'assemblée des associés **au moins une fois par an** et dans les six mois de la clôture de l'exercice pour statuer sur les comptes annuels, donner les autorisations nécessaires et éventuellement renouveler le mandat des contrôleurs, commissaires aux comptes ou membres du conseil de surveillance (C. com. art. L 237-25, al. 2).
La demande d'adoption des décisions de l'assemblée est accueillie si celles-ci ne peuvent pas être prises (C. com. art. L 237-27, I et II) :
– à la **majorité** des associés en capital dans les SARL et les sociétés en nom collectif ou en commandite simple ;
– aux conditions de quorum et de majorité des assemblées ordinaires dans les sociétés anonymes ou en commandite par actions ;
– à l'unanimité des associés sauf clause contraire dans les sociétés par actions simplifiées.

49620 MODÈLE

Demande d'approbation des comptes annuels d'une société en liquidation

Requête à M./Mme le Président du tribunal de commerce de...
M./Mme... (*nom, prénom*), agissant en qualité de liquidateur amiable de la société... (*dénomination*), société... (*forme*) en liquidation au capital de..., dont le siège de la liquidation est situé... (n° d'identification : ... RCS...), a l'honneur d'exposer ce qui suit :
– M./Mme... a convoqué les associés de la société le... (*date*) à une assemblée appelée à statuer sur les comptes de l'exercice écoulé, comptes dont une copie est annexée à la présente requête ;
– ces comptes ont été certifiés réguliers et sincères par le commissaire aux comptes de la société aux termes d'un rapport dont une copie est annexée à la présente requête (*mention à indiquer si la société a désigné un commissaire aux comptes*) ;
– il ressort du procès-verbal de l'assemblée, dont une copie est annexée à la présente requête, que la majorité requise pour l'approbation des comptes n'a pas pu être réunie en raison de l'opposition de certains associés.
Les diligences suivantes ont été entreprises en vain pour parvenir à un règlement amiable de ce problème : ... (*énumérer ces diligences*).
En conséquence et conformément à l'article L 237-27, II du Code de commerce, le requérant sollicite de M./Mme le Président qu'il/elle statue sur l'approbation de ces comptes.
Fait à... le...

(*signature du requérant*)

b. Demandes présentées par un associé

DEMANDES COMMUNES AUX SOCIÉTÉS CIVILES ET COMMERCIALES

49630

Objet de la demande	Forme de la demande	Précisions
Dissolution anticipée de la société pour justes motifs, telle une mésentente entre associés (C. civ. art. 1844-7, 5°)	Action au fond	1. Action à exercer à la fois contre le ou les associés auxquels la cause de dissolution est imputable et contre la société (Cass. 1e civ. 4-7-1995 n° 93-12.749 : RJDA 10/95 n° 1100) 2. Action recevable même si elle est exercée par un associé responsable de la mésentente (Cass. com. 16-9-2014 n° 13-20.083 : RJDA 12/14 n° 908)

DEMANDES PROPRES AUX SOCIÉTÉS COMMERCIALES

49635

Objet de la demande	Forme de la demande	Précisions
Désignation d'un mandataire chargé de convoquer l'**assemblée de clôture** d'une société en liquidation (C. com. art. L 237-9, al. 2)	Référé (C. com. art. R 237-5)	Obligation de mettre en cause la société sous peine d'irrecevabilité de la demande (Cass. com. 3-11-2004 n° 01-01.855 : RJDA 7/05 n° 811)

La loi prévoit la possibilité de désigner un **mandataire chargé de convoquer l'assemblée** de clôture d'une société en liquidation afin de suppléer l'éventuelle carence du liquidateur. En revanche, la loi est muette sur les **conditions d'adoption des décisions** de l'assemblée (notamment l'approbation du compte définitif de liquidation). Il convient donc d'appliquer les règles prévues n° 49616 pour les assemblées annuelles (Cass. com. 8-3-1983 n° 81-15.668 : Bull. civ. IV n° 101). Toutefois, ces règles n'étant prescrites que pour les assemblées annuelles, elles ne sauraient être considérées, à notre avis, comme impératives pour l'assemblée de clôture. Les statuts peuvent donc valablement, nous semble-t-il, prévoir des conditions de quorum et de majorité propres à cette assemblée. **49636**

MODÈLE

Demande de désignation d'un mandataire chargé de convoquer l'assemblée de clôture d'une société en liquidation **49640**

Assignation en référé devant le tribunal de commerce de...

L'an DEUX MILLE...

À la demande de...

Donne assignation à : ...

À comparaître le... à... par-devant M./Mme le Président du tribunal de commerce de... sis... statuant en référé.

Il vous est rappelé, conformément aux articles 56 et 853 du Code de procédure civile :
– que les parties sont, sauf disposition contraire, tenues de constituer avocat ;
– que les parties sont dispensées de l'obligation de constituer avocat dans les cas prévus par la loi ou le règlement, lorsque la demande porte sur un montant inférieur ou égal à 10 000 euros ou qu'elle a pour origine l'exécution d'une obligation dont le montant n'excède pas 10 000 euros, dans le cadre des procédures instituées par le Livre VI du Code de commerce ou pour les litiges relatifs à la tenue du registre du commerce et des sociétés ; le montant de la demande est apprécié conformément aux dispositions des articles 35 à 37 du Code de procédure civile ; dans ces cas, les parties ont la faculté de se faire assister ou représenter par toute personne de leur choix ;
– que le représentant, s'il n'est avocat, doit justifier d'un pouvoir spécial ;
– que faute de comparaître ou de se faire représenter, elles s'exposent à ce qu'une ordonnance soit rendue contre elles sur les seuls éléments fournis par leur(s) adversaire(s).

Objet de la demande

Par acte du..., il a été constitué une société dénommée..., société... (*forme*) au capital de..., dont le siège est situé... (n° d'identification : ... RCS...).

Cette société a été dissoute par décision des associés en date du... et M./Mme... a été désigné(e) liquidateur de la société.

Les opérations de liquidation sont terminées et il y a lieu de réunir une assemblée appelée à statuer sur le compte définitif de liquidation, le quitus de la gestion du liquidateur et la clôture de la liquidation.

M./Mme... n'a pas convoqué cette assemblée malgré la mise en demeure qui lui a été adressée par lettre recommandée AR en date du...

Les diligences suivantes ont été entreprises en vain pour parvenir à une résolution amiable du litige : ... (*énumérer ces diligences*).

Le demandeur est en droit de demander la désignation d'un mandataire chargé de convoquer cette assemblée par application de l'article L 237-9, al. 2 du Code de commerce.

Par ces motifs

Il est demandé à M./Mme le Président du tribunal de commerce :
– de désigner tel mandataire qu'il plaira à M./Mme le Président du tribunal de commerce avec pour mission de convoquer l'assemblée de clôture de la liquidation de la société pour le... (*date*) au plus tard ;
– de dire que l'assemblée sera appelée à statuer sur le compte définitif de liquidation, le quitus de la gestion du liquidateur et la clôture de la liquidation.

(...)

c. Demandes présentées par tout intéressé

DEMANDES COMMUNES AUX SOCIÉTÉS CIVILES ET COMMERCIALES

49650

Objet de la demande	Forme de la demande	Précisions
Nomination du liquidateur amiable d'une société (C. civ. art. 1844-8, al. 2 ; C. com. art. L 237-19) : n° 49651	Requête (Décret 78-704 du 3-7-1978 art. 9, al. 1 ; C. com. art. R 237-12, al. 1)	1. Recours contre l'ordonnance par voie d'opposition (Décret 78-704 art. 9, al. 2 ; C. com. art. R 237-12, al. 2) 2. Dans les sociétés commerciales, renouvellement du mandat par le président du tribunal de commerce lorsque le liquidateur a été initialement nommé par décision de justice (C. com. art. L 237-21, al. 1)
Approbation des **comptes définitifs de liquidation** (Décret 78-704 art. 10, al. 2 ; C. com. art. L 237-10)	Requête prévue pour les mesures urgentes (CPC art. 845, al. 2 pour les sociétés civiles et art. 875 pour les sociétés commerciales)	1. Action ouverte si l'assemblée de clôture ne peut pas délibérer ou si elle refuse d'approuver les comptes (Décret 78-704 art. 10, al. 2 ; C. com. art. L 237-10) 2. Le juge n'a pas à se prononcer sur une question sans lien direct avec la clôture de la liquidation, tel le manquement du liquidateur à ses obligations ; le juge se limite à vérifier si les opérations de liquidation peuvent être clôturées et si un quitus peut être donné au liquidateur (Cass. 3e civ. 21-10-2014 n° 13-23.479 : RJDA 1/15 n° 21)
Ouverture ou achèvement de la **liquidation** d'une société dissoute depuis plus de trois ans (C. civ. art. 1844-8, al. 4)	Requête prévue pour les mesures urgentes (CPC art. 845, al. 2 pour les sociétés civiles et art. 875 pour les sociétés commerciales)	

49651 **Nomination d'un liquidateur amiable** La **demande** de nomination est **recevable** dès lors qu'un liquidateur n'a pas pu être désigné dans les conditions prévues par les statuts ou par la loi. La demande peut être présentée par tout intéressé. Tel est le cas d'un mandataire de justice désigné en qualité de liquidateur d'une SARL et dont les fonctions sont arrivées à expiration, lequel peut valablement demander en justice la désignation d'un nouveau liquidateur (CA Paris 6-7-1993 n° 91/007283 : RJDA 12/93 n° 1041).

49653 MODÈLE

Demande de désignation d'un liquidateur de société

Requête à M./Mme le Président du tribunal de commerce/judiciaire (*selon la forme, commerciale ou non, de la société*) de...

M./Mme... (*nom, prénom*), agissant en qualité d'associé/actionnaire de la société... (*dénomination*), société... (*forme*) au capital de..., dont le siège est situé... (n° d'identification : ... RCS...), a l'honneur d'exposer ce qui suit :

– les associés ont décidé de dissoudre la société par une décision d'assemblée du... dont une copie est jointe à la présente requête ;

– les statuts de la société, dont une copie est jointe à la présente requête, ne comportant aucune disposition sur la désignation du liquidateur, il appartient aux associés d'en nommer un ;

– le requérant (ne) s'est (pas) proposé pour être liquidateur au cours de l'assemblée ;

– il ressort du procès-verbal de cette assemblée, dont une copie est annexée à la présente requête, que les associés n'ont pas pu se mettre d'accord sur le choix du liquidateur, malgré les diligences suivantes entreprises par le demandeur : ... (*énumérer ces diligences*).

En conséquence et conformément à l'article 1844-8, al. 2 du Code civil (*pour les sociétés civiles*)/L 237-19 du Code de commerce (*pour les sociétés commerciales*), le requérant sollicite la désignation de tel liquidateur qu'il plaira à M./Mme le Président du tribunal avec mission de liquider la société conformément aux statuts et aux dispositions légales et réglementaires sur les sociétés civiles/commerciales.

Fait à... le...

(*signature du requérant*)

DEMANDES PROPRES AUX SOCIÉTÉS COMMERCIALES

49655

Objet de la demande	Forme de la demande	Précisions
Injonction sous astreinte au liquidateur de **communiquer les documents et renseignements à fournir en vue de la réunion d'une assemblée** ou désignation d'un mandataire chargé de procéder à cette communication (C. com. art. L 238-1)	Référé (art. précité)	1. Demande d'injonction à présenter contre le liquidateur et non contre la société (Cass. com. 1-7-2008 n° 07-20.643 : RJDA 11/08 n° 1137) 2. Astreinte et frais de procédure mis à la charge du liquidateur (C. com. art. L 238-1, al. 3)
Injonction sous astreinte au **liquidateur** de **remplir ses obligations** (C. com. art. L 238-2)	Référé (art. précité)	
Désignation d'un mandataire chargé de convoquer la **1e assemblée des associés** d'une société en liquidation (C. com. art. L 237-23, al. 2)	Requête (C. com. art. R 237-15, al. 1)	Action ouverte si le liquidateur n'a pas convoqué l'assemblée dans les six mois de sa nomination (C. com. art. L 237-23, al. 1 et 2)
Adoption des décisions de l'**assemblée annuelle** d'une société en liquidation (C. com. art. L 237-27, II) : nos 49616 s.	Requête (C. com. art. R 237-15, al. 1)	Action ouverte si la majorité requise pour prendre les décisions n'est pas réunie (C. com. art. L 237-27, II)
Désignation d'un mandataire chargé de convoquer l'**assemblée annuelle** d'une société en liquidation en cas de continuation de l'exploitation sociale (C. com. art. L 237-28)	Référé (C. com. art. R 237-15, al. 2)	Action ouverte si le liquidateur n'a pas convoqué l'assemblée dans les six mois de la clôture de l'exercice (C. com. art. L 237-25, al. 2)

6. AUTRES DEMANDES POUVANT ÊTRE PRÉSENTÉES PAR TOUT INTÉRESSÉ SPÉCIFIQUES AUX SOCIÉTÉS

DEMANDES COMMUNES AUX SOCIÉTÉS CIVILES ET COMMERCIALES

49685

Objet de la demande	Forme de la demande	Précisions
Désignation d'un mandataire chargé d'effectuer une **formalité omise ou irrégulièrement accomplie** ne portant ni sur la constitution de la société ni sur la modification des statuts (Décret 78-704 du 3-7-1978 art. 20, al. 2 ; C. com. art. R 210-18, al. 2)	Référé (art. précités)	1. Action ouverte si la société n'a pas régularisé la situation dans le délai d'un mois à compter d'une mise en demeure (art. précités) 2. Action recevable sans que le demandeur ait à établir la nécessité de la formalité pour la défense de ses intérêts (Cass. com. 15-6-1999 n° 97-13.556 : RJDA 8-9/99 n° 944, 1e espèce)
Injonction sous astreinte aux dirigeants de **déposer au registre du commerce** et des sociétés les pièces et actes prévus par les textes (notamment comptes annuels) ou désignation d'un mandataire chargé d'effectuer la formalité (C. com. art. L 123-5-1) : n° 49688	Référé (art. précité)	Action recevable sans que le demandeur ait à établir l'existence d'un intérêt particulier (Cass. com. 3-4-2012 n° 11-17.130 : RJDA 7/12 n° 683)

Objet de la demande	Forme de la demande	Précisions
Injonction sous astreinte à la société de **déclarer ses bénéficiaires effectifs** ou de rectifier une déclaration inexacte ou incomplète ou désignation d'un mandataire chargé d'effectuer la formalité (C. mon. fin. art. L 561-48)	Requête (art. précité)	

49688 **Dépôt de pièces et actes au registre du commerce et des sociétés** Cette action ne permet d'obtenir que le **dépôt** des pièces et actes **auquel la société est tenue** par des dispositions législatives ou réglementaires (C. com. art. L 123-5-1, al. 1). En conséquence, un bailleur ne peut pas se fonder sur ces dispositions pour demander à une société à qui il a loué des locaux de lui communiquer les comptes annuels qu'elle n'a pas publiés (CA Paris 11-6-2003 n° 03-2992 : RJDA 5/04 n° 578).

La demande d'injonction fondée sur l'article L 123-5-1 du Code de commerce n'est pas soumise au délai de **prescription** de cinq ans de l'article 2224 du Code civil, car l'obligation de dépôt, destiné à l'information des tiers, perdure toute la vue de la société (Cass. com. 25-1-2023 n° 21-17.592 F-B : RJDA 4/23 n° 196). Cette demande est donc imprescriptible.

Une demande d'injonction de **dépôt des comptes annuels** peut également être formée sur le fondement de l'article L 232-23 du Code de commerce, qui impose à toute société par actions de déposer au greffe ses comptes annuels, et de l'article 873, al. 1 du Code de procédure civile, qui autorise le président du tribunal de commerce à prescrire **en référé** toute mesure conservatoire destinée à faire cesser un trouble manifestement illicite (Cass. com. 3-3-2021 n° 19-10.086 F-P : RJDA 6/21 n° 404). Dans ce cas, l'action doit être exercée contre la société et non contre ses dirigeants et suppose que le demandeur justifie d'un intérêt légitime à agir ; l'action n'est pas soumise à la prescription triennale de l'article 1844-14 du Code civil, ni à la prescription de droit commun de cinq ans (Cass. com. 25-1-2023 n° 21-17.592 F-B, précité, transposable à notre avis).

49690 MODÈLE

Demande d'injonction de dépôt des comptes annuels d'une société

Assignation en référé devant le tribunal de commerce de...
L'an DEUX MILLE...
À la demande de...
Donne assignation à : ...
À comparaître le... à... par-devant M./Mme le Président du tribunal de commerce de... sis... statuant en référé.
Il vous est rappelé, conformément aux articles 56 et 853 du Code de procédure civile :
– que les parties sont, sauf disposition contraire, tenues de constituer avocat ;
– que les parties sont dispensées de l'obligation de constituer avocat dans les cas prévus par la loi ou le règlement, lorsque la demande porte sur un montant inférieur ou égal à 10 000 euros ou qu'elle a pour origine l'exécution d'une obligation dont le montant n'excède pas 10 000 euros, dans le cadre des procédures instituées par le Livre VI du Code de commerce ou pour les litiges relatifs à la tenue du registre du commerce et des sociétés ; le montant de la demande est apprécié conformément aux dispositions des articles 35 à 37 du Code de procédure civile ; dans ces cas, les parties ont la faculté de se faire assister ou représenter par toute personne de leur choix ;
– que le représentant, s'il n'est avocat, doit justifier d'un pouvoir spécial ;
– que faute de comparaître ou de se faire représenter, elles s'exposent à ce qu'une ordonnance soit rendue contre elles sur les seuls éléments fournis par leur(s) adversaire(s).
Objet de la demande
Par acte du..., il a été constitué une société dénommée..., société... (*forme*) au capital de..., dont le siège est situé... (n° d'identification : ... RCS...).
Les comptes annuels de la société ont été approuvés par une décision d'assemblée du...
Plus de deux mois* se sont écoulés depuis l'approbation des comptes sans que ceux-ci aient été déposés au greffe du tribunal dont relève la société.
Le demandeur a entrepris en vain les diligences suivantes pour obtenir des dirigeants de la société qu'ils procèdent à ce dépôt : ... (*énumérer ces diligences*).
Le demandeur a intérêt, en sa qualité d'associé/actionnaire de la société dont il justifie, à ce que ces comptes soient déposés au greffe en vue de leur publication au registre du commerce et des sociétés.

Il est donc en droit d'obtenir que le Président du tribunal statuant en référé ordonne sous astreinte à M(M)./M^me(s)... de la société (*préciser les noms et titre des dirigeants visés : gérant, directeur général, président, etc.*) de procéder à ce dépôt par application de l'article L 123-5-1 du Code de commerce.
Par ces motifs
Il est demandé à M./Mme le Président du tribunal de commerce :
– d'ordonner à M(M)./M^me(s)..., de déposer au greffe du tribunal dont relève la société les comptes annuels de celle-ci sous astreinte de... € par jour de retard ;
– de condamner ceux-ci au paiement de l'astreinte et des dépens ;
– de dire que l'astreinte sera allouée au demandeur à titre de dommages-intérêts.
(...)
* Délai maximal laissé pour déposer les comptes par voie électronique (C. com. art. L 232-21, I, L 232-22, I et L 232-23, I)

DEMANDES PROPRES AUX SOCIÉTÉS COMMERCIALES

49695

Objet de la demande	Forme de la demande	Précisions
Injonction sous astreinte aux dirigeants de SARL et de société par actions d'indiquer la **dénomination**, la **forme** et le montant du **capital** de la société **sur les documents sociaux** (C. com. art. L 238-3)	Référé (art. précité)	Mentions à indiquer sur les actes et documents sociaux destinés aux tiers : notamment lettres, factures, annonces et publications diverses (C. com. art. R 123-238, al. 1)

CHAPITRE 7

PROCÉDURES SPÉCIFIQUES AUX ENTREPRISES EN DIFFICULTÉ

SOMMAIRE

RÉGIME APPLICABLE AUX ENTREPRISES EN DIFFICULTÉ

Les mesures de prévention des difficultés des entreprises ainsi que les procédures de traitement de ces difficultés (sauvegarde, redressement judiciaire, liquidation judiciaire et rétablissement professionnel) sont régies par les articles L 611-1 s. et R 600-1 s. du **Code de commerce** et, sauf dispositions contraires de ces textes, par les règles du **Code de procédure civile** (C. com. art. R 662-1). 50000

Ne sont présentés ici ni les **règles particulières** applicables aux entreprises des départements de la Moselle, du Bas-Rhin et du Haut-Rhin (C. com. art. L 670-1 s. et R 670-1 s.), ni les dispositions particulières relatives aux établissements de crédit (C. mon. fin. art. L 613-25 s. et R 613-10 s.), aux entreprises d'assurance (C. ass. art. L 323-8 s.) et aux copropriétés (Loi 65-557 du 10-7-1965 art. 29-1 s. ; CCH art. L 615-6 s.), ni le régime du surendettement des particuliers (C. consom. art. L 711-1 s. et R 711-1 s.).

SECTION 1

MESURES DE PRÉVENTION DES DIFFICULTÉS DES ENTREPRISES

Expérimentation des tribunaux des activités économiques (TAE) La loi d'orientation et de programmation du ministère de la justice 2023-2027 – adoptée le 11 octobre 2023 (Texte Sén. n° 3 art. 26) mais l'objet d'un recours devant le Conseil constitutionnel – prévoit d'expérimenter pendant 4 ans l'**élargissement des compétences** d'une dizaine de **tribunaux de commerce** (désignés par arrêté ministériel) en matière de prévention des difficultés des entreprises, ces tribunaux étant renommés « tribunaux des activités économiques » (TAE). Cette extension de compétence, dont l'entrée en vigueur serait subordonnée à la parution d'un décret et à la désignation des tribunaux concernés, remettrait en cause l'actuelle répartition de compétence entre les tribunaux de commerce et les tribunaux judiciaires, considérée comme peu lisible, mais seulement pour les débiteurs ayant leur siège ou leur adresse professionnelle dans le ressort des tribunaux de commerce désignés comme TAE. En effet, ces derniers (ou leur président) seraient compétents pour connaître des procédures d'alerte, de mandat ad hoc, de règlement amiable et de conciliation, **quel que soit le statut de la personne physique ou morale qui éprouve des difficultés** (extension donc aux agriculteurs, aux sociétés et groupements civils qui relèvent actuellement des tribunaux judiciaires) ; mais l'extension de compétence ne concernerait pas les personnes exerçant la profession d'avocat, de notaire, d'huissier ou commissaire de justice, de greffier de tribunal de commerce, d'administrateur judiciaire ou de mandataire judiciaire. 50010

A. Alerte par le président du tribunal

OBJET DE L'ALERTE

Lorsqu'il résulte de tout acte, document ou procédure qu'une entreprise connaît des **difficultés de nature à compromettre la continuité de l'exploitation**, le chef de l'entreprise peut être convoqué par le président du tribunal pour que soient envisagées les mesures propres à redresser la situation (C. com. art. L 611-2, I-al. 1 et L 611-2-1, al. 1). 50020

ENTREPRISES VISÉES

L'alerte par le président du tribunal est applicable : 50022

– aux sociétés **commerciales**, aux groupements d'intérêt économique et aux entreprises individuelles, commerciales ou **artisanales** (C. com. art. L 611-2, I-al. 1) ;

– aux personnes morales de droit privé et aux personnes physiques exerçant une activité professionnelle **agricole** ou **indépendante**, y compris une profession **libérale** soumise à un statut législatif ou réglementaire ou dont le titre est protégé (art. L 611-2-1, al. 1).

> **Précisions** **a.** Pour un **entrepreneur individuel**, l'alerte mise en œuvre ne peut concerner que son patrimoine professionnel (C. com. art. L 611-17). Pour un EIRL, elle concerne le seul patrimoine affecté à l'activité en difficulté, ou si celle-ci est exercée sans affectation de patrimoine, seulement le patrimoine non affecté (art. L 680-1 et L 680-2).
> **b.** Une procédure spécifique d'alerte est prévue pour certains **professionnels libéraux** (n° 50050).

TRIBUNAL COMPÉTENT

50025 Sous réserve de la mise en place des tribunaux des activités économiques (n° 50010), la procédure d'alerte est de la compétence du président du **tribunal de commerce** pour les entreprises ayant une activité commerciale ou artisanale et de celui du **tribunal judiciaire** dans les autres cas (C. com. art. L 611-2, I-al. 1 et L 611-2-1, al. 1).
Le tribunal territorialement compétent est celui du lieu du siège du débiteur, personne morale, ou, le cas échéant, du lieu où le débiteur, personne physique, a déclaré l'adresse de son entreprise ou de son activité (art. R 600-2).
La liste des tribunaux compétents en France métropolitaine et de leurs ressorts est reproduite n°s 53600 s.

CONVOCATION DU DÉBITEUR

50030 Le débiteur ou le représentant légal de la personne morale débitrice est convoqué au tribunal par **lettre** recommandée AR et par lettre simple (C. com. art. R 611-10).
La convocation, qui reproduit l'article L 611-2, I (et, le cas échéant, l'article L 611-2-1) et les articles R 611-11 et R 611-12 du Code de commerce, est envoyée un mois au moins à l'avance, accompagnée d'une note par laquelle le président du tribunal expose les faits qui ont motivé son initiative (art. R 611-10).

50035 L'**entretien** est confidentiel (cf. CA Versailles 26-1-1995 n° 94-9549 : RJDA 7/95 n° 884 écartant la possibilité d'une audience publique) et se tient hors la présence du greffier (C. com. art. R 611-11, al. 1). Mais, rien n'empêche le débiteur d'être assisté d'un avocat et/ou d'un expert en matière économique.
Le procès-verbal, établi par le président du tribunal, ne mentionne que la date et le lieu de l'entretien ainsi que l'identité des personnes présentes. Il est signé par ces dernières et par le président du tribunal (art. R 611-11, al. 1).

50040 Si le représentant légal ou le débiteur **ne répond pas à la convocation**, un procès-verbal de carence est dressé le jour même par le greffier. Il est notifié sans délai par le greffier au représentant légal ou au débiteur par lettre recommandée AR (C. com. art. R 611-11, al. 2).

POUVOIRS DU PRÉSIDENT DU TRIBUNAL

50045 **Pouvoir d'enquête** Dès l'envoi de la convocation, le président du tribunal peut obtenir communication, par les commissaires aux comptes, les membres du comité social économique, les administrations publiques, les organismes de sécurité et de prévoyance sociales ainsi que les services chargés de la centralisation des risques bancaires et des incidents de paiement, des renseignements de nature à lui donner une exacte information sur la **situation économique et financière du débiteur** (C. com. art. L 611-2, I-al. 2). Le droit de communication peut être exercé « nonobstant toute disposition législative ou réglementaire contraire » (même art.), de sorte que les personnes et organismes précités ne peuvent opposer le secret professionnel à l'**enquête** du président.

> **Précisions** Le président doit adresser sa **demande de renseignements** 3 mois au plus tard à compter de la date d'envoi de la convocation ; elle doit être accompagnée de la copie de la lettre de convocation adressée au représentant légal de la personne morale débitrice ou au débiteur personne physique et de la note visée n° 50030 (art. R 611-12, al. 1). À défaut, les personnes et organismes interrogés ne sont pas tenus de répondre ; si la demande est conforme, ils doivent communiquer les renseignements réclamés dans le délai d'un mois (art. R 611-12, al. 2).

50046 **Autres pouvoirs** Le président du tribunal ne peut pas **contraindre** le débiteur ou le représentant légal de la société débitrice **à prendre des mesures** propres à mettre un terme aux difficultés rencontrées (cf. C. com. art. L 611-2 aux termes duquel des mesures sont « envisagées » lors de l'entretien), notamment, il ne peut pas imposer la désignation d'un mandataire ad hoc ou l'ouverture d'une conciliation.
Le tribunal ne peut pas non plus se saisir d'office de l'**ouverture d'une procédure** de sauvegarde, de redressement ou de liquidation judiciaire (n° 51000). Toutefois, s'il a eu connaissance d'éléments faisant apparaître que le débiteur ou la société remplit les conditions pour faire l'objet

d'un redressement ou d'une liquidation judiciaire (éléments recueillis lors de l'entretien ou de l'enquête ou communiqués par le commissaire aux comptes), le président du tribunal en informe le ministère public (art. L 631-3-1 et L 640-3-1) qui lui est habilité à saisir le tribunal en vue de l'ouverture d'une telle procédure.

RÉGIME DÉROGATOIRE POUR CERTAINS PROFESSIONNELS

Lorsque la personne physique ou morale concernée exerce la profession d'**avocat**, d'administrateur judiciaire, de mandataire judiciaire ou d'**officier public ou ministériel**, le président du tribunal judiciaire ne procède qu'à l'information de l'ordre professionnel ou de l'autorité compétente dont elle relève, sur les difficultés portées à sa connaissance en ce qui concerne la situation économique, sociale, financière et patrimoniale du professionnel (C. com. art. L 611-2-1, al. 2). **50050**

Le greffier du tribunal adresse à l'ordre ou l'autorité compétente, par lettre recommandée AR, une note du président du tribunal exposant les difficultés de nature à compromettre la continuité de l'activité du professionnel (art. R 611-10-1). Le représentant de l'ordre ou de l'autorité compétente est invité à faire connaître au président du tribunal, dans la même forme, les suites données à cette information dans le délai d'un mois (art. précité).

B. Injonction de publier les comptes annuels

ENTREPRISES VISÉES

Le président du tribunal de commerce peut, par ordonnance, enjoindre aux dirigeants d'une **société commerciale**, qui n'ont pas procédé au dépôt des comptes annuels dans les délais requis, de le faire dans un délai d'un mois à compter de la notification ou de la signification de l'ordonnance, sous peine d'astreinte (C. com. art. L 611-2, II-al. 1 et R 611-13, al. 1). **50060**

Il dispose du même pouvoir à l'égard de tout entrepreneur individuel à responsabilité limitée (**EIRL**) n'ayant pas déposé ses comptes annuels ou ses documents comptables simplifiés lorsque l'activité professionnelle à laquelle le patrimoine est affecté est commerciale ou artisanale (art. L 611-2, II-al. 3).

> **Précisions a.** Sur la transformation de certains tribunaux de commerce en **tribunaux des activités économiques** avec des compétences élargies, voir n° 50010.
> **b.** Une procédure d'injonction est également prévue à l'égard des dirigeants des **associations** tenues de publier des comptes annuels, le président du tribunal pouvant en outre désigner un mandataire pour procéder à la publication (C. com. art. L 612-4, al. 4 et D 612-5).

ORDONNANCE D'INJONCTION DE FAIRE

L'ordonnance **fixe** le taux de l'astreinte et mentionne, en outre, les lieu, jour et heure de l'audience à laquelle l'affaire sera examinée (C. com. art. R 611-13, al. 2). Elle est insusceptible de **recours** (art. précité , al. 3). **50065**

Le greffier notifie l'ordonnance au représentant légal de la personne morale ou à l'EIRL, la lettre de **notification** reproduisant les articles L 611-2, II-al. 2, R 611-15 et R 611-16, al. 1 du Code de commerce (art. R 611-14, al. 1).

> **Précisions** Si la **lettre** est retournée avec une mention précisant qu'elle n'a **pas** été **réclamée** par son destinataire, le greffier fait signifier l'ordonnance.
> Si la lettre est retournée avec une mention précisant que le **destinataire** ne se trouve **plus à l'adresse indiquée**, l'affaire est retirée du rôle par le président du tribunal et le greffier porte la mention de la cessation d'activité sur le registre du commerce et des sociétés (art. R 611-14, al. 2 et 3) ou sur le registre spécial des EIRL.

SUITES DONNÉES À L'INJONCTION

Lorsque l'injonction de faire a été **exécutée** dans le délai imparti, l'affaire est retirée du rôle par le président du tribunal (C. com. art. R 611-15). **50070**

Dans le cas contraire, le greffier constate le **non-dépôt des comptes** par procès-verbal et le président statue sur la liquidation de l'astreinte (art. R 611-15 et R 611-16). Il statue en dernier ressort lorsque le montant de l'astreinte n'excède pas le taux de compétence en dernier ressort du tribunal de commerce, soit 5 000 €. Si le montant est supérieur, il statue à charge d'appel, celui-ci étant formé, instruit et jugé selon les règles applicables à la procédure sans représentation obligatoire (art. R 611-16 ; n°s 26460 s.). Les voies de recours sont ouvertes au ministère public (art. R 611-16, al. 4).

La décision du président est communiquée au Trésor public et signifiée à la diligence du greffier au représentant légal de la personne morale ou à l'EIRL.
Le montant de la condamnation prononcée est versé au Trésor public et recouvré comme en matière de créances étrangères à l'impôt. Lorsque l'injonction porte sur des comptes d'une société, l'astreinte est due à titre personnel par le dirigeant de celle-ci (Cass. com. 7-5-2019 n° 17-21.047 FS-PBI : RJDA 1/20 n° 23).

> **Précisions a.** Lorsque l'injonction n'est pas exécutée, le président du tribunal peut procéder à une **enquête** sur la situation économique et financière du débiteur dans les conditions exposées n° 50045 (C. com. art L 611-2, II- al. 2).
> **b.** Pour les sociétés transformant des produits agricoles ou commercialisant des produits alimentaires, exploitant directement ou indirectement un ou plusieurs magasins de commerce de détail de produits de grande consommation ou intervenant dans le secteur de la distribution comme centrale de référencement ou d'achat d'entreprises de commerce de détail, le **montant de l'astreinte** ne peut pas excéder 2 % du chiffre d'affaires journalier moyen hors taxe réalisé en France par la société au titre de cette activité, par jour de retard à compter de la date fixée par l'injonction (C. com. art. L 123-5-2).

C. Nomination d'un mandataire ad hoc

OBJET DU MANDAT AD HOC

50090 La loi ne fixe pas les difficultés justifiant la désignation d'un mandataire ad hoc pas plus qu'elle ne précise la mission susceptible de lui être confiée, laissant une large liberté au demandeur et au juge. La désignation du mandataire ad hoc n'est pas subordonnée à l'existence de **circonstances** rendant impossible le fonctionnement normal de l'entreprise (Cass. 1e civ. 17-10-2012 n° 11-23.153 : RJDA 2/13 n° 123), comme cela est exigé pour la nomination d'un administrateur provisoire.
Le mandataire ad hoc est généralement désigné pour aider le chef d'entreprise à négocier un accord avec ses principaux créanciers afin d'obtenir des délais de paiement. Il peut être amené à résoudre toutes autres difficultés rencontrées par l'entreprise mais il n'a pas vocation à accomplir un acte de gestion au nom de celle-ci (Cass. 1e civ. 17-10-2012 précité).

DEMANDE DE DÉSIGNATION D'UN MANDATAIRE AD HOC

50092 La demande de désignation d'un mandataire ad hoc est **présentée par** le représentant légal de la personne morale ou par le débiteur personne physique (C. com. art. L 611-3, al. 1 et R 611-18). Le mandat ad hoc ne peut pas être sollicité par le commissaire aux comptes, un ou plusieurs salariés, les représentants du personnel, un créancier de l'entreprise, le président du tribunal ou encore le ministère public.
La demande doit être présentée au président du **tribunal compétent** tel que défini nos 50290 s. (art. R 611-18 et R 600-2, al. 2) ; l'affaire peut être renvoyée à une autre juridiction si les intérêts en présence le justifient (n° 50335).

> **Précisions a.** Sur la transformation de certains tribunaux de commerce en **tribunaux des activités économiques** avec des compétences élargies, voir n° 50010.
> **b.** La demande de mandat ad hoc présentée par un **entrepreneur individuel** ne peut concerner que son patrimoine professionnel (C. com. art. L 611-17). Pour un **EIRL**, elle concerne le seul patrimoine affecté à l'activité en difficulté, ou si celle-ci est exercée sans affectation de patrimoine, seulement le patrimoine non affecté (art. L 680-1 et L 680-2).
> **c.** Les **sociétés « cotées »** engagées dans un mandat ad hoc sont invitées, au titre de l'obligation d'information financière des marchés qui pèse sur elles, à en informer l'AMF (Recommandation AMF 2016-08 du 26-10-2016 § 1.4.4 s).

50095 **Forme et contenu** La demande de désignation d'un mandataire ad hoc, présentée par **écrit**, est adressée ou remise au président du tribunal et déposée au greffe (C. com. art. R 611-18, al. 1).
Outre les mentions requises pour toute requête (nos 4021 s.), la demande **doit exposer** les raisons qui la motivent ainsi que, le cas échéant, l'identité et l'adresse de la personne proposée à cette désignation (art. L 611-3, al. 1, R 611-18, al. 2 et 3 ; sur les personnes ne pouvant pas être désignées comme mandataires, voir art. L 611-13). Cette personne peut être choisie dans la liste des administrateurs judiciaires qui est disponible auprès du greffe du tribunal de commerce ou du tribunal judiciaire.
Il convient de se renseigner auprès du greffe du tribunal concerné pour connaître les **pièces** devant être **jointes** à la demande et en combien d'**exemplaires** celle-ci doit être faite, chaque greffe pouvant avoir ses exigences propres.

MODÈLE

Requête en désignation d'un mandataire ad hoc 50100

À Monsieur le Président du tribunal de commerce (ou tribunal judiciaire) de... (ville)
Le soussigné :
– si le demandeur est une personne physique : nom, prénom, adresse personnelle, date et lieu de naissance, nationalité, inscrit au RCS (ville) ou au répertoire des métiers (ville) sous le n° 000, nature de l'activité et lieu d'exercice ;
– si le demandeur est une personne morale : dénomination, forme juridique (SA, Gaec, Association...), montant du capital social, siège social, inscrit au RCS (ville) sous le n° 000, nom, prénom, date et lieu de naissance et nationalité du représentant légal ;
– si le débiteur est représenté par un avocat : le nom et les coordonnées de l'avocat.
Sollicite la désignation d'un mandataire ad hoc en application de l'article L 611-3 du Code de commerce pour les raisons suivantes :
(Présenter succinctement les difficultés rencontrées – qui peuvent être d'ordre économique, financier, juridique, etc. – et leur incidence sur le fonctionnement ou le développement de l'entreprise. Décrire la mission souhaitée du mandataire, notamment les mesures, les remises de dettes ou les délais de paiement susceptibles de pallier les difficultés rencontrées).
Le cas échéant, indiquer le nom et les coordonnées de la personne proposée comme mandataire.
Liste de pièces jointes :

Fait à (ville), le (date).

Signature

FRAIS DU MANDAT AD HOC

Lors du dépôt de la requête, le demandeur doit déposer une **consignation** dont le montant varie selon que le mandataire ad hoc proposé à la désignation est ou non un administrateur judiciaire dépendant de la cour d'appel dans le ressort de laquelle se trouve le tribunal et aussi, pour les sociétés, selon qu'elles sont pourvues ou non d'un commissaire aux comptes auquel la demande de mandat devra être communiquée (par exemple, devant le tribunal de commerce de Paris, le montant réclamé est de 200 €). 50105

Lorsqu'il désigne le **mandataire**, le président du tribunal fixe les conditions de la **rémunération** de celui-ci (base de calcul, montant maximal, montant de la provision) en fonction des diligences nécessaires à sa mission et avec l'accord du demandeur (C. com. art. L 611-14, R 611-19, al. 2 et R 611-47 s.). Le montant de la rémunération effectivement due, qui ne peut être ni lié à celui des abandons de créances obtenus ni faire l'objet d'un forfait pour ouverture du dossier, n'est arrêté qu'à l'issue de la mission du mandataire (art. L 611-14, al. 1).

> **Précisions a.** L'ordonnance arrêtant la rémunération finale du mandataire peut faire l'objet de **recours** de la part du débiteur ou du mandataire devant le premier président de la cour d'appel (art. L 611-14, al. 2 et R 611-50). Le recours est formé, instruit et jugé dans les délais et les conditions prévus par les articles 714 à 718 du CPC (n° 30767).
b. En l'absence d'indication d'un montant maximal dans les propositions des parties et l'ordonnance de désignation, la rémunération du mandataire ad hoc est arrêtée librement par le juge taxateur, en considération des seules diligences accomplies et des frais engagés (Cass. com. 3-10-2018 n° 17-14.522 F-PB : RJDA 1/19 n° 32).

Répartition conventionnelle des frais exposés par les créanciers Toute clause mettant **à la charge du débiteur**, du seul fait de la désignation d'un mandataire ad hoc ou de l'ouverture d'une conciliation, les **honoraires du conseil** auquel le créancier fait appel dans le cadre de la procédure est réputée non écrite pour la quote-part excédant les trois quarts des honoraires du conseil (C. com. art. L 611-16, al. 2 ; Arrêté JUSC1410157A du 25-7-2014 art. 1er). En deçà, la clause demeure donc valable. 50107

Le débiteur porte le contrat comportant cette clause à la connaissance du président du tribunal, après avoir fait viser les honoraires par le créancier (Arrêté précité art. 1er, al. 2).

SUITES DE LA DEMANDE DE MANDAT AD HOC

Dès réception de la demande, le président du tribunal **convoque** le représentant légal de la personne morale ou le débiteur personne physique pour recueillir ses observations (C. com. art. R 611-19, al. 1). Il n'est pas tenu de faire droit à la demande. 50110

L'ordonnance qui **désigne** le mandataire ad hoc définit l'objet de sa mission et fixe les conditions de sa rémunération (n° 50105 ; sur les personnes ne pouvant pas être désignées comme mandataire

ad hoc, voir C. com. art. L 611-13). Lorsque le débiteur est un EIRL, elle précise l'activité concernée par le mandat (art. R 611-19, al. 2). L'ordonnance est exécutoire de plein droit à titre provisoire (art. R 661-1, al. 1 ; n° 50420).
La durée du mandat ad hoc n'est pas limitée par la loi ; elle est généralement fixée à 3 mois et la mission du mandataire peut être renouvelée à plusieurs reprises.
L'ordonnance du président est notifiée au demandeur mais ne fait l'objet ni de **publicité** ni de communication au ministère public. Le demandeur n'est pas tenu d'informer le comité social et économique de la désignation d'un mandataire ad hoc (art. L 611-3, al. 3). Mais la désignation est communiquée aux commissaires aux comptes lorsqu'il en a été désigné dans l'entreprise (art. L 611-3, al. 1).
Toute personne qui est appelée à un mandat ad hoc ou qui, par ses fonctions, en a connaissance est tenue à la **confidentialité** (art. L 611-15), sauf dans le cas exposé n° 50810. Pour plus de détails sur cette obligation, voir les développements n° 50177 relatifs à la conciliation qui sont transposables au mandat ad hoc.

ATTENTION

La désignation d'un mandataire ad hoc par le président du tribunal :
– ne suspend pas les **poursuites des créanciers** contre l'entreprise mais celle-ci peut demander des délais de paiement en application de l'article 1343-5 du Code civil ;
– n'exonère pas le chef d'entreprise de son obligation de **déclarer l'état de cessation des paiements** de l'entreprise dans les 45 jours de sa survenance (n° 50955), sous peine de sanctions personnelles (Cass. com. 10-5-2005 n° 04-11.554 F-D : RJDA 8-9/05 n° 1025 ; Cass. com. 17-6-2020 n° 19-10.341 F-PB : RJDA 10/20 n° 517).

VOIES DE RECOURS EN MATIÈRE DE MANDAT AD HOC

50115 Les décisions rendues en matière de mandat ad hoc sont susceptibles d'opposition ou de tierce opposition dans les conditions exposées n°s 50510 s. (C. com. art. R 661-2).
En cas de refus du président du tribunal de procéder à la désignation, le demandeur peut faire appel dans les conditions exposées n° 50170 (art. R 611-20, al. 1 et, sur renvoi, art. R 611-26).
Les recours contre l'ordonnance fixant la rémunération finale du mandataire sont exposés n° 50105.

COMPARAISON ENTRE LE MANDAT AD HOC ET LA CONCILIATION

50120

	Mandat ad hoc	Conciliation
Initiative de la demande	Chef d'entreprise	Chef d'entreprise
Durée de la procédure	Aucune limite légale	5 mois maximum
Faculté pour le chef d'entreprise de proposer la désignation d'une personne déterminée	Oui	Oui
Enquête pour déterminer la situation exacte de l'entreprise	Non	Oui
Suspension de l'obligation pour le chef d'entreprise de déclarer l'état de cessation des paiements	Non	Oui
Limitation légale des pouvoirs de gestion du chef d'entreprise	Non	Non
Suspension des poursuites des créanciers	Non	Oui au cours de la conciliation mais seulement à l'égard des créanciers refusant de repousser l'exigibilité de leurs créances Oui pendant l'exécution de l'accord conclu avec les créanciers s'il a été constaté ou homologué judiciairement et seulement pour les créances concernées par l'accord

	Mandat ad hoc	Conciliation
Information du comité social et économique	Non	Seulement en cas d'homologation judiciaire de l'accord conclu avec les créanciers
Information du commissaire aux comptes	Oui	Ordonnance désignant le conciliateur Contenu de l'accord conclu avec les créanciers
Information de l'ordre professionnel ou de l'autorité dont dépend l'entreprise	Non	Ordonnance de désignation du conciliateur Contenu de l'accord homologué
Publicité à l'égard des tiers	Non	Publicité du seul jugement homologuant l'accord conclu avec les créanciers (mentionne exclusivement les garanties et privilèges constitués pour en assurer l'exécution et les montants garantis par le « privilège de conciliation »)
Obligation de confidentialité des participants	Oui	Oui
Levée de l'interdiction d'émettre des chèques	Non	Oui en cas d'homologation de l'accord conclu avec les créanciers
Garants de l'entreprise (coobligés, cautions...)	Application du droit commun, notamment libération de la caution, même solidaire, à hauteur des remises accordées au débiteur (C. civ. art. 1350-2)	Bénéficient des dispositions de l'accord judiciairement constaté ou homologué et des délais de grâce accordés par le juge au débiteur au cours de la procédure ou pendant l'exécution de l'accord

D. Procédure de conciliation

OBJET DE LA CONCILIATION

Réservées aux **entreprises éprouvant une difficulté juridique, économique ou financière**, avérée ou prévisible, et ne se trouvant pas en cessation des paiements depuis plus de 45 jours, la procédure de conciliation tend à favoriser, sous l'égide d'un conciliateur désigné par le président du tribunal, la conclusion d'un **accord entre l'entreprise et les créanciers** de celle-ci sur des délais de paiement ou des remises de dettes (C. com. art. L 611-4 s.). 50130

Le conciliateur peut être chargé, à la demande du débiteur et après avis des créanciers participants, d'organiser la **cession** partielle ou totale **de l'entreprise** qui pourrait être mise en œuvre, le cas échéant, dans le cadre d'une procédure ultérieure de sauvegarde, de redressement judiciaire ou de liquidation judiciaire (C. com. art. L 611-7, al. 1 ; sur cette demande, voir art. R 611-26-2).

La conciliation peut permettre la préparation avec les créanciers d'un plan susceptible d'être rapidement adopté dans le cadre d'une procédure de **sauvegarde accélérée** et qui peut concerner les seuls établissements de crédit et assimilés dont la société est débitrice.

> **Précisions a.** Les **entreprises visées** sont les mêmes que celles mentionnées n° 50022 (art. L 611-4 et L 611-5). Lorsqu'il s'agit d'un entrepreneur individuel à responsabilité limitée, la procédure ne s'applique qu'au patrimoine faisant l'objet de la demande de conciliation (art. R 611-46-1). Les agriculteurs n'exerçant pas leur activité dans le cadre d'une société commerciale bénéficient d'une procédure de règlement amiable distincte de celle de la conciliation (nos 50240 s.).
> **b.** L'**administration fiscale** et les **organismes sociaux** participent à la conciliation selon des modalités particulières : le débiteur ou le conciliateur doit saisir, d'une demande de remise de dettes, la commission des chefs des services financiers et des représentants des organismes de sécurité sociale et de l'assurance chômage (CCSF) dans un délai de 5 mois à compter de la date d'ouverture de la conciliation, sous peine de forclusion (C. com. art. D 626-12 qui fixe le contenu de la demande). Cette saisine ne peut pas être effectuée après la fin de la procédure (art. précité).

TRIBUNAL COMPÉTENT POUR OUVRIR LA CONCILIATION

50135 Sous réserve de la mise en place des tribunaux des activités économiques (n° 50010), le tribunal compétent pour ouvrir la procédure de conciliation est le **tribunal de commerce** pour les personnes exerçant une activité commerciale ou artisanale et le **tribunal judiciaire** pour les personnes morales de droit privé et les personnes physiques exerçant une activité professionnelle indépendante, y compris une profession libérale soumise à un statut législatif ou réglementaire ou dont le titre est protégé (C. com. art. L 611-4 et L 611-5, al. 1). Les présidents de ces tribunaux ont les mêmes pouvoirs en cette matière (art. L 611-5, al. 1).
Le **tribunal territorialement compétent** est déterminé dans les conditions exposées n°s 50295 s. L'affaire peut être renvoyée à une autre juridiction si les intérêts en présence le justifient (n° 50335).

50137 Toutefois, pour une société répondant aux critères exposés n° 50315, la compétence incombe à un des **tribunaux de commerce spécialisés** dont la liste figure n° 53605 avec indication de leur ressort (C. com. art. L 721-8, 4°). Le dossier peut aussi être transféré à un de ces tribunaux à la demande du procureur de la République ou par décision du président du tribunal de commerce (art. L 721-8, 4° et R 611-23-1).

DEMANDE DE CONCILIATION

50140 **Auteur** Seul le **débiteur** (chef d'entreprise personne physique ou représentant légal de la personne morale) est habilité à présenter la demande d'ouverture de la procédure de conciliation à l'exclusion de toute autre personne ou institution, telle que tribunal, président du tribunal, ministère public, organisme représentatif du personnel ou créancier.

50145 **Contenu** Le débiteur adresse ou remet au président du tribunal une requête exposant sa situation économique, financière, sociale et patrimoniale, ses besoins de financement ainsi que, le cas échéant, les moyens d'y faire face (C. com. art. L 611-6, al. 1).
Elle précise aussi le cas échéant (art. R 611-22) :
– la date de cessation des paiements ;
– si le débiteur propose un conciliateur à la désignation du président du tribunal, l'identité et l'adresse de cette personne (sur les personnes ne pouvant pas être désignées comme conciliateur, voir C. com. art. L 611-13) ;
– si le débiteur exerce une profession libérale soumise à un statut législatif ou réglementaire ou dont le titre est protégé, l'ordre professionnel ou l'autorité dont il relève.

50150 **Pièces à joindre** Le débiteur doit joindre les documents suivants à la requête (C. com. art. R 611-22) :
– le numéro d'identification unique de l'entreprise ;
– l'état des créances et dettes accompagnées d'un échéancier ainsi que la liste des principaux créanciers ;
– l'état actif et passif des sûretés ainsi que celui des engagements hors bilan ;
– les comptes annuels, le tableau de financement et la situation de l'actif réalisable et disponible (valeurs d'exploitation exclues) et du passif exigible des trois derniers exercices, si ces documents ont été établis ;
– une attestation sur l'honneur certifiant l'absence de procédure de conciliation dans les trois mois précédant la date de la demande ;
– une déclaration indiquant, le cas échéant, la prise en charge par un tiers des frais de la procédure demandée.
Il convient toutefois de se renseigner auprès du greffe du tribunal pour savoir s'il exige des pièces complémentaires et en combien d'exemplaires la demande doit être faite, chaque greffe pouvant avoir ses exigences propres. Par exemple, le tribunal de commerce de Paris recommande de joindre, si ces documents ont été établis : une situation de trésorerie actuelle et prévisionnelle, un compte d'exploitation prévisionnel, un état des cessions d'actifs immobilisés intervenus au cours des dix-huit derniers mois, un état des inscriptions de privilèges et des protêts établi par le greffe au jour de la requête.

MODÈLE

Demande de conciliation 50155

À Monsieur le Président du tribunal de commerce (ou du tribunal judiciaire) de... (ville)
Le soussigné :
– si le demandeur est une personne physique : nom, prénom, adresse personnelle, date et lieu de naissance, nationalité, inscrit au RCS (ville) ou au RNE (ville) sous le n° 000, nature de l'activité et lieu d'exercice ;
– si le demandeur est une personne morale : dénomination, forme juridique (SA, SCI, Association...), montant du capital social, siège social, inscrit au RCS (ville) sous le n° 000, nom, prénom, date et lieu de naissance et nationalité du représentant légal ;
– le cas échéant, le nom et les coordonnées de l'avocat.
Sollicite l'ouverture d'une procédure de conciliation en application des articles L 611-4 et suivants du Code de commerce pour les raisons exposées ci-dessous.
1. Renseignements sur l'entreprise (ou la société)
Selon le cas, nature de l'activité, date de création, répartition du capital, établissements secondaires, nombre de salariés, ordre professionnel dont le demandeur relève, chiffre d'affaires et résultat des trois derniers exercices...
2. Difficultés rencontrées
Exposer les problèmes économiques, juridiques ou financiers et leur impact sur l'activité ou le développement de l'entreprise. Exposer les besoins.
3. Solution(s) envisageable(s)
En distinguant, si nécessaire, les mesures d'ordre juridique, financier, social...
4. Déclarations
Déclare sur l'honneur ne pas être en état de cessation des paiements à la date de la présente requête [ou Déclare être en état de cessation des paiements depuis le 00/00/0000, c'est-à-dire depuis moins de 45 jours à la date de la présente requête].
Déclare sur l'honneur l'absence de procédure de conciliation dans les trois mois précédant la date de la présente requête (cette déclaration peut être faite par acte séparé, joint à la requête).
5. Personne proposée à la désignation
Identité et coordonnées de la personne proposée
Liste des pièces jointes :
Fait à... (ville), le... (date).

Signature

FRAIS DE LA CONCILIATION

Lors du dépôt de la requête, le greffier réclame une **consignation** (300 €). 50160
La **rémunération du conciliateur** est déterminée dans les mêmes conditions que celle du mandataire ad hoc et peut faire l'objet des mêmes recours (C. com. art. L 611-14 et R 611-47 s. ; n° 50105).
La clause mettant à la charge du débiteur certains **frais exposés par les créanciers** dans le cadre de la procédure de conciliation est valable dans les conditions exposées n° 50107 (art. L 611-16, al. 2).
Sur l'établissement par le débiteur, avec l'assistance du conciliateur, d'un état de l'intégralité des frais mis à sa charge, voir art. R 611-39-1.

CONVOCATION DU DÉBITEUR

Dès réception de la demande de conciliation, le président du tribunal convoque le débiteur pour 50165
recueillir ses observations (C. com. art. R 611-23).
Le débiteur peut se faire assister d'un avocat, d'un expert en matière économique ou encore de son expert-comptable.

REFUS DU PRÉSIDENT DU TRIBUNAL

Si le président du tribunal refuse de désigner un conciliateur, le débiteur peut faire **appel** de 50170
l'ordonnance dans les 10 jours de sa notification (C. com. art. R 661-3, al. 1), par une déclaration faite ou adressée par lettre recommandée AR au greffe du tribunal (art. R 611-26, al. 1). Le débiteur est dispensé du ministère de l'avocat (art. R 611-26, al. 1).
Dans les 5 jours à compter de la déclaration d'appel, le **président** du tribunal peut modifier ou **rétracter** sa décision (art. R 611-26, al. 2 et 3).
Si le président **maintient** son **refus**, le greffier du tribunal transmet sans délai au greffe de la cour d'appel le dossier de l'affaire, avec la déclaration d'appel et une copie de la décision, et avise le débiteur de cette transmission (art. R 611-26, al. 4).
Devant le tribunal judiciaire, l'appel est instruit et jugé selon les règles applicables en matière gracieuse (art. précité ; nos 26800 s.).

OUVERTURE DE LA CONCILIATION

50175 L'ordonnance par laquelle le président du tribunal désigne le conciliateur et définit sa mission est notifiée au demandeur et au conciliateur. Elle est communiquée sans délai au ministère public et, le cas échéant, à l'ordre professionnel ou à l'autorité dont relève le débiteur ainsi qu'à son commissaire aux comptes (C. com. art. L 611-6, al. 3 et R 611-25, al. 1). Aucune autre **publicité** n'intervient. Le demandeur n'est pas tenu d'informer le comité social et économique de l'ouverture de la procédure mais il doit en informer le commissaire aux comptes (art. L 611-6, al. 3).
Les sociétés « cotées » qui font l'objet d'une procédure de conciliation sont invitées, au titre de l'obligation d'information financière des marchés qui pèse sur elles, à en informer l'AMF (Recommandation AMF 2016-08 du 26-10-2016 § 1.4.4 s.).

50176 **Enquête** Après ouverture de la procédure de conciliation, le président du tribunal dispose d'un pouvoir d'enquête : il peut obtenir communication de tout renseignement lui permettant d'apprécier la **situation** économique, financière, sociale et patrimoniale **du débiteur et ses perspectives** de règlement, notamment par les commissaires aux comptes, les experts-comptables, les notaires, les membres du comité social et économique, les administrations et organismes publics, les organismes de sécurité et de prévoyance sociales, les établissements de crédit, les sociétés de financement, les établissements de monnaie électronique, les établissements de paiement, les services chargés de centraliser les risques bancaires et les incidents de paiement et auprès des assureurs-crédit (C. com. art. L 611-6, al. 5 et R 611-24). Le droit de communication pouvant être exercé « nonobstant toute disposition législative ou réglementaire contraire », les personnes et organismes précités ne peuvent pas opposer le **secret professionnel** à l'enquête du président.
Ce dernier peut aussi désigner un **expert** pour lui faire un rapport sur cette situation (art. L 611-6, al. 5 ; sur la rémunération de l'expert et le recours contre la décision y afférente, voir art. L 611-14, al. 1).
Le président communique au conciliateur les renseignements qu'il a obtenus à la suite de ses enquêtes et, le cas échéant, le résultat de l'expertise (art. L 611-7, al. 2).

50177 **Confidentialité de la procédure** En dehors des cas précités, toute personne appelée à une procédure de conciliation ou qui, par ses fonctions, en a connaissance est tenue à la confidentialité (C. com. art. L 611-15) et s'expose, en cas de **révélation**, à une action en **responsabilité** civile et, le cas échéant, aux sanctions pénales prévues par l'article 226-13 du Code pénal (1 an d'emprisonnement et 15 000 € d'amende) si elle est par ailleurs soumise au secret professionnel. Tel est par exemple le cas des avocats et des établissements de crédit. La confidentialité ne cesse pas avec l'ouverture d'une procédure collective, sauf à l'égard du tribunal qui ouvre cette procédure moins de 18 mois après la conciliation (art. L 621-1, dernier al., L 631-7, al. 1 et L 641-1, I-al. 1 ; n° 50810).
L'obligation de confidentialité s'impose également aux tiers, notamment aux journalistes sauf nécessité d'informer le public sur une question d'intérêt général (Cass. com. 15-12-2015 n° 14-11.500 FS-PBI : RJDA 3/16 n° 210 ; Cass. com. 13-2-2019 n° 17-18.049 FS-PBI : RJDA 5/19 n° 351 ; Cass. com. 13-6-2019 n° 18-10.688 FS-PB : RJDA 10/19 n° 642).

ATTENTION

Si une cour d'appel a jugé que la **confidentialité** peut être invoquée **entre les participants à la conciliation** (CA Versailles 15-9-2016 n° 16/01505 : RJDA 12/16 n° 878), la Cour de cassation n'a pas encore eu l'occasion de préciser dans quelle mesure elle pouvait l'être et si la confidentialité pouvait constituer une limite au **droit de la preuve** lorsqu'un participant entend mettre en cause la responsabilité d'un autre en raison de son comportement lors des négociations (cf. Cass. com. 5-10-2022 n° 21-13.108 F-B : RJDA 1/23 n° 40, se contentant de rejeter le pourvoi énonçant que la confidentialité ne s'imposait qu'aux tiers). Toutefois, la Haute Juridiction a interdit à un mandataire ad hoc – ce qui vaut aussi pour un conciliateur – de fournir une attestation à l'un des participants stigmatisant l'attitude d'un autre et a écarté la production de ce document dans le litige opposant les deux participants (Cass. com. 22-9-2015 n° 14-17.377 F-PB : RJDA 1/16 n° 42).

50180 **Voies de recours** L'ordonnance du président ouvrant la conciliation est susceptible d'appel par le **ministère public** (C. com. art. L 611-6, al. 3 et R 611-26-1) mais pas de la part des **créanciers** du débiteur (CA Douai 27-3-2007 n° 06/01096 : Bull. inf. C. cass. 15-9-2007 n° 1889 se fondant sur les cas d'appel limitativement énumérés par l'article L 661-1 du Code de commerce). Dans cette décision, la cour d'appel de Douai a jugé que le créancier auquel des délais de paiement ont été imposés pourrait former tierce opposition, en application de l'article L 661-2 du Code de commerce, de la décision ouvrant la conciliation.
Le **débiteur** ne peut pas, conformément au droit commun, faire appel de l'ordonnance ouvrant la conciliation à sa demande puisque celle-ci a été accueillie (n° 24135).

> **Précisions** Le débiteur peut :
– **récuser** le **conciliateur** dans les 15 jours de la notification de la désignation de celui-ci soit par acte remis au greffe, soit par déclaration contresignée par le greffier dans un procès-verbal (C. com. art. L 611-6, al. 4 ; sur les conditions et suites de la récusation, voir art. R 611-27 s.) ;
– faire appel de la décision du **président refusant de proroger la mission du conciliateur** dans les conditions exposées n° 50170 (art. R 611-26, al. 1 et, sur renvoi, art. R 611-26).

DURÉE DE LA PROCÉDURE

La procédure de conciliation est d'une durée de **4 mois** au maximum mais elle peut, par une décision motivée du président du tribunal, être **prorogée** une fois à demande du conciliateur sans que la durée totale de la procédure puisse excéder 5 mois (C. com. art. L 611-6, al. 2). Si une demande d'homologation est formée avant l'expiration de cette période, la mission du conciliateur et la procédure sont prolongées jusqu'à la décision, selon le cas, du président ou du tribunal ; à défaut, elles prennent fin de plein droit et une nouvelle conciliation ne peut être ouverte dans les 3 mois qui suivent (art. précité). **50182**

La procédure de conciliation **prend fin** :
– à l'expiration de la durée fixée par le tribunal pour la mission du conciliateur ;
– dès que le débiteur en fait la demande au président du tribunal qui le décide sans délai (art. R 611-37) ;
– à la demande du conciliateur, en cas d'impossibilité de parvenir à un accord (art. L 611-7, al. 6 et R 611-38-2) ou lorsque le débiteur a rejeté les propositions qu'il lui a faites et qu'il estime indispensables (art. R 611-36) ;
– par la constatation ou l'homologation de l'accord (art. L 611-8, I et L 611-10, al. 1) ;
– dès l'ouverture d'une procédure de sauvegarde, redressement ou liquidation judiciaire (art. R 611-38-1).

ATTENTION

L'ouverture de la conciliation suspend l'obligation du débiteur de déclarer l'état de cessation des paiements dans les 45 jours de sa survenance (art. L 631-4 et L 640-4). Mais, même si la conciliation a donné lieu à un accord amiable, elle n'interdit pas au débiteur de solliciter l'**ouverture d'une procédure collective**. L'existence d'une conciliation est une condition d'ouverture d'une procédure de sauvegarde accélérée.

POURSUITES DES CRÉANCIERS EN COURS DE CONCILIATION

La conciliation n'emporte pas la suspension générale des poursuites individuelles des créanciers contre le débiteur (Cass. 3e civ. 10-12-2008 n° 07-19.899 : RJDA 2/09 n° 77). Toutefois, un créancier ne peut pas demander la mise en redressement ou en liquidation judiciaire du débiteur tant que la procédure de conciliation est en cours (C. com. art. L 631-5 et L 640-5). **50185**

Octroi de délais de paiement Au cours de la procédure, le **débiteur** peut demander, au président du tribunal qui a ouvert celle-ci, de lui accorder des délais de grâce (C. com. art. L 611-7, al. 5 et, sur renvoi, C. civ. art. 1343-5) : **50190**
– d'une durée maximale de 2 ans, à l'égard d'un créancier qui l'a **mis en demeure ou poursuivi** ;
– d'une durée limitée à la mission du conciliateur, à l'égard d'un **créancier qui n'a pas accepté**, dans le délai imparti par le conciliateur, la demande faite par ce dernier **de suspendre l'exigibilité de la créance**.

En pratique, le débiteur **assigne** le créancier devant le président du tribunal ; celui-ci statue selon la procédure accélérée au fond après avoir recueilli les observations du conciliateur ou, le cas échéant, du mandataire à l'exécution de l'accord (art. R 611-35, al. 1).

Le président du tribunal peut subordonner la durée des délais à la conclusion d'un accord entre les créanciers (C. com. art. L 611-7, al. 5), mais il ne peut pas obliger le créancier à consentir une avance au débiteur (CA Orléans 22-2-2007 n° 07-236 : RJDA 6/07 n° 636).

Le créancier auquel des délais ont été imposés ne peut pas faire **appel** de la décision (CA Aix-en-Provence 2-2-2012 n° 11/05033 : RTD com. 2013.333 obs. Macorig-Venier, retenant le caractère limitatif des cas d'appel prévus par l'art. L 661-1 du C. com.), mais pourrait former tierce opposition contre l'ouverture de la procédure (n° 50180).

> **Précisions a.** En dehors de l'hypothèse du créancier qui refuse de suspendre l'exigibilité de sa créance, le débiteur peut-il demander des délais de paiement même si les **poursuites** ont été **engagées** contre lui **avant l'ouverture de la conciliation** ? Certains juges lui refusent cette faculté (CA Pau 17-1-2008 n° 06/03873 : Rev. proc. coll. 2008 n° 3 § 103 obs. Delattre) ; d'autres la lui reconnaissent (CA Versailles 19-10-2006 n° 06-1788 : Rev. proc. coll. 2008

comm. n° 102 note Ch. Delattre) ; enfin d'autres considèrent que, en présence de poursuites engagées par un créancier avant et après l'ouverture de la conciliation, le débiteur peut solliciter des délais, l'article L 611-7 n'exigeant pas que la totalité des poursuites d'un créancier ait été engagée précédemment (CA Aix-en-Provence 26-2-2015 n° 2015/156).

b. La demande de délai est portée à la connaissance de la **juridiction saisie de la poursuite**, qui sursoit à statuer jusqu'à la décision du président du tribunal (C. com. art. R 611-35, al. 2).

c. La **décision** du président du tribunal est, à l'initiative du greffier, **communiquée** au conciliateur s'il est encore en fonction ou, le cas échéant, au mandataire à l'exécution de l'accord et notifiée au débiteur et au créancier concerné (art. R 611-35, al. 3).

d. Lorsque l'octroi de délais a été subordonné à la conclusion d'un **accord entre les créanciers**, le créancier auquel ont été imposé les délais est informé par le greffier, par lettre recommandée AR, de la conclusion de l'accord dès sa constatation ou son homologation ainsi que de toute décision mettant fin à la procédure de conciliation ou de la décision prononçant la résolution de l'accord (art. R 611-35, al. 4 et 5).

CONSTATATION OU HOMOLOGATION JUDICIAIRE DE L'ACCORD AMIABLE

50195 L'accord obtenu avec les créanciers à l'issue de la conciliation peut faire l'objet d'une constatation ou d'une homologation par le juge. La **différence** entre ces deux procédures réside notamment dans les modalités de la demande (conjointe dans le premier cas, unilatérale dans le second) et dans la publicité donnée à la décision du juge (aucune dans le premier cas, réduite dans le second). La pratique donne la préférence à la constatation judiciaire dont la confidentialité permet d'éviter, ou au moins de limiter, d'éventuelles altérations du crédit dont le débiteur concerné jouit auprès des créanciers non parties à l'accord.

Le président du tribunal qui constate ou homologue l'accord peut, à la demande du débiteur, désigner le conciliateur en tant que mandataire à l'exécution de l'accord pendant la durée de celui-ci (C. com. art. L 611-8, III).

50197 **Constatation de l'accord** Sur **requête conjointe** des parties, le président du tribunal constate par ordonnance leur accord et lui donne force exécutoire. Il statue au vu d'une déclaration certifiée du débiteur attestant qu'il ne se trouvait pas en cessation des paiements lors de la conclusion de l'accord, ou que cet accord y met fin (C. com. art. L 611-8, I).

La décision constatant l'accord, qui met fin à la procédure de conciliation, n'est pas soumise à **publication** et n'est pas susceptible de **recours** (art. précité). L'accord des parties, sur lequel le greffier appose la formule exécutoire et auquel est annexée la déclaration du débiteur, est déposé au greffe (art. R 611-39).

ATTENTION

Une obligation de **confidentialité** pesant sur les personnes appelées à la conciliation et sur celles en ayant connaissance par leurs fonctions (n° 50177), le contenu de l'accord n'est pas communicable aux créanciers qui n'y ont pas été appelés. Dès lors, le greffe du tribunal de commerce ne peut délivrer des copies qu'aux parties à l'accord et aux personnes qui peuvent se prévaloir de celui-ci, tels les garants du débiteur (art. R 611-39, al. 2). L'accord peut toutefois être communiqué aux personnes mentionnées n° 50210.

50200 Pendant la durée de son exécution, l'accord constaté judiciairement interrompt ou interdit toute action en justice et arrête ou interdit toute **poursuite individuelle** sur les meubles et immeubles du débiteur dans le but d'obtenir le paiement des créances qui en font l'objet (C. com. art. L 611-10-1). Il interrompt, pour la même durée, les délais impartis aux **créanciers** parties à l'accord à peine de déchéance ou de résolution des droits afférents aux créances mentionnées par l'accord.

Les poursuites ne sont pas suspendues pour les créances ne faisant pas l'objet de l'accord. Si au cours de l'exécution de celui-ci, le débiteur est mis en demeure ou poursuivi par l'un des créanciers appelés à la conciliation dans le but d'obtenir le paiement d'une telle créance, le juge qui a ouvert la procédure de conciliation peut, à la demande du débiteur et après avoir recueilli, le cas échéant, les observations du mandataire à l'exécution de l'accord, accorder des délais de grâce en application de l'article 1343-5 du Code civil (2 ans maximum), en prenant en compte les conditions d'exécution de l'accord (art. L 611-10-1, al. 2). Aucun délai ne peut toutefois être imposé à l'administration fiscale et aux organismes de sécurité sociale et de prévoyance (art. précité).

> **Précisions** Les **coobligés** et les **personnes ayant consenti une sûreté** personnelle (tel un cautionnement) ou ayant affecté ou cédé un bien en garantie peuvent se prévaloir de l'accord constaté (ou homologué) et des délais de paiement accordés en cours de procédure et de ceux octroyés au cours de l'exécution de l'accord (art. L 611-10-2, al. 1).

Homologation de l'accord Seul le **débiteur** peut demander au tribunal (et non au président de celui-ci) d'homologuer l'accord obtenu si les trois **conditions** suivantes sont réunies (C. com. art. L 611-8, II) : 50205
– le débiteur n'est pas en cessation des paiements ou l'accord conclu y met fin ;
– les termes de l'accord sont de nature à assurer la pérennité de l'activité de l'entreprise ;
– l'accord ne porte pas atteinte aux intérêts des créanciers non signataires.
Le comité social et économique est informé par le débiteur du contenu de l'accord lorsque ce dernier demande l'homologation (art. L 611-8-1).

Le tribunal statue après avoir entendu ou dûment appelé en chambre du conseil le débiteur, les créanciers parties à l'accord, les représentants du comité social et économique, le conciliateur et le ministère public (C. com. art. L 611-9). L'ordre professionnel ou l'autorité compétente dont relève, le cas échéant, le débiteur qui exerce une profession libérale soumise à un statut législatif ou réglementaire ou dont le titre est protégé doit être entendu ou appelé dans les mêmes conditions. Le tribunal peut entendre toute autre personne dont l'**audition** lui paraît utile (art. précité). Ces personnes peuvent prendre connaissance de l'accord au greffe du tribunal (art. R 611-40, al. 1). 50210

Le **jugement rejetant l'homologation** n'est pas prononcé en audience publique (C. com. art. R 662-13) et ne fait pas l'objet d'une publication, mais il est notifié au débiteur et aux créanciers signataires de l'accord et communiqué au conciliateur et au ministère public (art. L 611-10, al. 2 et R 611-41). 50215
Il est susceptible d'appel (art. L 611-10, al. 2) ; cet appel est formé, instruit et jugé selon les règles propres à la procédure en matière gracieuse (n° 26800) mais les parties sont dispensées du ministère d'un avocat (art. R 611-42, al. 1).

Le **jugement d'homologation** met fin à la procédure de conciliation (C. com. art. L 611-10, al. 1). 50220
Exception faite des recours ci-dessous, l'homologation de l'accord emporte la suspension des poursuites individuelles des créanciers contre le débiteur dans les conditions exposées n° 50200 (art. L 611-10-1).
Ce jugement, qui ne reprend pas les termes de l'accord mais mentionne les garanties et privilèges constitués pour en assurer l'exécution et précise les montants garantis par le « privilège de conciliation » (art. R 611-40, al. 2), est :
– notifié par le greffier au débiteur et aux créanciers signataires de l'accord et est communiqué au conciliateur et au ministère public (art. R 611-41) ;
– déposé au greffe du tribunal où tout intéressé peut en prendre connaissance (art. L 611-10, al. 2) ;
– soumis aux publicités suivantes qui sont faites d'office par le greffier dans les 8 jours de la date du jugement (art. R 611-43) : publication d'un avis du jugement d'homologation dans un support d'annonces légales mentionnant que le jugement est déposé au greffe où tout intéressé peut en prendre connaissance et insertion du même avis au Bodacc.
Le jugement d'homologation est non seulement susceptible de **tierce opposition**, mais aussi d'un **appel** du ministère public et, en cas de contestation relative au privilège de conciliation, de la part des parties à l'accord (art. L 611-10, al. 2). L'appel est formé, instruit et jugé selon les règles propres à la procédure sans représentation obligatoire (art. R 611-42, al. 2).

L'**accord homologué** est transmis par le greffier au commissaire aux comptes du débiteur (C. com. art. L 611-10, al. 2). En dehors de ce dernier, il ne peut être communiqué qu'aux parties, aux personnes susceptibles de s'en prévaloir, tels les garants du débiteur, ainsi qu'au tiers opposant une fois la tierce opposition déclarée recevable (art. R 611-44). 50225

50230

Entreprises en difficulté : résolution ou caducité d'un accord amiable

Résolution de l'accord pour inexécution

En cas d'inexécution des engagements résultant de l'accord amiable constaté ou homologué dans le cadre d'une conciliation, l'une des parties peut saisir le président du **tribunal** dans le premier cas, le tribunal lui-même dans le second cas, pour demander la résolution de l'accord (C. com. art. L 611-10-3, al. 1 et 2).

La demande doit être formée par **assignation** ; toutes les parties à l'accord, ainsi que les créanciers auxquels des délais de paiement ont été imposés (après ouverture de la conciliation ou en cours d'exécution de l'accord : n°s 50190 et 50200) doivent être mis en cause par le demandeur, le cas échéant, sur injonction du tribunal (art. R 611-46, al. 1 et 2).

S'il constate l'inexécution, le président ou le tribunal prononce la résolution de l'accord ; il a aussi la faculté de prononcer la déchéance des délais de paiement accordés en cours de

procédure ou au cours de l'exécution de l'accord (C. com. art. L 611-10-3, al. 3 ; sur ces délais, voir nos 50190 et 50200).
Le **jugement** est communiqué au ministère public et notifié par le greffier aux créanciers parties à l'accord ou s'étant vu imposer des délais de paiement (art. R 611-46, al. 2).
La décision prononçant la résolution de l'accord fait l'objet des mêmes mesures de publicité que l'homologation (n° 50220 ; art. R 611-46, al. 3).
L'inexécution de l'accord, tout comme sa résolution, ne permet pas, à elle seule, aux créanciers ou au ministère public de demander la mise en **redressement ou** en **liquidation judiciaire du débiteur** ; il faut en outre que les conditions d'ouverture de ces procédures soient remplies. La résolution de l'accord ne prive pas d'effet les clauses dont l'objet est d'en organiser les conséquences (art. L 611-10-4).
Caducité de l'accord en cas de procédure collective
L'ouverture d'une procédure de sauvegarde, de redressement judiciaire ou de liquidation judiciaire à l'encontre du débiteur met fin de plein droit à l'accord constaté ou homologué ; les créanciers recouvrent alors l'intégralité de leurs créances et sûretés, déduction faite des sommes perçues, sans toutefois perdre le bénéfice du privilège de conciliation (art. L 611-11 ; sur le sort des garanties consenties dans le cadre de l'accord, voir Cass. com. 26-10-2022 n° 21-12.085 FS-B : RJDA 1/23 n° 39).

ABSENCE D'ACCORD AMIABLE

50235 Si les parties ne parviennent pas à un accord, le conciliateur en informe le président du tribunal qui met fin à la conciliation (C. com.art. L 611-7, al. 6). Un créancier (ou le ministère public) peut alors demander que le débiteur soit mis en redressement ou en liquidation judiciaire mais seulement si les conditions d'ouverture de ces procédures sont réunies.
Le cas échéant, le débiteur peut passer outre à l'opposition de certains créanciers : il peut demander l'ouverture d'une sauvegarde accélérée si le soutien des autres créanciers permet l'adoption rapide de cet accord comme plan de sauvegarde (C. com.art. L 628-1, al. 2).

E. Règlement amiable des agriculteurs

RÉGIME SPÉCIFIQUE À CERTAINES EXPLOITATIONS AGRICOLES

50240 Les **exploitants** agricoles n'exerçant **pas sous la forme d'une société commerciale** bénéficient d'une procédure spécifique de règlement amiable (C. rur. art. L 351-1 s.) qui poursuit le même objectif que la conciliation ouverte aux autres entreprises (obtention d'un accord avec les principaux créanciers sur des délais de paiement ou des remises de dettes) mais avec des différences notables.

> **Précisions a.** Les **sociétés commerciales** exerçant une activité agricole ne peuvent pas bénéficier de la procédure de règlement amiable mais peuvent demander la désignation d'un mandataire ad hoc ou l'ouverture d'une procédure de conciliation (C. rur. art. L 351-1, al. 3).
b. La demande de règlement amiable présentée par un **entrepreneur individuel** ne peut concerner que son patrimoine professionnel (C. rur. art. L 351-1, al. 4). Pour un **EIRL**, elle concerne le seul patrimoine affecté à l'activité en difficulté, ou si celle-ci est exercée sans affectation de patrimoine, seulement le patrimoine non affecté (C. rur. art. L 351-7-1 et, sur renvoi, C. com. art. L 680-2).

DEMANDE DE RÈGLEMENT AMIABLE

50245 Sous réserve de la mise en place des tribunaux des activités économiques (n° 50010), la demande de désignation d'un conciliateur doit être faite auprès du **président du tribunal judiciaire** dans le ressort duquel se trouve le siège de l'exploitation (C. rur. art. L 351-2). Elle peut émaner soit de l'exploitant agricole (ou de son dirigeant s'il s'agit d'une personne morale), soit d'un ou de plusieurs des créanciers. Elle prend la **forme** d'une requête adressée ou remise en 3 exemplaires au greffe du tribunal et sans que les parties soient tenues de constituer avocat (art. R 351-1).
La demande de l'**exploitant** doit exposer les difficultés financières (apparues ou prévisibles) qui la motivent, les mesures de règlement envisagées, ainsi que les délais de paiement ou les remises de dettes qui permettraient la mise en œuvre de ces mesures (art. R 351-1). Y sont annexés : l'état des créances et des dettes, accompagné d'un échéancier, ainsi que la liste des créanciers ; l'état actif et passif des sûretés ainsi que celui des engagements personnels du débiteur ; les comptes annuels des trois derniers exercices, s'ils ont été établis ; l'état des actifs du débiteur.

Si elle émane d'un ou plusieurs **créanciers**, la demande comporte les indications relatives au montant et à la nature de leurs créances respectives ainsi que toutes les informations de nature à établir les difficultés financières de l'exploitation (art. précité). La demande pourrait en outre être subordonnée au paiement d'une contribution pour la justice économique, dans les mêmes conditions que celles exposées n° 50292.

INSTRUCTION DE LA DEMANDE

Dès réception de la demande, le président du tribunal **convoque** le demandeur ainsi que le débiteur s'il n'est pas l'auteur de la demande (C. rur. art. R 351-2). La demande est examinée en chambre du conseil, après avis du ministère public (art. précité). **50250**

Le président du tribunal dispose d'un pouvoir d'**investigation**. Il peut, nonobstant toute disposition législative ou réglementaire contraire, obtenir communication de tout renseignement lui permettant d'apprécier la situation économique et financière de l'exploitation et ses perspectives de règlement ; à cette fin, il peut aussi ordonner une expertise (C. rur. art. L 351-3).

DÉCISION DU PRÉSIDENT DU TRIBUNAL

Le président du tribunal qui **nomme un conciliateur** peut aussi prononcer la **suspension** provisoire **des poursuites** contre l'exploitant agricole pour un délai n'excédant pas 2 mois ; ce délai peut être prorogé pour la même durée (C. rur. art. L 351-5, al. 1). **50255**

La décision de suspension des poursuites a pour effet notamment (art. précité et, sur renvoi, C. com. art. L 622-28) :

– de suspendre ou interdire toute action en justice de la part de tous les **créanciers** dont la créance a son origine antérieurement à la décision et tendant à la condamnation du débiteur au paiement d'une somme d'argent ou à la résolution d'un contrat pour défaut de paiement d'une somme d'argent ;
– d'arrêter ou interdire toute voie d'exécution de la part de ces créanciers, tant sur les meubles que sur les immeubles ;
– de suspendre les délais impartis à peine de déchéance ou de résolution des droits ;
– de suspendre toute action contre les personnes physiques coobligées de l'exploitant ou qui ont garanti les dettes de celui-ci ;
– sauf autorisation du président du tribunal, d'interdire à l'**exploitant**, à peine de nullité, de payer, en tout ou partie, une créance quelconque née antérieurement à cette décision, ou de désintéresser les cautions qui acquitteraient des créances nées antérieurement, ainsi que de faire un acte de disposition étranger à la gestion normale de l'exploitation ou de consentir une hypothèque ou un nantissement.

L'ordonnance du président du tribunal prend **effet** à compter de sa **date** et elle est portée à la connaissance de l'exploitant et, le cas échéant, des créanciers demandeurs, du conciliateur et de l'expert (C. rur. art. R 351-4).

> **Précisions a.** Le greffier du tribunal procède, aux frais du demandeur, à la **publicité** de l'ordonnance prononçant la suspension provisoire des poursuites : insertion d'un avis au Bodacc (indiquant le nom de l'exploitant, le siège de son exploitation, la date de l'ordonnance, le nom et l'adresse du conciliateur et, s'il y a lieu, la dénomination de l'activité professionnelle exercée par l'entrepreneur) et dans un support d'annonces légales du lieu où le débiteur a le siège de son exploitation (avec les mêmes indications) ; mention de l'ordonnance au registre du commerce et des sociétés, au registre national des entreprises ou au registre tenu par le greffe du tribunal judiciaire (C. rur. art. R 351-5).
> **b.** Sur les conditions dans lesquelles le débiteur peut demander la **récusation du conciliateur** désigné, voir C. rur. art. R 351-4-1 s.

CONSTATATION OU HOMOLOGATION DE L'ACCORD AMIABLE

Si l'exploitant agricole ne se trouve pas en cessation des paiements ou si l'accord y met fin, le président du tribunal **constate** l'accord conclu en présence du conciliateur ou, sur son rapport, met fin à sa mission (C. rur. art. L 351-6 et R 351-6). À la demande de l'exploitant, le président du tribunal peut **homologuer** l'accord, après avis du ministère public (art. L 351-6 et R 351-6-1). **50260**

L'accord constaté ou homologué entraîne la **suspension**, pendant la durée de son exécution, de toute action en justice et de toute **poursuite** individuelle, tant sur les meubles que sur les immeubles de l'exploitant, formée dans le but d'obtenir le paiement de créances qui font l'objet de l'accord (art. L 351-6, al. 1).

L'ordonnance homologuant l'accord est **notifiée** à l'exploitant et aux créanciers signataires et communiquée au conciliateur et au ministère public ; elle fait l'objet d'une insertion au Bodacc et dans un support d'annonces légales du lieu où l'exploitant a son siège social ou, s'il s'agit d'une personne physique, celui de son exploitation (art. R 351-6-2, al. 2 et R 351-6-3).

> **Précisions** **a.** L'accord est constaté ou homologué par une **ordonnance** du président du tribunal qui y fait apposer la formule exécutoire par le greffier ; cette ordonnance ne reprend pas les termes de l'accord (art. R 351-6, al. 2 et 3). Des copies de l'accord ne peuvent être délivrées qu'aux parties et aux personnes qui peuvent se prévaloir de ses dispositions ; elles valent titre exécutoire (al. 4).
> **b.** La **rémunération** éventuelle du conciliateur et, s'il y a lieu, celle de l'expert sont arrêtées par le président du tribunal ; à défaut d'accord entre les parties, le président désigne la ou les personnes qui en supporteront la charge (art. R 351-6, al. 5).
> **c.** L'**avis d'insertion** au Bodacc et au support d'annonces légales indique : le nom du débiteur, le siège de son exploitation ; la date de l'ordonnance et le greffe du tribunal concerné ; s'il y a lieu la dénomination de l'activité professionnelle exercée par l'entrepreneur ; le numéro unique d'identification du débiteur ainsi que, le cas échéant, le nom de la ville où se trouve le greffe ou la chambre de l'agriculture où il est immatriculé (art. R 351-6-3).

RECOURS

50265 Les ordonnances du président du tribunal sont exécutoires de droit à titre provisoire et les dispositions des articles 514-1 et 514-2 du CPC, relatives à l'arrêt de l'exécution provisoire, ne sont pas applicables en la matière (C. rur. art. R 351-7, al. 1).

Les ordonnances sont susceptibles d'un recours en **rétractation** formé en référé par tout intéressé (C. rur. art. R 351-7, al. 2). Les décisions prises par le président du tribunal sur ces recours peuvent être frappées d'**appel** dans les 10 jours de leur prononcé ; toutefois, pour les décisions soumises à insertion au Bodacc, ce délai court à l'égard des tiers seulement à compter de cette publication. L'appel – non suspensif – est formé, instruit et jugé selon les règles de la procédure sans représentation obligatoire (art. précité, al. 3 et 4).

CONFIDENTIALITÉ DE LA PROCÉDURE

50270 Toute personne qui est appelée au règlement amiable ou qui, par ses fonctions, en a connaissance est tenue à la confidentialité (C. rur. art. L 351-7). À notre avis, les solutions dégagées à propos de la confidentialité de la procédure de conciliation (n° 50177) sont transposables.

SECTION 2 PROCÉDURES COLLECTIVES D'APUREMENT DU PASSIF

A. Règles communes de procédure

1. TRIBUNAL COMPÉTENT POUR OUVRIR UNE PROCÉDURE COLLECTIVE

TRIBUNAL DE COMMERCE OU TRIBUNAL JUDICIAIRE

50290 Sous réserve des précisions exposées n° 50292, le tribunal de commerce est compétent pour connaître de la procédure collective si le **débiteur** exerce une **activité commerciale ou artisanale** ; le tribunal judiciaire est compétent dans les **autres cas** (C. com. art. L 621-2, al. 1 pour la sauvegarde et, sur renvoi, art. L 631-7 pour le redressement judiciaire, art. L 641-1, I pour la liquidation judiciaire). Lorsque le tribunal judiciaire est compétent, sa compétence est exclusive (C. org. jud. art. R 211-4 et R 211-3-26, 8°).

L'**incompétence** de la juridiction saisie à tort peut être **soulevée d'office** par le juge d'appel, la limitation de ce pouvoir édictée par l'article 92, al. 2 du Code de procédure civile (désormais art. 76 ; n° 2907) étant inapplicable, en raison de l'affirmation légale de la compétence ci-dessus énoncée et de l'article R 662-1 du Code de commerce qui renvoie aux règles de la procédure civile à moins qu'il n'en soit disposé autrement (CA Douai 28-5-2009 n° 08-03721 : D. 2009 som. p. 1535).

Tribunal de commerce	Tribunal judiciaire
Sociétés commerciales (SA, SARL, EURL, SNC, SCS, SCA) Commerçant ou artisan personne physique	Sociétés civiles Sociétés civiles professionnelles (Selarl, Selafa, Selca...) Sociétés civiles et groupements agricoles (Gaec, GFA, SCEA, EARL...) Associations Agriculteur, professionnel libéral personne physique
EIRL immatriculée au registre du commerce et des sociétés ou au registre national des entreprises	EIRL immatriculée au registre spécial des EIRL

Expérimentation des tribunaux des activités économiques (TAE) La loi d'orientation et de programmation du ministère de la justice 2023-2027 – adoptée le 11 octobre 2023 (Texte Sén. n° 3 art. 27) mais objet d'un recours devant le Conseil constitutionnel – prévoit d'expérimenter pendant 4 ans l'**élargissement des compétences d'une dizaine de tribunaux de commerce** (désignés par arrêté ministériel) en matière de prévention et de traitement des difficultés des entreprises, ces tribunaux étant **renommés « tribunaux des activités économiques »** (TAE). Cette extension de compétence, dont l'entrée en vigueur serait subordonnée à la parution d'un décret d'application et de l'arrêté ministériel, remettrait en cause l'actuelle répartition de compétence d'attribution entre les tribunaux de commerce et les tribunaux judiciaires (considérée comme peu lisible), mais seulement pour les débiteurs ayant leur siège ou leur adresse professionnelle dans le ressort des tribunaux de commerce désignés comme TAE. En effet, ces derniers seraient compétents pour connaître des procédures de sauvegarde, redressement et liquidation judiciaires, **quel que soit le statut et l'activité du débiteur** (extension donc aux agriculteurs, aux sociétés et groupements civils, qui relèvent actuellement des tribunaux judiciaires) mais l'extension de compétence ne concernerait pas les personnes exerçant les professions d'avocat, de notaire, d'huissier ou commissaire de justice, de greffier de tribunal de commerce, d'administrateur judiciaire ou de mandataire judiciaire. 50292

Un tribunal de commerce spécialisé, désigné comme TAE, serait compétent pour les procédures collectives visées n°s 50310 s., là encore quels que soient le statut et l'activité du débiteur, sauf pour les professions précitées.

Les **règles de procédure** applicables devant les TAE resteraient celles actuellement applicables, notamment en ce qui concerne la répartition de compétence entre le tribunal et son président, la dispense d'avocat et les voies de recours. Toutefois, des **spécificités** sont prévues (Texte Sén. précité art. 27) :

– le créancier, employant au moins 250 salariés, qui demanderait l'ouverture d'une procédure collective à l'encontre de son débiteur devrait s'acquitter, à peine d'irrecevabilité de sa demande, d'une **contribution pour la justice économique** (fixée par un barème dans la limite de 5 % du montant des demandes cumulées au stade de l'introduction de l'instance et pour un montant maximum de 100 000 €) ; le débiteur en serait dispensé lorsqu'il sollicite l'ouverture d'une procédure collective ;

– en cas de **comportement dilatoire ou abusif** d'une partie au litige, le TAE pourrait condamner celle-ci au paiement d'une amende civile d'un maximum de 10 000 €, sans préjudice des dommages-intérêts qui seraient réclamés.

Compétence territoriale Le tribunal territorialement compétent est celui dans le ressort duquel le débiteur, personne morale, a son siège ou le débiteur, personne physique, a déclaré l'adresse de son entreprise ou de son activité (C. com. art. R 600-1, al. 1). À défaut de siège en territoire français, le tribunal compétent est celui dans le ressort duquel le débiteur a le centre principal de ses intérêts en France (art. précité). 50295

La **liste** des tribunaux de commerce et des tribunaux judiciaires compétents en France métropolitaine et de leurs ressorts est reproduite n°s 53600 s.

Tribunal du siège de l'entreprise. Il s'agit du siège fixé par les statuts, à moins qu'il ne soit **fictif** (Cass. com. 5-1-1999 n° 96-18.574 : RJDA 4/99 n° 440). Jugé que tel était le cas si la société n'était, au lieu de son siège social, propriétaire d'aucun bien et ne disposait d'aucun bureau ni d'infrastructure y justifiant l'exercice d'une activité réelle (arrêt précité). 50300

En cas de **changement** de siège de la personne morale dans les six mois ayant précédé la saisine du tribunal, le tribunal dans le ressort duquel se trouvait le siège initial demeure seul compétent (C. com. art. R 600-1, al. 2).

> **Précisions** Le délai de six mois court à compter de l'**inscription modificative** au registre du commerce et des sociétés du siège initial (art. précité), c'est-à-dire de la radiation de la société au registre du commerce et des sociétés tenu par le greffier du tribunal de l'ancien siège et non de l'inscription au RCS du nouveau siège (Cass. com. 6-1-1998 n° 95-18.259 : RJDA 5/98 n° 615).

50305 **Tribunal du centre principal des intérêts**. Si le débiteur n'a pas de siège en France, est compétent le tribunal du lieu où il a le centre principal de ses intérêts **en France** (C. com. art. R 600-1, al. 1).

ILLUSTRATIONS

Tel est le cas d'une **société ayant son siège à l'étranger** dès lors que :
– sa seule activité est l'exploitation de locaux affectés à une maison de retraite située en France pour laquelle elle doit payer des loyers en France, même si la société, qui a vocation à devenir propriétaire des locaux pris en crédit-bail, a confié la gestion de la maison de retraite à une association sous-locataire (Cass. com. 26-10-1999 n° 96-12.946 : RJDA 4/00 n° 418) ;
– elle souscrit des prêts pour les besoins de son activité consistant dans la location de biens immeubles situés en France (Cass. com. 1-10-2002 n° 99-11.858 : RJDA 2/03 n° 152) ;
– elle a plusieurs établissements secondaires, dont le principal, en France (Cass. com. 11-4-1995 n° 92-20.032 : RJDA 10/95 n° 1146 ; voir aussi Cass. com. 21-3-2006 n° 04-17.869 : RJDA 2/07 n° 175).
La domiciliation en France d'un dentiste allemand exerçant en Allemagne a été rejetée comme décidée en vue de bénéficier d'une procédure plus avantageuse que la procédure de droit allemand en **fraude** à ce droit, dès lors que le centre des intérêts principaux de ce débiteur se trouvait en Allemagne où il avait ses revenus, ses actifs et ses dettes et où sa famille résidait (CA Colmar 31-1-2006 n° 05/04431 : JCP E 2006 pan. n° 1772).

PROCÉDURE RELEVANT D'UN TCS

50310 Les procédures collectives les plus complexes ou transfrontalières relèvent de la compétence exclusive de **tribunaux de commerce spécialisés** (TCS), dans les conditions exposées ci-dessous. La liste de ces tribunaux et leur ressort figure au n° 53605.

> **Précisions a.** Sur la désignation d'un TCS comme **tribunal aux activités économiques** avec des compétences élargies, voir n° 50292.
> **b.** Les contestations concernant l'attribution de procédures collectives aux TCS doivent prendre la forme d'une **exception d'incompétence**, devant être soulevée au seuil du procès, dès la première instance, et non celle d'une fin de non-recevoir pouvant être proposée en tout état de cause, y compris pour la première fois en appel (Cass. com. 17-11-2021 n° 19-50.067 FS-BR : RJDA 3/22 n° 156).

50315 **Procédure visant des entreprises d'une certaine taille** Le tribunal de commerce spécialisé est compétent pour connaître des procédures de sauvegarde, de redressement et de liquidation judiciaire lorsque l'entreprise débitrice visée exerce une activité commerciale ou artisanale et répond à une des conditions suivantes (C. com. art. L 721-8, 1°) :
– avoir au moins 250 salariés et un chiffre d'affaires net d'au moins 20 millions d'euros ;
– avoir un chiffre d'affaires d'au moins 40 millions d'euros ;
– être une société qui détient ou contrôle une autre société, au sens des articles L 233-1 et L 233-3 du Code de commerce, dès lors que le nombre de salariés de l'ensemble des sociétés concernées est égal ou supérieur à 250 et que le montant net du chiffre d'affaires de l'ensemble de ces sociétés est d'au moins 20 millions d'euros ;
– être une société qui détient ou contrôle une autre société (au sens des articles précités) dès la mesure où le montant net du chiffre d'affaires de l'ensemble de ces sociétés est d'au moins 40 millions d'euros.

Dans ces deux premiers cas, le tribunal de commerce spécialisé territorialement compétent est déterminé comme indiqué aux n°s 50295 s. ; dans les deux derniers cas, il s'agit de celui dans le ressort duquel se situe la société qui détient ou contrôle une autre société (art. L 721-8, al. 13).

Même si la société ne répond pas aux critères ci-dessus, la procédure peut être renvoyée à un tribunal spécialisé si les intérêts en présence le justifient (art. L 662-2) ainsi que dans les cas ci-dessous.

Procédure transfrontalière Les tribunaux de commerce spécialisés connaissent également des procédures d'insolvabilité relatives à un débiteur exerçant une activité commerciale ou artisanale lorsque la **compétence internationale d'un tribunal français** (C. com. art. L 721-8, 2° et 3°) : 50320
– est déterminée en application des actes pris par l'Union européenne relatifs aux procédures d'insolvabilité, c'est-à-dire en application du règlement UE 2015/848 du 20 mai 2015 (n° 50340) ;
– résulte, pour les procédures d'insolvabilité ne relevant pas des textes communautaires précités, de la présence dans le ressort d'un tribunal français du centre principal des intérêts du débiteur.
Pour les procédures d'insolvabilité intracommunautaires, le tribunal de commerce spécialisé compétent est celui dans le **ressort** duquel est situé le centre des intérêts principaux du débiteur. Pour les personnes morales, le centre des intérêts principaux est présumé, jusqu'à preuve contraire, être le lieu du siège social.

PROCÉDURE DÉJÀ OUVERTE CONTRE UNE SOCIÉTÉ DU MÊME GROUPE

Le tribunal devant lequel est en cours une procédure collective ouverte à l'encontre d'une société qui détient ou contrôle ou est détenue ou contrôlée par une autre société est compétent pour connaître de la procédure collective visant cette autre société (C. com. art. L 662-8, al. 1). Toutefois, si la procédure visant la société contrôlée ou détenue relève d'un tribunal de commerce spécialisé (n°s 50310 s.), ce dernier est compétent pour les deux procédures (art. précité, al. 3). La notion de société détenant ou contrôlant une autre société est appréciée au regard des articles L 233-1 et L 233-3 du Code de commerce. 50325

PROCÉDURE COLLECTIVE D'UN AUXILIAIRE DE JUSTICE

Si un auxiliaire de justice est partie à un litige qui relève de la compétence d'une juridiction dans le ressort de laquelle celui-ci exerce ses fonctions, le demandeur peut saisir une **juridiction située dans un ressort limitrophe** (CPC art. 47, al. 1). Cette règle s'applique en matière de procédures collectives, nonobstant les règles de compétence territoriale exposées ci-dessus (Cass. com. 26-6-2001 n° 98-17.823 : RJDA 10/01 n° 1009 ; Cass. com. 28-10-2008 n° 07-20.801 : RJDA 1/09 n° 46 ; Cass. com. 31-1-2012 n° 10-25.693 : RJDA 10/12 n° 874). Il en est ainsi que l'auxiliaire soit partie au litige en son nom personnel ou en sa qualité de représentant légal (Cass. com. 26-6-2001 précité). Le défendeur ou toutes les parties en cause d'appel peuvent également demander le renvoi devant une juridiction choisie dans les mêmes conditions (CPC art. 47, al. 2). 50330

> **Précisions a.** Cette faculté concerne notamment les procédures diligentées contre les avocats (Cass. 2e civ. 20-7-1987 n° 86-10.318 : Bull. civ. II n° 171) et les huissiers de justice (Cass. 2e civ. 20-1-1982 n° 80-16.071 : Bull. civ. II n° 10) – désormais commissaires de justice – mais pas celles visant les notaires (Cass. soc. 3-6-1982 n° 80-40.897 : Bull. civ. V n° 357) ou les experts judiciaires (Cass. 2e civ. 7-5-1980 n° 78-15.382 : Bull. civ. II n° 98).
> **b.** Elle peut être invoquée à tout moment de la procédure, le demandeur s'exposant toutefois à des dommages-intérêts s'il ne l'a pas exercée plus tôt à des fins dilatoires (cf. Cass. soc. 11-7-2002 n° 00-44.407 : Bull. civ. V n° 255).
> **c.** L'article 47 du CPC n'est pas applicable aux litiges qui relèvent de la compétence du seul juge-commissaire (C. com. art. R 662-3-1). Sous l'empire des textes antérieurs, la Cour de cassation avait admis son application à la procédure de vérification des créances (Cass. com. 12-10-2010 n° 09-16.743 : D. 2010 p. 2510 obs. A. Lienhard ; Cass. com. 31-1-2012 n° 10-25.693 : RJDA 10/12 n° 874), ce qui pouvait entraîner un renvoi partiel de la procédure collective à un autre tribunal que celui l'ayant ouverte ; ce n'est plus le cas.

RENVOI DEVANT UNE AUTRE JURIDICTION

Lorsque les **intérêts en présence le justifient**, la cour d'appel, saisie sur requête du président du tribunal compétent ou du ministère public, peut décider de renvoyer l'affaire devant une autre juridiction compétente dans le ressort de la cour ; la Cour de cassation, saisie dans les mêmes conditions, peut renvoyer l'affaire devant une juridiction d'une autre cour d'appel (C. com. art. L 662-2 et R 662-7). L'affaire peut aussi être renvoyée à un tribunal de commerce spécialisé (n°s 50310 s.). 50335
Le renvoi peut également être demandé, par **requête** motivée du débiteur, du créancier poursuivant et du ministère public auprès du tribunal saisi ou du tribunal qu'il estime devoir être compétent, au premier président de la cour d'appel ou de la Cour de cassation (art. R 662-7). Le greffier du tribunal saisi notifie la requête aux parties sans délai et transmet le dossier à la cour d'appel ou à la Cour de cassation.
S'il n'a pas été statué sur l'**ouverture de la procédure** collective, le tribunal **sursoit à statuer** dans l'attente de la décision du premier président de la cour d'appel ou de la Cour de cassation qui,

dans les dix jours de la réception du dossier et après avis du ministère public, désignera la juridiction qui sera saisie de l'affaire (art. précité, al. 4 et 5). Dans l'attente, le tribunal peut notamment désigner un administrateur judiciaire, sous l'autorité d'un juge commis, pour faire tous actes nécessaires à la conservation des droits de l'entreprise contre les débiteurs de celle-ci et à la préservation des capacités de production (art. précité, al. 8).
La décision de renvoi s'impose tant aux parties qu'à la juridiction de renvoi désignée (C. com. art. R 622-7, al. 7). Elle emporte la caducité de plein droit des **décisions** ouvrant la procédure collective du débiteur **rendues par** toute **juridiction autre que celle désignée** et met fin aux fonctions des mandataires de justice précédemment nommés (Cass. com. 17-2-1998 n°s 96-13.831, 97-15.462, 97-15.463 : RJDA 6/98 n° 752).

> **Précisions a.** La décision de renvoi, mesure d'administration judiciaire, est insusceptible de **recours** – y compris pour excès de pouvoir (Cass. com. 17-2-1998 précité).
b. Le **renvoi d'une** procédure de **conciliation** ou d'une demande de **mandat ad hoc** devant une autre juridiction emporte prorogation de compétence territoriale au profit de cette juridiction pour connaître de la procédure de sauvegarde, de redressement ou de liquidation judiciaire qui pourrait directement s'ensuivre (art. L 662-2).
c. Le renvoi de l'affaire à une autre juridiction peut intervenir en cas de **suspicion de partialité de la juridiction** saisie (CPC art. 342 ; n°s 1060 s.).

COMPÉTENCE INTERNATIONALE DES TRIBUNAUX FRANÇAIS

50340 **À l'égard d'un débiteur situé au sein de l'Union européenne** Lorsque le débiteur en difficulté a des **activités dans différents États membres** de l'Union européenne, un tribunal français est compétent pour ouvrir une procédure d'insolvabilité (sauvegarde, redressement ou liquidation judiciaire) si le **centre des intérêts principaux du débiteur** est situé en France (Règl. UE 2015/848 du 20-5-2015 art. 3, 1). Pour les sociétés et les personnes morales, le centre des intérêts principaux est présumé être le lieu du siège statutaire, sauf preuve contraire (art. précité).
Si le centre des intérêts principaux du débiteur n'est pas en France, le tribunal français n'est compétent pour ouvrir une procédure d'insolvabilité que si le débiteur y possède un établissement mais les effets de cette procédure sont limités aux biens du débiteur se trouvant en France (Règl. art. 3, 2 ; Cass. com. 18-3-2008 n° 06-20.749 : RJDA 6/08 n° 698).

> **Précisions a.** Le règlement UE du 20 mai 2015 n'est **pas applicable** au Danemark (cf. Règl. 2015/848 considérant 88). Il ne s'applique pas non plus aux procédures d'insolvabilité concernant les entreprises d'assurance, les établissements de crédit, les organismes de placement collectif, les entreprises d'investissement qui fournissent des services impliquant la détention de fonds ou de valeurs mobilières de tiers (Règl. 2015/848 art. 1).
b. Lorsqu'un tribunal français est compétent en vertu des dispositions précitées, la procédure relève d'un **tribunal** de commerce **spécialisé** (n°s 50310 s.).
c. Si la procédure est ouverte en France, elle est soumise à la **loi française** en ce qui concerne son ouverture, son déroulement et sa clôture (Règl. 2015/848 art. 7) mais la qualité de créancier est déterminée au regard de la loi de la source des créances (Cass. com. 13-9-2011 n° 10-25.533, 10-25.731, 10-25.908 : RJDA 11/11 n° 943).

50345 **Débiteur faisant déjà l'objet d'une procédure.** Si un **tribunal d'un autre État membre** de l'Union européenne a déjà ouvert une procédure d'insolvabilité à l'encontre du débiteur, le tribunal français doit reconnaître cette procédure, à moins qu'elle ne porte atteinte à l'ordre public national (Règl. UE 2015/848 du 20-5-2015 art. 19 et 33 ; CJCE 2-5-2006 aff. 341/04 : RJDA 8-9/06 n° 936 ; Cass. com. 15-2-2011 n° 09-71.436 : RJDA 4/11 n° 344). Mais elle ne lui interdit pas d'ouvrir une **procédure secondaire** dont les effets sont limités aux biens du débiteur situés en France (Règl. précité art. 34).

> **Précisions a.** En présence d'une décision ayant ouvert la procédure principale d'insolvabilité dans un État membre de l'Union européenne et d'une instance en cours devant une juridiction d'un autre État membre en vue de l'ouverture d'une procédure identique à l'égard du même débiteur, le **conflit** se résout en faveur de la décision d'ouverture déjà intervenue qui doit être internationalement reconnue, et non en fonction des dates respectives de saisine des juridictions (Cass. com. 27-5-2014 n° 13-14.956 : RJDA 8-9/14 n° 718).
b. Si le débiteur fait déjà l'objet d'une procédure d'insolvabilité principale ouverte dans un autre pays européen, le juge français, saisi d'une procédure secondaire en France, ne peut pas prononcer de **sanction** personnelle ou patrimoniale **contre le débiteur**, ces sanctions dérivant directement de la procédure principale (Cass. com. 22-1-2013 n° 11-17.968 : RJDA 5/13 n° 440).

À l'égard d'un débiteur situé en dehors de l'Union européenne Même si le débiteur n'a en France ou dans un État membre de l'Union européenne ni siège ni établissement, le **tribunal français** est compétent, à défaut de dispositions contraires et hors le cas de fraude : 50350
– si des créanciers français invoquent le privilège de juridiction de l'article 14 du Code civil qui leur permet d'assigner un étranger devant un tribunal français (Cass. com. 19-3-1979 n° 77-13.943 : Bull. civ. IV n° 104) ;
– si des créanciers étrangers invoquent celui de l'article 15 du même Code qui leur permet d'assigner un Français devant un tribunal français (Cass. 2e civ. 7-6-1962 n° 61-12.045 : Bull. civ. II n° 506).
En cas de compétence d'un tribunal français, la procédure relève d'un tribunal de commerce spécialisé (nos 50310 s.).
Si le **tribunal** d'un État non membre de l'Union européenne **a déjà ouvert une procédure** collective contre le débiteur, l'ouverture d'une autre procédure en France n'est impossible que si le jugement étranger a reçu l'exequatur (Cass. com. 19-1-1988 : D. 1988 p. 565 note et concl. J.-P. Rémery ; Cass. com. 11-4-1995 n° 92-20.032 : RJDA 10/95 n° 1146).

EXCEPTION D'INCOMPÉTENCE

Les exceptions d'incompétence sont réglées dans les conditions de **droit commun** prévues par les articles 75 à 99 du CPC (exposées nos 2860 s.), sous les **réserves suivantes** (C. com. art. R 662-4 et, sur renvoi, art. R 662-5, R 662-6 et R 662-7) : 50360
– le tribunal qui se déclare incompétent peut néanmoins désigner un administrateur judiciaire, ordonner l'inventaire des biens du débiteur et, en cas de liquidation judiciaire, l'apposition des scellés ;
– le tribunal dont la compétence est contestée et qui se déclare compétent statue au fond dans le même jugement ;
– le tribunal saisi ou le ministère public peut demander le renvoi devant une autre juridiction dans les conditions exposées nos 50335.
Pour un cas où une cour d'appel a relevé d'office, nonobstant les limites posées par l'article 76, al. 2 du CPC, l'incompétence de la juridiction saisie, voir n° 50290.

50365

Étendue de la compétence du tribunal ayant ouvert une procédure collective

Sans préjudice des pouvoirs attribués en premier ressort au juge-commissaire (n° 52200) et de certaines règles de prorogation de compétence (n° 50325), le tribunal saisi d'une procédure de sauvegarde, de redressement judiciaire ou de liquidation judiciaire est compétent pour connaître de tout ce qui concerne la sauvegarde, le redressement et la liquidation judiciaires (C. com. art. R 662-3), c'est-à-dire de toute **contestation née de la procédure collective** et sur laquelle cette procédure exerce une influence (Cass. com. 6-3-2001 n° 98-12.835 : RJDA 7/01 n° 781 ; Cass. com. 25-6-2002 n° 99-14.761 : RJDA 12/02 n° 1337 ; Cass. com. 7-2-2012 n° 11-10.851 : RJDA 7/12 n° 694). Ces conditions sont cumulatives (Cass. com. 3-4-2019 n° 18-10.469 FS-PB : RJDA 8-9/19 n° 571). Cette règle s'applique aussi en matière de référé (Cass. com. 6-3-2001 n° 98-12.835 : RJDA 7/01 n° 781 ; Cass. com. 25-6-2002 n° 99-14.761 : RJDA 12/02 n° 1337 ; Cass. com. 5-9-2018 n° 17-10.975 F-PBI : RJDA 11/18 n° 852).
Le tribunal de la procédure collective est **notamment compétent** pour l'action en responsabilité pour insuffisance d'actif, la faillite personnelle ou l'interdiction de gérer (C. com. art. R 662-3) ainsi que pour les contestations relatives à l'affectation des éléments du patrimoine d'un entrepreneur individuel à responsabilité limitée qui s'élèvent à l'occasion de la procédure de sauvegarde, de redressement ou de liquidation dont il fait l'objet (art. L 680-7, réservant toutefois la compétence du juge-commissaire pour la reprise d'un bien par l'entrepreneur) ainsi que pour les contestations relatives à la séparation des patrimoines de l'entrepreneur individuel qui s'élèvent à l'occasion de la procédure collective ou de surendettement dont il fait l'objet (art. L 681-2, V). Il l'est également pour l'action en annulation d'actes passés en période suspecte (Cass. com. 29-4-2014 n° 13-13.572 F-D : RJDA 11/14 n° 852 à propos d'une saisie ; Cass. com. 18-5-2017 n° 15-23.973 F-PBI : RJDA 8-9/17 n° 562 à propos d'une vente immobilière ; Cass. soc. 12-6-2019 n° 17-26.197 F-PB, 18-10.278 F-D : RJS 8-9/19 n° 495 à propos d'une transaction conclue avec un salarié). Le projet de loi d'orientation et de programmation du ministère de la justice 2023-2027 – en cours de discussion devant le Parlement (Texte AN n° 158 art. 6, adopté le 18-7-2023) – prévoit le tribunal de commerce, désigné comme tribunal des activités économiques (n° 50292), sera compétent, dans le cadre d'une procédure collective, pour connaître des actions et contestations relatives aux baux commerciaux nées de cette procédure et présentant avec celle-ci

des liens de connexité suffisants, sans préjudice toutefois des pouvoirs attribués en première instance au juge-commissaire.

Inversement, ce tribunal n'est **pas compétent** dès lors que la procédure collective est sans influence sur la contestation (Cass. com. 8-6-1993 n° 90-13.821 : Bull. civ. IV n° 233 ; Cass. com. 5-9-2018 n° 17-10.975 F-PBI : RJDA 11/18 n° 852 ; Cass. com. 3-4-2019 n° 18-10.469 précité). La clause attributive de compétence prévue par les parties peut alors recevoir application (Cass. com. 20-6-2000 n° 97-18.204 : RJDA 11/00 n° 1007 ; Cass. com. 7-2-2012 précité).

Échappent notamment à la compétence du tribunal ayant ouvert la procédure collective :
– les actions en responsabilité civile exercées à l'encontre de l'administrateur, du mandataire judiciaire, du commissaire à l'exécution du plan ou du liquidateur judiciaire car elles relèvent du tribunal judiciaire (C. com. art. R 622-3) ainsi que celles engagées contre un créancier (n° 52205) ;
– les actions en responsabilité pénale contre le débiteur (notamment pour banqueroute, nos 53200 s.), contre ses proches (par exemple pour recel d'actif), contre les mandataires de justice ou les créanciers car elles sont de la compétence du juge pénal (cf. C. com. art. L 654-17) ;
– les contestations relatives aux créances salariales, celles-ci relevant du conseil de prud'hommes (n° 51570), et les contestations sérieuses des autres créances pour lesquelles le juge-commissaire renvoie les parties à saisir le juge compétent (Cass. com. 1-7-2020 n° 18-25.522 F-PB : RJDA 11/20 n° 581) ;
– les actions qui sont de la compétence exclusive du juge administratif (par exemple, le contentieux des impôts directs, de la TVA et des taxes assimilés lorsqu'aucune règle propre à la procédure collective n'est mise en œuvre ; T. confl. 13-4-2015 nos 3988 et 3998 : RJDA 8-9/15 n° 588) ;
– les actions en cours de lors de l'ouverture de la procédure qui, après interruption, sont reprises devant le juge initialement saisi dans les conditions exposées nos 52190 s.

L'action en responsabilité contre un créancier fondée sur l'article L 650-1 du Code de commerce (responsabilité du fait des préjudices causés par les crédits consentis au débiteur) ne relève pas de la compétence exclusive du tribunal de la procédure collective (Cass. com. 12-7-2016 n° 14-29.429 F-PB : RJDA 10/16 n° 711) mais reste soumise aux règles de compétence de droit commun.

2. PROCÉDURE DEVANT LE TRIBUNAL

RÉGIME APPLICABLE

50390 En matière de sauvegarde, de redressement, de liquidation judiciaires et de rétablissement professionnel, les **règles de procédure devant le tribunal de commerce** s'appliquent, y compris lorsque la procédure collective est ouverte devant le tribunal judiciaire, sauf dispositions particulières (C. com. art. R 662-2, al. 1). Les règles du **Code de procédure civile** ne sont applicables que sur les points où le régime des procédures collectives ne prévoit pas de règles particulières ou s'il renvoie sur ce Code (C. com. art. R 662-1, 1° et R 662-2).

REPRÉSENTATION DES PARTIES

50395 En matière de sauvegarde, de redressement ou de liquidation judiciaire et de rétablissement professionnel, la représentation par un **avocat** n'est pas obligatoire devant le tribunal : débiteur et créanciers peuvent se faire représenter par **toute personne** de leur choix à condition, si cette personne n'est pas avocat, qu'un pouvoir lui ait été donné spécialement à cette fin (mandat ad litem) (C. com. art. R 662-2, al. 1 et, sur renvoi, CPC art. 853).

Toutefois, toute **partie qui ne se présente pas personnellement** ne peut être représentée que par un avocat (art. R 662-2, al. 2).

> **Précisions** Est recevable l'assignation en redressement (ou en liquidation) judiciaire où un avocat figure à la fois en qualité de demandeur et en qualité de représentant dès lors que l'intéressé s'est présenté en personne (CA Paris 14-3-1997 n° 95-14238 : JCP E 1997 pan. 637).

CONFIDENTIALITÉ DES DÉBATS

50400 Les débats devant le tribunal en matière de procédures collectives ne sont pas publics. Ils ont lieu en **chambre du conseil**, c'est-à-dire à huis clos, **sauf** (C. com. art. L 662-3) :
– une fois la procédure ouverte, si le débiteur, le mandataire judiciaire, l'administrateur judiciaire, le liquidateur judiciaire, le représentant des salariés ou le ministère public en font la

demande au président du tribunal, le président pouvant toutefois décider qu'ils auront lieu ou se poursuivront en chambre du conseil s'il survient des désordres de nature à troubler la sérénité de la justice ;
– pour les débats relatifs aux sanctions civiles encourues par le débiteur ou le dirigeant de la personne morale concernée par la procédure collective (comblement de passif, faillite personnelle et interdiction de gérer), sauf demande contraire de l'une des personnes mises en cause faite au président du tribunal avant l'ouverture des débats.
Le **non-respect** de l'article L 662-3 du Code de commerce est sanctionné dans les conditions de droit commun (n° 19435 ; CPC art. 446, al. 2).

> **Précisions a.** La **décision du président** est une mesure d'administration judiciaire insusceptible de recours (art. R 662-9, al. 2).
> **b.** L'article L 662-3 ne vise pas les **débats relatifs aux sanctions pénales** encourues par le débiteur (banqueroute), ses proches (recel d'actifs), les mandataires de justice ou les créanciers, le prononcé de ces sanctions relevant de la compétence du juge pénal et non du tribunal de commerce ou du tribunal judiciaire (C. com. art. L 654-17 s.).

ORALITÉ DES DÉBATS

Tant devant le tribunal de commerce que devant le tribunal judiciaire, la procédure est orale (C. com. art. R 662-2 et, sur renvoi, CPC art. 860-1). Les prétentions des parties peuvent donc être formulées au cours de l'audience et sont présumées y avoir été contradictoirement débattues. **50410**
En pratique, les avocats présentent des conclusions écrites qu'ils font viser par le greffe.

EXCLUSION DE CERTAINS MAGISTRATS

Afin de garantir l'indépendance et l'impartialité du tribunal, ne peuvent ni siéger dans les formations de jugement ni participer au délibéré de la procédure collective à peine de nullité du jugement (C. com. art. L 662-7) : **50412**
– le **président du tribunal** s'il a connu le débiteur dans le cadre des mesures de prévention des difficultés des entreprises (alerte ; injonction de publier les comptes annuels), d'un mandat ad hoc ou d'une conciliation ;
– le **juge commis** par le tribunal pour enquêter sur la situation financière, économique et sociale du débiteur pour les procédures dans lesquelles il a été désigné ainsi que le juge chargé de se renseigner sur la situation personnelle du débiteur dans le cadre d'une procédure de rétablissement professionnel (art. R 621-4 et R 645-16) ;
– le **juge-commissaire** (ou son suppléant désigné) pour les procédures dans lesquelles il a été désigné.

PRONONCÉ DES JUGEMENTS

Les jugements rendus par le tribunal en matière de procédures collectives sont prononcés en **audience publique sauf** ceux rejetant la demande d'ouverture d'une sauvegarde, d'un redressement, d'une liquidation judiciaires, d'un rétablissement professionnel, d'une action en comblement de passif, en faillite personnelle ou en interdiction de gérer (C. com. art. R 662-13). **50415**
Le fait, pour la juridiction, de prononcer sa décision en chambre du conseil plutôt qu'en audience publique ne constitue pas un excès de pouvoir ouvrant un recours-nullité contre sa décision (Cass. com. 7-2-2012 n°s 11-12.580 et 11-12.581 : RJDA 4/12 n° 426).

EXÉCUTION PROVISOIRE DES DÉCISIONS

Les jugements rendus en matière de mandat ad hoc, de conciliation, de sauvegarde, de redressement judiciaire, de rétablissement professionnel et de liquidation judiciaire sont **de plein droit** exécutoires à titre provisoire, **sauf** notamment (C. com. art. R 661-1, al. 1 et 3) : **50420**
– le jugement par lequel, en cas de vente d'un bien grevé d'un privilège spécial, d'un gage, d'un nantissement ou d'une hypothèque, le tribunal ordonne une substitution de garantie ;
– le jugement du tribunal condamnant le débiteur ou le dirigeant de la société débitrice à combler le passif ou prononçant la faillite personnelle ou l'interdiction de gérer ;
– la décision du tribunal déclarant le dossier du débiteur impécunieux et fixant la rémunération restant due au liquidateur et au mandataire judiciaire.
Les dispositions des articles 514-1 et 514-2 du CPC, relatives à l'arrêt de l'exécution provisoire, ne sont pas applicables (C. com. art. R 661-1, al. 2).

Arrêt de plein droit L'exécution provisoire est arrêtée de plein droit en cas d'**appel du ministère public** et à compter de cet appel, pour (C. com. art. R 661-1, al. 4) : **50425**
– les décisions statuant sur l'ouverture de la liquidation judiciaire, l'extension de la sauvegarde, du redressement ou de la liquidation judiciaire à une autre personne (ou sur la réunion des

patrimoines d'un entrepreneur individuel à responsabilité limitée), la conversion de la sauvegarde en redressement judiciaire ou le prononcé de la liquidation judiciaire en cours de période d'observation ;
– les décisions statuant sur l'arrêté, la modification, la résolution du plan de sauvegarde, de redressement ou de cession ;
– les jugements ou les ordonnances relatifs à la nomination ou au remplacement de l'administrateur, du mandataire judiciaire, du commissaire à l'exécution du plan, du liquidateur, des contrôleurs et des experts et des jugements relatifs à la modification de la mission de l'administrateur ;
– les jugements statuant sur la durée de la période d'observation, sur la poursuite ou la cessation d'activité ;
– les décisions statuant sur le comblement de passif, la faillite personnelle et l'interdiction de gérer ;
– le jugement clôturant la procédure de rétablissement professionnel.
Pour les décisions précitées, l'appel du ministère public est donc suspensif. Cette suspension est toutefois expressément exclue en cas d'appel de la décision statuant sur l'ouverture de la procédure de sauvegarde ou de redressement judiciaire à moins que cet appel soit limité à la nomination de l'administrateur, du mandataire judiciaire ou des experts (art. L 661-1, II).
Le premier président de la cour d'appel peut, à la requête du procureur général, prendre toute mesure conservatoire pour la durée de l'instance (art. R 661-1, al. 4).

50430 **Arrêt par le premier président de la cour d'appel** Que les décisions rendues en matière de procédures collectives soient ou non exécutoires de plein droit, le premier président de la cour d'appel, statuant en référé, peut arrêter l'exécution provisoire si les **moyens invoqués** à l'appui de l'appel **paraissent sérieux** (C. com. art. R 661-1, al. 4).
Contrairement au droit commun (CPC art. 514-3) et sauf l'exception mentionnée n° 50475, le demandeur n'a pas à rapporter la preuve des **conséquences manifestement excessives** que pourrait avoir l'exécution provisoire de la décision. Par exemple, la demande peut être fondée, pour le jugement ouvrant le redressement ou la liquidation judiciaire, sur l'absence de caractérisation de la cessation des paiements ou plus généralement sur le caractère tardif de l'appel.
En dehors de cas où l'appel du ministère public arrête automatiquement l'exécution provisoire (n° 50425), le premier président est donc investi d'un véritable **pouvoir d'appréciation** du bien-fondé de l'appel. Il peut par exemple arrêter l'exécution provisoire de l'ouverture d'une liquidation judiciaire ; le temps de l'instruction de l'appel devant la cour, le débiteur pourra poursuivre son activité.

50440

Procédures collectives : actes de procédure dématérialisés

Certains actes de procédure peuvent être effectués via un **portail électronique** tenu par le Conseil national des administrateurs judiciaires et des mandataires judiciaires (CNAJMJ ; C. com. art. L 814-13). Sous réserve des règles ci-dessous, les communications effectuées via ce portail sont soumises aux règles générales de la communication électronique des actes de procédures prévues par les articles 748-1 et suivants du CPC (C. com. art. R 814-58-1).
L'**utilisation** du portail est **gratuite** pour les tiers destinataires ou émetteurs des actes (sauf pour les lettres recommandées électroniques dont le coût ne peut pas excéder 3,94 € hors taxe si le poids de la lettre ne dépasse pas 30 mégaoctets ; Arrêté JUSC1521352A du 17-9-2015).
Les actions réalisées dans le portail électronique font l'objet d'un **enregistrement** comprenant l'identifiant de la personne, la date et l'heure de l'accès (art. R 814-58-7, II).

Inscription au portail

Les tiers destinataires ou émetteurs des actes de procédure mentionnés ci-dessous doivent **consentir** ou demander expressément à recourir **à la communication électronique** en s'inscrivant sur le portail électronique et en communiquant certaines données à caractère personnel et informations (art. R 814-58-2 et son annexe). Préalablement à leur inscription, ils sont informés de la faculté de révoquer à tout moment leur consentement à recourir au portail électronique ainsi que des droits d'accès et de rectification dont ils disposent en application des articles 39 et 40 de la loi 78-17 du 6 janvier 1978 et qui s'exercent auprès du CNAJMJ (art. R 814-58-2 et R 814-58-9). Sur la durée de conservation des données et informations, voir l'art. R 814-58-7.
Les administrateurs judiciaires, les mandataires judiciaires, les tiers destinataires ou émetteurs des actes ainsi que leurs salariés habilités ou les personnes auxquelles a été donné pouvoir d'effectuer les actes de procédure dématérialisés en cause **accèdent aux données** et

informations relatives aux actes de procédure qu'ils ont transmis ou dont ils ont été destinataires, dans la limite de leurs qualités, de leurs attributions et du besoin d'en connaître (art. R 814-58-8).

Actes visés

Seuls les actes suivants peuvent être communiqués via le portail dédié (art. D 814-58-3) :
– la demande faite par un créancier au mandataire judiciaire d'être informé des étapes essentielles de la procédure au fur et à mesure du déroulement de celle-ci et la transmission de ces informations par le mandataire au créancier (art. R 621-19) ;
– la déclaration des créances (art. L 622-24), y compris celle relative aux dommages-intérêts résultant de l'absence de poursuite d'un contrat en cours (art. L 622-13, V et L 641-11-1, V) ;
– en cas de sauvegarde accélérée, la transmission par le mandataire judiciaire à chaque créancier ayant participé à la conciliation d'informations sur sa créance (art. L 628-7, al. 2) ;
– l'acte par lequel un créancier porte à la connaissance des organes de la procédure ses créances nées régulièrement après le jugement d'ouverture pour les besoins du déroulement de la procédure ou de la période d'observation, ou en contrepartie d'une prestation fournie au débiteur pendant cette période (art. L 622-17, IV et L 641-13, IV) ;
– l'acte par lequel le mandataire judiciaire avise le créancier d'une contestation sur sa créance et la réponse du créancier (art. L 622-27) ;
– les revendications et demandes de restitution ainsi que l'acquiescement et la contestation par l'administrateur ou le liquidateur des revendications et restitutions ;
– la mise en demeure adressée par un cocontractant à l'administrateur ou au liquidateur judiciaire de se prononcer sur le sort d'un contrat en cours et la réponse faite par l'administrateur ou le liquidateur dans le délai légal (art. L 622-13, III-1° et L 641-11-1, III-1°).

Lorsque l'envoi de ces actes doit être fait par lettre recommandée AR, la communication s'effectue par lettre recommandée électronique adressée via le portail (art. R 814-58-4).

3. PROCÉDURE DEVANT LE JUGE-COMMISSAIRE

Les principales étapes des procédures de sauvegarde de redressement et de liquidation judiciaires se déroulent devant le tribunal, mais certains aspects, et non des moindres, relèvent du juge-commissaire que le tribunal désigne au sein de ses magistrats dès l'ouverture de la procédure pour **veiller au déroulement rapide de celle-ci et à la protection des intérêts en présence** (C. com. art. L 621-9). 50460
La **saisine** du juge-commissaire est faite par requête, sauf disposition contraire (C. com. art. R 621-21).

COMPÉTENCE DU JUGE-COMMISSAIRE

Le Code de commerce accorde de larges **pouvoirs** d'intervention au juge-commissaire notamment en **matière gracieuse** (telle l'autorisation de procéder à des licenciements, au paiement de certaines créances ou à la cession de certains biens) et **contentieuse** (concernant la continuation des contrats en cours, la vérification des créances, les revendications, etc.). 50465
La compétence du juge-commissaire pour statuer en premier ressort dans ces domaines exclut celle du tribunal qui a ouvert la procédure collective (cf. C. com. art. R 662-3). Toutefois, lorsque le **juge-commissaire** a été saisi d'une demande, contestation ou revendication relevant de sa compétence ou d'une réclamation contre les actes de l'administrateur, du mandataire judiciaire et du commissaire à l'exécution du plan et qu'il **n'a pas statué dans un délai raisonnable**, le tribunal de la procédure collective peut être saisi à la demande d'une partie ou du ministère public (C. com. art. R 621-21, al. 1 et 2). Cette faculté n'est pas ouverte en matière de vérification des créances (n° 52200).

> **Précisions a.** Pour plus de détails sur les pouvoirs du juge-commissaire, voir n° 51860 (relevé de forclusion en matière de déclaration des créances), n°s 52170 s. (vérification des créances), n° 52410 (action en restitution), n° 52540 (action en revendication).
> **b.** Sur la possibilité pour un auxiliaire de justice objet d'une procédure collective d'invoquer l'article 47 du Code de procédure civile devant le juge-commissaire, voir n° 50330.

DÉCISIONS DU JUGE-COMMISSAIRE

La **forme** des décisions du juge-commissaire est variable : la majorité d'entre elles sont prises par voie d'**ordonnance** ; d'autres se traduisent simplement par l'apposition d'un visa (par exemple, l'admission des créances non contestées, n° 52250). 50470

Les décisions rendues par voie d'ordonnance doivent en principe être rendues dans le respect du principe du **contradictoire**, les textes précisant parfois les personnes qui doivent être entendues. Elles doivent être **motivées**.
Devant le juge-commissaire, la **procédure** est **orale** (Cass. com. 31-1-1995 n° 92-21.743 : RJDA 5/95 n° 640).

50475 **Caractère exécutoire** Les ordonnances du juge-commissaire sont **de plein droit** exécutoires à titre provisoire, **sauf** (C. com. art. R 661-1, al. 1 et 2) :
– celle par laquelle, en cas de vente d'un bien du débiteur grevé de sûreté, il autorise le paiement provisionnel des créanciers titulaires des sûretés ou ordonne une substitution de garantie ;
– celle par laquelle il autorise la vente des biens ayant fait l'objet de mesures conservatoires en application des articles L 621-2, L 631-10-1 et L 654-1 du Code de commerce ;
– celle autorisant le liquidateur à céder un bien gagé ou légitimement retenu ;
– celle ordonnant l'avance des frais de procédure par le Trésor public.
Lorsque l'exécution provisoire n'est pas de plein droit, le juge-commissaire peut l'ordonner en application du droit commun s'il l'estime nécessaire (CPC art. 515 s.). En effet, faute de disposition contraire du droit des procédures collectives, les règles du Code de procédure civile s'appliquent (C. com. art. R 662-1).

> **Précisions** L'**exécution** provisoire des ordonnances du juge-commissaire est **arrêtée** dans les conditions exposées n° 50430 ; toutefois, pour les décisions relatives à la vente des biens ayant fait l'objet de mesures conservatoires, l'exécution provisoire peut être arrêtée lorsqu'elle risque d'entraîner des conséquences manifestement excessives (art. R 661-1, al. 4).

50480

Procédure collective : technicien désigné par un juge-commissaire

Le juge-commissaire, chargé de veiller au déroulement rapide de la procédure collective et à la protection des intérêts en présence, peut désigner un technicien en vue d'exécuter la mission qu'il détermine (C. com. art. L 621-9 et L 641-11). Le juge-commissaire peut ainsi charger un expert en diagnostic d'entreprise ou un expert-comptable de déterminer les causes des difficultés rencontrées par le débiteur, de rechercher d'éventuelles fautes de gestion ou encore d'examiner certains actes effectués par le débiteur entre la date de cessation des paiements et l'ouverture de la procédure collective, ceux-ci étant susceptibles d'annulation. La mission confiée à ce technicien est une **mission d'investigation** (Cass. com. 23-6-1998 n° 96-12.222 : RJDA 11/98 n° 1248). Il ne s'agit ni d'une expertise judiciaire soumise aux articles 263 s. du CPC (Cass. com. 23-6-1998 précité ; aussi Cass. com. 22-3-2016 n° 14-19.915 F-PB : Bull. civ. IV n° 45) ni plus généralement d'une mesure d'instruction au sens des articles 155 s. du CPC (Cass. com. 24-11-1998 n° 94-19.890 : RJDA 1/99 n° 78 ; Cass. com. 23-4-2013 n° 12-13.256 F-D : RJDA 10/13 n° 866). Néanmoins, le technicien est tenu d'associer le débiteur à sa mission, sans être toutefois obligé de procéder à un échange contradictoire avec celui-ci sur les éléments réunis ou de lui communiquer ses conclusions avant le dépôt de son rapport (Cass. com. 22-3-2016 n° 14-19.915 précité ; voir aussi, Cass. com. 23-4-2013 n° 12-13.256 F-D : RJDA 10/13 n° 866 ; Cass. com. QPC 5-10-2022 n° 22-13.290 F-D).

4. VOIES DE RECOURS EN MATIÈRE DE PROCÉDURES COLLECTIVES

RESTRICTION DES VOIES DE RECOURS

50500 Le **Code de commerce** fixe les conditions d'exercice des recours contre certaines décisions rendues en matière de procédures collectives, selon des modalités qui sont souvent plus restrictives que celles du droit commun : les personnes pouvant exercer les recours sont limitativement énumérées et les délais pour agir plus courts.
Si la décision déférée ne relève pas de ces dispositions spéciales, elle ouvre les voies de recours de **droit commun** (Cass. com. 6-5-1997 n° 94-19.017 : RJDA 8-9/97 n° 1119 ; Cass. com. 5-5-2004 n° 01-16.758 : RJDA 10/04 n° 1148).

> **Précisions** Pour les voies de recours, les **décisions interprétatives** ainsi que l'**ordonnance** du premier président de la cour d'appel **qui arrête l'exécution provisoire** d'une décision sont soumises au même régime que la décision interprétée ou dont l'exécution est arrêtée (Cass. com. 26-4-1994 n° 92-18.966 : RJDA 6/94 n° 713 ; Cass. com. 14-5-1996 n° 94-19.409 : RJDA 10/96 n° 1269).

OPPOSITION ET TIERCE OPPOSITION

Le Code de commerce fixe la liste des **décisions** rendues en matière de procédures collectives qui sont **susceptibles** ou pas d'une opposition ou d'une tierce opposition (notamment, C. com. art. L 661-2, L 661-3, L 661-4 et L 661-7). 50510

Lorsqu'elles sont autorisées par la loi, l'opposition et la tierce opposition sont soumises à un **régime partiellement dérogatoire** du droit commun (cf. notamment Cass. com. 6-7-1999 n° 97-14.158 : RJDA 10/99 n° 1113 ; Cass. com. 14-5-2002 nos 99-10.325 et 99-10.535 : RJDA 10/02 n° 1047 ; Cass. com. 11-7-2006 n° 05-11.508 : RJDA 12/06 n° 1243), que le recours soit exercé à titre principal ou incident (Cass. com. 14-5-2002 précité ; Cass. com. 14-6-2017 n° 15-25.698 FS-PBI : RJDA 11/17 n° 736).

Pour le reste, l'opposition et la tierce opposition sont soumises aux règles du Code de procédure civile, notamment en ce qui concerne les conditions requises de l'opposant ou du tiers opposant.

Titulaires Conformément au droit commun, l'**opposition** est réservée aux parties à l'instance contre les décisions rendues par défaut (CPC art. 571) tandis que la **tierce opposition** est ouverte à tout intéressé ni partie ni représenté à la décision attaquée ainsi qu'aux créanciers et ayant cause contre un jugement rendu en fraude de leurs droits ou s'ils invoquent des moyens qui leurs sont propres (CPC art. 583). 50512

Les créanciers domiciliés dans un autre État membre de l'Union européenne peuvent faire tierce opposition contre le jugement d'un tribunal français ouvrant une procédure collective, même s'ils n'établissent pas leur intérêt à agir conformément au droit français (notion de tiers opposants), car ils ne peuvent pas être privés de la possibilité effective de contester la compétence assumée par cette juridiction (Cass. com. 30-6-2009 n° 08-11.902 : RJDA 3/10 n° 276).

ILLUSTRATIONS

Personne ni partie ni représentée et justifiant d'un intérêt propre à agir en tierce opposition au jugement ouvrant la procédure collective :
– l'assureur-crédit du débiteur mis en sauvegarde qui, non assimilable à un créancier, a donc un intérêt propre à agir contre une décision d'ouverture d'une sauvegarde qui peut constituer l'un des faits générateurs du risque d'impayés qu'il a accepté de supporter (CA Lyon 31-5-2006 n° 06-2245 : RJDA 4/07 n° 380) ;
– l'associé d'une SCI mise en liquidation judiciaire, même s'il a été convoqué à l'audience, car il répond indéfiniment des dettes sociales à proportion de sa part dans le capital social (Cass. com. 19-12-2006 n° 05-14.816 : RJDA 5/07 n° 533) ;
– le dirigeant qui a démissionné avant l'ouverture de la procédure collective, peu important l'absence de publicité de sa démission, et qui entend contester la date de cessation des paiements retenue par le tribunal (Cass. com. 12-5-2015 n° 14-12.483 : RJDA 10/15 n° 662) ;
– le créancier soutenant que la sauvegarde demandée par le débiteur a pour but exclusif de permettre à ce dernier d'échapper, au moins temporairement, à l'exécution de ses obligations contractuelles envers lui, ou de le contraindre à négocier leur aménagement (CA Paris 25-2-2010 n° 09-22756 : RJDA 6/10 n° 645 et, sur pourvoi, Cass. com. 8-3-2011 n° 10-13.988 : RJDA 5/11 n° 437).

En revanche, tel n'est pas le cas du bénéficiaire d'une promesse de vente consentie par le débiteur mis en liquidation judiciaire, cette décision n'ayant pas affecté sa situation juridique (CA Rouen 4-10-1990 n° 89-3937 : RJDA 1/91 n° 68).

Délai Sauf dispositions contraires (exposées sous les décisions concernées), l'opposition et la tierce opposition sont formées contre les décisions rendues en matière de mandat ad hoc, de conciliation, de sauvegarde, de redressement judiciaire, de rétablissement professionnel et de liquidation judiciaires, de responsabilité pour insuffisance d'actif, de faillite personnelle ou d'interdiction de gérer dans un délai de 10 jours qui court **à compter** (C. com. art. R 661-2) : 50515

– pour les décisions soumises aux formalités d'insertion dans un support d'annonces légales et au Bodacc, du jour de la **publication** au Bodacc, sauf en cas d'erreur sur les éléments d'identification du débiteur dans cette publication (Cass. com. 17-3-1998 n° 95-10.931 : Rev. proc. coll. 1999 p. 30 obs. M. Cadiou) ;
– pour les décisions soumises à la formalité d'insertion dans un support d'annonces légales, du jour de la publication de l'insertion ;
– dans les autres cas, du **prononcé** de la décision, sauf en l'**absence de notification** lorsque la décision, rendue à l'insu de l'auteur de la tierce opposition, concerne directement ses droits et obligations (Cass. com. 19-5-2004 n° 00-18.191 : RD bancaire et financier 2004 act. n° 247 note F.-X. Lucas ; Cass. com. 7-2-2006 n° 04-20.358 : Gaz. Pal. 4-5-2006 jur. p. 23 note I. Rohart-Messager).

ILLUSTRATIONS

Intéressent directement les droits et obligations de l'opposant la décision par laquelle le juge-commissaire ordonne la mainlevée du séquestre d'une somme correspondant à une créance de l'opposant sur le débiteur et son versement au commissaire à l'exécution du plan de ce débiteur (Cass. com. 26-4-2000 n° 97-12.720) ainsi que le jugement du tribunal désignant un mandataire ad hoc en vue de mettre en cause la responsabilité de l'opposant pour soutien artificiel du débiteur (Cass. com. 7-2-2006 précité). En revanche, l'ordonnance du juge-commissaire relevant de forclusion le créancier porteur d'une lettre de change acceptée par le débiteur n'intéresse pas directement les droits et obligations de la personne caution des engagements du débiteur (Cass. com. 19-5-2004 précité).

50520 **Forme** L'opposition et la **tierce opposition** sont faites par **déclaration au greffe** (C. com. art. R 661-2, al. 1). Il est donc nécessaire que son auteur ou son représentant se présente au greffe (notamment, Cass. com. 17-2-2021 n° 19-16.470 F-PI : RJDA 6/21 n° 417) et que la déclaration y soit enregistrée (Cass. com. 28-1-1997 n° 94-20.475 : RJDA 5/97 n° 711), étant précisé que l'enregistrement n'est soumis à aucune forme particulière (arrêt précité, validant la déclaration dactylographiée portant le cachet du greffe).

Est ainsi irrecevable la tierce opposition faite par voie de dépôt de **conclusions** au greffe lorsqu'aucune déclaration n'y a été enregistrée (Cass. com. 6-7-1999 n° 97-14.158 : RJDA 10/99 n° 1113) ou par **lettre** recommandée AR (Cass. com. 17-2-2021 n° 19-16.470 F-P : RJDA 6/21 n° 417) ou par télécopie adressée au greffe même si ce dernier l'a enregistrée (Cass. com. 29-4-2014 n° 12-20.988 : RJDA 10/14 n° 790) ou encore par voie d'**assignation** (Cass. com. 26-4-2000 n° 96-19.594 ; CA Bordeaux 15-5-2000 n° 00-613 : Bull. inf. C. cass. 1-3-2001 n° 265). Elle ne peut pas non plus être transmise via le réseau privé virtuel des avocats (RPVA ; Cass. com. 10-3-2021 n° 19-15.497 F-P : RJDA 6/21 n° 416).

Le **non-respect** de cette exigence constitue non pas une exception de nullité mais une fin de non-recevoir qui peut être invoquée en tout état de cause (Cass. com. 9-4-1991 n° 89-16.915 : RJDA 8-9/91 n° 748 écartant l'article 112 du CPC selon lequel l'exception doit être présentée avant toute défense au fond) et sans avoir à justifier d'un préjudice résultant de l'irrégularité (Cass. com. 6-7-1999 n° 97-14.158 : RJDA 10/99 n° 1113).

L'exigence de se présenter au greffe ne porte pas une atteinte disproportionnée au droit à un procès équitable protégé par l'article 6, 1 de la convention européenne des droits de l'Homme (Cass. com. 17-2-2021 n° 19-16.470 F-PI précité).

50525 **Effets** Contrairement au droit commun (CPC art. 591), la **tierce opposition** au jugement ouvrant une procédure collective ou prononçant son extension emporte non pas la seule inopposabilité du jugement entrepris au tiers poursuivant mais sa rétractation à l'égard de tous (Cass. com. 13-2-2007 n° 06-11.510).

APPEL

50540 Le Code de commerce précise les **décisions** rendues en matière de procédures collectives qui sont **susceptibles** ou pas d'un appel et les personnes autorisées à exercer ce recours (voir notamment C. com. L 661-1, L 661-2, L 661-3, L 661-4 et L 661-6). Sous réserve des précisions ci-dessous, ces points sont exposés dans les développements consacrés aux décisions concernées.

Le **régime** de l'appel est ici largement **dérogatoire** au droit commun.

Sur les spécificités de l'appel-nullité fondé sur un excès de pouvoir du juge de première instance, voir n°s 50620 s.

50550 **Titulaires** Les personnes autorisées à faire appel d'une décision rendues en matière de procédure collective sont **limitativement énumérées** par le Code de commerce selon la décision en cause (cf. art. L 661-1 s.), mais il convient d'apporter les précisions suivantes.

Lorsque l'appel est ouvert au **débiteur**, peut agir :

– le débiteur personne physique mais pas son conjoint serait-il collaborateur de l'entreprise ;

– si le débiteur est une personne morale, son représentant légal, ce qui exclut le dirigeant de fait (Cass. com. 4-3-2008 n° 06-16.340 : Gaz. Pal. 29-07-2008 p. 35 note N. Fricero) et l'associé même s'il est majoritaire (cf. notamment Cass. com. 28-1-2004 n° 02-14.531 : RJDA 5/04 n° 563 ; CA Paris 14-5-1991 : Bull. Joly 1991 p. 728) ou intervenu en première instance (Cass. com. 14-9-2022 n° 21-12.755 F-D : RJDA 1/23 n° 41).

L'appel ouvert aux **représentants du personnel** est exercé par la personne indiquée n° 50585.

Lorsque la loi reconnaît au **ministère public** le droit de faire appel, il peut exercer ce recours même s'il n'a pas agi comme partie principale en première instance (C. com. art. L 661-12).

Procédures collectives : intérêt à exercer un recours 50555

Conformément au droit commun, l'exercice d'un recours suppose un intérêt à agir et donc que le demandeur ait **succombé en première instance** ; s'il a obtenu gain de cause, le recours lui est en principe fermé.

Par exemple, le débiteur ou le créancier qui a demandé l'ouverture d'une procédure collective ne peut pas faire appel du jugement ouvrant la procédure demandée. Il peut toutefois faire appel de certains chefs du jugement, telle la fixation de la date de cessation des paiements, étant précisé que la loi peut limiter les recours contre d'autres chefs. Par exemple la nomination des organes de la procédure ou la fixation de la durée de la période d'observation ne peuvent faire l'objet d'un appel, et l'arrêt d'appel d'un recours en cassation, que de la part du ministère public (C. com. art. L 661-4, L 661-6, I et L 661-7).

Délai Sauf dispositions contraires, le délai pour interjeter appel contre les décisions rendues en matière de mandat ad hoc, de conciliation, de sauvegarde, de redressement judiciaire, de rétablissement professionnel, de liquidation judiciaire, de responsabilité pour insuffisance d'actif, de faillite personnelle ou d'interdiction de gérer est de **10 jours** (C. com. art. R 661-3). 50560

Ce délai court **à compter** de la notification de la décision aux parties (sur le cas particulier de l'appel contre le plan de cession, voir n° 52845) et, pour le procureur de la République et le procureur général, de la réception par le procureur de la République de l'avis qui lui est donné de la décision (art. précité).

Jugé, à propos du jugement ouvrant une procédure collective, que le délai d'appel avait couru contre le débiteur à compter de la date à laquelle le jugement lui avait été signifié par le créancier demandeur, et non de la date ultérieure de notification du jugement par le greffier (CA Paris 22-1-1988 : D. 1989 som. p. 11 note. F. Derrida).

Autres modalités Les règles de la **procédure contentieuse avec représentation obligatoire** (CPC art. 901 à 925 ; n°s 25480 s.) sont applicables à l'appel des jugements rendus en application des articles L 661-1 et L 661-6 du Code de commerce (c'est-à-dire essentiellement les jugements statuant sur l'ouverture, l'extension et la conversion de la procédure et sur l'arrêté, la modification et la résolution du plan) ainsi que des jugements rendus en matière de comblement de passif, de faillite personnelle ou d'interdiction de gérer (C. com. art. R 661-6). 50565

Toutefois, la procédure comporte les **spécificités** suivantes (art. R 661-6) :

– les mandataires de justice (administrateur, mandataire et liquidateur judiciaire, commissaire à l'exécution du plan) qui ne sont pas appelants doivent être **intimés** ;

– la fixation de la **date de l'audience** est faite selon la procédure d'urgence (CPC art. 905 ; n°s 26360 s.) sauf pour l'appel des jugements arrêtant ou rejetant le plan de cession qui est soumis à la procédure à jour fixe ou lorsqu'il est recouru à cette procédure ;

– lorsqu'ils ne sont pas parties à l'instance d'appel, sont **convoqués** par lettre simple pour être entendus par la cour les représentants de la délégation du personnel du comité social et économique et, le cas échéant, le représentant des salariés, ainsi que le repreneur de l'entreprise, les cocontractants et les titulaires de sûretés dont les contrats et la charge des sûretés ont été transférés au repreneur et le bénéficiaire de la location-gérance ;

– aucune **intervention** n'est recevable dans les 10 jours qui précèdent la date de l'audience ;

– la **cour d'appel statue** au fond **dans les 4 mois** suivant le prononcé des jugements mentionnés à l'article L 661-6 (notamment jugement statuant sur la nomination et remplacement des mandataires de justice, sur la durée de la période d'observation, la poursuite ou la cessation d'activité, sur l'arrêté, la modification ou la résolution du plan de cession).

> **Précisions a.** Lorsque la **procédure** collective a été **ouverte à l'initiative d'un ou de plusieurs créanciers**, le débiteur qui fait appel du jugement d'ouverture doit attraire ce créancier ou chacun d'entre eux dans la procédure d'appel (Cass. com. 22-5-1978 n° 76-15.606 : Bull. civ. IV n° 140 ; Cass. com. 28-4-1998 n° 96-18.741 : RJDA 8-9/98 n° 1021).

b. L'administrateur judiciaire qui n'a pas été attrait lors de l'appel **régularise** la procédure s'il y intervient volontairement (Cass. com. 3-12-2003 n° 01-00.485 : RJDA 8-9/04 n° 1025). L'appel peut aussi être régularisé par une assignation en intervention forcée de l'intéressé, en l'espèce du liquidateur judiciaire (Cass. com. 11-10-2016 n° 14-28.889 FS-PBI : JCP E 2017 n° 1033 note B. Rolland).

c. L'emploi par l'appelant de la **procédure ordinaire** au lieu de la procédure à jour fixe pour faire appel contre le jugement statuant sur un plan de cession rend l'appel irrecevable (Cass. com. 23-10-2019 n° 18-17.926 F-PBI :

RJDA 2/20 n° 95, contrairement à la solution antérieurement admise ; Cass. com. 14-5-1996 n° 94-21.847 : Bull. civ. IV n° 136). La procédure à jour fixe s'impose pour l'appel d'un jugement qui, à la fois, rejette le plan de sauvegarde ou de redressement et arrête le plan de cession (Cass. com. 23-10-2019 précité).

d. Sur l'**appel du procureur** de la République et du procureur général, voir art. R 661-4 du Code de commerce.

50570 **Effet suspensif** L'appel contre les décisions rendues en matière de procédures collectives n'a pas d'effet suspensif sur ces décisions qui sont, pour la plupart, exécutoires à titre provisoire (n° 50420). Toutefois, l'exécution provisoire peut être suspendue par l'appel formé par le ministère public ou sur demande par le premier président de la cour d'appel (nos 50425 s.).

50575 **Effet dévolutif de l'appel** L'appel contre une décision rendue en matière de procédures collectives emporte la dévolution de l'affaire à la cour d'appel dans les conditions et les limites prévues par le droit commun (nos 24941 s.).

Conformément au droit commun, la dévolution ne s'effectue que **dans les limites des attributions du juge de première instance**, c'est-à-dire ici du tribunal ayant ouvert la procédure collective ou du juge-commissaire. En conséquence, saisie d'un recours contre l'ordonnance du juge-commissaire relative à une réclamation du débiteur contre l'état des créances, la cour d'appel n'a pas à statuer sur les moyens tendant à la mise en cause de la responsabilité délictuelle d'un créancier mentionné sur cet état (Cass. com. 19-6-1990 n° 88-20.390 : Bull. civ. IV n° 185). Mais, lorsqu'elle infirme une ordonnance rejetant une créance, la cour d'appel doit statuer elle-même sur la créance sans pouvoir renvoyer la décision au juge-commissaire (Cass. com. 10-5-2012 n° 11-15.491 F-PB : RJDA 7/12 n° 698).

> **Précisions** Le Code de commerce précise parfois l'étendue de l'effet dévolutif. Ainsi, en cas d'infirmation du jugement imposant un renvoi de l'affaire devant le tribunal, la cour d'appel peut **ouvrir une nouvelle période d'observation** (art. L 661-9).
> Est aussi prévue la possibilité pour la cour d'appel qui annule ou infirme le jugement statuant sur l'ouverture d'un redressement ou d'une liquidation judiciaire d'ouvrir d'office une **nouvelle procédure** (art. R 631-6 et R 640-2). Mais cette faculté est fermée lorsque l'annulation du jugement est prononcée pour irrégularité de la saisine de la juridiction de première instance (Cass. com. 4-1-2005 n° 03-11.465 : Bull. civ. IV n° 2 ; Cass. com. 17-11-2009 n° 08-15.693 : D. 2009 AJ p. 2930 note A. Lienhard).

POURVOI EN CASSATION

50580 Le Code de commerce précise les **décisions** rendues en matière de procédures collectives qui sont susceptibles ou pas d'un recours en cassation ainsi que les **personnes autorisées** à exercer ce recours (voir notamment C. com. L 661-1, L 661-2, L 661-3, L 661-4). Ces points sont exposés dans les développements consacrés aux décisions concernées.

Pour les **autres modalités** du recours (forme, délai, représentation), le droit commun du pourvoi en cassation est applicable (cf. art. R 662-1, 1°), étant toutefois précisé que le ministère public peut se pourvoir en cassation par voie de déclaration au greffe (art. R 661-8).

> **Précisions** **a.** Aucune disposition légale ou réglementaire spécifique aux procédures collectives ne prévoit d'exception au principe de l'**effet non suspensif** du pourvoi en cassation (Cass. crim. 1-3-2000 n° 98-85.323 : RJDA 6/00 n° 706 rendu sous l'empire des textes antérieurs mais transposable au régime actuel).
> **b.** Il ne peut être **dérogé aux règles restreignant le pourvoi** en cassation en matière de procédure collective qu'en cas d'excès de pouvoir (jurisprudence constante, notamment Cass. com. 12-1-2016 n° 13-24.058 FS-PBI : RJDA 4/16 n° 306 ; Cass. com. 23-10-2019 n° 18-21.125 FS-PBI : RJDA 1/20 n° 30).

RECOURS DES REPRÉSENTANTS DU PERSONNEL

50585 Le Code de commerce autorise les représentants du personnel de l'entreprise qui fait l'objet de la procédure collective à former des recours contre certaines des décisions rendues dans le cadre de cette procédure.

Les membres du comité social et économique doivent désigner parmi eux la **personne habilitée à exercer** en leur nom les voies de recours (C. com. art. L 661-10). Lorsqu'elle exerce un recours, cette personne doit, à peine d'irrecevabilité du recours, justifier de son habilitation (art. R 661-5).

En l'**absence de comité social et économique** au sein de l'entreprise, l'exercice des recours incombe au représentant des salariés (art. L 661-1, III ; Cass. com. 29-2-2000 n° 97-19.395) qui doit aussi justifier de son habilitation (Cass. com. 30-6-2004 n° 01-13.965).

Les modalités de désignation de ce représentant sont fixées par les articles R 621-14 et R 621-15 du Code de commerce.

RÈGLES PARTICULIÈRES AUX RECOURS CONTRE LES ORDONNANCES DU JUGE-COMMISSAIRE

Les recours contre les ordonnances rendues par le juge-commissaire **diffèrent selon l'objet de l'ordonnance**. Il convient donc de faire les distinctions suivantes, qui s'appliquent aussi en cas de recours-nullité pour excès de pouvoir du juge-commissaire. 50590

> **Précisions a.** Sur le cas particulier des recours contre les **ordonnances** relatives à un **relevé de forclusion**, voir nº 51895.
> **b.** En cas d'**erreur ou d'omission matérielle**, le juge-commissaire peut être saisi dans les conditions prévues aux articles 462 et 463 du CPC pour modifier ses ordonnances (cf. Cass. com. 16-3-1999 nº 95-20.982 : RJDA 5/99 nº 571), y compris pour celles rendues en matière d'admission des créances (Cass. com. 21-2-2012 nº 10-27.594 : RJDA 5/12 nº 519).

Recours devant le tribunal Les ordonnances par lesquelles le juge-commissaire statue sur une **demande**, une **contestation** ou une **revendication relevant de sa compétence** ou sur une réclamation contre les actes de l'administrateur, du mandataire judiciaire et du commissaire à l'exécution du plan sont susceptibles d'un recours devant le tribunal (C. com. art. R 621-21, al. 4), recours communément appelé « opposition » comme le prévoyait l'ancienne réglementation. 50600

Ce recours est exercé dans un **délai** de 10 jours qui court à compter (art. R 621-21, al. 4) :
– pour les mandataires de justice, de la communication de l'ordonnance ;
– pour les parties et les personnes dont les droits et obligations sont affectés, de la notification de la décision.

Le recours est formé par **déclaration** faite contre récépissé ou adressée par lettre recommandée AR au greffe (art. précité).

L'examen du recours est fixé à la première **audience** utile du tribunal, les intéressés et les mandataires de justice étant avisés (art. précité, al. 6). Le juge-commissaire ne peut pas y siéger, à peine de nullité du jugement (art. L 662-7).

Le recours saisit le tribunal de l'entier litige (Cass. com. 27-5-2003 nº 00-18.571 : RJDA 12/03 nº 1214).

Les **jugements rendus sur ce recours** sont soumis aux voies de recours de droit commun, en l'absence de disposition contraire du régime des procédures collectives (C. com. art. R 662-1, 1° ; Cass. com. 14-10-2008 nº 07-17.824 : JCP E 2009 nº 1008 p. 31 obs. M. Cabrillac ; Cass. com. 7-2-2012 nº 10-26.164 : RJDA 4/12 nº 425 ; Cass. com. 12-1-2016 nº 14-18.936 FS-PB : RJDA 4/16 nº 311).

> **Précisions a.** L'exercice du recours de l'article R 621-21, al. 4 du Code de commerce par le **débiteur en liquidation judiciaire** est limité par le dessaisissement résultant de cette procédure. Le débiteur dispose d'un droit propre, faisant échec à ce dessaisissement, à contester l'ordonnance du juge-commissaire autorisant le liquidateur à conclure une transaction qui porte notamment sur la cession d'un actif (Cass. com. 24-1-2018 nº 16-50.033 FS-PBI : RJDA 4/18 nº 341). En revanche, le débiteur ne peut pas remettre en cause l'autorisation de transiger lorsqu'elle tend seulement au recouvrement d'une créance, ce qui relève du monopole du liquidateur judiciaire (Cass. com. 9-10-2019 nº 18-12.162 F-PB : RJDA 1/20 nº 33).
> **b.** Le recours prévu par l'article R 621-21, al. 4 du Code de commerce n'est ouvert aux **tiers** que si leurs droits et obligations sont directement affectés par la décision contestée (Cass. com. 11-3-1997 nº 94-14.437 P : RJDA 7/97 nº 964 ; Cass. com. 13-9-2016 nº 18-15-11.174 FS-PBI : RJDA 12/16 nº 891 ; Cass. com. 9-10-2019 précité).

Recours devant la cour d'appel ou la Cour de cassation Les ordonnances par lesquelles le juge-commissaire statue sur l'**admission d'une créance** peuvent, selon le montant de la créance concernée, faire l'objet d'un appel ou d'un pourvoi en cassation (nºs 52290 s.). 50610

Est porté devant la cour d'appel le recours contre l'ordonnance par laquelle le juge-commissaire ordonne :
– une **substitution de garantie** en cas de vente pendant la période d'observation d'un bien grevé d'une sûreté réelle spéciale ou d'une hypothèque légale (C. com. art. L 622-8, al. 3) ;
– la **cession**, en dehors du plan de cession, d'immeubles et de meubles appartenant au débiteur (art. L 642-19-1, R 642-37-1 et R 642-37-3) ;
– au Trésor public d'**avancer** certains **frais de procédure** (nº 50670 ; art. R 663-2).

RECOURS-NULLITÉ POUR EXCÈS DE POUVOIR

Nonobstant les interdictions ou limites légales applicables aux recours contre les décisions rendues en matière de procédures collectives, une telle décision peut faire l'objet de recours en annulation en cas d'**excès de pouvoir du juge** qui l'a rendue. On parle alors de recours-nullité, pour le distinguer du recours-réformation autorisé par la loi. 50620

Les **recours-nullité** sont les **mêmes que les recours-réformation** s'ils avaient été autorisés : les parties à l'instance peuvent faire opposition, interjeter appel ou former un pourvoi en cassation tandis que les personnes ni présentes ni représentées à l'instance ne peuvent agir qu'en tierce opposition ; les autres personnes ne peuvent exercer aucun recours-nullité (P.-M. Le Corre, Droit et pratique des procédures collectives Dalloz action 2019-2020 § 321-311).

Les conditions de **forme** et de **délai** des recours-nullité sont les mêmes que celles prévues pour les recours-réformation en matière de procédures collectives (Cass. com. 15-1-1991 n° 89-18.185 : RJDA 4/91 n° 338 ; Cass. com. 26-4-1994 n° 92-18.966 : RJDA 6/94 n° 713 ; Cass. com. 14-3-1995 n° 92-21.007 : D. 1995 jur. p. 518 note J. Derrida ; Cass. com. 25-6-1996 n° 94-18.147).

En dehors de l'exigence d'un excès de pouvoir, la différence entre les recours-réformations prévus par la loi et les recours-nullités réside dans les personnes pouvant les exercer. Dans le premier cas, la liste des titulaires est fixée limitativement par les textes spécifiques aux procédures collectives ; dans le second cas, les titulaires des recours sont déterminés par la seule application du droit commun de la procédure civile, ce qui peut élargir cette liste. Ainsi, une personne, non autorisée à exercer un appel-réformation, pourra néanmoins faire un appel-nullité dès lors qu'elle répond aux conditions de droit commun pour faire appel : intérêt et capacité à agir, qualité de partie à l'instance...

Le recours-nullité ayant un caractère subsidiaire, il est irrecevable si celui qui l'exerce est autorisé par la loi à former un recours en annulation (Cass. com. 12-4-2005 n° 03-16.538 : Rev. Loyers 2005 p. 428 note C.-H. Gallet).

Sur la notion d'excès de pouvoir justifiant un recours-nullité et sur les particularités de l'appel-nullité, voir n°s 23750 s.

ABSENCE DE RECOURS CONTRE LES MESURES D'ADMINISTRATION JUDICIAIRE

50660 Conformément au droit commun, la décision constituant une simple mesure d'administration judiciaire, dépourvue de caractère contentieux, est insusceptible de recours (CPC art. 537), y compris d'un recours-nullité pour excès de pouvoir (Cass. com. 17-2-1998 n° 96-13.831 : RJDA 6/98 n° 752 ; Cass. com. 12-7-2011 n° 09-71.764 : RJDA 7/11 n° 646).

Tel est notamment le **cas** de la jonction des exceptions de procédure avec le fond (cf. Cass. com. 12-7-2011 précité), du remplacement du juge-commissaire empêché ou ayant cessé ses fonctions (C. com. art. L 621-9, al. 3), de l'autorisation du juge-commissaire de constituer des classes de parties affectées en deçà des seuils légaux (art. R 626-54), de la désignation en qualité de commissaire à l'exécution du plan, au lieu et place de X, de la Selas prise en la personne de X et au sein de laquelle il exerce désormais son activité professionnelle (Cass. com. 16-6-2009 n° 08-10.584 : RJDA 11/09 n° 993), de la décision du président du tribunal de rendre publics ou pas les débats (C. com. art. R 662-9, al. 2) ou de renvoyer l'affaire devant une autre juridiction (art. R 662-7, al. 5) ou encore de la décision de faire application du régime simplifié de la liquidation judiciaire (art. R 644-1, al. 2 ; Cass. com. 2-6-2021 n° 19-25.556 FS-P : RJDA 11/21 n° 732).

50670

Frais de procédure collective

Le coût de certains actes de procédure est signalé dans les développements concernant ceux-ci. Le coût global d'une procédure collective dépend de sa nature et de son importance. Il comporte notamment les **frais de publicité** relatifs aux décisions prises par le tribunal ainsi que la **rémunération des mandataires** de justice (administrateurs, mandataire judiciaire, commissaire à l'exécution du plan, liquidateur judiciaire, experts...) – telle que fixée par un barème (C. com. art. R 663-3 s. tenant compte du chiffre d'affaires et du nombre de salariés de l'entreprise) – et le remboursement des sommes qu'ils ont exposées pour l'exécution de leur mission (débours).

Avance par le Trésor public

Si le débiteur ne dispose pas des fonds nécessaires pour payer les frais de procédure en première instance, en appel ou en cassation, le Trésor public fait l'avance de certains d'entre eux sur ordonnance motivée du juge-commissaire (C. com. art. L 663-1).

Pour ses avances, le Trésor public est garanti par le privilège des frais de justice (art. L 663-3, IV), de sorte qu'il est remboursé avant les autres créanciers, exception faite des salariés (art. L 622-17, L 631-14, al. 1, L 641-13 et L 643-8).

Dossier impécunieux

Sur proposition du juge-commissaire et au vu des justificatifs présentés par le liquidateur ou le mandataire judiciaire, le tribunal déclare le dossier impécunieux si le produit de la réalisation des actifs de l'entreprise ne permet pas au liquidateur ou au mandataire judiciaire d'obtenir, au titre de la rémunération qui lui est due, au moins 1 500 € (C. com.

art. L 663-3 et R 663-41). La différence entre cette somme et celle perçue par le mandataire ou le liquidateur est alors prélevée sur un fonds spécial géré par la Caisse des dépôts et consignations (art. L 663-3).

B. Ouverture de la procédure collective

TYPOLOGIE DES PROCÉDURES COLLECTIVES

Chacune des procédures collectives – sauvegarde, redressement judiciaire et liquidation judiciaire – correspond à un **degré différent de gravité des problèmes** rencontrés par le débiteur. 50700
Ainsi, le débiteur peut faire l'objet (C. com. art. L 620-1, L 628-1, L 631-1 et L 640-1) :
– s'il n'est pas en cessation des paiements mais éprouve des difficultés qu'il n'est pas en mesure de surmonter, d'une **sauvegarde** de droit commun ;
– s'il est en cessation des paiements, soit d'un **redressement judiciaire** si sa situation peut justifier un plan de redressement soit d'une **liquidation judiciaire** si le redressement est manifestement impossible.
Cette division des procédures collectives, issue de la loi 2005-845 du 26 juillet 2005, a évolué au gré des réformes successives.
A été instituée une procédure de **sauvegarde accélérée** qui vise les grosses entreprises engagées dans une procédure de conciliation, même en cas de cessation des paiements (C. com. art. L 628-1, al. 6). Cette procédure est soumise en grande partie au régime général de la sauvegarde sauf dispositions particulières (art. L 628-1, al. 1 et R 628-1) signalées dans les développements qui suivent. Contrairement aux autres procédures collectives, elle ne concerne pas tous les créanciers du débiteur : la sauvegarde accélérée concerne seulement les créanciers et les détenteurs de capital qui sont directement affectés par le projet de plan prénégocié dans le cadre de la conciliation et qui va être soumis au tribunal (art. L 628-6) ; compte tenu de la nature de son endettement, le débiteur peut demander à ce que la procédure accélérée n'ait d'effet qu'à égard des sociétés de financement, des établissements de crédit et assimilés et, le cas échéant, des obligataires (art. L 628-1, al. 3).
Enfin, il existe une **procédure de rétablissement professionnel** qui est réservée à certaines personnes physiques remplissant les conditions de la liquidation judiciaire et disposant d'un actif réduit. Elle peut aboutir à un effacement des dettes sans liquidation de l'actif (C. com. art. L 645-1 s. et R 645-1 s.).

ATTENTION

Sont exposées ci-dessous les règles relatives à l'**ouverture initiale** d'une procédure collective et non celles afférentes à son **prononcé au cours de la période d'observation**, c'est-à-dire à la conversion de la procédure initialement ouverte (sauvegarde ou redressement judiciaire) en une autre procédure (redressement ou liquidation judiciaire).

PROCÉDURE TEMPORAIRE DE SORTIE DE LA CRISE SANITAIRE

Une procédure judiciaire de « traitement de sortie de crise », partiellement soumise au régime de la sauvegarde et du redressement judiciaire, a été créée pour les petites entreprises en difficulté (Loi 2021-689 du 31-5-2021 art. 13 ; décret 2021-1354 et 2021-1355 du 16-10-2021). Selon les travaux parlementaires, cette procédure vise les entreprises qui fonctionnaient dans des conditions satisfaisantes avant la crise sanitaire et tend à leur permettre un rebond rapide grâce à une restructuration de la dette. 50705
L'ouverture de cette procédure ne peut plus être demandée depuis le 2 juin 2023 (Loi précitée art. 13, VII). Mais, selon la loi d'orientation et de programmation du ministère de la justice 2023-2027 – adoptée mais objet d'un recours devant le Conseil constitutionnel – le **dispositif devrait être prorogé**, sans modification, pendant deux ans (Texte Sén. n° 3 du 11-10-2023 art. 46).

Ouverture de la procédure Seul le **débiteur** ou le représentant légal de la personne morale débitrice peut demander l'ouverture de la procédure de traitement de sortie de crise sous réserve que la société réponde aux **conditions** suivantes, qui sont cumulatives (Loi 2021-689 du 31-5-2021 art. 13, I-A ; décret 2021-1355 du 16-10-2021) : 50706
– moins de 20 salariés à la date de la demande et, à la clôture du dernier exercice, moins de 3 millions d'euros de total du passif hors capitaux propres ;
– comptes sociaux apparaissant réguliers, sincères et aptes à donner une image fidèle de la situation financière de l'entreprise ;

– état de cessation des paiements de la société, mais celle-ci doit néanmoins disposer des fonds disponibles pour payer les créances salariales ;
– justifier être en mesure, dans un délai maximal de 3 mois, d'élaborer un projet de plan tendant à assurer la pérennité de la société.
Sur les pièces à joindre à la demande, voir décret 2021-1154 art. 1.
Un **mandataire de justice** unique est chargé par le tribunal de surveiller la gestion du dirigeant (et non de l'assister ou de se substituer à lui dans tout ou partie de la gestion) et d'agir au nom et dans l'intérêt collectif des créanciers.

50707 **Régime** La procédure de traitement de sortie de crise est calquée sur celle du redressement judiciaire, sauf pour certains aspects ; notamment, ne s'applique pas le régime des revendications ni la procédure de vérification des créances.
Sur la base de la liste des **créances** établie par le débiteur dans les 10 jours de l'ouverture de la procédure (sur le contenu de celle-ci, voir décret 2021-1154 du 16-10-2021 art. 6), le mandataire de justice avertit chaque créancier des informations portées sur cette liste pour ses créances et qu'il peut, dans un délai d'un mois, en demander l'actualisation ou en contester le montant ou l'existence (Loi 2021-689 du 31-5-2021 art. 13, II-C ; décret 2021-1354 art. 7 ; sur l'omission d'un créancier sur la liste, voir décret précité art. 8). Les contestations relèvent du juge-commissaire, la décision de ce dernier n'ayant d'autorité qu'à l'égard des parties entendues ou convoquées (Loi 2021-689 art. 13, II-B).
Les **instances en cours** interrompues par l'ouverture de la procédure sont reprises à l'initiative du créancier demandeur dès qu'il a mis en cause le mandataire de justice ou le commissaire à l'exécution du plan (Décret 2021-1154 art. 11).
Les modalités d'**adoption** du plan seront celles prescrites pour un plan de sauvegarde, là encore sous réserve de quelques adaptations (Loi 2021-689 du 31-5-2021 art. 13, IV ; Décret 2021-1154 art. 26, III) : notamment il doit être adopté dans un délai de 3 mois (durée maximale de la période d'observation) ; il ne peut pas comporter de dispositions relatives à l'emploi que le débiteur ne pourrait pas financer immédiatement ; il ne peut affecter que les créances nées avant l'ouverture de la procédure et mentionnées sur la liste des créances, mais ne sont pas concernées, et donc insusceptibles de délais ou de remises, les créances nées d'un contrat de travail, les créances alimentaires, les créances d'origine délictuelle, ni celles d'un montant inférieur à 500 €.
La cession de l'entreprise n'est pas envisagée comme une issue de la nouvelle procédure. Mais en l'absence de plan arrêté dans les 3 mois du jugement d'ouverture, le tribunal ouvre, à la demande du débiteur, du mandataire désigné ou du ministère public, une procédure de redressement ou de liquidation judiciaire, si les conditions en sont réunies. Cette décision met fin à la procédure de traitement de sortie de crise (Loi 2021-689 art. 13, IV-D).

SPÉCIFICITÉS DES PROCÉDURES À L'ÉGARD DE L'ENTREPRENEUR INDIVIDUEL

50708 La **distinction entre les patrimoines professionnel et personnel** de l'entrepreneur individuel (C. com. art. L 526-22) a une incidence sur le traitement judiciaire de ses difficultés. En effet, le tribunal saisi d'une demande d'ouverture à l'égard d'un entrepreneur individuel d'une **procédure collective des entreprises et/ou de surendettement des particuliers** doit apprécier à la fois (art. L 681-1, al. 2 à 4) :
– si les conditions d'ouverture d'une procédure collective sont réunies au regard de la situation du patrimoine professionnel de l'entrepreneur ;
– si celles d'une procédure de surendettement sont réunies en fonction de l'actif du patrimoine personnel et de l'ensemble des dettes exigibles ou à échoir dont le recouvrement peut être poursuivi sur cet actif.
Puis, le **tribunal** dispose des **options** suivantes (art. L 681-2 et L 681-3).
Si l'entrepreneur est éligible à une procédure collective mais pas au surendettement, le tribunal ouvre la procédure collective, qui n'a d'emprise que sur le patrimoine professionnel de l'entrepreneur (sauf exceptions).
Si l'entrepreneur est éligible à la fois à une procédure collective et au surendettement, le tribunal ouvre une procédure collective qui englobe les patrimoines professionnel et personnel mais, si la distinction entre ces patrimoines a été respectée et si le droit de gage des créanciers dont les droits sont nés à l'occasion de l'activité professionnelle de l'entrepreneur ne porte pas sur son patrimoine personnel, le tribunal saisit – avec l'accord de l'entrepreneur – la commission de surendettement pour qu'elle traite les dettes dont l'entrepreneur est redevable sur son patrimoine personnel.

Lorsque l'entrepreneur individuel n'est éligible qu'à la procédure de surendettement, le tribunal rejette l'ouverture de la procédure collective et renvoie l'affaire, avec l'accord de l'entrepreneur, devant la commission de surendettement.

> Précisions a. Si **au cours de la procédure de surendettement**, la commission constate que les **conditions d'une procédure collective** sont **réunies**, elle invite l'entrepreneur à demander l'ouverture d'une telle procédure. Si celle-ci est ouverte, la commission est dessaisie sauf lorsque la distinction des patrimoines professionnel et personnel a été strictement respectée et que le droit de gage des créanciers dont les droits sont nés à l'occasion de l'activité professionnelle de l'entrepreneur individuel ne porte pas sur son patrimoine personnel. Dans ce dernier cas, le tribunal et la commission de surendettement s'informent réciproquement de l'évolution de chacune des procédures ouvertes.

b. Lorsqu'elle est demandée à l'encontre d'un **entrepreneur** individuel **ayant cessé son activité**, la procédure collective s'étend aux deux patrimoines, car la cessation d'activité emportant la réunion des patrimoines (art. L 526-22, avant dernier al.). Si elle est demandée après le **décès** de l'entrepreneur, la procédure ne concerne que le patrimoine professionnel (cf. art. L 526-22, avant dernier al. ; Direction générale des entreprises du ministère de l'économie et des finances, FAQ « traitement des difficultés de l'entrepreneur individuel » du 25-11-2022).

c. Les dispositions exposées ci-dessus ne sont pas applicables à l'**EIRL**, dont les patrimoines peuvent toutefois faire l'objet de procédures collectives distinctes (n° 50710).

Exclusion du cumul des procédures collectives 50710

Principe d'exclusion

Une procédure de sauvegarde, de redressement ou de liquidation judiciaire ne peut pas être ouverte si le **débiteur est déjà soumis à une de ces procédures** tant qu'il n'a pas été mis fin aux opérations du plan qui en résulte ou que la procédure de liquidation n'a pas été clôturée (C. com. art. L 620-2, al. 2, L 631-2, al. 2 et L 640-2, al. 2), même si cette personne exerce des activités distinctes ou exploite plusieurs fonds (Cass. com. 19-2-2002 n° 96-22.702 : RJDA 6/02 n° 652, décision rendue sur le fondement du principe de l'unité du patrimoine mais transposable), à moins qu'il ne s'agisse de patrimoines distincts de l'EIRL. En cas d'ouverture de deux procédures, la seconde est annulée (Cass. com. 17-11-2009 n° 08-21.246 : Gaz. Pal. 9-1-2010 p. 17 note F. Reille ; Cass. com. 3-11-2010 n° 09-17.152 : D. 2010 act. p. 2768 obs. A. Lienhard).

L'existence d'une **conciliation en cours** interdit également aux créanciers et au ministère public de demander la mise en redressement ou en liquidation judiciaire du débiteur concerné (C. com. art. L 631-5, al. 1 et 2 et L 640-5, al. 1 et 2).

Par ailleurs, à moins que l'intéressé en ait fait lui-même la demande, une procédure de redressement ou de liquidation judiciaire ne peut être ouverte à l'égard d'un **exploitant agricole** n'exerçant pas son activité sous la forme d'une société commerciale que si le président du tribunal judiciaire a été préalablement saisi d'une demande de **règlement amiable** (C. com. art. L 631-5, dern. al. et L 640-5, dern. al.). Cette demande préalable n'est toutefois pas requise pour la liquidation judiciaire si l'intéressé fait l'objet d'une procédure de rétablissement professionnel en cours (art. L 640-5).

La procédure de **rétablissement professionnel** n'interdit pas l'ouverture de la liquidation judiciaire (n° 53500).

Exceptions

L'**entrepreneur individuel** (autre qu'un EIRL) en liquidation judiciaire peut exercer une nouvelle activité, ce qui entraîne la constitution d'un nouveau patrimoine professionnel non concerné par la procédure en cours (C. com. art. L 681-2, VII), mais susceptible de faire l'objet d'une autre procédure collective (cf. art. L 620-2, al. 2, L 631-2, al. 2 et L 640-2, al. 2).

L'**EIRL** – qui peut exercer des activités professionnelles distinctes avec des patrimoines d'affectation différents ou qui exerce une de ses activités avec son patrimoine non affecté – est susceptible de faire simultanément l'objet de plusieurs procédures collectives pour chacun des patrimoines concernés (cf. art. L 680-1 s.). Toutefois, il peut faire l'objet d'une procédure unique englobant tous ces biens dans les cas exposés n° 50870 (art. L 621-2, al. 3, L 631-7 et L 641-1, dern. al.).

Dans le cadre d'une **procédure européenne d'insolvabilité**, une entreprise (personne physique ou morale) exerçant ses activités ou ayant des actifs dans plusieurs États de l'UE peut faire l'objet d'une procédure principale dans l'un de ces États et d'une ou de plusieurs procédures secondaires dans les autres (Règl. UE 2015/848 du 20-5-2015 art. 34 s.).

1. OUVERTURE D'UNE PROCÉDURE DE SAUVEGARDE

AUTEUR DE LA DEMANDE D'OUVERTURE

50740 **Débiteur** L'ouverture d'une procédure de sauvegarde ne peut être demandée que par le débiteur ou par le représentant légal de la personne morale débitrice (cf. C. com. art. L 620-1 et, pour les sauvegardes accélérées, art. L 628-1).

Elle ne peut donc pas être demandée par le conjoint du débiteur même s'il est collaborateur, par un créancier du débiteur (CA Paris 2-10-2007 n° 06-16170 : RTD com. 2008 p. 188 note J.-L. Vallens ; CA Metz 17-4-2007 n° 07-15 : Gaz. Pal. 20-7-2007 p. 24 note Lebel), par les représentants du personnel de l'entreprise ou par le ministère public. Est aussi exclue la possibilité pour le tribunal de saisir d'office.

Contrairement au redressement et à la liquidation judiciaire dont le débiteur est tenu de demander l'ouverture rapidement après l'apparition de la cessation des paiements (n° 50955), la sauvegarde reste une **procédure facultative** pour celui-ci.

50750 **Mandataire du débiteur** Le débiteur ou le représentant légal de la personne morale débitrice peut charger un tiers de son choix (un préposé, son comptable ou son avocat, une société du groupe...) de procéder à la demande d'ouverture d'une procédure de sauvegarde mais à la condition de lui donner un **pouvoir spécial** à cette fin, même s'il est avocat (cf. Cass. com. 19-7-1988 n° 86-15.389 : Bull. civ. IV n° 252).

ATTENTION

Les greffes des tribunaux sont particulièrement exigeants sur le **contenu** de ce mandat : le mandat doit donner au mandataire la faculté de déposer la demande d'ouverture d'une procédure et/ou celle de signer lui-même la demande. Le mandat doit être nominatif, les greffes refusant les mandats donnés à un cabinet d'avocats sans que soit indiqué le nom de l'associé ou du collaborateur se présentant au greffe.

SAISINE DU TRIBUNAL

50760 **Contenu** Le débiteur dépose au greffe du tribunal une demande d'ouverture d'une sauvegarde qui (C. com. art. R 621-1) :
- expose la nature des difficultés qu'il rencontre et les raisons pour lesquelles il n'est pas en mesure de les surmonter ;
- indique s'il s'engage, et dans quel délai, à établir l'inventaire de ses biens (cf. art. L 622-6-1) ou s'il demande la désignation par le tribunal d'une personne à cette fin (cf. art. L 621-4, al. 6).

Si elle porte sur l'ouverture d'une **sauvegarde accélérée**, la demande expose en outre les éléments démontrant que le projet de plan de sauvegarde (négocié dans le cadre de la conciliation) assure la pérennité de l'entreprise et qu'il est susceptible de recueillir un soutien suffisamment large de la part des personnes à l'égard desquelles la procédure produira effet – personnes dites « parties affectées » – pour rendre vraisemblable son adoption dans le délai de 2 mois à compter du jugement d'ouverture (art. R 628-2). La preuve de ce soutien, recueillie auprès des parties affectées, peut être apportée par tout moyen et au plus tard au moment où le juge statue sur la demande d'ouverture (art. R 628-2).

Lorsque le débiteur demande l'ouverture d'une sauvegarde accélérée dont les effets sont limités aux sociétés de financement, aux établissements de crédit et assimilés, aux cessionnaires de ses créances et aux obligataires, il doit en outre exposer la nature de son endettement et les éléments démontrant le soutien de ces créanciers pour l'adoption du projet de plan dans le délai précité (art. précité).

Le débiteur peut demander à être dispensé d'inventaire s'il n'est pas en cessation des paiements. Dans le cas contraire, il indique la date de cessation des paiements.

Des **formulaires types** de demande de sauvegarde sont gratuitement disponibles auprès du greffe du tribunal ou sur son site internet.

> **Précisions a.** Jusqu'à la **réforme** issue de l'ordonnance 2021-1193 du 15 septembre 2021, les créanciers d'un débiteur en sauvegarde ou en redressement judiciaire pouvaient être consultés sur le projet de plan de sauvegarde ou de redressement dans le cadre de comités de créanciers (l'un regroupant les établissements de crédit et assimilés, l'autre les principaux fournisseurs). Ces comités sont désormais remplacés par des « classes de parties affectées ». Les **parties affectées** sont, d'une part, les créanciers dont les droits sont directement affectés par le projet de plan et, d'autre part, lorsque le débiteur est une personne morale, les « détenteurs de capital » – associés, actionnaires, obligataires... – si leur participation au capital, les statuts ou leurs droits sont modifiés par le projet de plan

(C. com. art. L 626-30, I issu de ord. précitée). Les créances résultant du contrat de travail, les droits à pension acquis au titre d'un régime de retraite professionnelle et les créances alimentaires ne sont pas affectés (art. précité, IV). Pour l'adoption du plan, les parties affectées sont réparties en **classes** par communauté d'intérêt économique suffisante ; par exemple, les créanciers titulaires d'une sûreté réelle sur les biens du débiteur (tel un gage ou une hypothèque) ne sont pas dans la même classe que les créanciers titulaires d'une sûreté personnelle (tel un cautionnement ou une garantie autonome) ou dépourvus de toute sûreté (art. précité, II).

b. Avant la réforme précitée, la procédure de sauvegarde accélérée comportait une variante dite « **sauvegarde financière accélérée** » qui présentait la particularité de n'avoir d'effets qu'à l'égard des établissements de crédit (et assimilés) créanciers du débiteur. Cette variante a été supprimée en tant que procédure autonome, mais le débiteur conserve la faculté de demander que les effets de la procédure soient limités à ces créanciers.

Pièces jointes À la demande de sauvegarde sont joints, outre les comptes annuels du dernier exercice (C. com. art. R 621-1) : 50770

1° le numéro unique d'identification de l'entreprise ;

2° une situation de trésorerie ;

3° un compte de résultat prévisionnel ;

4° le nombre des salariés employés à la date de la demande (sur son calcul, voir CSS art. R 130-1) et le montant du chiffre d'affaires (c'est-à-dire le montant des ventes de produits et services liés à l'activité courante, diminué des réductions sur ventes, de la taxe sur la valeur ajoutée et des taxes assimilées ; C. com. art. D 123-200, al. 6 et 7), apprécié à la date de clôture du dernier exercice comptable ;

5° l'état chiffré des créances et des dettes avec l'indication, selon le cas, du nom ou de la dénomination et du domicile ou siège des créanciers ainsi que, par créancier ou débiteur, le montant total des sommes à payer et à recouvrer au cours d'une période de 30 jours à compter de la demande ; lorsque la demande est formée par un EIRL pour l'activité à laquelle il a affecté un patrimoine, les dettes portées sur l'état chiffré sont celles qui sont affectées à ce patrimoine et celles qui sont nées à l'occasion de l'exercice de cette activité ;

6° l'état actif et passif des sûretés ainsi que celui des engagements hors bilan ;

7° l'inventaire sommaire des biens du débiteur ou, si un patrimoine a été affecté à l'activité en difficulté, des biens affectés à l'exercice de cette activité ;

8° le nom et l'adresse des représentants de la délégation du comité social et économique habilités à être entendus par le tribunal s'ils ont déjà été désignés ;

9° une attestation sur l'honneur certifiant l'absence de mandat ad hoc ou de procédure de conciliation dans les 18 mois précédant la date de la demande ou, dans le cas contraire, mentionnant la date de la désignation du mandataire ad hoc ou de l'ouverture de la procédure de conciliation ainsi que l'autorité qui y a procédé ; lorsque la demande est faite par un EIRL, ces informations ne concernent que l'activité en difficulté ;

10° si le débiteur exerce une profession libérale soumise à un statut législatif ou réglementaire ou dont le titre est protégé, la désignation de l'ordre professionnel ou de l'autorité dont il relève ;

11° si le débiteur exploite une ou des installations classées (au sens du titre I du livre V du Code de l'environnement), la copie de la décision d'autorisation ou d'enregistrement ou la déclaration ;

12° si le débiteur propose un administrateur à la désignation du tribunal (cf. art. L 621-4, al. 5), l'indication de l'identité et de l'adresse de la personne concernée.

> **Précisions a.** Ces **documents** doivent être datés, signés et certifiés sincères et véritables par le débiteur. Ceux qui sont mentionnés aux 1° à 7°, à l'exception du 4°, sont établis à la date de la demande ou dans les 7 jours qui précèdent. Dans le cas où l'un de ces documents ne peut être fourni ou ne peut l'être qu'incomplètement, la demande indique les motifs qui empêchent cette production.

b. Le **greffe** du tribunal peut avoir des **exigences complémentaires** qu'il est préférable de satisfaire pour éviter tout retard dans l'enregistrement de la demande : par exemple, l'indication du nom et des coordonnées de l'expert-comptable, du commissaire aux comptes et des associés. Le tribunal de commerce de Paris exige, lorsque la sauvegarde est demandée par une société holding dont la situation financière dépend pour tout ou partie de celle de ses filiales, que la demande contienne un organigramme du groupe et toutes informations utiles permettant d'apprécier la situation économique et financière de ces filiales, et notamment description de leur activité, bilans, comptes de résultat et flux de trésorerie intersociétés.

50775 **Pièces complémentaires pour la sauvegarde accélérée** Si la demande porte sur une sauvegarde accélérée, doivent y être annexés les documents listés n° 50770 (C. com. art. R 628-2). L'**état chiffré des dettes** doit alors (art. précité) :
– préciser les dettes ayant fait l'objet d'une négociation dans le cadre de la procédure de conciliation en cours ;
– si le débiteur demande que la procédure ne concerne que les créanciers financiers (n° 50760), en outre distinguer les dettes qui ne seront pas soumises aux effets de la procédure en cas d'ouverture et, parmi les autres (créances des sociétés de financement, des établissements de crédit et assimilés et, le cas échéant, des créanciers obligataires), celles ayant fait l'objet d'une négociation dans le cadre de la procédure de conciliation en cours.
Sont **également joints** à la demande :
1° une copie de la décision d'ouverture de la procédure de conciliation ;
2° un tableau de financement et, lorsque le débiteur établit des comptes consolidés, un tableau des flux de trésorerie ;
3° un budget de trésorerie pour les trois mois à venir ;
4° un plan de financement prévisionnel ;
5° le projet de plan de sauvegarde.

> **Précisions** Les documents prévus aux 2° à 4° sont **datés, signés et certifiés sincères** et véritables par le débiteur. Ils sont établis à la date de la demande ou dans les 7 jours qui précèdent. Si l'un des documents ne peut être fourni ou ne peut l'être qu'incomplètement, la demande indique les motifs qui empêchent cette production.

50780 **Nombre d'exemplaires** Il convient de se renseigner auprès du greffe du tribunal pour savoir en combien d'exemplaires la demande et les pièces annexes doivent être déposées et lesquels de ces documents doivent être fournis en **originaux** ou en **copie**, chaque greffe pouvant avoir ses propres exigences.

50785 **Justification de l'identité et des pouvoirs du déposant** Lors du dépôt de la demande de sauvegarde, le déposant doit justifier auprès du greffe de son identité, de sa qualité (dirigeant, mandataire, avocat) et, le cas échéant, de son pouvoir de procéder à ce dépôt (délégation de pouvoirs, mandat spécial).

50790 **Frais** Au moment du dépôt de la demande, le greffe du tribunal réclame au déposant une **provision** qui englobe les premiers frais engagés, c'est-à-dire ceux relatifs aux insertions au Bodacc et dans les journaux d'annonces légales, les frais de jugement et de signification (par exemple 300 € pour le tribunal de commerce de Paris).

AUDITIONS PRÉALABLES À LA DÉCISION DU TRIBUNAL

50800 **Personnes devant être entendues** Le tribunal statue sur la demande de sauvegarde après avoir entendu ou dûment appelé en chambre du conseil (C. com. art. L 621-1, al. 1 et 2 et R 628-4, al. 2) :
– le débiteur ;
– les représentants du comité social et économique ;
– si le débiteur exerce une profession libérale soumise à un statut législatif ou réglementaire, ou dont le titre est protégé, l'ordre professionnel ou l'autorité compétente dont il relève ;
– et, en cas de demande d'une sauvegarde accélérée, le conciliateur.
Il peut également entendre toute personne dont l'audition lui paraît utile (C. com. art. L 662-3, al. 3).
Si le débiteur a bénéficié d'un mandat ad hoc ou d'une conciliation dans les 18 mois qui précèdent, sa demande en sauvegarde doit être examinée en présence du ministère public, à moins qu'il ne s'agisse de patrimoines distincts d'un EIRL (art. L 621-1, al. 4). L'ouverture d'une sauvegarde accélérée est aussi examinée en présence du ministère public (art. L 628-2).

> **Précisions** Pour les **professions réglementées**, ne s'impose que l'audition de l'ordre professionnel ou de l'autorité compétente. Par suite, l'Observatoire des détectives de France et la Confédération nationale des enquêteurs et détectives professionnels, organismes qui s'apparentent à des syndicats professionnels, n'ont pas à être appelés lorsque la procédure collective vise un détective privé (Cass. com. 27-5-2008 n° 07-13.131 : RJDA 10/08 n° 1043) ni la Ddass pour une procédure visant une infirmière libérale (CA Aix-en-Provence 29-5-2008 n° 2008/317 : Rev. proc. coll. 2009/2 p. 37 n° 41 note Lebel).

Défaut de convocation Le défaut de convocation du débiteur ou des représentants du personnel est une cause de **nullité du jugement** d'ouverture de la procédure (CA Paris 5-9-2006 n° 05/14236 : JCP G 2006 IV n° 2975) dont le créancier poursuivant ne peut pas se prévaloir (CA Aix-en-Provence 30-4-2008 n° 07-10772 : Gaz. Pal. 2008 som. 4201 obs. C. Lebel). De même, le débiteur ne peut pas utilement invoquer le défaut de convocation des représentants du personnel (Cass. com. 23-5-1995 n° 92-19.088 : RJDA 11/95 n° 1290 ; Cass. com. 24-10-1995 n° 93-11.322 : RJDA 2/96 n° 266). Lorsque la présence du ministère public est requise, l'absence de celui-ci à l'audience entraîne la nullité du jugement (CA Paris 3-5-2018 n° 18/00664 : JCP E 2018.1375 obs. Delattre). 50805

ENQUÊTE PRÉALABLE SUR LA SITUATION DU DÉBITEUR

Avant de statuer sur la demande d'ouverture de la sauvegarde, le **tribunal** peut **charger un juge** de recueillir tous renseignements sur la situation financière, économique et sociale du débiteur (C. com. art. L 621-1, al. 4). Ce juge peut obtenir, nonobstant toute disposition législative ou réglementaire contraire (relative notamment au secret professionnel), communication de ces renseignements par les commissaires aux comptes, les experts-comptables, les notaires, les membres et représentants du personnel, par les administrations et organismes publics, les organismes de prévoyance et de sécurité sociale, les établissements de crédit, de paiement et de monnaie électronique ainsi que les services chargés de centraliser les risques bancaires et les incidents de paiement (art. précité et, sur renvoi, art. L 623-2). Ce juge peut se faire assister de tout expert de son choix (art. précité). 50810

Par ailleurs, lorsque la sauvegarde (ou le redressement ou la liquidation judiciaire) est ouverte moins de 18 mois après un mandat ad hoc ou une conciliation, le tribunal peut, d'office ou à la demande du ministère public, obtenir communication des **pièces** et actes **relatifs au mandat ad hoc ou à la conciliation**, nonobstant la confidentialité attachée à ces procédures (art. L 621-1, dernier al., L 631-7, al. 1 et L 641-1, I-al. 1).

PRONONCÉ DE LA DÉCISION DU TRIBUNAL

Après les auditions, le tribunal statue, le cas échéant, sur le rapport du juge commis (C. com. art. R 621-4 ; n° 50810) et, en cas de sauvegarde accélérée, après un rapport du conciliateur sur le déroulement de la conciliation et les perspectives d'adoption du projet de plan par les créanciers concernés (art. L 628-2). 50815

Si le jugement ne peut être rendu **sur-le-champ**, le prononcé en est **renvoyé** à une prochaine audience dont la date est communiquée, lors de l'audience, au débiteur (art. R 621-4). Sur l'obligation pour le tribunal d'examiner si le débiteur, personne physique, est susceptible de relever d'une procédure de rétablissement professionnel, voir n° 53420.

Sur les magistrats ne pouvant ni **siéger** ni participer au délibéré, voir n° 50412 et sur le caractère **public** ou non de l'audience et du prononcé de la décision, voir n°s 50400 et 50415.

JUGEMENT DE REJET

Le tribunal rejette la demande si le débiteur ne remplit pas les conditions requises pour l'ouverture de la sauvegarde (C. com. art. R 621-5). Ce rejet n'est pas prononcé en audience publique (art. R 662-13). 50820

JUGEMENT OUVRANT LA SAUVEGARDE

Lorsque le **tribunal** ouvre la procédure de sauvegarde, il **désigne** (C. com. art. L 621-4) : 50825

- un ou plusieurs juges-commissaires ;
- un ou plusieurs administrateurs judiciaires dont il fixe la mission ;
- un ou plusieurs mandataires judiciaires (ex-représentant des créanciers) ;
- le cas échéant, un ou plusieurs experts en vue d'une mission qu'il détermine.

Le jugement d'ouverture invite le comité social et économique ou, à défaut d'un tel comité, les salariés, à désigner un représentant parmi les salariés de l'entreprise (art. précité).
Il ouvre la période d'observation.

> **Précisions a.** Le tribunal n'est pas tenu de désigner un **administrateur judiciaire** lorsque le nombre de salariés à la date de la demande est inférieur à 20 et le chiffre d'affaires hors taxe est inférieur à 3 000 000 € ; toutefois jusqu'à l'arrêt du plan, il peut en nommer un à la demande du débiteur, du mandataire judiciaire ou du ministère public (art. L 621-4, al. 4 et R 621-11).
>
> **b.** Lorsque plusieurs tribunaux sont saisis de procédures concernant des sociétés contrôlées par la même société ou contrôlant les mêmes sociétés (au sens de l'article L 233-3 du Code de commerce), un administrateur judiciaire et un mandataire judiciaire commun à l'ensemble des procédures peuvent être désignés avec une mission de coordination (C. com. art. L 662-8). Cette désignation

peut être demandée par l'un des administrateurs ou des mandataires désignés dans l'une de ces procédures ou par le président de l'un des tribunaux saisis (art. R 662-18).
La désignation d'au moins un deuxième administrateur judiciaire et un deuxième mandataire judiciaire (ou d'un autre liquidateur judiciaire) est obligatoire dans les cas où la société (C. com. art. L 621-4-1, L 631-9, al. 1, L 641-1-2 et R 621-11-1) :
– possède au moins trois établissements secondaires situés dans le ressort d'un tribunal où elle n'est pas immatriculée ;
– ou détient ou contrôle (au sens des articles L 233-1 ou L 233-3 du Code de commerce) au moins deux sociétés à l'encontre desquelles une procédure collective est déjà en cours ;
– ou est détenue ou contrôlée (au sens des articles L 233-1 ou L 233-3) par une société à l'encontre de laquelle une procédure collective est déjà en cours, cette société détenant ou contrôlant elle-même au moins une autre société à l'encontre de laquelle est aussi ouverte une telle procédure ;
– et le chiffre d'affaires de la société débitrice ou de celle qu'elle contrôle ou qui la contrôle dépasse 20 millions d'euros.

50830 **Publicité et avis du jugement** Le greffier du tribunal procède d'office aux publicités suivantes dans les 15 jours de la date du jugement ouvrant la sauvegarde (C. com. art. R 621-8) :
– mention au **registre du commerce** et des sociétés si le débiteur est un commerçant ou une personne morale immatriculée à ce registre, au **registre national des entreprises** pour les entreprises individuelles qui y sont immatriculées ou, dans les autres cas, au registre ouvert à cet effet au greffe du tribunal ;
– insertion d'un avis au Bodacc et dans un support d'annonces légales du lieu où le débiteur a son siège ou son adresse professionnelle et, le cas échéant, ses établissements secondaires.
Sur l'effet d'un **défaut de publicité** ou d'une **publicité irrégulière** du jugement d'ouverture de la procédure collective sur le délai dans lequel les créanciers doivent déclarer leurs créances, voir n° 51805.

> **Précisions** **a.** Sur le contenu de l'insertion au **Bodacc** et au **support d'annonces légales**, voir art. R 628-13.
> **b.** Le jugement d'ouverture n'est pas soumis à la **publicité foncière** (Cass. com. 7-7-1992 n°s 90-17.756, 90-18.828, 90-19.622 : Bull. civ. IV n° 264).

50840 **Notification et communication du jugement** Le jugement d'ouverture de la procédure de sauvegarde est signifié au débiteur par les soins du greffier dans les 8 jours de la date du jugement (C. com. art. R 621-6).
Le greffier adresse sans délai une copie du jugement à l'administrateur et au mandataire judiciaire désignés, au procureur de la République et au directeur départemental ou, le cas échéant, régional des finances publiques du département dans lequel le débiteur a son siège et à celui du département où se trouve le principal établissement (art. R 621-7).

50845 **Effets du jugement** Le jugement d'ouverture d'une procédure collective est **exécutoire** à titre provisoire (n° 50420) et produit ses effets à compter de sa **date** (C. com. art. R 621-4, al. 2), c'est-à-dire le même jour de son prononcé à zéro heure (Cass. com. 13-10-2015 n° 14-14.327 F-PB : RJDA 4/16 n° 310 ; CA Orléans 14-6-2007 n° 06-2928 : RJDA 11/07 n° 1131 rendus à propos de la liquidation judiciaire mais transposables à la sauvegarde et au redressement judiciaire).
Il s'impose non seulement au débiteur concerné, mais aussi à **toute personne** (effet « erga omnes »), sauf pour la sauvegarde accélérée dont les effets ont été limités à certains créanciers financiers (art. L 628-1 ; n° 50760). Mais il n'est opposable aux tiers que du jour où il a été publié, sauf s'il a été connu des tiers à qui il est opposé (Cass. com. 3-3-1998 n° 95-20.917 P : RJDA 7/98 n° 891 ; toutefois, faisant partir les effets du jugement du jour de son prononcé et non de celui de sa publicité, CA Amiens 25-10-2012 n° 11/00109 : JCP E 2012. pan. 1738).

50850

Effets de la procédure collective française sur les biens du débiteur situés à l'étranger

Deux situations doivent être distinguées. Si certains des **biens** du débiteur sont situés **dans** des États membres de l'**Union européenne**, ils sont affectés par la procédure, le jugement français étant reconnu de plein droit dans ces États sans qu'il soit nécessaire d'en obtenir l'exequatur (Régl. UE 2015/848 du 20-5-2015 art. 19 et 20). Mais l'État concerné peut refuser de reconnaître ou d'exécuter le jugement en cas de contrariété avec son ordre public national (Régl. art. 33).

Pour les biens situés dans des États **en dehors** de l'Union européenne, le jugement français ne produit ses effets que dans la mesure de leur acceptation par l'ordre juridique des États concernés (Cass. com. 21-3-2006 n° 04-17.869 : RJDA 2/07 n° 175 ; CA Versailles 20-3-2008 n° 07-3957 : D. 2008 p. 1660 note J.-L. Vallens).

VOIES DE RECOURS CONTRE LE JUGEMENT

Appel et pourvoi La décision statuant sur l'ouverture de la sauvegarde – qu'elle rejette ou qu'elle prononce cette ouverture – est susceptible d'appel et de pourvoi en cassation dans les conditions exposées n°s 50540 s. seulement **de la part** du débiteur et du ministère public (C. com. art. L 661-1, I-1°). 50860

> **Précisions** L'article L 661-1, I-1° , texte commun à la sauvegarde et au redressement judiciaire, ouvre l'appel et le pourvoi au « **créancier** poursuivant » mais, sur ce point, il ne vise que le redressement judiciaire. Aucun créancier ne peut se voir reconnaître la possibilité de faire appel du jugement statuant sur l'ouverture de la sauvegarde car, cette dernière ne pouvant être demandée que par le débiteur lui-même (art. L 620-1, al. 1), il n'y a pas de créancier poursuivant au sens de ce texte. Le créancier peut éventuellement faire tierce opposition.

Tierce opposition La décision statuant sur l'ouverture de la sauvegarde est susceptible de tierce opposition (C. com. art. L 661-2, al. 1) selon les modalités exposées n°s 50510 s. Le jugement statuant sur la tierce opposition est susceptible d'appel et de pourvoi en cassation de la part du tiers opposant (art. L 661-2, al. 2) et des personnes mentionnées n° 50860 (Cass. com. 9-5-2018 n° 14-11.367 F-PB : RJDA 8-9/18 n° 656). 50865

EXTENSION DE LA SAUVEGARDE

Cas d'extension La procédure de sauvegarde peut être étendue à une ou plusieurs autres personnes en cas de **confusion de** leur **patrimoine** avec celui du débiteur ou en cas de **fictivité de la personne morale** (C. com. art. L 621-2, al. 2, L 631-7, al. 1 et L 641-1, I-al. 1). 50870

La procédure collective dont fait l'objet un **entrepreneur individuel**, y compris un EIRL, pour l'un de ses patrimoines peut être étendue à ses autres patrimoines (patrimoines affectés ou non pour l'EIRL ; patrimoine personnel pour les autres entrepreneurs individuels) dans les cas suivants (art. précités) :

– en cas de confusion de ces autres patrimoines avec celui visé par la procédure ;

– s'il a commis une fraude à l'égard d'un créancier titulaire d'un droit de gage général sur le patrimoine visé par la procédure ;

– en outre, pour l'EIRL, s'il a commis un manquement grave à l'obligation de tenir une comptabilité autonome pour l'activité professionnelle à laquelle un patrimoine est affecté et d'ouvrir un ou plusieurs comptes bancaires exclusivement dédiés à cette activité (art. L 526-13).

Tribunal compétent Demande d'extension L'**extension** d'une procédure collective (ou la réunion des patrimoines d'un entrepreneur individuel) peut être **demandée par** l'administrateur, le mandataire judiciaire, le débiteur ou le ministère public auprès du tribunal qui l'a ouverte (C. com. art. L 621-2, al. 2). Cette faculté n'est ouverte ni aux créanciers du débiteur (Cass. com. 15-5-2001 n° 98-14.560 : RJDA 10/01 n° 990 ; Cass. com. 19-2-2002 n° 99-12.776 : Dr. sociétés 2002 comm. n° 134 note J.-P. Legros) ni à la personne qui a confondu son patrimoine avec le débiteur (Cass. com. 28-5-2002 n° 98-21.730 : RJDA 1/03 n° 42 ; CA Orléans 22-1-2004 n° 03-1358 : RJDA 5/04 n° 588). 50875

Si le ministère public demande l'extension, il présente au tribunal une **requête** indiquant les faits de nature à motiver cette demande ; le président du tribunal fait alors convoquer, par les soins du greffier, le débiteur par lettre recommandée AR à comparaître dans le délai qu'il fixe (art. R 621-8-1, al. 1 et, sur renvoi, art. R 631-4). À cette convocation est jointe la requête du ministère public.

Dans les autres cas, l'extension est demandée par voie d'**assignation** (art. R 621-8-1, al. 1).

Le tribunal ne peut statuer qu'après avoir entendu ou dûment appelé la personne assignée en vue de l'extension (Cass. com. 21-2-2012 n° 11-13.513 : RJDA 7/12 n° 693) et, le cas échéant, l'ordre professionnel ou l'autorité compétente dont elle relève et/ou dont relève le débiteur soumis à la procédure initiale (art. L 621-2, al. 5).

> **Précisions** **a.** Le **tribunal** ayant ouvert la procédure initiale reste **compétent** pour connaître des demandes tendant à l'extension de celle-ci (C. com. art. L 621-2, al. 2), même si l'entreprise visée par la demande d'extension peut, en raison de l'ampleur de son chiffre d'affaires, relever d'un tribunal de commerce spécialisé (Cass. com. 11-3-2020 n° 18-22.960, 18-22.962 FS-PB : RJDA 11/20 n° 578).
> **b.** L'**assignation** et la convocation doivent, le cas échéant, être complétées par la dénomination de l'EIRL et l'objet de l'activité professionnelle à laquelle un patrimoine a été affecté (art. R 621-8-1, al. 3). La demande d'extension peut être accompagnée d'une autre demande, par exemple en paiement, sans que cela affecte sa validité (Cass. com. 9-7-2013 n° 12-16.635 FS-PB : RJDA 2/14 n° 137).

50880 **Notification et publicité** Le jugement statuant sur l'extension de la procédure est signifié au débiteur soumis à la procédure et au débiteur visé par l'extension, à la diligence du greffier, dans les 8 jours de son prononcé. Il est communiqué, dans le même délai, aux personnes citées n° 50840 (C. com. art. R 621-8-1, al. 2). Il fait l'objet des publicités exposées n°s 50830 s. (art. précité).

Le jugement prononçant l'extension prend effet dans les conditions exposées n° 50845 ; il ne rétroagit pas au jour du jugement qui a ouvert la procédure initiale (Cass. com. 28-9-2004 n° 02-12.552 : RJDA 2/05 n° 162 ; Cass. com. 4-11-2014 n° 13-24.014 : RJDA 5/15 n° 363).

50885 **Recours** Les décisions d'extension de la procédure collective ou de réunion des patrimoines d'un entrepreneur individuel (y compris un EIRL) sont susceptibles d'appel ou de pourvoi en cassation dans les conditions exposées n°s 50540 s. mais seulement de la part du débiteur soumis à la procédure, du débiteur visé par l'extension, du mandataire ou du liquidateur judiciaire, de l'administrateur et du ministère public (C. com. art. L 661-1, I-3°). L'appel du ministère public est suspensif (art. R 661-1, al. 4).

La décision est aussi susceptible de tierce opposition dans les conditions exposées n°s 50510 s. et le jugement statuant sur la tierce opposition est susceptible d'appel et de pourvoi en cassation de la part du tiers opposant (art. L 661-2).

> **Précisions** La décision d'extension d'une procédure collective (ou de réunion des patrimoines) qui aboutit à une procédure unique n'est pas assimilable à une **jonction d'instances** et ne constitue pas, dès lors, une décision d'administration judiciaire pour laquelle l'article 537 du CPC exclut tout recours (Cass. com. 26-1-2016 n°s 14-17.672, 14-25.541, 14-28.826 et 14-28.856 F-PB : Rev. proc. coll. 2016 comm. n° 81 note J.-J. Fraimout).

AVERTISSEMENT DES CRÉANCIERS

50895 Dans les 15 jours de l'ouverture de la procédure collective, le mandataire judiciaire (ou le liquidateur judiciaire) doit en avertir les **créanciers connus** selon les modalités suivantes (C. com. art. R 622-21).

L'avertissement **indique** l'obligation de déclarer les créances dans les délais légaux ; il reproduit les dispositions légales et réglementaires relatives à ces délais et aux formalités à observer pour cette déclaration, pour une éventuelle demande en relevé de forclusion et pour les actions en revendication et en restitution, ainsi que les articles L 621-10 et R 621-24 (qui précisent les conditions dans lesquels un créancier peut demander à être désigné contrôleur), R 621-19 (relatif à la faculté pour les créanciers de demander au mandataire judiciaire d'être informés des étapes essentielles de la procédure au fur et à mesure de son déroulement) et D 814-58-3 du Code de commerce (comportant la liste des actes de procédures susceptibles d'être effectués via le portail électronique des administrateurs et mandataires judiciaires).

Le cas échéant, l'avertissement précise que la créance a été portée par le débiteur sur la liste qu'il doit fournir après l'ouverture de la procédure.

Cet avertissement est adressé par **lettre** simple, sauf pour les créanciers titulaires d'une sûreté ayant fait l'objet d'une publication ou liés au débiteur par un contrat publié qui doivent être avertis personnellement par lettre recommandée AR et, s'il y a lieu, à domicile élu.

50900 L'avertissement des créanciers s'effectue selon des modalités particulières en cas de **sauvegarde accélérée** (n°s 52050 s.).

50905 **Défaut d'avertissement** Pour les créanciers titulaires d'une sûreté ayant fait l'objet d'une publication ou liés au débiteur par un contrat publié, l'absence ou l'irrégularité de l'avertissement a une influence sur le délai dans lequel ils doivent déclarer leurs créances et dont l'avertissement constitue le point de départ (n° 51820).

Pour les autres créanciers, le défaut ou l'irrégularité de l'avertissement n'a pas d'incidence sur le délai pour déclarer et ne constitue pas à lui seul un motif justifiant un relevé de forclusion (n° 51850).

Procédure d'insolvabilité : avertissement des créanciers étrangers 50910

Quand une procédure d'insolvabilité est ouverte dans un État membre de l'**Union européenne**, la juridiction compétente de cet État ou le « praticien de l'insolvabilité » (syndic) nommé par celle-ci informe sans délai les créanciers étrangers connus (Régl. UE 2015/848 du 20-5-2015 art. 54).
Cette information prend la forme d'un formulaire diffusé sur le portail européen e-Justice et intitulé « note concernant la procédure d'insolvabilité ». Ce formulaire indique notamment les délais à observer, les sanctions prévues quant à ces délais, l'organe ou l'autorité habilité à recevoir la production des créances et les autres mesures prescrites et si les créanciers dont la créance est garantie par un privilège ou une sûreté réelle doivent produire leur créance (art. précité). Lorsque la procédure d'insolvabilité est ouverte en France, c'est le mandataire judiciaire qui informe les créanciers étrangers par lettre recommandée AR ou, s'ils y ont consenti, par courrier électronique AR (C. com. art. R 693-2).
Les conséquences du **défaut d'envoi** du formulaire ou d'un formulaire incomplet sont réglées, dans le silence du règlement, par la loi de l'État dans lequel la procédure collective a été ouverte (Cass. com. 17-12-2013 n° 12-26.411 F-PB : RJDA 3/14 n° 263 ; Cass. com. 18-11-2014 n° 12-28.040 F-D : RJDA 2/15 n° 129 ; Cass. com. 22-1-2020 n° 18-19.917 F-D : RJDA 6/20 n° 319) également muet en ce domaine. Dès lors, dans une procédure collective soumise au droit français, le créancier chirographaire qui, faute d'avoir été informé, n'a pas déclaré sa créance dans les délais requis ou partiellement peut seulement demander à être relevé de forclusion (arrêts précités). La déclaration de créance du créancier privilégié n'est enfermée dans aucun délai s'il n'a pas été personnellement averti d'avoir à déclarer (n° 51820).

2. OUVERTURE D'UNE PROCÉDURE DE REDRESSEMENT JUDICIAIRE

DÉCLARATION DE CESSATION DES PAIEMENTS PAR LE DÉBITEUR

Le débiteur personne physique ou le représentant légal de la personne morale débitrice demande l'ouverture d'une procédure de redressement judiciaire par le biais d'une déclaration de cessation des paiements (parfois appelée **dépôt de bilan**) effectuée au greffe du tribunal compétent (C. com. art. R 631-1). 50950
La déclaration peut être faite par un **mandataire** ou par un préposé titulaire d'une délégation de pouvoirs dans les conditions exposées n° 50750. Le déposant doit justifier de son identité et, le cas échéant, de sa qualité (dirigeant, mandataire, avocat) et de ses pouvoirs lors du dépôt de la demande.
Le greffier ne peut réclamer aucune provision pour **frais** au débiteur qui demande l'ouverture d'une procédure de redressement ou de liquidation judiciaire (art. R 663-1).

> Précisions a. Le **comité social et économique** ne peut pas demander l'ouverture du redressement judiciaire, à moins qu'il ne soit créancier de l'entreprise. Mais il peut communiquer tout fait révélant la cessation des paiements de l'entreprise au ministère public (art. L 631-6) qui peut demander le redressement judiciaire (n° 50995).

b. Le juge qui désigne un **administrateur provisoire** dans une société peut le charger de déclarer l'état de cessation des paiements de celle-ci si la situation l'exige (CA Lyon 28-5-2019 n° 18/06902 : RJDA 10/19 n° 633). Tant que l'administrateur est en fonction, le représentant légal de la société ne peut pas, à notre avis, valablement procéder à cette déclaration.

Délai Le débiteur doit faire la demande au plus tard dans les 45 jours qui suivent sa cessation des paiements s'il n'a pas, dans ce délai, demandé l'ouverture d'une procédure de conciliation (C. com. art. L 631-4, al. 1). À défaut, il s'expose à une interdiction de gérer (art. L 653-8, al. 3), voire à une condamnation à combler le passif (notamment, Cass. com. 4-7-2018 n° 14-20.117 F-D : RJDA 11/18 n° 857 ; Cass. com. 3-2-2021 n° 19-20.004 F-P : RJDA 5/21 n° 333). 50955
La demande d'une aide juridictionnelle faite par le débiteur ne justifie pas un allongement de ce délai (CA Orléans 22-9-2005 n° 04-03239 : Rev. proc. coll. 2006 p. 300 n° 7 obs. C. Lebel, à propos d'un agriculteur mais transposable à tout autre débiteur).

50960 **Forme et contenu** Un **formulaire** de déclaration de cessation des paiements (Cerfa n° 10530-02) est disponible gratuitement sur internet (service-public. fr) et auprès du greffe du tribunal.

La déclaration doit être **accompagnée** des comptes annuels du dernier exercice et des pièces suivantes (C. com. art. R 631-1, al. 2) :

1° l'état du passif exigible et de l'actif disponible (complété, le cas échéant, si le débiteur est un entrepreneur personne physique, par la liste des autres créances dont le paiement est poursuivi sur le patrimoine en cause) ainsi qu'une déclaration de cessation des paiements ;

2° s'il y a lieu, le numéro unique d'identification ;

3° une situation de trésorerie datant de moins d'un mois ;

4° le nombre des salariés employés à la date de la demande, le nom et l'adresse de chacun d'entre eux et le montant du chiffre d'affaires (c'est-à-dire le montant des ventes de produits et services liés à l'activité courante, diminué des réductions sur ventes, de la taxe sur la valeur ajoutée et des taxes assimilées ; art. D 123-200, al. 7), apprécié à la date de clôture du dernier exercice comptable ;

5° l'état chiffré des créances et des dettes avec l'indication, selon le cas, du nom ou de la dénomination et du domicile ou siège des créanciers et, pour les salariés, le montant global des sommes impayées ;

6° l'état actif et passif des sûretés ainsi que celui des engagements hors bilan ;

7° l'inventaire sommaire des biens du débiteur ou, pour un EIRL, des biens affectés à l'exercice de l'activité auquel un patrimoine a été affecté ;

8° s'il s'agit d'une personne morale comportant des membres responsables solidairement des dettes sociales (associés de société en nom collectif, associés commandités de société en commandite simple ou par actions), la liste de ceux-ci avec l'indication de leur nom et domicile ;

9° le nom et l'adresse des représentants de la délégation du personnel du comité social et économique – habilités à être entendus par le tribunal s'ils ont déjà été désignés ;

10° une attestation sur l'honneur certifiant l'absence de mandat ad hoc ou de procédure de conciliation dans les 18 mois précédant la date de la demande ou, dans le cas contraire, mentionnant la date de la désignation du mandataire ad hoc ou de l'ouverture de la procédure de conciliation ainsi que l'autorité qui y a procédé ;

11° si le débiteur exerce une profession libérale soumise à un statut législatif ou réglementaire ou dont le titre est protégé, la désignation de l'ordre professionnel ou de l'autorité dont il relève ;

12° si le débiteur exploite une ou des installations classées (au sens du titre I du livre V du Code de l'environnement), la copie de la décision d'autorisation ou d'enregistrement ou de la déclaration.

> **Précisions** Ces documents sont **datés, signés et certifiés** sincères et véritables par le demandeur. Ceux qui sont mentionnés aux 1°, 2°, 5°, 6°, 7° et 8° sont établis à la date de la demande ou dans les 7 jours qui précèdent. Si l'un ou l'autre de ces documents ne peut pas être fourni ou ne peut l'être qu'incomplètement, la demande indique les motifs qui empêchent cette production.

ASSIGNATION EN REDRESSEMENT JUDICIAIRE PAR UN CRÉANCIER

50970 Quelle que soit la nature de sa créance, un créancier peut demander la mise en redressement judiciaire de son débiteur sauf si ce dernier fait déjà l'objet d'une conciliation ou d'une procédure collective en cours (C. com. art. L 631-5, al. 2 et L 620-2, al. 2). La créance invoquée par le créancier doit être certaine, liquide et exigible au jour de la demande (Cass. com. 2-12-2014 n° 13-20.203 : RJDA 5/15 n° 372 ; Cass. com. 28-6-2017 n° 16-10.025 FS-PBI : RJDA 11/17 n° 735).

La demande est faite par voie d'assignation (C. com. art. L 631-5, al. 2) et non sur requête (CA Versailles 6-3-1997 n° 96-6394 : Gaz. Pal. 1997 som. p. 352). Conformément au droit commun (C. com. art. R 662-2 et, sur renvoi, CPC art. 856 et 857), l'assignation est délivrée par acte d'un huissier ou commissaire de justice au débiteur 15 jours au moins avant la date de l'audience et une copie est déposée au greffe du tribunal 8 jours au moins avant cette date.

La représentation par un avocat n'est pas obligatoire (n° 50395).

> **Précisions** **a.** La demande formée à l'encontre d'un **débiteur ayant cessé son activité ou décédé** doit être formée dans le délai exposé n° 51010.
>
> **b.** La fin de non-recevoir tirée de l'**existence d'une conciliation** en cours est opposable à tout créancier, même à celui qui n'est pas partie à la conciliation (CA Toulouse 3-12-2014 n° 14/05510 : D. 2015.1972.som. obs. Le Corre).
>
> **c.** Une assignation en ouverture d'une procédure collective ne constitue pas un acte d'exécution d'une décision de justice portant condamnation, qu'elle soit exécutoire à titre provisoire ou de plein droit ; ainsi lorsque l'arrêt condamnant une personne à payer a été cassé après que le bénéficiaire de cette

condamnation a demandé la mise en redressement judiciaire de la personne condamnée, cette dernière ne peut pas obtenir, sur le fondement de l'article L 111-10 du Code des procédures civiles d'exécution, une **indemnisation** pour le préjudice résultant de l'ouverture de la procédure collective (Cass. 2e civ. 30-1-2014 n° 12-29.726 : Bull. civ. II n° 31).

d. Le créancier qui **assigne abusivement** son débiteur peut être condamné à des dommages-intérêts (Cass. com. 5-12-1989 n° 88-10.340 : Bull. civ. IV n° 305 ; Cass. com. 1-10-1997 n° 95-13.262 : RJDA 12/97 n° 1537 ; CA Paris 16-2-2023 n° 21/19512 : RJDA 8-9/23 n° 440) et au paiement d'une amende civile d'un maximum de 10 000 € (CPC art. 32-1).

Contenu L'assignation précise la nature et le montant de la **créance** et contient tout élément de preuve de nature à caractériser la **cessation des paiements** du débiteur (C. com. art. R 631-2, al. 1), sans qu'il soit obligatoire d'y faire figurer l'indication des procédures ou voies d'exécution engagées pour le recouvrement de la créance (Cass. com. 16-3-2010 n° 09-12.539 : RJDA 7/10 n° 771) ou de justifier d'un titre exécutoire dès lors que la créance est certaine, liquide et exigible (Cass. com. 28-6-2017 n° 16-10.025 FS-PB : RJDA 11/17 n° 735). 50975

Si le débiteur est une exploitation agricole, l'assignation doit être accompagnée d'une attestation, délivrée par le greffier, de la saisine préalable du président du tribunal judiciaire aux fins de désignation d'un conciliateur (art. R 631-2, al. 1 ; n° 50710).

Dans son assignation, le créancier peut demander la **mise en redressement** judiciaire **ou**, à titre subsidiaire, **en liquidation** judiciaire du débiteur (C. com. art. R 631-2, al. 2). 50980

À peine d'irrecevabilité qui doit être relevée d'office, l'assignation ne peut comporter aucune **autre demande** relative au même patrimoine (art. précité), une telle demande en paiement d'une créance serait-elle subsidiaire (Cass. com. 1-12-1992 n° 90-20.409 : RJDA 2/93 n° 161). Toutefois, le créancier poursuivant peut présenter, en outre, une demande de remboursement de certains frais de justice (frais hors dépens) en application de l'article 700 du Code de procédure civile (Cass. com. 17-6-2020 n° 19-10.464 F-PB : RJDA 11/20 n° 577).

MODÈLE

Assignation en redressement judiciaire 50985

Assignation en redressement (et/ou liquidation) judiciaire devant le tribunal de commerce (ou le tribunal judiciaire) de (ville)

L'an (année en toutes lettres),
Et le (date en toutes lettres),
À la requête de :
– si le créancier est une personne physique :
X (nom et prénom) ;
domicilié (adresse) ;
né le (date et lieu de naissance) ;
de nationalité (nationalité)
immatriculé au RCS – ville (ou inscrit au RNE) sous le numéro
– si le créancier est une société :
Dénomination sociale ;
Forme juridique (SA, SARL, SAS...) ;
Au capital de (montant) ;
Siège social : (adresse) ;
immatriculée au registre du commerce et des sociétés au RCS – ville, sous le numéro
représentée par (nom du représentant légal)
(le cas échéant) Ayant pour avocat (nom et adresse de l'avocat)
(le cas échéant) Élisant domicile (par exemple au cabinet de l'avocat précité ; l'élection de domicile en France est obligatoire pour le demandeur résidant à l'étranger)
Me Z (nom), huissier de justice,
demeurant (adresse) ;
A l'honneur d'informer
– si le demandeur est une personne physique :
Y (nom et prénom du demandeur) ;
domicilié (adresse) ;
né le (date et lieu de naissance) ;
de nationalité (nationalité) ;
immatriculé au RCS – ville (ou inscrit au RNE) sous le numéro
représenté par (nom, qualité et adresse du conseil).

– si le demandeur est une société :
Dénomination sociale ;
Forme juridique ;
au capital de (montant) ;
Siège social : (adresse) ;
immatriculée au RCS – ville sous le numéro
représentée par (nom et adresse du représentant légal)
Où étant et parlant à
Qu'il est donné assignation d'avoir à comparaître devant le tribunal de commerce (ou le tribunal judiciaire) de (ville) au (adresse du tribunal), à l'audience du :
(date à choisir dans le calendrier des audiences du tribunal)
ATTENTION En matière de procédures collectives devant le tribunal de commerce (ou le tribunal judiciaire), les parties peuvent se défendre elles-mêmes, ou se faire représenter par toute personne de leur choix. Si vous décidez de vous faire représenter par une personne qui n'est pas avocat, celle-ci devra justifier d'un pouvoir écrit spécial (CPC art. 853 ; C. com. art. R 622-2, al. 1).
Toute personne qui ne se présente pas personnellement ne peut être représentée que par avocat (C. com. art. R 662-2, al. 2).
Si vous ne comparaissez pas en personne ou si vous ne vous faites pas représenter, le procès se déroulera en votre absence et vous vous exposerez à ce qu'un jugement soit rendu à votre encontre au vu des seuls éléments fournis par votre adversaire.

Objet de la demande

X (nom ou dénomination du créancier) est créancier de Y (nom ou dénomination du débiteur) pour une somme de (montant) euros représentant (nature de la créance ; par exemple, loyers des mois de... au titre des locaux situés...).
Que ladite créance est certaine dans son principe et dans son montant eu égard à (expliquer)
Que son exigibilité résulte de (expliquer),
Que les diligences suivantes ont été entreprises en vain pour obtenir le recouvrement amiable de la créance... (énumérer ces diligences)
(facultatif) Que l'Exposant a engagé les voies d'exécution suivantes :
Que celles-ci sont restées infructueuses,
Que Y (nom ou dénomination du débiteur) se trouve manifestement être en état de cessation des paiements puisque (expliquer tout cas d'espèce),
(en cas de cessation d'activité du débiteur) Que Y (nom ou dénomination du débiteur) a cessé toute activité et qu'ainsi le redressement judiciaire est impossible.
(si la situation du débiteur rend le redressement impossible) Qu'il apparaît que le redressement de la situation de cette entreprise (ou société) est manifestement impossible en raison de (expliquer).
Que Y ne fait pas déjà l'objet d'une procédure de conciliation, de sauvegarde, de redressement ou de liquidation judiciaire en cours à la date de la présente ;
(si le débiteur est un agriculteur personne physique ou n'exerçant pas sous la forme d'une société commerciale ; n° 50710) Que Monsieur le président du Tribunal judiciaire de (ville) a été préalablement saisi d'une demande de règlement amiable le (date) concernant Y.

Par ces motifs

Voir constater l'état de cessation des paiements de Y (nom ou dénomination du débiteur), dont le siège (ou le domicile) est (adresse) et qui est immatriculé au registre (préciser lequel) sous le numéro ;
En conséquence, voir prononcer le redressement judiciaire (ou, à titre subsidiaire, la liquidation judiciaire) de ladite entreprise (ou société) avec toutes conséquences de droit,
Voir désigner tel juge-commissaire et tels mandataires de justice qu'il plaira au Tribunal de nommer,
Fixer la date de cessation des paiements,
Voir ordonner l'accomplissement des formalités de publicité prévues par la loi,
Et voir ordonner l'emploi des dépens en frais privilégiés de procédure.
SOUS TOUTES RÉSERVES
ET VOUS FEREZ JUSTICE
Pièces jointes :
– Justificatifs du caractère certain de la créance
– Extrait K Bis du débiteur
– (facultatif) Voies de recours exercées

50990 **Frais** Lors du dépôt de l'assignation au greffe du tribunal, le créancier doit verser une provision (70 € environ). Une loi, qui fait l'objet d'un recours devant le Conseil constitutionnel, prévoit en outre le paiement d'une contribution pour la justice économique (n° 50292).

SAISINE DU TRIBUNAL PAR LE MINISTÈRE PUBLIC

Sauf si le débiteur fait déjà l'objet d'une conciliation ou d'une procédure collective en cours, le ministère public peut, sur requête, saisir le tribunal pour qu'il ouvre la procédure de redressement judiciaire (C. com. art. L 631-5, al. 1). **50995**
La requête indique les faits de nature à motiver cette demande (art. R 631-4), faits qui ont pu lui être communiqués par le président du tribunal (art. L 631-3-1) ou par le comité social et économique (art. L 631-6).

SAISINE D'OFFICE PAR LE TRIBUNAL

La possibilité, reconnue par l'article L 631-5, al. 1 du Code de commerce, au tribunal de se saisir d'office pour statuer sur l'ouverture d'un redressement judiciaire a été déclarée inconstitutionnelle et **abrogée** pour les jugements d'ouverture rendus après le 8 décembre 2012 (Cons. const. 7-12-2012 n° 2012-286 QPC : D. 2013 p. 338 concl. J.-L. Vallens, se fondant sur l'absence de garantie légale de l'indépendance et de l'impartialité du tribunal). **51000**

51010

Mise en redressement judiciaire d'un débiteur décédé ou ayant cessé son activité

Un débiteur qui a **cessé** son **activité** peut néanmoins faire l'objet d'un redressement judiciaire si tout ou partie de son passif provient de cette activité (C. com. art. L 631-3, al. 1) :
– à sa demande dans les quarante-cinq jours de la survenance de l'état de cessation des paiements ;
– à la demande du ministère public s'il n'y a pas de procédure de conciliation en cours (art. L 631-5, al. 2) ;
– à la demande d'un créancier, quelle que soit la nature de sa créance, s'il n'y a pas de conciliation en cours et dans un délai d'un an à compter de la radiation du débiteur du registre du commerce et des sociétés (pour les personnes morales immatriculées, à compter de la radiation consécutive à la publication de la clôture des opérations de liquidation) ou de sa cessation d'activité (pour les personnes physiques ayant une activité artisanale, agricole, indépendante ou libérale) ou de la publication de l'achèvement de la liquidation (pour les personnes morales non soumises à immatriculation) (art. L 631-5, al. 2 à 5 ; pour des applications, voir Cass. com. 9-2-2010 n° 08-15.191 : RJDA 5/10 n° 538 ; Cass. com. 16-9-2014 n° 13-17.147 F-PB : RJDA 4/15 n° 289 ; Cass. com. 18-1-2023 n° 21-21.748 F-B : RJDA 4/23 n° 207).

L'ouverture du redressement ou de la liquidation judiciaire peut être demandée même si l'état de cessation des paiements du débiteur n'est pas antérieur mais postérieur à la cessation d'activité ou à la radiation (Cass. com. 4-7-2018 n° 17-16.056 F-PB : RJDA 11/18 n° 849).

En cas de **décès** d'un débiteur en état de cessation des paiements, la procédure peut être ouverte (art. L 631-3, al. 2) :
– à la demande des héritiers sans condition de délai ;
– sur assignation d'un créancier, quelle que soit la nature de sa créance, ou sur requête du ministère public dans un délai d'un an à compter du décès.

La cessation des paiements doit être antérieure au décès.

SUITES DE LA SAISINE DU TRIBUNAL

Les **règles exposées en matière de sauvegarde** à propos des auditions (nos 50800 s.) et des pouvoirs d'enquête du tribunal (nos 50805 s.) s'appliquent en cas de saisine du tribunal en vue de l'ouverture d'un redressement judiciaire (C. com. art. L 631-7 et R 631-7) **sous réserve** des précisions suivantes. **51020**

Convocation du débiteur Lorsque le ministère public demande l'ouverture de redressement judiciaire, le président du tribunal convoque le débiteur, par lettre recommandée AR, à comparaître dans le délai qu'il fixe (C. com. art. R 631-4). La convocation est accompagnée de la requête du ministère public qui indique les faits de nature à motiver la décision d'ouverture (art. précité). **51025**
Sur la convocation des héritiers du débiteur décédé avant la saisine du tribunal, voir l'article R 631-5 du Code de commerce.

DÉCISION DU TRIBUNAL

51040 Les règles exposées pour la sauvegarde de droit commun (nos 50815 s.) s'appliquent en matière de redressement judiciaire (C. com. art. L 631-9 et R 631-7) sous réserve des précisions exposées n° 50870 pour l'entrepreneur individuel et de celles qui suivent :
– si le tribunal a été saisi par le ministère public sur la base des informations fournies par le président de ce tribunal, ce dernier ne peut **pas siéger**, à peine de nullité du jugement, dans la formation de jugement ni participer aux délibérés (art. L 631-3-1) ;
– si le **jugement** ne peut **pas** être **rendu sur-le-champ**, la date de son prononcé est communiquée au débiteur et, le cas échéant, au créancier poursuivant (art. R 631-10) ;
– le **tribunal rejette** la demande si le débiteur ne remplit pas les conditions requises pour l'ouverture du redressement judiciaire (C. com. art. R 631-11, al. 1), ce rejet n'étant pas prononcé en audience publique (art. R 662-13) ;
– si la situation du débiteur qui a déclaré être en état de cessation des paiements apparaît manifestement insusceptible de redressement, le tribunal invite celui-ci, en l'**absence de demande subsidiaire** en ouverture d'une **liquidation judiciaire**, à présenter ses observations sur l'ouverture d'une telle procédure ; le tribunal statue ensuite, dans la même décision, sur la demande de redressement judiciaire et, le cas échéant, sur l'ouverture d'une liquidation judiciaire (art. L 631-7, al. 2) ; le tribunal doit, avant de statuer, examiner si la situation du débiteur permet l'ouverture d'une procédure de rétablissement professionnel (n° 53420) ;
– s'il ouvre la procédure de redressement judiciaire, le tribunal fixe la date de cessation des paiements qui, à défaut, est réputée intervenue à la date du jugement (art. L 631-8, al. 1).

NOTIFICATION ET PUBLICITÉ DU JUGEMENT

51050 Le jugement qui statue sur l'ouverture de la procédure de redressement judiciaire est notifié au débiteur ou au créancier, lorsqu'il est demandeur, par le greffier dans les 8 jours de son prononcé (C. com. art. R 631-12). Lorsque le débiteur n'est pas demandeur, le jugement lui est signifié dans le même délai (art. précité).
Les règles relatives à la publicité (n° 50830), à la communication (n° 50840) et aux effets (n° 50845) du jugement ouvrant la sauvegarde s'appliquent à celui ouvrant le redressement judiciaire (art. R 631-7 et, sur renvoi, art. R 621-4 et R 621-8).
Les créanciers sont avertis dans les conditions exposées nos 50895 s. qu'ils doivent déclarer leurs créances.

VOIES DE RECOURS

51060 **Appel et pourvoi en cassation** Les décisions statuant sur l'ouverture d'une procédure de redressement judiciaire sont susceptibles d'appel ou de pourvoi en cassation dans les conditions énoncées nos 50540 s. mais seulement **de la part** (C. com. art. L 661-1, I, 1° et L 661-12) :
– du débiteur ;
– du créancier poursuivant ;
– du ministère public, y compris s'il n'a pas agi à titre principal.
Doivent être attraits à la procédure le créancier à l'initiative duquel la procédure a été ouverte s'il n'est pas demandeur ainsi que, dans l'hypothèse où le débiteur était déjà en sauvegarde, l'administrateur judiciaire.
Sur le caractère non suspensif de l'appel du ministère public, voir n° 50425.

> **Précisions** La cour d'appel qui annule ou infirme un jugement statuant sur l'ouverture d'un redressement judiciaire peut, d'office, ouvrir le redressement ou la liquidation judiciaire du débiteur (art. R 631-6), sauf en cas d'irrégularité de l'acte introductif d'instance (Cass. com. 17-11-2009 n° 08-15.693 : D. 2009 AJ p. 2930 note A. Lienhard).

51065 **Tierce opposition** Les décisions statuant sur l'ouverture d'une procédure de redressement judiciaire peuvent faire l'objet d'une tierce opposition dans les conditions exposées nos 50510 s. (C. com. art. L 661-2). Le jugement statuant sur la tierce opposition est susceptible d'appel et de pourvoi en cassation de la part du tiers opposant (art. précité) et des personnes mentionnées n° 51060 (Cass. com. 9-5-2018 n° 14-11.367 F-PB : RJDA 8-9/18 n° 656).

EXTENSION DU REDRESSEMENT JUDICIAIRE

51070 L'extension de la procédure de redressement judiciaire à un autre débiteur obéit aux mêmes règles qu'en matière de sauvegarde (C. com. art. L 631-7 et R 631-7 ; nos 50870 s.).

3. OUVERTURE D'UNE PROCÉDURE DE LIQUIDATION JUDICIAIRE

SAISINE DU TRIBUNAL

Le tribunal est saisi pour l'ouverture d'une liquidation judiciaire comme en matière de redressement judiciaire (C. com. art. L 640-4, L 640-5 et R 640-1, al. 1 ; nos 50950 à 51010), sous réserve des **particularités** suivantes. 51120

Les éléments de nature à établir que le redressement est manifestement impossible doivent être joints à la demande du débiteur, à l'assignation d'un créancier, à la demande du ministère public ou au rapport du juge commis par le tribunal (art. R 640-1, al. 1).

Le créancier peut demander à titre subsidiaire l'ouverture d'un redressement judiciaire, mais rien d'autre (art. précité, al. 2 ; n° 50980).

Si le débiteur est un exploitant agricole, l'assignation du créancier doit être accompagnée d'une attestation, délivrée par le greffier, de la saisine préalable du président du tribunal judiciaire aux fins de désignation d'un conciliateur sauf si le débiteur fait l'objet d'une procédure de rétablissement professionnel en cours (C. com. art. L 640-5, dern. al.).

> **Précisions** La faculté initialement reconnue au **tribunal** de **se saisir d'office** de l'ouverture directe d'une liquidation judiciaire a été déclarée inconstitutionnelle et n'est plus applicable aux procédures ouvertes depuis le 9 mars 2014 (Cons. const. 7-3-2014 n° 2013-368 QPC : JO 9-3-2014 p. 5034).

SUITES DE LA SAISINE DU TRIBUNAL

Les **règles exposées en matière de sauvegarde** à propos des auditions (nos 50800 s.) et des pouvoirs d'enquête du tribunal (nos 50810 s.) s'appliquent en cas de saisine du tribunal en vue de l'ouverture d'une liquidation judiciaire (C. com. art. R 641-1). 51130

DÉCISION DU TRIBUNAL

Le tribunal statue dans les mêmes conditions que celles exposées pour la sauvegarde (C. com. art. R 641-1 ; nos 50815 s.), sous réserve des précisions exposées n° 50870 pour l'entrepreneur individuel et des **particularités** suivantes. 51140

Formation de jugement Il est interdit à certains magistrats du tribunal de participer au jugement (n° 50412). En outre, lorsque le tribunal a été saisi par le ministère public sur la base des informations fournies par le **président du tribunal**, ce dernier ne peut pas siéger, à peine de nullité du jugement, dans la formation de jugement ni participer aux délibérés (art. L 640-3-1). 51142

Rejet de la demande Si le débiteur ne remplit pas les conditions requises pour l'ouverture d'une procédure de liquidation judiciaire, le tribunal **rejette la demande** (C. com. art. R 641-5). Ce rejet n'est pas prononcé en audience publique (art. R 662-13). Le tribunal peut ouvrir un redressement judiciaire si la demande était alternative (redressement ou liquidation judiciaire). 51145

Lorsque la situation du débiteur qui a déclaré être en état de cessation des paiements n'apparaît pas manifestement insusceptible de redressement, le tribunal invite celui-ci, en l'absence de demande subsidiaire en redressement judiciaire, à présenter ses observations sur l'ouverture d'un redressement judiciaire ; le tribunal statue ensuite, dans la même décision, sur la demande de liquidation judiciaire et, le cas échéant, sur l'ouverture d'un redressement judiciaire (art. L 641-1, I-al. 2).

Sur l'obligation pour le tribunal d'examiner préalablement si la situation du débiteur permet l'ouverture d'une procédure de rétablissement professionnel, voir n° 53420.

Ouverture de la procédure Lorsqu'il ouvre la procédure de liquidation judiciaire, le tribunal **désigne** (C. com. art. L 641-1, II) : 51150

- un juge-commissaire ou plusieurs en cas de nécessité ;
- un liquidateur judiciaire (ou plusieurs sur demande du ministère public ou d'office) ;
- un ou plusieurs experts en vue d'une mission qu'il détermine ;
- selon leurs attributions, un commissaire-priseur ou commissaire de justice judiciaire, un huissier ou commissaire de justice, un notaire ou un courtier en marchandises pour réaliser s'il y a lieu l'inventaire et la prisée des biens du débiteur.

Par ailleurs, le tribunal fixe :

- la **date de cessation des paiements** qui, à défaut, est réputée être intervenue à la date du jugement d'ouverture de la procédure (art. R 641-1, IV et, sur renvoi, art. L 631-8) ;
- le délai au **terme** duquel la clôture **de la procédure** devra être examinée, le tribunal pouvant proroger ce terme par une décision motivée (art. L 643-9, al. 1).

Le cas échéant, il opte pour une liquidation judiciaire simplifiée (art. L 641-2, al. 2).

51155 **Procédure simplifiée** La procédure de liquidation judiciaire simplifiée est **obligatoire** (C. com. art. L 641-2 et D 641-10).
– pour le débiteur personne physique si l'actif de celui-ci ne comprend pas de bien immobilier ; toutefois, le fait que le débiteur dispose de droits insaisissables sur sa résidence principale (C. com. art. L 526-1, al. 1) ne fait pas obstacle à l'ouverture de la liquidation judiciaire simplifiée ;
– pour la personne morale débitrice à condition qu'elle n'ait pas d'actif immobilier, qu'elle ait employé cinq salariés au plus au cours des six mois précédant l'ouverture de la procédure et que son chiffre d'affaires hors taxe soit égal ou inférieur à 750 000 € à la date de la clôture du dernier exercice comptable (sur la détermination du chiffre d'affaires, voir C. com. art. D 123-200, al. 6 et, pour le nombre de salariés, CSS art. R 130-1).
Si le **tribunal** dispose des éléments lui permettant de vérifier que ces conditions sont remplies, il statue sur l'application de cette procédure dans le jugement de liquidation judiciaire (art. L 641-2, al. 2). Dans le cas contraire, le **président** du tribunal statue d'office au vu d'un rapport sur la situation du débiteur établi par le liquidateur dans le mois de sa désignation (art. précité ; art. R 644-1).

> **Précisions a.** La décision de soumettre le débiteur au régime simplifié de la liquidation judiciaire est une mesure d'administration judiciaire, insusceptible de **recours** (art. R 644-1) même si les conditions d'application de ce régime n'étaient pas remplies (Cass. com. 2-6-2021 n° 19-25.556 FS-P : RJDA 11/21 n° 732).
> **b.** La **durée** de la procédure simplifiée est limitée à 1 an ou à 6 mois selon le nombre de salariés et le montant du chiffre d'affaires hors taxe du débiteur, le tribunal pouvant la proroger de 3 mois maximum (art. L 644-5, al. 1 et D 641-10, al. 2).
> **c.** Le **tribunal** peut, à tout moment et après avoir convoqué le débiteur, décider de **ne plus faire application du régime simplifié** par un jugement spécialement motivé et insusceptible de recours (art. L 644-6 et R 644-4).

JUGEMENT STATUANT SUR LA LIQUIDATION JUDICIAIRE

51160 **Caractère exécutoire** Le jugement statuant sur l'ouverture de la liquidation judiciaire est exécutoire à titre provisoire (n° 50420) et produit les mêmes effets que ceux exposés n° 50845, à moins que l'exécution n'ait été suspendue par l'appel du ministère public ou par décision du premier président de la cour d'appel (n°s 50425 s.).

51165 **Notification et communication** Le jugement est notifié au débiteur ou au créancier par le greffier dans les 8 jours de son prononcé ; lorsque le débiteur n'est pas demandeur, le jugement lui est signifié dans le même délai (C. com. art. R 641-6, al. 1). Il est communiqué aux personnes mentionnées n° 50840 (art. précité, al. 2).

51170 **Publicité** Le jugement statuant sur la liquidation judiciaire est soumis aux mêmes publicités que celles exposées n°s 51170 s. mais, si l'exécution provisoire du jugement est suspendue par un appel du ministère public ou par le premier président de la cour d'appel, ces publicités ne sont effectuées par le greffier du tribunal qu'au vu de l'arrêt de la cour d'appel qui doit lui être transmis dans les 8 jours de son prononcé (C. com. art. R 641-7).

VOIES DE RECOURS

51180 Les décisions statuant sur l'ouverture de la liquidation judiciaire sont susceptibles d'**appel** ou de **pourvoi en cassation** dans les conditions exposées n°s 50540 s. mais seulement de la part du débiteur, du créancier poursuivant, du comité social et économique ou, dans les entreprises de moins de 50 salariés, des membres de sa délégation du personnel, ou encore du ministère public, même s'il n'a pas agi à titre principal (C. com. art. L 661-1, I-2° et L 661-12). Le liquidateur judiciaire n'est pas recevable à exercer ces recours (cf. Cass. com. 18-3-2014 n° 12-26.390 : RJDA 6/14 n° 556 rendu sous l'empire de l'ancien art. L 623-1, I-1 mais transposable au régime actuel).
L'appel du ministère public est suspensif (n° 50425).
La cour d'appel qui annule un jugement statuant sur l'ouverture de la procédure de liquidation judiciaire peut, d'office, ouvrir la procédure de liquidation judiciaire (art. R 640-2), sauf en cas d'irrégularité de l'acte introductif d'instance (Cass. com. 17-11-2009 n° 08-15.693 : D. 2009 AJ p. 2930 note A. Lienhard). Si la cour d'appel infirme le jugement, elle peut d'office ouvrir le redressement judiciaire (art. précité).

51182 Ces décisions peuvent aussi faire l'objet d'une **tierce opposition** selon les modalités exposées n°s 50510 s. (art. L 661-2). Le jugement statuant sur la tierce opposition est susceptible d'appel et de pourvoi en cassation de la part du tiers opposant (art. L 661-2) et des personnes mentionnées ci-dessus (cf. Cass. com. 9-5-2018 n° 14-11.367 F-PB : RJDA 8-9/18 n° 656).

EXTENSION DE LA LIQUIDATION JUDICIAIRE

La procédure de liquidation judiciaire peut être étendue à d'autres personnes ou aux autres patrimoines de l'EIRL dans les mêmes conditions que la sauvegarde (C. com. art. L 641-1 ; nos 50870 s.), étant précisé que l'extension peut être demandée par le liquidateur judiciaire. Les voies de recours contre les décisions statuant sur l'extension sont aussi identiques (nos 50885 s.). **51190**

C. Effets de la procédure collective sur les litiges

1. ACTIONS EN JUSTICE DU DÉBITEUR

POUVOIRS DES MANDATAIRES DE JUSTICE

Lorsqu'il ouvre une sauvegarde ou un redressement judiciaire, le tribunal désigne un **administrateur** qu'il charge, en cas de sauvegarde, de surveiller ou d'assister le débiteur (C. com. art. L 622-1, II) ou, en cas de redressement judiciaire, d'assister le débiteur ou d'administrer l'entreprise à sa place (art. L 631-12, al. 2). En cas de liquidation judiciaire, le débiteur est dessaisi de l'administration et de la disposition de ses biens ; les droits et actions concernant le patrimoine engagé par son activé professionnelle sont exercés pendant toute la durée de la procédure par le **liquidateur** judiciaire (art. L 641-9). **51250**

Dans chacun de ces cas, la capacité du **débiteur** à **agir seul** en justice est limitée, sauf lorsqu'il s'agit de protéger ou de mettre en œuvre un droit qui lui est propre.

Sur la faculté de **transiger** ou de compromettre, voir nos 51490 s. et sur la possibilité pour le débiteur en liquidation judiciaire de contester l'autorisation de transiger donnée au liquidateur judiciaire, voir n° 50600.

Droit d'agir propre au débiteur Nonobstant les pouvoirs que la loi donne aux mandataires de justice dans le cadre d'une procédure collective, le débiteur peut exercer ses droits propres et les **actions attachées à sa personne** ; il peut ainsi notamment : **51255**

– contester son passif (notamment Cass. com. 18-9-2012 n° 11-17.546 : RJDA 11/12 n° 986 rendu en cas de dessaisissement du débiteur en liquidation judiciaire mais transposable à la sauvegarde et au redressement judiciaire) que ce soit dans le cadre de la procédure de vérification des créances (n° 52290) ou d'une instance en cours (Cass. com. 20-1-1998 n° 95-20.030 : RJDA 5/98 n° 616 ; Cass. com. 8-9-2015 n° 14-14.192 F-PB : RJDA 1/16 n° 47 ; Cass. com. 24-1-2018 n° 16-21.701 F-PBI : RJDA 4/18 n° 334) ; il conserve ainsi le droit propre de se défendre aux instances relatives à la détermination de son passif et d'exercer un recours contre les décisions fixant une créance à son passif après reprise d'une instance en cours lors du jugement d'ouverture (Cass. com. 24-5-2023 n° 21-22.398 F-B : RJDA 8-9/23 n° 448 ; Cass. com. 14-6-2023 n° 21-24.143 F-B : RJDA 11/23 n° 606) ;

– contester la décision l'expulsant d'un immeuble qui constitue son logement familial (cf. Cass. com. 11-12-2012 n° 11-24.147 : RJDA 4/13 n° 351) ou l'ordonnance du juge-commissaire ordonnant la vente de ce logement (Cass. com. 21-11-2018 n° 17-21.624 F-D : RJDA 2/19 n° 119) ;

– former les recours que lui ouvre la loi en matière de procédure collective mais aussi contre le jugement modifiant la mission de l'administrateur (Cass. com. 17-7-2001 n° 98-18.768 : RJDA 8-9/02 n° 918) ;

– se défendre à l'action tendant au report de la date de cessation de ses paiements (Cass. com. 19-5-2015 n° 14-14.258 F-D : RJDA 11/15 n° 760) ;

– intenter une action en divorce ou en fixation de la prestation compensatoire, ou y défendre (Cass. com. 16-1-2019 n° 17-16.334 FS-PB : RJDA 4/19 n° 282) ;

– agir en réparation de son préjudice physique et d'agrément résultant d'un accident (Cass. com. 17-4-2019 n° 17-18.688 FS-PB : RJDA 12/19 n° 771, chronique C. Brahic-Lambrey) ou du préjudice moral que lui a causé un cocontractant (Cass. com. 9-6-2022 n° 21-12.348 F-D : RJDA 11/22 n° 650) ;

– faire reconnaître qu'il est titulaire d'un contrat de travail (Cass. soc. 13-7-2004 n° 02-43.444 FS-PB : RJDA 2/05 n° 177) ;

– se constituer partie civile dans le but d'établir la culpabilité de l'auteur d'un crime ou d'un délit (art. L 641-9, I-al. 2) mais sans pouvoir demander réparation du préjudice subi (Cass. crim. 24-6-2020 n° 18-85.540 FS-PB : RJDA 10/20 n° 512, avis av. gén. M. Salomon p. 629) ;

– mettre en cause la responsabilité de l'État en application de l'article L 141-1 du Code de l'organisation judiciaire lorsque la durée de la procédure collective est excessive (Cass. com. 24-3-2015 n° 14-11.376 F-D : RJDA 12/15 n° 847).

Le débiteur en liquidation judiciaire n'a aucun droit propre, faisant échec à son dessaisissement, pour l'exercice des actions tendant au recouvrement de ses créances (Cass. com. 18-9-2012 n° 11-17.546 : RJDA 11/12 n° 986 ; Cass. com. 9-10-2019 n° 18-12.162 F-PB : RJDA 1/20 n° 33) ou à la mise en cause de la responsabilité d'un cocontractant (Cass. com. 14-6-2023 n° 21-24.143 F-B précité).

> **Précisions** **a.** Peuvent se prévaloir de la règle du **dessaisissement** du débiteur le liquidateur judiciaire et les défendeurs à l'action, y compris s'il s'agit de créanciers (Cass. com. 13-11-2013 n° 12-28.572 : RJDA 1/14 n° 53 ; Cass. com. 19-11-2013 n° 11-28.078 : RJDA 3/14 n° 257 revenant sur la jurisprudence antérieure). Le débiteur ne le peut pas (Cass. com. 24-4-2007 n° 05-21.376 : RJDA 8-9/07 n° 874).
> **b.** Le liquidateur ne peut se **désister** seul d'une action tendant à contester une créance déclarée ; l'accord du débiteur, qui dispose en la matière d'un droit propre, est requis (Cass. com. 1-10-2002 n° 99-21.143 : RJDA 1/03 n° 48). Mais le liquidateur peut se désister seul d'une action engagée par le débiteur en qualité de créancier (Cass. com. 18-9-2012 précité).
> **c.** Le délai de **prescription** qui court contre un débiteur n'est pas suspendu par sa mise en redressement ou en liquidation judiciaire (Cass. com. 20-9-2005 n° 03-17.137, 03 18.473 F-PB : RJDA 1/06 n° 46 ; Cass. com. 24-1-2018 n° 16-23.655 F-D : RJDA 4/18 n° 340), ou en sauvegarde. La prescription de l'action commence à courir à l'égard du liquidateur, représentant le débiteur dessaisi, à compter de la même date qu'à l'égard de celui-ci (Cass. com. 7-12-2004 n° 01-15.437 F-D : RJDA 4/04 n° 354).

51260 **Personne morale en liquidation judiciaire** Lorsque le débiteur en liquidation judiciaire est une société, les dirigeants sociaux en fonction lors de l'ouverture de la procédure le demeurent et ils continuent à représenter cette société (Cass. com. 12-2-2019 n° 18-14.395 F-D : RJDA 10/19 n° 632). Toutefois, en cas de nécessité (dirigeant ayant été révoqué ou ayant fait l'objet d'une interdiction de gérer, conflit d'intérêts entre le dirigeant et la société...), un mandataire peut être désigné en leur lieu et place par ordonnance du président du tribunal sur requête de tout intéressé, du liquidateur ou du ministère public (C. com. art. L 641-9, II).
C'est donc le **dirigeant**, ou le cas échéant le **mandataire ad hoc**, qui exerce au nom de la société les actions relatives aux droits propres de celle-ci.

> **Précisions** **a.** Dans les procédures ouvertes depuis le 1er juillet 2014, le jugement ordonnant la liquidation judiciaire de la société n'emporte plus la dissolution de celle-ci : la **dissolution** n'intervient qu'en cas de clôture de la liquidation judiciaire pour insuffisance d'actif et à la date du jugement ordonnant cette clôture (C. civ. art. 1844-7, 7°).
> **b.** Sur la capacité d'un **dirigeant** qui fait l'**objet personnellement d'une procédure collective** de représenter la société, voir n° 47057.

APRÈS ADOPTION DU PLAN

51270 Après adoption du plan de sauvegarde ou de redressement, le débiteur redevient en principe maître de ses biens et droits (Cass. soc. 20-1-1993 n° 88-42.702 : RJS 3/93 n° 281 ; Cass. com. 16-9-2008 n° 07-13.713 : RJDA 2/09 n° 125 ; Cass. com. 2-3-2010 n° 09-14.425 F-D : Rev. proc. coll. 2010 p. 57 note J.-J. Fraimout) et recouvre son droit à **agir seul** en justice, **sous** certaines **réserves**.
En effet, le commissaire à l'exécution du plan conserve pendant la durée d'exécution du plan le pouvoir (C. com. art. L 626-25, al. 3 et 4 et L 631-19) :
– de poursuivre les actions introduites avant le jugement arrêtant le plan et auxquelles l'administrateur ou le mandataire judiciaire était partie, étant précisé que ne sont pas visées les actions qui étaient en cours lors de l'ouverture de la procédure (Cass. 3e civ. 16-6-1999 n° 97-15.461 : RJDA 10/99 n° 1106) ;
– d'engager des actions dans l'intérêt collectif des créanciers.
Le commissaire à l'exécution du plan ne peut pas agir contre un cocontractant du débiteur qu'il ne représente pas pour obtenir le paiement de sommes au seul profit de ce dernier (Cass. com. 4-6-2013 n° 12-16.366 : RJDA 10/13 n° 824).
Le débiteur peut agir seul pour demander la réparation d'un préjudice distinct de celui subi par les créanciers de la procédure collective (Cass. com. 13-3-2007 n° 06-13.325 : RJDA 8-9/07 n° 880) ou pour reprendre une action en justice qui a été interrompue par le jugement ouvrant la procédure collective (CA Versailles 20-1-2005 n° 03-5366 : RJDA 8-9/05 n° 1017).

SORT D'UNE ACTION IRRÉGULIÈREMENT ENGAGÉE PAR LE DÉBITEUR

51290 L'action introduite par le débiteur en violation des règles exposées ci-dessus est atteinte d'une **fin de non-recevoir** pour défaut de qualité à agir (Cass. com. 14-12-2010 n° 10-10.792 : RJDA 2/11 n° 173, 2e esp.), qui doit être relevée d'office par le juge (Cass. com. 18-1-2023 n° 21-17.581 F-B : RJDA 4/23 n° 214).

Elle peut être **régularisée jusqu'à** ce que le juge statue (Cass. 2e civ. 3-11-2005 n° 03-20.797 : RJDA 5/06 n° 562) ou, si une forclusion est encourue, avant l'expiration du délai de forclusion (Cass. com. 12-6-2001 n° 97-20.623 : RJDA 12/01 n° 1240 ; Cass. com. 10-12-2003 n° 00-19.230 : RJDA 4/04 n° 454 ; Cass. com. 13-11-2013 n° 12-28.572 : RJDA 1/14 n° 53), par exemple en cas d'appel formé irrégulièrement par le seul débiteur, avant l'expiration du délai pour interjeter appel (arrêts précités).
La régularisation résultera d'une intervention volontaire du mandataire de justice compétent, c'est-à-dire soit par le dépôt de nouvelles conclusions soit par la reprise par le mandataire à son compte de celles déposées par le débiteur (Cass. 2e civ. 3-11-2005 précité).

> **Précisions** La représentation du débiteur en liquidation judiciaire par le liquidateur, pour tous les droits et actions concernant son patrimoine, est une règle d'ordre public ; par suite, la **signification d'un jugement faite par le débiteur dessaisi** est nulle et ne peut pas avoir pour effet de faire courir le délai d'appel à l'encontre du destinataire de l'acte (Cass. com. 28-6-1994 n° 94-14.960 : Bull civ. IV n° 239).

2. ACTIONS EN JUSTICE DES CRÉANCIERS

REPRÉSENTATION DES CRÉANCIERS POUR LA DÉFENSE DE LEUR INTÉRÊT COLLECTIF

Pendant la durée de la sauvegarde ou du redressement judiciaire, c'est le **mandataire judiciaire** **51360**
qui a qualité pour agir au nom et dans l'intérêt collectif des créanciers (C. com. art. L 622-20, al. 1 et L 631-14, al. 1). En cas de liquidation judiciaire, cette mission incombe au **liquidateur** (art. L 641-4, al. 4).
Toutefois, en cas de carence du mandataire ou du liquidateur judiciaire, tout créancier nommé **contrôleur** peut agir dans l'intérêt collectif des créanciers, après mise en demeure adressée au mandataire ou au liquidateur par lettre recommandée AR restée infructueuse pendant 2 mois à compter de la réception de celle-ci (art. L 622-20, al. 1 et R 622-18).

> **Précisions** Les **actions introduites avant** le jugement qui arrête **le plan** et auxquelles l'administrateur ou le mandataire judiciaire est partie sont poursuivies, après l'adoption du plan, par le commissaire à l'exécution du plan ou, si celui-ci n'est plus en fonction, par un mandataire de justice désigné spécialement à cet effet par le tribunal (art. L 626-25, al. 2). Le commissaire à l'exécution du plan est également habilité à engager des actions dans l'intérêt collectif des créanciers (art. précité, al. 3).

Exceptions Dans le cadre de la procédure collective de leur débiteur, les créanciers conser- **51365**
vent un droit individuel d'agir en justice notamment :
- pour la défense de tout **intérêt personnel distinct** de celui des autres créanciers (notamment Cass. com. 11-10-1994 n° 90-16.309 : RJDA 2/95 n° 201 ; Cass. com. 14-11-2000 n° 97-19.798 : RJDA 2/01 n° 183 ; Cass. com. 10-12-2013 n° 11-22.188 : RJDA 3/14 n° 249), ce qui suppose que l'action soit étrangère à la protection et à la reconstitution du gage commun des créanciers (Cass. com. 2-6-2015 n° 13-24.714 : RJDA 10/15 n° 678 ; Cass. com. 14-6-2017 n° 15-26.953 F-PBI : RJDA 1/18 n° 43 ; Cass. com. 2-2-2022 n° 20-17.151 F-D : RJDA 6/22 n° 354) ;
- pour revendiquer ou demander la restitution d'un bien leur appartenant qui est entre les mains du débiteur (nos 52370 s.) ;
- pour exercer les voies de recours que la loi leur ouvre contre les décisions du juge-commissaire ou du tribunal.

ILLUSTRATIONS

Est **étrangère** à la **protection et à la reconstitution du gage commun des créanciers** :
- l'action formée par les salariés de la société débitrice qui réclament à un tiers (banque ayant accordé des crédits ruineux à la société) la réparation des préjudices consécutifs à la perte de leur emploi, soit la perte pour l'avenir des rémunérations qu'ils auraient pu percevoir et l'atteinte à leur droit de voir leurs chances de retrouver un emploi optimisées, faute d'avoir pu bénéficier de formations qualifiantes (Cass. com. 2-6-2015 n° 13-24.714 FS-PBRI : RJDA 10/15 n° 678) ;
- l'action du crédit-bailleur qui reproche au liquidateur du crédit-preneur de ne pas lui avoir restitué l'immeuble, objet du contrat, et de l'avoir laissé se dégrader après avoir renoncé à poursuivre le contrat de crédit-bail, seul le crédit-bailleur, propriétaire du bien qui n'est jamais entré dans le patrimoine du débiteur, supporte le préjudice invoqué (Cass. com. 6-3-2019 n° 17-20.545 F-PB : RJDA 5/19 n° 359) ;
- l'action engagée par le cédant de droits sociaux qui, après la mise en liquidation judiciaire de la société acquéreuse, réclame l'indemnisation de la perte de la chance de percevoir pour l'avenir le complément de prix convenu (Cass. com. 14-6-2017 n° 15-26.953 F-PBI).

En revanche, ce cédant ne peut **pas demander individuellement la réparation du préjudice** résultant de l'impossibilité de se faire payer par la société acquéreuse le solde du prix de cession, lequel ne constitue qu'une fraction du passif collectif dont l'apurement est assuré par le gage commun des créanciers (Cass. com. 14-6-2017 précité). Constitue une fraction du préjudice collectif subi par les créanciers d'une société en procédure collective celui invoqué par un associé au titre de la perte de valeur de ses actions ou parts sociales (Cass. com. 28-1-2014 n° 12-27.901 F-PB : RJDA 5/14 n° 461 ; Cass. com. 27-11-2019 n° 18-19.256 F-D) ou de la perte de ses apports ou du solde de son compte courant d'associé (Cass. com. 29-9-2015 n° 13-27.587 F-PB : RJDA 2/16 n° 132 ; Cass. com. 5-6-2019 n° 16-10.391 F-D : RJDA 10/19 n° 605), à moins que ce préjudice n'ait été causé par l'infidélité des comptes sociaux et non sur la défaillance de la société (Cass. com. 2-2-2022 n° 20-17.151 F-D : RJDA 6/22 n° 354). Tendent à la reconstitution du gage commun des créanciers l'action du bailleur en responsabilité contre l'ancien liquidateur judiciaire dont la faute lui a fait perdre une chance d'extension de la procédure collective de la société locataire à un des deux gérants (Cass. com. 28-6-2016 n° 14-20.118 F-PB : RJDA 10/16 n° 706) ou encore l'action tendant à contester la régularité de la publicité d'une déclaration d'insaisissabilité faite par le débiteur (Cass. com. 15-11-2016 n° 14-26.287 FS-PBI : RJDA 2/17 n° 101).
L'action paulienne contre un acte frauduleux tend à la reconstitution du gage des créanciers, y compris lorsque la répartition des dividendes profite exclusivement à certains d'entre eux (Cass. com. 8-3-2023 n° 21-18.829 F-B : RJDA 6/23 n° 331). Cette décision met implicitement un terme à la jurisprudence antérieure qui autorisait un créancier à exercer individuellement l'action paulienne, nonobstant le monopole du mandataire ou du liquidateur à agir au nom et dans l'intérêt des créanciers (Cass. com. 8-10-1996 n° 93-14.068 P : RJDA 1/97 n° 94) et la suspension des poursuites contre le débiteur (Cass. com. 2-11-2005 n° 04-16.232 FS-PB : Bull. civ. IV n° 214).

ACTIONS INTERDITES AUX CRÉANCIERS

51380 Le jugement ouvrant une procédure collective à l'encontre d'un débiteur interdit aux créanciers d'agir individuellement en justice pour obtenir la condamnation de celui-ci au **paiement** d'une somme d'argent ou la **résolution** d'un contrat pour défaut de paiement d'une somme d'argent dès lors qu'ils invoquent une **créance née avant le jugement d'ouverture ou**, si elle est née après, une **créance qui n'est pas utile à la procédure** collective, c'est-à-dire qui n'est pas née pour les besoins du déroulement de la procédure ou de la période d'observation, ni en contrepartie d'une prestation fournie au débiteur pendant cette période (C. com. art. L 622-21 pour la sauvegarde ; art. L 631-14, al. 1 pour le redressement judiciaire ; voir aussi art. L 641-13 qui étend la liste des créances utiles en cas de liquidation judiciaire).
Ces créances doivent en effet être déclarées par les créanciers dans les conditions exposées n°s 51540 s. puis soumises à la procédure de vérification, le juge-commissaire étant appelé à statuer sur leur sort (n°s 52080 s.).

> **Précisions a.** L'interdiction posée par l'article L 622-21 s'applique aussi à l'**arbitrage** (Cass. com. 2-6-2004 n° 02-13.940 : RJDA 11/04 n° 1240 ; Cass. 1e civ. 6-5-2009 n° 08-10.281 : RJDA 5/10 n° 574) ; elle fait obstacle à l'exequatur d'une sentence arbitrale qui a condamné le débiteur à payer (Cass. com. 8-2-2023 n° 21-15.771 F-B : RJDA 7/23 n° 392).
b. La règle de l'arrêt des poursuites individuelles constitue une **fin de non-recevoir** qui peut être proposée en tout état de cause et que le juge doit relever d'office (Cass. com. 12-1-2010 n° 08-19.645 : RJDA 5/10 n° 544 ; Cass. com. 30-6-2021 n° 20-15.690 F-B : RJDA 10/21 n° 679). L'adoption d'un plan ne met pas un terme à cette interdiction (Cass. com. 29-4-2014 n° 12-24.628 : RTD com. 2014 p. 683 obs. B. Bouloc ; Cass. com. 7-9-2022 n° 20-20.404 F-D : RJDA 1/23 n° 42).
c. Les créanciers précités ne peuvent pas non plus engager une **procédure d'exécution**, telle une saisie, sur les biens du débiteur après le jugement d'ouverture (C. com. art. L 622-21, II). Par ailleurs, les sommes perçues par l'administrateur, le mandataire ou le liquidateur judiciaire et qui sont versées à la Caisse des dépôts et consignations ne peuvent faire l'objet d'aucune opposition ou procédure d'exécution (art. L 662-1).
d. Pour les créanciers d'un **entrepreneur individuel**, l'interdiction vise le seul patrimoine professionnel de celui-ci ou également son patrimoine personnel si ce dernier est inclus dans la procédure collective (art. L 681-2, II et III). Pour les créanciers de l'EIRL, elle vise le seul patrimoine affecté à l'activité ou, si l'activité est exercée sans affectation de patrimoine, le seul patrimoine affecté (art. L 680-3).
e. L'ouverture de la sauvegarde ou du redressement judiciaire suspend jusqu'au jugement arrêtant le plan ou prononçant la liquidation judiciaire toute action contre les **personnes physiques coobligées ou garantes** du débiteur (art. L 622-28, al. 2 autorisant néanmoins les créanciers à prendre des mesures conservatoires). Ces personnes peuvent ensuite se prévaloir des dispositions du plan (art. L 626-11 et L 631-19, I-al. 1).

ACTIONS INTERROMPUES PAR LA PROCÉDURE COLLECTIVE

Les **actions** en justice visées n° 51380 qui sont **en cours** lors de l'ouverture de la procédure collective sont interrompues par le jugement d'ouverture (C. com. art. L 622-21, al. 1 pour la sauvegarde ; art. L 631-14, al. 1 pour le redressement judiciaire ; art. L 641-3 pour la liquidation judiciaire ; CPC art. 369). 51400
L'**interruption** n'a pas pour **effet** de dessaisir le juge initialement saisi au profit du tribunal ayant ouvert la procédure ou du juge-commissaire (CPC art. 373 ; Cass. com. 3-11-2009 n° 08-20.490 : RJDA 3/10 n° 263 ; Cass. com. 26-1-2010 n° 09-11.288 : RJDA 6/10 n° 650). Mais ses pouvoirs sont limités car, après reprise, l'action ne peut tendre qu'à la constatation des créances et à la fixation de leur montant (art. L 622-22, al. 1). Le juge ne pourra donc pas condamner le débiteur à payer (Cass. com. 15-10-2002 n° 99-12.767 : Rev. proc. coll. 2003 p. 314 n° 10 obs. O. Staes ; Cass. com. 17-2-2015 n° 13-26.931 : RJDA 7/15 n° 509 ; Cass. com. 7-9-2022 n° 20-20.404 F-D : RJDA 1/23 n° 42) ; sa décision ne constitue pas un titre exécutoire et ne peut pas fonder une mesure d'exécution forcée contre le débiteur (Cass. com. 8-1-2020 n° 18-22.462 F-D : RJDA 3/20 n° 120). Le créancier poursuivant n'a pas pour autant à modifier l'objet de sa demande initiale (Cass. com. 4-4-2006 n° 05-10.416 : RJDA 8-9/06 n° 925).
Sur les pouvoirs du juge-commissaire en présence d'une instance en cours, voir nos 52190 s.

ILLUSTRATIONS

Une **instance** judiciaire n'est pas **en cours** au jour de l'ouverture d'une procédure collective si la copie de l'assignation en paiement délivrée avant l'ouverture de cette procédure n'a été remise au greffe du tribunal de commerce que le lendemain de cette ouverture (Cass. com. 12-1-2010 n° 08-19.645 : RJDA 5/10 n° 544). Le pourvoi en cassation, non suspensif d'exécution, contre un arrêt d'appel n'a pas eu pour effet de maintenir une instance en cours (CA Orléans 17-5-2001 n° 2000/1801 : RJDA 10/01 n° 999).
Une instance arbitrale est considérée comme étant en cours à partir du jour où le tribunal arbitral est définitivement constitué et peut donc être saisi du litige, c'est-à-dire à partir de l'acceptation par tous les arbitres de leur mission (Cass. 1e civ. 30-3-2004 n° 01-11.951 : RJDA 8-9/04 n° 1011).
Une action en référé, qui par définition ne tend pas à obtenir une décision définitive sur le montant et l'existence de la créance, n'est pas une instance en cours au sens des dispositions précitées : la créance concernée doit être soumise à la procédure de vérification des créances (Cass. com. 12-7-1994 n° 91-20.843 : RJDA 2/95 n° 230 ; Cass. com. 6-10-2009 n° 08-12.416 : RJDA 12/09 n° 1105 ; Cass. com. 19-9-2018 n° 17-13.210 F-PB : RJDA 12/18 n° 926).

Information du créancier poursuivant Le **débiteur**, qui est partie à une instance en cours lors de l'ouverture de sa procédure collective, doit **informer** le créancier poursuivant **de l'ouverture de la procédure** dans les 10 jours de celle-ci (C. com.art. L 622-22, al. 2). Le débiteur encourt une interdiction de gérer s'il a sciemment manqué à cette obligation (art. L 653-8), mais cette fraude ne fait pas échec à la règle de l'interdiction des poursuites pour le créancier concerné (Cass. com. 6-6-2018 n° 16-23.996 F-PB : RJDA 8-9/18 n° 658). 51402

Conditions de reprise L'action interrompue est reprise de plein droit et à **l'initiative du créancier poursuivant** sous les conditions suivantes qui sont cumulatives (C. com. art. L 622-22, L 631-14, al. 1, L 641-3, al. 1, R 622-20, R 631-20 et R 641-23) : 51405
– le créancier a déclaré sa créance et il a remis au greffe du tribunal saisi une copie de cette déclaration ou tout élément justifiant de la mention de sa créance sur la liste des créances déclarée établie par le mandataire judiciaire ;
– il a mis en cause (par voie d'assignation en intervention forcée) le mandataire judiciaire ainsi que, le cas échéant, l'administrateur lorsqu'il a pour mission d'assister ou de représenter le débiteur ou, si le plan a été arrêté, le commissaire à l'exécution du plan ou, en cas de liquidation judiciaire, le liquidateur.

> **Précisions** **a.** Le juge saisi vérifie même d'office que les conditions précitées sont remplies (Cass. com. 3-12-2003 n° 99-12.653 : RJDA 4/04 n° 476).
> **b.** La déclaration de créance ne met fin à l'interruption que si elle a été faite dans le délai légal ou si le créancier retardataire a été relevé de la forclusion encourue (CA Paris 28-1-1988 : D. 1988 som. p. 385 obs. Honorat).

Décision prononcée après reprise irrégulière Si les personnes visées n° 51405 n'ont pas été mises en cause, le jugement rendu après interruption de l'instance, même passé en force de chose jugée, est réputé non avenu, sauf s'il est expressément ou tacitement confirmé par la partie au profit de laquelle l'interruption est prévue (CPC art. 369 et 372 ; Cass. com. 29-10-1991 n° 90-11.297 : Bull. civ. IV n° 319 ; Cass. com. 26-1-2010 n° 09-11.288 : RJDA 6/10 n° 650 ; Cass. com. 9-9-2020 n° 18-25.365 FS-PB : RJDA 12/20 n° 656). 51410

> **Précisions** L'interruption n'étant prévue qu'au profit du débiteur, seul lui ou le liquidateur après sa mise en liquidation judiciaire peut **se prévaloir du caractère non avenu** de la décision, et non un créancier (Cass. 2e civ. 15-4-2010 n° 08-12.357 FS-PB : Bull. civ. II n° 82 ; Cass. com. 13-12-2017 n° 16-21.375 F-D).

51415 **Absence de reprise de l'instance** Si le **créancier** n'a **pas déclaré sa créance**, les conditions de la reprise d'instance en cours ne sont pas réunies, même si la créance n'est pas éteinte, et l'instance demeure interrompue jusqu'à la clôture de procédure collective (Avis C. cass. 8-6-2009 n° 0900002 : RJDA 12/09 n° 1106 ; Cass. com. 5-5-2015 n° 14-10.631 F-D : Rev. proc. coll. 2015 n° 6 § 184 note Staes).

Si le **créancier a déclaré** sa créance mais n'a accompli aucun acte pendant plus de 2 ans pour reprendre l'instance interrompue, celle-ci est atteinte de péremption (Cass. 2e civ. 28-6-2006 n° 04-16.316 : Bull. civ. II n° 175 ; Cass. 2e civ. 10-1-2008 n° 07-10.974 : RTD com. 2008 p. 420 note A. Martin-Serf ; Cass. com. 23-10-2019 n° 18-10.700 F-PB). La péremption peut être invoquée par les parties mais pas relevée d'office par le juge (CPC art. 388, al. 2). La déclaration de créance, autonome par rapport à l'instance, n'est pas atteinte par cette péremption (Cass. 2e civ. 10-1-2008 précité ; Cass. com. 3-12-2013 n° 12-20.985 F-PB : RJDA 4/14 n° 364).

ACTIONS POURSUIVIES APRÈS L'OUVERTURE DE LA PROCÉDURE COLLECTIVE

51430 Les actions en cours autres que celles visées n° 51380 ne sont pas interrompues mais poursuivies à l'encontre du débiteur, après mise en cause (par voie d'assignation en intervention forcée) du mandataire judiciaire et de l'administrateur lorsqu'il a une mission d'assistance (ou, en cas de redressement judiciaire, une mission de représentation), ou du liquidateur après une reprise d'instance à leur initiative (C. com. art. L 622-22, L 622-23 et L 631-14).

51440 **Spécificités des instances prud'homales** Les instances prud'homales en cours lors du jugement ouvrant la procédure collective ne sont pas interrompues par ce jugement (Cass. soc. 17-9-2003 n° 01-41.255 FS-PBI : RJS 12/03 n° 1394 ; Cass. soc. 7-7-2004 n° 02-47.653 FS-PB : RJS 11/04 n° 1150 excluant l'application des art. 369 et 372 du CPC ; Cass. soc. 9-3-2011 n° 09-67.312 FS-PBRI : RJDA 7/11 n° 642), y compris si elles tendent à obtenir un paiement du débiteur objet de la procédure.

Le **mandataire judiciaire** (ou le liquidateur) doit **informer** dans les 10 jours la juridiction saisie et les **salariés** parties à l'instance de l'ouverture de la procédure collective (art. L 625-3, al. 2, L 631-18 et L 641-14).

L'AGS (association pour la gestion du régime d'assurance des créances des salariés) est mise en cause par le mandataire judiciaire (ou le liquidateur) ou, à défaut par les salariés requérants, dans 10 jours du jugement ouvrant la procédure (art. L 631-18 et L 641-14).

L'**instance** est **poursuivie** en présence du mandataire judiciaire et de l'administrateur lorsqu'il a une mission d'assistance (mais aussi lorsqu'il a une mission de représentation en cas de redressement judiciaire) ou ceux-ci dûment appelés (art. L 625-3, al. 1 et L 631-18). En cas de liquidation judiciaire, le débiteur étant dessaisi de ses droits et actions sur son patrimoine au profit du liquidateur judiciaire (art. L 641-9), c'est ce dernier qui participe à l'instance.

L'instance ainsi poursuivie ne peut pas aboutir à une condamnation à paiement, le juge devant se borner à déterminer les sommes à inscrire sur l'état des créances déposé au greffe du tribunal (Cass. soc. 6-6-1989 n° 87-45.172 : Bull. civ. V n° 424 ; Cass. soc. 4-7-2012 n° 11-12.573 F-D ; Cass. soc. 30-11-2017 n° 16-12.521 F-D). La créance reste soumise à l'arrêt des procédures civiles d'exécution, de sorte que le salarié ne peut pas saisir les biens de son employeur (Cass. com. 30-6-2021 n° 20-15.690 F-B : RJDA 10/21 n° 679).

> **Précisions a.** La poursuite de l'instance n'est pas subordonnée à une **déclaration de sa créance** par le salarié (Cass. soc. 11-10-2000 n° 98-45.144 F-D).
> **b.** Si le **mandataire ou** le **liquidateur** judiciaire **n'a pas informé**, avant l'ouverture des débats, la **juridiction saisie et** les **salariés** parties à l'instance de la survenance de la procédure collective, il ne peut pas prétendre que la décision rendue lui est inopposable (Cass. soc. 24-6-2008 nos 07-41.972, 07-41.973, 07-41.974, 07-41.975, 07-41.976 FS-PBI : RJS 10/08 n° 998). Les actes accomplis et les décisions rendues malgré la procédure collective sont alors réguliers.

3. COMPROMIS D'ARBITRAGE ET TRANSACTION

Avertissement Ne sont ici envisagés que les effets de la procédure collective sur la transaction, qui est un mode conventionnel de règlement des litiges, et sur le compromis d'arbitrage qui consiste à recourir à l'arbitrage **après la naissance d'un litige** même si une instance judiciaire est déjà engagée (C. civ. art. 1446). **51470**

ARBITRAGE OU TRANSACTION ANTÉRIEUR LA PROCÉDURE COLLECTIVE

Conclu par le débiteur entre la date à laquelle il a cessé ses paiements et celle du jugement le mettant en redressement ou en liquidation judiciaire (**période** dite **suspecte**), la transaction ou le compromis encourt un risque d'annulation, notamment si les obligations du débiteur y excèdent notablement celles de l'autre partie (C. com. art. L 632-1, I et L 641-14 ; pour des exemples, voir Cass. com. 27-11-2001 n° 98-21.887 : RJDA 6/02 n° 666 ; CA Paris 28-6-2007 n° 03-1129 : RTD com. 2007.602 obs. A. Martin-Serf). Ce risque d'annulation n'existe pas lorsque l'accord a été conclu avant l'ouverture d'une sauvegarde, aucune nullité de la période suspecte n'étant prévue dans le cadre de cette procédure. **51480**

S'applique au compromis et à la transaction la règle selon laquelle le **jugement d'ouverture** de la procédure collective **interdit ou interrompt les actions en cours** tendant à la condamnation du débiteur à payer une somme d'argent (n°s 51380 s.). Est ainsi interdite ou interrompue l'action en homologation d'une transaction prévoyant un tel paiement (CA Paris 3-5-2006 n° 05/17913). **51485**

ARBITRAGE OU TRANSACTION AU COURS DE LA PROCÉDURE COLLECTIVE

Autorisation et homologation Après ouverture d'une procédure de **sauvegarde** ou de **redressement judiciaire**, toute transaction ou compromis suppose l'autorisation préalable du juge-commissaire (C. com. art. L 622-7, II-al. 1, L 631-14, al. 3 ; Cass. com. 26-11-2002 n° 99-18.007 : Rev. proc. coll. 2004 p. 49 n° 12 note Ch. Lebel ; Cass. com. 20-1-2021 n° 19-20.076 F-P : RJDA 6/22 n° 349), quel qu'en soit l'objet (Cass. com. 5-1-1999 n° 96-20.561 : RJDA 2/99 n° 192). **51490**
L'autorisation est sollicitée :
– en cas de sauvegarde, par le débiteur seul (art. L 622-7, II-al. 1) ;
– en cas de redressement, conjointement par le débiteur et l'administrateur si ce dernier a une mission d'assistance (Cass. com. 23-9-2014 n° 13-21.686 : RJDA 2/15 n° 120) par l'administrateur seul s'il a une mission de représentation (art. L 631-14, al. 3).
Si cet acte est susceptible d'avoir une incidence déterminante sur l'issue de la procédure, le juge-commissaire ne peut statuer qu'après avoir recueilli l'avis du ministère public (art. L 622-7, II-al. 1).

En cas **de liquidation judiciaire**, le liquidateur peut, avec l'autorisation du juge-commissaire, compromettre et transiger sur toutes les contestations qui intéressent collectivement les créanciers même sur celles qui sont relatives à des droits et actions immobiliers (C. com. art. L 642-24, al. 1). Si l'objet du compromis ou de la transaction est d'une valeur indéterminée ou excède la compétence en dernier ressort du tribunal (soit 5 000 €), le compromis ou la transaction est soumis à l'**homologation** du tribunal (art. L 642-24, al. 2). **51495**

> **Précisions a.** Le débiteur est convoqué par greffier à l'audience d'autorisation ou d'homologation, 15 jours avant celle-ci, la copie sur requête du liquidateur étant jointe à la convocation (C. com. art. R 642-41). Le défaut de **convocation du débiteur** devant le juge-commissaire ne constitue pas un excès de pouvoir de ce dernier ouvrant un recours-nullité contre son ordonnance d'autorisation (Cass. com. 16-10-2007 n° 06-11.208).
> **b.** Sur la **transaction** en matière de **comblement de passif ou de sanction personnelle**, voir n° 53110 et n° 53160.

Recours L'ordonnance par laquelle le juge-commissaire statue sur la demande d'autorisation est susceptible d'opposition devant le tribunal de la procédure collective et le jugement de ce dernier est soumis aux recours de droit commun (n° 50600). **51500**
Le jugement statuant sur l'homologation de la transaction ou du compromis peut faire l'objet des recours de droit commun.
L'irrégularité de l'ordonnance du juge-commissaire ne peut pas être contestée dans le cadre d'un recours contre le jugement statuant sur l'homologation (Cass. com. 2-10-2007 n° 06-12.571 F-D).

Défaut d'autorisation ou d'homologation À défaut d'autorisation ou d'homologation lorsqu'elle est requise, la transaction ou le compromis d'arbitrage est frappé de nullité absolue (Cass. com. 6-12-1994 n° 92-20.269 : RJDA 4/95 n° 507 ; Cass. com. 29-4-2002 n° 99-15.449 : RJDA 10/02 n° 1065 annulant une transaction non autorisée mais homologuée). La nullité peut donc être **51505**

invoquée par tout intéressé, y compris par le liquidateur judiciaire. En conséquence, est recevable l'appel que le liquidateur a formé contre le jugement ayant homologué la transaction, même s'il n'a pas succombé en première instance (Cass. com. 29-4-2002 précité).

D. Déclaration des créances

CARACTÉRISTIQUES DE LA DÉCLARATION DES CRÉANCES

51540 **Nature** Depuis le début des années 1990, la Cour de cassation a affirmé que la déclaration des créances équivaut à une **demande en justice** (jurisprudence constante dont Cass. ass. plén. 4-2-2011 n° 09-14.619 : RJDA 6/11 n° 557). Elle en a tiré quelques conséquences (nécessité d'une délégation de pouvoirs ou d'un mandat spécial pour déclarer au nom d'un créancier ; interruption de la prescription en application de l'article 2241 du Code civil) mais n'a pas procédé à une assimilation totale (cf. Cass. com. 5-11-2013 n° 12-20.234 F-PB : RJDA 2/14 n° 143 refusant d'exiger du créancier résidant à l'étranger une élection de domicile en France pour la déclaration de créance comme l'exige l'art. 855 du CPC pour l'assignation ; Cass. com. 7-7-2009 n° 07-14.455 F-PB : RJDA 11/09 n° 1023 excluant l'application des règles de la péremption d'instance à la déclaration de créance). Certaines des modifications apportées par l'ordonnance 2014-326 du 12 mars 2014 au régime des procédures collectives ont remis en cause cette qualification, contestée par la doctrine. Selon P.-M. Le Corre, la déclaration est maintenant plutôt assimilable à une **mesure conservatoire** susceptible d'être accomplie par une personne n'ayant pas le pouvoir d'agir en justice (Premiers regards sur l'ordonnance du 12-3-2014 réformant le droit des entreprises en difficulté : D. 2014 p. 733 n° 52 ; Vers une nouvelle analyse de la déclaration de créance : Gaz. Pal. 21-7-2015 p. 5). En effet, relève-t-il, une créance peut désormais être déclarée par le débiteur lui-même, qui est présumé agir au nom du créancier, et ce dernier peut ratifier toute déclaration faite en son nom (C. com. art. L 622-24, al. 2 et 3). En outre, le législateur a pris soin de codifier la jurisprudence selon laquelle la déclaration de créance interrompt la prescription (art. L 622-25-1), de sorte que l'assimilation de la déclaration à une action en justice n'est plus requise pour justifier cette interruption. De même, l'article L 622-25-1 précise que la déclaration de créance dispense de toute mise en demeure et vaut acte de poursuites.

51545 **Caractère obligatoire** L'ouverture d'une procédure collective interdit au débiteur de payer les **créances** qui sont **nées** avant le jugement d'ouverture ainsi que celles **nées** régulièrement **après** ce jugement mais pas pour les besoins du déroulement de la procédure ou de la période d'observation, ni en contrepartie d'une prestation fournie au débiteur pendant cette période (C. com. art. L 622-7). Les titulaires de ces créances ne peuvent pas non plus engager une action en justice pour en obtenir le paiement (n° 51380). Ces créances doivent être déclarées dans le cadre de la procédure collective (C. com. art. L 622-24).

51550 **Exceptions à la déclaration** Échappent notamment à la procédure de déclaration exposée ci-dessous :
– les créances salariales qui sont soumises à un régime particulier exposé n° 51570 ;
– les créances alimentaires (C. com. art. L 622-24, al. 1) qui sont payées sur les revenus dont le débiteur conserve la disposition ou qui sont recouvrées auprès de tiers débiteurs de celui-ci (Cass. com. 8-10-2003 n° 00-14.760 : RJDA 3/04 n° 337) ; mais le créancier d'une prestation compensatoire ne peut être admis aux répartitions entre les créanciers qu'à la condition d'avoir déclaré sa créance (Cass. com. 13-6-2019 n° 17-24.587 FS-PB : RJDA 8-9/19 n° 575) ;
– les créances déjà déclarées par le débiteur lui-même dans la liste que ce dernier est tenu de remettre après l'ouverture de la procédure (n° 51750) et, en cas de sauvegarde accélérée, celles des créanciers ayant participé à la conciliation préalable (n°s 52055 s.) ;
– les créances nées régulièrement après le jugement d'ouverture pour les besoins de la procédure ou de la période d'observation ou en contrepartie d'une prestation fournie au débiteur pendant cette période (art. L 622-24, al. 5), ces créances étant en principe payées à leur échéance ou, à défaut, par privilège aux autres créances si elles ont été portées à la connaissance de l'administrateur et, à défaut, du mandataire judiciaire ou, lorsque ces organes ont cessé leurs fonctions, du commissaire à l'exécution du plan ou du liquidateur, dans le délai d'un an à compter de la fin de la période d'observation (art. L 622-17, IV) ; il en est de même en cas de résolution de plan de sauvegarde ou de redressement et ouverture d'une nouvelle procédure collective contre le débiteur (art. L 626-27, III) ;
– les créances nées irrégulièrement après le jugement d'ouverture (c'est-à-dire en violation des règles régissant les pouvoirs du débiteur) car elles sont inopposables à la procédure collective ;

– les créances inscrites au plan de sauvegarde ou de redressement lorsqu'une nouvelle procédure collective est ouverte à l'encontre du débiteur après résolution du plan, ces créances étant admises de plein droit, déduction faite des sommes déjà perçues (art. L 626-27, III) ;
– les créances ayant été effacées dans le cadre d'un rétablissement professionnel lorsque le débiteur perd le bénéfice de cet effacement et fait l'objet d'une liquidation judiciaire (art. L 645-12).

> **Précisions** Le créancier, qui **déclare une créance qui n'a pas à être déclarée** (telle une créance née après le jugement d'ouverture pour les besoins de la période d'observation), peut néanmoins en réclamer le paiement sans qu'on puisse lui opposer l'estoppel (Cass. com. 21-2-2012 n° 11-10.564 : RJDA 5/12 n° 517). Mais, si une fois déclarée la créance a été définitivement admise au passif, il ne peut plus se raviser compte tenu de l'autorité de chose jugée attachée à la décision d'admission (Cass. com. 3-5-2011 n° 10-18.031 : RJDA 10/11 n° 833 ; n° 52255).

Enjeux de la déclaration Une **créance non déclarée** à la procédure collective n'est pas éteinte mais elle est **inopposable** à la procédure collective (Cass. com. 3-11-2010 n° 09-70.312 : RJDA 1/11 n° 64 ; Cass. com. 8-9-2015 n° 14-15.831 F-PB : RJDA 4/16 n° 304 ; Cass. com. 27-11-2019 n° 18-13.730 F-D : RJDA 2/20 n° 90) : le créancier concerné ne peut pas être admis aux répartitions et dividendes décidés dans le cadre de celle-ci (C. com. art. L 622-26, al. 1). **51560**
Le **paiement** de la créance ne pourra pas plus être réclamé pendant ou après complète exécution du plan de sauvegarde ou de redressement par le débiteur (art. L 622-26, al. 2), y compris auprès des personnes physiques coobligées ou garantes de son paiement (art. précité).
Enfin, si la créance faisait l'objet d'une action en cours au moment du jugement ouvrant la procédure collective, le défaut de déclaration empêche la **reprise de l'instance** que la procédure collective a interrompue (n° 51405).

Jusqu'à la réforme issue de l'ordonnance 2021-1193 du 15 septembre 2021, la **créance irrégulièrement déclarée** à la procédure collective, par exemple hors délai ou par une personne dénuée de pouvoir à cet effet, devait être rejetée par le juge-commissaire (Cass. com. 4-5-2017 n° 15-24.854 FS-PBI : RJDA 7/17 n° 477) et ce rejet emportait l'extinction de la créance (Cass. com. 22-1-2020 n° 18-19.526 FS-PB : RJDA 4/20 n° 229) et de la sûreté qui la garantissait (Cass. com. 4-5-2017 précité). L'ordonnance précitée a mis un terme à cette jurisprudence : le juge-commissaire n'est plus tenu de prononcer le rejet d'une créance irrégulièrement déclarée ; il peut déclarer la demande d'admission irrecevable (art. L 624-2, al. 1 modifié). Le régime de la créance irrégulièrement déclarée est ainsi aligné sur celui de la créance non déclarée. **51561**

La déclaration interrompt le cours de la **prescription** à l'égard du débiteur jusqu'à la clôture de la procédure (C. com. art. L 622-25-1 ; voir aussi auparavant Cass. com. 28-6-1994 n° 92-13.477 : RJDA 1/95 n° 89 ; Cass. com. 15-3-2005 n° 03-17.783 : RJDA 8-9/05 n° 1013) mais aussi à l'égard notamment du tiers qui a constitué une sûreté réelle en garantie de la dette du débiteur (Cass. com. 17-11-2009 n° 08-16.605 FS-PB : RJDA 5/10 n° 558 ; Cass. com. 1-7-2020 n° 18-24.979 F-PB : RJDA 10/20 n° 508) et de la caution (Cass. com. 26-9-2006 n° 04-19.751 : RJDA 5/07 n° 529 ; Cass. com. 10-2-2015 n° 13-21.953 : Bull. civ. IV n° 25 ; Cass. com. 23-10-2019 n° 18-16.515 FS-PB, 17-25.656 FS-PB : RJDA 2/20 n° 107). **51562**
L'annulation du jugement ouvrant la procédure collective ne prive pas la déclaration de cet effet interruptif mais l'interruption prend fin avec l'annulation (Cass. com. 27-1-2015 n° 13-20.463 FS-PB : Bull. civ. IV n° 9).
La déclaration dispense de toute **mise en demeure** et vaut actes de poursuites (art. L 622-25-1). Elle interrompt le délai de péremption d'instance (Cass. com. 23-10-2019 n° 18-10.700 F-PB).

> **Précisions** Lorsqu'un créancier, titulaire d'une sûreté inscrite sur un immeuble du débiteur et à l'égard duquel la **déclaration d'insaisissabilité** de l'immeuble n'est **pas opposable**, a néanmoins déclaré sa créance au passif, cette déclaration interrompt la prescription à son profit jusqu'à la date de la décision statuant sur la demande d'admission de la créance ou, si aucune décision n'a statué sur cette demande, jusqu'à la clôture de la procédure collective (Cass. com. 24-3-2021 n° 19-23.413 F-P : RJDA 7/21 n° 497).

Juge compétent en cas de contestation Le juge-commissaire est seul compétent pour statuer sur l'existence et pour contrôler la **régularité de la déclaration** de créance (Cass. com. 27-10-1998 n° 94-19.288 : RJDA 1/99 n° 73 ; Cass. com. 27-10-2022 n° 21-15.026 F-B), y compris si elle a été effectuée par une personne morale de droit public (T. confl. 23-5-2005 n° 3447 : RJDA 3/06 n° 300). Il l'est aussi pour apprécier le **caractère abusif** de la déclaration (Cass. 1e civ. 11-9-2013 n° 11-17.201 : Bull. civ. I n° 161). **51565**

51570

Procédure collective : traitement particulier des créances salariales

Relevé des créances

Les salariés ne sont pas tenus de déclarer individuellement leurs créances dans le cadre de la procédure collective de leur employeur (C. com. art. L 622-24, al. 1 ; Cass. com. 30-6-2021 n° 20-15.690 F-B : RJDA 10/21 n° 679). Le mandataire judiciaire (ou, en cas de liquidation judiciaire, le liquidateur) établit, après vérification, un **relevé détaillé** des créances nées d'un contrat de travail indiquant, pour chaque salarié, notamment la nature du contrat, l'ancienneté, l'emploi occupé et la qualification, les sommes déjà payées et celles restant à verser, déduction faite des prélèvements légaux et conventionnels (C. com. art. L 625-1, R 625-2 et R 641-33). Contrôlé par le représentant des salariés et visé par le juge-commissaire, ce relevé est **déposé au greffe** du tribunal et remis au centre de gestion (CGEA) compétent de l'Association pour la gestion du régime d'assurance des créances des salariés (AGS) (art. précités). Sont ajoutées sur ce relevé les décisions des juridictions prud'homales qui ont été rendues dans le cadre d'instances en cours lors de l'ouverture de la procédure collective (art. L 625-6).

Un **avis de** ce **dépôt** est publié dans un support d'annonces légales du département du siège de la personne morale ou de l'adresse de l'entreprise débitrice (et, le cas échéant, dans le département de chacun de ses établissements secondaires), au plus tard 3 mois après l'expiration de la dernière période de garantie de l'AGS fixée par l'article L 3253-8 du Code du travail (C. com. art. R 625-3, al. 3).

Le **mandataire judiciaire** (ou le liquidateur judiciaire) **informe** par tout moyen chaque **salarié** de la nature et du montant des créances admises ou rejetées, lui indique la date du dépôt au greffe du relevé des créances et lui rappelle le délai de forclusion exposé ci-dessous (art. R 625-3 et R 641-33).

Faute de pouvoir être payées sur les fonds disponibles de l'entreprise avant l'expiration des délais d'établissement des relevés de créance, les sommes couvertes par l'AGS sont avancées par le CGEA sur présentation du relevé (C. trav. art. L 3253-16, L 3253-20 et L 3253-21), dans la limite d'un plafond (C. trav. art. L 3253-17, D 3253-2 et D 3253-5).

Omission d'un salarié sur le relevé

Le salarié dont la créance ne figure pas en tout ou partie sur le relevé des créances peut **saisir le conseil de prud'hommes** dans les 2 mois à compter de la publication de l'avis de dépôt du relevé (C. com. art. L 625-1 et R 625-3). Ce délai ne court pas si l'avis de dépôt n'a pas été publié (Cass. soc. 12-10-2004 n° 02-45.483 : RJS 12/04 n° 1289), ni si le mandataire (ou le liquidateur) judiciaire n'a pas informé le salarié de la juridiction compétente et des modalités de la saisine de celle-ci ou lui a communiqué des informations incomplètes ou erronées (Cass. soc. 7-2-2006 n° 03-47.937 F-P : RJS 4/06 n° 446 ; Cass. soc. 22-3-2023 n° 21-14.604 F-B : RJDA 6/23 n° 326).

L'action est portée directement devant le bureau de jugement (art. L 625-5). Elle est formée à titre principal contre le mandataire judiciaire (Cass. soc. 16-1-1991 n° 87-42.899 : Bull. civ. V n° 14 ; Cass. soc. 16-12-1992 n° 89-43.900 : Bull. civ. V n° 596) ou le liquidateur judiciaire. En outre, doivent être appelés en la cause :

– en cas de sauvegarde, le débiteur et l'administrateur s'il est chargé d'une mission d'assistance de ce dernier (art. L 625-1, al. 3) ;

– en cas de redressement judiciaire, les personnes précitées ou seulement l'administrateur s'il a pour mission d'assurer seul l'administration de l'entreprise ainsi qu'à la demande du mandataire judiciaire, le CGEA (art. L 631-18, al. 4) ;

– en cas de liquidation judiciaire, le CGEA à la demande du liquidateur ou du salarié demandeur (art. L 641-14, al. 2).

Le salarié peut demander à être assisté ou représenté par le représentant des salariés lors de cette instance (art. L 625-1, al. 4).

Le salarié n'ayant pas agi dans les deux mois peut être relevé de la forclusion par le conseil de prud'hommes dans le délai exposé n° 51855 (art. R 625-3, al. 2).

Refus de garantie de l'AGS

Lorsque l'AGS refuse pour quelque cause que ce soit de régler une créance figurant sur un relevé des créances résultant d'un contrat de travail, le mandataire judiciaire (ou le liquidateur judiciaire) en informe immédiatement le représentant des salariés et le salarié concerné (art. L 625-4). Ce dernier, et lui seul, peut alors **saisir le conseil de prud'hommes** dans les conditions exposées ci-dessus pour l'omission du salarié sur le relevé ; toutefois cette action n'est soumise à aucune forclusion (Cass. soc. 1-2-2001 n° 97-45.009 : RJS 4/01 n° 452 ; Cass. soc. 7-7-2021 n° 18-18.943 F-B : RJS 10/21 n° 542) et elle est dirigée à titre principal contre l'AGS (Cass. soc. 21-12-2006 n° 04-45.720 : Bull. civ. V n° 410).

Recours des tiers

Les tiers peuvent former **contre les relevés des créances** des salariés une réclamation sous forme de déclaration au greffe du tribunal ayant ouvert la procédure ou une tierce opposition (C. com. art. L 625-6 ; sur l'intérêt du dirigeant de la société débitrice à former tierce opposition, voir Cass. soc. 17-5-2017 n° 14-28.820 FS-PB : RJS 8-9/17 n° 582). Le délai pour former une réclamation est d'un mois à compter de la publication au Bodacc d'une insertion indiquant que l'état des créances résultant du contrat de travail est constitué et déposé au greffe (art. R 625-7).

1. AUTEUR DE LA DÉCLARATION DE CRÉANCE

OPTIONS OUVERTES AU CRÉANCIER

La déclaration de créances peut être faite par le **créancier** lui-même (s'il s'agit d'une personne morale, par son représentant légal) ou par tout **préposé** ou **mandataire** de son choix (C. com. art. L 622-24, al. 2) et donc pas nécessairement par l'entremise d'un avocat (Cass. com. 28-11-2000 n° 98-18.298 : Bull. civ. IV n° 185). Elle peut aussi émaner du **débiteur** (art. L 622-24, al. 3 et L 628-7). **51600**

51602

Procédure collective : ratification par le créancier d'une déclaration de créances faite en son nom

Durant de longues années, la question de la régularité d'une déclaration faite par un préposé ou un mandataire du créancier a généré un contentieux abondant à l'occasion duquel les tribunaux avaient dégagé les principes suivants :
– un préposé ne pouvait déclarer une créance sans délégation ou subdélégation de pouvoir à cette fin ;
– un tiers ne pouvait déclarer une créance sans mandat spécial, sauf s'il était avocat ;
– il pouvait être justifié de la délégation ou du mandat jusqu'à ce que le juge statue sur l'admission de la créance au passif mais une déclaration faite sans délégation ni mandat n'était pas pour autant régularisable.

L'ordonnance 2014-326 du 12 mars 2014 a en grande partie mis un terme au contentieux. En effet, dans les procédures ouvertes depuis le 1er juillet 2014, le créancier peut ratifier, même implicitement (Cass. com. 10-3-2021 n° 19-22.385 FS-P : RJDA 6/21 n° 413 ; Cass. com. 23-3-2022 n° 20-19.274 F-D : RJDA 7/22 n° 416), la déclaration faite en son nom **jusqu'à ce que le juge statue** sur l'admission de la créance (art. L 622-24, al. 2). Il en résulte que le créancier peut pallier l'irrégularité de la délégation ou du mandat en validant a posteriori la déclaration faite en son nom, y compris pour la première fois devant la cour d'appel (par exemple, en demandant dans ses conclusions l'admission de la créance en cause, comme l'admettent les arrêts précités). Toutefois, dans l'hypothèse où le créancier oublierait de procéder à cette ratification à temps, la jurisprudence antérieure exposée ci-dessous conserve son intérêt.

DÉCLARATION PAR UN PRÉPOSÉ

La régularité de la déclaration faite par un préposé est subordonnée à l'existence au profit de celui-ci d'une **délégation** ou d'une **subdélégation de pouvoirs** répondant aux conditions exposées ci-dessous et non à celle d'un mandat de représentation en justice (**mandat** dit « **ad litem** ») (Cass. com. 14-12-1993 nos 93-10.696 et 93-12.544 : RJDA 1/94 n° 95 ; Cass. com. 14-2-1995 nos 93-12.299, 93-12.064, 93-12.346, 93-12.063, 93-12.398 : RJDA 6/95 n° 765 ; Cass. com. 23-11-1999 n° 97-12.209 : RJDA 2/00 n° 210). Si l'intéressé n'est pas un préposé, il doit justifier d'un mandat pour déclarer (nos 51690 s.). **51610**

Une procédure collective ouverte en France est soumise au droit français et c'est au regard de ce droit qu'est appréciée la validité d'une déclaration de créances faite par un **préposé d'une société relevant d'un autre pays** de l'Union européenne (cf. Règl. UE 2015/848 du 20-5-2015 art. 7, 2-h). La déclaration n'est donc régulière que si elle a été effectuée en vertu d'une délégation ou d'une subdélégation répondant aux conditions exposées ci-dessous (Cass. com. 15-12-2009 n° 08-14.949 : RJDA 5/10 n° 542 ; Cass. com. 22-6-2010 n° 09-65.481 : RJDA 12/10 n° 1172). **51612**
Toutefois, la question de savoir si l'auteur de la délégation initiale (ou de l'attestation ultérieure de délégation) est un organe habilité par la loi à représenter la société est tranchée au regard de la loi de l'État où la société a son siège (Cass. com. 15-12-2009 précité).

51620 **Auteur de la délégation** Pour que la délégation soit régulière, son auteur doit avoir le pouvoir de déclarer les créances au nom de la société ; il s'agit donc :
– du représentant légal de la société, celui-ci ayant le pouvoir de représenter la société en justice, ce qui inclut la déclaration des créances ;
– d'un préposé titulaire d'une délégation donnée à cette fin par le représentant légal et comportant une faculté de subdélégation ;
– d'un préposé ayant reçu une subdélégation par un autre préposé lui-même délégataire ;
– d'un tiers titulaire d'un mandat de déclarer.

51625 **Délégation expresse** Le pouvoir de déclarer les créances doit être expressément délégué. L'existence de la délégation ne peut **pas** être **déduite des fonctions exercées** par le préposé déclarant au sein de la société, quelle que soit la nature ou l'étendue de ses fonctions (Cass. com. 22-10-1996 n° 94-18.456 : RJDA 1/97 n° 119, 2e esp. ; Cass. com. 9-6-1998 n° 96-13.675 : RJDA 12/98 n° 1387, 2e esp. ; Cass. com. 4-7-2000 n° 97-20.220 : RJDA 1/01 n° 48, 1e esp.).
Le pouvoir de déclarer les créances peut être délégué non pas à une ou plusieurs **personnes nommément désignées** mais à une **catégorie de personnel**. Dans ce cas, le fait pour un préposé d'être nommé à un poste relevant de cette catégorie lui confère automatiquement le bénéfice de la délégation (Cass. com. 23-6-1998 n° 96-12.969 : RJDA 12/98 n° 1387, 4e esp. ; Cass. com. 29-4-2002 n° 99-19.903 : RJDA 10/02 n° 1056, 1e esp.).

51630 **Pouvoirs délégués** Pour être efficace, la délégation doit mentionner expressément le pouvoir pour le délégataire d'agir en justice ou d'effectuer des déclarations de créances (Cass. com. 9-6-1998 n° 96-13.675 : RJDA 12/98 n° 1387, 2e esp. ; Cass. com. 3-4-2001 n° 98-14.977 : RJDA 8-9/01 n° 878). Mais la délégation peut être générale et viser non une procédure collective en particulier, mais toutes celles dans lesquelles la société peut être appelée à déclarer (cf. Cass. com. 14-2-1995 nos 93-12.063 et 93-12.399 : RJDA 6/95 n° 765 ; Cass. com. 18-2-2003 n° 01-03.609 : RJDA 5/03 n° 517). Ainsi la délégation de déclarer de « toutes créances à tous redressements ou liquidations judiciaires, liquidations amiables » vaut pour procéder à la déclaration dans le cadre d'une sauvegarde même si celle-ci n'est pas expressément visée (Cass. com. 14-1-2014 n° 12-29.749 : RJDA 5/14 n° 456).

ILLUSTRATIONS

Est **inefficace** la délégation permettant seulement au préposé d'accomplir les actes ordinaires de gestion courante d'une société et d'engager celle-ci pour les opérations courantes dans la limite d'une certaine somme (Cass. com. 31-5-2011 n° 10-21.205 : RJDA 8-9/11 n° 721 ; dans le même sens à propos de la délégation donnée à un administrateur d'assurer la gestion quotidienne d'une société, Cass. com. 4-3-2014 n° 12-29.580 F-D : RJDA 6/14 n° 548), « d'effectuer toutes opérations de crédit, de location et de consentir des garanties » (Cass. com. 14-2-1995 nos 93-12.064 et 93-12.393 : RJDA 6/95 n° 765, 5e esp.) ou encore « de représenter la société à l'égard de toute personne et toutes opérations concernant les activités de la société et de signer, établir et remettre tout document et faire tout ce que le délégataire considère comme nécessaire en relation avec les activités précitées » (Cass. com. 22-6-2010 n° 09-65.481 : RJDA 12/10 n° 1172).

51635 **Faculté de subdéléguer** Le délégataire peut subdéléguer dans l'exercice de ses pouvoirs un autre préposé de la société mais seulement si cette faculté a été prévue dans la délégation (Cass. com. 14-2-1995 nos 93-12.346, 93-12.063, 93-12.398 : RJDA 6/95 n° 765 ; Cass. com. 28-1-2004 n° 02-15.611 : RJDA 6/04 n° 733 ; Cass. com. 26-3-2013 n° 12-12.326 : RJDA 6/13 n° 536). Même prévue, la faculté de subdéléguer peut être limitée : la qualité de subdélégataire peut notamment être réservée à une certaine catégorie de personnel ou à une ou plusieurs personnes dénommées.
La délégation peut prévoir la faculté pour le délégataire de mandater un tiers de procéder à la déclaration (Cass. com. 28-1-2004 n° 02-15.611 : RJDA 6/04 n° 733). La subdélégation peut à son tour comporter une faculté de délégation (Cass. com. 14-2-1995 précité) ou de mandat.

51640 **Modalités particulières d'utilisation** La mise en œuvre de la délégation ou de la subdélégation peut être subordonnée à des modalités particulières prévues par exemple par les statuts de la société ou la délégation elle-même : autorisation préalable des associés ou du conseil d'administration, bénéficiaire relevant d'un statut ou d'un degré hiérarchique spécifique ; cosignature... Ces conditions doivent être respectées sous peine d'irrégularité de la déclaration de créances.

ILLUSTRATIONS

Est irrégulière la déclaration de créances effectuée au nom d'une banque par un préposé signataire unique de la déclaration, dès lors que le procès-verbal d'une délibération du conseil d'administration de la banque faisait obligation aux mandataires salariés de la catégorie à laquelle appartenait ce préposé d'agir conjointement par deux lorsqu'ils faisaient usage de leur délégation de pouvoirs (Cass. com. 29-2-2000 n° 97-14.449).

Date de la délégation La délégation doit exister à la date de la déclaration (Cass. com. 22-10-1996 nos 94-18.456 et 94-18.422 : RJDA 1/97 n° 119, 2e et 3e esp. ; Cass. com. 26-5-1998 n° 95-19.996 : RJDA 11/98 n° 1257, 1e esp. ; Cass. com. 7-12-1999 n° 96-22.384 : RJDA 3/00 n° 311). Mais il n'est pas nécessaire que la délégation ait date certaine (notamment Cass. com. 14-12-1993 nos 93-10.696, 93-12.544 : RJDA 1/94 n° 95 ; Cass. com. 23-11-1999 n° 97-12.209 : RJDA 2/00 n° 210 ; Cass. com. 8-11-2011 n° 10-23.336 : RJDA 2/12 n° 182) et il peut être attesté de cette délégation jusqu'à ce que le juge statue (C. com. art. L 622-24, al. 2 ; Cass. com. 3-11-2015 n° 14-11.020 F-D : RJDA 3/16 n° 213 ; Cass. com. 22-3-2017 n° 15-27.761 F-D : RJDA 7/17 n° 476). 51645

MODÈLE

Délégation de pouvoir pour déclarer les créances d'une société 51650

Dénomination sociale du créancier
Forme juridique (SA, SARL, SAS...) ;
Au capital de (montant) ;
Siège social : (adresse) ;
immatriculée au RCS – ville, sous le numéro

DÉLÉGATION DE POUVOIRS

X (nom du représentant légal), agissant en qualité de (selon le cas, gérant, président du conseil d'administration ou du directoire) de la société (dénomination sociale et forme juridique), au capital de (montant), dont le siège social est (adresse), immatriculée au registre du commerce et des sociétés de (ville) sous le numéro,
Délègue individuellement à :
Nom, prénom et fonctions au sein de la société de chacun des délégataires désignés
Indiquer le cas échéant la faculté de subdéléguer
Tous pouvoirs pour déclarer toute créance de la société dans le cadre de toute procédure de sauvegarde, de redressement judiciaire ou de liquidation judiciaire.

Fait à (ville).

Le (date).

(Mention manuscrite « Bon pour pouvoir »)
Signature

Retrait de la délégation ou de la subdélégation La délégation peut avoir été donnée pour une durée déterminée ou indéterminée (Cass. com. 17-1-2012 n° 10-24.811 : RJDA 4/12 n° 405). Elle peut toujours être révoquée, mais ce retrait n'a en principe d'effet que pour l'avenir. Il ne remet pas en cause la validité de la déclaration de créances faite avant le retrait, sauf si l'auteur du retrait a donné une portée rétroactive à sa décision (Cass. com. 5-2-2008 n° 06-21.879 : RJDA 5/08 n° 551). 51655
Est irrégulière la déclaration faite par le délégataire ou le subdélégué après le retrait.

Cessation ou modification des fonctions La délégation de pouvoirs consentie par le **représentant légal** continue d'engager la société, même après le changement du représentant, tant que cette délégation n'a pas été révoquée (Cass. com. 3-6-2009 n° 08-13.355 : JCP E 2009 n° 1926 note H. Hovasse). La déclaration faite par un préposé en vertu d'une chaîne de délégations est régulière même si un des **délégants** intermédiaires a démissionné avant la déclaration, le fait que celui-ci ait cessé d'être salarié de la société n'ayant pas entraîné l'extinction de plein droit du pouvoir de déclarer les créances qu'il avait donné (Cass. com. 8-7-2008 n° 07-13.868 : RJDA 11/08 n° 1155). 51660
Le changement de fonctions du **délégataire** au sein de la société n'a pas d'effet sur la délégation, à moins que celle-ci ne soit révoquée (Cass. com. 11-5-2010 n° 09-13.080 : RJDA 8-9/10 n° 867).

Preuve de la délégation ou de la subdélégation Il appartient au **créancier** de justifier de la régularité de la déclaration de créances faite en son nom en établissant : 51670
– l'existence de la délégation de pouvoirs au profit du préposé déclarant (Cass. com. 3-12-1996 n° 94-16.745 : RJDA 4/97 n° 567 ; Cass. com. 20-1-1998 n° 95-19.081 : RD bancaire et bourse 1998 p. 69 § 1 obs. M.-J. Campana et J.-M. Calendini), ce qui suppose en outre de démontrer que c'est bien le préposé titulaire de ladite délégation ou subdélégation qui a signé la déclaration (n° 51680) ;
– que la délégation existait à la date de la déclaration sans qu'il soit pour autant nécessaire que celle-ci ait date certaine (Cass. com. 20-1-1998 précité ; n° 51645).

51675 La preuve de la déclaration de créance et de la délégation de pouvoirs consentie par le créancier à un préposé pour y procéder ne suppose pas la présentation d'un **original** (Cass. com. 4-10-2005 n° 04-16.791 : RJDA 3/06 n° 306). La preuve de la délégation peut donc valablement résulter d'une copie carbone, d'une photocopie ou encore d'une télécopie, même en l'absence de communication de l'original (Cass. com. 28-9-2004 n° 02-16.901 ; Cass. com. 4-10-2005 précité). Une copie certifiée conforme n'est pas exigée (Cass. com. 30-9-2008 n° 06-21.247 : RJDA 12/08 n° 1291).

Une **attestation**, même postérieure à l'expiration du délai de déclaration des créances, certifiant que le préposé déclarant bénéficiait, à la date de la déclaration, d'une délégation à cette fin, suffit à établir l'existence de celle-ci et qu'elle émanait d'un organe ayant qualité pour la donner (notamment Cass. com. 3-12-2003 n° 02-15.543 : RJDA 4/04 n° 443 ; Cass. com. 8-11-2011 n° 10-23.336 FS-PB : RJDA 2/12 n° 182 ; Cass. com. 3-11-2015 n° 14-11.020 F-D : RJDA 3/16 n° 213).

L'attestation peut être **établie** soit **par** le représentant légal de la société – même s'il n'était pas en fonction à la date de la délégation ou de la déclaration de créance (Cass. com. 13-11-2001 n° 99-13.664 ; Cass. com. 26-1-2010 n° 09-10.294 : RJDA 4/10 n° 407) ou s'il était en fonction à ces dates, mais ne l'est plus à la date de l'attestation (Cass. com. 8-11-2011 précité) – soit par le titulaire d'une délégation régulière du pouvoir de déclarer les créances comportant une faculté de subdélégation, mais pas par un tiers à la chaîne de délégations de pouvoirs en vertu de laquelle le préposé a déclaré la créance (Cass. com. 21-9-2010 n° 09-16.118 : RJDA 12/10 n° 1173). Le représentant légal peut attester de la délégation.

La preuve de l'existence de la délégation de pouvoirs ne peut pas résulter :

– de la nature ou de l'étendue des fonctions exercées par le préposé au sein de la société (notamment Cass. com. 28-5-1996 n° 94-13.304 : RJDA 1/97 n° 119, 1e esp. et les arrêts cités n° 51625) ;

– de l'absence de contestation de la part du mandataire judiciaire sur ce point (Cass. com. 20-1-1998 n° 95-19.081 : RD bancaire et bourse 1998 p. 69 § 1 obs. M.-J. Campana et J.-M. Calendini) ;

– des seules conclusions présentées au juge par la personne morale créancière, quel que soit leur contenu (Cass. com. 3-12-1996 n° 94-16.745 : RJDA 4/97 n° 567 ; Cass. com. 26-10-1999 n° 97-13.041).

51680 **Preuve de l'identité du déclarant** Aucun texte n'impose au représentant légal ou au préposé d'une personne morale de préciser sur la déclaration de créances son identité ou la qualité en laquelle il agit (Cass. com. 19-12-2000 n° 98-11.794 : RJDA 4/01 n° 472 ; Cass. com. 13-11-2002 n° 99-21.871 : RJDA 3/03 n° 282, 2e esp.).

La preuve de l'identité du déclarant peut être faite, même en l'absence de signature de la déclaration, jusqu'au jour où le juge statue et par tous **moyens** (Cass. com. 21-11-2006 n° 05-19.298 PS-PBIR, n° 05-17.008 FS-PBIR : RJDA 4/07 n° 383 ; Cass. com. 20-9-2017 n° 16-20.176 F-D : RJDA 1/18 n° 47) : éléments extérieurs à la déclaration elle-même (arrêts de 2002 précités), indications nominatives figurant sur le bordereau joint à la déclaration (Cass. com. 14-2-1995 n° 93-12.398 : RJDA 6/95 n° 765, 3e esp.), production d'un document de comparaison de la signature de celui-ci avec celle figurant sur la déclaration de créance, comparaison avec la signature de sa carte d'identité permettant de vérifier que le signataire de la déclaration de créance est bien le préposé habilité (CA Versailles 7-11-2002 n° 02-927 : RJDA 3/03 n° 282, 1e esp.) ou encore attestation de l'intéressé certifiant que c'est bien la sienne (Cass. com. 21-11-2006 n° 05-19.298 précité), etc.

DÉCLARATION PAR UN MANDATAIRE NON AVOCAT

51690 La déclaration d'une créance peut être effectuée par un tiers au nom du créancier s'il justifie d'un mandat de représentation en justice (**mandat** dit **ad litem**) donné par le créancier et répondant aux conditions exposées ci-dessous (C. com. art. R 662-1 et, sur renvoi, CPC art. 416 et 853 ; Cass. ass. plén. 4-2-2011 n° 09-14.619 : RJDA 6/11 n° 557 ; Cass. com. 5-10-2022 n° 21-14.226 F-D : RJDA 1/23 n° 43). Il en est ainsi que le créancier soit une personne physique ou morale.

51695 **Personnes devant justifier d'un mandat** L'exigence d'un mandat spécial donné par le créancier pour déclarer ses créances s'applique aux **huissiers ou commissaires de justice** (cf. Cass. com. 9-11-2004 n° 03-11.579 ; Cass. com. 7-3-2006 n° 05-11.635 : Rev. huissiers 2006 p. 179, rendus à propos des huissiers mais transposable), aux notaires (Cass. com. 27-5-2008 n° 07-10.167 : JCP N 2009 n° 1279 note F. Vauvillé) ou encore aux **experts-comptables** indépendants. En revanche, l'**avocat** est dispensé d'un tel mandat (n° 51730).

Ce mandat est aussi requis **entre sociétés du même groupe**. Ainsi, la société mère ou l'une quelconque des sociétés du groupe – ou encore un préposé de celle-ci – ne peut pas déclarer une créance au nom d'une autre société du groupe sans avoir reçu de celle-ci un mandat à cet effet (Cass. com. 17-6-1997 n° 95-11.957 : RJDA 11/97 n° 1405, 2e esp. ; Cass. com. 26-11-2002 n° 01-02.476 : RJDA 4/03 n° 408).

Cette exigence s'applique aussi au chef de file d'un **pool bancaire** désirant déclarer les créances des autres membres du pool (Cass. com. 17-12-1996 nos 94-19.489, 94-19.550 : RJDA 3/97 n° 413 ; Cass. ass. plén. 26-1-2001 n° 99-15.153 : RJDA 4/01 n° 471).

Caractéristiques du mandat Le mandat ad litem ne peut pas être présumé ; il doit être donné par **écrit** (Cass. ass. plén. 26-1-2001 n° 99-15.153 : RJDA 4/01 n° 471 ; Cass. com. 8-6-2010 n° 09-66.820 : RJDA 1/11 n° 61). Il doit être donné avant l'expiration du délai de déclaration des créances (Cass. ass. plén. 4-2-2011 n° 09-14.619 : RJDA 6/11 n° 557) mais aucun texte n'impose qu'il ait **date** certaine (Cass. com. 24-9-2003 n° 01-03.721). **51700**

Le mandat ad litem n'est valable que s'il est **spécial** (Cass. com. 17-12-1996 n° 94-19.489 : RJDA 3/97 n° 413, 2e esp. ; Cass. ass. plén. 26-1-2001 n° 99-15.153 : RJDA 4/01 n° 471 ; Cass. com. 8-6-2010 n° 09-66.820 : RJDA 1/11 n° 61), c'est-à-dire s'il a été donné pour déclarer les créances dans la procédure collective d'un débiteur déterminé et non pour toute procédure collective (Cass. com. 1-2-2000 nos 96-18.186, 96-20.754 : RJDA 3/00 n° 310 ; Cass. com. 15-3-2005 n° 00-22.228 : RJDA 7/05 n° 850).

MODÈLE

Mandat pour la déclaration des créances **51705**

– si le créancier mandant est une personne physique :
X (nom et prénom) ;
domicilié (adresse) ;
né le (date et lieu de naissance) ;
de nationalité (nationalité)
immatriculé au RCS – ville (ou inscrit au RNE) sous le numéro
– si le créancier mandant est une société :
Dénomination sociale ;
Forme juridique (SA, SARL, SNC...) ;
Au capital de (montant) ;
Siège social : (adresse) ;
immatriculée au registre du commerce et des sociétés au RCS – ville, sous le numéro
représentée par (nom du représentant légal et fonctions)
Donne par la présente mandat d'exercer en son nom et pour son compte à :
Nom ou dénomination sociale du mandataire
Adresse ou siège social (et immatriculation au RCS) du mandataire
D'effectuer toute formalité, de signer tout document, de recevoir toute convocation,
Ayant trait à la déclaration de créance et à la vérification du passif,
Dans le cadre de la procédure de (sauvegarde, redressement ou liquidation judiciaire) ouverte le (date du jugement d'ouverture) à l'encontre de X (désignation du débiteur dans les mêmes conditions qu'énoncé ci-dessus selon qu'il s'agit d'une personne physique ou d'une société).

Fait à (ville).

Le (date).

(Mention manuscrite « Bon pour acceptation du mandat ou du pouvoir »)
Signature du mandataire
(Mention manuscrite « Bon pour mandat ou pour pouvoir »)
Signature du mandant

Preuve du mandat Le mandat doit être prouvé par écrit (n° 51700). **51710**

La **charge** de la preuve de l'existence du mandat et de l'identité du déclarant incombe au créancier dont la déclaration de créance est contestée. Si le mandat a été donné à un tiers par un préposé du créancier en vertu de délégations internes de pouvoirs (ce qui est possible ; n° 51635), il faudra également établir la régularité de la chaîne de délégations.

Délégation par le mandataire personne morale Le mandataire personne morale peut déléguer ensuite le pouvoir d'effectuer la déclaration **à l'un de ses préposés**, sans qu'il soit exigé que ce dernier reçoive un mandat ad litem du créancier lui-même (Cass. com. 14-1-1997 n° 94-18.033 : RJDA 3/97 n° 413, 3e esp. ; Cass. com. 20-6-2000 n° 97-16.431 : RJDA 1/01 n° 47 ; Cass. com. 30-1-2007 n° 05-17.141 : RJDA 8-9/07 n° 867). **51715**

La délégation donnée par le mandataire doit alors répondre aux conditions exposées n°s 51620 s., mais il n'est pas nécessaire que la délégation revête un caractère spécial, c'est-à-dire qu'elle vise précisément la procédure collective concernée (arrêts précités). Afin de permettre au juge de contrôler la chaîne des pouvoirs, la personne ayant procédé à la déclaration devra être identifiable (n°s 51680 s.).
Le fait que la délégation ait été consentie à une date antérieure à celle du mandat ne remet pas en cause sa validité (Cass. com. 30-1-2007 n° 05-17.141 : RJDA 8-9/07 n° 867), sauf si elle a déjà pris fin lors de la réception du mandat.

DÉCLARATION PAR L'AVOCAT DU CRÉANCIER

51730 Un avocat peut procéder à une déclaration de créance sans avoir à justifier d'un **mandat** ad litem (C. com. art. R 662-1 et, sur renvoi, CPC art. 416, al. 2 et 853, al. 5 ; Cass. com. 14-1-1997 n° 94-18.033 : RJDA 3/97 n° 413, 3e esp. ; Cass. com. 13-2-2007 n° 05-17.676 : RJDA 6/07 n° 645 ; Cass. ass. plén. 4-2-2011 n° 09-14.619 : RJDA 6/11 n° 557).
Il doit néanmoins être identifié comme étant l'auteur de la déclaration, par exemple par apposition de son cachet et de sa signature sur la déclaration elle-même, peu important que la signature figure en tête et non en fin de la déclaration (Cass. com. 10-5-2005 n° 04-13.548) ou, à défaut d'avoir signé la déclaration, par la lettre de transmission de la déclaration rédigée sur papier à en-tête à son nom et comportant sa signature (cf. Cass. com. 1-3-2005 n° 03-19.824 : RJDA 7/05 n° 849).

51735 **Délégation à un préposé** L'avocat ne peut pas déléguer le pouvoir de déclarer les créances à l'un de ses préposés, par exemple à une secrétaire (Cass. com. 17-2-2009 n° 08-13.728 : RJDA 8-9/09 n° 764). Un préposé de l'avocat ne peut donc procéder à la déclaration que s'il a lui-même reçu un mandat spécial et écrit émanant du client (arrêt précité ; sur les caractéristiques du mandat, voir n° 51700). La déclaration doit porter la signature lisible de son auteur afin que celui-ci soit identifiable et ses pouvoirs vérifiés (Cass. com. 13-2-2007 n° 05-17.676 : RJDA 6/07 n° 645).

51740 **Intervention d'un autre avocat** Si le créancier a donné mandat à une société d'avocats, l'un quelconque des avocats associés peut valablement procéder à la déclaration de créance sans avoir à justifier d'un mandat à cet effet (Cass. com. 31-5-2011 n° 10-11.723 : RJDA 10/11 n° 830).
Cette dispense de mandat s'applique aussi au collaborateur de l'avocat du créancier, s'il a lui-même la qualité d'avocat (Cass. com. 25-10-2011 n° 10-24.658 : RJDA 1/12 n° 72).

DÉCLARATION PAR LE DÉBITEUR

51750 Dans les procédures collectives ouvertes depuis le 1er juillet 2014, la déclaration de créances peut être valablement faite par le débiteur objet de la procédure collective. En effet, lorsque le débiteur a porté une créance à la connaissance du mandataire judiciaire (ou du liquidateur), il est **présumé avoir agi pour le compte du créancier** tant que celui-ci n'a pas lui-même adressé une déclaration de sa créance (C. com. art. L 622-24, al. 3, L 631-14, al. 1 et L 641-3, al. 4).
Pour que cette information soit considérée comme une déclaration, il faut que :
– le mandataire soit informé dans les deux mois de la publication du jugement ouvrant la procédure collective (art. R 622-24, al. 1) ;
– elle indique le montant de la créance due au jour du jugement d'ouverture avec mention des sommes à échoir et de la date de leurs échéances ainsi que, le cas échéant, le privilège ou la sûreté qui en garantit le paiement, les modalités de calcul des intérêts et, pour les créances en monnaie étrangère, la conversion en euros selon le cours du change à la date du jugement d'ouverture (art. R 622-5, al. 3).
Le débiteur en redressement ou en liquidation judiciaire qui déclare sciemment, au nom d'un créancier, une **créance supposée** encourt la faillite personnelle (art. L 653-5, 7°).

> **Précisions** La **présomption de déclaration** vaut dans la **limite** du contenu de l'information fournie au mandataire ou au liquidateur judiciaire (Cass. com. 5-9-2018 n° 17-18.516 F-PBI : RJDA 11/18 n° 85 ; Cass. com. 8-2-2023 n° 21-19.330 F-B : RJDA 5/23 n° 267) ; ainsi, l'existence d'une déclaration faite par le débiteur a été écartée dès lors que celui-ci avait, dans la liste remise au mandataire judiciaire, mentionné seulement l'identité du créancier, sans indiquer aucun montant de créance et qu'il n'était pas allégué que le débiteur avait fourni d'autres informations au mandataire (Cass. com. 5-9-2018 précité).

2. DESTINATAIRE DE LA DÉCLARATION DE CRÉANCE

La créance doit être déclarée auprès : 51760
– du **mandataire** judiciaire en cas de sauvegarde ou de redressement judiciaire (C. com. art. L 622-24, al. 1 et L 631-14, al. 1) ;
– du **liquidateur** judiciaire en cas de liquidation judiciaire (art. L 641-3, al. 4).
La déclaration faite entre les mains d'une autre personne, telle le **débiteur** ou l'**administrateur**, est inefficace (Cass. com. 22-6-1993 n° 87-19.183 : RJDA 1/94 n° 93 ; Cass. com. 14-2-1995 n° 92-17.395 : RJDA 6/95 n° 766), sauf si elle a été transmise au bon destinataire qui l'a enregistrée dans le délai fixé pour la déclaration (Cass. com. 6-1-1998 n° 95-17.399 : RJDA 5/98 n° 621).

ILLUSTRATIONS

La déclaration est valable :
– si le créancier l'a adressée au mandataire judiciaire en le qualifiant par erreur d'administrateur judiciaire (Cass. com. 7-12-1999 n° 97-12.488 : RJDA 2/00 n° 187) ;
– en cas de désignation de plusieurs mandataires judiciaires dont l'un seulement est chargé de recueillir les déclarations de créances, si elle est adressée à l'autre mandataire (Cass. com. 21-3-2006 n° 05-11.439 : RJDA 7/06 n° 807 ; Cass. com. 30-5-2006 n° 05-14.248 : RJDA 10/06 n° 1054) ;
– si elle est adressée à un mandataire de justice, membre d'une société civile professionnelle, autre que celui nommément désigné dans le jugement d'ouverture comme mandataire judiciaire car, en nommant un membre de la société, le tribunal a nécessairement conféré le mandat à la société (Cass. com. 30-6-2009 n° 08-13.680 : Gaz. Pal. 3-11-2009 p. 26 obs. E. Le Corre-Broly).

3. DÉLAI DE DÉCLARATION DES CRÉANCES

DÉLAI GÉNÉRAL

La loi enferme la déclaration des créances dans un délai de 2 mois dont le **point de départ diffère selon la créance** concernée. 51790
Le non-respect de ce délai emporte la **forclusion** du créancier qui ne pourra donc recevoir aucun paiement dans le cadre de la procédure collective, à moins qu'il ne soit relevé de forclusion (C. com. art. L 622-26 ; n°s 51850 s.).
La **computation** de ce délai obéit aux règles de droit commun fixées par les articles 640 à 642 du Code de procédure civile.

CRÉANCES NÉES AVANT LE JUGEMENT D'OUVERTURE

Les créances nées avant l'ouverture de la procédure collective et soumises à déclaration doivent être déclarées dans les 2 mois de la **publication du jugement d'ouverture** au Bodacc (C. com. art. L 622-24, al. 1 et R 622-24, al. 1). 51800
Ce délai est augmenté de 2 mois si la procédure est ouverte (art. R 622-24, al. 2 et 3) :
– par un tribunal de France métropolitaine, pour les créanciers n'y demeurant pas ;
– par un tribunal d'un département ou d'une collectivité d'outre-mer, pour les créanciers qui ne demeurent pas dans ce département ou cette collectivité.

> **Précisions a.** La **déclaration** faite **avant la publication du jugement** d'ouverture est valable (Cass. com. 9-12-1997 n° 95-16.959 : RJDA 4/98 n° 468 som.).
> **b.** Lorsque la **créance** a été **cédée après le jugement** d'ouverture, l'appréciation du lieu où demeure le créancier doit se faire en considération de la personne du créancier cessionnaire qui procède à la déclaration (Cass. com. 15-10-2013 n° 12-22.008 : RJDA 2/14 n° 142).

Publication absente ou erronée Le **délai** dans lequel est enfermée la déclaration des créances **ne court pas** si la publication du jugement d'ouverture de la procédure collective mentionne une date inexacte de prononcé du jugement (Cass. com. 12-4-2005 n° 03-20.691 : RJDA 10/05 n° 1129) ou comporte des erreurs affectant des éléments essentiels d'identification du débiteur (Cass. com. 14-2-1995 n° 93-10.151 : RJDA 6/95 n° 767 en cas d'erreur sur le nom, le signe et l'immatriculation du débiteur au RCS ; Cass. com. 9-11-2004 n° 02-13.015 : RJDA 4/05 n° 424 et Cass. com. 31-1-2012 n° 11-11.940 : RJDA 4/12 n° 420 déclarant sans effet l'erreur dans l'immatriculation au RCS, la nature de l'activité ou de la procédure, le débiteur restant identifiable). 51805
Il en est de même si cette publication n'a pas été faite, peu important que le jugement convertissant la procédure (de sauvegarde en redressement ou en liquidation judiciaire ou de redressement en liquidation judiciaire) ait été ultérieurement publié (Cass. com. 9-1-2001 n° 98-11.002 : RJDA 4/01 n° 468).
Dans ces cas, le créancier n'encourt aucune forclusion et peut déclarer sa créance jusqu'à l'expiration du délai de 2 mois à partir d'une seconde publication faite régulièrement.

51810 **Annulation ou infirmation du jugement d'ouverture** L'annulation ou l'infirmation du jugement d'ouverture ouvre de nouveaux délais de déclaration et de forclusion aux créanciers n'ayant pas déclaré leurs créances (Cass. com. 1-7-1997 n° 94-21.894 : RJDA 12/97 n° 1541). Quant aux créanciers qui ont déclaré leurs créances à la procédure annulée, ils n'ont pas à les déclarer à nouveau (Cass. com. 8-3-1994 n° 91-20.379 : RJDA 7/94 n° 850 ; Cass. com. 10-5-2005 n° 04-10.523 : RJDA 10/05 n° 1128 ; Cass. com. 22-1-2013 n° 11-25.310 : Bull. civ. IV n° 15) mais ils peuvent le faire (Cass. com. 24-6-2014 n° 13-21.074 : RJDA 10/14 n° 785) par exemple pour compléter leur déclaration initiale.

CRÉANCES ANTÉRIEURES « PUBLIÉES »

51820 Pour les **créanciers titulaires d'une sûreté** publiée **ou liés** au débiteur **par un contrat publié**, le délai de déclaration de 2 mois court à compter de la notification de l'**avertissement** exposé n° 50895 (C. com. art. L 622-24, al. 1). Si le créancier a été averti personnellement avant la publication du jugement d'ouverture, le délai de 2 mois imparti au créancier court à compter de cette publication et non de l'avertissement (Cass. com. 30-10-2012 n° 11-22.836 : RJDA 3/13 n° 248 ; Cass. com. 18-6-2013 n° 12-20.615 : RJDA 10/13 n° 820).
À défaut d'avertissement, le délai ne court pas et le créancier n'encourt pas la forclusion (notamment Cass. com. 27-2-2007 n° 06-12.033 : RJDA 7/07 n° 749 ; Cass. com. 22-3-2017 n° 15-19.317 F-PBI : RJDA 11/17 n° 737). Si le contenu de l'avertissement n'est pas conforme à celui exigé par la réglementation (n° 50895), le juge doit rechercher si cet avertissement n'a pas néanmoins suffi à informer le créancier de ses droits et obligations (Cass. com. 17-2-2015 n° 13-24.403 : RJDA 7/15 n° 510 à propos d'un avertissement faisant référence à des textes antérieurs non applicables à la procédure en cause). Est insuffisant l'avertissement ne reproduisant pas l'article R 621-19 du Code de commerce (Cass. com. 22-3-2017 n° 15-19.317 précité) ou, à notre avis, un des autres textes requis.

CRÉANCES NÉES APRÈS LE JUGEMENT D'OUVERTURE

51830 Les créances nées après le jugement d'ouverture et soumises à déclaration doivent être déclarées dans un délai de 2 mois **à compter** de leur **exigibilité** (C. com. art. L 622-24, al. 6), **sauf** dans les cas suivants.

51835 **Indemnité de résiliation d'un contrat en cours** Les cocontractants du débiteur dont le contrat est résilié au cours de la procédure collective disposent d'un délai d'un mois à compter soit de la résiliation de plein droit, soit de la date de la notification de la décision prononçant la résiliation pour déclarer la créance résultant de cette résiliation ; disposent du même délai les créanciers d'indemnités et pénalités en cas de résiliation d'un contrat régulièrement poursuivi (C. com. art. R 622-21, al. 2).
Les cocontractants peuvent toutefois valablement déclarer leurs créances au-delà du délai d'un mois si le délai de deux mois à compter de la publication du jugement d'ouverture n'est pas encore expiré (Cass. com. 26-3-2013 n° 11-21.060, 12-18.991 : RJDA 8-9/13 n° 737).
La prorogation prévue par l'article R 622-24 du Code de commerce au profit des créanciers éloignés du tribunal (n° 51800) n'est pas ici applicable (Cass. com. 18-1-2023 n° 21-15.514 F-B : RJDA 4/23 n° 210).

51840 **Créance résultant d'un contrat à exécution successive** Les créanciers, dont les créances résultent d'un contrat à exécution successive (tel un bail) conclu après le jugement d'ouverture, déclarent dans un délai de 2 mois à compter de la première échéance impayée, qu'elle ait été ou non régularisée (C. com. art. L 622-24, al. 6 et R 622-22, al. 2).

51845 **Créance de la victime d'une infraction** Le délai de déclaration, par une partie civile, des créances nées d'une infraction pénale est de 2 mois à compter de la décision définitive qui en fixe le montant si cette décision est intervenue après la publication du jugement d'ouverture (C. com. art. L 622-24, al. 7 ; Cass. crim. 4-12-2012 n° 12-80.559 : RJDA 4/13 n° 345).
Si la créance a été définitivement fixée avant la publication du jugement d'ouverture, le délai de déclaration est celui exposé n° 51800.

RELEVÉ DE FORCLUSION DU CRÉANCIER RETARDATAIRE

51850 **Motifs justifiant le relevé** Le relevé de forclusion n'est accordé que si le créancier retardataire établit soit que le débiteur a omis de le faire figurer sur la liste des créanciers qu'il est tenu de dresser soit que sa défaillance n'est pas due à son fait (C. com. art. L 622-26, al. 1).
Dans les procédures ouvertes depuis le 1er juillet 2014, il n'est plus nécessaire que l'omission du débiteur ait été volontaire pour justifier le relevé de forclusion. Lorsque le débiteur s'est abstenu d'établir la liste de ses créanciers ou que, l'ayant établie, il a omis d'y mentionner un créancier, le

créancier omis, qui sollicite un relevé de forclusion, n'est pas tenu d'établir l'existence d'un lien de causalité entre cette omission et la tardiveté de sa déclaration de créance (Cass. com. 16-6-2021 n° 19-17.186 FS-PB : RJDA 12/21 n° 784).
Le juge doit rechercher si l'une des conditions est remplie (Cass. com. 22-10-1996 n° 93-20.537 : RJDA 1/97 n° 122 ; Cass. com. 1-2-2005 n° 03-17.845 : RJDA 4/05 n° 425) mais il n'est pas tenu de vérifier l'existence de la créance (Cass. com. 12-1-2010 n° 09-12.133 : RJDA 6/10 n° 702). Il apprécie souverainement les éléments qui lui sont soumis (Cass. com. 6-6-2000 n° 97-21.288 : RJDA 11/00 n° 1016 ; Cass. com. 19-11-2003 n° 99-20.819 : RJDA 5/04 n° 594 ; Cass. com. 30-6-2009 n° 08-17.534).

ILLUSTRATIONS

Ne constituent **pas** des **motifs justifiant le relevé** de forclusion :
– le fait que la créance concernée résulte d'un acte authentique (Cass. com. 22-10-1996 n° 93-20.537 précité) ou d'un délit (CA Paris 21-9-1999 n° 97/23179 : RJDA 12/99 n° 1354 som.) ;
– le fait que le créancier retardataire ait lui-même fait l'objet d'une procédure collective (Cass. com. 8-7-2003 n° 00-13.391) ;
– le défaut d'avertissement d'avoir à déclarer (notamment Cass. com. 6-7-1999 n° 97-11.191 : RJDA 11/99 n° 1229 ; Cass. com. 8-6-2010 n° 09-15.769 : RJDA 12/10 n° 1171).
Ces éléments peuvent être toutefois pris en compte par le juge, avec d'autres circonstances, pour retenir que le retard à déclarer n'est pas imputable au créancier.

Délai Le relevé de forclusion doit être demandé dans un délai de 6 mois à compter (C. com. art. L 622-26, al. 3) : **51855**
– pour les créanciers titulaires d'une sûreté publiée ou liés au débiteur par un contrat publié, de la réception de l'avis exposé n° 50895 ;
– pour l'AGS, de l'expiration du délai pendant lequel les créances résultant du contrat de travail sont garanties par cette institution ;
– pour les autres créanciers, de la publication du jugement d'ouverture, y compris pour les créanciers établis à l'étranger et peu important que le créancier ait été omis sur la liste établie par le débiteur (Cass. com. 16-11-2010 n° 09-16.572 : RJDA 2/11 n° 170 ; Cass. com. 22-1-2020 n° 18-19.917 F-D : RJDA 6/20 n° 319).
Toutefois, si le créancier justifie avoir été placé dans l'impossibilité de connaître l'obligation du débiteur avant l'expiration du délai de 6 mois, il peut demander un relevé de forclusion dans les 6 mois à compter de la date à laquelle il est établi qu'il ne pouvait pas ignorer l'existence de sa créance (art. L 622-26, al. 3).
Le délai ouvert le 28 janvier 2023 à 0 heure expire le 28 juillet 2023 à 24 heures (cf. Cass. com. 6-2-1996 n° 94-11.962 : RJDA 6/96 n° 832 faisant application de l'art. 641, al. 2 du CPC). La demande peut être présentée le jour même de l'expiration du délai (Cass. com. 28-1-2014 n° 12-27.728 : RJDA 6/14 n° 549).

> **Précisions** La **fin de non-recevoir** d'ordre public tirée de l'interdiction faite au créancier d'agir en relevé de forclusion au-delà du délai précité doit être relevée d'office par le juge, sous peine d'un appel-nullité de la décision ; cette fin de non-recevoir ôte en effet tout pouvoir au juge de se prononcer sur le fond (Cass. com. 16-11-1993 n° 91-15.143 : RJDA 4/94 n° 448 ; Cass. com. 26-10-1999 n° 97-13.238 : RJDA 1/00 n° 68).

Juge compétent Sauf pour les créances salariales (n° 51570), la demande en relevé de forclusion est de la compétence exclusive du juge-commissaire (CA Paris 28-1-1988 : BRDA 8/88 p. 21), quel que soit le montant de la créance en cause. **51860**
Si le juge-commissaire n'est plus en fonction à la date de la demande, celle-ci doit être présentée au tribunal ayant ouvert la procédure, comme le prévoyaient les textes antérieurs (en ce sens, B. Soinne, Traité des procédures collectives éd. Litec 1995 n° 2235).
La saisine d'un juge incompétent interrompt néanmoins le délai pour demander le relevé de forclusion (cf. C. civ. art. 2141).

Déclaration de créance préalable Le créancier défaillant peut saisir le juge-commissaire sans avoir préalablement déclaré sa créance (Cass. com. 4-10-2005 n° 04-15.535 : RJDA 1/06 n° 47 ; Cass. com. 9-5-2007 n° 05-21.357 : RJDA 8-9/07 n° 866 ; Cass. com. 23-4-2013 n° 11-25.963 : RJDA 10/13 n° 821). **51865**

Forme de la demande En l'absence de disposition contraire, le juge-commissaire doit être saisi par **requête** (C. com. art. R 621-21). Le créancier demandeur doit justifier d'un **intérêt à agir** au sens des articles 30 à 32 du Code de procédure civile (CA Douai 13-11-2008 n° 2005/05911 : D. 2008 p. 2933). **51870**

La demande peut être présentée par le créancier lui-même ou **par un préposé** titulaire d'une délégation de pouvoirs à cette fin ou par un tiers auquel il a donné un mandat spécial (Cass. com. 22-5-2007 n° 05-20.417 : RJDA 10/07 n° 990).

> **Précisions** Si le **juge-commissaire** n'est **plus en fonction**, la demande doit être faite par voie d'assignation du mandataire judiciaire ou du commissaire à l'exécution du plan ou du liquidateur judiciaire devant le tribunal ayant ouvert la procédure collective (en ce sens B. Soinne, Traité des procédures collectives éd. Litec n° 2235).

51875 **Frais** Lors du dépôt de la requête au greffe du tribunal, le greffier réclamera une **provision** sur frais (entre 70 et 100 €).
Les frais de l'instance en relevé de forclusion sont en effet à la **charge** du créancier défaillant mais le juge peut les mettre à la charge du débiteur si celui-ci n'a pas mentionné la créance concernée dans la liste des créances qu'il doit remettre au mandataire et à l'administrateur à l'ouverture de la procédure ou s'il n'a pas utilement porté cette créance à la connaissance du mandataire dans les 2 mois de la publication du jugement d'ouverture (C. com. art. R 622-25, al. 2).

51880 MODÈLE

Requête en relevé de forclusion

À Monsieur le juge-commissaire désigné dans le cadre de la procédure de sauvegarde (de redressement ou de liquidation judiciaire) dont fait l'objet X (nom ou dénomination du débiteur)
À la requête de
– si le créancier demandeur est une personne physique :
Y (nom et prénom) ;
domicilié (adresse) ;
né le (date et lieu de naissance) ;
de nationalité (nationalité)
immatriculé au RCS – ville (ou inscrit au RNE ou autre) sous le numéro
– si le créancier demandeur est une société :
Dénomination sociale ;
Forme juridique (SA, SARL, SNC...) ;
Au capital de (montant) ;
Siège social : (adresse) ;
immatriculée au registre du commerce et des sociétés au RCS – ville, sous le numéro
représentée par (nom et adresse du représentant légal, ses fonctions précises : gérant, président du conseil d'administration ou du directoire...)
(le cas échéant) Ayant pour avocat (nom et adresse de l'avocat)
(le cas échéant) Élisant domicile (par exemple au cabinet de l'avocat précité ; l'élection de domicile en France est obligatoire pour le demandeur résidant à l'étranger)

À l'honneur de vous exposer

Que X (nom ou dénomination du débiteur) a été déclaré en sauvegarde (en redressement ou en liquidation judiciaire) par jugement du tribunal de commerce (ou tribunal judiciaire) de (ville) le (date du jugement d'ouverture).
Que le requérant est créancier de X (nom ou dénomination du débiteur) pour une somme de (montant) euros laquelle résulte (indiquer l'origine de la créance, quel est le titre reconnaissant son existence et sa date d'exigibilité ou d'échéance),
Que le requérant a déclaré sa créance entre les mains de Z (nom du mandataire ou du liquidateur judiciaire), mandataire judiciaire (ou liquidateur judiciaire), par lettre recommandée AR du (date),
Que dans sa correspondance du (date), Z (nom du mandataire ou du liquidateur judiciaire), mandataire judiciaire (ou liquidateur judiciaire), a estimé que ladite déclaration est tardive,
Que le requérant s'estime fondé à solliciter le relevé de la forclusion pour les raisons suivantes :
– la déclaration a été effectuée dans le délai légal :
(justifier au regard de la date de la déclaration, des dates de début et de fin du délai de déclaration applicable au créancier requérant, n°s 51790 s. ; par exemple, « Que le requérant, lié à X par un contrat de crédit-bail de matériel publié le..., a été averti, en application de l'article L 622-24 du Code de commerce, par Z, mandataire judiciaire, le 15 janvier 2024 et qu'il a déclaré sa créance le 2 mars 2024 et donc avant l'expiration du délai de déclaration fixé au 15 mars 2024 par application de l'article L 622-24 précité »),
– la déclaration a été effectuée hors délai :
Que, si le requérant a déclaré sa créance hors du délai légal, cette défaillance n'est pas due à son fait,
Qu'en effet, (justifier, n° 51850),
Qu'ainsi il vous appartient, Monsieur le juge-commissaire, d'apprécier souverainement que le requérant n'a pu raisonnablement avoir connaissance de la procédure collective, n'a commis ni

faute ni négligence et ignorait légitimement la situation de son débiteur avec lequel il avait d'ailleurs cessé toute relation.

(facultatif) Que la présente requête en relevé de forclusion vous est présentée avant l'expiration du délai prévu par l'article L 622-26, al. 3 du Code de commerce, celui-ci expirant en application dudit article le... (date : six mois à compter de la publication du jugement ouvrant la procédure collective ou de l'avertissement du créancier titulaire d'une sûreté ou d'un contrat publié ou de la date à compter de laquelle le créancier ne pouvait ignorer sa créance sur le débiteur ; n° 51855),

C'est pourquoi le requérant sollicite qu'il vous plaise, Monsieur le juge-commissaire, de bien vouloir :

DÉCLARER la requête recevable comme ayant été déposée dans le délai de l'article L 622-26, al. 3 du Code de commerce,

ORDONNER que Y (nom ou dénomination du demandeur) soit relevé de la forclusion,

DIRE que Y (nom ou dénomination du demandeur) devra procéder à la déclaration de sa créance entre les mains de Z (nom du mandataire ou du liquidateur judiciaire), mandataire judiciaire (ou liquidateur judiciaire).

Pièces jointes :
– Justificatifs de la créance
– Justificatif de l'existence de la sûreté ou du contrat et de sa publication
– Déclaration de créance
– Réponse du mandataire ou liquidateur judiciaire

Fait à (ville).

Le (date).

Signature

Auditions En application du principe du contradictoire, le juge-commissaire ne peut pas statuer sur le relevé de forclusion (demande de nature contentieuse) sans avoir convoqué les parties à l'instance (Cass. com. 13-12-2005 n° 04-18.391 : Bull. civ. IV n° 250 ; CA Douai 15-2-2001 : Rev. dr. banc. 2002.132 n° 98 note F.-X. Lucas ; en sens contraire CA Paris 28-4-2006 n° 05/02682 : Navis droit des affaires), à savoir le mandataire (ou le liquidateur) judiciaire, le créancier requérant et le débiteur, même en liquidation judiciaire, puisqu'il défend un droit propre (cf. Cass. com. 18-9-2012 n° 11-17.546 : RJDA 11/12 n° 986). À défaut, l'ordonnance est nulle pour non-respect du principe du contradictoire. **51890**

Recours Contrairement au régime antérieur à la réforme de 2006 (C. com. art. L 621-46 ancien), les textes actuels ne prévoient aucun encadrement particulier pour les recours contre les ordonnances du juge-commissaire statuant sur un relevé de forclusion. **51895**

Il en résulte, d'une part, que la décision du juge-commissaire peut faire l'objet d'un recours devant le tribunal de la procédure collective (C. com. art. R 621-21 ; n° 50600) et, d'autre part, que l'appel de droit commun est possible contre le jugement statuant sur le recours formé contre la décision du juge-commissaire (cf. art. R 662-1 ; Cass. com. 14-10-2008 n° 07-17.824 F-D : Gaz. Pal. 22-1-2009 jur. p. 55 note F. Pérochon). L'appel peut être formé même si la valeur de la créance en cause n'excède pas le taux de compétence en dernier ressort du tribunal de la procédure collective, la demande en relevé de forclusion, qui n'est pas une demande d'admission de la créance, étant indéterminée (Cass. com. 12-1-2016 n° 14-18.936 FS-PBI : RJDA 4/16 n° 311). Susceptible d'appel, le jugement ne peut donc pas faire l'objet d'un pourvoi en cassation (CPC art. 605 ; arrêts précités).

Effets du relevé Le créancier relevé de forclusion n'est pas tenu de faire une seconde **déclaration de créance** (Cass. com. 24-9-2003 n° 01-00.504 : RJDA 2/04 n° 192). Mais, s'il n'avait pas procédé à cette formalité, il doit le faire dans un délai d'un mois à compter de la notification de la décision de relevé de forclusion (C. com. art. L 622-24, al. 1). Ce délai est porté à deux mois pour les procédures ouvertes en France métropolitaine si le créancier n'y demeure pas et pour les procédures ouvertes dans un département ou une collectivité d'outre-mer si le créancier n'y demeure pas (art. L 622-24 et R 622-24). **51900**

Le relevé de forclusion ne vaut ni **admission** ni rejet de la créance (cf. Cass. com. 12-1-2016 n° 14-18.936 FS-PBI : RJDA 4/16 n° 311). Ce n'est qu'une fois que sa décision sur relevé est devenue définitive (absence de recours dans les délais requis) que le juge-commissaire peut statuer sur l'admission de la créance (art. R 622-25, al. 1).

Le créancier relevé de forclusion ne peut **concourir** que pour la distribution des **répartitions** postérieures à sa demande (art. L 622-26, al. 1).

4. FORME ET CONTENU DE LA DÉCLARATION DE CRÉANCE

FORME ET ENVOI DE LA DÉCLARATION

51940 Le Code de commerce ne prescrit aucune **forme** particulière pour l'établissement de la déclaration de créances (Cass. com. 15-2-2011 n° 10-12.149 : RJDA 7/11 n° 743). S'il résulte des termes des articles L 622-25 et R 622-23 du Code de commerce que la déclaration doit être faite par écrit, rien n'impose qu'il s'agisse d'un acte unique (CA Versailles 14-1-1999 n° 94-5850 : RJDA 6/99 n° 697). Des formulaires types de déclaration (Cerfa n° 10021-01) sont gratuitement disponibles au greffe du tribunal (ou sur leur site internet) et sur le site Service-public.fr.

Toutefois, cette formalité ne peut être remplacée ni par une assignation en intervention forcée délivrée par le créancier au mandataire judiciaire ni par la notification à celui-ci de conclusions reconventionnelles dans le cadre d'une action en cours contre le débiteur (Cass. com. 22-3-1994 n° 92-10.663 : RJDA 7/94 n° 857 ; Cass. com. 8-12-1998 n° 95-17.379 : RJDA 2/99 n° 198).

51945 De même, il n'existe aucune prescription pour l'**envoi** de la déclaration. La preuve de celui-ci (et par voie de conséquence, du respect du délai de déclaration) peut être rapportée par tous moyens par le créancier, notamment par une télécopie (Cass. com. 17-12-2003 n° 01-10.692 : RJDA 5/04 n° 592) ou par une attestation du mandataire judiciaire (Cass. com. 12-7-2004 n° 03-11.844 : RJDA 11/04 n° 1244). Mais, dans la mesure où une simple copie de la déclaration ne suffit pas à établir son envoi (Cass. 1e civ. 7-10-1998 n° 96-18.093 : RJDA 11/98 n° 1256), il est préférable d'adresser la déclaration par lettre recommandée AR ou de procéder à la déclaration sur le **portail électronique** dédié (n° 50440).

51950 Un créancier établi dans un autre État membre de l'Union européenne peut déclarer sa créance dans la **langue** de cet État dans une procédure collective ouverte en France à condition d'y joindre une traduction, cette dernière et les pièces justificatives peuvent être produites jusqu'à ce que le juge-commissaire statue (C. com. art. R 693-4).

Pour un créancier établi en dehors de l'Union européenne, la déclaration en langue étrangère est valable dès lors qu'il en fournit une traduction au plus tard lorsque le juge statue, y compris en appel (CA Paris 20-12-2007 n° 06-12148 ; dans le même sens CA Lyon 7-9-2001 n° 00-709 : RJDA 6/02 n° 662 à propos d'un créancier européen avant l'entrée en vigueur du règlement 1346/2000).

Sur la déclaration de la créance en devises, voir n° 51970.

VOLONTÉ DE DÉCLARER

51960 La déclaration doit manifester la volonté non équivoque du créancier de déclarer sa créance, c'est-à-dire d'être payé dans le cadre de la procédure collective (notamment Cass. com. 28-6-2005 n° 04-14.578 : RJDA 1/06 n° 50 ; Cass. com. 14-5-2008 n° 07-12.892 : RJDA 12/08 n° 1292 ; Cass. com. 15-2-2011 n° 10-12.149 F-PB : RJDA 7/11 n° 643).

Même si la déclaration peut n'être faite que sur la base d'une évaluation et si elle est susceptible de rectification, est en principe inefficace la déclaration faite « à titre provisionnel » ou « pour mémoire » ou encore « sous réserve », sauf si le créancier a néanmoins exprimé dans la déclaration sa volonté pure et simple d'être payé (Cass. com. 28-6-2005 précité ; Cass. com. 26-9-2006 n° 05-16.942 ; Cass. com. 6-7-2010 n° 09-68.474 : RJDA 1/11 n° 62). Toutefois, le Trésor public, les organismes de prévoyance et de sécurité sociale et les institutions du régime d'assurance chômage sont autorisés à déclarer leurs créances à titre provisionnel (n° 51975).

En pratique, cette volonté s'exprime généralement dans la lettre qui accompagne le bordereau listant les créances et les pièces justificatives. Elle est souverainement appréciée par les juges du fond. Les formulaires de déclaration proposés par les tribunaux de commerce comportent généralement une mention exprimant cette volonté (par exemple, « requiert l'admission de sa créance au passif »).

ILLUSTRATIONS

La volonté de déclarer une créance n'est pas clairement exprimée :

– par la simple référence, dans la lettre adressée par une banque au mandataire judiciaire, à l'existence d'un prêt consenti par elle au débiteur, même corroborée par des éléments extérieurs à cette lettre (Cass. com. 17-2-1998 n° 95-18.271 : RJDA 6/98 n° 766) ;

– par le rappel de la déclaration de créances faite dans le cadre d'une précédente procédure collective (CA Versailles 30-9-1999 n° 98-7355 : RJDA 3/00 n° 312) ;

– par la lettre adressée au liquidateur judiciaire par laquelle un créancier se borne à faire valoir qu'il a subi un préjudice du fait de la résiliation du marché de travaux conclu avec le débiteur (CA Limoges 3-6-1999 n° 96-1911 : RJDA 5/00 n° 560).

À l'inverse, manifeste la volonté de déclarer l'envoi au mandataire judiciaire de plusieurs certificats de non-paiements de chèques et la copie de ces chèques, même en l'absence de lettre d'accompagnement (Cass. com. 15-2-2011 n° 10-12.149 précité).
Sur la portée d'une assignation en intervention forcée ou de la notification de conclusions, voir n° 51940.

MENTIONS OBLIGATOIRES

Les articles L 622-5 et L 622-33 du Code de commerce imposent que certains éléments (exposés ci-dessous) figurent dans la déclaration de créances. S'y ajoutent évidemment les indications permettant l'**identification** tant du **créancier** déclarant (et du préposé ou du mandataire qui déclare en son nom) que du **débiteur** (nom ou dénomination sociale, adresse ou siège social, numéro d'immatriculation au RCS...). Le greffe exige en outre l'indication de la procédure collective concernée (sauvegarde, redressement ou liquidation judiciaire) et la date du jugement d'ouverture. 51965

> **Précisions** La déclaration de créance faite par un créancier étranger n'a pas à contenir une **élection de domicile** en France, l'article 855 du Code de procédure civile n'est pas applicable à cette formalité (Cass. com. 5-11-2013 n° 12-20.234 F-PB : RJDA 2/14 n° 143).

Montant de la créance La déclaration de créance indique le montant de la **créance due** au jour du jugement d'ouverture avec indication des sommes **à échoir** et de la date de leurs échéances (C. com. art. L 622-25, al. 1). Le montant de la créance doit être chiffré et non exprimé en nature (CA Dijon 6-10-1998 n° 97/01913 : RJDA 8-9/99 n° 963 à propos d'une créance résultant du partage d'une récolte). 51970

Si la créance ne résulte pas d'un titre, la déclaration doit, en outre, contenir les éléments de nature à prouver l'existence et le montant de la créance et, à défaut, une **évaluation** de celle-ci si son montant n'a pas encore été fixé (art. L 622-24, al. 3 et R 622-23, al. 1-1°). Ainsi les créanciers liés au débiteur par un contrat à exécution successive conclu avant ou après le jugement d'ouverture déclarent, sur la base d'un évaluation, la totalité des sommes échues ou à échoir (art. R 622-22).

Si elle ne résulte **pas d'un titre exécutoire**, la créance déclarée doit être certifiée sincère par le créancier, le visa du commissaire aux comptes ou, à défaut, de l'expert-comptable sur la déclaration pouvant être demandé par le juge-commissaire et le refus de visa devant être motivé (art. L 622-25, al. 3).

Pour les créances en **monnaie étrangère**, la déclaration indique la conversion en euros selon le cours du change à la date du jugement d'ouverture (art. L 622-25, al. 2).

> **Précisions a.** Le créancier, qui a reçu un paiement partiel de la part du coobligé du débiteur ou d'un garant, ne peut déclarer sa créance que déduction faite de ce paiement ; le coobligé ou le garant peut déclarer sa créance pour tout ce qu'il a payé à la décharge du débiteur (art. L 622-33).
> **b.** Une créance déclarée au passif sur la base d'une **évaluation** ne peut pas être admise pour une somme supérieure à cette évaluation (Cass. com. 22-1-2008 n° 07-10.897 : RJDA 3/08 n° 303 ; Cass. com. 3-11-2010 n° 09-72.029 : RJDA 1/11 n° 63). Ainsi, la créance déclarée « pour un franc sauf mémoire » ou « pour un euro à parfaire » ne peut être admise que pour cette somme en l'absence de déclaration complémentaire (CA Paris 16-3-1993 n° 91/007577 : RJDA 12/93 n° 1084 ; Cass. com. 5-5-2015 n° 14-12.381 FS-D : RJDA 10/15 n° 682).
> **c.** Une **surévaluation abusive** de la créance déclarée engage la responsabilité du créancier (Cass. com. 8-1-2002 n° 98-23.181 : RJDA 5/02 n° 524).
> **d.** Le **défaut de certification** n'entraîne pas la nullité de la déclaration (Cass. com. 8-3-1994 n° 92-10.381 : RJDA 7/94 n° 858).

Créances du trésor public et des organismes sociaux Le Trésor public, les organismes de prévoyance et de sécurité sociale, les institutions du régime d'assurance chômage ainsi que l'AGS pour les sommes qu'elle a avancées, peuvent **déclarer** leurs créances **à titre provisionnel** lorsque celles-ci n'ont pas encore fait l'objet d'un titre exécutoire ; leurs déclarations sont toujours faites sous réserve des impôts et créances non établis à la date de la déclaration (C. com. art. L 622-24, al. 4, L 631-14, al. 1 et L 641-3, al. 4). Mais les créances doivent être définitivement établies par l'émission d'un titre exécutoire dans un délai déterminé pour donner lieu à une déclaration définitive et être admises au passif (n° 52280). 51975

Ces organismes ne sont pas pour autant dispensés de compléter leur déclaration dans les délais légaux ou, à défaut, de demander à être relevés de forclusion (Cass. com. 1-10-2013 n° 12-20.229 : RJDA 4/14 n° 363).

51980 **Intérêts** La déclaration indique les **modalités de calcul des intérêts légaux** ou conventionnels **dont le cours n'est pas arrêté** par le jugement d'ouverture, c'est-à-dire des intérêts nés des prêts d'au moins un an ou des contrats assortis d'un paiement différé d'au moins un an (C. com. art. L 622-28, al. 1), cette indication valant déclaration pour le montant ultérieurement arrêté des intérêts (art. R 622-23, al. 1-2°).

Cette exigence est satisfaite si la déclaration ne comporte pas elle-même ces indications mais renvoie expressément à un document joint à la déclaration (par exemple, la copie du contrat) et mentionnant les modalités de calcul (Cass. com. 31-1-2017 n° 15-15.030 F-D et Cass. com. 22-3-2017 n° 15-19.481 F-D : RJDA 8-9/17 n° 565 ; Cass. com. 5-7-2023 n° 22-12.310 F-D : BRDA 18/23 inf. 9). À défaut de renvoi exprès, le document joint à la déclaration est insuffisant (arrêts précités).

Ces mentions ne sont requises ni pour les intérêts échus (Cass. com. 23-11-1999 n° 97-12.209 : RJDA 2/00 n° 210) ni pour les intérêts à échoir si leur montant peut être calculé au jour de la déclaration de créances (Cass. com. 2-3-1993 n° 90-21.353 : Bull. civ. IV n° 89 ; Cass. com. 5-5-2015 n° 14-13.213 : RJDA 10/15 n° 681). Il suffit alors d'indiquer leur montant.

> **Précisions a.** Les exigences ci-dessus s'appliquent aussi aux intérêts conventionnels de retard (Cass. com. 23-11-2022 n° 21-14.116 F-D : RJDA 3/23 n° 156 ; Cass. com. 5-7-2023 n° 22-12.310 F-D précité). La seule indication de leur taux est insuffisante (Cass. com. 23-11-2022 précité).
> **b.** Aucun texte n'oblige le créancier à **distinguer**, dans la déclaration de créances, le **montant des intérêts** à échoir du montant du capital à échoir (Cass. com. 5-5-2015 précité). En pratique si le montant des intérêts n'est pas encore chiffrable, le créancier distinguera néanmoins les deux. Si ce montant est calculable, il peut indiquer un montant global.

51985 **Garanties de la créance** Le créancier doit déclarer la nature et l'assiette de la **sûreté** dont la créance est assortie (C. com. art. L 622-25, al. 1), à la condition qu'elle porte sur un bien compris dans les actifs du débiteur (Cass. 3ᵉ civ. 24-6-1998 n° 97-17.108 : RJDA 8-9/98 n° 1008, rapp. D. Pronier p. 688). Le créancier doit en outre indiquer, le cas échéant, si la sûreté réelle conventionnelle a été constituée sur les biens du débiteur en garantie de la dette d'un tiers (art. précité).

À défaut, le créancier perd le bénéfice de sa sûreté (Cass. com. 17-5-1988 n° 86-16.244 : Bull. civ. IV n° 165 ; Cass. com. 4-2-1992 n° 90-13.962 : RJDA 5/92 n° 508) : sa créance n'est admise au passif qu'à titre chirographaire, c'est-à-dire sans privilège ni sûreté (Cass. com. 7-12-2004 n° 03-12.921 : RJDA 4/05 n° 426), et sera primée, dans les distributions, par les créances privilégiées ou assorties de sûretés.

51990 **Créance litigieuse** Si la créance fait l'objet d'un litige en cours à l'ouverture de la procédure collective, la déclaration doit mentionner la juridiction saisie (C. com. art. R 622-23, al. 1-3° ; Cass. com. 26-3-2013 n° 12-13.673 : RJDA 6/13 n° 537). L'omission de cette indication n'est pas sanctionnée par la nullité de la déclaration (arrêt précité).

JUSTIFICATIFS

52000 Les documents justificatifs des **créances** (contrats, factures, bordereau d'inscription des sûretés…) doivent être joints sous bordereau à la déclaration (C. com. art. R 622-23, al. 2). Ils peuvent être produits en copie et le mandataire judiciaire peut, à tout moment, demander la production de documents qui n'auraient pas été joints (art. précité). Les pièces justificatives peuvent être valablement produites après l'expiration du délai de déclaration (Cass. com. 23-3-2022 n° 20-19.274 F-D : RJDA 7/22 n° 416).

N'entraînent pas la nullité de la déclaration la production des justificatifs après la déclaration (Cass. com. 8-7-2003 n° 99-10.590 : RJDA 1/04 n° 62) ou le défaut de production des pièces justificatives ou de leurs originaux (Cass. com. 17-12-1996 n° 94-19.489 : RJDA 4/97 n° 566 ; Cass. com. 9-7-1996 n° 93-12.297 : RJDA 12/96 n° 1538 ; Cass. com. 17-12-2003 n° 01-10.692 : RJDA 5/04 n° 592).

Les documents justifiant des **pouvoirs du déclarant** (délégation de pouvoir ou mandat spécial) sont généralement joints à la déclaration. Le créancier peut ratifier ultérieurement la déclaration faite en son nom (n° 51600).

5. DÉCLARATION DE CRÉANCE RECTIFICATIVE

52040 Les règles exposées ci-dessus s'appliquent en principe tant à la déclaration initiale qu'à toute déclaration rectificative.

Ainsi le créancier peut rectifier sa déclaration initiale tant que le **délai de déclaration** n'est **pas expiré** ou s'il a été relevé de forclusion (cf. Cass. com. 1-10-2013 n° 12-20.229 : RJDA 3/14 n° 463) ; à défaut, il ne peut pas augmenter le montant déclaré (Cass. com. 28-9-2004 n° 03-11.820 : RJDA 2/05 n° 165 ; Cass. com. 3-11-2010 n° 09-72.029 : RJDA 1/11 n° 63).

Toutefois, le créancier est autorisé, **après expiration du délai de déclaration**, à :
– réduire le montant déclaré jusqu'à ce que le juge statue sur l'admission (Cass. com. 27-5-2003 n° 00-17.716 : RJDA 12/03 n° 1207) ;
– rectifier une erreur matérielle, cette rectification ne s'analysant pas en demande nouvelle susceptible d'être atteinte de forclusion (Cass. com. 26-5-1998 n° 96-12.207 : RJDA 11/98 n° 1257, 2e esp. relatif à l'erreur dans le montant du capital restant dû sur un prêt par rapport au montant du capital échu indiqué dans la déclaration ; Cass. com. 7-11-2006 n° 05-17.334 : Gaz. Pal. 2007 som. p. 603 obs. P.-M. le Corre rendu à propos d'une confusion entre franc et euro).

6. CAS PARTICULIER DE LA SAUVEGARDE ACCÉLÉRÉE

L'obligation de déclarer les créances a pour but de déterminer le **passif** qui doit être traité dans le cadre de la procédure collective. En cas de sauvegarde accélérée, celui-ci est, pour l'essentiel, **connu** car l'ouverture de cette procédure suppose que le débiteur soit engagé dans une conciliation et qu'un accord ait déjà été négocié avec les principaux créanciers (C. com. art. L 628-1, al. 2). La loi prévoit donc un mécanisme différent de celui prévu pour les autres procédures collectives. **52050**

LISTES DES CRÉANCES

Après ouverture de la sauvegarde accélérée, le débiteur établit : **52055**
– une liste globale de tous ses créanciers avec indication de leurs **créances antérieures**, qu'il remet à l'administrateur et au mandataire judiciaire qui la dépose au greffe du tribunal (C. com. art. L 622-6, al. 2) ;
– la liste des créances antérieures dont est titulaire chaque partie affectée (n° 50760) ayant participé à la conciliation et qui doivent faire l'objet d'une déclaration (C. com. art. L 628-7, al. 1), liste déposée par le débiteur au greffe du tribunal.
Comme la première liste, la seconde liste indique les nom ou dénomination, siège ou domicile de chaque créancier, la nature de la créance, son montant au jour du jugement d'ouverture (y compris les sommes à échoir et les dates d'échéance), les modalités de calcul des intérêts dont le cours n'est pas arrêté, la nature et l'assiette de la sûreté dont elle est assortie et, si la créance est en monnaie étrangère, la conversion en euros selon le cours du change à la date du jugement d'ouverture ; elle indique, le cas échéant, les accords de subordination portés à la connaissance du débiteur par les créanciers avant l'ouverture de la procédure et, lorsque les détenteurs de capital (n° 50760) sont affectés par le projet de plan, les informations relatives aux modalités de participation au capital du débiteur, aux statuts et aux droits des détenteurs de capital (art. L 628-7, al. 1 et R 628-8). Cette liste est certifiée par le commissaire aux comptes ou, à défaut, fait l'objet d'une attestation de l'expert-comptable (art. L 628-7 précité).

DÉPÔT DE LA LISTE ET AVERTISSEMENT DES CRÉANCIERS

Dans les 10 jours de l'ouverture de la procédure, le débiteur dépose la seconde liste des créances, certifiée par le commissaire aux comptes ou attestée par l'expert-comptable, au greffe du tribunal ; ce **dépôt vaut déclaration** au nom des parties affectées (n° 50760) à moins que celles-ci n'adressent elles-mêmes une déclaration de leurs créances (C. com. art. L 628-7, al. 1 et 3 et R 628-8). **52057**
En cas de différences entre les informations portées sur les deux listes, seules celles figurant sur la première sont prises en considération (art. R 628-8, al. 3).
Le greffier remet un exemplaire de la liste au **mandataire judiciaire** qui, dans les 8 jours, communique par lettre recommandée AR ou par le portail électronique dédié (n° 50440), à chaque partie affectée concernée les informations relatives à ses créances telles qu'elles figurent sur la liste et porte à sa connaissance les dispositions des articles L 628-7 et R 628-9 du Code de commerce ; cette information vaut **avertissement** d'avoir à déclarer (art. R 628-9).
La **partie affectée** peut **actualiser sa créance** mentionnée sur la liste dans un délai de 2 mois à compter du jugement d'ouverture ou, si elle est titulaire d'une sûreté ou d'un contrat publié, à compter de l'avertissement précité (art. L 628-7, al. 4).

E. Vérification et admission des créances

CONTRÔLE DES CRÉANCES DÉCLARÉES

La vérification des créances consiste à contrôler les créances déclarées (existence, montant, caractère privilégié...), opération à l'issue de laquelle elles sont soumises au juge-commissaire qui décide si elles sont admises ou non au passif du débiteur, c'est-à-dire si elles sont prises en compte ou non dans la répartition des dividendes arrêtée par le tribunal. **52080**

DÉROULEMENT GÉNÉRAL DE LA PROCÉDURE DE VÉRIFICATION

52082 **Sauvegarde et redressement judiciaire** Exception faite des créances salariales qui sont soumises à un traitement particulier (n° 51570), les **créances déclarées** sont vérifiées :
– en cas de sauvegarde, par le mandataire judiciaire, le débiteur et, le cas échéant, les contrôleurs présents ou dûment appelés (C. com. art. R 624-1, al. 1) ;
– en cas de redressement judiciaire, par le mandataire judiciaire en présence du débiteur ou celui-ci appelé, de l'administrateur s'il a pour mission d'assurer l'administration de l'entreprise et, le cas échéant, des contrôleurs comme indiqué ci-dessus (art. R 631-29).
Le mandataire judiciaire établit la **liste des créances déclarées**, avec ses propositions et les observations du débiteur (art. L 624-1, al. 1 et R 624-2, al. 1). Cette liste est déposée au greffe du tribunal et transmise au **juge-commissaire** (art. L 624-1 et R 624-1) qui statue sur le sort des créances (admission, rejet, constatation de son incompétence ou de l'existence d'une instance en cours ; n°s 52170 s.).
La liste initiale du mandataire judiciaire devient l'**état des créances** et elle est complétée par le greffier notamment :
– des décisions rendues par le juge-commissaire sur le sort de ces créances (art. L 624-3-1) et des décisions rendues par la cour d'appel sur recours formé contre celles du juge-commissaire (art. R 624-9) ;
– à la demande du mandataire ou des créanciers, par les créances définitivement fixées par une décision de justice en dehors de la procédure collective et les créances admises à la suite d'un relevé de forclusion (art. R 624-2, al. 3 et R 624-9) ;
– des relevés des créances salariales (n° 51570).
L'état des créances est déposé au greffe du tribunal où toute personne peut en prendre connaissance et le greffier fait publier au Bodacc une insertion indiquant ce dépôt et le délai pour former une réclamation (art. R 624-8 ; n°s 52300 s.).

52090 **Liquidation judiciaire** En cas de liquidation judiciaire, la vérification des créances incombe au liquidateur judiciaire (C. com. art. L 641-4, al. 1) qui exerce les fonctions du mandataire judiciaire dans la procédure décrite ci-dessus (art. L 641-14, al. 1 et R 641-28), mais elle peut être limitée à certaines créances.
Le juge-commissaire exclut ou arrête la vérification des créances chirographaires s'il lui apparaît que le produit de la vente de l'actif sera entièrement absorbé par les frais de justice et les **créances privilégiées** (C. com. art. L 641-4, al. 2 et R 641-27). Mais la vérification est complète, en présence d'un débiteur personne morale ou entrepreneur individuel, s'il y a lieu de mettre à la charge des dirigeants (de droit ou de fait) ou de cet entrepreneur tout ou partie du passif (art. L 641-4).
En cas de liquidation judiciaire simplifiée, la vérification porte sur les seules **créances susceptibles de venir en rang utile** dans les répartitions et sur les créances résultant d'un contrat de travail (art. L 644-3).

1. INTERVENTION DU DÉBITEUR DANS LA VÉRIFICATION DES CRÉANCES

52100 À l'occasion de la vérification des créances, le débiteur doit former ses observations, dans un **délai** de 30 jours qui court à compter de la date à laquelle il a été mis en mesure, par le mandataire ou le liquidateur judiciaire, de les formuler ou, s'il ne participe pas à la vérification des créances, à compter de la réception de la lettre recommandée AR par laquelle le mandataire ou le liquidateur judiciaire lui a communiqué les propositions d'admission, de rejet ou de renvoi devant la juridiction compétente (C. com. art. L 624-1, al. 2, R 624-1, al. 3, R 631-29 et R 641-28).
Lorsqu'il a contesté une créance, le débiteur n'est en outre pas tenu de présenter des observations sur les réponses reçues des créanciers en application de l'article L 622-27 du Code de commerce, ni d'être présent lors du rendez-vous fixé par le liquidateur pour la signature de la liste des créances (Cass. com. 2-11-2016 n° 14-29.292 F-PB : RJDA 1/17 n° 34).

52105 Le débiteur qui ne formule **pas d'observations dans** ce **délai** ne peut émettre aucune contestation ultérieure sur la proposition du mandataire ou du liquidateur judiciaire (C. com. art. L 624-1, al. 2). Le juge-commissaire n'est pas tenu de l'entendre ou de l'appeler lorsqu'il se prononce sur l'admission d'une créance non contestée (Cass. com. 3-10-2000 n° 97-21.584 P : RJDA 1/01 n° 51 ; Cass. com. 8-1-2013 n° 11-22.796 : Bull. civ. IV n° 1) et le débiteur n'a pas de recours contre la décision du juge-commissaire (Cass. com. 4-2-1992 n° 90-17.993 P : RJDA 5/92 n° 511, 1e espèce ; Cass. com. 22-6-1999 n° 96-20.787 P : RJDA 8-9/99 n° 965 ; Cass. com. 3-10-2000 n° 97-21.584 : RJDA 1/01 n° 51).

En revanche, le débiteur doit être convoqué par le juge-commissaire s'il a émis une **contestation** et peut, à défaut, faire annuler la décision rendue par ce dernier (Cass. com. 2-11-2016 n° 14-29.292 F-PB : RJDA 1/17 n° 34). Il peut exercer un recours contre l'ordonnance du juge-commissaire statuant sur la créance qu'il a contestée, peu important l'objet de cette contestation ; il peut donc invoquer un autre motif devant la cour d'appel que celui opposé à la contestation de la créance par le mandataire (ou le liquidateur) judiciaire (Cass. com. 19-5-2015 n° 14-14.395 F-PB : RJDA 11/15 n° 765 ; Cass. com. 8-1-2013 n° 11-22.796 F-PB : D. 2013 p. 173 ; Cass. com. 29-3-2023 n° 21-21.258 F-B : RJDA 6/23 n° 324).

> **Précisions a.** Le juge-commissaire qui n'a pas été saisi d'une contestation n'a pas statué sur celle-ci (Cass. com. 4-2-1992 n° 90-12.674 : Bull. civ. IV n° 55 ; Cass. com. 8-1-2013 n° 11-22.796 : Bull. civ. IV n° 1). Un recours n'est donc pas envisageable, y compris un **recours-nullité pour excès de pouvoir** (Cass. com. 14-1-1997 n° 93-19.381 : Bull. civ. IV n° 13).
b. Si le **débiteur** n'a **pas été mis en mesure de participer à la vérification** des créances, ce qu'il doit démontrer, il peut faire appel de l'état des créances comportant les décisions d'admission ou de rejet du juge-commissaire, dans le délai de 10 jours à compter de la publication au Bodacc de l'insertion indiquant que l'état des créances est constitué et déposé au greffe (Cass. com. 15-11-2016 n° 15-12.610 F-PB : Bull. civ. IV n° 140 ; Cass. com. 28-3-2018 n° 17-10.600 FS-PB : RJDA 6/18 n° 519).

2. INTERVENTION D'UN CRÉANCIER DANS LA VÉRIFICATION DES CRÉANCES

AVERTISSEMENT DU CRÉANCIER DE L'EXISTENCE D'UNE CONTESTATION

S'il y a discussion sur tout ou partie d'une créance (autre qu'une créance salariale, celle-ci étant soumise au régime exposé n° 51570), le mandataire judiciaire (ou le liquidateur) en avise, par lettre recommandée AR ou via le portail électronique dédié (n° 50440), le **créancier** concerné **ou son mandataire** en l'invitant à faire connaître ses explications (C. com. art. L 622-27 et R 624-1, al. 2). **52130**
Cet avis doit **préciser** l'objet de la discussion (existence, montant, caractère privilégié ou non de la créance...), indiquer le montant de la créance dont l'inscription est proposée et rappeler la conséquence résultant du défaut de réponse du créancier dans le délai exposé n° 52140 (art. précités). L'objet de la contestation doit être suffisamment explicite pour permettre au créancier de fournir des explications (Cass. com. 27-6-2006 n° 05-13.696 : RJDA 12/06 n° 1245 ; Cass. com. 23-9-2014 n° 12-29.404 : RJDA 4/15 n° 495).

> **Précisions a.** Lorsque la **créance** a été **déclarée par l'avocat du créancier**, la lettre est valablement adressée au seul avocat, réputé représenter le créancier dans la procédure de vérification de cette créance (Cass. com. 12-11-1997 n° 95-14.225 : RJDA 3/98 n° 312) ou au seul créancier (Cass. com. 19-12-2006 n° 05-19.115 : RJDA 6/07 n° 643).
b. La même créance peut faire l'objet de **plusieurs contestations** successives (Cass. com. 22-10-1996 n° 94-19.912 : RJDA 2/97 n° 268).
c. Il n'est pas interdit au mandataire (ou liquidateur) judiciaire de soutenir devant le juge-commissaire une **autre proposition** que celle communiquée au créancier (Cass. com. 29-5-2019 n° 18-14.911 F-PB : RJDA 8-9/19 n° 576).

RÉPONSE DU CRÉANCIER À LA CONTESTATION

Le créancier doit répondre dans un **délai** de 30 jours à compter de la réception de la lettre du mandataire (ou du liquidateur) judiciaire (C. com. art. L 622-27 et R 624-1, al. 2). **52140**
Cette réponse n'est pas assimilée à une demande en justice. Lorsque le créancier est une personne morale, la réponse peut donc émaner de tout **préposé** de son choix sans qu'il soit tenu de justifier d'une délégation de pouvoir à cette fin émanant des organes habilités par la loi à représenter la personne morale (Cass. com. 16-9-2008 n° 07-17.273 : RJDA 12/08 n° 1293).
La loi ne fixe pas de **forme** impérative pour la réponse : elle peut être faite par courrier (lettre recommandée AR pour faire preuve du respect du délai de réponse) ou via le portail électronique dédié (n° 50440) ou encore lors de l'audience devant le juge-commissaire (dès lors qu'elle intervient dans le délai précité), mais elle doit en tout état de cause comporter les arguments du créancier réfutant la contestation de sa créance.
À **défaut de réponse** dans le délai, le créancier :
– n'est pas convoqué par le juge-commissaire pour être entendu sur sa créance (art. R 624-4, al. 2) ;
– ne peut plus contester la proposition de rejet ou d'admission faite par le mandataire, sauf si la discussion porte au moins pour partie sur la régularité de la déclaration de créances (art. L 622-27 ; Cass. com. 7-7-1998 n° 95-18.984 : RJDA 11/98 n° 1260 ; Cass. com. 28-6-2017 n° 16-12.382 FS-PBI : RJDA 12/17 n° 825) ;

– ne peut pas non plus exercer de recours contre la décision du juge-commissaire qui confirme la proposition du mandataire ou du liquidateur (art. L 624-3, al. 2) ; mais, le créancier conserve le droit d'exercer un recours lorsque le juge-commissaire n'a pas entériné cette proposition (Cass. com. 1-4-2003 n° 99-18.545 : RJDA 10/03 n° 984 ; Cass. com. 16-6-2015 n° 14-11.190 F-PB : RJDA 10/15 n° 684).
Le créancier conserve la faculté de contester son absence de réponse à la contestation (Cass. com. 21-1-2003 n° 99-20.557 : RJDA 8-9/03 n° 860).

ILLUSTRATIONS

A été considéré comme **défaillant** le créancier qui a répondu sans fournir aucune explication (CA Grenoble 9-6-1988 : Rev. jur. com. 1989 p. 229 note Ch.-H. Gallet).
N'est **pas défaillant** le créancier qui a répondu en précisant qu'il présenterait ses arguments à l'audience (Cass. com. 11-12-2001 n° 2074 : Rev. proc. coll. 2002 p. 185 n° 5 obs. F.-F. Legrand) ou celui qui, n'ayant pas répondu à la lettre de contestation, a été convoqué dans le délai de 30 jours par le juge-commissaire et qui a comparu devant lui (Cass. com. 7-12-2004 n° 03-16.321 : RJDA 4/05 n° 429)ou encore celui qui a répondu à une première contestation émanant du mandataire judiciaire, mais n'a pas répondu à une nouvelle lettre de discussion de la même déclaration de créance (Cass. com. 28-6-2017 n° 16-16.614 FS-PBI : RJDA 11/17 n° 741). Le créancier doit alors être convoqué devant le juge-commissaire appelé à statuer sur la contestation.

52145 Les **sanctions** exposées ci-dessus ne sont **pas applicables** au créancier :
– lorsqu'une instance au fond, relative à la créance déclarée, était en cours au jour de l'ouverture de la procédure collective du débiteur (Cass. com. 15-3-2005 n° 00-19.918 FS-PB : RJDA 7/05 n° 852 ; Cass. com. 5-9-2018 n° 17-14.960 F-PBI : D. 2018 p. 1692), y compris si la reprise de l'instance en cours n'a pas été régulière (Cass. com. 13-2-2019 n° 17-28.749 F-PB : RJDA 4/19 n° 278) ;
– lorsque délai de réponse n'a pas pu courir contre le créancier, ce qui est le cas s'il n'a pas reçu l'avertissement du mandataire ou du liquidateur (Cass. com. 5-11-2003 n° 01-00.881 FS-PB : RJDA 2/04 n° 194 pour un cas où l'avertissement adressé en recommandé AR avait été retourné avec la mention « non réclamé, retour à l'envoyeur »), si l'avertissement n'indique pas l'objet de la contestation, le mandataire s'étant contenté d'exiger les justificatifs de la créance déclarée (Cass. com. 14-5-1996 n° 943 P : JCP G 1996.II.22657 rapport Rémery, RJDA 10/96 n° 1262) ou s'il ne mentionne pas, ou seulement de manière incomplète, les dispositions de l'article L 622-27 du Code de commerce relatives au délai de réponse du créancier (Cass. com. 5-12-1995 n° 93-18.803 P : RJDA 3/96 n° 417 ; Cass. com. 20-1-2021 n° 19-19.415 F-D : RJDA 5/21 n° 331) ou encore si la contestation ne porte pas sur l'existence, le montant ou la nature de la créance, appréciés au jour du jugement d'ouverture, le mandataire faisant seulement état d'une éventuelle compensation avec une créance de dommages-intérêts (Cass. com. 29-5-2019 n° 18-14.911 F-PB : RJDA 8-9/19 n° 576).

3. INTERVENTION DU JUGE-COMMISSAIRE

TRI DES CRÉANCES PAR LE JUGE-COMMISSAIRE

52170 Au vu des propositions du mandataire judiciaire (ou du liquidateur), le juge-commissaire statue, si la demande d'admission (la déclaration) est admissible, sur le sort des créances qui figurent sur la liste qui lui a été remise : il décide de l'**admission ou** du **rejet** des créances ou constate soit qu'une **instance** est **en cours**, soit que la **contestation** ne relève **pas de sa compétence** ; en l'absence de contestation sérieuse, le juge-commissaire a également compétence, dans les limites de la compétence matérielle de la juridiction qui l'a désigné, pour statuer sur tout moyen opposé à la demande d'admission (C. com. art. L 624-2).
Lorsqu'il statue sur une créance, le juge-commissaire n'est pas tenu de suivre la proposition du mandataire ou du liquidateur judiciaire (Cass. com. 19-5-1998 n° 96-13.958 P : RJDA 10/98 n° 1160 ; Cass. com. 1-4-2003 n° 99-18.545 F-D : RJDA 10/03 n° 984).

52175 Devant le juge-commissaire, la **procédure** est **orale** ; les prétentions des parties peuvent être formulées au cours de l'audience.
Le juge-commissaire doit respecter le principe du **contradictoire** et entendre les personnes intéressées pour statuer sur une créance contestée sous réserve des exceptions exposées n° 52105 pour le débiteur et n° 52140 pour le créancier (C. com. art. R 624-4, al. 2 et R 641-28).
En matière de vérification des créances, le juge-commissaire **statue en dernier ressort** lorsque la valeur de la créance en principal n'excède pas 5 000 € (C. com. art. L 624-4, art. R 721-6 et C. org. jud. art. R 211-3-25 et R 211-4, I-6°).

> **Précisions a.** Le juge-commissaire ne peut pas se prononcer sur le sort d'une créance tant qu'il n'a pas été irrévocablement statué sur le **relevé de forclusion** du créancier ni refuser de surseoir à sa décision dans cette attente (Cass. com. 14-1-1997 n° 95-12.159 : RJDA 4/97 n° 569 ; Cass. com. 1-10-1997 n° 95-12.158 : DA 42/1997 p. 1394).
> **b.** Les décisions d'**admission sans contestation** sont matérialisées par l'apposition de la signature du juge-commissaire sur la liste des créances établie par le mandataire ou le liquidateur judiciaire (C. com. art. R 624-3 et R 641-28). Le greffier en avise les créanciers par lettre simple qui précise le montant pour lequel la créance est admise ainsi que les sûretés et privilèges dont elle est assortie et reproduit les dispositions des articles L 622-27 et L 624-3 du Code de commerce (art. R 624-3 et R 641-28).

CRÉANCE FAISANT L'OBJET D'UNE INSTANCE EN COURS

Le juge-commissaire ne peut pas prononcer l'admission ou le rejet d'une créance faisant l'objet **52190** d'une instance en cours (cf. C. com. art. L 624-2), le juge initialement saisi demeurant compétent même si ses pouvoirs sont réduits (n° 51400). Si le juge-commissaire statue néanmoins, sa décision est théoriquement nulle (CA Paris 4-11-2003 n° 2001-16258 : RD bancaire et financier 2004 actu. n° 134 note F.-X. Lucas), à moins qu'elle n'ait acquis force de chose jugée faute de contestation (cf. Cass. 1e civ. 11-9-2013 n° 11-17.201 FS-PBI : Bull. civ. I n° 16).

Le juge-commissaire doit se contenter de constater l'existence de cette instance à condition que **52195** celle-ci :
– ait bien été en cours lors de l'ouverture de la procédure collective (Cass. com. 12-1-2010 n° 08-19.645 : RJDA 5/10 n° 544) ;
– ait été engagée contre le débiteur et non par ce dernier (Cass. com. 27-5-2008 n° 06-20.483 : RJDA 10/08 n° 1044) ni contre le dirigeant de la société débitrice (Cass. com. 10-5-2005 n° 04-11.338 : RJDA 8-9/05 n° 1014) ; toutefois, pour les créances fiscales, le juge-commissaire doit constater qu'une instance est en cours lorsque le débiteur a fait une réclamation contentieuse contre l'avis de mise en recouvrement après l'ouverture de la procédure collective (Cass. com. 11-2-2014 n° 13-10.554 : Bull. civ. IV n° 37 ; déjà en ce sens, Cass. com. 11-12-2001 n° 99-10.795 : RJDA 4/02 n° 411) ;
– ait tendu à obtenir une décision définitive sur l'existence et le montant de la créance, ce qui n'est pas le cas d'une action en référé tendant à une condamnation provisionnelle (Cass. com. 23-5-2000 n° 97-18.049 : RJDA 11/00 n° 1018) ou à la désignation d'un expert en vue d'établir les comptes entre les parties (Cass. com. 14-3-2000 n° 96-21.222 : RJDA 6/00 n° 686).
Si l'action ne répond pas à ces critères, le juge-commissaire peut statuer sur la créance (Cass. com. 8-1-2002 n° 98-17.373 : RJDA 5/02 n° 527), exception faite des cas exposés n° 52205.

CRÉANCE RELEVANT OU NON DE LA COMPÉTENCE DU JUGE-COMMISSAIRE

Compétence exclusive Sous réserve des limites ci-dessous ou de l'existence d'une ins- **52200** tance en cours, la compétence du juge-commissaire est exclusive **en matière de vérification** des créances, c'est-à-dire pour déterminer l'existence, le montant ou la nature de la créance déclarée mais aussi pour vérifier la régularité de déclaration (n° 51565).
Sont donc incompétents en ce domaine le tribunal ayant ouvert la procédure, la cour d'appel à moins d'avoir été saisie d'un recours contre la décision du juge-commissaire (Cass. com. 27-10-1998 n° 94-19.288 : RJDA 1/99 n° 73 ; Cass. com. 14-3-2000 n° 96-21.222 : RJDA 6/00 n° 686) ou toute autre juridiction (Cass. com. 8-1-2002 n° 98-17.373 : RJDA 5/02 n° 527).
Le tribunal de la procédure collective ne peut pas statuer même si le juge-commissaire ne s'est pas prononcé dans un délai raisonnable (Cass. com. 19-3-2002 nos 00-11.218 et 00-11.219 : Rev. proc. coll. 2003 p. 23 n° 2 obs. F.-F. Legrand, écartant l'application de l'art. 25, al. 2 du décret du 27-12-1985 devenu C. com. art. R 621-21, al. 2).

> **Précisions a.** Sur la faculté pour un auxiliaire de justice soumis à une procédure collective de demander le **renvoi** de la vérification des créances **devant une juridiction limitrophe** en vertu de l'article 47 du Code de procédure civile, voir n° 50330.
> **b.** La compétence du juge-commissaire pour statuer sur le sort des créances est d'**ordre public** interne et international français (CA Paris 27-2-1992 n° 90-13249 : Rev. arb. 1992 p. 590 note B. Ancel).

Limites La procédure de **vérification de créances** n'a pour objet de déterminer l'existence, le **52205** montant ou la nature de la créance déclarée que **si la matière est de la compétence du tribunal qui a ouvert la procédure** collective (cf. C. com. art. L 624-2 ; déjà en ce sens, Cass. com. 19-5-1998 n° 96-13.958 : Bull. civ. IV n° 159 ; Cass. com. 22-3-2011 n° 09-17.356 : Gaz. Pal. 2012 jur. p. 869 note J. Théron ; sur cette compétence, voir n° 50365). Ce principe limite la compétence du juge-commissaire – ainsi que celle de la cour d'appel saisie d'un recours contre la décision de ce dernier – pour connaître d'autres demandes (Cass. com. 6-2-2001 n° 98-19.267 : RJDA 5/01 n° 618 ; déjà en ce sens Cass. com. 19-6-1990 n° 88-20.390 : Bull. civ. IV n° 185). Ainsi ni l'un ni l'autre ne peut statuer sur une action en responsabilité, y compris reconventionnelle, engagée par le débiteur ou un des organes de la procédure contre un créancier (Cass. com. 6-2-2001 précité ; Cass. com. 8-3-2011 n° 10-17.349 : RJDA 6/11 n° 555 som.).

52210 Le juge-commissaire doit aussi constater son incompétence ou son absence de pouvoir juridictionnel lorsque :

– la créance fait l'objet d'une **contestation sérieuse** ne relevant pas de la compétence matérielle de la juridiction qui l'a désigné (C. com. art. L 624-2) ;

– l'existence, le montant ou l'exigibilité de la créance en cause relève de la **compétence exclusive d'un autre juge**, par exemple le juge administratif (T. confl. 13-4-2015 n°s 3988 et 3998 : RJDA 8-9/15 n° 588 pour une créance fiscale dont la contestation ne met pas en œuvre les règles de la procédure collective ; T. confl. 23-5-2005 n° 3447 : RJDA 3/06 n° 300 pour une créance née d'un marché public), le tribunal des affaires de sécurité sociale (Cass. com. 9-7-1991 n° 89-19.503 : RJDA 8-9/91 n° 739 pour les créances de cotisations sociales) ;

– est invoquée une **clause d'arbitrage**, à moins que la clause ne soit manifestement nulle ou inapplicable (Cass. com. 2-6-2004 n° 02-18.700 : RJDA 11/04 n° 1240).

52220 **Procédure en cas d'incompétence ou d'absence de pouvoir juridictionnel**

Lorsque la **compétence** du juge-commissaire est **contestée** ou que celui-ci soulève d'office son incompétence ou en présence d'une **contestation sérieuse de la créance**, le **greffier convoque**, par lettre recommandée AR, le débiteur, le créancier, le mandataire judiciaire (ou le liquidateur) et l'administrateur s'il en a été désigné un (C. com. art. R 624-4, al. 1 et R 641-28).

Les **décisions** statuant sur la compétence, sur l'existence d'une contestation sérieuse ou sur la contestation d'une créance sont **notifiées** par lettre recommandée AR au débiteur et au créancier (ou à son mandataire) dans les 8 jours, le mandataire (ou le liquidateur) judiciaire et l'administrateur en sont simplement avisés contre récépissé des décisions (art. R 624-4, al. 3 et 5).

Lorsque le juge-commissaire se déclare incompétent ou constate l'existence d'une contestation sérieuse, il renvoie, par ordonnance spécialement motivée, les parties à mieux se pourvoir et invite, selon le cas, le créancier, le débiteur ou le mandataire judiciaire à **saisir la juridiction compétente** dans un **délai** d'un mois à compter de la notification ou de la réception de l'avis délivré à cette fin, à peine de forclusion à moins d'appel dans les cas où cette voie de recours est ouverte (art. R 624-5, al. 1).

Les tiers intéressés ne peuvent former tierce opposition contre la **décision rendue par le juge compétent** que dans un délai d'un mois à compter de sa transcription sur l'état des créances (art. R 624-5, al. 2).

> **Précisions a.** Le délai de 8 jours pour la **notification** de la décision d'incompétence n'étant pas prescrit à peine de nullité de celle-ci, le délai de forclusion d'un mois court à compter de la date de la notification même tardive (cf. Cass. com. 17-3-1992 n° 90-17.394 : Bull. civ. IV n° 117).
>
> **b.** L'**instance** introduite **devant** la **juridiction compétente** par l'une des parties s'inscrit dans la procédure ouverte devant le juge-commissaire, laquelle est indivisible entre le créancier, le débiteur et le mandataire ou le liquidateur judiciaire ; en conséquence, la partie qui saisit le juge compétent doit mettre en cause les autres parties devant ce juge (Cass. com. 5-9-2018 n° 17-15.978 F-PBI : JCP E 2019.1001 note Berthelot ; Cass. com. 5-7-2023 n° 22-10.436 F-B), ce qu'elle peut faire après l'expiration du délai d'un mois (Cass. com. 14-6-2023 n° 21-24.458 F-B : RJDA 8-9/23 n° 446).
>
> **c.** L'incompétence du juge-commissaire pour statuer sur une contestation n'a pas pour effet de conférer au tribunal jugeant du fond le **pouvoir de statuer sur l'admission** de la créance qui reste l'apanage du juge-commissaire (Cass. com. 19-12-2018 n° 17-15.883 F-PB : RJDA 3/19 n° 210 ; Cass. com. 11-3-2020 n° 18-23.586 FS-PBI : RJDA 6/20 n° 320 ; pour des créances fiscales, CE 5-12-2007 n° 304334 : RJDA 12/08 n° 1294), même si le juge-commissaire omet de surseoir à statuer (Cass. com. 11-3-2020 précité).
>
> **d.** La **forclusion** à l'issue du délai d'un mois, prévue par l'article R 624-5, est encourue par la partie désignée par le juge-commissaire pour saisir le juge compétent, à moins qu'une autre partie n'ai saisi ce juge dans le délai (Cass. com. 2-3-2022 n° 20-21.712 F-B : RJDA 6/22 n° 352). Si le juge-commissaire n'a pas désigné la partie qui doit saisir le juge (ou les a toutes invitées à le faire) sans que sa décision fasse l'objet d'un recours, la forclusion est encourue par la partie qui avait intérêt à ce que la contestation soit tranchée (Cass. com. 11-3-2020 n° 18-23.586 FS-PBI : RJDA 6/20 n° 320 ; Cass. com. 29-9-2021 n° 20-13.367 F-D : RJDA 12/21 n° 78 ; Cass. com. 14-6-2023 n° 21-25.799 F-D).

DÉCISIONS TRANCHANT UNE CONTESTATION

Lorsque le juge-commissaire est appelé à statuer sur une contestation de créance relevant de sa compétence, la **convocation** des intéressés s'effectue dans les conditions exposées n° 52220 si ce n'est que le créancier n'ayant pas contesté la proposition du mandataire (ou du liquidateur) dans le délai requis n'est pas convoqué (C. com. art. R 624-4, al. 2 ; n° 52140). De même, le juge-commissaire n'est pas tenu d'entendre le débiteur qui n'a pas contesté la créance (n° 52105). **52230**

Le juge-commissaire doit, avant de statuer sur l'admission, vérifier si la **contestation est ou non sérieuse** et quelle est son incidence sur l'existence ou le montant de la créance déclarée (Cass. com. 21-11-2018 n° 17-18.978 F-PB : RJDA 2/19 n° 111 ; Cass. com. 14-6-2023 n° 21-21.686 F-D). Il apprécie la portée de la contestation librement ; il n'est pas tenu de suivre les propositions du mandataire ou du liquidateur judiciaire (n° 52170). Si la contestation est sérieuse, le juge-commissaire doit surseoir à statuer après avoir invité les parties à saisir le juge compétent (Cass. com. 27-9-2017 n° 16-16.414 F-PB : RJDA 1/18 n° 49 ; Cass. com. 21-11-2018 précité) ; les règles exposées n° 52220 sont alors applicables (C. com. art. R 624-5). Une fois la contestation tranchée, le juge-commissaire demeure seul compétent pour apprécier la régularité de la déclaration de la créance et statuer sur l'admission de la créance (Cass. com. 19-12-2018 n° 17-15.883 F-PB : RJDA 3/19 n° 210 ; Cass. com. 11-3-2020 n° 18-23.586 FS-PBI : RJDA 6/20 n° 320 ; Cass. com. 9-6-2022 n° 20-22.650 F-B : RJDA 10/22 n° 574). Si la contestation n'est pas sérieuse ou est sans influence sur l'admission, le juge-commissaire doit alors écarter la contestation et admettre la créance déclarée (Cass. com. 21-11-2018 n° 17-18.978 F-PB : RJDA 2/19 n° 111 ; Cass. com. 14-6-2023 n° 21-21.686 précité).

Il a également compétence, dans les limites de la compétence matérielle de la juridiction qui l'a désigné, pour statuer sur tout moyen opposé à la demande d'admission (art. L 624-2).

Les décisions du juge-commissaire sont **notifiées** comme indiqué au n° 52220 (art. R 624-4, al. 3 et 5).

ADMISSION DE LA CRÉANCE

Admission pure et simple Sous réserve notamment des créances du Trésor et des organismes de prévoyance et de sécurité sociale qui peuvent être admises à titre provisionnel, la décision d'admission du juge-commissaire ne peut pas être **conditionnelle** (Cass. com. 9-5-1995 n° 93-12.202 : Bull. civ. IV n° 132 ; Cass. com. 20-2-2001 n° 98-12.640 : RJDA 6/01 n° 713), y compris si la créance n'est pas encore exigible (Cass. com. 19-12-2000 n° 98-21.308 : Bull. civ. IV n° 201). **52240**

Montant de l'admission Le juge-commissaire ne peut pas admettre une créance pour un **montant** supérieur à celui **déclaré**. **52245**

Pour les **créances antérieures au jugement d'ouverture**, le montant à admettre est celui existant au jour de l'ouverture de la procédure collective, indépendamment des paiements effectués postérieurement entre les mains du créancier (notamment Cass. com. 13-11-2007 n° 06-19.190 : RJDA 5/08 n° 552 ; Cass. com. 8-6-2010 n° 09-14.624 : RJDA 12/10 n° 1174 ; Cass. com. 13-2-2019 n° 17-26.361 F-PB : RJDA 5/19 n° 356), sauf compensation légale ayant joué avant l'ouverture de la procédure collective (CA Orléans 3-3-2005 n° 04-1466 : RJDA 8-9/05 n° 1016). Ces paiements sont pris en compte au moment des répartitions.

Pour les **intérêts restant à courir** après le jugement d'ouverture et ayant été déclarés, le juge-commissaire peut en indiquer les modalités de calcul sans en fixer le montant, sa décision valant admission, dans la limite de ces modalités, de la créance d'intérêts telle qu'arrêtée ultérieurement (Cass. com. 26-10-1999 n° 96-21.349 : RJDA 1/00 n° 58 ; Cass. com. 2-7-2013 n° 12-21.394 : RJDA 10/13 n° 822). Lorsque la déclaration indique le montant des intérêts à échoir, le juge-commissaire peut admettre ce montant, sans préciser dans sa décision les modalités de calcul de ces intérêts ni réserver la possibilité d'une modification ultérieure du montant de cette créance en raison d'événements susceptibles d'influer sur le cours des intérêts (Cass. com. 7-11-2018 n° 17-22.194 F-PB : RJDA 2/19 n° 110 ; Cass. com. 1-7-2020 n° 19-10.331 F-PB : RJDA 11/20 n° 585), telles les modalités du plan ou les sommes pour lesquelles le créancier sera effectivement retenu dans les répartitions et les dividendes (Cass. com. 13-2-2019 n° 17-26.361 F-PB : RJDA 5/19 n° 356). Le juge-commissaire peut aussi admettre la créance d'intérêts en substituant à leur montant déclaré les modalités de calcul qui résultent du contrat de prêt (Cass. com. 28-2-2018 n° 16-24.867 F-PBI : RJDA 5/18 n° 442).

ATTENTION

Si le juge-commissaire se contente par exemple de la mention « **intérêts pour mémoire** » ou « outre intérêts conventionnels », sa décision ne vaut pas admission des intérêts (Cass. com. 13-11-2007 n° 06-16.696 FS-PB : RJDA 3/08 n° 304 ; Cass. com. 13-1-2015 n° 13-21.504 : RJDA 7/15 n° 512).

52250 **Procédure** Pour les **créances non contestées**, la décision d'admission est matérialisée par l'apposition de la signature du juge-commissaire sur la liste des créances établie par le mandataire judiciaire (C. com. art. R 624-3, al. 1). Le juge-commissaire n'est tenu d'entendre ni le débiteur (nº 52105) ni le créancier (nº 52230). Le greffier avise les créanciers ou leur mandataire de cette admission par une lettre simple indiquant le montant de l'admission, les sûretés et privilèges et reproduisant les articles L 622-27 et L 624-3 du Code de commerce (art. R 624-3, al. 2).

En cas d'admission d'une **créance contestée**, les parties sont convoquées et le juge-commissaire se prononce par voie d'ordonnance (Cass. com. 17-2-2021 nº 19-19.598 F-D : RJDA 6/21 nº 414), celle-ci étant notifiée dans les mêmes conditions que celles exposées nº 52220 (art. R 624-4, al. 3).

52255 **Autorité de la chose jugée** Lorsque la décision d'admission est devenue définitive, elle a autorité de la chose jugée quant à l'existence, à la nature et au montant de la **créance** et aux **garanties** dont elle peut être assortie (Cass. com. 6-7-1999 nº 96-21.684 : RJDA 11/99 nº 1231 ; Cass. com. 28-6-2011 nº 10-21.379 : RJDA 11/11 nº 947 ; Cass. com. 19-12-2018 nº 17-19.309 F-PB : RJDA 3/19 nº 212) mais aussi quant à la qualité de créancier du titulaire de la créance admise (Cass. com. 28-6-2011 précité).

L'autorité de la chose jugée peut faire obstacle à l'action en annulation du contrat ayant donné naissance à la créance admise (Cass. com. 14-10-1997 nº 95-15.544 : RJDA 2/98 nº 191), y compris si la nullité est demandée au titre des actes passés en période suspecte (Cass. com. 12-11-1991 nº 89-19.454 : RJDA 2/92 nº 199 ; Cass. com. 12-11-1997 nº 96-12.826 : RJDA 3/98 nº 313), ainsi qu'à la contestation de la créance ou de son montant dans le cadre d'une procédure d'arbitrage (Cass. 1e civ. 11-9-2013 nº 11-17.201 : Bull. civ. I nº 161). Mais l'autorité de chose jugée est limitée à ce que la décision d'admission tranche dans son dispositif (Cass. com. 7-12-1999 nº 96-18.141 P : RJDA 2/00 nº 197 ; Cass. com. 18-9-2012 nº 11-20.025 F-D ; Cass. com. 8-2-2023 nº 21-17.763 FS-B : RJDA 5/23 nº 269) : ainsi, lorsqu'un créancier a été admis pour la partie impayée de sa créance, le paiement partiel qu'il a reçu avant l'ouverture de la procédure peut être attaqué au titre des nullités de la période suspecte (Cass. com. 7-12-1999 précité). La décision d'admission de la créance d'une banque, qui se borne à fixer le montant du solde débiteur du compte courant du débiteur, interdit de remettre en cause ce solde mais pas les paiements résultant des remises effectuées sur ce compte par le débiteur en période suspecte (Cass. com. 24-10-1995 nº 94-10.399 P : RJDA 2/96 nº 272 ; Cass. com. 18-2-2003 nº 309 F-D : RJDA 10/03 nº 983).

Mais l'autorité de la décision d'admission est **inopposable à** la personne habilitée à contester l'état des créances (Cass. com. 5-2-2002 nº 99-10.224 ; Cass. com. 10-3-2004 nº 01-00.860 : RJDA 8-9/04 nº 1019 som. ; nº 52300). Les personnes coobligées ou ayant consenti une sûreté personnelle ou ayant affecté ou cédé un bien en garantie, lorsqu'elles sont poursuivies, ne peuvent se voir opposer l'état des créances lorsque la décision d'admission ne leur a pas été notifiée (C. com. art. L 624-3-1, dernier al. et R 624-8).

> **Précisions a.** L'admission couvre le **vice** éventuel **affectant** initialement **la déclaration** de créance en l'absence de contestation faite dans les délais requis (CA Orléans 19-1-2006 nº 05-1362 : RJDA 4/06 nº 435).
> **b.** La **cassation d'un arrêt qui prononce une condamnation** entraîne, par application de l'article 625, al. 2 du Code de procédure civile, l'annulation de l'ordonnance du juge-commissaire qui a prononcé l'admission de la créance née de cette condamnation (Cass. com. 13-5-2003 nº 00-16.012 : Bull. civ. IV nº 74).
> **c.** La décision d'admission peut faire l'objet d'une rectification pour **erreur matérielle** dans les conditions de droit commun (Cass. 2e civ. 23-9-1998 nº 95-11.317 : Bull. civ. II nº 244).

REJET DE LA CRÉANCE

52270 Le juge-commissaire peut rejeter la créance (C. com. art. L 624-2). Le rejet peut être total ou partiel : rejet d'une partie du montant déclaré ou rejet du caractère privilégié d'une créance (ou d'une partie de celle-ci). Il doit **motiver** sa décision (Cass. com. 25-2-1997 nº 95-16.695 : RJDA 6/97 nº 841) ; celle-ci doit donc faire l'objet d'une ordonnance.

Si le **créancier** n'a pas répondu à la contestation de sa créance dans les conditions exposées nº 52140, il n'est pas **convoqué** par le juge-commissaire (C. com. art. R 624-4, al. 2). Mais, si le rejet est prononcé en l'absence de contestation – le juge-commissaire n'étant pas tenu de suivre les propositions du mandataire judiciaire – il doit convoquer le créancier afin de respecter le principe du contradictoire (CA Chambéry 25-2-1992 nº 92-589 : Bull. inf. C. cass. 15-9-1992 nº 1497).

52275 La **créance** irrévocablement rejetée est éteinte (Cass. com. 22-1-2020 nº 18-19.526 FS-PB : RJDA 4/20 nº 229), tout comme la **sûreté** qui la garantit (Cass. com. 4-5-2017 nº 15-24.854 FS-PBI : RJDA 7/17 nº 477). Avant la réforme issue de l'ordonnance 2021-1193 du 15 septembre 2021, le rejet de la

créance emportait ces conséquences, même s'il avait été prononcé pour cause d'irrégularité de la déclaration (arrêts précités), tel n'est plus le cas (n° 51561).
La décision de rejet a une **autorité** absolue **de chose jugée** (CA Orléans 12-10-2006 n° 05-3215 : RJDA 2/07 n° 181). Toutefois, lorsque le rejet est fondé sur une décision de justice ayant dénié la créance et que cette décision est annulée en cassation, le créancier peut néanmoins poursuivre l'admission de sa créance (application de l'art. 625, al. 2 du CPC exposé n° 28805 ; Cass. com. 3-12-2003 n° 00-22.790).
La décision de rejet est **notifiée** dans les conditions exposées n° 52220.

52280

Procédures collectives : modalités d'admission des créances du fisc et des organismes sociaux

Admission provisionnelle

Le juge-commissaire doit admettre, pour leur montant déclaré, à titre provisionnel, les créances du Trésor public, des organismes de prévoyance et de sécurité sociale ainsi que des organismes d'assurance des salariés contre le risque de non-paiement des sommes qui leur sont dues en exécution du contrat de travail, qui n'ont pas fait l'objet d'un titre exécutoire au moment de leur déclaration (C. com. art. L 622-24, al. 4, L 631-14, al. 1 et L 641-3, al. 4). La décision d'admission provisionnelle n'a pas l'autorité de la chose jugée et ne fait pas obstacle à une déclaration complémentaire de la part du créancier (Cass. com. 14-1-1997 n° 94-16.553 : RJDA 10/97 n° 1264). Mais celle-ci n'est recevable que si elle intervient dans les délais de relevé de forclusion (art. R 624-2, al. 2 ; Cass. com. 1-10-2013 n° 12-20.229 : RJDA 4/14 n° 363).

Émission d'un titre exécutoire

Ces organismes doivent établir définitivement leurs créances dans un certain **délai** par un titre exécutoire (C. com. art. L 622-24, al. 4, L 631-14, al. 1 et L 641-3, al. 4), qui peut être émis et notifié après le jugement d'ouverture de la procédure collective du débiteur (Cass. com. 12-6-2019 n° 17-25.753 F-PB : RJDA 8-9/19 n° 577).
Sous réserve des procédures judiciaires ou administratives en cours, l'établissement définitif de ces créances doit, **à peine de forclusion**, être effectué dans le délai prévu à l'article L 624-1 du Code de commerce, c'est-à-dire dans le délai fixé par le tribunal pour l'établissement par le mandataire judiciaire de la liste des créances déclarées.
Si la détermination de l'assiette et du calcul de l'impôt est en cours, l'établissement définitif des créances admises à titre provisionnel doit être effectué par l'émission du titre exécutoire dans un délai de 12 mois à compter de la publication du jugement d'ouverture en cas de sauvegarde et de redressement judiciaire (art. L 622-24, al. 4). Pour la liquidation judiciaire, le délai reste celui prévu pour l'établissement de la liste des créances déclarées (art. L 641-3, al. 4).
Toutefois, si une procédure de contrôle ou de rectification de l'impôt a été engagée, l'établissement définitif des créances qui en font l'objet doit être réalisé avant le dépôt au greffe du compte rendu de fin de mission par le mandataire judiciaire (sauvegarde ou redressement judiciaire) ou par le liquidateur (liquidation judiciaire) (art. L 622-4, al. 4 et L 641-3, al. 4).
Le délai de cet établissement définitif est suspendu par la saisine de l'une des commissions mentionnées à l'article L 59 du Livre des procédures fiscales (notamment, la commission départementale ou nationale des impôts directs et des taxes sur le chiffre d'affaires) jusqu'à la date de réception par le contribuable ou son représentant de l'avis de cette commission ou celle d'un désistement (art. L 622-24, al. 4 et L 641-3, al. 4).
Il suffit que le titre exécutoire ait été émis dans le délai requis, l'organisme créancier pouvant en justifier ultérieurement, jusqu'à ce que la cour d'appel statue sur l'admission de la créance, à moins qu'il ne soit soutenu devant celle-ci que le titre a été émis après l'expiration du délai (Cass. com. 31-1-2017 n° 15-17.296 F-PBI : RJDA 4/17 n° 269).

Admission définitive

À la requête du Trésor public, le juge-commissaire, après avoir recueilli l'avis du mandataire judiciaire, prononce l'admission définitive des créances admises à titre provisionnel et qui ont fait l'objet d'un titre exécutoire ou ne sont plus contestées ; lorsque le juge-commissaire n'est plus en fonctions, le président du tribunal, saisi par requête du représentant du Trésor public, prononce l'admission définitive ; les décisions sont portées sur l'état des créances (art. R 624-6, al. 1).
Les décisions rendues en méconnaissance des dispositions ci-dessus sont susceptibles d'appel (art. R 624-6, al. 2).
Si une réclamation a été formée contre le titre exécutoire, le juge-commissaire constate seulement qu'une réclamation ou une instance est en cours (Cass. com. 11-12-2001 n° 2101 FS-P : RJDA 4/02 n° 411 ; Cass. com. 11-2-2014 n° 13-10.554 F-PB : RJDA 5/14 n° 458). En l'absence de titre exécutoire émis dans le délai de forclusion, la créance doit être rejetée, même si le débiteur reconnaît sa dette (Cass. com. 13-10-2015 n° 14-19.026 F-D).

RECOURS DES PARTIES CONTRE LES DÉCISIONS RELATIVES À L'ADMISSION DES CRÉANCES

52290 Contre les décisions par lesquelles le juge-commissaire statue sur l'admission des créances, le débiteur, le mandataire judiciaire, le créancier ainsi qu'en cas de redressement judiciaire l'administrateur s'il est chargé d'assurer l'administration de l'entreprise ou, en cas de liquidation judiciaire, le liquidateur, peuvent (C. com. art. L 624-3, al. 1, L 624-4, L 631-18, al. 3, L 641-14 et R 624-7) :
– faire **appel** si la créance concernée excède en principal 5 000 € (C. com.art. R 721-6 ; C. org. jud. art. R 211-3-25 et R 211-4, I-6°) ;
– se pourvoir en **cassation** si la créance n'excède pas cette somme (CPC art. 605), car le juge-commissaire a alors statué en dernier ressort (art. L 624-4 ; pour une application, voir Cass. com. 19-1-1993 n° 91-11.462 : Bull. civ. IV n° 16).
Toutefois, le débiteur et le créancier perdent respectivement ce recours dans les cas exposés nos 52105 et 52140.
En matière de vérification du passif, l'appel est **indivisible**, au sens de l'article 553 du CPC, entre le créancier, le débiteur et le mandataire judiciaire (ou le liquidateur judiciaire), de sorte que chacun doit être appelé à l'instance à peine d'irrecevabilité de l'appel (notamment Cass. com. 29-9-2015 n° 14-13.257 F-PB : RJDA 5/16 n° 385 ; Cass. com. 15-11-2016 n° 14-29.885 F-PBI : RJDA 2/17 n° 102 ; Cass. com. 13-12-2017 n° 16-17.975 F-PB : RJDA 3/18 n° 259). Lorsque l'appel est formé par le créancier d'une personne à laquelle une procédure collective a été étendue, ce créancier doit donc intimer non seulement cette dernière et le mandataire (ou le liquidateur) judiciaire, mais aussi le débiteur de la procédure collective initiale (Cass. com. 15-11-2016 précité). L'irrecevabilité est relevée d'office (CPC art. 125 ; arrêt précité). Ces principes s'appliquent au pourvoi en cassation (CPC art. 615 ; Cass. com. 8-7-2014 n° 13-25.147 F-D : Rev. huissiers 2014 p. 217 note F. Rocheteau ; Cass. com. 31-1-2018 n° 16-20.080 F-PB : Bull. civ. IV n° 17 ; Cass. com. 8-3-2023 n° 21-19.067 F-D), ainsi qu'aux décisions rectifiant une erreur matérielle (Cass. com. 16-6-2021 n° 19-15.515 F-D).

> **Précisions a.** Aux termes de l'article R 624-7, le recours contre les décisions du juge-commissaire statuant sur l'admission des créances est formé devant la cour d'appel. Ce texte exclut donc tout **recours** en opposition **devant le tribunal de la procédure collective**. Il ne remet pas pour autant en cause la règle selon laquelle, dans certains cas, le juge-commissaire statue en dernier ressort, règle qui exclut l'appel au seul profit du **pourvoi en cassation** en application du droit commun.
> **b.** Lorsque juge-commissaire a, dans la **même ordonnance**, **relevé** un créancier **de** sa **forclusion et admis la créance** à la procédure, le recours contre cette ordonnance doit d'abord être exercé devant le tribunal ayant ouvert la procédure (art. R 621-21), de sorte qu'est irrecevable le recours formé directement devant la cour d'appel (Cass. com. 5-2-2020 n° 18-21.754 F-PB : RJDA 4/20 n° 226).

RECOURS DES TIERS CONTRE L'ÉTAT DES CRÉANCES

52300 **Titulaire** À l'exception du débiteur, du créancier pour sa propre créance, du mandataire judiciaire ou du liquidateur (qui bénéficient des recours exposés ci-dessus), toute **personne intéressée** est autorisée à former réclamation devant le juge-commissaire contre les **décisions** d'admission, de rejet ou d'incompétence qui sont **portées sur l'état des créances** qui a été déposé au greffe du tribunal (C. com. art. L 624-3-1). Disposant de cette voie de recours, cette personne n'est pas recevable à agir par tierce opposition contre l'arrêt ayant statué sur l'ordonnance du juge-commissaire (Cass. com. 6-12-2011 n° 10-25.571 F-PB : RJDA 3/12 n° 313).
Un créancier peut former une réclamation, sur une créance autre que la sienne, à la condition d'invoquer un intérêt personnel et distinct de celui des autres créanciers pour discuter de l'existence, du montant ou de la nature de la créance (Cass. com. 13-5-2003 n° 01-14.173 : RJDA 11/03 n° 1102 ; Cass. com. 2-6-2021 n° 19-24.154 F-P : RJDA 11/21 n° 729), que le représentant des créanciers (désormais le mandataire judiciaire) soit ou non toujours en fonction (Cass. com. 30-1-2007 n° 06-10.707 : RJDA 5/07 n° 530).

ILLUSTRATIONS

Est un **tiers intéressé** :
– la personne garantissant le paiement des dettes du débiteur par voie de cautionnement (Cass. com. 6-12-2011 n° 10-25.571 : RJDA 3/12 n° 313) ou de constitution d'une sûreté réelle (Cass. com. 7-3-2006 n° 04-13.762 : RJDA 7/06 n° 836) ainsi que le codébiteur solidaire (Cass. com. 30-10-2007 n° 04-16.655 : RJDA 2/08 n° 176) ;
– le dirigeant de droit ou de fait de la société débitrice poursuivi en comblement de passif (Cass. com. 28-9-2004 n° 03-10.760 : RJDA 4/05 n° 428 ; Cass. com. 4-4-2006 n° 05-12.248 : RJDA 8-9/06 n° 929) et les associés de la personne morale débitrice qui sont tenus indéfiniment du passif de celle-ci (Cass. com. 20-1-2020 n° 19-13.539 F-PI : RJDA 5/21 n° 324 à propos des associés d'une société civile ; CA Orléans 24-5-2007 n° 06-2063 : RJDA 10/07 n° 991 à propos des membres d'un Gaec) ;

– le repreneur de tout ou partie des actifs du débiteur (Cass. com. 30-3-1993 n° 91-17.732 : RJDA 8-9/93 n° 742) ;
– le tiers détenteur d'un bien immobilier, poursuivi par le créancier titulaire d'une sûreté sur ce bien en vertu de son droit de suite (Cass. com. 5-4-2016 n° 14-20.467 F-PB : RJDA 12/16 n° 811, admettant la réclamation formée par les acquéreurs de lots dans un ensemble immobilier hypothéqué par le débiteur) ;
– le créancier qui conteste le caractère privilégié de la créance d'un autre créancier afin obtenir une position plus avantageuse dans les répartitions, invoquant ainsi un intérêt personnel et distinct de celui des autres créanciers (Cass. com. 2-6-2021 n° 19-24.154 P : RJDA 11/21 n° 729).
En revanche, tel n'est **pas le cas** du commissaire à l'exécution du plan qui, dans la procédure de vérification des créances, succède à l'administrateur judiciaire (Cass. com. 13-10-1998 n° 95-17.670 : RJDA 1/99 n° 74), d'un créancier invoquant seulement un intérêt à voir réduire le passif de la société débitrice et augmenter ses chances d'être réglé de la créance dont il était le cessionnaire, ce qui n'est rien d'autre que l'intérêt collectif des créanciers (Cass. com. 30-1-2007 n° 06-10.707 : RJDA 5/07 n° 530).

Modalités La réclamation doit être présentée, dans le **délai** d'un mois à compter de la publication au Bodacc du dépôt au greffe de cet état, par **requête** remise ou adressée au greffe (C. com. art. R 624-8, al. 4 et R 624-10, al. 1). Pour les coobligés et garants du débiteur, ce délai court à compter de la signification qui leur a été faite de la décision d'admission de la créance (art. précité, al. 4). 52305
Est recevable la réclamation faite après le dépôt de l'état des créances mais avant la publicité au Bodacc (Cass. com. 21-2-2012 n° 10-27.594 : RJDA 5/12 n° 519 ; CA Rennes 12-4-2000 n° 2000-220 : Bull. inf. C. cass. 15-1-2001 n° 72 ; CA Paris 30-10-2008 n° 08-02182). Mais le délai ne court pas en l'absence de publication (cf. Cass. com. 5-2-2002 n° 99-10.224).

Procédure Le juge-commissaire statue sur la réclamation contre l'état des créances après avoir entendu (ou dûment appelé) les **parties** intéressées ou leur mandataire, qui doivent être **convoquées** par le greffier par lettre recommandée AR, le mandataire judiciaire et l'administrateur étant avisés s'il y a lieu (C. com. art. R 624-10, al. 2). 52310
Le **recours** contre les décisions du juge-commissaire statuant sur une réclamation est formé devant la cour d'appel (art. R 624-10, al. 3).

> **Précisions a.** La décision statuant sur une réclamation à laquelle le **débiteur** est partie – c'est-à-dire portant sur une créance qu'il a contestée – est susceptible d'appel par lui (Cass. com. 22-6-1999 n° 96-20.787 : Bull. civ. IV n° 137). Le droit de faire appel lui est également reconnu lorsqu'il n'a pas été mis en mesure de participer à la vérification des créances (n° 52105).
> **b.** Le jugement par lequel le **tribunal** se prononce sur l'ordonnance du juge-commissaire en matière de réclamation contre l'état des créances est rendu sans pouvoir juridictionnel (celui-ci étant réservé à la cour d'appel en ce domaine) ; ce jugement peut donc faire l'objet d'un appel-nullité (Cass. com. 4-1-2005 n° 03-10.195 : Gaz. Pal. 30-4-2005 jur. p. 39 note P.-M. Le Corre).

Omission d'une créance déclarée Le créancier dont la créance n'a pas été portée définitivement sur la liste des créances, dans le délai fixé par le tribunal pour l'établissement de cette liste, peut demander à être relevé de la forclusion selon les modalités exposées n°s 51850 s. (C. com. art. R 624-2, al. 2). 52315

F. Restitutions et revendications de biens détenus par le débiteur

OBJET ET RÉGIME DE LA RESTITUTION OU DE LA REVENDICATION

Au moment de l'ouverture de la procédure collective, le **débiteur** peut **détenir des biens qui ne lui appartiennent pas**, par exemple du matériel pris en crédit-bail, le fonds de commerce dont il est locataire-gérant, des marchandises qu'il a achetées avec réserve de propriété et qu'il n'a pas encore payées ou des marchandises pour lesquelles il a déjà été payé, mais qu'il n'a pas encore livrées... 52370
Les propriétaires de ces biens vont pouvoir, selon le cas, en demander la restitution ou les revendiquer selon les modalités prévues par les articles L 624-9 et suivants du Code de commerce, qui s'appliquent tant en matière de **sauvegarde** de droit commun qu'en cas de **redressement**

ou de **liquidation** judiciaire (sur renvoi des articles L 631-18, al. 1, L 641-14, al. 1). En revanche, ces dispositions ne s'appliquent pas dans le cadre d'une sauvegarde accélérée (C. com. art. L 628-1), d'une procédure de traitement de sortie de crise (nos 50705 s.) ou de rétablissement professionnel ; un bien détenu par le débiteur ne peut alors être revendiqué par son propriétaire que selon les règles de droit commun. Ces dernières s'appliquent aussi si le droit de propriété en cause est né après l'ouverture de la procédure collective (Cass. com. 26-10-2022 n° 20-23.150 F-B : RJDA 1/23 n° 47).

1. RESTITUTION D'UN BIEN DÉTENU PAR LE DÉBITEUR

CONDITIONS DE LA RESTITUTION

52380 Le propriétaire d'un bien détenu par le débiteur en procédure collective est dispensé de faire reconnaître son droit de propriété lorsque le **contrat** portant sur ce bien a fait l'objet d'une **publicité avant** le **jugement d'ouverture** (C. com. art. L 624-10, L 631-18, L 641-14, R 624-15, al. 1, R 631-31 et R 641-31). À défaut, il doit agir par voie de revendication dans les conditions exposées nos 52470 s. (Cass. com. 3-5-2006 n° 05-11.051 : Gaz. Pal. 18-7-2006 jur. p. 45 note F. Pérochon).

La demande en restitution est réservée au **propriétaire** et ne saurait être faite par le locataire du bien lorsque le bien est détenu par un sous-locataire en procédure collective (la jurisprudence citée n° 52480 pour la revendication est ici transposable).

52385 La **publicité visée** est celle imposée par la réglementation pour le contrat concerné (C. com. art. R 624-15, al. 1). Par exemple : mention au RCS et avis dans un support d'annonces légales pour la location-gérance de fonds de commerce (C. com. art. R 123-38, 8° et R 144-1) ; inscription au registre des sûretés mobilières et autres opérations connexes pour le crédit-bail mobilier (C. mon. fin. art. L 313-10 et R 313-3 s.) ; inscription au registre national des brevets de l'Inpi pour un contrat de licence (CPI art. L 613-9, al. 1).

En l'absence de réglementation particulière de publicité (par exemple pour une vente avec réserve de propriété ou une location de matériel), il s'agit de la publication du contrat faite, selon le cas, au registre tenu pour les contrats de crédit-bail au registre des sûretés mobilières et autres opérations connexes, au greffe du tribunal de commerce ou du tribunal judiciaire statuant commercialement ou au registre tenu au greffe du tribunal judiciaire prévu à l'effet de recevoir la publicité du jugement d'ouverture (C. com. art. R 624-15, al. 2).

> **Précisions** Les **erreurs** incluses **dans la publicité** d'un crédit-bail ne font pas obstacle à l'action en revendication ni à la demande de restitution, si elles n'empêchent pas l'identification du preneur (Cass. com. 16-5-1995 n° 93-15.042 : RJDA 11/95 n° 1254 ; Cass. com. 8-7-2014 n° 13-18.471 F-D : RJDA 11/14 n° 853). Mais tel n'est pas le cas si, en raison des erreurs sur le nom et l'adresse du preneur, le crédit-bail n'est pas apparu sur l'état relatif aux inscriptions et privilèges le concernant (Cass. com. 11-5-2010 n° 09-14.048 : RJDA 10/10 n° 983).

DEMANDE PRÉALABLE DE RESTITUTION

52390 Le propriétaire demande la restitution de son bien soit via le portail électronique dédié (n° 50440), soit par **lettre** recommandée AR **adressée** :

– en cas de sauvegarde et de redressement judiciaire, à l'administrateur ou, s'il n'en a pas été désigné un, au débiteur avec copie au mandataire judiciaire (C. com. art. L 624-10 et R 624-14, al. 1 et R 631-31) ;

– en cas de liquidation judiciaire, au liquidateur judiciaire, avec copie à l'administrateur judiciaire s'il en a été désigné un (art. R 641-31, al. 2).

La demande en restitution peut être présentée à tout moment de la procédure, aucune disposition ne l'enfermant dans le **délai** de 3 mois applicable à la revendication (Cass. com. 18-9-2012 n° 11-21.744 : RJDA 4/13 n° 349). Toutefois, il est préférable d'agir rapidement car, si le bien concerné est inclus dans le plan de cession, l'autorité de chose jugée attachée au jugement arrêtant le plan fera obstacle à la restitution.

52395 La demande de restitution ne constitue pas une action en justice. Elle peut donc être présentée par le propriétaire lui-même ou par un préposé ou un tiers sans que ceux-ci aient à justifier d'une délégation de pouvoirs ou d'un mandat à cette fin.

La demande en revendication emporte de plein droit demande en restitution (C. com. art. R 624-13, al. 4).

MODÈLE **Demande de restitution d'un bien** 52400

X
(nom ou dénomination du demandeur,
adresse, numéro d'immatriculation au
RCS – ville)
M. Y (nom de l'administrateur
ou du liquidateur judiciaire)
(adresse)
Objet : Demande en restitution
Lettre recommandée AR, copie adressée à
M. Z (nom du mandataire judiciaire), Mandataire judiciaire
A (ville), le (date)
Monsieur, Madame

L'entreprise W (identification complète de l'entreprise débitrice : nom et prénom ou dénomination et forme sociale, adresse, inscrite au registre du commerce de ville) sous le numéro (...) a été mise en redressement judiciaire par jugement du tribunal de commerce ou du tribunal judiciaire de (ville) en date du (date) et vous avez été désigné en qualité d'administrateur judiciaire.

Cette entreprise est en possession d'un matériel dont je suis propriétaire et qu'elle utilise en vertu d'un contrat de crédit-bail conclu le (date) et publié le (date) au registre du commerce de (ville) ou au registre des sûretés mobilières et autres opérations connexes le (date).

Il s'agit (identification du matériel : dénomination, marque, année, numéro immatriculation ou de série...).

(si tel est le cas) L'entreprise W a cessé de payer les loyers de ce matériel depuis le (date) et le contrat a été résilié par l'effet de la clause de résiliation de plein droit figurant au contrat. Cette résiliation a pris effet le (date), et donc avant la mise en redressement judiciaire de l'entreprise W.

Conformément à l'article L 624-10 du Code de commerce, je réclame la restitution sans délai de ce matériel aux frais du débiteur.

À défaut de réponse de votre part dans un délai d'un mois à compter de la réception de la présente lettre ou si vous refusez la restitution, je saisirais M. Z (nom du juge-commissaire), juge-commissaire d'une requête aux mêmes fins.

(si tel est le cas) Le contrat de crédit-bail étant en cours à la date du jugement ouvrant le redressement judiciaire de l'entreprise W, je sais que la restitution ne pourra intervenir qu'après résiliation de ce contrat ou au terme de celui-ci, et donc au plus tard le (date).

Veuillez agréer, Monsieur, Madame, mes salutations.

Pièces jointes :
– copie du contrat de crédit-bail ;
– extrait RCS et copie de l'avis inséré dans le support d'annonces légales ;
– (facultatif) tout document complétant l'identification du matériel ou prouvant sa livraison au débiteur ;
– (facultatif) copie de la déclaration de créance.

Signature

SAISINE DU JUGE-COMMISSAIRE

À **défaut d'accord** dans le délai d'un mois à compter de la demande de restitution **ou** en cas de **contestation**, le propriétaire peut saisir le juge-commissaire pour qu'il soit statué sur ses droits (C. com. art. R 624-14, al. 2), mais il ne peut pas le saisir sans avoir préalablement présenté une demande de restitution (Cass. com. 5-7-2005 n° 04-11.320 : RJDA 12/05 n° 1370). L'administrateur ou le débiteur ou le liquidateur peut saisir le juge-commissaire pour qu'il soit statué sur les droits d'un propriétaire, même si celui-ci n'a pas fait de demande de restitution (art. R 624-14, al. 2). 52410

La saisine du juge-commissaire n'est enfermée dans aucun délai (Cass. com. 18-9-2012 n° 11-21.744 : RJDA 4/13 n° 349), mais il est préférable d'agir rapidement (n° 52390). Elle n'est pas subordonnée à la déclaration préalable de sa créance par le propriétaire. Elle s'effectue par voie de requête dans les mêmes **modalités** que pour la revendication en ce qui concerne l'auteur de cette requête (n° 52540), son contenu (n° 52555, sous réserve toutefois d'une adaptation du vocabulaire et des textes cités dans le modèle) et les frais y afférents (n° 52562). 52415

Voie de recours Le revendiquant, le débiteur, l'administrateur ou le liquidateur peuvent présenter un recours contre la décision du juge-commissaire devant le tribunal dans les conditions exposées n°s 50600 s. Pour les autres personnes, reste la voie de la tierce opposition (n°s 50515 s.). 52420

MODALITÉS DE RESTITUTION

52430 Si la restitution est acceptée ou ordonnée alors que le **bien** concerné fait l'**objet d'un contrat en cours** au jour de l'ouverture de la procédure, la restitution effective n'intervient qu'au jour de la résiliation ou du terme du contrat (C. com. art. L 624-10-1).

ACTION EN RESTITUTION EN COURS LORS DE L'OUVERTURE DE LA PROCÉDURE COLLECTIVE

52440 Si le propriétaire a introduit son action en restitution avant l'ouverture de la procédure collective, cette action est **poursuivie** dans les conditions exposées n° 51430 sans que le propriétaire ait à faire une nouvelle demande de restitution (Cass. com. 30-6-2004 n° 02-17.771 : RJDA 1/05 n° 66).

2. REVENDICATION D'UN BIEN DÉTENU PAR LE DÉBITEUR

52470 **Avertissement** Ne sont présentées ici que les règles de **procédure** applicables à la revendication d'un **bien meuble** entre les mains du débiteur objet de la procédure collective. Ne sont pas exposées les conditions de fond applicables au meuble revendiqué (qui peuvent varier selon la nature de celui-ci ou le fondement de la revendication) ni les règles concernant la revendication du prix de revente perçu par le débiteur ou du bien entre les mains du sous-acquéreur ou encore de l'indemnité due par l'assureur.

REVENDIQUANT

52480 Tout **propriétaire**, quel que soit le titre qu'il invoque, y compris un prêt à titre gratuit ou un contrat d'entreprise, peut revendiquer son bien dans le cadre d'une procédure collective (Cass. com. 28-1-1997 n° 94-14.345 : RJDA 5/97 n° 706 ; Cass. com. 3-12-2003 n° 01-02.177 : JCP E 2004 n° 1192 § 5 chron. F. Pasqualini et V. Pascalini-Salerno). Le droit de revendiquer est aussi reconnu au dépositaire pour le bien détenu par un sous-dépositaire en procédure collective (Cass. com. 14-11-2000 n° 97-21.523 : RJDA 2/01 n° 201) mais refusé au locataire dans le cadre de la procédure collective affectant le sous-locataire détenant le matériel loué (Cass. com. 20-5-1997 n° 95-13.957 : RJDA 10/97 n° 1259).

52485 La **déclaration de créance** n'est pas une condition de la revendication (Cass. com. 20-10-1992 n° 90-18.867 : D. 1993 som. 288 note F. Pérochon ; Cass. com. 11-3-1997 n° 94-20.069 : Bull. civ. IV n° 70 ; Cass. com. 21-2-2006 n° 04-19.672 : RJDA 5/07 n° 532). Néanmoins, cette déclaration est conseillée, car elle permettra, en cas de rejet de la revendication, au revendiquant de faire valoir ses droits.

DÉLAI GÉNÉRAL DE REVENDICATION

52490 La revendication doit être exercée dans les **3 mois** à compter de la publication du jugement ouvrant la procédure (C. com. art. L 624-9, L 631-18 et L 641-14). Ce délai s'applique tant à la phase amiable de la revendication (n° 52510) qu'à sa phase judiciaire (saisine du juge-commissaire ; n° 52540). Il s'agit d'un délai de **forclusion** à l'expiration duquel le propriétaire ne peut plus revendiquer.
Ce délai est pour l'essentiel soumis aux règles générales de **computation** prévues par le Code de procédure civile (cf. Cass. com. 11-10-2016 n° 14-22.616 FD : RJDA 2/17 n° 98 faisant application des art. 641, 642 et 668 du CPC pour le calculer). Toutefois, il n'est pas **allongé** si le revendiquant réside outre-mer ou à l'étranger, l'article 643 du Code de procédure civile (n° 21065) étant inapplicable (Cass. com. 7-2-2006 n° 04-19.342 : Bull. civ. IV n° 30). Il n'est ni prorogé ni renouvelé lorsque la procédure collective initiale est convertie en redressement ou en liquidation judiciaire (cf. Cass. com. 27-11-1991 n° 89-19.255 : RJDA 2/92 n° 200).
En outre, il n'est pas suspendu ni **interrompu** pendant :
– la prolongation du délai imparti par le juge-commissaire à l'administrateur ou au débiteur ou au liquidateur pour prendre parti sur la continuation des contrats en cours (Cass. com. 20-10-1992 n° 90-19.100 : Bull. civ. IV n° 316 ; Cass. com. 9-5-1995 n° 92-20.565 : RJDA 11/95 n° 1294) ;
– la phase amiable de la revendication, c'est-à-dire pendant le délai de réponse à la demande préalable de revendication, mais il est valablement interrompu si le revendiquant saisit le juge-commissaire (cf. Cass. com. 11-2-1997 n° 94-15.533 : D. 1997 IR p. 82).
Toutefois, ce délai ne court pas contre celui qui est dans l'impossibilité d'agir (Cass. com. 5-7-2023 n° 22-13.049 F-D : BRDA 18/23 inf. 10).

> **Précisions a.** Comme en matière de déclaration des créances, le délai prévu pour la revendication ne court pas si le **jugement** ouvrant la procédure n'a **pas** été **publié** ou si la publication comporte les **erreurs** ou omissions sur des éléments essentiels, telle la date

du jugement, ou ne permet pas l'identification du débiteur. Le délai courra à compter de la publication régulière du jugement.
b. La **sanction** de l'absence de revendication dans le délai légal n'est pas le transfert du droit de propriété au profit du débiteur mais son inopposabilité à la procédure collective de ce dernier (Cass. com. 26-11-2002 n° 01-03.980 FS-P : RJDA 4/03 n° 413). Le propriétaire, qui n'a pas revendiqué son bien dans le délai légal, peut donc néanmoins en réclamer la restitution au tiers acquéreur de mauvaise foi (Cass. com. 15-12-2015 n° 13-25.566 F-PB : RJDA 4/16 n° 309).

Relevé de forclusion Le revendiquant peut être relevé de la forclusion en cas d'une **impossibilité** absolue **d'agir** dans le délai requis (Cass. com. 5-7-2023 n° 22-13.049 F-D), ce que le juge apprécie souverainement (Cass. com. 28-6-1994 n° 92-17.310 : RJDA 2/95 n° 210 ; Cass. com. 2-3-1999 n° 96-19.253 : RJDA 5/99 n° 578). 52500

ILLUSTRATIONS

Jugé que l'impossibilité d'agir du revendiquant n'était pas caractérisée même si :
– les voitures de collection revendiquées avaient fait l'objet d'un classement administratif et si une action pénale avait été engagée contre leur détenteur (Cass. com. 28-6-1994 précité) ;
– le crédit-bailleur revendiquant ignorait la liquidation judiciaire du réparateur auquel le matériel loué avait été confié (Cass. com. 2-3-1999 précité).

DEMANDE PRÉALABLE DE REVENDICATION

Auteur La demande préalable de revendication n'est pas une action en justice (Cass. com. 6-3-2001 n° 98-15.099 : RJDA 6/01 n° 714 ; Cass. com. 5-11-2003 n° 01-01.076 : RJDA 3/04 n° 346). Elle peut donc être valablement présentée par l'un quelconque des **préposés** du revendiquant ou par un tiers sans avoir à justifier d'une délégation de pouvoirs ou d'un mandat à cette fin. 52510

Délai La demande préalable en revendication doit être présentée dans les 3 mois du jugement ouvrant la procédure collective (n° 52490). Mais le revendiquant a tout intérêt à faire sa demande dès la publication du jugement car, ne pouvant saisir le juge-commissaire avant l'expiration du délai de réponse (n° 52550), il risque ensuite d'être forclos. 52515

Destinataire et forme La demande en revendication est présentée soit par portail électronique dédié (n° 50440), soit par **lettre** recommandée AR adressée : 52520
– en cas de sauvegarde et de redressement judiciaire, à l'administrateur ou, s'il n'en a pas été désigné un, au débiteur avec, dans tous les cas, copie au mandataire judiciaire (C. com. R 624-13, al. 1 et R 631-31) ;
– en cas de liquidation judiciaire, au liquidateur judiciaire avec copie à l'administrateur s'il en a été désigné un (art. R 641-31).
Lorsque le débiteur est assisté par un administrateur ou représenté par le liquidateur, le revendiquant n'a pas à adresser sa demande également au débiteur (Cass. com. 2-11-2016 n° 14-18.898 F-PB : RJDA 2/17 n° 99).
La loi ne fixe pas le **contenu** de la demande. Le revendiquant doit formuler une demande explicite de revendication, c'est-à-dire inviter expressément le destinataire à se prononcer sur son droit de propriété (Cass. com. 12-3-2013 n° 11-24.729 : RJDA 6/13 n° 540 ; voir aussi CA Orléans 16-7-2002 et CA Aix-en-Provence 18-9-2002 n° 02/504 : Rev. proc. coll. 2003 p. 308 n° 7 obs. M.-H. Monsèrié-Bon), indiquer les éléments permettant l'identification du bien revendiqué (désignation, modèle, numéro de série...) (Cass. com. 13-11-2012 n° 11-25.718 : RJDA 3/13 n° 250) et joindre des justificatifs, telle la copie du contrat en vertu duquel le débiteur détient le bien.
Il est possible de s'inspirer du modèle figurant n° 52400 pour rédiger la demande.

> **Précisions a.** Le **cocontractant** peut valablement, dans un même courrier, revendiquer le bien objet d'un contrat en cours et **mettre en demeure** le débiteur, l'administrateur ou le liquidateur judiciaire **de se prononcer sur le sort de ce contrat** (Cass. com. 12-3-2013 précité).
> **b.** En cas de sauvegarde ou de redressement judiciaire, l'**absence d'envoi d'une copie** de la demande **au mandataire judiciaire** n'est pas sanctionnée lorsqu'un administrateur a été désigné (Cass. com. 3-10-2018 n° 17-10.557 F-PBI : RJDA 12/18 n° 929).

Acquiescement La demande de revendication peut être acceptée : 52525
– en cas de sauvegarde ou de redressement judiciaire, **par** l'administrateur avec l'accord du débiteur ou, en l'absence d'administrateur, par le débiteur après accord du mandataire judiciaire (C. com. art. L 624-17) ;
– en cas de liquidation judiciaire, par le liquidateur judiciaire avec l'accord de l'administrateur s'il en a été désigné un (art. L 641-14-1).

Si l'acquiescement n'est pas intervenu dans un **délai** d'un mois suivant la réception de la demande, le revendiquant peut saisir le juge-commissaire. Ce délai est calculé en application des articles 641, 642 et 668 du CPC (Cass. com. 11-10-2016 n° 14-22.616 FD : RJDA 2/17 n° 98).

> **Précisions a.** La **réponse** à la demande peut le cas échéant être donnée via le portail **électronique** dédié (n° 50440).
> **b.** L'acquiescement est une faculté dont l'exercice est **discrétionnaire** et le défaut d'acquiescement à une demande ne peut pas constituer une faute (Cass. com. 5-4-2016 n° 14-13.247 F-PB : RJDA 6/16 n° 460).
> **c.** Une fois l'**acquiescement obtenu**, il est inutile de **saisir le juge-commissaire** et la forclusion attachée à l'absence de cette saisine n'est pas opposable au revendiquant (Cass. com. 7-2-2006 n° 04-11.867 : RJDA 8-9/06 n° 930). Le juge-commissaire n'est d'ailleurs plus compétent pour statuer sur la revendication (cf. C. com. art. L 624-17 ; Cass. com. 22-5-2007 n° 06-11.861 : RJDA 8-9/07 n° 873), par exemple pour ordonner l'appréhension de ce bien entre les mains d'un tiers détenteur (Cass. com. 21-11-2018 n° 17-18.094 FS- PB : RJDA 2/19 n° 114).

SAISINE DU JUGE-COMMISSAIRE

52540 **Auteur** La saisine du juge-commissaire en vue d'une revendication est une action en justice (CA Orléans 19-1-2006 n° 05-1472 : RJDA 4/06 n° 439). En conséquence, elle peut être faite :
– si le revendiquant est une personne morale, par son représentant légal ou, à défaut, par tout **préposé** titulaire d'une délégation de pouvoirs lui permettant d'accomplir un tel acte (Cass. com. 9-5-1995 n° 93-12.365 : RJDA 10/95 n° 1163) ;
– par un **tiers** justifiant, s'il n'est pas avocat, d'un pouvoir spécial (mandat de représentation en justice, dit mandat ad litem) donné par écrit (Cass. com. 5-7-2005 n° 04-11.132 : RJDA 1/06 n° 55).
La délégation et le mandat ad litem sont soumis aux mêmes exigences qu'en matière de déclaration de créances (n°s 51600 s.). Ainsi, la délégation doit être précise (Cass. com. 3-6-1997 n° 94-12.450 : RJDA 11/97 n° 1413 déclarant insuffisante la délégation générale donnée à un préposé de signer tous les actes afférents à sa fonction de chef du contentieux) et il peut en être justifié jusqu'à ce que le juge statue sur la revendication, par la production des documents établissant la délégation, ayant ou non acquis date certaine (Cass. com. 9-5-1995 précité).
Pour le mandat ad litem, la Cour de cassation a exigé qu'il soit joint à la requête engageant l'action en revendication devant le juge-commissaire ou produit dans le délai légal de celle-ci (Cass. com. 5-7-2005 n° 04-11.132 : RJDA 1/06 n° 55).

> **Précisions** Le juge-commissaire ne peut être saisi que par le revendiquant, le débiteur ou le mandataire de justice, à l'exclusion de toute autre personne, que ce soit par la voie d'une intervention volontaire à l'instance ainsi ouverte ou d'une réclamation contre l'acte d'acquiescement (Cass. com. 24-1-2018 n° 16-20.589 FS-PBI : RJDA 4/18 n° 338).

52545 **Délai** La saisine du juge-commissaire est enfermée dans un **double** délai de forclusion (Cass. com. 28-1-2004 n° 01-03.240 : RJDA 7/04 n° 866). En effet, elle doit intervenir :
– dans les trois mois de l'ouverture de la procédure collective (C. com. art. L 624-9 ; n° 52490) ;
– et, au plus tard, dans un délai d'un mois à compter de l'expiration du délai de réponse (un mois à compter de la réception de la demande préalable de revendication) (C. com. art. R 624-13, al. 2).
Le revendiquant peut être relevé de **forclusion** dans les conditions exposées n°s 52500 s.

> **Précisions** Le délai de forclusion d'un mois s'applique même en cas de refus exprès de la demande préalable de revendication (Cass. com. 2-11-2005 n° 04-16.593 : RJDA 5/06 n° 559). Il n'est pas allongé pour le revendiquant qui réside outre-mer ou à l'étranger (Cass. com. 28-9-2004 n° 03-11.876 : RJDA 2/05 n° 174 écartant l'application de l'article 643 du Code de procédure civile).

52550 **Conditions** Le revendiquant ne peut saisir le juge-commissaire :
– qu'après avoir présenté une demande de revendication dans les conditions exposées n°s 52510 s. (Cass. com. 2-10-2001 n° 98-22.304 : RJDA 8-9/02 n° 915 ; Cass. com. 15-3-2005 n° 00-12.563 : RJDA 7/05 n° 859) ;
– qu'après expiration du délai de réponse (Cass. com. 11-7-2006 n° 05-13.659 : Bull. civ. IV n° 174) ;
– qu'à défaut d'acquiescement à sa demande ou en **cas** de contestation de celle-ci (C. com. art. L 624-17).
L'action en revendication n'est pas subordonnée à la déclaration préalable de sa créance par le revendiquant (Cass. com. 11-3-1997 n° 94-20.069 : RJDA 7/97 n° 962 ; Cass. com. 21-2-2006 n° 04-19.672 : RJDA 5/07 n° 532). Il est toutefois conseillé de procéder à cette formalité sous peine, en cas de rejet de la revendication, d'être forclos pour y procéder et de ne pas pouvoir participer aux répartitions décidées dans le cadre de la procédure collective.

> **Précisions** **a.** Le **juge-commissaire saisi avant l'expiration du délai de réponse** peut, en application de la règle de régularisation fondée sur la disparition de la cause d'irrecevabilité (CPC art. 126), statuer sur la requête dès lors que le délai a expiré à la date à laquelle il statue (Cass. com. 11-7-2006 précité).
> **b.** Le **liquidateur judiciaire** peut saisir le juge-commissaire même en l'absence de demande préalable de restitution (C. com. art. R 641-31).

Forme Le revendiquant saisit le juge-commissaire par voie de **requête** (C. com. art. R 621-21). Un modèle type de requête est gratuitement disponible au greffe du tribunal (ou sur son site internet). Le défaut de **signature** d'une requête en revendication n'entre pas dans les irrégularités de fond limitativement énumérées par l'article 117 du CPC ; la requête ne peut être annulée que si cette irrégularité a causé grief (Cass. 2e civ. 3-6-1999 n° 97-14.159 : Bull. civ. II n° 107). **52555**

MODÈLE

Requête en revendication d'un bien **52560**

À Monsieur le juge-commissaire désigné dans le cadre de la procédure de sauvegarde (de redressement ou de liquidation judiciaire) dont fait l'objet X (nom ou dénomination du débiteur)
À la requête de Y
– si le créancier demandeur est une personne physique :
(nom et prénom) ;
domicilié (adresse) ;
né le (date et lieu de naissance) ;
de nationalité (nationalité)
immatriculé au RCS- ville (ou inscrit au RNE) sous le numéro
– si le créancier demandeur est une société :
Dénomination sociale ;
Forme juridique (SA, SARL, SNC...) ;
Au capital de (montant) ;
Siège social : (adresse) ;
immatriculée au registre du commerce et des sociétés au RCS – ville, sous le numéro
représentée par (nom et adresse du représentant légal et ses fonctions précises : gérant, président du conseil)
(le cas échéant) Ayant pour avocat (nom et adresse de l'avocat)
(le cas échéant) Élisant domicile (par exemple au cabinet de l'avocat précité ; l'élection de domicile en France est obligatoire pour le demandeur résidant à l'étranger)
A l'honneur de vous exposer
Que X (nom ou dénomination du débiteur) a été déclaré en sauvegarde (en redressement ou en liquidation judiciaire) par jugement du tribunal de commerce (ou du Tribunal judiciaire) de (ville) le (date du jugement d'ouverture) ;
Qu'en application d'un contrat de (nature) conclu le (date) avec X, le requérant a livré à celui-ci... (descriptif du matériel : type, marque, numéro de série...)
Que le requérant a adressé à M. Z, administrateur judiciaire (ou liquidateur judiciaire), une demande de revendication par lettre recommandée AR du (date) ;
Que M. Z a rejeté la demande du requérant par lettre du (date) estimant que :
(indiquer les raisons exposées pour le rejet)
Que le requérant s'estime néanmoins fondé à revendiquer le bien ci-dessus pour les raisons suivantes :
(exposer les contre-arguments)
(le cas échéant) Que le requérant a déclaré sa créance entre les mains du M. W, mandataire judiciaire (liquidateur judiciaire) par lettre AR du (date) ou via le portail électronique dédié le (date) ;
C'est pourquoi le requérant sollicite qu'il vous plaise, Monsieur le juge-commissaire, de bien vouloir :
DÉCLARER la requête recevable comme ayant été déposée dans les délais des articles L 624-9 et R 624-13 du Code de commerce,
ORDONNER que les biens décrits ci-dessus soient restitués au requérant.
Pièces jointes :
– Copie du contrat (et, le cas échéant, justificatifs de sa publicité) ;
– Tout document complétant l'identification des biens revendiqués ;
– Copie de lettre de demande de revendication ;
– Copie de la lettre de réponse ;
– (facultatif) Déclaration de créance.

Fait à (ville).

Le (date).

Signature

52562 **Frais** Lors du dépôt de la requête au greffe du tribunal, le revendiquant doit verser une provision (par chèque bancaire à l'ordre du greffe) d'environ 80 € (le montant varie selon la nature de procédure collective dont le débiteur fait l'objet).

52565 **Décision du juge** Le juge-commissaire statue sur le sort du contrat en vertu duquel le bien est détenu par le débiteur, au vu des observations du revendiquant, du débiteur et de l'administrateur ou du liquidateur (C. com. art. L 624-17 et art. R 624-13).
Il peut rejeter la revendication ou ordonner la restitution, étant précisé qu'elle peut être différée comme indiqué n° 52430, ou encore ordonner que le revendiquant soit payé immédiatement sous les délais qu'il précise (art. L 624-16, al 4).
Si le **juge ne statue pas dans un délai raisonnable**, une des parties ou le ministère public peut saisir le tribunal ayant ouvert la procédure (art. R 621-21, al. 2).

52570 **Voies de recours** La décision par laquelle le juge-commissaire statue sur une revendication est susceptible d'opposition devant le tribunal ayant ouvert la procédure collective, et le jugement de ce tribunal peut faire l'objet d'un recours de droit commun (n° 50600).

REVENDICATION EN COURS LORS DE L'OUVERTURE DE LA PROCÉDURE COLLECTIVE

52580 L'action en revendication qui a été engagée avant l'ouverture de la procédure collective n'a pas à être renouvelée dans le délai de 3 mois de l'article L 624-9 du Code de commerce. Elle est poursuivie après mise en cause du mandataire judiciaire ou du liquidateur judiciaire (Cass. com. 30-6-2004 n° 02-17.771 : RJDA 1/05 n° 66 ; CA Toulouse 30-3-2010 n° 08-4426 : RJDA 6/10 n° 657), sans que cette mise en cause soit enfermée dans le délai précité (Cass. com. 9-7-1996 n° 94-16.708 : RJDA 12/96 n° 1542).

52620

Reprise d'un bien par l'entrepreneur individuel ou par son conjoint

Entrepreneur individuel
La loi prévoit au profit de l'entrepreneur individuel, y compris un **EIRL**, un droit de reprise des biens qui sont affectés à un patrimoine autre que celui qui fait l'objet de la procédure collective, selon une procédure similaire à celle de la revendication.
L'entrepreneur doit établir, dans le délai de trois mois visé n° 52490, la consistance des **biens détenus dans le cadre de l'activité** à raison de laquelle la procédure a été ouverte qui sont **compris dans un autre de ses patrimoines** ; il adresse une demande de reprise par lettre recommandée AR (le cas échéant, via le portail électronique dédié) (C. com. art. L 624-19, L 631-18, L 641-14, R 624-13-1, R 631-31 et R 641-31, I) :
– en cas de sauvegarde ou de redressement judiciaire, à l'administrateur, avec copie au mandataire judiciaire, ou, si aucun administrateur n'a été désigné, il procède par voie de requête directement auprès du juge-commissaire ;
– en cas de liquidation judiciaire, au liquidateur judiciaire avec copie à l'administrateur s'il en a été désigné un.
À défaut **d'acquiescement** transmis dans le délai d'un mois à compter de la réception de la demande, l'entrepreneur doit saisir le juge-commissaire, à peine de forclusion, au plus tard dans un délai d'un mois à compter de l'expiration du délai de réponse (art. R 624-13-1). Avant de statuer, le juge-commissaire recueille les observations du demandeur, de l'administrateur judiciaire, du mandataire ou du liquidateur judiciaire (art. précité).
En cas de **liquidation judiciaire**, les biens qui n'ont pas fait l'objet d'une reprise dans les conditions précitées peuvent être vendus (art. R 641-32-1).
Conjoint
Le conjoint du débiteur établit la consistance de ses **biens personnels** conformément aux règles des régimes matrimoniaux et exerce ses droits sur les biens lui revenant ; il doit agir dans le délai pour revendiquer, sauf s'il s'agit de biens objet de publicité (C. com. art. L 624-5, L 631-18 et L 641-14). Il peut en effet demander la restitution de ces derniers dans les **conditions** exposées n°s 52380 s. (art. précité).
Le conjoint n'exerce ses reprises qu'à charge des dettes et hypothèques dont ces biens sont légalement grevés (art. L 624-7).
Le conjoint du débiteur qui, lors de son mariage, dans l'année de celui-ci ou dans l'année suivante, était agriculteur ou exerçait une activité commerciale, artisanale ou toute autre activité professionnelle indépendante ne peut exercer dans la procédure collective aucune action à raison des avantages faits par l'un des époux à l'autre, dans le contrat de mariage ou pendant le mariage ; les créanciers ne peuvent pas, de leur côté, se prévaloir des avantages faits par l'un des époux à l'autre (art. L 624-8, L 631-18 et L 641-14).

G. Plan de sauvegarde, de redressement ou de cession

CONTINUATION OU CESSION DE L'ENTREPRISE

La procédure de **sauvegarde** (y compris la sauvegarde accélérée) a pour but l'adoption d'un plan de sauvegarde tendant à la continuation de l'entreprise, éventuellement accompagnée de l'adjonction ou de la cession d'une ou de plusieurs activités (C. com. art. L 626-1 et L 628-1). **52700**
En cas de **redressement judiciaire**, le tribunal peut opter entre un plan de continuation (avec ou sans les dirigeants en place) ou un plan de cession ou, encore, si aucun plan n'est possible, pour la liquidation judiciaire (C. com. art. L 631-19, L 631-19-1 et L 631-22, al. 3).
Dans le cadre de la **liquidation judiciaire**, le but est de mettre fin à l'activité de l'entreprise ou de réaliser son patrimoine par une cession globale (on parle alors aussi de plan de cession) ou séparée de ses actifs (C. com. art. L 640-1, al. 2).

> **Précisions** Lorsque, pour donner une solution à la procédure collective, le tribunal arrête un plan de redressement ou prononce la liquidation judiciaire, il ne statue pas sur une demande au sens des articles 463 et 464 du Code de procédure civile, ces textes étant, dès lors, inapplicables à une telle décision (Cass. com. 12-10-1993 n° 89-17.509 : Bull. civ. IV n° 334 ; Cass. com. 1-10-1997 n° 94-16.612 : Rev. proc. coll. 1998 p. 340 obs. B. Soinne).

1. PLAN DE SAUVEGARDE OU DE REDRESSEMENT

INTERVENTION DES CRÉANCIERS DANS L'ÉLABORATION DU PLAN

Modalités Le débiteur (avec le concours de l'administrateur en cas de sauvegarde) ou l'administrateur (avec le concours du débiteur en cas de redressement judiciaire) présente aux créanciers des propositions portant notamment sur des délais de paiement, des remises de dettes ou de conversion des créances en titres donnant ou ouvrant accès au capital (C. com. art. L 626-2, L 626-5 s. et L 631-19, I). Le mandataire judiciaire recueille (individuellement ou collectivement) l'**accord des créanciers** sur ses propositions (art. L 626-5), les créanciers réfractaires pouvant se voir ensuite imposer des délais uniformes de paiement par le tribunal. **52710**
La procédure diffère en cas de constitution de **classes de parties affectées** par le plan (n° 50760). Ces classes sont obligatoires (C. com. art. L 626-29, L 628-4 et R 626-52) :
- pour les entreprises d'au moins 250 salariés et réalisant au moins 20 millions d'euros de chiffre d'affaires net ;
- pour les entreprises réalisant au moins 40 millions d'euros de chiffre d'affaires net ;
- pour les sociétés qui détiennent ou contrôlent une autre société, au sens des articles L 233-1 et L 233-3 du Code de commerce, dès lors que l'ensemble des sociétés concernées atteignent les seuils précités ;
- en cas de sauvegarde accélérée.

La constitution de ces classes peut être autorisée par le juge-commissaire dans les autres cas (C. com. art. L 626-29 et R 626-53).
Les propositions du débiteur ou de l'administrateur sont présentées aux classes de parties affectées (art. L 626-30-2 et L 631-19). En cas de redressement judiciaire mais pas de sauvegarde, tout membre d'une classe peut également soumettre un projet de plan alternatif (art. L 631-19, I-al. 3). Chaque projet de plan est ensuite soumis au **vote** de chaque classe (art. L 626-30-2 et L 626-32). Parallèlement, des propositions sont soumises dans les conditions énoncées ci-dessus aux créanciers qui ne sont pas membres des classes (art. L 626-5 s.).

> **Précisions a.** Dans une **procédure** de sauvegarde ou de redressement judiciaire **sans désignation d'un administrateur** judiciaire, c'est le débiteur qui établit le projet de plan avec l'assistance éventuelle d'un expert nommé par le tribunal (art. L 627-3, al. 1 et L 631-21, al. 1). Le débiteur communique au mandataire judiciaire et au juge-commissaire les propositions de règlement du passif et procède aux informations et consultations prescrites (art. L 627-3, al. 2).
> **b.** Quel que soit le mode de consultation ne sont pas consultés les **créanciers** pour lesquels le plan ne modifie pas les modalités de paiement ou prévoit un paiement intégral en numéraire dès l'arrêté du plan ou l'admission de la créance (art. L 626-5, al. 4, L 626-30-2, al. 5 et, L 626-32, al. 3).
> **c.** Pour les créances des **administrations financières et sociales** (Trésor, Douanes, sécurité sociale, Pôle emploi, MSA...), le débiteur ou le mandataire judiciaire doit saisir la commission des chefs des services financiers et des représentants des organismes de sécurité sociale et de l'assurance chômage (CCSF)

d'une demande de remise de dettes dans un délai de 6 mois à compter de la date d'ouverture de la procédure collective à peine de forclusion (art. D 626-13 qui fixe aussi le contenu de la demande). La saisine ne peut pas être effectuée après la fin de la procédure (art. précité). Sur les mesures que peut consentir la CCSF, voir art. L 626-6 et D 626-9 s.

52715 **Contestations** Les contestations relatives à la **composition des classes de parties affectées**, de **calcul des voix** correspondant aux créances ou aux droits affectés permettant d'exprimer un vote sont soumises au juge-commissaire à la demande d'une partie affectée, du débiteur, du ministère public, du mandataire ou de l'administrateur judiciaire (C. com. art. L 626-30, V).
L'article R 626-58-1 du Code de commerce organise la procédure de façon à ce que ces contestations soient rapidement tranchées :
– le juge-commissaire est saisi par voie de requête dans un délai de 10 jours à compter de la notification (ou de la communication) de la répartition et du calcul des droits de vote ; le débiteur, l'administrateur, le mandataire judiciaire, même dans le cas où ils ne sont pas demandeurs, et la partie affectée, si elle est l'auteur de la contestation ou si ses droits font l'objet de celle-ci, sont convoqués par tout moyen et sans délai par le greffe ;
– si le juge-commissaire ne statue pas dans un délai de 10 jours à compter de sa saisine, une des personnes précitées peut saisir par requête le tribunal qui doit également statuer dans les 10 jours ;
– la décision du juge-commissaire ou du tribunal peut faire l'objet d'un appel, de la part des personnes précitées, dans 5 jours de la notification (ou communication) de la décision ; la cour d'appel statue dans un délai de 15 jours à compter de sa saisine ; le pourvoi en cassation est aussi ouvert (C. com. art. L 661-1, 6°) ;
– dès qu'il a été statué par décision devenue définitive sur la contestation, et au moins 3 jours avant la date du vote, l'administrateur actualise, s'il y a lieu, les modalités de constitution des classes et de répartition des droits de vote et en informe les parties affectées, le mandataire judiciaire et le ministère public.

AUTRES INTERVENANTS

52720 **Comité social et économique** Le comité social et économique doit être informé et **consulté** sur les propositions faites aux créanciers et sur le projet de plan obtenu (C. com. art. L 626-8).
En cas de constitution des classes de parties affectées, les représentants de la délégation du personnel du comité social et économique présentent leurs observations à chacune des classes avant que celles-ci ne se prononcent sur le projet de plan (art. R 626-59).

52725 **Associés de la société débitrice** Lorsqu'une société fait l'objet d'une procédure collective, l'adoption d'un plan de sauvegarde ou de redressement viable suppose généralement quelques **modifications des statuts sociaux**, par exemple le changement de forme sociale afin de rendre la société plus attractive pour un repreneur ou encore une augmentation de capital réservée à ce dernier.
Si les **classes de parties affectées n'ont pas été constituées**, les organes de la procédure collective disposent de moyens leur permettant de faciliter l'adoption des modifications statutaires prévues, voire de les imposer en cas d'opposition. Ces modifications sont soumises aux assemblées avant l'adoption du plan de sauvegarde ou de redressement par le tribunal. Le tribunal peut décider que l'assemblée compétente statuera à une majorité réduite sur première convocation (majorité des voix dont disposent les associés ou actionnaires présents ou représentés dès lors que ceux-ci possèdent au moins la moitié des parts ou actions ayant le droit de vote ; art. L 626-3, al. 1). Par ailleurs, dans le cadre d'un redressement judiciaire, si les associés n'ont pas voté la reconstitution des capitaux propres de la société à concurrence du montant proposé par l'administrateur, un mandataire en justice peut être désigné, dans certains cas, pour convoquer l'assemblée compétente et voter à la place des associés opposants (art. L 631-9-1). Enfin, sous certaines conditions (société d'une certaine taille, risque de trouble à l'économie...), le tribunal peut imposer l'augmentation de capital prévue par le plan de redressement au profit d'un repreneur soit en désignant un mandataire de justice chargé de voter à la place des principaux opposants, soit en ordonnant la cession au repreneur de la participation que ceux-ci détiennent (art. L 631-19-2).
Lorsque les **classes** de parties affectées sont **constituées**, la consultation des associés de la société débitrice en assemblée est écartée (art. L 626-30-2, al. 6). Le vote par les détenteurs de capital au sein des classes sur le projet de plan comportant des modifications statutaires vaut

vote en assemblée. De même, la décision du tribunal d'imposer le plan à des classes qui l'ont rejeté – décision soumise à des conditions particulières quand le refus émane d'une classe de détenteurs de capital – vaut approbation des modifications statutaires (art. L 626-32, al. 13). Corrélativement, ne s'appliquent pas non plus les dispositions évoquées ci-dessus relatives à la reconstitution des capitaux propres (art. L 626-30-2, al. 6) et à l'augmentation de capital réservée (art. L 631-19, I-al. 6).

ADOPTION DU PLAN PAR LE TRIBUNAL

Auditions préalables Le tribunal se prononce sur le plan après avoir entendu ou dûment appelé le débiteur, l'administrateur, le mandataire judiciaire, les contrôleurs ainsi que les représentants comité social et économique (C. com. art. L 626-9 et L 631-19). En pratique, ces personnes (hors l'administrateur et le mandataire judiciaire) sont convoquées par lettre recommandée AR par le greffier (art. R 626-17 et R 628-11). **52730**

Le défaut de convocation préalable du débiteur est une cause de nullité du jugement arrêtant le plan (CA Nancy 13-1-1988 : Rev. proc. coll. 1988 p. 386 n° 4 note B. Soinne).

Les débats ont lieu en présence du ministère public si le débiteur emploie plus de 20 salariés ou si son chiffre d'affaires hors taxe est supérieur à 3 000 000 € (art. L 626-9, R 626-19 et, sur renvoi, art. R 621-11). Dans les autres cas, le tribunal se contente de recueillir l'avis du ministère public.

Arrêté du plan Le tribunal arrête le plan de sauvegarde ou de redressement, notamment : **52735**

– il valide le plan adopté par les classes de parties affectées après s'être assuré que les intérêts de tous les créanciers sont suffisamment protégés (notamment, vérification de l'égalité de traitement au sein d'une même classe et, lorsque des parties affectées ont voté contre le plan, vérification que ce dernier répond au critère du meilleur intérêt des parties affectées, c'est-à-dire que celles-ci ne se trouvent pas dans une situation moins favorable qu'en cas de liquidation judiciaire ou de plan de cession ou d'une meilleure solution alternative si le plan n'est pas validé (C. com. art. L 626-31, art. L 628-8, al. 1) ;

– s'agissant des créanciers hors classes, il prend acte des délais de paiement et des remises de créances qu'ils ont acceptées dans les conditions exposées n° 52710, impose aux créanciers réfractaires des délais de paiement uniformes et homologue les accords de conversion des créances en titres après avoir vérifié qu'ils ne portent pas atteinte aux intérêts des autres créanciers (art. L 626-18, al. 1, 2 et 4) ;

– à moins qu'elles n'aient été adoptées au sein des classes de parties affectées, il contrôle que les modifications de capital (notamment celles résultant des conversions de créances) ont été approuvées par les associés de la société débitrice (art. L 626-18, 2, L 626-31, al. 1 et L 628-8, al. 1) ;

– il fixe les modalités de paiement des dividendes arrêtés par le plan (art. L 626-21, al. 4) ;

– il désigne un ou plusieurs commissaires chargés de veiller à l'exécution du plan (art. L 626-25, al. 1).

Le jugement arrêtant le **plan** rend celui-ci **opposable** à tous (art. L 626-11, al. 1 et L 626-31, dernier al.). Le jugement est exécutoire de plein droit à titre provisoire (n°s 50420 s.).

> **Précisions a.** Lorsque le **plan** n'a pas été approuvé par toutes les classes de parties affectées, il peut être arrêté par le tribunal sur demande du débiteur ou de l'administrateur judiciaire avec l'accord du débiteur et être **imposé aux classes qui ont voté contre** le projet de plan sous réserve que ce dernier réponde à certaines conditions qui sont fixées par l'article L 626-32 du Code de commerce.
>
> **b.** Dans des conditions qui n'ont pas encore été précisées, le tribunal pourra aussi, à la demande du débiteur, désigner une personne (l'administrateur ou le mandataire judiciaire non désigné comme commissaire à l'exécution du plan) pour **accompagner** temporairement **le débiteur dans l'exécution du plan** (art. L 626-25, al. 2 issu de loi 2016-1547 du 18-11-2016).

Application forcée interclasses Notification et publicité Le jugement arrêtant le plan de sauvegarde ou de redressement est notifié, par le greffier, au débiteur et aux représentants de la délégation du personnel du comité social et économique – dans les huit jours de la date du jugement ainsi qu'à toute personne tenue de l'exécuter (C. com. art. R 626-21). **52740**

Ce jugement fait l'objet des mêmes publicités que le jugement ouvrant la procédure (n°s 50830 s. ; art. R 626-20 et, sur renvoi, art. R 621-8).

REJET DU PLAN

52750 Lorsque le tribunal rejette le projet de **plan** de redressement **voté par les classes de parties affectées**, la procédure est reprise pour préparer un nouveau projet par consultation individuelle ou collective des créanciers (C. com. art. L 631-19, I). Dans la sauvegarde accélérée, il met fin à la procédure (art. L 628-8, al. 2).

Lorsque le tribunal a rejeté un projet de **plan non élaboré au sein des classes de parties affectées**, il peut :

– en cas de sauvegarde de droit commun, clôturer la procédure si sa décision de rejet est devenue définitive et si la conversion de la procédure en redressement ou en liquidation judiciaire n'a pas été demandée (C. com. art. R 626-22) ;

– en cas de redressement judiciaire, convertir la procédure en liquidation judiciaire.

Le jugement est notifié et publié comme indiqué n°s 50830 s.

VOIES DE RECOURS

52760 **Appel et cassation** Les décisions statuant sur l'arrêté du plan de sauvegarde ou de redressement sont susceptibles d'appel ou de pourvoi en cassation, selon les modalités exposées n°s 50540 s., de la part (C. com. art. L 661-1, I, 6° et 7° et R 661-3, al. 1) :

– du **débiteur**, y compris s'il n'est pas l'auteur du plan (Cass. com. 6-7-1999 n° 98-20.883 : RJDA 11/99 n° 1233, appel contre le jugement rejetant un plan de continuation par voie de reprise interne présenté par un tiers) ou si l'administrateur a reçu mission d'assurer seul et entièrement l'administration de l'entreprise (Cass. com. 22-5-1990 n° 89-20.043 : Bull. civ. IV n° 154) ;

– de l'administrateur judiciaire ;

– du mandataire judiciaire ;

– du ministère public, même s'il n'agit pas comme partie principale (art. L 661-12 ; Cass. com. 28-2-1995 n° 93-10.012 : RJDA 7/95 n° 895) ;

– du comité social et économique ou, dans les entreprises de moins de 50 salariés, des membres de sa délégation du personnel ou, en l'absence de comité social économique, du représentant des salariés (art. L 661-1, III) ;

– du **créancier** ayant formé une contestation comme indiqué n° 52715.

En dehors de ce dernier cas, ces recours ne sont donc pas ouverts aux créanciers (Cass. com. 14-3-1989 n° 87-16.955 : Bull. civ. IV n° 85 ; Cass. com. 24-6-2003 n° 00-18.118 : Bull. civ. IV n° 108), mais ceux-ci ont la possibilité de faire un appel-nullité ou un pourvoi-nullité en cas d'excès de pouvoir (Cass. com. 28-3-1995 n° 92-18.994 : Bull. civ. IV n° 108 ; voir aussi Cass. com. 9-12-1997 n° 95-19.080 : RJDA 4/98 n° 485 écartant l'appel-nullité d'un créancier qui n'était pas partie à l'instance) ou encore tierce opposition.

L'appel ou le pourvoi ne peuvent pas non plus être formés par un tiers ayant proposé un plan de continuation par voie de reprise interne (Cass. com. 25-10-1994 n° 93-10.095 : RJDA 3/95 n° 355) ou par un **repreneur** qui se trouve évincé du fait de l'adoption d'un plan de continuation.

> **Précisions a.** Par **décisions statuant sur l'arrêté du plan**, il faut entendre celles qui arrêtent ou rejettent le plan mais aussi les jugements ou arrêts interprétatifs de ces décisions (Cass. com. 26-4-1994 n° 92-18.966 : RJDA 6/94 n° 713) ainsi que l'ordonnance du premier président d'une cour d'appel qui en arrête l'exécution provisoire (cf. Cass. com. 14-5-1996 n° 94-19.409 : RJDA 10/96 n° 1269).
> **b.** En raison du lien d'indivisibilité existant entre le débiteur et les mandataires de justice dans l'instance en arrêté d'un plan de sauvegarde, le ministère public, appelant du jugement arrêtant un tel plan et dont l'appel est recevable à l'égard au moins du débiteur, peut, en application de l'article 552, al. 2 du Code de procédure civile, **appeler les mandataires de justice à la cause** en cours d'instance, même après l'expiration du délai pour interjeter appel, sans encourir l'irrecevabilité prévue par l'article 553 du même Code, dès lors que toutes les parties sont présentes avant que le juge ne statue (Cass. com. 9-7-2019 n° 18-17.799 FS-D : RJDA 10/19 n° 646).

52765 **Tierce opposition** Les **décisions arrêtant le plan** sont susceptibles de tierce opposition dans les conditions exposées n°s 50510 s. et le jugement statuant sur la tierce opposition est susceptible d'appel et de pourvoi en cassation de la part du tiers opposant (C. com. art. L 661-3, al. 1 et 2). En revanche, la tierce opposition n'est pas ouverte contre les **décisions rejetant** le plan (art. L 661-3, al. 3).

ILLUSTRATIONS

Un créancier est **recevable** à faire tierce opposition s'il invoque une fraude à ses droits ou un moyen qui lui est propre – moyen propre ne peut pas tendre à la contestation d'un effet inhérent à la procédure, ni être commun à tous les créanciers (Cass. com. 16-6-2021 n° 19-25.153 F-D) –

peu important qu'il ne l'ait pas invoqué lorsqu'il a été consulté sur le projet de plan de sauvegarde de son débiteur (Cass. com. 15-11-2017 n° 16-14.630 F-PB : RJDA 2/18 n° 160). Par exemple est recevable la tierce opposition faite par un créancier qui a pratiqué, avant l'ouverture de la procédure collective, une saisie-attribution sur les loyers que devait percevoir le débiteur (Cass. com. 7-10-2020 n° 19-14.126 F-D : RJDA 1/21 n° 44) ou par un associé de la société débitrice soutenant que le plan portait atteinte à son droit préférentiel souscription, peu important que chacun des associés ait disposé d'un tel droit (Cass. com. 31-3-2021 n° 19-14.839 F-P : RJDA 6/21 n° 389), ou invoquant une atteinte à son droit de vote et le risque d'être exclu de la société (Cass. com. 8-2-2023 n° 21-14.189 F-B : RJDA 5/23 n° 255).
A été déclarée **irrecevable** la tierce opposition :
– formée par la caution du débiteur qui n'invoquait aucun moyen qui lui était propre, se contentant de soutenir que le plan adopté ne constituait pas une possibilité sérieuse de redressement de la société et méconnaissait les impératifs dictés par les textes (Cass. com. 26-1-2016 n° 14-11.298 FS-PB : Rev. proc. coll. 2016 comm. n° 83 note J.-J. Fraimout) ;
– par un créancier soutenant que le plan ne prévoyait pas le règlement de la créance qu'il avait déclarée (Cass. com. 21-10-2020 n° 18-23.749 F-D).

2. PLAN DE CESSION

CONTEXTE DE LA CESSION DE L'ENTREPRISE

Le plan de cession, total ou partiel, de l'entreprise n'est envisageable qu'en cas de **redressement** judiciaire (si les plans de redressement proposés sont manifestement insusceptibles de permettre le redressement de l'entreprise ou en l'absence de plan) ou de **liquidation judiciaire** ; il a pour but d'assurer le maintien d'activités susceptibles d'exploitation autonome, de tout ou partie des emplois qui y sont attachés et d'apurer le passif (C. com. art. L 631-22 et art. L 642-1). **52800**
La préparation de la cession et sa réalisation incombent, en cas de redressement judiciaire, au mandataire judiciaire et à l'administrateur (art. L 631-22) et, en cas de liquidation judiciaire, au liquidateur ou à l'administrateur désigné à cette fin par le tribunal pour les entreprises d'une certaine taille (art. L 641-10, R 641-19 et, sur renvoi, art. R 621-11). Pour le reste, le plan de cession est soumis pour l'essentiel aux mêmes règles de procédure en cas de redressement et de liquidation judiciaires (art. L 631-22 et, sur renvoi, art. L 642-1). Les biens du débiteur non compris dans le plan de cession sont vendus sur adjudication pour les immeubles et, pour les autres biens, aux enchères publiques ou de gré à gré sur autorisation du juge-commissaire (art. L 631-22 et, sur renvoi, art. L 642-18 s.).
En cas de **sauvegarde**, l'objectif de la procédure est la continuation de l'entreprise avec le même chef d'entreprise. La loi prévoit néanmoins l'éventuelle cession d'une ou plusieurs activités ; cette cession est soumise au régime du plan de cession si ce n'est que le mandataire judiciaire exerce les missions confiées au liquidateur (art. L 626-1, al. 1 et 2).

AUDITIONS PRÉALABLES À L'ARRÊTÉ DU PLAN

Avant de statuer sur le plan de cession, le tribunal doit convoquer à l'audience, par lettre recommandée AR, le débiteur, les représentants de la délégation du personnel du comité social et économique et les contrôleurs, dès le dépôt du projet de plan de cession au greffe (C. com. art. L 642-5, R 642-3 et, sur renvoi, R 626-17). Le ministère public, l'administrateur et le mandataire judiciaire ou le liquidateur judiciaire sont avisés de la date de l'audience (art. précités). **52810**
En outre, si le tribunal est appelé à se prononcer sur la cession de certains contrats ou sur le transfert au repreneur de certaines sûretés grevant les biens qui lui sont cédés, chaque **cocontractant** ou **titulaire de sûreté** concerné est convoqué à l'audience, 15 jours au moins avant celle-ci, par lettre recommandée AR du greffe (art. L 642-7, L 642-12 et R 642-7).
Le tribunal n'est en revanche pas tenu de procéder à l'audition des candidats **repreneurs** (Cass. com. 22-3-1988 n°s 87-15.901 et 87-15.902 : Bull. civ. IV n° 113 ; Cass. com. 8-11-1998 n° 87-18.077 : Bull. civ. IV n° 295 ; voir aussi CA Limoges 13-8-1986 : D. 1987 p. 44 note F. Derrida écartant la nécessité d'un débat contradictoire entre les différents candidats).

> **Précisions a.** Le **conjoint du débiteur** est entendu ou dûment convoqué avant toute décision ordonnant ou autorisant la vente des biens de la communauté, y compris si la dissolution de la communauté est intervenue au cours de la procédure collective (C. com. art. R 631-30 et R 641-30).
> **b.** Le tribunal qui ordonne la **cession d'un bail** au profit du repreneur sans avoir préalablement entendu le bailleur ne commet pas un excès de pouvoir, de sorte que, si ce jugement a été confirmé en appel, le bailleur ne peut pas former un pourvoi-nullité contre l'arrêt d'appel (Cass. com. 25-10-2011 n° 10-23.033 : D. 2012 p. 703 obs. J.-P. Rémery).

ARRÊTÉ DU PLAN

52820 Le tribunal retient l'**offre** de reprise qui permet dans les **meilleures conditions** d'assurer le plus durablement l'emploi attaché à l'ensemble cédé, le paiement des créanciers et qui présente les meilleures garanties d'exécution (C. com. art. L 642-5, al. 1). Il arrête un ou plusieurs plans de cession (art. précité).
À cette occasion, le tribunal :
– vérifie que l'**auteur** de l'offre est bien **un tiers** au sens de l'article L 642-3 du Code de commerce (qui interdit au chef d'entreprise, à ses parents ou alliés de se porter acquéreur) ;
– ordonne la **cession** au repreneur choisi **des contrats** de crédit-bail, de location ou de fourniture de biens ou services nécessaires au maintien de l'activité (art. L 642-7) ;
– réserve, lorsque le plan de cession porte sur des biens grevés d'un privilège spécial, d'un gage, d'un nantissement ou d'une hypothèque, une quote-part du prix de cession à chacun des biens concernés ou constate le **transfert** au repreneur de la charge de certaines de ces **sûretés** (art. L 642-12) ;
– confie éventuellement au repreneur la gestion de l'entreprise cédée dans l'attente de la réalisation des actes de cession et sur justification de la consignation du prix (art. L 642-8) ;
– autorise les **licenciements** économiques proposés par l'administrateur ou le liquidateur (après consultation du comité social et économique, et de la direction régionale des entreprises, de la concurrence, de la consommation, du travail et de l'emploi ; art. L 642-5, al. 5) ;
– le cas échéant, déclare que certains des biens cédés ou tous sont **inaliénables** sans son autorisation pendant une durée qu'il fixe (art. L 642-10).

52825 Le **jugement** arrêtant le plan de cession est :
– opposable à tous (C. com. art. L 642-5) et exécutoire de plein droit à titre provisoire (n° 50420) ;
– communiqué aux mandataires de justice, au procureur de la République et au trésorier-payeur général du département dans lequel le débiteur a son siège ou à celui du département où se trouve le principal établissement (art. R 642-4, al. 1 et, sur renvoi, art. R 621-7) ;
– **signifié** à la diligence du greffier dans les 8 jours de la date du jugement aux personnes autres que le procureur de la République, le cocontractant ou le bailleur – qui ont qualité pour interjeter appel (art. R 642-4, al. 2 ; nos 52840 s.) ;
– soumis aux mêmes **publicités** que le jugement ouvrant la procédure (nos 50830 s. ; art. R 642-4, al. 1 et, sur renvoi, art. R 621-8).

> **Précisions** Compte tenu du caractère exécutoire du jugement, le fait que le **repreneur** ait **commencé à l'exécuter** ne vaut pas acquiescement du jugement au sens de l'article 410 du Code de procédure civile (CA Orléans 21-7-2005 n° 05-763 : RJDA 1/06 n° 54).

RECOURS CONTRE LE JUGEMENT DU TRIBUNAL

52840 **Appel** Les jugements arrêtant ou rejetant le plan de cession de l'entreprise sont susceptibles d'un appel, mais seulement de la part (C. com. art. L 661-6, II) :
– du débiteur qui est tenu d'établir son intérêt propre à faire appel (Cass. com. 23-10-2019 n° 18-21.125 FS-PBI : RJDA 1/20 n° 30, revenant expressément sur la solution contraire précédemment affirmée par Cass. com. 12-7-2017 n° 16-12.544 F-PBI : RJDA 11/17 n° 743) ;
– du ministère public, même s'il n'a pas agi comme partie principale (art. L 661-12) ;
– du repreneur si le plan de cession lui impose des charges autres que les engagements qu'il a souscrits au cours de la préparation du plan, y compris s'il s'est substitué un tiers comme l'autorisait le plan (CA Orléans 21-7-2005 n° 05-763 : RJDA 1/06 n° 54) ;
– du cocontractant d'un contrat de crédit-bail, de location ou de fourniture de biens ou services nécessaire au maintien de l'activité et qui a été transféré au repreneur, mais seulement pour la partie du jugement qui emporte cession de son contrat, de sorte que l'appel du cocontractant est irrecevable s'il agit pour autrui, par exemple pour un repreneur évincé auquel il est lié (CA Paris 16-1-1987 : Rev. jur. com. 1988.21 note D. Fabiani), s'il agit contre la décision refusant le transfert du contrat (CA Paris 22-10-1991 n° 90/025409 : RJDA 12/91 n° 1077 et, sur pourvoi, Cass. com. 22-3-1994 n° 91-22.362) ou s'il entend discuter le principe même de la cession de l'entreprise au repreneur (CA Rennes 30-10-1991 n° 91/371, 91/375 et 91/393 : JCP G 1992 IV n° 1686).

ILLUSTRATIONS

> Ne sont donc **pas habilités** à faire appel pour obtenir la **réformation** du jugement arrêtant ou rejetant le plan de cession :
> – un créancier, y compris s'il est titulaire d'une sûreté dont la charge est transmise au repreneur dans les conditions exposées n° 52820 (CA Orléans 22-3-2007 n° 06-2283 : RJDA 7/07 n° 756) ;
> – les contrôleurs (CA Paris 8-7-1987 : D. 1988 p. 11 concl. Av. gén. J. Sauvel) ;

– les représentants du comité d'entreprise ou les délégués du personnel (Cass. com. 17-2-2015 n° 14-10.279 : RJDA 7/15 n° 513 ; CA Paris 13-1-1987 : Gaz. Pal. 1987 p. 199 note J.P. Marchi, solutions transposables aux représentants du comité social et économique) ou le représentant des salariés (CA Limoges 13-8-1986 : JCP G 1986.II.20693 note M. Cabrillac) ;
– un candidat repreneur qui a été évincé (Cass. com. 11-5-1999 n° 98-11.392 : RJDA 8-9/99 n° 976 ; CA Rouen 14-2-2013 n° 12/04679 : RJDA 7/13 n° 654) ou le tiers que le repreneur s'est substitué comme le lui permettait le plan (CA Orléans 21-7-2005 précité) ;
– un cocontractant du débiteur cédé qui n'est pas le cocontractant visé ci-dessus autorisé à faire appel (Cass. com. 15-12-2009 n° 08-21.553 : RJDA 3/10 n° 272 : banque prêteuse).
– celui qui s'est porté caution des dettes du débiteur (Cass. com. 12-1-2016 n° 13-24.058 FS-PBI : RJDA 4/16 n° 306).
Le comité d'entreprise (désormais le comité social et économique) peut former un **appel-nullité** pour excès de pouvoir (Cass. com. 17-2-2015 précité).

Particularités de l'appel L'appel contre le jugement statuant sur le plan de cession est soumis aux règles exposées n°s 50550 s., sauf en ce qui concerne le **point de départ du délai** de 10 jours pour agir. Ce délai court à compter (C. com. art. R 661-3) : **52845**
– du prononcé du jugement pour le débiteur ;
– de la notification du jugement (qui intervient dans les 48 heures de son prononcé), pour le cocontractant dont le contrat a été cédé et pour le repreneur ;
– de l'avis qui lui a été donné de la décision pour le ministère public.

Tierce opposition La tierce opposition contre les jugements arrêtant ou rejetant le plan de cession est interdite par l'article L 661-7, al. 1 du Code de commerce, mais ce recours reste ouvert en cas d'excès de pouvoir du tribunal dans les conditions exposées n°s 50620 s. **52850**

RECOURS CONTRE LES ARRÊTS DE LA COUR D'APPEL

Seul le ministère public peut former un **pourvoi en cassation** contre les arrêts de cour d'appel rendus sur appel du jugement arrêtant ou rejetant le plan de cession (C. com. art. L 661-7, al. 2). **52860**
Toutefois, les parties peuvent faire un pourvoi-nullité dans les conditions exposées n°s 50620 s. en cas d'excès de pouvoir (Cass. com. 15-12-2009 n° 08-21.235 : RJDA 3/10 n° 272 ; Cass. com. 18-1-2011 n° 09-17.350 : D. 2012 p. 703 obs. J.-P. Rémery ; Cass. com. 12-7-2017 n° 16-12.544 F-PBI : RJDA 11/17 n° 743). Mais, même en l'absence d'un tel excès, le débiteur peut former pourvoi contre l'arrêt ayant déclaré irrecevable son appel contre le jugement qui a, à la fois, rejeté son plan de redressement et arrêté un plan de cession, puisqu'il peut former un pourvoi contre les décisions statuant sur le plan de redressement en application de l'article L 661-1, I-6° du Code de commerce (Cass. com. 23-10-2019 n° 18-17.926 F-PBI : RJDA 2/20 n° 95). Si l'arrêt d'appel porte sur le seul plan de cession, le débiteur ne peut former un pourvoi qu'en présence d'un excès de pouvoir (Cass. com. 23-10-2019 n° 18-21.125 FS-PBI : RJDA 1/20 n° 30).
La **tierce opposition** contre les arrêts de la cour d'appel n'étant pas interdite (cf. art. L 661-7, al. 1-2° qui ne vise que les jugements relatifs à l'arrêté ou au rejet du plan), ce recours est ouvert à tout intéressé dans les conditions exposées n°s 50510 s.

H. Sanctions et déchéances

EN BREF

Dans le cadre d'une procédure collective, le juge peut prononcer des sanctions contre le chef d'entreprise qui s'est rendu coupable d'agissements contraires à l'intérêt de son entreprise : le comblement de passif ; la faillite personnelle ou l'interdiction de gérer ; la banqueroute. **53000**
Ces sanctions sont de nature différente. Le comblement de passif est une sanction patrimoniale, pécuniaire, alors que la faillite personnelle et l'interdiction de gérer sont des sanctions dites « personnelles », qui atteignent le chef d'entreprise dans sa capacité (à exercer certains droits ou certaines fonctions). La banqueroute est un délit pénal qui expose le chef d'entreprise à une peine d'emprisonnement ou à une amende. Leur application relève du pouvoir souverain des tribunaux qui sont libres d'apprécier l'opportunité d'une condamnation et d'en déterminer l'étendue.
Les sanctions personnelles et la banqueroute s'appliquent en cas de redressement ou de liquidation judiciaire de l'entreprise. Le comblement de passif s'applique seulement si l'entreprise est mise en liquidation judiciaire. Aucune de ces sanctions ne peut être prise dans le cadre d'une procédure de sauvegarde.

AVERTISSEMENT

53002 Ne sont pas ici traitées les sanctions qui ne peuvent plus être prononcées contre les dirigeants sous le **régime actuel des procédures collectives** mais qui peuvent subsister dans les procédures ouvertes avant certaines dates. Tel est le cas de la mise en redressement ou en liquidation judiciaire personnelle du dirigeant d'une personne morale faisant l'objet d'une procédure collective (ex-loi 85-98 du 25-1-1985 et C. com. art. L 624-5 ancien), qui a été supprimée par la loi 2005-845 du 26 juillet 2005 pour les procédures ouvertes à compter du 1er janvier 2006, et de l'obligation aux dettes sociales (C. com. art. L 652-1 ancien) qui, introduite par la loi précitée puis supprimée par l'ordonnance 2008-1345 du 18 décembre 2008, s'est appliquée aux procédures ouvertes entre le 1er janvier 2006 et le 15 février 2009.

1. COMBLEMENT DE PASSIF

OBJET DE L'ACTION

53020 Lorsque la **liquidation judiciaire** dont fait l'objet une **personne morale** ou un **entrepreneur individuel ou d'un EIRL** (à raison d'une activité à laquelle un patrimoine est affecté) fait apparaître une insuffisance d'actif, le tribunal peut condamner les dirigeants de droit ou de fait de cette personne morale (ou les personnes physiques représentants permanents de ces dirigeants personnes morales) ou l'entrepreneur individuel et l'EIRL à payer tout ou partie de l'insuffisance d'actif dès lors qu'ils ont commis une **faute de gestion** ayant contribué à cette insuffisance (C. com. art. L 651-1 et L 651-2, al. 1 à 3). Cette condamnation ne peut être pas prononcée à l'encontre des dirigeants pour une simple négligence de gestion (art. précité).

L'action en comblement de passif, qui a un caractère patrimonial, peut être engagée contre les **héritiers** du dirigeant ou de l'entrepreneur (Cass. com. 19-5-1982 n° 80-16.475 : Bull. civ. IV n° 191 ; CA Amiens 23-1-2003 n° 02-253 : RJDA 2/04 n° 208), s'ils ont accepté la succession.

TRIBUNAL COMPÉTENT

53030 Le tribunal compétent pour statuer sur l'action en comblement de passif est celui qui a ouvert ou prononcé la liquidation judiciaire (C. com. art. R 651-1), y compris à l'égard d'un dirigeant de nationalité étrangère et dont le domicile est à l'étranger (Cass. com. 5-5-2004 n° 01-02.041 : RJDA 10/04 n° 1149) sauf si la personne poursuivie :

– fait déjà l'objet d'une procédure principale d'insolvabilité ouverte dans un autre pays de l'Union européenne (n° 50345) ;

– est une personne morale de droit public agissant en exécution d'une mission de service public administratif, sa responsabilité ne pouvant être mise en cause que devant le juge administratif et dans le cadre d'une action en réparation obéissant au droit commun de la responsabilité publique (T. confl. 15-11-1999 n° 3153 : RJDA 12/00 n° 1146 ; CE 1-10-2004 n° 256985 : RJDA 6/05 n° 740).

> **Précisions a.** Si le dirigeant ou l'entrepreneur individuel poursuivi est un **auxiliaire de justice** exerçant son activité dans le ressort du tribunal saisi, il peut demander la saisine d'un autre tribunal en application de l'article 47 du Code de procédure civile (Cass. com. 26-6-2001 n° 98-17.823 : RJDA 10/01 n° 1009 ; pour plus de détails, voir nos 2575 s.).
> **b.** Le fait que le **jugement** prononçant la condamnation d'un dirigeant à combler le passif a été **rendu par une autre chambre** du tribunal **que celle ayant ouvert la liquidation** judiciaire de sa société est sans incidence (CA Versailles 2-12-1999 n° 99-1564 : RJDA 4/00 n° 456).
> **c.** Le **juge-commissaire** ne peut ni **siéger**, à peine de nullité du jugement, dans la formation de jugement ni participer au délibéré de la procédure dans laquelle il a été désigné (C. com. art. L 662-7).

QUALITÉ POUR AGIR

53040 L'action en comblement de passif ne peut être engagée que par (C. com. art. L 651-3, al. 1 et 2) :

– le ministère public ;

– le liquidateur ou, dans l'intérêt collectif des créanciers, par la majorité des créanciers nommés contrôleurs lorsque le liquidateur judiciaire n'a pas engagé l'action après une mise en demeure restée sans suite.

Conformément à l'article 31 du Code de procédure civile, la mise en œuvre de l'action doit être refusée aux personnes non visées dans l'énumération ci-dessus. Ainsi, elle n'est ouverte ni à un créancier (Cass. com. 8-1-1985 n° 83-10.726 : Bull. civ. IV n° 13), ni à un associé (CA Paris 20-6-1990, n° 89/22429, 90/1133) ni à la caution du débiteur (Cass. com. 17-5-1994 n° 92-16.108). De même, le dirigeant de droit d'une société n'a pas qualité pour exercer contre un autre dirigeant social, même à titre de garantie, l'action en comblement de passif (Cass. com. 6-6-1995 n° 91-21.173 : RJDA 7/95 n° 903 ; Cass. com. 20-4-2017 n° 15-23.600 F-D : RJDA 8-9/17 n° 575 ; Cass. com. 12-6-2019 n° 17-23.176 F-D : RJDA 11/19 n° 704).

> **Précisions** Pour établir la carence du liquidateur, la mise en demeure doit avoir été délivrée par au moins deux créanciers **contrôleurs** et par lettre recommandée AR et être restée infructueuse pendant deux mois à compter de sa réception de la mise en demeure (art. R 651-4). Lorsqu'un seul contrôleur a été nommé, il n'a pas qualité pour engager l'action (CA Paris 17-6-2014 n° 13/24177 : RJDA 2/15 n° 126). La mise en demeure non délivrée conjointement par deux contrôleurs ne peut pas être ultérieurement régularisée. En revanche, si la saisine du tribunal n'a pas été faite par une majorité des contrôleurs, la régularisation par l'intervention d'un ou plusieurs autres contrôleurs pour constituer cette majorité est possible à condition d'intervenir avant l'expiration du délai de prescription de l'action (Cass. com. 24-5-2018 n° 17-10.005 FS-PBI : RJDA 10/18 n° 755).

SAISINE DU TRIBUNAL

Le tribunal est saisi par voie de **requête** à l'initiative du ministère public ou par voie d'**assignation** dans les autres cas (C. com. art. R 651-2). **53050**

L'action doit être engagée un **délai** de 3 ans à compter du jugement qui prononce la liquidation judiciaire (art. L 651-2, al. 3), le jour de ce jugement ne pouvant pas être inclus dans la computation du délai (Cass. com. 18-1-2023 n° 21-22.090 F-B : RJDA 11/23 n° 608).

53055

Action en comblement de passif : interventions du juge-commissaire

Recherche d'informations

À la demande du ministère public, du liquidateur (ou de la majorité des contrôleurs en cas de carence de ce dernier) ou d'office, le président du tribunal peut charger le juge-commissaire (ou, à défaut, un membre de la juridiction) d'obtenir, de la part des administrations et organismes publics, des organismes de prévoyance et de sécurité sociale, des établissements de crédit, de paiement ou de monnaie électronique et des sociétés de financement, communication de tout document ou information **sur la situation patrimoniale des dirigeants** et des représentants permanents des dirigeants personnes morales ou sur les revenus et le patrimoine non affecté de l'**EIRL** ou sur les revenus et le patrimoine personnel de l'**entrepreneur individuel** (C. com. art. L 651-4, al. 1). Cette communication devant être fournie « nonobstant toute disposition législative contraire », les organismes concernés, notamment les établissements financiers, ne peuvent pas invoquer le secret professionnel pour refuser de répondre aux demandes du juge-commissaire ou de la personne désignée par le tribunal. Lorsque cette mesure est ordonnée, ce qui n'est qu'une simple faculté pour le tribunal (Cass. com. 24-9-2003 n° 01-00.477 : RJDA 2/04 n° 205), le **rapport du juge** désigné est communiqué, au moins un mois avant la date de l'audience et par lettre recommandée AR envoyée par le greffier, aux dirigeants ou à l'entrepreneur mis en cause (art. R 651-5, al. 1).

Recherche de preuve d'une faute de gestion

Le juge-commissaire peut **confier à** un ou plusieurs **techniciens** qu'il nomme le soin de mener **des investigations** en vue de rechercher si le dirigeant de la société, l'entrepreneur individuel ou l'EIRL n'aurait pas commis des faits susceptibles de justifier le prononcé d'une sanction patrimoniale à son encontre (cf. art. L 621-9, al. 2 ; n° 50480). L'investigation peut aussi concerner des personnes morales ou physiques étrangères à la procédure collective dès lors qu'elles ont un lien avec celle-ci (Cass. com. 6-10-2009 n° 08-10.657 F-D : RJDA 1/10 n° 65). Le juge-commissaire peut désigner à tout moment un technicien, y compris si l'action en comblement de passif est déjà engagée par le liquidateur (Cass. com. 13-9-2016 n° 15-11.174 FS-PBI : RJDA 12/16 n° 891). Sur le respect du principe du contradictoire par ce technicien, voir n° 50480.

MESURES CONSERVATOIRES

Afin d'éviter que le dirigeant ou l'entrepreneur individuel ou l'EIRL n'organisent leur insolvabilité, le président du tribunal peut, à la demande du liquidateur judiciaire (ou des contrôleurs en cas de carence) ou du ministère public, ordonner toute mesure conservatoire utile à l'égard des biens des dirigeants, des biens de l'EIRL compris dans son patrimoine non affecté ou des biens de l'entrepreneur individuel relevant de son patrimoine personnel (C. com. art. L 651-4, al. 2). Le juge-commissaire peut ensuite autoriser la vente des biens concernés par le liquidateur judiciaire **53060** si leur conservation ou leur détention génère des frais ou si ces biens sont susceptibles de dépérissement (art. L 663-1-1, al. 1). Le produit de la vente est déposé à la Caisse des dépôts et consignations (art. précité) où il ne peut pas être saisi (art. L 662-1).

> **Précisions a.** Une mesure conservatoire peut être ordonnée même en l'absence de **circonstances** susceptibles de **menacer le recouvrement** de la condamnation (Cass. com. 31-5-2011 n° 10-18.472 : RJDA 11/11 n° 953).
> **b.** Lorsque, au cours d'une procédure de redressement judiciaire, une **mesure** conservatoire a **déjà** été **ordonnée** à l'égard des biens du dirigeant contre lequel a été engagée une action en responsabilité fondée sur le droit commun, le président peut se contenter de maintenir cette mesure (art. L 651-4, al. 2).

EXISTENCE DE POURSUITES PÉNALES

53070 Si des poursuites pénales sont exercées à l'encontre du dirigeant ou de l'entrepreneur individuel ou de l'EIRL, le tribunal saisi de l'action en comblement de passif n'est pas tenu de **surseoir à statuer** jusqu'à ce que le tribunal répressif ait pris sa décision, même si celle-ci est susceptible d'exercer, directement ou indirectement, une influence sur la solution de l'action menée devant le juge civil (CPP art. 4, al. 3).

> **Précisions** En raison de l'**autorité au civil de la chose jugée au pénal**, les tribunaux civils ne peuvent pas, par exemple, retenir la qualité de dirigeant de fait pour condamner une personne à supporter l'insuffisance d'actif d'une société lorsqu'une décision pénale a rejeté cette qualité dans des poursuites pour infraction à la législation sur les sociétés et pour banqueroute (Cass. com. 2-5-1977 n° 75-13.925 : Bull. civ. IV n° 119). En revanche, dès lors que l'autorité de la chose jugée ne s'attache qu'aux éléments constitutifs de l'infraction poursuivie et ne fait pas obstacle à ce que d'autres éléments étrangers à cette dernière soient soumis à l'appréciation de la juridiction civile (Cass. 2e civ. 15-11-2001 n° 99-21.636), la relaxe du dirigeant par le juge pénal ne s'oppose pas forcément à l'examen par le juge civil des fautes de gestion dénoncées dans le cadre d'une action en comblement de passif (Cass. com. 1-2-2011 n° 09-72.695 : RJDA 6/11 n° 564 ; Cass. com. 1-7-2020 n° 18-24.804 F-D : RJDA 10/20 n° 516).

DÉCISION DU TRIBUNAL

53075 **Publicité des débats** Les débats relatifs à l'action en comblement de passif ont lieu en audience publique, **sauf** décision contraire du président du tribunal à la demande d'une des personnes poursuivies (n° 50400).

53080 **Rapport préalable** Les articles R 662-12 et R 651-5 du Code de commerce imposent au tribunal de statuer sur le rapport du juge-commissaire ou du juge commis (n° 53055), mais cette obligation ne s'impose que si le président du tribunal a chargé l'un d'eux d'effectuer une enquête patrimoniale sur le dirigeant ou l'entrepreneur individuel ou l'EIRL poursuivi (Cass. com. 24-9-2003 n° 01-00.477 : RJDA 2/04 n° 205 rendu en comblement de passif ; Cass. com. 27-3-2012 n° 11-12.188 : Bull. civ. IV n° 67 rendu en faillite personnelle).

> **Précisions** Lorsqu'une telle enquête a été diligentée, l'**absence de rapport** du juge-commissaire au tribunal entraîne la nullité du jugement, mais pas celle de la saisine du tribunal ; la cour d'appel, saisie par l'effet dévolutif de l'appel, peut donc statuer, y compris en l'absence de ce rapport qui n'est pas exigé devant elle (Cass. com. 22-5-2013 n° 12-18.823 F-D : RJDA 11/13 n° 927).

53085 **Condamnation** Le comblement de passif est une sanction **facultative**. Le tribunal dispose d'une large faculté d'appréciation et peut écarter toute condamnation même si le dirigeant, l'entrepreneur individuel ou l'EIRL s'est rendu coupable de l'un des agissements permettant le prononcé de cette sanction (Cass. com. 19-2-2002 n° 99-15.359 : RJDA 8-9/02 n° 919 ; CA Paris 16-10-2008 n° 07-18718 : RJDA 3/09 n° 256 ; CA Besançon 7-12-2011 n° 11-01606 : RJDA 3/12 n° 323).

La proportionnalité du **montant** de la condamnation au regard de la gravité des fautes ou à la situation personnelle de l'intéressé relève du pouvoir souverain des juges du fond et n'est pas contrôlée par la Cour de cassation (Cass. com. 9-5-2018 n° 16-26.684 F-PB : RJDA 7/18 n° 594), mais le montant de la condamnation ne peut pas excéder celui de l'insuffisance d'actif (Cass. com. 30-10-2007 n° 06-15.247 : RJDA 3/08 n° 313 ; Cass. com. 17-6-2020 n° 18-23.088 F-D : RJDA 10/20 n° 518).

En cas de **pluralité de dirigeants fautifs**, le tribunal peut, par décision motivée, les déclarer solidairement responsables (C. com. art. L 651-2, al. 1).

Les **dépens** et frais irrépétibles auxquels a été condamné le dirigeant ou l'entrepreneur individuel ou l'EIRL sont payés par priorité sur les sommes versées pour combler le passif (art. L 651-3, al. 4).

> **Précisions** **a.** Le liquidateur judiciaire peut **transiger**, mais seulement après l'assignation en comblement de passif et avant toute décision de condamnation (Cass. com. 8-3-2017 n° 15-16.005 F-PBI : RJDA 5/17 n° 362).
> **b.** La somme mise à la charge de l'**entrepreneur individuel** s'impute sur son patrimoine personnel ou, pour l'EIRL, sur son patrimoine non affecté (C. com. art. L 651-2, al. 2).
> **c.** La personne condamnée peut demander des **délais de paiement** en application de l'article 1343-5 du Code civil. L'octroi de délais peut être discrétionnairement refusé par les juges du fond (Cass. com. 8-10-2003 n° 00-20.070 F-D : RJDA 2/04 n° 202).

Jugement Le jugement est rendu en audience **publique** sauf s'il rejette l'action (C. com. art. R 662-13). Il est communiqué au procureur de la République (art. R 651-3). **53090**
Si le tribunal ne se prononce pas dans un **délai** raisonnable, la sanction n'est pas l'annulation de la procédure ou sa réformation, mais la réparation du préjudice résultant éventuellement du délai subi (Cass. com. 22-6-2010 n° 09-16.269 : RJDA 10/10 n° 990).
Sur le caractère **exécutoire** à titre provisoire du jugement, voir n° 50420.

VOIES DE RECOURS

L'opposition et la tierce opposition sont formées contre les décisions rendues en matière de responsabilité pour insuffisance d'actif, par déclaration au greffe dans le délai de 10 jours à compter du prononcé de la décision (C. com. art. R 661-2). **53100**
Conformément au droit commun (cf. art. R 662-1), la voie de l'appel et celle du pourvoi en cassation sont ouvertes au dirigeant ou à l'entrepreneur individuel ou à l'EIRL, ainsi qu'à l'auteur de la saisine du tribunal. Toutefois, l'appel est soumis aux spécificités exposées n°s 50560 s. Pour le pourvoi en cassation, les particularités concernent le ministère public qui peut agir par voie de déclaration au greffe (art. R 661-8) et qui seul peut former un pourvoi en cassation fondé sur le fait que les causes relatives à la responsabilité des dirigeants ne lui ont pas été communiquées (art. L 661-8).
L'intervention accessoire d'un créancier devant les juges du fond ne confère pas à celui-ci la faculté d'exercer les voies de recours ouvertes au liquidateur judiciaire (Cass. com. 31-1-1984 : Rev. sociétés 1984 p. 365).

INEXÉCUTION D'UNE CONDAMNATION À COMBLER LE PASSIF

Le dirigeant ou l'entrepreneur individuel ou l'EIRL qui n'acquitte pas les dettes sociales mises à sa charge par le tribunal peut être frappé de **faillite personnelle ou** d'**interdiction de** diriger, **gérer**, administrer ou contrôler, directement ou indirectement, soit toute entreprise commerciale ou artisanale, toute exploitation agricole et toute personne morale, soit une ou plusieurs de celles-ci (C. com. art. L 653-6 et L 653-8). **53110**
Le tribunal peut, en outre, enjoindre au **dirigeant** de **céder ses actions ou parts sociales** dans la société ou ordonner leur cession forcée par les soins d'un mandataire de justice, au besoin après expertise ; le produit de la vente est affecté au paiement de la part des dettes sociales mise à la charge du dirigeant (art. L 653-9, al. 2).
Ces **sanctions** sont applicables même si l'intéressé s'est acquitté partiellement de sa dette (Cass. com. 15-11-1976 n° 75-12.853 : Bull. civ. IV n° 286).

2. FAILLITE PERSONNELLE ET INTERDICTION DE GÉRER

PERSONNES VISÉES PAR LES SANCTIONS

Ne sont visées par la faillite personnelle et l'interdiction de gérer que les **personnes physiques** (C. com. art. L 653-1) : **53130**
– faisant personnellement l'objet d'une procédure de **redressement ou de liquidation judiciaire** (commerçants, artisans, agriculteurs, professionnels indépendants, EIRL) ;
– dirigeantes de droit ou de fait (ou représentantes permanentes d'une personne morale dirigeante) d'une personne morale objet d'une telle procédure.
Toutefois, ne sont pas concernées les personnes qui, exerçant une activité professionnelle indépendante, sont soumises à ce titre à des règles disciplinaires (art. précité).
En tant que sanction personnelle, la faillite personnelle ou l'interdiction de gérer ne peut être prononcée ni contre le dirigeant décédé ni contre ses **héritiers** (CA Amiens 23-1-2003 n° 02-253 : RJDA 2/04 n° 208).

Les **faits pouvant entraîner** l'application de ces sanctions ne sont pas exposés dans cet ouvrage (pour plus de détails, voir C. com. art. L 653-3 à L 653-6 et L 653-8). La faillite personnelle ou l'interdiction de gérer peut être prononcée dès lors qu'un seul des faits prévus par le Code de commerce est établi mais, si plusieurs faits sont retenus, chacun d'entre eux doit être légalement justifié (Cass. com. 1-12-2009 n° 08-17.187 : RJDA 3/10 n° 275).

EFFETS DE LA CONDAMNATION

53140 La faillite personnelle et l'interdiction de gérer n'emportent pas condamnation à payer une somme d'argent. Elles se traduisent, pour la personne qui en fait l'objet, par la « perte » de certains droits, pour une **durée** maximale de 15 ans (C. com. art. L 653-11).

La **faillite personnelle** entraîne :

– de nombreuses déchéances et interdictions, comme par exemple, interdiction de se présenter aux élections aux tribunaux de commerce et aux chambres de commerce et d'industrie (C. com. art. L 723-2 et L 713-3, II-3) ; interdiction d'exercer certaines professions (notaire : décret 73-609 du 5-7-1973 art. 3, 4° ; huissier ou commissaire de justice : décret 2019-1185 du 15-11-2019 art. 1, 3° ; avocat : loi 71-1130 du 31-12-1971 art. 11, 6° ; interdiction de se livrer ou prêter son concours à titre accessoire à certaines opérations – notamment la gestion immobilière, l'achat, la vente, l'échange, la location ou la sous-location en nu ou en meublé d'immeubles bâtis ou non bâtis – portant sur les immeubles ou fonds de commerce appartenant à autrui : loi 70-9 du 2-1-1970 art. 10) ; suspension des droits liés à certaines décorations civiles ou militaires (Code de la Légion d'honneur et de la Médaille militaire art. R 95, R 157 et R 168) ;

– l'interdiction de diriger, gérer, administrer ou contrôler, directement ou indirectement, toute entreprise (qu'elle soit commerciale, artisanale, agricole ou qu'elle ait toute autre activité indépendante) et toute personne morale (C. com. art. L 653-2) ;

– pour les dirigeants sociaux, la perte du droit de vote dans les assemblées de la société soumise au redressement ou à la liquidation judiciaire, ce droit étant exercé par un mandataire désigné par le tribunal à cet effet, à la requête de l'administrateur, du liquidateur ou du commissaire à l'exécution du plan ainsi que, le cas échéant, la cession forcée des actions ou parts sociales qu'ils détiennent dans la société (art. L 653-9, al. 1 et 2).

L'**interdiction** dite **de gérer** porte sur la direction, la gestion, l'administration ou le contrôle, direct ou indirect, soit de toute entreprise commerciale ou artisanale, de toute exploitation agricole et de toute personne morale, soit d'une ou de plusieurs de celles-ci (C. com. art. L 653-8). L'interdiction ne vise pas les activités individuelles autres que celles précitées, telles les activités libérales (cf. Cass. com. 19-5-2021 n° 20-12.049 F-D). Les dirigeants frappés de cette interdiction sont privés du droit de vote au sein de la société et peuvent être tenus de céder leurs actions ou parts sociales, comme en cas de faillite personnelle (art. L 653-9, al. 1 et 2).

> **Précisions a.** Au titre de la faillite personnelle, le tribunal peut prononcer, par une décision motivée (Cass. com. 1-7-2020 n° 18-17.786 F-PB : RJDA 10/20 n° 519), l'incapacité d'exercer une **fonction publique élective** dans la limite de cinq ans (art. L 653-10).
> **b.** La **personne condamnée** qui **exercerait néanmoins** une activité ou des fonctions interdites s'expose à un emprisonnement de deux ans et une amende de 375 000 € (art. L 654-15).

INTRODUCTION DE L'ACTION

53150 Sous les réserves exposées n° 53030, la faillite personnelle et l'interdiction de gérer sont en principe prononcées, à la demande des **personnes** désignées n° 53155, par le tribunal ayant ouvert la procédure de redressement ou de liquidation judiciaire (C. com. art. R 662-3).

Toutefois, ces sanctions peuvent être prononcées :

– d'office par le tribunal de la procédure collective en cas de non-exécution d'une condamnation à combler le passif (C. com. art. L 653-6 et L 653-8) ;

– par le juge pénal à l'encontre de la personne coupable de banqueroute (art. L 654-6).

53155 Le tribunal est saisi (C. com. art. L 653-7 et R 653-2) :

– par voie d'**assignation** par le mandataire judiciaire (redressement judiciaire) ou le liquidateur judiciaire (liquidation judiciaire) ou, en cas de carence, par la majorité des créanciers nommés contrôleurs ;

– par voie de **requête** par le ministère public.

L'action doit être engagée dans un **délai** de 3 ans à compter du jugement qui prononce l'ouverture de la procédure de redressement ou de liquidation judiciaire (art. L 653-1, II). En cas de conversion d'une procédure de redressement en liquidation, le délai de 3 ans court à compter de l'ouverture de la procédure de redressement (Cass. com. 4-11-2014 n° 13-24.028 : RJDA 2/15 n° 127). Toutefois, lorsque l'action en faillite personnelle est engagée pour non-exécution d'une condamnation à combler le passif social, le délai ne court qu'à compter de la date à laquelle cette condamnation a acquis force de chose jugée (art. L 653-1, II).

> **Précisions a.** En cas d'ouverture d'une **procédure d'insolvabilité** régie par le droit de l'Union **européenne**, le tribunal compétent est le tribunal qui a ouvert la procédure principale et non celui de la procédure secondaire car l'action en prononcé d'une sanction personnelle appartient à la catégorie des actions qui dérivent directement de la procédure initiale et qui s'y insèrent étroitement (en ce sens, Cass. com. 22-1-2013 n° 11-17.968 F-PB : RJDA 5/13 n° 440).
> **b.** L'**action des contrôleurs** est recevable dès lors que la mise en demeure adressée par au moins deux d'entre eux au mandataire ou au liquidateur par lettre recommandée AR est restée infructueuse pendant deux mois à compter de la réception de la mise en demeure (art. R 653-2). Lorsqu'un seul contrôleur a été nommé, il n'a pas qualité pour engager l'action (cf. CA Paris 17-6-2014 n° 13/24177 : RJDA 2/15 n° 126 rendu à propos de l'action en comblement de passif mais transposable par identité de textes).
> **c.** Le juge-commissaire ne peut pas siéger, à peine de nullité du jugement, dans la formation de jugement ni participer au délibéré (art. L 662-7).

DÉCISION DU TRIBUNAL

La faillite personnelle et l'interdiction de gérer sont des sanctions **facultatives**. Le tribunal peut **53160**
ne pas les prononcer même si les conditions exigées par les textes sont remplies. En outre, le Code de commerce permet au tribunal de moduler les sanctions en fonction des circonstances de fait.

Le tribunal statue au vu du **rapport du juge-commissaire** (C. com. art. R 662-12) si ce rapport a été demandé (Cass. com. 27-3-2012 n° 11-12.188 : Bull. civ. IV n° 67). Les **débats** sont publics sauf décision contraire du président du tribunal (n° 50400).

Le **jugement** est :
– prononcé en audience publique, à moins de rejeter la sanction (n° 50415) ;
– **exécutoire** par provision si le tribunal le décide (C. com. art. L 653-11, al. 1 et art. R 661-1, al. 3), la suspension de l'exécution pouvant intervenir dans les conditions exposées n°s 50425 s.

Le jugement prononçant une sanction personnelle est **signifié** dans les 15 jours de sa date à la diligence, selon le cas, du greffier du tribunal ou de la cour d'appel aux personnes sanctionnées (C. com. art. R 653-3, al. 2).

> **Précisions a.** Le tribunal a l'obligation de **motiver la sanction** qu'il prononce sur son principe et son quantum, au regard de la gravité des fautes et de la situation personnelle de l'intéressé (Cass. com. QPC 5-7-2018 n° 18-11.743 F-D : RJDA 10/18 n° 756 ; Cass. com. 17-4-2019 n° 18-11.743 FS-PBI : RJDA 7/19 n° 525 ; Cass. com. 25-3-2020 n° 18-11.684 F-D : RJDA 8-9/20 n° 444).
> **b.** Le **jugement** prononçant une sanction personnelle réputé contradictoire est non avenu s'il n'est **pas signifié** dans les 6 mois (CPC art. 478).
> **c.** Ni l'article 6 de la convention européenne des droits de l'Homme ni l'article L 654-15 du Code de commerce, incriminant la violation d'une interdiction de gérer, n'exigent qu'une telle interdiction, lorsqu'elle est prononcée par une juridiction commerciale, ait été portée à la connaissance du prévenu dans les **formes du Code de procédure pénale** (Cass. crim. 19-3-2008 n° 07-82.662 F-D).
> **d.** Il n'est pas possible de **transiger** pour mettre fin à une action en faillite personnelle ou en interdiction de gérer (Cass. com. 9-12-2020 n° 19-17.258 F-PB : RJDA 3/21 n° 184).

Publicité Le jugement prononçant la faillite personnelle ou l'interdiction de gérer fait l'objet **53165**
des mesures de publicité suivantes (C. com. art. R 653-3, al. 1) :
– mention au casier judiciaire (CPP art. 768, 5°) ;
– dans les 15 jours du jugement, mention au registre du commerce et/ou au registre national des entreprises et/ou au registre spécial tenu par le tribunal judiciaire ; publication d'un avis au Bodacc et dans un support d'annonces légales du lieu où la personne condamnée a son siège ou son adresse professionnelle et, le cas échéant, ses établissements secondaires ;
– envoi à l'administrateur et au mandataire judiciaire, au procureur de la République, au directeur départemental ou, le cas échéant, régional des finances publiques du département dans lequel la personne condamnée a son siège social et celui du département où se trouve le principal établissement.

En outre, les condamnations sont inscrites dans le fichier national des interdits de gérer (C. com. art. L 128-1 et R 128-2 s.).

> **Précisions a.** En cas de condamnation d'un **entrepreneur individuel** ou d'un EIRL, le jugement doit également être mentionné, à la demande du greffier du tribunal qui l'a prononcé, sur le registre spécial des agents commerciaux ou le registre spécial des EIRL si l'intéressé y est immatriculé (C. com. art. R 653-3 et, sur renvoi, R 621-8, al. 4).

b. Sont **retirés du casier judiciaire** les jugements prononçant la faillite personnelle ou l'interdiction de gérer lorsque ces mesures sont effacées par un jugement de clôture pour extinction du passif, par la réhabilitation ou à l'expiration du délai de 5 ans à compter du jour où ces condamnations sont devenues définitives. Toutefois, si la durée de la faillite personnelle ou de l'interdiction est supérieure à 5 ans, la condamnation relative à ces mesures demeure mentionnée sur les fiches du casier judiciaire pendant la même durée (CPP art. 769, 1°).

53170 **Voies de recours** Les voies de recours ouvertes contre les décisions rendues en matière de faillite personnelle ou d'interdiction de gérer sont identiques à celles contre les décisions rendues en comblement de passif (n° 53100).

RELÈVEMENT DES SANCTIONS PRONONCÉES

53180 Le jugement constatant la **clôture de la procédure** collective de la société **pour extinction du passif** rétablit le débiteur ou le dirigeant dans tous ses droits. Il le relève de toutes les déchéances, interdictions et incapacités d'exercer une fonction publique élective (C. com. art. L 653-11, al. 2).
Si le débiteur ou le dirigeant a apporté au **paiement du passif** une contribution jugée suffisante par le tribunal, ce dernier peut, sur demande de l'intéressé, le relever, en tout ou partie, des déchéances et interdictions auxquelles il a été condamné (art. L 653-11, al. 3). Les juges tiennent compte également des facultés contributives de l'intéressé, des efforts qu'il a faits pour apurer sa dette, de la gravité des fautes commises par lui, de l'évolution de son comportement après le prononcé de la sanction (pour des exemples, voir Cass. com. 3-11-1992 n° 90-19.545 : RJDA 12/92 n° 1178 ; CA Versailles 26-6-2003 n° 02-7831 : RJDA 11/03 n° 1105 ; CA Douai 16-9-2008 n° 08-1582 : RJDA 5/09 n° 461).
En cas de condamnation non à la faillite personnelle, mais à une simple **interdiction de gérer**, le tribunal peut aussi relever le débiteur ou le dirigeant s'il présente toutes les garanties démontrant sa capacité à diriger ou contrôler une entreprise ou une personne morale (art. L 653-11, al. 4). Ces garanties peuvent consister en une formation professionnelle (art. R 653-4, al. 1).
Lorsqu'il y a relèvement total des déchéances, interdictions et incapacités, la décision du tribunal emporte **réhabilitation** (art. L 653-11, al. 5).

> **Précisions** Toute **demande en relevé** des déchéances, interdictions et incapacités est adressée par requête à la juridiction qui les a prononcées (art. R 653-4). Sont joints à la requête tous documents justifiant de la contribution au paiement du passif ou, lorsque l'intéressé a fait l'objet de l'interdiction de gérer, des garanties démontrant sa capacité à diriger ou contrôler l'une ou plusieurs des entreprises ou personnes visées par l'article L 653-8 (art. précité). La juridiction statue après avoir entendu le demandeur et recueilli l'avis du ministère public.

3. SANCTIONS PÉNALES

53200 Le Code de commerce prévoit une répression pénale pour les **comportements les plus graves** commis au préjudice d'une entreprise en procédure collective ou des créanciers de celle-ci (C. com. art. L 654-2 à L 654-20). Le délit le plus souvent poursuivi est la banqueroute, mais ce n'est pas le seul.
Alors que le comblement de passif, la faillite personnelle et l'interdiction de gérer touchent la personne faisant l'objet de la procédure collective ou son dirigeant, les sanctions pénales peuvent aussi concerner des **tiers**.

RÈGLES COMMUNES DE PROCÉDURE

53210 Le juge compétent est le **juge pénal** et non le tribunal ayant ouvert la procédure collective. En conséquence, les règles de procédure pénale s'appliquent sous réserve des précisions ci-dessous.

53215 **Saisine du juge** La juridiction répressive est saisie soit sur la poursuite du **ministère public**, soit sur la constitution de partie civile de l'administrateur, du mandataire judiciaire, du représentant des salariés, du commissaire à l'exécution du plan, du liquidateur judiciaire ou de la majorité des créanciers nommés contrôleurs agissant dans l'intérêt collectif des créanciers en cas de carence du **mandataire de justice** ayant qualité pour agir (C. com. art. L 654-17).
Ce texte n'interdit pas à un **créancier** de se constituer partie civile par voie d'intervention s'il se prévaut d'un préjudice particulier distinct du montant de sa créance déclarée et résultant directement de l'infraction (notamment, Cass. crim. 11-10-1993 n° 92-81.260 : RJDA 1/94 n° 102 ; Cass. crim. 17-6-2014 n° 13-83.288 : RJDA 1/15 n° 36 ; Cass. crim. 22-6-2022 n° 21-83.036 F-B : RJDA 2/23 n° 101).

> **Précisions a.** L'action des créanciers **contrôleurs** n'est recevable que si la mise en demeure adressée au mandataire de justice par au moins deux d'entre eux par lettre recommandée AR est restée infructueuse pendant deux mois à compter de sa réception (C. com. art. R 654-1).
b. Pour des exemples d'**absence de préjudice personnel** et direct, voir Cass. crim. 27-10-1999 n° 98-85.213 : RJDA 3/00 n° 285 (syndicat professionnel) ; Cass. crim. 28-2-2006 n° 05-83.461 : RJDA 6/06 n° 655 (agent judiciaire du Trésor) ; Cass. crim. 7-3-2012 n° 11-83.005 : Bull. crim. n° 62 (AGS) ; Cass. crim. 3-6-2015 n° 13-88.608 F-D : RJDA 10/15 n° 670 (salarié licencié).

Point de départ de la prescription La prescription de l'action publique ne court que du jour du jugement prononçant l'ouverture de la procédure de sauvegarde, de redressement judiciaire ou de liquidation judiciaire lorsque les faits incriminés sont apparus avant cette date (C. com. art. L 654-16). 53220

Frais Les frais de la poursuite intentée par l'administrateur, le mandataire judiciaire, le représentant des salariés, le commissaire à l'exécution du plan ou le liquidateur judiciaire sont supportés par le Trésor public, en cas de **relaxe** (C. com. art. L 654-19). En cas de **condamnation**, le Trésor public ne peut exercer son recours contre le débiteur qu'après la clôture des opérations de liquidation judiciaire (art. précité). 53225
Les jugements et arrêts de condamnation sont publiés aux frais du condamné (art. L 654-20).

BANQUEROUTE

Personnes visées La banqueroute vise les personnes tant physiques que morales, à savoir (C. com. art. L 654-1 et L 654-2) : 53240
– toute personne exerçant une activité commerciale ou artisanale, tout agriculteur et toute personne physique exerçant une activité professionnelle indépendante ;
– toute personne qui a, directement ou indirectement, en droit ou en fait, dirigé ou liquidé une personne morale de droit privé ainsi que les personnes physiques représentants permanents de personnes morales dirigeants ;
– mais seulement en cas d'ouverture d'une procédure de redressement ou de liquidation judiciaire ouverte à son encontre ou à l'encontre de la personne morale qu'elle dirige.
Les **faits incriminés** sont limitativement énumérés par l'article L 654-2 du Code de commerce. Parmi ceux-ci figurent le détournement ou la dissimulation de tout ou partie de l'actif du débiteur ainsi que la tenue d'une comptabilité fictive, manifestement incomplète ou irrégulière.

> **Précisions a.** Les textes ne visant que le redressement ou la liquidation judiciaire, la banqueroute n'est pas applicable en cas de **sauvegarde**.
b. L'**ouverture d'une procédure de redressement ou de liquidation** judiciaire n'est qu'une condition préalable à l'exercice de l'action publique du chef de banqueroute. La circonstance que les pourvois formés par le prévenu contre les arrêts prononçant son redressement puis sa liquidation judiciaires soient pendants devant la Cour de cassation est sans incidence sur les poursuites engagées pour banqueroute (Cass. crim. 24-3-2010 n° 09-84.599 : RJDA 8-9/10 n° 872).

Sanctions Les **personnes physiques** condamnées pour banqueroute, et leurs complices, sont passibles notamment (C. com. art. L 654-3 à L 654-6) : 53245
– de 5 ans de prison et de 75 000 € d'amende ou 7 ans de prison et 100 000 € d'amende si l'auteur ou le complice de la banqueroute est dirigeant d'une entreprise de services d'investissement ;
– d'interdiction des droits civiques, civils et de famille (C. pén. art. 131-26), d'exercer certaines fonctions électives ou activités professionnelles (C. pén. art. 131-27), d'émettre des chèques, et d'exclusion des marchés publics.
Les **personnes morales** déclarées responsables pénalement de banqueroute encourent (C. com. art. L 654-7) :
– une amende portée au quintuple du montant exposé ci-dessus (cf. C. pén. art. 131-38) ;
– les peines prévues par l'article 131-39 du Code pénal (dissolution, fermeture définitive ou temporaire, placement sous surveillance judiciaire, interdiction d'exercer l'activité à l'occasion de laquelle l'infraction a été commise ; exclusion des marchés publics et des aides publiques...).

> **Précisions** Le Conseil constitutionnel a abrogé l'article L 654-6 du Code de commerce prévoyant que la personne coupable de banqueroute pouvait être soumise par la juridiction répressive à la faillite personnelle ou à l'interdiction de gérer, à moins qu'une juridiction civile ou commerciale n'ait déjà prononcé une telle mesure par une décision définitive prise à

l'occasion des mêmes faits (Cons. const. 29-9-2016 n° 2016-573 QPC : RJDA 1/17 n° 40). Aucune condamnation ne peut plus être prononcée sur la base de ce texte depuis le 1er octobre 2016 (Cass. crim. QPC 24-10-2018 n° 17-86.749 F-D).

AUTRES DÉLITS

53260 Le Code de commerce prévoit d'autres délits qui concernent soit la personne objet de la procédure collective ou son dirigeant, soit des tiers et qui, pour certains d'entre eux, peuvent être sanctionnés en cas de sauvegarde et non pas seulement en cas de redressement ou de liquidation judiciaire (C. com. art. L 654-8 à L 654-15). Par **exemple** :
– est passible de 2 ans de prison et 30 000 € d'amende le débiteur (ou le dirigeant de la personne morale débitrice) qui paye une créance antérieure ou postérieure au jugement ouvrant la procédure collective malgré l'interdiction exposée n° 51545 ou qui effectue un paiement en violation des modalités prévues par le plan de sauvegarde ou de redressement, ainsi que la personne qui a reçu ce paiement en connaissance de la situation du débiteur (art. L 654-8) ;
– encourt certaines des sanctions prévues pour la banqueroute (emprisonnement, amende et interdictions) toute personne ayant déclaré frauduleusement des créances supposées dans une procédure de sauvegarde, de redressement ou de liquidation judiciaire (art. L 654-9) ;
– sont passibles de 3 ans de prison et de 375 000 € d'amende les membres de la famille des personnes visées (conjoint, descendant, ascendant...) qui ont détourné ou recelé des actifs du débiteur en redressement ou en liquidation judiciaire (art. L 654-10) ainsi que le créancier qui, après ouverture d'une procédure collective, a conclu une convention comportant un avantage particulier à la charge du débiteur (art. L 654-13).
Sur les sanctions pénales encourues par l'administrateur, le mandataire judiciaire, le liquidateur ou le commissaire à l'exécution du plan, voir l'article L 654-12 du Code de commerce.

I. Rétablissement professionnel

PRÉSENTATION GÉNÉRALE DE LA PROCÉDURE

53400 Le **rétablissement** professionnel permet à un professionnel en difficulté de bénéficier d'un effacement de ses dettes **sans liquidation** de ses biens, au moyen d'une procédure plus rapide et moins onéreuse que la liquidation judiciaire. Il se présente comme une alternative à cette dernière pour certains débiteurs, personnes physiques, dont la situation ne permet d'envisager ni un désintéressement des créanciers ni le règlement des frais de liquidation (dossiers dits impécunieux). Cette procédure, dont l'ouverture est proposée au débiteur par le tribunal, n'est **pas** une **procédure collective** à proprement parler : elle n'emporte aucun dessaisissement du débiteur et ne soumet pas les créanciers à la discipline collective qui s'applique en cas de sauvegarde, de redressement ou de liquidation judiciaire (interdiction de certains paiements, suspension des poursuites, déclaration et vérification des créances...). Elle n'interdit pas la mise en liquidation judiciaire du débiteur.

1. OUVERTURE DU RÉTABLISSEMENT PROFESSIONNEL

DÉBITEUR POUVANT BÉNÉFICIER DU RÉTABLISSEMENT PROFESSIONNEL

53420 Seul un débiteur **personne physique** peut bénéficier d'un rétablissement professionnel, qu'il exerce une activité commerciale, artisanale, agricole ou une activité professionnelle indépendante y compris une profession libérale soumise à un statut législatif ou réglementaire ou dont le titre est protégé (C. com. art. L 645-1, al. 1 et, sur renvoi, art. L 640-2, al. 1).
Cette personne doit satisfaire aux **conditions** suivantes (art. L 645-1, L 645-2 et R 645-1) :
– être en cessation des paiements et son redressement être manifestement impossible ;
– ne pas avoir cessé son activité depuis plus d'un an ;
– ne pas avoir employé de salarié au cours des 6 derniers mois et ne pas être impliquée dans une instance prud'homale en cours ;
– disposer d'actif déclaré d'une valeur inférieure à 15 000 € (tous les patrimoines du débiteur sont pris en compte mais les biens insaisissables de droit ne le sont pas) ;
– ne pas avoir fait l'objet lors des 5 dernières années, au titre de l'un de ses patrimoines, d'une liquidation judiciaire clôturée pour insuffisance d'actif ou d'une décision de clôture d'une procédure de rétablissement professionnel.

OUVERTURE DU RÉTABLISSEMENT PROFESSIONNEL À L'INITIATIVE DU TRIBUNAL

Le tribunal, saisi d'une demande d'ouverture d'un redressement ou d'une liquidation judiciaire doit, avant de statuer sur cette demande, examiner si la situation du débiteur répond aux conditions d'ouverture du rétablissement professionnel ; si tel est le cas, le tribunal ouvre une procédure de rétablissement professionnel avec l'**accord du débiteur** (C. com. art. L 631-7, al. 3 et L 641-1, I-al. 3) et après avis du ministère public (art. L 645-3). Il en est de même lorsque, après la résolution du plan de sauvegarde ou de redressement en raison de la survenance de la cessation des paiements de l'entrepreneur qui en bénéficie, le tribunal doit statuer sur la mise en redressement ou la liquidation judiciaire du débiteur (art. L 626-27, I-al. 3, L 631-20-1, al. 2). Aucune obligation n'est faite au tribunal de proposer le rétablissement professionnel lorsque la conversion d'une procédure de sauvegarde ou de redressement judiciaire en liquidation judiciaire est demandée durant la période d'observation (cf. art. L 622-10 et L 631-15). 53425

> **Précisions** Dans les **procédures** ouvertes **avant le 24 mai 2019**, le débiteur devait soit demander simultanément la liquidation judiciaire et le rétablissement professionnel, soit solliciter ce dernier lorsqu'il était assigné en liquidation judiciaire par un créancier (ex-al. 1 de l'art. L 645-3 abrogé par loi 2019-486 du 22-5-2019 ; CA Paris 15-1-2019 n° 18/18185 : RJDA 5/19 n° 362). L'article R 645-2 du Code de commerce, qui fait référence à la demande du débiteur, n'a pas été modifié pour tenir compte des aménagements apportés par la loi 2019-486 du 22 mai 2019 qui ont autorisé le tribunal à proposer le rétablissement professionnel au débiteur.

DÉCISION DU TRIBUNAL

Le **tribunal ouvre** la procédure de rétablissement personnel pour une durée limitée à 4 mois, après s'être assuré que le débiteur remplit les conditions légales pour en bénéficier et après avis du ministère public (C. com. art. L 645-3, al. 1 et L 645-4, al. 3). Il désigne (art. L 645-4, al. 2 et 3 et L 645-7) : 53440

- un juge commis chargé d'instruire la demande ;
- pour assister ce juge, un mandataire judiciaire ou un huissier ou commissaire de justice ou un commissaire-priseur ou commissaire de justice ou une personne physique justifiant d'une expérience ou d'une qualification particulière au regard de la nature de l'affaire (art. L 812-2, II, al. 1 et III), qui peut faire tous les actes nécessaires à la conservation des droits du débiteur.

Lorsque le tribunal ouvre la procédure de rétablissement professionnel, il sursoit à statuer sur la demande d'ouverture de la procédure de liquidation judiciaire faite par le débiteur, un créancier ou le ministère public (art. R 645-2).

S'il apparaît que le débiteur ne remplit pas les conditions requises pour bénéficier de la procédure de rétablissement professionnel, le **tribunal rejette** sa demande et statue sur la demande d'ouverture de la procédure de liquidation judiciaire (art. R 645-3).

Le jugement du tribunal est exécutoire de plein droit à titre provisoire (art. R 661-1, al. 1).

> **ATTENTION**
> Les dispositions précitées des articles R 645-2 et R 645-3 du Code de commerce n'ont pas été actualisées pour tenir compte des modifications apportées par la loi 2019-486 du 22 mai 2019, en vertu de laquelle l'ouverture du rétablissement personnel intervient désormais sur proposition du tribunal avec l'accord du débiteur (et non à proprement parler sur sa demande), le cas échéant, à l'occasion d'une demande de redressement judiciaire et non plus seulement lorsque la liquidation judiciaire est demandée.

Notifications Le jugement statuant sur l'ouverture de la procédure de rétablissement professionnel est notifié, dans les 8 jours de son prononcé, par le greffier au débiteur par une lettre recommandée AR qui reprend les dispositions des articles L 645-9, al. 1, L 645-11 et L 645-12 du Code de commerce (C. com. art. R 645-4, al. 1). 53445

Il est en outre communiqué aux mandataires de justice désignés, au procureur de la République, au directeur départemental ou régional des finances publiques du département dans lequel le débiteur a déclaré l'adresse de son entreprise ou de son activité et, le cas échéant, à l'ordre professionnel ou à l'autorité dont relève le débiteur (art. R 645-4, al. 2 et, sur renvoi, art. R 621-7).

Mais ce jugement ne fait l'objet d'aucune **publicité** à l'égard des tiers (pas de mention au registre sur lequel le débiteur est inscrit, pas d'insertion au Bodacc ou dans un support d'annonces légales).

Voies de recours **Appel**. Le jugement ouvrant la procédure de rétablissement professionnel est susceptible d'appel de la part du **ministère public**, cet appel étant suspensif (C. com. art. L 661-11). L'appel du **débiteur** contre le jugement ouvrant la procédure est, à notre avis, irrecevable faute d'intérêt à agir puisqu'il a donné son accord (n° 53420). En revanche il peut faire 53450

appel (par une déclaration effectuée ou adressée par lettre recommandée AR au greffe de la cour d'appel ; art. R 645-21) contre le jugement refusant d'ouvrir la procédure.
L'appel doit être formé dans un **délai** de 10 jours qui court, pour le débiteur, à compter de la notification du jugement et, pour le ministère public, de la communication du jugement au procureur de la République (art. R 661-3).
L'appel est formé, instruit et jugé suivant la procédure sans **représentation** obligatoire (art. précité).

> **Précisions** En cas d'**infirmation ou d'annulation du jugement** ouvrant la procédure de rétablissement professionnel ou la clôturant, la cour d'appel peut, d'office, statuer sur la demande d'ouverture de la procédure de liquidation judiciaire (art. R 645-23). Cette disposition n'a pas été actualisée pour tenir compte du fait que l'ouverture du rétablissement personnel peut désormais intervenir à l'occasion d'une demande de redressement judiciaire.

53455 **Tierce opposition**. Dans le silence des textes spécifiques au rétablissement professionnel et en application du droit commun des procédures collectives (cf. C. com. art. R 662-1, 1°), les créanciers – ni parties ni représentés à l'instance – peuvent faire tierce opposition au jugement ouvrant la procédure. Ils procèdent par voie de déclaration au greffe du tribunal dans un délai de 10 jours à compter du prononcé de la décision (art. R 661-2).

2. SUITES DE L'OUVERTURE DU RÉTABLISSEMENT PROFESSIONNEL

RECENSEMENT DES CRÉANCIERS

53480 La déclaration et la vérification des créances ne sont pas prévues dans la procédure de rétablissement professionnel. Simplement, le mandataire judiciaire (ou le professionnel désigné) informe, par lettre simple, les **créanciers connus** de l'ouverture de la procédure de rétablissement professionnel et les invite à lui communiquer, dans un délai de 2 mois à compter de la réception de cet avis, le montant de leur créance avec indication des sommes à échoir et de la date des échéances ainsi que toute information utile relative aux droits patrimoniaux qu'ils ont sur le débiteur (C. com. art. L 645-8). Cette lettre reproduit les articles L 645-8, L 645-11 et R 645-19 du Code de commerce ; y est annexée une copie de l'inventaire des biens du débiteur et de la liste des créances déclarées par ce dernier (art. R 645-10).
Le mandataire judiciaire (ou le professionnel désigné) informe aussi de l'ouverture de la procédure, par lettre recommandée AR, les **cautions** et les personnes coobligées ou ayant consenti une sûreté personnelle ou ayant affecté un bien en garantie, dont l'existence a été portée à sa connaissance par le débiteur ou par un créancier (art. R 645-11).
Sur la base des informations ainsi obtenues, le mandataire (ou le professionnel) établit un rapport qui est communiqué au juge commis et au ministère public (art. R 645-13).
Les formalités ci-dessus sont très allégées par rapport à celles requises dans la sauvegarde, le redressement ou la liquidation judiciaire : le mandataire judiciaire ne contrôle pas les créances qui sont portées à sa connaissance ; la réponse faite au mandataire n'est pas assimilée à une déclaration de créance, et son absence n'est pas sanctionnée. Cet allégement se justifie au regard de l'objectif du rétablissement personnel qui tend à l'effacement des dettes et non à une répartition pour les payer.

POURSUITES DE CRÉANCIERS DURANT LA PROCÉDURE

53490 L'ouverture de la procédure de rétablissement professionnel n'emporte pas automatiquement la suspension des poursuites des créanciers. Ces derniers, tout comme le ministère public, peuvent notamment demander la mise en liquidation judiciaire du débiteur (C. com. art. L 645-9, al. 3).
S'il est mis en demeure ou poursuivi par un créancier, le débiteur peut – nonobstant toute clause contraire – demander au juge commis des **délais de paiement** et la suspension des **procédures d'exécution** déjà engagées (telles des saisies) pour une durée maximale de 4 mois (art. L 645-6). En pratique, le débiteur assigne le créancier poursuivant ou l'ayant mis en demeure devant le juge commis qui statue selon la procédure accélérée au fond (art. R 645-7).

INSTRUCTION ET RENVOI DU DOSSIER DEVANT LE TRIBUNAL

53495 Le juge commis par le tribunal recueille tous renseignements sur la situation patrimoniale du débiteur, notamment le montant de son passif et la valeur de ses actifs, et dispose, pour ce faire, des pouvoirs d'**enquête** exposés n° 50810 (C. com. art. L 645-4 et L 645-5).
Après avoir recueilli l'avis du ministère public et sur rapport du mandataire judiciaire (ou du professionnel désigné), le juge commis **renvoie** l'affaire devant le tribunal en vue soit de la clôture

de la procédure de rétablissement professionnel (ce qui conduit à l'effacement des dettes), soit de l'ouverture d'une liquidation judiciaire (art. L 645-10). Il fait convoquer le débiteur à comparaître dans le délai qu'il fixe par les soins du greffier, par lettre recommandée AR (art. R 645-15).

> **Précisions a.** Sur le dépôt du **rapport du juge commis** au greffe du tribunal, voir art. R 645-14.
> **b.** Le **juge commis** ne peut **siéger** dans la formation collégiale du tribunal, ni participer à son délibéré, sous peine de nullité du jugement (art. L 662-7 et R 645-16).

OUVERTURE DE LA LIQUIDATION JUDICIAIRE

Au cours de la procédure de rétablissement personnel, le tribunal peut prononcer la mise en liquidation judiciaire du débiteur (C. com. art. L 645-9) : **53500**
– à tout moment, sur rapport du **juge commis**, si le débiteur n'est pas de bonne foi ou encourt une condamnation au comblement du passif, la faillite personnelle ou la banqueroute ou s'il a passé certains actes relevant des nullités de la période suspecte (cf. art. L 632-1 s.) ou encore si les conditions d'ouverture de la procédure de rétablissement personnel n'étaient pas réunies lorsqu'elle a été ouverte ou ne le sont plus ;
– sur assignation d'un **créancier** ou requête du ministère public ;
– à la demande du **débiteur** lui-même, par voie de déclaration au greffe (art. R 645-15), parce qu'il ne remplissait pas – ou ne remplit plus – les conditions pour bénéficier d'un rétablissement professionnel.

Le jugement ouvrant la liquidation judiciaire en application de ces dispositions met fin de plein droit à la procédure de rétablissement professionnel sans que les dettes soient effacées (art. R 645-22).

CLÔTURE DU RÉTABLISSEMENT PROFESSIONNEL

Effacement des créances Le jugement de clôture de la procédure de rétablissement professionnel emporte l'effacement des créances ; il indique l'état chiffré des créances effacées avec l'indication, selon le cas, du nom ou de la dénomination et du domicile ou siège des créanciers (C. com. art. R 645-17). Il est exécutoire de plein droit à titre provisoire (art. R 661-1, al. 1). **53505**

L'effacement concerne les **créances** nées avant le jugement ouvrant la procédure qui ont été portées à la connaissance du juge commis par le débiteur et qui ont fait l'objet de l'information exposée n° 53480. Toutefois, ne sont pas effacées les créances des salariés, les créances alimentaires, les créances résultant d'une condamnation pénale du débiteur ou d'un droit attaché à la personne du créancier ou d'une fraude au préjudice des organismes de protection sociale ni les créances des coobligés ou des personnes ayant consenti une sûreté personnelle (tel un cautionnement) ou ayant affecté ou cédé un bien en garantie (hypothèque, gage ou nantissement...) et qui ont payé au lieu et place du débiteur (art. L 645-11).

L'effacement peut être remis en cause dans le cadre d'une procédure ultérieure de liquidation judiciaire ; les créanciers dont les créances ont été effacées recouvrent alors leurs droits et sont dispensés de déclarer ces créances dans le cadre de la liquidation judiciaire (art. L 645-12).

Notifications et publicité Le jugement de clôture est notifié au débiteur et communiqué au ministère public par le greffier (C. com. art. R 645-18). **53510**

Dans les 15 jours de la date du jugement, un avis du jugement est inséré au Bodacc et publié dans un support d'annonces légales du lieu où le débiteur a son adresse professionnelle (art. R 645-19 qui précise le contenu de l'insertion).

Toutefois, en cas d'appel du ministère public ou en cas d'arrêt de l'exécution provisoire ordonnée par le premier président de la cour d'appel (n° 50430), ces publicités ne sont effectuées par le greffier du tribunal qu'au vu de l'arrêt de la cour d'appel qui lui est transmis par le greffier de cette cour dans les huit jours de son prononcé.

Un avis est également adressé pour insertion, selon le cas, au RCS, au RNE ou au registre spécial des agents commerciaux ou des EIRL.

À leur demande, les créanciers dont les dettes sont effacées peuvent obtenir du greffier un extrait certifié conforme du jugement (art. R 645-18).

Voies de recours Les voies de recours contre le jugement sont identiques à celles exposées n°s 53450 s. sous réserve des précisions suivantes : **53520**
– l'appel du débiteur à l'encontre du jugement prononçant l'effacement des dettes ne paraît recevable que pour contester l'absence d'effacement de certaines dettes ;
– pour les tiers, le délai de la tierce opposition court à compter de l'insertion de l'avis du jugement au Bodacc (C. com. art. R 661-2).

> **Précisions a.** Le débiteur peut faire **appel** par déclaration faite ou adressée par lettre recommandée AR au greffe de la cour d'appel (art. R 645-21, al. 1).

b. L'appel est formé, instruit et jugé suivant la procédure sans représentation obligatoire (art. R 645-21, al. 2).

c. En cas d'**infirmation** ou d'annulation **du jugement** clôturant la procédure de rétablissement professionnel, la cour d'appel peut, d'office, statuer sur la demande d'ouverture de la procédure de liquidation judiciaire (art. R 645-23).

ANNEXES

LISTE DES JURIDICTIONS COMPÉTENTES

53600 JURIDICTIONS COMPÉTENTES EN MÉTROPOLE POUR CONNAÎTRE, EN APPLICATION DE L'ARTICLE L 610-1 DU CODE DE COMMERCE, DES PROCÉDURES APPLICABLES AUX COMMERÇANTS ET ARTISANS (C. com. annexe 6-1).

Département	Juridiction	Ressort [1]
Ain	TC de Bourg-en-Bresse	Le département
Aisne	TC de Saint-Quentin	Ressort du TC
	TC de Soissons	Ressort du TC
Allier	TC de Cusset	Ressort du TC
	TC de Montluçon	Ressort du TC
Alpes-de-Haute-Provence	TC de Manosque	Le département
Alpes (Hautes-)	TC de Gap	Le département
Alpes-Maritimes	TC d'Antibes	Ressort du TC
	TC de Cannes	Ressort du TC
	TC de Grasse	Ressort du TC
	TC de Nice	Ressort du TC
Ardèche	TC d'Aubenas	Le département
Ardennes	TC de Sedan	Le département
Ariège	TC de Foix	Le département
Aube	TC de Troyes	Le département
Aude	TC de Carcassonne	Ressort du TC
	TC de Narbonne	Ressort du TC
Aveyron	TC de Rodez	Le département
Bouches-du-Rhône	TC d'Aix-en-Provence	Ressort du TC
	TC de Marseille	Ressort du TC
	TC de Salon-de-Provence	Ressort du TC
	TC de Tarascon	Ressort du TC
Calvados	TC de Caen	Ressort du TC
	TC de Lisieux	Ressort du TC
Cantal	TC d'Aurillac	Le département
Charente	TC d'Angoulême	Le département

53600
(suite)

Département	Juridiction	Ressort [1]
Charente-Maritime	TC de La Rochelle	Ressort du TC
	TC de Saintes	Ressort du TC
Cher	TC de Bourges	Le département
Corrèze	TC de Brive-la-Gaillarde	Le département
Corse-du-Sud	TC d'Ajaccio	Le département
Corse (Haute-)	TC de Bastia	Le département
Côte-d'Or	TC de Dijon	Le département
Côtes-d'Armor	TC de Saint-Brieuc	Ressort du TC
Creuse	TC de Guéret	Le département
Dordogne	TC de Bergerac	Ressort du TC
	TC de Périgueux	Ressort du TC
Doubs	TC de Besançon	Ressort du TC
Drôme	TC de Romans-sur-Isère	Le département
Essonne	TC d'Évry	Le département, à l'exception de l'emprise de l'aérodrome de Paris-Orly
Eure	TC d'Évreux	Ressort du TC
	TC de Bernay	Ressort du TC
Eure-et-Loir	TC de Chartres	Le département
Finistère	TC de Brest	Ressort du TC
	TC de Quimper	Ressort du TC
Gard	TC de Nîmes	Le département
Garonne (Haute-)	TC de Toulouse	Le département
Gers	TC d'Auch	Le département, à l'exception de l'emprise de l'aérodrome d'Aire-sur-l'Adour
Gironde	TC de Bordeaux	Ressort du TC
	TC de Libourne	Ressort du TC
Hérault	TC de Béziers	Ressort du TC
	TC de Montpellier	Ressort du TC
Ille-et-Vilaine	TC de Rennes	Ressort du TC
	TC de Saint-Malo	Ressort du TC
Indre	TC de Châteauroux	Le département
Indre-et-Loire	TC de Tours	Le département
Isère	TC de Grenoble	Ressort du TC
	TC de Vienne	Ressort du TC
Jura	TC de Lons-le-Saunier	Le département
Landes	TC de Dax	Ressort du TC
	TC de Mont-de-Marsan	Ressort du TC et l'emprise de l'aérodrome d'Aire-sur-l'Adour
Loir-et-Cher	TC de Blois	Le département
Loire	TC de Roanne	Ressort du TC
	TC de Saint-Étienne	Ressort du TC
Loire (Haute-)	TC du Puy-en-Velay	Le département
Loire-Atlantique	TC de Nantes	Ressort du TC
	TC de Saint-Nazaire	Ressort du TC
Loiret	TC d'Orléans	Le département

53600 (suite)

Département	Juridiction	Ressort [1]
Lot	TC de Cahors	Le département
Lot-et-Garonne	TC d'Agen	Le département
Lozère	TC de Mende	Le département
Maine-et-Loire	TC d'Angers	Le département
Manche	TC de Cherbourg-Octeville	Ressort du TC
	TC de Coutances	Ressort du TC
Marne	TC de Châlons-en-Champagne	Ressort du TC
	TC de Reims	Ressort du TC
Haute-Marne	TC de Chaumont	Le département
Mayenne	TC de Laval	Le département
Meurthe-et-Moselle	TC de Val de Briey	Ressort du TC
	TC de Nancy	Ressort du TC
Meuse	TC de Bar-le-Duc	Le département
Morbihan	TC de Lorient	Ressort du TC
	TC de Vannes	Ressort du TC
Moselle	TJ de Metz	Ressort du TJ
	TJ de Sarreguemines	Ressort du TJ
	TJ de Thionville	Ressort du TJ
Nièvre	TC de Nevers	Le département
Nord	TC de Douai	Ressort du TC
	TC de Dunkerque	Ressort du TC
	TC de Lille Métropole	Ressort du TC
	TC de Valenciennes	Ressort du TC
Oise	TC de Beauvais	Ressort du TC
	TC de Compiègne	Ressort du TC
Orne	TC d'Alençon	Le département
Paris	TC de Paris	Le département
Pas-de-Calais	TC d'Arras	Ressort du TC
	TC de Boulogne-sur-Mer	Ressort du TC
Puy-de-Dôme	TC de Clermont-Ferrand	Le département
Pyrénées-Atlantiques	TC de Bayonne	Ressort du TC
	TC de Pau	Ressort du TC
Pyrénées (Hautes-)	TC de Tarbes	Le département
Pyrénées-Orientales	TC de Perpignan	Le département
Rhin (Bas-)	TJ de Saverne	Ressort du TJ
	TJ de Strasbourg	Ressort du TJ
Rhin (Haut-)	TJ de Colmar	Ressort du TJ
	TJ de Mulhouse	Ressort du TJ
Rhône	TC de Lyon	Ressort du TC
	TC de Villefranche-sur-Saône	Ressort du TC
Saône (Haute-)	TC de Vesoul	Le département
Saône-et-Loire	TC de Chalon-sur-Saône	Ressort du TC
	TC de Mâcon	Ressort du TC
Sarthe	TC du Mans	Le département
Savoie	TC de Chambéry	Le département

53600 (suite)

Département	Juridiction	Ressort [1]
Savoie (Haute-)	TC d'Annecy	Ressort du TC
	TC de Thonon-les-Bains	Ressort du TC
Seine (Hauts-de-)	TC de Nanterre	Le département
Seine-Maritime	TC de Dieppe	Ressort du TC
	TC du Havre	Ressort du TC
	TC de Rouen	Ressort du TC
Seine-et-Marne	TC de Meaux	Ressort du TC
	TC de Melun	Ressort du TC
Seine-Saint-Denis	TC de Bobigny	Le département et l'emprise des aérodromes de Paris-Le Bourget et de Roissy-Charles-de-Gaulle
Sèvres (Deux-)	TC de Niort	Le département
Somme	TC d'Amiens	Le département
Tarn	TC d'Albi	Ressort du TC
	TC de Castres	Ressort du TC
Tarn-et-Garonne	TC de Montauban	Le département
Territoire de Belfort	TC de Belfort	Ressort du TC
Val-de-Marne	TC de Créteil	Le département et l'emprise de l'aérodrome de Paris-Orly
Val-d'Oise	TC de Pontoise	Le département, à l'exception de l'emprise des aérodromes de Paris-Le Bourget et de Roissy-Charles-de-Gaulle
Var	TC de Draguignan	Ressort du TC
	TC de Fréjus	Ressort du TC
	TC de Toulon	Ressort du TC
Vaucluse	TC d'Avignon	Le département
Vendée	TC de La Roche-sur-Yon	Le département
Vienne	TC de Poitiers	Le département
Vienne (Haute-)	TC de Limoges	Le département
Vosges	TC d'Épinal	Le département
Yonne	TC d'Auxerre	Ressort du TC
	TC de Sens	Ressort du TC
Yvelines	TC de Versailles	Le département

1. Pour le ressort du TC, voir n° 35200.

53600 (suite)

JURIDICTIONS COMPÉTENTES PAR DÉPARTEMENTS EN MÉTROPOLE POUR CONNAÎTRE, EN APPLICATION DE L'ARTICLE L 610-1 DU CODE DE COMMERCE, DES PROCÉDURES APPLICABLES AUX PERSONNES QUI NE SONT NI COMMERÇANTS NI ARTISANS (C. com. annexe 6-2. Attention, la liste ci-dessous est susceptible de modifications, l'article L 211-9-3 du Code de l'organisation judiciaire prévoyant la possibilité de désigner un seul tribunal judiciaire compétent en matière d'entreprises en difficulté pour un département qui comporte plusieurs tribunaux judiciaires ou pour deux départements lorsque leur proximité géographique et leurs spécificités territoriales le justifient)

Département	Juridiction	Ressort [1]
Ain	TJ de Bourg-en-Bresse	Le département
Aisne	TJ de Laon	Ressort du TJ
	TJ de Saint-Quentin	Ressort du TJ
	TJ de Soissons	Ressort du TJ
Allier	TJ de Cusset	Ressort du TJ
	TJ de Montluçon	Ressort du TJ
	TJ de Moulins	Ressort du TJ
Alpes-de-Haute-Provence	TJ de Digne-les-Bains	Le département
Alpes (Hautes-)	TJ de Gap	Le département
Alpes-Maritimes	TJ de Grasse	Ressort du TJ
	TJ de Nice	Ressort du TJ
Ardèche	TJ de Privas	Le département
Ardennes	TJ de Charleville-Mézières	Le département
Ariège	TJ de Foix	Le département
Aube	TJ de Troyes	Le département
Aude	TJ de Carcassonne	Ressort du TJ
	TJ de Narbonne	Ressort du TJ
Aveyron	TJ de Rodez	Le département
Bouches-du-Rhône	TJ d'Aix-en-Provence	Ressort du TJ
	TJ de Marseille	Ressort du TJ
	TJ de Tarascon	Ressort du TJ
Calvados	TJ de Caen	Ressort du TJ
	TJ de Lisieux	Ressort du TJ
Cantal	TJ d'Aurillac	Le département
Charente	TJ d'Angoulême	Le département
Charente-Maritime	TJ de la Rochelle	Ressort du TJ
	TJ de Saintes	Ressort du TJ
Cher	TJ de Bourges	Le département
Corrèze	TJ de Brive-la-Gaillarde	Ressort du TJ
	TJ de Tulle	Ressort du TJ
Corse-du-Sud	TJ d'Ajaccio	Le département
Corse (Haute-)	TJ de Bastia	Le département
Côte-d'Or	TJ de Dijon	Le département
Côtes-d'Armor	TJ de Saint-Brieuc	Ressort du TJ
Creuse	TJ de Guéret	Le département
Dordogne	TJ de Bergerac	Ressort du TJ
	TJ de Périgueux	Ressort du TJ

53600 (suite)

Département	Juridiction	Ressort [1]
Doubs	TJ de Besançon	Ressort du TJ
	TJ de Montbéliard	Ressort du TJ
Drôme	TJ de Valence	Le département
Essonne	TJ d'Évry	Le département à l'exception de l'emprise de l'aérodrome de Paris-Orly
Eure	TJ d'Évreux	Le département
Eure-et-Loir	TJ de Chartres	Le département
Finistère	TJ de Brest	Ressort du TJ
	TJ de Quimper	Ressort du TJ
Gard	TJ d'Alès	Ressort du TJ
	TJ de Nîmes	Ressort du TJ
Garonne (Haute-)	TJ de Toulouse	Ressort du TJ
	TJ de Saint-Gaudens	Ressort du TJ
Gers	TJ d'Auch	Le département, à l'exception de l'emprise de l'aérodrome d'Aire-sur-l'Adour
Gironde	TJ de Bordeaux	Ressort du TJ
	TJ de Libourne	Ressort du TJ
Hérault	TJ de Béziers	Ressort du TJ
	TJ de Montpellier	Ressort du TJ
Ille-et-Vilaine	TJ de Rennes	Ressort du TJ
	TJ de Saint-Malo	Ressort du TJ
Indre	TJ de Châteauroux	Le département
Indre-et-Loire	TJ de Tours	Le département
Isère	TJ de Bourgoin-Jallieu	Ressort du TJ
	TJ de Grenoble	Ressort du TJ
	TJ de Vienne	Ressort du TJ
Jura	TJ de Lons-le-Saunier	Le département
Landes	TJ de Dax	Ressort du TJ
	TJ de Mont-de-Marsan	Le département
Loir-et-Cher	TJ de Blois	Le département
Loire	TJ de Roanne	Ressort du TJ
	TJ de Saint-Étienne	Ressort du TJ
Loire (Haute-)	TJ du Puy-en-Velay	Le département
Loire-Atlantique	TJ de Nantes	Ressort du TJ
	TJ de Saint-Nazaire	Ressort du TJ
Loiret	TJ de Montargis	Ressort du TJ
	TJ d'Orléans	Ressort du TJ
Lot	TJ de Cahors	Le département
Lot-et-Garonne	TJ d'Agen	Le département
Lozère	TJ de Mende	Le département
Maine-et-Loire	TJ d'Angers	Ressort du TJ
	TJ de Saumur	Ressort du TJ
Manche	TJ de Cherbourg-Octeville	Ressort du TJ
	TJ de Coutances	Ressort du TJ

53600 (suite)

Département	Juridiction	Ressort [1]
Marne	TJ de Châlons-en-Champagne	Ressort du TJ
	TJ de Reims	Ressort du TJ
Marne (Haute-)	TJ de Chaumont	Le département
Mayenne	TJ de Laval	Le département
Meurthe-et-Moselle	TJ de Val de Briey	Ressort du TJ
	TJ de Nancy	Ressort du TJ
Meuse	TJ de Bar-le-Duc	Ressort du TJ
	TJ de Verdun	Ressort du TJ
Morbihan	TJ de Lorient	Ressort du TJ
	TJ de Vannes	Ressort du TJ
Moselle	TJ de Metz	Ressort du TJ
	TJ de Sarreguemines	Ressort du TJ
	TJ de Thionville	Ressort du TJ
Nièvre	TJ de Nevers	Le département
Nord	TJ d'Avesnes-sur-Helpe	Ressort du TJ
	TJ de Cambrai	Ressort du TJ
	TJ de Douai	Ressort du TJ
	TJ de Dunkerque	Ressort du TJ
	TJ de Lille	Ressort du TJ
	TJ de Valenciennes	Ressort du TJ
Oise	TJ de Beauvais	Ressort du TJ
	TJ de Compiègne	Ressort du TJ
	TJ de Senlis	Ressort du TJ
Orne	TJ d'Alençon	Ressort du TJ
	TJ d'Argentan	Ressort du TJ
Paris	TJ de Paris	Le département
Pas-de-Calais	TJ d'Arras	Ressort du TJ
	TJ de Béthune	Ressort du TJ
	TJ de Boulogne-sur-Mer	Ressort du TJ
	TJ de Saint-Omer	Ressort du TJ
Puy-de-Dôme	TJ de Clermont-Ferrand	Le département
Pyrénées-Atlantiques	TJ de Bayonne	Ressort du TJ
	TJ de Pau	Ressort du TJ
Pyrénées (Hautes-)	TJ de Tarbes	Le département
Pyrénées-Orientales	TJ de Perpignan	Le département
Rhin (Bas-)	TJ de Saverne	Ressort du TJ
	TJ de Strasbourg	Ressort du TJ
Rhin (Haut-)	TJ de Colmar	Ressort du TJ
	TJ de Mulhouse	Ressort du TJ
Rhône	TJ de Lyon	Ressort du TJ
	TJ de Villefranche-sur-Saône	Ressort du TJ
Saône (Haute-)	TJ de Vesoul	Le département
Saône-et-Loire	TJ de Chalon-sur-Saône	Ressort du TJ
	TJ de Mâcon	Ressort du TJ
Sarthe	TJ du Mans	Le département

53600 (suite)

Département	Juridiction	Ressort [1]
Savoie	TJ d'Albertville	Ressort du TJ
	TJ de Chambéry	Ressort du TJ
Savoie (Haute-)	TJ d'Annecy	Ressort du TJ
	TJ de Bonneville	Ressort du TJ
	TJ de Thonon-les-Bains	Ressort du TJ
Seine (Hauts-de-)	TJ Nanterre	Le département
Seine-Maritime	TJ de Dieppe	Ressort du TJ
	TJ du Havre	Ressort du TJ
	TJ de Rouen	Ressort du TJ
Seine-et-Marne	TJ de Fontainebleau	Ressort du TJ
	TJ de Meaux	Ressort du TJ, à l'exception de l'emprise de l'aérodrome de Roissy-Charles-de-Gaulle
	TJ de Melun	Ressort du TJ
Seine-Saint-Denis	TJ de Bobigny	Le département et l'emprise des aérodromes de Paris-Le Bourget et de Roissy-Charles-de-Gaulle
Sèvres (Deux-)	TJ Niort	Le département
Somme	TJ d'Amiens	Le département
Tarn	TJ d'Albi	Ressort du TJ
	TJ de Castres	Ressort du TJ
Tarn-et-Garonne	TJ de Montauban	Le département
Territoire de Belfort	TJ de Belfort	Le département
Val-de-Marne	TJ de Créteil	Le département et l'emprise de l'aérodrome de Paris-Orly
Val-d'Oise	TJ de Pontoise	Le département, à l'exception de l'emprise des aérodromes de Paris-Le Bourget et de Roissy-Charles-de-Gaulle
Var	TJ de Draguignan	Ressort du TJ
	TJ de Toulon	Ressort du TJ
Vaucluse	TJ d'Avignon	Ressort du TJ
	TJ de Carpentras	Ressort du TJ
Vendée	TJ de La Roche-sur-Yon	Ressort du TJ
	TJ des Sables-d'Olonne	Ressort du TJ
Vienne	TJ de Poitiers	Le département
Vienne (Haute-)	TJ de Limoges	Le département
Vosges	TJ d'Épinal	Le département
Yonne	TJ d'Auxerre	Ressort du TJ
	TJ de Sens	Ressort du TJ
Yvelines	TJ de Versailles	Le département

1. La liste des cantons de rattachement figure n° 3500.

JURIDICTIONS COMPÉTENTES DANS LES DÉPARTEMENTS D'OUTRE-MER POUR CONNAÎTRE, EN APPLICATION DE L'ARTICLE L 610-1 DU CODE DE COMMERCE, DES PROCÉDURES APPLICABLES AUX COMMERÇANTS ET ARTISANS (C. com. annexe 6-3).

Département	Juridiction	Ressort [1]
Guadeloupe	Tribunal mixte de commerce de Pointe-à-Pitre	Le département
Guyane	Tribunal mixte de commerce de Cayenne	Le département
Martinique	Tribunal mixte de commerce de Fort-de-France	Le département
La Réunion	Tribunal mixte de commerce de Saint-Denis	Ressort du tribunal mixte de commerce
	Tribunal mixte de commerce de Saint-Pierre	Ressort du tribunal mixte de commerce
Mayotte	Tribunal mixte de commerce de Mamoudzou	Le département

1. Pour le ressort du TC, voir n° 35200.

JURIDICTIONS COMPÉTENTES DANS LES DÉPARTEMENTS D'OUTRE-MER POUR CONNAÎTRE, EN APPLICATION DE L'ARTICLE L 610-1 DU CODE DE COMMERCE, DES PROCÉDURES APPLICABLES AUX PERSONNES QUI NE SONT NI COMMERÇANTS NI ARTISANS (C. com. annexe 6-4 modifiée par décret 2019-913 du 30-8-2019 pour tenir compte du remplacement du TGI par le tribunal judiciaire. Attention, la liste ci-dessous est susceptible de modifications, l'article L 211-9-3 du Code de l'organisation judiciaire prévoyant la possibilité de désigner un seul tribunal judiciaire compétent en matière d'entreprises en difficulté pour un département qui comporte plusieurs tribunaux judiciaires ou pour deux départements lorsque leur proximité géographique et leurs spécificités territoriales le justifient)

Département	Juridiction	Ressort [1]
Guadeloupe	TJ de Basse-Terre	Ressort du TJ
	TJ de Pointe-à-Pitre	Ressort du TJ
Guyane	TJ de Cayenne	Le département
Martinique	TJ de Fort-de-France	Le département
Réunion	TJ de Saint-Denis	Ressort du TJ
	TJ de Saint-Pierre	Ressort du TJ
Mayotte	TJ de Mamoudzou	Le département

1. La liste des cantons de rattachement figure n° 3500.

53605 SIÈGE ET RESSORT DES TRIBUNAUX DE COMMERCE SPÉCIALISÉS (C. com. annexe 7-1-1)

Siège	Ressort
Bobigny	TC de Bobigny, de Créteil, de Meaux
Bordeaux	TC d'Angoulême, de Bayonne, de Bergerac, de Bordeaux, de Dax, de Libourne, de Mont-de-Marsan, de Pau, de Périgueux, de Tarbes
Dijon	TC de Bar-le-Duc, de Belfort, de Besançon, de Val de Briey, de Chalon-sur-Saône, de Chaumont, de Dijon, d'Épinal, de Lons-le-Saunier, de Mâcon, de Nancy, de Vesoul

53605 (suite)

Siège	Ressort
Évry	TC d'Auxerre, d'Évry, de Melun, de Sens
Grenoble	TC d'Annecy, de Chambéry, de Gap, de Grenoble, de Romans-sur-Isère, de Thonon-les-Bains, de Vienne
Lyon	TC d'Aurillac, de Bourg-en-Bresse, de Clermont-Ferrand, de Cusset, de Lyon, de Montluçon, du Puy-en-Velay, de Roanne, de Saint-Étienne, de Villefranche-sur-Saône
Marseille	TC d'Aix-en-Provence, de Draguignan, de Fréjus, de Manosque, de Marseille, de Salon-de-Provence, de Tarascon, de Toulon
Montpellier	TC d'Aubenas, d'Avignon, de Béziers, de Carcassonne, de Mende, de Montpellier, de Narbonne, de Nîmes, de Perpignan, de Rodez
Nanterre	TC de Chartres, de Nanterre, de Pontoise, de Versailles
Nantes	TC d'Angers, de Laval, du Mans, de Nantes, de Saint-Nazaire
Nice	TC d'Ajaccio, d'Antibes, de Bastia, de Cannes, de Grasse, de Nice
Orléans	TC de Blois, de Bourges, de Châteauroux, de Nevers, d'Orléans, de Tours
Paris	TC de Châlons-en-Champagne, de Paris, de Reims, de Sedan, de Troyes
Poitiers	TC de Brive-la-Gaillarde, de Guéret, de La Roche-sur-Yon, de La Rochelle, de Limoges, de Niort, de Poitiers, de Saintes
Rennes	TC de Brest, de Lorient, de Quimper, de Rennes, de Saint-Brieuc, de Saint-Malo, de Vannes
Rouen	TC d'Alençon, de Bernay, de Caen, de Cherbourg-en-Cotentin, de Coutances, de Dieppe, d'Évreux, du Havre, de Lisieux, de Rouen
Toulouse	TC d'Agen, d'Albi, d'Auch, de Cahors, de Castres, de Foix, de Montauban, de Toulouse
Tourcoing	TC d'Amiens, d'Arras, de Beauvais, de Boulogne-sur-Mer, de Compiègne, de Douai, de Dunkerque, de Saint-Quentin, de Soissons, de Lille Métropole, de Valenciennes

SIÈGE ET RESSORT DES CHAMBRES COMMERCIALES SPÉCIALISÉES DES TRIBUNAUX JUDICIAIRES DES DÉPARTEMENTS DU BAS-RHIN, DU HAUT-RHIN ET DE LA MOSELLE (C. com. annexe 7-1-2)

Siège	Ressort
Strasbourg	TJ de Colmar, de Metz, de Mulhouse, de Sarreguemines, de Saverne, de Strasbourg, de Thionville

CHAPITRE 8 ACTION DE GROUPE

SOMMAIRE

DÉFINITION DE L'ACTION DE GROUPE ET TEXTES APPLICABLES

53700 Lorsque plusieurs personnes placées dans une **situation similaire** subissent un **dommage causé par une même personne**, ayant pour cause commune un manquement de même nature à ses obligations légales ou contractuelles, une action de groupe peut être exercée en justice au vu des cas individuels présentés par le demandeur (Loi 2016-1547 du 18-11-2016 art. 62).

L'action de groupe a été créée par la loi Hamon du 17 mars 2014 pour permettre aux associations de **consommateurs** agréées d'agir en justice au nom d'un groupe de consommateurs afin d'obtenir réparation de leurs **préjudices matériels** résultant du manquement d'un professionnel au droit de la **consommation** ou au droit de la **concurrence** (C. consom. art. L 623-1 à L 623-32 et art. R 623-1 à R 623-33).

L'action de groupe ne doit pas être confondue avec **l'action en représentation conjointe** qui permet aussi aux associations de consommateurs agréées d'agir pour la réparation de préjudices personnels des consommateurs (C. consom. art. L 622-1 s.).

Après les actions de groupe « consommation » et « concurrence », la loi 2016-41 du 26 janvier 2016 a créé l'**action de groupe « santé »** (CSP art. L 1143-1 s.).

La loi 2016-1547 de modernisation de la justice du XXIe siècle, du 18 novembre 2016, a ajouté la possibilité d'actions de groupe en matière de **discriminations**, d'**environnement** et de **protection des données** à caractère personnel.

Cette loi a aussi fixé un **régime commun aux actions de groupe** (hors actions « consommation » et « concurrence »), intégré dans le Code de procédure civile, ainsi que des **règles propres** aux différentes actions.

> **Précisions** **a.** La directive 2020/1828 du 25 novembre 2020 relative aux actions représentatives visant à protéger les intérêts collectifs des consommateurs, qui devait être transposée au plus tard le 25 décembre 2022, organise une **action de groupe européenne**. Une proposition de loi relative au régime juridique des actions de groupe a ainsi été présentée par le Sénat en mars 2023 (proposition n° 420) mais, à notre connaissance, il n'y a pas à ce jour de date d'examen connue pour ce texte.
> **b.** Seules 21 actions de groupe ont été intentées depuis leur création en 2014, dont 14 dans le domaine de la consommation, et aucune entreprise n'a encore vu sa responsabilité engagée (Rapport public sur le bilan et les perspectives des actions de groupe du 11-6-2020 : https://www.vie-publique.fr/rapport/274737-rapport-sur-bilan-et-perspectives-des-actions-de-groupe).

A. Règles communes aux actions de groupe « consommation » et « concurrence »

SCHÉMA RÉCAPITULATIF DE L'ACTION DE GROUPE

Nous présentons ci-dessous un schéma récapitulatif de la procédure assez complexe de l'action de groupe « consommation », qui peut être divisée en six grandes étapes. La particularité de cette procédure est de reposer sur un jugement qui fixe de manière très précise la responsabilité du professionnel, les préjudices et les modalités d'indemnisation des consommateurs alors que ceux-ci ne sont ni parties à la procédure ni précisément connus (sauf procédure simplifiée : n°s 53920 s.). 53705

Grandes étapes de la procédure de l'action de groupe « consommation »

1. **Assignation par une ou des associations de consommateurs agréées** (C. consom. art. L 623-1, al. 1, R 623-3, al. 1 et R 623-18).

L'association doit présenter au tribunal des « cas individuels » lui permettant de statuer sur la responsabilité du professionnel et sur les préjudices (cf. art. L 623-4 et R 623-3, al. 1).

2. **Le tribunal rend un jugement sur** (C. consom. art. L 623-4) :
– la responsabilité du professionnel ;
et, si la responsabilité est retenue sur :
– la définition du **groupe** et les critères de rattachement à celui-ci (C. consom. art. L 623-4, al. 1) ;
– les **préjudices** susceptibles d'être réparés pour chaque consommateur ou catégorie de consommateurs constituant le groupe (C. consom. art. L 623-5) ;
– le montant des préjudices des consommateurs ou tous éléments permettant leur évaluation (C. consom. art. L 623-5) ;
– les mesures d'**information** des consommateurs susceptibles d'appartenir au groupe (C. consom. art. L 623-7) ;
– le délai et les modalités d'**adhésion** au groupe (C. consom. art. L 623-8 et L 623-9) ;
– le délai dans lequel doit intervenir l'**indemnisation** des consommateurs (C. consom. art. L 623-11) ;
– le délai dans lequel **saisir le tribunal** des demandes d'indemnisation auxquelles le professionnel n'aura pas fait droit dans les délais (C. consom. art. L 623-11) ;
– le renvoi de l'affaire à la **mise en état** et la date de l'**audience du tribunal** à laquelle seront examinées les demandes d'indemnisation insatisfaites (C. consom. art. R 623-8).
Éventuellement, le tribunal rend un jugement sur :
– la nomination d'un avocat ou d'un huissier ou commissaire de justice pour assister l'association de consommateurs, notamment pour recevoir les demandes d'indemnisation ;
– les conditions de mise en œuvre d'une réparation en nature si le tribunal l'estime plus adaptée qu'une réparation pécuniaire (C. consom. art. L 623-6) ;
– la consignation d'une partie des sommes dues par le professionnel.

3. **Information des consommateurs** sur les possibilités d'adhésion au groupe (C. consom. art. L 623-7, al. 1).

4. **Adhésion des consommateurs au groupe** entre 2 et 6 mois après l'achèvement des mesures d'information (suivant le délai fixé dans le jugement : C. consom. art. L 623-8, al. 1).

5. **Indemnisation des consommateurs** dans les délais fixés par le jugement.

En cas de **difficulté** et avant expiration du délai d'indemnisation fixé par le jugement, compétence du juge de la mise en état du tribunal qui rend des ordonnances insusceptibles d'appel (C. consom. art. R 623-25).

Le délai d'indemnisation est suspendu jusqu'à la décision de ce juge (C. consom. art. R 623-25).

6. Après écoulement du délai d'indemnisation, le tribunal rend un **nouveau jugement** pour (C. consom. art. L 623-19, R 623-26 et R 623-27) :
– statuer sur les demandes d'indemnisation insatisfaites ;
– ou constater l'extinction de l'instance en l'absence de demandes d'indemnisation insatisfaites.

TEXTES APPLICABLES À L'ACTION DE GROUPE

53707 Sous réserve des particularités énoncées au fil des développements, l'action de groupe « consommation » ou « concurrence » doit être exercée conformément aux dispositions du Code de procédure civile (C. consom. art. R 623-1, al. 1).
La demande doit être formée, instruite et jugée selon les règles applicables à la procédure écrite ordinaire devant le tribunal judiciaire (C. consom. art. R 623-4, al. 1).

1. INTRODUCTION DE L'ACTION

QUALITÉ POUR INTRODUIRE UNE ACTION DE GROUPE

53708 Seules les **associations** de consommateurs peuvent engager l'action et à condition d'être **représentatives** au niveau national et **agréées** par les pouvoirs publics (C. consom. art. L 623-1, al. 1).
Pour pouvoir être agréée au niveau national, une association de consommateurs doit notamment réunir au moins 10 000 membres (C. consom. art. R 811-1). Quinze associations sont actuellement agréées. La liste de ces associations et leurs coordonnées sont consultables en ligne : http://www.inc-conso.fr.

53710 L'article L 623-1, al. 1 du Code de la consommation dispose qu'« une » association de consommateurs peut agir. On aurait pu penser que cela signifiait qu'une seule association agréée pouvait initier une action visant la réparation des mêmes préjudices pour les mêmes manquements d'un professionnel. Il résulte au contraire des dispositions réglementaires que **plusieurs associations** peuvent initier la même action de groupe (notamment, C. consom. art. R 623-7 et R 623-18).
L'action de groupe fait exception au principe selon lequel « nul ne plaide par procureur ». En effet, au stade de l'introduction de l'action, seule l'association a la qualité de demandeur, sans avoir reçu mandat des consommateurs puisque le groupe dont celle-ci défend les intérêts n'est pas encore constitué.

53712 En cas de **défaillance d'une association** initiatrice d'une action de groupe, toute autre association agréée peut demander au juge, à compter de sa saisine et à tout moment, à se substituer dans les droits de la première association (C. consom. art. L 623-31).
Cette substitution est organisée de la manière suivante (C. consom. art. R 623-30 à R 623-33) :
– la demande doit être faite par voie de demande incidente ;
– le juge doit statuer, à la demande de l'association qui l'en saisit, sur le transfert de tout ou partie de la provision qui aura pu être allouée à la première association ;
– la décision qui rejette la demande de substitution n'est pas susceptible de recours ;
– la substitution emporte transfert à l'association substituée du mandat donné par les consommateurs à la première association ;
– l'association défaillante est tenue de remettre les pièces ainsi que les fonds détenus, le cas échéant pour le compte de consommateurs, à l'association substituée qui doit en accuser réception. Tant que cette remise n'a pas lieu, l'association défaillante n'est pas déchargée de ses obligations.

RECEVABILITÉ DE L'ACTION DE GROUPE

53720 L'action d'une association de consommateurs fondée sur les mêmes faits, les mêmes manquements et la réparation des mêmes préjudices que ceux ayant déjà fait l'objet d'un jugement ou d'un accord de médiation homologué sur une action de groupe est irrecevable (C. consom. art. L 623-30).

TRIBUNAL COMPÉTENT POUR CONNAÎTRE D'UNE ACTION DE GROUPE

53725 La compétence matérielle pour connaître de l'action de groupe est dévolue aux tribunaux judiciaires (C. org. jud. art. L 211-9-2). La règle s'applique quel que soit le montant du litige.
La juridiction territorialement compétente est celle du lieu où demeure le défendeur (C. consom. art. R 623-2, al. 1). En cas de pluralité de défendeurs, l'association de consommateurs peut saisir à son choix le tribunal judiciaire du lieu où demeure l'un d'eux (CPC art. 42, al. 2).
Le tribunal judiciaire de Paris est compétent lorsque le défendeur demeure à l'étranger ou n'a ni domicile ni résidence connus (C. consom. art. R 623-2, al. 2).

REPRÉSENTATION ET ASSISTANCE DES PARTIES À UNE ACTION DE GROUPE

53730 L'action de groupe étant soumise à la procédure écrite ordinaire du tribunal judiciaire, la représentation par **avocat** est obligatoire. L'association de consommateurs demanderesse et le professionnel défendeur doivent donc constituer un avocat (CPC art. 760).
En outre, après autorisation du juge, l'association peut se faire assister par des **membres de certaines professions judiciaires réglementées** (n° 53805).

OBJET DE L'ACTION DE GROUPE

L'action de groupe est ouverte pour la réparation des préjudices individuels subis par des consommateurs placés dans une situation similaire ou identique et ayant pour cause commune un manquement d'un ou des mêmes professionnels à leurs obligations légales ou contractuelles (C. consom. art. L 623-1, al. 1). **53735**

L'exigence d'une action en **réparation** du préjudice exclut de pouvoir demander au moyen de l'action de groupe l'arrêt du trouble ayant donné lieu à ce préjudice (par exemple, retirer du marché un produit défectueux). L'action sera le plus souvent une demande en paiement de dommages-intérêts, même si la réparation en nature n'est pas exclue (n° 53777).

L'action ne peut pas tendre à la réparation de préjudices subis par des **personnes morales** car la notion de consommateur les exclut (cf. article préliminaire du Code de la consommation).

L'action de groupe devant avoir pour objet la réparation de **préjudices individuels**, l'association ne peut pas défendre, au travers de cette action, un intérêt collectif qui dépasserait celui des consommateurs concernés. **53740**

Le législateur n'a émis aucune restriction quant au **nombre de consommateurs** susceptibles de constituer le groupe. Le préjudice subi par deux personnes peut en théorie suffire.

L'exigence de victimes placées dans une **situation similaire ou identique** ayant pour cause un même manquement peut poser difficulté. Dans certains cas, la détermination de la catégorie de personnes concernées est facile (par exemple, souscription par des consommateurs d'un même contrat d'adhésion désavantageux) ; dans d'autres cas, cette détermination peut s'avérer complexe. C'est en tout état de cause au juge de fixer le périmètre (C. consom. art. L 623-4).

Le groupe peut être valablement composé de membres se trouvant dans une **situation simplement similaire et non identique** et il n'est pas nécessaire que les **préjudices** subis soient rigoureusement identiques (TJ Versailles 4-6-2020 n° 15/10221 : RJDA 11/20 n° 600).

L'action de groupe ne peut porter que sur la réparation des **préjudices patrimoniaux** résultant des **dommages matériels** subis par les consommateurs (C. consom. art. L 623-2), quel qu'en soit le montant. La réparation d'un préjudice moral ou l'indemnisation d'un dommage corporel sont donc exclues. **53742**

MODALITÉS D'INTRODUCTION DE L'ACTION DE GROUPE

L'action de groupe est introduite par une **assignation** qui doit contenir les **mentions** de toute assignation relative à une procédure avec représentation obligatoire devant le tribunal judiciaire (CPC art. 54, 56 et 752) ainsi que l'exposé exprès, à peine de nullité, des cas individuels (n° 53770), présentés par l'association au soutien de son action (C. consom. art. R 623-3, al. 1). **53747**

Une copie de l'**arrêté d'agrément** de l'association de consommateurs qui introduit la demande doit être jointe à l'assignation (C. consom. art. R 623-3, al. 2).

L'assignation est l'acte extrajudiciaire aux termes duquel l'association cite le ou les professionnels à comparaître devant le tribunal (CPC art. 55). L'**enrôlement** de l'affaire résulte ensuite de la remise au greffe d'une copie de l'assignation (CPC art. 754, al. 1).

EFFETS DE L'INTRODUCTION DE L'ACTION DE GROUPE

L'introduction de l'action de groupe suspend la **prescription des actions individuelles** des consommateurs en réparation des mêmes préjudices. Le délai de prescription recommence à courir, pour une durée qui ne peut pas être inférieure à six mois, à compter du jugement ou de l'homologation d'un accord issu d'une médiation (C. consom. art. L 623-27). **53752**

Les consommateurs peuvent donc, une fois le jugement rendu, choisir de ne pas adhérer au groupe et exercer une action individuelle en réparation de leur préjudice.

2. PREMIER JUGEMENT SUR L'ACTION DE GROUPE

Le juge doit statuer sur la **responsabilité** du professionnel, au vu des cas individuels qui lui sont présentés par l'association menant l'action. Il doit définir le **groupe** des consommateurs à l'égard desquels la responsabilité du professionnel est engagée et en fixer les critères de rattachement (C. consom. art. L 623-4). **53770**

L'obligation pour le juge de statuer au vu de **cas individuels** impose qu'avant de lancer l'action de groupe l'association ait été alertée par des consommateurs sur des situations précises. À ce stade, les consommateurs concernés ne sont toutefois pas parties à la procédure. Le texte n'exige en outre pas de nombre minimal de cas individuels.

Le **juge de la mise en état** n'a pas le pouvoir d'apprécier la **pertinence des cas** individuels exposés dans l'assignation (Cass. 1e civ. 27-6-2018 n° 17-10.891 F-PBI).

> **Précisions** Sauf action de groupe simplifiée, les **membres du groupe** ne sont pas encore connus à ce stade de la procédure. Définir le groupe ne signifie donc pas désigner les membres de celui-ci. Le groupe peut par exemple être défini comme celui des consommateurs ayant acheté tel produit portant tel numéro de lot ou celui des consommateurs ayant signé avec le professionnel tel contrat type.

PRÉJUDICE ET RÉPARATION FIXÉS PAR LE JUGEMENT SUR L'ACTION DE GROUPE

53775 Lorsque le tribunal retient la responsabilité du professionnel, il doit aussi déterminer les préjudices susceptibles d'être réparés pour chaque consommateur ou chacune des catégories de consommateurs constituant le groupe qu'il a défini ainsi que leur montant ou tous les éléments permettant l'évaluation de ces préjudices (C. consom. art. L 623-5). Le juge prononce donc en principe une **condamnation pécuniaire.**

53777 Lorsqu'une **réparation en nature** du préjudice lui paraît plus adaptée, le juge doit préciser les conditions de sa mise en œuvre par le professionnel (C. consom. art. L 623-6). Au titre de la réparation en nature, on peut par exemple imaginer la réparation de produits non conformes ou la réalisation de travaux.

53779 Pour déterminer les préjudices et leur montant, le juge peut ordonner à tout moment de la procédure toute mesure d'**instruction** légalement admissible nécessaire à la conservation des preuves et la **production de pièces**, y compris celles détenues par le professionnel (C. consom. art. R 623-9).

> **Précisions** Les **mesures d'instruction légales** sont la vérification personnelle du juge (CPC art. 179 s.), la comparution personnelle des parties (CPC art. 184 s.), la déclaration d'un tiers, notamment l'enquête et le témoignage (CPC art. 199 s.) et la mesure d'instruction exécutée par un technicien, notamment l'expertise (CPC art. 232 s.).

PROVISION ET CONSIGNATION FIXÉES PAR LE JUGEMENT SUR L'ACTION DE GROUPE

53784 Le juge peut condamner le professionnel au paiement d'une provision à valoir sur les **frais** non compris dans les dépens **exposés par l'association**, y compris ceux occasionnés par le mandataire qui assistera éventuellement celle-ci (C. consom. art. L 623-12, al. 1).
Il peut aussi ordonner, lorsqu'il la juge nécessaire et compatible avec la nature de l'affaire, la consignation à la Caisse des dépôts et consignations d'une partie des sommes dues par le professionnel (C. consom. art. L 623-12, al. 2).

> **Précisions** Même si le juge ne prononce pas la consignation d'une partie des dommages-intérêts, le professionnel risque de devoir faire l'**avance** de frais importants : provision sur les honoraires de l'avocat de l'association, sur ceux du mandataire éventuellement désigné pour assister celle-ci, provision sur honoraires de l'expert si une expertise est ordonnée, etc.

INFORMATION SUR LE JUGEMENT RENDU EN CAS D'ACTION DE GROUPE

53789 Quand il retient la responsabilité du professionnel, le juge doit ordonner, dans la même décision, les **mesures adaptées** pour informer de celle-ci les consommateurs susceptibles d'appartenir au groupe (C. consom. art. L 623-7, al. 1). Le jugement doit fixer le **délai** dans lequel les mesures de publicité doivent être mises en œuvre par le ou les professionnels concernés à leurs frais et à l'expiration duquel elles le seront par la ou les associations, également aux frais de ce ou de ces professionnels (C. consom. art. L 623-7, al. 2 et R 623-7).
Aucune restriction n'est prévue quant au mode d'information des consommateurs. Le juge peut choisir plusieurs modes de diffusion nationaux ou régionaux et plusieurs médias (presse écrite ou audiovisuelle, site internet du professionnel et/ou de l'association de consommateurs, réseaux sociaux, etc.). L'envoi de courriels ou de SMS peut aussi être ordonné.
Ces mesures de publicité ne peuvent être **mises en œuvre** qu'une fois que la décision sur la responsabilité n'est plus susceptible de recours ordinaires (appel ou opposition) ni de pourvoi en cassation (C. consom. art. L 623-7, al. 2). Cette dernière règle ne s'applique pas quand l'action de groupe résulte d'un manquement aux règles de la concurrence (C. consom. art. L 623-26).

La publicité destinée à informer les consommateurs susceptibles d'appartenir au groupe doit comporter, outre les **mentions** éventuellement prescrites par le jugement (C. consom. art. R 623-16, 1° à 3°) : **53791**
– la reproduction du dispositif de la décision ;
– les coordonnées de la personne auprès de laquelle chaque consommateur doit manifester son adhésion au groupe (professionnel, association, avocat ou huissier – ou commissaire – de justice assistant l'association : C. consom. art. L 623-8) et éventuellement de l'association qui doit en être informée ;
– la forme, le contenu et le délai de cette adhésion ;
– l'indication que l'adhésion vaut mandat aux fins d'indemnisation au profit de l'association auprès de laquelle le consommateur a manifesté son adhésion ou qu'il a informée de celle-ci, ou, en cas de défaillance de l'association, au profit de celle qui lui aura été substituée.
Cette publicité doit **aussi indiquer** que (C. consom. art. R 623-16, 4° à 6°) :
– à défaut d'adhésion reçue selon les modalités et dans le délai prévus par le jugement, le consommateur défaillant ne sera plus recevable à obtenir une indemnisation dans le cadre de l'action de groupe ;
– le consommateur ne pourra plus agir individuellement à l'encontre du professionnel concerné en réparation du préjudice déjà indemnisé dans le cadre de l'action de groupe mais qu'il pourra toujours agir en indemnisation de ses autres préjudices ;
– les consommateurs doivent produire tout document utile au soutien de leur demande.

CONDITIONS DE L'ADHÉSION AU GROUPE DE CONSOMMATEURS

Le juge doit fixer dans le jugement le **délai** dont disposent les consommateurs pour adhérer au groupe afin d'obtenir la réparation de leur préjudice. Ce délai ne peut pas être inférieur à deux mois ni supérieur à six mois après l'achèvement des mesures de publicité ordonnées (C. consom. art. L 623-8, al. 1). **53795**
Le juge doit aussi déterminer les **modalités** de l'adhésion et préciser si les consommateurs doivent s'adresser au professionnel, à l'association ou encore au tiers assistant éventuellement l'association (C. consom. art. L 623-8, al. 2).
Tout consommateur ayant subi le préjudice déterminé par le juge doit pouvoir rejoindre le groupe. En effet, toute clause d'une convention qui aurait pour objet ou pour effet **d'interdire à un consommateur de participer** à une action de groupe est réputée non écrite (C. consom. art. L 623-32).
L'**obligation** pour le consommateur **d'adhérer expressément** au groupe (système dit « de l'opt-in ») distingue l'action de groupe de la « class action » américaine, qui est applicable à toutes les victimes, même si elles ont gardé le silence, à l'exception de celles qui ont expressément dit ne pas vouloir agir (système dit « de l'opt-out »).

CONDITIONS DE L'INDEMNISATION DES CONSOMMATEURS MEMBRES DU GROUPE

Le professionnel doit indemniser chaque consommateur ayant adhéré à l'action de groupe des préjudices subis par lui, dans les conditions, **limites et délais** qui sont fixés par le tribunal lors du jugement sur la responsabilité (C. consom. art. L 623-18). Ce tribunal doit en effet fixer (C. consom. art. L 623-11 et R 623-8) : **53800**
– le délai dans lequel la réparation des préjudices des consommateurs lésés doit intervenir ;
– le délai ouvert, à cette échéance, pour le saisir des demandes d'indemnisation auxquelles le professionnel n'aurait pas fait droit ;
– la date de l'audience à laquelle seront examinées ces demandes d'indemnisation insatisfaites.

ASSISTANCE DE L'ASSOCIATION DE CONSOMMATEURS EN CAS D'ACTION DE GROUPE

Avec l'autorisation du juge, l'association peut se faire assister par un avocat ou par un huissier ou commissaire de justice, notamment pour recevoir les **demandes d'indemnisation** des membres du groupe et plus généralement pour représenter les consommateurs lésés auprès du professionnel, en vue de leur indemnisation (C. consom. art. L 623-13 et R 623-5). **53805**

> **Précisions** Les **tâches** liées à l'indemnisation des membres du groupe (réception des demandes, transmission au professionnel, gestion des contestations, etc.) peuvent être extrêmement **lourdes** dans un contentieux de masse et excéder les ressources dont disposent habituellement les associations de consommateurs (Travaux préparatoires à l'adoption de la loi du 17-3-2014, Avis AN 1 n° 1123).

AUTORITÉ DU JUGEMENT SUR L'ACTION DE GROUPE

53810 Le jugement a autorité de la chose jugée à l'égard de chacun des **membres du groupe** dont le préjudice a été réparé à l'issue de la procédure (C. consom. art. L 623-28). Cette particularité tient au fait que le consommateur n'est pas partie au jugement et n'adhère au groupe défini par le juge qu'après le prononcé de la décision. À l'égard du **professionnel** et de l'association de consommateurs, le jugement a autorité de chose jugée dès son prononcé (cf. CPC art. 480).
Quand un jugement est intervenu, une association de consommateurs ne peut plus mener une **autre action de groupe** fondée sur les mêmes faits, les mêmes manquements et la réparation des mêmes préjudices, cette action étant irrecevable (C. consom. art. L 623-20).
Il n'est pas prévu que le **jugement qui rejette la responsabilité** du professionnel a autorité de chose jugée sur les consommateurs ; ceux-ci pourront donc mener des **actions individuelles** malgré la décision.

> **Précisions** Plusieurs auteurs ont relevé la **dissymétrie de traitement** entre consommateur et professionnel : ce dernier est soumis à l'autorité du jugement alors qu'il ignore combien de victimes devront être indemnisées ; le consommateur est quant à lui libre de refuser d'adhérer à l'action et de préférer exercer une action individuelle (notamment, N. Molfessis, « L'exhorbitance de l'action de groupe à la française » : D. 2014 p. 947). Un consommateur membre du groupe dont le préjudice n'a pas été réparé dans le cadre de l'action de groupe peut aussi exercer une action individuelle puisque l'autorité de chose jugée ne vaut que pour les consommateurs dont le préjudice a été réparé.

APPEL DU JUGEMENT SUR L'ACTION DE GROUPE

53815 L'appel doit être jugé selon la procédure de la **fixation à bref délai** (C. consom. art. R 623-4).
Cette procédure qui fait exception au principe de l'instruction par un conseiller de la mise en état permet au président de la chambre de la cour d'appel saisie de l'affaire de fixer rapidement la date à laquelle celle-ci sera appelée à l'audience (CPC art. 905).
La publication du jugement qui retient la responsabilité du professionnel ne peut intervenir qu'après épuisement des voies de recours (C. consom. art. L 623-7). L'appel jugé à bref délai est donc destiné à éviter que la procédure ne s'étale trop dans le temps.

3. ADHÉSION AU GROUPE

MODALITÉS DE L'ADHÉSION AU GROUPE DE CONSOMMATEURS

53830 L'adhésion au groupe peut être faite par tout moyen permettant d'en **accuser la réception**, selon les modalités déterminées par le juge. Elle doit **contenir** notamment les nom, prénoms, domicile du consommateur ainsi que, le cas échéant, une adresse électronique à laquelle il accepte de recevoir les informations relatives à la procédure. Elle doit préciser le montant demandé en réparation du préjudice invoqué, eu égard aux dispositions du jugement (C. consom. art. R 623-17).

53832 En cas de **pluralité d'associations**, le consommateur doit manifester son adhésion auprès de l'association de son choix ou l'en informer en cas d'adhésion auprès du professionnel. L'association concernée reçoit ainsi mandat aux fins d'indemnisation (C. consom. art. R 623-17).
Lorsque l'**adhésion** est faite **auprès du professionnel**, le consommateur doit en informer l'association ou, en cas de pluralité d'associations, celle qu'il a choisie (C. consom. art. R 623-18, al. 2).

EFFETS DE L'ADHÉSION AU GROUPE DE CONSOMMATEURS

53837 L'adhésion au groupe vaut **mandat** aux fins d'indemnisation au profit de l'association mais elle ne vaut ni n'implique adhésion à celle-ci (C. consom. art. L 623-9).
Le mandat donné par le consommateur à l'association vaut pouvoir d'accomplir au nom de celui-ci tous actes de procédure et diligences en vue d'obtenir la réparation du préjudice individuel subi par lui et entrant dans le champ de l'action de groupe, notamment pour l'exercice des voies de recours (C. consom. art. R 623-20, al. 1).
Ce mandat emporte avance par l'association de toutes les dépenses et des frais liés à la procédure et représentation des consommateurs lors du déroulement d'éventuelles mesures d'instruction (C. consom. art. R 623-20, al. 2).

53839 Le consommateur peut **mettre un terme au mandat** à tout moment. Il doit en informer l'association par tout moyen permettant d'en accuser la réception et celle-ci doit en aviser le professionnel sans délai. La révocation du mandat emporte renonciation à l'adhésion au groupe (C. consom. art. R 623-21).

53841 L'adhésion au groupe ne fait pas obstacle au droit d'agir selon les voies de droit commun pour obtenir la réparation des **préjudices qui n'entrent pas dans le champ** défini par la décision du juge de l'action de groupe (C. consom. art. L 623-29). Un membre du groupe peut ainsi exercer une action individuelle en réparation d'un préjudice moral ou corporel.

4. MISE EN ÉTAT DANS LE CADRE D'UNE ACTION DE GROUPE

Le juge qui a statué sur la responsabilité du professionnel est compétent pour trancher toutes les **difficultés** qui pourraient s'élever à l'occasion de la mise en œuvre du jugement (C. consom. art. L 623-19). 53860
Le jugement qui retient la responsabilité du professionnel doit renvoyer l'affaire à la mise en état pour la suite de la procédure (C. consom. art. R 623-8).
Les difficultés de mise en œuvre du jugement doivent être soumises au juge de la mise en état avant l'expiration du **délai** pour indemniser les consommateurs ; ce délai est suspendu jusqu'à l'ordonnance du juge de la mise en état qui n'est pas susceptible d'appel (C. consom. art. R 623-25).
Le juge de la mise en état pourrait ainsi être amené à juger, par exemple, de l'opportunité d'une mesure d'instruction en raison d'une contestation sur la légitimité de l'adhésion de certains consommateurs, d'une demande de provision ou de difficultés de transmission de pièces et de conclusions.

> **Précisions** Dans les procédures écrites ordinaires devant le tribunal judiciaire, la mise en état ne concerne que l'instruction de l'affaire jusqu'à l'ordonnance de clôture, avant l'audience de plaidoirie et le jugement ; celui-ci dessaisit le juge dès son prononcé (CPC art. 481, al. 1). La **particularité** tient ici au fait que le jugement qui retient la responsabilité du professionnel dans le cadre de l'action de groupe ne dessaisit pas le tribunal puisqu'il rend un **second jugement** sur les demandes auxquelles le professionnel n'a pas fait droit dans les délais (C. consom. art. L 623-19 et R 623-10).

5. DEUXIÈME JUGEMENT SUR L'ACTION DE GROUPE

Le juge doit statuer, par une même décision, sur toutes les **demandes d'indemnisation auxquelles le professionnel n'a pas fait droit** dans le délai fixé par le premier jugement (C. consom. art. R 623-10). 53880
En vue de l'audience où elles doivent être examinées, ces demandes d'indemnisation insatisfaites doivent être portées devant le tribunal judiciaire dans les **formes** prévues pour les demandes incidentes (c'est-à-dire par conclusions écrites, signifiées entre avocats et déposées au greffe) et dans le délai fixé par le juge pour le saisir (C. consom. art. R 623-26).

Lorsque le tribunal judiciaire n'a été saisi d'**aucune demande d'indemnisation insatisfaite**, il doit constater l'extinction de l'instance (C. consom. art. R 623-27). 53882
Bien que le décret ne le précise pas, dans le cas inverse, le jugement qui statue sur les demandes d'indemnisation insatisfaites est à notre avis susceptible d'appel suivant la procédure de la fixation à bref délai.

Si **le professionnel n'a pas exécuté spontanément le deuxième jugement**, l'association représente les consommateurs qui n'auraient pas été indemnisés aux fins de l'exécution forcée de cette décision (C. consom. art. R 623-20). 53884
L'**association** est réputée **créancière** au sens du Code des procédures civiles d'exécution (C. exécution art. L 111-1 et L 111-2). Dans tous les actes relatifs à la liquidation judiciaire des préjudices et à l'exécution forcée du jugement, l'association doit préciser, outre les mentions prévues par la loi, l'identité des consommateurs pour le compte de qui elle agit, à peine de nullité (C. consom. art. R 623-28).
L'intégralité des **frais** et droits de recouvrement liés à l'exécution forcée sont à la **charge** du professionnel (C. consom. art. L 623-21).

6. SOMMES REÇUES PAR L'ASSOCIATION POUR LES CONSOMMATEURS EN CAS D'ACTION DE GROUPE

Toute **somme reçue par l'association** au titre de l'indemnisation des consommateurs lésés doit être immédiatement versée en compte de dépôt à la Caisse des dépôts et consignations ou sur un compte ouvert, par l'avocat chargé d'assister l'association, auprès de la caisse des règlements pécuniaires des avocats (Carpa) du barreau dont il dépend. Ce compte ne peut faire l'objet de mouvements en débit que pour le versement des sommes dues aux consommateurs (C. consom. art. L 623-10). 53900
Chaque association qui participe à une action de groupe doit ouvrir auprès de la Caisse des dépôts et consignations un **compte spécifique** au groupe des consommateurs défini par le jugement. Toute somme reçue du professionnel est immédiatement déposée par l'association sur ce

compte. L'association titulaire est seule habilitée, sous sa responsabilité, à procéder aux mouvements du compte et à le clôturer. La tenue de comptes peut donner lieu à des frais de gestion perçus par la Caisse des dépôts et consignations (C. consom. art. R 623-23 et R 623-24).

7. ACTION DE GROUPE SIMPLIFIÉE

53920 Lorsque l'identité et le nombre de **consommateurs** lésés sont **connus** et que ces consommateurs ont subi un préjudice d'un même montant, d'un montant identique par prestation rendue ou d'un montant identique par référence à une période ou à une durée donnée, le juge, après avoir statué sur la responsabilité du **professionnel**, peut le condamner à les **indemniser directement** et individuellement, dans un délai et selon des modalités qu'il doit fixer (C. consom. art. L 623-14).

53922 En cas d'**appel**, la procédure de la **fixation à bref délai** s'applique (C. consom. art. R 623-4).

INFORMATION SUR LE JUGEMENT RENDU EN CAS D'ACTION DE GROUPE SIMPLIFIÉE

53927 Préalablement à son exécution par le professionnel et selon des modalités et dans le délai fixé par le juge, la décision du juge, lorsqu'elle n'est plus susceptible de recours ordinaire (appel ou opposition) ni de pourvoi en cassation, doit faire l'objet de mesures d'information individuelle des consommateurs concernés, aux **frais** du professionnel, afin de leur permettre d'accepter d'être indemnisés dans les termes de la décision (C. consom. art. L 623-15).

53929 L'information individuelle doit comporter, outre les **mentions** éventuellement prescrites par le jugement (C. consom. art. R 623-12, 1° à 3°) :
– la reproduction du dispositif de la décision ;
– les coordonnées du professionnel auprès duquel chaque consommateur peut accepter l'indemnisation et de l'association qui doit en être informée ;
– la forme, le contenu et le délai de l'acceptation de l'indemnisation dans les termes du jugement ;
– l'indication que l'acceptation vaut mandat aux fins d'indemnisation au profit de l'association auprès de laquelle le consommateur a manifesté cette acceptation ou qu'il a informée de celle-ci ou, en cas de défaillance, au profit de l'association qui lui aura été substituée.
Cette information doit **aussi préciser** que (C. consom. art. R 623-12, 4° à 5°) :
– le consommateur qui a accepté l'indemnisation dans les termes du jugement ne pourra plus agir individuellement à l'encontre du professionnel concerné en réparation du préjudice indemnisé dans le cadre de l'action de groupe mais qu'il pourra toujours agir en indemnisation de ses autres préjudices ;
– à défaut d'acceptation selon les modalités et délai requis le consommateur ne sera plus recevable à obtenir une indemnisation dans le cadre de l'action de groupe.

ACCEPTATION DE L'INDEMNISATION EN CAS D'ACTION DE GROUPE SIMPLIFIÉE

53934 L'acceptation du consommateur doit être **adressée** par tout moyen permettant d'en accuser la réception, au professionnel et à l'association ou, en cas de pluralité d'associations, de l'une d'elles, selon le délai et les modalités déterminées par le juge. Elle doit **contenir** les nom, prénoms, domicile du consommateur ainsi que, le cas échéant, une adresse électronique à laquelle les informations relatives à la procédure peuvent lui être envoyées. Elle doit mentionner expressément le montant de l'indemnisation acceptée, eu égard aux termes du jugement (C. consom. art. R 623-13).

53936 Les consommateurs membres du groupe qui n'expriment pas leur acceptation dans le délai et selon les modalités prévues ne sont plus recevables à demander leur indemnisation dans le cadre de l'action de groupe et ne sont pas représentés par l'association (C. consom. art. R 623-14).

53938 Les dispositions concernant le mandat donné par le consommateur (C. consom. art. R 623-20) sont applicables en cas d'action de groupe simplifiée (C. consom. art. R 623-14).

DIFFICULTÉ D'EXÉCUTION DU JUGEMENT EN CAS D'ACTION DE GROUPE SIMPLIFIÉE

53943 Si le professionnel n'exécute pas dans les délais la décision à l'égard des consommateurs ayant accepté l'indemnisation, le tribunal judiciaire qui a statué sur la responsabilité tranche la difficulté. Il doit statuer dans un même **jugement** sur toutes les demandes d'indemnisation auxquelles le professionnel n'a pas fait droit (C. consom. art. R 623-10, al. 3).

Si le professionnel n'exécute pas spontanément ce second jugement, l'association représente les consommateurs membres du groupe aux fins d'**exécution forcée**, le mandat donné par ces derniers à l'association étant déduit de leur acceptation de l'indemnisation (C. consom. art. R 623-28, al. 3).

8. MÉDIATION

RÈGLES GÉNÉRALES SUR LA MÉDIATION EN CAS D'ACTION DE GROUPE

À tous les **stades** de la procédure, les parties peuvent opter pour une résolution amiable du litige avec l'aide d'un médiateur. Les parties peuvent en prendre l'initiative mais le juge peut aussi proposer la médiation aux parties. **53975**
Seule l'association initiatrice de l'action de groupe (et le professionnel) peu(ven)t participer à une médiation qui doit avoir pour **objectif** d'obtenir la réparation des préjudices individuels des victimes (C. consom. art. L 623-22). Celles-ci ne peuvent donc pas participer à la médiation, même si elle est envisagée alors que le groupe a déjà été constitué, par exemple parce qu'un litige survient sur l'exécution de la condamnation.
L'accord de toutes les parties à la procédure est nécessaire pour que la médiation soit ordonnée.
Avant le lancement de l'action de groupe, l'association et les professionnels ont bien entendu aussi la possibilité de rechercher un accord à travers la mise en place d'une médiation conventionnelle. Celle-ci pourra rester confidentielle, sauf si les parties en conviennent autrement, contrairement à la médiation en cours d'action de groupe qui est soumise à publicité. Le professionnel risquera toutefois de devoir renoncer à la confidentialité de l'accord intervenu quand les victimes ne seront pas toutes connues, afin qu'elles puissent être informées et bénéficier de cet accord.

La médiation doit être organisée dans les **conditions** fixées par la loi 95-125 du 8 février 1995 (C. consom. art. L 623-22). En conséquence, notamment, le médiateur doit être choisi par le juge saisi du litige, avec l'accord des parties (Loi du 8-2-1995 art. 22). Le juge doit fixer le montant de la provision à valoir sur la rémunération du médiateur et désigner la ou les parties qui doivent la consigner (Loi du 8-2-1995 art. 22-2, al. 4). **53977**
Le pouvoir d'ordonner une médiation appartient également au juge des référés (CPC art. 131-1, al. 2).

ACCORD ISSU DE LA MÉDIATION EN CAS D'ACTION DE GROUPE

En cas d'accord à l'issue de la médiation, celui-ci doit préciser les mesures de **publicité** nécessaires pour informer les consommateurs concernés de la possibilité d'y adhérer, ainsi que les **délais et modalités** de cette **adhésion** (C. consom. art. L 623-23, al. 2). **53982**
La publicité donnée à la médiation et l'impossibilité pour le professionnel de connaître avant la fin de cette phase de publicité le nombre de consommateurs à indemniser risquent d'être des freins au recours à la médiation en cours d'action de groupe.
L'article 21-3 de la loi 95-125 du 8 février 1995 à laquelle est en principe soumise la médiation intervenant dans le cadre de l'action de groupe (C. consom. art. L 623-22) dispose clairement que « sauf accord contraire des parties, la médiation est soumise au principe de confidentialité ». La confidentialité est l'un des principes majeurs applicables à la médiation. Elle en est même l'essence. Cette confidentialité semble remise partiellement en question par la mesure de publicité prévue à l'article 623-23 du Code de la consommation. Il faut relever toutefois que le texte ne précise pas si la publicité doit détailler les modalités de l'accord ou seulement son existence. Il ne dit pas si le contenu de l'accord doit être révélé et, dans l'affirmative, à quel stade.
Cela étant, dans la pratique, on imagine mal une association informer ses membres de l'existence d'un accord sans en préciser le contenu et les bases.

Tout accord négocié au nom du groupe est soumis à l'**homologation** du juge, qui doit vérifier s'il est conforme aux intérêts de ceux auxquels il a vocation à s'appliquer et lui donner force exécutoire (C. consom. art. L 623-23, al. 2). **53984**

AUTORITÉ DE CHOSE JUGÉE D'UN ACCORD DE MÉDIATION EN CAS D'ACTION DE GROUPE

L'accord de médiation homologué a autorité de la chose jugée à l'égard de chacun des membres du groupe dont le préjudice a été réparé à l'issue de la procédure (C. consom. art. L 623-28). **53990**
Quand un accord de médiation homologué est intervenu, une association de consommateurs ne peut plus mener une action de groupe fondée sur les mêmes faits, les mêmes manquements et la réparation des mêmes préjudices, cette action étant irrecevable (C. consom. art. L 623-30).

SORT DES CONSOMMATEURS OPPOSÉS À L'ACCORD DE MÉDIATION

53995 Les consommateurs qui ne veulent pas adhérer à l'accord de médiation peuvent mettre fin au **mandat** donné à l'association requérante. Si le consommateur qui conteste l'accord révoque son mandat, il est considéré comme étant sorti de l'action de groupe (C. consom. art. R 623-21). En conséquence, les éventuelles décisions judiciaires ultérieures menées par l'association ne pourront plus lui bénéficier.
Mais la question se pose de savoir si, sans révoquer le mandat, les consommateurs déçus par l'accord peuvent néanmoins demander à l'association de **poursuivre l'action judiciaire.**
La réponse à cette question est incertaine. En l'absence de révocation du mandat, l'association de consommateurs doit en principe mener à terme sa mission. En effet, le refus d'adhérer à l'accord de médiation n'emporte pas renonciation tacite au mandat.
C'est la solution qui ressort de l'article R 624-22 du Code de la consommation qui prévoit un unique cas de renonciation implicite dans l'hypothèse où le consommateur n'a pas été indemnisé par le professionnel et n'a pas fourni les documents utiles au soutien de sa demande avant l'expiration du délai fixé par le juge. Dès lors, le consommateur refusant l'accord intervenu dans le cadre d'une médiation négociée par l'association pourra exiger de cette dernière qu'elle continue à défendre ses intérêts à l'encontre des professionnels.
Cette solution apparaît peu favorable au développement de la médiation comme mode de règlement amiable dans les actions de groupe dans la mesure où elle risque de décourager les professionnels concernés de s'engager dans cette voie.
En effet, l'association avec qui un accord aura été négocié dans le cadre d'une médiation pourra, nonobstant cet accord, continuer la procédure contre le professionnel pour le compte des consommateurs qui auront refusé l'accord négocié.

B. Règles particulières à l'action de groupe « consommation »

DOMAINES DE L'ACTION DE GROUPE « CONSOMMATION »

54010 L'action de groupe en matière de consommation est ouverte en cas de manquement d'un ou plusieurs professionnels à leurs obligations légales, relevant ou non du Code de la consommation, ou contractuelles, commis à l'occasion de la **vente de biens** ou de la **fourniture de services** ainsi que dans le cadre de la location d'un bien immobilier (C. consom. art. L 623-1, 1°).
Cette formulation large vise toutes sortes de contrats pouvant être conclus entre un consommateur et un professionnel et dans de nombreux domaines (vente sur place, à distance, à domicile, en grande ou en petite surface, abonnements téléphoniques, à internet, contrat d'assurance, de crédit, etc.) et tout manquement (défaut d'information, de conformité, retard de livraison, clause abusive, etc.).
Le texte n'exige par ailleurs qu'un manquement et non une faute intentionnelle.

> **Précisions** La **location d'un bien immobilier** a été ajoutée par la loi « Élan » du 23 novembre 2018. Avant cette loi, il avait été jugé qu'une association de consommateurs ne pouvait pas lancer une action de groupe pour un litige entre locataires et bailleur professionnel car le contrat de bail est un contrat de **louage de chose** (C. civ. art. 1708 et 1809) et non un contrat de prestation de services (CA Paris 9-11-2017 n° 16/5321 : RJDA 2/18 n° 191 et sur pourvoi, Cass. 1e civ. 19-6-2019 n° 18-10.424 FS-PB). Les tribunaux risquent donc de juger irrecevable une action de groupe fondée sur un contrat de **location de biens meubles**, bien qu'il résulte des travaux préparatoires à la loi « Hamon » que le législateur a voulu inclure tous les litiges nés d'un contrat de location ou de crédit-bail dans le champ de l'action de groupe, la location d'un bien y étant envisagée comme une fourniture de services (Rapport AN n° 1574 relatif à la loi du 17-3-2014 p. 40).

FONDEMENT DE L'ACTION DE GROUPE « CONSOMMATION »

54017 L'action de groupe est ouverte en cas de manquement d'un professionnel à ses obligations contractuelles ou à ses **obligations légales « relevant ou non du Code de la consommation »** (C. consom. art. L 623-1, 1°). Avant la modification de ce texte par la loi « Élan » du 23 novembre 2018, il avait été jugé qu'une association de consommateurs ne pouvait pas lancer une action de groupe pour un litige entre locataires et bailleur professionnel car le contrat de bail n'est pas régi par le Code de la consommation (CA Paris 9-11-2017 n° 16/5321 : RJDA 2/18 n° 191). L'action de groupe est donc désormais explicitement ouverte en cas de manquements ne relevant pas de

ce Code. Ainsi, une action de groupe peut être menée sur le fondement des articles 1245 et suivants du Code civil sur la responsabilité du fait des produits défectueux, si la défectuosité a entraîné un préjudice de plus de 500 € aux biens d'un groupe de consommateurs (C. civ. art. 1245-1, al. 2 ; Décret 2005-113 du 11-2-2005). L'action peut aussi être fondée sur la garantie des vices cachés prévue aux articles 1641 et suivants du Code civil (TJ Versailles 4-6-2020 n° 15/10221 : RJDA 11/20 n° 600).
Le texte ne précise pas si le fondement de l'action doit être contractuel. À notre avis, l'exigence d'un manquement commis « à l'occasion » d'une vente ou d'une fourniture de service ne signifie pas que seuls les consommateurs en **relation contractuelle** avec le professionnel peuvent adhérer au groupe. Par exemple, devrait pouvoir adhérer un consommateur qui, à la suite de l'utilisation d'un produit défectueux prêté par l'acheteur, demanderait réparation du préjudice causé à ses biens par ce produit. En effet, il devrait pouvoir être fait application du principe selon lequel une personne non liée par un contrat mais qui a subi un dommage du fait de l'exécution défectueuse de celui-ci peut en demander réparation sur le fondement de la responsabilité délictuelle (Cass. ass. plén. 6-10-2006 n° 541 : RJDA 1/07 n° 18). Dans le même sens, V. Rebeyrol, « La nouvelle action de groupe » : D. 2014 p. 940.

C. Règles particulières à l'action de groupe « concurrence »

PRINCIPE DE L'ACTION DE GROUPE « CONCURRENCE »

Lorsque l'action de groupe est motivée par des préjudices résultant d'une pratique anticoncurrentielle, le juge ne peut retenir la responsabilité du professionnel que sur le fondement d'une **décision des autorités** ou **juridictions** françaises ou de l'Union européenne compétentes constatant cette pratique. Cette décision ne doit plus être susceptible de recours pour la partie relative à l'**établissement de la pratique** (C. consom. art. L 623-24), qui est alors réputée établie de manière irréfragable (C. com. art. L 481-2). **54040**

FONDEMENT DE L'ACTION DE GROUPE « CONCURRENCE »

Les **pratiques anticoncurrentielles concernées** sont celles énoncées au titre II du livre IV du Code de commerce et aux articles 101 et 102 du traité sur le fonctionnement de l'Union européenne (C. consom. art. L 623-24, al. 1). Il s'agit en conséquence essentiellement des ententes illicites (C. com. art. L 420-1), des abus de position dominante (C. com. art. L 420-2) et de la pratique de prix abusivement bas (C. com. art. L 420-5). **54045**
Il n'est en revanche pas possible d'exercer une action de groupe sur le fondement d'un préjudice causé par une concentration (C. com. art. L 430-1 s.).

L'épuisement des voies de recours contre une **décision de l'Autorité de la concurrence** ou de la Commission européenne peut, dans certaines affaires, atteindre une dizaine d'années. Néanmoins, il arrive souvent que le **recours** ne porte pas sur l'établissement de la pratique mais **sur** la détermination de la **sanction** pécuniaire ou sur toute question de procédure. Dans un tel cas, l'action de groupe peut être menée parallèlement au recours. **54047**
La mise en œuvre de cette faculté pose toutefois difficulté car les moyens avancés à l'appui du recours ne sont pas publics. Comment l'association de consommateurs sait-elle si le recours porte ou non sur l'établissement de la pratique ? On peut aussi se demander si la menace de l'action de groupe n'est pas de nature à inciter les entreprises à exercer systématiquement un recours général sur la décision initiale. De la même façon, les entreprises pourraient être tentées de renoncer au bénéfice de la procédure de transaction (C. com. art. L 464-2, III ; Règl. 622/2008 du 30-6-2008) qui les empêche de contester les faits qui leur sont reprochés. On peut enfin se demander si le risque de l'action de groupe ne va pas dissuader les entreprises de recourir à la procédure de clémence, qui permet l'obtention d'une immunité ou d'une réduction de la sanction en cas de révélation d'ententes illicites aux autorités par le professionnel (C. com. art. L 464-2, IV ; Communication Commission européenne du 8-12-2006), car rien n'interdit l'exercice d'une action de groupe contre les entreprises bénéficiaires de cette procédure.

DÉLAI POUR ENGAGER L'ACTION DE GROUPE « CONCURRENCE »

L'action de groupe doit être engagée dans un délai de cinq ans à compter de la date à laquelle la décision de l'autorité de concurrence ou de la juridiction n'est plus susceptible de recours (C. consom. art. L 623-25). **54050**

Le juge de l'action de groupe peut ordonner l'**exécution provisoire des mesures de publicité** destinées à informer les consommateurs de la possibilité de rejoindre le groupe (nos 53789 s.) avant que sa décision ne puisse plus faire l'objet d'un recours (C. consom. art. L 623-26).
Une action de groupe ne peut toutefois pas être introduite pour la réparation de préjudices causés par des pratiques anticoncurrentielles qui ont fait l'objet d'une décision les constatant si cette décision n'était plus susceptible de recours le 18 mars 2014, date de publication de la loi (Loi 2014-344 art. 2, III).
Par ailleurs, pour tenir compte d'une éventuelle action de groupe, les dispositions du Code de commerce sur la procédure devant l'Autorité de la concurrence ont été complétées : l'ouverture d'une procédure devant cette Autorité, une autorité nationale de concurrence d'un autre État membre de l'Union européenne ou la Commission européenne interrompt la prescription de l'action civile. L'interruption résultant de l'ouverture de cette procédure produit ses effets jusqu'à la date à laquelle la décision de ces autorités ou, en cas de recours, de la juridiction compétente est définitive (C. com. art. L 462-7, al. 4).

D. Règles communes aux actions de groupe hors « consommation » et « concurrence »

CHAMP D'APPLICATION DES RÈGLES COMMUNES DE L'ACTION DE GROUPE

54070 Des règles communes ont été posées pour les actions de groupe relevant du juge judiciaire, ouvertes dans les **domaines** suivants (CPC art. 848) :
- **discriminations** imputables à un employeur (C. trav. art. L 1134-6 s.) ;
- autres discriminations (Loi 2008-496 du 27-5-2008) ;
- **environnement** (C. envir. art. L 142-3-1) ;
- **santé** (CSP art. L 1143-1 s.) ;
- **protection des données** à caractère personnel (Loi 78-17 du 6-1-1978 art. 37).

Ces règles sont applicables sous réserve des règles particulières à chacune des actions concernées ; sauf disposition contraire, l'action de groupe relevant du juge judiciaire est régie par le **Code de procédure civile** (Loi 2016-1547 art. 60 et 61).
Toute clause ayant pour objet ou pour effet d'**interdire à une personne de participer** à une action de groupe est réputée non écrite (Loi 2016-1547 art. 82).

> **Précisions a.** On peut regretter que les **actions de groupe en matière de consommation et de concurrence** n'aient pas été incluses dans le corps des règles communes, contrairement à ce qui avait été évoqué au cours des travaux préalables à l'adoption de la loi (Rapport Sénat n° 121 p. 90). En effet, les nouvelles règles sont pour la plupart identiques aux règles des actions de groupe « consommation ». Le dispositif aurait gagné en clarté si toutes les règles communes aux actions de groupe avaient été réunies.
> **b.** Les **grandes étapes procédurales** de toutes les actions de groupe étant similaires, on peut se reporter au **schéma récapitulatif** de l'action de groupe « consommation » pour avoir une vue d'ensemble (n° 53705).
> **c.** La loi de modernisation de la justice du XXIe siècle du 11 novembre 2016 et ses décrets d'application ont aussi prévu la possibilité d'**actions de groupe** en matière de santé, d'environnement, de discrimination et de protection des données personnelles dirigées **contre des personnes publiques**. Le régime de ces actions, portées devant le juge administratif, est très proche de celui qui est exposé ici (C. just. adm. art. L 77-10-1 s. et R 77-11-1 s.).

TRIBUNAL COMPÉTENT POUR CONNAÎTRE DES ACTIONS DE GROUPE

54075 L'action de groupe doit être portée devant le **tribunal judiciaire** (C. org. jud. art. L 211-9-2).
Le tribunal **territorialement** compétent est celui du lieu où demeure le défendeur ; celui de Paris est compétent lorsque le défendeur demeure à l'étranger ou n'a ni domicile ni résidence connus (CPC art. 849).
La demande doit être formée, instruite et jugée selon les règles applicables à la procédure écrite ordinaire (CPC art. 849-2).

QUALITÉ POUR EXERCER UNE ACTION DE GROUPE

54080 Seules les **associations** agréées et les associations régulièrement déclarées depuis cinq ans au moins dont l'objet statutaire comporte la défense d'intérêts auxquels il a été porté atteinte peuvent exercer l'action de groupe (Loi 2016-1547 art. 63). L'action de groupe en matière de discrimination par un employeur peut aussi être exercée par des organisations syndicales (n° 54230).

Lorsque le juge a été saisi d'une action de groupe et que le **demandeur à l'action est défaillant**, toute personne ayant qualité pour agir à titre principal peut demander au juge sa substitution dans les droits du demandeur (Loi 2016-1547 art. 81). La substitution dans les droits du demandeur à l'action défaillant doit être faite par voie de demande incidente (CPC art. 849-21, al. 1).

OBJET DE L'ACTION DE GROUPE

Lorsque plusieurs personnes placées dans une situation similaire subissent un dommage causé par une même personne, ayant pour cause commune un manquement de même nature à ses obligations légales ou contractuelles, une action de groupe peut être exercée en justice au vu des cas individuels présentés par le demandeur. Cette action peut être exercée en vue soit de la **cessation du manquement**, soit de l'engagement de la **responsabilité de la personne ayant causé le dommage** afin d'obtenir la réparation des préjudices subis, soit de **ces deux fins** (Loi 2016-1547 art. 62). **54085**
Le demandeur à l'action peut **agir directement contre l'assureur** garantissant la responsabilité civile du responsable en application de l'article L 124-3 du Code des assurances (Loi 2016-1547 art. 83).

INTRODUCTION DE L'ACTION DE GROUPE

Outre les mentions prescrites aux articles 54, 56 et 752 du CPC, l'**assignation** doit exposer expressément, à peine de nullité, les **cas individuels** présentés par le demandeur au soutien de son action (CPC art. 849-1). **54090**
L'introduction d'une action de groupe par une association agréée suspend la **prescription des actions individuelles** en réparation des préjudices résultant des mêmes manquements. Le délai de prescription recommence à courir, pour une durée qui ne peut pas être inférieure à six mois, à compter de la date à laquelle le jugement issu de l'action de groupe n'est plus susceptible de recours ordinaire ou de pourvoi en cassation ou à compter de la date de l'homologation de la convention en cas de médiation (Loi 2016-1547 art. 77).

MISE EN DEMEURE PRÉALABLE À L'ACTION DE GROUPE

Préalablement à l'introduction de l'action, l'association doit mettre en demeure celle à l'encontre de laquelle elle envisage d'agir de cesser ou de faire cesser le manquement ou de réparer les préjudices subis. **À peine d'irrecevabilité** que le juge peut soulever d'office, afin que la personne mise en demeure puisse prendre les mesures pour cesser ou faire cesser le manquement ou réparer les préjudices subis, l'action de groupe ne peut être introduite qu'à l'expiration d'un **délai** de quatre mois à compter de la réception de cette mise en demeure (Loi 2016-1547 art. 64). **54095**
L'obligation préalable de mise en demeure du professionnel ne s'applique pas à l'**action de groupe « santé »** (CSP art. L 1143-2).
L'action de groupe en matière de **discrimination par un employeur** obéit à un régime particulier de demande préalable à l'introduction de l'action (n° 54232).

ACTION EN CESSATION D'UN MANQUEMENT DANS LE CADRE D'UNE ACTION DE GROUPE

Lorsque l'action de groupe tend à la cessation d'un manquement et que le juge constate l'existence de celui-ci, il doit **enjoindre** à la personne poursuivie de le cesser ou de le faire cesser et de prendre, dans un délai qu'il doit fixer, toutes les mesures utiles à cette fin, au besoin avec l'aide d'un tiers qu'il doit désigner. Il peut également prononcer une **astreinte** (Loi 2016-1547 art. 65). **54100**
Lorsqu'il désigne un **tiers** aux fins de mise en œuvre des mesures destinées à faire cesser le manquement, le juge statue par décision spécialement motivée énonçant les chefs de la mission confiée et le délai dans lequel le tiers lui en fait rapport. Le tiers est choisi parmi tout professionnel justifiant d'une compétence dans le domaine considéré (CPC art. 849-3).
Le **coût de la mission** du tiers est à la charge de l'auteur du manquement. Le juge qui désigne le tiers doit fixer le montant d'une provision à valoir sur la rémunération de celui-ci aussi proche que possible de sa rémunération définitive prévisible et détermine le délai dans lequel l'auteur du manquement la consigne au greffe de la juridiction. Le juge aménage, s'il y a lieu, les échéances dont la consignation peut être assortie (CPC art. 849-5).
À l'issue du délai imparti par le juge, le tiers doit remettre son **rapport**, accompagné de sa demande de **rémunération**, dont il adresse un exemplaire aux parties par tout moyen permettant d'en établir la réception. S'il y a lieu, l'**auteur du manquement** doit adresser au tiers et au juge ses **observations** écrites sur cette demande dans un délai de quinze jours à compter de sa réception (CPC art. 849-6).
Passé le délai imparti à l'auteur du manquement pour présenter ses observations, le juge fixe la rémunération du tiers en fonction, notamment, des diligences accomplies, du respect des délais

impartis et de la qualité du travail fourni. Il autorise le tiers à se faire remettre, à due concurrence, les sommes consignées au greffe. Il ordonne, selon le cas, soit le versement des sommes complémentaires dues au tiers, soit la restitution des sommes consignées en excédent. Lorsque le juge envisage de fixer la rémunération du tiers à un montant inférieur au montant demandé, il doit au préalable l'inviter à formuler ses observations. Le juge délivre au tiers un titre exécutoire (CPC art. 849-10).

> **Précisions** **a.** Dès le prononcé de la décision désignant ce tiers, le greffe lui en notifie copie par tout moyen. **Le tiers** fait connaître sans délai au juge son acceptation. Il **commence ses opérations** dès qu'il est avisé du versement de la provision, à moins que le juge ne lui enjoigne d'entreprendre immédiatement ses opérations (CPC art. 849-4).
> **b.** Si **le tiers se heurte à des difficultés** qui font obstacle à l'accomplissement de sa mission ou si une extension de celle-ci s'avère nécessaire, il en fait rapport aux parties et au juge. Celui-ci peut, en se prononçant, proroger le délai dans lequel le tiers doit déposer son rapport (CPC art. 849-8).
> **c.** Le tiers peut, sur justification de l'état d'avancement de ses opérations, être autorisé par le juge à prélever un **acompte** sur la somme consignée si la complexité de l'affaire le requiert. En cas d'**insuffisance manifeste de la provision** allouée, au vu des diligences faites ou à venir, le tiers en fait sans délai rapport au juge, qui, s'il y a lieu, ordonne la consignation d'une provision complémentaire. À **défaut de consignation** dans le délai et selon les modalités fixés par le juge, et sauf prorogation de ce délai, le tiers dépose son rapport en l'état (CPC art. 849-9).

ACTION EN RESPONSABILITÉ DANS LE CADRE D'UNE ACTION DE GROUPE

54105 Lorsque l'action de groupe tend à la réparation des préjudices subis, le juge doit statuer sur la responsabilité de la personne poursuivie. Il doit **définir le groupe** de personnes et il doit déterminer les **préjudices** susceptibles d'être réparés. Il doit aussi fixer le **délai** dans lequel les personnes répondant aux critères de rattachement peuvent adhérer au groupe (Loi 2016-1547 art. 66).

Le juge qui reconnaît la responsabilité de la personne poursuivie doit ordonner, à la charge de celle-ci, les **mesures de publicité** adaptées pour informer de sa décision les personnes susceptibles d'avoir subi un dommage causé par le fait générateur constaté. Ces mesures ne peuvent être mises en œuvre qu'une fois que le jugement ne peut plus faire l'objet de recours ordinaire ou de pourvoi en cassation (Loi 2016-1547 art. 67).

> **Précisions** a. L'adhésion au groupe ne fait pas obstacle au droit d'agir selon les voies de droit commun pour obtenir la réparation des **préjudices n'entrant pas dans le champ défini par le jugement** qui n'est plus susceptible de recours ordinaire ou de pourvoi en cassation ou d'un accord homologué à l'issue d'une médiation (Loi 2016-1547 art. 79).
> b. N'est pas recevable l'**action de groupe qui se fonde sur le même fait générateur**, le même manquement et la réparation des mêmes préjudices que ceux reconnus par le jugement ou par un accord homologué à l'issue d'une médiation (Loi 2016-1547 art. 80).

54110 Les **mesures d'information** ordonnées par le juge doivent comporter, outre les **mentions** éventuellement prescrites par le jugement (CPC art. 849-13, al. 1 à 4) :
– la reproduction du dispositif de la décision ;
– selon qu'il est fait application de la procédure collective de liquidation ou de la procédure individuelle de réparation, les coordonnées de la ou des parties auprès desquelles chaque personne intéressée peut adresser sa demande de réparation ;
– la forme, le contenu de cette demande de réparation ainsi que le délai dans lequel elle doit être adressée, dans le cadre d'une procédure individuelle de réparation des préjudices, au choix de la personne intéressé, soit à la personne déclarée responsable, soit au demandeur à l'action, et dans le cadre d'une procédure collective de liquidation des préjudices, au demandeur à l'action.

Ces mesures d'information doivent **en outre** comprendre les **indications suivantes** (CPC art. 849-13, al. 5 à 8) :
– que la demande de réparation adressée au demandeur à l'action lui confère un mandat aux fins d'indemnisation et, le cas échéant, en cas de refus d'indemnisation opposé par la personne déclarée responsable, aux fins de représentation pour engager une action en réparation ou pour l'exécution forcée du jugement prononcé à l'issue de cette action, ainsi que l'indication qu'elle peut y mettre fin à tout moment et que ce mandat ne vaut ni n'implique adhésion à l'association qui engage l'action ;

– qu'à défaut de demande de réparation reçue selon les modalités et dans le délai prévus par le jugement la personne intéressée ne sera plus recevable à obtenir une indemnisation dans le cadre de l'action de groupe mais qu'elle pourra toujours agir en indemnisation de ses préjudices à titre individuel ;
– qu'en cas d'adhésion la personne intéressée ne pourra plus agir individuellement à l'encontre de la personne déclarée responsable en réparation du préjudice déjà indemnisé dans le cadre de l'action de groupe mais qu'elle pourra toujours agir en indemnisation de ses autres préjudices ;
– que la personne intéressée doit produire tout document utile au soutien de sa demande.

ADHÉSION AU GROUPE

L'adhésion au groupe doit prendre la forme d'une demande de réparation. Elle peut être faite **54120**
par tout moyen permettant d'en accuser la réception, selon les **modalités** et dans le délai déterminés par le juge, auprès de l'une des parties à l'instance lorsqu'il est fait application de la procédure individuelle de réparation des préjudices (n° 54130) et auprès du demandeur à l'action lorsqu'il est fait application de la procédure collective de liquidation des préjudices (n° 54135).
Elle doit notamment **contenir** les nom, prénoms, domicile de la personne intéressée ainsi que, le cas échéant, une adresse électronique à laquelle elle accepte de recevoir les informations relatives à la procédure. Cette demande doit justifier que les critères de rattachement au groupe sont remplis (CPC art. 849-14).
Les **personnes** susceptibles d'appartenir au groupe **qui n'y ont pas adhéré dans le délai** prévu dans le jugement et dans les conditions prévues ne sont plus recevables à demander leur indemnisation dans le cadre de l'action de groupe et ne sont pas représentées par le demandeur à l'action (CPC art. 849-16).

Le **mandat aux fins d'indemnisation** donné au demandeur à l'action par l'effet de l'adhésion au **54125**
groupe vaut pouvoir d'accomplir au nom de celle-ci tous actes de procédure et diligences en vue d'obtenir la réparation du préjudice subi par elle et entrant dans le champ de l'action de groupe, notamment pour l'exercice des voies de recours. Ce mandat emporte avance par le demandeur à l'action de toutes les dépenses et frais liés à la procédure et représentation des personnes intéressées lors du déroulement d'éventuelles mesures d'instruction et lors de l'action en justice tendant à la réparation du préjudice subi. La personne intéressée peut mettre un terme au mandat à tout moment. Elle doit en informer le demandeur à l'action par tout moyen permettant d'en accuser la réception et celle-ci en avise la personne déclarée responsable sans délai. La révocation du mandat emporte renonciation à l'adhésion au groupe (CPC art. 849-17).

PROCÉDURE INDIVIDUELLE DE RÉPARATION DES PRÉJUDICES EN CAS D'ACTION DE GROUPE

Quand le juge a décidé que les préjudices seraient réparés individuellement, les personnes sou- **54130**
haitant adhérer au groupe doivent **adresser leur demande** soit à la personne déclarée responsable, soit à l'association, qui reçoit ainsi mandat aux fins d'indemnisation. Ce mandat ne vaut ni n'implique adhésion à l'association (Loi 2016-1547 art. 69).
Lorsque la personne intéressée adresse directement la demande de réparation à la personne déclarée responsable, elle doit en informer le demandeur à l'action ou le demandeur de son choix en cas de pluralité de demandeurs (CPC art. 849-15).
La personne déclarée responsable doit alors procéder à l'indemnisation individuelle (Loi 2016-1547 art. 70).
Les personnes dont la **demande d'indemnisation** individuelle n'est **pas satisfaite** peuvent saisir le juge ayant statué sur la responsabilité, en vue de la réparation de leur préjudice (Loi 2016-1547 art. 71).

PROCÉDURE COLLECTIVE DE RÉPARATION DES PRÉJUDICES EN CAS D'ACTION DE GROUPE

Lorsque l'association qui agit le demande et que les éléments produits ainsi que la nature des **54135**
préjudices le permettent, le juge peut décider la mise en œuvre d'une procédure collective de liquidation des préjudices. À cette fin, le juge doit habiliter l'**association** à **négocier, avec la personne poursuivie**, l'indemnisation des préjudices subis par chacune des personnes constituant le groupe (Loi 2016-1547 art. 68, al. 1 et 2).
Une procédure collective de réparation des préjudices n'est pas possible en cas d'**action de groupe « santé »** car la mise en œuvre du jugement et la réparation des préjudices doivent s'exercer dans le cadre de la procédure individuelle (CSP art. L 1143-11).
Les personnes intéressées peuvent se joindre au groupe en se déclarant auprès de l'association, qui est chargée de solliciter auprès du responsable la réparation du dommage. L'adhésion au

groupe vaut mandat au profit de l'association aux fins d'indemnisation. Pour ce faire, l'association doit négocier le montant de l'indemnisation avec la personne poursuivie, dans les limites fixées par le jugement. Le mandat ne vaut ni n'implique adhésion à l'association (Loi 2016-1547 art. 72).
Dans un délai qui ne peut pas être inférieur à celui fixé par le jugement pour l'adhésion au groupe, le juge doit être saisi aux fins d'**homologation de l'accord sur l'indemnisation**, éventuellement partiel, intervenu entre les parties et accepté par les membres du groupe concernés (Loi 2016-1547 art. 73, al. 1 et 2).
En l'absence d'accord total, le juge doit être saisi aux fins de liquidation des préjudices subsistants. À défaut de saisine du tribunal à l'expiration d'un délai d'un an à compter du jour où le jugement a acquis force de chose jugée, les membres du groupe peuvent adresser une demande de réparation à la personne déclarée responsable. La procédure individuelle de réparation des préjudices s'applique alors (Loi 2016-1547 art. 73, al. 3).

MÉDIATION DANS LE CADRE D'UNE ACTION DE GROUPE

54140 L'association habilitée à initier l'action de groupe peut participer à une médiation, dans les **conditions générales de la médiation** (Loi 95-125 du 8-2-1995, chapitre 1er, titre II), afin d'obtenir la réparation des préjudices individuels (Loi art. 2016-1547 art. 75).
Tout **accord** négocié au nom du groupe doit être soumis à l'**homologation** du juge, qui vérifie s'il est conforme aux intérêts de ceux auxquels il a vocation à s'appliquer et lui donne force exécutoire. Cet accord doit préciser les mesures de **publicité** nécessaires pour informer de son existence les personnes susceptibles d'être indemnisées sur son fondement, ainsi que les délais et modalités pour en bénéficier (Loi art. 2016-1547 art. 76).

E. Règles particulières à l'action de groupe « santé »

TEXTES APPLICABLES À L'ACTION DE GROUPE « SANTÉ »

54150 Outre le **tronc commun procédural** applicable à différentes actions de groupe, dont l'action de groupe en matière de santé (nos 54070 s.), cette action obéit à quelques règles spécifiques (CSP art. L1143-1 s. et R 1143-1 s.).

QUALITÉ POUR EXERCER UNE ACTION DE GROUPE « SANTÉ »

54152 Seule une **association** d'usagers du système de santé **agréée** par les pouvoirs publics (CSP art. L 1114-1) peut engager l'action (CSP art. L 1143-2, al. 1).
Il résulte du renvoi à l'article L 1114-1 que peuvent indifféremment agir les associations de santé agréées au **niveau national ou régional**, ce qui représente environ 500 associations (plus de 50 pour la seule Île-de-France).
L'action n'est pas ouverte aux **associations** ayant pour **activité annexe** la **commercialisation** de produits à finalité sanitaire destinés à l'homme ou de produits à finalité cosmétique (CSP art. L 1143-2, al. 2).

OBJET DE LA DEMANDE ET INTRODUCTION DE L'ACTION DE GROUPE « SANTÉ »

54155 L'action de groupe est ouverte pour la **réparation des préjudices individuels** subis par des usagers du système de santé placés dans une **situation similaire ou identique** et ayant pour cause commune un **manquement** d'un producteur ou d'un fournisseur de produits sanitaires ou cosmétiques ou encore d'un prestataire utilisant l'un de ces produits à leurs obligations légales ou contractuelles (CSP art. L 1143-2, al. 1).
L'action ne peut porter que sur les préjudices résultant de **dommages corporels** subis par des usagers du système de santé (CSP art. L 1143-2, al. 3).
Les dommages doivent avoir été causés par des **produits sanitaires et cosmétiques**. La **liste** des produits concernés est longue (CSP art. L 5311-1, II). Elle englobe **notamment** les médicaments, préparations, huiles essentielles et plantes médicinales, les dispositifs médicaux, les produits sanguins labiles, les organes, tissus, cellules, les produits cosmétiques et de tatouage et aussi les logiciels utilisés par les laboratoires de biologie médicale et les logiciels d'aide à la prescription.
L'action étant liée à l'**utilisation de produits** sanitaires ou cosmétiques, les prestations de services (actes médicaux, chirurgicaux, soins esthétiques) qui occasionneraient des dommages corporels sans lien avec l'utilisation d'un produit ne peuvent pas faire l'objet d'une action de groupe.

Contrairement à certaines autres actions de groupe, l'engagement de l'action n'est pas soumis à la **mise en demeure** préalable du professionnel (CSP art. L 1143-2, dernier al.).

PERSONNES SUSCEPTIBLES D'ÊTRE MISES EN CAUSE DANS LE CADRE D'UNE ACTION DE GROUPE « SANTÉ »

Les personnes qui sont susceptibles d'être mises en cause en raison d'un dommage causé par un produit sanitaire ou cosmétique sont (CSP art. L 1143-2, al. 1) : **54160**
– les producteurs ;
– les fournisseurs ;
– les prestataires utilisant ces produits.
Ainsi, pour les médicaments, la personne susceptible d'être mise en cause peut aussi bien être le laboratoire pharmaceutique le produisant, le grossiste en assurant la commercialisation, ou encore l'établissement de santé ou le médecin l'administrant à l'usager. Il peut donc s'agir d'une **personne physique ou morale**, de droit privé ou de droit public (Rapport AN n° 2673 p. 745).

ASSISTANCE DE L'ASSOCIATION EN CAS D'ACTION DE GROUPE « SANTÉ »

L'association peut être assistée, avec l'autorisation du juge, par un avocat ou par un huissier ou commissaire de justice (CSP art. L 1143-12 et R 1143-2). Ces derniers interviennent notamment pour gérer les demandes d'adhésion au groupe et d'indemnisation que l'association reçoit. **54165**

JUGEMENT SUR LA RESPONSABILITÉ ET SUR LA RÉPARATION DES PRÉJUDICES EN CAS D'ACTION DE GROUPE « SANTÉ »

Dans la même décision, le juge doit constater que les **conditions de l'action** sont réunies et doit statuer sur la **responsabilité** du professionnel au vu des **cas individuels** qui doivent être présentés par l'association. Il doit définir le **groupe** des usagers du système de santé à l'égard desquels la responsabilité du professionnel est engagée et fixer les critères de rattachement à ce groupe (CSP art. L 1143-3, al. 1). **54170**
Le juge doit aussi déterminer les **dommages corporels** susceptibles d'être réparés pour les usagers constituant le groupe qu'il a défini. Il peut ordonner toute **mesure d'instruction**, y compris une expertise médicale (CSP art. L 1143-3, al. 2 et 3).

Le juge peut condamner le professionnel au paiement d'une **provision** à valoir sur les frais non compris dans les dépens exposés par l'association, y compris ceux afférents aux personnes désignées pour assister l'association (n° 54165). Il peut également ordonner, lorsqu'il la juge nécessaire et compatible avec la nature de l'affaire, la **consignation** à la Caisse des dépôts et consignations d'une partie des sommes qui sont dues par le professionnel (CSP art. L 1143-5). **54172**

Le juge doit fixer le **délai** dont disposent les usagers du système de santé remplissant les critères de rattachement et souhaitant se prévaloir du jugement **pour adhérer au groupe** afin d'obtenir la réparation de leurs préjudices. Ce délai, qui ne peut pas être inférieur à six mois ni supérieur à cinq ans, commence à courir à compter de l'achèvement des mesures de publicité ordonnées (CSP art. L 1143-4, al. 1). **54174**

La **demande** de réparation doit être adressée, au choix de l'**usager**, soit à la personne reconnue responsable, soit à l'**association**, qui reçoit alors **mandat** aux fins d'indemnisation (CSP art. L 1143-4, al. 2). **54176**

> **Précisions** L'usager qui donne mandat à l'association doit lui indiquer, le cas échéant, sa qualité d'assuré social ainsi que les **organismes de sécurité sociale** auxquels il est affilié pour les divers risques. Il doit lui indiquer également les prestations reçues ou à recevoir de ces organismes et des **autres tiers payeurs** en raison du dommage subi, afin que ceux-ci puissent faire valoir leurs créances contre le responsable. L'association doit informer du mandat reçu les organismes de sécurité sociale et les tiers payeurs concernés (CSP art. L 1143-4, al. 3).

MÉDIATION DANS LE CADRE D'UNE ACTION DE GROUPE « SANTÉ »

Le juge saisi de l'action de groupe peut, avec l'accord de toutes les parties, donner mission à un médiateur, dans les **conditions générales** de la médiation fixées par la loi 95-125 du 8 février 1995, de proposer une convention qui réglera les conditions de l'indemnisation amiable des dommages. Il doit fixer la **durée de la mission du médiateur** dans la limite de trois mois. Il peut la prolonger une fois, dans la même limite, à la demande du médiateur (CSP art. L 1143-6). **54180**
Le **médiateur** doit être choisi par le juge sur une **liste** établie par arrêté du ministre chargé de la santé. Le juge peut décider que le médiateur sera assisté d'une **commission de médiation** (CSP art. L 1143-7, al. 1).

Il appartient au médiateur de définir les modalités de **fonctionnement** de la commission (CSP art. R 1143-3, dernier al.).

La commission de médiation doit comprendre, outre le médiateur désigné par le juge, qui en assure la présidence, les **membres suivants**, nommés par ordonnance du juge (CSP art. R 1143-3) :

– deux experts professionnels de santé, proposés par le médiateur et choisis sur la liste des experts judiciaires ou des médecins agréés, compétents dans la ou les pathologies susceptibles d'être imputables au produit de santé en cause ;

– une personnalité qualifiée dans le domaine de la réparation des préjudices corporels, proposée par le médiateur ;

– un professionnel de santé compétent dans la ou les pathologies susceptibles d'être imputables au produit de santé en cause, proposé par l'association exerçant l'action ;

– un professionnel de santé compétent dans la ou les pathologies susceptibles d'être imputables au produit de santé en cause, proposé par le producteur ou le fournisseur du produit concerné, ou le prestataire ayant utilisé ce produit ;

– un représentant des entreprises pratiquant l'assurance de responsabilité médicale des professionnels et établissements de santé (CSP art. L 1142-2), proposé par le médiateur ;

– un représentant de l'Office national d'indemnisation des accidents médicaux, des affections iatrogènes et des infections nosocomiales (Oniam), désigné par le président de cet office ;

– un représentant des organismes de sécurité sociale, désigné par le directeur de l'Union nationale des caisses de sécurité sociale.

Les décisions du juge concernant le recours à la médiation et l'assistance par la commission de la médiation ne sont pas susceptibles de recours (CSP art. L 1143-10, al. 2).

Le médiateur et les membres de la commission sont tenus au **secret professionnel** concernant les documents et informations qu'ils reçoivent et les discussions qui se tiennent dans le cadre des travaux de la commission, dans les conditions et sous les peines prévues aux articles 226-13 et 226-14 du Code pénal (CSP art. L 1143-7, al. 2).

54185 Qu'elle comporte ou non la détermination des responsabilités, la convention d'indemnisation amiable doit fixer les conditions dans lesquelles les professionnels mis en cause assurent aux personnes qui ont subi un dommage corporel en raison d'un ou de plusieurs faits qu'elle doit identifier la réparation de leur préjudice. Elle doit **préciser notamment** (CSP art. L 1143-8) :

– si les éléments à la disposition des parties et la nature des préjudices le permettent, le type de dommages corporels susceptibles de résulter du ou des faits identifiés ;

– les modalités des expertises individuelles contradictoires ;

– les conditions dans lesquelles la charge des expertises est supportée par les professionnels mis en cause ;

– les conditions dans lesquelles les offres transactionnelles individuelles sont présentées aux victimes ainsi qu'aux tiers payeurs qui ont supporté des frais du fait des dommages subis par ces victimes ;

– le délai dans lequel doivent intervenir les demandes de réparation pour bénéficier des conditions de la convention ;

– les modalités de suivi du dispositif ;

– les mesures de publicité que les professionnels mis en cause doivent mettre en œuvre pour informer les usagers du système de santé concerné de l'existence de la convention, de la possibilité de demander réparation aux conditions qu'elle fixe ainsi que du délai et des modalités applicables.

54190 La **convention d'indemnisation** amiable doit être proposée aux parties par le médiateur. Elle doit être **acceptée** par l'association et l'une au moins des personnes mises en cause et être **homologuée** par le juge saisi de l'action de groupe (CSP art. L 1143-9).

L'homologation de la convention met fin à l'action entre les parties signataires de celle-ci (CSP art. L 1143-10, al. 1).

F. Règles particulières à l'action de groupe « discrimination »

ACTION DE GROUPE EN CAS DE DISCRIMINATION NON IMPUTABLE À UN EMPLOYEUR

Une **association** régulièrement déclarée depuis cinq ans au moins intervenant dans la **lutte contre les discriminations** ou œuvrant dans le domaine du handicap peut agir devant une juridiction civile afin d'établir que plusieurs personnes physiques font l'objet d'une discrimination directe ou indirecte, fondée sur un même motif et imputable à une même personne. Peuvent agir aux mêmes fins les associations régulièrement déclarées depuis cinq ans au moins dont l'objet statutaire comporte la **défense d'un intérêt lésé par la discrimination** en cause. L'action peut tendre à la **cessation du manquement** et, le cas échéant, en cas de manquement, à la **réparation des préjudices** subis (Loi 2008-496 du 27-5-2008 art. 10, I). 54220

Outre aux principes énoncés par l'article 10, I de la loi 2008-496 précité, l'action de groupe « discrimination » obéit aux règles de procédure communes (n°s 54070 s.).

> **Précisions** Constitue une **discrimination directe** la situation dans laquelle, sur le fondement de son origine, de son sexe, de sa situation de famille, de sa grossesse, de son apparence physique, de la particulière vulnérabilité résultant de sa situation économique, apparente ou connue de son auteur, de son patronyme, de son lieu de résidence ou de sa domiciliation bancaire, de son état de santé, de sa perte d'autonomie, de son handicap, de ses caractéristiques génétiques, de ses mœurs, de son orientation sexuelle, de son identité de genre, de son âge, de ses opinions politiques, de ses activités syndicales, de sa capacité à s'exprimer dans une langue autre que le français, de son appartenance ou de sa non-appartenance, vraie ou supposée, à une ethnie, une nation, une prétendue race ou une religion déterminée, une personne est traitée de manière moins favorable qu'une autre ne l'est, ne l'a été ou ne l'aura été dans une situation comparable. Constitue une **discrimination indirecte** une disposition, un critère ou une pratique neutre en apparence, mais susceptible d'entraîner, pour l'un des motifs mentionnés ci-dessus, un désavantage particulier pour des personnes par rapport à d'autres personnes, à moins que cette disposition, ce critère ou cette pratique ne soit objectivement justifié par un but légitime et que les moyens pour réaliser ce but ne soient nécessaires et appropriés (Loi du 27-5-2008 art. 1).

ACTION DE GROUPE EN CAS DE DISCRIMINATION IMPUTABLE À UN EMPLOYEUR

Une **organisation syndicale** de salariés représentative peut agir devant une juridiction civile afin d'établir que plusieurs **candidats à un emploi**, à un stage ou à une période de formation en entreprise **ou plusieurs salariés** font l'objet d'une discrimination, directe ou indirecte (C. trav. art. L 1132-1 et loi 2008-496 du 27-5-2008 art. 1), fondée sur un même motif et imputable à un même employeur (C. trav. art. L 1134-7, al. 1). Une **association** déclarée depuis au moins cinq ans intervenant dans la lutte contre les discriminations ou œuvrant dans le domaine du handicap peut agir aux mêmes fins, pour la défense des intérêts de plusieurs candidats à un emploi ou à un stage en entreprise (C. trav. art. L 1134-7, al. 2). Pour la **définition de la discrimination** directe et indirecte, voir n° 54220. 54230

L'action peut tendre à la **cessation du manquement** et, le cas échéant, en cas de manquement, à la **réparation des préjudices** subis (C. trav. art. L 1134-8 et L 1134-10).

Sous réserve des dispositions spécifiques du Code du travail, l'action de groupe « discrimination » obéit aux règles communes de la procédure d'action de groupe (n°s 54070 s.).

Préalablement à l'engagement de l'action de groupe, ses initiateurs doivent demander à l'employeur de **faire cesser la situation** de discrimination alléguée, par tout moyen conférant date certaine à cette demande. Dans le **délai** d'un mois à compter de la réception de la demande, l'employeur doit en informer le comité social et économique, ainsi que les organisations syndicales représentatives dans l'entreprise. Sur demande de l'une de ces institutions, l'employeur doit engager une discussion sur les mesures permettant de faire cesser la situation de discrimination alléguée. L'**action peut être introduite** à l'expiration d'un **délai** de six mois à compter de la demande tendant à faire cesser la situation ou à compter de la notification par l'employeur du rejet de la demande (C. trav. art. L 1134-9). 54232

54234 Lorsque l'action tend à la réparation des préjudices subis, elle doit s'exercer dans le cadre de la **procédure individuelle de réparation** (n° 54130). Le tribunal judiciaire connaît des demandes en réparation des préjudices subis du fait de la discrimination auxquelles l'employeur n'a pas fait droit (C. trav. art. L 1134-10).
Sauf en ce qui concerne les candidats à un emploi, à un stage ou à une période de formation, les **seuls préjudices indemnisables** dans le cadre de l'action de groupe sont ceux nés après la réception de la demande adressée à l'employeur de faire cession la situation (n° 54232).

G. Règles particulières à l'action de groupe « environnement »

TEXTES APPLICABLES À L'ACTION DE GROUPE « ENVIRONNEMENT »

54250 Sous réserve des règles particulières du Code de l'environnement énoncées ici, l'action de groupe obéit aux règles communes de procédure applicables à différentes actions de groupe (nos 54070 s.).

OBJET DE L'ACTION DE GROUPE « ENVIRONNEMENT »

54252 Lorsque plusieurs personnes placées dans une situation similaire subissent des préjudices résultant d'un dommage dans les domaines mentionnés au Code de l'environnement (art. L 142-2), causé par une même personne, ayant pour cause commune un manquement de même nature à ses obligations légales ou contractuelles, une action de groupe peut être exercée devant une juridiction civile. Cette action peut tendre à la cessation du manquement, à la réparation des préjudices corporels et matériels résultant du dommage causé à l'environnement ou à ces deux fins (C. envir. art. L 142-3-1, II et III).

QUALITÉ POUR EXERCER UNE ACTION DE GROUPE « ENVIRONNEMENT »

54260 Peuvent exercer cette action les **associations** (C. envir. art. L 142-3-1, IV et R 142-10) :
– de protection de l'environnement agréées (C. envir. art. L 141-1) ;
– de consommateurs agréées ;
– agréées pour la défense des victimes d'accidents collectifs.
Peuvent aussi demander un agrément les **associations** dont l'objet statutaire comporte la défense des victimes de dommages corporels ou la défense des intérêts économiques de leurs membres, qui justifient de certaines **garanties et conditions**, notamment de représentativité suffisante et d'activité effective (C. envir. art. R 142-11). Ces conditions et la procédure d'agrément sont exposées dans le Code de l'environnement (art. R 142-11 à R 142-21).

H. Règles particulières à l'action de groupe « données personnelles »

TEXTES APPLICABLES À L'ACTION DE GROUPE « DONNÉES PERSONNELLES »

54270 Sous réserve des dispositions spécifiques énoncées ici, l'action de groupe « données personnelles » obéit aux règles communes de la procédure d'action de groupe (nos 54070 s.).

OBJET DE L'ACTION DE GROUPE « DONNÉES PERSONNELLES »

54272 Lorsque plusieurs **personnes physiques** placées dans une situation similaire subissent un dommage ayant pour cause commune un **manquement** de même nature aux dispositions du règlement 2016/679 du 27 avril 2016 ou de la loi « informatique et libertés » du 6 janvier 1978 **par un responsable de traitement de données à caractère personnel ou par un sous-traitant**, une action de groupe peut être exercée devant la juridiction compétente (Loi 78-17 du 6-1-1978 art. 37, II).
L'action peut être exercée en vue soit de **faire cesser le manquement** soit d'**engager la responsabilité** de la personne ayant causé le dommage afin d'obtenir la réparation des préjudices matériels et moraux subis, soit de ces deux fins. Toutefois, la responsabilité de la personne ayant causé le dommage ne peut être engagée que si le fait générateur du dommage est postérieur au 24 mai 2018 (Loi 78-17 art. 37, III).

QUALITÉ POUR EXERCER UNE ACTION DE GROUPE « DONNÉES PERSONNELLES »

54282 Peuvent seules exercer l'action (Loi 78-17 du 6-1-1978 art. 37, IV) :
– les **associations** régulièrement déclarées depuis cinq ans au moins ayant pour objet statutaire la **protection de la vie privée et la protection des données** à caractère personnel ;

– les associations de défense des **consommateurs** représentatives au niveau national et agréées (en application de l'article L 811-1 du Code de la consommation), lorsque le traitement de données à caractère personnel affecte des consommateurs ; **54282** (suite)
– les **organisations syndicales** de salariés ou de fonctionnaires représentatives (au sens des articles L 2122-1, L 2122-5 ou L 2122-9 du Code du travail ou de l'article 8 bis, III de la loi 83-634 du 13 juillet 1983 portant droits et obligations des fonctionnaires ou les syndicats représentatifs de magistrats de l'ordre judiciaire), lorsque le traitement de données affecte les intérêts des personnes que les statuts de ces organisations les chargent de défendre.

> **Précisions a.** Comme les associations de protection des données et de la vie privée, les **associations de consommateurs** doivent être **déclarées** depuis cinq ans au moins pour pouvoir exercer l'action (Loi 2016-1547 du 18-11-2016 art. 63).
> **b.** En cas de **défaillance de l'association ou du syndicat** qui a initié l'action, une autre association ou un autre syndicat ayant qualité à agir peut demander au juge à se substituer dans les droits de la première ou du premier (Loi 2016-1547 art. 81).

PARTIE 4

Dossiers

DOSSIER 1

MODES ALTERNATIFS DE RÉSOLUTION DES LITIGES

SOMMAIRE

CHAMP D'APPLICATION DE LA RÉSOLUTION AMIABLE

Les **parties** à un différend **peuvent** tenter de le résoudre de façon amiable **avant toute action en justice** avec l'assistance d'un médiateur, d'un conciliateur de justice ou, dans le cadre d'une procédure participative, de leurs avocats (CPC art. 1528). Elles peuvent également avoir recours au droit collaboratif (n° 55705). **55000**

Le **recours** à une tentative de conciliation, médiation ou à une procédure participative est parfois rendu **obligatoire,** avant toute saisine du juge, par une clause contractuelle (n°s 55100 s.) ou par un texte légal ou réglementaire régissant la matière en cause ou la juridiction saisie (n° 4240). Dans ce dernier cas, l'**acte introductif d'instance** doit contenir, sous peine de nullité, certaines mentions relatives aux diligences entreprises en vue de parvenir à une résolution amiable du litige (n°s 4001 et 4021).

La médiation, la conciliation ainsi que la procédure participative (C. civ. art. 2062) peuvent également être tentées **une fois l'instance engagée.** Sur l'audience de règlement amiable instaurée par le décret 2023-686 du 29 juillet 2023, voir n°s 31150 s.

SECTION 1

MÉDIATION ET CONCILIATION

DÉFINITIONS

55010 La médiation s'entend de tout **processus structuré,** quelle qu'en soit la dénomination, par lequel deux ou plusieurs parties tentent de parvenir à un accord en vue de la **résolution amiable** de leurs différends, avec l'aide d'un tiers, le **médiateur,** choisi par elles ou désigné, avec leur accord, par le juge saisi du litige (Loi 95-125 du 8-2-1995 art. 21).

Cette définition, très large, englobe la procédure dite de conciliation dont les parties ou le juge choisissent de confier la conduite à un **conciliateur de justice** relevant du décret 78-381 du 20 mars 1978. La conciliation se distingue de la médiation au sens strict en ce que le rôle du conciliateur de justice est généralement plus directif que celui du médiateur dans la recherche de la résolution du différend. En outre, le conciliateur est toujours bénévole (Décret du 20-3-1978 art. 1er, al. 2), alors que le médiateur est rémunéré.

En tout état de cause, médiation et conciliation facilitent l'adoption d'une **solution consensuelle** satisfaisante pour chaque partie et permettent de renouer le dialogue, de comprendre l'origine du différend et de rechercher l'intérêt commun des parties. À cet égard, le rôle du médiateur ne consiste pas à trancher le litige comme le ferait un juge ou un arbitre ; le médiateur incite simplement les parties à rechercher une solution pour régler leur différend.

55011

Recours à la transaction pour régler un différend

Si les parties préfèrent régler leur différend **sans l'intervention d'un médiateur ou d'un conciliateur,** elles peuvent conclure une transaction dans les conditions définies aux articles 2044 et suivants du Code civil. Dans ce cas, elles établissent un **contrat** écrit par lequel elles terminent une contestation née ou préviennent une contestation à naître ; pour être valable, ce contrat doit comporter des concessions réciproques de chaque partie (C. civ. art. 2044).

La transaction peut porter sur **toutes matières,** même sur l'intérêt civil qui résulte d'un délit (C. civ. art. 2046, al. 1). Elle ne règle que les différends qui s'y trouvent compris soit par une manifestation expresse de l'intention des parties, soit de façon implicite, lorsque cette intention résulte d'une « suite nécessaire » de ce qui est exprimé dans la transaction (C. civ. art. 2049).

La transaction fait obstacle à l'introduction ou à la poursuite entre les parties d'une action en justice ayant le même objet (C. civ. art. 2052). Avant l'entrée en vigueur de la loi 2016-1547 du 18 novembre 2016, le texte attachait à la transaction « l'autorité de la chose jugée en dernier ressort ». La formulation issue de ce texte met fin à l'ambiguïté que créait cette référence à l'autorité de la chose jugée, s'agissant d'un acte qui n'est pas une décision de justice, mais comme auparavant ce qui a fait l'objet d'une transaction ne peut pas être rejugé.

L'exception de transaction constitue une fin de non-recevoir. La question de savoir si le juge peut la relever d'office, en se fondant sur l'article 125 du Code de procédure civile, qui ne lui reconnaît un tel pouvoir que pour les fins de non-recevoir tirées de l'autorité de la chose jugée devra être tranchée par les tribunaux.

Lorsqu'elle est conclue en cours de procès, la transaction éteint l'instance (CPC art. 384).

Afin de rendre la **transaction exécutoire,** la partie la plus diligente ou l'ensemble des parties peuvent **la faire homologuer par le juge** compétent pour connaître du contentieux dans la matière considérée (CPC art. 1565, al. 1 et 1567). Le contrôle du juge de l'homologation, qui ne porte que sur la nature de la convention qui lui est soumise et sur sa conformité à l'ordre public et aux bonnes mœurs (Cass. 2e civ. 26-5-2011 n° 06-19.527 FS-PB : Bull. civ. II n° 120 ; Cass. 1e civ. 14-9-2022 n° 17-15.388 FS-B : RJDA 12/22 n° 725), n'exclut pas celui opéré par le juge du fond saisi d'une contestation de la validité de la transaction (Cass. 1e civ. 14-9-2022 n° 17-15.388 FS-B, précité).

Si la transaction est contresignée par les avocats de chacune des parties, elle peut être revêtue de la **formule exécutoire par le greffe** de la juridiction compétente (CPC art. 1571 modifié par décret 2022-245 du 25-2-2022) selon la procédure exposée n° 55240 et constituera alors un titre exécutoire (C. exécution art. L 111-3, 7° modifié par loi 2021-1779 du 22-12-2021).

MÉDIATIONS ET CONCILIATIONS CONVENTIONNELLES OU JUDICIAIRES

La médiation et la conciliation peuvent prendre deux formes : elles sont dites « conventionnelles » lorsqu'elles interviennent **en dehors de toute procédure judiciaire,** que ce soit en exécution d'une convention ou, à défaut, à la demande des parties (CPC art. 1530 s.) ; elles sont judiciaires lorsqu'elles sont mises en œuvre **en cours d'instance,** à l'initiative des parties ou du juge (CPC art. 127 s.). **55012**

TEXTES APPLICABLES

La **médiation,** conventionnelle ou judiciaire, est soumise aux règles générales de la loi 95-125 du 8 février 1995 (art. 21 à 21-7 ; n°s 55152 s.), sans préjudice des règles complémentaires propres à certaines médiations ou à certains médiateurs (Loi 95-125 art. 21-1) : notamment règles prévues devant le tribunal judiciaire (n°s 31015 s.), règles sur la médiation en matière de consommation, de services financiers et d'assurance (n°s 55060 s.), etc. **55015**
La médiation conventionnelle est en outre régie par les articles 1532 à 1535 du Code de procédure civile ; la médiation judiciaire est quant à elle soumise aux articles 22 à 22-3 de la loi 95-125 et aux articles 131-1 à 131-15 du Code de procédure civile.
Les articles 1536 à 1541 du Code de procédure civile régissent la **conciliation** conventionnelle. La conciliation judiciaire est soumise aux articles 128 à 131 du même Code. En outre, certaines procédures de conciliation obéissent à des régimes spéciaux présentés :
– n°s 37100 s. pour les conciliations devant le conseil de prud'hommes en matière de litige individuel de travail ;
– n°s 39510 s. pour les conciliations devant le juge aux affaires familiales lorsque la requête en divorce a été introduite avant le 1er janvier 2021 ;
– n°s 50130 s. pour les conciliations devant le tribunal de commerce en matière de traitement des difficultés des entreprises ;
– n°s 45710 s. et 55500 s. pour les conciliations devant la commission départementale compétente en matière de bail commercial ou d'habitation.

DIMENSIONS MULTIPLES DE LA MÉDIATION

S'engager dans une médiation suppose d'aller au-delà de la seule **dimension juridique** du litige et de s'orienter vers une compréhension plus globale de celui-ci pour en intégrer toutes les **composantes,** notamment **sociologiques ou culturelles.** Par exemple, dans un litige opposant un fournisseur français à un client japonais à propos d'un retard de livraison, le fournisseur faisait valoir que le retard – de quelques heures seulement – qui lui était reproché par le client était indépendant de sa volonté et que ce dernier en tirait prétexte pour refuser de payer le solde de la facture. Une analyse strictement juridique aurait conduit à donner raison au fournisseur. Cependant, il était nécessaire d'entendre l'argument culturel du client japonais, attaché au strict respect des délais prévus même si leur non-respect n'entraînait aucun préjudice. Accepter d'entendre cet argument a permis aux parties de trouver une solution prenant en compte leurs contraintes respectives et de poursuivre leur relation commerciale (J.-Cl. Beaujour, L'avocat conseil de partie dans une procédure de médiation commerciale : Gaz. Pal. 13-15 janvier 2013 p. 12). **55035**

A. Médiation et conciliation conventionnelles

PRINCIPES GÉNÉRAUX

La médiation ou la conciliation conventionnelle s'entend de tout **processus** structuré par lequel deux ou plusieurs parties tentent de parvenir à un accord **en dehors de toute procédure judiciaire** en vue de la résolution amiable de leurs différends, avec l'aide d'un tiers qu'elles ont choisi et qui accomplit sa mission avec impartialité, compétence et diligence (CPC art. 1530). Le tiers désigné est appelé, selon le cas, médiateur ou conciliateur. **55050**
Les dispositions des articles 1528 et suivants du Code de procédure civile relatives à la médiation et à la conciliation conventionnelles s'appliquent aux différends relevant des juridictions de l'ordre judiciaire statuant en **matière civile, commerciale, sociale ou rurale,** sous réserve des règles spéciales à chaque matière et des dispositions particulières à chaque juridiction (CPC art. 1529, al. 1).
L'**intérêt** de ce mode amiable de règlement des différends est de rechercher une solution négociée et acceptable par l'ensemble des parties. Médiation et conciliation évitent ainsi l'aléa judiciaire et, si elles aboutissent, pérennisent leurs relations sur un mode coopératif.
Elles présentent aussi l'**avantage** d'être plus rapides (généralement entre trois et six mois) et moins coûteuses qu'un procès.

55052 Les parties peuvent convenir de recourir à la médiation ou à la conciliation **avant tout litige,** par une clause insérée dans le contrat qu'elles ont conclu, afin de régler les différends éventuels nés de l'exécution et, le cas échéant, de l'extinction de ce contrat (clause de médiation ou de conciliation préalable).

55054 Les parties peuvent aussi se mettre d'accord pour faire appel à un ou plusieurs médiateurs ou conciliateurs **une fois un litige né** mais **avant l'introduction d'une instance** : elles désignent alors conjointement ceux-ci pour tenter de résoudre leur différend, le cas échéant après avoir conclu une convention organisant la conduite de la médiation ou de la conciliation.

Le **délai de prescription** pour agir en justice est alors suspendu à compter du jour où, après la survenance du litige, les parties sont convenues de recourir à la médiation ou à la conciliation ou, à défaut d'accord écrit, à compter du jour de la première réunion de médiation ou de conciliation (C. civ. art. 2238, al. 1).

Le délai de prescription recommence à courir, pour une durée qui ne peut pas être inférieure à six mois, à compter de la date à laquelle soit l'une des parties ou les deux, soit le médiateur ou le conciliateur déclarent que la médiation ou la conciliation est terminée (C. civ. art. 2238, al. 2).

> **Précisions** La **saisine écrite d'un médiateur institutionnel** (celui de La Poste) doit être considérée comme marquant le début de la suspension du délai de prescription, conformément à l'article 2238 du Code civil. En effet, la mise en place d'un médiateur par La Poste caractérise sa volonté de recourir, par principe, à la médiation en cas de litige et la saisine du médiateur par lettre d'un cocontractant formalise son accord écrit prévu par l'article 2238 (Cass. com. 11-5-2022 n° 20-23.298 F-B : RJDA 10/22 n° 600).

LITIGES DE CONSOMMATION

55060 **Droit à la médiation** La médiation des litiges de consommation est soumise au régime spécifique du Code de la consommation (art. L 611-1 à L 616-3) et aux règles générales sur la médiation prévues par la loi 95-125 du 8 février 1995, lorsque ces règles ne sont pas contraires au régime spécifique.

Tout **consommateur** a le droit de **recourir gratuitement** à un médiateur de la consommation en vue de la résolution amiable d'un litige qui l'oppose à un professionnel. À cet effet, le professionnel doit garantir au consommateur le recours effectif à un dispositif de médiation de la consommation. Ce professionnel peut mettre en place son propre dispositif de médiation ou proposer au consommateur le recours à tout autre médiateur de la consommation répondant aux exigences légales. Lorsqu'il existe un médiateur de la consommation dont la compétence s'étend à l'ensemble des entreprises d'un domaine d'activité économique dont le professionnel relève, il doit toujours permettre au consommateur d'y recourir (C. consom. art. L 612-1).

La médiation n'est pas une obligation. Est interdite toute **clause ou convention obligeant** le consommateur, en cas de litige, à recourir obligatoirement à une médiation préalablement à la saisine du juge (C. consom. art. L 612-4). Jugé qu'est présumée abusive la clause contraignant le consommateur, en cas de litige avec un professionnel, à recourir obligatoirement à un mode alternatif de règlement des litiges avant la saisine du juge, sauf au professionnel à rapporter la preuve contraire ; il appartient au juge d'examiner d'office la régularité d'une telle clause (Cass. 3e civ. 19-1-2022 n° 21-11.095 FS-B : BPIM 2/22 inf. 119 ; Cass. 3e civ. 11-5-2022 n° 21-15.420 FS-B : BRDA 14/22 inf. 22 rendus à propos de contrats de maîtrise d'œuvre).

Tout médiateur de la consommation doit mettre en place un site internet consacré à la médiation et fournissant un accès direct aux informations relatives au processus de médiation. Ce site permettra aux consommateurs de **déposer en ligne une demande de médiation** accompagnée des documents justificatifs. Sur demande, ces informations peuvent être mises à disposition sur un autre support durable (C. consom. art. L 614-1).

En cas de **litige transfrontalier,** le consommateur doit bénéficier de l'assistance et des informations nécessaires pour être orienté vers l'entité de règlement extrajudiciaire des litiges de consommation compétente dans un autre État membre de l'Union européenne (C. consom. art. L 616-3).

Sur le régime particulier de la médiation en cas d'action de groupe menée par une association de consommateurs, voir nos 53975 s.

55065 **Champ d'application** Le processus de médiation peut s'appliquer aux litiges nés de **ventes** ou de **prestations de services** entre professionnel et consommateur.

Sont compris les litiges avec les établissements de **crédit,** les sociétés de financement, les établissements de monnaie électronique, les établissements de paiement, les entreprises d'**investissement,** les organismes et les intermédiaires d'**assurance** (C. mon. fin. art. L 316-1).

En revanche, ne sont pas considérés comme des litiges de consommation et sont donc exclus du processus, les services d'**intérêt général non économiques,** les services de **santé** fournis par des professionnels de la santé aux patients, y compris la fourniture de médicaments, et les prestataires publics de l'**enseignement supérieur** (C. consom. art. L 611-4).

En outre, la médiation des litiges de la consommation **ne s'applique pas** aux (C. consom. art. L 611-3) : **55067**
– litiges entre professionnels ;
– réclamations portées par le consommateur auprès du service clientèle du professionnel ;
– négociations directes entre le consommateur et le professionnel ;
– tentatives de conciliation ou de médiation ordonnées par un tribunal saisi du litige de consommation ;
– procédures introduites par un professionnel contre un consommateur.

Conditions d'examen par le médiateur Un litige ne peut pas être examiné par le médiateur de la consommation lorsque (C. consom. art. L 612-2, al. 1 à 5) : **55080**
– le consommateur ne justifie pas avoir tenté, au préalable, de **résoudre son litige directement** auprès du professionnel par une réclamation écrite selon les modalités prévues, le cas échéant, dans le contrat ;
– la demande est manifestement infondée ou abusive ;
– le litige a été précédemment examiné ou est en cours d'examen par un autre médiateur ou par un tribunal ;
– le consommateur a introduit sa demande auprès du médiateur dans un **délai supérieur à un an** à compter de sa réclamation écrite auprès du professionnel ;
– le litige n'entre pas dans son champ de compétence.
Le consommateur doit être informé par le médiateur, dans un délai de trois semaines à compter de la réception de son dossier, du rejet de sa demande de médiation (C. consom. art. L 612-2, dernier al.).

1. CLAUSE DE MÉDIATION OU DE CONCILIATION PRÉALABLE

LICÉITÉ DE LA CLAUSE

Les **parties à un contrat** peuvent prévoir qu'en cas de litige, elles **s'efforceront de s'entendre** amiablement, seules ou sous les auspices d'un médiateur ou conciliateur choisi d'un commun accord, **avant** de soumettre leur litige à un juge étatique ou arbitral. **55100**
Une telle clause, dénommée clause de médiation ou de conciliation préalable, est licite (Cass. ch. mixte 14-2-2003 n°s 00-19.423 et 00-19.424 : RJDA 5/03 n° 556).
La clause peut être insérée dans les **statuts d'une société** ou d'un **autre groupement** (association, GIE, etc.) pour régler les différends entre la société (ou le groupement) et ses membres ou entre ceux-ci (pour un GIE, Cass. com. 17-6-2003 n° 99-16.001 : RJDA 12/03 n° 1267 ; pour une société civile, Cass. com. 15-6-2010 n° 09-16.323 : RJDA 11/10 n° 1118). Elle peut être stipulée pour la solution d'un litige impliquant un établissement public à caractère industriel et commercial (Cass. 1e civ. 11-3-2020 n° 18-26.789 FS-PB : RJDA 8-9/20 n° 463).
En revanche, la clause n'a pas vocation à régler les différends mettant en jeu la responsabilité prévue de plein droit par la loi (Cass. 3e civ. 23-5-2019 n° 18-15.286 FS-PBI : responsabilité de l'architecte sur le fondement de l'art. 1792 du Code civil).

ATTENTION

En raison de l'existence en matière prud'homale d'une procédure de conciliation préliminaire et obligatoire, la clause de conciliation préalable insérée dans un **contrat de travail** n'empêche par les parties de saisir directement le juge prud'homal de leur différend (Cass. soc. 5-12-2012 n° 11-20.004 FP-PBR : RJS 2/13 n° 162). En revanche, insérée dans un contrat de collaboration libérale dont une partie demande la requalification en contrat de travail, la clause oblige les parties à une conciliation avant tout recours au juge (Cass. soc. 21-9-2022 n° 21-14.171 FS-B : RJS 12/22 n° 629).

Les parties peuvent prévoir dans leur convention que la médiation ou la conciliation devra être conduite conformément aux **règles établies par un organisme professionnel** indépendant : par exemple, le règlement du centre de médiation et d'arbitrage de la Chambre de commerce de Paris (disponible sur le site www.cmap.fr) ou les « amicable dispute resolution (ADR) rules » de la Chambre de commerce internationale (disponible sur le site www.iccwbo.org) ou encore le règlement de médiation de l'Institut d'Expertise, d'Arbitrage et de Médiation (disponible sur le site www.ieam.eu). **55101**

EFFICACITÉ DE LA CLAUSE

55102 La clause doit être directement insérée dans la **convention** faisant l'objet du litige pour que, le moment venu, en particulier dans l'hypothèse où une juridiction serait prématurément saisie, ce fruit d'un véritable accord de volontés des parties s'impose aussi au juge au nom de la force obligatoire tirée de l'article 1103 du Code civil. Il ne suffit pas que la clause se réfère à des usages professionnels prévoyant des contrats types ou qu'elle renvoie à des modèles de contrats relatant ce préalable amiable (Cass. 1e civ. 6-5-2003 n° 01-01.291 : RJDA 2/04 n° 256).

La clause doit être **dépourvue d'ambiguïté** et **prévoir de manière expresse** que la discussion transactionnelle constitue un préalable obligatoire à la saisine éventuelle du juge (Cass. 1e civ. 6-2-2007 n° 05-17.573 : RJDA 6/08 n° 737 ; Cass. 3e civ. 23-5-2012 n° 10-27.596 : RDC 2013 p. 192 note C. Pelletier). L'obligation de recourir à la médiation ou à la conciliation n'existe en effet que si la clause l'impose sans équivoque aux parties.

55103 Par un arrêt très commenté, la chambre commerciale de la Cour de cassation a subordonné la qualification de clause de conciliation préalable et obligatoire à la présence de « **conditions particulières de mise en œuvre** » (Cass. com. 29-4-2014 n° 12-27.004 : RJDA 8-9/14 n° 736).

La troisième chambre civile de la Cour de cassation a, dans un arrêt postérieur, apprécié le caractère obligatoire de la clause de médiation de manière très souple, en jugeant qu'instituait bien une procédure de conciliation obligatoire et préalable à la saisine du juge la clause suivante : « pour tous les litiges pouvant survenir dans l'application du présent contrat, les parties s'engagent à solliciter l'avis d'un arbitre choisi d'un commun accord avant tout recours à une autre juridiction » (Cass. 3e civ. 19-5-2016 n° 15-14.464 FS-PB : RJDA 11/16 n° 831 ; voir également Cass. 3e civ. 16-11-2017 n° 16-24.642 FS-PB).

L'examen de la jurisprudence montre que la Cour de cassation n'exige pas que la clause décrive une procédure très précise. Ainsi, le seul accord des parties sur le principe d'une réunion préalable avant toute saisine du juge (Cass. com. 14-11-2018 n° 17-16.577 F-D analysé n° 55104) ou le fait que les modalités de désignation du tiers soient prévues (Cass. com. 19-6-2019 n° 17-28.804 F-D analysé n° 55104) suffit à qualifier d'obligatoire la clause de conciliation amiable.

55104 ILLUSTRATIONS

A été **qualifiée de clause de conciliation préalable et obligatoire** la clause stipulant que :

– « pour toute contestation qui s'élèverait entre les parties, relativement à l'interprétation ou à l'exécution de la convention, celles-ci s'engagent à soumettre leur différend, préalablement à toute instance judiciaire, à des conciliateurs désignés par chacune d'elles, à moins qu'elles ne s'entendent sur la désignation d'un conciliateur unique. Les conciliateurs s'efforceront de régler les difficultés et de faire accepter par les parties une solution amiable, dans un délai de deux mois au plus à compter de leur désignation » (clause insérée dans un acte de cession de parts sociales) (Cass. ch. mixte 14-2-2003 n° 00-19.423 P : RJDA 5/03 n° 556) ;

– « en cas de litige, les parties s'engagent à trouver un accord amiable avec l'arbitrage de la Fedimag » (Fédération nationale des prestataires logistiques et des magasins généraux) et que, « à défaut d'accord amiable, compétence est attribuée au tribunal de commerce (...) nonobstant pluralité des parties » (Cass. com. 30-5-2018 n° 16-26.403 FS-PB : RJDA 8-9/18 n° 692) ;

– en cas de litige relatif au contrat, les parties convenaient de se réunir dans les sept jours à compter de la réception d'une lettre recommandée avec demande d'avis de réception notifiant le litige, envoyée par la partie la plus diligente à l'autre partie, en vue de trouver une solution amiable et que si, au terme d'un délai d'un mois à compter de la date de la première réunion entre les parties, celles-ci ne parvenaient pas à se mettre d'accord sur une solution amiable, le litige pourrait alors être soumis par la partie la plus diligente aux tribunaux compétents de Paris auxquels les parties attribuaient exclusivement compétence (Cass. com. 14-11-2018 n° 17-16.577 F-D : RJDA 2/19 n° 150) ;

– « si certaines clauses du présent contrat ne peuvent être respectées, totalement ou partiellement, ou s'il y a divergence d'interprétation et désaccord, les parties tenteront de trouver une solution amiable dans un délai d'un mois du fait générateur soit entre elles, soit par l'intermédiaire d'un tiers nommé par M. le président du tribunal de commerce de Lille statuant en la forme des référés (désormais procédure accélérée au fond) et sans recours possible, à moins que les parties ne le désignent d'un commun accord », les juges du fond ayant relevé que cette clause contenant l'obligation d'une tentative préalable de règlement amiable prévoyait des conditions particulières de sa mise en œuvre puisque le tiers doit être désigné soit d'un commun accord entre les parties, soit par le président du tribunal de commerce en la forme des référés (Cass. com. 19-6-2019 n° 17-28.804 F-D : RJDA 10/19 n° 663) ;

– « Les parties poursuivront une résolution à l'amiable de tout litige concernant la formation, l'exécution ou l'interprétation du contrat. En l'absence d'un accord à l'amiable dans les 30 jours ouvrables suivant la notification du litige envoyée par l'une des parties à l'autre partie, le litige sera porté devant la juridiction du tribunal de commerce de Paris par la première

partie qui le ferait ». En effet, il résultait des termes de la clause que les parties étaient convenues d'une phase préalable de résolution à l'amiable du litige, cette phase amiable étant rendue impérative par le terme « poursuivront » qui ne laissait pas de marge d'appréciation ; ce n'était qu'en l'absence d'accord amiable dans les « 30 jours ouvrables suivant la notification du litige envoyée par l'une des parties à l'autre partie », que le litige pouvait être porté devant le tribunal de commerce de Paris ; par ailleurs, selon la clause, la notification du litige devait être « envoyée », ce qui écartait les notifications orales, mais permettait toute forme de correspondance entre les parties telle que des courriels, messages par WhatsApp ou SMS, dès lors qu'ils contenaient une « notification du litige » et ouvraient la phase de résolution amiable de 30 jours (CA Paris 10-1-2023 n° 21/09460 : RJDA 7/23 n° 410).
En revanche, n'impose **pas une conciliation obligatoire et préalable** à la saisine du juge la clause qui stipule que :
– en cas de litige les parties doivent « s'efforcer de trouver une solution à l'amiable » : une telle « procédure », destinée à rapprocher les parties et à favoriser la conclusion d'un accord amiable, n'étant pas considérée comme une formalité préalable et obligatoire (CA Paris 19-10-2010 n° 08/13182) ;
– les parties sont invitées à « coopérer avec diligence et bonne foi en vue de trouver une solution à leur différend [...] dans un délai de 45 jours à compter de la naissance de ce différend », une telle clause ne faisant que rappeler l'obligation générale d'exécuter de bonne foi les contrats et de tenter une résolution amiable des litiges (Cass. com. 20-10-2021 n° 20-13.819 F-D : RJDA 2/22 n° 118) ;
– en cas de litige, les parties conviennent, préalablement à toute instance judiciaire, de soumettre leurs différends à un conciliateur désigné qui sera missionné par le président de la Chambre des notaires, la cour d'appel ayant relevé, par une interprétation souveraine exclusive de dénaturation que l'ambiguïté des termes de l'acte de vente rendait nécessaire, que les parties n'avaient pas fait de l'inobservation de la clause de conciliation une fin de non-recevoir (Cass. 3e civ. 23-5-2012 n° 10-27.596 FS-D) ;
– « en cas de litige, les parties conviennent, préalablement à toute instance judiciaire, de soumettre leur différend au conciliateur qui sera missionné par la chambre des notaires », une telle clause rédigée de manière elliptique en termes très généraux, n'étant qu'une clause de style (Cass. 3e civ. 11-7-2019 n° 18-13.460 F-D : RJDA 10/19 n° 662) ;
– que les litiges éventuels entre un membre de l'ordre des experts-comptables et son client pourront être portés, avant toute action judiciaire, devant le président du conseil régional de l'ordre compétent aux fins de conciliation (Cass. com. 27-5-2021 n° 19-16.363 F-D : RJDA 12/21 n° 803).
N'institue pas non plus une procédure de conciliation préalable à la saisine du juge une norme professionnelle libellée ainsi : « pour le règlement des contestations qui peuvent s'élever à l'occasion de l'exécution ou du règlement du marché, les parties contractantes doivent se consulter pour soumettre leur différend à un arbitrage ou pour refuser l'arbitrage » (Cass. 1e civ. 6-2-2007 n° 05-17.573 F-PB : RJDA 6/08 n° 737).

Seuls les **litiges dont la nature est précisée par la clause** doivent être soumis à la médiation ou à la conciliation. Ainsi, une conciliation organisée pour régler les difficultés soulevées par l'exécution ou l'interprétation d'un contrat ne concerne pas la rupture de celui-ci, de sorte que le litige né de cette rupture peut être porté devant le juge sans conciliation préalable (CA Paris 3-5-2017 n° 15/24950). De même, une clause qui prévoit une médiation préalable pour les litiges concernant l'extinction d'un contrat déterminé ne s'applique pas à un litige né de la rupture d'une relation commerciale ayant débuté entre les parties plusieurs années avant ce contrat (Cass. com. 12-6-2012 n° 11-18.852 : RJDA 8-9/12 n° 805). **55105**
En présence d'une clause qui ne s'applique qu'aux **litiges nés de l'exécution** (et, si la clause le prévoit, de l'extinction) **du contrat,** la médiation ou la conciliation ne peut porter que sur les obligations des parties au regard de l'article 1103 du Code civil. Elle n'a pas vocation à régler les différends mettant en jeu la **responsabilité d'une partie** dans les conditions prévues par le Code civil (Cass. 3e civ. 23-5-2007 n° 06-15.668 : RJDA 10/08 n° 1073, rendu en matière de responsabilité d'un architecte fondée sur les articles 1792 s. du Code civil).
Pour la première chambre civile de la Cour de cassation, la clause d'un contrat instituant une procédure de conciliation obligatoire et préalable à **toute instance judiciaire** s'impose au juge, quelle que soit la nature de cette instance, de sorte que la banque prêteuse ne pourrait pas engager contre l'emprunteur défaillant une action en **saisie** et vente de l'immeuble sans suivre auparavant la procédure de conciliation (Cass. 1e civ. 1-10-2014 n° 13-17.920 : RJDA 1/15 n° 58). Elle a également jugé, s'agissant d'un contrat entre un office public d'habitations à loyer modéré (OPHLM) et une société d'économie mixte prévoyant qu'en cas de désaccord sur son exécution les parties feraient appel à un conciliateur, que si la stipulation contractuelle subordonnant la saisine du juge à la mise en œuvre d'une procédure préalable de conciliation faisait obstacle à ce que la société saisisse directement le juge d'une contestation, elle s'opposait également à ce

que l'OPHLM émette directement un titre exécutoire pour le règlement de sommes correspondant à l'exécution du contrat (Cass. 1e civ. 11-3-2020 n° 18-26.789 FS-PB : RJDA 8-9/20 n° 463). En revanche, la deuxième chambre civile a jugé que la clause de médiation préalable ne pouvait pas, en l'absence de stipulation expresse en ce sens, faire obstacle à l'accomplissement d'une **mesure d'exécution forcée** (Cass. 2e civ. 22-6-2017 n° 16-11.975 FS-PB : RJDA 11/17 n° 770).

CONSEIL

En raison de cette incertitude jurisprudentielle, les parties ont intérêt à prévoir expressément si la clause s'applique aux mesures d'exécution.

55107 MODÈLE

Clause de médiation

Désignation d'un médiateur personne physique : En cas de survenance d'un différend à propos de la validité, l'interprétation, l'exécution ou la cessation du présent contrat, les parties tenteront d'abord de le résoudre à l'amiable.

En cas d'échec, le différend sera soumis avant toute procédure judiciaire à la médiation de M..., domicilié..., à la requête de la partie la plus diligente. Si celui-ci ne peut pas mener à bien cette mission, le différend sera soumis à la médiation de M..., domicilié...

Les parties pourront se faire représenter devant le médiateur par toute personne de leur choix. La médiation prendra fin dès que le médiateur aura communiqué aux parties sa proposition de règlement du litige ou si aucune proposition ne leur est communiquée dans les... mois qui suivent la désignation du médiateur.

La médiation pourra également prendre fin à la demande d'une partie si l'autre partie ne se présente pas ou ne se fait pas représenter devant le médiateur à la suite de la convocation qui lui aura été adressée.

La proposition de règlement du litige établie par le médiateur ne vaudra accord des parties que si celles-ci la signent.

Les frais et honoraires du médiateur seront répartis par moitié entre les parties.

Désignation d'un centre de médiation : Les différends qui viendraient à se produire à propos de la validité, l'interprétation, l'exécution ou la cessation du présent contrat seront soumis avant toute procédure judiciaire à la médiation du... (*désigner le centre choisi*)

Cette médiation sera conduite conformément aux règles établies par le... (*centre choisi*), en vigueur à la date de naissance du différend et auxquelles les parties déclarent adhérer.

MISE EN ŒUVRE DE LA CLAUSE

55110 Les parties doivent appliquer la clause en respectant les conditions de sa mise en œuvre relatives notamment au **nombre de médiateurs** prévu et aux **modalités de leur désignation** (par exemple, nomination par tel centre ou chambre de médiation ou encore désignation d'un médiateur par chacune des parties au sein de l'ordre professionnel dont elles relèvent). Seul le respect de ces conditions autorise les parties à saisir la justice en cas d'échec de la médiation ; le recours à un médiateur ou à un conciliateur non prévu par la clause est donc inopérant (Cass. 1e civ. 30-10-2007 n° 06-13.366 : RJDA 2/08 n° 210).

Lorsque le juge se fonde sur une clause invoquée par une partie, mais estime qu'une de ses conditions d'application n'est pas remplie, alors même que cette condition n'était pas discutée par les parties, il doit inviter les parties à présenter leurs observations sur ce point (Cass. com. 19-6-2019 n° 17-28.804 F-D : RJDA 10/19 n° 663).

L'**obligation** des parties de se soumettre à la médiation n'est que **de moyens,** les parties n'étant pas obligées d'aboutir à un accord. Néanmoins, une fois la médiation engagée, les parties doivent s'engager dans une démarche active de recherche de solution amiable (Cass. com. 6-7-2022 n° 20-20.085 F-B : BRDA 17/22 inf. 11) et y prendre part de **bonne foi.** En présence d'une partie de mauvaise foi, l'autre peut à notre avis valablement mettre fin de façon prématurée à la médiation et saisir le juge sans attendre le terme de celle-ci (en ce sens, Fr. Bérenger, Les clauses de conciliation obligatoire et préalable à la saisine du juge : Administrer février 2013 p. 20 n° 29).

55112 La mise en œuvre de la clause suspend jusqu'à l'issue de la médiation ou de la conciliation le **délai de prescription** pour agir en justice (Cass. ch. mixte 14-2-2003 nos 00-19.423 et 00-19.424 : RJDA 5/03 n° 556 ; Cass. com. 17-6-2003 n° 99-16.001 : RJDA 12/03 n° 1267 ; Cass. 1e civ. 27-1-2004 n° 00-22.320 : RJDA 10/04 n° 1179). Cette solution évite qu'une partie ait recours à la médiation pour différer de façon dilatoire l'exercice de l'action en justice et se prévale ensuite de l'extinction de celle-ci par la prescription. Il a été jugé que le fait de limiter la durée de la suspension du délai de prescription lors d'un processus de médiation est de nature à priver les parties de leur droit d'accès au juge en les empêchant d'entamer une procédure judiciaire ou arbitrale concernant le litige qui les oppose, du fait de l'expiration du délai de prescription durant le processus

(Cass. 1e civ. 9-6-2017 n° 16-12.457 FS-PBI). Le délai de prescription doit ainsi être suspendu pendant toute la durée de la médiation ou de la conciliation.

VIOLATION DE LA CLAUSE

Le moyen tiré du défaut de mise en œuvre de la clause constitue une **fin de non-recevoir** qui s'impose au juge si les parties l'invoquent (Cass. ch. mixte 12-12-2014 n° 13-19.684 PBRI : RJDA 3/15 n° 226 ; Cass. ch. mixte 14-2-2003 n° 00-19.423 : RJDA 5/03 n° 556 ; Cass. com. 17-6-2003 n° 99-16.001 : RJDA 12/03 n° 1267) ; l'action en justice engagée en violation de la clause est alors irrecevable (Cass. ch. mixte 14-2-2003 n° 00-19.423 précité ; Cass. com. 15-6-2010 n° 09-16.323 : RJDA 11/10 n° 1118 ; Cass. 3e civ. 19-5-2016 n° 15-14.464 FS-PB : RJDA 11/16 n° 831), une partie n'étant pas admise à refuser par avance une médiation qui n'a pas encore été mise en œuvre (Cass. 1e civ. 8-4-2009 n° 08-13.306 : Bull. civ. I n° 76). La prétention soumise au juge en méconnaissance d'une obligation générale et préalable de conciliation, prévue dans le Code de déontologie d'un ordre professionnel, est irrecevable, peu important qu'aucune stipulation contractuelle n'instituât ce préalable (Cass. 1e civ. 29-3-2017 n° 16-16.585 F-PB). 55115

Il n'est pas nécessaire de démontrer un **grief** et la fin de non-recevoir s'impose à toutes les juridictions (même au juge de l'exécution lorsqu'un créancier se prévaut directement d'un titre exécutoire notarié : Cass. 1e civ. 1-10-2014 n° 13-17.920 : RJDA 1/15 n° 58).

ATTENTION

Pour les **cautionnements** souscrits **depuis le 1er janvier 2022,** la caution peut opposer au créancier toutes les exceptions qui sont personnelles au débiteur (C. civ. art. 2298, al. 1) et donc y compris la clause de conciliation d'un contrat de prêt ou de garantie de passif.

Pour les cautionnements souscrits **avant cette date,** s'applique la jurisprudence de la chambre commerciale de la Cour de cassation aux termes de laquelle la fin de non-recevoir tirée du défaut de mise en œuvre d'une telle clause ne concerne que les modalités d'exercice de l'action du créancier contre le débiteur principal et non la dette de remboursement elle-même dont la caution est tenue ; elle ne constitue donc pas une exception inhérente à la dette que la caution peut opposer (sw;&-0.3Cass. com. 13-10-2015 n° 14-19.734 FS-PBI : RJDA 12/15 n° 865 ; Cass. com. 9-5-2018 n° 16-20.212 F-D : RJDA 8-9/18 n° 679 à propos d'une clause figurant dans d'un contrat de prêt ; Cass. com. 6-7-2022 n° 20-20.085 F-B : RJDA 11/22 n° 658 à propos d'une clause figurant dans une garantie de passif).

La fin de non-recevoir ne peut être soulevée efficacement par une partie que si celle-ci n'a pas **renoncé** à opposer la clause à l'autre partie. Toutefois, la renonciation à se prévaloir de la clause doit être claire et non équivoque. Elle ne peut pas se déduire du simple comportement du défendeur qui n'a pas opposé la clause de conciliation préalable en première instance, et s'est défendu au fond. En effet, la clause peut être invoquée à tout **moment,** même à hauteur d'appel (Cass. com. 22-2-2005 n° 02-11.519 : RTD civ. 2005 p. 450 obs. R. Perrot ; Cass. 3e civ. 25-11-2014 n° 13-23.784 : RDC 2015 p. 311 note C. Pelletier).

Des initiatives judiciaires simplement préparatoires peuvent être envisagées en ce qu'elles ne compromettent pas le déroulement de la tentative d'issue amiable. La clause ne fait pas obstacle à l'exercice d'une action fondée sur l'article 145 du Code de procédure civile (demande de **mesure d'instruction** sur requête ou en référé avant tout procès) **dans le but de réunir des preuves** et d'interrompre un délai (Cass. 3e civ. 28-3-2007 n° 06-13.209 : Bull. civ. III n° 43). 55117

Sur la possibilité de mettre en œuvre une **mesure d'exécution forcée,** voir n° 55105.

Une fois le juge régulièrement saisi par l'un des cocontractants, la recevabilité d'une **demande reconventionnelle** n'est pas, sauf stipulation contraire, subordonnée à la mise en œuvre d'une procédure contractuelle de médiation préalable à la saisine du juge (Cass. com. 24-5-2017 n° 15-25.457 FS-PBI : RJDA 10/17 n° 605). 55118

Une clause de conciliation préalable peut toutefois s'appliquer à une demande reconventionnelle en justice lorsque la demande principale est relative à un contrat ne comportant pas de clause de conciliation préalable et la demande reconventionnelle relative à un autre contrat en contenant une (Cass. 2e civ. 30-5-2018 n° 16-26.403 FS-PB : RJDA 8-9/18 n° 692). En présence de deux contrats différents, la demande reconventionnelle visant le contrat contenant la clause de conciliation préalable doit donc faire l'objet d'une procédure de conciliation dès lors que le juge n'était pas saisi d'une demande principale ayant pour objet ce contrat.

Régularisation La situation donnant lieu à la fin de non-recevoir tirée du défaut de mise en œuvre d'une clause contractuelle qui institue une procédure obligatoire et préalable à la saisine du juge, favorisant une solution du litige par le recours à un tiers, n'est pas susceptible d'être régularisée par la **mise en œuvre de la clause en cours d'instance** (Cass. ch. mixte 12-12-2014 n° 13-19.684 : RJDA 3/15 n° 226 ; Cass. 3e civ. 6-10-2016 n° 15-17.989 F-PB : RJDA 1/17 n° 53 ; Cass. 3e civ. 16-11-2017 n° 16-24.642 FS-PB). 55120

CONSEIL

En pratique, **les parties à un contrat doivent vérifier,** avant de saisir le juge, que le contrat ne contient pas de clause de médiation ou de conciliation préalable. À défaut, une fois l'instance engagée, il est trop tard. Si l'irrecevabilité est soulevée, le demandeur n'aura d'autre **solution** que de se désister de l'instance en cours, de mettre en œuvre la procédure de médiation et d'engager une nouvelle procédure en cas d'échec de celle-ci.

2. RECOURS À UN MÉDIATEUR

DÉSIGNATION DU MÉDIATEUR

55150 Le médiateur choisi par les parties peut être une personne physique ou morale. Dans ce dernier cas, il désigne, avec l'accord des parties, la personne physique chargée d'accomplir la mission de médiation (CPC art. 1532).

La personne conduisant la médiation doit satisfaire aux **conditions** suivantes (CPC art. 1533) :

– ne pas avoir fait l'objet d'une condamnation, d'une incapacité ou d'une déchéance mentionnées sur le bulletin n° 3 du casier judiciaire ;

– posséder, par l'exercice présent ou passé d'une activité, la qualification requise eu égard à la nature du différend ou justifier, selon le cas, d'une formation ou d'une expérience adaptée à la pratique de la médiation.

Sur les règles de conduite de la médiation, voir n°s 55152 s.

55152 **Conduite de la médiation** Le médiateur doit accomplir sa mission avec **impartialité, compétence, indépendance** et **diligence** (Loi 95-125 du 8-2-1995 art. 21-2 modifié par loi 2021-1729 du 22-12-2021).

Sauf accord contraire des parties, la médiation est soumise au principe de **confidentialité.** Les constatations du médiateur et les déclarations recueillies au cours de la médiation ne peuvent être divulguées aux tiers ou produites dans le cadre d'une instance judiciaire ou arbitrale qu'avec l'accord des parties (Loi 95-125 art. 21-3, al. 1 et 2). En dehors des cas dérogatoires prévus par la loi (n° 55154), l'atteinte à l'obligation de confidentialité de la médiation impose que les pièces produites sans l'accord de la partie adverse soient, au besoin d'office, écartées des débats par le juge (Cass. 2e civ. 9-6-2022 n° 19-21.798 FS-B : RJDA 8-9/22 n° 528).

En outre, si le médiateur ou l'une des parties révélait aux tiers des informations sur le déroulement de la médiation, sa responsabilité serait engagée à l'égard de la partie lésée.

55154 Le **principe** de confidentialité énoncé ci-dessus est toutefois **écarté** dans les cas suivants (Loi 95-125 du 8-2-1995 art. 21-3, al. 3 s.) :

– en présence de raisons impérieuses d'ordre public ou de motifs liés à la protection de l'intérêt supérieur d'un enfant ou à l'intégrité physique ou psychologique d'une personne ;

– lorsque la révélation de l'existence ou la divulgation du contenu de l'accord issu de la médiation est nécessaire à sa mise en œuvre ou à son exécution.

3. RECOURS À UN CONCILIATEUR DE JUSTICE

RÈGLES GÉNÉRALES

55180 Les conciliateurs de justice institués par le décret 78-381 du 20 mars 1978 peuvent être **saisis** sans forme par toute personne physique ou morale (CPC art. 1536).

Avec l'accord des parties, un conciliateur saisi peut s'adjoindre le **concours d'un autre conciliateur** (CPC art. 1539).

STATUT DU CONCILIATEUR

55185 Les conciliateurs sont inscrits sur une **liste** établie dans le ressort de chaque cour d'appel (les listes peuvent être consultées sur le site www.conciliateurs.fr). Ils sont nommés par le premier président de la cour d'appel (Décret 78-381 du 20-3-1978 art. 3, al. 1) parmi les personnes qui justifient d'une formation ou d'une expérience juridique et dont les compétences les qualifient particulièrement pour l'exercice de la mission de conciliation (Décret 78-381 art. 2, al. 2). Les conciliateurs doivent **jouir de leurs droits** civils et politiques et n'être investis d'aucun **mandat électif** dans le ressort dans lequel ils exercent leurs fonctions (Décret 78-381 art. 2, al. 1 modifié par décret 2022-880 du 10-6-2022). Ne peuvent être chargés des fonctions de conciliateur de justice les officiers publics et ministériels et les personnes qui exercent, à quelque titre que ce soit, des activités judiciaires ou qui participent au fonctionnement du service de la justice (Décret 78-381 art. 2, al. 3 modifié par décret 2022-880). Il en résulte que, à l'exception de la médiation de la consommation introduite par l'ordonnance 2015-1033 du 20 août 2015 relative au règlement extrajudiciaire

des litiges de consommation dans le Code de la consommation, toute fonction de médiateur, habituelle ou occasionnelle, rémunérée ou bénévole est incompatible avec la fonction de conciliateur de justice (Cass. 2e civ. 15-12-2022 n° 22-60.140 F-B).
Ils exercent ces fonctions à titre bénévole (Décret 78-381 art. 1, al. 2). La **gratuité** du recours au conciliateur est considérée comme un élément essentiel du succès de l'institution auprès du justiciable, lequel évite ainsi le coût d'un procès. Une remise en cause de ce principe n'est pas envisagée car elle mettrait les conciliateurs en concurrence avec d'autres professionnels susceptibles d'offrir des services de même nature et obligerait à encadrer davantage l'exercice de la mission de conciliateur, ce qui nuirait à la souplesse de l'institution (Rép. Christ : AN 25-12-2012 n° 2680).

DÉROULEMENT DE LA CONCILIATION

Le conciliateur **invite,** le cas échéant, les intéressés à se rendre devant lui (en pratique, au tribunal, au local municipal ou à la maison de la justice et du droit où le conciliateur dispose d'un bureau). Les parties peuvent **se faire accompagner** d'une personne majeure de leur choix (CPC art. 1537). **55190**
Le conciliateur de justice peut aussi **se rendre sur les lieux** avec l'accord des parties et entendre toute personne dont l'**audition** lui paraît utile, sous réserve de l'acceptation de celles-ci (CPC art. 1538).

4. ACCORD ISSU DE LA MÉDIATION OU DE LA CONCILIATION

CONSTAT D'ACCORD

En cas de conciliation, même partielle, il peut être établi un constat d'accord signé par les parties et le conciliateur (CPC art. 1540, al. 1) ou le cas échéant par les deux conciliateurs (CPC art. 1539). **55220**
La conciliation peut également être consignée dans un constat signé par le conciliateur lorsque les parties ont formalisé les termes de leur accord hors la présence du conciliateur (CPC art. 1540, al. 1).
La rédaction d'un constat est obligatoire lorsque la conciliation a pour effet la renonciation à un droit (CPC art. 1540, al. 2). Un exemplaire du constat est remis à chaque intéressé et un autre doit être déposé par le conciliateur au greffe du tribunal judiciaire (CPC art. 1540, al. 3).

En aucun cas l'**accord issu de la médiation** ne peut porter atteinte à des droits dont les parties n'ont pas la libre disposition (Loi 95-125 du 8-2-1995 art. 21-4), tels que l'état et la capacité des personnes. **55226**

L'accord auquel parviennent les parties à une médiation ou une conciliation peut être soumis, aux fins de le **rendre exécutoire,** à l' homologation du juge (nos 55230 s.) ou, s'il est contresigné par les avocats de chacune des parties, à l'opposition de la formule exécutoire par le greffe (n° 55240). **55228**

HOMOLOGATION JUDICIAIRE

L'accord auquel parviennent les parties à une médiation ou à une conciliation peut être soumis, aux fins de le rendre exécutoire, à l'homologation du **juge compétent** pour connaître du contentieux dans la matière considérée (CPC art. 1565, al. 1). L'accord sur la rémunération du médiateur (n° 55405) peut être rendu exécutoire dans les mêmes conditions, à la demande d'une partie ou du médiateur, par le juge qui a ordonné la médiation (CPC art. 1565, al. 2 issu du décret 2022-245 du 25-2-2022). Le juge à qui est soumis l'accord ne peut pas en modifier les termes (CPC art. 1565, al. 3). **55230**
La demande tendant à l'homologation est présentée au juge par **requête** de l'ensemble des parties à la médiation ou à la conciliation ou de l'une d'elles, avec l'accord exprès des autres (CPC art. 1534 et 1541).
Le juge statue sans débat sur la requête qui lui est présentée, sauf s'il estime nécessaire d'entendre les parties. S'il est fait droit à la requête, tout intéressé peut en référer au juge qui a rendu la décision (CPC art. 1566, al. 1 et 2).
Lorsque l'accord issu de la médiation a été rendu exécutoire par une **juridiction** ou une autorité **d'un autre État membre** de l'Union européenne, il est reconnu et déclaré exécutoire en France dans les conditions prévues par les articles 509-2 à 509-7 du Code de procédure civile (CPC art. 1535).

En l'**absence d'homologation** de l'accord (soit parce qu'une partie s'est opposée à la demande d'homologation, soit parce que le juge a refusé d'homologuer l'accord), celui-ci n'a qu'une valeur contractuelle entre les parties. Cet accord peut valoir comme transaction si les conditions de validité de cette convention sont respectées (n° 55010). **55235**

La décision du juge qui refuse d'homologuer l'accord peut faire l'objet d'un appel formé par déclaration au greffe de la cour d'appel et jugé selon la procédure gracieuse (CPC art. 1566, al. 3).

APPOSITION DE LA FORMULE EXÉCUTOIRE PAR LE GREFFE

55240 Lorsque l'accord auquel sont parvenues les parties à une médiation ou à une conciliation prend la forme d'un **acte contresigné par les avocats** de chacune des parties, cet acte peut être revêtu, à la demande d'une partie, de la formule exécutoire (CPC art. 1568 al. 1 modifié par décret 2022-245 du 25-2-2022). L'acte constitue alors un titre exécutoire (C. exécution art. L 111-3, 7° modifié par loi 2021-1779 du 22-12-2021).
La **demande** est **formée** par écrit, en double exemplaire, auprès du greffe de la juridiction du domicile du demandeur matériellement compétente pour connaître du contentieux de la matière dont relève l'accord (CPC art. 1568 al. 2 modifié par décret 2022-245).
Le greffier n'appose la formule exécutoire qu'après avoir vérifié sa compétence et la nature de l'acte (CPC art. 1568, al. 3).

ATTENTION

Lorsque l'accord porte sur les **modalités d'exercice de l'autorité parentale,** il est fait mention dans l'acte de ce que le mineur capable de discernement a été avisé de son droit à être entendu et, le cas échéant, qu'il n'a pas souhaité faire usage de cette faculté. À défaut, le greffier rejette la demande (CPC art. 1568-1 issu du décret 2022-245).

L'acte contresigné par avocats et revêtu de la formule exécutoire, ou la décision de refus du greffier, est remis ou adressé au demandeur par lettre simple, un double de la demande ainsi que la copie de l'acte et, le cas échéant, la décision de refus du greffier étant conservés au greffe (CPC art. 1569 issu du décret 2022-245).
Toute personne intéressée peut former une **demande** aux fins **de suppression de la formule exécutoire** devant la juridiction dont le greffe a apposé cette formule. La demande est formée, instruite et jugée selon les règles de la procédure accélérée au fond (CPC art. 1570 modifié par décret 2022-245).

B. Médiation et conciliation judiciaires

55310 Une fois l'**action** en justice **engagée,** une médiation ou une conciliation peut être mise en œuvre devant le juge dans les conditions présentées ci-après.

1. CONCILIATION JUDICIAIRE

55350 Hors les cas prévus par l'article 750-1 du Code de procédure civile où les parties ont l'obligation de tenter une résolution amiable du litige avant de saisir le tribunal judiciaire (n°s 31015 s.), le juge peut proposer une mesure de conciliation aux parties qui ne justifieraient pas de diligences entreprises pour parvenir à une telle résolution (CPC art. 127).
Par ailleurs, les parties peuvent se concilier d'elles-mêmes ou à l'initiative du juge **tout au long de l'instance** (CPC art. 128). Lorsque c'est le juge qui en prend l'initiative, la conciliation peut être tentée au lieu et au moment qu'il estime favorables et selon les modalités qu'il fixe (CPC art. 129). Il n'a pas à solliciter un mandat des parties à cette fin (Cass. 1e civ. 8-3-2005 n° 02-17.578 : Bull. civ. I n° 122). Si la conciliation aboutit à un **accord,** les parties peuvent demander au juge d'en faire le constat (CPC art. 129-1).
Le **juge** qui doit procéder à une tentative préalable de conciliation peut **enjoindre** aux parties de rencontrer un conciliateur de justice qui les informera sur l'objet et le déroulement de la conciliation, dans les conditions prévues par l'article 22-1 de la loi 95-125 du 8 février 1995 sur la médiation (CPC art. 129, al. 2).

55352 La conciliation entrant dans la mission du juge, celui-ci peut la mener lui-même. Il peut aussi, en vertu d'une disposition particulière, en **déléguer** la conduite **à un conciliateur de justice** relevant du décret 78-381 du 20 mars 1978 (n° 55185), en fixant la **durée** de sa mission, laquelle ne peut pas excéder trois mois mais peut être renouvelée une fois pour une même durée, à la demande du conciliateur (CPC art. 129-2).
Les décisions prises par le juge dans le cadre de la délégation de la mission de conciliation sont des mesures d'administrations judiciaires (CPC art. 129-6).

INTERVENTION DU CONCILIATEUR DE JUSTICE

55355 Pour procéder à la tentative de conciliation, le conciliateur **convoque** en tant que de besoin les parties aux lieu, jour et heure qu'il détermine (en pratique, les parties sont convoquées au tribunal, dans un local municipal ou à la maison de la justice et du droit où le conciliateur dispose

d'un bureau). Devant le conciliateur, les **parties** peuvent être **assistées** par une personne ayant qualité pour le faire devant la juridiction ayant délégué la conciliation (CPC art. 129-3).
Le conciliateur peut, avec l'accord des parties, **se rendre sur les lieux** et entendre toute personne dont l'**audition** lui paraît utile, sous réserve de l'acceptation de celle-ci (CPC art. 129-4, al. 1).
Les **constatations du conciliateur** et les déclarations qu'il recueille ne peuvent être ni produites ni invoquées dans la suite de la procédure sans l'accord des parties ni, en tout état de cause, dans une autre instance (CPC art. 129-4, al. 2).
Le conciliateur tient le **juge informé** des difficultés qu'il rencontre dans l'accomplissement de sa mission, ainsi que de la réussite ou de l'échec de la conciliation (CPC art. 129-5, al. 1).

En principe, la **mission** du conciliateur **prend fin** à l'expiration de la durée fixée par le juge. **55357**
Toutefois, celui-ci peut y mettre fin à tout moment à la demande d'une partie ou à l'initiative du conciliateur. Le juge peut aussi prendre cette décision d'office lorsque le bon déroulement de la conciliation apparaît compromis. Le greffier en avise le conciliateur et les parties (CPC art. 129-5, al. 2).

Intervention fautive La **responsabilité de l'État** pourrait être engagée pour fonctionnement défectueux du service public de la justice s'il était prouvé que le conciliateur a favorisé l'une des parties ou s'il a agi dans l'intention de lui nuire. Par ailleurs, la **responsabilité du conciliateur** pourrait être engagée dans les conditions de droit commun (C. civ. art. 1240) si celui-ci commettait une faute personnelle dans l'exercice de ses fonctions. Dans ce cas, il pourrait appeler l'État en garantie (Rép. Zocchetto : Sén. 5-1-2012 n° 16745). **55360**

ACCORD ISSU DE LA CONCILIATION

En présence d'un accord, même partiel, à l'issue de la conciliation, la teneur de l'accord est consignée, selon le cas, dans un **procès-verbal** signé par les parties et le juge ou dans un **constat** signé par les parties et le conciliateur de justice (CPC art. 130). **55365**
Les extraits du procès-verbal valent **titre exécutoire** (CPC art. 131, al. 1) mais pas le constat d'accord. Afin de rendre le constat d'accord exécutoire, les parties peuvent le soumettre à l'**homologation du juge,** laquelle relève de la matière gracieuse. Le juge est saisi par les deux parties ou par la plus diligente d'entre elles. Il statue sur la requête qui lui est présentée sans débat, à moins qu'il n'estime nécessaire d'entendre les parties à l'audience (CPC art. 131, al. 2). Si l'accord est contresigné par les avocats de chacune des parties, la **formule exécutoire** peut être **apposée par le greffe** de la juridiction compétente (CPC art. 1568 modifié par décret 2022-245 du 25-2-2022), sans avoir à solliciter l'homologation du juge. Sur la procédure applicable à l'apposition de la formule exécutoire par le greffe, voir n° 55240.
À défaut d'homologation par le juge ou d'apposition de la formule exécutoire par le greffe, le constat d'accord n'a qu'une valeur contractuelle entre les parties. Il peut valoir comme transaction si les conditions de validité de cette convention sont respectées (n° 55010).

2. MÉDIATION JUDICIAIRE

Hors les cas prévus par l'article 750-1 du Code de procédure civile où les parties ont l'obligation de tenter une résolution amiable du litige avant de saisir le tribunal judiciaire (n°s 31015 s.), le **juge** peut **proposer** une mesure de médiation aux parties qui ne justifieraient pas de diligences entreprises pour parvenir à une telle résolution (CPC art. 127). **55390**
Par ailleurs, le juge saisi d'un litige peut, avec l'accord des parties, **ordonner une médiation**, en tout état de la procédure, y compris en référé (Loi 95-125 du 8-2-1995 art. 22 ; CPC art. 131-1 modifié par décret 2022-245 du 25-2-222), et même devant la Cour de cassation (CPC art. 1012, al. 3 issu du décret 2022-245 ; pour une application, Cass. com. 22-6-2022 n° 20-11.846 FS-B). Il peut également en tout état de la procédure, y compris en référé, lorsqu'il estime qu'une résolution amiable du litige est possible, s'il n'a pas recueilli l'accord des parties, leur **enjoindre de rencontrer un médiateur** qu'il désigne (Loi 95-125 art. 22-1), dans un délai qu'il détermine (CPC art. 127-1 issu du décret 2022-245).
La médiation **porte sur** tout ou partie du litige (CPC art. 131-2, al. 1). En aucun cas elle ne dessaisit le juge, qui peut prendre à tout moment les autres mesures qui lui paraissent nécessaires dans le cadre de l'instance en cours (CPC art. 131-2, al. 2).
Sur la médiation en matière familiale, voir n°s 39025 s.

DÉCISION DU JUGE

La décision du juge **enjoignant aux parties de rencontrer un médiateur ou ordonnant une médiation** est une mesure d'administration judiciaire (CPC art. 127-1 issu du décret 2022-245 du 25-2-222 et art. 131-15 modifié par décret 2022-245). Il en est de même de la décision qui renouvelle la mission du médiateur ou qui y met fin (CPC art. 131-15 modifié par décret 2022-245). **55391**

ATTENTION

En cause d'**appel,** la décision qui enjoint aux parties de rencontrer un médiateur ou qui ordonne une médiation interrompt les **délais** impartis pour conclure et former appel incident mentionnés aux articles 905-2 et 908 à 910 du Code de procédure civile. L'**interruption** produit ses effets jusqu'à l'expiration de la mission du médiateur (CPC art. 910-2 modifié par décret 2022-245). Le délai pour conclure recommence à courir à compter de la date de fin de mission fixée par l'ordonnance désignant le médiateur, peu important que le médiateur n'ait pas remis de note de fin de mission ou que l'affaire n'ait pas été fixée à une audience de mise en état (Cass. 2e civ. 12-1-2023 n° 20-20.941 F-B).

55392 La **décision qui ordonne** une médiation **mentionne** l'accord des parties, désigne le médiateur et la durée initiale de sa mission et indique la date à laquelle l'affaire sera rappelée à l'audience (CPC art. 131-6, al. 1). Elle fixe également le montant de la provision à valoir sur la rémunération du médiateur (n° 55405).

Devant la **Cour de cassation**, la décision ordonnant la médiation est prise après le dépôt des mémoires et, s'il y a lieu, après avis du procureur général (CPC art. 1012, al. 3 issu du décret 2022-245 du 25-2-2022).

DURÉE DE LA MÉDIATION

55393 La **durée initiale** de la médiation est fixée par le juge (Loi 95-125 du 8-2-1995 art. 22-3, al. 1). Elle ne peut pas excéder trois mois à compter du jour où la provision à valoir sur la rémunération du médiateur est versée entre les mains de ce dernier (CPC art. 131-3 modifié par décret 2022-245 du 25-2-2022). Le juge peut la **renouveler** une fois, pour une même durée, à la demande du médiateur (CPC art. 131-3). Devant la Cour de cassation, le président de la formation à laquelle l'affaire a été distribuée fixe la durée de la médiation conformément à l'article 131-3, en considération de la date de l'audience qu'il a fixée (CPC art. 1012, al. 3 issu du décret 2022-245).

En principe, la **mission** du médiateur **prend fin** à l'expiration de la durée fixée par le juge. Toutefois, celui-ci peut y mettre fin à tout moment à la demande d'une partie ou à l'initiative du médiateur ou prendre cette décision d'office lorsque le bon déroulement de la médiation apparaît compromis ou lorsqu'elle est devenue sans objet (CPC art. 131-10, al. 1 et 2 modifié par décret 2022-245). Devant la Cour de cassation, la formation restreinte est compétente pour mettre fin à la mission du médiateur (CPC art. 1014, al. 3 issu du décret 2022-245).

Dans tous les cas, l'affaire doit être préalablement rappelée à une **audience** à laquelle les parties sont convoquées à la diligence du greffe par lettre recommandée AR. À cette audience, le juge, s'il met fin à la mission du médiateur, peut poursuivre l'instance. Le médiateur est informé de la décision (CPC art. 131-10, al. 3 et 4). Doit être censurée la cour d'appel qui rappelle l'affaire à l'audience avant l'expiration de la période de médiation et rend une décision sur le fond sans avoir au préalable mis fin à cette médiation (Cass. soc. 14-1-2014 n° 12-28.295 : Bull. civ. V n° 9).

Devant la Cour de cassation, l'affaire est appelée à la date d'audience fixée par le président de la formation à laquelle elle a initialement été distribuée (CPC art. 131-10, al. 5 issu du décret 2022-245).

> **Précisions** L'article 22-3 de la loi 95-125 n'est pas applicable lorsque le juge ordonne la médiation dans la décision statuant définitivement sur les modalités d'**exercice de l'autorité parentale** (Loi 95-125 art. 22-3, al. 3).

CHOIX DU MÉDIATEUR

55395 La médiation peut être **confiée à** une personne physique ou morale. Dans ce dernier cas, le représentant légal soumet à l'agrément du juge le nom de la ou des personnes physiques chargées d'assurer d'accomplir la mission de médiation (CPC art. 131-4).

La personne conduisant la médiation doit satisfaire aux **conditions** suivantes (CPC art. 131-5) :

– ne pas avoir fait l'objet d'une condamnation, d'une incapacité ou d'une déchéance mentionnées sur le bulletin n° 2 du casier judiciaire ;

– ne pas avoir été l'auteur de faits contraires à l'honneur, à la probité et aux bonnes mœurs ayant donné lieu à une sanction disciplinaire ou administrative de destitution, radiation, révocation, retrait d'agrément ou autorisation ;

– posséder, par l'exercice présent ou passé d'une activité, la qualification requise eu égard à la nature du litige ;

– justifier, selon le cas, d'une formation ou d'une expérience adaptée à la pratique de la médiation ;

– présenter les garanties d'indépendance nécessaires à l'exercice de la médiation.

CONDUITE DE LA MÉDIATION

Dès qu'il est informé par le greffe de la juridiction de sa désignation, le médiateur doit faire connaître sans délai au juge son **acceptation** (CPC art. 131-7, al. 2). Il informe les parties des modalités de versement de sa provision et ne les **convoque** qu'une fois qu'il l'a reçue (CPC art. 131-7, al. 2 et 3 modifié par décret 2022-245 du 25-2-2022). Les parties qui sont dispensées de ce versement en vertu des dispositions relatives à l'aide juridictionnelle lui en apportent la justification (CPC art. 131-7, al. 3 modifié). **55397**

Le **rôle** du médiateur est d'entendre les parties et de confronter leur point de vue pour leur permettre de trouver une solution au conflit qui les oppose (CPC art. 131-1, al. 2 modifié par décret 2022-245 du 25-2-2022). Les parties peuvent être assistées devant le médiateur par toute personne ayant qualité pour le faire devant la juridiction qui a ordonné la médiation (CPC art. 131-7, al. 4 issu du décret 2022-245). **55400**

Sur les règles générales applicables à la conduite de la médiation, voir n°s 55152 s.

Le médiateur ne dispose pas de **pouvoirs** d'instruction. Toutefois, il peut, avec l'accord des parties et pour les besoins de la médiation, entendre les tiers qui y consentent (CPC art. 131-8, al. 1).

Les **constatations du médiateur** et les déclarations qu'il recueille ne peuvent être ni produites ni invoquées dans la suite de la procédure sans l'accord des parties ni, en tout état de cause, dans une autre instance (CPC art. 131-14).

Le médiateur tient le juge informé des **difficultés** qu'il rencontre dans l'accomplissement de sa mission (CPC art. 131-9). **55402**

À l'expiration de sa mission, le **médiateur doit informer** par écrit le juge de ce que les parties sont ou non parvenues à trouver une solution au conflit qui les oppose. Le jour fixé, l'affaire revient devant le juge (CPC art. 131-11, al. 1). Devant la Cour de cassation, cette information est communiquée par le médiateur avant la date d'audience fixée par le président de la formation (CPC art. 131-11, al. 2 issu du décret 2022-245 du 25-2-2022).

FRAIS DE MÉDIATION

La décision qui désigne le médiateur fixe le montant de la **provision à valoir** sur sa **rémunération** à un niveau aussi proche que possible de la rémunération prévisible, ainsi que le délai dans lequel les parties qu'elle désigne procéderont à son versement, directement entre les mains du médiateur ; si plusieurs parties sont désignées, elle précise dans quelle proportion chacune effectuera le versement (CPC art. 131-6, al. 2 modifié par décret 2022-245 du 25-2-2022). À défaut de versement intégral de la provision dans le délai prescrit, la décision est caduque et l'instance se poursuit (CPC art. 131-6, al. 3 modifié par décret 2022-245). **55405**

La **rémunération définitive** du médiateur est fixée, à l'issue de sa mission, en **accord avec les parties.** Cet accord sur la rémunération peut être soumis à l'homologation du juge (CPC art. 131-13, al. 1 modifié par décret 2022-245 ; voir n° 55230). **À défaut d'accord**, la rémunération est fixée par le juge (CPC art. 131-13, al. 2 modifié par décret 2022-245). Si ce dernier envisage de fixer un montant inférieur à celui demandé par le médiateur, il doit l'inviter à formuler ses observations et, s'il y a lieu, le médiateur restitue aux parties la différence entre le montant de la provision et celui de sa rémunération (CPC art. 131-13, al. 3 modifié par décret 2022-245).

La **répartition finale des frais** de médiation est librement fixée par les parties. À défaut d'accord entre elles, ces frais doivent être répartis à parts égales, sauf si le juge estime qu'une telle répartition est inéquitable au regard de la situation économique des parties (Loi 95-125 du 8-2-1995 art. 22-2, al. 1 et 2 sur renvoi de l'art. 131-13, al. 4 du CPC modifié par décret 2022-245).

Le juge ordonne, s'il y a lieu, le versement de **sommes complémentaires** après déduction de la provision et désigne la ou les parties qui en ont la charge (CPC art. 131-13, al. 5 modifié par décret 2022-245).

Une **copie exécutoire** de la décision est délivrée au médiateur, sur sa demande (CPC art. 131-13, al. 6 modifié par décret 2022-245).

ACCORD ISSU DE LA MÉDIATION

À tout moment les parties, ou la plus diligente d'entre elles, peuvent soumettre à l'**homologation du juge** l'accord issu de la médiation. Le juge statue sur la requête qui lui est présentée sans débat, à moins qu'il n'estime nécessaire d'entendre les parties à l'audience (CPC art. 131-12 modifié par décret 2022-245 du 25-2-2022). L'homologation relève de la matière gracieuse (CPC art. 131-12, al. 2). Devant la Cour de cassation, la formation restreinte est compétente pour homologuer le constat d'accord (CPC art. 1014, al. 3 issu du décret 2022-245). **55410**

Si l'accord est contresigné par les avocats de chacune des parties, la **formule exécutoire** peut être **apposée par le greffe** de la juridiction compétente (CPC art. 1568 modifié par décret 2022-245),

sans avoir à solliciter l'homologation du juge. Sur la procédure applicable à l'apposition de la formule exécutoire par le greffe, voir n° 55240.
À défaut d'homologation par le juge ou d'apposition de la formule exécutoire par le greffe, l'accord n'a qu'une valeur contractuelle entre les parties. Il peut valoir comme transaction si les conditions de validité de cette convention sont respectées (n° 55010).

ATTENTION

En aucun cas l'accord issu de la médiation ne peut porter **atteinte à des droits** dont les parties n'ont pas la libre disposition (Loi 95-125 du 8-2-1995 art. 21-4), tels que l'état et la capacité des personnes.

C. Conciliation en matière de baux d'habitation

GÉNÉRALITÉS

55500 Certains litiges nés de l'exécution d'un bail d'habitation doivent être soumis à une **commission départementale de conciliation** composée de bailleurs et de locataires avant de pouvoir être tranchés par un tribunal. La commission s'efforce de concilier les parties et rend un avis sur le différend dont elle est saisie.

LITIGES CONCERNÉS

55505 Les **litiges nés de l'exécution du bail** qui doivent être soumis avant toute action en justice à la commission de conciliation compétente concernent (Loi 89-462 du 6-7-1989 art. 20) :
– le caractère décent du logement ;
– la fixation du loyer, sa révision ou sa réévaluation à l'occasion du renouvellement du bail ;
– les augmentations de loyers des baux de sortie de la loi de 1948 ;
– l'état des lieux, le dépôt de garantie, les charges locatives et les réparations ;
– les congés délivrés par le bailleur ou le locataire ;
– les difficultés résultant de l'application des accords collectifs nationaux ou locaux, du plan de concertation locative, des modalités de fonctionnement d'un immeuble ou d'un groupe d'immeubles.

En outre, la commission doit être saisie pour les litiges relatifs aux logements meublés à usage de résidence principale (Loi 89-462 art. 25-11).
L'essentiel des litiges portant sur la **fixation** et la **réévaluation du loyer,** nous leur consacrerons les développements qui suivent.

SAISINE DE LA COMMISSION

55508 La commission peut être saisie **par le bailleur ou le locataire** (ou, pour le règlement des difficultés, par le bailleur, plusieurs locataires ou une association représentative de locataires) (Loi 89-462 art. 20, al. 8). La saisine de commission par une **personne non habilitée** (qui n'est ni le locataire ni le bailleur ni un mandataire de l'une ou l'autre partie) équivaut à une absence de saisine qui rend irrecevable la demande en fixation d'un nouveau loyer (Cass. 3e civ. 28-5-2003 n° 01-13.387 : RJDA 8-9/03 n° 818).
La saisine a lieu **par lettre** recommandée AR ou par voie électronique (Décret 2001-653 du 19-7-2001 art 7, al. 1). Cette demande doit indiquer les nom, qualité et adresse des parties, ainsi que l'objet du litige (Décret 2001-653 art. 7, al. 2). Une saisine par lettre simple constitue une irrégularité de forme n'entraînant la nullité de la saisine que si la preuve d'un préjudice est rapportée (Cass. 3e civ. 14-11-2002 n° 01-10.282 : RJDA 2/03 n° 120).
La demande peut également être réalisée au moyen d'un formulaire prévu par un arrêté préfectoral (Décret 2001-653 art. 7, al. 3).
Lorsque la saisine est incomplète ou n'est pas adressée dans les formes requises, le demandeur en est informé par courrier, ou par voie électronique si la saisine a été effectuée par cette voie (Décret 2001-653 art. 7, al. 4).

55510 La saisine de la commission est un **préalable obligatoire à l'exercice de l'action en justice.** Il en est ainsi pour l'action en réduction du loyer formée par le locataire (Cass. ass. plén. 16-4-2004 n° 02-18.231 : RJDA 8-9/04 n° 955). De même, l'action du bailleur tendant à la fixation du loyer d'un bail renouvelé n'est recevable que si la commission a été saisie avant le tribunal (Cass. 3e civ. 19-2-2003 n° 01-15.813 : RJDA 5/03 n° 480).
Le juge ne peut pas non plus être saisi d'une telle demande avant que la commission ait rendu son avis ou que le délai qui lui est imparti pour se prononcer (deux mois) soit écoulé (Cass. 3e civ. 12-10-2011 n° 10-21.216 : RJDA 1/12 n° 21 ; Cass. 3e civ. 7-3-2012 n° 10-27.820 : RJDA 6/12 n° 571).

En principe, la commission doit être saisie d'une demande de **réévaluation du loyer** plus de deux mois avant le terme du bail (Cass. 3e civ. 7-3-2012 n° 10-27.820 : RJDA 6/12 n° 571). Néanmoins, rien n'interdit à une commission saisie moins de deux mois avant cette date d'accepter de traiter la demande. Si tel n'est pas le cas, la commission déclare la demande irrecevable et l'absence d'avis de sa part rend toute action en justice sur la réévaluation du loyer également irrecevable (Cass. 3e civ. 12-10-2011 n° 10-21.216 : RJDA 1/12 n° 21 ; Cass. 3e civ. 7-3-2012 n° 10-27.820 précité). **55512**

Le locataire ne dispose que d'un **délai** de deux mois à compter du renouvellement du bail pour saisir la commission d'une contestation relative au loyer du bail renouvelé (Cass. 3e civ. 8-2-2006 n° 04-17.690 : RJDA 5/06 n° 514). De même, il ne peut saisir la commission d'une demande de réduction de loyer (désormais pour non-respect des règles de plafonnement des loyers parisiens) que dans les deux mois de la conclusion du bail (Cass. ass. plén. 16-4-2004 n° 02-18.231 : RJDA 8-9/04 n° 955).

AVIS DE LA COMMISSION

La commission doit rendre un avis dans le **délai** de deux mois de sa saisine et s'efforcer de concilier les parties (Loi 89-462 du 6-7-1989 art. 20, al. 1). **55515**

En principe, les **parties** doivent **se présenter** en personne ; toutefois, elles peuvent se faire représenter par une personne dûment mandatée à cet effet. Elles peuvent aussi se faire assister d'une personne de leur choix, à l'exclusion des membres de la commission (Décret 2001-653 du 19-7-2001 art. 7, al. 6).

Si les parties (ou l'une d'elles) ne sont ni présentes ni représentées devant la commission, l'avis de cette dernière ne peut que constater l'impossibilité de les concilier. Toutefois, une nouvelle et ultime convocation peut leur être adressée en cas de motif légitime de non-comparution dûment justifié (Décret 2001-653 art. 8, al. 4 et 5). La commission émet son avis lors de cette seconde réunion, que les parties soient ou non présentes ou représentées.

En cas de conciliation totale ou partielle, la commission établit un document qui fait état de l'accord des parties et que celles-ci doivent signer. En cas de conciliation partielle, le document doit aussi faire apparaître les points de désaccord qui subsistent (Décret 2001-653 du 19-7-2001 art. 8, al. 3). **55517**

À défaut de conciliation, l'avis doit comporter l'exposé du différend et la position des parties ainsi que, le cas échéant, celle de la commission (Loi 89-462 du 6-7-1989 art. 20, avant-dernier al.). La phase judiciaire peut alors être engagée en cas de persistance d'un désaccord.

SECTION 2 PROCÉDURE PARTICIPATIVE

PRÉSENTATION

La procédure participative, régie par les articles 1542 et suivants du Code de procédure civile (C. civ. art. 2068 ; CPC art. 1542), est un mode de règlement amiable des litiges par lequel les parties à un **différend** s'engagent à œuvrer conjointement et de bonne foi à la **résolution amiable** de ce différend **ou** à la **mise en état de leur litige.** **55700**

La procédure participative se déroule selon une **procédure conventionnelle** de recherche d'un accord ou, dans le cadre d'une instance, aux fins de mise en état devant toute juridiction de l'ordre judiciaire, quelle que soit la procédure suivie (CPC art. 1543). Les parties doivent conclure à cette fin une convention, dite de procédure participative (C. civ. art. 2062, al. 1), avec l'assistance de leur avocat (CPC art. 1544). La procédure se poursuit, le cas échéant, par une **procédure aux fins de jugement** (CPC art. 1543).

À la différence de la **médiation** ou de la **conciliation,** qui font intervenir un tiers indépendant des parties, la procédure participative est menée par les avocats des parties, qui en assurent le bon déroulement. **55702**

À l'image de ces deux modes de règlement amiable des différends, la procédure participative vise à éviter l'aléa judiciaire et présente l'**avantage** d'être plus rapide et moins coûteuse qu'un procès puisque les avocats facturent leurs honoraires en fonction du temps passé à l'organisation et à la conduite de la procédure, sans avoir à faire de démarches au tribunal (du moins pendant la phase de discussion).

DIFFÉRENCE AVEC LE DROIT COLLABORATIF

55705 Mis au point par les cabinets d'avocats nord-américains (États-Unis et Canada), le droit collaboratif consiste pour les parties à rechercher ensemble et avec l'aide de leurs avocats une solution constructive à leur différend, les parties s'interdisant de saisir la justice pendant la durée de la procédure. En cas d'échec de celle-ci, les avocats se dessaisissent du dossier et les parties ne peuvent faire trancher le litige en justice qu'en faisant appel à d'autres avocats.
Cette dernière restriction n'a pas été introduite dans la procédure participative française, qui présente une autre différence avec le droit collaboratif : celui-ci est conçu comme une véritable **alternative au procès** alors que la procédure participative est généralement suivie d'une phase contentieuse visant soit à homologuer l'accord, soit, à défaut d'accord, à trancher le litige (n°s 55890 s.) ; cette procédure apparaît donc comme préparatoire au procès, qui en est l'issue « naturelle ».
À côté de la procédure participative, des **avocats spécialisés** utilisent en France le processus de droit collaboratif. Ils se sont groupés en **association,** dont le site internet est accessible à l'adresse www.droit-collaboratif.org.

A. Procédure conventionnelle

1. CONVENTION DE PROCÉDURE PARTICIPATIVE

RÈGLES COMMUNES

55730 Toute personne peut conclure une convention de procédure participative sur les droits dont elle a la libre disposition, à condition d'être assistée de son **avocat** (C. civ. art. 2064, al. 1).
La convention, qui doit être conclue pour une **durée** déterminée (C. civ. art. 2062, al. 2), peut être **modifiée** dans les mêmes formes que celles prévues pour son établissement (CPC art. 1546).

55735 **Objet** La convention a pour objet la **recherche d'un accord** mettant fin au différend qui les oppose ou la **mise en état** de leur litige (CPC art. 1544).
Elle ne peut porter que sur les **droits dont les parties ont « la libre disposition »** (C. civ. art. 2064, al. 1) ; en conséquence, les questions relatives à l'état et à la capacité des personnes ne peuvent pas faire l'objet d'une telle convention.
Par exception, la convention peut être conclue par des époux en vue de rechercher une solution consensuelle en matière de **divorce** ou de séparation de corps (C. civ. art. 2067, al. 1). Cette faculté permet de favoriser la résolution amiable de ce type de litige et peut se révéler utile pour les divorces les plus conflictuels (divorce pour faute ou pour altération définitive du lien conjugal). Toutefois, l'objet de la convention est limité à la seule recherche d'une solution « consensuelle », l'article 2066 du Code civil prévoyant notamment la possibilité de faire homologuer l'accord par le juge n'étant pas applicable (C. civ. art. 2067, al. 2). La demande en divorce ou en séparation de corps présentée à la suite d'une convention de procédure participative est formée et jugée suivant les règles prévues par les articles 229 et suivants du Code civil (C. civ. art. 2067, al. 2).

55740 **Forme** À peine de nullité, la convention doit être établie par **écrit.** Celui-ci doit indiquer les **mentions** suivantes (C. civ. art. 2063 ; CPC art. 1545, al. 1) :
– les noms, prénoms et adresses des parties et de leurs avocats ;
– l'objet du différend (seuls les éléments du litige mentionnés dans cet objet peuvent être soumis à la procédure) ;
– le terme de la convention ;
– les pièces et informations nécessaires à la résolution du différend ou à la mise en état du litige et les modalités de leur échange ;
– le cas échéant, les actes contresignés par avocats que les parties s'engagent à établir (n° 55853).
Cette dernière série de mentions vise à permettre aux parties d'organiser concrètement le déroulement de la procédure. Les modalités d'échange des documents retenues permettent également d'apprécier la bonne foi des parties dans la recherche d'une solution au litige.
Les parties à la convention devant être assistées de leurs avocats, ceux-ci doivent contresigner l'acte.
La convention fixe également la répartition des **frais** entre les parties, étant précisé que lorsqu'une partie bénéficie de l'aide juridictionnelle, cette dernière ne peut en supporter plus de la moitié (CPC art. 1545, al. 3). À défaut de précision dans la convention, les frais sont partagés par moitié (même art.).
Un modèle de convention figure n° 57445.

> **Précisions** La **communication des prétentions** et des **moyens** en fait et en droit, des **pièces** et informations entre les parties se fait par l'intermédiaire des avocats selon les modalités prévues par la convention ; ceux-ci les portent à la connaissance des intéressés par tous moyens appropriés. Un bordereau est établi lorsqu'une pièce est communiquée (CPC art. 1545, al. 2).

Effets Du jour où elle est conclue, la convention de procédure participative suspend le **délai de prescription** pour agir en justice. Ce délai recommence à courir à compter du terme de la convention pour une durée qui ne peut pas être inférieure à six mois (C. civ. art. 2238). Sur la date à laquelle la convention prend fin, voir n° 55865. **55747**

Inexécution En cas d'inexécution de la convention par une partie, l'autre partie est autorisée à **saisir le juge** pour qu'il statue sur le litige (C. civ. art. 2065, al. 1 ; n° 55892). Cette inexécution est une **cause d'extinction** de la convention (CPC art. 1555 ; n° 55865). En outre, l'auteur de l'inexécution s'expose à devoir verser des **dommages-intérêts** à l'autre partie si celle-ci justifie d'un préjudice. **55750**

RÈGLES PROPRES À LA CONVENTION CONCLUE EN DEHORS DE TOUTE SAISINE DU JUGE

Tant qu'elle est en cours, la convention conclue avant la saisine du juge rend irrecevable tout **recours au juge** pour qu'il statue sur le litige. Toutefois, l'inexécution de la convention par l'une des parties autorise une autre partie à saisir le juge pour qu'il statue sur le litige (sur la forme de la demande, voir n° 55892). En outre, la convention ne fait pas obstacle à ce qu'une partie demande au juge de prendre des mesures provisoires ou conservatoires en cas d'urgence (C. civ. art. 2065). **55760**

RÈGLES PROPRES À LA CONVENTION CONCLUE AUX FINS DE MISE EN ÉTAT

Les parties peuvent conclure une convention de procédure participative aux fins de mise en état à **tout moment de l'instance** (CPC art. 1546-1, al. 1). **55770**
Lorsque les parties et leurs avocats justifient avoir conclu une convention de procédure participative aux fins de mise en état, le juge peut, à leur demande, fixer la date de l'audience de clôture de l'instruction et la date de l'audience de plaidoiries. Il renvoie l'examen de l'affaire à la première audience précitée. À défaut de demande en ce sens, le juge ordonne le retrait du rôle (CPC art. 1546-1, al. 3).

Les parties ont, à tout moment, la **possibilité de renoncer** expressément à se prévaloir de toute **fin de non-recevoir,** de toute **exception de procédure** et des dispositions de l'article 47 du Code de procédure civile, à l'exception de celles qui surviennent ou sont révélées postérieurement à la signature de la convention de procédure participative (CPC art. 1546-1, al. 2). **55775**

La conclusion d'une convention de procédure participative aux fins de mise en état, y compris en cas de retrait du rôle, **interrompt l'instance** (CPC art. 369). **55780**
L'interruption de l'instance emporte celle du **délai de péremption** ; un nouveau délai court à compter de l'extinction de la convention de procédure participative aux fins de mise en état (CPC art. 392, al. 1 et 3).

Devant la **cour d'appel,** l'information donnée au juge de la conclusion d'une convention de procédure participative interrompt les délais pour conclure et former appel. Cette interruption produit ses effets jusqu'à ce que le juge soit informé de l'extinction de la procédure participative (CPC art. 1546-2). **55790**

2. ACTES CONTRESIGNÉS PAR AVOCATS

Par actes d'avocats précisés dans la convention de procédure participative, **les parties peuvent notamment** (CPC art. 1546-3) : **55853**
– énumérer les faits ou les pièces qui ne l'auraient pas été dans la convention sur l'existence, le contenu ou l'interprétation desquels les parties s'accordent ;
– déterminer les points de droit auxquels elles entendent limiter le débat, dès lors qu'ils portent sur des droits dont elles ont la libre disposition ;
– convenir des modalités de communication de leurs écritures ;
– recourir à un technicien ;
– désigner un conciliateur de justice ou un médiateur chargé de concourir à la résolution du litige en fixant sa mission et, le cas échéant, le montant de sa rémunération et ses modalités de paiement ;

– consigner les auditions des parties, entendues successivement en présence de leurs conseils, comportant leur présentation du litige, leurs prétentions, les questions de leurs avocats ainsi que leurs réponses et les observations qu'elles souhaitent présenter ;
– consigner les déclarations de toute personne acceptant de fournir son témoignage sur les faits auxquels elle a assisté ou qu'elle a personnellement constatés, recueillies ensemble par les avocats, spontanément ou sur leur interrogation. L'acte contient alors les nom, prénoms, date et lieu de naissance, demeure et profession de la personne fournissant son témoignage ainsi que, s'il y a lieu, son lien de parenté ou d'alliance avec les parties, de subordination à leur égard, de collaboration ou de communauté d'intérêts avec elles. Le témoin doit faire précéder sa signature de la mention selon laquelle son attestation « est établie en vue de sa production en justice et que son auteur a connaissance qu'une fausse attestation de sa part l'expose à des sanctions pénales » (cf. CPC art. 202).
– consigner les constatations ou avis donnés par un technicien recueillies ensemble par les avocats.

3. RECOURS À UN TECHNICIEN

55855 Les parties peuvent envisager de recourir à un technicien ; elles le choisissent alors d'un **commun accord** et déterminent sa mission. Le technicien est **rémunéré** par les parties selon les modalités convenues entre elles (CPC art. 1547).
Il doit accomplir sa **mission** avec conscience, diligence et impartialité, dans le respect du principe du contradictoire (CPC art. 1549, al. 2). Il lui appartient, avant d'accepter sa mission, de révéler toute circonstance susceptible d'affecter son indépendance afin que les parties en tirent les conséquences qu'elles estiment utiles (CPC art. 1548).
À la demande du technicien ou après avoir recueilli ses observations, les parties peuvent modifier sa mission ou confier une mission complémentaire à un autre technicien (CPC art. 1550).
Le technicien ne peut être **révoqué** que du consentement unanime des parties (CPC art. 1549, al. 3).

55858 Le technicien **commence** ses **opérations** dès que les parties et lui-même se sont accordés sur les termes de leur contrat (CPC art. 1549, al. 1). Les **parties** doivent alors lui **communiquer les documents** nécessaires à l'accomplissement de sa mission (CPC art. 1551, al. 1). Lorsque l'inertie d'une partie empêche le technicien de mener à bien sa mission, il convoque l'ensemble des parties en leur indiquant les diligences qu'il estime nécessaires. Si la partie à l'origine du problème ne défère pas à sa demande, le technicien poursuit sa mission à partir des éléments dont il dispose (CPC art. 1551, al. 2).
Tout **tiers intéressé** peut, avec l'accord des parties et du technicien, intervenir aux opérations menées par celui-ci. Le technicien l'informe qu'elles lui sont alors opposables (CPC art. 1552).
À l'issue des opérations, le technicien doit remettre un **rapport** écrit aux parties (CPC art. 1554, al. 1), auquel il doit joindre, si celles-ci le demandent, leurs observations ou réclamations écrites (CPC art. 1553, al. 1). Ce rapport a valeur de rapport d'expertise judiciaire (CPC art. 1554, al. 2).

4. ISSUE DE LA PROCÉDURE

55865 La **procédure** conventionnelle **s'éteint** par (CPC art. 1555) :
– l'arrivée du terme fixé par la convention ;
– la résiliation anticipée de la convention décidée par les parties assistées de leurs avocats, cette résiliation devant être constatée par écrit ;
– la conclusion d'un accord mettant fin en totalité au différend ou l'établissement d'un acte constatant la persistance de tout ou partie de celui-ci ;
– l'inexécution par l'une des parties, de la convention ;
– la saisine du juge, dans le cadre d'une procédure participative aux fins de mise en état, aux fins de statuer sur un incident, sauf si la saisine émane de l'ensemble des parties.

55870 Lorsqu'un **accord au moins partiel** a pu être **conclu,** il est constaté dans un acte sous signature privée établi contresigné par les avocats. Il énonce de manière détaillée les éléments ayant permis la conclusion de cet accord (CPC art. 1555-1, al. 1).
Lorsque la **convention** de procédure participative a été conclue **aux fins de mise en état,** l'accord au moins partiel conclu est adressé à la juridiction au plus tard à la date de l'audience à laquelle l'instruction sera clôturée (CPC art. 1555-1, al. 2).
Lorsque la convention est conclue dans le cadre d'**une procédure sans mise en état,** l'accord est adressé à la juridiction au plus tard le jour de l'audience (CPC art. 1555-1, al. 3).

Afin de **rendre l'accord exécutoire,** les parties peuvent le soumettre à l'homologation du juge (nos 55890 s.) ou, puisque l'accord est contresigné par les avocats, solliciter l'apposition de la formule exécutoire par le greffe en suivant la procédure exposée n° 55240 (C. civ. art. 2066 al. 1 modifié par loi 2021-1729 du 22-12-2021 ; CPC art. 1565, al. 1 et 1568, al. 1).

B. Procédure aux fins de jugement

RÈGLES GÉNÉRALES

À l'issue de la procédure conventionnelle, le **juge** peut être **saisi de l'affaire ou celle-ci** être **rétablie** à la demande d'une des parties selon le cas (CPC art. 1556, al. 1) : **55890**
- pour homologuer l'accord des parties mettant fin en totalité au différend ou au litige ;
- pour homologuer un accord partiel des parties et statuer sur la partie du litige persistant ;
- pour statuer sur l'entier litige.

Cette règle ne s'applique cependant pas aux demandes en divorce ou en séparation de corps, qui obéissent aux règles de procédure propres à ces matières prévues aux articles 1075 et suivants du Code de procédure civile.

La demande faite au juge par une partie, en application du premier alinéa de l'article 2065 du Code civil, pour qu'il statue sur le litige avant le terme de la **convention,** du fait de son **inexécution** par l'autre partie, est formée, instruite et jugée conformément aux règles de procédure applicables devant ce juge (CPC art. 1556, al. 2). **55892**

REPRÉSENTATION DES PARTIES DEVANT LE JUGE

Contrairement aux règles du droit collaboratif, où, en cas d'échec de la procédure, les avocats qui y ont participé se dessaisissent du dossier sans pouvoir représenter les parties devant le juge saisi pour trancher le litige (n° 55705), les règles françaises de la procédure aux fins de jugement n'interdisent pas aux **avocats ayant assisté les parties** pendant la phase conventionnelle d'assurer une telle représentation. Il en résulte un avantage pour les parties, qui n'ont pas à faire appel à de **nouveaux avocats** devant le juge, ce qui leur évite d'avoir à régler les honoraires de ces derniers. **55895**

ATTENTION

Ce système n'encourage pas nécessairement les avocats en charge du dossier pendant la procédure conventionnelle à trouver un accord puisqu'ils savent qu'ils pourront, même en cas d'échec, continuer à représenter les parties devant le juge. À l'inverse, les avocats pratiquant le droit collaboratif savent qu'un tel échec les exclut du procès à venir, ce qui les incite à rapprocher les parties pendant les discussions. L'intérêt des avocats étant d'aboutir à un accord, le taux de réussite des procédures issues du droit collaboratif est élevé.

1. PROCÉDURE APRÈS TENTATIVE DE RÉSOLUTION AMIABLE

ACCORD METTANT FIN À L'ENTIER DIFFÉREND

L'accord auquel parviennent les parties peut être soumis, aux fins de le rendre exécutoire, à l'**homologation du juge** compétent pour connaître du contentieux dans la matière considérée. Le juge à qui est soumis l'accord ne peut pas en modifier les termes (CPC art. 1565, al. 1 et 3). **55900**

La demande tendant à l'homologation de l'accord est présentée au juge par **requête** de la partie la plus diligente ou de l'ensemble des parties ; à peine d'irrecevabilité, la requête doit être accompagnée de la convention de procédure participative (CPC art. 1557, al. 1 et 2).

Le juge statue sans débat sur la requête qui lui est présentée, sauf s'il estime nécessaire d'entendre les parties. S'il est fait droit à la requête, tout intéressé peut en référer au juge qui a rendu la décision (CPC art. 1566, al. 1 et 2).

Lorsque l'accord concerne un **mineur capable de discernement,** notamment lorsqu'il porte sur les modalités de l'exercice de l'autorité parentale, la requête doit mentionner les conditions dans lesquelles le mineur a été informé de son droit à être entendu par le juge ou la personne désignée par lui et à être assisté par un avocat (CPC art. 1557, al. 3).

Refus d'homologation Si le juge refuse d'homologuer l'accord, celui-ci n'a qu'une **valeur contractuelle** entre les parties. Cet accord peut valoir comme transaction si les conditions de validité de cette convention (n° 55010) sont respectées. **55903**

La décision du juge peut faire l'objet d'un **appel** formé par déclaration au greffe de la cour d'appel et jugé selon la procédure gracieuse (CPC art. 1566, al. 3).

PERSISTANCE D'UN DIFFÉREND

55910 Lorsque le différend persiste soit **en totalité** parce que les parties ne se sont pas entendues, soit **de façon résiduelle** parce qu'un accord partiel a été conclu, le juge peut être saisi pour trancher ce différend.

Les parties sont alors dispensées de la phase de **conciliation ou** de **médiation préalable** prévue le cas échéant par les règles applicables devant le juge saisi, l'affaire étant directement appelée à une audience pour y être jugée, cette règle n'étant toutefois pas applicable en matière prud'homale (C. civ. art. 2066, al. 2 ; CPC art. 1558).

Cette règle n'est pas non plus applicable en matière de divorce ou de séparation de corps ; une tentative de conciliation préalable doit donc être mise en œuvre conformément aux articles 252 et suivants du Code civil (C. civ. art. 2067, al. 2).

> **Précisions** **Devant le tribunal judiciaire** et à moins que l'entier différend n'ait été soumis à la procédure de droit commun, l'affaire est directement appelée à une audience de jugement de la formation à laquelle elle a été distribuée. L'affaire ne peut être renvoyée devant le juge de la mise en état que dans les cas exposés n° 55917, prévus par l'article 1561, al. 2 et 3 du Code de procédure civile (CPC art. 1559).

55913 **Différend résiduel** Lorsque les parties ne sont parvenues qu'à un **accord partiel,** elles peuvent se borner à demander au juge de l'homologuer dans les conditions ci-dessus (n° 55900). Elles peuvent aussi **saisir le juge** pour qu'il statue sur le litige résiduel soit conformément aux règles de procédure applicables devant lui, soit par une requête conjointe signée par les avocats les ayant assistées au cours de la procédure participative (CPC art. 1560, al. 1).

55915 Cette **requête conjointe contient,** à peine d'irrecevabilité que le juge peut soulever d'office, outre les mentions prévues par l'article 57 du Code de procédure civile (CPC art. 1560) :

– les points faisant l'objet d'un accord entre les parties, dont elles peuvent demander au juge l'homologation dans la même requête ;

– les prétentions respectives des parties relativement aux points sur lesquels elles restent en litige, accompagnées des moyens de fait et de droit sur lesquels chacune de ces prétentions est fondée, avec l'indication pour chaque prétention des pièces invoquées.

À peine d'irrecevabilité également, la requête doit être **accompagnée de** la convention de procédure participative, des pièces nécessaires à la résolution du différend, de celles qui ont été communiquées au cours de la procédure conventionnelle et, le cas échéant, du rapport du technicien (CPC art. 1560 dernier al.).

55917 L'**objet du litige** est déterminé par les prétentions respectives des parties, que celles-ci ne peuvent pas modifier si ce n'est pour actualiser le montant d'une demande relative à une créance à exécution successive, opposer un paiement ou une compensation ultérieurs ou faire juger les questions nées de l'intervention d'un tiers ou encore celles qui résultent de la survenance ou de la révélation d'un fait postérieur à l'établissement de l'accord (CPC art. 1561, al. 1 et 2).

Les parties ne peuvent pas non plus modifier le **fondement juridique** de leur **action** ou soulever de nouveaux moyens sauf pour répondre à la demande du juge de fournir les explications de fait ou de droit qu'il estime nécessaires à la solution du litige (CPC art. 1561, al. 3).

55920 **Persistance de l'entier différend** Lorsque, faute pour les parties d'être parvenues à un accord, le différend persiste en totalité, le **juge** peut en être **saisi** soit conformément aux règles de procédure applicables devant lui, soit par une requête conjointe présentée dans les conditions exposées n° 55915, soit par une requête unilatérale (CPC art. 1562).

55922 La **requête unilatérale** doit être **déposée au greffe** par l'avocat de la partie la plus diligente. À peine d'irrecevabilité, elle doit être présentée dans un délai de trois mois suivant le terme de la convention de procédure participative ; elle doit contenir un exposé des moyens de fait et de droit invoqués et doit être accompagnée de la liste des actes et pièces mentionnés n° 55915 (CPC art. 1563, al. 1 et 2).

L'avocat qui dépose la requête doit en informer la partie adverse elle-même ainsi que l'avocat ayant assisté celle-ci au cours de la procédure conventionnelle, cette information devant intervenir, selon le cas, par **notification** ou par **lettre recommandée AR** (CPC art. 1563, al. 3). Devant le tribunal judiciaire, le dépôt de la requête au greffe doit contenir constitution de l'avocat (CPC art. 1563, al. 4).

> **Précisions** Lorsque la **requête** a été **déposée au greffe du tribunal judiciaire,** la notification mentionnée ci-dessus doit indiquer que la partie adverse est tenue de constituer avocat dans un délai de 15 jours. Dans les autres cas, l'avocat du requérant est informé par le greffe, dès remise de la requête, de la date de la première audience utile à laquelle l'affaire sera appelée. Cette date doit être portée à la connaissance de la partie adverse dans la notification qui lui est adressée (CPC art. 1564).

2. PROCÉDURE APRÈS MISE EN ÉTAT DU LITIGE

ACCORD METTANT FIN AU DIFFÉREND

Lorsque la mise en état a permis de parvenir à un accord total sur le fond du litige, la demande tendant à l'homologation de l'accord des parties établi conformément à l'article 1555-1 du Code de procédure civile est présentée au juge par la partie la plus diligente ou l'ensemble des parties (CPC art. 1564-2). Lorsque l'accord concerne un mineur capable de discernement, notamment lorsqu'il porte sur les modalités de l'exercice de l'autorité parentale, la demande mentionne les conditions dans lesquelles le mineur a été informé de son droit à être entendu par le juge ou la personne désignée par lui et à être assisté par un avocat (CPC art. 1564-2, al. 2). **55926**

> **Précisions** La demande en **divorce** ou en **séparation de corps** présentée à la suite d'une convention de procédure participative reste formée et jugée suivant les règles prévues par les articles 229 et suivants du Code civil (CPC art. 1564-2, al. 1).

PERSISTANCE D'UN DIFFÉREND

L'affaire est rétablie à la demande de l'une des parties afin que le juge, selon le cas, homologue l'accord et statue sur la partie du litige persistant ou sur l'entier litige après avoir, le cas échéant, mis l'affaire en état d'être jugée (CPC art. 1564-1, al. 1). La demande de rétablissement est accompagnée de la convention de procédure participative conclue entre les parties, des pièces prévues à l'article 2063 du Code civil, le cas échéant, du rapport du technicien, ainsi que des pièces communiquées au cours de la procédure conventionnelle (CPC art. 1564-1, al. 2). **55928**

> **Précisions** Lorsque, informé de la conclusion d'une convention de procédure participative, le juge a **renvoyé l'affaire à une audience de clôture de l'instruction** (CPC art. 1546-1, al. 3), ces actes et pièces doivent lui être communiqués au plus tard à la date de cette audience (CPC art. 1564-7).

Différend résiduel Lorsque la phase conventionnelle a permis de mettre l'**affaire en état d'être jugée** et de conclure un **accord partiel** sur le fond du litige, la demande de rétablissement est accompagnée d'un acte d'avocats établi dans les conditions prévues à l'article 1374 du Code civil, formalisant les points faisant l'objet d'un accord entre les parties, ainsi que les prétentions respectives des parties relativement aux points sur lesquels elles restent en litige, accompagnées des moyens en fait et en droit sur lesquels chacune de ces prétentions est fondée, avec l'indication pour chaque prétention des pièces invoquées (CPC art. 1564-3). **55930**

L'affaire est fixée à bref délai (CPC art. 1564-6).

> **Précisions** Lorsque, informé de la conclusion d'une convention de procédure participative, le juge a **renvoyé l'affaire à une audience de clôture de l'instruction** (CPC art. 1546-1, al. 3), ces actes et pièces doivent lui être communiqués au plus tard à la date de cette audience (CPC art. 1564-7).

Persistance de l'entier différend Lorsque la phase conventionnelle a permis de mettre l'**affaire en état d'être jugée** mais que le **litige persiste en totalité** sur le fond, la demande de rétablissement est accompagnée d'un acte d'avocats établi dans les conditions prévues à l'article 1374 du Code civil, formalisant les prétentions respectives des parties, accompagnées des moyens en fait et en droit, avec l'indication pour chaque prétention des pièces invoquées (CPC art. 1564-4). **55932**

L'affaire est fixée à bref délai (CPC art. 1564-6).

> **Précisions** Lorsque, informé de la conclusion d'une convention de procédure participative, le juge a **renvoyé l'affaire à une audience de clôture de l'instruction** (CPC art. 1546-1, al. 3), ces actes et pièces doivent lui être communiqués au plus tard à la date de cette audience (CPC art. 1564-7).

55940 **Échec de la mise en état** Lorsque la phase conventionnelle n'a pas permis de mettre l'affaire en état d'être jugée, **en tout ou partie,** l'affaire est rétablie à la demande de la partie la plus diligente, pour être mise en état, conformément aux règles de procédure applicables devant le juge de la mise en état (CPC art. 1564-5).

SECTION 3 ARBITRAGE

DISPOSITIONS RÉGISSANT L'ARBITRAGE

56100 Le régime de l'arbitrage est régi par les articles 1442 et suivants du Code de procédure civile. Il distingue l'arbitrage interne (CPC art. 1442 à 1503) de l'arbitrage international (CPC art. 1504 à 1527). Les dispositions afférentes à ce dernier sont celles de l'arbitrage interne, sauf lorsqu'elles sont exclues ou autrement aménagées par les parties ou sauf application de dispositions spécifiques à l'arbitrage international.

56102 Le **régime de l'arbitrage interne** s'applique à tout arbitrage qui ne peut pas être qualifié d'arbitrage international.

Au regard de la loi française, le **régime de l'arbitrage international** s'applique à « l'arbitrage qui met en cause les intérêts du commerce international » (CPC art. 1504). L'internationalité de l'arbitrage fait donc appel à une définition économique : il suffit que le litige porte sur une opération qui ne se dénoue pas économiquement dans un seul État, et ce, indépendamment de la qualité ou de la nationalité des parties, de la loi applicable au fond ou à l'arbitrage, ou encore du siège du tribunal arbitral (Cass. 1e civ. 26-1-2011 n° 09-10.198 : RJDA 7/11 n° 663 ; CA Paris 11-6-2009 n° 08/2094 : RJDA 12/09 n° 1133). Le caractère international d'une clause d'arbitrage se déduit de la seule existence d'un transfert de biens, de services ou de fonds à travers des frontières (Cass. 1e civ. 30-3-2004 n° 02-12.259 : RJDA 12/04 n° 1406 ; Cass. 1e civ. 8-10-2009 n° 07-21.990 : RJDA 2/10 n° 189). Il s'ensuit que la qualification interne ou internationale d'un arbitrage ne peut pas dépendre de la volonté des parties (Cass. 1e civ. 13-3-2007 n° 04-10.970 : RJDA 3/08 n° 346 ; Cass. 1e civ. 20-11-2013 n° 12-25.266 : RJDA 3/14 n° 287). Il faut se placer au moment du compromis d'arbitrage pour déterminer le caractère international ou non de l'arbitrage. Ainsi, est interne l'arbitrage relatif à un litige qui, portant au départ sur la cession de parts d'une société allemande, avait évolué de telle sorte qu'arrivé devant le tribunal arbitral, il avait été restreint aux conditions d'exécution du mandat de vente passé entre deux Français et n'avait plus aucune répercussion à l'étranger (Cass. 1e civ. 30-6-2016 n° 15-13.755 FS-PBI : RJDA 11/16 n° 834).

A. Convention d'arbitrage

EXISTENCE DE LA CONVENTION D'ARBITRAGE

56110 L'application du régime de l'arbitrage suppose une convention d'arbitrage qui prend la forme d'une clause compromissoire ou d'un compromis (CPC art. 1442, al. 1).

La **clause compromissoire** est la convention par laquelle les parties à un ou plusieurs contrats s'engagent à soumettre à l'arbitrage les litiges qui pourraient naître relativement à ce ou à ces contrats (CPC art. 1442, al. 2).

Le **compromis** est la convention par laquelle les parties à un litige né soumettent celui-ci à l'arbitrage (CPC art. 1442, al. 3). À peine de nullité, il détermine l'objet du litige (CPC art. 1445). En arbitrage interne ou international, le compromis peut intervenir même si une instance est déjà engagée devant une autre juridiction (CPC art. 1446 et sur renvoi de l'art. 1506, 1°).

56111 MODÈLE **Clause d'arbitrage**

En cas d'arbitrage « ad hoc »

(c'est-à-dire lorsque les parties organisent librement le cadre de l'arbitrage, et notamment les modalités d'intervention de l'arbitre)

Tous les litiges découlant des opérations d'achat, de vente – ou de prestations de services visées par le présent contrat – seront soumis à une procédure d'arbitrage dans les conditions suivantes :

En cas de désignation de l'arbitre de la partie défaillante par le Président du tribunal de commerce (Alternative 1)

Chaque partie désignera un arbitre. Pour le cas où l'une d'entre elles refuserait de le faire huit jours après la mise en demeure signifiée par lettre recommandée avec demande d'avis de réception, cet arbitre serait désigné par le Président du tribunal de commerce de *« Lieu du siège social (ou domicile) de l'une ou l'autre des parties »* statuant selon la procédure accélérée au fond.
Les arbitres ainsi désignés choisiront un troisième arbitre, dans un délai d'un mois à compter de l'acceptation de leur désignation ; s'ils ne peuvent y parvenir, celui-ci sera désigné par le Président du tribunal de commerce de *« Lieu du siège social (ou domicile) de l'une ou l'autre des parties »* statuant selon la procédure accélérée au fond, à la requête de la partie la plus diligente.
En cas d'application de l'arbitrage unique en raison de la défaillance de l'une des parties (Alternative 2)
Chaque partie désignera un arbitre. Pour le cas où l'une des parties refuserait de le faire huit jours après une mise en demeure signifiée par lettre recommandée avec demande d'avis de réception, le premier arbitre désigné serait considéré comme arbitre unique.
Le siège de l'arbitrage est d'ores et déjà fixé à *« Lieu »*.
Les arbitres statueront en droit. La décision ne sera pas susceptible d'appel et s'imposera définitivement aux parties.
Tant que la sentence arbitrale ne sera pas rendue, les obligations des parties ne seront ni suspendues ni modifiées.
Ils détermineront, dans leur sentence, le montant du préjudice éventuellement subi par l'une des parties, ainsi que celle d'entre elles devant supporter la charge de leurs honoraires.
La procédure d'arbitrage ci-dessus décrite ne sera pas applicable si le litige a pour enjeu une somme inférieure à *« Montant »* euros. Dans ce cas, le litige sera soumis aux tribunaux compétents dans les conditions de droit commun.
En cas d'arbitrage « institutionnel »
(c'est-à-dire lorsque l'arbitrage est pris en charge par une institution arbitrale qui s'occupe de l'organisation complète du règlement des conflits)
Tous les litiges auxquels le présent contrat pourrait donner lieu, concernant notamment sa validité, son interprétation, son exécution ou sa résolution, feront l'objet d'un arbitrage, conformément au règlement de conciliation et d'arbitrage de la Chambre de commerce internationale.
La procédure d'arbitrage ci-dessus décrite ne sera pas applicable si le litige a pour enjeu une somme inférieure à *[Montant]* euros. Dans ce cas, le litige sera soumis aux tribunaux compétents dans les conditions de droit commun.

Le régime de l'arbitrage, qu'il soit interne ou international, n'est applicable que si l'accord des parties au litige présent ou à venir constitue effectivement une convention d'arbitrage. La **qualification** d'arbitrage dépend, comme toute qualification, du juge saisi ; pour les tribunaux français, il y a arbitrage lorsque les parties sont divisées par un litige qu'elles décident de faire trancher par un tiers investi d'un pouvoir juridictionnel dont elles acceptent par avance la solution. **56112**

ILLUSTRATIONS

Ne constitue **pas un arbitrage** :
– la convention qui investit un tiers de la seule mission de fixer un prix ou des objectifs de vente, car elle soulève une difficulté de fait et non de droit (Cass. 1e civ. 15-12-2010 n° 09-16.943 : RJDA 4/11 n° 368) ;
– la clause selon laquelle le loyer sera fixé, à défaut d'accord, par un collège d'experts (Cass. 3e civ. 4-3-1998 n° 96-16.671 : RJDA 5/98 n° 662) ;
– la clause n'obligeant pas les parties à se soumettre à un arbitrage en cas de différend (Cass. 1e civ. 30-10-2006 n° 04-15.512 : RJDA 3/07 n° 305) ;
– la clause d'une cession de droits sociaux prévoyant la fixation d'un complément de prix par un tiers désigné en application de l'article 1592 du Code civil dès lors que les parties ne lui ont confié aucun pouvoir juridictionnel, même si son intervention suppose un désaccord entre les parties (Cass. com. 16-2-2010 n° 09-11.586 : RJDA 7/10 n° 750) ;
– la clause prévoyant une conciliation préliminaire à toute procédure judiciaire (Cass. 1e civ. 20-6-2006 n° 03-16.640 : RJDA 1/07 n° 111 ; CA Versailles 11-9-1998 n° 96-1991 : RJDA 1/99 n° 114).

FORME DE LA CONVENTION D'ARBITRAGE

En **arbitrage interne,** la convention d'arbitrage doit, à peine de nullité, être écrite. Elle peut résulter d'un échange d'écrits ou d'un document auquel il est fait référence dans la convention principale (CPC art. 1443). La référence écrite à un document qui contient la clause (conditions générales, contrat type, etc.) est valable, dès lors que la partie à laquelle on l'oppose en a eu connaissance et a accepté cette référence. Cette acceptation peut être tacite et être déduite notamment de l'ancienneté des relations entre les parties (Cass. 2e civ. 21-1-1999 n° 95-18.761 : RJDA 4/99 n° 496, jurisprudence rendue sous l'empire du droit antérieur au décret du 13-1-2011 mais transposable ; Cass. 1e civ. 13-4-2023 n° 22-14.708 F-D : RJDA 8-9/23 n° 483). **56115**

56117 Dans l'**arbitrage international,** la convention d'arbitrage n'est soumise à aucune condition de forme (CPC art. 1507).
Lorsque la loi française est applicable à la convention, la Cour de cassation considère que la convention par référence écrite à un document qui la contient (par exemple des conditions générales ou un contrat type) est valable, à défaut de mention dans la convention principale, lorsque la partie à laquelle on l'oppose a eu connaissance de sa teneur au moment de la conclusion du contrat et qu'elle a, fût-ce par son silence, accepté cette référence (Cass. 1e civ. 3-6-1997 n° 95-17.603 : RJDA 1/98 n° 128 ; Cass. 1e civ. 11-5-2012 n° 10-25.620 : JCP E 2012 n° 1622 § 7 obs. C. Nourissat). Cette acceptation peut être tacite dès lors qu'elle est certaine et non équivoque (Cass. 1e civ. 20-2-1996 n° 93-21.128 : RJDA 8-9/96 n° 1131).

POUVOIR DES PARTIES

56120 Chaque partie doit avoir le pouvoir de conclure la convention d'arbitrage.
Si l'**arbitrage** est **interne,** ce pouvoir est apprécié selon la loi française. Si la partie à l'arbitrage n'intervient pas elle-même, elle doit, à notre avis, donner à son représentant un mandat spécial, celui-ci étant exigé pour la transaction (C. civ. art. 1988) et l'article 1989 du Code civil précisant que « le pouvoir de transiger ne renferme pas celui de compromettre ». À défaut, elle peut être engagée si elle a participé activement à l'instance arbitrale pendant plusieurs mois sans aucune réserve quant à l'investiture des arbitres ni à la régularité de la prolongation de délai décidée d'un commun accord (Cass. 2e civ. 18-2-1999 n° 96-18.527 : Gaz. Pal. 2000 som. p. 2559).

56122 L'engagement d'une société à l'**arbitrage international** ne s'apprécie pas par référence à une quelconque loi nationale mais par la mise en œuvre d'une règle matérielle déduite du principe de validité de la convention d'arbitrage fondée sur la volonté commune des parties, de l'exigence de bonne foi et de la croyance légitime dans les pouvoirs du signataire de la clause pour conclure un acte de gestion courante qui lie la société (Cass. 1e civ. 8-7-2009 n° 08-16.025 : RJDA 7/10 n° 796). Ainsi a-t-il été jugé qu'une société slovène, chef de file d'un groupement d'entreprises, qui a signé un protocole d'accord avec une société algérienne contenant une clause compromissoire sans disposition restrictive, bénéficie de cette clause sans avoir à justifier d'un mandat spécial pour compromettre donné par les autres membres du groupement (Cass. 1e civ. 28-1-2015 n° 13-24.626 : RJDA 5/15 n° 399).

CAPACITÉ DE COMPROMETTRE

56124 **Arbitrage interne** Les conditions de validité de la clause d'arbitrage ont été refondues par la loi 2016-1547 du 18 novembre 2016, applicable aux clauses souscrites à compter du 20 novembre 2016.
Alors que la clause d'arbitrage n'était valable que dans les contrats conclus à raison d'une activité professionnelle, il est depuis cette date **permis d'y recourir** quelle que soit la **qualité des parties,** et notamment dans les relations entre particuliers, par exemple dans un règlement de copropriété ou dans les contrats conclus par internet (C. civ. art. 2061).
La clause d'arbitrage doit avoir été acceptée par la partie à laquelle on l'oppose, à moins que celle-ci n'ait succédé aux droits et obligations de la partie qui l'a initialement acceptée. Son acceptation est la seule condition de son efficacité, la question n'étant plus abordée sous l'angle de sa validité.
L'acceptation peut être tacite ou expresse.

56125 Cependant, lorsque l'une des parties n'a pas contracté dans le cadre de son activité professionnelle, la clause ne peut pas lui être opposée (C. civ. art. 2059). Pour la partie non professionnelle, la **clause** est donc **facultative** et ouvre une option de compétence : celle-ci pourra choisir, soit de saisir l'arbitre, soit d'agir devant un tribunal étatique.
Plusieurs difficultés d'interprétation subsistent :
Lorsqu'aucune des parties n'agit dans le cadre de son activité professionnelle, chacune d'entre elles peut-elle faire valoir que la clause ne peut pas lui être opposée ? Cette interprétation reviendrait à priver de tout intérêt l'extension législative. À notre avis, il faut retenir que la clause d'arbitrage s'impose aux deux parties (dans le même sens, Th. Clay, L'arbitrage, les modes alternatifs de règlement des différends et la transaction dans la loi « Justice du XXIe siècle » : JCP G 2016 n° 48, 1295).
Par ailleurs, comment **articuler** les **dispositions** de l'article 2061 du Code civil avec celles issues de l'article L 721-3 du Code de commerce, suivant lesquelles la clause compromissoire est valable si elle est incluse dans les contrats conclus entre commerçants, entre établissements de crédit, entre sociétés de financement ou entre eux, ainsi que dans les statuts des sociétés commerciales et dans les actes de commerce entre toutes personnes (C. com. art. L 721-3) ? Certains actes de commerce peuvent en effet ne pas avoir été conclus à raison d'une activité professionnelle, comme, par exemple, une cession de contrôle. La clause contenue dans de tels actes est valable

par application de l'article L 721-3. À notre avis, elle est inopposable à la partie non professionnelle, par application du nouvel article 2061 du Code civil, auquel le texte spécial de l'article L 721-3 du Code de commerce ne déroge pas. Depuis le 1er janvier 2022, lorsque le cautionnement d'une dette commerciale n'est pas été souscrit dans le cadre de l'activité professionnelle de la caution, la clause compromissoire ne peut pas être opposée à celle-ci (C. com. art. L 721-3).

ILLUSTRATIONS

N'est **pas** un contrat conclu **à raison d'une activité professionnelle** le contrat d'assurance collective ayant pour objet de couvrir le risque d'invalidité permanente totale du souscripteur (Cass. 2e civ. 16-6-2011 n° 10-22.780 : RJDA 10/11 n° 867) ni les contrats de bail commercial et de cession de leur fonds de commerce par des époux retraités (Cass. 1e civ. 29-2-2012 n° 11-12.782 : RJDA 5/12 n° 544).

Est conclue **à raison d'une activité professionnelle** la clause insérée dans un contrat de collaboration entre avocats (Cass. 1e civ. 22-11-2005 n° 04-12.655 : RJDA 2/06 n° 207 ; Cass. 1e civ. 7-6-2006 n° 04-20.350 : RJDA 6/08 n° 73).

La portée de la clause d'arbitrage reste doublement limitée par les dispositions suivantes : **56129**
– lorsqu'elle est conclue entre un **professionnel et un consommateur,** la clause d'arbitrage est présumée abusive (C. consom. art. R 212-2) ;
– dans **tous les contrats** conclus depuis le 1er octobre 2016, elle peut être déclarée non écrite dès lors qu'elle est intégrée dans un **contrat d'adhésion** et qu'elle crée un **déséquilibre significatif** entre les parties (C. civ. art. 1171).

En revanche, sous réserve des dispositions spéciales interdisant l'arbitrage (nos 56132 et 56140), **56130** toute personne peut conclure un **compromis** sur les droits dont elle a la libre disposition (cf. C. civ. art. 2059), conformément aux règles de capacité du droit commun, aucune disposition n'imposant de condition spéciale.

Les **collectivités publiques** et les **établissements publics** ne peuvent pas compromettre (C. civ. **56132** art. 2060), sauf dérogations expressément prévues.
Ont été autorisés à recourir à l'arbitrage, sans que cette liste soit exhaustive :
– l'État, les collectivités territoriales ou les établissements publics locaux, en ce qui concerne les litiges relatifs à l'exécution financière des marchés publics de travaux et de fournitures (Code de la commande publique art. L 2197-6) ;
– l'État, les collectivités territoriales et les établissements publics, eu égard aux litiges nés des contrats qu'ils concluent conjointement avec des sociétés étrangères pour la réalisation d'opérations d'intérêt national, dans la mesure où ces litiges sont liés à l'application et à l'interprétation de ces contrats (Loi 86-972 du 19-8-1986 art. 9) ;
– les établissements publics à caractère scientifique, culturel et professionnel, et les établissements publics administratifs d'enseignement supérieur en vue du règlement de litiges nés de l'exécution de contrats passés avec des organismes étrangers dans le cadre de leur mission (C. éducation art. D 123-10) ;
– les établissements publics du réseau des chambres de commerce et d'industrie (C. com. art. D 711-75 s.).

Arbitrage international Sous la loi française, la clause compromissoire est valable au **56135** regard de tout litige né d'un contrat international et est opposable, que l'engagement souscrit par la partie française soit professionnel ou non, car l'article 2061 du Code civil, qui ne rend obligatoire que la clause conclue à raison d'une activité professionnelle, n'est pas applicable dans l'ordre international (Cass. 1e civ. 21-5-1997 n° 95-11.427 : RJDA 10/97 n° 1286 ; Cass. 1e civ. 5-1-1999 n° 96-21.430 : RJDA 3/99 n° 360 ; Cass. 1e civ. 12-5-2010 n° 09-11.872 : RJDA 3/99 n° 360), sous réserve des règles d'ordre public international qu'il appartiendrait à l'arbitre de mettre en œuvre (Cass. 1e civ. 30-3-2004 n° 02-12.259 : RJDA 12/04 n° 1406).

LITIGES ARBITRABLES

Arbitrage interne La loi française interdit l'arbitrage de certains litiges déterminés ; il en **56140** est ainsi **notamment** des litiges relatifs :
– aux questions d'état et de capacité des personnes, au divorce et à la séparation de corps ou aux contestations intéressant les collectivités publiques et les établissements publics (C. civ. art. 2060, al. 1) ;
– au contrat de travail (C. trav. art. L 1411-4), même international dès lors que le salarié a saisi régulièrement la juridiction française compétente en vertu des règles applicables, peu important la loi régissant le contrat (Cass. soc. 16-2-1999 n° 96-40.643 : RJS 5/99 n° 720 ; Cass. soc. 12-3-2008 n° 01-44.654 : RJS 6/08 n° 708).

56145 D'une façon générale, il est **interdit** de compromettre sur les **matières** qui intéressent l'**ordre public** (C. civ. art. 2060, al. 1). Mais le recours à l'arbitrage n'est pas exclu du seul fait que des dispositions impératives, fussent-elles constitutives d'une loi de police, sont applicables au fond du litige (Cass. 1e civ. 8-7-2010 n° 09-67.013 : Bull. civ. I n° 156). L'arbitre peut donc appliquer un texte d'ordre public (CA Versailles 3-3-2015 n° 14/07494 : RJDA 8-9/15 n° 615).

ILLUSTRATIONS

L'arbitrage n'est pas exclu du seul fait que les dispositions impératives de l'article L 442-6, I-5° du Code de commerce (désormais L 442-1, II-al. 1) sont applicables (Cass. com. 1-3-2017 n° 15-22.675 : RJDA 5/17 n° 372).
Le caractère d'ordre public de l'article 1843-4 du Code civil n'exclut pas l'arbitrabilité du litige relatif à l'évaluation des parts d'un associé retrayant ou exclu d'une société (Cass. com. 10-10-2018 n° 16-22.215 FS-PB : RJDA 5/19 n° 339).

56150 **Arbitrage international** Lorsque l'arbitrage est international, l'arbitrabilité du litige n'est pas exclue du seul fait qu'une réglementation d'ordre public est applicable (CA Paris 19-5-1993 n° 92/21091 : RJDA 8-9/93 n° 761 ; CA Versailles 12-3-2020 n° 19/07463 : RJDA 8-9/20 n° 464). L'arbitre, compétent pour apprécier sa propre compétence quant à l'arbitrabilité du litige au regard de l'ordre public international, doit le mettre en œuvre, sous le contrôle du juge de l'annulation. Les arbitres ont ainsi été admis à apprécier leur compétence pour statuer sur l'éventuelle applicabilité au litige des règles d'ordre public du redressement judiciaire (CA Paris 20-9-1995, Sté Matra Hachette c/ Sté Retaitalia SPA : Rev. arb. 1996 p. 87 note Cohen) ou à statuer sur les règles d'ordre public de la loi 75-1334 du 31 décembre 1975 relative à la sous-traitance (CA Paris 10-9-1997 n° 97-07772 : D. 1997 IR p. 213).

INDÉPENDANCE ET AUTONOMIE DE LA CONVENTION

56155 Que l'arbitrage soit interne ou international, la convention d'arbitrage est indépendante du contrat auquel elle se rapporte ; elle n'est pas affectée par l'inefficacité de celui-ci (CPC art. 1447, al. 1 et sur renvoi de l'art. 1506, 1°). La nullité de la clause compromissoire n'affecte pas la convention qui la porte ; elle est simplement réputée non écrite (CPC art. 1447, al. 2 et sur renvoi de l'art. 1506, 1°).
En matière d'arbitrage international, les parties peuvent en convenir autrement (CPC art. 1506).

EFFETS DE LA CONVENTION D'ARBITRAGE

56160 **Obligation de recourir à l'arbitrage** Que l'arbitrage soit interne ou international, les juridictions étatiques sont en principe incompétentes dès lors qu'un litige relève d'une convention d'arbitrage (CPC art. 1448, al. 1, et sur renvoi de l'art. 1506, 1° pour l'arbitrage international, sauf accord contraire des parties). Il s'agit de l'effet négatif du principe dit de « compétence-compétence » exposé nos 56320 s.
L'obligation de saisir les arbitres demeure même si le contrat dans lequel est incluse la clause compromissoire est l'objet d'une **novation** (Cass. 1e civ. 10-5-1988 n° 86-13.333 : Bull. civ. I n° 139), mais non s'il est établi que les parties ont eu l'intention de nover aussi la clause compromissoire (CA Paris 11-6-1998, Sté Ferring AB c/ Sté Debiopharm : Rev. arb. 2002 p. 147).
Les parties peuvent convenir d'un commun accord, au moment où le litige est né, de **renoncer** à la clause d'arbitrage (Cass. 1e civ. 17-6-1975 n° 74-13.160 : Bull. civ. I n° 196 ; Cass. 1e civ. 7-6-2006 n° 04-19.290 : RJDA 1/07 n° 113 ; CA Paris 6-5-2014 n° 13/01557 : Gaz. Pal. 22-11-2014 som. p. 21 note D. Bensaude) et dans ce cas, la juridiction étatique est compétente.

56170 **Maintien partiel de la compétence de la juridiction étatique** Que l'arbitrage soit interne ou international, l'existence d'une convention d'arbitrage ne fait pas obstacle, tant que le tribunal arbitral n'est pas constitué (sur la date de constitution, voir n° 56370), à ce qu'une partie saisisse une juridiction étatique aux fins d'obtenir une **mesure d'instruction ou une mesure provisoire ou conservatoire** (CPC art. 1449, al. 1 et sur renvoi de l'art. 1506, 1° pour l'arbitrage international, sauf accord contraire des parties).
Sous réserve des dispositions régissant les saisies conservatoires et les sûretés judiciaires, la demande est portée devant le président du tribunal judiciaire ou du tribunal de commerce, qui statue sur les mesures d'instruction dans les conditions prévues à l'article 145 du CPC et, en cas d'urgence, sur les mesures provisoires ou conservatoires sollicitées par les parties à la convention d'arbitrage (CPC art. 1449, al. 2 et sur renvoi de l'art. 1506, 1° pour l'arbitrage international, sauf accord contraire des parties).
La constitution du tribunal arbitral après la saisine du juge étatique n'entraîne pas l'obligation pour ce dernier de se dessaisir (CA Paris 25-10-2012 n° 12/07285 : Gaz. Pal. 8-1-2013 som. p. 18 note D. Bensaude).

B. Le tribunal arbitral

1. DÉSIGNATION DES ARBITRES

RÈGLES GÉNÉRALES

La nomination des arbitres se fait conformément aux modalités prévues par les parties dans la convention d'arbitrage. Si cette dernière est manifestement nulle, le juge d'appui (nos 56260 s.) déclare n'y avoir lieu à désignation (CPC art. 1455 et sur renvoi de l'art. 1506, 2° pour l'arbitrage international, sauf accord contraire des parties). Mais les prétendues irrégularités affectant les modalités de désignation de l'arbitre sont sans incidence sur la validité de la clause d'arbitrage elle-même (Cass. 1e civ. 9-7-2014 n° 13-13.598 : RJDA 12/14 n° 950). **56200**

En **arbitrage interne,** la convention d'arbitrage désigne, le cas échéant par référence à un règlement d'arbitrage, le ou les arbitres, ou prévoit les modalités de leur désignation. À défaut, il est procédé conformément aux dispositions des articles 1451 à 1454 (CPC art. 1444 ; nos 56230 s.). Toute convention contraire aux règles de nomination des arbitres (CPC art. 1450 à 1460 à l'exception du premier alinéa de l'art. 1456) est réputée non écrite (CPC art. 1461).

En **arbitrage international,** l'article 1508 du Code de procédure civile se contente de préciser que la convention d'arbitrage peut, directement ou par référence à un règlement d'arbitrage ou à des règles de procédure, désigner le ou les arbitres ou prévoir les modalités de leur désignation.

CHOIX DES ARBITRES

En **arbitrage interne,** seules les personnes physiques peuvent être arbitres ; une personne morale ne peut avoir pour mission que d'organiser l'arbitrage (CPC art. 1450). **56220**

Ces dispositions ne sont pas applicables à l'**arbitrage international** (cf. CPC art. 1506).

NOMBRE DES ARBITRES

En matière d'**arbitrage interne,** le tribunal arbitral est composé d'un ou de plusieurs arbitres en nombre impair (CPC art. 1451, al. 1). Il est complété si la convention d'arbitrage prévoit la désignation d'arbitres en nombre pair (CPC art. 1451, al. 2). **56230**

Si les parties ne s'accordent pas sur la désignation d'un arbitre complémentaire, le tribunal arbitral est complété dans un délai d'un mois à compter de l'acceptation de leur désignation par les arbitres choisis ou, à défaut, par le juge d'appui (CPC art. 1451, al. 3 ; nos 56262 s.).

L'article 1451 du Code de procédure civile n'est pas applicable en matière d'**arbitrage international.**

MODALITÉS DE DÉSIGNATION À DÉFAUT D'ACCORD DES PARTIES

Que **l'arbitrage** soit **interne ou international,** en l'absence d'accord des parties sur les modalités de désignation du ou des arbitres : **56235**

– En cas d'arbitrage par un arbitre unique, si les parties ne s'accordent pas sur le choix de l'arbitre, celui-ci est désigné par la personne chargée d'organiser l'arbitrage ou, à défaut, par le juge d'appui (nos 56260 s.) ;

– En cas d'arbitrage par trois arbitres, chaque partie en choisit un et les deux arbitres ainsi choisis désignent le troisième ; si une partie ne choisit pas d'arbitre dans un délai d'un mois à compter de la réception de la demande qui lui en est faite par l'autre partie ou si les deux arbitres ne s'accordent pas sur le choix du troisième dans un délai d'un mois à compter de l'acceptation de leur désignation, la personne chargée d'organiser l'arbitrage ou, à défaut, le juge d'appui procède à cette désignation (CPC art. 1452 et sur renvoi de l'art. 1506, 2° pour l'arbitrage international, sauf accord contraire des parties).

1. Lorsque le litige oppose **plus de deux parties** et que celles-ci ne s'accordent pas sur les modalités de constitution du tribunal arbitral, la personne chargée d'organiser l'arbitrage ou, à défaut, le juge d'appui, désigne le ou les arbitres (CPC art. 1453 et sur renvoi de l'art. 1506, 2° pour l'arbitrage international, sauf accord contraire des parties). **56245**

Tout **autre différend** lié à la constitution du tribunal arbitral est réglé, faute d'accord des parties, par la personne chargée d'organiser l'arbitrage ou, à défaut, tranché par le juge d'appui (CPC art. 1454 et sur renvoi de l'art. 1506, 2° pour l'arbitrage international, sauf accord contraire des parties).

ILLUSTRATIONS

Dès lors qu'une clause d'arbitrage prévoit que le tribunal sera composé de quatre arbitres désignés par chacune des sociétés partie à un pacte d'actionnaires et d'un président choisi par les arbitres, caractérise un **désaccord sur les modalités de constitution** du tribunal arbitral la désignation de son arbitre par l'une de ces sociétés, sous la condition, refusée par elles, que les autres désignent conjointement un seul arbitre en raison d'une convergence d'intérêts entre elles. Ce désaccord justifie que la Chambre de commerce internationale (CCI) désigne l'intégralité des membres du tribunal arbitral en application de l'article 12, 8, du règlement d'arbitrage de la CCI auquel renvoie la clause compromissoire, de sorte que, toutes les parties se trouvant privées du droit de choisir leur arbitre, l'égalité entre elles se trouve préservée (Cass. 1e civ. 9-11-2022 n° 21-17.203 FS-B : RJDA 2/23 n° 121).

INTERVENTION DU JUGE D'APPUI

56260 Pour trancher les difficultés de constitution du tribunal arbitral induites par les désaccords des parties, celles-ci peuvent s'adresser à la juridiction étatique, dite « juge d'appui », dans les conditions ci-après selon que l'arbitrage est interne ou international.

56262 **Arbitrage interne** Le **juge** d'appui **compétent** est le président du tribunal judiciaire (CPC art. 1459, al. 1).

Toutefois, si la convention d'arbitrage le prévoit expressément, le président du tribunal de commerce est compétent pour connaître des demandes relatives au nombre des arbitres ou aux difficultés de constitution du tribunal arbitral ; dans ce cas, il peut décider n'y avoir lieu à désignation s'il juge la convention d'arbitrage manifestement nulle ou manifestement inapplicable (CPC art. 1459, al. 2).

Le juge **territorialement compétent** est celui désigné par la convention d'arbitrage ou, à défaut, celui dans le ressort duquel le siège du tribunal arbitral a été fixé. En l'absence de toute stipulation de la convention d'arbitrage, le juge territorialement compétent est celui du lieu où demeure le ou l'un des défendeurs à l'incident ou, si le défendeur ne demeure pas en France, du lieu où demeure le demandeur (CPC art. 1459, al. 3).

56266 Le juge d'appui est **saisi** soit **par** une partie, soit par le tribunal arbitral ou l'un de ses membres (CPC art. 1460, al. 1).

Le juge statue selon la procédure accélérée au fond (CPC art. 1460, al. 2). À défaut de saisine du juge d'appui selon cette procédure, c'est-à-dire de manière contradictoire, la sentence est rendue par un tribunal arbitral irrégulièrement composé et doit donc être annulée (CA Versailles 14-11-1996 n° 94-5062 : RJDA 1/97 n° 144).

Le juge d'appui statue par **jugement** non susceptible de **recours** ; toutefois, ce jugement peut être frappé d'appel lorsque le juge déclare n'y avoir lieu à désignation au motif que la convention d'arbitrage est manifestement nulle ou manifestement inapplicable (CPC art. 1460, al. 3 ; sur l'irrecevabilité de l'appel d'une décision nommant un troisième arbitre, Cass. 1e civ. 19-12-2012 n° 11-10.535 : Bull. civ. I n° 264, transposable sous le régime actuel en raison de l'identité des textes applicables).

L'ordonnance a l'autorité de la chose jugée sauf fait nouveau survenu depuis (Cass. 1e civ. 13-3-2013 n° 12-20.573 : RJDA 6/13 n° 566).

56275 **Arbitrage international** Le juge d'appui de la procédure arbitrale est, sauf clause contraire, le président du tribunal judiciaire de Paris lorsque (CPC art. 1505) :

1° L'arbitrage se déroule en France ou ;

2° Les parties sont convenues de soumettre l'arbitrage à la loi de procédure française ou ;

3° Les parties ont expressément donné compétence aux juridictions étatiques françaises pour connaître des différends relatifs à la procédure arbitrale ou ;

4° L'une des parties est exposée à un risque de déni de justice.

Pour la saisine, la nature de la décision du juge d'appui et les voies de recours, les règles édictées pour l'arbitrage interne sont applicables (CPC art. 1506, 2° ; n°s 56266 s.).

2. OBLIGATIONS DES ARBITRES

OBLIGATION DE RÉVÉLATION

56285 Tant en arbitrage interne qu'international, sous peine de récusation, il appartient à l'arbitre choisi, **avant d'accepter sa mission,** de révéler toute circonstance susceptible d'affecter son indépendance ou son impartialité (CPC art. 1456, al. 2 et sur renvoi de l'art. 1506, 2° pour l'arbitrage international, sauf accord contraire des parties). Il n'en est autrement que si la circonstance suspecte est notoire (Cass. 1e civ. 15-6-2017 n° 16-17.108 FS-PB ; Cass. 1e civ. 20-10-2010 n° 09-68.131 et n° 09-68.997 : RJDA 2/11 n° 196). L'obligation d'information s'apprécie au regard de la notoriété de la situation critiquée, de son lien avec le litige et de son incidence sur le jugement de l'arbitre (Th. Clay : « Tecnimont, saison 5 : La dissolution de l'obligation de révélation dans le devoir de réaction », note sous CA Paris 12-4-2016 n° 14/884).

Il est également fait obligation à l'arbitre de révéler sans délai toute circonstance de même nature qui pourrait naître **après l'acceptation** de sa mission (CPC art. 1456, al. 2 et sur renvoi de l'art. 1506, 2° pour l'arbitrage international, sauf accord contraire des parties).

L'arbitre ne peut être **révoqué** que du consentement unanime des parties (CPC art. 1458 et sur renvoi de l'art. 1506, 2° pour l'arbitrage international, sauf accord contraire des parties). À défaut d'unanimité, le différend sur le maintien de l'arbitre est réglé par la personne chargée d'organiser l'arbitrage ou, à défaut, tranchée par le juge d'appui (n°s 56260 s.), saisi dans le mois qui suit la révélation ou la découverte du fait litigieux (CPC art. 1456, al. 3 et sur renvoi de l'art. 1506, 2° pour l'arbitrage international, sauf accord contraire des parties). **56288**

La récusation de l'arbitre peut être demandée indirectement par le **recours en annulation** de la sentence à laquelle il a participé ; la partie qui poursuit l'annulation doit alors **expliquer en quoi** l'élément suspect est de nature à provoquer dans l'esprit des parties un doute raisonnable quant à l'impartialité de l'arbitre mis en cause et à son indépendance (Cass. 1e civ. 18-12-2014 n° 14-11.085 : RJDA 3/15 n° 228 ; voir aussi Cass. 1e civ. 10-10-2012 n° 11-20.299 : RJDA 1/13 n° 79, rendu sous l'empire des textes antérieurs mais transposable par analogie), c'est-à-dire un doute qui peut naître chez une personne placée dans la même situation et ayant accès aux mêmes éléments d'information raisonnablement accessibles (CA Paris 17-5-2022 n° 20/15162 : RJDA 8-9/22 n° 529).

ILLUSTRATIONS

L'occultation par l'arbitre des liens existant entre lui et l'une des parties à l'arbitrage ou son conseil ne suffit pas à établir l'existence d'une fraude justifiant l'annulation ou la révision de l'arrêt. Encore faut-il que soit démontrée la volonté de favoriser l'une des parties, la collusion de l'arbitre avec la partie gagnante ou le conseil de celle-ci (Cass. 1e civ. 30-6-2016 n° 15-13.755 FS-PBI : RJDA 11/16 n° 834).

Une cour d'appel a souverainement déduit des éléments suivants qu'il n'existait pas un lien suffisamment proche entre l'une des sociétés parties à l'arbitrage et l'un des arbitres désignés par la CCI pour provoquer dans l'esprit des parties un doute raisonnable quant à l'indépendance de celui-ci : les circonstances dont il était soutenu qu'elles auraient dû être révélées par l'arbitre ne concernaient pas d'éventuels liens avec les sociétés parties à l'arbitrage ni avec l'ancienne société mère de l'une d'elles mais, d'une part, avec un actionnaire de cette dernière dans laquelle il détenait ou avait détenu des participations indirectes non majoritaires et pour des durées variables et, d'autre part, avec un prestataire de services financiers intervenu pour cette ancienne société mère et dont il n'apparaissait pas qu'il avait avec celle-ci des intérêts convergents ou liés à l'issue de l'arbitrage (Cass. 1e civ. 9-11-2022 n° 21-17.203 FS-B : RJDA 2/23 n° 121).

OBLIGATION DE MENER L'ARBITRAGE JUSQU'À SON TERME

L'arbitre doit poursuivre sa mission jusqu'au terme de celle-ci (CPC art. 1457, al. 1 et sur renvoi de l'art. 1506, 2° pour l'arbitrage international, sauf accord contraire des parties). **56295**

Toutefois, l'arbitre peut **invoquer,** s'il le justifie, un empêchement ou une cause légitime d'abstention ou de démission (CPC art. 1457, al. 1 et sur renvoi de l'art. 1506, 2° pour l'arbitrage international, sauf accord contraire des parties) ; en cas de différend sur la réalité du motif invoqué, la difficulté est réglée par la personne chargée d'organiser l'arbitrage ou, à défaut, tranchée par le juge d'appui saisi (n°s 56260 s.) dans le mois qui suit l'empêchement, l'abstention ou la démission (CPC art. 1457, al. 2 et sur renvoi de l'art. 1506, 2° pour l'arbitrage international, sauf accord contraire des parties).

3. COMPÉTENCES DES ARBITRES

LITIGES VISÉS PAR LA CONVENTION D'ARBITRAGE

Les arbitres sont uniquement compétents pour les **litiges visés par la convention d'arbitrage.** Ils ne peuvent pas juger d'autres contestations, mais peuvent juger des contestations non incluses dans l'acte de mission (n° 56370) dès lors que celles-ci rentrent dans le champ de la convention d'arbitrage (Cass. 1e civ. 6-3-1996 n° 94-13.092 : RJDA 6/96 n° 853). **56310**

La sentence peut être annulée si l'arbitre a statué en dehors de sa mission (n°s 56960 et 57375).

ILLUSTRATIONS

La convention d'arbitrage soumettant à l'arbitrage :

– les litiges relatifs à l'interprétation ou à l'exécution du contrat s'applique au litige mettant en cause la caducité du contrat, mais non aux contestations sur la formation du contrat (CA Paris 10-3-1995 n° 93-9097 : RJDA 7/95 n° 914) ;

– les litiges nés d'un contrat ne s'applique aux demandes reconventionnelles que si elles sont indissociables des demandes principales et dans la mesure où leur rejet serait de nature à porter atteinte au droit d'accès à la justice et au principe d'égalité entre les parties (Cass. 1e civ. 28-3-2013 n° 11-27.770 : RJDA 6/13 n° 565) ;

– dans les statuts d'une société, toute contestation relative aux « affaires sociales », s'applique à l'action en responsabilité engagée par les associés contre le dirigeant de la société (CA Paris 7-10-2014 n° 14/08056 : RJDA 12/14 n° 951) ;
– les litiges relatifs à une convention entre un franchiseur et un franchisé ne s'applique pas à l'action du liquidateur judiciaire du franchisé en nullité de la convention conclue en période suspecte, le liquidateur agissant au nom et dans l'intérêt collectif des créanciers et non pas au lieu et place du débiteur dessaisi (Cass. com. 17-11-2015 n° 14-16.012 F-PB).

PRINCIPE DE COMPÉTENCE-COMPÉTENCE

56320 En application du principe de compétence-compétence, applicable en matière d'arbitrage tant interne qu'international, le **tribunal arbitral** est seul compétent pour statuer sur les contestations relatives à son pouvoir juridictionnel (CPC art. 1465 et sur renvoi de l'art. 1506, 3° pour l'arbitrage international, sauf accord contraire des parties ; Cass. 1e civ. 12-12-2007 n° 07-13.927 : RJDA 4/08 n° 470). Il lui appartient de statuer **sur sa propre compétence** (effet positif du principe), de sorte qu'il peut, par exemple, apprécier si la clause a bien été acceptée par les parties (Cass. 1e civ. 28-11-2006 n° 04-10.384 et n° 05-10.464 : RJDA 6/08 n° 740) ou si le litige entre dans le champ d'application de la clause (Cass. 1e civ. 9-7-2008 n° 07-18.623 : RJDA 12/08 n° 1332 ; Cass. com. 23-4-2013 n° 12-12.101 : RJDA 7/13 n° 617).

56325 L'effet négatif du principe de compétence-compétence réside dans l'**incompétence de la juridiction étatique**. Ainsi, lorsqu'un litige relevant d'une convention d'arbitrage interne ou internationale, est porté devant une juridiction étatique, celle-ci doit se déclarer incompétente sauf dans les cas visés n° 56330 (CPC art. 1448, al. 1 et sur renvoi de l'art. 1506, 1° pour l'arbitrage international, sauf accord contraire des parties).
La juridiction étatique ne peut pas relever d'office son incompétence (CPC art. 1448, al. 2 et sur renvoi de l'art. 1506, 1°) ; il incombe donc à la partie poursuivie devant la juridiction étatique, si elle veut contester cette compétence, de soulever l'exception d'incompétence, et cela avant toute défense au fond (CPC art. 74, al. 1 ; Cass. 1e civ. 3-2-2010 n° 09-13.618 : Bull. civ. I n° 31 ; Cass. 1e civ. 13-5-2020 n° 18-25.966 F-PB). Mais en vertu du principe de loyauté procédurale régissant les parties à une convention d'arbitrage, la partie qui provoque le retrait de la demande d'arbitrage en ne s'acquittant pas de la part de provision sur frais lui incombant en vertu du règlement d'arbitrage auquel elle a souscrit est irrecevable à invoquer la clause compromissoire pour décliner la compétence de la juridiction étatique (Cass. 1e civ. 9-2-2022 n° 21-11.253 FS-B).
Les parties ne peuvent pas **déroger** à ces dispositions si l'arbitrage est interne (CPC art. 1448, al. 3). Elles le peuvent si l'arbitrage est international (CPC art. 1506), à condition que la dérogation soit expresse et non équivoque (Cass. 1e civ. 9-3-2022 n° 20-21.572 FS-B).

56330 La **juridiction étatique,** saisie d'un litige qui pourrait être destiné à l'arbitrage, est toutefois **compétente** à la double **condition** que le tribunal ne soit pas encore saisi et que la convention d'arbitrage soit manifestement nulle ou manifestement inapplicable (CPC art. 1448, al. 1 et sur renvoi de l'article 1506, 1° pour l'arbitrage international, sauf accord contraire des parties). Il s'ensuit que la juridiction étatique :
– ne doit pas se livrer à un **examen substantiel** de la clause ou des négociations contractuelles (Cass. 1e civ. 21-9-2016 n° 15-28.941 F-PB : RJDA 12/16 n° 917), la nullité ou l'inapplicabilité de la clause devant pouvoir être constatée lors d'un examen sommaire (CA Paris 24-5-2022 n° 21/21700 : RJDA 11/22 n° 669 ; CA Paris 12-7-2022 n° 22/06400 : RJDA 11/22 n° 670) ;
– ne peut pas se reconnaître compétente **sans caractériser le caractère manifestement nul ou inapplicable** de la clause d'arbitrage (Cass. 2e civ. 18-12-2003 n° 1774 : RJDA 7/04 n° 498 ; Cass. 1e civ. 8-11-2005 n° 1471 : D. 2005.IR.2896), un tel caractère devant être évident, incontestable, décelable à première vue (Cass. 1e civ. 24-6-2020 n° 19-12.701 F-D) ;
– doit **se déclarer incompétente si** elle retient que la convention d'arbitrage n'est pas manifestement inapplicable (Cass. 1e civ. 12-2-2014 n° 13-10.346 : Bull. civ. I n° 23) ou si elle constate que le tribunal arbitral est déjà saisi ;
– est **compétente pour juger de la violation par la clause de l'ordre public,** notamment de celui protégeant le consommateur contre les clauses abusives car la priorité reconnue au tribunal arbitral pour juger de sa compétence ne peut avoir pour effet de rendre impossible, ou excessivement difficile, l'exercice des droits conférés au consommateur par le droit communautaire que les juridictions nationales ont l'obligation de sauvegarder (Cass. 1e civ. 30-9-2020 n° 18-19.241 FS-PB : RJDA 3/21 n° 205).

ILLUSTRATIONS

La **clause** est manifestement **inapplicable** :
– dans un cas où des réservations de fret comportaient une convention d'arbitrage et une clause selon laquelle ces documents seront annulés et remplacés par les stipulations du connaissement et où les connaissements contenaient une clause attributive de compétence (Cass. 1e civ. 11-7-2006 n° 03-19.838 : RJDA 12/06 n° 1287) ;
– si elle est invoquée dans le cadre d'un litige n'opposant pas les parties signataires, ou que ces parties n'agissent pas en tant que signataires du contrat (Cass. com. 13-6-2006 n° 03-16.695 : RJDA 12/06 n° 1246 ; Cass. com. 17-11-2015 n° 14-16.012 F-PB : RJDA 2/16 n° 135) ;
– si elle est invoquée alors que le litige entre les parties porte sur un contrat différent de celui contenant la clause d'arbitrage (Cass. 1e civ. 4-7-2006 n° 05-11.591 : RJDA 1/07 n° 112 ; Cass. 1e civ. 11-7-2006 n° 03-19.838 : RJDA 12/06 n° 1287) ;
– si elle ne comporte aucune précision sur les modalités de la procédure d'arbitrage, incluant l'identification de l'arbitre choisi ou les modalités de sa désignation, et sur l'établissement d'un règlement d'arbitrage fixant les règles de son déroulement (CA Orléans 6-7-2022 n° 22/00277) ;
– en cas de renonciation des parties à l'invoquer ; tel est le cas lorsque la partie à un contrat contenant une clause compromissoire a, dans un premier temps, saisi la juridiction étatique, avant de se prévaloir de la clause d'arbitrage en réplique à la demande reconventionnelle de son cocontractant (Cass. 1e civ. 20-4-2017 n° 16-11.413 F-PB : RJDA 8-9/17 n° 595).
Est manifestement **nulle** la clause qui prévoit l'arbitrage du juge (CA Paris 3-12-2013 n° 13/10776 : Gaz. Pal. 8-3-2014 jur. p. 18. note D. Bensaude).
Mais ne caractérise **pas l'inapplicabilité** manifeste de la convention d'arbitrage :
– la contradiction existant entre une clause d'arbitrage et une clause attributive de compétence figurant dans le même contrat (Cass. 2e civ. 18-12-2003 n° 02-13.410 : RJDA 4/04 n° 498 ; Cass. 1e civ. 25-6-2014 n° 13-23.669 : RJDA 12/14 n° 948) ;
– l'indivisibilité du litige (Cass. 1e civ. 12-2-2014 n° 12-27.232 : RJDA 5/14 n° 495) ;
– l'impécuniosité d'une partie (Cass. 1e civ. 13-7-2016 n° 15-19.389 FS-PB : RJDA 11/16 n° 833 dans un cas où le demandeur, en liquidation judiciaire, était dans l'impossibilité de s'acquitter des frais d'arbitrage ; Cass. 1e civ. 28-9-2022 n° 21-21.738 FS-D : RJDA 12/22 n° 726).
Dans le cas d'une clause d'arbitrage insérée dans un contrat conclu entre une société commercialisant des chocolats et son fournisseur de fèves de cacao, la faute personnelle du dirigeant du fournisseur, au motif qu'il aurait fourni des produits dangereux, n'est pas de nature à écarter l'application de la clause d'arbitrage dès lors que la faute découle de l'exécution du contrat (CA Aix-en-Provence 30-6-2022 n° 21/04989).

C. Instance arbitrale

1. CHOIX DE LA PROCÉDURE

ARBITRAGE INTERNE

Sauf si les parties en ont décidé autrement dans la convention d'arbitrage, les **arbitres règlent la procédure** arbitrale sans être tenus de suivre les règles établies pour les tribunaux (CPC art. 1464, al. 1). 56350
Toutefois, sont toujours applicables à l'instance arbitrale les **principes directeurs du procès** énoncés aux articles 4 à 10, au premier alinéa de l'article 11, aux deuxième et troisième alinéas de l'article 12 et aux articles 13 à 21, 23 et 23-1 du Code de procédure civile (CPC art. 1464, al. 2).
Sous réserve des obligations légales et à moins que les parties n'en disposent autrement, la procédure arbitrale est soumise au principe de **confidentialité** (CPC art. 1464, al. 4).

ARBITRAGE INTERNATIONAL

La convention d'arbitrage peut, directement ou par référence à un règlement d'arbitrage ou à des règles de procédure, régler la procédure à suivre dans l'instance arbitrale (CPC art. 1509, al. 1). 56355
Ainsi, dans les arbitrages se déroulant en France, les parties peuvent adopter ou invoquer les dispositions de procédure française qui leur conviennent (CA Paris 3-12-1998 n° 1997/14112, 2e espèce : Rev. arb. 1999 p. 601 note Ch. Jarrosson : demande d'application de l'article 700 du CPC et des règles d'exécution provisoire de la sentence).
Dans le **silence de la convention** d'arbitrage, le tribunal arbitral règle la procédure autant qu'il est besoin, soit directement, soit par référence à un règlement d'arbitrage ou à des règles de procédure (CPC art. 1509, al. 2).
Quelle que soit la procédure choisie, le tribunal arbitral garantit l'égalité des parties et respecte le **principe de la contradiction** (CPC art. 1510).

PRINCIPES COMMUNS

56360 Tant en arbitrage interne qu'international, l'arbitre doit agir avec **célérité et loyauté** dans la conduite de la procédure (CPC art. 1464, al. 3 et sur renvoi de l'art. 1506, 3°).

2. OUVERTURE DE LA PROCÉDURE ARBITRALE

ENGAGEMENT DE LA PROCÉDURE

56370 Le tribunal arbitral est constitué lorsque le ou les **arbitres** ont **accepté la mission** qui leur est confiée. À cette date, il est saisi du litige (CPC art. 1456 et sur renvoi de l'art. 1506, 2° pour l'arbitrage international sauf accord contraire des parties).

> **Précisions** Il est de pratique courante de rédiger un **acte de mission** scellant l'accord des arbitres et déterminant les demandes ainsi que le calendrier de la procédure ; néanmoins, la rédaction d'un tel acte n'est imposée par aucune disposition (mais il peut être imposé par certains règlements d'arbitrage). Dès lors qu'il a seulement pour objet de reporter conventionnellement le point de départ du délai d'arbitrage, un projet d'acte de mission établi alors que la constitution du tribunal arbitral est parfaite n'est pas susceptible de différer les effets de l'acceptation par tous les arbitres de leur mission (Cass. 1e civ. 30-3-2004 n° 01-11.951 : RJDA 8-9/04 n° 1011).

DEMANDE D'ARBITRAGE

56375 Le litige est soumis au tribunal arbitral soit conjointement par les parties, soit par la partie la plus diligente (CPC art. 1462, et, sur renvoi, art. 1506, 3° pour l'arbitrage international sauf accord contraire des parties).

RECEVABILITÉ DE LA DEMANDE

56380 La demande d'arbitrage introduisant une action juridictionnelle doit répondre aux conditions de recevabilité de la demande en justice : le demandeur doit avoir qualité et intérêt à agir et l'action ne doit pas être prescrite.

3. DÉROULEMENT DE L'INSTANCE

POUVOIR DE JUGER

56400 L'arbitre a pour mission de juger le litige qui lui est soumis **conformément aux règles de droit** (CPC art. 1478) ; en cas d'arbitrage international, l'arbitre tranche le litige conformément aux règles de droit que les parties ont choisies ou, à défaut, conformément à celles qu'il estime appropriées ; il tient compte, dans tous les cas, des usages du commerce (CPC art. 1511).
L'arbitre peut être **dispensé de suivre les règles de droit** : il en est ainsi lorsque les parties lui ont donné le pouvoir de statuer comme **amiable compositeur** (CPC art. 1478 et 1512).
Les arbitres amiables compositeurs doivent statuer en équité et y faire référence dans leur sentence (Cass. 1e civ. 17-12-2008 n° 07-19.915 : RJDA 5/09 n° 491). Mais ils n'ont pas l'obligation de statuer seulement en équité (Cass. 2e civ. 29-11-1995 n° 92-21.623) ; ils peuvent appliquer les règles de droit en justifiant que cette application est conforme à l'équité (Cass. 2e civ. 15-2-2001 n° 98-21.324 : Bull. civ. II n° 26), cette justification pouvant se déduire de la motivation de la sentence (CA Paris 9-12-2010 n° 09/18746 : Gaz. Pal. 17-5-2011 jur. p. 13 note D. Bensaude).

MESURES D'INSTRUCTION

56430 Le tribunal arbitral procède aux actes d'instruction nécessaires à moins que les parties ne l'autorisent à commettre l'un de ses membres (CPC art. 1467, al. 1 et, sur renvoi, art. 1506, 3° pour l'arbitrage international, sauf accord contraire des parties).
Le tribunal arbitral peut entendre toute personne, cette **audition** ayant lieu sans prestation de serment, et, si une partie détient un élément de preuve, il peut lui **enjoindre** de le produire selon les modalités qu'il détermine et au besoin à peine d'astreinte (CPC art. 1467, al. 2 et sur renvoi de l'art. 1506, 3°).

56435 Si une partie à l'instance arbitrale entend faire état d'un **acte** authentique ou sous seing privé **auquel elle n'a pas été partie ou** d'une **pièce détenue par un tiers,** les règles suivantes sont applicables (CPC art. 1469 et sur renvoi de l'art. 1506, 3° pour l'arbitrage international, sauf accord contraire des parties) :
– cette partie peut, sur invitation du tribunal arbitral, faire assigner ce tiers devant le président du tribunal judiciaire aux fins d'obtenir la délivrance d'une expédition ou la production de l'acte ou de la pièce ;
– la compétence territoriale du président du tribunal judiciaire est déterminée conformément au droit commun (CPC art. 42 à 48) ;

– la demande est formée, instruite et jugée comme en matière de référé ;
– le président, s'il estime la demande fondée, ordonne la délivrance ou la production de l'acte ou de la pièce, en original, en copie ou en extrait, selon le cas, dans les conditions et sous les garanties qu'il fixe, au besoin à peine d'astreinte ;
– cette décision n'est pas exécutoire de plein droit ;
– elle est susceptible d'appel dans un délai de 15 jours suivant sa signification.

Sauf stipulation contraire, le tribunal arbitral a le pouvoir de trancher l'incident de **vérification d'écriture ou de faux** conformément aux dispositions des articles 287 à 294 et 299 du Code de procédure civile ; en cas d'inscription de faux incident, il est fait application de l'article 313 du même Code (CPC art. 1470 et sur renvoi de l'art. 1506, 3° pour l'arbitrage international, sauf accord contraire des parties). **56440**

Les arbitres peuvent prendre des **mesures conservatoires ou provisoires** s'ils y sont autorisés par le règlement d'arbitrage, par la clause compromissoire ou par la loi applicable à la procédure d'arbitrage. **56460**
À défaut d'une de ces autorisations, ils peuvent, sur le fondement de la loi française, prendre, à peine d'astreinte, toute mesure conservatoire ou provisoire qu'ils jugent opportune, les modifier ou les compléter, tant en matière d'arbitrage interne qu'en matière d'arbitrage international sauf, dans ce dernier cas, si les parties ont écarté cette faculté (CPC art. 1468 et sur renvoi de l'art. 1506, 3° pour l'arbitrage international, sauf accord contraire des parties).
Mais les arbitres ne peuvent pas ordonner des **saisies conservatoires** et des **sûretés judiciaires** qui relèvent de la seule compétence de la juridiction étatique (art. précités).

DÉBATS

Sous peine de nullité de la sentence, les **débats** doivent être **contradictoires**, que l'arbitrage soit interne ou international, et, dans ce cas, quelle que soit la procédure choisie (cf. CPC art. 1492, 4° pour l'arbitrage interne ; art. 1510 et 1520, 4° pour l'arbitrage international). **56485**
Il incombe à la partie qui invoque la violation par l'arbitre du principe de la contradiction d'en apporter la preuve (Cass. 1e civ. 5-11-2014 n° 13-11.745 : RJDA 5/15 n° 400). L'annulation de la sentence ne peut être obtenue que si la violation du contradictoire porte sur un élément dont il est démontré qu'il a servi de support à la décision prise par les arbitres (Cass. 1e civ. 6-5-2009 n° 07-20.345 : JCP G 2009 n° 47, 462 p. 39 obs. J. Béguin).

Les parties doivent être à même de débattre contradictoirement des **moyens invoqués** et des **pièces produites** de telle sorte que rien de ce qui a servi à fonder la décision des arbitres n'ait échappé à leur débat (CA Paris 16-10-2012 n° 11/08327 : Gaz. Pal. 8-1-2013 jur. p. 16 note D. Bensaude), même en cas d'amiable composition. Il s'ensuit que : **56490**
– un arbitre ne peut pas fonder sa décision sur des faits dont il a acquis personnellement connaissance sans soumettre ces éléments à la discussion des parties (Cass. 2e civ. 21-6-1995 n° 92-14.594 : RJDA 12/95 n° 1467) ;
– il y a lieu à communication à la partie adverse des pièces produites par une partie, même lorsque les pièces en cause ont été produites sur injonction de l'arbitre, sauf à établir que la partie adverse avait connaissance de leur contenu (Cass. 2e civ. 23-10-2003 n° 02-12.375 : Bull. civ. II n° 316) ;
– la sentence ne peut pas être fondée sur des dispositions légales non invoquées dans l'arbitrage (Cass. 1e civ. 23-6-2010 n° 08-16.858 : D. 2010 p. 2933 obs. Th. Clay) ou sur un fondement non invoqué par les parties (Cass. 1e civ. 29-6-2011 n° 10-23.321 : RJDA 12/11 n° 1090) ;
– une sentence arbitrale doit être annulée au motif que le non-respect de la langue d'arbitrage constituait une violation du principe du contradictoire, dans la mesure où la partie potentiellement lésée n'avait ni acquiescé à l'utilisation d'une autre langue ni renoncé à se prévaloir de cette irrégularité (CA Paris 2-4-2013 n° 11/18244 : Gaz. Pal. 2013 jur. p. 1608 note C. Duclercq).

En revanche, il n'y a **pas violation de la règle du contradictoire** lorsque : **56492**
– une partie n'a pas usé de la faculté qu'elle avait de faire parvenir ses observations à l'arbitre (Cass. civ. 16-2-1978 n° 76-12.961 : Bull. civ. II p. 32 ; CA Paris 25-9-2008 n° 07/01253 : Gaz. Pal. 2008 som. p. 4032) ;
– les arbitres rejettent une production nouvelle, sous la forme d'une note en délibéré, étrangère aux seuls éclaircissements qu'ils avaient demandés aux parties sur certains points précis (Cass. civ. 31-5-1976 n° 74-15.205 : JCP G 1976 IV n° 245) ;
– la partie qui se plaint de la violation du principe du contradictoire a manqué à la loyauté procédurale en s'abstenant volontairement de participer à la procédure après en avoir été pleinement informée et avoir été mise en cause (Cass. 1e civ. 6-5-2009 n° 08-10.281 : RJDA 5/10 n° 574) ;
– le tribunal n'a pas soumis à la contradiction la motivation de la sentence (Cass. 1e civ. 19-12-2012 n° 11-10.973 : Bull. civ. I n° 262, sentence fondée sur un fait tiré d'une pièce régulièrement versée aux débats).

56495 En arbitrage interne, la procédure d'arbitrage est soumise au **principe de confidentialité,** sous réserve des obligations légales et à moins que les parties n'en conviennent autrement (CPC art. 1464, al. 4). Le même principe s'applique en matière d'arbitrage international en raison de « la nature » même de la procédure d'arbitrage (CA Paris 18-2-1986, Aita c/ Ojjeh : D. 1987 p. 339).

DURÉE DE L'INSTANCE

56520 La procédure d'arbitrage doit être accomplie dans le **délai fixé par les parties** (cf. CPC art. 1463, al. 1 pour l'arbitrage interne et en vertu du principe de la liberté contractuelle dans le silence des dispositions du CPC sur l'arbitrage international).

56525 **Délai maximal** En **arbitrage interne,** sauf prorogation, si la convention d'arbitrage ne fixe pas de délai, la durée de la mission du tribunal arbitral est limitée à six mois à compter de sa saisine (CPC art. 1456, al. 1). Sur la date de la saisine du tribunal, voir n° 56370.
En matière d'**arbitrage international,** le délai légal de six mois ne s'applique pas, sauf convention contraire (cf. CPC art. 1506 écartant l'application de l'art. 1463, al. 1).
En l'absence de stipulation d'un délai, les arbitres ne sont tenus que d'une obligation de moyen (Cass. 1e civ. 17-11-2010 n° 09-12.352 : RJDA 3/11 n° 271, rejetant l'existence d'une négligence des arbitres).

56535 **Prorogation** Le délai légal (qui n'existe qu'en arbitrage interne) ou conventionnel peut être prorogé par accord des parties ou, à défaut, par le juge d'appui (CPC art. 1463, al. 2 et sur renvoi de l'art. 1506, 3° pour l'arbitrage international, sauf accord contraire des parties).
La prorogation du délai **par les parties** peut être **expresse ou tacite** et résulter par exemple de la participation des parties aux opérations mises en œuvre par l'arbitre au-delà du délai stipulé dans la convention d'arbitrage (Cass. 2e civ. 18-10-2001 n° 99-21.813 : Rev. arb. 2002 p. 902 note J.-G. Betto ; Cass. 1e civ. 6-7-2005 n° 03-15.223 : RJDA 3/06 n° 354 ; Cass. 1e civ. 11-9-2013 n° 12-26.180 : RJDA 1/14 n° 64 : envoi au-delà du délai imparti de lettres d'observations sur le projet de sentence par la partie invoquant ensuite le dépassement du délai).
Les parties peuvent convenir de la prorogation par avance dans la convention d'arbitrage, en fixant des prorogations d'une durée déterminée auxquelles l'arbitre pourra recourir, dès lors que le temps maximal imparti à ce dernier pour statuer est ainsi conventionnellement arrêté (Cass. 2e civ. 20-6-1996 n° 94-10.043 : Bull. civ. II n° 167). À défaut d'indication de la durée de la prorogation, celle-ci ne vaut que pour six mois (Cass. 2e civ. 1-6-1994 n° 92-20.991 : RJDA 10/94 n° 1089).
À défaut d'accord des parties, le **juge d'appui** peut proroger le délai (CPC art. 1463, al. 2, et sur renvoi de l'art. 1506, 3° pour l'arbitrage international, sauf accord contraire des parties).

56545 Si l'arbitrage est interne, les **arbitres** ne peuvent pas **proroger** le délai, puisque l'article 1463, al. 2 du Code de procédure civile n'ouvre cette faculté qu'aux parties ou au juge d'appui ; il en est ainsi même si la convention d'arbitrage les y a autorisés (Cass. 2e civ. 7-11-2002 n° 01-10.351 : RJDA 8-9/04 n° 1070).

56560 **Interruption et suspension de l'instance** En arbitrage interne, l'**interruption** de l'instance est régie par les dispositions des articles 369 à 372 du Code de procédure civile (CPC art. 1471).
Sauf convention contraire, l'instance peut être **suspendue** par le tribunal arbitral en cas de décès, d'empêchement, d'abstention, de démission, de récusation ou de révocation d'un arbitre jusqu'à l'acceptation de sa mission par l'arbitre désigné en remplacement (CPC art. 1473, al. 1). Le nouvel arbitre est désigné suivant les modalités convenues entre les parties ou, à défaut, suivant celles qui ont présidé à la désignation de l'arbitre qu'il remplace (CPC art. 1473, al. 2).
Le tribunal arbitral peut, s'il y a lieu, **surseoir à statuer.** Cette décision suspend le cours de l'instance pour le temps ou jusqu'à la survenance de l'événement qu'elle détermine. Le tribunal arbitral peut, suivant les circonstances, révoquer le sursis ou en abréger le délai (CPC art. 1472).
L'article 1472 s'applique à l'arbitrage international (sur renvoi de l'art. 1506, 3°).

56570 Les **effets** de l'interruption et de la suspension sont réglés comme suit, en arbitrage interne :
– l'interruption ou la suspension de l'instance ne dessaisit pas le tribunal arbitral ; celui-ci peut inviter les parties à lui faire part de leurs initiatives en vue de reprendre l'instance ou de mettre un terme aux causes d'interruption ou de suspension ; en cas de carence des parties, il peut mettre fin à l'instance (CPC art. 1474) ;
– l'instance reprend son cours en l'état où elle se trouvait au moment où elle a été interrompue ou suspendue lorsque les causes de son interruption ou de sa suspension cessent d'exister ; au moment de la reprise de l'instance, le tribunal arbitral peut décider que le délai de l'instance sera prorogé pour une durée qui n'excède pas six mois (CPC art. 1475).

Expiration En arbitrage interne, à l'expiration du délai d'arbitrage, l'**instance** interne est éteinte (CPC art. 1477) ; le sort de l'instance internationale dépend des règles de procédure dont les parties sont convenues dans la convention d'arbitrage. 56580

L'extinction de l'instance n'entraîne pas pour autant la disparition de la **clause compromissoire** qui continue d'obliger les parties à recourir à l'arbitrage pour faire trancher leur litige (CA Paris 25-6-1991 : Gaz. Pal. 1993 som. p. 578 ; CA Colmar 21-9-1993, Morin c/ Morin : Rev. jur. com. 1994 p. 154 note Ch. Jarrosson).

La **sentence rendue hors délai** peut être annulée pour non-respect de sa mission par l'arbitre (CPC art. 1492, 3° et 1520, 3° ; Cass. 1e civ. 4-5-2017 n° 16-17.358 F-D : RTD com. 2017 p. 835), sans qu'il y ait à justifier d'un grief (CA Paris 18-6-2013 n° 12/00480 : Gaz. Pal. 28-9-2013 p. 22 note D. Bensaude).

ILLUSTRATIONS

En laissant expirer le délai d'arbitrage sans demander sa prorogation au juge d'appui, à défaut d'accord des parties ou faute pour celles-ci de la solliciter, l'arbitre, tenu à cet égard d'une obligation de résultat, commet une faute entraînant l'annulation de la sentence et engage sa responsabilité (Cass. 1e civ. 6-12-2005 n° 03-13.116 : RJDA 6/06 n° 728 et, sur renvoi, CA Orléans 13-4-2007 n° 06-806 : RJDA 3/08 n° 345).

Cette **nullité** laisse subsister les actes de la procédure arbitrale antérieurs à la date d'expiration du délai, et notamment les rapports d'expertise déposés avant cette date (Cass. 2e civ. 18-5-1989 n° 87-12.653 : Bull. civ. I n° 111).

Les parties peuvent **renoncer** à se prévaloir de cette nullité (Cass. 2e civ. 10-10-1979 n° 78-11.677 : Bull. civ. II n° 233). Cette décision est transposable sous le régime actuel car le délai est institué dans l'intérêt des parties qui peuvent renoncer à une règle d'ordre public de protection, une fois le droit à agir acquis.

DÉLIBÉRÉ

En cas d'**arbitrage interne,** le tribunal arbitral fixe la date à laquelle le délibéré sera prononcé et, au cours du délibéré, il ne peut être saisi d'aucune demande, d'aucun moyen soulevé et d'aucune pièce, si ce n'est à sa demande (CPC art. 1476). 56595

En **arbitrage interne et international,** le délibéré est secret (CPC art. 1479 et sur renvoi de l'art. 1506, 4°).

SOLIDARITÉ DES PARTIES AU PAIEMENT DES FRAIS ET HONORAIRES DES ARBITRES

En matière internationale, les parties sont tenues solidairement au paiement des frais et honoraires des arbitres. En l'absence de disposition conventionnelle ou légale en ce sens, la solidarité résulte du contrat d'arbitre (Cass. 1e civ. 1-2-2017 n° 15-25.687 FS-PBI : RJDA 4/17 n° 302). 56600

D. Sentence arbitrale

QUALIFICATION DE « SENTENCE »

Est une sentence l'acte pris par un arbitre, qui tranche de manière définitive, en tout ou en partie, le litige qui lui est soumis, que ce soit sur le fond, sur la compétence ou sur un moyen de procédure qui le conduit à mettre fin à l'instance (Cass. 1e civ. 12-10-2011 n° 09-72.439 : RJDA 5/12 n° 546). La qualification ne dépend pas des termes retenus par les arbitres ou par les parties (CA Paris 26-2-2013 n° 11/17961 : D. 2013 pan. 2946 obs. Th. Clay). 56650

Cette définition s'applique à la décision rendue tant en arbitrage interne qu'international, car la fonction de l'arbitrage est la même dans les deux cas : résoudre définitivement un litige soumis aux arbitres. Elle est aussi dans les deux cas le préalable à l'application des règles sur la reconnaissance et l'exécution des décisions arbitrales et à la recevabilité des voies de recours.

ILLUSTRATIONS

Est une sentence la décision qui prononce des mesures provisoires sans attendre la décision au fond, le fait que ces mesures aient été limitées à la durée de l'instance ne remettant pas en cause l'autorité de la chose jugée qui lui est attachée (CA Paris 7-10-2004 n° 2004/13909 : JCP G 2005 II n° 10071 note J.-M. Jacquet).

N'est pas une sentence :

– la mesure prise pour l'instruction du litige (Cass. 2e civ. 6-12-2001 n° 99-21.870 : Rev. arb. 2002 p. 697 note Ortscheidt) ;

– la décision qui se prononce seulement sur une demande de sursis à statuer et de communication de pièces, car elle n'a ainsi nullement tranché tout ou partie du principal ni mis fin à l'instance (CA Paris 15-4-2010 n° 08/19111 : Rev. arb. 2010 p. 390 ; CA Paris 2-7-2013 n° 11/15272 : Rev. arb. 2013 p. 1033 note M. Henry) ;

– l'ordonnance du président du tribunal arbitral, intitulée « ordonnance de procédure », qui ne fait qu'aménager la période transitoire entre le prononcé de la sentence arbitrale et la conclusion de la convention de séquestre pour assurer l'effectivité de la sentence (Cass. 1e civ. 12-10-2011 n° 09-72.439, précité) ;
– la décision qui constate dans son dispositif l'accord des parties, sans aucun motif dans le corps de celle-ci (Cass. 1e civ. 14-11-2012 n° 11-24.238 : Petites affiches 30-4-2013 p. 13 note J. Jourdan Marques).

1. SENTENCE EN MATIÈRE D'ARBITRAGE INTERNE

a. Qualification

56680 La sentence est d'arbitrage interne si elle a été rendue selon la **loi française de procédure.** Tel n'est pas le cas d'une sentence rendue, même en France, selon une procédure qui n'est pas celle de la loi française et qui ne se rattache en aucune manière à l'ordre juridique français, les deux parties étant étrangères et liées par un contrat conclu et exécuté à l'étranger (CA Paris 21-2-1980 : JCP G 1981 II n° 19512 note P. Level).

b. Établissement de la sentence

56690 Sous peine de nullité (CPC art. 1483, al. 1), la sentence est **rendue à la majorité** des voix et elle doit être **signée** par tous les arbitres (CPC art. 1480, al. 1 et 2), peu important qu'elle ne soit pas signée le même jour par tous (cf. Cass. 1e civ. 15-7-1999 n° 97-16.276 : RJDA 12/99 n° 1412) ; si une minorité d'entre eux refuse de la signer, la sentence en fait mention et celle-ci produit le même effet que si elle avait été signée par tous les arbitres (CPC art. 1480, al. 3).

56695 La sentence arbitrale doit contenir les **indications suivantes** (CPC art. 1481) :
– les nom, prénoms ou dénomination des parties, ainsi que leur domicile ou siège social ;
– le cas échéant, le nom des avocats ou de toute personne ayant représenté ou assisté les parties ;
– le nom des arbitres qui l'ont rendue ;
– sa date ;
– le lieu où elle est rendue.

La sentence peut être prononcée dans un autre lieu que celui où se sont tenus les débats (Cass. 1e civ. 9-2-1994 n° 92-04.153 : RJDA 8-9/94 n° 969).

Elle doit aussi exposer succinctement les **prétentions** respectives **des parties** et leurs moyens (CPC art. 1482, al. 1) et être **motivée** (CPC art. 1482, al. 2), même lorsque l'arbitre a statué en amiable compositeur. Les motifs doivent être réels et non contradictoires (Cass. 2e civ. 25-10-1995 n° 93-10.472 : Bull. civ. II n° 251). Mais aucune disposition réglementaire n'impose que la sentence soit énoncée sous forme de dispositif (Cass. 2e civ. 25-3-1999 n° 97-15.679 : Bull. civ. II n° 57 ; CA Paris 2-10-2012 n° 10/25301 : Rev. arb. 2013 p. 439 note J.-B. Racine).

56705 Sont **exigées à peine de nullité** de la sentence les mentions suivantes (CPC art. 1483, al. 1) : signature des arbitres ; mention du refus de signature de la minorité des arbitres ; nom des arbitres ; date de la sentence ; motivation de la sentence.

Toutefois, l'omission ou l'inexactitude d'une mention destinée à établir la régularité de la sentence ne peut entraîner la nullité de celle-ci s'il est établi, par les pièces de la procédure ou par tout autre moyen, que les prescriptions légales ont été, en fait, observées (CPC art. 1483, al. 2).

56715 La sentence est **notifiée** par la voie de signification à moins que les parties en conviennent autrement (CPC art. 1484, al. 3). Lorsque la sentence n'est pas signifiée par acte extrajudiciaire, la notification doit mentionner l'existence et les conditions d'exercice des voies de recours ainsi que l'impose l'article 680 du Code de procédure civile (CA Paris 6-3-2014 n° 13/16113 : Rev. arb. 2014 p. 654 note J. Pellerin).

c. Effets de la sentence

AUTORITÉ DE CHOSE JUGÉE

56730 La sentence a, dès qu'elle est rendue, l'autorité de la chose jugée entre les parties relativement à la contestation qu'elle tranche (CPC art. 1484, al. 1). L'autorité de chose jugée de la sentence interdit d'invoquer dans une instance postérieure un nouveau fondement juridique pour une demande fondée sur la même cause (Cass. 1e civ. 28-5-2008 n° 07-13.266 : Bull. civ. I n° 153).

La sentence fait foi jusqu'à inscription de faux (Cass. 2e civ. 12-12-1990 n° 89-18.435 : Rev. arb. 1991 p. 317 obs. Ph. Théry).

DESSAISISSEMENT DE L'ARBITRE

La sentence dessaisit l'arbitre de la contestation qu'elle tranche (CPC art. 1485, al. 1). 56740
À la demande d'une partie, l'arbitre a toutefois le pouvoir d'**interpréter la sentence,** de **réparer les erreurs et omissions** matérielles qui l'affectent ou de la **compléter** lorsqu'il a omis de statuer sur un chef de demande (CPC art. 1485, al. 2). En conséquence, saisi d'une contestation relative à l'interprétation d'une précédente décision, il ne peut, sous prétexte d'en déterminer le sens, apporter une modification quelconque aux dispositions précises de celle-ci, fussent-elles erronées ; il ne peut notamment reporter les dates limites de plusieurs condamnations prononcées par une précédente sentence et ajouter une condition particulière au paiement d'une échéance (Cass. 1e civ. 8-7-2009 n° 08-17.984). De même, l'arbitre ne peut pas rectifier la sentence s'il s'est prononcé sur des choses non demandées ou s'il a accordé plus qu'il n'était demandé (Cass. 2e civ. 14-6-1984 n° 83-12.298 : Bull. civ. II n° 107). Mais l'omission de statuer sur un chef de demande peut être réparée par l'arbitre (Cass. 2e civ. 7-1-1999 n° 97-10.292 : Bull. civ. II n° 1 ; CA Paris 19-6-2008 n° 06/19403 : Gaz. Pal. 16-10-2008 p. 34 note A. Mourre).

Lorsqu'il interprète, rectifie ou complète la sentence, l'arbitre statue après avoir entendu les parties ou celles-ci appelées (CPC art. 1485, al. 2). 56742
Si le tribunal arbitral ne peut être à nouveau réuni et si les parties ne peuvent s'accorder pour le reconstituer, ce pouvoir appartient à la juridiction qui eût été compétente à défaut d'arbitrage (CPC art. 1485, al. 3).
Les demandes en d'interprétation ou rectification doivent être présentées dans un **délai** de trois mois à compter de la notification de la sentence (CPC art. 1486, al. 1).
Sauf convention contraire, la sentence rectificative ou complétée est rendue dans un délai de trois mois à compter de la saisine du tribunal arbitral ; ce délai peut être prorogé par accord des parties ou, à défaut, par le juge d'appui (CPC art. 1486, al. 2). La sentence rectificative ou complétée est notifiée dans les mêmes formes que la sentence initiale (CPC art. 1486, al. 3).

d. Exécution des sentences

EXÉCUTION PROVISOIRE

Les arbitres peuvent assortir la sentence de l'exécution provisoire (CPC art. 1484, al. 2). Les parties 56770
elles-mêmes peuvent convenir dans la convention d'arbitrage que le tribunal arbitral donnera à la sentence l'exécution provisoire (Cass. 2e civ. 21-11-2002 n° 01-10.047 : RJDA 3/03 n° 342). Lorsque la sentence est revêtue de l'exécution provisoire, le recours contre cette dernière n'est pas suspensif.

En cas d'appel ou de recours en annulation, le premier président statuant en référé ou, dès lors 56775
qu'il est saisi, le conseiller de la mise en état peut :
– lorsque la sentence est assortie de l'exécution provisoire, **arrêter ou aménager** son exécution lorsqu'elle risque d'entraîner des conséquences manifestement excessives (CPC art. 1497, 1°) ;
– lorsque la sentence n'est pas assortie de l'exécution provisoire, **ordonner** l'exécution provisoire de tout ou partie de cette sentence (CPC art. 1497, 2°).

EXÉCUTION DÉFINITIVE

La sentence arbitrale n'est pas une décision exécutoire de plein droit. Elle n'est susceptible 56790
d'exécution forcée qu'en vertu d'une décision **d'exequatur** émanant du tribunal judiciaire dans le ressort duquel la sentence a été rendue (CPC art. 1487, al. 1). Le tribunal judiciaire connaît à juge unique des demandes en reconnaissance et en exequatur des sentences arbitrales françaises (C. org. jud. art. R 212-8, 2°).
La **procédure** n'est pas contradictoire (CPC art. 1487, al. 2). La requête en exequatur est déposée par la partie la plus diligente au greffe de la juridiction accompagnée de l'original de la sentence et d'un exemplaire de la convention d'arbitrage ou de leurs copies réunissant les conditions requises pour leur authenticité (CPC art. 1487, al. 3).

L'exequatur peut également résulter des cas suivants : 56800
– Lorsque la sentence est assortie de l'exécution provisoire ou lorsque la sentence n'étant pas assortie de l'exécution provisoire, celle-ci est ordonnée en tout ou en partie par le premier président statuant en référé ou, dès lors qu'il est saisi, le conseiller de la mise en état, ces derniers peuvent conférer l'exequatur à la sentence (CPC art. 1498, al. 1).
– le rejet de l'appel ou du recours en annulation contre la sentence confère l'exequatur à la sentence arbitrale ou à celles de ses dispositions qui ne sont pas atteintes par la censure de la cour (CPC art. 1498, al. 2). Cette dernière disposition évite aux parties d'avoir à saisir le juge de l'exécution après le rejet des recours, faisant ainsi l'économie d'une procédure superflue du fait de l'examen de la sentence par la cour d'appel.

56810 **Rejet de l'exequatur** Le juge ne peut accorder l'exequatur si la sentence est manifestement **contraire à l'ordre public** (CPC art. 1488, al. 1).

L'ordonnance qui refuse l'exequatur doit être motivée (CPC art. 1488, al. 2). Elle peut être frappée d'appel jusqu'à l'expiration du délai d'un mois à compter de sa signification ; la cour d'appel connaît alors, à la demande d'une partie, de l'appel ou du recours en annulation, si le délai pour l'exercer n'est pas expiré (CPC art. 1500, al. 2).

56820 **Ordonnance d'exequatur** L'ordonnance d'exequatur, par apposition sur l'original de la sentence, ou, si celui-ci n'est pas produit, sur la copie de la sentence réunissant les conditions requises pour son authenticité (cf. CPC art. 1487, al. 3), permet la mise en œuvre des différentes procédures d'exécution. L'exequatur ne conditionne pas la recevabilité des recours exercés contre la sentence puisque ces recours sont recevables dès le prononcé de celle-ci (n° 56920).

Le juge qui accorde l'exequatur ne peut apporter aucune **modification à la sentence** (Cass. 1e civ. 11-9-2013 n° 12-26.180 : RJDA 1/14 n° 64) et notamment il ne peut pas ajouter une condamnation (Cass. 1e civ. 14-12-1983 n° 82-14.089 : Bull. civ. I n° 295 ; Cass. 1e civ. 11-9-2013 n° 12-26.180 précité).

56830 L'ordonnance qui accorde l'exequatur n'est susceptible d'aucun **recours** (CPC art. 1499, al. 1). Il appartient alors à la partie qui s'oppose à l'exécution de la sentence d'engager un recours en annulation de la sentence ou un appel contre la sentence si cette voie de recours est ouverte car ces voies de recours emportent de plein droit, dans les limites de la saisine de la cour, recours contre l'ordonnance du juge de l'exequatur (CPC art. 1499, al. 2).

e. Voies de recours

RÈGLES GÉNÉRALES

56900 Les **voies de recours** contre la sentence **ouvertes** aux parties par le Code de procédure civile sont l'appel, le recours en annulation, la tierce opposition et la révision.

La **sentence** n'est **pas susceptible** d'opposition ni de pourvoi en cassation (CPC art. 1503). Mais la décision rendue sur appel, sur tierce opposition ou sur le recours en annulation de la sentence peut toujours être déférée à la Cour de cassation.

VOIES DE RECOURS ORDINAIRES

56910 L'appel, qui tend à la réformation ou à l'annulation de la sentence, et le recours en annulation sont les voies de recours ordinaires ouvertes contre les sentences. Ces deux recours ne peuvent pas être exercés simultanément. Le **recours en annulation** n'est en effet ouvert que si la sentence n'est pas susceptible d'appel (CPC art. 1491, al. 1) ; l'**appel** n'est quant à lui ouvert que si les parties en ont convenu expressément (CPC art. 1489, al. 1).

> **Précisions** L'appel formé à la place d'un recours en annulation est irrecevable, même si les articles visés à l'appui du recours sont ceux du recours en annulation car cela n'a pas pour effet de modifier la **qualification de la voie de recours** qui résulte de l'acte de saisine de la cour d'appel, le juge n'ayant pas à requalifier la voie de recours (Cass. 1e civ. 11-5-2016 n° 14-29.767 F-PB : RJDA 7/16 n° 578).

56915 **Règles communes à l'appel et au recours en annulation** Ces recours ne peuvent être formés que **contre une sentence** qui tranche tout ou partie du principal (sur la qualification de sentence, voir n° 56650) ; ils ne peuvent donc pas l'être contre une sentence qui porte sur le montant et la répartition d'un solde d'honoraires dus à l'expert (Cass. 1e civ. 17-6-2009 n° 08-11.697 : Bull. civ. I n° 129).

Ces recours sont **portés devant** la cour d'appel dans le ressort de laquelle la sentence arbitrale a été rendue (CPC art. 1494, al. 1).

56920 Les recours sont **recevables** dès le prononcé de la sentence et cessent de l'être s'ils n'ont pas été exercés dans le mois de la notification de la sentence (CPC art. 1494, al. 2). La voie de recours est donc susceptible d'être exercée avant même que la procédure de notification de la sentence prévue par l'article 1484, al. 3 du Code de procédure civile ne soit exercée, étant précisé que la sentence n'a pas à être signifiée dans le délai de deux ans de l'article 528-1 de ce Code (Cass. 2e civ. 18-10-2001 n° 00-11.572 : Bull. civ. II n° 156).

Mais le recours est **irrecevable** si la partie qui l'a introduit n'a pas, en connaissance de cause et sans motif légitime, invoqué en temps utile une irrégularité dont elle aurait pu se prévaloir devant le tribunal arbitral (CPC art. 1466). Ainsi, la partie qui, en connaissance de cause, s'abstient d'exercer son droit de récusation dans le délai prévu par le règlement d'arbitrage applicable en se fondant sur toute circonstance de nature à mettre en cause l'indépendance ou l'impartialité d'un arbitre est réputée avoir renoncé à s'en prévaloir devant le juge de l'annulation (Cass. 1e civ. 25-6-2014 n° 11-26.529 : RJDA 10/14 n° 810 ; pour un autre exemple, Cass. 1e civ. 28-5-2008 n° 04-13.999).

ATTENTION

Le fait d'avoir demandé, en vain, à l'institution en charge de l'organisation de l'arbitrage, la récusation d'un arbitre en raison d'un prétendu défaut d'indépendance ou d'impartialité ne constitue pas un motif légitime de ne pas invoquer, devant le tribunal arbitral, l'irrégularité de sa constitution pour la même raison (Cass. 1e civ. 7-6-2023 n° 21-24.968 F-B : RJDA 11/23 n° 624).

Le délai pour exercer l'appel ou le recours en annulation ainsi que l'appel ou le recours exercé dans ce délai **suspendent** l'exécution de la sentence arbitrale à moins qu'elle soit assortie de l'exécution provisoire. Il est possible de demander la suspension de l'exécution provisoire (n° 56775). **56925**

Les recours sont **formés, instruits et jugés** devant la cour d'appel selon les règles relatives à la procédure en matière contentieuse avec représentation obligatoire (CPC art. 1495, précisant que sont applicables les art. 900 à 930-1 du CPC).

L'appel ou le recours en annulation de la sentence emporte de plein droit, dans les limites de la saisine de la cour, recours contre l'ordonnance du juge ayant statué sur **l'exequatur** ou dessaisissement de ce juge (CPC art. 1499, al. 2). **56935**

Inversement, le rejet de l'appel ou du recours en annulation confère l'exequatur à la sentence arbitrale ou à celles de ses dispositions qui ne sont pas atteintes par la censure de la cour (CPC art. 1498, al. 2).

Recours en annulation La sentence peut toujours faire l'objet d'un recours en annulation à moins que la voie de l'appel soit ouverte conformément à l'accord des parties (nos 56990 s.) ; toute stipulation contraire est réputée non écrite (CPC art. 1491). **56950**

Le recours en annulation permet un contrôle de la légalité de la sentence et n'est **ouvert** que **pour** obtenir l'annulation de la sentence (CA Paris 6-1-2011 n° 09/21933 : Rev. arb. 2011 som. p. 280 : rejet de la demande d'inopposabilité de la sentence). Il n'a pas pour finalité la réformation de la sentence.

Les parties ne peuvent pas **renoncer** par avance à l'exercice de ce recours (CA Paris 18-12-2008 n° 07/14342 : Rev. arb. 2009 som. p. 232 ; sur une absence de renonciation, CA Paris 3-4-2014 n° 13/22288 : D. 2014 pan. p. 2554 obs. Th. Clay). Mais le recours peut être irrecevable si la partie qui l'a introduit n'a pas invoqué en temps utile une irrégularité (n° 56920).

Le recours en annulation n'est ouvert que pour l'un ou l'autre des **motifs suivants** (CPC art. 1492) : **56960**

1. Si le tribunal arbitral s'est déclaré à tort compétent ou incompétent, par exemple si l'arbitre a statué sans convention d'arbitrage ou sur convention nulle ou expirée (Cass. 2e civ. 13-7-2005 n° 02-15.904 : Bull. civ. II n° 194).

2. Si le tribunal arbitral a été irrégulièrement constitué.

3. Si le tribunal arbitral a statué sans se conformer à la mission qui lui avait été confiée (Cass. 2e civ. 11-6-1997 n° 94-19.003 : Bull. civ. II n° 169 : arbitre ayant statué ultra petita, c'est-à-dire s'étant prononcé sur chose non demandée), alors même qu'il serait amiable compositeur.

4. Si le principe de la contradiction n'a pas été respecté (nos 56485 s.).

5. Si la sentence est contraire à l'ordre public. La violation de l'ordre public doit résulter de la solution donnée au litige, la méconnaissance d'une qualification même d'ordre public étant sans incidence si cette solution ne heurte pas l'ordre public (Cass. 2e civ. 20-2-1991 n° 89-19.159 : Bull. civ. II n° 57 ; CA Versailles 9-1-2012 n° 10/08831 : Rev. arb. 2013 som. p. 281). L'annulation de la sentence n'est encourue que si la solution qu'elle porte est contraire à l'ordre public. Le contrôle exercé par la cour d'appel est limité et ne doit pas permettre la révision au fond de la sentence, interdite au juge de l'annulation (Cass. 1e civ. 22-2-2017 n° 16-11.212).

6. Si la sentence n'est pas motivée ; tel est le cas de la sentence rendue en amiable composition qui ne comporte l'énoncé d'aucuns de ces éléments ni ne fait référence à des motifs tirés de l'équité (CA Paris 3-12-2013 n° 11/20285 : Rev. arb. 2014 som. p. 214).

7. Si la sentence n'indique pas la date à laquelle elle a été rendue ou le nom du ou des arbitres qui l'ont rendue ou ne comporte pas la ou les signatures requises ou n'a pas été rendue à la majorité des voix. L'omission ou l'inexactitude d'une de ces mentions ne peut toutefois pas entraîner la nullité de celle-ci s'il est établi, par les pièces de la procédure ou par tout autre moyen, que les prescriptions légales ont été, en fait, observées (CPC art. 1483, al. 2).

56965 Cette **énumération** est **limitative** et strictement interprétée par les tribunaux. Par exemple, n'est pas une cause de recours en annulation :
– le motif de dénaturation du contrat (Cass. 1e civ. 11-12-1979 n° 78-12.011 : Bull. civ. I n° 313 ; Cass. 2e civ. 28-4-1980 n° 78-12.519 : Bull. civ. II n° 88 ; CA Paris 21-3-2002 n° 2001/20601 : Rev. arb. 2002 p. 773), car ce serait permettre au juge de toucher au fond du litige ;
– l'existence d'une erreur matérielle qui peut être rectifiée par les arbitres (Cass. 2e civ. 4-1-1978 n° 76-10.139 : Bull. civ. II n° 3 : erreur de calcul ; Cass. 2e civ. 30-9-1999 n° 96-17.769, 2e espèce : Rev. arb. 2000 p. 267 note J.-G. Betto : erreur de date) ou le fait que les arbitres aient statué infra petita car ils peuvent compléter la sentence (n° 56740) ;
– la contradiction de motifs qui tend à remettre en question le fond du litige (Cass. 1e civ. 11-5-1999 n° 95-18.190 et CA Paris 26-10-1999 n° 1998/04570 : Rev. arb. 1999 p. 811 note E. Gaillard ; Cass. 1e civ. 14-6-2000 n° 98-12.053 : Bull. civ. I n° 181 ; Cass. 1e civ. 4-12-2013 n° 13-10.530 : Rev. arb. 2014 som. p. 217).

56975 Lorsque la cour d'appel admet la recevabilité du recours et annule la sentence, elle **statue sur le fond** dans les limites de la mission de l'arbitre, sauf volonté contraire des parties (CPC art. 1493 ; pour un exemple de volonté contraire, CA Paris 3-12-2013 n° 11/20285 : Rev. arb. 2014 som. p. 214) et sauf annulation pour clause compromissoire inopposable à la partie condamnée par la sentence, ici des salariés ne pouvant s'engager en arbitrage (Cass. 1e civ. 6-3-2013 n° 12-15.375 : RJDA 8-9/13 n° 757).

La **volonté contraire des parties** peut résulter de la convention d'arbitrage, d'un règlement d'une institution d'arbitrage ou être exprimée postérieurement à l'instance arbitrale. À défaut d'une telle volonté, elle doit se prononcer au fond (Cass. 2e civ. 8-7-2004 n° 02-30.800 : Bull. civ. II n° 350) et ce dès lors qu'elle est saisie des conclusions des parties. La cour d'appel ne peut en effet pas statuer sur le fond si elle n'est saisie que d'une demande en annulation de la sentence. Par ailleurs, si aucune des parties ne l'a demandé, rien n'oblige la cour à se prononcer sur le fond par une décision distincte de celle prononçant l'annulation de la sentence (Cass. 2e civ. 8-7-1987 n° 86-18.301 : Bull. civ. II n° 148).

Si la cour prononce l'**annulation partielle** de la sentence, elle doit statuer sur le fond dans les limites du litige qui lui est soumis, la partie de la sentence non atteinte par l'annulation ne pouvant plus être réformée (CA Paris 13-9-2001 n° 2000/01359 : Rev. arb. 2001 som. p. 915).

La cour d'appel doit juger selon les **règles** de droit commun **de** la **procédure** d'appel (CPC art. 1495).

56990 **Appel** La sentence arbitrale n'est pas susceptible d'appel sauf volonté contraire des parties (CPC art. 1489). Cette disposition n'est applicable qu'aux conventions d'arbitrage conclues après le 1er mai 2011 (Décret 2011-48 du 13-1-2011 art. 3, 1°). Pour les conventions d'arbitrage conclues avant, l'appel est recevable sauf si les parties l'ont exclu et, en cas d'amiable composition, si elles l'ont expressément prévu (CPC art. 1482 ancien).

L'appel tend à la réformation ou à l'annulation de la sentence (CPC art. 1490).

Dès lors qu'elle est possible, la voie de l'appel est seule ouverte, quel que soit son objet (annulation ou réformation) (CPC art. 1491, al. 1) ; en conséquence, l'annulation demandée dans le cadre de l'appel n'est pas enfermée dans les cas limitativement prévus pour le recours en annulation (n° 56960) (Cass. 1e civ. 14-3-2006 n° 03-18.801 : RJDA 10/06 n° 1093).

57000 La compétence de la cour d'appel est limitée à l'objet du litige tel qu'il est défini par l'acte qui a saisi le tribunal arbitral (Cass. 2e civ. 23-2-1994 n° 93-16.886 : RJDA 5/94 n° 609 ; Cass. 1e civ. 27-1-1998 n° 95-20.905 : Bull. I n° 26). Elle statue en droit ou en amiable composition dans les limites de la mission du tribunal arbitral (CPC art. 1490, al. 2).

VOIES DE RECOURS EXTRAORDINAIRES

57020 **Tierce opposition** La sentence peut être l'objet d'une tierce opposition devant la juridiction qui eût été compétente à défaut d'arbitrage, sous réserve des dispositions de l'article 588 du Code de procédure civile, relatif à la tierce opposition incidente (CPC art. 1501 ; pour la recevabilité d'une tierce opposition incidente devant la cour d'appel : CA Caen 5-7-2012 n° 11/01.135 : JCP E 2013 n° 1034 obs. J. Ortscheidt).

> **Précisions** Le pouvoir du premier président de la cour d'appel d'arrêter l'**exécution provisoire d'une sentence** arbitrale suppose que la cour d'appel soit saisie d'un appel ou d'un recours contre cette sentence. En cas de tierce opposition, c'est au juge qui en est saisi de suspendre l'exécution de la décision attaquée (Cass. 2e civ. 28-5-2015 n° 14-27.167 : RJDA 8-9/15 n° 616).

Recours en révision Dans les cas et sous les conditions prévus pour les jugements (CPC art. 594 à 597 et 601 à 603), et si le tribunal arbitral a été constitué après le 1er mai 2011 (Décret 2011-48 du 13-1-2011 art. 3, 2°), le recours en révision est ouvert contre la sentence, devant le tribunal arbitral ; toutefois, si le tribunal arbitral ne peut à nouveau être réuni, le recours est porté devant la cour d'appel qui eût été compétente pour connaître des autres recours contre la sentence (CPC art. 1502). 57030

La renonciation « à toutes voies de recours » ne peut exclure le recours en révision (CA Paris 14-3-1991 n° 89-22707 : Rev. arb. 1991 p. 649 obs. Pellerin).

2. SENTENCE EN MATIÈRE D'ARBITRAGE INTERNATIONAL

a. Établissement et effets de la sentence

La décision rendue en matière d'arbitrage international, ou à l'étranger, doit être, pour produire des effets en France et notamment y être exécutée, avant tout être reconnue comme une **sentence** (n° 56650). 57200

Lorsque la loi applicable à l'arbitrage est la **loi française,** à moins que les parties en soient convenues autrement, **s'appliquent** à la sentence arbitrale internationale les **articles suivants** du Code de procédure civile (CPC art. 1506) :

- art. 1479 sur le secret des délibérations du tribunal arbitral ;
- art. 1481 sur les mentions devant figurer dans la sentence (n° 56695) ;
- art. 1482 sur la motivation de la sentence (n° 56695) ;
- art. 1484, al. 1 sur l'autorité de la chose jugée de la sentence (n° 56730) ;
- art. 1484, al. 2 sur l'exécution provisoire (n° 56770) ;
- art. 1485, al. 1 sur le dessaisissement du tribunal arbitral (n° 56740) ;
- art. 1485, al. 2 et 1486 sur le pouvoir du tribunal arbitral d'interpréter ou compléter sa sentence (nos 56740 s.).

Dans le silence de la convention d'arbitrage, la sentence est rendue à la majorité des voix. Elle est signée par tous les arbitres. Toutefois, si une minorité d'entre eux refuse de la signer, les autres en font mention dans la sentence. À défaut de majorité, le président du tribunal arbitral statue seul. En cas de refus de signature des autres arbitres, le président en fait mention dans la sentence qu'il signe alors seul. La sentence rendue dans ces conditions produit les mêmes effets que si elle avait été signée par tous les arbitres ou rendue à la majorité des voix (CPC art. 1513). 57220

b. Reconnaissance et exécution des sentences arbitrales

RÈGLES GÉNÉRALES

L'exequatur emporte **reconnaissance** de la sentence, c'est-à-dire son admission dans l'ordre juridique français, et lui confère **force exécutoire.** La reconnaissance de la sentence peut être demandée même si elle ne peut aboutir à l'exécution (CA Paris 15-1-2013 n° 11/08143 : D. 2013 pan. 2948 obs. Th. Clay). Une partie peut par exemple avoir intérêt à invoquer seulement la reconnaissance de la sentence lorsqu'elle l'invoque de manière incidente dans un autre litige. 57250

La reconnaissance et l'exécution de la sentence en France sont déterminées suivant les règles exposées ci-dessous qui s'appliquent à la fois aux **sentences internationales** et **sentences arbitrales rendues à l'étranger** quel que soit, pour ces dernières, leur caractère interne ou international (Cass. 1e civ. 17-10-2000 n° 98-11.776 : RJDA 4/01 n° 532).

> **Précisions** La **convention de New York** du 10 juin 1958 pour la reconnaissance et l'exécution des sentences arbitrales étrangères a été publiée en France par le décret 59-1039 du 1er septembre 1959. Ratifiée par plus de 130 États et notamment par tous les États membres de l'Union européenne, elle s'applique à toute demande de reconnaissance et d'exécution de sentences arbitrales rendues sur le territoire d'un État autre que celui où la reconnaissance et l'exécution des sentences sont demandées ou lorsque la sentence n'est pas considérée comme nationale dans l'État où son exequatur est demandé (art. 1 de la convention). Aux termes de l'article 3 de la Convention, « Chacun des États contractants reconnaîtra l'autorité d'une sentence arbitrale et accordera l'exécution de cette sentence conformément aux règles de procédure suivies dans le territoire où la sentence est invoquée... » ; ce texte renvoie aux règles de procédure françaises qui seules seront examinées ci-dessous.

CONDITIONS DE LA RECONNAISSANCE ET DE L'EXÉCUTION DE LA SENTENCE

57270 Les sentences rendues en matière d'arbitrage international ou à l'étranger sont reconnues ou exécutées en France :

– si leur existence est établie par celui qui s'en prévaut (CPC art. 1514 ; sur les formalités de production de la sentence, voir CPC art. 1515) ; la sentence ne peut pas être invoquée si elle n'existe pas, par exemple si, conformément à la convention d'arbitrage, elle fait l'objet d'une demande par une partie d'un nouvel examen auquel est subordonnée l'acquisition de l'autorité de chose jugée (Cass. 1e civ. 5-3-2014 n° 12-29.112 : Bull. civ. I n° 27).

– si leur reconnaissance ou leur exécution n'est pas manifestement contraire à l'**ordre public international** (CPC art. 1514) ; sur la notion d'ordre public international, voir n°s 62140 s.

PROCÉDURE D'EXÉCUTION DE LA SENTENCE

57280 Les sentences rendues en matière d'arbitrage international ou à l'étranger ne sont susceptibles d'exécution forcée en France qu'en vertu d'une ordonnance d'exequatur émanant du **tribunal judiciaire** dans le ressort duquel elles ont été rendues ou du tribunal judiciaire de Paris lorsqu'elles ont été rendues à l'étranger (CPC art. 1516, al. 1). Le tribunal judiciaire connaît à juge unique des demandes en reconnaissance et en exequatur des sentences arbitrales françaises ou étrangères (C. org. jud. art. R 212-8, 2°).

L'exequatur de la sentence rendue en France ou à l'étranger et relative à un litige né de l'exécution ou de la rupture d'un contrat de marché public conclu entre une personne morale de droit public et une personne de droit étranger dont l'exécution ne sera pas autorisée si elle est contraire à l'ordre public relève en premier ressort du **tribunal administratif** (CE 19-4-2013 n°s 352750 et 362020 : RJDA 10/13 n° 858 ; CA Paris 10-9-2013 n° 12/11596 : D. 2013 pan. 2948 obs. Th. Clay).

57290 La **procédure** relative à la demande d'exequatur n'est pas contradictoire (CPC art. 1516, al. 2).

La requête est déposée par la partie la plus diligente au greffe de la juridiction accompagnée de l'original de la sentence et d'un exemplaire de la convention d'arbitrage ou de leurs copies réunissant les conditions requises pour leur authenticité (CPC art. 1516, al. 3).

L'exequatur est **apposé** sur l'original ou, si celui-ci n'est pas produit, sur la copie de la sentence arbitrale et lorsque la sentence arbitrale n'est pas rédigée en langue française, l'exequatur est également apposé sur la traduction (CPC art. 1517, al. 1 et 2) ; mais celle-ci ne prévaut pas sur la sentence car c'est cette dernière qui reçoit l'exequatur (Cass. 1e civ. 14-1-2015 n° 13-20.350 : RJDA 7/15 n° 539).

L'**ordonnance qui refuse** d'accorder l'exequatur à la sentence arbitrale est motivée (CPC art. 1517, al. 3).

RECOURS CONTRE LES DÉCISIONS DE RECONNAISSANCE OU D'EXEQUATUR

57310 **Sentence rendue en France** L'**ordonnance qui accorde l'exequatur** à cette sentence n'est susceptible d'aucun recours (CPC art. 1524, al. 1).

Toutefois, l'**appel** de l'ordonnance est recevable, pour les motifs exposés au n° 57375, lorsque les parties ont renoncé expressément au recours en annulation (CPC art. 1524, al. 1 et 1522, al. 2). A ainsi été infirmé, pour fraude et violation de l'ordre public international, l'ordonnance ayant accordé l'exequatur à une sentence autorisant la rectification de la désignation du demandeur au motif d'une prétendue erreur matérielle dès lors que la substitution de partie ainsi réalisée impliquait une personne en état de faillite personnelle et une société inexistante (CA Paris 25-6-2013 n° 12/01461 : Rev. Arb. 2014 p. 120 note L. Jaeger). Mais l'appel-nullité de l'ordonnance pour excès de pouvoir du juge de l'exécution est irrecevable (Cass. 1e civ. 6-11-2013 n° 11-17.739 : Bull. civ. I n° 212).

Par ailleurs, le **recours en annulation de la sentence** emporte de plein droit, dans les limites de la saisine du juge, recours contre l'ordonnance du juge ayant statué sur l'exequatur ou dessaisissement du juge (CPC art. 1524, al. 2).

57317 L'appel de l'ordonnance ayant accordé l'exequatur n'est pas suspensif (CPC art. 1526, dispositions applicables aux sentences arbitrales rendues après le 1-5-2011 : cf. Décret 2011-48 du 13-1-2011 art. 3, 2°).

Ce recours est formé, instruit et jugé selon les règles relatives à la procédure contentieuse prévues aux articles 900 à 930-1 du Code de procédure civile (CPC art. 1527, al. 1).

Le rejet de l'appel confère l'exequatur à la sentence arbitrale ou à celles de ses dispositions qui ne sont pas atteintes par la censure de la cour (CPC art. 1527, al. 2).

La **décision qui refuse la reconnaissance ou l'exequatur** d'une sentence rendue en France est susceptible d'appel ; l'appel est formé dans le délai d'un mois à compter de la signification de la décision ; dans ce cas, la cour d'appel connaît, à la demande d'une partie, du recours en annulation à l'encontre de la sentence à moins qu'elle ait renoncé à celui-ci ou que le délai pour l'exercer soit expiré (CPC art. 1523). **57330**

Sentence rendue à l'étranger La décision qui statue sur une demande de reconnaissance ou d'exequatur d'une sentence arbitrale rendue à l'étranger est susceptible d'appel ; l'appel est formé dans le délai d'un mois à compter de la signification de la décision, sauf si les parties sont convenues d'un autre mode de notification lorsque l'appel est formé à l'encontre de la sentence revêtue de l'exequatur ; la cour d'appel ne peut refuser la reconnaissance ou l'exequatur de la sentence arbitrale que dans les cas cités n° 57375 (CPC art. 1525). Sont ainsi irrecevables les moyens tirés du défaut de production d'une traduction compréhensible par un traducteur assermenté et de remise de la convention d'arbitrage au juge de l'exequatur (CA Paris 21-1-2014 n° 12/13956 : Rev. arb. 2014 p. 711 obs. Debourg). **57350**
Seule la juridiction saisie de l'appel de l'ordonnance d'exequatur peut connaître des griefs relatifs à cette décision et à sa signification (Cass. 1e civ. 13-5-2015 n° 14-17.015 : RJDA 8-9/15 n° 617).
Les règles exposées n° 57317 sont applicables à la sentence rendue à l'étranger.

c. Voies de recours contre la sentence

SENTENCE RENDUE EN FRANCE

La sentence rendue en France en matière d'arbitrage international ne peut faire l'objet que d'un **recours en annulation** (CPC art. 1518 ; en ce sens, avant ce texte, Cass. 1e civ. 13-3-2007 n° 04-10.970 : RJDA 3/08 n° 346, excluant l'appel-réformation) dans les cas visés n° 57375. Ce recours tend seulement à faire juger si l'insertion de la sentence dans l'ordre juridique français doit être admise ou refusée et non à faire juger l'affaire pour laquelle les parties ont conclu une convention d'arbitrage (Cass. 1e civ. 12-2-2014 n° 10-17.076 : RJDA 5/14 n° 496). **57370**
Les parties ne peuvent pas modifier les voies de recours ouvertes par la loi, même en vertu d'un accord exprès au titre de l'article 12 du Code de procédure civile (Cass. 1e civ. 6-4-1994 n° 92-16.240 : RJDA 6/94 n° 735).

Le recours en nullité n'est ouvert que dans l'un des **cas suivants** (CPC art. 1520) : **57375**
1. Si le tribunal arbitral s'est déclaré à tort compétent ou incompétent.
2. Si le tribunal arbitral a été irrégulièrement constitué.
3. Si le tribunal arbitral a statué sans se conformer à la mission qui lui avait été confiée.
4. Lorsque le principe de la contradiction n'a pas été respecté (nos 56485 s.).
5. Si la reconnaissance ou l'exécution de la sentence est contraire à l'ordre public international.
Ainsi, heurterait l'ordre public international la reconnaissance d'une sentence de nature à entraver la lutte contre le blanchissement (Cass. 1e civ. 23-3-2022 n° 17-17.981 FS-PB) ou l'exécution d'une sentence portant atteinte au principe d'égalité entre les parties et aux droits de la défense en raison du défaut d'indépendance ou d'impartialité de l'arbitre (Cass. 1e civ. 7-6-2023 n° 21-24.968 F-B : RJDA 11/23 n° 624). La recherche d'une éventuelle contrariété par le juge de l'annulation n'est ni limitée aux éléments de preuve produits devant les arbitres ni liée par les constatations, appréciations et qualifications opérées par eux (Cass. 1e civ. 23-3-2022 n° 17-17.981 FS-PB). Sur la notion d'ordre public international, voir nos 62140 s.
Ces **causes** sont **limitatives**.

ILLUSTRATIONS

Ne constituent **pas** des **causes d'annulation** de la sentence :
– la méconnaissance de la règle de l'estoppel en l'absence de toute fraude procédurale (Cass. 1e civ. 19-12-2012 n° 11-13.269 : Petites affiches 30-4-2013 n° 86 p. 7 note Maire du Poset ; CA Paris 26-3-2013 n° 11/09601, Association Egyptair Holding) ;
– le défaut de motivation (CA Paris 28-10-2014 n° 13/18811 : D. 2014 pan. 2543, et obs. Th. Clay) ;
– la contradiction de motifs (CA Paris 21-1-2014 n° 12/08215, Général Motors).
Par ailleurs, l'annulation d'une sentence dans le pays où elle a été rendue n'est pas au nombre des cas de refus d'exequatur (Cass. 1e civ. 29-6-2007 n° 05-18.053 : RJDA 10/07 n° 1035 ; CA Paris 15-1-2013 n° 11/08143 : D. 2013 pan. 2948 obs. Th. Clay).

Les parties peuvent, par convention spéciale, **renoncer** à tout moment expressément au recours en annulation ; néanmoins, dans ce cas, elles peuvent toujours faire appel de l'ordonnance d'exequatur pour l'un des motifs cités n° 57375 ; l'appel est formé dans le délai d'un mois à compter de la notification de la sentence revêtue de l'exequatur ; la notification est faite par voie de signification à moins que les parties en conviennent autrement (CPC art. 1522). **57385**

La renonciation doit viser expressément le recours en annulation et ne peut résulter d'une clause générale (CA Paris 3-4-2014 n° 13/22288 : Rev. arb. 2014 som. 511). La renonciation, dans une clause d'arbitrage, à attaquer une sentence « en réformation par voie d'appel, de pourvoi en cassation, de requête civile ou autrement » n'affecte pas le droit des parties d'exercer un recours en annulation contre cette sentence (CA Toulouse 26-6-2013 n° 11/04250 : Gaz. Pal. 27-28 septembre 2013 p. 17 obs. D. Bensaude).

57390 Le **recours** en annulation est **porté devant** la cour d'appel dans le ressort de laquelle la sentence a été rendue ; ce recours est recevable dès le prononcé de la sentence ; il cesse de l'être s'il n'a pas été exercé dans le mois de la notification de la sentence ; la notification est faite par voie de signification à moins que les parties en conviennent autrement (CPC art. 1519).
Le recours contre la sentence rendue en France et relative à un litige né de l'exécution ou de la rupture d'un contrat de marché public conclu entre une personne morale de droit public et une personne de droit étranger relève de la compétence du Conseil d'État (CE 19-4-2013 n°s 352750 et 362020 : RJDA 10/13 n° 858).

57395 Le recours en annulation est formé, instruit et jugé selon les **règles** relatives à la **procédure** contentieuse prévues aux articles 900 à 930-1 du Code de procédure civile (CPC art. 1527, al. 1). Avant le prononcé de la décision sur le recours en annulation, le premier président ou, dès qu'il est saisi, le conseiller de la mise en état peut conférer l'exequatur à la sentence (CPC art. 1521). Le rejet du recours en annulation confère l'exequatur à la sentence ou à celles de ses dispositions qui ne sont pas atteintes par la censure de la cour (CPC art. 1527, al. 2) et, inversement, l'annulation de la sentence emporte annulation de l'ordonnance qui a conféré l'exequatur à la sentence (CA Paris 1-7-2014 n° 13/07263 : Rev. arb. 2014 som. p. 805).

57400 Le recours en annulation n'est pas **suspensif** de l'exécution de la sentence rendue après le 1er mai 2011 (CPC art. 1526, al. 1 et Décret 2011-48 du 13-1-2011 art. 3, 1°), contrairement à la solution antérieure. Toutefois, le premier président statuant en référé ou, dès qu'il est saisi, le conseiller de la mise en état peut **arrêter ou aménager l'exécution** de la sentence si cette exécution est susceptible de léser gravement les droits de l'une des parties (CPC art. 1526, al. 2 ; pour un refus de demande de suspension, CA Paris 18-10-2011 n° 11/14286 : Rev. arb. 2012 p. 393 note Jarrosson et Pellerin ; pour une acceptation de demande de suspension, CA Paris 3-4-2014 n° 13/22288 : Rev. arb. 2014 som. p. 511 ; pour un aménagement de l'exécution, CA Paris 27-3-2014 n° 13/24165 : D. 2014 pan. 2555 obs. Th. Clay).
Lorsqu'une action pénale est pendante, le sursis à statuer sur l'instance en annulation ne doit être prononcé que si les faits dénoncés comme constituant l'infraction ont une incidence directe sur la cause d'annulation de la sentence et si la décision pénale à intervenir est susceptible d'influer sur la décision sur les dommages-intérêts (Cass. 1e civ. 4-6-2008 n° 06-15.320 : RJDA 5/09 n° 492).

SENTENCE RENDUE À L'ÉTRANGER

57420 La sentence rendue à l'étranger ne peut pas être l'objet d'un recours en annulation en France, celui-ci n'étant ouvert que pour la sentence rendue en France (cf. CPC art. 1518 ; CE 19-4-2013 n°s 352750 et 362020 : RJDA 10/13 n° 858 ; CA Paris 28-10-1997 n° 96/82016 : Rev. arb. 1998 p. 399 obs. Leurent). Le contrôle de la conformité de cette sentence à l'ordre public international français ne peut résulter que de la procédure d'exequatur (CE 19-4-2013, précité).

SENTENCES SOUMISES À LA LOI FRANÇAISE

57440 Sauf convention contraire, les sentences rendues en matière d'arbitrage international ou à l'étranger mais soumises à la loi française :
– sont susceptibles d'un recours en révision (n° 57030) (CPC art. 1502, al. 1 et 2 sur renvoi de l'art. 1506, 5°) ;
– ne sont pas susceptibles d'opposition ou de pourvoi en cassation (CPC art. 1503 sur renvoi de l'art. 1506, 5°).

57445

MODÈLE

Convention de procédure participative aux fins de mise en état ou d'instruction de l'affaire

(Articles 2062 et suivants du Code civil et 1542 et suivants du Code de procédure civile)
(MODÈLE PROPOSÉ PAR LE CONSEIL NATIONAL DES BARREAUX)
Madame/Monsieur __ (ou Société __, forme et capital social, siège, n° RCS, représentant)
Né le __ à __
De nationalité __
Exerçant la profession de __
Demeurant __ à __ (__)
Courriel : __ Tél (mobile) : __
Ayant pour avocat :
Me __
Structure d'exercice
Avocat au Barreau de __
Adresse
Tél : __
Courriel : __
ET
Madame/ Monsieur __ (ou Société __, forme et capital social, siège, n° RCS, représentant)
Né le __ à __ (__)
De nationalité __
Exerçant la profession de __
Demeurant __ à __ (__)
Courriel : __ Tél [mobile] : __
Ayant pour avocat :
Me __
Structure d'exercice
Avocat au Barreau de __
Adresse
Tél : __
Courriel : __

PRÉAMBULE

Madame/ Monsieur __ et Madame/ Monsieur __, ci-après dénommés « les Parties », qui ne sont placés sous aucun des régimes de protection au sens de l'article 425 et suivants du Code civil, conviennent d'engager une procédure participative et ont en conséquence convenu ce qui suit.

SECTION 1 : OBJET DE LA CONVENTION

1. Une procédure liant les parties est actuellement pendante devant le tribunal de __, sous le numéro RG __.
2. Les parties assistées de leurs avocats s'engagent à œuvrer conjointement et de bonne foi à la mise en état de leur litige (ou à l'instruction de leur affaire) et le cas échéant à la résolution amiable du litige qui les oppose dans le cadre d'une procédure participative aux fins de mise en état régie par les articles 2062 et suivants du Code civil et 1542 et suivants du Code de procédure civile.

SECTION 2 : DURÉE DE LA CONVENTION

3. La présente convention est prévue pour une durée de __ mois à compter de sa signature.
Elle prendra donc fin le __.
4. Les parties pourront convenir par un avenant écrit et d'un commun accord de la prolongation de la présente convention de procédure participative pour une nouvelle durée déterminée.
5. Les parties conviennent qu'à défaut de communication des pièces et écritures visées à la section 5, dans les délais conventionnellement impartis, et sauf motif légitime, l'une d'elles pourra résilier la présente convention, pour inexécution après rappel de ses obligations contractuelles faite par lettre officielle de son avocat adressée aux avocats des autres parties.

SECTION 3 : PORTÉE DE LA CONVENTION

6. Les parties reconnaissent expressément avoir été complètement et directement informées par leurs avocats de la nature, de la portée et des conséquences attachées à la conclusion et l'exécution de la présente convention et notamment du fait que :
- Elles ont, à tout moment, la possibilité de renoncer expressément à se prévaloir d'une fin de non-recevoir, de toute exception de procédure et des dispositions de l'article 47 du Code de procédure civile, à l'exception de celles qui surviennent ou sont révélées postérieurement à la signature de la convention (article 1546-1 du Code de procédure civile).

57445 (suite)

• La conclusion d'une convention de procédure participative interrompt l'instance, y compris en cas de retrait du rôle (art. 369 du Code de procédure civile). L'interruption de l'instance emporte celle du délai de péremption. Un nouveau délai court à l'extinction de la procédure participative de mise en état (art. 392 du Code de procédure civile).
• Devant la cour d'appel, l'information donnée au juge de la conclusion d'une convention de procédure participative entre toutes les parties à l'instance d'appel interrompt les délais impartis pour conclure et former appel incident mentionnés aux articles 905-2 et 908 à 910 du Code de procédure civile. L'interruption de ces délais produit ses effets jusqu'à l'information donnée au juge de l'extinction de la procédure participative (art. 1546-2 du Code de procédure civile).
7. Conformément aux dispositions prévues à l'article 1546-1 du Code de procédure civile, les parties s'entendent pour solliciter du juge :
• Le retrait du rôle.
• La fixation d'une date d'audience à laquelle sera ordonnée la clôture et sera fixée la date de plaidoirie.
(*Enlever la mention inutile*)
8. Connaissance est donnée aux parties des dispositions relatives à la procédure de jugement après mise en état conventionnelle du litige prévues aux articles 1564-1 à 1564-6 du Code de procédure civile.

SECTION 4 : OBJET DU LITIGE

9. Conformément aux dispositions de l'article 4 du Code de procédure civile, l'objet du litige est déterminé par les prétentions respectives des parties.
§ 1 : Rappel des faits
10. (*Exposé des faits objectifs, utiles et non contestables*)
§ 2 : Prétentions respectives des parties
§ 2-1 : Rappel des demandes
11. __.
§ 2-2 : Exposé des points d'accord
12. Il convient d'acter l'accord des parties sur __.
§ 2-3 : Exposé des points de désaccord
13. Point 1
Les échanges devront donc porter sur les éléments permettant de __
14. Point 2
Les échanges devront donc porter sur les éléments permettant de __
Etc.

SECTION 5 : MODALITÉS DE MISE EN ÉTAT DU LITIGE/MODALITÉS D'INSTRUCTION DU LITIGE

§ 1 : Prétentions, moyens, pièces et informations
15. Les parties conviennent que les pièces et informations nécessaires à la mise en l'état de leur litige sont les suivantes (art. 2063 du Code civil) :
Communiquées par Madame/ Monsieur __ : __.
Communiquées par Madame/ Monsieur __ : __.
16. Les parties s'engagent à échanger leurs pièces numérotées et listées dans un bordereau au sens de l'article 1545 du Code de procédure civile, avant le __.
17. Les pièces visées aux articles 1564-1, 1564-3 et 1564-4 du Code de procédure civile ne sont pas confidentielles et seront produites en justice au stade du rétablissement de l'affaire.
18. Les parties, s'échangeront par l'intermédiaire de leurs avocats et par la voie officielle, les prétentions et moyens à leur soutien.
19. Les parties conviennent que ces prétentions et moyens seront communiqués dans les délais suivants :
Communiqués par Madame/ Monsieur __ : __.
Communiqués par Madame/ Monsieur __ : __.
20. Tous autres prétentions et moyens pourront être communiqués au fur et à mesure de la mise en état conventionnelle aux dates déterminées à l'issue de chaque réunion.
§ 2 : Calendrier et organisation des réunions
21. Les avocats, le cas échéant hors la présence des parties, conviennent de se réunir __ (*fréquence*) (*Il est conseillé de tenir les réunions en alternance au sein des cabinets ou dans un endroit neutre, le cas échéant, en recourant à la visioconférence*).
22. La première réunion aura lieu à __ et se tiendra le __ à __ heures.
23. Avant chaque réunion, les avocats établiront en accord avec les parties l'ordre du jour et décideront des communications de pièces utiles au plus tard __ jours avant la réunion à venir.

24. À l'issue de chaque réunion il sera décidé de la date et des étapes suivantes. **57445** (suite)

§ 3 : Forme et contenu des écritures

25. À l'issue de chaque réunion les avocats établiront un compte rendu des échanges après s'être entendus sur son contenu.

(*Déterminer si ce compte-rendu sera confidentiel ou officiel cf. n° 27 infra*)

26. Si des accords interviennent ou si des engagements sont pris en cours de réunion, les parties conviennent qu'ils pourront faire l'objet d'un acte d'avocats établi dans les conditions prévues à l'article 1374 du Code civil. Cet acte pourra être utilisé au terme de la phase conventionnelle et soumis, le cas échéant, à l'homologation judiciaire.

27. Les parties pourront toutefois convenir de réserver un caractère confidentiel aux engagements pris par elles et aux accords intervenant en cours de procédure participative jusqu'au terme de la convention. Elles en décideront à l'issue de chaque réunion.

28. Les négociations et correspondances entre avocats seront confidentielles conformément aux dispositions de l'article 3-1 du Règlement Intérieur National des avocats.

§ 4 : Actes contresignés par avocats

29. En cours de procédure participative, les parties pourront établir tous actes contresignés par avocats (art. 2063, 4° du Code civil et 1546-3 du Code de procédure civile) afin notamment de :

1° Énumérer les faits ou les pièces qui ne l'auraient pas été dans la convention, sur l'existence, le contenu ou l'interprétation desquels les parties s'accordent ;

2° Déterminer les points de droit auxquels elles entendent limiter le débat, dès lors qu'ils portent sur des droits dont elles ont la libre disposition ;

3° Convenir des modalités et délais de communication de leurs écritures ;

4° Recourir à un technicien selon les modalités des articles 1547 et suivants ;

5° Désigner un conciliateur de justice ou un médiateur ayant pour mission de concourir à la résolution du litige. L'acte fixe la mission de la personne désignée, le montant de sa rémunération et ses modalités de paiement ;

6° Consigner les auditions des parties, entendues successivement en présence de leurs conseils, comportant leur présentation du litige, leurs prétentions, les questions de leurs avocats ainsi que leurs réponses et les observations qu'elles souhaitent présenter ;

7° Consigner les déclarations de toute personne acceptant de fournir son témoignage sur les faits auxquels il a assisté ou qu'il a personnellement constatés, recueillies ensemble par les avocats, spontanément ou sur leur interrogation. L'acte contient les mentions prévues à l'article 202, alinéa 2 du présent Code. Le témoin fait précéder sa signature de la mention prévue à l'alinéa 3 du même article ;

8° Consigner les constatations ou avis donnés par un technicien recueillis ensemble par les avocats.

SECTION 6 : ISSUES

§ 1 : Accord total (art. 1564-2 du CPC)

30. Sous réserve des dispositions de l'article 2067 du Code civil, lorsque la mise en état a permis de parvenir à un accord total sur le fond du litige, la demande tendant à l'homologation de l'accord des parties établi conformément à l'article 1555-1, est présentée au juge par la partie la plus diligente ou l'ensemble des parties.

31. Lorsque l'accord concerne un mineur capable de discernement, notamment lorsqu'il porte sur les modalités de l'exercice de l'autorité parentale, la demande mentionne les conditions dans lesquelles le mineur a été informé de son droit à être entendu par le juge ou la personne désignée par lui et à être assisté par un avocat (art. 1557 du Code de procédure civile et article 388-1 du Code civil).

§ 2 : Accord partiel (art. 1555-1 et 1564-3 du CPC)

32. Option retrait du rôle : Lorsque la phase conventionnelle a permis de mettre l'affaire en état d'être jugée et de conclure à un accord partiel sur le fond du litige, la demande de rétablissement est accompagnée d'un acte d'avocats établi conformément à l'article 1374 du Code civil, formalisant les points faisant l'objet d'un accord entre les parties, ainsi que les prétentions respectives des parties relativement aux points sur lesquels elles restent en litige, accompagnées des moyens en fait et en droit sur lesquels chacune de ces prétentions est fondée, avec l'indication pour chaque prétention des pièces invoquées (art. 1564-3 du CPC). L'affaire est fixée à bref délai (art. 1564-6 du CPC).

Option fixation d'une date : Lorsque la phase conventionnelle a permis de mettre l'affaire en état d'être jugée et de conclure à un accord partiel sur le fond du litige, un acte d'avocats établi conformément à l'article 1374 du Code civil, formalisant les points faisant l'objet d'un accord entre les parties, ainsi que les prétentions respectives des parties relativement aux points sur lesquels elles restent en litige, accompagnées des moyens en fait et en droit sur lesquels chacune de ces prétentions est fondée, avec l'indication pour chaque prétention des pièces invoquées (art. 1564-3 du CPC) est adressé à la juridiction.

57445 (suite)

§ 3 : Litige persistant (art. 1564-4 du CPC)

33. *Option retrait du rôle* : Lorsque la phase conventionnelle a permis de mettre l'affaire en état d'être jugée mais que le litige persiste en totalité sur le fond, la demande de rétablissement est accompagnée d'un acte d'avocats établi conformément à l'article 1374 du Code civil, formalisant les prétentions respectives des parties, accompagnées des moyens en fait et en droit, avec l'indication pour chaque prétention des pièces invoquées.

L'affaire est fixée à bref délai (art. 1564-6 du CPC).

Option fixation d'une date : Lorsque la phase conventionnelle a permis de mettre l'affaire en état d'être jugée mais que le litige persiste en totalité sur le fond, un acte d'avocats établi conformément à l'article 1374 du Code civil, formalisant les prétentions respectives des parties, accompagnées des moyens en fait et en droit, avec l'indication pour chaque prétention des pièces invoquées est adressé à la juridiction.

§ 4 : Échec de la mise en état conventionnelle (art. 1564-5 du CPC)

34. Option retrait du rôle : Lorsque la phase conventionnelle n'a pas permis de mettre l'affaire en état d'être jugée, en tout ou partie, l'affaire est rétablie à la demande de la partie la plus diligente, pour être mise en état, conformément aux règles de procédure applicables devant le juge saisi.

Option fixation d'une date : Lorsque la phase conventionnelle n'a pas permis de mettre l'affaire en état d'être jugée, en tout ou partie, l'affaire est renvoyée à la mise en état si une date d'audience a été fixée, conformément aux règles de procédure applicables devant le juge saisi.

SECTION 7 : MODIFICATION

35. Conformément aux dispositions de l'article 1546 du Code de procédure civile, la présente convention peut être modifiée dans les mêmes formes que celles prévues pour son établissement.

SECTION 8 : RÉPARTITION DES FRAIS

36. Chacune des parties conserve à sa charge les honoraires de son avocat.

37. Les honoraires des techniciens seront supportés par chaque partie signataire de la présente convention de procédure participative selon les modalités dont elles conviendront.

38. Il en ira de même des frais éventuellement rendus nécessaires pour assurer la bonne fin de la présente convention de procédure participative, dès lors qu'ils auront été décidés et engagés d'un commun accord entre les parties soussignées.

SECTION 9 : CONTRESEING DE L'AVOCAT

39. Les avocats susnommés interviennent en qualité de rédacteurs et contresignataires du présent acte sous signature privée.

Ils certifient et attestent que l'identité complète des Parties dénommées aux termes des présentes, telle qu'indiquée en tête de la présente convention a été régulièrement justifiée.

40. Conformément aux dispositions de l'article 66-3-1 de la loi n° 2011-331 du 28 mars 2011 :

« En contresignant un acte sous seing privé, l'avocat atteste avoir éclairé pleinement la ou les parties qu'il conseille sur les conséquences juridiques de cet acte. »

Les parties signataires reconnaissent que les rédacteurs des présentes leur ont donné lecture du présent acte, ont répondu à l'ensemble de leurs questions, leur ont donné tous les conseils et informations utiles, les ont éclairées sur les conséquences juridiques dudit acte ce dernier relatant fidèlement leur commune intention.

41. Chaque avocat assume seul la responsabilité professionnelle, au titre de l'obligation d'information et de conseil, à l'égard de la partie qui l'a désigné en qualité de contresignataire du présent acte.

SECTION 10 : CONSERVATION DE L'ACTE D'AVOCAT

42. Le présent acte fera l'objet d'un enregistrement et d'un archivage auprès du service e-Barreau. Maître __ est expressément désigné avocat déposant et s'engage à effectuer les formalités nécessaires aux fins d'enregistrement, de conservation et d'archivage du présent acte d'avocat auprès du service e-barreau, dans un délai de __ mois à compter de la signature des présentes.

43. Les parties sont informées que le Conseil National des Barreaux met en œuvre un traitement de données à caractère personnel, dont il est responsable, ayant pour finalité la gestion de la plateforme Acte avocat et de ses fonctionnalités et notamment de la réalisation d'actes, la signature électronique de ces actes, leur horodatage et leur archivage. Les données collectées sont indispensables à ce traitement. Ces données sont destinées aux services habilités du Conseil National des Barreaux ainsi que, le cas échéant, à ses sous-traitants ou prestataires. Les parties disposent d'un droit d'interrogation, d'accès et de rectifications des données les concernant, ainsi que d'un droit d'opposition pour motif légitime à ce que les données à caractère personnel les concernant fasse l'objet d'un traitement. Ces droits s'exercent par courrier accompagné d'une copie d'un titre d'identité signé à l'adresse postale suivante : Conseil National des Barreaux, Service informatique, 180 boulevard Haussmann 75008 Paris ou par courriel à donnéespersonnelles@cnb.avocat.fr

SECTION 11 : SIGNATURES ET EXEMPLAIRES

57445 (suite)

Maître __, Conseil de Madame/ Monsieur __ et Maître __, Conseil de Madame/ Monsieur __, après avoir donné lecture de la présente convention aux parties, vérifié et recueilli leurs écritures et signatures sur ladite convention, à la date mentionnée ci-après, la contresignent, avec l'accord des parties.
Un exemplaire de la présente convention et ses annexes est remis à chaque signataire ainsi qu'à la juridiction saisie.
(*Plus 1 si une demande d'aide juridictionnelle a été formulée*)

Fait à __,

Le __,

En __ exemplaires

Madame/Monsieur __ **Madame/Monsieur __**

AA
ACTE D'AVOCAT

Me __
Avocat

Me __
Avocat

DOSSIER 2

QUESTION PRIORITAIRE DE CONSTITUTIONNALITÉ

SOMMAIRE

RÈGLES GÉNÉRALES APPLICABLES À LA QPC

59000 La **question prioritaire de constitutionnalité**, usuellement désignée sous l'acronyme « QPC », est le **moyen par lequel** une partie soulève l'inconstitutionnalité d'une disposition législative applicable au litige ou à la procédure, en raison de l'atteinte qu'elle porte à un droit ou à une liberté garanti par la Constitution (Constitution du 4-10-1958 art. 61-1).

Ce dispositif qui permet d'obtenir l'abrogation du texte litigieux par le Conseil constitutionnel est ouvert au justiciable depuis le 1er mars 2010 (Loi org. 2009-1523 du 10-12-2009 art. 5).

La QPC ne peut pas être présentée directement par une partie au Conseil constitutionnel ; elle est **transmise** à ce dernier soit **par** la Cour de cassation si la question est posée à l'occasion d'un litige relevant d'une juridiction de l'ordre judiciaire, soit par le Conseil d'État si le litige relève du juge administratif.

La procédure de transmission par la Cour de cassation se déroule en trois étapes au plus :
- devant le juge du fond si la QPC lui est présentée ;
- devant la Cour de cassation ;
- le cas échéant, devant le Conseil constitutionnel.

Le Conseil constitutionnel met à la disposition du public, sous forme électronique, les décisions rendues par les juridictions judiciaires dans le cadre de questions prioritaires de constitutionnalité. Le « Portail QPC » (QPC360°) permet une large diffusion (Décrets 2022-1317 et 2022-1318 du 13-10-2022).

TEXTES APPLICABLES À LA QPC

59002 Le régime de la QPC est, pour l'essentiel, fixé par les articles 61-1 et 62, al. 2 de la Constitution du 4 octobre 1958, l'ordonnance 58-1067 du 7 novembre 1958, les articles 126-1 à 126-13 du CPC, une décision du Conseil constitutionnel portant règlement intérieur sur la procédure suivie devant le Conseil pour les QPC (Cons. const. 4-2-2010 n° 2010-117 ORGA modifié par Cons. const. n° 2013-128 ORGA) et la circulaire DACS/DACG du 24 février 2010 relative à la présentation de la QPC (BOMJL 2010-02 du 30-4-2010).

Interviennent également le règlement intérieur du 4 février 2010 sur la procédure suivie devant le Conseil constitutionnel pour les questions prioritaires de constitutionnalité, la circulaire SG/SADJPV du 1er mars 2010 relative à la présentation du principe de continuité de l'aide juridictionnelle en cas d'examen de la question prioritaire de constitutionnalité par le Conseil d'État, la Cour de cassation et le Conseil constitutionnel, la circulaire du ministre de l'intérieur, de l'outre-mer et des collectivités territoriales du 31 mars 2010 relative aux conséquences de l'entrée en vigueur, au 1er mars 2010, de la question prioritaire de constitutionnalité et l'instruction du ministre du travail, de la solidarité et de la fonction publique DAFJS/CEJ n° 2010-318 du 23 juillet 2010 relative au traitement par les services et les opérateurs des questions prioritaires de constitutionnalité. Enfin, le décret n° 2022-1317 du 13 octobre 2022 permet au Conseil constitutionnel de publier les décisions rendues sur QPC.

SECTION 1 INTRODUCTION DE LA QPC

AUTEUR DE LA QPC

La QPC ne peut être formulée que par une **partie au procès** à l'occasion duquel elle est posée. Elle peut être posée aussi bien par le demandeur que par le défendeur à l'action. Il importe peu que les parties au litige soient des personnes physiques ou morales. **59020**
Réservée aux parties, la QPC ne peut pas être soulevée d'office par le **juge**, y compris par la Cour de cassation (Ord. 58-1067 du 7-11-1958 art. 23-1, al. 1 et 23-5, al. 1). Le simple fait que la QPC ait été soulevée d'office par le juge suffit à la rendre irrecevable, peu important que l'une des parties l'ait ensuite reprise à son compte (Cass. 2e civ. QPC 8-6-2011 n° 11-40.011 : Gaz. Pal. 12-7-2011 p. 14 obs. L. Briand).

Le **ministère public**, lorsqu'il est partie principale, ne peut pas avoir moins de droits que les autres parties au procès ; il peut donc soutenir une QPC devant le juge du fond. **59022**
Lorsque le ministère public n'est pas partie à l'instance, l'affaire lui est communiquée dès que le moyen est soulevé, afin qu'il puisse faire connaître son avis (Ord. 58-1067 du 7-11-1958 art. 23-1, al. 2).
Devant les juridictions relevant de la Cour de cassation, lorsque le ministère public n'est pas partie à l'instance, l'affaire lui est communiquée dès que le moyen tiré de ce qu'une disposition législative porte atteinte aux droits et libertés garantis par la Constitution est soulevé afin qu'il puisse faire connaître son avis et cette formalité est d'ordre public (ord. 58-1067 du 7-11-1958 portant loi organique sur le Conseil constitutionnel, mod. par la loi organique 2009-1523 du 10-12-2009 art. 23-1, al. 2 ; Cass. 3e civ. 28-6-2018 n° 18-40.015 QPC).

Mandataire La QPC doit être déposée par un avocat en cas de procédure avec représentation obligatoire tandis qu'en cas de procédure sans représentation obligatoire, les parties peuvent soumettre elles-mêmes la QPC à la juridiction ou confier cette mission à un représentant ayant qualité. **59025**

RATTACHEMENT DE LA QPC À UNE INSTANCE EN COURS

La QPC ne permet de contester une disposition législative qu'à l'occasion d'une instance en cours (Constitution du 4-10-1958 art. 61-1) et dans la mesure où cette disposition s'applique à cette instance (n° 59100). **59040**
La QPC peut être adressée **à tout moment** au cours du procès (CA Toulouse 10-7-2012 nos 12/02985, 12/02986, 12/02987, 12/02988, 12/02989). Elle peut être introduite pour la première fois en appel ou devant la Cour de cassation (Ord. 58-1067 du 7-11-1958 art. 23-1 et 23-5). Elle ne relève donc pas du régime habituel des exceptions de procédure, mais la partie qui la soulève doit respecter les règles en vigueur dans l'instance en cours (n° 59060).

Clôture de l'instruction La QPC doit être soulevée avant la clôture des débats, c'est-à-dire, selon que la procédure est orale ou écrite, avant la décision de mise en délibéré de l'affaire ou avant l'ordonnance de clôture. Une QPC déposée alors que le délibéré est en cours serait irrecevable (CPC art. 445). Les parties peuvent toutefois solliciter la réouverture des débats afin de poser régulièrement la QPC mais le juge dispose d'un pouvoir discrétionnaire en la matière. **59045**

Extinction de l'instance La QPC n'a plus d'objet et est donc irrecevable en cas d'extinction de l'instance, notamment si l'une des parties se désiste (Cass. 3e civ. QPC 30-6-2011 n° 11-40.020 : Bull. civ. III n° 119 ; Cass. 1e civ. QPC 9-11-2011 n° 11-17.604 : Bull. civ. I n° 200), avant que la question n'ait été renvoyée devant le Conseil constitutionnel. Si ce renvoi a déjà eu lieu, la QPC survit à l'extinction de l'instance (n° 59450). **59050**

59060

Absence d'autonomie de la QPC

La QPC n'est pas une prétention autonome. Elle n'est qu'un **moyen, lié** à ce titre **à** la **prétention à laquelle elle se rattache**.
Ainsi la QPC doit être :
– traitée par le **juge compétent** pour trancher le litige (CPC art. 126-3, al. 1) ;
– élevée dans le **délai** applicable à cette prétention : si elle vient appuyer une exception qui doit être soulevée avant toute défense au fond ou fin de non-recevoir (CPC art. 74), la QPC peut être écartée en raison de sa tardiveté si elle est soulevée ultérieurement ;
– **notifiée** ou signifiée à l'adversaire selon les règles générales applicables devant le juge saisi.

L'**aide juridictionnelle** initialement accordée demeure acquise à son bénéficiaire devant la Cour de cassation et le Conseil constitutionnel (Décret 2020-1717 du 28-12-2020 art. 10).

La **recevabilité** de la demande détermine la recevabilité de la QPC. Par exemple, la QPC posée à l'occasion d'un pourvoi en cassation est irrecevable si ce pourvoi est lui-même irrecevable (Cass. com. QPC 26-6-2012 n° 11-27.515 : RJDA 2/13 n° 149).

Sur l'effet de l'**extinction** de l'instance, voir n° 59050.

CONTESTATION D'UNE DISPOSITION LÉGISLATIVE

59070 **Lois** Sont qualifiées de dispositions législatives toutes les lois votées par le Parlement ; elles peuvent donc faire l'objet d'une QPC.

Toutefois, tel n'est pas le cas des lois transposant en droit interne une directive européenne quand elles reprennent ou tirent les conséquences nécessaires des dispositions inconditionnelles et précises de la directive (Cons. const. 17-12-2010 n° 2010-79 QPC : JO 19-12-2010 p. 22373 ; Cass. soc. QPC 15-2-2011 n°s 10-40.063, 10-40.064 et 10-40.065 : RJS 5/11 n° 492). En revanche, les dispositions adoptées par le Parlement en vertu de la marge de manœuvre laissée par la directive à chaque État membre pourraient faire l'objet d'une QPC.

Également, dès lors qu'elles se bornent à délimiter le champ de l'habilitation donnée au Gouvernement, sur le fondement de l'article 38 de la Constitution, les **lois d'habilitation** ne sont, par leur nature même, pas susceptibles de porter atteinte aux droits et libertés que la Constitution garantit et ne pourraient donner lieu à une QPC (CE 23-1-2015 n° 380339).

La disposition législative contestée doit être précisément désignée. La question qui ne vise aucune disposition précise de l'ordonnance du 22 décembre 1958, portant loi organique relative au statut de la magistrature, apparaît ainsi dépourvue de caractère sérieux (CA Versailles 4-10-2012 n° 12/00029).

59075 **Ordonnances** Sont qualifiées de dispositions législatives les **ordonnances** adoptées par le Gouvernement dans le cadre des articles 38 et 74-1 de la Constitution du 4 octobre 1958 dès lors qu'elles ont été ratifiées par le Parlement (CE 8-12-2000 n°s 199072, 199135, 199761 : RJS 4/01 n° 545). Par contre, les ordonnances non ratifiées sont des actes réglementaires qui peuvent être contestés devant le Conseil d'État et ne sauraient donc faire l'objet d'une QPC.

De la même manière, les **décrets-lois** adoptés par le Gouvernement avant la Ve République ne peuvent être considérés comme des dispositions législatives qu'à la condition qu'ils aient fait l'objet d'une ratification parlementaire. À défaut, ils constituent des actes réglementaires, insusceptibles de QPC mais qui peuvent être contestés devant la juridiction administrative ou le juge judiciaire.

59080 **Interprétation jurisprudentielle** Le contrôle peut porter tant sur la disposition elle-même que sur son interprétation **constante** par la Cour de cassation (Cons. const. 6-10-2010 n° 2010-39 QPC : JO 7-10-2010 p. 18154 ; Cons. const. 14-10-2010 n° 2010-52 QPC : JO 15-10-2010 p. 540 ; Cass. 3e civ. 30-11-2010 n° 10-16.828 : Bull. civ. QPC n° 7). En effet, tout justiciable a le droit de contester la constitutionnalité de la portée qu'une interprétation jurisprudentielle confère à une disposition législative, à la condition cependant que cette interprétation résulte d'une jurisprudence constante et donne une portée effective à la disposition concernée. A été écartée une QPC relative à la jurisprudence la plus répandue chez les juges du fond dans un domaine où ils statuaient souverainement (Cass. 3e civ. QPC 14-3-2013 n° 12-24.995).

La QPC doit indiquer le texte législatif dont la portée serait, en application de cette interprétation, de nature à porter atteinte à une règle constitutionnelle (Cass. 1e civ. QPC 27-9-2011 n° 11-13.488 : Bull. civ. I n° 151).

59085 **Textes réglementaires** Les textes réglementaires (règlement, décret, arrêtés, ordonnances ou décrets-lois non ratifiés) ne sont pas des dispositions législatives. Ils doivent être contestés devant le juge administratif et ne peuvent pas faire l'objet d'une QPC.

EXEMPLE

Il en va ainsi des dispositions de l'article 909 du CPC (CA Paris 19-12-2012 n° 12/17413), de l'article 54 du décret du 27 juillet 2006 relatif aux procédures de saisie immobilière et de distribution du prix d'un immeuble (CA Lyon 30-08-2012 n° 12/03205) ou encore du décret du 17 juin 1938 relatif à la réorganisation et à l'unification du régime d'assurance des marins (CA Rennes 10-10-2012 n° 10/01382).

La QPC qui, sous le couvert de la critique d'une disposition législative, ne tend qu'à contester la conformité à la Constitution d'une disposition réglementaire est irrecevable (Cons. const. 26-11-2010 n° 2010-66 QPC : JO 27-11-2010 p. 21117 ; Cass. com. QPC 30-11-2010 n° 10-17.044).

Autres textes Le domaine d'exclusion n'est pas exhaustif mais on considère encore que sont exclues de la procédure de QPC les **conventions internationales** ou les **coutumes** – et plus généralement les règles de droit non écrites qui seraient susceptibles de s'appliquer. 59090

DISPOSITION LÉGISLATIVE APPLICABLE AU LITIGE

La disposition législative (ou son interprétation : n° 59080) contestée par la QPC doit être applicable au litige ou à la procédure ou constituer le **fondement de l'action** à l'occasion de laquelle la QPC est posée (Ord. 58-1067 du 7-11-1958 art. 23-2). 59100

EXEMPLE

Dans un litige prud'homal, la cour d'appel de Douai énonce que « l'article 8 du Code de procédure pénale n'est en l'espèce pas applicable au litige, d'une part, parce que la juridiction civile n'est pas saisie de poursuites pénales pour faux et usage de faux, d'autre part, parce que le jugement des délits et donc la constatation de l'extinction de l'action publique pour cause de prescription relèvent de la compétence exclusive de la juridiction répressive » (CA Douai 30-11-2012 n° 12/3691).

Dans un autre litige opposant un bailleur à un locataire, la cour d'appel de Paris avait jugé, par arrêt du 16 décembre 2010, que le congé délivré par le syndicat des copropriétaires était nul, faute de répondre aux conditions de la loi du 1er septembre 1948 régissant les rapports entre les parties. Or, le locataire ayant ultérieurement saisi la cour de demandes fondées sur l'article 14 de la loi du 10 juillet 1965 et sur l'article 1719 du Code civil, la cour d'appel relève que « le litige sera tranché conformément à des dispositions étrangères à la loi du 1er septembre 1948 et sans qu'il y ait lieu d'avoir recours à cette loi », ce qui rend irrecevable la QPC dirigée contre cette loi de 1948 (CA Paris 11-09-2012 n° 12/05576).

Ce point est apprécié par la Cour de cassation, sans contrôle ultérieur du Conseil constitutionnel (Cons. const. 28-5-2010 n° 2010-1 QPC : D. 2010 p. 1354 concl. S. Lavric ; Cons. const. 30-3-2012 n° 2012-227 QPC : JO du 31-3-2012 p. 5918). Pour la Cour de cassation, la disposition doit permettre de trancher le litige (Cass. 1e civ. QPC 5-7-2012 n° 12-12.356 : RTD com. 2012 p. 550 obs. F. Pollaud-Dulian).

La **modification ou l'abrogation de la disposition contestée** après que la QPC ait été présentée au juge ne fait pas disparaître l'atteinte éventuelle aux droits et libertés garantis par la Constitution. Elle ne fait donc pas obstacle, par elle-même, à la transmission de la QPC au Conseil constitutionnel au motif de l'absence de caractère sérieux de cette dernière (Cons. const. 23-7-2010 n° 2010-16 QPC : RJF 11/10 n° 1072). La question prioritaire de constitutionnalité ne peut toutefois être transmise au Conseil constitutionnel que si la disposition législative visée était applicable au litige (Cass. 1e civ. QPC 2-10-2019 n° 19-10.669 FS-PBI).

ABSENCE DE CONTRÔLE DE CONSTITUTIONNALITÉ ANTÉRIEUR

La QPC n'est recevable que si la disposition législative sur laquelle elle porte n'a pas déjà été déclarée conforme à la Constitution dans les motifs et le dispositif d'une **décision du Conseil constitutionnel** (Ord. 58-1067 du 7-11-1958 art. 23-2 et 23-4), que cette décision ait été rendue dans le cadre du contrôle de constitutionnalité a priori des lois ou dans le cadre d'une QPC. Les juridictions du fond s'astreignent généralement à une vérification attentive de l'existence ou non de décisions précédentes du Conseil constitutionnel ou de questions similaires en cours d'examen. 59110

Un réexamen d'une disposition déjà déclarée conforme est néanmoins possible en cas de **changement de circonstances** (art. précités), c'est-à-dire en cas de changement intervenu, depuis la précédente décision, dans les normes de constitutionnalité applicables ou dans les circonstances, de droit ou de fait, qui affectent la portée de la disposition critiquée (Cons. const. 3-12-2009 n° 2009-595 : JO du 11-12-2009 p. 21381). Les changements dans les circonstances de fait pouvant appeler à réexaminer une disposition sont notamment ceux intervenus dans les domaines marqués par une évolution rapide des techniques, comme la bioéthique ou les technologies de l'information et de la communication (Circ. conjointe DACS/DACG du 24-2-2010 relative à la présentation de la question prioritaire de constitutionnalité BOMJL n° 2010-02 du 30-4- 2010). Un changement des circonstances de droit peut résulter d'une évolution de la jurisprudence du Conseil constitutionnel lui-même (Cons. const. 6-5-2011 n° 2011-125 QPC : JO du 7-5-2011 p. 7850).

ATTEINTE AUX DROITS ET LIBERTÉS GARANTIS PAR LA CONSTITUTION

59120 La QPC ne peut être soulevée que si la loi contestée porte atteinte aux droits et libertés que la Constitution garantit (Constitution du 4-10-1958 art. 61-1).

Les normes de référence au regard desquelles une QPC peut être soulevée sont en principe les mêmes que celles utilisées par le Conseil Constitutionnel dans le cadre de son contrôle a priori de la loi.

Les droits et libertés qui peuvent par conséquent être invoqués sont ceux figurant dans la **Constitution** du 4 octobre 1958 et les textes auxquels son **Préambule** renvoie :
– la Déclaration des droits de l'Homme et du citoyen de 1789 ;
– le Préambule de la Constitution de 1946 et les Principes fondamentaux reconnus par les lois de la République qu'il contient ;
– la Charte de l'environnement de 2004.

EXEMPLE

Au nombre de ces droits et libertés figurent notamment :
– l'égalité de tous les citoyens devant la loi sans distinction d'origine, de race ou de religion, le respect de toutes les croyances et le principe de laïcité (Constitution de 1958 art. 1er) ;
– la liberté d'opinion et de communication ainsi que le droit de propriété (Déclaration de 1789 art. 10, 11 et 17) ;
– le droit de grève et le droit d'asile (Préambule de la Constitution de 1946) ;
– les droits de la défense (Cons. const. 2-12-1976 n° 76-70) ;
– la liberté d'association (Cons. const. 16-7-1971 n° 71-44 ; Cons. const. 28-5-2010 n° 2010-3 QPC : JO du 29-5-2010 p. 9730) ;
– la liberté de l'enseignement (Cons. const. 23-11-1977 n° 77-87).

59130 **Limites** La QPC ne pouvant être soulevée qu'en cas d'atteinte aux droits et libertés, il n'est pas possible d'invoquer toutes les dispositions des textes à valeur constitutionnelle.

Ainsi, ne peuvent pas fonder une QPC les normes constitutionnelles relatives aux **compétences des différents pouvoirs** et à la **procédure législative** (Cons. const. 22-7-2010 n° 2010-4/17 QPC : JO du 23-7-2010 p. 13615). Sont aussi exclus le principe de l'indivisibilité de la République prévu par l'article 1er de la Constitution du 4 octobre 1958 et celui de la séparation des pouvoirs figurant à l'article 6 de la Déclaration des droits de l'Homme, dans la mesure où ces principes ne s'adressent qu'aux pouvoirs publics constitutionnels.

La méconnaissance par le législateur de sa propre compétence ne peut être invoquée à l'appui d'une QPC que dans le cas où est affecté un droit et/ou une liberté garanti par la Constitution (Cons. const. 18-6-2010 n° 2010-5 QPC : RJF 10/10 n° 940 ; Cons. const. 30-3-2012 n° 2012-225 QPC : RJF 6/12 n° 636). Même dans un tel cas, un grief d'incompétence négative ne peut toutefois être utilement présenté qu'à l'encontre de dispositions applicables au litige et à la condition de contester les insuffisances du dispositif qu'elles instaurent et non pour revendiquer la création d'un régime (CE 12-2-2021 n° 440401). En l'espèce, il était reproché au législateur d'avoir méconnu sa compétence en ne définissant pas aux articles du Code civil relatifs à l'état civil les règles propres à la transmission des titres nobiliaires.

CARACTÈRE SÉRIEUX OU NOUVEAU DE LA QPC

59150 La QPC doit présenter un caractère sérieux ou nouveau pour être renvoyée par un juge du fond à la Cour de cassation (n° 59310) et par cette dernière au Conseil constitutionnel (n° 59370).

Ces **caractéristiques**, qui sont **alternatives** et non cumulatives, ne sont pas définies par les textes relatifs à la QPC mais elles ont été précisées par le Conseil constitutionnel et par la Cour de cassation.

59155 **Sérieux de la QPC** La QPC doit être motivée (n° 59210). C'est le sérieux de cette motivation qui va être contrôlé par le juge du fond et la Cour de cassation afin de bloquer l'utilisation purement dilatoire de la QPC. La question doit être de nature à faire naître un **doute sur la conformité** de la disposition législative concernée. Par exemple, s'il est reproché à une disposition législative de porter atteinte à une liberté à valeur constitutionnelle, la Cour de cassation rejette la QPC en l'absence d'atteinte réelle à cette liberté ou si l'atteinte est justifiée par l'intérêt général et proportionnée à celui-ci.

La QPC demeure sérieuse même si la loi contestée a été modifiée ou abrogée (n° 59100).

EXEMPLE

Jugé que présentaient un caractère **sérieux** les QPC concernant :
– une loi relative à l'organisation des courses et des paris hippiques au regard notamment des exigences qui s'attachent aux principes constitutionnels de liberté d'entreprendre, de liberté du commerce et de l'industrie et de libre concurrence (Cass. com. QPC 28-9-2010 n° 10-40.033) ;

– un texte imposant au bénéficiaire d'une autorisation de construire ou de lotir le transfert de propriété d'une portion d'un bien immobilier au profit d'une collectivité locale sans indemnisation pécuniaire préalablement acceptée (Cass. 3e civ. QPC 8-7-2011 n° 11-40.025 : RJDA 11/11 n° 985).
L'**absence** de caractère sérieux a été retenue pour une QPC :
– ayant pour seul objet de dénoncer la durée estimée non raisonnable d'une procédure de liquidation judiciaire dans un cas particulier (Cass. com. QPC 14-9-2010 n° 10-40.020) ;
– concernant l'article 1843-4 du Code civil permettant à un expert de fixer souverainement la valeur des droits sociaux sans avoir à respecter le principe de la contradiction, et hors de tout respect des droits de la défense, dès lors que ce texte n'a ni pour objet ni pour effet d'investir l'expert du pouvoir de prononcer une sanction ayant le caractère d'une punition et ne fait pas obstacle à l'application d'une procédure contradictoire et qu'il vise seulement à garantir, dans tous les cas où sont prévus la cession des droits sociaux ou le rachat de ceux-ci par la société, et s'il y a désaccord sur leur valeur, la juste évaluation des droits du cédant en écartant les clauses qui pourraient être incompatibles avec la réalisation de cet objectif (Cass. com. QPC 8-3-2011 n° 10-40.069 : RJDA 5/11 n° 431).

Nouveauté de la QPC Le caractère nouveau de la QPC est apprécié au regard de la **norme constitutionnelle** invoquée et non au regard de la disposition législative contestée. 59160
La question n'est ainsi pas nouvelle au seul motif que la disposition législative n'a pas déjà été examinée par le **Conseil constitutionnel** mais elle l'est si elle invite ce dernier à interpréter une disposition constitutionnelle ou à valeur constitutionnelle dont il **n'a pas encore eu l'occasion de faire application** (Cons. const. 3-12-2009 n° 2009-595 : JO du 1-12-2009).
La Cour de cassation retient souvent l'absence de nouveauté pour cette raison (Cass. QPC 19-5-2010 n° 09-70.161 : D. 2011 pan. p. 2301 obs. B. Mallet-Bricout ; Cass. com. QPC 14-9-2010 n° 10-40.022 : Petites affiches 20-12-2010 p. 17, 3e esp. note L.-C. Henry ; Cass. com. QPC 31-5-2012 n° 12-40.022 : RJDA 8-9/12 n° 789). Elle a néanmoins admis la nouveauté de la QPC parce que celle-ci était **récurrente** (Cass. crim. QPC 19-1-2011 n° 10-85.159 : Bull. crim. n° 11 à propos d'une QPC relative à l'absence de motivation des arrêts de cour d'assises) ou constituait un **débat de société** (Cass. 1e civ. QPC 16-11-2010 n° 10-40.042 : D. 2011 comm. p. 209 note J. Roux).

> **Précisions** Par exemple, elle a jugé que la question de la conformité à la Constitution des articles du Code civil interdisant le **mariage entre personnes du même sexe** était une question nouvelle dès lors qu'elle faisait l'objet d'un large débat dans la société, en raison, notamment, de l'évolution des mœurs et de la reconnaissance du mariage entre personnes de même sexe dans les législations de plusieurs pays étrangers (Cass. 1e civ. QPC 16-11-2010 précité).

SECTION 2 FORME ET CONTENU DE LA QPC

FORME ET CONTENU DE LA QPC DEVANT LE JUGE DU FOND

En dehors des précisions ci-dessous, la QPC doit répondre au formalisme applicable à la procédure considérée. Par exemple, devant le tribunal judiciaire, elle doit respecter les dispositions des articles 766 et 768 du Code de procédure civile relatifs au contenu des conclusions. 59200

Écrit distinct et motivé La QPC est présentée dans un document distinct et motivé devant le juge qui connaît de l'instance au cours de laquelle la question est soulevée, y compris à l'occasion d'un recours contre une décision réglant tout ou partie du litige dans une instance ayant donné lieu à un refus de transmettre la QPC (CPC art. 126-2, al. 1). **À défaut**, le juge doit relever d'office l'irrecevabilité du moyen (même art. , al. 2). 59210
Les **autres observations des parties** sur la QPC doivent, si elles sont présentées par écrit, être contenues dans un écrit distinct et motivé ; à défaut, elles ne peuvent être jointes à la décision transmettant la question à la Cour de cassation (CPC art. 126-2, al. 3).

Le **contenu** de l'écrit n'est pas réglementé par la loi. La nécessité de motiver la QPC impose que soient précisés : 59220
– la disposition législative (ou son interprétation jurisprudentielle : n° 59080) contestée, le droit ou la liberté garanti par la Constitution auquel cette disposition porterait atteinte et les éléments caractérisant cette atteinte (n° 59120) ;

– les raisons pour lesquelles cette disposition est applicable au procès en cours (n° 59100) ;
– si cette disposition a déjà été déclarée conforme par le Conseil constitutionnel, les changements de circonstances justifiant un nouvel examen (n° 59100).
Il est préférable d'y indiquer expressément la demande de transmission à la Cour de cassation pour renvoi au Conseil constitutionnel et un rappel de l'obligation pour le juge de surseoir à statuer dans l'attente de la décision de la Cour de cassation ou du Conseil constitutionnel (n° 59345).

> **Précisions a.** En aucun cas, il ne peut être **demandé au juge de statuer** lui-même **sur la constitutionnalité** de la disposition législative attaquée.
b. Si la **disposition attaquée a été modifiée**, il convient d'indiquer avec précision la version du texte faisant l'objet de la QPC. Par exemple, « article 1er de la loi 2025-144 dans sa rédaction issue de l'article 2 de la loi 2026-110 ».
c. Avant de la transmettre à la Cour de cassation, le juge peut **reformuler la question** sans pouvoir en modifier la substance (Circ. DACS/DACG du 24-2-2010 § 2.1.1.2).

59230 **Procédure orale** En matière de procédure orale, il n'est pas prévu d'exception à l'exigence d'un **écrit** distinct et motivé qui sera communiqué et déposé au plus tard à l'audience. Cet écrit, toutefois, ne sera soumis à aucun formalisme particulier, les règles générales de procédure applicables à l'instance devant être respectées. En particulier, du fait de l'oralité de la procédure, les parties ne peuvent pas se contenter d'adresser l'écrit distinct et motivé à la juridiction, mais elles doivent venir la **soutenir** à l'audience, faute de quoi la juridiction n'en est pas régulièrement saisie. La règle est applicable si l'on opte pour l'application de la procédure écrite (CPC art. 446-1).

FORME ET CONTENU DE LA QPC DEVANT LA COUR DE CASSATION

59240 La QPC peut être directement posée pour la première fois auprès de la Cour de cassation, par exemple à l'occasion d'un recours formé contre la décision rendue au fond.

59250 **Mémoire de l'auteur de QPC** La partie qui présente la QPC devant la Cour de cassation doit le faire sous la forme d'un mémoire **distinct et motivé** à peine d'irrecevabilité de la question (Ord. 58-1067 du 7-11-1958 art. 23-5, al. 1). Ce mémoire doit porter la mention « question prioritaire de constitutionnalité » (CPC art. 126-10, al. 1). Son contenu n'est pas fixé par la loi ; il est similaire à celui exposé pour la QPC posée devant un juge du fond (n° 59220).
Pèse sur celui qui présente une QPC, l'obligation de **motiver l'inconstitutionnalité du texte applicable au litige**. La seule invocation de l'inconstitutionnalité d'une disposition législative est insuffisante. Les QPC non motivées sont irrecevables. Le mémoire doit préciser en quoi le contenu du texte contesté, qui doit au demeurant être clairement mentionné et analysé, apparaît contraire aux droits et libertés garantis par la Constitution. Il doit préciser les droits et libertés garantis par la Constitution auxquels, selon lui, la disposition législative porte atteinte ainsi que les arguments qui fondent cette analyse. La motivation doit permettre d'identifier la disposition contestée.
En cas de **représentation obligatoire**, il doit aussi être signé par un avocat au Conseil d'État ou à la Cour de cassation, à peine d'irrecevabilité de la QPC relevée d'office (Cass. 2e civ. QPC 10-3-2011 n° 10-60.417).
Dans le cadre d'un pourvoi relevant de la représentation obligatoire, le mémoire doit être produit, conformément au droit commun, dans un **délai** de quatre mois suivant la déclaration de pourvoi s'il émane du demandeur (CPC art. 978) ou dans un délai de deux mois suivant la signification du mémoire ampliatif s'il émane du défendeur (art. 982).

59260 **Mémoire en réponse** Les **autres parties** au pourvoi disposent d'un délai d'un mois pour remettre un mémoire en réponse (CPC art. 126-10, al. 2), ce délai pouvant être réduit dans les conditions exposées n° 59340 (art. 126-11, al. 1). Ce mémoire est établi, remis et communiqué suivant les règles régissant le pourvoi (art. 126-10, al. 1).

SECTION 3 TRANSMISSION DE LA QPC

A. Transmission par un juge du fond à la Cour de cassation

Lorsque la QPC est présentée devant une **juridiction non répressive de l'ordre judiciaire**, qu'elle soit du premier ou du second degré, cette dernière ne peut pas l'adresser directement au Conseil constitutionnel ; elle doit transmettre la QPC à la Cour de cassation, seule habilitée à l'adresser au Conseil constitutionnel (voir notamment Cons. const. 2-3-2018 n° 2017-694 QPC). 59300
La QPC ne peut être transmise que par une juridiction relevant ici de la Cour de cassation (Ord. 58-1067 du 7-11-1958 art. 23-1). Elle peut être communiquée notamment par le juge des référés ou le juge des requêtes.
En revanche, la QPC ne peut pas être transmise à la Cour de cassation par :
– la cour d'assise ;
– le Tribunal des conflits car il ne s'agit pas d'une juridiction relevant de cette dernière ;
– la commission de conciliation dont la saisine peut être un préalable à l'instance ;
– l'arbitre ou le tribunal arbitral (Cass. com. QPC 28-6-2011 n° 11-40.030 : Bull. civ. IV n° 111).
Dans les deux derniers cas, une QPC ne peut être présentée qu'à l'occasion d'un recours formé devant une juridiction contre la décision ou la sentence.

CONDITIONS DE TRANSMISSION DE LA QPC

Trois conditions cumulatives doivent être réunies pour que la QPC soit adressée par la juridiction du fond à la Cour de cassation (Ord. 58-1067 du 7-11-1958 art. 23-2) : 59310
– la **disposition contestée** doit être applicable au litige ou à la procédure, ou constituer le fondement des poursuites (n° 59100) ; le juge du fond n'est pas tenu de surseoir s'il peut statuer sans tenir compte de la disposition dont la constitutionnalité est contestée (Cass. 2e civ. 7-5-2015 n° 14-16.552) ;
– la disposition contestée ne doit pas avoir déjà été déclarée conforme à la Constitution dans les motifs et le dispositif d'une décision du Conseil constitutionnel, sauf changement des circonstances (n° 59110) ;
– la **question** doit avoir un caractère sérieux (n° 59155).

EXAMEN DE LA TRANSMISSION DE LA QPC

Le juge qui statue sur la transmission de la QPC est, en **principe**, celui qui connaît de l'instance au cours de laquelle cette question est soulevée sous réserve des **exceptions** suivantes (CPC art. 126-3, al. 1) : 59320
– le juge de la mise en état ou le conseiller de la mise en état statue par ordonnance sur la transmission à la Cour de cassation de la QPC soulevée devant lui à moins, si la question le justifie, qu'il ne renvoie l'affaire devant la formation de jugement, le cas échéant sans clore l'instruction, pour qu'elle statue sur la transmission de la question (CPC art. 126-3, al. 2) ;
– le président de la formation de jugement statue sur la QPC soulevée devant le tribunal paritaire des baux ruraux, les tribunaux judiciaires spécialement désignés pour connaître des litiges relevant du contentieux de la sécurité sociale, la cour d'appel d'Amiens statuant en matière de tarification des accidents du travail pour les litiges introduits depuis le 1er janvier 2019 (CPC art. 126-3, al. 3 ; C. org. jud. art. D 311-12 et Loi 2016-1547 du 18-11-2016 art. 114).

Le juge du fond statue sans **délai**, c'est-à-dire dès que les éléments dans le débat lui permettent d'apprécier si les conditions mises à la transmission sont remplies, et selon les **règles** de procédure qui lui sont applicables, sur la transmission de la QPC, le ministère public avisé et les parties entendues ou appelées (CPC art. 126-4, al. 1 ; Circ. DACS/DACG du 24-2-2010 § 2221). Le juge saisi doit respecter le principe du contradictoire (Cass. 2e civ. 20-3-2014 n° 12-35.340). Le ministère public avisé et les parties entendues ou appelées sont avisés par tout moyen de la date à laquelle la décision sera rendue et qu'ils devront présenter leurs observations dans les conditions exposées n° 59340 (CPC art. 126-4, al. 2). 59325

Priorité à la QPC

Lorsque le juge est saisi de moyens contestant la **conformité d'une disposition** législative, d'une part, aux droits et libertés garantis par la **Constitution** et, d'autre part, aux **engagements internationaux de la France** (telle par exemple la Convention européenne de sauvegarde des droits de l'Homme et des libertés fondamentales), le juge doit se prononcer par priorité sur la transmission de la QPC à la Cour de cassation (Ord. 58-1067 du 7-11-1958 art. 23-2, al. 5).

La transmission de la QPC à la Cour de cassation n'interdit pas au juge de saisir la **Cour de justice de l'Union européenne** d'une question préjudicielle, si les conditions en sont remplies (Circ. DACS/DACG du 24-2-2010 § 2.2.2.2).

DÉCISION DE TRANSMISSION DE LA QPC

59330 Le **greffe avise les parties** qui ont comparu et le ministère public sans délai par tout moyen de la décision de transmettre la QPC à la Cour de cassation (CPC art. 126-7, al. 1).

Les parties qui n'ont pas comparu sont avisées par lettre recommandée AR (CPC art. 126-7, al. 2). La décision ne fait donc pas l'objet d'une notification.

La décision de transmission n'est susceptible d'aucun **recours** (Ord. 58-1067 du 7-11-1958 art. 23-2, al. 6 ; CPC art. 126-7), y compris d'un appel-nullité et d'un pourvoi en cassation qui n'aurait ici pas de sens (Circ. DACS/DACG du 24-2-2010 § 2.3).

59335 La décision de transmettre la question est **adressée à la Cour de cassation** dans les huit jours de son prononcé avec les mémoires ou les conclusions des parties concernant la QPC (Ord. 58-1067 du 7-11-1958 art. 23-2).

Sur la possibilité pour le juge de reformuler la question, voir n° 59220.

59340 **Observations des parties** Les parties disposent d'un **délai** d'un mois à compter de la décision de transmission pour faire connaître leurs éventuelles observations qui doivent être signées par un avocat à la Cour de cassation, dans les matières où la représentation est obligatoire devant la Cour de cassation (CPC art. 126-9). Le président de la formation à laquelle l'affaire est distribuée ou son délégué, à la demande de l'une des parties ou d'office, peut, en cas d'urgence, réduire ce délai. Il fixe la date de l'audience au cours de laquelle sera examinée la QPC (CPC art. 126-11). Cette décision est notifiée aux parties par le greffe (CPC art. 126-13).

Le délai d'un mois n'est pas allongé pour les **parties résidant outre-mer ou à l'étranger** (Circ. DACS/DACG du 24-2-2010 § 4.1.1 excluant l'application des articles 643, 644 et 1023 du CPC).

59345 **Effets de la transmission** Aucun texte ne prévoit que la présentation de la QPC a un effet interruptif ou suspensif sur l'instance sur laquelle elle se greffe. Toutefois, lorsque la QPC est transmise à la Cour de cassation, la **juridiction sursoit à statuer** jusqu'à réception de la décision de la Cour de cassation ou, s'il a été saisi, du Conseil constitutionnel (Ord. 58-1067 du 7-11-1958 art. 23-3). Or, si la décision de sursis à statuer entraîne en principe une suspension d'instance (CPC art. 377 et 378), l'article 23-3 précité précise que le cours de l'instruction n'est pas suspendu et que la juridiction peut prendre les **mesures provisoires** ou conservatoires nécessaires.

La décision prononçant le sursis précise les suites données à l'instance (suspension de l'instance ou poursuite de l'instruction ou des échanges entre les parties : Circ. DACS/DACG du 24-2-2010 § 2.2.3.3).

Si le sursis à statuer risque d'entraîner des **conséquences irrémédiables ou manifestement excessives** pour les droits d'une partie, la juridiction qui décide de transmettre la question peut statuer sur les points qui doivent être immédiatement tranchés (Ord. 58-1067 art. 23-3, al. 4).

La juridiction peut également statuer sans attendre la décision relative à la QPC si la loi ou le règlement prévoit qu'elle doit statuer dans un **délai déterminé ou en urgence** (Ord. 58-1067 art. 23-3, al. 3). Si la juridiction de première instance statue sans attendre et s'il est formé appel de sa décision, la juridiction d'appel sursoit à statuer, à moins qu'elle ne soit elle-même tenue de se prononcer dans un délai déterminé ou en urgence.

REFUS DE TRANSMISSION DE LA QPC

59350 Le refus de transmettre la QPC à la Cour de cassation peut soit faire l'objet d'une décision concernant seulement la QPC, soit être inclus dans une décision tranchant tout ou partie du litige (Circ. DACS/DACG du 24-2-2010 § 2.2.4).

Les **parties** et le ministère public sont **avisés** par le greffe de la décision de refus par tout moyen et sans délai (CPC art. 126-7, al. 1). L'avis aux parties précise que le refus de transmettre la QPC ne peut être contesté qu'à l'occasion d'un **recours** visant la décision réglant tout ou partie du litige (Ord. 58-1067 du 7-11-1958 art. 23-2, al. 6 ; sur la notion de décision réglant tout ou partie du litige, voir la circulaire précitée § 2.3.1 et 4.2).

Le refus de transmettre la question **dessaisit la juridiction** du moyen tiré de la QPC ; toutefois, si ce refus a été exclusivement motivé par la constatation que la disposition législative contestée n'était pas applicable au litige ou à la procédure en cause, la juridiction peut, si elle entend à l'occasion de l'examen de l'affaire faire application de cette disposition, **rétracter** ce **refus** et transmettre la question à la Cour de cassation (CPC art. 126-6). **59352**

Cas particulier Le juge n'est pas tenu de transmettre une QPC mettant en cause, par les mêmes motifs, une **disposition législative dont la Cour de cassation ou le Conseil constitutionnel est déjà saisi**. Si le juge refuse la transmission pour cette raison, il sursoit à statuer sur le fond, jusqu'à ce qu'il soit informé de la décision de la Cour de cassation ou, le cas échéant, du Conseil constitutionnel (CPC art. 126-5). **59355**

B. Transmission par la Cour de cassation au Conseil constitutionnel

CONDITIONS DE LA TRANSMISSION DE LA QPC

La QPC ne peut être renvoyée au Conseil constitutionnel que si les conditions suivantes, qui sont cumulatives, sont réunies (Ord. 58-1067 du 7-11-1958 art. 23-4 et 23-5, al. 3) : **59370**

– la disposition contestée est applicable au litige ou à la procédure, ou constitue le fondement de l'action (n° 59100) ;

– la disposition contestée n'a pas déjà été déclarée conforme à la Constitution dans les motifs et le dispositif d'une décision du Conseil constitutionnel, sauf changement des circonstances (n° 59110) ;

– la question est nouvelle (n° 59160) ou elle présente un caractère sérieux (n° 59155), ces conditions étant alternatives.

DÉLAI POUR STATUER SUR LA TRANSMISSION DE LA QPC

La Cour de cassation se prononce sur le renvoi de la QPC au Conseil constitutionnel dans un délai de trois mois qui court **à compter** de la réception de la question transmise par un juge du fond ou du moyen auquel se rattache la question dans le cas où elle est présentée pour la première fois devant la Cour de cassation (Ord. 58-1067 du 7-11-1958 art. 23-4 et 23-5, al. 3). **59380**

Le **non-respect** du délai entraîne le renvoi d'office de la question au Conseil constitutionnel (Ord. 58-1067 art. 23-7, al. 1) et le dessaisissement de la Cour de cassation (Cass. 2e civ. QPC 21-9-2011 n° 11-40.046).

Lorsqu'elle est saisie de **moyens contestant la conformité** d'une disposition législative, d'une part, aux droits et libertés garantis par la **Constitution** et, d'autre part, aux **engagements internationaux de la France** (par exemple, respect de la CESDH), la Cour de cassation doit se prononcer par priorité sur le renvoi de la question de constitutionnalité au Conseil constitutionnel (Ord. 58-1067 du 7-11-1958 art. 23-5, al. 2). **59385**

DÉCISION DE LA COUR DE CASSATION SUR LA TRANSMISSION DE LA QPC

La décision de la Cour de cassation qu'elle soit positive ou négative ne peut faire l'objet d'aucun **recours**. **59390**

Renvoi au Conseil constitutionnel La **décision** de la Cour de cassation de transmettre la QPC au Conseil constitutionnel, qui doit être motivée, est (Ord. 58-1067 du 7-11-1958 art. 23-7, al. 1 et 2) : **59395**

– **transmise** au Conseil constitutionnel **avec** les mémoires ou les conclusions des parties relatives à la QPC ;

– communiquée à la juridiction qui a transmis la QPC et **notifiée** aux parties dans les huit jours de son prononcé.

Si la **QPC** a été **présentée à l'occasion d'un pourvoi**, la Cour de cassation sursoit à statuer jusqu'à ce que le Conseil se soit prononcé. Il en va autrement quand l'intéressé est privé de liberté à raison de l'instance et que la loi prévoit que la Cour de cassation statue dans un délai déterminé. Si la Cour de cassation est tenue de se prononcer en urgence, il peut n'être pas sursis à statuer (Ord. 58-1067 art. 23-5, al. 4).

59400 **Refus de renvoi** Le refus de la Cour de cassation de renvoyer la QPC au Conseil constitutionnel doit être **motivé**. Cette décision est communiquée à la juridiction qui a transmis la question et **notifiée** aux parties dans les huit jours de son prononcé ; une copie est en outre communiquée au Conseil constitutionnel (Ord. 58-1067 du 7-11-1958 art. 23-7, al. 1 et 2). La Cour de cassation n'est pas tenue de renvoyer une **QPC mettant en cause**, par les mêmes motifs, **une disposition** législative **dont le Conseil constitutionnel est déjà saisi**. Si la Cour refuse le renvoi pour cette raison, elle diffère sa décision jusqu'à ce que le Conseil constitutionnel se soit prononcé (CPC art. 126-5).
La **liste des QPC examinées** ou en cours d'examen par la Cour de cassation et par le Conseil constitutionnel est disponible sur le site internet de chacune de ces institutions (www.courdecassation.fr ; www.conseil-constitutionnel.fr).

SECTION 4

EXAMEN PAR LE CONSEIL CONSTITUTIONNEL

59450 Saisi d'une QPC, le **Conseil constitutionnel** ne **se prononce** que sur cette dernière et pas sur le litige ayant donné lieu à la QPC (Cons. const. 3-12-2009 n° 2009-595 : JO du 11-12-2009 p. 21381). En conséquence, il ne contrôle pas le caractère applicable de la disposition au litige (n° 59100) et ne reçoit que les moyens et les conclusions relatifs à la QPC.
Si l'instance à l'occasion de laquelle la QPC a été posée s'éteint, pour quelle que cause que ce soit, après la saisine du Conseil constitutionnel, ce dernier peut néanmoins statuer sur la QPC (Ord. 58-1067 du 7-11-1958 art. 23-9).
Sur le maintien de l'aide juridictionnelle, voir n° 59060.
La procédure applicable devant le Conseil constitutionnel a été fixée dans une décision du 4 février 2010, portant règlement intérieur sur la procédure suivie devant le Conseil constitutionnel pour les QPC (Cons. const. 4-2-2010 n° 2010-117 ORGA modifié par Cons. const. n° 2013-128 ORGA).

AVIS DE RÉCEPTION DE LA QPC

59460 La décision de la Cour de cassation qui saisit le Conseil constitutionnel d'une QPC est enregistrée au **secrétariat général** du Conseil constitutionnel (Cons. const. 4-2-2010 n° 2010-117 ORGA, art. 1).
Le secrétariat avise les parties à l'instance ou, le cas échéant, leurs représentants (art. précité) :
– de cette réception ;
– de la date avant laquelle les parties et les autorités (Président de la République, Premier ministre, présidents de l'Assemblée nationale et du Sénat) peuvent présenter des observations écrites et, le cas échéant, produire des pièces au soutien de celles-ci.

ÉCHANGES ÉLECTRONIQUES EN COURS D'INSTRUCTION DE LA QPC

59470 Au cours de l'instruction, les actes et pièces de procédure ainsi que les avertissements ou convocations **sont notifiés** par voie électronique. Ils font l'objet d'un avis de réception également adressé par voie électronique. Toute partie doit communiquer au secrétariat général du Conseil constitutionnel l'adresse électronique à laquelle ces notifications lui seront valablement faites (Cons. const. 4-2-2010 n° 2010-117 ORGA, art. 3). Toutefois, le secrétariat général du Conseil constitutionnel peut recourir à tout **autre moyen** de communication en cas de besoin pour garantir le caractère contradictoire de la procédure.
Lorsqu'une partie a chargé une personne de la représenter ces notifications sont faites à son représentant.

REPRÉSENTATION DES PARTIES DEVANT LE CONSEIL CONSTITUTIONNEL

59480 La représentation des parties par un avocat n'est pas obligatoire devant le Conseil constitutionnel pour la **phase écrite de la procédure** mais elle l'est pour la **phase orale**, seul un avocat pouvant plaider devant le Conseil, qu'il s'agisse ou non d'un avocat au Conseil d'État ou à la Cour de cassation (Cons. const. 4-2-2010 n° 2010-117 ORGA, art. 10).
En pratique, les avocats qui ont pu être désignés par les parties dans le cadre de l'instance en cours poursuivent leur mission de représentation devant le Conseil constitutionnel.

OBSERVATIONS RELATIVES À LA QPC

Les parties ainsi que les autorités citées n° 59460 peuvent présenter des observations **écrites** et produire les pièces pour leur soutien jusqu'à la **date** fixée dans l'avis de réception de la QPC et qui ne peut pas être reportée. Les observations et pièces adressées postérieurement ne sont pas versées à la procédure (Cons. const. 4-2-2010 n° 2010-117 ORGA art. 1). 59490
Ces premières observations sont adressées au secrétariat général par voie électronique (n° 59470). Une copie est notifiée aux parties et autorités qui peuvent, dans les mêmes conditions, présenter des observations avant la date qui leur est fixée. Ces secondes observations ne peuvent avoir d'autre objet que de répondre aux premières. Une copie en est également notifiée aux parties et autorités (art. précité).

Cas particuliers Si, pour les besoins de l'instruction, le Conseil décide de recourir à une **audition**, les parties et les autorités sont invitées à y assister et il leur est ensuite imparti un délai pour présenter leurs observations (Cons. const. 4-2-2010 n° 2010-117 ORGA art. 6). 59495
De même, les **griefs** d'inconstitutionnalité **relevés d'office** par le Conseil constitutionnel (par exemple à la suite d'une intervention : n° 59510) sont communiqués aux parties et aux autorités auxquelles il est ensuite imparti un délai pour présenter leurs observations éventuelles (art. 7).

RÉCUSATION D'UN MEMBRE DU CONSEIL CONSTITUTIONNEL

Une partie ou son représentant muni à cette fin d'un pouvoir spécial peut **demander la récusation** d'un membre du Conseil constitutionnel par un écrit spécialement motivé, accompagné des pièces propres à la justifier (Cons. const. 4-2-2010 n° 2010-117 ORGA art. 4). La demande n'est recevable que si elle est enregistrée au secrétariat général du Conseil constitutionnel avant la date fixée pour la réception des premières observations. 59500
La demande est communiquée au membre du Conseil constitutionnel qui en fait l'objet. Ce dernier fait connaître s'il acquiesce à la récusation. Dans le cas contraire, la demande est examinée sans la participation de celui des membres dont la récusation est demandée.
Le seul fait qu'un membre du Conseil constitutionnel ait participé à l'élaboration de la disposition législative faisant l'objet de la QPC ne constitue pas en lui-même une **cause de récusation**.

INTERVENTIONS DEVANT LE CONSEIL CONSTITUTIONNEL

Le règlement du Conseil constitutionnel (Cons. const. 4-2-2010 n° 2010-117 ORGA) est muet sur d'éventuelles interventions de personnes autres que les parties ou les autorités mentionnées n° 59460. Mais le Conseil constitutionnel a lui-même reconnu cette **faculté** (sur cette question, voir M. Guillaume, La procédure suivie devant le Conseil constitutionnel pour les QPC : JCP G 2011 suppl. n° 41 p. 23 n° 8). 59510
Un mémoire d'intervention se bornant à annoncer un mémoire motivé n'est pas recevable (Cons. const. 14-6-2013 DC n° 2013-322 QPC).

AUDIENCE DEVANT LE CONSEIL CONSTITUTIONNEL

Le président du Conseil constitutionnel inscrit l'affaire à l'ordre du jour du Conseil et fixe la **date** et l'heure de l'audience ; il en informe les parties (Cons. const. 4-2-2010 n° 2010-117 ORGA art. 5). Cette date est également indiquée sur le site internet du Conseil. 59520
Lorsque le Conseil constitutionnel est déjà saisi d'une QPC identique sur laquelle il n'a pas encore statué, il peut proposer de ne pas organiser d'audience.

L'audience est en principe **publique** (Ord. 58-1067 du 7-11-1958 art. 23-10). En pratique, elle fait l'objet d'une retransmission audiovisuelle diffusée en direct dans une salle ouverte au public dans l'enceinte du Conseil constitutionnel (Cons. const. 4-2-2010 n° 2010-117 ORGA art. 8). Le président du Conseil peut en outre, après avoir recueilli l'avis des parties présentes, ordonner la diffusion de l'audience sur le site internet du Conseil constitutionnel (déc. précitée art. 8). 59525
Toutefois, le président peut, à la demande d'une partie ou d'office, **restreindre la publicité** de l'audience dans l'intérêt de l'ordre public ou lorsque les intérêts des mineurs ou la protection de la vie privée des personnes l'exigent (art. 8). Il ne peut ordonner le huis clos des débats qu'à titre exceptionnel et pour ces seuls motifs.

Le **déroulement** de l'audience commence par une lecture de la QPC et un rappel des étapes de la procédure ; elle se poursuit par les plaidoiries des avocats (avocats au Conseil d'État et à la Cour de cassation ou avocats) et, le cas échéant, des représentants désignés par les autorités mentionnées n° 59460 (Cons. const. 4-2-2010 n° 2010-117 ORGA art. 10). 59530

DÉCISION DU CONSEIL CONSTITUTIONNEL STATUANT SUR LA QPC

Modalités Le Conseil constitutionnel doit statuer dans le **délai** de trois mois à compter de sa saisine (Ord. 58-1067 du 7-11-1958 art. 23-10), c'est-à-dire à compter de la date de la décision 59540 prise par la Cour de cassation de lui renvoyer la QPC. Aucune **sanction** n'est prévue en cas de non-respect de ce délai.

59545 La **délibération** du Conseil constitutionnel sur la QPC n'intervient pas immédiatement à l'issue de l'audience. Elle n'est pas publique et n'y assistent que les membres du Conseil ayant assisté à l'audience (Cons. const. 4-2-2010 n° 2010-117 ORGA, art. 11).
La **décision** rendue doit être motivée (Ord. 58-1067 du 7-11-1958 art. 23-11, al. 1 ; sur les mentions qu'elle doit comporter, voir Cons. const. 4-2-2010 n° 2010-117 ORGA, art. 12).
Elle est notifiée aux parties et communiquée à la Cour de cassation et à la juridiction du fond devant laquelle la QPC a été présentée ainsi qu'aux autorités visées n° 59460. Elle est publiée au Journal officiel.

59560 **Autorité et recours** La décision n'est susceptible d'aucun recours et s'impose aux pouvoirs publics et à toutes les autorités administratives et juridictionnelles (Constitution du 4-10-1958 art. 62, al. 3).
Toutefois, les parties et les autorités mentionnées n° 59460 peuvent, dans un délai de vingt jours à compter de la publication de la décision au Journal officiel en demander la rectification mais seulement pour **erreur matérielle** (Cons. const. 4-2-2010 n° 2010-117 ORGA, art. 13). Le Conseil constitutionnel peut aussi procéder à une rectification d'erreur matérielle d'office après avoir provoqué les explications des parties et des autorités (art. précité).

59570 **Déclaration d'inconstitutionnalité** Une **disposition** déclarée inconstitutionnelle à la suite d'une QPC est **abrogée** à compter de la publication de la décision du Conseil constitutionnel ou d'une **date** ultérieure fixée par cette décision. Le Conseil constitutionnel détermine les conditions et limites dans lesquelles les effets que la disposition a produits sont susceptibles d'être remis en cause (Constitution du 4-10-1958 art. 62, al. 2).
La déclaration d'inconstitutionnalité du texte qui justifie une décision de justice entraîne la nullité de celle-ci, dès lors dépourvue de fondement juridique (Cass. com. 7-5-2015 n° 14-20.484).
L'effet abrogatif de la déclaration d'inconstitutionnalité **interdit que les juridictions appliquent la loi en cause** non seulement dans l'instance ayant donné lieu à la QPC, mais également dans toutes les instances en cours à la date de cette décision.

59580 **Déclaration de conformité** Si la **disposition** législative contestée est déclarée conforme à la Constitution, ou plus exactement aux droits et libertés garantis par la Constitution que l'auteur de la QPC avait invoqués, elle **conserve force de loi**. Le juge doit l'appliquer, à moins qu'il ne la juge incompatible avec une disposition d'un traité international ou du droit de l'Union européenne.
Toutefois, cette disposition législative pourra faire l'objet d'une **nouvelle QPC** pour un autre motif (c'est-à-dire en invoquant une atteinte à un autre droit ou à une autre liberté garantis par la Constitution que celui précédemment invoqué) ou en cas de changement des circonstances (n° 59110).

59590 **Non-lieu à statuer** Le Conseil constitutionnel prononce un non-lieu à statuer :
– S'il s'est déjà prononcé sur la conformité de la disposition qui lui est soumise et en l'absence de changement de circonstances (Cons. const. 30-7-2010 n° 2010-19/27 QPC : RJF 10/10 n° 941 ; Cons. const. 12-11-2010 n° 2010-61 QPC : JO du 13-11-2010 p. 20238) ; sur ce changement, voir n° 59110.
– Si la QPC porte sur une disposition législative qui n'est jamais entrée en vigueur (Cons. const. 10-2-2012 n° 2011-219 QPC : JO 11-2-2012 p. 2440), par exemple parce que le gouvernement n'a pas pris les dispositions réglementaires auxquelles cette entrée en vigueur était subordonnée.
Un non-lieu ne saurait être prononcé au motif que la disposition invoquée n'était pas applicable à l'instance en cours, le Conseil constitutionnel ne contrôlant pas ce point (n° 59100).

59600 **Reprise de l'instance en cours** Une fois que le Conseil constitutionnel a statué, la juridiction qui a transmis la question en est informée. Si elle avait sursis à statuer, l'instance peut être reprise à l'initiative de la partie la plus diligente ou de la juridiction elle-même (CPC art. 379).
Les parties seront convoquées par le greffe afin que l'instance reprenne.

59610 **Diffusion** Le Conseil constitutionnel publie toutes les décisions rendues par les juridictions saisies de questions prioritaires de constitutionnalité ; les greffes de toutes les juridictions judiciaires et des juridictions spécialisées doivent lui transmettre sans délai les décisions afin de diffusion (Décret n° 2022-1317 du 13-10-2022). Le siège de cette communication officielle est le Portail « QPC360° ».

DOSSIER 3

COMPÉTENCE INTERNATIONALE ET RECONNAISSANCE DES JUGEMENTS ÉTRANGERS

SOMMAIRE

EN BREF

61000 En présence d'un litige international, deux questions essentielles peuvent apparaître du point de vue de la procédure civile :
– déterminer quel est le tribunal compétent pour connaître du litige. Par exemple, face à un litige ayant des points de contact avec la France et l'Italie, il y a lieu d'établir s'il appartient à un tribunal français ou à un tribunal italien de statuer. C'est la question dite de la **compétence directe des tribunaux** ;
– déterminer les effets que peut produire en France un jugement rendu par un tribunal étranger. On parle alors de la **« compétence indirecte des tribunaux »**.
Le droit des conflits de juridictions, dont relèvent ces deux questions, est régi par **trois corps de règles** : des textes de l'Union européenne qui s'imposent dans la limite de leur champ d'application ; des conventions internationales ; des principes de source française, qui ont vocation à s'imposer hors du champ d'application des textes européens et internationaux.

SECTION 1

RÈGLES DE COMPÉTENCE ISSUES DU DROIT FRANÇAIS

AVERTISSEMENT

61010 L'attention des praticiens est attirée sur la nécessité de rechercher si le litige dont ils sont saisis relève ou non d'un **texte de l'Union européenne ou international**. Dans l'affirmative, il convient d'appliquer celui-ci, en vertu des principes de la hiérarchie des normes. À défaut, il convient de se tourner vers les règles de compétence internationale issues du droit français. Compte tenu du nombre croissant de règlements européens et de conventions internationales en la matière, les règles de compétence du droit français ont vocation à s'appliquer de façon de plus en plus limitée.

A. Compétence directe des tribunaux français

PRINCIPE GÉNÉRAL

61020 Lorsqu'il n'y a ni convention internationale ni règlement européen relatif à la compétence judiciaire (Cass. 1e civ. 13-4-2023 n° 22-15.689 F-B), selon les principes qui régissent la compétence juridictionnelle internationale des tribunaux français, celle-ci se détermine par l'extension des règles de compétence internes, sous réserve d'adaptations justifiées par les nécessités particulières des relations internationales (Cass. 1e civ. 4-3-2020 n° 18-24.646 FS-PB). La compétence internationale se détermine par extension des règles de compétence territoriale internes (Cass. 1e civ. 30-10-1962 : Bull. civ. I n° 449). Cette position de principe n'a toutefois pas une portée absolue. Selon les hypothèses, la Cour de cassation a ainsi purement et simplement **transposé** aux litiges internationaux les règles de compétence territoriale internes (n° 61030), elle les a **adaptées** (nos 61080 s.) ou elle a **créé** de nouvelles règles pour répondre aux besoins spécifiques des litiges internationaux (nos 61170 s.). On se trouve donc en présence d'un système relativement complexe, avec certains principes de compétence définis par le législateur et d'autres définis par la jurisprudence.

61025 Il faut se placer du **point de vue français** lorsqu'il s'agit de rechercher si un tribunal français est ou non compétent. En effet, les principes de compétence du droit français ne peuvent donner compétence qu'à des juridictions françaises. C'est pourquoi l'article 81 du CPC dispose que lorsque le juge estime que l'affaire relève d'une juridiction étrangère, il renvoie seulement les parties à mieux se pourvoir. Il ne peut pas décider de renvoyer l'affaire à un tribunal étranger, puisqu'il appartient à chaque État de définir la compétence de ses propres tribunaux, y compris lorsqu'une clause attributive de compétence désigne la juridiction étrangère compétente (Cass. 1e civ. 29-1-2020 n° 18-24.591 F-D).

> **Précisions** Les principes qui sont présentés dans cette section concernent uniquement les **matières civiles et commerciales**, à l'exclusion des aspects relevant du droit pénal, du droit public et du droit fiscal. Ces domaines sont en effet marqués par le principe de territorialité et relèvent de principes spécifiques qui ne dépendent pas du droit international privé.

1. RÈGLES INTERNES TRANSPOSÉES

Pour déterminer si un tribunal français est compétent, il y a lieu, par **principe**, de se référer aux règles habituelles de compétence territoriale, c'est-à-dire, notamment, aux articles 42 et 43 (domicile du défendeur), 44 (matière immobilière), 46 (options de compétence) et 1070 du CPC (divorce et séparation de corps) ou, en matière prud'homale, à l'article R 1412-1 du Code du travail. Par ailleurs, il a été jugé qu'est également applicable dans l'ordre international l'article 333 du CPC, aux termes duquel, en l'absence de clause compromissoire ou de clause attributive de juridiction, le tiers mis en cause est tenu de procéder devant la juridiction saisie de la demande originaire, sans qu'il puisse décliner la compétence territoriale de cette juridiction (Cass. com. 8-2-2023 n° 21-17.932 F-B). **61030**

Un tribunal français est compétent à l'égard du litige international dès lors que l'élément de rattachement utilisé par la règle de compétence se réalise sur le territoire français au jour de l'introduction de l'instance (Cass. 1e civ. 17-6-2003 n° 02-19.733 : Bull. civ. I n° 143). Si tel n'est pas le cas, aucun tribunal français n'est compétent.

ILLUSTRATIONS

En cas de compétence des juridictions françaises fondée sur l'article 42 du CPC, le demandeur à une instance peut s'en tenir à la simple apparence de domicile pour y assigner le défendeur, s'il a pu de bonne foi croire qu'il constituait le domicile réel (Cass. 1e civ. 13-5-2020 n° 19-11.516 F-D).

En matière contractuelle, l'article 46 du CPC qui prévoit une option de compétence pour le demandeur entre la juridiction du domicile du défendeur et celle du lieu de livraison effective de la chose a été étendu à l'ordre international à l'occasion d'un litige opposant un fabricant de mobilier français à un acquéreur supposément domicilié au Cameroun : le tribunal de Paris était territorialement compétent dès lors que le bon de commande du mobilier stipulait que la livraison serait effectuée entre les mains d'un transitaire à Paris (Cass. 1e civ. 23-1-2007 n° 04-12.760 : RJDA 11/07 n° 1084).

En revanche, la prorogation de compétence prévue par l'article 42, al. 2 du CPC, applicable dans l'ordre international, ne permet pas d'attraire devant une juridiction française un défendeur demeurant à l'étranger lorsque la demande formée contre lui et un codéfendeur domicilié en France ne présente pas, à l'égard de ce dernier, un caractère sérieux, fût-elle connexe à une autre demande dirigée contre les mêmes défendeurs (Cass. com. 13-4-2010 n° 09-11.885 : Bull. civ. IV n° 77).

En matière délictuelle, l'article 46 du CPC prévoit que le demandeur peut saisir, à son choix, la juridiction du lieu où demeure le défendeur ou la juridiction du lieu du fait dommageable ou celle dans le ressort de laquelle le dommage a été subi. À propos d'une publicité diffusée sur différents sites internet, il a été jugé que l'accessibilité, dans le ressort de la juridiction française saisie, d'un site diffusant le spot publicitaire suffit à retenir sa compétence, prise comme celle du lieu de la matérialisation du dommage allégué, pour connaître de l'atteinte portée aux droits d'auteur, peu important que ces spots ne soient pas destinés au public français (Cass. 1e civ. 18-10-2017 n° 16-10.428 F-PB : RJDA 4/18 n° 379).

Il résulte de l'article 46 du CPC que lorsqu'il n'y a ni convention internationale ni règlement européen relatif à la compétence judiciaire, la compétence internationale se détermine par extension des règles de compétence territoriale interne, de sorte que le demandeur peut, en matière contractuelle, saisir à son choix, outre la juridiction du lieu où demeure le défendeur, la juridiction du lieu de la livraison effective de la chose ou du lieu de l'exécution de la prestation de services (Cass. 1e civ. 13-4-2023 n° 22-15.689 F-B : RJDA 8-9/23 n° 486).

2. RÈGLES INTERNES ADAPTÉES

ADAPTATION DES RÈGLES EN MATIÈRE DE SUCCESSIONS

En matière interne, les demandes entre héritiers, les demandes formées par les créanciers du défunt et les demandes relatives à l'exécution des dispositions à cause de mort sont portées devant la juridiction dans le ressort de laquelle est ouverte la succession (CPC art. 45). **61080**

Dans le domaine des successions internationales, ce principe faisait, jusqu'à récemment, l'objet d'une transposition partielle, qui conduisait à soumettre les successions mobilières et les successions immobilières à des régimes différents et donc à un morcellement des successions internationales : selon les principes régissant les successions internationales applicables aux successions ouvertes avant le 17 août 2015, les tribunaux français sont compétents pour statuer sur une succession mobilière lorsque le défunt avait son domicile en France ; ils sont compétents pour statuer sur une succession immobilière pour les immeubles situés en France (Cass. 1e civ. 14-4-2021 n° 19-24.773 FS-P).

Pour les successions des personnes décédées depuis le **17 août 2015**, les règles de compétence sont désormais déterminées conformément au règlement 650/2012 du 4 juillet 2012 relatif à la compétence, la loi applicable, la reconnaissance et l'exécution des décisions, et l'acceptation et l'exécution des actes authentiques en matière de successions et à la création d'un certificat successoral européen (n° 62665).

Les principes qui s'imposaient **avant l'entrée en vigueur** de ce règlement ne seront donc présentés que brièvement.

61090 **Successions mobilières** L'article 45 est transposé au cas des successions mobilières internationales. Le tribunal du lieu d'ouverture de la succession, c'est-à-dire le tribunal du lieu du dernier domicile du défunt, est alors compétent. Il importe peu que les meubles soient situés en France ou à l'étranger (Cass. 1e civ. 22-4-1981 n° 79-16.498 : Bull. civ. I n° 123).
La localisation du domicile est déterminée selon la loi française (Cass. 1e civ. 17-11-1981 n° 80-14.728 : Bull. civ. I n° 341), c'est-à-dire en application des articles 102 et suivants du Code civil.

61100 **Successions immobilières** En **principe**, les successions immobilières sont soumises à une règle d'origine jurisprudentielle selon laquelle les tribunaux français sont compétents à l'égard des immeubles situés en France. Le tribunal territorialement compétent est le tribunal du lieu du dernier domicile du défunt s'il était situé en France ou, à défaut, le tribunal du lieu de situation de l'immeuble. En revanche, les tribunaux français sont incompétents à l'égard des immeubles situés à l'étranger.

ATTENTION

Il résulte de la combinaison des principes régissant les successions internationales et de l'article 924 du Code civil que l'**action en réduction** exercée par les héritiers réservataires contre le donataire d'un immeuble, qui ne tend pas à la restitution en nature de l'immeuble mais au paiement d'une indemnité de réduction et présente, dès lors, un caractère mobilier, relève de la compétence des tribunaux français si le défunt avait son dernier domicile en France (Cass. 1e civ. 14-4-2021 n° 19-24.773 FS-P).

61103 Par **exception**, en présence, dans une même succession, d'un immeuble situé en France et d'un immeuble situé à l'étranger, la compétence des tribunaux français pour les deux immeubles peut être admise dans la mesure où la loi de l'État étranger où est situé l'immeuble renvoie (au sens du droit international privé, en particulier du droit des conflits de lois) au droit français. Toutefois, le renvoi opéré par la loi de situation de l'immeuble ne peut être admis que s'il assure l'unité successorale et l'application d'une même loi aux meubles et aux immeubles (Cass. 1e civ. 11-2-2009 n° 06-12.140 : Bull. civ. I n° 29).
Par exemple, ces règles ont été appliquées dans l'affaire suivante : un Français était décédé en laissant un immeuble en France et un immeuble en Espagne. Étant donné que la loi espagnole, applicable aux opérations relatives à l'immeuble situé en Espagne, renvoie à la loi nationale du défunt, donc à la loi française, les juridictions françaises ont été jugées compétentes pour régler l'ensemble de la succession à l'exception des opérations juridiques et matérielles découlant de la loi réelle de situation de l'immeuble en Espagne (Cass. 1e civ. 23-6-2010 n° 09-11.901 : Bull. civ. I n° 140).
Dans cette même hypothèse, si le défunt a une double nationalité, le renvoi opéré par la loi du lieu de situation de l'immeuble localisé à l'étranger implique que le conflit de nationalité soit réglé par le droit du pays étranger concerné. Ainsi, si une personne ayant la nationalité française et la nationalité espagnole décède en laissant des immeubles en France et en Espagne, il n'y a pas lieu de faire prévaloir la nationalité française dans le cadre de l'appréciation du renvoi opéré par la loi espagnole : il faut rechercher si en vertu de la loi espagnole, compétente en ce qui concerne l'immeuble localisé en Espagne, il y a lieu de faire prévaloir la nationalité française ou celle espagnole (Cass. 1e civ. 15-5-2018 n° 17-11.571 FS-PB : Bull. inf. C. cass. 15-10-2018 n° 988).

61106

Qualification de meuble ou d'immeuble

La qualification juridique des meubles et des immeubles n'est pas identique dans tous les pays. Un problème de qualification des biens objets de la succession peut donc apparaître, notamment en présence de **parts d'une société possédant des immeubles**. Dans ce cas, il faut déterminer si les biens doivent être qualifiés de meubles ou d'immeubles. Il s'agit alors d'un problème de conflit de lois, qui doit conduire à déterminer si la qualification des biens doit être opérée en application des conceptions du droit français (qualification lege fori) ou en application des principes applicables dans l'État étranger concerné par la succession (qualification lege causae).
La Cour de cassation a opté pour la première de ces solutions, en approuvant des juges du fond d'avoir qualifié de meubles, par référence aux conceptions du droit français, les parts d'une société immobilière suisse donnant droit à l'usage exclusif de biens immobiliers (Cass. 1e civ. 20-10-2010 n° 08-17.033 : RJDA 2/11 n° 110).

ADAPTATION DES RÈGLES APPLICABLES À L'ACTION EN PARTAGE D'UN BIEN

S'agissant d'une action en partage d'un bien immobilier situé en France appartenant à des époux résidant à l'étranger, exercée sur le fondement de l'article 815-17, alinéa 3 du Code civil, l'extension à l'ordre international des critères de **compétence** territoriale du **juge aux affaires familiales**, fondés sur la résidence de la famille ou de l'un des parents ou époux, n'est pas adaptée aux nécessités particulières des relations internationales, qui justifient, tant pour des considérations pratiques de proximité qu'en vertu du principe d'effectivité, de retenir que le critère de compétence territoriale doit être celui du lieu de situation de ce bien (Cass. 1e civ. 4-3-2020 n° 18-24.646 P). **61110**

ADAPTATION DES RÈGLES APPLICABLES AUX VOIES D'EXÉCUTION

À moins qu'il n'en soit disposé autrement, le juge de l'exécution territorialement compétent, au choix du demandeur, est celui du lieu où demeure le débiteur ou celui du lieu d'exécution de la mesure ; si le débiteur demeure à l'étranger ou si le lieu où il demeure est inconnu, le juge compétent est celui du lieu d'exécution de la mesure (C. exécution art. R 121-2). **61120**

Cette disposition, qui vise les litiges internes, conduit à retenir, en matière internationale, que le juge français est compétent dès lors que la **mesure** doit être **exécutée en France**, et ce, même si le débiteur est domicilié à l'étranger (Cass. 2e civ. 9-11-2006 n° 04-19.138 FS-PB : Bull. civ. II n° 310, pour une inscription d'hypothèque ; Cass. 2e civ. 13-10-2016 n° 15-13.302 F-PB : Bull. civ. II n° 231, à propos de mesures conservatoires). Elle ne fournit cependant aucune indication concernant l'hypothèse où le bien litigieux est situé à l'étranger, même si le débiteur demeure en France. Il a toutefois été jugé qu'en vertu du principe de l'indépendance et de la souveraineté respective des États, le juge français ne peut, sauf convention internationale ou législation communautaire l'y autorisant, ordonner ou autoriser une mesure d'exécution, forcée ou conservatoire, devant être accomplie dans un État étranger (Cass. 2e civ. 21-1-2016 n° 15-10.193 F-PB : RJF 5/16 n° 485).

> **Précisions** Aux termes de l'article L 211-1 du Code des procédures civiles d'exécution, tout créancier muni d'un titre exécutoire constatant une créance liquide et exigible peut, pour en obtenir le paiement, saisir entre les mains d'un tiers les créances de son débiteur portant sur une somme d'argent. Dès lors qu'une telle mesure suppose l'exercice d'une contrainte sur le **tiers saisi**, il résulte de la règle de territorialité des procédures d'exécution découlant du principe de l'indépendance et de la souveraineté des États qu'elle ne peut produire effet que si le tiers saisi est établi en France (Cass. 2e civ. 10-12-2020 n° 18-17.937 FS-PBI et n° 19-10.801 FS-PBI : RJDA 4/21 n° 260).

3. RÈGLES DE COMPÉTENCE PUREMENT INTERNATIONALES

RÈGLES DE COMPÉTENCE POUR LES SERVICES PUBLICS

Les tribunaux français ont une compétence exclusive à propos des services publics français et sont incompétents lorsque le litige concerne des services publics étrangers, et ce, dans un objectif de protection de la souveraineté des États. Les tribunaux français sont ainsi exclusivement compétents en ce qui concerne les demandes de rectification des actes d'état civil dressés par une autorité française sur le territoire français ou en poste à l'étranger. **61170**

RÈGLES DE COMPÉTENCE EN CAS D'URGENCE

Les tribunaux français peuvent se déclarer compétents en cas d'urgence, même si aucune règle de compétence ne les désigne, lorsqu'il y a lieu de prendre des **mesures provisoires ou conservatoires** relatives à des personnes ou à des biens se trouvant en France. **61180**

Les exemples récents d'application de ce chef de compétence sont toutefois rares.

RÈGLES DE COMPÉTENCE EN CAS DE DÉNI DE JUSTICE

Les tribunaux français peuvent retenir leur compétence en cas de risque de déni de justice, alors qu'aucun critère de compétence ne les désigne. La mise en œuvre de ce chef de compétence, qui est exceptionnelle, suppose que deux **conditions** soient réunies : **61190**

– le litige ne doit pas pouvoir être soumis à un juge étranger en raison d'une impossibilité de fait (par exemple, événement de force majeure empêchant l'accès à un juge étranger) ou de droit (par exemple, aucun juge étranger n'est susceptible de retenir sa compétence ; un juge étranger a été saisi mais s'est déclaré incompétent) ;

– un rattachement doit exister entre le litige et la France (par exemple, le demandeur a des intérêts en France ou y séjourne, l'une des parties a la nationalité française ou la décision à intervenir doit être exécutée en France).

ILLUSTRATIONS

Les juridictions françaises sont compétentes pour connaître d'un litige opposant un salarié et son employeur ayant la qualité d'organisation internationale, dès lors qu'en l'absence de toute juridiction du travail instituée au sein de cette dernière, le salarié est dans l'impossibilité d'exercer son droit à un tribunal pour connaître de sa cause, et qu'il existe un lien avec la France compte tenu de la nationalité française de l'intéressé (Cass. soc. 25-1-2005 n° 04-41.012 : Bull. civ. V n° 16).

Dans le cas d'un litige entre un salarié, domicilié et travaillant à l'étranger, et son employeur ayant son siège à l'étranger, la compétence du juge français n'est pas justifiée au titre du déni de justice si un juge étranger est déjà saisi du litige, même si une société française détient une partie du capital de l'employeur étranger (Cass. soc. 14-9-2017 n° 15-26.737 et 15-26.738 FS-PB : RJS 11/17 n° 761).

4. PRIVILÈGE DE NATIONALITÉ

PRINCIPES

61240 Les personnes de nationalité française bénéficient d'un privilège de juridiction qui leur est attribué précisément en considération de leur nationalité. Ainsi :

– en tant que **demandeur** à l'instance, un **Français** peut citer son adversaire devant un tribunal français (C. civ. art. 14) ;

– en tant que **défendeur**, un **Français** peut être traduit devant un tribunal français par son adversaire pour des obligations contractées à l'étranger (C. civ. art. 15).

ATTENTION

Les articles 14 et 15 du Code civil ont un **caractère subsidiaire** et ne s'appliquent que dans la mesure où aucun autre critère de compétence territoriale n'est réalisé en France (Cass. 1e civ. 19-11-1985 n° 84-16.001 : Bull. civ. I n° 306 ; Cass. 1e civ. 13-5-2020 n° 19-10.941 F-PB). En d'autres termes, ces articles ne peuvent pas être invoqués si une juridiction française est compétente en application d'une autre règle de compétence interne, d'un règlement européen ou d'une convention internationale.

Le privilège de juridiction fondé sur la nationalité française du demandeur institué par l'article 14 du Code civil ne porte atteinte ni au principe d'égalité ni au droit au procès équitable car il consacre une compétence non pas exclusive, mais subsidiaire du juge français, dont l'exercice est facultatif pour les parties (Cass. 1e civ. QPC 29-2-2012 n° 11-40.101 : Gaz. Pal. 2012 p. 1531 note M. Nioche).

BÉNÉFICIAIRES DU PRIVILÈGE DE NATIONALITÉ

61260 Le privilège est accordé aux personnes de nationalité française, qu'il s'agisse de **personnes physiques** ou de personnes **morales**. Grâce à l'article 14, le demandeur français peut saisir une juridiction française, qu'il soit opposé à un défendeur étranger ou français. Avec l'article 15, le privilège semble bénéficier au défendeur français si on se fie à la lettre même de cet article. En réalité, l'article 15 bénéficie au demandeur étranger : un demandeur étranger peut ainsi saisir une juridiction française si le défendeur est français.

Le **lieu** du **domicile** de la partie française n'a pas toujours d'importance : le demandeur français (art. 14) peut être domicilié en France ou à l'étranger. En revanche, le défendeur français (art. 15) doit être domicilié à l'étranger. S'il était domicilié en France, l'article 15 serait inapplicable car la compétence des juridictions françaises serait fondée sur le lieu de ce domicile, soit en application de l'article 42 du CPC, soit en application de l'article 4 du règlement 1215/2012 du 12 décembre 2000 (nos 62870 s.) si le litige entrait dans le champ d'application de ce règlement.

61263 La **condition de nationalité** doit s'apprécier au jour de l'introduction de l'instance et non pas au **moment** de la survenance des faits objet du litige. Il importe peu que la nationalité française soit acquise depuis la naissance ou résulte d'une naturalisation ou d'un mariage.

Une personne ayant la **double nationalité** française et étrangère peut invoquer le privilège de juridiction (Cass. 1e civ. 2-10-2001 n° 00-10.404 : Bull. civ. I n° 235).

61270 **Transmission du droit litigieux** En cas de transmission de droits (notamment, cession de créance, succession), il convient de s'attacher à la nationalité du titulaire du droit au jour de l'action.

La transmission peut toutefois avoir un **caractère frauduleux**, auquel cas l'exception de fraude peut être invoquée. Tel est le cas si la transmission à un Français est intervenue en vue de permettre la saisine d'une juridiction française et d'échapper ainsi à la compétence de la juridiction étrangère qui aurait dû en principe être saisie.

ILLUSTRATIONS

Une société étrangère faisant partie d'un groupe et relevant de la compétence d'une juridiction du lieu de son siège avait cédé une créance à une société française du même groupe afin que celle-ci puisse saisir une juridiction française dont elle pouvait attendre une solution plus favorable que celle attendue devant la juridiction étrangère. En présence de telles manœuvres destinées à donner artificiellement compétence à la juridiction française pour soustraire le débiteur à ses juges naturels, l'exception de fraude peut être opposée à l'ayant cause pour lui dénier le droit de se prévaloir de son privilège de juridiction (Cass. 1e civ. 14-12-2004 n° 01-03.285 : RJDA 4/05 n° 485).

Lorsque la **cession** a lieu au profit d'un Français alors qu'une **instance** est **en cours** devant un tribunal étranger saisi par le cédant, le cessionnaire français n'est pas en droit de se prévaloir des dispositions de l'article 14 du Code civil (Cass. 1e civ. 24-11-1987 n° 85-14.778 : Bull. civ. I n° 304). Il en est de même si le cédant a accepté la compétence du tribunal étranger saisi par celui qui conteste son droit (même arrêt). **61273**

Articulation avec le règlement européen du 12 décembre 2012 (Bruxelles I bis) Pour les litiges relevant du champ d'application du règlement 1215/2012 du 12 décembre 2012 (nos 62610 s.), la compétence est attribuée, sauf exceptions, aux juridictions de l'État membre sur lequel est situé le domicile du défendeur (Règl. art. 4, 1). Le demandeur français ne peut pas se prévaloir de l'article 14 du Code civil pour saisir une juridiction française plutôt que les juridictions de l'État du domicile du **défendeur**, si ce dernier est **domicilié** dans un autre **État membre** (art. 6, 2). **61280**

En revanche, si le **défendeur** est **domicilié hors de l'Union**, toute personne domiciliée en France peut, même si elle n'est pas française, invoquer le privilège de juridiction à l'encontre de ce défendeur et, par conséquent, saisir une juridiction française en application de l'article 14 précité (art. 6, 2). Le privilège de juridiction fondé sur la nationalité française se transforme alors en privilège de juridiction fondé sur l'existence du domicile en France.

Articulation avec le règlement du 25 juin 2019 (Bruxelles II ter) Le règlement 2019/1111 du 25 juin 2019, applicable aux actions intentées depuis le 1er août 2022, prévoit des règles de conflit de juridictions en matière de **divorce**, de **séparation de corps** et d'**annulation du mariage** (Règl. 2019/1111 art. 3, 4 et 5 : n° 39431). **61290**

Lorsqu'aucune juridiction d'un État membre n'est compétente en vertu de ces articles, la compétence est, dans chaque État, réglée par la loi de cet État (art. 6), c'est-à-dire, en ce qui concerne le droit français, par les articles 1070 du CPC, 14 et 15 du Code civil. Le privilège de juridiction de l'article 14 peut alors être invoqué même par le demandeur qui n'a pas la nationalité française mais est ressortissant d'un État membre et a sa résidence habituelle en France, contre un défendeur qui n'a pas sa résidence habituelle sur le territoire d'un État membre et qui n'a pas la nationalité d'un État membre (Règl. art. 6, 3). En outre, en l'absence de tout autre chef de compétence, la nationalité française du défendeur suffit, selon l'article 15 du Code civil, à fonder la compétence des juridictions françaises (Cass. 1e civ. 25-3-2015 n° 13-26.131 : Bull. civ. I n° 69).

ILLUSTRATIONS

Doit être cassé l'arrêt qui, après avoir constaté qu'aucune juridiction française n'était compétente en application des articles 3 du règlement Bruxelles II bis et 1070 du CPC, a écarté la compétence de la juridiction française fondée sur l'article 14 du Code civil au motif que cet article ne consacre qu'une compétence facultative impropre à exclure la compétence du juge étranger, alors que la juridiction française avait été valablement saisie en application de l'article 14 du Code civil (Cass. 1e civ. 30-9-2009 n° 08-19.793 : Bull. civ. I n° 189).

ACTIONS RELEVANT DU PRIVILÈGE DE NATIONALITÉ

Bien que les articles 14 et 15 du Code civil (nos 61240 s.) évoquent uniquement la matière des obligations, la jurisprudence considère qu'ils s'appliquent en toutes matières, que ce soit dans le **domaine** patrimonial ou extrapatrimonial. **61300**

Il existe toutefois des **limites** au champ d'application de ces articles. Ainsi, le privilège de juridiction ne peut être invoqué ni en matière d'actions réelles immobilières et demandes en partage portant sur des immeubles situés à l'étranger ni pour les demandes relatives à des voies d'exécution pratiquées hors de France (Cass. 1e civ. 27-5-1970 n° 68-13.643). En ce qui concerne les voies d'exécution, cette exclusion a une large portée. Elle concerne les aspects qui relèvent du droit des voies d'exécution à proprement parler, comme la question de la validité ou de la mainlevée d'une mesure. Elle concerne également les actions en responsabilité pour faute engagées à la **61303**

suite de la mise en œuvre d'une mesure d'exécution pratiquée à l'étranger, même si la régularité de cette dernière n'est pas débattue (Cass. 1e civ. 14-4-2010 n° 09-11.909 : RJDA 10/10 n° 1018).
Les articles 14 et 15 ont en pratique une portée limitée, sauf en matière patrimoniale dès lors que le débiteur a des **biens sur le territoire français**. Le demandeur français (art. 14) ou le demandeur étranger (art. 15) a alors intérêt à saisir un tribunal français pour demander que des voies d'exécution soient pratiquées sur ces biens.
Par ailleurs, les articles 14 et 15 ont un intérêt lorsque la compétence semble devoir être attribuée aux juridictions d'un État étranger au regard des **éléments de rattachement** du litige (par exemple au regard du lieu du domicile du défendeur ou du lieu du fait dommageable) mais qu'il apparaît que l'impartialité de ces juridictions n'est pas acquise. Le demandeur peut alors préférer saisir une juridiction française.

CARACTÈRE FACULTATIF DU PRIVILÈGE DE NATIONALITÉ

61310 Les bénéficiaires des articles 14 et 15 du Code civil (nos 61260 s.) ont une simple faculté de se prévaloir de leur privilège de juridiction (Cass. 1e civ. 23-5-2006 n° 04-12.777 : Bull. civ. I n° 254 ; Cass. 1e civ. 22-5-2007 n° 04-14.716 : Bull. civ. I n° 195).
Les juges n'ont pas à appliquer d'office les articles 14 et 15. Leur décision encourt même la cassation en cas d'**application d'office** alors que les parties se sont référées uniquement aux règles ordinaires de compétence territoriale (Cass. 1e civ. 26-5-1999 n° 97-15.433 : Bull. civ. I n° 171). En revanche, l'application d'office du privilège par le juge semble possible lorsque la partie française a invoqué sa qualité de national français (Cass. 1e civ. 16-4-1985 n° 83-16.195 : Bull. civ. I n° 114).

61313 Les bénéficiaires du privilège peuvent renoncer à s'en prévaloir, la **renonciation** pouvant prendre différentes **formes**.
– Il peut s'agir d'un **acte** de renonciation.
– La renonciation peut résulter de la stipulation d'une **clause** attributive de compétence à une juridiction étrangère, d'une convention d'arbitrage ou d'une clause compromissoire. Néanmoins, si la juridiction étrangère désignée par la clause attributive de compétence se déclare incompétente pour régler le litige, la partie française retrouve le droit de se prévaloir de l'article 14 pour saisir une juridiction française (Cass. 1e civ. 30-9-2009 n° 08-17.587 : Bull. civ. I n° 190).
– La renonciation peut résulter de l'**attitude** non équivoque de la partie française. En ce qui concerne l'article 14, il est en ainsi si le demandeur français saisit une juridiction étrangère. Il renonce alors implicitement mais nécessairement à son privilège, à moins qu'il ne soit établi qu'il a agi à l'étranger sous la contrainte ou en raison de l'urgence (notamment pour sauvegarder ses droits ou pour demander des mesures conservatoires). En ce qui concerne l'article 15, il y a renonciation si le demandeur étranger saisit un tribunal étranger et si le défendeur français conclut sur le fond. Néanmoins, si le défendeur français ne comparaît pas devant le juge étranger ou comparaît uniquement pour soulever une exception d'incompétence de la juridiction étrangère, il y a lieu de retenir qu'il n'y a pas renonciation de sa part au privilège.

61315 En revanche, sauf circonstances particulières, la **renonciation** au privilège de juridiction ne saurait résulter de la stipulation, dans un contrat, d'une **clause de désignation du droit applicable**. Le droit international privé est en effet fondé sur la distinction des conflits de juridictions et des conflits de lois, de sorte que le fait de prévoir que le droit applicable au contrat sera un droit étranger n'a aucune incidence sur la compétence éventuelle des juridictions françaises.

TRIBUNAL SPÉCIALEMENT COMPÉTENT EN CAS DE PRIVILÈGE DE NATIONALITÉ

61320 Lorsque les articles 14 et 15 du Code civil sont appliqués, une compétence globale est attribuée aux juridictions françaises. Il faut alors rechercher le tribunal spécialement compétent.
Pour la **compétence d'attribution**, il est fait application des principes de droit commun utilisés en matière interne.
Pour la **compétence territoriale**, les règles ordinaires de compétence ne peuvent pas être utilisées puisque les articles 14 et 15 ne trouvent à s'appliquer que dans la mesure où une juridiction française ne peut pas se déclarer compétente en vertu d'une règle de compétence issue du CPC, d'une convention internationale ou d'un règlement européen. Dans ce cadre, un principe général et des principes spéciaux de compétence territoriale ont donc été définis.

61323 La jurisprudence a posé le principe général selon lequel il appartient au demandeur de **choisir librement** le **tribunal** territorialement compétent. Il peut s'agir par exemple du tribunal français qui est le plus accessible pour le défendeur domicilié à l'étranger ou du tribunal dans le ressort

duquel est situé son propre domicile. Ainsi, le demandeur français peut valablement saisir le tribunal français en raison d'un lien de rattachement de l'instance au territoire français ou, à défaut, selon les exigences d'une bonne administration de la justice (Cass. 1e civ. 13-6-1978 n° 77-11.610 : Bull. civ. I n° 223).
Ce principe général est complété par quelques textes relatifs à des hypothèses spécifiques.
En premier lieu, si le **défendeur** n'a **pas** de **domicile** ni de résidence **connus**, le demandeur peut saisir la juridiction du lieu où il demeure ou celle de son choix s'il demeure à l'étranger (CPC art. 42, al. 3).
En deuxième lieu, en matière d'**adoption**, le tribunal compétent est le tribunal du lieu où demeure la personne dont l'adoption est demandée lorsque le requérant demeure à l'étranger ou le tribunal choisi en France par le requérant lorsque celui-ci et la personne dont l'adoption est demandée demeurent à l'étranger (CPC art. 1166).
En troisième lieu, en matière de **reconstitution d'actes détruits**, le tribunal compétent est celui du lieu où l'acte a été établi ou, si l'acte a été établi à l'étranger, celui du lieu où demeure le demandeur ; si celui-ci demeure à l'étranger, le tribunal judiciaire de Paris (CPC art. 1431).

CARACTÈRE NON EXCLUSIF DU PRIVILÈGE DE NATIONALITÉ

Les articles 14 et 15 du Code civil ne prévoient pas, pour les juridictions françaises, une compétence impérative qui serait exclusive de la compétence d'une juridiction étrangère (Cass. 1e civ. 23-5-2006 n° 04-12.777 : Bull. civ. I n° 254 ; Cass. 1e civ. 22-5-2007 n° 04-14.716 : Bull. civ. I n° 195). En d'autres termes, le demandeur français (art. 14) ou le demandeur étranger (art. 15) peut saisir un tribunal étranger ; du point de vue français, la compétence de ce tribunal pourra être admise puisque le privilège de juridiction ne donne pas aux juridictions françaises une compétence impérative qui s'imposerait. **61330**
Des **conséquences** sont attachées à l'absence de caractère exclusif du privilège :
– si une procédure est engagée dans un premier temps à l'étranger et si un tribunal français est par la suite saisi, le juge français peut accueillir une éventuelle exception de litispendance au profit du juge étranger (sur la litispendance internationale, voir nos 61450 s.) ou une exception de connexité (Cass. soc. 5-12-2018 n° 17-19-820 F-PB : Bull. inf. C. cass. 15-4-2019 n° 388 ; sur la connexité internationale, voir n° 61530) ;
– la juridiction française saisie au titre de l'article 14 peut, même si elle a été saisie la première, déclarer la demande irrecevable (Cass. 1e civ. 16-12-2009 n° 08-20.305 : Bull. civ. I n° 251) ou sans objet (Cass. 1e civ. 30-9-2009 n° 08-18.769 : Bull. civ. I n° 192), si une juridiction étrangère, saisie par le défendeur, a rendu une décision qui remplit les conditions pour être reconnue en France (sur ces conditions, voir nos 61920 s.).

5. EXCEPTION D'INCOMPÉTENCE DU JUGE FRANÇAIS

La compétence d'une juridiction française saisie d'un litige peut être discutée. **61380**
En matière internationale, la contestation élevée sur la compétence du juge français saisi ne concerne pas une répartition de compétence entre les tribunaux nationaux mais tend à lui retirer le pouvoir de trancher le litige **au profit d'une juridiction d'un État étranger** ; dès lors, le pourvoi en cassation contre le jugement ayant statué sur cette exception de procédure a pour fin de prévenir un excès de pouvoir et il est immédiatement recevable, même s'il n'est pas mis fin à l'instance (Cass. 1e civ. 7-5-2010 n° 09-11.177 : RJDA 8-9/10 n° 898, 1e esp. ; Cass. soc. 4-2-2014 n° 12-27.113 : Bull. civ. V n° 43).

INCOMPÉTENCE DU JUGE FRANÇAIS SOULEVÉE PAR LE DÉFENDEUR

La contestation par le défendeur de la compétence internationale du juge français saisi constitue une **exception de procédure**. Le principe posé par **l'article 74 du CPC**, selon lequel les exceptions doivent, à peine d'irrecevabilité, être soulevées simultanément et avant toute défense au fond ou fin de non-recevoir, est transposé dans le cadre international (Cass. 1e civ. 23-5-2012 n° 10-26.188 : Bull. civ. I n° 110). **61390**

En revanche, les exigences de l'**article 75 du CPC** concernant la nécessité de faire connaître la juridiction devant laquelle l'affaire devrait être portée ne valent pas entièrement en droit international privé. Dans l'ordre international, satisfait aux exigences de ce texte la partie qui fait connaître, dans son déclinatoire, que l'affaire doit, conformément aux règles de conflit applicables, être portée devant les juridictions d'un autre État, la recevabilité de l'exception n'étant pas subordonnée à l'indication de la juridiction dudit État devant être saisie ni des règles de sa loi interne permettant cette désignation ; il en est de même lorsque ces règles de conflit offrent au demandeur le choix entre plusieurs fors internes d'un même État (Cass. 1e civ. 27-1-2021 n° 19-23.461 F-PI). **61393**

INCOMPÉTENCE DU JUGE FRANÇAIS SOULEVÉE D'OFFICE

61400 L'article 76 du CPC dispose que l'incompétence ne peut être prononcée d'office qu'en cas de violation d'une règle de compétence d'attribution lorsque cette règle est d'ordre public ou lorsque le défendeur ne comparaît pas ; devant la cour d'appel et la Cour de cassation, cette incompétence peut être relevée d'office si l'affaire échappe à la connaissance de la juridiction française.

RENVOI À MIEUX SE POURVOIR

61405 Lorsque le juge estime que l'affaire relève de la compétence d'une juridiction étrangère, il renvoie seulement les parties à mieux se pourvoir (CPC art. 81), sans pouvoir désigner le juge étranger qui serait compétent.

6. EXCEPTION DE LITISPENDANCE

DÉFINITION DE LA LITISPENDANCE

61450 Il y a litispendance quand deux juridictions sont saisies d'un même litige. L'exception de litispendance permet à une partie d'obtenir le dessaisissement du juge français, qui était normalement compétent, au profit d'un juge étranger.

CONDITIONS DE LA LITISPENDANCE

61460 L'exception de litispendance peut être reçue devant le juge français, en vertu du droit commun français, en raison d'une instance engagée devant un tribunal étranger également compétent, mais ne saurait être accueillie lorsque la décision à intervenir à l'étranger n'est pas susceptible d'être reconnue en France (Cass. 1e civ. 26-11-1974 n° 73-13.820 : Bull. civ. I n° 312).
L'exception de litispendance peut donc être retenue si les conditions suivantes sont réunies :
– le tribunal français doit avoir été **saisi en second lieu** ;
– le **litige** doit encore être **pendant** devant un juge étranger lorsque le juge français est appelé à statuer sur l'exception. En effet, si le juge étranger a déjà statué, il y a lieu de soulever une exception de chose jugée ;
– les tribunaux français et étrangers doivent être saisis du même litige, c'est-à-dire qu'il doit y avoir **identité** de **parties** (par exemple, Cass. soc. 28-1-2015 n° 13-22.994 : RJDA 6/15 n° 477), de **cause** et d'**objet** (par exemple, Cass. 1e civ. 17-12-2014 n° 13-24.295 : Bull. civ. I n° 210) ;
– la **décision** à intervenir à l'étranger doit être **susceptible d'être reconnue** en France une fois qu'elle sera prononcée. Il s'agit par conséquent d'examiner s'il est probable qu'une fois prononcé, le jugement étranger pourra satisfaire aux contrôles prévus dans le cadre de la procédure d'exequatur (voir nos 62080 s.). Cet examen soulève à l'évidence des difficultés puisque, par hypothèse, le jugement en question n'est pas encore intervenu. Le juge français doit néanmoins rechercher, compte tenu des informations dont il dispose, si le juge étranger saisi peut être tenu pour compétent (le cas échéant en vertu d'un traité international : Cass. com. 19-2-2013 n° 11-28.846 : RJDA 4/13 n° 374), si les droits de la défense ont été respectés au premier stade de la procédure, et si le jugement à intervenir ne semble pas devoir soulever de difficultés au regard des exigences de l'ordre public international français.

ILLUSTRATIONS

A été écartée l'exception de litispendance internationale dans un cas où un mari avait intenté au Liban une procédure de répudiation unilatérale et où son épouse qui résidait en France n'avait eu qu'un délai de quinze jours entre la requête et la première audience. En effet, la décision à intervenir heurtait les principes d'égalité entre époux et de respect des droits de la défense si bien qu'elle ne pouvait pas être reconnue en France (Cass. 1e civ. 23-2-2011 n° 10-14.101 : Bull. civ. I n° 33).

MOMENT POUR SOULEVER L'EXCEPTION DE LITISPENDANCE

61470 Comme l'exception de litispendance interne (CPC art. 74, al. 1), l'exception de litispendance internationale doit être soulevée dès le commencement du procès, avant toute défense au fond.

> **Précisions** Dans le droit du divorce antérieur à la réforme opérée par la loi 2019-222 du 23 mars 2019, il a été jugé qu'en application de l'article 1110 du CPC (dans sa rédaction antérieure à celle issue du décret 2019-1380 du 17-12-2019), l'exception de litispendance ne peut être invoquée que devant le juge aux affaires familiales avant toute tentative de conciliation (Cass. 1e civ. 15-9-2021 n° 20-19.640 FS-B).

DÉCISION DU JUGE CONCERNANT LA LITISPENDANCE

Le juge n'est pas tenu d'accueillir l'exception. S'il le fait, il se dessaisit (Cass. 1e civ. 10-1-2018 n° 16-26.197 F-D). Le juge devrait, à notre avis, également pouvoir simplement surseoir à statuer, afin d'éviter d'avoir à se prononcer, sur le fondement de renseignements limités, sur la possibilité d'une reconnaissance en France de la décision étrangère à intervenir. **61480**

7. EXCEPTION DE CONNEXITÉ

L'exception de connexité peut être admise aux seules **conditions** que deux juridictions relevant de deux États différents soient également et compétemment saisies de deux instances, en cours, faisant ressortir entre elles un lien de nature à créer une contrariété (Cass. 1e civ. 22-6-1999 n° 96-22.546 : RJDA 3/00 n° 365). La première de ces deux conditions conduit à contrôler la compétence de la juridiction étrangère qui a été saisie parallèlement à celle française. Ce contrôle s'exerce dans les mêmes conditions que dans le domaine de l'exequatur, lorsqu'il s'agit de vérifier la compétence du juge étranger ayant prononcé la décision en cause (nos 62100 s.). **61530**
Il résulte par ailleurs de la formule précitée que le juge français a la simple faculté de se dessaisir au profit de la juridiction étrangère concernée.

8. CLAUSE ATTRIBUTIVE DE COMPÉTENCE

OBJET DE LA CLAUSE ATTRIBUTIVE DE COMPÉTENCE

Par une clause attributive de compétence (ou de juridiction ou encore d'élection de for), les parties à un **contrat** peuvent donner compétence à un tribunal en particulier, français ou étranger, ou à un ordre juridictionnel dans son ensemble : juridictions françaises ou juridictions d'un État étranger, globalement considérées. Peu importe que ce tribunal ou cet ordre juridictionnel ait ou non un lien avec le litige. **61580**

PRINCIPE DE LICÉITÉ DE LA CLAUSE ATTRIBUTIVE DE COMPÉTENCE

Les clauses prorogeant la compétence internationale sont en principe licites, lorsque la clause ne fait pas échec à la **compétence** territoriale **impérative** d'une juridiction française (Cass. 1e civ. 17-12-1985 n° 84-16.338 : Bull. civ. I n° 354). En l'absence d'une liste exhaustive des cas de compétence impérative, il convient d'examiner, au cas par cas, la nature de la compétence des juridictions françaises. On admet toutefois qu'une dérogation à la compétence des tribunaux français est exclue dans les domaines : **61590**

– de l'état des personnes ;
– de l'exercice en France d'une mesure d'exécution ;
– des actions réelles immobilières ;
– du droit du travail : il a ainsi été jugé qu'une clause attributive de compétence incluse dans un contrat de travail international ne peut pas faire échec aux dispositions impératives de l'article R 1412-1 du Code du travail sur la compétence du conseil de prud'hommes, applicables dans l'ordre international (Cass. 1e civ. 29-9-2010 n° 09-40.688 : RJS 12/10 n° 972).

CONDITIONS DE LICÉITÉ DE LA CLAUSE ATTRIBUTIVE DE COMPÉTENCE

La **clause** attributive doit, par principe, avoir été spécifiée de manière très **apparente**. Néanmoins, il peut être tenu compte des usages du commerce international dans la branche considérée (Cass. 1e civ. 25-11-1986 n° 84-17.745 : Bull. civ. I n° 277 ; Cass. com. 12-3-2013 n° 10-24.465 : D. 2013 p. 1603 obs. C. Paulin), voire des habitudes des parties lorsqu'il existe entre elles un courant d'affaires. **61600**
La **clause** attributive doit avoir été **acceptée** par l'ensemble des parties (Cass. 1e civ. 13-5-2020 n° 18-25.103 F-D). Cette exigence peut soulever des difficultés, notamment dans le cas où la clause est prévue dans un document extérieur au contrat, par exemple dans des conditions générales de vente.

ILLUSTRATIONS

Dans un cas où une clause attributive de compétence aux juridictions tunisiennes avait été stipulée dans le cahier des prescriptions générales gouvernant les relations des parties auquel se référaient les documents contractuels, jugé que la société qui contestait la compétence de ces juridictions avait eu connaissance de cette clause et l'avait acceptée (Cass. 1e civ. 16-2-1999 n° 96-19.469 : RJDA 4/99 n° 499).
Une entreprise française avait conclu un contrat de licences avec une société française puis avait conclu avec une société irlandaise appartenant au même groupe que la société française un second contrat de licences contenant une clause attributive désignant les juridictions irlandaises. La société française, poursuivie par l'entreprise devant le juge français en annulation des deux contrats, avait invoqué la clause attributive de compétence. La Cour de cassation a

jugé que l'entreprise ayant fondé sa demande contre la société française sur le second contrat auquel celle-ci était tiers, la société française pouvait se prévaloir de cette clause si, au moment de la formation du second contrat, elle avait eu connaissance de cette clause et l'avait acceptée dans ses relations avec l'entreprise (Cass. com. 4-3-2014 n° 13-15.846 : RJDA 6/14 n° 584).
En matière maritime, le destinataire ne peut se voir opposer la clause de compétence que le connaissement contiendrait, à moins qu'il ne l'ait spécialement acceptée ou que la compétence internationale qu'elle institue ne s'impose en vertu d'un traité ou du droit de l'Union européenne (Cass. com. 14-12-2022 n° 20-17.768 FS-BR : RJDA 3/23 n° 144 ; Cass. com. 14-6-2023 n° 21-15.445 FS-B). L'acceptation de cette clause attributive de juridiction ne peut être déduite ni de l'existence d'un usage en matière de transport international, ni des seules relations commerciales antérieures entre les parties, ni de la présence d'une mention au recto du connaissement renvoyant à des conditions générales figurant au verso de ce document (Cass. com. 14-12-2022 n° 20-17.768, précité).

EFFETS DE LA CLAUSE ATTRIBUTIVE DE COMPÉTENCE

61610 Le tribunal désigné par la clause attributive bénéficie d'une **compétence** dite **exclusive**, de sorte que l'une des parties ne saurait utilement saisir un autre tribunal. Si le tribunal désigné n'a aucun lien avec le litige, il s'agit, au sens strict d'une prorogation de compétence.
Si la clause désigne les juridictions d'un État globalement considérées, il y a lieu, lors de sa mise en œuvre, de déterminer le tribunal spécialement compétent en faisant application des règles de procédure civile de cet État (Cass. 1e civ. 17-12-1985 n° 84-16.338).
En raison de son autonomie par rapport à la **convention principale** dans laquelle elle s'insère, une clause attributive de compétence conserve son efficacité même si la **nullité** de la convention est prononcée (Cass. 1e civ. 8-7-2010 n° 07-17.788 : RJDA 11/10 n° 1120).

9. IMMUNITÉ DES ÉTATS

SOURCES DE L'IMMUNITÉ DES ÉTATS

61660 Les États étrangers, certains de leurs organes ainsi que les souverains et chefs d'État étrangers bénéficient en France d'une immunité de juridiction et/ou d'exécution, dont les contours ont été définis, dans un premier temps, par la Cour de cassation et le Conseil d'État, qui se sont référés aux règles de droit international public gouvernant les relations entre États (Cass. 1e civ. 20-10-1987 n° 85-18.608 : Bull. civ. I n° 274), aux principes du droit international régissant les immunités des États étrangers (Cass. 1e civ. 6-7-2000 n° 98-19.068 : Bull. civ. I n° 207), à la coutume internationale (Cass. crim. 13-3-2001 n° 00-87.215 : Bull. crim. n° 64), à une règle coutumière du droit public international (CE 14-10-2011 n° 329788) ou au droit international coutumier (Cass. 1e civ. 3-2-2021 n° 19-10.669 FP-PI).
Un encadrement plus strict de l'immunité d'exécution a ensuite été mis en place dans le Code des procédures civiles d'exécution par la loi 2016-1691 du 9 décembre 2016.
Les agents diplomatiques et les organisations internationales bénéficient également d'une telle immunité, qui a toutefois le plus souvent un fondement textuel.

> **Précisions** Le **droit d'accès à un tribunal**, tel que garanti par l'article 6 de la convention de sauvegarde des droits de l'Homme et des libertés fondamentales, et dont l'exécution d'une décision de justice constitue le prolongement nécessaire, ne s'oppose pas à ce que le droit d'accès soit **limité** en raison de l'immunité des États étrangers, dès lors que cette limitation est consacrée par le droit international et ne va pas au-delà des règles généralement reconnues en la matière (Cass. soc. 1-7-2020 n° 18-24.643 F-PB ; Cass. 1e civ. 28-6-2023 n° 21-19.766 FS-B ; dans le même sens, CEDH 21-11-2001 n° 35763/97 et CEDH 12-10-2021 n° 11625/17). Toutefois, la partie à laquelle un État étranger a opposé une immunité de juridiction en France ne doit pas se voir interdire de porter son action devant les juridictions de cet État (Cass. 1e civ. 3-3-2021 n° 19-22.855 FS-P). Le manque d'indépendance et d'impartialité de ces dernières ne peut pas être présumé a priori (même arrêt).

BÉNÉFICIAIRES DE L'IMMUNITÉ

61670 **Les États et organismes publics** Les États étrangers (y compris le Saint-Siège : CEDH 12-10-2021 n° 11625/17) et certains organismes publics étrangers bénéficient, en France, d'une immunité de juridiction et d'une immunité d'exécution. Il en va de même des missions diplomatiques des États étrangers qui bénéficient, pour le fonctionnement de la représentation de l'État accréditaire, d'une immunité d'exécution s'étendant, notamment, aux fonds déposés sur les comptes bancaires de ces missions, lesquels sont présumés être affectés aux besoins de la mission de souveraineté de l'État accréditaire ; cette présomption, justifiée par la nécessité de préserver cette mission à l'exercice de laquelle participent les représentations diplomatiques, cède devant la preuve contraire qui, pouvant être rapportée par tous moyens, n'est pas rendue impossible aux créanciers (Cass. 1e civ. 3-2-2021 n° 19-10.669 FP-PI).

L'**immunité de juridiction** est fondée sur la nature de l'activité, et non sur la qualité de celui qui l'exerce ; les États étrangers et les organismes agissant par leur ordre ou pour leur compte ne bénéficient de l'immunité de juridiction qu'autant que l'acte qui donne lieu au litige constitue un acte de **puissance publique** ou a été accompli dans l'**intérêt d'un service public** (Cass. 1e civ. 25-2-1969 n° 67-10.243 : Bull. civ. I n° 86). Par conséquent, les États étrangers et les organismes qui en constituent l'émanation ne bénéficient de l'immunité de juridiction qu'autant que l'acte qui donne lieu au litige participe, par sa nature ou sa finalité, à l'exercice de la souveraineté de ces États et n'est donc pas un acte de gestion (Cass. ch. mixte 20-6-2003 n° 00-45.630 : RJS 8-9/03 n° 1052 ; Cass. 1e civ. 12-7-2017 n° 15-29.334 FS-PB : RJDA 11/17 n° 774 ; Cass. 1e civ. 28-6-2023 n° 21-19.766 FS-B). L'immunité est ainsi relative et non absolue (Cass. 1e civ. 9-3-2011 n° 09-14.743 : RJDA 7/11 n° 667). **61673**

ILLUSTRATIONS

En présence d'un litige portant sur le mur d'un immeuble désaffecté appartenant à un État étranger et présentant des désordres, il y a lieu de considérer que l'acte consistant pour l'État à ne pas faire démolir le mur mitoyen ni à le reconstruire n'est qu'un acte de gestion privée (Cass. 1e civ. 19-11-2008 n° 07-10.570 : RJDA 5/09 n° 495).

Dans une affaire où il était reproché à un État non pas d'avoir commis des actes de terrorisme mais de ne les avoir ni réprimés ni désavoués, la Cour de cassation a approuvé une cour d'appel d'avoir relevé que la responsabilité de l'attentat considéré ne pouvait être imputée à cet État étranger et d'avoir jugé que ce dernier pouvait opposer une immunité de juridiction, dès lors que la nature criminelle d'un acte de terrorisme ne permet pas, à elle seule, d'écarter une prérogative de souveraineté (Cass. 1e civ. 9-3-2011 n° 09-14.743 précité).

Ne constitue pas un acte de souveraineté l'acte de gestion administrative consistant pour un État étranger à déclarer ou à ne pas déclarer un salarié à un régime français de protection sociale en vue de son affiliation (Cass. soc. 28-2-2012 n° 11-18.952 : RJS 5/12 n° 495).

L'immunité de juridiction ne bénéficie pas à un État en cas de litige concernant un contrat de travail conclu avec un agent d'une ambassade n'ayant pas d'activité liée à l'exercice de la puissance de gouvernement (CEDH 8-11-2016 n° 26126/07). Il en va de même à propos d'un litige, relatif au paiement d'heures supplémentaires et de congés payés, concernant un salarié ayant signé un contrat de travail en qualité d'assistant administratif au service consulaire et qui ne participait pas au service public de l'État italien (Cass. soc. 23-3-2017 n° 15-22.890 FS-PB : RJS 6/17 n° 423). L'immunité de juridiction ne s'applique pas non plus à l'action judiciaire ayant pour objet un licenciement ou la résiliation du contrat de travail d'un salarié chargé de l'organisation des activités sociales d'un ambassadeur, de la mise à jour de son agenda, de ses appels entrants et sortants, de préparer les correspondances non confidentielles en langue française et de faire les réservations de vols et d'hôtels, car l'action ne risque pas d'interférer avec les intérêts de l'État étranger en matière de sécurité (Cass. 1e civ. 27-11-2019 n° 18-13.790 F-PB). En revanche, un État étranger peut utilement invoquer son immunité juridictionnelle dans une procédure se rapportant à un contrat de travail entre lui et une personne physique pour un travail accompli ou devant être accompli, en totalité ou en partie, sur le territoire français, si l'employé a été engagé pour s'acquitter de fonctions particulières dans l'exercice de la puissance publique (Cass. soc. 1-7-2020 n° 18-24.643 F-PB).

Les activités de certification des navires et de classification, qui relèvent de régimes juridiques différents, sont dissociables et seule la première autorise une société de droit privé à se prévaloir de l'immunité juridictionnelle de l'État du pavillon qui l'a spécialement habilitée à délivrer, en son nom, la certification statutaire au propriétaire d'un navire (Cass. 1e civ. 17-4-2019 n° 17-18.286 FS-PB).

Un État peut opposer son immunité de juridiction en présence d'une demande en paiement d'un intermédiaire intervenu à propos de la création d'un établissement d'enseignement supérieur sur son territoire, dès lors que le domaine de l'éducation relève, selon la Constitution de cet État, de ses autorités fédérales et que cet établissement appartient entièrement à l'un des États fédérés (Cass. 1e civ. 3-3-2021 n° 19-22.855 FS-P).

Le Saint-Siège peut opposer son immunité de juridiction à l'action en responsabilité civile engagée contre lui pour des faits d'abus sexuels dès lors que les fautes et omissions qui lui sont reprochées se situent dans l'exercice de pouvoirs administratifs et de l'autorité publique et qu'elles concernent donc des actes de puissance publique (CEDH 12-10-2021 n° 11625/17).

Une cour d'appel retient à bon droit que les actes ayant donné lieu au litige entre le demandeur et l'État étranger, en ce qu'ils avaient consisté en un soutien financier apporté à un groupe terroriste ayant commis un attentat suicide dans lequel la fille du demandeur avait trouvé la mort, ne relèvent pas d'actes de gestion de cet État (Cass. 1e civ. 28-6-2023 n° 21-19.766 FS-B).

61676 En plus de l'immunité de juridiction, les **États étrangers** bénéficient, par principe, d'une **immunité d'exécution**, sauf lorsque le bien concerné se rattache, non à l'exercice d'une activité de souveraineté, mais à une opération économique, commerciale ou civile relevant du droit privé qui donne lieu à la demande en justice (Cass. 1e civ. 19-11-2008 n° 07-10.570 : RJDA 5/09 n° 495).

Lorsque le bien de l'État étranger ne relève pas de l'immunité, il ne peut toutefois faire l'objet de mesures conservatoires ou de mesures d'exécution forcée qu'après autorisation du juge par ordonnance rendue sur requête (C. exécution art. L 111-1-1). La détention d'un titre exécutoire n'est dès lors pas suffisante et il devient nécessaire d'obtenir une autorisation préalable du juge. Celui-ci ne peut accorder les mesures sollicitées que si l'une des conditions suivantes est remplie (C. exécution art. L 111-1-2) : l'État concerné a expressément consenti à l'application d'une telle mesure ; il a réservé ou affecté ce bien à la satisfaction de la demande qui fait l'objet de la procédure ; un jugement ou une sentence arbitrale a été rendu contre l'État concerné et le bien en question est spécifiquement utilisé ou destiné à être utilisé par cet État autrement qu'à des fins de service public non commerciales et entretient un lien avec l'entité contre laquelle la procédure a été intentée (pour une illustration, Cass. 1e civ. 7-7-2021 n° 20-15.994 F-B).

> **Précisions** Dans une affaire concernant une saisie de créances antérieure à l'entrée en vigueur des dispositions du Code des procédures civiles d'exécution relatives à l'immunité, la Cour de cassation a jugé, sur le fondement du **droit international coutumier**, tel que reflété par l'article 19 de la convention des Nations unies du 2 décembre 2004 sur l'immunité juridictionnelle des États et de leurs biens, que les biens d'un État étranger ou de ses émanations ne peuvent faire l'objet d'une mesure d'exécution forcée, en vertu d'un jugement ou d'une sentence arbitrale, que s'il est établi que ces **biens**, situés sur le territoire de l'État du for, sont **spécifiquement utilisés ou destinés à être utilisés autrement qu'à des fins de service public non commerciales** et ont un lien avec l'entité contre laquelle la procédure a été intentée. La Cour en a déduit que pour que les biens de l'émanation d'un État soient saisissables, il n'est donc pas nécessaire qu'ils aient un lien avec la demande en justice.
> Elle a en outre précisé que pour apprécier si les biens d'un État étranger ou de ses émanations sont spécifiquement utilisés ou destinés à être utilisés autrement qu'à des fins de service public non commerciales, le droit international coutumier, tel que reflété par l'article 19 de la Convention précitée, n'exige pas la démonstration d'un élément intentionnel, seule la nature du bien étant prise en compte. Par conséquent, elle a approuvé la cour d'appel d'avoir jugé que l'actif saisi – un instrument de garantie bancaire constitué à l'occasion d'opérations commerciales – était, par nature, destiné à être utilisé autrement qu'à des fins de service public non commerciales au sens de cette Convention (Cass. 1e civ. 3-11-2021 n° 19-25.404 FS-B : RJDA 2/22 n° 109).

61677 Pour les **organismes publics**, le principe est renversé : leurs biens, personnalisés ou non, distincts de l'État étranger, lorsqu'ils font partie d'un patrimoine que celui-ci a affecté à une activité principale relevant du droit privé, peuvent être saisis par tous les créanciers de cet organisme, quels qu'ils soient (Cass. 1e civ. 1-10-1985 n° 84-13.605 : Bull. civ. I n° 236).

> **Précisions** Aux termes de l'article L 153-1, al. 1 du Code monétaire et financier, ne peuvent pas être saisis les biens de toute nature, notamment les avoirs de réserves de change, que les **banques centrales ou** les **autorités monétaires étrangères détiennent** ou gèrent pour leur compte ou celui de l'État ou des États étrangers dont elles relèvent. Cette insaisissabilité est instituée en raison de la nature des biens concernés, afin de garantir le fonctionnement de ces banques et autorités monétaires, indépendamment de l'immunité d'exécution reconnue aux États étrangers. Si cette insaisissabilité constitue une ingérence dans l'exercice du droit à l'exécution et du droit de propriété du créancier, elle poursuit un but légitime en ce qu'elle vise à préserver le fonctionnement d'institutions qui concourent à la définition et à la mise en œuvre de la politique monétaire et à prévenir un blocage des réserves de change placées en France. Elle se trouve proportionnée, dès lors qu'elle ne s'applique qu'aux valeurs ou biens détenus en France par les banques centrales ou les autorités monétaires étrangères et non à l'ensemble du patrimoine de l'État ou des États étrangers dont elles relèvent (Cass. 1e civ. 12-5-2021 n° 19-13.853 FS-P : RJDA 12/21 n° 792).

61680 **Souverain et chef d'État étrangers** Le régime de l'immunité des souverains et chefs d'État étrangers est mal défini car la jurisprudence est rarement appelée à intervenir à ce sujet. Il est toutefois généralement admis que cette **immunité, de juridiction et d'exécution**, vaut pendant la durée des fonctions de la personne concernée, pour l'ensemble de ses actes, y compris pour ceux commis antérieurement à la prise de fonction et pour ceux qui ont un caractère privé. L'immunité vaut également en matière pénale : pour la Cour de cassation, la coutume internationale s'oppose à ce que les chefs d'État en exercice puissent, en l'absence de dispositions internationales contraires s'imposant aux parties concernées, faire l'objet de poursuites devant les juridictions pénales d'un État étranger ; il appartient à la communauté internationale de fixer les éventuelles limites de ce principe, lorsqu'il peut être confronté à d'autres valeurs reconnues par cette communauté (Cass. crim. 2-9-2020 n° 18-84.682). Il en est ainsi même pour des actes de complicité de destruction d'un bien par l'effet d'une substance explosive ayant entraîné la mort d'autrui en relation avec une entreprise terroriste (attentat contre un avion ayant tué 170 personnes) (Cass. crim. 13-3-2001 n° 00-87.215 : Bull. crim. n° 64) et pour des actes de torture ou de barbarie (Cass. crim. 2-9-2020 précité).

Agent diplomatique et consulaire La convention de Vienne du 18 avril 1961 sur les relations diplomatiques et différents accords particuliers définissent le régime de l'immunité des agents diplomatiques. L'immunité des agents consulaires est régie par la convention de Vienne du 24 avril 1963 sur les relations consulaires. **61690**

Les organisations internationales Les organisations internationales peuvent bénéficier d'une immunité, selon les cas de juridiction et/ou d'exécution, prévue par un traité international auquel la France est partie ou par un accord de siège, pour celles ayant leur siège en France. **61700**

NATURE DU MOYEN TIRÉ DE L'IMMUNITÉ DE JURIDICTION OU D'EXÉCUTION

Lorsqu'une immunité est invoquée devant une juridiction française, il s'agit d'une fin de non-recevoir (Cass. 1e civ. 15-4-1986 n° 84-13.422 : Bull. civ. I n° 87 ; Cass. 1e civ. 28-6-2023 n° 21-19.766 FS-B). **61710**
Cette fin de non-recevoir a pour objet de prévenir un **excès de pouvoir** du juge saisi ; le pourvoi en cassation contre une décision qui statue sur cette immunité est immédiatement recevable (Cass. 1e civ. 9-3-2011 n° 10-10.044 : Bull. civ. I n° 54).

RENONCIATION À L'IMMUNITÉ DE JURIDICTION OU D'EXÉCUTION

Les bénéficiaires d'une immunité peuvent y renoncer. Les juridictions françaises peuvent alors retenir leur compétence. **61720**
Un État étranger peut renoncer à son immunité de juridiction et à son immunité d'exécution ou se borner à renoncer à la première ou à la seconde. Concernant l'immunité d'exécution, la renonciation doit être à la fois expresse et spéciale à l'égard des mesures conservatoires ou des mesures d'exécution forcée sur les biens, y compris les comptes bancaires, utilisés ou destinés à être utilisés dans l'exercice des fonctions de la mission diplomatique des États étrangers ou de leurs postes consulaires, de leurs missions spéciales ou de leurs missions auprès des organisations internationales (C. exécution art. L 111-1-3 ; Cass. 1e civ. 10-1-2018 n° 16-22.494 FS-PBI : RJDA 6/18 n° 530 qui applique cette exigence d'une renonciation expresse et spéciale à des circonstances antérieures à l'introduction de l'article L 111-1-3 dans le Code ; Cass. 1e civ. QPC 2-10-2019 n° 19-10.669 FS-PBI : Bull. inf. C. cass. 1-3-2020 n° 149 ; Cass. 1e civ. 3-2-2021 n° 19-10.669 FP-PI).

> **Précisions** Appelée à se prononcer sur les conditions de la renonciation à l'immunité selon les principes du droit international coutumier reflétés par la convention des Nations unies du 2 décembre 2004 sur les immunités des États et de leurs biens, la Cour de cassation a jugé qu'une renonciation expresse à l'immunité d'exécution consentie par l'État concerné suffisait pour que les actifs en cause puissent faire l'objet d'une mesure d'exécution, peu important qu'ils aient consisté en des créances fiscales, sans que soit en outre requise une renonciation spéciale (Cass. 1e civ. 13-4-2023 n° 18-20.915 FS-B).

RESPONSABILITÉ DE L'ÉTAT

La personne qui se voit opposer l'immunité d'exécution d'un État étranger peut engager la responsabilité de l'État, sur le fondement de la rupture de l'égalité devant les charges publiques, dans le cas où son application entraîne un préjudice grave et spécial (CE 14-10-2011 n° 329788). Cette possibilité constitue une voie de droit propre à rendre effectif son droit d'accès à un tribunal (Cass. 1e civ. 25-5-2016 n° 15-18.646 FS-PBI : Bull. inf. C. cass. 15-11-2016 n° 1396). **61730**

B. Effets en France d'un jugement étranger

EN BREF

61820 Un jugement prononcé à l'étranger peut produire des effets en France. On parle alors – les expressions sont variables – d'« efficacité internationale » des jugements étrangers, de « circulation » des jugements étrangers ou de « reconnaissance » et d'« exécution » des jugements étrangers.

Les conditions dans lesquelles une décision étrangère peut avoir une portée en France varient en fonction de l'**effet recherché** et selon qu'est ou non exercé un **contrôle de sa régularité**. Schématiquement, trois séries de cas peuvent être distinguées :

– un jugement étranger peut produire certains effets en France sans qu'aucun contrôle de régularité ne soit exercé ;

– un jugement étranger peut être reconnu en France si certaines conditions de régularité sont réunies ;

– un jugement étranger peut obtenir l'exequatur en France en vue de donner lieu à une exécution, après un contrôle de régularité.

61825

« Jugement étranger » au sens du droit international privé

La notion de jugement étranger doit être précisée.

Sont visées les décisions qui concernent le **droit privé** et non celles qui intéressent le droit pénal, le droit fiscal ou le droit public. Ces domaines ne relèvent pas en effet du droit international privé et sont marqués par le principe de territorialité.

Par ailleurs, on parle par commodité de « jugements étrangers » mais des **décisions étrangères** qui n'ont pas été rendues par une juridiction peuvent être concernées. Ce peut être le cas de décisions prises par des institutions administratives ou religieuses (notamment, Cass. 1e civ. 18-1-2017 n° 16-11.630 F-PB : Bull. civ. I n° 17, rendu à propos de la litispendance), par exemple en matière familiale et notamment de divorce. Chaque État définit en effet les attributions de ses propres institutions, de sorte que, pour savoir si une décision relève des mécanismes du droit international privé, il ne faut pas s'attacher uniquement à la qualité de l'organe qui l'a rendue mais aussi au contenu de la décision elle-même, qui doit avoir une portée individuelle.

RÉSERVE DES RÈGLEMENTS EUROPÉENS ET CONVENTIONS INTERNATIONALES

61830 Les principes qui vont être examinés ne valent qu'en l'absence de règlements européens ou de conventions internationales.

Or, dans le cadre européen, le **règlement 1215/2015** du 12 décembre 2012 concernant la compétence judiciaire, la reconnaissance et l'exécution des décisions en matière civile et commerciale et le **règlement 2019/1111** du 25 juin 2019 relatif à la compétence, la reconnaissance et l'exécution des décisions en matière matrimoniale et en matière de responsabilité parentale, ainsi qu'à l'enlèvement international d'enfants, notamment, prévoient les conditions de reconnaissance et d'exécution des décisions qui relèvent de leurs champs d'application respectifs.

Par ailleurs, la **convention de La Haye** sur la reconnaissance et l'exécution des jugements étrangers en matière civile ou commerciale a été signée le **2 juillet 2019**. Elle est entrée en vigueur le 1er septembre 2023 dans les relations entre, d'une part, l'Union européenne et ses États membres (à l'exception du Danemark) et, d'autre part, l'Ukraine. Compte tenu du champ d'application actuellement limité de cette Convention, ses dispositions ne seront pas présentées ici.

Enfin, la France a conclu d'assez nombreuses **conventions bilatérales** avec des États n'appartenant pas à l'Union européenne, conventions prévoyant les conditions de l'efficacité des jugements rendus dans l'autre État partie.

ATTENTION

Certaines des conventions bilatérales se réfèrent à des éléments de la procédure civile française mais n'ont pas été révisées pour tenir compte de l'**évolution du droit français**. Ainsi, certaines d'entre elles retiennent que l'exequatur est accordé par le président du tribunal de grande instance qui statue suivant la forme prévue pour les référés (notamment, conventions ou accords conclus par la France et le Burkina Faso le 24 avril 1961, le Gabon le 23 juillet 1963, Madagascar le 4 juin 1973, le Bénin le 27 février 1975 et le Tchad le 6 mars 1976). Or, le tribunal de grande instance a laissé la place au tribunal judiciaire et la procédure des référés en la forme à la procédure accélérée au fond. C'est la raison pour laquelle l'article 28 de l'ordonnance 2019-738 du 17 juillet 2019 énonce que « le président du tribunal judiciaire connaît des litiges attribués par conventions internationales au président statuant suivant la forme prévue pour les référés. Il statue selon la procédure accélérée au fond » (pour une application au regard de la convention franco-gabonaise du 23 juillet 1963 : Cass. 1e civ. 9-11-2022 n° 21-18.493 F-PB).

Les conventions suivantes sont ainsi assez souvent mises en œuvre en ce domaine, étant indiqué que cette liste n'est pas exhaustive et que des informations sur les conventions applicables, y compris les textes, sont disponibles sur internet (https://www.diplomatie.gouv.fr/fr/archives-diplomatiques/s-orienter-dans-les-fonds-et-collections/traites-et-accords/) :
– convention franco-monégasque du 21 septembre 1949 relative à l'aide judiciaire mutuelle (Décret 53-253 du 24-3-1953) ;
– convention franco-marocaine d'aide mutuelle judiciaire du 5 octobre 1957 (Décret 60-11 du 12-1-1960) et convention franco-marocaine relative au statut des personnes et de la famille et à la coopération judiciaire du 10 août 1981 (Décret 83-435 du 27-5-1983 : pour des illustrations, Cass. 1e civ. 13-4-2016 n° 15-17.723 F-PB : Bull. civ. I n° 83 ; Cass. 1e civ. 19-9-2018 n° 17-24.864 F-D) ;
– convention franco-algérienne relative à l'exéquatur et à l'extradition du 27 août 1964 (Décret 65-679 du 11-8-1965 : pour des illustrations, Cass. 1e civ. 12-7-2017 n° 16-24.013 F-PB : Bull. civ. I n° 173 ; Cass. 1e civ. 13-12-2017 n° 16-20.810 F-D) ;
– convention franco-tunisienne relative à l'entraide judiciaire en matière civile et commerciale et à la reconnaissance et à l'exécution des décisions judiciaires du 28 juin 1972 (Décret 74-249 du 11-3-1974 : pour des illustrations, Cass. 1e civ. 21-9-2016 n° 14-29.340 F-PB : Bull. civ. I n° 167 ; Cass. 1e civ. 12-7-2017 n° 16-22.158 FS-PB : Bull. civ. I n° 174) ;
– accord franco-camerounais de coopération en matière de justice du 21 février 1974 (Décret 75-1154 du 8-12-1975 ; pour des illustrations : Cass. 1e civ. 15-1-2020 n° 18-24.261 F-PBI ; Cass. 1e civ. 15-1-2020 n° 18-25.574 F-PBI) ;
– convention franco-sénégalaise de coopération en matière judiciaire du 29 mars 1974 (Décret 76-1072 du 17-11-1976) ;
– convention franco-vietnamienne relative à la coopération juridique et judiciaire du 10 février 1993 (Décret 93-855 du 15-6-1993).

1. EFFETS D'UN JUGEMENT ÉTRANGER HORS CONTRÔLE DE RÉGULARITÉ

Un jugement étranger peut être pris en compte en France sans qu'aucune procédure de contrôle ne soit mise en œuvre. Trois hypothèses peuvent être distinguées, étant indiqué que les arrêts de la Cour de cassation ne précisent pas toujours clairement l'hypothèse dans laquelle ils s'insèrent. **61840**

JUGEMENT ÉTRANGER EN TANT QUE MOYEN DE PREUVE

Un jugement étranger peut être pris en compte non pas en tant qu'acte normatif mais comme moyen de preuve car il relate l'existence d'un **fait** ou, à l'opposé, constate qu'un fait ne s'est pas produit. **61850**

Le juge français peut alors se référer au jugement étranger en vue de tenir pour acquise l'existence ou l'inexistence d'un fait : par **exemple**, la survenance d'un accident de la circulation à telle date entre telles personnes. Les éléments contenus dans le jugement étranger sont ainsi utilisés comme des indices à des fins probatoires, sans que le juge français soit lié par ce qui a été constaté à l'étranger.

JUGEMENT ÉTRANGER AYANT VALEUR DE TITRE

Un jugement étranger peut également être utilisé comme un titre, tout comme un acte sous signature privée pourrait l'être. Le juge français peut alors éventuellement s'y référer pour en tirer des conséquences. **61860**

Les **exemples** récents de mise en œuvre de cette approche sont très **rares**. Il a toutefois été admis qu'il résulte d'une décision étrangère ayant homologué une cession de créance la preuve de la cession du droit litigieux (Cass. 1e civ. 11-7-2006 n° 01-02.593 : Bull. civ. I n° 376).

JUGEMENT ÉTRANGER AYANT VALEUR DE FAIT

Un jugement étranger peut être à l'origine d'une situation de fait que le juge français peut être amené à considérer dans le cadre de sa prise de décision : il produit en France des effets, en tant que fait juridique, indépendamment d'une vérification de sa régularité internationale par une procédure de reconnaissance ou d'exequatur (Cass. com. 4-10-2005 n° 02-18.201 : RJDA 1/06 n° 64 ; Cass. 1e civ. 11-7-2006 n° 01-02.593 : Bull. civ. I n° 376). **61870**

ILLUSTRATIONS

Si une décision étrangère a gelé les avoirs situés à l'étranger d'une personne qui a par la suite été assignée en France pour défaut de paiement, cette personne peut le cas échéant exciper de la décision étrangère pour faire valoir que le défaut de paiement n'est pas fautif mais s'explique par le fait du prince étranger ou par la force majeure.
Les juges du fond donnent un simple effet de fait à un jugement étranger de divorce, sans procéder à sa reconnaissance, lorsqu'ils se fondent sur ce jugement pour retenir que les époux sont séparés et que l'époux verse une somme d'argent à son épouse (Cass. 1e civ. 4-5-2011 n° 10-14.142 : Bull. civ. I n° 80).
Ne se prévaut pas d'un simple effet de fait d'une décision étrangère, mais de son efficacité substantielle, le plaideur qui fait valoir que cette décision l'a déclaré titulaire des droits d'auteur litigieux. Cette décision étant contestée, elle requiert d'être reconnue en France (Cass. 1e civ. 22-3-2012 n° 09-68.067 : Bull. civ. I n° 61).

2. RECONNAISSANCE DE PLEIN DROIT D'UN JUGEMENT ÉTRANGER

PRINCIPES

61920 Selon l'expression consacrée, un jugement étranger peut être reconnu de plein droit en France. On parle également de l'« effet de plano » des jugements étrangers.
La reconnaissance de plein droit produit les deux effets suivants :
– elle confère au jugement une efficacité substantielle, c'est-à-dire qu'elle permet de **reconnaître** en France les **droits subjectifs** ou les obligations consacrés par le jugement étranger (par exemple, le jugement a retenu la qualité de propriétaire d'une personne, la qualité de débiteur ou celle de divorcé) ;
– elle permet de **reconnaître l'autorité de chose jugée** du jugement étranger. En conséquence, la reconnaissance rend irrecevable l'introduction en France d'une demande identique à celle déjà jugée et concernant les mêmes parties.
La reconnaissance intervient de plein droit, sans qu'il y ait à engager une **procédure** de reconnaissance devant le juge français. Elle ne permet pas d'envisager une exécution forcée du jugement, qui, elle, suppose l'obtention de l'exequatur.

a. Jugements étrangers concernés par la reconnaissance de plein droit

JUGEMENTS RELATIFS À L'ÉTAT ET LA CAPACITÉ DES PERSONNES

61930 Le principe de reconnaissance de plein droit vaut tout d'abord pour les jugements rendus par un tribunal étranger relativement à l'état et à la capacité des personnes, sauf les cas où les jugements doivent donner lieu à des actes d'exécution matérielle sur les biens ou de coercition sur les personnes (Cass. req. 30-3-1930).
Par **exemple**, si un jugement étranger prononce un divorce ou la nullité d'un mariage, la qualité de divorcé ou de célibataire de la personne concernée doit être reconnue en France sans procédure particulière, de sorte qu'un nouveau mariage devient envisageable. En revanche, ce jugement ne permet pas de contraindre l'un des ex-époux à payer à l'autre la prestation compensatoire décidée à l'étranger : si une mesure d'exécution forcée est envisagée pour son paiement, il faut recourir à la procédure de l'exequatur.

JUGEMENTS CONSTITUTIFS

61940 Le principe de reconnaissance vaut pour les jugements patrimoniaux constitutifs.

ILLUSTRATIONS

Doit produire en France ses effets un jugement étranger conférant à une personne des pouvoirs d'administration d'une **succession** qui vient d'être ouverte, dès lors qu'il ne s'agit pas de procéder à des actes d'exécution forcée (Cass. 1e civ. 3-11-1983 n° 82-14.003 : Bull. civ. I n° 252).
Le gardien d'un **enfant**, désigné par l'autorité compétente de l'État dont le mineur est ressortissant, est investi de plein droit de cette qualité en France (Cass. 1e civ. 25-6-1991 n° 90-05.006 : Bull. civ. I n° 210).
En cas de **procédure collective** ouverte à l'étranger, les organes de la procédure nommés à l'étranger sont reconnus en France, ce qui leur permet d'agir en justice en France au nom du débiteur (Cass. com. 28-6-2016 n° 14-10.415 FS-PB : RJDA 10/16 n° 718). Il a ainsi été jugé, dans une affaire où une même entreprise avait fait l'objet d'une ouverture d'une procédure collective à l'étranger puis en France, que les liquidateurs tenaient du jugement étranger qui les avait désignés, ne fût-il pas revêtu de l'exequatur, le pouvoir de représenter les créanciers ayant produit

entre leurs mains ou auprès de la juridiction étrangère et avaient, à ce titre, dans les conditions fixées par la loi et les autorités étrangères, qualité pour adresser au représentant des créanciers nommé dans la procédure ouverte en France une déclaration de créance en leur nom (Cass. com. 14-5-1996 n° 94-16.186 : RJDA 11/96 n° 1395). En revanche, en l'absence d'exequatur, une décision de mise en liquidation judiciaire prononcée à l'étranger ne peut produire, en France, aucun effet de suspension des poursuites individuelles (Cass. 1e civ. 28-3-2012 n° 11-10.639 : Bull. civ. I n° 74) ; une décision étrangère ouvrant un redressement judiciaire ne produit aucun effet de dessaisissement du débiteur en France (Cass. com. 28-6-2016 précité).

AUTRES JUGEMENTS

La jurisprudence n'a pas expressément admis que le principe de la reconnaissance de plein droit devait voir sa portée élargie à tous les jugements, au-delà des deux catégories qui viennent d'être présentées (par exemple aux jugements qui annulent un contrat). Il reste que la jurisprudence étant assez rare en ce domaine, son silence à ce sujet doit être apprécié avec mesure et rien ne permet d'affirmer qu'une **évolution** n'est pas envisageable. La **doctrine** considère d'ailleurs dans son ensemble que le principe de la reconnaissance de plein droit devrait valoir pour tous les jugements, qu'ils concernent le domaine extrapatrimonial ou patrimonial et, pour ce dernier, qu'ils soient constitutifs ou déclaratifs (notamment, B. Audit et L. d'Avout : Droit international privé, LGDJ 2022 n° 586). **61950**

b. Possibilité d'un contrôle de régularité d'un jugement étranger

PRINCIPE

La reconnaissance a lieu de plein droit par principe, sans contrôle judiciaire préalable. Il n'en demeure pas moins qu'une partie peut avoir un intérêt à demander qu'un contrôle de la régularité du jugement étranger soit opéré (Cass. 1e civ. 15-6-2017 n° 16-18.404 F-D ; Cass. 1e civ. 5-9-2018 n° 17-22.100 F-D). Dans ce cas, l'accueil d'un jugement étranger dans l'ordre juridique français exige le contrôle de la compétence internationale indirecte du juge étranger fondée sur le rattachement du litige au juge saisi, de sa conformité à l'ordre public international de fond et de procédure ainsi que l'absence de fraude (Cass. 1e civ. 29-1-2014 n° 12-28.953 : Bull. civ. I n° 14). Il est à noter que ces trois critères de régularité sont les mêmes que ceux utilisés dans le cadre de la procédure d'exequatur (nos 62090 s.). **62000**

ILLUSTRATIONS

La reconnaissance d'une décision étrangère non motivée n'est contraire à la conception française de l'ordre public international que lorsque ne sont pas produits des documents de nature à servir d'équivalents à la motivation défaillante et à permettre le contrôle de la régularité de la décision (Cass. 1e civ. 15-6-2017 précité).

CONTRÔLE DE RÉGULARITÉ PAR VOIE PRINCIPALE D'UN JUGEMENT ÉTRANGER

Action en opposabilité La personne qui bénéficie de la situation juridique reconnue par le jugement étranger peut souhaiter qu'un contrôle de la régularité de ce dernier intervienne par voie principale, afin que son droit ne puisse plus par la suite être contesté en France. On parle d'action en reconnaissance, d'action en opposabilité ou d'action déclaratoire en opposabilité. **62010**

Le tribunal judiciaire connaît à juge unique des demandes en reconnaissance des décisions judiciaires étrangères (C. org. jud. art. R 212-8). La **compétence** territoriale est déterminée dans les conditions de droit commun, par référence aux articles 42 et 43 du CPC. L'**instance** est **introduite** par voie d'assignation mais en matière gracieuse, il semble envisageable d'agir par voie de requête ou par une assignation délivrée au parquet (en ce sens, P. de Vareilles-Sommières et S. Laval : Droit international privé, Dalloz 2023 n° 897).

La jurisprudence admet que l'action en opposabilité soit exercée par le biais d'une demande en exequatur, parfois qualifiée de demande d'**exequatur à toutes fins utiles** : si l'objet principal de l'instance en exequatur est de permettre l'exécution forcée en France du jugement étranger, il n'est pas interdit de recourir à cette procédure en vue de faire établir, même préalablement à une autre instance, la régularité du jugement étranger, dès lors que le demandeur en exequatur y a intérêt et quelle qu'ait été la position procédurale de ce demandeur dans l'instance devant la juridiction étrangère (Cass. 1e civ. 3-1-1980 n° 78-14.037 : Bull. civ. I n° 3). **62013**

Action en inopposabilité Il peut être utile de prendre l'initiative de demander au juge français que soit déclaré inopposable en France un jugement étranger. Tel peut être le cas en présence d'un jugement étranger de divorce qui aurait été obtenu d'un juge incompétent ou en violation des droits de la défense. L'époux qui n'a pas pris l'initiative de la procédure peut avoir un **intérêt** à faire déclarer inopposable en France le jugement étranger, qui sera donc privé en France de son efficacité substantielle et de l'autorité de la chose jugée. **62020**

Les règles de **compétence** sont les mêmes que pour l'action en opposabilité (n° 62010).

CONTRÔLE DE RÉGULARITÉ À TITRE INCIDENT D'UN JUGEMENT ÉTRANGER

62030 À l'occasion d'une instance engagée en France, un jugement étranger peut être invoqué par voie incidente par le **défendeur** pour faire échec à la demande : il a ainsi été jugé que l'exequatur aux fins de reconnaissance ou d'exécution d'un jugement étranger peut être demandé par voie incidente dans une instance qui n'a pas pour objet principal ce jugement, y compris pour la première fois en appel lorsque la partie défenderesse n'a pas été constituée en première instance (Cass. 1e civ. 10-1-2018 n° 16-20.416 F-PB : RJDA 6/18 n° 548). Un contrôle de sa régularité intervient alors.

ILLUSTRATIONS

Tel peut être le cas lorsqu'une demande en divorce est formée en France par un époux et que l'autre époux soulève une exception de chose jugée en faisant valoir que le divorce a déjà été prononcé à l'étranger. Tel peut également être le cas si un époux saisit le juge français d'une demande de contribution aux charges du mariage et que l'autre époux fait alors valoir qu'un jugement de divorce a déjà été prononcé à l'étranger.

62033 Le **tribunal compétent** pour effectuer le contrôle à titre incident est le tribunal saisi de la demande principale. Ce principe vaut lorsque le tribunal saisi est le tribunal judiciaire ou une juridiction spécialisée, malgré les dispositions de l'article 51 du CPC selon lesquelles, sauf disposition particulière, ces juridictions ne connaissent que des demandes incidentes qui entrent dans leur compétence d'attribution (en ce sens, P. de Vareilles-Sommières et S. Laval : Droit international privé, Dalloz 2023 n° 891). La Cour de cassation retient ainsi que le contrôle, à titre incident, de la régularité internationale d'un jugement étranger peut être opéré par tout juge devant lequel ce jugement est invoqué à l'appui d'une fin de non-recevoir (Cass. 1e civ. 9-7-1991 n° 89-13.940 : Bull. civ. I n° 236) ou pour contester son pouvoir de juger (Cass. 1e civ. 10-5-2007 n° 06-12.476 : Bull. civ. I n° 171).

3. EXEQUATUR D'UN JUGEMENT ÉTRANGER

62080 L'exequatur permet de rendre exécutoire en France un jugement étranger.

a. Conditions de l'exequatur d'un jugement étranger

RÈGLES GÉNÉRALES

62090 Il résulte de l'article 509 du CPC que, pour accorder l'exequatur en l'absence de convention internationale, le juge français doit, après avoir vérifié la recevabilité de l'action, s'assurer que trois **conditions** sont remplies, à savoir la compétence indirecte du juge étranger fondée sur le rattachement du litige au juge saisi, la conformité à l'ordre public international de fond et de procédure ainsi que l'absence de fraude (Cass. 1e civ. 2-12-2020 n° 18-20.691 FS-P ; Cass. 1e civ. 30-11-2022 n° 21-11.114 FS-D ; Cass. 1e civ. 28-6-2023 n° 21-19.766 FS-B).

Le juge de l'exequatur n'a donc pas à vérifier que la loi appliquée par le juge étranger est celle désignée par la règle de conflit de lois française (Cass. 1e civ. 20-2-2007n° 05-14.082 précité).

CONTRÔLE DE LA COMPÉTENCE DU JUGE ÉTRANGER

62100 Un jugement étranger ne saurait produire des effets en France s'il s'avère que, du point de vue français, le juge étranger qui a statué n'était pas compétent. Cette compétence du juge étranger s'apprécie au regard de **trois critères** (Cass. 1e civ. 6-2-1985 n° 83-11.241 : Bull. civ. I n° 55 ; Cass. 1e civ. 30-11-2022 n° 21-11.114 FS-D) : toutes les fois que la règle française de solution des conflits de juridictions n'attribue pas compétence exclusive aux tribunaux français, le tribunal étranger doit être reconnu compétent si le litige se rattache d'une manière caractérisée au pays dont le juge a été saisi et si le choix de la juridiction n'a pas été frauduleux.

62110 **Absence de compétence exclusive du juge français** Le juge étranger doit être considéré comme non compétent, du point de vue français, si le juge français disposait lui-même d'une compétence dite exclusive pour statuer dans le litige.

Cette notion de compétence exclusive n'a pas été définie de manière générale par le législateur ou la Cour de cassation. La jurisprudence a donc été amenée à déterminer, règle par règle, si une compétence exclusive existe au profit du juge français.

Il est aujourd'hui certain que le juge français dispose d'une telle compétence en **matière immobilière**. Il en est également ainsi en matière de **voies d'exécution** si la mesure doit être exécutée en France, et lorsqu'une **clause attributive de juridiction** le désigne. En matière **successorale,**

avant l'entrée en vigueur du règlement 650/2012 du 4 juillet 2012 applicable aux successions des personnes décédées depuis le 17 août 2015 (nº 62665), il était admis qu'il en allait de même lorsque l'immeuble litigieux était situé en France (Cass. 1e civ. 14-6-1983 nº 82-13.247 : Bull. civ. I nº 174, étant indiqué que, dans l'Union européenne, il existe un régime spécial mis en place par le règlement 650/2012 du 4 juillet 2012 ; Cass. 1e civ. QPC 11-4-2018 nº 17-21.869 F-PB : Bull. inf. C. cass. 1-10-2018 nº 907, rejetant le caractère sérieux de la question prioritaire de constitutionnalité qui critique l'exclusivité de la compétence du juge français pour les successions d'immeubles situés en France).
À l'opposé, les articles 14 et 15 du Code civil, qui prévoient des **privilèges de juridiction** fondés sur la nationalité française, ne fondent pas une compétence exclusive du juge français (Cass. 1e civ. 23-5-2006 nº 04-12.777 : Bull. civ. I nº 254 ; Cass. 1e civ. 22-5-2007 nº 04-14.716 : Bull. civ. I nº 195), pas plus que les articles 46 et 1070 du CPC.

Existence d'un rattachement au pays étranger Pour que le juge étranger puisse être considéré compétent du point de vue français, il est nécessaire que le litige se rattache d'une manière caractérisée au pays dont le juge a été saisi. **62120**
Cette condition doit être appréciée au cas par cas et compte tenu de la **nature du litige**, sans que le juge de l'exequatur puisse se borner à énoncer qu'il ne lui appartient pas de remettre en cause la réalité des faits que le juge étranger a retenus en vue de considérer qu'ils étaient localisés sur le territoire de l'État étranger et que sa compétence était dès lors acquise (Cass. 1e civ. 3-3-2021 nº 19-19.471 FS-P).
Cette condition peut par exemple être tenue pour réalisée si l'un des plaideurs a son domicile dans le pays du juge saisi, s'y est marié, a la nationalité de ce pays (Cass. 1e civ. 10-5-2006 nº 05-15.707 : Bull. civ. I nº 225 ; Cass. 1e civ. 4-5-2017 nº 16-13.645 FS-PB : Bull. civ. I nº 99), y possède des biens, ou encore si la décision émane d'un tribunal de l'État sur le territoire duquel la livraison des marchandises litigieuses devait avoir lieu (Cass. 1e civ. 12-7-2017 nº 15-18.794 F-D).

Absence de fraude Le juge français doit vérifier que le **choix de la juridiction** étrangère qui a rendu la décision n'a pas été frauduleux. Dans ce cadre, il a été jugé que la saisine d'une juridiction étrangère désignée par une clause attributive de compétence n'est pas frauduleuse (Cass. 1e civ. 30-1-2013 nº 11-10.588 : RJDA 7/13 nº 682). En revanche, il y aurait fraude dans l'hypothèse où un époux saisirait un juge français d'une demande en divorce et où son conjoint saisirait alors un juge étranger d'une même demande (en particulier le juge de l'État dont il est originaire) en vue d'obtenir un jugement favorable qu'il sait ne pas pouvoir obtenir devant le juge français. La fraude peut, le cas échéant, supposer une manipulation d'un critère de rattachement, notamment le domicile : le plaideur déplace son domicile de la France vers l'État étranger concerné, pour se rattacher artificiellement au tribunal étranger (pour une illustration, Cass. 1e civ. 17-12-2014 nº 13-21.365 : Bull. civ. I nº 211). **62130**
La difficulté est toutefois de **prouver** l'intention frauduleuse.

CONTRÔLE DE LA CONFORMITÉ À L'ORDRE PUBLIC INTERNATIONAL

La notion d'**ordre public international français**, utilisée en droit international privé, ne doit pas être confondue avec la notion d'ordre public qui est utilisée en matière interne et qui est visée par l'article 6 du Code civil selon lequel on ne peut déroger par des conventions particulières aux lois qui intéressent l'ordre public et les bonnes mœurs. **62140**
L'ordre public international regroupe les principes fondamentaux de l'ordre juridique, qui peuvent résulter du droit français mais aussi des textes de l'Union européenne, internationaux ou européens liant la France comme, en particulier, la convention européenne de sauvegarde des droits de l'Homme (en ce sens, Cass. 1e civ. 15-1-2020 nº 18-24.261 F-PBI). La Cour de cassation se réfère parfois, en ce domaine, aux « principes essentiels du droit français » (Cass. 1e civ. 14-11-2010 nº 09-15.302 FS-PBI : Bull. civ. I nº 218).
La Cour de cassation distingue l'ordre public international de fond et l'ordre public international de procédure, distinction qui n'a pas de conséquences juridiques et qui repose uniquement sur la considération de la nature du principe en cause.

Ordre public international de fond Au titre de l'ordre public de fond, on peut, notamment, citer les principes d'égalité des sexes, d'égalité des époux lors de la dissolution du mariage (Cass. 1e civ. 24-2-1998 nº 95-18.646 : Bull. civ. I nº 71 ; Cass. 1e civ. 17-2-2004 nº 01-11.549 : Bull. civ. I nº 47 ; Cass. 1e civ. 23-10-2013 nº 12-21.344 : Bull. civ. I nº 204 ; Cass. 1e civ. 12-7-2023 nº 21-21.185 FS-B), de la liberté matrimoniale, de l'égalité des parents dans l'exercice de l'autorité parentale (Cass. 1e civ. 4-11-2010 nº 09-15.302 : Bull. civ. I nº 218) ou du respect de la vie privée et familiale (même arrêt). **62150**

ILLUSTRATIONS

Après avoir constaté que l'époux avait choisi le divorce sous contrôle judiciaire prévu par le Code de la famille marocain et relevé que la décision marocaine de divorce consacrait un déséquilibre des droits entre les époux au détriment de la femme qui ne peut engager la procédure qu'avec l'accord de son époux alors que celui-ci peut agir unilatéralement, la cour d'appel en a exactement déduit que cette décision, qui constate la **répudiation** unilatérale par le mari sans donner d'effet juridique à l'opposition éventuelle de la femme, était contraire au principe d'égalité entre époux lors de la dissolution du mariage et donc à la conception française de l'ordre public international, s'agissant de deux époux domiciliés en France (Cass. 1e civ. 23-10-2013 n° 12-25.802 : Bull. civ. I n° 205 ; dans le même sens, à propos d'une répudiation intervenue en Algérie, Cass. 1e civ. 4-7-2018 n° 17-16.102 F-D). Toutefois, dans un arrêt dont la portée reste à ce jour incertaine, il a été jugé que la reconnaissance d'une décision de divorce prononcée à l'étranger en application d'une loi qui n'accorde pas à l'un des époux, en raison de son appartenance à l'un ou l'autre sexe, une égalité d'accès au divorce ne heurte pas l'ordre public international, dès lors qu'elle est invoquée par celui des époux à l'égard duquel sont prévues les règles les moins favorables, que la procédure suivie n'a pas été entachée de fraude et que l'autre époux a pu faire valoir ses droits (Cass. 1e civ. 17-3-2021 n° 20-14.506 FS-P).

A été refusé l'exequatur d'un jugement américain ayant accordé à l'acquéreur d'un voilier, en plus du remboursement du prix du bateau et du montant de la réparation, des dommages-intérêts punitifs dépassant très largement cette somme. En effet, si le principe d'une condamnation à des **dommages-intérêts punitifs** n'est pas, en soi, contraire à l'ordre public, il en est autrement lorsque le montant alloué est disproportionné au regard du préjudice subi et des manquements aux obligations contractuelles du débiteur (Cass. 1e civ. 1-12-2010 n° 09-13.303 : Bull. civ. I n° 248).

N'est pas contraire à l'ordre public international français la décision étrangère qui partage l'**autorité parentale** entre la mère, de nationalité américaine, d'un enfant né après insémination par donneur anonyme et sa concubine, de nationalité française, qui s'était vu reconnaître par une juridiction américaine la qualité d'adoptante de l'enfant (Cass. 1e civ. 8-7-2010 n° 08-21.740 : Bull. civ. I n° 162).

L'ex-article L 341-4 du Code de la consommation (désormais art. L 332-1), qui interdit au créancier professionnel de se prévaloir d'un **cautionnement disproportionné**, édicte une norme dont la méconnaissance par le juge étranger n'est pas contraire à la conception française de l'ordre public international (Cass. 1e civ. 30-1-2013 n° 11-10.588 : RJDA 7/13 n° 682 ; Cass. 1e civ. 28-3-2018 n° 17-10.625 F-D).

Il appartient au juge du fond de rechercher, de manière concrète, si les effets d'une loi étrangère qui permet de renoncer dans le contrat de mariage à toute **prestation compensatoire** en cas de divorce ne sont pas manifestement contraires à l'ordre public international français (Cass. 1e civ. 8-7-2015 n° 14-17.880 : Bull. civ. I n° 170).

L'article 353-1 du Code civil subordonnant l'**adoption d'un enfant** étranger à un agrément ne consacre pas un principe essentiel du droit français, de sorte que n'est pas contraire à l'ordre public international français un jugement étranger ayant prononcé une adoption sans que l'adoptant ait sollicité un agrément (Cass. 1e civ. 15-1-2020 n° 18-24.261 F-PBI).

Une décision rendue par une juridiction étrangère qui, par application de sa loi nationale, refuse de donner effet à un **contrat de mariage** reçu en France, n'est pas en soi contraire à l'ordre public international français de fond et ne peut être écartée que si elle consacre de manière concrète, au cas d'espèce, une situation incompatible avec les principes du droit français considérés comme essentiels (Cass. 1e civ. 2-12-2020 n° 18-20.691 FS-P).

Si le principe d'égalité des parents dans l'exercice de l'**autorité parentale** relève de l'ordre public international français, la circonstance qu'une décision étrangère réserve à l'un des parents le soin de prendre seul certaines décisions relatives aux enfants ne peut constituer un motif de non-reconnaissance qu'autant qu'elle heurte de manière concrète les principes essentiels du droit français. Tel n'est pas le cas d'un jugement qui a arrêté des mesures relatives aux enfants par référence à leur intérêt supérieur et qui retient, sans méconnaître les droits du père, qu'il doit être consulté avant toute décision (Cass. 1e civ. 2-12-2020 précité).

Le jugement étranger qui prononce l'adoption plénière de neveux et nièces par leur tante n'est pas contraire à l'ordre public international français et peut obtenir l'exequatur, car les articles 310-2 et 162 du Code civil interdisent l'établissement, par l'adoption, du double lien de filiation de l'enfant né d'un inceste absolu lorsque l'empêchement à mariage a pour cause la parenté, mais n'ont pas pour effet d'interdire l'**adoption intra-familiale** dès lors que les adoptés ne sont pas nés d'un inceste (Cass. 1e civ. 16-12-2020 n° 19-22.101 F-P).

62160 **Ordre public international de procédure** Au titre de l'ordre public de procédure, le respect du droit au procès équitable est primordial. D'ailleurs, les juges des États parties à la CESDH doivent, avant de donner l'exequatur, s'assurer de son respect dans le cadre de la procédure étrangère (CEDH 20-7-2001 n° 30882/96).

ILLUSTRATIONS

A été censurée la décision qui a accordé l'exequatur à une décision étrangère après avoir constaté l'irrégularité de l'assignation, alors que les droits de la défense doivent être protégés dès l'engagement de l'action et qu'il ne pouvait être suppléé à l'assignation par un document, d'ailleurs antérieur à celle-ci, qui ne mettait pas en cause les intéressés (Cass. 1e civ. 23-1-1996 n° 94-12.419 : Bull. civ. I n° 35).

Est contraire à la conception française de l'ordre public international la reconnaissance d'une décision étrangère peu motivée lorsque ne sont pas produits des documents de nature à servir d'équivalent à la motivation défaillante (Cass. 1e civ. 28-11-2006 n° 04-14.646 : Bull. civ. I n° 520 ; Cass. 1e civ. 9-9-2015 n° 14-13.641 : RJDA 12/15 n° 886), étant précisé que cette motivation défaillante ne peut pas être complétée par une décision étrangère rendue postérieurement à la saisine du juge de l'exequatur (Cass. 1e civ. 7-11-2012 n° 11-23.871 : Bull. civ. I n° 228).

CONTRÔLE DE L'ABSENCE DE FRAUDE

Au sens strict, il y a fraude à la loi lorsqu'un juge étranger est saisi par une partie qui souhaite **62170**
que le jugement soit rendu en application d'une loi qui ne serait pas applicable si le juge français était saisi. Une telle fraude est toutefois très rare, et ce, d'autant plus que le juge de l'exequatur n'a pas à contrôler la compétence de la loi appliquée par le juge étranger. En réalité, en ce domaine, la fraude est le plus souvent une fraude au jugement, suite à ce que l'on appelle en droit international privé un « **forum shopping** ». Le ou les plaideurs saisissent alors une juridiction étrangère en vue d'obtenir un jugement favorable qu'ils ne pourraient pas obtenir en France. Ce pourrait être le cas si un plaideur saisissait un juge étranger en vue d'adopter les filles de sa concubine, dans le but de favoriser ensuite, en France, la naturalisation de celle-ci ou son maintien sur le territoire français (Cass. 1e civ. 15-1-2020 n° 18-24.261 F-PBI, rendu en application de l'accord franco-camerounais de coopération en matière de justice du 21-2-1974).

b. Procédure d'exequatur d'un jugement étranger

COMPÉTENCE POUR CONNAÎTRE D'UNE DEMANDE D'EXEQUATUR

Le **tribunal judiciaire** connaît à juge unique des demandes en exequatur des décisions judiciaires **62220**
et actes publics étrangers (C. org. jud. art. R 212-8).

La juridiction **territorialement compétente** est celle du lieu où demeure le défendeur. Si le défendeur n'a ni domicile ni résidence connus, le demandeur peut saisir la juridiction du lieu où il demeure ou celle de son choix s'il demeure à l'étranger (CPC art. 42, al. 1 et 3).

INTRODUCTION DE L'INSTANCE EN EXEQUATUR

La procédure d'exequatur relevant de la **procédure écrite ordinaire**, le juge doit être saisi par **62230**
assignation ou éventuellement par une requête conjointe, en application du droit commun (CPC art. 750). Des pratiques très divergentes ont toutefois pu être relevées en ce domaine (M.-L. Niboyet et L. Sinopoli, 1 390 décisions inédites rendues de 1999 à 2001 sur l'exequatur en France des jugements étrangers : Gaz. Pal. 17 juin 2004 p. 4).

Ce principe soulève une difficulté lorsque le jugement étranger concerne la **matière gracieuse**. En l'absence de partie défenderesse, le demandeur doit alors faire assigner le ministère public en tant que contradicteur légitime (Cass. 1e civ. 6-3-2013 n° 12-30.134 FS-PBI : Bull. civ. I n° 33).

CONDITIONS DE RECEVABILITÉ DE L'INSTANCE EN EXEQUATUR

Les conditions de recevabilité de la demande d'exequatur sont nombreuses (A. Huet : J.-Cl. Droit **62240**
international fasc. 584-30 n° 24 s.).

1° Le demandeur à l'exequatur doit **produire** le **jugement étranger** dans son intégralité (Cass. 1e civ. 6-7-1988 n° 86-17.376, qui se prononce pour la sanction de l'irrecevabilité, tout en admettant que les juges du fond aient rejeté la demande dès lors qu'ils étaient en mesure de constater, au vu du seul dispositif du jugement étranger qui avait été transcrit sur les registres de l'état civil, que les conditions de l'exequatur ne se trouvaient pas réunies). La production du jugement étranger doit être effectuée dans le respect des règles d'authenticité prévues par l'État étranger.

2° Les conditions de recevabilité de droit commun, tenant à la **qualité** et à l'**intérêt à agir**, doivent être réunies. L'intérêt à agir existe dès lors que le demandeur à l'exequatur est la partie au procès au profit de laquelle la décision étrangère a été rendue (Cass. 1e civ. 26-6-2019 n° 17-19.240 FS-PB : RJDA 10/19 n° 664). En revanche, la recevabilité de la demande de reconnaissance en France d'une décision étrangère n'est pas soumise à l'exigence de la détention sur le territoire français, par le débiteur de nationalité étrangère, non domicilié en France, d'actifs pouvant faire l'objet de mesures d'exécution forcée (même arrêt). Par ailleurs, il n'y a pas d'intérêt à agir lorsque le jugement étranger a fait l'objet d'une exécution complète (en sens contraire : Cass. 1e civ.

19-11-1996 n° 94-19.552 P : Bull. civ. I n° 403, dans une affaire où l'exécution avait eu lieu suite à une dévaluation de la monnaie et était de ce fait contestée).

3° Le **jugement étranger** doit être **exécutoire selon le droit de l'État où il a été prononcé** (Cass. 1e civ. 28-1-2015 n° 14-11.976 F-D). Les règles de prescription de l'État d'origine sont donc susceptibles d'affecter le caractère exécutoire du jugement et, par conséquent, l'intérêt à agir du demandeur à l'exequatur (Cass. 1e civ. 11-1-2023 n° 21-21.168 FS-D, rendu à propos de la convention de Lugano du 16 septembre 1988 mais transposable).

Dans ce cadre, le juge de l'exequatur doit apprécier si la requête en révision déposée à l'étranger est de nature à remettre en cause la chose jugée (Cass. 1e civ. 21-5-1997 n° 95-17.200). Certains arrêts retiennent que le défaut de caractère exécutoire du jugement étranger justifie le rejet de la demande d'exequatur (Cass. 1e civ. 16-3-1999 n° 96-18.650 ; Cass. 1e civ. 3-10-2006 n° 04-10.447), sans envisager la question de sa recevabilité.

4° La demande d'exequatur peut être jugée irrecevable en cas de **multiplicité de jugements**, notamment dans les cas suivants :

– une demande d'exequatur d'un jugement étranger est formée alors qu'un juge français a déjà statué, par un jugement passé en force de chose jugée, sur le fond du litige ayant donné lieu au prononcé du jugement étranger (Cass. 1e civ. 24-9-2002 n° 01-00.643), dans la mesure où il y a identité de parties, de cause et d'objet, car il y a alors une incompatibilité entre le jugement français et le jugement étranger ; la même solution vaut lorsque le jugement français est postérieur au jugement étranger dont l'exequatur est demandé (en ce sens, Cass. 1e civ. 27-4-2004 n° 02-13.490 : Bull. civ. I n° 115). Il en va de même en cas de transaction ayant autorité de la chose jugée, conclue antérieurement à la demande d'exequatur (Cass. 1e civ. 28-3-2013 n° 11-23.801 : Bull. civ. I n° 61) ;

– après un premier jugement rejetant une demande d'exequatur, une nouvelle demande d'exequatur est formée en France ;

– un premier jugement étranger a obtenu l'exequatur et une demande d'exequatur est formée à propos d'un autre jugement étranger, qui est inconciliable avec le premier.

62242 L'action en exequatur elle-même n'est soumise à aucune **prescription** (Cass. 1e civ. 11-1-2023 n° 21-21.168 FS-D, rendu à propos de la convention de Lugano du 16 septembre 1988, mais transposable).

La question de l'application du principe de **concentration des moyens** s'est posée dans une affaire dans laquelle le demandeur avait, dans un premier temps, obtenu d'un greffier en chef une décision déclarant exécutoire en France un jugement croate, en vertu de l'article 41 du règlement Bruxelles I, avant qu'une cour d'appel n'infirme cette décision et ne juge irrecevable la requête, faute pour le règlement d'être applicable. Le demandeur avait, dans un second temps, demandé l'exequatur du jugement croate, sur le fondement du droit commun de l'exequatur. L'irrecevabilité de cette seconde action avait alors été soulevée, au motif que le demandeur aurait prétendument dû invoquer dans la première instance à la fois les dispositions du règlement, à titre principal, et le régime de l'exequatur, à titre subsidiaire. Toutefois, après avoir relevé qu'en application du règlement Bruxelles I l'office de la cour d'appel était limité à la vérification de l'applicabilité au litige du règlement et à l'examen des critères définis aux articles 34 et 35 de celui-ci, la Cour de cassation a jugé que l'introduction par le demandeur d'une nouvelle action en exequatur fondée sur le droit commun de l'exequatur ne se heurtait pas à l'autorité de la chose jugée (Cass. 1e civ. 7-9-2022 n° 21-12.263 FS-B).

Enfin, dans une instance en exequatur, lorsque l'immunité de juridiction est revendiquée par un État étranger, il incombe au juge de statuer préalablement sur cette fin de non-recevoir (Cass. 1e 28-6-2023, n° 21-19.766 FS-B). La circonstance que le jugement étranger dont l'exequatur est demandé avait lui-même, en vertu de sa propre loi, écarté l'immunité de juridiction invoquée par l'État concerné ne dispense pas le juge français de l'exequatur d'exercer son pouvoir juridictionnel afin d'apprécier si cet État est recevable et bien fondé à invoquer cette immunité devant lui (même arrêt).

DEMANDE D'EXEQUATUR À TITRE INCIDENT

62250 L'exequatur peut être demandé par voie incidente dans une instance qui n'a pas pour objet principal ce jugement, y compris pour la première fois en appel lorsque la partie défenderesse n'a pas été constituée en première instance (Cass. 1e civ. 10-1-2018 n° 16-20.416 F-PB : RJDA 6/18 n° 548).

c. Étendue de l'exequatur

62290 Le juge de l'exequatur ne peut pas procéder à une **révision au fond** de la décision étrangère (Cass. 1e civ. 7-1-1964, Munzer : Bull. civ. I n° 15 ; Cass. 1e civ. 28-6-2023 n° 21-19.766 FS-B). On en déduit, par exemple, qu'il n'appartient pas au juge français de modifier les termes d'une condamnation à somme fixe, prononcée par un juge étranger dans sa monnaie nationale et sans autre indication de sa part (Cass. 1e civ. 19-9-2007 n° 06-17.096 : Bull. civ. I n° 279) ou de rejeter la demande d'exequatur d'un jugement étranger ordonnant la transcription de l'acte de naissance d'un enfant mentionnant ses deux parents, au motif qu'il y a un doute sérieux sur la réalité de la grossesse de la mère désignée (Cass. 1e civ. 20-3-2019 n° 18-50.005 FS-PB : Bull. inf. C. cass. 1-10-2019 n° 764). Par conséquent, le juge de l'exequatur ne peut qu'accueillir ou rejeter la demande d'exequatur, sans pouvoir modifier le dispositif du jugement étranger. Il ne peut pas non plus, après avoir accordé l'exequatur à un jugement étranger de divorce, accueillir une demande additionnelle de nomination d'un notaire chargé de liquider les intérêts patrimoniaux des ex-époux, car seul le juge compétent au fond peut se prononcer sur ce point (Cass. 1e civ. 28-3-2013 n° 11-19.279 : Bull. civ. I n° 60). Par ailleurs, le juge de l'exequatur, dont les pouvoirs se limitent à la vérification des conditions de l'exequatur, ne peut pas connaître d'une demande reconventionnelle en responsabilité fondée sur une faute qui n'a pas été commise au cours de l'instance dont il est saisi (Cass. 1e civ. 16-9-2020 n° 19-11.621 FS-PB).

Le juge de l'exequatur peut néanmoins accorder un **exequatur** seulement **partiel**, dans la mesure où certains éléments du dispositif satisferaient aux conditions de régularité examinées (nos 62090 s.) alors que d'autres ne les respecteraient pas. Encore faut-il cependant que les chefs du dispositif concernés soient dissociables.

Si la demande d'**exequatur** est **rejetée**, le jugement de rejet a l'autorité de chose jugée, de sorte que l'une des parties ne saurait par la suite demander à nouveau l'exequatur du jugement étranger (Cass. 1e civ. 24-5-2018 n° 16-26.012 F-D). Le juge français peut néanmoins être alors saisi d'une demande tendant à ce qu'il soit statué non pas sur l'exequatur mais sur le fond du litige, dans les mêmes conditions que celles dans lesquelles le juge étranger avait été saisi. Une telle demande peut conduire, il est vrai, à un conflit de décisions, s'il apparaît que les solutions retenues par le juge étranger puis par le juge français ne sont pas identiques.

d. Effet de l'exequatur

EXEQUATUR CONSTITUTIF D'UN TITRE EXÉCUTOIRE

Le jugement étranger à propos duquel l'exequatur est accordé constitue un titre exécutoire, dès lors qu'il a été déclaré exécutoire par une décision non susceptible d'un recours suspensif d'exécution (C. exécution art. L 111-3, 2°). **62340**

Puisque le jugement étranger produit ses effets sur le territoire français selon la loi du for, il y a lieu d'appliquer les intérêts moratoires prévus par le Code civil à compter de la décision d'exequatur (Cass. 1e civ. 19-11-2015 n° 14-25.162 F-PBI : Bull. civ. I n° 287).

L'exécution peut être poursuivie pendant le délai de dix ans, visé par l'article L 111-4 du Code des procédures civiles d'exécution, à compter de la décision d'exequatur (Cass. 1e civ. 4-11-2015 n° 14-11.881 FS-PBI : Bull. civ. I n° 270).

ATTENTION

Avant l'entrée en vigueur du règlement 650/2012 du 4 juillet 2012 (n° 62665), il a été jugé que le fait qu'un **testament** étranger ait été **homologué par un jugement** étranger **ayant reçu l'exequatur** en France ne permet pas d'en déduire que la dévolution successorale doit se faire telle que prévue par le testament ; si la succession comprend des biens immobiliers situés en France, soumis, par application de la règle de conflit de lois, à la loi française (C. civ. art. 3, al. 2), la dévolution successorale de ces immeubles doit tenir compte des règles de la réserve héréditaire qui sont d'ordre public interne (Cass. 1e civ. 4-7-2018 n° 17-16.515 FS-PB : Bull. inf. C. cass. 15-12-2018 n° 1288).

EN CAS D'ANÉANTISSEMENT À L'ÉTRANGER DU JUGEMENT ÉTRANGER

Les décisions d'exequatur ne peuvent en principe être privées d'effets que par l'exercice de voies de recours permettant un nouveau contrôle de la régularité internationale du jugement étranger. Toutefois, il a été jugé qu'une nouvelle décision prononcée dans l'État d'origine et anéantissant celle déclarée exécutoire en France rendrait caduque, faute d'objet, la décision d'exequatur (Cass. 1e civ. 31-1-1990 n° 87-17.813 : Bull. civ. I n° 28). Il a également été jugé que si une décision étrangère à laquelle l'exequatur a été accordé est ensuite cassée à la suite de l'exercice d'une voie de recours dans le pays où elle a été prononcée, la décision française d'exequatur doit alors être considérée comme privée de fondement juridique, ce qui justifie son annulation par la Cour de cassation (Cass. 1e civ. 23-9-2015 n° 14-14.823 F-PBI : Bull. civ. I n° 213). **62345**

SECTION 2

RÈGLES ISSUES DU RÈGLEMENT DE L'UNION EUROPÉENNE

GÉNÉRALITÉS

62600 Le règlement 1215/2012 du 12 décembre 2012 concernant la compétence judiciaire, la reconnaissance et l'exécution des décisions en matière civile et commerciale, dénommé « **règlement Bruxelles I bis** », s'applique dans l'ensemble des États de l'Union européenne, à l'exception du Danemark selon le considérant 41 du préambule du règlement. Toutefois, par une lettre du 20 décembre 2012, le Danemark a notifié à la Commission sa décision d'appliquer le contenu du règlement du 12 décembre 2012. Il en résulte que les dispositions de ce règlement sont appliquées aux relations entre l'Union et le Danemark (JOUE L 79 du 21-3-2013 p. 4).
Ce règlement énonce notamment, pour les litiges transfrontières dans l'Union européenne, des règles permettant de déterminer la juridiction compétente et des principes de reconnaissance et d'exécution des jugements prononcés dans les autres États membres. Il a été modifié par le règlement 542/2014 du 15 mai 2014 en ce qui concerne les règles à appliquer relatives à la juridiction unifiée du brevet et à la Cour de justice Benelux (le Danemark a notifié à la Commission sa décision d'appliquer le contenu de ce règlement : JOUE 13-8-2014 L 240/1).

> **Précisions a.** Les 27 **États membres de l'Union** européenne sont : l'Allemagne, l'Autriche, la Belgique, la Bulgarie, la Croatie, Chypre, le Danemark, l'Espagne, l'Estonie, la Finlande, la France, la Grèce, la Hongrie, l'Irlande, l'Italie, la Lettonie, la Lituanie, le Luxembourg, Malte, les Pays-Bas, la Pologne, le Portugal, la République tchèque, la Roumanie, la Slovaquie, la Slovénie et la Suède.
b. Entre l'Union européenne, la Suisse, la Norvège et l'Islande est applicable la **convention de Lugano** du 30 octobre 2007 qui reprend globalement les mêmes principes que ceux du règlement 44/2001. Cette Convention est entrée en vigueur le 1er janvier 2011 (à propos de son application dans le temps, Cass. 1e civ. 25-3-2015 n° 13-21.749 : RJDA 10/15 n° 729). Elle a remplacé la première convention de Lugano du 16 septembre 1988.
c. Le règlement 1215/2012 n'affecte pas l'application des conventions et accords bilatéraux conclus entre un État tiers et un État membre avant la date d'entrée en vigueur du règlement 44/2001 qui portent sur des matières relevant de son champ d'application (art. 73, 3).
d. La **convention de Bruxelles** du 27 septembre 1968, concernant la compétence judiciaire et l'exécution des décisions en matière civile et commerciale, reste applicable aux territoires des États membres qui entrent dans le champ d'application territorial de cette Convention et qui sont exclus du règlement 1215/2012 en vertu de l'article 355 du traité sur le fonctionnement de l'Union européenne (art. 68 ; pour une illustration suite à la saisine d'un juge de Polynésie française, Cass. 1e civ. 19-11-2014 n° 13-16.689 : RJDA 5/15 n° 402).
e. Une immunité de juridiction fondée sur le droit international public ne constitue pas d'office un obstacle à l'application du règlement 1215/2012 (CJUE 3-9-2020 aff. 186/19, § 62 ; CJUE 6-10-2021 aff. 581/20, § 45).

62602

Conséquences du Brexit sur les règles de compétence et la reconnaissance des décisions

Un accord de retrait du Royaume-Uni de l'Union européenne a été conclu le 31 janvier 2020. Le 1er février 2020, le Royaume-Uni a quitté l'Union et est alors devenu un État tiers. Une période de transition a toutefois été prévue (pour une application, Cass. 1e civ. 13-9-2023 n° 22-16.884 FS-B), de sorte que le droit de l'Union a continué à s'appliquer à son égard. Cette période a pris fin le 1er janvier 2021, sans qu'un accord relatif à la coopération en matière civile et commerciale soit conclu.
Pour déterminer le régime juridique applicable, il faut distinguer la question de la détermination du juge compétent et celle de la reconnaissance et de l'exécution des décisions.

Détermination du juge compétent

Les règles de compétence directe dépendent de la date de saisine de la juridiction.
Si une **juridiction** a été **saisie avant la fin de la période de transition** en application d'un règlement et s'est déclarée compétente, sa compétence reste acquise au cours de l'instance, qui se poursuit.

Les procédures engagées **à l'issue de la période de transition** ne relèvent plus du champ d'application du règlement 1215/2012 du 12 décembre 2012. Ainsi, en présence d'un défendeur domicilié au Royaume-Uni, la compétence est déterminée par les règles issues du droit international privé français (n°s 61010 s.). Par exception, certaines règles de compétence prévues par le règlement demeurent applicables car elles s'appliquent même dans les hypothèses dans lesquelles le domicile du défendeur ne se trouve pas sur le territoire d'un État membre. C'est le cas des règles issues des articles 18, 1 (contrats de consommation), 21, 2 (contrats de travail), 24 (compétences exclusives) et 25 (clause attributive de compétence).

Reconnaissance et exécution des décisions

En matière de reconnaissance et d'exécution des décisions, il faut distinguer trois cas :

– les **décisions** rendues au Royaume-Uni, les actes authentiques et les transactions judiciaires britanniques qui ont été **reconnus** ou ont donné lieu **avant la fin de la période de transition** à une déclaration de force exécutoire en application du règlement 44/2001 ou 1215/2012 restent exécutoires ;

– les décisions rendues au Royaume-Uni dans des **procédures intentées avant la fin de la période de transition** sont reconnues ou sont exécutoires en application du règlement 44/2001 ou 1215/2012 (CJUE 8-6-2023 aff. 567/21, points 35 et 36), peu important la date à laquelle elles sont prononcées. Par exemple, le règlement 44/2001 est applicable en présence d'un jugement britannique rendu dans le cadre d'une action judiciaire intentée le 20 décembre 2013 et dont la reconnaissance est demandée en France (même arrêt, point 37). Les mêmes règles sont applicables pour les actes authentiques établis ou enregistrés et les transactions judiciaires conclues ou approuvées avant la fin de cette période ;

– les décisions, les actes authentiques et les transactions judiciaires intervenus au Royaume-Uni **postérieurement à la fin de la période de transition** ne relèvent plus du règlement 44/2001 ou 1215/2012 mais des règles de droit international privé de source française ou, le cas échéant, de conventions internationales (notamment la convention de La Haye du 30 juin 2005 sur les accords d'élection de for : n° 64430).

A. Champ d'application du règlement de l'Union européenne

1. APPLICATION DANS LE TEMPS DU RÈGLEMENT DE L'UNION EUROPÉENNE

Le règlement 1215/2012 du 12 décembre 2012 **abroge** le règlement 44/2001 du 22 décembre 2000, dit « Bruxelles I », qui était applicable depuis le 1er mars 2002 et qui avait lui-même remplacé la convention de Bruxelles du 27 septembre 1968. **62605**

Le règlement 1215/2012 **s'applique** aux actions judiciaires intentées **depuis** le 10 janvier 2015 ainsi qu'aux actes authentiques dressés ou enregistrés formellement et aux transactions judiciaires approuvées ou conclues depuis cette même date (art. 66, 1° ; pour une illustration, CJUE 9-3-2017 aff. 551/15, § 24 s.).

Les deux règlements et la convention de Bruxelles sont globalement très proches. Dans les développements qui suivent, consacrés au règlement 1215/2012 du 12 décembre 2012, nous avons repris les décisions rendues sous l'empire de la convention de Bruxelles et du règlement 44/2001, lorsqu'elles sont transposables.

Le règlement 44/2001 du 22 décembre 2000 demeurant applicable pour les actions judiciaires, les transactions et les actes authentiques antérieurs au 10 janvier 2015 (pour une illustration, Cass. 1e civ. 7-12-2022 n° 21-17.492 F-B), il sera fait mention de ses spécificités au fil des développements dès lors que les principes qu'il retient différeraient des principes désormais en vigueur.

L'annexe III du règlement 1215/2012 fournit un tableau de correspondance entre ses articles et ceux du règlement 44/2001.

ATTENTION

Se pose la question de l'**articulation** entre l'**application dans le temps** des règlements et la **date d'adhésion des États** à l'Union européenne. Concernant le règlement 44/2001 dont l'article 66, 1 énonce que ses dispositions ne sont applicables qu'aux actions judiciaires intentées et aux actes authentiques reçus postérieurement à son entrée en vigueur le 1er mars 2002, il a été jugé que la Hongrie ayant adhéré à l'Union avec effet au 1er mars 2004, le règlement n'était pas applicable à une action en justice engagée devant les juridictions hongroises avant cette date (Cass. 1e civ. 12-5-2021 n° 19-19.531 F-P).

2. CHAMP D'APPLICATION MATÉRIEL DU RÈGLEMENT DE L'UNION EUROPÉENNE

a. Matières concernées par le règlement de l'Union européenne

62610 Le règlement s'applique en **matière civile et commerciale**, quelle que soit la nature de la juridiction. Il ne s'applique notamment ni aux matières fiscales, douanières ou administratives, ni à la responsabilité de l'État pour des actes ou des omissions commis dans l'exercice de la puissance publique (Règl. 1215/2012 art. 1, 1).

La **notion** de matière civile et commerciale est une notion dite autonome : elle doit donc être appréciée par les juges des États membres non pas au regard des conceptions nationales mais par référence aux objectifs et au système du droit européen (CJCE 14-10-1976 aff. 29/76 : Rec. p. 1541). Elle doit faire l'objet d'une interprétation large (CJCE 10-9-2009 aff. 292/08, § 22 et 23).

ILLUSTRATIONS

Ne relèvent pas du champ d'application du règlement :
– la décision rendue dans un litige, opposant une autorité publique à une personne privée, lorsque l'autorité publique a agi dans l'exercice de la puissance publique (CJUE 12-9-2013 aff. 49/12, § 34) ;
– l'action en répétition de l'indu fondée sur l'enrichissement sans cause ayant pour origine le remboursement d'une amende infligée dans le cadre d'une procédure en droit de la concurrence (CJUE 28-7-2016 aff. 102/15) ;
– l'action en responsabilité délictuelle formée contre les membres d'un comité des créanciers en raison de leur comportement lors d'un vote portant sur un plan de redressement dans le cadre d'une procédure d'insolvabilité (CJUE 20-12-2017 aff. 649/16 : RJDA 3/18 n° 293) ;
– l'action introduite par une personne physique à l'encontre de l'État grec, suite à l'échange, imposé par une loi grecque, des obligations souveraines qu'elle avait achetées contre des obligations de moindre valeur, dès lors que cette loi a été adoptée dans un contexte exceptionnel de crise financière et de risque de défaut de paiement de la Grèce (CJUE 15-11-2018 aff. 308/17 : RJDA 2/19 n° 159) ;
– l'action engagée par le ministre de l'économie pour sanctionner les pratiques restrictives de concurrence entre entreprises au sein de l'UE s'il agit en vertu de pouvoirs exorbitants du droit commun (CJUE 22-12-2022 aff. 98/22 : RJDA 4/23 n° 234).

Relèvent du champ d'application du règlement :
– l'action en réparation des dommages portée devant une juridiction pénale contre l'enseignant d'une école publique qui, lors d'une excursion scolaire, a causé un préjudice à un élève, du fait de la violation fautive et illégale des devoirs de vigilance, et cela même en cas de garantie par un régime d'assurance sociale de droit public (CJCE 21-4-1993 aff. 172/91 : Rec. I-1963) ;
– l'action par laquelle un État membre poursuit, auprès d'une personne de droit privé, l'exécution d'un contrat de droit privé destiné à garantir le paiement d'une dette douanière, pour autant que le rapport juridique entre le créancier et la caution, tel qu'il résulte du contrat de cautionnement, ne correspond pas à l'exercice par l'État de pouvoirs exorbitants par rapport aux règles applicables dans les relations entre particuliers (CJCE 15-5-2003 aff. 266/01 : Rec. I-4867, JDI 2004 p. 646) ;
– la reconnaissance et l'exécution d'une décision d'une juridiction qui comporte une condamnation au versement d'une amende, en vue de faire respecter une décision judiciaire rendue en matière civile et commerciale (CJUE 18-10-2011 aff. 406/09) ;
– l'action en répétition de l'indu dans le cas où un organisme public chargé d'indemniser une victime de persécutions d'un régime totalitaire a versé une somme trop élevée suite à une erreur non intentionnelle (CJUE 11-4-2013 aff. 645/11) ;
– l'action par laquelle une autorité publique d'un État membre réclame, à des personnes physiques et morales résidant dans un autre État membre, des dommages-intérêts en réparation d'un préjudice causé par une association de malfaiteurs ayant pour but une fraude à la taxe sur la valeur ajoutée due dans le premier État membre (CJUE 12-9-2013 aff. 49/12) ;
– l'action visant à obtenir la réparation du préjudice résultant de violations alléguées du droit de la concurrence de l'Union (CJUE 23-10-2014 aff. 302/13) ;
– la plainte avec constitution de partie civile déposée auprès d'une juridiction d'instruction ayant pour objet l'indemnisation pécuniaire du préjudice allégué par le plaignant (CJUE 22-10-2015 aff. 523/14) ;
– la procédure d'exécution forcée diligentée par une société détenue par une collectivité territoriale contre une personne physique domiciliée dans un autre État membre, aux fins du recouvrement d'une créance impayée de stationnement dans un parking public, dont l'exploitation a été déléguée à cette société par cette collectivité, dès lors qu'elle ne présente aucun caractère punitif mais constitue la simple contrepartie d'un service fourni (CJUE 9-3-2017 aff. 551/15) ;

– la condamnation au paiement d'une indemnité au titre des honoraires de conseil exposés par la victime devant la juridiction pénale étrangère saisie d'une demande civile (Cass. 1e civ. 30-1-2019 n° 17-28.555 F-PB : Bull. inf. C. cass. 1-2019 n° 550, rendu en application de la convention de Lugano du 30-10-2007) ;
– l'action ayant pour objet une demande de dommages-intérêts pour responsabilité délictuelle exercée par le syndic dans le cadre d'une procédure d'insolvabilité et dont le produit revient, en cas de succès, à la masse des créanciers (CJUE 6-2-2019 aff. 535/17) ;
– l'action visant à obtenir le paiement d'une créance constituée de suppléments pour l'indemnité de congés payés, détenue par un organisme collectif de droit public contre un employeur, au titre du détachement, dans un État membre, de travailleurs qui n'y ont pas leur lieu de travail habituel, ou dans le cadre de la mise à disposition, dans cet État membre, de main-d'œuvre, ou contre un employeur dont le siège se situe hors du territoire de cet État membre au titre de l'emploi de travailleurs ayant leur lieu de travail habituel dans le même État membre, pour autant que les modalités d'exercice d'une telle action ne dérogent pas aux règles de droit commun et, notamment, n'écartent pas la possibilité pour le juge saisi de contrôler le bien-fondé des données sur lesquelles repose la constatation de cette créance (CJUE 28-2-2019 aff. 579/17) ;
– l'action en annulation, pour insanité d'esprit, d'une procuration de vendre un bien en viager (Cass. 1e civ. 13-5-2020 n° 19-10.448 FS-PB) ;
– une procédure en recouvrement de créance après délivrance par un notaire d'une ordonnance d'exécution (CJUE 7-5-2020 aff. 267/19, § 29) ;
– un recours en indemnité, introduit contre des personnes morales de droit privé exerçant une activité de classification et de certification de navires pour le compte et sur délégation d'un État tiers, dès lors que cette activité n'est pas exercée en vertu de prérogatives de puissance publique, au sens du droit de l'Union (CJUE 7-5-2020 aff. 641/18) ;
– l'action opposant les autorités d'un État membre à des professionnels établis dans un autre État membre dans le cadre de laquelle ces autorités demandent à ce que soit constatée l'existence d'infractions constituant des pratiques commerciales déloyales prétendument illégales (CJUE 16-7-2020 aff. 73/19) ;
– une action en référé, introduite devant une juridiction d'un État membre, dans le cadre de laquelle une organisation internationale invoque son immunité d'exécution afin d'obtenir tant la mainlevée d'une saisie-arrêt conservatoire, exécutée dans un État membre autre que celui du for, que l'interdiction de pratiquer de nouveau une telle saisie sur le fondement de mêmes faits, et engagée parallèlement à une procédure au fond portant sur une créance résultant du non-paiement allégué de carburants fournis pour les besoins d'une opération de maintien de la paix assurée par cette organisation, pour autant que cette action n'est pas exercée en vertu de prérogatives de puissance publique, au sens du droit de l'Union (CJUE 3-9-2020 aff. 186/19) ;
– une action en recouvrement d'une redevance portant sur un ticket journalier de stationnement sur une place de parking, qui est délimitée et située sur la voie publique, diligentée par une société qui a été mandatée par une collectivité territoriale pour la gestion de telles places de parking (CJUE 25-3-2021 aff. 307/19) ;
– l'action d'une ressortissante bulgare ayant conclu des contrats de prestations avec un consulat bulgare en Espagne dans la mesure où les prestations n'impliquent pas l'exercice de la puissance publique et ne risquent pas d'interférer avec les intérêts de la république de Bulgarie en matière de sécurité (CJUE 3-6-2021 aff. 280/20) ;
– l'action en référé introduite et poursuivie, selon les règles de droit commun, devant une juridiction d'un État membre, portant sur des pénalités au titre de l'exécution d'un contrat de travaux de construction d'une voie expresse publique conclu à l'issue d'une procédure de passation des marchés dont le pouvoir adjudicateur est une autorité publique (CJUE 6-10-2021 aff. 581/20).

b. Matières exclues du règlement de l'Union européenne

NON-APPLICATION DU RÈGLEMENT AU DROIT DE LA FAMILLE

Le règlement exclut de son champ d'application (art. 1, 2) : **62660**
– l'état et la capacité des personnes ;
– les régimes matrimoniaux ou les régimes patrimoniaux relatifs aux relations qui, selon la loi qui leur est applicable, sont réputés avoir des effets comparables au mariage ;
– les obligations alimentaires découlant de relations de famille, de parenté, de mariage ou d'alliance ;
– les testaments et les successions, y compris les obligations alimentaires résultant du décès.
Ces exclusions sont dues à la spécificité des domaines considérés ou à la volonté du législateur européen d'adopter des textes spécialisés.
Le domaine de l'**état** et de la **capacité des personnes** relève du droit international privé de chaque État membre (par exemple, Cass. 1e civ. 3-12-2014 n° 13-22.672 F-PB : Bull. civ. I n° 204).

Compte tenu de la diversité des droits nationaux des États membres en matière de **régimes matrimoniaux**, la Cour de justice précise que la notion de régimes matrimoniaux est une notion autonome et comprend non seulement les régimes de biens spécifiquement et exclusivement conçus par certaines législations nationales en vue du mariage, mais également tous les rapports patrimoniaux résultant directement du lien conjugal ou de la dissolution de celui-ci (CJCE 27-3-1979 aff. 143/78 : Rec. p. 1055). Elle en déduit qu'un litige relatif à la liquidation, à l'issue du prononcé d'un divorce, d'un bien meuble acquis au cours du mariage par des époux ressortissants d'un État membre, mais domiciliés dans un autre État membre, relève, non pas du champ d'application du règlement du 12 décembre 2012, mais du domaine des régimes matrimoniaux (CJUE 14-6-2017 aff. 67/17).

ATTENTION

La matière a profondément évolué depuis le 1er janvier 2019, date d'entrée en vigueur de deux règlements établissant une **distinction** entre les **régimes matrimoniaux** et les **partenariats enregistrés** : le règlement 2016/1103 du 24 juin 2016 mettant en œuvre une coopération renforcée dans le domaine de la compétence, de la loi applicable, de la reconnaissance et de l'exécution des décisions en matière de régimes matrimoniaux, d'une part, et le règlement 2016/1104 du 24 juin 2016 mettant en œuvre une coopération renforcée dans le domaine de la compétence, de la loi applicable, de la reconnaissance et de l'exécution des décisions en matière d'effets patrimoniaux des partenariats enregistrés, d'autre part.

Les **obligations alimentaires** relèvent du règlement 4/2009 du 18 décembre 2008 relatif à la compétence, la loi applicable, la reconnaissance et l'exécution des décisions et la coopération en matière d'obligations alimentaires.

Les **testaments et successions** sont exclus du champ du règlement mais ils relèvent, pour les successions des personnes décédées depuis le 17 août 2015, du règlement 650/2012 du 4 juillet 2012 relatif à la compétence, la loi applicable, la reconnaissance et l'exécution des décisions, et l'acceptation et l'exécution des actes authentiques en matière de successions et à la création d'un certificat successoral européen (n° 62665).

Dans certaines matières familiales, d'autres textes européens peuvent trouver application (n° 62746).

62665

Règlement applicable en matière de successions

Le règlement 650/2012 du 4 juillet 2012 prévoit des règles de compétence, des règles sur la loi applicable et des principes de reconnaissance et d'exécution des décisions en matière successorale, ce qui permet d'unifier le droit international privé dans l'Union à ce sujet, étant précisé que, même avant le Brexit, le règlement n'était pas applicable au Royaume-Uni, en Irlande et au Danemark.

Sous réserve de certaines exclusions (notamment pour les matières fiscales, douanières et administratives), le règlement **s'applique** aux successions à cause de mort (art. 1), c'est-à-dire à toute forme de transfert de biens, de droits et d'obligations à cause de mort, qu'il s'agisse d'un acte volontaire de transfert en vertu d'une disposition à cause de mort ou d'un transfert dans le cadre d'une succession ab intestat (art. 3, 1 ; sur la notion de pacte successoral, CJUE 9-9-2021 aff. 277/20, qui retient que constitue un tel pacte un contrat en vertu duquel une personne prévoit le transfert futur, lors de son décès, de la propriété d'un bien immobilier lui appartenant à d'autres parties contractantes).

Sont alors **compétentes**, par **principe**, pour statuer sur l'ensemble de la succession les juridictions de l'État membre dans lequel le défunt avait sa résidence habituelle au moment de son décès (art. 4) ; le terme « juridiction » désigne toute autorité judiciaire, ainsi que toute autre autorité et tout professionnel du droit compétents en matière de successions qui exercent des fonctions juridictionnelles ou agissent en vertu d'une délégation de pouvoirs d'une autorité judiciaire ou sous le contrôle d'une autorité judiciaire, pour autant que ces autres autorités et professionnels du droit offrent des garanties en ce qui concerne leur impartialité et le droit de toutes les parties à être entendues, et que les décisions qu'ils rendent en vertu du droit de l'État membre dans lequel ils exercent leurs fonctions puissent faire l'objet d'un recours (art. 3 § 2). Ce principe permet d'assurer l'unité successorale, que les biens soient des meubles ou des immeubles. Le règlement prévoit par ailleurs deux cas de **compétence subsidiaire** (art. 10) :

– lorsque la résidence habituelle du défunt au moment du décès n'est pas située dans un État membre, les juridictions de l'État membre dans lequel sont situés des biens successoraux sont compétentes pour statuer sur l'ensemble de la succession dans la mesure où : a) le défunt possédait la nationalité de cet État membre au moment du décès ; ou, à défaut, b) le défunt avait sa résidence habituelle antérieure dans cet État membre, pour autant que, au

moment de la saisine de la juridiction, il ne se soit pas écoulé plus de cinq ans depuis le changement de cette résidence habituelle ;
– lorsqu'aucune juridiction d'un État membre n'est compétente en vertu du principe précédent, les juridictions de l'État membre dans lequel sont situés des biens successoraux sont néanmoins compétentes pour statuer sur ces biens.

Enfin, le règlement prévoit qu'une personne peut choisir comme loi régissant l'ensemble de sa succession la loi de l'État dont elle possède la nationalité au moment où elle fait ce choix ou au moment de son décès (art. 22). Or, dans une telle hypothèse, lorsque la loi choisie par le défunt pour régir sa succession est la loi d'un État membre, les parties concernées peuvent convenir que la ou les juridictions de cet État membre ont compétence exclusive pour statuer sur toute succession. Cet **accord d'élection de for** est conclu par écrit, daté et signé par les parties concernées (art. 5).

NON-APPLICATION DU RÈGLEMENT AUX PROCÉDURES D'INSOLVABILITÉ

Les **faillites**, **concordats** et autres **procédures analogues** sont exclus du champ du règlement 1215/2012 (art. 1, 2-b) ; ils relèvent du règlement 2015/848 du 20 mai 2015 relatif aux procédures d'insolvabilité (qui s'applique depuis le 26 juin 2017 et qui abroge le règlement 1346/2000 du 29 mai 2000). Ces deux règlements doivent être interprétés de façon à éviter tout chevauchement et tout vide juridique. Ainsi, les actions exclues du champ d'application du règlement 1215/2012, en tant qu'elles relèvent des « faillites, concordats et autres procédures analogues », relèvent du champ d'application du règlement 2015/848 et, symétriquement, les actions qui n'entrent pas dans le champ d'application de ce second texte relèvent du champ d'application du premier (CJUE 9-11-2017 aff. 641/16, § 17). **62670**
Malgré les termes de l'article 1, 2-b précité, tout litige intéressant une entreprise en « faillite » n'échappe pas systématiquement au règlement 1215/2012. Pour ce faire, il faut qu'il dérive directement de la faillite et s'insère étroitement dans le cadre d'une procédure de liquidation des biens ou de règlement judiciaire (CJCE 22-2-1979 aff. 133/78 : Rec. p. 733).

ILLUSTRATIONS

Ne relève pas du règlement 1215/2012 la décision rendue par une juridiction d'un État membre prononçant la nullité de la cession des parts émises par une société ayant son siège dans cet État dès lors que la juridiction ne reconnaît pas les pouvoirs d'un syndic d'un autre État membre dans le cadre d'une procédure de faillite appliquée et clôturée dans ce second État (CJCE 2-7-2009 aff. 111/08 : Rec. I-5655). Il en va de même d'une action en constatation de l'existence de créances aux fins de leur enregistrement dans le cadre d'une procédure d'insolvabilité, dans la mesure où cette action est prévue par le droit national des procédures collectives applicable (CJUE 18-9-2019 aff. 47/18).
En revanche, relève du règlement 1215/2012 l'action d'un vendeur exercée au titre d'une clause de réserve de propriété contre un acheteur en situation de faillite lorsque le bien faisant l'objet de cette clause se trouve dans l'État membre d'ouverture de la procédure d'insolvabilité au moment de l'ouverture de cette procédure à l'encontre de l'acheteur (CJCE 10-9-2009 aff. 292/08 : Rec. I-8421). Il en va de même de l'action en responsabilité pour concurrence déloyale par laquelle il est reproché au cessionnaire d'une branche d'activité acquise dans le cadre d'une procédure d'insolvabilité, de s'être présenté à tort comme assurant la distribution exclusive d'articles fabriqués par le débiteur (CJUE 9-11-2017 aff. 641/16 et Cass. com. 9-5-2018 n° 14-23.273 FS-D : RJDA 7/18 n° 596).

En application du **règlement 2015/848 du 20 mai 2015**, les **juridictions** de l'État membre sur le territoire duquel est situé le centre des intérêts principaux du débiteur sont **compétentes** pour ouvrir la procédure d'insolvabilité ; pour les sociétés et les personnes morales, le centre des intérêts principaux est présumé, jusqu'à preuve contraire, être le lieu du siège statutaire (Règl. 2015/848 art. 3, 1). Cette présomption ne peut être écartée que si des éléments objectifs et vérifiables par les tiers permettent d'établir l'existence d'une situation réelle différente de celle que la localisation au siège statutaire est censée refléter ; tel pourrait être notamment le cas d'une société qui n'exercerait aucune activité sur le territoire de l'État membre où est situé son siège social ; en revanche, lorsqu'une société exerce son activité sur le territoire de l'État membre où est situé son siège social, le fait que ses choix économiques soient ou puissent être contrôlés par une société mère établie dans un autre État membre ne suffit pas pour écarter la présomption (CJCE 2-5-2006 aff. 341/04 : RJDA 8-9/06 n° 936). **62673**

> **Précisions** La juridiction d'un État membre saisie d'une demande d'ouverture d'une procédure d'insolvabilité principale conserve une compétence exclusive pour ouvrir une telle procédure lorsque le **centre des intérêts principaux** du débiteur est **transféré vers un autre État membre** après l'introduction de cette demande, mais avant que cette juridiction n'ait statué sur celle-ci. En conséquence, et pour autant que ce règlement demeure applicable à la demande, la juridiction d'un autre État membre ultérieurement saisie d'une demande introduite aux mêmes fins ne peut, en principe, se déclarer compétente pour ouvrir une procédure d'insolvabilité principale tant que la première juridiction n'a pas statué et décliné sa compétence (CJUE 24-3-2022 aff. 723/20).

NON-APPLICATION DU RÈGLEMENT AU DOMAINE DE LA SÉCURITÉ SOCIALE

62680 Le domaine de la sécurité sociale a été exclu du champ d'application du règlement (art. 1, 2-c) en raison de sa nature particulière qui le place à la **frontière** du **droit public** et du **droit privé**. Des difficultés apparaissent néanmoins parfois pour apprécier l'étendue de l'exclusion.

La notion de sécurité sociale est une notion autonome qu'il faut interpréter en se référant aux objectifs et au système du règlement (CJCE 14-11-2002 aff. 271/00 : RJS 2/03 n° 280). Elle englobe le champ d'application matériel du règlement 883/2004 du 29 avril 2004, portant sur la coordination des systèmes de sécurité sociale. En outre, une prestation peut être considérée comme étant une prestation de sécurité sociale dans la mesure où elle est octroyée aux bénéficiaires en dehors de toute appréciation individuelle et discrétionnaire des besoins personnels, sur la base d'une situation légalement définie, et où elle se rapporte à l'un des risques expressément énumérés à l'article 3, 1 du règlement 883/2004 précité (CJUE 28-2-2019 aff. 579/17, § 67 et 68).

ILLUSTRATIONS

La notion de sécurité sociale n'englobe pas l'action récursoire par laquelle un organisme public poursuit, selon les règles du droit commun, auprès d'une personne de droit privé, le recouvrement de sommes qu'il a versées à titre d'aide sociale au conjoint divorcé et à l'enfant de cette personne (CJCE 14-11-2002 précité).

NON-APPLICATION DU RÈGLEMENT À L'ARBITRAGE

62690 Le domaine de l'arbitrage a été exclu du champ d'application du règlement (art. 1, 2-d) car il est déjà couvert par différentes conventions internationales spécifiques. La portée de l'exclusion prête cependant parfois à discussions, et les précisions fournies par le considérant 12 du préambule du règlement, dont l'objet était de clarifier la matière, vont sans doute l'obscurcir compte tenu de leur formulation d'une clarté relative.

ILLUSTRATIONS

L'exclusion s'étend à un litige pendant devant une juridiction étatique qui a pour objet la désignation d'un arbitre, même si ce litige soulève au préalable la question de l'existence ou de la validité de la convention d'arbitrage (CJCE 25-7-1991 aff. 190/89 : RJDA 10/91 n° 871).

Dans la mesure où l'objet d'une demande de mesures provisoires porte sur une question relevant du champ d'application matériel du règlement, ce dernier s'applique et son article 31 (relatif aux mesures provisoires et conservatoires) est susceptible de fonder la compétence du juge des référés même si une procédure au fond a déjà été engagée ou peut l'être et même si cette procédure devait se dérouler devant des arbitres (CJCE 17-11-1998 aff. 391/95 : RJDA 2/99 n° 246).

Si une juridiction d'un État membre est saisie, sur le fond, d'une procédure qui entre dans le champ d'application du règlement, il y a lieu de retenir que le règlement continue à s'appliquer même si l'une des parties soulève alors une question préalable tendant à contester la validité de la convention d'arbitrage la liant à l'autre partie. En conséquence, l'adoption, par une juridiction d'un État membre, d'une injonction visant à interdire à une personne d'engager ou de poursuivre une procédure devant les juridictions d'un autre État membre, au motif qu'une telle procédure serait contraire à une convention d'arbitrage, est incompatible avec le règlement (CJCE 10-2-2009 aff. 185/07 : Rec. I-686).

Le règlement ne s'oppose pas à ce qu'une juridiction d'un État membre reconnaisse et exécute, ni à ce qu'elle refuse de reconnaître et d'exécuter, une sentence arbitrale interdisant à une partie de présenter certaines demandes devant une juridiction de cet État membre, dans la mesure où ce règlement ne régit pas la reconnaissance et l'exécution, dans un État membre, d'une sentence arbitrale prononcée par un tribunal arbitral dans un autre État membre (CJUE 13-5-2015 aff. 536/13).

3. CHAMP D'APPLICATION DANS L'ESPACE DU RÈGLEMENT DE L'UNION EUROPÉENNE

PRINCIPE

Pour que le règlement 1215/2012 s'applique, il doit s'agir d'un **litige transfrontière** (Considérants 3 et 26 du préambule). Le règlement ne définit pas cette notion, mais la Cour de justice transpose la définition du litige transfrontalier donnée par l'article 3, 1 du règlement 1896/2006 du 2 décembre 2006, instituant une procédure européenne d'injonction de payer : le litige transfrontalier est un litige dans lequel au moins une des parties a son domicile ou sa résidence habituelle dans un État membre autre que celui de la juridiction saisie (CJUE 7-5-2020 aff. 267/19 et 323/19, § 35 ; CJUE 3-6-2021 aff. 280/20, § 32). 62740

Le **litige** doit, en principe, **se rattacher à un État membre**, notamment par la présence dans un État membre du domicile du défendeur (art. 4) ou de l'un des éléments conduisant à retenir l'existence d'une compétence exclusive pour les tribunaux de cet État (art. 24). Des parties peuvent toutefois donner compétence à une juridiction ou à des juridictions d'un État membre dans le cadre d'une convention attributive de juridiction, sans considération de leur domicile (art. 25). 62741

Le litige doit comporter un **élément d'extranéité** (CJCE 1-3-2005 aff. 281/02 : Rec. I-1465). Le caractère transfrontière du rapport juridique peut découler non seulement de l'implication de plusieurs États membres en raison du fond du litige ou du domicile respectif des parties au litige, mais aussi de l'implication d'un État membre et d'un État tiers, en raison, par exemple, du domicile du demandeur et d'un défendeur, dans le premier État, et de la localisation des faits litigieux dans le second (même arrêt). 62743

Plus précisément, la situation en cause dans le litige doit être de nature à soulever des questions relatives à la détermination de la compétence internationale de la juridiction de l'État membre saisie (CJUE 17-11-2011 aff. 327/10).

62746

Application d'autres textes européens ou internationaux

Textes européens

Le règlement 1215/2012 ne préjuge pas de l'application des dispositions qui, dans des **matières particulières**, règlent la compétence judiciaire, la reconnaissance et l'exécution des décisions et qui sont contenues dans les actes européens ou dans les législations nationales harmonisées en exécution de ces actes (art. 67).

À ce propos, il y a lieu de rappeler l'existence des règlements suivants :

– règlement 805/2004 du 21 avril 2004 portant création d'un **titre exécutoire européen pour** les **créances** incontestées ;

– règlement 4/2009 du 18 décembre 2008 relatif à la compétence, la loi applicable, la reconnaissance et l'exécution des décisions et la coopération en matière d'**obligations alimentaires** ;

– règlement 650/2012 du 4 juillet 2012 relatif à la compétence, la loi applicable, la reconnaissance et l'exécution des décisions, et l'acceptation et l'exécution des actes authentiques en matière de **successions** et à la création d'un certificat successoral européen (n° 62665) ;

– règlement 606/2013 du 12 juin 2013 relatif à la reconnaissance mutuelle des **mesures de protection** en matière civile ;

– règlement 655/2014 du 15 mai 2014 portant création d'une procédure d'ordonnance européenne de **saisie conservatoire** des comptes bancaires, destinée à faciliter le recouvrement transfrontière de créances en matière civile et commerciale ;

– règlement 542/2014 du 15 mai 2014 portant modification du règlement 1215/2012 en ce qui concerne les règles à appliquer relatives à la **juridiction unifiée du brevet** et à la Cour de justice (n° 64340) ;

– règlement 2015/848 du 20 mai 2015 relatif aux **procédures d'insolvabilité** ;

– règlement 2015/2421 du 16 décembre 2015 modifiant le règlement 861/2007 instituant une procédure européenne de **règlement des petits litiges** ;

– règlement 2015/2421 du 16 décembre 2015 modifiant le règlement 1896/2006 instituant une procédure européenne d'**injonction de payer** ;

– règlement 2016/679 du 27 avril 2016 relatif à la protection des personnes physiques à l'égard du traitement des **données à caractère personnel** et à la libre circulation de ces données, et abrogeant la directive 95/46/CE ;

62746 (suite)

– règlement 2016/1103 du 24 juin 2016 mettant en œuvre une coopération renforcée dans le domaine de la compétence, de la loi applicable, de la reconnaissance et de l'exécution des décisions en matière de **régimes matrimoniaux** ;
– règlement 2016/1104 du 24 juin 2016 mettant en œuvre une coopération renforcée dans le domaine de la compétence, de la loi applicable, de la reconnaissance et de l'exécution des décisions en matière d'effets patrimoniaux des **partenariats** enregistrés (applicable à compter du 29 janvier 2019) ;
– règlement 2016/1191 du 6 juillet 2016 visant à favoriser la libre circulation des citoyens en simplifiant les conditions de **présentation** de certains **documents publics** dans l'Union européenne, et modifiant le règlement 1024/2012 ;
– règlement 2018/1805 du 14 novembre 2018 concernant la reconnaissance mutuelle des décisions de **gel** et des décisions de **confiscation** ;
– règlement 2019/1111 du 25 juin 2019 (dit règlement « Bruxelles II ter ») relatif à la compétence, la reconnaissance et l'exécution des décisions en **matière matrimoniale** (divorce, séparation de corps, nullité du mariage : n° 39431) et en matière de **responsabilité parentale**, ainsi qu'à l'**enlèvement international d'enfants** ;
– règlement 2020/1783 du 25 novembre 2020 relatif à la coopération entre les juridictions des États membres dans le domaine de l'**obtention des preuves** en matière civile ou commerciale ;
– règlement 2020/1784 du 25 novembre 2020 relatif à la **signification** et à la **notification** dans les États membres des **actes judiciaires et extrajudiciaires** en matière civile ou commerciale (nos 21520 s.).

Conventions internationales conclues entre États membres

Le règlement remplace entre les États membres les conventions et les traités dont il fournit la liste, étant indiqué que ces textes continuent à produire leurs effets dans les **matières auxquelles le règlement n'est pas applicable** et en ce qui concerne les décisions rendues et les actes authentiques reçus avant l'entrée en vigueur du règlement 44/2001 du 22 décembre 2000 (art. 69 et 70).

Pour la France, il s'agit de :
– la convention franco-belge sur la compétence judiciaire, sur l'autorité et l'exécution des décisions judiciaires, des sentences arbitrales et des actes authentiques, signée à Paris le 8 juillet 1899 ;
– la convention franco-italienne sur l'exécution des jugements en matière civile et commerciale, signée à Rome le 3 juin 1930 ;
– la convention conclue avec le Royaume-Uni sur l'exécution réciproque des jugements en matière civile et commerciale, accompagnée d'un protocole, signée à Paris le 18 janvier 1934 ;
– la convention franco-autrichienne sur la reconnaissance et l'exécution des décisions judiciaires et des actes authentiques en matière civile et commerciale, signée à Vienne le 15 juillet 1966 ;
– la convention franco-espagnole sur la reconnaissance et l'exécution de jugements et de sentences arbitrales en matière civile et commerciale, signée à Paris le 28 mai 1969 ;
– la convention franco-polonaise relative au droit applicable, à la juridiction et à l'exécution des décisions dans le domaine du droit personnel et familial, conclue à Varsovie le 5 avril 1967 ;
– la convention franco-yougoslave relative à la reconnaissance et à l'exécution des décisions en matière civile et commerciale, signée à Paris le 18 mai 1971 ;
– la convention franco-hongroise relative à l'entraide judiciaire en matière civile et familiale, à la reconnaissance et à l'exécution des décisions ainsi qu'à l'entraide judiciaire en matière pénale et à l'extradition, signée à Budapest le 31 juillet 1980 ;
– le traité conclu avec la République socialiste tchécoslovaque relatif à l'entraide judiciaire, à la reconnaissance et à l'exécution des décisions, en matière civile, familiale et commerciale, signé à Paris le 10 mai 1984 ;
– la convention franco-roumaine concernant l'entraide judiciaire en matière civile et commerciale, signée à Paris le 5 novembre 1974 ;
– l'accord conclu avec le gouvernement de la République populaire de Bulgarie relatif à l'entraide judiciaire en matière civile, signé à Sofia le 18 janvier 1989.

Le règlement n'affecte pas les conventions auxquelles les États membres sont parties et qui, dans des matières particulières, règlent la compétence judiciaire, la reconnaissance ou l'exécution des décisions (art. 71).

Ce principe ne s'oppose pas à ce que la règle de compétence judiciaire pour les litiges relatifs aux marques, dessins et modèles Benelux, énoncée à l'article 4.6 de la convention

Benelux en matière de propriété intellectuelle (marques et dessins ou modèles) du 25 février 2005, signée par la Belgique, le Luxembourg et les Pays-Bas, soit appliquée à ces litiges (CJUE 14-7-2016 aff. 230/15).
Néanmoins, une convention internationale ne peut pas être interprétée d'une manière qui n'assure pas, dans des conditions au moins aussi favorables que celles prévues par le règlement, le respect des objectifs et des principes qui sous-tendent ce règlement (CJUE 19-12-2013 aff. 452/12 : RJDA 4/14 n° 402).

B. Règles de compétence directe issues du règlement de l'Union européenne

GÉNÉRALITÉS

Le règlement prévoit diverses règles de compétence. La règle générale conduit à retenir la compétence des **juridictions** de l'État de l'Union sur le territoire duquel le **défendeur** est **domicilié** (n°s 62870 s.). Sont également prévues des compétences spéciales sur **option** (n°s 62940 s.), des règles de compétence destinées à protéger la **partie faible** (assurance, consommation, travail : n°s 63620 s.), des **compétences exclusives** (n°s 64140 s.) et des règles de **prorogation de compétence** (n°s 64440 s.). **62850**

Certaines règles de compétence prévues par le règlement donnent **compétence à un tribunal en particulier**, comme le font, en droit français, les règles de compétence du Code de procédure civile. Par exemple, l'article 7 du règlement prévoit qu'en matière délictuelle ou quasi délictuelle, une personne domiciliée dans un État membre peut être attraite, dans un autre État membre, devant le tribunal du lieu où le fait dommageable s'est produit ou risque de se produire. **62853**
D'autres règles donnent en revanche une **compétence aux juridictions d'un État globalement** considérées, sans autre précision. C'est ainsi que l'article 21 énonce qu'un employeur ayant son domicile dans un État membre peut être attrait, notamment, devant les tribunaux de l'État membre où il a son domicile. Après avoir appliqué le règlement, il convient donc de déterminer, dans un second temps, le tribunal spécialement compétent, en appliquant les règles de procédure civile internes de l'État concerné.

Certains systèmes juridiques admettent que le juge désigné par une règle de compétence peut en définitive se déclarer incompétent s'il apparaît qu'il serait plus approprié que le litige soit soumis à un autre juge (théorie du **forum non conveniens**). **62856**
Une telle approche est exclue dans le cadre du règlement : une juridiction d'un État membre ne peut pas décliner la compétence qu'elle tire du texte européen au motif qu'une juridiction d'un État non membre serait un for plus approprié pour connaître du litige en cause (CJCE 1-3-2005 aff. 281/02 : Rec. I-1383 ; CJCE 29-6-1994 aff. 288/92, § 21 : Rec. I-2913). Par conséquent, le juge saisi et compétent en vertu d'une disposition du règlement ne saurait décliner sa compétence au motif que le litige entretient, à son sens, des liens plus significatifs avec les juridictions d'un autre État qui devrait ainsi reconnaître leur compétence.

1. JURIDICTIONS DE L'ÉTAT DU DOMICILE DU DÉFENDEUR

RÈGLES GÉNÉRALES

La compétence est par **principe** attribuée aux juridictions de l'État membre de l'Union européenne sur le territoire duquel est domicilié le défendeur (Règl. art. 4, 1). Il s'agit d'une attribution globale de compétence à ces juridictions. Il convient ensuite de déterminer la juridiction spécialement compétente par référence aux dispositions de procédure civile de l'État concerné, et ce, à la fois en ce qui concerne la compétence d'attribution et la compétence territoriale. **62870**
La **nationalité** des parties importe peu, que cette nationalité soit celle de l'un des États membres concernés, d'un autre État membre ou d'un État non membre. Ainsi, les personnes qui ne possèdent pas la nationalité de l'État membre dans lequel elles sont domiciliées sont soumises aux règles de compétence applicables aux ressortissants de cet État (Règl. art. 4, 2).
Le **domicile du demandeur** importe peu également, même s'il est situé hors de l'Union (CJCE 13-7-2000 aff. 412/98 : RJDA 1/01 n° 111 ; Cass. soc. 28-1-2015 n° 13-22.994 : RJDA 6/15 n° 477). Il n'en va autrement que dans les cas exceptionnels où une disposition expresse du texte prévoit que l'application de la règle de compétence qu'elle énonce dépend de la localisation du domicile du demandeur sur le territoire d'un État de l'Union (CJCE 13-7-2000 aff. 412/98, précité).

62873 Une personne domiciliée dans un État membre ne peut être attraite devant les juridictions d'un autre État membre qu'en vertu des **règles** de compétence **dérogatoires** limitativement énumérées (compétences spéciales, compétences protectrices, compétences exclusives, prorogation de compétence) (art. 5, 1). Ces règles de compétence dérogatoires ne sauraient donner lieu à une interprétation allant au-delà des hypothèses envisagées par le règlement (CJCE 17-6-1992 aff. 26/91 : RJDA 8-9/92 n° 879). Par ailleurs, il a été précisé que l'article 5, 1 ne s'oppose pas à ce qu'une injonction de faire à l'égard d'un débiteur acquière force exécutoire et qu'il n'impose pas d'invalider une telle injonction (CJUE 9-9-2021 aff. C-208/20 et C-256/20).

Le **privilège de juridiction** au profit des tribunaux français prévu par les articles 14 et 15 du Code civil (nos 61240 s.) ne peut pas être invoqué pour faire échec à la règle posée par l'article 2, 1 du règlement (art. 5, 2).

62875

Défendeur non domicilié dans un État membre

Si le défendeur n'est pas domicilié sur le territoire d'un État membre, la règle de compétence énoncée par l'article 4, 1 n'est pas applicable (Cass. 1e civ. 1-2-2023 n° 20-15.703 FS-D).

L'article 6, 1 du règlement 1215/2012 prévoit que, dans ce cas, la compétence est, dans chaque État membre, réglée par la loi de cet État membre, sous réserve de l'application des articles 18, 1 (action intentée par un consommateur), 21, 2 (action d'un salarié), 24 (compétences exclusives) et 25 (prorogation de compétence). Le règlement s'applique également lorsque le défendeur comparaît volontairement devant le juge d'un État membre (art. 26) ou lorsque les conditions de la litispendance sont réunies (art. 29), le lieu du domicile du défendeur n'étant pas alors pris en compte.

Par ailleurs, le défendeur non domicilié dans l'Union, quelle que soit sa nationalité, peut se voir opposer les **règles nationales de compétence exorbitantes** par tout demandeur domicilié dans un État membre, ressortissant ou non d'un État membre (Règl. art. 6, 2 : par exemple, Cass. 1e civ. 28-6-2022 n° 21-10.106 FS-B ; Cass. soc. 14-12-2022 n° 21-13.976 F-B). Par exemple, un Suédois domicilié en France peut saisir une juridiction française en application de l'article 14 du Code civil s'il est opposé à un défendeur allemand domicilié hors de l'Union.

Enfin, un **défendeur**, qui est probablement citoyen de l'Union, mais qui se trouve **en un lieu inconnu**, ne peut pas être considéré comme non domicilié sur le territoire de l'Union si la juridiction saisie ne dispose pas d'indices probants lui permettant de conclure que l'intéressé est effectivement domicilié en dehors du territoire de l'Union européenne (CJUE 15-3-2012 aff. 292/10 : D. 2012 p. 952). Dans cette affaire, le défendeur était un gestionnaire de site internet dont la responsabilité délictuelle était mise en cause.

DÉTERMINATION DU DOMICILE DU DÉFENDEUR

62880 **Défendeur personne physique** Pour déterminer si une partie a un domicile sur le territoire de l'État membre dont les juridictions sont saisies, le juge applique sa loi interne (Règl. art. 62, 1), c'est-à-dire, du point de vue français, les articles 102 et suivants du Code civil et l'article 43 du CPC.

Lorsque la partie n'a pas de domicile dans l'État membre dont les juridictions sont saisies, le juge applique la loi de l'État membre dans lequel la personne semble avoir un domicile (art. 62, 2).

> **Précisions** Lorsque le même litige est soumis simultanément à des juridictions d'États membres différents et que plusieurs juges se reconnaissent compétents car ils retiennent que le domicile du défendeur se trouve dans leur ressort, le **conflit positif de compétence** est réglé par le recours aux dispositions du règlement relatives à la litispendance ou à la connexité.
> À l'inverse, en cas de **conflit négatif de compétence** (aucun juge ne considère que le domicile du défendeur se situe dans son ressort), le juge saisi détermine la compétence par application de sa loi interne. La Cour de cassation a ainsi approuvé les juges du fond d'avoir retenu leur compétence à propos d'un défendeur n'ayant pas de domicile dans un État membre mais disposant en France d'une résidence au sens de l'article 43 du CPC, selon lequel le lieu où demeure le défendeur s'entend, s'il s'agit d'une personne physique, du lieu où celle-ci a son domicile ou, à défaut, sa résidence (Cass. 1e civ. 4-1-1984 n° 82-15.835 : Bull. civ. I n° 4).

62890 **Défendeur personne morale** Les sociétés et les personnes morales sont domiciliées là où est situé leur siège statutaire, leur administration centrale, ou leur principal établissement (Règl. art. 60, 1).

Pour **Chypre** et l'**Irlande**, on entend par siège statutaire le registered office ou, à défaut, le lieu d'acquisition de la personnalité morale (place of incorporation) ou, à défaut, le lieu selon la loi duquel la formation (la constitution) a été effectuée (art. 63, 2).
Pour déterminer si un **trust** a son domicile dans un État membre dont les tribunaux sont saisis, le juge applique les règles de son droit international privé (art. 63, 3).

> **Précisions** Lorsqu'ils retiennent que l'administration centrale ou le principal établissement d'une personne morale est situé dans leur ressort, les juges du fond doivent motiver leur décision (Cass. 1e civ. 19-10-2016 n° 15-25.864 F-D ; Cass. 1e civ. 22-2-2017 n° 16-12.408 FS-PBI : RJDA 5/17 n° 385).

2. COMPÉTENCE SPÉCIALE SUR OPTION

Dans certains contentieux, notamment dans les matières contractuelle et délictuelle, le demandeur dispose d'une option de compétence qui lui permet de saisir une autre juridiction que celles de l'État où est domicilié le défendeur, compétentes en vertu de l'article 4 du règlement. **62940**

LITIGE AYANT PLUSIEURS FONDEMENTS

Dans un même litige, plusieurs fondements juridiques peuvent être invoqués, par exemple un fondement contractuel et un fondement délictuel. À la question de savoir si le tribunal saisi a compétence pour connaître de l'ensemble du litige, la Cour de justice a répondu par la négative : les compétences spéciales constituent des dérogations au principe de la compétence des juridictions de l'État du domicile du défendeur, qui sont d'**interprétation stricte** ; un tribunal compétent pour connaître de l'élément d'une demande reposant sur un fondement délictuel n'est donc pas compétent pour connaître des autres éléments de la même demande qui reposent sur des fondements non délictuels (CJCE 27-9-1988 aff. 189/87 : Rec. I-5565). **62950**
Cette solution conduit à un éclatement du contentieux. Il est cependant possible d'y remédier : d'une part, le demandeur peut **renoncer** à se prévaloir des compétences spéciales et choisir de saisir les juridictions de l'État membre du domicile du défendeur (art. 4) ; d'autre part, les dispositions du règlement relatives à la connexité peuvent, le cas échéant, être mises en œuvre.

> **ATTENTION**
> L'article 7 du règlement, qui énonce les règles de compétence spéciale en matière contractuelle et en matière délictuelle, n'établit aucune **hiérarchie** entre les **actions contractuelle et délictuelle**, de sorte qu'à supposer que le juge français ne soit pas compétent à l'égard de la demande principale ayant un fondement contractuel, cette circonstance ne le dispense pas d'examiner sa compétence à l'égard de la demande subsidiaire ayant un fondement délictuel (Cass. 1e civ. 9-11-2022 n° 21-10.242 FS-D : RJDA 2/23 n° 129).

a. Compétence pour les litiges en matière contractuelle

PRINCIPE

En matière contractuelle, une personne domiciliée dans un État membre peut être attraite soit devant les juridictions de l'État où est situé son domicile (art. 4), soit devant la juridiction du lieu **d'exécution de l'obligation** qui sert de base à la demande (art. 7, 1-a). Encore faut-il, pour que ce principe soit applicable, que le défendeur soit domicilié dans un État membre et non pas dans un État tiers (CJUE 7-3-2018 aff. 274/16 : RJDA 7/18 n° 615) et que le lieu d'exécution de l'obligation soit situé dans un État membre. **62960**
En cas de clause attributive de compétence insérée dans le contrat, voir nos 64440 s.

NOTION DE MATIÈRE CONTRACTUELLE AU SENS DU RÈGLEMENT

Les législations nationales des États de l'Union ne donnent pas toutes la même définition de la notion de matière contractuelle ; celle-ci ne doit donc pas être considérée comme un simple renvoi au droit interne de l'un ou de l'autre des États concernés mais comme une **notion autonome** qu'il faut interpréter en se référant principalement au système et aux objectifs du texte européen, en vue de lui assurer sa pleine efficacité (CJCE 22-3-1983 aff. 34/82, § 9 et 10 : Rec. p. 987). **62970**
C'est la raison pour laquelle une action en responsabilité civile de nature délictuelle en droit national peut néanmoins être considérée comme relevant de la matière contractuelle si le comportement reproché peut être considéré comme un manquement aux obligations contractuelles, telles qu'elles peuvent être déterminées compte tenu de l'objet du contrat (CJUE 13-3-2014 aff. 548/12).
Aucune définition générale de la matière contractuelle n'a été donnée par la Cour de justice qui se borne à statuer au regard des circonstances de chaque espèce, ce qui crée à l'évidence une incertitude sur les conditions de mise en œuvre de l'article 7, 1. Néanmoins, deux éléments sont acquis.

62970 (suite) En premier lieu, la qualification de matière contractuelle présuppose la détermination d'une obligation juridique librement consentie par une personne à l'égard d'une autre et sur laquelle se fonde l'action du demandeur (CJUE 21-4-2016 aff. 572/14, § 36 : RJDA 7/16 n° 587 som. ; CJUE 5-12-2019 aff. 421/18, § 25 ; CJUE 11-11-2020 aff. 433/19, § 37). Il faut donc être en présence d'un engagement librement assumé d'une partie envers une autre (CJCE 17-6-1992 aff. 26/91 : RJDA 8-9/92 n° 879 ; CJUE 14-3-2013 aff. 419/11, § 46 ; CJUE 15-6-2017 aff. 249/16, § 28).

En second lieu, l'existence d'un contrat écrit n'est pas exigée (CJUE 21-4-2016 précité, § 34 ; CJUE 5-12-2019 précité, § 25 ; CJUE 11-11-2020 précité, § 36). Une obligation contractuelle peut être considérée comme née tacitement en présence d'un faisceau d'éléments concordants, comprenant notamment des relations commerciales établies de longue date, la bonne foi entre les parties, la régularité des transactions, les éventuels accords sur les prix, ainsi que la correspondance échangée (CJUE 14-7-2016 aff. 196/15, § 24 : RJDA 11/16 n° 839 ; Cass. com. 20-9-2017 n° 16-14.812 F-PBI : RJDA 2/18 n° 188).

D'une manière générale, il y a lieu de considérer comme relevant de la matière contractuelle toutes les obligations qui trouvent leur source dans le contrat dont l'inexécution est invoquée à l'appui de l'action du demandeur (CJUE 15-6-2017 aff. 249/16, § 30).

ILLUSTRATIONS

Relèvent de la matière contractuelle :

– les obligations qui ont pour objet le versement d'une somme d'argent et qui trouvent leur fondement dans le **lien** d'affiliation existant entre une **association** et ses **adhérents** (CJCE 22-3-1983 aff. 34/82 : Rec. p. 987) ;

– le litige relatif à la **rupture abusive d'un contrat d'agence** commerciale autonome et au paiement de commissions dues en exécution de ce contrat (CJCE 8-3-1988 aff. 9/87 : Rec. p. 1589) ;

– l'action judiciaire par laquelle le bénéficiaire d'un **billet à ordre** fait valoir les droits découlant de ce billet à ordre, **incomplet** à la date de sa signature et complété ultérieurement par le bénéficiaire, à l'encontre de l'avaliste domicilié dans un autre État membre (CJUE 14-3-2013 aff. 419/11 : RJDA 6/13 n° 577) ;

– les actions tendant à obtenir l'**annulation** d'un **contrat** et la **restitution** des **sommes** indûment versées sur le fondement de ce contrat (CJUE 20-4-2016 aff. 366/13 : RJDA 7/16 n° 586) ;

– une **action récursoire** entre les codébiteurs solidaires d'un contrat de crédit (CJUE 15-6-2017 aff. 249/16) ;

– l'**action paulienne**, lorsqu'elle est introduite sur le fondement de droits de créance nés d'obligations assumées par la conclusion d'un contrat (CJUE 4-10-2018 aff. 337/17, point 44) ;

– l'action d'un passager aérien en **indemnisation** pour le **retard** important d'un **vol avec correspondance**, dirigée, sur le fondement du règlement 261/2004 du 11 février 2004, contre un transporteur aérien effectif qui n'est pas le cocontractant du passager (CJUE 7-3-2018 aff. 274/16 : RJDA 7/18 n° 615 ; CJUE 26-3-2020 aff. 215/18, rendu à propos d'un contrat de voyage à forfait) ; la juridiction d'un État membre saisie d'une action visant à obtenir le respect des droits forfaitaires et uniformisés prévus par ce règlement doit donc apprécier sa compétence au regard de l'article 7, 1 du règlement Bruxelles I bis (CJUE 7-11-2019 aff. 213/18) ;

– le litige portant sur une obligation de paiement résultant d'une **décision** prise par l'**assemblée générale des copropriétaires** d'un immeuble, dépourvue de la personnalité juridique et spécialement instituée par la loi pour exercer certains droits, et adoptée à la majorité des membres de l'assemblée, mais contraignante pour tous les membres de celle-ci (CJUE 8-5-2019 aff. 25/18) ;

– le litige portant sur l'inexécution des **obligations financières** imposées par la **loi** nationale aux **copropriétaires** d'un immeuble (CJUE 19-11-2019 aff. 200/19) ;

– une action en recouvrement d'une redevance qui est née d'un contrat ayant pour objet le stationnement sur l'une des places de parking délimitées, situées sur la voie publique, organisées et gérées par une société mandatée à cette fin (CJUE 25-3-2021 aff. 307/19).

En revanche ne relèvent pas de la matière contractuelle :

– le **litige** opposant le **sous-acquéreur** d'une chose au **fabricant**, qui n'est pas le vendeur, en raison des défauts de la chose ou de l'impropriété de celle-ci à l'usage auquel elle est destinée (CJCE 17-6-1992 aff. précité) ;

– l'action par laquelle le destinataire de marchandises reconnues avariées à l'issue d'un **transport maritime** puis terrestre réclame réparation de son préjudice à la personne qu'il tient pour être le transporteur maritime réel, lorsque ce dernier n'est pas celui qui a émis le **connaissement** couvrant le transport maritime (CJCE 27-10-1998 aff. 51/97 : RJDA 2/99 n° 244) ;

– l'obligation dont la caution, qui a acquitté les **droits de douane** en vertu d'un contrat de **cautionnement** conclu avec l'entreprise de transports, demande l'exécution, en tant que subrogée dans les droits de l'administration douanière, dans le cadre d'une action récursoire exercée à l'encontre du propriétaire des marchandises, si ce dernier, qui n'est pas partie au contrat de cautionnement, n'a pas autorisé la conclusion du contrat (CJCE 5-2-2004 aff. 265/02 : Rec. I-1543) ;

– le litige dans lequel la législation nationale impose à une personne de répondre des dettes d'une société qu'elle contrôle, faute pour cette personne d'avoir satisfait aux obligations de déclaration consécutives à la **prise de contrôle** de cette **société** (CJUE 17-10-2013 aff. 519/12) ;
– l'action judiciaire engagée par l'acquéreur d'**obligations au porteur** contre l'émetteur de celles-ci et fondée sur les conditions d'emprunt, la violation des obligations d'information et de contrôle ainsi que la responsabilité concernant le prospectus, dès lors que les obligations au porteur ont été acquises auprès d'un tiers et que l'émetteur n'a pas assumé d'obligation à l'égard de l'acquéreur (CJUE 28-1-2015 aff. 375/13).
S'agissant des **loteries publicitaires**, c'est en fonction des circonstances qu'il est fait application de l'article 7 ou de l'article 17, qui pose des principes de compétence spécifiques aux contrats conclus par les consommateurs (voir n° 63852).

LIEU D'EXÉCUTION DU CONTRAT AU SENS DU RÈGLEMENT

Vente de marchandises et fourniture de services En matière de vente de marchandises et de fourniture de services, le lieu d'exécution de l'obligation qui sert de base à la demande est, sauf convention contraire, le **lieu** d'un État membre où, en vertu du contrat, les marchandises ou les services ont été ou auraient dû être **livrées ou fournis** (Règl. art. 7, 1-b). En cas de divergence entre le lieu matériel effectif de livraison et le lieu stipulé au contrat, ce dernier doit prévaloir (Cass. com. 8-2-2023 n° 21-13.536 FS-B : RJDA 5/23 n° 293). **62980**
Le règlement ne prévoit pas de règles particulières pour la vente à distance.

ATTENTION

S'agissant de **prestations intellectuelles**, le lieu où elles sont fournies est le lieu où elles ont été reçues et non le lieu où elles ont été conçues et élaborées (Cass. com. 6-4-2022 n° 21-12.816 F-D : RJDA 6/22 n° 382).

Les notions de vente de marchandises et de fourniture de services sont des **notions autonomes** qu'il convient donc d'interpréter à la lumière de la genèse, des objectifs et du système du règlement (CJCE 23-4-2009 aff. 533/07, § 20 : RJDA 12/09 n° 1141). **62983**
Est une **vente de marchandises** au sens de l'article 7, 1 du règlement le contrat dont l'objet est la livraison de marchandises à fabriquer ou à produire, alors même que l'acheteur a formulé certaines exigences concernant l'obtention, la transformation et la livraison des marchandises, sans que les matériaux aient été fournis par celui-ci, et prévoyant que le fournisseur est responsable de la qualité et de la conformité au contrat de la marchandise (CJUE 25-2-2010 aff. 381/08, § 32 : RJDA 5/10 n° 585).
La notion de **services** implique, pour le moins, que la partie qui les fournit effectue une activité déterminée en contrepartie d'une rémunération (CJUE 15-6-2017 aff. 249/16, § 35), cette rémunération ne correspondant pas nécessairement à une somme d'argent mais pouvant consister en un avantage concurrentiel ou en une aide, par exemple en matière de publicité ou de transmission d'un savoir-faire (CJUE 8-3-2018 aff. 64/17, § 40 : RJDA 7/18 n° 616).

ILLUSTRATIONS

Est un contrat de **fourniture de services** :
– le contrat de transport aérien de personnes (CJCE 9-7-2009 aff. 204/08 : RJDA 11/09 n° 1025) ;
– le contrat relatif au stockage de marchandises (CJUE 14-11-2013 aff. 469/12) ;
– le contrat de concession se présentant sous la forme d'un accord-cadre, dès lors qu'il comporte des stipulations particulières concernant la distribution des produits vendus par le concédant (CJUE 19-12-2013 aff. 9/12 § 27, 28 et 41 ; Cass. 1e civ. 19-11-2014 n° 13-13.405 : RJDA 4/15 n° 322), qu'il s'agisse d'une concession exclusive ou quasi exclusive (CJUE 8-3-2018 précité, § 41) ;
– l'activité du gérant d'une société, dans la mesure où l'obligation caractéristique de la relation juridique existant entre lui et la société implique une activité déterminée en contrepartie d'une rémunération, à condition que le gérant n'ait pas la qualité de salarié (CJUE 10-9-2015 aff. 47/14, § 58) ;
– le contrat de crédit conclu entre un établissement de crédit et deux codébiteurs solidaires, car ce contrat se caractérise par la remise par l'établissement de crédit d'une somme d'argent à l'emprunteur en échange d'une rémunération payée par celui-ci, en principe, sous la forme d'intérêts (CJUE 15-6-2017 aff. 249/16).
N'est **pas** un contrat de **fourniture de services** le contrat de partenariat dans le cadre duquel les parties n'ont prévu aucune rémunération spécifique ou exclusivité (Cass. 1e civ. 30-3-2022 n° 20-21.872 F-D) ni un avant-contrat, relatif à la conclusion future d'un contrat de franchise, prévoyant une obligation de paiement d'une pénalité contractuelle fondée sur la non-exécution de cet avant-contrat (CJUE 14-9-2023 aff. 393/22).

Lorsqu'un contrat porte à la fois sur une **vente de marchandises et** sur une **prestation de services**, il y a lieu de se fonder sur l'obligation caractéristique des contrats en cause : un contrat dont l'obligation caractéristique est la livraison d'un bien sera qualifié de vente de **62986** marchandises ; un contrat dont l'obligation caractéristique est une prestation de services sera qualifié de fourniture de services (CJUE 25-2-2010 aff. 381/08, § 32 : RJDA 5/10 n° 585).

62989 Les parties au contrat disposent d'une **autonomie de volonté** pour déterminer le lieu de livraison des marchandises ou de la fourniture des services. En effet, l'expression « sauf convention contraire » figurant à l'article 7, 1-b indique que les parties peuvent passer une convention afin de s'entendre sur le lieu d'exécution de l'obligation aux fins de l'application de cette disposition. De plus, l'expression « en vertu du contrat » mentionnée dans cet article indique que le lieu de livraison est en principe celui retenu par les parties dans le contrat. Par conséquent, il appartient au juge d'examiner d'abord si le lieu de livraison ressort des dispositions du contrat. S'il est possible d'identifier ce lieu, sans se référer au droit matériel applicable au contrat, c'est ce lieu qui est considéré comme le lieu d'exécution (CJUE 25-2-2010 aff. 381/08, § 45 s. : RJDA 5/10 n° 585).

Les parties peuvent avoir envisagé le lieu d'exécution dans le contrat, sans toutefois l'avoir désigné directement. Dans un tel cas, afin de vérifier si le lieu de la livraison ou de la fourniture de services est déterminé en vertu du contrat, le juge doit prendre en compte tous les termes et toutes les clauses pertinents de ce contrat qui sont de nature à désigner de manière claire ce lieu, y compris les termes et les clauses généralement reconnus et consacrés par les usages du commerce international, tels que les Incoterms (« international commercial terms »), élaborés par la Chambre de commerce internationale, dans leur version publiée en 2000 (CJUE 9-6-2011 aff. 87/10 : RJDA 8-9/11 n° 759).

Dans les cas où le contrat ne contient **aucune** disposition révélant, sans recours au droit matériel applicable, la **volonté des parties** quant au lieu de livraison des marchandises, il convient de déterminer ce lieu en fonction d'un autre critère qui respecte la genèse, les objectifs et le système du règlement (CJUE 25-2-2010 aff. 381/08, § 56 s., précité).

ILLUSTRATIONS

En ce qui concerne la **vente (à distance) de marchandises**, le lieu où les marchandises ont été ou auraient dû être livrées en vertu du contrat doit être déterminé sur la base des dispositions de ce contrat. S'il est impossible de déterminer le lieu de livraison sur cette base, ce lieu est celui où les marchandises ont été ou auraient dû être matériellement remises à l'acheteur à la destination finale de celles-ci (CJUE 25-2-2010 aff. 381/08 précité).

En cas d'octroi d'un **crédit** par un établissement de crédit, le « lieu d'un État membre où, en vertu du contrat, les services ont été ou auraient dû être fournis » est, sauf convention contraire, celui du siège de cet établissement, y compris en vue de déterminer la compétence territoriale du juge amené à connaître de l'action récursoire entre ces codébiteurs (CJUE 15-6-2017 aff. 249/16).

Dans un cas où un contrat de vente a été conclu entre une société française et une société italienne, le tribunal de commerce d'Auxerre est compétent dès lors que le lieu de livraison des marchandises ressort d'une **disposition spéciale du contrat** de vente matérialisant l'accord des parties et fixant ce lieu à Avallon (Cass. com. 22-3-2011 n° 10-16.993 : Bull. civ. IV n° 51).

62992 Il peut arriver qu'il y ait une **pluralité de lieux d'exécution** du contrat.

En matière de contrat de **vente de marchandises**, le tribunal compétent pour connaître de toutes les demandes fondées sur le contrat est celui dans le ressort duquel se trouve le lieu de la livraison principale, laquelle doit être déterminée en fonction de critères économiques. À défaut de facteurs déterminants pour établir le lieu de la livraison principale, le demandeur peut attraire le défendeur devant le tribunal du lieu de livraison de son choix (CJCE 3-5-2007 aff. 386/05 : Rec. I-3727).

En cas de **fourniture de services** dans plusieurs États membres, le tribunal compétent pour connaître de toutes les demandes fondées sur le contrat est celui dans le ressort duquel se trouve le lieu de la fourniture principale des services.

ILLUSTRATIONS

Pour un contrat d'**agence commerciale**, le lieu d'exécution est celui de la fourniture principale des services de l'agent, tel qu'il découle des dispositions du contrat ainsi que, à défaut de telles dispositions, de l'exécution effective de ce contrat et, en cas d'impossibilité de le déterminer sur cette base, celui où l'agent est domicilié (CJUE 11-3-2010 aff. 19/09 : RJDA 5/10 n° 586 ; Cass. com. 6-10-2015 n° 13-18.704 F-D : RJDA 2/16 n° 104).

Pour le cas du **transport aérien** de personnes d'un État membre à destination d'un autre État membre, effectué sur le fondement d'un contrat conclu avec une seule compagnie aérienne qui est le transporteur effectif, le tribunal compétent pour connaître d'une demande d'indemnisation fondée sur ce contrat de transport est celui, au choix du demandeur, dans le ressort duquel se trouve le lieu de départ ou le lieu d'arrivée de l'avion, tels que ces lieux sont convenus dans ce contrat (CJCE 9-7-2009 aff. 204/08 : Rec. I-6073). Dans le cas d'un vol avec correspondance, constitue le « lieu d'exécution » de ce vol le lieu d'arrivée du second vol, lorsque le transport sur les deux vols est effectué par deux transporteurs aériens différents et que le recours en indemnisation pour le retard important de ce vol avec correspondance, en vertu du règlement 261/2004 du 11 février 2004, est fondé sur un incident ayant eu lieu sur le premier de ces vols, effectué par le transporteur aérien qui n'est pas le cocontractant des passagers concernés (CJUE 7-3-2018 aff. 274/16 : RJDA 7/18 n° 615). Dans le cadre d'un vol avec correspondance, composé de deux vols et ayant donné lieu à une réservation unique, au départ d'un aéroport situé sur le territoire d'un État membre et à destination d'un aéroport situé dans un pays tiers via l'aéroport d'un autre pays tiers, un passager victime d'un retard à sa destination finale de trois heures ou plus trouvant son origine dans le second vol, assuré, dans le cadre d'un accord de partage de code, par un transporteur établi dans un pays tiers, peut diriger son recours indemnitaire contre le transporteur aérien communautaire ayant effectué le premier vol (CJUE 11-7-2019 aff. 502/18). S'agissant d'un vol caractérisé par une réservation unique confirmée pour l'ensemble du trajet et divisé en plusieurs segments, le « lieu d'exécution » peut être constitué par le lieu de départ du premier segment de vol, lorsque le transport sur ces segments de vol est effectué par deux transporteurs aériens distincts et que le recours en indemnisation a pour origine l'annulation du dernier segment de vol et est dirigé contre le transporteur aérien chargé de ce dernier segment (CJUE 13-2-2020 ord, aff. 606/19 : RJDA 5/20 n° 297).

Pour un contrat de **concession commerciale**, la juridiction compétente pour connaître d'une demande indemnitaire relative à la résiliation d'un contrat conclu entre deux sociétés établies et opérant dans deux États membres différents, pour la commercialisation de produits sur le marché national d'un troisième État membre, sur le territoire duquel aucune de ces sociétés ne dispose de succursale ou d'établissement, est celle de l'État membre où se trouve le lieu de la fourniture principale des services, tel qu'il découle des dispositions du contrat ainsi que, à défaut de telles dispositions, de l'exécution effective de ce contrat et, en cas d'impossibilité de le déterminer sur cette base, celui du domicile du prestataire (CJUE 8-3-2018 aff. 64/17 : RJDA 7/18 n° 616).

Dans le cadre d'un contrat portant sur le **transport d'une marchandise** entre États membres en plusieurs étapes, avec escales, et au moyen de différents modes de transport, tant le lieu d'expédition que le lieu de livraison de la marchandise constituent des lieux de fourniture du service de transport (CJUE 11-7-2018 aff. 88/17 : RJDA 10/18 n° 788).

Autres contrats Lorsque le contrat n'est pas un contrat de vente de marchandises ou de prestation de services, la détermination du lieu d'exécution de l'obligation qui sert de base à la demande (art. 7, 1-a) est une question délicate. Cette détermination ne passe pas par la recherche du lieu où l'obligation est concrètement exécutée mais par la mise en œuvre d'une règle de **conflit de lois**. En effet, le lieu d'exécution est déterminé conformément à la loi qui régit l'obligation litigieuse selon les règles de conflit de lois de la juridiction saisie (CJCE 6-10-1976 aff. 12/76 : Rec. p. 1473 ; CJCE 28-9-1999 aff. 440/97 : RJDA 7-8/00 n° 821). Cette approche n'est pas expressément prévue par l'article 7 mais résulte de la jurisprudence développée sous l'empire de la convention de Bruxelles du 27 septembre 1968, jurisprudence qui a été confirmée sous l'empire du règlement 44/2001 (CJCE 23-4-2009 aff. 533/07 : RJDA 12/09 n° 1141) et qui devrait être confirmée en application du règlement 1215/2012. **63000**

Par conséquent, en présence d'une obligation litigieuse, il faut déterminer la loi qui lui est applicable selon la règle de conflit de lois, étant précisé que dans le cadre européen, les conflits de lois sont désormais régis par le règlement 593/2008 du 17 juin 2008 sur la loi applicable aux obligations contractuelles (Rome I).

ILLUSTRATIONS

Si l'obligation litigieuse est régie par la loi italienne (soit parce que les parties ont décidé de la soumettre à cette loi, soit parce que, en l'absence d'un choix par les parties, la règle de conflit désigne cette loi), le juge français doit mettre en œuvre la loi italienne pour déterminer où se trouve le lieu d'exécution. Cette étape est essentielle puisque toutes les lois nationales n'ont pas la même approche en ce domaine. Ainsi, en matière de paiement, l'obligation de payer peut devoir être exécutée, selon les législations nationales, au domicile du créancier ou du débiteur.

En présence d'un contrat d'**agent commercial** soumis à la loi française, la cour d'appel, recherchant la localisation des indemnités réclamées en remplacement d'une obligation contractuelle, a exactement décidé que l'obligation de payer des rappels de commissions et l'obligation de ne pas commettre d'abus dans la cessation des relations contractuelles devaient s'exécuter en France. En revanche, l'obligation au paiement d'une indemnité de fin de contrat, qui est indépendante du caractère licite ou non de la rupture et qui ne se substitue pas à une obligation contractuelle originaire, formée par un agent commercial, est une obligation autonome qui s'exécute au domicile du débiteur (Cass. 1e civ. 28-9-2011 n° 10-19.111 : RJDA 12/11 n° 1093). L'action en paiement de l'indemnité de rupture de l'agent commercial relève quant à elle du tribunal du lieu de la fourniture principale des services (Cass. com. 14-5-2013 n° 11-26.631 : RJDA 10/13 n° 869).

63003 Il résulte de la formule de l'article 7, 1-a du règlement (n° 62960) que, pour déterminer la juridiction compétente, il n'y a pas lieu de considérer le contrat dans son entier mais il faut se référer à la seule obligation qui sert de base à la demande, c'est-à-dire l'obligation correspondant au droit contractuel sur lequel se fonde l'action du demandeur (CJUE 11-11-2020 aff. 433/19, § 42 : RJDA 2/21 n° 139).

La Cour de justice est intervenue à différentes reprises dans des affaires où plusieurs obligations étaient litigieuses. Elle a alors affiné sa jurisprudence :

– si plusieurs obligations servent de base à plusieurs demandes, l'application du principe précédent devrait aboutir à ce que plusieurs tribunaux interviennent si ces obligations s'exécutent en des lieux différents. Par exemple, ce pourrait être le cas en présence d'une obligation de faire et d'une obligation de payer, ce qui conduirait à un éclatement peu opportun du contentieux. Pour éviter cet éclatement, la Cour de justice retient que, lorsqu'un litige porte sur **plusieurs obligations** qui découlent d'un même contrat et qui servent de base à l'action intentée par le demandeur, le juge saisi doit déterminer sa compétence en vertu du principe selon lequel l'accessoire suit le principal ; en d'autres termes, c'est l'**obligation principale** qui établit sa compétence (CJCE 15-1-1987 aff. 266/85, § 19 : Rec. p. 239). Le demandeur peut également décider d'assigner le défendeur non pas sur le fondement de l'article 7 mais sur celui de l'article 4, en saisissant alors les juridictions de l'État du domicile de ce défendeur ;

– le même juge n'est pas compétent pour connaître de l'ensemble d'une demande fondée sur deux **obligations équivalentes** découlant d'un même contrat, lorsque, selon les règles de conflit de l'État de ce juge, ces obligations doivent être exécutées l'une dans cet État et l'autre dans un autre État membre (CJCE 5-10-1999 aff. 420/97 : RJDA 7-8/00 n° 822). Cette solution s'explique par le fait qu'en présence d'obligations équivalentes le principe selon lequel l'accessoire suit le principal ne peut plus jouer. Par exemple, s'agissant d'obligations nées d'un contrat d'agence commerciale, un même juge ne peut pas statuer sur la demande de l'agent en paiement d'une indemnité compensatoire de préavis et d'un arriéré de commissions dès lors que ces deux obligations sont équivalentes et que l'indemnité doit être payée en Belgique et les commissions en Italie (même arrêt).

63006 Les **parties** peuvent **s'accorder** sur la détermination du lieu d'exécution de l'obligation litigieuse : si le lieu d'exécution d'une obligation contractuelle a été désigné par les parties par une clause valide selon le droit national applicable au contrat, le tribunal de ce lieu est compétent pour connaître des litiges relatifs à cette même obligation (CJCE 17-1-1980 aff. 56/79 : Rec. p. 89). Par exemple, dans le cadre d'une loterie publicitaire organisée par une société belge, il a été retenu que cette société s'était engagée à exécuter son obligation de paiement au domicile du grand gagnant et que celui qui revendiquait cette qualité pouvait donc assigner la société devant le tribunal de son domicile (Cass. 1e civ. 7-5-2010 n° 09-14.324 : RJDA 8-9/10 n° 898, 3e esp.).

> **Précisions a.** Une difficulté particulière apparaît en présence d'une **obligation de ne pas faire**, notamment lorsqu'elle ne comporte aucune limitation géographique : une telle obligation se caractérise par une multiplicité des endroits où elle a été ou doit être exécutée si bien que l'article 7 ne trouve pas à s'appliquer ; la compétence ne peut être fixée que par référence à l'article 4 (CJCE 19-2-2002 aff. 256/00 : RJDA 5/02 n° 585).
> **b.** Un **accord verbal** sur le lieu d'exécution, qui vise non pas à déterminer l'endroit où le débiteur devra exécuter effectivement la prestation qui lui incombe, mais exclusivement à établir un lieu de for déterminé, n'est pas régi par l'article 7 (CJCE 20-2-1997 aff. 106/95 : RJDA 7/97 n° 975).

b. Compétence pour les litiges en matière délictuelle ou quasi délictuelle

PRINCIPE

63050 En matière délictuelle ou quasi délictuelle une personne domiciliée dans un État membre peut être attraite, dans un autre État membre, devant la juridiction du lieu où le fait dommageable s'est produit ou risque de se produire (Règl. 1215/2012 art. 7).

Le demandeur dispose donc d'une **option de compétence** et peut saisir soit les juridictions de l'État membre sur le territoire duquel le défendeur est domicilié (art. 4), soit le tribunal du lieu où le fait dommageable s'est produit ou risque de se produire (art. 7, 2). Alors que dans le premier cas, le règlement donne une compétence générale aux juridictions d'un État membre (n° 62870), dans le second, le tribunal spécialement compétent est directement désigné par l'article 7, étant indiqué qu'il résulte de la lettre de cet article que le fait dommageable doit être caractérisé sur le territoire d'un État membre.

Cette règle de compétence est fondée sur l'existence d'un lien de rattachement particulièrement étroit entre la contestation et la juridiction du lieu où le fait dommageable s'est produit ou risque de se produire, ce qui justifie une attribution de compétence à cette dernière pour des raisons de bonne administration de la justice et d'organisation utile du procès (CJUE 3-10-2013 aff. 170/12, § 27). Le juge du lieu où le fait dommageable s'est produit ou risque de se produire est en effet normalement le plus apte à statuer, notamment pour des motifs de proximité du litige et de facilité d'administration des preuves (CJUE 21-5-2015 aff. 352/13, § 40 ; CJUE 17-10-2017 aff. 194/16, § 26 : RJDA 2/18 n° 204). Il n'en demeure pas moins que l'on est en présence d'une règle de compétence spéciale, qui est d'interprétation stricte et ne permet pas une interprétation allant au-delà des hypothèses envisagées de manière explicite par le règlement (CJUE 3-10-2013, précité, § 25 ; CJUE 21-4-2016 aff. 572/14, § 29 ; CJUE 8-5-2019 aff. 25/18, § 21 et 22).

> Précisions a. Une **action en constatation négative** visant à faire établir l'absence de responsabilité délictuelle ou quasi délictuelle relève du champ d'application de cette règle de compétence (CJUE 25-10-2012 aff. 133/11). En revanche, tel n'est pas le cas d'une action en **constatation de non-contrefaçon** visée à l'article 81, b du règlement 6/2002 du 12 décembre 2001 sur les dessins ou modèles communautaires (CJUE 13-7-2017 aff. 433/16).

b. Lorsqu'il existe une **pluralité de victimes** qui cèdent leurs créances indemnitaires, il faut considérer que la cession de créances ne saurait, en elle-même, avoir d'incidence sur la détermination de la juridiction compétente au titre de la matière délictuelle ou quasi délictuelle. Il s'ensuit que la localisation du fait dommageable doit être examinée pour chaque créance indemnitaire indépendamment d'une cession ou d'un regroupement dont elle a fait l'objet (CJUE 21-5-2015, précité, § 35 et 36).

c. L'article 7, 2 est susceptible d'être invoqué par un professionnel qui a acquis, en vertu d'un **contrat de cession**, la **créance** de la victime d'un accident de la circulation routière, dans le but d'intenter, devant les juridictions de l'État membre du lieu où le fait dommageable s'est produit, une action délictuelle ou quasi délictuelle contre l'assureur de l'auteur de cet accident, qui a son siège social sur le territoire d'un État membre autre que celui du lieu où le fait dommageable s'est produit, sous réserve que les conditions d'application de cette disposition soient satisfaites (CJUE 21-10-2021 aff. 393/20).

MATIÈRE DÉLICTUELLE ET QUASI DÉLICTUELLE AU SENS DU RÈGLEMENT

La notion de matière délictuelle ou quasi délictuelle est une **notion autonome** qu'il faut interpréter en se référant principalement au système et aux objectifs du texte européen afin d'en assurer la pleine efficacité. Cette notion comprend toute demande qui vise à mettre en jeu la **responsabilité** d'un défendeur et qui ne se rattache pas à la matière contractuelle (CJCE 27-9-1988 aff. 189/87 : Rec. p. 5565 ; CJUE 13-3-2014 aff. 548/12, § 20). **63060**

ILLUSTRATIONS

Relèvent de la **matière délictuelle ou quasi délictuelle** :

– l'action juridictionnelle préventive, introduite par une association de protection des consommateurs en vue de faire interdire l'utilisation par un commerçant de clauses jugées abusives dans des contrats avec des particuliers (CJCE 1-10-2002 aff. 167/00 : Rec. I-8111 ; CJUE 28-7-2016 aff. 191/15, § 38 : RJDA 11/16 n° 909) ;

– l'action juridictionnelle relative à la légalité d'une action collective dont la compétence exclusive appartient, conformément au droit de l'État concerné, à une juridiction autre que celle qui est compétente pour juger les demandes d'indemnisation du préjudice causé par cette action collective (CJCE 5-2-2004 aff. 18/02) ;

– l'action par laquelle le destinataire de marchandises reconnues avariées à l'issue d'un transport maritime puis terrestre réclame réparation de son préjudice à la personne qu'il tient pour être le transporteur maritime réel, lorsque ce dernier n'est pas celui qui a émis le connaissement couvrant le transport maritime (CJCE 27-10-1998 aff. 51/97 : RJDA 2/99 n° 244) ;

– la responsabilité précontractuelle pour rupture injustifiée des pourparlers qui, en l'absence d'engagements librement assumés par une partie envers une autre partie à l'occasion des négociations d'un contrat, ne peut résulter que de la violation d'une règle de droit, notamment celle qui impose aux parties d'agir de bonne foi dans le cadre de ces négociations (CJCE 17-9-2002 aff. 334/00 : RJDA 3/03 n° 346) ;

– l'action qui a pour fondement les dispositions de l'article 1382 du Code civil (devenu l'article 1240) du fait de l'immixtion supposée de sociétés dans la gestion d'une autre société (Cass. 1e civ. 26-10-2011 n° 10-17.026 : Bull. civ. I n° 190) ;

– l'action intentée par un créancier d'une société par actions visant à rendre responsables des dettes sociales un membre du conseil d'administration et un actionnaire, étant donné qu'ils ont permis à la société de continuer à fonctionner alors qu'elle était sous-capitalisée et tenue d'être mise en liquidation (CJUE 18-7-2013 aff. 147/12) ;

– l'action visant à mettre en cause la responsabilité de l'émetteur d'un certificat du fait du prospectus afférent à celui-ci ainsi que de la violation d'autres obligations d'information incombant à cet émetteur, pour autant que cette responsabilité ne relève pas de la matière contractuelle (CJUE 28-1-2015 aff. 375/13) ;
– la demande tendant à obtenir le paiement d'une rémunération due en vertu d'une réglementation nationale mettant en œuvre le système de « compensation équitable » prévu à l'article 5 § 2, b, de la directive 2001/29/CE du 22 mai 2001 sur l'harmonisation de certains aspects du droit d'auteur et des droits voisins (CJUE 21-4-2016 aff. 572/14 : RJDA 7/16 n° 587 som.). Du point de vue français, est ici visée l'exception de copie privée prévue par le Code de la propriété intellectuelle ;
– l'action visant à faire cesser certains agissements mis en œuvre dans le cadre de la relation contractuelle liant le demandeur au défendeur et fondée sur une allégation d'abus de position dominante commis par ce dernier, en violation du droit de la concurrence (CJUE 24-11-2020 aff. 59/19 : RJDA 2/21 n° 138).

En revanche ne relèvent **pas** de la **matière délictuelle** :
– l'action prévue par le droit national, telle l'action paulienne du droit français, par laquelle un créancier tend à obtenir la révocation, à son égard, d'un acte translatif de droits réels immobiliers accompli par son débiteur d'une façon qu'il estime être en fraude de ses droits (CJCE 26-3-1992, Mario Reichert aff. 261/90 : RJDA 6/92 n° 662) ;
– l'action indemnitaire fondée sur une rupture brutale de relations commerciales établies de longue date, s'il existait, entre les parties, une relation contractuelle tacite (CJUE 14-7-2016 aff. 196/15 : RJDA 11/16 n° 839 ; Cass. com. 20-9-2017 n° 16-14.812 F-PBI : RJDA 2/18 n° 188) ;
– l'action en restitution fondée sur un enrichissement sans cause car elle ne trouve pas sa source dans un fait dommageable (CJUE 9-12-2021 aff. 242/20 : RJDA 2/22 n° 126).

FAIT DOMMAGEABLE AU SENS DU RÈGLEMENT

63070 Cette notion de fait dommageable vise à la fois le lieu de la matérialisation du dommage et celui de l'événement causal qui est à l'origine de ce dommage (CJUE 19-4-2012 aff. 523/10, § 19).

La plupart du temps, le **fait générateur du dommage et** le **dommage** lui-même surviennent en un **lieu unique**. Dans ce cas, la mise en œuvre de l'article 7, 2 ne soulève pas de difficulté.

Il peut cependant arriver que ces deux éléments soient **dissociés** et surviennent sur les territoires de deux États membres différents, par exemple en cas de pollution transfrontalière ou en cas de diffamation internationale. Le défendeur peut alors être attrait, au choix du demandeur, devant le tribunal du lieu où le dommage s'est matérialisé ou devant le tribunal du lieu de l'événement causal qui est à l'origine de ce dommage (CJUE 28-1-2015 aff. 375/13, § 45 ; CJUE 5-7-2018 aff. 27/17, § 28).

Afin d'éviter la multiplication des tribunaux potentiellement compétents, la Cour de justice a fourni différentes précisions quant aux conditions d'application des principes qui viennent d'être présentés.

L'idée générale est que pour déterminer s'il existe une dissociation entre l'événement causal et le dommage, il y a lieu de considérer ces deux éléments strictement, sans prendre en compte les conséquences patrimoniales qui pourraient apparaître dans un autre lieu suite à la survenance du dommage lui-même : la notion de lieu où le fait dommageable s'est produit doit être interprétée en ce sens qu'elle ne vise pas le lieu où la victime prétend avoir subi un **préjudice patrimonial consécutif** à un dommage initial survenu et subi par elle dans un autre État de l'Union (CJCE 19-9-1995 aff. 364/93 : Rec. I-2719 ; CJUE 5-7-2018 précité, § 32).

ILLUSTRATIONS

Si une personne subit un **accident de la circulation** en France, le dommage doit être considéré comme survenu en France, même si la victime rejoint par la suite son domicile en Belgique et subit alors un préjudice lié à une incapacité de travail (en ce sens, H. Gaudemet-Tallon et M.-E. Ancel : Compétence et exécution des jugements en Europe, LGDJ 2018 n° 230).

Dans un cas où une **jument** appartenant à une société française a été **blessée** par un étalon lors d'une compétition en Suisse, le dommage économique et financier allégué par la société résulte immédiatement et directement de l'intrusion tumultueuse de l'étalon dans le box de la jument, de sorte que le lieu où est survenu le dommage est situé en Suisse (Cass. 1e civ. 14-3-2018 n° 16-27.913 FS-PB : RJDA 6/18 n° 549).

Le lieu où le destinataire de marchandises, après l'exécution du **transport** maritime puis du transport terrestre final, a constaté l'existence d'avaries aux **marchandises** qui lui ont été livrées ne peut pas servir à déterminer le lieu où le fait dommageable s'est produit. Le lieu de matérialisation du dommage ne peut en effet être que le lieu où le transporteur maritime réel devait livrer les marchandises (CJCE 27-10-1998 aff. 51/97 : RJDA 2/99 n° 244).

En matière de **produits défectueux**, le lieu de la matérialisation du dommage ne saurait se confondre avec celui où s'est réalisé le fait ayant endommagé le produit lui-même, ce lieu

étant, en effet, celui où l'événement causal est intervenu. En revanche, le lieu de la matérialisation du dommage est celui où le fait générateur déploie ses effets dommageables, c'est-à-dire celui où le dommage entraîné par le produit défectueux se manifeste concrètement (CJCE 16-7-2009 aff. 189/08 : RJDA 11/09 n° 1026).
Un litige relatif à l'**atteinte à une marque** enregistrée dans un État membre du fait de l'utilisation par un annonceur d'un mot-clé identique à la marque sur le site internet d'un moteur de recherche opérant sous un domaine national de premier niveau d'un autre État membre peut être porté soit devant les juridictions de l'État membre dans lequel la marque est enregistrée, soit devant celles de l'État membre du lieu d'établissement de l'annonceur (CJUE 19-4-2012 aff. 523/10).
En cas d'atteinte alléguée aux **droits d'auteur** et aux droits voisins du droit d'auteur résultant de la mise en ligne de photographies protégées sur un site internet, l'événement causal du dommage se situe au siège social du propriétaire de ce site ; la matérialisation du dommage découle de l'accessibilité des photographies par l'intermédiaire du site (CJUE 22-1-2015 aff. 441/13).
Un **manque à gagner** consistant, notamment, en une perte de ventes subie à la suite de **comportements anticoncurrentiels** contraires aux articles 101 TFUE (entente illicite) et 102 TFUE (abus de position dominante) ne constitue pas un préjudice financier consécutif à un dommage initial mais est susceptible d'être qualifié de « dommage » permettant de fonder, en principe, la compétence des juridictions de l'État membre sur le territoire duquel le fait dommageable s'est produit (CJUE 5-7-2018 aff. 27/17, § 36).

DOMMAGE EXISTANT OU FUTUR VISÉ PAR LE RÈGLEMENT

L'article 7, 2 vise le lieu où le fait dommageable s'est produit ou risque de se produire. Le dommage peut ainsi s'être déjà produit ou être seulement susceptible de se produire, ce qui permet d'envisager une action préventive. Dans ce dernier cas, la difficulté est d'ordre probatoire puisque le demandeur doit établir qu'un fait générateur et un dommage vont se produire. **63080**

LIEU DE L'ÉVÉNEMENT CAUSAL AU SENS DU RÈGLEMENT

La détermination du lieu du fait dommageable n'est pas toujours aisée. **63090**
En cas de **diffamation** au moyen d'un **article de presse** diffusé sur le territoire de plusieurs États de l'Union, le lieu de l'événement causal ne peut être que le lieu d'établissement de l'éditeur de la publication litigieuse, en tant qu'il constitue le lieu d'origine du fait dommageable, à partir duquel la diffamation a été exprimée et mise en circulation (CJCE 7-3-1995 aff. 68/93 : RJDA 3/96 n° 444). Ces principes sont susceptibles de s'appliquer également à d'**autres médias et supports de communication** et de couvrir un large éventail de violations des droits de la personnalité connues par les différents systèmes juridiques (CJUE 25-10-2011 aff. 509/09 : RJDA 2/12 n° 232).
En présence de **dommages résultant**, pour un armateur, **d'une action collective** mise en œuvre par un syndicat dans un État de l'Union où navigue un navire enregistré dans un autre État de l'Union, l'événement causal est le préavis d'action collective déposé et diffusé dans le premier État ; dès lors, le lieu où se situe le fait susceptible d'entraîner une responsabilité délictuelle ou quasi délictuelle de son auteur ne peut être que cet État (CJCE 5-2-2004 précité).
En cas de mise en cause de la responsabilité d'un fabricant du fait d'un **produit défectueux**, le lieu de l'événement causal à l'origine du dommage est le lieu de fabrication du produit en cause (CJUE 16-1-2014 aff. 45/13).
Lorsque des défendeurs établis dans différents États membres se voient réclamer en justice des dommages-intérêts en raison d'une infraction au **droit des ententes** à laquelle ils ont participé dans plusieurs États membres à des dates et à des endroits différents, le lieu de l'événement causal est soit le lieu où l'entente concernée a été définitivement conclue soit, le cas échéant, le lieu où un arrangement spécifique et identifiable comme étant à lui seul l'événement causal du dommage allégué a été pris (CJUE 21-5-2015 aff. 352/13). En présence de pratiques de prix prédateurs constitutives d'un abus de position dominante, le lieu de l'événement causal est le lieu où ces prix ont été proposés et appliqués (CJUE 5-7-2018 aff. 27/17).
En cas d'**action responsabilité** liée à la **vente d'implants mammaires** présentant un risque de rupture précoce, les tribunaux français sont compétents, au titre du lieu de survenance du fait générateur du dommage, à l'égard de la société allemande chargée de la surveillance de la qualité qui devait avoir lieu dans les locaux français de la société fabriquant et commercialisant les implants (Cass. 1e civ. 10-10-2018 n° 16-19.430 FS-PBRI : Bull. inf. C. cass. 15-2-2019 n° 146 ; Cass. 1e civ. 10-10-2018 n° 17-14.401 : Bull. inf. C. cass. 15-2-2019 n° 145).

LIEU DE MATÉRIALISATION DU DOMMAGE AU SENS DU RÈGLEMENT

Le lieu de la matérialisation du dommage est celui où le dommage allégué se manifeste concrètement (CJUE 21-5-2015 aff. 352/13, § 52). La détermination de ce lieu peut, dans des circonstances particulières, poser problème. **63100**

63100 (suite) Dans le cas d'une **diffamation** internationale **par voie de presse**, l'atteinte portée par une publication diffamatoire à l'honneur, à la réputation et à la considération d'une personne physique ou morale se manifeste dans les lieux où la publication est diffusée, lorsque la victime y est connue (CJCE 7-3-1995 aff. 68/93 : RJDA 3/96 n° 444).

En présence d'actes de **concurrence déloyale** ou de **contrefaçon de marque** commis à l'encontre d'une société française depuis des **sites internet étrangers**, le dommage est considéré avoir été subi en France dès lors que l'information était accessible au public français et que les produits litigieux étaient disponibles en France (Cass. com. 9-3-2010 n° 08-16.752 : RJDA 6/10 n° 691).

Dans le cas d'une infraction au **droit des ententes**, le lieu de la matérialisation du dommage est identifiable pour chaque victime prise individuellement et se trouve au siège social de celle-ci (CJUE 21-5-2015 aff. 352/13). Lorsque les comportements anticoncurrentiels ont entraîné un manque à gagner consistant en une perte de ventes, le lieu de la matérialisation du dommage est le lieu du marché affecté par ces comportements au sein duquel la victime prétend avoir subi ces pertes (CJUE 5-7-2018 aff. 27/17). Dans le cadre d'une action en réparation d'un préjudice causé par une infraction au droit des ententes, consistant notamment en des arrangements collusoires sur la fixation des prix et l'augmentation des prix bruts des camions, le « lieu où le fait dommageable s'est produit » vise le lieu du marché affecté par cette infraction, à savoir le lieu où les prix du marché ont été faussés, au sein duquel la victime prétend avoir subi ce préjudice, même si l'action est dirigée contre un participant à l'entente en cause avec lequel cette victime n'avait pas établi de relations contractuelles (CJUE 29-7-2019 aff. 451/18). Au sein du marché affecté par des arrangements collusoires sur la fixation et l'augmentation des prix de biens, est internationalement et territorialement compétente pour connaître, au titre du lieu de la matérialisation du dommage, d'une action en réparation du dommage causé par ces arrangements soit la juridiction dans le ressort de laquelle l'entreprise s'estimant lésée a acheté les biens affectés par lesdits arrangements, soit, en cas d'achats effectués par cette entreprise dans plusieurs lieux, la juridiction dans le ressort de laquelle se trouve le siège social de celle-ci (CJUE 15-7-2021 aff. 30/20).

Dans l'hypothèse d'un **préjudice purement financier**, le lieu de matérialisation ne peut pas, à lui seul, être qualifié de « point de rattachement pertinent ». Ainsi, ne sauraient être considérés comme « lieu où le fait dommageable s'est produit » ni le lieu du domicile du demandeur où serait localisé le centre de son patrimoine, au seul motif qu'il y aurait subi un préjudice financier résultant de la perte d'éléments de son patrimoine intervenue et subie dans un autre État de l'Union (CJCE 10-6-2004 aff. 168/02 : RJDA 8-9/04 n° 1077), ni, en l'absence d'autres points de rattachement, le lieu situé dans un État membre où un préjudice est survenu, lorsque ce préjudice consiste exclusivement en un préjudice patrimonial résultant d'un acte illicite commis dans un autre État membre (CJUE 16-6-2016 aff. 12/15, à propos d'une perte financière matérialisée sur le compte bancaire du demandeur ; CJUE 12-9-2018 aff. 304/17 : RJDA 11/18 n° 882).

Dans le cas d'une action en **responsabilité de l'émetteur d'un certificat** du fait du prospectus afférent à celui-ci ainsi que de la violation d'autres obligations d'information incombant à cet émetteur, les juridictions du domicile du demandeur sont compétentes au titre de la matérialisation du dommage lorsque celui-ci se réalise directement sur un compte bancaire du demandeur auprès d'une banque établie dans le ressort de ces juridictions (CJUE 28-1-2015 aff. 375/13).

Lorsque les dommages se sont matérialisés à bord d'un **navire**, l'État du pavillon doit nécessairement être considéré comme le lieu où le fait dommageable a provoqué les préjudices (CJCE 5-2-2004 aff. C-18/02 point 44).

ILLUSTRATIONS

Les tribunaux français ont été reconnus compétents pour connaître de l'action en contrefaçon d'une marque française de parfums vendus aux enchères sur un site internet anglais dès lors que les **annonces s'adressaient** directement aux **internautes français** : le site d'enchères français avait incité à plusieurs reprises les internautes français à consulter le site d'enchères anglais afin d'élargir leur recherche ou profiter d'opérations commerciales pour réaliser des achats et il existait une complémentarité entre ces deux sites (Cass. com. 3-5- 2012 n°s 11-10.505, 11-10.507 et 11-10.508 : RJDA 8-9/12 n° 809).

Dans un cas où un laboratoire pharmaceutique français reprochait à une société danoise d'avoir dénigré ses produits depuis un site internet situé au Danemark, il a été jugé que les tribunaux français ne sont compétents que si l'**information** prétendument **dénigrante** était **destinée** aux **internautes français** (Cass. com. 20-3-2012 n° 11-10.600).

En revanche, jugé que le titulaire d'un modèle de couteau déposé ne pouvait pas saisir les juridictions françaises pour obtenir la condamnation de sociétés étrangères commercialisant un modèle contrefaisant dès lors qu'elles le proposaient à la vente sur des **sites internet** qui ne **visaient pas** le **public français** : aucun site internet français ne proposait le modèle en cause et les sites étrangers l'offrant à la vente mentionnaient que la livraison du produit n'était possible que sur le territoire allemand ; le consommateur français qui souhaitait accéder aux sites exploités par les sociétés germanophones et passer commande devait connaître la langue allemande, laquelle n'est pas spécifiquement maîtrisée par le public concerné par ce type d'articles (Cass. com. 12-2-2013 n° 11-25.914 : RJDA 7/13 n° 683). **63100** (suite)

En cas d'**atteinte** alléguée aux **droits** patrimoniaux **d'auteur** garantis par l'État membre de la juridiction saisie, celle-ci est compétente pour connaître d'une action en responsabilité introduite par l'auteur d'une œuvre à l'encontre d'une société établie dans un autre État membre et ayant, dans celui-ci, reproduit sur un support matériel l'œuvre qui a ensuite été vendue par des sociétés établies dans un troisième État membre, par l'intermédiaire d'un **site internet** accessible également dans le ressort de la juridiction saisie. Cette juridiction n'est compétente que pour connaître du seul dommage causé sur le territoire de l'État membre dont elle relève (CJUE 3-10-2013 aff. 170/12 : RJDA 1/14 n° 73). En conséquence, l'accessibilité dans le ressort de la juridiction saisie d'un site internet commercialisant le CD argué de contrefaçon est de nature à justifier la compétence de cette juridiction, prise comme celle du lieu de la matérialisation du dommage allégué (Cass. 1e civ. 22-1-2014 n° 10-15.890 : RJDA 6/14 n° 573, prononcé en application de l'arrêt précité de la Cour de justice du 3-10-2013).

Dans une autre affaire d'action en responsabilité pour violation du droit d'auteur, jugé que la juridiction saisie était compétente pour connaître du dommage résultant de la mise en ligne de photographies protégées sur un site internet accessible dans son ressort. Cette juridiction n'est compétente que pour connaître du seul dommage causé sur le territoire de l'État membre dont elle relève (CJUE 22-1-2013 aff. 441/13).

Dans le cas d'une action en responsabilité pour violation de l'interdiction de vente en dehors d'un réseau de **distribution sélective** résultant de l'offre, sur des **sites internet** opérant dans différents États membres, de produits faisant l'objet de ce réseau, le lieu où le dommage s'est produit doit être considéré comme étant le territoire de l'État membre qui protège l'interdiction de vente, territoire sur lequel le demandeur prétend avoir subi une réduction de ses ventes (CJUE 21-12-2016 aff. 618/15). Au regard de ce principe, doit être cassée la décision qui, pour dire les juridictions françaises incompétentes pour connaître des demandes relatives aux sites internet d'une société de vente en ligne qui opèrent dans différents États étrangers, a retenu que le juge français n'est compétent pour connaître des litiges liés à la vente sur internet que si le site sur lequel la distribution est assurée vise le public de France (Cass. com. 5-7-2017 n° 14-16.737 FS-PBI : RJDA 12/17 n° 847).

Lorsque des véhicules ont été illégalement équipés dans un État membre par leur constructeur d'un logiciel manipulant les données relatives aux rejets des gaz d'échappement avant d'être acquis auprès d'un tiers dans un autre État membre, le lieu de la matérialisation du dommage se situe dans ce dernier État membre (CJUE 9-7-2020 aff. 343/19).

La juridiction du lieu d'établissement d'une société dont les dettes sont devenues irrécouvrables, parce que la société « grand-mère » de cette société a méconnu son devoir de diligence à l'égard des créanciers de celle-ci, est compétente pour connaître d'une **action collective en dommages et intérêts** relevant de la matière délictuelle ou quasi délictuelle que le curateur à la faillite de cette société a introduite, dans le cadre de sa mission légale de liquidation de la masse, pour le compte, mais non pas au nom, de l'ensemble des créanciers (CJUE 10-3-2022 aff. 498/20).

Il résulte des principes de bonne administration de la justice, de prévisibilité et de proximité mis en œuvre par la Cour de justice de l'Union européenne que, pour une action en réparation de préjudice d'atteinte à son image et à sa réputation et à la perte, même non avérée, de ventes résultant de **comportements parasitaires** par le média d'**internet** et en cessation de commercialisation, la matérialisation du dommage doit être localisée dans l'État du siège social de la victime, qui est le lieu du centre de ses intérêts (Cass. com. 16-3-2022 n° 20-22.000 F-D).

Dans l'hypothèse d'une perte de valeur de titres souscrits auprès d'une société en liquidation judiciaire, il faut considérer que le lieu où s'est matérialisé le **préjudice financier** de l'investisseur est le lieu où la société a subi en premier la perte de la valeur de ses titres (Cass. com. 7-1-2014 n° 11-24.157 : RJDA 11/14 n° 880).

La survenance directe, sur un compte d'investissement, d'un préjudice purement financier résultant de décisions d'investissement prises à la suite d'informations aisément accessibles sur le plan mondial, mais inexactes, incomplètes ou trompeuses provenant d'une société internationale cotée en bourse ne permet pas de retenir, au titre de la matérialisation du dommage, la compétence internationale d'une juridiction de l'État membre dans lequel est établie la banque ou l'entreprise d'investissement sur le registre de laquelle le compte est inscrit, lorsque ladite société n'était pas soumise à des obligations légales de publicité dans cet État membre (CJUE 12-5-2021 aff. 709/19).

Lorsque le préjudice purement financier invoqué par le demandeur à une action en responsabilité délictuelle ou quasi délictuelle s'est réalisé directement sur un compte bancaire ouvert à son nom en France, à la suite d'un virement ordonné pour le paiement d'un cocontractant français dont il est allégué qu'un tiers a usurpé la qualité, une cour d'appel ne peut exclure la compétence des juridictions françaises qu'après avoir recherché si les autres circonstances particulières de l'affaire ne concouraient pas à attribuer la compétence à une autre juridiction

que celle du lieu de matérialisation de ce préjudice (Cass. 1e civ. 15-6-2022 n° 21-10.742 F-B : RJDA 10/22 n° 602).
Dans un cas où un **incendie** s'était déclaré dans la salle des machines d'un **navire** français (Wallis-et-Futuna) se trouvant au large des îles Falkland (Royaume-Uni), a été cassé l'arrêt d'appel qui, pour dire que les juridictions françaises n'étaient pas compétentes, avait retenu que l'incendie s'était déclaré et avait détruit le système de propulsion du paquebot dans les eaux territoriales des îles Falkland et non dans le ressort du tribunal de Mata'Utu, alors que le dommage matérialisé à bord du navire était réputé s'être produit à Wallis-et-Futuna où celui-ci était immatriculé (Cass. 1e civ. 9-3-2022 n° 20-21.572 FS-B).

COMPÉTENCE EN CAS D'ÉVÉNEMENT CAUSAL UNIQUE ET PLURALITÉ DE DOMMAGES

63110 Lorsqu'un seul événement causal a entraîné plusieurs dommages situés dans plusieurs États de l'Union, le demandeur peut opter pour la compétence du tribunal de l'**État où est situé l'événement causal** ou pour les tribunaux des différents **États où le dommage est caractérisé**.
L'étendue de la compétence de ces tribunaux varie.

63112 **Diffamation au moyen d'un article de presse diffusé dans plusieurs États membres** Les juridictions de l'État membre du lieu d'établissement de l'éditeur de la publication diffamatoire sont compétentes pour réparer l'intégralité des dommages résultant de la diffamation ; les juridictions de chaque État membre dans lequel la publication a été diffusée et où la victime prétend avoir subi une atteinte à sa réputation sont compétentes pour connaître des seuls dommages causés dans l'État de la juridiction saisie (CJCE 7-3-1995 aff. 68/93 : RJDA 3/96 n° 444).

63114 **Atteinte aux droits de la personnalité au moyen de contenus mis en ligne sur un site internet** La personne qui s'estime lésée a la faculté de saisir d'une **action en responsabilité, au titre de l'intégralité du dommage** causé, soit les juridictions de l'État membre du lieu d'établissement de l'émetteur de ces contenus, soit les juridictions de l'État membre dans lequel se trouve le centre de ses intérêts. Cette personne peut également introduire son action devant les juridictions de chaque État membre sur le territoire duquel un contenu mis en ligne est accessible ou l'a été : celles-ci sont alors compétentes pour connaître du **seul dommage causé sur le territoire de l'État** membre de la juridiction saisie (CJUE 25-10-2011 aff. 509/09 : RJDA 2/12 n° 232).
La personne, qui prétend que ses droits de la personnalité ont été violés par la publication de données inexactes la concernant sur internet et par la non-suppression de commentaires à son égard, peut former un **recours tendant à la rectification** de ces données et à la **suppression** de ces commentaires devant les juridictions de l'État membre dans lequel se trouve le centre de ses intérêts ; en revanche, elle ne peut pas agir devant les juges des différents États membres où les informations publiées sont ou ont été accessibles (CJUE 17-10-2017 aff. 194/16 : RJDA 2/18 n° 204) ; cette solution est fondée sur la nature ubiquitaire des données et des contenus mis en ligne sur un site internet et au fait que leur diffusion a une portée universelle (même arrêt point 48) ; dès lors, une demande visant la rectification des informations et la suppression des commentaires ne peut être formée que devant la juridiction compétente pour connaître de l'intégralité de la demande de réparation du dommage.
En l'absence de « lien de dépendance nécessaire » existant entre la demande visant à la rectification des données et à la suppression des contenus mis en ligne et celle, conjointe, visant à l'indemnisation du préjudice résultant de cette mise en ligne, il n'y a pas de nécessité juridique qu'elles soient examinées de manière conjointe par une seule juridiction. Par conséquent, une personne qui agit simultanément aux fins, d'une part, de rectification et de suppression des contenus mis en ligne la concernant et, d'autre part, de réparation du préjudice qui aurait résulté de cette mise en ligne peut demander, devant les juridictions de chaque État membre sur le territoire duquel ces propos sont ou étaient accessibles, la réparation du préjudice qui lui aurait été causé dans l'État membre de la juridiction saisie, bien que ces juridictions ne soient pas compétentes pour connaître de la demande de rectification et de suppression (CJUE 21-12-2021 aff. 251/20 : RJDA 3/22 n° 184).

ILLUSTRATIONS

Jugé qu'une juridiction française, saisie d'une **action** tendant à la fois à la **cessation** de la mise en ligne de propos dénigrants, à la publication d'un **rectificatif** et à l'allocation de **dommages-intérêts** pour les **préjudices subis en France**, est compétente pour statuer sur ce dernier chef de demande dès lors qu'il tend à la réparation du seul préjudice causé sur le territoire français et que le contenu attentatoire était accessible ou l'avait été sur ce territoire (Cass. 1e civ. 15-6-2022 n° 18-24.850 FS-B : RJDA 10/22 n° 604).

Dans un cas où une société américaine avait poursuivi devant un tribunal français une autre société américaine en réparation du dommage qu'elle avait subi en France par la commercialisation en ligne d'un logiciel dénigrant ses produits et en cessation de ces faits sur le territoire français, c'est sans méconnaître la jurisprudence européenne qui concerne le retrait pur et simple du contenu litigieux du réseau internet indépendamment de toute considération géographique qu'une cour d'appel a jugé que la société victime pouvait saisir la juridiction française. En effet, il résulte des éléments suivants que l'action, en cessation partielle et non intégrale, visant une **géo-rectification limitée au territoire français** à l'exception de tous les autres, était divisible d'un point de vue géographique et non pas une et indivisible : les demandes étaient limitées à la réparation du préjudice subi en France et aux mesures adéquates de réparation et de prévention de tout nouveau dommage sur ce seul territoire ; la société mise en cause ciblait le marché français et mettait à disposition des utilisateurs un site internet en langue française à partir duquel ils pouvaient, à l'aide d'instructions en français, procéder au téléchargement et à l'installation d'une version française des logiciels et obtenir des informations en français de sorte qu'il s'agissait bien d'un site destiné au public français (Cass. 1e civ. 1-2-2023 n° 20-15.703 FS-D).
Dans une affaire très particulière, un ressortissant polonais avait allégué qu'un journal allemand diffusé sur internet avait porté atteinte à ses droits de la personnalité, et en particulier à son identité et à sa dignité nationales, en évoquant le « camp d'extermination polonais de Treblinka » et non pas le camp d'extermination nazi allemand de Treblinka situé en Pologne. Il avait alors saisi un tribunal en Pologne, en tant qu'État dans lequel se trouvait le centre de ses intérêts. Après avoir énoncé que la juridiction du lieu où se trouve le centre des intérêts d'une personne prétendant que ses droits de la personnalité ont été violés par un contenu mis en ligne sur un site internet n'est compétente pour connaître, au titre de l'intégralité du dommage allégué, d'une action en responsabilité introduite par cette personne que si ce contenu comporte des éléments objectifs et vérifiables permettant d'**identifier**, directement ou indirectement, cette **personne en tant qu'individu**, la Cour en a déduit que le tribunal polonais était incompétent (CJUE 17-6-2021 aff. 800/19).

COMPÉTENCE EN CAS DE PLURALITÉ D'AUTEURS DU DÉLIT OU QUASI-DÉLIT

Il peut arriver que le dommage soit constaté en un lieu unique mais qu'il y ait deux auteurs domiciliés dans deux États membres différents. Dans ce cas, le règlement ne permet pas d'établir, au titre du lieu de l'événement causal de ce dommage, la compétence d'une juridiction dans le ressort de laquelle celui des auteurs supposés qui est attrait n'a pas agi (CJUE 16-5-2013 aff. 228/11 ; CJUE 3-4-2014 aff. 387/12 ; CJUE 5-6-2014 aff. 360/12 : RJDA 8-9/14 n° 734). **63120**

ACTION DE LA VICTIME PAR RICOCHET

La victime par ricochet ne peut pas attraire l'auteur du fait dommageable devant les juridictions du lieu où elle a constaté le dommage dans son patrimoine (CJCE 11-1-1990 aff. 220/88 : Rec. I-495). **63130**
Elle peut donc agir devant les juridictions de l'État du domicile du défendeur (art. 4) et, à notre avis, devant le tribunal du fait dommageable subi par la victime directe (dans le même sens, H. Gaudemet-Tallon et M.-E. Ancel : Compétence et exécution des jugements en Europe, LGDJ 2018 n° 231).

c. Compétence pour les actions fondées sur une infraction

En cas d'action en réparation de dommage ou d'action en restitution fondées sur une infraction, une personne domiciliée dans un État membre peut être attraite, dans un autre État membre, devant la juridiction saisie de l'action publique, dans la mesure où, selon sa loi, cette juridiction peut connaître de l'action civile (Règl. 1215/2012 art. 7, 3). Le demandeur dispose ainsi d'une **option de compétence** entre ce tribunal et les juridictions de l'État membre sur le territoire duquel est situé le domicile du défendeur (art. 4). **63170**

d. Compétence pour la restitution de biens culturels

Le demandeur dispose d'une option de compétence lorsqu'il vise la restitution de biens culturels. Il peut saisir les juridictions de l'État membre du domicile du défendeur (Règl. 1215/2012 art. 4) ou la juridiction du lieu où le bien culturel est situé au moment de la saisine (art. 7, 4). Ce principe s'applique en présence d'une action civile, fondée sur le droit de propriété, en restitution d'un bien culturel au sens de l'article 1er , 1 de la directive 93/7/CEE, engagée par la personne revendiquant le droit de récupérer un tel bien. **63200**
Cette règle de compétence est une innovation du règlement 1215/2012. Elle ne figurait pas dans le règlement 44/2001.

e. Compétence pour les litiges relatifs à l'exploitation d'une succursale

PRINCIPE

63220 Une personne domiciliée dans un État membre peut être attraite, dans un autre État membre, s'il s'agit d'une contestation relative à l'exploitation d'une succursale, d'une agence ou de tout autre établissement, devant la juridiction du lieu de leur situation (Règl. 1215/2012 art. 7). Le demandeur dispose par ailleurs de la possibilité de se prévaloir de la règle de compétence de l'article 4 (domicile du défendeur).

Les **notions** de succursale, d'agence et d'établissement doivent faire l'objet d'une **interprétation** autonome (CJCE 22-11-1978 aff. 33/78 : Rec. p. 2183). Il faut donc se garder de la tentation de transposer à ce sujet ce qu'il est habituel d'appeler, en droit français, la jurisprudence des gares principales.

SUCCURSALE, AGENCE ET ÉTABLISSEMENT AU SENS DU RÈGLEMENT

63230 Ces notions impliquent un centre d'opérations qui se manifeste d'une façon durable vers l'extérieur comme le prolongement d'une maison mère, pourvu d'une direction et matériellement équipé de façon à pouvoir négocier des affaires avec des tiers, de telle façon que ceux-ci, tout en sachant qu'un lien de droit éventuel s'établira avec la maison mère dont le siège est à l'étranger, sont dispensés de s'adresser directement à celle-ci, et peuvent conclure des affaires au centre d'opérations qui en constitue le prolongement (CJCE 22-11-1978 aff. 33/78 : Rec. p. 2183 ; CJUE 19-7-2012 aff. 154/11, § 48 ; CJUE 11-4-2019 aff. 464/18, § 33).

ILLUSTRATIONS

Le concessionnaire d'une exclusivité de vente ne peut être considéré comme étant à la tête d'une succursale, d'une agence, ou d'un établissement de son concédant, car il n'est soumis ni à son contrôle ni à sa direction (CJCE 6-10-1976 aff. 14/76 : Rec. p. 1497).

Un agent commercial indépendant, en ce sens qu'il est, en vertu de son statut légal, libre d'organiser l'essentiel de son activité et de déterminer le temps de travail qu'il consacre à une entreprise qu'il accepte de représenter, à qui l'entreprise qu'il représente ne peut interdire de représenter en même temps plusieurs firmes concurrentes dans le même secteur de production ou de commercialisation et qui, en outre, se borne à transmettre des commandes à la maison mère, sans participer ni à leur règlement ni à leur exécution, ne réunit pas les caractéristiques d'une succursale, agence ou autre établissement (CJCE 18-3-1981 aff. 139/80 : Rec. p. 819).

La règle de compétence spéciale s'applique à un cas où une personne morale établie dans un État de l'Union, tout en n'exploitant pas une succursale, une agence ou un établissement dépourvu d'autonomie dans un autre État membre, y exerce néanmoins ses activités au moyen d'une société indépendante portant le même nom et ayant la même direction, qui agit et conclut des affaires en son nom et dont elle se sert comme d'un prolongement (CJCE 9-12-1987 aff. 218/86 : Rec. p. 4905).

CONTESTATION RELATIVE À L'EXPLOITATION D'UNE SUCCURSALE

63240 La notion d'exploitation d'une succursale, d'une agence ou de tout autre établissement regroupe deux aspects (CJCE 22-11-1978 aff. 33/78 : Rec. p. 2183 ; CJUE 19-7-2012 aff. 154/11, § 48 ; CJUE 5-7-2018 aff. 27/17) : d'une part, elle comprend les litiges portant sur les droits et obligations contractuels ou non contractuels relatifs à **la gestion** proprement dite de la **succursale**, de l'agence ou de l'établissement eux-mêmes, tels que ceux relatifs à la location de l'immeuble où ces entités seraient établies ou à l'engagement sur place du personnel qui y travaille ; d'autre part, sont visés les litiges relatifs aux **engagements pris par le centre d'opérations** au nom de la maison mère et qui doivent être exécutés dans l'État membre où ce centre d'opérations est établi, ainsi que les litiges relatifs aux **obligations non contractuelles** qui trouveraient leur origine dans les activités que la succursale, l'agence ou tout autre établissement a assumées au lieu où il est établi pour le compte de la maison mère.

Il n'est toutefois pas nécessaire que les engagements litigieux pris par la succursale, au nom de la maison mère, soient exécutés dans l'État de l'Union où la succursale est établie (CJCE 6-4-1995 aff. 439/93 : RJDA 8-9/95 n° 1062).

ILLUSTRATIONS

Entre dans la notion de « contestation relative à l'exploitation d'une succursale » l'action visant l'indemnisation d'un dommage causé par un abus de position dominante consistant en l'application de prix prédateurs, lorsqu'une succursale de l'entreprise détenant la position dominante a, d'une manière effective et significative, participé à cette pratique abusive (CJUE 5-7-2018 aff. 27/17).

En revanche, une juridiction d'un État membre où est établie la succursale d'une compagnie aérienne ayant son siège dans un autre État membre n'est pas compétente pour connaître d'une demande d'indemnisation formée par un passager d'un vol arrivé en retard, si cette succursale n'a pas pris part à la relation juridique entre la compagnie et celui-ci (CJUE 11-4-2019 aff. 464/18).

f. Compétence pour les litiges en matière de trust

Le fondateur, le trustee ou le bénéficiaire d'un trust constitué soit en application de la loi, soit par écrit ou par une convention verbale confirmée par écrit peut être, s'il s'agit d'une action engagée à son encontre, assigné : **63290**
– soit devant les juridictions de l'État membre où il est domicilié (Règl. 1215/2012 art. 4) ;
– soit devant les juridictions de l'État membre sur le territoire duquel le trust a son domicile (art. 7, 6).

Sur la détermination du domicile du trust, voir n° 62890.

g. Compétence pour les litiges en matière d'assistance ou sauvetage maritime

En matière de contestations relatives au **paiement** de la **rémunération** réclamé en raison de l'assistance ou du sauvetage dont a bénéficié une cargaison ou un fret, le demandeur peut, à son choix, saisir : **63340**
– les juridictions désignées par l'article 4 ;
– la juridiction dans le ressort de laquelle cette cargaison ou le fret s'y rapportant soit a été saisi pour garantir ce paiement, soit aurait pu l'être mais une caution ou une autre sûreté a été donnée (Règl. art. 7, 7).

Cette option de compétence ne s'applique que s'il est prétendu que le **défendeur** a un **droit sur** la **cargaison** ou sur le fret ou qu'il avait un tel droit au moment de cette assistance ou de ce sauvetage (art. 7, 7 in fine).

3. COMPÉTENCE EN PRÉSENCE DE PLUSIEURS DÉFENDEURS

PRINCIPE

Une personne domiciliée dans un État membre peut être attraite, s'il y a plusieurs défendeurs, devant la juridiction du **domicile** de l'un d'eux, à condition que les demandes soient liées entre elles par un rapport si étroit qu'il y a intérêt à les instruire et à les juger en même temps afin d'éviter des solutions qui pourraient être inconciliables si les causes étaient jugées séparément (Règl. 1215/2012 art. 8, 1). Cette règle de compétence ne peut pas s'appliquer à un litige relevant des dispositions du règlement relatives à la compétence en matière de contrats individuels de travail (CJCE 22-5-2008 aff. 462/06 : RJS 10/08 n° 1055). **63390**

JURIDICTION DU DOMICILE D'UN CODÉFENDEUR

Il résulte de la lettre de l'article 8 du règlement que le litige doit être porté devant une **juridiction** d'un **État** membre sur le territoire duquel l'**un des défendeurs a** son **domicile**. Par conséquent, un défendeur domicilié dans un État membre ne peut pas être attrait, dans un autre État membre, devant la juridiction saisie d'une demande dirigée contre un codéfendeur domicilié en dehors du territoire de tout État membre, au motif que le litige présenterait un caractère indivisible et pas seulement connexe (CJCE 27-10-1998 aff. 51/97 : RJDA 2/99 n° 244). En revanche, le demandeur peut intenter une action dans un État membre contre un défendeur domicilié dans cet État et un codéfendeur domicilié dans un autre État membre, même si cette action est considérée, dès son introduction, comme étant irrecevable envers le premier défendeur en vertu d'une réglementation nationale (CJCE 13-7-2006 aff. 103/05 : Rec. I-6827). **63400**

> **Précisions** Un **codéfendeur** qui n'est **pas domicilié sur le territoire d'un État membre** ne peut pas être attrait devant une juridiction d'un État membre sur le fondement de l'article 6, 1 du règlement 44/2001 (CJUE 11-4-2013 aff. 645/11). Ce principe devrait subsister sous l'empire de l'article 8, 1 du règlement 1215/2012.

RAPPORT ÉTROIT ENTRE LES DEMANDES CONTRE PLUSIEURS DÉFENDEURS

En précisant que les demandes doivent être liées entre elles par un rapport si étroit qu'il y a intérêt à les instruire et à les juger en même temps afin d'éviter des solutions qui pourraient être **63410** inconciliables si les causes étaient jugées séparément, le règlement reprend la **définition** du lien de connexité donnée par la Cour de justice sous l'empire de la convention de Bruxelles (CJCE 27-9-1988 aff. 189/87 : Rec. p. 5565). Il incombe à la juridiction nationale d'apprécier, au regard de tous les éléments du dossier, l'existence du lien de connexité entre les différentes demandes portées devant elle, c'est-à-dire du risque de décisions inconciliables si ces demandes étaient jugées séparément (CJUE 1-12-2011 aff. 145/10, § 83 ; Cass. com. 7-1-2014 n° 11-24.157 : RJDA 8-9/14 n° 880).

Il suffit que les demandes soient connexes lors de leur introduction, sans qu'il soit en outre nécessaire d'établir de manière distincte que les demandes n'ont pas été formées à la seule fin de soustraire l'un des défendeurs aux tribunaux de l'État membre où il est domicilié (CJCE 11-10-2007 aff. 98/06 : Rec. I-1281 ; Cass. com. 26-2-2013 n° 11-27.139 : RJDA 6/13 n° 578).

Le fait que des **demandes** introduites contre plusieurs défendeurs ont des **fondements juridiques différents** ne fait pas obstacle à l'application de la règle de compétence (CJCE 11-10-2007, précité). Par ailleurs, le seul fait que les demandes reposent sur des bases juridiques nationales qui diffèrent selon les États membres ne s'oppose pas à l'application de cette même disposition (CJUE 1-12-2011 aff. 145/10).

ILLUSTRATIONS

Cette règle de compétence s'applique dans le cas où deux ou plusieurs sociétés établies dans différents États membres sont accusées, chacune séparément, dans une procédure pendante devant une juridiction d'un de ces États membres, de contrefaçon à la même partie nationale d'un brevet européen, car cette situation est susceptible de conduire à des solutions inconciliables si les causes étaient jugées séparément (CJUE 12-7-2012 aff. 616/10 ; dans le même sens : Cass. 1e civ. 29-6-2022 n° 21-11.085 F-D : RJDA 10/22 n° 592). Par ailleurs, il existe une même situation de fait et de droit ainsi qu'un risque de solutions inconciliables dans l'hypothèse d'une allégation de contrefaçon contre plusieurs défendeurs domiciliés dans des États membres différents, peu important que le litige relève de la même réglementation européenne relative aux modèles (Cass. com. 5-4-2016 n° 13-22.491 FS-PB : RJDA 8-9/16 n° 664), ou encore d'actions en responsabilité intentées par une même personne, en raison de la perte de fonds investis sur une plate-forme de trading, contre son établissement bancaire ayant viré les fonds et contre la banque auprès de laquelle était ouvert le compte de la société de courtage étrangère gérant la plate-forme (Cass. 1e civ. 17-2-2021 n° 19-22.883 F-D).

De même, il existe un lien étroit entre les demandes introduites à l'encontre de plusieurs défendeurs domiciliés sur le territoire d'autres États membres dans le cas où ces derniers opposent des droits à réparation supplémentaires sur lesquels il est nécessaire de statuer de manière uniforme (CJUE 11-4-2013 aff. 645/11).

En revanche, la règle de compétence visant la pluralité de défendeurs ne s'applique pas dans le cadre d'un litige en contrefaçon de brevet européen mettant en cause plusieurs sociétés, établies dans différents États membres, pour des faits qui auraient été commis sur le territoire d'un ou de plusieurs de ces États, même dans l'hypothèse où ces sociétés, appartenant à un même groupe, auraient agi de manière identique ou similaire, conformément à une politique commune qui aurait été élaborée par une seule d'entre elles, et ce, en raison du fait qu'on n'est pas alors en présence d'une même situation de droit et qu'il n'existe donc pas un risque de décisions contradictoires (CJCE 13-7-2006 aff. 539/03 : Rec. I-6535). Il a également été jugé que dans l'hypothèse de deux recours introduits à l'encontre de plusieurs défendeurs, ayant un objet et un fondement différents et n'étant pas liés entre eux par un lien de subsidiarité ou d'incompatibilité, il ne suffit pas que l'éventuelle reconnaissance du bien-fondé de l'un d'eux soit potentiellement apte à se refléter sur l'étendue du droit dont la protection est demandée dans le cas de l'autre pour qu'il y ait un risque de décisions inconciliables au sens de cette disposition (CJUE 20-4-2016 aff. 366/13).

INCIDENCE D'UN DÉSISTEMENT À L'ÉGARD D'UN DÉFENDEUR

63420 Lorsque le demandeur a saisi une juridiction d'un État dans lequel un seul des défendeurs est domicilié, quelle est l'incidence d'un désistement du demandeur à l'égard de ce seul défendeur ? La juridiction demeure-t-elle compétente à l'égard des autres défendeurs ?

La Cour de justice a été amenée à se pencher sur cette hypothèse, dans une affaire où les défendeurs avaient été assignés en paiement de dommages-intérêts suite à la constatation d'une infraction au droit européen des ententes. Elle a alors considéré que la règle de concentration des compétences en cas de pluralité de défendeurs peut s'appliquer à l'égard d'une telle action, même lorsque le demandeur s'est désisté de son action à l'égard du seul des codéfendeurs qui est domicilié dans l'État membre du siège de la juridiction saisie. Une réserve est toutefois énoncée : il n'en est plus de même si l'existence d'une collusion entre le demandeur et ce codéfendeur est établie en vue de créer ou de maintenir, de manière artificielle, les conditions d'application de cette règle à la date de l'introduction de cette action (CJUE 21-5-2015 aff. 352/13).

INCIDENCE D'UNE CLAUSE ATTRIBUTIVE DE JURIDICTION

Lorsqu'une clause attributive de compétence a été conclue par les parties à un contrat, cette clause crée une compétence exclusive au profit de la juridiction désignée, qui prime la compétence spéciale fondée sur l'article 8 en cas de pluralité de défendeurs (Cass. 1e civ. 14-3-2018 n° 16-28.302 FS-PB : RJDA 6/18 n° 551 ; Cass. 1e civ. 13-12-2017 n° 16-22.412 FS-PB : Bull. inf. C. cass. 1er mai 2018 n° 500, à propos de la convention de Lugano du 23-10-2007). **63430**

4. COMPÉTENCE EN CAS DE DEMANDE EN GARANTIE OU EN INTERVENTION

En cas de demande en garantie ou de demande en intervention, une personne domiciliée dans un État membre peut être attraite devant la juridiction saisie de la demande originaire, à moins qu'elle n'ait été formée que pour traduire celui qui a été appelé hors du ressort de la juridiction compétente (Règl. 1215/2012 art. 8, 2). **63460**

La **notion** de demande en garantie ou en intervention n'est pas définie par le règlement. Se référant au rapport explicatif de la convention de Bruxelles du 27 septembre 1968, la Cour de justice a indiqué que la demande en garantie est l'action qui est intentée contre un tiers par le défendeur à un procès en vue d'être tenu indemne de conséquences de ce procès (CJCE 26-5-2005 aff. 77/04, § 28 : Rec. I-4509). Elle a également précisé que le champ d'application du principe s'étend à une action qu'un tiers a introduite, conformément aux dispositions de la législation nationale, contre le défendeur à la procédure originaire et ayant pour objet une demande étroitement liée à cette demande originaire, visant à obtenir le remboursement d'indemnités versées par ce tiers au demandeur à la procédure originaire (en l'espèce, l'assureur de la victime d'un accident demandait à l'assureur du responsable le remboursement de l'indemnisation versée), à la condition que cette action n'ait pas été formée que pour traduire le défendeur hors de son tribunal (CJUE 21-1-2016 aff. 521/14).

L'article 8, 2 exige seulement l'existence d'un lien suffisant pour constater l'**absence** de **détournement de for** (CJCE 26-5-2005 aff. § 33, précité). Aucune autre condition n'est requise. Par conséquent, il n'y a pas à faire la preuve d'un **lien de connexité** entre la demande originaire et l'appel en garantie (Cass. 1e civ. 10-5-2004 n° 01-11.229 : Bull. civ. I n° 222). **63463**

Le **fondement de la compétence du tribunal** saisi de la demande originaire importe peu car l'article 8, 2 n'exige pas, contrairement à l'article 8, 1 que ce tribunal soit celui du domicile du défendeur. Ce tribunal peut donc être compétent sur la base d'une convention internationale, d'une disposition de droit international privé de l'État concerné ou d'une disposition du règlement (pour un exemple d'appel en garantie suite à la saisine d'un tribunal en matière contractuelle : CJCE 15-5-1990 aff. 365/88 : Rec. I-1845 ; pour un appel en garantie en présence d'une clause attributive de juridiction : Cass. 1e civ. 13-5-2020 n° 18-25.754 F-D et Cass. 1e civ. 30-9-2020 n° 19-15.152 F-D à propos de la convention de Lugano).

Le juge national n'est pas obligé de consentir à la demande d'appel en garantie et il peut appliquer les règles procédurales de son droit national pour apprécier la recevabilité de la demande, mais il ne doit pas être porté atteinte à l'**effet utile du texte européen** (CJCE 15-5-1990 aff. 365/88 : Rec. I-1845). Tel serait le cas si ces règles procédurales nationales fondaient le rejet de la demande en garantie sur le fait que le garant réside ou est domicilié sur le territoire d'un État de l'Union autre que celui du tribunal saisi de la demande originaire (même arrêt).

> **Précisions** Si la juridiction saisie de la demande originaire revient sur sa décision de se déclarer compétente pour connaître de cette demande, elle perd, de ce fait, de plein droit, sa compétence pour connaître des demandes introduites par la partie intervenante (CJUE 10-3-2022 aff. 498/20).

5. COMPÉTENCE EN CAS DE DEMANDE RECONVENTIONNELLE

Une personne domiciliée dans un État membre peut être attraite, s'il s'agit d'une demande reconventionnelle qui dérive du contrat ou du fait sur lequel est fondée la demande originaire, devant la juridiction saisie de celle-ci (Règl. art. 8, 3). L'objectif est de permettre aux parties, dans un souci de bonne administration de la justice, de régler, au cours de la même procédure, l'ensemble de leurs prétentions réciproques ayant une origine commune (CJUE 12-10-2016 aff. 185/15, § 37). Cette règle de compétence est facultative et de nature non exclusive par rapport à d'autres règles de compétence établies par le règlement (CJUE 31-5-2018 aff. 306/17, § 26 s. : RJDA 8-9/18 n° 697). **63520**

L'article 8, 3 ne vise que les demandes présentées par les défendeurs tendant au prononcé d'une **condamnation distincte**, et non la situation où un défendeur invoque, comme **simple moyen de défense**, une créance dont il serait titulaire à l'encontre du demandeur ; les moyens de défense susceptibles d'être invoqués et les conditions dans lesquelles ils peuvent l'être sont régis par le droit national (CJCE 13-7-1995 aff. 341/93 : Rec. I-2053).
Une lecture stricte de l'article 8, 3 devrait conduire à considérer que si les parties sont liées par plusieurs contrats, les demandes originaire et reconventionnelle devraient trouver leur fondement dans le même contrat. Toutefois, des auteures estiment, à propos du règlement 44/2001, qu'une interprétation souple de cette disposition devrait prévaloir et qu'il serait préférable de s'attacher au caractère connexe ou non des deux demandes (H. Gaudemet-Tallon et M.-E. Ancel : Compétence et exécution des jugements en Europe, LGDJ 2018 n° 272 ; de façon peu explicite, Cass. ass. plén. 18-2-1994 n° 90-12.454 : RJDA 6/94 n° 746 ; Cass. com. 25-1-2000 n° 97-19.638 : RJDA 3/00 n° 367).

ILLUSTRATIONS

Dans le cas d'une décision initiale ayant condamné un preneur de crédit-bail à verser une somme au bailleur, la règle de compétence de l'article 8, 3 s'applique à la demande du preneur formée après l'annulation de la décision initiale et tendant au remboursement, au titre de l'enrichissement sans cause, de la somme payée en exécution de cette décision. En effet, cette demande constitue une demande autonome du preneur, visant à obtenir une condamnation distincte du bailleur à rembourser ce qui lui a été versé indûment et il s'agit bien d'une demande qui dérive du contrat de crédit-bail à l'origine de l'action initiale du bailleur puisque l'enrichissement sans cause n'aurait pas eu lieu sans ce contrat (CJUE 12-10-2016 aff. 185/15).
L'article 8, 3 s'applique dans une situation dans laquelle la juridiction compétente pour connaître d'une allégation de violation des droits de la personnalité du demandeur au motif que des photos et des enregistrements vidéo ont été réalisés à son insu est saisie, par le défendeur, d'une demande reconventionnelle en réparation au titre de la responsabilité délictuelle ou quasi délictuelle du demandeur, notamment, pour la restriction de sa création intellectuelle objet de la demande originaire, lorsque l'examen de cette demande reconventionnelle exige que cette juridiction apprécie la licéité ou non des faits sur lesquels le demandeur fonde ses propres prétentions (CJUE 31-5-2018 aff. 306/17 précité).

6. COMPÉTENCE EN CAS DE JONCTION D'ACTIONS

63570 Une personne domiciliée dans un État membre peut être attraite en matière contractuelle, si l'action peut être jointe à une action en matière de droits réels immobiliers dirigée contre le même défendeur, devant la juridiction de l'État membre sur le territoire duquel l'immeuble est situé (Règl. art. 8, 4).
Cette disposition a pour objectif de permettre de concentrer le contentieux lié à l'existence d'une **créance** de **somme d'argent garantie par** une **sûreté réelle**. L'article 24 du règlement donnant, en matière de droits réels immobiliers, une compétence exclusive aux tribunaux de l'État membre où est situé l'immeuble (n° 64160), l'article 8 permet au demandeur de saisir le même juge pour l'action immobilière et pour l'action contractuelle.

ILLUSTRATIONS

Le juge du lieu de situation de l'immeuble, qui est exclusivement compétent pour connaître d'une demande de radiation du registre foncier de l'inscription d'une hypothèque, a également une compétence non exclusive pour connaître des demandes tendant à la constatation de la nullité du contrat de crédit et de l'acte notarié relatif à la constitution de cette hypothèque, dans la mesure où ces demandes sont dirigées contre le même défendeur (CJUE 14-2-2019 aff. 630/17, § 104 : RJDA 5/19 n° 398).

7. COMPÉTENCE EN MATIÈRE D'ASSURANCE

PRINCIPE

63620 Le législateur européen a prévu des règles spécifiques en matière d'assurance, en partant de l'idée que les parties à un contrat d'assurance ne sont pas dans une position égalitaire et qu'il convient dès lors d'établir des règles de compétence protectrices de la partie faible, selon l'expression consacrée en droit international privé.
La compétence est déterminée par les articles 10 à 16 du règlement. Dès lors que l'on se trouve dans le champ d'application de ces articles, les **règles** de compétence considérées **s'imposent**, sans que puissent être utilisées les règles de compétence prévues aux articles 4 et 7. Seuls les articles 6 (défendeur domicilié dans un État non membre : n° 62875) et 7, 5 (contestation relative à l'exploitation d'une succursale, d'une agence ou d'un établissement : n°s 63220 s.) peuvent éventuellement faire l'objet d'une mise en œuvre. Toutefois, les articles 10 à 16 ne portent pas

atteinte au droit d'introduire une demande reconventionnelle devant la juridiction saisie d'une demande originaire conformément à ces mêmes articles (art. 14, 2).
Certains litiges **ne relèvent pas** des articles 10 à 16. C'est le cas, selon la jurisprudence antérieure à l'entrée en vigueur du règlement 1215/2012 dont la portée demeure :
– des litiges entre un réassureur et un réassuré dans le cadre d'un traité de réassurance (CJCE 13-7-2000 aff. 412/98 : RJDA 1/01 n° 111) ;
– des appels en garantie entre assureurs, fondés sur un cumul d'assurances (CJCE 26-5-2005 aff. 77/04 : Rec. I-4509) ;
– des rapports entre professionnels du secteur des assurances (CJUE 21-1-2016 aff. 521/14, § 30).

a. Compétence en l'absence de clause attributive

COMPÉTENCE EN CAS D'ACTION CONTRE L'ASSUREUR

Options de compétence L'**assureur domicilié** dans un **État membre** peut être attrait (Règl. art. 11, 1) : 63630
a) devant les juridictions de l'État membre où il a son domicile,
b) ou dans un autre État membre, en cas d'actions intentées par le preneur d'assurance, l'assuré ou un bénéficiaire, devant la juridiction du lieu où le demandeur a son domicile, étant précisé que cette disposition détermine tant la compétence internationale que la compétence territoriale de la juridiction d'un État membre dans le ressort de laquelle se situe le domicile du demandeur (CJUE 30-3-2022 aff. 652/20).

ATTENTION

En saisissant une juridiction différente de celles désignées l'article 11, 1 précité, le demandeur **renonce** implicitement, mais nécessairement, à se prévaloir de l'**option** de compétence (Cass. 2e civ. 16-5-2012 n° 11-16.942 : RJDA 12/12 n° 1127).

Un **coassureur** domicilié dans un État membre peut être attrait devant la juridiction d'un État membre saisi de l'action formée contre l'apériteur de la coassurance (art. 11, 1-c).
En cas d'**assurance de responsabilité ou portant sur un immeuble**, l'assureur peut, en outre, être attrait devant la juridiction du lieu où le fait dommageable s'est produit ; il en est de même si l'assurance porte à la fois sur des immeubles et des meubles couverts par une même police et atteints par le même sinistre (art. 12). Cette disposition ne se limite pas à la seule responsabilité de nature délictuelle ou quasi délictuelle (Cass. 1e civ. 10-5-2006 n° 02-20.272 : Bull. civ. I n° 221).
En matière d'assurance de responsabilité, l'assureur peut également être appelé devant la juridiction saisie de l'action de la victime contre l'assuré, si la loi de cette juridiction le permet (art. 13, 1). Ce principe ne s'applique pas aux assurances sur corps, qui ne sont pas des assurances de responsabilité (Cass. 1e civ. 17-5-2017 n° 16-17.327 F-PB : RJDA 10/17 n° 690).

En présence d'une succursale de l'assureur L'assureur peut disposer d'une **succursale dans un État membre** où il n'est pas domicilié. Deux cas doivent alors être distingués. 63633
Si l'assureur est domicilié dans un État membre mais possède par ailleurs une succursale, une agence ou un établissement dans un autre État membre, il peut être assigné dans cet autre État membre pour les contestations relatives à son exploitation, devant la juridiction du lieu de leur situation (art. 7, 5, sur renvoi de l'art. 10).
Lorsque l'assureur n'est pas domicilié dans un État membre mais possède une succursale, une agence ou tout autre établissement dans un État membre, il est considéré pour les contestations relatives à leur exploitation comme ayant son domicile sur le territoire de cet État membre (art. 11, 2).

> **Précisions** Une société qui exerce, dans un État membre, en vertu d'un contrat conclu avec une entreprise d'assurances établie dans un autre État membre, au nom et pour le compte de cette dernière, une activité de liquidation de dommages dans le cadre de l'assurance de responsabilité civile automobile doit être considérée comme étant une **succursale**, une agence ou tout autre établissement, lorsque cette société se manifeste de façon durable vers l'extérieur comme le **prolongement de l'entreprise** d'assurances et est pourvue d'une direction et est matériellement équipée de façon à pouvoir négocier avec des tiers, de sorte que ceux-ci sont dispensés de s'adresser directement à l'entreprise d'assurances (CJUE 20-5-2021 aff. 913/19).

Action directe de la victime contre l'assureur Les dispositions des articles 10, 11 et 12 du règlement sont applicables en cas d'**action directe** de la personne lésée contre l'**assureur**, lorsque l'action directe est possible (Règl. art. 13, 2). Pour déterminer si cette action est 63636 effectivement possible, il incombe au juge de rechercher si elle est ou non admise par la loi qui lui est applicable (Cass. 1e civ. 17-5-2017 n° 16-17.327 F-PB : RJDA 10/17 n° 690), cette loi étant déterminée par les règles de conflit de lois du juge saisi (Cass. 1e civ. 12-7-2023 n° 21-22.843 FS-D : RJDA 11/23 n° 633), ce qui conduit à distinguer les domaines délictuel et contractuel.

En matière délictuelle, le règlement 864/2007 du 11 juillet 2007 sur la loi applicable aux obligations non contractuelles (Rome II) prévoit que la personne lésée peut agir directement contre l'assureur de la personne devant réparation, si la loi applicable à l'obligation non contractuelle ou la loi applicable au contrat d'assurance le prévoit (Règl. 864/2007 art. 18). Pour que cette action puisse être exercée, il suffit qu'elle soit prévue par la loi applicable à l'obligation non contractuelle, indépendamment de ce qui est prévu par la loi applicable au contrat d'assurance choisie par les parties à ce contrat (CJUE 9-9-2015 aff. 240/14).

En matière de responsabilité contractuelle, à la suite d'un revirement de jurisprudence, il est également admis que la personne lésée peut agir directement contre l'assureur de la personne qui doit réparation si la loi applicable à l'obligation contractuelle ou la loi applicable au contrat d'assurance le prévoit (Cass. 1e civ. 9-9-2015 n° 14-22.794 FS-PBI : RJDA 11/15 n° 801).

Par ailleurs, si la loi relative à cette action directe prévoit la mise en cause du preneur d'assurance ou de l'assuré, la même juridiction sera aussi compétente à leur égard (Règl. 1215/2012 art. 13, 3), à condition, bien entendu, que le preneur d'assurance ou l'assuré ait été mis en cause par l'assureur (CJUE 9-12-2021 aff. 708/20).

> **Précisions a.** L'article 13, 2 ayant une fonction de protection de la partie la plus faible, son application ne se justifie pas dans les rapports **entre** des **professionnels** du secteur des assurances, dont aucun d'entre eux ne peut être présumé se trouver en position de faiblesse par rapport à l'autre (CJCE 17-9-2009 aff. 347/08, § 42 : Rec. I-8661). Ainsi, ne peut pas bénéficier de cette protection la personne physique dont l'activité professionnelle consiste à recouvrer des créances d'indemnisation auprès des assureurs, en qualité de cessionnaire contractuel de telles créances (CJUE 31-1-2018 aff. 106/17 : RJDA 4/18 n° 388) ; la compétence peut alors être fondée, le cas échéant, sur l'article 7, 2 ou 7, 5 (CJUE 20-5-2021 aff. 913/19). Il en est de même de la société qui, en contrepartie de services qu'elle fournit à la victime directe d'un accident de la circulation routière en lien avec le dommage résultant de cet accident, a acquis de celle-ci la créance d'indemnités d'assurance, aux fins d'en réclamer le paiement auprès de l'assureur de l'auteur de l'accident, sans cependant exercer une activité professionnelle dans le domaine du recouvrement de telles créances (CJUE 21-10-2021 aff. 393/20). Jugé également qu'un organisme de sécurité sociale, cessionnaire légal des droits de la personne directement lésée dans un accident de voiture, ne peut pas introduire un recours direct devant les tribunaux de son État membre d'établissement à l'encontre de l'assureur de la personne prétendument responsable de l'accident, établi dans un autre État membre (CJCE 17-9-2009 aff. 347/08 précité). En revanche, lorsqu'une action directe est possible, l'employeur, subrogé dans les droits de son employé pour s'être acquitté de la rémunération de ce dernier pendant la durée d'une période d'incapacité de travail, peut se prévaloir des règles de compétence spéciale (CJUE 20-7-2017 aff. 340/16).
>
> **b.** Il résulte des principes régissant le conflit de lois en matière d'action directe de la partie lésée contre l'assureur du responsable que l'action directe est possible si elle est permise, soit par la loi de l'obligation principale, soit par la loi du contrat d'assurance, de sorte que, si la loi de l'obligation principale l'autorise, la loi du contrat d'assurance ne peut y faire **obstacle** et ne peut être invoquée que dans ses dispositions qui régissent les relations entre l'assureur et l'assuré, dispositions à laquelle la question de l'action directe est étrangère (Cass. 1e civ. 12-7-2023 n° 21-22.843 précité).

COMPÉTENCE EN CAS D'ACTION DE L'ASSUREUR

63650 Sous réserve des dispositions de l'article 13, 3 (n° 63636), l'action de l'assureur ne peut être portée que devant les juridictions de l'État membre sur le territoire duquel est domicilié le défendeur, qu'il soit preneur d'assurance, assuré ou bénéficiaire (Règl. art. 14, 1). Cette règle impérative s'impose à l'assureur qui agit contre la victime d'un dommage causé par l'assuré, peu important que celui-ci se joigne à l'action (Cass. 1e civ. 27-2-2013 n° 11-23.228 : RJDA 6/13 n° 579).

Toutefois, la mise en œuvre de l'article 7, 5 (nos 63220 s.) reste envisageable, en présence d'une contestation relative à l'exploitation d'une succursale, d'une agence ou de tout autre établissement (art. 10).

b. Compétence en présence d'une clause attributive de compétence

PRINCIPES

Il peut être dérogé aux règles de compétence présentées ci-dessus par des clauses attributives de juridiction qui répondent à l'une des **conditions** suivantes (Règl. art. 15) : 63700
– elles sont postérieures à la naissance du différend ;
– elles permettent au preneur d'assurance, à l'assuré ou au bénéficiaire de saisir d'autres juridictions que celles indiquées par les articles 10 à 16 ;
– conclues entre un preneur d'assurance et un assureur ayant, au moment de la conclusion du contrat, leur domicile ou leur résidence habituelle dans un même État membre, elles attribuent compétence aux juridictions de cet État membre, alors même que le fait dommageable se produirait à l'étranger, sauf si la loi de l'État interdit de telles conventions ;
– elles sont conclues par un preneur d'assurance n'ayant pas son domicile dans un État membre, sauf s'il s'agit d'une assurance obligatoire ou qui porte sur un immeuble situé dans un État membre ;
– elles concernent un contrat d'assurance en tant que celui-ci couvre un ou plusieurs des risques que le règlement énumère à l'article 16. Parmi ces dommages figurent par exemple ceux causés à des marchandises durant un transport à des fins commerciales réalisé par navires ou aéronefs soit en totalité, soit en combinaison avec d'autres modes de transport ou tous les « grands risques » au sens de la directive 2009/138/CE du 25 novembre 2009 sur l'accès aux activités de l'assurance et de la réassurance et leur exercice.

ATTENTION

Les dommages subis par des véhicules utilisés à des fins non commerciales ne sont pas visés par l'article 16, 5 sur les grands risques, de telle sorte qu'un contrat d'assurance sur corps de navire portant sur un **bateau de plaisance utilisé à des fins non commerciales** ne relève pas de l'article 15, 5, de ce règlement (CJUE 27-4-2023 aff. 352/21).

Les cas ainsi énumérés sont limitatifs et d'interprétation stricte (CJUE 13-7-2017 aff. 368/16, § 37 et 38 : RJDA 11/17 n° 779).

La victime disposant d'une action directe contre l'assureur de l'auteur du dommage qu'elle a subi n'est pas liée par la clause attributive de juridiction conclue entre cet assureur et cet auteur (CJUE 13-7-2017 précité).

En l'absence de restriction dans l'article 15, la clause attributive peut **désigner** les **juridictions** d'un État membre ou celles d'un **État tiers**, sous réserve du troisième cas visé par cet article.

> **Précisions a.** L'assuré bénéficiaire d'un contrat d'assurance, conclu entre un preneur d'assurance et un assureur tous deux domiciliés dans un même État membre, ne peut pas se voir imposer la clause attribuant compétence aux juridictions de cet État dès lors qu'il n'a pas expressément souscrit à la clause et qu'il a son domicile dans un autre État membre (CJCE 12-5-2005 aff. 112/03 : Rec. I-3707).
> **b.** La clause attributive de juridiction prévue dans un contrat d'assurance couvrant un « **grand risque** », au sens de l'article 16, 5, conclu par le preneur d'assurance et l'assureur, ne peut être opposée à la personne assurée par ce contrat, qui n'est pas un professionnel du secteur des assurances, qui n'a pas consenti à cette clause et qui est domicilié dans un État membre autre que celui du domicile du preneur d'assurance et de l'assureur (CJUE 27-2-2020 aff. 803/18).

CONDITIONS DE FORME

L'article 15 ne prévoit pas que la clause attributive doit respecter des exigences de forme. Il est toutefois admis que les conditions de forme prévues par l'article 25 , qui délimite le **régime général des clauses attributives** dans le système du règlement (n°s 64490 s.), s'appliquent également au régime spécifique des contrats d'assurance (en ce sens, H. Gaudemet-Tallon et M.-E. Ancel : Compétence et exécution des jugements en Europe, LGDJ 2018 n° 295). 63710

> **Précisions** Dans le cas d'un **contrat** d'assurance conclu **entre un assureur et un preneur d'assurance**, stipulé par ce dernier pour lui-même et en faveur de tiers par rapport au contrat et contenant une clause de prorogation de compétence se référant à des litiges susceptibles d'être soulevés par ces tiers, ces derniers, même s'ils n'ont pas expressément souscrit la clause de prorogation de compétence, peuvent s'en prévaloir, dès lors qu'il a été satisfait à la condition de forme écrite, prévue par le règlement pour les clauses attributives en général, dans les rapports entre l'assureur et le preneur d'assurance, et que le consentement de l'assureur s'est manifesté clairement à cet égard (CJCE 14-7-1983 aff. 201/82 : Rec. p. 2503).

8. COMPÉTENCE EN MATIÈRE DE CONTRAT CONCLU PAR UN CONSOMMATEUR

PRINCIPES

63760 Le règlement énonce, aux articles 17 à 19 , des règles de compétence propres aux contrats de consommation, dans le but de protéger le consommateur qui est considéré comme une partie faible, selon l'expression consacrée en cette matière. Leur mise en œuvre suppose que trois **conditions** cumulatives soient remplies :

– une partie au contrat a la qualité de consommateur qui agit dans un cadre pouvant être considéré comme étranger à son activité professionnelle ;

– le contrat entre le consommateur et un professionnel a été effectivement conclu ;

– le contrat relève de l'une des catégories visées par le règlement.

Si l'une des trois conditions fait défaut, la compétence ne saurait être déterminée selon les règles prévues par le règlement en matière de contrats conclus par les consommateurs (CJUE 28-1-2015 aff. 375/13, § 23).

Les **notions** utilisées par le règlement en ce domaine doivent être **interprétées** de façon autonome, en se référant principalement au système et aux objectifs du texte européen (CJCE 27-4-1999 aff. 99/96 : Rec. I-2277). Par ailleurs, les articles 17 à 19 doivent faire l'objet d'une interprétation stricte, en ce qu'ils dérogent à la règle de compétence générale posée par l'article 4 et à la règle de compétence spéciale énoncée par l'article 7, 1 (CJUE 14-3-2013 aff. 419/11, § 26 : RJDA 6/13 n° 577).

Par **exemple**, un recours en indemnisation introduit par un passager contre le transporteur aérien effectif, avec lequel ce passager n'a pas conclu de contrat, ne relève pas du champ d'application des articles 17 à 19 (CJUE 26-3-2020 aff. 215/18). De même, si un consommateur acquiert une obligation au porteur auprès d'un tiers professionnel sans qu'un contrat ne soit conclu entre ce consommateur et l'émetteur de l'obligation, il ne peut pas se prévaloir de la règle de compétence protectrice des consommateurs dans le cadre de son action visant l'émetteur et fondée sur les conditions d'emprunt, la violation des obligations d'information et de contrôle ainsi que la responsabilité concernant le prospectus. En effet, l'exigence de la conclusion d'un contrat avec le professionnel mis en cause lui-même n'est pas remplie, en présence d'une chaîne de contrats en application de laquelle certains droits et obligations du professionnel en cause sont transférés vers le consommateur (CJUE 28-1-2015, précité).

Il est vrai, néanmoins, qu'il a été jugé que si un consommateur souscrit un voyage sur le site internet d'un agent de voyages qui intervient pour le compte d'une société organisant le séjour, il peut agir contre le cocontractant de l'opérateur auprès duquel il a conclu le contrat et qui a son siège sur le territoire de l'État membre du domicile de ce consommateur (CJUE 14-11-2013 aff. 478/12). Cependant, la Cour de justice a précisé par la suite que cette solution se justifie par les circonstances spécifiques de l'affaire, car le consommateur était d'emblée contractuellement lié, de manière indissociable, à deux cocontractants (CJUE 28-1-2015, précité, § 33).

> **Précisions** **a.** Relève des dispositions du règlement relatives aux contrats conclus par les consommateurs l'**action en responsabilité civile délictuelle** introduite par un consommateur dès lors qu'elle est indissociablement liée à un contrat effectivement conclu entre celui-ci et le professionnel (CJUE 2-4-2020 aff. 500/18).
> **b.** Ces dispositions déterminent la compétence dans le cas où le professionnel et le consommateur, parties à un contrat de consommation, étaient, à la date de la conclusion de ce contrat, domiciliés dans le même État, et où un élément d'extranéité du rapport juridique n'est apparu que postérieurement à cette conclusion, en raison du **transfert ultérieur du domicile du consommateur dans un autre État** (CJUE 30-9-2021 aff. C-296/20, rendu sur le fondement de la convention de Lugano du 30-10-2007 mais transposable).

a. Définition du consommateur

63770 La notion de consommateur est une **notion autonome** du droit européen (CJCE 19-1-1993 aff. 89/91 : RJDA 4/93 n° 364) si bien qu'elle ne correspond pas nécessairement à la notion de consommateur utilisée en droit français de la consommation.

Le consommateur est une personne qui conclut un contrat pour un usage pouvant être considéré comme étranger à son activité professionnelle (Règl. art. 17, 1). La qualité de consommateur dépend donc de la **finalité professionnelle ou privée** poursuivie par la conclusion du contrat (CJUE 9-3-2023 aff. 177/22, § 27). En cas d'**activité professionnelle**, aucune distinction en fonction de la nature **indépendante ou salariée** de cette activité n'est opérée, de sorte qu'une activité salariée relève également de la notion d'« activité professionnelle » (CJUE 20-10-2022 aff. 604/20, § 54 et 55). **63770** (suite)

La **notion** de consommateur doit être **interprétée** de manière restrictive (CJUE 25-1-2018 aff. 498/16, § 29), en se référant à la **position** de cette **personne dans un contrat déterminé**, en rapport avec la nature et la finalité de celui-ci, et non pas à la situation subjective de cette même personne, si bien qu'une seule et même personne peut être considérée comme un consommateur dans le cadre de certaines opérations et comme un opérateur économique dans le cadre d'autres opérations (CJUE 14-2-2019 aff. 630/17, § 87 ; CJUE 9-3-2023 précité, § 22). Pour déterminer si une personne peut être qualifiée de consommateur, peut également être pris en compte le fait que, par son comportement, la personne qui revendique la qualité de « consommateur » a donné l'impression qu'elle agissait à des fins professionnelles, de sorte que le cocontractant pouvait légitimement ignorer la finalité extraprofessionnelle de l'opération (CJCE 20-1-2005 aff. 464/01 § 51 ; CJUE 9-3-2023 précité § 35).

Par conséquent, seuls les contrats conclus en dehors et indépendamment de toute activité ou finalité d'ordre professionnel, dans l'unique but de satisfaire aux propres besoins de consommation privée d'un individu, relèvent du régime particulier prévu par le règlement (CJUE 25-1-2018 précité ; Cass. 1e civ. 12-11-2020 n° 19-11.503 F-D).

ILLUSTRATIONS

Le demandeur qui n'est que **cessionnaire de la créance d'un consommateur** et qui agit dans l'exercice de son activité professionnelle n'est pas lui-même un consommateur et ne peut pas bénéficier des règles de compétence prévues en matière de contrats conclus par les consommateurs (CJCE 19-1-1993, précité).

De même, le demandeur qui a conclu un contrat en vue de l'exercice d'une **activité professionnelle** non actuelle mais **future** ne peut pas être considéré comme un consommateur (CJCE 3-7-1997 aff. 269/95 : RJDA 12/97 n° 1574).

Une personne qui conclut un contrat à double finalité, pour un **usage** se rapportant, **pour partie**, à son activité **professionnelle** et, pour partie, à des fins privées, peut bénéficier des règles de compétence protectrices des consommateurs seulement dans l'hypothèse où le lien du contrat avec l'activité professionnelle de cette personne serait si ténu qu'il deviendrait marginal et, partant, n'aurait qu'un rôle négligeable dans le contexte de l'opération, considérée dans sa globalité, pour laquelle ce contrat a été conclu (CJUE 14-2-2019 aff. 630/17, § 91 : RJDA 5/19 n° 398 ; CJUE 9-3-2023 aff. 177/22, § 25 ; dans le même sens, CJCE 20-1-2005 aff. 464/01 : Rec. I-439).

Un débiteur ayant conclu un contrat de crédit afin d'effectuer des travaux de rénovation dans un immeuble qui est son domicile, dans le but, notamment, d'y fournir des services d'hébergement touristique, ne peut donc pas être qualifié de « consommateur », à moins qu'il soit possible de considérer que le contrat poursuit en réalité essentiellement des fins privées, il ne présente qu'un lien ténu avec l'activité professionnelle (CJUE 14-2-2019 , précité).

Il a également été jugé qu'une **personne** physique ayant des **liens professionnels étroits avec** une **société**, tels que la gérance ou une participation majoritaire dans celle-ci, n'est pas considérée comme un consommateur lorsqu'elle avalise un billet à ordre émis pour garantir les obligations qui incombent à cette société au titre d'un contrat relatif à l'octroi d'un crédit (CJUE 14-3-2013 aff. 419/11 : RJDA 6/13 n° 577).

Le particulier qui a acheté un véhicule de luxe à une société ne peut pas se prévaloir de la qualité de consommateur dans ses relations avec celle-ci, dans la mesure où il propose le véhicule à la location, parfois avec chauffeur, sur différents sites de mariage ou de location entre particuliers, pour des prix pouvant aller jusqu'à 20 625 € la semaine, et où il se présente comme une entreprise sur un site relatif à l'organisation de mariages (Cass. 1e civ. 28-6-2023 n° 22-12.738 F-D).

En revanche, l'utilisateur d'un compte Facebook privé ne perd pas la qualité de consommateur lorsqu'il publie des livres, donne des conférences, exploite des sites internet, collecte des dons et se fait céder les droits de nombreux consommateurs afin de faire valoir ces droits en justice (CJUE 25-1-2018 précité). De même, une personne physique qui, en vertu d'un contrat financier pour différences conclu avec une société de courtage, effectue des opérations sur le marché international des changes FOREX (Foreign Exchange) par l'intermédiaire de cette société doit être qualifiée de « consommateur » si la conclusion de ce contrat ne relève pas de l'activité professionnelle de cette personne (CJUE 3-10-2019 aff. 208/18). Aux fins de cette qualification, des facteurs tels que le fait que cette personne a accompli un nombre élevé de transactions sur une période relativement courte ou qu'elle a investi des sommes importantes dans ces transactions sont en principe sans pertinence ; il en est de même du fait que cette même personne soit un « client de détail », au sens de l'article 4, 1, point 12, de la directive 2004/39/CE (CJUE 2-4-2020 aff. 500/18).

Il a également été jugé qu'une personne physique domiciliée dans un État membre qui, d'une part, a conclu avec une société établie dans un autre État membre un contrat pour jouer au poker sur internet, contenant des conditions générales déterminées par cette dernière, et, d'autre part, n'a ni officiellement déclaré une telle activité ni offert cette activité à des tiers en tant que service payant ne perd pas la qualité de consommateur, même si cette personne joue à ce jeu un grand nombre d'heures par jour, possède des connaissances étendues et perçoit des gains importants issus de ce jeu (CJUE 10-12-2020 aff. 774/19).

b. Contrats considérés comme des contrats de consommation

QUALIFICATION DU CONTRAT DE TRANSPORT EN CONTRAT DE CONSOMMATION

63820 Les dispositions spéciales aux contrats conclus par des consommateurs ne s'appliquent pas aux contrats de transport autres que ceux qui, pour un prix forfaitaire, combinent **voyage et hébergement** (Règl. art. 17, 3). Un passager qui achète un simple billet d'avion pour un vol et non pas un voyage à forfait ne peut donc pas s'en prévaloir (CJUE 11-4-2019 aff. 464/18, § 29).

> **Précisions** Constitue un **voyage à forfait** au sens du règlement le contrat ayant pour objet le transport et l'hébergement à bord d'un cargo, pour un prix forfaitaire (CJUE 7-12-2010 aff. 585/08 et 144/09 : Rec. I-12527). En revanche, ne relève pas de cette règle de compétence le contrat de transport sans hébergement (Cass. 1e civ. 22-2-2017 n° 15-27.809 FS-PBI : RJDA 5/17 n° 384).

QUALIFICATION DE LA VENTE OU DU PRÊT À TEMPÉRAMENT EN CONTRAT DE CONSOMMATION

63830 Le contrat de consommation peut être une **vente à tempérament d'objets mobiliers corporels** (Règl. art. 17, 1-a).
Ne constitue pas une telle vente le contrat (CJCE 27-4-1999 aff. 99/96 : RJDA 8-9/99 n° 1037) :
– portant sur la fabrication par le premier cocontractant d'un objet mobilier corporel conforme à un modèle type, auquel certaines modifications ont été apportées,
– par lequel le premier cocontractant s'est engagé à transférer la propriété de cet objet à l'autre cocontractant qui s'est engagé, en contrepartie, à en payer le prix moyennant plusieurs versements,
– et dans lequel il est prévu que le dernier versement sera effectué avant que la possession de l'objet ne soit définitivement transférée au second cocontractant.
Le contrat de consommation peut également être un **prêt à tempérament** ou une autre opération de **crédit** liés au financement d'une vente de tels objets (art. 17, 1-b).

> **Précisions** Afin de déterminer si un contrat de crédit est un **contrat de crédit conclu par un « consommateur »**, il n'y a pas lieu de vérifier qu'il relève du champ d'application de la directive 2008/48/CE du 23 avril 2008, concernant les contrats de crédit aux consommateurs, en ce sens que le montant total du crédit en question ne dépasse pas le plafond fixé à l'article 2, 2-c de cette directive (CJUE 2-5-2019 aff. 694/17, rendu sur le fondement de la convention de Lugano du 30-10-2007 mais transposable).

QUALIFICATION D'AUTRES CONTRATS DE CONTRAT DE CONSOMMATION

63840 Les **règles** de compétence spécifiques aux contrats de consommation **s'appliquent** également lorsque (art. 17, 1-c) :
– le contrat a été conclu avec une personne qui exerce des activités commerciales ou professionnelles dans l'État membre sur le territoire duquel le consommateur a son domicile ou qui, par tout moyen, dirige ces activités vers cet État membre ou vers plusieurs États, dont cet État membre,
– et que le contrat entre dans le cadre de ces activités.

63843 Dans la première hypothèse, le **professionnel** doit **exercer** ses **activités sur** le **territoire** de l'État membre où le **consommateur** est **domicilié**. Il est toutefois évident que ce professionnel doit être installé dans un autre État membre, faute de quoi la question de l'application du règlement ne se poserait pas.

63846 En visant, dans la seconde hypothèse, le cas du professionnel qui, par tout moyen, dirige ses activités vers l'État membre du domicile du consommateur, voire vers plusieurs États, dont ce premier État, les rédacteurs du règlement ont entendu prendre en considération le cas du **commerce par internet**.
La difficulté est de déterminer la portée réelle de cette disposition.
La Cour de justice (CJUE 7-12-2010 aff. 585/08 et 144/09 : RJDA 2/11 n° 205) a apporté à ce sujet les indications suivantes, qui, il est vrai, appellent de nombreuses questions compte tenu de leur caractère imprécis.

Afin de déterminer si un commerçant, dont l'activité est présentée sur son site internet ou sur celui d'un intermédiaire, peut être considéré comme dirigeant son activité vers l'État membre sur le territoire duquel le consommateur a son domicile, au sens de l'article 17, 1-c du règlement, il convient de vérifier si, avant la conclusion éventuelle d'un contrat avec le consommateur, il ressort de ces sites internet et de l'activité globale du commerçant que ce dernier envisageait de commercer avec des consommateurs domiciliés dans un ou plusieurs États membres, dont celui dans lequel ce consommateur a son domicile, en ce sens qu'il était disposé à conclure un contrat avec eux.

Les éléments suivants, dont la liste n'est pas exhaustive, sont susceptibles de constituer des **indices** permettant de considérer que l'**activité du commerçant** est **dirigée vers** l'État membre du domicile du consommateur :

– la nature internationale de l'activité, la mention d'itinéraires à partir d'autres États membres pour se rendre au lieu où le commerçant est établi ;

– l'utilisation d'une langue ou d'une monnaie autres que la langue ou la monnaie habituellement utilisées dans l'État membre dans lequel est établi le commerçant avec la possibilité de réserver et de confirmer la réservation dans cette autre langue ;

– la mention de coordonnées téléphoniques avec l'indication d'un préfixe international, l'engagement de dépenses dans un service de référencement sur internet afin de faciliter aux consommateurs domiciliés dans d'autres États membres l'accès au site du commerçant ou à celui de son intermédiaire ;

– l'utilisation d'un nom de domaine de premier niveau autre que celui de l'État membre où le commerçant est établi et la mention d'une clientèle internationale composée de clients domiciliés dans différents États membres.

ILLUSTRATIONS

Le fait pour une société d'avocats espagnole d'indiquer sur son site internet le préfixe international de son numéro d'appel de l'étranger, de présenter son service juridique comme étant le principal consultant juridique et fiscal dans le monde et d'offrir à sa clientèle les services d'avocats français permet de déduire qu'elle dirige son activité professionnelle au-delà de la sphère territoriale de son barreau de rattachement, en proposant ses services à une clientèle internationale, domiciliée notamment en France (Cass. 1e civ. 30-9-2020 n° 18-19.241 FS-PB).

En revanche, la **simple accessibilité du site internet** du commerçant ou de celui de l'intermédiaire dans l'État membre sur le territoire duquel le consommateur est domicilié est insuffisante. Il en va de même de la mention d'une adresse électronique ainsi que d'autres coordonnées ou de l'emploi d'une langue ou d'une monnaie qui sont la langue et/ou la monnaie habituellement utilisées dans l'État membre dans lequel le commerçant est établi.

En tout état de cause, l'article 17, 1-c n'exige **pas** que le **contrat** entre le consommateur et le professionnel ait été **conclu à distance** (CJUE 6-9-2012 aff. 190/11). **63849**

Ainsi, il n'exige pas l'existence d'un lien de causalité entre le moyen employé pour diriger l'activité commerciale ou professionnelle vers l'État membre du domicile du consommateur, à savoir un site internet, et la conclusion du contrat avec ce consommateur. Toutefois, l'existence d'un tel lien de causalité constitue un indice de rattachement du contrat à une telle activité (CJUE 17-10-2013 aff. 218/12 : RJDA 1/14 n° 72).

Cet article peut donc s'appliquer lorsque le consommateur domicilié dans un État membre se déplace dans un autre État membre (où est situé le siège du vendeur) pour conclure le contrat.

L'article 17, 1-c du règlement s'applique également à certains litiges nés à l'occasion de **loteries publicitaires**. **63852**

Ainsi, l'action juridictionnelle par laquelle un consommateur vise à faire condamner une société de vente par correspondance, établie dans un autre État membre, à la remise d'un gain relève de l'article 17, 1-c précité, lorsque le consommateur a reçu de la société un envoi nominatif de nature à lui laisser croire qu'un gain lui serait attribué dans les conditions suivantes :

– l'attribution du gain était subordonnée à la condition que le consommateur passe commande pour un montant déterminé et le consommateur avait passé effectivement une telle commande (CJCE 11-7-2002 aff. 96/00 : Rec. I-6367 ; Cass. 1e civ. 7-5-2010 n° 09-11.177 : RJDA 8-9/10 n° 898, 1e esp. ; Cass. 1e civ. 7-5-2010 n° 08-16.071 : RJDA 8-9/10 n° 898, 4e esp. ; Cass. 1e civ. 23-2-2011 n° 09-71.789) ;

– l'attribution du gain n'était pas subordonnée à la passation d'une commande, mais le consommateur en avait néanmoins passé une (CJCE 14-5-2009 aff. 180/06 : RJDA 2/10 n° 196) ;

– l'attribution du gain n'était pas subordonnée à la passation d'une commande mais la société de vente par correspondance s'était engagée juridiquement à la remise du prix (CJCE 14-5-2009 précité).

En revanche, si la société n'a pas pris un tel engagement, et en l'absence de toute commande, l'action ne relève pas de l'article 17, 1-c ; l'article 17, 1 peut s'appliquer si l'action peut être qualifiée de précontractuelle ou de quasi contractuelle (CJCE 14-5-2009 § 57, précité ; pour un exemple, Cass. 1e civ. 23-2-2011 n° 09-71.791 : RJDA 7/11 n° 670).

63855 La règle de compétence de l'article 17, 1-c peut aussi s'appliquer à un contrat qui n'entre pas en tant que tel dans le domaine de l'activité commerciale ou professionnelle « dirigée » par le professionnel « vers » l'État membre du domicile du consommateur, mais qui présente un **lien étroit avec un contrat** conclu auparavant entre les mêmes parties dans le cadre d'une telle activité (CJUE 23-12-2015 aff. 297/14).

c. Compétence en l'absence de clause attributive

63900 Le règlement prévoit des règles de compétence différentes selon que le demandeur est le consommateur ou le professionnel. Ces règles s'appliquent sans préjudice des dispositions, déjà examinées, des articles 6 et 7, 5 (art. 17, 1).

COMPÉTENCE EN CAS D'ACTION DU CONSOMMATEUR

63902 Le consommateur qui intente une action contre l'autre partie au contrat peut, à son **choix**, agir (Règl. art. 18, 1) :
– devant les juridictions de l'État membre sur le territoire duquel est domiciliée cette partie,
– ou devant la juridiction du lieu où il est lui-même domicilié, quel que soit le domicile de l'autre partie, et donc y compris lorsque le professionnel est domicilié hors de l'Union européenne, ce qui confère au consommateur un régime protecteur très étendu.
Lorsque le **contractant du consommateur** n'est pas domicilié sur le territoire d'un État membre mais **possède** une **succursale**, une agence ou un établissement dans un État membre, il est considéré pour les contestations relatives à leur exploitation comme ayant son domicile sur le territoire de cet État membre (art. 17, 2). Il peut donc y être assigné.

> **Précisions a.** Le **demandeur** qui n'est **pas** lui-même **partie au contrat de consommation** ne saurait bénéficier de ces règles de compétence (CJUE 25-1-2018 aff. 498/16, § 44). Par conséquent, celles-ci ne s'appliquent pas à l'action d'un consommateur visant à faire valoir, devant le tribunal du lieu où il est domicilié, non seulement ses propres droits, mais également des droits cédés par d'autres consommateurs domiciliés dans le même État membre, dans d'autres États membres ou dans des États tiers (même arrêt).
> **b.** Le **règlement 44/2001 du 22 décembre 2000** prévoyait un régime **moins favorable au consommateur**. Par son article 16, il énonçait en effet que l'action intentée par un consommateur contre l'autre partie au contrat pouvait être portée soit devant les tribunaux de l'État membre sur le territoire duquel était domiciliée cette partie, soit devant le tribunal du lieu où le consommateur était domicilié. La jurisprudence avait déduit de cette formule que si le contractant du consommateur n'était pas domicilié dans l'Union et n'y possédait pas une succursale, la compétence devait être établie sur le fondement du droit international privé de l'État concerné (pour une illustration, CJCE 15-9-1994 aff. 318/93 : Rec. I-4275).

COMPÉTENCE EN CAS D'ACTION CONTRE LE CONSOMMATEUR

63910 L'action intentée contre le consommateur par l'autre partie au contrat ne peut être portée que devant les juridictions de l'**État membre** sur le territoire duquel le **consommateur** est **domicilié** (Règl. art. 18, 2).
Lorsque le lieu du **domicile** du consommateur n'est **pas connu**, les tribunaux de l'État membre sur le territoire duquel se trouve son dernier domicile connu sont alors compétents pour connaître de l'action, en l'absence d'indices probants leur permettant de conclure que le consommateur est effectivement domicilié en dehors du territoire de l'Union européenne (CJUE 17-11-2011 aff. 327/10).

63913 Les règles de compétence qui viennent d'être envisagées ne portent pas atteinte au droit d'introduire une **demande reconventionnelle** devant la juridiction saisie de la demande originaire (art. 18, 3).

d. Compétence en présence d'une clause attributive de compétence

CONDITIONS DE FOND DE LA CLAUSE ATTRIBUTIVE DE COMPÉTENCE

Il peut être dérogé aux règles de compétence présentées ci-dessus (n°s 63900 s.) par des clauses attributives de juridiction qui répondent à l'une des **conditions** suivantes (art. 19) : **63960**
– elles sont postérieures à la naissance du différend ;
– elles permettent au consommateur de saisir d'autres juridictions que celles indiquées par les articles 17 et 18 (n°s 63900) ; ou
– elles ont été conclues entre le consommateur et son cocontractant ayant, au moment de la conclusion du contrat, leur domicile ou leur résidence habituelle dans un même État membre, et elles attribuent compétence aux juridictions de cet État membre, sauf si la loi de celui-ci interdit de telles conventions.
En l'absence de restriction prévue par le règlement, la clause attributive peut **désigner** les **juridictions** d'un État membre ou celles d'un **État tiers**, sous réserve du troisième cas visé par cet article.

CONDITIONS DE FORME DE LA CLAUSE ATTRIBUTIVE DE COMPÉTENCE

L'article 19 ne prévoit pas expressément que la clause attributive doit respecter des exigences de forme. Les conditions de forme prévues par l'article 25, qui fixe le régime général des clauses attributives dans le cadre du règlement (n°s 64450 s.), s'imposent néanmoins (en ce sens, H. Gaudemet-Tallon et M.-E. Ancel : Compétence et exécution des jugements en Europe, LGDJ 2018 n° 310). **63970**

9. COMPÉTENCE EN MATIÈRE DE CONTRAT INDIVIDUEL DE TRAVAIL

PRINCIPE

Afin de protéger le salarié, considéré comme une partie faible, le règlement énonce des règles de compétence spécifiques aux relations de travail. **64020**
Ces règles de compétence s'appliquent sous réserve (Règl. art. 20) :
– des dispositions de l'article 6 concernant le défendeur non domicilié dans un État membre et des privilèges de nationalité ;
– des dispositions de l'article 7, 5 concernant les **succursales** (n°s 63220 s.) ;
– des dispositions de l'article 8, 1 en cas de pluralité de défendeurs, dans le cas d'une action intentée à l'encontre d'un employeur. Il s'agit d'une innovation par rapport au règlement 44/2001, dont l'article 18 ne réservait pas le jeu de l'article 6, 1 applicable en cas de pluralité de défendeurs : il avait alors été jugé que la règle de compétence de cet article 6, 1 ne pouvait pas être invoquée dans les relations de travail, même dans le cas où un salarié a deux employeurs appartenant à un même groupe de sociétés (CJCE 22-5-2008 aff. 462/06 : RJS 10/08 n° 1055).
Ces règles n'empêchent pas non plus l'introduction d'une **demande reconventionnelle** devant la juridiction saisie de la demande originaire (art. 22, 2), y compris lorsque cette demande est formée par l'employeur (CJUE 21-6-2018 aff. 1/17, à propos d'une demande reconventionnelle fondée sur une cession de créance conclue entre l'employeur et le titulaire initial de la créance à une date postérieure à l'introduction de la demande originaire).

> **Précisions a.** Les **notions** de contrat individuel de travail, de travailleur et d'employeur doivent être interprétées d'une manière autonome qui soit commune à l'ensemble des États membres (CJUE 10-9-2015 aff. 47/14, § 36).
> Le **contrat de travail** crée un lien durable qui insère le travailleur dans le cadre d'une certaine organisation des affaires de l'entreprise ou de l'employeur et se localise au lieu de l'exercice des activités, lequel détermine l'application de dispositions de droit impératif et des conventions collectives (CJUE 10-9-2015 précité, § 39). Il peut ne pas être formalisé (CJUE 11-4-2019 aff. 603/17, § 27 : RJS 8-9/19 n° 543, rendu à propos de la convention de Lugano du 30-10-2007 mais transposable).
> Le **travailleur** est dans un lien de dépendance à l'égard de l'employeur (CJUE 10-9-2015 précité, § 40). Le lien de subordination doit être apprécié dans chaque cas particulier, en fonction de tous les éléments et de toutes les circonstances caractérisant les relations entre les parties (CJUE 20-11-2018 aff. 147/17, § 42 : RJS 4/19 n° 267). Par conséquent, un contrat liant une société à une personne physique exerçant les fonctions de dirigeant ne crée pas un lien de subordination et ne peut pas être qualifié de contrat individuel de travail lorsque cette personne est en mesure de décider ou décide effectivement des termes du contrat et dispose d'un pouvoir de contrôle autonome sur la gestion quotidienne des affaires de la société ainsi que sur l'exercice

de ses propres fonctions (CJUE 11-4-2019 précité).

L'**employeur** est défini comme la personne pour le compte de laquelle le travailleur accomplit pendant un certain temps, en sa faveur et sous sa direction, des prestations en contrepartie desquelles elle verse une rémunération (Cass. soc. 18-12-2013 n° 12-25.686 : RJS 3/14 n° 260 ; CJUE 10-9-2015 précité, § 41).

b. Les dispositions du règlement spécifiques aux contrats de travail s'appliquent à un recours juridictionnel d'un employé ayant son domicile dans un État membre contre l'employeur ayant son domicile dans un autre État membre dans le cas où le contrat de travail a été négocié et conclu dans l'État membre du domicile de l'employé et prévoyait que le lieu d'exécution du travail se situait dans l'État membre de l'employeur, alors même que ce **travail** n'a **pas** été **accompli** pour une raison imputable à cet employeur (CJUE 25-2-2021 aff. 804/19).

c. Ces dispositions s'opposent à l'application des **règles nationales** de compétence, indépendamment du point de savoir si ces règles s'avèrent être **plus avantageuses** pour le travailleur (CJUE 25-2-2021 précité).

d. La délivrance du **certificat E 101**, devenu A1, sur la base de déclarations unilatérales faites par un employeur auprès d'une institution de sécurité sociale d'un autre État membre ne saurait faire échec à la compétence du juge français déterminée selon les dispositions du règlement spécifiques aux contrats de travail (Cass. soc. 10-6-2015 n° 13-27.799 FS-PB : RJS 10/15 n° 658 ; dans le même sens, Cass. soc. 29-9-2014 n° 13-15.802 FS-PB : RJS 12/14 n° 888).

e. Si l'**employeur** du salarié est soumis à une **procédure collective**, le litige relatif à la rupture du contrat de travail et aux créances salariales durant la relation de travail ne relève pas de cette procédure : la compétence juridictionnelle pour connaître de ce litige doit donc être déterminée au regard des dispositions du règlement (Cass. soc. 28-10-2015 n° 14-21.319 FS-PB : RJS 6/16 n° 471).

a. Compétence en l'absence de clause attributive

COMPÉTENCE EN CAS D'ACTION DU SALARIÉ

64030 Lorsque le salarié est demandeur, il faut distinguer deux cas, selon que l'employeur est ou non domicilié dans un État membre.

Un **employeur** ayant son **domicile** dans un **État membre** peut être attrait (Règl. art. 21) soit :

– devant les juridictions de cet État ;

– dans un autre État membre, devant la juridiction du lieu où, ou à partir duquel, le travailleur accomplit habituellement son travail (ou devant la juridiction du dernier lieu où il a accompli habituellement son travail) ou, lorsque le travailleur n'accomplit pas ou n'a pas accompli habituellement son travail dans un même pays, devant la juridiction du lieu où se trouve (ou se trouvait) l'établissement qui a embauché le travailleur (pour une illustration dans laquelle le juge a été dans l'impossibilité de déterminer un lieu principal d'activité dans un État membre eu égard au fait que le salarié était chauffeur routier, Cass. soc 26-6-2013 n° 12-15.287).

Si l'**employeur** n'est **pas domicilié** dans un **État membre**, il faut à nouveau distinguer deux cas :

– si l'employeur n'est pas domicilié dans un État membre mais possède une **succursale**, une agence ou tout autre établissement dans un État membre, il est considéré, pour les contestations relatives à leur exploitation, comme ayant son domicile dans cet État membre (art. 20, 2) ;

– si l'employeur n'est pas domicilié dans un État membre et ne dispose **pas** d'une **succursale**, d'une agence ou d'un établissement (pour une illustration, Cass. soc. 5-12-2018 n° 17-19.935 F-PB : RJS 3/19 n° 190), il peut être attrait dans un État membre devant la juridiction du lieu où, ou à partir duquel, le travailleur accomplit habituellement son travail (ou devant la juridiction du dernier lieu où il a accompli habituellement son travail) ou, lorsque le travailleur n'accomplit pas ou n'a pas accompli habituellement son travail dans un même pays, devant la juridiction du lieu où se trouve (ou se trouvait) l'établissement qui a embauché le travailleur (art. 21, 2). Cette règle de compétence n'était pas prévue par le règlement 44/2001.

Lorsque ni le domicile du défendeur, ni le lieu d'accomplissement du travail, ni celui où se trouve l'établissement qui a embauché le salarié ne sont situés sur le territoire d'un État membre, le conflit de juridictions est réglé selon les dispositions du droit national qui ont été notifiées à la Commission européenne, au nombre desquelles figure l'article 14 du Code civil ; les étrangers domiciliés dans l'État du for peuvent s'en prévaloir au même titre que les nationaux (Cass. 1e civ. 29-6-2022 n° 21-11.722 FS-B). En revanche, lorsque les conditions d'application de l'article 21, 2 du règlement sont réunies, les dispositions nationales ne sont pas applicables quand bien même ces règles seraient plus favorables au travailleur (CJUE 20-10-2022 aff. 604/20).

ILLUSTRATIONS

Une **ambassade** d'un État tiers située sur le territoire d'un État membre constitue un **établissement**, dans un litige relatif à un contrat de travail conclu par celle-ci au nom de l'État accréditant, lorsque les fonctions accomplies par le travailleur ne relèvent pas de l'exercice de la puissance publique (CJUE 19-7-2012 aff. 154-11).

Dans une espèce dans laquelle des salariés d'une société gabonaise avaient saisi un juge français de demandes à l'encontre de cette société et de filiales françaises considérées comme des co-employeurs par les demandeurs, la Cour de cassation a retenu la compétence du juge français sur le fondement de l'article 2 du règlement 44/2001, dont les dispositions sont reprises par l'article 4 du règlement 1215/2012 (Cass. soc. 28-1-2015 n° 13-22.994 : RJDA 5/15 n° 477 ; Cass. soc. 9-10-2019 n° 16-14.708 F-D). Ces décisions, dont la motivation est, il est vrai, peu développée, sont surprenantes, car, si le litige était relatif à des contrats de travail, cet article 2 n'avait pas vocation à s'appliquer, compte tenu de l'existence de règles de compétence propres aux litiges de travail prévues par le règlement ; lorsque le salarié a effectué une **succession de contrats à durée déterminée**, il faut en premier lieu rechercher si ces contrats doivent être considérés dans leur ensemble pour déterminer une compétence juridictionnelle unique (Cass. soc. 28-9-2016 n° 15-17.288 FS-PB : RJS 1/17 n° 53).

Un travailleur peut attraire devant la juridiction du dernier lieu où, ou à partir duquel, il a accompli habituellement son travail une personne, domiciliée ou non sur le territoire d'un État membre, avec laquelle il n'est pas lié par un contrat de travail formel, mais qui est, en vertu d'un **accord de garantie** dont dépendait la conclusion du contrat de travail avec un tiers, directement responsable envers ce travailleur de l'exécution des obligations de ce tiers, à condition qu'il existe un lien de subordination entre cette personne et le travailleur (CJUE 20-10-2022 aff. 604/20).

Dès lors que l'employeur du salarié était domicilié aux Bermudes et que le salarié avait **exécuté** son contrat de **travail** uniquement au **Congo**, le conseil de prud'hommes de Toulouse est incompétent (Cass. soc. 28-9-2022 n° 20-23.378 F-D).

Notion de lieu de travail habituel 64032

La notion de lieu d'accomplissement du travail est une **notion autonome** du droit européen. Le droit applicable au litige au principal n'a aucune incidence sur l'interprétation de la notion (CJCE 27-2-2002 aff. 37/00 : RJS 6/02 n° 759). Le lieu où le salarié accomplit habituellement son travail est le lieu où (ou à partir duquel) le travailleur s'acquitte de fait de l'essentiel de ses obligations à l'égard de son employeur (Cass. soc. 9-9-2020 n° 18-22.971 F-PB : RJS 11/20 n° 564).

Lorsque le salarié accomplit son **travail dans plusieurs États** de l'Union, des difficultés importantes apparaissent pour déterminer le lieu habituel de travail. La jurisprudence a apporté les précisions suivantes.

Le lieu où le travailleur accomplit habituellement son travail est celui où le travailleur a établi le **centre effectif de ses activités** professionnelles et à partir duquel il s'acquitte en fait de l'essentiel de ses obligations à l'égard de son employeur ; pour la détermination concrète de ce lieu, il convient de prendre en considération la circonstance que le travailleur accomplit la majeure partie de son temps de travail dans un des États membres où il a un bureau à partir duquel il organise ses activités pour le compte de son employeur et où il retourne après chaque voyage professionnel à l'étranger (CJCE 9-1-1997 aff. 383/95 : RJDA 4/97 n° 600, rendu à propos de la convention de Bruxelles du 27 septembre 1968 mais transposable ; Cass. soc. 25-1-2012 n° 10-28.155 : RJS 4/12 n° 379, rendu à propos de la convention de Lugano du 16 septembre 1988 mais transposable).

Lorsque le salarié exerce les mêmes activités au profit de son employeur dans plus d'un État membre, le critère à prendre en considération pour déterminer le lieu de travail habituel est l'endroit où le travailleur accomplit la **majeure partie de son temps** de travail pour le compte de son employeur en tenant compte de l'intégralité de sa période d'activité (CJCE 27-2-2002 aff. 37/00 précité ; Cass. soc. 31-3-2009 n° 08-40.367 : RJS 6/09 n° 568 ; Cass. soc. 27-11-2013 n° 12-24.880 : RJS 2/14 n° 159) ou le lieu où le salarié s'acquitte, en fait, de l'essentiel de ses obligations à l'égard de l'employeur (Cass. soc. 4-12-2012 n° 11-27.302 : RJS 2/13 n° 161), sauf si l'objet de la contestation présente des liens de rattachement plus étroits avec un autre lieu (CJCE 27-2-2002 aff. 37/00 précité).

En cas de périodes stables de travail dans des lieux successifs différents, le dernier lieu d'activité devrait être retenu dès lors que, selon la volonté claire des parties, il a été décidé que le travailleur y exercerait de façon stable et durable ses activités (CJCE 27-2-2002 aff. 37/00 précité ; Cass. soc. 31-3-2009 précité ; Cass. soc. 27-11-2013 précité ; Cass. soc. 28-9-2016 précité).

S'agissant du personnel navigant d'une compagnie aérienne ou mis à sa disposition, les juridictions nationales doivent notamment établir dans quel État membre se situe le lieu à partir duquel le travailleur effectue ses missions de transport, celui où il rentre après ses missions, reçoit les instructions sur ses missions et organise son travail, ainsi que le lieu où se trouvent les outils de travail ; à cet égard, la notion de base d'affectation constitue un élément susceptible de jouer un rôle significatif dans l'identification des indices permettant de déterminer le lieu à partir duquel des travailleurs accomplissent habituellement leur travail (Cass. soc. 9-9-2020 n° 18-22.971 précité), même si elle n'est pas assimilable à la notion de « lieu où le travailleur accomplit habituellement son travail » (CJUE 14-9-2017 aff. 168/16 et 19/16). Ainsi, un pilote accomplit habituellement son travail en France si l'aéroport qui lui sert de base d'affectation y est situé, s'il y reçoit ses instructions et s'il effectue plus d'un cinquième de ses vols à partir ou à destination de la France (Cass. soc. 28-2-2018 n° 16-17.505 FS-PB : Bull. inf. C. cass. 15-6-2018 n° 778 ; Cass. soc. 28-2-2018 n° 16-12.754 FS-PB : RJS 5/18 n° 379). Ce n'est que dans l'hypothèse où des demandes présenteraient des liens de rattachement plus étroits avec un endroit autre que celui de la base d'affectation que se trouverait mise en échec la pertinence de cette dernière pour identifier le lieu à partir duquel des travailleurs accomplissent habituellement leur travail (Cass. soc. 9-9-2020 n° 18-22.971 précité).

COMPÉTENCE EN CAS D'ACTION CONTRE LE SALARIÉ

64040 L'action de l'employeur ne peut être portée que devant les juridictions de l'État membre sur le territoire duquel le travailleur a son domicile (Règl. art. 22, 1).

b. Compétence en présence d'une clause attributive de compétence

64090 Il peut être dérogé aux règles de compétence présentées n°s 64030 s. par des conventions attributives de juridiction à **condition** (Règl. art. 23) :
– qu'elles soient postérieures à la naissance du différend,
– ou qu'elles permettent au travailleur de saisir d'autres juridictions que celles indiquées par les articles 20 à 22 .
Ces autres juridictions peuvent être, le cas échéant, situées en dehors de l'Union (CJUE 19-7-2012 aff. 154-11).

10. COMPÉTENCE EXCLUSIVE DES JURIDICTIONS D'UN ÉTAT

RÈGLES GÉNÉRALES

64140 L'article 24 prévoit des cas de compétences dites exclusives, dans des hypothèses où le litige entretient un lien particulièrement étroit avec un État, par exemple en présence d'un immeuble situé dans l'Union. Sont alors seules compétentes les juridictions désignées par le règlement, sans considération de domicile des parties. Peu importe, ainsi, que le demandeur et/ou le défendeur soient ou non domiciliés dans un État membre (CJCE 1-3-2005 aff. 281/02 : Rec. I-1383).
Dans ces cas, il est donné compétence non pas à une juridiction en particulier mais aux **juridictions d'un État** globalement considérées, la juridiction spécialement compétente devant être déterminée dans un second temps, par application des règles de procédure civile internes de l'État concerné.
Ces règles spécifiques de compétence doivent faire l'objet d'une interprétation stricte (CJUE 10-7-2019 aff. 722/17, § 38).

CONSÉQUENCES DE L'EXCLUSIVITÉ DE COMPÉTENCE D'UNE JURIDICTION

64150 Les compétences prévues par l'article 24sont impératives pour les **parties** qui ne peuvent pas y déroger ni par une clause attributive de compétence (Règl. 1215/2012 art. 25, 4) ni par une comparution volontaire devant le juge (art. 26).
Ces compétences s'imposent également au **juge** : la juridiction d'un État membre, saisie à titre principal d'un litige pour lequel les juridictions d'un autre État membre sont exclusivement compétentes en vertu de l'article 24 , se déclare d'office incompétente (art. 27). Si le juge retenait malgré tout sa compétence, sa décision se heurterait à un motif de refus de reconnaissance dans le cadre du système de reconnaissance et d'exécution des décisions prononcées dans les États membres mis en place par le règlement (art. 45, 1-e). Seul le juge saisi à titre principal étant visé par l'article 27, le juge saisi à titre accessoire d'un litige relevant de l'article 24 devrait donc pouvoir statuer (en ce sens, H. Gaudemet-Tallon et M.-E. Ancel : Compétence et exécution des jugements en Europe, LGDJ 2018 n° 105).

a. Compétence exclusive en matière immobilière

EXCLUSIVITÉ DE COMPÉTENCE EN MATIÈRE DE DROIT RÉEL IMMOBILIER

Sont seules **compétentes**, sans considération de domicile des parties, en matière de droits réels immobiliers, les **juridictions** de l'État membre où l'immeuble est situé (Règl. art. 24, 1). **64160**
La notion de droits réels immobiliers est une **notion autonome** du droit européen (CJCE 10-1-1990 aff. 115/88 : Rec. I-27). La **compétence** exclusive des tribunaux de l'État membre où l'immeuble est situé **englobe** non pas l'ensemble des actions qui concernent des droits réels immobiliers, mais seulement celles d'entre elles qui, tout à la fois, entrent dans le champ d'application du règlement et sont au nombre de celles qui tendent, d'une part, à déterminer l'étendue, la consistance, la propriété, la possession d'un bien immobilier ou l'existence d'autres droits réels sur ces biens et, d'autre part, à assurer aux titulaires de ces droits la protection des prérogatives qui sont attachées à leur titre (CJUE 11-11-2020 aff. 433/19, § 24 : RJDA 2/21 n° 139). Par ailleurs, il ne suffit pas qu'un droit réel immobilier soit concerné par l'action ou que l'action ait un lien avec un immeuble pour entraîner la compétence de la juridiction de l'État membre où l'immeuble est situé. Il faut que l'action soit fondée sur un droit réel et non sur un droit personnel (même arrêt, § 25). La différence entre un droit réel et un droit personnel réside dans le fait que le premier, grevant un bien corporel, produit ses effets à l'égard de tous, alors que le second ne peut être invoqué que contre le débiteur (CJUE 3-4-2014 aff. 438/12, § 43 ; CJUE 16-11-2016 aff. 417/15, § 31 et 34).

ILLUSTRATIONS

Ne relèvent pas du champ d'application de l'article 24 :
– l'action qui, intentée par un créancier, tend à lui rendre inopposable un acte de disposition portant sur un droit réel immobilier qu'il soutient avoir été passé par son débiteur en fraude de ses droits (CJCE 10-1-1990 précité) ;
– l'action tendant à faire constater qu'une personne détient un bien immobilier en qualité de trustee et à lui faire enjoindre d'établir les documents nécessaires pour que le demandeur devienne titulaire du « legal ownership » (CJCE 17-5-1994 aff. 294/92 : Rec. I-1717) ;
– la demande d'indemnisation pour la jouissance d'une habitation après l'annulation d'un transfert de propriété (CJCE 9-6-1994 aff. 292/93 : RJDA 11/94 n° 1242) ;
– l'action en résolution d'un contrat de vente portant sur un immeuble et en paiement de dommages-intérêts en raison de cette résolution (CJUE 5-4-2011 aff. 518/99 : Rec. I-2771) ;
– l'action qui vise à empêcher les nuisances affectant ou risquant d'affecter des biens fonciers dont l'auteur de cette action est propriétaire et provoquées par des rayonnements ionisants émanant d'une centrale nucléaire localisée sur le territoire d'un État voisin de celui où ces biens sont situés (CJCE 18-5-2006 aff. 343/04 : RJDA 3/07 n° 315) ;
– la procédure gracieuse engagée par un ressortissant d'un État membre, protégé à la suite de son placement sous le régime de la curatelle devant une juridiction d'un autre État membre en vue d'obtenir l'autorisation de vendre un bien immobilier dont il est propriétaire, qui est situé sur le territoire de cet autre État membre, dès lors qu'une telle procédure relève de la capacité des personnes physiques, qui est exclue du champ d'application matériel du règlement (CJUE 3-10-2013 aff. 386/12) ;
– l'action en annulation d'un acte de donation d'un immeuble pour incapacité de contracter du donateur, qui relève de la compétence spéciale prévue en matière contractuelle par l'article 7, 1-a du règlement (CJUE 16-11-2016 aff. 417/15) ;
– l'action en déclaration de la nullité d'un contrat de crédit et d'un acte notarié relatif à la création d'une hypothèque souscrite en garantie de la créance née de ce contrat (CJUE 14-2-2019 aff. 630/17 : RJDA 5/19 n° 398) ;
– l'action d'un créancier en contestation de l'état de distribution du produit d'une adjudication judiciaire d'un immeuble, tendant, d'une part, à la constatation de l'extinction par compensation d'une créance concurrente, et, d'autre part, à l'inopposabilité de la sûreté réelle garantissant l'exécution de cette dernière créance (CJUE 10-7-2019 aff. 722/17) ;
– l'action de l'acquéreur d'un immeuble, visant le versement d'une somme perçue par le vendeur au titre du loyer payé par un tiers, alors que cet acquéreur, bien qu'entré en jouissance du bien au moment du versement de cette somme, n'en était pas encore légalement le propriétaire (CJUE ord. 15-5-2019 aff. 827/18, rendu à propos de la convention de Lugano mais transposable).
Relèvent en revanche de la catégorie des litiges en matière de droits réels immobiliers :
– l'action visant à faire constater l'invalidité de l'exercice d'un droit de préemption qui grève un immeuble et qui produit des effets à l'égard de tous (CJUE 3-4-2014 aff. 438/12) ;
– l'action en dissolution, au moyen d'une vente dont la mise en œuvre est confiée à un mandataire, de la copropriété indivise sur un immeuble (CJUE 17-12-2015 aff. 605/14) ;

– le litige relatif à la propriété et au partage, entre des résidents français, d'une indivision portant sur un immeuble situé en Espagne, de sorte que le juge espagnol est seul compétent et que le juge français doit relever d'office son incompétence (Cass. 1e civ. 20-4-2017 n° 16-16.983 FS-PBI : Bull. civ. I n° 87) ;
– l'action en radiation du registre foncier des mentions relatives au droit de propriété du donataire (CJUE 16-11-2016 aff. 417/15) ;
– l'action qui vise à déterminer le propriétaire d'un immeuble situé en France, même si une société étrangère se dit propriétaire et si la fictivité de celle-ci est alléguée (Cass. 1e civ. 11-4-2018 n° 16-24.653 FS-PB : RJDA 2/19 n° 157, rendu à propos de la convention de Lugano mais transposable) ;
– l'action tendant à la radiation du registre foncier de l'hypothèque grevant un immeuble (CJUE 14-2-2019, précité) ;
– l'action par laquelle le copropriétaire d'un immeuble tend à faire interdire à un autre copropriétaire de modifier, arbitrairement et sans l'accord des autres copropriétaires, l'affectation de son bien telle que prévue par le contrat de copropriété, à la condition que cette affectation soit opposable non seulement aux copropriétaires de l'immeuble, mais également à tous (CJUE 11-11-2020 aff. 433/19 : RJDA 2/21 n° 139).

EXCLUSIVITÉ DE COMPÉTENCE EN MATIÈRE DE BAIL D'IMMEUBLE

64170 Sont seules **compétentes**, sans considération de domicile des parties, en matière de baux d'immeubles, les **juridictions** de l'État membre où l'immeuble est situé (Règl. art. 24, 1).
Ce principe vaut lorsque l'une des parties conteste l'existence ou la validité du contrat de bail (CJCE 14-12-1977 aff. 73/77 : Rec. p. 2383).
En revanche, il ne s'applique pas à :
– la location d'un fonds de commerce (CJCE 14-12-197773/77, précité) ;
– des litiges qui ne se rapportent qu'indirectement à l'usage de la propriété louée, tels ceux concernant la perte du bénéfice des vacances et les frais de voyage (CJCE 15-1-1985 aff. 241/83 : Rec. p. 99) ;
– un contrat d'adhésion à un club qui, en contrepartie d'un droit d'adhésion représentant l'élément dominant du prix global, permet aux adhérents d'acquérir un droit d'utilisation à temps partiel sur un bien immobilier uniquement désigné par son type et sa situation et prévoit l'affiliation des adhérents à une organisation permettant un échange de leur droit d'utilisation (CJCE 13-10-2005 aff. 73/04 : Rec. I-8667) ;
– une action en recouvrement d'une redevance portant sur un ticket journalier de stationnement sur une place de parking délimitée, située sur la voie publique (CJUE 25-3-2021 aff. 307/19).

64180 **Bail à usage personnel temporaire** En matière de baux d'immeubles conclus pour une période maximale de six mois consécutifs, les **juridictions** de l'État membre dans lequel le défendeur est domicilié sont **également compétentes**, à condition que le locataire soit une personne physique et que le propriétaire et le locataire soient domiciliés dans le même État membre (Règl. art. 24, 1).
Ce principe permet une simplification des contentieux liés notamment aux **locations** de biens consenties pour les **vacances**, par exemple lorsque le propriétaire d'un appartement situé en Espagne loue ce bien à une personne et que tant le propriétaire que le locataire sont domiciliés en France.

b. Compétence exclusive en matière de sociétés

64230 En matière de **validité**, de nullité ou de **dissolution** des sociétés ou **personnes morales** ayant leur siège dans un État membre, ou de **validité** des **décisions de leurs organes**, sont seules compétentes, sans considération de domicile, les juridictions de cet État membre (Règl. art. 24, 2).
Pour déterminer le **siège** de la personne morale, le juge applique les règles de son droit international privé (art. 24, 2) et non celles de l'article 63, 1 selon lesquelles les personnes morales sont domiciliées là où est situé leur siège statutaire, leur administration centrale ou leur principal établissement.

ILLUSTRATIONS

Ne concerne pas la validité des décisions des organes d'une société une action dans le cadre de laquelle une partie allègue qu'une décision adoptée par un organe d'une société a violé les droits que cette partie prétend tirer des statuts de cette société (CJCE 2-10-2008 aff. 372/07 : Rec. I-7403). Il en est de même de l'action par laquelle une société se prévaut de l'inopposabilité d'un contrat à son égard, en raison de la prétendue invalidité, pour cause de violation des statuts, d'une décision de ses organes ayant conduit à la conclusion de celui-ci (CJUE 12-5-2011 aff. 144/10 : Rec. I-3961). De même, l'action visant à obtenir la réparation du préjudice résultant de violations alléguées du droit de la concurrence de l'Union ne constitue pas une

procédure ayant pour objet la validité des décisions des organes de sociétés (CJUE 23-10-2014 aff. 302/13 : RJDA 1/15 n° 63). La règle de compétence spéciale en matière de sociétés ne s'applique pas non plus à l'action en paiement de sommes d'argent engagée par une société roumaine contre la société mère française d'une filiale roumaine à laquelle la première avait confié la gestion d'un centre commercial, même si la fictivité de cette filiale était invoquée comme moyen présenté à l'appui de la demande car il ne s'agissait pas de l'objet principal de l'action (Cass. 1e civ. 4-5-2017 n° 16-12.853 F-PB : Bull. civ. I n° 98).
En revanche, doit être cassé l'arrêt d'appel qui retient que la société défenderesse n'étant pas domiciliée dans un État membre de l'Union européenne, les dispositions du règlement ne lui sont pas applicables, alors que sont seuls compétents, sans considération de domicile, en matière de validité des décisions des organes des sociétés ayant leur siège dans un État membre de l'Union européenne, les tribunaux de cet État membre (Cass. com. 15-3-2011 n° 09-72.027 : RJDA 7/11 n° 671).
Par ailleurs, un recours ayant pour objet le contrôle du caractère raisonnable de la contrepartie que l'actionnaire principal d'une société est tenu de verser aux actionnaires minoritaires de celle-ci en cas de transfert obligatoire de leurs actions à cet actionnaire principal relève de la compétence exclusive des tribunaux de l'État membre sur le territoire duquel cette société est établie (CJUE 7-3-2018 aff. 560/16 : RJDA 5/18 n° 482).

c. Compétence exclusive concernant les registres publics

Sont seules compétentes, sans considération de domicile, en matière de **validité** des **inscriptions** sur les **registres publics**, les juridictions de l'État membre sur le territoire duquel ces registres sont tenus (Régl. art. 24, 3). Ce principe s'explique par le fait que sont ici en cause des services publics. Il peut par exemple s'agir du registre de l'état civil, du registre foncier, etc. **64280**
Cette règle ne concerne que le contentieux de la validité formelle des inscriptions, liée au droit de l'État détenteur du registre. Elle ne s'applique donc pas à un contentieux sur la propriété réelle des parts sociales détenues en apparence par une personne (Cass. 1e civ. 11-1-2023 n° 21-17.092 F-B : RJDA 4/23 n° 235).

d. Compétence exclusive en matière de droits intellectuels

Sont seules compétentes, sans considération de domicile, en matière d'**inscription** ou de **validité** des **brevets, marques, dessins et modèles**, et autres droits analogues donnant lieu à dépôt ou à un enregistrement, les juridictions de l'État membre sur le territoire duquel le dépôt ou l'enregistrement a été demandé, a été effectué ou est réputé avoir été effectué aux termes d'un instrument de l'Union ou d'une convention internationale. Peu importe que la question soit soulevée par voie d'action ou d'exception (Régl. art. 24, 4). **64330**
Ces notions sont des notions autonomes (CJCE 15-11-1983 aff. 288/82 : Rec. p. 3663).
Un différend entre un salarié, auteur d'une invention pour laquelle un brevet a été demandé ou obtenu, et son employeur ne relève pas de cette règle de compétence lorsque le litige porte sur leurs droits respectifs sur ce brevet découlant de leur relation de travail (même arrêt). Il en est de même des litiges visant à déterminer si une personne a été inscrite à juste titre en tant que titulaire d'une marque (CJUE 5-10-2017 aff. 341/16). Cette règle ne s'applique pas non plus à un litige tendant à déterminer, dans le cadre d'un recours fondé sur la qualité alléguée d'inventeur ou de co-inventeur, si une personne est titulaire du droit sur des inventions visées par des demandes de brevet déposées et par des brevets délivrés dans des pays tiers (CJUE 8-9-2022 aff. 399/21).

COMPÉTENCE EN MATIÈRE DE BREVET EUROPÉEN

Sans préjudice de la compétence de l'Office européen des brevets par la convention sur la délivrance des brevets européens, signée à Munich le 5 octobre 1973, les juridictions de chaque État membre sont seules compétentes, sans considération de domicile, en matière d'inscription ou de validité d'un brevet européen délivré pour cet État membre (Régl. art. 24, 4-al. 2). **64340**

Apports du règlement 542/2014

Le règlement 542/2014 du 15 mai 2014 modifie le règlement 1215/2012 en ce qui concerne les règles relatives à la **juridiction unifiée du brevet** et à la Cour de justice Benelux. Applicable depuis le 10 janvier 2015, il a intégré au règlement 1215/2012 de nouvelles dispositions, dans de nouveaux articles 71 bis à 71 quinquies.

Le nouvel article 71 bis définit la notion de juridiction commune à plusieurs États membres au sens du règlement. Il s'agit de la juridiction unifiée du brevet et de la Cour de justice Benelux.

L'article 71 ter précise les règles de détermination de la compétence d'une juridiction commune.

L'article 71 quater étend les règles relatives à la litispendance et à la connexité prévues par les articles 29 à 32 du règlement 1215/2012 aux demandes formées devant une juridiction commune et devant une juridiction d'un État membre non partie à l'instrument instituant la juridiction commune.

L'article 71 quinquies fixe les règles de reconnaissance et d'exécution des décisions d'une juridiction commune.

e. Compétence exclusive en matière d'exécution des décisions

64390 Sont seules compétentes, sans considération de domicile, en matière d'exécution des décisions, les juridictions de l'État membre du lieu de l'exécution (Règl. art. 24, 5).

ATTENTION

Seules les décisions rendues par des **juridictions soumises au règlement** relèvent de ce principe. Par conséquent, le juge français n'est pas compétent à ce titre pour connaître de l'exécution d'une décision prononcée aux Émirats arabes unis (Cass. 1e civ. 20-3-2019 n° 18-11.763 F-D).

La Cour de justice veille à ce que le **champ d'application** de ce principe soit strictement respecté, en ce qu'il ne concerne que la question de l'exécution proprement dite des décisions. Ainsi, ce principe ne permet pas de demander devant les tribunaux de l'État membre du lieu d'exécution, par la voie d'une action en opposition à exécution, la **compensation** entre le droit en vertu duquel l'exécution est poursuivie et une créance sur laquelle les tribunaux de cet État membre ne seraient pas compétents pour statuer si elle faisait l'objet d'une action autonome (CJCE 4-7-1985 aff. 220/84 : Rec. p. 2267). De même, l'**action paulienne** de droit français, par laquelle un créancier tend à obtenir la révocation, à son égard, d'un acte translatif de droits réels immobiliers accompli par son débiteur d'une façon qu'il estime être en fraude de ses droits, ne relève pas du champ d'application de ce principe (CJCE 26-3-1992 aff. 261/90 : RJDA 6/92 n° 662). De même encore, l'action en référé introduite devant une juridiction d'un État membre, dans le cadre de laquelle une organisation internationale invoque son immunité d'exécution afin d'obtenir tant la mainlevée d'une **saisie-arrêt conservatoire**, exécutée dans un État membre autre que celui du for, que l'interdiction de pratiquer de nouveau une telle saisie sur le fondement de mêmes faits, ne relève pas de la compétence exclusive des juridictions de l'État membre dans lequel la saisie-arrêt conservatoire a été exécutée (CJUE 3-9-2020 aff. 186/19). Enfin, une action en restitution fondée sur un **enrichissement sans cause** ne relève pas de la compétence exclusive prévue à cette disposition, alors même qu'elle a été engagée en raison de l'expiration du délai dans lequel la restitution des sommes indûment versées lors d'une procédure d'exécution forcée peut être réclamée dans le cadre de cette même procédure d'exécution (CJUE 9-12-2021 aff. 242/20 : RJDA 2/22 n° 126, rendu à propos du règlement Bruxelles I bis mais transposable).

11. PROROGATION DE COMPÉTENCE

a. En présence d'une clause attributive de compétence

INCIDENCE DE LA CONVENTION DE LA HAYE SUR LES ÉLECTIONS DE FOR

64430 La convention de La Haye sur les accords d'élection de for a été approuvée par l'Union européenne (Décision du Conseil du 4-12-2014 : JOUE 10-12-2014, L 353/5). Ce texte définit le régime des accords exclusifs d'élection de for désignant un tribunal ou les tribunaux d'un État contractant ainsi que le régime de reconnaissance et d'exécution du jugement rendu par un tribunal d'un État contractant désigné par un tel accord.

Cette Convention est **entrée en vigueur** le 1er octobre 2015. Elle lie 33 parties, à savoir l'Union européenne, tous les États de l'Union, le Royaume-Uni, le Mexique, le Monténégro, Singapour et l'Ukraine.

Son article 26, 6 dispose qu'elle n'affecte pas l'application des règles d'une organisation régionale d'intégration économique partie à cette Convention, que ces règles aient été adoptées avant ou après cette Convention : a) lorsque aucune des parties ne réside dans un État contractant qui n'est pas un État membre de l'organisation régionale d'intégration économique ; b) en ce qui a trait à la reconnaissance ou l'exécution de jugements entre les États membres de l'organisation régionale d'intégration économique. Ce principe concerne précisément l'Union européenne et le règlement

1215/2012. Au-delà de sa formulation peu explicite, il conduit à distinguer trois hypothèses (en ce sens, M. Audit, S. Bollée et P. Callé : Droit du commerce international et des investissements étrangers, LGDJ 2014 n° 691) :
– si une clause donne compétence à une juridiction ou des juridictions d'un État membre de l'Union, le règlement s'applique dès lors que les parties sont toutes domiciliées dans l'Union ou que l'une des parties est domiciliée dans un État tiers à la Convention ;
– si la clause désigne une juridiction ou les juridictions d'un État partie à la Convention et si l'une des parties est domiciliée dans un État partie à la convention et non membre de l'Union, la Convention s'applique ;
– si la clause désigne les juridictions d'un État non lié par la Convention (et donc nécessairement non membre de l'Union), il faut appliquer les principes issus du droit international privé français (nos 61580 s.).
Dès lors, et compte tenu du fait que les cinq seuls États non membres de l'Union qui sont liés par la Convention sont le Royaume-Uni, le Mexique, le Monténégro, Singapour et l'Ukraine, seuls les accords d'élection de for conclus avec une partie domiciliée dans ces pays relèvent du régime posé par la Convention.
Dans les années à venir, cette Convention pourrait toutefois devenir un texte d'une plus grande importance pratique si elle était ratifiée par les États-Unis qui l'ont déjà signée.

RÈGLES GÉNÉRALES D'APPLICATION DE LA CLAUSE ATTRIBUTIVE DE COMPÉTENCE

Les parties à un **contrat**, sans considération de leur domicile, peuvent convenir d'une juridiction **64440**
ou de juridictions d'un État membre pour connaître des différends nés ou à naître à l'occasion d'un rapport de droit déterminé. Cette juridiction ou ces juridictions sont alors compétentes, sauf si la validité de la convention attributive de juridiction est entachée de nullité quant au fond selon le droit de cet État membre (Règl. 1215/2012 art. 25, 1), cette référence à ce droit pouvant conduire à se tourner vers les règles de conflit de lois de cet État membre (considérant 20 du préambule du règlement).
Les clauses attributives de compétence sont limitées en matière d'assurance (n° 63700), de contrat de travail (n° 64090) et de contrat conclu avec un consommateur (n° 63960) et sont interdites pour les cas de compétence exclusive (nos 64140 s.). Les clauses qui seraient établies sans respecter ces règles seraient sans effet (art. 25, 4).

> **Précisions a.** Contrairement au règlement 1215/2012 qui admet la stipulation de clauses attributives sans considération du domicile, dans l'Union ou hors de l'Union, des parties, le **règlement 44/2001** exigeait que l'une des parties au moins ait son domicile dans un État membre (pour une illustration, Cass. com. 23-9-2014 n° 12-26.585 : RJDA 1/15 n° 64). Le domicile devait être localisé sur la base des principes énoncés par les articles 59 et 60. Par ailleurs, le règlement 44/2001 ne réservait pas, comme le règlement 1215/2012, l'hypothèse d'une nullité de la clause quant au fond.
> **b.** La clause attributive de juridiction est, de par sa nature, une option de compétence qui n'a pas d'effet juridique tant qu'une instance judiciaire n'est pas déclenchée et qui ne tire à conséquence qu'au jour où l'action judiciaire est mise en mouvement. C'est donc à cette **date** qu'il convient de se placer pour **apprécier** la **portée** d'une telle **clause** au regard de la règle de droit applicable (CJUE 24-11-2022 aff. 358/21, point 30 ; CJCE 13-11-1979 aff. 25/79, point 6).

AUTONOMIE DE LA CLAUSE ATTRIBUTIVE DE COMPÉTENCE

Une convention attributive de juridiction faisant partie d'un contrat est considérée comme un **64450**
accord distinct des autres clauses du contrat. La validité de la convention attributive de juridiction ne peut être contestée au seul motif que le contrat n'est pas valable (art. 25, 5).
Il s'agit d'un principe nouveau posé par le règlement 1215/2012 et qui ne figurait pas dans le règlement 44/2001. Il est à noter que sous l'empire de ce dernier texte, la jurisprudence retenait que la juridiction désignée par la clause était exclusivement compétente lorsque l'action visait à faire constater la nullité du contrat contenant la clause (CJCE 3-7-1997 aff. 269/95 : RJDA 12/97 n° 1574).

CONDITIONS DE FOND DE LA CLAUSE ATTRIBUTIVE DE COMPÉTENCE

Tribunal La clause doit désigner une juridiction ou les juridictions d'un **État membre**, ou **64460**
même simplement les juridictions d'une ville d'un État membre (CJUE 7-7-2016 aff. 222/15), peu important que celle-ci ou celles-ci aient ou non un lien avec l'affaire en cause.
Elle peut être formulée de telle sorte qu'il soit possible d'identifier la ou les juridictions compétentes par son seul libellé mais elle peut également se borner à identifier les éléments objectifs

sur lesquels les parties se sont mises d'accord pour choisir la juridiction ou les juridictions auxquelles elles entendent soumettre leurs différends nés ou à naître (Cass. 1e civ. 7-2-2018 n° 16-24.497 F-D). Ces éléments, qui doivent être suffisamment précis pour permettre au juge saisi de déterminer s'il est compétent, peuvent être concrétisés, le cas échéant, par les circonstances propres à la situation de l'espèce (CJCE 9-11-2000 aff. 387/98 : Rec. I-9337).

64461 La **clause** est parfois **asymétrique** : elle impose alors à une partie de saisir la juridiction désignée, alors que l'autre partie se voit offrir la possibilité de saisir soit cette juridiction soit une autre juridiction dans les conditions prévues par la clause.

La validité d'une telle clause est appréciée au regard du critère de la prévisibilité de la clause.

Par **exemple**, il a été jugé qu'est conforme à l'impératif de prévisibilité que doivent présenter les règles de compétence la clause qui impose à l'une des parties de saisir les juridictions d'un État donné et qui laisse à l'autre un choix plus large lui permettant de saisir, outre les juridictions d'un autre État désigné par la clause, les juridictions de tout pays où elle aurait subi un préjudice, car les juridictions qui peuvent être amenées à être saisies sont identifiables (Cass. 1e civ. 7-10-2015 n° 14-16.898 FS-PBI : RJDA 1/16 n° 78). Est également conforme à l'objectif de prévisibilité le contrat qui stipule que tout litige entre les parties relève de la compétence des tribunaux de Genève mais qui permet à l'une des parties d'agir, à sa discrétion, devant toute autre autorité compétente de son choix, dans la mesure où le contrat renvoie en réalité, sur ce point, aux règles de compétence de droit commun selon la loi suisse (Cass. 1e civ. 28-9-2022 n° 21-13.686 F-D, rendu en application de la convention de Lugano du 30-10-2007 mais transposable).

En revanche, il a été jugé qu'est contraire à l'objectif de prévisibilité et de sécurité juridique la clause ne contenant aucun renvoi à une règle de compétence en vigueur dans un État membre ni aucun élément objectif suffisamment précis pour identifier la juridiction qui pourrait être saisie (Cass. soc. 3-10-2018 n° 17-21.309 FS-PB : Bull. inf. C. cass. 15-2-2019 n° 148) ou la clause conclue entre une société et une banque qui donne compétence à une juridiction spécialement désignée mais qui réserve à la banque le droit d'agir contre l'emprunteur devant tout autre tribunal compétent, sans préciser sur quels éléments objectifs cette compétence alternative était fondée (Cass. 1e civ. 25-3-2015 n° 13-27.264 : RJDA 7/15 n° 544, prononcé sur le fondement de la convention de Lugano du 30 octobre 2007 mais dont la solution est transposable au règlement).

ATTENTION

La Cour de cassation a très récemment transmis trois **questions préjudicielles** à la Cour de justice relatives à la détermination de la règle applicable pour apprécier la validité et le régime des clauses attributives de juridiction asymétriques (Cass. 1e civ. 13-4-2023 n° 22-12.965 FS-B : RJDA 10/23 n° 561).

64462 L'article 25 n'est pas applicable à une clause désignant une juridiction d'un **État tiers**. Dans une telle hypothèse, si une juridiction située dans un État membre venait à être saisie en dépit d'une telle clause, elle devrait apprécier la validité de celle-ci en fonction du droit applicable au lieu où elle siège (CJCE 9-11-2000 précité).

64470 **Caractère international** L'article 25 n'exige pas expressément que la situation présente un caractère international. Néanmoins, la Cour de cassation retient que la validité de la clause attributive de compétence désignant la juridiction d'un État membre est subordonnée à la reconnaissance du caractère international de la situation qui s'apprécie, pour des motifs de sécurité juridique, au moment de la conclusion de la clause (Cass. 1e civ. 30-9-2020 n° 19-15.626 F-D). Est ainsi maintenue la position énoncée à propos du règlement 44/2001 (Cass. 1e civ. 4-10-2005 n° 02-12.959 : Bull. civ. I n° 352 ; Cass. 1e civ. 23-1-2008 n° 06-21.898 : RJDA 3/09 n° 292) et de la convention de Lugano (Cass. 1e civ. 30-1-2013 n° 11-24.723 : RJDA 5/13 n° 468).

64480 **Rapport de droit déterminé** La clause doit concerner des différends nés ou à naître à l'occasion d'un rapport de droit déterminé. Elle ne saurait donc viser les différends concernant les parties mais trouvant leur origine dans des rapports autres que celui à l'occasion duquel l'attribution de juridiction a été convenue (CJCE 10-3-1992 aff. 214/89 : RJDA 7/92 n° 781).

Jugé par exemple que la condition du caractère suffisamment déterminé du rapport de droit est remplie lorsque la clause attributive de juridiction figurant dans les statuts d'une société se réfère aux différends qui opposent la société à ses actionnaires en tant que tels (même arrêt). À défaut de définition du rapport de droit concerné, il n'y a pas convention attributive de juridiction (Cass. 1e civ. 24-11-2015 n° 14-14.924 FS-PB : RJDA 3/16 n° 251).

Il semble que la clause puisse viser tous les litiges découlant du contrat, peu important que l'action engagée soit de nature contractuelle ou délictuelle (Cass. 1e civ. 18-1-2017 n° 15-26.105 F-PB : RJDA 4/17 n° 289, qui se retranche toutefois derrière le pouvoir souverain des juges du fond ; dans le même sens, Cass. 1e civ. 21-10-2015 n° 14-25.080 F-PB : RJDA 1/16 n° 61, rendu en matière d'arbitrage).

> **Précisions** Lorsque des dommages-intérêts sont réclamés en justice en raison d'une **infraction au droit européen des ententes**, il est possible de prendre en compte les clauses attributives de juridiction contenues dans des contrats de livraison à condition que ces clauses se réfèrent aux différends relatifs à la responsabilité encourue du fait d'une infraction au droit de la concurrence (CJUE 21-5-2015 aff. 352/13 ; Cass. 1e civ. 7-10-2015 n° 14-16.898 FS-PBI : RJDA 1/16 n° 78). En revanche, en cas d'**abus de position dominante**, une clause attributive de juridiction contenue dans le contrat liant les parties ne doit pas être exclue au seul motif que cette clause ne se réfère pas expressément aux différends relatifs à la responsabilité encourue du fait d'une infraction au droit de la concurrence (CJUE 24-10-2018 aff. 595/17 : RJDA 1/19 n° 66 ; Cass. 1e civ. 30-1-2019 n° 16-25.259 FS-PB : RJDA 5/19 n° 395).

CONDITIONS DE FORME DE LA CLAUSE ATTRIBUTIVE DE COMPÉTENCE

La convention attributive de juridiction peut être conclue (Règl. art. 25, 1) soit : **64490**
- par **écrit** ou verbalement avec confirmation écrite ;
- sous une forme conforme aux **habitudes** que les parties ont établies entre elles (pour des illustrations, Cass. 1e civ. 7-6-2023 n° 21-24.927 F-D ; Cass. 1e civ. 13-9-2023 n° 22-16.884 FS-B, rendu en application de la convention de Lugano) ;
- dans le **commerce international**, sous une forme qui soit conforme à un **usage** dont les parties ont connaissance ou étaient censées avoir connaissance et qui est largement connu et régulièrement observé dans ce type de commerce par les parties à des contrats du même type dans la branche commerciale considérée (n° 64510).

Ce formalisme a pour but de s'assurer que la partie à qui l'on cherche à opposer la clause attributive y a effectivement consenti (CJCE 24-6-1981 aff. 150/80 : Rec. I-1671). Ces dispositions sont d'interprétation stricte quant aux conditions qu'elles fixent (CJUE 28-6-2017 aff. 436/16, § 39).

Forme écrite Il peut s'agir d'une **clause stipulée par écrit**, étant indiqué que toute transmission par voie électronique qui permet de consigner durablement la convention est considérée comme revêtant une forme écrite (Règl. art. 25, 2). Il appartient au juge d'apprécier les circonstances de chaque espèce pour déterminer si la clause est conforme à cette exigence. **64500**

ILLUSTRATIONS

Lorsque la clause est prévue dans les **conditions générales du contrat**, qui sont imprimées au verso ou dans un acte séparé, elle ne s'applique que si le contrat signé par les deux parties comporte un renvoi exprès à ces conditions générales (CJCE 14-12-1976 aff. 24/76 : Rec. p. 1831 ; Cass. com. 18-1-2011 n° 10-11.885 : RJDA 5/11 n° 489 ; Cass. 1e civ. 27-2-2013 n° 11-23.520 F-D ; CJUE 20-4-2016 aff. 366/13, § 26 ; CJUE 7-7-2016 aff. 222/15).

La Cour de justice a été saisie d'un cas où une vente avait été conclue sur le site internet du vendeur, et où les conditions générales de vente reproduites sur ce site contenaient une clause attributive de juridiction sans que ces conditions générales de vente apparaissent automatiquement lors de la conclusion du contrat : l'acheteur potentiel devait accepter les conditions générales en cochant une case sur le site mais cette acceptation par « clic » ne conduisait pas à l'ouverture automatique d'un document les contenant, l'acheteur devant, dans un second temps, cliquer sur un hyperlien pour en prendre connaissance. Dans une telle hypothèse, il a été jugé que la technique d'acceptation par « clic » des conditions générales constitue une transmission par voie électronique permettant de consigner durablement cette convention, lorsque cette technique rend possible l'impression et la sauvegarde du texte de celles-ci avant la conclusion du contrat, y compris dans le cas où l'acheteur doit, après avoir consenti aux conditions générales, cliquer sur un lien avant de pouvoir en prendre connaissance (CJUE 21-5-2015 aff. 322/14).

De même, il a été jugé que la clause attributive de juridiction insérée dans les conditions générales d'un contrat de vente conclu par voie électronique était applicable, dès lors qu'il résultait des circonstances suivantes que l'acquéreur avait accepté le contrat qui renvoyait expressément aux conditions générales qu'il était en mesure, moyennant des diligences normales, de consulter et qu'il pouvait sauvegarder ou imprimer avant la conclusion du contrat : l'acquéreur avait accepté l'accusé de réception de la commande, lequel renvoyait expressément aux conditions générales de vente, précisait l'adresse électronique à laquelle elles étaient consultables et indiquait que l'acceptation de cet accusé de réception valait consentement aux conditions générales (Cass. 1e civ. 9-6-2021 n° 20-15.356 F-D, rendu en application de la convention de Lugano du 30-10-2007 mais transposable).

Il a également été jugé qu'une clause attributive de juridiction est valablement conclue lorsqu'elle est contenue dans des conditions générales auxquelles le contrat conclu par écrit renvoie par la mention du lien hypertexte d'un site internet dont l'accès permet, avant la signature du contrat, de prendre connaissance de ces conditions générales, de les télécharger et de les imprimer, sans que la partie à laquelle cette clause est opposée ait été formellement invitée

à accepter ces conditions générales en cochant une case sur ce site internet (CJUE 24-11-2022 aff. 358/21 : RJDA 3/23 n° 176).
En revanche, en présence d'un contrat conclu verbalement, une clause attributive stipulée dans les conditions générales de vente mentionnées dans des factures émises par l'une des parties ne satisfait pas aux exigences de l'article 25 (CJUE 8-3-2018 aff. 64/17 : RJDA 7/18 n° 616).
S'agissant d'une clause attributive de juridiction insérée dans les **statuts d'une société**, elle est valable dès lors que les statuts sont déposés en un lieu auquel l'actionnaire peut avoir accès ou figurent dans un registre public (CJCE 10-3-1992 aff. 214/89 : RJDA 7/92 n° 781).
Dans le cas de l'insertion d'une clause attributive de juridiction dans un **prospectus** d'émission de **titres obligataires**, il n'est satisfait à l'exigence de forme écrite que si le contrat signé par les parties lors de l'émission des titres sur le marché primaire mentionne l'acceptation de cette clause ou comporte un renvoi exprès à ce prospectus (CJUE 20-4-2016 aff. 366/13).

64503 La **clause** peut avoir été **stipulée verbalement** mais avec une **confirmation écrite**. Le problème est alors avant tout probatoire. La validité d'une clause a par exemple été admise dans un cas où il était établi que l'attribution de juridiction avait fait l'objet d'une convention verbale portant expressément sur ce point, qu'une confirmation écrite de cette convention émanant de l'une quelconque des parties avait été reçue par l'autre et que cette dernière n'avait formulé aucune objection (CJCE 11-7-1985 aff. 221/84 : Rec. p. 2699 ; CJCE 14-12-1976 aff. 25/76 : Rec. p. 1851 ; CJCE 19-6-1984 aff. 71/83 : Rec. p. 2417 ; Cass. 1e civ. 26-6-2013 n° 12-17.537).

64510 **Commerce international** Le **consentement** des **parties** contractantes à la clause attributive de juridiction est présumé exister lorsque leur comportement correspond à un **usage** régissant le domaine du commerce international dans lequel elles opèrent et dont elles ont ou sont censées avoir connaissance (CJCE 16-3-1999 aff. 159/97 : Rec. I-1597).
Il existe un usage dans une branche du commerce international lorsqu'un certain comportement est généralement et régulièrement suivi par les opérateurs dans cette branche lors de la conclusion de contrats d'un certain type (CJCE 20-2-1997 aff. 106/95 : RJDA 7/97 n° 975 ; CJCE 16-3-1999 précité). Il n'est pas nécessaire qu'un tel comportement soit établi dans des pays déterminés ni, en particulier, dans tous les États de l'Union ; une forme de publicité précise n'est pas non plus requise (CJCE 16-3-1999 précité).

ILLUSTRATIONS

L'**acceptation tacite** de la clause attributive de compétence insérée dans des conditions générales de vente a été déduite de l'existence d'une relation commerciale entre les parties pendant plus de quinze ans et du paiement de factures contenant une référence claire aux conditions générales de vente mises expressément à la disposition du contractant et contenant la clause (Cass. 1e civ. 20-11-2019 n° 18-21.854 F-D).

EFFETS DE LA CLAUSE ATTRIBUTIVE DE COMPÉTENCE ENTRE LES PARTIES

64520 La clause attributive de compétence empêche que l'une des parties ne soit attraite par l'autre partie devant une juridiction autre que celle(s) désignée(s) par la clause. En effet, la juridiction ou les juridictions désignées bénéficient d'une **compétence exclusive**, sauf convention contraire des parties (Règl. art. 25, 1).
Sur la litispendance en présence d'une juridiction à laquelle la compétence est attribuée par une clause attributive de juridiction, voir n° 64796.
Sur la primauté de la compétence résultant d'une clause attributive sur la compétence prévue en cas de pluralité de défendeurs, voir n° 63430.

EFFETS DE LA CLAUSE ATTRIBUTIVE DE COMPÉTENCE À L'ÉGARD DES TIERS

64530 Si, en principe, une clause attributive ne peut produire ses effets que dans les rapports entre les parties qui ont donné leur accord à la conclusion du contrat (CJUE 7-2-2013 aff. 543/10, § 29 : RJDA 5/13 n° 469 ; CJUE 28-6-2017 aff. 436/16, § 35 ; CJUE 18-11-2020 aff. 519/19, § 42 : RJDA 2/21 n° 140), la jurisprudence a néanmoins été amenée à se prononcer sur la portée de la clause à l'égard de personnes qui n'y ont pas directement consenti.

ILLUSTRATIONS

Une clause attributive de juridiction, qui a été convenue entre un transporteur et un chargeur et qui a été insérée dans un connaissement, produit ses **effets à l'égard du tiers** porteur du connaissement pour autant que, en acquérant ce dernier, il ait succédé aux droits et obligations du chargeur en vertu du droit national applicable. Si tel n'est pas le cas, il convient de vérifier son consentement à la clause (CJCE 9-11-2000 aff. 387/98 : Rec. I-9337 ; dans le même sens, Cass. 1e civ. 18-12-2008 n° 07-18.834 et Cass. com. 16-12-2008 n° 08-10.460 : RJDA 4/09 n° 401 ; Cass. com. 27-9-2017 n° 15-25.927 F-PB : RJDA 1/18 n° 96 ; Cass. com. 20-10-2021 n° 20-14.275 F-B : RJDA 2/22 n° 127).

De même, la clause attributive de juridiction contenue dans un contrat de vente fait partie de l'économie du contrat et s'impose à l'assureur de l'une des parties en cause (Cass. 1e civ. 13-2-2013 n° 11-27.967).
Par ailleurs, dans le cadre d'un contrat de licence, une société qui se prévaut des droits du précédent licencié peut se voir opposer la clause attributive prévue par le contrat (Cass. com. 13-11-2013 n° 13-13.586 : RJDA 3/14 n° 293).
En revanche, la **clause** insérée dans un contrat de vente conclu entre un fabricant et un acquéreur est **inopposable** au sous-acquéreur ayant acheté le bien à l'issue d'une succession de contrats de vente entre des parties domiciliées dans différents États de l'Union européenne et qui veut engager une action en responsabilité à l'encontre du fabricant, sauf s'il est établi que le sous-acquéreur a donné son consentement effectif à la clause dans les conditions énoncées par l'article 23 (CJUE 7-2-2013 aff. 543/10 : RJDA 5/13 n° 469 ; dans le même sens, Cass. 1e civ. 11-9-2013 n° 09-12.442 : RJDA 1/14 n° 71, à propos d'une action en responsabilité ; Cass. 1e civ. 25-3-2015 n° 13-24.796 : RJDA 7/15 n° 545, à propos d'une action en remboursement de sommes versées en paiement du prix de marchandises).
De même, une clause attributive de juridiction insérée dans un contrat de transport conclu entre un passager et une compagnie aérienne ne peut pas être opposée par cette dernière à une société de recouvrement à laquelle le passager a cédé sa créance, à moins que, selon la législation de l'État dont les juridictions sont désignées dans cette clause, cette société de recouvrement n'ait succédé au contractant initial dans tous ses droits et obligations (CJUE 18-11-2020 aff. 519/19 : RJDA 2/21 n° 140).

b. Compétence résultant de la comparution du défendeur

Outre les cas où sa compétence résulte d'autres dispositions du règlement, le juge d'un État membre devant lequel le défendeur comparaît est compétent (Règl. art. 26, 1). Cette règle permet une **prorogation tacite de compétence** lorsque le défendeur comparaît volontairement, et ce, indépendamment du lieu de son domicile, peu important par ailleurs que le demandeur soit ou non domicilié dans l'Union (CJCE 13-7-2000 aff. 412/98 : RJDA 1/01 n° 111). **64580**

ATTENTION

Pour que l'article 26, 1 s'applique, il faut qu'il y ait comparution du défendeur. Tel n'est pas le cas lorsque le défendeur n'a pas formulé d'**observations écrites** sur la question de la compétence internationale de la juridiction saisie alors qu'il était invité à le faire (CJUE 11-4-2019 aff. 464/18).

L'article 26 n'est pas applicable : **64583**
– si la comparution a pour objet de contester la compétence ;
– ou s'il existe une autre juridiction exclusivement compétente en vertu de l'article 24 (nos 64140 s.).
Ces **exceptions** sont limitatives.
La contestation de la compétence du juge saisi empêche la prorogation lorsque la partie demanderesse et le juge saisi sont mis en mesure de comprendre, dès la première défense, que celle-ci vise à faire obstacle à cette compétence. Il en va ainsi également dans le cas où le premier acte de défense contient, outre la contestation de la compétence du juge saisi, des conclusions sur le fond du litige (CJUE 27-2-2014 aff. 1/13, § 37). Dès lors, une exception tirée de l'incompétence du juge saisi, soulevée dans le premier acte de défense à titre subsidiaire par rapport à d'autres exceptions de procédure soulevées dans le même acte, ne saurait être considérée comme une acceptation de la compétence du juge saisi et ne conduit donc pas à une prorogation de compétence (CJUE 13-7-2017 aff. 433/16).
Par **exemple**, une opposition à une injonction de payer européenne ne contenant pas une contestation de la compétence de la juridiction de l'État membre d'origine n'a pas été considérée comme une comparution ; la circonstance que le défendeur avait présenté, dans le cadre de l'opposition qu'il avait formée, des moyens relatifs au fond de l'affaire était dénuée de pertinence à cet égard (CJUE 13-6-2013 aff. 144/12). À l'inverse, dans le cadre d'un litige portant sur l'inexécution d'une obligation contractuelle, dans lequel le requérant avait saisi les juridictions de l'État membre sur le territoire duquel le défendeur avait son siège social, la compétence de ces juridictions peut résulter de la comparution volontaire du défendeur qui n'a pas contesté leur compétence, alors même que le contrat entre ces deux parties contenait une clause attributive de compétence en faveur des juridictions d'un État tiers ; la juridiction saisie ne pouvait pas alors se déclarer d'office incompétente (CJUE 17-3-2016 aff. 175/15).

Si le défendeur est un preneur d'assurance, un assuré, un bénéficiaire du contrat d'assurance ou la victime, un consommateur ou un travailleur, la juridiction s'assure, avant de se déclarer compétente, que ce défendeur est informé de son droit de contester la compétence de la juridiction et des conséquences d'une comparution ou d'une absence de comparution (art. 26, 2). **64584**

Ce principe a été énoncé pour contrer le principe jurisprudentiel selon lequel le juge saisi sans que les règles relatives au contrat de consommation n'aient été respectées doit se déclarer compétent lorsque le défendeur comparaît et ne soulève pas d'exception d'incompétence, une telle comparution constituant une prorogation tacite de compétence (CJCE 20-5-2010 aff. 111/09 ; Cass. 1e civ. 7-12-2022 n° 21-17.492 F-B, rendus en application du règlement 44/2001 mais transposables).

64586 Compte tenu des différences importantes dans les procédures civiles des États de l'Union en ce qui concerne l'ordre de présentation des moyens de procédure et des moyens de fond, la Cour de justice a énoncé que le principe de prorogation de la compétence en cas de comparution volontaire n'est pas applicable lorsque le **défendeur** conteste non seulement la compétence mais **conclut** en outre **sur le fond** du litige, à condition que la contestation de la compétence, si elle n'est pas préalable à toute défense de fond, ne se situe pas après le moment de la prise de position considérée, par le droit procédural national, comme la première défense adressée au juge saisi (CJCE 24-6-1981 aff. 150/80 : Rec. p. 1671).

12. VÉRIFICATION DE SA COMPÉTENCE PAR LE JUGE

PRINCIPES GÉNÉRAUX

64640 Lorsque la juridiction saisie vérifie sa compétence au titre du règlement, elle n'est pas tenue de procéder à une **administration** détaillée de la **preuve** en ce qui concerne les éléments de fait litigieux qui sont pertinents à la fois pour la question de la compétence et pour l'existence du droit invoqué mais elle peut examiner sa compétence internationale à la lumière de toutes les informations dont elle dispose, y compris, le cas échéant, les contestations émises par le défendeur (CJUE 28-1-2015 aff. 375/13 ; CJUE 16-6-2016 aff. 12/15).

ATTENTION

En vertu du principe de perpétuation de la compétence, l'acte introductif d'instance fixe la saisine du tribunal et détermine la compétence pendant la durée de l'instance (Cass. 1e civ. 13-5-2020 n° 19-10.448 FS-PB). Il faut donc se placer au **moment** de l'introduction de l'instance pour déterminer la compétence, peu important les évolutions ultérieures du litige et peu important que la compétence soit initialement déterminée au regard d'une demande principale qui serait par la suite écartée au profit d'une demande subsidiaire impliquant un autre critère de compétence.

COMPÉTENCE EXCLUSIVE

64645 La juridiction d'un État membre, saisie à titre principal d'un litige pour lequel les juridictions d'un autre État membre sont exclusivement compétentes en vertu de l'article 24 (nos 64140 s.) se déclare d'office incompétente (art. 27).

ABSENCE DE COMPARUTION

64650 En l'**absence** d'une **compétence exclusive** lorsque le défendeur domicilié dans un État membre est attrait devant une juridiction d'un autre État membre et ne comparaît pas, le juge doit se déclarer d'office incompétent si sa compétence n'est pas fondée aux termes du règlement (art. 28, 1). Encore faut-il que le juge s'assure que le défendeur défaillant a connaissance de l'assignation (n° 64690).

13. SURSIS À STATUER DU JUGE SAISI

64690 Il est important de s'assurer que le **défendeur** qui ne **comparaît pas** a pu prendre connaissance de l'assignation. Ainsi, la juridiction est tenue de surseoir à statuer aussi longtemps qu'il n'est pas établi que ce défendeur a été mis à même de recevoir l'acte introductif d'instance ou un acte équivalent en temps utile pour se défendre ou que toute diligence a été faite à cette fin (art. 28, 2).

Ce principe ne vaut toutefois que sous réserve de la mise en œuvre de textes spécifiques.

Ainsi, il est écarté au profit de l'article 19 du règlement 1393/2007 du 13 novembre 2007 (remplacé depuis le 1-7-2022 par l'art. 22 du règlement 2020/1784 du 25-11-2020) relatif à la signification et à la notification dans les États membres des actes judiciaires et extrajudiciaires en matière civile ou commerciale, si l'acte introductif d'instance ou un acte équivalent a dû être transmis d'un État membre à un autre en exécution de ce règlement (art. 28, 3).

Dans les relations avec les États tiers, c'est l'article 15 de la convention de La Haye du 15 novembre 1965 relative à la signification et à la notification à l'étranger des actes judiciaires et extrajudiciaires en matière civile ou commerciale qui s'applique, si l'acte introductif d'instance ou un acte équivalent a dû être transmis à l'étranger en exécution de cette Convention (art. 28, 4).

14. EXCEPTION DE LITISPENDANCE

GÉNÉRALITÉS

En droit international privé, il existe un risque de procédures concurrentes, l'une des parties pouvant saisir le juge de l'État X alors que l'autre partie a déjà saisi une juridiction de l'État Y. **64740**
Le règlement distingue deux hypothèses de litispendance : dans la première, les deux juridictions concernées sont situées dans deux États membres ; dans la seconde, l'une des juridictions concernées appartient à un État membre alors que l'autre est située dans un État tiers à l'Union.

a. Les deux juridictions saisies sont situées dans l'Union

PRINCIPES DE LA LITISPENDANCE

Sans préjudice de l'article 31, 2 (n° 64796), lorsque des demandes ayant le même objet et la même cause sont formées entre les mêmes parties devant des juridictions d'États membres différents, la **juridiction** saisie en second lieu **sursoit** d'office **à statuer** jusqu'à ce que la compétence de la juridiction première saisie soit établie (Règl. art. 29, 1). **64750**
Dans ces cas, à la demande d'une juridiction saisie du litige, toute autre juridiction saisie informe sans tarder la première juridiction de la date à laquelle elle a été saisie conformément à l'article 32 (n° 64780).
Lorsque la compétence de la juridiction première saisie est établie, la juridiction saisie en second lieu **se dessaisit** en faveur de celle-ci (art. 29, 3).
Ces principes s'appliquent sans qu'il y ait lieu de tenir compte du domicile des parties aux deux instances (CJCE 27-6-1991 aff. 351/89 : RJDA 10/91 n° 874). Ils ont un caractère objectif et automatique et se fondent sur l'ordre chronologique dans lequel les juridictions en cause ont été saisies (CJUE 22-10-2015 aff. 523/14, § 48).

> **Précisions** La notion de **litispendance** est une notion autonome du droit européen (CJCE 8-12-1987 aff. 144/86), qui doit faire l'objet d'une interprétation large, englobant, en principe, toutes les situations de litispendance devant des juridictions d'États membres (CJCE 9-12-2003 aff. 116/02 : Rec. I-14693). Pour apprécier si les conditions de la litispendance sont réunies, le juge doit se référer aux prétentions formulées dans l'acte introductif d'instance devant la juridiction saisie en second lieu (Cass. com. 3-6-2014 n° 12-18.012 : Bull. civ. IV n° 98).

CONDITIONS DE LA LITISPENDANCE

Identité des parties En principe, les parties doivent être identiques. **64760**
Cependant, il peut arriver que les **parties** à la seconde procédure **coïncident** seulement **partiellement** avec les parties à la procédure engagée antérieurement (par exemple, Cass. 1e civ. 24-9-2014 n° 11-19.516 : Bull. civ. I n° 149). Dans un tel cas, la juridiction saisie en second lieu ne doit se dessaisir que pour autant que les parties au litige devant elle sont également parties à la procédure antérieurement engagée ; la procédure entre les autres parties peut se poursuivre (CJCE 6-12-1994 aff. 406/92 : RJDA 4/95 n° 526).
En matière d'**assurances**, il peut également arriver que deux demandes soient formées contre le responsable devant deux juridictions d'États membres différents, la première par l'assuré et la seconde par son assureur. Dans ce cas, il n'y a pas identité de parties, à moins qu'il ne soit établi que les intérêts de l'assuré et de l'assureur sont identiques et indissociables, compte tenu de l'objet des deux litiges (CJCE 19-5-1998 aff. 351/96 : RJDA 7/98 n° 931).

Identité de cause et d'objet L'identité de litige suppose l'identité de cause et d'objet, ce qui conduit à se référer aux prétentions formulées dans l'acte introductif d'instance devant la juridiction saisie en second lieu (Cass. com. 3-6-2014 n° 12-18.012 F-PB : Bull. civ. IV n° 98). **64770**
La **cause** comprend les faits et la règle juridique invoqués comme fondement de la demande (CJCE 6-12-1994 aff. 406/92, § 39 : RJDA 4/95 n° 526).
Pour apprécier si deux demandes formées entre les mêmes parties devant des juridictions d'États membres différents ont le même **objet**, il convient de tenir compte uniquement des prétentions des demandeurs respectifs, à l'exclusion des moyens de défense soulevés par un défendeur (CJCE 8-5-2003 aff. 111/01 : Rec. I-4225).

ILLUSTRATIONS

Il y a litispendance lorsqu'une partie introduit devant une juridiction d'un État membre une demande visant à l'annulation ou à la résolution d'un contrat de vente internationale, alors qu'une demande de l'autre partie visant à l'exécution de ce même contrat est pendante devant une juridiction d'un autre État membre (CJCE 8-12-1987 aff. 144/86 : Rec. p. 4861). De même, une demande qui tend à faire juger que le défendeur est responsable d'un préjudice et à le faire condamner à verser des dommages-intérêts a la même cause et le même objet qu'une demande antérieure de ce défendeur tendant à faire juger qu'il n'est pas responsable du préjudice (CJCE 6-12-1994, précité).

64780 **Saisine des tribunaux** La litispendance suppose que deux juridictions de deux États membres aient été saisies. Il est donc nécessaire de déterminer si les juridictions intéressées ont bien été saisies. L'article 32 du règlement (applicable également à l'exception de connexité) pose à ce sujet une règle matérielle qui vaut dans l'ensemble de l'Union : une **juridiction** est **réputée saisie** soit à la date à laquelle l'acte introductif d'instance ou un acte équivalent est déposé auprès de la juridiction, soit, si l'acte doit être notifié ou signifié avant d'être déposé auprès de la juridiction, à la date à laquelle il est reçu par l'autorité chargée de la notification ou de la signification, à condition dans les deux cas que le demandeur ait pris par la suite des mesures en vue de la notification ou du dépôt de l'acte. Dans ce second cas, l'autorité chargée de la notification ou de la signification est la première autorité ayant reçu les actes à notifier ou à signifier.

ILLUSTRATIONS

Une demande est formée lorsqu'une plainte avec constitution de partie civile a été déposée auprès d'une juridiction d'instruction, bien que l'instruction de l'affaire en cause ne soit pas encore clôturée. Lorsque cette plainte intervient par le dépôt d'un acte qui ne doit pas, selon le droit national applicable, être notifié ou signifié avant ce dépôt, la date devant être retenue pour considérer que cette juridiction est saisie est celle à laquelle la plainte a été déposée (CJUE 22-10-2015 aff. 523/14).
La date à laquelle a été engagée une procédure tendant à obtenir une mesure d'instruction avant tout procès, sur le fondement de l'article 145 du CPC, ne peut pas constituer la date à laquelle « est réputée saisie » une juridiction appelée à statuer sur une demande au fond formée dans le même État membre consécutivement au résultat de cette mesure (CJUE 4-5-2017 aff. 29/16).
La date à laquelle a été engagée une procédure obligatoire de conciliation devant une autorité de conciliation de droit suisse constitue la date à laquelle une « juridiction » est réputée saisie (CJUE 20-12-2017 aff. 467/16 : RJDA 3/18 n° 292, rendu à propos de la convention de Lugano mais transposable).

EFFETS DE LA LITISPENDANCE

64790 La juridiction saisie en second lieu sursoit d'office à statuer jusqu'à ce que la compétence de la juridiction première saisie soit établie puis, si tel est le cas, se dessaisit en faveur de celui-ci (art. 29, 1 et 3).

ATTENTION

Si, en violation de cette règle, la **juridiction saisie en second** ne sursoit pas à statuer mais **prononce** une **décision** devenue définitive, les juridictions de l'État membre dont relève la juridiction première saisie ne peuvent pas refuser, pour cette seule raison, de reconnaître cette décision. En particulier, cette violation ne saurait, à elle seule, justifier la non-reconnaissance de la décision au motif de sa contrariété manifeste à l'ordre public de cet État membre (CJUE 16-1-2019 aff. 386/17, rendu à propos de l'article 27 du règlement Bruxelles I mais transposable).

Sous réserve de l'hypothèse où la juridiction saisie en second lieu disposerait d'une compétence exclusive en vertu du règlement, la compétence de la juridiction saisie en premier lieu doit être considérée comme établie dès lors que cette juridiction n'a pas décliné d'office sa compétence et qu'aucune des parties ne l'a contestée avant ou jusqu'au moment de la prise de position considérée, par son droit procédural national, comme la première défense au fond présentée devant cette juridiction (CJUE 27-2-2014 aff. 1/13 ; Cass. 1e civ. 24-9-2014 n° 11-19-516 : Bull. civ. I n° 149).
Lorsque la **compétence du juge saisi en premier** lieu est **contestée**, le juge saisi en second lieu ne peut que surseoir à statuer, au cas où il ne se dessaisirait pas, sans pouvoir examiner lui-même la compétence du juge saisi en premier lieu (CJCE 27-6-1991 aff. 351/89 : RJDA 10/91 n° 874 ; CJUE 16-1-2019 aff. 386/17 ; Cass. 1e civ. 28-1-2015 n° 13-24.742 : RJDA 4/15 n° 323), y compris lorsque la durée des procédures devant le tribunal saisi en premier lieu à son siège est excessivement longue (CJCE 9-12-2003 aff. 116/02 : Rec. I-14693).

INCIDENCE D'UNE COMPÉTENCE EXCLUSIVE SUR LA LITISPENDANCE

64793 Lorsque les demandes relèvent de la compétence exclusive de **plusieurs juridictions**, le dessaisissement a lieu en faveur de la **juridiction première saisie** (art. 31).
Si la compétence exclusive prévue en matière de droits réels immobiliers appartient à la **juridiction saisie en second lieu** et non à la première, cette juridiction n'a pas à rechercher si les critères

matériels de la litispendance sont réunis, car, compte tenu de sa compétence exclusive, une telle vérification serait inutile (CJUE 3-4-2014 aff. 438/12, § 62 à 65).

INCIDENCE D'UNE CLAUSE ATTRIBUTIVE DE JURIDICTION SUR LA LITISPENDANCE

Sans préjudice de l'article 26 (comparution volontaire du défendeur), lorsqu'une juridiction d'un État membre à laquelle une convention attributive de compétence visée à l'article 25 donne une **compétence exclusive** est saisie, toute juridiction d'un autre État membre sursoit à statuer jusqu'à ce que la juridiction saisie sur le fondement de la convention déclare qu'elle n'est pas compétente en vertu de la convention (art. 31, 2). **64796**

Lorsque la juridiction désignée dans la convention a établi sa compétence conformément à la convention, toute juridiction d'un autre État membre se dessaisit en faveur de cette juridiction (art. 31, 3).

Ces principes ne s'appliquent pas en matière d'assurances, de contrats conclus par les consommateurs et de contrats individuels de travail lorsque le preneur d'assurance, l'assuré, un bénéficiaire du contrat d'assurance, la victime, le consommateur ou le travailleur est le demandeur et que la convention n'est pas valide en vertu d'une disposition figurant dans une disposition du règlement relative à ces matières (art. 31, 4).

> **Précisions** Le **règlement 44/2001** ne contenait pas de principes équivalents à ceux retenus par le règlement 1215/2012 lorsqu'une clause attributive de juridiction a été stipulée. La Cour de justice avait toutefois été amenée à considérer que le juge saisi en second lieu et dont la compétence a été revendiquée en vertu d'une clause attributive de juridiction devait surseoir à statuer jusqu'à ce que le juge saisi en premier lieu se soit déclaré incompétent (CJCE 9-12-2003 : Rec. I-14693). Les dispositions du règlement 1215/2012 tendent à contrer cette jurisprudence.

b. Une des juridictions saisies est située dans l'Union et l'autre dans un État tiers

PRINCIPE

La juridiction de l'État membre applique les principes posés par le règlement en matière de litispendance, soit à la demande d'une des parties, soit d'office, lorsque cette possibilité est prévue par le droit national (art. 33, 4). **64800**

La date à laquelle la juridiction est réputée être saisie est déterminée dans les conditions prévues par l'article 32 (n° 64780).

> **Précisions** Le **règlement 44/2001** n'envisageait que l'hypothèse d'une litispendance entre deux juridictions situées dans l'Union. Lorsque l'une des deux juridictions concernées était localisée hors de l'Union, le règlement 44/2001 ne s'appliquait donc pas et il fallait se tourner vers le droit international privé dans ses principes applicables hors du champ d'application du règlement.

SURSIS À STATUER EN CAS DE LITISPENDANCE

Lorsque la compétence de la juridiction saisie dans l'Union est fondée sur les articles 4 (lieu du domicile du défendeur), 7 (compétences spéciales), 8 ou 9 (compétences dérivées) et qu'une procédure est pendante devant une juridiction d'un État tiers au moment où une juridiction d'un État membre est saisie d'une demande entre les mêmes parties ayant le même objet et la même cause que la demande portée devant la juridiction de l'État tiers, la juridiction de l'État membre peut surseoir à statuer si (art. 33, 1) : **64803**

– on s'attend à ce que la juridiction de l'État tiers rende une décision susceptible d'être reconnue et, le cas échéant, d'être exécutée dans ledit État membre et ;

– la juridiction de l'État membre est convaincue que le sursis à statuer est nécessaire pour une bonne administration de la justice.

POURSUITE DE L'INSTANCE EN CAS DE LITISPENDANCE

La juridiction de l'État membre peut poursuivre l'instance à tout moment si (art. 33, 2) : **64806**

– l'instance devant la juridiction de l'État tiers fait elle-même l'objet d'un sursis à statuer ou d'un désistement ;

– la juridiction de l'État membre estime que la procédure devant la juridiction de l'État tiers ne pourra vraisemblablement pas être conclue dans un délai raisonnable ;

– ou la poursuite de l'instance est indispensable à une bonne administration de la justice.

FIN DE L'INSTANCE EN CAS DE LITISPENDANCE

64810 La juridiction de l'État membre met fin à l'instance si la procédure devant la juridiction de l'État tiers est conclue et a donné lieu à une décision qui est susceptible d'être reconnue et, le cas échéant, d'être exécutée dans ledit État membre (art. 33, 3).

15. EXCEPTION DE CONNEXITÉ

GÉNÉRALITÉS

64850 Le règlement distingue deux hypothèses de connexité : dans la première, les deux juridictions concernées sont situées dans deux États membres ; dans la seconde, l'une des juridictions concernées appartient à un État membre alors que l'autre est située dans un État tiers à l'Union.

a. Les deux juridictions sont situées dans l'Union

PRINCIPES

64855 Lorsque deux juridictions d'États membres différents sont saisies de demandes connexes, la juridiction saisie en second lieu peut surseoir à statuer ou se dessaisir, dans les conditions qui seront envisagées par la suite (art. 30).

Le **champ d'application** des principes définis par le règlement ne se limite pas aux décisions sur le fond du litige mais concerne également des décisions sur la recevabilité et sur le fond, dès lors qu'elles seraient inconciliables (Cass. 1e civ. 27-4-2004 n° 01-13. 381 : RJDA 10/05 n° 1171).

L'article 30 pose le principe d'une simple exception de connexité. Il n'est pas **attributif de compétence** ; en particulier, il n'établit pas la compétence d'un juge d'un État membre pour statuer sur une demande qui est connexe à une autre demande dont ce juge est saisi en application des dispositions du règlement (CJCE 24-6-1981 aff. 150/80, § 19 : Rec. p. 1671).

> **Précisions** L'article 30 doit donc être nettement distingué de l'article 8, 1, qui prévoit que lorsqu'il y a plusieurs demandeurs, une personne peut être attraite devant le tribunal du domicile de l'un d'eux si les demandes sont liées par un rapport si étroit qu'il y a intérêt à les instruire et à les juger en même temps. Le lien entre les demandes est alors conçu comme une règle de compétence permettant de concentrer le contentieux en un même lieu lorsqu'il existe plusieurs défendeurs.

DÉFINITION DE LA CONNEXITÉ

64860 Sont connexes les demandes liées entre elles par un rapport si étroit qu'il y a intérêt à les instruire et à les juger en même temps afin d'éviter des solutions qui pourraient être inconciliables si les causes étaient jugées séparément (art. 28, 3). Il s'agit d'une **notion autonome** qui ne coïncide pas nécessairement avec les notions de connexité utilisées dans les procédures nationales des États membres. Afin de satisfaire l'objectif d'une bonne administration de la justice, cette notion doit faire l'objet d'une **interprétation** large et comprendre tous les cas où il existe un risque de contrariété de solutions, même si les décisions peuvent être exécutées séparément et si leurs conséquences juridiques ne s'excluent pas mutuellement (CJCE 6-12-1994 aff. 406/92, § 52 et 53 : RJDA 4/95 n° 526).

La connexité **s'apprécie au jour** où le juge statue et non au jour de l'introduction de la demande (Cass. 1e civ. 19-12-2012 n° 09-17.440 : Bull. civ. I n° 265, solution rendue à propos de la convention de Bruxelles du 27 septembre 1968 et de la convention de Lugano mais transposable).

DATE DE SAISINE DES TRIBUNAUX EN CAS DE CONNEXITÉ

64870 Pour qu'il y ait connexité, deux juridictions de deux États membres doivent avoir été saisies. Le **moment** auquel une juridiction doit être considérée comme étant réputée saisie est déterminé par l'article 32, dans les mêmes conditions que pour la litispendance (n° 64780).

EFFETS DE LA CONNEXITÉ

64880 Lorsque des demandes connexes sont pendantes devant des juridictions d'États membres différents, la juridiction saisie en second lieu peut **surseoir à statuer** (art. 30, 1). Il s'agit d'une simple faculté (Cass. 1e civ. 23-11-2022 n° 21-22.254 F-B : RJDA 2/23 n° 130). Elle peut surseoir d'office.

Lorsque la demande devant la juridiction première saisie est pendante au premier degré, toute autre juridiction peut également se dessaisir, à la demande de l'une des parties, à condition que la juridiction première saisie soit compétente pour connaître des demandes en question et que sa loi permette leur jonction (art. 30, 2). Il est à noter que l'expression « toute autre juridiction » ne vise pas seulement une juridiction du premier degré, de sorte qu'elle peut concerner une cour d'appel. Dans les deux cas, il ne s'agit que d'une faculté pour le juge concerné.

Lorsque les demandes relèvent de la **compétence exclusive** de **plusieurs juridictions**, le dessaisissement a lieu en faveur de la juridiction première saisie (art. 31). 64883

b. Une des juridictions est située dans l'Union et l'autre dans un État tiers

PRINCIPES

La juridiction de l'État membre applique les principes posés par le règlement en matière de connexité, soit à la demande d'une des parties, soit d'office, lorsque cette possibilité est prévue par le droit national (art. 34, 4). 64890
La date à laquelle la juridiction est réputée être saisie est déterminée dans les conditions prévues par l'article 32 (n° 64780).

> **Précisions** Le règlement 44/2001 n'envisageait que l'hypothèse d'une connexité entre deux juridictions situées dans l'Union. Lorsque l'une des deux juridictions concernées était localisée hors de l'Union, le règlement 44/2001 ne s'appliquait donc pas et il fallait se tourner vers le droit international privé dans ses principes applicables hors du champ d'application du règlement.

SURSIS À STATUER EN CAS DE CONNEXITÉ

Lorsque la compétence est fondée sur l'article 4 (domicile du défendeur) ou sur les articles 7 (compétences spéciales), 8 ou 9 (compétences dérivées) et qu'une action est pendante devant une juridiction d'un État tiers au moment où une juridiction d'un État membre est saisie d'une demande connexe à celle portée devant la juridiction de l'État tiers, la juridiction de l'État membre peut surseoir à statuer si (art. 34, 1) : 64893
– il y a intérêt à instruire et juger les demandes connexes en même temps afin d'éviter des solutions qui pourraient être inconciliables si les causes étaient jugées séparément ;
– on s'attend à ce que la juridiction de l'État tiers rende une décision susceptible d'être reconnue et, le cas échéant, d'être exécutée dans cet État membre ; et
– la juridiction de l'État tiers concernée est convaincue que le sursis à statuer est nécessaire pour une bonne administration de la justice.

POURSUITE DE L'INSTANCE EN CAS DE CONNEXITÉ

La juridiction de l'État membre peut poursuivre l'instance à tout moment si (art. 34, 2) : 64896
– elle estime qu'il n'existe plus de risque que les décisions soient inconciliables ;
– l'instance devant la juridiction de l'État tiers fait elle-même l'objet d'un sursis à statuer ou d'un désistement ;
– elle estime que la procédure devant la juridiction de l'État tiers ne pourra vraisemblablement pas être conclue dans un délai raisonnable ;
– ou la poursuite de l'instance est indispensable à une bonne administration de la justice.

FIN DE L'INSTANCE EN CAS DE CONNEXITÉ

La juridiction de l'État membre peut mettre fin à l'instance si la procédure devant la juridiction de l'État tiers est conclue et a donné lieu à une décision qui est susceptible d'être reconnue et, le cas échéant, d'être exécutée dans cet État membre (art. 34, 3). 64900

16. COMPÉTENCE RELATIVE AUX MESURES PROVISOIRES ET CONSERVATOIRES

PRINCIPE

Les mesures provisoires ou conservatoires prévues par la loi d'un État membre peuvent être demandées aux juridictions de cet État, même si les juridictions d'un autre État membre sont compétentes pour connaître du fond (art. 35). La finalité de ce principe est d'éviter aux parties de subir des délais trop importants dans le cadre des procédures internationales ; en tant qu'exception au système de compétences établi par le règlement, ce principe de compétence doit être interprété de manière restrictive (CJCE 28-4-2005 aff. 104/03, § 11 et 12 : Rec. I-3481). 64930

NOTION DE MESURE PROVISOIRE

Les mesures provisoires ou conservatoires sont les mesures qui, dans les matières relevant du champ d'application du règlement, sont destinées à maintenir une situation de fait ou de droit afin de **sauvegarder des droits** dont la reconnaissance est par ailleurs demandée au juge du fond (CJCE 26-3-1992 aff. 261/90, § 34 : RJDA 6/92 n° 662). On vise en particulier le référé-provision, 64935 les mesures d'instruction et des mesures connues des pays de « common law », comme les « freezing orders », les « anti-suit injunctions » et les « Mareva injunctions ». Il doit s'agir d'une mesure temporaire. Tel n'est donc pas le cas d'une action paulienne (même arrêt).

ILLUSTRATIONS

Le paiement à titre de provision d'une contre-prestation contractuelle ne constitue pas une mesure provisoire à moins que, d'une part, le remboursement au défendeur de la somme allouée soit garanti dans l'hypothèse où le demandeur n'obtiendrait pas gain de cause au fond de l'affaire et que, d'autre part, la mesure sollicitée ne porte que sur des avoirs déterminés du défendeur se situant, ou devant se situer, dans la sphère de la compétence territoriale du juge saisi (CJCE 17-11-1998 aff. 391/95 : RJDA 2/99 n° 246 ; CJCE 27-4-1999 aff. 99/96 : RJDA 8-9/99 n° 1037).
Ne relève pas de la notion de mesures provisoires ou conservatoires une mesure ordonnant l'audition d'un témoin dans le but de permettre au demandeur d'évaluer l'opportunité d'une action éventuelle, de déterminer le fondement d'une telle action et d'apprécier la pertinence des moyens pouvant être invoqués dans ce cadre (CJCE 28-4-2005 aff. 104/03 : Rec. I-3481).
En revanche, une mesure d'expertise destinée à conserver ou établir la preuve de faits dont pourrait dépendre la solution du litige, ordonnée en référé avant tout procès sur le fondement de l'article 145 du CPC, constitue une mesure provisoire (Cass. 1e civ. 14-3-2018 n° 16-27.913 F-PB : RJDA 6/18 n° 549, rendu à propos de la convention de Lugano mais transposable ; dans le même sens, Cass. 1e civ. 14-3-2018 n° 16-19.731 FS-PB : RJDA 6/18 n° 550). Dans un cas où un juge allemand était compétent au fond, a été censurée la décision d'une cour d'appel qui, pour rejeter la compétence du juge des référés français saisi sur le fondement l'article 145 CPC concernant des demandes relatives à des investigations informatiques et de récupération de données, a retenu que les mesures sollicitées avaient pour seul but de préparer un éventuel procès au fond et avaient donc un caractère probatoire et non pas provisoire ou conservatoire, sans rechercher si ces mesures n'avaient pas pour objet de prémunir la société demanderesse contre un **risque de dépérissement d'éléments de preuve** dont la conservation pouvait commander la solution du litige (Cass. 1e civ. 27-1-2021 n° 19-16.917 : RJDA 5/21 n° 355).

JURIDICTIONS COMPÉTENTES POUR OCTROYER DES MESURES PROVISOIRES

64940 Il résulte de l'article 35 que deux séries de juridictions peuvent intervenir.
D'une part, les mesures provisoires ou conservatoires peuvent être ordonnées par les **juridictions** d'un État membre qui ne sont **pas compétentes au fond**. Ces dernières peuvent prononcer les mesures provisoires sans avoir à déterminer la juridiction compétente sur le fond (Cass. 1e civ. 14-3-2018 n° 16-19.731 FS-PB : RJDA 6/18 n° 550). Les mesures sont ordonnées en application de la loi de l'État membre sur le territoire duquel siège la juridiction. Il a été jugé que l'article 35 ne s'oppose pas à une réglementation nationale qui n'autorise pas une action en référé relative à un recours portant sur une créance pécuniaire à l'égard de l'État ou d'une autorité publique (CJUE 6-10-2021 aff. 581/20 : RJDA 1/22 n° 54).
D'autre part, la règle édictée par l'article 35 n'interdit pas au **juge compétent au fond** de prendre des mesures provisoires ou conservatoires, sans que ce pouvoir soit subordonné à d'autres conditions (CJCE 17-11-1998 aff. 391/95 § 22 : RJDA 2/99 n° 246).
La **portée des mesures** ordonnées par les juridictions qui sont compétentes au fond et celles qui ne le sont pas est différente. Il résulte en effet des dispositions combinées de l'article 2, a et du considérant 33 du règlement que seules les mesures provisoires ou conservatoires ordonnées par une juridiction compétente au fond sont qualifiées de « décision », dont la libre circulation doit être assurée au titre du règlement. En revanche, lorsque des mesures provisoires ou conservatoires sont ordonnées par une juridiction d'un État membre non compétente pour connaître du fond, leur effet est limité au seul territoire de cet État membre (CJUE 6-10-2021 précité).
Par ailleurs, il a été jugé qu'une juridiction d'un État membre saisie d'une demande de mesures provisoires ou conservatoires au titre de l'article 35 n'est pas tenue de se déclarer incompétente lorsque la juridiction d'un autre État membre, compétente pour connaître du fond, a déjà statué sur une demande ayant le même objet et la même cause et formée entre les mêmes parties (même arrêt).

64941 **En présence d'une clause attributive de compétence** Les parties peuvent déterminer, par accord, la compétence judiciaire internationale pour ordonner des mesures provisoires ou conservatoires et il peut être présumé qu'une clause d'élection de for rédigée en des termes généraux donne compétence à la juridiction choisie pour l'adoption de telles mesures (CJUE 6-10-2021 aff. 581/20, § 50 : RJDA 1/22 n° 54).

64942 **En présence d'une clause d'arbitrage** Lorsque les parties ont valablement soustrait un litige résultant d'un contrat à la compétence des juridictions étatiques pour l'attribuer à une juridiction arbitrale, il n'existe pas de juridiction étatique compétente au fond du litige. Il s'ensuit qu'une partie à un tel contrat n'a pas la possibilité d'introduire une demande afin d'obtenir des mesures provisoires ou conservatoires devant une juridiction étatique compétente au fond en vertu du Règlement. Dans ce cas, une juridiction étatique ne peut être habilitée à ordonner des mesures provisoires ou conservatoires qu'en vertu de l'article 35 (CJCE 17-11-1998 aff. 391/95, § 24 et 25 : RJDA 2/99 n° 246).

CONDITIONS LIÉES À L'OCTROI DE MESURES PROVISOIRES

Afin d'établir si des mesures provisoires ou conservatoires entrent dans le champ d'application de l'article 35, il y a lieu de considérer non pas leur nature propre mais la **nature des droits** dont elles assurent la sauvegarde. Par conséquent, cet article ne saurait être appliqué à l'égard de mesures relatives à des matières exclues du champ d'application du règlement (CJCE 27-3-1979 aff. 143/78 : Rec. p. 1055 ; CJUE 18-10-2011 aff. 406/09, § 40) ou être invoqué pour faire rentrer dans le champ d'application du règlement les mesures provisoires ou conservatoires relatives à des matières qui en sont exclues (CJCE 31-3-1982 aff. 25/81 : Rec. p. 1189). **64943**

Par ailleurs, l'octroi de mesures provisoires ou conservatoires en vertu de l'article 35 est subordonné, notamment, à la condition de l'existence d'un **lien de rattachement réel** entre l'objet des mesures sollicitées et la compétence territoriale de l'État membre du juge saisi (CJCE 17-11-1998 aff. 391/95 : RJDA 2/99 n° 246). **64946**

ILLUSTRATIONS

Faute de lien de rattachement avec la France, le juge français est incompétent pour ordonner une expertise à la suite d'un accident d'aviation dès lors que le sinistre a eu lieu en Angleterre, qu'il n'est pas allégué que l'aéronef en cause était en France et que les investigations utiles devaient avoir lieu à l'étranger (Cass. 1e civ. 11-12-2001 n° 00-18.547 : Bull. civ. I n° 313).
En revanche, le juge français est compétent pour ordonner une expertise ayant pour objet d'examiner, en France, une jument qui avait été blessée par un étalon appartenant à des propriétaires suisses, lors d'une compétition équestre qui avait eu lieu en Suisse (Cass. 1e civ. 14-3-2018 n° 16-27.913 F-PB : RJDA 6/18 n° 549).

C. Reconnaissance et exécution des décisions rendues dans un État membre

GÉNÉRALITÉS

Le préambule du règlement énonce qu'il existe un **objectif** de libre circulation des décisions en matière civile et commerciale (point 6 du préambule), ce qui est rendu possible par le fait qu'il y a une confiance réciproque dans la justice au sein de l'Union (point 16). Ces éléments expliquent l'ensemble des principes qui régissent la reconnaissance et l'exécution des décisions dans l'Union. **65060**

Le règlement pose un double régime, fondé sur la **distinction** de la **reconnaissance** des décisions et de leur **exécution**. Sous réserve de la présentation approfondie qui sera faite ci-dessous des principes applicables en ce domaine, il y a lieu d'indiquer que la reconnaissance intervient de plein droit, sans qu'il soit nécessaire de recourir à aucune procédure (art. 36), et qu'une décision rendue dans un État membre et qui est exécutoire dans cet État membre jouit de la force exécutoire dans les autres États membres sans qu'une déclaration constatant la force exécutoire soit nécessaire (art. 39).

Ces principes s'appliquent aux actions judiciaires intentées à compter du 10 janvier 2015, alors que le règlement 44/2001 continue à s'appliquer aux décisions rendues dans les actions judiciaires intentées avant le 10 janvier 2015 et qui entrent dans son champ d'application (Règl. 1215/2012 art. 66 ; décret 2014-1633 du 26-12-2014 art. 3). C'est à la date d'introduction de l'action qu'il convient de se référer pour savoir lequel de ces deux règlements est applicable (CJUE 6-6-2019 aff. 361/18, point 24 ; CJUE 8-6-2023 aff. 567/21, point 33).

Sous l'empire du règlement 44/2001, il a été jugé que dès lors qu'au moment du prononcé de la décision considérée le règlement était en vigueur tant dans l'État membre d'origine que dans l'État membre requis, les principes qu'il pose en matière de reconnaissance et d'exécution s'appliquent (CJUE 21-6-2012 aff. 514/10). Cette solution a été énoncée à propos d'une décision rendue en République tchèque, qui a adhéré à l'Union le 1er mai 2004 et sur le territoire de laquelle le règlement n'est entré en vigueur qu'à partir de cette date.

DÉFINITION DE LA NOTION DE DÉCISION

On entend par décision, au sens du règlement, toute décision rendue par une juridiction d'un État membre quelle que soit la dénomination qui lui est donnée, telle qu'arrêt, jugement, **65065**

ordonnance ou mandat d'exécution, ainsi qu'une décision concernant la fixation par le greffier du montant des frais du procès (Règl. art. 2, a-al. 1). Par ailleurs, au sens des dispositions propres à la question de la reconnaissance et de l'exécution des décisions, le terme « décision » englobe les mesures provisoires ou les mesures conservatoires ordonnées par une juridiction qui, en vertu du règlement, est compétente au fond. En revanche, il ne vise pas une mesure provisoire ou conservatoire ordonnée par une telle juridiction sans que le défendeur soit cité à comparaître, à moins que la décision contenant la mesure n'ait été signifiée ou notifiée au défendeur avant l'exécution (Règl. art. 2, a-al. 2).
Pour pouvoir être qualifié de décision, l'acte doit émaner d'un **organe juridictionnel** appartenant à un État membre et statuant de sa propre autorité sur des points litigieux entre les parties (CJCE 2-6-1994 aff. 414/92, § 17 : Rec. I-2237), la décision pouvant être contentieuse ou gracieuse.
Cette condition n'est pas remplie dans le cas d'une transaction, même si celle-ci est intervenue devant un juge d'un État membre et met fin à un litige. En effet, les transactions judiciaires revêtent un caractère essentiellement contractuel, en ce sens que leur contenu dépend avant tout de la volonté des parties (même arrêt).
Par ailleurs, il est nécessaire que la décision ait été prononcée dans le cadre d'une **procédure** de nature **contradictoire**, peu important alors qu'il s'agisse d'une procédure par défaut (CJCE 2-4-2009 aff. 349/07 : Rec. I-10369). Les décisions adoptées à l'issue d'une première phase non contradictoire de la procédure bénéficient du régime de reconnaissance et d'exécution, dès lors qu'elles peuvent faire l'objet d'un débat contradictoire avant que ne soit posée la question de leur reconnaissance ou de leur exécution (CJCE 14-10-2004 aff. 39/02 : Rec. I-9657). En revanche ne bénéficient pas de ce régime les décisions judiciaires autorisant des mesures provisoires ou conservatoires rendues sans que la partie contre laquelle elles sont dirigées ait été appelée à comparaître et destinées à être exécutées sans avoir été préalablement signifiées (CJCE 21-5-1980 aff. 125/79 : Rec. p. 1553).
Enfin, seules sont concernées par le régime de reconnaissance et d'exécution prévu par le règlement les décisions qui entrent dans le **champ d'application** de ce **règlement** tel que défini aux nos 62610 s.

ILLUSTRATIONS

Une ordonnance d'injonction de payer adoptée par une juridiction d'un État membre sur le fondement de jugements définitifs rendus dans un État tiers constitue une décision et jouit de la force exécutoire dans les autres États membres si elle a été rendue au terme d'une procédure contradictoire dans l'État membre d'origine et a été déclarée exécutoire dans celui-ci, le caractère de décision ne privant toutefois pas la partie défenderesse à l'exécution du droit de demander, conformément à l'article 46 de ce règlement, le refus d'exécution pour l'un des motifs visés à l'article 45 de celui-ci (CJUE 7-4-2022 aff. 568/20).

DÉFINITION DE LA NOTION D'ÉTAT MEMBRE D'ORIGINE OU REQUIS

65068 **Juridiction d'origine** On entend par État membre d'origine, l'État membre dans lequel une décision a été rendue (art. 2, d). L'État membre requis est l'État membre dans lequel la reconnaissance de la décision est invoquée ou dans lequel l'exécution de la décision est demandée (art. 2, e).
Par ailleurs, on entend par juridiction d'origine la juridiction qui a rendu la décision dont la reconnaissance est invoquée ou l'exécution est demandée (art. 2, f).

1. RECONNAISSANCE DES DÉCISIONS RENDUES DANS UN ÉTAT MEMBRE

a. Reconnaissance de plein droit des décisions rendues dans un État membre

65070 Les décisions rendues dans un État membre sont reconnues dans les autres États membres, sans qu'il soit nécessaire de recourir à aucune procédure (Règl. art. 36, 1).
La reconnaissance a donc pour effet d'attribuer aux décisions l'autorité et l'efficacité dont elles jouissent dans l'État où elles ont été rendues (CJCE 4-2-1988 aff. 145/86 : Rec. p. 645), ce qui englobe l'**autorité de chose jugée** mais va au-delà, car des décisions qui n'ont pas l'autorité de chose jugée peuvent être reconnues (en ce sens, H. Gaudemet-Tallon et M.-E. Ancel : Compétence et exécution des jugements en Europe, LGDJ 2018 n° 408).
Par conséquent, une partie ne peut pas saisir le juge d'un État membre pour obtenir la condamnation d'une personne, après avoir obtenu sa condamnation dans un autre État, dans le cadre d'un litige ayant le même objet et les mêmes parties (CJCE 30-11-1976 aff. 42/76 : Rec. p. 1759). En

revanche, la reconnaissance d'une décision dans un État membre n'entraîne pas l'irrecevabilité des nouvelles demandes formées ultérieurement devant une juridiction de cet État membre, entre les mêmes parties et sur la base de la même relation juridique, même si la législation de l'État membre d'origine prévoit une règle procédurale de concentration de toutes les demandes relatives à cette relation (CJUE 8-6-2023 aff. 567/21).

ILLUSTRATIONS

Jugé que c'est à bon droit que la cour d'appel, saisie d'une demande de mesure conservatoire préalablement rejetée par une décision rendue dans un autre État membre qu'elle était tenue de reconnaître, a refusé de substituer son appréciation sur le bien-fondé de cette demande à celle déjà faite (Cass. com. 8-3-2011 nº 09-13.830). Jugé également que la juridiction devant laquelle est invoquée la reconnaissance d'une décision par laquelle la juridiction d'un autre État membre a décliné sa compétence sur le fondement d'une clause attributive de juridiction est liée par la constatation relative à la validité de cette clause, qui figure dans les motifs d'un jugement devenu définitif déclarant l'action irrecevable (CJUE 15-11-2012 aff. 456/11).

b. Adaptation des mesure ou injonction prononcées dans un autre État membre

Si une décision comporte une **mesure ou** une **injonction** qui est **inconnue** dans le droit de l'État membre requis, cette mesure ou injonction est adaptée autant que possible à une mesure ou une injonction connue dans le droit de cet État membre ayant des effets équivalents et poursuivant des objectifs et des intérêts similaires (art. 54, 1). Au besoin, il peut être exigé de la partie invoquant la décision ou demandant son exécution qu'elle fournisse une traduction ou une translittération de la décision (art. 54, 3). 65100

Cette **adaptation** ne peut pas entraîner d'effets allant au-delà de ceux prévus dans le droit de l'État membre d'origine (art. 54, 1). Si l'objectif de ce principe est aisément compréhensible, il faut toutefois reconnaître que sa **mise en œuvre** posera d'importantes difficultés puisqu'elle supposera une connaissance du droit de l'État d'origine et qu'il est évident qu'en pratique, une adaptation d'un droit à un autre est toujours délicate, même si, de manière générale, l'adaptation est un mécanisme classique en droit international privé. Il suffit en effet de penser à l'hypothèse dans laquelle la mesure ou l'injonction prévue par le droit de l'État d'origine ne connaîtrait pas d'équivalent dans l'État membre requis. Le préambule du règlement précise, en tout état de cause, qu'il devrait appartenir à chaque État membre de déterminer selon quelles modalités l'adaptation doit avoir lieu, et qui doit y procéder (Considérant 28).

Toute partie peut **contester** l'adaptation de la mesure ou de l'injonction devant une juridiction (art. 54, 2). En l'absence de précision fournie par le règlement quant à la détermination de cette juridiction, il faut se tourner vers le droit de l'État requis pour la déterminer.

> **Précisions a.** Ces **dispositions** sont **communes** à la question de la reconnaissance et de l'exécution. Elles devraient toutefois avant tout trouver application dans le cadre de l'exécution.
> **b.** Le **règlement 44/2001** ne comportait pas de dispositions équivalentes (toutefois, en matière de marque : voir CJUE 12-4-2011 aff. 235/09, § 56).

c. Demande de reconnaissance ou de non-reconnaissance des décisions rendues dans un État membre

PRINCIPES

Même si la reconnaissance intervient de plein droit, une contestation de la régularité de la décision n'en demeure pas moins envisageable. 65120

Le règlement organise donc **trois modalités de contrôle** des décisions prononcées dans les États membres, qui permettent de mettre un terme aux incertitudes :

– Toute partie intéressée peut faire constater l'absence de motifs de refus de reconnaissance visés à l'article 45 (nos 65130 s.), selon la procédure prévue en matière de refus d'exécution par les articles 46 s. (art. 36, 2). La partie intéressée agit alors par voie principale.

– Le refus de reconnaissance peut également être invoqué de façon incidente devant une juridiction d'un État membre. Dans ce cas, cette juridiction est compétente pour en connaître (art. 36, 3).

– À la demande de toute partie intéressée, la reconnaissance d'une décision est refusée si elle ne respecte pas certaines exigences posées par l'article 45. La demande de refus de reconnaissance est présentée selon la procédure prévue en matière de refus d'exécution par les articles 46 et suivants et, s'il y a lieu, par les dispositions communes, envisagées par les articles 52 et suivants, aux questions de la reconnaissance et de l'exécution (art. 45, 4).

Dans le premier et le troisième cas, la **juridiction compétente** est, **pour la France** et en ce qui concerne la compétence d'attribution, le tribunal judiciaire (art. 75, a). La question de la compétence territoriale n'est pas envisagée par le règlement.
Dans les trois cas, la conformité de la décision aux critères de régularité doit alors être vérifiée (n° 65130 s.).

CONTRÔLE DE LA RECONNAISSANCE EN APPLICATION DU RÈGLEMENT 44/2001

65122 Le règlement 44/2001 prévoyait la même règle de principe, exprimée dans les mêmes termes, que le règlement 1215/2012 : les **décisions** rendues dans un État membre étaient reconnues dans les autres États membres, sans qu'il soit nécessaire de recourir à aucune procédure (Règl. 44/2001 art. 33, 1).
Le règlement 44/2001 prévoyait également la possibilité pour toute partie intéressée d'invoquer la reconnaissance, **à titre principal**, d'une décision en faisant constater qu'elle devait être reconnue (Règl. 44/2001 art. 33, 2). Cependant, la perspective était quelque peu différente car cette possibilité existait « en cas de contestation ».
En outre, si la reconnaissance était invoquée de façon **incidente** devant une juridiction d'un État membre, celle-ci était compétente pour en connaître (Règl. 44/2001 art. 33, 3). La perspective était ici encore différente : le règlement 1215/2012 envisage une action à titre incident dans l'hypothèse où c'est un refus de reconnaissance qui est invoqué.
Enfin, le **troisième cas de contrôle** prévu par le règlement 1215/2012 n'était pas expressément prévu par le règlement 44/2001 et la possibilité d'un tel contrôle était discutée sous l'empire de ce dernier texte.

FORMALISME IMPOSÉ POUR INVOQUER UNE DÉCISION ÉTRANGÈRE

65125 La partie qui entend invoquer, dans un État membre, une décision rendue dans un autre État membre doit produire une **copie de la décision** réunissant les conditions nécessaires pour en établir l'authenticité et le **certificat** délivré par la juridiction d'origine et conforme au formulaire figurant à l'annexe I du règlement (art. 37, 1, qui renvoie à l'art. 53). Cette « juridiction » est, en France, le directeur de greffe de la juridiction qui a rendu la décision (CPC art. 509-1, I-1°).
La juridiction ou l'autorité devant laquelle une décision rendue dans un autre État membre est invoquée peut, au besoin, exiger que la partie qui l'invoque fournisse une **traduction** ou une translittération du contenu de ce certificat (dans les conditions prévues par l'art. 57). Elle peut exiger que la partie fournisse une traduction de la décision en lieu et place d'une traduction du contenu du certificat si elle ne peut agir sans une telle traduction (art. 37, 2).

65127

Effet de l'existence d'un recours contre la décision étrangère

La juridiction ou l'autorité devant laquelle est invoquée une décision rendue dans un autre État membre peut **surseoir à statuer**, intégralement ou partiellement, si la décision est contestée dans l'État membre d'origine ou si une demande a été présentée aux fins d'obtenir une décision constatant l'absence de motifs de refus de reconnaissance visés à l'article 45 ou d'obtenir une décision visant à ce que la reconnaissance soit refusée sur le fondement de l'un de ces motifs (art. 38).
L'hypothèse d'une contestation de la décision renvoie à la notion de recours ordinaire, qui est une notion autonome du droit européen. Elle ne doit donc pas être interprétée à la lumière des principes de la procédure civile de l'État concerné. Au sens européen, constitue un recours ordinaire formé ou susceptible d'être formé contre une décision étrangère tout recours qui est de nature à pouvoir entraîner l'**annulation** ou la **modification** de la décision faisant l'objet de la procédure de reconnaissance ou d'exécution et dont l'introduction est liée, dans l'État d'origine, à un **délai** déterminé par la loi et prenant cours en vertu de cette décision même (CJCE 22-11-1977 aff. 43/77 : Rec. p. 2175).

CONDITIONS DE RECONNAISSANCE D'UNE DÉCISION ÉTRANGÈRE

65130 L'article 45 pose les conditions qui doivent être réunies par une décision, faute de quoi la reconnaissance est refusée. Cette **liste** de critères est **limitative** et doit être interprétée de manière restrictive (CJUE 13-10-2011 aff. 139/10, § 33 : Rec. I-9527, à propos du règlement 44/2001 mais transposable).
À l'occasion du contrôle de régularité, le juge de l'État membre requis ne saurait, en aucun cas, procéder à la **révision au fond** de la décision rendue dans un autre État membre (art. 52). Il ne

saurait ainsi refuser la reconnaissance ou l'exécution de cette décision au seul motif qu'une divergence existerait entre la règle de droit appliquée par le juge de l'État d'origine et celle qu'aurait appliquée le juge de l'État requis s'il avait été saisi du litige ; de même, le juge de l'État requis ne saurait contrôler l'exactitude des appréciations de droit ou de fait qui ont été portées par le juge de l'État d'origine (CJCE 28-3-2000 aff. 7/98, § 36 : RJDA 4/01 n° 547).

ILLUSTRATIONS

Après avoir relevé que les parties avaient soumis le contrat de sous-traitance au droit italien et que les éléments de charpente avaient été réalisés en Italie, la cour d'appel a retenu à bon droit qu'elle ne pouvait réviser le jugement rendu par le tribunal de Padoue ayant exclu l'application de l'article 14 de la loi 75-1134 du 31 décembre 1975 et que la reconnaissance, en France, de cette décision n'était pas manifestement contraire à l'ordre public (Cass. 1e 15-6-2022 n° 20-23.115 F-D).

Le juge de l'État membre requis ne saurait pas non plus reconnaître une décision après en avoir modifié tout ou partie du dispositif.

Ordre public La reconnaissance d'une décision est refusée si cette reconnaissance est manifestement contraire à l'ordre public de l'État membre auprès duquel elle est demandée (art. 45, 1-a). **65140**

Il faut être en présence d'une **contrariété manifeste** à l'ordre public international de l'État concerné et non d'une simple contrariété. La contrariété à l'ordre public international s'entend d'une violation manifeste d'une règle de droit considérée comme essentielle dans l'ordre juridique de l'Union et donc dans celui de l'État membre requis ou d'un droit reconnu comme fondamental dans ces ordres juridiques (CJUE 16-7-2015 aff. 681/13 ; Cass. 1e civ. 7-12-2022 n° 21-17.492 F-B).

Lorsqu'il vérifie l'existence éventuelle d'une violation manifeste de l'ordre public de l'État requis, le juge de cet État doit tenir compte du fait que, sauf circonstances particulières rendant trop difficile ou impossible l'exercice des voies de recours dans l'État membre d'origine, les justiciables doivent faire usage dans cet État membre de toutes les voies de recours disponibles afin de prévenir en amont une telle violation (CJUE 16-7-2015 précité).

La reconnaissance d'une décision ne peut donc pas être refusée au seul motif que la décision serait fondée sur une éventuelle **erreur de droit** résultant d'une mauvaise application du droit national ou européen (CJCE 11-5-2000 aff. 38/98 : RJDA 4/01 n° 548 ; CJUE 16-1-2019 aff. 386/17, § 54 ; CJUE 7-9-2023 aff. 590/21, § 29). Concernant le droit européen, il a été précisé que le fait qu'une décision rendue dans un État membre est contraire au droit de l'Union ne justifie pas que cette décision ne soit pas reconnue dans un autre État membre au motif qu'elle viole l'ordre public de cet État dès lors que l'erreur de droit invoquée ne constitue pas une violation manifeste d'une règle de droit considérée comme essentielle dans l'ordre juridique de l'Union et donc dans celui de l'État membre requis ou d'un droit reconnu comme fondamental dans ces ordres juridiques (CJUE 16-7-2015 précité). En effet, il incombe au juge national d'assurer avec la même efficacité la protection des droits établis par l'ordre juridique national et des droits conférés par l'ordre juridique de l'Union. La clause de l'ordre public est appelée à jouer de la même manière lorsque cette erreur de droit impliquerait que la reconnaissance de la décision concernée dans l'État requis entraînerait la violation manifeste d'une règle de droit essentielle dans l'ordre juridique de l'Union et donc de cet État membre (CJCE 11-5-2000 précité, § 32 ; CJUE 16-7-2015 précité, § 48 et 50 ; CJUE 7-9-2023 précité, § 36).

Le fait que le juge étranger ait statué en équité ne fait pas, par principe, obstacle au contrôle par le juge de l'exequatur de l'éventuelle atteinte à l'ordre public international (Cass. 1e civ. 30-1-2019 n° 17-28.555 F-PB : Bull. inf. C. cass. 1-6-2019 n° 550, rendu à propos de la convention de Lugano mais transposable). En tout état de cause, le recours à la clause de l'ordre public ne doit jouer que dans des cas exceptionnels (CJCE 28-3-2000 aff. 7/98, § 21 : RJDA 4/01 n° 547 ; CJUE 7-9-2023 précité, § 32).

Par principe, il appartient aux juridictions de l'État requis de **délimiter** la **notion d'ordre public** qu'elles doivent mettre en œuvre dans le cadre de l'article 45. Néanmoins, la Cour de justice contrôle les limites dans le cadre desquelles le juge d'un État membre peut avoir recours à cette notion pour ne pas reconnaître une décision émanant d'une juridiction d'un autre État membre (CJCE 28-3-2000 précité § 23 ; CJUE 7-4-2022 aff. 568/20, § 42 ; CJUE 7-9-2023 précité, § 33 et 34). La Cour considère ainsi que le recours à la clause d'ordre public n'est concevable que dans l'hypothèse où la reconnaissance ou l'exécution de la décision rendue dans un autre État membre heurterait de manière inacceptable l'ordre juridique de l'État requis, en tant qu'elle porterait atteinte à un principe fondamental. Afin de respecter la prohibition de la révision au fond de la

65140 (suite) décision rendue dans un autre État membre, l'atteinte doit donc constituer une violation manifeste d'une règle de droit considérée comme essentielle dans l'ordre juridique de l'État requis ou d'un droit reconnu comme fondamental dans cet ordre juridique (CJUE 23-10-2014 aff. 302/13 ; CJUE 7-9-2023 précité, § 35). La Cour précise également que la notion d'ordre public vise à protéger des intérêts juridiques qui s'expriment à travers une règle de droit et non pas des intérêts purement économiques (même arrêt, § 56).

Comme dans le droit international privé français, l'ordre public peut être un **ordre public de fond ou de procédure**. Le recours à la clause de l'ordre public doit être considéré comme possible dans les cas exceptionnels où les garanties inscrites dans la législation de l'État d'origine et dans le droit européen n'ont pas suffi à protéger le défendeur d'une violation manifeste de son droit de se défendre devant le juge d'origine, tel que reconnu par la convention européenne des droits de l'Homme (CJCE 28-3-2000 précité, § 44).

ILLUSTRATIONS

Justifie légalement sa décision la cour d'appel qui retient que la conception française de l'ordre public international ne s'oppose pas à l'effet en France du droit, consacré par le juge étranger, au paiement d'une somme d'argent assortie des intérêts et d'une **indexation** sur la **monnaie étrangère** (Cass. 1e civ. 11-3-1997 n° 95-15.124 : RJDA 5/97 n° 733).

La **limitation du droit de faire appel**, même si elle est discrétionnaire, n'est pas par elle-même contraire à la conception française de l'ordre public international ainsi qu'à l'article 6, 1 de la convention européenne des droits de l'Homme (Cass. 1e civ. 17-1-2006 n° 03-14.483 : Bull. civ. I n° 20).

Le juge de l'État requis peut tenir compte, au regard de la clause de l'ordre public, du fait que le juge de l'État d'origine a statué sur les prétentions du demandeur sans entendre le défendeur, qui s'était régulièrement constitué devant lui mais qui a été exclu de la procédure par une ordonnance au motif qu'il n'avait pas satisfait à des obligations imposées par une ordonnance prise antérieurement dans le cadre de la même procédure, lorsque, au terme d'une appréciation globale de la procédure et au vu de l'ensemble des circonstances, il lui apparaît que cette mesure d'exclusion a constitué une **atteinte manifeste et démesurée au droit du défendeur à être entendu** (CJCE 2-4-2009 aff. 394/07 : Rec. I-2563).

L'ordre public procédural français n'exige pas, au cas où le défendeur a eu connaissance de l'instance étrangère, que la **signification** soit **faite à partie** et comporte l'indication des voies de recours ; en conséquence, dès lors que la notification de la décision d'une juridiction italienne avait été faite selon le droit italien au domicile de l'avocat de la partie française, que cette notification faite au conseil de la partie qui la représente en justice ouvrait le délai de recours, une telle notification n'était pas de nature à rendre la reconnaissance de la décision manifestement contraire à l'ordre public de l'État requis (Cass. 1e civ. 14-10-2009 n° 08-14.849 : Bull. civ. I n° 208).

Les modalités de **détermination** du montant des **sommes sur lesquelles portent les mesures provisoires et conservatoires** prononcées par une décision dont la reconnaissance et l'exécution sont demandées ne constituent pas des motifs établissant la violation de l'ordre public de l'État membre lorsqu'il est possible de suivre le cheminement du raisonnement ayant conduit à la détermination du montant de ces sommes et que des voies de recours étaient ouvertes et ont été exercées pour contester de telles modalités de calcul ; il en est de même de la simple invocation des conséquences économiques graves qui seraient attachées au montant de ces sommes (CJUE 23-10-2014 précité).

La reconnaissance et l'exécution d'une ordonnance rendue par une juridiction d'un État membre, qui a été prononcée **sans que le tiers** dont les droits sont susceptibles d'être affectés par cette ordonnance ait été **entendu**, ne sauraient être considérées comme étant manifestement contraires à l'ordre public de l'État membre requis et au droit à un procès équitable, dans la mesure où il lui est possible de faire valoir ses droits devant cette juridiction (CJUE 25-5-2016 aff. 559/14).

Ne relève pas de l'ordre public international français le principe de **prohibition des clauses potestatives** énoncé par l'ancien article 1174 du Code civil, qui disposait que « toute obligation est nulle lorsqu'elle a été contractée sous une condition potestative de la part de celui qui s'oblige » (Cass. 1e civ. 7-12-2022 n° 21-17.492 F-B).

L'interdiction faite par une juridiction à une partie, sous peine de sanction, d'introduire ou de poursuivre une action devant une juridiction étrangère dans le cadre d'une « **injonction anti-procédures** » a pour effet de porter atteinte à la compétence de celle-ci pour résoudre le litige. En effet, dès lors que le demandeur se voit interdire d'intenter une telle action par une injonction, force est de constater l'existence d'une ingérence dans la compétence de la juridiction étrangère, incompatible, en tant que telle, avec ce règlement (CJUE 7-9-2023 aff. 590/21, § 25) : une juridiction d'un État membre peut refuser de reconnaître et d'exécuter une décision d'une juridiction d'un autre État membre pour cause de contrariété avec l'ordre public dès lors que cette décision entrave la poursuite d'une procédure pendante devant une autre juridiction de ce premier État membre en ce qu'elle accorde à l'une des parties une indemnité pécuniaire provisoire au titre des dépens que celle-ci supporte en raison de l'engagement de cette procédure, au motif, d'une part, que l'objet de cette procédure est couvert par un accord transactionnel, conclu licitement et validé par la juridiction de l'État membre qui a prononcé cette décision, et, d'autre part, que la juridiction du premier État membre, devant laquelle a été intentée la procédure litigieuse, n'est pas compétente en raison d'une clause attributive de juridiction exclusive ; une telle décision peut en effet être qualifiée de « quasi injonction anti-procédures » en ce qu'elle exerce indirectement une influence sur la poursuite d'une procédure engagée devant les juridictions d'un autre État membre, ne respecte pas le principe général qui se dégage de la jurisprudence selon lequel chaque juridiction saisie détermine elle-même, en vertu des règles qui lui sont applicables, si elle est compétente pour trancher le litige qui lui est soumis. Une telle décision va à l'encontre de la confiance que les États membres accordent mutuellement à leurs systèmes juridiques ainsi qu'à leurs institutions judiciaires et sur laquelle repose le système de compétences du règlement (même arrêt, § 37 et 38).

Droits de la défense La reconnaissance d'une décision est refusée, dans le cas où la décision a été rendue par défaut, si l'**acte introductif d'instance** ou un acte équivalent n'a pas été **notifié** ou signifié au défendeur en temps utile et de telle manière qu'il puisse se défendre, à moins qu'il n'ait pas exercé de recours à l'encontre de la décision alors qu'il était en mesure de le faire (art. 45, 1-b). **65150**

Cet article vise l'hypothèse d'une **procédure par défaut**. Il s'applique lorsque le défendeur a pu former opposition contre la décision considérée mais que cette opposition a été déclarée irrecevable par une juridiction de l'État d'origine au motif que le délai d'opposition était expiré (CJCE 6-6-1981 aff. 166/80 : Rec. p. 1593). À l'inverse, un défendeur est réputé avoir comparu lorsqu'il a pris position, par l'intermédiaire du défenseur qu'il a choisi, même s'il ne l'a fait que sur l'action publique, lors de l'audience au fond, mais non sur l'action civile, qui a également fait l'objet des débats oraux auxquels ce dernier a assisté (CJCE 21-4-1993 aff. 172/91 : Rec. I-1963).

La **notion de recours** inclut la demande tendant au relevé de la forclusion, lorsque le délai pour introduire un recours ordinaire a expiré (CJUE 7-7-2016 aff. 70/15).

La **notion d'acte introductif d'instance** ou d'acte équivalent désigne le ou les actes, dont la signification ou la notification au défendeur, effectuée régulièrement et en temps utile, met celui-ci en mesure de faire valoir ses droits avant qu'un jugement exécutoire ait été rendu dans l'État d'origine (CJCE 13-7-1995 aff. 474/93, § 19 : Rec. I-2113). **65153**

ILLUSTRATIONS

La notion d'acte introductif d'instance comprend un acte, tel que l'injonction de payer du droit allemand, dont la notification permet au demandeur, d'après le droit de la juridiction d'origine, d'obtenir, en cas de défaillance du défendeur, une décision susceptible d'être reconnue et exécutée (CJCE 16-6-1981 aff. 166/80 : Rec. I-1593).

De même constitue un acte introductif d'instance la requête d'une action en paiement de droit suisse, introduite après l'émission préalable d'un commandement de payer suisse et sans demande de mainlevée de l'opposition formée contre ce commandement de payer (CJUE 30-3-2023 aff. 343/22, rendu en application de la convention de Lugano du 30-10-2007 mais transposable).

En cas d'enchaînement de deux procédures permettant chacune d'obtenir, à son terme, une décision exécutoire portant sur la même obligation, le déclenchement de la première ne saurait valoir acte introductif d'instance de la seconde que s'il y a une unité fonctionnelle entre les deux (CJUE 30-3-2023, précité, § 35).

Pour apprécier si le défendeur a pu se défendre, le juge requis doit uniquement tenir compte du **délai** dont le **défendeur a disposé** pour éviter que ne soit rendue par défaut une décision qui est exécutoire (CJCE 16-6-1981 aff. 166/80, § 11 : Rec. I-1593).

La preuve que le défendeur a effectivement eu **connaissance de l'acte** introductif d'instance n'est pas exigée. Le juge requis est ordinairement fondé à estimer que, suite à une signification ou notification régulière, le défendeur peut commencer d'agir en défense de ses intérêts dès le moment où l'acte a été signifié ou notifié, que ce soit à son domicile ou ailleurs. En règle générale, le juge requis peut donc se borner à examiner si le délai à compter de la date à laquelle la signification ou notification a été faite régulièrement a laissé au défendeur un **temps utile** pour sa défense. Toutefois, il lui appartient d'apprécier s'il existe des **circonstances exceptionnelles** qui conduiraient à la conclusion que la signification ou la notification, bien que régulière, n'a toutefois pas suffi pour mettre le défendeur en mesure de commencer son action en défense, ni, partant, pour faire courir le délai suffisant visé par l'article 45 (CJCE 16-6-1981 précité, § 19 ; CJCE 11-6-1985 aff. 49/84 : Rec. p. 1779).

65156 Enfin, un défendeur ne peut être considéré avoir été « en mesure » d'exercer un recours contre une décision rendue par défaut à son encontre que s'il a eu connaissance du contenu de cette décision, ce qui suppose que celle-ci lui a été signifiée ou notifiée. La **signification** ou la **notification** régulière de la **décision** rendue par défaut, à savoir le respect de toutes les règles applicables à ces formalités, ne constitue pas une condition nécessaire pour que le défendeur soit considéré comme ayant été en mesure d'exercer un recours (CJCE 14-12-2006 aff. 283/05, § 40 et 41 : Rec. I-12041). Les droits de la défense sont respectés et la reconnaissance ne peut donc pas être refusée lorsque le défendeur a pu exercer un recours contre la décision rendue par défaut et que ce recours lui a permis de faire valoir que l'acte introductif d'instance ou l'acte équivalent ne lui avait pas été signifié ou notifié en temps utile et de telle manière qu'il puisse se défendre (CJCE 28-4-2009 aff. 420/07 : Rec. I-3571).

65170 **Conflit de décisions** La reconnaissance d'une décision est refusée si elle est **inconciliable avec** une **décision rendue** entre les mêmes parties **dans l'État membre requis** (art. 45, 1-c). Dès lors qu'elle constate une telle inconciliabilité, la juridiction de l'État requis est tenue de refuser la reconnaissance de la décision étrangère (CJCE 6-6-2002 aff. 80/00 : Rec. I-4995).

ATTENTION

Ne constitue **pas une décision**, au sens de l'article 34, 3 du règlement 44/2001 (aujourd'hui art. 45, 1-c du règlement 1215/2012), un arrêt prononcé par une juridiction d'un État membre et reprenant les termes d'une sentence arbitrale lorsqu'une décision aboutissant à un résultat équivalent à celui de cette sentence n'aurait pu être adoptée par une juridiction de cet État membre sans méconnaître les dispositions et les objectifs fondamentaux de ce règlement, en particulier l'effet relatif d'une clause compromissoire insérée dans le contrat d'assurance en cause et les règles relatives à la litispendance, cet arrêt ne pouvant dans ce cas faire obstacle, dans cet État membre, à la reconnaissance d'une décision rendue ultérieurement par une juridiction dans un autre État membre (CJUE 20-6-2022 aff. 700/20, rendu en application du règlement 44/2001 mais transposable).

Deux décisions doivent être tenues pour inconciliables si elles entraînent des conséquences juridiques qui s'excluent mutuellement (CJCE 4-2-1988 aff. 145/86, § 22 : Rec. p. 645 ; Cass. 1e civ. 16-9-2020 n° 18-20.023 FS-PB).

En l'absence de restriction dans le texte, il importe peu que la **décision** en cause ait été prononcée **antérieurement** ou **postérieurement** à celle rendue dans l'État membre requis.

Il importe peu également que les décisions concernées aient été rendues dans le cadre de procédures de **référé** ou de procédures au **fond** (CJCE 6-6-2002 aff. 80/00, § 41 : Rec. I-4995), même si la décision française n'a pas l'autorité de la chose jugée sur le fond (Cass. 1e civ. 20-6-2006 n° 03-14.553 : RJDA 12/06 n° 1291).

65173 La reconnaissance d'une décision est également refusée si elle est **inconciliable avec** une **décision rendue** antérieurement **dans un autre État** membre ou dans un État tiers entre les mêmes parties dans un litige ayant le même objet et la même cause, lorsque la décision rendue antérieurement réunit les conditions nécessaires à sa reconnaissance dans l'État membre requis (art. 45, 1-d).

Ce principe ne s'applique pas lorsqu'il s'agit de décisions inconciliables rendues par des juridictions d'un même État membre (CJUE 26-9-2013 aff. 157/12).

Le caractère inconciliable des décisions s'apprécie de la même manière que dans le cadre de l'article 45, 1-c (n° 65170).

65180 **Méconnaissance des règles de compétence** Par **principe**, il ne peut être procédé au contrôle de la compétence de la juridiction d'origine lors du processus de reconnaissance (art. 45, 3). Par ailleurs, le critère de l'ordre public (n° 65140) ne peut pas être appliqué aux règles de compétence (art. 45, 3). Ainsi, un juge ne saurait refuser de reconnaître une décision au motif que la juridiction qui l'a prononcée n'était pas compétente ou qu'en raison du non-respect des règles de compétence, cette décision heurterait l'ordre public.

Par **exception**, la reconnaissance d'une décision est refusée si elle méconnait les dispositions du règlement en matière d'assurances, de contrats conclus par les consommateurs et de contrats individuels de travail lorsque le preneur d'assurance, l'assuré, un bénéficiaire du contrat d'assurance, la victime, le consommateur ou le travailleur était le défendeur (art. 45, 1-e et i). Il en va de même lorsque la décision méconnaît les dispositions du règlement énoncées par l'article 24 en matière de compétences exclusives (art. 45, 1-e et ii). Dans ces deux séries d'hypothèses, lors de l'appréciation des motifs de compétence, la juridiction saisie de la demande est liée par les constatations de fait sur lesquelles la juridiction d'origine a fondé sa compétence (art. 45, 2).

2. EXÉCUTION DES DÉCISIONS RENDUES DANS UN ÉTAT MEMBRE

GÉNÉRALITÉS

Le règlement 44/2001 prévoyait que les décisions rendues dans un État membre étaient mises à exécution dans un autre État membre après y avoir été déclarées exécutoires sur requête de toute partie intéressée. 65230

Le **règlement 1215/2012** abandonne ce principe et prévoit qu'une décision rendue dans un État membre et qui est exécutoire dans cet État jouit de la force exécutoire dans les autres États membres sans qu'une déclaration constatant la force exécutoire soit nécessaire. Il s'agit de l'innovation principale de ce texte par rapport au régime antérieur, qui est justifiée par la volonté de réduire la durée et les coûts des litiges transfrontières, cette volonté impliquant la suppression de la déclaration constatant la force exécutoire préalable à l'exécution dans l'État membre requis (Considérant 26).

Le régime issu du règlement 44/2001 va encore être fréquemment mis en œuvre puisqu'il s'applique aux actions judiciaires intentées jusqu'au 10 janvier 2015. C'est pourquoi nous présentons dans les développements ci-dessous non seulement le régime issu du règlement 1215/2012, mais également celui issu du règlement 44/2001.

> **Précisions a.** La **terminologie** est trompeuse car si ces règlements envisagent l'exécution des décisions rendues dans les États membres, ils établissent en réalité seulement des principes tendant à conférer la force exécutoire (comme la procédure d'exequatur du droit international privé français) et non une procédure conduisant à l'exécution elle-même d'une décision.
> **b.** En aucun cas une décision rendue dans un État membre ne peut faire l'objet d'une **révision au fond** dans l'État membre requis (Règl. 1215/2012 art. 52).

a. Exécution des décisions en application du règlement 1215/2015

PRINCIPE D'UNE EXÉCUTION DE PLEIN DROIT D'UNE DÉCISION ÉTRANGÈRE

Une décision rendue dans un État membre et qui est exécutoire dans cet État membre jouit de la force exécutoire dans les autres États membres sans qu'une déclaration constatant la force exécutoire soit nécessaire (art. 39) : le caractère exécutoire de la décision dans l'État membre d'origine est ainsi une condition de l'exécution de cette décision dans l'État membre requis (CJCE 29-4-1999 aff. 267/97 : Rec. I-2543, point 23). Ce principe s'impose même si la décision est rendue à l'encontre d'une personne qui n'est pas domiciliée dans un État membre (Considérant 27). Ainsi, toute décision rendue par les juridictions d'un État membre doit être traitée comme si elle avait été rendue dans l'État membre requis (Considérant 26). En conséquence, il n'y a pas à saisir une autorité de l'État membre requis afin que soit conférée force exécutoire à la décision et donc pas à respecter une **procédure d'exequatur**. 65235

Il faut toutefois réserver l'hypothèse dans laquelle la **force exécutoire** de la **décision** est **suspendue** dans l'État membre d'origine. Dans ce cas, l'autorité compétente de l'État membre requis suspend la procédure d'exécution, à la demande de la personne contre laquelle l'exécution est demandée (art. 44, 2). Il n'y a en effet aucune raison d'accorder à un jugement, lors de son exécution, des droits qui ne lui appartiennent pas dans l'État membre d'origine ou des effets que ne produirait pas un jugement du même type rendu directement dans l'État membre requis (CJCE 28-4-2009 aff. 420/07, § 66).

> **ATTENTION**
> Les **règles de prescription de l'État d'origine** sont susceptibles d'affecter le caractère exécutoire du jugement et, par conséquent, l'intérêt à agir du demandeur à l'exequatur. En revanche, l'action en exequatur elle-même n'est soumise à aucune prescription (Cass. 1e civ. 11-1-2023 n° 21-21.168 FS-D, rendu en application de la convention de Lugano du 16 septembre 1988).

Une décision exécutoire emporte de plein droit l'autorisation de procéder aux **mesures conservatoires** prévues par la loi de l'État membre requis (art. 40). 65237

FORMALISME IMPOSÉ POUR DEMANDER L'EXÉCUTION D'UNE DÉCISION ÉTRANGÈRE

Aux fins de l'exécution dans un État membre d'une décision rendue dans un autre État membre, le demandeur (selon le terme utilisé par le règlement) doit communiquer à l'autorité compétente chargée de l'exécution (par exemple, un commissaire de justice), d'une part, une 65240

copie de la décision réunissant les conditions nécessaires pour en établir l'authenticité et, d'autre part, le **certificat**, conforme au formulaire figurant à l'annexe I du règlement, attestant que la décision est exécutoire et contenant un extrait de la décision ainsi que, s'il y a lieu, les informations utiles concernant les frais remboursables de la procédure et le calcul des intérêts (art. 42, 1).
Lorsque la décision rendue dans un autre État membre ordonne une **mesure provisoire ou conservatoire**, le demandeur doit communiquer à l'autorité compétente chargée de l'exécution des éléments plus nombreux, à savoir : une copie de la décision réunissant les conditions nécessaires pour en établir l'authenticité ; le certificat, délivré conformément à l'article 53, contenant une description de la mesure et attestant que la juridiction est compétente pour connaître du fond et que la décision est exécutoire dans l'État membre d'origine ; lorsque la mesure a été ordonnée sans que le défendeur soit cité à comparaître, une preuve de la notification ou de la signification de la décision (art. 42, 2).
Dans tous les cas, l'autorité compétente chargée de l'exécution peut, au besoin, exiger du demandeur qu'il fournisse, dans les conditions prévues par l'article 57 une **traduction** ou une translittération du contenu du certificat (art. 42, 3). En revanche, elle ne peut exiger du demandeur qu'il fournisse une traduction de la décision que si elle ne peut agir sans une telle traduction (art. 43, 4).

> **Précisions** Si le **juge** qui a **prononcé** la **décision** à exécuter n'a **pas vérifié** que le litige relevait du **champ d'application** du règlement, il appartient à la juridiction saisie d'une demande de délivrance du certificat de vérifier son applicabilité (CJUE 6-6-2019 aff. 361/18, rendu à propos du règlement 44/2001 mais transposable).

PROCÉDURE D'EXÉCUTION D'UNE DÉCISION ÉTRANGÈRE

65245 La procédure d'exécution des décisions rendues dans un autre État membre est régie par le **droit de l'État membre requis**. Une décision rendue dans un État membre et qui est exécutoire dans l'État membre requis est exécutée dans ce dernier dans les mêmes conditions qu'une décision rendue dans l'État membre requis (art. 41, 1). Par exemple, il faut prendre en considération les règles de prescription de l'État requis, qui sont susceptibles d'affecter l'exécution forcée du jugement déclaré exécutoire (Cass. 1e civ. 11-1-2023 no 21-21.168 FS-D, rendu en application de la convention de Lugano du 16-9-1988 mais transposable) ; le droit de l'État requis définit aussi les conditions des saisies pouvant être pratiquées ; de même, si un État membre prévoit un délai pour l'exécution d'une ordonnance de saisie conservatoire, ce délai s'impose également en présence d'une ordonnance adoptée dans un autre État membre et revêtue du caractère exécutoire dans cet État (CJUE 4-10-2018 aff. 379/17, rendu en application du règlement 44/2001 mais transposable).
Ce principe connaît toutefois une **limite** importante : les motifs de refus ou de suspension de l'exécution prévus par la loi de l'État membre requis s'appliquent dans la mesure où ils ne sont pas incompatibles avec les motifs visés à l'article 45 (art. 41, 2 ; sur l'art. 45, nos 65130 s.). Ce principe, dont la formulation est d'une clarté limitée, est explicité par le préambule du règlement, selon lequel une partie s'opposant à l'exécution d'une décision rendue dans un autre État membre devrait, dans la mesure du possible et conformément au système juridique de l'État membre requis, pouvoir invoquer, dans la même procédure, outre les motifs de refus prévus par le règlement, ceux prévus par le droit national, dans les délais fixés par celui-ci. Toutefois, la reconnaissance d'une décision ne devrait être refusée qu'en présence d'un ou de plusieurs des motifs de refus prévus par le règlement (Considérant 30). Ainsi, celui qui s'oppose à l'exécution peut soulever un motif de refus d'exécution prévu par la loi de l'État requis mais uniquement dans l'hypothèse où ce motif est compatible avec les motifs de refus de reconnaissance prévus par l'article 45. Par exemple, il ne pourrait pas se prévaloir d'un moyen d'incompétence qui ne serait pas admis par cet article.

CONDITIONS REQUISES DU DEMANDEUR À L'EXÉCUTION D'UNE DÉCISION ÉTRANGÈRE

65248 **Absence de nécessité d'une adresse dans l'Union** La partie qui demande l'exécution d'une décision rendue dans un autre État membre n'est pas tenue d'avoir, dans l'État membre requis, une adresse postale. Elle n'est pas non plus tenue d'avoir, dans l'État membre requis, un représentant autorisé sauf si cette représentation est obligatoire indépendamment de la nationalité ou du domicile des parties (art. 41, 3).

65251 **Prohibition des dépôts de garantie** Aucune caution ni aucun dépôt, sous quelque dénomination que ce soit, ne peuvent être imposés en raison, soit de la qualité d'étranger, soit du défaut de domicile ou de résidence dans l'État membre requis, à la partie qui demande l'exécution dans un État membre d'une décision rendue dans un autre État membre (art. 56).

FORMALITÉS EXIGÉES DE LA PERSONNE CONTRE LAQUELLE LA DÉCISION DOIT INTERVENIR

La personne contre laquelle l'exécution doit intervenir dispose d'une certaine protection mise en place par le règlement, étant indiqué que les principes qui suivent ne s'appliquent pas à l'exécution d'une mesure conservatoire figurant dans une décision ni lorsque la personne qui demande l'exécution procède à des mesures conservatoires conformément à l' article 40. **65255**

En premier lieu, lorsque l'exécution d'une décision rendue dans un autre État membre est demandée, le certificat, prévu par l'article 53, délivré par la juridiction d'origine est **notifié** ou signifié, avant la première mesure d'exécution, à la personne contre laquelle l'exécution est demandée. Cette « juridiction » est, en France, le directeur de greffe de la juridiction qui a rendu la décision (CPC art. 509-1).

ATTENTION

Lorsqu'un directeur de greffe a délivré le certificat, prévu par l'article 53, attestant qu'est exécutoire en France une ordonnance du juge de l'exécution autorisant une saisie conservatoire, la **rétractation** de l'ordonnance prive le certificat de tout effet juridique (Cass. 1e civ. 9-11-2022 nº 21-20.347 FS-D).

Le certificat est accompagné de la décision si celle-ci n'a pas déjà été notifiée ou signifiée à la personne concernée (art. 43, 1). L'expression de première mesure d'exécution vise la première mesure d'exécution qui suit la signification ou la notification (Considérant 32).

En second lieu, lorsque la personne contre laquelle l'exécution est demandée est domiciliée dans un État membre autre que l'État membre d'origine, elle peut demander une **traduction** de la décision afin d'en contester l'exécution si la décision n'est pas rédigée ou accompagnée d'une traduction dans l'une des langues suivantes : une langue qu'elle comprend ou la langue officielle de l'État membre dans lequel elle est domiciliée (art. 43, 2-al. 1). Ce principe est d'une grande importance car aucune mesure d'exécution autre qu'une mesure conservatoire ne peut être prise jusqu'à ce que cette traduction ait été fournie (art. 43, 2-al. 2). Il n'en demeure pas moins que ces règles ne s'appliquent pas si la décision a déjà été notifiée ou signifiée à la personne contre laquelle l'exécution est demandée dans l'une des langues visées ci-dessus ou si elle est accompagnée d'une traduction dans l'une de ces langues (art. 43, 2-al. 3).

ADAPTATION DES MESURES OU INJONCTIONS PRONONCÉES DANS UN AUTRE ÉTAT MEMBRE

L'article 54, qui permet au juge de l'État requis d'adapter les mesures ou injonctions prononcées dans un autre État membre et qui sont inconnues de son droit, s'applique en matière d'exécution, comme en matière de reconnaissance (nº 65100). **65260**

DEMANDE DE REFUS D'EXÉCUTION D'UNE DÉCISION ÉTRANGÈRE

Auteur de la demande et motifs de refus d'exécution À la demande de la personne contre laquelle l'exécution est demandée, l'exécution d'une décision est refusée lorsque l'existence de l'un des motifs visés à l'article 45 (nos 65130 s.) est constatée. Un principe spécifique est toutefois posé en matière d'astreintes : les décisions rendues dans un État membre condamnant à une astreinte ne sont exécutoires dans l'État membre requis que si le montant en a été définitivement fixé par la juridiction d'origine (art. 55). **65265**

Autorité compétente pour refuser l'exécution d'une décision étrangère

La demande de refus d'exécution est portée devant la juridiction que l'État membre concerné a indiquée à la Commission comme étant la juridiction devant laquelle la demande doit être portée (art. 47, a). Pour la **France** et en ce qui concerne la compétence d'attribution, il s'agit du juge de l'exécution du tribunal judiciaire dès lors que cette demande ne peut être formée que dans le cadre d'une contestation d'une mesure d'exécution forcée, selon les informations fournies par le site Portail e-Justice européen. La question de la compétence territoriale n'est pas, quant à elle, envisagée par le règlement. **65268**

Procédure Le **demandeur** doit **fournir** à la juridiction une copie de la décision et, s'il y a lieu, une traduction ou une translittération. La juridiction peut cependant dispenser le demandeur de la production de ces **documents** s'ils sont déjà en sa possession ou si elle estime qu'il n'est pas raisonnable d'exiger du demandeur de les fournir. Dans ce dernier cas, la juridiction peut exiger de l'autre partie la communication de ces documents (art. 47, 3). **65271**

La partie qui demande le refus d'exécution d'une décision n'est pas tenue d'avoir, dans l'État membre requis, une **adresse postale**. Elle n'est pas non plus tenue d'avoir, dans l'État membre requis, un représentant autorisé sauf si cette représentation est obligatoire indépendamment de la nationalité ou du domicile des parties (art. 47, 4).

La juridiction doit **statuer** à bref **délai** sur la demande de refus d'exécution (art. 48). Aucune autre précision n'est apportée par le règlement à ce sujet, que ce soit quant à la durée précise du délai ou à la sanction en cas de non-respect de celui-ci.
Pour les éléments de procédure autres que ceux prévus par le règlement, il y a lieu de se tourner vers la loi de l'État membre requis (art. 47, 2).

65274 **Incidence sur la procédure d'exécution en cours** En cas de demande de refus d'exécution d'une décision, la juridiction de l'État membre requis peut, à la demande de la personne contre laquelle l'exécution est demandée, limiter la procédure d'exécution à des mesures conservatoires, subordonner l'exécution à la constitution d'une sûreté qu'elle détermine ou suspendre, intégralement ou partiellement, la procédure d'exécution (art. 44, 1).

65277 **Recours** L'une ou l'autre partie peut former un recours contre la décision rendue sur la demande de refus d'exécution. Ce recours est porté devant la juridiction que l'État membre concerné a indiquée à la Commission comme étant la juridiction devant laquelle ce recours doit être porté (art. 49). En **France**, il s'agit de la cour d'appel (selon les informations fournies par le site Portail e-Justice européen).
La décision rendue sur le recours ne peut faire l'objet d'un pourvoi que si les juridictions devant lesquelles le pourvoi doit être porté ont été indiquées par l'État membre concerné à la Commission en vertu de l' article 75, c (art. 50). En France, il s'agit de la Cour de cassation (même source que ci-dessus).

65279 **Sursis à statuer** La juridiction saisie d'une demande de refus d'exécution ou qui statue sur un appel ou sur un pourvoi peut surseoir à statuer si la décision fait l'objet d'un recours ordinaire dans l'État membre d'origine ou si le délai pour le former n'est pas expiré. Dans ce dernier cas, la juridiction peut impartir un délai pour former ce recours (art. 50).

b. Exécution des décisions en application du règlement 44/2001

65280 Les **décisions** rendues dans un État membre et qui y sont **exécutoires** sont mises à exécution dans un autre État membre après y avoir été déclarées exécutoires sur **requête** de toute partie intéressée (Règl. 44/2001 art. 38). Le terme « exécutoire » figurant dans l'article 38 vise uniquement le caractère exécutoire, du point de vue formel, de la décision étrangère et non les conditions concrètes dans lesquelles cette décision peut être exécutée dans l'État d'origine (CJCE 29-4-1999 aff. 267/97 : Rec. I-2543 ; CJCE 28-4-2009 aff. 420/07, § 69 s. : Rec. I-3571).
L'application de cette disposition suppose que la décision étrangère rendue dans un État membre ait un caractère exécutoire dans cet État : il s'agit d'une condition de l'exécution de cette décision dans l'État membre requis (CJCE 29-4-1999, précité, point 23). À défaut, la procédure d'exécution ne saurait aboutir dans l'État requis (CJCE 29-4-1999 précité ; CJUE 13-10-2011 aff. 139/10, § 38 : Rec. I-9527).
En effet, il n'y a aucune raison d'accorder à un jugement, lors de son exécution, des droits qui ne lui appartiennent pas dans l'État membre d'origine ou des effets que ne produirait pas un jugement du même type rendu directement dans l'État membre requis (CJCE 28-4-2009 précité, § 66). En conséquence, lorsqu'une déclaration constatant la force exécutoire d'un jugement, assorti de l'exécution provisoire, rendu dans un État membre de l'Union, a été délivrée en France, la suspension, par la suite, par le juge étranger de cette exécution provisoire a pour effet de priver de plein droit de fondement juridique la reconnaissance en France du caractère exécutoire de ce jugement (Cass. 1e civ. 22-3-2023 n° 21-25.336 F-B : RJDA 6/23 n° 356 ; dans le même sens, Cass. 1e civ. 30-1-2013 n° 11-18.684).

> **Précisions a.** Une fois une décision intégrée dans l'**ordre juridique de l'État membre requis** dans le cadre de la procédure d'exécution, les règles nationales de ce dernier État relatives à l'exécution s'appliquent de la même manière qu'aux décisions prises par les juridictions nationales (CJUE 13-10-2011 précité, § 40). Il faut donc prendre en garde de ne pas confondre les deux perspectives.
b. Au **Royaume-Uni**, les décisions ne sont exécutoires que si elles sont enregistrées dans la partie du Royaume où elles doivent être exécutées (Règl. 44/2001 art. 38, 2 ; sur les conséquences du Brexit, n° 62602).

DÉPÔT DE LA REQUÊTE EN EXÉCUTION D'UNE DÉCISION ÉTRANGÈRE

Autorité compétente La requête tendant à ce que la décision soit déclarée exécutoire est présentée à la juridiction ou à l'autorité compétente indiquée sur la liste figurant à l'annexe II du règlement (Règl. 44/2001 art. 39, 1). Pour la **France**, il s'agit du greffier en chef du TGI (Règl. 44/2001 art. 39, 1, renvoyant à l'annexe II du règlement), devenu le directeur de greffe du tribunal judiciaire. **65290**
La compétence territoriale est déterminée par le domicile de la partie contre laquelle l'exécution est demandée, ou par le lieu de l'exécution (art. 39, 2).

Modalité Les modalités du dépôt de la requête sont déterminées par la loi de l'État membre requis (Règl. 44/2001 art. 40, 1). **65300**
En **France**, la requête doit être présentée en double exemplaire et elle doit comporter l'indication précise des pièces invoquées (CPC art. 509-4). Elle n'a pas à être présentée par un avocat (Cass. 2e civ. 29-9-2011 n° 10-14.968 : Bull. civ. II n° 178).

Élection de domicile Le requérant doit faire élection de domicile dans le ressort de la juridiction saisie ; si la loi de l'État membre requis ne connaît pas l'élection de domicile, le requérant désigne un mandataire ad litem (Règl. 44/2001 art. 40, 2). **65310**
L'obligation d'élire domicile doit être accomplie selon les modalités définies par la loi de l'État requis ; dans le silence de cette loi concernant le moment où cette formalité doit être faite, celle-ci doit être accomplie au plus tard lors de la signification du jugement accordant l'exequatur (CJCE 10-7-1986 aff. 198/85 : Rec. p. 2437).

Documents à joindre La partie qui sollicite la délivrance d'une déclaration constatant la force exécutoire de la décision étrangère (ou qui invoque la reconnaissance d'une décision) doit produire (Règl. 44/2001 art. 53 à 55) : **65320**
– une expédition de la **décision** réunissant les conditions nécessaires à son authenticité ;
– un **certificat**, conforme au modèle figurant à l'annexe V du règlement, délivré par la juridiction ou l'autorité compétente de l'État membre dans lequel la décision a été rendue ; à défaut de production du certificat, la juridiction ou l'autorité compétente peut impartir un délai pour le produire ou accepter un document équivalent ou, si elle s'estime suffisamment éclairée, en dispenser ;
– une **traduction** des documents si la juridiction ou l'autorité compétente l'exige ; la traduction est certifiée par une personne habilitée à cet effet dans l'un des États membres.

> **Précisions** Aucune légalisation ni formalité analogue n'est exigée en ce qui concerne l'expédition de la décision, le certificat, la traduction des documents ou, le cas échéant, la procuration ad litem (art. 56). Il a été jugé que la juridiction saisie d'une demande de délivrance du certificat, en ce qui concerne une décision définitive, ne peut pas vérifier d'office si les règles de compétence propres aux contrats conclus avec des consommateurs ont été méconnues, afin d'informer le consommateur de la violation éventuellement constatée et de lui permettre d'évaluer la possibilité d'exercer un recours (CJUE 4-9-2019 aff. 347/18).

DÉCISION SUR L'EXÉCUTION D'UNE DÉCISION ÉTRANGÈRE

La décision étrangère est déclarée exécutoire par la juridiction ou l'autorité compétente (en France, par le directeur de greffe du tribunal judiciaire) dès l'**achèvement** des **formalités** prévues à l'article 53 du règlement 44/2001 (n° 65320). **65370**
Aucun **contrôle des critères** de régularité de la décision énoncés par les articles 34 et 35 n'est donc effectué à ce stade.
La **procédure** n'étant pas **contradictoire**, la partie contre laquelle l'exécution est demandée ne peut pas présenter d'observations en cet état de la procédure (Règl. 44/2001 art. 41).
La décision relative à la demande de constatation de la force exécutoire (ou de reconnaissance) est remise au requérant contre émargement ou récépissé, ou lui est notifiée par lettre recommandée AR. Le double de la requête et celui du certificat ou de la décision sont conservés au secrétariat (CPC art. 509-6, dans sa rédaction antérieure au décret 2014-1633).
La décision rejetant la requête aux fins de constatation de la force exécutoire doit être motivée (CPC art. 509-5).

> **Précisions** **a.** La **terminologie** utilisée par le règlement est très peu rigoureuse en ce qui concerne la dénomination de la **décision** qui **attribue** un **caractère exécutoire** de la décision de l'État d'origine. En effet, le règlement se réfère, selon les cas, à la déclaration constatant la force exécutoire (art. 42, 2 ; art. 43, 5 ; art. 53) ou à la décision relative à la demande de déclaration constatant la force exécutoire (art. 42, 1 ; art. 43, 1).
> **b.** Les décisions étrangères condamnant à une **astreinte** ne sont exécutoires dans l'État membre requis que si le montant en a été définitivement fixé par les tribunaux de l'État membre d'origine (art. 49).

65380 **Portée de la décision** La décision étrangère est déclarée **exécutoire dans l'État requis**. Par conséquent, la partie qui a obtenu, en sa faveur, une décision déclarée exécutoire dans l'État requis ne peut pas ensuite demander à une juridiction de cet État de condamner l'autre partie à ce à quoi elle a été condamnée dans l'État d'origine (CJCE 30-11-1976 aff. 42/76 : Rec. 1759).

Lorsque la **décision** étrangère a statué sur **plusieurs chefs** de la demande et que la déclaration constatant la force exécutoire ne peut être délivrée pour le tout, la juridiction ou l'autorité compétente la délivre pour un ou plusieurs d'entre eux. En toute hypothèse, le requérant peut demander que la déclaration constatant la force exécutoire soit limitée à certaines parties d'une décision (Règl. 44/2001 art. 48). Par exemple, si un jugement prononcé dans un État membre reconnaît un lien de filiation paternelle et condamne le père à payer à la mère diverses sommes, la demande d'exécution de ce jugement est nécessairement limitée aux condamnations pécuniaires, la question de la filiation ne relevant pas du champ d'application du règlement (Cass. 1e civ. 3-12-2014 n° 13-22.672 : Bull. civ. I n° 204).

La déclaration constatant la force exécutoire emporte l'autorisation de procéder à des **mesures conservatoires** (art. 47, 2).

65390 **Information des parties** La décision relative à la demande de déclaration constatant la force exécutoire est aussitôt portée à la connaissance du **requérant** suivant les modalités déterminées par la loi de l'État membre requis (Règl. 44/2001 art. 42, 1).

La déclaration constatant la force exécutoire est signifiée ou notifiée à la **partie contre laquelle** l'**exécution** est **demandée**, accompagnée de la décision si celle-ci n'a pas encore été signifiée ou notifiée à cette partie (art. 42, 2). L'exigence de signification de la décision qui autorise l'exécution a pour fonction de protéger les droits de la partie contre laquelle l'exécution est demandée (CJCE 16-2-2006 aff. 3/05, point 34, rendu en application de la convention de Bruxelles du 27-9-1968) mais transposable. Le fait que la partie concernée ait eu connaissance de la décision étrangère au cours de la procédure engagée dans l'État requis ne permet pas de pallier l'absence de signification (Cass. 1e civ. 25-5-2023 n° 22-12.299 F-B).

65395

Aspects financiers de la demande d'exécution des décisions

Bénéfice de l'aide juridictionnelle

Le requérant qui, dans l'État membre d'origine, a bénéficié en tout ou en partie de l'assistance judiciaire ou d'une exemption de frais et dépens bénéficie, dans la procédure relative à l'exécution des décisions, de l'assistance la plus favorable ou de l'exemption la plus large prévue par le droit de l'État membre requis (Règl. 44/2001 art. 50).

Prohibition des cautions

Aucune caution ni aucun dépôt, sous quelque dénomination que ce soit, ne peuvent être imposés en raison soit de la qualité d'étranger, soit du défaut de domicile ou de résidence dans le pays à la partie qui demande l'exécution dans un État membre d'une décision rendue dans un autre État membre (art. 51).

Prohibition des taxes

Aucun impôt, droit ou taxe proportionnel à la valeur du litige n'est perçu dans l'État membre requis à l'occasion de la procédure tendant à la délivrance d'une déclaration constatant la force exécutoire (art. 52).

RECOURS CONTRE LA DÉCISION D'EXÉCUTION

65440 L'une ou l'autre partie peut former un recours contre la décision relative à la demande de déclaration constatant la force exécutoire (Règl. 44/2001 art. 43, 1 : pour une illustration, CJUE 12-12-2019 aff. 433/18). En revanche, un créancier d'un débiteur ne peut pas introduire un tel recours s'il n'est pas formellement intervenu comme partie au procès dans le litige dans le cadre duquel un autre créancier de ce débiteur a demandé cette déclaration de force exécutoire (CJCE 23-4-2009 aff. 167/08 : Rec. I-3479).

65450 **Juridiction compétente** Le recours est porté devant la **juridiction** indiquée sur la liste figurant à l'annexe III du règlement. Pour la **France**, il s'agit de la cour d'appel pour les décisions accueillant la requête et du président du tribunal judiciaire pour les décisions rejetant la requête.

La juridiction saisie de ce recours peut, à la requête de la partie contre laquelle l'exécution est demandée, **surseoir à statuer**, si la décision étrangère fait, dans l'État membre d'origine, l'objet

d'un recours ordinaire ou si le délai pour le former n'est pas expiré ; dans ce dernier cas, la juridiction peut impartir un délai pour former ce recours (Règl. 44/2001 art. 46). Sur la notion de recours ordinaire, voir n° 65125.
Cette juridiction peut également subordonner l'exécution à la **constitution** d'une **garantie** qu'elle détermine (art. 46).

Procédure contradictoire Le recours est examiné selon les règles de la procédure contradictoire (Règl. 44/2001 art. 43, 3 ; pour une illustration : CJUE 12-12-2019 aff. 433/18). 65460
Si la partie contre laquelle l'exécution est demandée ne comparaît pas devant la juridiction saisie du recours formé par le requérant, les dispositions de l'article 26, 2 à 4 s'appliquent, même si la partie contre laquelle l'exécution est demandée n'est pas domiciliée sur le territoire de l'un des États membres (art. 43, 4).

Délai de recours Le recours contre la déclaration constatant la force exécutoire doit être formé dans un délai d'un mois à compter de sa signification (Règl. 44/2001 art. 43, 5). Il doit s'agir d'une **signification** régulière de la **décision** au regard des règles procédurales de l'État membre dans lequel l'exécution est demandée. En cas de signification inexistante ou irrégulière de la décision qui autorise l'exécution, la simple prise de connaissance de cette décision par la personne contre laquelle l'exécution est demandée ne suffit pas pour faire courir le délai (CJCE 16-2-2006 aff. 3/05 : Rec. I-1579 ; Cass. 1e civ. 12-4-2012 n° 10-23.023 : Bull. civ. I n° 95, reprochant aux juges du fond de ne pas avoir recherché si la décision n'avait pas été notifiée en un temps et selon des modalités propres à permettre d'exercer effectivement un recours). 65470
Si la **partie** contre laquelle l'exécution est demandée est **domiciliée** dans un **autre État membre** que celui dans lequel la déclaration constatant la force exécutoire a été délivrée, le délai est de deux mois et court à compter du jour où la signification a été faite à personne ou à domicile. Ce délai ne comporte pas de prorogation à raison de la distance (art. 43, 5).
Pendant ce délai et jusqu'à ce qu'il ait été statué sur le recours, il ne peut être procédé qu'à des **mesures conservatoires** sur les biens de la partie contre laquelle l'exécution est demandée (art. 47, 3).

Critères de contrôle de la décision La juridiction saisie du recours statue à bref délai (Règl. 44/2001 art. 45). Elle le fait en examinant la conformité de la décision aux seuls éléments de contrôle énoncés par les articles 34 et 35. Ces éléments sont repris par l'article 45 du règlement 1215/2012, qui ajoute une condition concernant le contrat de travail (nos 65130 s.). 65480
Elle ne pourrait donc pas refuser d'accorder la déclaration constatant la force exécutoire au motif que la décision a déjà été exécutée dans l'État membre d'origine (CJCE 13-10-2011 aff. 139/10).
En aucun cas, la décision étrangère ne peut faire l'objet d'une révision au fond (art. 45, 2).

> **Précisions** Les **décisions par défaut** posent des difficultés particulières. Il a ainsi été jugé que lorsque le défendeur forme un recours contre la déclaration constatant la force exécutoire d'une décision rendue par défaut dans l'État membre d'origine et accompagnée du certificat rédigé conformément à l'article 54, en faisant valoir qu'il n'avait pas reçu notification de l'acte introductif d'instance, le juge de l'État membre requis, saisi du recours, est compétent pour vérifier la concordance entre les informations figurant dans le certificat et les preuves (CJUE 6-9-2012 aff. 619/10).

Recours contre la décision de recours La décision rendue sur le recours ne peut faire l'objet que du recours visé à l'annexe IV du règlement (Règl. 44/2001art. 44). Pour la France, il s'agit du **pourvoi en cassation**. La juridiction doit statuer à bref **délai** et ne peut refuser ou révoquer une déclaration constatant la force exécutoire que pour l'un des **motifs** prévus aux articles 34 et 35. En aucun cas, la décision étrangère ne peut faire l'objet d'une révision au fond. 65490
La juridiction saisie de ce recours peut, à la requête de la partie contre laquelle l'exécution est demandée, **surseoir à statuer**, si la décision étrangère fait, dans l'État membre d'origine, l'objet d'un recours ordinaire ou si le délai pour le former n'est pas expiré ; dans ce dernier cas, la juridiction peut impartir un délai pour former ce recours (sur la notion de recours ordinaire, voir n° 65125). Cette juridiction peut également subordonner l'exécution à la **constitution** d'une **garantie** qu'elle détermine (art. 46).

D. Exécution d'un acte authentique ou d'une transaction judiciaire

1. EXÉCUTION D'UN ACTE AUTHENTIQUE

65590 Les actes authentiques qui sont **exécutoires** dans l'État membre d'origine sont exécutoires dans les autres États membres, sans qu'une déclaration constatant la force exécutoire soit nécessaire. L'exécution d'un acte authentique ne peut être refusée que si celle-ci est manifestement contraire à l'ordre public de l'État membre requis.
Les dispositions relatives à l'exécution des décisions s'appliquent, le cas échéant, aux actes authentiques.
L'acte authentique produit doit réunir les conditions nécessaires à son authenticité dans l'État membre d'origine (art. 58).
L'autorité compétente ou la juridiction de l'État membre d'origine délivre, à la demande de toute partie intéressée, le certificat qu'elle établit en utilisant le formulaire figurant à l'annexe II du règlement. Ce certificat contient un résumé de l'obligation exécutoire consignée dans l'acte authentique (art. 60).

65592 Sous l'empire du **règlement 44/2001**, les actes authentiques reçus et exécutoires dans un État membre étaient, sur requête, **déclarés exécutoires** dans un autre État membre, conformément à la procédure prévue aux articles 38 et suivants (Règl. 44/2001 art. 57, 1).
L'acte produit devait réunir les conditions nécessaires à son authenticité dans l'État membre d'origine (art. 57, 3).
Les dispositions des articles 53à 56, qui régissaient la procédure de reconnaissance et d'exécution des décisions rendues dans un État membre, étaient applicables, en tant que de besoin.
L'autorité compétente de l'État membre dans lequel un acte authentique avait été reçu établissait, à la requête de toute partie intéressée, un certificat en utilisant le formulaire dont le modèle figure à l'annexe VI du règlement (Règl. 44/2001 art. 57, 4).
La juridiction auprès de laquelle un **recours** était formé en vertu des articles 43 ou 44 ne refusait ou révoquait une déclaration constatant la force exécutoire que si l'exécution de l'acte authentique était manifestement contraire à l'ordre public de l'État membre requis (Règl. 44/2001 art. 57, 1).

65595

Qu'est-ce qu'un acte authentique au sens du règlement ?

Au sens du règlement, l'acte authentique est un **acte dressé** ou enregistré formellement **en tant qu'acte authentique** dans l'État membre d'origine et dont l'authenticité porte sur la signature et le contenu de l'acte et a été établie par une autorité publique ou toute autre autorité habilitée à le faire (Règl. art. 2, c).
Sous l'empire de la convention de Bruxelles du 27 septembre 1968, il a été jugé que les actes établis entre particuliers ne possédant pas, par eux-mêmes, un caractère authentique, l'intervention d'une **autorité** publique ou de toute autre autorité habilitée par l'État d'origine est, par conséquent, nécessaire pour leur conférer la qualité d'actes authentiques ; l'authenticité de l'acte doit porter sur son **contenu** et non pas seulement, par exemple, sur la signature ; et l'acte doit être **exécutoire** par lui-même dans l'État dans lequel il a été établi (CJCE 17-6-1999 aff. 260/97, § 15 et 17 : Rec. I-3715).

2. EXÉCUTION D'UNE TRANSACTION JUDICIAIRE

65640 Une transaction judiciaire est une transaction approuvée par une juridiction d'un État membre ou conclue devant une juridiction d'un État membre en cours de procédure (art. 2, b).
Les transactions judiciaires exécutoires dans l'État membre d'origine sont exécutées dans les autres États membres aux mêmes conditions que les actes authentiques (art. 59).

65645 Sous l'empire du règlement 44/2001 les transactions conclues devant le juge au cours d'un procès et exécutoires dans l'État membre d'origine étaient exécutoires dans l'État membre requis aux mêmes conditions que les actes authentiques. La juridiction ou l'autorité compétente d'un État membre dans lequel une transaction avait été conclue délivrait, à la requête de toute partie intéressée, un certificat en utilisant le formulaire dont le modèle figure à l'annexe V du règlement (Règl. 44/2001 art. 58).

DOSSIER 4

RÉPARTITION DES COMPÉTENCES ENTRE JUGE ADMINISTRATIF ET JUGE JUDICIAIRE

SOMMAIRE

DUALITÉ DES ORDRES DE JURIDICTION

Depuis le 19e siècle, le système juridictionnel français se caractérise par la coexistence de deux ensembles de tribunaux et de cours, hiérarchisés entre eux, et placés sous l'autorité d'une cour suprême : l'ordre administratif et l'ordre judiciaire, au sommet desquels se situent respectivement le Conseil d'État et la Cour de cassation. Cette dualité présente un **caractère absolu**. Chacun des ordres de juridiction est composé de juges soumis à des statuts distincts et met en œuvre des règles de procédure qui lui sont propres. Chacun est entièrement indépendant de l'autre. **66000**

Cette division structurelle de la justice trouve son **origine** dans une volonté historique de soustraire l'administration au contrôle du juge judiciaire et de confier le contentieux né de ses activités à un

juge plus proche d'elle. Il en résulte que les deux ordres juridictionnels ne connaissent pas des mêmes catégories de litiges et qu'une répartition des compétences s'établit entre eux.
L'**enjeu** de cette répartition est d'autant plus important que, dans le cadre de leurs attributions respectives, le juge administratif et le juge judiciaire font le plus souvent application de règles de fond différentes.

COMPLEXITÉ DES RÈGLES DE COMPÉTENCE

66005 Le partage des compétences entre l'ordre administratif et l'ordre judiciaire obéit à des règles particulièrement complexes, qui sont parfois sources d'incertitudes et de difficultés lorsqu'il s'agit d'identifier la juridiction devant laquelle doit être porté un litige. Du moins, est-ce le cas si le litige se rattache, directement ou indirectement, à l'acte juridique d'une personne publique ou d'une autre entité liée à elle, ou encore au comportement de leurs agents.
Cette complexité s'explique par deux séries de **raisons**. D'abord, parce qu'aucun texte ne définit de manière générale les principes directeurs de la répartition des compétences, ni ses modalités essentielles. Ensuite, parce qu'il n'existe pas davantage un critère unique de répartition. Au contraire, les règles applicables, fréquemment assorties, elles-mêmes, de dérogations, sont multiples et varient en fonction des divers domaines concernés.

CARACTÈRE D'ORDRE PUBLIC DES RÈGLES DE COMPÉTENCE

66010 Les règles relatives à la compétence des juridictions administratives et judiciaires sont toujours considérées comme étant d'ordre public. On ne peut donc jamais faire échec à ces règles en insérant dans les **stipulations d'un contrat** une clause attribuant au juge administratif, ou, à l'inverse, au juge judiciaire, le soin de connaître de litiges qui devraient, en principe, être soumis à l'autre ordre juridictionnel. Telle est la jurisprudence constante du Tribunal des conflits (T. confl. 6-11-1978 n° 2089 : Lebon p. 658 ; T. confl. 30-12-2018 n° 4143 : RJDA 5/19 n° 391). Le Conseil d'État (CE 19-2-1988 n° 493338 : Lebon p. 77) et la Cour de cassation (Cass. 1e civ. 22-1-1991 n° 89-14.757 : Bull. I n° 32) adoptent la même position.
Par ailleurs, la juridiction administrative saisie d'un litige sur lequel il ne lui appartient pas de statuer a l'obligation de relever d'office son incompétence. Elle peut – et doit – le faire à n'importe quel stade de la procédure engagée devant elle. L'incompétence de la juridiction peut – et doit – aussi être relevée d'office, pour la première fois, en appel ou en cassation. À cet égard, les dispositions du décret 2017-891 du 6 mai 2017 relatif aux exceptions d'incompétence dans le cadre de la procédure civile, marquent un rapprochement de celle-ci avec la procédure administrative (voir notamment CPC art. 76 : n° 2907).

ATTENTION

Lorsqu'un tribunal administratif, une cour administrative d'appel ou le Conseil d'État estiment qu'une affaire relève de la compétence du juge judiciaire, le président de la formation de jugement, en première instance et en appel, ou la chambre d'instruction au Conseil d'État, ont l'obligation d'**informer les parties**, avant la séance de jugement, de ce que l'incompétence du juge administratif est susceptible d'être relevée d'office. Les parties doivent se voir impartir un délai pour présenter leurs observations (C. just. adm. art. R 611-7). Toutefois, cette application du contradictoire est écartée si la requête peut être rejetée sans audience, par une ordonnance d'un magistrat, au motif qu'elle ne relève « manifestement » pas de la compétence administrative (art. R 222-1, 2°).

SECTION 1

FONDEMENTS DES RÈGLES DE COMPÉTENCE JURIDICTIONNELLE

PLURALITÉ DE FONDEMENTS DES RÈGLES DE COMPÉTENCE

66100 Les règles qui déterminent la répartition des compétences entre l'ordre administratif et l'ordre judiciaire reposent, pour l'essentiel, sur :
– certaines exigences constitutionnelles qui s'imposent au législateur comme au juge ;
– de très nombreuses dispositions législatives dont la portée est plus ou moins étendue ;
– des principes jurisprudentiels qui jouent un rôle déterminant dans la délimitation des compétences.

A. Règles de compétence juridictionnelle d'origine constitutionnelle

DOMAINE RÉSERVÉ AU JUGE ADMINISTRATIF

Bien que la Constitution ne fasse pas mention de la juridiction administrative, le Conseil constitutionnel a admis qu'un principe fondamental reconnu par les lois de la République garantissait l'indépendance de cette juridiction, ainsi que le caractère spécifique de ses fonctions (Cons. const. 22-7-1980 n° 80-119 DC). Puis, une seconde décision, particulièrement importante, est venue délimiter un domaine de compétence administrative que le législateur ne peut pas valablement réduire. Il s'agit du contentieux de l'annulation ou de la réformation des décisions prises, dans l'exercice des prérogatives de puissance publique, par les autorités exerçant le pouvoir exécutif, leurs agents, les collectivités territoriales de la République ou les organismes publics placés sous leur contrôle (Cons. const. 23-1-1987 n° 96-378 DC). **66110**

Cette décision portait sur la loi qui allait transférer à la cour d'appel de Paris le contrôle des décisions de l'ancien Conseil de la concurrence. Alors que celui-ci était un organisme administratif et que, conformément à la solution qui venait d'être dégagée, le contentieux de ses décisions relevait normalement du **juge administratif**, le Conseil constitutionnel a assorti d'une **dérogation** le nouveau principe. Il a reconnu au législateur la possibilité d'unifier au sein de l'ordre juridictionnel principalement intéressé, dans l'intérêt d'une bonne administration de la justice, les règles de compétence propres à un secteur spécifique de la législation ou de la réglementation dont le contentieux risquerait d'être partagé entre le juge administratif et le juge judiciaire.

Ce système de dérogation a permis de retenir la constitutionnalité de la loi déférée au Conseil. Il a également justifié la validité d'une loi ayant ultérieurement attribué à la cour d'appel de Paris le soin de connaître des recours contre certaines décisions d'une autre autorité de régulation : l'Autorité de régulation des télécommunications (ART), devenue, depuis lors, Autorité de régulation des communications électroniques et des postes (Arcep) (Cons. const. 23-7-1996 n° 96-378 DC : RJDA 3/97 n° 442).

DOMAINE RÉSERVÉ AU JUGE JUDICIAIRE

L'article 66 de la Constitution énonce que nul ne peut être arbitrairement détenu et ajoute que l'autorité judiciaire, gardienne de la liberté individuelle, assure le respect de ce principe dans les conditions prévues par la loi. Le Conseil constitutionnel interprète de manière stricte la notion de liberté individuelle. Cette notion recouvre essentiellement la **sûreté personnelle**, c'est-à-dire les garanties offertes aux personnes contre les arrestations et les détentions arbitraires. Elle se distingue, par exemple, de la liberté d'aller et venir (Cons. const. 16-6-1999 n° 99-411 DC), du droit au respect de la vie privée (Cons. const. 23-7-1999 n° 99-416 DC), ou du principe d'inviolabilité du domicile (Cons. const. 4-12-2013 n° 2013-679 DC). **66115**

En outre, le Conseil constitutionnel estime qu'il appartient au seul juge administratif de contrôler la légalité d'une décision administrative répondant aux critères fixés par sa jurisprudence « Conseil de la concurrence » (n° 66110), même si cette décision porte atteinte à la liberté individuelle (Cons. const. 28-7-1999 n° 89-261 DC ; Cons. const. 9-6-2011 n° 2011-631 DC ; Cons. const. 4-10-2019 n° 2019-807 QPC).

ILLUSTRATIONS

Deux décisions plus récentes marquent assez nettement la limite entre les compétences juridictionnelles dans le domaine des **atteintes** à la **liberté individuelle**.

La loi 2020-290 du 23 mars 2020 d'urgence pour faire face à l'épidémie de Covid-19 avait introduit dans le Code de la santé publique un article L 3131-15 qui permettait, notamment, au Premier ministre de prendre un acte de portée réglementaire interdisant aux personnes de sortir de leur domicile. Cet acte, qui ne présentait pas le caractère d'une mesure individuelle privative de liberté, ne pouvait être contesté que devant la juridiction administrative (CE 22-7-2020 n° 440149 : Lebon T. p. 659). Une telle solution serait aujourd'hui transposable dans le cas des mesures analogues que le ministre de la santé peut prescrire sur le fondement des articles L 3131-1, I et L 3131-12 du même Code. En revanche, c'est à la juridiction judiciaire et, plus spécialement, au juge des libertés et de la détention d'exercer un contrôle sur les mesures individuelles de mise en quarantaine, de placement et de maintien en isolement (Cons. const. 11-5-2020 n° 2020-800 DC).

B. Règles de compétence juridictionnelle d'origine législative

CARACTÈRE LÉGISLATIF DES RÈGLES DE COMPÉTENCE

66120 Selon une jurisprudence concordante du Conseil constitutionnel (Cons. const. 20-2-1987 n° 87-149 L), du Tribunal des conflits (T. confl. 27-4-1981 n° 2195 : p. 503) et du Conseil d'État (CE 30-5-1962 n° 48017 : Lebon p. 233), seul le législateur a le pouvoir de fixer les règles relatives à la répartition des compétences entre les deux ordres juridictionnels. Ce principe est fondé sur l'article 34 de la **Constitution** qui inclut dans le domaine de la loi « les garanties fondamentales accordées aux citoyens pour l'exercice des libertés publiques ».

Il s'impose soit quand les organes de l'État souhaitent attribuer une compétence nouvelle au juge administratif ou au juge judiciaire, soit en cas de modification des règles existantes. L'autorité détentrice du **pouvoir réglementaire** commettrait donc une illégalité en intervenant dans ce domaine réservé à la loi.

MULTIPLICITÉ DES LOIS PORTANT SUR LA RÉPARTITION DES COMPÉTENCES

66125 Nombreux sont les **textes** législatifs qui désignent l'ordre de juridiction compétent pour connaître des litiges se rattachant à une matière déterminée. Quelques-uns sont **anciens** : par exemple, l'article 4 de la loi du 28 pluviôse an VIII, aujourd'hui repris sous l'article L 3231-1 du Code général de la propriété des personnes publiques, qui attribue à la juridiction administrative les litiges relatifs aux cessions de biens immobiliers de l'État appartenant à son domaine privé (voir T. confl. 6-6-2011 n° 3806 : RJDA 2/12 n° 225) ; ou encore le décret du 17 mai 1809 « relatif aux octrois municipaux et de bienfaisance », qui attribue à la juridiction judiciaire les litiges relatifs aux droits de place dans les halles et marchés (voir T. confl. 19-5-2014 n° 3938 : Lebon T. p. 575 ; Cass. 1e civ. 14-1-1997 n° 94-19.756 : RJDA 4/97 n° 595). Mais la **période récente** a vu l'adoption de nouvelles dispositions législatives, qui, afin de renforcer la sécurité juridique des justiciables, règlent expressément les modalités de partage des compétences dans certains secteurs de l'activité de l'État et des autres personnes publiques.

Néanmoins, l'intervention du législateur peut être à l'origine de **difficultés d'interprétation**. Ainsi, dans un but de simplification parfaitement louable, la loi 57-1424 du 31 décembre 1957 (art. 1, al. 1er) a donné aux tribunaux de l'ordre judiciaire compétence pour statuer sur toute action en responsabilité tendant à la réparation des dommages de toute nature causés par un véhicule quelconque d'une personne publique. Or, contre toute attente, les notions de « véhicule » et de « dommage causé par un véhicule » ont suscité beaucoup d'hésitations de la part des juridictions et d'innombrables solutions jurisprudentielles (voir, par exemple, Cass. 1e civ. 14-6-2005 n° 04-10.207 : RJDA 1/06 n° 81 ; Cass. 1e civ. 19-3-2008 n° 07-11.218 : RJDA 10/08 n° 1074 ; Cass. 1e civ. 23-2-2012 n° 10-27.336 : RJDA 7/12 n° 732). Voir aussi n° 66325.

CATÉGORIES DE LOIS PORTANT SUR LA RÉPARTITION DES COMPÉTENCES

66130 Les textes attributifs de compétence peuvent, selon les cas, être rattachés à l'une de ces catégories :
– certains se bornent à confirmer, dans une hypothèse déterminée, les règles générales de répartition ;
– d'autres ont pour objet d'étendre la compétence administrative au-delà de ce qui résulterait de l'application de ces règles générales ;
– d'autres sont, à l'inverse, destinés à confier au juge judiciaire des litiges qui, en vertu des mêmes règles, devrait relever du juge administratif.

66135 **Lois confirmant les règles générales de répartition** Des textes attribuent au **juge administratif** la connaissance de litiges qui, de toute façon, devraient entrer dans le champ de sa compétence. Ainsi en va-t-il, par exemple, pour les dispositions relatives aux recours contre certaines sanctions prononcées par des autorités de régulation. Alors que le législateur qualifie généralement celles-ci d'autorités publiques (ou administratives) indépendantes, les recours doivent être introduits auprès du Conseil d'État statuant en premier et dernier ressort. C'est, notamment, le cas des sanctions prononcées par :
– l'**Autorité de contrôle prudentiel et de résolution (ACPR)** à l'encontre des établissements de crédit ou des autres opérateurs financiers soumis à son contrôle (C. mon. fin. art. L 612-16, III ; C. just. adm. art. L 311-4, 1°) ;
– l'**Autorité des marchés financiers (AMF)** à l'encontre des professionnels (C. mon. fin. art. L 621-9, II et L 621-30 a contrario) ;

– l'**Autorité de régulation des communications électroniques, des postes et de la distribution de la presse (Arcep)** (CPCE art. L 5-3 et L 36-11 ; C. just. adm. art. L 311-4, 3°) ;
– la **Commission de régulation de l'énergie (CRE)** (C. énergie art. L 134-34 ; C. just. adm. art. L 311-4, 9°) ;
– l'**Autorité de régulation des transports (ART)** (C. transports art. L 1264-10 ; C. just. adm. art. L 311-4, 10°).

Symétriquement, un texte législatif peut comporter des dispositions qui explicitent un principe réservant au **juge judiciaire** certains contentieux. Bien qu'il soit antérieur à la Constitution de 1958, l'article 136, al. 3 du Code de procédure pénale en est un exemple caractéristique. Il énonce que dans tous les cas d'atteinte à la liberté individuelle, le conflit ne peut jamais être élevé par l'autorité administrative et les tribunaux de l'ordre judiciaire sont toujours exclusivement compétents. Il contribue donc à conforter le principe constitutionnel selon lequel l'autorité judiciaire est gardienne de la liberté individuelle (n° 66115). **66137**

Lois dérogatoires en faveur du juge administratif L'article L 2331-1, 1° du Code général de la propriété des personnes publiques (CG3P) attribue à la juridiction administrative les litiges relatifs aux **contrats d'occupation du domaine public**, non seulement si ceux-ci sont conclus par des personnes publiques, mais également s'ils le sont par des personnes privées ayant la qualité de concessionnaires (voir T. confl. 9-12-2013 n° 3925 : RJDA 4/14 n° 327 ; CE 11-12-2000 n° 202971 : RJDA 10/01 n° 963 ; Cass. 1e civ. 6-3-2001 n° 98-23.120 : RJDA 6/01 n° 744). **66140**
Autre exemple : l'article L 6 du Code de la commande publique qualifie de contrats administratifs la plupart des contrats – marchés publics et concessions – qui relèvent de ce Code, s'ils sont passés par des personnes morales de droit public. Or, de tels contrats peuvent, éventuellement, ne pas satisfaire à tous les critères jurisprudentiels qui permettent d'identifier un contrat administratif (nos 66240 s.).
Cette dernière disposition fait l'objet d'une interprétation extensive. Ainsi en va-t-il dans le cas d'un contrat, dénommé « police unique de chantier », par lequel une collectivité territoriale souscrit, pour les besoins d'une opération de construction, une assurance dommage-ouvrage en application de la réglementation des marchés publics. Alors que ce contrat présente, par là même, un caractère administratif, la clause qui porte sur la souscription d'une seconde assurance garantissant la responsabilité décennale de l'entreprise chargée de l'opération s'analyse comme une stipulation pour autrui et ne modifie pas la nature du contrat (T. confl. 5-7-2021 n° 4223 : RJDA 11/21 n° 711).

Lois dérogatoires en faveur du juge judiciaire Nombreux sont les textes qui donnent à la juridiction judiciaire compétence à l'égard de litiges qui devraient, en principe, lui échapper. On mentionnera, en particulier : **66145**
– La loi du 31 décembre 1957 relative à la réparation des **dommages causés par les véhicules** des personnes publiques (n° 66125).
– L'article L 911-4 du Code de l'éducation relatif aux **accidents scolaires**. Lorsque la responsabilité des membres de l'enseignement public se trouve engagée du fait d'un dommage causé, ou subi, par un élève (ou un étudiant), l'action exercée par la victime doit être dirigée contre l'État, dont la responsabilité est substituée à celle de l'enseignant. Cette action doit être portée devant le juge judiciaire.
– Plusieurs dispositions du Code de la propriété intellectuelle attribuent au seul juge judiciaire le soin de connaître des actions relatives à la **propriété littéraire et artistique** (CPI art. L 331-1, al. 1), aux **dessins et modèles** (art. L 521-3-1, al. 1), aux **marques** (art. L 716-3) et aux **brevets d'invention**, exception faite des recours contre les actes administratifs du ministre chargé de la propriété industrielle (art. L 615-17, al. 1).

ILLUSTRATIONS

Dans sa rédaction issue de la loi 2011-425 du 17 mai 2011, l'article L 331-1 précité a pour objet de confier à la juridiction judiciaire l'ensemble du contentieux de la propriété littéraire et artistique. La juridiction judiciaire est donc compétente dans le cas d'une action en responsabilité fondée sur la **méconnaissance, par une personne publique, de droits en matière de propriété littéraire et artistique** (T. confl. 7-7-2014 n° 3954 : Lebon p. 466). Toutefois, par exception au principe posé par le législateur, il appartient au seul juge administratif de connaître de l'action par laquelle un architecte demande à ce qu'une atteinte à son droit moral soit réparée par l'exécution de travaux sur un équipement culturel présentant le caractère d'un ouvrage public (T. confl. 5-9-2016 n° 4069 : RJDA 2/17 n° 136) (n° 66325).
Faisant application de l'article L 521-3-1 précité, le Tribunal des conflits a énoncé que le législateur avait entendu, par dérogation aux principes gouvernant la responsabilité des personnes publiques, faire relever de la compétence des tribunaux de l'ordre judiciaire la recherche de la

responsabilité des personnes morales de droit public en raison d'une **contrefaçon de dessins et modèles** qui leur serait imputée (T. confl. 2-5-2011 n° 3770 : RJDA 2/12 n° 217).
Lorsqu'une entreprise, titulaire d'un **brevet d'invention**, demande au juge administratif l'annulation d'un marché public en faisant valoir que l'offre déposée par l'un de ses concurrents est irrégulière, car le produit proposé par ce concurrent **contrefait** le brevet en cause, seul le juge judiciaire peut, en vertu de l'article L 615-17 du Code de la propriété intellectuelle, se prononcer sur l'existence d'une telle contrefaçon. Le litige principal relevant de la compétence administrative, le tribunal judiciaire doit être saisi d'une question préjudicielle portant sur une éventuelle atteinte aux droits de propriété intellectuelle de l'entreprise concernée (T. confl. 9-12-2019 n° 4169 : RJDA 4/20 n° 248).

66147 À la liste figurant ci-dessus, il convient d'ajouter les dispositions législatives qui désignent la cour d'appel de Paris pour statuer sur les **recours contre certaines décisions** prises par plusieurs **autorités de régulation** publiques « ou administratives ». Il s'agit, notamment des mesures conservatoires, des injonctions et des sanctions prononcées par l'**Autorité de la concurrence** (C. com. art. L 464-7, al. 1 et L 464-8, al. 1), des sanctions infligées par l'**AMF** aux non-professionnels (C. mon. fin. art. L 621-30), de certaines décisions prises par l'**Arcep** (CPCE art. L 36-8), ou encore de certaines sanctions prononcées par l'**Autorité de régulation de la communication audiovisuelle et numérique** (Arcom) (CPI art. L 331-29 et L 331-32).

66148 En règle générale, ces dispositions sont **interprétées** strictement.
Ainsi, le Conseil d'État se déclare-t-il compétent pour statuer sur un recours contre les décisions par lesquelles le rapporteur général de l'**Autorité de la concurrence** refuse la protection du secret des affaires, ou accorde la mainlevée du secret, dans le cadre de la procédure de répression des pratiques anticoncurrentielles (C. com. art. L 463-4) : ces **décisions** sont, en effet, considérées comme **détachables** de la procédure en cause (CE 10-10-2014 n° 367807 : RJDA 12/14 n° 940).
Mais la **solution** est **différente** en ce qui concerne les demandes d'information ou de documents que les rapporteurs permanents de l'Autorité adressent à une entreprise dans le cadre de l'instruction de pratiques anticoncurrentielles : ces demandes ne sont pas détachables de la procédure engagée par le Régulateur (CE 6-3-2015 n° 381711 : RJDA 6/15 n° 461).
N'est pas davantage détachable le refus opposé par les services de l'Autorité de la concurrence à la demande présentée par des entreprises en vue d'obtenir l'ouverture d'une procédure d'acceptation d'engagements dans le cadre de l'instruction de pratiques anticoncurrentielles (CE 11-10-2017 n° 402268 : RJDA 2/18 n° 182 ; CE 1-7-2022 n° 448061 : RJDA 10/22 n° 583, 2e espèce), ou encore en vue d'obtenir que soient retirés du dossier d'instruction deux procès-verbaux établis par des rapporteurs de l'Autorité (CE 18-7-2023 n° 469032).
Même solution encore, s'agissant de la décision prise par l'Autorité de la concurrence de limiter ou non la publicité d'une mesure conservatoire prononcée en vertu de l'article L 464-7 du Code de commerce. Cette décision est considérée comme indissociable de la mesure conservatoire elle-même (T. confl. 5-10-2020 n° 4193 : RJDA 12/20 n° 665, sur renvoi de CE 20-3-2020 n° 429279 : RJDA 7/20 n° 393).
De façon analogue, la diffusion par l'Autorité de la concurrence d'une vidéo et de commentaires se rapportant à une sanction, concomitamment à la mise en ligne, sur le site internet de l'Autorité, de la décision prononçant cette sanction, n'est pas dissociable d'une telle décision (T. confl. 11-4-2022 n° 4242 : RJDA 10/22 n° 583, 1e espèce).

66149 De manière comparable, dès lors que l'**AMF** est une autorité publique dotée de la personnalité morale, il appartient au juge administratif de connaître :
– d'une action en responsabilité qui met en cause les conditions de fonctionnement de ses services (T. confl. 2-5-2011 n° 3766 : RJDA 7/11 n° 633) ;
– d'un recours en annulation dirigé contre des communiqués publiés par l'AMF à l'intention des investisseurs, alors que ces communiqués ne sont pas assimilables à des décisions individuelles susceptibles d'être contestées auprès de la cour d'appel de Paris (T. confl. 16-11-2015 n° 4026 : RJDA 2/16 n° 120).

C. Règles de compétence juridictionnelle d'origine jurisprudentielle

RÔLE DE LA JURISPRUDENCE EN MATIÈRE DE RÉPARTITION DES COMPÉTENCES

66150 Aussi nombreux qu'ils soient, les textes législatifs ne traitent pas de toutes les hypothèses dans lesquelles se pose la question de la juridiction compétente pour connaître d'un litige résultant d'une activité administrative. Le Tribunal des conflits, le Conseil d'État et la Cour de cassation

ont donc dû régler, par eux-mêmes, ces difficultés, en se référant essentiellement au principe de **séparation des autorités administratives et judiciaires** qui avait été énoncé par la loi des 16 et 24 août 1790 sur l'organisation judiciaire.
La méthode jurisprudentielle consiste à dégager des **critères de répartition** dont la mise en œuvre entraîne tantôt la compétence administrative, tantôt la compétence judiciaire. Ces critères sont, aujourd'hui, de trois sortes :
– un critère organique prend en considération la présence, ou l'absence, d'une personne publique dans le cadre de l'activité litigieuse (n° 66155) ;
– un critère fonctionnel s'attache à l'existence, ou non, d'une mission de service public, celle-ci étant, notamment, caractérisée par la finalité d'intérêt général que poursuit la personne publique (ou privée) en cause (n° 66160) ;
– un critère instrumental retient la détention, ou non, par la personne publique (ou privée) en cause, de prérogatives de puissance publique (n° 66165).
Le plus souvent, il est nécessaire de **combiner** ces trois critères à la fois.
Par ailleurs, la jurisprudence s'efforce parfois, dans un but de simplification, de rassembler, sous une même attribution de compétence, le plus grand nombre d'hypothèses : il s'agit de la méthode, dite des « **blocs de compétence** ». Celle-ci s'applique, notamment, au titre de la gestion du domaine privé des collectivités publiques (n° 66215), de la notion d'ouvrage public (n° 66325) et des rapports entre les services publics industriels et commerciaux (Spic) et leurs usagers (nos 66415 s.).

CRITÈRE ORGANIQUE DE LA RÉPARTITION DES COMPÉTENCES

Le critère organique prend en considération la présence, ou non, d'une personne publique. Il a le mérite d'être facile à utiliser. Sauf cas très particuliers, on parvient aisément à déterminer si une entité, partie à un litige, est une **personne morale de droit public ou de droit privé**. **66155**
Relèvent essentiellement de la première catégorie, l'État, les collectivités territoriales (régions, départements, communes), ainsi que les établissements publics, qu'ils soient administratifs (EPA) ou industriels et commerciaux (Epic). Relèvent de la seconde, les associations, les différents types de sociétés, les syndicats, etc.
La présence d'une personne publique fait naître une certaine présomption en faveur de la compétence administrative. Mais le critère organique subit des **exceptions** importantes, en particulier dans le contentieux des actes juridiques unilatéraux (nos 66210 s.) et des contrats (nos 66240 s.). En outre, il est rare que ce critère se suffise à lui-même. On doit généralement prendre en compte le **but poursuivi** par la personne publique, ainsi que la nature des moyens juridiques qu'elle utilise.

> **Précisions a.** L'**État** est, à lui seul, une personne morale de droit public. Aussi, lorsque le litige met en cause une administration centrale (ministère) ou territoriale (préfecture, direction départementale ou régionale chargée de tel ou tel service), il faut toujours considérer, au regard des règles de compétence, que ces administrations agissent pour le compte de l'État en sa qualité de personne publique.
> **b.** La notion économique et institutionnelle d'**entreprise publique** n'est guère opérationnelle du point de vue de la répartition des compétences. En effet, elle désigne des établissements publics de l'État, mais également des sociétés anonymes appartenant au secteur public.
> **c.** Toutes les **autorités publiques** (ou administratives) **indépendantes** exerçant une fonction de régulation sont aujourd'hui dotées de la personnalité morale et constituent, ainsi, des personnes publiques (Loi 2017-55 du 20-1-2017 art. 2).

CRITÈRE FONCTIONNEL DE LA RÉPARTITION DES COMPÉTENCES

Le critère fonctionnel s'attache à l'existence, ou non, d'une mission de service public. Il est d'un maniement délicat. Notamment, parce que la notion de service public recouvre, à la fois, une institution et un but d'intérêt général. Ainsi, le service public de la police (sens organique) exerce-t-il des attributions destinées à la protection de l'ordre public et la poursuite des infractions pénales (sens finaliste). Mais, pour l'application des règles de compétence juridictionnelle, le critère doit principalement être compris en tant qu'il désigne une activité d'intérêt général. Si tel est le cas, la compétence administrative peut aussi être présumée. Encore faut-il que le service public présente un **caractère administratif**. S'il est industriel et commercial (Spic), la compétence judiciaire est assez probable. **66160**
À l'époque contemporaine, le critère du service public occupe une place importante dans la méthode jurisprudentielle de délimitation des compétences. C'est le cas en matière d'acte juridique unilatéral (nos 66220 s.), de contrat (n° 66260), de domanialité publique (nos 66310 s.) et de travaux publics (nos 66320 s.).

RELATION ENTRE LE CRITÈRE FONCTIONNEL ET LES AUTRES CRITÈRES

66162 La jurisprudence du Conseil d'État met en évidence la relation qui s'établit entre le critère fonctionnel et les critères organique et instrumental. Pour déterminer si une personne privée se trouve investie d'une mission de service public, cette jurisprudence envisage deux hypothèses (CE 22-2-2007 n° 264541 : Lebon p. 92) :

– le premier cas est celui d'une personne privée qui assure une mission d'intérêt général sous le contrôle de l'administration et qui est dotée à cette fin de prérogatives de puissance publique ;

– le second est celui d'une personne privée qui, même en l'absence de telles prérogatives, doit être considérée comme assurant une mission de service public lorsque, eu égard à l'intérêt général de son activité, aux conditions de sa création, de son organisation ou de son fonctionnement, aux obligations qui lui sont assignées ainsi qu'aux mesures prises pour vérifier que les objectifs qui lui sont assignés sont atteints, il apparaît que l'administration a entendu lui confier une telle mission.

En application de cette jurisprudence, il a été jugé que l'association chargée d'organiser le festival international d'art lyrique d'Aix-en-Provence était, au titre de la seconde hypothèse, chargée d'un service public culturel présentant, par ailleurs, un caractère administratif (CE 6-4-2007 n° 284736 : Lebon p. 155). Mais la solution est différente dans le cas d'une société d'économie mixte qui exploite dans une commune un complexe cinématographique : si cette société, qui ne détient pas de prérogatives de puissance publique, poursuit un but d'intérêt général, l'absence de toute obligation imposée par la commune et de tout dispositif de contrôle des objectifs qui lui auraient été fixés ne permet pas de considérer que son activité serait assimilable à une mission de service public (CE 5-10-2007 n° 298773 : RJDA 4/08 n° 398).

CRITÈRE INSTRUMENTAL DE LA RÉPARTITION DES COMPÉTENCES

66165 Le critère instrumental se fonde sur la détention, ou non, par la personne en cause, de prérogatives de puissance publique. Les pouvoirs « exorbitants » que possèdent les personnes publiques (et certaines personnes de droit privé) caractérisent, par excellence, l'existence d'un régime de droit public, lequel justifie lui-même la compétence administrative : principalement dans le contentieux des actes juridiques unilatéraux (nos 66220 s.) et des contrats (nos 66270 s.).

Relèvent spécialement de la notion de prérogatives de puissance publique le pouvoir de prendre des **décisions** unilatérales, individuelles ou réglementaires, **qui s'imposent à leurs destinataires**, ou encore, d'autres pouvoirs de **contrainte** (prononcé de sanctions, prélèvements obligatoires, etc.).

En réalité, de telles prérogatives sont loin d'être exclues dans les rapports de droit privé. Mais, dès lors qu'elles contribuent à assurer l'exécution d'une mission d'intérêt général, elles acquièrent une spécificité qui leur permet de déterminer la répartition des compétences juridictionnelles.

66167 La notion de prérogatives de puissance publique joue un rôle essentiel lorsqu'il s'agit de savoir si une personne publique (ou une personne privée chargée d'une mission de service public), à laquelle sont imputées des **pratiques anticoncurrentielles**, peut être justiciable de l'Autorité de la concurrence et, par là même, de la juridiction judiciaire.

La réponse à cette question est déterminée par les dispositions de l'article L 410-1 du Code de commerce qui soumettent aux règles de la concurrence les entités exerçant « une activité de production, de distribution et de services, y compris celles qui sont le fait de personnes publiques ». Sur la base de ces dispositions, le Tribunal des conflits a nettement jugé qu'une décision administrative prise, en vertu de ses prérogatives, par une personne publique (ou une personne privée chargée d'une mission de service public), ne saurait être assimilée à une activité de production, de distribution et de services, de sorte que c'est au juge administratif d'en apprécier la validité (T. confl. 4-11-1996 n° 3088 : RJDA 5/97 n° 661 ; T. confl. 18-10-1999 n° 3174 : RJDA 2/00 n° 214 ; T. confl. 4-5-2009 n° 3714 : RJDA 11/09 n° 3714). Voir aussi Cass. com. 8-4-2014 n° 13-11.765 : RJDA 6/14 n° 567.

SECTION 2

MATIÈRES PARTAGÉES ENTRE LE JUGE ADMINISTRATIF ET LE JUGE JUDICIAIRE

CATÉGORIES DE LITIGES DONNANT LIEU À UN PARTAGE DES COMPÉTENCES

Les litiges survenant dans certains secteurs de l'activité administrative sont susceptibles d'être portés, selon les cas, devant l'un ou l'autre ordre juridictionnel. Ces hypothèses sont, en général, particulièrement importantes. Il s'agit, pour l'essentiel, des actes juridiques unilatéraux (n° 66210), des contrats (n° 66240) et du service public de la justice (n° 66280). **66200**
Ces développements ont pour objet de préciser comment s'établit la ligne de partage entre la compétence administrative et la compétence judiciaire à l'égard des litiges en cause.

A. Compétence à l'égard des litiges portant sur les actes juridiques unilatéraux

1. LITIGES RELATIFS AUX ACTES ÉMANANT D'UNE PERSONNE PUBLIQUE

ACTES DES PERSONNES PUBLIQUES RELEVANT DU JUGE ADMINISTRATIF

Les décisions de caractère réglementaire, ou de portée individuelle, prises par les **autorités de l'État**, les collectivités territoriales et les établissements publics administratifs, sont, le plus souvent, des actes administratifs relevant de la compétence administrative. Tel est, par exemple, le cas s'agissant d'une mesure de police municipale (Cass. 1e civ. 11-12-2019 n° 18-21.513 FS-PBI) ou d'une décision prise par l'Agence nationale de sécurité du médicament et des produits de santé au titre de la mise sur le marché des spécialités pharmaceutiques (T. confl. 4-11-2019 n° 4165 ; Cass. 1e civ. 8-1-2020 n° 19-10.001 FS-PBI). **66210**
Il en va de même de certaines décisions prises par les **établissements publics** que la loi qualifie d'**industriels et commerciaux** (Epic). En effet, les réglementations qu'édictent ces établissements ressortissent par leur nature des prérogatives administratives de la puissance publique (T. confl. 29-12-2004 n° 3416 : Lebon p. 525 ; T. confl. 12-12-2005 n° 3455 : Lebon p. 670 ; T. confl. 20-3-2006 n° 3505 : Lebon p. 626). La solution s'explique par le jeu combiné du critère organique (n° 66155) et du critère instrumental (nos 66165 s.).

> **Précisions** Le principe de la séparation des autorités administratives et judiciaires s'oppose à ce que le juge civil puisse ordonner à une société privée de prendre des **mesures contraires aux prescriptions d'un arrêté** pris par l'autorité de police (Cass. 1e civ. 9-9-2020 n° 19-17.271 F-PB).

ACTES DE GESTION DU DOMAINE PRIVÉ RELEVANT DU JUGE JUDICIAIRE

Le principe de la compétence administrative subit une exception notable dans le cas des actes de gestion du domaine privé des collectivités publiques, et en particulier, des communes. Une jurisprudence classique attribue au juge judiciaire le contentieux de ces actes (voir, par exemple, T. confl. 24-10-1994 n° 2922 : Lebon p. 606). **66215**
Autrefois, cette exception subissait, elle-même, une dérogation lorsque l'**acte** en cause était considéré comme **détachable** de la gestion du domaine privé. Correspondaient, notamment, à une telle dérogation les délibérations par lesquelles les conseils municipaux fixaient des règles d'occupation du domaine privé ou approuvaient la cession d'un bien appartenant à ce domaine. Or, par la suite, le Tribunal des conflits a partiellement remis en cause cette jurisprudence en abandonnant la notion d'acte détachable (T. confl. 22-11-2010 n° 3764 : Lebon p. 591). Désormais, le juge judiciaire peut connaître de tous les actes de gestion, proprement dits, du domaine privé communal, sans qu'il en résulte cependant une unification totale de sa compétence. Celle-ci subit, en effet, une double limite.

Continuent à relever du juge administratif les **actes de disposition** qui affectent le périmètre ou la consistance d'une **dépendance domaniale**. Il appartient donc encore à ce juge de statuer sur la légalité d'une délibération habilitant le maire de la commune à vendre un bien de son domaine privé (CE 15-3-2017 n° 393407 : RJDA 10/17 n° 684 ; Cass. 1e civ. 10-7-2013 n° 12-22.198 : RJDA 2/14 n° 191) ou d'une délibération autorisant la conclusion d'une convention ayant pour objet de mettre à la disposition d'une société une dépendance du domaine privé communal (CE 28-6-2023 n° 456291). Même solution s'il s'agit de contester la décision d'un établissement administratif qui refuse de conclure un bail rural sur des terres agricoles appartenant à son domaine privé (T. confl. 5-3-2012 n° 3833 : Lebon p. 651), ou encore de demander à une commune réparation du préjudice résultant de la décision par laquelle la collectivité publique renonce à son projet d'acquérir le fonds de commerce qu'une société exploitait sur son domaine privé (T. confl. 13-3-2023 n° 4260 : RJDA 8-9/2023 n° 485).
Par ailleurs, la compétence du juge judiciaire suppose que celui-ci ait été saisi d'un litige opposant une personne privée à la commune dans le cadre d'une **relation contractuelle** (Cass. 1e civ. 4-7-2019 n° 18-20.842 F-PB : RJDA 12/19 n° 793). Doit donc être porté devant le juge administratif un recours formé par une association, n'ayant aucun lien contractuel avec la commune, contre la délibération du conseil municipal qui donne en location une dépendance du domaine privé à autre organisme (CE 7-3-2019 n° 417629 : RJDA 10/19 n° 668).

2. LITIGES RELATIFS AUX ACTES ÉMANANT D'UNE PERSONNE PRIVÉE

RÈGLES DE COMPÉTENCE PORTANT SUR LES ACTES DES PERSONNES PRIVÉES

66220 En règle générale, il n'appartient évidemment pas à la juridiction administrative de se prononcer sur la validité des actes pris par les organes statutaires des associations, sociétés ou syndicats. Mais cette application du critère organique peut être mise en échec lorsqu'une personne privée est investie d'une **mission de service public** et qu'en outre, l'acte litigieux se rattache à l'exercice de **prérogatives de puissance publique**.
La première de ces deux conditions est déterminante. Un organisme privé, même dont le capital est majoritairement détenu par l'État, qui ne poursuit pas un but d'intérêt général et qui ne peut donc pas être considéré comme chargé d'un service public (n° 66160), est insusceptible d'adopter un acte administratif.
Tel est, par exemple, le cas de décisions prises par le président-directeur général de la société la **Française des jeux** en vue de réglementer certains jeux instantanés. Les activités de la société, consacrées aux jeux de hasard, ne portent pas sur une mission de service public (CE 27-10-1999 n° 171169 : Lebon p. 327). Le juge administratif est incompétent pour en connaître.

66223 La seconde condition, tirée de l'existence de prérogatives exorbitantes, n'en est pas moins nécessaire. On en trouve plusieurs exemples en matière de **normalisation** ou de **certification**.
Ainsi, une **norme homologuée** par l'Afnor, qui présente un caractère obligatoire et réglementaire, constitue un acte administratif (CE 14-10-1991 n° 90260 : RJDA 5/92 n° 523, 2e espèce ; CE 8-3-2002 n° 210043 : RJDA 6/02 n° 701). Cette solution a été étendue à l'hypothèse d'une décision de l'Afnor faisant obstacle à l'homologation d'une norme (CE 24-1-2018 n° 410996 : RJDA 4/18 n° 378). En revanche, une norme que l'Afnor a seulement **enregistrée** ne ressortit à l'exercice d'aucune prérogative de puissance publique (CE 17-2-1992 n° 73230 : RJDA 5/92 n° 523, 1e espèce).
N'a pas non plus un caractère administratif une norme définie, en vertu de l'article L 115-27 du Code de la consommation (devenu art. L 433-3), par un **organisme de certification** ayant le statut d'association, alors que cet acte n'a vocation à s'appliquer qu'aux opérateurs sollicitant leur certification et que la sanction de son inobservation consiste uniquement dans le retrait de la certification (CE 24-3-1999 n° 189478 : RJDA 11/99 n° 1261). Mais la solution est différente lorsqu'un organisme certificateur assure, sous le contrôle de l'Institut national de l'origine et de la qualité, la certification des produits bénéficiant de la mention « agriculture biologique » (C. rur. art. L 642-27 s.) : les décisions que prend cet organisme chargé d'une mission de service public, dans l'exercice des prérogatives de puissance publique dont il est doté, sont des actes administratifs (CE 20-10-2014 n° 365447 : Lebon T. p. 577).
Dans une tout autre hypothèse, c'est la compétence judiciaire qui a été retenue. Une **entreprise de marché**, qui était une société commerciale et qui était chargée d'assurer le fonctionnement d'un marché réglementé d'instruments financiers, avait décidé de remplacer un système de cotation à la criée par un système de cotation électronique. Il a été jugé qu'une telle décision, prise par cette société, pour son propre compte et afin de permettre un meilleur fonctionnement du marché ne procède pas de l'exercice de prérogatives de puissance publique conférées pour l'accomplissement d'une mission de service public (T. confl. 13-12-2004 n° 3418 : RJDA 11/05 n° 1236).

EXEMPLES D'ACTES DES PERSONNES PRIVÉES AYANT UN CARACTÈRE ADMINISTRATIF

À l'époque récente se sont multipliés les cas où la jurisprudence reconnaît un **caractère administratif** aux décisions prises par des **personnes privées** investies d'une mission de service public et, en conséquence, la compétence du juge administratif. Les exemples illustrant cette tendance concernent les domaines les plus divers : 66225

– Les **actes des fédérations sportives**. Ainsi, les décisions émanant des fédérations agréées, qui, dans chaque discipline sportive, reçoivent une délégation ministérielle (C. sport art. L 131-14 s.), sont des actes de puissance publique. La solution vaut pour les **décisions réglementaires** : dispositions par lesquelles la Fédération française de tennis de table subordonne au paiement d'une redevance l'agrément des balles utilisées au cours des compétitions officielles (CE 22-11-1974 n° 89828 : Lebon p. 576) ; dispositions par lesquelles la Fédération française de basket-ball fixe les conditions de participation des joueurs à certaines compétitions (CE 16-3-1984 n° 50878 : Lebon p. 118) ; règles édictées par les statuts de la Fédération française de billard, à condition toutefois qu'elles manifestent l'usage de prérogatives de puissance publique (CE 15-3-2023 n° 466632). Il en va de même pour des **décisions individuelles** telles que la mesure conservatoire de suspension prononcée par la Fédération française de football à l'encontre d'un joueur professionnel soupçonné de dopage (CE 5-5-1995 n° 155820 : Lebon p. 197) ou encore pour une décision de la Fédération française des sports de glace relative à la sélection dans l'équipe nationale d'un joueur de bobsleigh (CE 8-4-2013 n° 351735 : Lebon T. p. 503).

– Le **sport hippique**. Les « sociétés mères » des courses de chevaux sont investies de missions de service public. Les décisions qu'elles prennent dans le cadre de ces missions et qui se rattachent à des prérogatives de puissance publique sont donc de nature administrative. C'est le cas pour les sanctions qu'elles infligent à une société d'entraînement (CE 12-10-2018 n° 410998 : Lebon T. p. 611) ou encore pour des dispositions définissant les conditions d'attribution et de répartition de primes à certains éleveurs de chevaux (CE 10-2-2023 n° 468238).

– La **chasse**. Les associations communales ou intercommunales de chasse agréées (C. env. art. L 422-2 s.) prennent des décisions administratives lorsqu'elles refusent à l'un de leurs membres la possibilité de se retirer du territoire soumis à leur action (CE 7-7-1978 n° 99333 : Lebon p. 295) ou qu'elles fixent le montant des cotisations dues par leurs adhérents (T. confl. 9-7-2012 n° 3861 : Lebon T. p. 650).

– Les **activités bancaires**. L'organe central d'un réseau d'établissements de crédit est chargé de veiller à la cohésion de celui-ci et de s'assurer du bon fonctionnement des établissements affiliés (C. mon. fin. art. L 511-31). Un recours formé contre la décision par laquelle cet organe retire l'agrément du directeur d'une caisse régionale relève de la compétence administrative (CE 30-6-2010 n° 314481 : Lebon T. p. 689). Par ailleurs, la Confédération nationale du crédit mutuel (CNCM), qui est l'organe central du réseau des caisses de crédit mutuel, est investie d'une mission de service public et détentrice de prérogatives de puissance publique. Le juge administratif est donc compétent pour connaître d'un recours contre les dispositions de ses statuts qui se rattachent à l'exercice de telles prérogatives (CE 9-3-2018 n° 399413 : RJDA 12/18 n° 933).

– La **diffusion des émissions télévisées**. Même solution en ce qui concerne la décision par laquelle la société France Télévisions détermine la part de chaque langue régionale dans le temps d'antenne consacré aux programmes en langues régionales (CE 30-12-2016 n° 390829 : Lebon T. p. 692).

> **Précisions** La **société Aéroports de Paris** est chargée d'accorder aux riverains des aérodromes qu'elle exploite une aide financière en vue d'insonoriser leurs logements (C. env. art. L 571-14 s.). Les décisions qu'elle prend à cette occasion comportent l'exercice de prérogatives de puissance publique et présentent donc un caractère administratif (CE 11-4-2019 n° 411903 : Lebon T. p. 637).

ACTION EN RESPONSABILITÉ POUR FAUTE D'UNE PERSONNE PRIVÉE INVESTIE D'UNE MISSION DE SERVICE PUBLIC

La compétence administrative s'étend à la **réparation du dommage** résultant du retard mis par la société Bureau Veritas à délivrer à une compagnie aérienne un « certificat de navigabilité » pour l'un de ses avions (CE 23-3-1983 n° 33803 : Lebon p. 133). De même, lorsqu'il est reproché au GIE pour la sécurité de l'aviation civile certaines défaillances dans l'exercice du contrôle qu'il exerce avant la délivrance de ces certificats (T. confl. 8-6-2009 n° 3713 : Lebon p. 586). 66230

Doit être également portée devant la juridiction administrative l'action par laquelle est recherchée la responsabilité d'une fédération sportive délégataire en raison de sa carence dans l'exercice de ses prérogatives de puissance publique (T. confl. 21-10-2010 n° 3759 : Lebon p. 583 ; T. confl. 9-12-2013 n° 3922 : Lebon T. p. 508).

B. Compétence à l'égard des litiges portant sur les contrats

INCIDENCE DE LA NATURE DU CONTRAT SUR LA COMPÉTENCE

66240 La nature juridique d'un contrat doit s'apprécier à la **date** à laquelle il a été conclu. Les textes législatifs ultérieurs, ou autres circonstances nouvelles, qui ont pour effet de remettre en cause sa qualification initiale, n'ont pas d'incidence sur cette appréciation (T. confl. 16-10-2006 n° 3506 : RJDA 10/07 n° 960 ; T. confl. 9-3-2015 n° 3984 : RJDA 7/15 n° 540 ; T. confl. 4-7-2016 n° 4055 : RJDA 11/16 n° 778).

L'**ensemble des litiges** occasionnés par la passation ou l'exécution d'un contrat administratif doivent être portés devant le juge administratif, que l'action contentieuse soit, ou non, fondée sur des clauses contractuelles. Cette règle explique que la compétence administrative s'impose si une personne publique ayant passé des marchés publics avec des entreprises privées recherche la responsabilité de ces dernières en raison d'**agissements dolosifs** susceptibles de l'avoir conduite à contracter à des conditions de prix désavantageuses (CE 19-12-2007 n° 268918 et CE 19-3-2008 n° 269134 : RJDA 12/08 n° 1257). Tel est notamment le cas lorsque ces agissements résultent de **pratiques anticoncurrentielles** (T. confl. 16-11-2015 n° 4035 : RJDA 4/16 n° 325). Plusieurs arrêts ont confirmé la même règle (CE 27-3-2020 n° 420491, CE 27-3-2020 n° 421758, CE 10-7-2020 n° 420045 et CE 12-10-2020 n° 432981 : RJDA 2/21 n° 126 ; chron. p. 95).

Une autre jurisprudence consacre également une conception extensive de la compétence administrative dans le contentieux des contrats administratifs. Il s'agit de l'hypothèse où une entreprise demande réparation du préjudice qu'elle aurait subi en raison de la **rupture brutale** d'une relation antérieurement établie avec un établissement public industriel et commercial (Epic). Son action en responsabilité est considérée comme portant sur une relation résultant d'un contrat administratif. Elle relève donc de la compétence du juge administratif, bien que l'entreprise se soit fondée sur les dispositions du Code de commerce qui attribuent à la « juridiction civile ou commerciale » le soin de connaître de l'action en réparation de la rupture brutale d'une relation commerciale établie (T. confl. 8-2-2021 n° 4201 : RJDA 5/21 n° 343, sur renvoi de Cass. 1e civ. 9-9-2020 n° 19-21.955 FS-PB : RJDA 1/21 n° 62).

On rappellera encore qu'en vertu d'une jurisprudence constante, la **cession d'une créance** contractuelle, qui se borne à transférer au cessionnaire les droits du créancier contre son débiteur, ne modifie pas la nature de la créance. Elle n'a donc pas d'incidence sur la répartition des compétences juridictionnelles (T. confl. 18-10-1999 n° 3130 : RJDA 3/00 n° 257 ; T. confl. 14-5-2018 n° 4119 : RJDA 11/18 n° 876 ; T. confl. 8-4-2019 n° 4156 : RJDA 10/19 n° 670).

Selon les cas, un contrat peut relever du droit public et de la compétence du juge administratif soit en application d'une loi, soit par le jeu de critères jurisprudentiels.

CONTRATS ADMINISTRATIFS PAR DÉTERMINATION DE LA LOI

66245 Dans plusieurs hypothèses importantes, le législateur a lui-même pris parti sur la qualification qu'il y a lieu de donner à un contrat conclu dans la sphère publique. Ainsi en va-t-il pour :

– les contrats d'**occupation du domaine public**, en vertu de l'article L 2331-1 du Code général des collectivités territoriales (n° 66140) ;

– les **marchés publics** et les **contrats de concession** que le Code de la commande publique (art. L 6) répute être, pour la plupart, des contrats administratifs, à condition qu'ils aient été conclus par une personne morale de droit public (n° 66140).

> **Précisions a.** Les **litiges** opposant une **personne publique** à une **entreprise candidate à l'attribution d'un marché public** relèvent toujours de la compétence du juge administratif, qu'ils trouvent leur origine dans le déroulement de la procédure de passation du marché, ou dans l'exécution de celui-ci (T. confl. 23-5-2005 n° 3450 : RJDA 11/05 n° 1210).
> **b.** Conformément aux règles du droit de l'Union européenne, le Code de la commande publique spécifie que **les marchés et les concessions** sont susceptibles d'être passés par des « pouvoirs adjudicateurs » ou des « entités adjudicatrices », ces dernières se caractérisant par leur activité d'« opérateur de réseaux » comme l'exploitation de réseaux de distribution de gaz ou de chaleur, d'électricité et d'eau potable, de réseaux de transports publics, etc. (CCP art. L 1211-1 s.). Mais cette distinction se superpose au clivage personne publique/personne privée : un pouvoir adjudicateur ou une entité adjudicatrice peut appartenir à l'une ou l'autre catégorie juridique propre au droit national.
> **c.** L'ensemble que forment les **contrats de concession** englobe, lui-même, les concessions de travaux et les concessions de services. Les délégations de service public appartiennent à cette seconde catégorie (CCP art. L 1121-2 et L 1121-3).

CRITÈRES JURISPRUDENTIELS DE DÉTERMINATION DE LA NATURE DU CONTRAT

Chacun des trois critères, organique, fonctionnel et instrumental, concourt à identifier la nature juridique d'un contrat et à le considérer comme régi par le droit public ou le droit privé (nos 66150 s.). **66250**

En matière contractuelle, le critère organique joue un rôle décisif : un contrat ne peut, sauf exception, être administratif que si l'une des parties est une **personne publique**. Les deux autres n'entrent en jeu que dans la mesure où cette condition préalable se trouve satisfaite.

Les critères fonctionnel et instrumental sont alternatifs, et non pas cumulatifs. Un caractère administratif peut donc être reconnu à un contrat soit en raison de son objet et, notamment, parce qu'il permet d'assurer l'exécution d'une **mission de service public**, soit parce qu'il comporte des **clauses exorbitantes**, ou, selon la notion jurisprudentielle la plus récente, parce qu'il relève d'un **régime exorbitant du droit commun**.

Par ailleurs, doit aussi être qualifié d'administratif un contrat dont l'une des parties est une personne publique et qui a pour objet la réalisation de **travaux publics** (nos 66320 s.).

66252

Transaction administrative : juge administratif ou juge judiciaire ?

La transaction conclue par une personne morale de droit public est, en principe, un contrat de nature civile. Mais il en va autrement lorsqu'elle met en œuvre des prérogatives de puissance publique ou aboutit à la participation du cocontractant à une mission de service public. Dans ce cas, l'homologation de la transaction et les litiges nés de son exécution relèvent de la compétence du juge administratif (T. confl. 18-6-2007 n° 3600 : RJDA 3/08 n° 344).

Il appartient également au juge administratif de connaître d'une telle homologation ou de tels litiges si la transaction a pour objet le règlement ou la prévention de différends dont le jugement est principalement réservé au juge administratif (T. confl. 7-2-2022 n° 4233 : RJDA 6/22 n° 377). Ainsi en va-t-il s'agissant d'un différend relatif à l'exécution d'un marché de travaux publics (CE 21-1-1994 n° 64167 : Lebon T. p. 853) ou encore d'un différend relatif à l'installation, par une commune, d'un ouvrage public sur une propriété privée (T. confl. 10-12-2018 n° 4142).

1. RÈGLES DE COMPÉTENCE RELATIVES À LA QUALITÉ DES PARTIES CONTRACTANTES

CARACTÈRE PRIVÉ DU CONTRAT LIANT DEUX PERSONNES PRIVÉES

Selon une jurisprudence constante du Tribunal des conflits, un contrat liant deux personnes privées ne saurait, en principe, présenter un caractère administratif. Tel est, par **exemple**, le cas d'un contrat par lequel : **66255**

- une caisse régionale de crédit agricole, ayant la forme d'une société coopérative, consent un prêt à des particuliers (T. confl. 14-2-2000 n° 3165 : RJDA 12/00 n° 1086) ;
- un établissement de crédit consent un crédit-bail immobilier à une société concessionnaire de service public (T. confl. 21-3-2005 : RJDA 3/06 n° 256) ;
- une entreprise privée cède à une autre un contrat initialement conclu avec une commune (T. confl. 14-5-2012 n° 3832 : RJDA 6/13 n° 505) ;
- un contrat par lequel un comité régional du tourisme, constitué sous la forme d'une association, confie à une imprimerie le soin de fabriquer une brochure d'information (T. confl. 15-10-2012 n° 3868 : RJDA 11/13 n° 888).

> **Précisions** Alors qu'un particulier a fait l'acquisition d'un logement auprès d'une société de promotion immobilière, dans le cadre d'une accession aidée par une collectivité territoriale, ce contrat de vente conclu entre deux personnes privées relève du droit privé. Si le contrat comporte une **clause « anti-spéculative »**, qui restreint le droit du propriétaire de louer son bien et dont la violation entraîne l'application d'une pénalité au profit de la collectivité territoriale, une telle clause ne modifie pas la nature du contrat (T. confl. 5-7-2021 n° 4214 : RJDA 11/21 n° 713).

CARACTÈRE ADMINISTRATIF DE CERTAINS CONTRATS LIANT DEUX PERSONNES PRIVÉES

Le principe rappelé n° 66255 subit toutefois deux séries d'**exceptions** : l'une concerne l'hypothèse où l'une des parties conclut un contrat pour le compte d'une personne morale de droit public ; l'autre, l'hypothèse où une personne privée cocontractante peut être qualifiée de « transparente », parce qu'elle constitue une simple émanation d'une personne publique. Dans ces hypothèses, le contrat acquiert un caractère administratif. **66257**

66258 **Personne privée agissant pour le compte d'une personne publique** La première série d'exceptions suppose généralement que la personne publique ait délivré un **mandat** à l'un des deux cocontractants. Ce mandat peut être prévu par un texte ou résulter d'une convention. Mais il peut aussi s'agir d'un **mandat tacite**. Cette dernière hypothèse concerne notamment les marchés de travaux que passent certaines sociétés auxquelles des communes concèdent la réalisation d'opérations d'aménagement. Ces concessionnaires sont réputés agir, non pas pour leur propre compte, mais pour celui de la collectivité publique. Les marchés en cause sont, en conséquence, de nature administrative (CE 30-5-1975 n° 86738 : Lebon p. 326 ; T. confl. 7-7-1975 n° 2013 : Lebon p. 798 ; CE 27-11-1987 n° 38318 : Lebon p. 383).

Néanmoins, depuis plusieurs années, la jurisprudence tend à interpréter strictement la notion de mandat tacite. Celle-ci **ne joue pas** :

– si la totalité des équipements réalisés par l'aménageur ne sont pas remis, dès leur achèvement, à la personne publique (CE 11-3-2011 n° 330722 : RJDA 10/11 n° 791 ; T. confl. 15-10-2012 n° 3853 : RJDA 6/13 n° 504, 2e espèce) ;

– si la convention conclue entre la personne publique et son concessionnaire a pour objet, tout à la fois, la construction d'un ouvrage et son exploitation, de sorte que le contractant de la personne publique bénéficie, vis-à-vis de celle-ci, d'une relative indépendance, incompatible avec l'existence d'un mandat (T. confl. 9-7-2012 n° 3834 : RJDA 6/13 n° 504, 1e espèce) ;

– d'une manière plus générale, si la convention par laquelle une personne publique confie à une société la réalisation de certaines prestations ne soumet pas l'exercice de cette mission à des « conditions particulières » impliquant un contrôle étroit de la personne publique sur son cocontractant (T. confl. 16-6-2014 n° 3944 : RJDA 10/14 n° 757 ; T. confl. 11-12-2017 n° 4103 : RJDA 7/18 n° 566 ; T. confl. 4-7-2022 n° 4247 : RJDA 2/23 n° 72 ; CE 4-3-2021 n° 437232 : RJDA 10/21 n° 653).

ATTENTION

Les litiges nés de l'exécution des **marchés de travaux** conclus entre les **sociétés concessionnaires d'autoroute** et des **entreprises privées** relèvent des tribunaux judiciaires (T. confl. 9-3-2015 n° 3984 : RJDA 7/15 n° 540). En vertu de sa jurisprudence « Entreprise Peyrot », le Tribunal des conflits avait autrefois admis que ces marchés présentaient toujours un caractère administratif, dès lors que les sociétés concessionnaires étaient censées agir pour le compte de l'État (T. confl. 8-7-1963 n° 1804 : Lebon p. 787). Mais il a abandonné cette solution particulière.

66259 **Personne privée « transparente »** Un second courant jurisprudentiel admet qu'un contrat liant des personnes privées puisse être qualifié d'administratif lorsque le statut, associatif ou sociétaire, de l'une des parties dissimule le fait qu'elle est, en réalité, une simple **émanation** d'une **entité de droit public**. Tel est le cas si cette personne privée a été créée à l'initiative de la personne publique qui en contrôle l'organisation et le fonctionnement, tout en lui procurant l'essentiel de ses ressources (CE 21-3-2007 n° 281796 : RJDA 7/07 n° 716).

Mais cette exception, elle aussi, fait l'objet d'une application stricte. Elle est écartée quand toutes les conditions de la « transparence » ne sont pas réunies (T. confl. 6-7-2020 n° 4191 : RJDA 10/20 n° 488) ou quand la personne privée en cause est une société publique locale d'aménagement (SPLA) dont le statut est incompatible avec celui de société transparente (CE 4-3-2021 n° 437232 : RJDA 10/21 n° 653).

CARACTÈRE PRIVÉ DE CERTAINS CONTRATS LIANT DEUX PERSONNES PUBLIQUES

66260 Un contrat passé par une personne publique avec une autre est présumé administratif sauf dans les cas où, eu égard à son objet, il ne fait naître entre les parties que des rapports de droit privé (CE 1-3-2000 n° 192790 : RJDA 7-8/00 n° 76 ; CE 15-9-2004 n° 230901 : RJDA 12/04 n° 1315 ; CE 24-11-2008 n° 290450 : RJDA 11/09 n° 950 ; Cass. 1e civ. 16-3-1999 n° 541 : RJDA 6/99 n° 661).

L'exception relative à l'existence de rapports de droit privé est, par **exemple**, retenue, lorsque :

– un établissement public financier consent à une commune des avances permettant à celle-ci de rembourser certains emprunts (CE 1-3-2000, précité) ;

– un syndicat de distribution d'eau, regroupant plusieurs communes, passe avec un autre organisme intercommunal un contrat par lequel les parties s'engagent réciproquement à fournir l'eau potable nécessaire à l'alimentation des communes concernées (CE 15-9-2004, précité).

2. RÈGLES DE COMPÉTENCE RELATIVES À L'OBJET DU CONTRAT

PARTICIPATION DU COCONTRACTANT À L'EXÉCUTION D'UN SERVICE PUBLIC

66265 Pour qu'un contrat puisse être qualifié d'administratif, il ne suffit pas que l'une des parties soit une personne publique, ou une personne privée agissant pour le compte de la première. Encore faut-il que, par son objet ou par ses clauses, le contrat soit également soumis au droit public.

Se fondant sur le critère fonctionnel de la compétence administrative (nos 66150 s.), la jurisprudence fait relever de celle-ci les contrats par lesquels **une personne publique associe son cocontractant** à l'exécution d'une mission de service public. Divers sont les **exemples** d'une telle hypothèse :
– contrats ayant pour objet de confier à une entreprise privée le soin d'assurer l'information municipale (T. confl. 24-6-1996 n° 3023 et CE 10-7-1996 n° 140606 : RJDA 1/97 n° 40), ou encore des actions de promotion en faveur d'une collectivité publique (T. confl. 5-7-1999 n° 3133 : RJDA 12/99 n° 1321, 1e espèce ; T. confl. 22-1-2001 n° 3238 : RJDA 4/01 n° 442) ;
– contrat conclu entre une université et une entreprise privée en vue d'assurer la formation d'une salariée de cette entreprise (T. confl. 18-12-2000 n° 3234 : Lebon p. 779) ;
– contrat conclu par une commune et une association en vue de confier à celle-ci la gestion d'un terrain de camping (T. confl. 6-6-2016 n° 4053 : Lebon T. p. 689) ;
– contrat par lequel un « grand port maritime » confie à un opérateur privé l'exploitation d'un terminal (T. confl. 13-11-2018 n° 4099 : RJDA 5/18 n° 413).
En revanche, selon une jurisprudence constante du Tribunal des conflits, un contrat portant sur des prestations courantes de fournitures ou de services au profit d'une personne publique ne fait pas participer l'entreprise prestataire à l'exécution d'un service public (T. confl. 15-11-2004 n° 3431 : RJDA 10/05 n° 1095 ; T. confl. 21-5-2007 n° 3609 : RJDA 4/08 n° 397 ; T. confl. 8-4-2019 n° 4157 : RJDA 11/19 n° 687). La Cour de cassation a retenu la même solution (Cass. 1e civ. 17-6-2003 n° 01-17.588 : RJDA 11/03 n° 1057).
Ne présente pas davantage le caractère d'un contrat administratif un bail temporaire conclu entre un particulier et une commune en vue d'assurer l'accueil des services municipaux, sans que soit confiée à l'intéressé l'exécution d'un service public dont la commune aurait la charge (T. confl. 3-7-2023 n° 4278).

> **Précisions a.** Lorsqu'une personne publique fait l'**acquisition d'un bien immobilier auprès de particuliers**, la vente ainsi consentie constitue, en principe, un contrat de droit privé (CE 10-2-2016 n° 386892 : RJDA 5/16 n° 410). Cette solution s'applique même si le bien a été acquis à la suite de l'exercice, par la personne publique, de son droit de préemption (T. confl. 9-12-1996 n° 2994 : RJDA 3/97 n° 400 ; T. confl. 12-6-2017 n° 4085 : RJDA 2/18 n° 115).
> **b.** Dans le cas où un **éco-organisme collecte**, pour le compte des producteurs, importateurs et distributeurs, **des déchets ménagers** de produits chimiques dangereux et où une **collectivité territoriale s'engage** envers lui **à collaborer** à cette collecte en contrepartie d'un versement financier, la convention conclue à cet effet entre la collectivité territoriale et l'éco-organisme ne peut être considérée comme confiant au second l'exécution du service public de la collecte et du traitement des déchets ménagers, ni comme le faisant participer à cette exécution (T. confl. 1-7-2019 n° 4162 et Cass. 1e civ. 14-11-2019 n° 18-22.793 F-PBI : RJDA 2/20 n° 74).
> **c.** Le **contrat** conclu **entre le titulaire d'un marché de travaux publics et une entreprise de transport**, en vue de la livraison, par celle-ci, de matériaux sur le chantier, n'a pas pour objet l'exécution d'un service public (T. confl. 9-12-2019 n° 4164 : RJDA 5/20 n° 266).

CONTRATS DE PRESTATIONS FINANCIÈRES CONCLUS PAR UNE COLLECTIVITÉ PUBLIQUE

Les contrats financiers des collectivités publiques sont rarement considérés comme ayant un objet relatif à une mission de service public. Ainsi en va-t-il pour l'**engagement de caution** souscrit par une commune (T. confl. 9-12-1996 n° 3051 : RJDA 7/97 n° 934, 1e espèce ; CE 19-11-2013 n° 352615 : RJDA 12/14 n° 939) ou encore pour les contrats de **courtage** par lesquels une commune confie à un intermédiaire financier le soin de rechercher et de négocier des conventions d'emprunt (T. confl. 14-2-2000 n° 3138 : RJDA 7-8/00 n° 759 ; CE 8-11-2000 n° 149404 : RJDA 3/01 n° 304). **66267**
Toutefois, lorsque le **cautionnement** garantit une obligation qui résulte d'un contrat administratif, il reçoit la même qualification juridique que le contrat principal dont il constitue l'accessoire (T. confl. 22-6-1998 n° 3003 : RJDA 1/99 n° 33 ; CE 29-9-2004 n° 261790 : RJDA 3/05 n° 249 ; Cass. 1e civ. 28-5-2002 n° 750 : RJDA 10/02 n° 1008). À noter que la solution est différente s'il s'agit, non pas d'un cautionnement, mais d'une garantie d'achèvement de travaux qui constitue une **garantie autonome** par rapport au contrat principal (T. confl. 4-7-2016 n° 4059 : RJDA 12/16 n° 853).
Le Tribunal des conflits semble s'être écarté de sa jurisprudence habituelle en jugeant qu'un **contrat de crédit-bail**, conclu entre un centre hospitalier public et une entreprise privée pour la location d'un automate dispensateur de médicaments, avait pour objet de faire participer cette entreprise à l'exécution du service hospitalier (T. confl. 23-2-2004 n° 3371 : Lebon T. p. 628). La Cour de cassation a eu, par la suite, l'occasion de retenir la compétence judiciaire à l'égard d'un contrat de crédit-bail, dans des circonstances différentes il est vrai (Cass. 1e civ. 28-5-2008 n° 07-17.648 : RJDA 5/09 n° 422).

> **Précisions** Les **caisses de crédit municipal** sont des établissements publics communaux chargés de consentir aux particuliers des prêts sur gage. Elles sont, ainsi, investies d'une mission de service public. Toutefois, la mise en **vente aux enchères publiques des biens remis en gage** ne participe pas à l'accomplissement de cette mission de service public. La vente conclue à l'issue des enchères constitue, dès lors, un contrat de droit privé (T. confl. 12-2-2018 n° 4108 : RJDA 11/18 n° 875).

3. RÈGLES DE COMPÉTENCE RELATIVES AUX CLAUSES OU AU RÉGIME DU CONTRAT

INCIDENCE DES CLAUSES OU DU RÉGIME DU CONTRAT SUR LA COMPÉTENCE

66270 Lorsqu'un **contrat** est conclu par une personne publique, ou pour le compte de celle-ci, mais qu'il **n'a pas pour objet l'exécution d'une mission de service public**, il ne peut présenter un caractère administratif qu'eu égard à la nature de ses clauses ou du régime qui lui est applicable. Ces clauses ou ce régime doivent, selon une expression classique, être exorbitants du droit commun.

Ainsi, alors que la plupart des actes portant sur la **gestion du domaine privé** des collectivités publiques relèvent de la compétence judiciaire (n° 66215), il en va différemment pour un contrat par lequel une commune cède un bien faisant partie de ce domaine, si un tel contrat comporte des clauses qui le soumettent à un régime exorbitant (T. confl. 6-6-2016 n° 4051 ; T. confl. 4-7-2016 n° 4052 et T. confl. 4-7-2016 n° 4057 : RJDA 12/16 n° 852 ; T. confl. 13-3-2023 n° 4266 : RJDA 8-9/23 n° 425). Même solution pour un contrat conclu entre l'Office national des forêts et un particulier en vue de l'occupation du domaine privé de l'Office (CE 19-11-2010 n° 331837 : Lebon p. 448).

> **Précisions** Dans le cas particulier où un **établissement public industriel et commercial** (Epic), qui est une personne publique, conclut un contrat pour les besoins de son activité, ce contrat ne peut être considéré comme administratif que s'il comporte des clauses exorbitantes ou relève d'un régime exorbitant (T. confl. 7-4-2014 n° 3949 : RJDA 3/15 n° 179).

NOTION DE CLAUSE EXORBITANTE DU DROIT COMMUN

66273 Il est difficile de définir de façon précise la notion de clause exorbitante du droit commun. Les juridictions suprêmes hésitent, notamment, quant à savoir s'il s'agit d'une clause qui ne pourrait en aucun cas être insérée dans un contrat de droit privé, ou seulement d'une clause qu'il n'est pas habituel de trouver dans un tel contrat.

Cette hésitation s'est exprimée à l'égard des clauses qui autorisent la **personne publique** à **résilier unilatéralement** un contrat.

La Cour de cassation a estimé que, même en l'absence d'une mise en demeure préalable adressée au cocontractant, une telle clause n'était pas exorbitante, dès lors qu'elle trouve à s'appliquer en cas de manquement de l'intéressé à ses obligations (Cass. 1e civ. 24-3-1987 n° 85-16.146 : Bull. civ. I n° 110 ; Cass. 1e civ. 16-3-1999 n° 539 : RJDA 6/99 n° 662). Plus récemment, elle a, au contraire, qualifié d'administratif un contrat conclu par un établissement industriel et commercial avec une entreprise privée, tandis que certaines stipulations attribuaient à la personne publique un pouvoir de résiliation unilatérale du seul fait qu'une procédure de redressement ou de liquidation judiciaire serait ouverte à l'encontre de l'entreprise (Cass. 1e civ. 16-5-2013 n° 12-20.146 : RJDA 8-9/13 n° 707).

De son côté, le Tribunal des conflits a qualifié d'exorbitante une clause offrant à la personne publique la possibilité de résilier unilatéralement le contrat, même en l'absence de tout manquement de son titulaire à ses obligations (T. confl. 5-7-1999 n° 3167 : RJDA 12/99 n° 1322, 2e espèce). Mais il en a jugé autrement pour un bail accordé à un centre hospitalier par les propriétaires d'un bien immobilier, car la clause permettant à l'établissement public locataire de résilier le contrat à tout moment, à condition de justifier de raisons financières ou tenant à l'intérêt du service, ne conférait pas au preneur des droits étrangers par leur nature à ceux qui sont normalement susceptibles d'être consentis dans les rapports de droit privé (T. confl. 17-10-2011 n° 3809 : RJDA 4/12 n° 450, 1e espèce).

66275 En dehors de l'hypothèse du pouvoir de résiliation d'office, **ont**, en particulier, **été considérées comme exorbitantes** :

– les clauses d'un contrat par lequel un établissement public consent un prêt à une personne privée, en stipulant que les sommes dues par l'emprunteur seront immédiatement exigibles dans l'éventualité où celui-ci serait en difficulté (T. confl. 22-6-1998 n° 3003 : RJDA 1/99 n° 33 ; CE 29-9-2004 n° 261790 : RJDA 3/05 n° 249) ;

– les clauses attribuant à une personne publique d'importants pouvoirs de contrôle sur l'activité de son cocontractant (Cass. 1e civ. 16-3-1999 n° 97-13.359 : RJDA 6/99 n° 661 et, dans la même affaire, T. confl. 20-6-2005 n° 3446 : Lebon p. 663 ; T. confl. 15-3-2010 n° 3755 : Lebon T. p. 668).

> **Précisions** Il n'est pas nécessaire que les clauses exorbitantes figurent dans le contrat lui-même. Celui-ci peut être qualifié d'administratif s'il se réfère à un **cahier des charges** qui comporte de telles clauses (T. confl. 5-7-1999 n° 3167 : RJDA 12/99 n° 1322, 2e espèce ; T. confl. 15-3-2010, précité ; CE 5-2-2018 n° 414846 : Lebon T. p. 608).

NOTION DE RÉGIME EXORBITANT DU DROIT COMMUN

Sans remettre en cause les solutions qu'il avait antérieurement dégagées, le Tribunal des conflits a, voici plusieurs années, opté en faveur d'une conception plus extensive de la clause susceptible de donner un caractère administratif au contrat. Il s'agit de la « clause qui, notamment par les prérogatives reconnues à la personne publique contractante dans l'exécution du contrat, implique, dans l'intérêt général, qu'il relève du régime des contrats administratifs » (T. confl. 13-10-2014 n° 3963 : RJDA 4/15 n° 264 ; T. confl. 6-6-2016 n° 4051, T. confl. 4-7-2016 n° 4052 et T. confl. 4-7-2016 n° 4057 : RJDA 12/16 n° 852 ; T. confl. 13-3-2023 n° 4266 : RJDA 8-9/23 n° 425). **66277**
Le Conseil d'État (CE 10-2-2016 n° 386692 : RJDA 5/16 n° 410), puis la Cour de cassation (Cass. 1e civ. 17-2-2016 n° 14-26.632 : JCP G 2016 n° 506 note C.-A. Dubreuil) ont adopté, à leur tour, cette jurisprudence.

66279

Action contre l'assureur de l'auteur d'un dommage : juge judiciaire ou juge administratif ?

Le Tribunal des conflits attribue exclusivement au juge judiciaire le soin de statuer sur l'« **action directe** » prévue par l'article L 124-3 du Code des assurances, c'est-à-dire l'action exercée contre l'assureur de la personne qui a causé un dommage. Il en va ainsi même lorsque le juge administratif est seul compétent pour connaître du litige principal.
Cette solution, ancienne et constante, s'applique chaque fois que l'**action** tendant au paiement de l'indemnité d'assurance est **introduite par la victime** du dommage (voir, par exemple, T. confl. 24-6-1996 n° 2977 : RJDA 4/97 n° 497, 2e espèce ; T. confl. 2-6-2008 n° 3621 : RJDA 8-9/2008 n° 971 ; T. confl. 15-4-2013 n° 3892 : RJDA 6/13 n° 569). La solution est identique quand l'action est formée par l'assureur de la victime, subrogé dans les droits de cette dernière (T. confl. 24-6-1996 n° 2952 : RJDA 4/97 n° 497, 1e espèce ; T. confl. 17-12-2007 n° 3633 : RJDA 4/08 n° 471 ; T. confl. 12-11-2018 n° 4139). Elle se justifie par le caractère spécifique de l'action directe qui est indépendante de l'action principale et se trouve uniquement fondée sur l'obligation incombant à l'assureur, laquelle relève du droit privé.
Toutefois, dans l'hypothèse particulière où le **contrat d'assurance relève du droit public**, l'action dirigée contre l'assureur doit être portée devant le juge administratif (CE 31-3-2010 n° 333627 : RJDA 2/11 n° 197). C'est le cas si une personne publique est tenue de passer un marché public pour se procurer des prestations d'assurance.

C. Compétence à l'égard des litiges portant sur le service public de la justice

RÈGLES DE COMPÉTENCE RELATIVES AU CONTENTIEUX DE LA JUSTICE

Il est normal que la juridiction administrative soit compétente pour connaître des litiges relatifs à sa propre organisation ou à son propre fonctionnement. On pourrait considérer que, de façon symétrique, tout le contentieux de la justice judiciaire doit être porté devant les tribunaux qui en relèvent. Telle n'est cependant pas la solution qui a été retenue, spécialement par le Tribunal des conflits. Celui-ci a établi, depuis longtemps, au nom du principe de séparation des pouvoirs, une distinction entre l'**organisation** du service public de la justice judiciaire, qui relève du juge administratif, et son **fonctionnement**, qui relève, en revanche, du juge judiciaire. Cette distinction, introduite par un arrêt « préfet de la Guyane » (T. confl. 27-11-1952 : Lebon p. 642) n'a pas manqué de soulever certaines difficultés dans la répartition des compétences juridictionnelles. **66280**

ILLUSTRATIONS

Un arrêté du garde des Sceaux a prévu que pourraient être installés dans les salles d'audience des **box sécurisés destinés à accueillir les prévenus** placés sous escorte. Cet arrêté constitue un acte à portée générale et impersonnelle, relatif à l'organisation du service public de la justice. Seul le juge administratif est compétent pour en connaître. En revanche, la décision d'installer des box dans une juridiction déterminée ou d'en faire usage au cours d'une audience relève de la fonction juridictionnelle et, par conséquent, de la compétence du juge judiciaire (T. confl. 8-2-2021 n° 4202 : Lebon p. 431).

LITIGES RELATIFS À L'ORGANISATION DE LA JUSTICE JUDICIAIRE

66285 Il appartient au Conseil d'État, statuant en premier et dernier ressort, de statuer sur les **recours** formés **contre les décisions** concernant la nomination, la carrière ou la discipline des magistrats du siège ou du parquet. Les décrets, ou autres mesures, que prend le pouvoir exécutif en ce qui concerne la création ou la suppression des tribunaux, doivent aussi être contestés auprès de la juridiction administrative.

D'autres hypothèses, plus particulières, se rattachent à l'**organisation de la justice** :

– un litige relatif au paiement des vacations dues à un conseiller prud'homal, ainsi qu'au remboursement des frais liés à son activité (T. confl. 9-7-2012 n° 3840 : Lebon T. p. 686) ;

– les décisions du procureur de la République procédant à la mise à jour des données figurant dans le système de traitement des infractions constatées (Stic) (CE 17-7-2013 n° 359417 : Lebon p. 217), ou dans le fichier de traitement des antécédents judiciaires (TAI) qui lui a succédé (CE 11-4-2014 n° 360759 : Lebon T. p. 577) ; il en va ainsi, bien que ces données portent sur des informations recueillies au cours d'enquêtes préliminaires ou de flagrance, ou encore d'investigations exécutées sur commission rogatoire et concernant tout crime et délit, ainsi que certaines contraventions ;

– un arrêté du garde des Sceaux qui déclare vacant l'office de greffier d'un tribunal de commerce (CE 11-2-2015 n° 367884 : Lebon p. 57) ;

– la décision par laquelle un procureur de la République agrée, ou refuse d'agréer, un établissement en vue de lui confier le soin d'assurer des stages de sensibilisation à la sécurité routière (T. confl. 12-10-2015 n° 4019 : Lebon p. 510).

LITIGES RELATIFS AU FONCTIONNEMENT DE LA JUSTICE JUDICIAIRE

66290 **Procédures judiciaires** Dans une affaire qui se situait à la limite entre l'organisation et le fonctionnement de la justice, il a été admis que, si des **ordonnances de roulement**, établies par le premier président d'une cour d'appel, avaient pour objet de déterminer l'affectation **des magistrats** au sein de la juridiction, elles avaient eu également pour effet de modifier le nombre de chambres de la cour et de les regrouper en huit pôles thématiques. Ces ordonnances se rattachaient donc au fonctionnement de la justice judiciaire (CE 23-7-2010 n° 328463 : Lebon p. 337). Le Tribunal des conflits a plus récemment confirmé cette solution (T. confl. 12-2-2018 n° 4115 : Lebon p. 493).

D'une manière plus générale, relèvent de la compétence judiciaire les actes relatifs à la **conduite d'une procédure judiciaire**, ou qui en sont inséparables. Par **exemple** :

– les actes de saisie et de mise sous scellés d'une œuvre d'art, alors qu'ils sont intervenus en vue d'une information judiciaire pour contrefaçon et recel de contrefaçon (T. confl. 15-4-2013 n° 3895 : Lebon T. p. 511) ;

– la décision par laquelle un juge d'instruction suspend ou supprime le permis qu'il avait accordé à une personne pour qu'elle puisse rendre visite à un prévenu (CE 15-4-2011 n° 346213 : Lebon p. 165) ;

– la décision par laquelle le procureur général délivre, refuse, suspend ou retire des permis de visite pour des personnes détenues qui ont été écrouées à la suite d'une demande d'extradition émanant d'un gouvernement étranger (CE 6-7-2015 n° 388456 : Lebon T. p. 603).

La compétence judiciaire porte également sur l'action en réparation du préjudice causé par la transmission au juge pénal d'un procès-verbal d'infraction aux règles d'urbanisme (T. confl. 11-10-2021 n° 4220 : Lebon T. p. 584).

66291 **Police judiciaire** Le juge judiciaire est compétent à l'égard des activités de la police judiciaire, dès lors qu'elles portent sur la recherche, la poursuite ou l'arrestation de personnes coupables, ou présumées coupables, d'un crime ou d'un délit et qu'elles peuvent, ainsi, être **à l'origine d'une procédure pénale** (T. confl. 15-1-1968 n° 1909 : Lebon p. 790 ; T. confl. 7-3-1994 n° 2902 : Lebon p. 593 ; T. confl. 26-9-2005 n° 3461 : Lebon T. p. 992). Un placement en garde à vue présente ainsi le caractère d'une opération de police judiciaire (T. confl. 11-4-2022 n° 4243 : Lebon T. p. 611).

> **Précisions a.** Il appartient au juge judiciaire de connaître de l'action en réparation du dommage matériel subi par une personne à l'occasion de la **perquisition** de son domicile. Cette solution s'impose bien que l'intéressé n'était pas la personne visée par la perquisition et qu'il ait recherché la responsabilité de l'État sur le fondement d'une rupture de l'égalité devant les charges publiques (T. confl. 8-2-2021 n° 4205 : Lebon p. 427).

b. L'exploitant d'un parking public, qui demande au maire de la commune, puis au préfet, l'**enlèvement** et la **mise en fourrière** des **véhicules** abandonnés ou en stationnement irrégulier sur ce parking, doit être considéré comme sollicitant la mise en œuvre de pouvoirs de police judiciaire. Le litige résultant de cette demande relève donc de la compétence judiciaire (CE 11-5-2021 n° 447948 : Lebon T. p. 587).

Actes des autorités administratives La notion de fonctionnement de la justice s'étend également à des actes pris par des autorités administratives, lorsque ces actes sont considérés comme non détachables d'une procédure judiciaire. Par **exemple** : 66293
– la décision par laquelle un directeur départemental de la sécurité publique refuse de communiquer au parquet général certains documents en sa possession, alors que la demande dont il était saisi tendait à la réouverture d'une information clôturée par un non-lieu (T. confl. 6-7-2015 n° 4017 : Lebon T. p. 602) ;
– l'acte par lequel le Défenseur des droits décide de présenter des observations dans un litige porté devant une juridiction judiciaire (CE 30-1-2019 n° 411132 : Lebon T. p. 641) ;
– le signalement de personne en danger adressé au juge des tutelles par le président d'un conseil général (devenu conseil départemental), alors que cet avis est lié à la décision de ce juge prononçant la mise sous tutelle de l'intéressée (T. confl. 6-6-2011 n° 3795 : Lebon p. 688) ;
– l'acte par lequel les services de la Commission bancaire (devenue Autorité de contrôle prudentiel et de résolution) signalent au parquet (CPP art. 40) des faits concernant le dirigeant d'un établissement de crédit, tels qu'ils ont été révélés par une enquête administrative dans le cadre de la mission confiée à la Commission (T. confl. 8-12-2014 n° 3974 : Lebon p. 475).

En revanche, reste de nature administrative la décision de la Cnil refusant d'aviser le procureur de la République de faits dont elle a eu connaissance dans l'exercice de ses attributions (CE 27-10-1999 n° 196306 : RJDA 4/00 n° 498). La solution s'explique par la circonstance que, contrairement à ce qu'il en était dans les deux dernières espèces mentionnées ci-dessus, le refus opposé par la Cnil ne pouvait, par hypothèse, se rattacher à une procédure judiciaire.

SECTION 3

MATIÈRES RELEVANT ESSENTIELLEMENT DU JUGE ADMINISTRATIF

CATÉGORIES DE LITIGES RELEVANT DU JUGE ADMINISTRATIF

Les juridictions administratives ont vocation à connaître, de façon presque exclusive, de deux ensembles de litiges : 66300
– ceux qui concernent le domaine public des personnes publiques, et, en particulier, l'occupation, par les personnes privées, de dépendances domaniales (nos 66310 s.) ;
– les litiges mettant en jeu la notion de travail public, qu'ils résultent de l'exécution d'un marché de travaux ou du dommage causé par l'exécution de travaux publics (nos 66320 s.).

A. Compétence du juge administratif à l'égard des litiges concernant le domaine public

CRITÈRES DE LA DOMANIALITÉ PUBLIQUE

L'appartenance d'un bien immobilier au domaine public est **subordonnée à** (CGPPP art. L 2111-1) : 66310
– une première série de conditions qui se rattache au critère organique de la compétence administrative : le bien en cause doit être la propriété de l'État, d'une collectivité territoriale, d'un établissement public ou, éventuellement, d'une autre personne publique ;

– et à une seconde série de conditions qui se subdivise en deux critères distincts, dont chacun est susceptible, à lui seul, de caractériser la domanialité publique : le bien considéré a été affecté à l'usage direct du public ou il a été affecté à un service public, pourvu que, dans ce cas, il fasse l'objet d'un aménagement indispensable à l'exécution des missions de ce service public.
C'est au juge administratif qu'il appartient de se prononcer sur l'appartenance d'un bien au domaine public, réserve faite d'une contestation sérieuse tirée de ce que le bien serait la propriété d'une personne privée (n° 66510).

ATTENTION

Un **bien immobilier** appartenant à un établissement public et répondant aux critères de la domanialité publique constitue une dépendance du domaine public, même s'il est **situé à l'étranger**. Tel est le cas de la Villa Médicis, située à Rome, qui est la propriété de l'État français (CE 25-6-2021 n° 438023 : RJDA 11/21 n° 753).

66312 L'affectation à l'**usage direct du public** concerne, notamment, les voies publiques ouvertes à la circulation générale des piétons et des automobilistes, ou encore les rivages de la mer.
En l'absence d'affectation à une **mission de service public**, un bien qui n'est pas destiné à être utilisé par le public ne peut pas faire partie du domaine public (T. confl. 13-10-2014 n° 3963 : RJDA 4/15 n° 264 ; CE 15-2-2016 n° 384228 : RJDA 10/16 n° 680).
Le critère de l'**aménagement indispensable** à une mission de service public se substitue désormais au critère que la jurisprudence avait autrefois dégagé et qui était tiré d'un aménagement spécial du bien en vue d'une telle mission. Ce nouveau critère, plus restrictif que le précédent, a néanmoins permis de retenir la domanialité d'une piste de ski (CE 28-4-2014 n° 349240 : Lebon p. 107).
Il a également été jugé que l'entrée en vigueur du CG3P n'avait pas eu pour effet d'entraîner le déclassement d'un bien qui appartenait antérieurement au domaine public, mais qui ne répondrait plus aux conditions définies par ce Code (CE 3-10-2012 n° 353915 : Lebon T. p. 742 ; CE 8-4-2013 n° 363738 : Lebon p. 58 ; CE 25-6-2021 n° 438023 : RJDA 11/21 n° 753).

> **Précisions a.** Selon l'**ancien critère** jurisprudentiel **de l'aménagement spécial**, moins exigeant que celui de l'aménagement indispensable, avaient, par exemple, été considérés comme appartenant au domaine public : l'hôtel de ville de Saint-Étienne (CE 17-3-1967 n° 64440 : Lebon p. 131), le Palais de justice de Paris (CE 23-10-1968 n° 73249 : Lebon p. 503), le bois de Vincennes (CE 14-6-1972 n° 84967 : Lebon p. 442), des halles municipales (CE 22-4-1977 n° 95539 : Lebon p. 185), la dalle centrale du quartier de la Défense (CE 21-3-1984 n° 24944 : Lebon T. p. 616).
b. Une jurisprudence particulière, relative au domaine public « **virtuel** » ou « **par anticipation** », concerne l'hypothèse où une personne publique a décidé d'affecter un bien à l'exécution de ses missions de service public, sans que l'aménagement indispensable à ces missions soit encore achevé. Le bien peut être considéré comme d'ores et déjà incorporé au domaine public s'il est certain que l'aménagement en cause a été effectivement entrepris (CE 13-4-2016 n° 391431 : Lebon p. 131 ; CE 22-5-2019 n° 423230 : RJDA 12/19 n° 794). Ainsi, en va-t-il lorsqu'une commune a décidé d'affecter des terrains à l'aménagement d'un plan d'eau artificiel pour la pratique des activités sportives et de loisirs : à partir du moment où les travaux nécessaires à la réalisation du projet ont été engagés, il peut être admis que les terrains appartiennent au domaine public (CE 13-4-2016, précité).
c. Une solution comparable à la précédente a été retenue, alors qu'une commune avait entendu affecter à un service public un bien qui était déjà doté des aménagements indispensables à l'exécution des missions de ce service public. Le bien a été considéré comme une dépendance du domaine public, même si, à la date de cette décision d'affectation, un bail commercial accordait un droit d'occupation à un tiers (CE 21-12-2022 n° 464505 : RJDA 6/23 n° 309).

COMPÉTENCE RELATIVE AUX LITIGES PORTANT SUR LA GESTION DU DOMAINE PUBLIC

66315 Le juge administratif est compétent pour connaître, notamment, des litiges relatifs aux autorisations ou contrats d'occupation du domaine public, au principe ou au montant des redevances d'occupation, ou encore aux baux emphytéotiques passés par les collectivités territoriales ou les établissements de santé (CGPPP art. L 2331-1).
Encore faut-il, dans le premier cas, que l'autorisation soit accordée, ou que le **contrat** soit **conclu, par une personne publique** ou son concessionnaire (n° 66140). Lorsqu'un contrat d'occupation du domaine public lie entre elles deux personnes privées, dont aucune n'est délégataire de service public, il ne peut donc pas relever de la compétence administrative (T. confl. 14-5-2012 n° 3836 : RJDA 2/13 n° 109 ; Cass. 1e civ. 16-4-2015 n° 14-14.711 : Bull. civ. I n° 102).

Les litiges nés de l'occupation sans titre du domaine public doivent également être portés devant le juge administratif. Il n'en va différemment qu'en cas de voie de fait ou si l'une des parties soulève une contestation sérieuse en matière de propriété (T. confl. 24-9-2001 n° 3221 : Lebon p. 747 ; Cass. 1e civ. 5-3-2008 n° 07-12.472 : RJDA 10/08 n° 1075).

> **Précisions a.** Le juge administratif est compétent pour enjoindre à un établissement public de faire connaître à l'avance son intention de **résilier**, ou non, une convention d'occupation du domaine public (T. confl. 4-11-2019 n° 4172 : Lebon T. p. 639).
> **b.** Alors qu'un établissement public industriel et commercial (Epic), chargé de la gestion d'un site appartenant au domaine public, **refuse** de **renouveler** un contrat portant sur l'occupation de ce site, le litige résultant de ce refus relève de la compétence administrative. Il en va ainsi bien que les titulaires de ce contrat se prévalent des dispositions du Code de commerce qui attribuent à la « juridiction civile ou commerciale » le soin de connaître de l'action en réparation de la rupture brutale d'une relation commerciale établie (T. confl. 5-7-2021 n° 4213 : Lebon p. 440).
> **c.** Il appartient au juge judiciaire de trancher le litige relatif à une **servitude** conventionnelle de **droit privé** constituée sur une dépendance du domaine public (T. confl. 5-7-2021 n° 4218 : RJDA 1/22 n° 48).

B. Compétence du juge administratif à l'égard des litiges concernant des travaux publics

DÉFINITION DU TRAVAIL PUBLIC

Une jurisprudence ancienne et bien établie rattache à la notion de travail public les travaux immobiliers réalisés selon l'une des deux **modalités alternatives** suivantes : 66320
– soit pour le compte d'une personne publique et dans un but d'intérêt général (CE 10-6-1921 : Lebon p. 573) ;
– soit pour le compte d'une personne privée, mais par une personne publique et en vue de l'accomplissement d'une mission de service public (T. confl. 28-3-1955 n° 1525 : Lebon p. 616).
La condition relative au **caractère immobilier** des travaux concernés est largement entendue. Elle s'étend à tous les travaux portant sur un bien immobilier, même s'il ne s'agit pas de construire ou d'aménager un immeuble, mais seulement de procéder à des réparations ou à un entretien (T. confl. 7-6-1999 n° 3093 : RJDA 4/00 n° 495, 1e espèce ; CE 11-7-2008 n° 285651 : RJDA 2/09 n° 150, 2e espèce). Il en va de même lorsque les travaux consistent à mettre en place un équipement permettant d'améliorer le fonctionnement d'une installation de chauffage (T. confl. 23-10-2000 n° 3195 : RJDA 2/01 n° 150).

Répondent au critère d'exécution de travaux **pour le compte d'une personne publique et à des fins d'intérêt général** : 66323
– des travaux exécutés par une entreprise privée pour le compte d'EDF-GDF, alors doté du statut d'établissement public industriel et commercial (T. confl. 23-10-2000 n° 3195 : RJDA 2/01 n° 150) ;
– la construction, par une entreprise privée, d'un bâtiment pour les besoins d'une université (T. confl. 4-7-2016 n° 4054 : RJDA 1/17 n° 54, 1e espèce) ;
– des travaux effectués par une commune afin d'aménager un chemin qui traverse une propriété privée, mais qui ouvre l'accès à une digue endommagée dont la réfection est indispensable (CE 16-5-2012 n° 342896 : Lebon T. p. 656) ;
– des travaux réalisés par une entreprise privée en vue de la rénovation d'une voie communale (CE 9-12-2016 n° 395228 : RJDA 4/17 n° 304).
Le critère d'exécution, **par une personne publique**, de travaux **pour le compte d'une personne privée et dans le cadre d'une mission de service public**, trouve, par exemple, à s'appliquer lorsqu'une association syndicale autorisée, qui a le statut d'établissement public, exécute, dans l'intérêt d'exploitants agricoles, des travaux d'aménagement hydraulique (T. confl. 19-11-2001 n° 3264 et T. confl. 10-6-2002 n° 3296 : RJDA 10/02 n° 1104, 1e et 2e espèces). Même solution si un syndicat intercommunal entreprend des travaux en vue de protéger une propriété privée contre les inondations (CE 13-3-2019 n° 406867 : RJDA 10/19 n° 669).
En revanche, ne satisfont à aucun de ces deux critères des travaux réalisés par une personne privée qui n'agit pas pour le compte d'une personne publique ou au titre d'une mission de service public (T. confl. 15-11-1999 n° 3155 : RJDA 4/00 n° 495, 4e espèce ; T. confl. 4-3-2002 n° 3269 : RJDA 10/02 n° 1104, 3e espèce ; T. confl. 14-12-2009 n° 3716 : Lebon p. 592 ; T. confl. 8-11-2021 n° 4225 : RJDA 5/22 n° 311).

> **Précisions** Il convient de distinguer les **notions de travail public et d'ouvrage public** qui ne se confondent pas exactement. En effet, si la construction d'un ouvrage public résulte de l'exécution de travaux publics, un ouvrage, même réalisé par une personne publique, peut présenter le caractère d'un bien privé lorsqu'il appartient à une personne privée (T. confl. 5-3-2012 n° 3826 : Lebon T. p. 648 ; CE 13-3-2019, précité).

CARACTÈRE « ATTRACTIF » DE LA NOTION DE TRAVAIL PUBLIC

66325 La jurisprudence, en particulier celle du Tribunal des conflits, s'efforce, suivant la méthode des **blocs de compétence**, d'unifier, au profit du juge administratif, le contentieux que suscite l'exécution de travaux par une personne publique, ou pour son compte.

Un arrêt le met en évidence : après que des travaux publics avaient été réalisés, à la demande d'une commune, sur la conduite d'eau desservant des immeubles, la collectivité publique fit entreprendre de **nouveaux travaux** afin de réparer les dommages que les premiers avaient causés aux propriétaires ; quoiqu'ils aient été effectués pour le compte de particuliers et à des fins étrangères à une mission de service public, ces nouveaux travaux n'en ont pas moins été qualifiés de travaux publics, car il constituaient l'**accessoire des premiers** (T. confl. 4-7-2016 n° 4058 : RJDA 1/17 n° 54, 2e espèce).

Une autre ligne jurisprudentielle révèle la même tendance. Il appartient, en principe, au juge judiciaire de connaître des litiges qui opposent les services publics industriels et commerciaux (Spic) aux tiers et, notamment, d'une action en responsabilité extra-contractuelle dirigée par un tiers contre la personne morale qui exploite le Spic (voir, par exemple, T. confl. 20-11-2006 n° 3570 : Lebon p. 641). Toutefois, le juge administratif redevient compétent si le dommage est imputable à des travaux publics ou à un ouvrage public (T. confl. 16-5-1983 n° 2295 : Lebon p. 538 ; T. confl. 1-7-2002 n° 3289 : RJDA 12/02 n° 1341 ; Cass. 1e civ. 13-3-2019 n° 18-13.232 : RJDA 6/19 n° 471).

On mentionnera encore, dans le même sens, une décision récente ayant retenu la compétence administrative pour réparer le dommage causé par l'occupation temporaire d'un terrain privé en vue de la réalisation d'une opération de travaux publics, bien qu'en l'espèce, cette occupation ait été autorisée par le juge judiciaire des référés (T. confl. 12-6-2023 n° 4274 : RJDA 10/23 n° 555).

66327 Cette conception extensive rencontre cependant certaines **limites**.

Ainsi, quand un dommage survient à l'occasion de l'exploitation d'un chantier de travaux publics et de l'intervention d'un engin mécanique ayant le caractère d'un véhicule, au sens de la loi du 31 décembre 1957 (n° 66125), il appartient au juge judiciaire de connaître de ce dommage, dès lors que celui-ci trouve sa cause déterminante dans l'action de cet engin (T. confl. 10-10-2018 n° 402975 ; CE 9-12-2016 n° 392815 : RJDA 4/17 n° 304 ; Cass. 1e civ. 19-3-2008 n° 07-11.218 : RJDA 10/08 n° 1074).

Par ailleurs, ne constituent pas des travaux publics ceux qui sont exécutés, même pour le compte d'une personne publique, dans le cadre de la gestion d'un bien faisant partie de son domaine privé (T. confl. 5-7-1999 n° 3155 : RJDA 4/00 n° 495, 3e espèce). Le bloc de compétence relatif à la gestion du domaine privé (n° 66215) l'emporte sur celui des travaux publics.

Enfin, le bloc de compétence qui englobe les rapports entre un service public industriel et commercial (Spic) et les usagers de ce service peut également faire échec au caractère attractif de la notion de travail public (nos 66415 s.).

66329 Le Tribunal des conflits tire également d'**autres conséquences** du caractère « attractif » de la notion de travail public. Il attribue à la juridiction administrative l'ensemble des litiges nés de l'exécution d'un marché de travaux publics, qu'il s'agisse de ceux qui opposent la collectivité publique maître d'ouvrage aux constructeurs ayant contracté avec elle, ou des litiges survenant entre les différents « participants » à l'opération, tels que les entrepreneurs, les architectes, les bureaux d'étude, etc. (T. confl. 24-11-1997 n° 3060 : RJDA 5/98 n° 654 ; T. confl. 28-3-2011 n° 3773 : RJDA 11/11 n° 977, 1e espèce ; T. confl. 10-1-2022 n° 4231 : RJDA 6/22 n° 378). Ce principe s'impose quelle que soit la nature de l'action contentieuse exercée par les constructeurs : action directe en responsabilité quasi délictuelle ou appel en garantie.

Mais il subit une exception lorsque les parties concernées sont liées par un contrat de droit privé, tel qu'un contrat de sous-traitance. C'est alors la compétence judiciaire qui doit prévaloir (T. confl. 17-12-2001 n° 3262 : RJDA 4/02 n° 450 ; T. confl. 16-11-2015 n° 4029 : RJDA 5/16 n° 409 ; T. confl. 9-10-2017 n° 4095 : RJDA 4/18 n° 376). On notera cependant que, si les relations entre les entreprises membres d'un groupement titulaire d'un marché de travaux publics sont organisées par une convention de droit privé, il appartient au seul juge administratif de connaître des actions en garantie exercées par certaines de ces entreprises contre les autres (T. confl. 9-2-2015 n° 3983 : RJDA 10/15 n° 727 ; T. confl. 8-2-2021 n° 4203 : RJDA 7/21 n° 535).

SECTION 4

MATIÈRES RELEVANT ESSENTIELLEMENT DU JUGE JUDICIAIRE

CATÉGORIES DE LITIGES RELEVANT ESSENTIELLEMENT DU JUGE JUDICIAIRE

Dans certains cas, distincts de ceux évoqués au titre des matières partagées entre les deux ordres de juridiction (n°s 66200 s.) ou des matières relevant essentiellement du juge administratif (n°s 66300 s.), ce sont principalement devant les tribunaux judiciaires que doivent être portés les litiges. **66400**
Trois hypothèses correspondent à cette situation :
– le contentieux des rapports entre les services publics industriels et commerciaux (Spic) et leurs usagers (n°s 66410 s.) ;
– le contentieux de l'emprise irrégulière (n°s 66420 s.) ;
– le contentieux de la voie de fait administrative (n°s 66440 s.).

A. Compétence du juge judiciaire à l'égard des litiges entre les Spic et leurs usagers

NOTION DE SPIC

Il arrive qu'**un texte qualifie** lui-même un service public d'industriel et commercial : par exemple, le service de l'eau et de l'assainissement (CGCT art. L 2224-11), ou le service des remontées mécaniques et des pistes de ski (C. tourisme art. L 342-13). **66410**
En l'absence de texte, la jurisprudence considère qu'un Spic se caractérise essentiellement par le fait qu'il peut être **assimilé à une entreprise privée**, ou encore, qu'il lui « ressemble » (Cass. 1e civ. 11-2-2009 n° 07-19.326 : Bull. civ. I n° 33). Trois critères permettent de s'assurer que tel est, ou non, le cas : l'objet du service, dont l'activité doit être analogue à celle d'un opérateur économique ; son mode de financement, qui doit être principalement constitué du prix des prestations facturé aux usagers ; ses conditions de fonctionnement, qui doivent également être similaires à celles d'une entreprise privée.
Selon les circonstances, l'existence d'un Spic est reconnue (T. confl. 20-11-2006 n° 3570 : Lebon p. 641 ; T. confl. 19-3-2007 n° 3565 : RJDA 2/08 n° 211, 1e espèce) ou ne l'est pas (T. confl. 9-1-2017 n° 4074 : RJDA 8-9/17 n° 597 ; CE 6-4-2007 n° 284736 : Lebon p. 155 ; Cass. 1e civ. 11-2-2009, précité).

STATUT DE L'USAGER DU SPIC

La personne qui bénéficie des prestations fournies par un Spic doit être considérée comme un usager de celui-ci, qu'il existe, ou non, entre eux des relations contractuelles. Il en va de même pour le **candidat usager** auquel l'exploitant du service refuse d'accorder les prestations demandées (CE 4-11-2005 n° 278895 : RJDA 4/06 n° 482, 3e espèce). **66415**
En vertu de la méthode des **blocs de compétence**, les relations du Spic avec ses usagers **relèvent exclusivement du droit privé** et de la compétence du juge judiciaire. Il en va ainsi même lorsque le Spic est exploité par une personne publique, que ce soit en régie (T. confl. 21-3-2005 n° 3413 : RJDA 4/06 n° 482 ; CE 19-2-2009 n° 293020 : Lebon p. 61) ou sous la forme d'un établissement industriel et commercial, tel que la SNCF ou la RATP (Cass. 1e civ. 14-11-2019 n° 18-21.664 FS-PBI : RJDA 2/20 n° 118). De même encore si le service est géré par l'entreprise titulaire d'un marché public (T. confl. 2-5-2011 n° 3776 : RJDA 5/12 n° 547). La solution est toujours identique chaque fois que le contrat liant l'usager au service comporte des clauses exorbitantes du droit commun (T. confl. 17-12-1962 n° 1780 : Lebon p. 831).
Ces principes s'appliquent aux litiges qui opposent l'usager du Spic à celui-ci, au sujet de l'exigibilité, du montant ou du recouvrement de la **redevance** qui est réclamée à l'intéressé (T. confl. 7-10-1996 n° 2976 : Lebon T. p. 793 ; T. confl. 7-12-2020 n° 4200 : Lebon T. p. 659).
Ils déterminent également la compétence judiciaire pour connaître d'un **dommage subi par l'usager** à l'occasion de la fourniture des prestations du service. Cette compétence est fréquemment retenue lorsque ces prestations consistent dans la fourniture d'un immeuble en électricité, en gaz ou en eau et que le dommage a été causé par l'intermédiaire du branchement particulier reliant l'installation de l'intéressé au réseau collectif (T. confl. 21-3-2015 n° 3442 : RJDA 4/06

n° 482). Peu importe que la cause du dommage se rattacherait à un incident survenu dans les canalisations situées en amont de ce branchement (T. confl. 20-1-2003 n° 3332 : RJDA 7/03 n° 798, 2e espèce ; T. confl. 18-6-2007 n° 3225 : RJDA 2/08 n° 211, 2e espèce ; T. confl. 12-10-2015 n° 4092 : RJDA 2/16 n° 164), ou même que l'origine du dommage résiderait dans un vice de conception, l'exécution de travaux publics ou l'entretien d'ouvrages publics (T. confl. 20-1-2003 n° 3327 : RJDA 7/03 n° 798, 1e espèce ; T. confl. 18-5-2015 n° 4004 : Lebon T. p. 601 ; T. confl. 11-12-2017 n° 4101 : RJDA 4/18 n° 377).

ATTENTION

Ces solutions ne s'étendent cependant pas à l'hypothèse d'un usager auquel la collectivité publique a refusé de financer les **travaux de raccordement** de son habitation au **réseau public d'assainissement**. Dans ce cas, la notion de travail public l'emporte sur l'application du droit privé aux relations entre le Spic et l'usager (T. confl. 8-10-2018 n° 4135 : RJDA 1/19 n° 59). Le juge administratif est également compétent s'il s'agit de contester le refus de la collectivité publique de réaliser des travaux de raccordement.

66417 D'**autres exemples** mettent en évidence l'étendue du bloc de compétence établi en la matière. Ainsi appartient-il aux tribunaux judiciaires de se prononcer sur un litige relatif au paiement de la redevance due par l'usager, sans qu'y fasse obstacle la circonstance qu'à l'occasion d'un tel litige, se soit posée la question de la légalité de l'acte réglementaire par lequel la collectivité publique exploitante du Spic a fixé le tarif de la redevance (T. confl. 19-3-2007 n° 3565 : RJDA 2/08 n° 211, 1e espèce). Mais, si ce point soulève une difficulté sérieuse, constitutive d'une question préjudicielle, la juridiction judiciaire doit surseoir à statuer jusqu'à ce que le juge administratif, saisi de cette question, l'ait tranchée (voir, s'agissant d'une telle hypothèse, CE 11-7-2001 n° 221458 : RJDA 12/01 n° 1272) (nos 66500 s.).

Par ailleurs, les litiges opposant le gestionnaire d'un Spic à ses usagers doivent être soumis au juge judiciaire même si l'activité du service s'exerce sur le domaine public. En effet, de tels litiges sont détachables de l'occupation domaniale (T. confl. 17-11-2014 n° 3965 : RJDA 10/15 n° 726 ; Cass. 1e civ. 30-11-2016 n° 15-25.516 : RJDA 3/17 n° 217).

B. Compétence du juge judiciaire en matière d'emprise irrégulière

JUGE JUDICIAIRE ET DROIT DE PROPRIÉTÉ

66420 Le Conseil constitutionnel se fonde sur un principe reconnu par les lois de la République pour considérer que l'autorité judiciaire est gardienne de la propriété privée (Cons. const. 25-7-1989 n° 89-256 DC). Mais il limite l'intervention de ce juge aux cas de **dépossession** (Cons. const. 13-12-1985 n° 85-198 DC).

C'est donc conformément à cette dernière exigence que le juge de l'**expropriation**, qui est un magistrat du tribunal judiciaire (C. expropriation art. L 211-1), détermine les **indemnités** dues aux personnes expropriées après avoir prononcé le transfert de propriété (C. expropriation art. L 311-1 s.). Cependant un texte législatif peut aussi confier au juge judiciaire le soin d'indemniser les conséquences d'autres restrictions au droit de propriété : par exemple, en cas d'institution de servitudes permettant la traversée des propriétés privées par les ouvrages de transport et de distribution d'électricité ou de gaz (C. énergie art. L 323-7 et L 433-9).

La théorie de l'emprise irrégulière s'inscrit dans ce cadre général.

DÉFINITION DE L'EMPRISE IRRÉGULIÈRE

66425 Il ressort d'une jurisprudence classique que, si une personne publique porte irrégulièrement **atteinte à un droit réel immobilier** soit en occupant sans titre le bien concerné, soit en dépossédant le titulaire de ce droit, la juridiction judiciaire est, en principe, compétente pour réparer le dommage causé par cette emprise. Tel est, par **exemple**, le cas :

– lorsque l'administration chargée de la gestion d'un cimetière communal dépossède le titulaire d'une concession perpétuelle en laissant inhumer, dans cette concession, des personnes étrangères à la famille (T. confl. 4-7-1983 n° 2294 : Lebon p. 539 ; CE 22-4-1983 n° 35199 : Lebon p. 160) ;

– lorsque les services communaux entreprennent, sans autorisation préalable, de creuser un fossé sur un terrain appartenant à des particuliers (Cass. 1e civ. 1-6-2011 n° 10-30.710 : RJDA10/11 n° 870) ;

– lorsque les services communaux occupent des terrains qui ont été cédés à la commune en vertu d'actes de droit privé entachés de nullité (Cass. 1e civ. 28-1-2003 n° 01-02.514 : RJDA 11/03 n° 1147).

En revanche, des travaux exécutés par une commune sur une propriété privée, mais dans un but d'intérêt général et avec l'autorisation du propriétaire, ne sont pas constitutifs d'une emprise (CE 16-5-2012 n° 342896 : Lebon T. p. 656).

CONSÉQUENCES DE L'EMPRISE IRRÉGULIÈRE

La compétence des tribunaux judiciaires s'étend à l'**ensemble des préjudices** imputables à la prise de possession irrégulière d'un bien immobilier par une collectivité publique (Cass. 1e civ. 20-3-2013 n° 12-17.014 : RJDA 6/13 n° 570). Toutefois, la Cour de cassation estime qu'il n'appartient pas aux juges du fond d'ordonner la démolition d'un ouvrage public construit par la personne publique sur le terrain faisant l'objet de l'emprise (Cass. 1e civ. 28-6-2005 n° 03-19.308 : RJDA 12/05 n° 1405 ; Cass. 1e civ. 1-6-2011 n° 10-30.710 : RJDA 10/11 n° 870). La solution serait différente dans le cas d'une voie de fait (n° 66440). 66430

Une évolution jurisprudentielle a porté sur la question de savoir quel était l'ordre de juridiction compétent pour indemniser le dommage qui résulte d'une **décision administrative génératrice d'une emprise irrégulière**. Le Tribunal des conflits attribuait auparavant au juge administratif le pouvoir d'apprécier la légalité de cette décision, tout en réservant au juge judiciaire le soin de réparer le dommage (T. confl. 20-6-2005 n° 3467 : Lebon T. p. 803). Il a néanmoins modifié cette solution qui était source de complication. Faisant prévaloir le principe de séparation, il confie au juge administratif le soin de connaître d'un recours en annulation contre une décision administrative portant atteinte au droit de propriété, ainsi que la possibilité d'adresser des injonctions à l'administration. Mais, de plus, il lui permet aussi de statuer sur l'action en réparation introduite par la victime du dommage causé par la décision. Encore faut-il que celle-ci n'ait pas pour effet l'extinction du droit de propriété (T. confl. 9-12-2013 n° 3931 : RJDA 12/14 n° 953 ; T. confl. 17-4-2023 n° 4268).

Le Conseil d'État a transposé cette jurisprudence du Tribunal des conflits à l'hypothèse d'une action formée par des propriétaires en vue d'obtenir réparation des préjudices qui leur avaient été causés par l'implantation irrégulière de poteaux et de lignes électriques sur leurs terrains. La juridiction administrative a été déclarée compétente pour connaître d'une telle action (CE 14-6-2019 n° 414458 : RJDA 11/19 n° 721). Alors que cet arrêt ne relève pas que l'implantation irrégulière ait pour origine une décision administrative, il semble que selon le régime classique de l'emprise irrégulière, c'était au juge judiciaire d'en réparer les conséquences dommageables.

C. Compétence du juge judiciaire en matière de voie de fait administrative

DÉFINITION DE LA VOIE DE FAIT

On soulignera qu'un important arrêt du Tribunal des conflits a récemment **renouvelé la conception traditionnelle de la voie de fait** (T. confl. 17-6-2013 n° 3911 : Lebon p. 370). 66440

L'existence d'une voie de fait, dont le contentieux est dévolu au juge judiciaire, continue à être subordonnée aux mêmes **conditions préalables** qu'auparavant. Il est toujours nécessaire :

– que l'administration ait pris et exécuté une décision manifestement insusceptible de se rattacher aux pouvoirs qui lui sont attribués ;

– ou qu'elle ait procédé à l'exécution forcée d'une décision, même régulière, alors qu'aucun texte ne lui a donné cette possibilité, que l'urgence ne justifie pas davantage une mesure d'exécution et que l'administration dispose de moyens légaux pour obtenir l'application de l'acte.

Antérieurement au revirement jurisprudentiel de 2013, il fallait, en outre, que les agissements administratifs portent une atteinte grave à une liberté fondamentale ou au droit de propriété. Tout en consacrant l'exigence d'une seconde série de conditions, le Tribunal des conflits en a sensiblement réduit le champ d'application.

Désormais, l'exécution d'une décision insusceptible d'être rattachée aux pouvoirs de l'administration, ou l'exécution d'office d'une décision régulière, ne sont constitutives d'une voie de fait que dans deux cas.

D'une part, si la décision ou les agissements litigieux portent **atteinte à une liberté individuelle**. Celle-ci ne se confond pas avec n'importe quelle liberté fondamentale. Conformément à la jurisprudence du Conseil constitutionnel (n° 66115), la notion de liberté individuelle correspond à celle de sûreté personnelle. En conséquence, une atteinte à la liberté d'aller et venir ne saurait caractériser une voie de fait (T. confl. 12-2-2019 n° 4110).

D'autre part, la voie de fait peut encore résulter d'une décision ou d'agissement qui aboutissent à l'**extinction du droit de propriété**. Cette dernière notion, dont la portée est plus limitée que celle de dépossession, est particulièrement restrictive. Elle vise des hypothèses exceptionnelles, telles que la destruction d'un bien immobilier ou mobilier, objet du droit de propriété.

66442 Se fondant sur la nouvelle définition de la voie de fait, la Cour de cassation a jugé que les travaux réalisés par une commune, qui avaient eu pour effet d'effacer la limite séparant le domaine public routier d'une propriété privée, entraînant, ainsi, l'occupation de celle-ci par les automobilistes, n'avaient de toute façon pas abouti à une extinction du droit de propriété (Cass. 1e civ. 13-5-2014 n° 12-28.248 : Bull. civ. I n° 87). Même solution lorsqu'une commune fait procéder à l'abattage d'une haie implantée sur le terrain d'une personne privée (Cass. 3e civ. 24-10-2019 n° 17-13.550 F-PBI).

Toutefois, dans des circonstances analogues, une position différente a été adoptée plus récemment par la première chambre civile de la Cour de cassation. Celle-ci a considéré qu'en arrachant, sur toute sa longueur, une haie constituée d'arbres, qui bordait un terrain appartenant à des particuliers, les agents communaux avaient provoqué une extinction du droit de propriété (Cass. 1e civ. 5-2-2020 n° 19-11.864 F-PBI).

De son côté, le Tribunal des conflits a estimé que la destruction de matériels de chantier par les forces de l'ordre entraînait une extinction du droit de propriété. Mais, en l'espèce, il a cependant écarté l'hypothèse d'une voie de fait, car cette mesure d'exécution était légalement justifiée (T. confl. 11-3-2019 n° 4152 : RJDA 10/19 n° 666).

N'est pas davantage constitutive d'une voie de fait l'intervention du préfet dans l'évacuation d'un campement irrégulièrement installé sur un terrain, dès lors, notamment, que cette évacuation a été ordonnée dans le cadre d'une opération de police judiciaire, qu'elle s'est accompagnée de propositions d'accueil des personnes intéressées dans des centres d'hébergement et qu'elle ne s'est pas traduite par une exécution forcée (T. confl. 4-7-2022 n° 4248 : Lebon p. 493).

L'absence de voie de fait a également été retenue dans le cas où le préfet avait ordonné l'évacuation forcée et la démolition d'un bâtiment abritant une exploitation agricole, tandis que ces opérations avaient été décidées en exécution de décisions de justice et s'étaient déroulées de manière régulière (T. confl. 12-6-2023 n° 4276).

CONSÉQUENCES DE LA VOIE DE FAIT

66445 Que ce soit sous l'empire de l'ancienne ou de la nouvelle définition de la voie de fait (n° 66440), les tribunaux judiciaires ont, en la matière, **plénitude de juridiction**. Il leur appartient non seulement d'indemniser les victimes d'agissements ayant provoqué une voie de fait, mais aussi de constater l'illégalité de la décision ou de l'opération litigieuse. De plus, le juge judiciaire a le pouvoir d'ordonner à l'administration de prendre les mesures nécessaires pour faire cesser la voie de fait. Il peut, par exemple, lui enjoindre de démolir un ouvrage public irrégulièrement édifié sur une propriété privée (T. confl. 6-5-2002 n° 3287 : Lebon p. 544). Aujourd'hui cependant, une telle solution supposerait une extinction du droit de propriété.

En définitive, on observe que désormais, en cas d'atteinte à la propriété privée, c'est le régime de l'emprise irrégulière qui permet, pour l'essentiel, d'assurer la réparation des dommages causés par l'administration. Pour que les tribunaux judiciaires puissent exercer des pouvoirs plus contraignants, ces dommages doivent pouvoir être rattachés à une voie de fait.

SECTION 5 QUESTIONS PRÉJUDICIELLES

PRINCIPES RÉGISSANT LES QUESTIONS PRÉJUDICIELLES

66500 Le juge, administratif, ou judiciaire, saisi d'un litige, a normalement plénitude de juridiction pour connaître de tous les éléments de celui-ci, et, notamment, de toutes les « questions » que soulève l'affaire. Toutefois, ce principe peut éventuellement se heurter aux règles fixant la répartition des compétences entre les deux ordres de juridiction. Il en va ainsi chaque fois que la solution du litige est subordonnée à une **difficulté sérieuse** relevant d'un ordre différent de celui auquel appartient le juge initialement saisi. Il incombe alors à ce juge, administratif ou judiciaire, de surseoir à statuer sur l'affaire jusqu'à ce que le juge, judiciaire ou administratif, compétent pour trancher la question, se soit prononcé.

Une telle question est qualifiée de préjudicielle, selon une formule qui ressort d'une jurisprudence classique et que reprennent le Code de justice administrative (art. R 771-2) et le Code de procédure civile (art. 49, al. 2), depuis le décret 2015-233 du 27 février 2015 relatif au Tribunal des conflits et aux questions préjudicielles.

> **Précisions a.** Tandis qu'avant l'entrée en vigueur de ce décret, le **juge du principal**, qui estimait être en présence d'une question préjudicielle, devait inviter les parties à saisir elles-mêmes le juge apte à résoudre cette question, il appartient désormais au premier de **transmettre directement** au second la question préjudicielle (C. just. adm. art. R 771-2 ; CPC art. 49, al. 2 : n° 17184).
> **b.** Selon la jurisprudence du Conseil d'État, le **juge administratif**, **saisi** par le juge judiciaire **d'une question préjudicielle**, ne doit pas trancher d'autres questions que celle qui lui a été renvoyée. Il en va ainsi lorsque la question préjudicielle porte sur la légalité d'un acte administratif (CE 17-10-2003 n° 244521 : Lebon T. p. 403) ou encore sur l'application du taux de TVA à une prestation relevant de cette taxe (CE 28-11-2018 n° 413526 : Lebon T. p. 613).
> **c.** Il n'appartient pas au juge administratif, saisi par le juge civil, d'une question préjudicielle en appréciation de **légalité d'un acte administratif**, de statuer sur la question de savoir si l'exception d'illégalité de cet acte, qui est à l'origine du renvoi, est, ou non, recevable (CE 19-5-2000 n° 208545 : Lebon T. p. 906 ; CE 29-11-2019 n° 429248 : Lebon T. p. 642). Il ne lui appartient pas non plus de déterminer les effets de la déclaration d'illégalité qu'il prononce (CE 8-11-2019 n° 424424 : Lebon T. p. 642).

QUESTIONS ÉCHAPPANT À LA COMPÉTENCE DU JUGE ADMINISTRATIF

Dès lors qu'elles présentent une difficulté sérieuse, les **questions de droit privé** que soulève un litige porté devant le juge administratif doivent être résolues par le juge judiciaire. **66510**
C'est, par **exemple**, le cas des questions concernant :
– l'état des personnes, et, notamment, la nationalité (CE 25-3-1994 n° 147787 : Lebon p. 160) ;
– le droit de propriété (CE 10-12-1997 n° 160046) ;
– l'interprétation d'un testament (CE 23-2-2001 n° 196809 : Lebon p. 79 ; CE 26-3-2006 n° 284276 : Lebon p. 177) ;
– la validité d'une créance de droit privé (CE 16-10-1987 n° 56041 : Lebon p. 315).
Seul le juge administratif est compétent pour se prononcer sur l'existence, l'étendue et les limites du domaine public. Néanmoins, dans l'hypothèse où l'une des parties conteste l'appartenance d'un bien au domaine public en faisant valoir que ce bien est la propriété d'une personne privée, le juge administratif doit surseoir à statuer et renvoyer la question préjudicielle au juge judiciaire (T. confl. 28-4-1980 n° 2160 : Lebon p. 506 ; CE 28-7-2017 n° 392122 : RJDA 3/18 n° 291 ; Cass. 1e civ. 4-7-2019 n° 18-21.147 FS-PB).
Le caractère sérieux de la contestation s'apprécie au regard des prétentions contraires des parties et au vu de l'ensemble des pièces du dossier. Le juge doit prendre en compte tant les éléments de fait que les titres privés invoqués par les parties (CE 28-7-2017, précité).

QUESTIONS ÉCHAPPANT À LA COMPÉTENCE DU JUGE JUDICIAIRE

Lorsque l'**appréciation de la légalité d'un acte administratif**, ou son **interprétation**, détermine l'issue d'une procédure engagée devant les juridictions de l'ordre judiciaire, les règles applicables diffèrent sensiblement selon qu'il s'agit du juge civil ou du juge pénal. **66515**
Les pouvoirs du **juge civil** sont, à cet égard, relativement limités. En vertu d'une jurisprudence ancienne (T. confl. 16-6-1923 : Lebon p. 498), il ne peut pas, en cas de difficulté sérieuse, apprécier la légalité d'un acte administratif, que ce dernier ait un caractère réglementaire ou individuel. Il n'a pas davantage la faculté d'interpréter un acte administratif individuel. Seule lui est réservée la possibilité d'interpréter un acte réglementaire.
Cet ensemble de solutions a souvent été confirmé par la suite (voir, par exemple, T. confl. 2-12-1991 n° 2678 : Lebon p. 478 ; Cass. 2e civ. 10-2-1993 n° 92-50.009 : Bull. II n° 54 ; Cass. 1e civ. 26-5-1999 n° 97-17.500 : RJDA 1/00 n° 109).
Par exception aux règles qui viennent d'être rappelées, le juge civil est toujours compétent pour se prononcer sur la légalité de l'acte administratif constitutif d'une voie de fait (n° 66445).
À l'inverse, le **juge pénal** dispose d'une plénitude de juridiction à l'égard des actes administratifs. La solution résulte de l'article 111-5 du Code pénal aux termes duquel les juridictions pénales sont compétentes pour interpréter les actes administratifs, réglementaires ou individuels et pour en apprécier la légalité lorsque, de cet examen, dépend la solution du procès pénal qui leur est soumis.

APPLICATION PAR LE JUGE DU PRINCIPAL D'UNE JURISPRUDENCE ÉTABLIE

66520 Sans remettre en cause les principes exposés ci-dessus, la jurisprudence du Tribunal des conflits leur a néanmoins apporté un tempérament non négligeable.

Se fondant sur l'exigence d'une **bonne administration de la justice**, ainsi que sur le **droit de tout justiciable** à ce que sa demande soit jugée dans un délai raisonnable, le Tribunal a assoupli sa position antérieure au sujet des pouvoirs du juge civil en matière d'appréciation de légalité des actes administratifs. Comme auparavant, ce juge doit, en présence d'une contestation sérieuse portant sur une telle question, surseoir à statuer jusqu'à ce que le juge administratif l'ait tranchée. Mais il se trouve dispensé de cette obligation lorsqu'il apparaît manifestement au vu d'une jurisprudence établie que la contestation peut être accueillie par le juge saisi au principal (T. confl. 17-10-2011 n° 3828 : RJDA 10/12 n° 913 ; T. confl. 16-6-2014 n° 3953 : RJDA 4/15 n° 257 ; T. confl. 3-7-2017 n° 4091 : Lebon T. p. 511).

Le Conseil d'État a consacré cette solution dans l'hypothèse inverse où le litige déféré au juge administratif soulève une contestation relative à la validité d'un acte de droit privé. Le renvoi au juge judiciaire ne s'impose pas non plus si une jurisprudence établie de la Cour de cassation permet au juge administratif de résoudre la contestation (CE 23-3-2012 n° 331805 : RJS 6/12 n° 913 ; CE 19-11-2013 n° 352216 : RJDA 12/14 n° 939 ; CE 16-10-2017 n° 390011 : RJS 1/18 n° 9). D'une manière symétrique, la Cour de cassation s'abstient de renvoyer une question préjudicielle au juge administratif si elle estime pouvoir régler la contestation en vertu d'une jurisprudence établie du Tribunal des conflits (Cass. 1e civ. 9-12-2015 n° 14-16.548 : Bull. civ. I n° 317) ou du Conseil d'État (Cass. 1e civ. 22-5-2019 n° 18-15.356 : RJDA 8-9/19 n° 596). Mais elle censure l'arrêt d'une cour d'appel qui apprécie le caractère décisoire d'un acte administratif, ainsi que sa légalité, bien qu'il n'apparaisse pas, au vu d'une jurisprudence établie, que cet acte soit entaché d'une illégalité manifeste (Cass. 1e civ. 8-1-2020 n° 19-10.001 F-PBI).

LISTE DES MODÈLES

Vous trouverez ci-après la liste des modèles d'actes figurant dans l'ouvrage, classés dans l'ordre des chapitres. 70000
Les modèles proposés, qui sont donnés à titre indicatif, ne constituent qu'une aide à la rédaction. Ils doivent être adaptés à chaque situation particulière.
Les chiffres renvoient aux numéros de paragraphe.

70000 (suite)

Table alphabétique

Utilisation de la table

Les chiffres renvoient aux paragraphes. La mention « s. » signifie que l'étude de la question se prolonge sur le ou les numéros suivants.

Pour diriger les recherches, les références sont accompagnées, lorsque c'est utile, d'une mention explicite ou d'une abréviation. On trouvera ci-dessous le sens de certaines abréviations.

CA cour d'appel
CME conseiller de la mise en état
CSE comité social et économique
JAF juge aux affaires familiales
JEX juge de l'exécution
JME juge de la mise en état
ONC ordonnance de non-conciliation
PV procès-verbal
QPC question prioritaire de constitutionnalité
Règl. règlement
SCP société civile professionnelle
TC tribunal de commerce
TJ tribunal judiciaire

A

C

D

F

N

Q

T

U

Photocomposé par LUMINESS SAS
561, rue Saint Léonard - 53100 MAYENNE
N° 5025833T. Dépôt légal : Novembre 2023

PEFC
PEFC/04-31-0658
Certifié PEFC
Ce produit est issu de forêts gérées durablement et de sources contrôlées
www.pefc.de

36893-662 (I) - PRL 50 g - MY (LC)
Achevé d'imprimer en novembre 2023 sur les presses de C.H.BECK
Dépôt légal : novembre 2023
Imprimé en Allemagne